国家出版基金项目
NATIONAL PUBLICATION FOUNDATION

海上絲綢之路文獻集成

總主編 陳支平 陳春聲

歷代史籍編 78

主編 范金民

海峽出版發行集團
THE STRAITS PUBLISHING & DISTRIBUTING GROUP
福建人民出版社

「十三五」國家重點圖書出版規劃重大出版工程規劃項目

國家新聞出版改革發展項目庫入庫項目

國家出版基金資助項目

本册目次

海運紀事不分卷

〔明〕佚名輯

《海運紀事》不分卷，輯者不詳。萬曆四十六年（一六一八）四月，後金陷撫順。閏四月，户科給事中官應震上疏，稱遼東常平倉餘糧不足二十萬石，奏請自青、登、萊三州轉運糧餉至遼東，以紓軍困。七月完成首運，至天啓元年（一六二一）三月遼陽失守，海運遂止。是書輯録此一時期海運官書文牒，起萬曆四十六年閏四月，終泰昌元年（一六二〇）十月，凡一一一三篇，其中多有僱募本區商船海運之記録。據中國國家圖書館藏明刻本影印。

海運紀事 一

萬曆四十六年閏四月初六日
戶科給事中官　謹題為遼餉緊急非常帑
金遲緩未發人情遑惑事勢阽危謹三疏催
請以祈立沛俞綸事頃奴酋狂逞陷城堡隕將覆
軍塘報不來者幾四日即如所傳開原道稟揭
內言西虜備木梯攻具在十方等寺入犯瀋蒲
懿汎之間為開原咽喉此處不通則開原何適
請急催兵馬星夜應援等因此雖聊得開原情
形然聞其差使離遼已在二十五日而此數日

以內絕無音信舉朝廩廩有中途阻截之患且
就該道望援之情言之夫望援則需兵用兵則
需餉今會議疏如募民兵起廢將用經畧諸事
業蒙報可而獨是帑金則雖云知道了
皇上豈以為有外帑之五十萬便不須內帑之五
十萬耶姑毋論狡奴久據攻破無期即如東西
虜之交訌開原城之驍虓此其需兵必在多多
益善可知兵多則餉亦多臣謂合此內外百萬
尚存乎見少而

皇上顧惜其在内耶夫臣四月二十六日一疏專
及
請帑矣四月二十九日再疏中間三議二防又已
燕及請帑矣臣一介微臣不足格
主夫復何詞而獨是會議則舉
朝之會議也舉
朝不勝其懸切而
皇上獨視為泛常賈生曰抱火厝之積薪之下而
寢其上火未及燃因謂之安今日

皇上何以異此伏乞顒允立刻查發以便近兵之
召募以便遼左之轉輸況乎帑發則餉多餉多
則新兵聞召募之令者必踴躍應募而来帑不
發則餉少餉少則舊兵當亂離之餘者且踉蹌
掉臂而去帑蚤發則我意先鼓舞我鼓舞而三
軍共奮其精神帑遲發則我意先懈弛我懈弛
而伍旅誰生其勇敢孰便孰不便
皇上不可不熟計而審處一也至於沙漠五穀鮮
生折色餉銀饑不可食今議添兵數萬糗糧騰

貴應倍平常臣查前按臣熊廷弼在遼
題建常平倉積穀至二十八萬餘石已而翟鳳翀
王雅量二臣積穀各有差大約自三十七年起
至四十四年止七年共積穀四十五萬三千有
奇臣初意今日之役以民間易買合之常平積
貯或足辦此不謂頃查楊一桂疏乃知年來或
為饑饉動支原數四十餘萬石者尚不足二十
萬石夫民間米粟既少而且貴常平夙積又漸
成烏有則此數萬兵糗饟將從神運耶鬼輸耶

山東青登萊三郡濵海可與遼通發銀彼中雇
船買米直抵遼陽仍將三郡各衛健兵調集數
千委賢能將官三二員領兵領船運米到彼除
將米給散遼軍外留船若干遥扎水營一以壯
遼陽聲勢一以杜奴賊窺入登萊一路之意一
以俟時急則水兵亦可登岸救援夫海運係
先朝已事後因行之不便以致中格今事勢孔棘
偶一復行是在當事者之再加斟酌耳至於主
帥起遼舊將經畧起遼舊撫監軍亦議起遼之

舊按臣而遼之舊道文武兼資如閻鳴泰者以
服除見在
闕下今遼道缺有無不可知查酌填補令就熟駕
輕以濟燃眉是亦一計也流聞遼將自大將軍
而下褊裨叅遊戰殁而死者六溪死者三今起
李如柏止補正缺一人邊廣將多備数員以充
任使更為吃緊若張承胤隕命後其印安在儻
既失印而李如柏将何調度應否另鑄亦不可
不為計者臣因遼餉

請帑而附及遼之用人若此伏惟
聖明即下戶兵二部以便議覆施行奉
聖旨

萬曆四十六年五月初十日

兵部一本為遼事正般道臣多缺懇乞
聖明立下署銓之命以速推補事先為遼左軍興
議開登萊海運題奉
欽依專責道臣總理則登州一道最為緊要之官
吏部先所推給事中李成名至今未奉

俞旨臣部恐轉運遲悞務咨該部議以原任登州
知府今陞山東驛傳道副使陶朗先調補知其
前歲救荒曾身親經理海運事務也該部以銓
印尚封不便
題覆臣念事關軍興正擬疏
請而薊遼督撫又報海蓋道臣企礪病勢危篤遼
陽道臣顧頤以痰症暴故矣撫順既陷遼瀋之
間不絕如綫稍折而南則金復海蓋諸州脣齒
相依憂在震隣如此特勢道臣日夜拮据猶恐

不給乃病者故者一時湊合至委廣寧理刑官
以署道此豈可使聞於奴酋哉日来遼左募兵
僅僅滿萬恐未足補撫順覆沒之數所恃以召
補軍馬董率士民使家自為守人自為戰者惟
道臣是賴因循一日則悞誤一日而銓印尚懸
誰為推補此臣等所以惶惶有
請也伏乞
聖明亟下吏部署印之疏遼陽海蓋二道
勅令該部照例推補併登萊一道亦即就近調用

庶治兵治餉分理有人岌岌危遼猶可撑拒爾
緣係遼事正殷道臣多缺懇乞
聖明立下署銓之命以速推補事理臣部未敢擅
便謹題請
旨
本年五月十二日
吏部一本為議調登州海道以便轉運事文選
司案呈奉本部送准兵部咨職方司案呈奉本
部送吏部咨為兵議漸有次第等事查得按察

司經歷係正七品之官或以左之似降授帶銜
别省俾管海運倘謂銜微權輕不便集事似宜
專
勑山東撫臣行濵海道臣總理于上令之似調度
往來召買催取等因題奉
聖旨是海運重務還着督臣行該道總理欽此欽
遵合咨兵部煩為欽遵施行等因到部送司案
呈到部看得遼左軍興計先足餉登州海運一
節業經題奉

欽依專責山東撫臣行該道總理則登州一道最
為喫緊乃該道員缺雖經吏部以吏科給事中
李成名陞補尚未奉有
俞旨查得該省驛傳道副使陶朗先原任登州知
府四十三年該省大荒登萊二郡俱告饑於遼
海運一事此其身所經理者也合當將本官改
調登萊海道就近總理海運其原推登州道李
成名即改本省驛傳道似屬兩便相應咨議題
請等因到部送司案呈到部看得兵部咨稱該省

驛傳道副使陶朗先調任登萊道總理海運原
推登州道李成名改驛傳道一節為照海運之
議專責道臣庶幾統轄有所稟承督率便於趨
事矣然非旦夕得人豈能急救燃眉該道先任
登州曾告糴於遼以海運濟東人之急今以之
改調登萊專管海運則駕輕就熟既裕成算於
胸中且朝
命夕趨無誤轉輸於目下既經具疏前來相應題
請合無將山東驛傳道副使陶朗先改調登萊將

原推登萊道李成名改補山東驛傳道副使併
賜
俞允恭候
命下本部給憑仍移咨該部照例請
勅行令各到任管事施行
本月十三日奉
聖旨是

萬曆四十六年五月二十三日
山東巡撫李　一本為仰遵
明旨酌議海運事宜懇乞
聖明俯賜採擇以安內地以重軍需事准兵部咨
該薊遼總督汪　揭前事本部覆議內稱移
咨遼東撫臣暫弛海禁以通登萊之糴或令登
萊士民運粟至遼聽其自為糶賣或遼東差官
往糴即用新餉以充糴本仍移會東省撫臣借
發遼左欠餉数萬兩委登萊府佐各一員雇船

糴粟再選武職數員督兵領運止許裝載米豆
不許夾帶違禁貨物緣由奉
聖旨海運糴粟餉遼深為便計依擬作速行運糧
官就着吏部題補欽此又准戶部咨同前事又
准吏部咨奉
聖旨是海運重務還着撫臣行該道總理欽此俱
備咨到職為照奴酋犯順撻伐方張飛輓之資
責於內地上奉
宵旰之懸下切啓齒之思凡為臣子敢有後期其

中應動錢糧及應議事宜職自登還省道路諮詢及與司道諸臣面計再三敢為
皇上陳之一曰議本折查得運餉一節先准部咨動遼左欠餉續准部咨議動香稅贓罰盖念東省大祲欠餉之難驟完也所調劑於軍民間者可謂備悉矣及據布政司呈稱泰山香稅昔年約入四五萬兩不等除修城操賞軍餘衣鞋門軍月糧孤貧布花公費工食文武二塲支用外餘一萬六千兩解部值四十三年年荒盜起香客稀少每年解止六千至一萬而止不敷常數之二三如各款正費或那借於他項或暫寘以候支自四十二年冬季以來并未解部盖無銀可解非有銀而不解也又查兩院贓罰按臣畢懋康解過四千兩其新按臣尚未奉
命入境職贓罰除解過二千兩外止見在一千一百六十三兩八錢零為数不多似為無濟及查本省拖欠遼餉四十二年以前兖東青萊登五府全完惟濟南府欠三十八年四十年銀四千

六百九十二兩零係灾疲霑化及商河所欠見在帶徵其四十三年拖欠銀兩奉
旨停徵大祲之後難以追併惟四十四年兖東青萊登五府俱已全完濟南府未完銀二萬二千三百七十三兩一錢六分零原係四十五年壓徵年分見在委官起解四十五年分兖東登三府全完濟南府未完銀四千七百五兩一錢零青州府未完銀一千八百四十三兩七錢零萊州府未完銀七千一百三十五兩一錢二分皆係四十六年壓徵年分亦在開徵該職與司道議將四十四五六年分所完錢糧濟東兖三府近京者解銀而留青萊登三府近海者以為糴本解米今查青州府報到銀六千八百七十七兩八分四釐七毫二絲萊州府報到銀一萬七千三百七十兩二錢七分九釐八毫七絲一忽五微八纖登州府報到銀一萬七千四十五兩五錢四分三釐九毫六絲六忽六微以上三府共報到銀四萬一千二百九十二兩九錢八釐

五毫五絲八忽一微八纖並係遼餉俱應留作海運其非係遼餉者仍行解京以遠近而分本折蓆銀米齊運有濟於遼職等議定即以通行各府遵照解運此本折之當議一也一曰議船隻備查二十五年征倭舊案俱用淮船遼船及本地塘頭漁船隨至沙門島本地船板单薄者多有傷壞止揀修板厚者運之本年赴淮安及南直等處造船五十隻并舵工水手月餉共銀四萬五千兩戶部該銀二萬八千五百兩兵部

該銀九千兩工部該銀七千五百兩又於二十六年造船一百隻共銀九萬兩戶部該銀五萬七千兩兵部該銀一萬八千兩工部該銀一萬五千兩俱於解部京庫料價馬價銀扣除茲國用方詘而運糧數少職且不敢輕議但職在登萊之間遍詢海上云本地塘頭等船往來天津及濱霑內海素未入外洋一時應募頗覺趑趄惟云淮船最便但如往例打造則費鉅而無裨急用若得咨行江北撫臣量借見在兵船以運

糧而優給貲費殊為甚便又查今驛傳道副使陶朗先前任登州府通遼濟荒初用兵船數隻所載不過百石聊以先救一時之急而隨開海禁聽遼船之來每船所載可千石數百石者且堅牢有用茲登之兵船盡以載兵赴遼其運糧所用船隻除職等一面拮本地多方招商設處外仍須行薊遼督撫轉行海盖道將遼船盡數雇募來登俾載糧田遼一切雇值脚價於登郡糧內科筭定從優給則船大而運多况徵兵調

餉所以為遼計者登已任其十之七八止有運船一項責望於遼以為同舟之濟想亦難辭盖登舟不能渡海而遼舟見無別用接此濟彼情義當然此船隻之當議二也一議價值該職在登郡詢之市價每米官斗一石值銀四錢指目前而言如此若遼運多行則必增矣夏雨倘足則價日減夏雨不足則必增矣難以預定大約脚價在登郡以每石費銀一錢四五分不等共銀五錢以外俱須筭入米內總計一石價值脚

費若干遼左速定委官於旅順等處近海岍地方候船到即行收受而價值脚費一如所計總筭銭糧則官之輸納無辭商之領運有利而赴者自為雲集矣又聞此際遼陽金復米價與登萊止差一分是以遍招諸商不肯趋赴然遼左大兵行集其米價之增可不再慮而知者但須寬目前之升合以為後日之崇坊則在委官之收受發而所計價值寬也至於運糧成案有碾米之費有陸運抵海口之費有僱船之費有舵

工水手之費所費不貲須總筭入遠餉之内准其開銷或照二十五六年事例仍於戶兵工三部觧京銭糧酌量稍留以為費本俱循成案而為請者此價費當之議三也一議海防登州承平久矣兵不習戰窳惰其常兼以連歲大祲兵缺而未補船損而方修日者挑選一番盡其精銳以往援遼所存之兵止於九百餘名而每伍抽夫數人即列營操練殊不成覩一水之外倭虜交鄰内地之防踈玩已急矧海禁初開奸宄潛

伏各島亡命實繁有徒風聞遼左有一種江夷素為奴酋可掎臂使者萬一乘機截運不無震驚該職有疏請銀募兵猶未蒙允而目前運舟一發更有何兵可為防護茲聞奴酋暫退援遼水兵或且暫住金復之間進可為寬奠之聲援退可防運道之吭嗌又職發過兵船七十隻議令十隻在遼海岸其餘駕回若令每月更番來往亦彼此門戶之要策也但舟兵登岍每船止餘舵工兵士水手不足防護勢不得不為添募

則職有前疏籲請於

皇上矣此海防之當議四也抑職又有說焉今之海運與昔之海運事同而時異也昔當

國用充足之時而山東物力全盛故留用之銀既多功令之行易辦今部帑告匱而灾疹方新款留而不敢多留欵借而實無可借故全主於招商所謂商者非可法繩祇以利誘之耳而今登濟遼與日前遼之濟登又稍異蓋當日登郡大荒米價數倍於遼而今遼陽之米價尚平而有

待也且山東如大病之人甫離床褥方期靜攝
調護遂令以持殳備糗禦侮於外其能堪乎職
見青登萊三郡二麥有收深為加額而間有滿
目荒萊甚多棄利則咸四十三年大荒遺地也
民畏錢糧不敢耕種又聞雇募刈麥之人其值
反增於麥蓋死徙太多丁虛人乏之所致也目
擊光景深切寒心至於海運徃牒運到之數固
多而漂損之數亦復不少民聞之初未免疑畏
職沿途傳諭有司遍示百姓以招商厚值之意

其心方安竊念虜患棘矣師行糧從責東省以
運糧臣民之分義也不敢辭也而船隻則勢難
猝造脚貴則必欲從優脚貴不優則商船不至
商船不至則糧運難行然商船猶煩招徠而遼
船可徵淮船可借庶備急需方稱完策凡所條
議俱酌事勢民情兩為調劑必東方內安而始
得盡力為遼左外攘之圖耳伏乞
皇上勑下戶兵二部覆議
上請合無將職所議錢糧本折一款經行依照解

運外其運船一款必須一面咨行薊遼督撫征
取遼船一面咨行江北撫臣量借淮上兵船應
用其脚貴一節定從優厚或於本省遼餉內總
行支募或照二十五六年舊案於三部解京銀
兩內量行留用一二其海防一款允行添募則
民情一定內地無驚兵食雖煩不難竭蹷以從
事矣緣係仰遵
明旨酌議海運事宜懇乞
聖明俯賜採擇以安內地以重軍需事理未敢擅

便謹題請
旨
本月三十日奉
聖旨這海運事宜着該部速議具奏
六月初五日蒙
戶部覆照得海運之議始於科臣官　條陳
也其時登萊米石二錢其價甚賤一便也所謂
登萊水兵船隻順帶抵遼其轉運甚易又一便
也濟變而無節省可謂苦心長慮臣甚奇之方

題覆而薊遼總督汪　之疏至矣内議海運糴
米大畧與科臣相同隨該本部與兵部具覆而
兵部得
旨業已奉行矣後又據遼東巡撫李
題為逆酋勢在必勦兵餉時不可緩懇乞
聖明蚤定大計以誅元兇以杜永患事等因到部
通送到司查得遼撫揭内所云登萊米價與遼
陽金復米價止差一分乃雇船脚價以水陸共
筭每石約費二兩蓋此時登萊水兵業已渡遼

而萊海米價未知果否踴貴事在彼中恐難遥
度又呈堂咨行督撫急議妥當以便酌覆去後
尚未回咨又接山東巡撫條議海運四款内除
海防添募防範一款應聽兵部議行外其三款
一謂留青萊登三府四十五年分報完遼餉四
萬一千二百餘兩留作海運以為糴價一謂議
船隻咨薊遼督臣征取漁遼船隻咨行江北撫
臣量借淮船以為飛輓一謂遼陽金復米價與
登萊止差一分至於運糧諸費或照二十五六

年事例仍於户兵工三部酌量稍留以為盤費
是所議諸款亦見東撫實心任事極力勷
王者也今據兩撫所奏翻覆參互米價相若是較
之春時每石二錢大相懸也又水兵已去船脚
頒費至於一石而費至二兩則又相懸也為一
分之米價而費二兩之脚價智者肯為之乎項
咨東撫一面暫開海禁許民間販運濟遼一面
徐俟米價稍賤再為糴運目前遼左需餉甚急
可將前項米價仍解本部轉發餉司以便附近

糴買相應速議徑覆等因到部看得海運之議
謂可行者因其省而不費也彼一時也謂可已
者因其費而不省也此一時也總之纏衷殫赤
為
國持籌可無嫌於異同亦無分於甲乙也今山東
遼東撫臣題揭前來相應覆
請恭候
命下本部移咨薊遼督撫速行各道多行糴買廣
儲多蓄以備遼左軍需及山東巡撫海運事務

海運紀事

稍俟價賤為之其所議運船脚價原屬未定俟
行海運時另為酌定運價每石費至二兩似不
可行原報到糴價銀四萬一千二百一十二兩
餘可解部轉發餉司就近糴買庶費不煩而糧
可足矣緣係仰遵
明旨酌議海運事宜懇乞
聖明俯賜採擇以安內地以重軍需又奉
欽依這海運事宜着該部速議施行事理臣部未
敢擅便謹題請

旨
本月初八日奉
聖旨是海運暫且停止米價着轉發餉司就近糴
買
六月二十三日
戶科条看得登萊海運
國初山東一省芻粟布花之給遼軍率由此道近
職復倡是議者緣遼東緒匈發晚難知恐萬一
兵連不休糗糧踴貴戰難應所不必抑亦未雨

綢繆之遺意也乃兵部覆而得
旨該部覆而得
旨東撫親臨東郡料理許時甚且以新道赴任後
期至陸調陶驛傳董其事矣召商買米洎議遼
船准船業有次第忽以該部覆東撫一疏奉
旨停罷噫此何以解也將以為慮風濤之險乎海
船遭風失事非遇礁則遇淺惟善占候識迴避
者得之生員黃應琎熟此最久業受聘而仔肩
是役去歲東省荒從遼糴米拯饑舟遭於颶因

得黃生主持三運抵濟南顆粒無失則已試之
成效也將以為海道不可問乎由登抵旅順五
百五十里揚帆一二日可到遼志載之矣其由
旅順至金州衛志載陸路一百二十里而東撫
貽職書云旅順水路至三犋牛黑山島此島去
金州止離二十里已議運至此處但由此島至
金州由金至遼陽則聽彼中陸運耳似此海運
漸復有機乃該部之所以
請停者不過引遼撫揭云登萊米價與遼米價止

差一分雇船脚價以水陸共筭每石約費二兩為一分之米價費二兩之脚價智者不為此其說自有見顧職謬謂遼撫計目前者也職所計者久遠也

國家東偏半壁自腹而邊止靠山海關一線相通若登萊海運間關毋論倭虜兼防正可為該關不虞之備譬如

京師每年四百萬軍糈止靠漕河一水相通若河運之外兼行海運達

京師亦可為漕河偶爾淤塞之備且登萊海運在東則水陸之灌輸登州道為政在遼則陸路之接遞海蓋道為政前日之海蓋道夫非避難託病之金礪耶想金礪初聞議時即謂金州至遼陽六百餘里而遥不知何攢眉疾首一揭再揭告難於遼撫而遼撫又係木偶之李維翰係舉

朝所切齒痛憾而欲逮治之李維翰藉茅令維翰果計久遠乎遼安得至有今日也又東撫貽書稱登來至金價值脚費止五錢零由金至遼二三錢可達是每米一石共費不及一兩乃維翰揭云旅順至遼一人一騾止馱五六斗每一日口糧草料五分往返二十日該銀一兩二錢有餘合之登州糴運大約每米一石費銀二三兩此與東撫書何大相謬刺也以職細籌之一騾僅馱五六斗是矣若一車不可載數石乎毋論大騾車即小車計可載米四五石或雇民間車或造官車一費永利止給推車人飯食此不當如東撫議每石二三錢可達耶頃直隸王按臣

有運道查核頗確一疏議運漕米從天津至山海關費僅一萬八千兩而該部議則十二萬兩議數多寡往往不同亦足互相發明已至按臣於海運停止則云遼左軍興尚無抵止儻日後倚辦不已而海上之方畧又將講求於時卒而試之又不如趁此查核有序之時即不能多應或姑先發四五萬以開運道不然今日廢格他日又從頭做起日復一日無敢下手海運之説徒為畫餅矣嗟乎嗟乎此按臣深長之慮也大

約實心幹辦虛心講求天下無不可為之事今日在東無難於水而在遼獨難於陸致已委之官已招之商已募頭運之船突爾報罷於維幹之一語以該部往復商榷及東撫躊躇一片苦心盡付流水他日儻再覆議起似難猝辦然既

奉

旨暫停已矣勿復言矣但此段議論不可不留於該部或俟遼左兵齊米貴時另為議運或行新海蓋道將車載陸運之法細心講究俟異時題請每歲姑運糧一二萬石借此令東與遼血脉貫通以為有備無患之計是或一道也抄出存之

又

戶科援揭到

部看得登萊海運奉

旨暫停蓋以遼東米價與山東僅差一分而脚價又太費今日停之誠是矣但有議論不可不存

於

貴部者如前日小抄中有云遼撫稱一騾止駄五六斗獨不思一車可載五六石乎蓋為騾貴多而車貴或省此出揣摩臆見然未知遼東果否有車曾否於用兵之際將車載米也忽檢篋得禦倭事宜一書與海運圖說一書皆為邢經畧崑田征倭奏捷後所著此已試成效正與今日可互相發明蓋今日議海運於登萊毋非在山東則登州開運在遼東則金州接運兩端耳請以二書所刻摘出原文二欵證之其一曰山東歲派運糧二十二萬石仍限歲必四運運必六萬石徑赴朝鮮義州鎮交卸先募淮船三十隻續募浙直船各二十隻每船裝米五百石於登州備倭城開船歷長山沙門等處以達旅順歷玉川沙河等處以達彌串每石共用脚價二錢四分此言山東水運也夫彌串堡屬義州鎮由旅順至該堡一千一百里由登州至旅順五百五十里合之共一千六百五十里夫二錢四分之價昔日之水程一千六百五十里若僅僅若此而今日之由登至旅順纔五百五十里者

價又可知則登州開運之一證佐也其一曰遼東歲派運糧二十八萬石分守道開原道俱陸運先議買騾用步軍趕運後以騾運不及查邊堡修工牛五百隻借取馱運隨牛軍夫日支三分借用官牛日支二分五釐海蓋道三時水運冬月陸運水運則查取官民船自金州至義州七百餘里每石民船脚價銀九分官船半給陸運則於所屬城堡借取排車二千輛每輛運米五石用牛三隻軍夫二名工食草料與前遼陽

分守道支給之例相同此言遼之水陸並運也今金州距遼陽若由水則自金入三岔河用海船撥至海州由海州陸路至遼陽一百二十里若由三岔河遡流而上至浮橋口下載則西及廣寧東及遼陽為尤便夫水路民船九分官船半給自有朝鮮故事但水路得之口授無書可考若以陸論倣當日之用牛駕車牛三隻以每隻二分五釐扣該銀七分五釐軍夫二名以一名三分扣該銀六分共銀一錢三分五釐以每

車一輛運米五石扣每石止該銀二分七釐全之七百里運義州者此數料全之七百里運遼陽者亦此數則金州接運之又一證佐也今東方大祲之後募船買米恐涉驛騷而遼又米值頗賤果應停運但成書具在偶得寓目不勝躍喜敬録呈以備異日之參考焉謹揭

蒙

戶部據揭咨行

山東軍門李　本部送司查得海運一節先已

移咨東遼兩撫商確停妥以便酌覆去後俱未回覆又聞登萊米價比先日踴貴登萊米石與遼陽米石止差一分而脚價太貴不貲况遼米甚多因是議將原議米價銀四萬一千二百餘兩即解遼東作速糴買俟秋成米賤再為計議開運俱已奉

旨通行今據遼東經畧備言水陸艱險兼金復海口無堪用之船而遼陽開鐵有盤撥車牛之累且三石之費僅得一石之實要將山東原欠民

運速解至遼就近召買以目前而論海運似可
暫停至於戶科抄揭謂遼事結局難期萬一兵
連不休糗糧踴貴或候遼左兵齊米貴時另為
議運或檄行新海蓋道將車載陸運之法細心
講究俟異時題
請又據征倭海運圖書謂登州開運及金州接運
其地里脚價俱有成數可查此深遠之慮亦未
雨綢繆意也與本部先日題覆米價踴貴暫止
米價稍賤即為糴運其意相同今已秋初聞山
東大熟其價似平而遼東經畧又適有咨事屬
遠方非可懸決合無再咨山東遼東各撫院作
速從長會議妥確咨覆過部再為裁酌案呈到
部合咨前去煩為查閱抄揭及咨文內事理將
海運事宜與遼東撫院移會妥確如近日順求
巡按王御史題天津海運一節脚價甚平而又
不煩部處業已具
題行矣今遼東米賤海運雖暫停而將來宜卻顧
或遼東大兵雲集米價漸翔或登萊秋成如果

大收如果價減則當糴運務求省便務求餉足
總關封疆之急
社稷之憂實心任事之臣定無分爾我無生芥蔕
總以固封疆而安
社稷為務俱要預先度量諮訪其糧價及一應口
袋船車等項逐件議妥咨回過部以便定奪其
遼左民運銀兩前報四萬一千二百餘兩外及
有已徵在官者盡行起解希勿遲緩施行

欽差整飭登州海防總理海運兼管登萊兵巡屯
田道山東等處提刑按察司副使陶　為疏商
濟運事案照遼左告警議通海運官司自運兵
糧民間許通貿易已經出示曉諭不啻三令五
申矣今接邸報奉
旨暫停海運是蓋暫停官運非停民運也仍恐遠
方商賈慕義來登者未見
明綸傳聞失實中途躑躅裹足不前深於遼事有
悮擬合再行申諭為此示仰遠方商賈人等知

悉有能慕義願出資本自備船隻糴糧來登者
許赴道報名填給執照運至遼東聽其隨便糶
賣以濟軍興事竣繳照查其販糴多寡照例獎
賞如運糧二三千石者給與冠帶免其雜差五
千石者
題給冠帶建坊免差萬石者
題給實授職官與建坊旌異但不許各商裝載
禁貨稍販子女如違取究不貸須至告示者
萬曆四十六年六月二十日出示

山東等處提刑按察司整飭登州海防總理海
運兼管登萊兵巡屯田道副使陶　為遼米已
運復停餉金既散難聚懇乞
題請以便奉行事該職未任之先於閏四月二十
五月初三等日奉
軍門准
戶二部咨為兵議漸有次第餉議尚無着落等
事令將遼鎮欠餉糴買米豆由海裝運以濟遼
左軍需又准布政司照會亦同前事內開奉

本院批據本司呈詳蒙批濟兗東三府銀兩即
委官起解青登萊三府銀兩留作運糧資本候
移咨
戶部行繳隨於五月十八日接邸報
吏部准
兵部咨將職改調登州海防總理海運該職隨
於六月初三日到登交事即日檄行登萊兩府
轉行州縣將遼鎮欠餉已徵在庫者作速發銀
糴糧限日搬運上載未徵得銀者即便借動倉

穀計日碾米先行發運候徵銀完日糴穀還倉
務期十日之内先發頭運以濟急需去後随於
本月初十日據萊州府報稱倶經借動倉穀碾
米惟是離海稍遠脚費稍多姑俟登郡頭運發
行之後再試運費或望可㳙分毫因将萊府米
豆挨作二運即将登州見在米豆提作頭運隨
據僨運千總黄𠑽恩揭稱招遠縣碾得遠米五
千石雇有董萬春董養志王煥王雲鷺等塘頭
船七隻見在東良海口并桑島等處上載文登

縣米豆共三千八百七十三石一斗三升雇有
衣文通劉仲時李江王守禄遼船四隻王克勤
李自昇等淮船三隻見在劉公島雙島等處上
載黄縣米二千五百石雇有糜梓淮船一隻陶
延賞遼船一隻姚龍孫學緒萬策等漁船三隻
羅大張世武等島船二隻見在黄河營桑島等
處上載福山縣米一千石雇有朱繼田王永珏
王九功王道隆劉崇勛陶守邦等漁船七隻見
在八角海口上載寧海州米五百石雇有劉進

表唐百萬王效武等遼船三隻見在養馬島上
載蓬萊縣米五百石雇有張和遼船一隻王化
東漁船一隻見在山西口上載隨據登州府及
登州府管糧通判張鳳翔各禀報相同職業刻
期於十六日出口十八日開洋先期已令黄𠑽
恩於本月十一日賫職公文并印烙斗斛及船
隻字號載糧數目冊移關海盖道遵照
部咨議於金州交卸去後乃於本月十五日接
得邸報該

戶部覆奉
聖旨是海運且暫停止米價着轉發餉司就近糴
買職即欽遵将前項各船米豆仍復還倉停止
外竊照東三府遼鎮欠餉積有四萬一千有奇
此時遼左告急得寸則寸即微停運之
旨責令盡数括解纓冠鄰鬭之誼敢不勉旃要謂
之欠餉則皆拖欠在民之數非見微在帑之金
也欲責欠餉以弭庚癸之呼無異指西江而慰
轍鮒矣然而職受事七日所督發登米已得一

萬三千有零徑堪海運萊屬雖未上載而報碾
之數亦不下四五千石者以登萊近歲頗收民
間且聞遼餉用米而不用銀故灌輸速而子來
衆卽當事者亦不難以在倉之粟抵為運餉之
需也今欲將米價轉發餉司糴買恐已發之價
旣經糴碾今又發糴以易銀則時日之濡滯恐
悞軍機若欲那借別項以解遼銀則帑藏之罄
懸無能點鐵合無除將青州府報完銀六千八
百七十七兩八分四釐七毫二絲照數起解萊

州府雖經碾米然係借動倉穀者責令併照將
銀起解外如登州府業已糴過米豆一萬三千
三百七十三石一斗三升連水脚在內實用過
餉銀七千八十七兩七錢五分八釐九毫此米
而未經停運遼且得米卽同實得此銀之用今
此米運而復停遼不惟不能得銀抑且不得此
米之用矣及查登州府應解遼鎮銀額該一萬
七千四十五兩五錢四分三釐九毫除前項發
糴銀七千八十七兩七錢五分八釐九毫存米
在倉或糴或運聽候酌議便宜其未經發糴銀
尚有九千九百五十七兩七錢八分五釐應作
遵
旨解遼之數雖係欠餉未盡徵收在官職不敢不
悉心催督以佐軍興之急也唯是餉米餉銀方
圓並畫若不申明具
題聽候
廟議仍恐責職運米而米不全責職解銀而銀不
足遲悞軍需無所逭罪為此理合具呈請乞

台裁緣係糴運動過遼餉懇乞轉
題以便奉行事理本道未敢擅便擬合呈請為此
今將前項緣由理合具呈伏乞
照詳施行
一呈軍門　一關海蓋道
萬曆四十六年六月二十三日

山東等處提刑按察司整飭登州海防總理海運兼管登萊兵巡屯田道副使陶　爲遼米開洋難挽謹陳海路便宜以免違悞事該職先於六月二十三日因海運奉
旨暫停具有遼米已運復停餉金旣散難聚一詳
上呈
本院大槩謂初時職見海運一事出自創開無非以遼左待餉艮急而陸運不如水運之速也故不憚征繕以副

明命到任八日已得米豆一萬三千餘石俱經上載刻期開洋所動過遼鎮銀共七千八十七兩七錢五分八釐九毫已於六月十一日將斗斛印烙給付價運千總黃僙恩齎職關文移會海蓋道交卸去後隨於本日准布政司照會抄蒙本院案驗據海蓋道金勵呈稱由登萊運至旅順起旱不便欲令登船直抵三岔河其說難通方擬駁正具呈請詳而本日接得邸報奉
聖旨海運暫且停止米價着轉裝餉司就近糴買

職惟欽遵一面收回遼米解散人船將米易銀以還遼鎮海蓋道三岔河之說即寘之不問矣無奈大海浩蕩波濤迅速已開之船或追之而不能即及已及之船或欲返而尚須候風且所雇淮遼等船皆一時烏合之衆所領雇價俱修艌并食費大半無存無論難以追取即招之使回彼且依違海中而不相用命也因思遼之所以急欲得銀者謂銀之解裝快便耳又思遼之所以不欲得米者謂米之腳費甚多耳今銀已

糴米開洋欲追回變價還遼尚費幾許講張是得銀反遲於得米也及查海運原議登州止運至三犋牛起剝二十里至金州城而止金州去遼陽稍遠陸路腳費頗多初海蓋三岔河之說雖屬難行若登人猶仍三犋牛之說是遼雖受米而得米猶遲且遼撫計算腳費每石費至二兩所費遼銀誠多也今查海路另有一途自登開洋不入旅順惟望鐵山西北行至羊頭凹至中島至長行島至北信口至兎兒島至深井至

蓋州套即於蓋州套灣泊該道再撥漁遼等船
由水剝運一百二十里至娘娘宮起陸至廣寧
一百八十里至遼陽一百六十里蓋遼左所苦
之陸路登船業盡以海路代之雖不經由三岔
河而舊海蓋道所執三岔河之路亦在其中矣
夫路遠則船價亦增然費於水則必省於陸計
其所費每石連糴連運多亦不及一金少則尚
在八九錢之內也或者亦不為過費乎統計自
開洋而後海路三千餘里風順布帆半月可達

遼誠急於得餉即當樂於得米遼而不欲得米
當即以此米糶之於遼而易銀於遼耳唯是海
中之風浪靡常難保其萬無一失而登人之涉
海良苦倘非發運在前奉
旨在後萬萬不敢為遼左肩此擔也但此既有運
彼必有收海運經歷左之似雖已先期往遼酌
量收受誠恐奉
旨停運之後彼中不復知有此運矣倘舟泊海中
掃無交卸則貽害匪細為此瀝情再懇伏乞

移咨
遼左三院檄行該道預撥漁遼等船剝淺並岸
并撥牛車接受陸運廢遼之得米即如得銀而
登之為遼不異遼之自為矣緣係遼米已運謹
陳海路便宜事理本道未敢擅專擬合請詳為
此今將前項緣由理合具呈伏乞
照詳施行
一呈軍門
萬曆四十六年七月十三日

發運遼餉祭海文

維

萬曆四十六年歲次戊午七月丁亥朔越二十六日壬子

欽差整飭登州海防總理海運兼管登萊兵巡屯田道山東等處提刑按察司副使陶　敢昭告

於

勅封靈應護國祐民明著天妃東海氏之神曰惟

神至德淼穆幽玄憑雄作鎮滌日盪天維予不敏昔牧茲牟洊罹饑饉告糴鄰陬兵艫商舶無懟蛟蚪是用粒食維

神之庥辭

神而西歲甲未半逆酋稱兵

聖明宵旰錄予前愆載仍舊貫戈盾既發芻糗俱從維茲樓櫓時憑爾功願曜若禾毋驚鼉宮南箕歛舌西畢收啌東極之杪島曰連雲蜎蜷鰌蜃接遝纍猶我舟所集此焉是羣維

神威爽茂俾紛紜既達遠海斯倉斯箱願毋呼癸

願毋乘鄣狡酋繫頸

皇靈丕揚軍無拾稗道有遺粮勿揭彼柄以驕我疆民亦勞止寧俾小康

神乎有心碩予之將尚

饗

萬曆四十六年八月十九日
戶部一本為遼米開洋難擬謹陳海路便宜以
免違悞事山東司案呈奉本部送准巡撫山東
李　咨據海防道副使陶朗先呈稱海運原
議登州運至三犋牛起剝二十里至金州城而
止去遼陽稍遠陸路脚費頗多遼撫計筭脚費
每石二兩似乎難行今查海路另有一途自登
開洋不入旅順惟望鐵山西北行至羊頭凹至
中島至長行島至北信口至兎兒島至深井至

蓋州套即於蓋州套灣泊該道再撥漁遼等船
由水剝運一百二十里至娘娘宮起陸至廣寧
一百八十里至遼陽一百六十里是陸運不過
百餘里每石連糴并運多不過一兩少不過八
九錢之內也等因到部送司照得初議海運每
石除糴價外費脚價二兩今連糴并運共費一
兩其便一初議海運至旅順灣泊至遼陽陸路
七百里今改於娘娘宮止一百六十里其便二
初議海運須借遼船而遼撫謂船破難用今止

雇覓商船其便三初議海運登遼米價止差一
分而今登萊大收米價甚賤其便四然非該道
實心任事親涉風濤能於浩淼之中而尋捷徑
之路安得容易節省之若是今已行一次則輕
船熟路勢屬可行而秋收米賤時又當行矣案
呈到部看得海運原屬便計但初謂米石二錢
其價賤水兵順帶其脚價甚省後因水兵先行
而始議借船及脚費矣又因借船脚費而覆議
留部解矣在遼撫則謂遼米與登萊價相若而

脚費至拾二兩不如就近糴之便經畧又謂遼
船倏破難用不如解銀則一石可抵三石尤便
各持甲乙未可懇懸且厝處之難真若佛面刮
金故慎費節浮有若針頭削鐵豈得已哉因是
一面移咨兩處會妥據覆一面移咨先開海禁
令商民與販至於海運暫止俟秋收酌議開運
庶為不悞已蒙
俞允今秋果收矣其價果賤矣而該道之苦心又
能節省矣是今之海運可不再議而決者也除

照舊令民興販外其該道濟川妙畧轉運長材
仍令盡心料理如米價何出船隻何雇脚價奚
資民間興販如何公私兩便務使遼粟充盈及
一應未盡事宜不妨確議舉行俟海運成效移
咨優擢庶海運費少而功倍矣伏乞
皇上俯念危遼與兵需餉之際
亟賜命下臣部移咨山東巡撫及薊遼督撫將海
運轉餉事宜速為料理施行
本月二十一日奉
聖旨是

欽差整飭登州海防總理海運兼管登萊兵巡屯
田道山東等處提刑按察司副使陶　為因海
運酌徵收以圖邊腹兩利事照得海運奉
旨通行遼左糧餉大半仰給於海上矣然海運止
責備於登萊而登萊年歲不能保其常豐運事
又未必其速結倘止彀本年轉運而不為預積
明年稍歉則價湧難支不但遼左重其費即登
萊亦受之餓目下穀賤妨農民間至有負載出
市市無一顧者又有因糴責完糧價賤不敷而
泥門遠遁者夫遼左方在望糧而登萊又苦無
糴此正兩利俱存之際計莫如乘此時令百姓
輸粟完糧不論起運存留一概准其上納米豆
如某人名下共該納起存錢糧各若干官票之
內即與分別註明以便銷筭不許拘定遼鎮納
米別項納銀亦不許拘定存留納本色起運納
折色使百姓支離難解反致影射溷淆如來納
米者每官斗一石加貴二分以激其趨事之勇
其有願納銀者聽如近海州縣遼銀納米溢數

自有不近海州縣納不及数者可以抵之如其州縣起存收本色多者則自有某州縣收折色多者可以抵之如本年本色米豆收貯過多則明年價貴即盡收折色以抵之蓋糧價莫賤於今年惟要及時收積明年而仍運則雖穀貴而我地無騰湧之虞更可以其節省者增遼左之軍需明年而不運則即以積儲為平糶以充起存之用尢可以其盈餘者實内地之倉庾其法蓋欲藉海運以蘇登萊粟賤之困又欲藉輸粟

以省民間糴貴之艱乃因餉遼而利登萊非驅登萊以事遼左也至於收糧之法又比收銀不同收銀舊有成規銀櫃設之邑門守以櫃夫督以正官便可完事若輸粟而令鄉村運入城中是重困也又欲正官周遍鄉村不能也不能遍而委之衙官佐領其輾轉經手守候折耗困又不可言矣當倣昔年煑粥之法酌量各鄉村数處適中之所或賃或造即為倉房選舉地方士民德行素孚身家温飽者立為收糧公正正副

各若而人印給官簿并串票及號准斗斛隨從民便有來上納者即照市集時價註定斗石升合之數即作收銀若干其價外加增之價亦即註於票内一樣二票一給納户收執一送正官收查而本項下数目即登記於號簿之上正官不時騎馬便衣騶至倏忽掣查有弊即為重處更換萬萬不許經由衙役之手蓋德行温飽之人與納户非親即友勢不能張威巧取且各保身家恐防告發亦不敢生事害民而附近收糧

民免奔馳又分投於各鄉并免守候此法似為省便然此特大畧也若夫悉心體恤經畫周詳各屬各有所宜又在良有司加之意耳倘其好逸惡勞巧營善避利於火耗之入橐而托言於民不願輸糧甘為雀鼠之侵肥而揚言於運糧須有加耗因而染指者本道自能覺察即當轉

報

部院即以白簡從事三尺孔嚴不敢狥也合行預

為申飭為此牌仰本府官吏照牌事理即便轉

行所屬州縣掌印正官一體查照着實舉行各
具奉行緣由報道查考慎勿故違未便
一牌行登萊二府
萬曆四十六年九月三十日

欽差整飭登州海防總理海運兼管登萊兵巡屯
田道山東等處提刑按察司副使陶　為酌量
遼銀筭定遼米以便徵收轉運事查得登州府萊州府遼鎮銀每年額該一萬七千四十五兩五錢四分三釐九毫遼鎮銀每年額該二萬四千五百五兩四分六釐六毫七忽一微八纖七塵每米一石大約價
以三錢八分為率登州應糴遼米四萬四千八百五十六石六斗九升四合四勺七抄萊州應糴遼米六萬四千四百八十六石九斗六升四合七勺五抄五撮七圭五粟五粒如今年專收本色不論起存俱收
米要收兩年之米以防明年米貴登該共收八萬九千七百一十三石三斗八升八合九勺四抄除棲霞一縣離海窵遠免議外其近海蓬萊等七州縣萊該共收一十二萬八千九百七十三石九斗二升九合五勺一抄一撮五圭一粟除高密一縣離海窵遠免議外其近海掖縣等六州縣相應酌定徵納
為此牌仰本府官吏照牌事理文到該府即便
查酌近海七六屬各額徵應得遼銀數目定限今
冬共要完米登州六萬石萊州十萬石不論收糧或糴碾限
於十二月十五日以裏通完具數報道以憑調
船發運施行毋得違錯未便須至牌者
一牌行登萊兩府

萬曆四十六年十月初九日

登州道　海運摘抄　日二

山東等處提刑按察司整飭登州海防總理海
運兼管登萊兵巡屯田道副使陶　為遼米開
洋等事據登州府呈蒙本道憲牌前事照自頭
運發行之後節據把總畢元廣等揭報自北信
口以北秋深水落隘口沙淺大船難行惟塘頭
船及小遼船輕小可進淮船稍大止宜夏天等
情在案為照海運奉有
明旨春運在邇募船為急查得塘頭船小遼船最
為難得但計每船止裝運三百餘石水脚神福

登州道　海運摘抄　月一

約共雇價每石一錢七分合而算之兩次雇價
即可造小遼船一隻矣及審原來拔荒遼商匡
廷佐稱能往遼打造如先打二十隻應用不過
四五十日之工而造費亦不過每船三四十金
則兼此隆冬停運之時兼程成造事半而功倍
固甚便也但造船之處越隔登遼須差的當員
役齎金齎文當官置買木值雇力撑駕方免夾
帶疎虞等弊合行查議為此牌仰本府即便從
長酌議要見轉飭援遼雇船造船何者省便悉

心計議如果可造每隻工料經費若干應動何
項銀兩成造應委何官督理匠役應出何地工
食作何支給逐一議妥火速報道以憑施行等
因牌行到府蒙此該本府看得遼事非一時即
已之役則海運亦非一歲可結之局所需船隻
在雇覔固屬不勞而簡之權在打造亦為一費
永省之策今擬匡廷佐所開具手本一船約費
一百四十餘金用之初運似覺太奢然用之二
運三運以至二歲三歲則所省不貲矣事已猶

剩一船可充別用計無便於此者茅造船二十
隻當用銀三千餘兩庫藏如洗遼鎮又不敢擅
動轉盻冬盡春初去發運之日幾何時也事在
燃眉或於大曠及民屯銀內借用合候轉達裁
奪批發以便委官領造緣由具呈到道擬此該
本道看得登萊轉餉奉有
明旨勢難再停而運船東方絕少盡皆取辦淮南
淮上船隻雖自不乏而身大底平板薄釘稀止
可行至三烔牛而止矣如近日新海路蓋州套

北信口一帶經由各島涉歷暗礁且收口安泊
島口甚隘即今頭運糧船輕小如塘頭船者俱
能進入北信而淮安雇來者俱望洋不能自前
迫至阻礙不行欲向遼左雇船撥剥遠不能濟
既費時日又有不虞且以雇船水價計之雇淮
船一隻三次之價可造遼船一隻而淮船到彼
又須遼船撥剥則何如即造遼船應用之為便
也今擬該府詳稱造遼船一隻約費一百四十
餘金造船二十隻須銀三千餘兩一時帑藏空

虛徑動再無補法即遼鎮正項亦難驟動三千
合無准照該府所議於大曠民屯二項借動三
千兩先將一千兩選委廉能官一員押同匡廷
佐前往遼東置辦木料糾集匠工先行打造留
下二千兩俟報有工程次第再委廉幹官陸續
解給定限於兩月之內報完應用所借動銀兩
應照雇船規則每石一錢五分且先以裝運糧
石數目每運一次即扣一次扣出水脚還庫清
還借帑還清之後徑可直省雇價所省已自不

費而事畢之後又可變賣此船以益遼餉之用
似屬一勞永逸事半功倍之舉也合候呈詳允
日備行該府准於大曠民屯二項銀內動支三
千兩內先發一千兩給與委官帶領匠役眼同
遼商匡廷佐前去遼東照數造船回登應用留
二千兩另項寄庫俟工有次第陸續觧用務要
成造精堅克資運務不許冒破草率虛應故事
違者委官參罰匠役究罪庶錢糧不致虛糜而
運舟咸得實用矣本道未敢擅專擬合呈請為

此令將前項緣由理合具呈伏乞
照詳施行
一呈　軍門
萬曆四十六年十月二十二日

山東等處提刑按察司整飭登州海防總理海
運兼管登萊兵巡屯田道副使陶　為仰遵
明旨酌議海運事宜懇乞
聖明俯賜采擇以安內地以重軍需事萬曆四十
六年八月初七日蒙
欽差巡撫山東等處地方督理營田提督軍務都
察院右副都御史李　案驗本年七月二十四
日准
戶部咨前事等因備蒙案仰本道即便會同布
政司將海運事宜再加查議即今登萊米價見
值若干近海州縣搬運至船用費若干買辦口

袋等項用銀若干如登州開船至某處交卸計
水程若干每石脚費若干連米價使費每石共
計若干萊州比登州稍遠脚費不同亦一體計
筭每石總該若干若大兵雲集米價漸翔至時
而較有無便利如果可運糴本應動何項載運
應募何船務求省便務求餉足所關
社稷無分爾我仍移文遼東該道將山東交卸地

方及彼處接收轉運事宜一併議妥通詳前來以憑會議咨部施行其前報完遼左民運銀兩及有已徵在官者盡数起解毋得遲緩蒙此又准 布政司照會并 分守萊州道手本俱蒙
本院案驗准
戶部咨同前事准此又准 整飭金復海蓋道
副使康 關蒙
欽差總督薊遼保定等處軍務兼理糧餉經畧禦倭兵部左侍郎兼都察院右僉都御史汪 案

驗准
山東撫院咨准
戶部咨同前事准此行間本年九月初一日蒙
督撫軍門李 案驗為遼米開洋難挽謹陳海路便宜以免違悞事本年八月二十四日准
戶部咨該本部題山東清吏司案呈奉
本部送准
山東撫院李 咨據本道呈前事等因備案仰道照依咨案備奉

欽依及先今咨案內事理即便會同布政司除先次運米該部已經另咨薊遼督撫衙門撥船至蓋州接運外該道極力苦心料理海運已有頭緒況腳費甚省尤見其能乘今秋收價賤該部先日咨稱酌議海運本院已經備行查議去後尚未前來即今正當其時該部業已具題得
旨該道將海運事務趁今秋收速為料理頻行連運其米價船隻一應費用等項及未盡事宜查照前行作速議妥一併通詳前來以憑會議咨

部施行一面仍舊開弛海禁令商民興販公私並運務使遼餉充盈以收士飽馬騰之效事完該道優敘勿得遲緩蒙此本年九月十四日又
蒙
本院案驗本月十一日准
戶部咨同前事案仰本道即將海運事宜作速從長酌議妥確呈詳前來以憑咨會施行頭運既行二運三運自當相繼而行不可有間直至隆冬方為暫止開春即行不必又議庶日後大

兵雲集遼左無乏餉之虞矣蒙此已經備移
布政司并　萊州道查照知會及一面轉行登
萊兩府查議去後今據登州府呈稱看得智士
不後時而集事達人尢先期以圖全故唯審已
乃可濟人而欲慮終必先慎始海運一節開而
停停而復開令人靡所遵守先是報停之時本
道高識遠見意其必開今已果如議矣又何須
問道於盲也第就今而議有難之難者蓋向來
海禁甚嚴只恐有違禁之物逃移之軍已耳今

若明示以商賈往來則禁物其小者也逃竄之
軍士繼之矣逃軍其細者也失機將領隨之矣
將領猶其末也恐奴酋之奸細因而乘間偵探
之矣夫且不難潛匿於遼陽鎮城之中夫且不
難驀越於山海黃土界之外則乘機附船糾合
島寇勢所必有何以防之此海禁一開恐於登
有害矣唯是止於運餉濟遼則須有通海而不
弛禁之一法合無將稽查遼船或制選淮船三
五十隻或百數餘隻編以字號以便近查樹以

旌幟以便遠望按號挨幫分領有人統押有官
只許此船運糧而又上糧有查覈卸糧有盤驗
雖大洋之中難以順序第約於某處會齊某處
報數於腳價之外許其量帶布帛食用器皿之
類發單給照以便查驗此外並不許無號之船
私自往來在登以總鎮任之在遼以協守任之
而本道與海蓋道彈壓其上則庶乎其可耳若
云海運一開於遼最便無論糗糧即一切硝黃
皮鐵竹羽之類不可勝用夫此等正是禁物則

在遼執海蓋道批文合用某物若干某物若干
赴本道投下本道差人照單置買數外不許夾
帶禁物隨船關送則無論私物難容彼私人亦
不能偷載矣此非臆說也蓋日者已有遼船載
過遼東商人數隻揚帆飄洋而去守墩官盤詰
不容防汛船追截不及是海禁未開先作此弊
業已見於前事矣而可容輕忽耶至於運糧聞
頭運已抵遼矣轉盼十月風高水湧二運三運
恐不能及謂宜將此兩運事宜乘此冬時料理

或糴或碾運赴海口候侯春初即行然而脚價船隻則從何出辦也前者脚價即出於餉銀之中今議欲於此外議之則庫藏空虛又無黃白之術何以處給此項須在上裁非職之所敢輕置喙也若夫護送之船尤為喫緊本道前議募兵六百餘名乃補援遼水兵之數以資防守本境未可撥令護運抵遼也似當另議預為備辦以便臨時差遣再照旅順見海蓋道近議添設協守料理則彼處有任矣竊恐奴酋多彼倘其

奸細探知我登運糧濟遼糾同島寇來絕餉道事有或然矧前青州安東之間見有海寇船不下數十隻衆不下數百人在海則截商登岸則刼舍此等海寇實繁有徒即無奴酋勾連聞知運糧亦恐群起中洋作梗且奴酋曾有烏龍江造船之舉若彼此結連尤可慮矣故雖有護送兵船宜擇一贒官統之須移會總鎮暫駐鼉磯島遥為節制則先聲亦可以奪人之氣候糧船盡數過島移文彼處協守及速報

軍門并本道查考若是則無論在岸在洋各有分任其責者而可保無虞矣職所謂好成事而不失事圖善後以保萬全者此也抑職更有一得之愚列為五議伏候台裁一議糴本應動何項夫頭運糧米動遼餉銀六千六百餘兩運米一萬三千餘石剩銀一萬三百餘兩已經差官起解矣二運三運糴本舍遼餉而外別無可議者登州自大祲而後一錢一粟盡以濟民靡有遺餘近奉本道加意撙節積得粟豆十餘萬石

此升斗之水能濟遼左之急乎合無以本年遼餉一萬七千餘兩即動為糴本以遼之餉濟遼之急此非那移借支也米每石前議銀三錢八分今雖有秋米價稍減一聞糴買便為騰貴宜以三錢八分為率照時價糴買後即浮於三錢八分之外前後融筭如四錢以外即當移文遼左再為酌議或於遼事有濟也二議應募何船及水陸脚價夫北海之險不同於南海地勢使然也南海水軟而風柔巨艨小筏往來如織北

海風波時作白浪滔天且礁石礴峋觸之即碎以一葉之漁舟其能有濟乎須雇淮船重大可載五百石以上者其每石脚價以一錢五分為定矣但前議一錢三分至旅順口而止不過五六百里今運至盖州套娘娘廟其水程倍之止加銀二分見今已有後言但恐淮船聞風不來宜於一錢五分之外量加銀二分以勸來者其糴米州縣相去海口或六七里或二三十里或五六十里所需驢脚必取之民間不少議脚價

是以軍興而重累農民也宜於每石議添陸脚價銀三分酌遠近驗筭其脚價銀兩查無別項惟當於遠鎮銀內支給庶不煩措處而旦夕可應也三議廪給鋪墊等費夫海運蹈不測之險與諸差遣不同必熟諳海務者方可為之千總黄徹恩等既已身任其事矣此非額設之官素有廪餉者比也不量為優給以䘏其私何以作其急公之心頭運廪糧係本道設處然而不可為常也約計每淮船十隻為一幇以把總統之

以米五千石為准船小不妨加一二隻一運船五十隻以一千總理之千總每月廪給紙劄議銀五兩隨帶押船家丁四名每月各給工食銀九錢把總每月議廪給銀四兩隨帶押船家丁二名每月各工食銀九錢每船計看米夫二名每月各工食銀九錢春運以二月起至四月止秋運以七月起至九月止每運用千總一員把總五員家丁十四名看船夫一百名約費廪給工食三百八十餘兩每石加銀一分其鋪墊蓆

草計每船約蓆二百領價銀三兩秫草一百束價銀一兩每船神福一兩共銀五兩每石加銀一分共所用口袋五千餘條每條價銀一錢共銀五百兩每石加銀一分大約米每石價銀三錢八分水脚一錢七分陸脚三分官役廪給工食一分五釐鋪墊等費一分口袋銀一分是六錢一分可運米一石也夫成大事者不計小費況所用不多乎宜照數給發另有小費臨時議處庶公私兩不困也四議協守夫遼左震驚運

米濟軍不獨登州之事亦遼左之事也須彼此同心上下協力庶其有濟不然未有不敗者矣如使運米人役果于彼中生事騷擾何難以法繩之如借彼中之人搬剥指引又何難於協濟也或慮遼内漁船聞風遠遁議於每石六錢一分之外再加銀一分共銀五百兩作隨處雇覓搬剥脚價其在遼境聽遼之道協主之其在登境以登州總鎮主之每運船開洋之日彼處宜守羊頭凹此地總鎮移駐鼉磯島一以防私帶

之弊一以備海寇之發仍每船十隻用兵船三隻護送至卸載處所分為汛地各任其責庶運船可保無虞也五議折耗夫計得者必計失善始者必慮終萬全之道也今奴酋内訌人神共憤仰仗

國家威靈海若效順可保百無一失矣但羊頭凹北信口等處甚險難行或海颶驟發船糧損壞當事者持券而索將責之官償乎抑問之水濱乎若不預先請明恐臨時難以開銷或於每石

議加耗米數升或總計米若干石内減米若干石以防虧損之數但先事而議恐瑣碎難行不若以虧損之數行二協守查勘明確取具各船結狀計所失米石即為開除其遭風船户既不惜以其身飽魚鱉之腹後追其已償之價勢必不能即幸而得生其船本不下二三百兩所得雇價不過三五十兩亦仁人之所深憐也合併開釋俱免追補此亦防患未然之意也等因議詳前來據此又據萊州府呈稱奉行道將海運

事宜行准海防管糧二廳查議到府遂一覆加酌議臚列上呈伏候裁轉一議糴本應動何項該本府看得餉運遼米須以遼鎮銀兩為糴本本府所屬州縣歲額銀二萬四千五百餘兩先准廳議每斛斗一石四錢二分今秋米價稍賤每石三錢二分第貴賤不能逆料即後日騰湧而通融計算大約當以三錢八分為率庶於事體妥協倘至騰貴即當停運以聽遼左就近糴買為便耳二議應募何船及水陸脚價該本府

看得雇募船隻業蒙本道坐委運糧委官周評今又添差萊州衛候缺經歷劉一進督兵賫銀一千六百兩前往淮安募封淮船八十隻前來分撥州縣就近海口裝運抵至蓋州交卸登州每石議給脚價銀一錢七分萊州比登較遠每石連耗應議二錢使船戶樂於趋事至於陸路脚價在掖縣運至三山海口濰縣運至白浪河海口平昌二州縣運至掖縣海倉口地里遠近不一脚價多寡不同大約當如廳議衷多就

寡通融折筭惟膠州離該州海口僅五里許每石連耗脚價不過三釐零即墨縣至該縣女姑海口四十里每石連耗脚價二分四釐零以上六州縣通融每石連耗陸運脚價銀四分二釐四毫七絲五忽其膠即二州縣之米若再運至海倉口在膠州每石脚價一錢二分三釐六毫在即墨縣每石脚價一錢四分八釐零所費頗多則為避險計耳但淮船必由膠州迤東成山等島抵登州又自登州而西方抵海倉空船可

行則裝載似無不可行者且先年運餉朝鮮曾於膠即二州縣就近海口裝運抵至義州交卸船米保全無虞合將膠即二州縣粟米在該州縣就近海口裝運至於陸運或車或驢聽從民便多費或亦可省也三議運費應作奚資該本府看得運費船價陸運脚價委官等役廪工使費等項與米價幾居其半大祲之後庫藏若洗無可搜括勢不能取之於官更不可加派於民無米之炊豈能卒辦轉以措處之艱而令餉運

停閣何能濟急計惟米價與夫船脚諸費俱出於遠餉之中斯隨取隨足而於事克濟也四議廪給鋪墊等項該本府看得餉運遠米乃軍需急務也須擇善曉風色熟知運道者方保無虞先據海防管糧二廳所議萊州之米或以千總黄徹恩燕之此該廳長慮却顧之意但恐登萊二府開洋有遲早灣泊海島有先後顧此失彼似不能遍及即今運糧把總周評王誥先年餉運朝鮮熟識海道已堪佐理如或運官不足再

另行召選為便至於廩給工食薦草神福等項
本府前詳已議定登州近日亦議及筭本府先
議運官廩工等項銀數頗少設若拘泥前議恐
運官異日不無比例告援合無比照登州近議
事例每州縣無論米之多寡裝完船隻為一幇
用運官一員共用官六員每員廩銀四兩以三
箇月為筭共銀七十二兩隨帶押船家丁各二
名共計一十二名每名每月工食銀九錢共銀
三十二兩四錢每船看米夫二名共計一百六

十名每名每月工食銀九錢亦以三箇月為准
共銀四百三十二兩鋪墊薦草神福每船銀五
兩共銀四百兩登州議用口袋詢之先年運餉
朝鮮名色把總王詰稟稱遼船無倉必用口袋
裝盛淮船及塘頭船俱有貯米之倉止用鋪墊
不用口袋似應裁省如再用遼船所需口袋不
妨另置此初議也續奉本道撥行議增口袋二
千五百條每條銀一錢共銀二百五十兩至於
遼船揲斛前議及此勢不可少者每州縣置隨

船揲斛二隻共斛十二隻每隻用銀一錢四分
共銀一兩六錢八分以上通共銀二萬四千五
百五兩四分五釐三毫八絲大約正米每石價
銀三錢八分耗米并水陸二運脚價及官役廩
糧鋪墊薦草等項諸費每石攤銀二錢七分九
釐一毫六忽二微再加添用口袋每石攤該銀
六釐八毫總計用銀六錢六分五釐九毫六忽
二微可運米一石也以上欵開諸費似應照數
動支其掖平昌濰膠即六州縣收糧處所賃房

囤米諸費尚未申報前來難以懸坐合待申到
之日不妨臨時酌處五議沿途防護該本府看
得海運軍需係干重務萬一海賊生發深為可
慮先該廳議要每船十隻撥兵船三隻防護有
備無患但縁本府並無船隻查得登州水營見
有兵船合無行令該營官兵如遇萊州糧船到
彼照數撥發兵船防護或移文海蓋道照部文
原行撥漁船接引庶保無虞矣六議遼左分任
該本府看得東事之需運至蓋州套交卸彼中

盤剥勒索之奬難保必無運官難以控馭乞要
遼東管餉左經歷兼之仍聽海盖道同心料理
委官分任調度庶彼此不致推諉而餉遼有濟
矣各縁由呈詳到道據此該本道覆看得海運
之役雖旨纓冠隣鬪亦屬舎巳芸人於遼左未
必無裨於登萊不能無損故立法不可不備而
慮事不可不周也頃者頭運甫行百務草創諸
凡雇船募人收糴發運無一不出於傯遽無一
不出於權宜其苦有不堪殫述而其法有難必

行者矣於時頭運方行即有
停旨竊謂竣役之後登萊已可相安故不憚竭蹷
以完目前者權也今又奉
新旨二運三運相繼而行則所謂立法慮事者誠
不可不講矣如糴本之應動遼鎮額銀也運價
之即在遼餉内取給也運船之必雇於淮上也
運官運役之必須廩糧工食也水運陸運之必
須鋪墊脚費也此搬彼剥之必有折耗也大海
風波之必有損失也兩府之所見大約相同即

令遼左之為登萊計料亦不得不出此也就其
中折而論之糧價與時高下原不當預定致日
後膠柱難行及妨輸輓而兩府以米每石三錢
八分為率豆每石二錢為率則據目下之市價
耳使此内再有羸餘自當條分縷折運之遼左
以佐軍興之用使此外或有湧貴亦當因時制
宜商之遼左以聽行止者也水價自登州開洋
至盖州套每石銀一錢七分其中尚費宛轉萊
州迂路更多行至三棋牛巳抵登州到盖州之

路矣責俱到套視登量加三分庶得其平然查
之運道准之時勢自登到盖一路俱礁淺小島
多不過泊船七八十隻少者止可泊二三十隻
前者登州頭運量裝一萬三千餘石計船不過
四十二隻而一遇颶風苦無泊處今若登萊兩
府俱由此路船幾二百餘隻一時遇風勢無依
莌難保無虞况萊州自内海開洋其間險阻如
田横島白蓬頭成山嘴三山海倉等處艱苦異
常若今再抵盖州不但船無泊處抑且衆更徧

勞莫若俾登船仍至盖州套一如舊議而以萊船止到三犋牛交卸盖一則分道而行可免風波湊損之失一則交收及時亦可鼓舟人趨事之勇一則使運者之勞逸適均一則使收者之車驢次第也若夫内地搬剥上船之費登州止議每石三分而萊州議用四分有奇則海口遠近之不同自難强齊當如該府所議耳運米口袋乃為運糧到彼搬剥之用取其裝盛快便非為舟中用袋徒滋無益之費也登郡議製五千

而萊郡議為不必盖未慮及此耳今當緘登之半而增萊之無則利用俱有資矣運糧耗米查征倭事例原無此項彼收此運折耗未必無之但一立加耗之名恐本地之征收里胥既藉此為科歛到遼之後運官復指此以潤囊不若以原斛實数運赴遼左倘有虧損海盖道不妨明白關查果係實耗照数補解一可以課州縣之賢否一可以稽運官之廉墨倘有遭風損傷不在追賠之例當如登府所議而萊府計及貲房

囤放等費及行登府查議謂每石不過三釐所費不多不必更煩唇舌俟本道隨時設處以相變通不必更入遼費之内也約而言之登州府額該遼鎮銀一萬七千四十五兩五錢零以米為則每石糴價三錢八分運價等費每石二錢三分每石到遼共費銀六錢一分零共該運遼米二萬七千九百四十三石五斗一升四合六勺如用豆糴價當以每石二錢扣筭而運價則相同也萊州府額該遼鎮銀二萬四千五百五

兩四分零以米為則每石糴價亦三錢八分運價等費每石二錢八分五釐九毫六忽二微每石到遼共費銀六錢六分五釐九毫六忽二微共該運米三萬六千八百石二斗五升如用豆糴價亦當以每石二錢扣筭而運價亦相同也此應運遼餉之大槩也而沿途防護須用登營之水兵彼此同舟仰望遼人之分任此萊府議之甚詳而登府之欲分委協守稽查并絕商船往來者亦即萊府思患預防之説本道之所謂

立法不可不備而慮事不可不周者皆此意也
其通商一節則曾經
户部具
題者但商賈惟知射利而軍興最忌逃亡運船董
以專官編有字號船户水手各給有常住腰牌
往來有定期而人船有定額稽防不難夾帶可
察若許通商則人船既無常數貨物尤難稽查
僅以夾帶禁物虧山海關之課額猶可言也浸
至勾引逃亡窩携奸細其害可勝言耶故在今

日之商雖多方招之不見其來而欲為永久海
運計實應申明此禁以防釁孽者也然與緊處
則又有在焉自登州至蓋州套自萊州至三犋
牛約各三千餘里周環險阻經歷礁峣招招舟
子所幾幾望有終洎以竣厥事以慶有生者惟
遼之收受是視倘車驢之撥發雖多而承委之
人未必能體委任者之意運船之趋事雖蚤而
陸接之人未必肯憐涉海者之苦大海無繫纜
拋錨之處且時有鯨鯢黨颶之驚所不至化為
烏有問諸水濱者幾希矣故遼而無藉於東人
之運即當亟議停止明與登萊以休息之仁遼
而果欲東人之運不妨協力同心亦明示登萊
以同舟之誼此則合省士民所翹首拭目而覩
望行止者也至於經歷左之似訏猷遠畧卓有
擔當海運之議倡自本官而
督院具
題專令運餉收糧之務自當全聽本官料理但官
卑權輕控馭為難水遠路遥稽防非易彼中當

事者想另有裁酌以善此運務非本道所敢議
及也緣係仰遵
明旨酌議海運事宜懇乞
聖明俯賜採擇以安內地以重軍需事理本道未
敢擅專擬合呈請為此今將前項緣由理合具
呈伏乞
照詳施行
一呈軍門　一牒布政司　一手本萊州道
萬曆四十六年十二月二十二日

蒙
本院批仰布政司覆議三日內詳報該
布政司覆為照登萊之距遼遠近各異而海運
之所費多寡攸分計登運米一石可費銀六錢
一分有奇計萊運米一石可費銀六錢六分五
釐其凡雇船脚價併鋪墊官役等用俱在其中
亦不為多其銀兩即取辦於遼餉尤為至便據
登萊道府條議纍纍不啻詳矣然起運在東人
可以嘔心而畫接運在遼人難以異地而兼所

望同舟共濟者固甚懸也會須分別界限彼此
各任其責自登萊至三犋牛一切常行之運船
登州道董之仍以海防總鎮撥兵船護送一以
防截流之寇一以偵私販之商倘有疎虞總鎮
執其咎焉自三犋牛至海蓋套一切撥剝之魚
船海蓋道董之仍以彼中協守或遊擊如總鎮
之護送而執咎焉夫既欲遼之文武分任其勞
而原議運船諸費不就欵分發彼亦安能為無
米之炊乎故登運直抵海蓋套三千里而遙其

額內使用固不可減若外議至遼雇魚船銀五
百兩當以還之海蓋道使便招舟子萊運雖泊
三犋牛亦三千里而遙既難再煩遠涉而所議
每石脚價較之登州多銀三分亦當還之海蓋
道使代為轉運庶遼人有財而運事不患掣肘
矣至於船中所帶布疋等類固船戶之餘利亦
軍士之急需聞遼中一牛皮裨其價三倍於昔
而布可知已姑聽商軍兩便置之勿問可耳合
無請乞

本院裁酌咨
部施行
蒙
本院李　移咨
部院　看得海運一事原以啓齒之義上紓
宵旰之憂敢不竭蹶以從事惟是海上風波礁石
之險難保全無故運者登萊之分也而非登萊
之願也前者奉
旨暫停即行停止因彼時米已在船商已領價勢

難中止故萬不得巳而運至蓋州套以完頭運
之事後又奉
旨復運欲將二運三運同發近准
督撫咨據海蓋道稟揭欲兼運豆草以供芻飼則
其事在燃眉難以少緩但東省庫藏因災祲因
搜刮借觧巳空而應糴米價與所用脚費等項
別無堪動銀兩惟以額徵遼鎮之銀改運本色
一轉移間而兩為有濟玆據該道所議登萊兩
府米價每石俱以三錢八分為率豆價每石俱

以二錢為率此係目前一時之市價後日增減
再行酌議其水路脚價及官役廪工口袋鋪墊
等費在登州府每石二錢三分連米價共銀六
錢一分有零以該府額徵遼鎮銀一萬七千四
十五兩五錢零計之共該運米二萬七千九百
四十三石五斗一升四合六勺如用豆則每石
二錢扣筭而運價相同也在萊州府運價等費
每石原議二錢八分五釐九毫六忽二微今藩
司議謂萊州既運至三犋牛交卸則水脚比登

州多銀三分將所多之銀應觧海蓋道以為轉
運之用當從所議今運費米價共該銀六錢三
分五釐九毫六忽二微以該府額徵遼鎮銀二
萬四千五百五兩四分零計之共該運米三萬
六千八百石二斗五升如用豆每石亦以二錢
扣筭而運價亦同也其交卸之處登州運至蓋
州套萊州運至三犋牛自登萊至三犋牛登州
道董之仍以海防總鎮撥兵船護送自三犋牛
至蓋州套一切搬剥漁船海蓋道董之仍以彼

中恊守或衆遊如總鎮之護送若有疎虞各任
其咎疆界既有分任其登州府原議隨處搬剥
脚價銀五百兩亦應觧海蓋道以為雇船接運
之費至於意外損失查明果係風濤者議免賠
償如交糧一節議照原斛如商船違禁之物議
行嚴禁如布疋等項議准給単量帶以示商利
俱為妥晰既經司道議呈前來除運草一節道
府以輕浮之物難於議運另咨徑復其運豆一
節應與糧米同發以供芻飼相應咨請為此

一咨　戶部　合咨

貴部煩請裁酌移咨薊遼總鎮及遼東撫院轉
行海蓋道將登萊二府所發二運米豆查照議
定地方交收接運及責成兩地鎮將分界防護
等項事宜悉照原議仍希咨示轉行遵守此後
如遼左米豆有收價值相同即賜咨示暫行停
運如米豆價騰仍須後運亦希明示施行

一咨　薊遼總督汪　遼東巡撫周　合咨

貴部院煩為轉行海蓋道將登萊二府所運米
豆查照議定地方交收接運及責成兩地鎮將
分界防護等項事宜悉照原議仍希咨示查考
此後如遼左米豆有收價值相同即賜咨示暫
行停運如米豆價騰仍須後運亦希明示施行

山東等處提刑按察司整飭登州海防總理海
運兼管登萊兵巡屯田道副使陶　為備買兵
馬料草以濟急用事萬曆四十六年十二月初
七日蒙
欽差巡撫山東等處地方督理營田提督軍務都
察院右副都御史李　案驗本月初三日准
欽差總督薊遼保定等處軍務兼理糧餉經畧禦
倭兵部左侍郎兼都察院右僉都御史汪　咨
准
欽差巡撫遼東地方贊理軍務兼管備倭都察院
右僉都御史周　咨前事等因備蒙案仰本道
即便移文布政司會同萊州道酌議量動原派
地畝銀兩若干行令所屬附近府州縣趁今冬
月收買黑豆草束買完其價銀及脚價不妨從
寬議給務使百姓免虧價轉輸之苦待春初風
和即於海運至遼接濟軍需其前項草豆文到
之日一面行令所屬先發堪動銀兩收買完日
暫運何處寄放責令的當人後看守明春轉運

應用何船每船計裝若干該用脚費若干逐一
從長酌議妥確作速具由呈詳前來以憑咨會
施行蒙此本年十二月十二日又准
布政司照會抄蒙
山東督撫軍門李　案驗准
總督薊遼部院汪　咨准
遼東巡撫都御史周　咨同前事等因備准照
會到道准此行據登州府署印推官李士高呈
稱遵奉原行查看得登州府僻處海隅萬山相

連刀耕火種中入之産不過三五十畝其平曠
而坦闊者則甲濕斥鹵不任稼穡者也芻草之
所産甚微且炊薪若桂牧馬如羊即有些須民
間自給不肯上納其置買之難一也今奉
明文即拘鄉約公直議得草一束重十斤值錢
一十五文價亦不多但歷涉風波二三千里大
船所載不過五百束小者不過二百束便無容
足之地矣前議運米脚價載六七百石者脚價
至百餘兩二三百石者亦不下三五十兩今照

運米脚價給之草五百束不過值銀七八兩而
費百金運之此萬萬不通之理若減其脚價則
前日運糧船回猶有踵門而泣訴苦累者今減
價而差之有掉臂去耳其搬運之難二也再查
料豆登州亦不多産萊陽福山等處地稍平多
種稻麥黄縣等處多值高粱禾黍惟文登産豆
色黄者其性熱馬食之則生癬疥而瘦死惟黑
者宜黙文登彈丸之地多不過五千石少不過
二三千石便盡民間之儲積矣况糴買價銀議

於加派新餉銀内動支查得新餉本府已先措
處差主簿湯樹績起解矣其餘徵收本色候來
春遼運蓬萊等縣各報米三四千石或六七千
石積貯海口於二三月開洋再無堪動銀兩可
以糴買其黑豆每倉斗一石價銀二錢五分銀
一千兩可買四千石乞另批發甲職代庖守土
仰奉
明文敢不念遼左之急事在燃眉竭力躊躇期
於共濟但登州大荒之後雖稍豐稔公帑若掃

民無盖藏既苦無米之炊又無鬼運之術誠恐竭澤漁之憂不在遼左而在蕭墻之内矣及查往年征倭事例亦無運草之説再集故老船戸博訪衆議僉謂運草須船則所載者少而所費者多勢必不行若取之筏運必得大木數千章而登州諸山光潔如赭拱把之木費銀三四錢亦必不得之數也况歷涉諸島有礁石壁上如闕道者糧船猶大尚費攕撥而以廣闊之草筏能有濟乎事在難行懇為轉達惟是料豆雖所

産不多候詳允之日行各州縣盡力糴買不拘多寡隨米運遼接濟軍前庶軍民兩不困也等因又據萊州府署印推官叚國璋呈稱該本府奉文查看得軍興須馬餇馬須草豆况遼左正當剥膚燃眉之際登萊亦屬唇齒輔車之邦凡遼左之仰給於二東者敢不效纓冠之誼矢同舟之力哉但以理勢論之草似斷乎不能運者每大船一隻装草不過四五百束每草一束重十斤値銀不過一分四五釐前議運糧脚價每

大船一隻装米五百石脚價銀一百兩此外如陸路脚價押運官工食等項尚有許多費用今以運米之船價運草則是以七八兩之草價而反費百兩之船價必無此理况陸運等費又有不可少者乎若減運米之脚價彼船戸謂同一用船装載同一渉險往來必不肯貶其價為我用也又况船體長而狹窄勢必層累而積其崇如墉海中颶風時起上重下輕船必傾側損船傷人尚多意外之虞又勿論費價之多寡也况

先年征倭事例止運糧餉未運草束若使可運當年巳行之矣至於黒豆萊屬土宜多種黄豆黒豆雖有然不甚廣且新派加增餉銀原文每畝加銀二釐五毫各州縣地有肥瘠荒熟之不同正在斟酌議派未有徵貯見銀本府多方搜括業巳奏處銀五千兩差官抵解新增遼餉去訖此外更無別項銀兩可以借動買豆今或令各州縣徵收本色内八分納米二分納豆或俟另發銀兩分散各處照依時價隨集收買總惟

上裁等因各呈到道據此除分守萊州道遵報陞任已離地方未准會議今據兩府議呈前來該本道看得海運餉遼中外持議大槩做征倭事例也然以本道論之苟可以佐邉儲而襄撻伐之役凡為臣子當靡愛頂踵死生以之何拘事例之有無哉乃征倭海運從登州達彌串堡所運糧餉歲不下二十萬石而卒未有以馬草應者不但本地之出産有限實以海上之裝載良難誠如兩府之所查議也況以每束價止一

分四五釐之物而費十餘倍之價以運之既屬非策且費十餘倍之價而船運不可筏運不能究竟至於不得到遼則事勢有所難強而人力有所難施末如之何矣此草之斷斷不能供命者也惟運豆一節遼之需濟誠殷登萊業已運米何難運豆見今收有黃豆以待運又奚獨於黑豆而辭之惟是登萊兩郡豆原不多而黑豆尤少登府稱黃者病馬不宜充料黑者宜馬乃可濟遼如以宜馬之故必欲以黑豆為運勢將

糴之濟青兩府之間則道路迂廻山河跋涉未經裝載入船而本地之脚費且浮於豆價再加以船運之費是豆價反多於米價遼左雖日需豆恐彼中本地之收糴未必若是之多費也竊謂為今之計莫若以見在之黃黑豆一面同米發運以聽遼左之收受如將來專責登萊以馬料勢必不能奔命耳緣係奉行酌議事理本道未敢擅專擬合呈請為此今將前項緣由理合具呈伏乞

照詳施行

一呈　軍門

一牒　布政司　一手本　萊州道

萬曆四十六年十二月二十二日

山東等處提刑按察司整飭登州海防總理海
運兼管登萊兵巡屯田道副使陶　為仰遵
明旨酌議海運事宜懇乞
聖明俯賜採擇以安內地以重軍需事據登州府
呈稱萬曆四十七年正月十五日蒙本道憲牌
前事照得本道奉文轉餉濟遼登萊一帶缺乏
船隻頭運業已湊雇客商及塘頭船隻發運去
訖目今春和又當二運所需糧船無從雇募勢
不容已雇之淮上彼地又以不奉

明旨不肯擬發已該本道議詳
軍門允於登州府庫大贖民屯二項銀內動支
三千兩選給文登縣主簿徐弘諫前往南直地
方打造遼船應用又因本官向年採荒往來海
運熟識海上風角并委督押運遼糧官管轄海
船赴蓋州套交卸即今諸事告竣而本官申稱
蒙
吏部推陞陝西永壽縣縣丞乞准解事以赴新
任等情據此為照本官既委南方造船兼督押

運餉糧責任諸務在身今雖轉官似難擅離合
行查議為此等因仰府從長酌議文登主簿徐
弘諫見委遼運軍糈隔省造舟提押航海夫匠
錢糧一切重務全無就緒應否請以新銜仍管
舊事以便責成作速酌妥具由詳道以憑覆議
轉呈
兩院定奪施行蒙此遵依看得主簿徐弘諫既
有新銜難管舊事但
國家用人因事擇官非因官廢事也況遼左軍興

蟻聚蜂屯需糧最緊飛芻輓粟需船最急今覓
之本地既苦商賈之不通雇之淮安又恐秦越
之相視則打造船隻亦勢之不得不然者本官
技藝多算幹理有方即在異地猶當取來委用
況在本屬獨不可留之以效馳驅也合宜咨
部查有登州府屬縣丞員缺准其改補所遺新
銜另行選用庶人與地兩相宜而兵與食兩相
濟矣緣由具呈到道據此該本道看得遼運一
事以數十餘萬軍糈蹈不測之淵熟諳擔當誠

難其人兼造船一節遠赴隔省一應夫匠銭糧
并航海人役非素所習慣而信服者尤難猝辦
主簿徐弘諫久諳海務寔膺此委今登萊方藉
手輓輸而秦中遝膺於新轉況未結軍務尚需
完局而粘帶銭穀難委異人既經該府酌議前
來似應准從上請
本院合無軫念遠兵待餉運事孔艱俯將本官
移咨
吏部查有山東登州府屬縣丞員缺就近改補

兼督轉運遺下陝西新陞職銜另行銓選庶登
萊輸輓得人而遠鎮兵食亦裕矣本道未敢擅
便擬合呈請為此今將前項緣由理合具呈伏
乞
照詳施行
一呈　撫按兩院
萬曆四十七年正月十八日

欽差整飭登州海防總理海運兼管登萊兵巡屯
田道山東等處提刑按察司副使陶　為置立
船號腰牌以防夾帶事照得海運初開帆檣四
集所雇船隻皆五方烏合之衆其應募而來也
急公好義圖赴功名之會者固有之中欲乘此
射利膻逐蠅營者不少也今奉
部院咨文念其船價輕微許令量帶民用貨物恐
奸民乘機不惟興販禁物且思携帶逃亡勾引
奸細為害不小除前有原行船有號旗外合做

兵制船分字號人給腰牌如無此牌即係奸商
合發格式刊布懸掛以便盤詰為此牌仰本府
官吏照牌事理即將發去船號字樣照依編號
其腰牌格式該府責令善書人役寫完翻刻查
照運船船戶舵工水手如數印刷類送本道以
憑印發分給各役懸帶運糧以備稽查施行毋
得違錯未便須至牌者
一牌行登萊兩府并旅順營文守備
一移會　海蓋道

萬曆四十七年正月二十二日

欽差整飭登州海防總理海運兼管登萊兵巡屯田道山東等處提刑按察司副使陶　為仰遵

明旨酌議海運事宜懇乞

聖明俯賜采擇以安内地以重軍需事今將登萊兩府海運規則揭示曉諭以便遵守須至示者

計開

一登州府所屬州縣除棲霞縣山僻免運外其餘州縣俱近海口諸凡搬運出洋等務俱無險沮故議運至盖州套為止

一萊州府所屬州縣除高密縣離海寫遠免運外其餘州縣俱不近海口内地搬運既難惟膠州稍近海口而從内海出至外洋一路俱有險沮故議運至三棋牛為止今於五月二十日議改於北信口交卸

一登州船價頭運至盖州套者每石原止一錢五分今憐其守候日久且海路艱難每石量加二分共每石一錢七分兵船半給

一萊州船價初議亦到蓋州套交卸故價亦照登州每石一錢七分今因蓋州套窄小恐船多難泊又因萊屬州縣內海難行改議於三犋牛交卸出海既近船價亦應量減每石減二分計每石實給銀一錢五分兵船半給今議改於北信口交卸每石亦一錢七分

一運糧船價登萊兩府各有定規登州糧必以到蓋州套交卸為完萊州糧必以到三犋牛交卸為完如有阻淺閣漏不到交卸之處者該府仍酌量扣其船價以給代剝之船萊粮今五月二十日改往北信口卸

登州道　海運摘抄　列二

一每糧一石給鋪墊銀一分兵船半給

一神福原議每大船一隻賞銀一兩中船一隻賞銀六錢更有尖小漁船不能載二百石者聽該府量為減除兵船每隻賞銀五分

一運船俱令押運官親自驗看回報堪用方令載糧其有救壞漏濕等失者責押

運官賠償有不遵約束當泊不泊貪不行致糧有損傷者船戶賠償有將好船應雇而臨期易換舊船者雇押等官不舉有失雇押官賠償究罪雇押官已舉着落保人及本船戶賠償追究

一登萊兩府各發口袋二千五百條以備到遼搬運之用給運糧千總收掌聽其分發

一每府設千總二員總理運事把總隨時增減不定員數取其分押快便也

登州道　海運摘抄　列三

一每千總一員月給廩紅銀五兩隨帶書識家丁四名每名月給工食銀九錢每把總一員月給廩紅銀四兩隨帶書識家丁二名每名月給工食銀九錢每府設船上看糧夫一百名如大船糧多每船二名如小船糧少止用一名如兵船有捕盜可託漁船有船戶可託即不用看糧夫後總之裒多益寡不得出百名

之外其看糧夫俱着押運官自選熟識
殷實之人報名驗用每名亦月給工食
銀九錢如押運官係見任把哨呈請帶
有部下兵健者即准筭作書識數內既
領有兵糧不得又領雇價如有不經禀
明私自隨帶者查出員役一體究革
一糧船每船給有長單開載船糧數目船
後姓名并本船雇價以便赴遼查盤交
卸

一運糧人役除沙唬等船捕舵什兵原有
腰牌免給外其商民船戶及舵工水手
各給印信腰牌懸帶過遼以便彼中關
津盤詰以防此地夾帶奸細船有大小
人役有多寡俱着押運官據實開報該
府酌量增減將應給腰牌呈道請印掛
發毋容運官通同作弊假揑姓名預領
空牌希圖夾帶逃亡人口查出運官以
軍法重治

一凡糧船發行該府海防廳親詣海口查
點盤驗各船無弊方准開洋並聽
備倭總鎮移駐鼉磯等處嚴加稽防夾
帶禁物逃亾等項有犯拿究决不輕宥
一出示并發登萊兩府暨運糧千把
總等官
萬曆四十七年二月初四日告示

欽差整飭登州海防總理海運兼管登萊兵巡屯
田道山東等處提刑按察司副使陶　為急請
多餉以濟危邊事萬曆四十七年二月十一日
蒙
欽差巡撫山東等處地方督理營田提督軍務都
察院右副都御史李　案驗本月初七日准
戶部咨山東清吏司案呈奉
本部送准
遼東撫院揭准

經略咨稱分派各道買辦糧草俱未及半時值
春融氷雪漸消師期日迫此何等時也萬難延
緩除一面按數嚴行各道勒限分頭催比外備
咨前來希即一體嚴行催併糧草早完進剿
有賴而盪平可期矣等因正月二十三日又據
開原道兵備僉事潘宗顏呈為召買本色事職
前往還鐵嶺一路居民百十為群或三五十為
夥無論五六十起紛紛遮告泣稱草豆尋買不
出地方所產已盡兼稱春種俱絕見今各民糊

口無粒哀號撤價等　情職睹之不勝心酸神悴
亦泣諭諸民軍
國大事萬不得已之情諸民惟有前後遮號以頭
撞地而已職查得開鐵一線東西止五六十里
三堡殘破之後屯寨稀若晨星況援兵久居食
用至今委實將盡職先為之添價以慰其意嚴
比以催其完禁官弁之侵索以戢其奉公法止
矣至今而法無所施矣再迫之則民有驅而逃
耳西走憨東走聋計今未完豆尚三萬四千石

不數草尚七十五萬束主客諸兵見民間尋買
甚難喂馬艱苦日費銀五六分不能飽一馬或
買草不得而街頭大號相率南逃日報數次地
方之物價人情即此可知職有何術能為之家
輓而人留哉萬不獲已止有各軍量加糧料以
償其苦撤止召買價銀以安民心倘上台准加
軍糈尤可那給折色至本色不足惟有望台慈
會同計處廣為措置或於遼海兩路早為移運
庶不致臨時坐悞也等因呈詳到職職惟師行

以糧為急遼左自軍興以來調集及召募主客
官兵不下十餘萬月支廪糧不下十五萬餘兩
而各将官下召募家丁安家布花之費不與焉
東事一日蚤完則可省一日之轉輸東事一日
未完則須講一日之儲備
經畧揚　方畧已定布置已周而無柰去冬雪
大寒威異常是以遷延至今又川兵杳無音耗
而浙兵逗遛不進援兵未齊人懐觀望誓師之
期與凱旋之日職尚未敢預定職所知者有餉

銀之當多備及本色草豆之當厚集而已矣今
餉銀在庫七萬四百兩續到南京十五萬除密
雲寧遠各留二萬廣寧留三萬到遼陽者八萬
耳今之庫貯七萬有奇併主事張三傑委官傳
良弼領解未到銀二十萬僅足正二兩月之用
此後續差何官另解何項銀兩如各衙門那湊
已盡各省加派地畝銀未到
戸部當蚤為那解接濟若待援兵脱巾而後圖
之噬臍何及至本色草豆尤宜多蓄職未出都

門時已屢言於計臣且具疏入
告矣自去年十月二十九日入遼境受事無日不
檄行各道上緊催運公牒私牘紛如雨下而依
期蚤完者尚寥寥也縁去年八九月間援軍到
者無多糧草猶賤各軍但顧目前之便不願領
本色以致各道因循躭延至於今日完者尚未
及半且有銀尚未發者矣當議買本色之時銀
一分買草三束今每束價銀一分五釐矣豆一
斗銀四分五釐今踊至一錢五分矣其在開原

道倍為騰貴夫不上緊收買於易買之時而倉
卒責完於騰貴之際雖各道皆稱賢者而事機
蹉跎大費周張職不能無尤焉經畧寓書於職
有云各道奉行不力行者似視不肖猶不若五
日之京兆也嗟乎經畧事權在手任事將及期
年而猶云然何況職衙門原係裁減職官原係
經畧帶管之官東事旦暮告竣即當卸擔經畧
總圖抽身者哉但督餉大臣未蒙
允用職誼無可諉晝夜拮据憂心如焚若不及今

蚤言後雖治職溺職之罪亦無益矣伏乞
皇上俯念進勦在邇糧餉不繼
速勅户部多為凑觧無致匱乏致生他變等因到
部送司案呈到部看得自古興師餉為首務自
奴酋發難調募援兵之初本部竊為目蒿心嘔
盖不患無兵而患無餉不獨患無折色而尤患
無本色是以日日草疏日日飛檄議那借議搜
括議抽扣又議覆加派盖不啻舌敝頴秃已又
一面移咨東撫嚴督道府乘賤收買以便海運

又一面移文薊永二鎮召商平價廣備糧草正
恐援兵四集不免驟貴也移文後又屢移催始
聞登萊收積糧米十五萬餘聞薊鎮備草十四
萬餘永鎮亦備草數萬業已令為議處脚價雇
運出關去後今又據遼撫備言糧草缺乏之狀
勢在岌岌矣除將本部那凑者急催赴遼外其
允借未發者再為急催但師期已迫而可坐受
嬔怨弗暇顧矣為此合咨前去煩為查照先今
咨内事理原議頭運後不必具題正月間即可

二運三運次第舉行况山東去秋豐熟米豆俱
賤業已移咨多方廣買矣乘此天氣漸煖東南
風迅速為多方發運多方催儹務要刻期到彼
庶三軍有賴遲則於軍無濟則前日東撫院道
苦心料理之勞俱畫餅矣是本部不獨脊掯相
倚尤腹心相托也近聞海防道陶副使已備有
糧十五六萬文到須先為一面陸續起運一面
再為廣收接運再照三韓與齊魯一航之隔遼
危而齊亦不安况又關係

社稷封疆安危之重乎幸各實心恊助共力勤
王上緊起運先報糧米数目及起運日期到部以
憑轉咨彼處撫院接受并將未完加派銀兩或
以本色或以折色作速差官徑解遼東均勿遲
緩以悮軍計等因准此擬合就行為此案仰本
道官吏照依咨案内事理即將二運三運次第
舉行乘此天氣漸煖東南風迅速為多方發運
多方催儹務要刻期到彼庶三軍有賴遲則於
軍無濟近聞該道已備有糧十五六萬文到須

先為一面陸續起運一面再為廣收接運先將已運未運米豆數目及起運日期并委官職名一樣三本送院以憑咨部轉發彼處撫院接受并將未完加派銀兩或以本色或以折色作速差官徑解遼東均勿遲緩以悞軍計未便蒙此案照先奉軍門發下

本部咨抄到道已經備案發府遵行去後今蒙前因擬合併行為此案仰本府官吏照依先今咨案并本道節次原行事理即將二運三運次第舉行乘此天氣漸暖速急發運務要遼餉充足三軍有賴前該本道於去冬已行登府備買糧六萬石萊府備買糧十萬石去後今蒙前因益見昔日之預料不誣文到須為一面陸續起運一面再為廣收接運先將已運未運米豆數目及起運日期并押運委官職名一樣四本送道以憑轉報咨部轉發彼處撫院接受并將未完加派銀兩或以本色或以

折色作速差官徑解遼東均勿遲緩以悞軍需未便

一案行登萊二府

萬曆四十七年二月十二日

欽差整飭登州海防總理海運兼管登萊兵巡屯
田道山東等處提刑按察司副使陶　為仰遵
明旨酌議海運事宜懇乞
聖明俯賜採擇以安内地以重軍需事照得登萊
海運議而後停停而後舉方圓並畫於一時耳
目互亂於指傾當邪秋得
旨發運已在風高水逆之時當今春續運發行尚
有清明前不開洋之忌中間運而不能即到及
到而不得速回天時之阻隔固自有之人事之

紕漏難保其盡無也登萊地在僻隅材官甚乏
而又事干涉海言之若喪其元無有一人敢肩
兹役者且嘔浪暈船稟賦不同亦自難強當此
疆埸告急之秋有一人焉奮身願往時即收用
之不暇矣但海運既出創行員役俱由烏合其
中廉貪不一勤惰不齊未離登萊本道覺察不
敢不倍加嚴切一入遼境茫隔大海耳目難及
非藉
貴道之寵靈二體稽防其一應奸弊殆有不可

勝言者矣除運官及哨兵船戶水手人等俱經
本道嚴立規條專禁夾帶并遲回時日在登萊
而悞運者本道即解赴
軍前在遼左而夾帶人貨者乞
貴道即同本屬徑治以法必罪不宥庶遼登相
應如左右手而此輩亦不能為擁蔽之術以售
其奸也合行移會為此合關
貴道煩為查照稽察施行
一關　海蓋 遼陽 二道

萬曆四十七年二月二十七日

欽差整飭登州海防總理海運兼管登萊兵巡屯
田道山東等處提刑按察司副使陶　為仰遵
明旨酌議海運事宜懇乞
聖明俯賜採擇以安内地以重軍需事照得海運
濟遼業有成議登糧運至盖州套萊糧運至三
犋牛各交卸山東已差有千總黄徧恩尚進等
分投接收矣但眼同入倉撥發車騾必係地方
為政及查
經畧部院洛文據

貴道 海盖道 詳稱置買馬騾九路收運但原文内督
收轉運之官如經歷左之似通判董爾勵今俱
已監軍征勦未必仍留原地則糧石到彼應令
何官收卸出給倉收擬合移會為此合行移關
貴道煩請查照撥官收卸希由回示以便轉報
督餉部院施行
一關　海盖 遼陽 二道
萬曆四十七年三月初五日

山東等處提刑按察司整飭登州海防總理海
運兼管登萊兵巡屯田道副使陶　為急請多
餉以濟危遼事萬曆四十七年二月二十八日
據登州府署印推官李士高萊州府署印推官
叚國璋會呈稱奉職憲牌抄蒙
欽差巡撫山東等處地方督理營田提督軍務都
察院右副都御史李　案驗本年二月初七日
准
户部咨前事等因備蒙案仰本道即將二運三

運次第舉行乘此天氣漸煖東南風迅速為多
方發運多方催儹務要刻期到彼庶三軍有賴
遲則於軍無濟近聞該道已備有糧十五六萬
文到須先為一面陸續起運一面再為廣收接
運先將已運未運米豆數目及起運日期并委
官職名一樣三本送院以憑咨部轉發彼處撫
院接受并將未完加派銀兩或以本色或以折
色作速差官徑解遼東均勿遲緩以悞軍計棠
此又准布政司照會抄蒙

督撫軍門李　案驗准

户部咨同前事備會到道准此本月二十七日

又蒙

本院案驗為備買兵馬料草以濟急用事准

户部咨前事仰道即行府州縣速備草束當隨

米運設法兼行或船或筏相機為之如那用脚

價銀兩准作部額申報兑補賢才經濟正在此

時展布況目前援軍窘乏萬一不接則該道前

功盡棄且致悞軍興可不凛凛仍將運過草束

數目及運官職名起行日期作速報院以憑咨

復本日又蒙

本院案驗為仰遵

明旨酌議海運事宜懇乞

聖明俯賜采擇以安内地以重軍需事准

欽差經畧遼東等處軍務都察院右都御史兼兵

部左侍郎楊　咨據海盖道康副使呈前事内

稱再乞本院移咨東省撫院行令該道嚴督押

運委官毋復稽延毋滋舊弊其原議某處交卸

者直至某處其於大兵之急需庶有濟乎等因

仰道即便嚴督押運委官依期速運務照原議

地方交卸以濟急需等因蒙此俱經遵行在卷

該職等謹會看得臣子委質於君肢體髮膚非

所敢愛況

國家多事征調轉輸敢云推諉但聞催檄頻下人

心驚惶職等代庖守土不敢不言登萊海運遼

糧取之遼鎮銀兩奉有

部文此外並無别項取給除四十六年登州府

運過糧米一萬三千三百七十三石一斗三升

折銀六千六百九十二兩九錢一分一毫解過

銀一萬三百五十二兩五錢八分九釐九毫萊

州府因奉文停止海運解過銀二萬四千五百

五兩四分六釐六毫七忽一微八纖七塵俱取

有批收在卷則四十六年兩府之為遼者事畢

矣四十七年登州府徵得四十六年遼鎮銀一

萬七千四十五兩五錢四分應運米豆二萬七

千九百四十三石五斗一升四合六勺萊州府

徵得四十六年遼鎮銀二萬四千五百五兩四分六釐六毫七忽二微八纖七塵應運米豆三萬六千八百石二斗五升見在發裝開洋而四十七年兩府之為遼者事又畢矣又因船隻缺乏積糧無船差登州衛百戶陳安國登州府照磨鄭士彥萊州衛經歷劉一進及把哨聽用等官周評傅與寧魏雲龍周謨葛惟功等通共領過雇價銀一萬九百一兩七錢四分又因去年九月往淮安雇船至今尚未見到且因蓋州套須用遼船又蒙銀三千兩委文登縣主簿徐弘諫往淮揚等處打造遼船二十隻以上銀兩俱係借動京邊錢糧并本地緊急兵餉暫應一時仍候四十八年遼餉補還者今復蒙

明文加派地畝銀兩留登萊道廣收米豆接濟

軍前但前銀已經上年登州府於十二月二十五日批差主簿湯樹績解銀六千兩萊州府於十二月十九日差縣丞劉珽解銀五千兩本年正月二十日奉

部文嚴提登州府又於本月二十五日差主簿魏朝臣那解銀一萬兩萊州府於正月二十八日差主簿周玉振解銀六千兩又萊州府於上年八月二十三日差吏目裘應科解過奉文抽扣各役工食銀一千二百七十二兩抵作新餉之數在登州府止餘未解銀三千七百六十九兩二錢三分五釐八毫八忽零在萊州府止餘未解銀九千三百四十二兩三錢四釐五毫四絲零見在糴買黃黑二豆惟是民困未紓催科煩擾大糧方完即徵遼鎮遼鎮未已又催加派無論民脂已竭負載而輸納者踵已欲穿有不得息而雇募淮船憚於風波尚無至者今奉

憲檄坐取十五六萬之外猶責廣收夫登萊地濱海溢幅幀不過五百餘里砂磧滿目萑葦連天以天下較則九牛之一毛也以東省較則晦月之殘形也自有東事以來調兵一千五百名援守寬奠等處其安家行糧官丁廪餉雇募水手動費六千九百七十餘兩雖奉有

明旨商稅補還猶屬畫餅上年登府運米一萬三千三百七十餘石止費過正銀六千六百九十二兩九錢一分一毫而折損賠補廪給諸費不下數百金新運米豆事雖就緒而借出雇價水價等費均係借支如徐主簿領過銀三千兩鄭照磨雇船領過二千兩周讃魏雲龍等共領過銀九百餘兩俱未有着落新加地畝解過銀二萬八千二百七十二兩雖有一萬三千餘兩一時徵解不完外抽扣工食解銀二千三百六十

八兩三錢七分四釐一毫搜括無礙解銀九十兩八錢三分夫彈丸之地所出有幾若復催賡收接濟其取之民間則困倉竭矣其借之庫藏則搜括盡矣天不雨粟而雨金人不能神輸而鬼運其將奈之何哉夫奴酋犯順登州勤王獨力徵兵則先期而往運餉則飛輓而供加派則竭趨而至苟有絲粟可以佐遼左之急者靡不捐其膏髮即遼左之自為當不過此矣乃輸輓則毎見嗟於後時風阻則懸指為弊實登萊獨

任其勞而獨當其困謂之何哉夫普天皆王土也率土皆王臣也當東省大災之際淮安船隻載糧而覔利者不下百艘昔年運糧朝鮮取給淮船若其空船而來可運登米若載糧而來可實遼東亦一策也又查昔年濟南大饑樂陵利津等處商船糴米登萊由海而販賣者啣尾而進征倭事例運糧取之沿海州縣不獨責之登萊也柰何今日之事獨以登萊任之其或軍興不貲責之青濟協運亦一策也徵運遼糧蒙本

道再三嚴諭聽從民便權呼輸納敢謂殃民但勞而不怨不若不勞之不怨其事易見也獨力之難任衆擎之易舉其事判然也今以運則無船以糴則無本若夫廣收接濟必借之起運存留即各官之考成不辭而民之輸納不已必至騰貴騰貴不已勢必竭澤恐囂然喪樂生之心一遇甲寅乙卯之荒民復為相食之民矣且見近日震鄰之恐民又將為安丘之民外患固所當防蕭墻亦所當念而不得不言者也伏乞轉

詳等因到道該本道看得海運一事乃遠左之所籌之不便而特疏報罷者也盖州套一途乃從前之所未及乃職因去歲頭運已發而遠左報停勢不獲已故創開此議

戶部擬以

題請者也自職開之自職堕之似無是理而海上之風濤難測到套之船隻稽遲雖天時之不善實職見事之不早敢曰非罪哉而遼左動稱毋滋舊弊而職又督催不已宜兩府之有此申詳

也查自職受事以來遼銀之應解而解過者凡三萬六千一百二十九兩六錢三分六釐五毫七忽一微八纖七塵遼餉之凡運而運過者凡一萬三千三百七十三石一斗三升而登萊兩府之原額遼鎮銀無欠也又奉

憲檄准

部咨責令新加遼銀或運或解陸續濟遼兩府額該銀四萬一千三百八十三兩五錢四分三毫五絲三忽五微七纖七沙五塵隨即借解過

銀二萬八千二百七十二兩餘下銀一萬三千一百一十一兩五錢四分三毫五絲三忽五微七纖七沙五塵見在徵收本色遼糧除扣脚價外該徵米二萬七百二石四斗三升二合一勺三抄七撮二圭七粒六粟而登萊兩府之新加遼鎮銀無欠也以視派而未徵徵而未解者似有間矣獨是海運之遲速全憑天時之順逆風而行雖神禹不能也而運之多全在船隻之集無船而責運雖蕭何不能也是以征倭之年

海運船隻盡取之淮上燕之以太倉崇明遼海等處而山東之船什不得一焉於是海運何等海運也是實實舉行之海運也是詢謀僉同之海運也以故人員無所不備舟楫無所不具提調無所不應錢糧無所不裕今何如乎應解之遼銀止該四萬一千五百五十兩五錢九分五毫七忽一微八纖七塵除脚價各費外止該運八萬五千六百餘石而職之聚糧已有一十五萬有奇視原額不啻倍之矣登萊素無船隻而

職之多方設處已有二百五十八隻矣夫此二百五十八隻者非昨年議運時所為聞風逃遁者耶職受事而招集粗安隨又議停而望風解散矣職聞命而又多方收拾沿洄上下周流八方近者蒲臺濱州塘頭寨等處不能滿五十隻而泊入職境海路迂迴且二千餘里加以守風守凍之時日非一月不到也遠者天津安東日照等處不能滿三十隻而泊入職境海路迂迴且三千餘里而加以守風守凍之時日非五十

餘日不能到也而船皆窄小不能多載即得十船不能比淮船一隻之用而去年運否之間尚候鼻息於遼左自今年二月有

遼東撫院周　急請多餉一疏而望海運於登萊者其意始堅以蕪言豆草而職極言草束輕浮航海招風且計數金之草須用數十金水脚之費登萊產豆有限去年收糴止照征倭例二八蕪收今驟來取盈勢不能得具載前詳業蒙

本院移咨彼中已經洞知運草之必不可行及豆之不能及米矣然而職亦不待臨事而後計也自昨秋頭運發行之後職已知今年遼左大兵雲集需糧正殷蹂躪之餘農業必廢今春須運所不待言昨秋稟揭見在

本院臺端可覆而按也見今淮上雇船自去年九月至今尚無至者夫登萊轉運望船有如大旱望雨船不見至而殫慮持籌故從權便又容遣謹畏員役賫銀躡赴西府塘頭濱樂等處一帶海口遇船即雇船到即裝前月僅得六十一

隻已裝蓬萊福山寧海三處米豆一萬三百六十石矣今日又得六隻裝過即墨縣豆一千一百石矣俱已發出海北廟島八角等島守候順風始獲東渡得船之難未可描畫較之征倭之海運何如哉至於開洋之後其中濡滯又自有由似難以遲速為功罪者蓋征倭海運自西南運至東南春夏固可安行秋冬亦皆風便然自登萊出洋至彌串堡至義州錦州隨路交卸一年運米止一十六萬石而征調船隻幾遍天下

且收受者朝鮮也以屬國領
天朝之頒賜應接惟恐不恪以陪臣收
上國之軍需搬剥寧有刁難是以後漸加至一年
運二十四萬石而彼此各無閒言也今則舟行
於人迹不到之蓋州套而又自西南運至東北
非春夏順風不可一至秋冬風逆水落潮低礁
露斷乎難行而况海上風波豈由人力詎可與
陸運計日挨程者同日語耶故糧而速得到遼
是海若之效靈也遼兵之天助也職不敢妄以

為功倘其風色之不便收受之不時是天時之
為害也士馬之不幸也職亦未敢獨當其罪耳
而收糧一款則又不得不聲説於此時而圖長
便於異日者職前詳謂遼左未有專官庋幾跂
望於左經歷而昨見
經畧進兵疏則云左之似贊理瀋陽一路兵馬
以攻奴之西面矣海蓋道詳報
經畧謂督催陸輓有管糧通判董爾勵而昨見
經畧進兵疏則云董通判贊理開鐵一路兵馬

以攻奴之北面矣萊糧原議三棋牛交卸初意
尚有金州海防黄同知接收而昨見
經畧進兵疏則云同知黄宗周并督朝鮮兵馬
以攻奴之東南矣上而至於遼中各道亦皆躬
擐介冑身在戎行下之既無專官上之亦無稟
承運船到彼更從何處望門投止哉遼而收受
有人職請得用職前稟中所謂囤積另搬之法
運船一到且堆岍傍隨即遣回再發一運則一
船可當兩船之用遼而收受無人則雖運船蚤

到而守候時日茫茫大海何所依歸倘有損傷
誰任其咎若夫十五六萬之説亦當一併請明
者登萊兩府本年新舊遼鎮共該銀八萬二千
九百三十四兩一錢三分八毫六絲七微六纖
四沙五塵已解過二萬八千二百七十二兩止
剩下五萬四千六百六十二兩一錢三分八毫
六絲有奇耳內中再除去脚費十分之四并解
海蓋道一千兩止該約運糧八萬三千六百七
十七石四升八合七勺二抄零而此外升合非

遼之物矣今如欲將明年之銀而糴之則糧尚
未徵敲筋吸髓之餘斷難下兩年並徵之令以
激內地之變欲將別項銀兩借動糴之則東省
大荒之後徵比不前昨之解遼悉係借解倘再
有可借當亦不待今日也伏乞
本院俯念運事非船不濟船非淮上不多并海
上風波不由人力登萊銀糧應運有限能運實
非職功船遲亦非職罪早賜具
題徵

登州道　海運摘抄　署當

天語叮嚀俾淮有濟用之舟遼有收受之人或如
府議以糧就船分授以運或念登萊遼銀有限
以銀就糧令濟青等道共任其運庶十五六萬
不為無名之餽而職見在海灘堆積之糧不至
漸為朽腐又增一重罪案則遼事幸甚登萊幸
甚本道未敢擅專擬合呈詳為此今將前項緣
由理合具呈伏乞
照詳施行
一呈軍門　一牒布政司

萬曆四十七年三月初一日
本年三月二十一日蒙
軍門李　具
題該本院看得海運一節師行糧從上有
宵旰下有唇齒孰敢後期惟是東方以憂祲之餘
乘風礁之險故海運者東方之分也而實東方
之所難也自奴酋犯順撻伐大張首及海運之
議特調副使陶　以董其事該道以駕輕之地
馭素拊之民誘諭招徠克求濟事而時因遼左

登州道　海運摘抄　往一

米價相平故有中止之議臣與該道即行停散
而糧有已裝者舟有在洋者各商銀既到手難
復追還勢不得不前發又以遼左慮陸道之遠
議至三犋牛議至蓋州套此該道之苦心求勉
強完此一運之事耳而一運一停查議經時候
文往復未免耽延自秋入冬海峤漸凍其不能
盡至於蓋套者蓋風波之不常非意料之所及
也彼時初運抵遼之際聞遼之米價猶平尚未
見其大利故臣與該道止收糧以預備今春再

運亦俟兩地議定而後行耳及撫臣抵任連
疏豆草之艱部文屢催急如星火蓋遼左去冬兵
集糧貴海運益見其當行臣受茲重任即髮膚
思捐第運草一節其物輕浮多則招風少則無
濟結筏粗重必以數舟牽縴日行止十餘里遇
風無處棲泊且兩府申文計一舟之脚費數百
金止能運數十金之草其費十倍于值似難議
運臣已有咨後若米若豆則兩府原不敢辭但
此時不苦於無糧而苦於無船所以然者山東

止有本地塘頭漁船數原不多備查東征文案
所用者淮船遼船以及太倉等船也所留者戶
部兩次共銀八萬五千五百兩兵部兩次共銀
二萬七千兩工部兩次共銀二萬二千五百兩
也臣前
疏曾悉詳之而以其議中停未奉
俞允所以差官自行雇募淮船憚於風波尚未見
至糧久海崖更有可虞日據該道所報先次雇
到船六十一隻運過登州府屬米豆一萬三百

六十石今二次報船一十二隻運過萊州府屬
米豆共五千一百三十一石三斗五升總計其
所報二百五十八隻其於該道之心力可謂竭
矣而今日之運又與東征殊東征處全盛之時
合天下之全力有船隻有脚費以供濟運今止
一凋敝之東方為何等時乎以言收糧則隨民
之便不敢強也以言雇船則厚價招之不敢用
法拘也既欲完航海之事又欲順商民之情左
右方圓一時並盡難之難矣夫遼有兵而所無

者糧也登萊近遼而濟之登萊有糧而所無者
船也則近登萊者應濟之該臣沉痾日久兩
疏乞歸未蒙
聖允近謬叨
新命萬非膚劣病臣所能勝者除已具疏
籲免外但據該道告急之文再四前來而海運目
前最急之務為東方未了之局故不避瑣
瀆具疏上
聞伏乞

皇上軫念海運大計
勅下戶兵二部再加覆議除本省青州及利津霑
化一帶海船徑行道府雇募此外所仗淮船速
為咨催轉行刻期給發雇船價值照東征事例
不妨量議從優以濟亟需其雇船脚價銀兩或
照東征事例准留三部銀兩或即准於新增遼
餉銀內開銷則價優而舟至舟至而糧行矣至
於萊糧及舟大者可至三犋牛登糧及舟小者
可至盖州套已有成議而糧至之日該道原議

隨地交卸於就近倉廒庶便舟還速於再運而
遼左府佐官員從戎各有專司則金盖交卸接
受之官尤為喫緊所當併為議覆者也抑臣又
有過慮焉臣撫東三載見民之困窮已極其固
結不解者特
皇上全活之恩耳臣今日亡有糧而苦於無船若
征之太急又將恐民窮而無糧此臣所深憂而
未敢深言者今通計兩府每年新舊餉銀八萬
二千九百三十餘兩除觧過折色銀二萬八千

二百七十二兩止剩銀五萬四千六百六十二
兩有零內再除去脚費十分之四并觧海盖道
一千兩止該買本色糧八萬三千六百七十七
石零此外如必足十五萬之数仍須動別府銀
兩以為協濟然必外船麕集之日方可任其盡
運若船有不繼必俟其催至方可盡行此後總
計二府新舊錢糧或以半本半折或以本六折
四酌議責運大約以二府之力每歲運糧十萬
亦為竭盡臣與該道外急遼左之軍需內計二

府之民力二府之民力內全則遼左之外距盖
固不獨輔車之相須亦本根之先計也統祈
勅下議覆施行
本年四月初一日蒙
戶部覆看得援遼兵餉陸運遼而費侈海運近
而費省況本道盖州套交卸之議尤見實心料
理真償運之奇才持籌之重望但其間風濤順
逆人事參差則輓運愆期亦勢之宜然而非人
力所及也然臣部猶每一咨催必欲隆冬方止

必欲春初即運必欲乘時多收不必候
題亦不可掣肘正謂撫道之幹濟精勤大為軍
國之助也今據撫道所議不苦無糧而苦無船則
去秋乘時多收可知矣但去年九月差官陳安
國等八員領價一萬九百餘兩及委官徐弘諫
領銀三千兩打造遼船尚未到則時迫勢急豈
能坐待乎除臣部已咨淮上總漕趣發淮船星
夜至彼守催起運外所議雇船脚價一節宜照
先年東征例動支三部銀兩可也所議近地交

卸一節已咨令金蓋二城空厫暫寄可也所議
速卸以便速回速回以便速運如糧船一到暫
囤倉厫即為轉運前委廉幹府佐料理并防奸
徒乘機竊盜此在遼東撫道嚴委督理可也所
議二府新舊每年額銀八萬二千九百三十餘
兩今年解過二萬八千二百七十二兩止剩銀
五萬四千六百六十二兩有零除脚價費并解
海蓋道一千兩止該買糧八萬三千六百七十
七石此時遼左寡糴即運十五六萬尤虞不足

若二府之銀用盡不妨量動別府之銀以償其
值可也倘今秋決勝則海運可已矣若猶未也
則今秋之廣收來春之早運俱照前例行之誰
遽已乎所議草束船載無幾而筏載可行若果
不便或再行薊遼督撫多方收買以備軍需或
開海禁以聽民販切照東省撫道經濟宏議轉
漕善策留舊有之額當不患無糧資留三部之
銀當不患無脚費再有不足令別府佐之此用
慮極詳用心良苦矣除咨報發糧二萬開洋外

餘即陸續發運以濟遼急而軍無呼庚疆場有
賴本道督率之勤及押運委官之賢容臣年終
查明分別紀錄以鼓任事之心既經山東撫臣
具題前來相應據揭依覆恭候
命下本部移咨薊遼督撫按及漕運總督山東巡
撫并知會兵工二部一體遵行緣係急
請多餉以濟危遼及奉
欽依戶部知道事理未敢擅便謹題請
旨

本年四月初三日奉
聖旨是

海運紀事

二

山東等處提刑按察司整飭登州海防總理海
運兼管登萊兵巡屯田道副使陶　為請明遼
糧交卸之法以免遲悞事萬曆四十七年三月
初一日蒙
欽差巡撫山東等處地方督理營田提督軍務都
察院右副都御史李　案驗本年二月二十一
日准
欽差經略遼東等處軍務都察院右都御史兼兵
部左侍郎楊　咨為仰遵

明旨酌議海運事宜懇乞
聖明俯賜採擇以安內地以重軍需事據金復海
蓋兵備道副使康　呈詳准登州海防總理海
運兵巡道副使陶　關准本道關煩將海運事
宜及水陸脚價交卸處所查議妥確通詳
各院抄批回覆以憑通詳又准本道關為遼米
開洋艱挽等事節准移會到道准此行據登萊
兩府議覆前來隨經本道會議轉詳
山東軍門訖向因未奉批示未經關復今已移

咨
部院矣所有發示咨稿合抄全文一帙移覆過
道准此看得海運之役所以接濟遼左糧餉之
窮今東省業有成畫矣其以萊州之運至三犋
牛交卸登州之運至蓋州套交卸蓋以均道里
之程節勞逸之勢也至三犋牛者當以金州旅
順撥船剝運總至蓋州套交卸其應用口袋脚
價即以登萊兩道議解脚價給之其成數咨酌
議另報而護防偵詰則金復參將守備任之至

蓋州套則轉運遼陽矣如水運於邊外目不測
之險逼近虜穴勢既有所不能將分運於排車
值買運之多尚難完局力又有所不給前議用
永寧監馬五百匹駄運今不能濟也今議動馬
價買馬騾四百五十匹頭駄運自蓋州套至遼
陽計程二百七十里分為九處每處安置馬騾
五十匹頭以步軍五十名領之一日一廻每馬
騾可駄糧一石是一日可發運五十石日撥一
官押運至遼陽交卸週而復始等因備案仰道

照依咨案内事理即便嚴督押運委官依期速運務到原議地方以濟急需毋得違錯未便蒙此竊照海運米豆
戶部責令職運十五六萬然以遼左應得之餉計之亦應運八萬三千六百七十七石四升零也礽以冬底春礽風逆水凍暫候天時目下即不難啣尾而進矣職又見淮船不發本地之船絕少議將見在大小船三百餘隻運到即卸卸空即回回即再運庶幾一船可當兩船之用勿

蹈去秋危險之途徒費時日蓋歆乘春夏風柔水煖飛輓速竣不必延至秋冬方謂一年完局也今該道議將萊糧至三犋牛者以金州旅順撥船剝運登糧至蓋州套者特買馬騾搬至遼陽苦心布置竭力分勞即東人之自為計亦無能逾此矣第以蓋州套之糧論之該道謂自套至遼陽二百七十里故擺設馬騾九路三九二十七每三十里一接接至軍前速於置郵立法最善第云每路五十匹一日一迴每日可運糧

五十石是一萬石當運二百日二萬石當運四百日也今登糧之應運者不下三萬有奇則在海守候將近兩年此兩年之內能保其日日晴煖無風濤之患乎糧糗在船日浸月潤能保無紅腐之虞乎且今
天討大彰四路進勦凱旋指日倘遲至二年之外則在今日軍中望糧而無糧在異日雖有糧亦無所用之也而又恐船戶之守候久則水脚必然告增水手之守候久則工食又當另議而時

日久則奸弊生如去年頭運因阻凍不前有拐糧脫逃如張孟武有盜糧詐死如王大武者非千總黃徹恩之緝獲則遼餉又付之烏有矣此其不得不請明者一也至萊糧至三犋牛議令金州旅順撥船剝運至蓋州套職身在登萊不能知彼中船隻之多寡但計萊糧之應抵三犋牛者五萬餘石金旅之船不知係何式樣若猶夫遼船已也則大者身深橫濶儵淺可虞不能入套止可用僅裝三百石者剝之是用金旅船

一千六百餘隻方能剥盡萊糧若仍以數十隻搬剥候卸而又来則其守候風濤之當慮後時無濟之當謙加費滋獘之當防亦與登糧等矣此其不得不請明者二也然此止就遼左應得額餉之數而言耳若果如
部咨所云欲将職十五六萬之積盡輸之遼則其守候且三倍之若又如職前詳所云海若效
靈淮船得
吉乗風到岍或一日槩至則其搬剥之苦又倍之

矣該道既為接運計而為東人分搬剥之勞者無所不極其至職身肩餉遼之責而為運船圖長便之計者敢不效一得之愚哉查得盖州城內設有倉厫寛空可以峙糧而盖州套離城止二十里金州城內亦設有倉厫亦寛空可以峙糧而三惧牛離金州城止十八里莫若於金盖兩城之內遼左差廉敏官各一員專主接收會同登萊運官在彼盤剥暫寄倉內而以其空船速急放回再装一運是真一船可抵兩船之用

且糧既入倉風濤可免弊竇亦塞而遼地水陸搬運又可因時制宜遼之人力亦不疲於奔命一舉兩便似無逾此者今米豆開洋巳及二萬陸續發行數日之內不下三萬便否之間利害判焉尤宜亟為知會以便彼此奉行者也緣係請明遼糧交卸之法以免遲悞事理本道未敢擅專擬合呈請為此今将前項緣由理合具呈
伏乞
照詳施行

一呈 軍門　一牒 布政司

萬曆四十七年三月初七日

欽差整飭登州海防總理海運兼管登萊兵巡屯
田道山東等處提刑按察司副使陶　為仰遵
明旨酌議海運事宜懇乞
聖明俯賜采擇以安内地以重軍需事今將本道
督轉遼餉博採羣議關防禁約著為章程揭示
曉諭一體遵守違者按法拏問施行須至示者
計開
一收糧收頭并公正副不許以有糠之米
有其之豆搬運上載押運官不許需索

銀錢淋尖踢斗故意刁難倘有此弊本
府委官不時揭報海防廳以憑查實報
道重處
一每船米豆上完本府委官及該州縣委
官同押運委官看船夫船戶眼同取船
内米豆各數合用紙封固責令看船夫
船戶各畫押明寫某船樣米樣豆赴海
防廳用印鈐蓋封袋押運官收照到遼
之日眼同遼左收糧官拆開查對照樣

交收庶免竊取官糧者攙糠使水致有
浥爛短少反藉口於原糧糠濕如到彼
米豆與樣不同及浥爛短少責令船戶
賠補外仍計贓坐罪
一各船務要水草預備不得臨期措辦若
水草不足須當預稟該管官員撑撥幾
人下船汲水買柴不許擅自登岸及需
索島民私盜柴薪貽害地方違者拿究
一糧船開洋必經由別海口如膠即之船
必經文登寧海等處寧福等船又到廟

島收泊倘彼中夾帶難以隄防該府海
防廳必須行文沿海地方守禦官員責
令瞭望人後凡遇運船到彼即便申報
或某日經過或某日灣泊某日開船有
無船戶水手上岸有無岸上之人搭船
渡海或因風不順而灣泊或因買貨物
而灣泊務要據實申報違者究處革事
一卸糧完日押運官每船留其緊人一名

以為質當仍撥原看糧夫在船押空船回來徑往應上糧海口如有後到船隻非騙害島民即攬裝逃兵除船戶重究外押運官亦與有責其淮遼等船尤善逃匿卸空之日如不行設法押回致有逃失遲差者運官重究

一登糧至盖州套萊糧至北信口各交卸到盖州套者應用小船到北信口者應用大船今年春運事勢急促船不應募

所撥運糧船隻俱隨到隨裝不復膠拄以致遲悞今合於交卸之日清理回裝宜萊者萊宜登者登押運官各照另牌分派海口押令照牌派處所灣泊聽裝庶大小各得其宜船糧各便

一運船到遼泊於應泊海口照近議咨文萊糧卸於北信口岸上登糧卸於盖州套岸上即用船中鋪墊原料原蓆圈囤即為交完船戶即駕船回其倉收着落押運官守領如大倉收候

海盖道類總印發時日尚遲先取遼地收糧官小倉收繳報

一各運官每與船戶貓鼠同眠任其延捱置買貨物及至違限稽查動稱風阻今立稽程長单將一路島嶼灣泊處所及守風日時逐一明註单內每单一樣二張一投赴

海盖道聽查有弊實即便在彼地方就

近拿究一回繳本道按日稽覈查有虛揑逗遛等弊軍法重究情重者仍解

經畧衙門梟示

一鋪墊料物在上載之日用以鋪艙免致浥濕在到遼之日即用以圈囤或收寄倉厫或露積堆垛乃兩地必不可少之物如有船戶折乾入巳不行置買致糧有鈌悞者先將運官追贓究治船戶照數追銀仍扣其糧上水價每石二分發

船廠作造船支用按律監究
一看糧夫初議每船或有一名或用二名
許運官自行選擇蓋欲其熟識可託也
乃近訪得運官如葛子華者竟將看糧
夫工食折乾入已不行雇募捏造詭名
冒領腰牌則船上米豆託誰管押深可
痛恨除回日另究外今後看糧夫俱該
府海防廳選驗如本道招遼船水手之
法取具的當保人在城伺候候有糧船

應發一名二名者該廳掣籤撥給運官
不得仍前任其捏冒違者拿究
一出示并發登萊兩府暨運糧千把
總等官
萬曆四十七年三月二十日告示

萬曆四十七年四月初十日
戶科給事中官　揆
大司農揭帖山東海運職昨歲疏揭不一而足
與夫督餉大臣一舉職亦曾以為言今海運雖
行尚無底績一者始於
貴部疏
請中停致令船隻倏集而倏回米糧時收而時散
二者登萊之開洋已到而遼左之收受無人既
致頭運之未完遼船之打造無資而淮船之搜

買未至因而後運之難續頃
督餉李少司農詳哉乎其言之已得
旨矣目今收受作何責成造船買船作何結局
貴部及蚤
題覆不俟終日可也蓋遼東米價騰貴職昨歲屢
疏深以為憂今不幸言而中諒
貴部之星速料理無俟職言之畢矣乃若大臣
督餉久奉
俞綸而駐劄何所職前月疏中曾及之雖

貴部疏有聽其自為酌量之語而畢竟事體重
大關乎軍
國詢謀定歆其僉同非局內一人所得而自主者
攷之往事有以督餉駐武清者矣今日駐劄何
地為宜大約春夏間急於海運秋冬間海不可
行急於陸運行海運則春夏駐通州或天津為
便行陸運則秋冬駐永平或薊鎮為便會須
貴部酌定一疏
題知應令有所適從耳抑職因是而有議焉新餉
折色夙貯太倉督餉駐處其於太倉風馬牛不
相及輓輸既緩於修途召買復艱於等待職謂
新餉從省而來者只須赴
貴部投文
巡差掛號其銀鞘徑赴
督餉處交割明白掣取批迴銷號足矣不惟省
貴部另差解官之擾抑且
貴部兼理九邊
督餉特援遼左責既專而肘無掣彼已兩便此

一議也自有遼警以來曾設滄餉司矣乃不數
月而
經畧忽以兵備特
題又數月而單餉司始啣
命出首尾交代並無其人職去年有曆餉惟艱用
餉宜節一疏內稱新餉銀須年終季終將管收
除在總撒數目報部報科以憑稽覈今滄既物
故單又新官從前三百萬兩之交銷幾不可問
貴部或行文一查已往者令單餉司細開總撒
用過若干尚存若干未來者責令如職議每季
終歲終造冊四本一報
督餉一報
貴部一報職戶垣一報職太倉巡倉庶衆所竭
蹷焦思而圖者不至虛糜甚而冒破多此二議
也世間衰星屑最麗襍無如錢穀大臣體貌隆
重但總大綱而必有人焉司其細目者乃能勝
任而愉快故本色折色某處應催趲某處應給
發某處應支領大臣有發縱指示已耳若夫整

驗之委瑣秤兑之零星實須專委或
貴部主政一員或近郡同知通判等官一員以
司出納而聽挈提庶於大臣體貌為不諜胥此
三議也
貴部之設有十三司也皆以一司照管一省之
事也若山東司則以山東司兼攝遼左而塩課
諸務亦於是焉繫此在太平時已覺煩劇矧今
日乎舊例本司事務惟本司正郎主之而副郎
以下往往不盡與正郎之於該司久矣即日胙

郡守之推業蒙
題留然畢竟一人之身而多務萃焉往時本科尚
計數華相與上下其議論而分任其章疏今如
張諱大猷吳諱伯與皆司屬之錚錚者或出郡
國或出為邊郎而本科亦且寥寥焉合無請
旨將該司添設郎中一員即不然揀司官中老成
有才望者協理餉務譬如戎部職方郎已經奉
旨添設事可互觀此四議也職因議督餉駐劄而
附此四議業經具疏尋恐多言上瀆

宸聽故特以揭懇
貴部一面以督餉駐劄即日
題知一面以職四議勘酌可否另列上
聞其於餉務未必無補蓋督餉與海運皆職昔所
開端而今未竟者職故不覺娓娓若此謹揭

欽差整飭登州海防總理海運兼管登萊兵巡屯
田道山東等處提刑按察司副使陶　為仰遵
明旨酌議海運事宜懇乞
聖明俯賜採擇以安内地以重軍需事准
欽差整飭金復海蓋兵備屯田兼管苑馬寺事山
東按察司副使康　關前事案查先議督收轉
運必官如經歷左之似已推補遼陽管糧廳其
通判董爾礪隨征陣亡已推山海同知張文達
見今告致岫巖糧廳尚缺未蒙推補惟恐遲悞
督收轉運仍詳金州海防同知黄宗周督署糧
廳事務就近督收轉運等因備關移道准此查
得萬曆四十七年四月二十一日邸報内
户部一本為急
請多餉以濟危遼事覆看得援遼兵餉陸運遠而
費後海運近而費省況該道蓋州套交卸之議
尤見實心料理真償運之奇才持籌之重望但
其間風濤順逆人事參差則輓運愆期亦勢之
宜然而非人力所及也然臣部猶一咨催必欲

隆冬方止必欲春初即運必欲乘時多收不必
候
題亦不可掣肘正謂撫道之幹濟精勤大為軍
國之助也今據撫道所議不苦無糧而苦無船則
去秋乘時多收可知矣但去年九月差官陳安
國等八員領價一萬九百餘兩又委官徐弘諫
領銀三千兩打造遼船尚未到則時迫勢急豈
能坐待乎除臣部已咨淮上總漕趣發淮船星
夜至彼守催起運外所議雇船脚價一節宜照
先年東征例動支三部銀兩可也所議近地交
卸一節已咨令金蓋二城空廒暫寄可也所議
速卸以便速回速回以便速運如糧船一到暫
囤倉廒即為轉運前委蕭幹府佐料理并防奸
徒乘機竊盗此在遼東撫道嚴委督理可也等
因奉
聖旨是咨院行道欽遵在卷今准前因即知
貴道收卸糧餉體
國恤民專委黄同知在蓋州套收糧足仞同舟共

濟之誼但據運糧船戶回者咸稟稱蓋州套有
蓋州衛指揮于棐奚收卸最為公平軍民均戴
惟三䑸牛赴卸金州之糧見今堆垛海堐不下
萬餘泊海守候者不下二萬秪因彈壓無人以
致艱難萬狀合無特委文職正官速於金州三
䑸牛等處比照蓋州套委黄同知事例特委府
官一員到彼監督如一時人乏或將黄同知移
駐金州資其威望以為震疊庶萊州萬姓不受
偏累而軍需不問之水濱

君命不委諸道路矣為此合關
貴道煩為速賜特委以便收卸施行
一關　海蓋道
萬曆四十七年四月二十九日

山東等處提刑按察司整飭登州海防總理海
運兼管登萊兵巡屯田道副使陶　為仰遵
明旨酌議海運事宜懇乞
聖明俯賜採擇以安内地以重軍需事據委駐三
䑸牛管理收卸萊運遼糧千總尚進旗牌官叢
希哲百戶徐維新呈為糧船相繼到遼彼地收
受煩緩懇乞再賜申明以信
明旨事照得萊州遼糧議至三䑸牛交卸彼處運
於金州倉收貯載在

明旨安有他易職等於初八日至三䑸牛屢請文
守備委官至十二日文守備同掌印唐指揮并
馬指揮方至並無一車一牛止有調到旅順空
船六隻意欲剝於船内轉運蓋套職與三官再
三講說蒙糧已至守候日久請乞卸於海岍放
船回萊以便三運不然秋深風高有妨續運本
官只以旅營船隻搬運為辭於十三日本官又
往復州掌印唐指揮并馬指揮俱未前來職等
於十三日未時奉到本道憲票及抄發

部覆疏稿隨又差人執帖前去復請二官看視
遵守去後藐若無聞黃同知又初九日往海州
見道未回無官可稟無人可交運官張顯武唬
船一十四隻塘頭船一隻并十三日運官杜學
伸押到塘頭船八隻十五日運官王詰遼船四
隻俱各到三犋牛海口收泊職等除一面具稟
黃同知只得守候彼處委官交割但遼糧登萊
急若星火而遼地視若罔聞倘再堅執由海剥
運不肯收卸在圻各官但不敢輕聽剥運有悞

各船在遼守候二運何資懇乞特行憲牌徑與
黃同知及文守備始得早卸前糧以遵
明旨職等未敢擅便緣由具呈到道本日又據三
犋牛差回捕盜陳世隆划兵陳得勝各稟稱三
犋牛地方運到遼糧約有二萬餘石聆回來經
過皇城島又有大糧船二十餘隻約載米豆七
八千石今日亦可到三犋牛但自從後等渡遼
到今未見有人收受今糧俱用葦草苫蓋堆在
堐邊聽候等因據此看得登萊之為海運船隻

米豆一一皆無米之炊而由萊達旅一帶其涉
歷之艱難途徑之迂曲殆不可以名狀故初時
招船裝運皆褁足不敢入掉臂不相應迨誘之
以厚價許之以速卸而後有一二應募者職之
初意亦謂登萊既不難竭蹷以供遼左自不吝
垂手而援也今據尚進等所呈及陳世隆等所
稟竊恐海中無灣泊之處久候必有損傷海灘
又潮濕之區久梁亦不免朽腐且運船水價有
定多費時日衆必紛紛告增船中人力有限分

其半於海堐看守則操舟又慮乏人糧在船者
既苦於卸擔之無期糧在堐者亦苦於回旋之
無日嗸嗸多命誠屬堪憐望遙天從井何術
若非
憲檄戒嚴俾之急公趨事恐二三萬之軍需將
盡歸之海若而數千人之性命終當問諸水濱
耳近接海蓋道關文謂蓋州套收卸登糧委有
黃同知在彼監督而登船之從蓋套還者亦無
不領今年收受之有法彈壓之得人合無俯念

登萊事同一體金州收卸亦照蓋州事例專委
賢能郡佐如黄同知者一員前往督率料理庶
民命與軍需兩有造矣本道未敢擅專擬合呈
請為此今將前項緣由理合具呈伏乞
照詳施行
一呈　總督遼餉部院
萬曆四十七年五月初三日

欽差整飭登州海防總理海運兼管登萊兵巡屯
田道山東等處提刑按察司副使陶　為私盜
皇糧事據管理收卸萊運遼糧千總尚進旗牌官
叢希哲百戶徐維新連名具揭稟稱有運官杜
學伸已到船隻未經交卸利行遼地委官任意
私盤官糧所盤過餘米盡行私糶職等訪得糶
米之信五月十一日隨差家丁時懷忠葛汝龍
番至遼民劉聞家有小米二袋隨捉獲糶米遼
人王子友口稱糶到運官杜學伸下塘頭船戶
傅田看糧夫楊茂才小米八斗每斗得價銀四
分共銀三錢二分兩家對質糶買俱係真情審
問間本日又差家丁王廷試前赴運官杜學伸
歇處查驗私藏小米二袋約有二石其捉獲犯
人俱送金州捕盜指揮張良輔審問理合預稟
裁奪以待卸完本官米豆另文呈報等情揭稟
到道據此為照登萊轉餉腁胝拮据迺軍
國重務戰士急需杜學伸身為運官不思萬姓脂
膏顆粒為重乃敢盜賣八斗得價三錢二分及

欽處私藏小米二袋贓跡有據罪不容誅若非
重懲示警恐轉相効尤如杜學仲者當無量也
擬合移會為此合行移關
貴道煩將運糧到遼遠法運官杜學仲就便提
鞫祈賜重處以警將來運務相關登遼事同一
體幸勿以隔屬寬貸深感同舟至誼仍希由回
照施行須至關者
一關　海蓋道　一牌行萊州府
萬曆四十七年五月十八日

山東等處提刑按察司整飭登州海防總理海
運兼管登萊兵巡屯田道副使陶　為請明遼
糧交卸之法以免遲悞事萬曆四十七年五月
十二日蒙
欽差總督遼東糧餉戶部右侍郎兼都察院右僉
都御史李　批據整飭金復海蓋兵備屯田兼
管苑馬寺事山東按察司副使康　呈本年四
月初六日蒙
欽差巡撫遼東地方贊理軍務兼管備倭都察院
右僉都御史周　案驗准

戶部咨山東清吏司案呈奉
本部送准
山東巡撫李　咨前事備仰本道案內開稱看
得海運授受一節海蓋道所議馬騾接運固是
但日運無多而且羈絆東省船隻有悞續運無
如海防道所議粮到即寄金蓋城厫自為酌運
遼陽以便空船駕回接續飛運今之夏秋而十
五六萬俱可至遼天時人事兩無阻滯庶海運

得劾接濟之力亦不蹈去年之轍誠為彼此便
計也即将海運粮米欲寄金盖城厫自為酌運
遼陽事宜作速酌議停妥馳報以憑洛覆施行
蒙此卷查先該本道呈議置買馬騾䭾運緣由
俱蒙
四院批允如議行繳遵行間隨據海盖二衛續
買到馬騾過驗每匹頭價銀六七兩不等然皆
瘦弱不堪責以䭾運其将能乎本道即将原買
到馬騾退還本主另議買牛五百隻買車二百

五十輛每牛一隻價銀三兩每車一輛并繩索
價銀七錢以二牛駕一車即以二步軍押之共
用步軍五百名查盖州步軍一百名金復營步
軍三百名熊岳土兵一百名其金復盖軍餉最
薄每月止食銀二錢五分委不足用應量加銀
五錢五分每月餉銀八錢土兵原無工食每月
一體照給銀八錢每牛一隻每日草料銀三分
每月共銀九錢自盖州套至遼陽計程二百七
十里每十日一運每車載米八石每運可載米

豆二千石一月三運可載米豆六千石以上價
銀并議加工食俱於新餉動支計牛車之價倍
減於馬騾而運數之多且三倍之事惟期於克
濟法無嫌於更張除已買牛車赴盖州套盤剥
業已呈詳
四院外蒙
撫院批牛車之價減於馬騾而運数之多不啻
倍之該道所云事惟期於克濟法無嫌於更張
是也如議行仍候

各院詳行繳又蒙
欽差經畧遼東等處軍務都察院右都御史兼兵
部左侍郎楊　批見買牛車照議運輸倘有不
足再行酌議繳又蒙
廵按山東兼監軍監察御史陳　批車運既便
且不費民力如議行仍候
經畧　軍門　撫院詳行繳但
軍門未蒙詳示蒙此随行各衛置牛車十分已
完八九先将買完牛車此時催赴海盖套灣船

海口處所将船載米豆隨卸隨收轉發車運遼陽軍前支用外今據金州守備文濟武呈為仰遵

明旨酌議海運事宜懇乞

聖明俯賜採擇以安内地以重軍需事呈蒙本道案驗蒙

經畧 撫院案驗准

山東督撫軍門李 咨前事備行卑職案查登州海防道呈登州府額該遼鎮銀一萬七千四

十五兩五錢零該運粮二萬七千九百四十三石五斗一升四合六勺自登開洋運至盖州套交卸萊州府額該遼鎮銀二萬四千五百五兩四分零該運糧三萬六千八百石二斗五升自萊開洋運至三犋牛交卸等因蒙此遵依查得三犋牛在金州城東南一十八里若萊船至三犋牛剥運盖套必轉回大洋西南亦由鐵山羊頭凹方至盖套下卸仍查萊州水路與其東北至三犋牛遠程 莫若自萊州水路西北至羊頭凹徑抵盖套為順便也猶可慮者金復原無大船止沿海魚船長不及丈餘且無棚桅豈敢撑駕伏望老爺俯准萊船向西北由羊頭凹徑抵盖套下卸實為至便如謂萊船遠似登船則可量加脚價若到三犋牛復轉羊頭凹不惟風汛不一抑且船隻難繼船既不敷必由陸地載運金州之民巳屬萬苦再加轉輸不堪之狀又可勝言為此今将登萊水程順逆畫圖呈請緣由呈詳

撫院蒙批仰海盖道速查報以便咨復東省又蒙

經畧楊 批該金州守備文濟武呈同前事蒙批仰海盖道查報蒙此為照東省以遼餉之故拮据海運備極苦心該海防道議以登船至盖州套萊船至三犋牛盖以酌道里之遠近以為交卸之所於計最便又恐金盖卸運稽遲復議登萊船到即收於金盖城厫以便回空續運於計又便本道以東省誼切同舟多方料理餉苟

至遼萊已完東省之局蓋州套遼也三棋牛亦遼也餉已至遼在遼又當自為計蓋州套可接運也三棋牛亦可接運也本道所以不敢強萊船以必至蓋套者意以此耳今守備文濟武議以萊船由羊頭凹直抵蓋套一揚帆之便經行無礙且金州無船必須陸輓地方之苦即不敢言勢倘悮於軍需併東省急隣之美意亦無所終矣夫商船之所以熙攘而來者以規利也今若增以脚價彼既不難於至金亦何難於至蓋

一船之便省一番盤剥之費一水之便省一番陸輓之費非本道之敢居遠於逸而強東省以勞也蓋事機之會有不得不然者耳該道義既急於勤王謀必周於遼左籌畫既已煩乎前箸城府必不設於此疆合無請乞

本部院行令該管海運官員將登萊運船俱至蓋州套下卸其於大軍之餉庶克有濟乎緣由具呈

經畧楊　詳批仰候

撫院詳行繳又蒙

撫院周　詳批登萊船俱至蓋州套卸載於事甚省但增脚價人自樂從仰徑呈

餉院候詳行繳等因呈蒙

本部院李　批仰登州海防道速議妥報蒙此

該本道查看得東人為遼運餉其艱苦萬狀業已歷盡何靳萊糧到蓋之一程哉良以蓋州套窄小淺灘形如半碗而碗口礁石巉岈勢同攢劍必小船方可進入而所泊僅可廿數隻又必

堅厚小船方可冒險而入而一入之後水退撞礁滲漏可虞今船必藉之淮上大者千石小者亦數百石可入蓋州套乎即雇有塘頭寨及霑化利津等船皆釘稀板薄沿涯捕魚之舴艋也可當此撞激乎蓋套窄隘難容可令兩郡之船盡泊入此內乎況所謂登糧止二萬七千有零萊糧止三萬六千有零者此舊歲餉遼之數也

今奉

旨運十萬為率而職今運發到遼者已十一萬四

千有零矣以船計之不下五百餘隻而可令盡入於杯水淺灘之盖州套乎又况近日交粮苦楚萬端萊粮今在三犋牛者不下三萬餘石而收入倉厫者止七十石又尚寄在倉之外未收入於倉之内餘者守候海中船撈相磕損漏接踵彼三犋牛之泥底深灘者猶如是而欲驅而入之巇岈攢劍之盖州套其不付之波斯之腹者幾希矣去年運粮已苦入套之誠難今年交粮尤見入套之匪易故前日之議令登粮忍死

而入盖套萊粮分路而之三犋牛亦不得已耳今若欲盡入盖套則淮船重大盡應咨還淮院塘頭利害等船釘稀板薄悉應退還故慶船隻從此乏矣又須度盖套之所容以酌萊粮之所運一年除登粮而外萊州僅可運萬餘石庶不擠出套外稍避風波則額数從此鈌矣遠左而餂洞此情形不以十萬之数繩職則萊粮并入盖州套不但遠人省搬運之煩而萊人亦免本色之徵誠彼此兩便之策也如其不然則

併入盖套之説斷乎難行而三犋牛見今有糧而不收亦斷乎不敢再往矣查有北信口一途自萊州所属海口開至廟島至鼉磯島至皇城島至雙島至宗島又三百餘里至北信口此口稍寛可容船百餘隻而泥底無礁可以避風從此陸路至復州不過三十里將萊粮卸入復州倉最便他日若欲剥至盖州套亦止水路二百五十里是水陸兩便之處也然而至北信口則水脚價每石須量為加增但自宗島至北信之

三百里礁淺不常船户非所樂從又當設法招誘以完此局耳第查萊粮見泊三犋牛矣而文守備又令回泊旅順則往廻反覆海上之時日愈長萊粮又有堆三犋牛堐上者矣而文守備又令仍盤入船候詳發落則搬剥再三粮船之回旋無日倘今次議有北信口之説職欲令在船者前往北信而復州又以前議三犋牛交卸為拒欲令在圻者且交三犋牛而金州又以今議北信口交卸為拒則進退維谷損傷不免遠

人又得執損傷而議其後職之竭力以事大國者計亦窮矣而職又有說馬登粮至盖州套為途頗險而船户俱各願往則因黄同知之在盖而弾壓有法委用得人速卸速囬各船止防在途之失悞而不復慮到岍之損傷莱粮至三棋牛為途頗坦而運官船户無不疾首蹙額百方躲避而船之已泊而懼傷粮之已到而懼損者亦不可勝言則信乎莫急於用人而海路之險夷又非所計也幸頼海盖道戮力同心務求兩

便遼地之刁難必究莱人之獘實畢聾運事未至於大壊然黄同知以一人之身奔走於金盖兩地不惟勞瘁可念抑且精神不專合無以盖州套登粮仍委同知黄宗周督收而以北信口莱粮另委賢能如黄宗周者專理庶弾壓有人鬼蜮知所忌憚而運船不致望洋此又萬分危急之情也伏惟

本部院鑒裁本道未敢擅便擬合呈請為此今將前項縁由理合具呈伏乞

照詳施行

一呈　總督遼餉部院

萬曆四十七年五月十九日

山東等處提刑按察司整飭登州海防總理海
運兼管登萊兵巡屯田道副使陶　為東方大
旱無禾遼餉難拘成數乞准通融扣筭以符
明旨事該職於本年四月十三日接奉部報蒙
本部院先在山東撫院時據職呈詳為急請多
餉以濟危邉事內稱登萊海運因百寮掣肘每
年止可運八萬三千有竒而遼銀有限勢難兩
年並徵亦止該運此數此外升合非遼之物矣
蒙

本部院具
題酌議量加內云大約以二府之觔力每歲運糧
十萬已為竭盡無餘隨蒙
部覆得
旨欽遵在卷職即一面守催淮船及打造遼船星
夜裝運遡自二月十四日至今五月十四共計
三閱月已運過米豆十萬七千有竒見今裝運
開洋者不下一萬三千餘石止據目前於運無
悞於額有餘似可相安於無言矣但今年之所

運非年之所收也非年之所收歷年之所積也
歷年之所以積者祗因登萊地僻山深不通貿
易而又海禁森密商販全無稍遇有秋輙苦糶
賣之無路更逢加派旋虞易銀之不前故一下
糴買米豆之令而囷載而至者轂且擊也再下
徵收本色之令而負戴而投者踵相接也盖以
數年之沉積而為一旦之疏通自然翕集又以
四塞之無途而供一路之輸将亦自然輻輳耳
半載之間通計登萊二府徵收糴買共得糧十

八萬有奇意謂今年接踵徵糴可以源源不窮
不虞旱魃為災十旬不雨登萊青濟之間秋苗
萎黃粮價驟湧民心震懼預為蓄艾之謀市集
蕭條絕無握粟之卜值此時勢不但徵收本色
之令不敢復蓛即糴買之方亦不敢復講以匱
內地之藏以貽騰價之譁也是以止計目前之
海運且溢於原議之數而有餘若論明年之海
運則雖覔升斗之粟而不可得矣然職不敢因
明年接濟無策而先留今日之有餘以補異日

之不足也自季春以來旱暵異常誠屬地方之不幸而惟其旱也波平日朗實為海上之奇逢過此以往恐如此風日不能多得以職謬筭莫若乘茲順利自足今年十萬之外并將明年應運米豆陸續繼運儘趂佳時至秋而止計運若干即扣作明年十萬數內而今年亦地千里明年之收糴必難今夏亢旱驕陽明春之風雨必甚米粮缺乏帆槳稽遲容職設法催儧務及原額職之心力如是止矣如以今年之多運而反執此以例明年後以明年之缺額而更繩以今年之溢數則雖神鬼輸而天雨粟不能也蓋海上之風波有順有逆而地方之年穀亦有豐有凶在職既不敢以逆而凶者引以為常在
廟堂持議者亦不當以順而豐者懸以為例矣合於豐凶順逆之間衷多益寡大約三年之内僅可不失每年十萬之數耳為此瀝情上陳伏候
鑒裁然此就登萊出粮之難而言也若論遼左收粮之難即今運去者已十萬餘而蓋州套收

者止一萬餘耳三犋牛則全未收也登萊之運去愈多則遼左之收受愈苦定於十萬勿復加增為登萊實所以為遼左矣併乞采擇咨
題彼此兩便緣係東方大旱無禾遼餉難拘成數
乞准通融扣筭以符
明旨事理本道未敢擅專擬合呈請為此今將前
項緣由理合具呈伏乞
照詳施行
一呈　督餉部院　一呈　兩院

萬曆四十七年五月二十日

七月二十五日准
山東等處承宣布政使司照會蒙
欽差巡撫山東等處地方督理營田提督軍務都
察院右副都御史王　憲牌前事等因蒙此行
間又據經歷司呈抄蒙
巡按山東監察御史陳　憲牌俱准
督餉部院李　咨議海防道副使陶　呈稱登
萊二府徵收糴買共得糧十八萬有奇欲以今

歲之有餘合於豐凶順逆之間衰多益寡大約三年之内不失每年十萬之數酌量豐歉以為通融之計已行布政司備查登萊地方今歲豐歉若何應否通融總筭逐一綜覈明確以憑咨覆去後未據回報擬合行催為此牌仰本司即查登萊地方今歲豐歉若何其多運之數應否作何通融總筭查議明妥通詳

兩院以憑咨覆施行此事緊急毋得遲延等因蒙行到司合行移照前去煩查登萊地方今歲

豐歉若何其多運之數應否作何通融總筭查議明白牒司以憑轉報施行准此案照本年六月初十日蒙

督餉部院李　批據本道呈前事蒙批每歲十萬已經屡疏

題明即有多運無非酌量此之豐歉彼之緩急以為通融計筭也依議俟咨

部具

題行繳蒙此本年七月十六日又蒙

督撫軍門王　批據本道呈同前事蒙批歲運十萬原經屡疏

題明即督餉部院前任山東亦身親為之而知其不能增也今且有二十萬之議矣數既增而歲且歉如天時人力何哉該道預為料理以備將來轉運仍候

部文至日具

題繳蒙此本月又蒙

巡按山東監察御史陳　批據本道呈前事蒙

批海運原題十萬酌量豐歉桔据通融每年務不失額已竭脂力矣豈堪倍加以重地方之困耶候會議達

部具

題繳等因蒙此道候在巻今准前因已經節行登萊兩府查議去後今據登州府呈稱查得本府所屬蓬萊等八州縣額派遼鎮銀兩奉文徵收本色載運遼糧接濟軍需萬曆四十六年徵收四十五年遼鎮銀共一萬七千四十五兩五錢

四分三釐九毫及查蓬黄福招寧文六州縣用過糧價水脚銀六千六百九十二兩九錢一分一毫共已運過米豆一萬三千三百七十三石五斗一升差委千總黄徧恩押運赴遼取有實收附卷其存剩銀一萬三百五十二兩六錢三分三釐八毫批差黄縣主簿魏朝臣解訖掣有倉收在卷另文呈報外為照四十七年徵收四十六年遼鎮徵過糧數借過倉穀碾米蓬萊米豆二萬一百七十石黄縣米豆二萬石福山米

豆一萬四千六百五十六石五斗三合三勺招遠米豆一萬四千五百二十七石七升萊陽米豆一萬四千四十七石九斗寧海米豆八千五百五石文登米豆一萬四千六百石又有驗定商豆八千七十五石通共米豆一十一萬四千五百八十一石四斗七升三合三勺其州縣尚有見載之糧数難預定及查原奉文登萊二府共歲運遼糧該十萬石今登州一府已運過十一萬四千五百八十餘石矣查本府歲額遼鎮

該一萬七千四十五兩五錢四分三釐九毫加派新餉該一萬九千七百六十九兩二錢三分零已解過一萬六千矣所餘二項銀兩安足以買十一萬餘石之糧是多運之数其應通融總筭來歲之数無容易矣然而天時若豊價值若賤或可酌處今查登屬唯萊陽福山稍稱兩足而萊陽又有氷雹之灾此外寧海等六州縣自春徂夏自夏徂秋三時亢旱二麥寡收舊苗立見槁枯晚禾未及播種其長而不秀秀而不實

者一望如掃則今歲之秋成已難望稔而明年之春運豈能速濟將米豆無處糴買貧民有相率而逃耳是所多運之數其應通融總筭來歲之数也無容再議矣再照今歲已運糧甚多而正項之銀無幾皆各屬細心料理有徵收本色者有糴買商民者有借碾倉穀者多方設處始及此数而水脚之那借府庫者不與焉則那借須還倉穀須補庫藏須清即如

憲檄盡留

戶部應運錢糧恐尚不足以償今歲之運價也
容俟查明另文呈報據此又據萊州府呈稱依
蒙俱經備關海防廳并行運糧州縣查議去後
今准海防同知鮑孟英關稱查看得萊屬之秋
禾因亢陽日久葉已焦黄人心皇皇恐四十三
年之災復見於今日幸靈雨載零收成僅減分
數而掖縣為甚僅減者雖不可以報災而米價
則異於昔矣貴賤因時不能預定夫多運不便
於薄收州縣少運不便於遼左軍兵歲運若干

主持自
上非本廳所敢輕議也等因備關到府准此該
本府覆看得所屬州縣自入夏以來雨暘不時
豐歉異致在掖縣得雨最晚即霑足亦不濟事
維穀與豆或苗而不秀秀而不實者在在有之
雖不無災傷而各社分數參差不一故未敢以
災傷遽報也其餘州縣較之掖縣稍稔第大祲
之後積貯無餘而餉運之多寡尤斟酌於
上裁非本府所敢擅議者又查登萊二府計每

年所運遼餉至十萬石民力已竭若以遼餉多
寡計筭則除登州府該運四萬本府該運六萬
石及查近海掖平昌濰膠即六州縣自二月起
至七月十二日止已報裝運過遼正項米豆七
萬七千七百六十九石六斗五升三合近據平
昌濰三州縣并千總李天培揭報已裝米豆六
千八百八十石以上二項通共米豆八萬四千
六百四十九石六斗五升三合內除本年應運
六萬石外多運二萬四千六百四十九石六斗

五升三合與夫見在裝運及奉行改徵本色借
動倉穀遵照原行俱運赴登州轉運俱應通融
總筭來歲之數除抵准新舊遼餉銀兩外不敷
銀數請動
戶部錢糧收買統俟年終將已運未運米豆動
支各項銀数造冊呈報轉達各緣由具呈到道
據此為照登萊兩府僻居山海地瘠民貧家鮮
蓋藏人無生計即在平居無事之日尚如遭兵
遇燹之年況當大祲之後逃亡之棄地未耕接

踵征調之繁魚鳥之驚魂未定昨歲肇舉海運
欲令犿犿登萊供遼左大兵杲腹之後無異責
窶子以好施望巧炊於空谷也然而患在震隣
誼當披髮不得已而罄登萊之民力應遼左之
需求原議以應解遼鎮銀之数改徵本色米豆
而運糧止該八萬有奇也
前院約其大槩增至十萬而登萊已餘二萬不
償之貸矣本道因見今年風日晴和舟師稍暇
又多方續運至一十八萬有奇而登萊千里之
内凡官司之贖儲軍民之口食業傾㡯倒槖以
應之所以為此者盖以
餉臺一十萬之数為之準則界限欲乘風波不
作之日預運此数以備明年不可知之海路也
今計登萊每歲應運糧十萬石而止今查登州
已運過一十一萬四千五百八十餘石萊州已
運過八萬四千六百四十餘石總計一十九萬
九千二百二十九石有奇矣已前之倉儲既空
全望將來之接濟有賴孰意天禍二東風雨愆

期登之萊陽水雹最慘寧海等六州縣自春迄
夏二麥鮮收及秋亢旱為災風雹繼虐近又以
海水淪沒見告矣萊之州縣得雨最晚枯槁遍
野極目蒿萊市無握粟糧價驟騰民情洶洶今
年一年之歲事竟已半屬荒蕪來春之豊歉尚
睽何濟遼左之庚癸況在今日登遼兩地均屬
禦虜之時於應援既不分秦越而有呼必應於
輸將亦當共肥瘠而不得偏枯此一方剜已肉
而望人之腹者也今據二府呈將今歲多運米
豆通融計筭抵作來歲運数准作新舊遼鎮銀
兩外再有透用登萊粮價水價船價之類統候
秋分停運之日合總彙筭或請留解
部銀補還或提別府折色遼鎮銀扣抵以清庫
藏以恤災黎此題審特度勢萬萬不可變通者
也請乞亟達
兩院速賜具
題以每年十萬永定為額以便遵守地方之荷再
造無窮矣擬合牒請為此今將前項緣由合牒

貴司煩為查照轉達施行
一牒　布政司
萬曆四十七年八月初一日

山東等處提刑按察司整飭登州海防總理海運兼管登萊兵巡屯田道副使陶　為海運事據管理收卸萊運遼糧千總尚進旗牌官叢希哲呈稱萬曆四十七年五月初二日准守備遼東金復等處地方兼管旅順營武進士都指揮使文濟武手本本年五月初一日蒙整飭金復海蓋兵備屯田兼管苑馬寺事山東按察司副使康　案驗前事備行本府據海防廳呈稱切照山東登萊運餉去年原議總卸蓋州套近蒙改議登船運至蓋州卸萊船運至金州三犋牛

卸蓋為萊船至三犋牛取其有便於萊不似登州至旅順之必由廟島皇城等處而後抵岸也職謬任海陬且王臣王事勞怨俱任何說之辭已經分委指揮張良輔馬建德周新命胡宗寅按覈矣及職親詣旅順并三犋牛查閱灣船海口三犋牛在金州城東南二十里許相距旅順二百里且地方曠野並無官民房屋可以積貯不若旅順之見有官倉空閒及詢萊船來路亦

必由廟島皇城等處歷旅順轉東北而後至三犋牛則萊船水道較登反多二百里之勞矣遼人又自三犋牛剥運至旅順復轉西北而後至蓋套則萊人與遼人又另多三百里風濤之苦此猶其小者也自旅順至三犋牛一帶海山險惡運道梗塞未必海若效靈本年四月初三日萊州運船三隻湊遇狂風三日不止舟成虀粉糧為烏有初運若此後運安保無虞或更加甚亦難逆料錢糧重務誰任其咎耶此三犋牛之

運不惟不便於遼而且不便於萊矣及查萊糧應至三犋牛者五萬餘石據議每船三十石計船應用一千六百六十餘隻數難總得必事陸續轉運又虞大兵嗷嗷庚癸足慮如用遼漁船則大者多不三十石小者僅容十石寥寥數隻尚不滿二三十之數終歲轉運亦難接濟況上無蓬桅以備風雨縫無油灰以敵波濤止供捕魚之需難充載米之用為數不多搜調良苦且今入夏将半自此以至十月不過半載日期入

冬風高浪險海舟不行必欲藉此以足軍需必不得之數也為今之計合無俯將萊州運船量里遠近加增脚價徑由旅順西洋運至盖州套可省盤剥不貲之費實為大便若以成議難更不如就旅順交卸可省萊船往返四百里之勞亦可省遼船盤剥折轉之苦第遼船為數甚少再查周都司兵船設防鎮江見今灣泊江上無甚急用應責照山東所議脚價盡數給發調赴旅順口剥運盖州套則以近就近策無便於此

者等情具呈緣由到道據此除呈
四院照詳外為此案行本府即便會同海防廳如萊船經由旅順接運盖套彼此兩便可行文於三犋牛委官速赴旅順收受轉運彼此俱便毋得違錯未便抄案依准呈來等因備會職等煩将萊船運到米豆徑由旅順收受轉運彼此兩便仍将遵行緣由希文回復以憑轉報施行准此本月初三日又蒙海盖兵備道憲票同前事據海防廳呈議萊船由旅順接運盖州套下

卸剥運緣由到道據此看得該廳所議甚便除
呈
四院外票仰本官照票事理即查萊船果否經
由旅順如旅順果係便道即移至旅順交卸接
運彼此兩便俱毋違錯蒙此案查本年四月二
十六日准委官金州衛軍政兼管局捕指揮使
張良輔手本為急請多餉以濟危遼事四月十
七日蒙金復文守備牌蒙海盖兵備道副使康
案驗蒙

廵按山東監察御史陳　案驗准
欽差山東廵撫李　手本前事備行本府牌行本
局即將所屬臨城甲分排車差人拘調赴三犋
牛搬運萊州府運到米石赴金州倉官攢高以
成張恩收貯仍將搬運米豆數目呈報等因到
局隨即一靣分投差人拘調排車一面傳令本
衛倉官高以成等打掃倉廒收受車運米豆本
局仍赴三犋牛灣船處所眼同委官尚進等逐
一下卸與排車運至本城倉高以成照數收貯

本官因見無耗又無利息抗拗不肯收受本局
即欵申明至本月二十四日又蒙海防黄同知
票亦為仰遵
明旨酌議海運等事蒙本道批據本府呈前事蒙
此牌仰本局即將萊船所運米豆到三犋牛即
行暫卸金州倉隨令撥運盖州套交卸看守俱
要慎防本局遵守即會同指揮馬建德仍赴三
犋牛將運萊米豆盤與排車運至在倉高以成
等仍勒加收不遂硬執坐視不理致坑排車務

農萊船違限含冤無伸本局亦係本城捕盗責
任日督打造軍器至晚廵邏防守倉庫錢糧及
獄囚事務時無閑暇其下卸米豆併拘調排車
額在該衛掌印官料理事務原非本局干涉以
將前由於本月二十四日除呈本道并海防府
詳行外為此合用手本等因備會到職依文查
照手本内事理另文轉達施行准此遵候批示
間於五月初三日面會張良輔親見前詳蒙海
防黄同知詳批排車已行該衛催償收貯倉廒

已行倉官速為收受勿得留難仰本官用心料
理萊船随到随收不許稽遲此繳随抄粘在卷
蒙此該職等查得萊運糧船一運官張顯武二
運官杜學伸三運官王喆四運官秦邦賢各相
繼到三犋牛先後不等守候将及一月共卸過
糧一千五百餘石各船鱗集海中風波可虞且
海口寬闊遇颶重載大舟人人懷懼既委之倉
官而倉官堅拒不收卸之海岸而又車牛不至
東省竭膏之物冐千里之險始得到遼既得到

遼而又望收無日戞運不完憲行梟示運到不
收是誰之咎二萬石之舟拋繫海洋一有疎失
又誰之咎如杜學伸下船戶崔永建五月初三
日辰時潮落擱傷船底水入米濕除候本官經
申憲示另查外而各船守候日久風波叵測日
夜難防況今已到船隻而又有更易地方之説
豈是二三畢微下使可得而議也除一面多方
懇求就地收受擬合先行呈詳伏乞裁定施行
緣由具呈到道據此除遼欲萊糧亦至蓋套交

卸者奉有專批查議另詳外為照登萊轉餉胼
胝拮据日夜兢兢惟恐不得達遼上達
明旨下干遼譴詎意既得達遼而遼人不肯收也
初據尚進等報到之日計萊粮之抵三犋牛者
無慮二萬今為時已久到者又二萬餘矣始也
但見收粮之官未見剥粮之具與貯粮之所既
也聞有貯粮之處與剥粮之具而不見收粮之
官其初尚准三犋牛交卸之議也則日詳車之
難覔也船隻之缺乏也迨後為日之愈久也則

曰三犋牛交卸之不便也上司議詳之未報也
至於今而運到之粮且雲集而收受之人乃星
散矣海中非久安之處波濤非貯積之場守候
月餘望門無訴必待船隻損傷舟人鼓譟而後
以詳請蓋套之文塞之遼計得矣萊粮何辜職
改於此信口交卸謂苟可濟遼之急何惜海路
初未聞此説處以無心故奉批覆議之時即議
之艱今觀此時勢船到三犋牛交收之議經幾
番覆妥而准行者尚拒而不收今若驟移於此

信口出自近議則委官未定車輛未備倉厫未
掃人力未齊尤得執之有名者安見北信口之
便於三䢑牛哉為今之計莫若
憲檄申嚴粮在三䢑牛者或加添車輛速運入
倉或准堆海埡眼同盤受速出實收俾船得再
運人得蚤還粮得不傷軍得食餉為萊為遼彼
此兩便自此之後或遼可不須此粮徑令免運
或遼議尚須運糧即令續運者抵北信口而一
面先令遼官於北信口復州倉預備候收庶

君命不委諸草莽而運官亦不苦於投窜矣至於
委用之人尤關軍
國命脉職前詳已悉統候
台裁今不敢再塵清聽也緣係乞請
憲命收卸遼糧事理本道未敢擅便擬合呈請
為此今將前項緣由理合具呈伏乞
照詳施行
一呈 總督遼餉部院
萬曆四十七年五月二十日

萬曆四十七年五月二十五日
欽差專督遼餉戶部右侍郎兼都察院右僉都御
史李 一本為條議餉務事宜懇乞
聖明俯賜採擇以安邉計事
簡任程能揣分萬萬難堪今值疆埸告急上厪
聖衷義不敢稽勉赴到任隨奉
勑命臣於遼東天津水陸適中處所往來措運
陛辭之日心切飲氷至於餉務一節在
廷諸臣條議已悉臣祗虔行之末效其何能別出

他籌伏煩
聖聽惟是法當創始不得不假
功令以激人心事貴預圖不得不講綢繆以為先
備理財之道必先於用人攘外之圖必先於安
內戚大事者必不遏靳於小費濟急用者必不
盡拘於文法臣謹抒有愚衷列欵上
請伏乞
皇上
勑下戶部及事關吏兵二部者并行酌議其可行

者伏
請施行其未盡者不妨續陳更乞
天語叮嚀在事臣工協力同心總以濟遠為急策
求畢舉政在必行當此披髮纓冠之時不致臨
渴掘井之嘆臣具仰藉
廟謨免於隕越則疆場幸甚臣愚幸甚

計開

一登萊海運二年之間行之已有成緒但
船隻尚少相應行山東各府沿海州縣

查見在漁船優值雇募今淮上准發船
五十隻有言沙船可募尤便於海者應
行彼中查議近有遼商匡廷佐願造遼
船依式廣造計可足用准行該布政司
及該道即於新餉銀內或聽民間上納
本色或廣行召買以備陸續運發之用
伏候
聖裁

國初海運及東征舊例皆以天下人力為海運從
今止以登萊二府行之物力無多船隻
又少風波不常約每歲一萬石已為殫
竭此外實難多運如必責以多運則須
照先年征倭事例兩次造船動戶部銀
八萬五千五百兩俱於鮮部京庫馬價
料銀留用於淮安造船今當酌留量造
似不可緩若沙船可用則移其值以雇
沙船仍截留見年漕粮十萬石於淮安

倉行淮揚雇慣習海船兵夫商民人等
每船須用善辨風雲海氣夫一人用柁
工水夫若干名每船幾隻該立哨官幾
員把總幾員以為管理由淮安駕至登
州由登達遼雖此時無人然當預圖來
歲之計亟為講求者也如遼事底寧則
船或改兵船或可變價而漕粮亦可抵
下年坐派本倉之數伏候
聖裁

一海運可開而不可恃也陸運難而可計程海運速而不能計程也陸運雖有稽遲其粮無失而海運不能保其無失也陸運勞民力而海運用民命也陸運四季可行而海運惟可行於春夏也每歲漕河有漂損況在海洋而可常恃乎今除登萊海運外議於天津倉截可留見年漕粮十萬石由海岸以達永平盖此一路該在臣向年管餉密雲及在部司

親見其行去年按臣建議行之已有成效近聞尚可行至山海出關則有遼東

撫臣

請造牛車可為接運又有駱駝載運之議更為簡便科臣疏中亦曾及之盖一駱駝所負三倍于馬驢而一駱駝止食一馬驢之粮若喂養得人擺撥遞運事省功倍相應一併酌議運發以佐登萊海運之阻以及烁冬風厲海不能行則此一途安得不為預計之策哉如東事底寧則截留之粮可抵下年本倉之數而牛車責令變價駱駝分散各營俱為便益伏候

聖裁

一本色之難尤如草色為第一義若責海運臣已目擊其難前疏具悉此際應行薊永餉司多方召買以備急需當此青草方茂之時仍宜差司官一員解銀赴遼會同遼東餉司各道多方收買草束

以為秋計盖此時草茂之際馬不患其無食各軍狃于目前之易而不思秋致草之難又遼左缺乏之極若解銀買草未免那為別用非另差一官專買草束則勢必遲緩臣在部商議再四叮嚀多一官三差而不可不為草束之長計也

伏候

聖裁

一遼之儆海運則登萊陸運則薊永而調

發經過薊永為甚此二地之凋疲極矣
前者東方海運之議一下民間船隻逃
避殆盡後以官運召募商民出示曉諭
人方樂從今薊永附關以及遼左關外
之軍若用民運則民間為一車驢之費
盡其骨何以堪之玆遼東撫臣所議牛
車及近議騾駝載運之法正可做行于
關內運需此法一行不得以車馱之費
苦累民間者地方自有一定之法令在

矣蓋寬薊永登萊之民力俾安內以平
外尤目前之良圖也伏候
聖裁
一官運有限民運無窮民間有能自由海
上或由山海關運官粮赴遼計水陸脚
費若干水至海蓋道陸至遼陽道運到
之日即刻收受取有實收准照見開事
例准其納官納監其自備粮草赴運者
通計價值脚費開納仍念水陸跋涉比

照在京納銀事例量減若干之數以恤
其勞若商民經由海上糴買者應於登
州海蓋二道告給文引聽其自行資買
但利之所在民方樂從其粮不乏外登
州除帶硝黃銅鐵遼左除人參貂皮外
俱許量帶貨物任從民便仍聽二道彼
此給单以防奸偽伏候
聖裁
一凡海運陸運委官商民人等計其勞苦

運過若干之數或
題加文武職銜勞勣多者咨行吏兵二部即與實
授職官管事方肯効力以次或給與冠
帶或重加賞賚其有攙水私盜等弊照
漕運例從重議處以示激勸伏候
聖裁
一海運祗金蓋地方定收管官一員俱聽
彼中查行酌議責令專收受此外不得
復行別委即於金蓋二州附近倉厫暫

貯另聽接運其船隻速回還庶便再運
大率海運抵岸即給實收陸運到倉即
給實收毋得躭延守候以資脚費其民
間自運者尤要量從寬恤以示招徠伏
候
聖裁
一海禁既開當行遼東海蓋山東登萊南
直淮揚等處兵道將領等官嚴行添兵
巡哨防範伏候

聖裁
一海運之行屢議屢格今一旦而行之無
弊者皆副使陶朗先先任登州府召商
於遼以濟登之荒故今日以濟登者轉
而濟遼本官實心任事一力擔當調劑
民情拮据海上外既實遼內又見德其
濟世之才臣所心服查本官原居卓異
之科近又陪推參政若蒙
准以加銜任事俾得盡心海運終始其事庶底成

績事完之日另行優敘伏候
聖裁
一登州道加有專管海運職銜故能一心
料理今遼東薊永天津淮揚各道俱宜
膺管理餉務之職庶便責成事完之日
俱行優敘其凡由海由陸州縣俱聽吏
部相與各該撫按遴選賢能銓補或為
更調俾在在得才則事無不集矣伏候
聖裁

一遼兵見存若干召用遼兵若干在外調
遣召募若干伏乞
皇上速
允閱視科臣并行總督經略撫臣總酌一大約之
數庶便總計一歲之費若干以為處辦
蓋各兵一募之後月月有支非旦夕可
辦當此匱乏之際錢糧多方議處尚
不能得其全非預計于半年之前無以
為卒歲之計也伏候

聖裁

一各省直新派地畝及搜括錢糧文到俱限先觧一半俱其餘聽户部定一限期盡數觧完遲者将州縣職官照見行事例撫按具參以憑覆

請蓋事在燃眉外有剥膚之變内有脫巾之虞内外臣子俱切同仇計不以尋常錢粮相視也伏候

聖裁

登州道　海運摘抄　呂十

一天下事未有全利而無害又况當此倉卒告急之秋乎如今官帑之窮民力之殫不待言矣海運之難風濤不測陸運之難車馬道路此其情景豈不咸知若使遼左有自足之策則相安無事何故為此強民以所不堪哉今勢在匪茹事湏曲處如利九而害一則當計利而行其間一二阻隔之事于中加意調停以救其苦而體其情盖人情任事正於其難民力孔艱易於見德遼兵不可已則餉不可已餉不可已則運不可已運不可已當此之際百爾有司應當共濟共難不宜委其難以求上不病

國下不病民為兩利之策者正錯盤自見之秌也計地方在事諸臣自不惜薦剡以為破格之酬矣伏候

聖裁

登州道　海運摘抄　呂十一

一遼左素稱魚米之鄉今奴酋暫退憨酋受賞民間可以暫息正當盡力耕耨撫臣保元氣一疏誠當今之急務矣至於本地召買所省脚費視外不啻数倍即以外運之脚費加值於民民間必有應者但湏文職官員躬親料理升其價值從厚給與隨收隨發各與附近倉口仍曲示優恤民間樂益又輸納者必有其人仍一體奬賞則遼左未必無自足之策矣伏候

聖裁
以上諸欵皆諸臣所已言及臣在都城
所備加商詢者謹列十一欵以
請備登萊十萬之運已足則遼運亦可暫緩備遼
左草束之收自裕則關內亦可少停
但兵馬之募稍方新而錢糧非猝辦
可得如截留漕糧造雇船隻設立牛
車等項寧可備而不行不可行而不
備蓋備而不行則散之皆有用之物

行而不備則臨時無應猝之方皆臣
所惓惓望於共事諸臣者也若科臣
錢法之議其
疏見在
御前不日
批發舉行又如開屯一節可為永久之計但各處
事體不同俟查明另
疏陳請此外計兵計餉容臣臨行酌議而行若兵
餉拒符則

功令以催新餉自可足用倘兵浮於餉則該處之
方又在戶部與廷臣共事為從長計
議也總之上佐
皇上之
膚謨下賴諸臣之協力以天下之全力悉心圖之
必能裕京坻而壯金湯為
皇上紓此東顧之憂臣愚亦得仰藉成事以報簡
任之
恩矣臣無任懇祈惶悚之至

山東等處提刑按察司整飭登州海防總理海
運兼管登萊兵巡屯田道副使陶　為申明豆
價以便開銷事據萊州府呈稱照得府屬近海
州縣奉文徵收本色并動支新餉廣收黄黑二
豆及收買商豆已運未運各數目秋後風高勢
必停運例應造報計新舊遼餉之銀數糴買本
色之多寡一年一報如多運之餉准筭明年之
數已經會關海防廳查議去後今准本府海防
同知鮑孟英關稱本廳蒙委督餉秋深停運例

應造冊查得本府六屬徵收本色原議豆價斛
斗每石二錢膠州開徵已議二錢二分後因遼
左望豆之急該州議買商豆每石價銀有二錢
二分六毫九絲者有二錢三分四釐四毫八絲
二忽七微五纖者而徵收本色則騰至二錢四
分矣夫一州之豆有四價皆與原議之數不同
若拘二錢憑何抵補查得原詳有日後騰貴又
當因時制宜則貴賤因時似無容議但原詳二
錢之價係一府通融乃今該州之價尚參差四

樣或照四價開銷或計豆之多寡價之貴賤扣
筭畫一等因備開到府准此為照豆價每斛斗
一石價銀二錢乃去冬原議之價自開徵糴買
以來即膠州一處有二錢二三分不等騰至二
錢四分尚未定止一州如此别屬可類推也况
近聞即墨民間貿易者每斛斗一石價銀且至
二錢五分日後價湧尚難逆料若拘泥原定之
價則錢糧溢數何憑抵補且萊糧新改北信口
下卸每石又加水價二分合無請乞本道裁奪

轉達俯准隨時增减通融計筭或斟酌定價令
其畫一可遵以便銷筭庶免臨時掣肘而餉遼
不悞矣緣由具呈到道據此該本道看得糧價
與時消長立法難以拘定原議豆價每石二錢
者盖因徵收本色之法行於客秋九月也于時
百穀全登雜糧盈市故每石議價二錢耳其後
民間糧食日漸賣貴市集糧價日就騰湧故膠
州之豆價自二錢騰至二錢四分而猶未巳也
加之舊水脚價每石二錢八分五釐九毫及新

添水脚二分則每石五錢四分五釐九毫矣萊屬如此登屬可以類推豆價如此米價可以類推而登州米價亦有騰至四錢一石者但未聞郡皆然耳又聞遼左因倉厫堆積将糧給散兵軍意其價即照登萊原價及今不為請明而候至停運之日則糧放将完無從銷筭矣而時價陸續增添遼左陸續知會無論相隔路遥時刻急難速達而兵糧筭價朝令夕更在遼亦屬未便也合無請乞

憲令通行遼左或遇給散兵糧目下姑從畫一不論登萊二府凡豆每石且以五錢四分五釐九毫為則凡米每石且以六錢八分五釐九毫六忽二微為則以示畫一俟秋深停運容職通融合筭倘有贏餘即行扣出另項收貯作為遼左羡餘或在登萊買糧以抵還海上傷損之数或解銀到遼以協濟軍興買馬之需統候臨期另詳

本部院以聽裁奪如此庶此之糴者不患於賠補之難彼之散者不患於銷筭之不一矣本道未敢擅專擬合呈請為此今将前項緣由理合具呈伏乞

照詳施行

一呈 總督遼餉部院

萬曆四十七年六月二十二日

萬曆四十七年六月二十二日
戶科給事中官　一本為經畧赴官無日舉
朝催
請徒煩仰祈
聖明立
勑到任以暢輿情以紓危急事切自奴酋匪茹三
韓失利舉
朝欲速揚鎬而請以熊廷弼為經畧章滿公車矣
乃啓事之會推已七十餘日而廷弼之
登州道　海運摘抄　陽一
陛見亦淡月有奇頌銓臣
請不報樞臣請不報閣臣
請不報言臣
請不報甚者以遼左之經臣撫臣
請而亦不報中外皇惑莫知其所出得毋
皇上以奴變引避眉睫尚無恙耶獨不思造鈎搆
造戰具回鄉人口業有傳聞犯撫順犯撫安經
撫按臣又形奏牘徵諭轉盼秋高只此刻下神
出鬼沒而偵探無人防禦無法奴之為奴可

乎不可慮乎又得毋謂揚鎬在尚堪為地方驅
除夷難耶夫鎬不聽撫臣道臣言以至一敗塗
地人人切齒豈惟遼士卒軍民不能一日受鎬
約束從鎬面孔亦何能一日施於遼士卒軍民
之上跡其情疵不振萎薾不揚如喬一琦挺身
在高麗陣中與賊鏖戰數合殺戮多命而後斃
如此凛凛生氣豈在劉綎杜松潘宗顏下而鎬
無一言上告
君父以降
登州道　海運摘抄　陽二
邺典而鼓英風鎬之為鎬可恃乎不可恃乎又得
毋
皇上疑廷弼文弱書生不足了此耶廷弼料敵十
年之前疏牘具在
聖明洞知乃若
皇上賜環廷弼聞報時方值家難不五日單騎就
道修途三千里躍馬長驅纔半月即抵涿鹿既
陛見則以溽暑奔馳之故身發惡毒廷弼口不言
病摩厲以須一疏再

疏特懇宣慰
勑印發然欲赴此其一段英豪敢往之氣但令假
以便宜需以歲月目中豈有虜乎語曰軍中有
一韓西賊聞之心膽寒軍中有一范西賊聞之
寒破膽
陛下何不遣廷弼令寒奴膽也且
陛下又得毋謂廷弼起自田間其初一直指使者
而遽加部銜為大驟耶不知等經畧耳以栢臺
為銜則建牙特守土之職而事柄稍輕以戎部

為銜則仗鉞司節制之尊而兵權獨重奴之狂
逞非部銜無以肅觀望遼之官軍非部銜無以
嚴控馭李如楨沿途爭禮且在楊鎬衙門側鼓
吹震地跋扈非常其特能脾睨廷弼刼廷弼按
遼時論李成梁十可斬李氏一門視廷弼不啻
仇讐又豈能降心以相從也而非部銜決無以
資彈壓故臣常慮如楨得肆遼必不安而
國家亦隨之矣
朝議之以部銜

請非為廷弼為
國家也而
皇上允印刓弗予耶況乎若兵若餉必廷弼到而
後事有成謀議有畫一臣不知兵即知餉之一
節除折色在計曹料理倘加派不敷則有省直
院司以下聽各設法助邊之當議則有閩省上
杭存留河稅尚堪查解之當議則有宣府懷隆
修工買米節省餘銀除上歲擅無加派外尚有
剩存仍堪酌解之當議則有輸貲助餉若勲卿
吳烱若郡守木增若親藩

唐王
藩王若中書儒監等所輸之當議此其區處雖在
計曹而獨是本色最為吃緊陸輓則脚價需数
倍之多而沿途受繹騷之苦水輸則登萊之額
賦有限而海船之成造無期借漕則枵京軍之
腹以實邊而取数恐難於太多遏糴則饕農夫
之收以飽軍而遼粟漸苦於彌貴凡此皆須廷
弼到任與督餉大臣李長庚往復商確事事求

妥即如長庚為臣言山東道臣陶朗先以海運
一事拮据不遺餘力當作何優異酬勞以堅任
事之苦心山東舊道臣揚述程能造戰車及運
糧車精工省費又火藥地雷皆能精造近遷他
省作何更調近地以資邊才之謀畧諸如此類
須假印信文移商之督撫及撫按諸臣或合
疏或单
疏題
請非廷弼到彼地方踐其位而履其事碩安能得

當而愉快乎且廷弼未到而星夜赴遼業厘
天語之叮嚀即廷弼久到而裝票批紅正慰人心
之盻望乃頃復寂然則始何以敦趣後何以延
緩昨何以批發今又何以留中也人言
陛下遼急與急遼緩與緩臣謂遼事自急獨
陛下緩耳
陛下但用廷弼臣揣廷弼一出
都門遼左氣色自別一出關氣色又自別一抵遼
而遼之氣色且非昔日之比

陛下信篤任專一切戰守機宜廷弼可自為者悉
祈為之而不之問應奏
請者隨
請隨
報議事之臣亦復靜聽徐觀毋令中制毋令旁撓
從此遼事必有一段可觀者夫漢有三傑而用
項羽有一范增而不能用興亡之機豈不以人
哉惟
陛下裁察速斷遣廷弼立刻起行毋徒頃挫之羈

縻之而令以病坐困郎中也遼左幸甚臣愚幸
甚

山東等處提刑按察司整飭登州海防總理海
運兼管登萊兵巡屯田道副使陶　為仰遵
明旨敬議海運事宜懇乞
聖明俯賜採擇以安內地以重軍需事據萊州府
海防同知鮑孟英呈稱行據海州申稱案查船
戶李應芳等海船十隻赴運外又續募海船十
四隻催督脩艌置備器具付給批照俱於四月
十七日開行其曹希聖汪元標二船本州報
院在前被即墨拿獲見運已領脚價以作本州

之数等情報職據此查得曹希聖汪元標船隻
係劉經歷等所雇各船領有水脚至今未到該
州申稱希聖元標之船被即墨縣拿獲今查即
墨所封之船雖有稍工揚應魁船戶係曹希聖
但一人常有数船如俞通康梓之類是也若以
封船即抵雇船則船益不足用矣况即墨封雇
船內并無汪元標之名顯屬假冒並前張玘駱
塤不來而指膠州所封揚賛周貴二船即玘塤
之船希圖抵数所當差提以濟急用等因呈蒙

本道詳批淮安船戶一戶常有十数船彼地雇
者自雇此中封者自封兩不相涉也若以登萊
之封雇者抵作淮送之数則登萊又當退船以
還淮矣有是理乎該廳速行知會添快迎押并
罪冒名之人報繳蒙此遵照批示備行海州知
會并差快手張成熏前往迎押去後今據該州
申稱查得本州船隻載冊俱係船戶的名駕船
不係船戶親身俱各雇覓稍工領駕因其熟知
水性一切攬載裝卸皆是稍工出名如駱塤一

船付周貴張玘一船付揚賛委無別情又查曹
希聖一船本州申報在前續被即墨縣拿獲已
經裝運米豆找支水脚備查希聖委果止有一
船惟是汪元標一船樑頭載冊原係九尺後因
失風改造一丈一尺付稍工王較即黃較領駕
名同船異事實有因原在淮安領過定銀三十
五兩未曾扣除稍水復又在即墨重領一船兩
脚難以開銷隨押令元標另雇一船嚴督修完
交付張成熏關押聽運等因到職隨將汪元標

發把總張天威裝運商豆外為照海州船戶曹
希聖駱堉張玘汪元標四船俱在淮安府定雇
者原與膠即封雇船戶楊應魁周貴楊贊兩不
相涉已遵奉批示差人嚴行該州催提而該州
回稱楊應魁之船即係曹希聖之船周貴之船
即係駱堉之船楊贊之船即係張玘之船止將
汪元標一船觧來而其餘三船以抵膠即封雇
之数矣但係隔省異府相去徃回二千餘里難
以追求等情具呈前來該本道詳批各人自有

各名各戶自有各船今將在山東封雇者即以
某人即某人則淮上不必咨送船隻只將本道
前雇者抵数而有餘矣奸豪船戶敢於舞弄人
如此本道即欲中止其如為鬼揶揄貽笑海內
何仰萊州府移關淮府先將船戶觧道轉觧
督餉部院軍法處分船隻候人到日押拿裝運
此繳除批行萊州府移關淮安府嚴拏押觧外
案照萬曆四十七年三月二十四日蒙
欽差廵撫山東等處地方督理營田提督軍務都

察院右副都御史李　案驗本年三月二十日
准
欽差總督漕運提督軍務廵撫鳳陽等處地方兼
理海防戶部左侍郎加正二品服俸兼都察院
右僉都御史王　咨仰道即將募發來淮船照
数查收随到速令裝載米豆開洋起行仍將押
運員役起程日期并督發過糧石数目報院以
憑咨報施行又蒙開註募過海船三十一隻山
陽縣船戶汪興等船十二隻海州船戶張玘等

船十隻安東縣船戶朱官等船九隻蒙此又據
募船委官登州府照磨鄭士彥萊州衛經歷劉
一進等雇到廟灣船戶巴元亨等船十隻海州
船戶曹希聖等船十四隻通共海船五十五隻
随到裝運呈報去後今據前因看得淮安船数
也一家何止数船一船並無数名如船戶巴元
亨者一家有四船則本道封其三而淮安咨其
一矣如李自昇者一家有二船則本道封其一
而淮安咨其一矣他如淮咨全無其名而登萊

各封其船者如揚天和吳國輔等則一人四船而四船共一名也如沈從義糜梓等則一人三船而三船共一名也且俱本船户出名攬装客貨而本道封雇者並無令稍工出名攬載之例何獨張玘駱墳曹希聖乃令稍工出名乎且既係稍工出名矣當其在萊拿雇之日其稍工揚贊等何不即時應聲曰某係稍工不係船户何又不曰某即船户某人之稍工乎何封雇之日問何姓名止曰揚贊曰周貴曰揚應魁曰王鮫

而直待拘拏張玘等於海州之時海州代為之應曰揚贊即張玘船稍工周貴即駱墳船稍工揚應魁即曹希聖船稍工王鮫即汪元標船稍工也此其支吾掩飾不待辯而自明者况數内汪元標之船始稱無有而今則一時兩隻俱到矣又有劉應舉一船孫懿德二船此則淮咨開載其名而今乃杳無踪影矣又将何船而即之耶至其他以小易大以舊抵新種種轉換更難枚舉本道惟祈足供一運而止不敢求多桼如

張玘等之公然舞弄罔兩伎倆旁若無人有不覺令人髮上指而為情法之所難貸耳但事在隔屬難以追尋倘獲此数船且可装糧数千若如近日海路無滯去而復回則兩運可完萬石所關於運務亦非渺小是以不得不控陳於本部院之前也合候呈詳允日俯賜移咨轉達督漕撫院着落該管原籍海州将船户張玘等逐名提發裝運庶軍興有賴而奸猾不得遂其計矣緣係呈請咨提船户事理本道未敢擅專

擬合呈請為此今将前項緣由理合具呈伏乞照詳施行

一呈　總督遼餉部院

萬曆四十七年六月二十四日

財必先用人若用不得人即咫尺不可行況行
之海上耶唐臣劉晏以辦集衆務在于得人其
場院要劇之官必盡一時之選出納錢穀必委
士類常言士名重于利故士多清修至今言理
財者斌稱之斯往事之師得人為亟也遼兵一
集無餉脱巾臣萬不能自貸臣議已定而各處
不為奉行臣亦何以解惟俟
皇上之
乾斷速賜允行于上耳奉
聖旨

萬曆四十七年七月初九日
欽差專督遼餉戸部右侍郎兼都察院右僉都御
史李　一本為遼警益亟餉務難支懇乞
聖明合
宮府酌損益以濟燃眉以綿
國計事臣本庸愚謬膺餉務月者海陸運事具
疏陳議月餘未蒙
俞發誠知疎陋無當
廟謨臣方跼蹐待罪及接准本部咨稱每歲遼左

本色計餉約至六十餘萬臣慮一時措辦之難
懼切飲氷無何而開原告陷遼勢剥膚則遼餉
燃眉矣夫所謂餉者不過本折二欵耳以言折
色則加派地畝原非獲已其已解發者十之二
三其未至者計令全完亦不足一歲之支舍此
之外別難再求於民間矣以言本色則漕糧
根本重計議及截留已非完策此外收納召買遠
則登萊連年異祲之後物力易窮近則蘇永兵
馬經過之煩皮骨向盡其計亦甚詘矣而運道

祇海陸二策耳陸則車馱責辦其脚費反倍于
糧海則風礁可虞非重募誰為用命二者之難
俱若此也臣竊伏思重賞之下必有勇夫若餉
果足也何難於兵海陸之間商賈經行不過逐
熙攘之利耳若價果厚何難於運而今太倉竭
矣民力窮矣他如挍括捐助條議所及臣部自
當次第議行但分而取之銖計寸累動至經時
合而用之十萬千金盡于一日臣于計曹為司
屬者一十三年濫叨此任又數月矣反覆思維

惟有内外
宮府之策可為通融而已 臣查會計録
國家每歲本折所入通計一千四百六十一萬有
奇入
内府者六百萬餘入太倉者除本色外折色銀兩
止四百萬餘耳其
内府之六百萬如金花子粒而外餘皆絲綿絹疋
蠟茶顔料之用也
祖宗朝用度節省後漸有 加派間准改折以為濟

邊令
皇上御極四十七年其節年所收陳積紅朽何裨
於用若以應解
内府本色改折一年發之外庫來歲仍解
内庫是在
内庫支舊節新不過通融於一歲之入而在外庫
改本為折可足用於数百萬之支在
皇上一轉移間也即如金花一項會計録開係
國初折糧銀也原解南京武臣赴領常俸邊境緩

急亦有取給後改
内庫專供
御用當此邊烽告急失地陷帥
宵旰隱憂宮中百務諒可節省若以一季之停緩
便可募数萬之精兵推此如陝西之羊羢江南
之織造等項稍停一年何損
上方之委積古者敝袴之出以待有功紫貂之御
遠賜将士在戰國有宋之君尚然況
皇上之追蹤三代者乎又如各省之弓箭弦條軍

器等項一歷外省目擊其造費虛糜且奸弁為
弊累歲未銷若盡改折色以修器械不尤可壯
神器之實用耶盖天地生財止有此數以百姓
之力取之甚難以
皇上之力節之甚易若計不出此則先無餉矣何
以募兵兵即募矣而無餉以養脫巾之變立見
也先無銀矣何以雇募舟車雇募不得而强民
以運則揭竿之變立見也此必至之情非漫度
之説也夫言及

內庫近於
皇上之所厭聞然連年天下之窮正以
內庫之實也若通融本折之數挹注內外之間所
損者少所益者大矧
內庫外庫總
皇上之財攘外安內咸
公家之用茲虜勢匪茹連戰俱勝勢在剿膺計無
他出今日暫改之外庫而天下安天下安而
內庫何患其不足臣望

皇上計其大者則小費不足惜也計其遠者則目
前何嫌出也臣佐民部專司軍餉外供不足而
軍變責在臣內徵太急而民變責在臣臣一官
一身何足惜而遼左之安係於兵兵力之足係
於餉關係何如而可緘默也耶及今發之似已
為遲及今不發則有瓊林大盈之徃轍可鑒為
此不憚瑣
瀆一面待罪一面待
命伏惟

聖明自為疆場為
宗社計也
本月二十二日奉
聖旨這所奏議留金花銀兩係舊例內供正額并
在京文武俸糧每年所進拖欠數多尚不敷應
用如何擅欲借留其絲絹蠟茶織造等項錢糧
係上供賞賚之需俱屬緊要時不可缺及各省
直折價銀兩都着照舊如數解進應用既稱遼
餉匱乏已有旨催將張燁馬堂胡濱丘乘雲潘

指征收分進內帑及觧工部助大工税銀暫觧
户部一年以充軍餉募兵之用各處税銀已征
在官未經觧監又未徵的你部便行文各該撫
按等官與同該監差官清查的數一併觧部應
用不得再來瀆擾該部院知道

山東等處提刑按察司整飭登州海防總理海
運兼管登萊兵巡屯田道副使陶　為急請多
餉以濟危邊事案照先該
户部覆准內稱近聞海防道副使陶　備有
糧十五六萬文到先為起運務要刻期到彼庶
三軍有賴等因又該
本部議覆若登萊二府之銀用盡不妨量動別
府之銀以償其值可也等因又奉
軍門李　案驗准

部咨文內云其運船一款必須咨行江北撫臣
量借淮上兵船應用其脚價一節定從優厚或
於本省遼餉內總行支募或照二十五六年舊
案于三部解京銀兩內量行留用一二等因奉
此遵行在卷為照本道運糧將及二十萬石今
轉盼秋分合當停運但一應運遼米豆雖
部文稱有遼鎮銀支用其實登萊兩府新舊遼
鎮銀不能有如此之多也除糴買徵收俱借動
起存錢糧那濟目前統俟停運之日合總清算

遵照近咨許留東省遼鎮銀作數外惟是
部文又有雇船脚價准照先年東征事例留用
户兵工三部銀兩等未知三部之銀係何項銀
兩有若干數目即今用去脚價不貲俱係借動
京運俱須立刻抵解到京必將三部之銀扣抵
一清而後可定留通省應扺之數否則遼鎮加
派彼中之望到急於雲霓倘此地漫然多留不
免致悮起解事干軍興有不容含糊草率者擬
合牒請為此今將前項緣由合牒

登州道　海運摘抄　致二

貴司煩為裁酌轉達并祈賜示施行
一牒　布政司
萬曆四十七年七月十九日

萬曆四十七年七月二十二日
欽差專督遼餉戶部右侍郎兼都察院右僉都御
史李　一本為遼餉然眉再陳末議懇乞
聖明速賜允行以便責成以圖接濟事臣謬膺餉
務日見開原一失遼事孔棘廷臣議兵議餉若
欲嘔心所議之兵責臣部以餉也所議之餉責
臣司其運也臣心危迫詎在諸臣之後該臣趨
事之日遼餉本折尚未議定若干臣于條議前
疏列款

登州道　海運摘抄　兩一

請行臣計一歲兵馬大約之數以便計餉不意
俞旨久稽近接部咨方行計筭則每歲本色約用
六十餘萬而馬匹之用有謂芻豆更需三十餘
萬二項共及百萬而目前見運者一登萊耳登
萊之運雖議自去歲而實于今春始力主行之
惟時計二府遼餉額數物力止于十萬茲准部
議增為二十萬臣咨行山東撫臣于濟青近海
地方均為協濟且議量動倉穀以廣其數矣然
亦止此一方也臣疏

請截漕淮上十萬今日久而漕船將盡部咨量截
二萬應且無及矣疏
請截漕天津十萬原由天津運至永平起陸出關
今議者咸謂陸運煩費為難行矣有言沿海北
岍可徑達遼海者行委查勘稱其風濤甚惡不
敢輕試矣臣伏以厚值雇募漁船行天津道委
鎮撫譚宗仁百戶梅守成等并行永平道委差
覆探若探得其道則軍
國之福也所省費多若北岸道不可得則天津十

萬之糧必由南岸抵登萊以達旅順海程遥遠
脚費不啻數倍極難措處又如部行薊永二鎮
召買糧料每以地窄民貧求减縱使買如其數
而北岸不可行則薊永之糧亦無逕翼以達於
關外也夫運祇海陸二策耳海道抵南岸則淮
揚登萊北岸則天津永平耳除登萊一處之外
餘處未有定議文移往返十不應一及其應者
動至經月如此則百萬之糧將何飛渡臣興念
及此食不下咽秋深風厲時日迫矣臣于海道

且不及勘明文移亦不及覆議矣謹先議目前
濟亟之策并及大開海運之策所謂目前之策
除登萊報過千總黄徹恩等運發一十一萬餘
石仍行山東撫臣備行司道于近海州縣多納
本色數十萬廣為運計而登萊止有漁船合用
船隻定催淮上部議截漕二萬于淮應行總漕
衙門轉行徐淮司道多方雇發價值從優若沙
船可募則或納本色或行召買以半運淮糧半
運登糧達于旅順尤為兩便其天津十萬之糧

有天津餉司道臣同心任事酌量南北二岸可
行者行之但南岸甚遠北岸甚險須厚其雇值
許以帶貨則應募者方多至于薊永召買之數
北岸可行自當俱從海運無疑矣聞北岸有芝
蔴灣為征倭曾行之道已經行道覆查求其可
達第九月以後海不可行而草束尤為喫緊關
外有撫臣設立牛車關内道臣詳議設立動不
得不陸運草束以助海運之不及斯目前之策
也仍即速差司官一員于淮上查東征舊例動

戶兵工三部銀共一十三萬五千兩應為酌議督造淮船近登州道呈稱文登縣主簿徐弘諫所造淮船每隻只用價銀百兩餘亦稱其省便又聞沙船東征時曾雇用不惟運糧兼可禦侮則移其值以雇之勒限報完一切事宜查照遮陽舊例舉行預令沿海州縣將新派地畝盡納本色或量留漕糧陸續發運蓋由淮達登舊有成山之險通來登州屢次雇船而來未有失事矣再行山東濟青登萊及薊永河間近海州縣

新舊遼餉俱納本色于南北二岸分發海運其無舟地方議造議雇一如期限海運大開從此可無憂餉矣此海運之策也大抵海運速而險陸運穩而遲臣原言海者十之七陸者十之三茲地方諸臣既稱陸必難行何敢拘于原議已為悉籌海運之策若山東之增運天津之截運與淮船一一俱達何須于陸但海上風波不常遼海蓋道報登州船戶陳彬漂損一船三百餘石誠恐萬一有失則陸雖不行亦不得不存此

議以為備着也而臣又有四說焉航海入洋民間徇善者多不應募此輩利誘而來中藏奸偽則兩地各給串引腰牌以為稽察一也奴酋造船恐截運道沿海亡命實繁有徒海運大行凡淮揚登萊天津薊永之海防不減邊備今日海防不議異日必以海禁之開遺患者此當速議二也每歲漕運在江在河不無漂損況涉大洋乎係新派地畝之糧無合幇輕賫可補一有漂失不准倉收何以計筭此文法當寬三也海運

之舉不但用其力且用其命凡士民有運粮若干石者計其脚費照事例之數每百兩減其二十兩准令納官納監若文武官能運五百石以上者文武官准紀錄一千石以上者文武官准作一正薦軍民給與冠帶数及五千石者文官准陞一級武官准以守提實銜管事軍民量授一職臣非敢越爼妄議第海運之險非藉功令以為勸厲誰肯用命者是望吏兵二部之破格主持覆行四也夫海運風波之變雇舟之擾

陸運拨賑之遠雇車之費以及民力之窮地方
之敝此等情景誰不知之然遠事至此無可柰
何海不可行舟不可雇陸又不可運此地既難
彼地孰為易者惟有束手待竭耳事至今日非
內外臣工救焚拯溺披髮纓冠同為共濟而止
令臣一人之身以文移往復豈能行之及事悞
而罷臣罪臣何濟于大計也臣智力短淺謬議
若此頗
皇上即下戶部與廷臣共議如臣策非也則急為
改正以求其可行而無敞議之而為可行也則
勅下各處督撫諸臣督同司道有司一體施行事
在淮上則徐淮司道任之事在山東則山東司
道任之事在天津薊永者則各司道任之而督
撫諸臣一體催督有司不奉法者會行參處庶
乎有濟不則仍如往昔之空言而已今日之遼
左復以往昔之空言塞之乎其臣前疏所議九
各司道盡加管理餉務職銜便臣責成沿海府
州縣官內聽吏部外聽撫按以賢能銓調盖理

財必先用人若用不得人即咫尺不可行況行
之海上耶唐臣劉晏以辦集衆務在于得人其
場院要劇之官必盡一時之選出納錢穀必委
士類常言士名重于利故士多清修至今言理
財者咸稱之斯往事之師得人為亟也遼兵一
集無餉脫巾臣萬不能自貸臣議已定而各處
不為奉行臣亦何以解惟從
皇上之
乾斷速賜允行于上耳奉
聖旨

山東等處提刑按察司整飭登州海防總理海
運兼管登萊兵巡屯田道副使陶　為仰遵
明旨酌議海運事宜懇乞
聖明俯賜採擇以安內地以重軍需事萬曆四十
七年七月十五日蒙
欽差巡撫山東等處地方督理營田提督軍務都
察院右副都御史王　批據本道呈詳前事蒙
批海運苦於無船雇船重大難行遼船簡便省
費舍彼就此倘源源可繼不憂渡海之艱矣准
照數動支民屯及大曠銀專委徐應龍押同臣

廷佐前去監工底造勒限駕回裝運該道移行
海蓋道嚴飭官匠督成以濟運務仍候移咨
遼院知會繳蒙此本月十六日又蒙
本院批據本道呈同前事蒙批此文業已批行
併咨
遼院矣仰照前批行繳蒙此本日又蒙
巡按山東監察御史陳　批據本道呈同前事
蒙批准照

督餉部院詳示行繳蒙此案照本年五月初四
日先蒙
欽差專督遼餉戶部右侍郎兼都察院右僉都御
史李　批據本道呈詳前事蒙批依議照數動
支銀兩委官押同臣廷佐前往打造依限報完
駕回裝運嚴禁草率虛冐有功之日如式多造
另議獎賞餘俱如議仍候　通示行繳蒙此依
蒙責差萊州府平度州州同徐應龍押同臣廷
佐齎領銀兩前赴遼東買辦物料招募匠役成
造船隻回登裝運去後續據徐應龍稟稱蒙委

齎銀過遼成造船隻卑職因遼地衛官推調只
得自行招募二十餘日招得陳王臣三人六月
十八日嚴守備到任另拘二十三日黃同知亦
出票適值夷奴尅破開原慈志難盈尚思鐵嶺
瀋陽又兼西虜乘機挾賞沿途刼掠往來寂艱
祇有廣寧至大鯵河皆是夷人木植來做馬市
現今停止先議塔山右同衛近海可造又與西
虜相隔十餘里遼東司道見勢危迫命卑職暫

停職恐遲悞餉期隨齎軏原銀回繳到道據此本日即據把總傳與寧稟稱目今運糧之船打造便於雇募而塘頭船尤便於遼船竊思所造遼船每隻費經八九十兩所載不滿二百餘石更加水手工價飯米較於雇船費畧相當且奴酋蕩平此船置之高閣即變價亦必不能如数矣計造塘頭船運糧實為省便今將脚價銀兩借作造船之本載過糧石扣筭除還價完之日船隻歸民在官實為不費於民深屬便宜每塘

頭船一隻議給價銀一百兩船隻俱要寬大堅固限以每隻載糧五百為率毋容窄小不堪查得樂安壽光濱州利津海豐霑化蒲臺等處得共造船六十餘隻共該價銀六千餘兩分給各該船戶俱係殷實不妨支領前往天津地方措買杉桅并蓬錨搗揖等項措具興工定艌再給一半工完找足防其惰緩延捱伏乞每船先給價銀五十兩庶便着各船戶支領赴時辦料等情到道據此為照海運遼糧每苦於舟揖之不

敷前議赴遼成造已蒙詳允委官齎銀往彼造用緣奴勢披猖不惟遼人奔迯不應雇募抑且市場停罷物料難尋欲行暫止以俟聲息稍寧而遼左需糧甚急運船又時刻難緩乃把總傳與寧者前因委往各處封雇商船灼知塘頭船隻堪以海運天津地方多穡材料可供買造故建此議以濟運務舉報樂安船戶董廸春等壽光船戶王煥等濱州船戶張東生等海豐船戶劉才艾等霑化船戶李士化等利津船戶李仲

山等共造船六十四隻計每船價銀一百兩共該銀六千四百兩每船先給銀一半置辦物料俟工有次第陸續找給又每船以載糧五百石為率扣除脚價二次可抵借本扣完船歸于民又省一番變價官不費而事不煩民不擾而利不失誠兩便之術也合候呈詳允日將原發徐應龍銀一千五百七十二兩二錢即付本官再動民屯大曠銀四千八百二十七兩八錢共足六千四百兩俱付與傳與寧先領一半三千二

百兩散給各船戶置造船隻就令本官董工監
造勒限造完以濟運務庶錢糧不虛費而軍興
有實濟矣緣係請動銀兩成造船隻事理本道
未敢擅專擬合呈詳為此今將前項緣由理合
具呈伏乞
照詳施行
一呈　督餉部院
一呈　撫按兩院
萬曆四十七年七月二十五日

山東等處提刑按察司整飭登州海防總理海
運兼管登萊兵巡屯田道副使陶　為災傷運
告海運難支懇乞亟
題減運以安邊腹兩地事據登州府呈萬曆四十
七年七月十三等日蒙本道批據招遠縣申稱
據本縣四十八社鄉民王應祖等告稱本縣偏
疲小里地瘦民貧商賈不通賴農辦課養生四
十三年遭荒民死太半瘡痍未起自今入夏以
來亢旱不雨黍穀皆枯豆田未種不惟錢糧難

辦抑且糊口無資老稚嗷嗷日夜隱憂等情到
縣據此本縣隨單騎減從親詣各鄉查勘得境
內自夏徂秋亢陽不雨天問彌遠地脉盡枯青
山之木皆蒼赤火之烘不夜東南稍有微潤生
機不勝殺機西北且無客雲愛日總成畏日高
崗黍秋望之與石色同丹沃壤禾苗病矣與秋
容俱老一粒可無成熟何以全四十八社之生
千家止有凋殘何以納一萬餘金之賦蜺龍力
少不能捲東海之波涸鮒心焦誰與汲西江之

水貧者勞於飛輓身似飄蓬富者竭其倉箱室如懸磬況小邑之存留既約一空於洛口之輸倘上皇之震怒未舒難免乎脫巾之禍卑職倉皇入境已不堪遮道流離及此時展轉救荒亦莫克搥心圖畫既受牛羊之牧忍聞鴻鴈之哀傷哉士女之悲甚矣東年之慘骨肉痛喪亡之有日室家驚聚散之無何撫此彈丸憂深漆室稽首請光明之燭議賑議蠲叩心望陰雨之膏由饑由溺以固邦本以杜亂萌不獨甦下國之

彫瘵實以補上天之造化等因具申照詳蒙批登地旱暵惟黃縣為最苦招遠接壤黃邑尚偏雨兩次而據報赤熯若此民將以何為命但四十八社未必其全槁也仰府速委官踏勘冊報以憑酌議蠲恤繳蒙此又蒙本道批據黃縣申據本縣呂家口社民王惟基等告稱本縣前此連遭異常凶荒逃亡過半幸得二載豐稔民生稍蘇不意天災流行自春至秋久旱不雨春禾立槁晚田盡枯民大失望老稚悲啼不惟糊口

無資抑且賦稅難辦目今運遼米豆急如星火百姓驚慌恐運後復運米豆無出不走南則逃北耳伏乞踏勘虛實懇賜轉申蠲恤暫停海運以解倒懸連名具告到縣據此看得本縣地狹民稠小民居常專以紡織為生每苦本色之難前已具申願納折色願自春徂夏雨澤愆期本縣躬率僚屬虔誠步禱已於五月二十二日微得微雨二麥頗收不意入秋以來復爾亢旱太甚其春禾穀秋苗而未秀秀而未實至於稀豆

蕎麥等禾勾萌者未達甲拆者盡枯一望四野蕭條滿目本縣隨督同佐領躬親踏勘得四十八社地方正北近海下濕偏得微雨頗有秋成之望西南臨山砂薄盡皆赤地全無一粒之收至東南東北約有二三分之穫耳通融計筭此地災傷共有十分之七等因具申蒙批據稱該縣被災有十分之七民真不堪命矣仰府速踏勘酌議以憑轉報海運需粮甚急一邑全罷應否可從併議報繳蒙此又蒙本道批據蓬萊縣

申據本縣赤山等社里老趙逢卿等揭稱各社久不落雨黍穀豆田盡行旱死雖於七月初八日落雨二寸二分禾苗難以甦生懇乞申報據此為照禾田原藉雨以滋生迺自入夏以來雨澤愆期今值炎暑亢暘肆虐黍穀豆田有枯槁而未秀者有秀而未實者今於本月初八日稍獲濛濛之澤尚未霑足即今霑足已枯之禾難以挺秀合無俯念黔黎之衆值此亢旱之災乞為轉達等因具申蒙批登屬苦旱久矣被災州

登州道　海運摘抄　卷四

邑自招黃而外莫甚於蓬萊據申亟應踏勘以便轉詳但被災州邑不止於蓬黃招也仰府通查報奪蒙此又蒙本道批據文登縣申稱據本縣儒學廩增附生員李天篤等呈稱文登三面環海方二百里為登萊備倭之門戶本年春旱二麥不收奸民逃避征輸或入巉巖深谷或為背井離鄉屢蒙撫招不止不意
皇天復降大虐以慼之自六月不雨以至於今將四十日豆苗槁死諸禾萎黃七月初四日禱至

初八日颶風暴雨天地晦冥自朝至暮聲如雷吼斷牌坊之石柱如推枯折合抱之樹木如拉朽至於瓢瓦壞垣尤不可勝数穀黍穄秫刮無餘粒大小二豆掃無餘苗致使小民四野之聲不絕逃竄之念益堅伏乞飛遞異災早蒙軫恤俾晝夜纍死之民有所盼望而全軀戀土之士亦得保守丘墳矣等情行間又據闔縣鄉民劉必明等稟稱本縣三春不雨二麥無收入夏以來亢旱異常大河流竭諸禾焦枯民心驚惶不

登州道　海運摘抄　卷五

意七月初八日卯時陰雲四合霖雨霏霏約至辰時大雨如注狂風忽作石柱牌坊被風刮倒官民廠舍瓦草横飛揚砂走石萬倍大家小戶晝夜號泣已知死期在目前不知何處是屍所哀聲震天哭遍四野萬姓蟻命懸絲惟只束手待斃伏乞軫念民隱垂憐疊患俯賜踏勘轉達拯救民生等情呈稟到縣據此照得文登三春少雨二麥不收嗣後二三塲小雨稍穄穀秫及二豆苗頗可觀不意入夏來自六月初一日雨

更少卑縣自萊陽交代而返諸禾雖覺旱猶望
㢊幾早晚一雨以冀昭蘇不謂一月全無雨澤
也卑縣自攝事以來東奔西馳錢穀未得耑比
欠數甚多萊陽回十九日始得一比乃迎仙六
里里長如盧守祖林瓏修林世著林世祥其人
者慣於侵抗錢糧收糧在手藉口逃糧太多新
增逃餉為名遂泥門逃走而花户見里長之逃
也恐其拘應里長且錢糧無着落各相率而潛
匿卑縣一面委縣丞王問先踏丈荒地許除荒

登州道　海運摘抄　結六

糧以安其心卑縣隨即親詣該里一以觀踏丈
之實匿一以觀潛匿之景象一以觀禾稼之旱
傷入其野蓬蒿滿目太半不穀間有一二碩秀
率乾燥糠粃其晚稻穄及晚豆生意皆索然也
入其鄉里之人泥門塞户糧畜別藏雞犬尚在
大率盡藏山林之中夜歸室家之内無論小户
即巨室亦皆如此閭巷蕭然若遷移也意欲捕
捉恐其愈驚不得已用温言招撫其生員里長
有承認招撫者卑縣朝而出暮而返夜半而歸

愀然大為不樂無何雲光一里里長段才與又
報逃矣温泉都朝陽都又報逃矣卑縣將各都
荒粮俱當面盡數暫除許俟踏完申文開除有
招之而返者如林瓏修等四人是也有招之而
不返者如段才與父子是也近已緝至棲霞捉
回其家屬羈候一面着伊急親招致此時青苗
在地尚自如此秋後收倉入囤又當何如哉日
來旱甚士民各先逃旱災呈狀到縣卑縣七月
初四日布壇於文山之左竭誠親禱不意初八

登州道　海運摘抄　結七

日辰時風雨驟至萬竅怒號聲吼如雷屋瓦盡
飛庭樹摧拔塞滿踊道幾不能行申時方住無
何而倉房監墻申明亭倒塌矣城樓城垛報倒
三十六工矣鄉城民房倒塌掀揭不計數寧海
蔡應選雇來淮船亦報損壞逮兩歇卑縣即環
城及詣四鄉十里遍外親看禾則盡偃傷損實
多及委佐領四散踏看田稱亦復如是是從來
所未有之變也由前而觀則旱之所傷者什三
由後而觀則風之所傷者什四合三與四約有

七分傷災而民間之所遺者亦無幾矣士民皆遮道號泣卑縣亦相對慘然莫知為計竊思東方當大祲之後生理纔復海運值新開之時須餉甚急而一旦遭此大變也蓋有外懼不勝其內憂者矣皆卑縣奉職無状所致除一面痛自刻責修省外等因并據該縣申為祈禱雨澤事備言風雨驟至飄瓦拔樹損禾情由蒙批登屬終歲苦旱禱而得雨又以驟至狂風諸禾盡偃則風雨又繼旱而為之災矣嗟我孑遺何不幸

至此見今查議近海州邑悉收本色如此旱潦相仍將何本色可收也仰府速查勘報蒙此又蒙本道批據萊陽縣申稱本年五月初九日准本縣主簿王山玉牒據迎仙鄉陶獐社里老陳應科等稟稱本月初三日未時遭猛風暴雨平地冰雹三尺二麥俱被打爛田禾盡皆白地全無所望錢糧何辦懇乞親詣踏驗轉申等情到職惟恐不的親詣被災處所離城十五里徃東南地方陶獐社寨口三村城陽五村逐查委被

冰雹將熟二麥盡被打爛佈種青苗槩成白地據年老鄉民泣稱自幼至今未罹此災等情備牒到縣准此申詳本道蒙批東牟方苦久旱而萊陽又報雨雹何年不順成之若此也第雹與霪霖不同雨時傷禾不過徑行一路耳非徧地也仰府查報蒙此又據寧海州申稱據本州各坊社劉朝佐鄭登張鵬翰等連名告稱四十三年大旱禾苗枯槁秋成無望民死過半轉徙甫及三載尚未全甦今又遇亢旱自春至夏絕無

犂雨小麥粃瘦不收穀稻雜苗盡枯佐等日夜驚惶不惟餬口難支抑且錢糧無辦遭此災罹民難存生懇乞憐苦亟救災厄保全生命轉達上告等情到州據此查得本州四十三四兩年連歲大祲舉州人民逃亡過半幸於四十五六年頗收人心稍安今自立夏以來絕無點雨小麥粃瘦穀豆雜苗盡行枯槁親詣阡陌目不忍覩秋成失望宛若四十三年之景象不惟明春之餬口無資而今歲之人心已動本州當蒞任

之初遭此大旱且不知為東人計矣除朝夕亙
躬自咎以身請禱外等因具申到府據此又據
棲霞縣申稱據本縣四十六社里長趙思齊等
告稱本縣地多砂山田皆磽确旱則易枯澇則
立仆前遇大荒民傷太半後雖薄收元氣未復
自今春亢旱二麥僅獲十分之四黍穀吐秀之
際又值氷雹幾處雖已被災未敢輕陳孰料五
月二十日以後亢旱至今點雨未落致將稻穇
含胎未吐黍穀雖秀旱傷無粒惟賴豆田蕎麥

綿花無論成苗未出遍野盡皆焦枯目今縱雨
僅活二三萬姓嗷嗷坐以待斃告乞轉申以垂
下命等情具告到縣據此又據本縣儒學生員
郝守標等呈稱本縣彈丸小邑四圍皆山地多
砂石旱澇易侵方春無雨二麥既已無收今豆
雖種亢旱尤為太甚自五月迄今點雨未霑黍
穀已秀未秀盡皆焦枯豆田已出未出均為赤
地往歲曾旱但在春末夏初尚有秋田可望目
今異旱值夏末秋初諸禾皆稿秋收絕望此等

亢旱世不常見士民驚慌老幼寒心咸恐展轉
溝壑就食他地諺云秋旱離鄉正今日之謂也
呈乞查勘轉申以俟蠲恤等情呈縣亢恐不的
旱職督率典史親詣各鄉村踏勘得災傷與前
所告呈無異事屬異常民不堪命合宜申請轉
達緣由到府又據福山縣申稱頗得微雨亦屬
霑足不為重災相應免議本府據此除奉文一
面委官踏勘完日類詳外為照本府八屬除福
山縣雨稍霑足未至大荒外若寧海蓬萊黃縣

棲霞招遠萊陽文登自夏及秋亢暘肆虐旱魃
為災春種者秀而不實秋種者生而不秀甚有
晚豆未播種者始生苗立稿者而寧文更遇異
風霪雨拔木傷禾萊陽氷雹落地三尺二麥一
時糜爛此非獨災也且災而異矣以故士女失
三農之望而號泣遍郊原里排懼催徵之苦而
逃移幾村社觸目者酸鼻驚耳者痛心事關民
瘼理宜報聞除申呈
兩院司道外理合通詳緣由到道據此該本道

看得登郡大祲之後傷殘凋敝未復其初近年雖稍有收而海運餉遼西抦之揭以素不產禾之地而運糧至二十餘萬業舉數年之積而為一歲之輸十室九空公私俱匱矣今

部文又將以三十萬為定額而遼左且視登萊為不涸之倉即陳陳相因且不能供而今則天降旱災延袤千里無地不荒無苗不槁兩郡俱稱焦釜而報到先有登州覯茲景象是逃亡之接踵無異於遼左兵燹之餘將來之啼饑亦不下於遼左庚癸之呼也此即自為粒食計亦孔之艱矣乃遼海兵糧仍責運於登萊不幾緣木求魚耶若不預為斟酌別求變通猶執昨年成熟之議而惟遼糧之是徵是望恐饑饉洊臻民窮盜起地方將來之變故且在蕭墻之內而何暇為遼人供億計也職先於五月二十日有東方大旱無禾遼餉難拘成額一詳已經呈請蠲運今目擊災荒敢再補牘除災傷分數蠲卹事宜會同守道另行詳奪此係運餉重務事關軍

國亟宜早計本道未敢擅專擬合呈詳為此今將前項緣由理合具呈伏乞

照詳施行

一呈　督餉部院

一呈　撫按兩院

萬曆四十七年七月二十六日

萬暦四十七年九月初五日

巡按山東監察御史陳　一本為災傷匯告

海運難支懇乞亟

題減運以安邊腹兩地事據山東布政使司呈蒙

職等批登州海防道副使陶　呈據登州府

呈據寧海招遠黄縣蓬萊文登萊陽棲霞各州

縣申稱四十三四兩年連遭大祲小民逃亡大

半今歲夏秋復遇亢暘諸禾盡槁百姓已不堪

命文登又異風暴雨拔禾傷豆萊陽又降氷雹

平地三尺民苦更甚似此異災又如乙卯丙辰

景象矣乞要暫停海運大賜蠲恤以解倒懸各

將催災情狀備申到府為照本府八屬除福山

縣雨稍霑足未至大荒外若寧海等七州縣自

夏及秋亢暘肆虐旱魃為災春種者秀而不實

秋種者生而不秀文登更遇異風霾雨拔木傷

禾萊陽氷雹落地三尺二麥一時糜爛此非獨

災也且災而異矣以故士女失三農之望而號

泣遍郊原里排懼催征之苦而逃移幾村社觸

目酸鼻驚耳痛心事關民瘼理宜報聞等因到

道該本道看得登郡大祲之後傷殘凋敝未復

其初近年雖稍有收而海運餉遼西柄之揭以

素不產禾之地而運粮至二十餘萬業舉数年

之積而為一歲之輸十室九空公私俱匱矣今

則天降旱災延袤千里無地不荒無苗不稿兩

郡俱稱焦釜而報到先有登州覩茲景象是逃

亡之接踵無異于遼左兵燹之餘將來之啼饑

亦不下于遼左庚癸之呼也此即自為粒食計

亦孔之艱矣乃遼海兵粮仍責運于登萊不幾

緣木求魚耶若不預為斟酌別求變通猶執昨

年成熟之議而惟遼粮之是徵是望恐饑饉洊

臻民窮盜起地方將來之變故且在蕭墻之內

而何暇為遼人供億計也除災傷分数蠲恤事

宜會同守道另行詳奪此係遼餉重務事關軍

國亟宜早計等因又先據該道呈稱登萊二府旱

魃為災十旬不雨登萊青齊之間秋苗萎黄粮

價驟湧民心震懼不但徵收之令不敢復施即

糴買之方亦不敢復講乞将今年多運米豆扣坐明年十萬数内今年赤地千里明年收糴必難今夏亢旱驕陽明春風雨必甚合于豊凶順逆之間衰多益寡大約三年之内僅可不失每年十萬之数等因照詳蒙撫院詳批登郡旱荒民艱粒食今歲海運即求足于原議十萬米安從出矧又從而請益耶仰布政司酌議類詳以便具

題繳又蒙按院詳批布政司會同該道覆議詳報

蒙此案照先蒙撫院案驗行司或将青登萊及濟南近海地方應納钱粮俱改本色或借倉穀或将新餉銀兩廣行召買俱運赴登州轉運此勢在燃眉凡應解該部钱粮不妨徑行留用逐一議處停妥通詳兩院以憑酌議施行等因蒙此行據青州府申稱查得益都臨淄等州縣離海窵遠惟樂安壽光諸城日照四縣臨海稍近以上近海四縣舊遼鎮共銀一萬一百五十七兩二錢零俱未解到新遼餉共銀一萬三千七百八十七兩二錢零巳完銀八千七百三十兩一錢零委官段文炳解過銀一千六百五十兩見貯府庫銀七千八十兩一錢三分七毫奉文留為海運其未完銀五千五十七兩一錢零差人守提又據濟南府申查得濱州額該遼鎮銀六千一百七十三兩三錢五分八釐二毫并費銀四十九兩三錢八分六釐八毫六絲五忽六微共銀六千二百二十二兩七錢四分五釐六絲五忽六微奉災疲明文徵八分銀四千九百

七十八兩一錢九分六釐五絲二忽四微八纖新餉銀一千六百九十三兩八錢五分一釐六毫巳完銀一千三百三十六兩一錢三分二釐六毫七絲五忽解訖未完銀三百六十七兩七錢一分八釐九毫二絲五忽四十七年新餉未奉行派徵該州議稱距登州一千餘里脚價盤費巳近八錢議将新增遼餉委官就近糴買本色交割登州轉運遼鎮銀四千九百七十八兩一錢九分六釐零仍解析色為便利津縣遼鎮

銀一千三百三十二兩三錢新餉銀一千一十一兩七錢六分五釐五毫六絲全觧四十七年銀未奉行霑化縣額徵遼鎮銀一千五百六十五兩三錢一分八釐三絲五忽一微奉灾蒙明文止徵七分銀一千九十八兩五錢二分三釐六毫二絲四忽五微七纖新餉銀八百七十五兩六錢五分六毫七絲一忽全未完蒲臺縣原額遼鎮三千七十二兩一錢八分八釐五絲三忽六微新餉銀一千三百七十二兩一錢九分

一釐八毫已完銀一千一百九十七兩九錢三分八釐三毫八絲八忽三微四纖一沙六塵六渺解訖未完銀一百七十四兩二錢五分三釐四毫一絲一忽六微五纖八沙三塵四渺三縣議稱各縣地畝花七禾三酌量不若解銀就彼買運似為妥便海豐縣原額遼鎮銀一千七百七十七兩八錢二分五釐四毫七絲二忽價值脚貴候彼時詳奪新餉銀八百一兩五錢四分九釐四毫七絲全完本縣無積蓄止有贖穀每

歲不過七百石僅足餬口以備緩急乞請定奪緣由前來該本府署印唐同知查得濱州議將新餉銀就近糴運利津霑化蒲臺三縣并濱州遼鎮俱議解銀糴運海豐議運本色米價脚價候彼時另詳等因到司該司看得遼餉之取資於海運者先是以十萬計今則議增二十萬矣此其為数甚奢東人即不憚飛輓亦必粟有所出而後可以廣言運事頃據海防道陶副使所申則登萊旱魃為虐千里盡赤百室皆空民惟

救死不贍奚暇握粟乘載及查濟青近海州縣以求協濟而有司亦各以灾見告其無雨無苗猶之乎登萊也官斯土者驚聞遼事之孔棘亦何敢以秦越相視而故為無病之哀吟然目擊小民顛連又何忍以鞭朴相加而強作無米之巧婦惟是務殫厥心期無負

國期無負民苟可效其綿力則一粮一稞在所不靳但不敢定取盈之額耳揔挨年終報数等因到職案照先准事督遼餉戶部右侍郎兼都察

院右僉都御史李　　手本為那運本色以濟
急需事內稱煩為轉行該布政司或將青萊登
及濟南巡海地方應納錢粮俱改本色或借倉
穀或將新餉銀兩廣行召買俱運赴登州轉運
此勢在燃眉凡該省應解本部錢粮不妨徑行
留用希即處妥回覆以便查照施行等因又准
督餉部院手本前事內稱煩轉行布政司及青
濟守巡等道將近海州縣一應解部錢粮盡改
本色其倉穀堪借者盡行借動新餉堪支者盡

行支買務要刻期完備作速運登以濟危遼之
急等因前來已行司道遵照去後近閱邸報又
該督餉戶部右侍郎李　　一本為遼餉燃眉
再陳末議懇乞
聖明速賜允行以便責成以圖接濟事內稱該臣
題事之日遼餉本折尚未議定若干臣於條議
前疏款
請行諸臣計一歲兵馬大約之数以便計餉不意
兪肯久稽近接部咨方行計筭則每歲本色約用

六十餘萬而馬匹之用有謂芻豆更需三十餘
萬二項共及百萬而目前見運者一登萊耳登
萊之運雖議自去歲而實於今春始力主行之
惟時計二府遼餉額数物力止於十萬茲准部
議增為二十萬臣咨行山東撫臣於濟青近海
地方均為協濟且議量動倉穀以廣其數矣等
因今據該司議呈到職該職會同山東巡撫王
　看得遼師待食于海運海運待給于登萊登
萊二郡產穀幾何于是又議及沿海州縣乃州

縣之沿海者青止四縣濟南一州四縣耳此九
州縣產穀又幾何當海運之初開正值年時之
豊稔登萊積粟急于易價民間盖藏盡發此時
但憂無船不憂無粟然而初議歲輸十萬前撫
臣李　猶蹙額憂之今船之難致如初而海壖
之瓶罍幾盡矣沿海州縣行令應納錢粮俱改
本色起運人情嚣然蓋新舊遼餉各屬多不過
数千鏹一人挈之而趨掣批即可了事今責以
千萬鍾之汎海去城遠者細載以煩馱運去海

遠者堆積又煩苦盖柢海則多方以募舟登舟
又守風以泊岈船户既多侵折粮户又苦賠償
非常之原黎民懼焉于是各持觧銀之説夫銀
可觧也處處皆能辦之奚獨責成于近海之州
縣乎職是以嚴檄督成務期輸運本色仰體軍
興之急即拂民從事亦不得不然頋民間之粟
須藉天生地長天地不能生長人力其如之何
今歳登州及青濟沿海州縣多苦旱無禾則輸
粟之難不獨窘于人力亦窘于天時矣自昔奴

酋犯順摧城破堡荼毒生靈遐邇人心誰不思
食其肉凡居
王土皆當轉輸凡為
王臣皆當協力决難以拐腹之軍控方張之虜餉
臣急餉職亦急餉餉臣頋加倍職亦頓加倍斷
無秋毫之柢悟致議論之柄鑿但據目前事勢
如淮船不可多得而造船于遼遼人驚竄不可
得船又轉造于天津往來跋踄每成畫餅則括
船于海可不謂難乎餉船開洋海颶不常驚湍

靡測深則虞泊淺則虞礁守伺動經旬月生死
立判須史近且慮戎心睥睨運途中梗駕船于
海可不謂難乎開鐵既陷聞風破胆北人每思
南遁南人不敢北渡淮南惟恐留船如脱網之
魚遼商惟恐被兵如驚弓之鳥商途阻塞招之
不至則通商濟運不亦難乎運粮遠涉不能朝
至而夕收返掉歸來或致岨廻而彼逗奸弁動
索折乾以欠作收其或索之不得以收作欠甚
而攙水和糠經風曝日欲掣批交卸不亦難乎

有此四難人懷退縮且田間無米市糴難招昔
以米豆多而憂腐爛今以年歳歉而窘徵收即
仍前以克十萬猶或難之欲加倍望粮于東省
恐不獨職以為難即餉臣亦自知其難耳然職
不敢自諉其難督率群屬勉期及額且與道臣
多方區畫以圖不孤
皇上之任使茀顧主計者毋局職以二十萬之数
職亦不敢自限于原議十萬之数銖積寸壘儘
職力量之所能為倘獲庶幾以如前議職不敢

自吾以為功如力不可勉数不能充亦望截今歲之羸補将來之乏蓋職督群屬不得不嚴嚴則期于集事調小民不得不寬寬則可以奏功通融于彼此盈縮之間劑量于人情甘苦之際庶臨期可免捉襟而遇事無虞掣肘矣職又思餉遼長筭陸運取必于人海運待命于天人可必而天不可必以可必者為經以不可必為權勿因陸運多費而遺其所安勿因海運偶利而行其所不測水陸并輸亦經權互用之暫可行

之法也伏祈

聖明勅部酌議施行奉

聖旨

山東等處提刑按察司整飭登州海防總理海運兼管登萊兵巡屯田道副使陶　為那運本色以濟急需事據青州府呈萬曆四十七年七月二十三日蒙本道批據本府申本年六月十五日蒙

山東等處承宣布政使司信牌抄蒙

欽差專督遼餉戶部右侍郎兼都察院右僉都御史李　憲牌仰府即將該府所屬州縣派有遼鎮銀兩文到該府分投差人守催完足收貯府庫聽候請詳允日海運施行該府具收完過銀

数報司查考蒙此查得府屬益都等一十四州縣新增餉銀三萬八千四百三兩一錢四分零除先已完銀一萬兩委差臨淄縣主簿段文炳於萬曆四十七年四月初二日解司轉解訖後完銀二萬二千四百三十兩七錢四分零見貯府庫例應請詳合候申允遵將前銀解赴登州就近便買其未完銀五千九百七十二兩四錢零見今嚴催各屬解到另文申報等因具申照

詳蒙批新餉銀兩近議全充海運且續奉
餉臺那運本色一行将該府應納銭糧盡改本
色則所留運之銀更不止於遼鎮銀矣但來文
原有沿海州縣俱運赴登州轉運是責在州縣
設法徵糴貯糧備船運赴登州非謂将銀解赴
登州令登州代糴也該府還徑詳登州道行檄
蒙此案照先蒙整飭登州海防總理海運兼管
登萊兵巡屯田帶管分守海右道山東按察司
副使陶　紙牌仰府即将該府屬續解到新派

遼餉銀玖千六百五十一兩零并将未完銀一
萬八千七百五十一兩零嚴限催完不必委官
類解聽候登州道請詳作為海運支用遵照明
文施行蒙此查得益都等一十四州縣新增餉
銀三萬八千四百三兩一錢零除先完銀一萬
兩委差臨淄縣主簿段文炳解赴
布政司轉解訖續據莒州等州縣解到銀二萬
二千四百三十兩七錢零遵行解府貯庫或将
前銀分發近海州縣糴買或關解登州府就近

糴運乞請明示以便遵守其未完銀五千九百
七十二兩四錢零見今嚴催各屬徵解另文申
報庶餉銀不致遲悞軍需亦得濟急等因緣由
具呈到道據此該本道批查看得登萊兩府今
歲一年已運盡兩年遼銀而又借各項起存銀
以收糴續運見侯扣留濟青兩府新加遼鎮補
還據呈該府本年之銀尚不足還登萊已運之
数無米之炊誠難之矣但味
餉臺那運本色之文是不拘是否遼鎮俱且那

為運資不拘某州邑銭糧俱當發近海州縣徵
糴也該府見有樂壽諸日等縣近海即當分發
遼銀及時糴買徵收速於海口發運若云将銀
解至登州恐彈丸黑子之地赤旱無禾之時自
捄不暇不能代青屬而料理也至於運餉須船
押運須官俱當一一講求者該府近海雖止於
四邑而遼銀應出之数不下於登州一郡轉盼
秋成便宜徵糴倏忽交春又思發運事豫則立
凡一應運餉事宜亟速舉行報繳除批行青州

府查照舉行外擬合移會為此合關前去
貴道煩為查照知會轉行所屬運餉府州縣亟
速舉行請勿遲滯
一關　濟南青州兵巡道
一手本　濟南萊州分守道
一案行濟南府
萬曆四十七年七月二十七日

欽差整飭登州海防總理海運兼管登萊兵巡兆
田道山東等處提刑按察司副使陶　為赴邊
甚急望
闕漸遙再瀝愚悃仰祈
聖鑒事照得近奉
督餉部院明文并題奉
新旨濟南青州近海州縣收納本色轉運濟遼所
有緊要事宜合行查議為此牌仰本府官吏照
牌事理文到即將單開徵運本色事宜逐項議
妥列款造冊呈道以憑酌議轉詳施行毋得遲
錯未便須至牌者
計開
一議運本色查該府所屬內除某州縣離
海窵遠免運外其餘近海州縣幾處每
處每年原額遼鎮銀若干新加遼鎮銀
若干通共銀若干照依時價計筭米每
石值銀若干豆每石值銀若干以十分
為率照征倭例八分運米二分運豆共

該米若干石豆若干石

一船隻一項運餉之所必須而在東省最為難得登萊打造雇募業有成效矣該府應作何計議又登萊船隻半係該府所屬海口雇用者今各海口有船若干先造冊報

一議水價銀兩要見某州縣自某海口裝糧開船至盖州套交卸除鋪墊神福照登萊一體不必再議外其水價每石應

登州道　海運摘抄　叁二

給銀若干速議確報

一議督催押運官員該府設立千總或一員或二員總司運事把總隨時增減勿拘員數取其分押快便也稟丁作何議給看糧夫作何召募一併員役職名造報

一每糧船一隻刻給長单一紙開載本船裝糧數目并運官船役姓名及本船雇價以便到遼交卸查考

一議稽防凡糧船發行開洋之日應委何項官員親詣海口嚴查各船不許夾帶禁物及稍販子女勾引逃犯等弊

一查州縣各倉貯粟穀總計若干內應借動若干碾米若干以濟遼運

一原議近海州縣徵收糴買各隨其便今該府近海州縣或用徵收或用糴買何者為宜速議詳報

一發去海路冊海運書濟南青州各七六部分發

登州道　海運摘抄　叁三

運糧州縣及管運務府佐觀覽俾知運餉規條顛末

一牌行濟南青州府

萬曆四十七年七月二十七日

萬曆四十七年九月初五日
戶部尚書李　等一本為遼餉燃眉再陳末
議懇乞
聖明
速賜
允行以便責成以圖接濟事山東司案呈奉本部
送戶科抄出專督遼餉戶部右侍郎李　題
稱前事等因奉
聖旨該部速議具奏欽此欽遵抄出到部送司照

得遼師出勦敗潰以來增兵調將目無虛日近
者羽檄將遍於天下而士馬十倍於去年夫有
兵而不預與之餉則必有枵腹之虞有餉而不
早為之運則必有噬臍之患然海運速而險陸
運穩而遲況春夏則海運可行而秋冬非陸運
不可是以督餉大臣前查舊例近採輿論而斟
酌區畫有二策四說皆濟遼之急着轉運之便
計也亟當具覆案呈到部該臣看得督餉所稱
目前濟急之策謂軍士糧米以六十萬石計而

馬匹芻豆以三十萬石計乃今年登萊道陶副
使所運二十萬將完矣天津道所運截漕十萬
已發矣其薊鎮召買五萬及永平召買十萬俱
由陸運抵芝蘇灣至三岔交卸甚便也然芝蘇
灣無船則速造十隻以濟目前計之不容已者
也關內之轉輸關外之接運俱製牛車自為拉
曳甚便也然給銀已久製立或完亦計之不容
緩者也山東濟青登萊及薊永河間近海州縣
俱將新餉納本色以為明春海運之需議于淮

上造船以供明春海運之用查征倭造船舊例
應動戶工二部銀一十三萬五千兩所當照數
支給者也近聞文登縣主簿徐弘諫所造淮船
每隻百兩實為省便所當加職仍為委用者也
至于海運大開舳艫千里而水手旂甲不無奸
偽則單引腰牌宜給以便稽詧者也奴造巨舟
謀絕糧道或沿海亡命覬變伺隙則海防兵將
宜設以防不虞也大洋之風波甚險而真正之
漂失當原則寛文法以恤之有意作奸者追究

至遭溺者免不為縱矣士民備脚自運何異輸粟助邊則分別多寡以優之多者優陞職少者量授官不為濫矣語曰一手獨柏雖疾無聲兩人同心雖金可斷今在局内者嘔心區畫而文移飛遞也乃局外十不一應者有之或動至經月者有之如此而當呼吸存亡之際其能濟乎

即如臣部題

准加派一節該省鄉紳俱言徵輸在縣矣至今猶有未解者如留稅一項業已奉

旨部文已到如太平府者猶然混解使海内俱如此痛癢不關俱如此秦越相視則數百萬軍需將鬼輸之乎數百萬之轉漕將神運之乎臣于是而信督餉與臣心同苦病同調矣今議事在淮上則徐淮道任之事在山東則山東司道任之事在天津薊永則各司道任之與督撫諸臣一體催督有司不奉法者令行褁處或臣部會同科道褁處皆非得已之着也如有實心任事極力勤

王如登萊天津道臣年終洛部紀録優叙其沿海府州縣官俱内聽吏部外聽撫按以賢能登調蓋賢者重名而輕利故多急公而忘私與夫鼓舞文武士民分別陞授等項事屬吏兵二部職掌非臣部所敢越俎也伏望我

皇上垂念遼餉喫緊速下臣部咨臣移咨吏兵工三部及省直督撫一體遵行遼左幸甚臣等幸甚

海運紀事

三

山東等處提刑按察司整飭登州海防總理海
運兼管登萊兵巡屯田道副使陶　為赴邉甚
急望
闕漸遥再瀝愚悃仰祈
聖鑒事萬曆四十七年七月二十四日蒙
欽差專督遼餉戶部右侍郎兼都察院右僉都御
史李　憲牌先准
本部咨稱遼東經畧熊　題前事等因備蒙牌
仰本道即便移會青濟萊州守廵等道將近海

州縣應納本色應借倉穀應動新餉俱要多方
措辦委曲收置務足三十餘萬之數急為轉運
以濟目前之急仍傳示押運等官俱要實心任
事勉力報効年終分别咨叙取具遵依繳報以
便查考蒙此本月二十八日又蒙
欽差廵撫山東等處地方督理營田提督軍務都
察院右副都御史王　案驗准
督餉部院李　咨先准
本部咨稱遼東經畧熊　題同前事蒙此行間

本日又蒙
巡按山東監察御史陳　憲牌前事准
督餉部院李　手本内稱山東海運據海防道
詳報已運米豆一十一萬餘石該山東清吏司
査得經畧議用本色六十萬石則登萊海運今
歲至少可運三十餘萬石俟明春再議酌加煩
為轉行布政司及登萊青濟守巡等道將近海
州縣應納本色應借倉穀應動新餉俱要多方
措辦委曲收置務足三十餘萬之數急為轉運
等因到院已經案行布政司查議外看得登萊

海運向經
前撫院李　定議歲運濟遼業有成案今一旦
議加三十餘萬石是比前歲運不啻三倍何前
嗇而後豐昔寡而今多一至此也登萊及沿海
州縣應輸本色計數若干年穀果否豊登船隻
果否齊備海道往來果否順利招商載糓召買
果否通行擬合再行博謀廣詢以便回覆為此
牌行本道即行登萊近海州縣悉心計議如果

物力年時可辦三十萬石遵照原文同心協濟
如力難措處不防明白條議各府州縣通詳
兩院併詳該道酌議類詳務求長便無誤邊儲
限文到五日内具報以便回覆施行蒙此又准
分守海右道手本蒙
本院憲牌准
督餉部院李　手本同前事准此本年八月初
三日抄蒙
督撫軍門王　憲牌准

督餉部院李　咨同前事等因備牌仰道即行
登萊近海州縣悉心計議如果物力年時可辦
三十萬石遵照原咨同心協濟如力難措處不
妨明白條議各府州縣通詳
兩院併詳該道酌議類詳務求長便無誤邊儲
限文到五日内具報以便移咨施行蒙此又准
山東布政使司照會節蒙
撫按兩院案驗俱為前事等因備准移照本道煩
為速議妥確牒司以憑覆酌呈報

兩院施行准此又蒙
督撫軍門王　批據濰縣申同前事蒙批海運
之艱何方不爾由濰縣以類推而青濟沿海州
縣所難又可知矣但遼兵待食全資海運今之
視昔議加三倍即有恤民之心恐難行寬減之
法仰海防道查議報蒙此又蒙
軍門批據膠州申同前事蒙批督餉移文有應
解錢粮盡徵本色起運之語意不獨在遼餉也
該州近海米豆數可能進止否仰海防道查議

報蒙此又蒙
軍門批據蓬萊縣申同前事蒙批遼餉緊急凡
應解錢粮不妨盡糴本色起運明白扣除該縣
近海事當勉圖恐難以無米為辭也仰該道照
行繳蒙此又蒙
軍門批據寧海州申同前事蒙批遼餉甚急該
州不能立辦勢不得不借動倉穀第借穀須速
補還倉庾凶荒有備將來亦可那動至於照價
收買及從本州海口裝運最為得策仰海防道

查照轉行催督繳蒙此又蒙
軍門批據文登縣申同前事蒙批沿海州縣以
運粮多寡為殿最其有運浮于額者本官之能
可知續買商民豆價准將四十八年遼鎮銀支
給倘米豆多而編銀不足則當請給于府一府
不足則當請給于通省總之以運多為貴不憂
價銀之難處也所借倉豆隨借隨補既可備荒
亦便于轉運凡力所能為者該縣儘力為之若
明年必欲如今歲之數似為執一之論任事者

不必若是之拘也明年春運定應徵本色該道
通行所屬知照繳蒙此又蒙
軍門批據日照縣申同前事蒙批遼兵待餉取
給于山東沿海州縣自應徵運本色倉穀借動
即當糴補若借而不補非長策也運粮須用本
縣船隻若拘獲商船遠近聞風驚遁即稍捄目
前而將來商販畏足難乎其繼矣仰海防道行
縣查照徵收起運繳蒙此又蒙
軍門批據福山縣申同前事蒙批該縣起運京

邊粮銀准收雜粮轉運仰海防道照行繳蒙此
又蒙
巡按山東監察御史陳　批據蓬萊縣申同前
事蒙批登州兵巡道查報蒙此又蒙
本院批據福山縣申同前事蒙批登州兵巡道
查報蒙此又蒙
本院批據寧海州申同前事蒙批倉穀備荒兵
餉濟急兩者並重即不得已那甲補乙亦如出
陳易新加補原數無致虛耗可也其裝運路徑
應從便宜登州兵巡道併查詳報蒙此又蒙

本院批據文登縣申同前事蒙批登州兵巡道
查報蒙此又蒙
本院批據濰縣申同前事蒙批登州海防道查
報蒙此又蒙
本院批據萊陽縣申同前事蒙批登州兵巡道
查報蒙此又蒙
本院批據黃縣申同前事蒙批登州兵巡道查
報蒙此案照先於本年六月初二日蒙

督餉部院李　憲牌為那運本色以濟急需事
照得遼左軍興每歲本色　該七十萬石目下
急用項刻難緩今查山東本色数止十萬委為
不足合行議處為此牌仰本道或將所屬該府
應納錢糧俱改本色或借倉穀或將新餉銀兩
廣行召買俱運赴登州轉運此勢在燃眉凡該
解部錢粮不妨徑行留用本部院自為主持擔
當也文到之日速處申詳仍具遵依申報蒙此
又准布政司照會蒙

本部院憲牌同前事等因移照本道煩將登州
府應解錢粮俱改本色或借倉穀碾米海運速
將新餉銀兩廣行召買此勢在燃眉凡道屬應
解本部錢粮不妨徑行留用文到之日速為海
運一面議妥牒司以憑類報施行准此又准本
司照會抄蒙
督撫軍門王　案驗准
督餉部院李　咨照得遼左軍興每歲本色約
該七十萬石目下急用項刻難緩今查山東本

色数止十萬委為不足合行議處為此合咨
貴院煩為轉行該布政司或將青登萊及濟南
近海地方應納錢粮俱改本色或借倉穀或將
新餉銀兩廣行召買俱運赴登州轉運此勢在
燃眉凡該省應解本部錢粮不妨徑行留用希
即處妥咨覆以便查照施行等因到院轉行到
司移照本道煩為議妥牒司以憑轉報
兩院施行准此俱經節次移會青濟萊州守巡
各道并行登萊兩府轉行近海州縣各逐一遵

行酌議去後續准各道關覆前來今據登州府
呈稱行據蓬萊縣申稱查得本縣歲額遼鎮銀
并明加腳價銀共二千三十九兩二錢四分七
釐二毫五絲七忽四微已徵本色并糴過米豆
共四千一百一十石折銀一千八十兩七釐四
毫九絲上載用過腳價銀二十四兩六錢動給
商人朱元豆價銀二百五十五兩取有領狀解
過銀六百七十九兩六錢四分三絲七忽四微
掣有批迴俱附在卷因遼餉急需奉本道明文

先將預備倉穀借動九千八百六十石碾米運
遼訖續蒙借和豐倉穀六千石碾米載運亦統
筭本縣項下今蒙前因將欲遵行徵收本色蓬
邑環山抱海民若道路崎嶇肩荷背負難以運
輸莫若秋成之日另詳應動銀兩糴穀還倉之
為便也黃縣申稱查得先蒙憲牌查議或納本
色或納折色何者稱便隨據本縣鄉約里老人
等結稱黃邑濱海地窄民貧原無厚積之家每
歲所獲不足糊口尚有赴臨近州縣易買者已

經具申上納折色為便其海運遼粮俱本縣借
動起運粮銀多方糴買并借發倉穀碾米已完
二萬石之數候徵四十八九年遼鎮銀兩補還
起解矧今亢旱不雨秋成失望今復蒙查議或
俱改本色或將新餉召買恐百姓聞之驚駭合
無俯從末議將新加餉銀七百一十二兩二錢
零徵完責令佐領等官向豐收處所糴買本縣
添設腳價運田聽候載運庶外濟軍需內甦民
困似為妥便福山縣申稱遼左兵馬雲集必資

於餉斯為足兵足食計耳查得本縣萬曆四十七年見徵四十六年起運京邉粮銀五千九十二兩七錢五釐內除遼鎮銀一千四百一十一兩二錢折收米四千一百五十石五斗八升九合已經運遼訖止見徵銀三千六百八十一兩五錢五釐係觧府類觧布政司轉觧
部各倉坐派之数存留粮銀二千六百六十七兩三錢五分四釐係觧府班軍粮銀及本縣官吏師生俸廪月粮毫不可缺及查本縣預備常

平備荒三倉共積粟穀九千七百三十二石原為本地備荒之用已經奉文借動穀二千八百九石四斗七升二合六勺碾米一千四百四石七斗三升六合三勺於本年六月二十九日運遼去訖其餘穀石既係備荒似難再議借動今
奉行查議遼左需粮甚急合無就將見徵前項
戶部起運錢粮三千六百八十一兩五錢五釐俱准收納雜粮載運庶公私兩便運需有依賴矣但粮價難以懸定合候臨時照依時估定准

并收過粮数一併冊報至於
兵工錢粮各有額派倉口之数不與征倭海運事例相合者本縣難以擅動留用棲霞縣申稱查得本縣應徵解起存粮徭俱係解
部錢粮似與征倭事例俱不相合遷難申動止查得四十六年新加遼鎮未解銀五百八兩六錢四分七釐二毫七絲五忽將已徵貯庫者廣行召買見年追徵者令納本色即宜照例遵行但此時舊穀既沒新穀觧收議本色則礙于價

值未平議緩徵則妨於急需有悞查得明文內有或動倉穀一款本縣常平倉見貯累年奉文糴買并各項贖穀約有九千七百三十石零合無委官一員管理分發在城並附近居民人等量其人力酌量領穀碾米起解可濟急需第本縣離海窵遠運至本府海口計程一百五十餘里其腳價夫役之費無憑措處招遠縣申稱查得本縣應納起運原係解京錢粮存留粮銀係解支軍需并官吏師生俸廪月粮俱係额正額

毫不可缺其遼鎮本縣每年正派連脚價共銀一千六百三十兩三錢六分三釐七毫九絲五忽二微奉文徵收本色并鮮過銀兩除四十七年已完外各社復報輸運過米豆共多納銀一千五百二十二兩四錢四毫應抵四十八年遼鎮隔年預筭尚未坐定再無別項堪動錢粮及查倉貯粟穀約九千有奇原為備荒之需今奉借動倉穀六千碾米三千石所存無幾又查本縣原奉

登州道　海運摘抄　卷十二

撫院明文分劈荒地四十五年銀一百八十七兩八錢一分五釐二毫三絲五忽四十六年銀一百九十三兩三錢二分七釐二毫三絲五忽以上二年已完未完共該銀三百八十一兩一錢四分二釐四毫七絲原為留抵倭餉甚准動用那運本色合無轉達照時價糴買庶事體妥當官民兩便萊陽縣申稱查得本縣錢粮俱改本色但民間以去秋之粮止足供今春之用若收本色俟再為議處本縣已經遵行動發倉穀

六千石碾米三千石分給街民領碾完申報發運候照数糴還上倉及查本縣新加兵餉銀六千四百一兩除未完銀二千二十一兩八錢五分見今徵收外其已完銀四千三百七十九兩一錢五分內已發給千總曲思化領用糴豆銀一千兩見存庫銀三千三百七十九兩一錢五分合無請乞於內再行批發若干或委官員督理或令廣行糴買其應解

户部錢粮先儘遼粮徑行留用一年事畢即清

登州道　海運摘抄　卷十三

筭結報一年寧海州申稱查得本州應解户兵工三部錢粮不與征倭事例相合者未敢擅議外應解起運粮銀共八千四百九十一兩八錢三釐九毫九絲六忽內動過遼鎮銀一千九百二十八兩八錢九分六毫六絲六忽六微已經徵買米豆運遼訖見徵尚該銀六千五百六十二兩九錢一分三釐三毫二絲九忽四微欲議該徵本色奈本州地皆斥鹵歲粮不多且今歲風旱為災西成無望恐致粮價騰湧臨時掣肘

夂滋不便但需餉甚急軍興宜供查本州常平倉貯穀四千七百二十五石六斗四升九合三勺五杪五撮五圭二粟內除學田租穀二十四石外尚該穀四千七百一石六斗四升九合三勺五抄五撮五圭二粟係

各院司道并本府本州樽節等項銀兩積穀俱登循環按季倒換稽查屢蒙申嚴主守員役用心看收穀数合無於內借動分發在城并附近居民人等領碾米石運赴登州聽候轉運候徵

完前項起運銀兩并待派徵新加兵餉銀內扣筭照依彼時市價糴穀還倉文登縣申稱查得本縣應納粮徭其起運原係解京邊錢粮俱有正款且無與征倭事例相合之銀存留係解支軍需并官吏師生衛官俸廩營軍月粮俱條鞭正額毫不可缺其應解遼東鎮銀每年正派二千五百六十一兩六錢四分四十七年遵依改徵本色編派間因士民合詞呈稟本縣地不產穀隨申請蒙本道批允徵銀於本年正月十六

日完解訖及查在倉收貯穀豆上年八月內借動穀一千石二斗四升碾米一千石一斗二升又借豆一千七百六十一石一升俱運遼訖於十月內方糴完還倉該年五月內又奉文借動倉豆二千八百七十六石七斗六升裝運過遼訖應於徵收本年新餉銀內俟秋後扣銀買豆還倉其所存穀不多且今歲春夏亢旱入秋風災異常諸禾被傷倘再借動恐難償補應留備賑再查四十七年新餉銀額派四千八百二十

五兩三錢六分七釐陸續追完過銀四千六百兩七錢七分二釐已經隨徵隨支支過運船水脚銀二千四百八十二兩鋪墊支銀一百四十六兩神福支銀一十三兩三錢運官李國勳二次支口粮銀二十四兩書記家丁二次工食銀十兩八錢押船并看粮夫二次支工食銀四十八兩六錢雇驢上載二次支脚價銀八十一兩七錢八分八釐買豆除用府發銀外找領銀八百七兩三錢四分一釐三毫七絲共買豆一萬

四百七十八石四斗一升六合運遼訖以上諸項通共用過新餉銀三千六百一十三兩八錢二分九釐三毫七絲止剩實在銀九百八十六兩九錢四分二釐六毫三絲未完銀二百二十四兩五錢九分五釐見今追徵徵完并實在銀數不多况又該扣銀秋後定價糴豆還倉又有驗定各商豆八千七十五石尚未給價裝運并應給運船水脚等銀無法處給至於

户兵工三部錢粮查係粮從條鞭額數不多且與征

倭事例俱不相合其四十八年舊額并新餉遼銀若收本色須量其豐歉再為議處各申詳到府看得登屬阻山環海貿易不通時偶有秋則出售無門歲值大祲則告糴無所且幅員無幾乃東鄙一小郡也自奉行海運除四十六年者無論今四十七年一歲之間已運至十一萬有餘然此十一萬之粮非取辦於一歲也州縣已預支兩三年之銀本府亦罄借數十年之蓄方能及此正擬具詳請補而

憲檄忽下議歲運三十萬石矣夫一彈丸之地實不能作巧婦之炊也查各屬之議惟福山有起運錢粮徵收本色之說七屬俱稱民苦不便或議糴或議碾大率皆急於奉公之義也第糴必有方借必議還今查本府自春徂夏自夏徂秋亢旱為災所在見告而二麥鮮收三農失望恐欲糴而無所糴碾盡而無所備是未能濟遼先為自困之術也况登府一歲之所入不過七萬餘銀除應解

户兵工兩部銀兩外其應解

户部者只三萬三千四百餘兩以此米豆價值不一中分二者各半只可糴米二萬七千三百餘石豆三萬餘石統而計之樽而節之計至六萬石而止則三十萬石從何而辦也况又風旱疊至災異頻仍即有銀亦恐無糴處矣至以三十萬石之粮盡責備於登州轉運抑又難之難矣夫以三十萬石之粮即冣大淮船每隻載一千石者亦須用三百隻况塘頭利津或五百石

或三百石而遼船亦僅可二百石或一百五十
石則非得数千隻不能給也目今淮商裹足而
不來濟船拘刷而不應即奉文新造亦不過小
遼船二十隻而塘頭新造者直須至明年方告
完也此何濟於急用哉而欵將餉遼之糈盡付
一處載運不惟轉運不及亦恐船隻難集倘或
有悮邊儲即罪職斥職亦何益矣查得濟之需
利青之樂壽皆可泊船又且彼處商賈因不在
彼處海運見今往來貿易不絕非如登之一人

不至也又似應分運遼餉不獨責之登州矣再
照登屬見運之粮已透支來歲之銀亦過額矣
則今歲三十萬石之数似當于他處補足然亦
物力年時所必然之理也等因又據萊州府呈
稱行往海防同知鮑孟英關稱看得奴酋跳梁
勦兵肆集遼左需餉甚急敢不竭蹷轉輸但今
歲收成减於去年而轉運之数欵三倍於去年
恐應承之後米豆竭而百姓輸納不前致有脫
巾之變則莫大之罪其何能辭夫陸運不若水

運之便青濟近海州縣固難辭矣而淮運似亦
可行也三軍不能枵腹以荷戈轉運不得不由
近以及遠等因又據昌邑縣申稱該本縣知縣
周學閔查得本縣地方大荒之後民窮財盡幸
前歲稍豐逃民回籍元氣未復本年二麥薄收
秋禾吐秀缺雨粃多粒少閭閻失望海運米豆
已徵收二萬一千之数折價銀六千餘兩運送
煩費又用銀四千六百有奇庫藏那湊已竭即
来年一切遼粮支用俱盡尚候通融扣筭兼時

下粮價騰湧每斗日長錢三四文北面隣海遼
左阽危人情洶洶似難措處濱海州縣有運少
者有全未運者相應隨分勤
王等因又據濰縣申稱遼事倥偬急需運餉凡有
同讐之志敢不竭力急公然使剝內地之脂膏
析閭閻之筋骨至力不能支苦無從控則亦非
仁人君子所忍言也而苦累則無如濰邑為甚
職請詳列其狀各縣海口近者四五十里遠不
過百又轄在境內今濰縣白浪河口既險阻難

迺而假道於昌邑之淮河口且百四五十里而遥夫僻縣則有疆埸彼此之分而窎遠又有鞭長馬腹之慮運送既艱照管不及夫從來無財力交用之法瘡痍初定之民如駭弓之鳥已實懸罄豈能供他人果腹萬一民窮盜起往者祟山之寇為守土憂未聞他省他郡踢一粒相救者豈當事者忍忘東人之子耶職知濰事而已他不敢言伏乞

台臺俯念濰民海運之艱又值遼警鄰災之候宜少存積貯以活生靈以固根本或委官查勘果否僻縣窎遠裝載不便豁而免之惟命或謂時危事急萬難轉移寬而緩之惟命職惟急切控籲而已等因緣由具申到府據此其餘州縣節次差人守催尚未議到欲俟通完之日一併類詳誠恐遲悞該本府看得奴酋猖獗殘害我官民選將調兵需粮為最凡為臣子者敢不同心協力以殲醜虜之為快惟是大祲之後十室九空上歲頗豐僅可糊口今年所属二麥雖有

薄收而秋禾未盡秀實餘不具論所目擊者如掖縣境内穀禾枯槁甚多豆田花角稀少較之別邑被災為最登萊二府原議運十萬石本府分運六萬民力已竭不堪苦累而一旦驟加三十萬石百姓聞者莫不驚惶倘輸納不前而繼之鞭朴恐不堪之民則有驅之迯竄司民牧者罪何逭焉如昌邑縣論之新舊遼餉明加脚價僅七千一百五十九兩八錢有奇除觧過新餉銀二千两外止存五千一百五十九兩八錢零收過米豆二萬一千一百八十餘石所用價值與夫已運未運船脚諸費等銀總計約用銀一萬一千五百五十餘兩内除正項新舊餉銀外尚長支銀六千三百九十餘兩雖係暫借見徵起運等銀亦應准筭來歲之數尚慮無銀可補一縣如此餘可類推矣濰縣離海頗遠搬剥之苦守候之難兼之隣境荒旱移民移粟不可勝計米價漸踴尚無底止縣詳已悉無庸再贅平度州離海甚窎南至膠州海口一百四十里且

至海倉亦然搬運守候上載尤屬苦累此粮不可加運者一也其運粮船隻本府原無節蒙本道憲檄多方召募南係淮安等船北屬濟青運艘方得接濟運用至今淮船未到者孫懿德数船致本府差役王尚仁等守催日久未回此募船至難者二也至於運道風色順逆不常難以預料已運到遼者甚多而被風傷損者不無如魏進韓應體金貴糜梓等諸船皆有風波折損之虞此運道難保順利者三也再照召商一節

屢經

督餉部院頒示分發張掛靡有應者咸謂奴酋殘破遼左販賈者裹足不前此商販通行難期必者四也合無俯從查照原議登萊二府每年仍以十萬為筭不敷之數行令濟青二府近海州縣收納本色就用本處船隻載運濟遼而淮運亦行接濟庶登萊兩府無捉襟露肘之虞而軍興不悞於邊事亦有濟矣緣由各申詳到道據此該本道看得奴酋犯順勢在剥膚攖兵進勦需餉甚急凡為人臣誼當竭蹷敢云推諉第登萊為斥鹵不毛之地閭閻無兼旬宿春之粮查自奉行以來徵買已運遼粮無慮二十餘萬百姓筋力既竭官司盖藏亦空方虞借支之銀無從處補欲議明春再運業已無可為運矣不謂歲辦三十萬石之令復下也夫澤既竭而漁不休皮已盡而毛安附此三十萬石欲責之登萊猶夫望空谷以足音即益以濟青兩府沿海州縣亦属指畫餅以充饑耳近奉

軍門詳批倘米豆多而綿銀不足則當請給于府一府不足則當請給于一省總之以運多為貴不憂價銀之難處是誠頂門一針片言立決本道即遵為令矣然濟青登萊既為四府之徵運則四府之中又當以屬邑之多寡為運粮之額数如濟南所屬三十州縣而近海不下十餘處也青府所屬十四州縣而近海不下八九處也以兩郡之物力應責以每歲共運二十萬石登府所屬八州縣萊府所屬七州縣而傍海阻

山谿曲崎嶇擇其一線可通裝運者兩府止於八九處也幅幀俱小且地不產禾每歲應共運十萬石一如

餉臺原

題之数儘力為之不敢辭瘁茀登萊已運過一年人力之未經者本道演習而熟嘗之船隻之素乏者本道以招造而全備之若濟青二郡雖有船隻而有司尚未知作何調用作何招徠也雖有粮石而民間尚未知作何搬運作何收糴也

一聞海運不擲而委之不能直拒而諉為不可耳則三十萬石將安出哉而況登萊州縣以海運偏累疲於奔命且目擊旱魃踵至粮價日騰果無兩粟兩金之能誰肯肩神輸鬼運之責故其中詳雖言人人殊要之訴地方之凋敝状人情之驚惶則但有刻晝未到之詞非有雕飾罔

上之語也而本道所懍懍食不下咽者今年登萊兩地米豆全萎槁於炎威顆粒無辦民心又震動於徵調日見逃亡前者旱災詳中所云今年不但不敢徵本色抑亦不敢糴本色者乃字字真情非有飾説也今登萊雖扳援濟青欲其分任而青州之十旬不雨無異於登萊濟比之沿海枯萎亦猶之青郡若非推廣州縣之數共襄海運之後則明年即欲止于十萬而不可得矣查征倭事例凡州縣去海三百里之内者皆令運餉斯時不過以屬國之蹂躙而勞我

王師役我

王民尚如此也今全遼河東已失去大半遼陽名

城危在旦夕

神京震悚

陵寢戒嚴何等時也而可各圖安逸各執己見耶去年粮尚有出民尚未疲在登尚除深山之棲霞在萊尚除阻僻之高密謂不近海免運今既扳及於濟青則當後及於棲密以為濟青之倡本道既不敢辭勞敢辭怨耶唯是濟青兩郡不在本道統轄之内其近海州縣應聽藩司查派而輸將之法惟俟

本院須諭主者為之非本道所敢越俎也擬合
呈請為此今將前項緣由同原蒙憲牌理合具
呈伏乞
照詳施行
一呈　督餉部院
一呈　撫按兩院
一牒　布政司
萬曆四十七年九月十七日

萬曆四十七年九月十九日
欽差專督遼餉戶部右侍郎兼都察院右僉都御
史李　一本為海陸運務方殷懇乞
速賜
明旨以便責成事照得遼事已亟遼兵已調臣謬
司遼餉惟海陸二策該臣初任之始曾與遼東
撫臣計之其云海運便而險陸運穩而費二語
已盡之矣大率海運可多也而不能多也故臣
原議從海者七從陸者三此以數論也登萊淮

揚天津由海薊永由陸此以地論也春夏秋初
由海秋深入冬由陸此以時論也近又查有寧
前道地方芝蔴灣入海之道更為便捷蓋自天
津以至永平海道之可行者也自芝蔴以至三
岔河亦海道之可行者也中所難者自永平以
至芝蔴灣內有山海關秦王島一節礁石難行
止一百餘里耳若由天津以海運至永平而起
陸車運以至芝蔴灣由芝蔴灣入海以達三岔
河而起陸車運以抵遼陽則海陸兼行寔稱長

築永平寧前各司道僉謂可行此北坼一番之
運可以當南坼三番之時日軍
國第一利也第海陸交卸之際須建立厫厰添設
委官一切督押稽查之法在關之內外兩處司
道各分地而力行之耳而此時所難者第一海
苦于無舟據山東布政司及登州道屢次申禀
極稱船隻之少非大造淮船不可而天津十萬
之運司道極力拮据船已一空該臣見
請截漕二十萬于津德兩倉漕臣又增四十萬尤

為先事之備則來歲遼不患無粮而津患于無
船即芝蔴灣之議鑿鑿可行而該道先以無船
處近總督漕臣移書于臣亦以為非專官特造
不能如此之多備查東征舊案動戶兵工三部
銀共一十三萬五千兩淮安有造天津有造芝
蔴灣尚有廢船二十隻在岸斯造船之當議也
二昔于陸運之無車永平一道動銀八千餘兩
造車六十輛四驛各分十五輛各輛載二十四
石計十五輛可載三百六十石以一日往一日

返一日止可運五千四百石一歲所運止可運
六萬四千八百石耳關外各驛不過大車二十
輛或小車八十至百輛而撥兵徑過及火器盔
甲悉用此車又安能計程計日以完此数十萬
之運耶斯造車之當議也該臣備行贊理主事
田時春與各該司道再四籌議查得天津由河
海以至永平銀抗椰起車出關以至芝蔴灣應
聽寧前道造船接運如寧前道造船不及即将
原載空船放至芝蔴灣約程二百二十餘里復

受原粮直抵三岔河計程四百五十里順風一
晝夜可達茲寧前道造船已
請發銀三千兩仍議于天津造船可裝四百石者
共造百隻一運計裝載粮四萬石一年權作四
運可運十六萬石若作五運可運二十萬石捴
賴風順水利難以拘擬其每隻約費銀二百餘
兩共約費銀二萬餘兩亦不為糜此天津造船
之大較也南岸由天津登萊運至北信口盖州
套其登萊船隻另聽催造而天津船隻目前搜

括已盡安所備明歲之運乎况南岸海道甚迷必得打造二百隻一運計裝載粮十二萬石幸而徼
天之幸風伯效靈海若助順則可三運不則止可一運耳每船約費價銀二百餘兩共約費銀四萬餘兩近有議者謂造船一節須雇覔水手所費甚鉅不若雇募沙船所省數多兼可禦截粮意外之侮即以所省之銀加值于沙船無不應者則半造半雇在臨時酌處行之此淮安造船之大較也陸運永平關內四驛原議設牛車六千輛其數太少今既開芝蔴灣之運其粮益多議增牛車二百四十輛方可足運每車一輛木料繩索牛價草料與車夫工食一年用銀一百四十二兩共用銀三萬四千八十兩此永平添車之大較也至于運發有登萊有天津有淮揚有薊永之各處而收受轉運以達遼陽則惟海蓋一道其工力萬倍于各省直也前該道議造小牛車五百輛自蓋州套至鞍山站計遠二百

一十里將車分置四處接替搬運以三日一往一返每年僅可運十二萬石以致登萊之粮茬積海岸日就腐浥可惜可慮今該道呈議再增牛車一千五百輛同前共二千輛仍以三日往返每歲所運纔及五十萬石其中陰雨泥濘有減無增非能預覩其車每輛繩索口袋牛價草料車夫工食據該道詳開揔筭每輛一年用銀四十八兩二錢計漕車一千五輛共用銀七萬二千三百兩其所買牛騾該道議須買于關內容臣與督臣計定另行派處夫粮以陸續而運車以陸續而議則策定銀數亦宜預備以聽陸續酌發勤行催辦此海蓋添車之大較也總約四處車船通共費銀一十六萬有竒亦臆料之數難以執定相應
請發銀三十萬以候支用可以結四項之局也以上皆據司道往復數四爲之駁議而後定臣竊計新餉錢粮派至二百萬耳臣發薊鎮召買三萬兩永鎮召買五萬兩遼東召買七萬兩天津

運價三萬餘兩召買又数萬兩共用過二十餘萬矣今又請二十萬臣恐多費于舟車而本色之足照折色之詘也倘軍士欲給折色将何以給乎臣所以熟慮而不敢輕言屡駁而不敢輕是然事勢至此必不容緩不得不為具請矣而尤有難

國家漕粮四百萬由各省直撫按司道郡縣以督觧之准有揔漕揔河巡漕及沿途部道各官一一奉漕䂓以達

京通在國初以天下全力海運餉遼亦止七十萬而今以七八十萬之米豆止令臣一人與贊理司官督之臣屡疏

請明旨令各省督撫諸臣同心分任又

請遼薊津承登萊淮揚司道俱加管理餉務職銜各轄海陸地方以便責成而臣初

疏未奉

明旨覆疏亦未奉

旨再疏蒙

旨借税隨奉

嚴譴三疏下部而復疏亦不奉

旨四疏亦不奉

旨臣自知庸劣無當

廟謨但

請兵調兵之疏隨上隨

報而議餉之疏四不獲一人心知

皇上之不容臣言也益成玩習臣每每行文十不應一其有應者動至經時如造船造車設立倉

厫召納本色動干錢粮非可旦夕責辦在諸臣同心者固多而地方關係重大職事勵勤于粮餉止在一節視之若不甚切惟二三餉司臣可經行而餉司事權從來甚輕非得地方各官辦同行之鮮克有濟也且天下之財不在官則在民今動之于官官帑罄懸取之于民民力已竭是臣督不在官不在民之餉難矣海陸之運惟舟與車今舟已用盡車又寥寥是臣督無舟無車之餉也又難矣事權在惟賞與罰如海運一

節責人以用命試之風濤何可易言日來登報
運過一十六萬有餘天津發過十萬未平寧前
海蓋道皆報有願行北岸之人而臣之賞不過
捐俸數金及冠帶空劄一紙而已至于衆罰必
須上奉
明旨令地方諸臣同心責之有司派之委官不應
而臣後可行衆今
明旨不下派責未定則有司委官何所稟成亦何
所施其衆罰是臣督不賞不罰之餉也又甚難

矣總之臣望輕人微上不足以感
皇上下不足以服人心異日貽脫巾之變彼時斥
臣之官殛臣之身而于
國家大事已悞即罪臣無補也不若蚤為罷臣以
示
功令庶後來者人心有所嚴惕耳臣日来催辦船
隻脣吻焦敝船發之後耳一聞風當食廢箸兵
多餉少日夕飲氷萬目傍徨莫所措手所仗
皇上英明遠

覽特念邉疆
大計乞將臣第一疏三疏已經部覆事欵先
賜允行其臣第四疏所
請截二十萬于津德二倉并漕臣所
請截增四十萬之数及臣今疏添車造船合用銀
兩俱乞
勑下本部酌議覆
請截留給發施行其關以内者臣督之薊永司道
關以外者責之遼東司道造船雇船一節責淮

揚司道照地分任毋得互相推諉倘至稽悞責
有攸歸仍行各處督撫同心共濟分地考成
明旨責成于臣臣亦奉以責成于諸臣庶免貽日
後悞疆場之罪于
國家也奉
聖旨

萬曆四十七年十月初四日

巡撫山東都御史王
巡按山東監察御史陳　一本為海運艱煩酌議

久任事宜以便責成事據山東布政司呈蒙職

等憲牌照得遼左軍興航海飛芻以供邊餉轉

運于汪洋巨浸之中又措辦于荒旱積災之後

粒粒匪易事事皆難所藉分巡海防道陶副使

一人督理今該道循資論俸推轉匪遥倘轉陞

別省新推者人地未習恐誤運務且該道所屬

止登萊二郡今青濟沿海州縣議令轉輸本色

以濟海運非奉

命兼轄難以提攝又該道督運煩勞兼之海防任

重如只照常遷轉恐非所以優待勞臣勵任事

之氣相應酌議以便題

請行司會同按察司查議本省海運艱煩應否責

成久任該道止轄登萊二郡今兼督沿海州縣

本色起運應否請

勑該道既任海防又兼運務應否照邊道例推陞

從優另叙酌議明妥通詳兩院以便題

請施行蒙此該本司會同按察司看得東省當極

旱殊米之時屢奉海運取盈之檄此其間征輸

最難風波罔測非得利濟長才烏能秉風破浪

使數萬粮艘直登遼境之彼岸乎惟是海防道

副使陶朗先胸中有萬斛之奇目下無層濤之

險且知人善任得彼黄生而頻運輒效先事預

備乘前豐年而賤糴多藏是以今日雖荒猶能

勉浮運数諸凡造船雇船之役心力已措此運

彼收之講唇舌幾敝其仔肩甚重誠不可一日

令弛此擔者也但本官俸深而譽蚤二月間已

推廣東大參委應保留于此使加銜久任毋論

登萊在轄凡濟青沿海州縣皆請

勑給該道兼管庶指臂可使緩急攸賴矣再照本

官勞心鞅掌為兵足食亦何敢居功而

國家酧功之典似應以優示勸須于年終甄別果

運事有成應照邊道之例推陞毋令本官終遊

苦海無出頭之地其他分運有司與押運武職

皆得計功叙薦無聺共事之心等因呈詳到職

該職等會同巡按陳　看得全遼士卒生命托于轉餉餉不至而兵何有兵不能存活而遼何有彼陸運雖艱不過道路之迂險脚價之煩費耳足履地而行有程人情且邅迴退縮孰與夫海運越蛟螭之宮探鯨鯢之穴問路于不可知而操舟于不可測者哉藉令任非其人職雖督率嚴而軍實何能渡海飛輓何能及岸寧無望洋之歎乎海運之開始事固難任事尤難至于力行見効事有要而可循功遂成而不債則

難之難也職見道臣陶朗先之綜理海運也籌畫周詳巨細不遺于參伍諏諮閱傳經權妙合乎機宜凡職計議之所及者處分井井而海上之情形如睹凡職見聞所未及者應對條條而民間之疾苦周知募船不足而督造繼之時而淮揚時而遼左時而天津船之雜致如斯皆該道之克辦也本色不足而糴買繼之或照直以徵收或先時以預積或多方以轉運糧之難致如斯皆該道之親覈也蓋其識練才長合時務

民情而悉諳神清心悊併詰戎治賦以兼優非該道不能習知海運非久任不能聿奏成功查本官今歲曾經會舉二月業已陞授加銜陞級固其分內應得本官隨在成勣初無心于擇地而職等得人圖報實有意于擇官矧目下畢常大旱菽粟不登非得本官專心料理轉輸必誤今日之議留久任為遼也為

國事也非為本官也再照該道止轄登萊今青州濟南所屬邊海州縣及安東一衛凡可通海者

應屬該道統攝非奉

專勑難以責成又該道濱海隣遼遼左被兵登萊寂為緊要本官既任海防又兼督餉勞固倍于邊臣任實重于內道若止循資挨俸照常陞轉則難易無分勞逸不辨無以作任事之勤或查照邊方兵備三年課滿許陞二級之例或以督餉有功優叙超陞示勸其登萊暨青濟沿海州縣及押運武官聽該道年終甄別勤惰報職叙薦堕誤公務者參處降罰廢懲勸分明而於運

務有濟矣既經兩司會議前來理合具
題伏乞
勑下吏部覆議上請施行
本月初十日奉
聖旨吏部知道

欽差整飭登州海防總理海運兼管登萊兵巡屯田道山東等處提刑按察司副使陶　為海運事照得今年旱災異常米豆甚乏遼東多兵雲集望粮甚奢本道日夜憂惶恨不能天雨之粟而鬼輸之粮節經撤行有司一面設法收積候明春解凍即行轉運一面嚴禁奸商越境販出致價騰湧去後各屬作何奉行寂無一字報聞今訪有寧海州土商蔡應選有豆一千二百石在朗朗口候南商到口欵圖潜行私販孫朝仲于東各有豆五百石在家私自頓匿不行報官又訪有文登縣南商吳國輔私糴豆八百五十石尚未上載李才廣私糴豆五百石見寄畢從友家内宋樂田私收豆一千餘石分寄各村疃内牟子成私收豆八百石寄田守基家畢光里有豆三房封鎖不報又有姓張店内私受成山客人寄囤二間亦不報官又有于良巧王習貴于應爭劉永平許禄宋留崔寡婦各数十石不等俱寄貯高村靳尚卿張儀李才曲崐等家又

有丁顯爵執登州府換船手本一個捏作執照廣行糴豆約有三千餘石亦在高村寄囤又訪有萊陽縣穴坊庄南商項順收豆一十三房約有一萬二千餘石見囤店家李躍龍家欲圖於鄧家口上載潛行脫去其船二隻一舥工楊裒一舥工倪二本商乃妄執張國柱過遼舊票一張詐稱係本道許其南販尤為可恨又有王詔糴豆四千趙相明有豆三千項萬漢有豆三千沈小山有豆一千六百俱圖南販匿不報官又

有主負孫耀庚去年三月曾給執照一張許其爲父治喪往南賣豆一次乃久不繳照往來興販行同首鼠已經販過三次難容漏網并應追繳見今尚在行村積豆如山又訪有即墨縣金家口白泉庄土南等商王五律私囤豆七百石毛鳳山私囤豆五百石葛龍私囤豆六百石俱尚未上船俱希圖南販又有吴國輔崔韓禮大船一隻裝過一千三百石将欲即刻開洋亟應追拿又有地方李文楊者豪霸一方廣招私商

打點衙門通同淮商日夜興販莫敢誰何見有項心源投託其家收糴無筭又有于張二姓南商二十餘人四路收糴俱積其家亟應拏問又該縣女姑口南商金元糴豆五百六十石李廣才糴豆三百八十石姓卞姓鮑两商人各糴豆二百石俱在海口尚未上船除南商被誘而來姑不深究内項順蔡應選去年犯過曾經申飭仍前不遵法度今又違犯與各地方主家敢於欺官罔上興販騰價有妨運務難以輕縱合行

拏究究解申飭為此

一案仰登州府　案仰本府官吏照案事理

即將寧海州土商蔡應選孫朝仲于東文登縣南商吴國輔李才廣宋樂田牟子成并畢從友田守基畢先里姓張店主于良巧王習貴于應茅劉未平許祿宋留崔寡婦靳尚卿張儀李才曲崐丁顯爵成山客人萊陽縣項順李躍龍楊裒倪二張國柱王詔趙相明項萬漢沈

小山孫耀庚及各寄國商豆主家并各該管地方通拘到官嚴加究鞫查照各犯情由應收糴者應封雇者行令各該州縣糴買封雇應追繳者火速追繳應釋放者釋放取具妥確招由解道覆審毋得枉縱未便

一案仰萊州府　案仰本府官吏照案事理即將即墨縣王五律毛鳳山葛龍吳國輔韓禮李文楊項心源于商人張商人

并南商二十餘人金元李廣才卞商人鮑商人及各寄國商豆主家并各該管地方通拘到官嚴加究鞫查照各犯情由應收糴應封雇者行令該縣收糴封雇應釋放者釋放取具妥確招由解道覆審毋得枉縱未便

一案仰寧海州

一案仰文登縣

一案仰萊陽縣

一案仰即墨縣

一案仰濟南青州府　除通行登萊兩府及各該州縣嚴拿究解外案仰本府官吏照案事理即查該府所屬恐類此者甚多粮價安得不騰而收糴安望凑集哉嚴行各屬如民間積有米豆即應盡数賣之於官官即用平價兩平收買毋得虧累如有本地奸猾招誘南商及土商私糴興販者速即究解仍諭所屬不時體訪

勿得急忽如該州縣派有定数而運不及額年終甄別責有所歸各具遵依緣由徑報本道查考毋得故違未便

萬曆四十七年十月二十三日

山東等處提刑按察司整飭登州海防總理海運兼管登萊兵巡屯田道副使陶　為查議就近揀補緊要員缺事據登州府呈萬曆四十七年九月十六日蒙帶管分守海右道副使陶信牌前事據該府申為致仕事報調任同知王國柱已經田籍緣由到道據此除候巡道呈報按院外但查海防一缺職專練兵防海禦虜禦倭且又當運餉募兵該廳非閑署可比今王同知既不赴任遺缺似難一日缺官屢見

部科條陳凡海運有司俱聽地方上官擇賢選用俱奉
兩院通行在卷今據前因合行就近查選為此牌仰本府官吏照牌事理即於隣近地方之內查官員有資俸已深才守可堪重任者不拘應陞應調開列職名并議堪補緣由通詳兩道以憑會詳轉呈施行蒙此續于本年十月十八日蒙登州海防道案驗為致仕事十月初八日准山東等處承宣布政使司照會本年九月二十四日蒙
欽差巡撫山東等處地方督理營田提督軍務都察院右副都御史王　批據登州海防兵巡道呈前事本年八月初一日蒙
巡按山東監察御史陳　批據兗州府管理運河同知王國柱呈稱卑職由舉人萬曆四十年六月除授直隸廬州府推官至四十四年八月内叨陞今職四十五年二月二十四日到任經今兩年零六個月蒙

前任巡撫山東都御史李　移咨
吏部改調登州府同知理合候憑到任伏思卑職孱弱之質樗櫟之材惟是瘝曠為憂朝夕勉圖厥職三年儹運六叨薦章敢不策勵前途期副提拔
德意緣向負怔忡之病久當拮据之勞齒與日增病隨歲積性命之憂既切升斗之竊奚安與不慎始貽刺素餐曷若慮終蚤圖引退伏懇
本院念職負病非虛乞休是實憐賜歸田卑職

自此有生之年悉為感恩之日矣等因具呈蒙
批海運旁午需賢正急本官以才望咨調重地
萬不得遜避也登萊道速行檄催赴任此繳蒙
此隨經備行登州府馬上差人馳赴兗州府急
催同知王國柱前來登州到任料理海防去後
今據該府呈稱遵依責差快手揚國禮前去兗
州守催本官兼程前來到任間今准本官關稱
切照本職原患怔忡病疾茲因冒署儹運病較
昔增調任海防力疾難赴已於七月二十一日

離任八月十三日回籍訖伏乞本府轉詳本道
俯准病廢之軀速簡賢能之吏實為恩便合關
本府煩為轉報施行等因備關到府緣由具呈
到道據此為照遼警震鄰地方多事海運重任
詎容久虛除恭候
兩院會
題銓補及徑呈
按院照詳外擬合呈報為此等因具呈照詳蒙
批本官不赴新任准作缺報

部員缺仰布政司移會海道查資俸相應官就
近咨補繳速速蒙此合行移照前去煩查資俸
相應官員備由過司以憑通詳
兩院就近咨補施行准此案仰本府即查該府
屬見任官員資俸相應調轉賢能官就近銓補
王國柱海防廳員缺開具資俸并賢能實跡考
語具由詳道牒
司以憑通詳
兩院就近咨補施行蒙此該本府查得福山縣

知縣宋大奎潔守凝霜澡雪捷才掣電追風滿
腹經綸一腔忠愛若將本官就近陞轉將朝得
請而夕抵任庶於海防海運及徵兵選騎諸凡要
務實有裨益而重地可稱得人矣且本官資俸
四年以上相應銓補告休同知王國柱海防廳
員缺等情緣由具呈到道據此為照登州一郡
接壤遼左以防禦則唇齒輔車之勢也以運餉
則咽喉血脈之關也而該府海防同知一官一
切練兵選騎清勾鹽捕百責萃焉即遼左晏然

之日其内地之拮据本等之職業已不勝繁重
故給有
欽鑄關防專董戎馬所關原非細矣近日海運繁
興轉輸緊急諸凡稽查各屬芻粮招募四方船
隻本道之所竭蹷於数郡之中者尤得每郡有
海防官專理而奉行之如衣之有領綱之有綱
倚藉誠重一或人地之不宜無異治絲而紛之
矣今據該府查有福山知縣宋大奎賢聲茂著
歷俸四年熟知登務而又其治邑之政及海運

之勞尤表表一時膽炙人口議將本官陞補前
缺人地既以相宜趨事又復迅速誠地方之幸
也再照萊州海口要害不下於登州而海運錢
粮多於登屬且離本道窵遠一應海上情形必
待稟命於本道而後行則遲迴往返失悞必多
惟該府海防同知鮑孟英潔守長才靈心偉抱
經權互用張弛動中機宜廉敏無雙兵民日騰
謳頌乃有司中之僅見地方所不易得之材也
本道屢行該府查議欲將本官呈請

兩院咨留久任而該府印務即係本官署掌難
以置對久未回覆茅查本官計俸已七年有餘
應陞府正若聽
銓部循資陞去恐海上一時懸缺地方叢脞可
虞且新官受事即使人地相宜未必朝拜夕聲
而運務浩繁瑣屑非與本道始其事者必不能
佐本道而理其紛也合無將鮑孟英議加運同
職銜仍管萊州海防廳事候運事告竣另行優
叙但本官資俸應陞府正而為地留賢反以運

同為銜似乎應陞得降殊非酧勞之典惟是府
無二正自運同之外更無別銜可加倘念本官
先以捄荒調任含中土之安閑而後異災之紛
遝今又以海運議留棄應得之正轉而羈虛銜
之閏職則於賢者未得其平或俾以運同銜支
正四品俸他日陞轉即照知府例叙遷庶以鼓
任事者之氣而無灰後來者之心也擬合移關牒
為此合關牒
貴司煩為通詳

兩院咨銓施行
一牒呈　布政司
一關　按察司
一手本　萊州道
萬曆四十七年十月二十三日
本年十月二十八日該
布政司署印分守濟南道右參政程　覆看得
海運一興登萊萬苦所賴海防道殫力拮据以
任總理非得海防府佐分理於下則千艘萬斛

豈一手一足之所能辦乎今登州海防廳缺出
若是他方銓除恐遠者未必尋來而來者未必
知濟遼兵望餉何急而可缺人等待乎查有福
山知縣宋大奎利濟長才匡時妙選習知轉輸
之款預葺芻粮之蓄况歷俸瓜期薦剡踵至相
應就近陞補前缺以速運事至萊州海防廳雖
有同知鮑孟英從事而計俸七年有奇陞遷在
即想部中查俸查薦必將優擢善地以脫此苦
海然為地留人合無將本官加陞運同職銜仍
管海防事則擘畫多奇飛輓有術將視舟為輕
車海為熟路不難理糗問洋共赴公家之急但
本官品望超郡俸資已久應陞府正若止加運
同虛銜鄰于劣轉非所以待賢能獎勤慎也委
應支正四品俸異日陞轉即照知府例叙遷亦
非破格僅足酬勞耳
本年十一月二十三日蒙
撫院王
按院陳　具
題該臣等會同看得東省所重在海防而防海在

夷氛轉熾之時則尤重所難在海運而督運于
菽粟不登之際則尤難臣等之所竟夕忘寢當
食廢筯者在海運防海之二事以此責成于該
道才品如道臣陶朗先者固克勝厥任以膺繁
鉅乎而匪一人之事也蓋有為之勵勸拮据鞅
掌而分衆理焉則海防同知是已登州府同知
王國柱患病乞休不能赴任員缺應聽部銓補
然或遠而難到則瞻官近而不習則溺職蓋茲
茲巨浸非可按圖以索險夷洶洶夷情詎宜蹈

常以規戰守必為官而擇人得人以任官而後
地方有攸藉焉若福山知縣宋大奎才神穎異
識畧恢弘輓芻粟于波濤慮周事後走飛舶于
渤澥功在人先若就近陞補海防同知資俸相
應實為因能授任至于萊州府海防同知鮑孟
英原因採荒調任夙負材名七載業官多能集
事督沿海無餘之餉摧智兼施募遠方難致之
船機關互設駕輕以就熟路悉夷猶游刃如迎
風節忌盤錯東萊海運全賴本官時當陞轉難

乎其繼加銜久任委屬人地相宜第本官年久
資深薦多俸積運同秖列虛銜加俸廼當優異
俟日後轉遷即照府正例庶足酬其勞勩而可
為居官勤事者之勸矣再照時事紛紛用人為
急偶值非常之原難拘一定之格掄才莫急于
防邊詰戎必先于治餉異日海運功成餉臣併
從優叙臣等得竭
功令以率群屬人或不惕于超海之難而于遼師
有濟焉是在部臣之酌議非臣等所敢擅者既

經司道議呈前來理合具
題伏乞
勑下吏部覆議
上請合無將未任回籍同知王國柱遺下登州府
海防同知員缺以福山知縣宋大奎陞補萊州
府海防同知鮑孟英加運司運同職銜支正四
品俸仍管海防事務異日陞轉即照知府例叙
遷施行
本月二十七日奉

聖旨吏部知道

萬曆四十七年十月二十一日
欽差專督遼餉戶部右侍郎兼都察院右僉都御
史李　一本為舟車造辦無資來春運務甚迫
謹瀝陳濟急之策懇祈
聖明速發
明旨以便責成事竊照海陸兩運舟車之計職屢
疏言之不啻煩矣茲者津德有截漕之粮薊永津
有召買之粮山東有沿海之粮則來歲固不苦
于無粮而苦于舟車之未辦也今歲津門十萬
之運括舟為之一空不意行至芙蓉島遭東省
異風大洋行勘難得真確大約抵遼者約六十
隻漂損者前後約二十餘隻其遇風灣泊各島
者尚一百八十餘隻時且冬深該職備行山東
各該地方嚴加防守以待明春發運而已抵遼
岸者又據海蓋道報登州運船孫學禮等傷船
二隻天津船戶陶禹等傷船三隻職一聞之心
若焦焚海上風波不常如此豈以軍
國命脈脂膏屢輕試于蛟龍之窟乎實職之罪也

兩
疏待斥寢食靡寧即職向所籌于海陸並運之說
亦正慮及此耳而陸運一節其停貯關上者津
粮五萬永粮十萬催文數十次未見關外一石
之運所設車牛先運硝黃火器後及于粮軍中
亟需自宜協供但粮乃職部職掌冬深海運不
行而陸又不運職罪何以自逭勢不得不行道
速行添雇必求兩濟至于淮船之造職撫東至
今言之二載近九月間始覆
允一縣丞徐弘諫承造十月三十日知事楊僎始
領到造車銀五萬兩而造船銀兩尚待
命于工部職不得已只得分造車銀二萬兩差經
歷程守觧往淮上夫以十一月方借二萬餘造
船于淮轉盼明春時日已迫何以濟用縱神造
鬼製恐無及矣職差武生梁聘村所雇沙船前
後共報雇完七十隻堅固可行慣于海上而無
見給分毫銀兩一至春間各船以捕莫散去何
術復招以此勢度之明春之運萬萬必悞彼時

罷職一官極殘一身何濟於事職一官一身無
足惜而遼左十萬之軍命絶矣言之可為寒心
也職謹披攄梂急之策列為九款以急告于
皇上一曰造進船雇沙船及造津船原計銀六萬
餘兩今宜速發二曰由津至永平由永平起陸
出關至芝蔴灣入海其道穩便一歲可七八運
而由關起陸則關禁自在也日者經臣閻臣移
書亦深以此道為便當力行之但天津之船止
可至永則芝蔴灣船宜造價宜多發三曰海蓋

道受各處之運詳用牛 二千隻應行該道自備
一千照東征舊案除永薊密昌四道所屬免派
其餘直隸七府均派二千解至關上聽該道差
官接領其沿途草料照兵部買馬例行四曰山
東一省海道最近視之各處海道遠者脚價獨
省雖今年告旱應照各處所省脚價折值收買
其濟南一府州縣近東者
淮將漕粮改折一年而以其銀買米登萊銀可供
遼運總此漕米折之于山東與截留于天津一

也而折在山東尤近其道臣陶朗先加銜總轄
濟青二府已經撫按會疏尤宜速
賜允行五曰遮洋一總
祖制當復總漕移書于職亦商及以為行今歲已
截漕正耗米共一萬四百八十七石有零于淮
明歲宜及頭幫再截八萬九千餘石共為十萬
之數行總漕衙門以遮洋之船督發海運赴遼
雖今歲截留津德數多然天津一處難以獨任
其運勢不得不分行之淮揚山東而以德州見

截之數為備支運則部疏原有成議也六曰鑄
錢之法職鄙已有通行而寧前道臣王化貞之
原疏條議甚明着于遼東鼓鑄每銀一萬有餘
四千五百兩應資本二萬兩添府佐一員管理
於下即聽寧前道臣王化貞專任于上必有成
效七曰科臣官應震條議遼餉一節應設按臣
一員與職同為催督蓋猶倉之有總倉倉院漕
之有總漕漕院也如此則同心有人事權歸重
允易責成急望允行八曰開納事例前後諸臣

條議已悉應聽職部備細詳議刊成書冊即行
天津山東淮揚遼東寧前海蓋等道有額出舟
幾隻車幾十輛者照依舟車原價并資本脚價
照開納事例准其納官監吏承等項其以粮豆
自運遼左者比照在京事例减其二十兩如文
武官自肯效用運務者照職前疏查據數目多
寡分别薦奬加銜實授九曰各處海防既開則
奸徒出沒登萊海蓋三岔河天津等處海防衆
急及今失圖異日必以海運為咎者各宜設兵

防守大率以職計之津粮見有二十萬山東責
以三十萬淮上選上洋計以十萬又有永薊津
之召買二十萬粮儘充然有餘矣而舟車不備
何徑以達至于職部詘乏職所知也職所共也
豈不相體而反相過望但事勢至此無可柰何
日者閣臣疏臣議省直錢粮積貯可查者許經
臣與職據見聞自為搜索該職向聞兩淮運司
疏理道臣袁世振奉
勑疏理一時院道同心二引兼銷三商並利死票

盡括套與盡觧故准輸多溢又以商灶之折價
抵消之之補庫各項所積多有羸餘就近淮上
儘可以為雇造船隻之資又如加派搜括之時
各縣官中亦有自為設處不煩民間者撙節各
項以先解濟者若大小臣工俱能殫心竭力拯
溺救焚豈不能力起時艱俾軍
國有賴之利休
朝廷加以破格之常藉此足餉亦可藉此為臣工
勸也凡此數款俱目前切要事宜

皇上允職之請諸臣同心共濟則職尚得拮据以
從事若
明旨仍前不
允諸臣不為相助則時已十一月而造舟無銀准
船不成沙船不來明歲之運必悞無疑職受罪
於今日與受罪於後日同也即
速將職斥罷削籍以示振惕人心之戒職之去就
禍福決于此疏職計窮力殫語次無倫統惟
聖明矜宥施行

欽差整飭登州海防總理海運兼管登萊兵巡屯
田道山東等處提刑按察司副使陶　為計處
官船工費以裨遼餉事照得官造船之設因各
處雇船艱難歲月遲悞不得已而造之瓜洲等
處刻駕到登以供運用原議每船費不過百金
而運粮可裝數百石雖有雇募舵工水手之費
而較之雇募淮船腳費尚有節省故借支帑金
委官打造將欲照淮船例扣其水腳還帑還帑
之外永可省其雇費至便也今每船所載不過

一百八九十石而所用舵水等役十二三人計
每運之費反浮於淮船之值則安得有餘銀扣
還府庫耶今目擊冬深停運各役坐食厚餉殊
為糜費合無於中酌處或令各役於停運之日
減支月粮照看粮夫例止給一半候運日全給
或照雇船事例停運之日止留舵工看守餘人
盡皆散回任其生理不給月粮直至發運每石
亦給一錢七分而即於中扣出官船造費若干
以還府庫此船若賃與各役駕使者然如此庶

有扣價還帑之日耳合行酌議為此牌仰本府
官吏照牌事理即將各役拘集到官從長計議
務要妥確具由報道以憑詳奪施行毋得遲延
須至牌者
一牌行登州府
萬曆四十七年十一月初一日

欽差整飭登州海防總理海運兼管登萊兵巡屯田道山東等處提刑按察司副使陶　為赴邉甚急望
闕漸遥再瀝愚忱仰祈
聖鑒事照得海運之興專為公私匱乏陸運費奢海省十倍且多兵需粮水路迅捷旦夕可濟耳頃據濟南府呈請查議過該府所属近海州縣海運詳由到道閱得詳文意匪急公詞多悠謬隨該本道詳批海運之設原因遠餉繁多陸運費奢故冐不測之險與海若争須臾之命乃為民窮財盡思為地方節一分之耗蠧并為
國家省一分之加派耳山東海運而取之近海州縣豈非以舟楫代車輓耶乃濵州等處舍海而陸棄舟而車則海運之謂何且未至交船費已至每石一兩以外再加舟費人工又當半倍則
當時
廟堂之議奚不令山海關陸運而必遠煩於山左山左之議何不令長山鄒平等處之近登者為

車運而又令沿海一帶之遠登者車運也可謂弗思之甚矣據該州縣之議不過謂餉臺原文有運赴登州一語耳殊不思運赴登州以登為餉道咽喉本道兼轄濟青故欲令赴登地查核而行亦欲其由海而運赴登州未嘗令由陸而運赴登州也又不過謂各属所有船隻俱為登州雇用海口無船耳殊不思登州向亦無船惟其實心海運故不憚遠覔之四方遂雇及於濟属諸船也濟属見係有船者果實欵海運何不具文請還原船或倣登州設法雇募海船乎況濵蒲利豐等處船戶原自不乏近日如趙明性李燮興諸人共八十餘家俱赴本道告領船費造船八十餘隻前來供運該州縣而調度有方招徠得法彼當告造於本地又何患乎無船也總之人無實心遂至事無實際果如其所議而行之未有不可駭可笑者也該府想亦見執迷不通不得已而為之轉詳然令本道又將此詳轉之何處而曰此法可行耶查軍興

之法阻撓逗遛俱有明罰各屬泄泄訛夢如此
似屬難寬姑以虜警稍緩尚堪改圖該府速行
該州縣洗心滌慮另議詳奪至於馬政屬之專
管既稱得人押運員役之未備尚屬疎漏該府
更當倣登萊例行之毋得苦累收頭柄用衙役
也轉盻春和開洋在邇窾詞畫餅萬勿再敝遼
左倘至呼庚報究違悞本道不能為各屬諱耳
限十月内報繳等因批發濟南府去後為照青
郡一體海運已經行文數月各屬寂不一應誠

恐臨期無措又以道詞支吾合預行申餙為此
牌仰本府官吏照牌事理文到即便馳行該府
所屬近海運糧州縣掌印備運等官急將海運
濟遼事務着實舉行毋效濟屬虛應玩愒本道
定摘實揭報
部院分別諭劾劣轉決不寬假各具遵行緣由
馳報本道查考須至牌者
一牌行青州府
萬曆四十七年十一月初二日

萬曆四十七年十一月初七日
閱視邊務吏科右給事中姚　一本為遵
旨出關謹據真確見聞再陳末議以祈
聖裁事該職行至永平府接兵部移會手本内稱
據覆職同官張登揭帖奉
聖旨是姚宗文着作速出關與經撫諸臣相機行
事比關既陷其酋長子侄部落何在着于西虜
處查訪明確以憑優恤處置欽此職于本月二
十一日抵山海關即當馳驅東去緣薊鎮真保

等處閱視文移雜于關外轉發應在關料理而
差徃西虜通官夷丁員役或宜此中調取及隨
行材官家丁人等而以出關之議未定行李不
備今以關外苦寒應為體恤辦給不能数日就
緒于次月初一日方能出關職驛壯在途見
畿輔騷動所在驛遞紛紛告勞懷詩人載薪之慮
至關後與永平道袁應泰自關門至一片石匹
馬周視歷覽形勢見城垣卑薄兵衛更少又懷
綢繆徹土之思謹以切要事宜列款上請幸

皇上留神軍
國省覽施行
計開
一議防守看得山海關為鎖鑰重地况今東
方告急烽火時聞防盜者防之門户間則
易為力由山海而永平薊州以與通灣此
門户之漸入漸深也職見山海關住城已
多圯壞邊墻未為高墉總加修築止此其
時而往在

都中時台臣王象恒見語深懷永圖惟以銭粮不
易凑手為慮今據道臣袁應泰詳議先修
傾圯關城先築缺口先增敵臺先接羅城
約費八萬三千八百三十七兩昨見撫臣
劉曰梧疏捐節省銀七千餘兩為修築之
費此外尚七萬餘兩在該部宜立時
題覆以摧為目前補葺之計至于總行修理費更
十萬雖曰措處頗難然今為何時此為何
地今日費十萬金而不為他日即欲以百

萬金錢圖保障之功而不可得也并宜多
方設處以圖全效職在
都中時止知山海關為東要路耳比來此中親至
一片石地方見其外當東西夷虜之衝内
通石門建昌諸路止城墻一帶亦多圯壞
思之大可寒心合于舊城之外山阜相連
之處增置敵臺三座其城墻圯壞不堪者
亟令該道估計工程並修築宿重兵為犄
庶幾緩急有賴伏乞

聖裁
一議添兵夫雖有天險非兵不守陰平劍閣
不能止鄧艾之入前事可鑒也職前疏
請自山海至通州得勝兵三萬足屏翰
神京通州之兵在土著者可查可招可練職前疏
已詳言之聽兵部講究
題覆外其薊鎮東協等處原議招兵五千永平道
臣袁應泰標下新兵三千悉心訓練已漸
整肅可覩山海關由外止一千名其二千

名分派黄土嶺大毛山義院口等十一處兵散而力薄萬一有警勢不能支欲調彼以援此恐鞭長之不及腹也合再添兵五六千以二千增之關內以千餘增之一片石其餘視各路之緩急為添兵之多寡問之該道云招兵止議粮餉而無安家之費亦易辦也今義院界嶺日報夷情稍集熊羆之師可無犬羊之慮伏乞

聖裁

登州道　海運摘抄　臣田

一議海運夫從陸運粮率二鍾而致一石其艱難萬狀職者登萊海運事半功倍遼左幸無脫巾之呼弟瀚海風濤隨時順逆放洋揚帆而撑駕占候者非海上長年誠難必布帆之無恙也自天津達山海路循海岸似差易為力台臣王象恒董元儒言其便督餉侍郎李　職致書商畧意亦相符臣自望海樓直睇芝蔴灣一衣帶耳去關門不過二千里如運船抵山海起陸出關至灣復舟至旅順風力之便不過一晝夜不敢徑以運船越關出海者一則以傍岸有石開洋便險一則以船通海上關禁難譏起陸止二十里車馬人力轉運亦易聞督餉侍郎日且至關料理如造船合式更取江南熟水知風候者令其撑駕此近濟登萊運事之窮至於登萊道臣陶朗先鴻猷良畫力肩重任宜加級陞俸以待異日另議優轉伏乞

聖裁

登州道　海運摘抄　臣玉

一請優恤

畿輔臣奔走在途蒿目還顧見兵馬之絡繹運解之繽紛異常擾動民不堪命矣前通州衛官幾欲盡逃以密雲道臣喻安性委曲安全甫能終事其餘郡邑驛遞皆蹙額相告上人之多方幹濟能稍捄目前之困而東事一日未寧則求一日之息肩未有期也職謂既用其力不得不念其生如加派等

項在
畿輔三協一帶斷宜寬免昨見[illegible]程登指放地
以重征誣鄉紳以伯占不頣
國家利害不念小民休戚尚欲朘犖獨之髓以供
其漁獵之術也方今四海困窮征求不應
止緣此輩言利召殃以生孽宜即置之
斧鑕其驛遞中多應付不給似宜斟酌量
加以地方協濟如再加之本地方以甦驛
遞之苦是剜肉補瘡之說也伏乞

聖裁
一請亟議粮餉職住山海関数日見各援兵
至關者有河南之毛兵有山東之募兵其
尚留關外有湖廣之土兵雖僅四千人而
日糜粮餉已嗷嗷矣況在遼左者已十餘
萬而後此相繼出關者尚未有定額也不
預為之計此輩能捋腹荷戈否耶職累疏
言借處粮餉而計部未聞定晝司官避怨
所呈堂上

請者猶然考成舊套耳嗟乎具疏伏
闕不能望
九閽之器而傾後瞻前不能忘一身之慮慮誠周
矣如燃眉無救而轉瞬召亡誰亡誤
國之咎乎職虛心再訪爭云税契一節所得不貲
計部前已議及然章程慢而莫應也宜行
各省直撫按計其遠近定以限期督令征
觧其事例一項前見工部主事華顏有封
典一欵此以

聖明
錫類之仁開天下以榮親之念自文職貲郎以至
武階盡人子也木本水源爭思自盡頓者
必多此皆積重細以成鉅分之無幾合之
有濟如奉
旨後各省撫按宜嚴督藩司留心經理以紓
國用至於樂輸慕義豈曰無人勸興未彰後人卻
步如南京太僕寺少卿吳炯捐貲鉅萬不
為薄矣宜

勑令建坊表彰且官其子侄為中書以旌慕義者
或接踵而至也職前疏
請令經畧督餉二臣假以便宜自行接索此宛結
轉展之極思也倘於事理無碍亦濟變之
策也伏乞
聖裁

欽差整飭登州海防總理海運兼管登萊兵巡屯
田道山東等處提刑按察司副使陶　為仰遵
明旨酌議海運事宜懇祈
聖明俯賜采擇以安內地以重軍需事據青州府
呈詳沿海壽光樂安諸城日照四縣議運本色
欵項冊由并違悞吏書押觧到道除審明薄懲
發回外查閱冊開欵內率多浮游未實難見諸
施行宜合摘欵查議為此牌仰本府官吏照依
牌內事理即將發去駁查单欵事宜該府作速
另議妥確詳道批發及時舉行事關邊餉最属
緊要慎勿急忽不便須至牌者
計開
一查該府冊開壽光縣舊遼鎮銀五千五
百餘兩新遼餉銀三千一百餘兩既稱
差大户張慎言張丙等觧訖但未見取
獲批廻附卷又不明言觧在何處似属
縣正揑報該府另查明確行令盡数糴
粮仍将糴過粮数報查

一查該府冊開壽光縣運粮脚價欵内云
本縣陸路水路至登州相距一千五百
里據此為照壽光運粮應自該縣海口
開船直抵蓋套為是不必經擾登州已
經通行改正外該府另議報奪一面仍
照前牌行運粮各縣知會
一查該府冊稱壽光縣雖係近海原無大
船今另造船隻申動發下買米銀兩内
暫借三百兩造船六隻據此查得買米

候運勢在燃眉今造船借用米銀似屬
未便蓋借銀則悞買米而缺船又悞轉
運兩者並屬緊要該府宜速計處報奪
一查該府冊稱押運官員待粮運起行有
日方據的数申報據此為照運官應該
豫選守法善海者籍名在冊聽候陸續
隨船委用若待運行方委則又須時日
悞事多矣該府宜速選定以職名報查
一發運粮船刻給長单印發腰牌宜倣登

州事規預刻呈驗發用今冊報待收粮
完日運至海口方開单填給則又費一
番往復守候愈為悞事仰府查照海運
刻冊内事理預刻呈驗請印
一查該府冊稱粮船發行之日該縣委佐
貳等官在海口巡查不許夾帶等弊據
此為照稽防發運一節當以該縣掌印
官親詣海口巡查點發以肅運法若委
之佐領則官卑望輕難以弾壓反滋多

弊該府另議報奪
一查該府冊開樂安縣水路原議自登州
至海蓋套交卸據此為照樂安運粮應
合在於該縣附近海口裝運開船直達
蓋套交卸該縣原有海口安得擾及登
州仰府查照前駁壽光條欵一體遵行
一查該府冊開樂安縣督催押運欵内云
粮餉催押須官本職不時委僚屬一員
督催至于押運官員候糴粮完日酌定

據此為照催督應委何官當以職名報
查安容含糊扂應其押運官員亟當預
為遴選数員註考詳報枇發臨時陸續
委用庶不悞運至於看粮夫役亦當預
召不淂延緩文到該府速照海運冊內
亟舉行一面行令運粮各屬一體遵守
一刻發粮船長单及腰牌該府查照前駁
壽光欵內一體遵行
一查該府冊開諸城縣議運本色欵內止
拘新舊見在遼餉并府發銀兩以資運
費何不遵照近行凡一應錢粮俱改本
色運遼至於脚價銀兩又有不近海州
縣觧濟俱不得於本色內又扣出脚費
致本色少收無濟遼餉該府亟宜申飭
運粮各屬查照遵行
一查該府冊稱該縣雖有海口土著人户
從來無船止是南商往來任便去住無
常先曾奉文拿船各商率皆逃避本縣

差人嚴緝僅得数隻原非本地船隻似
難預定数目據此看得轉餉急如星火
船隻尤當早備登萊向亦無船全在設
法招致今且不可勝用今諸城近海近
淮致船甚易須設誠力行毋致有粮無
船失誤邊餉該府速督運粮各屬上緊
備辦具数報查
一查該府冊開諸城欵內督催押運各官
並無職名可覈運粮刻給長单當查照
海運冊內做登州規制發運稽防夾帶
宜令正官親查該府俱照前駁壽光欵
項一體督催舉行
一查該府冊稱日照縣雖係近海原無大
船止有本縣滕自寬等船五隻見在登
州守凍運粮往來南船屢經申報撥發
運粮訖以後用船運粮本縣另行雇覔
據此查得日照夙為舟楫之藪詎止五
船已也况復南商往來船隻不可勝用

今該縣尚以空文回荅曾未報有一舟
轉盻春初將何裝運盖不以邉需為急
也該府宜着實嚴督及時雇募勒限報
查如違提究至若設立督催押運各官
刻給運船長单等項俱應嚴催預為舉
行該府不時報道查核
一牌行青州府
萬曆四十七年十一月二十日

山東等處提刑按察司整飭登州海防總理海
運兼管登萊兵巡屯田道副使陶　為海運事
據萊州府呈萬曆四十七年十一月初三日蒙
本道案驗本月初一日蒙
欽差專督遼餉户部右侍郎兼都察院右僉都御
史李　案驗賛理遼餉四川清吏司主事田
案呈奉
本部院送准
欽差巡撫遼東地方賛理軍務兼管備倭都察院

右僉都御史周　咨稱據直隸永平府駐劄開
原管粮通判白似玉禀稱卑職於本月初七日
到盖州初八日赴連雲島督催委官盧九錫等
將運到粮石盡数分收二日三十四船交明出
給實收趂風西回矣初十日赴盖州奎督催委
官陸九州等將堆集岸上未盤之粮盡数盤明
亦出給實收二十餘船亦回矣備詢各官伍陸
月所到之粮謂何尚今堆集羈留船隻不返委
官稱其船運米豆潮濕一收到岸經風就折悍

與賠補是以互相推諉遊避黄同知面晒攄實
業已通詳尚未酌有定議合無每石准給耗粮
一升庶收受之官無累以便責成任事調到排
車二百餘輛公同張同知照式每車填給小票
徑達遼陽下卸每回給脚價三錢每名給銀一
兩二錢四回完畢暫准寧家囑託張同知照例
填發甲職於十一日起身南行十二日到北汛
口備查露集粮二萬石上下驗看俱無損壊十
四日到金州備查三棋半粮四萬石未蒙之先

已運赴本城軍備常平二倉及城堠公舘寺院
收貯亦無損壊聞旅順口亦有囤集粮四萬餘
石方欲詣彼查看詢其道路去西南一百二十
里甲職備閲圖籍計其程途酌其難易不敢不
亟為上陳之由復州北達遼陽四百餘里由金
州北達遼陽六百餘里俱山崗嶺嶮海套底凹
陸運極為艱難必得小船剥運見有鎮江旅順
兵船民船不滿四十隻每石由三棋牛等處剥
運盖州套三棋牛復給船價銀一錢二分旅順

口復給銀五分北汛口給銀三分每運不過三
千餘石月難至再恐無稽考沿途躭悮與黄同
知酌議每船亦給小票一張上填船戶某人某
日運粮若干石限某日到如沿途守風備填票
内某日某處守風以便覈其勤惰以十萬粮月
運粮月運如是欲濟軍興何異望西江之水耶
此粮尚然又可益之以天津之粮乎况剥運往
返曲折風浪險阻小船不穩也且無論靡費船
價抑恐緩不濟事合無速行移文

督餉部院將續發天津莱州粮石不必分運於
北汛口借一帆之便俱達盖州套下卸三廳各
相地宜各立棚塲分行收發庶船無壅滯數千
金之脚價可省或謂分運地頭脚價多寡不同
寧一例找與亦可平其情矣計恐船將抵岸移
文不及乞賜
令旗一桿督令北汛口船到俱轉發盖州套極
為省便等因具稟到院據此移合咨會為此合
咨前去煩將續發天津莱州粮石檄行委官不

必分運於北汛口俱發蓋州套下卸庶為省便
仍乞咨示等因到部送職奉此查得天津所運
漕粮一十萬石目今隨處暫停伺明春方行長
發其起運之時已議令盡赴蓋套收受無容喙
矣但萊粮先經海蓋道奉
經撫兩院批據守備文濟武呈詞要將萊粮原議
卸於三犋牛者改卸蓋套而副使陶　堅以蓋
套窄小淺灘內多礁石淮船身大難容因查北
信口視三犋牛已遠而去遼陽又近似為便益

已呈
本部院移文
經督撫按各院知會已後萊粮運至北信口交
卸今墨跡未乾復有此議恐萊人未必如所請
也應否將津粮行令各海運委官伺明春俱載
蓋套交卸其萊粮應否行登萊道令其改運蓋
套等因呈堂奉批行登萊道查議行奉此呈乞
施行案呈到部擬合就行為此案仰該道照案
事理文到火速查議萊粮應否堪以改運蓋套

倘小有不便不妨委曲調停或程途差遠不妨
量增脚價務期彼此兩便求利軍儲抄案依准
呈來蒙此擬合就行為此案仰本府官吏照案
事理文到火速查議該府遼粮應否堪以改運
蓋套倘小有不便不妨委曲調停或程途差遠
不妨量增脚價務期彼此兩便求利軍儲火速
議詳前來以憑覆議轉報施行等因蒙此議詳
間本月初八日又蒙本道案驗本月初七日蒙
督餉部院李　案驗前事賛理遼餉四川清吏

司主事田　案呈奉
本部院送准
經畧部院熊　咨據管粮通判白似玉呈稱督
催海運粮石聞旅順口亦有囤集粮四萬餘石
方欲詣彼查看詢其道路去西南一百二十里
職計其程途酌其難易由復州北達遼陽四百
餘里由金州北達遼陽六百餘里俱山崗嶺嶮
海套底窪陸運極為艱難必得小船剝運見有
旅順兵船民船不滿四十隻每石復給船價銀

三五分不等每運不過三千餘石月難至再恐
無稽考延途躭悞且以十萬粮月運如是欲濟
軍需何異望西江之水耶此粮尚然又何益之
以天津之粮乎况剝運往返曲折風浪險阻小
船不穩也乞速移文
督餉部院李　將續發天津萊州粮石不必分
運於北信口借一帆之便俱達盖州套下卸庶
船無壅滯數千金之脚價可省矣等因併畫圖
前來據此看得前項海運雖已抵岸今卸北信

口距遼陽尚五六百里遠欲從陸轉輸而山險
不勝跋涉再從海剝運而船小不任風波據議
令原船徑至盖州套水道甚便特借一帆之力
無裝卸轉剝之煩又省數千金之脚價誠為極
便為此合咨
本部院煩照咨文併水道圖式轉行各道將續
發天津萊州海運粮石責令運船不必分投北
信口徑由彼處直抵盖州套交卸不得推諉仍
希咨回備照以便轉行收卸等因到部送職奉

此案查先該
遼東撫院周　咨前事已經案行登州道查議
去後今該前因相應併行查議案呈到部擬合
就行為此案仰該道即查萊粮應否堪以改運
盖套火速酌議呈覆以便回咨施行抄案依准
呈來蒙此案照先蒙
本部院案驗前事等因已經備行查議去後今
蒙前因擬合併行急催為此案仰本府官吏即
查該府餉粮應否堪以改運盖套火速酌議呈

道以便呈覆回咨施行蒙此看得萊粮運卸之
處何其屢議而靡定也初議於三犋牛遼未為
不便也後以為不便不得不遷就於北信口矣
後又以為不便不得不遷就於旅順矣今復欲
改盖套謂盖套至遼陽路近而費省耳是惟知
盖至遼陽受者之便於陸而不知萊卸盖套運
者之不便於水也不然運餉者豈其不惜登人
而使之入套獨惜萊人而卸之旅順乎良以二
府之粮多寡分而雇來之船大小別如套窄之

難容多舟也奎淺之難入大舟也礁撞之可虞也守候之不便也運餉者籌之熟而後兩府有易地分卸之議然疇昔之議就疇昔所運之数言耳今所運者以三十萬計舢艫之多数倍於昔矣倶欲聚於淺窄嶮巇之套果能不撞磕套内乎果能不擠之套外乎擠之套外而以三軍之命脉填之汪洋浩瀚中能保無風波之虞乎粮在舟中猶萊府責任脫有疎虞誰分其咎本府之粮有不敢輕於議改者倘到蓋套而粮多

損失船多遲悞額定之数不足不歸罪於萊之督運者又何敢重拂遼左之議也緣由具呈到道據此看得萊粮初議運于三犋牛再議運于北信口又再運于旅順者皆由遼稱不便而萊人亦隨叩輙應依地轉帆蹈危履險未嘗少拂遼欲也然而究竟不敢從蓋套交卸之議者祇緣蓋套窄淺環路皆礁秋冬運艘遲遼者稀泊套者少觀者但覺蓋套之為大未試以舟但云蓋套之易行殊不知春夏之間順風聚泊或一

日而百艘倶集又或颶風偶發則一刻而互磕多船集則不能容磕則必至碎而又從北信至蓋套三百里倶暗石水中嵯岈峚嵂定須一日順風方可收口稍有阻尼而三百里之内路路皆傷船之處矣且又淮船重大入水甚深未入套口先遭礁碍然而不用淮船則餘船所載不多無裨于運也故本道立法以淮船盡載萊粮議于北信口交卸以小船盡載登粮議於蓋州套交卸一則謂淮船到萊近而上粮速而由萊

至北信口可抵登州至蓋套之程一則謂北信口到蓋套稍近而此口甚大可容淮船且於此口短國數日而随用登州卸空之船由蓋套撥至北信口剥萊粮以入蓋倉似属調劑得宜而無柰遼人之必欲轉入於旅順由旅順而剥至蓋套也本道不得已而從之初非本道之原議耳今如必欲并令萊粮亦入蓋套勢必將淮船盡行解散而另造小船以載之然後可耳竊恐造船又須時日而船小載粮不多倘接運不前

遼能不咎萊人之悞事則本道亦唯所命之而
已矣緣係酌議改運事理本道未敢擅便擬合
呈請為此今將前項緣由理合具呈伏乞
照詳施行
一呈　督餉部院
萬曆四十七年十一月二十一日

山東等處提刑按察司整飭登州海防總理海
運兼管登萊兵巡屯田道副使陶　為改運本
色以濟急需事准
山東等處承宣布政使司照會抄蒙
欽差巡撫山東等處地方督理營田提督軍務都
察院右副都御史王　案驗准
欽差專督遼餉戶部右侍郎兼都察院右僉都御
史李　咨贊理遼餉四川清吏司主事田　案
呈奉

本部送准
督餉部院李　咨稱經畧出關大兵四集合無
將山東濟青登萊南直淮揚北直薊永河間等
處各近海州縣趁此秋收將舊額加派及一應
解京邊錢糧盡改本色或北岸或南岸分發海
運實為兩利之策等因到部送司查得遼東本
色米豆一年約用百萬今年山東海運二十萬
薊永十五萬天津舊截五萬新截十萬及動支
常平倉銀數三分之二可糴二十餘萬所少三

十萬之数該鎮各道亦當自為廣備今
督餉部院惟恐本色将來不繼欲令沿海州縣
将一應錢粮盡改本色查近海州縣分屬三省
其一應解京之額内有可改者亦有不可改者
合付四川福建兩司查明有不可改者仍舊解
京有可改者與同加派一項俱納本色庶為兩
便等因呈堂奉批會同查明速報奉此遵即移
付會查去後今准四川回稱查得淮安府屬京
邊舊額每年有麥折草折絹折米折永折鹽鈔

等項銀一萬八千五百七十一兩四分揚州府
屬京邊舊額每年有絹折草折永折鹽鈔富户
等銀一萬八千六百七十六兩一錢一分此歲
解之毫不可缺者故自東事以來餉分新舊正
恐款項混淆或以新餉妨舊額耳今若以解京
舊額改徵新餉本色則舊餉作何抵数况淮揚
地方十歲九災即漕粮每議改折京邊每有拖
欠而欲令二府盡徵本色似不可強而辦也惟
有淮揚二府加派銀總計五萬七千三百五十

七兩零似可改徵本色其餘舊額錢粮正宜仍
舊解京庶於遼有濟而舊餉不虧民亦易辦或
便易可行之策乎且計今年濟遼本色米七十
萬石外再得三十萬石可足百萬石耳今淮揚
二府加派銀五萬七千三百五十七兩餘外福
建司永河二府及薊州等縣加派銀約四萬兩
餘山東司濟青登萊四府加派銀約十三四萬
餘共約二十二萬兩餘責令以加派之銀改徵
本色則充此三十萬未足之米易易矣又准福

建司回稱查得永平府屬一應額徵稅粮馬草
錢粮向係題定每年徑解永平鎮交納其解京
者止旅順兵餉原係轉發遼東額数難以改動
薊州河間每年額徵稅粮等銀皆係京邊正額
自東事以來即蒙堂諭凡外解錢粮於創付内
分註新舊以便另收仍通行省直於起解批申
之内各明註新餉舊餉彼此混淆那移銷美不
便耳今若以京邊原額改徵新餉本色則此中
京運額需又将何補似應照舊解京以充九邊

供應其加派銀河間府四十六年分銀二萬九
千五兩二錢業已解部止永平府四十六年銀
六千四百一十八兩八錢一分零及薊州四十
六年加派銀俱未解到但為数不多即改辦本
色亦恐無幾或将北直各府四十六年分見催
未完加派共銀三萬七千四十九兩九錢零令
其徑解
督餉衙門聽候分發近海州縣買糴本色是亦
一議也各等因到司為照東省登萊原動加派

登州道　海運摘抄　稱四

每年糴買米豆二十萬石米價不足議以別府
繼之以供海運無容再議矣四川福建二司俱
稱舊額難以改納惟加派一項可以動支辦納
本色等因備咨到部送職呈乞施行案呈到部
擬合就行為此合咨前去煩将青登萊濟四府
加派銀十四萬餘俱收納本色希弗遲錯等因
准此擬合就行為此案仰本司即移文分守濟
南萊州及總理海運登州道轉行青萊登濟四
府将加派銀通行查筭除登萊二府盡納本色

外其青濟沿海九州縣有無總合十四萬之数
改納本色可否通行從長酌議以便咨覆施行
等因蒙此擬合就行為此合行移照前去煩為
轉行登萊青三府将加派銀通行查筭除登萊
二府盡納本色其青濟沿海州縣有無總合十
四萬之数改納本色可否通行從長酌議前來
以憑通詳施行請勿遲滯准此随案行濟青登
萊四府會同将加派銀通行查筭除登萊二府
盡納本色其濟青沿海州縣有無總合十四萬

登州道　海運摘抄　稱五

之数改納本色可否通行從長酌議前來以憑
回覆通詳去後今據登州府呈稱蒙此随關濟
青萊三府會議間又蒙本道案驗准
分守海右道右叅政陳　手本准
本司咨抄蒙
督撫軍門王　案驗准
督餉部院李　咨同前事備府即查該府所屬
州縣應運本色加派銀兩其州縣該納本色若
干總該若干作速查明開具的数給付去後齊

按本道以憑立等類轉施行蒙此依蒙查得本府所屬蓬萊等八州縣原額加派共銀一萬九千七百六十九兩二錢三分零內除批差蓬萊縣主簿湯樹績黄縣主簿魏朝臣二次觧過銀一萬六千兩尚該銀三千七百六十九兩二錢三分零又查今歲本府七屬共運過米豆十一萬餘石共用過粮價水脚等項銀計五萬餘兩內除本年額派遼鎮銀一萬七千四十五兩五錢四分加派觧剩銀三千七百六十九兩二錢二分零外長支銀三萬餘兩當在應請抵補及查

部文青登萊濟四府加派銀十四萬兩俱收納本色細閲

部文是專言加派也今查本府屬八州縣加派銀一萬九千七百六十九兩二錢三分零萊州府屬七州縣加派銀三萬一千六百一十四兩三錢零青州府屬四縣加派銀一萬三千七百八十七兩二錢零濟南府屬九州縣加派銀一

萬二千八百八十六兩七錢五分零只淂六萬八千五卜七兩四錢八分零安能如

部議之數再閲

部文除登萊二府盡納本色其青濟沿海九州縣有無合十四萬之数是又不專言加派也若統計四府新舊遼餉而言則本府八屬舊餉有一萬七千四十五兩五錢四分萊州府七屬舊餉有二萬四千五百五兩四錢青州府四屬舊餉有一萬一百五十七兩一錢八分濟南府九屬舊餉有一萬七千六百七十三兩五錢八分零合前加派共得十三萬七千四百三十九兩零以此再合於淮揚汞河之加派者庶幾可得二十三萬四千有奇之銀庶幾可足三十萬石之粮也再查

部文東省登萊原動加派每年糴買米豆二十萬石米價不足議以別府繼之以供海運今查登萊二府加派銀共四萬一千三百八十三兩五錢三分零額派銀共四萬一千五百五十兩

五錢八分零二項只得銀八萬二千九百三十四兩一錢零除本府解過一萬六千兩萊州府解過一萬一千兩其餘存剩銀五萬五千九百三十四兩一錢已共運過米二十萬餘石計用過銀一十一萬兩有奇除存剩銀外已借過今歲應起解銀五萬六千餘兩矣此五萬六千餘兩之銀合應請動不行海運府屬加派之銀補給且今奉文買積米豆及收納本色以待明春轉運所須此項銀兩甚急若不速為請補則本

年之銀俱已用盡何以糴買何以收納本色明年恐無運矣再照本府春初米豆較賤尚可勉完自入夏以來亢旱為災市價騰湧今蓬萊縣米以六錢報豆以三錢報矣其他州縣雖未申報諒亦不甚懸絶然恐將來尤不止此約而言之粮價水脚米當不下八錢餘豆當不下五錢餘也即釐四府所直之加派且不能如二十二萬之額又安能於銀少粮貴之時得足三十萬石之數乎合無除登萊二府遵照

部文新舊并起運銀兩盡納本色外如青州府沿海之四縣濟南府沿海之九州縣通令盡納本色其青州府已報不近海之十州縣濟南府再查附近之州縣新舊遼餉亦行改納本色再合之淮揚永河等府加派銀兩或可於海運有濟也等因具詳前來據此又據萊州府呈稱查得本府所屬掖平等七州縣共加派銀二萬一千六百一十四兩三錢四釐五毫四絲四忽內除批差即墨縣縣丞劉廷昌邑縣主簿周玉振

二次解過銀一萬一千兩尚該銀一萬六百一十四兩三錢四釐五毫四絲四忽并額編遼鎮銀二萬四千五百五兩四分零明加腳價銀三百四十三兩七分零俱徵本色仍遵照

部院并本道明文通行所屬將起運存留錢粮

聽從民便改納米豆及請借

布政司庫銀三千兩登州府庫銀一千兩添作

脚價等費支用本府米豆已運過遼收卸者一十一萬有奇其借動銀兩通行運粮州縣細查

長支之数另行請補今蒙
憲檄内云登萊二府加派銀兩壽納本色及青
濟沿海十三州縣有無總合十四萬之数及查
本府所屬加派銀二萬一千六百一十四兩三
錢零登州府属加派銀一萬九千七百六十九
兩二錢三分零青州府屬四縣共加派銀一萬
三千七百八十七兩二錢零濟南府沿海濱州
等九州縣加派銀一萬二千八百八十六兩七
錢五分零總計六萬八千五十七兩四錢八分

零其十四萬之数或濟南府通屬加派銀兩在
其中也况登萊二府共加派銀四萬一千三百
八十三兩五錢三分零及二府額派銀四萬一
千五百五十兩五錢八分三釐二共不過八萬
二千九百三十四兩一錢一分三釐除萊屬解
過銀一萬一千兩登屬觧過銀一萬六千兩僅
存五萬五千九百三十四兩一錢一分三釐今
年徵運米豆二十餘萬石每石裒多益寡約用
五錢五分合用銀一十一萬餘兩除僅存銀外

尚借用解京錢粮五萬六千餘兩除坐扣二府
四十八年加派銀兩抵補外尚少一萬四千餘
兩所謂十四萬兩之内又除去前項借用銀五
萬六千兩止存八萬四千兩見今四府米豆之
價貴賤不等米自五錢至七錢豆自三錢至四
錢之外難於預定而船脚等項之費不與焉即
畫四府之加派及淮揚永河等銀止存一十七
萬一千餘兩安能足三十萬石之数乎欲足三
十萬石之数合無將兗東加派銀内約動五萬

六千餘兩以補登萊今年多運之数則部議二
十二萬餘兩不缺而三十萬石之粮亦不患於
不足矣等因各呈詳到道據此該本道覆查得
加派一項在登州府所屬八州縣共加派銀一
萬九千七百六十九兩二錢三分零在萊州府
所屬七州縣共加派銀二萬一千六百一十四
兩三錢零二府通共加派銀四萬一千三百八
十三兩五錢零青州府近海運粮壽光等四縣
共加派銀一萬三千七百八十七兩二錢零濟

南府近海運粮濱州等九州縣共加派銀一萬二千八百八十六兩七錢五分零合四府通筭加派銀僅六萬八千五十七兩四錢有奇耳安能足

部議十四萬之數也或合四府新舊遼銀而言之耶及查登州府八屬舊額遼鎮銀一萬七千四十五兩五錢四分萊州府七屬舊額遼鎮銀二萬四千五百五兩四錢青州府壽光等四縣舊額遼鎮銀一萬一百五十七兩一錢八分濟

南府濱州等九州縣舊額遼鎮銀一萬七千六百七十三兩五錢八分零此四府舊額共銀六萬九千三百八十一兩七錢零連前加派新舊總計共銀纔一十三萬七千四百三十九兩有零然登萊兩府新加并舊額遼鎮共止八萬二千九百三十四兩一錢零耳內除登州府先已解過銀一萬六千兩萊州府先已解過銀一萬一千兩共解過銀二萬七千兩外止存剩銀五萬五千九百三十四兩一錢而兩府今年已運

過米豆二十餘萬石計用過銀一十一萬兩有奇除存剩銀兩用盡外尚借用今歲各項京邉起解銀五萬六千餘兩似應于不行海運之府屬加派銀內請補若不豫為區處則登萊今歲之銀已用盡矣來年加派已透支矣無米之炊巧婦所難且自春徂夏由秋及冬四時亦旱百谷無收則來春轉運將何以應若局于四府近海州縣恐年時物力不足以敷

部議之數也合無俯從府議除登萊二郡運

部文新舊遼銀及起運錢粮盡納本色外若青屬之近海壽光樂安諸城日照四縣濟屬之近海濱州蒲臺利津海豐霑化武定齊東青城濟陽九州縣盡令輸納本色其青州府所報不近海之十州縣濟南府再查數州縣無拘新舊遼銀再令解銀於近海州縣收買本色更合之淮揚永河等府之加派銀兩則

部議海運之額粮庶可勉敷前數耳緣係酌議事理惟復別有

鑒裁擬合牒請移會為此合牒
貴司貴道煩為查照轉達施行
一牒　布政司
一手本　分守海右道
萬曆四十七年十一月二十五日

萬曆四十七年十一月二十五日
吏部文選司署郎中事等官陸　等一本為
遼東立待添官銓政不堪積滯恭懇
欽定署印以便修舉事經畧熊　有時煩苦獨
力難辦
請乞添設官員以襄軍務一疏內言管粮通判左
之似一員原有倉庫職掌今兵馬漸集歲費粮
豆百數十萬石草千數百萬束置買車萬數千
輛牛数萬隻非一人能辦議添府佐二員一司

軍米一司馬草會同薊遼總督文　遼東巡撫
周　巡按陳
上請此關係軍兵重務即當具
題而部印麾封誰為舉行他如管理海運登萊道
副使陶朗先必總轄沿海州縣庶便責成已該
山東巡撫王　巡按陳　會
疏久當議伏南京户兵二部尚書俱缺新陞兩部
侍郎饒景暉陳所學候代未任則四川山西巡
撫久當會推而日行推陞停閣業經三月轉盼

十二月選期将何缺待之至大同新撫胡
當
早命廿肅舊撫杜　當
予告俱應補償亦邊事之喫緊者矣
皇上計安天下則當軫念用人
皇上軫念用人則當計及用人之人署印何可須
臾緩也臣等職司銓政既耻曠官目擊時艱又
虞廢事用敢合詞恭詣文華門叩請伏乞
聖明立刻

欽定署掌實封疆之慶也豈惟銓政賴之

萬曆四十七年十一月二十五日
户部一本為懇乞
亟發督餉條陳事宜等事山東司案呈到部切照
天下之患莫大乎時迫而持之以疑事急而出
之以緩夫疑則置之不肯為緩則誤之不可救
皆患之大也今之遼左增兵轉餉非至迫急之
秋乎而一切條陳
皇上留中不發非多疑多緩之念乎臣甚憂之非
獨憂誤事也誤事多而遼不可救

京師隨之也臣請言其已誤者經畧熊　才足
臨危而制變智能料敵而設奇若于推轂之初
而即任之則開原可無失也此以緩誤也若夫
督餉李　才練而諳超計周而慮遠其先後
二疏臣部条之徃例酌之時宜俱屬可行俱不
宜緩業已據揭隨覆
皇上久不檢發今海運之餘露集金蓋而車牛之
少未達遼陽經臣有枵腹之餘督餉切噬臍之
懼是何等急迫也

皇上允未檢發得無以其所陳者有可疑而可緩
者乎臣請詳剖之如所陳二策四說一議由登
萊達旅順由芝蔴灣達三岔河是定畫也何可
疑也一議海運速而險陸運穩而遲是確見也
何可疑也至議應募船户恐多奸偽各帶腰牌
是預防也海運大開恐亡命乘間設兵防守是
長慮也又謂大洋颶風與漕渠迥異況無合幫
輕齎而漂失當寬也以廣召募也又謂士民自
運輸遼准作事例而加銜授職以示鼓舞也四

說俱無庸疑也乃其先疏所陳十餘欵抑豈可
疑乎如截漕于淮并造船于淮以達登萊直抵
金蓋至便矣如由登達遼設立四總一面催趲
一面防守至周矣如海運於春夏陸運於冬寒
或用騾車或用牛車皆隨便之意也如米豆外
草束為急或近關而買或出關而買皆節省之
意也如自告山十三山廣寧高平四處已置牛
車四百輛牛八百隻寧前海蓋各添牛車官車
官運又皆寬民之法也如召商民糴販于登萊

海蓋二道告給文引聽其糴糶亦所以廣其運
也如贊畫贊理以及有司文武以轉運多寡為
殿最洛吏兵優叙皆所以鼓其趨也如旅順置
一總兵以防守金蓋用一府佐以收納以圖速
其運也如旅順設立各總稽察宿弊催趲田文
及率兵護送皆不可少之官也如分別功罪以
示懲勸則海防道陶朗先去歲料理蓋州套節
省脚費巨萬至今賴之加銜久任是不可缺之
典也如欵遼東薊永天津淮揚各道俱加管餉

之職及所屬州縣選賢能銓補則銓部撫按之
所當行者也如所云古之用兵者欲用衆則求
速决稍持久則務屯田未有興師十萬轉餉千
里疲勞
中國而能無他變者則計兵計餉之所當虞者也
如各省直加派地畝及搜括抽扣等項先解完
者優叙遲悞者查參所當亟行者也如恐事推
不一互相推諉議自鎮道以及有司文武實心
共事者賞同功虛文塞責者罰同罪所當并行

者也如關外收成之處以外運之脚價加值以
餘酌委文職府佐躬親料理使民樂趨亦內外
協助之策也以上諸欵皆參舊酌今鑿鑿石畫
總以濟遼為急專期議在必行至於鼓鑄一件
業已舉行而屯田一議亦持久善後必不可廢
之策也伏乞
皇上亟賜檢發勿使任事之臣徒為眼前議事之
臣空為心嘔則遼事雖悞猶可急救若再為疑
緩恐一旦决裂不可為矣

萬曆四十七年十二月初四日
戶部尚書李　等一本為監收海運事山東
清吏司案呈奉本部送戶科抄出巡撫遼東都
御史周
題前事等因又該薊遼總督文　山東巡按陳
題同前事俱奉
聖旨戶部知道欽此欽遵抄出到部送司案呈到
部看得海運一議起自昨夏成於今春正以脚
價等費較陸運省十之五六故决計行之匪直

佐軍興抑以抒
國困也迺蓋州道交卸之說山東海防道陶副使
曾創言之已而部
題覆咨部于金蓋二處止據該道稱海上之風波
不測到蓋之船隻頗遲隨地支收不過為當日
權宜計而彼中之便不便尚未及詳今據撫臣
會
題轉運遼陽從蓋套連雲島者近而易從旅順三
犋牛者遠而難如仍膠柱鼓瑟既航海又拂山

欲省費而反冗費矣則運粮之交卸宜在盖套不宜在旅順等處也甚　明况省其力于旅順三犋牛以金州之全力併歸盖州於此曾數千人飛輓之盖于彼緘數百里涉跋之勞事半功倍便遼固以便金盖也又况由登萊達盖套自譙石外别無他險如立木豎旗使之望而知避何有覆舟之虞且舟人出入海濤乃其長技所利在多得錢耳量增工價若干必樂赴爭先矣便遼亦以便登萊也至押運委官不畏艱險矢心

奉公持加犒賞以酬之其誰不勸而從此運道之定於盖套無煩再計矣盖撫臣與經臣身繫疆埸重望慮周兵食遠圖一切盱衡餉事無不聚族而謀持籌而畫夫是亟海運以濟陸運之所難因酌陸運以調海運之所適其得之道臣之閱歷者既至真而參之獨見之剞裁者又至確詢今日救遼第一良策第前此奉有

明旨若非

天語重申示以畫一恐奉　行者不無異同要之擇

便而行期符初議非謂暮四朝三也既經該司

案呈前來相應

題覆恭候

命下容臣部移咨總督經畧督餉等衙門及遼東巡撫責令海防海盖兩道將天津登萊海運粮船聽其量加脚價盡至盖套交收一體遵行無異至遼氛未靖運務方殷海防海盖兩道始而首倡是議今而均任厥勞前肩後效均之可紀即庸不次之擢以示旌賢豈曰破格但俟其成

功另為顯録不具論外其餘運官或奨或陞或犒賞臣部歲終一併查議特行以彰

朝廷

優䘏德意庶激勸在

上鼓勵在下灌輸者源源若水儲積者纍纍如墉

而海運有裨遼疆有賴矣

萬曆四十七年十二月初五日
欽差專督遼餉户部右侍郎兼都察院右僉都御
史李　一本為嚴催造准舟以便海運事照
得海運一節全仗淮船臣自撫東以至今日
請專官造屢
疏言之不啻詳矣而從未一奉
明旨以致人心怠玩稽延至今年九月内始覆一
縣丞徐弘諫督造職添差經歷程惟守與之同
往十月三十日始解到造車銀五萬兩職不得

已又借二萬以發淮司兹所報惟梁聘材雇得
沙船七十隻耳職屢次行文預借淮庫銀兩先
行打造而尚未有報完公文到職轉盼春臨必
誤海運經臣責米豆至二百萬而可無舟以應
之耶盖緣臣屢疏不能奉
旨臣部又未差有專官今事勢迫猝以立考成之
法定限明春前至津門以便運發如過限不至
有悮運事將臣先行
罷斥并准徐淮揚各經管道府諸臣一併住俸督

催庶為有濟若地方稱雇造為難則
國家舉大事不惜小費不過多借淮庫併府州縣
一切起存錢粮及臣近
疏所開疏理鹽法道臣嬴餘銀兩以為發用除聽
臣部諸處補還若官銀許動而又為推諉則臣
之罪固無以自逭而諸臣之罪臣亦不能為逭
也再照
國家漕運止四百萬石經管文武官員計數百員
國初海運止七十萬石文武備官今海運二百萬

石半於漕而倍於
國初矣止臣一身任之其差委司官本部又若無
人則應咨吏部於山東司添註司官二員聽臣
差遣或添設才力道臣以為催督而科臣官應
震所
請督餉御史與臣共事同催亦為切要緊併乞
皇上
速賜
批發臣部即刻覆議并行總督衙門與臣一體催

督施行臣不言之臣之罪諸臣不行之諸臣之
罪而
皇上不
允臣部不覆則臣不敢任罪矣

萬曆四十七年十二月初五日
欽差專督遼餉戶部右侍郎兼都察院右僉都御
史李　一本為經臣計兵已定愚臣計餉難
緩懇乞
聖明
特賜
裁允以重封疆事照得兵食相須計兵必先計餉
該臣日在永平從督臣處接經臣
疏揭為敬陳戰守大畧以候

聖裁事內稱遼左用兵歲計餉該銀三百二十四
兩糧一百八萬石豆九十九萬餘石草料二千
一百六十萬束皆一毫裁削不得者夫遼不可
棄兵不可減餉不可缺即多亦不敢言難即難
亦無所容諉矣該臣前者計米豆之數通以百
萬今至二百萬則米從何得如此之多也遮洋
一總臣蒞任初
疏首及此議而未蒙　覆
允近接總漕大臣書　以為可行茲責米如此之多

非多截南粮于淮不可矣臣原計天津、見截漕粮二十萬石登萊派米豆共三十萬石山海見有米十五萬石薊州召買米豆五萬石天津召買米豆六萬石尚少米三十萬石應議截首幫漕粮三十萬于淮安行令總漕衙門查覆遮洋舊總從淮安運發遼東惟有成山嘴之險近登州道臣陶朗先屢募慣海水手在此接應可保無虞者先淮總漕咨查東征舊案浙江巡撫衙門雇助船數十隻江南巡撫衙門雇助船數十

登州道　海運摘抄　李二

隻今應一併於二撫臣處行取雇發以助淮船之不及也除所截漕粮外則山東一省應將六府新舊餉銀盡行留用以為糴本薊密津永等處本部發銀買之此議米之大約也至于豆則仍照今年所派召買之數永平召買十萬石薊州召買五萬石密雲增召買三萬石天津增召買十萬石真保近河地方共買十萬石山東召買豆再增三十萬石共前數為六十萬石若豆則不足兼買蕎米其價即留各州縣新餉不足

者本部議發內山東派數較多蓋緣海道最近日同督臣與薊永郎中李乃蘭宋繼登及永平道袁應泰監軍道高出寧前道王化貞往復計之皆以山東運道為便應以各處所省脚費加值以糴于山東似亦無難登州道臣撫力擔當招徠有法而諸臣又多東省人也知之頗真僉言民運召商于遼左增值收買無不競從而增買值即于省運費中處之諸臣亦頗同心協任其事此議豆之大約也若草束難運惟有採打

登州道　海運摘抄　李三

秋青及本地召買二策而已以上所派并送戶科載入考成施行臣又總計銀三百五十五兩牛贏車價一百三十六萬餘兩米豆二百餘萬石糴本在內運費倍之大約八百餘萬兩矣當
國家兩歲之入值此釜鬵計畫無從萬不得已惟有地畝量議再行加派一策可行除兵馬粮草經運煩苦之地及各省賦重或經災傷者另為酌議若有司得人每畝毫釐民亦不覺其苦上歲有司亦有賢者自為設處若其不肖則加派

之外又有火耗派數不清重覆混累有司因緣
為累是在撫按司道明為出示嚴為查參重懲
其一以警百也至於廣開事例條議臚悉如
國典一節閣臣已有專議又如春殿中書光祿署
宮鴻臚序班人所樂納者洛行吏部量許添註
增員而中書歷年加銜并許入貲則所入者尤
多又如山東四十三年納粟生員應者頗多若
汰之不必過嚴議空有志者聽考無志者准衣
巾終身則人尤須趨其所納舟車及粮豆草東

者准于登萊天津淮揚永平遼東各處上納量
減銀二十兩納遼東者減三十兩以廣輸途者
也又如閣臣稅契之議優免除生員外縉紳徵
解一年之議二欵尤當
亟行蓋稅契多在有田之家捐助尤臣子報公之
義茲可不為厲民倡耶又如科臣動倉穀一半
之議此見貯在倉文至即可動也鑄錢之議寧
前道臣力主可行惟工匠銀兩當速發也又如
各府州縣點大小派助之議行之已久尚未應

者無論居恒無事叨祿地方往來交際豈無可
節省之費即如地方荒歉有司留心地方者亦
皆多方設處併以拯饑民今以
朝廷大事豈無一人應者蓋一處拯荒官司行之
專而今以
天下之大行之緩也凡此皆諸臣所已言者有臣
部已覆者但言者尚未盡行行者又未盡實合
聽臣部將前後應行條欵刊成書冊須行送入
戶科一併勒限考成求其必舉庶為實濟今

天下之勢脊脊矣臣每書一字心骨若割而事勢
至此無可奈何粮一不足遼左朓中奴酋乘之
大事去矣是在大小臣工念之以臣為得已乎
不得已乎倘得臣協力調停共完公事臣即碎
骨以謝
天下生靈臣所甘也若如近者屢催造船干涯不
為報完遼餉陸運在關海運在岸未見接運而
應增車牛各道並無一字及視臣為附疣之官
一旦倉卒始言令臣何以為神運之策倘有不

繼則臣惟束身先歸
命于廷以待斧鑕而諸臣悞臣之罪小悞
國之罪大臣寧與諸臣代任其罪也抑臣又有
請馬遼左之餉又繼而致脫巾臣部之罪也然至
於脫巾即虀粉臣部諸臣而禍則
國家當之矣是臣部之罪也而非獨臣一部之憂
也如舊例職掌分在各部者亦當分力均任兵
食二字尤宜計議相須同心區畫職歷任外藩
見兵部缺官柴馬解官以單項錢粮每每辭萬

肯解此項催之一省可得萬金而工部弓箭軍
器二項臣在江西見所造者尚三十九四十年
之弓箭也臣在東省見所造者尚四十三四年
之軍器也已解者未見銷批見年原未成造曷
若將已前者順解將見年者改折亦何損於成
數乎得此二項濟之則所謂舟車之協濟無難
也臣本不宜越俎而談及此但見餉務日益各
部協助無銀不得不并為一言耳此皆遼左緊
急軍需時刻難緩

皇上
立賜下部覆議
上請勅入考成仍乞天語叮嚀各省直督撫司直
諸臣一體遵奉以救焚拯溺之心行之庶有少
濟也

萬曆四十七年十二月初七日
戶部尚書李　一本爲懇乞
明旨速
允督餉條陳濟急之策以便責成以救遼危事山
東司案呈照得專督遼餉戶部右侍郎李　題
爲舟車造辦無資來春運務甚迫謹瀝陳濟急
之策懇祈
聖明速發
明旨以便責成事內稱督餉運務九款未奉

俞旨恐款中有不便經行者相應具疏
題催案呈到部該臣看得遼事孔亟桔据艱難內
外諸臣凡有身其責者靡不嘔心瀝血竭蹶從
事或料時勢之急迫或度地方之便宜既慮餉
之不充又慮運之難至既防海之不測又苦陸
之飛輓諸如此類未易殫述總之日夜躊躇經
幾多思維費幾多愁慮廼敢置列條款急疏以
請惟
聖明留覽立賜

允發則朝奉令而夕行之諸事乃克有濟也廼旬
日以來未奉
明旨試思所列九款何者非救時之急策乎如一
曰造淮船催沙船及造船原計銀兩自應速發
則有工部蕪湖之
皇木與額稅已經奉
旨題留倘若不敷則在工部各關量留處補且解
于淮上造船其計甚便其二曰如由天津至永
平由永平起陸出關至芝蔴灣入海其道穩便

且一歲可七八運則芝蔴灣之船宜多造與價
宜多撥其轉運之計誠善也其三曰如海盖道
受各處之運該用牛三千隻應該道自備一千
隻比照東征之舊案除永薊密昌四道所屬免
派直隸七府均派二千隻解至關上聽該道差
官接領及沿途草料亦照兵部買馬例行則牛
車之計甚善也但近遼東新餉司郎中單崇呈
稱經畧牌內開目今分守道權造車五千輛并
牛八千六百八十隻該銀三萬三百八十兩海

盖道權造車五千二百五十輛并牛九千一百隻該銀三萬一千八百五十兩各令置買分發截運或再派七府奏辦從督餉酌行可也其四曰山東一省海道最近視之各處海道遠者脚價既省雖今歲告旱應照各處所省脚價加值收買其濟南一府州縣近海者准將漕粮暫行改折一年即以其銀買米登萊可供遼運蓋折在山東尤近爾若道臣陶朗先應變通才臣時經略既經撫按會疏加銜總轄濟青二府属望

既殷更宜速賜

允行其區處誠為得策其五曰遮洋一總

祖制當復今歲既截漕正耗米一萬四百八十七石有零于淮明歲又于頭幇再截八萬九千餘石共為十餘萬之数此亦顧盻

京儲苦心斟酌之意但遼餉約費百萬合無頭幇共截二十萬之数行總漕衙門以遮洋之船督發海運赴遼又以今歲截留津德数多恐天津一處難以獨任其運勢不得不分行于淮揚山東而以德州見貯為備支運其酌議誠為得策其六曰鑄錢之法已經通行若于遼東鼓鑄每銀一萬兩可餘四千五百餘兩則應發資本二萬兩添府佐一員管理于下即聽寧前道王化貞專任于上必有成效此誠可以少助目前之需者也其七曰科臣官應震條議遼餉一節應設按臣二員與餉臣同為催督如倉之有總倉倉院如漕之有總漕漕院蓋同心共濟互相責成尤事權之所當重者也其八曰開納事例已

經臣部備細詳議刊成書冊當行天津山東淮揚寧前海蓋等道有願出舟幾隻車幾十輛者照依舟車原價并資本脚費照開納事例准其納官監吏承等項其以粮豆自遼左者比照在京事例减其二十兩如文武官自肯效用運務者應照前疏查據数目多寡分別薦奬加銜實授此鼓舞之術于遼事甚有濟也其九曰各處海防既開恐奸徒出沒登萊海蓋三岔河天津等處海防最急圖之不早異日將以海運為咎

者此先事之慮于海防甚得計也又如兩淮運
司疏理道臣袁世振各項俱已井井有條所積
不無羸餘就近淮上儘可為雇造船隻之資是
亦隨時設處之法也又如加派搜括之後各縣
官中亦有善為措處不煩民間者亦有撙節各
項以先解濟者大小臣工有能殫心竭力拯溺
救焚借此以充遼餉則
朝廷懸破格之
賜以為憂時艱恥軍

國者之勸是亦激勵臣工之法也凡此數款皆種
有益鑿鑿可行目前切要事宜無有過於此者
今日少緩須史明春必悞運典伏乞
皇上蚤一日之
批發則諸臣便一日之料理庶有備無患而遼左
幸甚
國家幸甚

萬曆四十七年十二月十三日
欽差專理遼餉戶部右侍郎兼都察院右副都御
史李　一本為遼左事勢危急再申牛騾舟
車之議懇乞
速賜
明旨以嚴責成事近因遼左抵岸抵關之糧不能
前運經撫二臣疏咨切責該臣于永平會同督
臣商定具有三疏一派騾車牛隻一催淮船一
派本折錢糧已經具發即發牌出關會同督撫

司道諸臣詳議再報隨接邸報仰奉
明旨令臣出關臣敢不竭蹷犬馬以報
皇上之
簡任哉惟是海運抵岸陸運抵關自應遼左司道
各任接運之責乃臣行催百十次司道各臣不
行接運惟海蓋道具詳添車二百五十輛臣已
久行又詳買牛三千隻臣兩疏不下萬不得已
徑行天津司道委官自買此外各道並無一字
申詳而倉卒責數如此之多是諸臣視臣贅疣

也而軍
國之餉亦可因誤臣而遂誤者乎是諸臣之罪與
臣同也臣今出關矣但舟車之事俱在關內淮
船之造因無
明旨極其推諉牛騾派議方新非守催責成必致
稽悮臣一出關誰為同心料理之人誠恐關內
關外事至兩悮即殛臣之身百不足贖矣伏乞
皇上將臣前三疏立賜
勅下臣部覆議先借工部
大工四輪騾車差司官一員即刻催發仍委司官
一員將
京城及近京地方車牛多方雇募先濟急需其餘
一面照臣疏所派省直之數勒限解完一面催
遼左各道將見在車牛速為輸運其當急行者
一淮船之造責成淮徐淮楊二道與臣同為考
成并動疏理鹽法道節餘之銀以為工價當急
行者二將芝蘇灣並關外鑄錢二事專責成寧
前道臣天津造船專責成天津司道當急行者

三至於經臣須餉二百萬非多截南粮以開遮
洋總萬萬不能足數則宜以責成於總漕大臣
并照東征舊案催江南浙直二撫臣雇船以為
協助當急行者四山東海道最近派數獨多宜
以濟南一府改折留米并多發羅本以濟登萊
當急行者五淮安造船臣所委縣丞徐弘諫經
歷程惟守州同徐應龍皆卑官也非督以本部
司官又或一道臣督之必不能完事其當行者
六以上六款即日嚴加舉行則目前之運與來
歲之餉可以不悮若雖舉行而不嚴加考核是
臣將關內關外之事不能分身而兩失之也彼
時罪臣亦何及乎再照該臣奉
明旨責臣以副委任臣受
皇上委任即犬馬亦知酬
恩但受事以來前後共九疏止二疏得
旨而一疏隨奉
嚴譴一疏覆之不下是通未得
也及至事急而責臣出關料理臣今又有三疏

矣若又不得
旨是臣雖欲料理以報
委任而臣不能以無
旨之虛文督責諸臣也如天津截漕造船之事各
鎮召買之事海蓋一道買牛之事及委贊理司
官就近委官召商雇車自運等事可便宜行者
臣未嘗不行之但造船開遮洋增派本折責買
車牛千萬錢粮数多遠連省直如此創行大事
而臣可以無

旨行之乎此萬萬不能也至于兵食之任一也經
臣每疏至則
明旨之下以求其必行臣
疏屢上
明旨不下臣何所奉以責諸臣之必行而事至倉
卒責之于臣若臣平日不言臣罪難逭臣言之
而
明旨不為臣行之臣即死亦有詞也臣出關發疏
關内之事全望

明旨速下諸臣速行總之臣一人微望輕原不宜冒
膺此任俟東巡議定惟束身歸
命以待斧鑕已
皇上既不用臣之言亦當早治臣之罪無姑留以
悞疆埸之大事也

海運紀事

四

山東等處提刑按察司整飭登州海防總理海運兼管登萊兵巡屯田道副使陶　為經臣計兵已定愚臣計餉難緩懇乞

聖明

特賜

裁允以重封疆事萬曆四十七年十二月十三日

蒙

欽差巡撫山東等處地方督理營田提督軍務都察院右副都御史王　憲牌前事昨閣邸報該

督餉部院李

題稱登萊派米豆三十萬又議山東召買豆再增三十萬共前数為六十萬石蓋緣山東海道最近日同督臣與郎中李　等往復計之皆以山東運道為便應以各處所省脚費加值以糴於山東似亦無難登州道臣極力擔當招徠有法而諸臣又東省臣知之頗真僉言民運召商於遼左增值收買無不競從等因照得山東海運初議十萬漸加至二十萬近

題二十萬今反忽增至六十萬其所以加於山東
者可謂不遺餘力矣夫運数至六十萬談何容
易米豆糴於何方船隻募於何處本省新餉業
經
題留一半贍兵海運錢粮取給於何項似應一一
預計匪可漫承以悮軍興大事合應查議為此
仰道即照具
題事理悉心酌計沿海州縣可否糴買粮食六十
萬石新餉不足有何錢粮可以支用海運船隻

於何處雇募打造目今民運召商於遼左增值
收買果否競從該道如何招徠果否能極力担
當倘能勉辦不妨戮力以佐公家之急如勢難
措處力不從心速議通詳以便題
請施行毋得遲悮未便蒙此本月十五日又蒙
巡按山東監察御史陳　憲牌前事行道即照
具
題事理悉心酌計沿海州縣可否糴買粮食六十
萬石新餉不足有何錢粮可以支用海運船隻

於何處雇募打造目今民運召商於遼左增值
收買果否競從該道如何招徠果否能極力担
當倘能勉辦不妨戮力以佐公家之急如勢難
措處力不從心速議通詳以便題
請施行等因蒙此隨通行濟青登萊四府查議去
後濟青節催未到今據登萊兩府呈稱會看得
奴酋發難以來凡食土之毛者皆思殄滅之而
後快果可效力於遼左何敢自愛乎髮膚而況
粮餉關軍前之急用乎今議歲運六十萬石則

登萊之應運者敢不多收本色以佐公家之急
但今年運過二十餘萬及已徵收未運者無見
在錢粮悉借用京邊存留等項而京邊存留之
起解支領又皆不可缺者務東補西捉襟露肘
見今各營兵粮歷過者無銀可給邊軍行粮無
銀可解雖曰借用之数併不運本色州縣解補
何異望水於西江哉此無銀之難也今歲登萊
二府所運米豆二十餘萬石除封雇淮船外搜
括青濟之船殆盡矣明年米豆加二倍船亦加

二倍青濟並運則二府之船必不能為登萊用
淮安之船雖多淮安之運雖少能必其不秦越
視而爾我分哉此無船之難也本道海運條約
所以體恤乎民隱者無所不至誠不擾民亦不
累民矣而民間之搬運上納轉運上船櫛風沐
雨不分晝夜肩摩轂擊婦子靡寧已不勝其勞
瘁矣而每畝之加派新餉又與不運本色之州
縣同科固宜其趑趄不前而無負戴子來之意
此人情之難也有此三難則六十萬之運談何

容易誠能請蠲運本色州縣之加派以鼓人心
使之戴德而忘勞則粟米之徵易矣本省近海
州縣造船有隻又
題請淮安解船勒運不拘大小多寡務要一運可
裝二十萬石勒限前來發各州縣給以水脚俾
運至蓋套倘不如數不如限而悞運責在彼中
倘如數如限而悞運責在東省則推委之患無
矣又預發充東等處不運本色州縣之新舊遼
餉以抵登萊之起運存留將登萊四十八年之

起運存留盡徵本色則那借之艱免矣然必合
全省而六十萬陸府各居其十而登萊仍運二
十萬則職等不敢辭也不然不善於點鐵成金
不能為木牛流馬又安能強怨咨之民使之忘
勞而樂趨哉即二十萬石且不可必何敢漫許
六十萬石於今日以買悞事之罪於後日招商
一節登萊加惠無方勞來備至而招之經年無
有應者他可知也緣由會呈到道據此該本道
看得舉天下之事當觀天下之大勢用一方之

民財當量一方之民力自奴賊發難以來調兵
轉餉何者不首括於山東山東之所以應之者
以兵則先發以餉則借解以抽扣工食則竭澤
極於胥徒以加派地畝則誅求盡夫斥鹵而海
運一節又於此數項之中偏受其累者也然而
向來不敢告哀民間不敢駭走者一則因始之
取數尚少或可竭力以供一則地方官謂運之
時日無多猶可強民以從耳非山東地方充然
有餘可為不匱之府亦非山東之民懽然樂從

取之不竭之源也今一年未巳又復一年十萬未巳又加而為二十萬二十萬未巳又加而為三十萬三十萬未巳又加而為六十萬將無謂同此錢粮也改折色為本色似無病民殊不知民間之輸納官銀非必盡係糶賣得來也有傭力而受惠者有商販而手實者有瓜菜果蔬而貿易者皆可以完官銀也即本地徵其本色矣亦非必粒粒皆米豆也有蕎秫焉有黍稻焉有麥莜焉皆可以抵官銀也而遼左惟用米豆矣

查山東米豆種者什不得一出産之地既窄而一帶沿海州縣今年處處告荒非被災十分即被災九分

按院勘災之疏見在

御前可覆而按也則取數之途亦窮故以之而徵收則民間先乏此物收於何有以之而糶買則地土先無所出賣者何人是即船隻既備艤舟待運尚恐無兩粟量沙之術也而今之船隻何如哉欲雇之淮上而淮以本境亦在海運為辭

欲造之淮上非經年不能告竣非半載不能到登萊則四十八年之遼餉且屬之無何有之鄉矣此猶以有銀可造有價可雇而言也而今造之雇之之費安在哉擬動工部銀而工部曰應戶部出也擬動戶部銀而戶部又曰應兵部出也欲動新餉銀則曰此糴粮之物也欲動舊餉銀則曰此解遼之物也甚至新兵乏餉脫巾可虞則議留其半以食之而糴買之本亦乏矣甚至因年荒徵解不前尚有借舊兵兵餉以收糴

舊兵又復嗸嗸而那借之法亦窮矣夫兵粮借則兵以枵腹而生心民力竭則民將以救死而反側山東目下之勢葉巳岌岌殆哉而又加以六十萬之運恐并其三十萬者而不能保耳夫遼有逆酋之禍每事必督責於山東山東眷眷多事又將向何人而取給耶此揆之事勢度之民情萬萬不能供億者故登萊兩府之議欲合全省而六十萬每府各居其十夫東兗之不能入海及濟青不近海之州縣不能強而運則猶

然僅可二十萬之說耳而所稱三難則該府兩
年之内與本道終始運事歷涉諸艱尤真知灼
見而為此言者非徒為萬姓請命為一身圖安
逸而已也至於召買招商一節本道曾於
餉臺撫東時力言其難行於
餉臺赴任天津時又歷陳其不可行而又曾於
戶部吳員外主考山東時遇於途而痛言其不
當行且不能行之故今稟揭見在
餉臺篋中吳員外見在

都門可問也未嘗力為擔當所擔當者惟舊遼撫
謂海運不能濟用而本道以為必能濟用遼人
謂蓋州套不能到而本道以為必到耳而又有
一項擔當者漕粮截由海運談者皆畏成山之
險至引元人開膠萊河避成山為証而本道謂
淮船過成山迤東請設嚮導以為接引無風則
由此而直抵蓋州如慮風濤損害請於膠州設
倉五百間令漕粮徑卸於此而以車驘由膠州
陸運一百九十里到昌邑之淮河口搬入海船
直達蓋套而淮船三日之内可往返淮膠一遍
往而復返一船可抵數船之用而以淮上用而
不盡之船撥給山東以供海運是淮人無傷粮
之害東人得淮船之用寔為一舉兩利之術而
當事者可不必專執東人而責之粮此則近日
曾以之告贊理遼餉田主事者也若宋李高王
諸臣俱係東人必知東事其言招商之易本色
之多或另有獨見非本道所能與知唯是艾民
之粒食已磬人情之震盪可虞一項之新餉必

不能充兩用隔属之淮船必不能濟急需遼左
危而
京師業已戒嚴東省危而遼左更何倚賴不可不
思患預防而祈為改圖者耳緣係奉行查議事
理本道未敢擅專擬合呈詳為此今將前項緣
由同蒙憲牌理合具呈伏乞
照詳施行

一呈　撫按兩院

萬曆四十七年十二月二十六日

萬曆四十八年正月二十日家
欽差廵撫山東等處地方督理營田提督軍務都
察院右副都御史王　據詳具
題為海運必難遥增船粮必難立辦仰祈
聖明速議賙邊之長策勿循浮派之空言仍
勑當事大臣虛心覈理以圖實效事近閱邸報見
督餉部院李　題為經臣計兵已定愚臣計
餉難緩懇乞
聖明特賜裁允以重封疆事疏稱登萊派米豆三

十萬又議山東召買豆再增三十萬共前数為
六十萬石盖緣山東海道最近曰同督臣與即
中李乃蘭等往復計之皆以山東運道為便應
以各處所省脚費加值以糴于山東似亦無難
登州道臣極力擔當招徠有法而諸臣又東省
人知之頗真諸臣僉言民運召商于遼左增值
收買無不競從等因隨行海防道酌議去後今
據登州海防總理海運兵廵道副使陶朗先呈
云云具詳到臣該臣會同山東廵按陳　看

得遼左失事以來封疆有至急至危之勢餉臣
有萬難萬苦之衷此時即有恤民之心不得不
體
國之急臣等凡可效其涓涘其寧愛夫狗馬惟是
規為出於衡度之外議論入于渺茫之鄉揆理
度勢萬萬不能又臣等所為動而却顧者昔海
運之議自舊撫臣李　始當時止十餘萬耳
乃舊撫之議海運曰東方屢祲之餘乘風礁之
險如大病之人甫離床褥方期靜攝調護遂令

持殳備粮禦侮于外其何能堪是海運之難餉
臣固知之矣其議徵餉曰臣撫東三載見民之
困窮已極今日有粮而苦于無船若徵之太急
又恐民窮而無粮是徵粮之難餉臣巳知之矣
其議募船曰山東止有本地塘頭漁船数原不
多淮船憚于風波粮又泊岸更有可虞是募船
之難餉臣併知之矣其議招商曰欲完航海之
事又欲順商民之情左右方圓一時並晝難之
難者是召買之難餉臣亦知之矣其議糴豆曰

登萊兩郡豆原不多黑豆尤少登州議黃者病馬不宜充料黑者宜馬乃可濟邊登萊原無黑豆必待遠糴是糴豆之難餉臣又知之矣三復餉臣撫東疏咨稿而知餉臣之軫念東人者至也餉臣一去齊而失哺之兒慈母豈其異視未幾而有海運二十萬之疏又未幾而有海運三十萬之疏又忽加召買豆三十萬共足六十萬之疏源源而來視昔且六倍焉豈昔之難于十萬者今頓易于六十萬乎豈難于豐稔之年者

頓易于饑荒之歲乎軍
國大事臣等不敢以臆見相持弟以餉臣之言還而質之餉臣豈自言而自悖之不過曰前後之時勢不同耳夫遼左之時勢今昔雖逈不同然山東之物力難易則非有異且三路未敗之先兵非不衆也兵非不待食于東省也舊撫臣所不能為者臣等何以獨能為臣固知餉臣之萬分無已而姑條派此兵粮之数耳頓紙上有餉而遼左無餉何濟于遼此餉臣之責也餉臣能

多派而不能多運則餉臣之自誤也臣不忍餉臣之自誤而因以誤遼也将謂道臣陶朗先極力擔當而朗先謝不敏矣夫朗先雖才亦人耳豈真有神輸鬼運之術豈真有挾山超海之能今當莊嶽之衆咻而悲楊子之岐路萬一運不如額則道臣無所逃罪餉臣以此責備于道臣将重違其奬借之初心而道臣之擔還歸於餉臣之負荷及今日言之餉臣尚可區畫以分屬於地方今日不言至誤事而後言之即同詞以

請罷斥於
國事奚賴焉餉臣疏曰山東派数較多者蓋緣山東海道最近臣請竟其說昔年征倭山東海運總加至二十二萬自登州運至旅順五百五十里由旅順運至義州交割一千一百里合之僅一千六百五十里而風濤險惡甚難迄濟查閱舊卷今日報某船被風明日報某船閣淺舟子填于魚腹遊魂泛于波濤天風起于倉忽性命懸于剎時地如彼其近也運如此其難也今議

海運俱至盖州盖州套窄小淺灘形如半碗而
碗口礁石崎岈勢同攢劍必小船方可進入而
所泊僅可二十餘隻又必堅厚小船方可冒險
而入一入之後水退撞礁每虞滲漏大船裝数
百石者可入盖州套乎合青濟登萊四府之船
可盡泊于窄小之淺灘乎盖套不能盡容而使
各船蕩漾于巨浸之中或仍退金州交卸則進
退兩難而嘗試于蛟宮鼉窟之間恐馮夷不能
時時效順也盖州距遼陽止三百餘里登距盖

已三千餘里其去萊則甚遠矣其去青濟益遠
而不可以程計矣茫茫何有去莫窮其底止一
運而兼幾運之程一程而增幾程之費職等方
有望洋之嘆而不知其近四十六年山東米豆
頗收因登萊有餘之粟勉完二十萬之数若去
歲苦旱民間之田畝荒矣瓶罍罄矣因無米而
改折漕粮因改折而反增海運暮四朝三所以
悦狙者加之疾矣夫漕運者運軍自駕船領兑
外只憂無米不憂無船今歲饉而米安在也米

即多方轉糴而船安在也查往牒先年武德道
運粮四萬石造船一百九隻登州道運粮七萬
石船一百隻萊州道六萬石船一百二十九隻
青州道五萬石船八十五隻又留戶部銀八萬
五千五百兩兵部銀二萬七千兩工部銀二萬
二千五百兩為募船之費而各船派造於淮揚
浙直天寧洲清江敞之間殆無虛日於時工部
造船戶部督餉索船則船應索銀米則銀米應
今則此卸肩于彼彼卸肩於此

題疏曰二百萬覆疏亦曰二百萬及至問船則問
之水濱計餉則計之筆舌職再問道臣六十萬
粮當用船若干曰須船六千隻職竊訝其多已
而思之盖套小不能容大船盖套遠青萊濟南
不遑兩運道臣非謾語也必有六千隻之船而
後有六十萬之餉每船計桅木二根必有一萬
二千之桅木而後可駕六千隻之船造船之責
自有司之者山東向無木植亦無船廠船備而
粮不給猶可督責山東倘餉集而船不至罪豈

在東省耶遼餉地輸陸輓尚急牛車詎海餉浮虛駕空可緩船隻必海輸而後能陸運必船到而後可車載既無凌波飛渡之衆安用盤山過嶺之牛若謂草料先須車運則馬飽而人饑防遼豈專恃馬哉職見天津船隻餉臣之嚴督淮揚者甚急何可獨緩於山東故今日以造船為第一義以車運為第二義不急船而急車難視陸而易視海遠視三百里之遼陽而近視数千里之蓋套則職之所未解也至於召買三十萬

之說則須餉臣及遼臣另為設法召買而實非道臣之所能任何者商非東省之商也既謂之商則聽其自來自至而非可以法令拘職等之令能行于東省而不能行于他省職等之捜粟能行於受田之民而不能行于遠地之商今之所云召買者將曰召淮商乎淮商慣東省之留船無出途之想矣更惧遼左之阽危無涉海之思矣淮商何可招也將曰招遼商乎我未必得遼商之大利而且受遼商之大弊所謂大弊者

挾遼逃而來匿硝黃而往是也職等於招商一事悉心以問屬官謂該道揭示經年多方招諭並無一至該道極言其必不可招而餉臣亦烏能招設果招徠有法今歲二十萬之粮何無商運而獨苦民間之拮据乎宋繼登王化貞諸臣見在遼薊商賈屬其統轄餉臣倘能責于遼臣押商船以至登萊職等當諭道臣弛遏糴之禁盡加惠之方使其轉販而往第恐招商而商不至則諸臣之不能踐其言而于道臣無預也道

臣欵擔當而未能不得已而有淮船運粮至膠州起運至昌邑搬入海船之議竊恐淮船既運粮入海未必有用而不盡之船以供山東之運淮船不過成山海船未必即至昌邑非必濟之策也然則三十萬石之召買不幾為畫餅乎如

廟議必欲召買乞

皇上即以此責成遼左諸臣令其招商轉糴勿以此總屬于山東該山東地方必不能召買道臣原無招徠之法必不能擔當職等必不敢飾雷

同之謾語以誤飭臣而重悞軍
國也至于山東添運三十萬揣力殊不能承然事
關
國計當盡力以括全齊之粟使婦子負載于途牛
馬轉輸于路運至海濱以圖接濟倘有米無船
以至悞運則其責又不在職等也伏惟
陛下勅當事大臣虛心覩理共期匡濟仍
勅工部速為造辦船隻轉發山東領駕渡海共登
萊青濟四府既任煩難之海運希免重叠之加
編懐之以恩而後可儆之以法鼓舞人心令其
樂于輸粟寬民力以濟遼陽固今日救時之急
着也併祈
聖明俯恤馬職等可勝延竚
正月二十八日奉
聖旨戶部知道
本年三月二十二日該
戶部一本題前事山東司案呈奉本部送戶科
抄出山東巡撫王　題稱前事又該山東巡

按陳　題同前事俱奉
聖旨該部知道欽此欽遵抄出到部送司查米豆
之數俱係督餉部院酌派山東省六十萬石業
已計兵而筭數似不可少今該省撫按諄諄數
千言而謂六十萬石山東地方不能召買此係
督餉筭派定
題請之數本部難以更易竟覆合無移咨酌妥咨
部以便
題覆等因咨會去後今該督餉部院回咨看得經
畧原疏計兵十八萬每歲用折色銀三百二十
餘萬于內計本色米一百餘萬石即可減折色
銀一百餘萬兩此皆因兵計餉之定數也本部
院不過據其原疏之數以分派各省直耳其間
海運之道惟山東天津淮揚三處而淮揚有成
山之險止派三十萬石其山東海道最近派六
十萬石天津派三十萬石而近開芝蔴灣在薊
密永等處向來無船皆藉天津之力為運是天
津合薊永密三鎮到關之粮而計之亦近五六

十萬石也今淮上移書稱難天津道屢次呈稟
求減而山東又已疏
題請減矣夫山東為本部院舊遊之地前者屢疏
稱海運之艱船隻之少豈今甫離其地遂爾求
多但此二百餘萬之米係經畧疏定之數若經
畧肯為減兵則本部院何難減餉今經畧尚苦
兵少屢疏催發則本部院何敢為減餉之議餉
不可減則山東請減之數將添派于淮上乎淮
上有成山之險見在稱難矣若添派于天津見

有五十餘萬之運何以又加也減之于此必加
之于彼海運止此三處而在在稱苦處處求減
欲于原派數內一處無減而加于彼處則彼處
派數原多亦在求減誰肯復增立見兩相躭悞
本部院一身不足惜而遼左脫巾之變可堪立
見耶查得山東海運最近脚價所省獨多若以
所省之價加值以糴于民間似亦無難又山東
往歲登萊之米多販于淮安今南圻既禁其往
則以比至遼陽亦為肯應也況登萊之間民間

有米者每以變換銀錢為難此本部院所親知
者若將入京錢粮准改本色上納于民尤為兩
便則之六十萬之派雖多而本部院原非獲已
亦望東省院司道府為協力同心之濟也若云
免是在本部院之所敢言矣至于船隻已行淮
安造船五百隻原為山東天津二處分用之資
屢行嚴催尚未回報尤望本部之為請
旨考成也擬合咨覆等因到部送司一併案呈到
部看得餉臣增加海運迺因經臣增添援兵而

派計兵派餉原非得已迺東省撫按諄諄告減
臣亦移咨餉臣再為商議而餉臣備將兵餉二
事從長酌覆前來兵多餉少勢必鼓譟而封疆
之利害安危所係似難裁減具見餉臣與臣部
非故于派多而東方之臣亦當體亮委曲必完
其數可也其所需糴併動支該省新舊加派尚
有糴剩其京邊錢粮係九邊舊餉之定額勢難
混用也至于船隻原屬工部專任前已咨會許
開南部年例蕪税等銀尤望

皇上勅諭該部速速嚴行各廠承造官員勒限報
完以不悮餉臣之用如有地方故違怠緩悮事
者仍聽餉臣單疏糸究庶運事克備而遼餉有
賴也既經撫按具
題前來相應覆
請恭候
命下本部移咨各衙門遵行

欽差整飭登州海防總理海運兼管登萊兵巡屯
田道山東等處提刑按察司副使陶　為海運
事照得山東海運已有定例每船載千石者用
水手十四五名載七八百石者用水手十餘名
載五六百石者用水手七八名載粮有多少用
水手之多寡隨之所以節浮費恤遼餉也今召
募沙船者民多用水手希圖關粮且水手一名
照東征事例每一名工價一十八兩安家銀五
兩如減去一名省銀二十三兩如百餘隻船裁

去三四百人省銀幾萬如彼云照東征事例但
今日止運粮餉非徃日駕舟應敵比也又好召
募船隻者民不論裝載多少只以船頭寬窄喫
粮似乎喫粮一樣裝載不同且有不均之弊謂
宜量其所載以給工食乃為既廪稱事相應備
行酌量奉行為此牌仰本官照牌事理今後雇
募淮楊蘇松等處沙海等船務須與彼講究加
意節省俟事成之日另為陞賞毋得靡費官帑
泛常唐塞取罪不便須至牌者

一牌仰募船委官把總梁聘村
一牌仰募船委官守備魏國臣
萬曆四十七年十二月二十八日

山東等處提刑按察司整飭登州海防總理海
運兼管登萊兵巡屯田道副使陶　為查議造
船銀兩事萬曆四十七年十二月十三日蒙
欽差巡撫山東等處地方督理營田提督軍務都
察院右副都御史王　憲牌前事案查二十五
年征倭赴淮安及南直等處造船共銀四萬五
千兩二十六年造船共銀九萬兩俱于解京庫
料價馬價銀扣除係户兵工三部協辦業經
前院具

題奉
旨下部速議旋因議停海運未據題
覆近據登州府揭報造船借支銀一萬三千八百
八十二兩零又借銀七千四百两未經補庫夫
海運方來未已粮数增則船隻亦增增船而料
價從何措辦登州真不涸之府可繼源源借貸
耶合應速議以便題
請為此牌仰本道通查自海運以來登萊等府共
造過運船若干雇募過船隻若干水手月餉若

千曾否支動遼餉借用過錢粮通計若干於何
項堪以扣抵可否照依先年事例扣留觧部錢
粮查邸報天津所用運船俱責成淮徐楊州各
經管道府督催前項船隻是否分派登莱協運
今青濟二府續添州縣過海粮船登州曽否預
備事急期迫若責成各州縣自備船隻裝載恐
一時難辦必致違悮須從長酌議以便各屬遵
行限牌到五日内查明具報毋違蒙此又蒙
巡按山東監察御史陳　憲牌亦為前事等因

牌行本道自有海運以來共造過運船若干隻
募過船隻若干水手月餉若干曽否支動遼餉
借用過錢粮通計若干於何項堪以扣抵可否
照依先年事例扣留觧部錢粮查邸報天津所
用運船俱責成淮徐楊州各經管道府督催前
項船隻是否分派登萊協運今濟青二府續添
州縣過海粮船登州曽否預備事急期迫若責
成各州縣自備船隻裝載恐一時難辦必致違
悮須從長酌議以便各屬遵行限牌到五日内

查明具報蒙此遵依隨備行登萊二府查報去
後今據登州府呈稱依蒙查得萬曆二十五年
征倭運粮節奉本道轉奉
督撫軍門尹　明文差委登州衛千户李國勳
領布政司銀三千六百九十三兩前往遼東寛
奠地方打造遼船十五隻每船并什物等項價
銀不等共用銀二千六百六十一兩召募水手
等役共二百二十四名共支工食銀六百五十
八兩八錢通共用銀三千三百一十九兩八錢
餘剩銀三百七十三兩二錢觧還本司訖續蒙

本道轉奉
軍門萬　案驗准
總理糧儲部院趙　咨備行蘇松兵粮道雇募
商船二十隻并舵工水手等役二百四十五名
差委標下鎮撫沈鍊督押分發登萊各十隻通
共借過蘇州府銀二千四百六十六兩五錢五
分各役在彼支領訖此因前銀登萊二府無銀
補還呈詳海道轉呈

督撫軍門批行布政司覆議將前借銀兩呈詳
軍門移文
應天撫院行令蘇州府准其開銷免行償補各
後歷過日期應支銀兩不足又蒙布政司發充
餉銀分發登萊二府各一半銀一千五百六十
六兩作為廩餉船租訖後又不足又動登州府
屬棲萊二縣解到脚價銀八百四十四兩六分
一釐二毫給船户陸安國等支用訖為照今歲
運糧所造船隻前差主簿徐弘諫往淮成造遼

船二十隻千户劉一源造船四隻并修補置買
遼船六隻把總傅與寧往塘頭成造遼船八十
四隻共計一百一十四隻後又隨差縣丞徐弘
諫齎領官銀往南仍造前船尚未完報前來難
以拘定其數統計造船共借過府庫民屯銀二
萬一千二百八十二兩二錢三分六釐内除傅
與寧領銀八千四百兩造船近蒙
院道明文本官所造船隻分發濟青二府運糧
用過銀兩已經關取尚未償還此外尚借銀一
萬二千八百八十二兩二錢三分六釐又募各
處粮船大小不一共計二百七十餘隻其水手
月餉雇船水脚共動府庫二萬三千九百七十
一兩三錢五分七釐九毫一絲九忽五微内除
動支過遼餉銀八千三百九十兩七錢三分一
釐九毫一絲九忽五微尚借府庫民屯銀一萬
五千五百八十兩六錢二分六釐除萊州府借
去銀一千兩已經關取外實借庫銀一萬四千
五百八十兩六錢二分六釐及查借動銀兩欲

在解部錢粮抵扣而今歲起解錢粮俱已徵收
本色且支用已盡並無別項銀兩可以抵補至
於天津所用船隻並無奉文分派登州協運其
濟青二府海運州縣應用船隻登州自運尚無
船隻焉能為彼預備相應行令各該府速自為
計庶克有濟及查水脚借過民屯銀兩已經呈
詳請發加派銀兩補還若造船借過民屯銀兩
除濟青應還外合無比照先年事例請動司銀
發補庶庫藏得以清楚而海運亦有責成矣等

因呈詳據此又據萊州府呈稱依蒙查得萬曆
二十五年征倭運粮朝鮮節奉
軍門明文差膠州同知曾儼方高密縣典史郭
鏠萊州衛指揮楚邦楨經歷温如玉等前往淮
安蘇松等處造過淮船二十九隻遼船十五隻
唬船六隻共五十隻用過布政司銀一萬五百
二十九兩六錢六分八釐又委本府司獄王永
春前往淮安等處雇募淮船六十隻用過布政
司定價銀一千二百兩委官吏目丁尚白召募

舵工水手支過安家工食多寡不一用過布政
司銀三千六百二十三兩五分九釐本府船租
銀八十四兩以上通共用過銀一萬五千四百
三十六兩七錢二分七釐俱准開銷比時並無
動支遼餉亦無抵補前銀通計所運不過七萬
餘石耳今粮增八倍需船甚多本府所屬州縣
運糧船隻除打破船六隻及討照回南五隻并
借給水師雇船一隻與未到三十六隻截行州
縣追押外見在海口守東船一百二十一隻可

裝糧五萬八千五百四十餘石又奉本道憲檄
見今差官劉一進領銀二千兩請發
院道公文往淮雇船一百隻恐不能足数似應
責令平素多船如樂安等縣借銀與該縣有船
船户使各造五百石船一隻使各招集舵工水
手以裝官粮其所借銀兩每運水脚扣還三分
之一三運便全完矣運船不官造而借銀與船
户造者何官造則各役有尅落之弊恐船不堅
固所雇舵工水手不停當恐船易損壞雖有節

省之名不免以粮嘗試不若船户自視其船為
家而所雇必得其人之穩便也其劉一進雇來
船隻分撥少船州縣合聽上裁若夫天津所用
運船責成於淮徐揚必無協運登萊之理其雇
船銀兩合於東昌兖州不運遼粮州縣動支新
舊遼鎮銀兩解補庶借動正項錢粮有歸着也
緣由各具呈到道據此查勘得登萊二府所呈
萬曆二十五年征倭運餉登州府打造遼船十
五隻并什物水手工食共用布政司銀三千三

百一十九兩八錢又往蘇松雇募商船二十隻
登萊各分十隻并舵工水手等役共借用過蘇
州府銀二千四百六十六兩五錢五分開銷免
補尚有各役歷過應支銀兩又請司發銀登府
分一半銀一千五百六十六兩又動捿萊二縣
脚價銀八百四十四兩六分一釐二毫萊州府
打造淮船二十九隻遼船十五隻唬船六隻共
五十隻共用過布政司銀一萬五百二十九兩
六錢六分八釐又雇淮船六十隻用過司銀一

千二百兩又舵工水手工食用過司銀三千六
百二十三兩五分九釐又用本府船租銀八十
四兩通共用過銀一萬五千四百三十六兩七
錢二分七釐俱准開銷並未柢補亦無動支遼
餉又查今次運粮所造船隻如登州府除徐弘
諫見今在南造船未到難以拘定船数外今已
造完并修補船隻共一百一十四隻統計共借
用府庫民屯銀二萬一千二百八十二兩二錢
三分六釐內除委官傅與寧原議造船六十四

隻領銀六千四百兩後又續發銀二千兩共銀
八千四百兩造船八十四隻近奉
兩院憲檄將此船分撥濟青二府運用此項銀
兩聽彼兩府償還外尚借銀一萬一千八百八
十二兩二錢三分六釐又募船二百七十餘隻
水手月餉雇船水脚共動府庫銀二萬三千九
百七十一兩三錢五分七釐九毫一絲九忽五
微內除動過遼餉銀八千三百九十兩七錢三
分一釐九毫一絲九忽五微尚借府庫民屯銀

一萬五千五百八十兩六錢二分六釐內除萊
府借去銀一千兩聽其自還外實借庫銀一萬
四千五百八十兩六錢二分六釐再照萊州府
船隻除打破船六隻及討照回南五隻并借給
水脚雇船一隻與未到三十六隻該府覈行各
屬迎押外見在守凍船一百二十一隻又今差
官劉一進領銀二千兩往淮雇船一百隻又該
府慮恐船不敷用仍令平度有多船州縣船户
借銀令其各造船一隻其所借船價每運水脚

扣還三分之一三運全完及查解部錢粮登萊
本色最多並無別項銀兩可以抵請其濟青所
用船隻查登萊兩府州縣俱屬運邑所得船隻
尚不敷兩府之用又安可為舍己耘人之理相
應各自備辦庶便責成至於造船借過銀兩先
該本道於
前院李　在東時稟過此銀即在水脚價內照
雇船事例陸續扣清清訖乃止亦於新舊遼鎮
內作筭似不必動別項錢粮補庫合聽本道扣

清之日造册報
院便為清楚矣然此乃就民屯出納之由及前
此已成之議而言也若目下遼粮加至六十萬
石則需用淮揚浙直等船不下三四千隻雇價
業已不貲雇之不能取盈勢必大費打造遼鎮
新加數內既議留一半以餉士兵所餘之一半
即糴粮尚且不足安能又借庫銀以望抵還也
竊謂此後應照征倭事例議留戶兵工三部銀
充作打造雇募之用庶東省之財力不至陰耗

於遼事而登萊竭其力以供征輸尚得存其帑
以備不虞也緣蒙行仰查議造船銀兩事理本
道未敢擅專擬合呈請為此今將前項緣由同
蒙憲牌理合具呈伏乞
照詳施行
一呈　撫按兩院
萬曆四十八年正月初九日

山東等處提刑按察司整飭登州海防總理海
運兼管登萊兵巡屯田道副使陶　為仰遵
明旨酌議海運等事萬曆四十八年正月二十四
日准
山東等處承宣布政使司照會本年正月十三
日蒙
欽差巡撫山東等處地方督理營田提督軍務都
察院右副都御史王　批據濟南府申本年正
月初六日蒙登州海防道憲牌前事案照先蒙
督撫軍門王　批據本道呈前事已行登州府
節次借動銀八千四百兩責差委官傅與寧前
往壽光樂安等處打造船八十四隻原係造為
登州之用今新行分派濟青二府應用其前借
登州之銀合于濟青解還除前船已行分派外
合行取銀解補為此牌仰本府即於府庫銀兩
照単動支給還登州府以補前借并找給傅與
寧分給船户其船准給該府亦照単数分給該
縣運用又単開濟南府属共船五十三隻濱州

船二十五隻利津縣船九隻蒲臺縣船四隻霑
化縣船四隻海豊縣船十一隻以上共該船價
銀五千三百兩該找給傅與寧水脚銀二千六
百五十兩通共七千九百五十兩開単牌行到
府蒙此行間本月初十日又蒙本道憲牌仰府
即将該府各属船價銀内除每隻該銀一百兩
解還登州府庫仍每隻加添水脚銀五十兩徑
給委官傅與寧分給各船户領用具由查考蒙
此又蒙本道憲牌仰府即将該府所属海豊縣
船户趙廷弼李淳儒周家賓張小亭張治田劉
才愛六名并蒲臺縣船户李仁峯李時鳳韓聸
田李呈芳賈士亨五名各應造運船速於府庫
動支銀二千兩給與委官傅與寧分給各船户
領造船隻仍行各縣同委官押促完工以濟急
運其動過銀兩照前例于水脚内陸續扣還以
清庫藏施行蒙此依蒙查得本府庫内並無別
項堪動錢粮惟有一項遼鎮每歲額派銀四萬
五千二百餘兩原係委官解赴該鎮上納至四

十七年六月十一日蒙布政司信牌為那運本色以濟急需事蒙

督餉部院李　憲牌前事等因牌仰本府將未臨海州縣派有遼鎮銀兩差人催解該府收庫聽詳允日海運施行蒙此除濱州等九州縣并今續添歷城陽信章丘共十二州縣遼鎮銀兩留作糴運本色米豆外隨將泰安長清新城禹城陵縣德州長山樂陵商河淄川鄒平德平臨邑平原新泰萊蕪齊河十七州縣解到遼鎮銀

二萬一千六百八兩六錢四分八釐催解到府收庫聽候明文動支應用又一項新餉銀蒙布政司信牌為遼事憂危等事牌仰府即將四十六年未解地畝銀兩俱作海運四十七年近海州縣仍作海運不得起解餘者作速併催具數報司仍候詳允委官起解施行蒙此已催完齊河禹城平原德平四縣解到府庫銀四千四百五兩二錢八分七釐七毫零俱候明文起解今蒙前因該本府看得船價銀五千三百兩係解

登州還庫水脚銀二千六百五十兩又動二千兩俱係給付委官傳與寧造船之用據此合動銀九千九百五十兩緣本府別無堪動錢粮惟有遼鎮新餉二項銀二萬六千一十三兩三錢二分五釐零見今貯庫聽候布政司明文動用錢粮未敢擅動相應申請合無候申允日或動遼鎮或動新餉惟候

上裁批示以便動支銀九千九百五十兩內解還登州府船價五千三百兩徑給委官傳與寧水

脚銀二千六百五十兩又造船銀二千兩等因具申蒙批造船水脚應動銀兩仰布政司查明速詳近聞各屬造船以不堪板木打造搪塞茲茲大海非可嘗試該司仍知會海道船過登州一一委府佐查驗不如式者申究追賠各州縣正官驗明船隻纔發米豆倘有疎虞各任其責一面行濟南府中飭繳蒙此擬合就行為此合行移照前去煩將運到米豆船過登州希委府佐查驗不如式者呈究追賠施行准此查得委

官傳與寧督造船隻用過銀兩即是各船户應得水脚價銀不費官帑祗因各船户欲造船供應不能備辦船本故借官銀買料雇匠以濟成造不過預借與之以為造船工本責其督工速完應運迨運粮之日又即扣其水脚還官而水脚即在新舊遼餉銀内動支此奉有
明旨者毫不費公帑亦不沾及别項錢粮也今准
前因除候船到日委府佐查驗不如式者呈究追銀外其堪用者即令領運候於水價内扣清

原非别項錢粮亦非别煩該處擬合牒覆為此
合牒
貴司煩為查照轉達
本院施行
一牒　布政司
萬曆四十八年正月二十四日

山東等處提刑按察司整飭登州海防總理海運兼管登萊兵巡屯田道副使陶　為仰遵
明旨酌議海運事宜等事近接邸報蒙
欽差專督遼餉户部右侍郎兼都察院右僉都御史李　原題疏内令淮安出船五百隻赴天津運用又浙直各出海船赴天津協運俱奉
明旨督行載入考成欽遵訖為照天津運粮止三十萬石恐用船不必五百隻又天津自造并見在如去年運過十萬石者其船俱属可用又浙直協濟俱到天津将來天津之船且至不可勝

用令本道雇之于淮淮以奉
明文止給天津不給山東為辭則山東雖有六十萬之加而無船裝運雖加多亦屬畫餅也合無通将淮安浙直之船及天津自造之船通融合筭淮船以每隻一千五百石為率浙直船每隻以一千石為率天津自造船每隻以八百石為率每隻又以往返三次為率共筭天津運粮三十萬石止該用船九十一隻撥行淮安以其

餘者容給山東應用而山東目下見有粮四十
餘萬計船甚少尚不能裝十五萬又天津候漕
粮到津方可截運計期當在七八月間即淮安
淅直等船先期到齊亦望洋守候則又莫若盡
数發與山東急供目下之運而徐俟卸回之日
再分派屬津屬東之為便也合候呈詳允日迎
押山東分發登萊濟青裝運遼粮速發過遼庶
粮餉兩不相悞而軍興永有頼矣本道未敢擅
專擬合呈詳為此今将前項緣由理合具呈伏

乞
照詳施行
一呈　督餉部院
萬曆四十八年正月二十五日

欽差整飭登州海防總理海運兼管登萊兵巡屯
田道山東等處提刑按察司副使陶　為申飭
請詳文移以免遅悞餉務事照得海運創行枝
節不一頭緒縱横有
部科條議朝夕變更者有地方時勢彼此異宜
者有錢粮議動某項而原不必動者有船隻擬
屬某處而原不當屬者如此之類難以枚舉是
惟始其事者能遡其源亦惟急為呼者斯不至
緩為應也本道每行一文半出權宜然每動錢

粮必有憑據各屬或有未曉即就本道而詢之
本道便可剖析回示回示到日即可舉行如此
而有差悞罪在本道豈不直截徑速朝施夕暨
哉况海運工夫只有数月非比泛常文移可以
從容擬議者今各屬往往以本道文内事情或
請詳於
院司或轉詢於隔屬在
院司者勢必又行本道候本道回覆到日然後
批荅在隔屬者一郡有一郡之所宜一邑有一

邑之所宜彼地之所行者未必即可做行於此地追至行之不通而又來詢之本道往返之時日不知耽閣過若干停泊之船隻不知守候過若干收糴之粮價不知騰湧過若干矣則何不即詢之本道回咨詳而呼應速一不枉費工夫二不浪費錢粮也合行申飭為此牌仰本府官吏照牌事理即便轉行海運廳及海運州縣今後凡有牌票批詳不能曉暢者或本道議行而該地方難行者不妨明白申請相為斟酌毋㥘

嫌疑謂覆請近於駁上屢詢恐致憚煩而舍近求遠廢時失事本道勞怨俱所不避虛受實所自矢幸賢者各相體亮共襄茲役遼左百萬生靈寔式憑之須至牌者

一牌仰濟青登萊四府

萬曆四十八年正月二十五日

欽差整飭登州海防總理海運兼管登萊兵巡屯田道山東等處提刑按察司副使陶　為仰遵

明旨酌議海運事宜等事照得今年船隻不能多于去年而所加遼粮比舊多至五倍則須一船抵六船之用乃可完事也而欲一船抵六船非一船運六次不可欲一船運六次非運用多官收卸快便不可得矣今立法如某縣應運粮一萬石查照原行以一官押運五千為額即當先遣一官空身到遼預備卸場囤集之處俟押運

官到日即便分任其事一在船起斛一在坼查收蓋套有倉即交入倉中蓋套無倉即用帶去鋪墊蓆草囤成露積卸訖即回完一船即發一船船回之日此地又復再裝倘原官在遼有事未回此地又差一官速裝如此急急為之庶可勉及六十萬之額耳合行申飭為此牌仰本府官吏照牌事理文到即便轉行運粮州縣查照應運米豆數目當以五千為一官之運数多該運官毋州縣速遣能幹官一員先行赴遼料理

兩地務須如法裝載收卸黽勉從事以足原額今本道亦惟以運次之多寡為州縣之勤怠往返六次者為上上五次者次之四次者又次之三次者為平常二次者為不及一次者查其奉行先後分別条罰各當奮急公之義毋自貽噬臍之悔仍各具遵行緣由報道查考俱毋故違未便須至牌者

一牌仰濟青登萊四府

萬曆四十八年正月二十五日

癸運遼餉祭海文

維

萬曆四十八年歲次庚申正月庚辰朔越二十七日丙午

欽差整飭登州海防總理海運兼管登萊兵巡屯田道山東等處提刑按察司副使陶　敢昭

告於

勑封靈應護國祐民明著天妃東海氏之神曰春王正月運事載始我治我粻于海之汜緬玆海汜

繄

神之宮奉時烝嘗殆罔予恫維予之衷維

神之鑒海運之興誰泛其濫遡自戊午築舍未成帆㮣于邁亦孔之悍爰迨已未大兵肆集庚癸遄呼茲馬告急其始拒也如格蛟螭而胡急兮若求荛倪遼師既繁

司農稱匱十鍾致一賊之徵貴維予不敏峙粟庀舟粟以子來舟以鷗浮人亦有言竹頭木屑予獨何心敢違先哲嗟嗟蓄租曷可云勞維是

卒瘏其音哓哓盱斯樓檜駿發靡蓋微
神之靈式歌且舞肆傳
新詔蓋套是歸
神乎偕行匪膠匪違柖柖舟子各敬爾止勿試于
淵以憂多士剛日丙午吉腥維辰
神之聽之傾予明禋尚
饗

萬曆四十八年二月初一日
欽差專督遼餉戶部右侍郎兼都察院右僉都御
史李　一本淮船雇造愆期微臣催
請力竭懇乞
聖明特賜罪斥并祈
嚴旨責成以免悞軍務事照得海運造淮船臣在
東省及督餉屢
疏力言頻且煩矣而至今稽悞者有三蓋事體重
大未有
嚴旨一也差止卑官難于行事二也應發銀兩臣
于去年十月三十日方借動造車銀二萬兩六
二月內臣部專發三萬兩工部蕪湖銀兩亦在
十二月內准發以致稽遲三也目前之運迫矣
必至悞矣臣心切焦焚于歲裡具疏立以考成
之法已經臣部疏覆俟行間適接總漕疏揭據
道府呈報淮船搜括之難及云東征舊案原于
江浙協助夫地方處處之難臣豈有胸無心不
知相體若江浙協造乞臣所感服同舟樂于行

者惟是臣前計遼餉百萬則淮船應得二三百
隻兹經臣計餉二百萬則淮船非四五百隻不
可。此因兵計餉因餉計運非臣之過為煩擾也
備查東征舊案淮上有造天寧洲有造天津有
造江浙有雇而山東則雇本地塘頭船及淮船
也臣造雇主於並行其江南浙江協助之説臣
向疏請之而未奉
旨今蒙
旨下臣部覆疏通行矣天寧洲造船之咨臣巳久

發祇候新撫臣到任此時想即投行矣其天津
見造船二百隻芝蘇灣造船一百隻登萊并濟
南近海州縣漁船搜括殆盡是臣原未專主於
淮上一處也征倭止計本色七十萬石未及運
完而倭平今計餉二百餘萬粮数既倍船数亦
不得不倍矣若武弁卑官原不足任臣屢疏
請專委司官不得行委淮安府佐一員專管又不
申報無可奈何故委梁聘材以往正謂具咨以
請商于諸臣耳即如經歷程惟守縣丞徐弘諒

州同徐應龍皆卑官也委以錢粮臣寢食為之
懸念使兩地有專官力任其事臣亦何委此武
弁卑官為哉臣今計之造船又須雇人其費鉅
雇沙船則人船俱雇其費省惟在道府諸臣親
為查驗毋聽虛報查其雇到沙船實在若干之
数先為量給安家行粮押發前來其造者添委
府佐會同買木鳩料勒限報完陸續運發銀兩
不足即將各司府庫銀不拘起存暫行借用俟
加派新餉補還此皆優議價值實動錢粮非强

取于民間者何得言難乎且今日之難不獨一
處然也近地省直征兵矣買馬矣運火器矣買
騾車矣牛隻矣臣非不知為勞民傷財之事然
皆疾首痛心而為之即碎骨糜軀不足酬臣之
罪第遼兵十八萬不可缺則本色二百萬之餉
不可缺餉不可缺則所運之舟車不可缺此地
稱難彼地孰肯稱易惟有束手以任其悞耳十
八萬兵齊至之日脱巾一呼彼時臣一身甚微
即捐之以謝遼而何濟于遼何益於

國家之大事耶至於遮洋一總此
國初舊制東征曾開之前總漕移書於臣亦謂可
一行况以二百萬之運可獨責於山東天津二處
乎臣前分派疏内已悉而淮上海運所慮者從
來止曰成山一險耳近登州道臣陶朗先具禀
於臣云見臣疏
請截漕開遮洋總此議已定即以一半由淮上過
成山嘴經赴蓬萊閣該道該有嚮導漁船于成
山以待可保無虞此一便也又以一半運至膠
州乃商賈常行之道二日可至一抵膠州盤貯
在岸聽道臣陸運一百九十里至昌邑縣之淮
河入洋徑達盖套此即数百年來開膠萊河之
遺議畧相同也前按臣畢　巳建議及之而
今為甚便容臣與漕臣再加酌議行之但山東
派運巳多又接運淮上截漕之粮而省淮上過
成山之險則淮上即多為造雇船隻以濟山東
亦彼此分任之當然也伏乞
天語叮嚀漕臣與臣一體督同道府作速舉行其

天寧洲造船則在江南撫臣督該道府如有遲
緩漕臣撫臣與臣一奉考成之法繩之庶猶可
為臨渴掘井之計也夫銭粮数至十萬委皆畢
官萬一有失誰執其咎今委永平府添註推官
來斯行先往督催侯添註司官到日令之總理
其遮洋與膠州議定即于青登萊三府内責委
府佐一員於淮安膠州之間往來催查船隻而
本地府官事權更便其淮安府定委府佐一員
耑管尤為喫緊該臣久催不報如有推諉者該
道具報以憑糸究抑臣又有
請馬日來車牛之数以申詳之遲臣未及言責臣
以罪臣誠無辭淮船一節臣敢預為申告
皇上即
下部科查臣於淮船之事一向怠緩不言不催不
議處銭粮以致悞運則速置臣於法以為人臣
任事不預之戒如臣前後諸疏具在
御前臣言之催之議發議借而道府諸臣不行以
致悞運則異日臣不獨任罪也總之臣人微望

輕不足恥重致負
任使罪狀甚明原不敢一毫推避但
皇上姑息臣一日則悮
國家大事一日併乞
速賜罪斥以謝封疆以報
皇上而已淮船再遲遼運不行遼事去矣惟
皇上念之

萬曆四十八年二月十四日
戶科給事中官　一本為敬攄援遼管見以
祈
立允施行事竊照遼左雖緣經撫同心之故河以
東西半步安堵然而奴之不遽來者為養全力
耳跡其去歲尅撫順不即攻清河而逾時廼攻
尅開原不即破鐵嶺而逾時廼破養精蓄銳伺
釁乘機蓋從來已然今之半歲不動正恐其不
動為大耳計春夏間必到遼陽城下不然則出

牛毛寨取寬奠不然則遶鳳凰城裡而攻鎮江
不然則走金復海蓋四衛遏絕粮道皆事之未
可知者地里綿亘兵力单寡不能遠捄河東粮
半壁危如纍卵舉
朝臣子猶復泄泄視耶往者播州遠在天末且被
我兵一攻即走入囤上有何難剿當時且調海
內兵二十餘萬其調之各土司復十四萬不與
焉用監軍道者六園四川一省監司郡邑皆罷
撤一切刑名簿書而專備征繕之用又米穀不

聞滕貴金錢尚易措辦令一省轉輸始得軍腹
果然因而奏凱今遼為
神京左臂其存亡關繫
宗社是何地方奴酋所向如意是何氣勢我軍敗
衂之後是何心胆清河軍一萬六千逃去强半
是何景象而舉
朝尚泄泄玩耶以兵言之聞遼兵除逃外計見在
主客雖八萬而堪戰不及一二萬人薊鎮兵及
見在昌平天津通州等兵遼望之急如星火而

司馬之遣行不嚴司農之發粮不速聚千萬烏
合之衆于中乾外渴之時微糈不足以飽而追
處未易以安涇原之變祇恐不在奴後如近者
浙兵行至徐州鼓噪賴該道及鄉紳萬崇德多
方慰諭始獲帖然豈非其殷鑒耶經畧慮兵之
不精而以科臣簡汰
請兵垣慮科員晨星無可遣者而即以募兵之臣
請汰何兵部若置罔聞也遠兵之來自須到關簡
汰若在薊通昌津者與其到關而後汰已糜数

百里往復行粮似不若科臣親到各地方就近
簡汰為便恐遼之望兵甚殷近兵即宜蚤發若
延緩俟汰愈益愆期刻下馬上差官趣令就道
此更兵部之急着也至各邉兵之調較腹裏宜
多須擇偏裨以下有志氣者統領親丁最為有
用盖邉兵生長塞外胆力雄勁金鼓騎射童而
習馬往往喜得殺賊之利走死地如鶩頓其為
私恩者盡人而是為公義者百不得一也将官
揀精壯而厚糈恩養命曰親丁同苦分甘情若

父子護衛若手足頭目冲鋒陷陣庶幾得之此
輩其視匆匆招猍而令素不相習之将領臨長
其上有何情誼而頓為效死乎故臣謂邉卒必
貴親丁而領親丁則非偏裨以下不可盖大帥
冨貴已極精神意氣半耗于聲色半靡于逢迎
全軀保妻子之念重捨命蹈險阻之意輕即不
敢以此槩天下而此類甚夥若偏裨之材勇者
進取有心出身無路題以英雄之目開以功名
之門而感奮争先者多矣大抵将官之效死力

為功名者什九為忠義者什一惟名與利可以
使人偏裨起家之始既得啗以高官而又厚其
禄廪不妨寬其出入之数庶可得奔命如飴夫
防将官之冐者防其剋軍自潤耳若以匱乏之
故併郄養士之資寒儉謭薄顧安所得結其驩
心而鼓其英氣哉計九塞已多起程若猶未發
兵部不可不星速行檄令如臣議者也以餉言
之充足未易飛輓後艱各地方官如袁應泰之
竭蹷陸輸陶朗先之悉心海運豈可多得若遮

洋總一開由遮洋至膠州陸運纔計百里由昌
邑入河做膠萊河遺議此為兩地之便料淮上
安得推諉如前日耶聞遼倉正月無粮止有海
運粮数萬石見貯金州距遼七百里而遥裝運
不到臣前曾引同官人運排撥之説若從軍中
脱弱不堪戰守者揀出行之亦足濟無車之窮
但慮道里悠長晝飡夜卧未知便否是在遼之
道臣仔細商酌何如耳聞遼米一斗二錢草一
束二分芻柴一束一分六釐每一軍一馬須銀

一錢二分方彀一日之用今止月餉五分馬乾
三分軍何以不饑馬何以不死軍又以忍飢不
過至奪馬料而速之死謂宜照本色料𥹋貴則
加賤則减庶得恤士料餉之宜可收士飽馬騰
之效且歆俟遼平未卜早晚屯田接濟經久可
行詞臣徐光啓曾於津門地方行之既效者第
不識有数之軍能那出脆弱者以教之開墾否
此合人運二議總在彼中臣難遥度而至于措
餉則八百萬金之数廼經督撫道諸臣與餉臣

僉議不可毫减者而日所加派止四百萬耳尚
少其半即以四百萬又以各處征調先行動支
者什之六七此立盡之道也即
廷議非不知派于民助于官踵襲于開納者為非
是而無柰計数太侈取盈為難餉臣尚于事例
舊册請
旨加添而官若民尚須設法于派助之外總之
王土
王臣當此

主憂臣辱之秋均有[illegible]之誼若出[illegible]
出舟出車出牛出騾之[illegible]亦既苦矣此外若分
雞犬稍寧詎容遍擾而[illegible]其所司忠憤激發情
願輸將或官或民曲為[illegible]舉則又臣所躊躇四
顧而不忍言者縱民難再加而官稍曲處或亦
可行譬如郡邑中梵宇結緣文昌閣多有經營
不日立地告成豈其急公大義而不能為之所
乎前年鉅鹿知縣翟拱辰未有議而先首倡迄
今談者猶為稱讚至于天下冗員應裁臣與同

官商確再四乃計所裁即一千員計每員即一
百兩總不過萬金而止然而銖積寸累少可為
多近有專主此議者户部亦姑試採之若博士
談讌盜蹠內典當一條臣等亦曾商及但其三
十金之為拘拘而不知南北當舖子母贏縮未
可執一就中裒益在户部之速為酌覆耳他若
十庫折色歲可得數十萬臣曾屢
請不報然猶計
[illegible]綸允折

聖明為政而權宜徑折期臣子為政蓋臣舊叨廵
視知該庫設在
內府而臣等外廷難于踪跡雖經[illegible]入而一入之
後烏有子虛往往至于不可問若省直藩府實
心為
國徑以十庫本色酌其可折者折解太倉但彼此
廵差明知權變互為通融而不以執掌爭有何
不可若恐于
皇上為欺則户部一疏題

知嗣後仍壓解一年以補原数更權而不失其經
也夫户部有各攄一得之揭矣愚者千慮必有
一得今决筴于智而先限人以愚聞
廷臣亦各攄其愚久矣而不聞採擇此何以解馬
頭初十日臣以職掌入庫驗兑收放纔收得外
解新餉銀十萬登時放訖索然一空至舊餉之
無解亦已久矣與言及此大可寒心以征兵征
餉內外各衙門言之四海大矣遼一隅耳為一
隅故而將四海之兵力民力洗索都盡根本內

瀆識者先憂但病急治標原非獲已今為遼慮當思遼無論存亡不可不固内地而不宜專諉之遼為目前救焚拯溺慮當思遼亡則籓籬既撤又何以固内地而不得不急捄遼况無遼即無
京師無兵餉即無遼此理甚明人所易曉若各地方兵卒匱尚可漸補庫貯匱尚可漸充非若遼之一敗而萬有餘喪此亦人之所易曉者臣頓出兵去處星速遣兵出餉去處星速解餉而至

若主兵主餉兩部是憑在主兵者欲足十八萬之兵必當與戶部計八百萬之餉在主餉者急湊八百萬之餉方能為兵部養十八萬之兵今兵部以錢粮不給不能為各省鎮處補兵馬器械而各省鎮以此不肯調發戶部執稱所司者軍士月饟而月饟外安家行粮買馬製器等項多諉而不肯認以致日復一日兩部曾不聞聚族而謀旦夕督鎮兵一齊出關不知兩部何以了此臣謂戶兵兩尚書當日日造膝講求職方司與山東司兩郎中當時時覿面商究逓視同秦越意各參商兵部不急催某兵當某日到某處某日當勒令出關戶部不思某兵起程當用何餉某兵行月當用何餉某兵出關當用何餉餉不足當從何處那移何處借貸何處搜索而一味大家束手付之長嘆異時遼亡國與俱亡不識兩部堂司諸臣即碎首粉骨何以自贖耶廼若邊臣事體則亦可言者聞禦奴長技惟車與砲車嘗難破杜松之用車而敗者咎不在車

乃其輕率冒進而車不及用也若火炮則
中朝雖有而製造失傳擊殺不多唯是西洋夷人善造善放皆精妙有法計一大砲銅重萬斤者可殺人無筭在歲癸卯西洋人僅四百計耳以用火砲致我閩漳泉販夫賈子被殲于呂宋者四萬今西洋人潛住粤澳實煩有徒閩人尚多傳得其法戎政尚書黄　業捐多金購閩人之善造者十数輩至京同泰寧侯造砲于京營已造成火砲一位銅重三十斤不識經畧亦可

遣人赴京授受前法否或即令水衡備銅鳩工
如法製造運送往遼在經畧之所裁之而至于
經畧事權不可不重
世宗朝征倭之役胡宗憲節制七省今上御極以
來火落赤之役鄭洛節制九邊播之役李化龍
節制楚蜀滇黔閩粵浙齊諸省俱聽調遣今經
畧止節制河西河西無兵可調無粮可催馬匹
匠役等項一無可徵發今宜倣往例令九邊及
北直山陝俱得聽節制以重事權庶幾若兵若

餉可以經為檄取而不至于延緩日時妨悞大
事且每事不必關洛部中亦大省力若劉國縉
直聲夙著臺望久隆豈其不閑于兵而當日舉
朝推轂廼令全伍私逃毋亦身居桑梓比閭族黨
威令難施且銜列兵曹能轄將官而將官以鄉
紳故不甘受轄除逃兵仍聽當事查補外若國
縉久在彼地終非所宜或令回部仍以職方為
遼內應而贊畫原缺改為監軍另推道臣填補
此於國縉及國縉所統之兵皆為兩便若朝鮮

之當救援寬鎮之當屯駐宣慰使臣如劉時俊
之當速遣
廷臣言之甚詳臣不具論如臣言一二可採乞
下户兵二部速覆施行

萬曆四十八年二月十六日
欽差經畧遼東等處軍務兵部右侍郎兼都察院
右僉都御史熊　一本為錢粮缺乏至極軍
馬饑餓至極懇乞
聖明亟
賜裁處以弭眼前急禍事據遼東督理新餉戶部
山西司署郎中事主事單崇呈為軍餉萬分緊
急懇乞移咨速發多發以濟軍需事案查萬曆
四十七年十一月初四日本職差荅應官王廷

傑舍人徐惟相領餉十萬兩本月二十日差官
周一德武長春舍人孫友成領餉十萬兩十二
月初四日又差官韓元吉舍人陳萬策領餉十
萬兩四十八年正月初三日又差官于應另并
承差舍夜四名餉十五萬兩共四十五萬兩各
賫文赴戶部大堂領討去後迄今遠者三箇月
近亦兩箇月俱未發來詳催書催並無音耗庫
貯餉銀僅僅二萬餘兩止足正月未領粮料支
用其二月錢粮何以支持萬一呼庚即罪職何

益懇乞本部院移咨一催速發多發以濟急用
但得一言職千萬言也等因據此該職查得錢
粮蒭糗缺乏至今月而極矣正月初旬職親遍
詰各倉查問粮草共止蒭秫黃豆數千石尚不
彀補支去年十二月未領之數及查盖套海運
粮石搬運已盡各道召買米豆亦交納支放将
盡雖山海関三犋牛金復等處貯有米豆尚遠
在八九百里六七百里之外即神輸鬼運眼前
如何得到况金州三犋牛一帶山路崎嶇非俟

海水融液須舟撥運斷不能來正二兩月本色
粮豆已屬絕望猶冀折色銀兩足以接濟何意
庫貯餉銀僅僅二萬餘兩止足正月未領粮料
支用二月錢粮分文無有適餉司屢屢差官赴
部領運而戶部全不發豈以軍到今日尚不餓
不逃馬到今日尚不瘦不死而遼禍到今日尚
不太不急耶今遼陽小米黃豆斗值二錢七分
矣草一束值二分五釐蒭柴一束值一分五釐
矣每軍一日連人帶馬須得一錢四分方能過

活而所領月餉及馬乾止于八錢軍兵如何盤纏得過如何不賣襖褲什物如何不奪民間粮窖如何不奪馬料養自已性命而馬匹如何不瘦不死今軍以飢餓逃故者已不可言而馬死尤甚姑不具論只如總兵賀世賢所管遊擊盧養材下原馬一千二百餘匹死過八百餘匹而存止四百餘匹魏國忠下原馬一千五百餘匹死過八百餘匹而止存七百餘匹吳天寵下原馬一千八百餘匹死過九百餘匹而存止九百

餘匹王承祚李尚義下原馬各一千數百匹而各死四五百匹恐見此而猶不肉麻者凡搭棚合槽驗料等法無一不詳悉中軍千把總以及本軍無日不細責捴兵將官無人不叮嚀告戒然皆以無處尋覓粮草實情實語愁蹙相對而職亦口塞無以應事到今日豈但遼鎮生民阨数各省鎮官軍阨数抑亦邊腹馬匹之阨数矣即如前日三鎮遼營児皮驛一帶當賊來路頭遼左審為計頗便竟因粮草缺乏恐有乘衆心

之欲歸而猖搆訛言者不得不從衆議抽回更番散居近城村屯就食雖鎮將約束極嚴而強奪民粮民草且紛紛而告矣遼陽所屬民間粮草已被軍馬吃盡耕種已是無力田土已是拋荒職為軍愁又為民愁既為今日草料愁又為他日粮草愁而竟未如之何也近日趲運日逼各部道轉運同知通判各官日夜暴露道途身自跟運昨通判左之似為少車牛忙急無措具禀畢郎中有苹學頗道自盡之語戶部試看今

日軍馬官民是何情狀而猶漠然不一動念老成執持洵確乎其不拔矣然得無謀

國太忠籌邊太精銷兵太速釀禍太劇為催兵馬過急得罪兵部致起介介爭禮之辨今又何敢開釁戶部以重大臣厭煩之嫌為催粮草過急取怒屬官致流過嚴之謗今又何敢瀆催督餉各衙門以傷地方同事之雅軍饑而逃有軍受之馬餓而死有馬受之民被搶奪有民受之官求自盡有官受之頭而悞及封疆有遼受之陷

及姓命有職受之危及
宗社自
皇上受之除本職一身而外何以更向當事疾呼
大聲以來過激過嚴之議而尤不敢不以粮草
缺乏軍馬餓死情狀畧畧控訴于
皇上者誠欲使當事諸臣知遼禍只在眼前只在
軍民不在奴賊雖陷職核身尤得瞑目而不至
汶汶以沒也據餉司呈請移咨户部請發錢粮
職自知咨文不能感動不得不瑣瀆

天聽若此項撫臣周永春有臣心欲盡臣義當裁
一疏謂户部不許留餉廣寧給軍買馬無憑支
發至欲
請裁巡撫以求移鎮餉臣李長庚有淮船雇造慫
期微臣催請力竭一疏謂漕臣不肯頓造淮船
道府推委必悮運事至欵
速賜罷斥以謝封疆而二臣之情亦急甚矣職伏
撫臣為家當餉臣為轉輸二臣之急揔為職急
自入遼以來撫臣見兵部所允營驛馬匹及買

自宣大市口者皆羸弱不堪特為職召商另買
皆極膘壯可備冲突又将前項羸弱馬匹留喂
廣寧親騐草料直待有膘方觧職騐凡援兵過
廣寧例給犒賞行粮以為路費而山西援遼總
兵楊宗業人馬一無銀給遂有縊死且逃者職
聞之急差官賫餉銀一千兩遇路接濟始到遼
陽以致募軍製器一應軍需等項皆其費之必
不可緩必不可少者何可掣肘以誤職事至於
雇造淮船一節尤海運吃緊之務漕臣不早担

承道府各相推委假令得一任事如永平道臣
袁應泰登萊道臣陶朗先委曲幹辦何至今日
尚無成議而所派牛騾車輛在在告免一以
督餉督撫諸臣為不肯體恤腹裏地方然者不
知遼中前項情狀腹裡諸臣亦肯番慈哀憫否
兩臣着急尚求裁求斥如職時地敢言裁言斥
惟有以死求救於
皇上而已矣他何望焉奉
聖旨

萬曆四十八年二月二十二日
山東登州府萊州府合屬在籍鄉宦原任四川
巡撫王繼光等揭為運粮驟加多数福地萬不
能供懇乞酌減以蘇民生以安地方事切照遼
東危困多兵需餉海運途便軍務事殷光等誰
非臣子同切急公之義敢言運粮之艱惟近議
東省除前米豆三十萬復加三十萬石按地分
派登萊二屬貽累殊甚一時人心洶洶倍加憂
危光等有不能已于言者蓋自海運之興也米
豆出于地方船隻出之雇造夫造船卒不能辦
雇船則淮上濟北皆將有自運之粮勢必避匿
而不為東人用此其船隻之難辦計
當事者不知何如拮据猶未閔地方之害也廼
今日所加米豆則有萬萬難支者登萊二府三
面逼海四境皆山鹵地所宜惟稷黍荍秫石田
產穀不多粟豆稀少土地皆難于出糶易又難
于價其粮石之難出一也在原議不過曰改折
色為本色猶之此租賦耳廼登萊折色非盡

以粟易也為手藝為傭工為兵卒為紡績以征
逐之錐頭濟土田之不歲其銀錢原非取辦米
豆則米豆安得當銀錢之征乎其折色之難原
二也將欲責之召買乎而田少人稠地不通商
生齒嗸嗸惟食土之毛為命本處既不能糶而
鄰封各辦餉事又必無羨粟以相通糴買之難
三也往歲運米半出糴粟半碾倉穀登屬倉穀
十餘萬皆本道陶　守登時歷年來所升合而
集者萊屬米豆幾十萬石俱借充本色田畝無
出取之糴買一時價踊田廬若掃前数既已不
辦加数又何以支其米粟之難措四也二府州
縣居近水次固有而僻處山中者較多有至海
百餘里者有二百里者擔負馱載勞費殊多雖
公祖父母處置脚價力為撫恤業已皮骨僅存
耳昔日運少民間猶半運而半助今運之多民
間皆運而無助矣若更不言者是運粮之難上
五也由蓬海以至旅順其程雖近然膠州萊陽
之船東轉歷成山之險比去之艘抵遼犯盖套

之波往返既艱而交卸守候更歷時日粮之石数太多則運之次数必增海洋風濤朝夕不測恐隴種徒兒動供馮夷之一吸尤可痛惜或曰陸運止用民財水運則用民命誠膏肓之論也其海道之難涉六也山東前遇疊災田荒殆盡復業之民瘡痍未起食粮之口不藏而運粮之数亥加雖豊年且難供此誅求况去歲春秋俱旱禾稼不登菜色未蘇而麥種太遲雪澤更少今歲春事尚不可知寧有餘力以贍遼乎其年

登州道　海運摘抄　龍三

歲之難保七也奴酋有造船之舉截粮之議二府止隔一水民志搖搖已喪樂生之心一旦更征多粮念兩粟之無由若輸助之無計至上粮之勞貴運粮之艱險種種驚心鮮不駭而散挺而走矣民既苦運且加派新餉又與不運本色之異同一搜括怨望既滋則人心之難固八也有此八難即下欲為漏卮之供勢已不能上欵為竭澤之漁或亦不恐况奴酋内訌遼東首膺其禍一切取辦登萊正宜轉腹裡各處之財力

供登萊以固門戶廼以其近也調兵征餉亥先及而多取非政之平亦非計之得則減免加粮不獨區區為東人請命寔亦固藩維之大計耳如恐遼餉必不容少則四海九州賦財孰豊事勢孰緩酌盈濟虛自有標本轉移之道如必執東人而以無藝之征貧民難給事必不測山東非無事之國也人心脊脊思亂無論新派不供恐併前運三十萬亦在不可知之数夫遼東之變山東繼之無謂光等今日不言也為此具揭

登州道　海運摘抄　龍四

懇祈

台臺俯鑒利害酌量減免生民幸甚地方幸甚理合具揭

萬曆四十八年二月三十日
欽差專督遼餉戶部右侍郎兼都察院右僉都御
史李　一本為懇乞
聖明檢發部科諸疏以便責成主持派運分数以
求畫一并祈罷斥微臣以重邊計事日者遼左
危急情形具悉經臣疏內見奉
明旨知厪
聖明宵旰之懷矣抑遼左之所以危急者為兵餉
二事也兵有募發出關之難餉有分派轉運之
難分派而爭求其減轉運而辭以為艱臣之計
更詘于經臣矣備查該臣疏有經臣計兵已定
愚臣計餉難緩等事一疏原因經臣所計兵餉
之数臣為分派設處者伏奉
聖旨這計餉事宜着該部作速議覆欽此臣部據
疏覆請而
旨未下也閱臣姚宗文題為經撫二臣之疏已揭
兵馬錢粮之数等事一疏內有詳議錢粮五欵
僉議極為可行臣部據覆而

旨未下也又臣題為嚴催造雇淮船等事內催淮
船亦蒙
旨下部臣部據覆而
旨未下也臣又續題為淮船造雇愆期等事一疏
內催淮船并言遮洋總當開及由膠州起程至
昌邑淮河入海之道科臣李奇珍題為淮船勢
在必需等事一疏內欵言淮船之當造官應震
題為敬抒援遼管見等事一疏內言兵餉并及
遮洋膠昌海道等議俱未奉
旨凡此咸遼餉緊切要圖也議之覆之而不
下與未疏者同矣議兵者
下而議餉者不
下無餉與無兵等矣大約遼左之餉折色銀三百
一十四萬兩于內計米一百八萬石可減銀一
百八萬兩料豆計九十七萬二千石牛騾之費
計一百三十六萬兩草計二千一百六十萬束
原疏之成槩也由陸運言之自天津至關每石
脚費四錢自關外高嶺抵遼陽每石一兩以外

一由海運言之自天津抵蓋套每石三錢三分登萊每石二錢三分而淮上造船每隻約費三四百金不等雇水手柁工有安家行粮等項故總計非八百萬不能足今歲之用而況此外募兵買馬車砲器械等費臣部所屡爭不得而別部屡為分用者未計於此八百萬之内乎兩次加派之数纔得其半耳别項搜括之方如捐助稅契優免事例種種條議假令全完不能足其六七而

明旨一槩不下各省直何所秉成其紛紛求烕固諸臣各為地方至情而額数已定烕之於此将何以增于彼有臣疏不下而諸臣疏先下者得為躭遲亦有兩俱不下者得為覬望縱云便宜徑行終不若奉有明旨明旨中外以疆事危急不得不爾嚴立責成俾其竭蹶從事則閣臣近疏所言誠責成之第

一務此臣所望于皇上者一也原議山東派運六十萬石天津派運漕粮二十萬石召買一十六萬石順求召買二十萬石芝蔴灣船隻見少欲借力于天津總計天津亦五十餘萬之運也而真保密雲等處原俱派有召買海陸二運議在分行天津山東二處氣力盡竭猶不能足二百萬之数勢不得不復望於遼洋矣近接總漕大臣王紀疏揭力言遼船改造巳又萬分不可航海而欲截漕粮三十萬石運至天津入海是天津之運增八十萬

矣總漕向疏不云乎遼餉海運宜以天津全力行之不可獨煩淮臣臣所派于山東天津者多而派于淮者少乃欲併發天津者在天津自能截漕而何煩遮洋之運但以天津一處者而能堪八十萬之全力否乎事理易明臣目擊其决難增者也目者山東撫按二臣疏求烕派臣部咨查臣力言難烕臣豈甫離其地遂相苛求因遼兵不可烕

也則遼餉不敢減也而海運之此三處獨山東
運道相近且山東以四府而協濟海運天津以
一處而兼任薊永各鎮之運茲兩處運數相當
非臣有所偏觭于間也臣愚以遮洋一總
國初舊例而淮揚之運乃東征所行者若云遮船
久不習海勢有難強則多雇淮沙二船可以徑
達登州處及成山之險則登州道副使陶朗先
設有嚮道所委徐弘諫王裕國雇募空船俱達
蓬萊未聞有失斯近日可循之道也又如登州

道條議由淮安抵膠州起陸至昌邑淮河入海
而多助登州以船則膠萊遺議尤百世未盡之
利也至于山東六十萬之派雖覺其多然登萊
二府歲值有收則民間米粟常苦于變易銀錢
或議將應解錢粮徑徵本色或官為加值收糴
或以新開事例量減而收之必肯競赴矧東粮
往販于淮上若禁其南往今折而之北赴遼亦
轉移之術也此臣所身歷其難者而今所歷遼
餉之難更倍之倘臣毛髮頂踵有益於遼何惜

捐之而不以為并州父老之報哉臣言及此面
無顏而心欲碎矣又臣以船隻一事屢屢煩之
淮上何敢復苦為爭執第海運三處分派有定
此處言多而彼地派原不少一處求減而他處
誰肯復增二百萬之本色派之海者一百四十
餘萬行之陸者尚六十餘萬臣之智能索盡矣
處處告減臣實不能獨力任之惟祈
皇上勅下本部會同廷臣酌議遼餉二百餘萬臣
所派之山東天津淮上三處者何處可減何處

可增除此三處之外更有何策則臣願奉以從
事如其難為增減則望內外臣工求於極難極
苦之中委曲以為
國家抒此急難也試思一十八萬兵齊集之日安
所得二百餘萬之餉源源而濟之萬一脫巾集
呼彼時虀粉臣身有如鴻毛而遼左能堪此變
否耶此臣所望於
皇上之速
下廷臣會議以為

主持者二也臣前在遼左覩經撫二臣支撑之苦心憔形悴相對欷歔不過為無兵無粮也無粮之責全在於臣經撫二臣之苦臣貽其半也況人情一日不再食則飢臣是司餉不於臣問將誰問者遼左三軍之責望於臣宜也入臣奉

命一方各思生養安息而今日徵舟明日徵車臣寔為之不於臣咎將誰咎者省直諸臣之責望於臣亦宜也如車牛不備責臣以悞車牛既備責臣以擾臣職不盡立有呼庚鼓譟之虞臣職

既盡未免勞民傷財之事以致平時之愛戴變而為括取同心之肝膽相事於争持臣之罪大矣臣體素羸弱遍緣積勞百病交萃然臣不敢言病祇言罪耳今日之事如火燃眉如舟將覆如厦就傾而臣猶相争於文字口舌間也臣之罪安所逭乎尤望於

皇上之

嚴譴微臣者三也伏乞

皇上軫念遼餉緊切特將前後部科覆議諸疏立

賜

允行并將海運所派山東六十萬天津三十六萬芝蔴灣派運二十萬淮上派運三十萬之數何處可為增減其遮洋總既難行或多雇淮沙二船或行膠昌近道

勑下臣部與廷臣議定以便畫一遵行并罷臣以安遼左之軍心謝天下之民心倘以罷斥不足重加罪譴臣實甘之如飴原為

皇上封疆計非為臣一身私計耳事勢至此而不

急罪臣則遼事益不可收拾矣

山東等處提刑按察司整飭登州海防總理海
運兼管登萊兵巡屯田道副使陶　為海運必
難遥增船粮必難立辨仰祈
聖明速賜購邉之長策勿循浮泒之空言仍
勑當事大臣虛心覩理以圖實效事萬曆四十八
年二月三十日蒙
欽差廵撫山東等處地方督理營田提督軍務都
察院右副都御史王　憲牌前事近閱邸報該
戶部覆

兩院題爲海運遼粮緣由本部移咨
督餉部院查議回稱查得山東海運寔近脚價
所省獨多若以所省之價加值以糴于民間似
亦無難又山東往歲登萊之米多販于淮安今
南岸既禁其往則以北至遼陽亦為肯應也况
登萊之間民間有米者每以變換銀錢為難此
本部院所親知者若將入京錢粮准改本色上
納于民允為兩便則六十萬之泒雖多而本部
院原非獲已亦望東省院司道府爲協力同心

之濟也若云免是非本部院之所敢言矣至于
船隻已行淮安造船五百隻原為山東天津二
處分用之資等因到部覆議具
題訖看得海運三十萬之召買原非坐泒之数
餉院惟欲加值以糴於民間所云往歲登萊之
米多販于淮安今南岸既禁其往則以北至遼
陽亦為肯應不知北至遼陽可否通行淮商果
否肯應又云登萊之間有米者每以變換銀錢
為難改本色上納于民兩便是以召買之数盡

屬于登萊以銀錢易之果否兩便所稱淮安造
船五百隻原為山東天津二處分用未知此船
曾否借完分撥應運若登萊果能召買三十萬
該道力能幹辦即廣糴以濟軍興倘商販難召
北至遼陽未肯即應亦宜明白聲說以免躭悞
牌仰本道即便會同布政司及分守海右道查
登萊販米淮安北至遼陽目今有無商賈經行
人情果否肯應淮商是否可召淮船曾否報完
登萊二郡以銀錢易米可否買完三十萬逐一

查議明妥具由通詳以憑會
題施行蒙此又蒙
巡按山東監察御史陳　憲牌同前事等因蒙
此隨移會布政司并分守海右道及備行登萊
二府查議去後續據登州府呈稱該本府看得
東省六郡唯有登州僻居東隅阻山環海地瘠
民稀貿易不通商賈罕至非自今日然也即向
來所稱淮商亦只至膠州行村而止未有涉歷
成山之險營求刀錐之利者迨海運一開淮商

纍足該本府節奉
院道明文自四十六年迄今召商之示南至淮
揚北抵德津不啻數十下近復奉
督餉部院召買三十萬之檄再行揭示今又數
閱月矣并無一商來應及查南販淮安有子母
之利而無涉波之虞北抵遼陽有戎馬之驚而
兼風濤之苦今淮商實無一人來非禁之不使
南往也南往尚且不應若令北至遼陽又誰肯
舍平就險而應之是絕無經行者矣淮船分彼

誠為便計第今差官數員齎銀巨萬移文該府
雇覔該府不啻故紙視之非
本部院嚴檄專官往催恐急切不能有濟也若
本府以銀錢易米之說又未易言矣客歲盡借
八屬起運之銀并罄搜府庫數十餘年之蓄僅
完十一萬餘目今長支多銀呈請司發尚猶未
補即今竭一歲之所入除
內庫邊餉外尚不足四萬兩乃昨當米賤之日運
只十一萬餘即費五萬五千餘兩矧今值年歲

灾祲之後米價騰踴之時錢粮止有此數米價
大非昔比恐不能取盈於十五萬之數矣故欲
以易買必須加值然與其加值召商而商不來
毋寧加值于民而民可辦是陰為救人以寓自
救之術也然必有銀而後有粮也乃客歲長支
之銀未還而庫藏空虛即欲加值於本地而無
米之炊將焉能之為今之計先補前借之銀使
足後增之米此猶在登言登也若以兩府三十
萬亦宜總計兩府新舊遼餉并起運之銀為數

不足更須合之通省加派之銀因糧計價先行借發庶可措手故歲稔即多方儲蓄以待運歲歉則通融轉輸以濟急總之完此三十萬石而止此猶就召買三十萬而言也若總計四府通運之數年歲之豊歉銀兩之多寡又不可以一定拘登萊歲稔則糴買于登萊登萊歲歉不妨糴買於青齊而計所加之值作為搬剝之費總之完此六十萬石而止然糧備而船不給亦安能飛渡乎又須雇造為急而雇造之任委之卑

官小吏不無冒破支吾等弊故當專委府佐以董其事似宜于佐貳員多之府選擇而使則任專而事克濟矣說者曰登萊程近而造船有木駕使有人收買有米宜專屬之然為路誠近矣彼濟青獨不有近海州縣乎登之萊文萊之膠即不俱轉成山之險而遠于濟之霑利青之樂壽乎至於山多砂磧地盡斥鹵產木有幾即有幾許楊木以之造舟恐難涉險而任重載也捕魚之艁不敢一到深洋駕筏之流安能善持艣

掉而今歲所完之米什三收之本色什七糴之膠州是猶遠藉萊屬也大抵事係軍儲不敢不

仰體

部院急國之意故買糧唯在先備多銀登萊兩府分任之而雇船尤須專委一官濟青兩府擇任之則舊運與新添自當勉襄厥事而不敢有所諉矣允若茲也無事召商有益究黎國計畢興其兩相濟乎不然召商不應加值無從打造之借支未償雇覔之多費無出而徒今日議糴明

日議運終屬紙上之虚言也萬一誤事誰任其咎耶據此又據萊州府呈稱闕會本府海防廳查議去後今准山東都轉運鹽使司同知仍管萊州府海防事務鮑孟英關稱看得遼左計兵議餉不得不望濟於內地東省災民力竭不得不告臧於

司農司農知民力之巳竭又慮兵餉之難缺故始終議民運三十萬石之外另議召買三十萬石以足六十萬之數期不失二百萬之額所以

為十八萬衆足食計亦思所以寬東省之力也督餉部院疏云天津陸運至關每石脚費四錢自關外高嶺抵遼陽每石一兩以外又疏云山東海運脚價所省獨多若以所省之價加值以糴買似亦無難良以東省之價值雖加尚賤於别處之水陸二運所以為十八萬衆足食計亦思所以寬東省之力也職謂民間之蓋藏止有此數民運此米豆也商買亦此米豆也商人每石不加一二錢誰肯棄妻子涉海洋輕資本而

嘗試於風波之險鋒鏑之塲乎使加貴而人情肯應彼將增值糴買於登萊登萊之價必因之而騰踊踊至一二錢彼又因無利息而裹足矣是惠商召買終於無濟而反為民運之累夫民運已受累召商又增累則此三十萬所當力辭不待智者而後知也然我辭之而别省肯受之則東省與遼左并受其福我求減而他處不肯任加設使遼左乏食如今春之告急脫巾之變竊發於一朝則必歸咎於運餉官之不遵

明旨也卑職加銜理餉身非局外今蒙查議敢不畢智竭慮妄攄一得以候採擇夫東省之困困於異祲之餘元氣未復困於本色之運婦子靡寧困於地畝之加皮骨俱盡民困如此不思所以少息之而使之重困於遼運有撫民之責者當不若是恝也第遼左去登萊僅隔一水遼左無餉則無兵無兵則無遼左無遼左則登萊必被兵被兵之慘尚忍言哉即不然亦必設重兵以守登萊如今日之守遼陽也於時望餉於他

處亦如遼陽之望餉於今日也防守之害又忍言哉職思為遼左之兵又思為登萊之民仰體兩院司道軫窮民之心推廣

督餉部院惠商人之意欲以惠商者惠民似可通行而非所敢必也

督餉部院疏云加值召商糴買職謂不必召商召民可也不必加多量加可也量加而民肯輸則量加之量加而民不肯輸又漸增之務使小民得霑搬運之餘利少蘇加派之追呼如是而

州縣有不吝為其民而盡心鼓舞者乎如是而百姓有不各忘其勞而竭蹷輸將者乎回視以利誘商人之來而致騰吾民之價商受其利而民受其害不大相懸哉況商人之畏死甚於愛利即召之經年無一應者召商之說非畫餅乎與其懸厚利而召之不來孰若增價值於顛連無控訴之民便可了三十萬無歸着之局似於國計民生兩有裨益但此舉行之登萊較易行之青濟稍難蓋路有遠近而事有生熟也合無俯

將民運之三十萬濟青登萊各運七萬五千石而民運之數足矣登萊分任加值二十五萬仍五萬分派於濟青則商買之數亦足矣倘青齊之民見利而趨又不妨於通融攤派以均其利然此必豊年而後可耳若夏麥秋禾收入稍歉斷不能以取盈也然此必淮船有五百之數而後可耳若淮安無船則召商之三十萬雖具終不能以飛渡也年豊屬之天固難預料船隻屬之人似宜早圖此在

督餉部院主持有非東省之力所能為者等因備關到府准此覆看無異等因各具呈到道據此又准分守萊州道右參政陳　手本前事蒙兩院憲牌行據登萊兩府查議前來該本道看得本色之運前派三十萬則濟青登萊四郡均任之矣後派召買三十萬而諸商卒無應者是以萊府有召商不如召民之議而登府有因糧計價先行借發之議夫加值以召民則民不稱苦而有樂輸之心預發以儲運則價不至騰且

可為歲歉之備且豊收則召買之數登萊獨任之否則青濟均任之二郡所條陳俱隔垣之妙觀嘔肝之良策也至若預發糧價應自藩司多雇船隻應出淮上自有任之者非二郡之所知也抑猶有說焉民竭蹶而供之上復加派而徵之其何以堪若以加值之數即當加派之數而免其徵則又兩利之道也計今歲登萊二郡所運儲本色已近四十萬其於民運商運且將及額若稍加竭蹶便自足四十五萬之數并可為

青濟代召買之勞而特免兩郡加派之徵則惟
任
上人加之意耳等因准此為照海運之苦人人所知海運之害人人言之而尚未知其所以害也追惟海運肇行自登萊始而初年民不稱困惟至加派遼銀而民間之鹿駭魚驚始不可勝言蓋登萊之民最窮登萊之地最薄民窮則微糴而稍加之價撥運而稍豐其值彼將因以為利而海中行走又有海中之人為之故海運未

足為之害地薄則一年之所收不能供一年之食甚者一畝之所獲尚不能完一畝之粮本等追呼已自難堪再加以新添之遼餉而民乃貧者逃富者懼并舊額之遼鎮而不完并一應之起存而俱歸之拖欠矣是加派新遼鎮即一如功令每畝不過三釐五毫而各項之逋欠且每畝三四分是海運未必為民害而害民以至於害海運者寔此新加為之祟耳今六十萬之運既已毫不可減三釐五毫之加編又復與不遼

者而同其徵涉海之畏途馳於前追呼之逼追乘於後倘無以調劑之誠不知所措手足矣今
據萊廳條議即借
餉臺加貴收買之菉用以免加派之重困又即以官爲之加貴以免民間之騰湧法無善於此者而錢粮之那借已多非厚貯無以供糴運之用船隻之缺乏已極非協濟無能為超海之行則登府之所為枝經肯綮之備當而特為此激切之懇者也至於年穀之豊凶難必須合四郡

而互相推移海路之遠近不同又須酌四郡而均其勞逸則俟
本院臨時自有權衡有司又不當各持成心以圖自便者也緣係查議通詳會
題事理本道未敢擅專擬合呈詳為此今將前項緣由同蒙憲牌理合具呈伏乞
照詳施行
一呈撫按兩院　一牒呈布政司　手本萊州道
萬曆四十八年四月初六日

萬曆四十八年五月初九日
巡撫山東都御史王　巡按山東監察御史陳　一本題為海運增
繁財力大匱謹陳萬難之状勉攄一得之愚仰
冀
聖明軫念事先該臣等題為海運必難遞增船糧
必難立辦仰祈
聖明速賜賙邊之長策勿循浮派之空言仍
勑當事大臣虗心覩理以圖實效事該户部覆臣
等題感海運遼粮縁由本部移咨督餉部院查

議回稱查得山東海道最近脚價所省獨多若
以所省之價加值以糴於民間似亦無難又山
東往歲登萊之米多販於淮安今南岸旣禁其
往則以北至遼陽亦為肯應况登萊之間民間
有米者每以變換銀錢為難此本部院所親知
者若將入京錢粮准改本色上納於民尤為两
便則六十萬之派雖多而本部院原非獲巳亦
望東省院司道府為協力同心之濟也若云感
免是在本部主持非本部院之所敢言矣至於
船隻巳行淮安造五百隻原為山東天津二處
分用之資等因到部覆議具題奉
旨隨牌行登萊二道查議去後今據登州海防總
理海運兵巡道副使陶朗先呈據登州府呈稱
該本府看得東省六郡云云又據萊州府呈准
山東都轉運塩使司同知仍管萊州府海防事
務鮑孟英關稱看得遼左計兵議餉云云等因
備關到府各呈到道為照海運之苦云云等因
又據分守海右道右叅政陳亮采呈據登萊二

府查議相同該本道看得本色之運云云等因
各呈詳到臣該臣會同巡按山東監察御史陳
　看得東省海運之艱臣等纍纍千百言具
陳前疏然而非臣等之言也即餉臣前歲撫齊
疏中所備述者也今當事者不信臣言併不信
餉臣前日撫齊之言而信餉臣今日督運之言
臣等具題
下部之疏該部不自主而仍聽餉臣之主議是臣
等可以不題而

明旨可不必
下部且臣疏發于正月初五日而登萊鄉紳之揭
于二月二十二日至長安至則部疏已
覆乃曰山東派定本色六十萬而從鄉紳之請欲
減一半夫山東海運六十萬從古以來所未有
之事也即三尺童子皆知其不能豈藉鄉紳爲
提調哉臣非豪傑豪傑未有臨事而不懼者懼
豈獨在黎民且召商之說何居乎登萊道未嘗
不極力招商終歲竟無商至天下軍民皆有籍
惟商無籍本方之土著有定在惟四至之商販
無定在商亦人也雖愛財亦愛命視遼如刀山
劍林視浮海渡遼如揚湯焞毛彼遼中新募之
兵挑選于鄉籍名于冊且驚惶潰散不知所適
矧以儻來偶至之商安能勢驅術使法繩利誘
使之方舟結艅運粟以輸塞下哉是召商之令
斷不能行而臣不敢終持不可行之說誤軍興
之重事奉
旨之後臣即親至青登萊集道府各官面議曰今

日之餉遼不得不可聚兵兵不聚不可存遼遼
危而危及于
宗社此何等大事可容推諉部議委曲以完其數
所謂委曲者或于窒處以闢支岐或于絕處以
求轉徑今不得不舍商以責成于民運矣於是
又召民而諭之曰爾有粟勢必發糶今商途絕
矣加值以糴於民間已奉
旨矣加值糴買加值轉運或不病民而民不願也
臣再四籌之自遼役繁而事事皆非民願事事
皆強民之必從又不得不以加價糴運責成于
官矣於是登萊濟青四府分定起運數目登萊
任其多濟青任其少以登萊近海而青濟遠也
此皆道府酌量分派非臣一人之私議也然臣
雖強督諸臣分任其事而慼額以憂運數之多
眞有萬難措處者登萊之間有米要換銀錢此
以穰歲言也去歲止萊屬稍收而各郡多成赤
壤乞得
皇恩改折漕糧倉米二十一萬而今且海運六十

萬是求改而反增避河而就海人情乎所憂在米矣部議淮安造船五百隻每隻不過載米五百石大者數百石此為裝載三十萬之計耳且擬分撥天津而非盡發登萊亦奚當于山東之全運耶臣檄各屬分行僱募而船戶逃匿或僅以年久不堪之船索高價以應急需然則六十萬之儲安能飛渡所憂在船矣每船用水手大約二十餘人四郡起運大小不啻千船須用二萬餘人東人向不習海登萊水兵無處召募且

徃浙以厚餉招呼安所得長年之能涉海者乎所憂在水手之難招矣餉船出海每船用桅木二根每根五六丈山東原未產木大木必買于瓜儀蓬桅鐵猫篷纜等具必買于南直水不能通則繼之以陸舟不能運則續之以車凡百難致之物不脛而走皆藉人力轉移所憂在船具之難辦矣羊頭凹一帶路徑不一或出而由大洋或入而經沙淺自宗島至北套猶為淺灘時或鯨鯢為厄魚龍作難頃刻而蒼溢為昏須臾

而風雲立變昨不知有今日之存旦不能卜夕時之命所憂在地險矣清明前有出洋之忌四五月有颶颸之颶一至交秋風逆水落如去歲天津之船停泊于利津起剝于樂安寸步不能前進所憂在天時矣登州至蓋套萊州至三犋牛地各三千餘里涉歷礁磽間關天塹坎險難言今萊州至蓋甚遠青濟由登及蓋更遠二千里路無窮而時有限或不能為兩運青濟之二船僅當登萊之一船青濟之一萬難于登萊之

二萬其轉運之艱如此蓋套窄小不能齊進此船候彼船之交收後幇候前幇之出港倘多船併至無可停泊即使陸續開洋風候不齊勢難循次暴雨疾風之時至驚濤汨浪之無休海無繫纜抛猫之處時有蛟蜃鼉颶之驚且起粮交納弊役需勒時日稽遲以急急行路之期為徐徐坐守之日其交割之艱如此瀕海州縣多由河入海或距河三四百里一線之水時通時塞原非灌輸之地向無疏瀹之功逢灘則淺閣遇

涸則搬移班白負戴牛馬輓芻重踝繭足黧黑
憔悴孰為憐憫其出海之艱如此米豆下船既
防船隻之滲漏又慮榜人之偷盜且官造之船
板枋未必厚丁灰未必堅程工急則造作必屬
倉皇船數多則彌縫必多粉飾數百石之糧係
于船二十餘人之命寄于船一有損壞則黃泉
不能以寸人鬼自此分途其防範之艱又如此
夫海運若是其艱若是其可憂而其究有不可
知者四東省洊荒一遇兩暘愆期便艱粒食藉

使地無餘產安能民有餘粮此歲時之不可知
者也泛汪洋之艇則風后司順逆之權輸濱渤
之粮則天吳擅盈縮之柄必滄海所不收而後
可供我軍之嚼囓此天意之不可知者也近因
加編至再文登寧海等處之民視此磽确荒臯
直同敝屣棄田不耕撇家不顧臣等極多方之
撫恤挽既散之民心藉令民竄田荒賦逋額詘
將何起運此人心之不可知者也建酋得江夷
為用覆海如夷走死如鶩萬一駕烏龍之樟泛

橫海之舟阻截不必多人震撼皆得奪氣海波
一揚運途自絕此竅患之不可知者也倘歲歲
之倖可徼則滄海無盡藏之粟猶可養面黃無
人色之兵苟漠漠之途難測則底事付于東流
而浩嘆同于西柄海運豈可恃而浮海濟遼豈
為戰守經久之長策哉
皇上為目前十數萬遼兵計不得不急餉為急餉
計不得不先恤東人蓋東人之苦海內所未嘗
之苦也而東省之窮又海內所未有之窮也憫

其艱危則當蘇其性命軫其繁勞則當節其財
力奪盤中之飧而又加額外之賦民則何堪查
東省荒田最多有五六畝折一畝徵粮者今以
畝計則六畝當加四分二釐此寧登之民所以
亟亟而思竄也臣以為登萊二府既多任海運
須免其續加之三釐五毫青濟分任海運則當
免其三次加編之二釐以加值聊代其初編而
以減免少寛其物力茸甜與辛辣相參民將樂
于趋命此減編之當議者也東省錢粮原係隔

年起徵今歲所徵者四十七年之加編二十一萬六千一百兩有奇乃本年新編應扣運過透支及援遼兵養贍家口銀共五萬七千五百一十四兩零所存不過十五萬八千六百餘兩耳即合通省舊遼餉與新編併筭不過二十九萬一千九百九十餘兩耳計米一石抵遼糴價脚價約費盈兩是六十萬石之運須有六十萬金而今歲額徵未及糴運之半則京邊錢粮勢不得不扣留以充糴運此扣解之當議者也東省

春熟為麥秋熟為豆粟南人食米北人食麥因土俗之所宜為其食之常性今獨徵秋收之米豆不用春收之二麥秋成有限運額難充何不兼二麥收之以從民便此兼運之當議者也山左一遇饑饉米價如金當以豐歲之有餘備饑歲之不足臣以為一遇年豊即當預糴以為明年轉運之地然後海運不因荒而廢庶兵不遇荒而餒預糴必須多銀多銀必須先發此預備之當議者也金復海蓋多膏壤欵久守遼陽必

先屯四衛今彼中地土多荒防守未備人以為險而難犯而臣密令海道差官偵之絕無險阻倘夷兵間道深入則棄膏腴之地而委積貯之區遼陽之聲勢中閡立苦無粮而登萊之禍害切身自當罷運則今日之以重師固守大將營屯春秋急耕農隙講武似為經久之圖可戰可守此屯種之當議者也夫建非常之業者必有預計之深心成不世之功者須有廣大之局面以天下之大何有于登萊四郡必屢責其加編

患以使人而後人為我用若當事者執拘攣而責成效臣無計以使窮民之不逃又何計以使海運之立就誤運兼以誤遼臣滋惧矣至于留京邊以濟餉則餉臣言之急屯田以濟餉諸臣悉言之兼用麥以廣儲多發銀以預糴又事理之固然而無俟于周諮博詢者其海運船隻已奉

明旨着該部嚴催報完船不至則粮不可運船不多則粮不可多運船隻報完不蚤則粮不能蚤

運此則非臣之責矣伏乞
勑下該部從長覆酌務求濟運庶將來不至誤遼
而戰守有攸賴矣緣係海運增繁財力大匱謹
陳萬難之狀勉攄一得之愚仰冀
聖明軫念事理未敢擅便為此具本專差承差張
丕顯齎捧謹題請
旨
本年六月二十三日該
戶部一本題為前事山東司案呈奉本部送准

山東巡撫王　巡按陳　揭稱先該職等
題為云云等因除具題外具揭到部送司案呈到
部看得奴酋狂逞以來我師敗衄之後征兵遠
達于四方索餉遍及于閭里所在驛騷月無寧
日真有民窮財盡之嗟深慮竭澤焚林之釁臣
實惴惴在懷故凡一切條議每加博採必期輿
論僉同人情樂赴者方敢施行今東省以凋瘵
之餘復罹疊征之厄較之他省其苦倍加固不
待言矣但登萊為航海門戶自古經營東事必

先此地亦勢使然也況今援兵雲集遼左玉粒
桂芻行伍有枵腹之悲士馬無飽騰之歡經臣
奏揭迭至如捄焚噬臍無及斯時尤議多掣肘謀
屬道傍陸運既費侈而難繼海運又叵測而旋
遲倘變亂倅發于一時禍不獨中于遼而止今
撫臣長慮卻顧為東人
請命尤為遼事圖安疏稱可憂者五所艱難所不
可知者各四內如先督餉部院議派東省本色
六十萬石半輸百姓半召商人蓋恐全出于民

不免追呼之擾而攘攘之世坐使農商子母權
宜易于措辦耳不意淮商憚于涉險裹足不前
更議責成于官而昂其價直糴運于民運三十
萬石濟青登萊四府均出其招買三十萬石登
萊分任二十五萬石濟青分任五萬石以敷額
數米價不致騰踴小民獲沾微利楚弓楚得誠
調劑之善算也雖云為數甚多憂于不足然上
年往往南販淮揚今宜先儘東省以足派額則
聚集必廣自可充裕無憂矣至于裝運之船隻

或分投雇募諳駕之水手或厚賞招徠具須精
堅適用起運則次第發行交納則嚴禁勒需舟
人之偷竊何以防之輸運之憔悴何以慰之事
在各省有司克供厥職誠心任事更賴院道諸
臣鴻猷石畫加意振刷之耳如道路迂迴礁磽
間阻必募熟諳之人豊其犒賞以為嚮導若夫
天吳觸忌颶颶鼓濤問之長年相時開發即不
能保海不揚波亦權其利多害少而已
朝廷大張撻伐欲僇鯨鯢築京觀咸頼精衛啣泥

神人驅石竟如漭瀁者何其合用船隻餉部自
當催促完備急行發運其原
疏雖有可憂者五艱難及不可知者各四然五議
既行則諸事可幾而理矣所有應議五款相應
臚列覆
請伏候
聖明裁
允容臣部咨行該撫按及經餉二臣照欵施行庶
東民少甦征役之苦而危邉可免匱乏之憂矣

計開
一曰減編之當議
前件臣等看得遼餉歲費數百萬那借
已窮勸輸不應所恃者加派抽扣而
已今征調輓輸在在告艱水旱灾荒
年年叵測此而後頻告減彼以歲歉
求寬則加派之數又成烏有悞餉必
致悞遼悞遼兼以悞
國此宇內何等光景而臣可輕啓其端哉况原議

加派一年者免帶徵一年加派二年
者免帶徵二年又緩徵四十五年以
前拖欠其歲後加派二釐登萊為有
海運減去一半
朝廷可謂寛恤之至矣若槩求減編恐一處減而
各處援例額餉虧多遼兵何食呼庚
呼癸誰執其咎此其端不可開而臣
不敢任者惟賢有司真心愛民火耗
添封盡革常例小民亦必樂輸以急

公矣然在道府教道有方綜核有法
如有司果能多方通融一塵不染百
姓不苦者據實特薦其人但有損此
加耗因而潤囊者謹行条處庶民不
病于加賦而吏治益清矣又如御史
房壯麗疏陳嚴禁秤頭火耗已覆奉
嚴旨臣部另行嚴催而寰海之内歲月已久未見
特糸一人則信乎厲民者在無藐之
横徵不在毫釐之派取也所宜再行
催取以儆有位伏候

聖裁

一曰扣解之當議

前件臣等看得東省坐派海運六十萬
石查每石糴價脚價約費一兩須用
六十萬金而合通省所存新舊遼餉
止有二十九萬一千九百九十餘兩
視数尚虧一半據議欲將京邊起解
錢粮扣留以充糴運之本似屬便宜

長策惟是東事以來餉分新舊恐頭
緒混雜出入不明如前此登萊二府
海運共動舊餉司民運数萬兩即將
年分互異就費許多查筭此近事之
明證也今果扣留京邊必須那新補
舊自此奸猾易于影冒簿書祇覺煩
鞅且用者取見在之逸必妨九邊年
例之需此臣等所以始終持分餉之
議也然而運事終不可廢則糴資終
不可無查得該省有實在倉穀七十

六萬石除一半留地方備荒尚該一
半穀三十八萬石折米可得十八萬
石矣尚欠十二萬石應用銀十二萬
兩即將四十八年加派銀内照数動
支以為糴運之費其該省京邊錢粮
仍舊起解則運事既襄諸邊有賴矣
伏候
聖裁

一曰兼運之當議

前件臣等看得東省地土高阜民多播麥往往穩歲夏熟不續入秋旱可濟用今二麥已熟市糴又賤議將二麥與米豆兼收使有無貴賤通融誠便民之善計也合無將所派本色六十萬石之內兼收二麥三分之一運發遼鎮給散軍士仍視兵之南北酌與之多寡必校其所欲然五穀亦何種不可食哉是在隨時斟酌以果軍腹再酌價值俾之遼均耳伏候

聖裁

一曰預備之當議

前件臣等看得海運漸已就緒遼事結局無期一歲之輸僅供一歲之食則預為運轉之計豈容遲緩况山左旱澇靡常苟遇凶歲升合皆珍十八萬嗷嗷之衆豈能枵腹荷戈而戰是必于豐收之歲廣為糴貯以待來年庶粮餉不致中絕而海運可以長行然而預糴必須糴貲無銀總屬空談查該省有四十八年加派之銀分毫未經起解若盡留為預糴之用儘可充用合聽彼中動支前項加派銀兩及時收糴隨便堆囤安置如法封記惟嚴無令耗蠹致多虧折蓄艾之謀計無出于此者伏候

聖裁

一曰屯種之當議

前件臣等看得天地有自然之利百姓無不竭之財遼事茲無底止財力安得不匱則亟舉屯種以贍軍儲策宜後矣據稱金復海蓋之間多膏腴沃壤近為草萊荒土是棄自然之利而倚有盡之財非計也又稱海道差官偵探絕無險阻夷可深入倘膏腴之

地為賊所據則委積之儲為賊所有藉寇賫銀我中大患若遼陽中闕無粮則登萊禍害轉切此可寒心也况今兵馬初集以戰則不足以守則不支或于軍伍之中挑其脆弱者萬人仍選慣習農事者將之屯于復蓋古者一夫百畝八口無饑若以萬人耕耨倘雨暘時若畚鍤力勤穫之可供八萬人矣既省輓輸之苦又免脫巾之呼臣于七事條議中娓娓言之竟不聞有切實舉行者其遼左各鎮俱可倣而行之足食之道端在于此合無移咨督撫責成各道躬親踏勘計人授𡈽計𡈽收粮計所得粟米若干或抵歲運之常数或備一時之不敷誠經久之善圖也伏候

聖裁　本月二十四日奉

聖旨依議行

海運紀事

五

山東等處提刑按察司整飭登州海防總理海
運兼管登萊兵巡屯田道副使陶　為海運數
多量議增派以濟時艱事據濟南府呈萬曆四
十八年三月十八日蒙本道案驗本年三月初
十日蒙
欽差巡撫山東等處地方督理營田提督軍務都
察院右副都御史王　批據濟南府申加粮二
萬石加造船十隻緣由蒙批齊河去歲准折應
派海運其餘四縣去水較遠可否分派登州有

無新造船隻可發仰海防道速查議報蒙批到
道案仰該府即查齊河縣去歲准折應派海運
其餘長清淄川肥城臨邑四縣去水較遠可否
分派登州委官新造船隻可否分發作速查議
妥確以憑通詳施行蒙此案照本月十四日蒙
巡按山東監察御史陳　批據本府經歷司呈
前事蒙批派粮造船不容須臾緩如議嚴行催
辦此繳等因抄呈到府又蒙分守濟南道右叅
政程　批據本府申同前事蒙批據議增米增

船具見援遼急公之意益不得已而為之想各
州縣念切同舟必不稱厲將努力毓為之仰府
一面速行各屬知會一面候
兩院詳行此繳蒙此又蒙布政司批據本府申
亦為前事蒙批米船依議增加繳蒙此又蒙海
防兵巡道批據本府呈前事蒙批六十萬之派
部覆毫不肯減上下正爾憂惶該府早為計議
足伢急公遠猷仰候
院司道會議行繳蒙此俱經備行各屬知會候

派外今蒙前因該本府查看得齊河縣先以見
徵漕粮暫免亦派三千石然今奉文准折合將
徵完漕粮正米六千石即作海運之數其耗米
行粮一千四百四十石應變價并輕齎等銀以
作水脚之費新加三千石相應免派其長清臨
邑淄川肥城距海果遠亦不得已為急公議派
也今齊河縣既添漕粮三千石合無酌量淄川
縣尚無正官量減去二千石止派三千石肥城
縣去水尤遠前派二千石應減去一千石止派

一千石似為適宜以上連武定州續加三千石仍足二萬石之数至於登州委官新造船隻見在濱州等處頭運遼粮俟回日止可載二運齊東濟陽青城歷城陽信等處米豆今新加二萬石州縣奉行在後尚恐苦於難完合用船隻當請海道撥發回空船隻及新造船三十隻挨次序發庶後運有濟統候轉詳允日施行等因具呈到道據此本年四月初二日准布政司照會查議得海運之数加多則應運之處不得不為

增設若論距海相遠寧獨長淄肥臨四邑為遠哉通查濟屬俱不得言近今濟府既議長清等四處添粮造船相應速從猶恐緩不及濟倘登萊頭運有回空之船或淮安有催來之舟酌撥濟屬若干隻共為協運然非本道之所能預定其數也等因准此為照該府海運濟粮初派八萬石分任於濱州等十二處而不及齊河者以其被灾而免漕亦當以灾而免海也今該縣見有預備之漕粮改而為海粮則一轉移間而可得遼餉六千石矣武定原係議運之数量加三千亦不為累淄長肥臨四邑去海較遠而并議派運乃該府急公之盛心似亦當如議允從以為任事之勸至於船隻打造派之各屬共添十隻纓剳之誼寔為切至總聽該府斟酌督率倘患於材料之難覔工匠之未諳本道即當撥發海船以濟之期於共足

部覆六十萬之数而已矣今准藩司并該府酌議前來俱各相同惟候

憲裁以便遵行緣蒙批仰查議報事理本道未敢擅專擬合呈詳為此今將前項緣由同蒙批詳理合具呈伏乞

照詳施行

一呈　撫院

萬曆四十八年四月十六日

萬曆四十八年四月十五日
欽差廵撫遼東地方賛理軍務兼管備倭都察院
右僉都御史周　一本為再陳轉運未盡事
宜以祈
聖裁事職於本年二月二十一日移咨户部為奉
旨出關會同料理謹陳目前緊急餉務以濟燃眉
事接邸報見該部
題覆前疏内牛騾之派一欵謂駕車夫役照新兵
例給以安家行粮則所費不貲合無于遼東召
募但厚其逐日工食庶安家行粮可省等語巻
查本年二月初二日據原任分巡遼海東寧道
兼理廣寧等處兵備副使張鳳翼呈為亟處車
牛等費以便置辦轉運粮草事呈蒙本院案驗
准督餉部院咨照得本部院會題欵内騾牛相
為抵筭及騾車一輛用掌鞭二夫給以安家行
粮前批廣寧已經通行去訖今各屬觧到騾車
未有二夫在遼左向無騾車若無本地慣習掌
鞭之人將何出關又致往復躭延已經會同薊

遼總督文　牌行北直各道及咨行山東河南
山西各省撫按并各布政司通行各屬府州縣
每騾車一輛速僱攔頭掌鞭夫二名每名先給
安家銀五两以後每月粮銀一兩五錢仍另給
出關行粮前至遼左教習三個月俟遼左人熟
即行放回其各料草自州縣至關該州縣該處
銷筭自抵關之日聽本部院委官支給外擬合
知會為此合咨貴院煩照來文内事理轉行廣
寧道如各處騾車掌鞭人役到彼教演遼人三
月習于行使即便放回仍出示曉諭令其安心
無慮其議定行月二粮預行沿途速為查給則
後者皆有兢赴之心仍希回照施行准此案仰
本道如遇各處騾車掌鞭人役到彼教演遼人
三月習于行使即便放回仍出示曉諭令其安
心無慮其議定行月二粮預行沿途速為查給
則後來者皆有兢赴之心仍將教演遼人出示
曉諭并議定行月二粮預行沿途查給緣由開
詳呈報以憑咨復施行蒙此該本道看得關西

車夫安家月粮業有成議無容復贅惟是各役出關遠涉邊塞米珠薪桂處處為難除應支月粮外每日給行粮銀四分以恤其苦至於教演遼人一節計騾車一千輛該夫二千名欲從營調撥設防冲塞者未易輕移駕使牛車者又難更換欲行僉派而衛中係額軍者既人人擐甲為幇户者亦在在從戎即曰召募流移而連年河之東西關之內外無不趣新兵之伍日來瘡痍未起疊報逃亡不惟倉卒難完抑且終無濟

事莫若将關內車夫仍留在遼常川輓運其運應支月粮令帶回原籍養贍室家所有行粮聽各役盤費俟東事平日着令入關似屬妥便也不然九邊征調官兵鋒鏑在前尚不難遠出而車夫無臨敵之苦給以厚值而尤不願幾無法矣相應請乞本院裁酌咨覆施行等因詳報到職已經本職及各院批允去後今准前因看得駕車夫役取之遼東于安家行粮固省然于事體似有未便無論遼東不慣使騾車無人應募

即內地騾車鱗次到關駕車夫役盡行放回不知此千輛騾車能飛至廣寧遼陽乎軍前需用甚急而內地急公倍切遼左竟不得騾車之用是所省者小而所誤者大也除駕車夫役聽督餉部院仍照原議督發出關外合咨貴部煩為查照施行等因咨行已久未准回咨職料該部之意必以既經具覆難容更易而不知安家銀兩餉臣李　久已給發若不准開銷将就各車夫家屬追之乎抑扣其月粮補之乎追家屬

則內顧盍切扣月粮則糊口何賴是迫之逃也計臣之苦心計筭豈不曰各役出關止供輓運與衝鋒不同遼左用餉不貲省一分有一分之用也職非不知體諒但各役一聞出關心膽俱裂若不以安家鼓舞之誰肯趨赴今支領已久勢難追還食言失信将來何以用人先是原任廣寧道臣張鳳翼以遼左駕車乏人無處召募欲各役常川應役議于月粮之外再給行粮以月粮養其室家以行粮為彼用度無非曲示招

來之意然行粮云者未到把頭沿途計日支給
者也今計臣既不准開銷安家若月粮之外再
給行粮職固不敢為該部强也以職愚見巳給
安家免追每夫止月給粮銀一兩五錢行粮免
支既不使餉臣失信于各役亦不令各役重糜
乎餉銀似為得之耳查得出關騾車止八百三
十五輛計夫一千六百七十名每名安家五兩
共銀八千三百五十兩為数不多計臣亦不必
苦苦争執也職因此而又有請馬項戶部等衙

門一本會議畫一事内除順永二府援兵駐劄
及轉餉銀鞘器械粮草登萊二府轉輸米豆皆
重叠苦役除此四府量加一鳌外其餘每畝量
加二鳌約有一百二十萬内分二十萬為工部
器械之用其一百萬為兵部安家與馬價之用
該部思慮周密區别均平職甚服之惟是就該
部止派一鳌之意而椎之亦既知四府之苦矣
則何不併此一鳌而盡寛之乎職前見登萊鄉
官公揭所言二府運粮八難字字欲泣餉臣所

派海運六十萬不知費幾許斟量豈其夙所撫
摩之地而頓忘軫恤不得巳耳前数似難求减
但新增一鳌倘邀
聖慈
寛免即為二府運至蓋套脚價之用彼自不敢不
竭蹶從事矣至順永二府自有遼事以來騷擾
極矣前運送遼陽火器等件皆係雇覔驢頭馱
載與驛遞無干誠以驛遞疲累巳極靠驛遞不
免悮事耳餘姑勿論即職前移咨工部討盔甲

二萬項副廣寧急需望眼幾穿頭運巳于二月
二十六日出京至今尚無一出關者據押解委
官蔡可賢稟稱頭運盔甲在撫寧縣二運三運
盔甲俱在沙河驛四運盔甲在玉田縣各因車
輛不敷在彼堆積乞移文軍門催發等因職巳
差役持令箭督催又移書督撫文　催發頗終
無桊各驛之疲敝何也職謂二府新增一鳌併
行寛免加添各該驛遞者也職非不知加添一
鳌原為遼左而為順永求寛似覺越俎然遼左

轉輸全靠順永順永病遼援益絶職安得避越
俎之嫌而不一籲
請于我
皇上之前耶至登萊雖職桑梓然職前
疏欲登萊粮俱卸盖套省遼左盤撥之煩重東省
凌波之苦職身既在遼知有遼而已矣不知有
桑梓也至于四府加銀一釐原係輸之太倉者
共計減免銀若干仍裒兵工二部應得之數補
之各省并不許引以為例再照任事之人難得

職待罪遼左以來眼見慷慨任事獨永平道臣
袁應泰登州道臣陶朗先在袁應泰已陪巡撫
建牙有日而陶朗先拮据二年備極苦心聊為
加衘示酬以鼓人臣任事之意又今日之急務
也職謹會同總督薊遼文　經畧熊　督餉
侍郎李　巡按山東陳　具
題伏乞
聖明省覧即
勑户部及吏部議覆施行

本年四月二十五日該
户部尚書李　等一本題前事山東司案呈
奉本部送准巡撫遼東周　揭稱云云等因
到部送司巻查先該遼東撫臣咨為奉
旨出關會同料理謹陳目前緊急餉務以濟然眉
事該本部看得遼左兵馬雲集本折不支而凡
可減省一分以實一分軍餉此本部措餉艱難
諒以當事者有同心也所謂牛騾車夫召募遼
人厚其工食或可省安家等費况經臣牛隻之

疏已議牛一日三分夫一日三分原無安家今
遼撫以每夫安家銀五两復議月粮一两五錢
帶回養贍又議每日行粮四分月計一两二錢
除安家之外每月得銀二两七錢但山陝援兵
用命冲戰除月粮外養贍遠者六錢近者三錢
乃駕車夫役反得一两五錢之養贍過于西兵
數倍恐西兵聞之必將援比告添且遼左所汰
不堪戰者甚多何不為轉運之用昨兵科亦有
以人撥擺之疏業具覆照行何獨駕車不可哉

今既該撫咨會前來事關餉務本部似難專主相應知會酌妥等因移會督餉部院酌議去後今准咨稱查得原派騾車一千輛因遼左向無騾車其人不習赶車為何事勢不得不用關內之攔頭掌鞭夫二名而各夫畏憚出關如赴湯火聞風畏足故每夫議給安家銀五兩月粮銀一兩五錢行粮銀一兩二錢前至遼左教習三個月俟遼左人熟即行放回以示招徠而其實州縣雇募尚有私自加賠溢于額数之外者此

一時權宜之計也續據廣寧道呈稱遼左無夫可用莫若將關內車夫仍留在遼常川輓運其行月二粮照舊支給此亦不得已之苦心也但新餉曆處維艱遼事蕩平無日不可不為裁抑以為經久之計昨接遼撫手書謂支給月粮而行粮補之若赶牛夫已派有銀差夫役不必用矣其議深為得計及查各處車夫出関畏憚先議安家銀兩該地方有奉文預給者又有抵關已給者今若不准開銷則無可追補及增其苦

合無查照各州縣有未經給完者每名止給四兩扣其一兩已給完者准其開銷行文遼左每月扣其月粮一錢約以十月扣完一兩之数以後支給月粮不與行粮則于招徠之中亦寓節省之意等因到部即欲咨復間復接遼東會題前因相應一併具覆案呈到部為照遼左新餉事出創設原無完額但有不得不通融者臣不敢膠柱也又有不得不斟酌者臣不敢濫觴也蓋一錙一銖皆民之膏脂而用一錙一銖又似

臣之膏脂也是以關外騾車掌鞭之後每名議給月粮一兩五錢與遼陽衝鋒破敵者同矣而又給以安家似可減也又給以行粮似可止也此又臣部移會餉臣所斟酌者也今遼撫亦與餉臣會議騾車掌鞭之夫每名月粮一兩五錢外而未給安家者可減也已給者不可追也而行粮俱可止也但查已支安家八千三百五十兩每人即扣還一兩似不為過然會支領日久似已花費則已支者准其開銷免扣可也然行

粮既止而月粮一兩五錢相應照給可也若出
關之兵約有十萬而簡汰不堪戰者亦不少正
可輓運兼以舊額之兵總計則近二十萬遼撫
䟽報出關騾車八百三十五輛計夫一千六百
七十名且本地召兵動以萬計而車夫一千六
百七十名餘遼豈不能辦此即遼人不善御然
教之既久習與性成豈有不能者轉運儘有人
而必用關內之夫恐遼人習于偷惰非教之之
道也今即三月不能慣熟或再加三月以半年

為期似無不可至于兵之新議再加二釐以順
求登萊四府止新加一釐者先日會議時臣亦
再四籌躇登萊有海運之煩順求有驛遞之擾
欲從寬免但為兵工冏三處額数不敷則不得
不加然止加一釐亦屬體恤矣臣又念及加派
至再小民何堪復議加派一年者即免帶徵一
年則可以甦民力亦以沛
皇仁也今撫臣欲将四府新加一釐請為寬免但
係兵工筭定数目去一分則少一分况已奉
旨通行乎即云免兵工二部應得之数補之恐二
部又以為難矣惟在道府督勉郡邑寓撫字于
催科似兩便也臣於是益知有治法不可無治
人有治人不可無鼓舞臣前䟽所稱省直輸解
之臣有實心任事者破格優處如怠玩悞餉者
指名宪參亦此意也况道臣袁應泰陶朗先拮
据二載備極苦心在應泰已建牙而朗先猶然
舊物則加銜示勸委不可緩也相應移咨吏部
速為優處待東事既平另為超擢則一經鼓舞

而凡省直措餉轉餉之臣無不奮勵而遼餉大
有裨矣
本年五月十八日奉
聖旨是

山東等處提刑按察司整飭登州海防總理海運兼管登萊兵巡屯田道副使陶　為仰遵
明旨酌議海運事宜懇乞
聖明俯賜採擇以安内地以重軍需事該本道會同萊州分守道右叅政陳　會看得頃因遼餉告急以山東切近遼陽彼中雲霓之望
廟廷督責之嚴視他處獨加先焉而山東固無船無粮之地也今米豆徵收於本地州縣竭蹶分理府縣多府聚粮已合成数可濟急需但船隻雇造於南京淮揚蘇松瓜儀等處者所委之官不過經歷縣丞官卑職微不但数萬之金錢難以輕託即一應鳩工課匠雇人領駕之務以卑官處之威令全無人心不奮甚而因緣為奸俱所不免無惑乎歲月之徒延而人船之杳然也近見天津因淮船後期特差永平府推官來斯行前去催儹夫淮船督催有道府分理有州縣領押有將校而猶不廢儹程之府廳則登萊之造雇於隔屬懸望於数千里之外散布於五六

處之遥者安可乏人專理其事耶查有萊州府同知鮑孟英先因遼餉特
題加銜運同專司運事今萊粮全完止欠船隻堆積守候告竣無期合無比照天津專差來推官事例特委本官前去查催料理刻期報完庶粮石藉以渡遼而錢粮亦有稽查矣緣係請委府官催督船隻事理本道未敢擅專擬合呈請為此今將前項緣由理合具呈伏乞
照詳施行

一呈　撫按兩院

一手本　萊州道

萬曆四十八年五月初五日

山東等處提刑按察司整飭登州海防總理海
運兼管登萊兵巡屯田道副使陶　為水兵原
駕戰船懇乞調用以備緩急以固海運事據登
州府呈萬曆四十八年二月二十四日蒙本道
案驗蒙
欽差專督遼餉戶部右侍郎兼都察院右僉都御
史李　批據整飭海蓋兵備屯田道副使康
呈前事案照先蒙
欽差巡撫遼東地方贊理軍務兼管備倭都察院

右僉都御史周　憲牌據山東都司管援遼水
路遊擊事周義稟稱近聞邸報蒙
本院深憂遼慮
題將遼陽見在水兵移駐黃骨島調取天津戰船
防守等因卑職看得黃骨島金復等處實登萊
之門戶乃極衝之要區況奴酋狡計百出萬一
乘虛而入直搗長驅望塵束手將何底止今蒙
議立重兵添設道將誠萬全之訏謨也水陸兼
備戰船萬不可缺既將天津戰船調取防禦其

登州水兵原駕沙唬等船六十八隻划船六隻
除見在遼東沙唬船三十一隻划船四隻外其
駕回唬船三十七隻划船二隻見在登州停泊
且遼東存亡呼吸攸關今既蒙
本院題
請同室同舟政在今日合無稟乞及時調用以備
防禦等因到院據此擬合調取為此備仰本道
即將登州水兵駕回唬船三十七隻划船二隻
應否調回防禦作速查議詳報以憑施行等因

蒙此查得登州水兵原駕沙唬船六十八隻划
船六隻內除奉文留在遼東防禦沙唬船三十
一隻划船四隻外其駕回唬船三十七隻划船
二隻見在登州停泊與其措於海角汎然置之
無用孰若調取前來以資防禦亦饟道之扞衛
而登萊之外藩也既經援遼周都司查議似應
俯從緣由蒙批如議行繳蒙此已經移會周都
司未准回覆再照萊州米豆卸於旅順金州北
汛口三處者尚有九萬四千九百餘石今雖撥

車裝運奈路途寫遠半經一運而疲再運而倒
死者相望矣目下海開藉船撥運正苦船少且
芝蘇灣亦需船裝運合無將周都司前議登州
船隻
本部院檄行登州道調取前來半發旅順等處
半發芝蘇灣以備急運其於軍需或亦少裨乎
等因蒙批仰登州海防道查議報蒙此備案仰
府即查登州水兵駕回唬船三十七隻划船二
隻應否調回遼東撥剩防禦遼與登雖云唇齒

登州備禦亦藉水兵船隻盡行調去登州無船
緩急有無相濟逐查妥確細具應否情由呈詳
前來以憑覆議轉詳施行蒙此該本府看得登
遼兩地相隔不遠防禦撤運首屬一體今遼左
既經添立重兵欲調前船去彼防禦及剩運萊
粮亦屬便計第登州海防尤屬要地奴酋懐登
州轉運之讐為造船侵犯之舉欲絶粮道蓄謀
久矣固未嘗須臾忘遼亦未嘗傾刻忘登也况
前船原係登州防海之具撥兵盡赴遼陽援城

船以空閑始撥撤剩所宜盡掣回登防守者則
在登之船安得復議過遼也遼固當防登之海
口不下百餘前船盡數在登猶不足用且今奉
院道題請得
旨招募水兵數多方議取回在遼之船以備防禦
而反調在登之船耶登州沿海實係全省咽喉
而猥云横於海角置之汎然無用乎目今防海
防運兩事綦重前船似應免調據此又據海防
同知宋大奎呈稱遵依隨用手本移會總鎮府

查議去後今准本鎮手本回稱據中軍李承僃
會同永三營把總李天培趙賢佐署中營事哨
官周良將回稱切照山東全省三面陸虜盈盈
一水上接天津下連淮海沿袤三千餘里緊要
海口不下百十餘處俱係極衝先年原設水兵
九營後因承平減留水兵三營沙唬等船有一
百餘隻備禦倭虜分布尚且不足今於四十六
年奉發援遼因內地空虛復撤船募兵僅足三
分之一海洋遥闊左支右吾澳港空虛顧此失

彼今後蒙造船瓜州募兵浙江至期未的緊急
警報朝不保暮且入寇門户非止黄骨島一處
近聞被獲遼人充為嚮導萬一別生狡計徑取
船直指登萊一帆瞬息可到形勢寡弱作何支
撑見在兵船因去歲春秋二防遇颶傷損不足
五十餘隻再若調去如蹈無人之境矣在承平
之際猶且不可疎防况今多事之秋焉能舍巳
芸人若遼左調去前船職等未敢輕議等情具
呈到鎮據此該本鎮看得遼左告警安危與登

共之誼切同舟理宜隨取隨應葉登營見在之
船僅止五十餘隻目今挑選發營新兵尚苦無
船為防汛之用而徃南打造者又未可計日而
來審時度勢似難遷從所請也事關軍
國重寄本鎮未敢輕議等因回復到廳煩請查照
轉報施行准此隨該本職看得奴酋猖獗強梁
無忌近聞見在烏江造船其意欵要越海阻截
運道切思吾登與遼相鄰盈盈一水一帆可至
况奴酋狡計千端萬一有警將何為戰守也且

登州之海口俱係極衝之要地先年因倭犯警
設有水兵九營後倭告寧减留水兵三營止存
沙唬等船一百餘隻備禦倭虜分防尚不足用
四十六年奉發援遼彼處巳留沙唬船共三十
一隻划船四隻其駕回登唬船三十七隻划船
二隻與在登船共有五十餘隻因不足防禦方
差官徃瓜州造船浙江募兵以備戰守尚無至
期若將前船調去倘有不測將何禦敵各等因
備由具呈到道據此為照登遼止距一水唇齒

相依固遼即所以固登防登亦所以防遼也查
登營兵船之設非自今日始盖自平居無警之
時巳為夷虜揚帆之慮矣况今奴氛日熾烽警
日聞從前承平額設之船業為援遼調去其半
方在
特疏補造以固吾圉矧今僅存之数艇落落晨星
方憂自顧不暇之時又何暇以其餘户抽調撥
運為舍巳芸人之事耶該道所云攢於海角汛
置無用者或指遼中無警而相偷安之日而言

似非近日存亡呼吸之情景也况遼左兵餉太
半取給於山東必山東可守而後粮餉可繼故
遼粮固所當運而根本又所當顧也登營兵船
在遼者尤當發還在登者定無可去之理耳緣
蒙批仰查議報事理本道未敢擅專擬合呈詳
為此今將前項緣由同蒙批詳理合具呈伏乞
照詳施行
一呈　督餉部院
萬曆四十八年五月初八日

萬曆四十八年五月十四日
欽差閱視邉務吏科右給事中姚　一本為東
閲已竣敬陳遼左事宜以祈
聖裁事盖自奴酋匪茹恣狼心而逞暴振鴞音以
挻災索賦征兵海內雲擾
皇上不以職為菲薄遣閱東方奔走歸輪凡六閱
月念職倏儒凡短不能左籌平胡之鞭右握臧
逆之矢以共襄九伐早奏敉寧循省寸衷但含
片媿切于東事揣度情形賊利速而我利遲賊

利交而我散逆則且耕且守西連東拒得天時
地利人和之合以圖撻伐之功此其大要也諸
凡戰守機宜經臣熊　以經緯之畧大力肩
承督臣文　撫臣周　按臣陳　以忠
藎之猷同心翼贊謀斷咸備營綜必周職愚昧
佐大猷亦或謬陳管見第臨事商畧者已往便
為陳言先事圖廻者將來尚難逆覩不敢輒形
奏牘塵瀆
聖明惟是

皇華奉使靡及興懷愚鄙自慚咎詢敢息或得之
道將之建議或採之士庶之數陳或為目前難
緩之圖或為異時善後之策敢具款目臚列
上聞如職言可採足收塵露之益伏乞
皇上裁察
勅下施行

計開

一議屯田照得屯種之法每屯軍授田五
十畝歳輸二十四石仍給本軍以十二

石為一歳之養而收其半以豫備故軍
與
國兩利焉自屯制廢乃改而為佃種每畝歳收籽
粒三分無論多寡之數相懸且本折之
用甚異非積粟實邊之初意欲議屯田
非復屯制不可也屯制復而本色充然
足濟今日遼事之艱難也以河東論金
復海蓋四衛生齒頗繁虜騎不擾犁鋤
之用似遍原隰其有荒棄者責成守土

之官設法開墾亦足以濟開鐵二處戍
馬躪入鬼隣相照有粮且為盗資也況
問可耕之地乎自遼陽而東至瀋陽及
寛奠等處地方多可耕而賊儆時聞人
情惟怯得屯軍萬餘與王民並耕或能
彼此相伏以事隴畝然見在之軍以荷
戈而憂不足也能分以荷犁耶無已則
如左監軍道臣高出議借兵之力護民
之耕人耕于此地者免其役牛耕于此

地者免其運令此一塊土足糊其人之
口而其餘貿易于市者便可佐官運之
不給充折色之召買是不必有屯田之
名而實有其利此所為亟講者也自廣
寧而東至三岔河北為虜穴南為胡地
亘極于海墾而為田下可以千萬畝計
以與虜為隣且地下多水患自驛堡墩
臺而外居民絶少四望無煙惟蘆葦蕭
蕭耳或調撥或地方召募得屯軍二萬

以屯制授田先開河一帶使旱潦有備以開河之土便築邊墻或五里或十里置一屯堡住屯軍二三百出入相友守望相助則延袤一帶既成樂土且號長城此固政第一義至廣寧以西錦義寬而寧前狹播種之外尚多沃壤荒無軍耳古不有募民田塞下者乎不有從民實塞下者乎宜如寧前道臣王化貞議

明詔天下凡罪應戍者俱改謫寧前錦義得以營田自贖能墾田百畝者三年為期八十畝以下者四年為期貧無力者備作十年俱得除罪給照還籍所墾之地因以給軍兵食兩裕蓋近來謫戍者皆多雄黠名隸盡籍身復他往衛官借此冒粮徒糜實耳不如責以實事開之赦條使樂趨寬之路而忘開墾之勞可廣收其用此策之最便者也至議屯軍立屯具辦屯粮當先一歲計之以待次年之用

且屯粮收于秋成之日屯軍當先糜一歲之粮作何設處都應早計伏候

聖裁

一議運事職聞軍聚粮懸脫巾立見遼陽軍餉其折色者計部方那借設處所云目中而問舊矣本色之餉軍中最急所資海陸二運督餉侍郎李　精心講求竭力營綜派粮開運大費釐畫撫臣周　議將順永登萊四府加派一釐併行蠲免如蒙

俞允則順永之捨据接運登萊之加額派運必所不辭海運之在山東者登萊道臣陶朗先不避勞怨盡心籌

國陸運之在關東與海蓋者永平道臣袁應泰海蓋寧前守巡諸道臣黽勉共濟不遺餘力然畢竟百車之力不如一舟職前至海上見寧前道臣王化貞所造運船合混木為舟製極完好此遇礁石如盐車

躡軟草耳北車南船當一破此論耳今
海運可由直沽中道樂亭北道并芝蔴
灣運事等項未平府推官來斯行條議
甚詳諸臣正在商畧茅寧前之木賊而
匠役甚少在此中者既多東調遼陽欲
募之關中又率惴惴焉以東調為慮匠
役既難成造不易宜如推官來斯行議
將海上往時私販及沿海豪家大俠力
能呼召者重懸募格以招之或天津或

樂亭或芝蔴灣有造船若干堅完可用
明開鄉里保結于官運中同幇領運可
運一千石者議
題准守備職銜一萬石者議
題准參遊職銜事完即與遷轉其願改文職者准
例監數目除授不必定年挨選當有欣
然樂從者伏候
聖裁
一議寬嚴切料奴賊動出萬全自撫順至

遼陽幾二百里趨利頗艱退走不易非
西虜勾連翁連相應于河口以分我之
勢而乘我未敢直走遼陽城下我惟休
息訓練消弭内患預設方畧以待之守
似可堅所慮者彼于寬奠等處大肆剽
掠闖關南衛遼陽方嚴兵自守不能以
長鞭及馬腹則南四衛之蕩搖可虞而
遼陽益孤矣頃海蓋道臣康應乾去年
督寬奠路兵與職言重山之險真如天

塹我難於往彼豈易來聞山東礦兵二
三萬計此輩嶮峻飛騰奴酋稱為山耗
所素耗烏如用善于招集如賈松其人
者號召招來使或千或百自相團結不
用安家行粮之費第給之衣甲月粮就
其中能團結百人者即為百夫長能團
結千人者為千夫長隸名軍籍將領不
許侵擾第以名法相束亦不宜征調不
宜與官兵同部以啟争端第令無事則

合伍耕農有警則據險殺賊使家自為
守人自為戰而嚴禁其出墻偷竊以釀
禍釁兵圖結一成即四衛之藩屏也伏
候
聖裁
一議修守照河東西與虜共城而處所藉
城堡為保障墩臺為耳目
祖宗時廓清驅逐之餘兵威遠鎮允環衛森密漸
至今日兵愈弱而防愈疎何無戶牖綢

繆之計也惟經臣熊　往者巡方時
自三岔河而東築沿邊土墻寬虜無敢
闌入者又先道臣李松西接關門東至
鎮夷河築邊墻四十里基厚而堅制周
而備職頃至河口視之為徘徊嘆息惜
後人之不踵致前勞之半擲蓋相距已
四十餘年使歲相續焉耳自山海至三
岔河七百里無虜患矣今險隘城堡之
在河東者除遼瀋寬甸鎮江四衛懿路

汛蒲之外其餘或荒為鬼燐或鞠為茂
草應俟東平之日徐議修復之工自三
岔河以至廣寧所過城堡大率舊廢不
堪所幸原設墩堡尚荒棄者少如用職
屯田之議開河一帶職取土處築邊墻
足資防衛自廣寧至山海關義州野曠
而平錦州便依山為險允幸去邊差遠
至杏山塔山以至前屯則逼虜矣杏山
之大福大興二堡林木蔽天棘蘆滿地

虜之出沒甚易原議墩臺二十一座每
臺軍三五名不等瞭守頗密後以軍漸
少虜患日放墩臺亦日廢止存紅螺鎮
夷鎮寧三臺耳此緊要邊防極宜修復
道臣王化貞以大邊濠河歲久填沒虜
騎易于馳驅急圖開濬而地方軍伍日
送牛送運無可供役為之束手至民木
冲仰視峻嶺四圍溝路為受敵衝口與
大興堡輔車相伏勢孤地險兵衛不足

召募居民無肯往者地方建議請移置此堡于仙人洞山增兵數百我之瞭賊甚便賊之乘我更難然此等工程豈空言能辦查昔年班軍赴寧前駐防不知何年議止宜照薊鎮修工例撥班軍二千更番調守且修且防自寧前而東漸及于廣寧量其險要緩急漸次修如鐵場臺興水段木衛四堡極為險要各增兵五百其備禦等官有能悉力防守一歲中有無失事者即與題

請優敘加銜職見邊戍惟墩臺瞭守與聽撥夜之軍最危最苦而關係最重問其月糧猶夫人耳宜酌其極衝次衝加增其糧餉如瞭望有功偵探得實者頓賞頓官准與優議其所轄將領不論風寒風雪曉夜稽查賞重而法嚴人知用命又大小將領占空軍一名者視占營軍之罪十倍則險隘足以禦賊有軍足以守隘

廣幾一帶金湯矣伏候

聖裁

一議養馬遼陽之馬計料月給九錢而馬多瘦死以草料之價騰湧倍常或各軍之不肖者第求飽腹不復問馬耳誠本色易豆接濟以時給散以時更參營馬三百匹委千把總一員帶火軍二十人驗料鍘草積槽喂養專為責成視馬肥瘠定其功罪則可無人腹自飽馬骨漸高之弊職往過沙嶺高平間回有憩馬料不足者北至寧前而或求瘠馬乾或求長給馬乾告者紛紛矣緣從時此中養馬者皆有戶丁幫貼故每日止一錢八分今戶口寥蕭誰為幫貼並以援兵之馬與出關之牛絡繹相望料草騰貴所給不足營五日之飽而往來迎送骨立蹄穿責以買補既罄其賣兒貼婦之錢旋即倒死又迫以私逃處窮之路擲

公帑殘物命耗軍伍皆由於此應如道
臣議每馬月食料銀五錢除將十九年
經制通融外所少不多量為議補其後
有倒死者照各邊例朋幇扣買三年之
後所省馬價足以辦此不必仰給京運
矣至種馬一節雖有永寧一監然廣寧
錦義之間地當濱海水草肥澤牧養甚
便如得馬價六千兩于山東等處市牝
馬千匹該監司牧兩年之内雲錦成群

以孳生者為驛站應付而軍馬之在驛
應差者盡撤歸營則驛馬不缺營馬亦
充勝于每年買馬而不得馬之用此兩
利之術也伏候
聖裁
一議襲替軍衛應襲者本處起文赴部驗
黄襲替此舊例也自遼左兵興恐應襲
者借赴部之名為入關之計棄桑梓而
不雇雖冠裳而何補遂議一槩停止應

誠深矣職所過之地各應襲者擁馬相
廻有願戮力邊疆借一職以自效者有
願輸粟助餉希沾一命者有陣亡將吏
之子弟
國難家讐債氣云湧思授職從戎一當以報者職
思將材首重世職多難正籍助勦因有
事而錮之人無效用之階秪懷苑結之
感宜
勑下遼東撫按凡係應襲者嚴查外黄互相保結

如無假冒情弊免其赴部即與具
題兵部查對内黄内外符合題准照襲承行書辦
不許妄為吹索無端查駁以快要求應
襲捐揮者助米二十石輸納遼陽以下
遞減少佐軍餉其係東事以來祖父陣
亡者徑准襲替免其輸助以示優恤中
有材智胆力可堪驅策者經撫二臣即
與隨材授用則群心奔悅而敵愾之氣
張矣伏候

聖裁
一議激勸夫人孰不愛其身而願為
君捐孰不愛其家而願為
國用此常人之所難宜優異之以風厲海內者也
晰者四路徂征我車再覆將吏如劉綎
以下身當矢石奮臂擊賊肝腦塗地人
無旋踵此
祖宗二百年來養士之報而忠勇昭然矣北關之
破金白二酋不芉迎馬請降力戰以斃

分天之恨似同此心其陣亡將士上自
總鎮下隸偏裨千把再推而生員吏農
挺身從征殁于
王事者聽撫按二臣一一查明禮部從優議恤職
宜將將吏諸人立廟廣寧春秋致饗使
將吏過之者且感且泣憤遼胡而思剪
將金白二酋立廟鎮靜堡春秋致饗使
外夷聞之者慕
中國之有

恩褒忠勸順在此舉也至捐貲助餉在他省直者
固當表章在遼左者尤宜優議查得指
揮僉事今陞金州守備嚴正中輸粟五
千石蓋州衛指揮李鏷輸粟一千石銀
一百兩海蓋道中軍王化溥輸馬五十
匹復州衛指揮花獻宸助兵一百二十
名輸豆一百石牛車六輛金州衛指揮
福將輸銀二百兩穀豆二百一石七斗
撫院標下中軍麻承宗輸九輌車一輛

七輌車一輛牛八隻可謂慕義甚殷者
矣其他或千百至十又或助牛助馬助
車多寡不等名姓在籍夫人當其纖嗇
自衛一錢半菽視同百鎰萬鍾矧以千
百計乎使人盡如此則累百而千累萬
而億所以佐縣官之急者鉅矣在不肖
者亦乘疆事之急以要利此獨出庾廩
之積以急公有臣如此勸典宜亟在撫
按二臣當列名具奏乞

勑定賞格其志在吞胡者隨酌多寡高下陞除壯
志其最少者亦給扁旌異以示勸鄉里
使身隕名飛者留英名于萬古財輕義
重者被
殊寵以千秋將風聽所鼓使人不愛其力而家不
私其財東事不足平也其道府諸臣捐
俸助餉者並候撫按查明另叙伏乞
聖裁

萬曆四十八年五月二十八日
濟南府同知唐謙吉為海運事查得續派造船
章丘歷城武定新城萊蕪淄川鄒平肥城德平
陵縣平原泰安長清臨邑齊河以上派造船三
十隻俱於正月二月內行文訪式濱州鳩工庀
材星夜打造立限報完剋期裝運屢行嚴催去
後延今五月將盡止有長清以二十七日造完
船三隻挽錨俱備齊河船一隻臨邑船二隻俱
各造完挽錨俱備計完船六隻本職親詣看過

委官先行起運過遼交卸其未完船二十四隻
造有六七分者造有八九分者中有全完下水
錨挽未到者有見買於淮安山西澤州等處者
又未知何日可到內淄川縣近日申稱求免造
船一隻本職屢行嚴催各州縣視若虗文延今
四箇月餘尚爾躭延未報全完合無請乞本道
嚴行一票各該州縣知會上緊督造勒限報完
庶遼糧不至稽遲而州縣亦不敢違悞矣緣係
請催造船事理本職未敢擅專擬合呈請為此

今將前項緣由理合具呈伏乞照詳施行
本道詳批初議海運而以車代舟後議海運而派之山中州縣或因時制宜經權互用之妙也有司者治之本道原不預聞今督促艱難而令本道代終其事雖極亮該廳之苦心本道寔有所不能耳通計遼糧額限六十萬石今登萊已有四十五萬青州已有九萬三千合之濟屬原派近海州縣之八萬逾額二萬三千矣船隻頭運者既去五萬六千則回空再運可完十萬近

日本道又擬淮船二十一隻又可裝六千餘石此船往而復返便運一萬二千以運八萬之粮似綽乎有餘者船粮兩難之處姑且寬之亦仁人君子之用心也該廳以為何如此繳

萬曆四十八年六月初一日
濟南府同知唐謙吉為請憲示以專責成事先經造船六十四隻俱係船戶領銀打造彼船戶自知運米之後船仍歸已必然擇木而用修艌如法且謹慎揀擇水手蓋其自為計固應如此後來造船三十隻則係官造是造船者一人駕船者一人裝米者又一人恐其各自為心先圖省便後致推諉比至悞事嗟何及矣卑職屢經親詣造船處所查看擇其技之朽薄者擲之而

匠後苦於更換仍復取用塗抹之後無復識辨誠宜先事而慮者況木艌二匠乃行船所必須敢請憲示凡造船州縣即將原造船木匠原艌船艌匠每船各一名編作水手給與水手工食責令過遼庶此輩知身在船上亦有干係必不敢潦草完事或船上時用木艌二匠亦且隨取隨足尚責成以收實效計無便於此矣緣係海運船隻事理本職未敢擅專擬合呈請為此今將前項緣由理合具呈伏乞照詳施行

本道詳批運船造者一人駕者一人利害不相關塗抹以完事獎賞之必然者也今議令造後與駕役同行俾知休戚與共戢其獘心法無善於此矣但究其根源止因造船州縣原非近海州縣強其所不耳人情自爾解體雖多方督率極力防閑終不如令近海海運之為便耳今筭六十萬之數已足該府止運八萬亦可完事目下之船又供兩運而有餘後派之三十隻已完者不必復論未造者姑且已之猶愈於造而不堪費而無益也該廳再查議報速速

山東等處提刑按察司整飭登州海防總理海運兼管登萊兵巡屯田道副使陶　為遮船改造已久萬分不宜航海謹據實直陳仰祈
睿斷以保全
國儲民命事萬曆四十八年四月十七日蒙
欽差巡撫山東等處地方督理營田提督軍務都察院右副都御史王　憲牌前事准
督餉部院李　咨內云遮洋一總
國初舊例而淮揚之運乃東征所行今遮船不可行而三十萬漕粮不可減希議多雇沙淮二船以一半由海一半運至膠州起陸至昌邑淮河入海而多取登州以船則膠萊遺議尤百世未盡之利此登州道陶副使該有牘道徐弘諫王祐國雇募空船俱達登萊斯近日可循之道也至於由膠州起陸抵昌邑入海則貴院亦已疏及惟山東代淮上之運則淮上應取山東以船二者聽
總漕擇便而行除咨覆

本部又
總漕外為此合咨前去希為查照施行等因又
准
户部咨為粮草罄盡至極等事内稱查照題奉
明旨内事理一面移咨差官淮上守催所派遮洋
一運及造雇船隻一面檄行海防道查照原派
數目并照原題定分管地方作速開幫揚帆御
尾務要相繼無間每半月將運過數目報部查
考等因到院除案行該道查照外查得漕粮三
十萬石原係分派淮上轉運之數與山東無干
今欲多雇沙淮二船以一半由海一半運膠起
陸夫海洋可行則三十萬不難直達緣何分一
半起陸且陸運至昌邑用何船隻裝載淮粮因
成山阻隔乃舍舟從陸何云多助登州以船殊
所未解且本院止督山東粮餉淮粮非東省之
事也據
餉院咨則云山東代淮上之運據
部咨則曰差官淮上守催是以山東而兼淮餉

甚屬可異事關急務合行查議為此牌仰本道
即便會同布政司萊州道即查淮粮三十萬石
可否一半由海一半由陸膠州有何倉敖堆積
有何人夫搬運搬至昌邑下海處計該程途幾
百里至昌邑有何船隻裝載淮粮起運是否可
濟登州船隻齊淮分境緣何着山東代運緣何
併令山東守催務須查議明確通詳
兩院以憑具
題文到限三日内回覆毋得遲延未便蒙此本月
二十一日又蒙
巡按山東監察御史陳　憲牌准
撫院會稿准
督餉部院李　咨同前事等因備牌行道蒙此
又准分守萊州道右叅政陳　手本抄蒙
督撫軍門憲牌准
督餉部院李　咨文亦同前事准此已經備文
移會布政司并萊州道及行登萊兩府查議去
後未准議覆前來今據登州府呈稱關准本府

海防理刑二廳關稱看得遼左用兵糧餉告急此臣子同心戮力之日普天率土何分彼此安問勞逸但職掌款其分明責成款其勝任分管含糊必將以此之擔當而成彼之諉謝力竭不已又將以後之失悞而棄前之勤勞漕運圭糧者也無事運京有事運遼此淮事也即以分派論民運三十萬商運三十萬此山東事至截漕三十萬則淮事也山東與淮原不容錙銖推諉顧但以六十萬之力不足故欲借截漕之三十

萬以補遼糧之缺以減山東之額又恐淮上以成山之險為辭故為指膠州起旱昌邑海口上船之一路然亦不過假之以途為之指示至於船隻使費自是淮事不容諉也今六十萬之額不可減山東之力已竭乃

部院一則曰代運再則曰守催是以淮之事為山東事而六十萬之外又加三十萬也不知彼臨清一帶漕運誰為代之而誰為催之故截漕一事宜聽淮之自為計而近日天津又新開中

路者以漕糧入漕河直抵天津達於遼左抑亦不煩起旱而撥糧攸賴矣至於倉厫搬運程途遠近船隻有無皆膠州昌邑之事似宜問諸萊州百聞不如一見非登之可得而臆決也緣由備關到府准此該本府看得事係軍儲固當以同舟期共濟地方職掌尤難以推諉混責成海運山東由二十萬加至三十萬又加至六十萬民窮力竭無可控告故不得已因

部議截漕糧三十萬多雇沙淮二船由海達遼

而令山東招鶩道因而有半海半陸之說由陸者欲其以避險行遠而搬運堆積在淮上自為之蓋計其省費殺之由漕抵津尤什佰也由海者欲其不以空船徒涉故載糧以行此後則俱陸而不海而此船可在昌邑裝運矣大抵初意欲截得漕糧三四十萬即可減得山東三四十萬蓋漕糧即不餉遼猶是運也誠取彼以抵此則在淮上適得舊運七十萬之多而在山東實受只運二十萬之惠矣總之共成九十萬而止

固非山東之代淮上也及查濟登州以船者蓋謂原議淮上多雇淮沙等船半由淮上達膠南半由昌北抵遼左為程各不甚遠則所省餘船可濟登州云耳何為以船酬代運耶蓋山東非唯不能代且無事于代也既無事于代又何庸于催乎是由陸之議蓋欲增淮以減齊為之晝

道

部文或未前後細加參閲耳然今抑又有説焉建議之初是當中路未開之時誠恐漕粮北抵

津而津船有芝蔴灣之險東過齊而齊境有成山頭之艱故為之拈出此途以直抵遼陽且借以多截漕粮減派民運一以佐

公家之緊急一以紓

部院之懸望而膠萊遺議又其後矣今乃以此為自招代運守催于本省是不得減四而為二且適以益三而為九恐非智者之自謀也且今

天津中路已開矣則當于所截漕粮不必赴膠昌亦不必由成山聽其照舊由河抵津而津船從中路運之則在淮祗行其故事而山東固不為代運亦不必行催矣如此則膠昌之裝載道途之遠近不問可也緣由具呈到道據此該本

道看得膠昌之説雖倡自本道而其立言之意蓋謂淮上截漕由此搬運可多截數十萬便可免山東六十萬之派是欲淮上代山東非欲山東代淮上也又謂淮上既代山東而加截漕粮淮人即當多備船隻以取便而山東既免運則餘下之船隻不妨撥與淮人以助之是指登萊

得免運而言非指登萊不免運而言也原揭見

在

餉臺箚中原書亦在由主政案頭皆可覆按者今山東所派之六十萬既毫不得減則自已之船隻尚且仰給於淮揚而安得有船以供淮人之用自已之轉運尚欲求改於截漕而安得又代淮人之漕此又理所甚明不待辯者況在今日淮人亦無藉於膠昌之路為也何也

餉臺初謂成山險天津近耳今天津海運業已

通行又新開中路不必由芝蔴灣徑可直抵遼陽人工脚費事事省便而漕粮由漕河達天津自是正途一抵津門即盤入津船由中路不六七日而至遼視膠州之造倉收貯造車陸運轉輾數手遲速懸殊舍速弗務而務其遲知淮人之必不為也而淮人即欲用膠昌之路其勢亦不能來也何也

餉臺枋謂遮洋船尚存淮揚有海船可雇故意漕粮到膠耳今遮洋已改造而全無海船只應

天津之五百隻尚屬未集而何處覓船入海而泊至膠州又一半遠成山而到遼也至於代之一字尤東省之所萬萬不敢當者古人云庖人雖不治庖尸祝不越尊俎而代之善乎登廳之議曰漕運主粮者也無事運京有事運遼此淮事也誠如是而東人可代乎哉敢代乎哉故膠昌之路一也若用以截天下之漕粮以免東方一隅之加派又用見成之遮洋悉免東方之雇造則淮上不覺其難而山東得蒙其惠是職倡議之初心也彼一時也若用以索東方原無之船隻疲東方已竭之民力侵淮上本等之職掌加山東分外之責任舍天津已成之坦途增登來無效驗之勞費是非職倡議之初心也此一時也夫

部院移咨之意無非欲此路行而遼餉至耳今權之遲速既知彼較之難易又如此則淮人之治淮東人之治東亦如尸祝然當不待職詞之畢矣惟復別有定奪緣係查議通詳事理本道未敢擅專擬合呈請為此今將前項緣由同蒙

憲牌理合具呈伏乞

照詳施行

一呈　撫按兩院

一牒呈　布政司

一手本　分守萊州道

萬曆四十八年四月二十一日

萬曆四十八年五月二十五日
巡撫山東都御史王
巡按山東監察御史陳　各一本為遵例薦舉
海運文職官員以昭激勸事案照萬曆四十七
年七月内准户部咨為急請多餉以濟危遼事
該前撫臣
題議登萊二府動新舊遼鎮銀兩糴買米豆轉運
遼東以濟軍需緣由本部覆奉
欽依備咨内稱如兩府額銀不足仍動别府加派
務期乘時廣收廣運運過米數用過銀數一應

効勞官員俟年終類造青册報部以憑查考分
别
題咨紀録奬勸施行本年十月内又准户部咨稱
議行濟南青州二府各將所屬州縣一體酌派
起運毋得自分彼此坐視封疆之危其誤軍興
大事如州縣奉行有效者年終分别從優薦奬
如怠玩悮事者不時指名會參等因四十八年
正月内又准吏部咨該職等題留登州道副使
陶朗先久任加

勑又青濟近海縣分應屬該道統攝緣由本部議
將本官俟三年報政加陞二級其青州濟南所
屬邉海縣分安東一衛凡於運事相關官員聽
該道年終甄别勤惰報撫按會同督餉衙門舉
劾以示勸懲等因
題奉
欽依備咨前來俱經通行遵照去後今照萬曆四
十七年巳終隨牌行司道將運過米豆及經管
官員職名册報前來除濟青二府見今分運俟

四十八年終另行數報外查得登州府四十六
年先運過米豆共一萬三千三百七十三石五
斗一升四十七年登萊二府共運過米豆二十
萬六千四百六十石零所據効勞官員例應薦
舉該職會同督餉侍郎李　通查四十七年
海運係登萊二府分任除分守海右道右叅政
陳亮采體
國多方節愛憂時獨抱公忠歷任尚淺不敢槩叙
外查得山東布政使司署司印分守濟南道右

叅政程啓南按察司分廵登萊總理海運海防
道副使陶朗先以上二臣閎材亘擬川流勁節
能排山海舟航挈
國而三軍待命真同廣濟之津梁粒食調饑而獨
力匡時長峙狂瀾之砥柱望崇藩服功在邊疆
所當首叙以備紀録擢用者也原任萊州府知
府今陞湖廣副使婁九德登州府知府徐應元
萊州府加陞運同專管運務同知鮑孟英先任
福山縣知縣今陞本府海防同知宋大奎原任

萊州府推官署府印今行取留部段國璋原任
登州府推官署府縣印今陞南京戶部主事李
士高萊州府通判署濰縣印孫時盛原任寧海
州州同署招遠縣印今陞江西瑞州府通判孟
心孔寧海州知州張自修掖縣知縣薛文周萊
陽縣知縣李建和濰縣知縣吳甡先任文登縣
知縣今調樂安知縣門洞開蓬萊縣知縣段展
昌邑縣知縣周學閔以上諸臣義切同舟心期
共濟調之芇劑俾萬姓急趨事之公運以通材

令千艘集浮空之粟勤渠終歲勞且忘疲利涉
大川功徵足食俱應叙薦以備擢用行取者也
內婁九德段國璋李士高孟心孔雖經離任而
職所薦係四十七年分管理海運官員宋大奎
門洞開陞調自本屬例應併叙再照遼左軍興
需餉緊急道臣陶朗先殫力擔當經年拮据應
需不次之擢以為人臣任事者之勸其府縣各
官兢兢奉法無可寃叅凡屬海運地方如数轉
輸勞勩均應並録但歷任有深淺粮数有多寡

職不敢漫無分析一槩盡舉除薦外数容職分
別獎勵以示激勸伏乞
勑下戶部覆議上
請如果職等所言不謬將叅政等官程啓南等知
府等官婁九德等移咨吏部應紀録者紀録應
擢用者擢用應行取者行取庶
功令彰明而于運務有裨矣
本月二十九日奉
聖旨戶部知道

萬曆四十八年五月二十七日

巡撫山東都御史王 巡按山東監察御史陳 各一本為遵例薦舉海運武職官員以昭激勸事照得萬曆四十七年海運遼餉效勞武職官員例應薦舉該職會同督餉侍郎李　查得遼東牧粮千總加銜守備黃礼恩登州道中軍寧海衛指揮僉事李先春萊州府僱運千總登州衛千户李天培萊陽縣羅運千總三科武舉曲思化蓬萊縣羅運把總萊州衛指揮應襲張天威以上各官勇往以涉波濤先勞不辭險阻舳艫啣尾滄溟無漂泊之虞舟梯米在倉渤澥收梯航之實效迄濟無邊之苦海轉輸多懼之危邊俱應叙薦以備陞擢者也再查各弁領運固多勤事効忠間亦因循玩法有勞者薦舉以需後用無功而有過者容職等分別戒飭伏乞

勅下户部覆議上

請如果職等所言不謬將黃礼恩等移咨兵部以備陞擢庶激最明而人知所勸懲矣

本月二十九日奉

聖旨户部知道

萬曆四十八年五月二十七日
兵科給事中薛　一本為援遼正苦兵少援
將忽報兵逃事必有因漸不可長懇祈
聖明亟議處置之法併議料理之人以肅軍紀以
銷地方釁端事職連日接遼東揭報見經畧熊
一疏為遼左將帥同盟文武和附為殄賊一
大機會獨惜兵寡粮匱各道缺人不得隨心應
手得當圖報以紓
顧憂事內稱總兵與總兵盟將官與將官盟皆宰

牛歃血誓盟同殺賊子是乃敢主張守瀋為以
南顧遼海北窺開鐵東逼賊巢漸進轉變之計
臣一讀之不覺躍然色喜何向來氷泮瓦解之
象頓成珠聯璧合之景一至此也而猶慮無兵
調遣無餉食用無道臣以供任使之為兢兢矣
又見撫臣周　一疏為廣寧急需將官推補
無期懇乞即
勑該部速為推補以救河西半壁事內稱西虜陽
與奴約分犯遼廣祇緣遼瀋綢繆漸有次第奴

酋不敢輕入而陰嗾西虜乘河西兵虛先謀入
犯其意不在搶掠而在赴城使河西不守粮道
斷塞遼瀋坐困而後奴乘之臣一讀之不勝愕
然嵬飛何奴酋虎蹲鷙伏之態愈奇妙巴陽順
陰逆之情日反日覆一至此也惟有速補將官
多添兵馬保河西正所以保河東之為皇皇矣
總之在經臣亟于用兵以恢如綫之疆而餉以
養之道臣以彈壓之均為拯焚拯溺之圖在撫
臣亟于索兵以禦方張之虜而邊塲兵少此頗

彼遺恐有捉襟露肘之患不謂延綏援遼遊擊
袁大有領兵一千甫至昌平而夜半脫逃者輒
有七八百名之多也據總兵王國樑則以延綏
援遼兵馬于十六日至昌平關支行粮料草至
十七日三更時分各兵約有七八百名脫逃向
南去訖報矣據遊擊袁大有則以各兵誤聽過
路謡言有調出援兵剃眉剃面發赴織工等語
至三更時分忽有七百餘兵各持刀箭兇勇經
向蘆溝橋逃去即星馳赴上招撫不回向南去

訖請乞行文嚴拿訕傳之人以正法報矣臣一
閱之不覺奮然髮豎何以將無才能兵益驕悍一
至是哉夫此援兵也因遼東經臣所推心以置
眄眼欲穿與到一兵即得一兵之用者也亦該
鎮撫臣所極力抽募百方鼓舞與發一兵即收
一兵之效者也奈何哉千里而來一言而散全
無破浪衝風之氣頓見鳥驚獸駭之形得無統
兵將官訓練無法無約束失宜與押行糧料草
之支給有乾沒與搒拷箠笞之軍令有偏僻種

種情節難以懸度應行查核嚴為議處不則流
止于智者匹夫至愚而神彼皆邊鄙人也習聞
虜情習見將令無辜受黥從來有此法否有家
難奔皇皇其何之乎況遼難未歇調募無期人
將效尤綱紀安在於此而盡置之法不可於此
而任委之去不可惟乞
速降一諭若曰逆酋不道侮我
天朝驕食我邊圉虔劉我人民殺戮我文武將士
普天率土義切同讐是以有征調之役凡爾從

征遠戍跋涉間關背離鄉井時厪軫念一切安
家行月犒賞亦時時與地方官約綮從優厚倘
天心厭禍逆賊授首皆爾衆之功當重賞賚尊顯
之奈何輕聽浮言遽爾叛去自罹法網甘為僇
民此必有一二奸弁猾卒造言生事煽惑軍心
法在不宥爾衆其公舉以
聞凡爾軍士速行悔悟勿自疑阻整隊前來矢志
滅賊當盡赦前辜嘉與更始決不食言以此
須布中外曉示軍民有不鼓舞踴躍懲前毖後者

臣不信也不此之圖而泄泄如故望皇皆然切
恐自有遼事以來人如湯火之赴家苦追呼之
驚沖途之民心以驛騷而思亂宄傴之赤子以
加派而無生遠調之士卒以無犒而快志逃回
之兵衆以無歸而逞狂河決魚爛匪朝伊夕杜
釁消萌定計須蚤頒
勅當事者之亟圖之也再照遼左需兵需餉需造
臣皆急着也兵關司馬而司馬執要其執詳全
在職方今職方郎

請告出城業已兩月無復任事理矣而該司迄今
尚未有專屬也召署篆員外仙克謹才識素優
擘畫儘裕而代庖終非專責任事不無掣遝向
來條陳者欲以儀郎須之彥以京卿兼管職方
事既爲衆望攸歸又有故事可援所當
亟允銓印速令商確具
題或以之彥擬陞調補或以克謹就近推補一則
長駕遠馭一爲熟路輕車均於軍政有裨者也
餉問司農而司農執簡其執煩全在司官乃山

東司遼軍急同燃眉向來建議者欲專設一遼
東管餉郎中而以山東九邊屯鹽等務仍屬舊
郎中庶頭緒有分清楚亦易且舉有才望二臣
姓名俱在
御前以其本衙門官習本衙門事恢恢游刃有餘
地者此宜該部開名咨送素何不察及
請下吏部檢推一員仍向日郎中就正夫就正必
于有道又何言之外也至海陸二運陶朗先之
在登萊袁應泰之在永平大有功焉雖皆賢者

賞不以勸然
國家激勵勞人可無優厚應泰已陪推建牙崇撫
不遠若朗先以驛傳副使強之督運不惟料理
航海兼且召買粮石陶之題目更難于袁乃以
憲副加銜大參此出撫按奏
請者而天官曹怯不肯予是亦今日之當
勅令舉行者也將帥不提掇則不奮兵馬不操練
則不整粮餉不趲運則不全此等責任專屬道
臣而遼左道臣原額無多今何落落如晨星也

遼陽道以病去矣開原道以艱行矣贊畫以正
月回籍議改監軍道矣祗以銓宰乏人致令推
補無日閣部
請之不報言官
請之不報該銓屬即
聖躬方在調攝而舉無難
閣之章舌敝頴禿而亦不報即
掄發豈閣臣之票擬未當
聖裁抑

聖心之眷注別有他屬以為新推冢宰周嘉謨中
外列歷最久一時詢謀僉同為輔臣者自當竭
誠盡力專疏特恩祈于得
請後已何等亙捷痛快而一失于
召對屢失于票擬今日曰署明日曰署未見轉圜
之機全無納牖之術致令明經日見困甏廷試
亦復愆期一種黯淡景象豈盛世所宜有哉此
又
陛下宜自為
社稷計與夫閣臣之自為
國家計不俟臣言之娓娓者也臣猥以草茅謬叨
侍從拮据于孤垣之旁乍莽馳于同舟之乏人
四顧徬徨一身狼狽連日目病抱痛心火如焚
思註籍之未能愧入署以何補撫晴窗而感慨
睹局戶以興嗟輒敢觸事盡言罔識忌諱伏惟
聖明
垂察施行奉
聖旨

萬曆四十八年六月初五日
濟南府同知唐讓吉為海運事卑職查得本府
所屬海運州縣共派米豆十萬利津縣開洋米
豆五千五十石霑化縣開洋米豆二千八百二
十六石九斗七升二合海豐縣開洋米豆四千
石濱州開洋米豆一萬一千二百四十六石一
斗二升六合一勺俱已单報開洋訖尚有運官
葛得勝裝完未開洋米豆三千二百四十石本
職催促先行仍剩米豆五百一十三石八斗七
升三合九勺有程道源船一隻未到已行州查
究待到日裝完責令即時開洋該州共裝完一
萬五千之數蒲臺縣造船九隻又撥給海豐縣
船三隻共裝米豆六千九百石又海豐縣船五
隻改撥青城縣裝米豆二千五百石蒲臺青城
二縣本職差人守催上截火速開洋以上已開
洋未開洋裝完米豆三萬六千二百七十六石
九斗七升二合尚有續造將完船二十九隻亦
約可裝粮一萬四千五百石前後通共裝完粮

五萬七百七十六石九斗七升二合尚剩米豆
四萬九千二百二十三石二升八合續䝉發下
船六十八隻已分派武定歷城濟陽青城分投
東海迎押又行所轄船戶濱州利津海豐霑化
蒲臺亦分投東海催促至今並未報到又別無
船隻起運前剩米豆必須二運裝載見今專候
頭運利津濱州等州縣九十三隻船回空裝載
合無請乞本道憲牌行遼東盖套嚴諭收卸官
員知會待濟屬利津等處粮船到時即便收卸

毋得遲滯留難仍速二運再請或有登萊二府
回空船隻撥濟裝載待濟屬船回卻留登萊補
運庶遼粮不至稽遲而濟屬十萬之数可畢運
矣緣係請催撥發船隻事理本職未敢擅專擬
合呈詳為此今將前項緣由理合具呈伏乞照
詳施行

本道詳批該府海運初行人器都未相習故撥
發多船所以濟創造之所不足也其船皆見在
廟島而撥之者十日前已據登海防廳禀稱俱

進泊丁河三岔等處則深入濟境矣該廳速一
查派毋令其中途逸去彼此兩悞也至於盖套
收粮照船到次序為先後成規既立毫不可紊
欲其來之速須此地去之早然本道先期已專
令旗牌官叢希哲到彼催押矣青登萊粮數多
溢欲足六十萬之額尚多出四萬有奇濟屬事
每苦難或止運初議之八萬亦可也統在府廳
計議行之此緣

山東等處提刑按察司整飭登州海防總理海運兼管登萊兵巡屯田道副使陶　為海運事

萬曆四十八年六月初七日准

山東等處承宣布政使司分守濟南道右參政程　手本蒙

欽差巡撫山東等處地方督理營田提督軍務都察院右副都御史王　批據本道呈詳前事蒙

批查海運僱造船隻銀兩所費不貲而濟屬猶各自辦發來六十八隻未必盡堪裝運即堪用

亦僅可裝一萬七千餘石耳此海道之揭可考也又聞十餘船中損壞六隻此無濟于緩急據議檄催海道撥船濟運而以濟南所運回空之船留登裝載一轉移而遠近俱為有濟計無便於此者該道即移行海道酌議催發無誤時日可也此繳蒙此備移到道煩將登州船隻酌量濟屬未運粮數速撥前來濟運俟濟船回空之日逕留登裝運希將所撥船隻賜數過道以便轉報施行准此查得本道未准之先已撥過船戶劉一鸞等六十八隻又撥過朱應春等二十一隻今准前因又撥船戶陳杉等四十五隻先後通共發船一百三十四隻總計裝粮四萬九千二百五十石裝運濟屬未運之數寬裕有餘除揭報

軍門并行令濟南府逆押外擬合回復為此合用手本前去

貴道煩為查照施行

計開今撥

萊州府報到船十八隻共裝粮一萬八百一十四石

船戶陳杉船一隻裝粮五百一十九石

船戶張倉船一隻裝粮六百石

船戶陸汝成船一隻裝粮八百三十石

船戶顧周船一隻裝粮三百石

船戶何甫蒸船一隻裝粮三百石

船戶張玘船一隻裝粮二百六十石

船戶董祥船一隻裝粮五百石

船户揚天和船一隻裝粮五百五十石
船户孫典船一隻裝粮六百石
船户張言船一隻裝粮八百石
船户程順船一隻裝粮七百五十石
船户孫典船一隻裝粮五百八十石
船户孫典船一隻裝粮七百石
船户葛萬勝船一隻裝粮九百石
船户曹南船一隻裝粮四百五十五石
船户朱雲船一隻裝粮五百五十石

船户張玘船一隻裝粮八百石
船户陸光徭船一隻裝粮八百一十五
石
委官周謨報到安東衛船八隻共裝粮三
千一百四十六石
船户陳文船一隻裝粮一百一十石
船户姜珠船一隻裝粮一百四十石
船户沈志船一隻裝粮一百四十石
船户温守德船一隻裝粮一百六十石

船户王忭船一隻裝粮六百石
船户王升船一隻裝粮六百五十石
船户揚美船一隻裝粮七百石
船户王濟船一隻裝粮七百石
贊理遼餉户部主事田　手本開送沙船
十九隻共裝粮一萬一千四百石
船户程時船一隻裝粮六百石
船户程科船一隻裝粮六百石
船户蘇尚義船一隻裝粮六百石

船户姚忠烈船一隻裝粮六百石
船户陳五船一隻裝粮六百石
船户司珠船一隻裝粮六百石
船户徐少棲船一隻裝粮六百石
船户曹奎船一隻裝粮六百石
船户陸禮船一隻裝粮六百石
船户李際明船一隻裝粮六百石
船户孫應時船一隻裝粮六百石
船户蔣本船一隻裝粮六百石

船戶徐桂船一隻裝粮六百石
船戶陳俊船一隻裝粮六百石
船戶王義船一隻裝粮六百石
船戶潘祖船一隻裝粮六百石
船戶趙東桑船一隻裝粮六百石
船戶王棋船一隻裝粮六百石
船戶李通船一隻裝粮六百石
以上共船四十五隻共裝粮二萬五千三百六十石又先次撥發船六十八隻計裝粮一萬七千五百六十八石又續撥去船二十一隻裝粮六千三百二十二石二斗前後通共撥去船一百三十四隻總計裝粮四萬九千二百五十石除裝足原報未運粮四萬九千足数外尚多餘空艙可裝二百五十石

手本　分守濟南道

萬曆四十八年六月初七日

山東等處提刑按察司整飭登州海防總理海運兼管登萊兵巡屯田道副使陶　為亟議收麥以接濟粮餉事萬曆四十八年五月二十六日抄蒙

欽差專督遼餉戶部右侍郎兼都察院右僉都御史李　案驗准

經畧部院熊　咨稱據監軍道高參政揭稱海運之粮登萊為多近加至六十萬而登州道去歲所派買僅三十萬尚未奉新加之數也計所運惟豆與粟米二項舊穀既沒加倍大難聞登萊二麥頗有收民間之值小麥視豆稍貴而與粟米正等大麥與豆亦畧相當而且可飼馬二項粮運之所不收百姓欵賤糶而無從莫若趂時行二郡發官銀糴買或照時價收折准納粮銀必可得一二十萬石接濟運至亦計之最便者二麥新成較之漕米多陳粃猶大勝也等因據此看得遼餉本色止議粟豆原未議及二麥第登萊加至六十萬一時糴買為難據稱麥價

與豆粟不遠而又堪飼馬似不必拘于豆粟以
苦民况漕米且多攙秕又不如二麥反得實惠
然事在彼中難以遥度合行查議煩照咨備事
理再為查酌二麥軍中既堪食用百姓又欲賤
糴是否可代粟豆倘果稱便即當速行登萊二
府趂時發銀糴買或照價收折可得若干趲運
接濟以繼軍餉之急缺作速查議等因到部准
此擬合就行為此案仰本道即便轉行登萊二
府備查以二麥代粟豆似為便益可行逐一酌

妥詳報以便咨覆施行蒙此本年六月初五日
准布政司照會承准
督餉部院李 照會准
經畧部院熊 咨同前事等因煩查二麥軍中
既堪食用百姓又欲賤糴是否可代粟豆倘果
稱便作速備行登萊二府趂時發銀糴買或照
價收折可得若干趲運接濟以繼軍餉之急缺
速議停妥牒司轉報施行准此本年六月初七
日又准分守萊州海右道右条政陳 手本准

本司咨承准
督餉部院李 照會前事等因備會到道准此
備行登萊兩府查議間本年六月初八日抄蒙
督撫軍門王 案驗同前事本年五月二十六
日准
督餉部院李 咨准
經畧部院熊 咨稱據監軍道高条政揭仰道
即便轉行各府所屬海運各州縣將應運遼粮
今以二麥代粟豆似否稱便如屬可行登萊固

宜多收青濟亦宜量買作速趂時發銀收糴或
照價收折可得若干趲運濟遼以繼軍餉之急
速議酌妥一面徑行一面呈詳前來以憑咨覆
施行蒙此依蒙備行青濟登萊四府轉行各海
運州縣趂時發銀收糴或照價收折一面徑行
一面呈詳去後今據登州府呈稱看得登州府
八屬分運遼粮二十二萬五千石運者已過半
矣未運者尚如許也項奉明文以二麥代粟豆
亦為便計今查登屬二麥雖云稍收然小麥之

價特稍減于粟而大麥與豆亦不相上下此就
目前市值而論將來猶未可定也大率以麥代
粟實一時官民兩便事屬可行者也唯是各屬
庫藏一空即照價折收亦得無幾非借司發多
銀預為糴買以省百姓竭蹷之苦將心知其便
而力難從心亦柰之何矣除一面行令各屬將
起運京邊儘數收糴等因據此又據萊州府呈
稱遵奉案驗查得本府所屬民運至七萬五千
加值召買至一十五萬共計米豆二十二萬五

千石以瘠薄之地窮荒之餘民乏蓋藏帑無積
貯而當此大役大費業已力不能支况豆粟與
二麥分為兩熟若專收粟豆則此時舊穀已盡
新穀未登而麥秋一熟又似置之無用秋苗有
限賦額何充今兩澇連綿秋成正未可卜若徒
望歲於一秋責運於粟豆亦非萬全之計且麥
食正與北土相宜而大麥之麄者兼堪喂馬趂
此二麥薄收妥宜兼徵以廣備餱粮之用合無
候呈允日行令所屬州縣出示諭令小民上納

二麥照依時價量□寬估加值准抵粮銀以鼓
樂輸之義庶疲民得寬一分之力而軍需獲免
不繼之虞矣等因各具呈到道據此除濟青二
府奉行撥議在後另詳外為照二東海運計粮
六十萬石為數甚奢昨歲災祲米豆苦於無措
然而猶得勉及此數者以歷年之所積為一年
之運也今且竭澤而漁無可為計矣四月間竊
見麥穗頗長随寓書
遼東撫院商用麥之便而

本部院用麥之檄至矣百姓聞風莫不舉手加
額以為今而後吾儕小人始得常輸本色而不
苦於賣麥買米輾轉耗費之患也但麥與米價
自不同既通融於米麥之間即當權其贏詘之
數第今年麥秋將至久雨為災新麥之價較之
米價相去不遠蓋因目下尚苦於陰霖而舊麥
既絶新麥未廣也然自有收麥之令而民心稍
安於輸輓麥既可以納官則米自不得騰價
□一轉移之間所省當自不貲今方下令收

積儲待運其價之貴賤省之多寡合無於發運
上船之日計之自有成數可按也然此自有銀
可糴而言也今年海運登萊兩府借處各項錢
粮盡充收糴僅完四十五萬迨至粮已具矣而
水脚無銀給散有船不得開洋各府拋久遼餉
毫釐不辦本道延門持鉢各人掉臂不顧則雖
用麥亦何銀可糴糴有麥矣亦何銀可運非得
本部院再賜具題將不海運之府州縣嚴為考
成儆惕自恣者查參一兩人則運事且不可為
安論麥與米也緣係亟議收麥以接濟粮餉事
理本道未敢擅便擬合呈詳為此今將前項緣
由理合具呈伏乞
照詳施行

一呈　督餉部院
一呈　督撫軍門
一牒呈　布政司
一手本　萊州道

萬曆四十八年六月初九日

山東等處提刑按察司整飭登州海防總理海
運兼管登萊兵巡屯田道副使陶　為亟議收
麥以接濟粮餉事萬曆四十八年七月初一日
蒙
欽差專督遼餉戶部右侍郎兼都察院右僉都御
史李　批據本道呈前事云云等因具呈照詳
蒙批米麥兼收彼此兩便依擬收運總靳足額
其考成查參之法屢經
明旨申飭自當如法舉行仍候
撫院詳示行繳蒙此本年六月二十九日蒙
欽差巡撫山東等處地方督理營田提督軍務都
察院右副都御史王　批據本道呈同前事蒙
批今歲海運六十萬盡扣新舊遼餉止充運數
之半原無剩銀即嚴為考成無裨也必得
餉院轉發各省餉銀乃為有濟該道急急請詳
稍遲必誤事矣二麥與粟豆併收如議咨覆繳
蒙此除行登萊二府轉行所屬州縣及時徵收
糴買二麥與粟豆兼收佐助軍興外查看得遼

事孔棘上廑
宵肝之憂非直一郡一省之事也惟正之供不獨
東省有遼餉而各省直俱有額編正項山東六
十萬之運二麥與粟豆兼收小民雖曰稱便而
輸納有額難徵于應供之外徵收有数也糴買
無銀也轉運無措也是真無米望炊郤步求前
撫院灼見夫海運之難不得已而有轉發各省
餉銀之說蓋山東之銀易折色為本色而各省
餉銀亦可取折色而糴本色况今遼兵雲集拐

腹望粮
本部院催粮之檄無日不下而近日又禁山東
不許擅動京邊抵運則職之所恃以徵收糴買
者愈益無銀他日束手無粮當不得責東方之
不言也合無俯念東省民窮財盡将各省餉銀
速賜轉發東省濟助粮價脚費諸用庶運務克
襄而遼左有賴矣緣係請發各省餉銀以濟海
運事理本道未敢擅專擬合呈詳為此今將前
項緣由同蒙批詳理合具呈伏乞

照詳施行
一呈　督餉部院
萬曆四十八年七月初三日

山東等處提刑按察司整飭登州海防總理海
運兼管登萊兵巡屯田道副使陶　為海運必
難通增船糧必難立辦等事據萊州府呈萬曆
四十八年五月初二日蒙本道案驗本年四月
三十日准分守萊州海右道右參政陳　手本
蒙
巡按山東監察御史陳　憲牌准
撫院會稿前事案仰本府即查該府加編遼餉
銀若干今運過米豆總該若干每石應加值若
千可否足抵新編遼餉之數已扣加值銀兩即

抵加編之數未足者仍應編派一一查議明悉
具由詳道以憑回復施行蒙此本月初五日又
蒙本道案驗准分守萊州道手本蒙
欽差巡撫山東等處地方督理營田提督軍務都
察院右副都御史王　憲牌同前事等因蒙此
又蒙本道憲牌准布政司照會蒙
撫按兩院憲牌亦同前事蒙此依蒙查看得本府
以蕞爾磽确之區洊罹災祲賦役日繁元氣未

復遼餉既均派民運又獨認召商夫此召商之
值仍出之民也加編至再又至於三夫此加賦
之民固即輸運之民也揆理度情本當以加編
之銀即充召買水脚之用既認召買則不當更
認加編矣又當以召買之糧即准加編之銀既
認加編則不當復領召運矣第功令頒布召買
者勢不能不責運於民加編者又不能盡蠲其
累就中酌處惟有以加值抵加派庶幾加編之
數不縮召運之價不虧不妨運亦不厲民洵調
停之苦心兩全之至計也况加值召商之說已

有成議而以加之商者惠之民尤為徑便惟是
加值之數非二錢上下民不願輸也蓋緣二麥
薄收粟黍種遲十室九空皇皇乎為蓋藏之計
不加值不能鼓其輸將之念然加值雖至二錢
視西府不加之值猶相若也是為無損於上而
有益於下不費之惠斷斷乎其當行者也及查
本府先次每畝加銀二釐五毫二次加銀二釐
五毫三次又加銀七毫前後共加五釐七毫通

計加銀四萬九千二百八十兩六錢一分有奇
而所派召買米豆一十五萬石米每石原比民
運價止四錢二分二釐五絲七忽六微六纖豆
比民運價止銀二錢三分二釐六毫五絲一忽
一微今擬米豆每石加值二錢一釐七毫三絲
三忽五微合之米每石價六錢二分三釐七毫
九絲一忽一微六纖豆每石價四錢三分四釐
三毫八絲四忽六微共加值銀三萬二百六十
兩二分五釐僅足每畝三釐五毫之數尚存二

釐二毫擬乞
俯軫疲黎免派一釐該免銀八千六百四十五
兩七錢二分一釐八毫一絲七忽九微仍存銀
一釐二毫該銀一萬三百七十四兩八錢六分
七釐五毫四絲四忽五微一纖八塵四渺或盡
数
題蠲以示浩蕩之恩或仍派徵而請免民運三萬
一千六百九十餘石以抵一萬三百七十四兩
有奇加派之数使民免於重併之困或權宜加

派事平即止即將此加派者存留作為僱船水
脚等價之用以紓帑藏透支那借倒懸之急總
之用一緩二
德意取自
憲裁力紐舉羸權衡不妨通變期於民生邊計
兩受其利而已等因呈詳前來據此又據登州
府呈稱奉行依蒙查看得加值議抵加派原為
蘇民之意及查地畝加編每畝初加二釐五毫
二次一倍三次七毫共計加派五釐七毫該派

銀四萬五千七十三兩八錢五分七釐六毫四
絲四忽二纖二沙七塵已加值于分運二十二
萬五千石之內每石加值約銀二錢三毫二絲
八忽五纖六沙二塵共加值銀四萬五千七十
三兩八錢零足是加值足抵加派矣今准萊府關
稱又將加派以三釐五毫加值於十五萬石之
內免其一釐其一釐二毫仍欲派徵弟登府加
派若除三釐五毫加值於十五萬石之數再免
一釐尚有一釐二毫該銀九千四百八十九兩

二錢三分三釐零須仍編派小民是小民未盡
受加值之全惠而猶被加派之餘孽也且召買
者十五萬石既以加值而先派者七萬五千石
又照市價則一府之粮而價值互異亦非所以
清稽核也合無請乞本道軫念災黎俯從末議
准將本府加派四萬五千七十三兩零通融加
值於二十二萬五千石之内則一蠲永蠲在遼
左無虧額而登民有大益矣緣由各呈到道據
此該本道看得海運乃宇内最苦之役而以行

於登萊無船無粮無民之地則尤苦之苦矣然
而民間竭蹷以供有司黽勉以任者謂有加值
之法可召之來又有加值即裁編之法可甦其
困也先蒙
兩院廣詢以諏民間之所便安復多方以計餉
金之所嬴詘初謂不召商則民不堪不加值則
商不至故加貴以買於民間
餉臺之疏與
本院之議不約而同也繼謂召商商至而商價

騰則民價隨之而併騰民價騰而商價因之而
愈貴遼銀由此而多費則遼雖見謂得粟而實
則陰已失銀故召商不如召民之説鮑同知發
之實即仰體
本院諭札所云欲使外不病遼内不病民之意
而推演之也本道隨以
德意曉喻民間於是逃亡者漸次復業拋荒者
漸次開耕彼若曰吾耕一畝之田輸一斗之粟
便可得官家若干之值而遼粮於此已開不匱

之源矣且又不用商而用民則人皆土著無徃
來鬬巧之捷而市價常平無得利則來失利則
去之虞而本色常在雖曰加貴以買之實則先
𢈔其原價民見謂加遼不見爲費萊詳所稱雖
加二錢視西府不加之價猶[illegible]者是也故即
從前府初議將三次新加之數即抵免於加貴
之中而計粮四十五萬每石加貴銀二錢三毫
有零較之
餉臺疏開陸運到關之脚價尚省其半想以之

明告於遼必不以登萊為妄費者如欲如萊府
近議以餽羊之義量為一鬐二毫之徵則萊府
所得不過一萬三百餘金登府所得不過九千
四百餘金而民間却羣然以為仍不免徵矣倘
使此言一播而逃亡者荒棄輸納者趑趄則本
色乏而時價必增時日悞而風波不保此其所
費何止一萬九千餘金哉故不若以全免鼓民
間之樂趋而還以民買餉遼左之浩費又仍以
抵兑加貴之數為照價免徵之數使本色常運

粮價常平是乃移商之利以利民兼以利遼非
奪遼之有以與登萊有損於遼餉也似屬可行
伏乞具
題以便銷筭倘慮
計部持疑
題知有礙則地方徯俟雲霓望般
兩臺專制一方何利不與何惠不溥便宜舉行
是亦
帝心之所深鑒也職敢以此為東民請命矣緣係

查議詳奪事理本道未敢擅專擬合呈請為此
今將前項緣由理合具呈伏乞
照詳施行
一呈　撫按兩院
一牒　布政司
一手本　分守萊州道
萬曆四十八年六月初十日

欽差整飭登州海防總理海運兼管登萊兵巡屯
田道山東等處提刑按察司副使陶　為仰遵
明旨酌議海運等事照得鋪墊一節在此塡鋪艙
內防粮濕浥之虞在彼圈囤露積防粮風雨之
患乃兩地必不可少之物且係官銀置辦之物
船後往往視為囊中之物或領銀入已不行置
買或交卸已畢潛地私賣或未交而云已交或
半交而云全交押運官囤空之後既行調撥此
物兩地虛實無憑可對今議設稽查小票支卸

已畢付船戶執回權作小收候本官討取遼東
委官印鈐實收塡註長单一總申繳以便查考
今擬登州府將刻過小票繳報到道合應通行
遵守為此牌仰本府官吏照牌事理即將發去
小收票一紙照式刻刷發遼東收粮官遇有運
船在彼卸完塡註鋪墊用與不用或半用或全
用給付船戶回繳以便酌發鋪墊之價即為全
給半給免給差等具冊發過遵行過緣由并令
各州縣并各運官具各遵行緣由報道查考毋

得故違未便須至牌者
計發去小收票一張
一牌濟南府　青州府　萊州府
萬曆四十八年四月二十日

欽差整飭登州海防總理海運兼管登萊兵巡屯
田道山東等處提刑按察司副使陶　為仰遵
明旨酌議海運等事照得鋪墊一項為物雖微而
積少成多費亦不小前者屢次申飭特刻給小
票填註務要稽查全用半用不用以為料價全
給半給免給之分蓋目擊遼事浩費之煩而欲
於中尋一節省之路也今運去各船囬者復裝
裝者去而復廻矣各運官並不見報有用否字
樣不知各屬曾否稽查作何分別支給合行查

核為此牌仰本府官吏照牌事理即查該府所
屬海運州縣凡過遼船隻領銀置買鋪墊到遼
交卸之時曾否填註小票有無開載明白曾否
按全用半用不用以為次運料價全給半給免
給之分其撙節数目曽否登記明白類總清筭
文到查明先將查核分別過数目報道查考毋
得遲延未便須至牌者

一牌仰濟南府　登州府
　　　青州府　萊州府并四海運廳

萬曆四十八年六月十三日

山東等處提刑按察司整飭登州海防總理海
運兼管登萊兵巡屯田道副使陶　為專催加
派以濟緊急軍需事萬曆四十八年六月十八
日蒙

欽差專督遼餉户部右侍郎兼都察院右僉都御
史李　案驗准
本部咨山東清吏司案呈奉本部送准督餉部
院李　咨稱山東派運六十萬石每一石之粮
約用有一兩之費計金六十萬毫不可缺除去

加派及題留遼鎮舊餉支用其不足者欲動京
邊此一時權宜之策似應准從煩為酌妥咨示
等因又准
山東撫院王　咨同前事等因各到部通送到
司該本司查得東省海運六十萬石該省謂用
銀六十萬兩今將四十七年加派及舊餉司六
府民運銀二項抵筭共止二十九萬一千九百
七十餘兩尚少銀三十萬餘而欲議動京邊然
登萊二府海運共動舊餉司民運數萬兩即將

年分互異孰費許多查筭若将京邉抖亂不特
有悮九邉軍需而該省州縣錢粮東西拉扯終
為不清之局吏書因之侵漁
國賦因之虧缺非便計也海運即恐不足六十萬
石則有全省倉穀七十六萬石除一半備荒碾
一半海運可得米十八萬石止欠米十二萬石
應用銀十二萬両量議動四十八年加派造冊
銷筭餘當将庫貯作速那解以濟遼急遼鎮舊
餉司民運節稱外解拖欠甚多該省留為海運

不解無怪該鎮哓哓也四十七年六府應該舊
餉司民運銀一十三萬三千三百九十両五錢
二釐零該省既留海運應太倉補還舊餉司但
錢粮今日不清日後益難稽筭又該本司查得
五府未解獨兖州府額銀六千三百五十六両
六錢八分俱已解完而該省猶作全欠非也應
于一十三萬三千三百九十両五錢二釐內除
解過六千三百五十六兩六錢八分該省實留
該鎮民運銀一十二萬七千三十三両八錢一

分二釐應太倉照数補還舊餉司查收庶四十
七年該鎮與東省民運清楚也仍咨回東省查
筭無差咨覆到部始行太倉補還舊餉司呈堂
奉批東省運粮六十萬石用銀六十萬両尚少
銀三十萬餘總計俱該用新餉銀而欠銀欲動
京邉用過亦有舊餉恐新舊混淆不便銷筭且
應新用舊則額頓虧何以供各邉也據議欠銀
動糶倉穀及四十八年加派先借庫貯銀濟急
即為補還則欠銀有所出矣用過京邉舊餉速

催四十七年民運已用確若干報部行太倉照
数補還舊餉司庶舊餉有歸而新舊俱清楚矣
咨回查筭明白咨部以便銷筭奉此除已咨覆
山東撫院照行外其海運六十萬之費既已設
處足数相應咨覆
督餉部院專催濟運案呈到部咨覆前來等因
准此案仰本道轉行該府嚴督各州縣作速設
處接濟運遼充餉施行萬勿濡遲取具各遵依
繳報以憑查考蒙此該本道看得二東歲事十

年九祲地土山皮石骨非富庶之鄉也民窮易動賦重難堪從來海内有事山東嘯聚必首發難端非無事之國也况今遼氛為累烽火相連征調獨煩轉輸獨苦民之受累已不淺而地方之剥削亦既甚矣海運六十萬石之加開闢以來未有之事而六十萬本色之出産亦窮山鼇海所不能供之役也然而地方竭蹷以應百姓未駭而走亦曰姑以地方之所出且以完地方之事含辛茹荼以徐俟休息我耳欵運六十萬

石須費六十萬金六十萬金除留用遼銀之不足而動及於京邊此自然之理亦不得不然之勢也何言乎不得不然之勢蓋本色糴買者什一徵收者什九當徵收時多一斗則為遼左省一斗之費惟恐其不以本色應悉民惟力是視其投納也舉其應遼鎮應京邊者儘納之本色中矣今若曰京邊不可動是必糴本色以解京邊也本色糴去而遼粮不缺額否今

部文謂京邊不可動而欲以全省倉穀七十六萬石碾一半抵之此按圖索驥之言非躬嘗甘苦之論也倉穀果可充数耶近海者庶省脚費而青登萊三郡之倉穀俱以初行海運時民間驚怖而不納市集規避而不賣先已借動倉穀碾運而扣價在倉以俟豐年糴還則所謂穀者非穀矣西三郡如東兖去海二千餘里濟南去海一千三四百里欵碾而運之水次十八萬之粮再得二三萬金之脚價夫正項海運之費尚無所出此項額外之浮費又從何處措辦耶而

其間收放之擾民轉運之貽害歲月之遲悞更種種未可指數也又云得米十八萬石止欠米十二萬石應用銀十二萬兩量議動四十八年加派造冊銷筭夫四十八年之加派至四十九年方始開徵今四十八年所運之粮乃四十七年徵得之物也東民素不涉海使之捐軀命以蹈九死一生之途竭膏血以自供其捐軀命之用海運地方與不海運之地方新加一體不免其情已不平矣今乃因其熟嘗海運之苦而反

欲預徵其一年之新加以足海運不敷之数是
好義終事者先受其罰曾不若棹臂不顧者反
享其逸也民愚而神恐權使而虜使之彼未必
肯甘心俛首而坐聽肝腦之塗地也張光前張
國柱之事可為殷鑒六遼氛一熾竭四海以供
之不足再有一宋江李全之類出而掣肘其間
斯時不知京邊作何徵而新加作何派矣與言
及此可為寒心故為今之計如海運而果欲六
十萬也即當以新舊遼鎮儘留為糴運之用一

如
本部院原疏所題
戸部原覆之格毋食前言再不足自當動京邊
以足之只在職與府縣官開載明白聽
撫按兩院轉行藩司查筭清銷此不易之理也如
謂京邊决不可動恐致溷淆難查則當儘二十
九萬金之新加止運二十九萬餘石之本色而
此外毫無措處即行免運亦不易之理也如謂
倉穀可碾為運則陸路二千餘里之脚費須另

發
部帑二三萬金支用而牛騾以解遼而搜括一
空車輛則山徑崎嶇而不能達于海口此外神
輸鬼運之術職寔不能伏乞先將職褫斥以為
不能海運之戒而别選才賢以供此役免致内
戕東民外悞遼事職不勝幸甚緣係議請詳奪
事理本道未敢擅專擬合呈請為此今將前項
緣由理合具呈伏乞
照詳施行

一呈　督餉部院
一呈　督撫軍門
一呈　按院
一牒　布政司
一關　分巡青州道
一手本　分守濟南道
一手本　分守東兖道
一手本　分守萊州道

萬曆四十八年六月二十一日

欽差巡撫山東等處地方督理營田提督軍務都
察院右副都御史王　為專催加派以濟緊急
軍需事據登州海防總理海運兵巡道副使陶
朗先呈蒙
欽差專督遼餉戸部右侍郎兼都察院右僉都御
史李　案驗准
本部咨云云等因呈詳到院案照先該兩院題
為荒土决難叠編空帑不勝繁運民情大涣飛
輓難支懇乞

聖明
勑部立發見銀買糴併酌議減編軫恤勞苦安集
迯亡事縁由已于本年六月二十五日會
題訖今據前因該本院會同巡按山東監察御史
陳　看得一省派運六十萬民間之瓶罍罄
矣此時即以見銀四散召買召買猶難米待船
裝船待人駕此時即以見銀四遠催募催募猶
難東人壓額于海輸迫之出粟又迫之轉運弃
田抛荒弃家逃避此時即以見銀安撫安撫猶

難礽本院與道府商議勉承派数彼時只慮無
船無米不慮無銀以
貴部新加遼餉原為賠遼東省雖不足而合天
下自有餘不謂
貴部計及于東省之倉穀且計及四十七八年
之併徵也倉穀原以濟荒非以濟遼
國家即貧窘至極決不宜奪窮民饉歲之食以充
餉民命所關非萬不獲已詎容輕動矧東方十
歲九饉今東兗題旱災矣青萊報水淹矣臨朐

蒲臺報氷雹高密報蝗蝻萊蕪報大潦學校青
衿且漂流不知所之矣此等世界恐轉眼便當
食人敢發廪耶沿海倉穀多已借動即他處有
存遠者二千里近者千里車脚轉運須得二三
萬金轉運至遼尚得脚價十餘萬金連前所缺
十二萬石再筭銀十二萬兩又扣補兗州已觧
之遼餉六千三百五十六兩須吊徵四十八年
新餉二十六萬兩方能湊数然每石連脚價約
費銀一兩此以平價言之耳今查省城米價每

石七錢則更浮于六十萬兩之外非吊徵四十萬不可而來歲新編已盡矣明年銀穀俱空何以應之且加編之撥發于四十六年之十月原行未坐年分本年額徵俱畢乃
貴部以四十七年之徵銀竟作四十六年之加額民間有口無伸今又欲預徵下年之銀以補今歲之費是一歲而有三歲之疊征三征而有六次之加派東方能堪此否以東民之勞者弗息飢者弗食生計既盡無論其有困斸窮擾之形而目前之海運無銀自當立罷從長熟計止有二策或轉發別省之銀或截扣京鮮之數此原係
餉院之具
題非今日之創議不然則以見在之銀運完見在之数海運二十八萬東方之能事畢矣再不然則如該道之速請罷斥免致誤遼誤
國審時度勢實係衷言非為過激既經該道呈詳前來擬合咨會為此

一咨　户部　合咨
貴部煩請查照與兩院原疏一併議覆施行
一咨　督餉部院李　除咨
户部查照原疏一併議覆外合咨
貴部院煩請查照施行
萬曆四十八年七月初一日

欽差整飭登州海防總理海運兼管登萊兵巡屯田道山東等處提刑按察司副使陶　為再陳轉運未盡事宜以祈

聖裁事准

布政司照會内云登萊二府新加一釐原係兵工二部筭定題

准銀兩事屬兩部不便輕減本部疇踏于加派一年者即免帶徵一年以示寬恤第未知該府帶徵一年錢粮的有若干無憑稽考合行查取為此牌仰本府官吏照牌事理即查該府所屬州縣各帶徵錢粮細開某州縣若干共該若干火速查開的確數目報道以憑稽考毋違須至牌者

一牌仰登州府

一牌仰萊州府

萬曆四十八年六月二十三日

萬曆四十八年六月二十六日

欽差巡撫山東等處地方督理營田提督軍務都察院右副都御史王　為荒土決難叠編空帑不勝繁運民情大渙飛輓難支懇乞

聖明

勑部立發見銀買糴併酌議減編軫恤勞苦安集逃亡事先該臣咨稱山東海運通查四十七年新舊遼餉除扣用外未足當海運之半議留京邊以濟糴運或另發見銀糴買緣由題准戶部咨稱動支倉穀三十八萬石碾米十八萬石餘欠米十二萬石應用銀十二萬兩擬動四十八年加派銀湊用餘將庫貯作速那解以濟遼急等因回復前來已行布政司查議去後今據該司呈稱查得海運不敷欲以濟青登萊四府備荒積穀碾半以充之又欲於四十八年加派新餉內酌動以足之似於立議若甚直截試一轉念抑亦窒而難行者姑亡論其他即如碾穀可得米十八萬石矣顧此米能無翼而飛乎計筭

運至交割有十八萬石之米須十餘萬兩之脚費更於何處設處恐不能徵之於天雨地湧也則此項尚屬畫餅四十八年加派之新餉可酌動矣顧此餉豈預徵而待乎此中每年壓徵茲四十八年之徵乃四十七年之新餉今便須七八并徵恐不能得之於熬血煎膏也則此項更是望梅至欲先借財庫銀那解濟急則又勢所不能者那之郡邑庫藏已罄搜若洗那之司庫亦別無所貯即有之僅僅支吾通省兵餉儻不

接濟將庚癸之呼不在遼陽而在几席又孰尸其咎也總之百姓加之又加庫藏括之又括至於無可加括而徒託之遙度之空言本司未敢以為然也合無請乞本院裁酌施行等因呈詳到臣該臣會同巡按山東監察御史陳　看得今之策遼者莫急於兵食矣必有餉而後可養兵必有銀而後可辦餉餉固急而銀更急焉東省派運米豆六十萬石糴價脚價大約需銀六十萬兩臣疏已詳言之矣年時豐歉無恒豐年

當發銀預糴以為凶歲之備臣疏亦明言之矣今本年海運見存新舊遼餉止十分之四耳尚餘三十餘萬兩無從措處該部不發銀而且催司帑亦解濟邊豈以東省為金穴耶不惟不發銀預糴而且發碾積穀三十八萬石豈以東省為敖倉耶夫東省自四十三四年洊荒逃竄死亾人類相咥骨肉相殘生齒已虛大半所剩者逃荒之白土耳彼時庫藏罄懸所以請及
上方賑貸年來搜括殆盡其無長物可知是那借

之說未可問及山東以山東無銀可借也州縣稍有積穀未嘗不借充海運然須留穀本為將來借動隨出隨補流轉無窮追憶昔年截漕救荒發銀遠糴顆粒待輸於隔境生活寄命於他方積穀如積金留一石之穀即活三四人之命以百十城之生靈詎剩存些少之穀所能拯濟是發穀之說未可行於山東以山東荒多熟少穀未敢發也然而山東之穀不啻備東省之饑亦可以備遼左之饑臣為將來之慮且請銀以

預糴矣豈可將見存之穀反碾米以輸邊乎萬一歲穀不登六十萬海運米豆何方糴買何方裝運截漕則漕粟有限遠糴則脚價無窮無論他歲即今春久暵地枯原田無升斗之穫入夏多雨禾傷枝葉受螣蝨之殘頃者青萊連報水災田廬多淹蒲臺忽罹冰雹樹木皆摧年之不豊不獨為齊魯憂併憂遼餉之無從出矣此時即以見銀買糴近者轉糴於二三百里遠者轉糴於五六百里舟車盤剥官府尚作苦難民間

尚多閉糴船戶梢柁人等尚爾趑趄覰望登萊下船之米艬棹以須脚價無銀之苦日夕煎熬猝無以應乃為望梅止渴之談以求濟事非必得之数矣且三十八萬之穀碾為十八萬之米此米可不脛而走以歸蓋套乎抵遼脚價須得十餘萬兩倉穀非盡貯沿海地方多由窵遠般運迂廻道路以至海濱內地車脚又須一二萬兩碾穀運米之費幾與糴買相當此銀從何措辦且東土與危遼相接外有不時之警民無終

日之儲全藉倉穀以防緩急儻倉廩空虛猝罹兵革官無足食之方民無效死之志食盡其誰與守故他省之穀止備荒而東省則兼以備兵他省之穀止留濟本地而東省則兼可濟遼碾穀濟運非長策也再查東省錢粮例於隔歲開徵今所徵者四十七年之額編也若將四十八年提起併徵則登萊之八釐為一分五釐濟青東兖之九釐為一分六釐一歲而徵五次之加編民力能堪此乎通查闔省粮額有一畝額徵

三釐八絲及二釐九毫者今以原額三釐而加九釐則三倍矣二釐而加九釐則四倍半矣合四十七八年併徵則六倍而九倍之矣此令一行必無遺民即忍心以行苛政徒斃民于梃必無完賦頃據登州府推官孫昌齡揭報沿海之民全里全甲盡人逃竄臨岐痛哭沉子於池雉經於林即有未逃非退地於賣主而不耕即推地於典主而不受民情既渙官法難施恐咥人之慘近即在目前揭竿之禍遠不在日後齊其

有寧所乎而三韓併受餓矣且以齊之窮年來
義切同仇心歷
國恤丁壯抽矣帑藏括矣稅銀首先起觧矣各官
如數捐助矣新兵集而歲餉猶虚其四牛隻買
而價值尚虧其全軍器盔甲整辦從新而件件
皆由措處城池堡堞脩飾舉墜而般般勉自支
持居平之用度毎從撙恤任内之資俸悉用扣
存利孔已自無餘經費萬分罔措奈何六十萬
石之運偏任其煩勞而一畝九釐之編不損乎

毫末今又責拙婦以無米之炊窘荒土以用三
之法夫此餉非齊之餉也即經略所急之遼餉
也遼急銀如疾風暴雨望而驚焉遼急米乃以
泥飯塗羹緩而應之無銀不過困索無米則將
立斃只恐遼左有銀山東無米十數萬之兵不
能望海以呼庚亦不能削金以充腹誰實誤遼
而東人亦将有口矣再念海内皆有加編而無
海運即有海運而無東省六十萬之多所謂加
編者未生於本子生於毋未有原額二釐三釐

而加至九釐者今欲移於上地而上地已無可
加欲存此下地而下地總入全額增土多而腴
田少山陂海磧磽确汙邪之地皆一槩加編地
不能責其生金産銀而民乃代其椎肌剥髓於
是他州外縣有逃竄之流民林下池中有憐亡
之怨鬼斯民也卽吾耕田給眾之民卽吾浮海
領運之民民逃民死而可占運事之不終矣
廟廊之上必欲東人認六十萬之運必不能認一
畝九釐之編必欲與天下同認一畝九釐之編

則請兩
京十三省盡效東方之海運然後東人萬死不辭
而臣亦有辭於二東之百姓不則混勞逸于不
分置甘苦於無辨
雨露有不到之鄉而病痛有獨偏之處
朝廷尚未棄遼而先棄齊齊敝而遼不能存其爲
遼計亦左矣儻僅僅如諸臣之議第免登萊續
加之一釐所免不及萬金無濟於事且濟青同
領海運登萊運多而地近濟青運少而地遠四

郡繁勞一體觭重觭輕無以厭濟青之人心亦
非臣等連疏籲
天之初意也至於海運應用銀兩伏乞
勑下該部速查本省應觧京邉銀兩儘數扣存或
另發別省銀兩充用仍照原題每歲發銀二三
十萬凡遇秋成有穀即先期收買預備將來荒
歉運完之日總冊開銷其濟青登萊倉穀聽海
運隨便借用仍留穀本糴補輪流接運以戒非
常如預徵四十八年新編無論民力不堪法行
必室而以應用之十二萬兩又加以倉穀碾米
十八萬石之鄉價再扣銀十二三萬則明歲僅
存幾何倉穀又盡無可發碾總之前去後空益
難結尾目下人情洶洶理亂安危難以歲計故
近為謀者止顧目前而臣等有地方之責不敢
不深心圖維仰佐
廟議
聖明儻以臣言為然
俯念東人之苦亟議減編其糴運未敷銀數容臣

等徑自截留應解錢粮支應盖今日千急萬急
無如遼急為遼原以為
國
題明之後臣不為專擅計臣當亦諒臣不得已之
心矣臣等可勝悚息待
命之至

海運紀事

六

山東等處提刑按察司整飭登州海防總理海
運兼管登萊兵巡屯田道副使陶　為海運必
難遞增船粮必難立辦等事萬曆四十八年六
月二十七日蒙
欽差巡撫山東等處地方督理營田提督軍務都
察院右副都御史王　憲牌前事本年三月准
戶部咨該本部覆兩院題留海運遼粮緣由本
部移咨
督餉部院查議回稱山東海道最近腳價所省

獨多若以所省之價加值以糴於民間似亦無
難若將入京錢粮准改本色上納於民尤為兩
便等因題奉
欽依備咨內稱轉行布政司及海防督粮二道并
各州縣將所派米豆務照原數以供海運其糴
價動支新舊加派或各州縣平糴那湊等因准
此合行查議為此牌仰本道即便會同布政司
萊州道查議登萊二府所運遼粮四十五萬石
每米麥豆一石各原擬價銀若干時價有無浮

於原價今粮数比前三倍恐地方收買為難若從遠方轉糴脚價必增各又該加值若干總計米麥豆每石價值脚費各共若干比之永平天津等處所省若干會議明白通詳
兩院咨部及
督餉部院以便銷算施行蒙此通行查議間本日又准山東等處承宣布政使司分守海右道
叅政陳　手本蒙
廵撫山東都御史王　憲牌同前事等因准此

本年七月初一日又蒙
廵按山東監察御史陳　憲牌亦同前事等因蒙此本年七月初五日又准布政司照會蒙
廵撫都御史王　憲牌并蒙
廵按御史陳　憲牌俱為前事等因准此隨移會布政司并萊州道及行登萊二府查議去後續據登州府呈稱查得八屬應運遼粮二十二萬五千石数已三倍除徵收本色外勢必須向各海口及豊收處所糴買使價值不厚增脚費不寬議恐難完額数也第昨冬與今春米每石價銀六錢豆每石價銀三錢三分今時當亢旱粮價漸增已每石比前貴一錢八九分矣并水陸脚費官役廪粮當用銀二錢二分五釐三毫零總計每米一石價值銀一兩一二分豆每石價值銀七錢五六分麥則稍賤於米而實貴於豆以此較之永平天津所省每石各亦不下三四錢大率運粮事同而地方各別歲遇豊歉價隨低昂似難比論即今本府價值亦就目前之

議上下增減料亦無幾惟是五月以前雨頗及時苗猶茂盛六月以來天稍亢暘禾未秀實萬一不稔其價恐有增而無減矣此尤難以預定者也等因據此又據萊州府呈稱查得本府所屬七州縣今歲共運二十二萬五千較之上歲数已三倍客歲運餉以民間數年之積供一年之運而盖藏已盡今年之運勢必於遠方收糴以足原數自不得不寬其價值酌其脚價而後於運事萬一有濟耳昨冬今春米每石價五錢

九分豆每石價三錢二分矣今自五月淫雨為虐浹旬不止秋禾之根被水浸浥而黄萎不茂低窪之田白波彌望麥苗俱盡據掖平昌濰高五州縣申報水災兼以高密縣蝗蝻生發節蒙院道批府正在委官踏勘以致米豆麥稊市價日騰萬一本處之粮有限仰給於各海口之糴運則脚價且倍增矣大率米豆麥比之今春每石漸加至二錢左右而水陸脚價官役廩粮每石用銀二錢三分六釐九毫八絲零通計米每

石價值銀一兩二分六釐九毫八絲零豆每石價值七錢五分六釐九毫八絲零麥視米價相埒豆與大麥之價相埒較之永平天津每石猶省三四錢之費第旱澇不時秋成之豐歉未定此又難以畫一預報者等因各具呈到道據此為照登萊兩府派運四十五萬石地廣人稀民力難供勢不得不取給于召商而商非厚價不至且其居積搬運亦自費有心力則寬其值而鼓之趋乃理勢之不得不然者也第就目下而

論之昨冬與今春兩府米豆價值在登每米一石價銀六錢豆一石價銀三錢三分在萊每米一石價銀五錢九分豆一石價銀三錢二分已前兩府之價亦無甚懸殊自夏以來雨暘不時旱澇互虐兩府米豆之價每石騰加一錢八九分或二錢二三釐不等以此計筭連水陸脚價并運官運役工食及鋪墊苫草神福等費大約在登每米一石湏銀一兩二分五釐三毫零每豆一石湏銀七錢五分五釐三毫零在萊每米

一石湏銀一兩二分六釐九毫八絲零每豆一石湏銀七錢五分六釐九毫八絲零小麥與米相類而大麥與豆相類兩府亦不甚相懸也而總較之永平天津每石尚省三四錢此特其大畧耳第近日登州尤旱異常比前更甚萊州水澇見告禾黍漂浮将來之價且有增而無减民間之出產既薄則召商之門路宜廣價之所費尤自不貲亦惟謂軍

國重計但求有粮以餉軍不惜小費而成大事則

可耳如欲銖銖計量刻舟求劍京邊既不許動
稅銀又不准留給價不時虧本失利則商將望
風而退粮又何從致之職又不得不仰祈
本院亟咨
戶部不如停免山東之運為直截徑捷也今據
兩府查議前來擬合呈詳為此今將前項緣由
同蒙憲牌理合具呈伏乞
照詳施行
一呈　撫按兩院

一牒　布政司
一手本　萊州道
萬曆四十八年七月十二日

山東等處提刑按察司整飭登州海防總理海
運兼管登萊兵巡屯田道副使陶　為海運必
難通增船粮必難立辦等事據登州府呈萬曆
四十八年七月十二日蒙本道案驗本年七月
十二日准布政司照會本年六月二十九日據
經歷司呈抄蒙
巡按山東監察御史陳　案驗奉
都察院巡按山東一千六百九十八號勘劄准
戶部咨前事等因咨行到院煩為轉行查照本

部覆奉
明旨內事理轉行各府州縣將所派米豆務要原
數以供海運其糴價動支新舊加派或州縣平
糴本色那湊備完算定石數毫不容減其用過
數目即為造冊報部餘剩作速起解充餉京邊
本色不許州縣混用如有借用者作速補解備
咨前來劄行到院案行到司移照到道備案仰
府照依勘劄會案備奉
欽依內事理即便嚴督該府海運州縣將應用米

麥豆務足額数上緊起運施行毋得延緩未便蒙此卷查萬曆四十七年六月初二日蒙本道
憲牌為那運本色以濟急需事蒙
欽差專督遼餉戶部右侍郎兼都察院右僉都御史李　憲牌前事仰府即查該府所屬應納錢粮或俱改本色或借倉穀或將新餉廣行招買俱運赴登州轉運此勢在燃眉凡該解
部錢粮不妨徑行留用
本部院自為主持擔當文到之日速處妥確備由詳道以憑轉詳施行蒙此又於本年九月十八日蒙本道憲牌同前事仰府即便轉行所屬州縣作速查照原行各將一應京邊錢粮發徵本色以濟急運或作何料理先將應徵起運銀兩改徵本色各數目造冊報道以便春初發運施行毋得再遲致妨運務未便蒙此除通行遵依訖今蒙前因除將應運米麥豆行令州縣嚴催刻期發運外為照登屬遼粮二十二萬五千石大約用銀一十七萬一千八百餘兩內除新

舊餉銀五萬六千五百八十四兩零徵收本色外其餘粮價并水陸脚費官役廩紅等項悉係動支京邊起運銀三萬二千三百二十兩零已經應用訖又蒙司發兗州府加派銀一萬二千三百三十六兩零尚該不敷銀七萬五百六十餘兩見今各屬紛紛申請海運乏銀今又奉文補解京邊薊銀已支給粮已糴運實收已取獲矣未運者尚乏銀用而又將何項補京邊耶事干錢粮本府未敢擅專緣由具呈到道據此看得登州府所呈應運遼粮二十二萬五千石約該用銀一十七萬一千八百餘金計該府額編新舊遼餉僅五萬六千五百八十四兩有零已徵收本色轉運矣尚需粮價與水陸脚費官丁廩粮等項除遵
督餉部院原行凡該解
部錢粮徑行留用之文動過京邊起運銀三萬二千三百二十兩零今除司發兗州府加派銀一萬二千三百三十六兩零濟用外尚有不敷

銀七萬五百六十餘兩方處措處無萊各船粮
粮者以缺乏水脚而不得開洋各船丁壯役過
月粮未領者以朽腹環告而勢同庚癸今乃復
有補解動過京邊之檄則止此京邊一項銀兩
既已遵行動過粮已糴買在船似難變賣以還
部額合無徑將登府京邊准其銷筭於海運數
內而以別府拖欠遼鎮者責令對数解
部抵作應解京邊則東省之錢粮皆清而登府
之京邊亦清也本道未敢擅專擬合呈詳為此

今將前項緣由理合具呈伏乞
照詳施行
一呈　軍門
一呈　督餉部院
一呈　按院
萬曆四十八年七月十九日

山東等處提刑按察司整飭登州海防總理海
運兼管登萊兵巡屯田道副使陶　為風災事
據登州府呈萬曆四十八年七月十九日蒙本
道批據本府呈據文登縣申本年七月初十日
據本縣民趙僎等告稱邑居邊海田地瘠鹵歲
歲出產微少户户俱皆貧窮災遺之餘瘡痍未
痊上年疊罹重災民不堪命今春佈種失時皆
緣春雨連綿雖知西成寡薄晚禾尚有望心不
意自本年六月十八日稍得微雨尚謂不足正
值伏期亢暘半月有奇諸禾焦枯至七月初六

日方得落雨急救諸禾孰意灾傷接踵至初七
日半夜忽有狂風起自巽地至巳時候調轉東
北風霾猖甚揚沙走石屋瓦橫飛樹木拔根斷
折民間茅屋絮飛穀秫黍穄蕩然一空其風直
至初八日半夜方息等情具告到縣據此又據
本縣主簿楊宗震典史嚴永壽具禀本月初七
日半夜風霾暴作至初八日子時方止各官親
詣城外四野查勘得苗已秀者折損未秀者搡

傷成熟者其粒僅存一半等情到職據此除待
親詣踏勘風傷民田成災分数另文申報外緣
由到府為照文邑濱海遐荒民貧地瘠山無樹
本市絕商賈惟望穀稼稍收僅可養命不意伏
期亢旱諸禾焦枯幸得秋雨徵施又遭異風連
夜禾稼被傷民無所望除行該縣踏勘成災分
数另文呈報外等情具呈照詳蒙批登州一府
雨暘不時告零災者日不絕聞猶望初七八兩
日之雨稍救殘禾而文登竟以異常大風遭其

蕩析矣徵兵轉餉民窮財盡豈尚未慘必天降
之割耶嗟此一方其何所收拾仰府速委官踏
勘分数以便轉報具
題秋災不過七月轉盻且逾格矣仍候通示行繳
蒙此又蒙本道批據文登縣申為災異事本年
七月初十日據本縣溫泉等社里長曲三才等
鄉民王守義等陰陽學訓術車弘載地方姜威
等儒學生員叢大受等鄉官劉啓先等各呈前
事等因到縣隨遍歷四野看得本縣以凋瘵之

地當災青之餘瘠薤猶存流亡未復惟望否極
之泰聊田死後之生孰意穹蒼斯大戾三春淫
春致播種之違時六月驕陽嘆青苗之盡槁山
川滌滌溝澮蟲蟲民生已惧靡遺天怒誰知未
巳魃神未戢風伯方驕初來萬虎息哮漸積九
雷轟掣翻天覆地倒海顛山連晝夜以無休挾
石沙而益厲勢成崩陷鄉村父子亂相呼屋忽
飛殘身世存亡渾不測迨平明而聚衆疑夢疑
真偕父老以於田一步一淚已成黍稷半粒無

存方秀秫粱中腰盡折豆十科而九禿穆百死
而一生稍零亂皆委於泥沙穀蕭條僅留予梗
緊不堪炮烙載罹剪屠蓋燬於旱者十之三而
戕於風者十之五竊計天災有二非潦則乾潦
猶幾高地之收旱猶有廿霖之望惟此旱將風
至風與秋期苗絕生長之萌歲斷轉移之路況
縱橫拔木則十年之計舉受其摧殘湧漲濵波
則百世之圖半歸於鹹鹵卑職身親檢踏遍歷
郊高低廻蕭索之區下馬流亾之屋頹垣落落

時教狐兔傷心禾黍寥寥惟有棘榛滿目地疑
沙漠景似秋冬始知民隱見而後真却恨才疎
言而不盡
國家多事有人此有土可不深惟户口幾何無嵗
是無民言之墮胆此皆職奉職無状召致譴怒
除一面極力脩省外等情具申照詳蒙批登屬
各以旱閔久禱不應已不勝孑遺之嘆矣文登
乃獨受風災至地鮌捲入於鯨波人畜被殃於
蕩析此數百年未有之变也讀縣詳不覺淚下

秋災不過七月仰府亟行委官踏勘分數詳報
以便立時轉報具
奏賑恤仍候
院詳行繳蒙此又蒙本道批據寧海州申為風
旱災傷事本年七月十六日據本州各坊社鄉
總里收鄉約保正副胡宗南等告稱本州今嵗
二麥鮮收全望穀豆養生自入夏以來亢暘不
雨禾苗不茂稷豆萎黄幸蒙虔禱得雨未何初
七等日又有異常颶風日夜不休樹木拔折百

禾剥落海水泛漲波浪滔天以至於今又復亢
旱田苗枯槁禾穀秀而不實稷豆生而旋死粮
價日增人心驚怖告乞轉申以安黎庶等情據
此為照本州海陬窮鄉兼之遼運全賴五穀以
資生惟望風調雨順當茲百穀結實之時何
堪有此風旱等情具申照詳蒙批今年登屬全
以旱聞寧海祈而得雨乃至狂風發潮一旦胥
而為溺則水旱之災一時并受之矣民何以為
生耶仰府速委官踏勘以便轉詳具

奏繳蒙此又蒙分守萊州道右參政陳　批據本
府申文登縣風災緣由蒙批仰府委官速勘詳
蒙此又蒙山東等處承宣布政使司批據本府
申前事蒙批仰府查報蒙此俱經委官查勘去
後據蓬萊縣申為災傷事申稱據本縣比溝等
保赤山等社里老趙守宅等告稱一縣八保四
隅佈種秋禾自夏至秋雨澤不降所種穀黍豆
田盡皆枯槁有種無收三秋失望萬姓驚惶人
思逃竄乞天畨憐民命轉達等情到縣據此看

得本縣自罹灾之後元氣未復又值遼左多事之秋轉輸為苦天灾流行民命何堪二麥所獲什之三四全望秋禾已經枯槁什之八九小民失望若不申請轉達蠲恤難免離鄉背井之思又據福山縣申為風旱災傷事申稱據本縣各鄉社民鹿江等告稱本縣自入夏以來雨澤愆期禾苗不茂二麥所獲什之四五秋田苗而未秀即有窪下潤澤者苗而未實尚望有秋不期七月初七日夜暴風疾雨自子時至初八日申

時方息所種禾苗盡被風傷顆粒無存舉目蕭條小民失望不惟糊口無資抑且錢粮難辦懇乞轉申等情到縣據此看得民命關乎五穀
國賦賴於斯民今一旦西成失望細民將何所依似應申請蠲恤緣由到府據此亦行委官踏勘去後今據委官寧海州知州張自修親詣文登縣查勘得該縣境內温泉朝陽雲光辛汪四都被災地二千五百一頃七十八畝黍穀稷䅯已成籽粒刮落稻豆摧殘秫蓟折碎其濱海之地

海水泛溢十餘里田苗化為泥滓地土變為鹹鹵井泉迎仙管山三都災傷地一千二百四頃一十五畝黍穀稷䅯與前四都無異惟豆稻稍留一二然皆有莖無枝有葉無穗零星浥爛死活未卜飄折車義等草房一百五十七間打死曲東魯等驢猪羊狗等畜七十三隻刮倒于化林等大樹三百二十五株小樹不記其數一一親驗件件是實老幼號泣甚不忍聞總計已成災九分合無轉達蠲恤以濟民艱又據委官福

山縣署印本府蔣通判申稱親詣寧海州查得南海一帶穀黍豆等禾先旱而復風已無可望之機仍加海水盡溺民命誠無可活之術其大山等三十餘社稻蔴等禾稍有三四可收以闔州而論總計已成災八分又據委官蓬萊縣知縣段展親詣福山縣查得本縣塗山等二十三社被旱禾苗有風傷太半者有全被刮折而顆粒無存者總計該縣所傷秋田查有已成災七分又據招遠縣知縣張應期親詣蓬萊縣踏

勘得赤山等六十六社委係亢暘不雨禾苗秀而不實遍野焦枯民皆呼號動天輙地皆然四十三年之災又見矣歴畝踏勘總計已成災八分各縁由申報到府據此除黄縣棲霞招遠萊陽四縣稍有一二微災免勘外為照蓬莱福山寧海文登四州縣僻居大東極臨邉海地多砂石諸禾鮮生即遇豐歳僅足糊口矧今遷被狂風復遭亢旱以致禾苗蕩然一空不惟

國賦無出抑且養生無資人心驚惶朝不謀夕合無俯賜轉達破格蠲賑以保孑遺除起運錢粮例難豁免外巻查往例災傷每成十分于存留錢粮内免其七分成災九分于存留錢粮内免其六分至八分七分以下災傷遞減其被災無地貧民准免丁口塩鈔免過存粮係官吏師生俸廪旗軍人等月粮勢不可缺者聽各該州縣查将庫貯堪動銀兩申請抵補中間無銀可抵者臨時另行酌處等因縁由具呈到道據此為照登屬地方環山抱海土瘠民貧閭閻原鮮蓋

藏出産僅足糊口一遇荒歉逃竄流移莫必其命據登州府呈查勘過文登寧海福山蓬萊四州縣風旱為虐赤地千里寸草不生其餘四縣旱荧亦畧相似讀之於邑鄭俠流民之圖將復見於今日而洪荒絶粒之象且再兆於海隅其一切議賑議蠲自有分守道職掌本道無庸越俎但海運一事有不可不預為計議者查登萊兩府及濟青兩府額派徵收本色遼粮共三十萬石而召商之三十萬石則登萊之所獨也故登萊二郡獨認運四十五萬石祈欲以召商者即以召民而俾民受加貴之恵又即以召商之加貴者特為廣招而俾加貴之費衆輕易舉而遼銀似加而實省此本道建議之初心也今被災州縣重者至九分輕者亦至七八分所存且無幾矣欲言減運則本色少而加貴之價無處可洒勢必仍徵折色之加編民困将益甚欲言仍運而地且無禾運於何有然而遼兵待食勢同沃焦應餉之粮顆粒難缺即請減亦未必其

可行也再四躊躇别無長策一得之愚竊謂莫
若将登州應運之粮壓下一年容俟豊熟徵收
解遼而以登粮額該之二十二萬五千石或於
淮津二處截漕應急以抵此数而登州空下船
隻即當盡發截漕之粟以濟飛輓之用俟明年
成熟登州即照舊供運船隻亦照舊領還如是
庶一轉移之間而遼餉既不患於缺額登民亦
得免於立搞而海運其可常無害矣緣係災民
無聊額粮難辦乞請轉移海運事理本道未敢
擅專擬合呈詳為此今将前項緣由理合具呈
伏乞
照詳施行
一呈　督餉部院
一呈　督撫軍門
一呈　按院
一牒　布政司
萬曆四十八年八月初一日

山東等處提刑按察司整飭登州海防總理海
運兼管登萊兵巡屯田道副使陶　為風災事
萬曆四十八年八月十八日蒙
欽差專督遼餉戶部左侍郎兼都察院右僉都御
史李　憲牌前事據該道呈稱登屬風旱為虐
赤地千里将應運之粮壓下一年俟豊徵解而
以登粮額該之二十二萬五千石或於淮津截
漕而以登船飛輓等因到部據此為照各處粮
数原係分派各有定額天津之截漕天津之額
也原與山東無與其在山東自有山東之額也
若移山東之額以運天津之截漕則止完天津
之額而山東所少二十餘萬之数将何補足若
云另為山東截漕則又須具疏上
請在內
總督　倉院又相争持待
部覆後定而時入冬閘不可運矣况派数已定
明旨森然若山東可移之天津則天津亦可移之
他處彼此互相求移而遼餉何恃耶且天津以

一處而運截漕及真保河間之召買又協助永平南海口之運道若又兼山東而運之是以一鎮兼天下之運也萬萬難行必致稽悮况今遼左會疏求增運額于原派之外又可臧之于原派之内耶時已八月文移往復亦不能待惟照原題之数速行發運以濟急需為此牌仰本道即將登粮如数起運以足遼額登地之灾尤在内地尚可別處若遼地缺粮致啓脱巾之變咎將誰諉該道不可不蚤為之計也蒙此查得山

東運濟遼餉四十八年之額乃奉

題准派定之数今年驅民竭歷措運未敢瑣聒

憲聽其今詳所求裁補者哀此東人倒懸極困百死無生故今歲預為明年之計以拯海外垂斃之灾黎耳况明年之運照今歲之派則登萊該運四十五萬石而登州分該二十二萬五千石夫以風旱無禾之地剥膚椎髓之民竭澤再索料難結局合無軫念登地極災孑遺寂苦俯將四十九年派運之数姑允前詳以甦民命惟

復別蒙定奪本道未敢擅專擬合呈詳為此今將前項緣由同蒙憲牌理合具呈伏乞

照詳施行

一呈　督餉部院

萬曆四十八年八月十九日

山東等處提刑按察司整飭登州海防總理海運兼管登萊兵巡屯田道副使陶　為天降異災颶傷船隻漂失糧石渰死人役事據登州府呈萬曆四十八年七月二十三日蒙本道批據文登縣申稱據僱運把總沈文耀呈據船戶鮑尚恩稟稱恩船一隻在望海口裝本縣遼粮三百八十石領過水脚銀六十兩船戶俞前喜稟稱喜船一隻在望山頭海口裝本縣遼粮四百一十石四斗領過水脚銀六十七兩七錢五分俱於六月二十一日開洋訖船戶楊文華稟稱華船一隻在望海口裝本縣遼粮四百三石八斗領過水脚銀六十八兩於六月二十五日開洋訖三船行至馬頭嘴海口連日東北風不能前進俱在本口灣泊避風又有船戶蘇尚仁稟稱仁船一隻在斜口裝本縣遼粮五百九石領過水脚銀八十五兩於七月初一日開洋訖行至倭島海口連日東北風不能前進在本口灣泊避風至七月初七日亥時陡遭天降異災群

龍爭鬭颶風大作波浪滔天海內粮船百十餘隻猶如翻弄碗盞一排至初八日夜間交過初九日子時風息除別州縣押運船隻傷損外文耀所押前船四隻盡行打碎船板隨水漂流遼粮沉水渰沒船內梢工郭思敏等五名俱已渰死又據僱運把總趙守祖所押船戶俞通稟稱通船一隻在望海口裝載本縣遼粮二百五十石於六月十一日開洋訖行至馬頭嘴海口亦遭前災船粮失漂去水手三名又有尋山所船戶史繼臣稟稱新造空船一隻在倭島海口灣泊聽候撥發載運於本月初八日亦遭前災打碎漂去看船人三名張才勝等屍無下落又據南來定波船捕盜毛尚禮等稟稱駕來定波空船五隻行至馬頭嘴打碎各等情到縣隨該署印本府孫推官行委本縣典史嚴永壽親到海口查驗船板漂流粮石失落水手渰死具冊報縣該本廳看係海運事務惟恐不的復单騎遍詣各海口查勘得本月初七日狂颶大作波

浪滔天初八日夜間交過初九日子時風息真
天降異災非人力所可救者其各船打碎扳片
隨水漂流粮石失落無存渰死人役零亂海水
鑿鑿可據覆查前情是的無異等因具申照詳
蒙批文登方以風災蕩析民居渰傷禾稼報矣
乃運船復遭此異變此非但一邑之災寔遼東
山左一時大刼也仰府速查失去船粮人数以
便轉聞具
題據稱各運官名下船傷者不下百餘隻而各屬

海口俱未見告何也并恙查報繳速速蒙此又
蒙本道批據蓬萊縣申稱為仰遵
明旨等事萬曆四十八年七月十七日據第三運
官大使蘇㦸呈稱在於膠州裝運本縣豆粮領
押南船十一隻載豆五千一百一十八石行洋
運至馬頭嘴等處於本月初七日陡起颶悪狂
風將船戶顏成船一隻載豆七百一十石船戶
陳寧船一隻載豆一千二百一十五石船戶庹
唐船一隻載豆一千一十五石船戶許週船一
隻載豆三百一十八石船戶張大勝船一隻載
豆三百六十五石船戶張文虎船一隻載豆三
百五十五石船戶張舉舵工張總船一隻載豆
三百五十石船戶徐賓船一隻載豆二百七十
石船戶蔣明船一隻載豆一百六十石船戶盧
孔成船一隻載豆一百三十石以上船十隻共
載豆四千八百八十八石船俱打碎豆盡漂失
渰死水手蕭雲高勝陳忠陳元錢恩浦成熊七
秦三黃三李海仲舟等十餘命俱報到縣據此

本月二十日續據第二運官沈萬里在於膠州
押運南船二十一隻載豆五千六百四十一石
行洋於本月初七日運至成山頭偶遭狂風大
作將里押船戶曹大功船一隻載豆四百九石
船戶崔思憲船一隻載豆四百五石船戶周通
船一隻載豆二百二十八石船戶陳祥船一隻
載豆四百六十八石以上船四隻共載豆一千
五百一十石船被打傷豆俱漂失無存渰死水
手王舉倪要選陸文元邵奎王邦伍命等情具

報到縣緣由具申照詳蒙批仰府并文登縣報傷船数目詳報蒙此查報間又蒙本道批據文登縣申為天降異變颶傷粮船事申稱查勘得本縣運官并蓬萊等處運官蘇輝等船一百一十七隻俱在馬頭嘴等處灣泊候風至本月初五初六兩夜俱有海鳴如金戈鐵馬互相戰擊聲聞百餘里居民驚異至初七日未時分稍有順風有船戶邵明何源等船二三隻乘風前進已出海口忽各聞船鳴有聲遂驚返舊處灣泊

衆船聞知皆不敢動至亥子時分狂風大作至初八日寅時分海上有黑氣数條狀如烏雲斜連天海船上人人自危至巳時分風雨益暴彷彿中居民皆見有物如龍隱顯搏擊舟人皆伏俯艙被但見翻天覆地浪壓舵稍各船或翻沉水底或漂去無踪或自相擊碎職遂一查明遵將傷失船隻粮石淹死并無下落人役数目造冊申報照詳蒙批龍鬪傷船此百年僅見之變也船傷而人命與軍稍從之其所係豈小慘毒

可勝言耶前已據縣詳行查矣但此就文登一處海口而言也沿洄一帶俱有灣泊有無被傷一併查明庶便轉報仰府并前後各詳遲查報繳冊并發蒙此該本府看得靖海之變海鳴数日龍鬪一時巨浪蕪天狂颶震地以致運艘碎傷軍稍漂沒粮失数萬人死半百此從來未有之變而地方創聞之事也先是文登縣居民士夫盡人而聞海中怒濤揚波相傾詫驚而舟中人當風起之時見水中火光照耀不二日而遂

失粮傷人若此其慘夫濤聲即大未有遠震百里之外者浪波即湧未有高出桅檣之上者舟師即諫虞未有一夜而溺死至五十餘名漂去無踪二百餘名者運粮即有傷未有一旦而失幾至肆萬石者且文登寧海蓬萊福山又以旱魃為虐異風傷禾見告矣真天之降割登遼一文刼数誠有如憲批所云者聞之慘心讀之酸鼻除一面行縣將溺死者設醮超度漂去者多方招尋見存者一力護送赴外查登屬傷船八十

五隻堪修者二隻不知下落者六隻保全者八隻渰死水手三十八名不知下落一百二十七名原粮二萬七千六百六十五石六斗八升失去粮二萬五千四百五十六石六斗八升存粮二千二百九石萊屬傷船一十六隻渰死水手一十六名不知下落四十八名原粮一萬三千八百一十石盡行漂失無存仍俟該府徑查詳報竊思干係海運舟粮合無呈乞轉達開銷緣由具呈到道據此又據萊陽縣申稱本縣被風

所傷船隻漂失米豆及渰死水手押船夫姓名各數目造冊擬合申報等情據此看得海運之險惟成山頭為最故宋元以來動色相戒而

國朝丘文莊氏欲尋膠萊故道以避成山之險也至馬頭嘴則已越成山而過之此地素稱安瀾商船灣泊有旬月不解維而依涯貿易望之若以為家者今一旦風災告變至覆没百十餘舟漂粮三萬九千餘石舟人之葬於魚腹者又半百有前此誠振古未見之災而一時運數之大

厄也夫鬼神之事固君子之所不言如龍鬪空中而火光燿灼数里蛟蚪互舞而重船飛入青霄得之居民之目擊如海鳴数日而殺聲夾雜雲中異風揚沙而腥氣先聞郡邑此則遠近所公見其為災變孰非本道奉職無狀之所致也除一面痛自刻責席藁待罪外竊念變不虛生必有所主漂粮傷人關於運事固自不小但文登為海運咽喉東隣倭境不千里北接遼陽不二千里而皆以水為量若以順風揚帆皆可朝

發夕至外患可虞尚恃隣封之綢繆戶牖唯是海運粮額登萊二郡以四十餘萬計而今年登屬亢旱爍金秋禾盡槁萊屬大浸稽天漂搖村舍民間之口食已苦不支海船之輓輸更何所出然而新編之加派自一加而至再至三毫無寬恤之典戎馬之月粮自那借而至設處又至於無可處將為立盡之計此內地之可虞恐未必不風嘯而尾裂與疲皆靡而運道從此斷絕也職正具詳間忽濟青二府各報有傷船傷粮

數日到道俱在內地平坦海口而其遭風日期則與文登相同除行府查確另報外今查過登萊二府被傷船役合依府議渰死者行縣設祭招魂漂去者多方招尋復業見在者量行優邺其打碎船隻漂失遼粮合請開銷統候詳允遵奉施行緣係海運異常風變事理本道未敢擅專擬合造冊呈詳為此今將前項緣由并造完傷船失粮渰死人役數目文冊一本理合具呈

伏乞

照詳施行

一呈　督餉部院

一呈　撫按兩院

萬曆四十八年八月初一日

萬曆四十八年八月十七日

巡撫山東都御史王　巡按山東監察御史陳　一本為天降異災

颶傷船隻損壞田禾懇

賜酌處以濟遼餉事據登州海防總理海運兵巡道副使陶朗先呈據登州府呈蒙本道批據文登蓬萊萊陽等縣申據運粮把總沈文耀等呈稱各押運遼粮開洋日期不等俱行至馬頭嘴等海口因連日東北風不能前進俱在本口灣泊避風至本年七月初七日亥時陡遭天降異

災群龍爭鬪颶風大作波浪滔天海內粮船盡行打碎板米隨水漂去水手多被渰沒等情云云續據青州府海防同知錢邗偉揭報樂安壽光諸城三縣被風傷船八隻漂失米豆三千九百九十四石五斗五升八合濟南府同知唐謙吉呈報章丘縣被風傷米豆二百五十八石人船並無踪跡齊河縣被風傷米一千石幸未傷人等因又據該道呈據登州府呈文登寧海福山蓬萊四州縣風災云云等因到臣該臣等看

得海道之險海運之難臣等累疏言之不啻詳
矣此非臣之私憂過計也孜之元史至元二十
八年海運漂米二十四萬五千六百有奇至大
二年漂米二十萬九千六百有奇無暇遠引卽
萬曆二十五六年東征海運彼時運至義州路
非遠也粮止二十二萬數非多也而飄風汨浪
之報幾無虛日臣檢查原卷大約什損其二海
之不可嘗試明矣今馬頭嘴等一帶海口為衆
船灣泊之處原非極天浩渺無涯無際之中而

登州道　海運摘抄　民二

烏雲黑氣之冲霄異火閃光之照夜擊馮夷之
鼓則海聲驚灌耳之雷揚風后之威則腥氣動
潛鱗之鬬波浪壓帆檣之上而舟抗拔海窨之
間取之則粒粒如珠而棄之則飄飄似葉浮游
逐浪誰從海上招黿變化為魚信是人間刼煞
彼艤灣泊岸之舟尚不禁風狂浪悪藉遇颶于
汪洋大海舟檝其寧有片板撈人其寧有噍類
哉臣一聞報循墻悚㤞負罪倉皇轉念遼人果
腹而東人塡海果腹者尚以為勞而塡海者孰

憐其苦歸而耕田則三編立併流血于公庭出
而浮海則一夕沉淪委命于大壑海若已收之
咼俎而長年共泣乎鴟夷嗟乎由海餉遼是以
死藥而療生人者也其幸而得療也是取蛟龍
饞瀝之餘分來以秣士馬者也先臣于湛有言
厭河運之勞欲舉丘文莊之策但計漂溺之米
不計漂溺之人不知米漂而載米之舟駕舟之
卒管卒之官能獨免乎信一失俱失從茲而各
路之運官運卒寗然喪其魂魄矣且是日之風

登州道　海運摘抄　民十二

蕩搖海角合抱之樹木立見傾摧在野之牛羊
半歸壓死原田枯于久暵已多不秀之苗而拔
榦倒于隨風希有剩存之粒文登寧海蓬萊福
山四州縣皆然至于青萊之被災業已具疏報
聞于
皇上矣夫登萊青三郡海運出粟之地也今三郡
並報災傷粟于何括卽用價于何召買于是該
道有登州壓運一年俟豊熟徵解或于淮津二
處截漕應急之議臣語之曰以是加于淮津恐

淮津不受也且漕船無荳荳不可槖于漕也臣何敢因噎廢食遺人以難然再四籌之該道之言要非推諉目下有萬分難處者盖起運本色必徵本地之所生給價召買必買本地之所産本地豊歉無常然歲旱則傷高田猶望窪地之稍收歲潦則傷汙田猶望高田之偶穫今登苦旱矣青萊苦潦矣幷高下之田盡為海颶所損傷矣土人無食何以濟遼人本方無米何以供糴買今歲東兗濟秋[redacted]頗登然濟南去登陸九

百里海路一千八百里僅僅五州縣通海而餘去海遠矣東兗則益遠而無海可通矣登郡糴米于西則價值甚貴西郡轉米于登則車力甚繁此搜聚之難也至于黄黑荳損于秋旱處處乾紕通省無收今遼陽甚苦缺荳檄令東省所輸米豆相半以它年所易糴者而今歲獨難以它方所有餘者而東省獨啬人之所急天故靳之豊歉各隨其時貴賤必因其地此處缺荳不得不通融以加派于産荳之方故或多截漕粮

以省東方脚價之繁重或派荳于永平淮津等處以補東方轉運之不足是一策也或量減明年起運之數俟豊年徵解轉運遼陽以補凶歲之缺額又一策也不然天不雨粟地不生毛則無強括之術六十萬石之粮談何容易今日不言而俟日後言之以誤遼軍之待食則臣罪益無所逭而臣滋懼矣再查漂沒船粮當海運之初原議意外損失准數開筭即二十五六年海運失風粮米

題過另冊開銷彼駕船之人水濱不可問矣非官為銷筭誰為代補乎除臣等奉職無狀釀災召變俯躬修省跼蹐待罪外既經該道議呈前來相應題

請伏乞

勑下該部將山東明歲應運粮数從長酌處議允覆其漂失粮共四萬四千九百二十七石二斗三升八合併船隻用過價費俟該道查明造冊報部作正開銷溺死人数酌量議恤其登州被災

仍行類勘明確照
題災前疏議蠲議蠲施行臣等可勝悚息待
命之至緣係天降異災颶傷船隻損壞田禾懇
賜酌處以濟遼餉事理未敢擅便為此具本專差
承差張至顯齎捧謹題請
旨
泰昌元年九月二十五日該
戶部尚書李　等一本題為前事山東清吏
司案呈奉本部送戶科抄出巡撫山東都御史

王　巡按山東監察御史陳　題同前事
云云等因俱奉
聖旨該部知道欽此欽遵抄出到部又該專督遼
餉戶部左侍郎李　咨稱為照遼餉二百萬
之額乃計兵十八萬計馬九萬匹而定者山東
淮津等處之運乃計程途遠近
請而後定者事已經年行有成緒不惟不可易亦
不能易也惟是海若不霻風浪時作洵非意料
可逆其漂失之粮宜為開銷漂損之船宜為修

艌漂溺之人宜為賑恤至于省直派運各有定
数此處求減他處孰肯受增况今遼左旱災增
派六十萬之数以致漕粮截之至三北直派之
至再以足彼中增派六十萬之額不敢以粒米
加山東者誠知原派之已多也若山東因海運
之損因噎廢食遂減明歲之數則所減之数又
將加之何所今北直之旱不減關外增派之数
各處尚在求減本部院惟以堅持不敢委曲而
從也盖遼左大兵之集蕙以旱災時勢已迫凡

在內地者不可不為多方設處以濟危遼耳惟
希彼中撫按轉行司道曲為調停務足運額計
在同舟必圖共濟此三韓之急也等因到部通
送到司案呈到部看得遼地亢旱無從召買已
經經撫具奏則所欠六十萬石既不可減不得
不求之關內然東省又不可加不得不派之北
直是餉部與本部曠𤸎四顧之苦心也今議截
漕二十萬石𡚁召買豆三十萬石尚苦不足本
年二百餘萬石之数且今歲援遼兵馬西來者

欽依該部知道事理未敢擅便謹題請
旨

山東等處提刑按察司整飭登州海防總理海
運兼管登萊兵巡屯田道副使陶　為遮船改
造已久萬分不宜航海等事萬曆四十八年八
月初五日蒙
欽差巡撫山東等處地方督理營田提督軍務都
察院右副都御史王　案驗本年七月二十九
日准
欽差總督漕運提督軍務巡撫鳳陽等處地方兼
理海防户部左侍郎加正二品服俸兼都察院
右僉都御史王　咨先准

欽差專督遼餉户部右侍郎兼都察院右僉都御
史李　咨前事等因仲道即便轉行各該衛門
速設嚮導凡遇淮運船隻到境差人引領渡過
成山徑赴遼東交卸施行蒙此遵將原選過嚮
導牌行海防朱同知勒限拘提赴登州府支領
月粮督發夏河所靈山衛一帶分派石臼寨老
人灘嶗道山等各島伺候淮船到日督同各衛
所漁船户接引過成山嘴并廟島迤北直達蓋

套路徑外所有撥過嚮導姓名擬合造冊呈報
為此今將前項緣由并造完文冊一本理合具
呈伏乞
照驗施行
一呈　督撫軍門
一呈　漕撫部院
萬曆四十八年八月初八日

山東等處提刑按察司整飭登州海防總理海
運兼管登萊兵巡屯田道副使陶　為遮船改
道已久萬分不宜航海等事今將督發過撥引
淮粮嚮導姓名理合開造施行須至冊者
計開
分撥嚮導共一百二十七名
郝從禮　李應葵　羅守孟　孫守器
陳大文　王大元　孫加徿　梁懋賓
葉可新　韓從智　林自升　王　元

王　重　陳宗保　王天齊　張海周
劉四海　趙守才　宮海深　楊國輔
郝　溪　郝　連　張　標　張　折
宋進福　宋興盛　高　保　連　好
宋招才　宋　來　王思源　史讚忠
馮世旺　張自化　馮君表　王繼祖
高其德　于布尧　王良弼　許　高
宋廷楚　張　冠　黎應科　張國威
王守禮　李元忠　趙得勝　初夢臣

馮萬學 曲九貢 于思點 曲九經
周思泰 戴來年 周 利 李乾副
萬 恩 吕守仁 鄧國照 孫有光
劉守法 劉守宅 張國孝 孫文登
趙國珍 朱子成 孔尚德 周 龍
任大高 駱思明 李 全 王治邦
陳 相 陳得勝 杜 允 張大高
李 龍 杜國勝 朱 明 張守義
潘應魁 羅宗良 李世科 朱 達

胡化龍 趙國進 楊 名 王守仁
陳 英 王宗耀 劉應科 朱國才
陳 權 蔡 明 楊兆勤 李 進
錢 勝 朱 成 馬仲文 郭尚積
陳子化 胡大忠 賈文亮 朱守元
姜仁旺 李 忠 邵子建 吳應龍
楊大亮 王 恩 朱瑞芳 徐文龍
任 安 田希照 蔣可有 樓文貴
孫守禮 胡 炳 王國仕 陸大勝

蕭 來 朱 清 陳 全 楊宗文
王有德 趙 明 潘 忠
一造冊報
督撫軍門
漕撫部院
萬曆四十八年八月初八日

欽差整飭登州海防總理海運兼管登萊兵巡屯
田道山東等處提刑按察司副使陶　爲急缺
料豆等事案照節蒙
各院牌案前事已經備行各屬先將料豆萌秋
凡可飼馬者作速發運去後今照遼左需料甚
急
經略督餉兩部院日夜移檄移書守催至緊相應權
宜加派預運為此牌仰本州縣官吏照牌事理即
將該州縣於今年原派之外速買後開料豆星夜

運遼
一牌仰濟青州縣
或作該州縣明年額運之数或令登萊折價
償還以捄遼陽倒懸之勢仍將發去報袋
十箇不時將收糴措辦完数報來以便遣
官領押過遼此係至緊毋比泛常延緩悞
事不便須至牌者
一牌仰登萊州縣
以作明年之数以捄遼陽倒懸之勢仍將

發去報袋十箇不時將收糴措辦完數報
來以便遣官領押過遼此係至緊毋比泛
常延緩如派而不運有悞遼事本官將直
斥其名直書其事
上聞不敢博忠厚之名也幸各留意須至牌者
計開
登州府屬
萊陽縣豆大麥并萌秋共一萬石
文登縣豆大麥并萌秋共一萬石
寧海州豆并萌秋大麥共八千石
棲霞縣豆并萌秋大麥共三千石

萊州府屬
掖縣豆并萌秋大麥共一萬石
平度州豆并萌秋大麥共六千石
膠州豆并萌秋共一萬石
昌邑縣豆并萌秋七千石
濰縣豆并萌秋大麥共八千石
即墨縣豆并萌秋大麥共五千石

高密縣荍秫五千石

青州府屬

益都縣豆一萬石　荍秫一萬石

樂安縣豆一萬石　荍秫一萬石

壽光縣豆二萬石　荍秫五千石

臨淄縣豆一萬石　荍秫一萬石

諸城縣豆一萬石　荍秫一萬石

日照縣豆五千石　荍秫五千石

濟南府屬

利津縣豆并荍秫共八千石

濱州豆五千石　荍秫五千石

霑化縣豆三千石　荍秫三千石

海豐縣豆五千石　荍秫二千石

蒲臺縣豆五千石　荍秫二千石

章丘縣豆五千石　荍秫三千石

齊東縣豆三千石　荍秫二千石

青城縣豆三千石　荍秫三千石

齊河縣豆三千石　荍秫二千石

萬曆四十八年八月十四日

欽差整飭登州海防總理海運兼管登萊兵巡屯
田道山東等處提刑按察司副使陶　為急缺
料豆事案照節蒙
各院憲檄因遼左需料甚亟提催至緊本道已
經開單牌行各屬上緊收糴發運接作明年之
数或令登萊折價償還今據臨淄縣申稱據本
縣闔學生員謝都等呈為懇恩省運以蘇民命
事又據鄉民劉孔學等告為恩蘇民命事據此
看得臨淄與益都博興高苑向以去海未遠特

係幇運且卑縣遠讓益都無論已其次亦讓博
興而僅與高苑等况自四十三年大亂以來處
處皆盜人人皆逃復且歲歲災祲鴻鴈迄今未
寧荒蕪迄今未復是又不得與高苑等者也然
博興向派九千今得免運矣高苑向派五六千
今已得免運矣至瘠疲如臨淄者向特派七千
餘石耳今蒙派二萬卑縣去海較二縣既遠卑
縣物力較二縣更詘乃二縣獲免而卑縣蒙增
此士夫所為嗷嗷上請也卑縣豈不知遼事
急萬馬立待頓敢饒舌塵瀆上聽然卑職雖履
任未久實深知此邑皮毛俱盡向雖蒙派七千
惟取数于卑縣倉厫及昌樂之穀而始襄四千
之運耳豈向運七千而力不足今反運二萬而
力有餘卑職如不言是坐貽淄民以必不充堪
之後而并誤運事也不然財出於臨淄之賦力
出於臨淄之民且事完則身膺擢薦卑縣亦何
憚而又據士民之請以冐昧開罪哉伏乞憐察
民力委不能堪或得與博興高苑同蒙恩例免

運或得與近海之縣酌量遠近大小肥瘠量運
統候憲裁合無俯從民便庶遼事不至懸悞而
淄民亦得安堵矣等因申詳到道該本道詳批
四十三年大荒之後山東全省俱疲何獨臨淄
今休養數年難遠引以為言且彼時最荒者莫
如登州今且以一小郡而供二十六萬之運矣
目下大旱不雨收粮已竭故轉而派之青屬非
登萊歲歲當受其困青州人人當享其逸也况
本道原行或接作明年之數或令登萊折價償

還則尤非偏累臨淄者惟徵收之不得其法搬
運或至於擾民斯稱苦耳如登萊留心講究嘉
意恤民則雖當極災之日而萊陽於額外續報
有一萬一千平度濰縣各六七千而蓬萊段令
以既陞遼職身在事外者尚不難竭蹶以收拾
餘粮民各樂輸至有四千餘石該縣未聞災旱
如登萊也有治人無治法當於此卜之萬勿推
諉收有豆秫陸續報來倘乏船即當撥發也繳
已經批行該縣去後又據諸城縣申稱為照遼

左需料勢在燃眉本縣誼屬
王臣敢不竭歷措辦以終運務但必有易買之資
而後倉箱不缺于供有鼓棹之具而後航海不
稽其候亦必民間饒于豆裕于秫寬馬留有餘
不盡之力而後可聚涓涓之滴以應源源之求
今查前運米豆三萬價值并一切水陸脚價諸
費共用過銀二萬三百一十餘兩内蒙本府發
銀六千一百兩四錢二分零本縣新加地畝兵
餉除解過三千兩外止存已完銀六千六百五

十六両八錢九分未完銀二千三百七十二兩
六分俟徵完日還庫尚少銀五千一百八十餘
兩俱係那借起運稱貸商豆見今督催之檄絡
繹於驛途追呼之胥吽號於公庭本縣凭几仰
屋茫無以應嗟嗟
國稅終當報完商資寧堪久負切以垂綏束帶之
命官蒯同捉襟露肘之窶子顧影自憐已不復見
盛世餘閒景象重以打造粮船十隻計用銀幾
二千兩除桅鐺蔴油南木工匠或搆之南方或

找之隣封共費銀一千八百餘兩外兼又採伐
本境榆柳樹株價值一百餘兩猶爾空懸杳無
着落小民之床已剝矣而尚堪其膚耶況入夏
以來霪雨為災繼兹以往亢旱肆虐目今粮價
比前漸湧本縣雖下增值之令然小民震慄預
為蓄艾以相邀市集蕭條無握粟以出卜且也
收買員役前已運完三萬莫不斗酒相勞幸釋
重負于一旦今忽驟聞復行運事蹙額者有之
告病者有之甚而裹足之不前者有之觔力壘

憊之民情重為奔馳無已之鞭策不亦難乎然
職不敢借口拼釁之俱罄而遷置
國難於不恤託言羽尾之旣敝而漫付憲檄於不
遵也勉以忠義諭以禍福鼓舞起一番精神振
刷起一番事業搜餘粒於哀鴻下徵輸於懸磬
雖不能隨叩輙應亦期以積少成多及至粮備
覔船而本縣前用船隻俱以撥發北海州縣迄
今杳無一隻還者轉盻風高運事停阻倘以無
粮見責而本縣巧不能為煉石之補亦何能為
無米之炊更以無船見責本縣力不能為掇月
之移又何能為趣海之舉哉時勢至此言之恐
涉于絮瀆不言恐致于遲悞卑縣且惶且悚事
屬觸藩懇乞憐憫下情多方奏處亟發粮資預
撥船隻以便收糴裝運麥軍
國有需而駑駘亦可効其綿力矣等情具呈到道
該本道詳批續派料豆雜粮原意州縣必有此
一篇文字該縣雖循例稱苦而終之以乏價乏
船雅仍同舟之誼近奉

部文准動京邊十六萬預糴以接新年之運則
青郡之京邊亦當量動十餘萬轉發州縣及時
糴運本道原文有接作明年之數一語目下之
運乃自為計亦不專為遼也仰青州府即查近
日續派收粮州縣速動京邊照數糴買發運如
徵收数溢雜粮有餘即當令登萊出價償還必
不毫欠并轉行州邑勿循套告苦徒費工夫有
悞運事缺乏船隻即日撥發艤泊海口也繳除
批行外為照遼左乏料勢若燃眉屢奉檄催急
如星火今本道派数趂時預買發運今明兩年
通融接筭此亦變通之法今臨淄諸城不免循
套推諉恐各屬效尤徒工文字罔濟實用遼左
一旦呼庚其罪必歸之山東則今日之袖手而
談者即異日之焦頭爛額者也曲突徙薪不亦
美乎合行申飭為此案仰本府官吏照依案驗
內事理即動京邊銀兩分發續派應糴州縣查
照各粮石数目趂今秋成粮價稍賤上緊糴買
發運如能廣積多運紀録優叙或有循套阻挠

推諉悞事乍終查參倘該州縣新餉有限而徵
得本色太多者本道即發登萊京邊銀補之兩
不相礙毋得秦越臨時悞事責有所歸
一案仰濟南府
一案仰青州府
萬曆四十八年九月初一日

萬曆四十八年八月二十一日
巡按山東監察御史陳　一本為疲省洊罹
奇災海運勢難終事懇乞
聖明
特賜軫念嘉與賑恤以捄肩背重地事職竊惟今
天下所最急者在邊警而所最重者尤在民生
以民生固而後邊警可弭也况今日之山東尤
與遼左共安危者乎遼左之危急天下所明知
而共憫念者也乃東省之危急夫誰知之而誰

念之疾痛則呼天不得不叩愬于
皇上者方今援遼之舉義切同仇東省獨以地近
應速偏苦獨累呼馬則勉應以馬呼牛則勉應
以牛呼舟車則勉應以舟車呼水陸兵則勉應
以水陸兵嗷嗷孑遺忍死以供
上不特皮之不存矣而最苦無若海運即淮上天
津運事雖同而或由直沽或由丁河口總不能
越山東而飛渡蓋州一切守望防禦引領先導
皆責成于山東是山東一省而兼數省之困登

萊又以兩郡而彙各郡之艱者也故打造船隻
則髡土之毛易買米豆則罄地之産拘集夫役
則壯者釋耒而操檝老者負任而倚門此何等
時也所恃
天垂默祐予齊土以豊年尤憲三空五盡旦夕莫
保今萊之昌平濰掖既苦洪水高密復産異蝗
青之蒙日沂莒水災相同臨朐又遭氷雹至文
登寧海之間海嘯水溢風助雨威房舍桑田漽
為沙磧人情洶洶莫必其命職行文往復駁勘

未據類詳頃撫臣報災疏中固已逼真流民之
圖幾下吞蝗之淚即濟兗之被災稍輕而仳離
之受禍均慘
皇上披覽之餘能不以憂遼者憂東土哉况東土
有年則海運可行即遼可恃以為命東土不支
則海運何出即鞭撻以赴恐無米難炊嗟嗟欲
存遼東可一日忘東土哉
祖宗朝所以優恤東人者姑不具論即四十三年
大饑

欽遣台臣截漕
發帑以延東人旦夕之命靡不曲至是東土今日
之二三遺黎皆
皇恩所留也以故加之征調則濟若同舟驅之風
波走死如騖今日海運夫非感戴
皇恩所激而好仁好義之明驗耶不謂皮骨僅存
之民又丁水旱交迫之厄二東六十萬衆豆何
由取辦三韓数十萬兵騎何以資生且遼左方
值旱災士馬屢聞倒損經臣泣

請幾于舌敝血乾餉臣傳檄何啻渴飲饑食職與
撫臣目繫身嘗真不知淨之何從而謀之安出
也惟有呼
天籲乞以冀
皇上曠蕩發賑咸綸救此一方民而已疏已具達
接海防道詳據文登縣申稱七月初七八等日
海鳴龍闘黑雲連天颶風捲地操舟人役膽碎
魂驚以致運艘激撞軍稍漂沒粮失数萬浮屍
半百其餘與波上下者未可数計也而青濟二

府粮運損傷續報相同職一聞之頓足隕涕幾
廢寢食除批行該司道嚴查的確另行會
題外事關地方災危勢切遼左命脉伏乞
聖明特賜軫恤
勅部優議施行

祖宗已試之法何遂不可倣而行之獨無奈議立
于刱見之時則聽者縮舌法從于久廢之後則
觀者改容人又新募或望洋而先逃試有如台
臣所慮者今合從台臣之議止截留粮米至海
州換船者聽其開發未換船者以原船運至天
津照原派遼東地方交卸如額而止起脚剩運
與雇募船夫之費准自任之苟可果遼東之腹
臣部亦但求功之成事之濟耳豈其必欲驅淮
之民于不敢禔足之巨浸哉然由津之入海亦

非堅整巨艦不可以赴洪濤非高大蓬桅不能
以任風力則頓淮人之早為計也若目前打造
不及或雇浙江福建海船以濟一時至添設道
臣則斷不可緩道臣之理海也必日夜拮据相
機度勢使全海入于腹中而後可以酌盈縮之
宜妙緩急之用徐淮兵備岳駿聲精神才望固
足以兼之然一人之身耳奔馳南北地遠而勢
難遇傳書期會動經旬月萬一有緊急事情利
害在呼吸間者何以應之豈若如台臣所云添

設海運兵備官一員駐劄淮安往來津門閭專理運務無他事以牽其慮則其志不分有專務以責其成則其功自倍總之臣部總司天下之大計而必得在外任事之臣淮漕雖據運道之中樞而又當講登州以北之路專理道臣之設無容再計前議淮徐道兼攝者亦祗爲

國家節財恐多一官之費今台臣謂有新裁之鹽法道與議裁之漕鎮舊額可以轉移無煩征派又何慮焉但職掌在吏部非臣所敢擅議是宜

勑下吏部為之議設耳伏乞

皇上

速允台臣之

請使遼東一帶早收士飽馬騰之效于以震威靈而張撻伐小醜不足平矣

欽差整飭登州海防總理海運兼管登萊兵巡屯田道山東等處提刑按察司副使陶　為海運必難遥增等事萬曆四十八年八月二十六日

蒙

欽差專督遼餉户部左侍郎兼都察院右僉都御史李　案驗前事准本部咨山東清吏司案呈

奉

本部送准　督餉部院李　咨稱乞將登州府京邊准作海運銷筭而以別府拖欠遼鎮者

解部抵數庶海運得以曲全等因到部送司查得東省該京邊一百餘萬而居九邊四分之一近因拖欠邊官擁門號呼不可輕那一也若那動則分数不完而東拉西扯查恭不便二也州縣年分倉口一切混淆不得清楚三也是以每歲及京邊不敢輕諾為是故耳豈好膠柱哉即如今議將拖欠遼鎮者解部抵数固是一策然遼鎮近因增餉催檄告急絡繹不休據遼撫催促若有脱巾之變在目前者是遲解猶不可

而況不解乎且即為抵数年分何以分別倉口
何以認填終屬不妥若要清楚必將抵解銀兩
仍行司府俱照登府所動京邊倉口年分一一
填解庶無混亂可也再照東省止為海運一股
而本部兼為九邊計為九邊則舊額不敢欠而
遼則新編不敢欠是以昨咨議將四十六年加
派徑為豁免其已解已完者俱作四十七年分
其四十八年見徵必要全完又將糴穀銀十萬
餘兩可佐海運以甦小民疊徵之苦而使海運

登州道　海運摘抄　湯二

用而有餘以作目下預收來歲之資則部中之
議亦可為委曲體諒非泛泛然空談也既經督
餉部院咨請前來相應咨覆或如所議將拖欠
遼鎮者解部抵数或如所議將所糴穀銀解部
抵数總期海運無誤而京邊無虧耳呈堂奉批
昨日覆疏業已有成議只照覆疏行庶乎簡易
清楚再酌議咨覆奉此又該本司查得東省海
運六十萬石據議用銀六十萬兩已有其半先
咨稱欠三十萬兩今咨稱欠二十六萬兩以四
十八年加派五十四萬餘兩任其支銷餘剩以
為來歲糴資又將糴穀銀十萬餘兩佐之論理
亦為不掣其肘今督餉部院東省撫道諄諄為
言亦恐加派一時未得如数徵完合將京邊暫
動二十餘萬將本年加派隨即抵補起解庶海
運不悞而查參亦不致稽遲矣呈堂奉批京邊
酌量暫動以本年加派抵補雖云銀各有抵但
京邊所需甚急且已奉
旨難動而可輕移乎况東省加派該銀五十四萬

登州道　海運摘抄　湯三

而海運止欠二十六萬兩再以糴穀銀十萬佐
之何事苦不足者而必欲動京邊耶既稱撫道
諄諄為言姑將京邊暫移十六萬以資其運即
以本年加派起解抵補萬不可圖京邊之見在
緩加派之催徵也其海運銀尚有不足者十萬
仍于加派支取若分厘不厝止靠京邊豈九塞
之脫巾不足虞而二東之派額可推諉乎此非
同舟共濟之誼也各移咨行奉此案呈到部咨
覆前來准此擬合就行為此案仰本道轉行所

屬各府州縣查照本部咨覆事理一體遵行務
足六十萬之数毋悮遼餉責有攸歸抄案依准
呈來
一案行登萊濟青四府
蒙此擬合就行為此案仰本府官吏照依
咨覆案驗內事理即便轉行所屬州縣着
實遵行及時發運務足六十萬石之数毋
悮遼餉責有攸歸
一牒　布政司
蒙此除嚴行登萊濟青四府各着實遵行
及時發運務足六十萬石之数外竊謂
部咨之言海運不啻詳而其計筭錢粮亦
毫無缺矣但本道日惟督責艅艎之役東
省錢粮向無與聞故動支新舊餉銀運用
及抵還京邊等項毫無頭緒惟日見登萊
兩郡告還告借稱苦稱屈而已矣今將咨
中所載海運關鍵暨已前奉到咨文有開
濟海運而海運未得其用者逐一摘出款

頭臚列明白擬合牒請為此備將前項緣
由合牒
貴司煩將後開條款悉賜查明希擲回示
庶便取用亦便抵還倘用不敷而那借亦
可措詞彼此兩有下落乞為查照施行
計開
一咨開東省海運六十萬石據議用銀六
十萬兩已有其半先咨稱欠三十萬
兩今咨稱欠二十六萬兩
前件乞查先今兩咨稱欠銀兩見今某
府州縣各欠若干一一詳示以便
行取濟運
一咨開以四十八年加派銀五十四萬餘
兩任其支銷餘剩以為來歲糴資又
將糴穀銀十萬餘兩佐之
前件乞查糴穀銀兩見貯何處是否数
盈十萬餘兩海運不敷應于何處
取用希煩悉示以濟急需其四十

八年加派之五十四萬除登萊青
萬已用餘毫釐不曾支用不知見
在何處

一洛開撫道諄諄為言姑將京邊暫移十
六萬兩以資其運即以本年加派起
解抵補

前件乞查洛准暫移京邊十六萬兩應
于某府移發若干幸速垂示併煩
速發

一查洛開東省加派該銀五十四萬兩此
即歲額準繩也

前件乞查既每年有五十四萬兩則四
十七年之所徵應有五十四萬發
給本道充作四十八年糴本并船
價水脚價矣今乃件件是借項項
是賒今更至於借無可借賒不肯
賒濟青登萊俱各束手稱無一文
錢可以動支此項要見貯在何處

欠在何府州縣幸賜細数以便催
用

一查洛開議將四十六年加派徑為豁免
其已解已完者俱作四十七年分其
四十八年見徵必要全完

前件查得山東一省新餉乃四十六年
冬間奉
旨州縣徵有新餉者甚少如登州一府惟福山一
縣全完其他並無分毫

部中接作四十七年者不知通省應
有若干四十八年又有額該之五
十四萬不知完者若干欠者若干
完者何府何州縣欠者何府何州
縣照
部文則糴運之銀本道不當稱乏據
本道見今則錢粮毫釐無處而近
日又煩索
貴司求借求移不知病根安在乞賜

明示
以上俱今咨條目
一本年二月二十八日一件懇乞
明旨速允督餉條陳等事奉
軍門王　案驗准
督餉部院李　咨准
戶部咨開其濟南一府州縣近東者准
將漕粮暫行改折一年即以其銀買
米登萊以供遼運原行併行濟南道

前件查得今年海運以來絕無支用此
銀不知積有若干見貯何處其所
改折者是何州縣統希明示併賜
催發以濟急需
一本年七月三十日一件海運增繁等事
奉
軍門王　案驗准
戶部咨開海運漸已就緒遼事結局無
期一歲之輸僅供一年之食則預為

運轉之計豈容遲緩況山左旱澇靡
常苟遇凶歲件合皆珍是必于豐收
之歲廣為糴貯以待來年庶粮餉不
致中絕而海運可以長行查該省有
四十八年加派之銀分毫未經起解
若盡留為預糴之用儘可充裕
前件本道先是慮及於此業馳檄有司
搜措糴積以待來年而適奉此文
深協素心第巧媍不能炊無米之

粥況其拙乎其所望于主持請發
金錢濟糴資于目今飽遼軍于來
禩者允賴
貴司接濟今近海東三郡全荒矣
撫臺所謂粒粒皆珍者業已應驗然
目下尚在秋期未至絕粒雖粮價
日騰猶堪收糴倘再遲一月則雖
願出貴價而無粮可糴矣本道前
日所以乞速發二十萬金預糴以

便開春接運也今
部文有動京邊十六萬之議則發銀
不患於無名開銷不患於無欵矣
幸惟速發或應在某府出者乞示
一確文以便本道徑催濟用
萬曆四十八年九月初一日

欽差整飭登州海防總理海運兼管登萊兵巡屯
田道山東等處提刑按察司副使陶　為查明
遼粮收卸確数以便銷筭事照得遼左急缺軍
粮額派山東六十萬石今據濟南府報運過七
萬八千七百九十四石八斗零青州府報運過
九萬八千三百七十八石六斗零登萊兩府各
報運過二十二萬五千石則於原額不啻過之
近日馬頭嘴雖有傷去四萬一千餘石而續奉
督餉部院嚴催為急缺料豆等事本道又續派
四五萬石於濟青十餘萬石於登萊隨據蓬萊
縣報開洋過三千六百石黄縣報開洋過一千
六百一十五石九斗零萊陽縣報開洋過一萬
石寧海州報開洋過五千二百四十九石八斗
濰縣報開洋過四千五百一十六石三斗八升
平度州報開洋過六千石昌邑縣報開洋過二
千二百四十三石九斗零則於續派者又完過
三萬三千餘石統計六十萬之外本道發運不
但溢額且溢額之溢額矣乃遼左動咎山東以

缺粮方思之不得其觧昨據觧粮回登官袁應
科沇萬里韓夢豸葛得勝等禀稱遼粮雖領有
實收其實此粮尚在崖上蓋套倉厫俱滿巳不
能容並無乏粮之事又據收却登粮千總周稓
德榮若琳揭稱今年遼粮甚多恐車牛搬運不
及尚存在岸者四十萬未運若再運來恐明年
一春亦搬不完不若姑且停運為便等因夫遼
左方責我以缺粮而在遼之官乃禀堆積有四
十萬之多遼稱日夜望粮而監收之官乃禀稱

免運為便以此思缺缺可知也合行嚴查為此
牌仰本官照牌事理即差的當官員到彼嚴查
不拘山東天津各粮要見運到蓋套在倉者若
干萬在崖者若干萬内米若干萬豆若干萬雜
粮若干萬逐一詳細開揭呈報前來以憑查考
文到火速遵行先將差官姓名起行日期報查
毋得延緩未便須至牌者

一牌仰登萊兩海防廳

萬曆四十八年九月初十日

萬曆四十八年九月十八日

青州府樂安縣為天降異災颶傷船隻漂失糧
石渰死人役事奉本府帖文蒙
欽差分巡海右兼整飭青州等處海防兵備管理
屯田山東布政司右參政兼按察司僉事魏
案驗蒙
巡按山東監察御史陳　批據登州海防道呈
前事仰縣照依案帖内事理即查該縣運粮船
隻有無傷損粮石曾否漂失作速查明具由申

府以憑轉報等因奉此本縣二運蘇應旻等船
八隻於本年七月初十日開洋去後據運官楊
先聲關稱於本月十九日未時船至利津縣絲
網口陡遭風浪將船打碎傷船六隻漂失米豆
三千三百九十九石八斗七升七合關稱到縣
等因隨差快手馮東升并委新鎮場大使趙一
俊嚴查結稱委遭風浪損失船粮並無別項情
弊本縣覆勘相同為照是日也颶風驟至砂石
挾屋瓦而齊飛海水鼓揚波浪薄青天以高湧

風檣水陣捲地排山水借風威轟雷掣電潮頭
下起舳艫隨雪濤翔空突出雲霄潮勢忽平艘
艇偕回瀾墮地深入泥窟逐波上下高低欹正
任漂流信風折旋東西南北難分辨雲黑霧罩
鬼神皆為泣號斗暗月昏蛟龍亦為震動舟師
眉攢目瞪欵乃之音寂無大衆魄落魂消叫哭
之聲哄起底着淺閣何堅不摧幇互擊衡無觸
不破傾刻桅折帆墜條若六丁五雷之拉朽木
片板無存須臾豆散米沉凄如飛雹急雨之打

殘花一粒莫有惜哉舸艦六隻未得渡遼左而
壞斂官傷哉糗糈三千不以飽遼軍而果魚腹
信是從來未有之變經今創見之災也所幸運
官粮夫携櫓登岸猶徼死地之生其餘兩船人
粮漂泊深洋未至溝中之斷雖遭風時日去開
洋時日刻逾八百週損粮地方離樂安地方路
隔三百里卑縣似可稍逭其責獨是卑縣自春
徂夏殫心畢慮日省月試而成此船小民卒輓
有負竭觔輸力冒暑流汗而運此粟而一旦供

化為烏有官民徒受勞苦而無濟於遼左之軍
興也用是不能無盡心酸鼻者矣此皆卑職奉
職無狀所致除一面痛自修省外今將傷過船
隻失過粮石據實造報懇乞照例開銷緣係傷
損船粮事理本縣未敢擅專擬合申請為此今
將前項緣由理合具申伏乞照詳施行

本道詳批海運傷船失粮勢所必有此宋元以
來所由屢行而屢報罷也否則漕河可無濬矣
斯寔海若為政該縣有何咎焉獨可嘆幸災樂

禍者動謂海船造果堅固便可出入礁岈不碎
船用民間自造者使人各自為而不致損傷殊
不知天之不可以力爭而龍之不能以人鬪也
蘇應夏等船夫非其自造者耶胡為亦致傷沒
也傷過粮石照東征例徑准開銷船隻堪修者
借給官銀速修有力能再造者亦速借水脚打
造統候照例扣還該縣查明另報此繳

萬曆四十八年八月十五日
欽差巡撫山東等處地方督理營田提督軍務都
察院右副都御史王　一本為海運地方洊
報災傷仰祈
聖恩軫念以存孑遺以完運務事據萊州府屬昌
邑縣申稱本縣各社居鄰淮河地方形勢窪下
每恃堤防不料五月二十日至六月初一日水
發三次決堤潰堰澎湃汪洋田畝為沼夏麥黍
穀菊秫花豆盡被水齧蕩然一掃俯仰奚凴閭

登州道　海運摘抄　冊一

里痛苦男婦驚惶平度州申稱五月十四等日
霪雨淋淋二十八九不止麥黃洪水亘古奇患
皓首莫聞已實花麥盡被水灘泥壓即登場者
亦皆浥爛未秀秋禾俱被渰沒百姓有待死之
期無望生之日濰縣申稱自五月十五日落雨
連綿不止河水泛漲房屋盡倒田禾渰沒未收
二麥衝壞顆粒不獲夏秋無望錢糧何辦掖縣
申稱今五月十三日霪雨連綿五六月初二日
方止平地水深三尺熟麥被渰秋田絕望遍野

悲號束手待斃乞救倒懸高密縣申稱各鄉逃
田蝗蝻萌生本縣驗看土如蜂孔蝗子湧出紅
黃叢雜滿地駭人湯火焚澆不滅連日撲打不
消日漸長成所到之處田苗盡為一空又值霪
雨漲溢萬頃汪洋高田為虫蠹之巢食下田為
雨澤之汙池舉目慘傷民生無倚又據青州府
屬蒙陰縣申稱本縣人民前遇凶荒元氣未復
今歲麥秋天降瘴痺二麥成糠五月雨作禾稼
渰沒嗣後暴雨如傾動連晝夜六十餘日不止

登州道　海運摘抄　冊二

膏腴盡為深谷宅圃半隨波濤民無棲止野無
半菽
國稅無措民命難堪日照縣申稱本縣僻處海濱
地土磽薄自五月以來霪雨異常四旬不已麥
雖割而皆爛豆已種而半湮禾稻盡傷黍穀無
望沂水縣安丘縣莒州申報水災大率相同臨
朐縣申稱冰雹大降落地尺餘麥穀等項田禾
盡行打碎壓沒或黴或賑免致流離臨淄縣申
稱七月初二日大雨如傾河水氾漲房屋倒塌

升衣物雜粮田禾盡皆衝沒錢粮難辦餬口無資壽光縣申稱各社地土居鄰尭单洱鶃四河下稍連遭霪雨水接通河平地三尺田禾盡渰房屋倒塌老幼震野嚎天遍地一方大刼濟南府屬蒲臺縣申稱五月二十七日滿天昏暗遍地涸黑狂風大作田禾盡偃樹木皆拔所居房屋蕩然若掃一切器物俄馬盡空又被氷雹打傷甚淄萊蕪縣申稱入夏霪雨連綿山水建瓴而下溝壑道路忽成江河有暮夜水湧不知防

禦而牛畜漂流者有破屋敗垣忽經倒塌而夫妻壓死者生負異維址為洪濤衝去竟作波臣而水濵不可問矣鄒平縣申稱連歲旱蝗未獲半收不意今歲禾苗頗稱豊茂乃陰氣欝蒸子蝗蕃生河伯肆虐水患殊常二害交侵秋成無望不惟私家之餬口無資抑且公家之賦稅何出又據兗州府屬鄒城縣申稱本年五月十四日大雨加注連綿終日至二十八九日大雨盆傾晝夜不息又加沂沭兩河洪水泛漲堤坼衝

决肆逆横流平地水深数尺凡二麥在場堆積者俱被腐爛漂流黍稷秫豆等禾渰沒一空秋成失望沂州嶧縣費縣申報水災大率相同又據登州府屬蓬萊福山寧海三州縣申稱自夏至秋雨澤不降所種穀黍豆田盡皆枯槁有種無收三秋失望萬姓驚惶人思逃竄寧海州復以風災海水盡溺文登縣申稱本年六月十八日稍得微雨尚謂不足正值伏期亢旱半日有奇諸禾焦枯至七月初五日初六日幸落小雨

各夜俱有海鳴聲聞百里居民驚異至初七日亥時狂風驟起初八日寅時人皆見有黑氣數條狀如烏雲斜天海風愈加大作翻天吼地飄瓦堆墻盡日撤夜不止折倒大樹二三百株小樹不記其数飄拆民屋一百餘間打死生畜一二百隻掃空田禾数千餘頃黍穀穇已熟之粒刮落無存黃黑豆秫稻未熟之禾盡行打爛風狂海嘯泛濫一十餘里但係潮過地畝盡皆鹹鹵百草不生時值秋成遭此大變不獨目前拐

腹今歲粮徭粉骨莫措晝夜嚎天無計存活等
因各乞要委官查勘蠲賑緣由到職除批行各
分守道踏勘外卷查先准戸部咨開如遇災傷
巡撫先行
奏報巡按一面查勘得實具
奏造冊送部以憑議免議賑等因遵行在卷今據
前因該職看得今歲春暵無麰麥之海運括粟
甚急民間突不得黔職備述民難疏入不報藉
有天幸濟南東昌兖州三郡秋穀巳升少補春

妆三畝間有被災若蒲臺鄒平萊蕪郯城沂貴
峰等州縣職諭聽屬曰歲無全稔惟多方恤民
苟足存生軍興孔亟勿以災聞也孰意登萊青
三郡春麥無收夏災更甚初既苦旱巳復苦霖
積雨衝垣破堰平田立變陂塘山水激石流沙
窪地頃成谿壑高崙紅黄之蝗種既藉雨師以
殄臧而沿海尺餘之氷雹又因風伯以括傷甚
而烏雲黑颶震吼地之雷聲因之白粱黄粳成
盪空之波浪大樹拔根㬋問遭颶之殘粒生畜

倒斃何有氾濫之浮丘民方渡海以運軍希歸
而視其田里則杈蕩矣廬墓則成沿矣養生送
死之需一無所憑依矣如是而民安得不逃民
逃而
國賦何從乎矧新編又倍昔而為之也民逃而海
運何從辦乎矧海運議又倍昔而為之也職至
不才庸醫之療疾緩急不能因時肩揹難了並
顧元氣空虛既乏安和之劑肢體痿痺要無強
固之方括瘠鹵膏以充餉而天又靳其所生駏

波濤之民以贍邊而
國又竆其所有東作西成之失望而南箕北斗之
空懸彼天下之至苦者莫如遼人然遼人賊來
則戰賊去則休而東人之牛馬負芻無休息也
遼人暴骨沙場遊魂有棲止而東人之納命大
壑無棲止也遼人戰勝則賞賚東人之渡海去
來未聞賞賚也遼人之守邊久戍舉
朝怜恤而東人之黧黑憔悴未聞優恤也加餉則
一例科派而與海內之樂土同輸抽括調募罪

贖則一律誅求而比各省之紛紜更甚六十萬
石之粮不知銀于何出而欲責無米之炊六七
八年之賦不度民之不堪聚而行束濕之令今
曰之氣氣無告而莫于甚東民所為如
天之戴惟
皇上之垂憐耳職查
本朝
令甲凡水旱灾傷去處有司若不以聞許耆老連
名赴

京申訴災由以憑賑恤有司罪以極刑洪武間發
鈔二百萬貫往山東各州縣預備粮儲置倉遇
凶歲賑給宣德間以山東旱荒停罷額料於時
大工甚急部臣執奏不允天順間山東飢發
内帑銀四萬兩賑濟即萬曆四十三年發
内帑截漕粮以救山東人相食之飢饉是東省荒
多熟少屢壓
宸衷從來倍于他省今日窮海之民不愛膚髮以
濟危邊豈非

祖宗德澤之遺鼓好義急公之報哉
高皇帝之諭侍臣曰治民猶治水治水者順其性
治民者順其情人情莫不好生惡死當省刑罰
息干戈以保之莫不厭貧喜富當重農時薄賦
斂以厚之莫不好佚惡勞當簡興作節徭役以
安之大哉
皇言今驅民于海是以死道驅之而其貧而無賴
勞而罔節惟此時為然矣目下西郡雖投運之
于海則甚遂全藉東三郡之豐熟而同時告沴

申文踵至職不獨為齊民憂而深為遼餉憂兼
之逃兵竄匿潛踪人心搖動禍機阢伏職有封
疆之責日夕圖維慮深叵測再查青登萊三郡
原無漕粮無可改折而海運濟遼又以地隣壤
接義難推諉倣之往例凡遇灾傷議免存留錢
粮今之所謂存留者不過軍粮兵餉官員之俸
廩各役之工食也軍兵嗷嗷待哺而捐俸粮抽
工食分鳌待解存留無毫忽之可蠲欲加恵於
灾民惟望

皇上暫免災地之新編量減海運之粮數至于本
省民間積穀原以備荒非為遼餉而設今沿海
既因海運借動而內地又轉運煩難該部有賑
穀三十萬石抵海運米十八萬石之議奪吾民
口中之食救他人眼下之飢竊念遼左自有新
編合天下以供遼遼何括荒地之儲益甚窮民
之窘職斷斷不能奉行尚欲存此子遺以膺飛
輓之促何忍坐視任民之流亡而并餓死也伏
乞

勅下戶部轉行巡按御史將前項被災各州縣及
有續報者一併覆加查勘的確分別災傷重輕
災重者將新編遼餉暫從停免仍于海運六十
萬之數量行酌減倉穀存留發賑免賑米濟運
其海運錢粮不足令該部速覆職前疏亟發價
值俾運船立刻開洋運至蓋州交割則職得藉
手以救危遼而不負
朝廷之委任矣

欽差整飭登州海防總理海運兼管登萊兵巡屯
田道山東等處提刑按察司副使陶　為預計
春運事照得山東海運至明年而四濟遼矣然
而中間事宜歲各不同相度調停難拘成法如
初年半月之內議行議止三奉
明綸欲運欲速乃無船粮本道發行於深秋竣事
於冬仲此草創之規模也如次年原議止運八
萬本道預備十萬而
計部倏增為十六萬本道又偶運至二十二萬

船本無而忽有粮本乏而忽羸一時同事始疑
終信此變幻之端倪也又如次年原以二十萬
增為三十萬地方業已不堪忽於三十萬之外
又增三十萬倍而又倍難之愈難以船則止初
年八萬之船也以錢粮則止次年二十二萬之
錢粮也以年穀則山礁磽确而出產有限徵收
本色而蓋藏一空矣再加以今年之水旱互異
風雹繼至千里如燬寸草不生即欲如草創之
八萬不可得乃有六十萬之

明旨不可違更有本地方加貴免加編之說而登萊四十五萬之運不可免欲灑本色於他郡則慮本郡有加派之徵欲認本色於本地則慮窮民有懸罄之恩左顧右盼計無復之今幸糴買兵糧之說行而遼粮有設處之路矣但遼以急缺料豆馬死過多又遼地全荒斗米三錢尚欲本省於冬月行海運可至明年解凍而無船到套耶合行預計為此牌仰本府官吏照牌事理即將該府明年額運米豆二十二萬五千分派

各屬照其豐歉以為多寡即以派粮之數合筭船隻如某縣派粮五萬應用千石船若干隻八百七百石船若干隻四五百石船若千隻遠者分為三運近者分為四運假如五萬石分為四運則每運應裝粮一萬二千五百石石即以堪裝一運之船湊撥勒令務行四運遲滯不完縣官自任其咎所派之船即泊該州縣海口歲內應領修艌守凍銀兩即於該州縣支給預為完備一俟凍解即便開洋至於粮食一項有宜徵者有宜糴者任從其便糴者州縣無銀准於府庫借請府庫無銀准於本道詳發統俟於新餉銀內及新奉

部咨京邊內借湊務要急速料理毋致後時海防廳仍親行州縣分派妥當具文回報勿得急緩悞事責有所歸該府總其大綱仍一體嚴督俱毋違錯未便須至牌者

一牌仰登州府并海防廳

一牌仰萊州府并海防廳

萬曆四十八年九月二十二日

欽差整飭登州海防總理海運兼管登萊兵巡屯田道山東等處提刑按察司副使陶　爲查議造船以濟運務事照得海運乏船以取造遠方多費時月先該本道查將漁户督令造船供運已有成例今查昔年本道守郡時曾招開島田島内種田佃户庄頭等人歷年取有厚獲而所納不過微租得利收息不下于漁户况彼每年行走海路習熟水性以之造船走海必保無虞合行查造為此牌仰本府官吏照牌事理即將

北島種田人户逐查原認狀姓名將各佃户庄頭拘集面議行令照漁户造船事例佃户共若干名應造船若干隻預領水脚刻期成造領過官銀即於水脚内陸續扣還文到火速查明報道批發督造施行毋得遲悮須至牌者

一牌仰登州府

泰昌元年十月初十日

山東等處提刑按察司整飭登州海防總理海運兼管登萊兵巡屯田道副使陶　爲派運遼餉事准

山東等處承宣布政使司分守海右兼督遼餉道右參政陳　手本前事照得東省海運歲該六十萬石登萊各應運二十二萬五千石青濟各應運七萬五千石俱有成數其各屬州縣止宜照額分派以便徵輸催運合行移會為此煩將青登萊三府所屬來歲應運遼餉速照原額

數目分派某州縣應運若干希會過道以憑查照催督施行准此爲照派運有額而派徵派糴因之自是成規然亦有通融裒抱以濟時勢之窮者如登州府屬雖派二十二萬五千今歲全荒各屬無粮全賴糴之青州而私糴又苦於無銀故令有司於徵收本色時兼為糴計待徵得之日行登州解銀還青故於青州不拘原額特派十五萬石至於青登萊三府某州縣應該若干仍聽該府酌派報查然派徵之法寧寬其数

以備不時之須倘遇便風即陸續運去接作明年之数以防明年或有風沮船失斯為妥當此已前各年皆用此法者故遼左不得以士馬飢疲委罪於山東耳今惟候
貴道酌裁今准前因擬合移覆為此合用手本前去
貴道煩為裁酌施行
一手本　萊州道
泰昌元年十月十四日

山東等處提刑按察司整飭登州海防總理海運兼管登萊兵巡屯田道副使陶　為派運遼餉事准
山東等處承宣布政使司分守海右兼督遼餉道右叅政陳　手本准本道手本前事為照派運有額而派徵派糴因之自是成規然亦有通融裒挹以濟時勢之窮者如登州府屬雖派二十二萬五千今歲全荒各屬無粮全賴糴之青州而私糴又苦於無銀故令有司於徵收本色時兼為糴計待徵得之日行登州解銀還青故

於青州不拘原額特派十五萬石至於青登萊三府某州縣應該若干仍聽該府酌派報查然派徵之法寧寬其數以備不時之須倘遇便風即陸續運去接作明年之數以防明年或有風沮船失斯為妥當此已前各年皆用此法者故遼左不得以士馬饑疲委罪於山東耳今惟候
貴道酌裁今准前因擬合移覆為此合用手本前去煩為裁酌施行等因移會到道為照海運

宜依部額不可縮于六十萬之内亦不可增于六十萬之外其風波損失之数自應准作實數似不必預為多運以補其缺且以荒歲民疲一年支撑一年尚且不足似難多運接作明年以不足而故示有餘也又前者因派無定額通融裒挹以致錢粮難清棼如亂絲不可究詰且州縣亦有存留供應之數按季支給若盡那之於海運則措手為難各府亦有支存民屯之数以備不虞若盡借之於海運則捉衿立窘鄙見謂青登萊三府部派五十二萬五千石此定額也登以荒故令青代派則登應减若干總之完此額而止想亦竭蹷不勝矣因而酌量粒脚舟運之費大約若干即以其数責之

藩司務要将各府加派之数如期發東三府各屬不致失悮使各屬亦有所遵守以用其民而錢粮亦得清楚此易簡直捷法也若曰各屬且儘錢粮徵運不拘原派之額數大家不妨多運以備不測之風波則所以贍遼者得矣恐疲民

不勝其求将有不堪之患錢粮棼無頭緒且滋侵那之奸非細故也本道誼存共濟不立異同但以督餉之銜屢辭不得身在局中難作秦越之視故復嘵嘵如此今准前因擬合再會為此合用手本前去貴道煩将三府各屬應派遼餉照依額数派定希會過道以憑查照施行准此

爲照錢粮原有額派自難盡移之於海運海運原止須六十萬本道亦非歆示之以有餘惟是登州全荒顆粒無出故不得不借本色於青州而令登帑還其價青雖多徵而原非斸青之折色溢登之本色也是即

貴道所云令青代派則登應减若干之意也然而登既荒即應明减其額青既熟即應明增其額今乃陰為裒挹如此者蓋因登萊有加貴免編之議業奉

兩院允行倘登州明减其粮則加貴之價無可加而災民反受加編之徵故又不得不陰貸於青而出價於登耳此即

貴道所云恐疲民不勝其求将有不堪之患之
意也至於本道前文謂派徵之法寧寬其数以
備不時之須倘遇便風即陸續運去接作明年
之数以防明年或有風沮船失云者其意原非
專於贍遼誠見東省荒年多而熟年少一荒即
数倍其價一過秋冬即熟年亦價騰不已有司
徵者亦未必及額派十僅可得七民間納者未
必皆在舊歲富家巨室每候新春價貴而後納
官故寬派之則輸納者多迨其多也自可中止

而所謂不時之須者如今年登州一荒價高三
倍幸有前年運剩之粮先發本年之運而後徐
議及糴貸於濟青若必本年徵糴本年發運則
當其風暖可行之月正在徵粮而不得運迨至
徵粮告竣而風勁水堅不能飛渡矣又云如遇
便風即可陸續運去接作明年之数者誠慮風
順利之難粮凑手之難而或一年偶順不妨将
明年者透運若干總在歲終扣筭餘出者即截
作明年之数盖非有心向遼而使遼之常享其

有餘良亦為東土計而欵東人免淪溺之患也
即如今年馬頭嘴傷船之後近日報傷者又接
踵而至頼去年先運四萬於遼故目下便可停
運否則六十萬之数未足船雖傷而不得不行
人雖溺而不得不往雖於稽查钱粮年頭扣定
為省事而逆風行舟又未免費力矣乃若運内
钱粮全在借用抹急而徐俟
藩司發下之日補還正項方克有濟若待
藩司發而後運無異望水於西江取飽於畫餅

即如今年已運六十萬又當備三十萬以充明
年上半年之運明年者固無望其來而已運者
手繭筆秃未見發足也自有海運而錢粮色色
借動紊亂之惧日夜怔忡誠有如
來札所慮者然而事勢如此雖欵不借動而不
可得但
藩司之遅實由各屬之不解一解即發費至即
補還正項則亦不患其不清楚也唯是
部文所動之錢粮原非見在之實数而東方歲

歲六十萬之額則毫不許其臧誠恐借之又借
無所底止年復一年愈無還期此則欲邀
貴道寵靈合詞以請而思為運事尋一結局者
也所定青萊登三郡粮数既荷同舟之雅不必
派自本道統在
貴道斟酌希文知會即便轉行各屬遵行今准
前因擬合移會為此合用手本前去
貴道煩請查照裁酌移文過道以憑查照轉行
施行

一手本　萊州道
泰昌元年十月十八日

泰昌元年十月十三日
欽差專督遼餉戶部右侍郎兼都察院右僉都御
史李　一本為海運屢報遭風謹據實類報
併乞
譴斥愚臣以謝
天變以重軍需事照得海運從古稱難但以遼餉
数多非此莫可濟耳去歲芙蓉島遭風以來臣
驚懼皇皇無刻置念所幸今歲仰仗
宗社威靈海若效順由二月以至七月津登並運

南北齊開若南海口芝蔴灣咸為攸利一時大
小文武臣工莫不舉手稱慶戴
國家如天之福而不意七八月間之屢次遭風也
先准山東撫按二臣揭據海防道呈報七月初
七日運舟遭值異變漂損百餘舟失粮四萬四
千九百餘石臣一見之心膽俱碎方在席藁待
罪之間隨該贊理司官會同天津道查據天津
海防營中軍李在沐呈報八月初三等日所發
粮船連遭颶風北岸漂失二十一舟內有粮在

者三舟而漂失者十八舟南岸七月初五等日漂損十舟内有粮在者二舟漂失者八舟臣驚悸欲死即髮膚可殄何濟於事而遼餉緊急不得不為再發又八月二十及二十三等日發船三幇甫發而二十五六七三日狂風大起臣色變心危欲追無計隨據山海關萬通判報二十七等日有由盖套回空淮沙等船漂損一十六隻由天津裝粮重船漂損七隻必由此三日之風所為也又據寧前道稟稱隨船漂至船户有

報稱係天津運船遭風者有報稱登州運船遭風者俱漂至寧前地方又據廣寧道呈報漂舟一隻在岸又據寧前船户尹思等校告於臣云係芝蔴湾運船遭風三隻漂至天津止一隻見在其船尚全等因隨接督臣書稱初九日南海口裝完粮船尚泊海濱忽遇陰霾大風亦損四隻内有粮二隻各到臣該臣看得淮船之夫或有製造不精責有歸也至於津沙二船為破浪利器而前後報損二十餘隻則臣如手足之失

矣往者遭風并失其粮而回者遭風亦損其船矣且登州應止於盖套而漂至寧前則漂過信地數百里矣芝蔴湾應往遼東而反漂至天津則不北而南矣如此颶風異變海上船隻一任縱横臣措躬無地悶絶再甦何天之不助順若此耶除行沿海司道備查漂粮的数係淮船中製造不精者將兩處原委官員行天津淮上二處司道究審追賠其沙船果係遭風者將損壞船隻修補漂丧水手查明優卹外再照今之海

運與

國初異

國初運止七十萬石照粮数以製舟一運即完今運倍於當時大約二百萬之粮每船所載三四五百石不等即盡以五百石計之須四千舟方可足運而舟止六百隻須五六運始克終事其津運之南岸也去須東風歸須北風由北岸也去須西風歸須東風去風之便則回空者稀矣歸風之便則發運者難矣每一發舟全徼天幸

而再之不止以致於四五番江湖之中且有風
波而况海上能保次次之無虞乎該臣發運一
次心隨舟往數日之内豈無一陣狂風輙毛髮
若竦中夜驚起以占其候息必待抵套報至方
始暫安而二運之船又發矣總計運道有南北
二岸南岸道迂島嶼重複誠若不便然逐日有
程遇風有停泊稽查有州縣損壞有形跡兪可
考證北岸道近三日順風能至誠若甚便然不
經州縣無地停泊一遇逆風入粮船隻俱莫可

問必俟抵套船數若干始知失去若干北岸之
便而南危也此海上之大較也大抵船式不合
水手私逃此人事之難齊也沙津二船之遭風
南北二岸之互錯此天時之難料也兩者互有
責焉而臣於此尤有窃慮者今歲原派山東六
十萬之運詢催登道可必其全完其天津司道
今歲心力俱竭運完去歲丁河守凍粮四萬四
千一百九十餘石今歲所發截漕并豆自三月
十九日起至六月二十日止共運過二十三萬

六百餘石幸無漂失自六月二十一日起至八
月二十日止又發運過米豆薥粮共二十八萬
六千八百餘石已溢其額不幸而近有漂失惟
芝蘇湾之船精堅而數少不敷今聞南海口以
補足之矣其淮上三十萬之運有淮徐道同心
任事想已發舟不致稽悞第其萊粮之漂失太
多津舟之損失再見則出臣意料之外耳而遼
左以旱災告求增運矣運額既增則船隻益增
臣已另有會疏

請派之數若芝蘇湾之多造若薊永二道之自為
委官雇造若天津之添造若沙船之添雇若浙
閩廣之協助已悉前疏矣但使派之而造者不
為即造雇者不為即雇其雇造之處不為委官
稽查而徒任臣等行之馬腹難及法令稽扼非
胥越之弊起則延緩之程悞矣此則望
天語叮嚀各省直諸臣共為同心預定雇造委官
職名嚴行察究之法者也至於秋風漸厲而遼
餉屢屢告乏臣于九月九日後又催舟發然談

虎邑變人心惶惶臣亦無可柰何此番之船不知抵套回空作何情景而臣之力竭心危發船之後如履薪抱氷而處以待回音臣為此屢受驚悸合眼即見洪濤怔忡吐血性命如綫但以重任在躬

國郵疊見不敢言病耳至於海運遭風失損船粮傷殘人命上不能弭

天變下不能修人事皆臣一人之罪惟乞

聖明速賜重譴徵臣而將今歲增運造雇船隻事宜照臣前疏事理嚴行省直督撫責成司道有司上緊報完毋得秦越相視務求刻期濟事庶

天變可回軍儲有藉矣臣不勝皇悚待

命之至

泰昌元年十月十四日

欽差專督遼餉户部左侍郎兼都察院右僉都御史李　一本題為議舉賢能監司加銜海運以重軍需事照得遼餉数多海運煩重該臣原派山東運六十石天津運截漕及真保河等處召買共五十餘萬石淮上運截漕三十萬石共薊永等處召買議由芝蘇湾此原議之大槩也在天津派数差等于山東而多于淮上及查天津今歲二月間運過去歲守泊漕粮四萬五千石及開北岍頭運自三月至七月運過截漕并菊豆共二十三萬六百三十餘石次運自七月至九月運過截漕并菊豆共二十八萬六千八百餘石其自二月至七月攸往無虞近八月報有遭風船四十餘隻而到岸之数該同知張文達揭報收過四十五萬餘石其八九兩月并發運之船尚未報抵套之数是津門之運溢于原数十分之二矣又閘門之粮積浥難前該督臣文　行永平司道近開南海口以達盖套遇順

風以晝夜可至此道一開而關門及薊永召買俱皆利涉此督臣同心共濟而所用者亦天津協助之船也查得登州淮揚二道已加海運職銜獨天津道叅政賈之鳳未加殊屬缺典該按臣王象恒關臣董元儒鹽臣倪應春後

命疏内俱特舉該道加銜以終海運諸臣咸目擊地方勞苦功高以裨遼餉意甚盛也除諸臣已經復

命專疏外其保定新撫臣尚未到任該臣會同總

督薊遼保定等處兼理粮餉經畧禦倭兵部右侍郎兼右僉都御史文　督餉省直監察御史萬　看得天津道叅政賈之鳳地負海涵之器經文緯武之材指揮計重金湯飛輓實裨軍國運數既倍勞績宜先委應加銜久任以終其事者也伏乞

勅下吏部如果臣言不謬將叅政賈之鳳特加按察使職銜專管海運則運務得人而遼餉有賴矣再照遼餉未已各處運務匈勦需材俱急其

登州道陶朗先氣負滄溟材優舟楫首開海運派数獨多兩歲之間遼左賴其接濟茲本官俸及三載兩院原疏部覆已允優叙近鹽臣疏又叙及所當加銜優擢以酬其勞者也濟南分守道程啓南品重崑夔節堅金石素為東人所愛戴茲以濟南協運撫按二臣具疏加銜俾其輕車就熟極為得人者也淮徐副使岳駿聲濟川巨手負海弘猷其造千斛之舟開淮海之運備極苦心應候截留三十萬石粮運抵遼之日一

併優議加銜至於臺臣建議專設海運道臣與該道同心共濟尤可立見成功所宜速選才望之臣以勝斯任者也凡此皆撫按鹽漕諸臣所疏言者臣等職司海運敢總為會疏上

請并乞

勅下吏部將陶朗先程啓南各照原疏上

請加銜岳駿聲候運成併議優加新建海運道臣遴選推補則沿海諸臣濟濟得人而餉務大有裨益也

海運備採十四卷存四卷

〔清〕高培源撰

《海運備採》十四卷存四卷，清高培源撰。培源字師厚，號蒙泉，江蘇青浦（今屬上海）人。嘉慶間貢生。是書撰於嘉慶十五年（一八一〇），有凡例十二條，分八類十四卷。卷一圖，卷二論議，卷三、四海運水程，卷五海運船式，卷六、七、八海運本末，卷九疏議，卷十護防，卷十一祀典，卷十二、十三占候，卷十四雜録。據上海圖書館藏清嘉慶十五年刻本影印（存卷六至卷九）。

嘉慶庚午年鐫

海運備採

二酉書屋藏板

全書已恭呈御覽前後各卷尚俟續刻

凡例

一　海運有書始於元徐泰之海運紀明臣危素之元海運志王宗沐之海運詳攷海運志梁夢龍之海運新攷崔旦之海運編沈廷揚之海運書徐紀既不可見危志則後人取邱濬之議以僞託宗沐夢龍所記海道頗稱詳備而意主內洋猶是元人初開險惡之路崔旦則專論膠萊河運惟廷揚取道大洋宗殷明暑重開之道培源向擬將海運各條彙集一編上徵

史志旁攷羣言以備芻蕘之採茲庚午二月欽奉

諭旨命江浙大府熟籌海運檄咨郡縣下詢庠序培源謹取舊所條記重爲編綴自海道以至占候雜錄分類有八分卷一十有四就所管見謹輯成書

一　運河通利原無取海運然河流藉諸泉之水稍有淺阻漕艘妨行惟以陸海二運濟之陸運昔行於永樂初有車挽剝淺之法而淺船箄

車費省稽時海運雖慮風濤較陸運爲便利前
明自成化時邱濬倡議海運嗣後諸家互爭得
失今皆錄之以爲漕運備採
一　海運爲有元一朝規制而元史紀載未爲
詳盡間有見於
御批通鑑綱目及續通鑑元典章續文獻通攷元史類
編各家文集中爲正史所未載者今悉補入
一　明洪武時轉餉遼東專資海運永樂初參
用淮海二運隆慶以後運河阻塞間行海運今
謹從
御撰綱目三編
欽定明史按年紀錄至明會典明實錄及他書所載間
有涉於海運者雖單辭隻句咸取錄焉
一　遼金建都燕薊江浙版圖尚爲宋有逮元
混一區寓漕運之自南而北者始事於河而河
運弗便則開神山濟州膠萊諸河以爲轉漕之
計自海運行而諸河之運皆罷會通一河開於
海運既行之後終元之世時勤開浚究不敵海

運之便蓋海因地利河賴人功明林一璘至謂
建都於燕必資海運此言雖過其旨微矣故於
明代漕運敘列開濬運河始末以備稽攷
一　元之海運江浙以外始兼江西湖廣大德
以後專運江浙明之海運兼之遼東遼運遮洋
船制明會典著爲令甲王圻所紀運道沙門島
北鐵山黃川諸洋卽其路也敬讀
會典我
朝肇基東土凡宗室王貝勒貝子公將軍
賜畿輔莊田一萬三千三百三十八項勳戚世爵職
官軍士
賜畿輔莊田十四萬一百二十八頃又
盛京賦銀三萬八千餘兩糧七萬六千餘石復留
充本省經費經制本善於元明不勞輓運故前
明專運遼餉諸條概不攔入至江浙出海之道
元初同由太倉其後間由蛟門澉浦今浙省寧
波溫台三府皆屬海疆而寧波海舟有三不相
等名尙當訪之浙省續爲補入

一元人海漕船制大小畧見食貨志及胡松
輿地圖明則載之明會典中第明主饋餉非歲
漕常制所運不滿百萬故海船僅四百料至一
千料而止今江南起運二百餘萬運數較多宜
取沙船爲式因就江蘇各縣沙船攷定式料大
小并倣明會典之意詳其器用什物
一海疆水陸各營藉資防護所記水陸弁兵
之數悉本
畿輔山東江南通志及蘇松淮揚各府州縣志第

海運備採　凡例　四

省志修於乾隆元年各府州縣志惟太倉海州
志爲近年所修餘則半修於乾隆二三十年之
間至今五六十年各營汛多有裁併分合故卷
中所載與現今額設間有未符
一水陸變遷古今時有故前賢紀錄半多陳
蹟昔顧祖禹撰方輿紀要不出戶庭惟取列史
互証同縣周治著看河紀程則身經萬里目擊
其形勢今海中沙島培塿僅歷江南之境其餘
皆得諸商舶舵師據所見聞資爲攷證既無顧

氏之淵博亦慙周氏之親切也
一海程遠近見之無名氏海道經而明臣王
宗沐梁夢龍所撰亦皆載其道里我
朝禮部侍郎齊召南著水道提綱復畧言里數究
之海道汪洋難施準望今江南海舟取道天津
惟以更計里以香定更而記更之法百里七十
里彼此異說故茲編攷定水程遠近專取近日
舟師所記以爲準程
一海行所嚮惟資針路故海道經已載指南

海運備採　凡例　五

一圖今卷中針盤道里徧訪之長年三老其間
探水曰打聲作入量繩曰托皆商舶方言辭雖俚
俗惟取的確至海道諸圖標明針路而復詳釋
道里者欲分別元明運道俾人知所適從故圖
中互見不以詞費爲嫌
一眡祲之職周設專官後世術家竊爲祕錄
往往測雲日以占行止海中風暴不時颶颱將
作必先見之雲物沈氏夢溪筆談已載其說而
海道經亦皆詳列各占今謹遵

欽定七政四餘萬年書撰太陰躔箕畢表攷各一通
仍附流傳諺語各占於後

一　海行虔祀惟主　天后瀕海郡縣皆作
廟致祭凡
冊封屬國
命使往來亦必循祈報之典有舉莫廢禮固宜之因取顯聖錄所載宋以來封號及靈蹟之可徵信者証以史志列為一卷其餘應祀各神亦附入焉

海運備採目錄

海運備採

青浦高培源蒙泉著

海運本末上

史記言始皇飛芻輓粟始於黃腄瑯琊負海之郡論者謂爲海運權輿至隋大業唐貞觀用兵遼左皆航海以轉餉而宋鄧潤甫亦有募人爲海運之議皆以濟軍實非爲漕運經制也自元至元中伯顏創議遂爲一朝定例其實元之漕運不專於海海運不專責之江浙江浙之漕亦

不專由海運明初仍元之舊至永樂十三年始罷隆慶以後僅一嘗試而已然其因時增減設官募役戍兵給値各本末猶詳史志傳紀中條舉件繫之或有裨

國計焉

元海運紀年

至元十九年始海運 御批續通鑑綱目

按元史食貨志初伯顏平宋遺朱清張瑄載宋庫藏諸物從海道入京二人遂言海運可通乃

命上海總管羅璧暨朱清張瑄等造平底海船六十艘運糧四萬六千餘石至京師明年始至直沽朝廷未知其利羅璧傳則云璧至元四年以明威將軍鎮上海督造海舟六十艘兩月而畢十二年始運江南糧而河運弗便十九年用丞相伯顏言初通海道漕運抵直沽以達京城立運糧萬戶三而以璧與朱清張瑄為之乃首部漕舟由海洋抵楊村不數十日入京師賜金虎符進懷遠大將軍管軍萬戶兼管海道運糧

又按周密浩然齋視聽鈔引杜少陵出塞詩云漁陽豪俠地擊鼓吹笙竽雲帆轉遼海粳稻來東吳越羅與楚練照耀輿臺軀又昔遊詩云幽燕夙用武供給亦勞哉吳門持粟帛泛海凌蓬萊以為燕地海運非始於今陶宗儀輟耕錄亦持此議唐時海運之事不詳於史惟舊唐書宋慶禮傳慶禮為營州都督及卒張九齡駁諡議有罷海運之言姜師度傳師度為河北道監察兼度支營田使約魏武舊渠傍海穿漕以避海艱糧運者至今利焉少陵此詩或即指其事第東吳轉餉之路無從考覈元史金履祥傳載元攻襄樊宋人坐視不敢救履祥因進牽制擣虛之策請以重兵由海道遶趨西北且敘海船所經凡州郡縣邑下至巨洋別嶼難易遠近歷歷可據宋雖不能用後朱清張瑄獻海運之利所由海道視履祥先所上書咫尺無異仁山理學大儒史稱其天文地形田乘兵謀陰陽律歷之學靡不畢究則其指陳必有依據惜仁山集不

載此書所謂難易遠近亦末由互證至舊唐書懿宗紀咸通三年南蠻陷交阯徵諸道兵赴嶺南時湘灕泝運功役艱難軍屯廣州乏食潤州人陳磻石詣闕上書言江西湖南泝流運糧不濟師軍士卒食盡則散此宜深慮臣有奇計以饋南軍天子召見磻石因奏臣弟聽思曾任雷州刺史家人隨海船至福建往來大船一隻可致千石自福建裝船不一月至廣州得船數十艘便可致三萬石至廣府又引劉裕海道進軍

破虛循故事執政是之以磻石爲鹽鐵巡官往揚子院專督海運於是康承訓之軍皆不闕供則唐時轉漕於海又不僅遼左一路也

二十年五月用王積翁言詔江南運糧於阿八赤新開神山河及海道兩道運之世祖紀

按十九年海運至是始至故用王積翁議兩道並運神山河世祖紀作神山橋渠河渠志不載此河阿八赤傳亦第載開膠萊海道惟山東通志蘭山縣燕子河稱河出龍王堂逕柳庄至磨

山北復分二支一循萬松山逕郯城縣境之僊僊山轉入武水一由紅花溝逕鴨旦村庄會神山水入江南邳州界達於運河積翁福寧州人仕宋爲福州招討使至元十三年以全閩圖籍降元除參知政事行省江西俄使宣諭日本至其境遇害

十月中書省臣言阿八赤新開河二處皆有倉宜造小船分海運從之世祖紀

按世祖十八年濬濟州河以通漕運是年八月濟州河成立都漕運司中書省臣所言新開河二處蓋指膠萊濟州二河也然食貨志言新河候潮以入船多損壞民亦苦之於是罷新河事海運立萬戶府二以朱清爲中萬戶張瑄爲千戶忙兀䚟爲萬戶府達魯花赤未幾又分新河軍士水手及船於揚州平灤二處運糧命三省造船二千艘於濟州河運糧爾時猶未專於海運也

十二月以海道運糧招討使朱清爲中萬戶賜虎符

張瑄子文龍爲千戶賜金符世祖紀

按萬戶府正副秩咸在第三金符銀篆出入駕三乘賦祿視外諸侯凡列城守牧受牒聽令每歲漕東南之粟供億京師以軍興法從事

二十一年罷阿八赤開河之役以其軍及水手各萬人運海道糧世祖紀

按蔡珍傳是年授珍爲膠東海道都漕運司

二十二年二月增濟州漕舟三千艘役夫萬二千八

初江淮歲漕米百萬石於京師海運十萬石膠萊六

十萬石而濟之所運三十萬石水淺舟大恒不能達更以百石之舟舟用四人故夫數增多世祖紀

按膠萊河南自膠州麻灣口北至掖縣海倉口共長三百七十里河心高處爲泰山伏脉名分水嶺嶺左歸南嶺右歸北故今有南河北河之目山東通志北河自平度州境内分水嶺導水西流逕窩鋪閘受白沙河之水又西會張魯河膠河又逕亭口閘有現河水入之又西會五龍河逕周家閘有鄧化溝水入之又逕玉皇閘有

龍王河水入之又折而北逕楊家閘入昌邑縣界西岸有媒河通於濰水又北逕新河閘有藥石河水入之又逕姚家莊至海倉鎮又北逕海倉閘由哈喇廠入於海南河自平度州境内分水嶺導水東南流逕談家村至吳家口閘東有雲河水入之西流入膠州界逕陳家莊杜家廟南有碧溝河水入之又南逕夾河套會沽河至麻灣口入於海世祖十七年姚演奏開明年發兵萬人命益都等路宣慰使都元帥阿八赤往來督視至二十年始成遷阿八赤爲膠萊海道漕運使

是年罷膠萊所鑿新河以軍萬人隷江浙行省習水戰萬人載江淮米泛海由利津達於京師世祖紀

按河渠志至元三十一年御史臺言膠萊海道淺澁不能行舟臺官王速帖木兒奏阿八失所開河省遣牙亦速失來請漕船泛河則失少泛海則損多既而漕臣囊加觧萬戸孫偉又言漕海舟疾且便右丞麥禾丁又奏幹奴兀奴觧凡

三移文言阿八失所開河益少損多不便轉漕水手軍人二萬舟千艘見閑不用如得之可歲漕百萬石昨奉旨候忙古觧來共議海道便則阿八失河可廢今忙古觧已自海道運糧回有一二南人自願運糧萬石已許之囊加觧孫萬戸復請用軍驗試海道省院官暨衆議阿八失河所用水手五千軍五千船千艘畀揚州省教習運漕今擬以此水手軍人就用中灤從利津海漕運世祖從之阿八失所開河遂廢與本紀

所載相合惟所紀之年互異至阿八赤本傳作來阿八赤此云阿八失則傳寫之訛耳

二十三年十一月中書省臣言朱清等海道運糧以四歲計之總百一萬石斗斛耗折願如數以償風浪覆舟請免其徵從之遂以昭勇大將軍沿海招討使張瑄明威將軍管軍萬戶兼管海道運糧船朱清並爲海道運糧萬戶世祖紀

按元史類編是年世祖詔免徵覆舟糧元史何榮祖傳榮祖爲山東東西道按察使時宣慰使

樂實姚演開膠萊海道有禁制戢諸人沮撓糧舶遇暴風多漂覆樂實不信督諸漕卒償之搒掠慘毒自殺者相繼按察官懼違制莫敢言榮祖曰第言之若朝廷見譴吾自當之卽草辭以奏詔免其徵傳雖不紀年月而免徵之詔與此相合食貨志八船俱溺乃免之制亦載始於是年本紀稱中書省臣者外臺奏必由中書省達也

二十四年罷東平運糧食貨志

按東平河亦不載河渠志俞時中重修濟州任城東閘記至元二十年兵部尙書李奧魯赤等以江淮水運不通自濟州任城委曲開穿河渠導洸汶泗水由安民山至東阿三百餘里以通轉漕地理志任城則隸濟寧路東阿則隸東平路意濟州河綿亘東平濟寧二路或言濟州或言東平史蓋錯雜書之耳

十二月以朱清張瑄海漕有勞遥授宣慰使世祖紀

二十五年四月增立直沽海運倉世祖紀

十月桑哥請明年海道漕運江南米須及百萬石世祖紀

十一月桑哥言安山至臨淸爲渠二百六十五里若開浚之爲工三百萬當用鈔三萬錠米四萬石鹽五萬觔其陸運夫萬三千戶復罷爲民其賦入及粟芻之佐爲鈔二萬八千錠費畧相當然渠成亦萬世之利請以今冬備糧費來春浚之制可世祖紀

二十六年正月海船萬戶府言山東宣慰使樂實所運江南米陸負至淮安易閘者七然後入海歲止二

十萬石若由江陰入江至直沽倉民無陸負之苦且米石省運估八貫有奇乞罷膠萊海道運糧萬戶府而以漕事責臣當歲運三十萬石詔許之世祖紀

按胡松廣輿圖稱是年增八十萬石二月開洋四月直沽交卸五月還復運夏糧至八月回一歲兩運本紀不載此年海漕之至而食貨志運米數計九十三萬五千則與八十萬之數又不符矣

七月開安山渠成河渠官禮部尚書張孔孫兵部郎

中李處巽員外郎馬之貞言開魏博之渠通江淮之運古所未有詔賜名會通河置提舉司職河渠事世祖紀

按元史河渠志壽張尹韓仲暉與太史院令史邊源相繼建言開河以便公私漕販省遣漕副馬之貞與源等按視地勢商度工用於是圖上可開之狀詔出楮幣一百五十萬緡米四百石鹽五萬觔以爲庸直備器用徵旁郡丁夫三萬驛遣斷事官忙速兒禮部尚書張孔孫兵部郎

中李處巽等董其事首事於正月告成於六月凡役工二百五十一萬七百四十有八然岸狹水淺不能負重故王惲秋岳集有挽漕歌一篇極言牽挽之勞百倍海運今附錄于後　湯湯汶水波西騖復東注勢雖汙漫來止可流東楚發源本淸淺才夏即沮洳安能浮重載通漕越齊魯有時泛商舶潦漲藉秋雨船官行有程至此日艱阻鉅野到齊東著淺凡幾處必資州縣力澁滯方可度漫村赶丁夫所在沸官府先須

刮流沙推挽代篙艣硬拖泥水行奚異槊盪努涉寒瘃股髀負重傷背膂咫尺遠千里跬步百舉武茲焉幸得過斷流行復阻又須集牛車陸遞入前浦中間吏因緣爲弊不可數蠻梢貪如狼總歷暴於虎所經輒繹騷不若被掠虜聆聆入海口未免風浪鼓舟中一斛粟百姓幾辛苦今復起堰壩壅積百方禦木石動萬計科配困氓伍不思根源微隄障深幾許轉漕本便民廣儲實國補事功貴順成勉强終齟齬海道事已

然又復有此舉惜將生民力委棄若泥土山東實重地一靜乃可撫嘗聞建隆間有相曰趙普凡百投利人罷遣皆不取以茲報國恩後世比申甫黃閣十餘年清風一萬古

二十九年中書省臣言今歲海運糧至京師者一百五萬石至遼陽十二萬石比往年並無折耗不足者（世祖紀）

三十年減河南江浙海運米四十萬石（世祖紀）

三十一年十月朱清張瑄從海道歲運糧百萬石以

京畿所儲充足詔止海運糧三十萬石（世祖紀是年成宗即位未改元）

元貞二年十一月詔增海運明年糧爲六十萬石（成宗紀）

大德元年九月增海漕爲六十五萬石（成宗紀）

二年十月增海漕米爲七十萬石（成宗紀）

五年十月以畿內歲饑增明年海運糧爲百二十萬石（成宗紀）

七年十月以江浙年穀不登減海運糧四十萬石（成宗

紀）

八年五月中書省臣言吳江松江入海口故道潮水久淤泛湮塞亘田百有餘里況海運亦由是而出宜役萬五千人濬治（成宗紀）

按松江府志吳淞江記歲甲辰前海道千夫長任仁發以吳淞江故道湮塞使震澤之水失其就下性爲浙西居民害垂二十年上疏條利病疏濬之法中書以聞特命平章徹里董其役始大德八年冬十一月至九年二月工畢

十一月增海運米百七十萬石（成宗紀）

十年正月濬吳淞江等處漕河（成宗紀）

十一年十月中書省臣奏常歲海漕糧一百四十五萬石今江浙歲儉不能如數請仍舊例湖廣江西各輸五十萬石併由海道達京師從之（成宗紀是年武宗即位未改元）

至大元年十月中書省請以江西江浙海漕三十萬石內分五萬石貯朱汪利津二倉以濟山東饑民從之（武宗紀）

按百官志惟載京畿諸倉外省皆畧故朱汪利

津二倉無從攷核
三年十一月以朱清子虎張瑄子文龍往治海漕以
所籍宅一區田百頃給之武宗紀
按元史類編朱清張瑄傳清瑄二人父子致位
通顯宗戚皆累大官田園館舍徧天下巨艘大
舶交諸番中廩藏倉庾相望車馬填塞門巷僕
從佩金虎符爲萬戸千戸者數十人多以金帛
結貴近大德六年江南僧石祖進告清瑄不法
事命御史鞫問得實皆坐誅妻子流遠方仍籍

其家拘其軍器海船等物中書平章而下皆以
賂故治罪至是二年復用清子虎瑄子文龍治
海漕以所籍宅一區田百頃給之程國棟嘉定
縣志張瑄嘉定八都人少無賴爲盜即能分部
曹伍指示抄掠爲海濱患已被獲浙西提刑洪
起畏夜夢録四十八人中一人忽化爲虎竊而
異之質明視所解盜數與夢合而瑄貌特偉洪
因貸勿殺瑄去仍出没海上不可蹤跡廷議以
宇內多故姑事招徠瑄既就撫同崇明朱清授

官令率其徒屬隸提刑水軍宋亡從宰相入見
元主拜金符千戸時方輓漕東南以餉京師而
運河梗塞轉輸甚艱至元十九年瑄上言海漕
事試之頗驗元主注意任之初運可四萬石漸
益至三百餘萬而風濤飄没歲亦三五萬計瑄
累官至江西行省參知政事海道運糧萬戸子
文虎由管軍千戸擢至戸部尚書領漕事弟姪
甥壻皆至顯官下至廝養佩虎符金銀符者無
慮百數一時貴盛人莫與比至元末有姚衍者

上變告瑄將有異圖元主弗聽召丞相完澤曰
張瑄有勞國家卿終保護之元主殂大德七年
冬樞密斷事官曹拾得與瑄有隙復踵前疏丞
相爭之不得狀瑄下獄死斬文虎西市諸子悉
竄漠北女没入繡局其孫天麟年弱冠訟寃將
作興篤爲奏占匠籍九年夏天麟伏東華門自
敘祖宗勞績朝廷眷遇辭甚酸楚詔放還竄者
改天麟父文龍董日本貿船尋超都水監仍督
漕事大司徒爲奏免匠役繡工天麟遂入宿衛

至大三年拜絳路坑冶提舉弗就皇慶初春注益隆天麟以瑄猶暴露奏請葬地業詔中止院還其籍土而爲議者所阻延祐二年始得請瑄本不識一丁而署押公移但攢三指染墨印如品字人莫能贋之者性酷暴少拂其意輒縛人投之海籍沒後提舉司專督其家錢穀富可知矣趙廷健崇明縣志朱清字叔登西沙楊姓奴也弑主奪其室亡入海偕張瑄爲盜遂習諸島門戶至元十二年元丞相巴顏招之署管軍千

戶從征越閩有功授武畧將軍宋亡遣清送圖籍入燕時方議餉道遂陳海運便宜授金符千戶命試運清從家太倉與總管羅璧造平底船六十出運有功遷中萬戶二十年宋都統崔順屯紫霧島窺山東命清招降清與子虎扁舟至島誘殺之清益自得二十四年浚婁江達海大通番舶琉球日本高麗諸國咸萃焉太倉初止數十家至是稱天下第一都會二十八年清及張瑄自請爲都運府以千戶百戶屬之旋遷昭

勇將軍海道都漕運萬戶元貞二年晉資善大夫參知江南政事大德四年擢戶部尚書江東宣慰使賜玉帶子虎爲副萬戶姪旭甥黃成皆千戶養子日新忠翊校尉郎其主楊氏子也自清倡海運崇明人之封百千萬戶者百餘人非其族黨即廝養奴隸耳清勢益張田宅徧東南倉庾相望番舶蜂屯或拂其意縛而投諸海人莫敢言俄爲江南僧石祖告發吳伊蘇搆之逮獄論死八年清戮于市家屬流遠方虎妻茅氏

年三十二没屬太醫提點某欲娶之氏與二子晝夜號哭以死自誓虎友王大卿等哀之鳩金贖歸居大都昭回坊永明尼寺明年四月以憂憤不食死至元五年旌其墓錄付史館朱清張瑄人不足重顧行海運之功則不可沒元史未爲立傳邵氏類編僅附羅璧傳後今從嘉定崇明舊志中採補以見元世祖因才器使至論完澤數語尤足徵保護功臣之意惜二人不善居功以至於敗後復以清子虎瑄子文龍治海漕

者爾時漕戶困乏逃亡漕舟不足遣人和顧百
姓騷動江浙省臣言清瑄轉漕顧值均平殆武
宗思二人之功故有是命虞道園送祠天妃使
者序亦有朱張得罪更用其人不習其事則多
誤之言而沈氏龍翔紀朱清事蹟謂海運之事
不必朱張始能之譏元祖與伯顏不明用人之
道甚至以前明倭寇皆謂根源於此毋乃太苛
歟至瑄孫天麟伏東華而訟寃清媳茅氏托妣
妃以守節更有足多者至王逢梧溪集張孝子

詩序載朱張被收時成宗疾后專政后信曹拾
得之誣輒收之文虎妻高氏亦祝髮守志

四年遣官至江浙議海運事時江東等處運糧海船
從大江逆流而上江水湍急又多石磯走沙漲淺糧
船俱壞歲歲有之又湖廣江西之糧運至眞州泊入
海船船大底小亦非江中所宜於是以嘉興松江秋
糧並江淮江浙財賦府歲辦糧充運海漕之利蓋至
是溥矣食貨志

按百官志江浙財賦府掌江南沒入貲產課其
所賦以供內儲江淮等處財賦府至元十六年
以宋謝太后福王所獻財產及賈似道地土劉
堅等田立總管府以治之大德四年罷命有司
掌之天歷元年復立其賦復歸焉

皇慶元年九月增江浙海漕糧二十萬石仁宗紀
二年十二月詔飭海道漕運萬戶府仁宗紀
延祐四年九月詔戒飭海漕諭諸司無得阻撓仁宗紀
五年十一月山後民饑增海漕四十萬石仁宗紀
六年九月增海漕十萬石仁宗紀

十一月以海漕不給命江浙行省以財賦府鈔益之
還其直仁宗紀
至治元年五月海漕糧至直沽遣使祀海神天妃英宗紀
三年二月海漕至直沽遣祀海神天妃英宗紀
七月詔減海運糧御批續通鑑綱目

按薛應旗續通鑑拜住以海運糧視世祖時頓
增數倍今江南民力困極而京倉充滿奏歲減
二十萬石帝遂併鐵木迭兒所增科江淮糧稅

免之
泰定二年海運江南糧一百七十萬石直至于京師續文獻通攷
按康里回回傳時廷議海漕康里回回以廪積方饒奏減糧數以紓東方民力可其奏
致和元年命海道萬戶府來年運米三百一十萬石明宗紀
天歷二年九月海運糧至京師凡一百四十萬九千一百二十石文宗紀

按虞集道園學古錄送祀天妃使者序言是年漕吏自用不聽舟師言趍發違風信舟出洋已有告敗者及達京師會不至者蓋七十萬天子憫之復溺者家至載之明詔而食貨志載運京米數三百五十二萬二千一百六十二石至者三百三十四萬三百六石則失者僅一十八萬一千八百五十七石與七十萬之言多寡迥別
九月命江浙行省明年漕運糧二百八十萬石赴京師文宗紀

按王克敬傳是歲當天歷之變海漕舟有後至直沽者不果輸復漕而南還行省欲坐罪督運者勒其還趨直沽克敬時爲海道都漕運萬戶以謂脫其常年而往返若是信可罪今蹈萬死完所漕而還豈得已哉乃請令其計石數附次年所漕舟達京師省臣從之
至順元年二月中書省臣言江浙民饑今歲海運爲米二百萬石其不足者來歲補運從之文宗紀
九月江浙行省言今歲夏秋霖雨大水沒民田甚多

稅糧不滿舊額明年海運本省止可二百萬石餘數令他省補運爲便從之文宗紀
二年八月中書省臣言明年海運糧二百四十萬石已令江浙運二百二十萬河南二十萬今請令江浙復增二十萬本省參政杜貞督領從之文宗紀
十月中書省臣言江浙平江湖州等路水傷稼明年海漕米二百六十萬石恐不足若令運百九十萬而命河南發三十萬江西發十萬爲宜又遣官齎鈔十萬錠鹽引三萬五千道於通漷陵滄四州優價和糴

米三十萬石又以鈔二萬五千錠鹽引萬五千道於通漷二州和糴粟豆十五萬石以鈔三十萬錠往遼陽懿綿二州和糴粟豆十萬石並從之（文宗紀）

三年八月海道漕運糧六十九萬餘石至京師（文宗紀）

按柳貫道傳集漕運副萬戶咬童公遺愛頌稱是年浙西被水行省議撥江東糧十七萬石奏之咬童以春運最爲艱險風信或失則誤國計江東遠在上流候其轉運交量入舟未免稽緩因請先發浙西所有餘以江東粟補足夏運宰

相是其言立爲改命食貨志惟載春夏二運不言險易附識於此俾海運者知風信之不可失也

十月以江浙歲比不登其海運糧不及數俟來歲補運（寧宗紀是年卽位未改元）

元統二年五月中書省臣言江浙大饑以戶計者五十九萬五百六十四請發米六萬七百石鈔二千八百錠及募富人出粟發常平義倉賑之併存海運糧七十八萬三百七十石以備不虞從之（順帝紀）

二年八月以徽政院中政院財賦府田租六萬三千三百石補本年海運未敷之數令有司歸其值（順帝紀）

按徽政院元統元年依太皇太后故事爲皇太后置志但言設立官屬不載所掌中政院則掌司財賦營造弁番衛之士湯沐之邑江浙財賦府亦隸焉

九月以海運糧至京遣官致祭天妃（順帝紀）

三年十月命江浙行省丞相撒思監提調海運（順帝紀）

四年正月江浙海運糧數不足撥江西河南五十萬

石補之（順帝紀）

至正元年十月中書省臣奏海運不給宜令江浙行省於中政院財賦府撥賜諸人寺觀田糧總運二百六十萬石從之（順帝紀）

三年行臺監察御史建議于臺以爲溧陽與宜興接壤舟楫之利瞬息可至曷若聽民築倉於宜興歲輸其租以給海漕則官賦足民力舒誠大益也或者憚於更張遷玩累年至至正丁亥御史大夫納麟莅政南臺卒定其事民大欣慰（續文獻通攷）

按王逢梧溪集哀高照磨詩序照磨諱岑字長卿性剛潔遇事不阿撓俗號別子初爲掾集慶會大夫納麟建議溧陽二州漕粟舟繚三千里始達龍灣候海運民病之宜興距二州百里聽民陸輦置倉便長卿於是將命中書往復論列利害幾二載不以艱窶受攬輸豪氓所賂神疲慮殫克允厥猷者長卿力也則此議發於納麟非定於納麟也至正三年爲癸未至丁亥已閱五載與序二年之說不符通攷僅言溧陽序稱二州溧陽溧水元皆稱州隸集慶路卽今江寧府龍灣亦名靖安鎮在府北二十里通攷言溧陽田賦八萬石入海漕者七萬四千石有奇歲轉漕龍灣廣運倉由宜興無錫崑山嘉定四州之境出海入江至丹徒歷金山及黃天蕩泝流而上風濤湍激累月然後能達其程二千五百餘里或遭意外之患蓋二州旣隸集慶漕粟必彙龍灣然後啟運宜興則隸常州路置倉于此附給海運不必更爲迂道第通攷言溧陽與宜

興接壤舟楫之利瞬息可至序言聽民陸輦則又水陸異途矣高掾例不得書賴詩序其功始著序稱照磨者至正十五年兵興達識丞相以分帥曲律薦版授池州路照磨元史行省諸倉不載廣運之名亦可補史志之闕

四年九月以南臺治書侍御史泰從德爲江浙行省參知政事提調海運順帝紀

八年蔡亂頭行剽海上有司發兵捕之方國珍怨家告其通寇國珍殺怨家遂與兄國璋弟國瑛國珉亡入海聚衆數千人刼運艘梗海道明史方國珍傳

按元史類編稱方國珍台州黃巖人販鹽海濱與同里蔡亂頭爲怨家亂頭入海行刼有司懸賞格捕之國珍捕應格而賞不及怒曰獨蔡能爲是邪黃巖俗尊上田主國珍父伯奇爲陳氏佃數被侵辱父歿陳索租益急稍不足則揚言國珍等通盜國珍殺之太守使人來捕國珍方食左手舉几自蔽右持門關格殺捕者遂與兄國璋弟國瑛國珉從子明善等入海旬日間得

數千人刼掠漕糧爲海運若時至正八年戊子十一月也事與方國珍本傳稍異

十一年授國珍兵千戶兄弟皆官之藉其力以防海運（元史類編）

按元史類編國珍初受撫授定海尉他書又云授海運假千戶此稱授國珍兵千戶則初授之官類編未免失實

十二年十二月脫脫言京畿近地水利各募江南人耕種歲可得粟麥百萬餘石不煩海運而京師足食

帝曰此事有利於國家其議行之是歲海運不通（順帝紀）

按虞集傳泰定初集拜翰林直學士俄兼國子祭酒嘗因講罷論京師恃東南運糧爲實竭民力以航不測非所以寬遠人而因地利也與同列進曰京師之東瀕海數千里北極遼海南濱青齊萑葦之場也海潮日至淤爲沃壤用浙人之法築堤捍水爲田聽富民欲得官者合其衆分授以地官定其畔以爲限能以萬夫之田爲萬夫之長千夫百夫亦如之察其惰者而易之一年勿征也二年勿征也三年視其成以地之高下定額朝廷以次漸征之五年有積蓄命以官就所儲給以祿十年佩之符印得以傳子孫如軍官之法則東面民兵數萬可以近衛京師外禦島夷遠寬東南海運以舒疲民遂富民得官之志而獲其用凡江海游食盜賊之類皆有所歸議定于中說者以爲一有此制則執事者必以賄成而不可爲矣事遂寢又按樊執敬傳

是年二月督海運於平江十日將發官大宴犒於海口俄有客舟自外至驗其劵信令入而不虞其爲海寇也旣入港卽縱火鼓譟時變起倉猝軍民擾亂賊竟焚舟刼糧以去太倉州志是年三月十三日方國珍率島寇入時浙省參政樊執敬督海運將發宴犒海口埧之賊艘麕至燒舟糧無數十五日抵太倉盡剽燔至武陵橋重獲乃去海道萬戶李世安遂建言權停夏運

十三年十月以江浙行省參知政事貫住丁陞本省

右丞提調明年海運順帝紀

按薛應旗通鑑江浙左丞帖里帖木兒南臺侍御史左答納失里復招諭國珍既而二人報國珍降乞授以五品流官令納其船散遣徒衆遂以國珍爲徽州路治中國璋廣德路治中國瑛信州路治中國珍等疑懼不受命仍擁船千艘據海道阻絶糧運

十四年詔江浙應有諸王公主后妃寺觀官員撥賜田糧及江淮財賦稻田營田各提舉司糧盡數赴倉聽候海運以備軍儲價錢依本處十月時估給之順帝紀

按江淮財賦府領提舉司五揚州建康平江杭州等處有營田稻田陝西等處則惟皮毛氈罽而已又按通鑑是年二月遣吏部侍郎貢師泰和糴于浙西得糧百萬石而不言運糧之道及觀師泰海歌有出得蛟門才是海虎蹲山下待平潮句知由浙之寧波出海也

十五年六月江浙省臣言至正十五年稅課等鈔內

除詔書已免稅糧等鈔較之年例海運糧并所支鈔不敷乞減海運以甦民力戶部定擬本年稅糧除免之外其寺觀并撥賜田糧十月開倉盡行拘收其不敷糧撥至元折中統鈔一百五十萬錠於產米處糴一百五十萬石貯瀕河之倉以聽撥運從之順帝紀

十六年三月以方國珍爲海道運糧漕運萬戶兼防禦海道運糧萬戶其兄方國璋爲衢州路總管兼防禦海道事順帝紀

十七年七月以方國珍爲江浙行省參知政事海道運糧萬戶如故順帝紀

十八年五月以方國珍爲江浙行省左丞兼海道運糧萬戶順帝紀

十九年八月詔以御酒龍衣賜張士誠徵海運糧順帝紀

按續文獻通攷是年朝廷遣兵部尚書伯顏帖木兒戶部尚書齊履亨徵海運于江浙由海道至慶元抵杭州時達識帖睦兒爲江浙行中書省丞相張士誠爲太尉方國珍爲平章政事詔

命士誠輸粟國珍具舟達識帖睦兒總督之既達朝廷之命而方張互相猜疑士誠慮方氏載其粟而不以輸於京也國珍恐張氏掣其舟而因乘虛以襲已也伯顏帖木兒白於丞相正辭以責之巽言以諭之乃釋二家之疑克濟其事先率海舟俟於嘉興之澉浦而平江之粟輾轉以達杭之石墩又一舍而後抵澉浦乃載於舟海灘淺澀躬履艱苦粟之載於舟者爲石十有一萬

二十年五月張士誠海運糧十一萬石至京師 順帝紀

二十一年三月張士誠海運糧十一萬石至京師 順帝紀

九月徵海運糧於張士誠 順帝紀

按是時遣兵部尚書徹徹不花侍郎韓祺往徵海運一百萬石明年所運僅加二萬

二十二年五月張士誠海運糧一十三萬石至京師 順帝紀

二十三年五月張士誠海運糧十三萬石至京師 順帝紀

九月張士誠自稱吳王來請命不報遣戶部侍郎博羅帖木兒等徵海運於張士誠士誠不與 順帝紀

按士誠于至正十六年渡江入平江僭號及侵嘉興屢爲楊完者所敗乃請降達識帖睦兒承制納之爲言於朝授士誠太尉士誠乃去號供糧運至是益驕令其下頌功德復邀王爵因帝不報遂自立爲吳王置官屬別治府第於城中以士信爲浙江行省左丞相幽達識帖睦兒於嘉興徵糧不與江浙海運自是遂絕又按盧熊

蘇州府志載士誠太尉參軍俞思齊字中孚泰州人士誠之臣服于元朝也思齊實勸之既而士誠不漕貢左右諂諛之人實使焉思齊曰向爲賊不貢宜也今爲臣而不漕貢猶爲賊耶士誠怒抵案仆地而入思齊即棄官稱疾閉戶終身焉會稽楊維楨嘗爲思齊作骨鯁臣傳

二十七年五月福建行宣政院以廢寺錢糧由海道送京師 順帝紀

按宣政院設於至元時行宣政院百官志僅言至元二年置於杭州不載言福建又按食貨志江浙之糧分春夏二運統觀諸帝本紀書海運至京者惟世祖二十九年六月武宗三年十月仁宗延祐七年五月英宗至治元年五月泰定帝二年五月文宗天歷二年九月至順三年八月順帝至元二年九月二十年五月二十一年三月二十二二十三年皆五月然未嘗分别春夏之運約畧計之春運則至在五月前夏運則

至在八月之後也似較河運爲迅疾惜史不盡書無從詳攷其遲速爾

海運備採

青浦高培源蒙泉著

海運本末中

元海運官制

海道運糧萬戶府至元二十年置秩正三品掌每歲海道運糧供給大都達魯花赤一員萬戶一員並正三品副萬戶四員從三品經歷一員從七品知事一員從八品照磨一員從九品鎮撫二員正五品其屬海運千戶所秩正五品達魯花赤一員千戶二員並

正五品副千戶三員從五品若温台若慶元紹興若杭州嘉興若崑山崇明常熟江陰等處凡五所而平江又有海運香莎糯米千戶所百官志

海道巡防官給降正七品印信掌統領軍人水手防護糧船巡防官二員相副官二員百官志

二十四年始立行泉府司專掌海運增置萬戶府二總爲四府食貨志

按世祖紀二十三年和禮霍孫先以泉府司商販者所至官給飲食遣兵防衛民實厭苦奏罷

之至是答失蠻奏復立泉府司二十六年尙書省臣言行泉府司所統海船萬五千艘以新附人駕之緩急殊不可用宜招集乃顏及勝納合兒流散戶爲軍自泉州至杭州立海站十五站置船五艘水軍二百專運番夷貢物及商販奇貨且防禦海道爲便從之食貨志市舶條內行省行泉府司市舶司官每年於回帆之時皆前期至抽解之所以待舶船之至先封其堵以次抽分違期及作弊者罪之則行泉府司所掌不

關漕運而此條列之海運條內當時史臣或別有所據行泉府司設於是年罷於大德元年至大元年復立泉府院二年卽罷自後不復設立故海道運糧及市舶司官制中俱不載入

二十七年四月罷海道運糧萬戶府世祖紀

二十八年正月罷江淮漕運司併於海船萬戶府世祖紀

三月改利津海道運糧萬戶府爲臨淸御河運糧上萬戶府世祖紀

按食貨志是年用朱清張瑄之請併四府爲都漕運萬戶府二止令清瑄二人掌之其屬有千戶等官分爲各翼以督歲運

至大四年十月省海道運糧萬戶府六員千戶爲七所武宗紀

皇慶元年十二月省海道運糧萬戶一員增副萬戶四員仁宗紀

防禦海道運糧萬戶府至正十五年七月陞台州海道巡防千戶所爲防禦海道運糧萬戶府九月置分

府于平江百官志

按武宗本紀至大三年添設百戶四員柳貫撰哎童頌言漕舟達直沽都漕運使督綱船重渠轉入河倉都省遣官臨視而以監察御史泣其成楊維楨重建海道都漕運萬戶府碑稱每起漕必行中書省親臨督調皆百官志所未載至張思明傳稱初立運糧萬戶府於江浙除受者憚涉險不至思明請陞等以優之因著爲令萬戶府秩正三品定于至元時陞等之令志亦不

載

元海運禁例

凡糧船漂没者責償于運官人船俱溺者免食貨志

海道都漕運萬户府所轄千户巳下有罪萬户問之萬户有罪行省問之狥情監察御史廉訪司察之漕事畢然後廉訪司攷其案牘刑罰志

海道運糧船户盜糶官糧詐稱遭風覆没者計贓刺斷雖會赦仍刺之刑罰志

大德六年四月日行御史臺准御史臺咨承奉中書

省劄付户部呈運糧船户節次逃亡一千餘户究其源由蓋因漕運司失于拘鈐縱令綱官人等恣意使漁或將近上有力之家影占不令上船當役或將巳招復業逃户不行申官起遣以致虧損在船人户本部參詳合令漕運司取勘實在船置簿寫開綱官各管船隻料例同船户花名時復委官點勘若有闕役或破說事故之人先行着落綱官僱人代替須要拘捉正身到斷罪當役受贓者驗贓多寡追斷綱官有犯仍除名原逃户内有巳招復業人户即便發付當該綱官收管着船依上附簿關防每月一次開具原管逃亡復業實在各路船數不過次月初十日以裏申報到部以憑差官計點以望少革綱官人等奸貪擾民之弊不致虧損見在當役船户都省議得各路原撥船户軍夫除免差發官給船隻專一漕運糧斛別無餘事近年以來綱官頭目中間作弊齊斂錢物放富差貧及自來代替本管上司亦不照覷關防究問以致如此今後若有違犯許諸人首告取問是實痛行追斷本管上司失檢舉者亦行治罪除外仰嚴

加體察承此元典章

至大四年二月欽奉聖旨尚書省官人每奏海道裏官糧交運將大都裏來的最打緊的勾當有近年以來怠慢了的緣故管民的各投下的官人每水手船户每根底從實的不將出來占着雜泛差役科着又因船隻裏交載運諸雜物件緣故裏水手船户每氣力消乏了船隻少了僱着船隻裝載官糧那其間百姓每根生受的上頭從新萬户府官人每根底替換了如今合馬合麻丹的提調哈散忽都魯做達魯花

赤王柔潡浦楊宣慰等做萬戶委付來交戶部唶都剌尚書等提調聖旨麼道奏來從今以後海道都漕運萬戶府官人每運糧的時分諸衙門官吏等不揀是誰他每的勾當其間休入去者休沮壞者船戶水手每根底里正主首雜泛差役休交當者他每的船隻裏除官糧外木植銅錢諸雜物件休交裝載者官人每將梯巳物件使氣力休交載運者修理船隻所用的木植不揀甚麼出産的地面裏收買的時分管地面的民官每添氣力收買者船戶每水手每干碍

着管民官的勾當有呵與海道都漕運萬戶府官人每約會一處問者休經直勾喚者休使氣力者在先籍冊裏入去了的富船戶每受了做官的職名却趓避着將名字更改了不運糧的人每根底要了罪過交做船戶者行省官人每答失蠻沙不丁兩個提調着宣慰司官人每隨路達魯花赤總管每添氣力提調成就者水脚錢依時盡數散到者克減要的要肚皮的監察廉訪司官人每體察者萬戶千戶百戶每船戶等推稱船隻壞了也麼道使見識盜糶官糧的

餘要的不揀是誰陳告者若是實呵元告人根底各令賞與也被告人根底依大體例裏重要罪過者更運糧的官人每自的其間不提調管民官每不用心好生體覆呵有罪過者委付來的萬戶千戶百戶官人每好生謹慎成就勾當呵更添民分賞與也若不幹濟壞了勾當呵要了罪過罷了若其餘合行的勾當依着在先行來的聖旨體例裏交行着別了的有罪過者道來更這海道都漕運萬戶府官人每這般宣諭了也麼道做沒體例的勾當不干碍的百姓每

根底隱占差行呵他每不怕那聖旨狗兒年十一月十五日大都有時分寫來元典章

元海運脚價

每石有脚價鈔至元二十一年給中統鈔八兩五錢其後遞減至于六兩五錢至大二年以福建浙東船戶至平江載糧者道遠費廣通增為至元鈔一兩六錢香糯一兩七錢四年又增為二兩香糯二兩八錢稻穀一兩四錢延祐元年斟酌遠近復增其價福建船運糙粳米每石一十三兩溫台州船運糙粳香糯

每石一十兩五錢紹興浙西船每石一十一兩白粳價同稻穀每石八兩黑豆每石依糙白糧例給焉（食貨志）

按漕運脚價食貨志未嘗分別僱船僱夫崇明志載至元時令近海有力人戶自行造船僱募稍水運糧依驗千斤百里官支脚價每石八兩五錢則元時運糧船夫俱僱較海運條內所載殊爲明晰中統鈔其文以十計者四（一十文二十文三十文五十文）以百計者三（一百文二百文五百文）以貫計者二（一貫文二貫文）兩貫同白銀一兩至元鈔一貫文當中統鈔五貫文每花銀一兩入庫出庫至元鈔二貫五分但花銀之目不載寶藏論十七種中鈔法有交鈔中統鈔至元鈔至大銀鈔交鈔至大銀鈔以兩計中統至元以貫計此用中統至元亦以兩計至稅糧始定丁稅地稅皆入粟繼改秋稅輸租夏稅以木棉布絹絲綿此更有香糯稻穀糙粳白糧黑豆之別脚價之減則在成宗貞元元年

元海運船制

至元十九年命上海總管羅壁暨朱清張瑄等造平底海船六十艘（食貨志）

大德七年命官司招顧兩浙上戶造船運糧分撥春夏二運（元史類編）

按海漕舟百官志不書專官以掌之伯顏造船後至祖增至元二十二年立江西江淮湖廣造船提舉司即食貨志海運條內所謂命三省造船三千艘於濟州者是也然皆百石之舟僅供濟州一河之用行泉府司所統海舟萬五千艘則又征高麗日本時所造戰船也惟續文獻通攷通漕類編則稱元之海運船有仙鶴哨船每船三十隻爲一綱大都船九百隻漕米三百餘萬石船戶八千餘戶又分其綱爲三十每綱官二人以常選正八品爲之其行船者又顧募水手移置揚州先加教習領事者則設專官秩三品嘆爲法制甚備然仙鶴哨船祇備往來警邏非以之轉漕王思誠傳言之甚明至三十隻一

綱云云百官志亦載之稱滎陽等綱凡三十日濟源陵州獻州白馬滎陽完州河內南宮沂莒覇州東明獲嘉鹽山武强膠水東昌武安汝寧修武安陽開封儀封蒲臺鄒平中牟膠西衛輝濟州曹州濮州每綱皆設押綱官二員計六十員臨清運使領之則是內河轉運之船二書入之海運誤矣自十九年後運數遞增必非六十艘所能任載故崇明志紀至元時有近海人戶自行造船運糧官支腳價之令逮至大德六年船戸節次逃亡一千餘戶此年增至一百六十五萬有奇船少糧多於是遂招兩浙上戶造船而吳澄集撰禿忽赤墓表紀其官政之善稱前次造舟之家率至破家蓋以官吏苛廹貪求故也禿忽赤造運舟五十艘召屬邑議其制度約以期限聽民自爲時加勞勉執役之工民樂其寬爭先辦集未踰月而舟成民省勞費虞集道園學古錄撰平江路總管黃頭公墓碑亦有運舟募諸瀕海之民貧者常以舟壞訟事黃頭公請

按伯顏造平底海船六十艘運糧四萬六千餘石每船約載七百六十餘石胡松廣輿圖有大者不過千石小者僅三百石之言或別有據松又言延祐以來各造海船大者八九千石小者二千餘石歲運米三百六十萬石黃溍文獻集言曹某於至大四年夏部海艘八百所漕米百七十四萬八千六百四十有九張璜四明郡志載鄞縣倪天淵籍占漕役躬自蹈海有舟十艘每運數萬石則與伯顏所造大小迴殊矣

元海運鎮遏

延祐元年閏三月樞密院官奏中書省言江浙春運糧八十三萬六千二百六十石取日開洋前來直沽請預差軍人鎮遏詔依年調軍一千名命右衛副都指揮使伯顏往鎮遏之兵志

三年四月海運至直沽樞密院官奏今歲軍數不敷乞調軍士五百人巡鎮從之兵志

七年四月調海運鎮遏軍一千人如舊制兵志

元海運流弊

元自世祖用伯顏之言歲漕東南粟由海道以給京師始自至元二十年至于天歷至順由四萬石以上增而爲三百萬以上其所以爲國計者大矣歷歲既久弊日以生押運監臨之官與夫司出納之吏恣爲貪黷脚價不以時給收支不得其平船戶貧乏耗損益甚有不可勝言者矣元史食貨志

紹興之官糧入海運者十萬石城距海十八里歲令有司拘民船以備短送吏胥得並緣以虐民及至海次主運者又不卽受有折缺之患王艮時爲海道漕

運都萬戶府經歷執言曰運戶既有官賦之直何復爲是紛紛也乃責運戶自載糧入運船運船爲風所敗者當覈實除其數移文往返連數歲不絕艮取吏牘披閱卽除其糧五萬三千八百石鈔二百五十萬緡運戶乃免於破家元史王艮傳

按虞集論僱舟之弊稱富家大舟受粟多得傭值甚厚半實以私貨取利尤夥有不願者賄吏求免宛轉期廹輒執畸貧而使之舟惡吏入朘其傭值工徒用器食卒取其穀受粟必在險遠又不得善粟其舟出輙敗舟行風水遲疾不齊舊例至直沽以次受之而先至食盡久不得去漕舟之回恐有掠買不法之物樞密差官檢察之比舟出海口搜閱者因爲奸利雖無所有猶誣執搒掠空其囊篋多不能歸運舟冐險以出常賴禱祠朝廷給牲牢醮祭之費歲爲中統鈔百錠實不給王思誠論巡防之弊上言初開海道置海仙鶴哨船四十餘隻往來警邏今倣船十數止於劉家港口以捕盜爲名實不出海以

致寇賊猖獗栁貫言各千戶所輪次下海卽分詣諸倉監裝州長姦黠暴縱指使羣卒擾攘省頒法斛不時交裝宋濂蘇龍友墓誌稱海漕之糧歲不下三百萬漕官多强取羸或不與則誣其糧惡不宜上供至德祐時徐泰爲海道都漕運萬戶府提空案牘以漕事至京師詣都堂條陳漕運之弊當更張者十事至正九年漕運使賈魯建言便益二十事五曰船戶困於壩夫海糧壞於壩戶惜二人所言元史及黃溍集未經

明載而此諸獘又不在禁例之內故特表出之

元運京米數

至元二十年四萬六千五十石至者四萬二千一百七十二石食貨志

失者三千八百七十八石計每石欠八升四合餘編類

二十一年二十九萬五百石至者二十七萬五千六百一十石食貨志

失者一萬四千八百九十石計每石欠五升一合

編類

二十二年一十萬石至者九萬七百七十一石食貨志

失者九千二百二十九石計每石欠九升二合餘編類

二十三年五十七萬八千五百二十石至者四十三萬三千九百五十石食貨志

失者一十四萬四千五百七十石計每石欠二斗四升九合餘編類

二十四年三十萬石至者二十九萬七千五百四十六石食貨志

失者二千四百五十四石計每石欠八合餘編類

二十五年四十萬石至者三十九萬七千六百五十五石食貨志

失者二千三百四十五石計每石欠五合餘編類

二十六年九十三萬五千石至者九十一萬九千九百四十三石食貨志

失者一萬五千五十七石計每石欠一升六合餘

編類

二十七年一百五十九萬五千石至者一百五十一萬三千八百五十六石食貨志

失者八萬一千一百四十四石計每石欠五升餘編類

二十八年一百五十二萬七千二百五十石至者一百二十八萬一千六百一十五石食貨志

失者二十四萬五千六百三十五石計每石欠一斗六升餘編類

二十九年一百四十萬七千四百石至者一百三十

六萬一千五百一十三石食貨志
失者四萬五千八百八十七石計每石欠三升二
合餘類編
三十年九十萬八千石至者八十八萬七千五百九
十一石食貨志
失者二萬四百九石計每石欠二升二合餘類編
三十一年五十一萬四千五百三十三石至者五十
萬三千五百三十四石食貨志
失者一萬九百九十九石計每石欠二升一合餘

類編
元貞元年三十四萬五百石食貨志
二年三十四萬五百石至者三十三萬七千二十六
石食貨志
失者三千四百七十四石計每石欠一升餘類編
大德元年六十五萬八千三百石至者六十四萬八
千一百三十六石食貨志
失者一萬一百六十四石計每石欠一升五合餘
類編

二年七十四萬二千七百五十一石至者七十萬五
千九百五十四石食貨志
失者三萬六千七百九十七石計每石欠四升九
合餘類編
三年七十九萬四千五百石食貨志
四年七十九萬五千五百石至者七十八萬八千九
百一十八石食貨志
失者六千五百八十二石計每石欠八合餘類編
五年七十九萬六千五百二十八石至者七十六萬

九千六百五十石食貨志
失者二萬六千八百七十八石計每石欠三升三
合餘類編
六年一百二十八萬三千八百八十三石至者一百
二十二萬九千一百四十八石食貨志
失者五萬四千七百三十五石計每石欠三升九
合餘類編
七年一百六十五萬九千四百九十一石至者一百
六十二萬八千五百八十八石食貨志

失者三萬九百八十三石每石欠一升八合餘類編
八年一百六十七萬二千九百九石至者一百六十
六萬三千三百一十三石食貨志
失者九千五百九十六石計每石欠九合餘類編
九年一百八十四萬三千三石至者一百七十九萬
五千三百四十七石食貨志
失者四萬七千六百五十六石計每石欠二升五
合餘類編
十年一百八十萬八千一百九十九石至者一百七

十九萬七千七十八石食貨志
失者一萬一千一百二十一石計每石欠五升餘
類編
十一年一百六十六萬五千四百二十一石至者一
百六十四萬四千六百七十九石
失者二萬七百四十二石計每石欠一升二合餘
類編
至大元年一百二十四萬一百四十八石至者一百
二十萬二千五百三石食貨志

失者三萬七千六百四十五石計每石欠三升餘
類編
二年二百四十六萬四千二百四石至者二百三十
八萬六千三百石食貨志
失者七萬七千九百四石計每石欠三升一合餘
類編
三年二百九十二萬六千五百三十二石至者二百
七十一萬六千九百一十三石食貨志
失者二十萬九千六百一十九石計每石欠七升

一合餘類編
四年二百八十七萬三千二百一十二石至者二百
七十七萬九千二百六十六石食貨志
失者九萬九千九百四十六石計每石欠三升四
合餘類編
皇慶元年二百八萬三千五百五石至者二百六萬
七千六百七十二石食貨志
失者一萬五千八百三十三石計每石欠七合餘
類編

二年二百三十一萬七千三百二十八石至者二百一十五萬八千六百八十五石食貨志
失者一十五萬八千六百四十三石計每石欠六升八合餘編類
延祐元年二百四十萬三千二百六十四石至者二百三十五萬六千六百六石食貨志
失者四萬六千六百五十八石計每石欠一升九合餘編類
二年二百四十三萬五千六百八十五石至者二百

四十二萬二千五百五石食貨志
失者一萬三千一百八十石計每石欠五合餘編類
三年二百四十五萬八千五百一十四石至者二百四十三萬七千七百四十一石食貨志
失者二萬七百七十三石計每石欠八合餘編類
四年二百三十七萬五千三百四十五石至者二百三十六萬八千一百一十九石食貨志
失者七千二百二十六石計每石欠三合餘編類
五年二百五十五萬三千七百一十四石至者二百五十四萬三千六百一十一石食貨志
失者一萬一百三石計每石欠三合餘編類
六年三百二萬一千五百八十五石至者二百九十八萬六千一十七石食貨志
失者三萬五千五百六十八石計每石欠一升一合餘編類
七年三百二十六萬四千六石至者三百二十四萬七千九百二十八石食貨志
失者一萬六千七十八石計每石欠四合餘編類

至治元年三百二十六萬九千七百六十五石至者三百二十三萬八千七百六十五石食貨志
失者三萬石計每石欠九合餘編類
二年三百二十五萬一千一百四十石至者三百二十四萬六千四百八十三石食貨志
失者四千六百五十七石計每石欠一合餘編類
三年二百八十一萬一千七百八十六石至者二百七十九萬八千六百一十三石食貨志
失者一萬三千一百七十三石計每石欠四合餘

類編
泰定元年二百八萬七千二百三十一石至者二百
七萬七千二百七十八石食貨志
失者九千九百五十三石計每石欠四合餘類編
二年二百六十七萬一千一百八十四石至者二百
六十三萬七千五十一石食貨志
失者三萬四千一百三十三石計每石欠一升二
合餘類編
三年三百三十七萬五千七百八十四石至者三百

二十五萬一千三百六十二石食貨志
失者一十二萬四千四百二十二石計每石欠三
升六合餘類編
四年三百一十五萬二千八百二十石至者三百一
十三萬七千五百三十二石食貨志
失者一萬五千二百八十八石計每石欠四合餘
類編
天歷元年三百二十五萬五千二百二十石至者三
百二十一萬五千四百二十四石食貨志

失者三萬九千七百九十六石計每石欠一升二
合餘類編
二年三百五十二萬二千一百六十三石至者三百
三十四萬三百六石食貨志
失者一十八萬一千八百五十七石計每石欠五
升一合餘類編
按元代歲入糧數總計一千二百十一萬四千
七百八石江浙省四百四十九萬四千七百八
十三石至元二十年剏舉海運核其米數僅四

萬六千餘石其時猶未專於海道也二十四年
罷東平河運而海運之數亦止三十萬石且江
西湖廣亦在其中嗣後逐年遞增至至大四年
始以嘉興松江秋糧并江淮江浙財賦府歲辦
糧全數充運然是年起運亦僅二百八十七萬
三千二百一十二石以江浙四百四十九萬四
千七百八十二石之數核之不及十分之七殆
如今時兵恤各欵存貯本省不入運數自此訖
天歷運數有二百三四十萬至三百二三十萬

之不同則覘年之豐儉以爲增減本紀中詳言之矣海洋險惡歲有漂没惟至元二十三年每石欠至二斗四升九合有奇蓋是時初行海運沿岸求路每遇淺沙亂礁損毀良多至二十九年開放大洋以後所失皆不過百分中之四五耳元史既書運京之數更書至京之數元史類編并記失米之數欲使後人據實覆按以攷鏡得失也

海運備採

海運本末下

青浦高培源蒙泉著

明海運紀年

洪武元年二月命湯和提督海運太祖紀

按明史河渠志運河條內太祖定都應天運道通利江西湖廣之粟浮江直下浙西吳中之粟由轉運河鳳泗之粟浮淮河南山東之粟下黃河嘗由開封運泝河達渭以給陝西用海運以

餉遼卒海運條內洪武元年命湯和造舟餉北征士卒天下既定募水工運萊州洋海倉粟以給永平食貨志漕運條內洪武元年北伐中書省符下山東行省募水工發萊州洋海倉餉北平衛其後餉北平遼東爲定制則是時所運乃山東之粟從萊出海也

二年令戶部於蘇州府太倉糧儲三十萬石以備海運供給遼東明會典

按崇明縣志是年海運命張赫爲都督而志與

續文獻通攷皆作二十萬石數與明會典不符
四年令青州官軍運山東糧儲給遼東定遼邊衛明會典
五年正月靖海侯吳楨督海運餉遼東太祖紀
按明會典是年命率舟師海運以餉遼歲七十萬石河渠志稱洪武時遼左及遼北數用兵於是靖海侯吳楨延安侯唐勝宗航海侯張赫舳艫侯朱壽先後轉遼餉以爲常督江浙邊海衛軍大舟百餘艘運糧數十萬賜將校以下綺帛胡椒蘇木錢鈔有差民夫則復其家一年溺死者厚恤張赫傳帝以遼東漕運艱軍食後期深以爲虞因張赫習海道命督海運事久之封航海侯朱壽傳壽與張赫督漕運有功洪武二十年封舳艫侯吳楨督運本傳不載唐勝宗則傳與本紀皆不載督運事
十三年海運糧七十萬石於遼東續文獻通攷
二十二年令海運糧米六十萬石於遼東續文獻通攷
二十五年令海運蘇州太倉糧米六十萬石供給遼東官軍下年同明會典
按洪武二十四年河決原武縣黑陽山由舊曹縣鄆城兩河口漫過安山而會通河淤乃自濟寧以北陸運至德州入河是時河決而未治故命舳艫侯朱壽率舟師海運
三十年以遼東軍餉贏羨令遼東屯種其地而罷海運河渠志
按續文獻通攷載三十年海運糧七十萬石於遼東
永樂元年平江伯陳瑄都督僉事宣信充總兵督海運餉遼北京歲以爲常成祖紀
按明史陳瑄傳瑄於是年總督海運輓粟四十九萬餘石餉遼東及北京遂建百萬倉於直沽城天津衛食貨志又言是年納戶部尚書郁新言始用淮船受三百以上者道淮及沙河抵陳州潁岐口跌坡別以巨舟入黃河抵八柳樹車運赴衛河輸北平與海運相參時駕數臨幸百費仰給不止餉邊也淮海運道凡二而臨清倉

儲河南山東粟亦以輸北平合而計之爲三運惟海運用官軍其餘則皆民運云

二年以海運但抵直沽別用小船轉運至京命於天津置露囤千四百所以廣儲蓄河渠志

按明會典是年令海運糧到直沽用三板划船裝運至通州等處交卸海船回還又以水路閣淺遲悞令於小直沽起蓋蘆囤二百八座約收糧一十萬四千石河西務起蓋倉囤一百六十間約收糧一十四萬五千石轉運北京三年令

總督糧儲官於天津城北造露囤一千四百所

四年定海陸兼運陳瑄每歲運糧百萬建百萬倉於直沽尹兒灣城天津衛籍兵萬人戍守至是命江南糧一由海運一由淮黃陸運赴衛河入通州以爲常河渠志

六年令海運船運糧八十萬石於京師其會通河衛河以淺河船相兼轉運明會典

九年二月命工部尚書宋禮開會通河成祖紀

按明史宋禮傳禮言海運經歷險阻每歲船輒損敗有漂沒者有司修補迫於期限多科斂爲民病而船亦不堅計海船一艘用百人而運千石其費可辦河船容二百石者二十船用十人可運四千石以此而論利病較然請撥鎮江鳳陽淮安揚州及兗州糧合百萬石從河運給北京其海道則三歲兩運已而平江伯陳瑄治江淮間諸河功亦相繼告竣於是河運大便利漕粟益多十三年遂罷海運明成宗實錄會通河自濟寧至臨清舊通舟楫洪武中沙岸衝決河

道淤塞故於陸路置八遞運所每所用民丁三千車二百餘輛歲久民困其役永樂初屢言開河便者上重民力未許至是濟寧州同知潘叔正言會通河道四百五十餘里至淤塞者三之一浚而通之非惟山東之民免轉輸之勞實國家無窮之利乃命工部尚書宋禮都督周長往視禮等還極陳疏浚之便於是遣侍郎金純發山東及直隸徐州民丁繼發應天鎮江等府民丁併力開濬民丁皆給糧賞而蠲其他役及本

年田租命尚書宋禮總督之六月會通河成河以汶泗爲源汶水出寧陽縣泗水出兗州府至濟寧州而合置天井閘以分其流南流達於淮而河則其西北流也由開河過東昌府入臨清縣計三百八十五里深一丈三尺廣三丈二尺役軍夫三十萬用工二十旬蠲租稅百一十萬二千五百有奇自濟寧至臨清置閘十五閘置官立水則以時啓閉舟行便之八月宋禮又言會通河以汶泗爲源夏秋霖潦泛溢則馬常泊

之流亦入焉汶泗合流至濟寧分爲二河一入徐州一入臨清河流淺深舟楫通塞繫乎泊水之消長然泊水夏秋有餘冬春不足非經理河源及引別水以益之必有淺澀之患今汶河上流自寧陽縣堽城閘已築壩堰使其水盡入新河東平州之東境有沙河一道本汶河支流至十路口通馬常泊比年流沙淤塞河口宜趁時開浚況沙河至十路口故道具存不必施工河口當浚者僅三里河中宜築堰計百八十丈從

之明史稿是年興安伯徐亨工部侍郎蔣廷瓚濬祥符魚王口至中灤下復舊黃河道命禮兼董之明年命相度衛河水患奏請自魏家灣開支河二泄水入土河復自德州西北開支河一泄水入舊黃河使至海豐大沽河入海帝命俟秋後成之初太祖用兵梁晉間使大將軍徐達開塌場口通河於泗又開濟寧西耐牢坡引曹鄆河水以通中原之運其後故道湮塞至是刑部侍郎金純疏治之自開封北引水達鄆城入

塌場出穀亭北十里爲永通廣運二閘治水筌蹄元人因山東之泉悉入汶河雜洸洸併泗不能滕東注則爲堽城壩截汶會洸泗西南流以會於濟寧州之天井閘而分水焉蓋以濟寧以南截諸淮安入海濟寧以北截諸天津入海云耳不知陽穀壽張之交地勢聳於濟寧數丈而可倒使北注如尉遲敬德武德七年之詭事乎夫敬德爲盧龍節度使一鎮之餉耳嘗試爲之也而元以全運餉上都又可襲詭嘗試乎宋康

惠弗之是也乃壩戴村遏汶西南流入於南旺攄陽穀之脊而分水得之矣然併諸泉而歸諸汶是也汶水盛發勢不能攻戴村壩則從戴村之東龍山之西攻開名曰坎河口注鹽河以復歸於青州故道而山東水復東傾蓋九分東注特一分析入南之安東北之天津餉道頻年幸河不乏絶隆慶六年以主事張克文言循南旺百里而上歷戴村壩壩故堅汶不可破也又東數里為坎河口東北注若駛余顧張水部曰何

縱汶曰歲堤坎河口歲敗亡益也余顧龍山坡有亂石取石灘坎河之口里許若天成平水焉汶溢則縱之令還東注面目汶平則留之令全汶西南注以其七北灌入天津之海又以其三南灌入淮安之海因勢而鼎足分之以坎河灘故也遂灘坎河口萬歷元年漕大利先是永樂初海運兩浙自浙入於海吳會自三江入於海湖廣江西自揚子江入於海淮北河南自河淮入於海山東各以濱海州縣入於海皆會直沽

達於天津而懷慶衛輝以其舟順衛河入天津來會俱遡白河逆於張家灣輸上都而舟溺亡筭計臣曰海道險不可運乃令江南之運皆入高寶諸河渡淮達黃河陸運百七十里入衛河指天津輸上都而車費亡筭計臣曰陸道費不可運少保乃請治會通故道究尉遲之舊蹟及元人之遺則自汶之上流為堽城壩遏汶入洸河會泗水東南注濟寧濟寧今天井閘唐尉遲敬德建也以天井之南注淮安以天井之北注

天津而南旺地特聳濟寧水上行少保患之戴村老人白英獻策曰南旺地聳盍分水焉第勿令汶南注洸河北傾坎河導使趨南旺南九十里流於天井北百八十里流於張秋樓船可濟也少保乃造梁窒汶之入洸者大壩戴村遏汶之入坎河者開新渠百十有餘里抵南旺而分注之九年道大通淺船約萬艘載約四百石糧共四百萬石浮閘從徐州至臨清幾九百里為罷海運夫河運海運相為倚伏海運之廢興惟

濟運河之通塞永樂九年會通河成罷海運至
正統十三年凡三十七年河決滎陽運道始壞
又三十八年爲成化之二十一年侍郎邱濬遂
有請復海運之議蓋運河淤淺已肇於宣德四
五年間而七十年中經營疏濬費亦不貲邱濬
之議深維國計非爲異說也宏治五年河決金
龍口於是又有請復海運者嘉靖十三年運道
淤梗時議亦以海運爲言至十九年二洪水涸
漕舟並阻世襲漕運參將萬表建議以海運爲

備變之策明年總河王以旂湖廣布政司右參
議方遠宜皆以入告隆萬以後陳海運者則有
劉應節宋艮佐梁夢龍王宗沐趙思誠江日彩
諸人觀其論奏皆欲濟漕運之艱令詳列開濬
會通河始末亦以見疏鑿漕河殫心擘畫而二
十年後即有淤淺之患我
朝靳文襄輔治河方畧言河非能自漕人力竭而
地利生焉傅樸菴澤洪行水金鑑亦言運河以
四瀆之通塞爲利害黃水湍悍爲中州病淮水
停蓄爲高堰危黃强淮弱爲青口梗山左泉源
涸水櫃竭濟汶諸水俱不足濟運而運河淺阻
治之誠難不得其法是以百萬金錢塡之巨海
二公久任河工故其言深中利病而前明諸人
惓惓於海運亦以海道之運因天地自然之利
不煩疏鑿即有漂失費亦相當故河運不可廢
海運亦不可不講也
十年陳瑄言嘉定瀕海地江流衝會海舟停泊於此
無高山大陵可依請於青浦築土山方百丈高三十

餘丈立堠表識既成賜名寶山帝親爲文以記之陳瑄
傳
按明史稿陳瑄傳先是漕舟道海島島人恐多
閉匿瑄招令互市平其直人交便之海溢隄圮
自海門至鹽城凡百三十里命瑄以四十萬卒
築治之爲捍潮隄萬八千餘丈是年又于青浦
築土山立表識堠則瑄之悉心漕運不僅功在
淮南也王世貞弇州山人稿亦有築寶山記稱
寶山之築在文皇十三年則與此異

十二年海運糧四十八萬四千八百一十石於通州又衛河儧運糧四十五萬二千七百七十六石於北京續文獻通考

十三年罷海運御撰通鑑綱目三編

按明會典十三年濬復會通河奏罷海運令浙江嘉湖杭與直隸蘇松常鎮等府秋糧除存留併起運南京及供給內府等項外其餘盡撥運赴淮安倉揚州鳳陽淮安三府秋糧內每歲定撥六十萬石徐州併山東兗州府秋糧內每歲

定撥三十萬石俱運赴濟寧倉以淺河船三千隻支淮安糧運至濟寧二千隻支濟寧糧運赴通州倉每歲通運四次其天津併通州等衛官軍於通州接運至北京此卽食貨志所謂支運是也自是海運不復行矣又按河渠志十三年五月復罷海運惟存遮洋一總運遼薊糧遮洋船每歲於河南山東小灘等水次兌糧三十萬石十二輸天津十八由直沽入海輸薊州則與江南海運無涉故不錄入

成化二十三年侍郎邱濬進大學衍義補請循海運其說未行河渠志

按正統十三年河決滎陽至景泰六年始克蕆事天順以後漕運經由之道無歲不修浚明史河渠志雖不詳載英憲二宗實錄則備載之至成化二十年沁水衝決運河隄岸黃河汶泗洸諸泉歲久不濬亦多淤塞以致河身淺澀糧運稽遲總理河道楊恭以運船多過期不至爲戶部所劾帝命工部侍郎杜謙率其屬郎中蕭晃

員外郎李濬自通州臨清直抵淮揚一帶凡係蓄水接濟運河隄岸何處衝決所當修築及泉源何處壅塞所當疏濬會計合用工作木料須爲措辦待明年凍開相度事勢緩急工程小大起集軍民趁時修理至明年方有次第史稱邱濬素以經濟自負故欲復海運以節國用也

宏治五年河決金龍口有請復海運者朝議弗是河渠志

嘉靖十九年二洪水涸漕舟並阻南京中軍都督僉

事萬表建言海運
二十年總河王以旂以河道梗澀言海運雖難行然
中間平度州東南有南北新河一道元時建閘直達
安東南北悉由內洋而行路捷無險所當講求帝以
海道迂遠却其議河渠志
按世宗實錄是年湖廣布政司右參議方遠宜
亦請開海運上曰運河一時淺阻已命官往治
海運有旨勿得妄議方遠宜多言亂謀姑勿究
隆慶五年四月河復決邳州王家口自雙溝以下南

北決口十餘損漕舟運軍千計沒糧四十萬餘石而
匙頭灣以下八十里皆淤於是膠萊海運之議紛起
河渠志
是年山東巡撫都御史梁夢龍等上海運議事下戶
部覆云海運法廢已久非常之事難以盡復乞敕漕
司量撥近地漕糧十二萬石自淮入海工部即發與
節省銀五千兩爲僱募海舟之資淮揚商稅亦許暫
支萬五千兩充僱召水手之費從之穆宗實錄
按明史梁夢龍傳有請以河爲正運海爲備運

萬一河未易通則海運可濟而河亦得悉心疏
濬以圖經久又云海防綦重沿海衛所玩愒歲
久不加繕飭識者有未然之憂今行海運兼治
河防非徒足裨國計兼於軍事有補實爲謀國
艮謨然舟由近洋之說夢龍以爲即邱濬傍海
通運之法而不循殷明畧故道是未知海舟畏
礁不畏風畏淺不畏深之情勢也
六年漕運總督王宗沐以河決無常運道終梗欲復
海運因條上便宜七事王宗沐傳

七年三月遂運米十二萬石自淮入海五月至天津
敘功與夢龍俱進秩賜金幣南京給事中張煥劾宗
沐漂沒八舟失米三千二百石私令人糴補掩飾覘
聽非大臣誼宗沐疏辨求勘詔行前議習海道以備
緩急未幾海運至即墨颶風大作覆七舟都給事中
賈三近御史鮑希顏及山東巡撫傅希摯俱言不便
遂寢時萬歷元年也王宗沐傳
萬歷元年六月戶科都給事中賈三近奏今聞海運
至山東即墨縣福島等處忽遭異常風雨衝壞糧船

七隻哨船三隻漂没正耗糧米幾五千石淹死隨軍水手十五名乞敕詳勘將海運姑暫停止仍以額糧十二萬盡入河運時巡倉御史鮑希顔山東撫按傅希摯俞一貫疏俱如三近指疏下戶部議停之神宗實錄

是年兵科給事中趙思誠奏請撫馭山東島人教習海運船卒以避風險旨下該部神宗實錄

六年二月河淮泛溢漕糧甚艱科道官及總河諸臣建議或謂海運甚便或謂河道無虞紛紛不一至是戶部覆議謂先年海運事宜一一規畫停妥如每歲

河道不梗仍從河運不然即照海運舊規成法酌量舉行不報神宗實錄

四十六年五月調山東驛傳副使陶朗先爲登萊道副使總理海道神宗實錄

泰昌元年八月颶風壞海運船御史陳王庭疏議酌處先是七月初海運船開洋至馬頭嘴以風不便停泊數日時聞海鳴如金戈鐵馬之聲百里間黑氣糾連天海彷彿中見有物隱顯搏擊波濤潑天所泊糧船盡行拍碎及查傷登屬運船八十五隻僅完二十二隻漂没糧米二萬五千八百六十四石有奇萊屬傷船一十六隻漂没糧米一萬三千八百一十石水手溺死者無算於是巡撫御史陳王庭具題請敕該部將山東明歲應運糧數從長酌處勘覆其漂失糧米船隻用過價費行該道查明造冊報部作正開銷溺死人數酌量議䘏光宗實錄

按明代海運洪永二朝行四十餘年史不書漂没之患至王宗沐行之即有福島遇颶之失至是年海運船又遭風壞蓋明初仍殷明畧故道

雖遇暴風洋面寬濶不憂觸礁宗沐等皆循内洋一觸礁石即有損毁後人每謂海道多險而不知内外洋險夷判若霄壤也

天啟七年十二月海運糧艘抵南海口以不即起駁致驟風壞船二十四隻失米一萬一千餘石戶部請議處各員役從之崇禎長編

崇禎十二年九月戶部李待問疏言海運一議今漕臣先募大海船數隻自維揚至津門各攜工役詳錄島嶼往來審視以圖經始蓋途有所必經而後不失

于迂事有所必習而后能審其便此乘風破浪之要務實長慮却顧之極思也帝命所司確奏以聞崇禎長編

十三年冬議復海運內閣中書舍人沈廷揚生海濱習水道上疏極言其便且輯海運書五卷以呈帝喜即命造海舟試之廷揚乘二舟由淮安出海抵天津僅半月帝大喜即加戶部郎中命往登州與巡撫徐人龍計海運事沈廷揚傳

是年山東副總兵黃允恩亦上海運九議帝即令督海運河渠志

按崇禎長編是年七月戶科給事中張元始疏言今歲漕運稽遲而靑口淤沙苦不能吐董口築壩苦不能茹又適值黃流倒灌遂有首尾並阨茹吐兩窮之患爲今之計莫若大搜津屬剝船即著海運丁弁帶海船戶前往臨德間迎漕剝兌優其水脚補其篩揚抵津之日即上海船此當責之津撫者也黃允恩海運如淮揚二郡半未及額應將昨年掣截津糧不拘某幫就便借發以速允恩之行如水脚不給船隻不備即係地方官誤事此當責之漕撫者也允恩明史無傳故其九議無從考見

十五年命廷揚舟赴淮安督海運事沈廷揚傳

按明初定鼎金陵四方貢賦由江而達而遼左艱於輓運故浮海以繼之然其取道史無明文成祖都燕參用淮海二運其海舟停泊嘉定則自劉家港出海灼然無疑然憲章類編云成祖即位凡江南運舟派爲二道海運由江出海入直沽口白河運至通州崇明志載永樂元年平

江伯陳瑄督海運由吳淞江出口達崇明三沙門至京及遼東則又不盡從劉家港也逮成化以後頻年河決侍郎邱濬始議復行於是取其說而行之者則爲山東巡撫梁夢龍漕運總督王宗沐中書舍人沈廷揚皆由淮出海今逐年分記參以諸人列傳明代海運顛末畧可攷見

明海運官制

永樂二年題准設總兵副總兵官統領官軍海運明會典

按洪武時海運無專官史載舳艫侯航海侯功臣表雖不言所以受封而封號之義皆因督運至明會典所載督運官員總督則有都御史總兵監兌則有戶部主事理刑則有刑部主事儹運則有御史押運則有參政皆定於海運既罷之後專爲河運而設其他漕運規制及腳價兌收諸條亦同此例故概不載入

明海運賞例

洪武一十六年令海運官軍自三月十五起至九月

十五日止每人日支口糧二升明會典

二十七年令日支四升明會典

按洪武中海運給遼左七十五萬凡役官軍八萬餘人運軍悉許附載巳物貨私用河渠志又稱明太祖厚賞遼運將校以下綺帛胡椒諸物乃一時異數非常制也

明海運船制

洪武二十六年定凡在京并沿海去處海運遼東糧儲船隻每年一次修理如或新造海運船隻須要量度產木水便地方差人打造明會典

永樂五年改造海運船二百四十九隻明會典

隆慶五年議復海運題准動支節慎庫銀一萬五千兩并淮揚商稅銀一萬五千兩俱差官解赴漕司轉委淮揚蘇松兵備及淮揚二府掌印官僱覓堪用堅固海船三百餘隻加修完備裝載漕糧一十二萬石將各船分爲六小總以平定寧靜安全爲號每號管運正糧二萬石由海道入天津交割明會典

六年題准每年定派海運漕糧二十萬一千一百五

十石共用船四百三十六隻并把總運官船十隻酌派湖廣廠造二百隻責督糧道管理儀徵廠造二百三十六隻責海防道管理湖廣每隻給銀二百五十兩儀眞每隻給銀二百九十兩定限十五年一改造將河船額數內俱應於清江抽分并浙江蘇州額解料價內扣解其不足之數量借河工贓罰等銀支補明會典

萬歷三年罷海運船亦停造明會典

明造船工料

杉木三百二根　雜木一百四十九根
株木二十根　榆木舵桿二根
栗木二根　櫓坯三十八枝
丁線三萬五千七百四十二個
雜作一百六十一條個　白麻二十觔
桐油三千一十二觔八兩
石灰九千三十七觔八兩
艌麻一千二百五十三觔三兩二錢
船上什物計用絡麻一千二百九十四觔

櫻毛二千二百八十三觔一十二兩
黃藤八百八十五觔

以上一千料海船

杉木二百二十八根　桅心木二根
雜木六十七根　鐵力木舵桿二根
櫓坯二十枝　松木五根
丁線一萬八千五百八十個
雜作九十四條個　石灰三千五觔一十五兩
桐魚油一千一觔一十五兩

艌麻七百二十九觔八兩八錢
船上什物絡麻五百七十四觔一十四兩四錢
櫻毛七百三觔　白麻一十觔
黃藤三百八十三觔八兩

以上四百料鑽風海船

海運備採

青浦高培源蒙泉著

諸家疏議

明邱濬海運議　海運之法自秦有之唐人亦轉東吳粳稻給幽燕然亦給遠方之用而已用以足國則始於元焉初伯顔平宋命張瑄等以宋圖籍自崇明由海道入京師至元十九年始建海運之策命羅璧等造平底海船運糧從海道抵直沽是時猶有中灤之運不專於海道也二十八年立都漕運萬戶府以

督歲運至大中以江淮江浙財賦府每歲所辦糧充運以至末年專仰海運矣海運之道其初也自平江劉家港入海至海門縣界開洋月餘始抵成山計其水程自上海至楊村馬頭凡一萬三千三百五十里最後千戶殷明略者又開新道從劉家港至崇明州三沙放洋向東行入黑水大洋入界河當舟行風信有時自浙西至京師不過旬日而已說者謂其雖有風濤漂溺之虞然視河漕之費所得蓋多終元之世海運不廢我朝洪武三十年會通河通利始罷海運

故元史食貨志論海運有云民無輓輸之勞國有畜儲之富以爲一代良法又云海運視河漕之數所得蓋多作元史者皆國初史臣其人皆生長勝國時習見海運之利所言非無徵者竊以爲自古漕運之道有三曰陸曰河曰海陸運以車水運以舟而皆資乎人力所運有多寡所費有繁省漕河視陸運之費省十三四海運視河運之費省十七八河漕雖免陸行而人輓如故海運雖有漂溺之患而省牽率之勞較其利害蓋亦相當今漕河通利歲運充積固無資於

海運也然善謀國者恒於未事之先而爲意外之慮今國家都幽蓋極北之地而財賦之入皆自東南而來會通一河譬則人身之咽喉也一日食不下立有死亡之禍況自古皆是轉搬而以鹽爲傭直今則專役軍夫長運而加以兌支之耗歲歲常運儲蓄之糧雖多而屯戍之卒日少食固足矣如兵之不足何迂儒爲遠慮請於無事之秋尋元人海運之故道別通海運一路與河漕並行江西湖廣江東之粟照舊河運而以浙西東瀕海一帶由海轉運使人習知海道

一帶漕渠少有塞滯此不來而彼來是亦思患豫防之先計也家居海隅頗知海舟之便舟行海洋不畏深而畏淺不慮風而慮礁故置海舟者必爲尖底首尾必俱置柁卒遇暴風轉帆爲難亟以尾爲首縱其所如且暴風之作多在盛夏今後率以正月後開船置長篙以料角定盤針以取向一如番舶之制夫海運之利也以其放洋而其險也亦以其放洋今欲免放洋之害宜預遣習知海道者起自蘇州劉家港訪問傍海居民捕魚漁戶煎鹽竈丁逐一次第踏視海

崖有無行舟潢道泊舟港汊沙石多寡洲渚遠近親行試驗委曲爲之設法可通則通可塞則塞可廻避則廻避畫圖具本以爲傍海通運之法萬一可行是亦良便若夫占視風候之說見於沈氏筆談每日五更初起視星月明潔四際至地皆無雲氣便可行舟至於巳時卽止則不遇暴風矣中道忽見雲起卽便轉柁回舟仍泊舊處如此可保萬全永無沉溺之患萬一臣言可采乞先行下閩廣二藩訪尋舊會通番航海之人及行廣東鹽課提舉司歸德等場起取慣

駕海舟竈丁令有司優給驛遣既至訪詢其中海道曲折者以海道事宜許以事成加以官賞俾其鹽工照依海船式樣造爲運舟及一應合用器物就行委官督領其人起自蘇州歷揚淮青登等府直抵直沽海濱去處踏看可行與否先成運舟十數艘付與駕使給以月糧俾其沿海按視經行停泊去處所至以山島港汊爲標識詢看是何州縣地方一一紀錄造成圖冊縱其往來十數次既已通習保其决然可行無疑然後於崑山太倉起蓋船廠將工部原派船料

差官於此收貯照依見式造爲海運尖底船隻每船量定軍夫若干裝載若干大抵海舟與河舟不同河舟畏淺故宜輕海舟畏飄故宜重假如每艘載八百石則爲造一千石舟許其二百石載私貨三年之後軍夫自載者三十稅一客商附載者照依稅課常例就於直沽立一宣課司收貯以爲歲造船料之費其糧既從海運脚費比漕河爲省其兌支之加耗宜量爲減殺大約海舟一載千石則可當河舟所載之三河舟用卒十人海舟加五或倍之則漕卒亦比舊省

矣此非獨可以足國用自北京城百貨駢集而公私俱足矣考宋朱子文集其奏劄言廣東海路至浙東爲近宜於福建廣東沿海去處招邀米客元史載順帝末年山東河南之路不通國用不繼至十九年議遣戸部尚書貢師泰往福建以閩鹽易糧給京師得數十萬石京師賴焉其後陳友定亦自閩中海運進奉不絶也况今京師公私所用多資南方貨物之來苦於運河窄淺舳艫擠塞脚費倍於物直貨物所以踴貴而用度爲艱此策既行南貨日集於北空船南

歸者必須物實而北貨亦日流於南矣今日富國足用之策莫大於此說者若謂海道險遠恐其損人費財則請以元質之其海運自至元二十年始至大歷二年止備載逐年所至之數以見其所失不無意也竊恐今日河運之糧每年所失不止此數况海運無剥淺之費無挨次之守而其免支之加耗每石須有所减恐亦浮於所失之數矣此策既行果利多而害少又量將江淮荆湖之漕折半入海運除减軍卒以還隊伍則兵食兩足而國家亦有水戰之備可以制服邊海之夷誠萬世之利也章句末儒偶有臆見非敢以爲决然可行萬世無弊也念此乃國家萬萬年深遠之慮姑述此嘗試之策請試用之試之而可則行不可則止大學衍義補

明梁材海運論　海運爲祖宗已棄之策今人厭常喜異動輒以邱文莊之論爲言非達於國計者也必欲爲事變之備今浙江海船雖極遠番國皆能通之至京師或不難也松江與太倉通泰州俱有沙船淮安有海鶻船嘗由海至山東寧海縣買米云離天津

不遠若以南京等總快軍衛船令坐兌松江太倉等處近海糧米再求的當船戸厚與雇值糧運三四萬石歳一行之使海道漸熟久爲日後之備似或可行也朝野紀聞

按嘉靖二十九年萬表建言海運所言與此相同未知孰是

明梁夢龍海運議　今漕河多故言者爭獻開膠萊之說此非臣等所敢任也第嘗攷海道南自淮安至膠州北自天津至海倉各有商販往來舟楫屢通中

閒自膠州至海倉一帶亦有島人商賈出入其間臣等因遣指揮王惟精等自淮安運米二千石自膠州運麥一千五百石各令出海入天津以試海道無不利者其淮安天津一道計三千三百里風便兩旬可達況舟皆由近洋洋中島嶼聯絡遇風可依非如横海而渡風濤難測比之元人殷明畧故道實爲安便大畧每歲自五月以前風順而柔過此稍勁誠以風柔之時出並海之道汛期不爽占候不失即千艘萬檣保無他患可以接濟京儲羽翼漕河省牽輓之力免守幫之苦而防海衛所犬牙錯落又可以嚴海禁壯神都甚便

明王宗沐海運疏　自會通河開濬以來海運不講已久臣近官山東嘗條斯議巡撫都御史梁夢龍毅然試之底績無壅而慮者輒苦風波夫東南之海天下衆水之委也茫渺無山趨避靡所近南水暖蛟龍窟宅故元人海運多驚以其起自太倉嘉定而北也若自淮安而東引登萊以泊天津是謂北海中多島嶼可以避風又其地高而多石蛟龍有往來而無窟

宅故登州有海市以石氣與水氣相搏映石而成石氣能達於水面以石去水近故也北海之淺是其明驗可以佐運河之窮計無便於此者因條上便宜七事（王宗沐傳）

按明實錄載宗沐所陳七事及張煥論奏頗爲詳備附錄於左　宗沐言國計之有漕猶人身之血脈血脈通則人身康漕運通則國計足我朝運河幾百六十年法度修明疏通無滯邇來事多滋弊兼以黄河泛溢數患漂流故科臣復議海運而縉紳之慮猥云風波夫風波在海三尺童子知之然語全勢則其說有三一曰天下大勢二曰都燕專勢三曰目前急勢唐人都秦右據岷凉而左通陝渭是有險可依而無水通利也宋人都梁背負大河而面接淮泗是有水通利而無險可依也若國家都燕北有居庸巫閭以爲城而南通大海以爲池金湯之固天造地設聖子神孫萬年之全利也而乃使塞不通焉豈非太平之遺慮乎此所謂天下大勢也夫

三門之險天下之所謂峻絶也然唐人裴耀卿劉晏輩百計爲之經營者以彼都在關中輸輓所必由故也若夫都燕則面受河與海矣然終元之世未嘗事河而專於海者彼終歲用兵無暇於事河也彼又以爲河運入閘則兩舟難並不可速也魚貫逆遡一舟壞則連稍數十舟同時俱靡不可避也一夫大呼則萬櫓皆停此腰脊咽喉之譬先臣邱濬所憂不可廢也若我朝太平熙洽主於河而協以海自可萬萬無慮故

都燕之受海猶憑左臂從脇下取物也元人用之百餘年矣梁秦之所不得望也此所謂都燕專勢也黃河西來禹之故道雖不可考然不過自三門而東出天津入海是腹雖稍南而首尾則東西衡也我朝宏治二年決張秋奪汶入海其首猶北向乃今則直南入淮而去歲之決閻家口支出小河近符離靈壁則又幾正南矣自西北而直東南途益遠而合諸水益多則其勢大而決未可量也故以漢武之雄才倘自臨決

塞王安石之精博且開局講求河之爲患詎直今日然哉且去年之漂流諸臣聞之有不變色者乎夫既失利於河又不能通變於海則計將安出故富人造屋必啟傍門防中堂閉則可自旁入也此所謂目前急勢也風波係天數臣豈能逆覩其必無然趨避占候使其不爽當不足以妨大計惟聖明采擇因條上海運七事一定運米言海運既行宜定撥額糧以便徵兌除隆慶六年已有缺船糧米足備支用以後請將淮

安揚州二府改兌正糧二十萬一千一百五十石盡泒海運行令各州縣於附近水次取便交兌遇有災傷改折則更撥鳳陽糧米足之一議船料言漕運二十餘萬通計用船四百三十六艘淮上木貴不能猝辦宜酌泒湖廣儀真各廠置造其合用料價一十一萬八千四百兩有奇即將清江浙江下江三廠河船料價并浙江湖廣本年折糧減存及湖南班匠等銀解用不足以撫按及巡鹽衙門罰贖銀兩抵補一議官軍

言起運船宜分派淮台温等一十四衛責令撥軍領駕每艘照遮洋舊例用軍十二人以九人赴運其三人扣解糧銀添僱水手設海運把總一員統之其領幫官員於沿海衛所選補所須什物即將河船免運軍丁糧銀扣解置辦一議防範言糧船出入海口宜責令巡海司道等官定派士島小船置備兵仗以防盜賊一議起剝言糧船至天津海口水淺舟膠須用剝船轉運至壩每百石給水脚銀二兩九錢其輕齎銀兩

先期委官由陸路起解聽各督糧官收候應用一議回貨言海運冒險比之河運不同旗軍完糧回南每船許私帶八十擔給票免稅以示優恤一崇祀典言山川河瀆祀典具載今海運所畏者蛟與風耳宜舉廟祀以妥神明疏下部覆如宗沐言詔允行之　十月南京戶科給事中張煥疏論總督漕運王宗沐六月內飛報海運米十二萬石於某日由淮安次天津抵灣粒米無失比聞人言嘖嘖咸謂海運八舟米三千二

百石忽遭風漂没渺無影響宗沐蓋預計有此令人齎銀三萬糴補臣思宗沐受國家財賦之託鋭意此事意非不良糧船有失據實陳乞未爲不可何至粉飾觀聽大臣實心任事之體當不若是米可補人命可補耶當今之行海運譬北方之種稻如必樹藝少許以試地利何如而漸次爲之可也若不論南北之高下寒燠菽粟與稻並樹則雖三尺之童亦知稻之所獲不如菽粟之善多矣河運之與海運其經取久暫之

宜殆亦類此來年倍加米數一節乞敕該部從長計畫疏下戶部覆言先該科道請敘海運之功臣等謂萬世之利在河一時之急用海繼因漕臣議增海運二十四萬臣等謂海道風波難定但當習熟此路以供緩急不必加增今煥意畧與臣等議同至言漂没糧石發銀買補臣等不意宗沐之明達弄巧成拙至此但事出風聞難以深求而首事勇敢之臣可以情恕以觀後效萬歷元年爲始海運止以十二萬爲則候數

年之外另行裁酌宗沐亦疏辯臣固知駭見之難諧俗成事非易可居然不意乃懸空妄傳若此使臣有一毫不誠但爲身計則按守舊規可以畢事何必更端革故力舉海運自添一事以致彈射也况海運人船募數省之人發行經數月之久按歷涉三省之途共同事而不可欺者各省撫按十數人沿海守令及護行守備等官百餘人官軍水手三千餘人使有沉溺豈待言官今日始言三萬出之淮庫自有卷籍人船出

於僱募各有貫趾乞敕戶部會同法司行巡按御史查核疏亦下部宗沐又疏辯海運漂没事乞回籍聽勘戶部以漕運在邇請敕宗沐矢心任事仍照原議習熟海道備一時權宜之計從之

明畢懋康海運疏　東省急務在通海運國初漕運由海後以漂没爲虞始開會通河然河徙不定莫若修膠萊新河與會通表裏而行繇淮之六套口入海至麻灣口入河繇海倉口入海至天津約可一千四百餘里沿崖揚帆不涉大洋善風不數日可達非若河道之迂艱居恒則兩路並進遇梗則此滯彼來庶轉輸不匱亦國家無窮之利也神宗實錄

明江日彩海運疏　國家轉漕東南賴盈盈一水萬一水涸運乾且奈何聞浙江海船松江太倉沙船淮安雕船時至山東寧海買米離山海關不遠宜令南京近海州縣有糧米者衛所厚僱前船歲運四五萬石熟其路逕以爲有事之備則海運之議宜講也神宗實錄

明茅元儀海運策　海運之不如河者二端曰波濤之與寇盜至於河之不如海者有十七端河有闕塞之害而海則片帆可達一也河有守凍之苦而海則一月可到二也河則京幾有缺糧之厄而海則春夏可兩運三也河有挨幫之累而海則萬艘俱開四也河有竊米而貨者海則米無從貨五也河有棄舟而逃者海則逃無從往六也河則一夫大呼萬檣皆停海則一船有警彼此可救七也河則一舟發火百舟俱燼海則散行火不能災八也河則魚貫而行一船

觸則衆船俱觸海則散行無觸九也河挽縴於赤日之中海則臥舟可行十也河止藉行糧未免竊米海則餘貨可帶寬然存餘十一也河則費多而財竭海則費省而財裕十二也河則運久而京困海則速達而國饒十三也河則運阻而邊呼庚癸海則常足而軍心自安十四也河則海防日費海則海禁益衆十五也河船五六年一造海船可十五年一造省價百萬十六也河多起駁海則竒邇而通州不煩陸輓十七也况今新行海道更爲穩便元人起自蘇州以至

直沽共一萬三千里今起自淮安以至天津止有三千三百里之近元泛大洋或風波之難避今行傍海有島嶼之可依况所經之地皆山東衛所挽泊有地烟火相望商人島人往來不絶豈商人可行而運船獨不可行乎况定鼎於燕以居庸關爲城以大海爲池以九邊爲帶則大勢宜於海也北撫各邊南資輸輓以河爲本根以海爲輔翼誠萬世不拔之業則定勢宜於海也河道斷流西北告困則今之急勢宜於海也若能誠如愚見可使萬全無失者有二十五策

焉一募海工以教習水手精擇慣行海而誠實者幾百人察明執結厚其糧口分散各船以作把舵攔頭教習水手各練精熟則海若康莊矣二選賢能以便任事擇忠義膽畧者使押運運至無缺錄功陞擢則賢豪嚮風矣三貴久任以責成功糧官多一年一換所以貪盜詐僞不若運糧有功者陞其爵而久其任庶實心奏績四懸賞格以賈樂趨如運一次無欠者作一功二次無欠者作二功完三功者起擢運功與軍功並行則將材之賢者皆樂於趨事不但運務有

功且將才可得其餘水手以帶回貨賞之五防衛以禦不測凡運船所經島嶼衛所之地多設旂幟巡船護送而行連絡不絶倘有風波寇盜即鳴鑼放炮盡發島內船以救之六立標記以便挽泊凡可挽泊之地預立大黄旗一面夜張大燈一碗或遠而難見則立烟墩舉烟爲號守島兵鳴鑼以招之如本處泊滿方下旗燈以便後船另泊回船日亦如之七立記號以便廻避或礁石或淺灘應避去處此大緊要關頭宜遠遠多立黑旗爲號夜張二燈即立淺灘處守島

兵吹唰唰以驅之回船日亦如之八早運期以趁順風四月以前風多東南順而且和遲則逆而多暴必宜十二月兌完正月出淮三月到天津庶運日多而費益省九造糧船以利重載海船與漕船大不相同海船必宜尖頭闊腹而上無棚樓方可以破浪而免風又宜高舷深艙而平安鎮板方可重載而不近水必擇廉能官專督之使之取堅木造成庶可十五年一造十占風候以便趨避必擇精於占風候者以偕行風有不便斷不可行十一察潮汛以定行止海中

之潮不爽時刻順之而行萬無一失十二廣延訪以開識見凡有熟識海道者不妨聘之以偕行即海邊耆老亦宜問之以知趨避十三給海程以安衆心凡糧船所經地方如某處可以挽泊或多或少如某處必當廻避或石或灘如某島至某島約幾十幾百里如某衛至某衛約一日半日可到如某處爲險要如某處爲何縣刊示明白遍給船上使之曉然知喻十四積發運以便泊船必以五十隻爲一幫逐幫開放一者可以小島容泊二者可以左右互援三者陸續

致無大失十五禁泛洋以防寇盜凡商人島人俱着繇島嶼之內以熟習濱道如有擅造海船遠泛大洋私賣違禁貨物者船貨一半入官一半賞捕獲之人如生事者坐罪十六遠外貢以備敵情凡遠人貢獻者不妨迂其途使繇大洋而來不可使之習知運道以防不測十七葺門戶以杜窺伺凡島嶼衛所營寨必漸加修葺以杜叵測亦海運之要務也十八擇旗甲以防盜糧令之糧缺止緣旗甲偷米脫逃以致運官坐罪必宜擇旗甲之可托者充之懸一定式凡盜

糧者連旗甲一并提追則旗甲畏罪而不敢盜矣十九賞早到以鼓先行糧船之稽遲挨幫之故也宜懸一賞格不必挨幫先到者重賞後到者必罰使之抽幫而進在後者鼓舞而前在前者惟恐落後此亦鼓舞之妙法二十回船載鹽以收大利天津之鹽每觔三文淮安之鹽每觔五十文莫若以空運船載鹽到淮則每歲千萬之利歸於國矣二十一帶回貨以結衆心每回船一隻許帶貨八十担以免其稅不許帶違禁貨物則人心悅矣二十二備器械以嚴防禦凡

運船一隻必給利器火藥等以備不虞二十三絶通番以防倭患海運旣行安保通番者之不輸情於敵乎必宜懸示痛絶如有能擒獲者郎以所獲之物盡賞之二十四分運道以省民力如近河而無礙者照舊河運近海而省便者則通海運庶民力省而兩便二十五廣商運以裕國儲今糧米一千到京不滿五百已合六兩一石矣尙有侵盜之虞覆溺之患盤駁之費又去其大半每石約費數金之外湖廣江西南直等處米賤時不過幾錢一石愚策不若頒一明旨着各省之大商俱販米到京投納以給鹽引作每石三兩在彼以倍價而樂輸在朝廷可省萬萬錢糧而糧必塡滿於京城

明支大綸海運論　萬恭王宗沐皆卓然名世之豪也世皆狃近利而昧遠圖標門戶而忘國計立論者逞攻擊之私主畫者多退避之巧而高賢不究其用矣語漂溺則河安而海危語牽輓則海省而河費若瓜儀決隄徐淮潰河臨濟毀閘則舍海漕其何賴焉但太倉起帆元蹟可倣而乃云淮安出海以避險不

虞瓜儀之梗乎閩南商賈泛大洋經東海如馳道又何獨於漕運而難之哉續文獻通考

明周宏祖海運論　海運果元始哉嘗讀杜工部詩云吳門持粟帛泛海凌蓬萊則唐固已開之矣但唐都關中無藉於此國家豈唐比哉幽燕當極北之地而財賦之出多以東南顧會通一河未可恃以無虞萬一涉滯金龍之口河浮原武之涯則泗沂洸汶之流皆不足恃而靑濟之間爲咽喉梗矣浚治不及施其巧排決不及展其功惜當事者之不勇於裁決也

大抵海運之開利居三四而害止於一耳減運軍三萬七千餘人可以實卒伍也減河船三千五百艘可以裕帑財也耗米率用河三之一共減一百一十三萬四千可以寬民力也其害之一止於飄溺耳況造舟有法占風有候泊頓有所而又求得海道習熟如朱清者督之則飄溺蓋寡矣經濟成書

明林一璘海運論　河海二運其不能無失失均要嘗權其失之多寡耳如隆慶四年漕河亦嘗漂損八百餘艘溺卒千餘人失米二十萬六千有奇則河運

旣非萬全而海運之得倍浮於失又何可廢也況河勢日南漕源易竭勢亦不得不出於此苟拓邊海之地以設官屯移彍騎之居以就屯衛簡明習之帥以督運輸屯則以二分歸兵一分充運而米之在民者可減衛則以列寨碁布兵自爲守而民之在內者無虞運則以分番汛役賞賚有加而兵之充役者爭奮將見國餉與兵食俱足朝廷與邊境俱安誰謂不可以基太平久治哉（經濟成書）

明馮元飈海運疏　海運要著莫如復總運之制一

總運統轄二十運官以一運官督押二十號船每號立一幫長每幫長領十九船戶五船取一互結二十船取一總結臂指相使首尾相銜兌運之日幫長領本號船依次排列河下倉官在倉主發運官在船主收裝載一完立加封驗餉道卽呈水脚册餉司卽給運價銀總運卽時押至海口運官卽時押發開洋不許片刻逗遛不許隨地停泊但使浪恬風順三日可達關寧若有一船落後幫長隨行稽察卽盜賣之風自絕挂欠之累自銷直截淸道轉運無滯期至七八月盡行運完原額卽得風得水無患無驚並無失風舉火之虞何能藉口妄揑此眞提綱挈領拔本塞源之要着也（崇禎長編）

明張采海運論　言海運利害者兩家紛紜其利則曰費省而路逕害則曰事險而傷人利近智害近仁國計不存焉今京師去財賦極遠取足會通一路無論意外梗去年告旱已全漕坐困矣則邱濬彼至此不至之說亦悉計事理王宗沐富人造屋別開旁門之喻可發深省也但由淮入海旁門卽闢倘淮以南

邗溝道阻亦萬一之慮則修劉家港舊道歲通一二萬石是旁門之外且得後戶審國事者共念諸（太倉州志）

按海運得失言人人殊玆就所見於各書中者悉爲錄入以備參考至侯汝諒于仕廉耿隨朝李長庚之所行皆由天津入遼方遠宜王獻劉應節杜志攀崔旦所言專主膠萊運道故不載入焉

海運芻言一卷

〔清〕施彦士撰

《海運芻言》一卷，清施彦士撰。彦士（一七七五—一八三五）字楚珍，號樸齋，江蘇崇明（今屬上海）人。道光元年（一八二一）舉人，歷任萬全、正定知縣。喜言經世，長於天文輿地之學。道光四年，黄河決高家堰，運道梗塞。此書即針對其時漕糧河運之事，建言仿效元明海運糧食進京之法，並親繪海運、天津運河、天津海口及朝鮮洋群山島圖，瞭若指掌。故沈濤謂其「論海運始末利害甚悉，儒生之有真實經濟者」。據中國國家圖書館藏《求己堂八種》本影印。

海運總圖

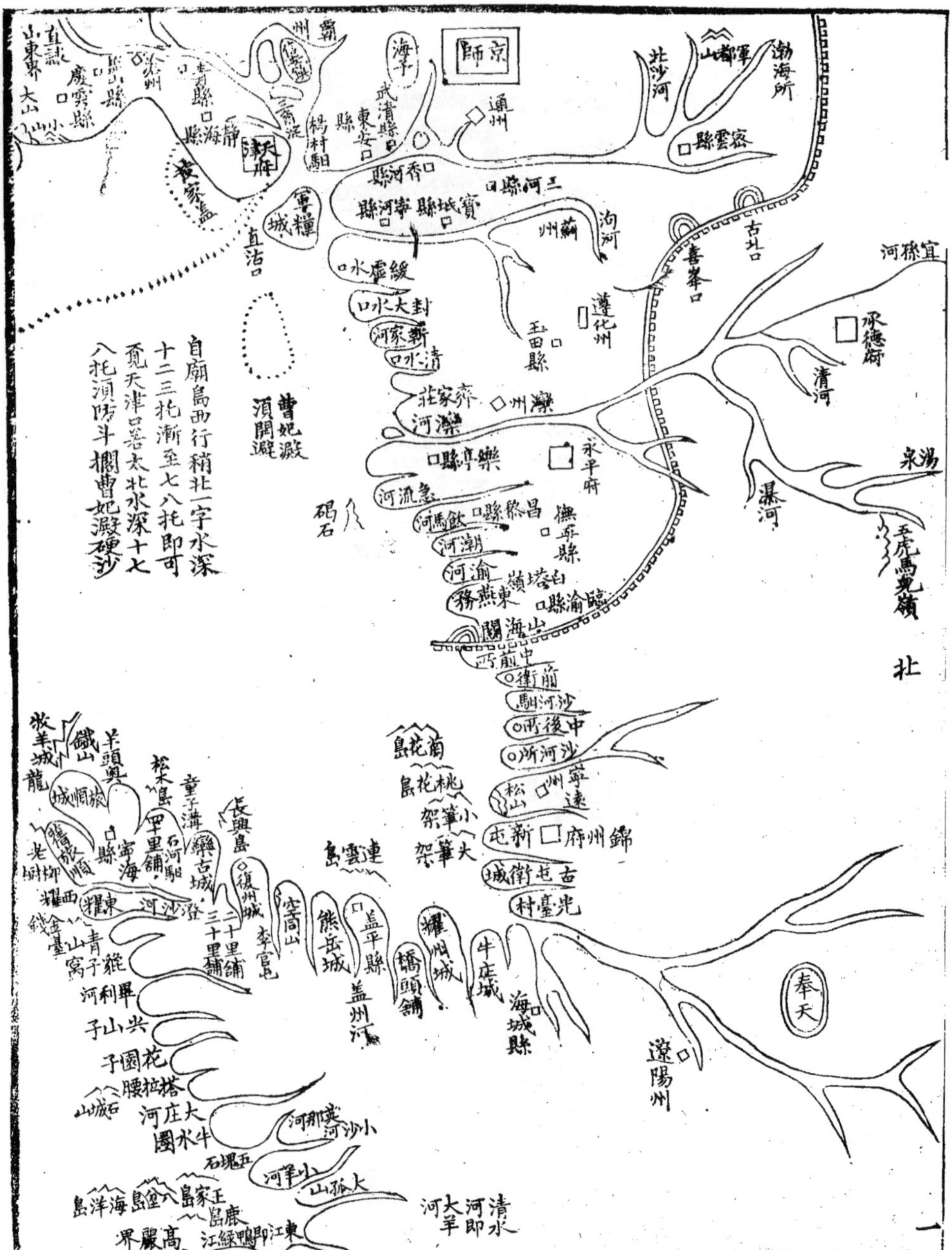

京師
天津府
通州
永平府
承德府
山海關
錦州府
奉天
遼陽州
北
自廟島西行稍北一字水深
十二三托漸至七八托即可
覓天津口若太北水深十七
八托須防斗擱曹妃澱硬沙

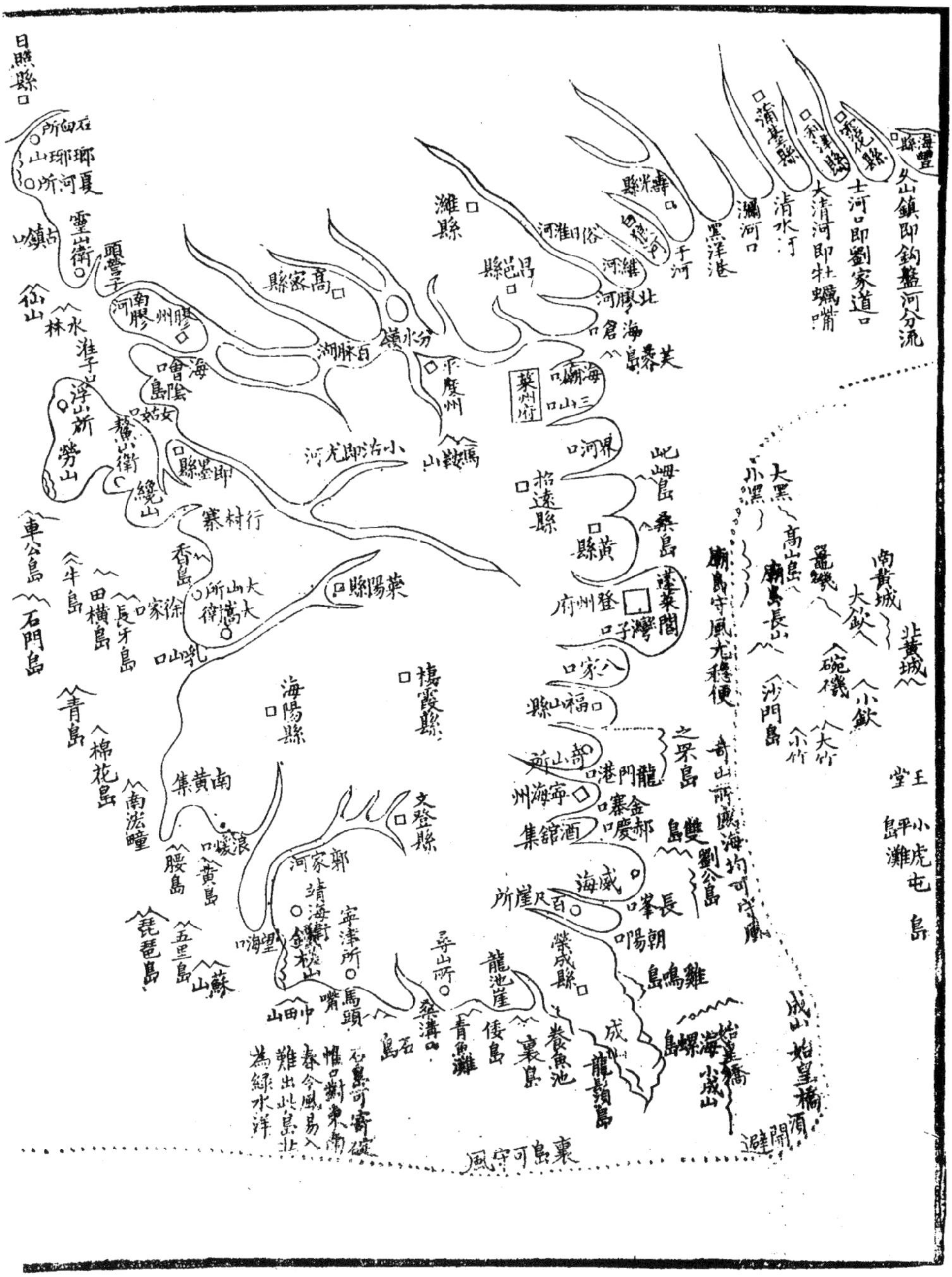

日照縣
石臼所
琅琊山
夏河所
古鎮口
靈山衛
頭營子
膠州
高密縣
濰縣
昌邑縣
壽光縣
蒲臺縣
利津縣
霑化縣
海豐縣
久山鎮即鈎盤河分流
士河口即劉家道口
大清河即牡蠣嘴
黑洋港
漏河口
平度州
萊州府
三山島
芙蓉島
招遠縣
黃縣
桑島
登州府
蓬萊閣
萊陽縣
棲霞縣
海陽縣
文登縣
寧海州
威海
劉公島
雞鳴島
榮成縣
成山
始皇橋
龍鬚島
養魚池
倭島
青魚灘
靖海衛
寧津所
尋山所
大嵩衛
鰲山衛
勞山
行村寨
南黃集
車公島
石門島
牛島
田橫島
長牙島
青島
棉花島
腰島
黃島
琵琶島
五壘島
蘇山
長山島
沙門島
大竹
小竹
大欽
小欽
南黃城
北黃城
廟島守風尤穩便
裏島可守風

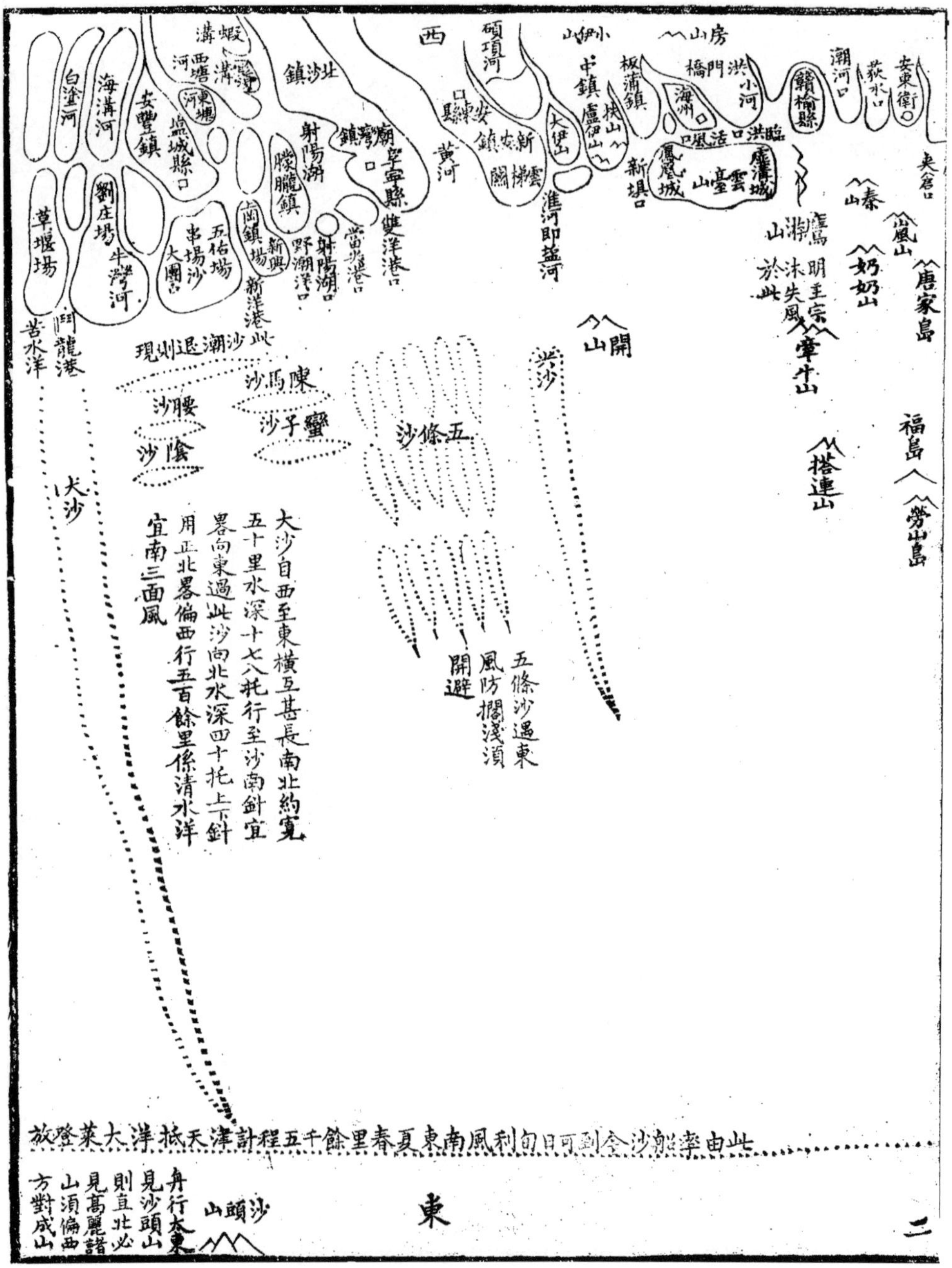
西
東
二
白塗河
海溝河
安豐鎮
鹽城縣
草堰場
劉庄場
牛灣河
五佑場
串場沙
大團口
新興場
伍佑鎮
新洋港
射陽湖
射陽河
野潮洋口
當沙港口
廟灣鎮
阜寧縣
雙洋港口
北沙鎮
黃河
安東縣
新安鎮
雲梯關
大伊山
淮河即鹽河
碩項河
中正鎮
板浦鎮
海州
高公島
臨洪口
海州
贛榆縣
潮河口
荻水口
安東衛
夾倉口
嵐山
唐家島
奶奶山
福島
勞山島
搭連山
開山
沙此潮退則現
苦水洋
鬥龍港
陳馬沙
腰沙
蠻子沙
陰沙
五條沙
大沙
大沙自西至東橫亙甚長南北約寬五十里水深十七八托行至沙南針宜畧向東過此沙向北水深四十托上下針用正北畧偏西行五百餘里係清水洋宜南三面風
五條沙遇東風防擱淺須避開
放登萊大洋抵天津計程五千餘里春夏東南風利旬日可到仝沙船率由此
舟行至東見沙頭山則直北必見高麗諸山須偏西方對成山
沙頭山

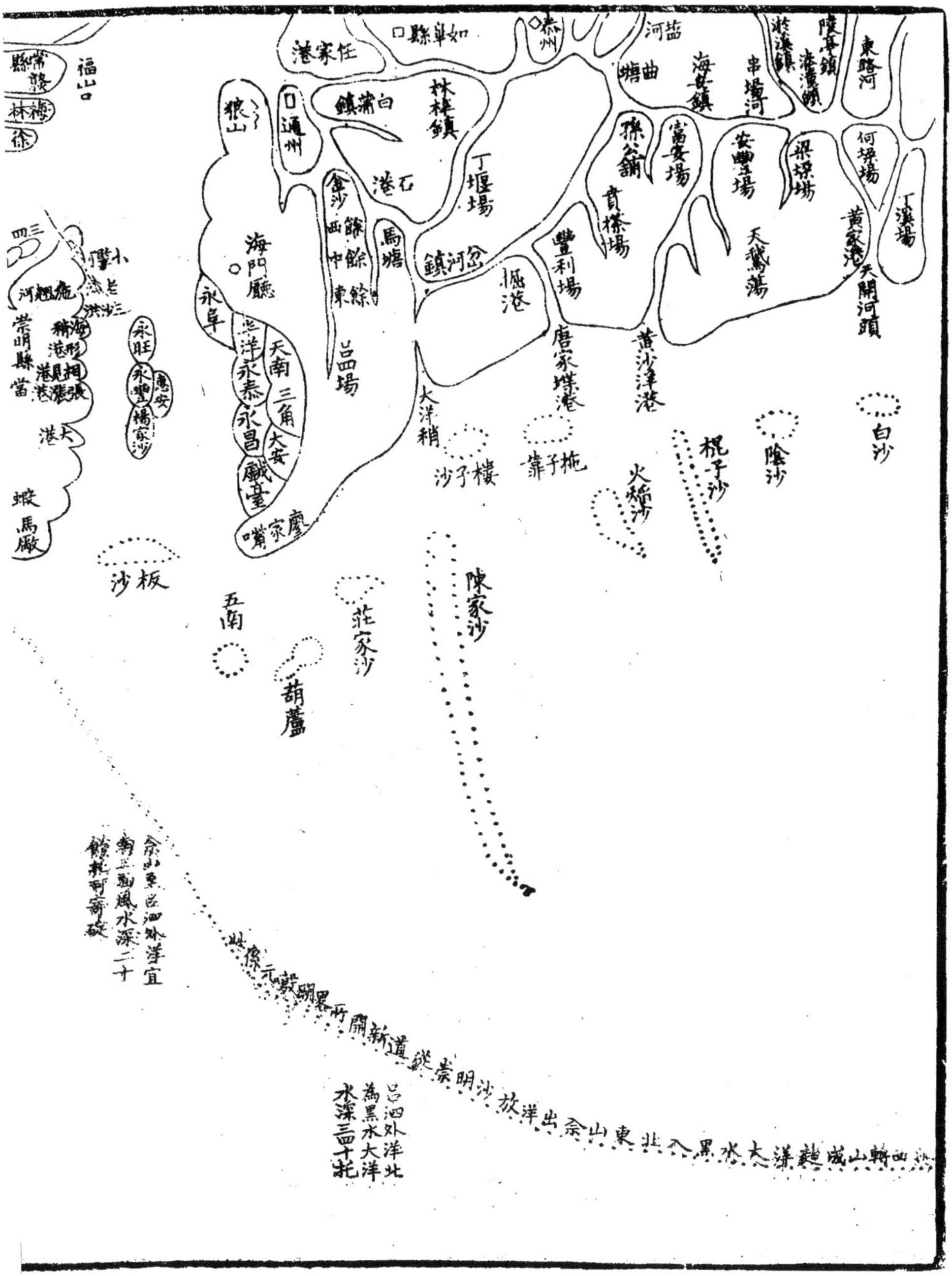
如皋縣
任家港
泰州
曲塘
海安鎮
串場河
東路河
通州
白蒲鎮
林梓鎮
石港
丁堰場
狼山
金沙
餘西
餘中
餘東
馬塘
岔河鎮
掘港
豐利場
富安場
安豐場
梁垛場
何垛場
丁溪場
天開河頭
海門廳
永阜
呂四場
天南
三角
大安
永泰
永昌
廖家嘴
黃沙洋港
大洋梢
樓子沙
陰沙
白沙
板沙
陳家沙
莊家沙
葫蘆
崇明縣
福山口
常熟縣
大港
馬廠
佘山東呂泗外洋宜南風水深二十餘托可寄碇
此係元殷明畧所開新道從崇明沙放洋出佘山東北入黑水大洋趨成山轉西
呂泗外洋北為黑水大洋水深三四十托

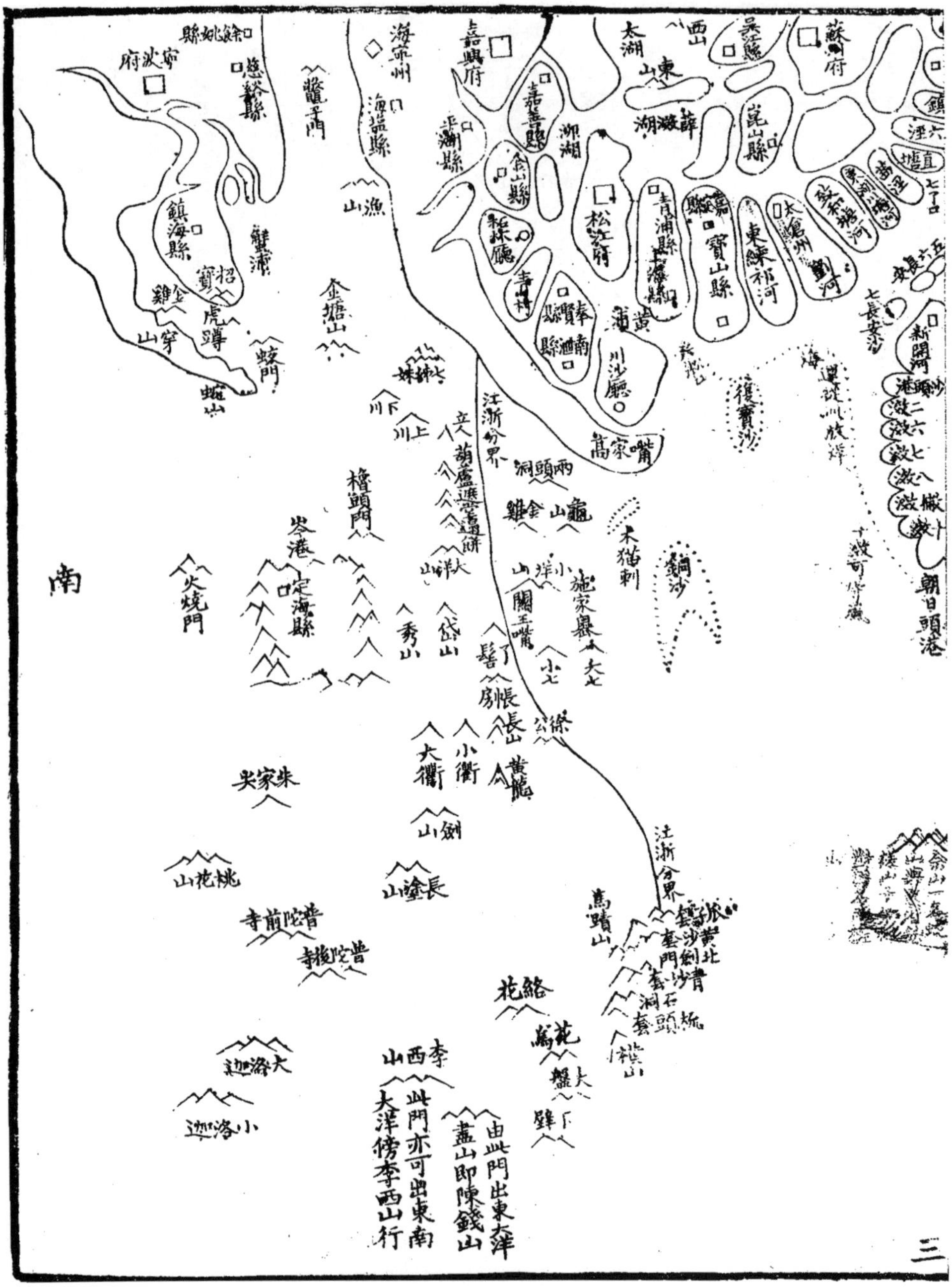
寧波府
餘姚縣
慈谿縣
鎮海縣
海寧州
海鹽縣
嘉興府
平湖縣
太湖
西山
東山
蘇州府
崑山縣
松江府
青浦縣
寶山縣
太倉州
劉河
漁山
金塘山
江浙分界
定海縣
火燒門
岱山
秀山
大衢
小衢
朱家尖
劍山
桃花山
長塗山
普陀前寺
普陀後寺
李西山
大洛迦
小洛迦
南
由此門出東大洋盡山即陳錢山
此門亦可出東南大洋傍李西山行
三

天津運河幷海口分圖

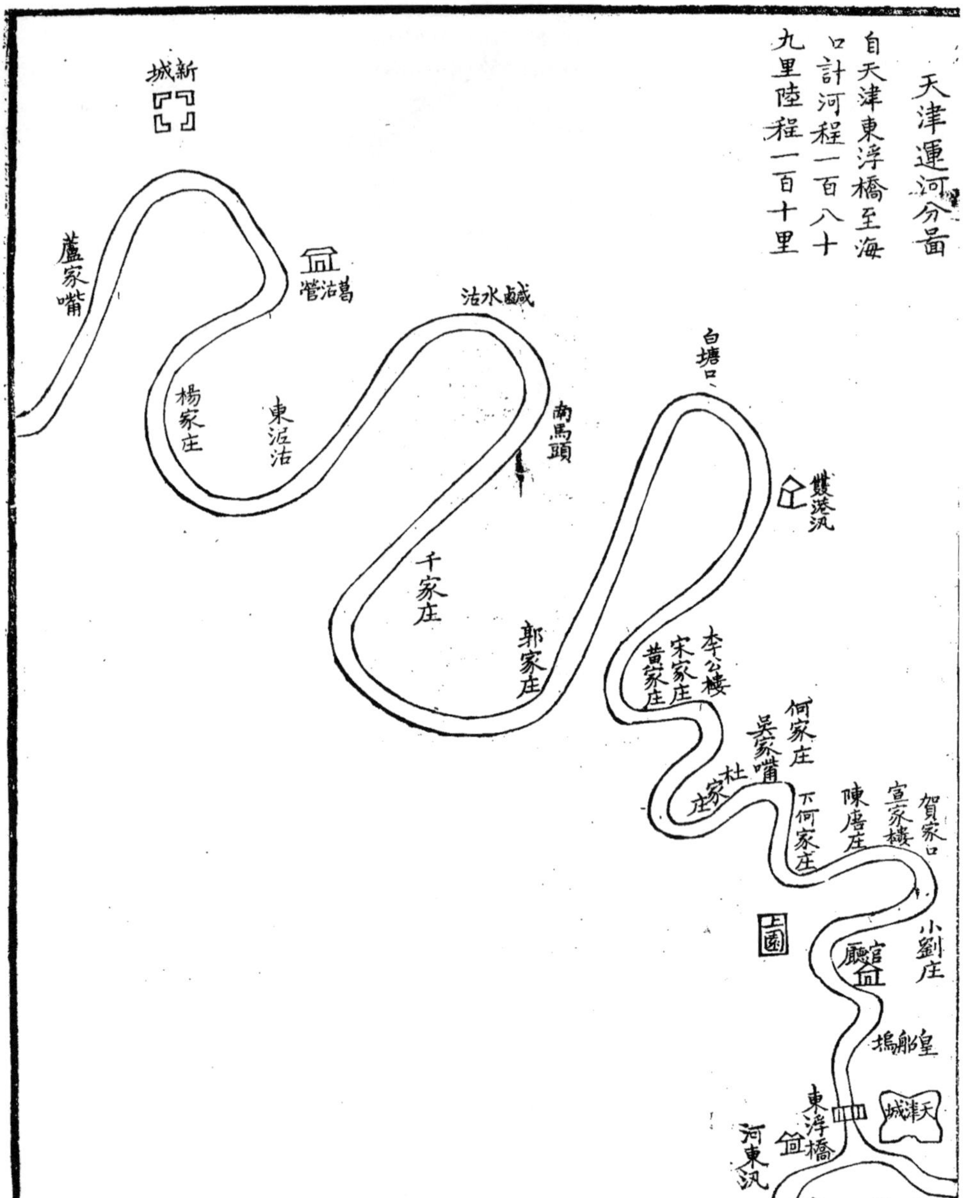
天津運河分圖
自天津東浮橋至海口計河程一百八十九里陸程一百十里
新城
蘆家嘴
葛沽營
楊家庄
東泥沽
鹹水沽
南馬頭
白塘口
雙港汛
千家庄
鄭家庄
黃家庄
宋家庄
李公樓
何家庄
吳家嘴
杜家庄
下何家庄
陳唐庄
宣家樓
賀家口
上園
小劉庄
官廳
皇船塢
天津城
東浮橋
河東汛
北運河
砲臺
營盤
望海寺
南運河

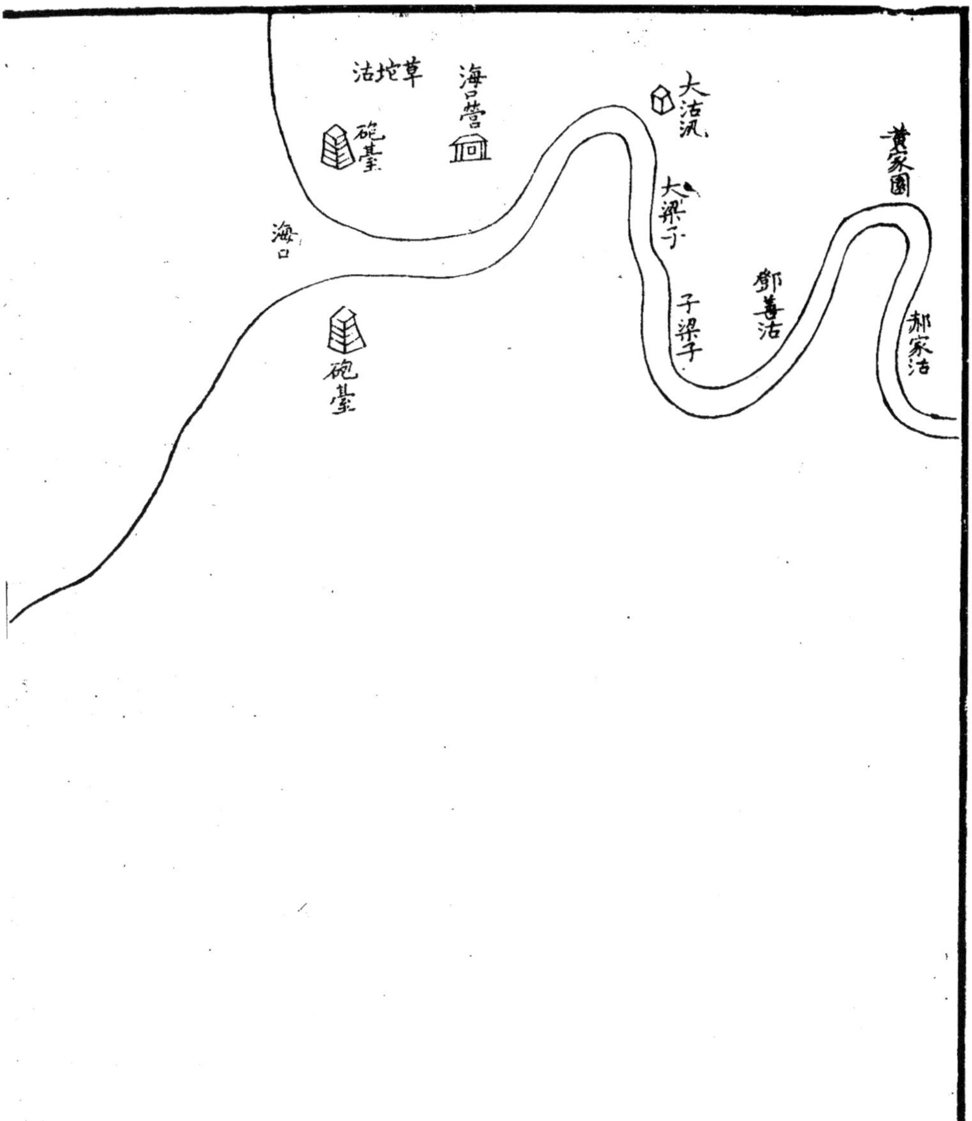

二

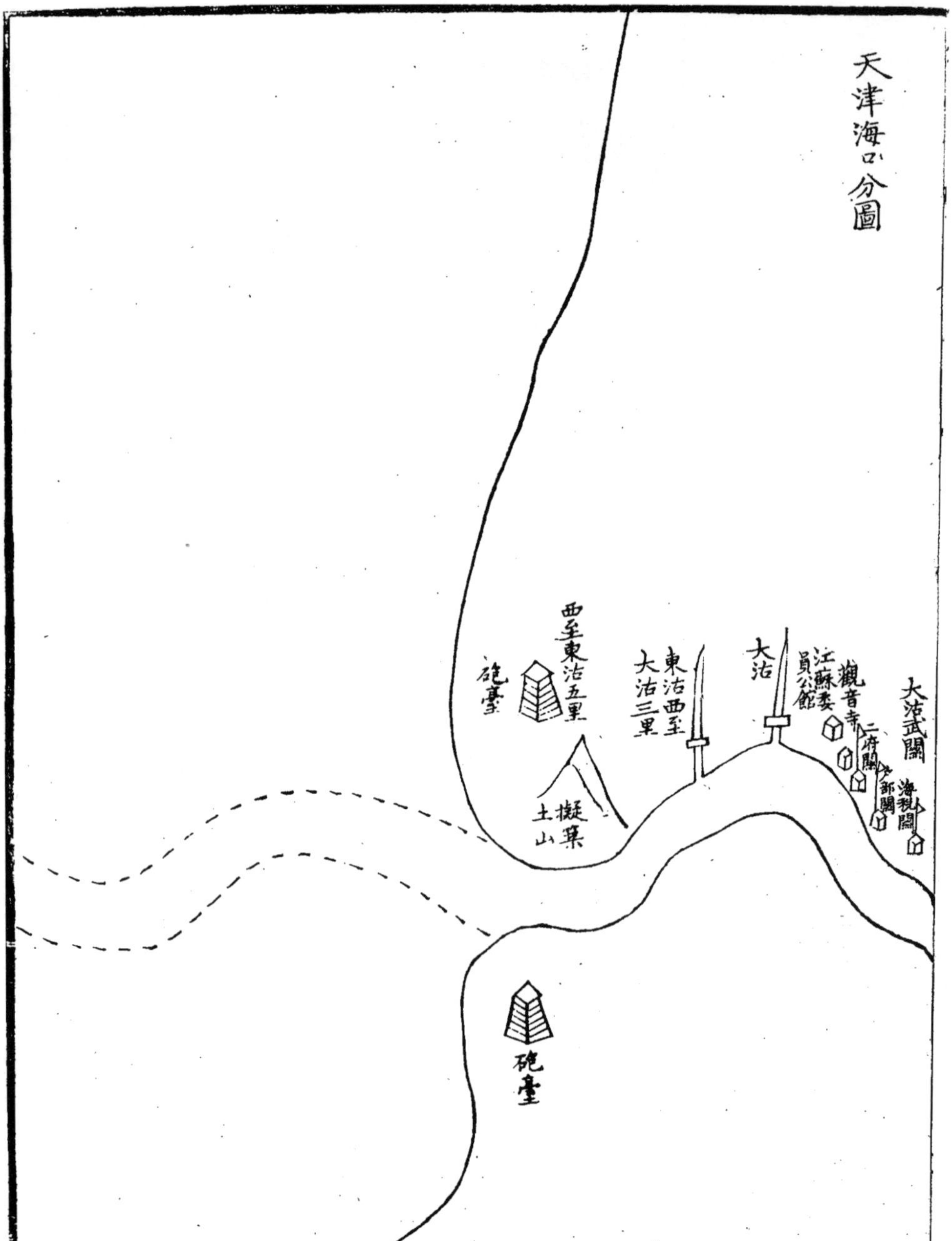
天津海口分圖
大沽武關
海稅關
戶部關
二府關
觀音寺
江蘇委員公館
大沽
東沽西至大沽三里
西至東沽五里
砲臺
擬築土山
砲臺

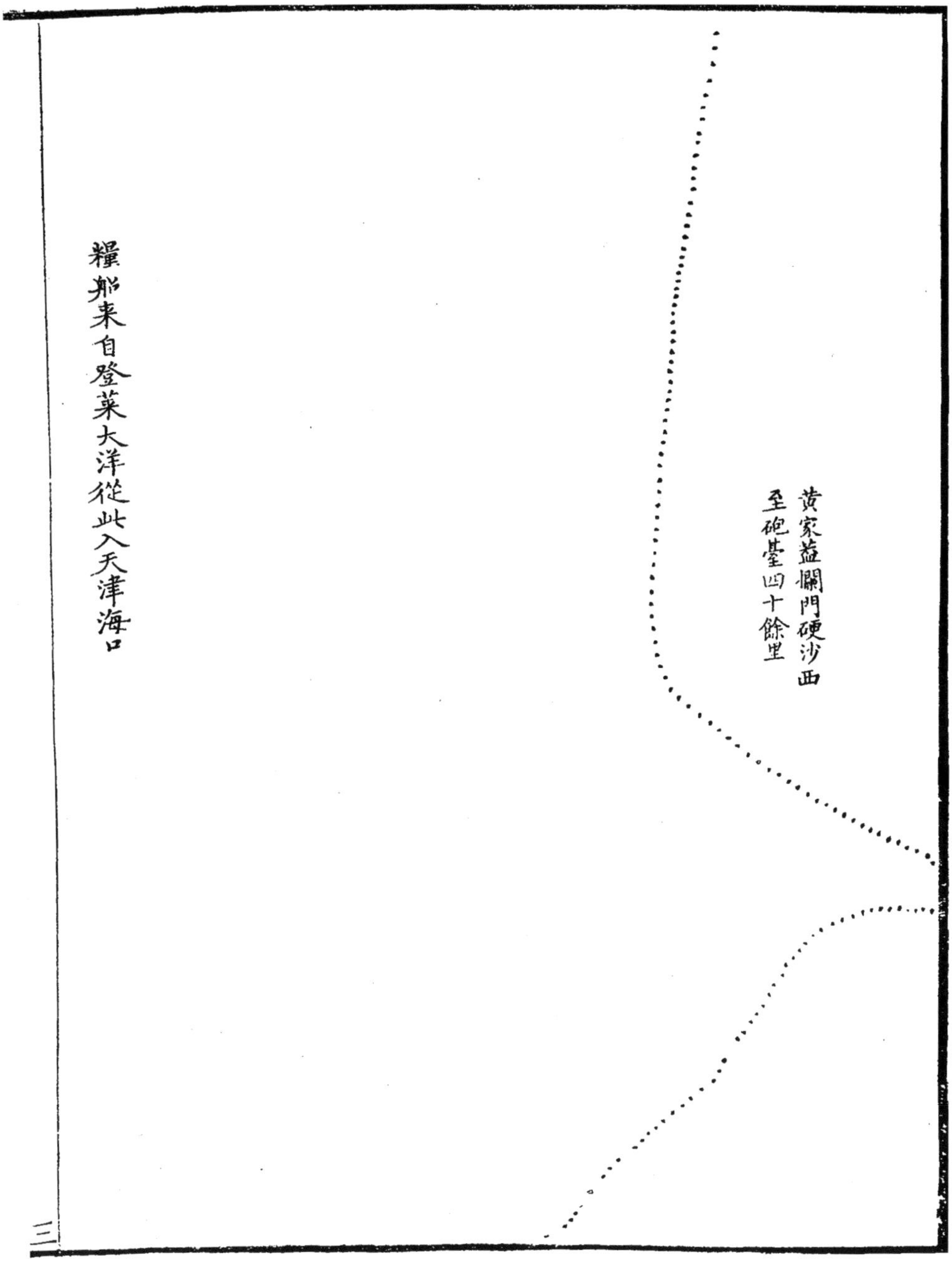

三

彦士按天津口外絶無名山海島可識趍向南北復有陰沙攔門糧艘来自登莱大洋但見煙波無際每懼不得其門或擱沙播浪寔屬危險口内似須挑築土山如明初築吴淞寶山以為海運船收口標準故事擬高四十餘丈口外須添大號樣船兩隻分列南北以作出入門户庶保萬全

朝鮮西南洋羣山島圖

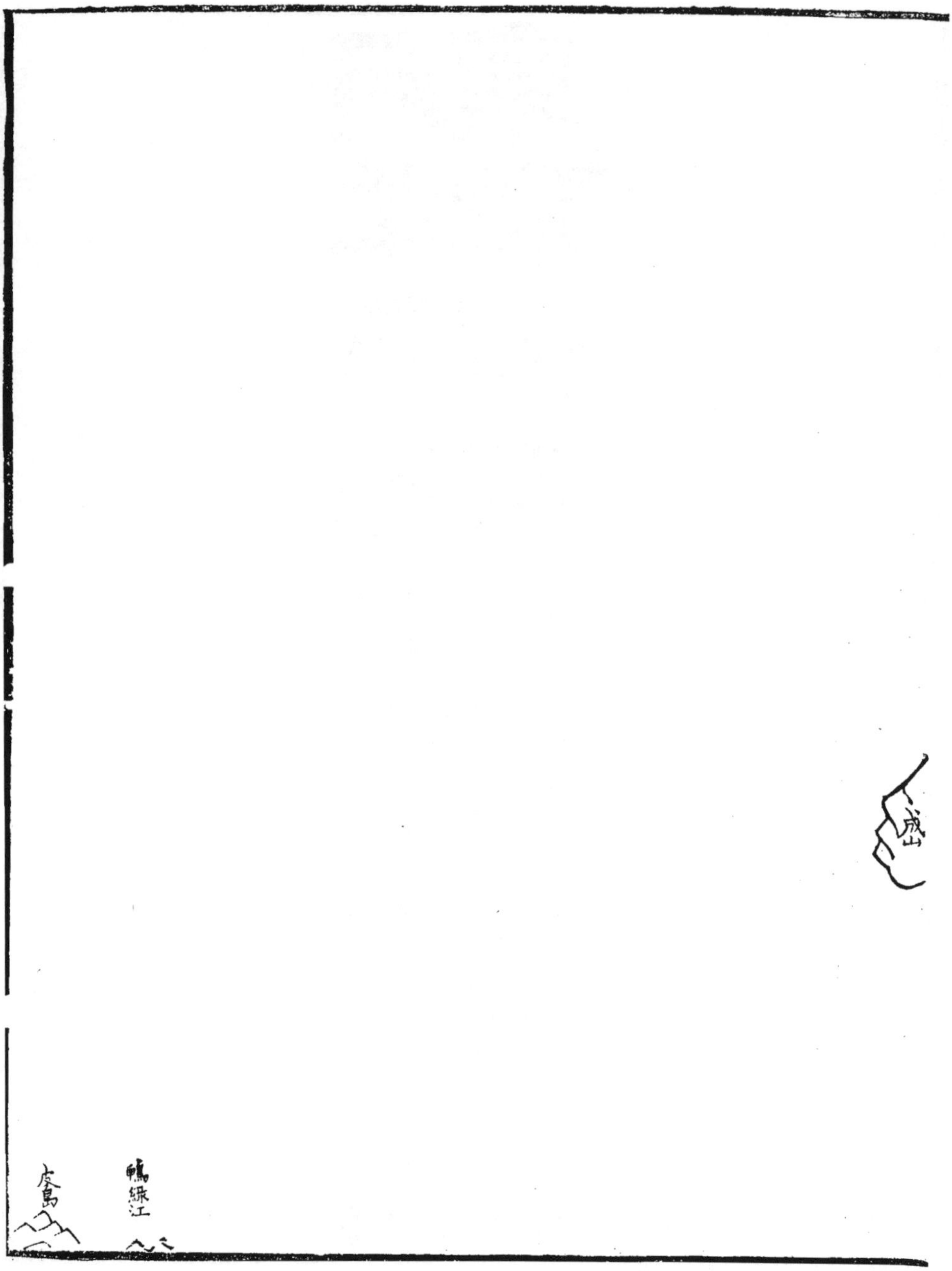

成山
皮島
鴨綠江

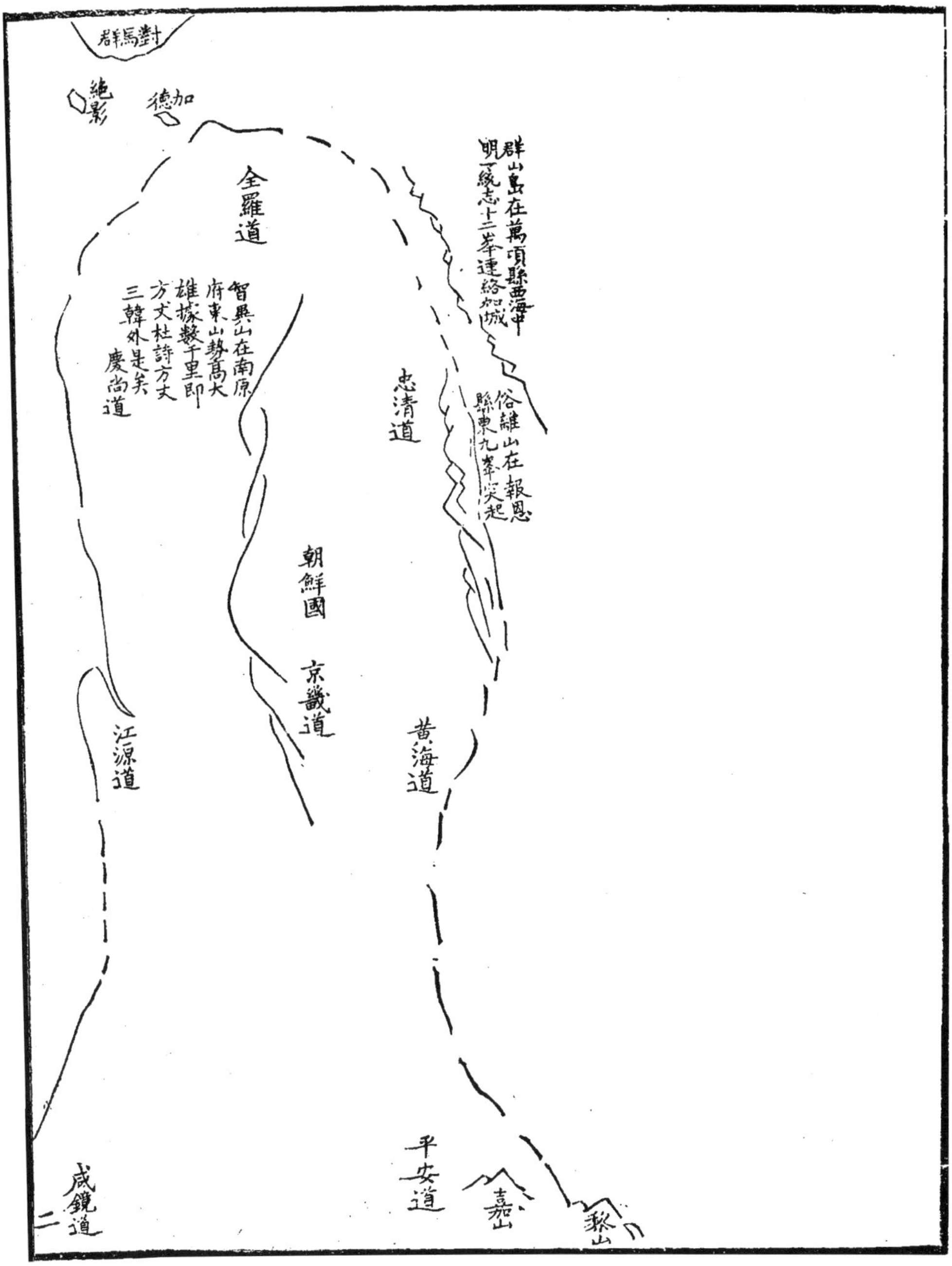
對馬群
絕影
加德
全羅道
群山島在萬頃縣西海中
明一統志十二峯連絡如城
智異山在南原府東山勢高大雄據數千里即方丈杜詩方丈三韓外是矣
慶尚道
忠清道
俗離山在報恩縣東九峯突起
朝鮮國
京畿道
江原道
黃海道
咸鏡道
平安道
嘉山

海運芻言目錄

題姪作舟萬里歸颿圖集陶六首又集杜一十五首

海運議

施彦士

竊惟漕與河不兩利。明人壅河以爲漕。而漕政壞。即避河以利漕。而十字河以下卒不可避。而河亦卒不可治。然則避河之衝而別開新河迦河及新舊中河以達會通。何如古人海運成法。而漕與河兩無不利哉。考海運始於秦至唐轉東吳粳稻給幽燕宋朱子奏劄亦言廣東海路至浙東爲近宜於沿海去處招邀米客至元都燕首用崇明朱清張瑄等開海道最後崇明殷明略又開新道從崇明沙放洋向東北入黑水大洋量取成山轉西至登萊大洋抵天津風信有時不過旬日何便如之故元世專用海運明初猶不廢至永樂十三年會通河成始罷然宏治嘉隆以後河決運艱時復行之大學士邱濬及崇明沈忠節廷揚論之詳矣是明用漕運亦未嘗竟廢海運也況今漕運造船旂丁行糧幷文武催督堤埧閘夫諸費外浮費日增致兌時加耗亦日重奚啻以數石而致一石而運河一

綫無一處不憂淺阻即無一歲不慮誤運苟無
以通其變一旦咽喉梗塞誠可寒心然此猶就
漕言漕也而治漕者必兼河且不得不以障河
者治河黃運所關險工林立當事者殫心戮力
以期河漕交利非不飢溺由已然而歲脩搶修
諸要工究不能無漫溢甚至如嘉慶十九年睢
汛二堡之決二十四年武陟之決二十五年儀
封三堡之決並河數十州縣俱受其害今高堰
又有漫口何哉是非治河眞無上策也明邵國

賢云今之治水者所空之地乃狹於禹所處之勢乃難於禹所求之功乃大於禹何言之禹之治水分播合同隨地施功無所拘礙求去其墊溺之害而已今自邳宿而下悉爲運道所關稍北則衝運稍南則倒灌且下流不暢則上游必溢於是力制湍流廣營高岸欲強數千里悍戾無情之水惟我意之所向而不南不北弁不減不漲不淤不決雖神禹復生難爲功然則欲治河勢不能復顧漕欲漕河兩無妨礙誠莫如舍

河而遵古海運成法且以今日而籌海運其至便有四其無可疑有三而其大利則有五昔邱濬慮海道不熟擬募漁戶造艘往返十餘次以尋元人故道隆慶間王宗沐亦以不習海道有鶩游山之失崇明沈廷揚生長海上猶抗疏三上始行踏勘小試今開海禁一百四十餘年江浙瀕海多以船爲業往來天津熟習有素皆踏勘之人卽皆歷試之人無庸另募屢試其便一昔人擬於崑山太倉起廠造船然一經官造率

虛器不堪用今沙船大者二三千石小亦千餘石不等募其堅緻牢實百無一失無庸另造其便二又漕運多置攢督官員今卽擇船戶殷良者督之無庸另委反多掣肘其便三其水力卽以造船銀及旂丁行糧幷津貼幫費給之已省其太半無庸另開帑藏其便四然而有疑大洋之險或不免漂溺者不知商民往來海外遭覆溺者百不一二又率在秋冬若春夏二運南風甚利最屬妥當卽有損失則兑糧時每石加耗

今可裁取一斗與船戶其餘以備有失則補無失卽爲羨餘而正額萬無一失其無可疑一也

然而有疑改運後旗丁難於安置者不知

朝廷簽丁所以濟運非爲丁無生計而以漕運濟之也況變通之初卽事有漸近海如蘇松常鎮四十七幫約計軍船二千四百餘隻每年約須造船二百四十餘隻今先舉二百餘船米數由海抵津而省該丁造船勞費仍給月糧休歸軍伍或別開屯田俾安耕鑿以漸轉移有何不便

其無可疑二也然以漕河爲故常而不利於海
動以浮言者有之若謂海運宜於季世不宜於
盛世不知海運非始於元明幷不始於唐與秦
按夏書揚州貢道沿於江海禹先行之特當時
建都河內故由淮泗達河設虞夏都燕必不舍
利運之海壅河以爲漕或別開一河以通漕矣
此尤絕無可疑者也今誠斷然行之則漕費人
省
國計大贏其利一　徵糧時加耗可減民困可甦而

國本大固其利二兌糧放幫後不過旬餘卽可到
津交卸不至守凍亦不至黴變而
國儲常裕其利三又運不簽丁歸伍訓練而
國勢常振其利四且漕不關河而河臣始得專其
力以展其才如賈讓之三策所謂師其意而不
泥於古不悖於今者因時制宜因勢利導雖非
局外所敢議要之漕與河不相關而河無不可
治其大利五夫以四便三無疑收五大利不待
智者而決也抑又聞之

京師之東瀕海數千里北極遼海南薄青齊潮汐所至淤爲沃壤皆萑葦之區也現訪諸往來其間者開種絶少誠師虞集徐貞明之意廣近年豐潤霸州營田之制大開水利一如江浙圩田募丁屯種於以強兵力農雄三輔而鞏

神京十年之後倉儲自裕幷江南偏重之賦亦可量減而非全恃海運爲長策也根本之地自有大計草茅下士何敢妄參願以質諸忠於國且諳於事者

海道圖記

粤自我

朝康熙間開海禁江浙海船往來直隸奉天者不待圖則亦不必圖圖亦率多疎舛而海運南漕則不可無圖圖尤不可不精核蓋自吳淞至天津不下五千里從崇明沙放洋向東北入黑水大洋趱成山轉西放登萊大洋抵天津其間如石島裏島威海奇山所廟島率可守風停泊不有圖焉曷以量遠近占風汛又如始皇橋曹妃

澉黄家蓋等處素稱險惡不有圖焉曷以知開
避又曷以知今兹海道如五條沙鶯游山等險
不待開避而自不相干之故顧向來圖志既多
闕略且舛誤而篙工柁師又或親歷焉而不能
名彦士廿世居崇四面環海耳濡目染無非海
道情形浪船風颿盡是海疆樂利恭逢
朝廷議行海運招募沙船彦士戴切
尊親會集船戶率先領運躬涉重洋自江蘇及直隸
沿海形勢向曾耳熟者今更得諸目擊竊不自

揆考古証今繪圖貼說闕者補之誤者訂之其守風寄碇及危險宜避處一一書朱字著明之非敢謂渺如蠡管可稍助夫

高深庶詢及芻蕘或下同于葑菲云爾

道光六年四月望前一日　崇明施彥士

萬里歸颿圖記

道光四年十一月十二日颶風發高堰溢禦黃
築運道窒我
皇上宵旰憂勞命籌海運招募沙船格外體恤至纖
至悉惟是事屬創行人心疑懼觀望不前勢且
中止伏念我
朝自康熙間開海禁以來海隅蒼生食百餘年之
利而河決運艱
國家曾不獲濟一時之急心竊痛之會　當事諸

公下問募船事宜退爲戚好具道
朝廷清明臣工廉法頗多踴躍吾姪作舟方弱冠
就外傅義形於色稟命渠父曉峯從余押運
抵津其始則遇石尤折桅杆而不悔其繼且漂
異域歸絕地而不懼險極時求神篼輒得下下
舟人泣且亂姪奮曰篼下下吾心自上上但更
出乃力卒以得全伏惟
天子神聖海若效靈自當事出萬全而非踰極險轉
若無以見作舟之器識者其抵津免竣而從予

入都也　當事紛索海道圖既多出其手復自繪萬里歸帆圖一冊予喜其年少而識先志堅而氣壯似當稍有成就者卒爲記其顛末兼以質諸大雅當更有以勉其所未逮也

道光丙戌五月下弦

叔彥士題于河間道中

海運紀行詩評

英協揆樹琴太夫子

以忠義之志發爲新詩宜其氣奮風雲與波濤

爭勝也丙戌孟夏月既望

穆尚書鶴舫先生彰阿

諸作逸興飈飛傑句霞舉張華浮海祇覓仙蹤

宗慤乘風空聞壯志方君遠略殆有徧心況畫

地以成此圖將觀海而難爲水石尤鼓力小駐

神山玉局論才大來福地鯨魚跋浪滄溟開當

爲君三復誦之勿以天池未化抱憾摶雲也

道光丙戌三月津門行館

申少司農鏡汀先生敬賢

忠藎之志篤棐之忱眞肫之性栩栩然流露於

楮墨間雒誦一過令人肅然起敬

王少宰伯申先生引之

作者覩險如夷所以有夷無險經曰天之所助

者順也其謂是歟

王太史香湖先生青蓮

奇情壯采獨往獨來想見乘風破浪時氣槩

俞孝廉同年正燮

樸齋奇傑磊落人也折節讀書自言詩非所長此冊放洋云胷懷才一展眼界未全空又云千艘先一介短劒儡長鯨之眾云峯巒開一面風雨鎖重門可云亮拔矣樸齋喜言地理謂左傳夏汭在今下蔡鎮魏策欒水爲水經注潦水之大欒水余尤心折之余以足跡所經知膠萊河不可復然黑水洋遇西風過猛即飄至高麗西

山此詩數首皆可作掌故觀者　丙戌四月八日

題辭

鄒觀察公眉先生 錫淳

碣石冀州尋故道雲颿遼海誦新詩不須更羨

鵬䳠化已是乘風破浪時　同來瀛海賦皇華

挽粟飛芻敢漫誇一事輸君太奇特孝廉船即

使臣槎

李觀察春畹先生 湘茝

報

國初心酬得無壯哉氣已小江湖孝廉船上爭相

索一卷乘風破浪圖

齊郎中梅麓先生 彥槐

籌筆吳門酒一杯雲帆絡繹鏡中開笑予短棹

歸山去輸爾長風破浪來

聖代自修沿海貢 禹貢沿于江海 羣公爭識濟川才 英煦齋相國穆鶴舫尚書皆器重 淹遲一第何須惜 樸齋以領運未及會試 豈有斯人困草萊

申云渾灝流轉顧盼自雄乘風破浪之遊亦可謂有志竟成者矣

申云雄壯
王云出豪

海運紀行詩

施彥士

初放佘山洋

轉漕出瀛東煙波萬里通胷懷才一展王云積健爲雄（嘉慶間彥士曾預擬海運議經太守張丹邨先生前在太倉州任錄稟各大憲）眼界未全空鄉樹微茫外佘山指顧中一颿風可借計日慰
宸衷

入黑水大洋二首

不領
天家漕胡爲破浪行千艘先一介短劍聶長鯨截海

李云具此氣概推倒一世豪

悃忱流露筆端

由云卓犖寫傑

傑

志逾壯押糧身始輕但祈風伯助及早達
神京
竝發百餘舟天邊影僅留盤針無別路煙海渺
難求日月
光還被蛟龍迹早收乘槎黑洋外也應使星不
二月十五日遇風駛回十澂
蒼兒復蒼兒漕海供驅使壯志期少擄阻滯何
乃爾昔賢抱精誠昭格無遠邇或開衡山雲或
見北海市況今行海運煌煌奉

李云五律工於發端自是大雅之音

明旨大臣躬祭告牲牢沉海水不才不自量率先挂帆駛初遭風打頭繼損桅中止一身何足言毋乃作神恥遠從黑洋迴重將舟楫理申禱海若靈惕厲玆攸僕庶揚順風飄直走五千里指日達津門上以報

天子

過成山

破浪才三日成山望忽開同舟遥指點捩柁轉頭來螺髻雄峯峙龍鬚積石堆海螺龍鬚二島東西相望揚

申云霓旄秀發旗旆飛揚守風詩有此雅致洵見忠信可涉波

颶風徑過威海夜鳴雷

寄碇威海

雙島稽圖志劉公擅土名直教龍虎踞無復浪濤驚漁艇排三面霓旌閃一泓海運船旗分五色糧艘安樂國形勢信天生

之罘守風

不入之罘島那堪波浪掀峯巒開一面風雨鎖李云警拔王云盛唐風味李云如畫重門檣影迷荒戍人煙認遠村定知山外舶呵護禱神煩

濤

李云起句得唐賢三昧

禊前一日北風甚烈仍泊之罘二首

不信今春颶不休北來十日九停舟天津西望迢千里何日天倉唱進籌

曾聞七日達天津縱使遲來不二旬底事春風今歲各安排大抵不關人

禊後二日大雪

斷雪雪爭飄奇峯積不消捲來青海島糝入福山潮壯志偏留滯高歌未寂寥何當好風日掛

席不崇朝

部試期前一日二首

讀書原不爲科名詎必科名乃壯行海內何人
癡似我試期錯定勵長征

一笑元龍氣未除偶憑湖海運
天儲名山事業那夯貸長揖秋風返舊廬

三月九日

行止由來不自持守風風信又焉知羣英奮翥
雲衢日繫我長吟海島時報

申云語語沈摯肧胎少陵王云慷慨悲歌

申云至情至性慨當以慷

國憑文且藏拙委身視險早如夷惟供
天庾須加慎縱後春闈敢厭遲
喜姪作舟領運至
泥首叩 天妃驚從異域歸連山幾路絕外國西山綿亘不絕握手尚魂飛舟與浪方搏人惟神是依李云情景逼真
天儲幸無恙喜極淚沾衣
報
國遑論命歸來轉爾憐急公知有素蹈險厲無前
衆志片言定險絕時求神筊復得下下舟人泣且亂姪奮曰筊下下吾心自上上

李云結得事外遠致

李云渾成已極斯爲

但更出乃力卒以得全隻身萬里旋少年徵器識不獨亢宗賢

曉發

曉發奇山下暮經劉旺陰劉家旺口八家迷海口郎八角口二竹峙波心大竹小竹二島並峙海中面面風俱到是日風色不定遲遲日已沉布帆乘月挂廟島尚難尋

沙門島

海島峙沙門曾聞古戍存而今煙浪裏無復陣

雲屯輓粟惟呼兕爲梁不假黿千帆看徑過盛

立言有體

事軼前元元行海運置兵戍此

望蓬萊閣

蘇子登臨處蓬萊傑閣存未遑觀海市風引過

山門

放登萊洋

萬里天臨鏡晴嵐杳靄間鼉磯藏半面桑島露

雙鬟縹緲疑欽嶺大欽小欽二島微茫覓鐵山懸帆圖

畫裏何事乞荊關

王云鑄語奇橫

入天津口

望望煙波渺津門何處開頻驚橫蓋淺黄家蓋淺沙攔口幾費點竿來所恃官廉法憑教載往迴風濤雖是險轉漕不勞催

進東沽

一自進東沽歡聲滿路呼縴夫先事備肩手陋規無船到糧隨卸官清吏不汚從教疑懼釋歡

棹頌

唐虞

題姪作舟萬里歸帆圖集陶六首

其一

少年罕人事姪方弱冠就外傅請從余所之從余押運赴天津

忠情謬獲露縱心復何疑不謂行當久但懼時

我遺分散逐風轉姪舟遇風後至長風無息時

其二

神州獻嘉粟風波阻中途將止扶桑涘直至東

海隅姪舟飄至朝鮮國羣山島我不踐斯境君情定何如崩

浪聒天響流觀山海圖

其三

丈夫志四海

君命安可違奉旨海運 渺渺孤舟逝遙遙萬里暉乃與

日競走常恐功愈微行行循歸路遠去何所依

其四

去去轉欲遠念我意中人勉勵從茲役道路邈

何因不知止泊處此已非常身猛志固常在一

遇盡殷勤之眾遇姪以詩志喜

其五

目倦修途異念之中心焦茲契誰能別我行篋
不遙邈與世相絕杳然天界高情通萬里外濁
酒且自陶

其六

猛志逸四海顧瞻無匹儔海運初發議人心疑懼忽已親
此事託乘一來遊初放洋與姪同舟逝止判殊路終懷
在歸舟虛舟縱逸棹我生行歸休各船抵津卸空始偕姪南
歸

再題萬里歸颿圖集杜一十五首丙戌二月十日率姪作舟

押運赴津遇風駛回姪須理楫後發二十六日又遇風漂至朝鮮國萬傾縣西南羣山島迴棹近石島又遇風漂至沙頭山至三月九日始遇諸之罘島又因添水後發十九日始至津門重叙乃出是圖會集陶題之未詳委曲爰再集杜句以誌離合之跡云

其一

此生遭

聖代寂寞壯心驚任轉江淮粟不辭辛苦行華彝山不斷舟楫浪前輕生死向前去人傳世上情

其二

至尊方旰食壯士恥爲儒首倡恢大義春深赴

上都丈夫誓報

國碧海挂新圖誰對連山好吟詩正憶渠

其三

畫列地圖雄前呈當事諸公海道圖半出姪手能無分寸功禮

同諸父長義忝上官通姪從余押運曾稟通大憲作客應

吾道飄零任轉蓬至今猶破膽未敢息微躬

其四

皇華吾善處材力爾精靈方丈渾連水乘槎自

客星我生無根蔕浩蕩乘滄溟素檝分曹往乾

坤水上萍

其五

二月已風濤此生任所遭風雷颯萬里海國泊千艘久客宜旋旆歸心折大刀檣烏相背發失侶亦哀號

其六

乾坤到十洲夙昔具扁舟只益丹心苦不貽黃屋憂別離驚節換（時寒食已過）行止各雲浮日色赤如血魂飄結蜃樓

其七

慘淡淩風煙連檣並米船收帆下急水轉粟上青天漂泊難相遇歸來始自憐人生許與分早覺仲容賢

其八

舊譜頭懶叔跋涉禮何如出海忌諱多留滯才難盡平生意有餘士人叨禮數使節有吹噓不復知天大新文尚起予姪有萬里歸颿詩

其九

人事多錯迕天涯正寂寥今朝烏鵲喜絕岸黿
鼉驕日出黃霞映雲深黑水遙異方驚會面回
首向風飈
其十
閩道雷奔黑猶嗟行路難乾坤霾漲海谿逵露
心肝精禱既不昧時禱海神得全此行疊壯觀防身一
長劍攜酒重相看
其十一
繪事功殊絕千山空自多心胸已傾倒膽力爾

誰過行路難如此勞生共幾何吾賢富才術且
得慰蹉跎
其十二
問君適萬里我亦離殊方特戒風颷駛來時道
路長客身逢故舊春色是他鄉舟楫因人動英
雄徒自強
其十三
風雲若有期宗族忍相遺夙昔試安命今朝齡
所思轉驚波作惡況乃迴風吹舟泊常依震當

君滅膳時

其十四

同是一浮萍沙邊待至今長風駕高浪輕鳥渡層陰却寄雙愁眼同看不住心姪舟須添篙師水後發

其十五

暗理楫感動一沉吟此輩感恩至

朝廷多正臣奉辭還杖策用急始如神告訢皇華

使同遊英俊人一時今夕會

北極奉星辰

内外海運章程不分卷

〔清〕佚名輯

《内外海運章程》不分卷，輯者不詳。清道光間運河淤塞，漕糧以海運爲主，此爲户部所頒有關海運章程，海運各項事宜之規定甚爲詳盡。據上海圖書館藏抄本影印。

内外海運章程

内辦章程　光緒二年海運

計開

一海運事繁責重，應循案委員設局分辦也。查蘇省歷屆冬漕，向在省城、上海分設兩局，委員經理。今屆新漕，前奉

大部奏明按則徵運，赴通徑交，並因當此

京倉需米孔殷之際，自應設法多籌，及早起運，以供支放。所有購糴驗米等議章程，一切事務既繁且重，應循案在蘇州設立省局，由司道督辦，以妥蘇州府總司其事，并遴委幹員及三首縣隨同辦理；另在上海設立滬局，由蘇

松太道會同上海廳知照總局各委員、將招雇沙船、查驗米色、收費水腳、監兑放洋各事宜、妥速經理、其查驗米色、係糧道專責、自應循案移局呈送樣米、逐細查驗、俟兑交沙船時、再由蘇松太道復加覆驗、總期一律乾圓潔淨、不得稍有攙雜、凡海運糧米抵津、查驗、通融剝運、通倉交兑各事宜、統歸南省一手經理、事較繁襍、最為吃重、應請循案奏派監司大員、酌帶委員、紳董、先期前赴津通、妥籌分設各局、妥為籌辦、

一交倉漕白正耗、應請就數起運、其節省漕白丁耗芉米由局撙節糶變、撥抵運腳也、查咸豐四年以後各屆海運均經

奏准就墾田應征交倉正耗米數起運、毋庸籌補足額、今届經

大部奏奉

諭旨、飭令照額征運、芉因原應遵照辦理、至如蘇常各屬兵燹以後抛荒田地較多、小民工本缺乏、一時未能全墾、即已墾之田、又因連歲欠收、以致元氣驟难恢復、且本年夏秋之間恒晴不雨、腹裡高田、戽救乏由、禾苗類多黃萎、低平之區亦因缺水灌溉、穗粒未能一律飽綻、收成大為減色、體察情形、實难照額全

征、節就蘇松常太四府州屬、並鎮屬之溧陽縣、共三十州縣、廳成熟漕田逐
加搜歸、共計應征漕田白正耗米六十九萬二千一百一十一石零、內除丹徒縣實
征漕糧正耗米一萬九千五百六十五石零、循照舊章、留南以撥給營兵米
外、實該起運交倉漕白正耗米六十七萬二千五百四十六石零、又沙剝經紀
耗食等項、除新增添備天津剝船耗米、四案動支收買河船餘米解交
外、其餘四款、共該米七萬三千四百石零、統共起運支給米七十四萬五千
九百四十六石零、應請就數起運、其蠲缺之米、為數甚鉅、值此庫藏空虛、
度支維艱、力難籌款買補足數、其隨征節省贈五春耗給丁各款米石、

除開支白粮舂耗、及漕白起運項下備帶沙剥經紀耗食並二升餘米外，餘剩之米，應請由局照章糶變，抵撥沙船水脚並神福犒賞等銀之用，免再隨正起運。所糶變價，歷係隨時酌定，本年時價與上年相符，應仍照案每石提解庫平銀一兩七錢五分。所有陽坛二邑，仍辦折征，采買米石，隨正運通，業經核計買米數目，另案詳請奏撥在案，支銷米價水脚等款，俟事竣由道查造細數清冊，請咨核銷。

一海運經費，應照案以河運節省銀米分款抵支也。查蘇屬同治四年以
後，各屆海運均照定章，以河運節省各款銀米，撥抵海運支用。計漕
白每石共支銷庫平銀七錢，所需沙船水腳並神福犒賞等七款，每石
給漕平銀四錢二分八厘一毫，先將各屬節省給丁餘耗及贈五盤艙春運飯、
蘇糧道行月，并江糧道歸蘇一半行月等米，糶價抵支；次以江道歸蘇一
半之漕倉正銀，及隨漕征收節省費錢易銀，撥用，再有不足，復於南齒局郎
等米受價餘剩，因酌鼓湊濟，歷經循辦在案。惟各上屆均因起運增多，節
省糶價，按原定減短，各屬應需沙船水腳等銀，以盈餘漕款抵支，不敷甚鉅，

歷經由司另籌墊款通融撥借、然年復一年、彌補為難、今届起運項下所
需運腳、應仍歸前項另款銀米由局循案撥款經理、如尚不足、先行照
數籌墊、隨米解滬、事竣由司核明撥還、庶免停船待銀、坐誤風汛之
虞、所有各局不敷情形、容當通盤籌計、另行核明詳請
奏咨協撥濟支、俾全大局、其津通交米一切並剝價篙兒錢另款四案、在于
蘇糧道庫漕項銀內動支、攜帶北上、另歸另款開支、事竣由道扣銷、俾免轇
轕、另有奏准加給商船停艙水腳每石銀一錢五分、循案于蘇道四分漕項
內動給、以昭商船、

一律通經費、並北局各項開支、應交通安理也、查蘇省歷届海運、停輕費
油艙席竹等項、應由糧道衙門照例提解外、其津通剝價、議增口糧等費、
均於道庫漕項銀內籌備帶津、前届因剝船困苦、奏
直隸督憲
奏准漕糧每百石加給剝船腳價銀五兩、白糧民船守候口糧、另由江浙統籌
銀一萬二千兩、事竣撥派、又向章漕糧官剝每石應給價銀八兩四錢四分七
厘三毫、白糧民剝每百石給銀九兩八錢八分四厘八毫、定價本不爲優、復議
將官剝船腳價悉照民船一律支給、惟向解直省運通剝價及天津道衙

行樣支給狀，已有此款，亦歸本省自行支給，斷不敷用。且通州一切樣費，更為歷年剝津受卸所無，而本省經費例有限制，惟有仍舊以漕撥漕，就本有之款，酌為清釐節減支用。查白糧項下每石有經耗一升八合，撥以一升隨正交倉，以八合留作本省運通折耗。漕糧經耗每石一升五合，以一升隨正交倉，以五合及新增剝耗每石五合七勺五抄留作本省運通折耗。一升八合撥以一升隨正交倉，以八合留作漕糧經耗每石一升五合，以一升隨正交倉，以五合及新增剝耗每石五合七勺五抄留作本省運通折耗之需。上兩屆均經照加在案。今屆應請仍循其舊，並銀狀項下漕糧經紀飯米折色及一半津貼兩項、白粮經紀皈米折色一項、均係初办海運時、援照河運截卸北倉之例加給、本爲自津運通而設、今改由南省逕運赴通、經紀遂無承起承運之責、前項漕白粮經紀皈米折色及漕粮一半津貼銀兩、業經

會案

奏准以一半留南办運、一半解北濟公、本年亦應查照改章办理、惟是南省經費、艱形竭蹶、核計津通例支各款、實有不敷、曾於同治十三年分詳蒙

大部議准每石酌加運費銀五分、藉資支用、其南省向解天津道漕白剥價、係例支之款、續奉

奏准加給剝價及民船守候口糧亦皆近年新增之款現加逕運凡南省自運漕白水脚俱照民價從優支給擬就前項例支加給之款儘數撥用外尚有不敷撥於津局例銷款內撙節湊撥統俟明年漕米事竣再行通核盈絀另行詳請核銷

一剝船運通漕糧、應仿照白糧裝用口袋、以期周密也、查江糧米石、向照河運之式由南省辦口袋承裝運通、漕糧則皆散艙裝運、僅於艙面封釘、雖期周密、查商船自滬運津、漕糧每石例給船耗米八升、自不致再有虧短、且途路艙底爛米均有船耗堪抵、當屬無損、正漕自可毋庸裝袋、惟自津運通、官剝作弊滋多、前兩屆仿照白糧辦法、一律裝用口袋、逐袋貼封裝艙、再將艙面封釘蓋印、當由糧道籌欵先行製辦米袋二十萬隻、俟漕糧抵津驗兌、一律用袋承裝、轉交剝船運通、一經抵壩、交卸其袋、即由押運之員按數收回、輪流裝運、事竣將袋存儲公所、留爲下屆之用、在案本年

自應循案辦理、如需添補、其從優賞仍由道動支漕項、作正開銷、

一慎重米色、必須早驗早卸、應請先儘正漕兌收、並將上届存倉、循案作
抵也、查沙寧等船、承運漕糧、既經遠涉重洋、若復在津候卸需時、米色
難免蒸變、又官民剝船在津受兌、以至抵壩遲速、亦須半日、倘不即為驗
收、米色亦恐不能一樣、近年南省辦運、恪遵
部飭、事事提前、約計每届頭批漕船、於二月望前、即可陸續進口、江浙兩省
糧道、准于二月中旬馳抵天津、設局開兌、應請
倉憲、豫于二月下旬、蒞通驗吉、發壩開兌、俾沙寧等船、得以趕早回空、官民
剝船、迅速轉運、於米色商情、兩有裨益、今届蘇省冬春夏秋之間、亢晴日

久在田禾稻秧雨淋培穀粒未能飽綻且恐海氣薰蒸難保無紫黑丁米色未能一律純淨業經本司道會同詳請咨院憲附摺奏明並咨戶部查照在案惟慎選米色係糧道專責自當加意挑選認真驗兌斷不敢因係明在先以致臨兌從事裝船之後尤嚴其及早抵津隨到隨驗剝運安速免致蒸變所有驗收糧米向例先扣正漕次及采買如有未到津船並兩存倉餘米先行作抵正供其額全完此次例請照辦

一運通剝船、宜先籌劃其善也、查官剝船隻、歷據米數之多寡、分成派定、
並編寫江浙字樣、責成天津道管理、所需油艌、南省自行解交天津道、
預為修整、南省糧道、例于正月間先行委員馳赴天津收管、一俟運河
開凍、由天津道撥交誠實船戶、開具水手花名清冊、按數點交南省委
員、一俟沙寧船到津、即行開駁、解先其剝價、仿照民僱、由南省發給、仍飭
運務完竣、點交楊村通判收管、轉撥天津道、若查有船隻損料不堪
應用、即由天津道詳請
奏咨豫東湘鄂三省承辦、以符定例、如官剝船隻、僅運白糧之外、轆轤轉運、

有間斷、即並用民船、由南省糧道自行招雇、俾行船米石、不致停解待剝、惟剝船既議官民並用、必須悉照民價、從優給價、由南局委員核發、不得絲毫尅扣、如果到先到淇數多、短少米色、實係乾潔、再行從優賞給花紅、倘查有偷漏、攙水等弊、亦當從嚴究辦、以示勸懲、各局均應照辦、一沙船經剝食米、應請循舊動支、作正開銷也、查天津剝船食米每漕白米一石、給米一升一合五勺、通倉經紀耗米每白糧一石、給米一升八合、漕糧一石、給米一升五合、又漕白糧經耗項下剝船食米每石一升一合五勺、又沙船耗米漕糧每石給米八升、白糧每石給米一斗、又每石籌備餘米二升、以上各項米石自咸豐四年以後、均于節省給丁各款耗米內動支、作正開銷此外奉飭各論正漕籌備添給天津剝耗、每〔百〕石壹半米五斗七升五合、在于天津收買沙船餘米內動支、觧給在案、今屆蘇松各屬起運交倉漕白正耗共米六十七萬二千五百四十六石零、除新增剝耗一款、仍照歷屆成案在津收買餘米撥交外，其餘經剥食耗等二款米一萬八千一百五十六石零，沙船耗米五萬五千二百四十三石零，四款俱係于節省給丁之耗內動支分別解交支給。又漕白項下籌備二升餘米一萬三千四百五十石零，亦應于節省款內開支。本年因各省潦旱災民未甫就食，業經詳奉

奏准，全數截撥賑需，自應將屬漕運同水腳神福等銀，先期批解濟支。其起運漕白正耗，及籌備餘米水腳神福等款，仍一併在于糶變漕贈倉項等款內開支，分別解交，不得挨誤。

一米船放洋，應請循案派撥輪船巡防，並咨行沿海水師，逐段護送也。查歷屆海運，准令沙船各帶砲械防護，于出口給領，入口時呈繳，並責成沿海水[illegible]師鎮將統帶輪并兵船，遞相接護出境，並于兇匪放洋時，由上海捕盜机器各局選撥輪剪各船，派委員董出洋，妥為護送，駛至山東，商令會同巡護存案。今屆應請循案由局派撥輪船出洋，認真護送，并令沿海水師鎮將多派兵船在于所轄各島嶼嚴密梭巡，加意防範，一面轉飭帶弁兵逐段巡護，催儹米船趕速北上。請先咨明

直隸督
山東撫憲一体咨行，分別護送，開具專任分任各職名送

部查考以昭慎重

一蠲減缺額南糧應以變價餘賸撥補也查各屬實征本漕項下一條編征之
局糧南米恤賑三項均因計口授食要需減缺米石曾於減賦案內
奏請以各屬應解漕費撥補各上屆因運費不敷議將前項漕費湊濟運
腳在案今屆沙船水腳以節省米價各款抵支仍多不敷應請將隨征
漕費錢易銀兩循案儘撥運腳支用其缺額南糧仍以餘賸南恤變價
抵補以撥足南糧數核計尚有餘賸四案湊撥不敷運腳之用以期兩無
缺誤本屆蘇松常各屬共計應征熟田南糧米三萬五千四百五石零每石折
價銀壹兩七錢五分該銀六萬一千九百五十九兩零又太湖川沙二廳靖江一縣共該

南米一萬三千一百二十三石零、歷准酌量減提、每石提價銀一兩四錢、該銀一萬八千三百七十二兩零、並四案餘屬四數變價解司、撥放旗綠各營米折、并湊撥不敷水脚之用、其長元吳三縣應征向糧、並餘變價解司、以抵織造衙門机匠口糧要需、不准絲毫蒂欠、至蠲減恤賑一狀、仍于南粮項下撥足、俾符成例。

一、丹徒縣漕糧正耗節米、並丁耗行月貼價、應仍循舊辦理也、查鎮江府
屬之丹徒縣、應徵之倉漕糧正耗節米、歷經遵照
奏准成案、以本色坐撥京口旗營兵米、由司按月派撥支領、並將贈五一款、
照例撥解長元吳三縣隆冬費賑之用、其節省丁耗、並江蘇兩糧道行
月米石、仍歸節省變價解司、抵撥他屬海運沙船水腳、又卹賑米石撥給賑
貧口糧之用在案、今兩自應循案歸漕糧節米、坐撥旗營兵糈、贈五米
石、撥給三首縣隆冬費賑、其節省丁耗行月節款、查照糶變米價、每石一兩
七錢五分之數、批解司庫、以資撥還前屬墊用沙船水腳要需、其節省丁耗

一、脚價亦應歸入海運支用外，應同行月米價，一併現銀趕解，不准挪自動缺，致誤運費。

一沙船領運各事宜，應遵照成案辦理也。查沙船應運官粮，歷届准令八成載
米，二成載貨。如在洋遭風，除砍桅鬆艙，驗明粮貨俱損者，應准
奏明豁免。如貨物並未拋棄，獨棄官粮，雖鬆艙屬實，短少米數，仍須賠補。
並遵咸豐四年間
部議，揀選妥實商船承運，責成同行出具保結，互相稽查。倘在洋遭風，即
時報明所在地方官覆勘核辦。如有捏報遭風，或到津報稱失事，並無確
據者，除着賠外，不准再行領運在案。今届起運新漕，應循案預為防
範，已飭在事各員加意嚴密稽查，認真選擇，並飭令一律具結，修艌完

國，編列號旗，排泊浦江，俟其未經進口之船，咨行山東直隸各海口，催令作速來南協運，以免耽誤，仍准將所裝二成貨物，照章免税，如帶有洋藥，應令照水路每百斤完税銀三拾兩，並於江海關給發二成貨單內註明洋藥照章納税字樣，以防包私偷漏之弊，該船糧米到津交清，徑回南販運北地貨物，並准循照

奏案，全行免税，如往天津、牛莊、奉天、山東各口販運，仍由津局核給全免税之印照，以便轉赴各關呈驗放行，倘糧米尚未交清，不准先行給照，俾示區別，至各商船承運等候，歷准事後酌獎，除一萬石以下由外給獎外，其自一萬

石至五萬石以上者，分別給予職銜，若已捐至五品，並可再加一級，或另行酌獎。統俟事竣核辦。其沙船耗米，原備到津折耗彌補之用，惟恐先行私自糶賣，或折價取巧，前經議定提出三成，附入聯單，由津局照市給價收買，不准短缺，倘敢顆粒無交，甚至缺少正漕者，由津局隨時分別提究嚴辦。

外辦章程　光緒二年海運

計開

一海運漕白粮米、抵津過剥、及運通交兑、應劃一斛收兑、查收兑粮米、本用漕斛、向來河運抵通、以洪斛交倉、仍折算漕斛報銷、道光二十七年海運、

奏明由各屬自備收漕木斛、用上海狮庫鐵斛較驗印烙、加貼印花、發給沙船、帶赴

天津、仍將

部頒鐵斛、較準印烙、加貼印花、一併發交沙船帶津、並由粮道與天津鐵斛復加較驗、並將各屬所帶木斛留津、作為沙剥交兑之用、仍將

部頒鐵斛、委員帶往通州、與倉場米斛、再行覆較、俾河剝船津通交兌、
統歸劃一、應請先行咨明
直隸督憲查照、
倉

一沙船樣米、及白粮米石、概用蔴袋盛儲也、查樣米為收兑考驗之資、白粮

攸關

天庾玉粒、歷屆仿照河運白粮之式、備用加重蔴袋、襯紙裝儲在案、今屆應何妨

局撥船用袋、由局備送印花粘貼、交沙船攜帶赴津、以應查驗、並由局將白

粮米石、自備加重蔴袋、襯黃表紙二層、縛緊袋口、加貼印花、運滬兑裝、以昭

慎重、應請咨明

倉憲查照、

一米船抵津，仍請派撥哨船引導也。查沙衛各船運米抵津，遠涉重洋，前因天津海口攔江沙內外，有舊沉船隻，及攫口鐵龍等處，稍不詳慎，即有擱淺碰傷之虞。歷於攔江沙內外派撥哨船接護引導。咸豐元年，曾准直隸省咨明，派撥哨船三只，每船派千把一員，兵二十名，代為引路。上屆均請咨明。

直隸督憲，飭將大沽海口文武員弁，預將天津海口暗沙各處，插立標杆，俾知趨向，仍俟米船進口有期，派撥哨船接護引導，在案。今屆仍由經運，凡自津驗兑過剝押運諸事，均歸南省派員經理，惟沙船進口之先，向應派船引導

接護、並進口列次排泊、以及海口淺灘處所、預立標杆等事、應請仍由
天津道大沽協鎮定期派員預為布置周妥、又沙窩各船進口處、僱夫回空時挖泥壓載、
向由該船戶自行給價雇用、並由津局委員會同天津縣飭令勘定官灘、自行
挖載、亦毋庸官為發價、惟近年泥夫人等任意需索、船商受累、並請咨飭
天津道府頒行出示嚴禁、不准泥夫額外需索、以免商累、

一津通剥價每隻、循舊洪斛核計也、查歷屆海運、凡照例應給漕米白經紀飯米、個兒錢、津貼損腳挖箭、倉場各役食飯食、以及官剥民剥雇價每隻、撥石計算者、概以洪斛核計、撥船計算者、以洪斛五百石為一船、各有例案可稽、除損腳挖箭照案裁除、剥船飯米折銀每百石減去一兩一錢五分、個兒錢一項每石給銀二分、以上各項銀米、各按洪斛核算在案、今屆仍如經運內除漕白經紀飯米折色一半、津貼每三隻、應照倉憲奏定酌半給發、一半仍歸南省留作運費、又官民剥船例支腳價、及新增剥價、守船口糧兩款、向歸南省自行發給外、其天津道衙各項雜款經費、向須奉

核會算、本無定額、此次既由經運、所有前項襍費、亦歸南省自行支發、俾歸徑捷而免兩歧、

一南省並办经運、仍須借助直省、也查改章以後、
欽憲既不臨驗、
倉場又不駐津、所有漕白二粮、経沙寧各船海運抵津、悉由江北粮道自行
驗卸運通交収、一手经理、責任尤鉅、凡漕粮在津、应仍請天津道會同照
料、地方彈壓一切等事、仍請責成天津縣妥為办理、所有書役飯食、均歸
南省發給、沙寧各船進口時、应請仍歸大沽營汛隨時據船具報、其下水
次分段照料、沙寧各船停泊、仍歸天津道酌派妥員、並雇用洋人抒多手逐段
安插、又提調沙寧各船出處、紫竹林以上、悉照舊章、挨次排擠、仍歸直省派委

武弁妥為辦理、並自津運通、沿途分段稽查彈壓、及坐壩監兑委員、均由南省粮
道自行隨帶前來、倘或員數不敷差遣、應由粮道咨商天津道、揀員酌派、庶
資呼應而免貽誤、

一封倉蓋印、應格外嚴密防範也、查剝船兑竣漕白糧米、均責成監兑之員、督令將船內米袋放平、每袋用繩纏繞相連、其繩兩頭加用大漆圓印、然後鋪蓋艙板密釘寬厚竹片、外貼皮紙封條、其封條四角、每角用小釘以防粘封脫落、仍加用大漆圓印、抵通後由通局委員、逐船察看、倘封條及大漆圓印稍有損傷、即米石無恙、亦當質對米色提樣究辦、倘再與樣米不符、或米數虧短、即行按數追補、不足原數、民剝即將船隻歸官、變賣賠償、仍治以應得之罪、官剝則加等嚴懲、以重正供、一押運剥船，稽查彈壓，必須格外認真也。查剥船分起運通，多派勤幹員董照料，飭令各船魚貫而行，不得先後攙越，每起多用夫役，隨同押運員董，嚴密巡查。凡剥船中途盜賣，及回空沿途逗遛，責成押運員董，及分段委員，實力稽查催攢，倘有虛應故事，甚或縱容丁役向船户需索者，一經查出，從嚴參辦。自津至通，向分段派員設卡，現既經運，自應倍求嚴密，應否加增段員，由糧道勘定地段，妥為辦理。其逐段添設巡丁更夫，妥邏剥船晝行夜泊，梭織巡查，總期節節嚴防，不致稍有踈漏。所有分段委員，由浙江糧道會同遴派，俾得互相照顧。至津通一帶閭鄉市鎮，均應出示曉諭，不准剥

船米石、顆粒上岸、若查有盜賣盜買情事、授受同科、其沿途經行地方、
及通壩卸米之所、向多匪徒藉端把持索詐、應請
直隸督憲出示嚴禁、並嚴飭地方官嚴行訪拿懲办、以儆刁風、又官民剝船積
倉
慣弊、每以通壩經紀人等刁難恣索、藉口因而使水偷賣、百弊叢生、改章之
後首重整頓剝船、即所以杜其藉口、為第一要義、應請
倉憲申明定通白粮原奏、嚴禁經紀人等藉端刁難、倘敢故違、許即指名揭舉、
從重究辦、俾知警惕、
一改給單照、雇用剝手、均應由南省自行經理也、查向章沙寧各船到津駁卸、

三口通商大臣給發免稅單，此次應由糧道詳請移知海關道，發交南局
轉給，又完照向由南局移請坐糧廳給發，既在坐糧廳既不駐津，應請逕由
糧道另刊完照，就近給發，俾得迅速回空，不致留滯守耗，又所寄各船到津，卸
米過剝，悉歸南省自行經理，坐糧廳之經紀既無承起承運之責，即毋須來津
所有在津應用斛手，亦由南省自雇，以歸簡易

一各局隨運經剥食耗等米，仍照上屆一律改折解道，抵支收買好米，近查漕白經紀耗米一項，請以一并隨正交倉，此外節省米石，均留作本省折耗之用。近并滬局驗兑，格外認真，是以沙寧等船到津起卸後，好米較多，例不准其外賣。同治十二年改辦達運起，飭令各局將隨正起運經剥食耗，並籌備等項米石，改解折色，按照漕價易銀，於年內解滬，轉解糧道帶津，抵支收買好米之用。惟天津收買好米，價值殊昂，僅以漕價抵支，計有不敷，並向交經紀耗剥食米一石，應解水腳神福犒賞等項銀四錢二分八厘一毫，同二升好米項下減半水腳，全給神福等七款銀二錢二分八厘一毫，一併解道帶津，以補漕折之不足。在各州縣本屬應解之款，並無出入，而於運費、商船，所有裨益，歷經循辦在案。今屆仍由經運，除漕白項下籌備二升餘米一款，同水脚、神福、犒賞等銀，業奉
奏准全數留南，撥濟災民賑需外，其餘均應照辦。

一運米商船，應趕催並用，以資受兌也。查海運糧米，以招雇商船為首務，向來蘇省專用上海沙船，如有不敷，湊雇東衛各船裝用；浙省先僱寧波之蛋船、三不像船裝運，如有不敷，由蘇省雇募沙衛各船協撥。清運歷經循辦在案。今届江浙兩省同由海運，需用商船較多，應飭滬局照章寬為雇備，以別兌裝協運，並令詳加揀選，責成商董另行雇覓誠實船戶，並募向有身家良民，充舵水撲次，挑泊浦江受兌。如前曾犯有攙扒、盜凡，以及盜賣鑿空之船，一概不得混保。仍先取具船戶認運米數承攬切結，注明承辦商董姓名，彙送省局，特呈查核，一俟兌竣，具領水腳等銀，給發聯單，以限令于十日內裝者二成貨物、由滬局委員押令開駛崇明十滧口守候放洋、不敢遲延、並出口後遇他往者、即提著舵嚴行究懲、飭寶山崇明等縣、于吳淞十滧二口、嚴行查察、倘有前項偷盜情弊、定即將承辦各員董、及沿海各縣、分別嚴拏、並責令賠補短少米石、以昭炯戒、一各屬運米赴滬、所需水脚什物、應歸一律帶給也、查各屬剥運糧米、應給沙船水脚、向章每石支曹平銀四錢、由滬局扣回一成、抵支局用經費、嗣因船商困苦、詳奉批准、每石止扣銀一分、實給曹平銀三錢九分、又神福正副耆舵水手犒賞、扛艙芦席、赴津拖泥縴夫等七款、無論船數人數、通共每石實給銀二分八厘一毫六絲、按曹平核發、又各屬運米赴滬、由滬局雇備斛手、每斛米一石、另給辛工錢五文、此兩項均須由屬隨米解滬、照章自備斗級三名、笆夫一名、幫同照料、各備印烙木斛十只、川沙廳五只、每只約帶笆斗二个、栲栳二个、又每沙船一只、備大蓆一面、長一丈二尺、闊六尺、

書明某邑漕白粮字樣，另刻旂色，先期解局，以便妥為排泊，俟先行
由局另行按船裝備樣米、麻袋一只，由局備送印花承運一本，貼在案。今
屆蘇、松、常、鎮、太五府州屬正漕海運所需沙船水脚、神福、犒賞等銀，並
奉在於節省給丁各耗、並行月變價款内動支，作正開銷。至各屬應備
旂色，循案以蘇屬用黃旂黑字，松屬用紅旂黑字，常屬用白旂紅字，
鎮屬用青旂紅字，太屬用黃旂紅字，務令須為解局，聽候排泊解兑，
一面將節省糶價同江道一半倉項、漕費易銀，上緊征收，挑撥水脚、犒
賞等項，一律隨米解滬。多則解司，少則赴領，總須由局先行籌墊，事

該造册報銷、不准藉詞耽誤、照斛手辛工、每石應給々五文、又其所備旂子什物等件、除樣米蓆袋由滬局備辦外、餘俱照章由局自行捐辦、隨米解滬、均不得稍有耽誤、

一南北經費、四串以河運節省各款撥用、將向解江道一半銀米、分別改
撥提解也、查沙船水脚神福等七款、銀兩以及津通經費銀兩、前于同治四年
奏准免提津貼、案內議以節省河運給丁各款暨道庫漕項撥支、嗣因改辦海運、
所有經費增多、漕項不敷撥用、奉
部議將歸算一半之江道漕倉銀兩、撥解藩糧道庫濟用、均經循办在案、
今屆冬漕、仍應照办、其各屬應需沙船水脚神福等款、除將節省餘耗
贈五行月米價。并江道倉項一半正銀。漕費錢易銀兩。一併作數撥抵之
外、其有不敷。由屬籌墊。隨米解滬。事竣備文赴司請領歸墊。至藩道

漕項及江道一半倉項銀兩、收關津通經費、要需均屬刻不容緩、自應遵照詳定新章、依限赶解足數、以便攜帶北上、如有逾延、定行分別欠數多寡、詳請從嚴

奏參、各牧令果能將糧道漕項同江道一半漕倉銀兩一律于限内解足者、亦當查照新章、彙入海運案内、詳請從優給獎、俾示勸懲、其解歸司撥用之江道一半漕倉銀米。應仍由局經撥起運項下不敷沙船水脚之用。如有支剩盈餘。及未經動支者。統限于來年正月内、一律批解司庫。以免撥還原墊不敷水脚之用、不准稍有延欠、

一各局運米赴滬，應移札明松海防廳先運，並于先運地方，循案設防巡護也。查照歷屆海運糧道來，向由滬局按照各局米數，預為記定沙船，撥各局備送旂號，妥為排擋停泊，俟運米到滬，即由管解丁局，札明驗收，解交沙船兌裝在案。今屆蘇松常鎮太五局起運正漕，應請照案辦理。其各局解滬水腳等銀，並應查照上屆成案，無論銀洋錢文，仍徑寄儲蘇松太道庫，每日須費若干，由局隨時核明，赴庫領出，即在海防廳署大堂設櫃彈兌，按戶驗票給發。所令錢業董事，選舉公正店夥，按同照料。其八年包巷照舊章，洋價錢數，撥照市價公平核算，不准絲毫剋扣抑責

成該局門委員輪流稽察以免弊混又上海爲兑糧總滙之所沙剝各
船雲集浦江水手衆多自應循舊派員彈壓巡防俾資保衛並請
撫憲
憲台札飭提右營酌帶弁兵在於米船停泊處所遇有雨夜認真巡緝
不得疎虞

一各屬征運糧米，宜分別功懲也。查運滬驗兑，歷屆均定期限，以當年十二月初五日為頭限，二十日為二限，來年正月初五日為末限，如能于初二限內銀米全清，准于事竣歸入海運案內請給獎敘。嗣因各屬往往有先將水脚清解，而糧米並未隨文到滬，辦理未能核實。今屆冬漕剝運，請以本年十二月十五日為初限，三十日為二限，來年正月十五日為末限，如能于初二日限內銀米先後清楚，並將漕項銀兩並照新章依限于年內全完，或解足九分五厘以上者，准于海運事竣分別詳請奏給優獎。但不准以空文搪塞，如有遲誤，以及米到而銀不到者，亦當分別記過撤參以示勸懲、所需剥運船隻多寡、尤須預為雇就、照章自行捐給剥費、日給船價若干、應于單上註明、以免差役侵抑、其剥運之法、仍照上届章程、逐僱舖結蓋印、選派親信丁役管解、嚴禁中途偷漏攙水為弊、一沙船經剥食耗、並二升餘米、應請循案作正開銷、查蘇省各倉漕白粮米項下、應行隨運支給津貼經剥耗食、並沙船耗餘米、自同治四年

奏准免提經費以後、均蒙

奏定章程、同籌備二升餘米、一律動支、節省各項耗米、作正開銷、將支剩之米及行月米石、一併作價搭糶、變價逕行撥抵沙船水脚等項之用、前屆海運

奏將添籌天津剥船耗米一項、議定在于天津收買沙船餘米內就近核明

解交、詳奉

奏明照辦在案、今屆正漕海運、所有應給各項耗食、應請循案分別開支、查

照新定章程辦理、其添籌天津剩耗米石、應照上屆在津、于收買沙船餘米項下動支、又二升餘米、應並

奏案、現以本色撥解賑米局濟支、餘剩之糶變解司、不准稍有蒂欠、

一沙船漕白糧米餘耗、應循案留提三成、附入聯單隨正運津也、查沙船承運糧米、向章漕糧每石給耗米八升、白糧每石給耗米一斗、如抵津交兌後、查有餘米、由津局按石給價收買、惟間有耆舵人等、私向州縣解米丁役、商同折價、或在沿途及島口先行糶賣、或于兌裝以前、就在上海全數變去、留有餘艙、為多帶貨物地步、以致赴津交卸時、反行短缺、不惟失事之船、無從收買賠補、即沙船短交米石、轉須代為採買天津海下白糧墊交、致使米價居奇、辦理實形掣肘、是以歷屆海運均經查照飭前蘇糧道議定之案、在于各商船應得耗米內、按石提出三成、附入聯單、註明數目、隨同運津、不准稍有短缺、屆時仍由津局

按照市價收買，如有不足，扣留縣單，照短少正供之例，責令採買白米補足在
案。今届應補請循案辦理，以重正供。

一、各屬征運漕白糧米、應一律純粳、不准由行戶包辦、攙雜秈米、並責成滬局
員董、認真驗收。也查起運漕白、首重米色、原應慎選征收、近因各屬倉廒未
成、是無復所收折白色、采買起運、類多諉諸行戶包辦包攙、甚有米色低潮
攙雜、迨至兑裝放洋、致霉爛折耗、到津交兑為難、查漕糧未兑以前、責在州
縣、既兑以後、責在商船、今屆海運糧米、仍因南省自運通填交收、尤非往年可比、
凡州縣應運漕白、或以所征本色剝辦、或收折采買、均須親自驗明、實係乾潔純
淨者、方准交剝運滬、並選派誠實可靠丁屬押運、沿途務須加意照料、嚴防
剝船中途使水等弊、不准貪圖價廉、任聽行戶包辦包攙、混雜秈米、以及洋

秈濫行充數、仍責成泸局委員、認真查驗、如有前項情弊、立即駁換、一面專請嚴办、不得稍有瞻徇、將來漕米到津、剥運如查有攙雜霉變短少者、除着賠外、定將該州廳縣、暨泸局驗米員董一併嚴參、如果米色實係乾潔、該商船亦不得故意刁難、俟粮米運泸完竣、由局出具經運純粳乾潔之粳米印結、着該管府州加結送轄、滬局委員驗收完竣、亦即出具驗收乾潔粳米切結、由局加結送轄、一通倉應用蓆竹等項、應仍解銀前往購办也、查歷屆海運米石、例給通倉毛竹蘆片等項、係由粮道衙门動支漕項銀兩、隨米委員解交倉場衙门就近購办在案、今屆自應照办、並請將此項蘆竹價銀由道隨同經費等銀、先交頭批駁放洋米船、一併派帶解往、應請先行咨明倉場督憲轉飭遵照、一各局委員薪水，應由彙核實支給也。查蘇省委辦海運，除津局另給辦公費、薪水外，其各省派兩局向章知府以上現任人員，俱有俸廉可支，並不另請薪水，[其在省候補試用暨知府丞倅牧令每日給薪水]銀一兩，佐雜人員無論現任候補，每日給銀五錢，但須常川駐局辦公，並派令長差，及奉委遠出者，方准按日支給，如委令排船監兌及特派他處办事者，均於奉委之日起支，銷差之日停止，均按京平核實支放，其有應用舟楫，隨時由地方官代為雇備，由委員自行給價，不准赴局中支領，又局書每名每日給銀一錢，差役每名每日給銀七分，油燭紙張心紅襍費，日給銀一兩五錢，旋因省局公費不敷，每日加給飯食銀四

餞、閩滬局應需各項用款、歷經在于海運經費、及扣存一成水脚款內動支、事竣
分別造報、嗣因經費免提、而水脚又以扣回銀一分司庫漕款、全提水脚不敷尚鉅、
實無從顧及局費、惟津通各局人員、由道借于備帶款內籌給薪水外、其省滬
兩局員數衆多、勢難照常支應、業將薪水等款核實、分別節減、擬定條款詳奉
院憲批飭、從同治十三年冬漕起、一律查照新章辦理在案、今屆省滬兩局開支薪
水等項、自應悉照定章、核實支給、仍俟事竣、責成總辦委員造具用款細冊送司
核明、轉詳銷結、如滬局扣回一分水脚項下撥支局用之外、核有餘剩銀兩、亦即撥歸
藩司、以免挹注、省局經費、不再劃作別項支用、致有短缺、其餘未經議減局用及委

赴津通人員、應需薪水飯食紙張油燭等銀、仍當力求樽節、核實造銷、一天津裝米水次、中外商船棲處、應照案咨請照條約辦理、並米船停泊處所、設立地方也、查天津裝米水次、前因河面狹窄、而津河最寬之紫竹林一帶、外國築為通商碼頭、停泊輪船、是以米船不得不挺進裏河驗卸、而米船出入、必由紫竹林逕過、至於外國輪船、任意行駛、毫不迴避、米船重載、撐持不靈、往往被撞損傷、該外國領事官反歸過於米船、罰令賠銀、甚至中國米船停泊靠岸、輪船行駛礚碰、又指為停不如式、動輒議賠、自同治四年以後、均逕詳奉咨明直隸總督三口通商大臣飭令天津道查照議定之案、以夾板輪船在于東岸行走、米船在於西岸停泊、其河灣處所、仍不准停泊、而有員董在水次米船停泊處所、駐守稽查、一面由

天津道分派文武委員、往來巡查、分段駐守、並將所議停船章程、刻印多張、分
大沽委員、按船散給、並照在案、今屆應請循案照辦、咨請
總理衙門照会往津各國領事官、一体照議辦理、一面咨明
直隸督憲、嚴飭天津縣、於西岸米船停泊處所、設立更柵窩鋪、多派丁役、協同
地保、不分雨夜、沿岸嚴密梭巡、如有失事、即惟該地方是問、庶不致有偷猫斷
纜漂消之虞、

国家出版基金项目
NATIONAL PUBLICATION FOUNDATION

海上絲綢之路文獻集成

總主編　陳支平　陳春聲

科技與文化編

78

主編　王揚宗　葉　農

海峽出版發行集團
THE STRAITS PUBLISHING & DISTRIBUTING GROUP
福建人民出版社

本册目次

中英文專有名詞詞表

（*A Vocabulary of Proper Names, in Chinese and English, of Places, Persons, Tribes, and Sects, in China, Japan, Corea, Annam, Siam, Burmah, the Straits and Adjacent Countries*）

〔英〕師惟善（Frederick Porter Smith）編

《中英文專有名詞詞表》，英國師惟善編。師惟善（Frederick Porter Smith，一八三三—一八八八），又名施維善，英國循道會醫學傳教士。一八六四年來華，於漢口漢正街開設華中首家西醫診所，後創辦普愛醫院。著有《中国的江河》、《中國藥學與博物學》等。著者有感於統一漢語名詞譯法之重要性，參照前人所作中英文譯名表，撰爲此書。按中文詞彙官話羅馬字注音順序排列，先列漢字，後接羅馬字注音，再加英文釋義，內容涉及東亞、東南亞國家之地名、人名、部族名和宗派名等。末附索引。據一八七〇年上海版影印。

A VOCABULARY OF PROPER NAMES,

IN CHINESE AND ENGLISH,

OF

PLACES, PERSONS, TRIBES, AND SECTS,

IN CHINA, JAPAN, COREA, ANNAM, SIAM, BURMAH, THE STRAITS AND ADJACENT COUNTRIES.

COMPILED BY

F. PORTER SMITH, M. B. Lond.

Medical Missionary in China.

SHANGHAI:

PRESBYTERIAN MISSION PRESS.

1870.

THIS VOCABULARY IS RESPECTFULLY INSCRIBED,

BY PERMISSION,

TO

S. WELLS WILLIAMS, Esq., L. L. D.

&c., &c.,

Secretary of the Legation of the United States, Peking,

by his obliged friend

THE COMPILER.

PREFACE.

THIS Chinese and English list of proper names of places, persons, dynasties, tribes and sects; having interest or relation to both Chinese and foreigners, was begun to be compiled in ignorance of the existence of a somewhat similar appendix to a work on Chinese topography, by the learned and indefatigable author of the "Middle Kingdom." It professes to treat briefly of those unusual designations, called 別名 *pieh ming*, of places in China Proper, which often puzzle readers and translators, and of the names of those colonial or semi-dependent states which now do, or formerly did, range themselves around the "favoured nation" more directly ruled by the Emperor of China. Names of places, etc., in Corea, Burmah, Siam, Malaysia, India, and Asia in general, have been added, together with stray names of western countries and peoples who have, or had, relations with China. In this way it is hoped that the list may be advantageously consulted as a supplement to the dictionaries of the Chinese language, not hitherto supplied with this convenient arrangement. Matters of historical, classical, geographical, and commercial interest, and some of the important changes wrought in Turkestan and Central Asia by the joint action of Mohammedan disaffection and Russian enterprise, have been occasionally introduced, so as to bring the information up to the most recent dates. Japanese names, as written in Chinese, have been conveniently incorporated, and the most important places in China mentioned in Marco Polo's writings have been emphasised. Traces of the profession of the compiler will be occasionally met with in the shape of short references to drugs. To the labours of

Duhalde, Morrison, Davis, Williams, Legge, Julien, Pauthier, Wylie, Edkins, Mayers, Williamson, and a score of contributors to the literature of the subjects involved, the compiler is almost entirely indebted for what is valuable in this brief summary. At the same time it is but fair to state that, as often as possible, the original Chinese and other works treating upon the matters in hand, have been carefully examined. To the contributors to the "Chinese Repository," Dennys's "Treaty Ports of China and Japan," the "Notes and Queries on China and Japan," and the "Transactions of the North China Branch of the Royal Asiatic Society," as well as to the exhaustive works of Max Müller, much obligation is freely confessed. An index has been provided as a means of reference for those who are more familiar with the names of places used in foreign works, than with the ordinary phonetic equivalent of the Chinese character. Some Chinese names included in the text will also be found in the index, which should be consulted in cases where the alphabetical series has failed to afford the clue. For almost all other occasions it is hoped that the list, arranged alphabetically according to the mandarin pronunciation, may be found convenient and instructive to those who, like the compiler, are engaged in their earlier studies of a Babel tongue.

Hankow, March 31st, 1870.

F. P. S.

A LIST OF CHINESE PROPER NAMES

WITH THEIR

ENGLISH EQUIVALENTS.

A

啊叱釐國 A-chʻih-li kwoh, a country on the Coromandel coast of South India, said to yield the best olibanum. There is an *A-ki-ni*, which has been identified with Kharashar.

阿城 A-ching, or O-fang-kung, the palace or harem of Tsʻin-chi-hwang at Si-ngan fu, in Shensi.

阿克蘇城 A-keh-suh ching, Aksu, or Oksu in Chinese Tartary, the Auxasia of Ptolemy, an important town, containing 20,000 people, more civilized than those of the remaining districts of *Sin Kiang*. It lies on the great road to Ili, in Lat. 41° 09′ N., and Long. 19° 13′ E., to the east of Ushí. The district of the same name is bounded E. by the petty chiefdoms of Bai and Sairim: S. by the desert, and on the west by Ushí.

阿克但河 A-keh-tan ho, or the Alotan river, one of the sources of the Yellow River.

阿關 A-kwan, or O-kwan, a name of Shensi province, or thereabouts, during the Tsʻin dynasty.

阿拉善額魯特旗 A-la-shen ngeh-lu-teh kʻi, or the banner of the Alashan Eleuths. Their country lies west of Ninghia fu in Kansuh, and north of the Great Wall, as far as Gobi.

阿革楚克城 A-leh-tsu-keh ching or Altchucu, one of the seven garrisons in Kirin, lying at the mouth of the river of the same name, a branch of the Songari, E.N.E. of Petuné.

阿里城 A-li ching, Ari, or Nari, a district and town of Ulterior Thibet, is an extensive but thinly-settled region, containing tracts of desert land, stretching from Tsang to Ladak. It borders on Badakshan and Cashmere on the west.

阿魯 A-lu, a kingdom of Sumatra, to the E. of Acheen.

阿魯科爾沁 A-lu-ko-rh-tsin, or Aru Korchin, the north Korchins, a tribe of Mongols in Inner Mongolia.

亞媽澳 A-ma-ngau, the port of the goddess A-ma, the name which is probably the origin of the name of the island and port of Macao.

2

阿彌陀佛 A-mi-to-fuh, or Ta-mi-to, Amita-bha, or Amita Buddha of the west.

安端 An-tan, or Ngan-tan, the Roman emperor Marcus Aurelius Antoninus, who sent an embassy to China, A.D. 161-6. This name is sometimes written *An-tun*.

阿霸哈納爾 A-pa-ha-nah-rh, or Abaganar, a tribe of the fourth corps of Inner Mongolia, divided into two banners, and lying north of Tsakhar, and 640 *li* N. E. of Kalgan.

阿霸垓 A-pa-kai, the Abagais, a tribe of the fourth corps of Inner Mongolia, living between Tsakhar, or Chahar, and Gobi, 590 *li* N.E. of Kalgan.

阿霸科爾 A-pa-ko-rh, the country of Bokhara, called also *Pou-ho-rh*.

阿爾但河 A-rh-tan ho, a name of the Yellow River in its early course. See A-keh-tan ho.

阿丹 A-tan, or O-tan, the Mahommedan name for Adam in Chinese. This is also the name of a country, mentioned in the Pen T'sau as furnishing the medicine, called 羚羊角, Ling-yang-koh, or antelope-horn. See O-tan.

阿瓦 A-wa, Ava, or Aungwa, the capital city and kingdom of Burmah, formerly including Pegu and Arracan. See Mien-tien, or Mien kwoh.

阿邑 A-yih, or O-yih, the name of Tung-o hien, or Yang-kuh hien, in Shantung province, during the Confucian period. See Tung-o hien.

C

乍浦 Cha-pu, the port of Hang-chau, or *Cha-pu chin*, "the mart of Cha-pu," whence trade is carried on with Japan. This is not to be confounded with the *Canfu* of Marco Polo. See Kan-pu.

乍丫 Cha-ya, or Jaya, a town and district in Thibet, inhabited by mountaineers, partially independent of Chinese rule.

察哈爾 Chah-ha-rh, Chahar or Tsakhar, a district lying north of Shansi, inhabited by the Tsakhar tribe of Mongols, whose pastures are included in Chihli province. They make up eight banners, and are controlled by an officer at *Chang-kia* gate.

閘河 Chah-ho, the "River of Locks," the Grand Canal, upon which there were at least ten large locks under as many officers. See Yun-liang ho.

扎賴特 Chah-lai-teh, the Tchalits, a Mongolian tribe, on the west of the Nonni river, west of Kirin ula.

扎魯特 Chah-lu-teh, the Djarots, a Mongol tribe dwelling 1,100 *li* N.E. of Hi-fung gate, in the Great Wall, and west of Shingking.

察木多城 Chah-muh-to ching, Tsiando, or Chamdo, a military post, the capital of Kham, in the N.W. of Anterior Thibet.

扎什城 Chah-shih ching, Chashi, or Djassi, a district and town of Anterior Thibet, N.W. of H'lassa, and the seat of a small Chinese garrison.

扎什倫佈城 Chah-shih lun-pu ching, Teshu h'lumbu, or Zhikatsé-jung, the capital city of Tsang, or Ulterior Thibet, 26 miles west of H'lassa, and the residence of the *teshu-*

lama, or *banchin erdeni*. It contains some three or four hundred houses, with palaces, convents, and mausolea, and is situated in the fertile basin of the Yaru-tsangbu, in Lat. 29° 4′ 90″ N., and Long. 89° 7′ E. A large trade was carried on hence to the mouth of the Ganges. The teshu-lama is in *some* sense more important than his more political colleague, the *dalai-lama*.

扎錫岡 Chah-sih-kang, Teshigang, a district in Thibet.

長春廳 Chang-chun ting, in Kirin, one of the smallest of the three *ting* departments of that province, lying on its western borders, due west of Kirin ula, and on the west of the Songari river.

長崎 Chang-k'i, the port of Nagasaki in Japan.

鄣郡 Chang-kiun, one of Ts'in Chi-hwang's prefectures, answering to a part of Yang-chau of Yü's time.

張家口 Chang-kia-k'au, a pass in the Great Wall, near which is Kalgan, a large town on the line of the caravan road prescribed in the new Russo-Chinese treaty, in the department of *Kau-peh-tau*, in Chihli. Lat. 40° 54′ N., and Long. 114° 50′ E. *Kalga* is the Mongol word for a mart. Native soda is largely exported from this town.

長江 Chang-kiang, the "Long River," the Yangtsz'. See Ta Kiang.

昌國 Chang kwoh, the sub-prefecture of *Ting-hai ting* in Chekiang.

長安 Chang-ngan, the name of the old capital of Shensi province, also the capital of China, in the T'sin, Han, Sui, and T'ang periods. It was known to the Nestorians as *Khoubdam*, or *Koumdam*. The province is still called by this name in official documents, and it is continued as the name of a district.

長白山 Chang-peh shan, the southern extremity of the range of *Sih-hih-tih* mountains, near the Corean frontier. The perennial snows of this mountain have rendered it a mark of veneration. It was the home of the Manchu race.

昌圖廳 Chang-t'u ting, a district of Fung-t'ien fu, in Shingking.

長夜 Chang-ye, a mart on the "Western Borders," for traffic between the 44 tribes of *Fan* and *Huuitsz'*, and the Chinese.

兆府 Chau fu, see Kiang-chau fu.

州湄 Chau-mei, a place to the N. of *Puh-ni* on Chinese maps, and probably identical with *Chiang-mai*, the capital of North Laos.

舟山 Chau shan, or "Boat Island," the largest island of the Chusan Archipelago. The district-town of Tinghai, lying on the southern side of the island, is the capital.

朝鮮 Chau-sien, the Chinese official name of Corea, as a tribute-bearing country. It is divided into eight provinces, called *tau*. See Kau-li kwoh.

朝鮮天毒 Chau-sien-t'ien-tuh, a name of India. See T'ien tuh.

爪哇 Chau-wa, the island of Java, sometimes called Ye-po-thi, or Yava-dwipa. See Koh-lah-pa.

昭烏達盟 Chau-wu-tah ming, one of the six *ming*, or corps of Inner Mongolia, living towards the N.E. of that country.

爪亞 Chau-ya, the Javanese. See Chau-wa.

車師國 Ché-sz' kwoh, the capital and country of the *Tuh-kiueh*, or Turkic tribes of Central

Asia, during the fifth century. See Wu-lu-moh-tsi.

占城 Chen ching, a place described as peopled by the Laos tribes, and answering to some such town as Saigon. It is however commonly referred to Tsiampa, formerly an independent portion of Cochin China. See Shi-pi. Cambodia is sometimes called Chen-lah, instead of Chin-lah. Lin-yih may have been in Tsiampa.

占卑 Chen-pi, Tsiampa. See Chen ching, and Ping-shun chin.

瞻德城 Chen-teh ching, a garrison town in Ili, situated N.W. of Hwuiyuen ching, to which it is attached.

芝罘 Chi-fau, or Chefoo, a harbour in the same bay as *Yentai*, the actual port, misnamed Chefoo. There is a point near this, called Chefoo Cape.

哲里木盟 Chi-li-muh ming, one of the six corps of Inner Mongolia, living on the borders of Kirin and Shingking.

支那 Chi-na, an Indian name for China. See Chin-tan.

知汶 Chi-wan, the island of Timor, one of the principal sources of sandal-wood.

赤縣神州 Chih-hien-shin-chau, an old name of China.

赤泥 Ch'ih-ni, a Mohammedan name of China. See Tung-t'u.

拓跋 Ch'ih-pah, a race descended from the Tung-hu, or, as some say, the descendants of old Hwang-ti.

直省 Ch'ih sang, a collective name of all the provinces of China Proper. See Shih-pah-sang.

赤土 Ch'ih-t'u, a country in the "Southern Sea," near Fu-nan, and probably identical with Sien-lo, or Siam. See Sien-lo.

陳 Chin, the capital of Fuh-hi, near K'ai-fung fu (Honan).

眞州 Chin-chau, the district of I'-ching, in Yang-chau fu. See Lwan-kiang and Yang-tsz' kiang.

鎮江 Chin-kiang, a treaty-port and prefectural city, near the joining of the Grand Canal and the Yang-tsz' kiang.

眞臘 Chin-lah, or **占臘** Chen-lah, the kingdom of Cambodia, lying between Annam and Siam. It was first tributary to, and then absorbed by the state of Fu-nan. See Tung-p'u-chai.

鎮西 Chin-si, the department of Chin-si fu, in Kansuh, sometimes called Barkul.

震旦 Chin-tan, an Indian name for China. See Chi-na.

鄭芝龍 Ching Chi-lung, the name of the father of Koxinga, the Formosan chief, whose own name was *Ching Ching-kung*, and that of his son, *Ching K'i-shwang*, who received the title of Wang, on his submission.

成吉思汗 Ching-kih-sz'-han, Genghis Khan, the Greatest (or Strongest) Khan, the style of Temugin, grandsire of Kublai Khan. See Teh-mah-chin.

承德縣 Ching-teh hien, in Shingking, belonging to Fung-t'ien fu, in Lat. 41° 06′ N., and Long. 117° 46′ E.

成都府 Ching-tu fu, or Yih chau in Sechuen. See next.

成都路 Ching-tu lu, the province of Sechuen under the Mongols, called *Sardansu* by Marco Polo. *Ching-tu* is still the name of the capital of Sechuen. It is the *Sin-du-fu* of Marco

Polo, was the capital of the After Han dynasty, and is still a fine city.

綽羅斯部 Choh-lo-sz' pu, the Choros tribes, arranged under two standards, living in the south of Kokonor. The word *pu* stands for aimak, i. e. tribes of Persia.

卓索圖盟 Choh-soh-t'u ming, the Choshots, one of the six corps of Inner Mongolia, living in the S.W. of that country.

諸番 Chü Fan, a collective name for all foreign countries. See Nui fan.

諸夏 Chü Hia, "All the Chinas," a name of the Chinese Empire.

樞密副使博羅 Chü-mih fuh-sz' poh-lo, the style and name of Marco Polo, the Venetian traveller, as "junior envoy" "and privy councillor," accredited to the King of Annam, from Kublai Khan. See Poh-lo.

朱仙鎮 Chü-sien chin, one of the four marts in China, to the S. of K'ai-fung fu, (Honan).

朱波地 Chu-po-ti, an old name of the kingdom of Burmah.

出島 Chuh-t'au, the artificial fan shaped island of Desima, near the city of Nagasaki, the prison of the Portuguese and Dutch traders in Japan. See P'ing-hu-t'au.

準噶爾 Chun-kieh-rh, Soungar, the name of an extinct tribe of I'li. See T'ien-shan-peh-lu.

中州 Chung chau, an old name for Honan province, still used in documents. This is the foundation and seat of that "central region" which grew into the *Chung kwoh*, which see.

中興府 Chung-hing fu, the capital of the Hia kingdom, the Calatia of Marco Polo, and now called *Ninghia*, the head of a department in Kansuh. It was also formerly called *Hwai-yuen*.

中華 Chung hwa, "Central Flower," a name of Honan province, extended to China at large. China is called *Nikan Kurun* in Manchu. See Chung-yuen.

重慶 Ch'ung-king, a prefectural city in Sechuen, 720 miles from Hankow, and 6,670 *li* from Peking. It stands at the point of junction of the Kia-ling river with the Yang-tsz', and receives the traffic of one third of the province.

中國 Chung kwoh, China, the "Middle Kingdom." See Chung-yuen and Chung chau. This name would appear to be applied to India by Fah-hien, in his Fuh-kwoh-ki.

中山 Chung shan, the "Central Mount," on which is built the capital of the kingdom of Lew-chew. See Shau-ni and Liu-kiu kwoh.

中天竺 Chung-t'ien chuh, Central India, answering to the once powerful state of Malwah. See T'ien chuh kwoh, and Si T'ien.

中都 Chung-tu, a town in the old state of Lu, of which Confucius was made governor. See Ping-luh.

中原 Chung-yuen, an old name of Honan province, afterwards applied to the whole of China. For many years before the final subjugation of the numerous nations of the "Eastern foreigners," by the Han emperors, China was in another sense a "middle kingdom," between these and the Miautsz' and other tribes.

F

梵 Fan, the country of Magadha. It also stands for the Pali and for the Sanscrit languages. Fan is said to be an abbreviation of *Fan-lan-mo*, or Brahma.

樊城 Fan ching. See Siang-ho.

梵僧 Fan-sang, the Bonzes, or Buddhist priests in China and Japan. These Chinese words are pronounced *Bonsu* in Japan, and were thence probably introduced by the Portuguese into China.

番都城 Fan-t'u ching, the capital city of Bokhara.

瀋陽 Fan-yang, a name of Fung-t'ien fu or Shingking pun ching. It was one of the capitals of the Wei princes.

范陽 Fan-yang, the chief department and capital of the prefecture of Yu chau under T'sin Chi-hwang, answering to what is now Shun-t'hien and Ting-hing hien in Chihli.

番禺 Fan-yu, the capital of Kiau chau, one of the provinces of the Tsin dynasty.

浮屠 Fau-t'u, a name of Buddha, sometimes given to Buddhist priests.

費雅喀 Fei-ya-k'eh, a hunting tribe on the Sagalien river.

扶魯爾 Fu-lu-rh, a Mahommedan tribe, to the W. of Yarkand.

扶南 Fu-nan, an old Cambodian kingdom to which Chin-lah was annexed. It lay some 7,000 *li* to the S.W. of Jeh-nan, and more than 3,000 *li* to the S.W. of Lin-yih. See Kih kwoh.

扶桑國 Fu-sang kwoh, or 佛桑國 Fuh-sang kwoh, a country named after the Fusang shrub, a Malvaceous genus (Althœa rosca ?), and producing reddish pears, excellent grapes, cream, or kumiss, and abounding in valuable metals, but without iron. It is said to be 25,000 *li* to the E. of China. A Buddhist priest, named Hwui-shin, came to China from thence, during the T'si dynasty.

富士山 Fu-sz' shan, the Fusiyama (mountain) in Japan.

扶餘 Fu-yu, or 夫餘, a country to the N. of Kau-ku-li, related to Peh-tsí. It is said to have belonged to Yuen-t'u.

福 Fuh. This word when found on Chinese cash, stands for Fuhkien, one of the 25 Chinese mints in Kanghi's time.

福州 Fuh-chau, or Hok-chiu hu, the "Happy region," the capital of Fukien, in Lat. 26° 5′ N., and Long. 119° 20′ E. Yung ching and San shan are names of this departmental city.

復州 Fuh-chau, a sub-department of Fung-t'ien fu in Shingking.

復州城 Fuh chau ching, a garrison in Shingking, subordinate to the Shingking-pun-ching.

佛教 Fuh kiau, the Buddhist religion. See San kiau and Shih kiau.

佛國 Fuh-kwoh, the "Buddhist country" of India.

佛狼機 Fuh-lang-ki, the Feringhis or Franks, a name given to the Portuguese in 1517, on their landing in China, under Fernao Peres de Andrado. This was the first formal intercourse of modern European nations with the Chinese of the south, ending in a permanent establishment. Raphael Perestrello, a descendant of Columbus, had previously reached in 1516, one of the islands at the mouth of the Canton River. See Sih-tsz'-nien.

佛狼西 Fuh-lang-si, a name given to the French and their country, and to other western nations. See Ta fah kwoh.

福老 Fuh-lau, or Hoklo, the people of *Ch'au-chow*, in the N.E. of Canton province. They prevail in the *Luhfung*, *Haifung* and *Kweishan* districts of *Hweichau fu*. They are said to have come from Fukien, some five or six centuries ago. They speak the Tiechiu dialect, which is quite distinct from that of the Hakkas or Puntis. They are a bold, cruel and marauding race. See Keh-kia.

拂林國 Fuh-lin-kwoh, or Pih-lin-kwoh, a country said to be related to Persia, but of a different language. It has been variously identified with Palestine, Syria and the Roman empire. Pauthier suggests that the words point to Constantinople, as the capital (polin), of the Byzantine empire. It seems more likely that the name refers to the Philistines (Phulistiemi), who gave their name to Palestine. They were of Hamitic origin, and their name occurs as Phut, in connexion with Persia in Ezekiel xxvii. 10. They had large navies, and rich fleets of merchantmen in many seas. They are very likely to have been confused or conjoined with their northern neighbours the Phœnicians, whose name sufficiently resembles the Chinese Fuh-lin. Herodotus says that the Phœnicians had migrated from the Red Sea at an early period. The Persian gulf as one arm of the Red Sea, would bring them into connexion with Persia. Phœnician numerals resemble the Chinese forms somewhat.

佛泥 Fuh-ni, a country to the S.E. of Canton, answering to Borneo. See Puh-ni.

佛山 Fuh-shan, or Fatshan, near Canton, one of the largest marts of the empire. The expression 五鎮 Wu chin, or "five guards," or five protecting hills is applied to five celebrated subordinate peaks.

鳳凰廳 Fung-hwang ting, in Shingking, department of Fung-t'ien fu, lies on the eastern frontier, near the Yahlung river, and monopolizes all the trade with Corea.

奉天府 Fung-t'ien fu, in Shingking, is the Chinese name for Moukden, the capital of Manchuria. It lies in Lat. 41° 50′ 30″ N., and Long. 123° 37′ 30″ E. It is the capital of a very large department. It was also called Fan-yang in the Wei and Mongolian periods.

H

哈喇沙拉 Ha-la-sha-la. See Kharashar.

哈密 Ha-mih, or Hamil, a town included in Kansuh, W. of the Great Wall, belonging to the district of Barkul, or Chin-si. It formerly belonged to the Songares, an Eleuthian tribe, now scattered. It is pleasantly situated in Lat. 42°, 1,600 *li* beyond the gate called Kia-yu-kwan. See I-wu-lu.

哈薩克 Ha-sah-keh, the Hassacks, or Cossacks, sometimes called Sara Kaizak, or "robbers of the desert." They lived, originally, between the Ob and Yenesei rivers, where Mongolic tribes settled among them. They now occupy part of Bokhara and Kokand, N.W. of Tarbagatai in Songaria.

海城縣 Hai-ching hien, in Shingking, department of Fung-t'ien fu.

海口 Hai-k'au, or Hoihau, a seaport in the island of Hainan.

海岸 Hai-ngan, the coast-line of the "Eastern Sea," drawn on Chinese maps.

海西國 Hai-si kwoh, a name of Ta-ts'in, lying W. of the Caspian Sea, the limit of Chinese adventure, according to some. The name sounds like Asia. See Li-han.

海島 Hai-t'au, a name usually referred to the islands on the E. of China. This term is translated by Staunton in his "Tartar Code" as "foreign islands." See Tau-i.

海塘 Hai-t'ang, the "Sea-bund" formed in the 7th century along the bay of Hang-chow, to resist the action of the high tides.

海牙國 Hai-ya kwoh, Herat, or Heri, the ancient Aria, the Haroyu of the Zend Avesta, from whence assafœtida used to come to China.

漢川 Han-ch'uen, a name of Han-chung fu in Shensi. There is a district of this name in Hupeh.

漢中 Han-chung in Shensi, the Cancun of Marco Polo. This was the name of one of Ts'in Chi-hwang's 40 prefectures, forming a part of Yung chau, or Ho-si. See Hing-yuen lu.

瀚海 Han hai, the narrow westerly portion of the great Desert of Gobi. See Ko-pih. The Chan-t'ang or Aksai-chin, commencing near Rodok, is said by some to join Gobi. See Lo-to-keh ching.

漢口 Han-k'au, or 漢臯 Han-kau, the port of Hankow, at the mouth of the Han river, distant from Shanghai 582 geographical miles, and situated in Lat. 30° 32′ 51″ N., and Long. 114° 19′ 55″ E. As one of the largest marts in China it is called 漢鎮, Han-chin. As the Han, from its mouth to the large city of Siang-yang fu, is sometimes spoken of as the Siang ho, so Hankow is often called in old writings Siang-ho-k'au, or Siang-k'au. It is also spoken of as 九省通衢, Kiu-sang-t'ung-k'u, or 五方雜處, Wu-fang-tsah-ch'u, terms signifying that it is the great thoroughfare of half of China, and the residence of a mixture of folks from all quarters. Hankow was anciently called Hia-k'au and Mien-k'au.

函谷關 Han-kuh kwan. See Kwan.

漢南 Han-nan, a name of King chau, under the Shang dynasty.

漢津 Han-tsin, the name by which the Han-yang hien was known before the T'ang dynasty. See Ts'ing-ch'uen.

漢土 Han-t'u, the Japanese name for China.

痕都斯但 Han-t'u-sz'-tan, Hindostan. See Wan-t'u-sz' tan.

漢陽關 Han-yang kwan, the name of an ancient barrier in Pau-ching hien (Shensi), which probably gave its name to the prefecture of Han-yang, formerly spoken of as a part of Kiang-hia kiun. This latter name is now confined to a district in Wuchang fu. See Han-kau, T'sing-ch'uen, Tun-yang and Han-tsin.

恒河 Hang-ho, the sacred river of India, the Ganges. The Chinese name is nearly the same as "Gunga," the Go-go, meaning the "Ceaseless River." A Chinese number called 恒河沙, extends to fifty-three places of figures.

鎬京 Hau-king, the capital of Wu-wang, identified with Si King, or Chang-ngan (Shensi).

後藏 Hau-tsang. See Si-tsang.

黑龍江 Heh-lung kiang, the Amur, Yamur, or Sagalien Ula ("Black River.") The Chinese name signifies "Black Dragon River." It is the sixth in rank of Asian rivers. After joining the Songari river it is called 混同, Kwan-t'ung. It rises in the Kenteh spur of the Daourian mountains, and has a course of more than 2,000 miles to the sea. Amur is the equivalent of Ta Kiang, or "Great River," a name well deserved from the large area it drains, as well as from the extent of its tributaries.

黑龍江城 Heh-lung-kiang ching, the chief town of the N.E. division of Tsitsihar, which lies on the Amur, in Lat. 50° N., and Long. 127° E. It is sometimes called Sagalien ula, and is used as a penal settlement for Chinese criminals.

黑水 Heh shwui, a name of the Kin-sha-kiang. The Moh-hoh were called Heh-shwui Moh-hoh during the Sui dynasty, from a place in Shingking.

奚霫 Hi-chih, an ancient tribe of the T'ang period, on the N.E., near Corea.

熙春城 Hi-ch'un ching, a garrison and penal settlement, lying due N. of Hwuiyuen.

喜峯口 Hi-fung k'au, the most easterly pass in the Great Wall, in Lat. 40° 26′ N.

奚國 Hi kwoh, the country of Siberia.

希利尼 Hi-li-ni, the ordinary transference into Chinese of the name of the Hellenes, or Greeks. The ancient Greeks knew nothing of China, and China knew nothing of them perhaps. See Wu-chi-kwoh.

希百來 Hi-peh-lai, the usual way of writing the word Hebrew in Chinese translations.

蝦夷 Hia-í, or "Crab Barbarians," the Chinese name for the natives of Yesso. They are also called Ainos.

厦門 Hia-men, the port of Amoy, one of the best on the coast; the *Taitun* of Marco Polo. By some Taitun is referred to Chinchew. See T'siuen-chau fu.

厦島 Hia t'au, the island of Amoy, sometimes called Lu-men or Lu-tau, containing the city of the same name on the S.W. corner. The trade of Amoy once extended to Persia, India, and Malaysia. Marco Polo speaks of two ports under the name of Taitun, or Zaitun.

香港 Hiang-kiang, or Hong Kong, the island of "Fragrant streams," situated at the mouth of the Canton river, in Lat. 22° 26′ 30″ N., and Long. 114° 08′ 30″ E.

梟羅個沒里 Hiau-lo-ko-muh-li, the Chinese name of the place from whence the Kara Kitan, or Tungusic progenitors of the Liau dynasty came. It was situated somewhere in the mountains north of Corea, from whence they descended into the provinces in Tartary, called after their dynastic name Liau-tung and Liau-si, and other provinces in northern China. They were called by the Nu-chin, the ancestors of the Kin and Manchu dynasties, Kara Kitai, or Black Tartars, after their subjection in the 11th century. They reigned by nine princes for 209 years, under the name of the Liau dynasty, over an empire in the north of China, which reached also to Kashgar and the T'sung-ling mountains in the west. Their descendants, further scattered by Genghis Khan, are now met with as Mohammedans all over I'li, and in Darbend, near the Caspian Sea. See K'i-tan.

縣度 Hien-tu, the Hindoo Kush mountains.

咸陽 Hien-yang, the name of Si-ngan fu (Shensi), as the capital of China under the Ts'in rule, in B.C. 249.

玁狁 Hien-yun, the Hiung-nu, or Huns of the Chau dynasty, notorious for their savagery and insubordination in the time of Confucius. They are confounded with the Tah-tsu.

興京城 Hing-king ching, subordinate to Shingking pun ching in a military point of view, is the family residence of the Manchu emperors of China, and their burial place. It is pleasantly situated in a valley, about sixty miles E. of Moukden.

興京理事廳 Hing-king-li-sz' ting, one of the three *ting* departments of Shingking, containing the town just mentioned. It is the healthiest part of Manchuria, which enjoys no great reputation for friendliness to man.

興元路 Hing-yuen-lu, the province of Cuncun of Marco Polo, in Shensi, now the prefecture of Han-chung.

學老 Hioh-lau, a name of the Hoklo people. See Fuh-lau.

葷粥 Hiun-chuh, a *pieh ming* of the Hiung-nu.

休屠 Hiu-chu, a regal title or style among the Hiung-nu. See Shan-yu, or Tan-yu.

獯鬻 Hiun-yuh, a name of the Turkic Hiung-nu, under the Hia dynasty.

匈奴 Hiung-nu, the name of the Turkic tribes, during the Ts'in and Han dynasties. They are identified by Chinese historians with the 山戎 Shan-jung of the "five emperors," the 葷粥, Hiun-chuh of Hwang-ti, the 獯鬻, Hiun-yuh, the 淳維, Chun-wei (Hia), the 鬼方, Kwei-fang (Yin), the 玁狁, Hien-yun (Chau), and the 突厥, Tuh-kiueh of the Sui and T'ang periods. They founded an empire (B.C. 206) comprising a large portion of Central Asia, on the western borders of China. They were defeated, after frequent warfare with Chinese, in the middle of the 1st century after Christ. Divided into a northern and a southern empire, they were successfully driven from their territories, and forced to migrate westwards. 休屠, Hiu-chu and 單于 Shan-yu were regal titles or styles of their empire among them. See Oh-shi.

匈奴中海 Hiung-nu chung hai, the "Sea of Hunland," or Lake of Barkul. It gives its name to the surrounding district, which is more under cultivation near the lake.

熊岳城 Hiung-yoh ching in Shingking, a garrison subordinate to Shingking pun ching.

河 Ho, the Ho, or river *par excellence*, the Yellow River. See Hwang ho.

火州 Ho chau, the "Fire district," a name of the district of Bischbalik, or Turfan ting in Barkul, so called from the volcanic character of the country.

河中府 Ho-chung fu, the *Cacian fu* of Marco Polo, the P'u-chau fu of Shansi, of the present time.

和克齊 Ho-keh-tsi, Cogacin, the fifth son of Kublai Khan, and viceroy of Yunnan.

何國 Ho kwoh, a country in the "Western borders," connected with Sogdiana.

荷蘭國 Ho-lan kwoh, Holland. See Hung-mau.

火林 Ho-lin, the ancient Kara korum, the "Black City," the capital of the Mongols, or descendants of Genghis Khan, where only a new khan could be chosen, and invested with the government of an empire which extended from China to Poland, from India to Siberia. It is in Lat. 46° 40′ N., and Long. 102° 50′ E. See Ho-ning.

和寧 Ho-ning, a name given to the city of *Kara korum*, after the defeat of the Mongols. Some uncertainty exists as to its exact situation, which was between the Orkhun and Tamir. Kara korum is sometimes called Oranbaligh.

河北 Ho-peh, an ancient province, about A.D. 200, now merged into Shansi. The Ho-peh tau of later date included places in Pehchihli.

和碩恭親王 Ho-shih kung-t'sin wang, the title of Prince Kung, uncle of the present emperor of China. See Kung-t'sin-wang.

和碩特部 Ho-shih-teh pu, the tribes of Hoshoits, living on the north and west of the Azure sea. They are arranged with the Tourgouths, Kalkas and other Mongolian tribes under twenty-nine standards, and ruled by the Manchu general residing at Si-ning fu.

火神教 Ho-shin kiau, the religion of the Parsees, worshippers of the "fire spirit."

河西 Ho-si, Tangut, or Tocharia, a region N. of Kokonor, and N.W. of Shensi, the country of the Uigurs. Yü's province of K'i chau was divided by him into *Ho-tung* and *Ho-si*.

河套 Ho-t'au, the "River's bend," a name given to the bend of the Yellow River, outside the Great Wall, in the country of the Ortous Mongols, N. of Shensi.

河底江 Ho-ti kiang, a river near Yuen-kiang chau (Yunnan), also called the Sang-koi, and running into the Gulf of Tonquin.

和闐城 Ho-tien ching, Hoten, or Khoten, a large district on the S.W. of the desert of Gobi, embracing all the country S. of Oksu and Yarkand, along the northern base of the Kwanlun mountains, for more than three hundred miles from E. to W. The town of the same name, now called Ilchí, is in an extensive plain on the Khoten river, in Lat. 37° N., and Long. 80° 35′ E. After the Tungâni insurrection against Chinese rule in 1862, the Mufti Haji Habeeboolla was made governor of Khoten. He has since been murdered by Yakoob Beg, the conqueror of all Chinese Turkestan. Khoten produces fine linen and cotton stuffs, jade ornaments, copper, grain and fruits. The English word *cotton* may have been derived from the name of this place, which is not far from Kau-chang, the country of the Uigurs who first utilized this staple.

河東 Ho-tung, a part of the present provinces of Shansi and Shantung, anciently forming a *tau*, or province.

河源 Ho-yuen, a part of the "head waters" of the Yellow River. There is a Ho-yuen hien in Canton province.

合州河 Hoh-chau ho, a name of the Kia-ling kiang, which joins the Ta Kiang at Chung-king. It rises in Shensi, and is afterwards joined by the Si-han (Kansuh), Fan-kiang and K'u-kiang rivers.

霍罕 Hoh-han, or Kokand, the ancient Ferganah, a kingdom under the protection of Russia, lying between Bokhara and Kashgar, and fertilized by the waters of the Jaxartes. Its modern capital lies in a fruitful plain in Lat. 41° 40′ N., and Long. 69° 50′ E. Clover, hemp, and many important plants and trees, having the word *hu* before them, came from here. See Ta-yuen kwoh.

闔蘇 Hoh-su, Khojend, or Kokand. See Ta-yuen kwoh.

許 Hu, the capital of the Wei state, one of the San kwoh of the latter end of the Tung Han period. It corresponded to the Hu chau or Hu chang, 許昌, near K'ai-fung fu. (Honan).

湖廣 Hu-kwang, the old designation of the two provinces of Hupeh and Hunan.

呼蘭城 Hu-lan ching, the garrison of one of the six commanderies of Tsitsihar, or Heh-lung kiang. The town is small and recently built, and lies S.E. of Tsitsihar, on the Songari river, opposite Altchucu. Here the officer resides to control the tribes in the vicinity.

呼倫貝爾城 Hu-lun-pei-rh ching, Hurun-pir, the smallest and most westerly of the six districts of Tsitsihar, lying on a branch of the Amur, W. of the Inner Hing-ngan range. The name is compounded of those of two of its lakes, the Hurun or Kerlon, and the Pir. It is bounded by the Tse tsen Khanate on the W.

滬瀆 Hu-tuh, an old name of Shanghai.

弘法 Hung-fah, or Koübo, the inventor of the Japanese syllabary, called *hirakana*. See Shuh-chau. He lived in China about A.D. 804.

紅海 Hung hai, the Red Sea, answering to the Erythræum Mare of Herodotus, with its two arms, the Persian Gulf, or Eastern, and the Western, or Red Sea of modern times.

紅夷 Hung-i, savage tribes, clad with cotton sashes and red turbans, living between Yunnan and Annam. They trade with the Annamites, bartering precious stones for salt, which they are said to be without.

虹口 Hung k'au, or Hong-que, the site of the American settlement in Shanghai. This is situated on the Wusung river, at the point of junction with the Hwang-pu, on which the British and French settlements are situated.

紅毛 Hung-mau, a name given to the Dutch, on coming to Canton, and then extended to all foreigners. In Asiatic Russia the English are called "*Khandi*," or "Red heads." See Hung-t'u-sü.

紅帽回子 Hung-mau hwui-tsz', the Mohammedan Turkmans wearing "red (fez) caps." They came from Persia, and from countries beyond the Caspian. The first Jews coming to China, also came viâ Persia, and were called "Blue-cap" hwui tsz'.

橫濱 Hung-pin, the port of Yokohama in Japan.

紅頭嶼 Hung-t'u-sü, the Bashee islands, to the S. of Formosa, belonging to Spain. The name "red headed islets," denotes their barbarian tenure. They are also called Botel Tobago.

華夏 Hwa-hia, China. See Chung hwa.

花旗國 Hwa-k'i kwoh, the "Country of the flowery flag." A Chinese popular name for the United States, not now used in formal documents. See Mei kwoh.

淮南 Hwai-nan, the name of an ancient circuit, including most of the old province of Yang chau.

琿春城 Hwan-chun ching, a garrison post near the coast, in the S.E. part of Kirin, not far from the Corean frontier. It is subordinate to Ninguta, the largest town, but not the capital of Kirin. The district round is very extensive, but is inhabited only by fishermen and hunters.

黃支國 Hwang-chi kwoh, a portion of Cochin China. Rhinoceroses were sent from this country as tribute to the Chinese emperor P'ing-ti, of the Han dynasty.

黃海 Hwang hai. This is a doubtful name met with in later Chinese composition and referred to the Tung yang, or Yellow Sea. This was anciently called the 渤海, Puh-hai, being the point at which in the time of Yü the 逆河, Nih-ho, formed by the conjunction of the nine streams of the Ho, or Hwang Ho, poured its waters into the "turbid sea."

黃河 Hwang ho, the Hoang ho, or the Yellow River. This name may have been derived from its turbidity, imparted by the clayey soil of the Great Plain, through which it runs. In this respect the Yangtsz' might vie with the Hwang ho for muddiness. It is referred by some to the relation of the yellow or imperial colour to the central point of the Chinese planisphere, representing the "middle kingdom." The Hwang-ho, in keeping with the expression 河爲中國患遠矣, was called Kara mouran, the "Black river," by the Mongols, or the Caramoran of Marco Polo. See Ta c'huen.

黃旗國 Hwang-k'i kwoh, the "Country of the Yellow Flag," a name given to the kingdom of Denmark, from the accidental colour of the flags of Danish ships.

皇國 Hwang kwoh, a name given by the Japanese to their country, as ruled by a theocratic dynasty. See Shin kwoh.

黃埔 Hwang-pu, or Whampoa, the anchorage for foreign ships, distant some twelve miles from Canton.

黃浦 Hwang-p'u, or Wongpoo, the tidal channel or river, upon which the native city of Shanghai is situated. It penetrates for some forty miles into the interior, and helps to drain the complicated network of inland lakes.

忽必烈 Hwuh-pieh-lieh, Kublai Khan, sometimes called *Kihuwn Hwuhpihlieh*, founder of the Mongolian dynasty of China. He was the son of Tuli, fourth son of Temugin or Genghis Khan.

忽魯謨斯 Hwuh-lu-mu-sz', the city of Ormus, or Hormaz, in the Persian Gulf.

回城八 Hwui-ching-pah, the eight (or more) Mohammedan cities of Eastern or Chinese Turkestan, inhabited by Turkish and other tribes. The old tribe of the Kara Kitai, under the name of the Kara Kaitach, is found in these cities.

輝發 Hwui-fah, or Hæifan hotun in Kirin, a small garrisoned post, lying on a branch of the Songari, S.S.E. of Kirin ula, and under its jurisdiction.

回黑 Hwui-heh, the Uigurs, a Turkic tribe, from which the Usbeks are in part descended. They were connected with the *Kau-ché*, and founded a kingdom in Turfan, or Tangut, called *Kau-chang*. The word Uigur is applied to Tangut by the Mongolian historians. There were On-Uigurs and Tokus Uigurs.

回回 Hwui-hwui, or 回子, Hwui-tsz', the Persian Mohammedans, Uigurs, Tajiks, and other Turkic or Iranic followers of Mahomet, in and near China. The character is sometimes offensively written 狛. The earliest period of their arrival in any number in China, was during the domination of the Liau, Kin and Yuen dynasties of Tungusic and Mongolic sovereigns. Their name is evidently derived from that of the Uigurs. Uigur is a term common to the Mongolian dialects, and signifies "a stranger." The Chinese word *hwui* supports this meaning.

回紇 Hwui-k'i, Turkic tribes, to the number of fifteen, descended from Hiung-nu. Diamonds, or the corundum, are said to have come to China from these tribes.

會稽 Hwui-k'i, a name of Kiangnan.

回疆 Hwui-kiang, a name of Chinese Turkestan. See Sin-kiang.

回鶻 Hwui-kuh, the Uigurs. See Hwui-heh.

惠寧城 Hwui-ning ching, one of the garrisons, N.E. of, and attached to Kuldja, or Hwui-yuen.

回部 Hwui-pu, Mohammedan tribes.

輝特部 Hwui-teh pu, or Khoits, a tribe of Mongols, living west of Si-ning, not far from the Azure Sea, and arranged under one standard.

惠遠城 Hwui-yuen ching, the capital city of I'li, in Lat. 43° 36′ N., and Long. 82° 30′ E. This city, called by the natives, *Kura*, and by the Russians, *Guldscha* or *Kuldja*, lies on the N. bank of the I'li river, which runs into Lake Balkash. It contains some 50,000 people, and carries on considerable trade with adjacent districts. It was built by Kien-lung, but is now lost to China, with all the surrounding country. Coal is found in the district.

I

夷 I', the name of the barbarian tribes, "Great bowmen," on the E. of the Chinese kingdom of the beginning of the Chau dynasty. They occupied Shantung, the coast-line to the S. of the Hwai river, and a great portion of what is now Kiangsu and Nganhwui. They merged into the *man* of the S. All these terms are used very promiscuously. The term I' was formerly applied offensively to foreigners, but is now expressly forbidden in the treaties. The I' were described as having nine divisions.

宜昌 I-chang, a prefectural city in Hupeh, situated on the left bank of the Yangtsz', distant from Peking 3,540 *li*, and 360 geographical miles from Hankow. It is in Lat. 30° 49′ N., and Long. 111° 10′ 20″ E. and has seven districts attached to it. It is sometimes called I-ling, and is nearly 1,100 statute miles from the mouth of the Yangtsz'.

義州 I-chau, in Shingking, department of Kinchau fu, 4Lat. 1° 30′ N., and Long. 121° 20′ E.

義州城 I-chau ching, a garrison subordinate to Shingking pun ching. It is near one of the gates in the Palisade, and is under the jurisdiction of the Manchu general at Moukden. This sub-department was formerly known as 同昌, T'ung-chang.

儀眞 I'-chin, an old name of I-ching hien, in Yangchau fu. See Chin chau.

伊克昭明 I-keh-chau ming, one of the six corps of Inner Mongolia, living on the Yellow River, beyond the Great Wall, and N. of Kansuh.

伊澗 I-kien, a name of Lohyang, in Honan, an ancient capital.

伊犂 I'-li, a name derived from the river I'-li, and given by the Chinese to an immense tract of country, nearly as large as Mongolia. It is inhabited by various tribes, and was divided into two *lu*, or "circuits," by their relation to the T'ien Shan. The *Peh Luh*, or Northern Circuit, comprised ancient Songaria, except Urumtsi and Barkul, attached to Kansuh. The *Nan Lu*, is called Eastern or Chinese Turkestan. The whole country is more or less under independent Mohammedan rule.

彝陵 I'-ling, the official name of I-chang. There is a district city in Hunan, named *I-chang hien*, to be carefully distinguished from I-chang fu, in Hupeh.

依耐國 I-nai kwoh, an ancient name of Yingeshar. See Ying-kih-sha-rh.

意大理亞 I'-ta-li-ya, a name given to Italy in Chinese books, as the country of Matteo Ricci.

伊吾盧 I-wu-lu, an ancient name of Hamil, a town in Barkul, on the confines of Kansuh. See Há-mih. The country around this present settlement was held, during the Han period, by military colonists. In the time of the After Wei it was first erected into the I-wu-kiun.

J

柔佛 Jau-fuh, Johore, a state in the S. of the Malayan Peninsula. The chief town, on a small river, all of the same name, was formerly a place of considerable trade.

柔國 Jau kwoh, an ancient principality on the coast of Shantung. It is said in the Annals of the Eastern Han, to have belonged to 瑯琊郡, Lang-ya kiun, the present 沂州府, Ni-chau fu.

熱河 Jeh-ho, or Jehol, "Warm Stream," the name of a stream flowing from Chahar into the Gulf of Pehchihli. There is a summer residence of the emperors of China near it, lying to the N.E. of Peking, or 170 miles due N. of Taku in Lat. 41° 4′ N., and Long. 117° 50′ E. See Pí-shú-shan-chwang. The district is in Ching-teh fu.

日喝則 Jeh-hoh-tseh, a place or district in Ulterior Thibet, possibly identical with Zhi-kátsé, or Teshu h'lumbu. See Chah-shih-lun-pu ching.

日南 Jeh-nan, an ancient name of Cochin China or some other adjoining state. This is perhaps identical with Lin-yih, and the Siang kiun of the Ts'in dynasty.

日本 Jeh-pun, Nippon, or Japan, the "Dayspring." See Shin kwoh. This name dates, in Chinese writings, from the T'ang period.

日本國 Jeh-pun kwoh, the "Country of the rising sun," the Chinese original of Sypangu, Marco Polo's name for Japan. But for the glowing account of *Cathay* and *Sypangu*, given by the Venetian traveller, Columbus would probably never have been urged to the discovery of the western world.

冉駹 Jen-p'ang, the name of certain tribes on the W. of ancient China Proper. They inhabited the country which is now included in the present sub-department of Mau chau (Sech'uen), with Kokonor, or Ts'ing-hai on its western border.

蠕蠕 Ju-ju, or Yuen-yuen. This name is very variously written and sounded in Chinese works. It refers to a Turkic tribe of Hiung-nu, or Huns as they are sometimes called. During the Ts'in dynasty they made an inroad upon China. They were formerly called Jen-fei, or Jau-jen, according to some Chinese authors.

如來佛 Ju-lai-fuh, the name of the Buddha of the present calpa, Tathagata.

如利亞 Ju-li-ya, the Japanese name for Syria, and the Nestorian faith. The Syrians and the Nestorian faith were known to the Chinese by the name of *Ta-ts'in.*

如德亞 Ju-teh-ya, the name for Syria and Palestine (Judæa) in Chinese and Japanese works. See T'ien chuh kwoh. This name seems much more homophonous than the 猶太國, Yu-t'ai kwoh of the Christian translators.

㖼 Juh, Ugro-tataric tribes, allied to the *Kiang*. See San miau.

戎 Jung, the mounted barbarians of the W. from whom came the Ts'inites, founders of the Ts'in dynasty.

娀 Jung, an ancient state, near the Kwanlun range in Thibet. *Sheah*, the reputed author of the invention of writing, was born here, his mother being the daughter of its chief.

絨轄城 Jung-hiah ching, or Jounghia, a town and district of Ulterior Thibet, between Ghieding and Nielam, in the S.

戎狄 Jung-tih, tribes in Turfan, armed and mounted in chariots. This term was also loosely applied to all the barbarian tribes of Yü's time.

K

蓋州城 Kai chau ching, a port in Shingking, possessing an excellent harbour, in Lat. 40° 30′ E., and Long. 122° 30′ E.

開封府 K'ai-fung fu, the chief city of Honan province, probably identical with the Chin of Fuh-hi, and formerly the capital of the state of Wei, and of the whole empire in A.D. 960 under the Sung dynasty. Its name has been often changed, since the third century, but it has kept its present designation since the Ming period. Here in A.D. 1163, a Jewish synagogue was erected, by permission of the emperor Híau-tsung.

開平 K'ai-p'ing, or Shang-tu, one of the capitals of the Mongols in the 14th century. Lat. 42° 25′ N., and Long. 116° E. distant from Peking 700 *li*, and called *Clemein fu* by Marco Polo. It was the same place as Siuen-teh, or as Wan-ts'iuen-tu of the next (Ming) dynasty.

蓋平縣 Kai-p'ing hien, in Shingking. It is a district town in Fung-t'ien fu.

開原城 K'ai-yuen ching, subordinate to Shingking pun ching, in Lat. 42° 40′ N., and Long. 123° 15′ E. The 上京, Shangking of the Kin dynasty was near this place.

開原縣 K'ai-yuen hien, a district town in Fung-t'ien fu, in Shingking. This was anciently called 肅愼地, Suh-shin-ti, as a seat of the Nu-chin or

澉浦 Kan-pu, or Canfu, the ancient port of Hangchow, visited by the Arabians in the 9th century, and by Marco Polo. It is now washed away, or submerged. It was situated in what is now called Hai-yen hien, and was at the mouth of the middle entrance of the Yangtsz', now closed. See Cha-pu.

康 Kang, Kham, or Khamba, a name given to the eastern part of Anterior Thibet, lying on the confines of Kokonor and Sechuen. See Keh-muh.

耿 Kang, the name of the capital of the empire of the Shang period, answering to the present 吉州, Kih chau, in P'ing-yang fu (Shansi). This was the fourth capital of these changeable monarchs. See Siang.

耿州 Kang chau, an old name of Kih chau (Shansi), identical with 耿, Kang, which see.

岡喝 Kang-hoh, a branch of the head waters of the Indus, in Thibet, sometimes confounded with the Ganges river, but properly called the *Ganga*, not *Gunga*.

康居 Kang-ku, the ancient name of Shoghnan, or Sogdiana in Independent Tartary, inhabited by the Sacai, a wild race. It was called Kang kwoh during the T'ang dynasty, when, as well as in the Sui time, the people of the country were great rovers.

高昌 Kau-chang, the country of the Uigurs, identified with Turfan, or Tangut. It was destroyed A.D. 640. In the *Nan Shí* (南史), *Li-yen shou*, who died about A.D. 670, speaks of a plant growing in this country, which yields a fine thread called *Peh-tieh* (白疊), used in making soft and white cloth. See Ho-si and Ho-tien ching.

高車 Kau-ché, the Ugro-tataric tribes from whom the Usbeks are descended. They gave their name to Kau-chang, the country of the Uigurs, with whom they amalgamated. In some cases the Uigurs would seem to be included under this term of Kau-ché or Chui-che.

高附國 Kau-fu kwoh, an extensive country to the S.W. of the Massagetæ, the Indo-Scythians of western historians.

高句驪 Kau-k'u-li, a country in Liautung, now called *Ku-yung hien.*

稾離國 Kau-li kwoh, the country of Corea, as formerly written.

高麗國 Kau-li kwoh, the name in common use for Corea, derived from that of a usurper, more especially employed in connection with the drug Ginseng. It is divided into eight provinces or *tau*. See Cháu-sien and Kau shi.

口北道 K'au-peh tau, an extensive region in northeastern Chihli, beyond the Great Wall, with Tolonnor for its chief town.

高氏 Kau shi, the name of a man who usurped the kingdom of Corea, during the Han dynasty, and named it after himself.

高失踏 Kau-shih-tah, the Coromandel coast.

鉤町 Kau-ting, the kingdom of *Caraian* of Marco Polo, near the present Yunnan.

蒿齊特 Kau-tsí-teh, Khaotchit, or Haochit, a tribe of Mongols, living near the S.W. spur of the Inner Hing-ngan mountains.

客家 Keh-kia, or Hakka, "settlers" from Kia-ying chau, who arrived in the Canton province about the time of the Yuen dynasty. As they are called "foreigners" in Kia-ying, they must have migrated from some other district. It is probable that this agricultural tribe came from Kiangsi province. Their dialect is related to the southern mandarin, but is apparently an older form of it, intermediate between the Punti and the mandarin.

喀喇沁 K'eh-lah-chin, the Kartsin, or Kharachin, a tribe of Mongols, living W. of Tsakhar, just beyond the Great Wall.

喀喇喀沙 K'eh-lah-k'eh-sha, the Karakash, the *Sarikhia* of Moorcroft, a river in Khoten, which joins the Sujet. It is in the bed of this river, when nearly dried up, that nephrite, or jade, so highly esteemed by the Chinese, is found. The town of the same name is ten miles to the W. of Ilchí, or Khoten, and near it there are numerous hot springs, with a temperature from 70° to 130° Fah. Salt is abundant in the surrounding district.

喀喇沙爾城 K'eh-lah-sha-rh ching, Kharashar, or Harashar, the principal town and garrison in the southern circuit of I'li. It lies in Lat. 42° 15′ N., and Long. 87° 05′ E. near lake Bostang. The district connected with it is very extensive.

喀木 K'eh-muh, Kham. See Kang.

喀爾喀 K'eh-rh-k'eh, the Kalkas, the richest and, after the Tsakhars, the most numerous of the Mongol tribes, inhabiting Outer Mongolia. They are divided into four khanates, or eighty standards. Each of these Khans claims direct descent from Genghis Khan.

喀爾喀扎薩克圖汗部 K'eh-rh-k'eh-Chah-sah-keh Han-pú, the Kalkas of the Dzassaktú Khanate. This is the smallest of the four khanates, and lies S. of Uliasutai, reaching to Cobdo and Barkul, on the W. and S. There are many lakes in its limits.

喀爾喀車臣汗部 K'eh-rh-k'eh Ché-chin Han-pu, the Kalkas of the Tsetsen Khanate, lying W. of Hurunpir, with the Tuchetu Khanate on the W., and extending from Russia on the N. to Inner Mongolia on the S.

喀爾喀部 K'eh-rh-k'eh pu, the Kalkas who inhabit parts of Kokonor. They are but few compared with those in Outer Mongolia.

喀爾喀三音諾顏部 K'eh-rh-k'eh San-yin noh-yen pú, the Kalkas of San-noin. This khanate lies W. of the Tuchetu Khanate, N. of Gobi, and S. of the territory of Uliasutai and the Ulianghai tribes.

喀爾喀土謝圖汗部 K'eh-rh-k'eh Tu-sié-tu Han-pú, the Kalkas of the Tuchetu Khanate. This khanate is central with respect to the other three Kalkan khanates of Outer Mongolia, and is the largest and most important of them all. The road from Kiakhta to Kalgan lies within its borders.

喀什葛爾城 K'eh-shih-kieh-rh ching, Kashgar in Chinese Turkestan, about 1,000 *li* W. from Aksu, situated on a river of the same name, in Lat. 39° 25′ N., and Long. 74° E. This large town, the capital of the dominions of Yakoob Beg, the ruler of Chinese Turkestan, contains nearly 100,000 inhabitants from all parts of Central Asia. From the meeting of four great caravan-roads at this point, it must always be a great commercial emporium. Russia has invited the Khan of Kokand to attack Yakoob Beg, who by his defeat of the revolting Mahommedan tribes in 1865, became master of what had been Chinese territory since A.D. 1750. Fort Vernöe, a large Russian military colony on the N. of the lake Issu-kul, is only 400 miles from Kashgar. The Kashgari, Khokani, Khoteni and Yarkandi are dialects of the Turki language. See Su-leh kwoh.

克西克騰 Keh-si-keh-tang, or Keckikten, a tribe of Mongols living 570 *li* N.E. of Kaupeh tau.

肯特山 Ken-teh shan, the Kenteï mountains, a spur of the northern branch of the Altai range, called by the Russians, the Daourian mountains. Here the Sagalien river takes its rise.

旗 K'i, the Tartar bannermen. See Pah k'i.

冀州 K'i chau, a division of China, in Yü's time, including part of Shansi and Pehchihli, with the three departments of Chang-teh, Wei-hwui and Hwaiking in Honan, and the western portion of Shingking, or Liautung. These nine regions had been similarly named by Chuen hiuh.

跂踵戎 Ki-chung jung, a "club-footed" tribe from beyond Shamoh.

雞籠 Ki-lung, or Kelung, a coaling-port in the N. of Formosa.

罽賓國 Ki-pin kwoh, Cophené, a part of Afghanistan, whose capital is said to be 12,200 *li* from Si-ngan fu. In some Chinese works this is said to be Samarcand.

契丹 K'i-tan, or Kitai, the name of the Tungusic progenitors of the Liau dynasty, under the T'ang, called also Sien-pi. They gave their name to China as Kitai, Catai, or Cathay. Dr. Oppert asserts the Mongolic origin of these Kara Kitai. See Hiau-lo-ko-muh-li.

迦古羅國 Kia-ku-lo kwoh, a country in India, the reputed source of several drugs.

加蘭丹 Kia-lan-tan, Kih-lan-tan, or Kalantan, a small state on the E. coast of the Malay Peninsula, tributary to Siam. It formerly sent joint tribute to China of ebony, cloves and pepper.

咖嚠巴 Kia-liu-pa, Batavia, or Java. See Koh-lah-pa.

加羅布 Kia-lo-pu, a place in the China Sea. The description points to the most southerly part of Cambodia.

伽陂羅 Kia-po-lo, the birthplace of Sakyamuni, near Goruckpore.

加濕彌羅 Kia-shih-mi-lo, the country of Cashmere, the Capatyrus of the ancients. It is sometimes called *Ko-shih-mih*, unless this be the name of a country to the north of Cashmere.

加闍那國 Kia-tu-la kwoh, a country placed N. of India, near Cashmere, and the reputed source of the best assafœtida.

嘉峪關 Kia-yu-kwan, the most westerly gate in the Great Wall, at the end of it, between Ngansi fu and Suh-chau in Kansuh. K'i-pin kwoh is said to be 9,600 *li* beyond this pass.

羌 Kiang, Ugro-tataric tribes in Tangut. See Si-kiang and Juh. This name is given as a designation of the *San miau*, which see.

江浙 Kiang-cheh, a name of Chekiang in the Mongolian period.

江戶 Kiang-hu, Yeddo in Japan, the "River's door."

江淮 Kiang-hwai, a name of Nganhwui and Kiangnan.

江口 Kiang-k'au, the "river's mouth," a name erroneously assigned in European maps to the river Yangtsz'.

江敏城 Kiang-min ching, a town and district in Anterior Thibet, S.W. of H'lassa, and near T'eshu lumbu.

江南 Kiang-nan, a name loosely applied to the country around Nanking, or to Nganhwui, and Kiangsu. The name was originally given to all those departments of Nganhwui and Kiang su, which lay S. of the Kiang, or Yangtsz' River. There was also a division of this district into *Kiangnan tung tau*, answering to Kiangnan and Chekiang, and *Kiangnan si tau*, including much of Kiangsi, which may have derived its name from this old division.

江寧 Kiang-ning, Nanking, as named by the present dynasty. See Kin-ling. This name had formerly been given to Nanking by the T'ang dynasty.

江北 Kiang-peh, the name given to a district including all those departments of Nganhwui and Kiangsu, lying N. of the Yang-tsz'-kiang. These departments were also distinguished by the terms *shang* and *shia*, according as they lay "up," or "down" the river. These still obtain among natives of the provinces.

江舌 Kiang-sheh, a name of the island of Tsung Ming, at the mouth of the Yangtsz'-kiang.

姜水 Kiang-shwui, an ancient name of the Yangtsz'-kiang, or the Blackwater, in Kokonor or Kansuh.

江達城 Kiang-tah ching, the town and district of Kiangta, in Thibet, between H'lassa and H'lari.

江東 Kiang-tung, the right bank of the river Yangtsz', in its course through Hupeh. This name is also applied to Suchau, as an abbreviation of Kiang-nan-tung-tau.

交州府 Kiau-chau fu, or Hué, the capital of Annam, or Cochin China, situated on a small river of the same name.

交阯 Kiau-chí, or 交趾, a cynical name given to the Cochin Chinese, because like some of the Japanese, their men and women were said to bathe together publicly. See Nan-chi'au-chí-ti.

教門 Kiau-men, the Mohammedan sect. See Hwui-hwui.

嶠南 Kiau-nan, an old name of Kwangsi *province*.

膠東 Kiau-tung, the present P'ing-tu chau in Shantung province.

結定城 Kieh-ting ching, Ghieding, or Dingghie, a town and district of Ulterior Thibet, S. of Teshu-hl'umbu.

建康 Kien-kang, the name of Nanking, as the capital of the Eastern Tsin dynasty, which altered the old name of Kien-yeh, given to Nanking by the Wu dynasty.

建國 Kien kwoh, the kingdom of Fukien, the *Chonka* of Marco Polo. See Min.

建陵 Kien-ling, an old name of Kweilin fu (Kwangsi).

虔那 Kien-na, a country to the S.W. of China, visited by Ta Hi-tung, in A.D. 674.

劍南 Kien-nan, a name of one of the large divisions of China in the T'ang time, called *tau*. It included parts of Sech'uen and Kweichau, and was divided into east and west portions.

黔首 K'ien-shau, the "Black-heads," a name given to the Chinese by *Chi Hwang Ti*, from their black turbans.

黔地 K'ien-ti, a name of Kweichau province. This is said to be the country near 蠻方, Man-fang, the neighbourhood of the Man-tsz'. See Ta-wan-kuh-loh.

虔士羅 K'ien-t'u-lo, Candahar, in Afghanistan.

建業 Kien-yeh, a name of the city of Nanking, as the later capital of the empire of the rulers of Wu. See King-ling. Chinese writers refer this name to Shang-yuen hien, the premier district of Kiang-ning fu (Kiangsu). See Lung-shau-shan.

乞伏 K'ih-fuh, a division of the Sien-pí, living to the W. of Shensi of the present time.

吉林 Kih-lin, Kirin, or Ghirin, a large country to the N.E. of Shingking, bordering on the Sea of Japan, and the Gulf of Tartary. It is bounded on the N. by the *Hing Ngan Ling*, or Daourian Mountains, E. and N.E. by the ocean, S.E. by Corea, and the Palisade which divides it from Shingking, and W. by Mongolia and Tsitsihar. It is divided into three *ting* departments, namely, Kirin ula, Petuné ula, and Changch'un. This extensive region is thinly peopled by Manchus, who live by fishing and hunting.

激國 Kih-kwoh, a country to the S. of Fu-nan, whose people, the Hwan-t'ien, usurped the Kingdom of Fu-nan.

吉林城 Kih-lin ching, Kirin ula, the principal town of Kirin, in Lat. 43° 45′ N., and Long. 26° 25′ E. It is situated on the Songari river, and is a poor-looking place for the capital of a province, consisting of a few houses for the officers and staff, and a collection of huts.

吉林理事廳 Kih-lin li-sz' ting, Kirin ula hotun, the name of the commandery of Kirin, indicating that it has the control of the whole province.

吉里門 Kih-li-men, the Carimon islands, a little to the W. of Java, infested by Malay pirates.

吉備 Kih-pí, Kibi, the reputed inventor of the Japanese *Katakana* character. He visited China in A.D. 733. See Hung-fah.

吉礁 Kih-tsah, Quedah near Penang, in the Malay peninsula.

金州城 Kin-chau ching, in Shingking, subordinate to the head garrison, is the port of Moukden, and distant from it 15 leagues. The harbour is rapidly silting up.

錦州府 Kin-chau fu, a department in Shingking, lying along the gulf of Liautung. It is divided into two *chau* districts, *Ningyuen* and *I'*, and two *hien* districts, *Kin* and *Kwang-ning*, each having a small garrisoned town. See Liau-si.

金齒 Kin-ch'i, Laos tribes near the *Lan-tsang* river, who gilded their teeth. Their country was the *Zardandan* of Marco Polo.

金川 Kin chuen, the name of a river rising in Kokonor, and of a district for which see Ta Kin chuen.

錦縣 Kin hien, a district of Kin-chau fu in Shingking. The town is in Lat. 41° 06′. N., and Long. 121° 18′ E.

金陵 Kin-ling, the "Golden mounds," one of the oldest names of Nanking. It had been called *Moh-ling* by T'sin Chi-hwang. Little remains of the beauty with which *Hungwu* the founder of the Ming dynasty adorned his capital, but some colossal statues which ornamented the imperial mausolea.

金門 Kin-men, the island of Quemoy, a little to the E. of Amoy island.

金山 Kin-shan, the Altai mountains, running between Lat. 50° and 52° 30′ N. This name "Golden mountain" has been given to California. The emperor of the Kin Tartars was called Altan Khan, the Golden Khan.

金沙江 Kin-sha-kiang, the name of the Upper Yang-tsz' before its junction with the

Min river. The department of Ting-chau fu in Fukien, was formerly called Kin-sha.

金臺 Kin-t'ai, an old name of Pehchihli province.

菫子國 Kin-tsz' kwoh, situated on the E. of Ningpo fu, and said to have yielded tin in former days.

荆州 King-chau, the province of Yü corresponding to *Hu-kwang* of later date, very nearly.

京兆 King-cháu, a name of Si-ngan fu in Shensi, under the Han. See King chau fu.

京兆府 King-chau fu, an old name of Si-ngan fu, in Shensi, under the *Kin* sovereigns in A.D. 1142. It was also known as Chang-ngan and Hien-yang.

京畿道 King-ki-tau, the name of the capital, and of the metropolitan *tau*, or province, of Corea. The first character was attempted to be changed by the Chinese, as they claimed that there could be but one *King*, the residence of the Suzerain. This is also one of the names of the metropolitan district of Peking, as one of the 15 *tau* into which the empire was divided in the reign of *Yuen-tsung* of the T'ang dynasty. This division is still retained in the *Tsin Shin Shu*, the "Red Book," issued regularly as an official Court Guide.

殑伽 King-kia, the Gunga, the Ganges of India. See Hang ho.

荆江 King kiang, the Ta Kiang or Yangtsz', from *King-ho k'au*, the point of junction of the stream which is the outlet of the T'ung-ting lake, with the main stream (Upper Yangtsz'), as far as the city of *King-chau fu*.

景教 King kiau, the "illustrious religion," of the Nestorians. See T'ien-chuh kiau.

京師 King-sz', or Kinsai, the name of *Hangchau*, as the capital of the Sung dynasty, in the time of Marco Polo. The Chinese characters denote the capital of the empire, as the residence of the sovereign, wherever that may be. Peking is accordingly so named upon native maps and in official books. See Shau-shan or Shau-shen.

慶綏城 King-shu ching, the chief town of the intendancy of *Kurkara usu*.

京塘 King-t'ang, or 京提塘, King-t'i-t'ang, the Chinese Postmaster General in Peking, under the Board of War. There are two such officers in each province, called 省提塘, Sang-t'i-t'ang, regulating roads and bunds.

景德鎮 King-teh-chin, the chief town of the "Potteries" in Kiangsi, and one of the five great marts of China. See Wu-chin.

京都 King-tu, Kioto, or Miaco, the residential city of the Mikado of Japan.

九州 Kiu-chau, the "Nine regions" of China, as divided, or adopted from Chuen Hiuh, by the Great Yü. The term is still used in composition. These regions or provinces had been increased to twelve by Shun.

九眞 Kiu-chin, or Kowchin (Cochin?), a name of Annam and Cambodia, as forming part of China. See Siang kiun. There is a 九眞山, in Hanyang hien, opposite to the Ta Kiun Shan, near the Yangtsz' river.

九江 Kiu-kiang. This name was anciently applied to the T'ungting lake in Hunan, but is now the name of one of the treaty ports, *Kiukiang fu*.

舊教 Kiu-kiau, the "ancient faith," or the Jewish religion. See Tau-kin-kiau.

九龍 Kiu-lung, the sub-district of Kowloong, opposite Hongkong, which has been partly ceded to the British crown.

九龍江 Kiu-lung kiang, the Meikong or Camboja river. See Nan-chang kiang.

九塞 Kiu-seh, the nine frontier-forts of the old empire of China, to which Ts'in Chi-hwang added another the 紫塞 Tsz'-seh or "Red rampart," the Great Wall of China. These nine defences were as follows,—太汾, T'ai-fan (Shansi),—句注, Ku-chu, at 鴈門, Yen-men, the 代州, Tai-chau (Shansi) of the present day,—澠阨, Min-ngeh, and 殽阪, Hiau-fan, in 宏農, Hung-nung, a name of the present 陝州, Shen-chau (Honan),—荆阮 King-yuen and 方城 Fang-ching in 楚, T'su, or Hukwang,—井陘, Tsing-ying, in Ta-t'ung fu (Shansi),—居庸 Ku-yung, in Siuen-hua fu (Pehchihli), and 令疵 Ling-tsz' in Liau-si (Shingking). This word 塞, Seh was formerly pronounced as 賽, Sai, a common Mohammedan surname, and has the meaning of 寨, Chai, a stockade, or military encampment.

九癭 Kiu-ying, a race of wizened cretins, dwelling in mountainous regions beyond the desert of Gobi. Their goitres are distinctly referred by Chinese writers to the character of the water of the district. See Wu-shan-kiah.

捐毒 Kiuen-tuh, a name of India and Syria. See T'ien-tuh.

瓊州 Kiung-chau, the northern part of the island of Hainan.

哥老 Ko-lau, the name and watchword of a secret society of disbanded soldiers in Hunan and other provinces.

噶喇巴 Koh-lah-pa, Batavia, or the whole island of Java, as it is usually known to the Chinese, from the native name Kalapa, for the cocoanut. They often write it without the two first characters, as *Pa* (吧).

覺羅 Koh-lo, the *Ghioro*, or the "Golden race," the surname of the Manchu reigning family. See Ta Kin. The imperial kindred is spoken of as the *Tsung-shih koh-lo*. They were also distinguished by their single-peaked shoes, now worn by officials generally.

郭爾喀 Koh-rh-keh, the Ghoorkas of Nepaul. See Ni-p'o-lo.

郭爾羅斯 Koh-rh-lo-sz', a tribe of Mongols, the Khorlos, on the N.W. of Shingking.

噶達素齊老山 Koh-tah-sú-tsí-lau shan, a lofty peak in Lat. 35° N., and Long. 95° E. near which the Alotan ho, a source of the Yellow River, rises.

戈壁 Ko-pih, or 大戈壁, Ta Kopih, the Great Desert of Cobi or Gobi, called also *Shamoh*, *Hanhai* and *Taklan Makan*. It extends from the eastern frontier of Mongolia, southwestward to the further frontier of Turkestan, to within six miles of Ilchí, the chief town of Khoten. It thus comprises some twenty-three degrees of longitude in length, and from three to ten degrees of latitude in breadth, being about 2,100 miles in its greatest length. In some places it is arable. Some idea may be formed of the terror with which this "Sea of Sand," with its vast billows of shifting sands is regarded, by the legend that in one of the storms, 360 cities were all buried in the space of twenty-four hours. Gold coins of great weight, and other articles, are said to have been found in certain lofty hillocks, on the edge of the desert. This attests to the wealth of the surrounding country, of which Herodotus in his account of the desert in which gold dust was thrown up by ants, seems to have had some notion. See Liu-sha, and Lo-to-keh ching.

斜布多城 Ko-pu-to ching, Khobdo, or Cobdo, lies in the N.W. of Mongolia. It is bounded N. and W. by Russia, N.E. by Ulianghai, S.E. by the Dzassaktu Khanate, S. by Barkul, a nominal part of Kansuh, and W. by Tarbagatai. Cobdo comprises eleven tribes of Kalkas, divided into thirty-one standards, garrisoned by the *amban*, who resides at a city of the same name. The amban is subordinate to the resident at Uliasutai. The garrisoned city is situated on a branch of the river of the same name, which runs into one of the many lakes of this province. It carries on some trade with Urga, and is situated in Lat. 47° 30′ N., and Long. 85° 30′ E.

科爾沁 Ko-rh-chin, the Kortchins, a large tribe of Mongols occupying the country S. and W. of the valley of the river Nonni, in the province of Tsitsihar, on the confines of Kirin. Tin is brought from their territory.

庫車城 Ku-ché ching, formerly the name of a district state, but now usually applied to a large garrisoned town, called the gate of Chinese, or Eastern Turkestan. It lies about 100 miles W. of Bukur, in Lat. 41° 37′ N., and Long. 82° 55′ E. on the W. of Harashar, at the S. of the T'ien Shan. The surrounding district is cultivated, and some trade in linen, sal ammoniac, cinnabar, quicksilver, copper, sulphur and saltpetre is carried on. See Kwei-tsz' kwoh.

古格 Ku-keh, Gugé, a part of N'ari, in Thibet, consisting of two valleys.

巨港 Kü-kiang, Palembang, formerly an independent kingdom of Sumatra, and having a large trade in pepper and tin from the island of Banca. It is sometimes identified with *San-fuh-tsi*. The name, with a change of the first character, is sometimes given to Jambi, a little N. of Palembang.

庫可諾爾 K'u-ko-noh-rh, Koko nor, the "Blue lake" country. See T'sing hai.

俱藍 Kü-lan, the town of Coulan, or Quilon, the capital of the state of Travancore, in Lat. 8° 55′ N., and Long. 76° 45′ E.

鼓浪嶼 Ku-lang-su, the island of Kulangsu, near Amoy.

咕嘞 Ku-leh, the Koran.

古里 Ku-li, Calicut, or Calli, or Calliana in Malabar, a vast centre of commerce in ancient time, and the port of departure for travellers to and from China. This may have been the *Cattigara* of Ptolemy, which has been variously referred to Canton or Cambodia.

古俚國 Ku-li kwoh, the country of Malabar. A place called *Hwuh-lu-ma*, or *Hwuh-lu-mu*, has been variously referred to this coast, to Quilon, and to Hormaz in the Persian Gulf.

古里班卒 Ku-li-pan-tsuh, Masulipatam, a port in the Madras Presidency, one of the best harbours on the whole coast. It formed a part of the first acquisition of extensive territory from the Nizam, by the East India Company. The fame of its chintzes and calicoes had created a demand in Persia and China, to which latter country it was brought as tribute, more especially from Siam. The fame of the goods, and some of the names of the fabrics of the East India Company were hereditarily derived from these cotton goods brought from Siam, Malacca and other places.

庫倫 K'u-lun, Kurun, or Urga, a large town in the Tuchetu Khanate, where the high-priest, called *Kukuktu* risides, ruling over the Kalkas of Mongolia. It lies in Lat. 48° 20′ N., and Long. 107° 30′ E. on the Tola river, a branch of the Selenga, and is one of the stations of

Grant's Trans-Mongolian Telegraph.

鉅鹿 Ku-luh, a prefecture of Ts'in Chi-hwang, in Pehchihli, answering to a part of Shun-teh fu, still bearing this name.

古麻剌 Ku-ma-lah, Trincomalee in Ceylon. This may refer to Coulan in Travancore, which rejoices in the profusion of some eight or ten aliases in various languages.

姑墨國 Ku-meh kwoh, a place on the borders of Khoten.

古北口 Ku-peh k'au, a pass in the Great Wall, in Lat. 40° 43′ N.

庫爾喀喇烏蘇城 Ku-rh-k'eh-lah Wu-su ching, or the garrison of *Kurkara usu*. This is a small district of I'li. The town of the same name is now called King-shu ching. It ranks as a garrisoned town next to Kuldsha, and lies N.E. from it, on the river Kur, and on the road between Kuldsha and Urumtsi. See King-shu ching.

渠搜國 K'u-sau kwoh, the kingdom of Fahan, 500 *li* W. of the Blue Mountains. Ku-sau was the name of a mountain, and of a tribe of the Si-jung mentioned in the "Tribute of Yu."

古滇 Ku-tien, an official name of the province of Yunnan. Se Tien kwoh.

邛 Kung, the name of a tribe of I′ on the S.W. of ancient China, now perpetuated in the name of a chau in Sech'uen.

公方 Kung-fang, a title of the Shiogoon of Japan, sometimes applied to the Mikado. See T'ai kwan, and Tsiang Kiun.

宮古島 Kung-ku t'au, the largest of the Madjicosima group of Islands.

拱宸城 Kung-shin ching, in I'li, a garrisoned town near the river I'li, situated W. of Hwuiyuen ching, to which it is subordinate.

公司 Kung Sz', the East India Company's factory at Canton. Traces of this name are still met with in all parts of China. The best cloth and the best opium are still called by their name.

恭親王 Kung-ts'in wang, a common name of Prince Kung. See Ho-shih-kung-wang. There are four orders of Princes in the Tartar court. 1st, 和碩親王, *Ho-shih-ts'in-wang*, 2nd, 郡王, *Kiun-wang*, 3rd, 貝勒, *Pei-leh*, and 4th, 貝子, *Pei-tsz'*. See Ho-shih-kung-t'sin-wang.

關 Kwan, the "Passes," or barriers, situated between Honan and Shensi, and in the latter province, and rendered famous in Chinese history as the "doors of the empire." See *Han-kuh kwan* and Kwan-chung.

關閘 Kwan chah, the Barrier at Macao, built by the Chinese in 1573 to mark off the Portuguese territory.

關中 Kwan-chung, the name of part of the present province of Shensi, in the Ts'in time, and of the ancient capital of the Western Han dynasty. There were four 關, at the four points of the compass, namely 東有函谷關,南有嶢關武關,西有散關,北有蕭關. See Kwan-si.

關內 Kwan-lui, the name of Kwan-chung, as altered by the T'ang dynasty.

崑崙 Kwan-lun, a range of mountains rendered famous in Chinese history and legend, separating Thibet from Chinese Turkestan and the desert of Gobi. It starts from the

Pushtikur knot, in Lat. 36° N. and runs along easterly, nearly parallel between that and the 35th degree. At the 92nd degree of Long. E., in the middle of its course, it divides into two ranges, one declining to the S.E., the Bayenkara, or the Snowy Mountains, and unites with the *Yun Ling*, or "Cloudy Mountains." The other branch bends northerly, and under the various names of Kilien Shan, In Shan and Ala shan, passes through Kansuh and Shensi to join the Inner Hing-ngan range. The Kwan-lun range is the Olympus of China, and the supposed source of its Fungshwui.

崑崙層斯 Kwan-lun-ts'ang-sz', a people in Thibet, incorrectly described by Rémusat as negroes. See Kwan-tun.

關西 Kwan-si, the country to the W. of Shensi, answering to Lung-si, in Kansuh. *Kwan-si-tau* included part of Shensi province. See Kwan-chung and Kwan-tung.

裙帶路 K'wan-tai lu, "Petticoat-string path," the Chinese vulgar name for the city of Victoria, Hong-kong. See Hiang-kiang.

鯀堤 Kwan-t'i, the name of a place in Chihli, where the beginning is said to have been made to drain off the waters of the deluge by *Kwan*, the father of the Great Yü. His labours have been much underrated. See *Pung-lai*.

崑屯 Kwan-tun, the island of Pulo Condor. This is sometimes written Kwan-lun.

混同 Kwan-t'ung, the "Mingled river," the name of the Sagalien river after its junction with the Songari. See Heh-lung kiang.

關東 Kwan-tung, the country of Liautung, to the N. of China Proper, producing the best ginseng, named after it. There is a kind of ginseng produced in Kwan-si, a part of Shensi. Ginseng dealers use both Kwan-tung and Kwan-si on their signboards.

廣州府 Kwang-chau fu, the correct description of the provincial and departmental city of Canton. There is great probability in favour of this being the *Cattigara* of Ptolemy.

廣仁城 Kwang-jin ching, a garrisoned town lying N.W. of Hwuiyuen ching, near the Kirghis frontier.

廣寧城 Kwang-ning ching, a garrison subordinate to Shingking pun ching.

廣寧縣 Kwang-ning hien, a district in Kin-chau fu, in Lat. 41° 40′ N., and Long. 122° E. This town and that of I-chau are the first towns in Shingking, on entering, on the west the province, from Mongolia. The northern "guardian hill," the 醫無閭山, I-wu-lu-shan, was situated in this district. See Wu chin.

鬼方 Kwei-fang, or Kwei-fang kwoh, the country of the Hiung-nu, as named in the records of the Yin, or Shang dynasty. The opprobrious name Yang-kwei-tsz' is probably derived from this name applied to these Hunnish tribes.

歸化城 Kwei-hwa ching, a town on the borders of Shansi, the residence of a Tu-tung, or Adjutant-General over the tribe of Toumets.

桂林 Kwei-lin, a name used in the time of Ts'in Chi-hwang for the region of Kwangsi. It is now applied to the premier fu and provincial capital of Kwangsi. This Kwei-lin fu, was once called 建陵, Kien-ling.

歸綏城 Kwei-shu ching, or Kuku kotu, the "Blue city," a town in Shansi, the residence of a Ping-pei-tau, or officer connected with the control of the Toumets.

龜豆 Kwei-tau, a name for Manilla, as used by Chinese in the Straits. One of the Kypong islands, near the entrance of the Canton river is also known by this name.

龜兹國 Kwei-tsz' kwoh, Kuché, or Koutché, a district and town in Chinese Turkestan, formerly an independent state. See Ku-ché ching.

龜靜 Kwei-tsing, Cochin in South India. Ko-chih has been given as a name of this place in older writings.

國姓爺 Kwoh-sing-yé, the "Lord of the country's families," a name said by Von Siebold to be the original of Koxinga, or Kosenya, the piratical ruler of Formosa. See Ching chi-lung.

L

拉里城 La-li ching, H'lari, a town in the northern part of Anterior Thibet, bordering on Kokonor, with a district connected with it.

拉林城 La-lin ching, Larin ula, a garrison in the commandery of Petuné, in Kirin. It lies on the Songari river, between the town of Petuné and Altchucu, and has attracted some trade.

喇嘛廟 Lah-ma-miáu, or Dolondo, in Lat. 42° 40′ N., and Long. 115° 20′ E., a large city and mart on the plains of Mongolia.

拉薩 La-sah, the capital of Thibet, is situated on the Dzangtsu river, about 12 leagues from its junction with the Yaru-tsangbu, in Lat. 29° 30′ N., and Long. 91° 40′ E. It is the largest town in this part of Asia, and is famous as the headquarters of the lamas. See Pu-tah-la.

拉達克 La-tah-keh, Ladak, or Leh, sometimes called Mar-yul, a wool-producing country, bounded N. by the "Onion mountains," E. by Rodok and Gardok, S. and S.W. by the Himalayas, separating it from Cashmere, and N.W. by Beltistan, or little Thibet. The Indus flows through this independent country, which has preserved its separate existence by the peaceful and propitiatory temper of its princes, who send annual presents to adjoining rulers, as a kind of friendly acknowledgment of the benefits of the caravan trade passing through this territory. Leh, the capital, is in Lat. 44° 10′ N., and Long. 77° 45′ E.

萊子國 Lai-tsz' kwoh, a district near the Shantung promontory, now called Teng-chau fu. This Teng-chau, is to be distinguished from Tung-chau in Chihli, on the line of the caravan route from Kalgan, by Dunba to Tientsin, prescribed in the Russo-Chinese treaty.

覽房 Lan-fang, Lampong in Sumatra.

藍帽回子 Lan-mau-hwui-tsz', the "blue-cap-hwui tsz'," a name applied to the Jews, who came to China in greatest number from Persia. From this country, in part, came the first Mahommedans, who were Turks, or Kisilbash, wearing the red fez-cap.

蘭摩 Lan-mo, Rama in India.

琅琊 Lang-ya, or 狼牙修, Lang-ya-siu, the island or islands of Linga, or Lingon between Borneo and Sumatra. See Mencius, Book I. part II. chap. IV. Legge's ed: This was the name of one of Ts'in Chi-hwang's forty prefectures or principalities. See Jau kwoh.

老撾 Lau-chwa, the Laos tribes who live between Yunnan, Annam, and Siam.

樓蘭 Lau-lan, the name given to Shen-shen, before the Han dynasty.

筶子 Lau-tsz', the Laos and Shan tribes tributary to the adjacent states of Burmah, Siam and Annam. They are sometimes called *K'ih-lau*. See Ye-lang.

老萬山 Lau-wan-shan, the largest of the Ladrone Islands.

犂軒 Li-han, or Li-chien, the name of a country known to the Chinese in the Han period, and placed by them to the W. of the "Western Sea." It may have been the *Latin*, or Roman empire. See Ta-t'sin.

理藩院 Li-fan-yuen, the Colonial or Foreign office in Peking. See T'sung-li-ya-men.

里馬 Li-ma, or Bima, the Malay kingdom in the E. part of the island of Sumbawa. It formerly sent much sandal-wood and sapan-wood to China.

利瑪竇 Li-ma-tuh, the Chinese name of Matteo Ricci, who was in China from 1582 to 1610.

里猫柔 Li-mau-jau, the Dyaks of Borneo.

孋戎 Li-jung, a frontier state in the N. of China, in the time of the Tsin dynasty.

裏塘 Li-t'ang, or Lithang, a town of some importance in Thibet.

黎峒 Li-t'ung, the Taic aborigines of Hainan and the adjacent mainland.

利未亞 Li-wei-ya, Libya, or Africa.

梁州 Liang chau, a name of K'ai-fung fu in Honan, during the Tung Wei rule. This is also the name of one of Yü's provinces, including Sech'uen, with parts of Kansuh, Shensi, Hupeh, and perhaps of Kweichau.

梁公府 Liang-kung-fu, the British Legation in Peking, formerly the palace of the Duke Liang, as the name implies.

遼河 Liau ho, the river which drains the large area of the eastern half of the province of Shingking, and runs into the gulf of the same name. It is said to be not now navigable for large vessels much beyond Newchwang. As one of the "six streams," it was anciently called 遼水.

遼西 Liau-si, an old name of the time of Ts'in Chi-hwang, applied to what is now Kin-chau fu in Shingking, and Chang-li hien in Pehchihli.

獠子 Liau-tsz', the Laos tribes. See Lau-tsz'.

遼東 Liau-tung, or Shingking, one of Ts'in Chi-hwang's prefectures, named after the Liau river. It comprised, before the Manchu conquest, only that part near the gulf, and a part of the present Pehchihli.

遼陽州 Liau-yang chau, in Shingking, a district of Fung-t'ien fu, in Lat. 41° 10′ N., and Long. 123° 27′ E. Liau-yang was the name of one of the 12 provinces of China, under the Yuen dynasty.

遼陽城 Liau-yang ching, in Shingking, subordinate to the head garrison.

琳國 Lin kwoh, a country in Central Asia, 9,000 *li* from Singan fu, yielding excellent pears.

臨安 Lin-ngan, a name of Hangchow in Chekiang, an old capital of China. To this place of rest came Kau-tsung of the Nan Sung dynasty, in A.D. 1129, and many of the same line made it their residence. See King-sz'.

林邑 Lin-yih, a place said to be identical with Jeh-nan and Chen-ching, from which much gold and silver were formerly brought to China. Hwan-yang is said to be another name of this Cambodian kingdom. In some Chinese maps Lin-yih is placed to the W. of Chen-ching.

嶺南 Ling-nan, the country S. of the Meiling, or as they are sometimes called, the Great Stack mountains, forming one of the 15 *tau* of the T'ang dynasty, and answering to the Kwang-nan of the Sung dynasty. This was divided into two *lu*, Kwang-nan-si and Kwang-nan-tung, the origin of the present provinces of Kwang-si and Kwang-tung.

伶仃 Ling-ting, the island of Lintin, or the "Orphan," lying to the W.N.W. of Urmston Bay.

琉球國 Liu-kiu kwoh, the tributary state of Luchu, or Lewchew ("Pendent globes"). These islands formerly composed three petty kingdoms, called Chung Shan (中山), Shannan, (山南), and Shan-peh, (山北), whose chiefs sent tribute to Hung-wu of the Ming. Chu K'wan, an officer of the Sui emperor Ta Nieh, visited the country. Some confusion exists between this country and Borneo, in Chinese books. See Shau-ni.

流沙 Liu-sha, the desert of Gobi. See Sha-moh.

羅刹國 Lo-chah kwoh, a country of red-headed black savages, between Lin-yih and Siam. It was visited by the Chinese embassy from the Sui emperor, Ta Nieh, to the king of Siam.

倮國 Lo kwoh, a country of unclad savages in the W., fearless of wild beasts.

羅布淖爾 Lo-pu-nau-rh, the modern name of Lake Lop Nor. This lake lies on the edge of a desert, in an uninhabited region. Into it, in Long. 38° E., after a course of some 1,400 miles, there runs the largest inland river in the world, the Tarim. See Pu-chang hai.

邏娑 Lo-so, the name of a city in Turfan.

羅多克城 Lo-to-keh ching, the town of Rodok in Nari, on the borders of Thibet, a little to the S.E. of Ladak. Under the Ming dynasty it was a small independent state. To the E. of this town, with its fort surrounded by four monasteries and 150 houses, commences the Aksaichin, or "White desert of China," which runs parallel to the great desert of Gobi.

樂浪 Loh-lang, a tributary state of the Han dynasty, in all probability the same as Corea or Sin-lo. See next.

樂浪海 Loh-lang hai, the sea between the coast of Chekiang and the islands of Japan, in which Chinese geographers place Japan. This name was also applied to the Yellow Sea, after the name of Corea.

洛陽 Loh-yang, the capital of China under the Eastern Han, A.D. 25. It is now a district town in Honan fu in the province of Honan. See I-kien. It is asserted by Biot, that the old city was somewhat to the W. of the present district town. See Lung-shau-shan.

瀘江 Lú kiang, a name of the Yangtsz' Kiang, in its upper part, so called from one of its tributaries in Sech'uen. See Kin-sha kiang.

鷺江 Lu kiang, or 鷺門, Lu-men, or 鷺島 Lu-tau, are names used in Chinese poetical compositions for the island of Amoy, and its port. These names are derived from that of the 鷺鷥, Lu-sz', or White Egret (Herodias euophotes), which annually frequents the islands of Amoy, Quemoy and the large number of islets of the bay. This bird with perhaps other species, is used in the decorations of civil officers, the 白鷺 peh lu being the distinctive badge of the sixth civil rank. The flesh of this bird is recommended in the Pen T'sau as very nourishing. This Lu-kiang is to be carefully distinguished from the next, which see.

潞江 Lu kiang, the Irawaddy river (Pauthier). See Nu kiang. Amoy is sometimes spoken of as Lu-kiang, from the number of egrets to be seen on the island.

魯西亞 Lu-si-ya, the Japanese term for Russia. See Ngo-lo-si.

呂宋 Lu-sung, Lucon or Luconia, the Philippine Islands. See Siau-lu-sung.

六詔 Lu-cháu, the country in the present province of Yunnan, called Caraian by Marco Polo. This name strictly applies to the six leaders of these mountain tribes, supposed to be Karens or Wu-man. See Yueh-sih-chau.

坴賴 Luh-lai, the Laos tribes of the dry and woody regions of the S. The first character is perhaps a mistake for 陸, Luh. The Lo-lo tribes in Yunnan spoken of by Duhalde, may perhaps be indicated by these characters. See also Sien-lo.

內 Lui. For words commencing with this character, see Nui, the more correct word.

龍賴 Lung-lai, a name of the Laos tribes.

龍首山 Lung-shau shan, the situation of the capital city, or imperial residence of the sovereigns of the Sui dynasty who first resided at Chang-ngan, or Singan fu (Shensi). This site was 33 *li* to the N. of the city proper of Chang-ngan. Much uncertainty exists as to the precise situations of many of the ancient capitals and other cities, which by no means necessarily coincided exactly with the sites bearing the same name in successive dynasties, or at the present time. Thus for instance 建業, Kien-yeh is referred by some Chinese authors to 上元縣, Shang-yuen hien, and not to 江甯府 Kiang-ning fu, the present dynastic name of Nanking, See Lohyang.

隴西 Lung-si, a prefecture of the Ts'in dynasty answering to a part of Kansuh. This is probably identical with the Kwan-si of a later period. There is a Lung-si hien in Kansuh at the present time.

隴東 Lung-tung, an old name of P'ing-liang fu in Kansuh.

灤江 Lwan-kiang, an old name of I'-ching hien, in Yang-chau fu (Kiangsu). See Chin-ch'uen.

M

馬湖江 Ma-hu kiang, a name of the Kin-sha kiang or Ta kiang.

麻六呷 Ma-luh-kiah, Malacca. See Man-lah-kia.

馬八兒 Ma-pah-rh, M'abar, or Malabar, on the eastern side of Cape Comorin. Pauthier identifies the characters *Muh-hu-pa* with M'abar.

瑪珀穆達賴 Ma-peh-moh-tah-lai, a lake in Thibet, forming with another sacred lake, Langga Nor, the head-waters of the Indus.

馬辰 Ma-shin, Banjermassin, a port in the S. of Borneo, formerly the capital of a kingdom. This is identified by some with that part of Borneo sometimes called *P'o-lo*

馬蹟 Ma-tsih, Gutzlaff Island, off the mouth of the Yangtsz'.

抹羅短叱國 Mah-lo-tan-chih kwoh, a country in South India, said to yield Baroos camphor.

買賣鎮 Mai-mai chin, the name "Trading-mart" incorrectly applied to Kiachta, Urga, Kalgan and other similar towns on the frontier. *Mai-mai-chin* is really a small hamlet, and the trade is carried on near it, and not in Kiachta. The same name is applied to the Chinese town, distant four miles from Urga. Kiachta is situated on a creek running into the Selenga in Lat. 50° 21′ N., and Long. 106° 28′ E. Its importance as a place of Russo-Chinese trade is decreasing rapidly.

蠻 Man, the southern aborigines of China, the *Manji* of Marco Polo. They were divided into eight tribes, and reached as far north as the Yangtsz'.

蠻子 Man-tsz', wild aborigines of Sech'uen, living in caves. They gave their name to other tribes.

滿喇加 Man-lah-kia, Malacca, or some Malaysian kingdom, to the S. of Tsiampa. Its king *Silahpaher Suhlah* sent tribute to China in the third year of the reign of Yung-loh of the Ming dynasty. It was formerly a tributary of the kingdom of Siam. Stream-tin is mentioned in the Pen T'sau as coming to China from this place.

茫咖薩 Mang-kia-sah, Macassar, a city and district in the S. of the island of Celebes, now belonging to the Dutch, and called by them Vlaardingen.

毛明安 Mau-ming-ngan, or Mao Mingan, a small tribe of Mongols, living S. of the Great Desert, 800 *li* N.W. of Kalgan.

默克國 Meh-keh kwoh, Mecca, or Arabia itself. See T'ien-fang kwoh.

墨爾根城 Meh-rh-kan ching, Merguen, a garrisoned town of some trade, in Tsitsihar, situated on the Nonni river, about 40 leagues above the capital of the province. It is the residence of a commandant ruling over all the tracts lying between the E. bank of the Nonni and the Inner Hing-ngan range. It is in Lat. 46° 10′ N., and Long. 124° 40′ E.

默德那 Meh-teh-na, city of Medina, or Yathreb, 300 miles to the N. of Mecca.

湄江 Mei kiang, the Meikong, or Mekong, or Cambodia river. This river, in its upper waters in Yunnan, is only a dangerous torrent. See Nan-chang kiang and Ho-ti kiang.

美國 Mei kwoh, the United States of America. See Hwa-k'i kwoh.

美洛居 Mei-loh-ku, the Molucca Islands.

彌勒佛 Mi-leh-fuh, the Buddha of the future calpa, called Maitreya in Sanscrit. Kwan-yin and Ju-lai-fuh are the deities of the present calpa. See Ju-lai-fuh.

米六合 Mi-luh-hoh. See Meilohku.

彌斯爾 Mi-sz'-rh, Egypt, or Mitzraim. It is somtimes written Mi-sz' kwoh

廟島 Miau t'au, a group of islands near Tungchow (Shantung), marking the ancient coast line.

苗子 Miau-tsz', the aboriginal inhabitants of certain mountainous districts, and possibly of other parts of China. They consist of more than eighty tribes, scattered over the provinces of Kweichau, Hunan, Kwangtung, Kwangsi, and Yunnan, with doubtful branches in Chekiang, Hupeh and other provinces. Their dialect is mainly Taïc, marking their affinity with the Laos tribes of Burmah, Siam, and Annam, and the Karens, or Wu-man. They are to be distinguished from the Man-tsz', of which there are tribes in Kwei-ting hien and Tu-yun fu (Kweichau) for instance. They are Buddhist in their religious practices. They have never been subdued by the Imperial armies, but give rise to occasional hostilities of a local character, as between themselves, or against their natural enemies and cowardly oppressors, the Chinese officers.

篾僭 Mieh-ts'ien, a Tungusic tribe on the N.E. related to the Manchus, and notoriously deceitful.

沔水 Mien-shwui, a name of the Han river before the period of the San-kwoh-chí. See Yang-shwui. Hankow was once Mien-k'au.

緬甸 Mien-tien, or Mien kwoh, the kingdom of Ava or Burmah. See A-wa.

肸頡國 Mih-kieh kwoh, the country of the Massagetæ, or Indo-Scythians. See Yueh-ti.

密國 Mih kwoh, or 密須國, Mih-su kwoh, the name of Ling-tai hien (Kansuh) during the Chau period. It was changed to the present style by the Sui dynasty.

閩 Min, the official designation of the province of Fukien. See Min-chung.

閩中 Min chung, the name of one of the principalities or prefectures of the Ts'in dynasty included in Peh-yueh, and forming part of the Yang-chau of Yü's time. As only a part of Canton province was included, with Fukien, under this name, the term is properly applied at the present time to Fukien. There is a Min-ts'ing hien in Fukien (Fuhchau fu).

明州府 Ming-chau fu, the name of Ning-po fu during the T'ang dynasty. The Sung and the Yuen called it 慶元, King-yuen. The Ming sovereigns restored the old name of Ming-chau fu, but afterwards changed it for the present style of 寧波府, or 甯波府, having adopted the name of 明, Ming for their dynasty. It is to be observed that in wise policy, the present dynasty has adhered to the same idea of "clear," in simply exchanging T'sing for Ming.

岷江 Min kiang, a name of the Yangtsz' in its upper course, arising from a confusion as to the main stream.

明都 Ming-tu, Tonquin, or Tungking, the "eastern capital" of Cochin China. Tung-ming, a name somewhat resembling these, is the old designation of what is now Lan-í hien (Honan).

摩伽陁國 Mo-kia-to kwoh, the country of Magadha. See P'o-so kwoh, and the next.

摩竭提國 Mo-kieh-t'i kwoh, the country of Magadha, the birthplace of Buddha, answering to the modern district of Behar. The popular dialect of this place, became the Pali or Fan, the sacred or classical language of the Buddhists of Ceylon. Pali is called Magadabasa by the Burmese.

摩尼 Mo-ni, the name of the place where Buddha is said to have resided with the assembled gods.

毋撒 Mo-sah, or Mú-sa, the name for Moses, used by the Chinese Mahommedans. Mo-si is the term used in Christian publications in Chinese.

摩土羅 Mo-tʻu-lo, Madura, in the Carnatic.

謨罕驀德 Moh-han-meh-teh, Mohammed, the "renowned" as the Arabic means. The character 穆, Moh, sometimes used by itself for Mohammed, comes nearer to this idea.

靺鞨 Moh-hoh, a name of the Nu-chin, or Nu-chih tribe, famous for their rubies and other gems. They were divided into seven tribes. See Wuh-kih.

穆胡 Moh-hu, the Mahommedans. See Moh-han-meh-teh.

穆迦 Moh-kia, a name for Mecca, much used in the Straits. See Tʻien-fang kwoh.

秣陵 Moh-ling, the name of Nanking during Tsʻin Chi-hwang's reign.

穆民 Moh-min, the Mahommedan people. See Hwui-hwui.

魔泥 Moh-ni, or Mo-ni, (摩尼), the Manichæan sect, descended from the Mani of Persia. They once had places of worship and adherents in China.

莫傜 Moh-yau, the inhabitants of a Liberia, spoken of in Chinese legends, whose ancestors had "never served" any lord. Their character is well maintained by their descendants, the Hunan men of Chang-sha fu.

慕容氏 Mu-yung-shi, a branch of the Sien-pi, the ancestors of the Liau.

木邦 Muh-pang, a division of the country of Peh-tsí.

木頭城 Muh-tʻu ching, the wooden palisade in Shingking.

蒙番 Mung-fan, a foreign tribe to the W. of Sechʻuen.

蒙古 Mung-ku, Mongolia, or the Mongolians. This vast country is inhabited by the nomadic Mongols, and is divided into 內蒙古, *Nui Mung-ku*, and 外蒙古, *Wai Mung-ku*, or Inner and Outer Mongolia. 泰赤烏, Tʻai chʻih-wu, and the 克列, Kʻeh-lieh, with the 塔塔兒, Tah-tah-rh, were Mongol names.

蒙古人 Mung-ku jin, the Mongols, who received their name of *Kukai Mongöl*, from Genghis Khan, to distinguish his own tribe as the "Celestial people," from the *Tatars*, "tributaries." There is no proof that the Chinese call themselves "Celestials," as most persons assume.

滿洲 Mwan cháu, the country of Manchuria.

滿人 Mwan jin, the Manchus, or Mandshus, a Tungusic race, which with the Lamutes of Siberia form the Eastern branch. They now rule the Mongolic and Chinese peoples, formerly their "celestial" superiors.

滿軍 Mwan-kiun, the Tartar bannermen. See Pah kʻi.

滿喇 Mwan-lah, the Mullah, a Mahommedan name used for the Jewish Rabbi at Kʻai-fung fu. The Jewish remnant seems to have become merged into the kindred faith of the followers of Islam. See Kʻai-fung fu, Tsʻing-chin kiau and Yih-tszʻ-loh-nieh-tien.

N

奈曼 Nai-man, a tribe of Mongols, 600 *li* N.W. of the Hifung gate.

南裳 Nan-chang, or 南掌, Nan-chang, the capital of the tribes of the South Laos. The Laos, belonging to the Taïc class of the Turanian family, are called *Shyan*, or *Layn-sayn* by the Burmese, and *Laniam*, or *Laniangh* by European writers of the 17th century.

南掌江 Nan-chang kiang, the Meikong river, giving its name to the South Laos tribes.

南州 Nan cháu, the Southern provinces of China. See Nan-yueh.

南詔 Nan-cháu, the style of the chiefs of Laos tribes bordering on Yunnan. This term is sometimes applied to their country, the Caraïan of Marco Polo.

南城 Nan-ching, a name of Nan-chang fu city (Kiangsi), also called Hung-tu.

南海 Nan-hai, the Indian Ocean. The gulf of Tonquin, or any part of the sea off the coast of the S. of China may be understood by this term, according to the context. One of Ts'in Chi-hwang's provinces in the present Kwangtung was known by this name, still perpetuated in the Nan-hai hien.

南海觀世音 Nan-hai Kwan-shi-yin, Kwanyin, the Goddess of Mercy.

南畿 Nan kí, Kiangnan or Nanking. See Kiang-ning.

南交 Nan-kiau, a name first given to a country S. of Cochin China, but commonly interchanged with the next.

南交阯地 Nan-kiau-chí-ti, a name of Çochin China. See Yueh-nan.

南京 Nan-king, one of the ancient capitals of China, of which since the days of the "First Emperor," there have been at least eighteen changes amongst nine principal places of imperial residence. See Kiang-ning and Kin-ling. The Kin Tartars called Ka'i-fung fu by this name. Nanking was also known to the Ming sovereigns by the name of Ying-t'ien.

南蠻國 Nan-man kwoh, a name of Cambodia. See Chin-lah. Nan-man is another name of Ku-luh hien, in Shun-teh fu (Pehchihli).

南山 Nan shan, the Kwanlun mountains. See T'ien shan.

南灣 Nan wan, the Praya Grande at Macao.

南無阿彌陀佛 Nan-wu A-mi-to-fuh, an invocation to Amita Buddha, "Honour to the boundless Buddha."

南越 Nan-yueh, an old name of Canton province, sometimes applied to Annam or Tonquin. See Yueh-nan.

那霸 Na-pa, the port of the capital of the Liukiu islands. See Shau-ni.

愛琿城 Ngai-hwan ching, Aaihom or Aykhom, a town on the Amur, opposite Sagalien ula, built in the Ming period to repress the incursions of the Mongols. It is now in ruins.

哀牢夷 Ngai-lau-í, a tribe of the Laos, connected with the Karens, and said to be skilful in dyeing and embroidering cloth. See Nan chau.

安阜城 Ngan-fau ching, a garrison near Kurkara usu.

安南國 Ngan-nan kwoh, the kingdom of Annam, or Cochin China. Much trade was carried on with China before the recent Yunnan troubles. See Yueh-nan. There is a kind of cinnamon, called *Ngan pien kwei*, brought from Annam, in very high repute.

安石國 Ngan-shih kwoh, Cabul. Persimmons were brought from this country during the Han dynasty.

安西 Ngan-si, a name of Si-ngan fu under the Yuen dynasty.

安息 Ngan-sih, or 安西, Ngan-si, the country of the Parthians. The drug benzoin is named after this country, from which it was first brought.

安汶 Ngan-wan, the island of Amboyna, near Ceram, one of the Moluccas.

安邑 Ngan-yih, the capital of the Hia dynasty, answering to the present Hia hien, in P'ing-yang fu (Shansi).

敖漢 Ngau-han, a tribe of Mongols, living beyond the Hifung gate of the Great Wall.

歐羅巴 Ngau-lo-pa, the continent of Europe. See Ta-si-yang.

澳門 Ngau-men, Macao, situated in the district of Hiang-shan. See A-ma-ngau.

額魯特 Ngeh-lu-teh, the Eleuths, or Songares, a Mongolian tribe formerly exercising independent sovereignty over the *T'ien Shan Peh Lu*, Khoten, and even more extensive territory, after the expulsion of the Mongols from China. They are now scattered all over Ili.

俄國 Ngo kwoh, the Russian empire. The Russians themselves speak of the Chinese as the Kitai. See K'i-tan.

俄羅斯 Ngo-lo-si, the usual translation of the word Russia into Chinese. This is perhaps a transference of the Mongol word *Ooroos*, or *Oros* into Chinese, that being the name for Russia, first known to the Chinese during the early part of the Ming dynasty. The intervention of the *Kara Kitai*, exterminated by the Mongols, after a long rule over the north of China, had prevented any knowledge of China Proper. The Chinese are however still called *Kitai*, by the Russians, after this northern race.

俄國牛録 Ngo kwoh niu-luh, the defeated Russians, called Albasins, who were brought to Peking after the attack on the fort of Albasin, or Yacsa, in 1684. They were formed into a kind of troop, and provision for their spiritual wants was the cause of the establishment of the Russian ecclesiastical mission at Peking. See Ya-keh-sah. They are now nearly extinct as a foreign people.

鄂渚 Ngoh-chü, an ancient name for Wuchang and Hanyang. Wuchang was the capital of the Wu dynasty, for a time.

鄂羅斯 Ngoh-lo si, Russia, as written in Chinese official works.

鄂爾多斯 Ngoh-rh-to-sz', the Ortous tribe of Mongols, on the N. borders of Shansi, W. of Kweihwa ching, and E. of the Kalkas. They are arranged under seven banners, and their territory is nearly surrounded by the Yellow River. This as well as other of the Mongolian tribes, rendered valuable assistance to the Manchu invaders of China, and they are therefore peculiarly favoured by the ruling dynasty.

鄂登 Ngoh-tang, Oden, a city of Tartary.

鄂敦他拉 Ngoh-tun-ta-la, Hotun tala, the Mongolian name for *Sing-suh-hai*, or "Sea of Constellations," the network of streams and pools at the source of the Yellow River. See Sing-suh-hai.

尼婆羅 Ni-p'o-lo, Nepaul. See Koh-rh-keh.

尼布楚 Ni-pú-tsú, Nipchu, a town in the Tuchetu Khanate of the Kalkas, on the Russian frontier. It is in Lat 51° 49′ N., and is the place where, after much delay, the Chinese and Russians signed a treaty in 1689.

呢是 Ni-shi, Pulo Nias, W. of Sumatra.

俚子 Ni-tsz', the wild tribes of Annam. See To-lo-men.

鄴郡 Nieh-kiun, an old name of a part of the present Chang-teh fu (Honan). It was the seat of the capital of Peh-tsí, one of the many states of the Wu Tai, still called by this name in documents.

聶拉本城 Nieh-la-pun ching, Nielam, or Ngialam, a town and district on the S. frontiers of Ulterior Thibet.

寧海縣 Ning-hai hien, a district of Fung-t'ien fu, in Shingking.

寧夏 Ning-hia, or Egrigaia, a town in Kansuh, visited by Marco Polo, and then containing many Nestorian Christians in its prefecture. The researches of Pauthier tend to show that Egrigaia was the name of the kingdom, of which Ninghia, identified with Calatia, was the capital. See Wuh-lah-hai.

寧古塔城 Ning-ku-tah ching, Ningkuta, or Ningunta, the largest town in the province of Kirin, the residence of the officers commanding the south-eastern part of Kirin, lying on the Sea of Japan. It lies on the Hurha, a branch of the Songari river, in Lat. 44° 55′ N., and Long. 128° E.

寧波府 Ning-po fu, the city of Ningpo, the *Liam-po* of the Portuguese, where the first development, on a large scale, of European intercourse with China took place. See Sz'-ming. Ming-chau fu.

牛莊 Niu-chwang, the inland town mentioned in the Treaty of 1858, but which from the river being silted up, was unfit for foreign trade, and was exchanged for Ying-tsz', which is still called Niuchwang. See Yingtsz' and Yun-tsz'.

牛莊城 Niu-chwang ching, a garrison subordinate to the head garrison of Shingking, in Lat. 41° 20′ 25″ N., and Long. 122° 41′ 50″ E. situated some 80 miles up the river Liáu, or 30 miles by road, from Yingtsz', the treaty-port.

牛頭山 Niu-t'u shan, a mountain near Khoten whence jade used to con e in large quantities. It is curious that carved portions of this mineral, sometimes called nephrite, or axe-stone, have been met with in Europe under circumstances which may point to these jade articles having been brought from the far east. Chinese seals of some such material have also been apparently found in Ireland.

女直 Nu-chih, } Tungusic tribes, ancestors of the Kin, and progenitors of the present Manchu
女眞 Nu-chin, } reigning family. See Suh-shin-shí. Wuh-kih.

奴夷 Nu-í, a name applied to the Laos tribes inhabiting parts of Yunnan, as well as to certain Turkic tribes on the borders of Nepaul.

怒江 Nu kiang, the old name of the Irawaddy river. The Mongols made this one of the Sz' tuh of China. See Ya-lu-tsang-pu, and Lu-kiang.

女子國 Nu-tsz' kwoh, one of the many countries of Amazons, mentioned in Chinese writings, to the N. of Wu-hien. There was a Nu-kwoh 1,000 *li* to the E. of Fu-sang.

內番 Nui-fan, the tributary "foreign" tribes in Sech'uen and Formosa, or any province within China Proper.

內海 Nui-hai, the Caspian Sea. This is sometimes written Ni-hai.

內夷 Nui-í, the wild aborigines or mountain tribes of Kweichau, &c.

內史 Nui-shi, one of Ts'in Chi-hwang's forty prefectures, including part of Shensi.

內土 Nui-tu, China, the "Inner Land." This is often written 內地, Nui-ti.

儂人 Nung-jin, an aboriginal tribe in Yunnan. This name is used in some dialects for villagers, but in the Amoy dialect it is an offensive term.

O

阿城 O-ching. See A-ching.

阿房宮 O-fang-kung, the harem of Ts'in Chi-hwang at Si-ngan fu. See A-ching.

阿哥 O-ko. See Tai-tsz'.

閼氏 Oh-shi, the style of the consort of the Turkic sovereign, himself called 匈奴, Hiung-nu, the name usually given to this tribe. This Oh-shi is directed to be pronounced as 焉支, Yen-chí. See Tan-u and Hiu-chü.

阿丹 O-tan. See A-tan. This name for Adam seems preferable to the one used by the delegates of the Missionary Societies, namely 亞當, Ya-tang. The latter is however founded on a tradition given in the 龍文鞭影, a book of the Ming dynasty, giving an account of ancient personages. The account is said to be derived from the 西經, Si King, or "Western Classic," a very good name for the Bible.

P

巴 Pa, the name of an ancient principality in the S.E. of Sech'uen, of which we have a trace in the *Pa Hi*, or jugglery of the streets. See also Koh-lah-pa.

巴林 Pa-lin, or Barin, a tribe of Mongols, living 720 *li* N.E. of Kaupeh k'au, and W. of Kirin.

巴爾庫爾 Pa-rh-ku-rh, Barkul, called by the Chinese Chinsi fu, and now attached to Kansuh. It lies at the E. spur of the T'ien shan, near the lake Barkul. The garrisoned town is also called *I'ho hien*. See Chinsi fu.

把實 Pa-shih, Passir, on the S.E. of Borneo, formerly an independent kingdom, yielding much gold dust. See Wan-lai.

巴蜀 Pa-shuh, the western of the three states into which China was divided A.D. 221, at the end of the Eastern Han dynasty. It is now used as the official designation of the province of Sech'uen. See Pa.

巴達克山 Pa-tah-keh-shan, a long mountain valley, situated between the Belur Tagh and the Ridge of Pamere. It belongs to Bokhara, and is celebrated for its unrivalled rubies, its iron, sulphur, salt and lapis lazuli. It is well watered by the Oxus. The chief town, Fyzabad, is in Lat. 37° N., and Long. 70° 35′ E.

巴旦 Pa-tan, an ancient seaport near Kü-lan, or Quilon, frequented by Chinese merchants.

巴塘 Pa-t'ang, Bathang, called by Huc "the plain of Cows," a rich valley in Thibet, with a town of the same name, containing a Chinese garrison.

巴圖魯 Pa-t'u-lu, a Manchu order of knighthood, or peerage. A lordship or gratuity formerly accompanied the distinction, which is augmented by various qualifying titles in Manchu or Chinese. The word itself is equivalent to the characters *ying hiung*, a hero. See Tieh-mau-tsz'-wang.

把東 Pa-tung, Padang, on the W. coast of Sumatra. It formerly yielded much Baros camphor.

巴顏喀喇 Pa-yen-k'eh-lah, Bayenkara, a high range of mountains, commencing W. of the T'sing-hai. It is sometimes called Siueh-ling.

八旗 Pah-k'i, the "eight banners," under which the Manchus are marshalled. They have a nominal strength of 80,000 men to each banner, or altogether 640,000 men. Each banner is distinguished by its colour. Four banners are wholly yellow, white, red and blue, and four have these colours bordered.

八百媳婦國 Pah-peh-sih-fuh kwoh, the *Cangigu* of Marco Polo, inhabited by the North Laos tribes having their capital at Chiangmai. See Chau-mei.

八宛 Pah-yuen, the "Eight Pasturages," a place in Inner Mongolia, near the ancient Mongol capital, K'aiping.

拜城 Pai ching, Bai, a town in I'li, about 25 miles W. of Sairam. This was formerly known as *Pa-lu-kia*.

拜弟城 Pai-ti ching, a town placed in Chinese maps, in Anterior Thibet

彭城 P'ang ching, the capital of a small kingdom belonging to *Tsi-pa-wang*, the enemy of Kau-tsú, the founder of the Han dynasty. It is now the department of 徐州府, Suchau fu in Kiangsu. The name dates from the Ts'in.

彭亨 P'ang-hiang, Paghan, or Pegassim, the ancient capital of Burmah.

澎湖 P'ang-hu, the Pescadore islands, twenty-one of which are inhabited. They form a *ting* division, attached to Formosa. The Dutch seized Fischer's island in 1624.

榜葛剌 Pang-koh-lah, the country of Bengal. See Tan kwoh.

彭蠡 P'ang-li, a former name of the Poyang Lake.

庖犧 P'au Hi, a name of Fuh Hi or Fohi.

暴暴 Pau-pau, Papua, or the island of New Guinea. China was probably supplied during the Ming period, with slaves called *Kwan-lun-nu* from Papua. This is sometimes called *Pa-pu-ya*, as in the *Yih-t'ung-yü-t'u*.

白霫 Peh-chih, a large country in the N., cold and marshy, and divided into three provinces. See Hi-chih.

北直隸 Peh-chih-li, or Chih-li, a name formerly given to the metropolitan province (now called in short Chih-li), to distinguish it from Kiangnan, or Nan-chih-li, the old location of the seat of government, where many of the boards, or departments, of control lingered for a long time after the change of capital.

北海 Peh-hai, a name given by the Chinese to the Gulf of Pehchihli, but usually assigned in foreign works to Lake Baikal in Irkutsk. Here, on its southern side, was the original seat of the Uigurs, according to Persian writers.

北蝦夷 Peh-hia-i, the island of Tarakai, or Northern Yesso, opposite the mouth of the Sagalien river. It is called, incorrectly, Sagalien in European maps. The Japanese call it Kr'afto. On some Chinese maps this island is apparently named Ku-yeh-t'au. A large Russian garrison is now permanently established on the southern coast of this island, and it will be of considerable importance as a military and telegraphic station.

北京 Peh-king, Peking, the capital of China, called *Khan baligh*, or *Khampalik*, by the Mongols. This name was corrupted into *Khambalu* by the Chinese, and *Cambaluc* by Marco Polo. The "Paquin of Sinæan kings," of Milton, or the Paguin of Lord Bacon, it was considered to be a seaport by the latter. It is in Lat. 39° 54′ 13″ N., and Long. 116° 27′ E. It has been the capital since 1411. The city having nine gates, is also called 九門城 Kiu men ching, and the Manchu governor was formerly styled after this name.

白鴿巢 Peh-koh ch'au, the "Dove's nest," the garden at Macao in which the grotto of Camoens is situated.

白蘭 Peh-lan, a tribe of the Kiang, living near Tangut, remarkable for their military prowess.

白民國 Peh-min kwoh, a country of Albinoes, mentioned in the *Shan-hai-king*. See Yang-peh-t'u.

北峨 Peh-ngo, Pegu, formerly a part of the Burman empire.

北平 Peh-p'ing, the present city of Tsun-chau fu in Pehchihli, a temporary capital of Yung-loh. See Lung-shau-shan.

白山 Peh-shan, a snow-capped peak in the T'ien Shan range, which was an active volcano as late as the middle of the 7th century.

白塔 Peh-t'ah, the "white tower" on the Yellow River.

北地郡 Peh-ti kiun, an old principality, including at least Kansuh with other regions in Shensi.

北亭 Peh-ting, the country of Bichbalish about Lake Tengez, or Balkash, beyond Tarbagatai.

北庭山 Peh-ting shan, a volcanic mountain in Turfan, yielding sal ammoniac from fissures in its sides. This drug is in much repute as an expensive ophthalmic remedy.

百濟 Peh-tsí, or Hakusai, a kingdom in the south-eastern part of Corea, afterwards united with Sin-lo, from whence in the year 284 B.C. the Japanese obtained Chinese books, and a knowledge of Chinese characters. Compare another account under Wang-jin. The second best quality of ginseng was formerly brought from here. One of the Wu Tai states had this name.

白頭人 Peh-t'u-jin, a name used in Canton for Moors and Parsees. See Yang-peh-t'u.

伯都納城 Peh-t'u-nah ching, the garrison of Petuné ula, a ting department, called Peh-tu-nah li-sz'-ting, in the north-western part of Kirin. It is a place of considerable trade, being accessible from all quarters by means of the Songari and Amur rivers, and their numerous branches. It is in Lat. 45° 10′ N., and Long. 124° 40′ E.

白羊 Peh-yang, a country of the Hiungnu, or Turkic tribes.

裴獠 P'ei-láu, wild tribes in the island of Hainan.

毗騫 P'i-kien, Pegu, adjoining Burmah. See Peh-ngo.

毗舍耶 P'i-shié-ye, a name of Formosa. See T'ai-wan.

避暑山莊 Pí-shú-shan-chwang, the name of the Imperial palace and park at Jehol, 140 miles from Peking. It is delightfully situated in the midst of towering hills, and is enclosed by a great wall. Before the palace-gate there are inscriptions in Chinese, Manchu, Mongol, and Turkish, ordering passengers to dismount.

汴洲 Pien chau, a name of K'ai-fung fu in Honan in the Sung period, when it was the capital. See Pien-liang and Liang-chau.

汴京 Pien king, a name of K'ai-fung fu in Honan in the Han chau, Sui and T'ang periods. See Tung king. *Ta-liang* is a name referred to K'ai-fung fu.

汴梁 Pien-liang, the name of K'ai-fung fu under the Mongolian dynasty.

闢展 P'ih-chen, Pitshan, or Pidjan, a city of the Mahommedans, situated 760 *li* W. of Hamil, in Lat. 42° 45′ N., and Long. 91° 10′ E. See Shen-shen. This was formerly a chief city of the Uigurs.

拂林國 Pih-lin kwoh. See Fuh-lin kwoh.

檳榔 Pin-lang, the island of Penang. See Sin fau.

頻婆娑羅 P'in-p'o-so-lo, Rajagriha, the ancient capital of Magadha.

頻斯國 P'in-sz' kwoh, a country in Central Asia famed for its apples and fruits.

平壺島 P'ing-hu-t'au, the island of Firando, in Japan, which the Dutch left in 1640 for Desima, near Nagasaki. Here Koxinga was in all probability born of a Japanese mother. See Ching chi-lung and Wei-yang.

平江 P'ing kiang, a name of the Suchau region in Kiangsu province, during the Sung dynasty. It more strictly belongs to the district of Wu hien in this sub-department, of which it is still the official designation.

平陸 P'ing-luh, a district in Kiai chau (Shansi), identical according to some with Wan-shang, or with Chung-tu, the town of Lu, of which Confucius was chief magistrate. It afterwards belonged to the more northerly state of Ts'i. It is said by Amiot to have been the actual capital, as the name implies, of Lu. See Su-kü kwoh.

平順鎮 P'ing-shun chin, the Cohinchinese name of Tsiampa.

平泉州 P'ing-ts'iuen chau, or Pa-keu, a district city of Chihli, in the department of Ching-teh, beyond Jehol. It is the seat of extensive silk manufactures.

婆羅洲 P'o-lo chau, a modern term for the island of Borneo.

波羅門 Po-lo-mun, the Brahmins of India. The term is also applied to the Burmans.

波羅奈 Po-lo-nai, the city of Benares in India.

波羅斯 Po-lo-sz', a suggested name for Prussia, usually confounded with Austria. See Tsz'-ying, and Tan ying.

婆律國 P'o-luh kwoh, a country in the *Si Hai*, perhaps answering to Borneo, and yielding *lung-nau-hiang*, or Baros camphor. See Pa-tung. This drug is also called **羯婆羅香**, Hoh-p'o-lo hiang. Is this a name for Borneo?

波那 Po-na, Poonah in India.

婆利 P'o-ni, the island of Borneo, a part of which is said by the natives of the island to have formerly belonged to China. It was once a dependency of *Tu-po kwoh* (Java). There is a modern state on the W. of the island called Pontiana. See Puh-ni and Wan-lai.

婆娑國 P'o-so kwoh, the country or the capital of Magadha. See Mo-kieh-t'i kwoh.

波斯經教 Po-sz'-king kiau, the religion of Zoroaster, as embodied in the Persian Classic, the Zend Avesta. Occasionally the words Po-sz' may be understood as meaning Parsee. See Ho-shin kiau.

波斯國 Po-sz' kwoh, the country of Persia, the source of gum-resins, and many valuable medicines, said to have been introduced from thence to China.

亳 Poh, the capital of Kuh Kau Sin, answering to Yen-sz' hien, in Honan fu (Honan). This was also the capital of the Yin part of the Shang dynasty.

博羅 Poh-lo, the Chinese name of Marco Polo, the Venetian traveller. He was governor of a *lu*, or circuit, which included the city of *Yang-cháu*, and 27 other cities, being part of the Mongol province which included Honan and Kiangpeh. See Chü-mih-fuh-sz'.

博羅特 Poh-lo-teh, a town in Kansuh.

博爾都噶爾亞國 Poh-rh-tu-koh-rh-ya kwoh, Portugal as written in recent Chinese documents.

薄宗城 Poh-tsung ching, a town and district in the S.E. part of Anterior Thibet, bordering on the Nu-í tribes which lie E. of Nepaul.

鄱陽湖 Poh-yang hu, the Poyang lake, so named from an island in it. See P'ang-li.

蒲昌海 P'u-chang hai, Lake Lop Nor in I'li, into which the Tarim flows, after receiving the Yarkand, Kashgar, Oksu and Khoten rivers. See Lo-pu-nau-rh.

蒲甘 P'u-kan, the city of Amarapura, a capital city of Burmah.

布魯沙布羅 Pu-lu-sha-pu-lo, Peshawur (or *Purushapura*, in Sanscrit), formerly the capital of Cabul. See Ngan-shih kwoh.

布魯特 Pu-lu-teh, the Bourouts, a vagrant Mahommedan tribe, bordering on Kashgar. They are divided into the eastern and western branches, and formerly sent a yearly tribute of horses to Ushi.

蒲類海 Pu-lui hai, Lake Barkul, near Chinsi fu. See Hiung-nu chung hai.

布尼 Pu-ni, a lake near Sansing in Kirin, through which the river Hourha runs (just as the Jordan flows through the Lake of Tiberias), and then joins the Songari.

布達拉城 Pu-tah-la ching, Budala, a name of H'lassa, the capital of Thibet, as containing the palace of the Dalai-lama, called *Pobrang-marbu*, or "red town," on mount Budala, a little to the W. of the city proper.

布特哈城 Pu-teh-ha ching, Putek in Hehlungkiang, or Tsitsihar, in Manchuria. The chief town of the district lies on the Nonni river, nearly opposite Merguen, and is the residence of the officer who has jurisdiction over the country between the W. bank of that river, and the Inner Hingngan range.

普陀山 P'u-to shan, the island of Puto, in the Chusan Archipelago.

濮州 Puh chau, the capital of the Wei kingdom, in the Chau period, and now forming the departmental city of *Tung-chang fu* in Shantung.

渤海 Puh-hai. This word primarily means an estuary or bay of the sea, but was applied to the Gulf of Liautung and to the Moh-hoh, a tribe of the Nu-chin dwelling near there. The term was also applied to the Yellow Sea, or the estuary of the Yellow River. In some recent Chinese works the Sea of Java, or the Sea of Borneo is called by this name. A division of the old principality or kingdom of Tsí-nan kwoh was called Puh-hai, including the present Li-tsin hien, Chen-hwa hien, Yang-sin hien, all in Shantung, and Nan-p'i hien in Pehchihli. These districts still enjoy this *pieh-ming*.

渤泥 Puh-ni, the island of Borneo. See Po-lo chau and P'o-ni.

蒲臺 P'u-tai, a place in the Tung-hai, where Ts'in Chi-hwang is said to have stalled his horses, with tethers of the Acorus plant, as the word P'u indicates.

本地 Pun-ti, the "natives" of Canton province, as opposed, literally, to the immigrant Hakkas, or "settlers." The Puntis are said to have originally come from some neighbouring province.

蓬萊 P'ung-lai, a place in Shantung, to which Yü's father was banished. This name is much used as a teashop sign in Hankow. See Kwan-t'i.

蓬婆城 P'ung-p'o ching, a garrison among the Turfan tribes.

盤古國 P'wan-ku kwoh, a kingdom in the China Sea, whose people were said to worship *P'wanku*, the Adam of the Chinese Genesis.

盤盤國 P'wan-p'wan kwoh, a country near the Kwanlun mountains, said to yield the best sulphur. This name is sometimes referred to Bantam in Java.

R

爾撒 Rh-sah, the Mahommedan name for Jesus Christ. The words 耶蘇 Ye-su, used in the Christian writings have become classical from their insertion in Kanghi's Imperial Dictionary.

S

薩拉齊 Sah-la-tsí, Sararchi, a *ting* district in the *Kweishu tau* in Pehchili.

撒馬兒罕 Sah-ma-rh-han. Samarcand (or Maracanda), the Mongol name of the ancient capital of Asia, containing the tomb of Timur. It is in Lat. 39° 56′ N., and Long. 66° 50′ E. Samarcand is now Russian territory, being the headquarters of the newly conquered district of Zariavshan. See Shié-mi-sz'-han and K'i-pin kwoh.

賽理木城 Sai-li-muh ching, Sairim, or Hanlemuh, a garrison subordinate to Ushi on the S. of the T'ien shan, in Lat. 41° 41′ N., and Long. 81° 58′ E.

三川 San ch'uen, the name of one of Ts'in Chi-hwang's forty prefectures, in Yu chau, or Honan.

三輔 San fu, the three principalities of Shensi, of which *Si-ngan fu*, *Fung-i*, and *Fu-fung* were the chief towns. See San ts'in.

三佛齊 San-fuh-tsí, a kingdom in the island of Sumatra. The piratical and comparatively civilized character of the people, agrees well with that of the Acheenese of the present day. Their houses are said to have been built on rafts or staging, on the waterside. The king bird of paradise, and the six-shafted variety came from there. The place called *Yu-t'o-li* has been referred to San-fu-tsí.

三韓 San-han, an old name of the region about the present Peking, included apparently in Liautung of that date, and answering to portions of Yü's province of K'i chau. It is placed in some Chinese works to the S.E. of Corea.

三河 San ho, the south, north, and west divisions of the Yellow River. See Si ho. There is a San-ho hien, in Shun-tien fu in Chihli province.

三合會 San-hoh-hwui, the Triad Society. See Ko-lau.

三教 San kiau, the three orthodox creeds, Confucianism, Buddhism and Tauism.

三國 San kwoh, the triarchy of "three kingdoms" of *Wei*, *Shuh* and *Wu*, which was formed at the close of the Eastern Han dynasty.

三笠 San-lih, or Sanlak, the island of Banca. See Kü-kiang.

三苗 San miau, the original stock of the Chinese aborigines, originally living in Wuchang fu, Yohchau fu, Kiukiang fu and portions of Nganhwui province, in the days of Yau, Shun and Yü They were removed, for insubordination, to *San Wei* in Kansuh. The *T'ang hiang*, who peopled Tangut and Thibet were descended from the San miau. See San wei.

三寶壟 San-pau-lung, Sanpalang or Samarang in Java. Compare this name with San-fuh-tsí.

三山 San shan, a name of Fuhchau fu in Fukien province. See Yung ching.

三湘 San siang, a name of the present Hunan province. See Siang chung.

三姓城 San-sing ching, a garrisoned town in Kirin, situated at the junction of the Hurha branch with the Songari river. The resident officials have rule over the country of the Amur. The hunting tribes pay a tribute of peltry to the Chinese authorities.

三秦 San-ts'in, a division of the province of Kwanchung (Shensi), into three principalities in the Han period. See San fu.

三楚 San t'sú, three ancient divisions of Central China, commonly referred to Kingchau fu,

Hunan and Hupeh respectively, with a part of Honan. The word *T'su* is now commonly used as an equivalent for Hukwang.

三危 San wei, the scene of exile of the San miau, in the S.E. of the department of *Ngansi*, in Kansuh.

三吳 San wu, the region now known as Sangchau, Suchau and Huchau. See Wu chung.

僧格林沁 Sang-keh-lin-tsin. See Sang wang.

桑伽市 Sang-kia-shi, a kingdom in the Doab.

桑里 Sang-li, Sangri, or Samyé, a royal city near H'lassa. From this place formerly came the *Cordyceps Sinensis* (*Hia-ts'au-tung ch'ung*), a celebrated Chinese drug of great value in past time.

桑門 Sang-men, Buddhist priests. See Fau-tu and Sha-men.

僧王 Sang wang, or Sang-keh-lin-tsin, the Mongolian ally of the Chinese emperor, who commanded the army in the north of China in 1860.

沙州 Sha-chau, a name assigned by Pauthier to Tunhwang, a newly established district in Kansuh, to the S.W. of Ngansi. Biot places a small town, 80 leagues W. of Suhchau in Kansuh under this head, and a small town so named, of no importance, is placed in European maps a little to the S. of Tunhwang.

沙窒 Sha-chih, a kingdom in Oude.

沙人 Sha-jin, synonymous with Nung-jin.

莎車國 Sha-kü kwoh, an ancient name of Yarkand. See Yeh-rh-kiang.

沙瀝 Sha-lih, Macao Roads.

沙門 Sha-men, Buddhist priests. Shaman is a corruption of *Sramana*, a name of Buddha.

沙漠 Sha-moh, the desert of Gobi. See Ko-pih.

沙市 Sha-shi, a mart on the Yangtsz', 293 geographical miles from Hankow, and 3,380 *li* from Peking. There is water communication with the Han, by means of a canal, so that goods may be sent across the country to ports on the Han river.

山海關 Shan-hai-kwan, the point at which the Great Wall abuts upon the seacoast, on the western shore of the Gulf of Liautung. The town is in Lat. 40° N., and Long. 119° 50′ E. and consists of three distinct parts. It is now three or four miles from the sea, and is the point through which all goods for Manchuria and Corea must pass.

山戎 Shan-jung, a name of the Hiung-nu, in the time of the five emperors. See Hiung-nu.

山南 Shan-nan, the name of a large *tau*, south of one of the spurs of the Kwan-lun range and including parts of Honan, Hupeh and Shensi. It was divided into a west and an east portion. See Liu-kiu kwoh.

汕頭 Shan-tu, Swatow, the shipping port for the city of *Ch'au-chau fu*, a treaty-port in Kwangtung province, situated on the *Han kiang*. Swatow is distant some 180 miles from Hongkong.

上川山 Shang-ch'uen shan, the island of Sancian, miscalled St. Johns, a few miles W. of Macao, on which the body of Francis Xavier was temporarily interred. See Tsiau shan.

上海 Shang-hai, the "higher sea" as distinguished from another, the "hia yang," or "lower sea." These were two of some eighteen estuaries which occupied the district S. of Sungkiang. These were gradually silted up, but as it could still be "approached from the sea," the name of Shanghai was retained. The British settlement at this important treaty-port was founded in 1843. See Hu-tuh.

上黨山 Shang-tang shan, a hill in Shansi, or the S.W. of the old province of Yü, called K'i chau. The best ginseng is said to come from a valley near this hill. The best sesamum, and a drug called *tang-sam*, probably a species of adenophora, are brought from this same district. Shang-tang was the name of one of Ts'in Chi-hwang's forty principalities, in the present Shansi province.

上都 Shang-tu, the Ciandu of Marco Polo, the summer residence of Kublai Khan. It was the old Mongol capital, subordinated by Kublai to Peking, which he called *Ta-tu*. See K'ai-p'ing. This name was also given to Si-ngan fu, as the capital of the T'ang dynasty.

上都河 Shang-tu ho, a branch of the Lwan river.

守禮 Shau-ni, Sheudi, the capital of the islands of Liu-kiu. See Na-pa.

首善 Shau-shen, a name given to Peking on Chinese maps, as the residence of the sovereign.

燒羊山 Shau-yang shan, a mountain in Turfan, yielding salt in crystals.

攝提 Sheh-t'i, the Chinese name for Jupiter, occurring in their "Classic of the stars."

陝州 Shen chau, a name of Shensi province, under the Tsin dynasty. See Tsin king. There is a sub-department of this name in Honan province.

擅戶 Shen-hu, the ancient serfs of China (Tsin, A.D. 280—404).

鄯善 Shen-shen, the ancient name of Pidjan, or Leu lan. See Pih-chen.

施備 Shi-pí, Cyamba or Tsiampa, referred to the modern Saigon. It is called *Luknooi* by the natives. See Chen ching.

社寮 Shié-liau, Palm Island, a small island near Kelung, in Formosa, formerly occupied by the Dutch.

舍彌斯罕 Shié-mi-sz'-kan, Samarcand. See Sah-ma-rh-kan.

蛇嶼 Shié-sü, Snake Island or Boomjes, a small island off the N. coast of Java, not far from Cheribon.

食火之國 Shih-ho-chi kwoh, a "country of fire-eaters" (Parsees?), to the south.

釋伽佯尼 Shih-kia-mau-ni, Shakyamuni, or *Shakya Sinha Gautama Buddha*, Gautama being the clan-name, and Buddha an appellation signifying the "Enlightened." See Ju-lai-fuh, and Mi-leh-fuh. The word *Sogomonibarkan* is used by Marco Polo for Buddha. Sinha signifies "lion." Muni stands for "monk." Barkan, or Bourkan, is a Mongol name for God.

釋教 Shih kiau, Buddhism, the Dissent from Brahminism, which became in A.D. 65 one of the three recognized creeds of China. See Fuh kiau.

舍利佛室 Shih-li-fuh-chih, Sribodja, a kingdom washed by the Southern Sea.

十八省 Shih-pah sang, the "Eighteen Provinces," a common collective name for China. The British concession in Hankow is called *Shih-pah-tun*, "the eighteen pieces," so as to avoid inconvenient reference to its ownership or occupation.

實斑牛 Shih-pan-niu, a name given to Spain by the Chinese in the Straits.

碩般多城 Shih-pan-to ching, Shobando, a town and district in the north-eastern part of Anterior Thibet, W. of Tsiando.

深海 Shin-hai, the "Deep Sea," the Pacific Ocean, in which *Sin-lo* is placed in Chinese maps. The great depth of this ocean is a tribute to the correctness of Chinese observation in this case.

神國 Shin kwoh, or Shin-koku, "God-land," the dominions of the Mikado of Japan. See Hwang kwoh and Wei kwoh.

神奈川 Shin-nai-ch'uen, Kanagawa, a treaty-port of Japan.

身毒 Shin-tuh, Sin-theu, or Sindhu, India or the country of the Sindhu, *the* river, the Indus. The name of India comes to us originally from the Persians who changed an initial *s* into *h*, so that *Sindia* became *Hindia* or *India*. This name has been referred by some to Scinde. See T'ien tuh.

盛京 Shing king, or Liautung, is the name of the reigning dynasty for the metropolitan province of Manchuria, the Hanover of China. It is bounded N. by Inner Mongolia, N.E. and E. by Kirin. S.E. and E. by Corea, from which the river Yah-yuen divides it. S. by the gulf of Liautung, and S.W. by the Great Wall.

盛京本城 Shing-king pun ching, the "head garrison of Shingking," or Shingking. Its Chinese name is commonly put down as Fung-t'ien fu, and its Manchu name as *Moukden*. It lies in Lat. 41° 50′ 30″ N., and Long. 123° 37′ E. See Fan-yang.

蜀 Shuh, an ancient tribe in Ching-tu fu, which has given its name to Sech'uen. The Ta Kiang is sometimes called *Shuh kiang*, or the Sech'uen river.

寂照 Shuh-chau, or Ziäku, a Buddhist priest who invented the Japanese syllabary of 48 syllables named after him. See Hungfah.

順天府 Shun-t'ien fu, the metropolitan prefecture, in which Peking is situated.

瑞國 Shwui kwoh, the country of Sweden, sometimes called in Chinese works *Lin yin* or *Chen kwoh*. Norway is called Náu-wei kwoh.

西番 Si-fan, the Kolo, or black-tented Thibetans residing near the sources of the Yellow River, and the N.W. of Sech'uen. They are regulated from Ta-ts'ien-lu, to which town they bring their tribute.

西海 Si hai, a vague term applied to an inland sea which may have been either the Caspian or Mediterranean. Two western seas are spoken of in connexion with Ta-ts'in kwoh in such a way as to suggest that both seas were known to the Chinese by this name.

西河 Si ho, an old name for a part of the Yellow River running between Shensi and Shanse.

西和州 Si-ho chau, a place in Kansuh, where Ts'in Chi-hwang commenced building the Great Wall.

西胡 Si hu, "Western Barbarians," related to the Tungusic tribes of Eastern Asia. They are said to have had oxen, from which they cut off flesh with impunity, after the Abyssinian fashion.

西羌 Si kiang, pastoral tribes from San miau, and identical with the Si hu. There is a *Kiang-li* spoken of as yielding sulphate of copper and other metallic salts.

西傾 Si-king, a mountain in Kokonor. This was one of Yü's mountains, and is placed by some Chinese authors in Lin-t'au fu in Kansuh.

西京 Si king, the "Western Capital," or Cochin China, as distinguished from Tonquin, or

Tung-king, the "Eastern Capital." See Hau-king. This name was given to Chang-ngan, or Si-ngan fu by the Chau dynasty.

西蘭 Si-lan, or Ceram, one of the largest of the Molucca islands.

西利窒 Si-li-chih, } the island of Celebes.
西利窪 Si-li-wah, }

西魯 Si-lu, a name of the region now forming Shansi province, as distinguished from Tung-lu, a name of Shantung.

西彌國王 Si-mi-kwoh wang, the style of the Mahommedan ruler in Yunnan. See Tu-wan-siu.

西南夷 Si-nan-í, the Laos tribes betwen Siam, Burmah, and Annam.

西安府 Si-ngan fu, the chief city of Shensi, perhaps the Thinæ of Ptolemy, the *Singuy* of Marco Polo, and one of the great marts of China. It has frequently been the capital of the empire, and is celebrated as containing the site of the Nestorian Tablet, still preserved in a ruined temple outside the west gate of the city. See King-cháu fu, and Si-king.

西寧 Si-ning, in Kansuh, the great western emporium of China. The governor of Tsinghai, or Kokonor, resides here. It is a *fu* city, in N. latitude 37°, and E. longitude 102°, and is the Jiling, or Siling of Major Montgomerie.

西天 Si-t'ien, the western of the five divisions of India, as described in Chinese works. See Chung-t'ien-chuh.

西藏 Si-tsang, Thibet or Tubet, or Bod. This large country extends from Lat. 27° to 33° or 35° N. It is divided into Anterior Thibet (*Ts'ien Tsang*), containing eight cantons, with H'lassa for its capital, and Ulterior Thibet (*Hau Tsang*), with its capital Teshu H'lumbu, and six cantons. Thibet is sometimes called *Wei-tsang* (衛藏) in Chinese works, the Wei and Tsang corresponding to Anterior and Ulterior Thibet very nearly.

璽畹國 Si-wan kwoh, a country in Thibet, near the Kwanlun range, yielding precious stones.

西洋 Si yang, the "Western ocean," a name given to the sea beyond Cape Comorin, and sometimes applied to Europe, as in the Atlantic Ocean.

西洋古里 Si-yang-ku-li or Kuli, Calicut. See Ku-li.

西洋國 Si-yang kwoh, the kingdom of Portugal, as the first of the countries of Europe known to China. Other countries were distinguished by peculiarities of flags, &c.

西粵 Si-yueh, or Yueh-si, the province of Kwangsi.

相 Siang, one of the Shang capitals, now Chang-teh fu, in Honan.

湘中 Siang chung, a name of the region now forming Hunan province. This is given by some as 湘州, Siang-chau, a name of the Tsin period.

襄河 Siang ho, a name of the River Han from its mouth to the city of *Siang-yang fu*, distant from Hankow some four hundred miles. Opposite this city is the mart of *Fan-ching*, standing in the same relation to Siang-yang as Hankow to Hanyang. Fan-ching is not half the size of Hankow.

象郡 Siang-kiun, an old name of Jeh-nan in the time of Ts'in Chi-hwang.

箱館 Siang-kwan, Hakodadi, a treaty-port of Japan.

湘潭 Siang-tan, in Hunan, Lat. 27° 52′ N., and Long. 112° 41′ E. It is one of the great tea and trading marts of China, situated on the river *Siang* or *Heng Kiang*, which runs into the southern part of the T'ung-ting lake.

小金川 Siau-kin-ch'uen, the country on the borders of Sech'uen, inhabited by a tribe of Miau-tsz', whose incursions and internecine warfare led to their extinction as a local tribe, under K'ien-lung about 1772. See Ta Kin Ch'uen.

小崑崙 Siau kwan-lun, the Alps or some range of mountains upon the Mediterranean shore.

小呂宋 Siau lu-sung, Manilla. See Lu sung.

小別山 Siau pieh shan, the celebrated hill in Han-chung fu, where the troops of Wu crossed the Han.

小西洋 Siau-si-yang, the Portuguese settlement of Goa. See Yin-tu-yang.

小東洋 Siau-tung-yang, the Sea of Japan. See Tung yang.

孅犁 Sien-li, the "crafty" northern "tykes," or "fiery dogs," near the N. bend of the Yellow River.

暹羅 Sien-lo, the kingdom of Siam, formed by the junction of 暹, *Sien*, and 羅斛, *Lo-hoh*, or *Lo-lo*. The whole of the Malayan Peninsula was once tributary to this state. See Ta-ni. In the T'ang time there was a Ch'ih t'u kwoh, probably identical with Siam.

鮮卑 Sien-pi, the Tungusic founders of the family who overcame the Wu-hwan king and reigned in China as the Liau dynasty. See K'i-tan. Dr. Oppert refers the Liau to a Mongolic origin.

息辣 Sih-lah, Singapore, or Salat, the Sada of ancient geographies. See Sin-kia-po.

錫蘭 Sih-lan, Junk-seylon near Penang.

錫蘭山 Sih-lan shan, Adam's Peak in Ceylon.

錫蘭山國 Sih-lan-shan kwoh, the kingdom of Ceylon, the *Lanka* of Buddhist works. See Sz-tsz'-kwoh. Lanka is written Lang-ka in Chinese books.

錫林郭勒盟 Sih-lin-koh-lih ming, one of the six *ming*, or corps of Inner Mongolia, living in the northern part of the country, beyond the Chaú-wú-tah corps, and extending across the northern borders.

息杢 Sih-ti, or Sih-lam, Islam, a name used for Chinese Mahommedans in the Straits. See Moh-kia.

色仔年 Sih-tsz'-nien, the Seranis, a name given to the Portuguese in the Straits.

信州 Sin chau, an old name of Kwang-sin fu (Kiangsi), yielding ores of iron and copper.

新嘉坡 Sin-kia-po, Singapore, sometimes called Salat. See Sih-lah.

新羅 Sin-lo, a country, related to the San-han, in the Shin-hai, to the S.E. of Corea, and more than 500 *li* to the S.E. of Peh-tsí. It was called Sin-lu previous to the Sung period, and is also sometimes called Sz'-lo. Its sovereign, sometimes a female, annexed Peh-tsí to its own territory, during the T'ang dynasty, to whose sovereigns it presented tribute. This is probably the Loh-lang of Chinese writings. It is frequently mentioned in the Pen T'sau as yielding ginseng, seaweed, fruits, aconite, silver and other substances. This is also given as an old name of Chang-ting hien, in Fukien province.

星宿海 Sing-suh-hai, the name of the springs and pools at the source of the Yellow River, likened to constellations, as seen at a distance.

岫巖城 Siu-yen ching, a garrison in a district of the same name in Fung-t'ien fu, in Shingking, and subordinate to the head garrison of Shingking.

雪山 Siueh shan, the Himalaya, or "Snowy Mountains." This is to be distinguished from the Siueh ling. See Pa-yen-k'eh-lah.

雪山下 Siueh-shan-hia, the kingdom of Himatala in Turkestan.

宣化府 Siuen-hwa fu, the name given by the Kin and Manchu dynasties to the large trading prefectural city in Chihli, in Lat. 40° 38′ N., and Long. 115° E. It was a summer residence and subordinate capital of the Mongol emperors, under the name of Shang-tu, K'ai-ping and Siuen-teh. A little to the N.E. of the city is the site of Shang-kuh-ti, the city of a prefecture of that name, under T'sin rule.

朔方 Soh-fang, an ancient division of the empire, answering to Soh-p'ing fu (Shansi).

蘇方國 Sú-fang kwoh, the island of Sumbawa, yielding 蘇木, *Sú-muh*, or sappan-wood. See Li-ma.

蔬和土 Su-ho-t'u, Surat, a kingdom in Hindostan, of the time of Baber.

徐戎 Su-jung, certain wild tribes of the time of Yü, living near the present province of Shantung. Su chau included portions of Nganhwui, Kiangsu and Shantung.

須句國 Su-kü kwoh, an old name of Tung-p'ing chau in T'ai-ngan fu (Shantung). This is also given as the same place as Chung-tu, the town in Shansi, of which Confucius was magistrate. There is evidently some confusion between this Tung-p'ing chau and Wan-shang (Shantung), a city of the Kin Tartars, identified by some with P'ing-luh, and still giving its name to a district. See P'ing-luh.

疏勒國 Su-leh kwoh, the ancient name of Kashgar, which sent lions as a present to one of the emperors of the After Han dynasty.

蘇祿 Su-luh, the territory of the Sultan of Sulu in the island of Borneo, including the Archipelago of the same name. He is said to send three ships laden with tribute once every five years to China. They bring articles of merchandise for sale, which are admitted free of duty.

蘇門答喇島 Su-mun-tah-lah t'au, the island of Sumatra. This is a modern name of what was called *San-fuh-tsi*. It was also anciently called Su-wan-tah-la.

蘇尼特 Su-ni-teh, the Sunnites, one of the largest tribes of Mongolia, dwelling from Cháhar to the N.W as far as Gobi, 500 *li* N. of Kalgan.

肅愼氏 Suh-shin-shí, the Nu-chih or Tungusic ancestors of the Manchus, who derived their name of *Kin* from a tree which was said to produce gold.

綏定城 Sui-ting ching, or Tuguchuk, the chief town of the Tourgouths in Tarbagatai, lying to the W. of Kuldsha the capital of I'li.

碎葉 Sui-yeh, or Suiyip, one of the four states of Central Asia, tributary to China in the time of the T'ang dynasty.

綏遠城 Sui-yuen ching, in Kweisui tau in Shansi, the residence of the general commanding the Toumet tribe of Mongols. It lies a few miles E. of Kwei-hwa ching.

松花河 Sung-hwa ho, the Songari river, a large tributary of the Sagalien or Amur.

四海 Sz' hai, the "four seas," said to be inhabited by the 九夷, 八狄, 七戎, 六蠻, amongst which foreigners are really included by the Chinese.

四里猫 Sz'-li-mau, Sourabaya in Java.

斯咩利 Sz'-me-li, Siberia. See Hi-kwoh.

四明 Sz' ming, an old name of the district round Ningpo. This name is given to the well known Ningpo Joss-house at Shanghai.

獅子國 Sz-tsz' kwoh, the "Kingdom of Lions," Ceylon. This is simply a translation of *Sinhala* (Singhalese), the Sanscrit name for Ceylon. See Sih-lan-shan kwoh.

四子部落 Sz'-tsz'-pu-loh, the Mongol tribe of Durban Keoukat, to the N. of Chahar.

四瀆 Sz' tuh, the "four sluices" of China, the Yangtsz', the Yellow, the Hwai and the Tsí rivers. The Han, with other rivers, is sometimes mentioned as one of these four rivers, according to the dynasty. See Nu kiang.

T

大川 Ta ch'uen, the Yellow River. See Hwang Ho.

大法國 Ta fah kwoh, France. The Chinese believe that the French were Buddhists until converted to the Romish creed. Just as the *Fuh* (Buddha) of the original name, Fuh-lang-si, embodied this idea, so the *Fah* (Dharma) of the term adopted by the French themselves, confirms this idea. The resemblance between Romanist and Buddhist practices must also have suggested it.

大海 Ta hai, a term answering to the Sinus Magnus of Ptolemy, loosely applied to the Pacific Ocean, the China Sea, the Caspian Sea, and possibly the Mediterranean Sea.

大漢 Ta han, a country to the E. of Wan-shin, of the same stock and first known to China in the Liang dynasty.

大夏 Ta hia, a country more than 2,000 *li* to the S.W. of Ta-yuen kwoh and identified by Biot with Bactria. This country was named after the Dahæ, a warlike tribe from the eastern shores of the Caspian who invaded Bokhara and adjoining districts. Bactria, or Balkh, called *Po-lo* was termed the mother of cities, from its unrivalled antiquity and splendour. An affluent of the Yellow River near Lan-cháu bears the same name.

大剛國 Ta kang kwoh, Tagaung the ancient capital of Burmah. This is the same place as Pang-hang, or Paghan.

大江 Ta kiang, the "Great River," the river Yang-tsz', 3,000 miles long.

大金 Ta kin, the style of the Kin Tartars, ancestors of the present Manchu dynasty.

大金川 Ta kin ch'uen, a name given to one of the tribes of the mountainous districts of Sech'uen, identical with the Miau-tsz'. They were finally reduced, after fierce resistance, by the armies of K'ien-lung. The country is spoken of as *Liang Kin Ch'uen*, there being a *Siau Kin Ch'uen*.

大境 Ta king, or Da-khin, the Deccan in India.

大金沙江 Ta-kin-sha-kiang, the Brahmaputra River. See Ya-lu-tsang-pu.

大沽 Ta ku, a important military post at a village on the southern side of the Peiho, near its mouth. It was at this point that the Yellow River anciently found its way into the Gulf of Chihli, probably by the channel of the Peiho.

大理府 Ta-li fu, a departmental city in Yunnan, in Lat. 25° 44′ N., and Long. 100° 21′ E. See Si-mi-kwoh wang. This is said by some to be the Yachi of Marco Polo.

大呂宋 Ta-lu-sung, Spain. See Shih-pan-niu.

打彌國 Ta-mi kwoh, a country on the "western borders."

大明海 Ta ming hai, the Pacific Ocean, whose "clear" and deep waters attracted the attention of the Chinese.

大坭 Ta-ni, or Patani, a country in the Malay peninsula, a tributary of Siam. The southern part of this peninsula is sometimes spoken of as *Ko-lo-fu-sha*.

大板 Ta pan, Osaka, a treaty-port in Japan.

大別山 Ta pieh shan, the Hanyang hill, commonly called the *Kwei shan*. See Siau pieh shan.

打牲烏拉城 Ta-sang wu-la ching, a garrison in Kirin, a little to the N.E. of Kirin ula, in Lat. 44° 05′ N., and Long. 126° 10′ E.

大食 Ta-shih, the Tajiks, of Persian origin, and of the Shüte sect, dwelling in *Tsau-chi* on the slopes of the Belur Tagh. They were confounded with the Arabs by the Chinese of the T'ang dynasty, and it is probable that more than one of the many countries conquered by them before they were subjugated by their Sunnite adversaries, were called after them. Christians in Persia were often called "Teizai," a name possibly connected with Ta-shih.

大食國 Ta-shih kwoh, Arabia. See T'ien-fang kwoh, and T'ien-t'ang.

大西洋 Ta-si yang, a name formerly applied to Europe, but now confined to Portugal.

大西洋海 Ta si yang hai, the Atlantic Ocean.

打箭爐 Ta-tsien-lu, an important town in Sech'uen, in Lat. 30° 08′ 24″ N. Through this town the traffic between China and the tribes of Kokonor passes, aud the officer who presides over nine tribes of the *Tu Sz'* resides here.

大秦 Ta ts'in, the Roman empire, or some portion of it as Syria or Palestine. See Hai-si kwoh.

大清國 Ta-tsing kwoh, the official style of China, under the present dynasty.

大都 Ta-tu, the name given to Peking by Kublai Khan, in 1272. He resided there in winter making *Ciando*, or *Shang-tu*, his summer residence. This name was sometimes given to

Siuen-hwa fu. See Siuen-hwa fu.

大同 Ta-t'ung, the Tanduc of Marco Polo, called also *Ta t'ung lu* during Mongolian rule. It was a part of Shansi and Pehchihli, which lay a little to the west of Peking, between the double portion of the Great Wall. It was considered the key of the empire. It is now the Ta-t'ung fu of Shansi, and was the seat of a mint, the coins issued from which are marked *T'ung*.

大萬谷落 Ta-wan-kuh-loh, a name of Kweichau in the Mongolian period.

大英國 Ta ying kwoh, Great Britain. England is sometimes spoken of as *Ying-kih-li*.

大越 Ta yueh, the national style of the former kings of Cochin China.

大月支 Ta-yueh-chi, the "Lunar Race" or Getæ, believed to be the Indo-Scythians of western writers. They conquered the country of the Indus, and their descendants are said by Klaproth to remain in these countries to this day as the Yuts, or Juts. See Wu-tien, and Yueh-ti.

大宛國 Ta-yuen kwoh, the "Country of great pasturages," identified with Kokand or Ferganah, fertile and populous from the flow of the Oxus aud Jaxartes through it. Chinese works make Ta yuen 12,500 *li* from Si-ngan fu, and 2,000 *li* or more to the S.W. they place *Ta hia*. From this country many drugs and fruits were brought by Chang K'ien of the Han period.

達賴喇嘛 Tah-lai-lah-ma, the Dalai Lama, the Pope of Thibet.

塔爾奇城 Tah-rh-ki ching, Turk or Tartar city, a garrisoned town lying E. of I'li, on the I'li river. It is named from a mountain near it.

塔爾巴哈台城 Tah-rh-pa-ha-tai ching, Tarbagatai or Tashtava. An important garrison and town on the frontiers of I'li, in Lat. 47° N. The district of the same name is bounded N. by the Hassacks or Kirghis of Independent Tartary, and E. by Cobdo. It is inhabited by immigrant Tourgouths and other tribes from the steppes. 塔塔兒, Tah-tah-rh, is given as a name of a subordinate Turkic tribe, or Hiung-nu.

塔什干 Tah-shih-kan, Tashikan or Tasigan, a town of Western Tartary, in Lat. 43° 03′ N., and Long. 68° 45′ E. (Biot). This word 塔, tah may be written 搭. It probably refers to the Tartars or Tatars as 搭棚, Tah-p'ang, or "pitchers of tents."

韃靼 Tah-tan, the Tatars, a Mongolic race dwelling near the Lake Bouyir in Eastern Mongolia. The term has latterly been applied to Turkic or Turanian peoples, like the word Scythian.

韃靻 Tah-tsu, or 達達爾, Tah-tah-rh, the Tartars or Tungusic Manchus. The word is applied to Mongols, and is so mixed up with other opprobrius epithets, as 騷韃子, *Sáu-tah-tsz'*, ("horsey Tartars"), that it is not used. 撻子, *Tah-tsz'* are perhaps the original characters intended to be used, and founded upon one of the Tartar forms of obeisance, in which the foot is struck upon the ground, and the gusue previously worn in front, is simultaneously thrown behind. The 泰赤烏, Tai-ch'ih-wu, 克列, K'eh-lieh, and 塔塔兒, Tah-tah-rh are mixed up with the Mung-ku, who are said to have united to form the Yuen, or Mongolian nation. See Mung-ku.

太官 T'ai kwan, the Tycoon or Shiogoon, the Japanese generalissimo. See Kung fang.

太南 T'ai-nan, or Dainam, the national style of the kingdom of Cochin China. See Ta yueh.

太平洋 T'ai-ping yang, the "Pacific Ocean," as named in foreign compilations.

太子 Tai-tsz', the Emperor's heir, also called, 阿哥 O-ko.

臺灣 Tai-wan, the island of Formosa, with its capital city, Tai-wan fu, a treaty-port. This name of "Terrace Bay" was first applied to the group of islands on the western side of the present large island. The Japanese who made some efforts to settle there in 1620 called it *Taka Sago*, "high sand." It is divided into four hien and five ting districts so far as the Chinese possessions extend.

太原 T'ai-yuen, the Great Plain of China. *T'ai-yuen fu* is the chief prefecture of Shansi.

蛋 Tan, a tribe of Miautsz' sometimes called *Tan-man*, or *Hu-i*. See Tan-kia.

蛋家 Tan-kia, the boat-population of Canton, a distinct race of aborigines.

撣國 Tan kwoh, a country to the N.E. of Ta-t'sin kwoh, on the road to which it lay. *Tana* is given by Pauthier as a name of Bombay.

擔秩 Tan-mei, or Tan-mo-li-ti, the name of a country at the mouth of the Ganges, near the modern Tamlook.

淡水 Tan-shwui, Tamsui, or Tan-shwui-ting, the best port in Formosa, in Lat. 25′ 10′ N.

丹丹國 Tan-tan kwoh, a country of India to the S.E. of the department of Tsin-chau. The name of *Tan-tan* is used for Bantam in Java.

單于 Tan-yu, or Shan-yu, the name of the king or of the kingdom of the Hiung-nu.

單鷹 Tan-ying the "single eagle," a term applied to the flag and kingdom of Prussia.

宕州 Tang chau, a name of Tangut given by Pauthier. There was also in Tangut a Tang-chang.

登州府 Tang-chau fu, the prefectural city and port in Shantung, inserted in the treaty of 1858, but exchanged for the town of *Yen-tai*, confounded with *Chi-fau*, or Chefoo, a harbour in the same bay. See Lai-tsz' kwoh.

黨項 T'ang-hiang, a tribe descended from the San Miau, giving their name to the next.

當亨 Tang-hing, a part of Kansuh, answering to the present *Fuh-kiang hien*.

騰格里 Tang-keh-li, the Tengri Tagh or celestial mountains. See T'ien shan.

唐努烏梁海 T'ang-nu Wu-liang-hai, one of the districts dependent on Uliasutai, inhabited by the Wulianghai, or Uriankai tribes, and the Kalkas and Tourgouths of the Tang-nu mountains. This tract of country lies N.E. of Cobdo, N. of the Sannoin and Dzassaktu Khanates, and is divided from Russia by the Altai mountains. The government of these tribes is administered by 25 subordinate military officers.

唐山 T'ang-shan, the name of a mountain in Chihli. This is also a common name for China in general use in Java, the Straits, the Sandwich Islands and wherever Chinese emigrants, called *T'ang-jin*, are located. The name arose from the fact that the first settlers in Java left China during the T'ang period.

騰越州 Tang-yueh cháu, Moulmein in Burmah.

投和 T'au-ho, a place in the China Sea named after its king, and answering to Mindoro.

島夷 T'au-í, a name of the wild inhabitants of Liautung, Tarakai, Yesso, and perhaps Japan.

刀筋教 Tau-kin-kiau, or Tiau-kin-kiau, the "sect which cuts away the sinew," a Chinese name for the Jews. See T'ien kiau and Kiu kiau.

陶塗 T'au-t'u, a Tartar country yielding excellent horses called after this northern region. Their principal value was their power of making long journeys.

特穆眞 Teh-moh-chin, Temugin, commonly called Genghis (the greatest) Khan.

地中海 Ti-chung hai, the Mediterranean Sea, as named in a modern Chinese work, the *Kau-hau-mung-kieu*, to which those who desire to coin new geographical terms would do well to resort.

條支 Tiau-chi, a country bordering on the Caspian Sea, mentioned in connection with the journey westward of *Kan Ying*, a general under the orders of *Pau chau*. This country was inhabited in all probability by Tajiks, "traders" of Persian and Arabian extraction.

鐵嶺縣 Tieh-ling hien, a district of Fung-t'ien fu in Shingking, in Lat. 42° 25′ N., and Long. 123° 45′ E.

鐵帽子王 Tieh-mau-tsz'-wang, a title for bravery given to Mongolian and Manchurian princes, reminding one of the order of the "Iron Crown" of Lombardy. See Tiėh-muh-er.

鐵門關 Tieh-men-kwan, the "Iron-gate Pass," in Lat. 37° 35′ N., and Long. 118° 12′ E. is the port of the Yellow River, some twenty miles from the point where the river taking possession of the bed of the Ta-tsing river, pours itself into the Gulf of Pehchihli, as of old.

鐵木兒 Tieh-muh-er, Timur, the Lame. The word "timur" in the Tchagatai (Tartar-Turkish) dialect signifies "iron," as does the Chinese "*tieh.*" It is probable that the title of *Tieh-mau* mentioned above is derived from Timur.

天朝 T'ien-chau, the "Heavenly dynasty," or the empire and sovereignty of China.

天主教 T'ien chü kiau, the Romish religion. It was sometimes called *Shih-tsz'-kiau*, or the "Religion of the cross."

天竺教 T'ien chuh kiau, the "Syrian religion," a name for the Jewish faith in China. See T'ien-tuh.

天竺國 T'ien chuh kwoh, Syria and India are included under this name originally applied to India only. See T'ien-tuh. This country was divided into five kingdoms by the Chinese, corresponding to the five *fang*, or points. See Chung-t'ien kwoh.

天方國 T'ien-fang kwoh, a name for Mecca and Arabia Felix or Yemen.

天下 T'ien hia, or *P'u-t'ien-hia*, the Chinese Empire, as distinguished from *Chung kwoh*, the "Mother country," Honan, &c.

天河 T'ien ho, the Milky Way. See Yun-han.

祆教 T'ien kiau, or *Hëen kiau*, the Jewish faith. See Ts'ing-chin kiau.

天國 T'ien kwoh, the rebel kingdom proclaimed in 1851 by *Hung Siu-ts'iuen*, the *Tai-p'ing wang*. The words 天朝, *T'ien chau*, and 承平, *Ch'eng p'ing* are required to be used in all essays and documents, where T'ien kwoh and Tai-p'ing used to be spoken of. See Yueh fei.

滇國 Tien kwoh, one of the "contending states," answering to Yunnan province.

天山 T'ien shan, the 'Celestial mountains," the Tengri Tagh of the *Tu-kiueh* (Turks), and Hiung-nu. The mean parallel of latitude oscillates between 40° 40′ and 43° N. latitude.

The range is eight times as long as the Pyrenees, is volcanic, and rich in metalliferous ores. See Nan shan.

天山南路 T'ien shan nan lu, the "circuit south" of the T'ien shan, between this range and the Kwanlun mountains. It is called *Sin Kiang* or *Hwui Kiang.*

天山北路 T'ien shan peh lu, Songaria, the "circuit north of the T'ien shan," lying between Long. 72° and 88° E., and Lat. 42° to 49° N.

天堂 T'ien-t'ang, Arabia Felix. See Ta-shih kwoh.

天津 T'ien tsin, the port of Peking. This is also the name of the constellation Cygnus.

天子 T'ien tsz', the Emperor of China. These two characters signifying the "Son of Heaven," are identical with those given for the Sora Mikado of Japan, who claims equal honours with the Chinese emperor.

天都 T'ien-tu, an imaginary place in the Southern Sea, or the coast of Fukien, connected with the Queen of Heaven, or with Kwan-yin. Nunneries have this name in some cases.

天毒 T'ien-tuh, India. See Chau-sien-t'ien-tuh. This character is derived from Shin-tuh (身毒), which, in the judgment of some, primarily stood for Scinde, as it is placed to the S.E. of Ta Hia, or Bactria by Chinese writers.

天篤 T'ien-tuh, India. This name has given rise to some confusion. This tuh has been exchanged with the *tuh* of the previous name, and the *tuh* of the present term having been written in the grass character 竺, has given rise to a third term 天竺, T'ien chuh for India, not Syria.

狄 Tih, the red and white Tykes, or "fiery dogs," at the northern bend of the Yellow River. See Sz' hai.

迪化州 Tih-hwa chau, in Songaria, sometimes called Urumtsi. It is now attached to the province of Kansuh, and divided into four districts.

廷遼 Ting-liau, a region bordering on Corea.

多羅蠻 To-lo-man, tribes in Kwangsi, and between that and Annam.

多倫諾爾 To-lun-noh-rh, Tolon nor, "Seven lakes," the great entrepot of the trade of the Sunnites, on the southern slope of the In Shan.

層檀 T'siang-tan, an island in the Flores Sea, yielding fragrant woods.

齊州 Ts'i chau. See Tsí-nan fu.

齊國 Ts'i kwoh, an ancient state in Shantung, including Tsi-nan fu, Ts'ing-chau fu and Wei hien.

濟隴城 Tsí-lung ching, Dsilung, a district and town on the southern frontier of Ulterior Thibet, and W. of Nielam.

濟南府 Tsí-nan fu, the premier fu and capital of Shantung, also called 齊州, Tsi-chau. This was called Ts'í-nan kwoh in the beginning of the Han dynasty.

齊地 Ts'i-ti, an old name of Yang-kuh hien (Tung-o-hien of the Han), Shantung.

齊齊哈爾城 Tsí-tsí-ha-rh ching, the large town of T sitsihar hotun in Hehlungkiang, the third division of Manchuria, often called Tsitsihar. It lies on the Nonni branch of the Songari river, in Lat. 47° 20′ N., and Long. 123° 30′ E. It is the seat of the provincial government, and a place of some trade.

將軍 Tsiang-kiun, the Chinese and Japanese name for the Shiogoon. See T'ai-kwan.

譙山 Tsiau-shan, the island miscalled "Silver Island," two miles below Chinkiang, on the Yangtsz'. The Chinese characters signify "Watch-tower mount," all islands being described as hills under the term 山, *shan*, or 島, *tau*.

僬僥氏 Tsiau-yuu-shi, a tribe of dwarfs on the south-west of China in the T'ang time.

前山寨 Tsien-shan-chai, the military station of Casa Branca, near Macao, in the Canton prefecture.

前藏 Ts'ien-tsang, Anterior Thibet, sometimes called Wei (衞). See Wei-tsang.

且末 Ts'ie-moh, a country in Central Asia, yielding excellent grapes.

七洲 Ts'ih-chau, the "Seven islands, or Paracel reefs in the China Sea.

秦 Ts'in, the name given to China before the dynasty of that name. It occurs in the Laws of Menu, B.C. 1000. This name was probably the origin of the Sinæ or Thinæ of the ancients.

秦中 Ts'in-chung, the province of Shensi.

秦州 Ts'in chau, one of the principalities or prefectures of the Ts'in time, with Singan fu for its capital under the name of Shang-tu. It is now the name of a sub-department in Kansuh.

秦境 Ts'in-king, an old name of Shensi province.

晋地 Tsin-ti, the name given in the Chau period to Tai-yuen fu and P'ing-yan-fu in Shansi province. There was a 晋城, Tsin-ching, in Tseh-chau (Shansi) also during the Chau dynasty, and the capital of the usurpers 韓, Han, 魏, Wei, and 趙, Chau.

清, Ts'ing, the Manchu "pure" dynasty, and its language. See Ta-ts'ing kwoh.

青州 Ts'ing-chau, one of Yü's nine provinces, including the present Shantung, with parts of Liautung and of Corea.

清眞教 Ts'ing-chin kiau, the "doctrine of purity and truth," This is the legend written over the door of the Jewish sinagogue at K'ai-fung fu. The term is also used for Mahommedan mosques (清眞寺). See Yih-tsz'-loh-nieh-tien.

晴川 Ts'ing-ch'uen, a name of the Hanyang city and neighbourhood. There is a 晴川閣, Ts'ing-ch'uen koh, at the foot of the Hanyang hill, facing the 黄鶴樓, Hwang-hoh-lu on the Wuchang side.

青齊 T'sing-tsí, a poetical name of Shantung, compounded of that of two of the principal prefectures, Ts'ing-chau fu and Tsí-nan fu. This was formerly a favourite way of building up names of provinces.

青海 Ts'ing-hai, the "Azure Sea," or Kuku nor, (commonly written Kokonor), the "Blue lake," a name for what is properly a part of Mongolia, as inhabited by Mongols of the Tourgouth, Hoshoit and Kalkas tribes. It is sometimes called *Si-fan*, *Si-yih*, *Surfan* or *Tangut*. Several large lakes are found writhin its limits, after the largest of which it is named

泉州府 T'siu'en-chau-fu, the city of Chinchew near Amoy. It is the Taitun of Marco Polo.

筰 Tsoh, a tribe of I' on the S.W. near the Yen-yuen hien (Sech'uen) of the present day.

中英文專有名詞詞表

宗喀城 Tsung-keh ching, Dsunggar, a town and district of Ulterior Thibet W. of Dsilung, near the southern frontier.

總理衙門 T'sung-li ya-men, the "Board of Control" at Peking, commonly called the "Foreign Office," a name more appropriate for the Li-fan-yuen, which see.

葱嶺 T'sung ling, the "Onion" or Belur tagh range of mountains, including the Karakorum mountains, together forming the connecting links between the T'ien shan and the Kwan-lun ranges.

崇明縣 Tsung-ming hien, the district formed during the Yuen dynasty upon the deltoid island at the mouth of the Yangtsz'. It is 32 miles in length and from 5 to 10 miles in breadth, and has been formed since the 14th century by upheaval of the coast-line and alluvial deposits. It supports a numerous population. The little town has been removed some five different times from the freaks of the ocean. The island is sometimes called *Kiang-sheh*, "river's tongue," and *Hai-men*, "door of the sea."

紫禁城 Tsz' kin ching, the "forbidden city of the ruddy dawn," the Imperial residence in the *Nui ching* or Tartar city, forming the northern portion of Peking. It is about two miles in circumference. Red is an imperial colour, and has been changed with black or yellow, according as the fortunes of the imperial families or founders of dynasties have come under the influences of fire, water or earth.

紫塞 Tsz' seh, the "red boundary," a name of the Great Wall, from the red colour of the earth used in many places for its construction. See Wan-li-chang-ch'ing and Kiu-seh.

孖鷹 Tsz'-ying, or Ma-ying, a name applied to Austria from the double eagle on its flag.

吐番 Tu-fan, the Turfans, or the Thibetans. See T'u-peh-teh and Wu-sz'-tsang.

土黑特 Tu-heh-teh, the name of a tribe of Mongols, living N.W. of Shingking.

吐谷渾 Tu-kuh-hwan, a Tungusic tribe, originally in Liautung, but who migrated to Yin shan in Kokonor, in the Si Tsin time.

都江 Tu kiang, a name of the Yangtsz', or rather of the Min kiang, formerly considered by the Chinese as the main stream of the Ta Kiang.

塗林 T'u-lin, a town in Ngan-si, or Cabul, visited by Chang K'ien of the Han dynasty.

土魯番廳 Tu-lu-fan ting, the *ting* district of Turfan, now included in the district of Barkul, or Chinsi fu in Kansuh. The chief town is situated on the confines of the Great Desert, south of the *T'ien shan*, in Lat. 42° 40′ N. and Long. 90° 48′ E. This district is noted for its excellent wool, grown on the *T'ien shan* slopes. It was formerly called *Ho chau*, the "fire district," from its volcanic character. There is still an active volcano midway between the meridians of Turfan and Pidjan. See Ho chau.

土默特 Tu-meh-teh, the Toumets of Kuku koto, a tribe of Mongols living N. of Shansi, and N.E. of the Ortous. They are not included in Inner Mongolia, but nominally in Shansi, and governed by a general residing at Suiyuen ching. There are Toumets in the north of Pehchihli.

圖伯特 T'u-peh-teh, or Tu-po, a name of Tubet or Thibet. It was so called from the *Tu*, a foreign tribe which overran the present country of Thibet in the 6th century. See Wu-sz'-tsang.

闍婆國 Tu-p'o kwoh, a kingdom in Java whose capital was near Bantam, and extended its rule over the adjacent islands. This has possibly been confounded by the Chinese with the ancient kingdom of Taprobane, assigned to Ceylon or Sumatra.

都波羅門 Tu-po-lo-men, the country of the Turcomans or Tajiks. This is referred by some to Kerman, now an eastern province of Persia, celebrated for the Kermanese wool of its sheep and goats, thick and silky, but not capable of taking that brilliant colour which gives the charm to the genuine Cashmere shawl, made from a wool called *pushm*. Kerman is the ancient Carmania.

土爾扈特部 Tu-rh-hu-teh pu, the Tourgouths. This Mongol tribe resides principally in Kokonor, to the S. of the "Azure Sea," and with the Hoshoits, Kalkas and other tribes around this sea, or lake, are arranged under 29 standards. They are controlled by a Manchu general residing at Sining fu in Kansuh. There are also the Tourgouths of the Tangnu mountains in western Mongolia, and a small band in Songaria. A large number emigrated from Russia into China in 1772, and are located in Tarbagatai and Cobdo. They had been originally driven out of Cobdo by Arabdan, Khan of the Songares, and were induced to return by imperial invitation.

都兒格 Tu-rh-keh, Turkey as named in Japanese maps. The Chinese equivalent is *Tu-rh-ki*.

杜爾伯特 Tu-rh-peh-teh, the Tourbeths or Durbeths, a tribe of Mongols living in the extreme east of Inner Mongolia, on the Nonni river.

杜文秀 Tu-wan-siu, the name of the Mahommedan ruler in Yunnan. He reigns at Ta-li fu on the borders of Burmah. See Si-mi-kwoh wang.

突何 Tuh-ho, the "turbaned" tribes of Turkestan.

突何羅 Tuh-ho-lo, Turkestan, or "the land of the turbaned race."

突厥 Tuh-kiueh, the name of the Turkic tribes or Hiung-nu during the T'ang time. They wore helmets, as their name signifies, and were skilful in working in iron. Their country included the whole range of the Altai mountains, and stretched from the Amur river to the Caspian sea.

獨石口 Tuh-shih k'au, a pass in the Great Wall, in Lat. 41° 19′ 20″ N.

獨逸 Tuh-yih, a name for Austria on Japanese maps, as one of the *Luh-ti kwoh*, or "Six despotic empires" of the world.

頓遜 Tun-sun, a place to the S. of Burmah, answering to Tenasserim.

沌陽 Tun-yang, a name of the city of Hanyang. See T'sing-ch'uen.

東海 Tung hai, the "Eastern Sea," off the south-east coast of China. This was formerly the name of the present Yen-ching hien in Shantung.

東海道 Tung-hai-tau, the Tocaido or great military highway in Japan, extending from Nagasaki to Hakodadi.

東胡 Tung-hu, the Tungusic tribes of Manchuria and Siberia. The word *hu* may have had the same origin as the word "manna," "what is it"? Foreigners bringing new and strange things, puzzled the Chinese as to where they came from. Hence the word *hu*, signifying how? whence? or what? may have come to be extended to all foreigners and their manufactures or natural productions. Colocynth and linseed among medicines, and parsnips, walnuts, onions and pepper, articles of food, have this prefix of *hu*.

東京 Tung king, the "Eastern Capital," or Tonquin, to distinguish it from *Si King*, or Cochin China. The kingdom of Tonquin existed as a separate state in the time of Marco Polo, who calls it *Aniu*. Its capital is Kesho. K'ai-fung fu is sometimes spoken of as Tung-king. See Tung king ching.

東京城 Tung king ching, in Shingking, a garrison subordinate to Shingking pun ching. This was the old capital of Liautung under the Ming rule, when that province was much smaller than the present Shingking. Some of this province had previously included Corea, and parts of the old province of *Tsing-chau*, portions of which are now submerged by the alterations of the sea-level. See Ts'ing-chau and Yu-i.

潼關 Tung kwan, an important town and fortress in Lat. 34° 50′ N. and Long. 110° 05′ E. at the southern bend of the Yellow River. It is called the key of Shensi province.

東魯 Tung-lu, the name of the present department of *Yen-chau fu* in Shantung, but formerly applied to the whole province. See Si-lu.

東苗 Tung-miau, an old name of Shantung.

東南 Tung-nan, a distinguishing name applied to the Sung dynasty from its geographical position.

東寧 Tung-ning, the name of Tai-wan fu, a treaty-port in Formosa, as the capital of Koxinga.

東阿縣 Tung-o hien, the old name of *Yang-kuh hien* in Shantung, during the Han period, from whence comes the *O-kiau*, or ass's glue, as it is called by some. It is said to be made from the water of a well which contains a gelatinous principle, like that of Barèges in France, and is used as a mild purgative and deobstruent. Deer's horn and cow's hide are often added to sophisticate the glue, which is reputed to be nourishing and astringent. See A-yih.

東浦寨 Tung-p'u-chai, Cambodia. See Chin-lah.

洞庭湖 T'ung-ting hu, the T'ung-ting lake in Hunan (a district *lu* under the Sung), the largest of the five great lakes of China. The old province of *Hukwang*, formed under the Mongols, was redivided into *Hunan* ("south of the lake"), and *Hupeh* ("north of the lake"), as a more convenient arrangement, or rather a return, necessitated by the position of the dangerous lake, which especially interfered with attendance upon the literary examinations at the capital, Wuchang. Hupeh province is often called Ngoh sang. See Ngoh-chu.

東土 Tung t'u, a Mahommedan name for China. See Ch'ih-ni.

同文館 T'ung-wan kwan, the name of the schools connected with the *T'sung-li yamen*, in which the Chinese and Manchus are taught European languages.

東洋 Tung yang, the "Eastern Ocean," or the Pacific Ocean, including the Yellow Sea, the straits of Corea and the Sea of Japan. This name is often applied to Japan and the Japanese. This name also occurs as the old name of *Ning-teh hien* in Fukien province.

東粵 Tung-yueh, Canton province. See Yueh, and Yueh-tung.

U

嶼城 Ü ching, a fortified town on an island placed near Batavia, on Chinese maps of the Straits, and sometimes called Onrust.

翁牛特 Ung-niu-teh, the Ouniots, a tribe of Mongols, living on the borders of Pehchihli, N. of the Hifung gate in the Great Wall.

W

外番 Wai-fan, the foreign tribes in Mongolia, I'li, Cobdo and Kokonor. These were also spoken of as Fan-fuh.

外夷 Wai-í, the external barbarians including all foreign countries. See Nui-í.

汶江 Wan kiang, a name of the Yang-tsz'-kiang, near the prefectural city of Kwei-chau in Sech'uen. This is to be distinguished from the Wan-ho, a river in Shantung.

萬古屢 Wan-ku-lu, Bencoolen in Sumatra. See Wang-kiu-li.

文萊 Wan-lai, a name applied to a part of the island of Borneo. See P'o-lo kwoh. Several nations of "marked" savages were placed by the Chinese to the E. of their empire. See Wan-shin.

萬里長城 Wan-li-chang-ching, the Great Wall of China. See Tsz'-seh.

汶上 Wan shang, the name of a district of Kwan-chau fu (Shantung) of the present time. It received its name from the Kin Tartars. It is referred, in the *Kwang-yü-ki*, to the situation of Chung-tu, of the state of Lu, and is made to correspond with the districts of

P'ing-luh, Peh-tsí, and Loh-p'ing of the Han dynasty. There is evidently some confusion with Tung-p'ing chau. See Chung-tu, P'ing-luh, Tung-p'ing chau, and Su-ku kwoh.

文身 Wan-shin, a country of "marked" savages more then 7,000 *li* to the N.E. of Japan. It was rich in precious stones and metals. Tamulo-Japanese nations on the E. for ages afflicted the Chinese.

萬水朝東大海 Wan-shwui-chau-tung-ta-hai, a Chinese name or expression, applied to the Pacific Ocean, from the tendency of the current of the sea outside the Japan islands to the E. See Wei-lu.

温宿 Wan-suh, an ancient name of Aksu in Chinese Turkestan.

萬丹 Wan-tan, Bantan in Java. See Tan-tan kwoh.

萬全都 Wan-ts'iuen-tu, the Ming style for what is now Siuen-hwa fu (Chihli). See Siuen-hwa fu.

温泉 Wan-ts'iuen, an old name of Kansuh.

温都斯但 Wan-tu-sz'-tan, a Chinese name of Hindostan. See Han-tu-sz'-tan.

王仁 Wang-jin, or Wonin, a descendant of Kau-tsu, the first emperor of the Han dynasty, who accompanied some Japanese from Corea, and introduced the Chinese language and literature into Japan.

望久里 Wang kiu li, Bencoolen in Sumatra. See Wan-ku-lu.

王舍 Wang shié, Rajagriha, a royal city on the Ganges.

王庭 Wang-ting, the court of the sovereign of the Tuk-kiueh, or Turks, held at Urumtsi, during the 5th century. See Wu-lu-moh-tsí.

倭國 Wei kwoh, or Wa koku, the name used by both the Chinese and Japanese for Japan. Wei is read *Yamato* in Japanese books. See Jeh-pun kwoh. A distinction is sometimes made in ancient books, between Jeh-pun kwoh and Wei kwoh.

尾閭 Wei-lu, a name for the sea to the E. of Japan and the Liukiu islands, so-called from the easterly current setting up here, as described in Chinese works. This is also sometimes called Kuro Siwo, "Black Stream."

渭南 Wei-nan, a name of Shensi province in the early Han period.

倭奴 Wei-nu, the Japanese. This name was used in the Ming period by Chinese women to terrify their children, so fearful and frequent were the invasions of these Normans of the East upon the whole coastline of China. See Wei-tsz', and Wei-yang.

衛藏 Wei-tsang, Thibet. See Si-tsang.

倭子 Wei-tsz', an opprobrious term first used for the Japanese, after their pretended subjection, and now commonly applied by the Pekingese to foreigners in general. It is sometimes confounded by foreigners with the more definite *yang-kwei-tsz'*.

尉頭國 Wei-t'u kwoh, an old name of Ushi, in Chinese Turkestan. See Wu-shih ching.

渭陽 Wei-yang, a name referred to Japan, or some prince of the country, mentioned in the account of Koxinga in the Tai-wan-chi.

維揚 Wei-yang, a name of Yang-chau fu during the middle period of the Ming. It was subsequently changed to the latter. It is one of the best traits of the Manchu emperors, that they refrained from all wanton change and confusion of old names.

吳 Wu, a kingdom including in Confucius's time the N. of Chekiang (Hu-chau, Yen-chau and Kia-hing chau) province and the southern part of Kiangsu. In the triarchy of the San kwoh it included the San Kiang provinces, or 61 prefectures. The kingdom of Wu was merged into that of the conquering state of Yueh in the same provinces.

烏秅國 Wu-c'ha kwoh, Orissa in India.

烏萇國 Wu-chang kwoh, the Buddhist country of Uchang ("the garden"), near the Punjaub.

吳州 Wu chau, an old name of Jau-chau fu, in Kiangsi.

烏遲國 Wu-ch'i kwoh, a country in Asia Minor, or Eastern Europe, mentioned in connexion with 大秦, Ta Ts'in, or Ta Ts'in kwoh, commonly understood to refer to the Roman empire. It is however just possible that Greece, or Asiatic colonies, under the name of Achaia, is indicated by this name. Otherwise Greece was unknown to China.

五鎮 Wu chin, a term misinterpreted as referring to the "five marts" of China. There are very many *chin*, or "marts" in China, but four, and not five, are commonly spoken of as remarkable, rather than as simply large trading towns. These are Fuh-shan (Canton), King-teh chin (Kiangsi), Han-chin, or Hankow (Hupeh), and Chü-shien chin (Honan). The Wu chin, were the "five guardian hills" of the ancient empire in Yü's time,—namely 沂山, Ni shan (Shantung) on the E., 會稽山, Hwui-k'i shan (Chekiang), on the S. 霍山, Hoh shan (Nganhwui), in the centre, 吳山, Wu shan (Shensi), on the W. and 醫無閭山, I'-wu-lu shan (Shingking).

烏朱穆秦 Wu-chu-moh-ts'in, the Oujumuchin, a tribe of Mongols living south of the desert, near the Shingngan mountains, S. of Hurunpir.

吳中 Wu-chung, the region now divided into the three departments of *Sung chau*, *Su chau* and *Hu chau*. It was called *Wu kiun* and *San Wu*.

巫咸國 Wu-hien kwoh, a country of serpent-charmers near the Wu shan, given to Fung-shuh, the body-physician of the emperor Yáu.

烏桓 Wu-hwan, a country on the "Western borders," peopled by a Tung-hu tribe, which aided in driving away the Hiung-nu during the Eastern Han period, but were themselves exterminated by the Liau.

無人島 Wu-jin t'au, the Bonin or Arzobispo Islands, supposed to be uninhabited, as the name signifies.

吳郡 Wu kiun, the region now divided into the three departments of Sangchau, Suchau and Huchau, in Kiangsu and Chekiang. See Wu chung.

烏喇忒 Wu-lah-tih, the Urats, a tribe of Mongols living in the valley of Kadamal, N. of the Yellow River, and E. of the Ortous. They are probably the Horiads of Marco Polo.

烏蘭察布盟 Wu-lan-chah-pu ming, one of the six corps of Inner Mongolia, living in the south-west, towards Kansuh and Shensi, outside of the Great Wall.

烏理雅蘇臺 Wu-li-ya-su-t'ai, Uliasutai, the city of the "Poplar Grove," in the Khanate of Sannoin, lying N.W. of the Selenga river in a well-cultivated and pleasant valley. It is the residence of a high officer who superintends the Uliangbai tribes, and the

Mongolian tribes living in Cobdo and the western portion of Mongolia.

武林 Wu-lin, a name applied to Hangchow, and to Chekiang province, from a range of hills near Hangchow.

烏魯穆齊 Wu-lu-moh-tsí, Urumtsi, a town in Songaria, on the N. of the T'ien shan, now included in Kansuh. It was the residence of the Tuh kiueh sovereigns of the 5th century, and is in Lat. 43° 45′ N. and Long. 89° E. Exiled criminals are sent here to till the soil, and the nomadic tribes have been successfully encouraged to settle in this ungenial district. See Tih-hwa chau.

烏魯蘇木丹 Wu-lu-su-muh-tan, a town or post at the point of junction of the Humari and Sagalien rivers.

烏蠻 Wu man, the Karens, or "black savages" of Kauting, or Caraian. See Ngai-lau-í. Kara means black.

烏山 Wu-shan, or Oush, the name of a defile in the Aktag mountains, not far from which is the stone tower with forty pillars called *Chihul Situn*, the reputed ruins of a caravan-serai built in Alexander's time.

巫山峽 Wu-shan-kiah, one of the most dangerous of the gorges on the Upper Yangtsz'. It is near a mountain of the same name, is 20 miles long, and the boundary between Hupeh and Sech'uen lies about halfway through it. The water of these cliffs or gorges, called *yai-shwui*, is said in the *Pen T'sau* to cause goitre and ague. See Kiu-ying.

烏什城 Wu-shih ching, the garrisoned city of Ushi, or Ouchi, in Chinese Turkestan, in the valley of the headwaters of the Tarim river, in Lat. 41° 35′ N. and Long. 77° 50′ E. A Chinese officer usually resided here to control the districts of Oksu, Bai and Sairim. By a series of forts he affected to control the wild Kirghis, who have given much trouble to both the Chinese and the Russian generals. This district is separated from I'li and the Kirghis by the *Siueh shan*, on the S. it is bounded by Yarkand and Khoten districts, and E. by that of Aksu.

吳西 Wu-si, an old name of Kiangsi province.

烏蘇里 Wu-su-li, the river Usuri in Kirin.

烏孫 Wu-sun, a country on the "Western borders," mentioned as producing palms. It was to the king of this country that one of the later Han emperors was made to send one of his daughters.

烏斯藏 Wu-sz'-tsang, a name of the Thibetans or Turfans.

五島 Wu-t'au, the Gotto Islands, off Nagasaki.

五天 Wu-t'ien, or Goten, the Japanese name of the Getæ, or Massagetæ, or Indo-Scythians, on either side of the Himalayas. See Ta-yueh-chi.

武都 Wu-tu, an old name of Kiai chau, in Kansuh province.

烏玉河 Wu-yuh ho, a river in Khoten yielding jade. See Yuh-lung ho.

兀剌海 Wuh-lah-hai, one of the seven *lu* of the Mongolian period, incuding Tangut, or Kansuh. This was probably the kingdom of *Egrigaia* of Marco Polo.

勿吉 Wuh-kih, the name of the Moh-hoh previous to the Sui dynasty. They were divided into seven tribes, of which Nu-chin and Puh hai were names.

勿斯 Wuh-sié, or Butsa, Bussorah in the Persian Gulf. Remusat gives *Pei-sz'-li* as a name of Bussorah.

Y

雅克薩 Ya-keh-sah, Yacsa, the fort of Albazin at the junction of the river Yacsa with the Sagalien ula. It was built by the Russians, and destroyed for the second time, according to treaty in 1689. See Ngo-kwoh-niu-lu.

瓦剌 Ya-lah, a name of the Mongolian Urats, said to be W. of the Tah-tsu.

雅魯藏布 Ya-lu-tsang-pu, the Yaritsangbo river, variously described in European maps as the Irawaddy or the Brahmaputra river. There is now little doubt that this name properly applies to the Brahmaputra, taking its rise in Western Thibet. The Irawaddy is the *Lu-kiang* of the Chinese. The Ho-ti kiang and Mekong are also important rivers in Yunnan draining neighbouring countries.

亞細亞州 Ya-si-ya chau, the continent of Asia, which with Europe, Lybia (Africa), America and Magellanica, constitutes a dividing of the world in the later Chinese geographies, based upon the manuscripts of the Jesuits. Magellanica included Terra del Fuego, South Shetland, Palmer's Land, &c.

亞齊 Ya-tsí, Acheen in the N. of Sumatra. See San-fuh-tsí.

揚州 Yang chau, one of Yü's provinces, including Kiangnan, Kiangsi, Chekiang, Fuhkien, and a small part of Kwangtung.

羊城 Yang ching, the "City of Rams," a name given to the city of Canton from a legend concerning five shepherds, turned into as many rams, which were again changed into as many stone figures. The five rams in effigy were suppoed to be the *palladia* of Canton, and their destruction by fire was superstitiously connected with the decline of the prosperity of the city. It is right to add that some ingeniously refer the name to an accidental resemblance between the characters for *yang* and *yueh*.

陽穀縣 Yang-kuh hien, see Tung-ngo hien.

牂牁江 Yang-ko kiang, a river in Kwangsi, giving its name to Hwai-yuen hien.

羊白頭 Yang-peh-t'u, a name for Albinoes. See Peh-t'u-jin. They are called T'ien-lau-rh, in Peking.

瀁水 Yang shwui, a name of the river Han in the higher part of its course.

揚子江 Yang-tsz'-kiang, the river Yangtsz'. See Ta Kiang. This river was sometimes called *Min kiang* in its upper course, from the fact that the Chinese took the *Min* as the largest of the four rivers which drain Sech'uen, and amalgamate to form the Yangtsz'. In the 廣輿記, Kwang-yu-ki, there is a story to the effect that a man of I-ching-hien having directed a soldier to fetch some water from the Kiang, was being imposed upon as to the source of the water produced by the man, until his friend upset half of the water, and proved that the remaining half in the bottom of the vessel was alone genuine water of the Kiang. This he proved by splashing the water with a ladle, displaying the characteristic qualities of the water, and was confirmed by the confession of the man that he had added water of another sort. This marvellous fact is supposed to have been commemorated by giving the name 揚子, Yang-tsz' to the Kiang, 揚, Yang being the character for "splashing." This is however an improbable derivation, for 揚子, Yang-tsz' was a name of I-ching hien in the time of the T'ang. 江陽, Kiang-yang was a name of the adjoining district of 江都, Kiang-tu during the same period.

猺 Yau, a tribe of Miau-tsz' in Li-po hien in Kweichau province. An excellent kind of cassia, produced in their district, is named after them.

夜郎 Ye-lang, a large country to the S.W. of China, connected with the Laos tribes.

葉爾羌城 Yeh-rh-kiang ching, Yerkiang, or Yarkand, a large city in Chinese Turkestan, on a branch of the river Tarim, in Lat. 38° 19′ N., and Long. 77° 28′ E. See Sha-ku kwoh.

兗州 Yen chau, one of Yü's nine provinces, including a small part of Pehchihli and of Shantung of the present day.

焉支 Yen-chi, See Yung-chang-lu and Oh-shi.

焉耆 Yen-k'i, an old name of Kharashar, said to yield a valuable ophthalmic medicine, called *luh yen*, "green salt," apparently a kind of malachite, but often adulterated with verditer and verdigris.

燕京 Yen king, a name of Peking as the seat of a principality in the early Ming period, whose occupant, the fourth son of Hung-wu, seized the throne of his grandnephew and removed the capital from Nanking to Peking, then called Yen king. Yen-shan and Yen kwoh are still older names of what is now Sh-unt'ien fu, the metropolitan prefecture. See Yu-yen and Peh-p'ing. Yen by itself stood for the province of Yu chau, of the Shang dynasty, answering nearly to Pehchihli.

嚴國 Yen kwoh, a country belonging to Sogdiana, and answering to the modern Yengi kurghan.

嚈噠 Yen-tah, or Yah-tah, a country of the Massagetæ, in the W. which sent an embassy to China in the reign of Ming Ti of the Western Tsin, in conjunction with the countries T'u-tah and Hwan-tang-chang.

烟臺 Yen-t'ai, the actual treaty-port in the bay of Chefoo, situated on the northern side of the Shantung promontory, in Lat. 37° 35′ 56″ N., and Long. 121° 22′ 23″ E. This port, miscalled Chefoo, is resorted to as a sanitarium by foreign residents in China, and has the advantage of certain hot springs, called *Tung-t'ang*, at a distance of some fifty miles.

鹽澤 Yen-tseh, a name of Lake Lop nor. Marco Polo speaks of the city of Lop, which stood in the line of the caravans which here crossed the Great Desert, on their way to China. See Lo-pu-nau-rh.

鹽池 Yen-tʻsí, a salt lake in Hotung, 160 *li* in circumference.

崦嵫山 Yen-tsz' shan, the name of an imaginary mountain in the W. in which the sun was supposed to rest at night.

益州 Yih chau, an old name of Ching-tu fu, in Sechʻuen, under Tsʻin.

一賜樂業殿 Yih-tsz'-loh-nieh-tien, the "Temple of the Israelites" at Kʻaifung fu. The large stone graven with these titular characters has been appropriated by the Mahommedans of that city for their mosque, together with the larger part of the congregation. See Kʻai-fung fu.

殷 Yin, the name of the latter part of the Shang dynasty, commencing with Pʻwan-kang, who shifted the capital from 邢, Hing, in the S.W. of Pehchihli to 亳 Poh in Honan, the old capital of Kuh Kau-sin, the predecessor of Tʻang Ti-yau. This was the original capital of the Shang sovereigns.

印度境 Yin-tu-king, the country of India. See Tʻien-chuh kwoh, and Tʻien-tuh.

印度洋 Yin-tu yang, the Indian Ocean, called in some works the Nan-hai, or Siau-si-yang.

英吉沙爾城 Ying-kih-sha-rh ching, Yingeshar or Yengihassar, a small garrisoned town between the districts of Yarkand and Kashgar, placed W. of Yarkand. See I-nai kwoh.

應天 Ying-tʻien, a name of Nanking under the Ming.

營子 Ying-tsz', or Yun-tsz', the actual port and settlement mis-called Newchwang, situated on the river, at about five miles from its mouth.

岳州 Yoh-chau, or Yoh-chau fu, a town in Hunan, at the mouth of the Tʻung-ting lake. It is a military and customs station and is distant from Hankow 130 miles, and from Peking 4,250 *li*. It was the ancient seat of the San miau.

豫章 Yu-chang, an official designation of Kiangsi province. This name, originally given to Nan-chang fu, also called *Hung-tu* was extended to the whole province, as is often the case with the name of the premier *fu* city. This name seems to be sometimes referred to the Kiukiang fu of the present day.

豫州 Yu chau, one of Yü's nine provinces, including six departments in Honan of the present day, two districts in Peh-chih-li, four districts in Shantung, four districts and one sub-department in Nganhwui, and some eight districts or sub-departments in Hupeh. As the greater part of the region lay in Honan, this latter province is sometimes called by this name.

幽州 Yu chau, one of the provinces of Yu-tí-shun, identical with one of a similar name in the Shang dynasty; with the province of Yen (See Yen-king), and the present Pehchihli.

嵎夷 Yu-í, or 東嵎夷, Tung-yu-í, the country of the rising sun referred by some to Corea, and by others to Tang-chau on the Shantung promontory. This depends on the limits assigned to the province of Tʻsing-chau of Yü's time. The sea has probably encroached here in some way. See Tsʻing chau.

豫甯 Yu-ning, an old name of Wu-ning fu in Kiangsi province.

魚皮達子 Yu-pʻi-tah-tsz', the tribe of "Fish-skin Tartars," hunting upon the banks of the Usuri river, in the maritime province of Kirin. These with the *Kiching Tahtsz'* and the *Ghailaks*, are practically independent of the Chinese government.

于闐國 Yu-tien kwoh, the country of Khoten, the *Casia* of Ptolemy, famous for its silks and jadestone. See Ho-tien.

泑澤 Yu-tseh, a name of the P'u-chang hai See Lo-pu-nau-rh.

漁陽 Yu-yang, an old name of P'ing-kuh hien (Chihli).

幽燕 Yu-yen, a name of Peking during the Chau dynasty, still used in documents.

粵 Yueh, the old name of the region of Kwangtung, also called *Yueh-tung* to distinguish it from *Yueh-si*, or Kwangsi. 百粵, *Peh yueh* is the old name of a portion of this region.

越 Yueh, an ancient state in the present Chekiang province. See Nan-yueh and Wu.

越裳 Yueh-chang, the Laos tribes between Yunnan and Annam and Siam.

粵匪 Yueh-fei, the name by which the *Ch'ang-mau*, or rebel followers of the *T'ai-ping wang*, from Kwangsi and Kwangtung, are spoken of in official documents.

越南 Yueh-nan, or Annam, Cochin China, called by the Cochin Chinese *Vietnam*. Kwangtung or Canton province was formerly called *Nan-yueh*, to distinguish it from the *Yueh kwoh* of Chekiang. *Tung-yueh* is an old name of *Shau-hing fu* in Chekiang, famous for its silk.

越析詔 Yueh-sih-cháu, a name of one of the six chiefs of the tribes of the province of Yunnan, called *Caraian* by Marco Polo. This province was then inhabited by those tribes, probably to be identified with the Karens, who had been conquered by the Mongols. See Ngai-lau-i.

月氏 Yueh-ti, the Getæ or Indo-Scythians, conquerors of Scinde and the Punjaub, about the early part of the Christian era. See Ta-yueh-chi, and Mih-kieh kwoh.

元 Yuen, the Mongolian race and dynasty. See Mung-ku.

員渠城 Yuen-ku ching, Yengu, a town near Kharashar formerly the capital of the district.

元菟 Yuen-t'u, an ancient kingdom in Liautung, afterwards made into a principality by Wu Ti of the Han dynasty.

郁 Yuh, the name of an ancient region in the S.E. of Kansuh and adjoining part of Shensi of the present time. There was a *Yuh-chih hien* in Shantung.

郁郅 Yuh-chih, an ancient name of *Ngan-hwa hien* in Kansuh.

玉隴河 Yuh-lung ho, the Yurung Kash, or Ulgunkash, a river near Ilchi in Chinese Turkestan, whose swollen streams bring down nephrite or jade, which is collected from the bed or strand. This is the Khoten river of some writers. See Keh-lah-keh-sha.

玉門關 Yuh-men-kwan, a barrier or pass in the W. in Chinese Turkestan.

營州 Yun chau, a name given to Liautung by Shun, who separated it from Yü's province of Ts'ing chau.

雲中 Yun chung, a region in the ancient K'i-chau province, answering to the present department of *Ta-t'ung-fu* in Shansi, still bearing this alias. It was the early capital of the Wei kingdom.

雲漢 Yun-han, or the Milky Way. See T'ien ho.

運河 Yun-ho, or Yun-liang ho, the "Grain-transporting river," the Grand Canal.

運糧河 Yun-liang ho, or Yun ho, the Grand Canal. See Chah ho.

管子 Yun-tsz', see Ying-tsz. This name scarcely means "the camp," as it is translated in some foreign works, for the pronunciation is quite distinct. The name is probably derived from the name of the old province of *Yun chau*, separated by Shun from Ts'ing chau when he extended Yü's pet number of nine provinces to twelve in all.

永昌路 Yung-chang lu, one of the Mongolian divisions of China, answering to the *tau* of the T'ang period. This is now the head of a district in Kansuh, in Lat. 38° 20′ N. and Long. 101° E. It was the city of *Erguiul* of Marco Polo. This district was formerly called *Yen-chi*.

雝州 Yung chau, the largest of Yü's provinces, to the N. of Liang chau, and separated from K'i chau by the *Si ho*, which see.

榕城 Yung ching, the "Banian city," a name of Fuhchau.

永寗城 Yung-ning ching, the "City of eternal tranquillity," a name given to Ushi by K'ien-lung, after the conquest of Turkestan.

INDEX.

Djassi. See Chah-shih-ching.
Dolondo. Lah-ma-miau.
Dsiloung. See Tsi-lung-ching.
Dsunggar. See Tsung-keh-ching.
Durbeths. See Tu-rh-peh-teh.
Dutch. See Ho-lan-kwoh. Hung-man. Chuh-t'au.
Dyaks. See Li-mau-jau.

E

East India Company. See Kung-sz'.
Egrigaia. See Ning-hia. Wuh-lah-hai.
Egypt. See Mi-sz'-rh.
Eight pasturages. See Pah-yuen.
Eleuths. See A-lu-shan ngeh-lu-teh-k'i. Ngeh-lu-teh. Ha-mih.
Emperor of China. See T'ien-tsz'. T'ien-chau.
England. See Ta-ying-kwoh.
Erguiul. See Yung-chang-lu.
Europe. See Ngau-lo-pa. Si-yang. Ta-si-yang.

F

Fahan. See Ku-san-kwoh.
Fan-ching. See Siang-ho.
Fan tribes. See Chang-ye. Chu-fan. Mung-fan. Si-fan. Wai-fan.
Fatshan. See Fuh-shan.
Feiyaks. See Fei-ya-keh.
Ferganah. See Ta-yuen-kwoh.
Firando. See Ping-hu-t'au.
Fischer's island. See P'ang-hu.
Fish-skin Tartars. See Yu-p'i-tah-tsz'.
Fohi. See P'au-hi.
Foreign-office. See Li-fan-yuen. T'sung-li-ya-men.
Formosa. See P'i-shié-ye. T'ai-wan.
Fort Vernöe. See Kashgar.
France. See Ta-fah-kwoh. Fuh-lang-si.
Franks. See Fuh-lang-ki.
French. See Fuh-lang-ki. Fu-lang-si.
Fuchow. See Fuh-chau. San-shan. Yung-ching.
Fukien. See Kien-kwoh. Min.
Fusiyama. See Fu-sz'-shan.
Fyzabad. See Pa-tah-keh-shan.

G

Ganga river. See Kang-hoh.
Ganges. See Hang-ho. King-kia.
Gautama Buddha. See Shih-kia-mau-ni.
Genghis Khan. See Ching-kih-sz'-han.
Getæ. See Ta-yueh-chí. Wu-t'ien. Yueh-ti.
Ghieding. See Kieh-ting ching.
Ghioro. See Koh-lo.
Ghoorkas. See Koh-rh-k'eh.
Girin. See Kirin.
Goa. See Siau-si-yang.
Gobi desert. See Han-hai. Ko-pih. Sha-moh.
Gotto islands. See Wu-t'au.
Grand Canal. See Chah-ho. Yun-liang-ho.
Great Britain. See Ta-ying-kwoh.
Great Wall. See Shan-hai-kwan. Si-ho-chau. Tsz'-seh. Wan-li-chang-ching.
Greeks. See Hi-li-ni. Wu-c'hi-kwoh.
Gugé. See Ku-keh.
Guldscha. See Hwui-yuen-ching.
Gunga. See Hang-ho. Kang-hoh.
Gutzlaff island. See Ma-tsih.

H

Hai-men. See Tsung-ming-hien.
Hainan. See Hai-k'au. Kiung-chau. Pei-lau.
Hakkas. See Keh-kia. Pun-ti.
Hakodadi. See Shiang-kwan.
Hakusai. See Peh-tsí.
Hamil. See Ha-mih. I-wu-lu.
Hangchow. See King-sz'. Lin-ngan. Wu-'in. Hai-t'ang.
Hankow. See Han-k'au. Siang-ho.
Hankow settlement. See Shih-pah-sang.
Hanlemuh. See Sai-li-muh-ching.
Hanyang. See Ngoh-chû. T'sing-ch'uen. Tun-yang. Han-tsin, and Han-yang-kwan.
Hanyang hill. See Ta-pieh-shan.
Harôyu. See Herat.
Hassacks. See Ha-sah-keh.
Hebrew. See Hi-peh-lai.
Herat. See Hai-ya-kwoh.
Himalayas. See Siueh-shan.
Himatala. See Siueh-shan-hia.
Hindoo Kush. See Hien-tu.
Hindostan. See Han-tu-sz'-tan. Wan-tu-sz'-tan.
H'lari. See La-li-ching.
H'lassa. See La-sah. Pu-tah-la.
Hæifan hotun. See Hwui-fah.
Hoklo. See Fuh-lau.
Holland. See Ho-lan-kwoh. Hung-mau.
Honan. See Chung-yuen. Yu-chau.
Hongque. See Hung-k'au.
Hongkong. See Hiang-kiang. K'wan-tai-lu.
Horiads. See Urats.
Hormaz. See Ku-li-kwoh and Hwuh-lu-mu-sz'.

I

J

K

Koran. See Ku-leh.
Korchins. See A-lu-ko-rh-tsin.
Kortchins. See Ko-rh-tsin.
Koûbo. See Hung-fah.
Koulkun mountains. See Kwan-lun. Nan shan. Siau-kwan-lun.
Koutché. See Ku-ché-ching. Kwei-tsz'-kwoh.
Kowloong. See Kiu-lung.
Koxinga. See Ching-chi-lung. Kwoh-sing-ye. Tung-ning.
Ku-yeh-t'au. See Peh-hia-i.
Kublai Khan. See Hwuh-pieh-lieh.
Kukai Mongol. See Mung-ku-jin.
Kuku kotu. See Kwei-shu-ching.
Kukuktu. See Ku-lun.
Kuldja. See Guldscha.
Kung. See Prince Kung.
Kurkara usu. See Ku-rh-k'eh-lah wu-su-ching.
Kurun. See Ku-lun.
Kwan-yin. See Mi-leh-fuh. Nan-hai. Kwan-shi-yin.

L

Ladak. See La-tah-keh.
Ladrone islands. See Lau-wan-shan.
Lake Baikal. See Peh-hai.
Lake Barkul. See Hiung-nu-chung-hai. P'u-lu-hai.
Lampong. See Lan-fang.
Langya-nor. See Ma-peh-moh-tah-la.
Lanka. See Ceylon.
Larin. See La-lin-ching.
Latin. See Li-han.
Leh. See La-tah-keh.
Leulan. See Shen-shen.
Lewchew islands. See Chung-shan. Liu-kiu-kwoh. Na-pa. Shau-ni.
Liampo. See Ning-po-fu.
Libya. See Li-wei-ya.
Linga. See Lang-ya.
Lintin island. See Ling-ting.
Lithang. See Li-t'ang.
Lohyang. See I'-kien.
Lolo. See Sien-lo. Luh-lai.
Lop-nor. See Lo-pu-nau-rh. P'u-chang-hai. Yen-tseh. Yu-tseh.
Lucon. See Lu-sung.
Lu-men, or Lu-t'au. See Hia-men and Hia-t'au.
Lunar race. See Ta-yueh-chi.

M

M'abar. See Ma-pah-rh.
Macao. See Ngau-men.
Macao barrier. See Kwan-chah.
Macao roads. See Sha-lih.
Macassar. See Mang-kia-sah.
Madjicosima islands. See Kung-ku-tau.
Madura. See Mo-tu-lo.
Magadha. See Fan. Mo-kia-to-kwoh. Mo-kieh-t'i-kwoh. P'o-so-kwoh.
Magellanica. See Ya-si-ya-chau.
Mahommed. See Moh-han-meh-teh.
Mahommedans. See Hwui-hwui. Kiau-men. Moh-min. Sih-ti. Si-mi-kwoh-wang. Tu-wan-siu.
Mahommedan tribes. See Fu-lu-rh. Hwui-pu.
Maitreya. See Mi-leh-fuh.
Malabar. See Ku-li-kwoh.
Malacca. See Ma-luh-kiah. Man-luh-kia.
Malaysia. See Kia-lan-tan. Ta-ni. Sien-lo. Jau-fuh.
Manchuria. See Mwan-chau.
Manchus. See Koh-lo. Mwan-jin. Nu-chih. T'sing. Moh-hoh. Wuh-kih.
Manicheans. See Moh-ni.
Manilla. See Kwei-tau. Lu-sung. Siau-lu-sung.
Manji. See Man. Man-tsz'.
Mao mingan. See Mau-min-ngan.
Marco Polo. See Chû-mih-fuh-sz'. Poh-lo.
Marcus Aurelius Antoninus. See An-tan.
Mar-yul. See La-tah-keh.
Massagetæ. See Mih-kieh-kwoh. Ta-yueh-chi. Wu-t'ien. Yen-tah. Yueh-ti.
Masulipatam. See Ku-li-pan-tsuh.
Matteo Ricci. See Li-ma-tuh.
Mecca. See Meh-keh-kwoh. Moh-kia.
Medina. See Meh-teh-na.
Mediterranean sea. See Si-hai. Ta-hai. Ti-chung-hai.
Meiacosima. See Madjicosima. Kung-ku-t'au.
Meikong river. See Kiu-lung-kiang. Nan-chang-kiang.
Merguen. See Meh-rh-kan-ching.
Miaco. See King-tu.
Middle Kingdom. See Chung-chau. Chung-kwoh.
Mikado. See T'ien-tsz'. Kung-fang.
Milky way. See T'ien-ho. Yun-han.
Mindoro. See T'au-ho.
Moh-hu. See Moh-min.
Moluccas. See Mi-luh-hoh. Mei-loh-ku. Si-lan.

T

U

Urga. See Ku-lun. Mai-mai-chin.
Uriankai tribes. See Tang-nu-wu-liang-hai.
Urumtsi. See Tih-hwa-chau.
Usbeks. See Hwui-heh. Kau-ché.
Ushi. See Wei-t'u-kwoh. Wu-shih-ching. Yung-ning-ching.
Usuri river. See Wu-su-li. Yu-p'i-tah-tsz'.

V

Vernöe. See K'eh-shih-kieh-rh ching.

W

Whampoa. See Hwang-pu.
White desert of China. See Lo-to-keh ching.
Wongpoo. See Hwang-p'u.
Wonin. See Wang-jin.
Wuchang. See Ngoh-chū. T'ung-ting-hu.
Wulianghai tribes. See Tang-nu-wu-liang-hai.

Y

Yachi. See Ta-li-fu.
Yacsa See Yá-keh-sáh.
Yah-tah. See Yen-tah.
Yangchow. See Poh-lo. Yang-chau.
Yangtsz' river. See Chang-kiang. Heh-shwui. Kiang-shwui. Kin-sha-kiang. King-kiang. Lu-kiang. Ma-hu-kiang. Min-kiang. Ta-kiang. Tu-kiang. Wan-kiang. Yang-tsz'-kiang. Shuh-kiang.
Yaritsangbo river. See Ya-lu-tsang-pu.
Yarkand. See Yeh-rh-kiang-ching. Sha-kū-kwoh.
Yeddo. See Kiang-hu.
Yellow river. See A-keh-tan. A-rh-tan. Ho. Hwang-ho. Ho-yuen. Ho-t'au. Sing-suh-hai. Si-ho. Ta-ch'uen.
Yellow sea. See Puh-hai. Tung-yang.
Yemen. See T'ien-fang-kwoh.
Yen. See Yen-king.
Yen-shan. See Yen-king.
Yengihassar. See Yingeshar.
Yengi kurghan. See Yen-kwoh.
Yengu. See Yuen-ku-ching.
Yerkiang. See Sha-ku-kwoh.
Yesso. See Hia-i. Peh-hia-i.
Yingeshar. See I-nai-kwoh. Ying-kih-sha-rh-ching.
Yokohama. See Hung-pin.
Yuen-yuen. See Ju-ju.
Yü's provinces. See K'i-chau. King-chau. Liang-chau. Su-jung. T'sing-chau. Yang-chau. Yen-chau. Yu-chau. Yung-chau.
Yurung kash. See Yuh-lung-ho.
Yu-t'o-li. See San-fuh-tsi.
Yuts. See Ta-yueh-chi.

Z

Zaitun. See Taitun.
Zardandan. See Kin-ch'i.
Zariavshan. See Sah-ma-rh-han.
Zendavesta. See Po-sz'-king-kiau.
Zhikátsi. See Jeh-hoh-tseh.
Ziäkú. See Shuh-chau.
Zoroaster. See Po-sz'-king-kiau.
Zypangu. See Sypangu.

華西官話漢法詞典〔一〕

（*Dictionnaire chinois-français de la langue mandarine parlée dans l'ouest de la Chine: avec un vocabulaire français-chinois*）

〔法〕巴黎外方傳教會（Plusieurs missionnaires du Sé-tch’oūan méridonal）編

《華西官話漢法詞典》，法國巴黎外方傳教會編。此書署名巴黎外方傳教會（Plusieurs missionnaires du Sé-tch'oūan méridional）編，由沙得容主編，路易·莫洛、愛德華·古爾丹、保羅·施理爾等人合作，記録十九世紀後期之西南官話，含漢語口語讀音音序表、量詞、重音及聲調、符號説明、漢法詞典、編年表、法漢詞彙表、百家姓、中國地名、天干地支紀年法與西曆換算標準等。主體爲漢法詞典，收録漢語口語詞、短語及例句頗多，兼收文言詞、技術術語及宗教用語。據一八九三年香港版影印。

華西官話漢法詞典

DICTIONNAIRE

CHINOIS-FRANÇAIS

DE LA

LANGUE MANDARINE PARLÉE

華西官話漢法詞典

DICTIONNAIRE

CHINOIS - FRANÇAIS

DE LA

LANGUE MANDARINE PARLÉE

DANS L'OUEST DE LA CHINE

AVEC UN

VOCABULAIRE FRANÇAIS - CHINOIS

PAR PLUSIEURS MISSIONNAIRES DU SÉ-TCH'OŪAN MÉRIDIONAL

HONGKONG

Imprimerie de la Société des Missions Étrangères

1893

PRÉFACE.

Tous ceux qui ont quelque expérience de la langue chinoise, savent qu'elle est parlée d'une manière fort diverse dans les différentes provinces de la Chine. Les caracteres ont à peu près le même sens partout, mais ils sont lus ou prononcés d'une manière différente suivant les lieux et les provinces. Vouloir faire un Dictionnaire de la langue parlée commun à toute la Chine, est impossible : on ferait un langage qui ne serait parlé ni compris nulle part.

Le présent Dictionnaire, composé par des Missionnaires ayant vécu de longues années dans le *Sé tch'ouān*, et en collaboration avec des prêtres indigènes, contient le langage parlé couramment par le peuple des villes et des campagnes dans le *Sé tch'ouān*, et à peu de chose près dans le *Yûn nân* et le *Koúi tcheōu*. Il diffère peu de ce que l'on est convenu d'appeler *la langue mandarine*. Cependant tous les mots et toutes les locutions de ce Dictionnaire ne seront pas compris de tout le monde, ou du premier coup: 1° Il y en a qui sont particuliers à certains pays. — 2° D'autres appartiennent au style relevé, et sont employés seulement entre personnes d'une éducation plus distinguée. — 3° Il y a les termes techniques, connus seulement des gens du métier. — 4° Il y a un certain nombre de locutions chrétiennes, tirées des livres chrétiens, ou détournées de leur sens primitif, que les payens ne comprennent pas. — 5° Enfin, il y a dans ce pays, comme partout ailleurs, des Chinois dont le langage est très-borné, et qui ne comprennent plus rien, dès qu'on sort du cercle étroit de leurs idées.

Traduction des Locutions chinoises.

La traduction des mots et des locutions chinoises renfermés dans ce Dictionnaire, n'est pas toujours absolument littérale. On a visé surtout à rendre exactement le sens. Bien des nuances ont dû nous échapper; mais c'est inévitable entre deux langues dont le génie est si différent. Le style de la conversation est très-elliptique: on omet souvent le sujet ou le régime du verbe, le sens de la conversation suffit pour faire comprendre. Ainsi, dans beaucoup de phrases, on a mis *je*, *tu*, *il*, un peu au hasard. Le sujet du verbe n'étant pas exprimé en chinois, on pouvait tout aussi bien en sous-entendre un autre.

Caractères chinois employés dans ce Dictionnaire.

Le langage populaire ne s'écrit point ordinairement en caractères chinois; la langue écrite est différente, et ceux qui n'ont point étudié la comprennent peu. Nous avons cependant écrit (sauf de très-rares exceptions) en caractères chinois tous les mots et toutes les phrases de ce Dictionnaire. C'est une vraie traduction; et elle n'était pas sans offrir de nombreuses difficultés. D'abord, il y a quelques mots de la langue parlée qui n'ont pas dans la langue écrite de caractères correspondants. Dans ce cas assez rare, nous avons employé un caractère qui représente le son plutôt que le sens. Ensuite il y en a d'autres plus nombreux, employés quelquefois dans les livres populaires, mais d'une façon si diverse, que les auteurs, ne trouvant rien de mieux, se sont manifestement servis, un peu au hasard, de caractères représentant (comme ci-dessus) le son plutôt que le sens. Dans ce deuxième cas, nous avons choisi le caractère le plus généralement employé. Ces deux cas exceptés (et ils renferment très-peu de caractères), partout dans ce Dictionnaire nous avons conservé aux caractères la même valeur que dans la langue écrite; et quand la prononciation diffère, nous avons mis le plus souvent entre parenthèses la prononciation classique: v. g. *p'ièn (pièn), t'ŏ (tŭ), ts'ú (tsú), etc.*

Pourquoi un Dictionnaire Chinois-Français?

On a fait un Dictionnaire Chinois-Français plutôt que Français-Chinois, parce que c'est le seul moyen de donner toute la langue chinoise et rien que la langue chinoise. En effet, si l'on entreprend de traduire un dictionnaire français en chinois, on se voit limité, enfermé dans un cadre. La langue française est riche sans doute, et bien plus étendue que la chinoise. Néanmoins à cause du génie différent des deux langues, bien des mots et des locutions chinoises ne pourront entrer dans le cadre d'un dictionnaire français, ou seront forcés, dénaturés, pour y trouver place. Ensuite beaucoup de mots et de locutions françaises n'ont pas leur correspondant en chinois. Pour les traduire on est obligé de forger des expressions, d'employer des périphrases, en un mot de ne donner souvent que du français habillé à la chinoise. Ainsi on n'obtient ni tout le chinois, ni le vrai chinois. Voilà pourquoi nous avons préféré donner un Dictionnaire Chinois-Français. Mais avec le petit Vocabulaire Français-Chinois mis à la fin, on peut dire qu'il renferme l'un et l'autre.

PRONONCIATION.

Pour écrire le chinois en caractères européens, nous avons adopté l'orthographe française: 1° parce que nous sommes Français; 2° parce que les autres langues européennes ne sont pas plus aptes que le français à représenter le son chinois; 3° parce que nous voulons être utiles surtout à nos compatriotes les Missionnaires français, si nombreux dans l'Ouest de la Chine.

Mais que personne ne se fasse illusion. Aucune langue européenne ne donnera jamais la vraie prononciation chinoise. Il faut prendre celle-ci sur le vif, c'est-à-dire, il faut se faire lire les caractères par un Chinois, et tâcher de saisir le son, le ton, et les aspirations. Encore faut-il choisir son maître, car il y a en Chine, comme partout ailleurs, des prononciations vicieuses. Par ce moyen, le Dictionnaire, donnant les caractères chinois, peut être utile aux Européens de divers pays et de diverses langues.

Ces réserves faites, nous allons donner quelques règles de prononciation.

D'abord il faut savoir que tous les mots chinois sont monosyllabiques, même ceux qui renferment plusieurs voyelles. Ils doivent tous être prononcés d'une seule émission de voix. Ensuite, admis en principe que la prononciation chinoise est représentée d'une manière aussi approchante que possible par les 24 lettres de l'alphabet, prises selon la prononciation française, et selon la valeur qu'elles ont dans cette langue, voici les explications et remarques nécessaires:

Des Voyelles et des Diphthongues.

A, IA, ·OUA, ANG: se prononcent comme en français.

ᴵ: se prononce comme dans le français *analyse.* Ainsi *pan* se prononcera comme *nacée.* Dans certains pays, *an* se prononce aussi comme *ain* dans *pain.*

ᴵ: en faisant plus sentir *e* et *a* que *i,* comme dans *haïr.*

comme en français.

華西官話漢法詞典

IN: comme dans *inaction*.

O, IO, EO, OUO, ONG, OU: comme en français.

U,IU: se prononcent comme en français *une*, *reliure*.—Pour les mots *hu*, *ku*, *lu*, *huen*, *tsu*, certains auteurs écrivent *hiu*, *kiu*, *liu*, *hiuen*, *tsiu*, avec l'*i*; il faut en effet faire sentir un peu l'*i* en prononçant ces mots.

EUL: est intraduisible dans les langues européennes. Il faut de l'oreille et de l'exercice pour parvenir à imiter ce son chinois.

E: Ne pouvant nous servir des accents graves et aigus, déjà employés pour indiquer le 3eme et le 4eme tons, nous avons mis un point sur l'*e* final *(e˙)*, toutes les fois qu'il n'est pas muet; v. gr. *piĕ˙*, *suĕ˙*, *chĕ˙*, se prononcent comme en français *pied*, *suer*, *péché*.

E final non pointé est muet; par ex. *che* se prononce comme dans *chemin*; *jĕ*, comme le pronon *je*; *se* comme *secourir*.—Dans le corps d'un mot, *e* est fermé quand il est suivi d'une voyelle, et muet quand il est suivi de la diphthongue *ou*. Ainsi *le*, dans *leang*, se prononce comme en français *Orléans*: et dans *leou*, *le* se prononce comme dans *levier*.

EN: se prononce généralement comme en français *ennemi*. Il y en a cependant qui prononcent *en* comme en français *tenir*, *mener*.

IEN: se prononce comme dans le mot *moyenne*, sans faire sentir l'*e* muet de la fin; dans certains pays *ien* se prononce cependant comme en français *mien*, *tien*.

Des Consonnes.

CH, F, J, K, L, M, N, P, S, T, ont la même valeur qu'en français, excepté que le K, suivi d'un *i* ou d'un *u*, a un son plus adouci et se rapproche du français *qui*.

G, est toujours dur.
Gue˙: comme en français *guérite*.
Guen: comme dans *guenille*.
Gni: comme dans le français *dignité*.

H, devant *a*, *e*, *o*, et les diphthongues qui commencent par ces voyelles, est toujours dur, et fortement aspiré. Devant les voyelles *i* et *u*, il équivaut à la consonne *ch*. Ainsi *hin* se prononce comme dans *Chine*, et *hu* comme dans *chute*.

Pour les consonnes doubles TCH, TS, il faut faire sentir les deux lettres.

Toutes les consonnes se font généralement sentir, excepté G dans les diphthongues *ong* et *ang*, comme dans le français *long*, *sang*.

Des Aspirations.

Il n'y a de consonnes aspirées que *k*, *p*, *t*, et les doubles *tch*, *ts*. Mais il est difficile d'exprimer cette aspiration par des lettres; il faut l'entendre. Elle est seulement indiquée par une apostrophe après la consonne aspirée: *t'iēn*, *k'āng*, *t'ī*.

Des Vices de Prononciation.

Nous ne parlerons pas de la prononciation qui varie avec les pays: cela constitue le patois. Chaque ville, chaque pays a le sien, plus ou moins différent des autres. Il n'est pas nécessaire de l'apprendre pour bien parler, car la bonne prononciation est reçue partout; mais il est bon et nécessaire quelquefois de le comprendre. Or avec un peu d'attention, l'on y arrivera facilement.

Il est d'autres vices de prononciation, que l'on rencontre dans tous les pays. Par exemple *k* et *ts*, suivis des voyelles *i* et *u*, sont confondus par beaucoup de personnes. Elles diront *tsī*, *tsiáo*, *tsù*, *tsuĕ˙*, *tsiēn* ... pour *kī*, *kiáo*, *kù*, *kuĕ˙*, *kiēn* ..., et vice versa. *Ch* et *h* suivis d'un *i* ou d'un *u*, et qui ont le même son, se confondent souvent avec *s*. Ainsi on dira *să*, *siāng*, *sī*, *sù*, *siáo*, *suén* ... pour *chă*, *hiāng*, *hī*, *hù*, *hiáo*, *hiuén* ... Enfin, il est difficile parfois de distinguer les terminaisons *ĭ* et *iĕ·*, *o*, *io*, *iou*. On entendra *piĕ·*, *miĕ·*, *tiĕ·*, *kiĕ·* ... pour *pĭ*, *mĭ*, *tĭ*, *kĭ*, *kĕ·* pour *kŏ*, *kouŏ* pour *kouĕ·*, *etc.*

Il faut tenir compte de la possibilité de ces confusions, en cherchant les mots dans le Dictionnaire.

GRAMMAIRE ET SYNTAXE.

Les Chinois apprennent la langue parlée par l'usage et la langue écrite par les livres, sans grammaire ni syntaxe. Cependant nous donnerons quelques notions ou indications utiles aux commençants.

D'abord il n'y a pas d'article en chinois, et tous les mots sont invariables, quelque soit le genre ou le nombre. Pas de déclinaisons ni de conjugaisons.

Substantif.

Certains mots sont toujours substantifs, mais d'autres peuvent devenir adjectifs, verbes ou adverbes. Les particules 兒 *eûl* et 子 *tsè*, ajoutées à un mot, indiquent toujours un substantif. Le Dictionnaire et l'usage feront connaître les autres substantifs qui n'admettent pas ces particules. La particule 兒 *eûl* s'ajoute aussi à beaucoup de mots pour en faire des diminutifs, ou simplement par euphonie.

Le genre, ou plutôt le sexe, s'exprime en ajoutant les mots 男, *lân*, 女, *niù*, 母, *moù*, 婆, *p'ô*, 娘, *niâng*, 公, *kōng*, (voir ces mots).

Le nombre s'exprime soit par des chiffres déterminés, soit par les particules 們, *mên*, 夥, *hò*, 些, *sī*, soit par des adjectifs de nombre: 多, *tō*, 少, *chào*, 幾, *kì*, *etc.* (Voir ces mots dans le Dictionnaire.)

La particule 的, *tĭ*, ajoutée à un substantif, en fait un vrai génitif; v. gr. *liber Petri*: 伯多祿的書, *Pĕ· tō loŭ tĭ chōu.*

Adjectif.

La particule 的, *tĭ*, ajoutée aux mots, indique ordinairement un adjectif, et l'on peut dire que dans le cas précédent le génitif équivaut à un adjectif. Mais elle est souvent omise. La position, le sens feront connaître si un mot est pris comme adjectif, substantif ou adverbe.

Le comparatif se forme avec les particules 點, *tièn*, 些, *sī*, 更, *kén*, 比, *pì*, 多, *tō*, 少, *chào*, ou les locutions, 趕得, *kàn tĕ·*, 攪不贏, *kào poŭ în*, 勝 (*v.* 抵) 不住, *chén* (*v.* *tì*) *poŭ tchóu*, 蓋過, *kái kó*, 超過, *tch'āo kó* (voir ces mots dans le Dictionnaire).

Le superlatif se forme avec les particules 至, *tché*, 最, *tsúi*, 頂, *tìn*, 勝, *chén*, 不過, *poŭ kó*, 無比, *oû pì* 上等, *cháng tèn*, 下等, *hiá tèn*, 十分, *chĕ fēn*, 得很, *tĕ· hèn*, *etc.*

Adjectifs de nombre. Voir dans le *Vocabulaire* les dix premiers chiffres, ainsi que cent, mille. Voir aussi dans le Dictionnaire 萬, *ouán*, et les particules 个, *kó*, 零, *lîn*, 數, *sóu*.

Les nombres ordinaux se forment en ajoutant 第, *tí*, aux nombres cardinaux.

Nombres partitifs: voir, 半, *pán*, (moitié), 分, *fēn*, 股, *koù*, (partie).

Pronoms.

Pronoms personnels et possessifs: voir 我, *gò*, 你, *gnì*, 他, *t'ā*.

Les pronoms personnels ne s'emploient guère que pour plus de clarté, ou pour appuyer davantage, surtout à la 2eme personne de l'impératif. Par politesse, la 1ere et 2eme personnes se remplacent par des substantifs à la 3eme personne, ou par les particules 敝, *pí*, 賤, *tsién*, 愚, *iû*, 小, *siào*, 家, *kiā*, pour moi, le nôtre; et par 貴, *kóui*, 尊, *tsēn*, 令, *lín*, *etc.*, pour toi, le vôtre; toutes ces particules sont employées pour les pronons personnels et possessifs, et aussi pour les adjectifs possessifs, de la 1eme et 2eme personnes.

Pronoms personnels réfléchis: voir 自己, *tsé kì*, 所, *sò*.

Pronoms démonstratifs: voir 這, *tché·*, 那, *lá*, 此, *ts'è* ,比, *pì*.

Pronoms interrogatifs: voir 那, *là*, 甚麼, *chén mô*, 嗻子, *chá tsè*, 誰, *choûi*, 怎, *tsèn*, 好多, *hào tō*, 幾个, *kì kó*.

Pronoms indéfinis: voir 有人, *ieòu jên*, 有些, *ieòu sī*, 别的, *piĕ· tĭ*, 人家, *jên kiā*, 某人, *mòng jên*, 一个, *ĭ kó*.

Verbes.

VERBES ACTIFS.—Le nombre et la personne sont indiqués par le sujet exprimé ou sous-entendu. — Le temps, quand on ne peut le sous-entendre, doit être exprimé en toutes lettres. Pour les modes, il y a plusieurs manières de les rendre en chinois. En voici quelques exemples:

Indicatif présent. Il étudie: 他在讀書, *T'ā tsái toŭ chōu*, (il est à étudier).

— imparfait. Hier j'étais malade: 我昨天害 (*v.* 在害) 病, *Gò tsŏ t'iēn hái (v. tsái hái) pín*. — L'an passé, quand il mourut, j'étudiais: 去年他死的時候我在讀書, *K'ú niēn t'ā sè tĭ chê heóu gò tsái toŭ chōu*.

— parfait. Alors (ou bien aussitôt) je le frappai: 那時 (*v.* 當時) 我打他, *v.* 打過他, *Lá chê (v. táng chê) gò tà t'ā, v. tà kó t'ā*. — Il est arrivé: 來了, *Lâi lò*. — J'ai vu: 看過, *v.* 看倒, *K'án kó, v. k'án tào*. — Les particules 過 *kó*, 了 *lò*, 倒 *tào*, ajoutées aux verbes font le passé ou prétérit. — Elles peuvent s'omettre avec la négation: v. gr. je n'ai pas vu: 沒有看, *Mŏ ieòu k'án*.

— plus-que-parfait. J'avais mangé quand il vint: 他來我喫了飯, *T'ā lâi gò tch'ĕ lò fán*.

Futur absolu. Tu mourras: 你要死, *v.* 會死, *Gnì iáo sè, v. hoŭi sè*. — Je viendrai demain: 我明天來, *Gò mîn t'iēn lâi*. — Ça ira mal: 將來不好, *Tsiāng lâi poŭ hào*.

Futur passé. J'aurai fini quand tu viendras: 你來我煞過了, *Gnì lâi gò chă kŏ lò*.

Conditionnel présent. Tu pourrais certainement, si tu voulais: 你肯一定做得, *Gnì k'èn ĭ tín tsóu tĕ·*. — Il voudrait bien s'en aller: 他巴不得走, *T'ā pā poŭ tĕ· tseòu*. — Sans cette affaire, je serais libre: 不是這件事我就空, *Poŭ ché tché· kién sé, gò tsieóu k'óng*.

Conditionnel passé. J'aurais fini plus tôt, s'il m'avait aidé: 他帮我早都煞過了, *T'ā pāng gò, tsào tōu chă kŏ lò*.

Impératif. Mange: 你喫, *Gnì tch'ĕ*. — Viens: 來嗎, *Lâi mà*. — A la 3eme personne. Qu'il mange, on dira: je permets, je l'invite, dis-lui de manger: 我准, *v.* 請他喫, 喊他喫, *Gò tchouèn, v. ts'ìn t'ā tch'ĕ, hàn t'ā tch'ĕ*. — L'impératif prohibitif. Ne dis pas, 不要說, *Poŭ iáo chŏ*.—Impératif optatif. Plaise à Dieu, 巴不得, *v.* 巴幸不得, *Pā poŭ tĕ·, v. pā hín poŭ tĕ·*.

Subjonctif présent. S'il est optatif: v. gr. Que j'aie des sapèques: 巴不得有錢, *Pā poŭ tĕ· ieòu ts'iēn*. — S'il est régi par un autre verbe. Il permet que tu t'en ailles: 他准你走, *T'ā tchouèn gnì tseòu*.

— imparfait. Dimanche dernier, il commanda que je travaillasse (il me commanda de travailler): 頭一个主日他吩咐我做活路, *T'eôu ĭ kó tchòu jĕ t'ā fēn foú gò tsóu hŏ lóu*.

— parfait. Plût à Dieu qu'il fût mort: 巴不得他死了, *Pā poŭ tĕ· t'ā sè lò*. — S'il m'eût cru, il eût été aussitôt guéri: 他信我的話當時好了, *T'ā sín gò tĭ hoúa, táng chê hào lò*.

Infinitif. Comme dans le Dictionnaire.

Participe présent. Etudiant: 讀書的, *Toŭ chōu tĭ*. — Regarder en mangeant: 邊喫邊看, *Piēn tch'ĕ piēn k'án*. — Prier en marchant: 一路走一路念經, *ĭ loú tseòu, ĭ loú nién kīn*.

Participe passé. Rompu: 斷了的, *Touán lò tĭ.* — Aimé de lui: 他所愛的, *T'a sò gái tĭ.*

Verbes passifs.—Voir les particules 被, *pí*, 拿跟, *lâ kēn*, qui peuvent donner un sens passif à quelques verbes.

Verbes auxiliaires.—Les mots qui suivent se joignent fréquemment aux autres verbes pour constituer des verbes auxiliaires: 有 *ieòu* (avoir), 是 *ché* (être), 得 *tĕ* (obtenir), 來 *lâi* (venir), 起 *k'ì* (lever), 去 *k'ú* (aller), 出 *tch'ŏu* (sortir), 上 *cháng* (monter), 下 *hiá* (descendre), 住 *tchóu* (résister), 着 v. 著 *tchŏ* (prendre), 拿 *lâ* (tenir), 成 *tch'ên* (devenir), et 過 *kó*, 了 *lò*, 倒 *tào* (signes du passé).—La particule 把 *pà*, indique le régime.

Interrogations.

Pour la manière d'interroger, voir les pronoms interrogatifs, ensuite les verbes 有 *ieòu* (avoir), 是 *ché* (être), les particules 麼 *mô*, 沒 *mŏ*, 不 *poŭ*.

Adverbes, Prépositions, Conjonctions.

Voir dans le Vocabulaire ces différents mots, et la manière dont ils s'emploient en chinois.

OBSERVATIONS.

1° On a fait ce Dictionnaire, non pas précisément pour les commençants (dans ce cas on l'eût fait beaucoup plus court), mais pour tous, même les plus habiles. Car tous, même les plus anciens Missionnaires et les plus exercés, ont besoin de chercher des mots dont ils doutent pour le ton ou l'aspiration, des expressions plus rarement employées, dont le sens précis leur échappe.

2° Un conseil à donner aux commençants, est de ne pas essayer d'apprendre la langue comme font les enfants chinois. Les Européens doivent raisonner leur étude, et se rendre compte du son, du ton et des aspirations, trois choses qui doivent fixer leur attention dans chaque mot. Autrement ils ne posséderont jamais la langue chinoise parlée.

3° Ce Dictionnaire n'est pas riche en termes d'histoire naturelle, botanique, etc. C'est que dans la langue parlée ces termes varient beaucoup, et manquent de précision scientifique. Une plante a plusieurs noms quelquefois dans le même pays. — Les mots qui expriment les degrés de parenté varient souvent aussi suivant les localités.

ORDRE ALPHABÉTIQUE

DES SONS DE L'A LANGUE CHINOISE PARLÉE.

Cha	Hie·	Kai	Lin	Pi, pie·	Tcho
Chai	Hien	K'ai (*)	Lio	Pia	Tchong
Chan	Hieou	Kan	Lo	Piao	Tchou
Chang	Hin	Kang	Long	Pie·	Tchoua
Chao	Hio	Kao	Lou	Pien	Tchouai
Che	Hiong	Ke·	Louan	Pin	Tchouan
Che·	Hiuen	Ken	Loui	Po	Tchouang
Chen	Ho	Keou	Lu	Pong	Tchouen
Cheou	Hong	Ki	Ma	Pou	Tchoui
Cho	Houa	Kia	Mai	Sa	Te·
Chou	Houai	Kiai	Man	Sai	Ten
Choua	Houan	Kiang	Mang	San	Teou
Chouai	Houang	Kiao	Mao	Sang	Ti
Chouan	Houe·, ho	Kie·	Me·	Sao	Tiao
Chouang	Houen	Kien	Mei	Se	Tie·
Chouen	Houi	Kieou	Men	Se·	Tien
Choui	Hu	Kin	Mi	Sen	Tieou
Eul	Hue·	Kio	Miao	Seou	Tin
Fa	Huen	Kiong	Mie·	Si	To
Fan	Hun	Ko	Mien	Siang	Tong
Fang	I	Kong	Min	Siao	Tou
Fei	Ia	Kou	Mo	Sie·	Touen
Fen	Iang	Koua	Mong	Sien	Toui
Fong	Iao	Kouai	Mou	Sin	Tsa
Fou	Ie·	Kouan	Nia	Sio, siou sou	Tsai
Ga	Ien	Kouang	Niang	So	Tsan
Gai	Ieou	Koue·	Niao	Song	Tsang
Gan	In	Kouen	Nie·	Sou	Tsao
Gang	Io	Koui	Nien	Souan	Tse
Gao	Iong	Ku	Nieou	Soui	Tse·
Gni	Iu	Kue·	Niu	Su	Tsen
Go	Iue·	Kuen	O	Sue·	Tseou
Gue·	Iuen	Kuin	Ong	Suen	Tsi tsie·
Guen	Iun	La	Ou	Sun	Tsiang
Gueou	Jan	Lai	Oua	Ta	Tsiao
Ha	Jang	Lan	Ouai	Tai	Tsie·
Hai	Jao	Lang	Ouan	Tan	Tsien
Han	Je	Lao	Ouang	Tang	Tsieou
Hang	Je·	Le·	Ouen	Tao	Tsin
Hao	Jen	Lea	Oui	Tcha	Tsio
He·	Jeou	Leang	Pa	Tchai	Tso
Hen	Jo	Leao	Pai	Tchan	Tsong
Heou	Jong	Len	Pan	Tchang	Tsou
Hi	Jou	Leou	Pang	Tchao	Tsouan
Hia	Joua, jeou	Li	Pao	Tche	Tsoui
Hiai	Jouan	Lie·	Pe·	Tche·	Tsu
Hiang	Jouen	Lien	Pei	Tchen	Tsue·
Hiao	Ka	Lieou	Pen	Toheou	Tsuen

(*) Tous les mots chinois commençant par *k*, *p*, *t*, peuvent être aspirés.

PARTICULES NUMERALES ET SPÉCIFIQUES.

個 *Kó.* Particule numérale usitée pour les hommes et pour les choses. En principe, elle peut s'employer avec tous les substantifs; mais il est plus élégant et plus correct de se servir, selon la nature même des mots, de la particule qui leur est propre.
  ɪ kó jên, un homme.
  sān kó iuĕ·, trois mois.

扇 *Chán*, s'emploie pour les portes.
  ɪ chán mēn, une porte à un battant.

首 *Cheòu*.... pour les pièces de vers.
  ɪ cheòu chē, une pièce de vers.

雙 *Chouāng*.... pour les choses doubles.
  ɪ chouāng hâi, une paire de souliers.
  ɪ chouāng k'ouái tsè, une paire de bâtonnets.

封 *Fōng*.... pour les lettres, les paquets de sucreries.
  ɪ fōng chouī sín, une lettre.
  ɪ fōng tch'â chĕ, un paquet de sucreries.

付 *Foú*.... pour les médecines, potions, les lunettes.
  ɪ foú iŏ, une potion de médecine.

副 *Foú (foŭ)*.... pour les cercueils, pour les inscriptions, les choses assorties.
  ɪ foú kouān ts'âi, un cercueil.
  ɪ foú ouàn, un service de tasses (dix tasses).

幅 *Foŭ*.... pour les peintures, les inscriptions.
  ɪ foŭ houá, une peinture.

向 *Hiáng*.... pour les maisons.
  ɪ hiáng fâng tsè, une maison.

員 *Iuên*.... pour les mandarins.
  ɪ iuēn kouān, un mandarin.

竿 *Kān*.... pour les cigares, les bambous.
  ɪ kān iēn, un cigare.

間 *Kān*... pour les appartements, maisons.
  ɪ kān fâng k'uēn, une chambre.
  ɪ kān tién tsè, une boutique.

桿 *Kàn*.... pour les fusils, les balances.
  ɪ kàn ts'iāng, un fusil.
  ɪ kàn tch'én, une romaine.

缸 *Kāng*.... pour les jarres.
  ɪ kōng ieôu, un grand vase d'huile.

根 *Kēn*.... pour les arbres, les cordes, les bancs, les fardeaux.
  ɪ kēn choú tsè, un arbre.
  ɪ kēn sién, un fil.
  ɪ kēn pàn tén, un banc.
  ɪ kēn tán tsè, un fardeau.

口 *K'eòu*.... pour les caisses, les puits, les marmites, les sacs, les personnes d'une même famille.
  ɪ k'eòu siāng tsè, une caisse.
  ɪ k'eòu kō, une marmite.

架 *Kiá*.... pour les voitures, les machines, les horloges, les balances, les abaques.
  ɪ kiá tchōng, une horloge.
  ɪ kiá tch'ē·, un char.

間 *Kiēn*, comme *kān*.

件 *Kién*.... pour les habits, les affaires, les dépêches officielles.
  ɪ kién chān tsè, une robe.
  ɪ kién sé, une affaire.

句 *Kú*.... pour les phrases.
  ɪ kú houá, une parole.

科 *K'ō*.... pour les examens.
  ɪ k'ō k'ào, un examen de lettré.

顆 *K'ò*...pour les grains de riz, les pilules.
  ɪ k'ò mì, un grain de riz.

股 *Koù*.... pour les parties d'un tout, les terrains, les mauvaises odeurs.
  ɪ koù tí fāng, un terrain.
  ɪ koù t'iên, une rizière.
  ɪ koù k'í sĕ·, une mauvaise odeur.

塊 *K'ouài*....pour les piastres ou les morceaux d'argent, les pierres, les bâtons d'encre, etc.
  ɪ k'ouài iâng ts'iên, une piastre.
  ɪ k'ouài chĕ t'eôu, une pierre.

綑 *K'ouèn*.... pour les paquets.
  ɪ k'ouèn tch'âi, un fagot de bois.

籠 *Lông*.... pour les moustiquaires.
ĭ lông tcháo tsè, une moustiquaire.

門 *Mên*.... pour les canons, le commerce.
ĭ mên p'áo, un canon.
ĭ mên sēn í, un commerce.

面 *Mién*, pour les tam-tam, les miroirs.
ĭ mién lô, un gong.

名 *Mîn*.... pour les bacheliers, les soldats.
ĭ mîn pīn, un soldat.

文 *Ouên*.... pour les sapèques.
ĭ ouên ts'iên, une sapèque.

尾 *Oùi*.... pour les poissons.
ĭ oùi iû, un poisson.

位 *Oúi*.... pour les personnes qu'on veut honorer.
ĭ oúi Chên fóu, un Père (prêtre).
ĭ oúi k'ĕ, un hôte.

把 *Pà*.... pour les éventails, les cadenas, les parapluies, les couteaux, les chaises.
ĭ pà tāo, uu couteau.
ĭ pà sàn, un parapluie.
ĭ pà sò, un cadenas.
ĭ pà cheôu, un homme.

包 *Pāo*.... pour les ballots.
ĭ pāo miên hoūa, une balle de coton.

盆 *P'ên*.... pour les planchers.
ĭ p'ên leôu, un plancher.

本 *Pèn*.... pour les livres, les registres.
ĭ pèn choū, un livre.

篇 *P'iēn*...pour les compositions littéraires.
ĭ p'iēn ouên tchāng, une composition littéraire.

筆 *Pĭ*.... pour les comptes.
ĭ pĭ tcháng, un compte.

匹 *P'ĭ (p'ì)*... pour les chevaux, les rames, les montagnes.
ĭ p'ĭ mà, un cheval.
ĭ p'ì chān, une montagne.

疋 *P'ĭ (p'ì)*.... pout les toiles.
ĭ p'ì poú, une pièce de toile.

片 *P'ién*.... pour les vitres.
ĭ p'ién pō lî, un verre à vitre.

潑 *P'ŏ*.... pour les averses, les noces.
ĭ p'ŏ iù, une averse.
ĭ p'ŏ tsieôu sĭ, une noce.

部 *Poú*.... pour les livres en plusieurs volumes.
ĭ poú choū, tous les volumes d'un ouvrage.

所 *Sò*.... pour les tombeaux, les ponts.
ĭ sò fên, un tombeau.
ĭ sò k'iâo, un pont.

台 *T'âi*.... pour les Messes, pour les pièces de théâtre.
ĭ t'âi Mî să, une messe.

堂 *T'âng*.... pour les districts.
ĭ t'âng kiáo ieôu, un district.

刀 *Taō*.... pour les mains de papier.
ĭ taō tchè, une main de papier.

道 *Táo*.... pour les chemins, les portes, les prétoires, les décrets impériaux.
ĭ táo mên, une porte.
ĭ táo iâ mēn, un prétoire.

張 *Tchāng*... pour les requêtes, les papiers, les tables, les édits, les images, etc.
ĭ tchāng háo ché, un édit.
ĭ tchāng tch'ên tsè, une accusation.
ĭ tchāng tchŏ tsè, une table.
ĭ tchāng kāo iŏ, un emplâtre.

場 *Tch'âng*... pour les procès, les accès de fièvre, les discussions publiques.
ĭ tch'âng kouān sē, un procès.
ĭ tch'âng pâi tsè, un accès de fièvre.

枝 *Tchē*, pour les pinceaux, les flèches.
ĭ tchē pĭ, un pinceau,

隻 *Tchĕ (tchē)*.... pour les barques, pour certains animaux.
ĭ tchĕ tch'ouân, une barque.
(*Tchĕ* s'emploie aussi pour l'un des deux objets qui font la paire.)
ĭ tchĕ hâi, un soulier.
ĭ tchĕ ouă tsè, un bas.

乘 *Tch'ên*.... pour les chaises à porteurs, les lits, les échelles.
ĭ tch'ên kiáo tsè, une chaise à porteurs.
ĭ tch'ên p'oû, un lit.

陣 *Tchén*.... pour les orages, le vent, etc.
ĭ tchén fōng, un coup de vent.

重 *Tch'ông*.... pour les étages.
ĭ tch'ông leôu, un étage.

床 *Tch'ouâng....* pour les couvertures, les nattes.
 ĭ tch'ouâng p'oū kái, une couverture.

頓 *Tén....* pour les repas.
 ĭ tén fán, un repas.

條 *T'iâo....* pour les pierres, certains animaux, les fleuves, les rues, les routes, les choses longues et minces.
 ĭ t'iâo nieôu, un bœuf.
 ĭ t'iâo kāi, une rue.
 ĭ t'iâo loú, une route.

頂 *Tìn....* pour les coiffures, les palanquins.
 ĭ tìn máo tsè, ûn chapeau.
 ĭ tìn kiáo tsè, un palanquin.

朵 *Tò (tō)*, pour les fleurs, les nuages.
 ĭ tò houā, une fleur.
 ĭ tò iûn, un nuage.

堵 *Toù....* pour les murs.
 ĭ toù ts'iâng, un mur.

對 *Toúi....* pour les paires, les couples.
 ĭ toúi kŏ tsè, couple de colombes.
 ĭ toúi lă, deux cierges.

座 *Tsó....* pour les pagodes, les ponts, les tombeaux.
 ĭ tsó fên, un tombeau.
 ĭ tsó miaó, une pagode.

宗 *Tsōng....* pour les affaires.
 ĭ tsōng sé, une affaire.

Voir aussi dans le Dictionnaire les mots 串 *tch'ouán*, 吊 *tiáo*, 點 *tièn*, 滴 *tĭ*, 桌 *tchŏ*, 杯 *pēi*, 碗 *ouàn*, 端 *touān*, 節 *tsiĕ*, 睯 *kuén*, 羣 *k'iûn*, *etc.*

ACCENTS ET TONS.

Nous n'avons employé que les cinq tons marqués ci-contre. Plusieurs auteurs cependant subdivisent les trois derniers en ton haut et en ton bas, et en donnent ainsi huit.

Il est bien difficile de saisir ces nuances dans les mots des 3e et 5e tons. Pour certains mots du 4e, un peu d'attention rend la chose facile. Ainsi 大, *tá*, *grand*, est au 4e ton, mais bas; et 太, *t'ái*, *très-grand*, bien qu'au même ton, est haut. Voici encore d'autres exemples:

Mots du 4e Ton.

Ton Haut.	Ton Bas.	Ton Haut.	Ton Bas.
担 *tán*, fardeau.	蛋 *tán*, œuf.	富 *foú*, riche.	父 *foú*, père.
試 *ché*, essayer.	是 *ché*, oui.	四 *sé*, quatre.	事 *sé*, chose.
叫 *kiáo*, appeler.	轎 *kiáo*, palanquin.	半 *pán*, moitié.	辦 *pán*, gérer.
到 *táo*, arriver.	道 *táo*, doctrine.	貴 *koúi*, cher.	跪 *koúi*, s'agenouiller.
意 *í*, pensée.	易 *í*, facile.	救 *kieóu*, sauver.	舊 *kieóu*, vieux.
見 *kién*, voir.	件 *kién*. particule.	賬 *tcháng*, dette.	丈 *tcháng*, mari.
帝 *tí*, empereur.	第 *tí*, degré.	放 *fáng*, placer.	奉 *fóng*, offrir.
恕 *choú*, pardonner.	樹 *choú*, arbre.	記 *kí*, se rappeler.	害 *hái*, nuire.

Si on fait lire ces mots par un Chinois qui prononce bien distinctement, on verra qu'il y a entre eux une nuance assez marquée, et il faut en tenir compte pour bien parler la langue chinoise. Nous ne pouvons pas donner de règle, puisque l'usage seul ici fait la loi; qu'il suffise d'avoir attiré l'attention sur ce point.

EXPLICATION DES SIGNES.

— indique le 1er ton: *Mā, lā, chā.*
∧ ... le 2e —: *Mâ, lâ, chê.*
\ ... le 3e —: *Mà, là, choùi.*
/ ... le 4e —: *Má, lá, chá.*
◡ ... le 5e —: *Mă, lă, chĕ.*
' après une consonne marque l'aspiration: *Tch'a, t'a, ts'ōu.*

Le signe | remplace le mot ou le caractère chinois, dont il s'agit dans l'article.

ABBRÉVIATIONS.

v.	signifie	*vel,* ou bien	prép.	signifie	préposition
adj.	,,	adjectif	au pr.	,,	au propre
c.-à-d.	,,	c'est-à-dire	pro.	,,	proverbe
conj.	,,	conjonction	rép.	,,	réponse
dem.	,,	demande	styl. chr.	,,	style chrétien
ex.	,,	exemple	styl. rel.	,,	style relevé
au fig.	,,	au figuré	subst. f.	,,	substantif féminin
interj.	,,	interjection	subst. m.	,,	substantif masculin
litt.	,,	littéralement	triv.	,,	trivial
maled.	,,	malédiction	v. a.	,,	verbe actif
par ex.	,,	par exemple	v. n.	,,	verbe neutre
polit.	,,	politesse	v. pron.	,,	verbe pronominal
pop.	,,	populaire	vulg.	,,	vulgairement

華西官話漢法詞典

DICTIONNAIRE CHINOIS-FRANÇAIS

DE LA

LANGUE MANDARINE PARLÉE

CHĀ

沙 *Chā.* Sable. | **垻** *v.* **壩**, | *pá*, plaine sablonneuse, se dit surtout des bords sablonneux d'un fleuve.

| **漠**, | *mǒ*, désert de Gobi, désert en général.

落黄 |, *Lǒ houâng* |, *litt.* tomber du sable jaune: brouillards produits, dit-on, par le sable de Gobi, transporté par le vent à de grandes distances.

| **鍋**, | *kō*, marmite d'une composition de cendre, de charbon et d'argile.

| **罐**, | *kouán*, vase en cette matière, servant ordinairement pour l'infusion des médecines.

| **缸**, | *kāng*, vase servant à filtrer l'eau.

| **漏**, | *leóu*, sablier.

| **爐子**, | *lôu tsè*, petit fourneau en terre.

辨鳩 |, *Pān kiēou* |, terre sablonneuse, de qualité médiocre.

| **子**, | *tsè*, plombs de fusil.

裝 | **子**, *Tchoūang* | *tsè*, mettre les plombs dans le fusil.

黑油 |, *Hě· iêou* |, terre noire sablonneuse, très bonne.

砂 *Chā.* **硃** |, *Tchōu* |, cinabre.

硼 |, *P'ông* |, borax, qui sert à souder les métaux.

牸 *Chā.* | **牛**, | *nieôu*, vache, bufflonne.

粆 *Chā.* | **糖**, | *t'âng*, cassonade.

魦 *Chā.* | **魚**, | *iû*, requin.

| **魚皮**, | *iû p'î*, peau de roussette, qui sert à recouvrir les pipes à eau, fourreaux de sabre, etc.

裟 *Chā.* **袈** |, *Kīa* |, habit de cérémonie des bonzes.

紗 *Chā.* Gaze. | **燈**, | *tēn*, lanterne d'ornementation, dont les parois sont en gaze.

| **臺**, | *t'âi*, bonnet du mandarin orné du globule marque distinctive de sa dignité.

麻 |, *Mâ* |, fil de chanvre.

績麻 |, *Ts'ï mâ* |, tordre le chanvre.

麻 | **轉轉**, *Mâ* | *tchóuan tchóuan*, fuseau, bobine.

麻 | **杷杷**, *Mâ* | *p'â p'â*, dévidoir en forme d' X.

杉 *Chā.* espèce de sapin (d'après les dictionnaires, ce caractère se prononce *chān*, dans nos pays on lit *chā*). ｜**樹**, ｜ *chóu*, sapin.

｜**木**, ｜ *mŏu*, bois de cet arbre, très employé.

痧 *Chā.* Défaillance subite. **發**｜, *Fă* ｜, être pris de ce mal.

刮｜, *Kŏua* ｜, frotter vivement avec une sapèque le bras ou le creux de l'estomac de la personne atteinte, pour activer la circulation du sang, et arrêter la douleur.

絞腸｜, *Kiào tch'âng* ｜, espèce de colique de *miserere*.

CHÁ

啥 *Chá.* ｜ *tsè*, (pop.) pour **甚麽**, *chén mô*, quoi? quel? comment?

｜**子事**, ｜ *tsè sé*, quelle affaire? qu'y a-t-il?

你說的｜**子人**, *Gnì chŏ tĭ* ｜ *tsè jên*, de qui parles-tu?

你姓｜**子**? *Gnì sín* ｜ *tsè*? comment t'appelles-tu? (manière peu polie de demander le nom de quelqu'un.)

CHǍ

殺 *Chă.* Tuer, blesser avec un instrument tranchant dans le dessein de tuer.

毋｜**人**, *Oû* ｜ *jên*, 5ème commandement du Décalogue.

禁戒｜**生**, *Kín kiái* ｜ *sēn*, (litt.) défense de tuer ce qui a vie: précepte du bouddhisme par lequel il est défendu de tuer les animaux.

｜**人要塡(抵)命**, ｜ *jên iáo t'iên* (*v. tì*) *mín*, l'homicide rendra vie pour vie.

這個猪肥得好, ｜**得了**, *Tché kó tchōu fêi tĕ hào*, ｜ *tĕ lò*, ce porc est gras à point, il est bon à tuer.

｜**他幾刀,又沒有**｜**死**, ｜ *t'ā kì tāo, ieóu mŏ ieòu* ｜ *sè*, il lui porta plusieurs coups de couteau, sans toutefois le frapper à mort.

這個老師好｜**氣**, *Tché kó lào sē hào* ｜ *k'í*, ce maître d'école par son air seul domine ses élèves.

煞. *Chă kŏ*, (pop.) finir.

活路｜**過了**, *Hŏ lóu* ｜ *kŏ lò*, l'ouvrage est terminé. Les chrétiens emploient souvent cette expression ｜ *kŏ* pour dire qu'ils ont fait la communion.

頭回沒有｜**過**, *T'eôu hoûi mŏ ieòu* ｜ *kŏ*, (litt.) la dernière fois je n'ai pas achevé, c.-à-d. lors de ma dernière confession, je n'ai pas communié.

回｜, *Hoûi* ｜, *littéral.* revenir tuer. Croyance superstitieuse des payens, qui s'imaginent que les morts reviennent pour tuer leurs parents. Pour se garantir, ils ont recours à une foule de pratiques puériles et ridicules.

CHĀI

篩 *Chāi.* ｜**子**, *v.* ｜ ｜, *Chōi tsè*, *v.* ｜ ｜, Crible. ｜, cribler.

羅｜, *Lô* ｜, crible fin pour cribler la farine par exemple.

｜**子密狠,稀狠**, ｜ *tsè mĭ hèn, hī hèn*, les mailles du crible sont trop serrées, trop larges.

CHÁI

晒 *Chái.* Exposer au soleil, sécher au soleil.

｜**穀子**, ｜ *kŏu tsè*, sécher du riz.

｜**乾**, ｜ *kān*, sécher à point. (Exposer simplement à l'air sans soleil, se dit *leáng* et non pas ｜; *voy. leáng.*)

｜**太陽**, ｜ *t'ái iâng*, se chauffer au soleil.

｜**蓆**, *v.* ｜**簟**, ｜ *sĭ*, *v.* ｜ *tién*, grande natte sur laquelle on étend les denrées à sécher.

腦殼｜**不得太陽**, *Lào k'ŏ* ｜ *pŏu tĕ t'ái iâng*, il ne faut pas exposer sa tête au soleil.

日｜**雨淋**, *jĕ* ｜ *iù lîn*, exposé au soleil et à la pluie.

你的房子當西 |, *Gnì tī fâng tsè tāng sī* |, ta maison est exposée au soleil couchant.

CHĀN

山 *Chān.* Montagne, colline, cimetière, élévation de terrain.

一匹 |, *ī p'ī* |, une montagne.

| 林, | *lîn*, forêt.

| 脚, | *kiŏ*, pied de la montagne.

| 頂, | *tìn*, sommet de la montagne.

| 扁扁, | *pièn pièn*, pente de la montagne.

| 埂, | *kén*, chaîne de montagne.

| 崗, | *káng*, même sens.

尖 |, *Tsiēn* |, montagne à sommet pointu.

江 |, *Kiāng* |, les fleuves et les montagnes; se dit pour l'empire.

爭江 |, *Tsēn kiāng* |, se disputer l'empire.

翻 |, *Fān* |, franchir la montagne.

做事翻 |, *Tsóu sé fān* |, ne pas savoir garder de mesure.

墳 |, *Fên* |, cimetière, peu importe qu'il soit sur la montagne ou en plaine.

送上 |, *Sóng cháng* |, accompagner un mort au lieu de la sépulture.

官 |, *Koūan* |, cimetière commun.

復 |, *Fŏu* |, aller au tombeau trois jours après la sépulture, selon la coutume payenne, pour pleurer le défunt, et ajouter de la terre sur le tumulus.

在 | 頭上做活路, *Tsái* | *t'eôu cháng tsóu hŏ loú*, (litt.) travailler sur la montagne, se dit souvent, dans les pays un peu accidentés, dans le sens de travailler dans des champs autres que des rizières.

| 長老師, | *tchàng lào sē*, titre donné au directeur d'une école officielle.

打 | 勢, *Tà* | *ché*, s'orienter d'après la configuration du paysage.

打不倒 | 勢, *Tà pŏu tào* | *ché*, ne pouvoir s'orienter.

梁 |, *Leâng* |, grande chaîne de montagnes du Sutchuen, entre le Kién tch'ăng et le fleuve Bleu, habitée par les Lò lò, tribu barbare indépendante des Chinois.

光 |, *v.* 荒 |, *Koūang* |, *v. hoūang* |, montagne nue, sans culture.

凭倒 | 坐, *P'ēn tào* | *tsó*, habiter près de la montagne, comme adossé à la montagne.

| 羊, | *iâng*, chèvre, signifie aussi une espèce de chevreuil.

| 東, | 西, | *tōng*, | *sī*, noms de deux provinces de la Chine.

羶 *Chān.* Odeur de bouc. | 臭, *v.* | 氣, | *tch'éou, v.* | *k'í*, forte odeur de sauvage, comme en a la viande de certains gibiers.

一股 | 氣, *ī kòu* | *k'í*, une odeur de ce genre.

珊 *Chān.* | 瑚, | *foû*, corail.

| 瑚珠子, | *foû tchōu tsè*, chapelet de grains de corail porté comme décoration par les mandarins.

衫 *Chān.* | 子, | *tsè*, robe chinoise.

袷 | 子, *Kia* | *tsè*, robe avec doublure.

單 | 子, *Tān* | *tsè*, robe sans doublure.

一件 | 子, *ī kién* | *tsè*, une robe.

CHÂN

蟬 *Chân.* Cigale. | 虫子, | *tch'ông tsè, v. Làn tch'ông tsè,* 懶虫子, *v. gnī gā tsè*, cigale.

蟾 *Chân.* Crapaud. | 酥, | *sōu*, suc tiré du coin de l'œil du crapaud, et qui sert en médecine sous forme de pilules appelées | 酥丸, | *sōu iuên*.

CHÀN

閃 *Chàn.* Vaciller, plier avec élasticité.

這一乘梯子有點 |, *Tché ī tch'ên t'ī tsè ieòu tièn* |, cette échelle est un peu branlante, oscille sous le poids.

這一副轎竿子都還 | 得好, *Tché ī fóu kiáo kān tsè tōu houân* | *tĕ hào*, cette paire de bâtons de chaise est suffisamment élastique.

扯火 |, *Tch'è hò* |, il éclaire.

滿天都是火 |, *Màn t'iēn tōu ché hò* |, les éclairs sillonnent tout le ciel.

| 脚, | *kiŏ*, faire un faux pas, se faire une entorse.

捫 *Chàn.* | 開讓路, | *k'āi jáng loú*, écartez-vous, cédez la route. Se dit parfois aux gens qui gênent sur la route.

陝 *Chàn.* | 西, | *sī*, province de Chine. Beaucoup de grands commerçants du Sutchuen sont de cette province, ils sont vulgairement désignés sous le nom de 老 |, *Lào* |.

CHÁN

扇 *Chán.* | 子, | *tsè*, éventail.

一把 | 子, *ī pà* | *tsè*, un éventail.

打 |, *Tà* |, agiter l'éventail.

紙 |, 蒲 |, 篾巴 |, *Tchè* |, *p'ôu* |, *miĕ* (est souvent prononcé *mî*) *pā* |, éventail en papier, en feuille d'un certain arbre, en bambou.

門 |, *Mên* |, battant de la porte.

一 | 門, *ī* | *mên*, une porte à un battant.

雙 | 門, *Choūang* | *mên*, porte à deux battants.

搧 *Chán.* Agiter. | 扇子, | *chán tsè*, agiter l'éventail.

| 火, | *hò*, activer le feu avec un éventail.

把蚊子 | 乾淨, *Pà ouên tsè* | *kān tsín*, chasse bien tous les moustiques avec un éventail (par. ex. d'une moustiquaire).

善 *Chán.* Bon, bien. 淳 |, 良 |, 慈 |, *Chouên* |, *leâng* |, *ts'ê* |, bon, doux, miséricordieux.

美 |, *Mèi* |, beau et bon.

| 辦事, | *pán sé*, traiter les affaires avec habileté et d'une manière conciliante. 你們不依我 | 辦, 定要打官司, *Gnì mên poŭ ī gò* | *pán, tín iáo tà kouān sē*, si vous refusez d'accepter mon arrangement pacifique, il y aura certainement un procès.

分 | 惡, *Fēn* | *gŏ*, distinguer le bien du mal, ou les bons des méchants.

行 |, *Hîn* |, faire le bien.

| 人, | *jên*, homme de bien.

| 功, | *kōng*, bonne œuvre.

| 死, | 終, | *sè*, | *tchōng*, bonne mort.

| 用時候, | *iōng chê heóu*, employer le temps utilement.

膳 *Chán.* Mets exquis. 養 |, *Iàng* |, portion que se réservent les parents après le partage des biens.

鱔 *Chán.* Anguille. 黃 |, 白 |, *Houâng* |, *pĕ* |, deux espèces d'anguilles.

捉黃 |, *Tchŏ houâng* |, prendre des anguilles.

摳黃 |, *K'eōu houâng* |, les chercher avec la main dans leur trou.

破黃 |, *P'ó houâng* |, les vider.

乾黃 |, *Kān houâng* |, (pop.) *litt.* anguille sèche, serpent.

白 | 坭, *Pĕ* | *gnî*, terre blanchâtre. Les rizières de cette espèce de terre ne valent pas grand'chose.

蟮 *Chán.* 曲 |, *K'iŏu* |, vers de terre, bons à servir d'amorce pour la pêche à la ligne.

劗 *Chán.* Châtrer. | 匠, | *tsiáng*, qui fait ce métier.

| 馬, | 牛, | 狗, | *mà*, | *nieôu*, | *keòu*, faire subir cette opération au cheval, au bœuf, au chien. On ne dira pas *chán kī* pour le chapon, mais *sién kī*.

疝 *Chán.* Hernie. | 氣, | *k'í*, hernie; on prononce aussi *chouán*.

CHĀNG

商 *Chāng*. Délibérer, marchand. Nom de la 2ème dynastie chinoise.

｜量, v. ｜議, ｜ *leáng*, v. ｜ *gnî*, délibérer.

聽｜量, *T'în* ｜ *leáng*, se dit d'un homme avec lequel il y a moyen de s'entendre.

通｜量, *T'ōng* ｜ *leáng*, même sens.

有些橫人一點都不聽｜量, *Ieòu sī houên jên, ī tièn tōu pōu t'în* ｜ *leáng*, il y a de ces individus violents et têtus, qui ne se rendent à aucun conseil.

這件事不聽｜量, *Tché· kién sé pōu t'în* ｜ *leáng*, c'est une affaire pour laquelle il est difficile de trouver un accommodement.

大家｜量, *Tá kiā* ｜ *leáng*, délibérons ensemble. Signifie aussi quelquefois: Que chacun de son côté cherche une solution.

慢慢｜量, *Mán mán* ｜ *leáng*, peu à peu on avisera.

｜人, ｜ *jên*, grand marchand.

客｜, *K'ě·* ｜, grand marchand qui vient d'ailleurs acheter ou vendre.

通｜, *T'ōng* ｜, liberté de commerce avec un pays.

｜賈, ｜ *kòu*, marchands.

你們好生和氣點免得參｜, *Gnì mên hào sēn hô k'í tièn mièn tě· sēn* ｜, soyez un peu plus unis, n'allez pas exciter des brouilleries.

傷 *Chāng*. Blesser, soit au physique soit au moral; nuire. **打｜了人**, *Tà* ｜ *lò jên*, il a blessé quelqu'un en le frappant.

帶了｜, *Tái lò* ｜, il a été blessé.

被人打｜了, *Pí jên tà* ｜ *lò*, il a été blessé par quelqu'un.

致命｜, *Tché mín* ｜, blessure mortelle.

｜命的, ｜ *mín tī*, d'une nuisance mortelle.

｜命的凶險, ｜ *mín tī hiōng hièn*, péril de mort.

明｜, *mîn* ｜, blessure extérieure.

內｜, *Loúi* ｜, lésion interne.

｜力, ｜ *lī*, effort excessif.

｜了力吐血便叫內｜, ｜ *lò lī t'òu hiě·, pién kiáo loúi* ｜, à la suite d'un effort cracher le sang, cela s'appelle *loúi* ｜.

養｜, *Iàng* ｜, soigner une blessure. Se dit surtout de celui qui a occasionné la blessure, et qui est condamné à la guérir à ses frais.

｜害人, ｜ *hái jên*, nuire à quelqu'un.

你那句話好｜人, *Gnì lá kú houá haò* ｜ *jên*, ce que tu viens de dire est très offensant.

｜臉, ｜ *lièn*, (litt.) blesser la face, signifie faire un sanglant affront à quelqu'un.

｜天主的公義, ｜ *T'iēn Tchòu tī kōng gnî*, offenser la justice de Dieu.

｜風, ｜ *fōng*, refroidissement.

｜寒, ｜ *hân*, indisposition plus forte, fièvre bilieuse.

｜心, v. ｜慘, ｜ *sīn*, v. ｜ *ts'àn*, se dit en général de tous les chagrins profonds.

哭得｜｜心心的, *K'ōu tě·* ｜ ｜ *sīn sīn tī*, il pleurait à chaudes larmes.

人不｜心不弔淚, *Jên pōu* ｜ *sīn pōu tiaó loúi*, sans chagrin, on ne pleure pas.

他的兒子死了是什麼｜心法, *T'ā tī eûl sè lò, ché chě mò* ｜ *sīn fă*, à la mort de son fils, combien grande fut sa douleur!

｜乎人, ｜ *fōu jên*, dire des paroles blessantes.

這句話不得｜乎那个, *Tché· kú houá pōu tě·* ｜ *fōu là kó*, cette parole ne peut blesser personne.

這一句話一不得｜弓二不得損弦, *Tché· ī kú houá, ī pōu tě·* ｜ *kōng, eúl pōu tě· sèn hiên*, (litt.) cette parole ne peut blesser ni l'arc ni la corde, c.-à-d. ce que je dis ne peut faire tort ni à celui-ci, ni à celui-là; en d'autres termes, ma décision ménage les intérêts des deux parties.

喫｜了, *Tch'ě* ｜ *lò*, j'en suis dégoûté (d'un mets, pour en avoir mangé trop longtemps).

聽｜了, *T'în* ｜ *lò*, j'en ai les oreilles rebattues.

CHÂNG

常 *Châng*. Toujours, ordinaire. **丨生**, 丨 *sēn*, immortalité.

時丨, *Chê* 丨, *v.* 丨丨, continuellement.

你丨時來, *Gnì* 丨 *chê lâi*, tu viens sans cesse, pour dire: tu viens trop souvent.

平丨間, *P'în* 丨 *kiēn*, en temps ordinaire.

平丨, *P'în* 丨, ordinaire, médiocre.

非丨, *Fēi* 丨, extraordinaire.

五丨, (**仁, 義, 禮, 智, 信,**) *Où* 丨, les cinq principales vertus d'un supérieur, (*jên*, miséricorde, *gní*, justice, *lì*, observation des rites, *tché*, prudence, *sín*, fidélité.)

裳 *Châng*. **衣丨**, *ī* 丨, habits en général.

一件衣丨, *ĭ kién ī* 丨, un habit (s'entend presque toujours d'une robe, *chān tsè*).

冬下衣丨要穿得厚點，夏天要單薄些，這樣穿得合式, *Tōng hiá ī* 丨 *iaó tch'oūan tĕ heóu tièn, hiá t'iēn iaó tān pŏ sī, tché iáng tch'oūan tĕ hŏ ché*, en hiver il faut des habits plus épais, en été de plus légers, ainsi on sera vêtu convenablement.

嘗 *Châng*. Goûter. **你丨吓子**, *Gnì* 丨 *há tsè*, goûte un peu.

丨味道, 丨 *oúi táo*, percevoir le goût d'une chose (au moral aussi bien qu'au physique).

丨新, 丨 *sīn*, manger des primeurs.

CHÀNG

賞 *Chàng*. Récompenser. **天主照人善惡端行丨罰**, *T'iēn Tchoū tcháo jên chán gó, touān hîn* 丨 *fă*, Dieu récompense et punit exactement d'après les mérites ou les démérites de chacun.

丨號, 丨 *háo*, ce qui est donné par un supérieur en reconnaissance d'un service rendu par un inférieur.

討丨號, *T'ào* 丨 *háo*, demander cette récompense.

求大人的丨號, *K'ieôu tá jên tĭ* 丨 *háo*, que Votre Excellence veuille bien me donner une récompense.

丨格, 丨 *kĕ*, promesse de récompense pour celui qui aura retrouvé un objet perdu, livré un criminel recherché, etc.

出丨格, *Tch'ŏu* 丨 *kĕ*, afficher cette promesse de récompense.

丨孤, 丨 *koū*, faire des superstitions dans les pagodes en l'honneur des défunts délaissés, qui n'ont plus de parents. Cela se pratique en grand le 15 de la 7ème lune.

晌 *Chàng*. 丨**午**, 丨 *où*, heure de midi, le dîner, quand même il a lieu longtemps après midi.

喫了丨午沒有, *Tch'ĕ lò* 丨 *où mŏ ieòu?* avez-vous dîné? parole de politesse qui se dit à quelqu'un qu'on rencontre vers midi. Celui-ci, selon qu'il aura déjà dîné ou non, répondra: si non, **早**, *v.* **還早**, *tsào*, *v. hoûan tsào*, il est encore de bonne heure; si oui, **有偏了**, *Ieòu p'iēn lò*, j'ai eu tort de ne pas vous attendre. Rép. **正理**, *tchén lì*, au contraire.

小丨午, *Siào* 丨 *où*, un peu avant l'heure de midi, vers 11 h. (au lieu de *chàng où*, on dit ordinairement *chào où*.)

CHÁNG

上 *Cháng*. En haut, monter, ajuster les différentes pièces d'un tout, supérieur, etc.

丨中下三等, 丨 *tchōng hiá, sān tèn*, trois degrés, trois espèces, ou trois qualités: la supérieure, la moyenne et l'inférieure.

丨下, 丨 *hiá*, dessus et dessous, ou monter et descendre, ou un peu plus un peu moins.

一百銀子丨下, *ĭ pĕ în tsè* 丨 *hiá*, environ 100 taëls.

丨頭, 丨 *t'eôu*, au-dessus.

要走丨頭, *Iáo tseòu* 丨 *t'eôu*, il faut prendre le chemin de dessus.

桌子丨, *Tchŏ tsè* 丨, sur la table.

丨去不倒, 丨 *k'ú poŭ tào*, il n'y a pas moyen d'y monter.

| 去不得, | *k'ú pŏu tĕ·*, il est dangereux, ou il est défendu d'y monter.

| 坡, | *p'ō*, gravir une côte, ou bien, monter à terre au sortir d'une barque.

| 了路, | *lò lóu*, être déjà en route.

趕得 |, *Kàn tĕ·* |, pouvoir rattraper quelqu'un qui a pris les devants; signifie aussi: n'être pas inférieur, égaler.

| 坟, | *fên*, aller au tombeau pour y déposer des papiers superstitieux.

班 | 的, *Pān* | *tī*, qui fait partie d'une bande determinée, s'entend surtout des satellites.

梁子 | 的, *Leáng tsè* | *tī*, soldat d'un régiment.

| 門, | *mên*, aller chez quelqu'un, ou bien, entrer définitivement dans une famille en qualité de gendre ou de mari.

招 | 門, *Tchāo* | *mên*, introduire quelqu'un dans sa famille en cette qualité.

多久沒有 | 他的門, *Tō kieòu mŏ ieòu* | *t'ā tī mên*, il y a longtemps que je n'ai pas remis les pieds chez lui.

看不 |, *K'án pŏu* |, ça ne me va pas (par ex. une marchandise que je trouve d'une qualité trop inférieure).

| 粮, | 稅, | *leâng*, | *chóui*, payer l'impôt, les droits de douane.

| 油, | *ieôu*, mettre de l'huile dans une lampe.

| 亮, *leáng*, allumer la lampe.

| 燈, | *tēn*, préparer et allumer la lanterne.

| 膠, | *kiāo*, passer de la colle sur un objet.

加 | 去, *Kiā* | *k'ú*, ajouter.

| 好的, | *haò tī*, de première qualité.

拜 | 某人, *Pái* | *mòng jên*, salue un tel de ma part.

| 覆某人, | *foŭ mòng jên*, même sens.

| 簿子, | *póu tsè*, inscrire sur le livre de comptes.

這筆帳 | 了簿子沒有, *Tché· pĭ tcháng* | *lò póu tsè mŏ ieòu*, as-tu inscrit cette somme?

簿子 | 沒得這一筆帳, *Póu tsè* | *mŏ tĕ· tché· ī pĭ tcháng*, sur le livre de comptes il n'y a pas cette somme.

這一吊錢不 | 算, *Tché· ī tiaó ts'iên poŭ* | *souán*, cette ligature est par-dessus le marché.

| 表, | *piào*, remonter la montre.

把鋪門拿來 | 起, *Pà p'óu mên lâ lâi* | *k'ì*, prends les portes de la boutique, et ajuste-les à leur place, c.-à-d. ferme les portes de la boutique (elles consistent en planches mobiles qu'on enlève le matin et qu'on remet le soir).

| 當, | *táng*, être attrapé.

我 | 了他的當, *Gò* | *lò t'ā tī táng*, je me suis laissé attraper par lui, il m'a dupé.

| 省, | *sèn*, aller à la capitale de la province. Il faut remarquer que *cháng* ne s'emploie dans le sens d'aller, que si l'endroit d'où l'on part est plus bas que celui où l'on veut aller, c'est proprement monter, dans le cas opposé on emploie le mot *hiá*, descendre.

不 | 三百錢, *Pŏu* | *sān pĕ· ts'iên*, ça ne monte pas à 300 sapèques.

Les expressions où l'on emploie le mot *cháng* avec un sens plus ou moins varié, sont innombrables; impossible de les réunir toutes ici, elles se trouvent dans les mots avec lesquels *cháng* se lie d'une manière plus spéciale.

尙 *Cháng*. 和 |, *Hô* |, bonze.

| 書, | *chōu*, président d'un des grands tribunaux de Pékin.

禮部 | 書, *Lì póu* | *chōu*, président du Tribunal des rites.

| 且, | *ts'iè·*, bien plus, même (rarement employé en conversation).

CHĀO

燒 *Chāo*. Brûler. | 燃, | *jân*, feu qui a bien pris.

| 不燃, | *poŭ jân*, feu qui ne prend pas.

| 盡, | *tsín*, brûler entièrement.

發 |, *Fă* |, fièvre, chaleur intérieure.

| 火, | *hò*, faire du feu.

| 火老, | *hò laò*, on appelle ainsi le beau-père qui commet l'inceste avec sa bru.

| 襠, | *tāng*, douleur que certains éprouvent entre les cuisses après une longue marche.

| 鍋, | *kō*, faire la cuisine.

我那 | 鍋的, *Gò lá* | *kō tī*, expression employée dans certaines contrées par les campagnards pour dire: ma femme.

| 熟, | *chŏu*, rôtir à point.

| 成灰, | *tch'ên hoūi*, réduire en cendres.

| 紅, | *hông*, chauffer au rouge.

| 化, | *houá*, fondre au feu.

| 煳了, | *foû lò*, trop rôti avec une odeur de brûlé.

| 香猪, | *hiāng tchōu*, rôtir en entier un petit cochon de lait, ce qui se fait pour les grands dîners.

| 烟, | *iēn*, fumer le tabac.

| 茶, | *tch'â*, faire bouillir de l'eau pour infuser le thé.

| 磚,瓦, | *tchoūan, ouà*, cuire des briques, des tuiles.

| 酒, | *tsieòu*, eau-de-vie.

| 坊 *v.* 房, | *fâng*, distillerie de vin.

| 號火, | *háo hò*, allumer les grands feux qui doivent servir de signaux.

| 花筒, | *hoūa t'ông*, faire partir des fusées.

| 香, | *hiāng*, brûler de l'encens (expression payenne).

| 料, | *leáo*, verroterie.

| 白, | *pĕ·*, plat chinois dans la composition duquel entre du riz à vin cuit (*tsieòu mì fán*).

稍 *Chāo*. | 頭, | *t'eôu*, capital.

他那個生意是某人出的 | *v.* | 頭, *T'ā lá kó sēn í, ché mòng jên tch'ŏu tī* |, *v.* | *t'eôu*, pour ce commerce, c'est un tel qui lui a fourni le capital.

梢 *Chāo*. Extrémité, grande poutre en avant de la barque. 前 | 後舵, *Ts'iên* | *heóu tó*, le | est à l'avant, le gouvernail à l'arrière.

掌 |, *v.* | 公, *Tchàng* |, *v.* | *kōng*, pilote qui dirige le |.

撈 |, *laô* |, prendre sa revanche.

去年折了幾十两銀子,今年來撈 |, *K'ú niên chĕ· lò kì chĕ leàng în tsè, kīn niên tsè laî laô* |, l'année dernière j'ai perdu dans le commerce quelques dizaines de taëls, cette année-ci je veux prendre ma revanche.

這就是冷淡教友的下 |, *Tché· tsiéou ché lèn tán kiáo ieòu tī hiá* |, voilà comment finissent les chrétiens négligents.

一 | 攏經堂, *ī* | *lòng kīn t'âng*, d'un trait arriver ou porter jusqu'à l'oratoire (se dit des porteurs de chaise ou de fardeaux).

他沒有出過長 |, *T'ā mŏ ieòu tch'ŏu kó tch'âng* |, il n'a jamais porté au loin.

歇 |, *Hiĕ·* |, se reposer quelques instants.

捎 *Chāo*. Attacher. 把包袱 | 在轎子後頭, *Pà pāo foû* | *tsái kiáo tsè heóu t'eôu*, prends le paquet et attache-le à l'arrière de la chaise (à porteurs).

? *Chāo*. | |, petite cruche à bec. *Tsieòu* | |, cruche à vin; en beaucoup d'endroits on dira plutôt *tsieòu sèn sèn*.

瓟 *Chāo*. | 瓜, | *koūa*, citrouille longue et mince.

筲 *Chāo*. | 箕, | *kī*, panier en bambou servant à égoutter le riz cuit.

CHÂO

苕 *Châo*. 紅 |, *v.* 翻 |, *Hông* |, *v. fān* |, patates rouges; 白 |, *pĕ·* |, patates blanches, igname.

牛尾 |, *Nieôu ouì* |, patates à queue de bœuf, c.-à-d. longues; 脚板 |, *kiŏ pàn* |, *litt.* à plat de pied, c.-à-d. plates.

CHÀO

少 *Chào.* Peu, manque. **稀**｜, *Hī* ｜, très-peu, rare.

多｜, *Tō* ｜, beaucoup, beaucoup ou peu, tant soit peu.

多｜人, *Tō* ｜ *jên*, beaucoup d'hommes.

不論多｜, *Poŭ lén tō* ｜, peu importe combien.

多｜要拿點跟他, *Tō* ｜ *iáo lâ tièn kēn t'ā*, si peu que ce soit, il faut lui donner quelque chose.

至｜, *v.* **再**｜, *Tché* ｜, *v. tsái* ｜, à tout le moins.

短｜, **減**｜, **缺**｜, *Touàn* ｜, *Kièn* ｜, *K'uĕ* ｜, diminuer, manquer.

｜**禮**, ｜ *lì*, j'ai manqué à la politesse (terme d'urbanité).

酒你｜喫點, *Tsieòu gnì* ｜ *tch'ĕ tièn*, bois un peu moins de vin.

多｜喫點不壞事, *Tō* ｜ *tch'ĕ tièn poŭ houái sé*, en boire ou manger tant soit peu, ne nuit pas.

今年子｜有來, *Kīn niên tsè* ｜ *ieòu lâi*, il en vient peu cette année.

不得｜, *Poŭ tĕ* ｜, il ne manquera rien.

不得｜你的錢, *Poŭ tĕ* ｜ *gnì tĭ ts'iên*, je te donnerai exactement tout ce qu'il faudra en fait de sapèques.

｜**一个都不行**, ｜ *ĭ kó toū poŭ hîn*, il n'y a rien à en rabattre (s'il s'agit de sapèques).

｜**得有幾个字**, ｜ *tĕ ieòu kì kó tsé*, il manque quelques caractères.

｜**有人談**, ｜ *ieòu jên t'án*, peu de gens en parlent (signifie aussi quelquefois tout le contraire; cela dépend du contexte, et surtout du ton qu'on y met).

｜**得狠**, ｜ *tĕ hèn*, très peu.

｜｜**子的**, ｜ ｜ *tsè tĭ*, peu, à peine suffisant.

你的錢够不够? ｜｜**子的**, *Gnì tĭ ts'iên keóu poŭ keóu?* ｜ ｜ *tsè tĭ*, tes sapèques suffisent-elles? Ce sera bien juste, à peine suffisant.

CHÁO

少 *Cháo.* ｜**年**, ｜ *niên*, jeune homme.

｜**爺**, ｜ *iê*, fils d'un globulé; celui-ci est appelé *lào iê*.

老｜, *Lào* ｜, les vieux et les jeunes.

｜**年人**, ｜ *niên jên*, les jeunes gens.

稍 *Cháo.* ｜**馬子**, ｜ *mà tsè*, besace de voyage.

搖｜馬子, *Laò* ｜ *mà tsè*, porter cette besace sur l'épaule; en certains endroits on dit *cháng mà tsè*.

CHĒ

屍 *Chē.* Cadavre. **洗**｜, *Sì* ｜, laver le cadavre (cette expression ne s'emploie guère que quand il s'agit des cadavres à faire inspecter par le mandarin, lesquels sont lavés à l'eau de-vie).

停｜, *T'în* ｜, exposer le cadavre tout habillé, sur une planche (à l'endroit le plus honorable de la maison), jusqu'à la mise en bière.

聖｜, *Chén* ｜, bénir le cadavre (expression chrét.).

抬｜入棺, *T'âi* ｜ *joŭ koūan*, porter et déposer le cadavre dans le cercueil (pour l'action de porter le mort à son tombeau on ne dira pas *t'âi* ｜, mais *t'âi sāng*).

裝｜, *Tchoūang* ｜, mise en bière.

撈｜, *Laō* ｜, repêcher un noyé.

認｜, *Jén* ｜, reconnaître un cadavre.

驗｜, *Nién* ｜, examen officiel d'un cadavre, pour reconnaître les causes de la mort.

｜**家**, ｜ *kiā*, les parents du mort dont on a constaté l'idendité (se dit plus spécialement des parents d'un homme tué, quand ils portent plainte devant le mandarin).

驚｜, *Kīn* ｜, effrayer le cadavre, par ex. si un chat passe sur le cercueil (idée superstitieuse des payens).

洗｜汗, *Sì* ｜ *hán*, sueur de l'agonie.

不收 | , Poŭ cheōu | , (expression payenne) se dit d'un cadavre qui reste flexible. (C'est regardé comme de mauvaise augure, sous peu il mourra encore quelqu'un dans la famille.)

施 Chē. Donner gratuitement. | 捨, | chè·, faire l'aumône.

| 恩, | guēn, accorder un bienfait.

求大老爺 | 恩, K'iêou tá laò iê· | guēn, demander grâce au mandarin.

天主所 | 的恩, T'iēn Tchoù sò | tī guēn, les bienfaits de Dieu.

| 主, | tchòu, on appelle ainsi celui qui a donné des biens, par ex. à une pagode.

賞准 | 行, Chàng tchouèn | hîn, octroyer une demande.

| 尿 v. 溺, | niáo, exciter de la voix les petits enfants à uriner.

詩 Chē. Vers. | 經, | kīn, le Livre des Vers (un des cinq livres sacrés des Chinois).

| 題, | t'î, sujet donné pour une pièce de vers.

題 | , T'î | , improviser une pièce de vers.

淫 | , în | , chansons ou poésies obscènes.

一首 | , ĭ cheòu | , une pièce de vers.

CHÊ

時 Chê. Temps, saison. 四 | 八節, Sé | pă tsiĕ·, les quatre saisons et les huit époques de l'année.

| 候, | heóu, temps en général.

一個 | 候, v. 一個 | 辰, ĭ kó | heóu, v. ĭ kó | chên, une heure chinoise équivalant à deux des nôtres.

一 | 間, ĭ | kiēn, en un moment.

一 | , ĭ | , à peu près le même sens.

沒得 | 候做, Mŏ tĕ· | heóu tsóu, il n'y a pas le temps de faire.

空過 | 候, K'óng kó | heóu, passer le temps à ne rien faire.

一 | 說不完, ĭ | chŏ poŭ ouân, on ne peut pas tout dire en un moment.

一 | 不得來, ĭ | poŭ tĕ· lâi, il ne peut venir de sitôt.

天變一 | , T'iēn pién ĭ | , le ciel change en un moment (on dira souvent ĭ há pour ĭ |).

| | 刻刻, | | k'ĕ· k'ĕ·, à tout moment, sans cesse.

| | 刻刻記念天主, | | k'ĕ· k'ĕ· kí nién T'iēn Tchoù, penser continuellement à Dieu.

那 | 那個 | 候, Lá | , lá kó | heóu, alors, en ce temps-là.

背 | , Péi | , litt. tourner le dos à la fortune, par dérivation signifie: faire de mauvaises affaires, être ruiné. (Comme malédiction, c'est souhaiter mauvaise chance à quelqu'un; dit dans un moment d'impatience, le sens est plus bénin).

生意做背 | 了, Sēn í tsoú péi | lò, il s'est ruiné dans son commerce.

這个背 | 娃娃不中用, Tché· kó péi | ouâ ouâ poŭ tchōng ióng, ce gamin-là est un propre à rien.

這个背 | 刀硬磨不快, Tché· kó péi | taō guén mô poŭ k'ouái, ce misérable couteau, j'ai beau le repasser, il ne coupe pas.

| 症, | tchén, maladies qui sévissent à certaines époques.

眼 | , Ièn | , actuellement.

匙 Chê. 鑰 | , Iŏ | , clés.

一把鑰 | , ĭ pà iŏ | , une clé.

鐘鑰 | , Tchōng iŏ | , clé pour remonter l'horloge.

表鑰 | , Piào iŏ | , clé de montre.

CHÈ

史 Chè. Historien, histoire. 聖 | , Chén | , Evangélistes, Histoire sacrée.

| 記, | kí, livre d'histoire.

| 書, | choū, livres d'histoire.

太 | 官, T'ái | kouān, historiographe de l'Empire.

華西官話漢法詞典

使 *Chè*. Employer, ordonner, faire que.
| **錢**, | *ts'iên*, dépenser des sapèques.
| **了多少錢**, | *lò tō chào ts'iên*, il en a dépensé beaucoup.
沒得錢 |, *Mô tĕ· ts'iên* |, il n'a pas de sapèques.
銀錢都要來 | **完了**, *în ts'iên toū iaó laî* | *ouân lò*, l'argent tire à sa fin.
| **得**, | *tĕ·*, cela peut aller, passe, cela peut servir.
| **不得**, | *poŭ tĕ·*, cela ne peut pas passer, cela ne peut pas servir.
不來 |, *v.* **不爾** |, *v.* **不張** |, *Poŭ laî* |, *v. Poŭ eùl* |, *v. Poŭ tchāng* |, (terme de mépris) ne pas s'occuper de.
我問他要錢他不來 |, **我**, *Gò ouén t'ā iáo ts'iên, t'ā poŭ laî* | *gò*, je lui réclame une dette, il fait la sourde oreille, il ne fait pas même attention à moi.
| **得了**, | *tĕ· lò*, cela suffit ainsi, c'est bien.
| **用的人**, | *ióng tī jên*, domestiques.
| **氣**, | *k'í*, montrer de la mauvaise humeur.

始 *Chè*. Commencement. **無** | **無終**, *Oû* | *oû* | *tchōng*, sans commencement ni fin.
| **終如一**, | *tchōng joû ĭ*, tel il est au commencement, tel il reste jusqu'à la fin (se dit d'un homme qui a de la persévérance).

屎 *Chè*. Excréments. **屙** |, *ō* |, (trivial) *cacare*.
抓 | **糊臉**, *Tchoūa* | *foû lièn*, (litt.) en prendre et s'en barbouiller la figure, signifie: se diffamer soi-même.
灌 |, *Koúan* |, en faire avaler à quelqu'un. (Cela se pratique à la lettre; cette correction énergique est infligée à celui qui a gravement diffamé quelqu'un sous le rapport des mœurs; c'est l'offensé ou les amis de celui-ci qui se chargent de l'opération.)
撿狗 |, *Kièn keòu* |, ramasser des crottes de chien (industrie chinoise qui n'est pas des moins lucratives).
嚇得 | **溺長流**, *Hĕ· tĕ·* | *niáo tch'âng lieôu*, (triv.) il eut une peur telle qu'il en fit dans ses culottes.
| s'emploie aussi pour désigner les sécrétions solides des yeux, des oreilles, etc.; on ajoute alors le nom de l'organe d'où elles proviennent, par ex:
耳 |, *eùl* |, le cérumen.

CHÉ

是 *Ché*. Etre, vrai, etc. **就** |, *Tsieóu* |, c'est, c.-à-d., quand même.
| **不** |, | *poŭ* |, est-ce? n'est-ce pas?
| **不** | **他做的**, | *poŭ* | *t'ā tsóu tī*, est-ce lui qui l'a fait?
就 | **了**, *Tsieóu* | *lò*, se dit souvent à la fin d'une phrase et signifie: voilà, c'est cela-même.
說人家的不 |, *Chŏ jên kiā tī poŭ* |, donner tort à autrui.
不 | **我來他兩個說不攏**, *Poŭ* | *gò laî, t'ā leàng kó chŏ poŭ lòng*, si je ne m'en étais pas mêlé, à eux deux ils n'auraient pu tomber d'accord.
| **人都看得**, | *jên toū k'án tĕ·*, n'importe qui peut voir.
| **倒** |, | *táo* |, oui, c'est bien cela (cette expression est presque toujours suivie d'une réticence).
| **倒** | **個好人光** | **有點脾氣**, | *táo* | *kó haò jên, kouāng* | *ieoù tièn p'î k'í*, c'est bien un brave homme, seulement il a un peu mauvais caractère.
這個官 | **嘛子都要錢**, *Tché· kó kouān* | *chá tsè toū iáo ts'iên*, ce mandarin, pour n'importe quoi il lui faut toujours de l'argent.
你不 | **人**, *Gnì poŭ* | *jên*, (terme de malédiction) tu n'es pas un homme, tu es un misérable.
我哄你 | **算不得人**, *Gò hòng gnì* | *souán poŭ tĕ· jên*, si je te trompe, je consens à ne plus être regardé comme un homme (imprécation très usitée).

|非, | *feī*, le bien et le mal, le vrai et le faux, détraction.

這個婦人肯理|非, *Tché· kó foú jên k'èn lì* | *feī*, cette femme aime à médire.

說|非, *Chŏ* | *feī*, faire des médisances.

看誰|誰非, *K'án choûi* | *choûi feī*, voyons qui a raison et qui a tort.

|事都要我, | *sé toū iáo gò*, pour n'importe quoi c'est donc toujours à moi de m'en occuper.

氏 *Ché.* Famille; nom de famille.

L'unique usage de *ché* dans la langue parlée est de servir dans l'appellation officielle des femmes mariées. Par ex.:

張陳|, *Tchāng Tch'ên* |, *Tchāng* est le nom de famille (*sín*) du mari, *Tch'ên* est le nom de famille des parents de la femme; on ajoute le mot *ché*, ce qui peut se traduire: Madame *Tchāng*, issue de la famille *Tch'ên*.

他的屋頭是㗂子|, *T'ā tĭ oŭ t'eôu ché chá tsè* |, de quelle famille est sa femme?

示 *Ché.* Avertir, ordonner, montrer.

告|, *Káo* |, proclamation, ordonnance ou instruction du mandarin à son peuple.

出告|, *Tch'ŏu káo* |, publier une ordonnance de ce genre.

一張告|, *ĭ tchāng káo* |, un exemplaire d'un *káo* |.

請|, *Ts'ìn* |, demander un édit au mandarin pour affaire particulière.

|衆, | *tchóng*, exposer à la vue de tous (par ex. la tête d'un décapité, un individu chargé de la cangue).

吩|, *Fēn* |, commander.

柿 *Ché.* |子, | *tsè*, nèfle chinoise.

|餅, | *pìn*, nèfle sèche.

視 *Ché.* Voir, regarder. 藐|, *Miaò* |, regarder avec mépris, mépriser.

坐|不理, *Tsó* | *poŭ lì*, rester simple spectateur, quand il faudrait intervenir.

近|眼, *Kín* | *ièn*, myope.

試 *Ché.* Examiner, essayer 考|, *K'ào* |, faire passer l'examen pour les grades.

鄉|, *Hiāng* |, examen pour la licence; 會|, *Hoúi* |, pour le doctorat; 殿|, *Tién* |, pour l'académie.

|探, | *t'án*, éprouver.

天主|探我們的信德, *T'iēn Tchòu* | *t'án gò mên tĭ sín tĕ·*, Dieu éprouve notre foi.

你不信嗎來|吓子, *Gnì poŭ sín mă, laî* | *há tsè*, tu ne me crois pas? viens essayer.

我們|吓, *Gò mên* | *há*, essayons un peu.

市 *Ché.* Marché. 米|, *Mì* |, marché au riz.

猪|, *Tchoū* |, marché aux cochons.

雞|, *Kī* |, marché aux poules.

這個牛|狠鬧熱, *Tché· kó nieôu* | *hèn láo jĕ·*, ce marché aux bœufs est très fréquenté.

|口冷淡, | *k'eòu lèn tán*, le commerce languit.

|口好, | *k'eòu hào*, le commerce va bien.

開|, *K'āi* |, ouvrir le marché (ce qui se fait après le nouvel an, à un jour réputé de bon augure).

上|, *Cháng* |, aller au marché. Se dit aussi d'une denrée nouvellement récoltée qui paraît pour la première fois sur le marché.

新米上了|, *Sīn mì cháng lò* |, le nouveau riz a paru sur le marché.

掃|, *Saò* |, tout est vendu, ou bien acheter tout.

罷|, *Pá* |, cesser le commerce au marché, grève des marchands.

|價, | *kiá*, prix courant.

照|價, *Tcháo* | *kiá*, d'après le prix courant.

|斗, |秤, | *teoù*, | *p'ìn*, le boisseau, la balance du marché. (Les poids

華西官話漢法詞典

et les mesures diffèrent d'un marché à l'autre.)

街 | 銀子, *Kāi* | *în tsè*, argent au prix courant.

銀子嗞子行 |, *în tsè chá tsè hâng* |, à quel taux est l'argent?

行 |, *Hâng* |, prix courant.

式 *Ché*. Règle, loi. 合 |, *Hŏ* |, convenable.

做事要合 | 點, *Tsóu sé iáo hŏ* | *tièn*, en agissant il faut garder un peu plus de mesure.

格 |, *Kĕ·* |, règle prescrite.

這个人一點格 | 都沒得, *Tché· kó jên ĭ tièn kĕ·* | *tōu mŏ tĕ·*, cet homme n'a pas de tenue.

欵 |, *K'ouàn* |, luxe.

愛欵 |, *Gái k'ouàn* |, aimer le luxe, l'apparat.

恃 *Ché*. Se confier. 自 |, *Tsé* |, se confier en soi- même, présomptueux.

世 *Ché*. Monde, vie, siècle, génération.

| 界, | *kiái*, le monde matériel.

| 俗, | *sioŭ*, les mœurs du monde.

| 俗上的人, | *sioŭ cháng tĭ jên*, les séculiers, les hommes du monde (par opposition à ceux qui mènent la vie religieuse).

| 界窮末, | *kiái k'iông mŏ*, la fin du monde.

心頭不要沾戀 | 俗上的富貴, *sīn t'eôu poŭ iáo tchān lién* | *sioŭ cháng tĭ fóu kouí*, le cœur ne doit pas s'attacher aux richesses et aux honneurs du monde.

五 | 同堂, *Où* | *t'ông t'âng*, cinq générations dans la même demeure, sans division de biens: grand sujet de gloire pour une famille.

出 |, *Tch'oŭ* |, naître, venir au monde.

去 |, *K'ú* |, sortir du monde, c.-à-d. mourir.

卸 |, *sié·* |, quitter le monde, signifie de même mourir.

過 |, *Kó* |, même sens.

誓 *Ché*. Serment. 發 |, *Fă* |, faire un serment.

發虛 |, *Fă hū* |, faire un faux serment.

勢 *Ché*. Puissance, force, état. 要裝个 |, *Iáo tchoūang kó* |, il faut montrer toutes vos forces, attaquer hardiment l'ouvrage.

| 子來得凶得狠, | *tsè laî tĕ· hiōng tĕ· hèn*, l'assaut, l'attaque a lieu avec une grande violence.

門 |, *Mên* |, réputation de puissance.

仗他的門 |, *Tcháng t'a tĭ mên* |, se servir du renom de puissance d'autrui pour agir.

大張聲 |, *Tá tchāng chēn* |, faire montre de puissance.

地 |, *Tí* |, disposition du terrain.

好个地 |, *Hào kó tí* |, quel bon emplacement!

豉 *Ché*. 豆 |, *Teóu* |, condiment fait avec une espèce de fève appelée *houáng teóu*.

豆 | 粑, *Teóu* | *pā*, pâte faite avec ce condiment.

CHĔ

飾 *Chĕ*. Ornement. 首 |, *Cheòu* |, ornement de tête (s'emploie pour exprimer en général toutes sortes d'ornements de femme, comme pendants d'oreilles, bracelets, etc.).

簪環首 |, *Tsān hoûan cheòu* |, formule d'énumération très usitée, pour exprimer toute espèce de bijoux de femme (*litt.* épingle de tête, bracelets, ornements de tête).

打首 |, *Tà cheòu* |, fabriquer ces ornements.

銅 | 件, *T'ông* | *kién (v. kiái)*, ferrements en cuivre, charnières.

石 *Chĕ*. Pierre. | 頭, | *t'eôu*, pierre.

油礦 |, *Ieôu koùang* |, marbre.

水晶｜, *Choùi tsīn* ｜, cristal de roche.

刀｜, *v.* 磨刀｜, *Tāo* ｜, *v. mô tāo* ｜, pierre à aiguiser.

吸鐵｜, *Hī (v. hiĕ·) t'iĕ·* ｜, aimant.

火｜子, *Hò* ｜ *tsè*, pierre à feu.

玉｜, *Iú* ｜, jade.

寶｜, *Paò* ｜, pierre précieuse.

考金｜, *K'aò kīn* ｜, pierre à éprouver l'or.

鵝子｜, *v.* 鵝寶｜, *v.* 鵝｜寶, *v.* 鵝寶兒, *Ô tsè* ｜, *v. ô pào* ｜, *v. ô* ｜ *pào*, *v. ô pào eûl*, caillou.

｜炭, ｜ *t'án*, anthracite.

金剛｜, *Kīn kāng* ｜, diamant.

｜灰, ｜ *hoūi*, chaux.

泡｜, *P'áo* ｜, pierre tendre.

一塊｜頭, *ĭ k'ouài* ｜ *t'eôu*, une pierre.

｜匠, ｜ *tsiáng*, tailleur de pierre.

｜廠, ｜ *tch'àng*, carrière de pierres.

｜板, ｜ *pàn*, pierres de taille plates.

｜板路, ｜ *pàn lóu*, route faite avec ces pierres.

｜磘子, *v.* ｜條子, ｜ *tēn tsè*, *v.* ｜ *t'iâo tsè*, pierres de taille de forme cubique allongée.

｜梯子, ｜ *t'ī tsè*, escalier en pierre.

｜橋, ｜ *k'iâo* ｜, pont de pierre.

｜缸, ｜ *kāng*, réservoir en pierre.

｜工, ｜ *kōng*, ouvrages en pierre.

｜碑, ｜ *pēi*, inscription sur une grande pierre.

｜柱, ｜ *tchóu*, colonne en pierre.

｜脚, ｜ *kiŏ*, fondements en pierre.

｜包, ｜ *pāo*, gros rocher.

打｜頭, *Tà* ｜ *t'eôu*, extraire des pierres d'une carrière.

鏨｜頭, *Tsán* ｜ *t'eôu*, polir la pierre.

丢｜頭, *v.* 釘｜頭, *Tieōu* ｜ *t'eôu*, *v. tín* ｜ *t'eôu*, lancer des pierres.

｜榴子, ｜ *lieôu tsè*, grenades.

｜榴樹, ｜ *licôu choú* grenadier.

食 *Chĕ.* Aliments. 飲｜, *ìn* ｜, boisson et nourriture, vivres.

粮｜, *Leâng* ｜, céréales.

糖｜, *T'âng* ｜, sucreries.

病人三天沒有沾飲｜, *Pín jên sān t'iēn mŏ ieòu tchān ìn* ｜, le malade n'a plus rien mangé depuis trois jours.

斷飲｜, *Touán ìn* ｜, retrancher la nourriture et la boisson à un criminel pour le laisser mourir de faim.

飲｜不足, *ìn* ｜ *poŭ tsiŏ*, il n'a pas de quoi manger son content.

停了｜, *T'în lò* ｜, il a une indigestion.

火｜, *Hò* ｜, aliments préparés.

要認火｜, *Iáo jén hò* ｜, il faut reconnaître les frais de nourriture.

火｜錢, *Hò* ｜ *ts'iên*, frais de nourriture.

火｜担子, *Hò* ｜ *tán tsè*, caisses qui renferment les aliments préparés pour le voyage, avec plus ou moins d'attirail de cuisine.

蝕 *Chĕ.* 日｜, *Jĕ* ｜, Eclipse de soleil.

月｜, *Iuĕ·* ｜, éclipse de lune.

釋 *Chĕ.* Relâcher. 開｜犯人, *K'āi* ｜ *fán jên*, relâcher le prisonnier.

｜家佛, ｜ *kiā foŭ*, Bouddha.

｜門, ｜ *mên*, secte de Bouddha.

｜典, ｜ *tièn*, livres de prières des bonzes.

識 *Chĕ.* Savoir, connaître. 認｜天主 *Jén* ｜ *T'iēn Tchòu*, connaître Dieu.

我認｜不得他, *Gò jén* ｜ *poŭ tĕ· t'a*, je ne le connais pas.

見｜, *Kién* ｜, discernement.

好沒見｜, *Hào mŏ kién* ｜, il manque passablement de jugement.

相｜, *Siāng* ｜, se connaître mutuellement.

實 *Chĕ.* Vrai, sincère, solide. 老｜, *Laò* ｜, de vrai.

老｜人, *Laò* ｜ *jên*, homme sincère, sans malice, un peu simple.

老老｜｜一個人, *Laò laò* ｜ ｜ *ĭ kó jên*, c'est un homme droit, très simple.

我老丨話跟你說, *Gò laò* 丨 *hoúa kēn gnì chǒ*, je te dis la chose en toute sincérité.

丨丨**在在的**, 丨 丨 *tsái tsái tī*, vraiment, solidement.

誠心丨意, *Tch'ên sīn* 丨 *í*, d'un cœur sincere.

丨**心的**, 丨 *sīn tī*, plein, massif (par opposition à creux).

丨**在淘氣**, 丨 *tsái t'âo k'í*, vraiment ennuyeux.

照丨說, *Tcháo* 丨 *chǒ*, parler selon la vérité.

室 *Chě*. Maison, épouse. **家丨**, *Kiā* 丨, épouse.

有家丨沒得, *Ieòu kiā* 丨 *mǒ tě·*, es-tu marié?

有家有丨, *Ieòu kiā ieòu* 丨, il a de la famille.

我的妻丨兒女, *Gò tī ts'ī* 丨 *eûl niù*, ma femme et mes enfants.

両夫丨, *Leàng foū* 丨, le mari et la femme.

失 *Chě*. Perdre, manquer. 丨**落**, 丨 *lǒ*, perdre.

丨**迷**, 丨 *mî*, même sens.

東西放丨迷了, *Tōng sī fáng* 丨 *mî lò*, ne pouvoir retrouver un objet.

丨**望**, 丨 *ouáng*, désespérer.

丨**信**, 丨 *sín*, manquer à sa parole.

丨**了性的**, 丨 *lò sín tī*, homme tombé en démence.

丨**禮**, 丨 *lì*, manquer à la politesse.

丨**格**, 丨 *kě·*, à peu près le même sens.

丨**盜**, 丨**火**, 丨**水**, 丨 *taó*, 丨 *hò*, 丨 *choùi*, être volé, incendié, inondé.

過丨, *Kó* 丨, défaut, manquement.

冒丨, *Máo* 丨, téméraire.

丨**身**, 丨 *chēn*, se livrer à la débauche.

丨**迎**, 丨**陪**, 丨 *în* (丨 *p'êi*), j'ai manqué à la politesse en n'allant pas au-devant de vous (en ne vous tenant pas compagnie).

丨**守**, 丨 *cheòu*, se dit d'une ville prise par l'ennemi.

十 *Chě*. Dix. **一丨**, *ī* 丨, une dizaine.

二丨, *Eúl* 丨, vingt.

八丨, *Pǎ* 丨, quatre-vingts.

丨**分**, 丨 *fēn*, entièrement, au complet.

不爲丨分好, *Poǔ oûi* 丨 *fēn hào*, ce n'est pas parfait.

丨**字**, 丨 *tsé*, le caractère dix (s'emploie pour désigner une croix dont ce caractère a la forme).

我要買一個丨字, *Gò iáo mài ī kó* 丨 *tsé*, je veux acheter une croix.

丨**字架**, 丨 *tsé kiá*, l'arbre de la Croix.

吾主耶穌死在丨字架上, *Oû Tchòu Iê soū sè tsái* 丨 *tsé kiá cháng*, N.-S.J.-C. mourut sur la croix.

丨**字口**, 丨 *tsé k'eòu*, l'endroit où deux rues se croisent.

丨**打** 丨**个**, 丨 *tà* 丨 *kó*, environ dix.

拾 *Chě*. Ramasser; dix. (Ce caractère s'emploie dans les comptes importants au lieu du caractère précédent trop facile à changer.)

收丨, *Cheōu* 丨, préparer, ramasser.

收丨規一, *Cheōu* 丨 *koūi ī*, mettre bien en ordre.

我要收丨他, *Gò iaó cheōu* 丨 *t'ā*, j'ai bien envie de le mettre à la raison.

你來我要收丨你. *Gnì lâi, gò iaó cheōu* 丨 *gnì*, viens que je te tance comme il faut.

濕 *Chě*. Humide, mouillé. **打丨**, *Tà* 丨, mouiller.

我一身都打丨了, *Gò ī chēn toū tà* 丨 *lò*, je n'ai plus rien de sec sur le corps.

淋得焦丨, *lîn tě· tsiāo* 丨, je suis tout mouillé.

丨**氣**, 丨 *k'í*, humidité.

?**了丨氣**, *Tcháo lò* 丨 *k'í*, son mal vient de l'humidité.

浸丨, *Ts'ín* 丨, humidité provenant de l'infiltration de l'eau.

丨**透了**, 丨 *t'eóu lò*, profondément détrempé (par la pluie); mouillé jusqu'aux os.

什 *Chě*. Qui? quoi? | 麼事, | *mô sé*, quelle affaire?
| 麼人, | *mô jên*, quel homme?
| 麼好看法, | *mô hào k'án fǎ*, que c'est beau à voir!

CHĒ·

賖 *Chē·*. Acheter ou vendre à crédit.
| 來, | *lâi*, acheter à crédit.
| 去, | *k'ú*, vendre à crédit.
我不 | 跟你, *v.* 我不跟你 | 賬, *Gò poŭ | kēn gní, v. gò poŭ kēn gnì | tcháng*, je ne te vends pas à crédit.
我要跟你 | 貨, *Gò iáo kēn gnì | hó*, je désire que vous me livriez des marchandises à crédit.

奢 *Chē·*. | 華, | *hôua*, prodiguer, prodigalité, luxe.
愛 | 華, *Gái | hôua*, aimer le luxe.

CHÈ·

蛇 *Chê·*. Serpent. 一根 | , *v.* 一條 | , *ĭ kēn* | , *v. ĭ t'iâo* | , un serpent.
龍 | , *Lông* | , dragon.
| 咬人, | *gaò jên*, les serpents mordent.
毒 | , *Toŭ* | , serpent venimeux.
冷天 | 進洞子, *Lèn t'iēn | tsín tóng tsè*, l'hiver le serpent rentre dans son trou.
| 蟠起, | *p'ân k'ì*, serpent qui s'enroule.
| 趖起走, | *sō k'ì tseòu*, le serpent rampe.
| 脫殼, | *t'ŏ k'ŏ*, le serpent se dépouille de sa peau.
| 苞兒, | *p'āo eûl (p'ēul)*, fraises.
脚 | , *Kiŏ* | , lézard.
菜花 | , *Ts'ái hoūa*, | , couleuvre.
烏騷 | , *Oū sāo* | , couleuvre noire.

CHÈ·

捨 *Chè·*. Abandonner, faire l'aumône.
施 | , *Chē* | , faire l'aumône.
| 得, | *tĕ·*, se dit d'un homme qui donne de bon cœur, ou qui dépense sans compter.
| 不得, | *poŭ tĕ·*, se dit de celui qui ne veut pas donner, ou ne donne qu'à contre-cœur.
| 不得死, | *poŭ tĕ· sè*, il lui est dur de mourir.
| 不得穿的, | *poŭ tĕ· tch'oūan lĭ (pour tĭ)*, serré pour les dépenses du vestiaire.
| 不得穿, | *poŭ tĕ· tch'oūan*, même sens; signifie aussi: il lui en coûte de mettre cet habit (de peur de le gâter trop vite).
| 不得你, | *poŭ tĕ· gnì*, je ne puis me séparer de toi, ou j'ai de la peine à le faire.
你 | 得麽, *Gnì | tĕ· mô?* es-tu prêt à faire ce sacrifice?
| 身, | *chēn*, sacrifier sa vie. (Cette expression est employée surtout quand il s'agit des payens qui se donnent la mort par fanatisme.)

CHÉ·

舍 *Ché·*. Maison. 寒 | , 草 | , *Hân* | , *Ts'ào* | , *litt.* froide maison, chaumière (pour dire: ma maison).
| 弟, | 親, | *tí*, | *ts'īn*, mon frère cadet, mon parent. (Ce mot *ché·* ne s'emploie dans ce sens que quand il s'agit de parents au moins d'un degré au-dessous de celui qui parle; ainsi on ne pourra pas dire | 兄, | *hiōng*, mon frère aîné, mais on dira 家兄, *Kiā hiōng*; on dira | 姪, | *tchĕ*, mon neveu, mais non | 父, | *foú*, mon père: ici on dira également 家父, *Kiā foú*).

赦 *Ché·*. Pardonner. | 罪, | *tsoúi*, dans le sens chrétien signifie: absoudre; ailleurs signifie: faire grâce d'une peine, par ex. à un coupable.
得罪 | , *Tĕ· tsoúi* | , recevoir l'absolution.
得不倒罪 | , *Tĕ· poŭ taò tsoúi* | , incapable d'absolution.

放 |, *Fáng* |, donner l'absolution.
冒放 |, *Máo fáng* |, la donner à un indigne.
恩 |, *Guēn* |, les indulgences.
全 |, *Ts'uên* |, indulgence plénière.
臨終大 |, *Lîn tchōng tá* |, indulgence plénière à l'article de la mort.
皇恩大 |, *Houâng guēn tá* |, amnistie plus ou moins générale, ou du moins commutation de peines, accordée par l'Empereur dans une circonstance solennelle.

射 *Ché·*. Tirer de l'arc. | 箭, | *tsién*, lancer des flèches.
| 光, | *koūang*, lancer des rayons de lumière.
眼睛 | 人, *Ièn tsīn* | *jên*, se dit des yeux de malade brillants et fixes.

麝 *Ché·*. | 香, | *hiāng*, musc.
一個 |, *ĭ kó* |, le musc provenant d'un seul animal.
做靈寶丸離不得 | 香, *Tsóu lîn pào iuên lî poŭ tĕ·* | *hiāng*, pour faire des pilules appelées *lîn pào iuên*, on ne peut se passer de musc.

CHĔ·

舌 *Chĕ·*. Langue. 伸 | 頭出來, *Tch'ēn* | *t'eôu tch'ŏu lâi*, sortir la langue, par ex: pour la montrer au médecin.
縮 | 頭, *Sŏ* | *t'eôu*, retirer la langue.
耍 | 頭, *Choùa* | *t'eôu*, jouer de la langue, discuter avec obstination.
口 |, *K'eòu* |, querelle, discorde.
這个老婆婆跟他的媳婦長行有一點口 |, *Tché· kó laò p'ô p'ō kēn t'a tĭ sĭ foú tch'âng hîn ieoù ĭ tièn k'eòu* |, cette vieille est toujours en dispute avec sa bru.
| 頭有一點嗑, | *t'eôu ieoù ĭ tièn p'án*, la langue est un peu embarrassée.
| 嚏嚏, | *kièn kièn*, bègue.
夾 | 子, *Kiă* | *tsè*, défaut de langue qui empêche de bien prononcer certaines consonnes, par ex: *ts.* pour *tch.*, *s.* pour *ch.*

折 *Chĕ·*. Perdre, diminuer. | 本, | *pèn*, perte dans le commerce.
今年穀子打 | 了, *Kīn niên koŭ tsè tà* | *lò*, cette année la récolte du riz a été en baisse.
太陽大田裡頭的水 | 得快, *T'ái iâng tá, t'iên lì* (on dit souvent *ĭ* pour *lì*) *t'eôu tĭ choùi* | *tĕ· k'ouái*, par un soleil ardent les grandes rizières se dessèchent très vite.
聲氣 | 了, *Chēn k'í* | *lò*, j'ai perdu la voix, je suis enroué.
| 財, *v.* | 財喜, | *ts'âi*, | *ts'âi hì*, éprouver des pertes.
該當 | 財喜, *Kāi tāng* | *ts'âi hì*, qu'y faire? je devais éprouver cette perte.

設 *Chĕ·*. Préparer, placer. 擺 |, *Pài* |, ornements.
擺 | 得好看, *Pài* | *tĕ· haò k'án*, l'ornementation est belle à voir.
| 席, | *sĭ*, donner un dîner.
| 蔴服禮, | *sĭ foŭ lì*, payer un dîner en réparation d'une injure, ou d'un tort quelconque (beaucoup de querelles se terminent de cette façon pacifique).
開 | 酒店, *K'āi* | *tsieòu tién*, tenir une boutique de marchand de vin.
| 法, | *fă*, imaginer un moyen.
要早點 | 法還賬, *Iáo tsào tièn* | *fă houân tcháng*, il faut au plus tôt chercher un moyen de payer les dettes.

涉 *Chĕ·*. 這件事不與你相 |, *Tché· kién sé poŭ iù gnì siāng* |, cette affaire ne te regarde pas.

CHĒN

身 *Chēn*. Corps. 肉 |, *Joŭ* |, le corps humain.
肉 | 靈魂, *Joŭ* | *lîn houên*, le corps et l'âme.
一 |, *ĭ* |, tout le corps.
一 | 痛, *ĭ* | *t'óng*, souffrir par tout le corps.

一丨的衣裳沒得一點乾的，*ĭ* 丨 *tĭ ĭ châng mŏ tĕ· ĭ tièn kān tĭ*, il ne lui reste pas un fil sec sur le corps.

一丨沒有穿一件好衣服，*ĭ* 丨 *mŏ ieoù tch'oūan ĭ kién haò ĭ foŭ*, il n'a pas un seul bon habit sur le corps.

拉一丨的賬，*Lā ĭ* 丨 *tĭ tcháng*, criblé de dettes (*litt.* des dettes par tout le corps).

周丨，*Tcheōu* 丨，tout le corps.

周丨都是病，*Tcheōu* 丨 *toū ché pín*, couvert de maladies.

丨上，丨 *cháng*, sur le corps, sur soi.

丨上有錢沒得，丨 *cháng ieoù ts'iên mŏ tĕ·*, as-tu des sapèques sur toi?

丨上有罪，丨 *cháng ieoù tsoúi*, avoir des péchés sur la conscience.

推在人家丨上，*T'oūi tsái jên kiā* 丨 *cháng*, rejeter la faute sur autrui.

上丨，*Cháng* 丨，la partie supérieure du corps.

下丨，*Hiá* 丨，la partie inférieure du corps, (s'entend presque toujours des parties déshonnêtes).

丨不空，丨 *poŭ k'óng*, (litt.) le corps n'est pas vide (les femmes se servent souvent de cette expression pour dire qu'elles sont enceintes).

丨後，丨 *heóu*, après la mort.

丨分，丨 *fén*, état, condition d'un homme.

丨體單薄，丨 *t'ì tān pŏ*, d'une constitution faible.

丨錢，*v.* 丨價，丨 *ts'iên, v.* 丨 *kiá*, salaire d'un domestique.

申 *Chēn.* 丨時，丨 *chê*, nom d'une des heures chinoises (de 3 à 5 h. du soir).

丨文，丨 *ouên*, dépêche d'un inférieur à son supérieur.

伸 *Chēn.* (se prononce souvent *tch'ēn*, *voy.* ce mot).

丨冤，丨 *iuēn*, rendre justice à celui qui est victime d'une calomnie grave.

我的冤難丨，*Gò tĭ iuēn lân* 丨，la calomnie dont je suis victime est difficile à laver.

斟 *Chēn.* 丨酒，丨 *tsieòu*, verser à boire.

丨酌，丨 *tchŏ*, délibérer. (La vraie prononciation est *tchēn*, *voy.* ce mot.)

紳 *Chēn.* 丨士，丨 *sé*, Lettré.

爛丨士，*Lán* 丨 *sé*, lettré qui n'use de son influence que pour nuire aux gens et attraper quelques sapèques.

丨糧，*v.* 丨衿糧戶，丨 *leáng, v.* 丨 *kīn leâng foú*, les lettrés et les bourgeois (propriétaires).

深 *Chēn.* Profond. 不知丨淺如何，*Poŭ tchē* 丨 *ts'ièn joû hô*, je ne sais quelle en est la profondeur, par ex. d'une rivière.

頭髮丨，*T'eôu fă* 丨，cheveux longs, non rasés depuis longtemps.

要丨想永遠的事，*Iáo* 丨 *siàng iùn iuèn tĭ sé*, il faut méditer profondément les choses éternelles.

要挖得丨，*Iáo oūa tĕ·* 丨，il faut creuser profond.

丨奧，丨 *gáo*, profond, mystérieux.

這段道理丨奧得狠，*Tché· touán táo lì* 丨 *gáo tĕ· hèn*, cette doctrine est par trop profonde, difficile à comprendre.

夜丨了回去得了，*Ié·* 丨 *lò hoûi k'ú tĕ· lò*, la nuit est avancée, il est temps de s'en retourner.

多夜丨，*Tō ié·* 丨，fort tard dans la nuit.

升 *Chēn.* Mesure de capacité, dixième partie du boisseau; monter, augmenter.

十丨爲一斗，*Chĕ* 丨 *oûi ĭ teoù*, dix 丨 font un boisseau.

一丨米，*ĭ* 丨 *mì*, un dixième de boisseau de riz.

丨天，*v.* 丨天堂，丨 *t'iēn, v.* 丨 *t'iēn t'âng*, monter au ciel.

丨佃戶的頂首，丨 *tién foú tĭ tìn cheòu*, demander au fermier une assurance plus forte.

丨租子，丨 *tsōu tsè*, augmenter la redevance du fermier.

丨長年的工錢，丨 *tch'âng niên tĭ kōng ts'iên*, augmenter le salaire d'un domestique.

還要高丨點, *Houân iáo kāo* 丨 *tièn,* il faut m'en rendre un peu plus (expression très usitée par les porteurs de chaise ou les bateliers, quand ils débattent les prix avec les voyageurs).

再高丨幾個, *Tsái kāo* 丨 *kì kó,* (le prix que vous m'offrez ne suffit pas) il faut encore ajouter quelques (sapèques). *Chēn* s'emploie souvent aussi pour exprimer une opération chimique quelconque, par laquelle on sépare une substance des autres matières avec lesquelles elle se trouve intimement unie.

丨糖, 丨 *t'âng,* raffiner le sucre.

白糖就是炒糖丨出來的, *Pĕ· t'âng tsieóu ché chā t'âng* 丨 *tch'ŏu lâi tĭ,* le sucre blanc est le produit du raffinage de la cassonade.

陞 *Chēn.* Monter en grade. 丨神父, 丨 *chēn foú,* élevé à la prêtrise.

聽倒說神父要高丨, *T'ín taò chŏ chēn foú iáo kāo* 丨, j'ai entendu dire que le Père allait monter en grade (se dit par politesse, quand même il ne s'agit que d'un simple changement).

請丨冠, *Ts'ìn* 丨 *kouān,* je vous prie de vous découvrir.

聲 *Chēn.* Voix, son. 大丨, *Tá* 丨, à haute voix.

小丨, *Siaò* 丨, à voix basse.

小丨點, *Siaò* 丨 *tièn,* parlez un peu plus doucement, pas tant de tapage.

丨音, 丨 *īn,* son de la voix.

一處一處的丨音不同, *ĭ tch'óu ĭ tch'óu tĭ* 丨 *īn poŭ t'ông,* la manière de parler, de prononcer, diffère d'un endroit à l'autre.

丨氣, 丨 *k'í,* la voix.

丨氣大, 丨 *k'í tá,* voix forte.

沒得丨氣, *Mŏ tĕ·* 丨 *k'í,* il n'a pas de voix.

丨氣折了, 丨 *k'í chĕ· lò,* la voix est enrouée.

出丨氣, *Tch'ŏu* 丨 *k'í,* faire entendre sa voix, par ex. en lisant, en priant.

做丨, *Tsóu* 丨, parler.

紅黑不做丨, *Hông hĕ· poŭ tsóu* 丨, il s'obstine à ne pas parler.

響丨, *Hiàng* 丨, bruit.

打一個響丨, *Tà ĭ kó hiàng* 丨, faire du bruit, par ex. en toussant.

高丨大氣, *Kāo* 丨 *tá k'í,* s'emporter en paroles, se fâcher.

丨氣不和, 丨 *k'í poŭ hô,* les voix ne s'accordent pas.

名丨, *Mîn* 丨, réputation.

他的名丨不好聽, *T'ā tĭ mîn* 丨 *poŭ haò t'în,* il a mauvaise réputation.

丨勢, 丨 *ché,* réputation de puissance.

大有丨勢, *Tá ieoù* 丨 *ché,* il est très puissant.

他的丨氣應得遠, *T'ā tĭ* 丨 *k'í ín tĕ· iuèn,* sa voix porte au loin.

放丨大哭, *Fáng* 丨 *tá k'oŭ,* éclater en sanglots.

CHÈN

神 *Chên.* Esprit. 聖丨, *Chén* 丨, le Saint-Esprit.

天丨, *T'iēn* 丨, ange.

純丨, *Choûen* 丨, pur esprit.

小丨子, *Siaò* 丨 *tsè,* esprit follet, diablotin.

財丨, *Ts'âi* 丨, dieu des richesses.

丨主, 丨 *tchoù,* tablette payenne dans laquelle est censé résider l'esprit des ancêtres.

不信鬼丨, *Poŭ sín koùi* 丨, ne pas croire aux esprits.

丨仙, 丨 *siēn,* génies, hommes devenus immortels.

家丨, *Kiā* 丨, divinité domestique. (Les payens désignent sous ce nom la tablette à 5 caractères, communément appelée 五字牌, *Où tsé p'âi;* ces caractères sont les suivants: (天地君親師), *t'iēn, tí, kuīn, ts'īn, sē,* le ciel, la terre, le souverain, les parents, les maîtres.)

丨父, 丨 *foú,* Père spirituel (nom que les chrétiens donnent aux prêtres).

丨號, 丨 *háo,* caractère des Sacrements.

辦｜工, *Pán* ｜ *kōng*, se confesser.

｜親, ｜ *ts'īn*, parenté spirituelle.

辰 *Chén*. Une des douze heures chinoises, de 7 à 9h. du matin.

｜時, ｜ *ché*, de 7 à 9h. du matin.

時｜, *Ché* ｜, les 12 heures du jour, le temps en général.

時｜表, *Ché* ｜ *piaò*, montre (ainsi nommée parce qu'elle indique les heures).

年｜, *Nièn* ｜, année.

那些年｜不像如今, *Lá sī niên* ｜ *poŭ ts'iáng joû kīn*, en ces années-là, en ce temps-là, ce n'était pas comme aujourd'hui.

你奉教有好多年｜了, *Gnì fóng kiáo ieoù haò tō nièn* ｜ *lò*, il y a combien d'années que tu t'es fait chrétien?

晨 *Chén*. Aurore, matin. 早｜, *Tsaò* ｜, le matin.

今早｜, *Kīn tsaò* ｜, ce matin.

乘 *Chén*. User, profiter de. ｜凉, ｜ *leâng*, prendre le frais.

｜起勢了, ｜ *k'ì ché tsè*, profiter de l'élan, de l'avantage.

勝 *Chén*. Supporter, tenir bon. 柱頭小狠了怕｜不起, *Tchoú t'eôu siào hèn lò, p'á* ｜ *poŭ k'ì*, la colonne est trop petite, il est à craindre qu'elle ne soit trop faible (ne puisse supporter le poids).

你各自｜倒, *Gnì kŏ tsé* ｜ *taò*, tiens toujours bon (prenant toute l'affaire sur toi).

CHÈN

審 *Chèn*. Juger, examiner. ｜案, ｜ *gán*, juger des procès.

他要跟我两个對｜, *T'ā iáo kēn gò leàng kó toúi* ｜, il veut comparaître, ou bien il faut qu'il comparaisse avec moi en jugement.

會｜, *Hoúi* ｜, habile à juger.

｜判, ｜ *p'án*, juger, jugement.

私｜判, *Sē* ｜ *p'án*, jugement particulier.

公｜判, *Kōng* ｜ *p'án*, jugement général, jugement dernier.

過｜判, *Kó* ｜ *p'án*, (litt.) passer le jugement, paraître devant Dieu.

嬸 *Chèn*. ｜娘, ｜ *niáng*, femme d'un oncle plus jeune que le père.

大｜, *Tá* ｜, femme de celui des oncles qui est le premier en âge après le père.

二｜, *Eúl* ｜, femme du deuxième oncle.

么｜, *Iāo* ｜, femme du plus jeune des oncles.

他就是我的么｜, *T'ā tsiéou ché gò tĭ iāo* ｜, c'est ma tante (la femme du plus jeune des frères de mon père).

CHÉN

甚 *Chén*. Beaucoup, très; qui, quoi?

｜好, ｜ *haò*, très bien.

他的事不爲｜好, *T'ā tĭ sé poŭ oûi* ｜ *haò*, ses affaires ne sont pas précisément en bon état.

｜方便, ｜ *fāng pién*, très commode.

｜麽, ｜ *mô*, qui, quoi?

｜麽人, ｜ *mô jên*, qui, quel homme?

｜麽事, ｜ *mô sé*, quelle affaire?

剩 *Chén*. Reste. ｜得有, ｜ *tĕ ieòu*, il en reste.

｜不倒好多, ｜ *poŭ taò haò tō*, il n'en restera pas beaucoup.

止｜得幾個, *Tchè* ｜ *tĕ kì kó*, il n'en reste que quelques uns.

餘｜, *Iû* ｜, reste, superflu.

還有餘｜, *Houân ieòu iû* ｜, (défalquant tout ce qui est à déduire) il en reste encore.

聖 *Chén*. Saint, très sage; consacrer, bénir.

｜人｜女, ｜ *jên* ｜ *niù*, les Saints et les Saintes.

｜體, ｜ *t'ì*, l'Eucharistie.

華西官話漢法詞典

| 油, | *ieôu*, les saintes Huiles.

| 號, | *háo*, le saint signe, c.-à-d. le signe de la croix.

| 牌, | *p'ái*, médaille religieuse.

| 水, | *choùi*, l'eau bénite.

| 教會, | *kiáo hoüi*, la sainte religion, l'Eglise catholique.

| 寵, | *tch'òng*, la grâce.

| 上, | *cháng*, l'Empereur.

| 旨, | *tchè*, édit imperial.

| 諭, | *iú*, même sens. (Cette dernière expression s'entend souvent aussi des instructions morales en 16 chapitres, qui doivent être prêchées au peuple au nom de l'Empereur.)

孔子 | 人, *K'òng tsè* | *jên*, Confucius le très sage, le sage par excellence (aux yeux des Chinois).

| | 油, | | *ieôu*, consacrer les saintes Huiles.

| | 水, | | *choùi*, faire de l'eau bénite.

| 過的物件不必蹧蹋, | *kó tĭ oŭ kién poŭ pĭ tsāo t'ă*, il ne faut pas profaner les objets bénits.

盛 *Chén*. Abondant, florissant. 豐 |, *Fōng* |, abondant.

豐 | 年辰, *Fōng* | *niên chên*, année fertile.

茂 |, *Móng* |, d'une végétation luxuriante.

勝 *Chén*. Vaincre, surmonter. | 得過他, | *tĕ kó t'ā*, je puis le vaincre, je n'ai pas peur de lui.

| 不住, *v.* | 不過, | *poŭ tchóu*, *v.* | *poŭ kó*, ne pouvoir endurer, résister, en venir à bout.

| 魔鬼的誘感, | *mô koùi tĭ ieoù kàn*, vaincre les tentations du diable.

得 |, *Tĕ* |, remporter la victoire.

CHEŌU

收 *Cheōu*. Recueillir, ramasser. | 拾, | *chĕ*, ramasser, mettre en ordre.

| 撿, | *kièn*, ramasser, mettre en lieu sûr.

| 藏, | *ts'âng*, cacher.

| 監, | *kiēn*, mettre dans la prison des condamnés pour grands crimes.

| 卡, | *k'à*, mettre dans la prison ordinaire.

| 回來, | *hoûi lâi*, faire revenir une chose à soi, reprendre.

把自己的心 | 回來, *Pà tsé kì tĭ sīn* | *hoûi lâi*, (m.à.m.) faire revenir son cœur, ramener son attention, par ex. dans la prière.

| 成, | *tch'ên*, récolte.

| 成不好, | *tch'ên poŭ haò*, la récolte est mauvaise.

只有六分 | 成, *Tchè ieòu loŭ fēn* | *tch'ên*, la récolte n'est que de six pour dix.

| 庄稼, | *tchoūang kiā (kiá)*, rentrer les récoltes.

他 | 好多租, *T'ā* | *haò tō tsōu*, quel est son revenu annuel en riz?

| 生意, | *sēn í*, renoncer au commerce.

肯把生意 | 了不做了, *K'èn pà sēn í* | *lò poŭ tsóu lò*, tu ferais mieux de t'arrêter et de ne pas continuer ce commerce.

| 攤子, | *t'ān tsè*, ramasser l'étalage (à la fin de la journée).

| 心, | *sīn*, revenir à de meilleurs sentiments.

他 | 了心不願做強盜了, *T'ā* | *lò sīn poŭ iuén tsóu k'iâng táo lò*, il s'est converti et ne veut plus retourner à son métier de voleur.

| 工, | *kōng*, cesser l'ouvrage (à la fin de la journée).

| 賬, | *tcháng*, recouvrer des dettes.

| 親, | *ts'īn*, se marier.

| 留窮人, | *lieôu k'iông jên*, recueillir des pauvres.

打 | 字, *Tà* | *tsé*, faire un reçu.

全完 | 字, *Ts'uên ouân* | *tsé*, reçu de toute la somme due.

CHÈOU

首 *Chèou*. Tête, principe. | 人, | 事, | *jên*, | *sé*, notables ayant une certaine part à l'administration d'un forum, d'une société, d'une œuvre de bienfaisance, etc.

會 |, Hoúi |, nom donné aux chefs d'une corporation.

| 場, | tch'âng, le principal forum d'un district; on désigne aussi par là le forum le plus rapproché qu'on fréquente davantage.

畏 | 畏尾, Oúi | oúi oùi, (litt.) craindre et la tête et la queue; se dit d'un homme timide qui a peur de tout, ne sachant se résoudre à prendre un parti.

| 飾, | chĕ, ornements de tête des femmes (en or ou en argent).

守 Chèou. | 規誡, | koūi kiái, observer les commandements.

| 主日, | tchòu jĕ, observer le dimanche.

| 本分, | pèn fén, s'attacher à son devoir.

| 攤子, | t'ān tsè, surveiller l'étalage.

看 |, K'án |, surveiller.

| 倒我哭, | taò gò k'ŏu, il pleura devant moi sans vouloir s'en aller.

| 節, | tsiĕ, garder la viduité.

| 貞, | tchēn, garder la virginité.

手 Chèou. Main. | 掌, v. | 板, v. | 心, | tchàng, v. | pàn, v. | sīn, paume de la main.

打 | 掌, Tà | tchàng, donner sur les doigts (punition usitée dans les écoles, et aussi pour les lettrés qui, par privilége, sont exemptés de la bastonnade).

| 背, | péi, revers de la main.

| 板 | 背都是肉, | pàn | péi tōu ché joŭ, les deux côtés de la main, c'est également de la chair (proverbe, qu'on invoque pour s'excuser de se prononcer entre deux personnes également aimées).

| 指, | tchè, doigts de la main, indiquer de la main.

| 頸子, | kìn tsè, le poignet.

| 桿 v. 榦, | kàn, l'avant-bras.

| 彎子, | ouān tsè, l'angle intérieur du coude.

| 到拐, | táo kouài, le coude.

| 髈子, | pàng tsè, partie du bras depuis le coude jusqu'à l'épaule.

右 |, Ieóu |, main droite.

左 |, Tsò |, main gauche.

一隻 |, ĭ tchĕ (tchē) |, une main.

雙 |, Chouāng |, les deux mains.

上 |, Cháng |, en haut.

下 |, Hiá |, en bas; y mettre la main, commencer à agir.

不等他告我們我們先下 |, Poŭ tèn t'ā káo gò mên, gò mên siēn hiá |, n'attendons pas qu'il nous accuse, prévenons-le plutôt (en l'accusant nous-mêmes les premiers).

動 |, Tóng |, se mettre à l'œuvre, commencer.

歇 |, Hiĕ |, cesser l'ouvrage pour se reposer.

放 |, Fáng |, même sens, signifie aussi lâcher prise.

空 |, K'óng |, les mains vides.

打空 |, Tà k'óng |, marcher les mains vides, sans avoir rien à porter.

我空 | 來實在不好意思, Gò k'óng | lâi, chĕ tsái poŭ haò í sé, arrivant les mains vides, c.-à-d. sans avoir rien à offrir, je suis vraiment confus.

| 不空, | poŭ k'óng, je suis occupé, je n'ai pas les mains libres, je n'ai pas le temps.

游 | 好閒, Ieôu | háo hiên, fainéant.

| 脚不乾淨, | kiŏ poŭ kān tsín, (litt.) pieds et mains pas nets: se dit des gens portés au vol.

| 脚慢, | kiŏ mán, lent des pieds et des mains, lent dans le travail.

| 巧, | k'iào, main habile.

| 笨, | pén, main maladroite.

| 段, | touán, habileté.

好 | 段, Haò | touán, vraiment habile.

熟 |, Chŏu |, main exercée.

生 |, Sēn |, main non exercée.

二把 |, Eúl pà |, nom donné au second domestique ou employé d'une maison; de seconde main.

順｜, *Choûen* ｜, à portée de la main, facile à saisir.

｜面子好, ｜ *mién tsè haò*, habile de ses mains en général, habile à l'escrime.

亮｜, *Leáng* ｜, habile au pugilat.

黑｜, *Hĕ·* ｜, inhabile au pugilat.

縮｜, *Sŏ* ｜, retirer les mains dans ses manches.

得｜, *Tĕ·* ｜, obtenir.

不丟｜, *Poŭ tieōu* ｜, ne pas lâcher prise.

解｜, *Kài (kiài)* ｜, (vulg.) se dit des besoins naturels.

解大｜, *Kài tá* ｜, se soulager le ventre.

解小｜, *Kài siaò* ｜, uriner.

鬆｜, *Sōng* ｜, lâcher prise.

揌背｜, *Sāi péi* ｜, glisser la pièce à celui qui sert d'entremetteur dans un marché.

打擺｜, *Tà pài* ｜, marcher en balançant les bras.

｜下, ｜ *hiá*, inférieur.

｜下的人, ｜ *hiá tĭ jên*, les inférieurs, subalternes.

某人｜頭, *Mòng jên* ｜ *t'eôu*, sous la main d'un tel, sous le gouvernement d'un tel.

在某官｜頭那衙門的規矩典得好, *Tsái mòng koūan* ｜ *t'eôu lá iâ mên tĭ koūi kù hīn tĕ· hào*, sous le gouvernement de tel mandarin, il y avait des règles au prétoire.

奓開｜, *Tchā k'āi* ｜, ouvrir la main.

捧起｜, *P'òng k'ì* ｜, joindre les mains.

打｜勢, *Tà* ｜ *ché*, faire des signes avec la main (comme par ex. font deux individus qui, au moyen de l'attouchement des mains cachées sous la manche de l'un deux, débattent secrètement les prix).

｜上莫錢, ｜ *cháng mŏ ts'iên*, n'avoir pas de sapèques sous la main.

｜藝, ｜ *gní*, métier.

｜藝人, ｜ *gní jên*, artisan.

吹｜, *Tch'ōui* ｜, qui fait métier de jouer d'un instrument à vent.

水｜, *Chouì* ｜, matelot.

刀｜, *Tāo* ｜, celui qui dans les boucheries manie le couteau (on dit plus souvent *tchàng tāo tĭ*).

宰｜, *Tsài* ｜, boucher qui tue les bœufs et les moutons; signifie aussi bourreau.

劊子｜, *Kú tsè* ｜, bourreau.

｜色, ｜ *sĕ·*, péché solitaire.

｜鑻子, ｜ *p'án tsè*, bracelet.

｜巾, v. ｜帕, ｜ *kīn*, v. ｜ *p'á*, mouchoir, serviette.

｜杻脚鐐, ｜ *tcheòu kiŏ leâo*, entraves pour les pieds et les mains.

｜帶, ｜ *tái*, manipule.

｜照子, ｜ *tcháo tsè*, bougeoir.

｜鎗, ｜ *ts'iāng*, pistolet, révolver.

CHÉOU

獸 *Chéou.* Quadrupèdes, animaux sauvages.

禽｜, *K'în* ｜, oiseaux et quadrupèdes; animaux en général.

飛禽走｜, *Fēi k'în tseòu* ｜, même sens; *litt.* les oiseaux qui volent et les quadrupèdes qui marchent.

野｜, *Iè·* ｜, animaux sauvages.

人面｜心, *Jên mién* ｜ *sīn*, (litt.) figure d'homme, cœur d'animal; se dit d'un homme à l'instinct bestial.

｜頭兒, ｜ *t'eôu eûl (t'eûl)*, chat.

壽 *Chéou.* Longévité. 上｜, *Cháng* ｜, congratuler un vieillard le jour anniversaire de sa naissance.

拜｜, *Pái* ｜, lui faire à cette occasion les civilités d'usage.

高｜, *Kaō* ｜, quel âge avez-vous? (manière polie de demander son âge à un vieillard.)

｜板, v. ｜木, ｜ *pàn*, v. ｜ *mŏu*, bois qui doit servir pour le cercueil d'un homme âgé, le cercueil lui-même.

｜匾, v. ｜對, ｜ *p'iên*, v. ｜ *toúi*, inscriptions sur bois ou sur la soie, offertes à un vieillard à l'anniversaire de sa naissance.

萬 | 宮, *Ouán | kōng*, nom de la pagode particulière aux gens du *Kiāng sī*.

| 長, | *tch'âng*, longue vie.

受 *Chéou*. Recevoir, subir; marque du passif.

| 福, | *fǒu*, (litt.) recevoir du bonheur: parole de civilité qui se dit quand on entre chez quelqu'un (équivalant à notre bonjour).

·男女授 | 不親, *Lân niù chéou | poǔ ts'īn*, entre hommes et femmes, donner et recevoir ne doit pas se faire de la main à la main.

| 苦, | *k'òu*, souffrir.

| 緊, | *kìn*, être à la gêne.

| 賄, | *hoûi*, (litt.) recevoir des présents; signifie: se laisser corrompre par des présents.

你這樣做定要 | 談, *Gnì tché· iáng tsóu, tín iáo | t'ân*, en agissant ainsi, certainement tu feras causer de toi (en mauvaise part).

這句話我不 | , *Tché· kú houá gò poǔ |*, voilà une parole que je n'accepte pas, je n'y puis consentir.

| 恩, | *guēn*, recevoir un bienfait (les chrétiens emploient souvent cette expression dans le sens de: recevoir la communion).

| 戒, | *kiái*, se dit surtout des bonzes quand ils sont admis à la profession.

| 熱, | *jě*, souffrir de la chaleur.

| 害, | 刑, | *hái*, | *hîn*, subir un dommage, endurer des supplices.

| 傷, | 罰, | 哄, | 責備, | *chāng*, | *fă*, | *hòng*, | *tsě· pí*, être blessé, être puni, être trompé, être réprimandé, etc.

首 *Chéou*. Se dit des ascendants qui accusent leurs descendants devant le mandarin.

這宗娃娃我實在忍耐不過了我要 | 他, *Tché· tsōng oûa oūa gò chě tsái jèn lái poǔ kó lò, gò iáo | t'ā*, ce garnement de fils, vraiment je ne puis patienter davantage avec lui, je vais l'accuser devant le mandarin.

CHŎ

說 *Chŏ*. Parler, dire. | 話, | *houá*, parler; signifie aussi: jurer.

你 | 得話麼, *Gnì | tě· houá mŏ*, peux-tu jurer, pourrais-tu affirmer par serment?

| 和, | *hô*, mettre d'accord les gens.

| 一句就是一句, | *ĭ kú tsiéou ché ĭ kú*, je n'ai qu'une parole.

| 明白, | *mîn pě·*, dire clairement les choses.

| 清楚, | *ts'īn ts'òu*, même sens; signifie aussi: conclure une affaire.

| 清楚了, | *ts'īn ts'òu lò*, l'affaire est conclue, réglée.

| 得秀雅, *v.* | 得秀氣, | *tě· sieóu ià, v.* | *tě· siéou k'í*, c'est dit élégamment, ou bien à voix douce.

| 得趣, | *tě· ts'ú*, c'est dit plaisamment.

| 得有勁, | *tě· ieòu kín*, c'est dit avec force.

| 得有理, | *tě· ieòu lì*, ce qu'il dit est raisonnable.

| 得不錯, *v.* | 得門頭, | *tě· poǔ ts'ó, v.* | *tě· teôu t'eôu*, ce qu'il dit c'est bien cela.

| 得方圓, *v.* | 得圓範, | *tě· fāng iuên, v.* | *tě· iuên fán*, c'est bien tourné.

| 白話, | *pě· houá*, dire des mensonges.

| 謊, *v.* | 謊話, | *houàng, v.* | *houàng houá*, même sens.

| 通了, *v.* | 透了, | *t'ōng lò, v.* | *t'eóu lò*, c'est expliqué très clairement.

糊 | , *v.* 亂 | , *Fôu* | , *v. Louán* | , tu parles de travers.

打糊亂 | , *Tà fôu louán* | , paroles de délire.

| 笑, | *siáo*, dire des plaisanteries ou des paroles grivoises.

| 村, | *ts'ēn*, dire des paroles grossières.

我 | 跟你聽, *Gò | kēn gnì t'īn*, je vais te dire la chose.

| 得好, | *tĕ· haò*, c'est bien dit.

| 好話, | *haò houá*, dire de bonnes paroles, exhorter à la concorde.

| 跟人家, | *kēn jên kiā*, dire à autrui.

| 人家, | *jên kiā*, parler mal de quelqu'un, ou lui faire des reproches.

要 | 他一陣, *v.* 一頓, *Iáo* | *t'ā ĭ tchén*, *v.* ĭ tén, il faut lui faire une semonce.

那个人一點都 | 不得, *Lá kó jên ĭ tièn toū* | *poŭ tĕ·*, cet homme-là, on ne peut pas lui faire le moindre reproche (il a l'épiderme trop sensible).

不聽 | , *Poŭ t'ín* | , ne pas obéir.

| 他不過, *v.* | 他不贏, | *t'ā poŭ kó*, *v.* | *t'ā poŭ ìn*, ne pouvoir fermer la bouche à son adversaire.

你會 | , *Gnì hoúi* | , tu es habile à parler (sous-entendu: cela ne prouve pas que tu aies raison).

| 在一邊坡去了, | *tsái ĭ piēn p'ō k'ú lò*, tu es tout-à-fait à côté de la question.

那一股地方 | 了多久竟自沒有 | 成, *Lá ĭ koù tí fāng* | *lò tō kieòu, kín tsé mŏ ieòu* | *tch'ên*, pour ce terrain, il en a été question très longtemps, en définitive, l'affaire n'a pas abouti.

他又 | 得有一個婦人, *T'ā ieóu* | *tĕ· ieòu ĭ kó fóu jên*, (vulg.) il vient de se remarier.

還沒有跟他 | 親, *Hoūan mŏ ieòu kēn t'ā* | *ts'īn*, on ne lui a pas encore cherché de femme.

這个人好 | 話, *Tché· kó jên haò* | *houá*, c'est un homme de bonne composition.

倒起 | , *Táo k'ì* | , intervertir l'ordre des mots, par ex. en parlant avec trop de précipitation.

| 得不伸腰, | *tĕ· poŭ tch'ēn iāo*, ce n'est pas dit clairement, il ne finit pas de parler.

這句話 | 不過, *v.* 不去, *Tché· kú houá* | poŭ kó, *v.* poŭ k'ú, cette parole ne peut passer.

不 | 這些, *Poŭ* | *tché· sī*, ne parlons pas de cela.

不消 | , *Poŭ siāo* | , inutile d'en parler, cela va de soi.

| 東指西, | *tōng tchè sī*, (litt.) indiquer l'occident en parlant de l'orient; signifie: injurier quelqu'un en faisant mine de s'adresser à un autre.

| 不出來, | *poŭ tch'oŭ lâi*, les paroles ne veulent pas sortir; ne pouvoir s'exprimer (que l'empêchement soit physique ou moral, par ex: la pudeur, la crainte, etc.).

| 不得, | *poŭ tĕ·*, cela ne peut pas se dire.

| 不來, | *poŭ lâi*, ne pouvoir prononcer; signifie aussi: il n'y a pas à dire, c'est la dure nécessité.

不是得愛打官司, | 不來, *Poŭ ché tĕ· gái tà koūan sē*, | *poŭ lâi*, ce n'est pas que j'aime les procès, mais qu'y faire, impossible de les éviter.

書上 | 得有, *Chōu cháng* | *tĕ· ieòu*, on en parle dans les livres, il est dit dans les livres.

神父不 | 的, *Chên fóu poŭ* | *tĭ*, le Père ne dit-il pas? ou bien: comme dit le Père.

不是壞表樣我都不 | , *Poŭ ché houái piào iáng, gò toū poŭ* | , n'était le scandale, je ne dirais encore rien.

貴都不 | , 就是買不出來, *Koúi toū poŭ* | , *tsiéou ché mài poŭ tch'ŏu lâi*, si ce n'était que cher, je ne dirais encore rien, mais on ne trouve même pas à en acheter.

莫 | 一百銀子就是一千都不殼他用, *Mŏ* | *ĭ pĕ· ìn tsè, tsiéou ché ĭ ts'iēn toū poŭ keóu t'ā iónq*, ne parlez pas de cent taëls: il en aurait mille, que cela ne lui suffirait pas pour ses dépenses.

不 | 得來心頭又下去不倒, 要 | 得來又怕吾人恨, *Poŭ* | *tĕ· lâi sīn t'eôu ieóu hiá k'ú poŭ taò, iáo* | *tĕ· lâi ieóu p'á teōu jên hén*, ne rien dire, c'est bien difficile: parler, c'est m'attirer la haine des gens.

CHŌU

書 *Chōu*. Livre, lettre, écrire. **一本｜**, *ĭ pèn* ｜, un livre.

一部｜, *ĭ póu* ｜, tous les volumes d'un même ouvrage.

四｜, *Sé* ｜, les quatre livres classiques.

讀｜, *Toŭ* ｜, étudier.

讀｜人, *Toŭ* ｜ *jên*, étudiant.

｜子, *v.* **｜信**, ｜ *tsè*, *v.* ｜ *sín*, lettre.

一封｜信, *ĭ fōng* ｜ *sín*, une lettre.

摺｜子, *Tchĕ·* ｜ *tsè*, plier une lettre.

把｜信封好, *Pà* ｜ *sín fōng hào*, va cacheter la lettre.

八行｜, *Pă hâng* ｜, papier à lettre à 8 lignes.

帶｜信, *Tái* ｜ *sín*, porter une lettre.

｜房, ｜ *fâng*, salon, bibliothèque.

｜院, ｜ *ouán*, grande école.

教｜, *Kiāo* ｜, enseigner les livres.

上｜, *Cháng* ｜, lire à haute voix la leçon que les élèves doivent apprendre.

背｜, *Péi* ｜, réciter la leçon par cœur (pour cela les élèves tournent le dos au maître d'école).

｜名, ｜ *mîn*, nom donné aux enfants quand ils commencent à fréquenter l'école.

｜架子, ｜ *kiá tsè*, étalage des colporteurs de livres, pupitre.

圖｜, *T'ôu* ｜, cachet gravé sur bois, ou sur pierre (on dit plus souvent *t'ôu tchāng tsè*).

｜板子, ｜ *pàn tsè*, planches à imprimer.

刷｜, *Chouă* ｜, *litt.* brosser des livres, signifie: imprimer.

截｜, *Tsái* ｜, brocher un livre.

善｜, *Chán* ｜, bon livre.

才子｜, *Ts'âi tsè* ｜, roman.

文｜, *Ouên* ｜, lettres officielles des mandarins.

代｜, *Tái* ｜, écrivain public patenté, auquel les particuliers doivent s'adresser pour faire les actes d'accusation.

｜辦, ｜ *pán*, scribe de prétoire.

看｜, *K'án* ｜, lire.

上了｜的, *Cháng lò* ｜ *tĭ*, c'est dans les livres; c'est une histoire imprimée.

讀生｜, *Toŭ sēn* ｜, étudier une leçon pour la première fois.

理｜, *Lì* ｜, repasser une leçon, un livre déjà étudié.

｜經, ｜ *kīn*, un des livres sacrés des Chinois.

護｜, *Foú* ｜, portefeuille.

輸 *Chōu*. Perdre au jeu, livrer, perdre en général, être vaincu.

打｜了, *Tà* ｜ *lò*, il a perdu, il a été vaincu.

官司打｜了, *Kouān sē tà* ｜ *lò*, il a perdu son procès.

講禮信不會說話該｜, *Kiàng lì sín, poŭ hoúi chŏ houá, kāi* ｜, dans une discussion devant les autorités municipales, quiconque n'est pas habile à parler, ne peut manquer de perdre sa cause.

｜了一吊錢, ｜ *lò ĭ tiáo ts'iên*, il a perdu une ligature au jeu.

｜得乾乾淨淨, ｜ *tĕ· kān kān tsín tsín*, il y a tout perdu.

你們打牌有｜贏沒得, *Gnì mên tà p'âi, ieòu* ｜ *în mŏ tĕ·*, en jouant aux cartes, risquez-vous de l'argent? *litt.* y a-t-il perte et gain?

爭一個｜贏, *Tsēn ĭ kó* ｜ *în*, se disputer la victoire avec acharnement.

捐｜, *Kuēn* ｜, contribution surajoutée à l'impôt, pour l'entretien de l'armée.

｜糧, ｜ *leâng*, payer l'impôt.

｜家, ｜ *kiā*, (litt.) la famille qui perd (on désigne par cette expression la famille de la fiancée; celle du fiancé se dit *în kiā*: la famille qui gagne).

舒 *Chōu*. **｜服**, ｜ *foŭ*, consentir, s'apaiser.

做事要合式點，人些纔｜服得下去, *Tsóu sé iáo hŏ ché tièn, jên sī ts'âi* ｜ *foŭ tĕ· hiá k'ú*, il faut y aller plus doucement, pour que les gens s'y résignent.

CHÒU

暑 *Chòu.* Chaleur. 寒｜表, *Hân* ｜ *piào,* thermomètre.
｜熱, ｜ *jĕ*, très chaud.
小｜, 大｜, *Siaò* ｜, *tá* ｜, deux des 24 divisions de l'année chinoise (du 7 Juillet au 7 Août).
三伏｜天, *Sān foŭ* ｜ *t'iēn,* l'époque la plus chaude de l'année, environ de mi-juillet à mi-août.

鼠 *Chòu.* Rat, et autres animaux rongeurs.
逼｜的猫兒, *Pi* ｜ *tì māo eûl,* bon chat qui est la terreur des rats.
簷老｜, *Iên lào* ｜, nom vulgaire de la chauve-souris.
穌｜, *Sōu* ｜, loir.
貂｜, *Tiāo* ｜, zibeline.
黄｜兒, *Hoûang* ｜ *eûl (chouèul),* belette.

CHÓU

署 *Chóu.* Faire l'intérim. ｜任官, *v.* ｜印官, ｜ *jouén kouān, v.* ｜ *ín kouān,* mandarin intérimaire.

樹 *Chóu.* Arbre. ｜子, ｜ *tsè,* arbre.
一根｜子, *ĭ kēn* ｜ *tsè,* un arbre.
｜林, ｜ *lîn,* forêt.
｜根根, *v.* ｜根子, ｜ *kēn kēn, v.* ｜ *kēn tsè,* la racine de l'arbre.
｜葉葉, ｜ *iĕ iĕ*, ses feuilles.
｜椏枝, ｜ *iā tchē,* ses rameaux.
｜皮子, ｜ *p'î tsè,* l'écorce.
｜殼殼, ｜ *k'ŏ k'ŏ,* écorce extérieure qui s'enlève par plaques.
｜節巴, ｜ *tsiĕ pā,* nœuds dans le tronc.
｜杚包, *v.* ｜包包, ｜ *kĕ pāo, v. pāo pāo,* nœud qui fait saillie.
｜頭, ｜ *t'eôu,* partie du pied de l'arbre enfoncée en terre.
｜杚樑, ｜ *kĕ teōu,* pied de l'arbre qui reste en terre, après que l'arbre est coupé.
｜樁樁, ｜ *tchoūang tchoūang,* souche.
｜秧子, ｜ *iāng tsè,* jeunes plants.
｜子子, ｜ *tsè tsè,* semences.
｜花花, ｜ *hoūa hoūa,* fleurs.
｜花菓豆, ｜ *hoūa kò teóu,* boutons à fleurs.
｜發芽, ｜ *fă iâ,* arbre qui commence à produire des boutons.
｜發椏, ｜ *fă iā,* qui produit ses premiers rameaux.
｜身身, *v.* ｜正身, *v.* ｜梢梢, *v.* ｜梢子, ｜ *chēn chēn, v.* ｜ *tchén chēn, v.* ｜ *chāo chāo, v.* ｜ *chāo tsè,* tronc d'arbre.
｜顛顛, ｜ *tiēn tiēn,* sommet de l'arbre.
砍｜子, *K'àn* ｜ *tsè,* couper un arbre.
挖｜子, *Oūa* ｜ *tsè,* déraciner un petit arbre à la pioche.
刨｜子, *P'âo* ｜ *tsè,* le déraciner en creusant avec la main ou avec un bâton.
｜子開花, ｜ *tsè k'āi hoūa,* l'arbre fleurit.
修｜子, *Siēou* ｜ *tsè,* émonder, tailler.
剔｜子, *T'ī* ｜ *tsè,* couper les branches jusqu'à une certaine hauteur, pour en faire du bois de chauffage.
接｜子, *Tsiĕ* ｜ *tsè,* greffer un arbre.
彎｜子, *iū* ｜ *tsè,* faire plier un arbre méthodiquement.
扳｜子, *Pān* ｜ *tsè,* le tirer violemment.
薅｜子, *Hāo* ｜ *tsè,* arracher les herbes du pied de l'arbre.
撐｜子, *Ts'én* ｜ *tsè,* étayer un arbre.
飲｜子, *ín* ｜ *tsè,* l'arroser.
爬｜子, *P'â* ｜ *tsè,* grimper sur les arbres.
｜木, ｜ *moŭ,* les arbres en général.
習｜木, *Sĭ* ｜ *moŭ,* soigner les arbres, en planter beaucoup.

恕 *Chóu.* Pardon, miséricorde. 寬｜, *K'oūan* ｜, pardonner.
｜你無罪, ｜ *gnì oû tsóui,* je ne t'en voudrai pas pour cela.
求寬｜, *K'ieôu k'oūan* ｜, demander pardon.

我饒 | 你, *Gò jâo* | *gnì*, je te pardonne.

庶 *Chóu*. | 民, | *mîn*, le peuple.

CHŎU

贖 *Chŏu*. Racheter. 天主子降生來救 | 我們, *T'iēn Tchoù tsè kiáng sēn lâi kieóu* | *gò mên*, le Fils de Dieu s'est fait homme pour nous racheter.

補 |, *Poù* |, satisfaction pour les péchés.

補 | 經, *Poù* | *kīn*, prière imposée pour pénitence.

| 擄會, | *loù hoúi*, (litt.) société pour le rachat des captifs: Ordre de N.-D. de la Merci.

| 罪, | *tsoúi*, se libérer d'une condamnation au moyen d'une somme d'argent fixée par la loi.

以功 | 罪, *ì kōng* | *tsoúi*, racheter ses fautes par ses mérites.

| 取一股地方, | *ts'ú ĭ koù tí fāng*, racheter un terrain qu'on avait vendu ou hypothéqué.

術 *Chŏu*. Art, artifice. 心 |, *Sīn* |, manière de penser de quelqu'un.

心 | 不正, *Sīn* | *poŭ tchén*, cœur perverti.

邪 |, *Sié·* |, magie, sorcellerie.

屬 *Chŏu*. Etre sous la juridiction, appartenir.

李庄 | 南溪縣管, *Lì tchoūang* | *Lân k'ī hién kouàn*, le forum de *Lì tchoūang* est du ressort de la sous-préfecture de *Lân k'ī*.

這個場歸那一 |, *Tché· kó tch'âng koūi là ĭ* |, de quelle sous-préfecture dépend ce forum?

貴縣所 | 的地方, *Koúi hién sò* | *tĭ tí fāng*, le pays qui est sous la juridiction du noble sous-préfet.

蜀 *Chŏu*. 西 |, *v.* 巴 |, *Sī* |, *v. pā* |, ancien nom de la province du *Sé tch'ōuan*.

束 *Chŏu*. | 脩, | *sieōu*, (vulg. *hiŏ ts'iên*), honoraires d'un maître d'école.

約 |, *v.* 管 |, *Iŏ* |, *v. kouàn* |, contenir dans le devoir.

兒女要約 | 得好, *Eûl niù iáo iŏ* | *tĕ· haò*, il faut bien tenir les enfants dans le devoir.

不會約 | 兒女, *Poŭ hoúi iŏ* | *eûl niù*, il n'entend rien à gouverner ses enfants.

叔 *Chŏu*. Frere cadet du père, oncle.

| 爺, | *iê·*, même sens.

大 |, 二 |, 么 |, *Tá* |, *eúl* |, *iāo* |, le plus âgé des frères cadets du pere, celui qui vient ensuite, le dernier.

两 | 姪, *v.* 两 | 子, *Leàng* | *tchĕ*, *v. leàng* | *tsè*, l'oncle et le neveu.

| 伯弟兄, | *pĕ· tí hiōng*, cousins germains; fils de deux frères.

小 | 子, *Siaò* | *tsè*, nom que donne la femme aux frères cadets de son mari.

两 | 嫂, *Leàng* | *saò*, le frère cadet et la femme du frère aîné.

| 娘, | *niâng*, la femme du | *iê·*.

| |, | |, les enfants appellent souvent ainsi leur | *iê·*.

| 公, | *kōng*, grand-oncle (cadet du grand-père).

孰 *Chŏu*. Qui? comment? | 是 | 非, | *ché* | *fēi*, qui a raison? qui a tort?

熟 *Chŏu*. Cuit, mûr, expérimenté, accoutumé.

煮 | 了, *Tchoù* | *lò*, c'est bien cuit.

煨 |, *Oūi* |, cuisson à l'eau, lente.

燒 |, *Chāo* |, rôti au feu.

煎 |, *Tsiēn* |, frit.

半生半 |, *Pán sēn pán* |, à moitié cru, à moitié cuit. (Se dit, au sens propre, des aliments mal cuits; au sens figuré, d'une science mal digérée.)

| 人, *v.* | 識的人, *v.* 相 | 的人, | *jên*, *v.* | *chĕ tĭ jên*, *v. siāng* | *tĭ jên*, homme bien connu, avec lequel on a de fréquents rapports.

他的書還生得很要㸃｜熟, *T'a tī chōu hoûan sēn tĕ· hèn, iáo lī | tièn*, il ne possède encore guère son livre; il faut qu'il le repasse, afin de pouvoir le réciter plus couramment.

｜路, | *loú*, route qu'on connaît bien, qu'on est habitué de faire.

路不｜, *Loú poŭ* |, je ne connais guère la route.

練｜了, *Nién (v. lién)* | *lò*, devenu habile à force d'exercice.

｜脚强盜, | *kiŏ k'iâng taó*, se dit d'un voleur qui est au courant de la disposition et des habitudes de la maison où il va voler.

｜土, | *t'oŭ*, terre arable.

｜漆, | *ts'ī*, vernis rendu brillant par la cuisson.

CHÒUA

耍 *Chòua*. S'amuser, jouer, demeurer quelque temps dans un endroit sans occupation bien déterminée.

我在重慶｜過兩年, *Gò tsái Tch'ông k'ín* | *kó leàng niên*, je me suis amusé, ou je suis demeuré deux ans à *Tch'ông k'ín*.

玩｜, *Ouân* |, s'amuser (se prend ordinairement dans un bon sens).

上山去玩｜, v. 轉｜, *Cháng chān k'ú ouân* |, v. tchóuan |, aller se promener sur la montagne.

頑｜, *Ouân* |, se livrer à des gamineries, à des jeux de mains, se bousculer.

走｜, v. 遊｜, *Tscòu* |, v. *ieôu* |, se promener.

閑｜, *Hiên* |, flâner, ne rien faire.

｜得好, | *tĕ· haò*, il prend du bon temps.

｜慣了, | *kouán lò*, habitué à flâner.

戲｜, *Hí* |, plaisanter.

貪｜, v. 好｜, *T'ān* |, v. *háo* |, aimer trop à s'amuser.

這个小夥子都好就是一個貪｜, 得狠, *Tché· kó siaò hò tsè tōu hào, tsieóu ché ī kó t'ān* | *tĕ· hèn*, ce jeune homme est bien, du reste, seulement il aime trop à s'amuser.

｜錢, | *ts'iên*, jouer aux sapèques (comme à pile ou face); se dit en outre de tous les jeux où il y a de l'argent engagé.

看｜, *K'án* |, s'amuser à regarder.

｜把戲, | *pà hí*, faire des tours de passe-passe sur les tréteaux.

說來｜的沒有當眞說, *Chŏ lâi* | *tī, mŏ ieoù táng tchēn chŏ*, c'est pour rire que je l'ai dit, pas sérieusement.

｜起得, v. ｜起在, | *k'ì tĕ·*, v. | *k'ì tsái*, se dit de quelqu'un qui ne fait rien, souvent malgré lui, faute de trouver de l'ouvrage.

｜脫, | *t'ŏ*, risquer une chose et la perdre.

腦膅都｜脫了, *Laò k'ŏ tōu* | *t'ŏ lò*, il a risqué sa tête et l'a perdue, il lui en a coûté la tête.

CHŎUA

刷 *Chŏua*. Brosser. ｜子, | *tsè*, brosse.

｜｜, | |, goupillon, brosse à manche.

椶｜子, *Tsōng* | *tsè*, brosse faite avec les fibres de l'écorce d'une espèce de palmier.

｜把, | *pà*, espèce de petit balai, court et raide, fait de bambou, servant à nettoyer la marmite.

把衣服｜乾淨, *Pà ī foŭ* | *kān tsín*, brosse les habits proprement.

毛都｜脫了, *Mâo toū* | *t'ŏ lò*, il a brossé jusqu'à faire partir les poils.

鞋｜子, *Hâi* | *tsè*, brosse pour souliers.

鷄毛｜子, *Kī mâo* | *tsè*, plumail.

CHOŬAI

衰 *Choūai*. Faible, débile. ｜弱, | *jŏ*, faible.

他的信德｜弱得狠, *T'a tī sín tĕ·* | *jŏ tĕ· hèn*, sa foi est très faible.

今年子這個老者越見 | 弱, v. | 頹, *Kīn niên tsè tché· kó laò tchè·, iuě· kién | jŏ, v. | t'oûi*, cette année, ce pauvre vieux paraît encore plus affaibli.

CHOÙAI

摔 *Chouài*. Lancer, balancer. 會 | 石頭, *Hoúi | chĕ t'eôu*, habile à lancer des pierres.

我 | 你的耳巴子, *Gò | gnì tī eùl pā tsè*, je te flanque une gifle.

| 過去, | 過來, *| kó k'ú, | kó lâi*, aller ou faire aller tantôt d'un côté tantôt d'un autre, comme le balancier d'une horloge.

一 | 一 | 的, *ī | ī | tī*, qui va en se balançant.

這根担子一 | 一 | 的不好挑, *Tché· kēn tán tsè ī | ī | tī poŭ haò t'iāo*, ce fardeau n'est pas commode à porter, il remue trop.

| 話, *| houá*, paroles vagues qui cherchent à éluder la question.

這些 | 話我聽傷了, *Tché· sī | houá gò t'īn chāng lò*, j'en ai assez, de ces paroles vagues, qui ne sont pas une réponse (sous-entendu: réponds-moi nettement).

CHOÚAI

帥 *Chouái*. Grand chef militaire. 元 | , *Iuên |*, généralissime.

掛了 | 印, *Kouá lò | ín*, (litt.) il a attaché le sceau de général en chef (c.-à-d. il a été nommé général en chef).

CHOŪAN

拴 *Chouān*. Lier, attacher. 拿索索 | 倒, *Lâ sŏ sŏ | taò*, prends une corde et lie.

| 死, *| sè*, lier de façon qu'on ne puisse défaire le nœud.

| 得緊, *| tĕ· kìn*, c'est lié étroitement, serré.

| 得鬆, *| tĕ· sōng*, lié plus lâchement.

不 | 緊點怕在路上落下來, *Poŭ | kìn tièn, p'á tsái loú cháng lŏ hiá lâi*, si on n'attache pas (l'objet) plus solidement, il y a danger qu'il ne se détache et ne tombe en route.

帮我 | 穩當點, *Pāng gò | ouèn táng tièn*, aide-moi à lier plus solidement.

| 送强盗, *| sóng k'iâng taó*, lier et conduire un voleur au mandarin.

這樣纔 | 得倒他的心, *Tché· iáng ts'âi | tĕ· taò t'ā tī sīn*, de cette manière on pourra enfin fixer son cœur, arrêter son humeur vagabonde.

閂 *Chouān*. Cheville de sûreté pour fixer le verrou. (Pour tirer le verrou, il faut d'abord retirer cette petite cheville.)

門 | , v. 門 | | , *mên |, v. mên | |*, (*chouán choúeul*), la cheville de sûreté.

把門 | 抽出來, *Pà mên | tch'eōu tch'ōu lâi*, retire la cheville.

把門 | 拿來 | 起, *Pà mên | lâ lâi | k'ì*, cheville le verrou.

CHOÚAN

涮 *Chouán*. Rincer. 這些罐罐要拿來 | 乾淨, *Tché· sī kouán kouán iáo lâ lâi | kān tsín*, va rincer proprement ces terrines.

| 絣子, *| p'în tsè*, rincer des bouteilles.

訕 *Chouán*. Se moquer, plaisanter. 不要 | 了, *Poŭ iáo | lò*, cessez ces plaisanteries, ces badinages.

CHOŪANG

雙 *Chouāng*. Double, une paire. | 親, v. | 老, *| ts'īn, v. | laò*, père et mère.

| 手, | 脚, *| cheòu, | kiŏ*, des deux mains, des deux pieds.

一 | 鞋, 一 | 筷子, *ī | hâi, ī | k'ouái tsè*, etc., une paire de souliers, de bâtonnets, etc.

| 關二意的話, *| kouān eúl í tī houá*, paroles à double sens.

| | , | | , deux jumeaux.

霜 *Choūang*. Gelée blanche. **白頭**｜, *Pĕ· t'eôu* ｜, gelée blanche proprement dite.

打白頭｜, *Tà pĕ· t'eôu* ｜, il fait de la gelée blanche.

青｜, *T'sīn* ｜, brouillard froid, mais qui ne va pas jusqu'à blanchir les toits.

水｜, *Choùi* ｜, brouillard froid qui se résoud en une petite pluie fine.

｜**降**, ｜ *kiáng*, chute de la gelée blanche (nom d'une des époques de l'année chinoise, du 23 Oct. au 7 Nov.).

清明斷雪穀雨斷｜, *Ts'īn mîn touán suĕ·, koŭ iù touán* ｜, à l'époque *ts'īn mîn* (du 5 au 20 Avr.) finissent les neiges, à l'époque *koŭ iù* (du 20 Avr. au 5 Mai) finissent les gelées blanches.

孀 *Choūang*. Veuve. **又是貧窮又是居**｜**好可憐一個老婆婆**, *Ieóu ché p'în k'iông, ieóu ché kū* ｜, *haò k'ò liên ĭ kó laò p'ô p'ō*, elle est à la fois sans ressources et veuve: vraiment bien à plaindre, cette pauvre vieille!

｜**婦**, ｜ *foú*, veuve.

艭 *Choūang*. ｜**飛燕**, ｜ *fēi ién, (ieúl)*, petite barque qu'on dirige en manœuvrant une rame de chaque main.

CHOÙANG

爽 *Choùang*. **日子過得**｜**快**, *Jĕ tsè kó tĕ·* ｜ *k'oúai*, il vit heureux, sans chagrin.

做事要｜**快點**, *Tsóu sé iáo* ｜ *k'oúai tièn*, en travaillant il faut y aller plus lestement.

CHOÛEN

唇 *Choûen*. Lèvres. **口**｜, *K'eòu* ｜, lèvres.

｜**舌**, ｜ *chĕ·*, les lèvres et la langue; (au fig.) les paroles.

這件事怕要費些狠｜**舌**, *Tché· kién sé p'á iáo feí sī hèn* ｜ *chĕ·*, sans doute pour arranger cette affaire il faudra bien des frais d'éloquence.

淳 *Choûen*. Sincère, doux, d'un bon naturel.

｜**善**, ｜ *chán*, simple et bon.

｜**良**, ｜ *leâng*, vraiment doux de caractère.

｜**厚的風俗**, ｜ *heóu tĭ fōng siŏu*, mœurs d'une grande simplicité.

醇 *Choûen*. Bon vin. **這個酒**｜**得好**, *Tché· kó tsièou* ｜ *tĕ· haò*, ce vin est doux et bon.

純 *Choûen*. Pur, sans mélange. **天主是**｜**神**, *T'iēn Tchoù ché* ｜ *chên*, Dieu est un pur esprit.

鶉 *Choûen*. **鵪**｜, *Gān* ｜, la caille.

繩 *Choûen*. Corde, câble. ｜**子**, ｜ *tsè*, grosse corde.

麻｜**子**, *Mâ* ｜ *tsè*, corde de chanvre.

棕｜**子**, *Tsōng* ｜ *tsè*, corde de bourre de palmier.

草｜**子**, *Ts'ào* ｜ *tsè*, corde de paille.

火｜, *Hò* ｜, longue corde qui sert à amorcer le fusil chinois.

頭｜, *T'eôu* ｜, forte ficelle, ordinairement rouge, qui sert à lier la tresse de cheveux des enfants.

｜**索**, ｜ *sŏ*, corde plus ou moins forte.

打｜**子**, **揪**｜**子**, **搓**｜**子**, *Tà* ｜ *tsè*, *tsieōu (v. tsieōu)* ｜ *tsè*, *ts'ō* ｜ *tsè*, fabriquer des cordes à la machine, à la main en tordant, à la main en roulant les deux tresses sur les genoux.

挮｜**子**, *P'ài* ｜ *tsè*, mesurer une corde à la brasse.

挽｜**子**, *Ouàn* ｜ *tsè*, la ramasser en rouleau.

一圈｜**子**, *ĭ k'uēn* ｜ *tsè*, un rouleau de cordes.

｜**子乾轄**, ｜ *tsè kĕ· tá*, nœud de corde.

錨｜**子**, *Mâo* ｜ *tsè*, câble d'ancre.

一根｜**子**, *ĭ kēn* ｜ *tsè*, une corde.

多粗一根｜**子**, *Tō ts'ōu ĭ kēn* ｜ *tsè*, une très grosse corde.

韁｜, *Kiāng* ｜, bride.

CHOUÉN

順 *Chouén.* Se conformer, mettre en ordre.

丨風, 丨 *fōng,* vent favorable.

風調雨丨, *Fōng t'iâo iù* 丨, le vent et la pluie à souhait.

丨便, 丨 *pién,* profiter de l'occasion.

你丨便跟他說, *Gnì* 丨 *pién kēn t'a chŏ,* dis-lui à l'occasion.

丨路, 丨 *loú,* sur la route même qu'on suit.

將就丨路帮我帶這封書子, *Tsiāng tsieóu* 丨 *loú, pāng gò tai tché· fōng chōu tsè,* comme c'est sur la route, rends-moi le service de porter cette lettre.

兒女要丨父母的意, *Eûl niù iáo* 丨 *foú moù tĭ í,* les enfants doivent se conformer à la volonté de leurs parents.

事情不丨, *Sé ts'în poŭ* 丨, les affaires vont mal.

事情不丨意, *v.* 不丨遂, *Sé ts'în poŭ* 丨 *í, v.* poŭ 丨 *sú,* les affaires ne vont pas comme je désirerais.

東東西西要撿丨吓, *Tōng tōng sī sī iáo kièn* 丨 *há,* il faut ramasser un peu les objets, les mettre en ordre.

丨開東西, 丨 *k'āi tōng sī,* enlever les objets d'un endroit où ils embarrassent.

丨倒, 丨 *taò,* rangez-vous! (cri des porteurs de chaise pour se faire faire place.)

丨從魔鬼的誘惑, 丨 *ts'ông mô koùi tĭ ieoù kàn,* consentir aux suggestions du diable.

丨手, 丨 *chcòu,* commode, à portée de la main.

丨口, 丨 *k'eòu,* facile à prononcer, coulant.

丨口答應, 丨 *k'eòu tă ín,* répondre sans réfléchir, au hasard.

歸丨, *Koūi* 丨, se soumettre.

舜 *Chouén.* Nom d'un célèbre empereur des premiers temps de l'empire chinois.

堯丨, *Iâo* 丨, ces deux noms sont souvent associés dans la bouche des Chinois. *Iâo* fut le prédécesseur de *Chouén,* et non moins célèbre que lui.

瞬 *Chouén.* Clignement de l'œil (on prononce aussi *chouèn*).

丨息之間, 丨 *sĭ tchē kiēn,* en un clin d'œil.

CHÔUI

誰 *Chôui.* Qui? lequel? 丨是丨非, 丨 *ché* 丨 *fēi,* qui a raison? qui a tort?

是丨都談得話, *Ché* 丨 *toū t'án tĕ· houá,* n'importe qui a droit de parler (dans cette affaire).

事整爛了我問得丨個, *Sé tchèn lán lò, gò ouén tĕ·* 丨 *kó,* l'affaire une fois gâtée, à qui m'adresser, à qui recourir?

CHÒUI

水 *Chòui.* Eau, liquide. 冷丨, *Lèn* 丨, eau froide.

凉丨, *Leâng* 丨, eau fraîche.

熱丨, *Jĕ·* 丨, eau chaude.

清亮丨, *Ts'īn leáng* 丨, eau claire.

井丨, *Tsìn* 丨, eau de puits.

河丨, 海丨, *Hô* 丨, *hài* 丨, eau de fleuve, de mer.

流丨, *Lieôu* 丨, eau courante.

死丨, *Sè* 丨, eau stagnante.

鹼丨, *Tàn* 丨, eau de soude.

塩丨, *Iên* 丨, eau de saumure.

鹹丨, *Hân* 丨, eau salée.

温熱丨, *Ouēn jĕ·* 丨, eau tiède.

渾丨, *Houēn* 丨, eau trouble.

泥丨匠, *Gnî* 丨 *tsiáng,* couvreur, maçon.

硝丨, *Siāo* 丨, eau chargée de sels naturels.

露丨, *Loú* 丨, rosée.

開丨, *v.* 漲丨, *v.* 滾丨, *K'āi* 丨, *v. tchàng* 丨, *v. kouèn* 丨, eau bouillante.

汗丨, *Hán* 丨, sueur.

浸丨, *Ts'ín* 丨, eau infiltrée.

天花丨, *T'iēn hoūa* 丨, eau de pluie.

雨丨, *Iù* 丨, même sens.

華西官話漢法詞典

墨｜, *Mĕ·* ｜, encre.
｜墨像, ｜ *mĕ· siáng*, gravures noires, sans couleurs.
｜銀, ｜ *în*, mercure.
｜晶, ｜ *tsīn*, cristal de roche.
堰｜, *Ién* ｜, eau d'un canal d'arrosage.
汁｜, *Tchĕ* ｜, jus.
漏子｜, *Leóu tsè* ｜, espèce de mélasse.
｜糖, ｜ *t'âng*, sucre grossier, jaune.
泉｜, *Ts'uên* ｜, eau de source.
合｜, *Hŏ* ｜, réunion des eaux de deux toits, confluent de deux cours d'eau.
｜脚, ｜ *kiŏ*, prix du transport des marchandises par eau.
｜烟, ｜ *iēn*, tabac dont on se sert pour la pipe à eau.
｜菓, ｜ *kò*, fruits aqueux.
｜菜, ｜ *ts'ái*, légumes confits au sel.
｜藥, ｜ *iŏ*, médecine qui se prend en potions (par opposition à celle qui se prend en pilules).
藥｜, *Iŏ* ｜, acide chimique.
梘｜槽, *Kièn* ｜ *ts'âo*, conduite d'eaux.
｜溝, ｜ *keōu*, fossé, petit ruisseau.
屋簷｜, *Oŭ iên* ｜, l'eau qui descend du toit.
滴屋簷｜, *Tĭ oŭ iên* ｜, lorsque l'eau des toits descend goutte à goutte.
流屋簷｜, *Lieôu oŭ iên* ｜, lorsque, dans des pluies plus fortes, l'eau des toits coule d'une manière continue.
流山｜, *Lieôu chān* ｜, très forte pluie, qui fait couler l'eau sur les flancs de la montagne.
打｜, *v.* 舀｜, *Tà* ｜, *v. iaò* ｜, puiser de l'eau.
｜冒出來, ｜ *máo tch'ŏu lâi*, eau qui sort de terre, ou qui déborde du vase où elle est enfermée.
車｜, *Tch'ē* ｜, faire monter l'eau dans les rizières au moyen de la noria.
放｜, *Fáng* ｜, lâcher l'eau des rizières.
飲｜, *ìn* ｜, arroser.
浮｜, *Foû* ｜, nager.
浮｜過河, *Foû* ｜ *kó hô*, passer le fleuve à la nage.

會｜, *Hoúi* ｜, savoir nager.
沉｜, *Tch'ĕn* ｜, immerger.
｜土, ｜ *t'où*, (litt.) l'eau et la terre, climat.
不合｜土, *Poŭ hŏ* ｜ *t'où*, ne pas se faire au climat.
｜土不合, ｜ *t'où poŭ hŏ*, le climat ne convient pas.
不服｜土, *Poŭ foŭ* ｜ *t'où*, ne pouvoir supporter le climat.
進｜, *Tsín* ｜, *litt.* faire entrer l'eau, faire pénétrer de l'argent au prétoire, pour se rendre le mandarin favorable.
他進了三百銀子的｜,纔把官司打贏了, *T'ā tsín lò sān pĕ· în tsè tĭ* ｜, *ts'âi pà kouān sē tà în lò*, il a fait passer secrètement trois cents täels au mandarin, c'est ainsi qu'il a gagné son procès.
發｜, *Fă* ｜, mouiller les marchandises pour les rendre plus lourdes, ou plus volumineuses (pratique trop commune aux bouchers, aux marchands de riz, etc.).
發｜米, *Fă* ｜ *mì*, riz qui a été ainsi frauduleusement mouillé.
泡｜, *P'áo* ｜, infuser.
漲大｜, *Tchàng tá* ｜, grande crue des eaux.
｜退了, *v.* ｜消了, ｜ *t'oúi lò*, *v.* ｜ *siāo lò*, l'eau s'est retirée, s'est écoulée, elle a baissé.
枯｜時候, *K'ōu* ｜ *chê heóu*, temps des eaux basses (de Décembre à Avril ou à Mai).
｜路, ｜ *loú*, voyage par eau.
上｜, *Cháng* ｜, remonter le courant.
下｜, *Hiá* ｜, descendre le courant; descendre dans l'eau.
風｜, *Fōng* ｜, objet quelconque, arbre, pierre, etc., auquel les payens attribuent la vertu de protéger une ville, une famille.
聖｜, *Chén* ｜, eau bénite.
洒聖｜, *Sà chén* ｜, asperger.
點聖｜, *Tièn chén* ｜, tremper la main dans l'eau bénite, prendre de l'eau bénite.
河頭起了點｜, *Hô t'eôu k'ì lò tièn* ｜, l'eau du fleuve a grandi un peu.

洪 | , Hông | , déluge, grandes eaux.

回 | 沱, Hoûi | t'ô, petite baie formée par un remous.

照 | 碗, Tcháo | ouàn, superstition qui consiste à deviner d'après l'inspection d'un objet placé dans une tasse d'eau.

潑 | 飯, P'ŏ | fán, autre superstition qui consiste à répandre un mélange d'eau et de riz pour apaiser le diable.

收 | , Cheōu | , superstition à l'usage des chirurgiens chinois, quand il s'agit de fractures, ou de blessures des payens.

敷 | , Foū | , suppléer à ce qui manque au titre de l'argent. (Dans ces sortes d'expressions, le mot choùi se prend dans le sens de titre de l'argent.)

我不要你的銀子 | 矮狠了, Gò poŭ iáo gnì tĭ in tsè, | gài hèn lò, je ne veux pas de ton argent, le titre en est par trop faible.

我敷你二分 | , Gò foū gnì eúl fēn | , pour compenser la faiblesse du titre, je consens à te payer en plus 2 %.

為你那一件事我又談得有多少數 | 的話, Ouí gnì lá ĭ kién sé, gò ieóu t'án tĕ ieòu tō chào foū | tĭ houá, pour finir ton affaire, il m'a fallu encore dire (ajouter) bien des paroles, ou bien, il m'a fallu faire bien des excuses.

CHÓUI

稅 Chóui. Contributions indirectes, droits de douane, de timbre, etc.

上 | , v. 過 | , Cháng | , v. kó | , acquitter les droits.

漏 | , v. 走 | , Leóu | , v. tseòu | , faire de la contrebande.

瞞官漏 | , Mân koūan leóu | , en trompant la surveillance des mandarins, frauder les droits.

| 契, | k'í, faire timbrer un contrat.

放 | , Fáng | , baisser les droits de timbre (ce que font les mandarins un peu avant de partir, afin que l'on se presse de faire timbrer les contrats, source de revenus pour eux).

掛 | 契牌, v. 掛減 | 牌, Koúa | k'í p'âi, v. koúa kièn | p'âi, (litt.) suspendre la tablette des droits. (A cette occasion, les mandarins font suspendre à la porte du prétoire une tablette sur laquelle est marqué le taux des droits ainsi réduits.)

收 | , Cheōu | , percevoir les droits de douane.

釐金 | , Lî kīn | , douane.

| 關, | koūan, même sens.

| 重, | tchóng, les droits sont élevés.

| 船, | tch'ôuan, barque sur laquelle est installée la douane.

恩 | , Guēn | , litt. douane de faveur. (On appelle ainsi la forte diminution des droits de douane le premier jour de l'an.)

新年頭趕恩 | , Sīn niên t'eôu kàn guēn | , s'empresser de profiter de cette diminution, au premier de l'an.

睡 Chóui. Se coucher, dormir. | 着了, | (tchŏ) tch'ŏ lò, il est endormi.

| 不着, | poŭ tch'ŏ, ne pouvoir s'endormir.

打瞌 | , v. 栽瞌 | , Tà k'ŏ | , v. tchōuai k'ŏ | , s'endormir de lassitude.

瞌 | 來了, K'ŏ | lâi lò, avoir sommeil.

側起 | , Tsĕ k'ì | , dormir sur le côté.

仰起 | , Iàng (pour niàng) k'ì | , dormir couché sur le dos.

仆起 | , P'ŏu (pour p'ôu) k'ì | , dormir couché sur le ventre.

沒得瞌 | , Mŏ tĕ k'ŏ | , sans envie de dormir.

| 醒, | sìn, s'éveiller.

| 死, | sè, sommeil de plomb.

| 酣了, | hān lò, profondément endormi.

打 | 了, Tà | lò, frappé au point de rester couché par terre.

| 一覺, | ĭ káo, faire un somme.

去 | , K'ú | , aller dormir.

纔去 | 還沒有 | 落覺就有人喊, Ts'âi k'ú | , houân mŏ ieòu | lŏ káo tsiéou

華西官話漢法詞典

ieòu jên hàn, je venais à peine de me coucher, je n'étais pas encore endormi, que des gens appelèrent.

EÛL

兒 *Eûl.* Fils, enfant, petit d'un animal. Comme particule, il s'ajoute à beaucoup de mots pour en faire des diminutifs, ou simplement par euphonie.

丨子, 丨 *tsè,* fils.

他有三個丨兩個女, *T'ā ieòu sān kó* 丨, *leàng kó niù,* il a trois fils et deux filles.

丨女, 丨 *niù,* fils et filles, enfants en général.

有幾位少爺? *v.* 令郎? *Ieòu kì oûi chaó iê? v. lín lâng?* manière polie de demander à quelqu'un combien il a de fils. Rép. 三個小丨, *Sān kó siaò* 丨, *kill.* trois petits enfants (le père répond ainsi par modestie, quand même ses fils ont déjà vingt ans et plus).

養丨防老, *Iàng* 丨 *fâng lào,* élever des enfants, c'est se ménager un soutien pour la vieillesse.

嬰丨, *Īn* 丨, petit enfant.

乾丨, *Kān* 丨, *litt.* fils sec, se dit de celui qui, ordinairement par reconnaissance ou dans l'espoir de quelque bienfait, salue et reconnaît quelqu'un pour son père.

繼丨, *Kí* 丨, fils adoptif.

丨媳婦, 丨 *sī foú,* bru.

下丨, *Hiá* 丨, se dit des animaux qui mettent bas.

猪丨,狗丨,牛丨, *Tchōu* 丨, *keòu* 丨, *nieôu* 丨, petit cochon, petit chien, petit veau.

兎丨, *T'óu* 丨, *(t'eûl),* lièvre.

杯丨, *Pēi* 丨, *(pēul),* tasse.

跟人家做伴丨, *Kēn jên kiā tsóu pán* 丨, *(peúl),* tenir compagnie à quelqu'un.

Il est à remarquer que souvent, dans le langage populaire, quand on fait suivre un substantif du mot *eûl,* les deux mots se contractent en un seul, de la manière indiquée plus haut dans les parenthèses. En voici encore quelques exemples:

猫丨, *Māo* 丨, chat, est souvent prononcé *mēul.*

Pour 差頭丨, *Tch'āi t'eôu* 丨, chef de satellites, on dira toujours *tch'āi t'eûl,* ou simplement *t'eûl.*

我一個丨, *Gò ī kó* 丨, *(keúl),* moi tout seul, etc., etc.

而 *Eûl.* Et, particule copulative. (On ne l'emploie guère que dans le langage un peu relevé, et encore rarement.)

從今丨後, *Ts'ông kīn* 丨 *heóu,* désormais, à partir de maintenant.

豈不因小事丨害大事麼, *K'ì poŭ īn siaò sé,* 丨 *hái tá sé mô,* n'est-ce pas pour des riens gâter les affaires d'importance?

可想丨知, *K'ò siàng* 丨 *tchē,* il suffit d'y réfléchir pour le savoir.

EÙL

耳 *Eùl.* Oreille; anse de vase. 丨朶, 丨 *tò,* (est presque toujours prononcé *tō*): oreille.

聽不入丨, *T'īn poŭ joŭ* 丨, cela ne peut entrer dans l'oreille (se dit des paroles malsonnantes).

揪丨朶, *Tsieōu (v. tsiēou)* 丨 *tò,* pincer les oreilles.

鬥丨朶, *Teóu* 丨 *tō,* en vue d'obtenir de l'argent, chercher à tromper par des paroles artificieuses et mensongères.

挖丨, *Oŭa* 丨, cure-oreilles.

看丨, *K'án* 丨, curer les oreilles.

丨邊風聽倒, 丨 *piēn fōng t'īn taò,* il m'a été rapporté secrètement, j'ai saisi au vol.

丨朶不相干, *v.* 丨朶有點背,有點聾, 丨 *tō poŭ siāng kān, v.* 丨 *tō ieòu tièn peí, ieòu tièn lông (lōng),* avoir l'oreille dure.

頭人是官的丨目, *T'eôu jên ché kouān tŏ* 丨 *mŏu,* les officiers municipaux sont les yeux et les oreilles du mandarin.

| 聽是虛眼見是實, | *t'in ché hū, ièn kién ché chě*, ce que l'oreille a entendu n'est pas sûr, il faut avoir vu de ses yeux.

| 根, | *kēn*, la racine de l'oreille, l'endroit où le pavillon est collé à la tête.

| 朶邊邊, | *tō piēn piēn*, le bord du pavillon.

| 朶砣砣, | *tō t'ô t'ô*, le bout de l'oreille.

| 心, | *sīn*, l'intérieur de l'oreille.

| 心貫, | *sīn kouán*, inflammation de l'intérieur de l'oreille, avec suppuration.

| 朶尖, | *tō tsiēn*, oreille fine.

尖起 | 朶聽, *Tsiēn k'ì* | *tō t'ín*, écouter les oreilles dressées, avec grande attention.

| 環, | 墜, | 牌子, | *houân*, | *tchóui*, | *p'âi tsè*, boucles et pendants d'oreilles.

髢 | 朶, *P'ā* | *tō*, oreilles flasques; *au fig.* homme qui écoute trop sa femme.

| 朶吼, *v.* 響, *v.* 昂, | *tō* heòu, *v.* hiàng, *v.* gāng, les oreilles bourdonnent, tintent.

你是 | 邊風麼, *Gnì ché* | *piēn fōng mô*, tu ne seras donc pas attentif à écouter?

跟你幾 | 使, *Kēn gnì kì* | *chè*, je te flanque quelques gifles.

| 巴子, | *pā tsè*, gifle.

木 | , *v.* | 子, *Mŏu* | , *v.* | *tsè*, espèce de champignon bon à manger, qu'on fait pousser sur des branches de chêne coupées.

| 鍋, | *kō*, marmite à anses.

草鞋 | 子, *Ts'ào hâi* | *tsè*, le bec des sandales qui se recourbe sur l'orteil.

爾 *v.* 尔 *Eùl.* Toi. (N'est guère usité que dans les livres.)

不 | 他, *Poŭ* | *t'a*, je ne m'occupe pas de lui (terme de mépris).

邇 *Eùl.* Proche, peu éloigné (style relevé).

EÚL

二 *v.* 弍, *v.* 貳, *Eúl.* Le nombre deux, double.

一 | 三, *ĭ* | *sān*, un, deux, trois.

| 十个錢, | *chě kó ts'iên*, vingt sapèques.

| 百 | 十个錢, | *pĕ·* | *chě kó ts'iên*, deux cent vingt sapèques. (Au lieu de | *pĕ· ts'iên*, on dira mieux *leàng pĕ· ts'iên*, deux cents sapèques, quand il n'y a rien au-delà de la centaine.)

| 天來, | *t'iēn lâi*, tu viendras un autre jour.

| 回, | *houî*, une autre fois.

不 | 心, *Poŭ* | *sīn*, constant, sans duplicité.

第 | 個, *Tí* | *kó*, le deuxieme.

FĂ

發 *Fă.* Produire, émettre, fermenter.

| 怒, *v.* | 氣, | *loú*, *v.* | *k'í*, se fâcher.

| 信望愛三德, | *sín ouáng gái sān tĕ·*, faire des actes de foi, d'espérance et de charité.

| 痛悔, | *t'óng houì*, faire un acte de contrition.

| 誓, | *ché*, faire un serment.

| 熱, | *jĕ·*, il fait chaud.

| 燒, | *chāo*, chaleur de la fièvre.

| 火, | *hò*, allumer le feu.

| 光, | *kouāng*, reluire.

河 | 水, *Hô* | *chouì*, le fleuve grossit.

| 病的, | *pín tĭ*, choses qui donnent la maladie (par ex. certains aliments).

| 體, | *t'ì*, prendre de l'embonpoint.

| 財, | *ts'âi*, devenir riche. (C'est le rêve de tous les Chinois; aussi en guise de bonjour, ils se font ce souhait.)

| 財了, | *ts'âi lò*, il est devenu riche; s'emploie aussi dans le sens de: il n'y a plus rien, c'est épuisé.

恭喜 | 財, *Kōng hì* | *ts'âi*, mes félicitations, deviens riche! S'emploie aussi dans le sens de: tu n'y es pas du tout! ou bien: pour cela, non!

| 家, | *kiā*, s'enrichir.

| 瘋, | *fōng*, devenir fou.

華西官話漢法詞典

| 酒瘋, | *tsieòu fōng*, avoir le vin mauvais.

老毛病又 | 了, *Laò mâo pín ieóu* | *lò*, son ancienne maladie l'a repris.

| 芽, | *iâ*, germer.

秧子肯 |, *Iāng tsè k'èn* |, les plants de riz se développent bien.

| 蒙, | *mông*, (beaucoup disent *môu*): se dit d'un enfant qui commence à étudier.

| 貨, | *hó*, livrer des marchandises.

| 銀子, | *în tsè*, livrer ou envoyer de l'argent.

| 兵, | *pīn*, envoyer des soldats.

打 |, *Tà* |, envoyer; congédier.

打 | 一个人去, *Tà* | *ī kó jên k'ú*, envoyer un homme.

打 | 叫化子, *Tà* | *kaó hoúa tsè*, renvoyer un mendiant en lui donnant quelque chose.

打 | 他兩个錢, *Tà* | *t'ā leàng kó ts'iên*, je lui ai donné deux sapeques.

打 | 姑娘, *Tà* | *koū niâng*, marier sa fille, *litt.* envoyer sa fille (sous-entendu dans la famille de son fiancé).

病人不得行先生都不 | 藥了, *Pín jên poŭ tĕ· hîn, siēn sēn toū poŭ* | *iŏ lò*, le malade est à bout, le médecin ne veut même plus lui donner de médicaments.

這个尸裝得了在動手 |, *Tché· kó chē tchoūang tĕ· lò, tsái tóng cheòu* |, il est temps de mettre ce cadavre en bière, la décomposition commence déjà.

麽麽 | 得好, *Mô mō* | *tĕ· haò*, le pain est bien levé.

| 長, | *tchàng*, lever, augmenter de volume.

要 | 很 *v.* | 憤讀書, *Iáo* | *hèn* (*v.* | *fén*) *toŭ chōu*, il faut étudier avec ardeur.

這件事 | 了, *Tché· kién sé* | *lò*, cette affaire s'est ébruitée.

顏色 | 了不好看了, *Iên sĕ·* | *lò, poŭ haò k'án lò*, la couleur est passée, ce n'est plus beau à voir.

| 變, | *pién*, habileté.

看人 | 變, *K'án jên* | *pién*, cela dépend de l'habileté des gens.

天在 | 白, *T'iēn tsái* | *pĕ·*, le jour commence à poindre.

| 條, | *t'iâo*, ressort (de montre, par ex.).

| 賞號, | *chàng haó*, donner une rémunération.

罰 *Fă.* Punir, peine. 刑 |, *Hîn* |, supplice.

是我的罪 |, *Ché gò tĭ tsoúi* |, c'est la punition de mes péchés.

官 | 了他三吊錢, *Koūan* | *lò t'ā sān tiáo ts'iên*, le mandarin lui a imposé une amende de trois ligatures.

受 |, *v.* 遭 |, *Cheóu* |, *v. tsāo* |, être puni.

遭天主的 |, *Tsāo T'iēn Tchoū tĭ* |, être puni de Dieu.

| 跪, | *koúi*, être mis à genoux.

願 | 不願打, *Iuén* | *poŭ iuén tà*, préférer l'amende à la bastonnade.

責 |, *Tsĕ* |, punir.

| 帖, | *t'iĕ·*, écrit par lequel quelqu'un se reconnaît passible d'une punition.

出 | 帖, *Tch'ŏu* | *t'iĕ·*, donner un écrit de ce genre.

髮 *Fă.* Cheveux. 頭 |, *T'eôu* |, cheveux, chevelure.

童子結 |, *T'ông tsè kiĕ·* |, premier mariage entre jeunes gens.

披頭散 |, *P'ēi t'eôu sàn* |, chevelure dénouée, toute en désordre. (Les femmes se mettent ainsi quand, victimes d'une grave calomnie, elles vont réclamer justice; quelquefois aussi lors d'une grande affliction.)

編頭 |, *piēn t'eôu* |, tresser les cheveux.

蓄 |, *Hiŏu* |, laisser pousser les cheveux.

削 |, *v.* 下 |, *Suĕ·* |, *v. hiá* |, couper les cheveux (se dit surtout de ceux qui se font bonzes).

一根頭 |, *ī kēn t'eôu* |, un cheveu.

乏 *Fă.* Pauvre; manque. 窮 |, *K'iông* |, pauvre, pauvreté.

法 *Fá.* Loi, règle, manière, exemple.
丨子, *v.* 方丨, *v.* 丨則, 丨 *tsè, v. fāng* 丨, *v.* 丨 *tsĕ*, moyen, expédient.
還有甚麼丨子沒得, *Houân icòu chén mô* 丨 *tsè mŏ tĕ*, reste-t-il encore un moyen?
設丨, *Chĕ* 丨, imaginer un moyen.
沒丨了, *Mŏ* 丨 *lò*, il n'y a plus de ressource.
怎麼樣做丨, *Tsèn mô iáng tsóu* 丨, comment cela se fait-il, comment cela se travaille-t-il?
什麼好看丨, *Chĕ mô haò k'án* 丨, que c'était beau à voir!
效丨, *Hiáo* 丨, imiter.
丨國, 丨 *kouĕ*, la France.
國丨, *Kouĕ* 丨, lois de l'Empire.
朝庭的丨度, *v.* 丨律, *Tch'âo t'in tĭ* 丨 *toú, v.* 丨 *loŭ*, même sens.
知丨犯丨, *Tchē* 丨 *fán* 丨, violer la loi en connaissance de cause.

FĀN

番 *Fān.* Nombre de fois, espèce. 是一丨好心, *Ché ĭ* 丨 *haò sīn*, c'est vraiment avec une bonne intention.
三丨五次跟你說過, *Sān* 丨 *où ts'é kēn gnì chŏ kó*, je te l'ai dit et maintes fois répété.

翻 *Fān.* Changer, tourner, retourner, chavirer, traduire.
丨轉, 丨 *tchoùan*, retourner sens dessus dessous.
丨書, 丨 *chōu*, feuilleter un livre.
丨字彙, 丨 *tsé loúi*, feuilleter le dictionnaire.
丨箱子, 丨 *siāng tsè*, fouiller dans une malle.
船丨了, *Tch'oûan* 丨 *lò*, la barque a chaviré.
丨身, 丨 *chēn*, se retourner, par ex. dans son lit.
毛病丨了, *Mâo pín* 丨 *lò*, il y a eu rechute dans la maladie.
丨一匹梁子, 丨 *ĭ p'ĭ leâng tsè*, franchir une chaîne de montagnes.
精伶丨山, *Tsīn lîn* 丨 *chān*, trop intelligent, trop habile (se dit souvent des voleurs, et en général de tous ceux qui se servent de leur adresse pour faire le mal).
千丨, *Ts'iēn* 丨, espiègle.
不要千丨, *Poŭ iáo ts'iēn* 丨, se dit souvent aux enfants dans le sens de: soyez bien sages.
把中國字丨成辣丁字, *Pà tchōng kouĕ tsé* 丨 *tch'ên lă tīn tsé*, traduire du chinois en latin.
丨老案, 丨 *laò gán*, revenir sur d'anciens procès déjà jugés.
丨悔, 丨 *hoùi*, se dédire.
一丨一覆的, *ĭ* 丨 *ĭ foŭ tĭ*, homme indécis, inconstant.
丨倉, 丨 *ts'āng*, remettre un peu à l'air tout le riz d'un grenier, pour qu'il ne se gâte pas.
丨一件衣服, 丨 *ĭ kién ī fŏu*, faire retourner par le tailleur un habit déjà usé ou sali.
丨胃的, 丨 *oúi tĭ*, ce qui fait vomir.
把人家打丨了, *Pà jên kiā tà* 丨 *lò*, il l'a renversé, il l'a fait tomber par terre.

旛 *v.* **幡** *Fān.* Drapeau, banderole.
旗丨, *K'î* 丨, banderoles en papier de couleur, que les payens suspendent à la porte des maisons mortuaires, bannière des enterrements.

FÂN

煩 *Fân.* Importun, triste, pénible.
仰丨你老兄帶這一封書子, *Niàng* 丨 *gnì laò hiōng tái tché ĭ fōng chōu tsè*, veuillez prendre la peine de porter cette lettre.
勞丨你, *v.* 操丨你, *Lâo* 丨 *gnì, v. ts'āo* 丨 *gnì*, pardon! je vous ai fort importuné (terme de politesse).
心頭潑丨, *v.* 丨操, *Sīn t'eôu p'ŏ* 丨, *v.* 丨 *ts'áo*, j'ai le cœur plein de soucis, plein d'embarras, d'inquiétude.

華西官話漢法詞典

厭｜人, *Ién ｜ jên*, ennuyer quelqu'un, ou bien, c'est ennuyeux.
耐｜, *Laí ｜*, prendre patience.
耐｜些, *Laí ｜ sī*, je vous en prie, ne vous fâchez pas, n'y faites pas attention.
｜悶, *｜ mén*, triste.

繁 *Fân*. Beaucoup; embrouillé. **｜華**, *｜ houa*, grande pompe extérieure.
這方的人｜譁得狠, *Tché fāng tĭ jên ｜ houa tĕ hèn*, les gens de ce pays sont très insolents, tapageurs, difficiles à gouverner.
事情｜雜, *Sé ts'în ｜ tsă*, beaucoup d'affaires, affaires embrouillées.

凡 *Fân*. Quiconque, en général.
但｜甚麼事總是要依倒良心去做, *Tán ｜ chén mô sé, tsòng ché iáo ī taò leâng sīn k'ú tsóu*, pour n'importe quoi, il faut toujours agir d'après sa conscience.
大｜都是這樣, *Tá ｜ toū ché tché iáng*, en général, il en est toujours ainsi.
｜是人都有錯處, *｜ ché jên, toū ieòu ts'ó tch'óu*, tout homme a ses défauts.
非｜, *Feī ｜*, qui sort du commun, un homme hors ligne.

藩 *Fân*. **｜臺**, *｜ t'ái* (**布政司**, *poú tchén sē*), grand trésorier d'une province.

礬 *Fân*. Sels métalliques. **白｜**, *Pĕ ｜*, alun.
青｜, *Ts'īn ｜*, couperose.
枯｜, *K'ōu ｜*, alun calciné.
皂｜, *Tsáo ｜*, sulfate de fer.
｜紅, *｜ hông*, mélange de terre rougeâtre et d'alun. (Les Chinois s'en servent souvent pour enduire les meubles qui doivent être vernis.)

FÀN

反 *Fàn*. Se révolter, contraire, revenir.
造｜, *Tsáo ｜*, se révolter.
｜教, *｜ kiáo*, apostasier.
相｜, *siāng ｜*, opposé, contraire.
｜口, *｜ k'eòu*, se dédire, se contredire.
｜口供, *｜ k'eòu kōng*, accusé qui rétracte ses premiers aveux.
一｜一覆, *ī ｜ ī foŭ*, inconstant.
｜悔, *｜ hoùi*, revenir sur son consentement.
看｜了, *K'án ｜ lò*, il a pris la chose tout de travers.
不要把理看｜了, *Poŭ iáo pà lì k'án ｜ lò*, attention! ne va pas prendre le contre-pied de la vérité.
衣裳穿｜了, *Ī châng tch'oūan ｜ lò*, tu as mis ton habit à l'envers.
｜說我不是, *｜ chŏ gò poŭ ché*, au contraire, il dit que c'est moi qui ai tort.
病又｜了, *Pín ieóu ｜ lò*, la maladie l'a repris, c'est une rechute.
｜心自問, *｜ sīn tsé ouén*, rentrer en soi-même, et interroger sa conscience.

FÁN

飯 *Fán*. Riz cuit, repas. **煮｜**, *Tchoù ｜*, cuire le riz.
弄｜, *Lóng (v. lōng) ｜*, cuire le riz, préparer le repas.
𩱄｜, *Lì ｜*, séparer le riz de son eau après une première cuisson. (On dit plus souvent *lì mì*.)
蒸｜, **熔｜**, *Tchēn ｜*, *k'òng ｜*, (après la première cuisson à l'eau) cuire le riz au bain-marie, le cuire à sec dans la marmite.
擺｜, *Pài ｜*, servir le repas.
舀｜, *Iaò ｜*, prendre du riz dans la petite cuve (**甑子**, *tsén tsè*), où il a cuit au bain-marie.
添｜, *T'iēn ｜*, mettre du riz dans la tasse pour le servir aux autres.
一頓｜, *ī tén ｜*, un repas.
早｜, *Tsào ｜*, le déjeuner.
午｜, *Où ｜*, le dîner.
夜｜, *Ié ｜*, le souper.
｜好了, *｜ haò lò*, le riz est prêt, est cuit à point.
｜店, v. **｜館**, *｜ tién*, v. *｜ kouàn*, gargote où l'on vend le riz.

熟米肯長 |, *Chŏu mì k'èn tchàng* |, le riz bien écossé gonfle beaucoup à la cuisson.

喫 |, *Tch'ĕ* |, manger du riz, prendre son repas.

開了 | **沒有**, *K'ăi lò* | *mŏ iòu*, avez-vous pris votre repas? (Cette expression s'emploie surtout quand on s'adresse à des supérieurs.)

吃 |, *K'ĭ (v. k'ī)* |, manger (expression un peu rustique).

要 |, *Iaó* |, mendier.

喫便 |, *Tch'ĕ pién* |, faire un repas sans apprêt (par ex. dans une auberge, où l'on ne prendra que du riz avec des légumes salés, sans vouloir faire préparer d'autre mets).

喫凭凭 |, *Tch'ĕ p'ēn p'ēn* |, vivre d'expédients, attraper un repas par-ci par-là.

乾 |, **稀** |, *Kān* |, *hī* |, *litt.* riz sec, riz clair (le premier est le riz préparé à la façon ordinaire; l'autre est le riz bouilli avec son eau, nourriture des pauvres et des malades).

餓乾 |, *ó kān* |, n'avoir pas de riz sec à manger, vivre misérablement.

你不儉省點將來只好喫稀 |, *Gnì poŭ kièn sèn tièn, tsiāng lâi tchè haò tch'ĕ hī* |, si tu n'es pas plus économe, tu finiras par en être réduit au riz bouilli.

算 | **食錢**, *Souán* | *chĕ ts'iên*, faire ou payer la note du repas.

擀 |, *Kàn* |, faire passer avec les bâtonnets du riz d'une tasse dans une autre.

| **廳**, | *t'īn*, réfectoire.

刨 |, *P'âo* |, pousser le riz dans la bouche avec les bâtonnets.

喫閑 |, *Tch'ĕ hiên (v. hân)* |, manger sans travailler.

鍋巴 |, *Kō pā* |, riz rôti qui s'attache au fond de la marmite.

玉麥 *v.* **包穀** |, *Iŭ mĕ v. pāo koŭ* |, sarrasin écossé cuit à la manière du riz.

紅苕 |, *Hông châo* |, mélange de riz et de patates cuits ensemble.

喫零供 |, *Tch'ĕ lin kōng* |, se dit des parents qui sont entretenus par leurs fils, et qui vont manger un temps déterminé, tantôt chez l'un, tantôt chez l'autre.

犯 *Fán*. Transgresser, violer, résister.

| **人**, | *jên*, criminel.

| **罪**, | *tsoúi*, pécher.

你 | **得有甚麼罪**, *Gnì* | *tĕ iòu chén mô tsoúi*, quel péché as-tu commis?

| **姦**, | *kiēn*, commettre le péché d'adultère, de fornication.

| **盜**, | *táo*, voler.

老 |, *Lào* |, anciens prisonniers. (Ils sont renommés pour vexer leurs compagnons nouvellement arrivés, et leur extorquer de l'argent.)

| **懶惰**, | *làn tó*, faire le paresseux.

| **驕傲**, | *kiāo gáo*, signifie proprement: se laisser aller à l'orgueil; s'emploie aussi pour exprimer un acte d'insubordination, d'emportement.

| **十戒**, | *chĕ kiái*, violer les commandements de Dieu.

衆怒難 |, *Tchóng loú lân* |, il est difficile de résister à la colère du peuple.

| **了事**, | *lò sé*, avoir commis une infraction et être pris.

初 |, *Ts'ōu* |, un premier manquement.

慣 |, *Kouán* |, péché d'habitude.

冒 | **人家**, *Máo* | *jên kiā*, offenser quelqu'un par inadvertance.

我冒 | **了你**, *Gò máo* | *lò gnì*, je vous ai offensé (parole d'excuse).

| **罪多端**, | *tsoúi tō toūan*, commettre beaucoup de péchés.

男 | **三條**, **女** | **七出**, *Lân* | *sān t'iâo, niù* | *ts'ĭ tch'ŏu*, les hommes sont sujets à violer les trois grands principes; les femmes sont sujettes à encourir les sept cas de divorce, qui sont les suivants:

無子, *Oû tsè*, stérilité.

淫泆, *în ĭ*, mœurs dissolues.

不事舅姑, *Poŭ sé kiéou kōu*, négligence à servir les parents du mari.

多言, *Tō iên*, bavardage.
盜竊, *Taó ts'iĕ·*, penchant au vol.
妬思, *Toú sē*, jalousie.
惡疾, *Gŏ tsī*, mauvaises maladies.
不｜於, *Poŭ* ｜ *iû*, ce n'est pas à faire, on a eu tort de faire cela.
何｜於, *Hô* ｜ *iû*, à quoi bon? il n'y a rien à gagner.
不｜於打官司, 何｜於打官司, *Poŭ* ｜ *iû tà koūan sē, hô* ｜ *iû tà koūan sē*, il n'est pas expédient de faire un procès, pourquoi aller faire un procès?

販 *Fán*. Revendeur, qui achète en gros pour revendre en détail.
｜子, ｜ *tsè*, même sens.
發｜子, *Fă* ｜ *tsè*, livrer aux revendeurs (se dit des fabricants qui vendent leurs produits en gros aux revendeurs).
私鹽｜子, *Sē iên* ｜ *tsè*, qui font la contrebande du sel.
猪｜子, 米｜子, 雞｜子, *Tchōu* ｜ *tsè, mì* ｜ *tsè, kī* ｜ *tsè*, revendeur de cochons, de riz, de volaille, etc.
人｜子, *Jên* ｜ *tsè*, qui vole ou achète des femmes, pour les revendre au loin.

FĀNG

方 *Fāng*. Carré; moyen; pays. 四｜, *Sé* ｜, les quatre points cardinaux; tout autour, carré.
四四｜｜的, *Sé sé* ｜ ｜ *tĭ*, carré.
做得｜圓, *Tsóu tĕ·* ｜ *iuên*, c'est bien travaillé, parfait, achevé.
｜便, ｜ *pién*, commode.
藥｜, *Iŏ* ｜ recette de médicaments.
單｜, *v.* 切｜, *Tān* ｜, *v. ts'iĕ·* ｜, recette simple, à bon marché, et dont l'effet doit être prompt.
出｜, *Tch'ŏu* ｜, donner une recette.
｜子, *v.* ｜法, ｜ *tsè, v.* ｜ *fă*, moyen, expédient.
想｜, *v.* 想｜兒, *Siàng* ｜, *v. siàng* ｜ *eûl (feûl)*, chercher un moyen, s'ingénier, aviser.
想人家的｜子, *Siàng jên kiā tĭ* ｜ *tsè*, tendre des piéges à autrui, pour y trouver son bénéfice.
地｜, *Tí* ｜, pays, terrains.
一｜一俗, *ĭ* ｜ *ĭ siŏu*, les coutumes varient avec les pays.
一股地｜, *ĭ koù tí* ｜, ensemble de pièces de terres qui forment un tout.
比｜, *Pì* ｜, comparaison, par exemple.
大｜, *Tá* ｜, libéral.
｜向, ｜ *hiáng*, direction.
｜丈, ｜ *tcháng*, le supérieur d'un monastère de bonzes.
｜纔出去, ｜ *ts'âi tch'ŏu k'ú*, il vient de sortir.

枋 *Fāng*. Bois équarri bon à employer dans la charpenterie.
門｜, *Mên* ｜, les montants d'une porte.
穿｜, *Tch'oūan* ｜, pièce de bois qui traverse plusieurs colonnes et les relie ensemble.
｜子, ｜ *tsè*, cercueil.
一副｜子, *ĭ foŭ (foú)* ｜ *tsè*, un cercueil.

坊 *Fāng*. Rue, boutique. 街｜隣舍, *Kāi* ｜ *lîn ché·*, les gens de la rue et du voisinage.
牌｜, *P'âi* ｜, arc de triomphe.
Quand *fang* s'emploie dans le sens de boutique, il se prononce *fâng* comme au mot suivant. Pour *ts'âo* ｜, *jân* ｜, etc. on emploie indifféremment ce caractère de *fāng*, ou celui du mot suivant.

FÂNG

房 *Fâng*. Maison, chambre, branche (en parlant d'une famille).
｜子, *v.* ｜屋, ｜ *tsè, v.* ｜ *oŭ*, maison.
一向｜子, *ĭ hiáng* ｜ *tsè*, une maison.
一間｜子, *ĭ kiēn (v. ĭ kān)* ｜ *tsè*, un compartiment d'une maison.
｜圈, ｜ *k'uēn*, chambre.
一空｜圈, *v.* 一間｜圈, *ĭ k'óng* ｜ *k'uēn, v. ĭ kān* ｜ *k'uēn*, une chambre.

一間 | 子做兩空 | 圈, *ĭ kān* | *tsè tsóu lcàng k'óng* | *k'uēn*, d'un *kān* de maison faire deux chambres.

廚 |, *v.* 灶 |, *Tch'ôu* |, *v. tsáo* |, cuisine.

正 |, *Tchén* |, bâtiment central.

廂 |, *v.* 横 |, *v.* 耳 |, *Siāng* |, *v. hoûan* |, *v. eùl* |, ailes de bâtiment.

厠 |, *v.* 便 |, *Ts'é* |, *v. pién* |, latrines.

茅 |, *Mâo* |, même sens (plus vulgaire).

| 頂, | *tìn*, faîte de la maison.

修 | 子, *Sieōu* | *tsè*, bâtir une maison.

整 | 子, *v.* 培補 | 子, *v.* 培修 | 子, *Tchèn* | *tsè, v. p'êi poù* | *tsè, v. p'êi sieōu* | *tsè*, la réparer.

蓋 | 子, *Kái* | *tsè*, la couvrir.

立 | 子, *Lĭ* | *tsè*, ériger les colonnes d'une maison (ce qui se fait avec ensemble).

裝 | 子, *Tchoūang* | *tsè*, garnir en planches les vides entre les colonnes.

拆 | 子, *Ts'ĕ* | *tsè*, démonter une maison, la démolir.

爬上 | 子, *P'â cháng* | *tsè*, monter sur le toit.

寫 | 子, *Siè* | *tsè*, prendre une maison à loyer.

| 租, *v.* | 錢, | *tsōu, v.* | *ts'iên*, prix de location d'une maison.

瓦 |, *Ouà* |, maison couverte en tuiles.

草 |, *Ts'ào* |, maison couverte en chaume.

燒 | (*v.* 醩 |), 染 |, 站 |, *Chāo* | (*v. ts'âo* |), *jàn* |, *tchán* |, distillerie, teinturerie, auberge.

新 | 子, 舊 (*v.* 老) | 子, *Sīn* | *tsè, kieóu (v. laò)* | *tsè*, maison neuve, vieille maison.

他們是四 | 人, *T'ā mên ché sé* | *jên*, ils sont quatre branches dans cette famille.

大 |, 二 |, 三 |, 么 |, *Tá* |, *eúl* |, *sān* |, *iāo* |, la première branche, la seconde, la troisième, la dernière.

抱過 | 的, *Páo kó* | *tĭ*, enfant d'une des branches adopté par une autre.

親 (遠) |, *Ts'īn (iuèn)* |, branches d'une même famille rapprochées (ou éloignées) de la souche commune.

塡 |, *T'iên* |, femme épousée en secondes noces.

轉 |, *Tchouàn* |, prendre pour femme la veuve de son frère.

行 |, *v.* 行 | 事, *Hîn* |, *v. hîn* | *sé*, expression honnête pour désigner l'acte conjugal.

私 |, *Sē* |, ce qu'un membre de la famille gagne et garde pour lui-même, au lieu d'en enrichir la bourse commune.

私 | 錢, *Sē* | *ts'iên*, sapèques ainsi conservées en dehors de la communauté.

閒 | 媳婦, *Hiên* | *sĭ fóu*, jeune bru qui est élevée dans la maison de son fiancé (elle est appelée ainsi jusqu'au temps du mariage).

洞 |, *Tóng* |, chambre nuptiale.

鬧, *Láo* |, s'amuser dans la chambre des nouveaux-mariés, le jour du mariage, jusque très-avant dans la nuit.

偏 |, *P'iēn* |, femme secondaire.

衙門頭有三班六 |, *Iâ mên t'eôu ieòu sān pān loŭ* |, au prétoire, il y a trois escouades de satellites, et six bureaux (dont voici les noms): 吏 |, 戶 |, 禮 |, 兵 |, 刑 |, 工 |, *Lí* |, *fóu* |, *lì* |, *pīn* |, *hîn* |, *Kōng* |, bureau des dignités, de l'impôt, des rites, des affaires militaires, des affaires criminelles, des travaux publics.

火 |, *Hò* |, nom vulgaire par lequel sont désignés les cuisiniers.

妨 *Fâng (fāng)*. Empêcher, nuire. 無 |, *Oû* |, il n'y a pas d'obstacle, peu importe.

這是無 | 的事, *Tché ché oû* | *tĭ sé*, c'est une affaire de peu d'importance, il n'y a pas de risques à courir.

防 *Fâng*. Prendre garde, pourvoir, préparer.

這个人靠不住要 | 倒他, *Tché kó jên k'áo poŭ tchóu, iáo* | *taò t'a*, cet homme n'est pas sûr, il faut se mettre en garde contre lui.

丨備 v. 避, 丨 *pí*, se tenir prêt, ou bien, tâcher d'éviter (le caractère *pí* diffère selon le sens).

丨老, 丨火, 丨雨, 丨 *laò*, 丨 *hò*, 丨 *iù*, prendre ses précautions pour le temps de la vieillesse, contre l'incendie, contre la pluie.

好生丨倒. *Haò sēn* 丨 *taò*, prends bien garde.

恐丨, *K'òng* 丨, il est à craindre, peut-être.

丨後患, 丨 *heóu houán*, prévenir des malheurs.

FÀNG

紡 *Fàng*. Filer. 丨線, *v.* 丨棉花, 丨 *sién*, *v.* 丨 *miên hoūa*, filer le coton.

訪 *Fàng*. S'informer, s'enquérir, rechercher avec soin.

丨問, 丨 *ouén*, prendre des renseignements.

到處去丨問,竟自丨不出來實信, *Táo tch'óu k'ú* 丨 *ouén, kín tsé* 丨 *poŭ tch'ŏu lâi chĕ sín*, je suis allé partout aux informations, sans pouvoir en fin de compte obtenir des renseignements sûrs.

察丨明白, *Tch'â (v. tch'ă)* 丨 *mîn pĕ*, examiner et rechercher avec soin.

彷 *Fàng*. 丨佛, *v.* 相丨, 丨 *foŭ*, *v.* *siāng* 丨, ressembler.

他有點丨佛某人, *T'ā ieòu tièn* 丨 *foŭ mòng jên*, il ressemble un peu à un tel.

FÁNG

放 *Fáng*. Déposer, lâcher, relâcher, placer, conserver.

丨心, 丨 *sīn*, déposer tout souci.

我丨心不下, *Gò* 丨 *sīn poŭ hiá*, je ne puis m'empêcher d'être inquiet.

只管丨心, *Tchè kouàn* 丨 *sīn*, vous n'avez qu'à vous rassurer.

把担子丨下來, *Pà tán tsè* 丨 *hiá lâi*, dépose ton fardeau.

丨牛, 丨 *nieôu*, paître les bœufs, *litt.* les lâcher (dans le pâturage).

丨鷄, 丨鴨子, 丨 *kī*, 丨 *iă tsè*, lâcher les poules, les canards.

丨炮, 丨 *p'áo*, tirer le canon.

丨鎗, 丨 *ts'iāng*, tirer un coup de fusil; dans les examens, faire la composition pour les autres.

丨肆, 丨 *sé*, lâcher la bride à ses passions.

丨血, 丨 *hiĕ*, saigner (au sens actif).

昨晚些捉的强盜今早晨又丨來了, *Tsŏ ouàn sī tchŏ tī k'iâng táo kīn tsaò chên ieóu* 丨 *lâi lò*, le voleur pris la nuit dernière a été relâché ce matin.

丨溜溜馬, 丨 *lieōu lieōu mà*, tenir des chevaux de relais à la disposition des voyageurs.

好𦚾肉丨得一个對年, *Haò lă jŏu* 丨 *tĕ ĭ kó toúi niên*, la viande salée bien réussie peut se conserver une année entière.

好酒越丨越好, *Haò tsieòu iuĕ* 丨 *iuĕ haò*, plus on garde le bon vin, plus il se bonifie.

丨不得好久, 丨 *poŭ tĕ haò kieòu*, cela ne peut se conserver longtemps.

一斗高粱丨得十五斤酒, *Ĭ teoù kāo leâng* 丨 *tĕ chĕ où kīn tsieòu*, d'un boisseau de sorgho on peut tirer quinze livres de vin.

丨鬆, 丨 *sōng*, lâcher, desserrer.

丨生, 丨 *sēn*, bonne œuvre bouddhiste qui consiste à acheter des poissons pour les relâcher.

丨帳, *v.* 丨利, 丨 *tcháng*, *v.* 丨 *lí*, prêter à intérêt. 丨 *tcháng* signifie aussi vendre à crédit.

丨三分, 丨 *sān fēn*, prêter à 3 % par mois.

丨打打錢, *v.* 丨六關錢, 丨 *tà tà ts'iên*, *v.* 丨 *loŭ kouān ts'iên*, prêter à la petite semaine.

丨學, 丨 *hiŏ*, fin de la classe, congédier les écoliers.

丨轎子, *v.* 丨担子, 丨 *kiáo tsè*, *v.* 丨 *tán tsè*, se faire relayer pour la chaise, ou pour les fardeaux.

| 過山你 | 了好多錢, | kó chān gnì | lò haò tŏ ts'iēn, combien as-tu payé le relais pour passer la montagne?

| 火燒房子, | hò chāo fâng tsè, mettre le feu à une maison, par malveillance.

| 船, | tch'ôuan, diriger la barque.

水大了 | 船小心點, Choùi tá lò, | tch'oûan siaò sīn tièn, les eaux sont fortes, il s'agit de conduire la barque avec plus de précaution.

這些書要 | 在那裡, Tché· sī chōu iaó | tsái là lì, ces livres, où faut-il les mettre?

沒得 | 處, Mŏ tĕ· | tch'óu, il n'y a pas d'endroit (pour les mettre).

| 平, | p'în, poser d'aplomb.

| 小跑, | siaò p'ào, prendre le pas de course.

| 屁, | p'í, (triv.) vesser (expression employée comme malédiction).

| 痘子, | teóu tsè, vacciner.

| 睡, | chóui, mettre (un enfant) au lit.

| 筏子走, | p'á tsè tseòu, partir clandestinement, par ex. un débiteur, quelqu'un qui a fait des dupes.

| 匠人, | 長年, | tsiáng jên, | tch'âng niên, congédier les ouvriers, un domestique.

| 碗, | ouàn, déposer la tasse, cesser de manger.

| 在心上, | tsái sīn cháng, (litt.) mettre (une chose) bien à cœur, ne pas oublier.

| 信, | sín, envoyer une nouvelle.

| 文, | ouên, envoyer une dépêche officielle.

FĒI

飛 Fēi. Voler. | 禽, | k'în, les oiseaux.

| 得高, | tĕ· kāo, il vole haut.

| 了, v. | 起走了, | lò, v. | k'ì tseòu lò, il s'est envolé.

| 不得, | poŭ tĕ·, il ne peut voler.

| 跑, | p'ào, courir très vite.

| 子, | tsè, billet, billet à ordre.

憑 | 發錢, P'în | fă ts'iên, livrer l'argent sur la présentation du billet.

寫 | 子, siè· | tsè, écrire un billet.

巴 (v. 貼) | 子, Pā (v. t'iĕ·) | tsè, afficher un billet, une annonce; coller une affiche.

巴招佃的 | 子, Pā tchāo tién tĭ | tsè, mettre une affiche annonçant que la maison est à louer.

紙 | |, Tchè | |, feuille volante.

出 | 子, Tch'ŏu | tsè, donner un billet, un écrit.

紅 | , Hông |, billet à ordre avec cachets rouges.

黑 | , Hĕ· |, billet écrit simplement à l'encre, sans cachets.

落 | | 雨, Lŏ | | iù, il tombe une petite pluie fine.

非 Fēi. Négation, faux, mal. | 義之財, | 禮之言, | gní tchē ts'âi, | lì tchē iên, biens injustes, paroles inconvenantes.

說是 |, Chŏ ché |, faire des médisances.

理是 |, Lì ché |, demander raison d'un mot, d'une calomnie, se disputer.

並 | 是我說的, Pín | ché gò chŏ tĭ, ce n'est pas moi qui l'ai dit.

除 | 他親自來不是了不倒事, Tch'ôu | t'ā ts'īn tsé lâi, poŭ ché leào poŭ taò sé, à moins qu'il ne vienne lui-même, cette affaire ne peut pas se terminer.

爲 | 作歹, Oûi | tsŏ taì, ne faire que de mauvaises actions, devenir méchant.

來說是 | 者便是是 | 人, Lâi chŏ ché | tchè·, pién ché ché | jên, le médisant donne certainement prise à la médisance.

是 | 不聽自然無, Ché | poŭ t'īn, tsé jân oû, il suffit de ne pas écouter la médisance pour la faire cesser.

| 常, | châng, non vulgaire, extraordinaire.

緋 Fēi. Couleur rouge. | 紅, | hông, tout à fait rouge.

把眼睛揉得 | 紅, Pà ièn tsīn joûa

(jeôu) tĭ | *hông*, il se frotta les yeux au point de les faire devenir tout rouges.

| 惡的, | *gŏ tĭ*, se dit dans le sens de très méchant.

| 滾的, | *kouèn tĭ*, tout à fait bouillant.

FÊI

肥 *Fêi*. Gras, engraisser (rarement employé quand il s'agit des hommes).

| 而胖, | *eûl p'áng*, se dit par dérision d'un homme très gras.

| 肉我喫不來, | *joŭ gò tch'ĕ poŭ lâi*, je ne puis manger le gras de la viande.

| 猪, | *tchōu*, porc gras.

餵 | 猪, *Oúi* | *tchōu*, engraisser des porcs.

| 坭, | *gnî*, boue très grasse.

| 田, | *t'iên*, rizière grasse.

| 田的, | *t'iên tĭ*, matière bonne à engraisser les rizières.

老 | , *Laò* | , (pop.) richard.

FÈI

匪 *Fèi*. Mauvais. | 徒, | *t'ôu*, mauvais garnement, voleur.

土 | , *t'où* | , voleurs qui sont du pays même.

| 類, | *loúi*, mauvaise race, mauvaise engeance.

FÉI

廢 *Féi*. Inutile; abandonner.

殘 | 人, *Ts'ân* | *jên*, un homme incurable, impotent, à qui par ex. manquent bras ou jambes.

做事半途而 | , *Tsóu sé pán t'ôu eûl* | , commencer une entreprise et l'abandonner à mi-chemin.

痱 *Féi*. Éruption à la peau. | 子, *v.* 熱 | 子, | *tsè*, *v. jĕ* | *tsè*, boutons de chaleur.

生 | 子, *Sēn* | *tsè*, production de ces boutons.

漆 | 子, *Ts'ĭ* | *tsè*, éruption produite par le toucher ou l'odeur du vernis.

出 | 子, *Tch'ŏu* | *tsè*, avoir des boutons.

出一身的 | 子, *Tch'ŏu ĭ chēn tĭ* | *tsè*, en avoir par tout le corps.

𢱧 *Féi*. Agacer par des caresses. (S'entend le plus souvent des enfants qui font cela pour s'amuser avec de grandes personnes. Entre grandes personnes, ce jeu est moins innocent.)

你不要 | 我, *Gnì poŭ iáo* | *gò*, laisse-moi tranquille, ne me touche pas.

你不要 | , *Gnì poŭ iáo* | , reste tranquille.

| 頭子, | *t'eôu tsè*, le plus espiègle des gamins, petit garnement.

費 *Féi*. Dépenser, employer. | 用, | *ióng*, dépenses raisonnables.

花 | , *Hoūa* | , dépenser un peu à la légère.

浪 | , *Láng* | , dépenser en prodigue.

枉 | 錢, *Ouàng* | *ts'iên*, dépenser inutilement des sapèques.

省 | , *Sèn* | , épargner.

攪 | , *Kiào* | , dépenses pour la nourriture.

用 | , *Ióng* | , dépenses pour l'entretien en général.

那是 | 錢的事, *Lá ché* | *ts'iên tĭ sé*, c'est une affaire qui fait dépenser beaucoup de sapèques.

| 油, | 布, | *ieôu*, | *póu*, cela demande beaucoup d'huile ou de graisse, cela prend beaucoup de toile.

| 心, | *sīn*, se donner beaucoup de peine.

爲你們我 | 了多少心, *Oúi gnì mên gò* | *lò tō chào sīn*, je me suis donné beaucoup de peine pour vous.

| 你老兄的心幫我問一聲, | *gnì laò hiōng tĭ sīn pāng gò ouén ĭ chēn*, veuillez vous donner la peine de demander un peu pour moi.

｜了你的心，｜ *lò gnì tĭ sīn*, je vous ai donné bien de la peine (paroles de politesse pour remercier quelqu'un d'un service).

｜力，｜ *lĭ*, (litt.) dépenser des forces; au fig. difficile, dispendieux, efforts.

培補這个房子要｜力，*P'ĕi pou tché· kó fâng tsè iáo* ｜ *lĭ*, pour restaurer cette maison il faudra du travail.

一點都沒有｜力，*ĭ tièn tōu mŏ iéòu* ｜ *lĭ*; il n'y a pas eu la moindre difficulté.

｜事，｜ *sé*, à peu près même sens que ｜ *lĭ*; signifie en outre: se mettre en frais, par ex. pour recevoir des hôtes.

肺 *Féi*. Poumons. 心｜，*Sīn* ｜，le cœur et les poumons.

蜂糖是潤｜的，*Fōng t'âng ché jóuen* ｜ *tĭ*, le miel est un adoucissant pour les poumons.

我還有一句｜腑的話說跟你聽，*Gò hoûan ieòu ĭ kú* ｜ *foù tĭ houá chŏ kēn gnì t'ín*, j'ai encore à vous faire une communication des plus intimes.

FĒN

分 *Fēn*. Partager, distinguer; donner; la centième partie de l'once, du pied, etc.; commander.

｜開，｜ *k'āi*, séparer.

拿一个兒｜出去，*Lâ ĭ kó eûl* ｜ *tch'ŏu k'ú*, envoyer un des fils s'établir ailleurs à son propre compte (avec une somme plus ou moins grande suivant la volonté du chef de famille).

早遲要｜離，*Tsào tch'ê iáo* ｜ *lî*, tôt ou tard il faudra se quitter.

｜心，｜ *sīn*, se séparer de cœur de quelqu'un, sans rompre ouvertement; diviser l'attention, distrait.

｜手，｜ *cheòu*, action de deux ou plusieurs voyageurs qui après avoir fait quelque temps route ensemble, prennent des directions différentes.

｜散，｜ *sán*, disperser, distribuer.

我不能彀｜身兩頭去做 *Gò poŭ lên keóu* ｜ *chēn, leàng t'eôu k'ú tsóu*, je ne puis pas me diviser, pour travailler en deux endroits à la fois.

在那裡｜路，*Tsái là lì* ｜ *loú*, où la route se bifurque-t-elle?

在場口上｜路，*Tsái tch'âng k'eòu cháng* ｜ *loú*, la route se bifurque à l'entrée du marché.

｜家，｜ *kiā*, partage de famille.

｜關，｜ *koūan*, contrat de partage.

我止｜得有兩百吊錢帳(*v.* 賬)，*Gò tchè* ｜ *tĕ· ieòu leàng pĕ· tiaó ts'iên tchàng*, pour toute ma part d'héritage, il m'est échu deux cents ligatures de dettes.

平｜，*P'în* ｜，diviser en deux parts égales.

｜得均平，｜ *tĕ· kuīn p'în*, les parts ont été faites égales.

｜成三股均｜，｜ *tch'ên sān koù kuīn* ｜，diviser en trois parts égales.

我寫的地方有一个平｜，*Gò siè· tĭ tí fāng, ieòu ĭ kó p'în* ｜，je partage de moitié (avec le propriétaire) le revenu du terrain que j'ai loué.

見打平｜，*Kién tà p'în* ｜，voir faire la récolte et la partager également.

｜縣，｜州，｜ *hién*, ｜ *tcheōu*, subdivision d'une sous-préfecture, d'une préfecture de 2ème classe.

｜司，｜ *sē*, mandarin qui est à la tête d'un ｜ *tcheōu* ou d'un ｜ *hién*.

｜局，｜ *kŭ (v. kiŏu)*, succursale d'une association.

｜不明白，｜ *poŭ mîn pĕ·*, je n'y vois pas clair.

不｜好歹，男女，晝夜，*Poŭ* ｜ *hào tài, lân niù, tcheóu ié·*, ne pas faire de distinction entre les bons et les méchants, ou le bien et le mal; entre les hommes et les femmes; entre le jour et la nuit.

我｜不倒，*Gò* ｜ *poŭ taò*, je ne puis pas distinguer.

｜明，｜ *mîn*, distinguer clairement, il est évident.

｜明不是得好人，｜ *mîn poŭ ché tĕ· hào jên*, il apparaît clairement que ce n'est pas un honnête homme.

十｜爲一錢, *v.* 十｜爲一寸, *Chĕ* ｜ *oûi ĭ ts'ĭen, v. chĕ* ｜ *oûi ĭ ts'én*, dix ｜ (s'il s'agit de poids) font un *ts'ĭen* (qui est la 10ème partie de l'once), ou bien (s'il s'agit de mesure de longueur) font un pouce.

一｜時候, *ĭ* ｜ *chê heóu*, une minute.

取利｜半, *Ts'ù lí* ｜ *pán*, prendre des intérêts à 1,5 % par mois.

我不要人家半｜五釐, *Gò poŭ iáo jên kia pán* ｜ *où lî*, je ne veux rien recevoir de personne, ni la moitié d'un *fēn*, ni 5 *lî* (qui équivalent à ½ *fēn*).

十｜, *Chĕ* ｜, entier, complet, parfait.

不爲十｜好, *Poŭ oûi chĕ* ｜ *hào*, ce n'est pas parfait.

有十｜收成, *Ieòu chĕ* ｜ *cheōu tch'ên*, il y a pleine récolte.

有七｜收成, *Ieòu ts'ĭ* ｜ *cheōu tch'ên*, elle n'est que de sept dizièmes.

｜文不取, ｜ *ouên poŭ ts'ù*, on ne reçoit rien, on donne gratis.

｜付(吩咐), *v.* ｜示, ｜ *foú*, *v.* ｜ *ché*, donner des ordres.

我｜示他幾句, *Gò* ｜ *ché t'a kì kú*, je lui ai dit ses vérités, ou bien, je lui ai fait mes recommandations.

紛 *Fēn.* Mêler, en désordre.

扯得亂｜｜的, *Tch'è tĕ loúan* ｜ ｜ *tĭ*, c'est embrouillé.

FÊN

墳 *v.* 坟 *Fên.* Tumulus, tombeau.

｜墓, ｜ *móu*, tombeau.

一所｜, *v.* 一座｜, *ĭ sò* ｜, *v. ĭ tsó* ｜, un tombeau.

｜山, ｜ *chān*, cimetière.

｜垻, ｜ *pá*, place réservée autour des tombeaux.

古｜, *Koù* ｜, vieux tombeau abandonné.

上｜, *Cháng* ｜, aller au tombeau pour y déposer des papiers superstitieux.

壘｜, *Loùi* ｜, entasser de la terre sur la tombe.

修｜, *Sieōu* ｜, élever un tombeau.

｜堆, ｜ *toūi*, tumulus.

｜台, ｜ *t'âi*, place devant le tombeau, où les payens font leurs prostrations.

掛｜, *Koúa* ｜, déposer des papiers superstitieux sur le tombeau.

掃｜, *Sào* ｜, *litt.* balayer le tombeau, c.-à-d. l'arranger un peu, l'entretenir.

FÈN

粉 *Fèn.* Farine autre que celle de blé, farineux; fard.

米｜子, *Mì* ｜ *tsè*, farine de riz.

豌豆｜, 洋芋｜, *Ouān teóu* ｜, *iâng iú* ｜, farine de pois, de pommes de terre, vermicelle fait avec cette farine.

藕｜, *Geòu* ｜, racines de nénuphar réduites en poudre (mets très léger).

鉛｜, *Iuên* ｜, blanc de céruse (il sert de fard).

｜牌, ｜ *p'âi*, petit tableau blanc verni, servant à l'inscription des dépenses journalières (il peut se laver).

打得｜碎, *Tà tĕ* ｜ *soúi*, briser en mille morceaux.

你不要擦胭抹｜, *Gnì poŭ iáo tch'ă iēn mŏ* ｜, *litt.* il ne faut pas te frotter avec du fard rouge et du fard blanc (c.-à-d. il ne faut pas te farder).

｜墻, ｜壁, ｜ *ts'iâng*, ｜ *pĭ*, mur, cloison blanchis à la chaux.

｜紙, ｜ *tchè*, papier blanchi au blanc de céruse.

FÉN

分 *Fén.* Part, devoir. 本｜, *Pèn* ｜, devoir.

這是我的本｜, *Tché ché gò tĭ pèn* ｜, c'est mon devoir.

滿本｜, *Màn pèn* ｜, remplir son devoir.

盡本｜, *Tsín pèn* ｜, même sens; s'emploie souvent dans le sens de remplir son devoir envers le prochain.

某人是我盡的本 |, *Mòng jên ché gò tsín tĭ pèn* |, un tel a été exhorté avec succès par moi, soit à se faire chrétien, soit à se convertir (c.-à-d. j'ai rempli mon devoir envers lui).

缺本 |, *K'uĕ· pèn* |, manquer à une obligation, à son devoir.

你有本 | 勸他, *Gnì ieòu pèn* | *k'uén t'a*, c'est ton devoir de l'exhorter.

我沒得本 | 守大齋, *Gò mŏ tĕ· pèn* | *cheòu tá tchāi*, je ne suis pas tenu au jeûne.

你要滿這个本 |, *Gnì iáo màn tché· kó pèn* |, tu es tenu de remplir cette obligation.

本 | 人, *Pèn* | *jên*, homme simple, un peu benêt. (Le contexte indique le sens à attacher à cette expression).

人都還本 |, *Jên tōu houân pèn* |, quant à l'individu, il est encore assez simple, il paraît être brave homme.

本 | 得狠, *Pèn* | *tĕ· hèn*, trop simple.

職 |, *Tchĕ* |, position sociale.

做事要依自己的職 |, *Tsóu sé iáo ī tsé kì tĭ tchĕ* |, il faut mettre sa conduite en rapport avec son rang.

安 | 守己, *Gān* | *cheòu kì*, se dit d'un homme bien réglé.

越 |, *Iuĕ·* |, outre-passer son droit.

過 |, *Kó* |, dépasser la mesure.

父母責罰兒女也不要過 |, *Fóu mòu tsĕ· fă eúl niù, ì poŭ iáo kó* |, les parents, en corrigeant leurs enfants, ne doivent pas dépasser les bornes.

打 | 子, *Tà* | *tsè*, se cotiser.

出 | 子, *Tch'ŏu* | *tsè*, livrer sa part de cotisation.

是一个塲 |, 一个縣 |, 一个州 |, 一个府 |, *Ché ī kó tch'âng* |, *ī kó hién* |, *ī kó tcheōu* |, *ī kó fòu* |, c'est un marché, une ville de 3eme ordre, une ville de 2eme ordre, une ville de 1er ordre.

不得少 | 両, *Poŭ tĕ· chào* | *leàng*, il ne manquera rien au poids.

天 |, *T'iēn* |, part d'intelligence donnée à chaque homme.

他好天 |, *T'a hào t'iēn* |, il a beaucoup de moyens naturels.

糞 *Fén.* Fumier, excréments, immondices, pus.

| 草, | *ts'ào*, toute espèce de fumier.

做庄稼離不得 | 草, *Tsóu tchoūang kīa (kía) lî poŭ tĕ·* | *ts'ào*, pour l'agriculture on ne peut se passer d'engrais.

水 |, *Choùi* |, engrais liquide.

灰 |, *Hoūi* |, cendres servant d'engrais.

大 |, *Tá* |, engrais humain.

| 坑, | *k'ēn*, fosse à fumier.

| 桶, | *t'òng*, seaux à fumier.

撿 |, *Kièn* |, ramasser des crottes.

挑 |, *T'iāo* |, porter du fumier.

潑 |, *v.* 潑 |, *în* |, *v*, *p'ŏ* |, arroser avec de l'engrais liquide.

上 |, *v.* 下 |, *Cháng* |, *v. hía* |, mettre de l'engrais.

流 |, *Lieôu* |, il sort du pus, par ex. d'une plaie.

憤 *v.* 奮 *Fén.* 發 |, *Fă* |, faire des efforts, y aller avec ardeur.

發 | 讀書, *Fă* | *toŭ chōu*, s'appliquer avec ardeur à l'étude.

噴 *Fén.* | 濕, | *chĕ*, humecter avec de l'eau qu'on rejette de la bouche avec force, sous forme de pluie fine.

| 水, | 茶, | 酒, | *choùi*, | *tch'â*, | *tsieòu*, humecter ainsi avec de l'eau, du thé, du vin.

打 | 嚏, *Tà* | *t'í*, éternuer.

發 |, *Fă* |, se dit du chat, du tigre, etc. qui crachent de colère.

忿 *Fén.* Colère, haine. 發 | 怒, *Fă* | *loú*, se mettre en colère.

心頭 | 不過, *v.* 心頭氣不 |, *Sīn t'eôu* | *poŭ kó*, *v. sīn t'eôu k'í poŭ* |, ne pouvoir retenir sa colère.

記 | 在心, *Kí* | *tsái sīn*, garder rancune dans son cœur.

華西官話漢法詞典

FŌNG

風 *Fōng*. Vent; renommée; mœurs.

丨雨表, 丨 *iù piào*, baromètre.

丨水, 丨 *chouì*, divinité tutélaire.

順丨, *Chouén* 丨, vent favorable.

當頭丨, *Tāng t'eôu* 丨, vent contraire.

暴丨, v. **狂丨**, *Páo* 丨, v. *k'oûang* 丨, vent très violent, tempête.

地皮丨, *Tí p'î* 丨, typhon; se dit surtout au figuré d'une terreur panique.

旋頭丨, *Suén t'eôu* 丨, tourbillon de vent.

黑丨暴雨, *Hĕ·* 丨 *páo iù*, vent terrible et pluie d'orage.

凉丨, *Leâng* 丨, vent frais.

火丨, *Hò* 丨, vent brûlant.

河丨, *Hô* 丨, vent qui vient du fleuve.

雪丨, *Suĕ·* 丨, vent de neige.

冷丨, *Lèn* 丨, vent froid.

起大丨, *K'ì tá* 丨, il fait grand vent.

丨把樹子吹倒了(吹斷了), 丨 *pà chóu tsè tch'oūi tào lò (tch'oūi touán lò)*, l'arbre a été renversé par le vent (a été brisé par le vent).

丨把雲吹散了, 丨 *pà iûn tch'oūi sán lò*, le vent a dispersé les nuages.

丨平息了, v. **丨停息了**, 丨 *p'în sĭ lò*, v. 丨 *t'în sĭ lò*, le vent s'est apaisé.

丨篷, 丨 *p'ông*, voile de navire.

打丨篷, *Tà* 丨 *p'ông*, mettre à la voile.

丨船, 丨 *tch'oûan*, navire à voiles; se dit aussi des aérostats.

丨箏, 丨 *tsēn*, cerf-volant.

丨帽, 丨 *máo*, capuchon.

丨琴, 丨 *k'în*, orgue, accordéon.

丨箱, 丨 *siāng*, soufflet de forge.

丨簸, 丨 *pò*, tarare.

丨穀子, 丨 *koŭ tsè*, nettoyer le riz au moyen de la tarare.

丨癬, 丨 *suèn*, pellicules blanches de la tête, crasse de la tête.

吹丨, *Tch'oūi* 丨, être exposé au vent.

病人吹不得丨, *Pín jên tch'oūi poŭ tĕ·* 丨, les malades ne peuvent s'exposer au vent.

傷丨, *Chāng* 丨, rhume de cerveau.

冒了點丨, *Máo lò tièn* 丨, se dit d'un malade qui sortant trop tôt de sa chambre, est pris d'un refroidissement.

避丨, v. **忌丨**, *Pí* 丨, v. *kí* 丨, éviter de s'exposer au vent, garder la chambre.

房子不當丨, *Fâng tsè poŭ tāng* 丨, cette maison n'est pas exposée au vent.

背丨, *Péi* 丨, à l'abri du vent.

通丨, *T'ōng* 丨, communiquer avec l'air, perméable au vent; au fig. apparaître au jour.

文約不通丨, *Ouên iŏ poŭ t'ōng* 丨, les papiers importants ne doivent pas voir l'air, c.-à-d. ne doivent pas être montrés à la légère.

敞丨, *Tch'àng* 丨, être en communication avec l'air.

酒敞不得丨, *Tsieòu tch'àng poŭ tĕ·* 丨, le vin ne doit pas rester en communication avec l'air, il doit être bien bouché.

不過丨, *Poŭ kó* 丨, imperméable à l'air.

丨波, 丨 *pō*, (litt.) le vent et les vagues, au fig. grandes tribulations, persécution.

起丨波, v. **打丨波**, *K'ì* 丨 *pō*, *tà* 丨 *pō*, une persécution s'élève.

丨聲, 丨 *chēn*, renommée.

聽得有點丨聲, *T'în tĕ· ieòu tièn* 丨 *chēn*, une petite rumeur est venue à mes oreilles.

這件事敞不得丨, *Tché· kién sé tch'àng poŭ tĕ·* 丨, cette affaire doit rester secrète, ne doit pas être ébruitée.

丨大隨丨雨大隨雨, 丨 *tá soûi* 丨, *iù tá soûi iù*, se dit d'un homme versatile et sans convictions; ou bien d'un homme indolent qui néglige ses devoirs et ne s'occupe de rien.

丨狂, 丨 *k'oûang*, léger, un peu timbré.

這个人丨狂得狠, *Tché· kó jên* 丨 *k'oûang tĕ· hèn*, cet homme est extrêmement léger, il agit comme un fou.

口 | , *K'eòu* | , paroles, manière de parler de quelqu'un.

聽他的口 | 就審得出來他的心 , *T'ín t'a tĭ k'eòu* | , *tsiéou chèn tĕ· tch'ŏu lâi t'a tĭ sīn*, en l'entendant parler, il m'est facile de deviner le fond de son cœur.

門 | , *Mên* | , réputation, honneur d'une famille.

敗壞門 | , *Pái hoúai mên* | , ruiner la réputation de sa famille, la déshonorer par son inconduite.

| 化 , | *hoúa*, les bonnes mœurs.

傷 | 化的事 , *Chāng* | *hoúa tĭ sé*, choses, actions qui blessent les bonnes mœurs.

| 俗 , | *siŏu*, mœurs, coutumes d'un pays.

跟人家接 | , *Kēn jên kīa tsiĕ·* | , offrir à quelqu'un le repas de bienvenue.

瘋 *Fōng*. Maladies qui, d'après la médecine chinoise, proviennent du vent.

| 子 , | *tsè*, fou.

是一个 | 子 , *Ché ĭ kó* | *tsè*, c'est un fou.

發 | , *Fă* | , devenir fou, être fou.

你好像 | 了 , *Gnì hào ts'iáng (siáng)* | *lò*, on dirait que tu es fou.

| 頭 | 腦的 , | *t'eôu* | *laò tĭ*, être toqué.

| 癲了 , | *tiēn lò*, passablement fou.

不要妝 | , *Poŭ iáo tchoūang* | , ne fais pas ainsi le fou, le bouffon.

頭 | , *T'eôu* | , migraine.

| 癱病 , | *t'ān pín*, paralysie.

中 | , *Tchóng* | , être frappé d'apoplexie.

毋猪 | , *Moù tchōu* | , épilepsie.

臍天 | , *Ts'î t'iēn* | , genre de convulsions propre aux enfants nouveau-nés, et qui en fait mourir beaucoup.

扯 | , *Tch'è·* | , un accès de convulsions.

取 | , *Ts'ù* | , *litt.* retirer le vent, c.-à-d. dissiper le principe de certaines maladies.

發酒 | , *Fă tsieòu* | , devenir furieux par l'ivresse.

喫不得飽就發飯 | , *Tch'ĕ poŭ tĕ· paò, tsiéou fă fán* | , (pop.) il ne peut manger son soûl, sans perdre la tête (se dit d'un domestique qui ne sait pas garder une bonne place).

| 了 , | *lò*, devenu fou, ou enragé.

| 狗 , | *keòu*, chien enragé.

| 狗藥 , | *keòu iŏ*, remède contre la rage.

| 死了 , | *sè lò*, mort de la rage.

| 狗咬的 , | *keòu gaò tĭ*, mordu par un chien enragé.

封 *Fōng*. Cacheter, sceller, fermer, paquet cacheté.

一 | 書信 , *ĭ* | *chōu sín*, une lettre.

| 書信 , | *chōu sín*, cacheter une lettre.

| 一道門 , | 一眼窗子 , | *ĭ táo mên*, | *ĭ ièn ts'āng tsè*, boucher une porte, une fenêtre.

瘡 | 了口 , *Tch'oūang* | *lò k'eòu*, les bords de la plaie se sont réunis, la plaie s'est fermée.

| 口藥 , | *k'eòu iŏ*, remèdes pour hâter la cicatrisation.

| 皮 , | *p'î*, bande de papier pour sceller soit des portes, soit des caisses.

一道(*v.* 一張) | 皮 , *ĭ táo (v. ĭ tchāng)* | *p'î*, une bande de papier à sceller.

放 | , *Fáng* | , retirer les scellés (expression usitée pour exprimer l'ouverture quotidienne des portes de la prison, le matin).

收 | , *Cheōu* | , remettre sous les scellés; sceller la porte de la prison vers le soir.

官 | 了他的站房 , *Koūan* | *lò t'a tĭ tchán fâng*, le mandarin a mis les scellés sur son auberge.

| 両隻船 , | *leàng tchĕ tch'oûan*, coller des *fōng p'î* sur deux barques, c.-à-d. réquisitionner deux barques.

| 印 , | *ín*, fermer les sceaux (cérémonie solennelle qui se fait vers la fin de l'année; c'est le signal des vacances des tribunaux).

| 渡, | *tóu*, fermer, défendre le passage d'un fleuve (à cause du danger).

| 人家的口, | *jên kiā tĭ k'eòu*, au fig. fermer la bouche à quelqu'un.

穀子 | 了林, *Koŭ tsè* | *lò lîn*, le riz forme forêt, c.-à-d. les plants de riz sont si développés qu'il ne reste plus de vide entre eux.

倉 | 了頂, *Ts'āng* | *lò tìn*, le grenier est rempli jusqu'au sommet.

| 火磚牆, | *hò tchoūan ts'iâng*, mur en briques (très élevé) pour protéger contre l'incendie.

— | 銀子, *ĭ* | *în tsè*, un paquet d'argent.

— | 糕, *ĭ* | *kāo*, un paquet de petits gâteaux.

— | 茶食, *ĭ* | *tch'â chĕ*, un paquet de sucreries.

| | *v.* 包 |, | | *v. pāo* |, rouleau de sapèques enveloppées proprement dans du papier rouge ou orné d'une bande rouge. (On s'en sert quand il s'agit de payer des gens qu'on veut honorer, quand on veut faire de petits cadeaux, ou qu'on a des gratifications à faire dans les circonstances solennelles.)

我 | 他一百二十个脈禮錢, *Gò* | *t'a ĭ pĕ· eúl chĕ kó mĕ· lì ts'iên*, (litt.) je lui ai fait (c.-à-d. je lui ai donné) un rouleau de 120 sapèques, pour ses honoraires d'inspection du pouls.

得了一百錢的 | | (*v.* 包 |), *Tĕ· lò ĭ pĕ· ts'iên tĭ* | | (*v. pāo* |), ils ont reçu 100 sapèques de gratification.

趕禮 | 两百錢, *Kàn lì* | *leàng pĕ· ts'iên*, pour cadeau, faire (c.-à-d. offrir) un rouleau de 200 sapèques.

| 官, | *koūan*, nommer à un mandarinat.

| 神, | *chên*, décerner à un défunt les honneurs divins (rite payen).

蜂 *Fōng*. Abeille, guêpe. 家 | 子, *Kīa* | *tsè*, abeille domestique.

野 | 子, *Iè·* | *tsè*, abeille sauvage.

| 王, | *oûang*, reine des abeilles.

女 |, *Niù* |, abeille ouvrière.

黑 | 子, *Hĕ·* | *tsè*, abeille mâle.

黃 |, *Hoûang* |, guêpe.

牛角 |, *Nieôu kŏ* |, gros bourdon.

| 蜜, *v.* | 餹, | *mĭ, v.* | *t'âng*, miel.

| 兒, | *eûl*, petite abeille, nymphe.

| 列子, | *liĕ· tsè*, rayons.

| 桶, | *t'òng*, ruche.

| 子朝王, | *tsè tch'âo ouâng*, les abeilles entourent leur reine en masse, et faisant grand bruit; *litt.* les abeilles font la cour à leur reine.

| 子打花做糖, | *tsè tà hoūa tsóu t'âng*, les abeilles butinent sur les fleurs pour faire du miel.

春天 | 子分家, *Tch'oūen t'iēn* | *tsè fēn kīa*, au printemps les abeilles essaiment.

取 | 糖, *Ts'ù* | *t'âng*, tirer le miel.

餵 | 子, *Oúi* | *tsè*, élever des abeilles.

| 子錐人, | *tsè tsū jên*, les abeilles piquent.

| 子旺, | *tsè ouáng*, les abeilles prospèrent.

打 | 子, *Tà* | *tsè*, chercher à arrêter un essaim qui s'envole, en lui jetant du sable, de l'eau.

| 子打歇了, | *tsè tà hiĕ· lò*, on a fait poser l'essaim.

一窩 | 子, *ĭ ō* | *tsè*, un nid de guêpes; s'entend aussi au figuré d'une troupe de gens méchants.

鋒 *Fōng*. Aigu, pointu, tranchant d'un couteau.

這把刀 | 快, *Tché· pà taō* | *k'oúai*, ce couteau est très affilé.

當先 |, *Tāng siēn* |, être à l'avant-garde, avoir à porter les premiers coups.

豐 *Fōng*. Abondant, riche, prospère.

年辰歉 |, *Niên chên k'ién* |, l'année laisse à désirer quant à la fertilité.

| 盛年辰, | *chén niên chên*, année d'abondance.

待客待得 | 厚, *Tái k'ĕ· tái tĕ·* | *heóu*, quand il s'agit de traiter les hôtes, il le fait largement.

FÔNG

逢 *Fông*. Rencontrer. 相 |, *Siāng* |, se rencontrer.

| 塲期, | *tch'âng k'ī*, au jour de marché.

今天 | 不 | 塲, *Kīn t'iēn* | *poŭ* | *tch'âng*, est-ce aujourd'hui jour de marché?

| 瞻禮主日, | *tchān lì tchoù jĕ*, les jours de fête et les dimanches.

| 時過節要送个禮, | *chê kó tsiĕ· iáo sóng kó lì*, aux différentes époques de l'année il faut offrir des présents.

路上 | 倒, *Loú cháng* | *taò*, rencontrer en chemin.

| 倒機會, | *taò kī hoúi*, trouver une occasion.

難得 |, *Lân tĕ·* |, cela se rencontre difficilement.

縫 *Fông*. Coudre. 裁 |, *Ts'âi* |, *litt.* couper et coudre, désigne le tailleur.

| 一件衣裳, | *ī kién ī châng*, coudre un habit, faire un habit.

FÓNG

縫 *Fóng*. Couture, fente, crevasse. 開 |, *v.* 坼 |, *K'āi* |, *v. ts'ĕ·* |, il s'ouvre des crevasses.

沒得 | | (*v.* | 子), *Mŏ tĕ·* | | (*v.* | *tsè*), il n'y a pas de fente, pas d'ouverture; au fig. se dit d'un homme qui ne se laisse pas entamer.

墻有 | 壁有耳, *Ts'iâng ieòu* |, *pĭ ieòu eùl*, les murs ont des fentes, et les cloisons des oreilles.

鳳 *Fóng*. | 凰, | *hoûang*, oiseau fabuleux, phénix, aigle.

奉 *Fóng*. Offrir à un supérieur, recevoir d'un supérieur, servir.

| 事, | *sé*, servir.

| 命, | *mín*, agir d'après des ordres.

| 旨, | *tchè*, d'après un édit (un ordre) impérial.

| 承, | *tch'ên*, flatter.

| 人情, | *jên ts'în*, se laisser influencer par le respect humain.

| 教, | *kiáo*, embrasser une doctrine, une religion (s'entend presque toujours dans le sens d'embrasser la religion chrétienne).

| 教人, | *kiáo jên*, chrétien.

| 天主教, | *T'iēn Tchoù kiáo*, embrasser la religion chrétienne.

眞心 | 教, *Tchēn sīn* | *kiáo*, se faire chrétien sincèrement.

| 教得早 (遲), | *kiáo tĕ· tsào (tch'ê)*, il s'est fait chrétien de bonne heure (*ou bien* tard).

莫人 | 他了, *Mŏ jên* | *t'a lò*, personne ne s'adresse plus à lui (par ex. à un ouvrier trop exigeant, à un marchand qui vend trop cher).

俸 *Fóng*. | 祿, | *loŭ*, traitement, appointements (s'entend toujours du traitement de personnes constituées en dignité).

罰 (*v.* 扣) | 祿, *Fă (v. k'eóu)* | *loŭ*, punir en retenant une partie du traitement.

FŌU

夫 *Fōu*. 丈 |, *Tcháng* |, mari.

| 婦, *v.* | 妻, | *foú*, *v.* | *ts'ī*, mari et femme.

老 | 子, *Lào* | *tsè*, maître (appellation honorifique usitée à l'égard des hommes instruits et âgés).

孔 | 子, *K'òng* | *tsè*, Confucius.

| 人, | *jên*, femme d'un grand dignitaire.

大丈 |, *Tá tcháng* |, homme de vertu, de caractère.

財上分明大丈 |, *Ts'âi cháng fēn mîn tá tcháng* |, les richesses éprouvent la vertu des grands hommes.

冷箭射死大丈｜, *Lèn tsién ché· sè tá tcháng* ｜, une flèche lancée traîtreusement peut tuer un grand homme.

｜頭, v. ｜頭兒, ｜ *t'eôu*, v. ｜ *t'eôu eûl (t'êul)*, chef d'une escouade de portefaix.

轎｜, *Kiáo* ｜, porteurs de chaise.

馬｜, *Mà* ｜, palefrenier.

｜子, ｜ *tsè*, portefaix (on appelle plus particulièrement ainsi les domestiques des soldats).

工｜, *Kōng* ｜, travail.

操得有工｜出來, *Ts'āo tĕ· ieòu kōng* ｜ *tch'ŏu lâi*, à force de s'exercer il est devenu habile.

這个活路有點工｜, *Tché· kó hŏ lóu ieòu tièn kōng* ｜, cet ouvrage a un certain mérite, il indique de l'habileté.

請工｜, *Ts'ìn kōng* ｜, prendre des gens à la journée.

要好多工｜, *Iáo hào tō kōng* ｜, combien faut-il de journées de travail?

他的工｜好, *T'a tĭ kōng* ｜ *hào*, c'est un bon ouvrier.

麩 *Fōu.* ｜子, v. 麥｜子, ｜ *tsè*, v. *mĕ·* ｜ *tsè*, son (de blé).

｜醋, ｜ *ts'óu*, espèce de vinaigre fait avec du son.

敷 *Fōu.* ｜水, ｜ *choùi*, ajouter ce qui manque au titre de l'argent.

｜一兩銀子水, ｜ *ĭ leàng în tsè choùi*, suppléer un taël pour compenser l'infériorité du titre.

｜藥, ｜ *iŏ*, appliquer des remèdes à l'extérieur.

惡瘡要｜好藥, *Gŏ tch'oūang iáo* ｜ *hào iŏ*, sur un mauvais ulcère il faut appliquer de bons remèdes.

呼 *Fōu (v. Hōu.)* Crier, invoquer, appeler.

｜喚人, ｜ *hoúan jên*, appeler quelqu'un.

｜號, ｜ *hâo*, appeler à grands cris.

｜不應, ｜ *poŭ ín*, appeler sans pouvoir se faire entendre, sans obtenir de réponse.

稱｜人, *Tch'ēn* ｜ *jên*, appeler quelqu'un avec le titre qui lui est dû d'après la politesse.

｜喊耶穌的聖名, ｜ *hàn Iê sōu tĭ chén mîn*, invoquer le saint Nom de Jésus.

｜得動, ｜ *tĕ· tóng*, se dit d'un homme qui au premier appel peut se faire obéir d'un certain nombre d'individus.

這个大爺｜得動三千多人, *Tché· kó tá iê·* ｜ *tĕ· tóng sān ts'iēn tō jên*, ce chef de francs-maçons peut mettre en mouvement plus de trois mille hommes.

有錢就｜得動衙門頭的人, *Ieòu ts'iên tsieóu* ｜ *tĕ· tóng iâ mên t'eôu tĭ jên*, quand on a des sapèques, on peut faire marcher à sa guise les gens du prétoire.

FÔU

扶 *Fôu.* Soutenir par le bras, aider.

｜他走, ｜ *t'a tseòu*, aide-le à marcher.

｜起走得幾步, ｜ *k'ì, tseòu tĕ· kì póu*, appuyé sur le bras d'un autre, il peut faire quelques pas.

｜倒病人, ｜ *tào pín jên*, soutenir un malade.

｜助, ｜ *tsóu*, secourir.

｜助煉獄靈魂, ｜ *tsóu lién iŏ lîn houên*, secourir les âmes du purgatoire.

｜手板, ｜ *cheòu pàn*, planchette qui dans la chaise à porteurs sert pour s'appuyer les bras.

｜轎子, ｜ *kiáo tsè*, soutenir la chaise à porteurs.

｜上轎, ｜ *cháng kiáo*, soutenir quelqu'un et l'aider à monter en chaise.

幫｜異端, *Pāng* ｜ *í toūan*, coopérer aux superstitions.

浮 *Fôu.* Flotter, surnager. ｜水過河, ｜ *choùi kó hô*, passer le fleuve à la nage.

｜得起來, ｜不起來, ｜ *tĕ· k'ì lâi*, ｜ *poŭ k'ì lâi*, il surnagera, il s'en tirera; il ne surnagera pas, il ne s'en tirera pas (s'entend soit au physique soit au moral).

這个人會 | 水, *Tché· kó jên hoûi | choùi*, c'est un habile nageur.

| 得來水, | 不來水, | *tĕ· lâi choùi*, | *poŭ lâi choùi*, il sait nager, il ne sait pas nager.

| 薸, | *p'iâo*, petite plante qui pousse à la surface de l'eau des rizières grasses.

| 萍草, | *p'în ts'ào*, lentille d'eau.

| 在水面上, | *tsái choùi mién cháng*, flotter à la surface de l'eau.

| 筒, | *t'ông*, petit flotteur en bambou.

| 橋, | *k'iâo*, pont flottant, pont de bateaux.

| 尸會, | *chē hóui*, société pour enterrer les noyés (les cadavres flottants).

| 腫, | *tchòng*, enflure.

湖 *Fôu (v. Hôu)*. Lac. | 北, | *pĕ·*, nom d'une province de Chine (au nord du grand lac *Tóng t'în fôu*).

| 南, | *lân*, nom d'une autre province (au sud de ce lac).

| 廣, | *kouàng*, nom de ces deux provinces réunies.

跑江 |, *P'ào kiāng* |, faire son tour de Chine, aller un peu partout, sans domicile fixe.

江 | 上的人, *Kiāng | cháng tĭ jên*, vagabond; individu qui court partout sans pouvoir rendre compte de ses moyens d'existence; espèce de franc-maçon chinois.

江 | 弟兄, *Kiāng | tí hiōng*, frères francs-maçons.

| 縐, | *tsóng, (tséou)* fin tissu de soie, d'une confection particulière.

五 | 四海皆兄弟, *Où | sé hài kiāi hiōng tí*, entre les cinq lacs et les quatre mers (c.-à-d. dans le monde entier) tous sont frères.

葫 *Fôu (v. Hôu)*. | 豆, *teóu*, Fève.

摘 | 豆, *Tsĕ· | teóu*, cueillir les fèves.

捋 | 豆葉, *Lĕ· | teóu iĕ·*, cueillir les feuilles de fève en laissant la tige.

| 豆糠, | *teóu k'āng*, ces feuilles séchées et réduites en poudre, pour nourrir les porcs.

| (v. 瓠) 蘆, | *(v. k'ôu) lôu*, calebasse, gourde (vulgairement on prononce *k'ôu loŭeul*).

糊 *Fôu (v. Hôu)*. Colle, coller, badigeonner; stupide.

| 坭巴, | *gnî pā*, enduire de boue.

| 石灰, | *chĕ hoūi*, mettre une couche de chaux.

| 紙, | *tchè*, coller du papier.

| 窗子, | *ts'āng tsè*, mettre du papier aux fenêtres.

| 壁頭, | 墻, | *pĭ t'eôu*, | *ts'iâng*, crépir une cloison, un mur.

| (v. 胡) 說, | *chŏ*, tu dis des sottises.

打 | (v. 胡) 亂說, *Tà | louán chŏ*, parler à tort et à travers.

| 塗虫, | *t'ôu tch'ông*, (injure) grand imbécile!

| 塗了, | *t'ôu lò*, c'est un imbécile, il a perdu la tête.

做出 | 塗事, *Tsóu tch'ŏu | t'ôu sé*, faire de mauvaises actions.

含 | (v. 含含 | |) 不說明, *Hân | (v. hân hân | |) poŭ chŏ mîn*, ne dire les choses qu'à moitié, en déguisant sa pensée.

煳 *Fôu*. Rôti ou cuit jusqu'à sentir le brûlé.

燒 | 了, *Chāo | lò*, c'est trop rôti, c'est brûlé.

煎 | 了, *Tsiēn | lò*, même sens.

餬 *Fôu (v. Hôu)*. Nourrir. | 得住口, | *tĕ· tchoú k'eòu*, il a de quoi manger.

不多 | 得住, *Poŭ tō | tĕ· tchoú*, il n'a pas de trop pour vivre.

今年子庄稼不彀 | 嘴, *Kīn niên tsè tchouāng kiā poŭ kéou | tsoùi*, la récolte de cette année ne nous suffit pas pour vivre.

鬍 *Fôu (v. Hôu).* |子, | *tsè*, Barbe.

落耳 | , *Lǒ eùl* | , favoris.

八字 | 兒, *Pǎ tsé* | *eûl (feûl)*, l'impériale.

三鬚 | , *Sān sū (hiū)* | , la mouche, ou plutôt trois brins de barbe non reliés entre eux, un au menton, et un à chacune des joues.

一口好 | 子, *ǐ k'eòu hào* | *tsè*, une belle barbe.

敬 | 子, *Kín* | *tsè*, porter sa barbe.

戴 | 子, *Tái* | *tsè*, porter une barbe postiche.

修 | 子, *Sieōu* | *tsè*, repasser une dernière fois le rasoir sur la barbe.

還沒有生 | 子, *Houân mǒ ieòu sēn* | *tsè*, il n'a pas encore de poil au menton.

畜 (*v.* 蓄) | 子, *v.* 護 | 子, *Hiǒu (siǒu)* | *tsè*, *v. fóu* | *tsè*, laisser croître sa barbe.

留 | 子, *Lieôu* | *tsè*, même sens.

剃 | 子, *T'í* | *tsè*, raser la barbe.

白 | 子, *Pě* | *tsè*, barbe blanche.

一根 | 子, *ǐ kēn* | *tsè*, un poil de barbe.

沒得幾根 | 子, *Mǒ tě kì kēn* | *tsè*, il n'a que quelques poils de barbe.

一臉都是 | 子, *ǐ lien tōu ché* | *tsè*, il a toute la figure couverte de barbe.

胡 *Fôu (v. Hôu).* | 椒, | *tsiāo*, Poivre.

白 | 椒, *Pě* | *tsiāo*, poivre blanc (décortiqué).

黑 | 椒, *Hě* | *tsiāo*, poivre noir (non décortiqué).

狐 *Fôu.* | 狸, | *lî*, Renard, vulgairement appelé *māo keoū*.

| 皮褂子, | *p'î koúa tsè*, pardessus en peau de renard.

壺 *Fôu.* Vase de terre ou de métal pour mettre les liquides.

茶 | , 酒 | , *Tch'â* | , *Tsieòu* | , vase pour le thé, pour le vin.

夜 | , *Ié* | , vase de nuit.

一 | 酒, *ǐ* | *tsieòu*, un cruchon de vin, un vase rempli de vin.

錫 | , 銅 | , *Sǐ* | , *t'ông* | , cette sorte de vase en étain, en cuivre.

包 | , *Pāo* | , enveloppe de la théière pour la tenir chaude.

棕包 | , *Tsōng pāo* | , la même, en écorce de palmier.

FOÙ

府 *Foù.* Préfet, préfecture, département, ville de première classe, palais.

是一個 | 分, *Ché ǐ kó* | *fén*, c'est une ville de 1ere classe.

| 官, *v.* 知 | , *v.* | 太爺, | *koūan*, *v. tchē* | , *v.* | *t'ái iê*, mandarin préposé à un *foù*, préfet de 1ere classe.

告上 | , *v.* 告 | 狀, *Káo cháng* | , *v. káo* | *tchoúang*, porter un procès au préfet.

官 | , *Koūan* | , soldats attachés aux mandarins militaires en place.

尊 | (*v.* | 上) 在何處, *Tsēn* | (*v.* | *cháng) tsái hô tch'óu*, (litt.) où se trouve votre noble palais? (C'est la manière polie de demander à quelqu'un sa demeure.)

腑 *Foù.* Viscères. 五臟六 | , *Où tsáng loǔ* | , les cinq viscères supérieurs et les six viscères inférieurs.

腐 *Foù.* Pourri. 豆 | , *Teóu* | , fromage de haricots (*houáng teóu*). (C'est un mets très commun, il est livré au commerce sous différentes formes.)

豆 | 乾, 臭豆 | , 紅豆 | , 豆 | 皮, *Teóu* | *kān*, *tch'eóu teóu* | , *hông teóu* | , *teóu* | *p'î*, ce même fromage sec, pourri et poilu, rouge, en feuilles, etc., etc.

推豆 | , *T'oūi teóu* | , moudre les haricots pour faire ce fromage.

點豆 | , *Tièn teóu* | , mettre la présure dans le lait de haricots appelé 豆漿 *teóu tsiāng*.

煎 (*v.* 炒) 豆 | , *Tsiēn (v. tch'ào) teóu* | , griller ce fromage dans la poêle.

端豆 | , *Toūan teóu* | , apporter (c.-à-d. acheter) de ce fromage.

豆 | 上不得席, *Teóu | cháng poŭ tĕ· sĕ*, ce fromage ne doit pas paraître dans un festin.

| 肉, | *joŭ*, viande gâtée.

| 儒, | *jôu*, lettré encroûté.

撫 *Foù*. Consoler, entretenir. | 養, | *iàng*, nourrir et élever.

聖若瑟是 | 養耶穌的大聖人, *Chén Jŏ sĕ· ché | iàng Iê· sōu tĭ tá chén jên*, Saint Joseph est le grand saint qui a été le Père nourricier de Jésus.

這个兒子不是得親生的是 | 的, *Tché· kó eûl tsè poŭ ché tĕ· ts'īn sēn tĭ, ché | tĭ*, cet enfant n'est pas son fils, il a été élevé par lui.

| 一个兒, | 一个女, | *ĭ kó eûl, | ĭ kó niù*, élever, adopter un garçon, une fille.

| 臺, v. 巡 | , | *t'âi, v. sûn* |, sous-gouverneur de province.

斧 *Foù*. | 頭, | *t'eôu*, hache.

扁 | , *P'ièn* |, hache de charpentier.

板 | , *Pàn* |, lance armée d'une hache (arme chinoise).

提刀弄 | , *T'î tāo lóng* |, porter le couteau et manier la hache (mauvais drôles toujours prêts à jouer du couteau).

虎 *Foù (v. Hoù)*. Tigre. 老 | , *Laò* |, nom vulgaire donné au tigre.

| 爪, | 骨, | 皮, | *tchào*, | *koŭ*, | *p'î*, griffes, os (employés en médecine), peau de tigre.

大山上出老 | , *Tá chān cháng tch'ŏu laò* |, sur les hautes montagnes il y a des tigres.

知山上有 | 莫向山走, *Tchē chān cháng ieòu* |, *mŏ hiáng chān tseòu*, sachant qu'il y a des tigres sur la montagne, garde-toi de te diriger de ce côté.

如 | 似狼, *Joû | sé lâng*, semblable au loup et au tigre.

栽林養 | , *Tsāi lîn iàng* |, planter une forêt pour y nourrir des tigres (proverbe qui signifie: donner des verges pour se faire fouetter, faire du bien à des ingrats).

拔 | 鬚, *P'ă | sū*, arracher la moustache au tigre, c.-à-d. irriter un homme puissant.

| 狼之性, | *lâng tchē sín*, naturel féroce comme celui du tigre et du loup.

母老 | , *Moù laò* |, femme d'un caractère méchant (terme injurieux).

大老 | , *Tá laò* |, sobriquet donné quelquefois à un mauvais garnement qui terrorise tout un pays.

| 將, | *tsiáng*, préfet militaire.

琥 *Foù (v. Hoù)*. | 珀, | *p'ĕ·*, Ambre.

FÓU

父 *Fóu*. Père. | 母, | *moù*, père et mère.

| 子, | *tsè*, père et fils.

両 | 子, *Leàng | tsè*, les deux, le père et le fils.

| 親, | *ts'īn*, père selon la nature.

繼 | , v. 後 | , *Kí* |, *v. heóu* |, beau-père, mari de la mère.

祖 | , *Tsòu* |, aïeul paternel.

舅 | , *Kieóu* |, oncle maternel.

伯 | , 叔 | , *Pĕ·* | (*chŏu* |), frère aîné (frère cadet) du père.

代 | , *Tái* |, parrain.

| 母官, | *moù koūan*, le mandarin père et mère (du peuple). (On entend par là le sous-préfet *(hién koūan)*, dont les rapports avec le peuple sont plus directs.)

神 | 就是靈魂的 | 母, *Chên | tsieóu ché lîn houên tĭ | moù*, le Père spirituel (nom que les Chrétiens donnent au prêtre) est le père et la mère de l'âme.

天主聖 | , *T'iēn Tchoù chén* |, Dieu le Père.

養子纔知 | 母恩, *Iàng tsè ts'âi tchē | moù guēn*, ce n'est qu'en élevant des enfants qu'on apprend à connaître tout ce qu'on doit à ses parents.

寧遭 | 母手不遭 | 母口, *Lîn tsāo | moù cheòu, poŭ tsāo | moù k'eoù*, de la part des parents, mieux vaut recevoir des coups que des malédictions.

｜母愛兒女如珍寶，｜ *moù gái eûl niù joû tchēn paò*, les parents aiment leurs enfants comme des pierres précieuses.

孝敬｜母，*Hiáo kín* ｜ *moù*, avoir de la piété pour ses parents.

聽｜母的命，*T'ín* ｜ *moù tĭ mín*, leur obéir.

｜母還在不在，｜ *moù houân tsái poŭ tsái*, vos parents vivent-ils encore?

三｜八母，*Sān* ｜ *pă moù*, les trois pères et les huit mères.

傅 *Fóu*. Précepteur; transmettre; oindre.

師｜(*v.* 父)，*Sē* ｜，patron d'apprentis (par politesse on appelle ainsi tout maître ouvrier).

終｜，*Tchōng* ｜，l'Extrême-Onction.

付終｜，*Foú tchōng* ｜，administrer l'Extrême-Onction.

付 *Fóu*. Livrer, donner, confier; numéral des potions de médecine.

分｜(*v.* 吩咐)，*Fēn* ｜，ordonner.

託｜，*T'ŏ* ｜，recommander, confier à quelqu'un.

交｜，*Kiāo* ｜，livrer.

｜両吊跟他，｜ *leàng tiáo kēn t'ā*, donne-lui deux ligatures.

還沒有｜錢跟他，*Houân mŏ icòu* ｜ *ts'iên kēn t'ā*, je ne lui ai pas encore livré les sapèques, je ne l'ai pas encore payé.

｜洗，｜ *sì*, baptiser.

｜堅振，｜終油，｜ *kiēn tchén*, ｜ *tchōng icôu*, confirmer, donner l'Extrême-Onction.

一｜藥，*ĭ* ｜ *iŏ*, une potion de médecine.

喫了三｜藥，*Tch'ĕ lò sān* ｜ *iŏ*, il a pris trois potions.

負 *Fóu*. Porter sur les épaules; ingrat; perdre.

背｜十字架，*Pēi* ｜ *chĕ tsé kiá*, porter la croix sur les épaules.

｜債，｜ *tchái*, débiteur.

辜｜天主的恩，*Koū* ｜ *T'iēn Tchoù tĭ guēn*, abuser de la grâce.

｜恩的人，｜ *guēn tĭ jên*, ingrat.

欺｜人，*K'ī* ｜ *jên*, ajouter la dérision à l'ingratitude, se moquer des gens en les trompant.

｜心人，｜ *sīn jên*, perfide, ingrat.

｜托，｜ *t'ŏ*, tromper l'espoir de quelqu'un qui s'en est remis à vous, pour une affaire.

寕可人｜我不可我｜人，*Lîn k'ò jên* ｜ *gò, poŭ k'ò gò* ｜ *jên*, mieux vaut souffrir les torts des autres, que de leur en faire soi-même.

衣裳長要多背｜些料子，*ī chāng tch'âng iáo tō pēi* ｜ *sī leáo tsè*, les habits étant plus longs, il faut plus d'étoffe.

婦 *Fóu*. Femme mariée. 夫｜，*Foū* ｜，mari et femme.

両夫｜不和睦，*Leàng foū* ｜ *poŭ hô mŏu*, les deux époux ne sont pas d'accord.

｜人，｜ *jên*, femme mariée (terme un peu méprisant).

｜人家少見識，｜ *jên kiā chaò kién chĕ*, les femmes sont peu entendues dans les affaires.

｜女，｜ *niù*, femmes et filles, femme en général.

他的｜人，*T'ā tĭ* ｜ *jên*, sa femme.

媳｜，*Sĭ* ｜，bru.

寡｜，*v.* 孀｜，*Kouà* ｜，*v. choāng* ｜，veuve.

節｜，*Tsiĕ* ｜，femme chaste (se dit surtout de celles qui gardent exactement la viduité).

賢｜，*Hiên* ｜，femme qui se conduit bien et qui a du savoir-faire.

潑｜，*P'ŏ* ｜，femme méchante, querelleuse.

娼｜，*Tch'āng* ｜，femme publique.

｜道，｜ *táo*, règle de conduite pour les femmes.

盡｜道，*Tsín* ｜ *táo*, suivre exactement ces règles.

｜人的事，｜ *jên tĭ sé*, les affaires des femmes.

| 人的活路, | jên tĭ hŏ lóu, travail de femmes.

副 Fóu. Aider, en second. 一正一 |, ĭ tchén ĭ |, à chaque titulaire est attaché un auxiliaire.

| 主教, | tchoù kiáo, évêque coadjuteur, ou bien, vicaire général.

| 祭, v. | 彌撒, | tsí, v. | mî să, servir la messe.

| 祭先生, | tsí siēn sēn, servant de messe.

| 將, | tsiáng, major général.

| 爺, | Iê·, petit mandarin militaire, espèce de brigadier de gendarmerie.

| 爺只管得嘓匪, 田土婚姻不能管, | iê· tchĕ kouàn tĕ· kōu feì, t'ién t'où houēn īn poŭ lên kouàn, le fóu iĕ· ne peut s'occuper que des voleurs; pour les procès de terrains et de mariages il n'a aucune autorité.

一 | 棺材, 一 | 對子, ĭ | kouān ts'ái, ĭ | toúi tsè, un cercueil, une paire d'inscriptions correspondantes.

富 Fóu. Riche, richesses. 不論貧 |, Poŭ lén p'în |, peu importe, riche ou pauvre, ne pas distinguer entre riches et pauvres.

嫌貧愛 |, Hiên p'în gái |, dédaigner les pauvres et aimer les riches.

好官不分貧 |, Hào kouān poŭ fēn p'în |, un bon mandarin ne fait pas de distinction entre les riches et les pauvres.

人無三代 |, Jên oû sān tái |, les richesses ne se transmettent pas jusqu'à trois générations.

| 貴, | koúi, les richesses et les honneurs.

| 貴人, | koúi jên, homme riche et noble.

| 貴在天, | koúi tsái t'iēn, les richesses et les honneurs dépendent du ciel.

貧寒不抱怨 | 厚不驕傲, P'în hân poŭ páo iuén, | héou poŭ kiāo gáo, le pauvre ne doit pas se plaindre, ni le riche s'enorgueillir.

戶 Fóu (v. Hóu). Porte; famille.

烟 |, Iēn |, foyer, famille.

這个地方有好多烟 |, Tché· kó tí fāng ieòu hào tō iēn |? dans cette localité combien y a-t-il de feux?

一向房子站幾 | 人, ĭ hiáng fâng tsè tchán kì | jên, dans la même maison habitent plusieurs familles.

對門室 |, Toúi mên chĕ |, la maison en face, vis-à-vis.

粮 |, Leâng |, propriétaire.

佃 |, Tién |, fermier.

花 |, Hoūa |, familles non propriétaires.

漏 |, Leóu |, ne pas donner son nom à l'état civil, ou à la garde nationale.

人 |, Jên |, famille.

一 | 人, ĭ | jên, une famille.

走人 |, Tseoù jên |, aller en visite dans une famille.

這个姑娘放了人 | 沒有 (v. 有人 | 沒得), Tché· kó koū niâng fáng lò jên | mŏ ieòu (v. ieòu jên | mŏ tĕ·)? (litt.) cette fille l'a-t-on livrée à une famille (ou bien a-t-elle une famille), c.-à-d. est-elle fiancée?

要跟他看人 |, Iáo kēn t'ā k'án jên |, il faut lui (à cette fille) chercher un parti.

門 |, Mên |, famille.

門當 | 對, Mên tāng | toúi, se dit d'une famille à laquelle on veut s'allier par mariage, quand elle est d'égale condition (la famille convient en tous points).

山上人 | 稀, 垻底下人 | 密, Chān cháng jên | hī, pá tì hiá jên | mĭ, sur les montagnes les habitations sont rares, dans la plaine elles sont serrées.

行 |, Hâng |, celui qui tient la mesure ou le poids public pour une marchandise.

| 部, | 房, | póu, | fâng, ministère des finances, bureau des finances.

過 |, Kó |, tiers qui sert d'intermédiaire pour un paiement.

有過 | 沒得, 那个的過 |, Ieòu kó | mŏ tĕ·? Là kó tĭ kó |? l'argent a-t-il passé par les mains d'un tiers? qui est ce tiers?

丨口，丨 *k'eòu*, titre ou nom sous lequel un propriétaire fait inscrire ses immeubles au prétoire.

互 *Fóu* (*v. Hóu.*) Ensemble, réciproque.

丨相，丨 *siāng*, réciproquement.

夫婦該丨相愛，*Foū foú kaī* 丨 *siāng gaí*, les époux doivent s'aimer mutuellement.

丨相扶助，丨 *siāng foû tsóu*, s'entr'aider.

護 *Fóu.* Aider, garder, protéger.

丨守天神，丨 *cheoù t'iēn chên*, Ange gardien.

丨送，丨 *sóng*, escorte pour protéger sur la route.

保丨，*Paò* 丨，protéger.

丨短，丨 *touàn*, excuser des torts.

有些父母愛丨兒女的短，*Ieòu sī fóu moù gaí* 丨 *eûl niù tĭ touàn*, il y a des parents qui prennent toujours la défense des torts de leurs enfants.

丨鬍子，丨 *foû tsè*, laisser pousser sa barbe.

衛丨人家，*Oúi* 丨 *jên kiā*, prendre la défense de quelqu'un, le favoriser.

丨照，丨 *tcháo*, passeport.

駙 *Fóu.* 丨馬，丨 *mà*, gendre du roi.

FŎU

福 *Fŏu.* Bonheur. 永丨，*Iùn* 丨，bonheur éternel.

丨樂，丨 *lŏ*, bonheur, jouissance.

五丨，*Où* 丨，les cinq félicités chinoises: 妻財子祿壽，*Ts'ī, ts'âi, tsè, loŭ, chéou*, une femme, des richesses, des fils, des dignités, une longue vie.

壽丨，*Chéou* 丨，êtes-vous heureux? ou bien, soyez heureux (salutation).

丨音，丨 *īn*, l'Evangile, *litt.* heureux son, heureuse nouvelle.

世丨，*v.* 世上的丨，*Ché* 丨，*v. ché cháng tĭ* 丨，félicité temporelle.

享丨，*Hiàng* 丨，être heureux, jouir.

降丨，*Kiáng* 丨，bénir.

降丨嬰孩，降丨婚配，*Kiáng* 丨 *īn hiâi, kiáng* 丨 *houēn p'éi*, bénir des enfants, bénir un mariage.

降丨經，*Kiáng* 丨 *Kīn*, priere pour la bénédiction avant le repas.

丨建，丨 *kién*, nom d'une province de Chine.

禍丨，*Hó* 丨，le bonheur et le malheur.

永遠的丨樂，*Iùn iuèn tĭ* 丨 *lŏ*, le bonheur éternel.

丨氣，丨 *k'í*, chance.

好丨氣，*Haò* 丨 *k'í*, il a du bonheur!

眞丨，*Tchēn* 丨，vrai bonheur.

天堂的丨，*T'iēn t'âng tĭ* 丨，bonheur du ciel.

兒孫自有兒孫丨，*Eûl sēn tsé ieòu eûl sēn* 丨，les descendants ont leur bonne fortune à eux (inutile de tant travailler pour eux).

沒丨，*Mŏ* 丨，pas de chance!

無禍即是，*Oû hó tsĭ* (*v. tsiĕ*) *ché* 丨，n'avoir pas de malheur c'est déjà un bonheur.

幅 *Fŏu.* Largeur d'une étoffe, numéral des peintures, des inscriptions non symétriques.

罩頂要三丨布，*Tcháo tìn iáo sān* 丨 *póu*, pour le haut d'une moustiquaire il faut trois bandes de toile, trois largeurs.

一丨單條，*ĭ* 丨 *tān t'iâo*, une longue inscription sur papier ou sur soie.

一丨畫，*ĭ* 丨 *hóua*, une peinture.

腹 *Fŏu.* Ventre. 肚丨，*Tóu* 丨，ventre.

心丨的人，*Sīn* 丨 *tĭ jên*, ami intime.

充丨，*Tch'ōng* 丨，se rassasier.

空丨，*K'ōng* 丨，le ventre vide, à jeun.

滿丨狐疑，*Màn* 丨 *fôu gnî*, plein de soupçons, de défiance.

復 *Fou*. De nouveau, rendre.
| 活, | *hŏ*, ressusciter.
| 活瞻禮, | *hŏ tchān lì*, fête de Pâques.
耶穌 | 活升天, *Iê sōu* | *hŏ chēn t'iēn*, Résurrection et Ascension de N.-S.
肉身 | 活, *Joŭ chēn* | *hŏ*, résurrection de la chair.
| 原, | *iuên*, rétabli dans le premier état.
病人還沒有 | 原, *Pín jên houân mŏ ieoù* | *iuên*, le malade n'est pas encore entièrement rétabli.
| 轉來, | *tchouàn laî*, revenir.
| 還, | *houân*, restituer.
| 仇, | *tch'êou*, se venger.
反 | (覆) *Fàn* |, sens dessus dessous.
一反一 |, *ĭ fàn ĭ* |, tantôt d'une façon, tantôt d'une façon tout opposée; inconstant.
| 新, | *sīn*, derechef.
寧死不敢 | 犯罪, *Lîn sè pŏu kàn* | *fán tsóui*, plutôt mourir que pécher de nouveau.

伏 *Fou*. Cacher, se soumettre.
埋 |, *Mâi* |, embuscade.
打埋 |, *Tà mâi* |, poser une embuscade.
壓 |, *Iă* |, réprimer.
壓 | 私欲偏情, *Iă* | *sē iŏ p'ien ts'în*, réprimer ses passions.
壓 | 不倒, *v.* 壓 | 不住, *Iă* | *pŏu taò, v. iă* | *pŏu tchóu*, ne pouvoir résister, réprimer.
| 地哀求, | *tí gāi k'ieôu*, prosterné à terre, supplier humblement.
三 | 天, *Sān* | *t'iēn*, les trois décades de la canicule, ou la troisième décade (du 19 Juillet au 19 Août).
| 羲, | *hī*, nom du premier empereur de la Chine.

袱 *Fou*. 包 |, *pāo* |, carré de toile pour envelopper des habits ou d'autres objets, on s'en sert surtout en voyage.
祭衣包 |, *Tsí ī pāo* |, enveloppe de toile pour chapelle portative.
| 子, | *tsè*, papier superstitieux, qu'on brûle en l'honneur des morts.
燒 | 子, *Chāo* | *tsè*, brûler ce papier.

服 *Fou*. Habits; accoutumé; servir, se soumettre.
衣 |, *ī* |, habits.
| 事, | *sé*, prendre soin.
| 事病人, | *sé pín jên*, servir les malades.
| 事父母, | *sé foú mòu*, servir ses parents.
不 | 他人管, *Poŭ* | *t'ā jên kouàn*, ne pas se laisser gouverner par autrui.
西藏 | 中國管, *Sī tsáng* | *Tchōng kouĕ kouàn*, le Thibet est soumis à la Chine.
心 | 不下去, *Sīn* | *poŭ hía k'ú*, je ne puis digérer cette affaire.
不 | 水土, *Poŭ* | *choùi t'où*, ne pouvoir s'acclimater.
外面聽話心裡頭不 |, *Ouái mién t'īn houá sīn lì t'eôu poŭ* |, extérieurement il obéit, mais sans soumission de cœur.
| 禮 (*v.* 理) | *lì*, faire réparation pour une injure.
病人 | 藥, *Pín jên* | *iŏ*, le malade se trouve bien de la médecine.
| 藥不效, | *iŏ poŭ hiáo*, prendre des médecines sans éprouver d'amélioration.
不 | 氣, *Poŭ* | *k'í*, n'être pas content, protester au fond du cœur.
不 | 那一口氣, *Poŭ* | *lá ĭ k'eòu k'í*, ne pouvoir déposer cette haine, cette colère.
他不 | 我我亦不 | 他, *t'ā poŭ* | *gò, gò ĭ poŭ* | *t'ā*, il ne veut pas céder, ni moi non plus.

佛 *Fou*. Bouddha. | 教, | *kiáo*, Bouddhisme.
活 |, *Hŏ* |, Bouddha vivant.
阿彌陀 |, *ō mî t'ô* |, invocation au Bouddha employée très fréquemment.

這个人是一个阿彌陀｜, *Tché· kó jên ché ĭ kó ō mî t'ô* ｜, se dit d'un homme très placide, un peu benêt.

｜手柑, ｜ *chèou kān*, (litt.) orange main de Bouddha: espèce de citron.

閒時不燒香急時抱｜脚, *Hiên chê poŭ chāo hiāng, kì chê páo* ｜ *kiŏ*, quand il n'y a pas de danger, on ne brûle pas même d'encens à l'idole *foŭ*, dans un danger pressant on lui embrasse les pieds.

忽 *Foŭ (v. Hoŭ)*. Subit. ｜然, ｜ *jân*, soudain.

｜然起大火, ｜ *jân k'ì tá hò*, soudain un grand incendie a éclaté.

惚 *Foŭ (v. Hoŭ)*. Troublé. 恍恍｜｜的, *Houàng houàng* ｜ ｜ *tĭ*, troublé, hébété.

這个人恍｜得狠, *Tché· kó jên houàng* ｜ *tĕ· hèn*, c'est un homme étourdi, versatile.

沸 *Foŭ*. 熱｜｜的, *Jĕ·* ｜ ｜ *tĭ*, très chaud.

GĀ

Gā. ? Écraser en pressant, extorquer.

你把洋芋｜爛, *Gnì pà iâng iú* ｜ *lán*, écrase les pommes de terre.

｜絨了, ｜ *jông lò*, réduit en pâte.

｜成粉子, ｜ *tch'ên fèn tsè*, réduire en poudre.

差人只曉得｜人, *Tch'āi jên tchè hiaò tĕ·* ｜ *jên*, les satellites ne savent que pressurer les gens.

｜倒人家, ｜ *taò jên kiā*, opprimer quelqu'un, spéculer sur ses embarras.

受｜, *Cheóu* ｜, être ainsi opprimé, mis dans l'embarras.

｜門响, ｜ *mên hiàng*, faire grincer la porte.

｜手, ｜脚, ｜ *cheòu*, ｜ *kiŏ*, se pincer la main, le pied.

GĀI

哀 *Gāi*. Douleur, tristesse, compatir.

｜哭, ｜ *k'oŭ*, pleurer amèrement.

｜憐, ｜ *liên*, compatir.

｜憐病人, ｜ *liên pín jên*, avoir pitié des malades.

｜矜, ｜ *kīn*, faire l'aumône.

｜矜窮人, ｜ *kīn k'iông jên*, faire l'aumône aux pauvres.

｜求, ｜ *k'iêou*, demander avec larmes.

｜子, ｜ *tsè*, fils qui a perdu sa mère.

孤｜子, *Kōu* ｜ *tsè*, orphelin de père et de mère.

｜喪, ｜ *sāng*, pleurer devant le cercueil.

挨 *Gāi*. Comprimer, s'approcher, s'arrêter, près.

｜倒城門, ｜ *taò tch'ên mên*, tout près des portes de la ville.

｜倒不遠, ｜ *taò poŭ iuèn*, tout près.

要走｜倒廟子, *Iáo tseòu* ｜ *taò miáo tsè*, il faut passer près de la pagode.

｜黑的時候, ｜ *hĕ· tĭ chê heóu*, à la tombée de la nuit.

｜門｜戶, ｜ *mên* ｜ *foú*, les maisons voisines, de porte en porte.

｜門｜戶到處捜, ｜ *mên* ｜ *foú taó tch'óu seōu*, faire des perquisitions partout de maison en maison.

｜輪子, ｜ *lên tsè*, à tour de rôle.

｜倒次序, ｜ *taò ts'é sú*, l'un après l'autre, dans l'ordre voulu.

｜一｜二, ｜ *ĭ* ｜ *eúl*, l'un après l'autre, ou l'un à côté de l'autre.

稅關上船要｜一吓, *Choúi koūan cháng, tch'oûan iáo* ｜ *ĭ há*, à la douane les bateaux doivent aborder.

｜不攏, ｜ *poŭ lòng*, il n'y a pas moyen d'approcher, d'aborder.

GÂI

捱 *Gâi.* Tarder, différer; être frappé.

儘 | , *Tsìn* | , tarder sans mesure.

| **緩**, | *houàn*, différer.

| **皮**, | *p'î*, (vulg.) lambiner.

在瀘州要 | **両天**, *Tsái Loû tcheōu iáo* | *leàng t'iēn*, je m'arrêterai deux jours à *Loû tcheōu*.

| **黑**, | *hĕ*, tarder jusqu'à la nuit.

不要 | **時候**, *Poŭ iáo* | *chê heóu*, ne t'attarde pas.

| **打**, | *tà*, être battu.

| **了**, | *lò*, il a reçu une volée.

| **耳巴子**, | *eùl pā tsè*, recevoir des soufflets.

| **餓**, | *ó*, souffrir de la faim.

| **得**, | *tĕ*, il est peu sensible aux coups.

| **了一頓好的**, | *lò ĭ tén haò tĭ*, il a été rossé d'importance.

陰倒 | , *īn taò* | , attraper une volée sans s'en vanter.

| **了二百小板子**, | *lò eúl pĕ siào pàn tsè*, il a reçu deux cents coups de verges.

我走一步 | **一刀**, *Gò tseòu ĭ póu* | *ĭ taō*, (imprécation fort usitée) qu'à chaque pas que je ferai je reçoive un coup de couteau!

| **棒棒**, | *páng páng*, recevoir du bâton.

要 | **打**, *Iáo* | *tà*, tu te feras rosser (menace).

崖 *Gâi.* Précipice, bords abrupts des montagnes.

懸 | , *v.* **陡** | , *Huên* | , *v. teòu* | , montagne à pic.

滾下 | , *Kouèn hiá* | , rouler dans un précipice.

| **上**, | *cháng*, à la montagne.

在 | **上坐**, *Tsái* | *cháng tsó*, demeurer sur la montagne.

| **洞**, | *tóng*, caverne, antre.

| **鷹**, | *īn*, milan, vautour.

| **口**, | *k'eòu*, défilé étroit.

堵 (*v.* **扎**) | **口**, *Toù* (*v. tchă*) | *k'eòu*, garder un défilé.

一邊是坎一邊是 | , *ĭ piēn ché k'àn, ĭ piēn ché* | , d'un côté se dresse le roc, de l'autre c'est le précipice; au fig. se trouver dans une position difficile.

GÀI

矮 *Gài.* Peu élevé. | **子**, | *tsè*, nain.

| **等等**, | *tén tén*, petit de taille.

價錢 | , *Kiá ts'iên* | , le prix est bas.

| **價錢**, | *kiá ts'iên*, baisser le prix.

價錢 | **下來了**, *Kiá ts'iên* | *hiá lâi lò*, le prix est descendu.

| **不下來**, | *poŭ hiá lâi*, ne pouvoir abaisser le prix.

放 | **下來**, *Fáng* | *hiá lâi*, abaisser, mettre plus bas.

這張桌子 | **很了**, *Tché tchāng tchŏ tsè* | *hèn lò*, cette table est trop basse.

分不倒高 | , *Fēn poŭ taò kāo* | , ne pouvoir distinguer ce qui est bas; ne pouvoir distinguer les qualités des marchandises.

他的貨 | **了**, *T'ā tĭ hó* | *lò*, ses marchandises sont de qualité inférieure.

這个銀子水 | **了**, *Tché kó în tsè choùi* | *lò*, cet argent est d'un titre faible.

這个房子 | , *Tché kó fâng tsè* | , cette maison est basse.

| **處的高**, | *tch'óu tĭ kāo*, la partie la plus élevée d'un pays bas.

比高 | , *Pì kāo* | , mesurer quel est le plus haut, quel est le plus bas.

高一步 | **一步**, *Kāo ĭ póu* | *ĭ póu*, se dit quand on marche dans un chemin inégal sans y voir clair: *litt.* un pas en montant un pas en descendant.

| **板凳**, | *pàn tén*, escabeau.

| **椅子**, | *ì tsè*, chaise basse.

GÁI

愛 *Gái.* Aimer; inclination à faire une chose.

丨德, 丨 *tĕ*, vertu de charité.

發丨德, *Fă* 丨 *tĕ*, faire un acte de charité.

丨情, 丨 *ts'în*, affection pour le prochain.

相丨, *Siāng* 丨, s'aimer mutuellement.

熱丨, *Jĕ* 丨, aimer ardemment.

丨天主萬有之上，丨人如己, 丨 *T'iēn Tchoù ouán icòu tchē cháng*, 丨 *jên jôu kì*, aimer Dieu par-dessus tout, et le prochain comme soi-même.

天主寵丨的, *T'iēn Tchoù tch'òng* 丨 *tĭ*, aime, favorisé de Dieu.

我心頭不丨, *Gò sīn t'eôu poŭ* 丨, cela ne me plaît pas.

他的丨情好, *T'a tĭ* 丨 *ts'în haò*, il montre beaucoup d'affection.

多謝你的丨情, *Tō sié gnì tĭ* 丨 *ts'în*, grand merci de votre bonté.

昬人丨, *Teōu jên* 丨, attirer l'amitié des gens.

洋芋丨高處, *Iâng iú* 丨 *kāo tch'óu*, la pomme de terre préfère les terres élevées.

那个丨不好的, *Là kó* 丨 *poŭ hào tĭ*, qui aime ce qui n'est pas bon?

丨笑，丨說笑，丨做，丨賭，丨叨人，丨說，丨走, 丨 *siáo*, 丨 *chŏ siáo*, 丨 *tsoú*, 丨 *toù*, 丨 *t ao jên*, 丨 *chŏ*, 丨 *tseòu, etc.*, aimer à rire, à plaisanter, à travailler, à jouer, à maudire les gens, à faire des reproches, à courir, etc. etc.

我懶丨做這些活路, *Gò làn* 丨 *tsóu tché sī hŏ lóu*, il m'en coûte, il me répugne de faire ces ouvrages.

偏丨, *P'iēn* 丨, affection déréglée.

犯偏丨, *Fán p'iēn* 丨, montrer des préférences injustes.

溺丨兒女, *Nĭ* 丨 *eûl niù*, aimer ses enfants d'une manière désordonnée, les gâter.

碍 *v.* **礙** *Gái.* Obstacle, inconvénient.

無丨, *Oû* 丨, il n'y a pas d'inconvénient.

阻丨 *v.* **挂丨**, *Tsoù* 丨 *v. kouá* 丨, empêchement, obstacle.

並無阻丨, *Pín oû tsoù* 丨, il n'y a absolument pas d'obstacle, rien ne s'y oppose.

艾 *Gái.* Absinthe, armoise.

GĀN

安 *Gān.* tranquille; disposer; prendre au piège.

丨然, 丨 *jân*, tranquille.

平丨, *P'în* 丨, tranquille, en bonne santé.

平丨無事, *P'în* 丨 *oû sé*, tranquille, sans affaires embarrassantes.

君子丨貧, *Kuīn tsò* 丨 *p'în*, le sage supporte tranquillement la pauvreté.

問丨, *Ouén* 丨, demander des nouvelles de la santé.

欠丨, *K'ién* 丨, être indisposé.

心頭不丨逸, *Sīn t'côu poŭ* 丨 *ĭ*, n'avoir pas le cœur à l'aise.

請丨, *v.* **清丨**, *Ts'ìn* 丨, *v. ts'īn* 丨, souhait de bonne santé, présenter ses civilités.

丨神, 丨 *chēn*, reposer ses esprits.

丨歇, *v.* 丨 **身**, 丨 *hiĕ*, *v.* 丨 *chēn*, se reposer, dormir.

沒處丨身, *Mŏ tch'óu* 丨 *chēn*, n'avoir pas d'endroit pour se réfugier.

丨心, 丨 *sīn*, se reposer, dormir; agir de gaité de cœur.

請神父丨心, *Ts'ìn chēn foú* 丨 *sīn*, que le Père se repose bien, bonne nuit.

丨心犯罪, 丨 *sīn fán tsoúi*, pécher de gaîté de cœur.

丨所彌撒, 丨 *sò mî să*, messe de *requiem.*

丨樂, 丨 *lŏ*, se réjouir.

丨分守己, 丨 *fén cheoù kì*, vivre honnêtement dans sa condition.

| 慰, | *oúi*, consoler.

| 界石, | 石板, | *kiái chĕ*, | *chĕ pàn*, fixer des pierres pour limites, poser des pierres de taille.

| 平, | *p'în*, mettre à plat, d'aplomb.

立起 |, *Lĭ k'ì* |, mettre debout.

| 穩當, | *ouèn táng*, poser solidement.

| 不下, | *poŭ hiá*, ne pouvoir placer ou faire entrer (faute de place).

| 在那裡, | *tsái là lì*? où mettre, où placer? où est-ce placé?

| 頓, *v.* | 置, | *tén*, *v.* | *tché*, placer, disposer.

你把客 | 置 (*v.* | 頓) 規一, *Gnì pà k'ĕ* | *tché* (*v.* | *tén*) *koūi ĭ*, installe convenablement les hôtes (pour passer la nuit).

| 頓姑娘, | *tén koū niāng*, marier une fille.

| 排姑娘, | *p'âi koū niāng*, à peu près même sens.

| 排兒女, | *p'âi eûl niù*, établir ses enfants, les marier, leur trouver une position.

| 家, | *kīa*, (litt.) fonder une famille, c.-à-d. se marier.

你 | 了家沒有, *Gnì* | *lò kīa mŏ ieoù?* es-tu marié?

天主 | 排的不錯, *T'iēn Tchoū* | *p'âi tĭ poŭ ts'ó*, ce que Dieu dispose, est bien disposé.

隨天主 | 排, *Soûi T'iēn Tchoū* | *p'âi*, à la volonté de Dieu.

隨神父 | 排, *Soûi chēn foú* | *p'âi*, à la disposition du Père.

會 | 排, *Houí* | *p'âi*, habile à disposer les choses.

慢慢 | 排, *Mán mán* | *p'âi*, on arrangera cela peu à peu.

主教 | 排神父去看教友, *Tchoù kiáo* | *p'âi chên foú k'ú k'án kiáo icòu*, l'évêque envoie les prêtres visiter les chrétiens (leur assigne leur juridiction).

神父 | 排你做會長, *Chên foú* | *p'âi gnì tsóu houí tchàng*, le Père t'établit catéchiste (Voy. *houí*.)

| 埋, | 葬, | *mâi*, | *tsáng*, enterrer.

| 服百姓, | *foŭ pĕ sín*, apaiser le peuple, le maintenir dans l'ordre.

| 服不倒, | *foŭ poŭ taò*, ne pouvoir le maintenir dans l'ordre.

| 魚鰍, | *iû ts'iēou*, prendre avec de petites nasses des poissons de rizière appelés *iû ts'iēou*.

| 不倒他, | *poŭ taò t'ā*, je ne puis le pincer.

| 南, | *lân*, l'Annam.

| 徽, *hoūi*, nom d'une province de Chine.

到處都 | 得有稅關, *Taó tch'óu toū* | *tĕ icoù choúi koūan*, partout on a établi des douanes.

鞍 *Gān*. 馬 | 子, *Mà* | *tsè*, selle de cheval.

馬 | 鐙, *Mà* | *t'én*, étriers.

馬 | 山, *Mà* | *chān*, nom donné souvent aux montagnes dont la configuration rappelle grossièrement la forme d'une selle de cheval.

鵪 *Gān*. | 鶉, | *choûen*, caille.

淹 *v.* **渰** *Gān*. Immergé, inondé.

| 死了, | *sè lò*, il s'est noyé.

打破船 | 死多人, *Tà p'ó tch'oûan* | *sè tō jên*, il a péri beaucoup de personnes dans le naufrage.

水大 | 倒庄稼, *Choùi tá* | *taò tchoūang kīa*, la crue des eaux a inondé la récolte.

河邊高 | 不倒, *Hô piēn kaō*, | *poŭ taò*, les rives du fleuve étant élevées ne peuvent être inondées.

漲大水河壩要 |, *Tchàng tá choùi hô pá iaó* |, aux grandes eaux le fleuve inonde ses rives.

水 | 倒腰桿 (*v.* 幹), *Choùi* | *taò iāo kàn*, avoir de l'eau jusqu'à la ceinture.

水 | 房子 | 濕樓了, *Choùi* | *fâng tsè*, | *chĕ lcôu lò*, l'eau a inondé la maison jusqu'au grenier.

華西官話漢法詞典

水｜進城了, Choùi ｜ tsín tch'ên lò, l'eau a monté jusque dans la ville.

GÂN

諳 Gân. Penser, s'imaginer. 萬不｜有這个事, Ouán poŭ ｜ icòu tché· kó sé, on ne se serait jamais attendu à une telle affaire.

沒有｜倒有賊, Mŏ icòu ｜ taò icòu tsoûi, je n'aurais pas cru qu'il y eût des voleurs.

我都｜他要來, Gò toū ｜ t'ā iaó lâi, je pensais bien qu'il viendrait.

｜算, ｜ soúan, penser à part soi, soupçonner.

Gán. ? (v. Gán). ｜縫, ｜ fóng, bien ajusté sans laisser de vide.

做得淸絲｜縫, Tsóu tĕ· ts'īn sē ｜ fóng, c'est parfaitement ajusté.

門要關｜, Mên iáo kouān ｜, il faut fermer entièrement la porte.

GÁN

按 Gán. Comprimer, saisir, retenir, examiner.

手｜倒, Cheòu ｜ taò, comprimer avec la main.

這个東西｜不得, Tché· kó tōng sī ｜ poŭ tĕ·, cet objet ne peut être pressé, comprimé.

｜箱子, ｜ siāng tsè, presser les objets dans la malle.

洗瘡手要輕點｜不得, Sì tch'oūang cheòu iáo k'īn tièn, ｜ poŭ tĕ·, pour laver une plaie il faut avoir la main légère, et ne pas presser.

不要｜重了, Poŭ iáo ｜ tchóng lò, ne presse pas si fort.

｜下去, ｜ hiá k'ú, pousser en bas, faire descendre en pressant avec la main.

｜賊, ｜ tsoûi, attraper les voleurs.

蠻子｜了他, Mân tsè ｜ lò t'ā, les Barbares l'ont pris.

｜察司, ｜ tch'ă sē, grand juge criminel de toute une province.

案 Gán. Table longue; sentence, procès.

｜板, ｜ pàn, planche posée sur des bancs, et formant une table longue qui sert d'établi aux tailleurs, ou pour la cuisine.

書｜, Chōu ｜, bureau de travail.

｜桌, ｜ tchŏ, étal de boucher.

開｜桌, K'āi ｜ tchŏ, tenir un étal de boucher.

口｜, K'eòu ｜, dépense pour la nourriture.

開口｜錢, K'āi k'eòu ｜ ts'iên, payer les frais d'hôtel.

｜卷, ｜ kuén, dossier d'un procès.

到｜, Taó ｜, comparaître devant le tribunal.

審｜, Chèn ｜, juger un procès.

問｜, Ouén ｜, interroger les parties.

定｜, Tín ｜, porter la sentence.

斷｜, Touán ｜, dirimer un procès.

結｜, Kiĕ· ｜, solution définitive et acceptée d'un procès.

定死｜, Tín sè ｜, condamner à mort.

叫｜, v. 叫人到｜, Kiáo ｜, v. kiáo jên taó ｜, amener les prévenus (office des satellites).

命｜, v. 人命｜, Mín ｜, v. jên mín ｜, toute cause où il s'agit de mort d'homme.

假命｜, Kià mín ｜, fausse accusation d'homicide.

搶｜, Ts'iàng ｜, cause criminelle de vol à main armée, ce vol lui-même.

鄉裡頭纔出得有一个搶｜, Hiāng lì (ì) t'eôu ts'âi tch'ŏu tĕ· ieòu ī kó ts'iàng ｜, il vient de se produire à la campagne un cas de vol à main armée.

盜｜, Táo ｜, procès pour vol ordinaire.

估姦｜, Koù kiēn ｜, procès pour viol.

姦情｜, Kiēn ts'în ｜, procès pour adultère.

田土｜, T'iên t'où ｜, procès pour des terrains.

教｜, Kiáo ｜, procès pour cause de religion.

犯了 |, *Fán lò* |, il s'est rendu coupable d'un délit prévu par la loi.

| **大了**, *v.* | **重了**, | *tá lò, v.* | *tchóng lò*, c'est un gros procès.

| **鬆了**, | *sōng lò*, l'accusation est devenue légère.

催 |, *Ts'oūi* |, presser le jugement (se dit de l'accusateur).

報 |, *Páo* |, porter l'affaire au mandarin.

失了賊要報 |, *Chĕ lò tsoüi iáo páo* |, quand on a été volé il faut porter plainte au mandarin.

某人背了 |, *Mòng jên pĕi lò* |, un tel a pris l'accusation sur lui, il s'est avoué coupable (pour dégager les autres).

| **辦活了**, | *pán hŏ lò*, on pourra procéder (se dit quand pendant l'instruction d'une cause criminelle on est arrivé à mettre la main sur les vrais coupables).

會滾 |, *Hoúi kouèn* |, (accusé) habile à se tirer d'affaire devant le mandarin.

存 |, *Ts'ên* |, présenter au tribunal une pièce destinée à prévenir plus tard des difficultés.

| **流了**, | *lieôu lò*, le procès est abandonné, sans avoir été terminé en règle.

| **上有名字,定要到** |, | *cháng icòu mîn tsé, tín iáo táo* |, votre nom se trouvant sur l'accusation, il faut absolument vous présenter à l'audience.

翻 |, *Fān* |, reprendre un procès déjà jugé.

開單子送 |, *K'āi tān tsè sóng* |, faire la liste des personnes engagées dans le procès, et la présenter au mandarin (c'est la dernière formalité avant le jugement).

紅 |, *Hông* |, (litt. cause rouge) cause capitale qui se traite selon toutes les formalités. (Se dit par opposition à la pratique suivie dans les cas de vol à main armée: la sentence y est alors prononcée et exécutée après un jugement sommaire, qu'on appelle: **黑** |, *Hĕ·* |, *litt.* cause noire.)

不懂 | **情**, *Poŭ tòng* | *ts'în*, ne pas voir clair dans les procès.

| **和了要遞和息**, | *hô lò iáo tí hô sĭ*, quand dans un procès les deux parties se sont arrangées à l'amiable, il faut présenter un écrit d'accommodement au mandarin.

要去銷 |, *Iáo k'ú siāo* |, il faut aller retirer l'accusation, arrêter le procès.

自行投 |, *Tsé hîn t'eôu* |, se livrer soi-même au mandarin.

無頭公 |, *Oû t'eôu kōng* |, cause grave, dans laquelle on ne sait où trouver le coupable.

| **首**, | *cheòu*, celui qui se trouve le premier sur la liste des bacheliers.

岸 *Gán.* Rivage, rive, port, marché.

上 |, *Cháng* |, de la barque monter sur le rivage.

| **上**, | *cháng*, sur la rive.

口 |, *K'eòu* |, ville, marché.

城池口 |, *Tch'ên tch'ê k'eòu* |, ville.

口 | **上坐**, *K'eòu* | *cháng tsó*, habiter en ville, ou dans un marché.

暗 *Gán.* Obscur, ténébreux, secret, tard.

黑 |, *Hĕ·* |, grande obscurité.

| **地傷人**, | *tí chāng jên*, nuire à quelqu'un en secret.

| **算人家**, | *soúan jên kiā*, méditer de mauvais coups contre quelqu'un, lui nuire en secret.

| | **子的**, | | *tsè tĭ*, en secret.

| **傷**, | *chāng*, blessures intérieures, non apparentes.

| **鎖**, | *sò*, cadenas, serrure à secret, serrure européenne.

明寫 | **當**, *Mîn siè·* | *táng*, location fictive, en réalité hypothèque d'un immeuble.

你來得好 |, *Gnì lâi tĕ· haò* |, tu arrives bien tard.

| **了**, | *lò*, c'est tard, c'est trop tard.

鴈 *Gán.* | **鵝**, | *ô*, oie sauvage, grue.

GĀNG

昂 *Gāng.* 耳朶｜, *Eùl tō* ｜, bourdonnement dans les oreilles.

GÀNG

揞 *Gàng.* ｜强盜, ｜ *k'iâng táo*, chercher à prendre un voleur sur le fait.

GÂO

熬 *Gâo* (se prononce qqfois *Gāo*). Faire fondre, rôtir, supporter.

｜化, ｜ *hoûa*, fondre sur le feu.

｜猪油, ｜ *tchōu ieôu*, faire fondre la graisse de porc.

｜油, ｜ *ieôu*, séparer par la cuisson les parties grasses de la viande, qui servent ensuite de graisse.

｜價錢, ｜ *kiá ts'iên*, forcer les prix.

｜脫了, ｜ *t'ŏ lò*, manquer un marché, pour avoir trop élevé les prix.

｜鑛油, ｜ *kouáng ieôu*, faire bouillir l'huile de *t'ông tsè* avec des sels de plomb, pour en faire une espèce de vernis.

｜煙, ｜漆, ｜ *iēn*, ｜ *ts'ĭ*, préparer par la cuisson l'opium, le vernis.

｜黃蠟, ｜ *houâng lă*, faire fondre la cire.

｜膏藥, ｜ *kāo iŏ*, préparer les onguents par la cuisson.

｜藥, ｜ *iŏ*, faire bouillir une potion de médecine.

｜糖, ｜鹽巴, ｜ *t'âng*, ｜ *iên pa*, faire évaporer sur le feu la partie aqueuse du jus de canne, de l'eau salée.

｜凝了, ｜ *lîn lò*, par la cuisson épaissir un liquide jusqu'à la solidification.

｜嫩了點, ｜ *lén lò tièn*, ce n'est pas assez cuit.

｜老了, ｜ *laò lò*, trop cuit.

｜合式了, ｜ *hŏ ché lò*, cuit au degré voulu.

｜乾了, ｜ *kān lò*, cuit jusqu'à être desséché.

｜夜, ｜ *ié*, prolonger la veillée.

｜一个通夜, ｜ *ĭ kó t'ōng ié*, veiller toute la nuit.

｜得住, ｜ *tĕ tchóu*, pouvoir supporter.

我｜不住了, *Gò* ｜ *poŭ tchóu lò*, je n'en puis plus, je ne peux plus tenir.

難得｜, *Lân tĕ* ｜, c'est difficile à digérer.

這个煤炭｜灶, *Tché kó mêi t'án* ｜ *tsáo*, ce charbon garde le feu longtemps.

鰲 *Gâo.* ｜魚, ｜ *iû*, tortue mythologique gigantesque.

｜頭, *t'eôu*, figures bizarres faites à la chaux sur les toits.

扳｜頭在屋脊上, *Pān* ｜ *t'eôu tsái oŭ tsĭ cháng*, faire de ces enjolivures sur les toits.

GÀO

襖 *Gào.* ｜子, ｜ *tsè*, robe ouatée.

綿｜, *v.* 夾｜, *Miên* ｜, *v. kiă* ｜, robe ouatée avec du coton.

張綿｜子, *Tchāng miên* ｜ *tsè*, robe ouatée avec de la bourre de soie.

皮｜子, *P'î* ｜ *tsè*, robe fourrée.

齩 *v.* 咬 *Gào.* Mordre, aboyer.

蛇｜人, *Chê* ｜ *jên*, les serpents mordent.

狗｜人, *Keòu* ｜ *jên*, les chiens mordent les gens.

｜人, 不｜人, ｜ *jên, poŭ* ｜ *jên*, ça mord, ça ne mord pas (se dit au figuré de bien des choses dans le sens de: cela fait du mal, cela ne fait pas de mal).

那賊｜了他一口, *Lá tsêi* ｜ *lò t'a ĭ k'eòu*, le voleur l'a dénoncé comme complice.

｜爛, ｜ *lán*, briser avec les dents.

｜一口, ｜ *ĭ k'eòu*, donner un coup de dent.

狗｜得狠, *Keòu* ｜ *tĕ hèn*, le chien aboie très fort.

這个狗亂 | *v.* | **謊** *v.* | **白**, *Tché kó kcòu* louán |, *v.* | houàng, *v.* | pě·, ce chien aboie à tort et à travers.

人 | **人無藥醫**, *Jên* | *jên oû iŏ ī*, quant aux morsures que les hommes se font entre eux, il n'y a pas de médicament capable de les guérir.

瘋狗 | **死的**, *Fōng kcòu* | *sè tī*, mort de la morsure d'un chien enragé.

GÁO

凹 *Gáo*. Dépression de terrain entre deux collines.

| **田**, | *t'ien*, rizières situées dans une gorge.

要翻 |, *Iáo fān* |, il faut traverser la petite vallée.

傲 *Gáo*. Orgueil, obstiné.

驕 |, *v.* **高** |, *Kiāo* |, *v.* *Kāo* |, orgueil.

驕 | **的人**, *Kiāo* | *tī jên*, orgueilleux.

犯驕 |, *Fán kiāo* |, pécher par orgueil.

| **性**, | *sín*, obstiné; caractère hautain.

他性子 |, *T'ā sín tsè* |, il a un caractère revêche.

两邊是 | **起的**, *Leàng piēn ché* | *k'ì tī*, des deux côtés ils s'obstinent dans leur sentiment.

這两天市口 | **了一點**, *Tché leàng t'iēn ché k'eòu* | *lò ī tièn*, ces deux jours-ci les prix se sont un peu élevés.

奧 *Gáo*. Caché, profond.

天主的道理深 |, *T'iēn Tchoū tī táo lì chēn* |, la doctrine chrétienne est profonde.

這本書好講不深 |, *Tché· pèn choū haò kiàng, poŭ chēn* |, ce livre est facile à expliquer, il est clair.

GNĪ

蜺 *Gnī*. | ? **子**, | *gā tsè*, cigale.

GNÌ

尼 *Gnî*. | **姑**, | *kōu*, bonzesse.

泥 *v.* **坭** *Gnî*. Boue, terre; opium.

| **巴**, | *pā*, boue.

稀 | **巴**, *Hī* | *pā*, boue claire.

| **醬子**, | *tsiáng tsè*, boue collante à demi-seche.

| **醬子水**, | *tsiáng tsè choùi*, eau bourbeuse.

| **水匠**, | *choùi tsiáng*, maçon, couvreur.

| **洞洞**, | *tóng tóng*, trou plein de boue.

糊 | **巴**, *Foû* | *pā*, enduire de boue.

| **一堵壁頭**, | *ī toù pĭ t'côu*, enduire de boue une cloison.

夾 | **壁頭**, *Kiă* | *pĭ t'côu*, cloison faite d'un treillis de bambou enduit de boue.

| **了**, | *lò*, encrassé (se dit, par ex., des rouages d'une montre, d'une horloge).

| **巴塞倒了**, | *pā sĕ· taò lò*, obstrué par la boue.

| **色**, | *sĕ·*, couleur, qualité de la terre.

這股田 | **色好**, *Tché· koù t'iên* | *sĕ· hào*, la terre de ces rizières est de bonne qualité.

黄 |, **白鱔** |, *Hoûang* |, *pĕ· chán* |, terre jaune, terre blanchâtre.

雲 |, *Iûn* |, opium du Yunnan.

土 |, *T'où* |, opium du pays.

這個人 | **得很**, *Tché· kó jên* | *tĕ· hèn*, cet homme est extrêmement lambin, tres bouché.

呢 *Gnî*. **大** |, *Tá* |, gros drap.

大 | **馬褂**, *Tá* | *mà koúa*, habit fait avec ce gros drap (on l'appelle *mà koúa*).

宜 *Gnî*. Convenable, raisonnable.

| **防凶險**, | *fâng hiōng hièn*, il faut se précautionner contre le danger.

不｜, *Poŭ* ｜, il ne convient pas.

不｜打官司, *Poŭ* ｜ *tà kouān sē*, il n'est pas expédient de faire un procès.

不｜早很, *Poŭ* ｜ *tsaò hèn*, il ne faut pas que ce soit de trop bon matin.

疑 *Gnî*. Douter, soupçonner.

｜胡 (*v.* ｜**惑**) (*v.* **猜**｜) **人家**, ｜ *foû* (*v.* ｜ *houĕ·*) (*v. ts'āi* ｜) *jên kiā*, soupçonner quelqu'un, porter sur autrui un jugement téméraire.

並無些微｜惑, *Pín oû sī oûi* ｜ *houĕ·*, il n'y a pas le moindre doute.

有一點｜惑, *Ieoù ĭ tièn* ｜ *houĕ·*, j'ai un petit doute.

我有一點犯｜, *Gò ieoù ĭ tièn fán* ｜, je me méfie un peu.

有一點｜心, *Ieoù ĭ tièn* ｜ *sīn*, avoir quelques soupçons.

起一點｜心, *K'ì ĭ tièn* ｜ *sīn*, concevoir quelques soupçons.

那個人的｜心大, *Lá kó jên tĭ* ｜ *sīn tá*, c'est un homme qui se méfie de tout, fort soupçonneux.

半信半｜, *Pán sín pán* ｜, hésitant, ne sachant qu'en croire.

亂猜｜人, *Louán ts'āi* ｜ *jên*, faire des jugements téméraires.

GNÌ

你 *Gnì*. Toi, tu.

Ce terme ne s'emploie pas seul quand on s'adresse à des supérieurs, ni entre personnes d'un certain rang; on l'évite complètement en se servant de la troisième personne avec le titre honorifique de l'interlocuteur pour sujet, ou bien on y ajoute une expression honorable.

Par ex., un simple particulier s'adressant au mandarin, pour *je vous prie* dira **小的求大老爺**, *Siaò tĭ k'ieôu tá laò iê·*, (moi) petit prie le vénérable seigneur; un chrétien s'adressant à un prêtre dira **罪人求神父**, *Tsoúi jên k'ieôu chên foú*, (moi) pécheur prie le Père.—Un homme qui peut marcher de pair avec le mandarin s'exprimera de la manière suivante, ou d'une manière analogue:

我兄弟求｜老兄, *Gò hiōng tí k'ieôu* ｜ *laò hiōng*, moi frère cadet prie mon frère aîné. En s'adressant à des gens respectables d'un certain âge on dit souvent, ｜**老人家**, ｜ *laò jên kiā*, vous, vénérable personne.

La même observation est à faire pour la première personne *gò*, qu'on évite, ou du moins qu'en n'emploie pas seule, dans les mêmes circonstances, comme on peut le voir dans les exemples ci-dessus.

｜**的**, ｜ *tĭ*, ton, tien.

｜**們**, ｜ *mên*, vous (au pluriel).

｜**們的**, ｜ *mên tĭ*, vos, vôtres.

｜**這個人好不精伶**, ｜ *tché· kó jên haò poŭ tsīn lîn*, tu es passablement bouché, mon garçon!

是｜做的不是, *Ché* ｜ *tsóu tĭ poŭ ché?* c'est toi qui l'as fait, n'est-ce pas?

由在｜, *v.* **在隨｜**, *v.* **在便｜**, *v.* **隨便｜**, *v.* **憑在｜**, *Ieôu tsái* ｜, *v. tsái soûi* ｜, *v. tsái pién* ｜, *v. soûi pién* ｜, *v. p'în tsái* ｜, comme tu voudras, à ton gré.

在｜要好多, *Tsái* ｜ *iaó haò tō*, tant que tu voudras.

｜**們是幾弟兄**, ｜ *mên ché kì tí hiōng?* combien êtes-vous de frères?

不管｜的, *Poŭ kouàn* ｜ *tĭ*, cela ne te regarde pas; je ne m'occupe pas de toi, de tes affaires.

滾｜的, *Kouèn* ｜ *tĭ*, va te coucher!

｜**們的房子在那裡**, ｜ *mên tĭ fâng tsè tsái là lì?* où se trouve votre maison? (*Gnì* devant un verbe au commencement d'une phrase indique l'impératif ou une interrogation.)

｜**看**, ｜**聽**, ｜**去**, ｜**來**, ｜ *k'án*, ｜ *t'in*, ｜ *k'ú*, ｜ *lâi*, regarde, écoute, va, viens, etc.

GNÍ

義 *Gní*. La vertu de justice; convenable, raisonnable.

｜**德**, ｜ *tĕ·*, la vertu de justice.

| 氣, | *k'í*, le sentiment de la justice et de l'honneur.

| 士, | *sé*, homme d'honneur, qui ne se conduit que par les règles de l'équité.

公 | , *Kōng* | , théologie (langage chrétien).

讀公 | , *Toŭ kōng* | , étudier la théologie.

公 | 先生, *Kōng* | *siēn sēn*, étudiant en théologie.

| 父, | 子, | *fóu*, | *tsè*, père adoptif, fils adoptif.

| 學, | *hiŏ*, école publique et gratuite.

| 田, | *t'iēn*, terres communes, dont le revenu est réservé pour subvenir aux frais d'études des étudiants.

| 園, | *iuên*, cimetière commun acheté pa ı otisation.

| 塚, | *tchòng*, même sens.

議 *Gnî*. Délibérer.

商 | , v. | 論, *Chāng* | , v. | *lén*, tenir conseil, délibérer.

| 事, | *sé*, traiter des affaires en conseil.

| 學, | *hiŏ*, délibérer pour fixer les honoraires du maître d'école.

| 價, | *kiá*, débattre le prix quand il s'agit d'une forte somme.

| 罰, | *fă*, délibérer sur la punition à infliger.

公 | 尺子, *Kōng* | *tch'ĕ tsè*, pied (mesure) adopté d'un commun accord.

藝 *Gnî*. Arts et métiers.

手 | , *Cheòu* | , métier.

做手 | , *Tsoú cheòu* | , exercer un métier.

操手 | , *Ts'āo cheòu* | , s'exercer à un métier.

學手 | , *Hiŏ cheòu* | , apprendre un métier.

手 | 熟, *Cheòu* | *choŭ*, qui sait bien son métier.

手 | 不精, *Cheòu* | *poŭ tsīn*, qui n'est pas habile dans son métier.

手 | 好, v. 手 | 高, *Cheòu* | *hào*, v. *cheòu* | *kāo*, habile dans son métier.

好武 | , *Haò où* | , habile dans le maniement des armes.

| 多不養家, | *tō poŭ iàng kīa*, qui a beaucoup de métiers n'arrive pas à suffire à l'entretien de sa famille.

有 | 不孤身, *Ieòu* | *poŭ kōu chēn*, quand on a un métier on n'est jamais sans ressources.

GNÍ

逆 *Gnî* (v. *Gniĕ*). Contraire, en opposition.

忤 | , *Où* | , rebelle, récalcitrant.

忤 | 不孝, *Où* | *poŭ hiáo*, manquer gravement à la piété filiale.

| 性, | *sín*, nature rebelle, ou bien contre nature.

這匹騾子 | 得很, *Tché p'ī lô tsè* | *tĕ hèn*, ce mulet est très têtu.

GÒ

我 *Gò*. Je, moi. (Pour l'emploi du mot *gò*, voir ci-dessus l'observation faite sur *gnì*, page 69).

| 們, | *mên*, nous.

| 的, | *tĭ*, mien.

| 們的, | *mên tĭ*, notre.

是 | 的, *Ché* | *tĭ*, cela m'appartient.

在 | , *Tsái* | , à ma volonté.

(Un supérieur parlant à ses inférieurs emploie souvent la troisième personne, au lieu de la première. Par ex: un sous-préfet parlant à ses administrés, un prêtre à ses fidèles, au lieu de | 吩咐, *gò fēn fóu*, j'ordonne, dira: 本縣吩咐, *pèn hién fēn fóu*, le sous-préfet ordonne; 神父吩咐, *chên fóu fēn fóu*, le Père ordonne.)

GŎ

惡 *Gŏ*. Mal, mauvais, méchant; sévère.

分善 | , *Fēn chán* | , distinguer le bien du mal, ou bien, les bons des méchants.

罪｜, *Tsoúi* ｜, mal, péché.
｜事, ｜ *sé*, mauvaise action.
｜心, *v.* ｜意, ｜ *sīn*, *v.* ｜ *í*, mauvaise intention.
避｜遷善, *Pí* ｜ *ts'iēn chán*, fuir le mal et poursuivre le bien.
起｜心, *v.* 起｜意, *K'ì* ｜ *sīn*, *v.* *k'ì* ｜ *í*, concevoir de mauvaises intentions.
是一個｜人, *Ché ī kó* ｜ *jên*, c'est un homme méchant, un scélérat.
｜死, ｜ *sè*, mauvaise mort.
｜言｜語, ｜ *iên* ｜ *iù*, paroles insolentes accompagnées de menaces.
｜狗, ｜ *keoù*, chien méchant.
蚊子, *Ouên tsè* ｜, les moustiques sont méchants (piquent dur).
太陽｜得很, *T'ái iâng* ｜ *tě̄ hèn*, (pop.) le soleil est ardent.
做活路｜, *Tsóu hǒ loú* ｜, âpre au travail.
這位神父｜, 肯說｜話, *Tché oúi chên foú* ｜, *k'èn chǒ* ｜ *houá*, ce Père est sévère, il gronde facilement.

漚 *Gǒ*. Moisir; pourrir, faire fermenter en tenant fermé, entassé; faire macérer.
｜爛了, ｜ *lán lò*, c'est pourri, gâté par l'humidité, par la fermentation.
｜壞了, ｜ *houái lò*, même sens.
｜幾天, ｜ *kì t'iēn*, fermenter plusieurs jours.
｜不得, ｜ *poǔ tě̄*, on ne peut le laisser fermenter, cela se gâterait.
｜麻, ｜ *mâ*, rouir le chanvre.
｜糞, ｜ *fén*, faire fermenter du fumier, ou bien, convertir des matières en engrais en les faisant fermenter et pourrir.

GUĚ

額 *Guě̄*. ｜頭, *v.* ｜髏, ｜ *t'eôu*, *v.* ｜ *leôu*, os frontal, front.
在｜頭上, *Tsái* ｜ *t'eôu cháng*, sur le front.
｜角, ｜ *kǒ*, tempes.

｜子, *v.* 匾｜, ｜ *tsè*, *v.* *p'ièn* ｜, inscription transversale de trois ou quatre caractères.
門｜子, *Mên* ｜ *tsè*, cette inscription fixée sur la traverse supérieure d'une porte.

GUĒN

恩 *Guēn*. Bienfait, grâce.
｜德, *v.* ｜惠, *v.* ｜典, ｜ *tě̄*, *v.* ｜ *houí*, *v.* ｜ *tièn*, bienfaits.
天主的｜寵, *T'iēn Tchoù tī* ｜ *tch'òng*, grâces divines.
感謝天主的｜, *Kàn sié̄ T'iēn Tchoù tī* ｜, remercier Dieu pour ses bienfaits, grâce à Dieu.
天主的萬｜, *T'iēn Tchoù tī ouán* ｜, les innombrables bienfaits de Dieu.
謝｜, *Sié̄* ｜, remercier.
感｜, *Kàn* ｜, être reconnaissant.
報｜, *Páo* ｜, payer un bienfait de retour.
施｜, *Chē* ｜, accorder un bienfait.
｜人, ｜ *jên*, bienfaiteur.
我不忘他的｜, *Gò poǔ ouâng t'ā tī* ｜, je n'oublierai pas ses bienfaits.
忘｜背義, *Ouâng* ｜ *péi ngí*, se montrer ingrat, d'une ingratitude noire.
洪｜, *Hông* ｜, grâces très grandes.
是天主的大｜, *Ché T'iēn Tchoù tī tá* ｜, c'est une grande grâce de Dieu.
靠天主的｜, *K'áo T'iēn Tchoù tī* ｜, s'appuyer sur la grâce de Dieu.
本性的｜, *Pèn sín tī* ｜, grâces de l'ordre naturel.
超性的｜, *Tch'āo sín tī* ｜, grâces surnaturelles.
公｜, *Kōng* ｜, grâces générales.
私｜, *Sē* ｜, grâces particulières.
｜赦, ｜ *ché̄*, indulgences.
全｜赦, *Ts'uên* ｜ *ché̄*, indulgence plénière.
大｜, *Tá* ｜, grande grâce (souvent les chrétiens désignent ainsi l'Eucharistie).

求｜, *K'iêou* ｜, (litt.) demander la grâce, (chrét.) demander la communion.

全｜的教友, *Ts'üen* ｜ *tĭ kiáo ieòu*, chretien qui a été admis aux sacrements.

開｜, *K'āi* ｜, faire grâce.

求大老爺施｜, *K'iêôu tá laò iĕ chĕ* ｜, que le grand homme fasse grâce (supplication des coupables devant le mandarin).

｜祐 v. 佑, ｜ *ieóu*, faveur.

｜秀才, ｜ *sieóu ts'âi*, bachelier par grâce.

皇｜大赦, *Houâng* ｜ *tá ché*, amnistie plus ou moins complete accordée par l'Empereur.

鸎 v. 鸚 *Gūen*. ｜鴿, ｜ *kō*, perroquet.

｜鴿綠轎子, ｜ *kō loŭ kiáo tsè*, palanquin vert (dont ne peuvent se servir que les grands mandarins, c.-à-d., les *táo t'âi*, etc).

｜鴿無情鬼灯鴿無義, ｜ *kō oû ts'în, kouì tēn kō oû gnî*, le perroquet est sans affection et le hibou sans justice. (Ces deux oiseaux sont regardés comme les symboles des ingrats et des hommes pervers.)

GUÉN

硬 *Guén*. Solide, dur, opiniâtre; blesser, corps dur qui blesse (dans ce dernier sens *guén* se prononce *guèn*).

｜性的木頭, ｜ *sín tĭ mŏu t'eôu*, bois dur.

｜心不和睦, ｜ *sīn poŭ hô mŏu*, cœur dur, qui refuse de faire la paix.

說｜話, *Chŏ* ｜ *hóua*, parler avec fermeté et hauteur.

說話｜蹭 v. ｜蹭蹭的, *Chŏ hóua* ｜ ts'én, *v.* ｜ ts'én ts'én tĭ, parler avec une raideur grossière.

｜殼殼, ｜ *k'ŏ k'ŏ*, enveloppe dure d'un fruit.

｜梆, *v.* ｜健, ｜ *pāng*, *v.* ｜ *kién*, solide, fort, bien portant.

伱老的還｜梆, *v.* ｜健, *Gnì laò tĭ houân* ｜ pāng, *v.* ｜ kién, vous êtes encore solide à votre âge.

梆｜的 v. ｜蹺蹺的, *Pāng* ｜ *tĭ*, *v.* ｜ *k'iao k'iāo tĭ*, raide, rigide (au propre et au figuré).

｜都｜了, ｜ *tōu* ｜ *lò*, c'est déjà dur, il est déjà raide.

蛋煮｜了點, *Tán tchòu* ｜ *lò tièn*, les œufs sont un peu trop cuits.

過不得｜, *Kó poŭ tĕ* ｜, il y a du louche dans cette affaire.

他的功名是｜工夫, *T'ā tĭ kōng mîn ché* ｜ *kōng fōu*, son titre ou grade a été obtenu par un vrai mérite.

走路要喫飽飯纔｜肘, *Tseòu lóu iáo tch'ĕ paò fán ts'âi* ｜ *tcheòu*, en voyage il faut bien manger pour être solide.

要｜肘些, *Iáo* ｜ *tcheòu sī*, il faut être plus ferme.

｜要, ｜ *iáo*, il faut absolument, je veux absolument.

｜求定要, ｜ *k'ieôu tín iáo*, demander avec obstination, avec la volonté absolue d'obtenir.

｜是, ｜ *ché*, c'est bien vrai, vraiment.

｜是那一句話, ｜ *ché lá ĭ kú hóua*, c'est absolument cela.

｜跟他說, ｜ *kēn t'ā chŏ*, oui, je lui ai dit formellement.

｜不讓他, ｜ *poŭ jáng t'ā*, je ne lui céderai certes pas.

｜就要｜過架, ｜ *tsieóu iáo* ｜ *kó kiá*, qui veut se montrer fort, doit savoir aller jusqu'au bout.

｜得痛, ｜ *(guèn) tĕ t'óng*, se dit d'un corps dur qui fait mal.

釘鞋有點｜脚, *Tīn hâi ieòu tièn* ｜ *(guèn) kiŏ*, les souliers ferrés blessent un peu les pieds.

GUÈOU

嘔 *Guèou*. Vomir. ｜吐, ｜ *t'où*, même sens.

打乾｜, *Tà kān* ｜, avoir des nausées, sans pouvoir vomir.

偶 *Guèou.* Statue; par hasard.
木 |, *Mŏu* |, statue de bois.
塐 |, *Sóu* |, statue en terre.
| 然, | *jân,* par hasard.
| 遇, | *iú,* rencontrer par hasard.

藕 *Guèou.* Racine de nénuphar.
| 粉, | *fèn,* cette racine réduite en farine.
| 斷絲不斷, | *toúan sē poŭ toúan,* couper la racine en laissant les filaments; se dit d'un homme qui ne fait les choses qu'à moitié.

GUÉOU

熰 *Guéou.* Chagrin; étouffant (au propre et au figuré).
| 氣, | *k'í,* éprouver du chagrin.
心頭 |, *v.* 陰倒 |, *Sīn t'eôu* |, *v.* *īn taò* |, se faire du mauvais sang.
不要 | 氣, *Poŭ iáo* | *k'í,* ne te fais pas de bile.
看 | 壞了, *K'án* | *houái lò,* attention! le chagrin va te tuer.
不要 | 他, *Poŭ iáo* | *t'ā,* ne lui garde pas rancune.
你 | 喲子, *Gnì* | *chá tsè?* qu'as-tu à t'attrister?
枉自 | 氣, *Ouàng tsé* | *k'í,* se faire du chagrin inutilement.
沒得 | 氣, *Mŏ tĕ·* | *k'í,* sans chagrin, sans rancune.
昝父母 | 氣, *Teōu foú moù* | *k'í,* faire du chagrin à ses parents.
| 人, | *jên,* c'est à faire bisquer.
| 死人, | *sè jên,* c'est à faire mourir de dépit.
| 熱, | *jĕ·,* chaleur étouffante.

HĀ

哈 *Hā.* Rire à gorge déployée.
| | 大笑, | | *tá siáo,* rire aux éclats.
打一个 | |, *Tà ĭ kó* | |, rire un coup.

? *Hā.* Remuer, retourner, disperser, gratter.
| 穀子, | *koŭ tsè,* retourner, remuer le riz qu'on fait sécher sur l'aire.
| 杷兒, | *p'â eûl (p'ĕul),* râteau dont on se sert pour cette opération.
| 勻淨點, | *iûn tsín tièn,* en retournant (les grains) étends-les plus uniformément.
雞肯 |, *Kī k'èn* |, les poules aiment à gratter.
雞 | 豆腐, *Kī* | *teóu foù,* préparation culinaire du fromage de haricots.
| 不開, | *poŭ k'āi,* ne pouvoir étendre (faute d'espace).
| 不轉, | *poŭ tchoŭan,* à peu près le même sens.
| 不動, | *poŭ tóng,* ne pouvoir étendre (par manque de force).
帳些 | 不開, *Tcháng sī* | *poŭ k'āi,* ne pouvoir se délivrer de ses dettes, ne pouvoir apaiser les créanciers.

嗄 *Hā.* Voix enrouée.
| 聲, | *chēn,* même sens.
他聲氣是 | 的, *T'ā chēn k'í ché* | *tĭ,* sa voix n'est pas claire, elle est couverte.
| 聲 | 氣的, | *chēn* | *k'í tĭ,* qui a la voix très embarrassée, au point de ne pouvoir parler clairement.
唱經 | 聲 | 氣的, *Tch'áng kīn* | *chēn* | *k'í tĭ,* chanter les prières avec une voix rauque.
累得 | 氣 | 氣的, *Loúi tĕ·* | *k'í* | *k'í tĭ,* tout essoufflé de fatigue.
| 一口氣, | *ĭ k'eòu k'í,* aspirer un coup.
這條牛是 | 的, *Tché· t'iâo nieôu ché* | *tĭ,* ce buffle est poussif.
| 口, *v.* | 喉, | *k'eòu, v.* | *heôu,* rance.
腊肉過了伏天有點 | 口, *Lă joŭ kó lò foŭ t'iēn ieòu tièn* | *k'eòu,* la viande fumée, une fois passé la canicule, devient rance, prend un goût âcre.
Dans certains pays on dit *hā* pour *hĕ·* effrayer. (Voyez *hĕ·.*)

HÂ

? *Hâ*. Chatouiller.

丨頸子, 丨 *kìn tsè*, chatouiller quelqu'un au cou.

HÀ

? *Hà*. Stupide.

丨包兒, 丨 *pāo eûl (pēul)*, bêta.

你這个丨包兒, *Gnì tché· kó* 丨 *pēul*, espece de bêta!

丨頭丨腦的, 丨 *t'eôu* 丨 *laò tĭ*, homme à l'air passablement stupide.

世上沒得這樣丨的人, *Ché cháng mŏ tĕ· tché· iáng* 丨 *tĭ jên*, sur la terre il n'y a pas d'homme stupide à ce point.

丨事, 丨 *sé*, stupidité; signifie aussi quelquefois mauvaise action.

赶丨事, *Kàn* 丨 *sé*, faire une stupidité, ou une mauvaise action.

那裡做得出來這樣丨的事? *Là lì tsóu tĕ· tch'ŏu lâi tché· iáng* 丨 *tĭ sé?* est-il possible de faire une stupidité pareille?

HÁ

吓 *Há*. (pop.) Un moment, un coup, nombre de fois (se prononce assez souvent *ha*).

等一丨, *Tèn ĭ* 丨, attends un instant.

一丨兒, *v.* 一丨丨兒, *ĭ* 丨 *eûl (héul v. hēul)*, *v. ĭ* 丨 丨 *eûl*, un moment.

一丨不得來, *ĭ* 丨 *poŭ tĕ· laî*, il ne peut venir de si tôt.

沒得好一丨兒, *Mŏ tĕ· haò ĭ* 丨 *eûl (héul v. hēul)*, il n'y a guère qu'un instant.

還有一丨, *Houân ieòu ĭ* 丨, il y a encore du temps à attendre.

不多一丨丨兒, *Poŭ tō ĭ* 丨 丨 *eûl*, rien qu'un instant, il n'y a qu'un instant.

病人一丨不怕得, *Pín jên ĭ* 丨 *poŭ p'á tĕ·*, pour le malade, il n'y a pas de danger immédiat.

看一丨, 摸一丨, *K'án ĭ* 丨, *mō ĭ* 丨, voir un peu, toucher un peu.

一丨一丨的, *ĭ* 丨 *ĭ* 丨 *tĭ*, par ordre, distinctement.

沒得丨數, *Mŏ tĕ·* 丨 *soú*, sans ordre, sans compter, à tort et à travers.

他做事還有點丨數, *T'ā tsóu sé houân ieòu tièn* 丨 *soú*, dans tout ce qu'il fait, il sait encore garder une certaine mesure.

丨丨都要說人家, 丨 丨 *tōu iáo chŏ jên kīa*, il faut donc que tu sois toujours à crier sur les gens!

該賞你幾丨, *Kāi chàng gnì kì* 丨, je devrais te flanquer des coups.

鍾打了幾丨, *Tchōng tà lò kì* 丨 ? combien l'horloge a-t-elle sonné?

HÂI

鞋 *Hâi*. Souliers, chaussure en général.

草丨, *Ts'ào* 丨. sandales en paille.

打草丨, *Tà ts'ào* 丨, fabriquer de ces sandales.

皮丨, *P'î* 丨, souliers en cuir.

板板丨, *Pàn pàn* 丨, souliers à semelle de bois.

布丨, 緞緞丨, 花丨, *Póu* 丨, *ō touán* 丨, *houa* 丨, souliers en toile, en velours, souliers fleuris.

爛丨, *Lán* 丨, souliers gâtés, usés.

敞丨, *v.* 平丨, *Tch'àng* 丨, *v. p'în* 丨, souliers plats sans clous.

釘丨, *Tīn* 丨, souliers ferrés.

釘丨崴腳, *Tīn* 丨 *ouài kiŏ*, les souliers ferrés font tourner le pied.

丨底, 丨幫, 丨 *tì*, 丨 *pāng*, semelle, empeigne.

捱丨底巴兒, *Gâi* 丨 *tì pā eûl (peūl)*, être souffleté avec des semelles de souliers (ce qui est très injurieux quand cela vient de la part d'une femme).

上丨子, *Cháng* 丨 *tsè*, coudre l'empeigne à la semelle.

單梁子丨, *Tān leâng tsè* 丨, souliers qui n'ont qu'une couture sur le dessus, au milieu.

雙梁子丨, *Choūang leâng tsè* 丨, souliers qui en ont deux.

凉｜, *Leâng* ｜, souliers frais pour l'été.

雞婆｜, *Kī p'ô* ｜, souliers ouatés ou doublés de peau, pour l'hiver.

鞝｜子, *Tchàng* ｜ *tsè*, ressemeler des souliers.

穿｜子, *Tch'ōuan* ｜ *tsè*, se chausser.

我穿一尺七的｜, *Gò tch'ōuan ī tch'ĕ ts'ī tī* ｜, je chausse un pied sept pouces.

脫｜子, *T'ŏ* ｜ *tsè*, se déchausser.

換｜子, *Houán* ｜ *tsè*, changer de souliers.

穿｜襪子, *Tch'ōuan* ｜ *oŭa tsè*, chausser des souliers et des bas.

定做一雙｜, *Tín tsóu ī choūang* ｜, commander une paire de souliers.

｜楦, *v.* **楦頭**, ｜ hiúen, *v.* hiúen t'eôu, forme en bois pour souliers.

楦｜子, *Hiuén* ｜ *tsè*, mettre des souliers à la forme.

｜子緊穿不上, ｜ *tsè kìn, tch'ōuan poŭ cháng*, les souliers sont trop étroits, impossible de les mettre.

｜子鬆走不得, ｜ *tsè sōng, tseòu poŭ tĕ*, avec des souliers trop grands on ne peut pas marcher.

｜子打脚, ｜ *tsè tà kiŏ*, les souliers blessent le pied.

｜子要合脚不宜大很也不要小(v. 短)很, ｜ *tsè iáo hŏ kiŏ, poŭ gnî tá hèn ì poŭ iáo siào (v. touàn) hèn*, il faut que les souliers aillent au pied, qu'ils ne soient ni trop grands ni trop petits.

趿起｜走, *Sá k'ì* ｜ *tseòu*, porter les souliers en pantoufle.

｜刷子, ｜ *choŭa tsè*, petite brosse à souliers.

這雙｜離了溜跟登不上 *v.* **不起**, *Tché choūang* ｜ *lî lò lieōu kēn tēn* poŭ cháng, *v.* poŭ k'ì, il n'y a pas moyen de mettre ces souliers sans chausse-pied.

朝｜, *Tch'âo* ｜, souliers à semelle relevée sur le devant.

㘭㘭｜, *Iáo iáo* ｜, souliers à oreilles (celles-ci partent du talon et sont boutonnées sur le devant).

｜帶子散了, ｜ *tái tsè sàn lò*, les cordons de souliers se sont dénoués.

你穿｜有點𨂿, *Gnì tch'ōuan* ｜ *ieòu tièn p'ià (p'à)*, tu déformes tes souliers en appuyant trop d'un côté (tu les écules).

｜尖子, ｜ *tsiēn tsè*, la partie antérieure des souliers.

HÀI

蟹 *Hài.* **螃｜**, *P'âng* ｜, Ecrevisse.

两眼觀螃｜看你横行到幾時, *Leàng ièn kouān p'âng* ｜, *k'án gnì houên hîn táo kì chê*, en regardant bien l'écrevisse, je me demande combien de temps tu marcheras ainsi de travers.

海 *Hài.* **大｜**, *v.* **｜洋**, *Tá* ｜, *v.* ｜ *iâng*, Océan.

｜子, ｜ *tsè*, lac.

四｜, *Sé* ｜, les quatre mers, le monde entier; se dit aussi d'un homme affable.

此人還四｜, *T'sè jên hoûan sé* ｜, cet homme est très affable.

｜帶, ｜ *tái*, algues marines (mets estimé des Chinois).

｜參席, ｜ *sēn sĭ*, repas plus soigné, dans lequel entrent des *hài sēn* (vers marins)

｜絨, ｜ *jông*, éponge.

｜椒, ｜ *tsiāo*, piment.

｜馬, ｜ *mà*, cheval marin.

｜潮, ｜ *tch'âo*, marée.

｜浪, ｜ *láng*, flots, vagues de la mer.

｜邊, ｜ *piēn*, rivage de la mer.

｜底, ｜ *tì*, fond de la mer.

漂洋過｜, *P'iāo iâng kó* ｜, passer la mer.

｜上, ｜ *cháng*, sur mer.

｜船, ｜ *tch'ōuan*, bateau capable de tenir la mer.

｜島, ｜ *taò*, île.

｜關, ｜ *koūan*, douane maritime.

河水盡入｜, *v.* **流｜裡頭**, *v.* **通大｜**, *Hô chouì tsín* joŭ ｜, *v.* lieôu ｜ ì (lì) t'eôu, *v.* t'ōng tá ｜, tous les fleuves se déchargent dans la mer.

|水不可斗量, | *choùi poŭ k'ò teoù leâng (leáng)*, les eaux de la mer ne se mesurent pas au boisseau.

山珍 | 味, *Chān tchēn* | *oúi*, expression usitée pour indiquer les mets recherchés en général.

|涵, | *hân*, se dit d'un homme au cœur large.

|賊, | *tsĕ·*, pirates.

|外人, | *oúai jên*, étranger.

紅 |, *Hông* |, mer Rouge.

盒 *Hài*. 酒 |, *Tsieòu* |, grand vase qui sert à faire chauffer le vin.

HÁI

愭 *Hái*. Aimable.

這個人好呵 |, *Tché· kó jên haò hō* |, cet homme est fort aimable et prévenant.

亥 *Hái*. | 時, | *ché*, une des douze heures chinoises (de 9 à 11^{h}. du soir).

薤 *Hái*. Espèce d'échalotte.

苦 | 子是避暑珠, *K'òu* | *tsè ché pí choù tchōu*, l'échalotte amère est un précieux préservatif contre la chaleur.

害 *Hái*. Nuire, dommage.

|人, | *jên*, nuire aux hommes, être nuisible.

|死人, | *sè jên*, nuire jusqu'à faire mourir, c.-à-d. nuire très fort (se dit souvent par manière de reproche).

|人終 | 已, | *jên tchōng* | *kì*, nuire aux autres, c'est en définitive se nuire à soi-même; ou bien, en nuisant aux autres, on finit par s'attirer des malheurs à soi-même.

謀 | 人, *Mông* | *jên*, nuire avec préméditation, faire des plans pour nuire.

這个藥不得 | 人, *Tché· kó iŏ poŭ tĕ·* | *jên*, ce remède ne peut faire de mal.

|怕, | *p'á*, craindre; peut-être.

我心頭 | 怕, *Gò sīn t'eôu* | *p'á*, j'ai peur dans le fond du cœur.

|怕來了, | *p'á lâi lò*, il est venu peut-être.

|羞, | *sieōu*, être honteux.

不要 | 怕, 不要 | 羞, *Poŭ iáo* | *p'á, poŭ iáo* | *sieōu*, n'aie pas peur, n'aie pas honte.

禍 |, *Hó* |, malheur.

受 |, *v.* 遭 |, *Cheóu* |, *v. tsāo* |, subir un dommage, un malheur.

受人家的 |, *Cheóu jên kiā tĭ* |, souffrir un dommage de la part d'autrui.

|病, | *pín*, être malade.

|寒病, | 痢症, | *hân pín*, | *lí tchén*, être malade de la fièvre typhoïde, de la dyssenterie.

我 | 一場勠實的病, *Gò* | *ĭ tch'âng tchă chĕ tĭ pín*, je souffre d'une terrible maladie.

|怕, | *p'á*, se prononce quelquefois *hâ p'á* en certains endroits, quand il est employé plus ou moins ironiquement, pour renforcer une affirmation sous une forme négative, comme, par exemple:

|怕沒有來, | *p'á (hâ p'á) mŏ ieòu laî*, ah oui! il n'est pas venu! c.-à-d. il est bien venu.

|怕沒有死, | *(hâ) p'á mŏ ieòu sè*, il est bel et bien mort.

利 |, *Lí* |, *litt.* avantage et désavantage, signifie: terrible, dangereux.

有利必有 |, *Ieòu lí pĭ ieòu* |, là où il y a du profit, il y a aussi du danger.

他的王法利 |, *T'a tĭ ouâng fă lí* |, il gouverne d'une manière raide.

他的嘴巴子利 |, *T'a tĭ tsoùi pā tsè lí* |, sa langue le fait redouter.

HĀN

憨 *Hān*. Niais, idiot, hébété.

| |. | |, idiot.

|痴痴的, | *tch'ē tch'ē tĭ*, à l'air idiot.

是一個 | |, *Ché ĭ kó* | |, c'est un idiot.

|不 | 痴不痴, | *poŭ* | *tch'ē poŭ tch'ē*, passablement bête, sans être tout à fait idiot.

華西官話漢法詞典

該沒得這樣 |, *Kai mŏ tĕ· tché· iáng* |, il ne sera pas bête à ce point.

你不是得 | 的, *Gnì poŭ ché tĕ·* | *tĭ*, tu n'es pourtant pas un imbécile.

害病害 | 了, 睡 | 了, 醉 | 了, *Hái pín hái* | *lò, chóui* | *lò, tsoúi* | *lò*, hébété par la maladie, par le sommeil, par l'ivresse.

自以來是 | 的, *Tsé ì lâi ché* | *tĭ*, il est idiot de naissance.

鼾 *Hān* (*hán*). Respiration bruyante.

扯浮 |, *Tch'è· p'ôu* |, ronfler.

HÂN

寒 *Hân*. Froid. (Le *hân* joue un grand rôle dans la médecine chinoise.)

| 氣, *v.* | 病, | *k'í, v.* | *pín*, maladie qui ressemble à la fièvre typhoïde.

這个毛病有一點 |, *v.* 沾得有一點 |, *Tché· kó mâo pín ieòu ì tièn* |, *v.* tchān tĕ· ieòu ĭ tièn |, *litt.* dans cette maladie il y a un peu de froid.

疹子 |, *Tchèn tsè* |, 脾 |, *P'î* |, espèces de fièvres opiniâtres.

擺子 |, *Pài tsè* |, froid de la fièvre.

| 火重, | *hò tchóng*, il (ce malade) a beaucoup de froid et de chaleur.

散 |, *v.* 表 |, *Sán* |, *v. piaò* |, dissiper le froid (principe de maladie) au moyen de remèdes.

傷 |, *Chāng* |, fièvre bilieuse.

| 熱, | *jĕ·*, le froid et le chaud.

| 暑表, | *chòu piaò*, thermomètre.

作 | 作冷, *Tsŏ* | *tsŏ lèn*, ressentir des frissons.

風 | 暑濕, *Fōng* | *chòu chĕ*, le vent, le froid, le chaud et l'humidité (quatre causes de maladies, célèbres dans la médecine chinoise).

小 |, 大 |, | 露, *Siaò* |, *tá* |, | *lóu*, le petit froid, le grand froid, la rosée froide (trois époques du calendrier chinois, du 5 au 20 Janvier, du 20 Janvier au 4 Février, du 8 au 23 Octobre).

貧 |, *P'în* |, pauvre.

| 士, | *sé*, lettré pauvre.

苦 |, *K'òu* |, pauvre, malheureux, misérable.

苦 | 地方, *K'òu* | *tí fāng*, pays pauvre.

苦 | 教友, *K'òu* | *kiáo ieòu*, chrétien pauvre.

| 舍, *v.* | 門, | *ché·, v.* | *mên*, (litt.) froide maison, ou froide porte (par politesse, au lieu de dire ma maison).

| 食節, | *chĕ tsiĕ·*, l'époque du manger froid, un jour avant l'époque *ts'īn mîn*, c.-à-d. le 4 Avril. (Ce jour-là les Chinois, en mémoire d'un de leurs personnages célèbres brûlé vif, ne font pas de feu.)

鹹 *Hân*. Salé. | 味, | *oúi*, saveur de sel.

| 菜, | *ts'ái*, légumes conservés dans la saumure.

| 很了, *v.* | 了, | *hèn lò, v.* | *lò*, trop salé.

鹽巴放 | 了, *Iên pā fáng* | *lò*, on a mis trop de sel, c'est trop salé.

他喫得 |, *T'ā tch'ĕ tĕ·* |, il mange volontiers ce qui est fortement salé.

海水是 | 的, *Hài choùi ché* | *tĭ*, l'eau de mer est salée.

有鹽同 | 無鹽同淡, *Ieòu iên t'ông* |, *oû iên t'ông tán*, (litt.) il y a du sel, mangeons tous salé: il n'y a pas de sel, ensemble mangeons sans sel (c.-à-d. partager également la bonne et la mauvaise fortune).

閒 *v.* 閑 *Hân*. Non occupé, oisif. (Ce caractère se prononce plus souvent *hiên*; voyez ce mot.)

| 天, | *t'iēn*, jour vacant (où il n'y a ni marché ni fête).

街上 | 天冷淡, *Kai cháng* | *t'iēn lèn tán*, le forum est peu animé les jours ordinaires.

| 時候, | (*v. hiên*) *chê heóu*, en temps ordinaire, en temps libre.

含 *Hân*. Contenir, renfermer; supporter.

包 | , *Pāo* | , renfermer.
包 | 在裡頭, *Pāo* | *tsái ì (lì) t'eôu*, compris dans.
這句話包 | 幾樣的意思, *Tché· kú houá pāo* | *kì iáng tī í sé*, cette parole renferme plusieurs sens.
記 | , *Kí* | , mémoire.
| 容, *v.* | 忍, | *iông, v.* | *jèn*, supporter avec patience.
| | 糊糊的說話, | | *foû foû tī chŏ houá*, ne dire les choses qu'à moitié, ne pas vouloir parler clairement.
| 糊在心裡頭, | *foû tsái sīn ì (lì) t'eôu*, cacher, renfermer ses sentiments dans son cœur (s'entend toujours dans un sens défavorable).
穀子在 | 苞了, *Koŭ tsè tsái* | *p'āo lò*, déjà l'épi de riz se forme dans son enveloppe.
| 默, | *mĕ·*, garder le silence.
| 笑, | *siáo*, sourire.
| 寃, | *iuēn*, être sous le coup d'une injustice, d'une calomnie.

銜 *Hân*. Grade (se prononce plus souvent *hiên*; voyez ce mot).

涵 *Hân*. Contenir. | 養, | *iàng*, réparer ses forces, soigner sa santé.
海 | , *Haì* | ; voyez *hài*.
還望你海 | 些, *Houân ouáng gnì haì* | *sī*, (je vous ai offensé) veuillez vous montrer généreux (en me pardonnant).

啣 *Hân*. Tenir à la bouche, ou dans le bec.
| 一口水, | *ĭ k'eòu choùi*, prendre une gorgée d'eau dans la bouche.
口 | 得穩, *K'eòu* | *tĕ· ouèn*, tenir solidement dans la bouche.
口 | 起烟袋, *K'eòu* | *k'ì iēn tái*, tenir la pipe avec les dents.
狗 | 起骨頭走了, *Keòu* | *k'ì koŭ t'eôu tseòu lò*, le chien est parti emportant un os entre ses dents.

HÀN

罕 *Hàn*. Rare, rarement, peu.
希 | , *Hī* | , rare, rarement.
不希 | , *Poŭ hī* | , ce n'est pas merveilleux, c'est du commun.
我希 | 你那幾个錢, *Gò hī* | *gnì lá kì kó ts'iên*, vraiment! j'ai bien besoin de tes quelques sapèques!
| 有, | *ieòu*, il y en a peu ou rarement.
| 見, | *kíen*, j'en vois rarement, cela se voit rarement.

喊 *Hàn*. Appeler. | 他來, | *t'a lâi*, appelle-le, fais-le venir.
| 他一聲, | *t'a ĭ chēn*, appelle-le.
| 他走, | *t'a tseòu*, dis-lui de s'en aller.
| 不答應, | *poŭ tă ín*, appeler sans obtenir de réponse.
| 不應, | *poŭ ín*, même sens; signifie aussi: ne pouvoir se faire entendre.
| 不動, | *poŭ tóng*, appeler quelqu'un sans que celui-ci bouge.
| 你三道你總不答應, | *gnì sān táo, gnì tsòng poŭ tă ín*, je t'ai appelé par trois fois, tu t'entêtes à ne pas répondre.
| 街, | *kaī*, publier à haute voix, à travers les rues, l'injustice dont on est victime.
| 救命, | *kiéou mín*, appeler au secours; *litt.* crier: Sauvez-moi la vie.
| 堂, | *t'âng*, demander pardon devant tout le monde pour un scandale public.
| 寃, | *iuēn*, demander justice au mandarin, en criant à haute voix devant le prétoire.
| 不出聲, *v.* | 不出來, | *poŭ tch'ŏu chēn, v.* | *poŭ tch'ŏu lâi*, ne pouvoir crier.
| 人, | *jên*, appeler du monde (plus poliment on dira *ts'ìn jên*, prier de venir 請人).
| 耶穌聖名, | *Iê· soū chén mîn*, invoquer le saint Nom de Jésus.

丨耶穌救我，丨 *Iê sou kieóu gò*, crier: Jésus, sauvez-moi.

病人在丨, *Pín jên tsái* 丨, le malade appelle.

丨媽, 丨 *mā*, crier: Maman.

丨喫飯, 丨 *tch'ĕ fán*, appeler au repas.

丨强盜, 丨 *k'iâng táo*, crier au voleur.

丨快一點, 丨 *k'oúai ĭ tièn*, dire d'aller plus vite.

大聲丨, *Tá chēn* 丨, crier à haute voix.

丨門, 丨 *mên*, appeler devant la porte pour se faire ouvrir.

丨轎子, 丨 *kiáo tsè*, louer une chaise à porteurs.

丨醒, 丨 *sìn*, réveiller quelqu'un en l'appelant.

丨不醒, 丨 *poŭ sìn*, ne pouvoir réveiller quelqu'un en l'appelant.

丨他出來, 丨 *t'a tch'ŏu lâi*, appeler quelqu'un au dehors.

丨些喒子, 丨 *sī chá tsè?* qu'est-ce que tu as à m'appeler ainsi?

HÁN

漢 *Hán*. 丨江, 丨 *kiāng*, le principal des affluents du fleuve Bleu.

丨口, 丨 *k'eòu*, ville commerçante située à l'embouchure du *Hán*.

丨朝, 丨 *tch'âo*, dynastie célèbre, qui régnait en Chine au temps de la naissance de N.-S.

丨人, 丨 *jên*, homme de race chinoise (par opposition aux Mandchoux, *k'î iuên*, 旗員, ou aux Barbares, *mân kīa*, 蠻家).

丨話, 丨 *hoúa*, la langue chinoise.

學丨話, *Hiŏ* 丨 *hoúa*, étudier la langue chinoise.

大丨子, *Tá* 丨 *tsè*, grand gaillard (se donne souvent comme surnom).

他的丨子好, *v.* 大, *T'a tī* 丨 *tsè haò*, *v.* tá, il est bien taillé, grand et fort.

老丨兒, *Lào* 丨 *eûl (heúl)*, petit vieux (terme familier pour appeler les vieillards).

丨, *v.* 丨子, 丨, *v.* 丨 *tsè*, signifie tantôt un homme décidé ou brave, tantôt un individu quelconque.

英雄好丨, *Īn hiông haò* 丨, homme vaillant et chevaleresque. (C'est ainsi que s'appellent les individus batailleurs, qui aiment à intervenir dans toutes les rixes.)

丨子做事丨子當, 丨 *tsè tsóu sé*, 丨 *tsè tāng*, un brave, quand il a fait une chose, ne craint pas d'en prendre la responsabilité.

他纔算得是一个丨子, *T'a ts'âi souán tĕ chê ĭ kó* 丨 *tsè*, c'est vraiment ce qu'on appelle un homme.

好丨不吃眼前虧, *Haò* 丨 *poŭ tch'ĕ ièn ts'iên k'oūi*, un homme intelligent ne s'expose pas à une perte évidente.

饒人不是痴丨痴丨不會饒人, *Jaô jên poŭ ché tch'ē* 丨, *tch'ē* 丨 *poŭ hoúi jâo jên*, savoir pardonner n'est pas le fait d'un imbécile, un imbécile ne sait pas pardonner.

十八羅丨, *Chĕ pă lô* 丨, dix-huit idoles célèbres.

羅丨衫, *Lô* 丨 *chān*, robe d'été dont le haut et le bas sont d'étoffes et de couleurs différentes.

羅丨竹, *Lô* 丨 *tchŏu*, espèce de bambou.

旱 *Hán*. Sec, temps sec (s'emploie souvent aussi pour désigner le temps pluvieux).

丨路, 丨 *loú*, voie de terre (par opposition à *choùi lóu*, 水路, voie par eau).

起丨, *v.* 起丨路, *K'ì* 丨, *v. k'ì* 丨 *loú*, prendre la route de terre.

走丨路, *Tseòu* 丨 *loú*, même sens.

水丨, *Choùi* 丨, temps pluvieux.

小春丨很了, *Siào tch'oūen* 丨 *hèn lò*, la récolte de printemps a souffert de l'excès de pluie.

丨壞了, 丨 *houái lò*, elle a été gâtée par les pluies.

天怕要丨幾天, *T'iēn p'á iáo* 丨 *kì t'iēn*, le temps pluvieux paraît devoir durer quelques jours.

天乾水丨, *T'iēn kān choùi* 丨, sécheresse et surabondance de pluie.

丨担子，丨 *tán tsè*, fardeau à faire transporter par voie de terre.

丨熟，v. 丨好，v. 丨鬆，丨 *chǒu, v.* 丨 *haò, v.* 丨 *p'ă*, faire cuire à petit feu.

釬 *Hán*. Souder. 丨藥，丨 *iǒ*, matière employée pour la soudure.

丨得緊，v. 丨得穩當，丨 *tĕ· kìn, v.* 丨 *tĕ· ouèn táng*, souder solidement.

丨死，丨 *sè*, souder de manière que rien ne remue.

両塊丨攏來，*Leàng k'ouài* 丨 *lòng lâi*, souder ensemble deux morceaux.

両塊銅要燒丨纔接得攏，*Leàng k'ouài t'ông iáo chāo* 丨 *ts'âi tsiĕ· tĕ· lòng*, pour souder ensemble deux morceaux de cuivre, il faut les faire rougir au feu.

燒大丨，*Chāo tá* 丨，grande soudure (c.-à-d. au cuivre 銅丨，*t'ông* 丨，ou à l'argent 銀丨，*în* 丨).

燒小丨，*Chāo siaò* 丨，petite soudure (c.-à-d. à l'étain 錫丨，*sĭ* 丨).

翰 *Hán*. 丨林，丨 *lîn*, docteur de 1ere classe, académicien.

丨林院，丨 *lîn ouán*, académie.

殿丨林，*Tién* 丨 *lîn*, nommer académicien, passer académicien.

汗 *Hán*. Sueur. 丨毛孔，丨 *mâo k'òng*, les pores de la peau.

丨衣，v. 丨褟子，v. 丨褂，丨 *ī, v.* 丨 *t'ă tsè, v.* 丨 *kouá*, chemise.

丨帕子，丨 *p'á tsè*, serviette pour essuyer la sueur.

發丨，*Fă* 丨，suer, se faire suer.

出丨，*Tch'ǒu* 丨，suer.

出毛毛丨，*Tch'ǒu mâo mao* 丨，être en moiteur.

出大丨水，*Tch'ǒu tá* 丨 *choùi*, suer à grosses gouttes.

血丨，v. 丨血，*Hiĕ·* 丨，v. 丨 *hiĕ·*, sueur de sang.

出血丨，*Tch'ǒu hiĕ·* 丨，suer le sang.

帓丨，v. 揩丨，*Mă* 丨，v. *k'āi* 丨，essuyer ou laver la sueur.

丨濕透了，丨 *chĕ t'eóu lò*, trempé de sueur.

出一身（v. 一通）丨水，v. 丨水長流，*Tch'ǒu ĭ chēn (v. ĭ t'ōng)* 丨 *choùi, v.* 丨 *choùi tch'âng lieôu*, suer par tout le corps à grosses gouttes.

一股大丨臭，*ĭ koù tá* 丨 *tch'éou*, une forte odeur de sueur.

丨流丨滴的，丨 *lieôu* 丨 *tĭ tĭ*, la sueur coulant abondamment.

丨水漘撒的，丨 *choùi p'â sa tĭ*, même sens.

丨瘢，丨 *pān*, taches que produisent sur le corps les vêtements imprégnés de sueur et séchés au soleil.

生丨瘢，*Sēn* 丨 *pān*, recevoir de ces taches sur le corps.

莧 *Hán*. 丨菜，丨 *ts'ái*, amarante tricolore.

冬丨菜，*Tōng* 丨 *ts'ái*, mauve.

馬屎丨，*Mà chè* 丨，plante sauvage à tige rouge et à feuilles presque rondes (elle sert de légume).

限 *Hán*. Terme, limite (se prononce plus souvent *hién*; voir ce mot).

陷 *Hán*. Tomber dans, enfoncer (se prononce plus souvent *hién*; voir ce mot).

丨在泥巴裡頭，丨 *tsái gnî pā ì (lì) t'eôu*, enfoncer dans la vase.

HĀNG

硂 *Hāng*. Mouton pour enfoncer des pieux. (De là, au fig. chercher à opprimer, à intimider.)

他丨着我那个怕他，*T'a* 丨 *tchǒ gò, là kó p'á t'a?* il a beau faire la grosse voix, qui a peur de lui?

這匹馬兒你丨得着不，*Tché· p'ĭ (p'ĭ) mà eûl gnì* 丨 *tĕ· tchǒ poŭ?* te sens-tu de force à maîtriser ce cheval?

這些娃娃兒繁得很我丨不着他們，*Tché· sī oûa oūa eûl (ouēul) fân tĕ· hèn gò* 丨 *poŭ tchǒ t'a mên*, ces enfants sont par trop gamins, je ne puis les maîtriser.

你要｜倒我要嗎, *Gnì iáo* ｜ *taò gò choùa mà*, tu veux donc m'opprimer en tout.

HÂNG

行 *v.* 行 *Hâng*. Entrepôt, magasin, marché; métier; espèce.

七十二｜, *Ts'ĭ chĕ eúl* ｜, les 72 métiers ou industries (expression usitée pour dire tous les métiers).

｜斗, ｜ *teòu*, le boisseau officiel du marché.

賣米有｜斗賣絲有｜秤, *Mái mì ieòu* ｜ *teòu, mái sē ieòu* ｜ *tch'én*, pour la vente du riz, il y a le boisseau officiel du marché; pour la vente de la soie, il y a la balance de l'entrepôt des soies.

｜戶, ｜ *foú*, entremetteur officiel du marché.

說｜, *v.* 當｜戶, *Chŏ* ｜, *v. tāng* ｜ *foú*, faire ce métier d'entremetteur.

｜市, ｜ *ché*, cours du marché.

銀子什麼｜市, *în tsè chĕ mô* ｜ *ché?* à quel taux se vend l'argent?

洋｜, *Iâng* ｜ magasin de marchandises européennes.

開洋｜, *K'āi iâng* ｜, ouvrir un magasin de ce genre.

力｜, 轎｜, *Lĭ* ｜, *kiáo* ｜, compagnie de portefaix, de porteurs de chaise.

你學那一｜, *Gnì hiŏ là ĭ* ｜? quel métier, quel commerce apprends-tu?

同｜, *T'ông* ｜, du même métier, de la même industrie.

同｜的人, *T'ông* ｜ *tĭ jên*, gens du même métier.

外｜, *Ouái* ｜, qui n'est pas du métier, qui n'y entend rien.

內｜, *Loúi* ｜, qui est du métier, qui s'y entend.

｜勢, *v.* ｜家, ｜ *ché, v.* ｜ *kīa*, homme habile, qui se tire aisément d'affaire.

｜｜勢勢一个人, ｜｜ *ché ché ĭ kó jên*, c'est un homme qui présente bien (qui est bien mis, et qui a bonne tournure).

成｜, *Tch'ên* ｜, habile.

不成｜, *Poŭ tch'ên* ｜, propre à rien, qui ne vaut pas cher.

不在｜, *Poŭ tsái* ｜, propre à rien.

樣｜都不管, *Iáng* ｜ *tōu poŭ kouàn*, il ne s'occupe de rien.

在｜, *Tsái* ｜, capable, qui comprend les choses.

隔｜隔山, *Kĕ·* ｜ *kĕ· chān*, d'un métier à l'autre, il y a toute une montagne de séparation.

｜衣服, ｜ *ī foŭ*, piquer un habit.

｜鋪蓋, ｜ *p'ōu kái*, piquer une couverture.

他們是姊妹排｜, *T'ā mên ché tsè méi p'âi* ｜, dans cette famille, pour désigner l'ordre des enfants, premier, deuxième, etc., les filles entrent en ligne de compte. (Plus souvent on ne tient pas compte des filles.)

你是｜幾, *Gnì ché* ｜ *kì?* quel est ton rang, par ordre de naissance, dans ta famille?

一｜, *ĭ* ｜, une ligne.

八｜書, *Pă* ｜ *chōu*, papier à lettre à huit lignes.

掏｜, *T'āo* ｜, faire les alignements pour planter.

｜伍, ｜ *où*, rangs militaires.

｜伍出身, ｜ *où tch'ŏu chēn*, il (cet homme) a obtenu son grade pour services rendus dans l'armée.

HÁNG

項 *Háng*. Partie postérieure du cou.

頸｜, *Kìn* ｜, tout le cou. (*Kìn* en est la partie antérieure.)

楸頸｜, *Tsiēou (v. tsiōou) kìn* ｜, tourner vivement le cou à quelqu'un pour le remettre du torticolis.

這｜錢, 這｜銀子, *Tché·* ｜ *ts'iên, Tch'é·* ｜ *în tsè*, cette somme de sapèques, d'argent.

這｜數, *Tché·* ｜ *sóu*, cette somme.

巷 *Háng*. Corridor, petite rue, passage, cul-de-sac.

丨子，丨 *tsè*, impasse, ruelle.

小丨丨，*Siào* 丨 丨，même sens, passage très étroit.

要走丨子頭，*Iáo tseòu* 丨 *tsè t'eôu*, il faut passer par la ruelle.

偏街小丨，*P'iēn kāi siaò* 丨，*litt.* les rues détournées et les petites ruelles (s'entend ordinairement des rues mal famées).

花街柳丨，*Hoūa kāi lieòu* 丨，même sens; *litt.* les rues fleuries et les ruelles aux saules.

HĀO

蒿 *Hāo.* 苦丨，*v.* 青丨，*K'òu* 丨，*v.* *ts'īn* 丨，aigremoine ou absinthe.

筒丨菜，*T'ông* 丨 *ts'ái*, camomille.

撓 *Hāo* (ce caractère se lit régulièrement *jâo*). Troubler, agiter, prendre.

人惛脚是丨的，*Jên hoūen kiŏ ché* 丨 *tĭ*, quand la tête est lourde, la démarche est chancelante.

丨脚丨手的，丨 *kiŏ* 丨 *cheòu tĭ*, se dit d'un vieillard qui tremble des bras et des jambes.

强盗跑了快去丨倒，*K'iâng táo p'aò lò, k'oúai k'ú* 丨 *taò*, le voleur a filé, cours vite l'arrêter.

丨刨，丨 *p'âo*, saisir avec les mains.

用脚丨過來，*Ióng kiŏ* 丨 *kó laî*, attirer avec les pieds un objet à soi.

薅 *Hāo.* Sarcler, arracher les mauvaises herbes.

丨草，丨 *ts'ào*, même sens.

丨菜園，丨 *ts'ái iuên*, sarcler un jardin.

丨秧子，丨 *iāng tsè*, sarcler le riz en herbe.

不丨二到野草會害秧苗，*Poŭ* 丨 *eúl táo iè ts'ào hoúi hái iāng miâo*, si on ne sarcle pas deux fois, les mauvaises herbes nuiront aux jeunes pousses.

丨包穀，*v.* 玉麥，*v.* 棕包子，丨 *paō koŭ*, *v.* *iú mĕ*, *v.* *tsōng paō tsè*, sarcler le maïs.

土要丨刨得好，*T'òu iáo* 丨 *p'âo tĕ hào*, il faut bien sarcler les champs.

HÂO

豪 *Hâo.* Fort. 富丨的人，*Fóu* 丨 *tĭ jên*, homme puissant et riche.

土丨，*T'òu* 丨，individu puissant et violent.

丨强霸道，丨 *k'iâng pá táo*, individu puissant, qui se fait redouter de tout le monde.

他是有丨氣的，*T'a ché ieoù* 丨 *k'í tĭ*, c'est un homme qui n'a peur de rien.

英雄丨傑，*Īn hiông* 丨 *kiĕ*, héros. (Souvent les mauvais sujets batailleurs se qualifient eux-mêmes de ce nom, soi-disant par modestie.)

丨猪，丨 *tchōu*, porc-épic.

丨光，丨 *kouāng*, une vive clarté.

丨光閃閃 *v.* 四射，丨 *kouāng*, chàn chàn, *v.* *sé ché*, une vive lumière étincelait, projetait ses rayons de tous côtés.

號 *Hâo.* Crier, pleurer en poussant des cris.

呼丨耶穌的聖名，*Foū* 丨 *Iê sōu tĭ chén mîn*, invoquer à haute voix le saint Nom de Jésus.

丨天丨地的，丨 *t'iēn*, 丨 *tí tĭ*, qui se lamente en invoquant le ciel et la terre.

爲甚麽事你丨聲丨氣哭，*Oúi chén mô sé gnì* 丨 *chēn* 丨 *k'í k'ŏu?* pour quelle cause donc pleures-tu et cries-tu si fort?

篙 *Hâo.* 丨竿，丨 *kān*, gaffe, longue perche des bateliers; se dit aussi, par plaisanterie, des bâtonnets.

不是撑船手莫去 (*v.* 不要) 摸丨竿，*Poŭ ché ts'ēn tch'oūan cheòu, mŏ k'ú (v. poŭ iáo) mō* 丨 *kān*, si tu n'es pas du métier, garde-toi de vouloir manier la perche des bateliers.

拿倒丨竿撑 (*v.* 撐) 他兩竿，*Lâ taò* 丨 *kān tŏ (v. ts'ēn) t'a leàng kān*, prends la perche et pousse la barque de deux (c.-à-d. de quelques) coups.

有一丨竿水, *Ieoù ĭ* | *kān chòui*, l'eau est profonde de la longueur d'une perche.

還爭两雙丨竿, *Hôuan tsēn leàng chouāng* | *kān*, il manque encore deux paires de bâtonnets.

毫 *Hâo*. La dix-millième partie d'une once, quantité infime; un poil.

十丨爲一厘, *Chĕ* | *oûi ĭ lî*, dix *hâo* équivalent à un *lî*, c.-à-d. à un millième d'once.

絲厘丨毛都要算, *Sē lî* | *mâo toū iaó soúan*, il faut compter jusqu'à la dernière fraction.

絲丨都不能讓他, *Sē* | *toū poŭ lĕn jáng t'a*, je ne lui veux faire grâce de rien.

丨厘不差, | *lî poŭ tch'a*, il n'y a pas la moindre erreur.

差之丨厘失之千里, *Tch'a tchē* | *lî chĕ tchē ts'ien lì*, la moindre erreur entraîne les plus graves conséquences.

一丨之惡勸人莫作, *ĭ* | *tchē gŏ k'uén jên mŏ tsŏ*, si petit que soit un mal, conseillez toujours de ne pas le commettre.

筊 *Hâo*. Grande nasse pour pêcher dans la rivière.

丨丨, 丨丨, petite nasse pour prendre les poissons de rizière.

安丨丨捉黃鱔, *Gān* | | *tchŏ houâng chán*, poser les petites nasses pour prendre les anguilles de rizière.

HÀO

好 *Hào*. Bon, bien, beaucoup, combien, facile à.

一個丨人, *ĭ kó* | *jên*, un brave homme.

跟丨人學丨人, *Kēn* | *jên hiŏ* | *jên*, en fréquentant les bons on devient bon.

總要人家說你一个丨字穢丨, *Tsòng iáo jên kia chŏ gnì ĭ kó* | *tsé, ts'âi* |, en un mot, il faut qu'on puisse vous appliquer le *caractère bon*, alors c'est bien.

愛喫丨的, *Gái tch'ĕ* | *tĭ*, aimer à manger ce qui est bon.

丨話丨話, | *houá* | *houá*, la bonne parole! (iron.)

丨丨丨, 丨丨丨, bien, bien, bien (se dit pour apaiser les gens, témoigner sa satisfaction, congédier quelqu'un).

丨丨歹歹要跟我做完, | | *taì taì iáo kēn gò tsoú ouân*, bien ou mal, il faut que tu achèves cet ouvrage.

丨丨跟我說, | | *kēn gò chŏ*, allons! dis-moi bien tout.

不丨了完了, *Poŭ* | *lò, ouân lò*, malheur! c'en est fait! il n'y a plus de remède.

你今年子攪得丨, *Gnì kīn niên tsè kaò tĕ·* |, cette année tes affaires vont bien.

這个人丨傢伙, *Tché· kó jên* | *kīa hò*, cet homme est bien à l'aise.

他家道丨, *T'a kīa táo* |, il est à l'aise, il est riche.

事情弄 (*v.* 說) 丨了, *Sé ts'în lóng* (*v. chŏ*) | *lò*, l'affaire a été arrangée pacifiquement.

煮丨了, *Tchoù* | *lò*, cuit à point.

丨做, 丨讀, 丨走, 丨用, 丨喫, | *tsóu*, | *toŭ*, | *tseòu*, | *ióng*, | *tch'ĕ*, facile à faire, à étudier, à marcher, commode, bon à manger.

說得丨; 說丨話; 這个人丨說話, *Chŏ tĕ·* |; *chŏ* | *houá; tché· kó jên* | *chŏ houá*, (voyez *chŏ*, page 24).

丨不丨? | *poŭ* |? est-ce bon? comment allez-vous?

你老的還丨麽? 丨, *Gnì laò tĭ houân* | *mô?* |, à votre âge vous allez encore bien? R. Bien.

病丨了; 不得丨, *Pín* | *lò; poŭ tĕ·* |, la maladie est guérie; elle est inguérissable.

病難得丨, *Pín lân tĕ·* |, la maladie guérira difficilement.

丨不起來, | *poŭ k'ì lai*, il ne s'en relèvera pas.

又丨起來了, *Ieóu* | *k'ì lâi lò*, il s'en est relevé.

丨生，丨 *sēn*, très attentivement.

丨生點，丨 *sēn tièn*, plus attentivement; prends garde!

丨生看，丨生聽，丨 *sēn k'án*, 丨 *sēn t'în*, regarde bien, écoute bien.

丨兇，丨惡，丨 *hiōng*, 丨 *gǒ*, vraiment méchant.

丨冒火，丨 *maó hò*, quelle colère!

丨僻，丨 *p'iě·*, de fort mauvaise qualité.

丨熱，丨冷，丨雨，丨 *jě·*, 丨 *lèn*, 丨 *iù*, quelle chaleur! quel froid! quelle pluie!

丨不，丨 *poŭ*, devant un adjectif est tantôt négatif, tantôt affirmatif:

丨不鬆活，丨 *poŭ sōng hǒ*, ce n'est vraiment pas commode, pas large, c'est très serré.

丨不利害，丨 *poŭ lí hái*, très dangereux, très méchant.

丨沒良心，丨 *mǒ leâng sīn*, quel manque de conscience!

丨無福分，丨 *oû foŭ fén*, vraiment pas de chance!

丨蚊子，丨虼蚤，丨 *ouên tsè*, 丨 *kě· tsaò*, que de moustiques, que de puces!

丨多點，丨 *tō tièn*, signifie tantôt très peu, tantôt passablement (cela dépend du ton qu'on y met):

有丨多點，*Ieoù* 丨 *tō tièn*, il y en a fort peu; ou bien, il n'y en a pas mal.

丨重點，丨 *tchóng tièn*, vraiment peu lourd; ou bien, pas mal lourd.

丨遠點，丨 *iuèn tièn*, peu loin en vérité; ou bien, passablement loin.

我不丨意思來，*Gò poŭ* 丨 *í sé laî*, j'ai honte de venir.

你丨意思喫哀矜，*Gnì* 丨 *í sé tch'ĕ gāi kīn*, tu n'as pas honte de manger le pain de l'aumône!

丨幾，丨 *kì*, est tantôt interrogatif signifiant combien, tantôt affirmatif signifiant plusieurs:

有丨幾樣，*Ieoù* 丨 *kì íang*, combien y a-t-il d'espèces? ou bien, il y a un bon nombre d'espèces.

丨幾回，丨 *kì hoûi*, combien de fois? ou bien, un bon nombre de fois.

丨些，丨 *sī*, combien? beaucoup; meilleur, mieux.

有丨些(*v.* 丨多)人，*Ieoù* 丨 *sī (v.* 丨 *tō) jên*, combien y a-t-il d'hommes? ou bien, il y a bon nombre d'hommes.

丨大的事，丨 *tá tĭ sé*, une bien grande affaire; ou bien, la grande affaire! (iron.)

丨倒丨光是，丨 *táo* 丨, *kouāng ché*, c'est bien (c'est bon) en effet, seulement.

有些丨處，*Ieoù sī* 丨 *tch'óu*, il y a certains avantages.

丨比，丨像，丨 *pì*, 丨 *ts'iáng*, comme si, par exemple.

丨點，丨 *tièn*, un peu mieux, un peu meilleur.

更丨，*Kén* 丨, mieux, meilleur, encore mieux.

丨得多，丨 *tĕ· tō*, beaucoup mieux, beaucoup meilleur.

頂丨的，*v.* 上丨的，*v.* 狠丨的，*Tìn* 丨 *tĭ, v. cháng* 丨 *tĭ, v. hèn* 丨 *tĭ*, très bon, de première qualité.

丨得狠，*v.* 丨得極，丨 *tĕ· hèn v.* 丨 *tĕ· kiĕ· (kĭ)*, très bien, très bon.

HÁO

好 *Háo*. Aimer, désirer.

丨喫；丨穿，丨 *tch'ĕ*, 丨 *tch'oūan*, mangeur, gourmand; aimer les beaux habits.

丨色，丨 *sĕ·*, qui aime la volupté, voluptueux.

丨酒，丨 *tsieòu*, avoir la passion du vin.

丨事，*v.* 丨多事，丨 *sé, v.* 丨 *tō sé*, avoir un caractère turbulent, brouillon.

丨事的人，丨 *sé tĭ jên*, individu brouillon.

丨惡之情，丨 *oú tchē ts'în*, l'affection et la haine.

濠 *v.* **壕**, *Háo (v. Hâo)*. Fossé, bras de fleuve ordinairement à sec aux basses eaux.

走丨裡頭，*Tseoù* 丨 *ì (lì) t'eôu*, passer par le bras du fleuve.

大河 (v. 正河) 分出來的 | |, *Tá hô (v. tchén hô) fēn tch'ŏu laî tĭ* | |, bras formé par le fleuve principal.

| 裡頭水淺, | *ì (lì) t'eôu choùi ts'ièn*, le bras du fleuve est peu profond.

穿 |, *Tch'oūan* |, suivre un bras du fleuve dans toute sa longueur.

水穿了 |, *Choùi tch'oūan lò* |, (les eaux ayant augmenté) le bras du fleuve est en communication avec la branche principale.

| 溝, | *keōu*, fossés qui entourent les murailles d'une ville; canal pour l'écoulement des eaux.

號 *Háo*. Surnom, signe, enseigne; grand magasin, entrepôt.

|, v. | 名, |, v. | *mîn*, nom plus ou moins honorifique qui se prend au moment de choisir une carrière, et sous lequel on se fait connaître. (Il n'y a que les supérieurs qui puissent continuer d'appeler quelqu'un par son *chōu mîn*, ou nom d'école.)

台 |, v. 大 |, *T'âi* |, v. *tá* |, quel est votre nom? (terme de politesse.)

| v. | 頭, | v. | *t'eôu*, titre ou enseigne, que prennent, pour se faire connaître, les maisons de commerce, les grandes maisons, les sociétés de tout genre. (Par ex: 永生公, *Iùn sēn kōng*, est le nom sous lequel est connue la mission du *Tch'oūan lân* ou Sutchuen méridional, en tant que personne civile.)

扯人家的 | (v. 旗 |), *Tch'è· jên kīa tĭ* | (v. *k'î* |), se servir injustement du nom, de l'enseigne d'autrui.

同 |, *T'ông* |, du même nom.

| 上, v. 字 |, | *cháng*, v. *tsé* |, grands magasins ou entrepôts de marchandises.

開字 |, *K'āi tsé* |, ouvrir un magasin en gros.

| 筒, | *t'ông*, trompette.

吹 |, *Tch'oūi* |, sonner de la trompette.

| 褂, | *kóua*, espèce de gilet rouge qui constitue l'uniforme militaire chinois.

掛 |, *Koúa* |, inscrire son nom sur le registre que tout aubergiste doit tenir, et montrer sur la réquisition de la police.

| 簿, | *poú*, nom de ce registre.

上 |, *Cháng* |, s'inscrire à la porte de quelqu'un.

賞 |, *Chàng* |, pourboire.

記 |, *Kí* |, signe.

打一个記 |, *Tà ĭ kó kí* |, marquer d'un signe.

| 押, | *iă*, apposer sa signature.

十字聖 |, v. 聖 |, *Chĕ tsé chén* |, v. *chén* |, le signe de la Croix.

神 |, *Chên* |, caractère des Sacrements.

| 東西, | *tōng sī*, marquer, numéroter des objets.

這根板凳是我 | 了的, *Tché· kēn pàn tén ché gò* | *lò tĭ*, j'ai retenu ce banc pour mon usage, j'y ai fait une marque.

清 |, *Ts'īn* |, vérifier les numéros.

第二 |, *Tí eúl* |, le n° 2.

一 | 船, *ĭ* | *tch'oûan*, un bateau.

? *Háo*. 你 | 倒箱子, *Gnì* | *taò siāng tsè*, lie bien les caisses.

| 穩了, | *ouèn lò*, c'est attaché solidement.

拏包袱 | 在箱子面上, *Lâ pāo foŭ* | *tsái siāng tsè mién cháng*, prends ce paquet, et attache-le sur les caisses.

耗 *Háo*. | 子, | *tsè*, rat.

| 子洞, | *tsè tóng*, trou à rat.

| 子啃 (v. 嘘) 爛了, | *tsè k'èn* (v. *tsŏ*) *lán lò*, les rats l'ont rongé, gâté.

䆀 | 子, *Láo* | *tsè*, empoisonner les rats.

逮 | 子, v. 捉 | 子, *Tài (tái)* | *tsè*, v. *tchŏ* | *tsè*, les prendre.

套 | 子, *T'áo* | *tsè*, les prendre au piége.

按 | 子, *Gán* | *tsè*, les attraper avec la main.

揞 | 子, *Gàn* | *tsè*, les épier comme les chats.

柞｜子, *Tchá ｜ tsè*, les écraser avec un piége.

簷｜子, *Iên ｜ tsè*, chauve-souris.

｜子尖得很, ｜ *tsè tsiēn tĕ· hèn*, les rats sont très rusés.

｜子喫米湯, ｜ *tsè tch'ĕ mì t'ang*, (prov.) les gueux se contentent d'eau de riz.

賣｜子藥是賴食生意, *Mái ｜ tsè iŏ, ché lái chĕ sēn í*, vendre de la mort aux rats est un métier de meurt-de-faim.

｜子打嘘嘘, ｜ *tsè tà tsă tsă*, bruit que font les rats en rongeant.

｜費, ｜ *feí*, dépenses.

精神｜敗, *v.* ｜**散**, *Tsīn chên ｜ pái*, *v.* ｜ *sán*, les forces s'en vont.

HĔ

黑 *Hĕ*. Noir, obscur (au propre et au figuré).

｜暗, ｜ *gán*, ténèbres.

｜了, ｜ *lò*, il est nuit.

要｜了, *v.* **要來｜了**, *Iáo ｜ lò*, *v. iáo laî ｜ lò*, il va faire nuit.

｜盡了, ｜ *tsín lò*, il fait complètement nuit.

一天到｜, *ī t'iēn táo ｜*, du matin au soir.

｜來家, *v.* ｜**夜間**, ｜ *laî kīa*, *v.* ｜ *ié· kiēn*, de nuit.

月｜頭, *Iuĕ· ｜ t'eôu*, (litt.) à la lune noire, c.-à-d. par une nuit sans lune.

攏不得｜, *Lòng poŭ tĕ· ｜*, on arrivera avant la nuit.

怕要｜幾里路, *P'à iáo ｜ kì lì lóu*, il restera probablement encore quelques *lis* à faire de nuit.

走｜路, *Tseòu ｜ lóu*, marcher de nuit.

不分白日｜夜, *Poŭ fēn pĕ· jĕ ｜ ié·*, le jour et la nuit sans distinction.

撥｜ (*v.* **挨｜**) **的時候**, *Ts'ă ｜* (*v. gāi ｜*) *tĭ chê heóu*, à l'entrée de la nuit.

房圈是最｜的, *Fâng k'uēn ché tsú ｜ tĭ*, la chambre est toute noire, pas éclairée.

在｜卡卡頭, *Tsái ｜ k'ă k'ă t'eôu*, dans un coin obscur, en secret.

强盜偷｜不偷白, *K'iâng táo t'eōu ｜ poŭ t'eōu pĕ·*, les voleurs volent de nuit, et non de jour.

｜熖熖的, ｜ *ts'iēou ts'iēou tĭ*, *v.* ｜ *ts'ū ts'ū tĭ*, tout noir.

｜黱黱的, *v.* ｜**洞洞的**, ｜ *t'ên t'ên tĭ v.* ｜ *tóng tóng tĭ*, même sens.

｜殼殼虫, ｜ *k'ŏ k'ŏ tch'ông*, bête noire (au propr. et au fig.).

｜點點, ｜ *tièn tièn*, points noirs.

｜巴巴, ｜ *pā pā*, tache noire.

做｜生意, *v.* **做｜活路**, *Tsóu ｜ sēn í*, *v. tsóu ｜ hŏ lóu*, faire un travail nocturne, c.-à-d. voler.

買｜貨, *Mái ｜ hó*, acheter des marchandises volées.

生意做｜了, *Sēn í tsoú ｜ lò*, avoir gâté son commerce ou pour avoir trompé, ou pour avoir pris trop cher.

這件事我在｜處, *Tché· kién sé gò tsái ｜ tch'óu*, je ne vois pas clair dans cette affaire (n'en connaissant pas les circonstances).

熖｜, **抹｜**, **染｜**, *Ts'iēou ｜*, *mò (mŏ) ｜*, *jàn ｜*, noircir à la fumée, à la main, à la teinture.

｜色, ｜ *sĕ·*, couleur noire. (Le noir des étoffes se dit presque toujours **青**, *ts'īn*, et non *hĕ·*.)

｜臉董嘴, ｜ *lièn tòng tsoùi*, visage renfrogné, boudeur.

｜心, *v.* ｜**心腸**, ｜ *sīn*, *v.* ｜ *sīn tch'âng*, cœur noir, pervers.

｜鉛, ｜ *iuên*, plomb.

｜人 (*v.* ｜**子**) **國**, ｜ *jên* (*v.* ｜ *tsè*) *kouĕ·*, pays des hommes noirs, des Nègres.

｜眼睛, ｜ *ièn tsīn*, yeux obscurs (c.-à-d. qui ne savent pas lire).

捱 (*v.* **潮**) (*v.* **遭**) ｜**打**, *Gâi (v. tchâo) (v. tsāo) ｜ tà*, être battu sans savoir pourquoi, ou sans l'avoir mérité.

眼睛是｜的銀子是白(v.亮)的, *Ièn tsīn ché ｜ tĭ în tsè ché pĕ· (v. leáng) tĭ,* il a beau faire mine de ne pas voir clair (c.-à-d. de ne pas vouloir consentir), l'éclat de l'argent lui ouvrira les yeux (c.-à-d. lui fera faire tout ce qu'on voudra).

紅｜都要, *Hông ｜ toū iáo,* (litt.) rouge ou noir, il le veut (c.-à-d. il veut absolument).

紅｜不肯喫藥, *Hông ｜ poŭ k'èn tch'ĕ iŏ,* il refuse absolument de prendre des remèdes.

核 *Hĕ·.* ｜桃, ｜ *t'âo,* noix.

｜桃樹, ｜ *t'âo choú,* noyer.

｜桃米米, ｜ *t'âo mì mì,* le fruit lui-même (c.-à-d. ce qui est renfermé sous la coque).

｜桃皮, ｜ *t'âo p'î,* brou de noix.

｜桃殼殼, ｜ *t'âo k'ŏ k'ŏ,* coque de noix.

｜桃糕, *v.* ｜桃糖, ｜ *t'âo kāo, v.* ｜ *t'âo t'âng,* nougat, mélange de sucre et de noix.

棗｜, *Tsào* ｜, noyau de jujube.

嚇 *v.* 嚇 *Hĕ·.* Craindre; faire peur.

驚｜, *Kīn* ｜, être effrayé, effrayer.

｜人, ｜ *jên,* faire peur à quelqu'un; cela fait peur.

｜人的事, ｜ *jên tĭ sé,* des choses à faire peur.

｜人得狠, ｜ *jên tĕ· hèn,* très effrayant.

我都｜了一吓, *Gò tōu* ｜ *lò ĭ há,* moi-même j'ai eu peur un moment.

你｜他一吓, *Gnì* ｜ *t'a ĭ há,* effraie-le un peu.

我｜怕了, *Gò* ｜ *p'á lò,* la peur que j'ai eue m'a rendu timide.

｜惛了, *v.* ｜慌了, ｜ *houēn lò, v.* ｜ *houān lò,* effrayé à en perdre la tête.

｜糊塗了, ｜ *fôu t'ôu lò,* hébété par la peur.

｜啞了, ｜ *ià lò,* rendu muet de peur.

我｜了一跳, *Gò* ｜ *lò ĭ t'iáo,* j'ai tressailli de peur.

｜得條條顫, *v.* ｜得抖𠛼子顫, ｜ *tĕ· t'iâo t'iâo tchán, v.* ｜ *tĕ· t'eòu lìn tsè tchán,* effrayé à en trembler de tous ses membres.

臉｜得絶青, *Lièn* ｜ *tĕ· tsuĕ· ts'īn,* sa figure est devenue livide de frayeur.

｜醒, ｜ *sìn,* s'éveiller en sursaut.

｜死人, *v.* ｜壞人, ｜ *sè jên, v.* ｜ *houái jên,* c'est à faire mourir de peur.

他說得｜人, *T'a chŏ tĕ·* ｜ *jên,* il parle de manière à effrayer.

｜得喊不出聲, ｜ *tĕ· hàn poŭ tch'ŏu chēn,* effrayé à ne pouvoir crier.

看倒｜人, *K'án taò* ｜ *jên,* terrible à voir.

HÊN

痕 *Hên.* 傷｜, *Chāng* ｜, cicatrice d'une blessure.

｜跡, ｜ *tsĭ,* cicatrice quelconque, marque de blessure.

恒 *Hên.* Toujours, longtemps, persévérer.

｜久, *v.* ｜常, ｜ *kieòu, v.* ｜ *châng,* même sens.

｜久不變, ｜ *kieòu poŭ pién,* persévérer sans changer.

你沒得｜心, *Gnì mŏ tĕ·* ｜ *sīn,* tu n'as pas de persévérance.

要有｜心纔改得過, *Iáo ieòu* ｜ *sīn, ts'âi kaì tĕ· kó,* il faut de la persévérance pour se corriger.

｜容, ｜ *iông,* patience, persévérance, fermeté d'âme.

這宗生意做不｜, *Tché· tsōng sēn í tsóu poŭ* ｜, il n'y a pas d'entrain à ce commerce.

HÈN

狠 *v.* 很 *Hèn.* Trop, très, fort, excéder.

多｜了, *Tō* ｜ *lò,* il y en a trop.

｜不得, ｜ *poŭ tĕ·,* il n'en faut pas trop.

喫酒｜不得, *Tch'ĕ tsieòu* ｜ *poŭ tĕ·,* il ne faut pas excéder dans l'usage du vin.

不要貪｜了, *Poŭ iáo t'an ｜ lò*, ne sois pas trop ambitieux.

椒椒｜了一點, *Foŭ tsiāo ｜ lò ĭ tièn*, il y a un peu trop de poivre.

愛天主不得｜, *Gái T'iēn Tchoū poŭ tĕ· ｜*, à aimer Dieu il ne peut y avoir d'excès.

快｜了, *K'oúai ｜ lò*, trop vite.

快得｜, *K'oúai tĕ· ｜*, très vite.

好得｜, *v.* **｜好**, *Haò tĕ· ｜*, *v.* *｜ haò*, très bien.

愛得｜, *Gái tĕ· ｜*, aimer vivement.

想得｜, *Siàng tĕ· ｜*, désirer ardemment.

｜有工夫, *｜ ieòu kōng foū*, il y a beaucoup de mérite.

｜明白, *｜ mîn pĕ·*, très clairement.

｜聰明, *｜ ts'ōng mîn*, très intelligent.

我｜喜歡, *Gò ｜ hì houān*, je suis très content.

｜人, *｜ jĕn*, un homme habile, puissant.

算得是一個｜人, *Souán tĕ· ché ĭ kó ｜ jĕn*, il peut compter pour un homme habile, puissant.

這個人都｜, *Tché· kó jĕn toū ｜*, cet homme a encore du savoir-faire.

做活路不｜, *Tsóu hŏ loú poŭ ｜*, pas fort au travail.

講｜話, *Kiàng ｜ hoúa*, faire le bravache en paroles.

講不得｜, *Kiàng poŭ tĕ· ｜*, on ne doit pas se vanter; ou bien, il (cet homme) ne peut passer pour habile.

不消要｜, *Poŭ siāo chouà ｜*, inutile de faire le fier, l'important.

看那个｜點, *K'án là kó ｜ tièn*, voir quel est le plus fort.

這个酒｜(*v.* **｜傢伙**), *Tché· kó tsieòu ｜ (v. ｜ kiā hò)*, ce vin est fort; **｜得｜**, *｜ tĕ· ｜*, il est très fort; **太｜了**(*v.* **｜｜了**), *T'ái ｜ lò (v. ｜｜ lò)*, il est trop fort.

你讀書｜我不｜, *Gnì toŭ choū ｜, gò poŭ ｜*, tu es fort à l'étude, tu étudies facilement; moi, non.

有點｜處, *Ieòu tièn ｜ tch'óu*, il est fort sur quelques points.

發｜, *Fă ｜*, s'appliquer à.

發｜讀書,學手藝, *Fă ｜ tŏu choū, hiŏ cheòu gní*, s'appliquer à l'étude, à l'apprentissage d'un métier.

你｜了我, *Gnì ｜ lò gò*, tu m'en as trop fait.

他帮我我沒有｜了他, *T'a pāng gò, gò mŏ ieòu ｜ lò t'a*, il a été à mon service, je ne l'ai pas malmené.

HÉN

杏 *Hén.* **｜子**, *｜ tsè*, abricot.

｜子樹, *｜ tsè chóu*, abricotier.

恨 *Hén.* Haïr, détester. **嗔｜人家**, *Tch'ēn ｜ jĕn kiā*, détester quelqu'un.

咠(*v.* **討**)**人｜**, *Teōu (v. t'ào) jĕn ｜*, s'attirer la haine des autres.

怨｜, *v.* **仇｜**, *Iuén ｜*, *v.* *tch'ĕou ｜*, détester.

相｜, *Siāng ｜*, se haïr mutuellement.

我｜他傷心, *Gò ｜ t'a chāng sīn*, je le déteste cordialement.

我不｜那個, *Gò poŭ ｜ là kó*, je ne hais personne.

我｜他見不得, *Gò ｜ t'a kién poŭ tĕ·*, je le hais au point de ne pouvoir le voir.

我｜他得很, *v.* **我深｜他**, *Gò ｜ t'a tĕ· hèn*, *v.* *gò chēn ｜ t'a*, je le déteste extrêmement.

惱｜自己的罪, *Laò ｜ tsé kì tĭ tsoúi*, détester vivement ses péchés.

｜不得, *｜ poŭ tĕ·*, plaise à Dieu! que ne puis-je!

｜不得一刀殺死他, *｜ poŭ tĕ· ĭ tao chă sè t'a!* que ne puis-je le tuer d'un seul coup de couteau!

HEŌU

齁 *Heōu.* Respiration bruyante, asthme.

｜病, *｜ pín*, asthme.

｜包兒, *｜ pāo eûl (peūl)*, asthmatique.

有一點｜, *Ieòu ĭ tièn ｜*, il est un peu poussif.

發 | , *Fă* | , accès d'asthme.

| 病發了, | *pín fă lò*, l'accès d'asthme s'est déclaré.

鹽 | , *Iĕn* | , asthme qui vient de l'usage immodéré du sel.

嬭 | , *Laì* | , asthme dont l'origine remonte aux mois de nourrice.

扯 | 結子, *Tch'è* | *kĭ (kiĕ·) tsè*, avoir la respiration haletante et sifflante des asthmatiques.

HEÔU

猴 *Heôu*. | 子, *v.* | 猻, *v.* | 猻兒, | *tsè*, *v.* | *sēn*, *v.* | *sēn eûl (seūl)*, singe.

關 | 子, *Kouān* | *tsè*, prendre les singes dans une cage à trappe.

| 兒, *v.* | 兒子, *v.* | | 兒, | *eûl*, *v.* | *eûl tsè*, *v.* | | *eûl*, petit du singe; espèce de petit singe (se dit aux enfants)!

耍 (*v.* 唱) | 戲, *Chouà (v. tch'áng)* | *hí*, comédie dans laquelle on exhibe des singes.

| 子有喉兒包, | *tsè ieòu heôu eûl pāo*, les singes (dit-on) ont près du gosier une poche pour y conserver la nourriture.

喉 *Heôu*. | 嚨, | *lōng*, gosier.

| 嚨痛, | *lōng t'óng*, avoir mal à la gorge.

| 管, | *kouàn*, trachée-artère.

| 嚨吞不下去, | *lōng t'ēn poŭ hiá k'ú*, je ne puis pas avaler.

| 兒包, | *eûl pāo*, goitre.

| 閉, | *pí*, angine.

? | , *Hō* | , rance, qui gratte le gosier.

抹 | , *Mò (mŏ)* | , se couper la gorge.

抹 | 死的, *Mò (mŏ)* | *sè tĭ*, qui s'est suicidé en se coupant la gorge.

咽 | 之地, *Iēn* | *tchē tí*, défilé d'une importance capitale.

侯 *Heôu*. Titre honorifique, marquis.

曾 | , *Tsēn* | , le marquis *Tsēn*.

諸 | , *Tchōu* | , roi vassal.

| 爺, | *iê·*, qui a le titre de *hêou*.

HEÒU

吼 *Heòu*. Mugir; crier fort, avec colère.

這個灘 | 得兇, *Tché· kó t'ān* | *tĕ· hiōng*, ce rapide mugit terriblement.

| 他一聲, | *t'ā ĭ chēn*, crie donc contre lui un bon coup.

| 起來了, | *k'ì lâi lò*, on s'est mis à crier très fort; un tumulte s'est élevé.

| 娃娃, | *oûa oûa*, gronder à grosse voix les enfants.

我聽倒了不消 | , *Gò t'īn taò lò, poŭ siāo* | , j'ai entendu, inutile de crier si fort.

| 班兒開道, | *pān eûl (pēul) k'āi táo*, les crieurs du mandarin lui ouvrent passage sur la route.

HEÓU

後 *Heóu*. Après, ensuite.

過 | , *Kó* | , même sens.

| 來, *v.* 將 | 來, | *lâi*, *v.* *tsiāng* | *lâi*, dans la suite, plus tard.

身 | , *v.* 死 | , *Chēn* | , *v.* *sè* | , après la mort.

從今而 (*v.* 以) | , *Ts'ông kīn eûl (v. ì)* | , désormais, à partir de maintenant.

| 天, | *t'iēn*, après demain.

萬 | 天, *Ouán* | *t'iēn*, le jour qui suit après demain.

| 母, *v.* | 娘, | *moù*, *v.* | *niâng*, marâtre.

當 | 娘難得, *Tāng* | *niâng lân tĕ·*, la position d'une marâtre est difficile.

| 父, | *foú*, beau-père (mari de la mère).

| 人, | *jên*, descendants.

| 代, | *tái*, descendants plus éloignés.

他沒得 | 人, *v.* 沒得 | , *v.* 無 | , *T'a* mŏ tĕ· | jên, *v.* mŏ tĕ· | , *v.* oû | , il n'a pas de postérité.

| 房, | *fâng*, maison de derrière; latrines.

丨街，丨 *kāi*, rue de derrière, moins fréquentée.

背丨，*Péi* 丨，par derrière, en cachette.

背丨說人，*Péi* 丨 *chŏ jĕn*, médire par derrière.

喫飯過丨喫茶，*Tch'ĕ fán kó* 丨 *tch'ĕ tch'â*, après avoir mangé, boire du thé.

丨來的，丨 *lâi tĭ*, venu ensuite.

這個婦人是丨說的，*Tché· kó foú jên ché* 丨 *chŏ tĭ*, c'est une femme prise en secondes noces.

丨家（娘屋），丨 *kīa*, famille de la femme (se dit aussi *niâng oŭ*).

丨艙，丨 *ts'āng*, compartiment d'arrière d'une barque.

前丨，*Ts'iên* 丨，devant et derrière, avant ou après.

前丨兩天，*Ts'iên* 丨 *leàng t'iēn*, deux jours avant, ou deux jours après.

前前丨丨，*Ts'ien ts'ien* 丨 丨，les uns après les autres.

丨頭，丨 *t'eôu*, par derrière, ensuite.

你在丨頭來，*Gnì tsái* 丨 *t'eôu laî*, viens par derrière.

房子丨頭，*Fâng tsè* 丨 *t'eôu*, derrière la maison.

脚丨跟，*Kiŏ* 丨 *kēn*, talon.

丨門，丨 *mên*, porte de derrière.

他丨邊坐，*T'ā* 丨 *piēn tsó*, il demeure par derrière.

山背丨，*Chān péi* 丨，derrière la montagne.

候 *Heóu*. Attendre; temps.

時丨，*Chê* 丨，temps.

一个時丨，*ĭ kó chê* 丨，une heure chinoise (2 de nos heures).

等丨，*Tèn* 丨，attendre.

等得有時丨，*Tèn tĕ· ieoù chê* 丨，j'ai attendu bien du temps.

告官容易丨官難，*Káo koūan iông í*, 丨 *koūan lân*, accuser auprès du mandarin est facile, attendre le jugement est plus difficile.

丨鈌，*v.* 丨補，丨 *k'uĕ·*, *v.* 丨 *poù*, attendre qu'une place devienne vacante.

丨鈌官，丨 *k'uĕ· koūan*, mandarin sans place qui attend la vacance d'un poste.

丨補縣，丨 *poù hién*, qui attend la vacance d'une sous-préfecture.

俟（*v.* 伺）丨，*Sé* 丨，être aux ordres d'un supérieur.

派差俟丨大人，*P'ái t'chāi sé* 丨 *tá jên*, désigner des satellites pour être aux ordres du grand homme.

你們還在丨那个，*Gnì mên houân tsái* 丨 *là kó?* qui attendez-vous encore?

失丨，*v.* 失迎丨，*Chĕ* 丨，*v. chĕ în* 丨，je ne vous ai pas attendu (parole d'excuse, quand on ne s'est pas trouvé chez soi lors d'une visite).

恭丨光臨，*Kōng* 丨 *kouāng lîn*, j'attends avec respect votre noble visite.

后 *Heóu*. Reine, impératrice.

皇丨，*Houâng* 丨，impératrice.

皇太丨，*Houâng t'ái* 丨，impératrice-mère.

聖母瑪利亞是天堂之丨，*Chén Moù Mà lî ià ché t'iēn t'âng tchē* 丨，la Sainte Vierge Marie est la Reine du ciel.

厚 *Heóu*. Epais, grand, largement.

丨薄，丨 *pŏ*, épais et menu (au propre et au figuré).

待兒女丨薄，*Tái eûl niù* 丨 *pŏ*, traiter ses enfants avec des préférences pour les uns, au préjudice des autres.

紙丨了，*Tchè* 丨 *lò*, le papier est trop épais.

落多丨的雪，*Lŏ tō* 丨 *tĭ suĕ·*, il est tombé de la neige d'une grande épaisseur.

忠丨，*Tchōng* 丨，fidèle, simple.

忠丨一個人，*Tchōng* 丨 *ĭ kó jên*, c'est un homme simple et droit.

丨道人，丨 *taó jên*, un homme simple.

待客要豐丨（*v.* 丨分）點，*Tái k'ĕ· iaó fōng* 丨 (*v.* 丨 *fén*) *tièn*, qui veut traiter des hôtes, doit y aller un peu plus largement.

穿得丨，蓋得丨，*Tch'oūan tĕ·* 丨，*kái tĕ·* 丨，il est couvert d'habits épais, d'une épaisse couverture.

這個土肉｜, *Tché· kó t'où joŭ* ｜, la couche de terre végétale de ce terrain est épaisse.

皮｜, *P'î* ｜, *litt.* peau épaisse; se dit des gamins trop remuants, qu'on ne peut faire rester tranquilles.

臉皮｜, *Lièn p'î* ｜, *litt.* peau de la figure épaisse; se dit de quelqu'un qui ne sait pas rougir.

心｜, *Sīn* ｜, *litt.* cœur épais, c.-à-d. cœur égoïste et cupide.

這个人底子｜, *Tché· kó jên tì tsè* ｜, *litt.* cet homme a un fonds épais, c.-à-d. il est riche.

｜**板子**, ｜ *pàn tsè*, planche épaisse.

要｜**實點**, *Iaó* ｜ *chĕ tièn*, il faut plus épais.

一寸｜, **一尺**｜, *ĭ ts'én* ｜, *ĭ tch'ĕ* ｜, épais d'un pouce, d'un pied.

這個猪有多｜**的膘**, *Tché· kó tchōu. ieòu to* ｜ *tĭ piāo*, ce porc a la couche de lard très épaisse.

襖子不宜｜**很了**, *Gaò tsè poŭ gnî* ｜ *hèn lò*, la robe ouatée ne doit pas être trop épaisse.

HĪ

希 *v.* **稀** *Hī.* Peu, rare, pas épais; espérer.

｜**少得很**, ｜ *chaò tĕ· hèn*, très peu.

不爲｜**罕**(*v.* ｜**奇**), *Poŭ oûi* ｜ *hàn* (*v.* ｜ *k'î*), ce n'est pas bien extraordinaire.

這件事有點｜**奇**, *Tché· kién sé ieòu tièn* ｜ *k'î*, cette affaire est un peu curieuse, un peu singulière.

你這个人｜**奇**, *Gnì tché· kó jên* ｜ *k'î*, drôle d'homme que tu es!

有嗏子｜**奇**, *Ieòu chá tsè* ｜ *k'î?* qu'y a-t-il de si curieux, de si merveilleux?

斁治你不｜**奇**, *P'ĕi tché gnì poŭ* ｜ *k'î*, te mettre à la raison n'est pas encore une si grosse affaire.

來得回數｜**爲**｜**客**, *Lâi tĕ· hoûi soú* ｜, *oûi* ｜ *k'ĕ·*, quand on vient rarement, on est un hôte rare.

撒得｜, *Să tĕ·* ｜, c'est semé bien clair.

擺｜**了**, *Pài* ｜ *lò*, c'est étalé trop clair-semé.

布｜**兒得狠**, *Póu* ｜ *eûl (hieūl) tĕ· hèn*, le tissu de la toile est trop lâche, pas solide.

房子修得｜**兒**, *Fâng tsè siēou tĕ·* ｜ *eûl (hieūl)*, la maison est bâtie peu solidement (les bois sont trop faibles).

｜**泥巴**, ｜ *gnî pā*, boue claire.

要走｜**路**, *Iáo tseòu* ｜ *loú*, il va falloir marcher dans la boue.

麽麽要揉｜**點**, *Mô mō iáo joûa* ｜ *tièn*, fais la pâte pour le pain plus claire.

屙｜**的**, *v.* **屙得**｜, Ō ｜ *tĭ*, *v.* *ō tĕ·* ｜, avoir la courante (se dit surtout des animaux).

一碗｜**飯**, *ĭ ouàn* ｜ *fán*, une tasse de riz bouilli.

菉荳｜**飯**, *Loŭ teóu* ｜ *fán*, bouillie rafraîchissante de riz et de lentilles.

房子打得｜**髱爛**, *Fâng tsè tà tĕ·* ｜ *p'ā lán*, la maison a été toute démolie.

事整得｜**髱爛**, *Sé tchèn tĕ·* ｜ *p'ā lán*, l'affaire est en très mauvais état.

一家人攪得｜**髱爛**, *ĭ kīa jên kaò tĕ·* ｜ *p'ā lán*, toute la famille est tombée dans la plus grande misère.

｜**髱爛一個人**, ｜ *p'ā lán ĭ kó jên*, c'est un homme tout dévoyé.

不要｜**圖騙我**, *Poŭ iáo* ｜ *t'ôu p'ién gò*, ne compte pas pouvoir me tromper, laisse là le désir de me tromper.

嬉 *Hī.* Se réjouir, s'amuser, rire.

｜｜**哈哈**, ｜｜ *hā hā*, rire aux éclats.

笑｜｜**的**, *Siáo* ｜｜ *tĭ*, en riant, tout souriant.

犧 *Hī.* D'une seule couleur.

｜**牲**, ｜ *sēn*, victime pour les sacrifices (elle doit être d'une seule couleur).

HÌ

喜 *Hì.* Se réjouir.

歡｜, *v.* ｜**歡**, *Houān* ｜, *v.* ｜ *houān*, se réjouir; être content, consentir. (Voir *houān.*)

恭 |, *Kōng* |, féliciter; bonjour!
財 |, *Ts'âi* |, bonne aubaine.
撿財 |, *Kièn ts'âi* |, attraper une bonne aubaine.
有財 | 沒得, *Ieòu ts'âi* | *mǒ tě·?* y a-t-il quelque chose à gagner?
| 事, | 酒, | *sé*, | *tsieòu*, affaire, repas de réjouissance.
| 客, | *k'ě·*, hôte qui apporte la joie.
| 信, *v.* | 報, | *sín*, *v.* | *páo*, bonne nouvelle.
報 |, *Páo* |, annoncer le premier une bonne nouvelle.
跟大老爺道 |, *Kēn tá laò iê· táo* |, faire ses compliments au mandarin.
有 |, *Ieòu* |, elle a de la joie (se dit d'une femme enceinte).
| 允了, | *iùn lò*, il a consenti de bon cœur.
| 得眉歡眼笑, | *tě· mî houān ièn siáo*, toute sa figure rayonnait de joie (*litt.* il était content au point que les sourcils se réjouissaient et que les yeux pleuraient).

HÍ

戲 *Hí.* Comédie, amusement.
一本 |, *ĭ pèn* |, une pièce de comédie.
一台 |, *ĭ t'âi* |, un acte de comédie.
| 班子, | *pān tsè*, comédiens.
| 樓, *v.* | 台, | *leôu*, *v.* | *t'âi*, estrade qui sert de théâtre.
| 廠壩, | *tch'àng pá*, place découverte devant le théâtre.
大 |, *Tá* |, comédie en règle sur le théâtre.
唱 |, *Tch'áng* |, (*litt.* chanter la comédie) jouer la comédie.
看 |, *K'án* |, aller à la comédie.
奉教人看不得 |, *Fóng kiáo jên k'án poŭ tě·* |, les Chrétiens ne doivent pas aller à la comédie.
| 錢, | *ts'iên*, contribution pour les comédies.
唱 | 的瘋子,看 | 的癲子,出錢的悾子, *Tch'áng* | *tĭ fōng tsè, k'án* | *tĭ tiēn tsè, tch'ŏu ts'iên tĭ k'óng tsè*, les fous jouent la comédie, les insensés y assistent, les imbéciles payent.
被襌 |, *Pí tān* |, comédie avec des marionnettes, jouée sur des tréteaux entourés d'une toile.
板凳 |, *Pàn tén* |, comédie jouée simplement sur des bancs.
耍把 |, *Choùa pà* |, faire des tours de passe-passe.
我默倒他耍把 |, *Gò mě· táo t'ā choùa pà* |, je me figurais qu'il faisait cela pour s'amuser.
猴 |, *Heôu* |, représentation donnée avec des singes.
| 耍, *v.* | 笑, | *choùa*, *v.* | *siáo*, s'amuser.
| 言, | *iên*, plaisanterie.
不是 | 耍的事, *Poŭ ché* | *choùa tĭ sé*, ce n'est pas une affaire pour rire.
調 | 他人妻, *T'iào* | *t'ā jên ts'ī*, séduire, provoquer au mal la femme d'autrui.

係 *Hí.* Appartenir à, dépendre de.
關(*v.* 干) |, *Kouān (v. kān)* |, conséquences.
犯罪的關 |, *Fán tsoúi tĭ kouān* |, les conséquences du péché.
這件事大有關 |, *Tché· kién sé tá ieòu kouān* |, cette affaire est de grave conséquence.

HǏ

吸 *Hĭ.* Aspirer.
呼 |, *Foū* |, respirer.
| 鐵石, | *t'iě· chě*, aimant.

HIĀ

閜 *Hiā.* Fente, fissure.
門有點 |, *Mên ieòu tièn* |, la porte est un peu disjointe.
盆子晒 | 了, *P'ên tsè chái* | *lò*, il s'est produit des fissures au baquet, par suite de son exposition au soleil.

| 起口, | k'ì k'eòu, la bouche entr'ouverte.

| 筏, | p'á, nasse.

鰕 *Hia.* | 子, | *tsè,* crevettes.

鰢 |, *Mà* |, crevettes plus grandes.

| 子好喫, | *tsè haò tch'ĕ,* les crevettes sont bonnes à manger.

南 |, *Lân* |, crevettes plus distinguées, qui sont servies dans les festins.

HIÂ

蝦 *Hiâ.* | 蟆, | *mâ,* grenouille vulg. appelée *k'î (v. kuê·) mâ eûl (mēul).*

青 | 蟆, *Ts'īn* | *mâ,* grenouille verte.

乾 | 蟆, *Kān* | *mâ,* grenouille rousse, moins aquatique.

匣 *Hiâ.* Boîte, coffret. | |, | |, boîte, cercueil d'enfant.

施 | |, *Chē* | |, donner gratis de ces cercueils.

火 | 子, *Hò* | *tsè,* mauvais petit cercueil.

紙 | |, *Tchè* | |, boîte en carton pour sucreries.

HIÁ

夏 *Hiá.* Eté.

| 天, *v.* | 日, | *t'iēn, v.* | *jĕ,* les jours d'été, le temps de l'été.

立 |, *Lĭ* |, commencement de l'été (division de l'année chinoise du 5 ou 6 Mai jusqu'au 20).

| 至, | *tché,* solstice d'été.

春 | 秋冬, *Tch'oūen* | *ts'iēou tōng,* le printemps, l'été, l'automne et l'hiver.

| 季減, | *kí kièn,* les quatre-temps d'été.

| 布, | *póu,* fine toile de chanvre pour habits d'été.

廈 *Hiá.* Grande maison.

大 | 千間夜眠八尺, *Tá* | *ts'īen kān, ié· miên pă tch'ĕ,* une grande maison a beau avoir mille pièces, pour coucher on n'y occupera jamais que huit pieds.

一木焉能支大 |, *ĭ moŭ iên lên tchē tá* |? une seule colonne, comment peut-elle suffire à soutenir une grande maison?

下 *Hiá.* En bas, en dessous, inférieur descendre (au neutre et à l'actif); mettre bas.

上 |, *Cháng* |, environ (voyez *cháng*).

| 等, | *tèn,* de qualité inférieure (se dit des hommes et des choses).

在底 |, *v.* 在 | 頭, *Tsái tì* |, *v. tsái* | *t'eôu,* en bas.

在地 |, *Tsái tí* |, par terre.

坐 | 頭, *Tsó* | *t'eôu,* être assis à la place inférieure.

天 |, *T'iēn* |, ce qui est sous le ciel; tout l'empire.

| 河, | *hô,* cours inférieur du fleuve; descendre au fleuve.

| 河生意, | *hô sēn í,* commerce avec les provinces du cours inférieur du fleuve.

| 路緞子, | *lóu toúan tsè,* satin qui vient de ces provinces.

| 方人, | *fāng jên,* habitant de ces provinces.

我名(*v.* 行) |, *Gò mîn (v. hâng)* |, à mon compte, ce qui m'appartient.

| 午, | *où,* après-midi.

| 半, | *pán,* seconde moitié.

半 | 午, *Pán* | *où,* seconde moitié de l'après-midi.

| 半天, | 半夜, | 半年, | *pán t'iēn,* | *pán ié·,* | *pán niên,* seconde moitié du jour, de la nuit, de l'année.

| 身, | *chēn,* (voyez *chēn*).

| 次, | *ts'é,* une autre fois, la prochaine fois.

| 輩, | *péi,* ceux qui sont d'une ou plusieurs générations au-dessous.

| 班, | *pān,* deuxième ou dernière escouade; être relevé de la corvée. (Se dit surtout des satellites, qui, leur temps de garde fini, sont remplacés par d'autres.)

| 去, | *k'ú,* descendre, s'en aller en bas.

|來, | *lâi*, venir en bas.

落|來, *Lŏ* | *lâi*, tomber.

打|去, *Tà* | *k'ú*, faire tomber.

生|來就是死的, *Sēn* | *lâi tsieóu ché sè tī*, mort-né.

放|來, *Fáng* | *laî*, déposer.

|去不得, | *k'ú poŭ tĕ*, il ne faut pas descendre; cela ne peut pas passer.

難得|去, |不去, *Lân tĕ* | *k'ú*, | *poŭ k'ú*, j'ai du mal à digérer cela, je ne puis le digérer.

|細, | *sí*, avec soin, avec attention.

|細看, | *sí k'án*, regarder avec attention.

|台, | *t'âi*, (litt.) descendre de l'estrade, la comédie finie; finir, se tirer d'affaire.

活路|台了, *Hŏ lóu* | *t'âi lò*, l'ouvrage est terminé.

打官司打不|台, *Tà kouān sē, tà poŭ* | *t'âi*, ne pouvoir finir son procès.

我|不倒台, *v.* 我不得|台, *Gò* | *poŭ taò t'âi, v. gò poŭ tĕ* | *t'âi*, je suis à bout de ressources, je ne puis me tirer d'affaire.

怎麼樣|台, *Tsèn mŏ iáng* | *t'âi?* comment me tirer d'affaire?

這個人沒得|塲, *Tché kó jén mŏ tĕ* | *tch'âng*, cet homme ne sait plus que devenir, il n'a plus de ressources.

這个活路我做不|, *Tché kó hŏ lóu gò tsóu poŭ* |, je ne puis faire ce travail, en venir à bout.

|祭台, | *tsí t'âi*, descendre de l'autel (à la fin du sacrifice).

|任, | *jóuen*, sortir de charge.

|馬, |轎, | *mà*, | *kiáo*, descendre de cheval, de chaise.

上也上不得, |也|不得, *Cháng ì cháng poŭ tĕ*, | *ì* | *poŭ tĕ*, ne pouvoir ni monter, ni descendre, se trouver dans une position difficile.

由嘉定|敘府, *Iêou Kīa-tín* | *Sú-foù*, aller (descendre) de *Kīa-tín* à *Sú-foù*.

|鄉, | *hiāng*, aller à la campagne.

官|廠, *Kouān* | *tch'àng*, le mandarin se rend à la morgue (pour l'examen juridique d'un cadavre).

|科塲, | *k'ō tch'âng*, se présenter à l'examen de licence.

|地獄, |煉獄, | *tí iŏ*, | *lién iŏ*, aller en enfer, en purgatoire.

昨天|了點雨, *Tsŏ t'iēn* | *lò tièn iù*, hier il est tombé un peu de pluie.

|堂, | *t'âng*, se remarier après la mort du premier mari.

|一盤棊, | *ī p'ân k'î*, faire une partie d'échecs.

|苦, |力, | *k'où*, | *lī*, peiner, travailler.

|苦的人, | *k'òu tī jên*, homme de peine.

|賤, | *tsién*, se déshonorer.

|賤人, | *tsién jên*, homme de la lie du peuple.

|定, | *tín*, fixer les fiançailles.

|聘, | *p'ín*, envoyer les présents de fiançailles, faire les fiançailles.

|帖子, *v.* |書子, | *t'iĕ tsè, v.* | *chōu tsè*, envoyer des billets d'invitation, de convocation.

喫花生|酒, *Tch'ĕ hoūa sēn* | *tsieòu*, manger des pistaches de terre, pour faire descendre le vin.

|茶, |飯, | *tch'â*, | *fán*, faire descendre le thé, le riz.

|料, *v.* |材料, | *leáo, v.* | *ts'âi leáo*, couper ce qu'il faut de matière première (étoffe pour habits, arbres, planches pour construction, etc.).

|髮, | *fă*, couper ou raser les cheveux (s'entend de ceux qui se font bonzes).

|頸子, | *kìn tsè*. couper le cou (aux animaux).

|瓦, | *ouà*, descendre les tuiles d'un toit.

|門, | *mên*, démonter une porte.

|招牌, | *tchāo p'âi*, descendre l'enseigne. |香火, | *hiāng hò*, enlever l'appareil superstitieux. (Comme c'est par là que finissent les déménagements, ces deux expressions signifient: achever le déménagement.)

| 落, | lŏ, demeure; résultat final.

不知他的 | 落, Poŭ tchē t'a tĭ | lŏ, je ne sais où il reste, ce qu'il est devenu.

| 麪, | mién, mettre le vermicelle dans la marmite.

| 香料, | hiáng leáo, mettre les assaisonnements.

| 藥, | iŏ, prescrire des remèdes; purgatif.

這个病要 | , v. | 不得, Tché· kó pín iáo | (v. | poŭ tĕ·), pour cette maladie, il faut se purger (ou, il est dangereux de prendre des purgatifs).

| 兒, | eûl, mettre bas, faire des petits.

暇 Hiá. Loisir, relâche.

| 日, | jĕ, jour de loisir, jour libre.

不 | , Poŭ | , je ne suis pas libre, je n'ai pas le temps.

閒 | 無事, Hiên | oû sé, n'avoir rien à faire.

HIĂ

瞎 Hiă. | 子, | tsè, aveugle, ou presque aveugle.

你眼睛 | 了, Gnì ièn tsīn | lò, tu es donc aveugle!

眼睛 | , Ièn tsīn | , se dit aussi de ceux qui ne savent pas lire.

生下來是 | 子, Sēn hiá laî ché | tsè, il est aveugle de naissance.

眼睛痛 | 了 (醫 | 了), Ièn tsīn t'óng | lò (ī | lò), il a perdu les yeux par suite de maladie (à force de remèdes).

眼不醫不 | , Ièn poŭ ī poŭ | , on ne devient aveugle que pour avoir pris trop de remèdes.

| 子只有算命, | tsè tchè ieoù souán mín, aux aveugles il ne reste que le métier de devin.

莫支 | 子跳崖, Mŏ tchē | tsè t'iáo gâi, ne laisse pas l'aveugle se jeter dans le précipice.

| 一隻眼睛, | ĭ tchē (tchĕ) ièn tsīn, borgne.

| 精 | 怪, | tsīn | koúai, les aveugles sont pleins de fourberie.

狹 Hiă. Etroit.

| 溝, | keōu, canal ou passage étroit.

房子窄 | , Fâng tsè tsĕ· | , la maison est étroite.

度量窄 | , Toú leáng tsĕ· | , il a le cœur étroit.

河 | 水急, Hô | choùi kĭ, quand le fleuve est resserré le courant est rapide.

HIÂI

孩 Hiâi. 嬰 | , v. | 子, v. | 童, v. | 提, īn | , v. | tsè, v. | t'ông, v. | t'î, enfants.

看嬰 | , K'án īn | , visiter les enfants (malades).

看嬰 | 先生, K'án īn | siēn sēn, médecin dont l'office est de visiter les enfants malades.

HIÁI

懈 Hiái. | 怠, | tái, paresseux; négliger.

| 怠自己的本分, | tái tsé kì tĭ pèn fén, négliger ses devoirs.

| 怠懶散的樣子實在難看, | tái làn sàn tĭ iáng tsè, chĕ tsái lân k'án, cette paresse, ce manque de tenue font vraiment peine à voir.

HIĀNG

香 Hiāng. Bonne odeur, parfum.

乳 | , Joù | , encens.

丁 | , Tīn | , clou de girofle.

| 橼菓, | iuên kò, espèce de citron.

松 | , Sōng | , résine de pin.

茴 | , Hoûi | , anis.

藿 | , Hŏ | , bétoine.

藿 | 丸, Hŏ | iuên, pilules faites avec cette plante.

麝 | , Ché· | , musc.

柏｜, *Pĕ·* ｜, branche de cyprès qu'on brûle pour chasser les mauvaises odeurs.
｜爐, ｜ *loû*, cassolette à encens.
燒｜, *Chāo* ｜, brûler de l'encens aux idoles.
行｜, *Hîn* ｜, même sens; se dit surtout des mandarins qui font cette cérémonie officiellement; signifie aussi la procession aux idoles.
一根｜, *ĭ kēn* ｜, un bâton d'encens.
點一根｜, *Tièn ĭ kēn* ｜, allumer un de ces bâtons.
插｜, *Tch'ă* ｜, fixer un bâton d'encens devant l'idole; cérémonie des fiançailles.
｜蠟錢紙, ｜ *lă ts'ien tchè*, bâtons d'encens, cierges, papier à sapèque; en gén. tout l'ensemble des objets superstitieux.
｜盒子, *v.* ｜包子, ｜ *hŏ tsè*, *v.* ｜ *pāo tsè*, boîte à parfums.
｜料, ｜ *leáo*, parfums; épices. (Dans ce dernier sens on prononce *hiáng leáo*.)
拈｜, *Niēn* ｜, prendre dans la main un bâton d'encens allumé.
拈｜拜把, *Niēn* ｜ *pái pà*, cérémonies usitées pour se jurer amitié, pour se reconnaître comme frères (franc-maçonnerie chinoise).
拈｜弟兄, *Niēn* ｜ *tí hiōng*, frères francs-maçons chinois.
檀｜木, *T'ân* ｜ *moŭ*, bois de sandal.
這朶花䕶｜, *Tché· tò hoūa p'óng* ｜, cette fleur a très bonne odeur.
｜氣, ｜ *k'í*, bonne odeur.
｜不｜臭不臭, ｜ *poŭ* ｜ *tch'éou poŭ tch'éou*, odeur difficile à caractériser.
｜得好, ｜ *tĕ· haò*, très odoriférant.
花｜不及書｜, *Hoūa* ｜ *poŭ kĭ chōu* ｜, le parfum des fleurs ne vaut pas celui des livres.
｜味, ｜ *oúi*, bon goût, goût parfumé.
喫｜｜, *Tch'ĕ* ｜｜, manger des pâtisseries.
沈｜, *Tch'ên* ｜, bois d'aigle.
｜港, ｜ *kàng*, Hong-Kong.
安 (*v.* 供) ｜火 (*v.* 位), *Gān* (*v.* *kóng*) ｜ *hò* (*v.* *oúi*), installer les dieux domestiques.
｜机, ｜ *kī (kì)*, autel domestique.

鄉 *Hiāng*. Campagne, territoire, canton.
｜場, ｜ *tch'âng*, marché de campagne, éloigné des grandes voies de communication.
江安縣分十二大｜, *Kiāng gān hién fēn chĕ eúl tá* ｜, le territoire du district de *Kiāng-gān* est divisé administrativement en douze cantons.
｜鄰, ｜ *lîn*, voisin de campagne.
｜親, ｜ *ts'īn*, gens d'un même pays. (Etre d'un même pays forme une espèce de parenté.)
｜約, ｜ *iŏ*, petit fonctionnaire municipal.
｜頭, *v.* ｜垻頭, ｜ *t'eôu*, *v.* ｜ *pá t'eôu*, à la campagne.
｜頭的人, ｜ *t'eôu tĭ jên*, paysan.
｜頭的活路, ｜ *t'eôu tĭ hŏ loú*, travaux des champs.
｜頭望雨, ｜ *t'eôu ouáng iù*, à la campagne on désire la pluie.
｜巴老, ｜ *pā laò*, paysan aux manières rustiques.
｜談, ｜ *t'ân*, patois de la campagne.
下｜去耍, *Hiá* ｜ *k'ú choùa*, aller se délasser à la campagne.
家｜, *Kīa* ｜, lieu de naissance.
回家｜, *Hoûi kīa* ｜, retourner au pays natal.
｜試, ｜ *ché*, examen pour la licence.
｜頭不發癲城頭斷火烟, ｜ *t'eôu poŭ fă tiēn, tch'ên t'eôu touán hò iēn*, si les campagnards ne sont pas fous de joie (à cause de la bonne récolte), les citadins n'auront pas de quoi faire bouillir le pot-au-feu.
富豪莫壓｜愚, *Foú hâo mŏ iă* ｜ *iû*, les riches et les puissants ne doivent pas opprimer les gens simples de la campagne.

HIÂNG

降 *Hiâng*. Se soumettre, se rendre.

投｜, *v.* **歸｜**, *v.* **｜服**, *T'eôu* ｜, *v.* *koūi* ｜, *v.* ｜ *foŭ*, faire sa soumission, se rendre.

求｜, *K'iêou* ｜, demander à se rendre.

HIÀNG

響 *v.* **响** *Hiàng*. Son, bruit.

｜聲, ｜ *chēn*, bruit quelconque.

｜一聲, ｜ *ĭ chēn*, un bruit a retenti.

打一个｜聲, *Tà ĭ kó* ｜ *chēn*, faire un bruit.

打得｜, 打不｜, *Tà tĕ·* ｜, *tà poŭ* ｜, faire résonner en frappant, ne pouvoir faire résonner.

醒炮一｜就起來, *Sìn p'áo ĭ* ｜, *tsiéou k'ì laî*, se lever dès que retentit le canon du réveil.

敲門敲得｜, *K'āo mên k'āo tĕ·* ｜, on fait du bruit en frappant à la porte.

耗子攪得｜, *Háo tsè kaò tĕ·* ｜, les rats font du bruit.

聽見｜, *T'īn kién* ｜, j'ai entendu du bruit.

雨落得｜, *Iù lŏ tĕ·* ｜, la pluie tombe avec bruit.

｜器, ｜ *k'í*, instruments à faire du tapage (tam-tam, tambours, etc.).

亂動｜器, *Louán tóng* ｜ *k'í*, parler beaucoup quand il faudrait se taire.

｜昂了, ｜ *gāng lò*, qui a retenti très fort.

｜鑼, ｜ *lô*, convoquer le peuple au son du tam-tam.

沒得｜動, *Mŏ tĕ·* ｜ *tóng*, rien ne bouge.

六｜的鎗, *Loŭ* ｜ *tĭ ts'iāng*, revolver à six coups.

｜鈴, ｜ *lîn*, clochette.

｜子, ｜ *tsè*, maillet.

｜錫, ｜ *sĭ*, étain de première qualité.

招牌｜了, *Tchāo p'âi* ｜ *lò*, l'enseigne fait du bruit, elle est devenue célèbre.

他在叙府｜得很, *T'ā tsái Sú foù* ｜ *tĕ· hèn*, il a beaucoup de réputation à *Sú-foù*.

沒得影｜, *v.* **影｜無踪**, *Mŏ tĕ· ìn* ｜, *v.* *ìn* ｜ *oû tsōng*, (*litt.*) ni ombre, ni bruit, c.-à-d. pas de nouvelle, pas de résultat.

有點影｜, *Ieoù tièn ìn* ｜, il y a un commencement de résultat; vague rumeur.

｜子會, ｜ *tsè hoúi*, rassemblement d'hommes pour l'érection de la charpente d'une maison.

趕｜子會, *Kàn* ｜ *tsè hoúi*, aller aider à l'érection de la charpente, prendre part à la fête qui a lieu à cette occasion.

滿壺全不｜, 半壺｜玎瑺, *Màn foû ts'uên poŭ* ｜, *pán foû* ｜ *tīn tāng*, un vase plein ne résonne pas, à moitié plein il fait *tīn tāng* (proverbe à l'adresse des hâbleurs).

｜鼓不用重搥明人不須細講, ｜ *koù poŭ ióng tchóng tch'ôui, mîn jên poŭ sū sí kiàng*, pour faire résonner le tambour il n'est pas nécessaire de frapper fort: un homme intelligent n'a pas besoin de longues explications.

｜馬强盜, ｜ *mà k'iâng táo*, voleurs de grand chemin.

｜子花生, ｜ *tsè hoūa sēn*, pistaches de terre bien séchées.

享 *Hiàng*. Jouir, agréer.

｜福, ｜ *foŭ*, jouir du bonheur, être heureux; bonjour!

｜永遠的福, ｜ *iùn iuèn tĭ foŭ*, jouir du bonheur éternel.

｜用, ｜ *ióng*, user à son gré.

安｜太平, *Gān* ｜ *t'ái p'în*, jouir paisiblement de la tranquillité.

｜壽七十年, ｜ *cheóu ts'ĭ chĕ niên*, il a joui de la vie pendant 70 ans.

餉 *Hiàng*. Vivres et solde de l'armée.

｜銀, ｜ *în*, argent de la solde, solde.

兵 | , v. 軍 | , Pīn | , v. kiūn | , même sens, solde, contributions imposées pour les frais de l'armée.
請 | , Ts'ìn | , aller chercher au chef-lieu de la province l'argent pour la solde.
鬧 | , Láo | , se mutiner pour exiger la solde.
發 | , Fă | , distribuer la solde.
領 | , Lìn | , la recevoir.

HIÁNG

向 *Hiáng*. Vers, but, intention.
方 | , *Fāng* | , direction.
歸 | 天主, *Kouī* | *T'iēn Tchoù*, diriger son intention vers Dieu.
要 | 天主的道理想, *Iaó* | *T'iēn Tchoù tĭ taó lì siàng*, il faut penser selon les vérités de la foi.
念經望倒聖像纔有個歸 | , *Nién kīn ouáng taò chén siáng, ts'âi ieoù kó kouī* | , en priant devant les saintes images, on dirige son intention.
志 | , *Tché* | , résolution.
立一個志 | , *Lĭ ĭ kó tché* | , prendre une résolution.
偏 | , *P'iēn* | , inclination dépravée.
| 火, | *hò*, se chauffer.
| 烘籠子, | *hōng lōng tsè*, se chauffer à une chaufferette.
| 日葵, | *jĕ hoūi (v. k'oūi)*, tournesol.
| 西晒, | *sī chái*, exposé au soleil couchant.
| 陽, | *iâng*, tourné vers le soleil, bien exposé.
庄稼要 | 陽, *Tchoūang kīa (kiá) iáo* | *iâng*, l'agriculture demande une bonne exposition.
陰山就不 | 陽, *īn chān tsieóu poŭ* | *iâng*, une montagne mal exposée ne voit jamais le soleil.
我 | 他 (v. 望 | 他) 說, *Gò* | *t'ā* (*v. ouáng* | *t'ā*) *chŏ*, je lui dis.
投 | 保甲, *T'eôu* | *paò kiá*, s'adresser, pour une affaire, aux chefs de la garde nationale.

| 陽花木早逢春, | *iâng hoūa mŏu tsaò fông tch'oūen*, les fleurs et les arbres exposés au soleil ressentent les premiers l'influence du printemps.

HIÁNG

香 *Hiáng*. Assaisonner.
| 料, | *leáo*, assaisonnement, condiment.
| 點塩巴海椒葱子, | *tièn iên pā, haì tsiāo, ts'ōng tsè*, mets-y un peu de sel, de piment, d'ognons.
| 料齊整越喫越香, | *leáo ts'î tchèn iuĕ· tch'ĕ iuĕ· hiāng*, quand l'assaisonnement est parfait, les mets deviennent de plus en plus appétissants.
| 菜, | 肉, | *ts'ái*, | *joŭ*, assaisonner les légumes, la viande.

HIĀO

囂 *Hiāo*. Renverser, pousser; semer la zizanie.
| 他的攤子, | *t'ā tĭ t'ān tsè*, renverser l'étalage de quelqu'un.
把這把椅子 | 開, *Pà tché· pà ì tsè* | *k'āi*, pousse cette chaise de côté.
這匹牲口 | 脚打人, *Tché· p'ĭ (p'ĭ) sēn k'eòu* | *kiŏ tà jên*, cet animal lance des ruades.
這件事是他 | 起來的, *Tché· kién sé ché t'ā* | *k'ì laî tĭ*, cette affaire, c'est lui qui l'a suscitée (par ses intrigues).
有人在他主人跟前 | 把他的地方 | 脫了, *Ieoù jên tsái t'ā tchoù jên kēn ts'iên* | , *pà t'ā tĭ tí fāng* | *t'ŏ lò*, il y a des gens qui, agissant auprès du propriétaire, lui (au fermier) ont fait retirer son terrain.

驍 *Hiāo*. Vaillant.
縣官交了印出來就沒得前頭 | 勇, *Hién koūan kiāo lò ín tch'ōu laî, tsieóu mŏ tĕ· ts'iên t'eōu* | *iòng*, le sous-préfet, en sortant après avoir rendu le sceau (après être sorti de charge), n'est plus si fier, il n'a plus son grand train.

今天在那跟前丨興去來, *Kīn t'iēn tsái là kēn ts'ìen* | *hín k'ú lâi?* où êtes-vous allé faire vos exploits aujourd'hui? (Se dit par politesse à quelqu'un, par ex. qui a l'air de revenir d'une visite.)

做事丨興, *Tsóu sé* | *hín*, faire les choses grandement.

HIÀO

曉 *Hiào.* Savoir; aurore.

丨**諭**, 丨 *iú*, publier, faire savoir à tous (terme employé surtout dans les ordonnances des mandarins).

丨**得**, 丨 *tě·*, je le sais; qu'en sais-je?

怎樣丨得, *Tsèn iáng* | *tě·?* comment sais-tu?

你丨不丨得, *v.* 丨**得不**, *Gnì* | *poǔ* | *tě·? v.* | *tě· poǔ?* sais-tu? signifie aussi: sache-le bien (terme de menace).

那個丨得, *Là kó* | *tě·?* qui le sait? qui aurait pu deviner?

那個丨得他要死, *Là kó* | *tě· t'a iáo sè?* qui se serait douté qu'il mourrait?

丨**得他的事**, 丨 *tě· t'a tī sé*, je sais ses affaires, que sais-je de ses affaires? je ne veux rien savoir de lui.

丨**得他的**, 丨 *tě· t'a tī*, qu'en sais-je? je ne veux pas m'occuper de lui.

你丨得道理不, *Gnì* | *tě· táo lì poǔ?* sais-tu la doctrine?

不丨得事, *Poǔ* | *tě· sé*, il est idiot; il ne comprend rien; il a perdu connaissance.

你丨得喒子, *Gnì* | *tě· chá tsè?* qu'en sais-tu? tu ne sais rien.

不丨得痛,不丨得餓, *Poǔ* | *tě· t'óng, poǔ* | *tě· ó*, n'avoir pas le sentiment de la douleur, de la faim.

耳聽得金雞報丨, *Eùl t'īn tě· kīn kī páo* |, je viens d'entendre le chant du coq qui annonce l'aurore.

HIÁO

孝 *Hiáo.* Piété filiale; deuil de famille.

丨**敬父母**, 丨 *kín foú mòu*, honorer ses parents.

丨**弟**, 丨 *tí*, la piété filiale et l'amour fraternel.

丨**子**, 丨 *tsè*, fils qui a de la piété filiale, qui rend les derniers devoirs à ses parents.

當丨子, *Tāng* | *tsè*, rendre les derniers devoirs à ses parents.

忤逆不丨, *Où gnǐ (v. gniě·) poǔ* |, fils dénaturé, qui manque gravement à la piété filiale.

丨**順父母**, 丨 *chouén foú mòu*, respecter ses parents et leur obéir.

丨**衣**, 丨**鞋**, 丨 *ī*, 丨 *hâi*, habits de deuil.

丨**布**, *v.* 丨**帕**, 丨 *poú, v.* | *p'á*, mouchoirs blancs qui se distribuent aux parents, aux amis, et qqf. même aux étrangers, qui assistent à l'enterrement.

開弔散丨帕, *K'āi tiáo sán* | *p'á*, commencer le deuil et distribuer les mouchoirs blancs.

開普丨, *K'āi p'òu* |, distribuer de ces mouchoirs de deuil à tout venant.

守丨, *Cheòu* |, observer le deuil.

披麻戴丨, *P'ēi mâ tái* |, revêtir les habits de grand deuil (en chanvre grossier).

丨**家**, 丨 *kiā*, la famille qui est occupée des funérailles d'un père ou d'une mère.

丨**心**, *v.* 丨**道**, 丨 *sīn, v.* | *taó*, piété filiale.

節丨牌坊, *Tsiě·* | *p'âi fāng*, arc-de-triomphe élevé en l'honneur d'une femme qui a exactement gardé la viduité, et rempli ses devoirs de piété filiale.

丨**子案**, 丨 *tsè gán*, cause de parricide.

效 *v.* **効** *Hiáo.* Imiter, exemple; effet.

丨**法**, 丨 *fǎ*, imiter.

丨**法耶穌的表樣**, 丨 *fǎ Iê· soū tī piaò iáng*, imiter l'exemple de J.-C.

丨**法耶穌受苦**, 丨 *fǎ Iê· soū cheóu k'où*, imiter Jésus souffrant.

丨**驗**, 丨 *nién*, effet.

這一付藥有丨, *Tché· ī fóu iô iòu* |, cette potion réussit.

噢藥不見 |, Tch'ĕ iŏ poŭ kién |, prendre des remèdes sans en éprouver d'effet.

方子多沒得 | 驗, Fāng tsè tō, mŏ tĕ· | nién, beaucoup de recettes, mais sans efficacité.

沒有看 | 驗, Mŏ ieòu k'án | nién, on n'a pas remarqué d'efficacité.

跟人家 | 勞, v. | 力, Kēn jên kiā | laō, v. | lì, rendre service à quelqu'un.

HIE·

蝎 Hiĕ·. | 子, | tsè, scorpion.

血 Hiĕ·. Sang.

放 |, Fáng |, pratiquer une saignée.

喫 | 酒, Tch'ĕ | tsieòu, boire de son sang mêlé au vin. (Cela se pratique à l'initiation des francs-maçons chinois.)

抹 |, Mò (mŏ) |, frotter avec du sang.

浾 |, Pén |, tremper dans du sang.

流 |, v. 出 |, Lieôu |, v. tch'ŏu |, saigner (au sens neutre).

| 流乾了, | lieôu kān lò, le sang a coulé jusqu'à la dernière goutte.

流鼻 |, Lieôu pí |, saigner du nez.

吐 |, T'où |, cracher le sang.

打出 |, Tà tch'ŏu |, frapper de manière à faire couler le sang.

打得出 |, Tà tĕ· tch'ŏu |, il a été frappé jusqu'au sang.

| 漂出來, | p'iāo (v. piāo) tch'ŏu lâi, le sang jaillit avec force.

洗猪要放 | 不是 | 搶在肉裡頭, Sì tchōu i io fáng |, poŭ ché | ts'iàng tsái joŭ ì (lì) t'eôu, pour tuer le cochon, il faut le saigner, sinon le sang pénètre les chairs.

| 色, | sĕ·, couleur de sang.

沒得 | 色, Mŏ tĕ· | sĕ·, il n'a pas de couleur, il est pâle.

有 | 氣, Ieoù | k'í, sanguin, fort, courageux.

汗 |, v. | 汗, Hán |, v. | hán, sueur de sang.

| 汗錢萬萬年, | hán ts'ien ouán ouán nién, les sapèques gagnées péniblement, à la sueur du front, durent longtemps (litt. des dix mille ans).

| 弸心, | pōng sīn, le sang se porte violemment au cœur.

| 旺子, | ouáng tsè, sang d'un animal égorgé.

親 | 表, Ts'īn | piaò, cousins germains par les femmes (fils des deux sœurs, ou du frère et de la sœur).

沒得 | 皮, Mŏ tĕ· | p'î, il n'a pas de pudeur.

紅 |, 黑 |, Hông |, hĕ· |, sang artériel rouge, sang veineux noir.

死 |, Sè |, sang coagulé.

| 絲絲, | sē sē, léger filet de sang.

生 | 的藥, Sēn | tĭ iŏ, remède qui donne du sang, ou qui l'enrichit.

| 泡子, | p'ăo tsè, sang écumant.

吐 | 泡子, T'òu | p'ăo tsè, cracher des grumeaux de sang.

雞 |, 猪 |, Kī |, tchōu |, sang de poule, de cochon.

斷 |, Touàn |, arrêter le sang qui coule.

| 淋淋的, v. | 流 | 滴的, | lîn līn tĭ, v. | lieôu | tĭ tĭ, ruisselant de sang.

| 脉旺, | mĕ· ouáng, il y a affluence de sang.

| 枯了, | k'ōu lò, le sang est appauvri.

耶穌聖 |, v. 寶 |, Iê sōu chén |, v. pào |, le Saint-Sang, ou le Précieux-Sang de Jésus-Christ.

穴 Hiĕ·. Caverne, antre.

不入虎 | 焉得虎子, Poŭ joŭ foù | iēn tĕ· foù tsè? si l'on n'entre pas dans la caverne du tigre, comment pourra-t-on s'emparer de ses petits?

龍 |, Lông |, caverne du dragon. (D'après la superstition payenne: lieu très-favorable pour la sépulture.)

爚 Hiĕ·. | 熱, | jĕ·, chauffer au feu.

| 人的, | jên tĭ, cela brûle.

丨乾，丨 *kān*, sécher au feu, ou devant le feu.

歇 *Hiĕ·*. Cesser, se reposer.

丨店，丨 *tién*, auberge.

丨客，丨 *k'ĕ·*, loger des voyageurs.

丨店子，*v.* 丨站房，丨 *tién tsè*, *v.* 丨 *tchán fáng*, coucher à l'auberge.

丨氣 (*v.* 憇), *v.* 丨梢，丨 *k'í*, *v.* 丨 *chāo*, respirer un peu, se reposer.

慢走當丨氣，*Mán tseòu táng* 丨 *k'í*, aller doucement c'est comme si l'on se reposait.

丨一吓子，丨 *ĭ há tsè*, se reposer un moment.

丨手，*v.* 丨工，丨 *cheòu*, *v.* 丨 *kōng*, cesser le travail.

不消回去在這裡丨，*Poŭ siāo hoûi k'ú, tsái tché· lì* 丨，il n'est pas nécessaire de vous en retourner, restez coucher ici.

回家去丨，*Hoûi kiā k'ú* 丨，s'en retourner coucher chez soi.

那裡黑那裡丨，*Lá lì hĕ· lá lì* 丨，s'arrêter pour coucher où la nuit vous prend.

雞丨得早，*Kī* 丨 *tĕ· tsaò*, les poules vont percher de bonne heure.

借丨，*v.* 求丨，*Tsié·* 丨，*v. k'ieôu* 丨，demander l'hospitalité pour une nuit.

今天要丨嘉定，*Kīn t'iēn iáo* 丨 *Kiā tín*, aujourd'hui je veux aller coucher à *Kiā tín* (c.-à-d. arriver jusque-là).

丨不倒(*v.* 攏)嘉定，丨 *poŭ taò (v. lòng) Kiā tín*, ne pouvoir y arriver pour coucher.

昨晚些丨那裡，*Tsŏ ouàn sī* 丨 *là lì?* où avez-vous couché la nuit dernière?

丨一天工，*v.* 丨一天活路，丨 *ĭ t'iēn kōng*, *v.* 丨 *ĭ t'iēn hŏ lóu*, cesser l'ouvrage pour un jour.

丨一天脚，丨 *ĭ t'iēn kiŏ*, se reposer un jour des fatigues de la route.

丨定了又走，丨 *tín lò, ieóu tseòu*, après nous être bien reposés, continuons à marcher.

一丨一丨來，*ĭ* 丨 *ĭ* 丨 *lâi*, cela vient par moments, c'est intermittent.

哭一丨，*K'ŏu ĭ* 丨，pleurer un certain temps.

叨一丨，*T'āo ĭ* 丨，injurier un bon moment.

一丨的叨，*ĭ* 丨 *tĭ t'āo*, injurier longtemps avec fureur.

協 *Hiĕ·*. Concorde, unir ses forces.

丨力，丨 *lĭ*, unir ses forces.

丨力同心，丨 *lĭ t'ông sīn*, travailler ensemble d'un même cœur.

丨力同辦，丨 *lĭ t'ông pán*, travailler d'un commun accord à une même affaire.

丨臺，丨 *t'âi*, mandarin militaire: major général, qui a le grade supérieur au 參將 *t'sān tsiáng*.

HIÈN

絃 *Hiên*. Cordes d'un instrument de musique.

胡琴有三丨，*Foû k'în ieòu sān* 丨，le violon a trois cordes.

彈三丨琴，*T'ân sān* 丨 *k'în*, pincer un instrument à trois cordes.

弦 *Hiên*. Corde d'un arc; quartier de la lune.

上丨，*Cháng* 丨，premier quartier de la lune.

下丨，*Hiá* 丨，dernier quartier.

走丨上近點走弓背遠些，*Tseòu* 丨 *cháng kín tièn, tseòu kōng péi iuèn sī*, en coupant directement suivant la corde de l'arc, la route est plus courte; en suivant le contour de l'arc, elle est plus longue.

嫌 *Hiên*. Mépriser, faire peu de cas, soupçonner.

丨棄不要，丨 *k'í poŭ iáo*, refuser par mépris.

丨少了，丨 *chaò lò*, il n'en a pas voulu, parce qu'il y en a trop peu.

丨少不丨多，丨 *chaò poŭ* 丨 *tō*, dédaigner ce qui a peu de valeur, mais non ce qui en a beaucoup.

他｜我窮(*v.* 無錢), *T'a* ｜ *gò k'iông (oû ts'iên)*, il me rebute parce que je suis pauvre (parce que je n'ai pas de sapèques).

我｜他不好, *Gò* ｜ *t'a poǔ haò*, je n'en veux pas parce que ce n'est pas bon.

｜貧愛富, ｜ *p'în, gái foú*, mépriser les pauvres, aimer les riches.

天主不｜我們罪人, *T'iēn Tchoù poǔ* ｜ *gò mên tsoúi jên*, Dieu ne nous dédaigne pas, nous pécheurs.

｜自己的妻子(*v.* 丈夫), ｜ *tsé kì tǐ ts'ī tsè (v. tcháng foū)*, dédaigner sa femme, (ou son mari).

我｜房子窄了, *Gò* ｜ *fâng tsè tsě· lò*, cette maison ne me va pas, je la trouve trop étroite.

不｜我家貧, *Poǔ* ｜ *gò kīa p'în*, (vous êtes bien aimable) de ne pas dédaigner la pauvreté de ma famille.

若是不｜意請來耍, *Jǒ ché poǔ* ｜ *í, ts'ìn laî choùa*, si vous daignez ne pas me trouver trop méprisable, veuillez venir passer quelque temps chez moi.

錢不要｜少, *Ts'iên poǔ iáo* ｜ *chaò*, n'allez pas refuser les sapèques parce qu'il y en a trop peu.

不要討(*v.* 㖃)人｜, *Poǔ iáo t'ào (v. teōu) jên* ｜, il ne faut pas se rendre à charge aux gens, exciter leur mépris.

要避｜(*v.* ｜疑), *Iáo pí* ｜ *(v.* ｜ *gnî)*, il faut éviter ce qui peut donner lieu à de mauvais soupçons.

｜疑要避好歹由他, ｜ *gnî iáo pí, haò taì ieôu t'ā*, il faut éviter de donner lieu aux mauvais soupçons, la bonne ou la mauvaise réputation en dépendent.

厭｜世物, *Ién* ｜ *ché oǔ*, mépriser les choses du monde.

賢 *Hiên*. Sage, vertueux.

｜人, ｜ *jên*, sage.

｜惠, ｜ *hoúi*, affable; hospitalier.

｜愚不等, *v.* ｜的｜愚的愚, ｜ *iû poǔ tèn, v.* ｜ *tǐ* ｜ *iû tǐ iû*, il y a des sages et des sots.

｜智, ｜ *tché*, la sagesse.

只重衣冠不重｜, *Tchè tchóng ī koūan, poǔ tchóng* ｜, n'estimer que l'habit et pas la vertu.

寧做他不是莫做我不｜, *Lîn tsóu t'ā poǔ ché, mǒ tsóu gò poǔ* ｜, il vaut mieux laisser les torts aux autres, que de se mettre soi-même dans son tort.

閒 *v.* 閑 *Hiên*. Oisif.

空｜的時候, *v.* ｜時, *K'óng* ｜ *tǐ chê heóu, v.* ｜ *chê*, temps de loisir.

不｜, *Poǔ* ｜, je ne suis pas libre.

無｜, *Oû* ｜, peu importe.

喫｜飯, *Tch'ě* ｜ *fán*, manger sans gagner sa nourriture. (Se dit souvent des filles.)

在屋頭有三个喫｜飯的, *Tsái oǔ t'eôu ieòu sān kó tch'ě* ｜ *fán tǐ*, à la maison j'ai trois personnes qui mangent sans rien rapporter (c.-à-d. 3 filles).

管｜事, *Kouàn* ｜ *sé*, tu te mêles de ce qui ne te regarde pas.

你不要管他的｜事, *Gnì poǔ iáo kouàn t'ā tǐ* ｜ *sé*, ne te mêle pas de ses affaires.

說｜話, *Chǒ* ｜ *hóua*, se quereller, faire des médisances.

談｜話, *T'án* ｜ *hóua*, se quereller.

他愛說我的｜話, *T'a gái chǒ gò tǐ* ｜ *hóua*, il aime à médire de moi.

｜話越說越多, ｜ *hóua iuě· chǒ iuě· tō*, les paroles de querelle, plus on en dit, plus on en trouve à dire.

他們両家怕要說｜話, *T'a mên leàng kiā p'á iáo chǒ* ｜ *hóua*, les deux familles vont probablement se disputer.

｜人免進, ｜ *jên mièn tsín*, défense aux flâneurs d'entrer. (On affiche souvent ces quatre caractères aux portes, pour écarter les flâneurs qui veulent entrer partout.)

避｜, *Pí* ｜, éviter l'oisiveté.

好｜, *Háo* ｜, aimer l'oisiveté.

｜談無益的話, ｜ *t'án oû ǐ tǐ hóua*, dire des paroles inutiles.

偷｜, *T'eōu* ｜, chercher un moment libre au milieu de la presse des affaires; se soustraire à ses devoirs pour s'amuser.

人爭｜氣一場空, *Jên tsēn* ｜ *k'í, ĭ tch'âng k'ōng*, à se disputer pour des riens, il n'y a aucun avantage.

｜**房媳婦**, ｜ *fâng sī· fóu*, jeune fille déjà placée dans la famille de son futur.

｜**銀**｜**錢**, ｜ *în*, ｜ *ts'iên*, argent improductif (qui n'est ni placé, ni employé dans le commerce).

銜 *Hiên*. Titre officiel d'un dignitaire.

官｜, *Koūan* ｜, rang de dignité d'un mandarin.

他有好大的官｜, *T'a ieòu hào tá tĭ koūan* ｜, quel est son rang de dignité? ou bien, il a un bien haut grade.

要寫甚麼｜, *Iáo siè· chén mô* ｜? quel titre faut-il écrire (par ex. sur la grande carte de visite, ou en tête d'une pièce)?

HIÈN

顯 *Hièn*. Montrer, manifester.

｜**明**, ｜ *mîn*, montrer clairement; apparaître.

｜**出來**, ｜ *tch'ŏu lâi*, qui apparaît clairement.

這个顏色不｜, *Tché· kó iên sĕ· poŭ* ｜, cette couleur n'est pas vive, ne ressort pas.

字不｜, *Tsé poŭ* ｜, les lettres ne marquent pas: mal imprimé, mal écrit.

｜**聖跡**, ｜ *chén tsĭ*, faire des miracles.

｜**揚天主的榮光**, ｜ *iâng T'iēn Tchòu tĭ iûn koūang*, manifester la gloire de Dieu.

公審判要｜**明天主的公義**, *Kōng chèn p'án iáo* ｜ *mîn T'iēn Tchoù tĭ kōng gní*, le jugement général fera resplendir la justice de Dieu.

｜**一點工夫**, ｜ *ĭ tièn kōng foū*, montrer un peu d'habileté.

事｜**出來了**, *Sé* ｜ *tch'ŏu lâi lò*, l'affaire est découverte.

｜**自己的能幹**, ｜ *tsé kì tĭ lên kán*, montrer son savoir-faire.

補衣裳不｜, *Poù ĭ châng poŭ* ｜, raccommoder un habit sans qu'il y paraisse.

｜**得很,打眼**, ｜ *tĕ· hèn, tà ièn*, cela paraît trop, cela frappe les yeux.

｜**大方**, ｜ *tá fāng*, montrer de la libéralité.

｜**微鏡**, ｜ *oûi kín*, (litt.) miroir qui fait apparaître ce qui est très petit, c.-à-d. un microscope.

這不是天主的｜**罰麼**, *Tché· poŭ ché T'iēn·Tchoù tĭ* ｜ *fă mô?* ceci n'est-ce pas une punition manifeste de Dieu?

不｜**一個西洋人**, *Poŭ* ｜ *ĭ kó sī iâng jên*, il ne tranche pas comme Européen.

我｜**跟你看**, *Gò* ｜ *kēn gnì k'án*, je veux te montrer.

他藏倒｜**不得**, *T'a ts'âng taò* ｜ *poŭ tĕ·*, il est caché, et ne peut se montrer.

陰倒害人不｜, *Īn taò hái jên poŭ* ｜, nuire en secret sans qu'il y paraisse.

少幾个錢不｜, *Chaò kì kó ts'iên poŭ* ｜, quelques sapèques de moins: il n'y paraît pas.

病｜**出來了**, *Pín* ｜ *tch'ŏu laî lò*, la maladie a paru, a éclaté.

｜**衆人**, ｜ *tchóng jên*, montrer à tout le monde, paraître devant tout le monde.

險 *Hièn*. Danger, péril.

凶｜, *v.* ｜**危**, *Hiōng* ｜, *v.* ｜ *oûi*, grand péril.

傷命的凶｜, *Chāng mín tĭ hiōng* ｜, péril de mort.

山｜, *Chān* ｜, précipice dans les montagnes.

這个毛病有凶｜**沒得**, *Tché· kó mâo pín ieòu hiōng* ｜ *mŏ tĕ·?* cette maladie est-elle dangereuse?

病人昨天｜**了一吓**, *Pín jên tsŏ t'iēn* ｜ *lò ĭ há*, hier le malade a eu une crise dangereuse.

都｜**了幾回**, *Tōu* ｜ *lò kì hoûi*, il a été plusieurs fois déjà sur le point d'expirer.

| 些我錯怪了你, | *sī gò ts'ó kouái lò gnì*, il s'en fallait d'un rien que je m'en prisse à vous, bien à tort.

HIÉN

縣 *Hién*. Ville de troisième ordre, sous-préfecture, sous-préfet.

| 太爺, | *t'ái iê·*, le sous-préfet.

貴 |, *Kouí* |, Monsieur le Sous-Préfet (quand un égal ou un supérieur s'adresse à lui; le peuple doit dire *tá laò iê·*).

本 |, *Pèn* |, le sous-préfet du lieu (terme qu'emploie le sous-préfet devant ses administrés, au lieu de dire: *je* ou *moi*).

| 官, *v.* 知 | 官, | *kouān, v. tchē* | *kouān*, un sous-préfet.

| 衙門, | *iâ mēn*, le prétoire du sous-préfet.

憲 *Hién*. 三大 |, *Sān tá* |, les trois grands mandarins civils préposés à l'administration d'une province; ce sont: 1° 制臺, *Tché t'âi*, le gouverneur, *v.* 撫臺, *v.* 巡撫, *v. foù t'âi, v. sûn foù*, ou le sous-gouverneur, quand deux provinces sont sous un seul gouverneur; — 2° 藩臺, *v.* 布政司, *fân t'âi, v. poú tchén sē*, le trésorier général; — 3° 臬臺, *v.* 按察司, *niĕ· t'âi, v. gán tch'ă sē*, le grand juge.

獻 *v.* 献 *Hién*. Offrir à un supérieur.

| 祭, | *tsí*, offrir un sacrifice.

| 祭于天主, | *tsí iû T'iēn Tchoù*, offrir un sacrifice à Dieu.

| 貢, | *kóng*, offrande d'un vassal à son suzerain, offrir le tribut.

| 自己于天主, | *tsé kì iû T'iēn Tchoù*, s'offrir, se consacrer à Dieu.

聖母自 |, *Chén moù tsé* |, la Présentation de la Ste Vierge.

| 自己于耶穌聖心, | *tsé kì iû Iê· sōu chén sīn*, se consacrer au Sacré-Cœur de Jésus.

| 于魔鬼, | *iû mô kouì*, offrir au diable.

沒得東西 | 神父, *Mŏ tĕ· tōng sī* | *chên foú*, je n'ai rien à offrir au Père.

陷 *Hién*. Tomber dans.

| 于誘惑, | *iû ieoù kàn*, succomber à la tentation.

| 于病窮, | *iû pín k'iông*, tomber dans la maladie et la pauvreté.

| 害人, | *hái jên*, nuire à quelqu'un, le faire tomber dans un piége.

現 *Hién*. Apparaître, manifester; ce qui est présent, sous la main.

| 時, *v.* | 今, *v.* | 在, | *chê, v.* | *kīn, v.* | *tsái*, maintenant, présentement.

| 在, | *tsái*, signifie aussi: présent.

| 成的, | *tch'ên tĭ*, objet tout préparé, prêt à servir.

飯是 | 成的, *v.* | 的, *Fán ché* | *tch'ên tĭ, v.* | *tĭ*, le riz est tout préparé.

我銀子是 | 成的, *Gò în tsè ché* | *tch'ên tĭ*, mon argent est tout prêt, je l'ai sous la main.

聖母發 |, *Chén moù fă* |, la Ste Vierge apparaît.

魔鬼 | 形, *Mô kouì* | *hîn*, le diable apparaît.

我死 | 你眼睛, *Gò sè* | *gnì ièn tsīn*, que je meure sous tes yeux! (imprécation.)

| 錢, | 銀, | 飯, | 貨, | *ts'iên*, | *în*, | *fán*, | *hó*, sapèques, argent, riz, marchandises prêtes à livrer.

買賣 | 錢, *Mài mái* | *ts'iên*, acheter, vendre argent comptant.

要 | 錢, *Iaó* | *ts'iên*, je veux de l'argent comptant.

鞋子沒得 | 的要定做, *Hâi tsè mŏ tĕ·* | *tĭ, iáo tín tsoú*, s'il n'y a pas (ou bien, il n'y a pas) de souliers tout faits, il faut les faire faire.

限 *Hién*. Terme, limite.

無 |, *Oû* |, sans limites, infini.

天主無 | 無量, *T'iēn Tchoù oû | oû leáng*, Dieu est infini, immense.

| 期, | *k'ī*, jour ou époque fixée.

| 你四天銀子要交齊, | *gnì sé t'iēn, în tsè iáo kiāo ts'ī*, je te fixe quatre jours pour livrer toute la somme.

| 定一年, | *tín ī niên*, fixer le terme précis d'un an.

| 期過了, | *k'ī kó lò*, le terme fixé est passé.

大 |, *Tá* |, le grand terme, la mort.

大 | 來時各自飛, *Tá | lâi chê kŏ tsé fēi*, à la mort, chacun s'envole de son côté.

天主無 | 慈悲, *T'iēn Tchoù oû | ts'ê pēi*, l'infinie miséricorde de Dieu.

有 |, *Ieòu* |, avoir des limites, être peu considérable.

一個人的見識有 |, *ī kó jên tī kién chĕ ieòu* |, la sagesse d'un seul homme ne va pas loin.

他的味口有 |, *T'ā tī oúi k'eòu ieòu* |, son appétit n'est pas fort.

HIEŌU

休 *Hieōu*. Cesser, finir; répudier.

人到中年萬事 |, *Jên taó tchōng niên, ouán sé* |, l'homme une fois arrivé au milieu de sa carrière, tout est fini pour lui.

有錢 | 誇無錢 | 惱, *Ieòu ts'iên | k'oūa, oû ts'iên | laò*, si tu es riche, ne te vante pas: si tu es pauvre, ne te désole pas.

| 妻, | *ts'ī*, répudier sa femme.

| 書, | *chōu*, lettre de divorce.

| 怪, | *kouái*, ne vous étonnez pas, n'allez pas m'en vouloir.

HIÈOU

朽 *Hièou*. Pourrir.

| 壞(v. 爛)了, | *houái (v. lán) lò*, c'est pourri, gâté.

這个木頭 | 爛了, *Tché· kó moŭ t'eôu | lán lò*, ce bois est pourri.

爛 | | 的, *Lán | | tī*, se dit des choses à moitié pourries, qui ne valent plus rien.

爛 | | 的一個人, *Lán | | tī ī kó jên*, homme misérable, surtout au moral.

HĪN

興 *Hīn*. Prospérer, commencer; usité.

| 隆, | *lông*, prospère.

時 |, *Chê* |, qui est en usage.

這个地方不 |, *Tché· kó tí fāng poŭ* |, il n'est pas d'usage dans ce pays.

洋火纔 | 不幾年, *Iâng hò ts'âi | poŭ kì niên*, il y a peu d'années que les allumettes chimiques ont commencé à être répandues (par ici).

衆人不 |, *Tchóng jên poŭ* |, personne n'a cet usage.

這个地方不 | 講理 | 打 | 搶, *Tché· kó tí fāng poŭ | kiàng lì, | tà, | ts'iàng*, dans ce pays ce n'est pas l'usage de parler raison, mais de se battre, de piller.

規矩 | 壞了, *Kouī kù | houái lò*, l'usage a aboli la règle.

| 得不好, | *tĕ· poŭ haò*, l'usage est mauvais.

| 得久, | *tĕ· kièou*, c'est en usage depuis longtemps; **不久**, *poŭ kièou*, depuis peu de temps; **早**, *tsào*, de bonne heure; **遠**, *iuèn*, au loin; **寬**, *k'ouān*, au large.

或 | 或止要打个主意, *Houĕ· (v. hŏ) | houĕ· tchè, iáo tà kó tchoù í*, il s'agit de prendre une résolution, à savoir: s'il faut s'y mettre, ou bien s'il faut en rester là.

十年 | 敗多少 (v. 許多) 人, *Chĕ niên | pái* tō chào (*v.* hù tō) *jên*, en dix ans de temps beaucoup font fortune, beaucoup aussi se ruinent.

| 漢滅蠻, | *hán miĕ· mân*, vivent les Chinois! mort aux Barbares!

HÎN

行 *Hîn.* Agir, marcher.

五 | , *Où* | , les cinq éléments (pour les Chinois), savoir: l'eau: 水 *choùi;* le feu: 火 *hò;* le bois: 木 *mŏu;* les métaux: 金 *kīn;* la terre: 土 *t'òu.*

步 | , *Póu* | , aller à pied.

日日 | 不怕千萬里, *Jĕ jĕ* | *poŭ p'á ts'iēn ouán lì,* si l'on marche tous les jours, peu importe qu'il y ait mille ou dix mille *lis* (on arrivera).

| 李, | *lì,* bagages de voyage.

| 嫁, | *kiá,* meubles donnés en dot à une fille qu'on marie.

| 頭, | *t'eôu,* outils d'un ouvrier; bagages en général.

| 事, | 善, | 哀矜, | *sé,* | *chán,* | *gāi kīn,* agir, faire des bonnes œuvres, des aumônes.

難得 | 善容易爲惡, *Lân tĕ·* | *chán iông í oûi gŏ,* il est difficile de faire le bien, il est aisé de faire le mal.

不得 | , *Poŭ tĕ·* | , n'en pouvoir plus, être à bout; ne pas réussir.

病人不得 | , *Pín jên poŭ tĕ·* | , le malade est à bout.

做活路不得 | , *Tsoú hŏ loú poŭ tĕ·* | , à bout de forces pour le travail.

你勸他不得 | 要打, *Gnì k'úen t'ā poŭ tĕ·* | *iáo tà,* l'exhorter, c'est parfaitement inutile, il faut le battre.

我來帮忙你纔得 | , *Gò lâi pāng máng gnì ts'âi tĕ·* | , il faut que je t'aide pour que tu t'en tires.

他偏要這樣 | , *T'ā p'iēn iáo tché· iáng* | , il veut exprès agir ainsi.

| 酒, 不 | 酒, | *tsieòu, poŭ* | *tsieòu,* payer du vin, ne pas en payer.

信得來 | 不來, *Sín tĕ· lâi,* | *poŭ lâi,* pouvoir croire, mais ne pas pratiquer.

聖敎大 | , 聖敎通 | , *Chén kiáo tá* | , *chén kiáo t'ōng* | , la sainte Religion se pratique librement partout.

| 時, | *chê,* avoir un succès temporaire.

這个生意 | 時, *Tché· kó sēn í* | *chê,* ce genre de commerce est en vogue.

這个太醫 | 時, *Tché· kó t'ái ī* | *chê,* ce médecin obtient du succès.

| 船, | *tch'ouân,* conduire une barque.

| 醫, | *ī,* exercer la médecine.

我只出兩百錢多一个不 | , *Gò tchè tch'ŏu leàng pĕ· ts'iên, tō ĭ kó poŭ* | , je n'en donne que 200 sapèques, s'il faut en donner une de plus, j'y renonce.

概 | , *K'ái* | , absolument tout.

盡 | , *Tsín* | , tous sans exception.

概 | 都要不得, *K'ái* | *toū iáo poŭ tĕ·,* il n'y a absolument rien qui vaille.

盡 | 都來了, *Tsín* | *toū lâi lò,* ils sont tous venus.

| 爲舉動, | *oûi kù tóng,* les actions d'un homme en général.

品 | , *P'ìn* | , conduite.

好品 | , *Haò p'ìn* | , bonne conduite.

耶穌言 | , *Iĉ· soū iên* | , les paroles et les actes de Jésus: vie de N.-S.

聖母 | 實, *Chén moù* | *chĕ,* les vrais actes (la vie) de la Ste Vierge.

形 *Hîn.* Forme, image, configuration; peu solide (pop.).

| 像, | *siáng,* image, forme sensible.

天主無 | 無像, *T'iēn Tchòu oû* | *oû siáng,* Dieu n'a pas de forme sensible.

有 | 的記號, *Ieòu* | *tĭ kí háo,* signe sensible.

山 | , *Chān* | , configuration des montagnes.

| 容, | *iông,* l'extérieur (d'un homme), la physionomie.

脫(*v.* 落) | , *T'ŏ (v. lŏ)* | , dépérir, tomber dans le marasme.

病人脫了 | , *Pín jên t'ŏ lò* | , le malade est tout défiguré par la maigreur.

魔鬼裝聖人的 | 像, *Mô koùi tchoūang chén jên tĭ* | *siáng,* le diable se transfigure en saint.

這个布 | 得很, *Tché· kó poú* | *tĕ· hèn,* cette toile n'est pas solide du tout.

這些柱頭 | 了點, *Tché· sī tchóu t'eôu | lò tièn,* ces colonnes sont un peu minces, trop faibles.

他的桌子板凳做得 | , *T'ā tĭ tchŏ tsè pàn tén tsóu tĕ· |* , ses tables et ses bancs sont faits sans solidité.

刑 *Hîn.* Peine, supplice.

| 部, | *póu,* le grand tribunal criminel de Pékin.

| 房仵作, | *fâng où tsŏ,* expert chargé officiellement de constater la cause de la mort, et de faire l'examen des blessures dans les causes criminelles.

| 罰, | *fă,* supplice.

動 | , *v.* 加 | , *Tóng | , v. kiā |* , employer les supplices.

受不得 | , *v.* 受 | 不過, *Cheóu poŭ tĕ· | , v. cheóu | poŭ kó,* ne pouvoir supporter les supplices.

當不得的 | , *Tāng poŭ tĕ· tĭ |* , supplice insupportable.

地獄的 | 罰, 煉獄的苦, *Tí iŏ tĭ | fă, lién iŏ tĭ k'òu,* les supplices de l'enfer et les peines du purgatoire.

捱了四十个頭 | , *Gâi lò sé chĕ kó t'eôu |* , il a reçu quarante] coups de la grande planche (appelée *t'eôu |*).

HÌN

擤 *Hìn.* | 鼻子, | *pí tsè,* se moucher (d'autres disent *sìn pí tsè*).

啈 *Hìn.* Badiner, bruit confus.

不要 | 今天怕要來, *Poŭ iáo | , kīn t'iēn p'á iáo lâi,* il ne s'agit pas de plaisanter, il pourrait bien venir aujourd'hui.

不要跟他両个 | , *Poŭ iáo kēn t'ā leàng kó |* , ne badine pas avec lui.

| 笑, | *siáo,* plaisanter.

說話 | | 打打的, *Chŏ hoúa | | tà tà tĭ,* parler à tort et à travers, faire le hâbleur.

| | 哄哄的把他的攤子嚣了, | | *hòng hòng tĭ pà t'ā tĭ t'ān tsè hiāo lò,* ils jetèrent avec beaucoup de tumulte son étalage par terre.

HÍN

幸 *Hín.* Avoir le bonheur de, par bonheur.

| 不犯罪, | *poŭ fán tsóui,* avoir le bonheur de ne pas pécher.

| 喜得好, | *hì tĕ· hào,* c'est fort heureux. (Cette expression s'emploie en général quand on a échappé à un danger quelconque.)

| 喜得好我來了, | *hì tĕ· hào gò lâi lò,* heureusement que je suis venu.

| 喜得好你沒有趕船, | *hì tĕ· hào gnì mŏ ieòu kàn tch'oûan,* tu as de la chance de n'être pas monté en barque.

| 喜得好今天落雨, | *hì tĕ· hào kīn t'iēn lŏ iù,* il est fort heureux qu'il pleuve aujourd'hui.

行 *Hín.* En principe toutes les fois que 行 est substantif, signifiant action, il devrait se prononcer au 4eme ton; de fait au Su-tchuen le 4eme ton n'est usité que pour l'expression: 德 | , *Tĕ· |* , vertu, acte de vertu.

有一點德 | , *Ieòu ĭ tièn tĕ· |* , il a un peu de vertu, c.-à-d. il en a beaucoup.

你這宗德 | , *Gnì tché· tsōng tĕ· |* , toi, avec une vertu pareille!...(par ironie.)

他是這宗德 | , *T'ā ché tché· tsōng tĕ· |* , c'est là sa vertu, son caractère.

釁 *v.* 衅 *Hín.* Cause, origine d'un procès, d'une haine.

爲點口角起 | , *Oúi tièn k'eòu kŏ k'ì |* , pour une petite altercation ils commencèrent à se brouiller.

興 *Hín.* Verve, entrain.

吃了點酒大家高 | 起來了, *Tch'ĕ lò tièn tsieòu, tá kiā kaō | k'ì lâi lò,* après avoir bu un peu de vin ils se sentirent tous pleins d'entrain.

他高 | 得狠還不要我的, *T'ā kaō | tĕ· hèn, houân poŭ iáo gò tĭ,* il est trop fier pour vouloir rien recevoir de moi.

𤎻 *Hín.* Chaleur du feu (vrai sens de ce caractère) ; ombrager d'une manière nuisible; menace ou commencement d'un mal.

火大了有點｜(v.熻)人, *Hò tá lò ieòu tièn* ｜ (*v. hiŏ* voir ce mot) *jên*, le feu est trop ardent, on se sent griller auprès.

這田拿跟竹子｜狠了, *Tché t'iên lâ kēn tchŏu tsè* ｜ *hèn lò*, cette rizière est trop ombragée par les bambous (elle produit peu).

擺子｜了一吓沒有打成, *Pài tsè* ｜ *lò ĭ há, mŏ ieòu tà tch'ên*, il y a eu comme un commencement d'accès de fièvre, sans que l'accès ait eu lieu.

房子｜了一吓沒有燃起來, *Fâng tsè* ｜ *lò ĭ há, mŏ ieòu jân k'ì lâi*, la maison a été en danger un instant, heureusement elle n'a pas pris feu.

痒子是瘡｜起的, *Iâng tsè ché tch'oüang* ｜ *k'ì tĭ*, c'est un abcès qui a donné naissance aux écrouelles.

HIŎ

學 *Hiŏ.* Etudier, apprendre.

才｜, *Ts'âi* ｜, science.

博｜, *Pŏ* ｜, très savant.

｜問, ｜ *ouén*, doctrine.

文｜, *Ouên* ｜, science des lettres, littérature.

武｜, *Où* ｜, science militaire.

好｜, *Háo* ｜, aimer l'étude.

｜習, ｜ *sĭ*, étudier.

｜習道理, ｜ *sĭ táo lì*, étudier la doctrine.

｜生, ｜ *sēn*, étudiant.

入｜, *Jŏu* ｜, entrer dans le corps des lettrés, c.-à-d. être reçu bachelier.

｜堂, *v.* **｜館**, ｜ *t'âng, v.* ｜ *kouàn*, école.

上｜, *Cháng* ｜, entrer à l'école, commencer l'école.

放｜, *Fáng* ｜, renvoyer les écoliers.

起(v.團 v.立)一個｜堂, *K'ì (v. t'oûan v. lĭ) ĭ kó* ｜ *t'âng*, établir une école.

男｜堂,女｜堂, *Lân* ｜ *t'âng, niù* ｜ *t'âng*, école de garçons, école de filles.

掛｜錢｜米, *Koúa* ｜ *ts'iên* ｜ *mì* inscrire ce que chacun veut donner, soit en sapèques, soit en riz, pour la rétribution scolaire.

｜官, *v.* **｜老師**, ｜ *kouān, v.* ｜ *laò sē*, petit mandarin préposé aux études, et qui a juridiction sur les lettrés.

｜院, *v.* **｜臺**, ｜ *ouán, v.* ｜ *t'âi*, le grand examinateur envoyé de Pékin.

｜裁縫,｜抬轎子, ｜ *ts'âi fông*, ｜ *t'âi kiáo tsè*, apprendre le métier de tailleur, de porteur de chaise.

｜算盤,｜打, ｜ *souán p'ân*, ｜ *tà*, apprendre à se servir de l'abaque, apprendre l'escrime.

｜會了, ｜ *hoúi lò*, il est parvenu à apprendre.

｜不會, *v.* **｜不出來**, ｜ *poŭ hoúi, v.* ｜ *poŭ tch'ŏu lâi*, ne pouvoir apprendre.

易得(v.容易)｜, *í tĕ (v. iông í)* ｜ facile à apprendre.

難得｜, *Lân tĕ* ｜, difficile à apprendre.

不｜好, *v.* **｜不好的**, *Poŭ* ｜ *hào, v.* ｜ *poŭ hào tĭ*, se conduire mal. (Cette expression, appliquée à une femme, a un très mauvais sens.)

好的你不肯｜,總要｜那些歹人, *Hào tĭ gnì poŭ k'èn* ｜, *tsòng iáo* ｜ *lá sĭ tài jên*, tu ne veux pas imiter les bons, tu veux à toute force marcher sur les traces des méchants.

他的表樣不好不要｜他, *T'ā tĭ piào iáng poŭ hào, poŭ iáo* ｜ *t'ā*, il donne le mauvais exemple, il ne faut pas l'imiter.

｜耶穌聖母的表樣, ｜ *Iê Sōu chén moù tĭ piào iáng*, imiter les exemples de Jésus et de la Ste Vierge.

｜人, ｜ *jên*, imiter, singer autrui.

｜人的樣子, ｜ *jên tĭ iáng tsè*, singer les manières d'autrui.

HIŌNG

兄 *Hiōng*. Frère aîné.

弟｜, *Tí ｜*, frères en général (au propre et au figuré).

｜弟, *｜ tí*, frère cadet.

叔伯弟｜, *Choŭ pĕ· tí ｜*, les enfants de deux frères.

弟｜姊妹, *Tí ｜ tsè méi*, frères et sœurs.

老表弟｜, *Laò piào tí ｜*, cousins germains du côté maternel.

隔房弟｜, *Kĕ· fâng tí ｜*, cousins issus de germains.

我們兩弟｜打夥, *Gò mĕn leàng tí ｜ tà hò*, nous qui sommes (comme) frères, associons-nous.

不消角孽大家都是弟｜自己人, *Poŭ siāo kŏ niĕ·, tá kiā toū ché tí ｜ tsé kì jĕn?* à quoi bon disputer, n'êtes-vous pas tous frères, de la même famille?

家｜, *Kiā ｜*, mon frère aîné.

弟｜不和, *Tí ｜ poŭ hô*, les frères ne sont pas d'accord.

你們是幾弟｜, *Gnì mĕn ché kì tí ｜*, combien êtes-vous de frères?

有｜弟哥子沒得, *Ieòu ｜ tí kō tsè mŏ tĕ·?* as-tu des frères cadets, des frères aînés?

弟｜夥, *Tí ｜ hò*, membres d'une corporation, d'un même métier.

｜弟, *v.* **小｜弟**, *｜ tí*, *v. siào ｜ tí*, petit frère (on interpelle ainsi un inconnu encore enfant, ou beaucoup plus jeune que soi).

凶 *Hiōng*. Malheur, péril, de mauvais augure.

｜惡, *｜ gŏ*, mal, malheur.

吉｜, *Kĭ ｜*, le bonheur et le malheur, faste et néfaste.

｜死, *｜ sè*, mort violente.

該沒得｜險, *Kāi mŏ tĕ· ｜ hièn*, j'espère qu'il n'y aura pas de danger.

犯罪的｜險, *Fán tsoúi tĭ ｜ hièn*, l'occasion, le danger de pécher.

要防｜險, *Iáo fâng ｜ hièn*, il faut se garder du péril.

兇 *Hiōng*. Violent, méchant.

｜惡的人, *｜ gŏ tĭ jên*, homme violent et méchant.

行｜, *Hîn ｜*, avoir recours aux moyens violents, soit pour attaquer, soit pour se défendre.

｜手, *｜ cheòu*, meurtrier.

賊｜得很, *Tsoûi ｜ tĕ· hèn*, les voleurs sont terribles.

蚊子｜, *Ouên tsè ｜*, les moustiques sont méchants.

太陽｜, *T'ái iâng ｜*, le soleil est très ardent.

喫得｜, *Tch'ĕ tĕ· ｜*, il mange terriblement.

人死得｜得很, *Jên sè tĕ· ｜ tĕ· hèn*, il meurt beaucoup de monde. (*Hiōng tĕ· hèn* s'emploie ainsi fréquemment après un verbe déjà suivi de *tĕ·*).

胸 *Hiōng*. Poitrine.

｜口, *v.* **｜膛**, *｜ k'eòu*, *v. ｜ t'âng*, poitrine, thorax.

｜窩子, *｜ ō tsè*, creux de l'estomac.

鞶｜, *P'ān ｜*, poitrail (pièce du harnais des chevaux).

提｜, *T'î ｜*, pompons rouges qui pendent au poitrail et à la bride.

HIÔNG

熊 *Hiông*. Ours (vulgairement appelé **老｜**, *laò ｜*).

狗｜, *Keòu ｜*, ours à tête de chien.

人｜, *Jên ｜*, ours fabuleux qu'on dit ressembler à l'homme.

｜掌, *｜ tchàng*, pattes d'ours.

賣｜掌, *Mái ｜ tchàng*, (litt. vendre des pattes d'ours) demander l'aumône.

雄 *Hiông*. Oiseau mâle; fier, fort.

｜子, *｜ tsè*, mâle des oiseaux en général.

｜雞, *｜ kī*, coq.

英 | , *īn* | , homme d'un courage héroï-que.

| 勢, | *ché*, mâle, fier.

這匹馬 | 勢, *Tché· p'ĭ (p'ĭ) mà* | *ché*, ce cheval est superbe.

今天不 | , *Kīn t'iēn poŭ* | , aujourd'hui il n'y a pas lieu d'être fier.

做活路不 | , *Tsoú hŏ loú poŭ* | , pas fort à l'ouvrage.

這向房子修得 | 勢, *Tché· hiáng fâng tsè sieōu tĕ·* | *ché*, cette maison a grande apparence.

| 威, | *oūi*, air superbe et imposant.

整頓 | 威, *Tchèn tén* | *oūi*, se donner un grand air de dignité.

HIŪEN

掀 *Hiūen*. Pousser.

把他 | 出去, *Pà t'a* | *tch'ŏu k'ú*, pousse-le dehors.

| 不起走, | *poŭ k'ì tseòu*, je n'ai pas la force de le faire avancer.

HŌ

呵 *Hō*. Souffler, attirer.

打 | 咳, *Tà* | *hái*, bailler.

| 人, | *jên*, attirer les gens, les faire acquiescer à son propre sentiment.

他會 | 人, *T'a hoúi* | *jên*, il est habile à attirer les gens, ou à les attraper.

你 | 他來過後算我的, *Gnì* | *t'a lâi, kó heóu souán gò tĭ*, engage-le adroitement à venir, je me charge du reste.

| 人喫酒, | *jên tch'ĕ tsieòu*, engager à boire du vin.

| 不倒人, | *poŭ taò jên*, ne pouvoir attirer ou attraper les gens.

| 懎, | *hái*, aimable, avenant.

做生意要 | 得倒(*v.*來)人, *Tsóu sēn í iáo* | *tĕ· taò (v. lâi) jên*, pour le commerce il faut savoir attirer les gens.

HÔ

何 *Hô*. Qui? quel? pourquoi? comment?

爲 | , *Oúi* | , pourquoi?

如 | , *v.* | 如, *Jôu* | , *v.* | *jôu*, comment?

今年生意如 | , *v.* | 如, *Kīn niên sēn í jôu* | , (*v.* | *jôu*)? comment va le commerce cette année?

| 處, | 事, | 意, | 故, | *tch'óu?* | *sé?* | *í?* | *kóu?* en quel endroit? quelle affaire? à quel dessein? pour quelle raison?

| 必, | *pĭ*, à quoi bon?

| 必惹事生非, | *pĭ jè· sé sēn fēi?* pourquoi donc aller susciter des affaires, faire naître des brouilleries?

| 苦要這樣做, | *k'òu iáo tché· iáng tsóu?* pourquoi vouloir à toute force agir de cette façon?

禾 *Hô*. Moisson, céréales.

| 苗, | *miâo*, moisson en herbe.

今年的 | 苗長得茂盛, *Kīn niên tĭ* | *miâo tchàng tĕ· móng chén*, cette année la végétation des céréales est luxuriante.

荷 *Hô*. | 花, | *hōua*, fleur de nénuphar.

| 包兒, | *pāo eûl (pēul)*, petite bourse pour mettre le tabac et les menus objets.

| 包蛋, | *pāo tán*, œufs pochés.

河 *Hô*. Fleuve, rivière, cours d'eau en général.

| 溝, | *keōu*, petit ruisseau.

上 | 烟下 | 米, *Cháng* | *iēn, hiá* | *mì*, tabac du cours supérieur du fleuve, riz du cours inférieur.

| 邊, | *piēn*, bords du fleuve.

| 坎, | *k'àn*, rives escarpées du fleuve.

| 壩, | *pá*, plage du fleuve.

過 | , *v.* 拋 | , *v.* 過横 | , *v.* 過對 | , *Kó* | , *v. p'āo* | , *v. kó houân* | , *v. kó toúi* | , traverser le fleuve.

過幾道 | , *Kó kì táo* | , passer un fleuve plusieurs fois.

| 心爲界, | *sīn oûi kiái*, le milieu du fleuve fait la limite (entre deux riverains).

| 水, 浮水過 | , | 頭起了點水, | *choùi, foû choùi kó* | , | *t'eôu k'ì lò tièn choùi*. (voyez *choùi*.)

汊丨, *Tch'á* 丨, bras de fleuve.

三汊丨, *Sān tch'á* 丨, fleuve qui se divise en trois branches.

一條丨, *ĭ t'iâo* 丨, un fleuve.

大丨, *Tá* 丨, le grand fleuve.

正丨, *Tchén* 丨, le vrai fleuve (par rapport aux affluents).

漲過一丨(v. 三丨)水, *Tchàng kó ĭ* 丨 *(v. sān* 丨 *) choùi*, il y a eu une crue (ou bien trois crues d'eau).

一大丨水, (v. 滿江水), *ĭ tá* 丨 *choùi (v. màn kiāng choùi)*, une grande crue, à pleins bords.

開一條丨, *K'āi ĭ t'iâo* 丨, ouvrir un canal.

丨街, 丨 *kāi*, rue qui borde le fleuve.

和 *Hô*. Unir, concorde.

丨睦, 丨 *mŏu*, être d'accord.

丨氣, 丨 *k'í*, concorde.

一團丨氣, *ĭ t'oûan* 丨 *k'í*, une parfaite concorde.

丨順, 丨 *choúen*, s'accommoder à la volonté d'autrui.

丨尙, 丨 *cháng*, bonze.

講丨, *Kiàng* 丨, prêcher la concorde, faire la paix.

說丨, *Chŏ* 丨, par ses paroles mettre les gens d'accord, terminer une dispute.

我跟他們說丨了, *Gò kēn t'ā mên chŏ* 丨 *lò*, je les ai mis d'accord par mes paroles.

取丨, *Ts'ù* 丨, se réconcilier.

丨好, 丨 *hào*, bien d'accord.

官司說丨了, *Koūan sē chŏ* 丨 *lò*, le procès est terminé par voie d'accommodement.

丨了五十兩銀子, 丨 *lò où chĕ leàng în tsè*, c'est accommodé moyennant 50 taëls.

遞丨息稟帖, *Tí* 丨 *sĭ pìn t'iĕ*, présenter une pièce au mandarin pour lui faire connaître l'accord conclu, et arrêter le procès.

立丨約, v. 寫丨約, *Lĭ* 丨 *iŏ, v. siè* 丨 *iŏ*, faire, écrire un acte d'accommodement, un traité de paix.

求丨, *K'ieôu* 丨, demander à faire la paix.

中國丨法國的丨約, *Tchōng kouĕ* 丨 *fă kouĕ tĭ* 丨 *iŏ*, le traité de paix entre la Chine et la France.

丨睦衆人, 丨 *mŏu tchóng jên*, être en paix avec tous.

一家人不丨, *ĭ kiā jên poŭ* 丨, toute la famille est en désaccord.

失了丨氣, *Chĕ lò* 丨 *k'í*, (litt.) ils ont perdu la concorde.

勸不丨, *K'úen poŭ* 丨, exhorter en vain à la réconciliation.

心頭不平丨, *Sīn t'eôu poŭ p'în* 丨, n'avoir pas le cœur à l'aise.

病人要平丨點, *Pín jên iáo p'în* 丨 *tièn*, le malade est un peu plus tranquille.

平丨的藥, *P'în* 丨 *tĭ iŏ*, remède qui doit opérer doucement.

丨泥巴, 石灰, 三合土, 丨 *gnî pa, chĕ hōui, sān hŏ t'òu*, mêler de la boue, de la chaux, du ciment.

拿飯紅苕丨倒喫, *Lâ fán hông châo* 丨 *taò tch'ĕ*, manger du riz mêlé de patates.

丨而流, 丨 *eûl lieôu*, se dit des vagabonds et des mauvais sujets.

耍(v. 做)丨而流, *Choùa (v. tsóu)* 丨 *eûl lieôu*, faire le vagabond.

丨軟, 丨 *jouàn*, pliant (au propre et au fig.), souple.

丨, v. 丨同, 丨, v. 丨 *t'ông*, avec, ensemble.

我要丨他講理, *Gò iáo* 丨 *t'ā kiàng lì*, je veux avoir avec lui une dispute publique.

丨同他一路, 丨 *t'ông t'ā ĭ lóu*, faire route avec lui.

HÒ

火 *Hò*. Feu.

丨焰, v. 丨尾子, v. 明丨, v. 陽丨, 丨 *ién, v.* 丨 *oùi tsè, v. mîn* 丨, *v. iâng* 丨, flamme.

燃明丨, *Jân mîn* 丨, brûler avec flamme.

陰 |, *īn* |, feu sans flamme, feu souterrain.

| 鉗, | 鏟, | *k'iên*, | *tch'oùan*, pincettes, pelle à feu.

| 把, | 盆, | *pà*, | *p'ēn*, torche, vase à feu.

| 紙, | *tchè*, papier à allumette.

| 石, | 鐮, | 鐮刀, | *chĕ*, | *liên*, | *liên taō*, silex; briquet à pierre; couteau à briquet.

敲 |, v. 敲 | 鐮, *K'āo* |, v. *k'āo* | *liên*, battre le briquet.

敲不出 |, *K'āo poŭ tch'ŏu* |, n'en pouvoir tirer du feu.

| 藥, | *iŏ*, poudre à canon.

| 器, | *k'í*, armes à feu.

| 鎗, | 繩, | *ts'iāng*, | *choûen*, fusil, mèche à fusil.

| 房, | *fâng*, cuisinier.

| 食, | 食錢, | 食担子, | *chĕ*, | *chĕ ts'iên*, | *chĕ tán tsè*. (voyez *chĕ*.)

熇(v. 向) |, *K'ào (v. hiáng)* |, se chauffer.

點 |, *Tièn* |, allumer une allumette au feu.

點 | 來燒烟, *Tièn* | *lâi chāo iēn*, apporte du feu pour allumer la pipe.

發 |, *Fă* |, allumer le feu.

吹 | 筒, *Tch'ōui* | *t'ông*, tube en bambou dans lequel on souffle pour activer le feu.

起 |, *K'ì* |, prendre feu, commencement d'incendie.

| 性, | *sín*, caractère vif.

| 炮性, | *p'áo sín*, vif comme la poudre.

冒 |, *Máo* |, *litt.* mauvais feu, c.-à-d. se fâcher.

| 閃, | *chàn*, éclair.

| 山, | *chān*, volcan.

| 匋(v. 窰), | *iâo*, four.

| 硝, | *siāo*, salpêtre.

| 車, | *tch'ē*, locomotive.

| 車路, | *tch'ē loú*, chemin de fer.

| 船, | *tch'oûan*, bateau à vapeur.

| 井, | *tsìn*, puits à feu (à gaz inflammable).

| 氣, | *k'í*, gaz inflammable.

| 焜, | *sīn*, étincelle.

| 麻, | *mâ*, espèce de chanvre grossier, qui sert à faire des sandales et des cordes.

| 鏡, | *kín*, miroir ardent.

| 腿, | *t'oùi*, jambon.

| 草, | *ts'ào*, herbe sèche, dont on peut se servir en guise d'amadou.

| 籤, | *ts'iēn*, mandat urgent d'amener.

官出了 | 籤叫他, *Koūan tch'ŏu lò* | *ts'iēn kiáo t'ā*, le mandarin a lancé un mandat urgent de se saisir de sa personne.

| 炮子, | 炮兒, | *p'áo tsè*, | *p'áo eûl (p'éul)*, pétard.

放 | 炮子, *Fáng* | *p'áo tsè*, faire partir des pétards.

放炮 |, *Fáng p'áo* |, tirer le canon.

那裡起 |, *Là lì k'ì* |, où le feu a-t-il pris?

柴 |, 炭 |, *Tch'âi* |, *t'án* |, feu de bois, de charbon.

打 |, 救 |, *Tà* |, *kieóu* |, combattre le feu, sauver de l'incendie.

遠水難救近 |, *Iuèn choùi lân kieóu kín* |, l'eau éloignée n'est guère utile pour combattre l'incendie qu'on a devant soi.

洋 |, v. 自來 |, *Iâng* |, v. *tsé lâi* |, allumettes chimiques.

| 燒不燃, | *chāo poŭ jân*, ne pouvoir allumer le feu.

| 萎了, | *oūi lò*, le feu a diminué de violence, n'a plus de force.

蔽 |, *Pí* |, étouffer le feu.

| 打息了, | *tà sĭ lò*, on a éteint le feu en frappant dessus.

煨 |, *Oūi* |, couvrir le feu pour le conserver.

健 |, *Kién* |, tremper l'acier.

退 |, *T'oúi* |, retirer le feu; diminuer la chaleur du corps (terme de médecine); détremper de l'acier, le recuire.

這个人有丨, *v.* 丨重, *Tché· kó jên ieòu* 丨, *v.* 丨 *tchóng*, cet homme est échauffé.

要喫凉藥退丨, *v.* 下丨, *Iáo tch'ĕ leâng iŏ t'oúi* 丨, *v. hiá* 丨, il faut prendre des rafraîchissants pour diminuer, ou faire descendre le feu du corps.

要拿倒丨色, *Iáo lâ taò* 丨 *sĕ·*, il faut saisir le degré de chaleur voulu (*litt.* la couleur du feu): se dit des cuisiniers et des ouvriers qui ont à s'occuper du feu.

丨速, 丨 *siŏ*, très vite, sans le moindre retard.

用丨功, *Ióng* 丨 *kōng*, se servir du feu pour arriver à un résultat déterminé; faire jouer l'artillerie.

老丨, *Laò* 丨, *litt.* vieux feu, c.-à-d. dur, difficile, fort.

太陽老丨, *T'ái iâng laò* 丨, le soleil pique fort, il est difficile à endurer.

這个病老丨, *Tché· kó pín laò* 丨, cette maladie est très grave.

這纔叫老丨, *Tché· ts'âi kiáo laò* 丨, voila qui est bien ennuyeux, ou bien très embarrassant.

夥 *Hò*. Associé.

打丨, *Tà* 丨, s'associer.

打丨做生意, *Tà* 丨 *tsóu sēn í*, s'associer pour faire le commerce.

打平丨, *v.* 打平門丨, *Tà p'în* 丨, *v. tà p'în mên* 丨, faire un pique-nique.

打丨喫飯, 喫酒, *Tà* 丨 *tch'ĕ fán, tch'ĕ tsieòu*, manger, boire ensemble.

你跟我打丨開店子, *Gnì kēn gò tà* 丨 *k'āi tién tsè*, associe-toi avec moi pour ouvrir boutique.

都是一丨的人, *Tōu ché ĭ* 丨 *tĭ jên*, ils sont tous du même bord, de la même bande.

你都是跟他們一丨的, *Gnì tōu ché kēn t'ā mên ĭ* 丨 *tĭ*, toi aussi tu fais bande avec eux.

自丨子打架, *Tsé* 丨 *tsè tà kiá*, les camarades se battent entre eux.

丨計(*v.* 契), 丨 *kí* (*v. k'í*), compagnon, associé, ami.

找一個丨計(*v.* 契), *Tchaò ĭ kó* 丨 *kí* (*v. k'í*), chercher un associé.

我的丨計(*v.* 契)打露水走了, *Gò tĭ* 丨 *kí* (*v. k'í*) *tà loú choùi tseòu lò*, (litt.) mon associé est parti battant la rosée, c.-à-d. mon associé s'est éclipsé sans me prévenir.

丨伴, 丨 *pán*, collègues.

Hò à la fin des mots s'emploie souvent dans le style populaire pour indiquer le pluriel, ou simplement par euphonie.

官員丨, 婦人丨, 親戚丨, *Kouān iuên* 丨, *foú jên* 丨, *ts'īn ts'ĭ* 丨, les mandarins, les femmes, les parents.

惡家丨, 好家丨, *Gŏ kiā* 丨; *haò kiā* 丨, méchant; passablement riche.

伙 *Hò*. 傢丨, *Kiā* 丨, ustensiles.

拿傢丨打他, *Lâ kiā* 丨 *tà t'ā*, se servir de n'importe quoi pour le frapper.

HÓ

賀 *Hó*. Féliciter.

恭丨, *v.* 慶丨, *Kōng* 丨, *v. k'ín* 丨, adresser des félicitations dans une circonstance solennelle.

二天我們放火炮來恭丨你, *Eúl t'iēn gò mên fáng hò p'áo lâi kōng* 丨 *gnì*, un de ces jours nous viendrons faire partir des pétards pour te féliciter.

丨新經堂, 丨 *sīn kīn t'âng*, apporter des présents de félicitation, à l'occasion de la dédicace d'un nouvel oratoire.

貨 *Hó*. Marchandises.

丨物, 丨 *oŭ*, marchandises en général, tout ce qui a une valeur pécuniaire.

財丨, *Ts'âi* 丨, richesses.

洋丨, *Iâng* 丨, marchandises exotiques.

廣丨鋪, *Kouàng* 丨 *p'óu*, boutique où l'on vend surtout des articles de Canton.

丨架子, 丨 *kiá tsè*, étalage pour marchandises.

雜丨生意, *Tsă* 丨 *sēn í*, commerce des cent articles.

小 |, *Siaò* |, petites marchandises, comme fil, aiguilles, etc.

荒 | 攤子, *Houāng* | *t'ān tsè*, étalage de bric-à-brac.

買 |, v. 打 |, v. 辦 |, *Mài* |, v. *tà* |, v. *pán* |, faire provision de marchandises (comme les revendeurs).

賒 | 去, 賒 | 來, *Chē* | *k'ú*, *chē* | *lâi*, livrer des marchandises à crédit, en prendre à crédit.

發 |, *Fă* |, expédier des marchandises.

裝 | 下重慶, *Tchoūang* | *hiá Tch'óng k'ín*, embarquer des marchandises pour *Tch'óng k'ín*.

解 |, 送 |, *Kái* |, *sóng* |, accompagner, porter des marchandises.

客不離 |, *K'ĕ pŏu li* |, le marchand ne doit pas perdre de vue sa marchandise.

| 有高矮有眞假, | *icòu kaō gài, icòu tchēn kià*, il y a des marchandises de qualité supérieure ou inférieure, naturelles ou falsifiées.

你賣甚麼寶 |, *Gnì mái chén mô paò* |, *litt.* quelles précieuses marchandises vendez-vous? c.-à-d. quel est votre commerce?

土 |, *T'òu* |, marchandises du pays même.

屯 (v. 囤) |, *T'ên* |, emmagasiner des marchandises (pour les revendre en temps opportun).

他鋪子 | 飽, v. | 少, v. | 不齊, *T'ā p'óu tsè* | *paò*, v. | *chaò*, v. | *pŏu ts'î*, sa boutique est bien approvisionnée, ou bien mal fournie, ou bien n'est pas au complet.

| 堆起沒消處, | *toūi k'ì mŏ siāo tch'óu*, les marchandises s'amoncellent, ne trouvant pas de débouché.

| 眞價實, | *tchēn, kiá chĕ*, les marchandises sont de bonne qualité, et le prix en est juste.

良心 |, *Leâng sīn* |, bonnes marchandises, non falsifiées.

陳 |, *Tch'ên* |, marchandises avariées.

| 單子, | *tān tsè*, inventaire des marchandises, facture.

禍 *Hó*. Malheur, dommage.

惹 |, *Jè* |, provoquer, susciter des malheurs.

| 害, v. | 祟, | *hái*, v. | *sóui*, grand dommage.

肯惹 |, *K'èn jè* |, avoir l'habitude de susciter de mauvaises affaires.

一句話惹衆(這樣)大的 |, *ĭ kú hoúa jè tchóng* (pour *tché iáng*) *tá tĭ* |, un seul mot a suscité de si grands malheurs.

有 | 同當有福同享, *Icòu* | *t'ông tāng, ieòu foŭ t'ông hiàng*, partager également la bonne et la mauvaise fortune.

| 不單行, | *poŭ tān hîn*, un malheur ne vient jamais seul.

| 根, | *kēn*, source de malheurs.

闖 |, *Tch'ouàng* |, s'attirer malheur.

| 福自已招, | *foŭ tsé kì tchāo*, on est soi-même l'artisan de son malheur ou de son bonheur.

蔄 *Hó*. 薆 | (v. 薄荷), *Pó* (*p'ó*) |, menthe. (On dit aussi *pŏ hô*).

薆 | 油, *Pó* (*p'ó*) | *icôu*, essence de menthe.

HŎ

鶴 *Hŏ*. 白 |, v. 白 | 兒, *Pĕ* |, v. *pĕ* | *cûl* (*hoŭl*), héron blanc.

藿 *Hŏ*. | 香, | *hiāng*, bétoine.

| 香丸, | *hiāng iuân*, pilules faites avec cette plante.

| 亂症, | *louán tchén*, choléra.

蠚 *Hŏ*. | 人的, | *jên tĭ*, qui pique, ou qui brûle la peau.

| 蝲子, | *lă tsè*, chenille dont le contact est très douloureux.

| 麻, | *mâ*, ortie.

活 *Hŏ*. Vivre, vivant.

生 |, *Sēn* |, vivre, la vie.

丨的,死的, 丨 *tĭ, sè tĭ*, vivant, mort (se dit des animaux et des plantes aussi bien que des hommes).

復丨, *Foŭ* 丨, ressusciter.

復丨人的靈魂, *Foŭ* 丨 *jĕn tĭ lîn houên*, ressusciter la vie surnaturelle dans l'âme.

丨不倒幾年, 丨 *poŭ taò kì niên*, il aura de la peine à vivre encore quelques années.

丨不起來, 丨 *poŭ k'ì laî*, il ne s'en tirera pas, il en mourra (en parlant d'un malade).

丨轉來了, 丨 *tchouàn laî lò*, il est revenu à la vie après une mort apparente.

不得丨, *Poŭ tĕ·* 丨, il ne s'en tirera pas la vie sauve.

丨埋, 丨 *mâi*, enterrer vivant.

逮丨的, *Tài (tái)* 丨 *tĭ*, prendre vif.

丨魚, 丨 *iû*, poisson vivant.

栽丨了,接丨了, *Tsāi* 丨 *lò, tsiĕ·* 丨 *lò*, la plantation, la greffe a pris.

丨水, 丨 *choùi*, eau vive.

丨信德, 丨 *sín tĕ·*, foi agissante.

丨路, 丨 *loú*, travail.

做丨路, *Tsoú* 丨 *loú*, travailler.

丨動, *v.* 丨泛, 丨 *tóng, v.* 丨 *fán*, mobile, dégagé, actif.

這本書是丨字印的, *Tché· pèn chōu ché* 丨 *tsé in tĭ*, ce livre est imprimé avec des caractères mobiles.

打要打得够鬬只留他一條丨命, *Tà iáo tà tĕ· keóu teóu, tchè licôu t'ā ĭ t'iâo* 丨 *mín*, il faut le rosser d'importance, lui laissant tout juste la vie.

合 *Hŏ*. Unir; centième partie d'un boisseau.

和丨, *Hô* 丨, union intime.

六丨, *Loŭ* 丨, le ciel et la terre avec les quatre points cardinaux.

丨禮,丨理, 丨 *lì*, conforme aux rites, conforme à la raison.

丨式, 丨 *ché*, convenable, qui va bien.

穿得丨式, *Tch'oūan tĕ·* 丨 *ché*, être habillé convenablement, suffisamment.

剛剛丨式, *Kiāng kiāng* 丨 *ché*, c'est juste comme il faut.

喫酒丨式了, *Tch'ĕ tsieòu* 丨 *ché lò*, il en a bu son compte.

喫酒你要喫得丨式點, *v.* 丨良點, *Tch'ĕ tsieòu gnì iáo tch'ĕ tĕ·* 丨 ché tièn, *v.* 丨 leâng tièn, il faut boire un peu plus raisonnablement.

丨攏來, 丨 *lòng lâi*, réunir plusieurs parties en un tout.

丨攏來做一堆, 丨 *lòng lâi tsoú ĭ toūi*, réunir en un seul tas.

十丨,八丨的棺材, *Chĕ* 丨, *pă* 丨 *tĭ koūan ts'âi*, cercueil fait de dix pièces, de huit pièces.

三丨土, *Sān* 丨 *t'òu*, ciment à paver les aires, composé de différentes sortes.

三丨頭一正両横, *Sān* 丨 *t'eôu, ĭ tchén leàng houân*, une maison composée d'un bâtiment principal et de deux ailes.

這个東西丨我的意, *Tché· kó tōng sĭ* 丨 *gò tĭ í*, cela me convient bien.

不丨天主的聖意, *Poŭ* 丨 *T'iēn Tchòu tĭ chén í*, qui n'est pas conforme à la sainte volonté de Dieu.

來銀十両丨錢十五吊二百七, *Lâi în chĕ leàng*, 丨 *ts'iên chĕ où tiáo eúl pĕ· ts'ĭ*, reçu 10 taëls, estimés en sapèques 15 ligatures 270 sapèques.

丨了好多錢, 丨 *lò haò tō ts'iên?* à combien de sapèques le change?

丨了十七吊錢, 丨 *lò chĕ ts'ĭ tiáo ts'iên*, j'ai changé (l'argent) à 17 ligatures (les 10 taëls).

同心丨意辦事, *T'ông sīn* 丨 *í pán sé*, agir de concert.

瘡丨了口, *Tch'oūang* 丨 *lò k'òu*, les lèvres de la plaie se sont rejointes.

再走両里路就丨大路了, *Tsái tseoù leàng lì loú, tsieóu* 丨 *tá loú lò*, encore deux lis de chemin, et on aura rejoint la grande route.

丨(*v.* 闔)家都平安, 丨 *kiā tōu p'în gān*, toute la famille se porte bien.

丨同, 丨 *t'ông*, convention écrite en partie double (de telle façon que l'un des exemplaires ne peut servir que sur juxtaposition avec l'autre).

寫｜同, *Siè* ｜ *t'ông*, écrire une pièce en partie double.

一｜, *ĭ* ｜ (*v. kŏ*), un centième de boisseau.

聲氣不｜, *Chēn k'í poŭ* ｜, les voix ne s'accordent pas.

盒 *Hŏ*. Boîte.

｜｜, ｜｜, petite boîte à sucreries.

｜匣子, ｜ *hiâ (hiă) tsè*, même sens; signifie aussi cercueil d'enfant, mauvais cercueil en général.

烟｜子, *Iēn* ｜ *tsè*, boîte à tabac, ou à opium.

墨｜子, 麵餅｜子, *Mĕ* ｜ *tsè*, *mién pìn* ｜ *tsè*, encrier, boîte à hosties.

木｜子, 竹｜子, 銅｜子, 鑌鐵｜子, *Mŏu* ｜ *tsè*, *tchŏu* ｜ *tsè*, *t'ông* ｜ *tsè*, *pīn t'iĕ* ｜ *tsè*, boîte en bois, de bambou, de cuivre, de fer blanc.

聖體｜子, *Chén t'ì* ｜ *tsè*, custode.

裝在｜子裡頭, *Tchouāng tsái* ｜ *tsè ì (lì) t'eôu*, mettre dans la boîte.

菜｜子, *Ts'ái* ｜ *tsè*, boîte à vivres pour le voyage.

抬｜, *T'âi* ｜, espèce de civière portée par deux hommes, sur laquelle sont des présents, ou différents objets faisant partie de la dot d'une nouvelle mariée.

有幾架抬｜, *Ieòu kì kiá t'âi* ｜, combien y a-t-il de ces espèces de civières?

嗑 *Hŏ*. Boire en petite quantité.

｜一口酒, ｜ *ĭ k'eòu tsieòu*, boire une gorgée de vin.

｜兩口水(*v.* 茶), ｜ *leàng k'eòu choùi* (*v. tch'â*), avaler deux gorgées d'eau (ou de thé).

喫｜, *v.* 喫｜兒, *Tch'ĕ* ｜, *v. tch'ĕ* ｜ *eûl (hoêul)*, (pop.) mangeaille.

HŌNG

轟 *Hōng*. Grand bruit confus.

｜一聲就去了, ｜ *ĭ chēn tsieóu k'ú lò*, ils partirent avec fracas.

烘 *Hōng*. Faire sécher au feu, rôtir.

｜籠子, ｜ *lông tsè*, chaufferette avec cage en bambou.

向｜籠子, *Hiáng* ｜ *lông tsè*, se chauffer à la chaufferette.

｜饝饝, ｜ *mô mō*, rôtir le pain.

｜菜, ｜ *ts'ái*, rôtir la viande.

乾｜, *Kān* ｜, rôtir à sec.

｜焦了, ｜ *tsiāo lò*, c'est trop rôti, tout desséché.

｜髶, (*v. lāo* 髶, *v. lōng* 髶), ｜ *p'a*, (*v. lāo p'a, v. lōng p'a*), cuire très tendre.

HÔNG

紅 *Hông*. Rouge.

｜色, ｜ *sĕ*, couleur rouge.

戴｜色, *Tái* ｜ *sĕ*, porter des habits de couleur rouge.

帶｜色, *Tái* ｜ *sĕ*, couleur tirant sur le rouge.

｜帽子, ｜ *máo tsè*, bonnet de cérémonie à franges rouges.

｜毛人, ｜ *máo jên*, homme aux poils rouges.

｜銅, ｜ *t'ông*, cuivre rouge, pur d'alliage.

硃｜, *Tchōu* ｜, rouge pourpre.

｜房, ｜ *fâng*, teinturerie pour le rouge et les autres couleurs voyantes.

新｜ (*v.* 銀硃), *Sīn* ｜ (*v. în tchōu*), vermillon.

品｜, *P'ìn* ｜, matière colorante rouge d'Europe.

洋｜, *Iâng* ｜, carmin.

掛｜, *Koúa* ｜, *litt.* suspendre du rouge, c.-à-d. afficher un voile de soie rouge, soit pour féliciter quelqu'un, soit comme marque de réparation solennelle d'une injure.

跟太醫掛｜, *Kēn t'ái ī koúa* ｜, féliciter de cette manière un médecin (à l'occasion d'une cure).

｜衣犯人, ｜ *ī fán jên*, condamné à mort qui porte l'habit rouge.

燒｜, *Chāo* ｜, chauffer au rouge.

櫻桃｜了, *Guēn t'âo ｜ lò*, les cerises sont rouges, c.-à-d. mûres.

解(v. 屙)｜, *Kài (v. ō) ｜*, rendre du sang par les voies naturelles (par ex. dans une dyssenterie).

吐｜, *T'òu ｜*, cracher le sang.

｜船, *｜ tch'ouân*, barque de sauvetage, peinte en rouge.

一點事臉就｜了, *ĭ tièn sé lièn tsieóu ｜ lò*, la moindre chose le fait rougir.

一張臉喫得通(v. 緋)｜, *ĭ tchāng lièn tch'ĕ tĕ· t'ōng (v. feī) ｜*, il a la figure empourprée à force de manger (ou de boire).

他的脈｜, *T'ā tĭ mĕ· ｜*, son pouls est fort.

手不摸｜，｜不染手, *Cheòu poŭ mō ｜, ｜ poŭ jàn cheòu*, si on ne touche pas à la couleur rouge, la main n'en est pas teinte.

｜黑, *｜ hĕ·*, (litt.) rouge et noir, c.-à-d. absolument, de gré ou de force.

洪 *Hông*. Grand, vaste.

｜水, *｜ choùi*, déluge, grandes eaux.

發｜水, *Fă ｜ choùi*, grande crue.

天主的｜恩, *T'iēn Tchòu tĭ ｜ guēn*, les immenses bienfaits de Dieu.

HONG

哄 *Hòng*. Tromper.

｜得倒人，｜不倒天主, *｜ tĕ· tào jên, ｜ poŭ tào T'iēn Tchòu*, on peut arriver à tromper les hommes, mais non pas Dieu.

｜不得人, *｜ poŭ tĕ· jên*, il est défendu de tromper.

天主亦不受｜，亦不｜人, *T'iēn Tchòu ĭ poŭ cheóu ｜, ĭ poŭ ｜ jên*, Dieu ne peut être ni trompé ni trompeur.

｜怕了, *｜ p'á lò*, il est devenu timide à force d'avoir été trompé.

｜得過去算了, *｜ tĕ· kó k'ú souán lò*, pourvu qu'en trompant on arrive à ses fins, peu importe.

這个病｜人, *Tché· kó pín ｜ jên*, cette maladie est perfide, elle trompe.

｜人生意不長久, *｜ jên sēn í poŭ tch'âng kieòu*, le métier de trompeur ne dure pas.

｜人家的錢, *｜ jên kiā tĭ ts'iên*, soutirer la sapèque des gens.

拿跟人家｜倒了, *Lâ kēn jên kia ｜ taò lò*, il s'est laissé tromper par autrui.

｜騙人家, *｜ p'ién jên kiā*, faire tort à quelqu'un en le trompant.

欺｜人, *K'ī ｜ jên*, tromper indignement les gens.

HOU.—Voyez *Fou*, page 53 et suivantes.

HOŪA

花 *Hoūa*. Fleurs, fleuri, de diverses couleurs; dépenser.

一朵｜, *ĭ tò ｜*, une fleur.

一窩｜, *ĭ ō ｜*, un plant de fleurs.

｜包包, v. ｜菇葖, *｜ pāo pāo, v. ｜ kōu tōu*, bouton de fleur.

開｜, *K'āi ｜*, fleurir.

｜蔫了,(v. 卸了, v. 落了), *｜ iēn lò, (v. sié· lò, v. lŏ lò)*, les fleurs sont fanées, (ou bien tombées).

｜鉢 (v. 缾 v. 盆), *｜ pŏ (v. p'în v. p'ên)*, vase à fleurs.

｜園, *｜ iuên*, jardin à fleurs.

｜街, *｜ kāi*, (litt.) rue aux fleurs, s'entend des rues mal famées.

習｜, v. 種｜, v. 栽｜, *Sĭ ｜, v. tchóng ｜, v. tsāi ｜*, cultiver, planter des fleurs.

打｜, *Tà ｜*, faire la cueillette (abeilles); se dit aussi des mensonges colorés.

畫｜, *Houá ｜*, peindre des fleurs.

雕｜, *Tiāo ｜*, sculpter des fleurs sur bois.

鏨｜, *Tsán ｜*, sculpter des fleurs sur pierre.

插｜, *Tch'ă ｜*, broder des fleurs.

穀子揚｜, *Koŭ tsè iáng ｜*, le riz est en fleurs.

無｜菓, *Oû ｜ kò*, figues, *litt.* fruit sans fleurs.

金銀｜, *Kīn în ｜*, chèvrefeuille.

水仙｜, *Choùi siēn ｜*, narcisse.

牡丹 |, *moù (meòu) tān* |, pivoine.
菊 |, *Kiŭ* |, reine-marguerite.
罌粟 |, *īn sū (v. sioŭ)* |, fleur du pavot.
雞冠 |, *Kī kouān* |, crête de coq (fleur).
蹈陽 |, *Láo iâng* |, datura stramonium.
| 紅, | *hông*, petite pomme.
| 生, | *sēn*, arachide ou pistache de terre.
刨 | 生, *P'âo* | *sēn*, déterrer les arachides; 篩 | 生, *chāi* | *sēn*, les passer au crible; 淘 | 生, *t'âo* | *sēn*, les laver; 擘 | 生, *pŏ* | *sēn*, les écosser.
| 生油, *v.* | 油, | *sēn icôu, v.* | *icôu*, huile d'arachide.
棉 |, *Miên* |, coton.
| 椒, | *tsiāo*, espèce de poivre chinois.
紙 |, *Tchè* |, fleurs artificielles en papier.
通草 |, *T'ōng ts'ào* |, fleurs artificielles en moëlle végétale.
翠 |, *Ts'óui* |, fleurs en plumes de martin-pêcheur.
| 線, | *sién*, fil de soie de couleur non tordu.
| |, | |, fleurs, peintures, gribouillage.
| 的, | *tĭ*, fleuri, tacheté, de diverses couleurs.
| 狗, | *keòu*, chien à la peau tachetée.
| 得好看, | *tĕ· haò k'án*, d'une belle variété de couleurs.
布染得不勻靜是 | 的, *Póu jàn tĕ· poŭ iûn tsín ché* | *tĭ*, la toile mal teinte est bariolée.
這股地方岔 | 多, *Tché· koù tí fāng tch'á* | *tō*, cette propriété a des limites fort irrégulières.
| 轎, | *kiáo*, palanquin fleuri, dont se servent les nouvelles mariées le jour des noces.
| 廳, | *t'īn*, salle de réception; kiosque.
| 炮, | 筒, | *p'áo*, | *t'ông*, pièces d'artifice.

眼睛 |, *Ièn tsīn* |, les yeux sont brouillés.
柴 | 子, *Tch'âi* | *tsè*, éclats de bois à brûler.
鉋 | 子, *v.* 鉋 | 兒, *Páo* | *tsè, v. páo* | *eûl (hoūeul)*, copeaux de rabot.
| 錢, | *ts'iên*, piastre; dépenser de la sapèque.
| 不得好多錢, | *poŭ tĕ· haò tō ts'iên*, ce ne sera pas une grosse dépense.
| 費, | *féi*, dépenser, dépenses.
| 費大了, | *féi tá lò*, les dépenses sont fortes, excessives.

扡 *Hoūa*. Déchirer, fendre.
| 柴, | *tch'âi*, fendre du bois.
| 開, | *k'āi*, ouvrir avec un instrument tranchant.
| 開肚皮, | *k'āi toú p'î*, ouvrir le ventre.
| 開両半邊, | *k'āi leàng pán piēn*, fendre en deux parties égales.

HÔUA

華 *Hôua*. Pompeux, splendide.
| 麗, | *lí*, beau, orné richement.
榮 | 富貴, *Iûn* | *foú kouí*, la gloire et la fortune.
虛 |, *Hū* |, vanité, vaines pompes.
奉教人該丢世俗的虛 |, *Fóng kiáo jên kāi tieōu ché siŏu tĭ hū* |, un chrétien doit quitter les vaines pompes du siècle.
中 |, *v.* 中 | 國, *Tchōng* |, *v. tchōng* | *kouĕ·*, l'Empire chinois.

鏵 *Hôua*. Soc de charrue.
一 匍(*v.* 一 口) |, *ĭ tsièn (v. ĭ k'eòu)* |, un soc de charrue.
| 匠, | *tsiáng*, fabricant de socs.
我 | 鉛了要掉一口新的, *Gò* | *iû lò, iáo t'iáo ĭ k'eòu sīn tĭ*, mon soc de charrue est usé, je veux l'échanger contre un neuf.
| 炭, | *t'án*, coke.

划 *v.* 扒 *Hôua.* Ramer; d'accord; avantageux; jouer à la mourre; calculer.

丨船, 丨 *tch'oûan*, aller à la rame.

丨子, 丨 *tsè*, petite barque qui accompagne les grandes, pour la facilité de l'embarquement et du débarquement des tireurs de corde.

丨龍船, 丨 *lông tch'oûan*, régates qui ont lieu le 5 de la 5eme lune.

看丨龍船, *K'án* 丨 *lông tch'oûan*, aller voir les régates.

他們両個丨得來, *T'ā mên leàng kó* 丨 *tĕ· lâi*, ils s'entendent bien entre eux deux.

這个生意丨不來, *Tché· kó sēn í* 丨 *poŭ lâi*, ce commerce n'est pas avantageux.

你倒丨得來, *Gnì taó* 丨 *tĕ· lâi*, tu y gagnes, toi.

丨拳, 丨 *k'ûen*, jouer à la mourre.

不丨拳不醉, *Poŭ* 丨 *k'ûen poŭ tsóui*, on ne s'enivre pas quand on ne joue pas à la mourre.

不會丨算一世窮, *Poŭ hoúi* 丨 *souán*, *ĭ ché k'iông*, qui ne sait pas calculer sera pauvre toute sa vie.

HOÚA

化 *Hoúa.* Transformer, fondre.

變丨, *Pién* 丨, changer, transformer.

勸丨世人, *K'úen* 丨 *ché jên*, exhorter les hommes à se convertir.

善丨不足, 惡丨有餘, *Chán* 丨 *poŭ tsiŏ, gŏ* 丨 *ieòu iû*, les bons exemples sont trop rares, les mauvais ne sont que trop nombreux.

造丨, *Ts'áo* 丨, fatalité, destin, chance.

好造丨, *Haò ts'áo* 丨, quelle chance!

消丨, *v.* 丨食, *Siāo* 丨, *v.* 丨 *chĕ*, digérer les aliments.

丨食的藥, 丨 *chĕ tī iŏ*, remède digestif.

飲食不丨, *ìn chĕ poŭ* 丨, les aliments ne peuvent se digérer.

雪丨了, *Suĕ·* 丨 *lò*, la neige est fondue.

燒丨, *Chāo* 丨, fondre au feu.

燒不丨, *Chāo poŭ* 丨, ne pouvoir fondre au feu.

丨了, 丨完了, 丨 *lò*, 丨 *ouân lò*, c'est fondu, entièrement fondu, dissous.

丨成水, 丨 *tch'ên choùi*, résolu en eau.

丨不在了, 丨 *poŭ tsái lò*, c'est dissous, il n'en reste plus rien.

熬丨, *Gâo* 丨, fondre par la cuisson.

晒丨, *Chái* 丨, fondre au soleil.

叫丨子, *Káo (kiáo)* 丨 *tsè*, mendiant.

丨緣, 丨 *iuên* 丨, quête faite par les bonzes.

丨功果, 丨 *kōng kò*, quêter pour une bonne œuvre payenne.

挨門挨戶去丨錢, *Gāi mên gāi foú k'ú* 丨 *ts'iên*, quêter de porte en porte.

畫 *Hoúa.* Peindre, tirer des lignes.

筆丨, *Pĭ* 丨, trait de pinceau (on dit plus souvent *pĭ hŏ*).

這个字有好多筆丨, *Tché· kó tsé ieòu hào tō pĭ* 丨, ce caractère a combien de traits de pinceau?

一幅丨, *ĭ foŭ* 丨, une peinture.

丨條, 丨 *t'iâo*, peinture longue et étroite.

丨匠, 丨 *tsiáng*, peintre.

丨像, 丨 *siáng*, peindre des images.

丨十字, 丨 *chĕ tsé*, tracer une croix.

丨一个圈圈, 丨 *ĭ kó k'ûen k'ûen*, tracer un cercle.

丨一个樣子, 丨 *ĭ kó iáng tsè*, tracer un modèle, un spécimen.

丨人物子, 丨 *jên oŭ tsè*, peindre des figures d'hommes.

丨虎丨皮難丨骨, 丨 *foù* 丨 *p'î, lân* 丨 *koŭ*, peindre un tigre c'est en peindre la peau, il serait difficile d'en peindre les os (prov.), c.-à-d. il est difficile de connaître les pensées d'autrui.

丨押, 丨 *iă*, apposer sa signature.

丨眉子, 丨 *mî tsè*, espèce de rossignol, plus gros que le vrai rossignol.

話 *Hoúa.* Parole, mot.

一句丨, *ĭ kú* 丨, une parole, un mot.

是一句 | , *Ché ĭ kú* | , ce n'est qu'une parole.

一句 | 都說不出來, *ĭ kú* | *toū chŏ poŭ tch'ŏu lâi*, il ne sait pas dire un seul mot, il n'est pas habile à parler.

我有一句 | 說跟你聽, *Gò ieòu ĭ kú* | *chŏ kēn gnì t'īn*, j'ai un mot à te dire.

說的是兩句 | , *Chŏ tĭ ché leàng kú* | , il a fait une double supposition sans rien affirmer carrément.

說 | 說一句算一句, *Chŏ* | , *chŏ ĭ kú souán ĭ kú*, n'avoir qu'une parole.

說 | , *v.* 談 | , *Chŏ* | , *v. t'ân* | , parler; jurer.

沒得 | 說, *Mŏ tĕ·* | *chŏ*, il n'a rien à dire; il n'y a rien a dire.

這纔是 | , *Tché· ts'âi ché* | , voilà ce qui s'appelle parler!

這是嗾子 | , *Tché· ché chá tsè* | , qu'est-ce que signifient de pareilles paroles!

官 | , *Koūan* | , la langue mandarine parlée (à l'exclusion des patois).

套 | , *T'áo* | , paroles captieuses, cérémonieuses, d'une politesse raffinée.

閒 | , *Hiên* | , paroles oiseuses, de querelle.

無益的 | , *Oû ĭ tĭ* | , paroles inutiles.

多餘的 | , *Tō iû tĭ* | , paroles superflues.

說不出來的 | , *Chŏ poŭ tch'ŏu lâi tĭ* | , choses difficiles à dire.

使不着(*v.* 得)的 | , *Chè poŭ tchŏ (v. tĕ·) tĭ* | , paroles qui ne peuvent servir, c.-à-d. mauvaises paroles.

理小 | 子, *Lì siào* | *tsè*, se disputer pour des riens.

| 說亂了, | *chŏ louán lò*, la dispute s'est embrouillée.

| 說明氣散了, | *chŏ mîn, k'í sán lò*, une fois qu'on s'est bien expliqué, il ne reste plus de rancune.

人多 | 多, *Jên tō* | *tō*, beaucoup de monde, beaucoup de paroles.

| 不投機, | *poŭ t'eôu kī*, les paroles ne s'accordent pas, tournent à la dispute.

說 | 不好聽, *Chŏ* | *poŭ haò t'īn*, parler d'une manière désagréable.

說不好聽的 | , *Chŏ poŭ haò t'īn tĭ* | , proférer des paroles indécentes.

說村 | , 說邪淫的 | , *Chŏ ts'ēn* | , *chŏ siê· în tĭ* | , dire des paroles grossières, obscènes.

說橫 | , *Chŏ hoūan (v. hoūen)* | , dire des paroles de travers, déraisonnables.

說氣 | , *Chŏ k'í* | , dire des paroles de colère.

說辣丁 | , 說中國 | , *Chŏ lă tīn* | , *chŏ tchōng kouĕ·* | , parler latin, chinois.

說 | 說不眞, *Chŏ* | *chŏ poŭ tchēn*, ne pas prononcer clairement.

這句 | 不受聽, *Tché· kú* | *poŭ cheóu t'īn*, ce mot ne peut pas passer.

HOŬA

滑 *Hoŭa*. Poli, glissant.

路 | 得很, *Loú* | *tĕ· hèn*, le chemin est très glissant.

我脚 | 了, *Gò kiŏ* | *lò*, le pied m'a glissé.

脚一 | 就去了, *Kiŏ ĭ* | *tsieóu k'ú lò*, le pied lui glisse, et le voilà par terre.

油 | 石(*v.* 油礦石), *Ieôu* | *chĕ (v. ieôu kouáng chĕ)*, pierre glissante, marbre.

猾 *Hoŭa*. Trompeur, fourbe, rusé.

狡 | , *Kiaò* | , même sens.

這个人狡 | 得狠難纏(*v.* 惹), *Tché· kó jên kiaò* | *tĕ· hèn, lân tch'ân (v. jè·)*, c'est un rusé coquin, il n'y a pas à s'y frotter.

來清官難逃 | 吏手, *Lâi ts'īn koūan, lân t'âo* | *lí cheòu*, même si le mandarin est intègre, vous aurez du mal à vous tirer des mains de ses coquins d'employés.

劃 *Hoŭa*. Couper, fendre.

| 玻璃, | *pō lî*, couper du verre, le rayer.

| 柴, | *tch'âi*, fendre du bois.

華西官話漢法詞典

HOUÂI

懷 *Houâi.* Sein, giron, garder dans le cœur.

加｜, *Kiā* ｜, *litt.* augmentez votre ventre, c.-à-d. bon appétit, mangez bien (parole de politesse)!

｜頭抱嬰孩, ｜ *t'eôu paó īn hiâi*, porter un enfant sur son sein.

我｜頭有銀子, *Gò* ｜ *t'eôu ieòu în tsè*, j'ai de l'argent dans mon sein.

裝一｜頭的梨子, *Tchoūang ī* ｜ *t'eôu tī lî tsè*, avoir le sein rempli de poires.

｜胎, *v.* **｜孕**, ｜ *t'āi*, *v.* ｜ *joúen*, concevoir, être enceinte.

｜恨, 忿, 仇, ｜ *hén, fén, tch'eôu*, garder dans le cœur de la haine, de la colère, de l'inimitié.

開｜, *K'āi* ｜, être de bonne humeur.

傷｜, *Chāng* ｜, être triste.

忘｜了, *Ouâng* ｜ *lò*, j'ai oublié.

槐 *Houâi.* **｜樹**, ｜ *choú*, acacia.

｜子, ｜ *tsè*, fruit de l'acacia.

HOUÁI

壞 *Houái.* Se gâter, se corrompre.

朽｜, *Hieòu* ｜, pourri.

漚｜, *Gǒ (pour gueóu)* ｜, moisi.

整 (*v.* **打** *v.* **損**) **｜了**, *Tchèn* (*v. tà v. sèn*) ｜ *lò*, il l'a gâté, il l'a brisé.

｜完了, ｜ *ouân lò*, c'est tout gâté.

乾｜了, 旱｜了, *Kān* ｜ *lò, hán* ｜ *lò*, c'est gâté par la sécheresse, par la pluie.

放不｜, *Fáng poŭ* ｜, cela peut se conserver sans se gâter.

放｜了, *Fáng* ｜ *lò*, cela ne s'est pas conservé.

嬰孩｜了, *īn hiâi* ｜ *lò*, l'enfant est mort.

下灘肯｜船, *Hiá t'ān k'èn* ｜ *tch'oûan*, les barques se brisent souvent en descendant les rapides.

房子｜得狠, *Fâng tsè* ｜ *tĕ· hèn*, la maison est en très mauvais état.

｜表樣, ｜ *piào iáng*, mauvais exemple, donner mauvais exemple.

｜規矩, ｜ *koūi kù*, ruiner la règle (à force de la violer).

敗｜良心, *Pái* ｜ *leâng sīn*, (litt.) corrompre sa conscience.

｜人名節 (*v.* **名聲**), ｜ *jên mîn tsiĕ·*, *v.* *mîn chēn*, perdre la réputation d'autrui.

｜事, ｜ *sé*, gâter les affaires, mauvaise affaire.

爛酒不改狠｜事, *Lán tsieòu poŭ kài, hèn* ｜ *sé*, l'ivrogne qui ne se corrige pas s'attire bien des maux.

｜了事, ｜ *lò sé*, il a fait une mauvaise affaire.

不多｜事, *Poŭ tō* ｜ *sé*, qui ne gâte pas trop les affaires.

｜不得事, *v.* **不得｜事**, ｜ *poŭ tĕ· sé*, *v. poŭ tĕ·* ｜ *sé*, cela ne peut rien gâter.

這个人有點｜事, *Tché· kó jên ieòu tièn* ｜ *sé*, c'est un homme qui gâte facilement les affaires.

他是一个｜人, *T'ā ché ī kó* ｜ *jên*, c'est un mauvais homme, qui ne peut que nuire.

HOUĀN

歡 *Houān.* Se réjouir, consentir (se prononce souvent par corruption *houāi*).

｜喜, *v.* **喜｜**, ｜ *hì*, *v.* *hì* ｜, même sens.

喜｜一個人, *Hì* ｜ *ī kó jên*, aimer quelqu'un.

不｜喜, *Poŭ* ｜ *hì*, n'être pas content, ne pas consentir.

你喜不喜｜, *Gnì hì poŭ hì* ｜, es-tu content? consens-tu?

｜｜喜喜, ｜ ｜ *hì hì*, très content, de bon cœur.

不喜｜的樣子, *Poŭ hì* ｜ *tī iáng tsè*, n'avoir pas l'air content.

他好像不喜｜, *T'ā haò ts'iáng poŭ hì* ｜, il paraît que cela ne lui va pas.

両家都 | 喜, *Leàng kiā toū | hì*, cela plaît aux deux familles (par ex. une proposition de fiançailles).

| **樂**, | *lŏ*, plaisir, se réjouir, réjouir.

| **樂人的心**, | *lŏ jên tĭ sīn*, réjouir le cœur de l'homme.

HOUÂN

横 *Houân.* De travers (se prononce aussi *houên*).

| **順**, | *chouén*, en travers et en sens direct, de toutes façons.

| **順都是一様的**, | *chouén toū ché ĭ iáng tĭ*, cela reviendra toujours au même.

| **順都是要死的**, | *chouén toū ché iáo sè tĭ*, n'importe comment, il faudra bien mourir.

| **起走**, | *k'ì tseòu*, marcher de travers; prendre la traverse, filer en emportant le bien d'autrui.

| **起過去, 過來**, | *k'ì kó k'ú, kó lâi*, aller, venir par un chemin de traverse.

| **起放**, | *k'ì fáng*, poser en travers.

| **起的**, | *k'ì tĭ*, en travers.

| **起念書**, | *k'ì nién chōu*, lire en travers (et non de haut en bas).

| **起睡**, | *k'ì chouí*, être couché en travers sur le lit.

還 *Houân.* Rendre; encore (dans ce dernier sens on dit souvent *hân v. hâ v. hâi* pour *houân*).

| **賬**, | *tcháng*, payer ses dettes.

| **不起**, | *poŭ k'ì*, n'avoir pas de quoi rendre.

| **清楚了**, | *ts'īn ts'òu lò*, j'ai tout rendu.

| **愿**, | *iuén*, accomplir un vœu.

| **原**, | *iuên*, rétablir dans le premier état.

| **工夫**, | *kōng foū*, rendre des journées de travail.

退 |, *T'oúi* |, rendre, restituer.

借東西要 |, *Tsié tōng sī iáo* |, quand on emprunte, il faut rendre.

| **情**, | *ts'în*, rendre l'affection, c.-à-d. cadeau pour cadeau.

我 | 你的烟袋, *v.* **我拿烟袋 | 你**, *Gò | gnì tĭ iēn tái, v. gò lâ iēn tái | gnì*, je te rends ta pipe.

| **有沒得**, | **有**, *v.* **沒得** *v.* **沒得了**, | *ieòu mŏ tĕ? Rép. | ieòu; v. mŏ tĕ, v. mŏ tĕ lò*, y en a-t-il encore? Rép. il y en a encore; ou bien il n'y en a plus.

| **喫不喫**, | *tch'ĕ poŭ tch'ĕ?* veux-tu manger encore?

| **早**, | *tsaò*, il est encore de bonne heure; (iron.) c'est encore de trop bonne heure.

你要嚇我 | 早, *Gnì iáo hĕ gò, | tsaò*, tu penses me faire peur, c'est encore trop tôt, mon garçon!

| **要說**, | *iáo chŏ*, j'ai encore à dire; tu oses encore ouvrir la bouche!

| **有嗏子說**, | *ieòu chá tsè chŏ?* qu'y a-t-il encore à dire? qu'as-tu encore à dire?

都 | 好, *Toū | hào*, c'est encore bon, bien.

| **有好點**, | *ieòu haò tièn*, il y a encore mieux.

| **在叙府**, | *tsái Sú foù*, il est encore à *Sú-foù.*

銀子 | 在, *în tsè | tsái*, l'argent existe encore.

鐶 *v.* **環** *Houân.* **耳** |, *Eùl* |, boucles d'oreilles.

釵 | 首飾, *Tch'āi | cheòu chĕ*, ornements de tête pour les femmes.

HOUÀN

緩 *Houàn.* Différer, peu à peu.

| | **子來**, | | *tsè lâi*, viens tout doucement: on verra peu à peu.

延 |, *v.* **遲** |, *Iên* |, *v. tch'ê* |, différer, traîner en longueur.

一天 | 一天, *ĭ t'iēn | ĭ t'iēn*, remettre d'un jour à l'autre.

| **両天來**, | *leàng t'iēn lâi*, viens dans deux jours.

鬆 | 両天, *Sōng | leàng t'iēn*, patiente deux jours.

今天我還不起丨一吓子, *Kīn t'iēn gò houân poŭ k'ì* 丨 *ĭ há tsè*, je ne puis payer aujourd'hui, accordez-moi un peu de répit.

HOUÁN

患 *Houán*. Malheur, calamité, craindre, s'affliger.

丨難, 丨 *lán*, calamité.

要防後丨, *Iáo fâng heóu* 丨, il faut prendre ses précautions contre ce qui peut arriver plus tard.

要存案免後丨, *Iáo ts'ên gán, mièn heóu* 丨, il faut laisser au tribunal une pièce destinée à prévenir des vexations ultérieures.

憂丨, *Ieōu* 丨, être inquiet.

病痛丨難都是天主安排的, *Pín t'óng* 丨 *lán toū ché T'iēn Tchòu gān p'âi tī*, les maladies, les calamités sont des dispositions de Dieu.

世上的丨難, *Ché cháng tī* 丨 *lán*, les misères de ce monde.

宦 *Houán*. Magistrat, magistrature.

爲官爲丨, *Oûi koūan oûi* 丨, être mandarin.

官丨之家, *Koūan* 丨 *tchē kiā*, famille de mandarin, noble.

他非官非丨那个怕他, *T'ā fēi koūan fēi* 丨 *là kó p'á t'ā?* il n'est ni mandarin, ni constitué en dignité, qui a peur de lui?

幻 *Houán*. Faux, trompeur.

丨世的福樂, 丨 *ché tī foŭ lŏ*, les félicités de ce monde trompeur.

喚 *Houán*. Appeler.

丨狗, 丨猪, 丨猫兒, 丨 *keòu*, 丨 *tchōu*, 丨 *māo eûl, etc.*, appeler le chien, le porc, le chat, etc., par un cri particulier que chaque animal entend.

丨不過來, 丨 *poŭ kó lâi*, ne pouvoir faire venir en appelant.

叫丨, *Kiáo* 丨, crier (se dit surtout des animaux).

精叫丨, *Tsīn kiáo* 丨, crier très fort.

精抓抓叫丨, *Tsīn tchoūa tchoūa kiáo* 丨, crier horriblement.

呻丨, *Tch'ēn* 丨, gémir.

他痛得呻丨, *T'ā t'óng tĕ tch'ēn* 丨, il souffre à en pousser des gémissements.

不消呻丨有我, *Poŭ siāo tch'ēn* 丨, *ieòu gò*, cesse de gémir, je suis là (pour t'aider).

換 *Houán*. Changer, échanger.

丨衣裳, 丨 *ī châng*, changer d'habits.

丨洗的衣裳, 丨 *sì tī ī châng*, habits de rechange.

丨朝, 丨 *tch'âo*, changer de dynastie.

丨毛, 丨 *mâo*, changer de poil, muer.

丨肚皮, 丨 *toú p'î*, (litt.) changer de ventre, c.-à-d. se faire à un autre régime.

丨了三個太醫, 丨 *lò san kó t'ái ī*, on a changé trois fois de médecin.

他請的人直是丨, *T'ā ts'ìn tī jên tchĕ ché* 丨, il change continuellement ses employés.

貨不眞慨我保(*v.* 包)你丨得倒, *Hó poŭ tchēn k'ái gò paò (v. paō) gnì* 丨 *tĕ taò*, si la marchandise ne vaut pas, je réponds de la changer.

改丨自己的脾氣, *Kài* 丨 *tsé kì tī p'î k'í*, corriger son caractère.

官要丨了, *Koūan iáo* 丨 *lò*, le mandarin va être changé.

掉丨銀子, *T'iào* 丨 *în tsè*, échanger de l'argent contre des sapèques.

掉丨生意, *T'iào* 丨 *sēn í*, commerce de changeur.

金子有十六丨, *Kīn tsè ieòu chĕ loŭ* 丨, l'or s'échange à seize fois son poids d'argent.

麝香有九丨, *Ché hiāng ieòu kieòu* 丨, le musc est au prix de neuf fois son poids d'argent.

銀子丨好多錢, *în tsè* 丨 *hào tō ts'iên?* quel est le taux du change de l'argent en sapèques?

HOUĀNG

荒 *Houāng.* Famine, vide, désert, stérile.

飢｜年辰, *Kī* ｜ *niên chên*, année de famine.

｜地，｜山, ｜ *tí*, ｜ *chān*, terre, montagne inculte.

開｜, *K'āi* ｜, défricher.

｜了幾年, ｜ *lò kì niên*, c'est resté inculte plusieurs années.

｜草, ｜ *ts'ào*, herbes sauvages.

慌 *Houāng.* Troublé, précipité.

不要｜(*v.* **｜張**), *Poŭ iáo* ｜ (*v.* ｜ *tchāng*), pas de précipitation.

｜不得, ｜ *poŭ tĕ·*, il ne faut pas se troubler, se presser.

｜忙, ｜ *mâng*, avec précipitation, avec empressement.

要做事不｜不忙, *Iáo tsóu sé poŭ* ｜ *poŭ mâng*, il faut agir bien posément.

我心頭｜得狠, *Gò sīn t'eôu* ｜ *tĕ· hèn* j'ai le cœur très mal à l'aise, prêt à défaillir.

HOUÂNG

皇 *Houâng.* Empereur.

｜帝, *v.* **｜上**, ｜ *tí*, *v.* ｜ *cháng*, même sens.

｜后, ｜ *heóu*, impératrice.

三｜(伏羲，神農，黃帝), *Sān* ｜, les trois premiers empereurs: *Foŭ hī*, *Chên lông*, et *Houâng tí*.

｜曆, *v.* **｜書**, ｜ *lĭ*, *v.* ｜ *chōu*, calendrier édité au nom de l'empereur.

當今｜帝, *Tāng kīn* ｜ *tí*, l'empereur régnant.

做｜帝, *Tsóu* ｜ *tí*, être empereur.

中國｜帝稱爲天子, *Tchōng kouĕ·* ｜ *tí tch'ēn oûi t'iēn tsè*, l'empereur de Chine se donne le titre de Fils du Ciel.

｜木, ｜ *moŭ*, bois de construction pour l'empereur.

｜會, ｜ *hoúi*, fête en l'honneur de l'empereur.

｜恩大赦, ｜ *guēn tá ché·*, amnistie impériale.

教化｜, *Kiáo hóua* ｜, *litt.* l'Empereur de la religion, c.-à-d. le Pape.

隍 *Houâng.* **城｜**, *Tch'ên* ｜, divinité tutélaire de la ville.

城｜廟, *Tch'ên* ｜ *miáo*, temple de cette divinité.

黃 *Houâng.* Jaune.

｜色, ｜ *sĕ·*, couleur jaune.

帶｜色, *Tái* ｜ *sĕ·*, couleur qui tire sur le jaune.

｜了, ｜ *lò*, c'est jauni, c'est mûr (en parlant des céréales).

穀子要｜, *Koŭ tsè iaó* ｜, le riz jaunit, il est prêt d'être mûr.

牛｜, *Nieôu* ｜, bézoard de bœuf.

｜牛, ｜ *nieôu*, bœuf commun.

｜鼠狼, ｜ *choù lâng*, belette.

｜坭巴, ｜ *gnî pā*, terre jaune, argile.

｜蓮, ｜ *liên*, picrie (nom d'une plante).

｜瓜, ｜ *koūa*, concombre.

｜楊, ｜ *iâng*, buis.

｜荆, ｜ *kīn*, agnus-castus.

焦｜的, *Tsiāo* ｜ *tĭ*, très jaune.

你病了臉都｜了, *Gnì pín lò lièn tōu* ｜ *lò*, tu es malade, tu as la figure terreuse.

他的瘡流｜水, *T'ā tĭ tch'oūang lieôu* ｜ *choùi*, son ulcère sécrète un liquide jaunâtre.

薑｜, *Kiāng* ｜, safran des Indes, curcuma.

大｜, *Tá* ｜, rhubarbe.

｜金, ｜ *kīn*, l'or.

｜昏, ｜ *houēn*, crépuscule.

｜昏的時候, ｜ *houēn tĭ chê heóu*, à l'heure du crépuscule.

｜丹, ｜ *tān* (*hông tān*) minium.

｜虫, ｜ *tch'ông*, petit insecte ailé qui dévore les feuilles tendres des légumes et des arbres.

磺 *Houâng*. **硫**｜, *Lieôu*｜, soufre.

瘟 *Houâng*. ｜**腫病**, ｜ *tchòng pín*, jaunisse.

凰 *Houáng*. **鳳**｜, *Fóng*｜, phénix, oiseau fabuleux.

HOUÀNG

謊 *Houàng*. Tromper, mentir.

說｜, *v.* **說**｜**話**, *v.* **扯**｜, *Chŏ*｜, *v. chŏ*｜*hóua*, *v. tch'è*｜, dire des mensonges.

我從來不說｜, *Gò ts'ông laî poŭ chŏ*｜, de ma vie je n'ai dit de mensonge.

恍 *Houàng*. Troublé, obscur; pas solide.

我眼睛是｜**的**, *Gò ièn tsīn ché*｜*tĭ*, mes yeux sont troubles.

生意是｜**的要庄稼纔穩當**, *Sen í ché*｜*tĭ iáo tchoūang kīa (kiá) ts'âi ouèn táng*, le commerce est aléatoire, il n'y a de sûr que l'agriculture.

桌子沒有安穩是｜**的**, *Tchŏ tsè mŏ ieòu gān ouèn, ché*｜*tĭ*, la table n'est pas posée solidement, elle remue.

HOUÁNG

晃 *Houáng*. Brillant, resplendissant.

明｜｜**的**, *Mîn*｜｜*tĭ*, resplendissant de lumière, de clarté.

太陽｜**眼睛**, *T'ái iáng*｜*ièn tsīn*, le soleil trouble les yeux.

有點太陽｜｜, *Ieoù tièn t'ái iáng*｜｜, le soleil apparaît un peu à travers les nuages.

｜**一吓就過了**, ｜*ĭ há tsieóu kó lò*, briller un instant et disparaître.

HOUĚ

或 *Houĕ·*. Ou, ou bien, peut-être.

｜**這樣**｜**那樣**, ｜*tché· iáng*, ｜*lá iáng*, ou ceci, ou cela.

｜**是**｜**不是你說**, ｜*ché*｜*poŭ ché, gnì chŏ?* dis si c'est vrai ou non?

｜**生**｜**死不丟天主**, ｜*sēn*｜*sè poŭ tieōu T'iēn Tchoù*, (litt.) n'abandonner Dieu ni à la vie ni à la mort.

見｜**有之**, *Kién*｜*ieòu tchē*, cela arrive quelquefois.

｜**者因借貸不遂**｜**者因欠債不還**｜**者**..., ｜*tchè· īn tsié· taí poŭ sú*, ｜*tchè· īn k'ién tchái poŭ houân*, ｜*tchè·, etc.* ou bien parce que voulant emprunter on ne trouve pas, ou bien parce qu'ayant des dettes on ne les paie pas, ou bien, etc.

惑 *Houĕ·*. Douter, tromper.

疑｜, *Gnî*｜, douter.

沒得疑｜, *Mŏ tĕ· gnî*｜, il n'y a pas à douter.

疑｜**人**, *Gnî*｜*jên*, soupçonner quelqu'un.

煽｜**人心**, *Chán*｜*jên sīn*, semer l'erreur dans le cœur des gens.

HOŪEN

昏 *Hoūen*. Noir, obscur, troublé.

｜**水**, ｜*choùi*, eau trouble.

水｜**了等他澄一吓**, *Choùi*｜*lò tèn t'ā tchén (tch'én) ĭ há*, l'eau est trouble, laisse-la déposer un instant.

你把水攪｜**了**, *Gnì pà choùi kaò*｜*lò*, tu as troublé l'eau.

天 (*v.* **太陽**) ｜**了**, *T'iēn (v. t'ái iáng)*｜*lò*, le ciel (ou le soleil) s'est obscurci.

｜｜**太陽**, ｜｜*t'ái iáng*, soleil qui apparaît un peu à travers les nuages.

｜**迷** (*v.* **惛迷**), ｜*mî*, troublé, aveuglé.

我｜**迷一吓犯這个罪**, *Gò*｜*mî ĭ há fán tché· kó tsoúi*, j'ai fait cette faute dans un moment d'aveuglement.

腦膆｜, *Laò k'ŏ*｜, avoir la tête troublée.

喫酒｜**了**, *Tch'ĭ tsieoù*｜*lò*, il a bu à voir trouble.

病人｜**迷得狠**, *Pín jên*｜*mî tĕ· hèn*, le malade délire beaucoup.

怕, *v.* **氣 | 了**, *P'á, v. k'í* | *lò*, il a perdu la tête de frayeur, ou de chagrin.

| **死了幾道**, | *sè lò kì táo*, il s'est évanoui plusieurs fois.

| **吵**, | *tch'ào*, se quereller comme un forcené.

你 | 攪𠾴子, *Gnì* | *kaò chá tsè?* que fais-tu la? tu tais tout de travers.

你 | 說, *Gnì* | *chŏ*, tu déraisonnes.

人都攪 | 了, *Jên tōu kaò* | *lò*, j'en fus tout hors de moi.

| | **濁濁的**, *v.* | | **沉沉的**, | | *tch'ŏ tch'ŏ tĭ, v.* | | *tch'ên tch'ên tĭ*, être abattu, troublé au point d'avoir à peine conscience de soi.

婚 *Houen.* | **姻**, *v.* | **配**, | *īn, v.* | *p'éi*, mariage.

結 |, *v.* **相** |, *Kiĕ·* |, *v. siāng* |, se marier.

二 | 親, *Eúl* | *ts'īn*, secondes noces.

過 | 嫂, *Kó* | *saò*, femme qui a contracté un second mariage.

| **書**, | *chōu*, billet de divorce.

拆 | 姻, *Ts'ĕ·* | *īn*, dissoudre un mariage.

| **姻祕跡**, | *īn pí tsi*, le sacrement de Mariage.

| **姻阻革** (*v.* **阻擋**), | *īn tsoù kĕ·* (*v. tsoù tàng*), empêchements de mariage.

| **姻降福**, | *īn kiáng foŭ*, bénédiction nuptiale.

要在神父跟前領 | 姻降福, *Iáo tsái chên foú kēn ts'iên lìn* | *īn kiáng foŭ*, il faut se présenter devant le prêtre pour la bénédiction nuptiale.

| **姻的案**, | *īn tĭ gán*, cause matrimoniale.

| **禮**, | *lì*, rites du mariage.

男大須 | 女大須嫁, *Lân tá sū* |, *niù tá sū kiá*, les garçons en âge doivent prendre femme, de même les filles se laisser marier.

議 |, *Gní* |, débattre la question du mariage.

不 |, *Poŭ* |, ne pas prendre femme.

完 |, *Ouân* |, faire le mariage proprement dit (par opposition aux fiançailles, qui sont regardées comme un mariage commencé).

葷 *Hoūen.* Ail, oignons, poireaux et plantes semblables; aliments gras.

喫 |, *Tch'ĕ* |, faire gras, c.-à-d. manger de la viande, du poisson, des œufs, ou des légumes ci-dessus, qui sont réputés gras par les Chinois.

| **菜**, | *ts'ái*, aliments réputés gras.

大 |, *Tá* |, viande de porc.

小 |, *Siaò* |, les autres viandes, poissons, œufs et légumes (comme ci-dessus).

動大 |, *v.* **開大** |, *Tóng tá* |, *v. k'āi tá* |, se mettre à la viande (de porc).

開不得 |, *K'āi poŭ tĕ·* |, ne pouvoir se mettre au gras (soit pour raison de santé, soit par abstinence).

忌油 |, *Kí ieôu* |, s'abstenir du gras.

今天喫不得 | 要辦素的, *Kīn t'iēn tch'ĕ poŭ tĕ·* | *iaó pán soú tĭ*, aujourd'hui il est défendu de faire gras, il faut préparer du maigre.

我離不得油 |, *Gò lî poŭ tĕ· ieôu* |, je ne puis me passer de gras.

HOUÈN

魂 *Houên.* Ame.

| **魄**, | *p'ĕ·*, les deux activités de l'âme. (Selon les philosophes chinois, la première est dite supérieure, la seconde inférieure; de leur réunion résulte la vie, et de leur séparation la mort.)

三 |, *Sān* |, les trois sortes d'âmes, à savoir: **靈** |, **覺** |, **生** |, *Lîn* |, *kiŏ* |, *sēn* |, l'âme raisonnable de l'homme, l'âme sensitive des bêtes, l'âme végétative.

落了 |, *Lŏ lò* |, il est mort, il a perdu connaissance.

| **不附體**, | *poŭ foú t'ì*, l'âme ne tient plus au corps (se dit, par ex. quand on a éprouvé une grande frayeur).

海上絲綢之路文獻集成 科技與文化編

横 *Houên.* De travers (se prononce aussi *houân*).

這个人丨豪, *Tché· kó jên* | *hâo*, c'est un homme violent et entêté.

是一个丨人, *Ché ĭ kó* | *(v. houân) jên*, c'est un homme qui ne veut pas entendre raison.

丨起說話, | *(v. houân) k'ì chŏ hóua*, parler de travers, à l'opposé du bon sens, et cela avec mauvaise volonté.

渾 *Houên.* Entier (on dit plus souvent *k'oûen*).

丨身疼痛, | *chēn t'ên t'óng*, souffrir par tout le corps.

HOUÉN

横 *Houén.* Injuste.

丨財, | *ts'âi*, richesses injustes.

丨財不富命窮人, | *ts'âi poŭ foú mín k'iông jên*, des biens mal acquis n'enrichiront jamais un homme dont la destinée est d'être pauvre.

混 *Houén (Houèn).* Troublé, confus, en désordre.

丨濁, | *tch'ŏ*, sordide, sale.

丨丨濁濁, | | *tch'ŏ tch'ŏ*, très sale.

丨沌, | *tén*, chaos, matière première de toutes choses.

丨亂, | *louán*, perturbation, révolution.

丨名, | *mîn*, sobriquet.

丨時候, | *chê heoú*, tuer le temps.

丨飯喫, | *fán tch'ĕ*, attraper à manger d'une manière quelconque.

丨帳, | *tcháng*, vaurien! canaille!

黑了早點關門怕强盜丨進來, *Hĕ· lò tsaò tièn kouān mên p'á k'iâng táo* | *tsín lâi*, à la nuit il faut fermer la porte de bonne heure, de peur que les voleurs ne se faufilent dans la maison.

HOŪI

灰 *Hoūi.* Cendre, poussière, chaux.

丨色, | *sĕ·*, couleur cendrée.

聖丨禮儀, *Chén* | *lì gnî*, cérémonie des Cendres.

烟丨, *Iēn* |, cendres de tabac, résidu de l'opium déjà fumé.

一大丨堆, *ĭ tá* | *toūi*, un grand monceau de cendres.

篩丨, *Chāi* |, cribler des cendres ou de la chaux.

丨麵, | *mién*, farine de blé.

丨磨, v. 丨磨兒, | *mô, v.* | *mô eûl (moeûl)*, fromage fait de petites fèves.

柴丨作鹻, 炭丨作三合土, 草丨作糞, *Tch'âi* | *tsŏ kièn, t'án* | *tsŏ sān hŏ t'ou, ts'ào* | *tsŏ fén*, la cendre de bois fait de la potasse, celle de charbon du ciment, celle d'herbe de l'engrais.

丨塵, | *tch'én*, poussière.

㙷丨, v. 起丨, *P'ōng* |, *v. k'ì* |, soulever de la poussière.

地板都好就是愛㙷丨, *Tí tchén toū haò, tsieóu ché gái p'ōng* |, un plancher est bon, mais il a l'inconvénient de soulever beaucoup de poussière.

輕點掃免得起丨, *K'īn tièn saò mièn tĕ· k'ì* |, balaie plus doucement pour ne pas soulever la poussière.

刷丨塵, *Chouă* | *tch'én*, enlever la poussière avec le plumeau.

打(v. 撣)丨塵, *Tà (v. tch'àn)* | *tch'ên*, faire sortir la poussière en frappant.

布肯巴丨, *Poú k'èn pā* |, la toile prend facilement la poussière.

丨, v. 石丨, |, *v. chĕ* |, chaux.

燒石丨, *Chāo chĕ* |, faire de la chaux.

刷丨, v. 漩丨, *Chouă* |, *v. suén* |, passer une couche de lait de chaux.

石丨窰, *Chĕ* | *iâo*, four à chaux.

發過的丨, *Fă kó tĭ* |, chaux éteinte.

礦子丨, *Kouàng (kòng) tsè* |, chaux vive.

徽 *Hoūi.* |墨, | *mĕ·*, encre de *Hoūi tchēou (Kiāng lân)*, qui passe pour la meilleure.

譭 *Hoūi.* Injurier en face.

|給他一頓, | *chĕ t'ā ĭ tén*, lance-lui une bordée d'injures.

他這樣|給我我心實不甘, *T'ā tché· iáng | chĕ gò, gò sīn chĕ poŭ kān*, après m'être ainsi vu insulté en face, je ne pourrai pas lui pardonner.

HÔUI

回 *Hôui.* Revenir; fois.

|話, *v.* |信, | *hóua, v.* | *sín*, rendre réponse.

我明天|話, *Gò mîn t'iēn | hóua*, demain je rendrai réponse.

寫|信, *Siè· | sín*, écrire un mot de réponse.

小的跟大老爺|, *Siào tĭ kēn tá laò iê·* |, j'ai l'honneur de vous répondre (formule usitée par le peuple devant le mandarin).

|復(*v.* 覆), | *foŭ*, rendre réponse (à un supérieur).

|音, | *īn*, écho; une réponse.

|門, | *mên*, (litt.) revenir à la porte (se dit des nouveaux mariés quand, après la noce, ils vont saluer les parents de la femme).

|噍, | *tsiáo*, ruminer.

|(廻)避, | *pí*, se garer par respect (par ex. quand passe la chaise du mandarin).

|水, | *chouì*, remous.

輪|, *Lên* |, métempsycose.

|拜, | *pái*, rendre une visite.

|鍋, | *kō*, repasser dans la marmite, réchauffer.

|心改過, *v.* |心轉意, | *sīn kài kó, v.* | *sīn tchouàn í*, se convertir et se corriger.

|頭, | *t'eôu*, tourner la tête; revenir au principe, c.-à-d. se convertir.

|頭看, | *t'eôu k'án*, tourner la tête pour regarder.

|頭轎子要相因些, | *t'eôu kiáo tsè iáo siāng īn sī*, une chaise de rencontre, devant s'en retourner vide, se loue à meilleur marché.

我要|頭了, *Gò iáo | t'eôu lò*, je veux me convertir maintenant.

勸他不|頭, *K'uén t'ā poŭ | t'eôu*, on a beau l'exhorter, il ne veut pas se convertir.

我|頭想不該, *Gò | t'eôu siàng poŭ kāi*, ensuite rentrant en moi-même, j'ai reconnu que j'avais mal fait.

|來, | *lâi*, revenir.

一來一|, *ĭ lâi ĭ* |, un voyage d'aller et de retour.

講的是來|生意, *Kiàng tĭ ché lâi | sēn í*, (en faisant les prix) il a été entendu que c'est pour l'aller et le retour (quand il s'agit d'une chaise à porteurs).

|去, | *k'ú*, s'en retourner.

|家, | *kiā*, retourner dans sa famille.

|轉來, | *tchouàn lâi*, revenir au point de départ.

打一个|轉, *Tà ĭ kó | tchouàn*, aller et revenir.

飲食反|想吐, *ìn chĕ fàn | siàng t'òu*, éprouver des renvois qui donnent envie de vomir.

|食病, | *chĕ pín*, maladie qui fait vomir tout ce qu'on prend.

|數, | *soú*, nombre de fois.

|數多, *v.* 多|數, *v.* 多少子|數, | *soú tō, v. tō | soú, v. tō chaò tsè | soú*, souvent.

好多|數, *Haò tō | soú*, combien de fois? bon nombre de fois.

沒得幾|, *v.* |數少, *Mŏ tĕ· kì |, v. | soú chaò*, pas souvent.

|把|, *v.* |把, | *pà |, v. | pà*, une fois ou l'autre.

頭一|, *v.* 初|, *T'eôu ĭ |, v. ts'ōu |*, la première fois.

頭|, *T'eôu* |, naguère, la dernière fois.

頭｜我跟你說過, *T'eôu* ｜ *gò kēn gnì chŏ kó*, la dernière fois je te l'avais bien dit.

二｜又來, *Eúl* ｜ *ieóu lâi*, une autre fois je reviendrai.

這｜潮了, 二｜小心點, *Tché* ｜ *tchâo lò, eúl* ｜ *siào sīn tièn*, cette fois-ci tu as été pris, une autre fois tu seras plus prudent.

｜｜都是一樣, ｜｜ *tōu ché ĭ iáng*, c'est toujours la même chose.

｜子, *v.* ｜｜, ｜ *tsè, v.* ｜｜, Mahométans.

茴 *Hoûi.* ｜香, ｜ *hiāng*, anis.

大｜香, *Tá* ｜ *hiāng*, anis chinois.

小｜香, *Siaò* ｜ *hiāng*, anis européen.

痐 *Hoûi.* ｜虫, *v.* ｜食虫, ｜ *tch'ông, v.* ｜ *chĕ tch'ông*, long ver intestinal.

HOÙI

毀 *Hoùi.* Détruire, briser, médire.

打｜, *Tà* ｜, briser.

這張字不在了我｜了, *Tché tchang tsé poŭ tsái lò, gò* ｜ *lò*, ce papier n'existe plus, je l'ai détruit.

燒｜, *Chāo* ｜, détruire par le feu.

｜謗人, ｜ *páng jên*, vilipender autrui.

賄 *Hoùi.* Promettre (pop. s'emploie pour *hù*, promettre; voir ce mot).

｜了一臺彌撒, ｜ *lò ĭ t'âi mî să*, j'ai promis une messe.

｜他一吊錢的背手, ｜ *t'a ĭ tiáo ts'iên tĭ péi cheoù*, promettre en secret une ligature pour de bons offices injustes.

悔 *Hoùi.* Regretter, se repentir.

失｜, *Chĕ* ｜, regretter.

失｜遲了, *Chĕ* ｜ *tch'ê lò*, il est trop tard pour se repentir.

｜不轉來, ｜ *poŭ tchouàn lâi*, regrets inutiles, qui ne font pas recouvrer ce qu'on a perdu.

永不失｜, (*v.* 翻｜), *Iùn poŭ* chĕ ｜, *v.* fān ｜, jamais je ne me dédirai, je ne le regretterai.

不要反｜, *Poŭ iáo fàn* ｜, ne va pas te dédire, regretter ce que tu as fait.

這件事我｜不完, *Tché kién sé gò* ｜ *poŭ ouân*, je n'aurai jamais assez de regret de cette affaire.

我早都失｜了, *Gò tsào toū chĕ* ｜ *lò*, il y a longtemps que je m'en repens.

當時就失｜, *Tāng chê tsieóu chĕ* ｜, sur le moment même je m'en suis repenti.

我｜不該, *Gò* ｜ *poŭ kai*, je me repens d'avoir fait cela.

｜罪, ｜ *tsoúi*, se repentir de ses fautes.

｜罪經, ｜ *tsoúi kīn*, formule de l'acte de contrition.

痛｜, *T'óng* ｜, contrition.

發痛｜, *Fă t'óng* ｜, faire un acte de contrition.

HOÚI

會 *Hoúi.* Occasion, rencontrer, société; habile à, susceptible de.

機｜, *Kī* ｜, occasion.

好機｜, *Haò kī* ｜, bonne occasion.

乘(*v.* 趁)倒機｜, *Chên* (*v. tch'én*) *taò kī* ｜, profiter de l'occasion.

犯罪的機｜, *Fán tsoúi tĭ kī* ｜, occasion de péché.

相｜, *Siāng* ｜, se rencontrer, se visiter.

拜｜, *Pái* ｜, visite de politesse entre personnes d'un certain rang.

去｜官, *K'ú* ｜ *kouān*, aller voir le mandarin.

官不｜, (*v.* 免｜), *Kouān* poŭ ｜, *v.* mièn ｜, le mandarin refuse de recevoir (l'expression *mièn hoúi*, (litt.) dispenser de venir, est méprisante).

當面｜, *Tāng mién* ｜, se voir, avoir une entrevue.

我要去｜神父, *Gò iáo k'ú* ｜ *chên foú*, je veux aller voir le Père.

｜不倒神父, ｜ *poŭ taò chên foú*, je ne puis voir, rencontrer le Père.

辦 |, *Pán* |, faire la fête d'une société, d'une idole.
看 |, *K'án* |, aller voir la fête.
| 厰, | *tch àng*, foire à l'occasion de la fête.
| 辦得鬧熱, | *pán tĕ laó jĕ*, la fête est brillante, et il y a grand concours.
聖而公 |, *Chén eûl kōng* |, l'Eglise catholique.
聖衣 |, 玫瑰 |, *Chén ī* |, *mêi koúi* |, confrérie du Scapulaire, du Rosaire.
進(*v.* 入) |, *Tsín (v. joŭ)* |, entrer dans une société, dans une confrérie.
報 | 長, 報 | 首, *Páo* | *tchàng, páo* | *cheòu*, nommer un catéchiste, un chef de société.
當 | 首, *Tāng* | *cheòu*, être chef d'une société.
| 友, | *ieoù*, confrère.
燒 |, *Chāo* |, faire les cérémonies usitées pour l'admission dans la franc-maçonnerie chinoise.
銀 |, 錢 |, 穀 |, *în* |, *ts'iên* |, *koŭ* |, société d'argent, de sapèques, de riz.
邀(*v.* 打)一个 |, *Iāo (v. tà) ī kó* |, réunir des actionnaires pour une société de ce genre.
上 |, *Cháng* |, verser sa quote-part pour la société.
接(*v.* 收) |, *Tsiĕ (v. chēou)* |, recevoir à son tour le capital de la société.
還 |, *Houân* |, continuer à payer sa quote-part après avoir reçu le capital.
搖 |, *Iâo* |, tirer au sort pour déterminer qui doit recevoir le capital cotisé.
頂一个 |, *Tìn ī kó* |, prendre la place d'un des actionnaires, en le dédommageant.
我的 | 頂跟人家去了, *Gò tĭ* | *tìn kēn jên kīa k'ú lò*, j'ai vendu mon droit d'associé à un autre.
站尾 |, *Tchán ouì* |, être le dernier à recevoir le capital cotisé.
頭 |, *T'eôu* |, celui qui reçoit la première cotisation, et en faveur de qui la société est faite.
| 期, | *k'ī*, époque où les actionnaires doivent verser leur cotisation; signifie aussi jour de solennité.
辦 | 酒, *Pán* | *tsieòu*, préparer le repas qui a lieu à cette occasion.
| 說, | *chŏ*, habile à parler.
路溜 | 栽, *Loú lieōu* | *tchōuai*, le chemin est glissant, tu pourrais tomber.
| 做(*v.* 辦)事, | *tsóu (v. pán) sé*, habile à traiter les affaires.
病人 | 死, *Pín jên* | *sè*, le malade est bien exposé à mourir.
房子 | 倒, *Fâng tsè* | *tào*, la maison est exposée à crouler.
茶錢我 | 了, *Tch'â ts'iên gò* | *lò*, j'ai payé le thé.

諱 *Hoúi*. S'abstenir d'une chose par crainte, ou par respect.
忌 |, *Kí* |, même sens.
犯 |, *Fán* |, dire ou faire des choses dont il faudrait s'abstenir par crainte (superstitieuse).

惠 *Hóui*. Bienfait, généreux.
恩 |, *Guēn* |, bienfait.
賢 |, *Hiên* |, affable, qui traite bien ses hôtes.

賄 *Hóui*. Présents corrupteurs.
官受了 |, *Kouān cheóu lò* |, le mandarin a reçu des présents, il s'est laissé corrompre.
跟官進 |, *Kēn kouān tsín* |, corrompre le mandarin par des présents.
進了一百銀子的 |, *Tsín lò ī pĕ în tsè tĭ* |, pour acheter le mandarin on lui a donné cent taëls.

慧 *Hoúi*. 聰 |, *Ts'ōng* |, intelligent.
這个小夥子都還聰 |, *Tché kó siào hò tsè tōu houân ts'ōng* |, ce jeune homme est encore passablement intelligent.

華西官話漢法詞典

HŪ

虛 *Hū*. Vide, vain, faux.

｜弱, ｜ *jŏ*, faible de santé.

這个病人脉｜, v. 血｜, v. 氣｜, *Tché· kó pín jên mĕ· ｜, v. hiĕ· ｜, v. k'í ｜*, ce malade a le pouls, le sang, les esprits vitaux faibles. (médec.)

｜火重, ｜ *hò tchóng*, grand échauffement provenant de la faiblesse. (médec.)

外面强內頭｜, *Ouái mién k'iâng, lóui t'eôu ｜*, fort en apparence, faible en réalité.

｜誓, ｜ *ché*, faux serment.

｜假, ｜ *kià*, faux.

一槪都是｜, *ĭ k'ái tōu ché ｜*, tout cela est faux.

一｜百｜, *ĭ ｜ pĕ· ｜*, un point étant trouvé faux, tout le reste ne mérite plus créance.

｜臉面, ｜ *lièn mién*, vanité, respect humain.

他想奉敎｜臉面丟不下, *T'a siàng fóng kiáo, ｜ lièn mién tieōu poŭ hiá*, il voudrait se faire chrétien, le respect humain l'arrête.

｜華, ｜ *houâ*, vanités, pompes mondaines.

他官司問｜了, *T'a koūan sē ouén ｜ lò*, pour son procès, l'interrogatoire l'a coulé.

你這點事｜了, *Gnì tché· tièn sé ｜ lò*, sur ce point ton affaire ne peut se soutenir.

｜字眼兒, ｜ *tsé ièn eûl (ièul)*, lettres ou mots auxiliaires, qui n'ont pas de sens par eux-mêmes.

｜心, ｜ *sīn*, sans préjugé.

謙｜, *K'iēn ｜*, modestie, humilité.

心｜, *Sīn ｜*, conscience qui n'est pas assurée.

做强盜的人心｜, *Tsoú k'iâng táo tĭ jên sīn ｜*, ceux qui font le métier de voleurs ne sont jamais rassurés.

要看一个｜實, *Iáo k'án ĭ kó ｜ chĕ*, il faut voir ce qu'il y a de vrai ou de faux.

墻脚｜了, *Ts'iâng kiŏ ｜ lò*, les fondations du mur sont minées.

｜脚樓, ｜ *kiŏ leôu*, maison bâtie sur pilotis.

脚｜了一吓, v. 脚跐｜了, *Kiŏ ｜ lò ĭ há, v. kiŏ tch'ài ｜ lò*, j'ai fait un faux pas.

噓 *Hū*. Souffler; qui s'échappe en jet ou en sifflant (beaucoup prononcent *sū*).

｜花筒, ｜ *hōua t'ông*, faire partir des fusées.

這个水｜好遠, *Tché· kó chouì ｜ haò iuèn*, ce jet d'eau porte loin.

｜出來 (v. 去), ｜ *tch'ŏu lâi (v. k'ú)*, sortir avec force en jet, ou en sifflant.

習柑子樹要看虫拿一个炮來｜, *Sĭ kān tsè chóu, iaó k'án tch'ông, lâ ĭ kó p'áo laî ｜*, quand on cultive l'oranger, pour détruire les vers on fait partir une fusée dans leur trou.

HÙ

許 *Hù*. Promettre, permettre.

願不要亂｜｜了要還, *Iuén poŭ iáo louán ｜, ｜ lò iáo houân*, les vœux, il ne faut pas les faire témérairement, celui qu'on a fait il faut l'accomplir.

｜過他一吊錢, ｜ *kó t'a ĭ tiáo ts'iên*, je lui ai promis une ligature.

聖敎會不｜世福只｜天堂, *Chén kiáo hoúi poŭ ｜ ché foŭ tchè ｜ t'iēn t'âng*, l'Eglise ne nous promet pas le bonheur de ce monde, mais seulement celui du ciel.

我｜不得你道理不容, *Gò ｜ poŭ tĕ· gnì, táo lì poŭ iông*, je ne puis le permettre, parce que le droit ne le permet pas.

不｜他走, *Poŭ ｜ t'a tseòu*, on ne lui permet pas de partir.

神父｜不｜, *Chên foú ｜ poŭ ｜*, le Père permet-il?

天主不｜我這一件事, *T'iēn Tchoù poŭ ｜ gò tché· ĭ kién sé*, Dieu ne me permet pas, c.-à-d. ne veut pas m'accorder la réussite de cette affaire.

丨多人，丨 *tō jên*, beaucoup d'hommes.

少丨，*Chào* 丨，un tant soit peu.

HUĖ

靴 *Huĕ·* (on prononce aussi *hū*).

丨子，丨 *tsè*, bottes.

皮丨，*v.* 水丨，*P'î* 丨，*v. choùi* 丨，bottes en cuir pouvant aller à l'eau.

絅緞丨子；緞丨子，*ō touán* 丨 *tsè*, *touán* 丨 *tsè*, bottes en velours, en satin.

馬皮丨，*Mà p'î* 丨，bottes en cuir de cheval imitant le drap.

釘丨，*Tīn* 丨，bottes à clous.

穿丨子，*Tch'oūan* 丨 *tsè*, mettre des bottes.

隔丨搔 (*v.* 摳) 癢，*Kĕ·* 丨 *sáo* (*v. k'eōu*) *iàng*, se gratter la jambe par-dessus les bottes (prov. mettre un cataplasme sur une jambe de bois).

HŪEN

掀 *Hūen*. Pousser.

怕丨栽了，*P'á* 丨 *tchoūai lò*, prends garde de le faire tomber en le poussant.

他丨我下坎，*T'a* 丨 *gò hiá k'àn*, il m'a précipité du haut d'un tertre.

丨下河，丨 *hiá hô*, précipiter dans le fleuve.

丨門，丨 *mên*, pousser la porte (soit pour l'ouvrir, soit pour la fermer).

這道門丨不開，*Tché· táo mên* 丨 *poŭ k'ai*, j'ai beau pousser, impossible d'ouvrir cette porte.

丨上去，丨 *cháng k'ú*, pousse (cela) en haut.

我丨他一吓，*Gò* 丨 *t'a ĭ há*, je l'ai poussé un peu (euphémisme pour dire qu'on a bousculé, frappé les gens).

諠 *Hūen*. Bruit confus de voix.

你們不要丨鬧 (*v.* 譁)，*Gnì mên poŭ iáo* 丨 *láo* (*v. hôua*), ne faites pas de tapage.

不要丨嚷，*Poŭ iáo* 丨 *jàng*, ne vous querellez pas, ne criez pas tant.

丨噴得很，丨 *tsŭ tĕ· hèn*, on fait beaucoup de bruit, de tapage.

HUÊN

懸 *Huên*. Pendre, suspendre; dangereux.

丨望，丨 *ouáng*, attendre en suspens, avec anxiété.

我是丨起的落不倒地，*Gò ché* 丨 *k'ì tì*, *lŏ poŭ taò tí*, je suis suspendu en l'air, sans pouvoir prendre pied.

丨梁，丨 *leâng*, se pendre.

丨崖，丨 *gâi*, rocher à pic.

丨坡，丨 *p'ō*, montagne escarpée.

丨路，丨 *loú*, route bordée de précipices.

這條路丨得狠是毛狗路，*Tché· t'iâo loú* 丨 *tĕ· hèn*, *ché mâo keòu lóu*, cette route est bordée de précipices, c'est un vrai chemin de renard.

你不要把這件事拿來丨起，*Gnì poŭ iáo pà tché· kién sé lâ lâi* 丨 *k'ì*, ne laisse pas cette affaire en suspens.

這个東西放得丨，*Tché· kó tōng sī fáng tĕ·* 丨，cet objet est exposé à tomber.

他的事丨得狠，*T'a tĭ sé* 丨 *tĕ· hèn*, ses affaires sont bien exposées.

生意丨，*Sēn í* 丨，le commerce est fort chanceux.

HUÉN

眩 *Huén*. Yeux troublés, vertige.

頭丨，*T'eôu* 丨，la tête me tourne.

楦 *Huén*. 丨頭，丨 *t'eôu*, forme de souliers.

鞋子小要丨一吓，*Hâi tsè siào iáo* 丨 *ĭ há*, quand les souliers sont trop petits, il faut les remettre à la forme quelque temps.

鞋子丨不開 (*v.* 大)，*Hâi tsè* 丨 *poŭ k'ai* (*v. tá*), les souliers ne peuvent être élargis à la forme.

華西官話漢法詞典

HÚN

訓 *Hún.* Enseigner, élever.

教 |, *Kiáo* |, même sens.

我要教|他一吓子, *Gò iáo kiáo* | *t'a ī há tsè*, je veux lui donner une leçon.

教|兒女就是父母頭一个大本分, *Kiáo* | *eûl niù tsieóu ché fóu moù t'eôu ī kó tá pèn fén*, l'éducation des enfants est le premier devoir des parents.

你豈不是要教|我, *Gnì k'ì poŭ ché iáo kiáo* | *gò?* est-ce que par hasard tu prétendrais me donner des leçons?

Ī

衣 *Ī.* |**裳**, *v.* |**服**, | *châng*, *v.* | *foŭ*, habits en général.

老|, *v.* |**衾**, *Laò* |, *v.* | *k'īn*, habits pour les morts.

|**衿**, | *kīn*, collet attaché à l'habit.

|**領**, | *lìn*, collet séparé.

汗|; **小**|, *v.* **中**|, *Hán* |; *siào* |, *v. tchōng* |, chemise; pantalon.

一件|服, *ī kién* | *foŭ*, un habit.

一件|裳, *ī kién* | *châng*, un habit (s'entend presque toujours de la robe).

|**食**, | *chĕ*, vêtement et nourriture.

求|食, *K'ieôu* | *chĕ*, chercher sa vie.

|**帽**, | *máo*, habits de cérémonie au complet.

紅|宰相, *v.* **紅|主教**, *Hông* | *tsài siáng*, *v. hông* | *tchòu kiáo*, cardinaux.

聖|, *Chén* |, scapulaire.

長白|, **短白**|, *Tch'âng pĕ* |, *touàn pĕ* |, aube, surplis.

縺|裳, *Liên* | *châng*, coudre, faire un habit.

洗|裳, **補|裳**, *Sì* | *châng*, *poù* | *châng*, laver des habits, les raccommoder.

|**櫃**, |**箱**, | *kouí*, | *siāng*, armoire, malle pour habits.

簑|, *Sō* |, petit manteau en écorce de palmier pour préserver de la pluie.

脫|裳, *T'ŏ* | *châng*, se déshabiller, enlever les habits (à quelqu'un).

一套|服, *ī t'áo* | *foŭ*, un habillement complet.

祭|, *Tsí* |, ornements sacerdotaux.

二八月亂穿|, *Eúl pă iuĕ louán tch'ouān* |, à la 2ème et à la 8ème lune, il n'y a pas de règle fixe pour l'habillement.

挑|服, *T'iāo* | *foŭ*, faire les coutures d'un habit.

|**鋪**, | *p'óu*, magasin d'habits.

|**架**, | *kiá*, porte-manteau.

依 *Ī.* Consentir, acquiescer, se conformer, selon.

|**從魔鬼的誘感**, | *ts'ông mô kouì tĭ ieòu kàn*, succomber aux tentations du démon.

他不|我勸, *T'a poŭ* | *gò k'uén*, il ne se rend pas à mes exhortations.

要|神父安排, *Iáo* | *chên fóu gān p'âi*, il faut s'en tenir aux dispositions du Père.

認錯賠理(*v.* **禮**)**磕頭他都不**|, *Jén ts'ó, p'êi lì, k'ŏ t'eôu t'a toū poŭ* |, on reconnaît ses torts, on présente des excuses, on se jette à ses pieds, rien n'y fait, il n'est pas satisfait.

衆人都不|, *Tchóng jên toū poŭ* |, tout le monde proteste.

|**舊**, | *kieóu*, comme auparavant.

|**聖經**, | *chén kīn*, selon la Ste Ecriture.

|**我蠢見**, | *gò tch'ouen kién*, à mon humble avis.

|**我想不得來**, | *gò siàng poŭ tĕ lâi*, je pense qu'il ne viendra pas.

要|倒時候, *Iáo* | *taò chê heóu*, il faut faire les choses en leur temps.

|**倒這个様子做**, | *taò tché kó iáng tsè tsóu*, faire selon ce modèle.

|**墻脚爲界**, | *ts'iâng kiŏ ouî kiái*, prendre le pied du mur pour limite.

|**靠天主的仁慈**, | *k'áo T'iēn Tchòu tĭ jên ts'ê*, s'appuyer sur la miséricorde de Dieu.

無｜無靠, Où ｜ où k'áo, être sans appui, sans refuge.

醫 Ī. Guérir, exercer la médecine.

｜生, v. 太｜, ｜ sēn, v. t'ái ｜, médecin.

明｜, Mîn ｜, médecin renommé.

高手太｜, Kāo cheòu t'ái ｜, habile médecin.

時｜, Chê ｜, médecin qui a de la vogue.

請太｜, Ts'ìn t'ái ｜, inviter un médecin.

換了幾个太｜, Houán lò kì kó t'ái ｜, on a changé plusieurs fois de médecin.

誇口太｜莫好藥, K'oūa k'eòu t'ái ｜, mŏ hào iŏ, un médecin vantard n'a pas de bons remèdes.

｜理不熟, v. 不精, ｜ lì poŭ chŏu, v. poŭ tsin, pas fort dans l'art médical.

不好｜, Poŭ hào ｜, difficile à guérir.

｜好了, ｜ hào lò, il a été guéri (par le médecin).

｜死了, ｜ sè lò, (le médecin) au lieu de guérir le malade, l'a laissé mourir.

｜拐了, ｜ kouài lò, au lieu de guérir la maladie il l'a aggravée (par ses remèdes).

是病總宜早｜, Ché pín tsòng gnî tsaò ｜, pour guérir n'importe quelle maladie, il faut s'y prendre de bonne heure.

｜得倒病｜不倒命, ｜ tĕ· taò pín, ｜ poŭ taò mín, on peut guérir les maladies, on ne saurait changer le destin.

包｜病, Pāo ｜ pín, répondre d'une cure moyennant un prix déterminé.

包跟人家｜, Pāo kēn jên kīa ｜, confier une cure à quelqu'un à prix déterminé, pour le cas de réussite.

Î

移 Î. Changer, transporter, émigrer.

｜文, ｜ ouên, lettre officielle entre mandarins de même rang.

要｜出去, Iáo ｜ tch'ŏu k'ú, il faut écrire (au mandarin) sur cette affaire.

｜不得, ｜ poŭ tĕ·, cela ne peut être changé de place.

｜過來, 過去, ｜ kó lâi, kó k'ú, transporter ici, là.

沒有｜過地頭, Mŏ ieòu ｜ kó tí t'eôu on ne l'a pas changé de place.

｜栽樹子, ｜ tsāi chóu tsè, transplanter un arbre.

樹子大了｜不得, Chóu tsè tá lò ｜ poŭ tĕ·, l'arbre est trop grand pour pouvoir être transplanté.

許人一物千金不｜, Hù jên ī oŭ, ts'iēn kīn poŭ ｜, si vous avez promis quelque chose, pour mille onces d'or ne changez pas, c.-à-d. tenez votre parole.

遷｜, Ts'iēn ｜, déménager.

辦｜交, Pán ｜ kiāo, livrer à son successeur tout ce qui lui est nécessaire pour continuer la charge.

儀 Î (gnî). Figure, loi, rite, présent, honoraires.

両｜, Leàng ｜, le ciel et la terre.

威｜, Oūi ｜, gravité, majesté.

禮｜, Lì ｜, rite, cérémonie.

送彌撒｜, Sóng mî să ｜, offrir des honoraires de messe.

夷 Î. Étranger, barbare.

｜人, ｜ jên, tout ce qui n'est pas chinois (et principalement les aborigènes établis dans les montagnes de plusieurs provinces.)

｜蠻, ｜ mân, les Barbares.

漢到｜絶, Hán táo ｜ tsuĕ·, à mesure que les Chinois avancent les Barbares disparaissent.

胰 Î. Graisse.

洋｜子, Iâng ｜ tsè, savonnette.

姨 Î. ｜娘, ｜ niâng, la sœur de la mère.

｜婆, ｜ p'ô, la sœur de la grand'mère.

｜台(v. 連襟), ｜ t'âi, les maris de deux sœurs s'appellent ainsi, ou liên kīn.

｜姪, ｜ tchĕ, fils de la sœur.

｜爹, ｜ tī (v. tiē·), le mari de la tante maternelle.

｜娘老表，｜ *niāng laò piào*, cousins germains: enfants de deux sœurs.

｜娘開親，｜ *niāng k'āi ts'īn*, mariage entre les enfants de deux sœurs.

遺 *v.* 貽 *Î*. Laisser, abandonner.

他們的罪｜流到兒孫，*T'a mēn tĭ tsoúi* ｜ *lieôu táo eûl sēn*, leur péché s'est transmis à leur postérité.

｜囑，｜ *tchŏu*, dernières recommandations, dernières volontés (d'un mourant).

寫｜書，*Siè·* ｜ *chōu*, écrire son testament.

｜下來的，｜ *hiá lâi tĭ*, reçu en héritage.

兒女要遵父母的｜訓，*Eûl niù iáo tsēn foú moù tĭ* ｜ *hún*, les enfants doivent observer les dernières recommandations de leurs parents.

｜念，｜ *nién*, (objet) laissé en souvenir.

｜害，｜ *hái*, laisser une source de malheurs pour plus tard.

Ì

以 *Ì*. Se servir, à cause, selon, afin que, avec.

所｜，*v.* 是｜，*v.* 故｜，*Sò* ｜，*v. ché* ｜，*v. kóu* ｜，c'est pourquoi.

病了所｜不來，*Pín lò sò* ｜ *poŭ lâi*, il est malade, voilà pourquoi il ne vient pas.

｜愛還愛，｜情還情，｜ *gái houân gái*, ｜ *ts'în houân ts'în*, rendre amour pour amour, affection pour affection.

不｜我爲德反｜我爲仇，*Poŭ* ｜ *gò oûi tĕ·, fàn* ｜ *gò oûi tch'êou*, non-seulement il ne m'en sait pas gré, mais il est devenu mon ennemi.

從(*v.* 自)今｜後再不喫酒，*Ts'ông (v. tsé) kīn* ｜ *heóu gò tsái poŭ tch'ĕ tsieòu*, à partir d'aujourd'hui je ne boirai plus jamais de vin.

這个樣子都可｜，*Tché· kó iáng tsè toū k'ò* ｜，cela peut aller ainsi.

可｜用做別樣，*K'ò* ｜ *ióng tsóu piĕ· iáng*, cela peut servir pour faire autre chose.

自古｜來，*Tsé koù* ｜ *lâi*, depuis l'antiquité jusqu'à maintenant, de tout temps.

｜前，｜ *ts'iên*, auparavant.

｜前犯過罪，｜ *ts'iên fán kó tsoúi*, autrefois il avait péché.

｜後不犯了，｜ *heóu poŭ fán lò*, désormais ne pèche plus.

｜來不要生事，｜ *lâi poŭ iáo sēn sé*, désormais ne suscite plus d'affaires, de querelles.

已 *ì*. Finir, passé.

｜經遲了，｜ *kīn tch'ê lò*, maintenant, c'est trop tard.

｜經死了，｜ *kīn sè lò*, maintenant, il est mort.

追思｜亡，*Tchōui sē* ｜ *ouâng*, commémoraison des Morts.

｜過了的事不要談了，｜ *kó lò tĭ sé poŭ iáo t'ân lò*, ne parlons plus des choses passées.

不得不｜要打官司，*Poŭ tĕ· poŭ* ｜，*iáo tà kouān sē*, il n'y pas moyen de faire autrement, il faudra faire un procès.

椅 *ì*. Chaise.

一把｜子，*ī pà* ｜ *tsè*, une chaise.

凭｜，*v.* 凭凭｜，*P'ēn* ｜，*v. p'ēn p'ēn* ｜，chaise à dossier incliné.

圈圈｜，*K'ūen k'ūen* ｜，chaise à dossier en demi cercle.

竹｜子，*Tchŏu* ｜ *tsè*, chaise en bambou.

｜墊，｜ *tién*, coussin pour chaise.

｜搭，｜ *tă*, draperie (rouge) dont on recouvre les chaises (dans les circonstances solennelles).

桌｜板凳，*Tchŏ* ｜ *pàn tén*, tables, chaises et bancs (meubles en général).

坐｜子，*Tsó* ｜ *tsè*, s'asseoir sur une chaise.

蟻 *ì*. 螞｜子，*Mà* ｜ *tsè*, fourmi.

黑(*v.* 紅)螞｜，*Hĕ· (v. hông) mà* ｜，fourmi noire (ou rouge).

白螞｜，*Pĕ· mà* ｜，fourmi blanche.

蛇螞 |, *Chê mà* |, petite fourmi dont la morsure est très douloureuse.

螞 | 包, *Mà* | *pāo*, nid de fourmis.

螞 | 搬泰山, *Mà* | *pān t'ái chān*, les fourmis qui veulent transporter le mont *T'ái chān*, c.-à-d. tenter l'impossible.

也 *ì* (se prononce aussi *iè*). Cette particule est employée surtout pour l'euphonie. Suivant la manière dont on s'en sert, elle peut signifier: et, aussi, à la vérité, mais, ou, néanmoins.

| 有好的 | 有歹的, | *ieoù haò tĭ*, | *ieoù taì tĭ*, il y a des bons et des mauvais.

左 | 想右 | 想, *Tsò* | *siàng, ieóu* | *siàng*, (litt.) réfléchir et à gauche et à droite, c.-à-d. se creuser la tête pour trouver un moyen.

我 | 是這樣想, *Gò* | *ché tché iáng siàng*, moi aussi, je pense de cette façon.

這 | 還是小事, *Tché* | *houân ché siaò sé*, ceci à la vérité est encore une petite affaire.

後悔 | 遲了, *Heóu houì*, | *tch'ê lò*, il le regrettera ensuite, mais il sera trop tard.

再不費事十吊 | 是要用, *Tsái poŭ féi sé, chĕ tiáo* | *ché iáo ióng*, si peu qu'on veuille dépenser, néanmoins il faudra bien dix ligatures.

雖是小事 | 不可大意, *Sū ché siaò sé*, | *poŭ k'ò tá í*, bien que ce soit une petite affaire, il faut cependant y faire attention.

Í

意 *í*. Intention, volonté, signification.

心 |, *Sīn* |, même sens.

不曉得他的心 |, *Poŭ hiào tĕ t'a tĭ sīn* |, je ne connais pas son intention.

特 |, *v.* 故 |, *T'ĕ* |, *v. kóu* |, à dessein, de propos délibéré.

我特 | 來會你, *Gò t'ĕ* | *laî houí gnì*, je viens exprès pour te voir.

故 | 隱瞞不告死罪, *Koú* | *ìn mân poŭ káo sè tsoúi*, cacher volontairement un péché mortel en confession.

定 |, *Tín* |, s'arrêter à un projet.

主 |, *Tchoù* |, projet, résolution.

他沒得主 |, *T'a mŏ tĕ tchoù* |, il ne sait quel parti prendre, il n'a pas de dessein arrêté.

我主 | 定了, *Gò tchoù* | *tín lò*, mon parti est pris.

打主 |, *Tà tchoù* |, prendre une résolution.

打不起主 |, *Tà poŭ k'ì tchoù* |, ne savoir quel parti prendre.

改了主 |, *Kaì lò tchoù* |, il a changé de dessein.

慢慢打主 |, *Mán mán tà tchoù* |, on verra peu à peu ce qu'il y a à faire.

打人家的主 |, *Tà jên kia tĭ tchoù* |, songer aux moyens de nuire à autrui.

是他出的主 |, *Ché t'a tch'ŏu tĭ tchoù* |, c'est lui qui a donné ce conseil, qui a indiqué cette voie.

大 |, *Tá* |, faire une faute par manque d'attention ou de réflexion.

大 | 一吓子東西不在了, *Tá* | *ĭ há tsè, tōng sī poŭ tsái lò*, pour un moment d'oubli, l'objet ne se retrouve plus.

放船下灘大 | 不得, *Fáng tch'oûan hiá t'an tá* | *poŭ tĕ*, quand on lance une barque par les rapides, il ne s'agit pas d'avoir des inadvertances.

我蠢 |, *Gò tch'oùen* |, ma sotte opinion (manière polie de dire, mon opinion).

我的 | 見, *Gò tĭ* | *kién*, mon sentiment.

見財起 |, *Kién ts'âi k'ì* |, à la vue de l'argent former le dessein (de voler).

起惡 |, *K'ì gŏ* |, commencer à nourrir de mauvais desseins.

事情不順 |, *Sé ts'în poŭ choúen* |, les affaires ne vont pas à mon gré.

得 |, *Tĕ* |, voir ses désirs accomplis.

有丨栽花花不發無心插柳柳成陰, *Ieoù* | *tsāi hōua hōua poŭ fā, oû sīn tch'ă lieoù lieoù tch'ên īn*, vous désirez planter une fleur, elle ne prendra pas; par hasard vous piquerez en terre une branche de saule, elle deviendra un grand arbre.

我的丨思是這樣, *Gò tĭ* | *sé ché tché· iáng*, mon intention est telle.

發善丨思, *Fă chán* | *sé*, se proposer une bonne intention.

這是甚麼丨思, *Tché· ché chén mô* | *sé?* que signifie cela?

這个字是甚麼丨思, *Tché· kó tsé ché chén mô* | *sé?* quel est le sens de ce caractère?

不好丨思, *Poŭ haò* | *sé*, être honteux, confus, rougir de honte.

好丨思, *Haò* | *sé!* comment, tu n'as pas honte!

你討口好丨思, *Gnì t'aò k'eòu haò* | *sé!* tu n'as pas honte de mendier!

鴿子表丨聖神, *Kŏ tsè piaò* | *chén chên*, la colombe représente le St-Esprit.

生丨丨, *Sēn* | |, (litt.) intention de vivre, c.-à-d. moyens d'existence, et plus particulièrement le commerce.

做生丨丨, *Tsoú sēn* | |, faire le commerce.

沒生丨丨, *Mŏ sēn* | |, il n'y pas de commerce.

生丨不好(*v.* 淡薄), *Sēn* | *poŭ haò (v. tán pŏ)*, le commerce va mal (ou bien languit).

做一萬多銀子的生丨丨, *Tsoú ĭ ouán tō în tsè tĭ sēn* | |, faire le commerce avec un fonds roulant de plus de dix mille taëls.

大生丨丨, 小生丨丨, *Tá sēn* | |, *siaò sēn* | |, grand commerce, petit commerce.

異 *í*. Différent, divers.

丨端, | *touān*, doctrine hétérodoxe, superstitions.

信丨端, *Sín* | *touān*, croire aux superstitions.

做丨端, *Tsoú* | *touān*, exercer des pratiques superstitieuses.

幫做丨端, *Pāng tsoú* | *touān*, coopérer aux superstitions.

丨端事, | *touān sé*, affaire superstitieuse, mêlée de superstitions.

出丨端錢, *Tch'ŏu* | *touān ts'iên*, payer pour les superstitions.

這件事有(*v.* 沾得有)丨端, *Tché· kién sé ieoù (v. tchān tĕ· ieoù)* | *touān*, cette affaire est entachée de superstition.

棄絕丨端, *K'í tsuĕ·* | *touān*, renoncer aux superstitions.

丨教, | *kiáo*, religion différente, hétérodoxe.

丨教人, | *kiáo jên*, qui est d'une religion hétérodoxe.

抱丨姓的娃娃兒怕族中不依, *Paó* | *sín tĭ oûa oûa eûl p'á ts'ŏu tchōng poŭ ī*, si j'adopte un enfant d'une famille n'ayant pas le même nom, il est à craindre que ma parenté ne s'y oppose.

日後不得丨言, *Jĕ heóu poŭ tĕ·* | *iên*, dans la suite je ne pourrai pas réclamer contre (ce qui a été convenu).

易 *í*. Facile; échanger, changer.

容丨, *v.* 輕丨, *Iông* |, *v. k'īn* |, facile.

容丨得好, *Iông* | *tĕ· haò*, il guérira facilement.

這件事不輕丨, *Tché· kién sé poŭ k'īn* |, ce n'est pas une affaire facile, de petite importance.

爲惡容丨, *Oûi gŏ iông* |, faire le mal est facile.

丨得說, 丨得學, | *tĕ· chŏ*, | *tĕ· hiŏ*, facile à dire, facile à apprendre.

這件事倒丨得, *Tché· kién sé táo* | *tĕ·*, cette affaire ne souffre vraiment pas de difficulté.

丨反丨覆小人心, | *fàn* | *foŭ siaò jên sīn*, changer à tout vent est la marque d'un petit esprit.

交丨, *Kiāo* |, échanger (des marchandises), faire le commerce.

公平交丨, *Kōng p'în kiāo* |, faire le commerce d'une manière juste.

貿 |, *Móng (meóu)* |, faire le commerce.

在遠處貿 |, *Tsái iuèn tch'óu móng* |, faire le commerce loin de son pays.

| 經, | *kīn*, le livre des Mutations (un des livres canoniques des Chinois).

翳 *ĭ*. Taie sur l'œil.

眼睛生 | 子, *Ièn tsīn sēn* | *tsè*, il pousse une taie sur l'œil.

Ĭ

一 *ĭ*. Un, entier, le même, aussitôt que.

第 |, *Tí* |, le premier.

| 兩个人, | *leàng kó jên*, un ou deux hommes.

| 二十个錢, | *eúl chĕ kó ts'iĕn*, dix à vingt sapèques.

他 | 个不信, *T'a* | *kó poŭ sín*, il est seul à ne pas vouloir croire.

| 步 | 步進, | *poú* | *poú tsín*, avancer pas à pas.

| 年 | 次, | *niên* | *ts'é*, une fois l'an.

萬 | 有失, *Ouán* | *ieòu chĕ*, si par extraordinaire (une fois sur dix mille) il arrive un accident.

| 生, *v.* | 平生, *v.* | 輩子, | *sēn*, *v.* | *p'în sēn*, *v.* | *péi tsè*, toute la vie.

| 心 | 意, | *sīn* | *í*, de tout cœur, de toute la force de la volonté; unanimité parfaite de cœur et de volonté.

我 | 心要奉教, *Gò* | *sīn iáo fóng kiáo*, je veux absolument me faire chrétien.

| 路的人, | *loú tĭ jên*, tous ceux qui font route ensemble.

| 把連(*v.* | 遍手)都要, | *pà liên* (*v.* | *pién cheòu*) *toū iáo*, je veux tout.

| 併在內, | *pín tsái loúi*, tout est compris dedans.

| 定是眞的, | *tín ché tchēn tĭ*, bien sûr c'est vrai.

你們 | 齊來, *Gnì mên ĭ ts'î lâi*, venez tous ensemble.

| 則來我不好, | *tsĕ lâi gò poŭ hào*, du reste je ne suis pas bien.

規 |, *Koūi* |, c'est fini, c'est comme il faut.

做規 | 了, *Tsóu koūi* | *lò*, c'est fait complètement.

我今天不規 |, *Gò kīn t'iēn poŭ koūi* |, aujourd'hui je ne suis pas bien.

大小不 |, *Tá siào poŭ* |, tout n'est pas de même grandeur.

都是 | 類的, *Toū ché* | *loúi tĭ*, tout est de la même espèce.

| 醒就要起來, | *sìn tsieóu iáo k'ì lâi*, aussitôt éveillé il faut se lever.

| 早, | *tsào*, de bon matin.

亦 *ĭ*. Aussi.

你奉教我 | 是, *Gnì fóng kiáo, gò* | *ché*, tu es chrétien, moi aussi.

錢 | 有銀子 | 有, *Ts'iên* | *ieòu, în tsè* | *ieòu*, il y a et des sapèques et de l'argent.

他 | 是害病, *T'a* | *ché hái pín*, lui aussi est malade.

益 *ĭ*. Utile, avantage, augmenté.

利 |, *Lí* |, intérêt, utilité.

奉教有甚麽利 |, *Fóng kiáo ieòu chén mò lí* |, quel avantage y a-t-il à se faire chrétien?

沒得利 |, *Mŏ tĕ lí* |, il n'y a pas d'avantage.

爲靈魂有利 |, *Oúi lîn houên ieòu lí* |, il y a profit pour l'âme.

便 |, *P'iên* |, commode, à bon marché.

買得便 |, *Mài tĕ p'iên* |, c'est acheté à bon marché.

他得了些便 |, *T'a tĕ lò sī p'iên* |, il a fait de bonnes affaires et à bon compte.

佚 *ĭ*. Repos, à l'aise.

安 |, *Gān* |, en repos, en bonne santé, satisfait.

你這吓安 | 了, *Gnì tché há gān* | *lò*, te voila content maintenant!

今天不安 |, *Kīn t'iēn poŭ gān* |, aujourd'hui je ne me trouve pas bien.

揖 *ĭ*. Une des salutations chinoises (qui consiste à abaisser plus ou moins profondément les deux mains rapprochées et fermées, puis à les relever jusqu'à la poitrine ou au front).

作丨, *Tsŏ* 丨, Faire ce salut. (Dans la cérémonie civile du mariage, cette manière de saluer entre les deux fiancés, étant regardée comme l'expression du consentement au mariage, l'expression *tsŏ ĭ* signifie souvent le mariage lui-même.)

他是小接媳婦還沒有作丨, *T'a ché siào tsiĕ· sĭ foú houân mŏ ieòu tsŏ* 丨, c'est une jeune bru reçue enfant dans la famille de son futur, le mariage n'est pas encore fait.

作過丨的, *Tsŏ kó* 丨 *tĭ*, ils sont mariés.

你跟他作个丨, *Gnì kēn t'ā tsŏ kó* 丨, fais-lui le salut.

作過丨了, *Tsŏ kó* 丨 *lò*, il a fait le salut.

恭身作丨, *Kōng chēn tsŏ* 丨, se courber respectueusement en faisant le salut.

乙 *ĭ*. Un des caractères du cycle.

丨丑年, 丨 *tch'eòu niēn*, l'année qui dans le cycle s'appelle *ĭ tch'eòu* (la dernière fut en 1865).

丨卯, 丨巳, 丨未, 丨酉, 丨亥, 丨 *mào*, 丨 *tsé*, 丨 *oúi*, 丨 *ieòu*, 丨 *hái*, les années 1855, 1845, 1835, 1885, 1875.

IĀ

丫 *Iā*. 丨頭, *v.* 丨鬟, 丨 *t'eōu*, *v.* 丨 *houân*, jeune servante achetée.

買一个丨頭, *Mài ĭ kó* 丨 *t'eōu*, acheter une servante.

丨口, 丨 *k'eòu*, gorge, défilé.

椏 *Iā*. 丨枝, *v.* 樹丨丨, 丨 *tchē*, *v.* *chóu* 丨 丨, branches d'arbre.

剔丨丨, *T'ĭ (t'ĭ)* 丨 丨, émonder des arbres.

砍丨枝, *K'àn* 丨 *tchē*, couper des branches d'arbre.

丨丨柴, 丨 丨 *tch'âi*, fagots de branches.

樹子長丨枝, *Chóu tsè tchàng* 丨 *tchē*, l'arbre pousse des branches.

鴉 *Iā*. 烏丨, *Oū* 丨, corbeau.

丨鵲, 丨 *ts'iŏ*, pie.

丨鵲叫喚有客來, 丨 *ts'iŏ kiáo houán, ieòu k'ĕ· lâi*, la pie fait entendre sa voix: il va venir des hôtes (vaine croyance populaire).

丨片煙, 丨 *p'ién iēn* (ou simplement *iēn*), opium, pavot.

喫一口丨片煙, *Tch'ĕ ĭ k'eòu* 丨 *p'ién iēn*, fumer une bouffée d'opium.

喫丨片煙上了癮, *Tch'ĕ* 丨 *p'ién iēn chàng lò ìn*, à force de fumer l'opium, il ne peut plus s'en passer (la nécessité de fumer est devenue une sorte de maladie).

丨片煙丢(*v.* 忌)不脫, 丨 *p'ién iēn tiēou (v. kí) poŭ t'ŏ*, ne pouvoir se défaire de l'habitude de fumer l'opium.

忌丨片煙丸, *Kí* 丨 *p'ién iēn iuên*, pilules pour aider à se défaire de l'habitude de l'opium.

吞丨片煙, *T'ēn* 丨 *p'ién iēn*, avaler l'opium en pilules (comme font les fumeurs d'opium, quand ils n'ont pas le temps de fumer), ou bien avaler de l'opium pour s'empoisonner.

革丨片煙, *Kĕ·* 丨 *p'ién iēn*, prohiber l'opium.

種丨片煙, *Tchóng* 丨 *p'ién iēn*, cultiver l'opium.

挖丨片煙, *Houā* 丨 *p'ién iēn*, faire des incisions dans le pavot pour en faire couler l'opium.

IÂ

牙 *Iâ*. Dent.

丨齒, 丨 *tch'è*, même sens.

丨齦, 丨 *kén*, gencives.

丨吧骨, 丨 *pā koŭ*, mâchoire.

齙(*v.* 齙)丨, *Paó (v. pā)* 丨, dent proéminente.

虫丨, 火丨, *Tch'ông* 丨, *hò* 丨, mal de dents provenant, soi-disant de vers qui les rongeraient, d'une inflammation.

| 齒痛, | *tch'è t'óng*, avoir mal aux dents.

| 齒顈, | *tch'è kín*, les dents sont agacées.

生 | 齒, *v.* 長 | 齒, *Sēn* | *tch'è*, *v.* *tchàng* | *tch'è*, pousser des dents.

你亂說我把你 | 齒挺了, *Gnì louán chŏ, gò pà gnì* | *tch'è t'ìn lò*, tu dis des sottises, j'ai envie de te faire sauter les dents.

落了一个 | 齒, *Lŏ lò ĭ kó* | *tch'è*, il m'est tombé une dent.

瘦肉碲 | 齒, *Seóu joŭ k'ā* | *tch'è*, la viande maigre s'engage dans les dents.

| 齒撳東西, | *tch'è k'ìn tōng sī*, presser quelque chose entre les dents.

| 齒空了, | *tch'è k'ōng lò*, les dents sont creuses.

缺了一个 | 齒, *K'uĕ· lò ĭ kó* | *tch'è*, il manque une dent.

| 齒鈍, | *tch'è tén*, les dents sont émoussées.

| 鐱(*v.* 簽), | *ts'ién*, cure-dent.

簽 | 齒, *Ts'ién* | *tch'è*, curer les dents.

取 | 齒, *T'sù* | *tch'è*, arracher les dents.

打 | 祭, *Tà* | *tsí*, (litt.) faire un sacrifice aux dents, c.-à-d. manger de la viande.

象 |, *v.* | 骨, *Siáng* |, *v.* | *koŭ*, dent d'éléphant, ivoire.

| 骨筷子, | *koŭ k'ouái tsè*, bâtonnets en ivoire.

| 子, | *tsè*, dentelure (d'une table, d'une chaise, etc).

| 行, | *hâng*, entremetteur officiel dans les marchés.

猪 | 子, *Tchōu* | *tsè*, entremetteur pour la vente des porcs.

| 狗, | 猪, | *keoù*, | *tchōu*, chien mâle, porc mâle châtré.

倒 |, *Taò* |, nom qui désigne le 16eme jour de la 12eme lune.

芽 *Iâ*. Germer, bourgeon.

發 |, *Fă* |, bourgeonner.

椿 | 子, *Tch'oūen* | *tsè*, jeunes feuilles de l'arbre appelé *tch'oūen iâ*, au goût fort et bonnes à manger.

荳 | 子, *Teóu* | *tsè*, haricots qu'on fait germer, pour les manger en guise de légumes verts.

| 菜, | *ts'ái*, préparation faite avec le chou de sénevé, brassé avec du sel.

穀子怕要生 |, *Koŭ tsè p'á iaó sēn* |, il est à craindre que le riz ne se mette à germer.

衙 *Iâ*. | 門, | *mēn*, prétoire, tribunal.

| 門口, | *mên k'eòu*, à la porte du prétoire.

進 (*v.* 上) | 門, *Tsín (v. cháng)* | *mên*, entrer au prétoire (pour voir le mandarin).

在 | 門頭, *Tsaí* | *mēn t'êou*, dans le prétoire.

跟 | 門, *Kēn* | *mên*, servir dans le prétoire.

鑽 | 門, *Tsouān* | *mên*, chercher à avoir des rapports avec les gens de prétoire (s'entend dans un mauvais sens).

| 門八字開無錢莫進來, | *mên pă tsé k'āi, oû ts'iên mŏ tsín lâi*, la porte du prétoire a beau être grande ouverte, on n'y peut entrer sans sapèques.

道 | 門, 府 | 門, 縣 | 門, *Taó* | *mên, foù* | *mên, hién* | *mên*, prétoire du *táo t'âi*, du préfet, du sous préfet.

幾道 | 門盡都去拜過, *Kì taó* | *mên tsín toū k'ú pái kó*, je suis allé faire visite à tous les prétoires (à tous les mandarins) de la ville.

IÀ

啞 *v.* 瘂 *Ià*. | 吧, *v.* | 吧兒, | *pa v.* | *pā eul (pcūl)*, muet.

裝 | 吧, *Tchouāng* | *pā*, feindre le muet.

十聾九 |, *Chĕ lông kieòu* |, il y a neuf muets sur dix sourds.

噢了酒｜了口, *Tch'ĕ lò tsieòu*, ｜ *lò k'eòu*, quand on a bu le vin (de quelqu'un) on s'est fermé la bouche, c.-à-d. on ne garde plus la liberté de lui dire ce qu'on veut.

聲氣｜了, *Chēn k'í* ｜ *lò*, extinction de voix.

｜靜些, ｜ *tsín sī*, restez plus tranquilles, ne causez pas tant.

雅 *Ià*. **秀｜**, *Sieóu* ｜, élégant, joli.

做得秀｜. *Tsoú tĕ· sieóu* ｜, c'est fait élégamment.

IĂ

壓 *Iă*. Soumettre, réprimer, comprimer.

｜伏, ｜ *foŭ*, réprimer.

｜伏魔鬼的誘惑, ｜ *foŭ mô koùi tĭ ieòu kàn*, réprimer les tentations du diable.

｜伏不成, ｜ *foŭ poŭ tch'ên*, ne pouvoir réprimer.

｜伏不全, ｜ *foŭ poŭ ts'uên*, ne pouvoir réprimer complétement.

官親自來彈｜, *Kouān ts'īn tsé lâi t'ân* ｜, le mandarin est venu en personne pour rétablir l'ordre (par ex. dans une mutinerie).

｜東西, ｜ *tōng sī*, presser des objets.

｜在箱子頭, ｜ *tsaí siāng tsè t'eôu*, presser dans la caisse.

｜壞了, ｜ *houái lò*, c'est écrasé, gâté, à force d'être pressé.

蛋是｜不得的, *Tán ché* ｜ *poŭ tĕ· tĭ*, les œufs ne peuvent être comprimés.

｜死嬰孩, ｜ *sè īn hiâi*, étouffer un enfant (en dormant).

載子輕了｜不倒船, *Tsaí tsè k'īn lò* ｜ *poŭ taò tch'oûan*, le chargement est trop léger pour lester suffisamment le bateau.

押 *Iă*. Garder, surveiller; hypothéquer, signer.

｜起在衙門頭, ｜ *k'ì tsaí iâ mên t'eôu*, gardé aux arrêts au prétoire.

鎖｜, *Sò* ｜, retenir dans les chaînes.

差人把他｜起了, *Tch'āi jên pà t'a* ｜ *k'ì lò*, les satellites le détiennent prisonnier.

｜倒一个人不等他走, ｜ *taò ĭ kó jên poŭ tèn t'ā tseòu*, retenir quelqu'un par force, sans vouloir le laisser partir.

以聲｜市, *ì chēn* ｜ *ché*, se servir de sa puissance pour opprimer le marché.

｜馬, ｜ *mà*, promener un cheval pour lui faire prendre de l'exercice.

｜送銀子, ｜ *sóng în tsè*, accompagner, surveiller une expédition d'argent.

｜担子, **｜禮**, ｜ *tán tsè*, ｜ *lì*, accompagner ainsi un chargement quelconque, des présents (de noces, par ex.).

｜一股地方, ｜ *ĭ koù tí fāng*, hypothéquer un terrain.

小｜當, *Siaò* ｜ *táng*, petit mont-de-piété à forts intérêts et à courte échéance.

畫(v. 號)｜, *Houá (v. haó)* ｜, donner sa signature.

鴨 *Iă*. **｜子**, ｜ *tsè*, canard.

家｜子, *Kiā* ｜ *tsè*, canard domestique.

水｜子, *Choùi* ｜ *tsè*, canard sauvage.

建｜, *Kién* ｜, gros canard stupide, ayant une crête rouge au bec.

｜青, **｜婆**, ｜ *ts'īn*, ｜ *p'ô*, canard, cane.

｜兒子, ｜ *eûl tsè*, petit canard.

｜蛋, ｜ *tán*, œuf de cane.

放｜子, *Fáng* ｜ *tsè*, garder les canards.

｜棚子, ｜ *p'ông tsè*, on appelle ainsi l'endroit où l'on fait éclore artificiellement les œufs de cane, et où l'on élève les jeunes canards.

打水｜子, *Tà choùi* ｜ *tsè*, chasser le canard sauvage.

IĀNG

秧 *Iāng*. Jeunes plants de végétaux de toutes sortes.

｜子, ｜ *tsè*, même sens, s'entend surtout du riz.

海上絲綢之路文獻集成 科技與文化編

| 田, | *t'iên*, rizière réservée pour recevoir la semence de riz.
平 | 田, *P'în* | *t'iên*, applanir cette rizière.
整 | 田, *Tchèn* | *t'iên*, la préparer.
撒 | 子, *Sǎ* | *tsè*, semer le riz.
栽 | 子, *Tsāi* | *tsè*, repiquer le riz.
| 窩, | *ō*, touffe de riz repiqué.
| 窩肯長, | *ō k'èn tchàng*, les touffes de riz se développent bien.
| 子坐榺, | *tsè tsó tcōu*, les plants de riz dépérissent.
菜 | 子, *Ts'ái* | *tsè*, semis de légumes.
樹 | 子, *v.* 樹 | |, *Chóu* | *tsè*, *v. chóu* | |, plants d'arbres.
殯 | 子, *Pín* | *tsè*, mettre des plants en pépinière.
| 地, | *tí*, pépinière.
| 雞子, | *kī tsè*, espèce de poule d'eau des rizières.

殃 *Iāng*. Malheur.
災 |, *Tsāi* |, grand malheur.
遭 |, *Tsāo* |, subir un malheur.
化 | 爲吉, *Houá* | *oûi kǐ*, changer le malheur en bonheur.
城門失火 | 及池魚, *Tch'ên mên chě hò*, | *kǐ tch'ê iû*, quand le feu prend à la porte de la ville, la calamité s'étend jusqu'aux poissons de l'étang (prov.).

IÂNG

陽 *Iâng*. Principe parfait, soleil, extérieur.
陰 |, *Īn* |, le principe imparfait ou passif, et le principe parfait ou actif.
陰 | 先生, *Īn* | *siēn sēn*, espèce de devin qui prétend indiquer les terrains propices ou non (par ex. pour les sépultures).
看陰 |, *K'án īn* |, exercer cet art.
太 |, *T'ái* |, le soleil.
太 | 出, *T'ái* | *tch'ǒu*, le soleil se lève.
出太 |, *Tch'ǒu t'ái* |, il y a du soleil.
太 | 高, *T'ái* | *kāo*, le soleil est déjà haut (la journée est avancée).
太 | 棹西, *T'ái* | *t'iào sī*, le soleil tourne à l'occident (il est midi passé).
太 | 出東落西, *T'ái* | *tch'ǒu tōng lǒ sī*, le soleil se lève à l'orient et se couche à l'occident.
太 | 落山(*v.* 土), *T'ái* | *lǒ chān (v. t'òu)*, le soleil se couche.
端 |, *Toūan* |, fête de l'année chinoise, le 5 de la 5eme lune.
平 | 地方, *P'în* | *tí fāng*, pays plat et découvert.
向 |, *Hiáng* |, exposé au soleil.
| 火, | *hò*, feu qui paraît à l'extérieur avec flamme.
| 溝, | *keōu*, fossé non couvert.
| 奉陰違, | *fóng īn oûi*, extérieurement faire mine d'obéir, et désobéir en cachette.
| 間, | *kiēn*, sur la terre, par opposition à 陰間, *īn kiēn*, qui signifie: sous terre, dans les enfers.
| 物, | *oǔ*, membre viril.
| (*v.* 瘍) 梅瘡, | *mêi tch'oūang*, maladie vénérienne.

揚 *Iâng*. Divulguer, manifester, louer, élever.
彰 | 天主的公義, *Tchāng* | *T'iēn Tchòu tǐ kōng gní*, manifester, faire resplendir la justice de Dieu.
不要張 | 狠, *Poǔ iáo tchāng* | *hèn*, il ne faut pas trop s'afficher.
| | 得意, | | *tě í*, qui va se pavanant, content de soi-même.
我帮你 | 名, *Gò pāng gnì* | *mîn*, je t'aiderai à te faire connaître.
這件事不可 | 出去, *Tché kién sé poǔ k'ò* | *tch'ǒu k'ú*, cette affaire ne doit pas être divulguée.
舉 | 聖體, *Kù* | *chén t'ì*, l'Elévation de la messe.

華西官話漢法詞典

楊 *Iâng*. **｜柳**, *v.* **｜柳樹**, ｜ *lieòu*, *v.* ｜ *lieòu chóu*, saule.

｜梅樹, ｜ *mêi chóu*, arbousier.

黃｜木, *Houâng* ｜ *mŏu*, bois de buis.

白｜樹, *Pĕ* ｜ *chóu*, peuplier blanc.

羊 *Iâng*. Brebis, chèvre, la race ovine.

一隻｜, *ĭ tchĕ (tchĕ)* ｜, un mouton, une chèvre.

公｜, *Kōng* ｜, bouc, bélier.

草｜, *Ts'ào* ｜, chèvre, brebis.

棉｜, *Miên* ｜, brebis, mouton.

山｜, *Chān* ｜, chèvre domestique ou sauvage.

角角｜, *Kŏ kŏ* ｜, chèvre.

羔｜, *Kaō* ｜, agneau.

｜兒子, ｜ *eûl tsè*, agneau, chevreau.

｜圈, ｜ *kuén*, étable à brebis.

｜肉, **｜腩**, ｜ *joŭ*, ｜ *lài*, viande de mouton, lait de chèvre ou de brebis.

｜腿, ｜ *t'oùi*, gigot de mouton ou de chevreau.

｜毛編的, ｜ *mâo piēn tĭ*, tissu de laine.

｜毛氈, ｜ *mâo tchān*, tapis de feutre.

｜毛釘(*v.* **針**), ｜ *mâo tīn (v. tchēn)*, colique violente (occasionnée, disent les Chinois, par un poil de chèvre, qu'il faut faire sortir par la peau du ventre).

挑｜毛釘, *T'iāo* ｜ *mâo tīn*, tirer ce poil pour guérir de cette colique.

｜角瘋, ｜ *kŏ fōng*, épilepsie.

看(*v.* **放**)**｜子**, *K'án (v. fáng)* ｜ *tsè*, garder, paître les brebis.

洋 *Iâng*. Mer, pays au delà des mers.

海｜, *Hài* ｜, l'Océan.

東｜, *Tōng* ｜, mer orientale, le Japon.

西｜, *Sī* ｜, mer occidentale, les pays d'Occident.

大西｜, *Tá sī* ｜, l'Europe.

小西｜, *Siaò sī* ｜, les Indes orientales.

｜人, *v.* **西｜人**, ｜ *jên*, *v.* *sī* ｜ *jên*, Européen ou Américain.

｜人造反, ｜ *jên tsáo fàn*, les Européens se révoltent (c'est ainsi que disent les Chinois, chaque fois qu'ils sont en guerre avec les Européens).

｜務局, ｜ *oú kiŭ*, tribunal érigé dans les chefs-lieux de province, pour traiter les affaires des Européens, et les procès de religion.

｜貨, **｜布**, ｜ *hó*, ｜ *póu*, marchandises, toiles européennes.

｜那邊, ｜ *lá piēn*, là-bas, en Europe.

痒 *Iâng*. Écrouelles, humeurs froides.

｜子, ｜ *tsè*, même sens.

頸子上生得有｜子, *Kìn tsè cháng sēn tĕ ieòu* ｜ *tsè*, il a des abcès scrofuleux au cou.

｜子散了, ｜ *tsè sán lò*, les abcès scrofuleux ont disparu.

IÀNG

養 *Iàng*. Nourrir, élever, entretenir.

生｜之恩, *Sēn* ｜ *tchē guēn*, le bienfait de la vie et de l'entretien.

｜人的東西, ｜ *jên tĭ tōng sī*, choses qui sustentent la vie de l'homme.

供｜父母, *Kōng* ｜ *fóu mòu*, entretenir ses parents.

顧｜兒女, *Kóu* ｜ *eûl niù*, élever ses enfants.

生｜死葬, *Sēn* ｜ *sè tsáng*, pourvoir à l'entretien pendant la vie, et à l'enterrement après la mort.

｜不活, ｜ *poŭ hŏ*, ne pouvoir par ses soins entretenir la vie.

他｜活一家人, *T'a* ｜ *hŏ ĭ kiā jên*, il nourrit toute la famille.

｜不大, ｜ *poŭ tá*, ne pouvoir élever jusqu'à la croissance complète.

｜老田, ｜ *laò t'iên*, rizière affectée à l'entretien d'un vieillard.

｜贍(*v.* **膳**)**錢**, ｜ *chán ts'iên*, somme (réservée lors du partage des biens) pour l'entretien des parents.

聖體是｜靈魂的糧, *Chén t'ì ché* ｜ *lîn houên tĭ leâng*, l'Eucharistie est la nourriture de l'âme.

| 痾, | *pín*, convalescence, se guérir.
你的病好生 | 倒, *Gnì tĭ pín haò sēn* | *taò*, soigne bien ta maladie.
| 身病, | *chēn pín*, maladie chronique, qui passe pour être un certificat de longue vie.
| 廉, | *liên*, honoraires, casuel.
拿一點水 | 倒, *Lâ ĭ tièn choùi* | *taò*, entretenir avec un peu d'eau.
雨落得好 | 倒田頭的水, *Iù lŏ tĕ· haò*, | *taò t'iên t'côu tĭ choùi*, la pluie vient à propos pour alimenter l'eau des rizières.
堰水是大河 | 倒的, *Ién choùi ché tá hô* | *taò tĭ*, le canal est alimenté par les eaux du grand fleuve.

癢 *Iàng*. Prurit, démangeaison.
一身 | 得狠, *ĭ chēn* | *tĕ· hèn*, tout le corps me démange très fort.
摳 |, *K'eōu* |, se gratter.
越摳越 |, *Iuĕ· k'eōu, iuĕ·* |, plus on gratte, plus cela démange.
| 得心慌, | *tĕ· sīn hoūang*, cela démange à faire défaillir.
| 蘇蘇的, | *sōu sōu tĭ*, légère démangeaison.
我手 | 得狠想搥你一頓, *Gò cheòu* | *tĕ· hèn, siàng tch'oùi gnì ĭ tén*, les mains me démangent fort, j'ai envie de te rosser.
這个小夥子沒得別的毛病就是手 |, *Tché· kó siào hò tsè mŏ tĕ· piĕ· tĭ maô pín, tsieóu ché cheòu* |, ce jeune homme n'a pas d'autre maladie, sinon que les mains lui démangent, c.-à-d. il est joueur.

仰 *Iàng*. (Se prononce régulièrement *niàng*; voir ce mot.)
| 起的, | *k'ì tĭ*, à la renverse.
| 起睡, | *k'ì choúi*, dormir couché sur le dos.

IÁNG

樣 *Iáng*. Forme, manière, espèce.
一 | 的, *ĭ* | *tĭ*, de même forme, semblable.
一 | 大, 一 | 小, *ĭ* | *tá, ĭ* | *siào*, également grand, également petit.
怎 |, *v.* 怎麼 |, *Tsèn* |, *v. tsèn mô* |, comment?
怎麼 | 安排, *Tsèn mô* | *gān p'âi?* comment disposer cela?
你把我怎麼 |, *Gnì pà gò tsèn mô* |, eh bien! qu'est-ce que tu me feras? (parole de provocation.)
模 |, *Moû* |, forme, apparence.
餅酒的模 |, *Pìn tsieòu tĭ moû* |, les apparences du pain et du vin.
走路大模大 |, *Tseòu loú tá moû tá* |, en marchant se donner des airs d'importance.
說這 |, 說那 |, *Chŏ tché·* |, *chŏ lá* |, parler comme ceci, comme cela.
那个 | 子使得, *Lá kó* | *tsè chè tĕ·*, cela peut aller ainsi.
照 | 學 |, *Tchaó* | *hiŏ* |, imiter exactement les exemples.
照倒 | 子做, *Tchaó taò* | *tsè tsoú*, faire selon le modèle.
拿一頂帽子做 | 子, *Lâ ĭ tìn maó tsè tsoú* | *tsè*, prendre un bonnet pour modèle.
鞋子走了 | 子不好看, *Hâi tsè tseòu lò* | *tsè poŭ haò k'án*, les souliers une fois déformés ne sont plus beaux à voir.
旣是這 | 的, *Kí ché tché·* | *tĭ*, puisqu'il en est ainsi.
還有別 | 沒得, *Houân ieòu piĕ·* | *mŏ tĕ·?* y en a-t-il encore d'autres façons, y a-t-il encore d'autres espèces?
還有三四 |, *Houân ieòu sān sé* |, il y en a encore de trois ou quatre façons.
| | 都有, | | *toū ieòu*, il y a de tout, il y en a de toutes les façons.
救靈魂比不得別 | 的事, *Kieóu lîn houên pì poŭ tĕ· piĕ·* | *tĭ sé*, le salut de l'âme n'est pas comme les autres affaires.
不要打光是拿板子 | 一吓, *Poŭ iaó tà, kouāng ché lâ pàn tsè* | *ĭ há*, il ne faut pas le frapper, mais seulement le menacer du bâton.
| 行都要在管, | *hâng toū iáo tsái kouàn*, il s'occupe de tout.

恙 *Iáng.* Maladie.

貴｜, *Koúi* ｜, quelle est votre maladie? comment vous portez-vous? (polit.)

貴｜何如, *Koúi* ｜ *hô joû?* où en est votre maladie?

IĀO

腰 *Iāo.* Reins, milieu du corps.

｜桿(v.𩩲), v. ｜脊, ｜ *kàn,* v. ｜ *tsĭ,* épine dorsale.

打斷｜桿, *Tà touán* ｜ *kàn,* briser l'épine dorsale.

｜桿痛(v.脹), ｜ *kàn t'óng (v. tcháng),* avoir mal aux reins.

掙不起｜桿, *Ts'én poŭ k'ì* ｜ *kàn,* ne pouvoir se redresser, être courbé.

不伸｜, *Poŭ tch'ēn* ｜, pas bien étiré, pas à l'aise (au propre et au fig.).

伸懶｜, *Tch'ēn làn* ｜, s'étirer en baillant.

捲不起｜桿, *Kuēn (kuèn) poŭ k'ì* ｜ *kàn,* ne pouvoir plier l'échine.

有一｜桿水, *Ieòu ĭ* ｜ *kàn choùi,* il y a de l'eau jusqu'à l'échine.

撇在｜桿上, *P'iĕ tsaí* ｜ *kàn cháng,* attacher à la ceinture.

｜帶, ｜ *taí,* ceinture.

圍｜, *Oûi* ｜, tablier.

袴｜, *K'óu* ｜, bande de toile qui termine le haut du pantalon.

｜布, ｜ *poú,* bande de toile à l'extrémité supérieure des tentures de table, des devants d'autel, etc.

在半中｜來了, *Tsái pán tchōng* ｜ *lâi lò,* il est arrivé au milieu de la besogne.

｜店子, ｜ *tién tsè,* auberges qui se trouvent le long de la route, en dehors des marchés.

猪｜子, *Tchōu* ｜ *tsè,* rognons de porc.

裝｜板, *Tchouāng* ｜ *pàn,* faire une cloison en planches, à la hauteur des reins.

么 *Iāo.* Dernier, petit, jeune.

｜兒, v. 老｜, ｜ *eûl,* v. *laò* ｜, le dernier des fils ou des frères.

｜女, v. ｜姑, ｜ *niù,* v. ｜ *koū,* la dernière des filles.

｜爺, v. ｜叔, ｜ *iê,* v. ｜ *choŭ,* le dernier oncle.

｜娘, ｜ *niâng,* femme de ce dernier.

他是老幾? 是老｜, *T'ā ché laò kì? ché laò* ｜, quel est son rang d'âge parmi ses frères? Il est le dernier.

｜師傅, ｜ *sē foú,* appellation donnée aux garçons d'auberge.

吆 *Iāo.* ｜喝, ｜ *hŏ,* cris des satellites qui marchent devant le palanquin des mandarins, pour faire ranger le peuple.

｜嚇人, ｜ *hĕ jên,* effrayer les gens.

妖 *Iāo.* Prodigieux, magique.

｜術, ｜ *choŭ,* magie, sortilége.

｜怪, v. ｜精, ｜ *kouái,* v. ｜ *tsīn,* lutin, sorcier.

出｜怪(v.氣), *Tch'ŏu* ｜ *kouái (v. k'í),* il paraît des fantômes.

邀 *Iāo.* Pousser devant soi; inviter.

｜猪, ｜ *tchōu,* conduire des porcs.

你的牲𤙖｜吓子, *Gnì tĭ sēn k'eòu* ｜ *há tsè,* fais marcher ta bête un peu plus vite.

｜起走了, ｜ *k'ì tseòu lò,* il a emmené (ses bêtes).

｜馱馬, ｜ *t'ô mà,* conduire des chevaux chargés.

｜約, ｜ *iŏ,* convoquer.

多｜幾个人一路, *Tō* ｜ *kì kó jên ĭ lóu,* tâche de trouver quelques hommes de plus, pour faire route ensemble.

｜恩, ｜ *guēn,* demander grâce.

告｜, *Káo* ｜, demander pardon.

IÂO

遥 *Iâo.* Loin.

路程｜遠, *Lóu tch'ên* ｜ *iuèn,* c'est très loin.

路 | 知馬力事久見人心, *Lóu | tchē mà lĭ, sé kieòu kién jên sīn,* une longue route permet de juger de la force d'un cheval, des rapports prolongés découvrent le cœur de l'homme (prov.).

窰 *Iâo.* Four à chaux, à poteries, à tuiles, à briques.

火 |, *v.* | 子, *Hò* |, *v.* | *tsè,* même sens.

| 貨, | *hó,* poteries.

罈罐 |, *T'ân kouán* |, four à poteries.

燒瓦的 | 子, *Chāo ouà tĭ* | *tsè,* four à tuiles.

燒一 |, *Chāo ĭ* |, cuire une fournée.

瓦沒有出 |, *Ouà mŏ ieòu tch'ŏu* |, les tuiles sont encore au four.

搖 *Iâo.* Agiter, remuer.

| 鈴鈴, | *lîn līn,* agiter une clochette.

| 不動, | *poŭ tóng,* ne pouvoir faire remuer en secouant.

| 樹子, | 落了幾个梨兒, | *chóu tsè,* | *lŏ lò kì kó lî eûl,* en secouant l'arbre, il a fait tomber quelques poires.

| 扇不如自來風, | *chán poŭ jôu tsé lâi fōng,* agiter l'éventail ne vaut pas le vent qui souffle naturellement.

| 骰子, | *sĕ tsè,* agiter des dés, jouer aux dés.

| | 擺擺, | | *pài pài,* se carrer, se dandiner en marchant.

| 頭擺尾, | *t'eôu pài oùi,* (animal) qui fait des caresses; se dit par dérision des gens rampants et flatteurs.

| 鬆了, | *sōng lò,* ébranlé à force d'être secoué.

謠 *Iâo.* | 言, | *iên,* faux bruit, vaine rumeur.

| 言普散, | *iên p'òu sán,* de faux bruits se répandent partout.

| 言息了 (*v.* 散了), | *iên sĭ lò, v. sán lò,* la fausse rumeur s'est apaisée.

盡是 | 言, *Tsín ché* | *iên,* ce ne sont que de vaines rumeurs.

堯 *Iâo.* nom d'un empereur de Chine.

IÀO

舀 *Iào.* Puiser.

| 水, | *choùi,* puiser de l'eau avec un instrument qu'on tient à la main.

在缸子頭 | 一瓢水, *Tsái kāng tsè t'eôu* | *ĭ p'iâo choùi,* prendre une (grosse) cuillerée d'eau dans le réservoir.

| 洗臉水, | *sì lièn choùi,* puiser de l'eau pour se laver la figure.

| 乾了, | *kān lò,* avoir épuisé complètement le contenu d'un récipient (vase, bassin, etc.).

IÁO

要 *Iáo.* Nécessaire, vouloir, falloir, demander; être; marque du futur.

| 緊, *v.* 緊 |, | *kìn, v. kìn* |, nécessaire, important.

是最 | 緊的, *Ché tsuí* | *kìn tĭ,* c'est très nécessaire.

| 緊的人, | *kìn tĭ jên,* homme nécessaire, dont on ne peut se passer.

不大 | 緊的事, *Poŭ tá* | *kìn tĭ sé,* chose de peu d'importance.

少這个人不 | 緊, *Chaò tché kó jên poŭ* | *kìn,* cet homme de moins, peu importe.

打發姑娘一穚把錢不 | 緊, *Tà fă kōu niâng ĭ p'âo pà ts'iên poŭ* | *kìn,* pour marier une fille, dix ligatures, ce n'est pas une affaire.

聖教 | 理, *Chén kiáo* | *lì,* (litt.) la doctrine nécessaire de la religion, c.-à-d. le catéchisme.

| 不 |, | *poŭ* |, veux-tu ou non? signifie aussi: de temps en temps.

| 不 | 病又發, | *poŭ* | *pín ieóu fă,* la maladie revient de temps en temps.

不 | 你, *Poŭ* | *gnì,* je ne veux pas de toi.

| 不完, | *poŭ ouân,* on n'a pas besoin de tout, il y en a de reste.

| 不倒那樣多, | *poŭ tào lá iáng tō*, il n'en faut pas tant que cela.

| 得, | *tĕ·*, cela peut aller, cela peut servir.

這个人 | 不得, *Tché· kó jên* | *poŭ tĕ·*, cet homme ne vaut rien.

不 |, *Poŭ* |, devant un verbe fait l'impératif prohibitif.

不 | 摸, 不 | 說, 不 | 信, *Poŭ* | *mō, poŭ* | *chŏ, poŭ* | *sín*, ne touche pas, ne dis pas, ne crois pas.

你問他 |, *Gnì ouén t'ā* |, adresse-toi à lui pour demander, pour exiger.

你跟他 |, *Gnì kēn t'ā* |, demande-lui.

依不得他 |, *ī poŭ tĕ· t'ā* |, on ne peut tenir compte de toutes ses exigences.

不敢多 |, *Poŭ kàn tō* |, je n'en veux pas trop, je ne suis pas trop exigeant.

這个 | 大點, | 小點, *Tché· kó* | *tá tièn* (| *siào tièn*), celui-ci est plus grand, (plus petit).

你 | 高點, *Gnì* | *kāo tièn*, tu es plus grand de taille (que moi).

| 來, | 死, | 晴, | *lâi*, | *sè*, | *ts'în*, il viendra, il mourra, il fera beau.

| 賬, | *tcháng*, exiger une dette.

鷂 *Iáo*. | 子, | *tsè*, vautour.

靿 *Iáo*. Voyez *Hâi*.

IÊ·

爺 *Iê·*. Père, aïeul paternel, seigneur, monsieur.

| |, | |, aïeul paternel (en certains pays on dit 公 *Kōng*).

両 | 子, *Leàng* | *tsè*, le père et le fils.

三 | 子, *Sān* | *tsè*, le père et deux fils.

那幾 | 子, *Lá kì* | *tsè*, eux, le père avec ses fils; cette clique (terme de mépris).

伯 |, 叔 |, *Pĕ·* |, *chŏu* |, oncles.

李二 |, 李幺 |, *Lì eúl* |, *Lì iāo* |, (litt.) Monsieur le 2eme *Lì*, Mr le dernier *Lì*.

大 |, 二 |, 幺 |, *Tá* |, *eúl* |, *iāo* |, le premier, le deuxième, le dernier oncle (se dit à tout homme d'un âge moyen, tant soit peu respectable; ou quand il s'agit d'interpeller un étranger d'un certain âge). *Tá* |, est aussi usité pour désigner le premier des employés domestiques du mandarin, et les chefs francs-maçons.

他是一个大 |, *T'ā ché ī kó tá* |, c'est un chef franc-maçon.

| 門, | *mēn*, employés domestiques du mandarin.

師 |, *Sē* |, conseiller officiel du mandarin.

老 |, *Lào* |, (en certains endroits) grand-père, ou grand-oncle (appellation honorifique donnée à quiconque a droit de porter le bouton d'honneur).

大老 |, *v.* 太 |, *Tá lào* |, *v. t'ái* |, titre d'honneur presque exclusivement réservé aux mandarins.

老太 |, *Laò t'ái* |, titre donné au père et aux proches ascendants d'un *laò iê·*.

少 |, *Chaó* |, fils d'un *laò iê·*.

Iê·. Particule respectueuse ajoutée au nom patronymique d'une personne constituée en dignité. Par ex. en parlant d'un prêtre nommé *Tchāng*, les Chrétiens diront:

張 |, *Tchāng* |, Monsieur *Tchāng*.

耶 *Iê·*. Finale. Cette particule est employée dans la composition du saint Nom de Jésus.

| 穌, *soū*, Jésus.

IÈ·

也 *Iè·*. Et. (Voyez ì.)

野 *Iè·*. Sauvage, désert.

| 物, *v.* | 獸, | *oŭ, v.* | *cheóu*, animaux sauvages.

打 | 物, *Tà* | *oŭ*, la chasse aux bêtes sauvages.

| 雞, | 猪, | 猫兒, | *kī*, | *tchōu*, | *māo eúl* (*moeūl*), faisan, sanglier, chat sauvage.

放 | 了, *Fáng | lò*, (animal) devenu sauvage pour avoir été abandonné.

是 | 的是家的, *Ché | tĭ, ché kiā tĭ?* (cet animal) est-il sauvage, ou apprivoisé?

| 人, *| jên*, homme sauvage.

這个娃娃 | 得狠, *Tché· kó oûa oūa | tĕ· hèn*, ce gamin est d'un naturel sauvage, indiscipliné.

| 草, **| 菜**, *| ts'ào, | ts'ái*, herbes, légumes sauvages.

水 | 得狠, *Choùi | tĕ· hèn*, (litt.) l'eau est très sauvage, c.-à-d. très rapide.

曠 |, *K'ouáng |*, désert.

| 地, *| tí*, terres désertes, incultes.

IÉ·

夜 *Ié·*. Nuit.

晝 |, v. **白日 | 晚**, *Tcheóu |*, v. *pĕ· jĕ | ouàn*, jour et nuit.

終 |, v. **通 |**, *Tchōng |*, v. *t'ōng |*, toute la nuit.

| 晚, v. **| 晚些**, *| ouàn*, v. *| ouàn sī*, le soir, la nuit.

| 辰長 (v. **短**), *| chên tch'âng (v. touàn)*, les nuits sont longues (ou bien courtes).

| 深了, *| chēn lò*, la nuit est très avancée.

守 |, *Cheòu |*, veiller la nuit.

| 壺, v. **| 器**, *| foû*, v. *| k'í*, vase de nuit (se dit aussi *iă tsè*, canard).

起 |, *K'ì |*, se lever la nuit pour certains besoins.

做 | 活路, *Tsoú | hŏ loú*, travailler la nuit, c.-à-d. faire le voleur.

讀 | 書, *Toŭ | chōu*, étudier à la lampe.

半 | 三更, *Pán | sān kēn*, à minuit.

猫兒有 | 眼, *Māo eûl ieòu | ièn*, les chats y voient la nuit.

消 |, *Siāo |*, souper.

年年防乾 | | 防賊, *Niên niên fâng kān, | | fâng tsĕ·*, chaque année il faut se précautionner contre la sécheresse, chaque nuit il faut se mettre en garde contre les voleurs.

IÉ·

葉 *Iĕ·*. Feuilles.

樹 | 子, *Choú | tsè*, feuilles d'arbre.

樹子在落 | 子, *Choú tsè tsái lŏ | tsè*, l'arbre perd ses feuilles.

發 | |, *Fă | |*, pousser des feuilles.

討桑 | 來餵蠶子, *T'aò sāng | laî oúi ts'ân tsè*, cueillir des feuilles de mûrier pour nourrir les vers à soie.

撈 (v. *hā*) **乾 | |**, *Lâo (v. hā) kān | |*, ramasser les feuilles sèches avec un râteau.

茶 | 子, *Tch'â | tsè*, feuilles de thé.

藍 | 子, *Lân | tsè*, feuilles d'indigo pour la teinture.

金 | (v. **鍱**) **子**, *Kīn | tsè*, feuilles d'or (pour la dorure sur bois).

凹 *Iĕ·* (se prononce aussi *gáo;* voyez ce mot). Enfoncé, creux.

一把新茶壺都打 | 了, *ĭ pà sīn tch'â foû toū tà | lò*, il a déjà déformé une théière toute neuve.

IĒN

烟 v. **煙** (v. **菸** pour le tabac ou pour l'opium) *Iēn*. Fumée, tabac, opium.

| 子, *| tsè*, fumée, noir de fumée.

出 | 子, *Tch'ŏu | tsè*, il sort de la fumée.

一股 | 子氣氣, v. **一股 | 臭**, *ĭ koù | tsè k'í k'í*, v. *ĭ koù | tch'eóu*, une odeur de fumée.

| 子熖黑了, *| tsè ts'ieŏu hĕ· lò*, c'est noirci par la fumée.

| 子嗆人, *| tsè ts'iáng jên*, la fumée vous prend à la gorge.

房子 | 得狠, *Fâng tsè | tĕ· hèn*, la maison est très enfumée.

蚊 |, *Ouên |*, ingrédients pour enfumer les moustiques.

| 筒 (v. **窗**), *| t'ŏng (v. tch'ōng)*, cheminée.

丨戶，丨 *foû*, famille.

丨子打底，丨 *tsè tà tì*, (pour le vernissage) passer une première couche en noir de fumée.

抹丨子，*Mò (mǒ)* 丨 *tsè*, passer du noir de fumée.

人丨，*Jên* 丨，arsenic.

葉子丨，*Iě tsè* 丨，tabac à fumer.

山丨，*Chān* 丨，tabac des montagnes, à petites feuilles.

䓱兒丨悶人，*K'uê eûl* 丨 *mén jên*, le tabac appelé *k'uê eûl iēn* fait tourner la tête.

綿(*v.* 水 *v.* 京南)丨，*Miên (v. choùi, v. kīn lân)* 丨，tabac coupé très menu pour la pipe à eau.

悶丨，*Mén* 丨，tabac préparé avec certains poisons. (Il fait perdre connaissance à celui qui le fume; aussi les chevaliers d'industrie s'en servent pour dépouiller leurs victimes à leur aise.)

鴉片丨，*v.* 洋丨，*Iā p'ién* 丨，*v. iâng* 丨，opium.

燒(*v.* 喫)一口丨，*Chāo (v. tch'ĕ) ĭ k'eòu* 丨，fumer une bouffée de tabac ou d'opium.

喫一竿丨的時候，*Tch'ĕ ĭ kān* 丨 *tĭ chê heóu*, le temps de fumer un cigare.

不會喫丨，*v.* 喫不來丨，*Poŭ hoúi tch'ĕ* 丨，*v. tch'ĕ poŭ lâi* 丨，ne pas savoir fumer.

喫丨上了癮，*Tch'ĕ* 丨 *cháng lò ìn*, il a contracté l'habitude de l'opium.

丨癮發了，丨 *ìn fă lò*, le besoin impérieux de fumer (l'opium) s'est fait sentir.

丨竿(*v.* 袋)，丨 *kān (v. tái)*, pipe.

丨竿嘴嘴，丨 *kān tsoùi tsoùi*, l'embouchure de la pipe.

丨竿斗斗，丨 *kān teòu teòu*, le fourneau de la pipe.

丨竿不通，丨*kān poŭ t'ōng*, la pipe est bouchée.

燙丨竿子，*T'áng* 丨 *kān tsè*, laver une pipe à l'eau bouillante.

一根丨竿子，*ĭ kēn* 丨 *kān tsè*, une pipe.

水丨袋，*Choùi* 丨 *tái*, pipe à eau.

丨鍋巴，丨 *kō pā*, culot de pipe, bout de cigare.

丨油，丨 *ieôu*, jus de tabac, nicotine; huile d'œillette.

裹丨，*Kò* 丨，rouler le tabac en cigare.

好丨不離火，*Haò* 丨 *poŭ lî hò*, le bon tabac ne s'éteint pas.

這个丨不接火，*Tché kó* 丨 *poŭ tsiĕ hò*, ce tabac ne brûle pas bien.

他的丨醉人，(*v.* 打腦膛)，*T'a tĭ* 丨 *tsoúi jên*, *v. tà laò k'ŏ*, son tabac enivre.

這个丨勁絧大，*Tché kó* 丨 *kín tchŭ tá*, ce tabac est fort.

新丨，陳丨，*Sīn* 丨，*tch'ên* 丨，tabac nouveau, tabac vieux.

種丨，*Tchóng* 丨，cultiver le tabac, ou l'opium.

䁘丨，*Láng (leáng)* 丨，sécher le tabac à l'ombre.

丨要發汗，丨 *iáo fă hán*, il faut faire suer le tabac.

丨焦得狠，丨 *tsiāo tĕ hèn*, le tabac est trop sec, il se brise.

丨潤得好，丨 *joúen tĕ hào*, le tabac a le degré d'humidité qu'il faut.

丨舘，丨 *kouàn*, bouge à fumer l'opium.

裝丨倒茶，*Tchoūang* 丨 *táo tch'â*, servir le tabac et le thé.

一皮葉子丨，*ĭ p'î iĕ tsè* 丨，une feuille de tabac.

一把丨，*ĭ pà* 丨，une petite poignée de feuilles de tabac.

一綑丨，*ĭ k'ouèn* 丨，un gros paquet de tabac de dix livres.

一担丨，*ĭ tán* 丨，cent livres de tabac.

丨器，丨 *k'í*, instruments employés dans la fumigation de l'opium.

丨槍，丨 *ts'iāng*, pipe à opium.

樫 *Iēn.* 丨支花，丨 *tchē houā*, belle-de-nuit.

丨支粉，*v.* 丨支(*v.* 胭脂)，丨 *tchē fèn*, *v.* 丨 *tchē*, fard composé avec ses graines.

蔫 *Iēn.* Se flétrir, se faner.

這些菜晒丨了，*Tché sī ts'ái chái* 丨 *lò*, ces légumes sont tout fanés par le soleil.

新栽的樹子要｜一吓, *Sīn tsāi tī chóu tsè iáo ｜ ī há*, les arbres nouvellement plantés commencent par languir un peu.

｜｜鮮鮮的, ｜｜ *siēn siēn tī*, être languissant (se dit des hommes comme des plantes).

｜了幾天, ｜ *lò kì t'iēn*, il a langui quelques jours.

醃 *Iēn*. **｜肉**, ｜ *joŭ*, viande salée et fumée.

淹 *Iēn*. (se prononce plus souvent *gān*; voir ce mot.)

咽 *Iēn*. **｜喉**, ｜ *heōu*, gosier.

IÊN

顏 *Iên*. Couleur.

｜色, ｜ *sĕ·*, même sens.

這个｜色經得事, *Tché· kó ｜ sĕ· kīn tĕ· sé*, cette couleur tient bien.

｜色發(v. 變)了, ｜ *sĕ· fá (v. pién) lò*, la couleur est flétrie, passée.

｜色取得好, ｜ *sĕ· ts'ù tĕ· hào*, la couleur est bien préparée, bien choisie.

染甚麽｜色, *Jàn chén mŏ ｜ sĕ·?* en quelle couleur faut-il teindre?

｜色鮮得好, ｜ *sĕ· suēn tĕ· hào*, la couleur est brillante.

｜色不配, ｜ *sĕ· poŭ p'éi*, la couleur ne convient pas.

｜料, ｜ *leáo*, matière colorante.

擂｜料, *Loûi ｜ leáo*, broyer des couleurs.

｜料像, ｜ *leáo siáng*, images coloriées.

上｜料, *Cháng ｜ leáo*, appliquer de la couleur.

言 *Iên*. Parole, dire.

｜語, ｜ *iù*, paroles.

惡｜惡語, *Gŏ ｜ gŏ iù*, paroles de colère, pour faire peur.

｜語不必多, ｜ *iù poŭ pĭ tō*, il faut être sobre en paroles.

口角｜語, *K'eòu kŏ ｜ iù*, paroles de querelles.

思｜行爲, *Sē ｜ hîn oûi*, les pensées, les paroles et les actions.

好｜難得惡語易施, *Hào ｜ lân tĕ·, gŏ ｜ í chē*, on obtient difficilement une bonne parole, tandis que les mauvaises échappent facilement.

一｜旣出駟馬難追, *ī ｜ kí tch'ŏu, sé mà lân tchoūi*, une parole une fois lâchée, un char à quatre chevaux ne la rattrapera plus.

｜多必失, ｜ *tō pĭ chĕ*, là où il y a abondance de paroles, il y a certainement des manquements.

要知心腹事但聽口邊｜, *Iáo tchē sīn foŭ sé, tán t'in k'eòu piēn ｜*, pour connaître le fond du cœur de quelqu'un, il suffit d'entendre les paroles qui lui viennent sur les lèvres.

簷 *Iên*. Saillie d'un toit.

屋｜, *Oŭ ｜*, même sens.

陔｜, *v.* **陔** (*v.* **階** *v.* **堦**) **｜坎**, *Kāi* (par corruption *kān*) ｜, *v. kāi ｜ k'àn*, trottoir ou allée sous le *oŭ iên*.

屋｜溝, *Oŭ ｜ keōu*, gouttière suivant le bord du toit.

屋｜水, *Oŭ ｜ choùi*, pluie qui dégoutte du toit.

屋｜口, *Oŭ ｜ k'eòu*, bord des toits.

漂｜板, *P'iáo ｜ pàn*, latte fixée le long du bord des toits, sous les tuiles.

｜燈, ｜ *tēn*, lanterne placée sous le *oŭ iên*.

延 *Iên*. Différer, retarder.

｜遲, *v.* **遲｜**, ｜ *tch'ê*, *v. tch'ê* ｜, même sens.

還賬不可｜遲, *Houân tcháng poŭ k'ò ｜ tch'ê*, pour payer ses dettes, il ne faut pas trop tarder.

筵 *Iên*. **｜席**, ｜ *sĭ*, festin, plus spécialement festin de noces.

去喫｜席酒, *K'ú tch'ĕ ｜ sĭ tsieòu*, se rendre à un repas de noces.

塩 *Iên.* Sel.

｜巴，｜ *pā*, même sens.

潮｜，*Tch'âo* ｜，sel marin.

井｜，*Tsìn* ｜，sel de puits.

開｜井，*K'ai* ｜ *tsìn*, creuser un puits à sel.

鍋巴｜，*Kō pā* ｜，sel gris en bloc.

白｜，*v.* 花｜，*Pě* ｜，*v. hōua* ｜，sel blanc en grains.

熬｜，*Gâo* ｜，faire évaporer l'eau du sel.

｜盒子，｜ *hŏ tsè*, salière.

放(*v.* 下)｜，*Fáng (v. hiá)* ｜，mettre du sel dans les mets.

｜重了，｜淡了，｜ *tchóng lò*, ｜ *tán lò*, c'est trop salé, ce n'est pas assez salé.

婪｜巴，*Làn* ｜ *pā*, saler fortement pour conserver.

｜蛋，｜ *tán*, œufs salés.

｜菜，｜ *ts'ái*, légumes salés pour être conservés.

打｜巴，*v.* 吊｜，*Tà* ｜ *pā*, *v. tiáo* ｜，acheter du sel.

舂｜巴，*Tchōng* ｜ *pā*, piler du sel.

官｜，*Kouān* ｜，sel de la régie.

私｜，*Sē* ｜，sel de contrebande.

客｜，*K'ě* ｜，sel de la régie transporté aux risques des particuliers.

｜商，｜ *chāng*, qui fait le commerce de sel en gros.

｜關，｜ *kouān*, douane pour le sel.

｜店，｜ *tién*, magasin où l'on vend le sel du gouvernement.

｜茶道，｜ *tch'â táo*, grand mandarin préposé au sel et au thé.

｜船，｜ *tch'ouān*, barque à sel.

一包｜，*ī pāo* ｜，un ballot de sel.

一張｜，*ī tchāng* ｜，cinquante ballots de sel.

IÈN

眼 *Ièn.* Œil, petit trou.

｜目，*v.* ｜睛，｜ *mǒu*, *v.* ｜ *tsīn*, yeux.

一雙｜，*ī chouāng* ｜，les deux yeux.

｜皮，｜ *p'î*, paupière.

翻起｜皮，*Fān k'ì* ｜ *p'î*, (litt.) renverser les paupières, regarder de mauvais œil, montrer de la haine dans le regard.

妥(*v.* 搭)起｜皮不管事，*T'ò (v. tă) k'ì* ｜ *p'î poŭ kouàn sé*, fermer les yeux et ne pas s'occuper de ses inférieurs.

｜睫毛，｜ *tsă mâo*, cils.

｜角，｜ *kŏ*, coin de l'œil.

｜珠，｜ *tchōu*, pupille.

｜眶，｜ *k'ouāng*, l'orbite de l'œil.

獨｜，*v.* 獨｜龍，*Toŭ* ｜，*v. toŭ* ｜ *lông*, borgne.

瞟｜，*v.* 瞟｜兒，*P'iào* ｜，*v. p'iào* ｜ *eûl (ieûl)*, yeux louches.

近視｜，*Kín ché* ｜，myope.

痘風｜，*Teóu fōng* ｜，maladie d'yeux venue à la suite de la petite vérole.

鮓巴｜，*Tchà pā* ｜，chassieux.

｜屎，｜ *chè*, chassie des yeux.

｜睛㮚，｜ *tsīn k'ă*, les yeux picotent douloureusement, et sont offusqués par la lumière.

生火｜，*v.* 害火｜，*Sēn hò* ｜，*v. hái hò* ｜，souffrir d'une inflammation des yeux.

風｜，*Fōng* ｜，yeux délicats qui ne peuvent supporter le vent.

｜睛壞了一隻，｜ *tsīn houái lò ī tchĕ (tchě)*, j'ai perdu un œil.

｜睛澀䁾瞌睡，｜ *tsīn sĕ tchouāi (tchouēn) k'ŏ chouí*, j'ai les yeux fatigués, je tombe de sommeil.

｜睛瞎了，｜ *tsīn hiă lò*, il est aveugle.

｜睛瞀，｜ *tsīn oú*, les yeux y voient trouble.

｜睛花(*v.* 差)了，｜ *tsīn hōua (v. tch'ā) lò*, avoir la berlue.

｜睛瘝，｜ *tsīn tcháng*, avoir les yeux fatigués.

睞｜睛，*Tsă* ｜ *tsīn*, cligner des yeux.

一睞｜，*ī tsă* ｜，en un clin d'œil.

睜｜睛，*Ts'ēn* ｜ *tsīn*, ouvrir les yeux.

｜睛睜不開，｜ *tsīn ts'ēn poŭ k'āi*, ne pouvoir ouvrir les yeux.

閉｜睛, *Pí ｜ tsīn*, fermer les yeux (au propr. et au fig.).

｜睛閉倒, ｜ *tsīn pí taò*, ferme les yeux.

｜睛一閉, ｜ *tsīn ĭ pí*, aussitôt les yeux fermés, c.-à-d. aussitôt mort.

｜睛定了, ｜ *tsīn tín lò*, les yeux sont devenus fixes.

估起｜睛, *Koù k'ì ｜ tsīn*, faire les gros yeux.

｜睛估人, ｜ *tsīn koù jên*, faire les gros yeux à quelqu'un.

爆了｜睛, *Páo lò ｜ tsīn*, on lui a crevé les yeux.

看一｜, *K'án ĭ ｜*, jeter un coup d'œil.

｜不見心不煩, ｜ *poŭ kién, sīn poŭ fân*, quand on ne voit pas les choses, on n'en a pas le cœur tourmenté.

我親｜得見, *Gò ts'īn ｜ tĕ· kién*, j'ai vu de mes propres yeux.

｜睛斜起看, ｜ *tsīn siê· k'ì k'án*, regarder de travers.

｜亂看, ｜ *loúan k'án*, regarder ce qu'il ne faudrait pas.

有｜力, *Ieòu ｜ lĭ*, habile à distinguer, à reconnaître, perspicace.

｜淚, *v.* ｜淚水, ｜ *loúi, v.* ｜ *loúi choùi*, larmes.

流｜淚, *Lieôu ｜ loúi*, verser des larmes.

沒｜水, *Mŏ ｜ choùi*, (litt.) il n'a pas d'eau dans les yeux (se dit d'un chien qui aboie à tort et à travers, ne sachant pas reconnaître les gens).

｜鏡, ｜ *kín*, lunettes.

當｜睛, *Tāng ｜ tsīn*, veiller, observer; désigner le voleur à celui qui a été volé.

反｜無情世間多, *Fàn ｜ oû ts'în, ché kién tō*, ils sont nombreux en ce monde, les ingrats qui s'élèvent contre leurs bienfaiteurs.

｜科先生, ｜ *k'ō siēn sēn*, oculiste.

拿｜藥點｜睛, *Lâ ｜ iŏ tièn ｜ tsīn*, faire tomber quelques gouttes de collyre sur les yeux.

打｜, *v.* 顯｜, *Tà ｜, v. hièn ｜*, qui se fait remarquer, qui attire l'attention.

｜目下, *v.* ｜時, *v.* ｜刻, *v.* ｜前, ｜ *moŭ hiá, v.* ｜ *chê, v.* ｜ *k'ĕ·, v.* ｜ *ts'iên*, actuellement, en ce moment.

毛｜不通, *Mâo ｜ poŭ t'ōng*, les pores sont comme obstrués.

打一个｜｜, *Tà ĭ kó ｜ ｜*, faire un petit trou.

鑽｜｜, *Tsouán ｜ ｜*, percer avec la vrille.

｜穿了, ｜ *tch'oūan lò*, le trou est foré de part en part.

燒一个｜, *Chāo ĭ kó ｜*, en brûlant faire un trou.

一｜倉, *ĭ ｜ ts'āng*, un grenier.

虧｜睛, *K'oūi ｜ tsīn*, qui fatigue ou abîme les yeux.

演 *Iĕn.* S'exercer, s'accoutumer.

｜習, ｜ *sĭ*, s'exercer.

｜武, *v.* 操｜, ｜ *où, v. ts'āo ｜*, s'exercer au métier des armes.

｜戲酬神, ｜ *hí tch'êou chên*, jouer la comédie pour rendre grâce aux divinités.

掩 *Ièn.* Couvrir, cacher.

遮｜, *Tchē· ｜*, cacher, dissimuler.

遮｜實情, *Tchē· ｜ chĕ ts'în*, cacher la vérité.

｜鼻, ｜ *pí*, se boucher le nez.

｜倒外教人, ｜ *taò ouái kiáo jên*, dissimuler, cacher aux yeux des payens.

IÉN

堰 *Ién.* ｜塘, ｜ *t'âng*, réservoir d'eau dormante (pour l'irrigation des rizières).

修(*v.* 挖)｜塘, *Sieōu (v. oūa) ｜ t'âng*, construire, creuser un réservoir.

流水｜, *Lieôu choùi ｜*, canal d'irrigation à eau courante.

｜長, ｜ *tchàng*, celui qui est chargé de construire les digues du canal.

｜溝長, ｜ *keōu tchàng*, celui qui doit curer le canal.

｜溝, ｜ *keōu*, le canal lui-même.

｜水, ｜ *choùi*, l'eau du canal.

洮｜溝, *T'âo ｜ keōu*, curer le canal.

補 |, *Poŭ* |, le réparer.
看 |, *K'án* |, le surveiller.
水不上 |, *Choùi poŭ cháng* |, l'eau du fleuve n'arrive pas dans le canal.
| 坎, | *k'àn*, digue qui refoule l'eau d'un fleuve dans le canal.
扎起 | 坎, *Tchă k'ì* | *k'àn*, faire cette digue.

燕 *Ién*. | 子, | *tsè*, hirondelle.
| 窩, | *ō*, nid d'hirondelle (mets distingué des Chinois).
| 子窩, *v.* | 兒窩, | *tsè ō*, | *cûl ō*, nid de l'hirondelle; rayon de la chaise à porteurs pour mettre les menus objets; tambour (terme d'architecture).

厭 *Ién*. Avoir en dégoût, détester.
| 惡人家, | *oú jên kiā*, détester le prochain.
聽 | 了, *T'ín* | *lò*, j'en ai les oreilles rebattues.
喫 | 了, *Tch'ĕ* | *lò*, j'en suis dégoûté, à force d'en manger.
| 煩, | *fân*, ennuyeux.
你 | 人得很, *Gnì* | *jên tĕ· hèn*, tu m'ennuies, tu me donnes sur les nerfs.
蚊子 | 人, *Ouên tsè* | *jên*, les moustiques sont insupportables.
我 | 棄喫鴉片煙的, *Gò* | *k'í tch'ĕ ia p'ién iēn tĭ*, je déteste les fumeurs d'opium.
| 兒毛, | *cûl mâo*, mauvais garnement.

嚥 *v.* 咽 *Ién*. Avaler.
吞 |, *T'ēn* |, même sens.
一點茶水吞 | 不得, *ĭ tièn tch'â choùi t'ēn* | *poŭ tĕ·*, il n'est permis d'avaler ni une goutte de thé ni une goutte d'eau.

IEŌU

憂 *Ieōu*. Triste, affligé, avoir souci, deuil.
| 愁, *v.* | 悶, | *ts'êou*, *v.* | *mén*, être très triste.
| 悶至死, | *mén tché sè*, être triste jusqu'à la mort.
| 苦, | *k'où*, chagrin amer.
| 事, 喜事, | *sé*, *hì sé*, affaire triste, affaire joyeuse.
| 慮, | *lú*, s'inquiéter, avoir souci.
人無遠慮必有近 |, *Jên oû iuèn lú, pĭ ieòu kín* |, celui qui ne sait pas prévoir les choses de loin, aura certainement des sujets de chagrin tout proches.
人生不滿百常懷千歲 |, *Jên sēn poŭ màn pĕ·, châng houâi ts'iēn souí* |, l'homme ne vit pas cent ans, et cependant il se crée des soucis comme s'il devait en vivre mille.
經 | (*v.* 侑)客, *Kīn* | *k'ĕ·*, prendre soin des hôtes.
經 | (*v.* 侑)病人, *Kīn* | *pín jên*, soigner un malade.
他沒人經 | (*v.* 侑), *T'a mŏ jên kīn* |, il n'a personne qui le soigne.
經 | (*v.* 侑)庄稼, *Kīn* | *tchoūang kiā (kiá)*, surveiller l'agriculture.
丁 |, *Tīn* |, temps de deuil, pendant lequel les fonctionnaires sont tenus de se démettre de leur charge.

幽 *Ieōu*. Tranquille, sans bruit, sombre.
青 | | 的, *Ts'īn* | | *tĭ*, verdoyant, d'un vert sombre.
| 靜地方, | *tsín tí fāng*, un endroit retiré, bien tranquille.
雨落得 | 緩, *Iù lŏ tĕ·* | *houàn*, la pluie tombe doucement.
雨下得 | 久, *Iù hiá tĕ·* | *kièou*, la pluie tombe doucement et longtemps.

IEÔU

遊 *Ieôu*. Se promener, errer, parcourir.
| 走(*v.* 耍 *v.* 玩), | *tseòu (v. choùa v. ouán)*, se promener.
| (*v.* 游)手好閒, | *cheòu hào hiên*, flâner.
辦會 | 街, *Pán houí* | *kāi*, procession payenne à travers les rues.

週 | 化飯, *Tcheōu* | *hóua fán*, errer partout en mendiant.

| 綵, | *sē*, spirale de montre.

| 擊, | *kĭ*, lieutenant-colonel.

尤 *Ieôu*. Faute; accuser.

效 |, *Hiáo* |, imiter les mauvais exemples.

不怨天不 | 人, *Poŭ iuén t'iēn, poŭ* | *jên*, n'accuser ni le ciel ni les hommes.

| 人不如自責, | *jên poŭ joû tsé tsĕ*, au lieu de rejeter la faute sur autrui, il vaut mieux se faire des reproches à soi-même.

猶 *Ieôu*. Comme si, encore.

| 如沒得錢一樣, | *jôu mŏ tĕ ts'iên ĭ iáng*, absolument comme s'il n'y avait pas de sapèques.

點石化爲金人心 | 未足, *Tièn chĕ hóua oûi kīn, jên sīn* | *oúi tsiŏ*, on changerait les pierres en or, que le cœur de l'homme ne serait pas encore satisfait.

由 *Ieôu*. Point d'origine, de départ; dépendre.

根 |, *Kēn* |, origine, commencement.

要查他的根 |, *Iáo tch'â t'a tĭ kēn* |, il faut examiner son origine.

情 |, *T'sîn* |, circonstances, raison, cause.

| 敘府下重慶, | *Sú foù hiá Tch'ông k'ín*, de Sú-foù descendre à Tch'ông-k'ín.

| 不得人, | *poŭ tĕ jên*, cela ne dépend pas de l'homme.

不 | 我, *Poŭ* | *gò*, cela ne dépend pas de moi.

| 在他, | *tsái t'a*, cela dépend de lui; à sa guise.

| 便你, | *pién gnì*, comme tu voudras.

諸事自 | 自主, *Tchōu sé tsé* | *tsé tchòu*, en tout ne prendre conseil que de soi-même.

| 他走, | *t'a tseòu*, qu'il aille où il voudra.

| 得我就好, | *tĕ gò tsiéou haò*, si cela dépendait de moi, cela irait bien.

油 *Ieôu*. Huile, graisse, essence, huiler.

菜(*v.* 清) |, *Ts'ái (v. ts'īn)* |, huile de colza.

蔴(*v.* 芝蔴) |, *Mâ (v. tchē mâ)* |, huile de sésame.

蓖蔴 |, *Pīn (pēi) mâ* |, huile de ricin.

芭荳 |, *Pā teóu* |, huile de crotone.

茶 |, *Tch'â* |, huile du fruit de l'arbre à thé.

棬 |, *Kuén* |, huile de l'arbre à suif.

桐 |, *T'ông* |, huile de l'élœococca.

䊵 |, *Kouáng* |, la même huile cuite avec certains sels, pour le vernissage.

䊵過 | 的, *Kouáng kó* | *tĭ*, vernis à l'huile.

花 |, *Hōua* |, huile d'arachide.

煤 |, *Mêi* |, pétrole.

井 |, *Tsìn* |, *litt.* huile de puits, pétrole chinois non purifié.

牛 |, 猪 |, *Nieôu* |, *tchōu* |, graisse de bœuf, de porc.

板 |, 脚(*v.* 花) |, *Pàn* |, *kiŏ (v. hoūa)* |, graisse de porc de 1ere qualité, graisse de qualité inférieure.

酥 |, *Soū* |, beurre.

荳 |, *Teóu* |, condiment fait avec des haricots et du sel.

一鑵 |, *ĭ kouán* |, un pot d'huile (10 livres).

| 鑵, | *kouán*, burette à huile.

| 脚滓, | *kiŏ tsè*, résidu d'huile.

| 枯, | *k'ōu*, marc d'huile en tourteaux.

| 渣兒, | *tchā cûl (tchēul)*, résidu de la graisse de porc, qu'on a fait fondre.

| 皮, | *p'î*, membranes qui adhèrent à la graisse.

| 煠餻, | *tchă kāo*, gâteaux frits dans l'huile.

打 |, *Tà* |, acheter ou vendre de l'huile en détail; fabriquer de l'huile.

上(*v.* 添) |, *Cháng (v. t'iēn)* |, mettre ou ajouter de l'huile à la lampe.

點 |, *Tièn* |, se servir d'huile pour l'éclairage.

煎 | , *Tsién* | , faire bouillir l'huile pour lui enlever son mauvais goût.

| **煎的**, | *tsiēn tĭ*, frit à l'huile, ou à la graisse.

| **房**, | *fâng*, fabrique d'huile.

| **布**, | **紙**, | *poú*, | *tchè*, toile, papier huilé rendu imperméable.

| **過的紙**, | *kó tĭ tchè*, papier qui a été huilé.

肉乾得很沒得 | **氣**, *Joŭ kān tĕ· hèn mŏ tĕ·* | *k'í*, la viande est trop sèche, elle n'a pas de jus.

菸沒得 | **氣**, *Iēn mŏ tĕ·* | *k'í*, le tabac n'a pas de jus, il est sans force.

| **浸乾了**, | *ts'ín kān lò*, l'huile a filtré tout à fait.

| **凝了**, | *lín lò*, l'huile est coagulée, gelée.

瘦狗都熬得出 | **來**, *Seóu keòu toū gâo tĕ· tch'ŏu* | *laî*, si maigre que soit un chien, on peut encore en tirer de la graisse (c.-à-d. si pauvre que soit un homme, il y a encore moyen de le pressurer).

偷 | **婆**, *T'eōu* | *p'ô*, blatte, cancrelas.

| **麥**, | *mĕ·*, avoine.

| **漆匠**, | *ts'ĭ tsiáng*, vernisseur.

| **嘴** | **舌**, | *tsoùi* | *chĕ·*, (litt.) bouche et langue graissées, c.-à-d. habile à parler, qui parle avec volubilité.

IEÒU

酉 *Ieòu*. | **時**, | *chê*, heure chinoise (de 5 à 7h. du soir).

有 *Ieòu*. Avoir, être.

| **錢沒得**, | , *v.* **沒得**, | *ts'iên mŏ tĕ·?* | , *v. mŏ tĕ·*, as-tu des sapèques? R. j'en ai (ou bien) je n'en ai pas.

| **病**, | *pín*, avoir une maladie, être malade.

| **話說**, | *houá chŏ*, j'ai de quoi dire.

| **事**, | *sé*, j'ai des affaires, je suis occupé.

你 | **幾歲**, *Gnì* | *kì souí?* quel âge as-tu? (à un enfant.)

| **八歲**, | *pă souí*, j'ai huit ans.

| **世福的人**, | *ché foŭ tĭ jên*, les heureux de ce monde.

常將 | **日思無日莫把無時作** | **時**, *Châng tsiāng* | *jĕ sē oû jĕ, mŏ pà oû chê tsŏ* | *chê*, en temps d'abondance songez toujours à la disette: la disette venue, n'allez pas regretter le temps d'abondance.

| **始無終**, | *chè oû tchōng*, avoir un commencement et pas de fin.

| **我**, | *gò*, (litt.) il y a moi, c.-à-d. j'en réponds.

| **人來**, *v.* | **客來**, | *jên laî*, *v.* | *k'ĕ· laî*, il y a des hôtes qui viennent.

| **人說**, *v.* | **些人說**, | *jên chŏ*, *v.* | *sī jên chŏ*, il y en a qui disent.

| **幾年**, | *kì niên*, (à l'interrogatif) il y a combien d'années? (au positif), il y a quelques années.

| **好久**, | *haò kieòu*, il y a combien de temps? il n'y a pas mal de temps.

| **一个月**, | *ĭ kó iuĕ·*, il y a un mois.

只 | **一個天主不能** | **多的**, *Tchè* | *ĭ kó T'iēn Tchòu, poŭ lên* | *tō tĭ*, il n'y a qu'un seul Dieu, il ne peut y en avoir plusieurs.

| **時候做**, | *chê heóu tsóu*, il y a le temps de faire.

| **甚麼方子**, | *chén mô fāng tsè?* quel moyen y a-t-il?

| **剩**, | *chén*, il en reste, il y en a de reste.

| **了**, | *lò*, il y en a; cela suffit.

沒 | **做**, *Mŏ* | *tsóu*, je n'ai pas fait.

做得 | , *Tsóu tĕ·* | , j'en ai fait.

帶得 | **傷**, *Tái tĕ·* | *chāng*, il a reçu des blessures.

我拿得 | **錢來**, *Gò lâ tĕ·* | *ts'iên laî*, j'ai apporté des sapèques.

誘 *Ieòu*. Attirer, tenter.

| **感**, | *kàn*, tenter, tentation.

| **感人犯罪**, | *kàn jên fán tsoúi*, entraîner les autres à pécher.

我受了魔鬼的 | **感**, *Gò cheóu lò mô kouì tĭ* | *kàn*, j'ai été tenté par le diable.

| 感大了，重了，| kàn tá lò, tchóng lò, la tentation a été trop forte.

退魔鬼的 | 感, T'oúi mô koùi tĭ | kàn, repousser la tentation du diable.

順魔鬼的 | 感, Choúen mô koùi tĭ | kàn, y consentir.

友 Ieòu. Ami, compagnon.

朋 |, P'ông |, amis.

窻 |, Ts'āng |, condisciples.

親 |, Ts'īn |, parents et amis.

教 |, Kiáo |, litt. ami de religion (les Chrétiens s'appellent ainsi entre eux, c'est synonyme de chrétien).

交朋接 |, Kiāo p'ông tsiĕ |, fréquenter et recevoir ses amis.

酒肉朋 |, Tsieòu joŭ p'ông |, qui n'est votre ami que pour le vin et la bonne chère.

IEÓU

右 Ieóu. Droite.

左 |, Tsò |, gauche et droite.

| 邊, | piēn, à droite.

左 | 两邊, Tsò | leàng piēn, à droite et à gauche, des deux côtés.

走 | 手, Tseòu | cheòu, prendre le chemin de droite.

又 Ieóu. De nouveau, encore, et.

| 來, | laî, revenir.

| 走, | tseòu, remettons-nous en route.

| 犯了罪, | fán lò tsoúi, j'ai péché de nouveau.

| 死一个人, | sè ĭ kó jên, il est encore mort quelqu'un.

| 是一回, | ché ĭ hoûi, encore une fois; c'est une autre fois.

| 是一个, | ché ĭ kó, encore un; c'en est un autre.

耶穌 | 是天主 | 是人, Iê soū | ché T'iēn Tchoū | ché jên, Jésus est Dieu et homme.

| 吵 | 鬧, | tch'ào | laó, il crie et fait du tapage.

佑 v. 祐 Ieóu. Protéger, secourir.

保 |, Paò |, même sens.

幼 Ieóu. Jeune.

| 年人, | niên jên, jeunes gens.

| 年的時候, | niên tĭ chê heóu, au temps de la jeunesse.

| 女, | niù, jeune fille.

年 | 無知, Niên | oû tchē, il est jeune, sans discernement (parole d'excuse quand un gamin a joué un mauvais tour).

男男女女老老 | |, Lân lân niù niù laò laò | |, les hommes et les femmes, les vieux et les jeunes.

泑 Ieóu. | 子, | tsè, vernis de la poterie.

上 | 子, Cháng | tsè, mettre le vernis sur la poterie.

ĪN

因 Īn. A cause, parce que.

| 此, | ts'è, à cause de cela.

| 你不清楚, | gnì poŭ ts'īn ts'òu, parce que tu ne sais pas.

| 爲, v. | 其, | oûi, v. | k'î, parce que, à cause.

| 爲他恨我, | oûi t'ā hén gò, parce qu'il me déteste.

| 其前頭的事, | k'î ts'iên t'eōu tĭ sé, à cause des affaires d'autrefois.

| 爲了, | oûi lò, précisément.

煩惱皆 | 强出頭, Fân laò kiāi | k'iàng tch'ŏu t'eôu, les misères viennent toujours de ce qu'on veut trop se mettre en avant.

| 父及子及聖神之名, | foú kĭ tsè kĭ chén chên tchē mîn, au nom du Père, et du Fils, et du Saint-Esprit.

請 | 父, Ts'ìn | foú, faire le signe de la Croix.

| 父都請不來, | foú toū ts'ìn poŭ lâi, il ne sait pas même faire son signe de Croix.

丨耶穌的聖名, 丨 *Iê· Sōu tĭ chén mîn*, Au nom de Jésus.

相丨, *Siāng* 丨, à bon marché.

姻 *Īn*. 婚丨, *Hoūen* 丨, mariage.

婚丨不正, *Hoūen* 丨 *poŭ tchén*, ce mariage n'est pas valide.

婚丨酒, *Hoūen* 丨 *tsieòu*, repas de noces.

慇 *Īn*. 丨懃, 丨 *k'în*, servir avec empressement, traiter avec beaucoup de soin.

丨懃人, 丨 *k'in jên*, mettre tous ses soins à servir quelqu'un.

陰 *Īn*. Principe imparfait, secret, ombre.

丨間, 丨 *kiēn*, l'autre monde, l'enfer des payens.

走丨, *Tseòu* 丨, avoir des rapports avec l'autre monde, avec les morts.

做(v. 修)丨功, *Tsóu (v. siēou)* 丨 *kōng*, acquérir des mérites pour l'autre vie (expression payenne).

太丨, *T'ái* 丨, la lune.

丨地, 丨 *tí*, lieu de sépulture.

買一所丨地, *Mài ĭ sò* 丨 *tí*, acheter un emplacement pour un tombeau.

丨火, 丨 *hò*, feu souterrain.

丨水, 丨 *choùi*, eau souterraine.

丨溝, 丨 *keōu*, fossé couvert.

丨倒, 丨 *taò*, en secret.

丨倒走, 丨 *taò tseòu*, s'en aller furtivement.

丨倒做我的過場, 丨 *taò tsoú gò tĭ kó tch'âng*, en secret il me joue de mauvais tours.

丨倒不等人曉得, 丨 *taò poŭ tèn jên hiào tĕ·*, en secret, sans vouloir que personne le sache.

丨痛, 丨痛的, 丨 *t'óng*, 丨 *t'óng tĭ*, douleur sourde.

天丨了, *T'iēn* 丨 *lò*, le ciel est couvert.

太陽丨了, *T'ái iâng* 丨 *lò*, le soleil s'est caché.

丨丨天, 丨丨 *t'iēn*, ciel couvert, journée sans soleil.

丨乾, 丨 *kān*, séché à l'ombre.

丨山, 丨 *chān*, montagne ombreuse, terrain couvert par l'ombre d'une montagne.

樹子把菜園丨倒了, *Choú tsè pà ts'ái iuên* 丨 *taò lò*, les arbres ombragent trop le jardin potager.

丨涼地頭, 丨 *leâng tí t'eôu*, endroit ombragé et frais.

找丨涼, *Tchaò* 丨 *leâng*, chercher le frais.

一寸光丨一寸金, *ĭ ts'én kouāng* 丨, *ĭ ts'én kīn*, (litt.) un pouce de temps, un pouce d'or, c.-à-d. le temps vaut de l'or.

音 *Īn*. Son, nouvelle, lettre.

口丨, *K'eòu* 丨, accent particulier à un homme, à un pays; nouvelle transmise de vive voix.

土丨, *T'où* 丨, patois.

聲丨, *Chēn* 丨, son de la voix, voix.

字同丨不同, *Tsé t'ông* 丨 *poŭ t'ông*, c'est le même caractère, mais (dans la circonstance) il se prononce différemment.

丨同意思不同, 丨 *t'ông, í sé poŭ t'ông*, la prononciation est la même, mais le sens est différent.

這个字怎麼樣丨法, *Tché· kó tsé tsèn mô iáng* 丨 *fă?* ce caractère, comment se prononce-t-il?

丨在側邊, 丨 *tsái tsĕ· piēn*, marquer la prononciation à côté du caractère.

八丨琴, *Pă* 丨 *k'în*, boîte à musique.

丨信全無, 丨 *sín ts'uên oû*, il n'y a pas la moindre nouvelle (de lui).

觀丨, *Koūan* 丨, déesse chinoise.

英 *Īn*. 丨雄, 丨 *hiông*, homme vaillant et courageux (se dit souvent par dérision des gens querelleurs et bravaches).

嬰 *Īn*. 男丨孩, 女丨孩, *Lân* 丨 *hiâi*, *niù* 丨 *hiâi*, garçon, fille.

生(v. 添 v. 撿)一个 | 孩, *Sēn (v. t'iēn v. kièn) ĭ kó | hiâi*, mettre au monde un enfant.

抱 | 孩, *Páo | hiâi*, le porter dans ses bras; en adopter un.

背 | 孩, *Pēi | hiâi*, le porter sur son dos.

引一个 | 孩, *ìn ĭ kó | hiâi*, élever, soigner un enfant.

耶穌 | 孩, *Iê sōu | hiâi*, Jésus enfant.

蠅 *în.* 蒼 | 子, *Ts'āng | tsè*, mouche commune.

鷹 *în.* 老 |, *Laò |*, milan.

崖 |, *Gâi |*, vautour, aigle.

崖 | 不打窠下食, *Gâi | poŭ tà k'ō hiá chĕ*, l'aigle ne cherche pas sa nourriture près de son nid (les voleurs ne volent pas leurs voisins; prov.).

ÎN

銀 *În.* | 子, | *tsè*, argent.

| 錢, | *ts'iên*, (litt.) argent et sapèques; biens, richesses en général; argent monnayé.

| 廠, v. | 礦, | *tch'àng, v. | kòng*, mine d'argent, minerai.

水 |, *Choùi |*, mercure.

| 硃, | *tchōu*, vermillon.

紋 |, v. 票 |, v. 白 |, *Ouên |, v. p'iáo |, v. pĕ |*, argent pur.

原漕 | 子, *Iuên ts'âo | tsè*, argent très mauvais.

| 子的成水, | *tsè tĭ tch'ên choùi*, degré de pureté de l'argent.

九九 |, *Kieòu kieòu |*, argent au titre de $\frac{99}{100}$.

九八 |, *Kieòu pă |*, argent au titre de $\frac{98}{100}$. On dit de même 九七 |, 九六 |, *Kieòu ts'ĭ |, kieòu loŭ |*, pour les titres $\frac{97 \text{ et } 96}{100}$.

| 子有幾成, | *tsè ieòu kì tch'ên?* combien y a-t-il de parties d'argent pur?

有八成(v. 七成), *Ieòu pă tch'ên (v. ts'ĭ tch'ên)*, il y en a 8 (ou 7) sur 10.

| 子高(v. 矮), | *tsè kaō (v. gài)*, argent à titre élevé (ou faible).

| 子不好要掉(v. 左)過, | *tsè poŭ hào, iào t'iào (v. tsò) kó*, cet argent n'est pas bon, il faut me le changer (m'en donner du meilleur).

一个(v. 一塊, v. 一錠) | 子, *ĭ kó (v. ĭ k'ouài, v. ĭ tín) | tsè*, un globule d'argent de 10 onces environ.

中錠 | 子, *Tchōng tín | tsè*, globule d'argent de 5 taëls environ.

| 珠子, v. | 珠珠, | *tchōu tsè, v. | tchōu tchōu*, petit globule de 1, 2 ou 3 taëls.

碎 | 子, v. 件頭 | 子, *Soúi | tsè, v. kién t'eôu | tsè*, argent en petits morceaux.

一平(v. 一封) | 子, *ĭ p'în (v. ĭ fōng) | tsè*, un paquet d'argent de 50 taëls.

一百兩 | 子, v. 一百 | 子, *ĭ pĕ leàng | tsè, v. ĭ pĕ | tsè*, cent onces d'argent.

一萬(v. 一方) | 子, *ĭ ouán (v. ĭ fāng) | tsè*, dix mille taëls d'argent.

| 担子, | *tán tsè*, charge d'argent (ordinairement 1200 taëls).

| 窩子, | *ō tsè*, coupelle pour fondre l'argent.

掉(v. 換) | 子, *T'iào (v. houán) | tsè*, changer de l'argent (pour des sapèques).

| 子長, | *tsè tchàng*, le prix de l'argent augmente.

| 子跌(v. 跨), | *tsè tiĕ (v. k'oùa)*, le prix de l'argent baisse.

| 子有甚麼價, | *tsè ieòu chén mò kiá?* quel est le taux du change de l'argent?

| 子打的, | *tsè tà tĭ*, fait en argent.

鍍 |, *Toú |*, argenter.

現 |, *Hién |*, argent comptant.

兌 | 子, *Toúi | tsè*, faire livrer de l'argent sur un billet ou sur une parole.

坐(v. 切 v. 宰) | 子, *Tsó (v. ts'iĕ v. tsài) | tsè*, couper de l'argent.

比(v. 平) | 子, *Pì (v. p'în) | tsè*, peser de l'argent.

跟他比一个 | 子, *Kēn t'ā pì ĭ kó | tsè*, pèse, et donne-lui un globule d'argent.

丨孑拿來較吓, 丨 *tsè lâ lâi káo (kiáo) há*, apporte l'argent, qu'on en vérifie un peu le poids.

丨孑比長了, 丨 *tsè pì tchàng lò*, à la vérification, l'argent s'est trouvé avoir du poids en excès.

賣的是丨莊錢莊, *Mái tĭ ché* 丨 *tchoūang, ts'iên tchoūang?* pour la vente, le prix a-t-il été fait en argent ou en sapèques?

淫 *În.* Luxure.

毋行邪丨, *Oû hîn siĕ·* 丨, ne commets pas la luxure.

丨慾, 丨 *iŏ (v. iŏu v. iŭ)*, passions déshonnêtes.

犯邪丨的罪, *Fán siĕ·* 丨 *tĭ tsóui*, commettre un péché de luxure.

邪丨的事, 話, 念頭, *Siĕ·* 丨 *tĭ sé, v. hoúa, v. nién t'eôu*, action, parole ou pensée impure.

贏 *În.* Gagner, l'emporter, suffire à.

丨官司, 丨 *koūan sē*, gagner un procès.

打丨仗, *Tà* 丨 *tcháng*, vaincre dans un combat.

我丨了他一吊錢, *Gò* 丨 *lò t'a ĭ tiáo ts'iên*, je lui ai gagné une ligature.

他只有丨沒得輸的, *T'a tchè ieòu* 丨, *mŏ tĕ· chōu tĭ*, lui ne fait que gagner, il ne perd jamais.

又丨得有幾个轉來, *Ieóu* 丨 *tĕ· ieòu kì kó tchouàn lâi*, (après avoir perdu) il en a regagné un peu.

輸錢只爲丨錢起, *Chōu ts'iên tchè oûi* 丨 *ts'iên k'ì*, au jeu, on ne perd de l'argent que pour avoir voulu en gagner.

講輸丨, *Kiàng chōu* 丨, parler de perte et de gain, c.-à-d. se disputer à qui l'emportera.

打得丨 (打不丨), *Tà tĕ·* 丨 (*tà poŭ* 丨), être de taille (n'être pas de taille) à l'emporter dans la lutte.

喫得丨, 做得丨, *Tch'ĕ tĕ·* 丨, *tsóu tĕ·* 丨, je suffirai à manger, à faire.

攪得丨, 攪不丨, *Kaò tĕ·* 丨, *kaò poŭ* 丨, pouvoir s'en tirer, y suffire; ne pas le pouvoir.

氣都出不丨, *K'í tōu tch'ŏu poŭ* 丨, je n'ai pas même le temps de respirer.

這个布扽不丨我的, *Tché· kó póu t'én poŭ* 丨 *gò tĭ*, cette toile n'a pas la solidité de la mienne.

寅 *În.* 丨時, 丨 *chê*, heure chinoise (de 3 à 5 h. du matin).

營 *În.* 丨盤, 丨 *p'ân*, camp de soldats.

扎丨盤, *Tchă* 丨 *p'ân*, établir un camp.

丨盤上的, 丨 *p'ân cháng tĭ*, soldat du camp.

安分丨生, *Gān fén* 丨 *sēn*, travailler honnêtement pour gagner sa vie.

迎 *În.* Aller au-devant, à la rencontre.

丨接, 丨 *tsiĕ·*, même sens.

丨接神父, 丨 *tsiĕ· chên fóu*, recevoir le Père avec honneur.

丨春, 丨 *tch'oūen*, cérémonie qui se pratique à l'ouverture du printemps.

ÌN

引 *Ìn.* Conduire, diriger.

丨路, 丨 *loú*, guider.

請人丨路, *Ts'ìn jên* 丨 *loú*, inviter un guide.

丨他來, 丨 *t'a lâi*, amène-le.

丨起來了, 丨 *k'ì lâi lò*, il l'a amené.

丨他進來, 丨 *t'a tsín lâi*, introduis-le.

丨他見神父, 丨 *t'a kién chên foú*, introduis-le chez le Père.

丨進(中人), 丨 *tsín (v. tchōng jên)*, médiateur.

小丨, *Siào* 丨, introduction, préface d'un ouvrage.

丨書上的話, 丨 *chōu cháng tĭ hoúa*, apporter, citer des textes de livres.

丨子, v. 藥丨子, 丨 *tsè, v. iŏ* 丨 *tsè*, médicament secondaire devant servir à faire passer le principal.

拿蜂餹做丨子, *Lâ fōng t'âng tsóu* | *tsè*, se servir de miel pour faire prendre un remède.

丨(*v.* 牽丨, *v.* 勾丨) 人犯罪, | (*v.* *k'iēn* |, *v.* *keōu* |) *jên fán tsoúi*, entraîner quelqu'un à pécher.

丨娃娃, | *oûa oūa*, soigner un enfant.

丨了五个兒, | *lò où kó eûl*, il a élevé cinq enfants.

拿穀草丨火, *Lâ koŭ ts'ào* | *hò*, amorcer le feu avec de la paille.

無針不丨線, *Oû tchēn poŭ* | *sién*, sans aiguille, on ne fait pas passer le fil.

丨水在田頭, | *choùi tsái t'iên t'eôu*, conduire l'eau aux rizières.

隱 *ìn*. Cacher.

丨藏, | *ts'âng*, même sens.

丨藏的事, | *ts'âng tĭ sé*, chose secrète.

丨瞞, | *mân*, cacher, ne pas révéler.

做丨修, *Tsoú* | *siēou*, se faire ermite.

飲 *ìn*. Boire.

丨食, | *chĕ*, le boire et le manger; aliments en général.

丨酒, | *tsieòu*, boire du vin.

不丨任他酒價高, *Poŭ* | *jén t'a tsieòu kiá kāo*, si je ne bois pas, peu m'importe qu'il vende son vin cher.

搕得有丨食, *K'ŏ (v. k'ó v. k'ō) tĕ· ieòu* | *chĕ*, il lui reste sur l'estomac de la nourriture non digérée.

丨食過度, | *chĕ kó toú*, faire des excès dans le boire et le manger.

影 *ìn*. 丨子, | *tsè*, ombre.

人丨子, *Jên* | *tsè*, ombre d'un homme.

看見一个人丨丨, *K'án kién ĭ kó jên* | |, j'ai vu l'ombre d'un homme.

沒得那件事的丨丨, *Mŏ tĕ· lá kién sé tĭ* | |, il n'y a pas l'ombre de cette affaire.

畫一个丨丨, *Houá ĭ kó* | |, faire une esquisse.

樹丨子, *Choú* | *tsè*, l'ombre d'un arbre.

人有名樹有丨, *Jên ieòu mîn, choú ieòu* |, l'homme a son nom, l'arbre son ombre.

丨响, | *hiàng*, trace, résultat.

聽倒一个丨响, *T'în taò ĭ kó* | *hiàng*, j'ai entendu quelque bruit vague.

唱燈丨子, *Tch'áng tēn* | *tsè*, donner une représentation d'ombres chinoises.

癮 *ìn*. Besoin périodique et impérieux que fait éprouver l'habitude de l'opium.

上了大丨煙一吓丟不脫, *Cháng lò tá* |, *iēn ĭ há tieōu poŭ t'ŏ*, il a l'habitude de l'opium à un haut degré, il lui faudra du temps pour s'en défaire.

還沒有上丨, *Houân mŏ ieòu cháng* |, il n'éprouve pas encore cette nécessité de fumer l'opium.

過丨, *Kó* |, fumer sa dose d'opium pour satisfaire ce besoin.

ÍN

印 *ín*. Cachet, sceau, imprimer.

打(*v.* 拄)丨, *Tà (v. tch'òu)* |, apposer le sceau.

過丨, *Kó* |, faire timbrer.

契紙要過丨, *K'í tchè iáo kó* |, il faut faire timbrer les contrats d'achat.

丨盒子, | *hŏ tsè*, petite boîte contenant les cachets avec la matière à imprimer.

封丨, *Fōng* |, fermer les sceaux. (Voyez *pag.* 50.)

開丨, *K'āi* |, ouvrir les sceaux (après les fêtes du nouvel an).

接丨, *Tsiĕ·* |, recevoir le sceau: entrer en charge.

交丨, *Kiāo* |, livrer le sceau: sortir de charge.

代丨官, *Tái* | *koūan*, mandarin intérimaire.

掌丨, *Tchàng* |, disposer du sceau.

丨把子, | *pá tsè*, (litt.) manche du sceau; se dit pour le sceau lui-même.

揑倒 | 把子就行勢, *Niě· taò | pá tsè, tsieóu hâng ché*, quand on dispose d'un sceau, on est fier.

| 刻在心內, | *k'ě· tsái sīn loúi*, graver, imprimer dans le cœur.

他一手五指 | 在紙上, *T'ā ĭ cheòu où tchè | tsái tchè cháng*, il a imprimé sa main et ses cinq doigts sur le papier.

| 花, | *hōua*, imprimer des fleurs, des ornements.

是 | 的是畫的像, *Ché | tī, ché hoúa tī siáng?* est-ce une image imprimée ou peinte à la main?

| 板, | *pàn*, planche gravée pour imprimer.

這本書 | 得好(*v.* **現**), *Tché· pèn chōu | tě· hào (v. hién)*, ce livre est bien imprimé.

| 不現, | *poŭ hién*, l'impression n'est pas nette.

脚 | 子, *Kiŏ | tsè*, empreinte du pied, vestige.

| 得有脚步, | *tě· ieòu kiŏ póu*, il y a des empreintes de pied.

火 |, *Hò |*, *litt.* sceau de feu: cicatrice que laisse une maladie des pores très répandue.

飲 *ìn*. Arroser.

| 水, | *choùi*, arroser avec de l'eau.

| 白水, | *pě· choùi*, arroser avec de l'eau pure.

| 糞, | *fén*, arroser avec de l'engrais liquide.

| 菜, **| 樹子**, | *ts'ái*, | *chóu tsè*, arroser des légumes, des arbres.

| 得飽, | *tě· paò*, abondamment arrosé.

應 *ín*. Répondre, correspondre.

答 |. *Tă |*, répondre, promettre, consentir, se rendre caution.

儘他該(*v.* **訣**)**罵不要答 |**, *Tsìn t'ā kuèn (v. kuě·) má, poŭ iáo tă |*, laisse-le répandre ses injures, ne réponds pas.

我答 | 來, *Gò tă | lâi*, je promets de venir.

他滿口答 |, *T'ā màn k'eòu tă |*, il répond à pleine bouche qu'il consent.

答 | 十吊錢的賬, *Tă | chě tiáo ts'iên tī tcháng*, se rendre caution pour une dette de 10 ligatures.

請人答 |, *Ts'ìn jên tă |*, chercher un répondant.

| 酬, *v.* **| 承**, | *tch'eôu*, *v.* | *tch'ên*, s'occuper de, prendre sur soi.

客來了他滿招呼 | 酬, *K'ě· lâi lò, t'ā màn tchāo foū | tch'eôu*, à l'arrivée des hôtes, il s'est empressé de servir tout ce qu'il fallait.

我不能 | 酬你的事, *Gò poŭ lên | tch'eôu gnì tī sé*, je ne puis me charger de ton affaire.

| 該, *v.* **| 當**, | *kāi*, *v.* | *tāng*, il convient, il faut.

| 該要跟我說一聲, | *kāi iáo kēn gò chŏ ĭ chēn*, tu aurais dû me prévenir.

一切 | 用家具, *ĭ ts'iě· | ióng kiā kú*, tous les ustensiles de ménage dont on a besoin.

| 嘴, | *tsoùi*, répliquer.

| 父母的嘴, | *fóu mòu tī tsoùi*, répliquer à ses parents.

| 聲, | *chēn*, écho.

淹墻脚水 | 多高, *Gān ts'iâng kiŏ, choùi | tō kaō*, le pied du mur ayant été submergé, l'eau s'est infiltrée beaucoup plus haut.

肚皮痛 | 在腦膛裡頭, *Tóu p'î t'óng | tsái laò k'ŏ ì (lì) t'eôu*, la douleur du ventre se fait ressentir jusque dans la tête.

這个藥叫得 |, *Tché· kó iŏ kiáo tě· |*, ce remède opère à souhait.

擫 *ìn*. Mesurer.

| 米, **| 穀子**, | *mì*, | *koŭ tsè*, mesurer du riz décortiqué, non décortiqué.

| 三升米, | *sān chēn mì*, mesurer, c.-à-d. acheter ou livrer trois dixièmes de boisseau de riz.

要過斗 |, *Iáo kó teòu |*, il faut mesurer au boisseau.

｜租子，｜ *tsōu tsè*, recueillir ou livrer la redevance en nature (en parlant d'un fermier).

｜完了，｜ *ouân lò*, tout est recueilli, ou bien, tout a été livré.

｜不起，*v.* ｜不出來，｜ *poŭ k'ì*, *v.* ｜ *poŭ tch'ŏu lâi*, (le fermier) n'a pas de quoi fournir sa redevance.

｜得規規——的，｜ *tĕ kouī kouī ì ì tĭ*, (le fermier) a exactement tout livré.

拿尺子來｜看好長，*Lâ tch'ĕ tsè lâi* ｜ *k'án hào tch'âng*, prends le pied pour mesurer la longueur.

窨 *ín.* ｜子，｜ *tsè*, cave pour conserver le vin, et déposer les objets précieux.

｜酒，｜ *tsieòu*, vin doux mélangé d'alcool.

地頭｜浸得狠，*Tí t'eôu* ｜ *ts'ín tĕ hèn*, l'endroit est très humide.

IŎ

樂 *Iŏ*. Musique.

奏｜，*Tseóu* ｜，jouer de la musique.

藥 *v.* 葯 *Iŏ*. Médicament, poudre, drogue quelconque.

生｜，*Sēn* ｜，médicaments bruts.

熟｜，*Chŏu* ｜，médicaments qui ont subi une préparation.

官｜，*Kouān* ｜，médicament de pharmacie.

草｜，*Ts'ào* ｜，herbes médicinales.

百草都是｜只要會用，*Pĕ ts'ào tōu ché* ｜，*tchè iáo houí iòng*, toutes les plantes sont des remèdes, le tout est de savoir s'en servir.

丸｜，*Iuên* ｜，pilules.

膏｜，*Kāo* ｜，emplâtre, onguent.

補｜，*Poù* ｜，remèdes fortifiants.

下｜，*v.* 涼｜，*Hiá* ｜，*v. leâng* ｜，purgatif.

擺子｜，*Pài tsè* ｜，remède contre la fièvre, quinine.

毒｜，*v.* 𤞑人的｜，*Toŭ* ｜，*v. láo jên tĭ* ｜，poison.

｜水，｜ *choùi*, drogue liquide.

火｜，*Hò* ｜，poudre à canon.

一付｜，*ĭ foú* ｜，une potion médicinale.

｜方，｜ *fāng*, recette médicinale.

｜不投方，｜ *poŭ t'eôu fāng*, le remède n'est pas approprié à la maladie.

｜單子，｜ *tān tsè*, ordonnance médicale.

｜罐（*v.* 罐罐），｜ *kouán* (*v. kouán kouán*), espèce de cruche en terre, qui sert pour faire l'infusion des médicaments.

｜舖，｜ *p'óu*, pharmacie.

｜酒，｜ *tsieòu*, vin dans lequel on a fait infuser des médicaments.

｜麵子，｜ *mién tsè*, médicaments en poudre.

｜碾子，｜ *nièn tsè*, petit mortier de pharmacie.

碾｜，*Nièn* ｜，piler des médicaments.

｜材，｜ *ts'âi*, médicaments bruts, matière pour les produits pharmaceutiques.

熬｜，*Gâo* ｜，faire infuser des médicaments dans l'eau bouillante.

泡｜，*P'áo* ｜，les faire macérer.

撿（*v.* 抓）｜，*Kièn* (*v. tchoūa*) ｜，acheter des médicaments.

喫｜不聽，*v.* 服｜不效，*Tch'ĕ* ｜ *poŭ t'īn*, *v. foŭ* ｜ *poŭ hiáo*, prendre des remèdes, sans en ressentir un bon effet.

不受｜，*Poŭ cheóu* ｜，rendre une médecine, ne pouvoir la garder.

服｜，*Foŭ* ｜，éprouver le bon effet d'un remède; prendre médecine.

下不得｜，*Hiá poŭ tĕ* ｜，on ne peut donner de remède (le malade est trop faible).

亂下｜，*Louán hiá* ｜，donner des remèdes à tort et à travers.

對病發｜，*Toúi pín fă* ｜，donner des remèdes en rapport avec la maladie.

問病發｜，*Ouén pín fă* ｜，donner des remèdes sur des indications orales.

走了｜性，*Tseòu lò* ｜ *sín*, le médicament est éventé.

｜性不同，｜ *sín poŭ t'ông*, la vertu médicinale n'est pas la même.

解 (*v.* **敀**) | **性**, *Kaì* | *sín*, combattre l'effet du poison; corriger, altérer la vertu d'un remède.

鍘 |, *Tchâ* |, couper des médicaments en petits morceaux.

對 (*v.* **配**) |, *Toúi* (*v. p'éi*) |, mélanger, assortir des médicaments.

這个 | **霸道** (*v.* **扣手**), *Tché· kó* | *pá taó* (*v. k'eóu cheòu*), ce remède est violent (ou bien, il réussit à merveille).

良 | **苦口利于病**, *Leâng* | *k'où k'eòu, lí iû pín*, les bons remèdes sont amers à la bouche, mais efficaces contre la maladie.

| **書**, | *chōu*, livre de médecine.

| **不眞慨**, | *poŭ tchēn k'ái*, les médicaments sont falsifiés, ils ne sont pas de bonne qualité.

| **不齊**, | *poŭ ts'î*, il manque des médicaments, ils ne sont pas au complet.

約 *Iŏ*. Régler, contrat.

紙 |, *v.* **文** |, *v.* **契** |, *Tchè* |, *v. ouên* |, *v. k'í* |, contrat écrit.

定 |, *Tín* |, contrat de promesse de vente, avec tradition d'arrhes.

打定 |, *Tà tín* |, faire un contrat de ce genre.

店 |, *Tién* |, contrat de location.

抱 |, *v.* **撫** |, *Páo* |, *v. foù* |, billet d'adoption.

| **一个期**, | *ĭ kó k'î*, assigner un terme.

| **倒臘月十五**, | *taò lă iuĕ· chĕ où*, fixer le 15 de la 12eme lune.

早都是 | **停當的**, *Tsaò tōu ché* | *t'în táng tĭ*, c'était parfaitement convenu d'avance.

多 | **兩個一路**, *Tō* | *leàng kó ĭ loú*, cherche deux hommes de plus, pour faire route ensemble.

| **一吓看好重**, | *ĭ há k'án haò tchóng*, pèse un peu, pour voir quel est le poids.

| **束**, | *chŏu*, retenir dans le devoir.

大 |, *Tá* |, en général (on dit plus souvent **大畧** *tá liŏ*).

喲 *Iŏ*. Finale ou interjection très fréquente dans la conversation.

岳 *Iŏ*. | **父**, *v.* | **丈**, | *foú*, *v.* | *tcháng*, beau-père du mari.

| **母**, | *moù*, belle-mère du mari.

欲 *v.* **慾** *Iŏ* (*iŭ v. ioŭ*). Désirer, concupiscence.

喜 |, *Hì* |, désirer, consentir, être content.

私 | **偏情**, *Sē* | *p'iēn ts'în*, les passions déréglées.

獄 *Iŏ* (*iŭ v. ioŭ*). Prison.

牢 |, *Lâo* |, même sens.

地 |, **煉** |, *Tí* |, *lién* |, l'Enfer, le Purgatoire.

地 | **的火**, *Tí* | *tĭ hò*, le feu de l'enfer.

罰下地 |, *Fă hiá tí* |, envoyer en enfer.

怕下地 |, *P'á hiá tí* |, craindre de tomber en enfer.

在地 | **頭受永遠的苦**, *Tsái tí* | *t'eôu cheóu iùn iuèn tĭ k'où*, souffrir des peines éternelles en enfer.

地 | **底底**, *Tí* | *tì tì*, le fond de l'enfer.

育 *Iŏ* (*iŭ v. ioŭ*). Nourrir, élever.

生男 | **女**, *Sēn lân* | *niù*, avoir des enfants des deux sexes.

| **嬰堂**, | *īn t'âng*, hospice pour les enfants abandonnés.

沒得生 |, *Mŏ tĕ· sēn* |, elle est stérile.

役 *Iŏ*. **差** |, *v.* **衙** |, *Tch'āi* |, *v. iâ* |, satellites.

疫 *Iŏ*. **瘟** |, *Ouēn* |, peste.

鑰 *Iŏ*. | **匙**, | *chê*, clef.

配一把 | **匙**, *P'éi ĭ pà* | *chê*, adapter une clef à une serrure.

IŌNG

癰 *Iōng.* | 疽, | *tsū*, gros furoncle, excroissance sur la tête ou la figure.

IÔNG

容 *Iông.* Figure, tolérer, facile, contenir.

面 |, v. 臉 |, *Mién* |, *v. lièn* |, visage.

他的面 | 像他的父親, *T'a tĭ mién* | *ts'iáng t'a tĭ foú ts'ĭn*, sa figure ressemble à celle de son père.

| 貌, | *máo*, figure, apparence, tournure de quelqu'un.

人 | 天不 |, *Jên* | *t'iēn poŭ* |, si les hommes le tolèrent, le ciel ne le tolère pas.

從 |, *Ts'ōng* |, peu à peu.

從 | 吓, *Ts'ōng* | *há*, ne nous pressons pas.

| 易, | *í*, facile.

無 | 身之地, *Oû* | *chēn tchē tí*, n'avoir pas de refuge.

不 | 易做, *Poŭ* | *í tsóu*, pas facile à faire.

蓉 *Iông.* 芙 | 花, *Foû* | *hoūa*, ketmie, rose de Chine.

庸 *Iông.* 中 |, *Tchōng* |, le juste milieu: titre du deuxième des quatre livres classiques.

傭 *Iông.* Travailler à la journée.

| 工度日, | *kōng toú jĕ*, travailler à la journée pour gagner sa vie.

IÒNG

勇 *Iòng.* Vigueur, bravoure.

剛 |, *Kāng* |, énergie.

有剛 | 抵擋三仇, *Ieòu kāng* | *tì tàng sān tch'eôu*, avoir la force de résister aux trois concupiscences (litt. aux trois ennemis).

沒得剛 |, *Mŏ tĕ· kāng* |, sans énergie.

練 |, *Lién* |, soldats recrutés pour une expédition.

帶 |, *Tái* |, commander de ces soldats.

湧 *Iòng.* Jaillir avec force.

來得 |, *Lâi tĕ·* |, qui arrive avec impétuosité, comme un torrent.

| 出來, | *tch'ŏu lâi*, sortir avec impétuosité.

得人點水之恩須當 | 泉而報, *Tĕ· jên tièn choùi tchē guēn, sū tāng* | *ts'uên eûl páo*, en retour du bienfait d'une goutte d'eau, il faudrait rendre toute une source jaillissante.

蛹 *Iòng.* 蠶 | 子, *Ts'ân* | *tsè*, chrysalide du ver à soie.

擁 *Iòng.* Se presser, entourer en foule.

| (v. | 倒) 進去, | (*v.* | *taò*) *tsín k'ú*, se précipiter en foule pour entrer.

| | 擠擠, | | *tsì tsì*, foule très pressée.

打 | 堂, *Tà* | *t'âng*, se presser en foule auprès d'un étalage, d'une personne, ou d'un objet curieux.

IÓNG

用 *Ióng.* Employer, dépenses.

| 心, | *sīn*, être attentif, mettre du soin.

| 費, v. 費 |, | *féi, v. féi* |, dépenses.

| 糧, | *leâng*, vivres, subsistance.

求 | 糧, *K'ieôu* | *leâng*, chercher sa subsistance.

請再 | 點, *Ts'ìn tsái* | *tièn*, veuillez en prendre encore un peu.

彀 |, *Keóu* |, suffisant.

大使大 |, *Tá chè tá* |, faire de grandes dépenses.

無 | (v. 不中 |) 的人, *Oû* | (*v. poŭ tchōng* |) *tĭ jên*, c'est un propre à rien.

| 不着他, | *poŭ tchŏ t'a*, je ne puis employer cet homme.

丨人則不疑疑人則不丨, 丨 *jên tsĕ· poŭ gnî, gnî jên tsĕ· poŭ* 丨, quand on emploie quelqu'un, il ne faut pas se défier de lui; si on se défie de lui, qu'on ne l'emploie pas.

有甚麽丨, *Ieòu chén mô* 丨, à quoi cela peut-il servir?

丨不得, *v.* 丨不倒, *v.* 丨不着, *v.* 沒得丨處, 丨 *poŭ tĕ·, v.* 丨 *poŭ taò, v.* 丨 *poŭ tchŏ, v. mŏ tĕ·* 丨 *tch'óu*, cela ne peut pas servir.

那裡丨得着, *Là lì* 丨 *tĕ· tchŏ?* où (ou bien, comment) cela peut-il servir?

怎樣丨法, *Tsèn iáng* 丨 *fă?* comment s'en sert-on?

丨得做甚麽, 丨 *tĕ· tsóu chén mô?* (litt.) cela sert à quoi faire?

冒丨天主的恩, *Máo* 丨 *T'iēn Tchòu tĭ guēn*, abuser de la grâce de Dieu.

丨刀砍, 丨 *tāo k'àn*, couper à coups de hache.

不丨酒, *Poŭ* 丨 *tsieòu*, ne pas boire de vin.

錢丨得毛, *Ts'iên* 丨 *tĕ· mâo*, les mauvaises sapèques ont cours.

我長丨得有五百錢, *Gò tch'âng* 丨 *tĕ· ieòu où pĕ· ts'iên*, (outre ce qui m'est dû) j'ai dépensé d'avance chez lui 500 sapèques (par ex. un ouvrier, un domestique qui dépense plus vite qu'il ne gagne).

多丨了一百錢, *Tō* 丨 *lò ĭ pĕ· ts'iên*, il a dépensé 100 sapèques de trop.

不會丨錢, *Poŭ hoúi* 丨 *ts'iên*, gaspiller l'argent, ne pas savoir s'en servir à propos.

IŪ

迂 *Iū.* 丨儒, 丨 *joû*, lettré encroûté (qui ne connaît que ses livres et n'a pas le sens commun).

這个人丨酸得很, *Tché· kó jên* 丨 *soūan tĕ· hèn*, homme singulier, d'une lenteur exagérée dans tout ce qu'il fait.

䰻 *v.* 紆 *Iū.* Plier, faire plier méthodiquement.

丨樹子, 丨 *chóu tsè*, faire plier doucement un arbre.

桑枝從小丨, *Sāng tchē ts'ông siào* 丨, la branche de mûrier, il faut la redresser quand elle est encore tendre (prov.).

他的脾氣看丨得轉來不, *T'ā tĭ p'î k'í k'án* 丨 *tĕ· tchoùan lâi poŭ*, voyons s'il y a moyen de redresser, de corriger son caractère.

IÛ

魚 *Iû.* Poisson.

丨子, 丨 *tsè*, œufs de poisson.

丨 *pàn* 子, 丨 *pàn tsè*, poissons qui jettent leur frai.

一條(*v.* 一尾)丨, *ĭ t'iâo (v. ĭ oùi)* 丨, un poisson.

海丨, 河丨, 田頭的丨, *Hài* 丨, *hô* 丨, *t'iên t'eôu tĭ* 丨, poisson de mer, poisson de fleuve, poisson de rizière.

乾丨, *Kān* 丨, poisson salé et desséché.

油丨, *Ieôu* 丨, espèce de poisson sec et gluant, servi dans les festins.

丨兒子, 丨 *eûl tsè*, petit poisson.

丨秧子, 丨 *iāng tsè*, poissons très jeunes qui servent de semence.

打丨, *Tà* 丨, pêcher au filet.

釣丨, *Tiaó* 丨, pêcher à la ligne.

䲧丨, *Lâo* 丨, empoisonner les poissons pour les prendre.

摸丨, *Mō* 丨, prendre les poissons à la main.

逮丨, *Tài (tái)* 丨, prendre le poisson, n'importe comment.

掛丨, *Koúa* 丨, manière de pêcher avec un hameçon sans amorce.

餵丨, *Oúi* 丨, nourrir, élever des poissons.

新鮮丨, *Sīn siēn* 丨, poisson frais.

金丨, *Kīn* 丨, petits poissons rouges, cyprins dorés.

丨莿, 丨 *ts'é*, arêtes de poisson.

丨鰓, 丨 *sāi*, ouïes de poisson.

丨池, *v.* 丨塘, 丨 *tch'ê, v.* 丨 *t'âng*, étang, vivier.

| 船, | tch'oûan, barque de pêcheur.
| 膠, | kiāo, colle de poisson.
| 碗, | 盤, | ouàn, | p'ân, vaisselle avec figures de poissons.
鯉 |, 娃娃 |, Lì |, oûa oûa |, carpe, grand poisson à grosse tête qu'on dit ressembler à un enfant.

餘 Iû. Reste, superflu, excédant.
剛剛殼沒得 | 剩, Kiāng (kāng) kiāng keòu, mŏ tĕ | chén, cela suffit juste, il n'y a rien de reste.
寧可正而不足不可斜而有 |, Lîn k'ò tchén eûl poŭ tsiŏ, poŭ k'ò siê eûl ieòu |, mieux vaut être pauvre en gardant l'honnêteté, que d'avoir du superflu en s'écartant du droit chemin.
多 | 的話, Tō | tĭ houá, paroles inutiles, qui sont de trop.
| 外, | ouái, en outre.
| 外沒得錢, | ouái mŏ tĕ ts'iên, il n'y a pas d'autres sapèques.
這个布両丈有 |, Tché kó poú leàng tcháng ieòu |, cette toile a plus de deux tcháng de long.

兪 Iû. Correspondre, exact.
收拾 | 帖, Cheōu chĕ | t'iĕ, arranger bien tout comme il faut.
今早我不 | 帖, Kīn tsaò gò poŭ | t'iĕ, ce matin je ne me sens pas bien.

逾 Iû. Passer outre.
過 | 很了, Kó | hèn lò, cela dépasse les bornes, c'est excessif.

愚 Iû. Sot, stupide, ignorant.
| 人, v. | 蠢的人, v. | 蒙的人, | jên, v. | tch'oùen tĭ jên, v. | mông tĭ jên, homme peu intelligent, sot, stupide.
| 見, | kién, ma sotte opinion (par modestie).
| 弟, | tí, moi, votre stupide frère cadet (aussi par modestie).
| 民, | mîn, le peuple ignorant.
| 者百短一長, | tchè pĕ touàn ī tch'âng, l'ignorant, le sot se trompera cent fois pour réussir une fois.

於 v. 于 Iû (iū). A, dans.
獻祭 | 天主, Hién tsí | T'iēn Tchoù, offrir un sacrifice à Dieu.
一年之計在 | 春一日之計在 | 寅一家之計在 | 和一生之計在 | 勤, ī niên tchē kí tsái | tch'oūen, ī jĕ tchē kí tsái | în, ī kīa tchē kí tsái | hô, ī sēn tchē kí tsái | k'în, le sort d'une année dépend du printemps, la valeur d'une journée de l'heure matinale, la prospérité d'une famille de l'union, le sort de toute la vie de l'activité.
至 | 富貴都不要緊, Tché | foú koúi, toū poŭ iaó kìn, quant aux richesses et aux honneurs, il n'y a pas à en tenir grand compte.

盂 Iû. | 蘭會, | lân hoúi, société payenne pour les défunts abandonnés.

IÙ

雨 Iù. Pluie.
下 |, v. 落 |, Hiá |, v. lŏ |, pleuvoir.
打 | 點子, Tà | tièn tsè, il commence à tomber quelques gouttes.
毛毛 |, Mâo mâo |, pluie fine.
綿綿 |, Miên miên |, petite pluie qui dure longtemps.
綿長 |, Miên tch'âng |, pluie qui dure longtemps (plusieurs jours).
白 | 子, Pĕ | tsè, légère pluie qui tombe par un temps serein.
過雲 |, Kó iûn |, pluie qui passe avec un nuage.
偏東 |, P'iēn tōng |, averse d'orage.
| 落偟了, | lŏ hoûang lò, la pluie a menacé, sans tomber.
落 | 來了, Lŏ | laî lò, voici la pluie qui arrive.

烏(*v.* **鋪**)**山**｜, *Oū (v. p'ōu) chān* ｜, grande pluie qui dérobe les montagnes à la vue.

要落｜, *Iaó lŏ* ｜, il va pleuvoir.

落一潑大｜, *Lŏ ĭ p'ŏ tá* ｜, il est tombé une grande pluie.

｜**下得勻帮**, ｜ *hiá tĕ· iûn tsín*, la pluie tombe régulièrement, dans une bonne mesure.

｜**水調勻**, ｜ *choùi t'iâo iûn*, les pluies viennent à propos (ni trop, ni trop peu).

房圈漂｜, *Fâng k'uēn p'iāo* ｜, la pluie entre dans la chambre par les côtés.

躲｜, *Tò* ｜, se mettre à l'abri de la pluie.

遮不倒｜, *Tchē· poŭ taò* ｜, ne pouvoir se garantir de la pluie.

晴帶｜**傘**, *Ts'în tái* ｜ *sàn*, bien qu'il fasse beau, il faut emporter son parapluie.

｜**亦淋風亦掃**, ｜ *ĭ lîn fōng ĭ sáo(sào)*, exposé à la pluie et au vent.

日晒｜**淋**, *Jĕ chái* ｜ *lîn*, exposé au soleil et à la pluie.

淋了｜, *Lîn lò* ｜, il a été trempé par la pluie.

求｜, *K'ieôu* ｜, demander la pluie, faire des prières à cette intention.

｜**不住**, ｜**住了** (*v.* **過了**), ｜ *poŭ tchóu*, ｜ *tchóu lò (v. kó lò)*, la pluie ne cesse pas, elle a cessé.

｜**水節**, ｜ *choùi tsiĕ·*, époque du calendrier chinois (du 19 Fév. au 5 Mars).

穀｜, *Koŭ* ｜, autre époque (du 20 Avril au 5 Mai).

早｜**暗晴**, *Tsaò* ｜ *gán ts'în*, la pluie matinale promet du beau temps pour la journée.

早｜**不過午**, *Tsào* ｜ *poŭ kó où*, la pluie du matin ne passe pas midi.

｜**板**, ｜ *pàn*, abri en planches pour empêcher la pluie d'entrer par côté.

｜**衣**, ｜ *ī*, manteau imperméable.

｜**下** (*v.* **濕**) **透了**, ｜ *hiá (v. chĕ) t'eóu lò*, la pluie a pénétré profondément la terre.

｜**打濕了**, ｜ *tà chĕ lò*, mouillé par la pluie.

｜**落得久** (*v.* **寬**), ｜ *lŏ tĕ· kieòu (v. k'ouan)*, la pluie dure longtemps (ou bien tombe au loin, c.-à-d. elle n'est pas localisée).

與 *Iù*. Donner, à, avec, ou, comme.

今日｜**我**, *Kīn jĕ* ｜ *gò*, donnez-nous aujourd'hui.

求天主賜｜**我們**, *K'ieôu T'iēn Tchoù ts'é* ｜ *gò mên*, prions Dieu de nous accorder.

｜**我不相干**, *v.* **不**｜**我相干**, ｜ *gò poŭ siāng kān, v. poŭ* ｜ *gò siāng kān*, cela ne me regarde pas.

相｜, *Siāng* ｜, être lié d'amitié, fréquenter.

不要相｜**那些不正經的人**, *Poŭ iáo siāng* ｜ *lá sī poŭ tchén kīn tī jên*, il ne faut pas fréquenter ces mauvaises gens.

不知是｜**不是**, *Poŭ tchē ché* ｜ *poŭ ché*, je ne sais si c'est cela ou non.

將來你｜**他一樣**, *Tsiāng laî gnì* ｜ *t'ā ĭ iáng*, plus tard tu seras comme lui.

｜**他一路**, ｜ *t'ā ĭ loú*, faire route avec lui.

語 *Iù*. Paroles.

言｜, *Iên* ｜, même sens.

俗｜, *Siŏu* ｜, proverbes.

自言自｜, *Tsé iên tsé* ｜, se parler à soi-même, parler tout seul, monologue.

眞｜**無錢**｜**不眞**, *Tchēn* ｜ *oû ts'iên*, ｜ *poŭ tchēn*, vous avez beau avoir raison (dire des paroles vraies), si vous n'avez pas de sapèques, (on dira que) vous avez tort (que vos paroles ne sont pas vraies).

禹 *Iù*. **夏**｜**王**, *v.* **大**｜, *Hiá* ｜ *ouâng, v. tá* ｜, nom d'un célèbre empereur, fondateur de la dynastie des *Hiá*.

羽 *Iù*. Plumes.

｜**扇**, ｜ *chán*, éventail en plumes.

｜**毛**, ｜ *mâo*, étoffe de laine grossière.

｜**緞**, ｜ *touán*, camelot de Hollande, et de Belgique.

IÚ

御 *Iú.* Impérial.
| **服**, | *foŭ*, habits impériaux.
| **路**, | *loú*, route impériale.
| **史**, | *chè*, censeur impérial, historiographe.

籞 *Iú.* | **子**, | *tsè*, bobine pour la navette du tisserand.
倒 | 子, *Táo* | *tsè*, dévider du fil sur cette bobine.

遇 *Iú.* Rencontrer.
| **逢**, | *fóng*, même sens.
| **着一个好朋友**, | *tchŏ ĭ kó haò p'ông ieòu*, j'ai rencontré un bon ami.
| **凶險**, | *hiōng hièn*, rencontrer un danger.
| **倒機會**, | *taò kī hoúi*, rencontrer une occasion.
| **倒方便**, | *taò fāng pién*, quand la commodité s'en présentera.
這宗事自來沒有 | 倒過, *Tché tsōng sé tsé lâi mŏ ieòu* | *taò kó*, de ma vie pareille chose ne m'est arrivée.
| **倒趕場**, | *taò kàn tch'âng*, il se trouvait que c'était jour de marché.

預 *v.* **豫** *Iú.* Prévoir, pourvoir, préparer, par avance.
| **知**, | *tchē*, savoir à l'avance, prévoir l'avenir.
| **先**, | *siēn*, auparavant, avant tout.
| **先要打个主意**, | *siēn iáo tà kó tchòu í*, il s'agit auparavant de prendre une détermination.
| **先喫飯**, | *siēn tch'ĕ fán*, mangeons auparavant.
| **備**(*v.* **俻**), | *pí*, préparer.
好生 | 備, *Haò sēn* | *pí*, bien se préparer, prépare-toi bien.
| **備辦功**(*v.* **領聖體**), | *pí pán kōng* (*v. lìn chén t'ì*), se préparer à la confession (ou bien, à la communion).
| **備得好**, | *pí tĕ haò*, être bien préparé.
我 | 備不來, *Gò* | *pí poŭ lâi*, je ne sais pas me préparer.
我 | 備不殼(不恰當), *Gò* | *pí poŭ keóu* (*poŭ k'ia táng*), ma préparation est insuffisante (elle n'est pas assez fervente).
我 | 備了多久, *v.* **早都 | 備了**, *Gò* | *pí lò tō kieòu*, *v. tsaò tōu* | *pí lò*, je suis préparé depuis longtemps.
| **備收拾房圈**, | *pí chēou chĕ fâng k'iuen*, préparer la chambre.
| **備規一了**, | *pí koūi ĭ lò*, c'est prêt.
我 | 備得有, *Gò* | *pí tĕ ieòu*, j'en ai préparé.
| **辦一點路菜**, | *pán ĭ tièn loú ts'ái*, préparer un peu de viande pour le voyage.

芋 *Iú.* | **頭**, | *t'eôu*, taro.
洋 |, *Iâng* |, pomme de terre.
高山出洋 |, *Kāo chān tch'ŏu iâng* |, la pomme de terre vient bien dans les montagnes élevées.
| **麥**, | *mĕ*, maïs.

諭 *Iú.* Signifier, exhorter.
曉 |, *Hiào* |, faire savoir.
上 |, *v.* | **旨**, *Cháng* |, *v.* | *tchè*, décret impérial.
聖 |, *Chén* |, exhortations impériales (sujets de morale indiqués par l'empereur *K'âng hì*).
講聖 |, *Kiàng chén* |, prêcher publiquement ces sujets de morale.

寓 *Iú.* | **所**, | *sò*, habitation.
| **居**, | *kū*, habiter.
貴 |, *v.* **尊 | 何處**, *Koúi* |, *v. tsēn* | *hô tch'óu?* (litt.) où se trouve votre noble habitation, c.-à-d. où demeurez-vous?

鬱 *v.* **礇** *Iú.* Mauvaise odeur, air empesté.
| **東西**, | **蠶子**, | **蜂子**, | *tōng sī*, | *ts'ân tsè*, | *fōng tsè*, empester un objet, des vers à soie, des abeilles.

房圈頭有一个丨氣, *Fâng k'ūen t'eôu ieòu ĭ kó* 丨 *k'í*, il y a une mauvaise odeur dans la chambre.

寒病丨氣大, *Hân pín* 丨 *k'í tá*, dans la fievre typhoïde l'odeur est forte.

一屋都丨了, *ĭ oŭ tōu* 丨 *lò*, il a empeste toute la maison.

小丨, *Siào* 丨, urine.

鋊 v. 硲 v. 砡 *Iú*. User par le frottement.

把石頭磨丨了, *Pà chĕ t'eôu mô* 丨 *lò*, la pierre a été usée par le frottement.

刀用丨了, *Tāo ióng* 丨 *lò*, le couteau est usé à force de servir.

跐丨了, *Tch'ài* 丨 *lò*, usé à force d'être foulé.

玉 *Iú* v. *iŭ*. Pierre précieuse.

丨石, 丨 *chĕ*, jade, pierre précieuse en général.

丨器, 丨 *k'í*, objets en pierre précieuse.

我賣的是丨貨, *Gò mái tĭ ché* 丨 *hó*, je fais le commerce d'objets en pierre précieuse.

丨璽, 丨 *sì*, sceau impérial.

丨皇大帝, 丨 *hoûang tá tí*, roi du ciel d'après les *táo sé*.

IUĚ·

月 *Iuĕ·* (dans certains pays on prononce *iŏ*). Lune, mois lunaire.

丨亮, v. 丨亮光, 丨 *leáng*, v. 丨 *leáng koūang*, la lune (quand elle est visible).

有(v. 沒得)丨亮, *Ieòu (v. mŏ tĕ·)* 丨 *leáng*, il y a (ou bien, il n'y a pas) clair de lune.

大丨亮, *Tá* 丨 *leáng*, grand clair de lune.

丨黑頭, 丨 *hĕ· t'eôu*, par une nuit sans lune.

丨色不明, v. 丨亮陰了, 丨 *sĕ· poŭ mîn*, v. 丨 *leáng īn lò*, la lune ne brille guère, elle est cachée derrière les nuages.

丨亮出來(v. 起來)了, 丨 *leáng tch'ŏu lâi (v. k'ì lâi) lò*, la lune s'est levée.

丨蝕, 丨 *chĕ*, éclipse de lune.

日丨, *Jĕ* 丨, le soleil et la lune, les jours et les mois.

一个丨, *ĭ kó* 丨, un mois (lunaire).

有个把丨, *Ieòu kó pà* 丨, il y a un mois environ.

丨大, 丨小, 丨 *tá*, 丨 *siào*, mois de 30 jours, mois de 29 jours.

這个丨大嗎小, *Tché· kó* 丨 *tá mà siào?* ce mois est-il de 30 ou de 29 jours?

正丨, 冬丨, 臘丨, *Tchén (v. tchēn)* 丨, *tōng* 丨, *lă* 丨, nom de la 1ere lune, de la 11eme, de la 12eme.

二三丨間, *Eúl sān* 丨 *kiēn*, à la 2eme ou à la 3eme lune.

閏丨, *Jouén* 丨, lune intercalaire. (Voir *jouén*.)

前七丨, 後七丨, *Ts'iên ts'ĭ* 丨, *héou ts'ĭ* 丨, (quand c'est la 7eme lune qui est intercalaire) la première 7eme lune, la seconde 7eme lune.

五丨端陽, *Où* 丨 *toūan iâng*, fête civile du 5 de la 5eme lune.

八丨中秋, *Pă* 丨 *tchōng ts'iēou*, autre fête le 15 de la 8eme lune.

三丨初幾頭(v. 初頭上), *Sān* 丨 *ts'ōu kì t'eôu (v. ts'ōu t'eôu cháng)*, les premiers jours (jusqu'au dixième inclusivement) de la 3eme lune.

三丨十一, 二十五, *Sān* 丨 *chĕ ĭ, eúl chĕ où*, le 11, le 25 de la 3eme lune (après le 10eme jour, on n'emploie plus le mot *ts'ōu*).

七丨十幾頭, 二十幾, *Ts'ĭ* 丨 *chĕ kì t'eôu, eúl chĕ kì*, le dix et quelques, le vingt et quelques de la 7eme lune.

四丨尾上, *Sé* 丨 *oùi cháng*, à la fin de la 4eme lune.

光緒十四年九丨初八日, *Koūang sú chĕ sé niên kieòu* 丨 *ts'ōu pă jĕ*, la 14eme année de *Koūang sú*, le 8 de la 9eme lune (manière de dater).

請丨活, *Ts'in* 丨 *hŏ*, louer des ouvriers au mois.

做丨工, *Tsóu* 丨 *kōng*, travailler au mois.

| 餅, | *pìn*, gâteaux de la fête du *tchōng ts'iēou*.
念滿 | 經, *Níen màn* | *kīn*, réciter des prières pour le trentième d'un défunt.
辦滿 | 酒, *Pán màn* | *tsieòu*, faire le festin du 30eme jour de la naissance d'un enfant.
| | 開, | | *k'āi*, rosier qui fleurit chaque mois.
今天有年 |, *Kīn t'iēn ieòu niên* |, aujourd'hui est un jour marqué comme heureux (pour les mariages).
| 經, | *kīn*, règles.
臨 |, 坐 | 子, *Lîn* |, *tsó* | *tsè*, temps des couches, faire ses couches.
要來臨 | 了, *Iáo lâi lîn* | *lò*, le temps des couches approche.
| 毋子, | *moù tsè*, femme qui n'a pas fait ses relevailles.
在 | 子頭, *Tsái* | *tsè t'eôu*, être dans le temps de l'impureté légale (au point de vue chinois) après les couches.
聖母 |, 耶穌聖心 |, *Chén moù* |, *Iê· sōu chén sīn* |, le mois de Marie, le mois du Sacré Cœur de Jésus.
| 報, | *páo*, journal, revue.

閱 *Iuě·*. Examiner.
| 邊, | *piēn*, inspecter le pays soumis à sa juridiction.
新制臺要出來 | 邊, *Sīn tché t'âi iáo tch'ŏu lâi* | *piēn*, le nouveau vice-roi va faire le tour de sa province.
| 操, | *ts'āo*, passer la revue des troupes.

越 *Iuě·*. Outre-passer, plus.
犯分 | 禮, *Fán fén* | *lì*, sortir de sa condition et transgresser les rites.
他這件事 | 了理, *T'ā tché· kién sé* | *lò lì*, dans cette affaire, il a outre-passé ses droits, il s'est mis dans son tort.
| 見加病, | *kién kīa pín*, la maladie augmente.
| 早 | 好, | *tsào* | *hào*, le plus tôt sera le mieux.
| 多 | 好, | *tō* | *hào*, plus il y en a, mieux cela vaut.
煙 | 陳 | 有勁, *Iēn* | *tch'ên* | *ieòu kín*, plus le tabac est vieux, plus il a de force.

曰 *Iuě·*. Dire.
子 |, *Tsè* |, le Philosophe dit.
詩云子 | 的人, *Chē iûn tsè* | *tī jên*, ceux qui (enfoncés dans l'étude des classiques) ont toujours à la bouche les mots: *le Livre des vers dit, le Philosophe dit.*

IUĒN

冤 *Iuēn*. Calomnie, inimitié.
| 仇, | *tch'eôu*, inimitié profonde.
結 |, *Kiě·* |, contracter une inimitié.
受 |, *Cheóu* |, être calomnié.
| 枉, *v.* | 曲, | *ouàng*, *v.* | *k'iōu* (*v. k'iŏ*), calomnie, injustice.
不要 | 枉人家, *Poŭ iáo* | *ouàng jên kiā*, il ne faut pas calomnier son prochain.
受了些 | 枉, *Cheóu lò sī* | *ouàng*, j'ai eu à souffrir bien des calomnies, bien des injustices.
他害我使多少 | 枉錢, *T'ā hái gò chè tō chào* | *ouàng ts'iên*, il m'a fait dépenser injustement bien des sapèques.
今天走了 | 枉路, *Kīn t'iēn tseòu lò* | *ouàng lóu*, aujourd'hui j'ai fait du chemin en pure perte.
喊 |, *Hàn* |, crier à l'injustice.
伸 |, *Chēn* |, laver la calomnie, rendre justice.
| 家, | *kiā*, famille ennemie victime d'une injustice.

䄄 *Iuēn*. | 篼, | *teōu*, paniers à anses, pour porter la terre ou le fumier.
犁 |, *Lî* |, partie ronde et recourbée de la charrue.
賣犁 | 兒, *Mái lî* | *eûl* (*ieûl*), se louer à la journée.

IUÊN

員 *Iuên.* Numéral des mandarins.

一丨官, *ĭ* 丨 *kouān*, un mandarin.

官丨夥, *Kouān* 丨 *hò*, les mandarins.

大小官丨, *Tá siào kouān* 丨, les petits et les grands mandarins.

委丨, *Ouì* 丨, mandarin délégué.

生丨, *Sēn* 丨, bachelier.

丨外, 丨 *ouái*, nom donné aux personnes âgées qui ont été en dignité.

三丨長者當一丨官, *Sān* 丨 *tchàng tchè· táng ĭ* 丨 *kouān*, trois respectables vieillards ont l'autorité d'un mandarin (pour dirimer les affaires).

圓 *Iuên.* Rond, parfait, achevé.

丨的, 丨 *tĭ*, rond.

不丨爲扁, *Poŭ* 丨 *ouî pièn*, ce qui n'est pas rond se dit *pièn*, c.-à-d. aplati.

丨圈圈, 丨 *k'uēn k'uēn*, un cercle.

丨圈瞻禮, 丨 *k'uēn tchān lì*, fête marquée d'un rond (c'est ainsi que sont notées les fêtes d'obligation).

搓丨, *Ts'ō* 丨, arrondir en roulant.

方丨, *Fāng* 丨, arrondi, parfait.

說得方丨, *Chŏ tĕ· fāng* 丨, c'est bien parlé.

這股地方都還方丨, *Tché· koù tí fāng tōu houân fāng* 丨, ce domaine est assez bien arrondi.

帮我方丨吓子, *Pāng gò fāng* 丨 *há tsè*, donne-moi un coup de main pour terminer avantageusement cette affaire.

丨生意, *v.* 丨成生意, 丨 *sēn í*, *v.* 丨 *tch'ên sēn í*, aider par de bonnes paroles à faire réussir un marché.

丨價錢, 丨 *kiá ts'iên*, aider pour qu'on s'entende sur le prix.

丨起來了, 丨 *k'ì laî lò*, le marché a pu se conclure.

你丨成他買, *Gnì* 丨 *tch'ên t'ā mài*, aide-le pour cette acquisition.

丨夢, 丨 *móng*, expliquer, interpréter les songes.

丨(*v.* 完)工, 丨 (*v. ouân*) *kōng*, finir un ouvrage.

今年丨(*v.* 完)不倒工, *Kīn niên* 丨 (*v. ouân*) *poŭ taò kōng*, on ne pourra pas finir cette année.

丸 *Iuên.* Pilules.

肉丨子, *Joŭ* 丨 *tsè*, boulette de viande hachée.

丨藥, 丨 *iŏ*, pilules médicinales.

一單丨藥, *ĭ tān* 丨 *iŏ*, une formule de médicaments pour faire des pilules.

賣膏丹丨散, *Mái kāo tān* 丨 *sàn*, vendre des médicaments sous différentes formes.

打(*v.* 做)丨子, *Tà* (*v. tsóu*) 丨 *tsè*, faire des pilules.

一顆丨子, *ĭ k'ò* 丨 *tsè*, une pilule.

園 *Iuên.* Jardin, verger.

丨子, 丨 *tsè*, même sens.

菜丨, *Ts'ái* 丨, jardin potager.

菜丨地(*v.* 土), *Ts'ái* 丨 *tí* (*v. t'òu*), pièces de terre réservées pour le jardinage.

做菜丨, *Tsóu ts'ái* 丨, cultiver des légumes.

花丨, *Hoūa* 丨, jardin à fleurs.

柑子丨, 梨子丨, *Kān tsè* 丨, *lî tsè* 丨, verger d'orangers, de poiriers.

垣 *Iuên.* 丨墻, 丨 *ts'iâng*, mur d'enceinte peu élevé.

皇帝有城墻百姓有丨墻, *Houâng tí ieòu tch'ên ts'iâng, pĕ· sín ieòu* 丨 *ts'iâng*, l'empereur a des murailles à ses villes, le peuple des murs d'enceinte autour de sa propriété.

原 *Iuên.* Source, origine.

根丨(*v.* 根由), *Kēn* 丨 (*v. kēn ieôu*), même sens.

水有丨(*v.* 源)頭木有根, *Choùi ieòu* 丨 *t'eôu, moŭ ieòu kēn*, l'eau a sa source, l'arbre ses racines.

我說那个根丨跟神父聽, *Gò chŏ lá kó kēn* 丨 *kēn chên fóu t'īn*, je vais dire l'origine de cette affaire au Père.

萬有眞 | , *Ouán icòu tchēn* | , la vraie origine de toutes choses.

| 祖, | *tsoù*, nos premiers parents.

| 罪, | *tsoúi*, péché originel.

| 是我做的, | *ché gò tsóu tĭ*, c'est bien moi qui ai fait la chose.

| 來是這个樣子, | *lâi ché tché· kó iáng tsè*, c'est vraiment comme cela.

| 告, | *kaó*, l'accusateur (dans un procès).

| 主, | *tchoù*, l'ancien propriétaire.

| 價, | *kiá*, l'ancien prix d'achat.

退還 | 物, *T'oúi houân* | *oŭ*, rendre l'objet lui-même.

元 *Iuên*. Premier, commencement.

| 年, | *niên*, première année d'un règne.

光緒 | 年, *Kouāng sú* | *niên*, la première année de *Kouāng sú*.

狀 | , 會 | , 解 | , *Tchoúang* | , *hoúi* | , *kiái* | , le premier sur la liste de nouveaux académiciens, docteurs, licenciés.

| 帥, | *chouái*, général en chef.

| 朝, | *tch'âo*, dynastie des *Iuên* (Mongols).

| 旦, | *tán*, matin du 1er de l'an.

| 宵, | *siāo*, nuit du 15 de la 1ere lune.

轅 *Iuên*. | 門, | *mên*, portes latérales des prétoires.

東 | 門, 西 | 門, *Tōng* | *mên*, *sī* | *mên*, porte latérale de l'Est, de l'Ouest.

鉛 *Iuên*. 黑 | , *Hĕ·* | , plomb (on dit aussi *k'iēn pā*).

白 | , *Pĕ·* | , zinc.

| 筆, | *pĭ*, crayon.

| 筆寫的, | *pĭ siè· tĭ*, écrit au crayon.

緣 *Iuên*. Cause, parce que, espèce de prédestination à une chose.

| 故, | *koú*, cause, raison d'une chose.

不曉得爲甚麼 | 故, *Poŭ hiào tĕ· oúi chén mô* | *koú*, je ne sais pour quelle cause.

那是有一个 | 故, *Lá ché icòu ĭ kó* | *koú*, il y a une raison à cela.

無 | 無故, *Oû* | *oû koú*, sans rime ni raison.

姻 | , *īn* | , (expression payenne) prédestination au mariage avec une femme déterminée.

有 | 千里能相會無 | 對面不相逢, *Ieòu* | *ts'iēn lì lên siāng hoúi, oû* | *toúi mién poŭ siāng fông*, si c'est écrit dans le destin des hommes, bien que séparés par mille *lis*, ils se rencontreront; sinon, ils passeront l'un à côté de l'autre sans se voir.

IUÈN

遠 *Iuèn*. Loin, éloigné (au propre et au fig.).

| 近, | *kín*, éloigné ou rapproché; distance.

不曉得 | 近, *Poŭ hiào tĕ·* | *kín*, je ne sais pas la distance.

看 | 近, *K'án* | *kín*, examiner la distance; cela dépend de la distance.

走 | 路, *Tseòu* | *loú*, aller au loin.

| 信難聽, | *sín lân t'īn*, on ne peut guère se fier aux nouvelles qui viennent de loin.

隔得 | , *Kĕ· tĕ·* | , c'en est loin (au propre et au fig.), c'est éloigné.

隔好 | , *Kĕ· haò* | , à quelle distance?

不 | 點, *v.* 不多 | , *Poŭ* | *tièn*, *v. poŭ tō* | , pas très loin.

老 | 看倒, *Laò* | *k'án taò*, examiner, voir de très loin.

差得 | , *T'chā tĕ·* | , l'erreur est forte.

| 客, | *k'ĕ·*, étranger, hôte venu de loin.

| 親不如近隣, | *ts'īn poŭ joû kín lîn*, des parents éloignés ne valent pas pour moi des voisins rapprochés.

永 | , *Iùn* | , éternel, éternellement.

天主永 | 常在, *T'iēn Tchoù iùn* | *châng tsái*, Dieu est éternellement existant.

| 方, | *fāng*, contrée éloignée.

來得｜，聽得｜，*Laî tĕ·* ｜，*t'în tĕ·* ｜，venir de loin, entendre de loin.

離｜了，*Lî* ｜ *lò*, séparé par une grande distance.

IUÉN

緣 *Iuén.* ｜衣裳，｜ *ī chāng*, coudre les bords d'un habit.

｜邊邊，｜ *piēn piēn*, ourler.

河邊的路不好走難得｜溪溝，*Hô piēn tĭ loú poŭ haò tsèou, lân tĕ·* ｜ *k'ī keōu*, la route le long du fleuve n'est pas commode, il y a trop de ravins à contourner.

愿 *Iuén.* Vœu, promesse.

許｜，*Hù* ｜，faire un vœu.

亂許｜，*Loúan hù* ｜，faire des vœux indiscrets.

還｜，*Houân* ｜，accomplir un vœu.

還不倒｜要求免，*Houân poŭ taò* ｜ *iáo k'ieôu mièn*, qui ne peut accomplir son vœu doit demander dispense.

願 *Iuén.* Consentir, désirer, espérer.

你｜不｜，*Gnì* ｜ *poŭ* ｜，consens-tu? veux-tu?

｜死，｜ *sè*, désirer la mort; accepter la mort de bon cœur.

你不｜讀書各自去，*Gnì poŭ* ｜ *toŭ chōu, kŏ tsé k'ú*, si tu ne veux pas étudier, tu n'as qu'à t'en retourner.

天主不｜罪人死亡只｜他回頭升天，*T'iēn Tchoù poŭ* ｜ *tsoúi jên sè ouâng, tchè* ｜ *t'ā hoûi t'eôu chēn t'iēn*, Dieu ne désire pas la mort du pécheur, mais qu'il se convertisse et arrive au ciel.

喜｜，*Hì* ｜，consentir avec plaisir.

心甘情｜，*Sīn kān ts'în* ｜，accepter de bon cœur, de plein gré.

情 (*v.* 寧) ｜，*Ts'în (v. lîn)* ｜，préférer, consentir volontiers.

我｜你好，*Gò* ｜ *gnì haò*, je veux ton bien.

院 *Iuén.* Cour intérieure, édifice public, monastère, collége, hospice. (*Iuén* se prononce aussi *ouán:* voir ce mot.)

｜子，｜ *tsè*, pâté de maisons avec une cour intérieure commune.

在｜子頭坐，*Tsái* ｜ *tsè t'eôu tsó*, habiter dans une maison donnant sur une cour intérieure et non sur la rue.

一个｜子坐十幾家人，*ĭ kó* ｜ *tsè tsó chĕ kì kīa jên*, il y a dix et quelques familles habitant sur la même cour.

有幾个｜子，*Ieòu kì kó* ｜ *tsè?* il y a combien de cours?

一个大｜子，*ĭ kó tá* ｜ *tsè*, une seule grande cour. (Pour les autres sens voir au mot *ouán* 院.)

怨 *Iuén.* Murmurer, se plaindre, haïr.

抱 (*v.* 埋) ｜，*Páo (v. mâi)* ｜，se plaindre, murmurer.

再不要抱｜天主，*Tsái poŭ iáo páo* ｜ *T'iēn Tchoù*, il ne faut jamais s'en prendre à Dieu.

心憔抱｜，*Sīn tsiāo páo* ｜，s'impatienter et murmurer.

抱｜自己不死，*Páo* ｜ *tsé kì poŭ sè*, se plaindre de ne pouvoir mourir.

両夫婦一輩子埋｜媒人，*Leàng fōu foú ĭ péi tsè mâi* ｜ *mêi jên*, les deux époux s'en prendront toute leur vie à celui qui s'est entremis dans leur mariage.

｜恨，｜ *hén* haïr.

IÛN

耘 *Iûn.* Sarcler.

｜鴉片煙，｜ *iā p'ién iēn*, sarcler l'opium en arrachant les plants trop verts.

｜菜，｜ *ts'ái*, faire de même pour les légumes.

｜樹秧秧，｜ *chóu iāng iāng*, éclaircir les plants d'arbres trop serrés.

｜稀點，｜ *hī tièn*, éclaircir davantage ce qui est planté trop serré.

匀 *Iûn.* Egalement, uniformément.

| 靜, | *tsín*, même sens.

撒得 | 靜, *Să tĕ* | *tsín*, semé régulièrement.

分得 | 靜 (*v.* 均 |), *Fēn tĕ* | *tsín* (*v. kuīn* |), divisé en parts égales.

走路 | 靜, *Tseòu loú* | *tsín*, marcher d'un pas réglé.

雲 *Iûn.* Nuage.

在起 |, *Tsái k'ì* |, il se lève des nuages.

| 遮了太陽, | *tchē lò t'ái iâng*, les nuages ont caché le soleil.

起黑 |, *K'ì hĕ* |, il se lève des nuages noirs.

一朶 |, *ĭ tò* |, un nuage.

打傘不如 | 遮日, *Tà sàn poŭ jôu* | *tchē jĕ*, une ombrelle ne vaut pas les nuages couvrant le soleil.

天上無 | 不下雨, *T'iēn cháng oû* | *poŭ hiá iù*, sans nuages pas de pluie.

| 抬師, | *t'âi sē*, nom flatteur donné aux porteurs de chaise.

| 南, | *lân (v. nân)*, la province du *Yunnan.*

榮 *Iûn.* Gloire, honneur.

| 華, | *hôua*, grand luxe, gloire du monde.

貪 | 華富貴, *T'ān* | *hôua foú koúi*, désirer la gloire et la fortune.

| 福, | *foŭ*, félicité.

天主的 | 光, *T'iēn Tchoū tĭ* | *kouāng*, la gloire de Dieu.

爲天主的 | 光, *Oúi T'iēn Tchoū tĭ* | *kouāng*, pour la gloire de Dieu.

| 應歸父及子及聖神, | *īn kouī foú k. tsè kĭ chén chên*, Gloire au Père, au Fils, et au Saint-Esprit.

IÙN

允 *Iùn.* Permettre, accorder.

上人不 |, *Cháng jên poŭ* |, notre supérieur ne le permet pas.

准 |, *Tchouèn* |, accorder (une faveur).

天主不 | 我, *T'iēn Tchoū poŭ* | *gò*, Dieu ne permet pas (que je fasse, ou obtienne cela).

天主 | 了我的祈禱, *T'iēn Tchoū* | *lò gò tĭ k'î taò*, Dieu a exaucé ma prière.

神父依 | 了, *Chên foú ī* | *lò*, le Père a consenti, a permis.

永 *Iùn.* Perpétuel.

| 不回來, | *poŭ hoûi laî*, je ne reviendrai plus jamais.

我 | 不說, *Gò* | *poŭ chŏ*, je ne le dirai jamais.

| 遠的事, | *iuèn tĭ sé*, les choses éternelles.

| 遠存據, | *iuèn ts'ên kú*, pour servir éternellement de preuve.

IÚN

運 *Iún.* Se mouvoir, tourner, transporter.

| 氣, *v.* 時 |, | *k'í, v. chê* |, fortune, la roue de la fortune.

他的 | 氣好 (*v.* 不好), *T'a tĭ* | *k'í haò (v. poŭ haò)*, il a attrapé la veine de la fortune (ou bien, il n'a pas de chance).

| 去金成鐵時來鐵似金, | *k'ú kīn tch'ên t'iĕ, chê laî t'iĕ sé kīn*, la bonne veine passée, l'or se change en fer; la bonne fortune arrivant, le fer devient de l'or.

| 河, | *hô*, grand canal impérial pour le transport des vivres.

| 糧食, | *leâng chĕ*, transporter des vivres.

| 兵, | *pīn*, transporter des soldats d'un endroit à un autre.

| 兵船, | *pīn tch'oûan*, bâtiment de transport.

暈 *Iún.* Vertige.

| 病, | *pín*, maladie du vertige.

腦瞌 |, *Laò k'ŏ* |, avoir le vertige.

高山看底下 | 頭, *Kaō chān k'án tì hiá | t'eôu*, d'une haute montagne regarder en bas donne le vertige.

| 船, | 轎子, | *tch'oûan*, | *kiáo tsè*, éprouver le vertige en barque, en chaise.

| 死了, | *sè lò*, il s'est évanoui.

韻 *Iún*. Consonnance, harmonie.

| 脚, | *kiŏ*, rime, cadence, mesure des vers.

熨 *Iún*. Repasser au fer chaud.

| 斗, | *teòu*, fer à repasser.

使 | 斗, *Chè | teòu*, se servir du fer à repasser.

燒 | 斗, *Chāo | teòu*, allumer la braise dans le réchaud du fer à repasser.

拿 | 斗來 |, *Lâ | teòu lâi |*, repasser au fer chaud.

| 衣裳, | *ī chāng*, repasser un habit.

| 光生, | *kouāng sēn*, rendre lisse en repassant.

那些跟子要 | 平, *Lá sī kén tsè iáo | p'în*, il faut faire disparaître ces plis avec le fer à repasser.

| 不伸展, | *poŭ tch'ēn tchàn* en repassant ne pouvoir rendre lisse.

詠 *Iún*. Hymne, chant, chanter.

聖 |, *Chén |*, cantique sacré, psaume.

唱聖 |, *Tch'áng chén |*, chanter des psaumes.

達未聖 |, *Tă oûi chén |*, les psaumes de David.

| 詩, | *chē*, déclamer des vers.

JÂN

然 *Jân*. 斷 |, *Touán |*, certes.

斷 | 不是, *Touán | poŭ ché*, certes, il n'en est pas ainsi.

果 |, *Kò |*, en effet.

你果 | 聽命我寬恕你, *Gnì kò | t'īn m n, gò k'ouān choú gnì*, si en effet tu veux obé r, je te pardonnerai.

不 |, *Poŭ |*, sinon.

不 | 沒得讓你的, *Poŭ | mŏ tĕ jáng gnì tĭ*, sinon, je ne te cède rien.

忽 |, *Foŭ (v. hoŭ) |*, subitement.

| 後, | *heóu*, après, ensuite.

必 |, *Pĭ |*, certainement.

必 | 允許, *Pĭ | iùn hù*, certainement il permettra.

雖 |, *Sū |*, quoique.

雖 | 我沒有說你該曉得, *Sū | gò mŏ ieòu chŏ, gnì kāi hiào tĕ*, bien que je ne te l'aie pas dit, tu devais le savoir.

自 |, *v.* 自不 |, *Tsé |*, *v. tsé poŭ |*, cela va sans dire, c'est tout naturel.

習慣成自 |, *Sĭ kouán tch'ên tsé |*, l'habitude est une seconde nature.

你做自 | 開你的工錢, *Gnì tsóu, tsé | k'āi gnì tĭ kōng ts'iên*, fais cela, je saurai bien te payer.

喫飯要開錢, *R.* 自不 |, *Tch'ĕ fán iáo k'āi ts'iên, R. Tsé poŭ |*, qui mange (à l'auberge) doit payer. Rép. Cela va sans dire.

爲 |, *Oûi |*, attacher de l'importance.

要把靈魂的事爲 |, *Iáo pà lîn hoûen tĭ sé oûi |*, il faut attacher de l'importance au salut de son âme.

所以 |, *Sò ì |*, la cause.

安 |, *Gān |*, bien portant, tranquille.

安 | 無事, *Gān | oû sé*, être tranquille, sans préoccupation.

旣 |, *Kí |*, puisque.

旣 | 是這樣不談了, *Kí | ché tché iáng poŭ t'án lò*, puisqu'il en est ainsi, n'en parlons plus.

仍 | 照舊, *Jên | tcháo kieóu*, ce sera encore comme auparavant.

枉 | 讀書, *Ouàng | toŭ choū*, étudier en vain.

儼 |, *Niên |*, absolument comme.

定 | 不肯, *Tín | poŭ k'èn*, bien sûr qu'il ne voudra pas.

了 |, *Leaò |*, c'est clair.

一目了 |, *ī mŏu leaò |*, un coup d'œil suffit p ur comprendre.

自 | 而 |, *Tsé | eûl |*, naturellement, sans effort.

燃 *Jân.* Brûler.

｜起了, *v.* ｜了, *v.* 燒｜了, ｜*k'ì lò, v.* ｜*lò, v. chāo* ｜*lò,* le feu a pris.

吹｜, *Tch'ōui* ｜, enflammer en soufflant sur le feu.

吹｜一根紙撚子, *Tch'ōui* ｜*ĭ kēn tchè nièn tsè,* faire prendre flamme à une allumette en papier, en soufflant dessus.

火不｜, *Hò poŭ* ｜, le feu ne prend pas.

難得｜, *Lân tĕ·* ｜, il prend difficilement.

｜不起來, ｜*poŭ k'ì lâi,* il ne peut prendre.

不｜明火, *Poŭ* ｜*mîn hò,* cela ne brûle pas avec flamme.

｜過了, ｜*kó lò,* c'est brûlé tout à fait, c'est fini de brûler.

｜不過來, ｜*poŭ kó lâi,* le feu ne peut venir jusqu'ici.

惹｜, *Jè* ｜, prendre feu, faire prendre feu.

｜得快 (*v.* 慢), ｜*tĕ· k'oúai (v. mán),* qui brûle vite (ou bien, lentement).

JÀN

染 *Jàn.* Teindre (au propre et au fig.).

｜水, ｜*choùi,* teinture.

｜水缸, ｜*choùi kāng,* cuve à teinture.

｜房, ｜*fâng,* teinturerie.

｜匠, ｜*tsiáng,* teinturier.

一吓｜不出來, *ĭ há* ｜*poŭ tch'ŏu lâi,* on ne peut teindre (cela) si vite.

｜布, ｜衣裳, ｜*póu,* ｜*ī chāng,* teindre de la toile, un habit.

｜不上, ｜*poŭ cháng,* la teinture ne prend pas.

多｜幾道, *Tō* ｜*kì taó,* remettre plusieurs fois à la teinture.

｜得勻靜不花, ｜*tĕ· iûn tsín poŭ hōua,* la teinte est bien unie, sans tache.

｜紅的, ｜藍的, ｜青的, ｜*hông tĭ,* ｜*lân tĭ,* ｜*ts'īn tĭ,* teindre en rouge, en bleu, en noir.

開｜房, *K'āi* ｜*fâng,* tenir une teinturerie.

開｜水錢, *K'āi* ｜*choùi ts'iên,* payer le prix de la teinture.

聖母無｜原罪, *Chén mòu oû* ｜*iuên tsoúi,* l'Immaculée Conception de la Ste. Vierge.

｜重毛病, ｜*tchóng mâo pín,* gagner par contagion une grosse maladie.

沾｜, *Tchān* ｜, participer à.

這件事沾｜不得, *Tché· kién sé tchān* ｜*poŭ tĕ·,* il n'est pas bon de se mêler de cette affaire.

｜指 (*v.* 手), ｜*tchè (v. cheòu),* se salir les mains (au propre et au fig.).

管銀錢的事難得不｜手, *Kouàn în ts'iên tĭ sé, lân tĕ· poŭ* ｜*cheòu,* en s'occupant des affaires d'argent, il est difficile de ne pas se salir les mains, c.-à-d. de rester intègre.

JÂNG

瓤 *Jâng.* Enveloppe charnue des graines de courge.

｜子, ｜*tsè,* même sens.

絲瓜｜, *Sē kōua* ｜, cœur de l'espèce de courge appelée *sē kōua.*

JÀNG

嚷 *Jàng.* Cris confus, reproches.

｜他幾句, ｜*t'a kì kú,* dis-lui quelques mots de reproche.

｜鬧, ｜*náo,* quereller avec violence.

JÁNG

讓 *Jáng.* Céder, renoncer à son droit.

謙｜, *v.* 慈｜, *K'iēn* ｜, *v. ts'ê* ｜, humilité, condescendance.

忍｜他, *Jèn* ｜*t'a,* patiente, et cède-lui.

不愛｜得, *Poŭ gái* ｜*tĕ·,* je ne veux pas céder.

不｜人, *Poŭ* ｜*jên,* ne céder à personne.

｜你兩天, ｜*gnì leàng t'iēn,* je t'accorde deux jours.

退 |, v. | 退, T'oúi |, v. | t'oúi, se retirer en cédant.
倴脾氣一點都不 |, Kiáng p'î k'í ǐ tièn tōu poŭ |, caractère revêche, qui ne cède jamais.
| 路, | lóu, céder le pas.
| 一步, | ǐ poú, s'arrêter d'un pas, pour céder la route.
| 開, | k'āi, s'écarter pour laisser passer.
| 轎子, | kiáo tsè, céder le pas à une chaise; soulager les porteurs de chaise, en allant quelque temps à pied.
空手 | 轎子, 轎子 | 牲知, K'ōng cheòu | kiáo tsè, kiáo tsè | sēn k'eòu, le piéton sans fardeau cède le pas aux chaises, les chaises aux bêtes de somme.
我 | 你一百錢, Gò | gnì ǐ pě ts'iên, je te fais grâce de 100 sapèques.
絲毫都不 |, Sē hâo tōu poŭ |, ne faire grace de rien.
| 不下來, | poŭ hiá lâi, ne pouvoir céder cela.
大河水 | 進溝, Tá hô choùi | tsín keōu, l'eau du grand fleuve reflue dans le ruisseau.
是 | 水打不倒房子, Ché | choùi tà poŭ taò fâng tsè, c'est de l'eau qui a reflué ici, elle ne saurait emporter la maison.
| 分, | fén, élasticité.
綿絮有 | 分, Miên soúi (v. sú) ieòu | fén, la ouate d'une couverture est élastique.
| 綿花, | miên hoūa, ouater, par ex. un habit.

JÂO

饒 Jâo. Pardonner.
求 (v. 告 v. 討) |, K'ieôu (v. kaó v. t'ào) |, demander pardon, demander grâce.
| 恕, | chóu, pardonner.
不寬不 |, Poŭ k'oūan poŭ |, sans rémission.

橈 Jâo. | 片, | p'ièn, rame.
一匹 |, ǐ p'ǐ (p'ǐ) |, une rame.
推 |, T'oūi |, ramer.
不會推 |, Poŭ hoúi t'oūi |, qui ne sait pas ramer.
加兩匹 |, Kiā leàng p'ǐ (p'ǐ) |, ajouter deux rames à une barque.
你那船是幾匹 |, Gnì lá tch'oûan ché kì p'ǐ |, ta barque est à combien de rames?

JÀO

繞 Jào. Environner, faire le tour.
天神圍 | 祭台, T'iēn chên oûi | tsí t'âi, les Anges environnent l'autel.
走上頭要 | 一吓好走些, Tseòu cháng t'eôu iáo | ǐ há, hào tseòu sī, par le haut, il faut faire un détour, mais la route est meilleure.

擾 Jào. Troubler.
| 害, | hái, nuire.
| 亂, | louán, troubler.
不要 | 亂我的心, Poŭ iáo | louán gò tǐ sīn, ne mets pas le trouble dans mon cœur.
操 |, Ts'āo |, importuner quelqu'un.
操 | 了主人家, Ts'āo | lò tchòu jên kiā, je vous ai fort importuné (terme poli pour remercier, quand on a été bien traité par un hôte).

JE

日 Jě. Soleil, jour, temps.
| 蝕, | chě, éclipse de soleil.
今 |, 明 |, 後 |, Kīn |, mîn |, heóu |, aujourd'hui, demain, après-demain.
昨 |, 前 |, Tsŏ |, ts'iên |, hier, avant-hier, ou les jours précédents.
本 |, Pèn |, le propre jour.
| 本, | pèn, le Japon.
| |, | |, chaque jour.
往 |, Ouàng |, les jours passés, dernièrement.
望 |, Ouáng |, nom du 15eme jour de la lune.

| 後, | *heóu*, dans la suite.

白 | 間, *Pĕ·* | *kiēn*, pendant le jour.

生 |, *v.* 誕 |, *Sēn* |, *v. tán* |, jour ou anniversaire de la naissance.

過不得 | 子, *v.* 難得過 | 子, *Kó poŭ tĕ·* | *tsè, v. lân tĕ· kó* | *tsè*, avoir peine à vivre, être malheureux.

擇 | 子, *v.* 看 | 子, *Ts'ĕ·* | *tsè, v. k'án* | *tsè*, choisir un jour faste.

| 子好, | *tsè hào*, c'est un jour faste.

定 | 子, *Tín* | *tsè*, fixer un jour.

改 | 子, *Kài* | *tsè*, changer un jour fixé.

改 | 相會, *Kài* | *siāng hoúi*, on se verra un autre jour.

| 子過了, | *tsè kó lò*, le jour fixé est passé.

過些好 | 子, *Kó sī hào* | *tsè*, passer de beaux jours, du bon temps.

你的好 | 子到了, *Gnì tĭ hào* | *tsè táo lò*, ton beau jour est arrivé (paroles que disent souvent les mandarins aux criminels qui vont être exécutés).

今年子沒得 | 子得了, *Kīn niên tsè mŏ tĕ·* | *tsè tĕ· lò*, (litt.) cette année il n'y a plus de jours, c.-à-d. nous touchons à la fin de l'année, il n'y a plus guère de temps.

Jĕ. Mot très-obscène, et qui signifie le *coitus* même. Sans doute à cause de son obscénité même, il est très fréquemment employé par les Chinois dans leurs malédictions. On ne peut ignorer le sens de ce mot ainsi employé. Les expressions sont très nombreuses et très variées, il suffit d'en indiquer ici deux ou trois des plus fréquentes:

Jĕ gnì tĭ mā (v. niâng), j'abuserai de ta mère (malédictions lancées soit contre les animaux, soit contre les hommes).

Jĕ gnì tĭ siēn jên, j'abuserai de tes ancêtres.

Keòu jĕ tĭ, v. keòu jĕ tch'ŏu laî tĭ, c'est un chien qui t'a engendré! race de chien!

JÈ·

惹 *Jè·*. Exciter, provoquer, contagieux.

| 事, | 禍, | *sé*, | *hó*, susciter des affaires, des malheurs.

是那个 | 事, *Ché là kó* | *sé?* qui a été le provocateur?

不要去 | 禍 (*v.* 事), *Poŭ iáo k'ú* | *hó (v. sé)*, ne va pas susciter des malheurs, des affaires.

這个人 | 不得, *Tché· kó jên* | *poŭ tĕ·*, c'est un homme qu'il ne fait pas bon provoquer.

沒得那个敢 | 他, *Mŏ tĕ· là kó kàn* | *t'a*, personne n'ose s'y frotter.

| 人冒火, 角孽, 打官司, | *jên máo hò, kŏ niĕ·, tà koūan sē*, pousser les gens à se mettre en colère, à se disputer, à faire des procès.

這个毛病 | 人, *Tché· kó mâo pín* | *jên*, cette maladie est contagieuse.

我把他的寒氣 | 倒了, *Gò pà t'a tĭ hân k'i* | *taò lò*, il m'a communiqué sa fièvre typhoïde.

| 火, *v.* | 燃, | *hò, v.* | *jàn*, allumer.

JĔ

熱 *v.* 熱 *Jĕ·*. Chaud.

發 |, *Fá* |, il fait chaud.

| 天, | *t'iēn*, jours chauds, temps de l'été.

熻 |, *v.* 熰 |, *óng* |, *v. gueóu* |, chaleur lourde, étouffante.

| 烘烘的, | *hōng hōng tĭ*, très chaud.

今大沒得昨天 |, *Kīn t'iēn mŏ tĕ· tsŏ t'iēn* |, aujourd'hui il ne fait pas si chaud qu'hier.

這件衣裳穿起 | 和, *Tché· kién i chāng tch'oūan k'ì* | *hô*, cet habit tient bien chaud.

鬧 |, *Laó* |, se dit de ce qui a lieu avec grand concours, grand apparat.

這个場鬧 |, *Tché· kó tch'âng laó* |, ce bourg est très animé, il a beaucoup de commerce.

他的喪事辦得鬧 |, *T'a tĭ sāng sé pán tĕ· laó* |, son enterrement a été fait avec pompe et grand concours.

眼睛看 | **了**, *Ièn tsīn k'án* | *lò*, il a eu envie d'une chose, à force de la voir.

聽 | **了**, *T'ín* | *lò*, il s'est laissé persuader.

菜冷了要去 | **吓子**, *Ts'ái lèn lò, iáo k'ú* | *há tsè*, ce mets est tout refroidi, il faut le réchauffer un peu.

| **切**, *v.* | **心**, | *ts'iĕ·*, *v.* | *sīn*, fervent.

不怕他是新教友 | **切得好**, *Poŭ p'á t'a ché sīn kiáo ieòu*, | *ts'iĕ· tĕ· hào*, bien que néophyte, il est très fervent.

他両个好親 |, *T'a leàng kó haò ts'īn* |, eux deux sont de chauds amis.

| **氣**, | *k'í*, chaleur.

弄 |, *Lōng (lóng)* |, réchauffer.

燒 |, *Chāo* |, chauffer, par ex. de l'eau.

晒 |, *Chái* |, chauffer au soleil.

走 | **了**, *Tseòu* | *lò*, avoir chaud à force de marcher.

JÊN

人 *Jên.* Homme.

| **類**, | *loúi*, la race humaine.

衆 |, *Tchóng* |, tous les hommes.

各 | **各事**, *Kŏ* | *kŏ sé*, chacun ses affaires.

男 |, **女** | (*v.* **婦** |), *Lán* |, *niù* | (*v. fóu* |), homme, femme.

你不是 |, *Gnì poŭ ché* |, tu n'es pas un homme, tu es un misérable! (malédict.)

你不像一个 |, *Gnì poŭ ts'iáng ī kó* |, tu ne ressembles pas à un homme (malédict.)

我算不得 |, *Gò souán poŭ tĕ·* |, qu'on ne me prenne pas pour un homme! (formule de serment.)

別 |, *Piĕ·* |, un autre, les autres.

| **家**, | *kia*, les autres, autrui.

老 | **家**, *Laò* | *kia*, père, respectable vieillard.

你老 | **家**, *Gnì laò* | *kia*, (litt.) toi, respectable vieillard (manière de s'adresser à un homme d'un certain âge, qu'on vénère).

我們老 |, *Gò mên laò* |, notre père.

祖 |, *Tsoù* |, aïeux.

大 |, *Tá* |, grand homme; homme fait.

大 | **不見細** | **過**, *Tá* | *poŭ kién sí* | *kó*, un grand homme ne regarde pas de trop près aux manquements des gens de petite condition.

小 |, *Siaò* |, homme aux sentiments peu élevés.

| **小**, | *siaò*, il est petit, il est jeune (en parlant d'un enfant).

| **事不知**, | *sé poŭ tchē*, il ne sait rien des affaires de ce monde; il a perdu connaissance.

看 | **說話**, *K'án* | *chŏ houá*, parler ou agir différemment, selon les gens à qui l'on a affaire.

主 |, *v.* **主** | **家**, *Tchoù* |, *v. tchoù* | *kia*, maître de maison, propriétaire.

中 |, *Tchōng* |, entremetteur d'achats.

媒 |, *Mêi* |, entremetteur de mariage.

成 |, *Tch'ên* |, être ou devenir adulte.

毛 |, *Mâo* |, homme de paille, mannequin.

| **些走了**, | *sī tseòu lò*, les gens sont partis.

| **口重**, | *k'eòu tchóng*, être surchargé de famille.

| **單了**, | *tān lò*, avoir trop peu de monde.

是 | **都愛**, *Ché* | *tōu gái*, tout homme aime (cela).

我 | **髱了**, *Gò* | *p'ā lò*, je me sens faible, sans forces.

今天 | **不當好**, *Kīn t'iēn* | *poŭ táng haò*, aujourd'hui je ne suis pas bien.

| **參**, | *sēn*, gin-seng, *ou* jin-seng (fameuse racine médicinale provenant de la Mandchourie).

| 烟, | *iēn*, arsenic; foyer, famille.
沒 | 烟的地頭, *Mǒ* | *iēn tĭ tí t'eôu*, pays inhabité.

仁 *Jên*. Bonté de cœur, commisération; noyau, pépin.
| 慈, | *ts'ê*, miséricorde.
你靠天主的 | 慈, *Gnì k'áo T'iēn Tchoū tĭ* | *ts'ê*, aie confiance en la miséricorde de Dieu.
神父 | 慈得狠, *Chén foú* | *ts'ê tĕ· hèn*, le Père est trop bon.
| 愛, | *gái*, la charité.
瞳 |, *T'ông* |, pupille de l'œil.
桃 |, 杏 |, *T'âo* |, *hén* |, amande du noyau de pêche, d'abricot.

壬 *Jên*. Lettre employée dans le cycle (elle revient tous les dix ans).
| 子年, | *tsè niên*, la dernière année de ce nom fut l'année 1852 (voir à l'Appendice le tableau du Cycle).

JÈN

忍 *Jèn*. Supporter, patienter.
| 耐, | *lái*, supporter avec patience.
沒得 | 耐, *Mǒ tĕ·* | *lái*, je n'ai pas de patience.
| 耐點, *v.* | 耐些, | *lái tièn*, *v.* | *lái sī*, patience (se dit pour apaiser les gens dans une querelle).
| 耐的德, | *lái tĭ tĕ·*, la vertu de patience.
| 讓, | *jáng*, céder patiemment.
| 不得一口氣, | *poŭ tĕ· ĭ k'eoù k'í*, il ne peut réprimer une petite impatience.
他一吓子, | *t'ā ĭ há tsè*, supporte-le encore un moment.
| 得一時之氣免得百日之憂, | *tĕ· ĭ chê tchē k'í mièn tĕ· pĕ· jĕ tchē ieōu*, un moment de patience vous épargne cent jours de chagrin.
小不 | 則亂大謀, *Siào poŭ* | *tsĕ· louán tá môug*, la moindre impatience peut faire manquer les plus grandes entreprises.

| 一句息一怒, | *ĭ kú sĭ ĭ loú*, supporter patiemment une parole, apaise la colère.
| 不下去, *v.* | 不過, *v.* | 不住, | *poŭ hiá k'ú*, *v.* | *poŭ kó*, *v.* | *poŭ tchóu*, ne pouvoir supporter.
| 受病痛患難, | *cheóu pín t'óng houán lán*, supporter en patience les maladies, les calamités.
看他這様造孽我心中不 |, *K'án t'ā tché· iáng tsáo niĕ·*, *gò sīn tchōng poŭ* |, en le voyant si misérable, mon cœur est pris de compassion.

JÉN

任 *Jén* (se lit aussi *jouén*, avec un autre sens). Pouvoir, à volonté, obligation, devoir.
| 隨他們做, | *soûi t'ā mên tsóu*, qu'ils agissent à leur guise.
平生守己 | 他强, *P'în sēn cheòu kì* | *t'ā k'iâng*, quand on fait son devoir toute sa vie, peu importe la méchanceté des autres (on n'a rien à craindre).
責 |, *Tsĕ·* |, obligation, devoir.
父母待兒女的責 |, *Foú moù tái eûl niù tĭ tsĕ·* |, les devoirs des parents à l'égard de leurs enfants.

認 *Jén*. Connaître, savoir, avouer.
| 識, | *chĕ·*, reconnaître.
| 不得的人, | *poŭ tĕ· tĭ jên*, homme qu'on ne connait pas.
他 | 不得字, *T'a* | *poŭ tĕ· tsé*, il ne connait pas les caractères, il ne sait pas lire.
你 | 得我不, *Gnì* | *tĕ· gò poŭ?* me connais-tu? (terme de menace.)
我 | 不得你, *Gò* | *poŭ tĕ· gnì*, je ne te connais pas, je me moque de toi.
| 眞, | *tchēn*, prendre en considération, prendre au sérieux une plaisanterie.
這件事 | 不得眞, *Tché· kién sé* | *poŭ tĕ· tchēn*, c'est une affaire qu'il ne faut pas prendre au pied de la lettre, il n'y faut pas regarder de trop près.

不丨天主, *Poŭ* | *T'iēn Tchòu*, renier Dieu, ne pas le reconnaître.

不丨祖宗, *Poŭ* | *tsòu tsōng*, renier ses ancêtres.

他們不是得親戚是丨的, *T'ā mēn poŭ ché tĕ· ts'īn ts'ī, ché* | *tĭ*, ils ne sont pas vraiment parents, ils se reconnaissent seulement comme tels.

丨人, | *jên*, connaître les gens, savoir les apprécier.

不會丨人會上當, *Poŭ houi* | *jên, houi cháng táng*, qui ne sait pas connaître les gens, s'expose à des déboires.

不丨人, *Poŭ* | *jên*, ne reconnaître personne, s'attaquer à n'importe qui.

他不丨貨, *T'a poŭ* | *hó*, il ne connaît pas, il ne sait pas apprécier les marchandises.

丨錯, | *ts'ó*, reconnaître ses torts, faire des excuses.

我丨我丨, *Gò* | *gò* |, je consens à reconnaître mes torts.

丨賬, | *tcháng*, (litt.) reconnaître une dette; au fig. avouer ses torts.

這一百錢的賬我不丨, *Tché· ĭ pĕ· ts'ién tĭ tcháng gò poŭ* |, je ne reconnais pas cette dette de 100 sapèques.

他是這宗人再不丨賬的, *T'a ché tché· tsōng jên tsái poŭ* | *tcháng tĭ*, cet individu a le caractère ainsi fait, jamais il n'avouera ses torts.

丨還, | *houân*, promettre de rendre.

他不還我丨就是, *T'a poŭ houân, gò* | *tsiéou ché*, s'il ne rend pas, je prends la dette sur moi.

油穲石不丨釘子, *Ieôu kouáng chĕ poŭ* | *tīn tsè*, (litt.) le marbre ne connaît pas les clous, c.-à-d. les clous ne mordent pas sur le marbre, ils glissent.

仍 *Jén (Jên)*. De même que, encore.

丨舊, | *kieóu*, comme auparavant.

丨然不改, | *jân poŭ kài*, il persiste à ne pas se corriger.

JEÔU

柔 *Jeôu*. mou, faible.

丨弱, | *jŏ*, faible (surtout au moral).

丨能勝剛, | *lên chén kāng*, (litt.) le mou peut triompher du dur, c.-à-d. plus fait douceur que violence.

人要有剛也要有丨, *Jên iáo ieòu kāng ĭ iáo ieòu* | *(jông)*, l'homme doit savoir être à la fois ferme et pliable.

揉 *Jeôu*. Frotter, froisser, pétrir (voyez *joûa*).

JŎ

弱 *Jŏ*. Faible.

衰丨, *v.* 虛丨, *Choūai* |, *v. hū* |, sans forces (au pr. et au fig.).

敗丨, *Pái* |, affaiblir.

主張敗丨, *Tchoù tchāng pái* |, la volonté est affaiblie.

丨症, *v.* 丨病, | *tchén*, *v.* | *pín*, phthisie.

病害丨了, *Pín hái* | *lò*, il a été débilité par la maladie.

輭丨, *Jouàn* |, faible, mou, timide.

若 *Jŏ*. Si, que si.

丨是得空我要來, | *ché tĕ· k'óng, gò iáo laî*, si je suis libre, je viendrai.

丨是天主有恩跟我, | *ché T'iēn Tchoù ieòu guēn kēn gò*, si Dieu me favorise.

丨在我手頭, | *tsái gò cheòu t'eôu*, si c'était mon affaire.

丨有方便, | *ieòu fāng pién*, s'il y a une occasion.

La langue chinoise a une foule d'autres manières d'exprimer le conditionnel, et il ne faut user que très sobrement du *jŏ* conditionnel.

JÔNG

絨 *Jông*. Espèce de velours à poils.

織丨, *v.* 絅丨, *Tchĕ* |, *v. ō* |, velours.

絨丨衣領, *Tchĕ* 丨 *ī lìn*, collet de velours.
陝丨, *Chàn* 丨, velours plus grossier venant du *Chàn sī*.

氄 *Jŏng*. 丨毛, 丨 *mâo*, duvet.
這个東西丨活, *Tché kó tōng sī* 丨 *hŏ*, cet objet est mou, doux au toucher.
洋芋要炖得丨丨子的, *Iâng iú iáo tén tĕ* 丨 丨 *tsè tĭ*, il faut faire cuire les pommes de terre jusqu'à les réduire en bouillie.
病都害丨了, *Pín toū hái* 丨 *lò*, la maladie m'a énervé.

茸 *Jŏng*. 鹿丨, *Loŭ* 丨, corne tendre de cerf (d'un grand usage dans la médecine chinoise).
賣丨生意, *Mái* 丨 *sēn í*, commerce de cornes de cerf.
海丨 (*v.* 絨), *Hài* 丨, éponge.

JÔU

如 *Jôu*. Comme, semblable; si.
丨何, *v.* 何丨, 丨 *hô*, *v. hô* 丨, comment.
假丨, *Kià* 丨, que si, si par exemple.
假丨不出錢, *Kià* 丨 *poŭ tch'ŏu ts'iên*, si par exemple il ne donnait pas de sapèques.
丨刀割一樣, 丨 *tāo kŏ ĭ iáng*, comme si un glaive vous transperçait.
是丨此來是丨此去, *Ché* 丨 *ts'è lâi, ché* 丨 *ts'è k'ú*, comme c'est venu, ainsi cela s'en ira.
不丨, *Poŭ* 丨, n'être pas comme, ne pas valoir.
今年不丨去年, *Kīn niên poŭ* 丨 *k'ú niên*, cette année, ce n'est pas si bien que l'an passé.
你不丨他, *Gnì poŭ* 丨 *t'ā*, tu ne le vaux pas.
我枉自做活路不丨耍, *Gò ouàng tsé tsóu hŏ loú poŭ* 丨 *chouà*, c'est en vain que je travaille, autant vaut m'amuser.

儒 *Jôu*. 丨書, 丨 *chōu*, les livres classiques et canoniques.
丨教, 丨 *kiáo*, la religion des lettrés Chinois.
丨家, 丨 *kiā*, secte des lettrés.
我沒有讀過丨書, *Gò mŏ ieòu tŏu kó* 丨 *chōu*, je n'ai pas étudié les livres classiques.

JÒU

乳 *Jòu*. Mamelles, lait.
丨母, 丨 *mòu*, nourrice.
丨名, 丨 *mîn*, nom de lait donné aux nouveaux-nés.
丨香, 丨 *hiāng*, encens.

JŎU

入 *Jŏu*. Entrer.
丨會, 丨學, 丨 *hoúi*, 丨 *hiŏ*, entrer dans une société, être reçu bachelier.
出丨, *Tch'ŏu* 丨, sortir et entrer; dépenses et recettes.
丨門, 丨 *mên*, entrer par la porte.
進丨大門, *Tsín* 丨 *tá mên*, entrer par la grande porte.

辱 *Jŏu*. Injurier, insulte.
凌丨, *Lîn* 丨, insulter, insultes.
忍受各樣疼痛凌丨搓磨, *Jèn cheóu kŏ iáng t'ên t'óng lîn* 丨 *ts'ō mô*, souffrir en patience toutes sortes de douleurs, d'insultes et de mauvais traitements.
丨罵人, 丨 *má jên*, s'emporter en injures contre quelqu'un.

褥 *Jŏu*. Tapis.
丨子, 丨 *tsè*, matelas, tapis de siége ou de lit.
馬丨子, *Mà* 丨 *tsè*, couverture de selle de cheval.

肉 *Jŏu* (*v. jeóu*). Chair, viande.
丨身, 丨 *chēn*, corps (de l'homme).
骨丨, *Koŭ* 丨, la chair et les os.

骨 | 之親, *Koŭ* | *tchē ts'īn*, parenté très proche.

焟 |, *v.* 醃 |, *Lă* |, *v. iēn* |, viande salée et fumée.

乾 |, *Kān* |, viande séchée.

喫 |, *Tch'ĕ* |, manger de la viande (de porc, qui est la viande par excellence des Chinois).

煮 |, *Tchòu* |, la cuire dans l'eau.

炖 |, *Tén* |, la cuire tout à fait tendre.

鮓 |, *Tchà* |, ragoût.

小煎 |, *Siào tsiēn* |, fricassée.

攛湯 |, *Ts'oūan t'āng* |, viande coupée en petits morceaux et cuite avec des condiments acides.

渾燒 |, *K'oûen chāo* |, rôti.

猪 |, 牛 |, 羊 |, *Tchōu* |, *niêou* |, *iâng* |, viande de porc, de bœuf, de mouton ou de chèvre.

瘦 |, *v.* 精 |, *Seóu* |, *v. tsīn* |, viande maigre.

肥 |, *Fêi* |, viande grasse.

生 |, *Sēn* |, viande crue.

煤 |, *Tchá* |, frire la viande dans la graisse.

割 |, *Kŏ* |, couper de la viande.

土 |, *T'òu* |, terre végétale.

土 | 厚, *T'òu* | *heóu*, la terre végétale est d'une grande profondeur.

| 荳蔻, | *teóu k'eóu*, muscade.

| 桂, | *koúi*, cannelle.

JOÛA

揉 *Joûa*. Frotter, froisser, pétrir.

手 |, *Cheòu* |, froisser avec les mains; pétrir avec les mains.

| 麽麽, | *mô mō*, pétrir du pain.

| 酵頭, | *kaó t'eôu*, pétrir du levain.

| 乾點, | 稀點, | *kān tièn*, | *hī tièn*, pétrir avec moins d'eau, avec plus d'eau.

| 毴了, | *jōng lò*, la pâte est bien liée; c'est bien ramolli.

| 泥巴, | *gnî pā*, (litt.) pétrir la boue, c.-à-d. cultiver la terre.

| 爛了, | *lán lò*, déchiré à force d'être froissé.

| 縐了, | *tsóng lò*, c'est chiffonné à force de passer par les mains.

| 一个人, | *ĭ kó jên*, tourmenter, importuner quelqu'un (pour le faire consentir à ce qu'on veut).

| 了幾十个錢下來, | *lò kì chĕ kó ts'iên hiá lâi*, à force de marchander, j'ai pu obtenir un rabais de quelques dizaines de sapèques.

我 | 他一个半天 | 不下來, *Gò* | *t'a ĭ kó pín t'iēn*, | *poŭ hiá lâi*, je l'ai tourmenté une demi-journée sans pouvoir le faire consentir.

我挐跟他 | 狠了, *Gò lâ kēn t'a* | *hèn lò*, il m'a trop fait souffrir.

够 |, *Keóu* |, il faudra du temps, du travail; il y a beaucoup à faire.

一百銀子都挐跟他 | 脫了, *ĭ pĕ în tsè tōu lâ kēn t'a* | *t'ŏ lò*, à force d'instances, je me suis laissé soutirer 100 taëls, que je ne pourrai plus recouvrer.

JOÙAN

輭 *v.* 軟 *Joùan*. Faible, qui fléchit, mou (au physique et au moral).

| 弱, | *jŏ*, sans vigueur, faible.

我脚桿 | 了, *Gò kiŏ kàn* | *lò*, mes jambes faiblissent.

| 脚坡, | *kiŏ p'ō*, côte à pente douce.

不要欺 | 怕惡, *Poŭ iáo k'ī* | *p'á gŏ*, il ne faut pas opprimer les faibles et craindre les méchants.

沒得一句 | 話, *Mŏ tĕ· ĭ kú* | *hoúa*, il n'a pas une seule parole de conciliation.

和 |, *Hô* |, souple, qui fléchit facilement.

沒得一點和 |, *Mŏ tĕ· ĭ tièn hô* |, il n'a pas la moindre souplesse.

週身都不和 |, *Tchēou chēn tōu poŭ hô* |, avoir tout le corps comme raidi.

| 辦, | *pán*, accommoder une affaire.

JOÚEN

孕 *Joúen.* | 婦, | *foú*, femme enceinte.

受 |, *Cheóu* |, devenir enceinte.

懷 |, *Houâi* |, être enceinte.

任 *Joúen.* Charge, emploi.

上 |, *Cháng.* |, prendre possession d'une charge, d'un mandarinat.

下 |, *Hiá* |, sortir de charge.

卸 |, *v.* 辭 |, *Sié·* |, *v. ts'ê* |, donner sa démission.

初 | 官, *Ts'ōu* | *koūan*, mandarin qui entre pour la première fois en charge.

復 |, *Foŭ* |, revenir au même poste après une interruption.

一 |, 両 |, *ĭ* |, *leàng* |, une fois, deux fois la durée d'une charge.

閏 *Joúen.* | 月, | *iuĕ·*, lune ou mois intercalaire.

今年 | 五月, *Kīn niên* | *où iuĕ·*, cette année on redouble la 5eme lune.

明年沒得 | 月, *Mîn niên mŏ tĕ·* | *iuĕ·*, l'an prochain, il n'y aura pas de lune intercalaire.

潤 *Joúen.* Humecter, humide.

這間房圈 | 得狠, *Tché· kān fáng k'ūen* | *tĕ· hèn*, cette chambre est très humide.

回 |, *Hoûi* |, prendre l'humidité de l'air.

菸回了 |, *Iēn hoûi lò* |, le tabac a pris de l'humidité.

蜂餹 | 肺, *Fōng t'âng* | *féi*, le miel est un adoucissant pour la poitrine.

這个缺分進 | 大, *Tché· kó k'uĕ· fén tsín* | *tá*, cette place (de mandarin) rapporte beaucoup.

K'Ā

榍 *K'ā (v. k'iā).* Recoin, trou, resserré.

| | 縫縫到處看, | | *fóng fóng táo tch'óu k'án*, regarde partout dans les coins, dans les fentes.

那个丟 | | 頭, *Là kó tiēou* | | *t'eôu*? qui a jeté cela dans un coin?

山 | |, *Chān* | |, endroit perdu dans les montagnes.

| 倒, | *tào*, être resserré, être pris.

受 |, *Cheóu* | *(v. gā)*, être mis dans l'embarras.

這件事不說好將來受 |, *Tché· kién sé poŭ chŏ hào, tsiang lâi cheóu* | *(v. gā)*, si nous n'arrangeons pas cette affaire à l'amiable, plus tard on nous suscitera des embarras.

你要 | 倒我, *Gnì iáo* | *tào gò*, tu veux me mettre au pied du mur.

手 | 起, *Cheòu* | *k'ì*, avoir les mains prises, par ex. dans une fente.

你 | 在箱子面上, *Gnì* | *tsái siāng tsè mién cháng*, serre (l'objet) au-dessus de la caisse.

衣裳要拏來 | 起, *Ī chāng iáo lâ lâi* | *k'ì*, il faut retrousser les habits.

把菸袋 | 在身上, *Pà iēn tái* | *tsái chēn cháng*, suspendre sa pipe à la ceinture.

肉炖髭了不當 | 牙齒, *Joŭ tén p'ā lò poŭ tang* | *iâ tch'è*, la viande bien cuite ne s'engage pas tant entre les dents.

K'Â

跨 *K'â* (la vraie prononciation est *k'oùa*). Enjamber.

| 不過去, | *poŭ kó k'ú*, je ne puis enjamber.

| 一步, | *ĭ poú*, avancer d'un pas.

我 | 不贏他, *Gò* | *poŭ în t'ā*, je ne puis faire d'aussi grand le pas que lui.

他脚䟕長一步就｜多遠去了, *T'a kiŏ kàn tch'âng, ĭ poú tsieóu ｜ tō iuèn k'ú lò*, il a de longues jambes, d'une enjambée le voilà bien loin.

我再不｜你的門坎, *Gò tsái poŭ ｜ gnì tĭ mên k'àn*, jamais je ne franchirai plus le seuil de ta porte.

KÀ

Kà Kà, v. ｜兒, ｜｜, *v.* ｜ *eûl*, (c'est ainsi que les enfants désignent) la viande.

我要喫｜兒, *Gò iáo tch'ĕ ｜ eûl*, je veux manger de la viande.

K'À

卡 *K'à*. Prison, douane; espace compris entre les extrémités du pouce et de l'index écartés (½ pied).

｜房, ｜ *fâng*, prison pour les délits ordinaires.

收｜, *v.* 丟｜, *Cheōu* ｜, *v. tieou* ｜, mettre en prison.

｜子上, ｜ *tsè cháng*, à la douane (on dit plus souvent *choúi koūan*).

—｜長, ĭ ｜ *tch'âng*, long d'un ½ pied environ.

｜子, ｜ *tsè*, signifie encore compas; petite croix en bois qui sert à fendre les bambous en quatre.

KĀI

該 *Kāi*. Devoir, falloir, sans doute.

你｜聽命, *Gnì* ｜ *t'ín mín*, tu dois obéir.

不｜這樣做, *Poŭ* ｜ *tché· iáng tsóu*, tu ne devrais pas agir ainsi.

我不｜, *Gò poŭ* ｜, je ne devais pas (faire cela): paroles de repentir.

我好不｜, *Gò haò poŭ* ｜, que j'ai eu tort!

｜死, ｜ *sè*, il devait mourir; cela mérite la mort.

有錢｜生沒錢｜死, *Ieòu ts'iên* ｜ *sēn, mŏ ts'iên* ｜ *sè*, avez-vous des sapèques, il vous est permis de vivre; sans sapèques, vous n'avez qu'à mourir.

喫不得｜死說不得｜輸, *Tch'ĕ poŭ tĕ·* ｜ *sè, chŏ poŭ tĕ·* ｜ *choū*, qui ne peut manger doit mourir; qui ne sait parler, doit perdre (sa cause dans une dispute).

｜不得死, ｜ *poŭ tĕ· sè*, espérons qu'il n'en mourra pas. (Dans ces sortes d'expressions, *kāi* exprime plutôt un désir qu'un espoir.)

｜不怕得, ｜ *poŭ p'á tĕ·*, espérons qu'il n'y a rien à craindre.

｜要來, ｜ *iáo lâi*, espérons qu'il viendra.

應｜要稟神父, *ín* ｜ *iáo pìn chên foú*, il y a obligation de consulter le Père.

｜當, ｜ *tāng*, cela doit être; cela devait arriver.

｜當是我的罪罰, ｜ *tāng ché gò tĭ tsoúi fă*, je devais avoir ce malheur, en punition de mes péchés.

多事的人喫點虧是｜當的, *Tō sé tĭ jên tch'ĕ tièn k'oūi ché* ｜ *tāng tĭ*, que les brouillons aient un peu à souffrir, ce n'est que justice.

我今天｜當拆點財, *Gò kīn t'iēn* ｜ *tāng chĕ· tièn ts'âi*, cela devait arriver ainsi, qu'aujourd'hui je perdisse de l'argent.

｜賬, ｜ *tcháng*, avoir des dettes.

你｜好多, *Gnì* ｜ *haò tō?* combien dois-tu?

他｜我一吊錢, *T'ā* ｜ *gò ĭ tiáo ts'iên*, il me doit une ligature.

不｜我｜他做, *Poŭ* ｜ *gò*, ｜ *t'ā tsóu*, ce n'est pas à moi, mais à lui de faire ce travail.

街 *Kāi*. Rue, bourg, ville.

一條｜, *ĭ t'iâo* ｜, une rue.

｜上, ｜ *cháng*, au bourg ou à la ville.

｜上的人, ｜ *cháng tĭ jên*, citadins.

大｜市上, *Tá* ｜ *ché cháng*, en plein marché, devant tout le public.

正｜, *Tchén* ｜, rue principale.

背｜, *v.* 後｜, *Péi* ｜, *v. heóu* ｜, rue plus retirée, à l'arrière-plan.

橫｜, *Houân* ｜, rue transversale.

| 背後, | *péi heóu*, derrière la rue, dans un recoin.

遊 |, *Ieôu* |, se promener par les rues.

打來遊 |, *Tà lâi icôu* |, promener quelqu'un par les rues en le frappant.

喪事遊 |, *Sāng sé icôu* |, porter un mort en procession à travers les rues.

| 坊, | *fāng*, les maisons d'une rue; les habitants d'une rue.

| 坊不依, | *fāng poŭ ĭ*, les gens de la rue protestent.

投憑 | 坊, *T'eôu p'în* | *fāng*, soumettre une affaire à l'avis des gens de la rue.

| 坊打了一个公稟, | *fāng tà lò ĭ kŏ kōng pìn*, les habitants de la rue ont adressé une supplique collective au mandarin.

打鑼喊 |, *Tà lô hàn* |, crier par les rues l'injustice dont on est victime, en frappant le tam-tam.

查 |, *Tch'â* |, satellites chargés de la rue; se dit aussi du mandarin, quand il sort incognito pour voir ce qui se passe.

上 |, *Cháng* |, aller en ville ou au bourg (soit en venant de la campagne, soit en sortant de chez soi, dans l'endroit même).

出 |, *Tch'ŏu* | sortir en ville.

北 |, 東 |, *Pĕ·* |, *tōng* |, rues qui aboutissent à la porte du Nord, de l'Est.

| 市銀子, | *ché în tsè*, argent qui a cours en ville, au marché.

過 | 的, *Kó* | *tĭ*, qui passe dans la rue.

| 口子, | *k'eòu tsè*, l'entrée du marché.

| 道窄, | *táo tsĕ·*, la rue est étroite.

通 |, *T'ōng* |, par toute la rue.

半邊 |, *Pán piēn* |, un côté de rue.

K'ĀI

開 *K'āi*. Ouvrir, commencer, payer.

打 | 門, *Tà* | *mên*, ouvrir la porte.

打不 |, *v.* | 不 |, *Tà poŭ* |, *v.* | *poŭ* |, ne pouvoir ouvrir.

揭 |, *Kiĕ·* |, découvrir (en soulevant par ex. un couvercle).

两弟兄分 | 了, *Leàng tí hiōng fēn* | *lò*, les deux frères ont fait la division des biens et se sont séparés.

隔 |, *Kĕ·* |, séparer.

两匹馬要隔 |, *Leàng p'ĭ (p'ĭ) mà iáo kĕ·* |, deux chevaux doivent être séparés.

離 | 犯罪的機會, *Lî* | *fán tsoúi tĭ kī hoúi*, quitter l'occasion du péché.

拖 |, *T'ō* |, séparer (par ex. des gens qui se battent) en tirant à soi.

奪 |, *Tŏ* |, ouvrir en poussant avec un instrument.

撥 (*v.* 剝) |, *Pŏ* |, ouvrir avec les mains, ou avec un couteau (par ex. un fruit à enveloppe dure, le corps d'un animal).

雲散 | 了, *Iûn sán* | *lò*, les nuages sont dispersés.

撒 |, *Să* |, disperser comme en semant.

睁 | 眼睛, *Ts'ēn* | *ièn tsīn*, ouvrir les yeux.

| 路, | *loú*, ouvrir un chemin (au pr. et au fig.); se dit d'une superstition payenne qui se fait lors de la mort de quelqu'un.

| 田, | 地, | *t'iên*, | *tí*, ouvrir une rizière, un champ à la culture.

| 山, | *chān*, commencer l'exploitation d'une forêt, d'une carrière; défricher une montagne.

| 山兒, | *chān eûl (chēul)*, hache pour couper des arbres.

花 | 得好, *Hoūa* | *tĕ· hào*, la floraison est belle.

| 花炮, | *hoūa p'áo*, obusier.

| 坼 (*v.* 縫縫), | *ts'ĕ· (v. fóng fóng)*, se fendiller, se crevasser.

| 氷, | *pīn*, se crevasser.

七歲 | 明悟, *Ts'ĭ soúi* | *mîn oú*, à 7 ans l'intelligence s'ouvre (âge de raison).

味口沒有 |, *Oúi k'eòu mŏ icòu* |, l'appétit n'est pas ouvert.

| 齋, | *tchāi*, fin du carême.

| 鋪子, | *p'óu tsè*, ouvrir, tenir boutique.

| 炭廠, | *t'án tch'àng*, ouvrir une mine de charbon.

華西官話漢法詞典

| 張, | *tchāng*, ouvrir boutique ou commerce pour la première fois, ou la première fois après le nouvel an.

| 船, | *tch'oûan*, démarrer une barque.

船 | 起走了, *Tch'oûan* | *k'ì tseòu lò*, la barque est partie.

船 | 了 (*v.* 打 | 了), *Tch'oûan* | *lò* (*v.* *tà* | *lò*), la barque est partie.

你走 |, *v.* 趲 |, *v.* 順 |, *v.* 讓 |, *Gnì tseòu* |, *v. tsàn* |, *v. chouén* |, *v. jáng* |, écarte-toi, fais place.

| 炮火, *v.* | 仗火, | *p'áo hò*, *v.* | *tcháng hò*, ouvrir la canonnade, commencer la bataille.

| 頭, | *t'eôu*, au commencement.

| 頭都還好, | *t'eôu tōu houân hào*, au commencement, c'était encore assez bien.

| 年, | *niên*, commencer l'année; au commencement de l'année.

| 親, | *ts'īn*, contracter parenté par un mariage.

| 弔, | *tiáo*, commencer le deuil.

| 恩, | *guēn*, accorder un bienfait.

| 單子, | *tān tsè*, faire une liste; écrire une ordonnance de médecin.

| 教, | *kiáo*, introduire, prêcher la religion.

| 茶錢, 飯食錢, | *tch'â ts'iên, fán chě ts'iên*, payer ce qui est dû pour le thé, pour le repas à l'auberge.

| 不起賬, | *poŭ k'ì tcháng*, ne pouvoir payer ses dettes.

| 工錢, | *kōng ts'iên*, payer la main-d'œuvre d'un ouvrier.

| 消匠人, | *siāo tsiáng jên*, renvoyer les ouvriers en les payant.

燒 | 水, *Chāo* | *choùi*, faire bouillir de l'eau.

| 鍋, | *kō*, établir cuisine.

講 |, *Kiàng* |, expliquer.

怎樣 | 交, *Tsèn iáng* | *kiāo?* comment s'en tirer?

揩 *K'āi*. Essuyer.

| 乾淨, | *kān tsín*, essuyer proprement.

| 手, | *cheòu*, s'essuyer les mains.

| 手帕子, | *cheòu p'á tsè*, mouchoir, serviette.

| 汗, | *hán*, essuyer la sueur.

KÀI

改 *Kài*. Corriger, changer.

定 |, *v.* 定心 | 過, *Tín* |, *v. tín sīn* | *kó*, prendre la résolution de se corriger.

| 變, | *pién*, corriger, changer en bien ou en mal.

| 嫁, | *kiá*, se remarier (se dit d'une femme).

| 名字, | 姓, | *mîn tsé*, | *sín*, changer de nom, imposer un nom; changer de nom de famille.

| 惡爲善, | *gŏ oûi chán*, se convertir de mal en bien.

| 不倒, | *poŭ tào*, impossible de changer.

沒得 | 頭, *v.* 沒 |, *v.* 沒得 | 得, *Mŏ tě* | *t'eôu*, *v. mŏ* |, *v. mŏ tě* | *tě*, pas moyen de changer.

一吓 | 不倒, *ĭ há* | *poŭ tào*, ce n'est pas en un instant qu'on peut changer.

| 了些, | *lò sī*, il s'est un peu corrigé.

你不要憚心還有 |, *Gnì poŭ iáo tān* (*tán*) *sīn, houân ieòu* |, ne t'inquiète pas, il y a encore moyen d'y remédier.

| 幾个字, | *kì kó tsé*, changer, corriger quelques lettres.

| 日子, *v.* | 期, | *jě tsè*, *v.* | *k'ī*, changer le jour fixé, remettre à un autre jour.

| 行, | *hâng*, changer de profession.

解 *Kài* (ce caractère se prononce régulièrement *kiài*: voir ce mot). Ouvrir, dénouer, dissoudre, scier en long.

| 手, | 大手, | 小手, | *cheòu*, | *tá cheòu*, | *siào cheòu*. Voyez *cheòu*.

| 毒, | *toŭ*, remédier au poison, en combattre l'effet.

百 |, *Pě* |, contre-poison réputé universel.

這个藥沒得 | , *Tché kó iŏ mŏ tĕ* | , à ce poison il n'y a pas de remède.

牙齒痛得沒 | , *Iâ tch'è t'óng tĕ mŏ* | , les dents font souffrir sans qu'on puisse y remédier.

你把索索 | 下來, *Gnì pà sŏ sŏ* | *hiá lâi*, délie-moi cette corde.

| 不倒, *v.* | 不下來, | *poŭ tào*, *v.* | *poŭ hiá lâi*, je ne puis la détacher.

| 木頭, | *mŏu t'eôu*, scier, débiter un tronc d'arbre.

| 匠, | *tsiáng*, scieur de long.

| 鋸, | *kú*, scie à scier en long.

| 板子, | *pàn tsè*, scier (du bois) en planches.

| 枋, | *fāng*, scier en madriers.

| 桷子, *v.* | 椽子, | *kŏ tsè*, *v.* | *tch'ouân tsè*, scier en lattes.

| 樓板 (*v.* 分板), | 薄板子, | *leôu pàn* (*v. fēn pàn*), | *pŏ pàn tsè*, scier en planches épaisses pour plancher, scier en planches minces.

蓋 *v.* 盖 *v.* 葢, *Kái*. Couvrir.

| 子, *v.* | | , | *tsè*, *v.* | | , couvercle.

鋪 | , *P'ōu* | , couverture de lit.

綿絮鋪 | , *Mién souí* (*v. sú*) *p'ōu* | , couverture ouatée.

單鋪 | , *Tān p'ōu* | , couverture non ouatée.

彈鋪 | , *T'án p'ōu* | , carder le coton d'une couverture.

鋪 | 桶子 (*v.* 桶桶), *P'ōu* | *t'òng tsè* (*v. t'òng t'òng*), l'enveloppe de toile de la couverture.

一床鋪 | , *ĭ tch'ouâng p'ōu* | , une couverture.

不怕熱過了半夜要 | 鋪 | , *Poŭ p'á jĕ, kó lò pán iĕ iáo* | *p'ōu* | , malgré la chaleur, une fois passé minuit, il faut mettre la couverture sur soi.

| 面子, | *mién tsè*, mettre le dessus (par ex. l'étoffe de dessus d'un habit en peau); mettre la dernière couche (par ex. pour le vernissage).

他要 | 過衆人, *T'a iáo* | *kó tchóng jên*, il veut couvrir (surpasser) tout le monde.

| 房子, | *fâng tsè*, couvrir une maison.

| 瓦, | *où*a, couvrir en tuiles.

| 草, | *ts'ào*, couvrir en chaume.

翻 | 房子, *Fān* | *fâng tsè*, passer en revue les tuiles d'un toit, les remettre bien en ordre, remplaçant celles qui ne valent plus rien.

遮 | , *Tchē* | , voiler, cacher.

會遮 | 自己的過錯, *Houi tchē* | *tsé kì tĭ kó ts'ó*, habile à déguiser ses défauts.

K'ÁI

概 *K'ái*. 大 | , *Tá* | , en général.

一 | (*v.* | 行) 都是我的, *ĭ* | (*v.* | *hîn*) *tōu ché gò tĭ*, tout cela m'appartient.

我一 | 都不管, *Gò ĭ* | *tōu poŭ kouàn*, je ne m'occupe de rien du tout.

KĀN

干 *Kān*. Bouclier; offenser; appartenir.

動 | 戈, *Tóng* | *kō*, (litt.) remuer le bouclier et la lance, c.-à-d. faire la guerre.

| 係 (*v.* 關係), | *hí* (*v. kouān hí*), conséquences d'un acte.

怕你不管你都有 | 係, *P'á gnì poŭ kouàn, gnì tōu ieòu* | *hí*, tu as beau ne pas t'en occuper, tu y as ta part de responsabilité.

我說明白脫我的 | 係, *Gò chŏ mîn pĕ, t'ŏ gò tĭ* | *hí*, je parle franchement, pour dégager ma responsabilité.

相 | , *Siāng* | , avoir intérêt à une chose; être bien.

這件事不與我相 | , *Tché kién sé poŭ iù gò siāng* | , cette affaire ne me regarde pas.

我今天不相 | , *Gò kīn t'iēn poŭ siāng* | , aujourd'hui je ne suis pas bien.

我眼睛不相 | , *Gò ièn tsīn poŭ siāng* | , j'ai de mauvais yeux, je n'y vois guère.

華西官話漢法詞典

丨你甚麼事, 丨 *gnì chén mô sé?* est-ce que cela te regarde?

我與他不得丨休, *Gò iù t'a poŭ tĕ* 丨 *hieōu*, je ne pourrai jamais lui pardonner.

丨証, 丨 *tchén*, témoin juridique.

做假丨証, *Tsóu kià* 丨 *tchén*, porter un faux témoignage.

若丨, *Jŏ* 丨, combien? tant.

若是(*v.* 使)不丨, *Jŏ ché (v. chè) poŭ* 丨, beaucoup, en très grande quantité.

他蹧蹋了若是(*v.* 使)不丨的銀子, *T'a tsāo t'á lò jŏ ché (v. chè) poŭ* 丨 *tĭ în tsè*, il a dissipé énormément d'argent.

竿 *Kān.* Perche ou bâton de bambou.

竹丨, *v.* 竹丨丨, *Tchŏu* 丨, *v. tchŏu* 丨 丨, même sens.

篙丨, *Hāo* 丨, perche des bateliers.

轎丨子, *Kiáo* 丨 *tsè*, bâtons (de bambou) de chaise à porteurs.

斺(*v.* 配)一副轎丨子, *P'ĭn (v. p'éi) ĭ foú kiáo* 丨 *tsè*, assortir deux bâtons de chaise.

罩丨子, *Tcháo* 丨 *tsè*, bâtons pour suspendre la moustiquaire.

菸丨, *v.* 烟丨子, *Iēn* 丨, *v. iēn* 丨 *tsè*, tuyau de la pipe; toute la pipe.

鬥烟丨, *Teóu iēn* 丨, ajuster une pipe.

喫一丨烟, *Tch'ĕ ĭ* 丨 *iēn*, fumer un cigare.

筧丨, *Kièn* 丨, conduit d'eau en bambou.

一根丨 丨, *ĭ kēn* 丨 丨, une perche, un bâton en bambou.

搭一根丨丨晒衣裳, *Tá ĭ kēn* 丨 丨 *chái ĭ chāng*, placer un bambou pour y suspendre les habits à sécher.

丨丨打通了, *v.* 劃通了, 丨 丨 *tà t'ōng lò*, *v. leóu t'ōng lò*, le bambou a été foré (*leóu*, forer, ne se dit que s'il s'agit de petits bambous).

牮丨, *Tsién* 丨, perche ou poutre qui étaie un arbre ou une maison.

跟人家掌丨 丨, *Kēn jên kīa tchàng* 丨 丨, pousser et aider quelqu'un dans une affaire (s'emploie dans un mauvais sens).

杆 *Kān.* Perche ou bâton en bois, montants d'une barrière.

桅丨, *Oûi* 丨, mât de barque; mât d'honneur élevé devant les pagodes, et les maisons des gens en dignité.

燈丨, *Tēn* 丨, mât pour suspendre les lanternes.

欄丨, *Lân* 丨, balustrade, barrière à jour; galon.

廟子門口有一个石欄丨, *Miáo tsè mên k'eòu ieòu ĭ kó chĕ lân* 丨, à la porte de la pagode, il y a une balustrade en pierre.

修欄丨, *Sieōu lân* 丨, élever une barrière.

把欄丨敨了, *Pà lân* 丨 *t'eòu lò*, démolir, arracher la barrière.

金欄丨, 花欄丨, *Kīn lân* 丨, *hōua lân* 丨, galons en fil d'or, galons fleuris.

肝 *Kān.* 丨子, 丨 *tsè*, foie.

猪丨子, *Tchōu* 丨 *tsè*, foie de porc.

甘 *Kān.* Saveur douce, agréable.

丨蔗, 丨 *tché·*, canne à sucre (on dit aussi 丨 *tchá*).

窖丨蔗, *Káo* 丨 *tché·*, enterrer les cannes à sucre (avant de les planter).

攪丨蔗, *Kào* 丨 *tché·*, exprimer le jus des cannes.

喫丨蔗, *Tch'ĕ* 丨 *tché·*, manger de la canne à sucre.

㧗丨蔗, *P'ì* 丨 *tché·*, rompre une canne (pour la manger).

栽(*v.* 習)丨蔗, *Tsāi (v. sĭ)* 丨 *tché·*, planter des cannes à sucre.

紅丨蔗, *Hông* 丨 *tché·*, grosses cannes à sucre rouges.

丨(*v.* 甘)草, 丨 *ts'ào*, réglisse.

心丨, *Sīn* 丨, de bon cœur.

心不丨, *Sīn poŭ* 丨, pas de bon cœur.

丨心受難, 丨 *sīn cheóu lán*, souffrir de bon cœur.

心丨意願, *v.* 丨願, *Sīn* 丨 *í iuén*, *v.* 丨 *iuén*, consentir de bon cœur.

柑 *Kān.* Orange.

橘子｜, *v.* **橘｜**, *v.* **紅｜子**, *K'ŭ tsè ｜*, *v. k'ŭ ｜*, *v. hông ｜ tsè*, orange mandarine.

皺皮｜, *Tsóng p'î ｜*, orange à peau ridée (d'un mauvais goût).

厚皮｜, *Heóu p'î ｜*, orange à peau épaisse.

佛手｜, *Foŭ cheòu ｜*, espèce de citron.

老木｜, *Laò mŏu ｜*, pamplemousse.

紅袍｜, *Hông p'âo ｜*, orange commune.

藥｜, *Iŏ ｜*, petite orange acide employée en médecine.

｜子園, *｜ tsè iuên*, verger d'orangers.

疳 *Kān.* **｜瘡子**, *｜ tch'oūang tsè*, la gale.

｜瘡子惹人, *｜ tch'oūang tsè jè· jên*, la gale se communique.

｜病, *｜ pín*, anémie des jeunes filles et des enfants.

｜積病, *｜ tsĭ pín*, maladie des enfants causée par l'abus d'aliments trop doux.

｜積藥(*v.* **糖**), *｜ tsĭ iŏ (v. t'âng)*, bombons dans lesquels entre un peu de santonine, et qui sont employés pour guérir la maladie susdite.

乾 *v.* **乾** *Kān.* Sec.

晒｜, *Chái ｜*, sécher au soleil.

熻(*v.* **炕**)**｜**, *Hiĕ· (v. k'áng) ｜*, sécher au feu.

吹｜, *Tch'oūi ｜*, sécher au vent.

眼｜, *Láng (leáng) ｜*, sécher à l'air.

陰｜, *in ｜*, sécher à l'ombre.

天｜年辰, *T'iēn ｜ niên chên*, année de sécheresse.

秧子｜蔫(*v.* **壞** *v.* **死**)**了**, *Iāng tsè ｜ iēn (v. hoúai, v. sè) lò*, les jeunes plants (s'entend ordinairement des plants de riz) sont fanés, ou bien sont gâtés, ou bien sont morts de sécheresse.

路｜燥, *Loú ｜ saó*, le chemin est bien sec.

走｜路, *Tseòu ｜ loú*, marcher par un chemin sec.

｜焦焦的, *v.* **焦｜的**, *｜ tsiāo tsiāo tĭ, v. tsiāo ｜ tĭ*, très sec.

木頭｜過性了, *Moŭ t'eôu ｜ kó sín lò*, le bois est sec dans toute son épaisseur.

｜菜舖, *｜ ts'ái p'óu*, boutique où l'on vend les denrées exotiques, qui servent principalement pour les dîners de commande.

｜田, *v.* **｜田子**, *｜ t'iên, v. ｜ t'iên tsè*, rizières dont on lâche l'eau après la récolte du riz, pour y cultiver d'autres denrées.

這些田｜燒, *Tché· sī t'iên ｜ chāo*, ces rizières sont très exposées à manquer d'eau.

這塊田經得｜(*v.* **不經｜**), *Tché· k'ouài t'iên kīn tĕ· ｜ (v. poŭ kīn ｜)*, cette rizière supporte facilement la sécheresse (ou bien ne peut la supporter).

河｜不斷, *Hô ｜ poŭ touán*, la rivière ne peut arriver à être entièrement à sec.

｜烘, *｜ hōng*, (litt.) rôtir à sec.

撿｜柴, *Kièn ｜ tch'âi*, ramasser du bois mort.

｜淨, *｜ tsín*, propre, net (au pr. et au fig.)

把房圈打整｜淨, *Pà fâng k'ūen tà tchèn ｜ tsín*, nettoie-moi cette chambre.

抹｜淨, **掃｜淨**, *Mă ｜ tsín, saò ｜ tsín*, essuyer, balayer proprement.

不｜淨的話, *Poŭ ｜ tsín tĭ hoúa*, paroles sales.

口要｜淨, *K'eòu iáo ｜ tsín*, il faut avoir la bouche propre, c.-à-d. ne pas dire de sales paroles.

喫得｜｜淨淨, *Tch'ĕ tĕ· ｜ ｜ tsín tsín*, il a fait plat net; il a dévoré toute sa fortune.

賺得有兩吊錢｜淨, *Tchoúan tĕ· ieòu leàng tiáo ts'iên ｜ tsín*, j'ai fait un bénéfice net de deux ligatures.

他的錢來得不｜淨, *T'a tĭ ts'iên lâi tĕ· poŭ ｜ tsín*, ses sapèques n'ont pas été acquises par des voies honnêtes.

只要做得｜淨, *Tchè iáo tsóu tě･ | tsín*, il suffit qu'on le fasse proprement, c.-à-d. qu'on ne se fasse pas pincer.

｜緣緣, v. ｜人, v. ｜家夥, | *sā sā, v. | jên, v. | kiā hò*, pauvre diable qui a de la peine à gagner sa vie.

攪｜了, *Kaò (v. kiào) | lò*, (litt.) il est tombé à sec, il n'a plus rien.

｜親, | *ts'īn*, (litt.) parenté sèche: espèce de parenté nominale. (Voyez page 35, le mot *eûl*.)

｜爹, ｜媽, | *tī*, | *mā*, père, mère secs. (Voyez page 35).

這个地方柴｜貴, *Tché･ kó tí fāng tch'âi | koúi*, dans ce pays le bois de chauffage est cher.

間 *Kān* (se prononce aussi *kiēn*; voir ce mot). Numéral des compartiments de maison, et des chambres.

修三｜房子, *Sieōu sān | fâng tsè*, bâtir une maison à trois compartiments de front (quelle qu'en soit la profondeur).

修一个長五｜, *Sieōu ĭ kó tch'âng où |*, bâtir une maison dont les colonnes divisent la façade en cinq compartiments.

那个房子有三丈的開｜, *Lá kó fâng tsè ieòu sān tcháng tĭ k'āi |*, cette maison a trente pieds de façade.

寫一｜房子, *Siè･ ĭ | fâng tsè*, louer un compartiment de maison.

一｜房圈, v. 一空房圈, *ĭ | fâng k'ūen, v. ĭ k'óng fâng k'ūen*, une chambre.

K'ĀN

刊 *K'ān*. Sculpter, graver.

｜字, | *tsé*, graver des lettres (on dit plus communément *tiāo tsé*).

堪 *K'ān*. Digne, pouvoir, supporter, capable.

污穢不｜, *Oū oúi poŭ |*, très sale, très indigne.

他懶得很造孽都｜得, *T'ā làn tĕ hèn, tsáo niĕ･ tōu | tĕ･*, c'est un paresseux, s'il est malheureux, il n'a que ce qu'il mérite.

龕 *K'ān*. 神｜, *Chên |*, niche d'idole.

他自己把神｜毀了, *T'ā tsé kì pà chên | hiāo lò*, il a lui-même détruit la niche aux idoles.

嵌 *K'ān*. Encadrer, enchâsser.

窻子上｜玻璃, *Ts'āng tsè cháng | pō li*, encadrer une vitre dans la fenêtre.

｜玉石, | *iŭ chĕ*, enchâsser une pierre précieuse.

勘 *K'ān*. Examiner juridiquement.

｜驗, | *nién*, même sens.

官要親自去｜, *Koūan iáo ts'īn tsé k'ú |*, le mandarin doit aller en personne sur les lieux pour examiner.

｜邊界, | *piēn kiái*, examiner officiellement les limites contestées d'une propriété.

官打發房頭先生去｜, *Koūan tà fă fâng t'eôu siēn sēn k'ú |*, le mandarin a envoyé un employé des bureaux, pour examiner la chose en litige.

看 *K'ān*. (ce caractère se lit ordinairement *K'án*: Voyez ce mot.)

｜司, | *sē*, gardien de pagode.

KÀN

感 *Kàn*. Émouvoir, exciter, remercier.

天主的恩｜動我們的心, *T'iēn Tchòu tĭ guēn | tóng gò mên tĭ sīn*, la grâce de Dieu émeut notre cœur.

｜化他的心, | *houá t'ā tĭ sīn*, toucher le cœur de quelqu'un jusqu'à le convertir.

誘｜, *Ieòu |*, tenter, tentation.

｜恩, | *guēn*, se montrer reconnaissant.

｜謝, | *sié･*, remercier.

｜謝不盡, | *sié･ poŭ tsín*, remercier infiniment.

多｜多｜, *Tō | tō |*, mille remerciments!

敢 *Kàn*. Oser, hardi.

不｜, *v.* **豈｜**, *Poŭ* ｜, *v. k'ì* ｜, je n'ose pas; comment oserais-je? (paroles pour décliner poliment un éloge, etc.)

不｜當, *Poŭ* ｜ *tāng*, je n'ose accepter un pareil honneur (politesse).

他不｜來, *T'ā poŭ* ｜ *lâi*, il n'ose pas venir.

我不｜說 (*v.* **荅應**), *Gò poŭ* ｜ *chŏ* (*v. tă ín*), je n'ose dire, ou bien, répondre.

你還｜犯罪, *Gnì houân* ｜ *fán tsoúi*, tu oserais encore pécher!

胆｜, *Tàn* ｜, avoir l'audace de.

挑這根担子你有加｜沒得, *T'iāo tché· kēn tán tsè gnì ieoù kiā* ｜ *mŏ tĕ·*? te sens-tu de taille à porter ce fardeau?

稈 *Kàn*. Tige des céréales autres que le riz.

麥｜, *Mĕ·* ｜, tige ou paille de froment.

包穀, *v.* **菜子**, *v.* **高粱｜**, *v.* ｜ ｜, *Pāo kŏu*, *v. ts'ái tsè*, *v. kāo leâng* ｜, *v.* ｜ ｜, tige de maïs, de colza, de sorgho.

桿 *v.* **䄻** *Kàn*. Tige de bois ou de bambou.

戥｜, *Tèn* ｜, levier de la petite romaine.

秤｜, *Tch'én* ｜, levier de la grande romaine.

筆｜, *Pĭ* ｜, manche du pinceau.

矛｜子, *Miâo* ｜ *tsè*, pique à long manche.

箭｜, *Tsién* ｜, bois ou bambou de la flèche.

脚｜, **手｜**, *Kĭo* ｜, *cheòu* ｜, jambe, avant-bras.

趕 *Kàn*. Aller, se presser, poursuivre.

｜**場**, ｜ *tch'âng*, aller au marché.

這个場｜二五八, *Tché· kó tch'âng* ｜ *eúl où pă*, ce bourg tient marché les 2, 5, et 8 de la lune, c.-à-d. les 2, 5, 8; les 12, 15, 18; les 22, 25, et 28.

｜**雙**, *v.* ｜**單**, ｜ *choūang*, *v.* ｜ *tān*, il y a marché les jours pairs, ou bien, les jours impairs.

｜**會**, ｜ *houí*, aller à un concours, à une foire, à une fête.

｜**彌撒**, ｜ *mî să*, aller à la messe.

｜**主日**, *v.* ｜**瞻禮**, ｜ *tchoù jĕ*, *v.* ｜ *tchān lì*, (s'entend dans le sens de) faire ses dévotions un dimanche ou un jour de fête.

｜**院考**, *v.* ｜**棚生意**, ｜ *ouán k'ào*, *v.* ｜ *p'ông sēn í*, se dit des marchands qui lors des grands examens vont de ville en ville pour profiter du concours.

要｜這个機會, *Iáo* ｜ *tché· kó kī houí*, il faut profiter de cette occasion.

｜**船**, ｜ *tch'oûan*, aller en barque publique.

｜**筏子**, ｜ *p'â tsè*, aller en radeau.

｜**路**, ｜ *lóu*, se presser pour faire du chemin.

一天｜不攏嘉定, *ĭ t'iēn* ｜ *poŭ lòng Kīa tín*, en un jour on ne peut pousser jusqu'à *Kīa tín*.

｜**活路**, ｜ *hŏ lóu*, se presser pour faire un ouvrage.

｜**一件衫子**, ｜ *ĭ kién chān tsè*, se presser pour confectionner une robe.

我要｜回來過端陽, *Gò iáo* ｜ *houî lâi kó touān iâng*, je veux absolument revenir pour l'époque du *touān iâng* (5 de la 5eme lune).

｜**忙來**, ｜ *mâng lâi*, arrive vite.

｜**快點**, ｜ *k'ouái tiĕn*, plus vite donc!

這宗活路｜不得忙, *Tché· tsōng hŏ lóu* ｜ *poŭ tĕ· mâng*, pour cette sorte d'ouvrage, il ne faut pas se hâter.

快去都還｜得上, *K'ouái k'ú tōu houân* ｜ *tĕ· cháng*, pars vite, tu pourras encore arriver à temps.

我沒有｜倒, *Gò mŏ ieòu* ｜ *tào*, je n'ai pu arriver à temps.

今年的庄稼｜不倒去年的, *Kīn niên tĭ tchoūang kia (kiá)* ｜ *poŭ tào k'ú niên tĭ*, la récolte de cette année ne vaut pas celle de l'année dernière.

華西官話漢法詞典

他丨不倒他的老人, *T'a* 丨 *poŭ tào t'a tĭ laò jĕn*, il ne vaut pas son père.

病人不好要丨神父, *Pín jên poŭ hào, iáo* 丨 *chên fóu*, le malade va mal, il faut aller chercher le Père.

請(v. 接)神父丨病, *Ts'ìn (v. tsiĕ·) chên fóu* 丨 *pín*, aller chercher le Père pour administrer un malade.

丨出去, 丨 *tch'ŏu k'ú*, faire sortir d'ici.

丨攏來一堆, 丨 *lòng lâi ĭ touī*, rassembler en un tas.

擀 *Kàn*. 丨麵, 丨 *mién*, étendre la pâte en la roulant.

丨飯, 丨 *fán*, faire passer avec les bâtonnets une partie du riz d'une tasse dans une autre.

K'ÀN

砍 *K'àn*. Couper en frappant.

丨頭, v. 丨腦髗, 丨 *t'eôu*, v. 丨 *lào k'ŏ*, couper la tête.

丨樹子, 丨 *chóu tsè*, couper un arbre.

丨他幾刀, 丨 *t'a kì tāo*, il lui a porté quelques violents coups de couteau.

丨了樹子免得老鴉叫, 丨 *lò chóu tsè mièn tĕ· lào oŭa (iā) kiáo*, j'ai coupé l'arbre, afin de n'y plus entendre coasser les corbeaux (j'ai payé, pour mettre fin aux désagréables réclamations de mon créancier).

丨死了, 丨 *sè lò*, tué à coups de hache.

樹子丨倒了, *Chóu tsè* 丨 *tào lò*, l'arbre a été abattu.

丨成兩節, 丨 *tch'ên leàng tsiĕ·*, coupé en deux morceaux.

丨斷, 丨 *touán*, couper entièrement de manière à détacher.

丨碎了, 丨 *soúi lò*, c'est coupé en petits morceaux.

坎 *K'àn*. Rebord, tertre, monticule.

丨子, 丨 *tsè*, même sens.

坡丨大, *P'ō* 丨 *tá*, les côtes sont fortes.

田丨, *T'iên* 丨, bords des rizières.

田丨路, *T'iên* 丨 *lóu*, chemin très étroit, qui n'a que la largeur des bords des rizières.

要等新的上丨纔有錢跟你, *Iáo tèn sīn tĭ cháng* 丨, *ts'âi ieòu ts'iên kēn gnì*, il faut attendre que la nouvelle récolte soit faite, pour que je puisse te payer.

坡坡丨丨, *P'ō p'ō* 丨 丨, terrain très accidenté.

坡丨路, *P'ō* 丨 *lóu*, route très accidentée.

上坡下丨, *Cháng p'ō hiá* 丨, monter et descendre les côtes.

河丨, *Hô* 丨, bords élevés d'une rivière.

丨丨上, 丨 丨 *cháng*, sur le monticule, sur le bord.

上丨, *Cháng*, 丨, monter sur le tertre, sur la rive; au fig. se tirer d'affaire.

爬不上丨, *P'â poŭ cháng* 丨, ne pouvoir grimper en haut, ne pouvoir se tirer de l'eau; ne pouvoir se tirer d'un mauvais pas.

你倒上了丨, *Gnì táo cháng lò* 丨, pour toi, te voilà hors de danger.

高丨子, *Kāo* 丨 *tsè*, tertre élevé.

我丨底下坐, *Gò* 丨 *tì hiá tsó*, je demeure au bas de la côte.

門丨, *Mén* 丨, madrier qui passe sous la porte, et qu'il faut enjamber pour entrer.

門丨太高狠了, *Mên* 丨 *t'ái kāo hèn lò*, le bord de la porte est par trop élevé.

KÁN

幹 *Kán*. Affaire, agir, s'efforcer.

有何貴丨, *Ieòu hô koúi* 丨, que faites-vous? qu'allez-vous faire?

能丨, *Lên* 丨, habileté, habile.

你都還能丨, *Gnì tōu hoûan lên* 丨, tu es encore assez habile.

這件事丨得, *Tché· kién sé* 丨 *tĕ·*, on peut faire cela.

這个生意丨不得, *Tché· kó sēn í* 丨 *poŭ tĕ·*, on ne peut faire ce commerce, il ne vaut rien.

他怪不得他自己｜的事, *T'a kouái poŭ tĕ·, t'a tsé kì ｜ tĭ sé*, il ne peut s'en prendre à personne, c'est lui qui a tout fait.

這个活路我不｜, *Tché· kó hŏ loú gò poŭ ｜*, pour ce travail, je n'en suis pas, je ne veux pas le faire.

再｜點飯, *Tsái ｜ tièn fán*, (expression rustique) prenez encore un peu de riz.

間 *Kán (v. kién)*. Séparer, solution de continuité.

｜**珠**, ｜ *tchōu*, les gros grains d'un chapelet.

拏瑪瑙珠做｜子, *Lâ mà laò tchōu tsóu ｜ tsè*, se servir de perles d'agate pour les gros grains (d'un chapelet).

｜**斷**, ｜ *touán*, diviser par une séparation, par une cloison.

K'ÁN

看 *K'án*. Voir, regarder, examiner, prendre garde, estimer, surveiller.

｜**見**, ｜ *kién*, voir.

我｜不見, v. **不｜見**, *Gò ｜ poŭ kién*, v. *poŭ ｜ kién*, je ne vois pas, je n'y vois pas.

｜**不倒**, ｜ *poŭ tào*, on ne peut pas voir.

｜**不得**, ｜ *poŭ tĕ·*, il est défendu de voir, de regarder.

｜**不明白**, v. **清楚**, ｜ *poŭ mîn pĕ·*, v. *ts'īn ts'òu*, ne pas voir clairement.

｜**不清**(v. **眞**), ｜ *poŭ ts'īn (v. tchēn)*, ne pas voir nettement, voir trouble.

拏跟他｜, *Lâ kēn t'a ｜*, montre-lui, fais-lui voir.

拏來｜, *Lâ lâi ｜*, fais voir.

沒有｜見過, *Mŏ ieòu ｜ kién kó*, je n'ai pas vu.

擁倒｜, *Ŏng (iòng) tào ｜*, se presser en foule pour voir quelqu'un ou quelque chose.

打估眼｜, *Tà kòu ièn ｜*, regarder en gros, en bloc.

沒得甚麼｜頭, v. **法**, v. **塲**, *Mŏ tĕ· chén mô ｜ t'eōu*, v. *fá*, v. *tch'âng*, il n'y a rien à voir.

｜**一眼**, ｜ *ĭ ièn*, jeter un coup d'œil, voir un instant.

｜**慌了**, ｜ *houàng lò*, avoir mal vu.

偷倒｜, *T'eōu tào ｜*, regarder furtivement.

擺起｜, *Pài k'ì ｜*, exposer aux regards.

｜**教友**, ｜ *kiáo ieòu*, faire la visite des chrétiens (pour l'administration des Sacrements).

｜**地**, ｜**日子**, ｜**期**, ｜ *tí*, ｜ *jĕ tsè*, ｜ *k'ī*, choisir, d'après les idées superstitieuses, un terrain, un jour, une époque favorable.

｜**相**, ｜ *siáng*, tirer la bonne aventure d'après les traits du visage.

｜**人戶**, ｜ *jên foú*, chercher un parti (pour sa fille).

要跟你兒子｜一个姑娘, *Iáo kēn gnì tĭ eûl tsè ｜ ĭ kó kōu niâng*, il faut chercher une fille (une femme) pour ton fils.

｜**病人**, ｜ *pín jên*, visiter un malade.

｜**顧病人**, ｜ *koú pín jên*, visiter ou consoler les malades.

這一回要｜成我, *Tché· ĭ hoûi iáo ｜ tch'ên gò*, cette fois-ci il faut que vous me fassiez quelque faveur.

這宗人我｜不來(v. **不起**, v. **不上**), *Tché· tsōng jên gò ｜ poŭ lâi (v. poŭ k'ì, v. poŭ cháng)*, je ne puis voir, estimer des gens de cette espèce.

他把銀子｜得重(v. **輕**), *T'a pà în tsè ｜ tĕ· tchóng (v. k'īn)*, l'argent lui tient fort (ou bien, peu) à cœur.

你的貨我｜不上, *Gnì tĭ hó gò ｜ poŭ cháng*, ta marchandise ne me plaît pas.

依我｜這个事不好, *Ī gò ｜ tché· kó sé poŭ hào*, d'après ma manière de voir, c'est une mauvaise affaire.

依你｜值得好多錢, *Ī gnì ｜ tchĕ· tĕ· hào tō ts'iên?* selon toi, combien cela vaut-il?

華西官話漢法詞典

這个猪我｜两百斤, *Tché· kó tchōu gò | leàng pĕ· kīn*, ce porc, à le voir, je l'estime du poids de 200 livres.

｜他說 (v. 做) 甚麽, | *t'a chŏ (v. tsóu) chén mô*, voyons un peu ce qu'il dira (ou bien, ce qu'il fera).

我｜天沒得雨, *Gò | t'iēn mŏ tĕ· iù*, à voir le ciel, il n'y aura pas de pluie.

｜事打主意, | *sé tà tchòu í*, se guider d'apres les circonstances, pour prendre une décision.

｜蝨子, ｜臭虫, | *sĕ· tsè*, | *tch'éou tch'ông*, chercher les poux, les punaises.

我跟你｜一匹好馬, *Gò kēn gnì | ĭ p'ĭ (p'ī) hào mà*, je veux te choisir un bon cheval.

｜脉, | *mĕ·*, tâter le pouls.

你｜栽, *Gnì | tchōuai*, prends garde de tomber.

你｜上當, *Gnì | cháng táng*, prends garde d'être attrapé.

｜守, | *cheòu*, garder, surveiller.

｜屋, v. ｜房子, | *oŭ*, v. | *fâng tsè*, garder la maison.

｜門, ｜門的, | *mên*, | *mên tĭ*, garder la porte, portier.

｜牛娃兒, | *nieôu oûa eûl*, petit gardeur de buffles.

｜强盜, | *k'iâng táo*, veiller contre les voleurs.

｜哨, | *cháo*, garder un poste militaire.

KĀNG

綱 *Kāng*. Loi, règle.

｜常, | *châng*, lois fondamentales de la société.

三｜, *Sān* |, les trois autorités: le roi, le père et le mari.

｜鑑, | *kién*, annales.

聖教｜鑑, *Chén kiáo | kién*, histoire de l'Eglise.

中國｜鑑, *Tchōng kouĕ· | kién*, annales de la Chine.

說話要有點｜常, *Chŏ hoúa iáo ieòu tièn | châng*, il faut savoir parler avec vigueur et raison.

鋼 *Kāng*. Acier.

｜鐵, | *t'iĕ·*, même sens.

煉鐵成｜, *Lién t'iĕ· tch'ên* |, convertir le fer en acier.

生｜, 熟｜, *Sēn* |, *chŏu* |, acier naturel, acier doux forgé (corroyé).

蘇｜, 土｜, *Sōu* |, *t'òu* |, acier de *Sōu tcheōu;* acier du pays même.

｜刀, | *tāo*, lame en acier.

這把刀沒得好｜, *Tché· pà tāo mŏ tĕ· hào* |, ce couteau n'a guère d'acier.

是｜打的, *Ché | tà tĭ*, c'est fabriqué en acier.

｜要健火, | *iáo kién hò*, il faut tremper l'acier.

｜健老狠了, | *kién laò hèn lò*, la trempe de l'acier est trop forte (ce qui le rend cassant).

｜退了火, | *t'oúi lò hò*, l'acier est détrempé, recuit.

金｜石, *Kīn | chĕ*, diamant.

金｜鑽, *Kīn | tsouán*, foret de diamant.

金｜砂, *Kīn | chā*, poudre de diamant.

｜板, | *pàn*, plaque d'acier percée de trous, filière.

你的事過得倒｜板麽, *Gnì tĭ sé kó tĕ· tào | pàn mô?* ton affaire est-elle assez solide pour pouvoir subir l'épreuve de la filière?

過得倒｜板就是眞的, *Kó tĕ· tào | pàn tsieóu ché tchēn tĭ*, ce qui peut passer par la filière est de bon aloi.

刀口上要加｜, *Tāo k'eòu cháng iáo kiā* |, il faut ajouter de l'acier sur le tranchant du couteau.

剛 *Kāng*. Vigueur, fort, dur.

要出一點｜勇, *Iáo tch'ŏu ĭ tièn | iòng*, il faut montrer un peu de vigueur.

髭稀稀的莫｜勇, *P'a hī hī tĭ mŏ | iòng*, il est mou, sans la moindre énergie.

｜直一個人, | *tchĕ ĭ kó jên*, c'est un homme ferme et droit.

性子｜, *Sín tsè* |, caractère dur et raide.

你也不要｜狠了, *Gnì ì poŭ iáo | hèn lò*, et toi, de ton côté, ne sois pas trop dur, trop opiniâtre.

這个事怕要攪｜, *Tché kó sé p'á iáo kào |*, pour cette affaire, il faudra sans doute avoir recours aux moyens violents.

金｜經, *Kīn | kīn*, certaine prière des bonzes et des *táo sé*.

這兩天太陽在加｜, *Tché leàng t'iēn t'ái iâng tsái kiā |*, ces deux jours, le soleil donne plus fortement.

缸 *Kāng*. Vase à large ouverture.

水｜, *Choùi |*, auge ou bassin pour contenir l'eau.

這个水｜裝得倒二十桃水, *Tché kó choùi | tchoūang tĕ tào eúl chĕ t'iâo choùi*, ce bassin a une capacité de vingt charges d'eau.

鑲一个石｜, *Siāng ĭ kó chĕ |*, monter une auge en pierre.

鏂一个耿石｜, *K'eōu ĭ kó kèn chĕ |*, faire une auge d'une seule pierre.

泰平｜, *T'ái p'în |*, grand réservoir d'eau en prévision d'incendie.

｜鉢, *| pŏ*, terrine.

茶｜, *Tch'â |*, grand bol à thé avec couvercle.

一｜油，一｜水, *ĭ | ieôu, ĭ | choùi*, un grand vase d'huile, d'eau.

肛 *Kāng*. **｜門**, *| mên*, anus.

脫｜, *T'ŏ |*, chute du rectum.

杠 *Kāng*. Chêne.

青｜, *Ts'īn |*, même sens.

青｜子, *Ts'īn | tsè*, glands de chêne.

青｜木, *Ts'īn | mŏu*, bois de chêne.

青｜柴, *Ts'īn | tch'âi*, fagots de chêne.

燒｜炭, *Chāo | t'án*, brûler du charbon de chêne, convertir du chêne en charbon.

扛 *Kāng*. Porter un fardeau à plusieurs au moyen d'une longue barre; au fig. aider quelqu'un dans une affaire. (Se lit aussi *káng*.)

｜抬, *| t'âi*, porter de la manière susdite.

打｜幫, *Tà | pāng*, aider quelqu'un, v. g. dans une rixe ou un procès (s'entend généralement dans un sens défavorable).

他一个人沒頭來就是有人打｜幫, *T'ā ĭ kó jên mŏ lâi t'eôu, tsieóu ché ieòu jên tà | pāng*, s'il n'y avait que lui, peu importe, mais c'est qu'il a des aides.

K'ĀNG

康 *K'āng*. Prospère, fort.

｜泰, *| t'ái*, en bonne santé.

你老的還｜健, *Gnì lào tĭ houân | kién*, mon bon vieux, tu es encore solide.

｜熙字典, *| hī tsé tièn*, dictionnaire chinois très estimé fait sous la direction de l'empereur *K'āng hī*.

糠 *K'āng*. Balle de riz, feuilles séchées et pulvérisées.

｜頭要燒細｜拏來餵豬, *| t'eôu iáo chāo, sí | lâ lâi oúi tchōu*, la balle de riz plus grossière sert de combustible, celle qui est plus fine sert à nourrir les porcs.

葫荳｜, *Fôu teóu |*, feuilles de fève séchées et pulvérisées.

K'ÂNG

K'âng ? Courbé, voûté.

｜背, *| péi*, dos voûté.

他背有點｜, *T'ā péi ieòu tièn |*, il (cet homme) est un peu voûté.

K'ÀNG

囥 *K'àng (K'áng)*. Couvrir.

｜茶碗, *| tch'â ouàn*, couvrir le thé dans le bol.

那菜要｜倒, *Lá ts'ái iáo | tào*, ces mets, il faut les couvrir.

丨倒人，丨 *tào jên*, (litt.) couvrir quelqu'un, c.-à-d. l'opprimer.

丨人家的生意，丨 *jên kia tĭ sēn í*, ruiner le commerce d'autrui.

丨帽子，丨 *máo tsè*, (litt.) couvrir du bonnet, c.-à-d. faire en dessous des profits illicites (comme font les entremetteurs de marchés, en trompant les deux parties).

你想拏大帽子來丨倒我不，*Gnì siàng lâ tá máo tsè lâi* 丨 *tào gò poŭ?* (litt.) penses-tu me couvrir avec un grand bonnet, c.-à-d. voudrais-tu m'en imposer, en mettant en avant le nom d'un homme puissant?

丨耗子，丨雀兒，丨 *háo tsè*, 丨 *ts'io eúl*, prendre des rats, des oiseaux, en jetant ou faisant tomber sur eux quelque chose pour les couvrir.

丨瓦，丨 *oùa*, tuiles posées en sens convexe, couvrant les extrémités de deux rangées de tuiles concaves.

慷 *K'àng*. Libéral.

這个人丨慨，*Tché kó jên* 丨 *k'ái*, cet homme est généreux, libéral.

KÁNG

崗 *Káng*. 山丨，*Chān* 丨，sommet de montagne, sommet d'une ligne de collines.

翻丨，*Fān* 丨，franchir le sommet d'une montagne.

扛 *Káng*. Longue barre servant à porter les fardeaux à plusieurs; barre pour consolider les portes; trait de pinceau.

拱丨，*Kòng* 丨，barre convexe.

平丨，*P'în* 丨，barre droite.

丨担，*v.* 抬丨，丨 *tán*, *v.* *t'âi* 丨，grande caisse de voyage, portée par plusieurs hommes comme les chaises.

丨子匠，丨 *tsè tsiáng*, porte-faix qui se servent de la longue barre.

門丨，*Mên* 丨，barre pour fermer solidement une porte.

丨倒門，丨 *tào mên*, barrer la porte.

畫一丨下來，*Hóua ĭ* 丨 *hiá lâi*, tirer un trait droit de haut en bas.

逛 *Káng*. Se promener. Voir *kouáng*.

虹 *Káng* (ou *hông*). Arc-en-ciel.

天上出丨，*T'iēn cháng tch'ŏu* 丨，il paraît un arc-en-ciel.

K'ÁNG

匟 *K'áng*. 丨床(*v.* 平床)，丨 *tch'oûang* (*v.* *p'în tch'oûang*), espèce de sofa sur lequel on reçoit les hôtes distingués.

坐丨床，*Tsó* 丨 *tch'oûang*, s'asseoir sur le sofa.

炕 *K'áng*. Faire sécher au feu.

丨衣裳，丨 *ī chāng*, sécher des habits au-dessus du feu.

丨籠子，丨 *lòng tsè*, espèce de cage en bambou avec un brasier à l'intérieur, sur laquelle on étend les affaires à sécher.

丨腊肉，丨 *lá jŏu*, sécher et fumer de la viande.

丨乾了，丨 *kān lò*, c'est complétement séché.

丨床，丨 *tch'oûang*, lit en briques, sous lequel on fait du feu en hiver.

抗 *K'áng*. Résister.

丨禮，丨 *lì*, violer brutalement la politesse.

丨公，丨 *kōng*, refuser de se soumettre à une ordonnance d'ordre public.

KĀO

高 *Kāo*. Haut, élevé, noble.

丨矮，丨 *gài*, le haut et le bas, haut ou bas.

丨山，丨坡，丨 *chān*, 丨 *p'ō*, hautes montagnes.

丨丨長長的一个人，丨丨 *tch'âng tch'âng tĭ ĭ kó jên*, c'est un homme de taille élevée.

二丈丨的房子，*Eúl tcháng* 丨 *tĭ fâng tsè*, maison haute de deux *tcháng* (six mètres).

丨處的丨，丨 *tch'óu ˋtī* 丨，lieu élevé parmi d'autres lieux élevés.

在房子丨頭(*v.* 丨底), *Tsái fâng tsè* 丨 *t'eôu (v.* 丨 *tì)*, sur la maison, sur le toit.

坐丨底(*v.*頭), *Tsó* 丨 *tì (v. t'eôu)*, siéger en haut (à la 1ere place).

多丨的聲氣，*Tō* 丨 *tī chēn k'í*, voix très élevée.

丨陞(*v.*升)，丨 *chēn*, partir pour un poste plus élevé; ajouter quelque chose au prix déterminé.

丨見些，丨 *kién sī*, veuillez regarder les choses de plus haut (paroles dites pour apaiser quelqu'un).

丨價錢，丨 *kiá ts'iên*, prix fort, élevé.

價錢你喊丨狠了, *Kiá ts'iên gnì hàn* 丨 *hèn lò*, tu demandes un prix trop fort.

丨手匠人，丨 *cheòu tsiáng jên*, ouvrier habile.

他的手藝不丨，*T'a tī cheòu gní poŭ* 丨，il n'est pas habile dans son métier.

這些貨丨，*Tché· sī hó* 丨，ces marchandises sont de qualité supérieure.

丨姓，丨 *sín?* quel est votre noble nom de famille? (polit.)

自丨自大，*Tsé* 丨 *tsé tá*, s'enorgueillir, se vanter.

丨祖，丨 *tsòu*, bisaïeul (ses descendants l'appellent ainsi après sa mort).

到處找丨了沒有找倒，*Táo tch'óu tchào* 丨 *lò, mŏ ieòu tchào tào*, j'ai cherché exactement partout, sans trouver.

丨粱，丨 *leâng*, sorgho.

丨粱酒，丨 *leâng tsieòu*, eau-de-vie de sorgho.

丨麗國，丨 *lí (lì) kouĕ·*, la Corée.

膏 *Kāo.* Substance grasse.

丨藥，丨 *iŏ*, onguent.

一張丨藥，*ĭ tchāng* 丨 *iŏ*, une feuille de papier sur laquelle on a étendu de l'onguent.

攤丨藥，*T'ān* 丨 *iŏ*, étendre un onguent sur le papier.

巴(*v.*帖)一張丨藥，*Pā (v. t'iĕ·) ĭ tchāng* 丨 *iŏ*, appliquer un onguent ainsi étendu.

丨藥不巴，丨 *iŏ poŭ pā*, l'onguent ne prend pas sur la peau.

丨藥熬嫩了點 (老了點)，丨 *iŏ gâo lén lò tièn (laò lò tièn)*, l'onguent n'a pas été assez cuit (il a été cuit trop longtemps).

石丨，*Chĕ* 丨，gypse.

羔 *Kāo.* Agneau.

丨羊，*v.* 羊丨，丨 *iâng, v. iâng* 丨，même sens.

丨子，*v.* 丨子皮，丨 *tsè, v.* 丨 *tsè p'î*, peau d'agneau avec le poil.

做(*v.*挂)一件丨子皮褂，*Tsóu (v. kouá) ĭ kién* 丨 *tsè p'î kouá*, faire un pardessus doublé de peau d'agneau.

糕 *v.* 餻 *v.* 鎬 *Kāo.* Gâteaux, sucreries.

丨餅鋪，丨 *pìn p'óu*, boutique de pâtisseries.

凉丨，*Leâng* 丨，espèce de gelée rafraîchissante.

雞蛋丨，*Kī tán* 丨，gâteau de Savoie.

K'ĀO

敲 *K'āo (v. k'iāo).* Frapper.

丨門，丨 *mên*, frapper à la porte.

丨得响，丨 *tĕ· hiàng*, frapper avec grand bruit.

丨鐘，丨磬，丨 *tchōng*, 丨 *k'ín*, frapper sur une cloche, sur un timbre.

十點鐘還沒有丨，*Chĕ tièn tchōng houân mŏ ieòu* 丨，dix heures n'ont pas encore sonné.

自鳴鐘丨時候，*Tsé mîn tchōng* 丨 *chê heóu*, les horloges sonnent les heures.

輕輕丨一吓，*K'īn k'īn* 丨 *ĭ há*, frapper très légèrement.

你老實丨，*Gnì laò chĕ* 丨，frappe fort.

我丨他幾烟竿子，*Gò* 丨 *t'ā kì iēn kān tsè*, je lui ai administré quelques coups de pipe.

拏釘鎚丨釘子，*Lâ tīn tch'ôui* 丨 *tīn tsè*, enfoncer un clou avec le marteau.

丨釘鎚，丨 *tīn tch'ôui*, frapper avec le marteau; au fig. chercher noise à autrui, pour lui extorquer de l'argent.

｜搕人家，｜ *k'ŏ jên kia*, extorquer injustement de l'argent à quelqu'un.

碗｜爛了，*Ouàn* ｜ *lán lò*, la tasse a reçu un choc qui l'a brisée.

｜火，｜ *hò*, battre le briquet.

｜落牙齒，｜ *lŏ iâ tch'è*, briser les dents.

KÀO

攪 *Kào* (*v. kiào*, voyez ce mot). Mêler. Dans le langage populaire, ce mot est très fréquemment usité dans le sens assez vague de faire, d'agir, de devenir, etc.

｜糨子，｜ (*v. k'âo*) *tsiáng* (*v. kiáng*) *tsè*, faire de la colle de farine.

｜完了，｜ *ouân lò*, cela s'est gâté; il est tombé dans la misère.

｜亂了，｜ *louán lò*, cela s'est embrouillé.

｜壞了，｜窮了，｜昏了，｜ *houái lò*, ｜ *k'iông lò*, ｜ *houen lò*, il s'est perverti, il s'est appauvri, il est troublé.

彀｜，*Keóu* ｜，il y a beaucoup à faire!

彀你｜，*Keóu gnì* ｜，cela t'en fera, de la besogne!

你去｜，*Gnì k'ú* ｜，va t'y frotter.

這个人彀｜，*Tché· kó jên keóu* ｜，il n'est pas facile de venir à bout de cet homme.

我｜不贏他，*Gò* ｜ *poŭ în t'a*, je ne puis lui tenir tête.

不要｜，*Poŭ iáo* ｜，n'y touche pas.

你｜噝子，*Gnì* ｜ *chá tsè?* à quoi t'amuses-tu?

你要｜噝子明堂，*Gnì iáo* ｜ *chá tsè mîn t'âng?* quelle farce vas-tu faire?

他在門前亂｜，*T'a tsái mên ts'iên louán* ｜，il se conduit mal au dehors.

一天｜到黑，*ĭ t'iēn* ｜ *táo hĕ·*, travailler du matin au soir.

儘他｜，*Tsìn t'a* ｜，laisse-le faire.

我｜兩天纔｜規一，*Gò* ｜ *leàng t'iên, ts'âi* ｜ *koūi ĭ*, il m'a fallu deux jours pour en venir à bout.

我在船上｜兩年，*Gò tsái tch'ouân cháng* ｜ *leàng niên*, j'ai passé deux ans occupé sur les barques.

這个事｜不攏，*Tché· kó sé* ｜ *poŭ lòng*, cette affaire ne peut s'arranger.

两口子｜不攏來，*Leàng k'eòu tsè* ｜ *poŭ lòng lâi*, les deux époux ne peuvent s'accorder.

稿 *Kào*. Manuscrit, copie, brouillon, minute.

｜子，*v.* ｜｜兒，*v.* 草｜，｜ *tsè*, *v.* ｜｜ *eûl* (*keûl*), *v. ts'ào* ｜，brouillon.

打｜子，*v.* 打｜｜，*Tà* ｜ *tsè*, *v. tà* ｜｜，faire un brouillon.

存｜，*Ts'ên* ｜，copie à conserver.

底｜，*Tì* ｜，pièce originale.

呈子｜｜，*Tch'ên tsè* ｜｜，minute d'un acte d'accusation.

｜爺，｜ *iê·*, sécrétaire d'un mandarin militaire.

｜(*v.* 草)簾子，｜ (*v. ts'ào*) *liên tsè*, paillasse (pour lit).

K'ÀO

考 *K'ào*. Examiner, éprouver.

察(*v.* 查)｜，*Tch'â* ｜，même sens.

｜試，｜ *ché*, examen pour les grades, passer cet examen.

文｜，武｜，*Ouên* ｜，*où* ｜，examen pour la littérature, pour les exercices militaires.

縣｜，府(*v.* 州)｜，院｜，*Hién* ｜，*fòu* (*v. tcheōu*) ｜，*ouán* ｜，examen préparatoire (pour le degré de bachelier) devant le sous-préfet, (ensuite) devant le préfet, examen (à la préfecture) devant le grand examinateur de Pé-kin.

歲｜，*Soúi* ｜，examen triennal des bacheliers déjà reçus.

大｜，*Tá* ｜，examen triennal et de règle pour la licence; examen général pour les lettres et pour le militaire.

主｜，*Tchoù* ｜，l'examinateur qui préside pour la licence.

朝｜，*Tch'âo* ｜，examen pour l'admission à l'académie.

｜科場，｜ *k'ō tch'âng*, passer l'examen de la licence.

過 |, *Kó* |, passer l'examen.

| 棚, | *p'ông*, palais des examens.

| 塲, | *tch'âng*, lieu de l'examen.

| 試的童生肯鬧事, | *ché tĭ t'ông sēn k'èn láo sé*, les candidats au baccalauréat sont généralement turbulents.

| 案首的, *v*. | 了批首的, | *gán cheòu tĭ, v*. | *lò p'ēi cheòu tĭ*, celui qui est le premier sur la liste des candidats admis.

| 得高, | 得矮, | *tĕ· kāo*, | *tĕ· gài*, il a eu une bonne place à l'examen, il en a eu une mauvaise.

| 脫了, | *t'ŏ lò*, il a échoué aux examens.

出過 | 的先生, *Tch'ŏu kó* | *tĭ siēn sēn*, maître qui s'est présenté aux examens.

| 冒學, *v*. | 冒籍, | *máo hĭo, v*. | *máo tsĭ*, se présenter frauduleusement aux examens, dans un autre ressort que le sien.

凡是新教友總要 | 他的信德, *Fân ché sīn kiáo ieòu, tsòng iáo* | *t'ā tĭ sín tĕ·*, en général il faut éprouver la foi des nouveaux chrétiens.

他把我 | 倒了, *T'ā pà gò* | *tào lò*, il m'a enfoncé, je n'ai pu répondre.

| 金石, | *kīn chĕ*, pierre de touche.

| 銀子, | *în tsè*, éprouver l'argent avec la pierre de touche.

拷 *K'ào*. Frapper.

| 打犯人, | *tà fán jên*, torturer un coupable.

| 問, | *ouén*, appliquer à la question.

烤 *v*. 熇 *K'ào*. Sécher au feu, se chauffer, distiller.

| 乾了, | *kān lò*, séché devant le feu.

| 手, | 脚, | *cheòu*, | *kĭo*, se chauffer les mains, les pieds.

| 熱, | *jĕ·*, chauffer.

| 酒, *v*. 燒 |, | *tsieòu, v. chāo* |, distiller de l'eau-de-vie.

麥子包穀是 | 酒的多, *Mĕ· tsè pāo kŏu ché* | *tsieòu tĭ tō*, le froment, le maïs sont en grande partie employés à faire de l'eau-de-vie.

煮粮食來 | 酒, *Tchòu leâng chĕ lâi* | *tsieòu*, faire bouillir des grains, pour la distillation.

KÁO

告 *Káo*. Avertir, signifier, demander, accuser.

| 示, | *ché*, instruction, ordonnance du mandarin.

| 白, | *pĕ·*, affiche, avis au public.

| 別, | *piĕ·*, prendre congé de quelqu'un.

| 辭, | *ts'ê*, prendre congé d'un supérieur, lui faire ses adieux.

| 假, | *kiá* demander un congé.

| 病, | 老, | *pín*, | *lào*, demander à se retirer d'un emploi, pour cause de maladie, de vieillesse.

| 訴, | *sóu*, (beaucoup disent *káo sóng*), avertir.

我 | 訴他, *Gò* | *sóu t'ā*, je l'avertis, je lui dis.

這个事我要跟神父 | 明, *Tché· kó sé gò iáo kēn chên fóu* | *mîn*, je veux exposer clairement cette affaire au Père.

| 知父母, | *tchē fóu mòu*, faire connaître, dénoncer aux parents.

| 加補, | *kiā pòu*, demander un supplément de paie.

| 邀, *v*. | 急, | *iāo, v*. | *kĭ (kĭ)*, demander grâce.

| 化子, *v*. | 化兒, | *hoúa tsè, v*. | *hoúa eûl*, mendiant.

| 化頭, | *hoúa t'eôu*, chef de mendiants.

| 狀 (*v*. 訟), | *tchoúang (v. sóng)*, accuser en justice.

我要 | 他一狀, *Gò iáo* | *t'ā ĭ tchoúang*, je veux lancer une pièce d'accusation contre lui.

原 |, 被 |, *Iuên* |, *pí (v. péi)* |, l'accusateur, l'accusé.

招 |, *Tchāo* |, inviter le public à accuser un individu redouté, dont beaucoup ont à se plaindre.

華西官話漢法詞典

我要巴他的招 |, *Gò iáo pā t'a tī tchāo* |, je veux mettre une affiche invitant le public à l'accuser.

亂 | (*v.* 去 |) 狀, *v.* 亂 | 人家, *Louán* | (*v. k'ú* |) *tchoúang, v. loúan* | *jên kiā*, accuser les gens à tort et à travers.

誣 (*v.* 妄) | 人家, *Oū (v. ouáng)* | *jên kiā*, accuser calomnieusement autrui.

| 准了, | *tchouèn lò*, l'accusation a été admise (par le mandarin).

當抱 |, *Tāng pāo (páo)* |, être répondant dans un procès (pour quelqu'un qui ne peut paraitre, comme quand il s'agit d'un vieillard, d'un malade, d'une femme, d'un homme en dignité).

| 上控, | *cháng k'óng*, porter le procès à un tribunal supérieur.

| 上府 (*v.* | 府狀), | 上道, | 上省, | *cháng foù (v.* | *foù tchoúang)*, | *cháng táo*, | *cháng sèn*, porter le procès au préfet, au *táo t'ái*, au chef-lieu de la province.

| 解祕跡, | *kiài pǐ tsǐ*, sacrement de Pénitence.

辦 | 解恰當, *Pán* | *kiài k'iǎ táng*, se bien confesser.

辦初 | 解, *Pán ts'ōu* | *kiài*, se confesser pour la première fois.

補 |, *Poù* |, achever une confession commencée.

冒 | 解, *Máo* | *kiài*, faire une confession sacrilége.

聽 | 解, *T'în* | *kiài*, entendre les confessions.

自 | 自訟, *Tsé* | *tsé sóng*, s'accuser soi-même.

要 | 實在, *Iáo* | *chě tsái*, il faut s'accuser sincèrement.

要在神父跟前 | 自己的罪, *Iáo tsái chên foú kēn ts'iên* | *tsé kì tī tsoúi*, il faut devant le prêtre confesser ses propres péchés.

| 落一个罪, | *lǒ ĭ kó tsoúi*, oublier d'accuser un péché.

窖 *Káo (kiáo)*. Enfouir, cacher sous terre.

| 在坭巴頭, | *tsái gnî pā t'eôu*, enfouir en terre.

| 紅苕, | *hông chāo*, enfouir les patates pour les conserver.

| 銀子, | 多深, | *în tsè*, | *tō chēn*, cacher de l'argent en terre, l'y enfouir très profondément.

| 死人, | *sè jên*, enterrer un mort sans cercueil.

瘡 | 了口, *Tch'oūang* | *lò k'eòu*, les bords de la plaie se sont bien rejoints.

| |, | |, fosse à enfouir.

酵 *Káo (v. kiáo)*. | 頭, | *t'eôu*, levûre.

發麼麼用 | 頭, *Fǎ mô mō ióng* | *t'eôu*, pour faire lever le pain se servir de levain.

| 水, *v.* | 子水, | *choùi*, *v.* | *tsè choùi*, eau de la cuisson du fromage de haricots *(teóu foù)*.

校 *v.* 較 *Káo (v. kiáo)*. Examiner, comparer, ajuster.

| 鐘表, | *tchōng piào*, régler une horloge ou une montre.

| 一了, | *ĭ lò*, elle est bien réglée.

平不一要拿來 | 過, *P'în poǔ ĭ, iáo lâ lâi* | *kó*, cette romaine n'est pas juste, il faut la mettre au point.

| 日晷, | *jě koùi (koùi)*, régler un cadran solaire, (ou plutôt) régler l'horloge sur le cadran solaire.

覺 *Káo*. Un somme. Voyez *choúi*, page 34.

K'ÁO

犒 *K'áo*. Donner à boire ou à manger, comme récompense, à des hommes de peine.

| 勞, *v.* | 賞, | *lâo*, *v.* | *chàng*, même sens.

十天一大 |, 五天一小 |, *Chě t'iēn ĭ tá* |, *où t'iēn ĭ siào* |, un régal complet tous les dix jours, un petit régal tous les cinq jours.

一 |, 両 |, *ĭ* |, *leàng* |, un régal, deux régals.

靠 K'áo. Se confier, s'appuyer (au pr. et au fig.); aborder, amarrer.

｜望，｜ ouáng, avoir confiance.

沒得｜望, v.｜頭, Mŏ tĕ· ｜ ouáng, v. ｜ t'eôu, n'avoir plus d'espoir, n'avoir plus d'appui.

｜自己的力量，｜ tsé kì tĭ lĭ leáng, s'appuyer sur ses propres forces.

｜人不如｜神，｜ jên poŭ jôu ｜ chên, s'appuyer sur la Divinité vaut mieux que s'appuyer sur les hommes.

要｜天主(v. 天主的恩), Iáo ｜ T'iēn Tchòu (v. T'iēn Tchòu tĭ guēn), il faut se confier en Dieu (ou bien, à la grâce de Dieu).

還有甚麽｜頭, Houân ieòu chén mô ｜ t'eôu? quel appui me reste-t-il?

我｜那个, Gò ｜ là kó? sur qui m'appuyer?

這个活路我｜你, Tché· kó hŏ loú gò ｜ gnì, pour cet ouvrage, je compte sur toi.

修房子是｜木匠, Sieōu fâng tsè ché ｜ mŏu tsiáng, pour bâtir une maison, il faut s'en remettre aux charpentiers.

我全全是｜手藝, Gò ts'uên ts'uên ché ｜ cheòu gní, je n'ai d'autre ressource que mon métier.

我｜你來帮忙, Gò ｜ gnì lâi pāng mâng, je compte sur toi pour m'aider.

｜得住，｜ tĕ· tchóu, on peut s'y fier.

｜不住他，｜ poŭ tchóu t'ā, on ne peut compter sur lui.

這个生意｜不住, Tché· kó sēn í ｜ poŭ tchóu, on ne peut compter sur ce commerce.

上當不｜你一個, Cháng táng poŭ ｜ gnì ī kó, tu n'es pas seul attrapé (console-toi).

｜椅子，｜ ì tsè, s'appuyer contre le dossier d'une chaise.

｜山喫山｜水喫水，｜ chān tch'ĕ chān, ｜ choùi tch'ĕ choùi, celui qui habite la montagne vit de la montagne; celui qui habite près des eaux, vit de l'eau (c.-à-d. des industries exercées sur l'eau).

你這个人老｜, Gnì tché· kó jên laò ｜, tu es un homme droit, auquel on peut se fier.

｜倒人，｜ tào jên, arrêter un homme (par ex. pour le forcer à payer une dette).

｜船，｜ tch'oûan, aborder au rivage et y amarrer la barque.

｜不攏，｜ poŭ lòng, la barque ne peut aborder (à cause de la force du courant, ou des bas fonds).

船｜大碼頭, Tch'oûan ｜ tá mà t'eôu, la barque est amarrée (ou bien, il faut l'amarrer) au grand port.

船沒有｜得穩, Tch'oûan mŏ ieòu ｜ tĕ· ouèn, la barque n'est pas amarrée solidement.

KE

隔 Kĕ·. (Presque tous les mots kĕ·, k'ĕ·, se prononcent aussi kŏ, k'ŏ, et réciproquement, suivant les pays.) Séparer, interposer.

｜不遠，｜ poŭ iuèn, il n'y a pas loin (au prop. et au fig.).

｜好遠一點，｜ hào iuèn ĭ tièn, la grande distance qu'il y a! (c.-à-d. ce n'est pas loin.)

｜壁，｜ pĭ, de l'autre côté de la cloison.

｜壁戶，｜ pĭ fóu, la maison voisine.

｜壁隣舍，｜ pĭ lîn ché·, les maisons (les gens) du voisinage.

｜斷，｜ touán, séparer complètement.

要｜倒一吓 (v. ｜開), Iáo ｜ tào ĭ há (v. ｜ k'āi), il faut séparer.

我｜叙府二十里, Gò ｜ Sú foù eúl chĕ lì, je suis à vingt lis de Sú-foù.

｜一條河，｜海，｜ ĭ t'iâo hô, ｜ hài, séparé par un fleuve, par la mer.

我｜行，｜教, Gò ｜ hâng, ｜ kiáo, je suis d'un autre métier, d'une autre religion.

人心｜肚皮, Jên sīn ｜ tóu p'î, le cœur des hommes est retranché derrière le ventre, c.-à-d. on ne peut savoir ce qu'ils pensent.

打擺子｜一天(*v.*｜兩天)一个, *Tà pài tsè* ｜ *ĭ t'iēn (v.* ｜ *leàng t'iēn) ĭ kó*, avoir un accès de fièvre tous les deux jours (ou bien, tous les trois jours).

他們兩个是｜起的, *T'a mên leàng kó ché* ｜ *k'ì tĭ*, il y a brouille entre eux deux.

槅 *Kĕ·* Planchette de séparation, rayon (d'armoire).

一｜,兩｜, *ĭ* ｜, *leàng* ｜, une, deux cases (par ex. d'une armoire).

櫃子分三｜, *Koúi tsè fēn sān* ｜, diviser l'armoire en trois compartiments.

格 *Kĕ·*. Loi, règle ; approfondir.

｜外, ｜ *ouái*, (litt.) en dehors de la règle, c.-à-d. en outre, en surplus.

｜外沒事, ｜ *ouái mŏ sé*, il n'y a pas autre chose.

｜外有一百錢, ｜ *ouái ieòu ĭ pĕ· ts'iēn*, il y a en outre 100 sapèques.

天主｜外的恩, *T'iēn Tchoù* ｜ *ouái tĭ guēn*, grâce toute particulière de Dieu.

｜式, ｜ *ché*, bonne tenue, manière d'être; papier timbré.

請(*v.* 取)｜式, *Ts'ìn (v. ts'ù)* ｜ *ché*, acheter du papier timbré (pour les actes d'accusation).

是喒子｜式, *Ché chá tsè* ｜ *ché?* (pop.) quelle tournure cela a-t-il?

失｜, *Chĕ* ｜, faire une faute en public, par ex. contre la politesse.

你滿本分不得失｜, *Gnì màn pèn fén, poŭ tĕ· chĕ* ｜, en remplissant ton devoir, tu ne peux perdre ta considération.

模｜, *Môu* ｜, modèle d'écriture.

蒙(*v.* 摹)｜子寫的, *Mông (v. môu)* ｜ *tsè siè· tĭ*, c'est calqué.

寫｜子, *Siè·* ｜ *tsè*, calquer un modèle d'écriture, comme font les écoliers.

打｜子, *Tà* ｜ *tsè*, tirer des lignes avec la règle.

書｜子, *Chōu* ｜ *tsè*, transparent.

性｜, *Sín* ｜, caractère d'un individu.

｜物, ｜ *oŭ*, approfondir les choses, sciences naturelles, philosophie.

革 *Kĕ·*. Prohiber, destituer.

禁｜, *Kín* ｜, défendre.

阻｜, *Tsòu* ｜, empêchement.

有阻｜對不得親, *Ieòu tsòu* ｜ *toúi poŭ tĕ· ts'īn*, s'il y a empêchement (légal), on ne peut contracter mariage.

｜牛肉, ｜ *nieôu jŏu*, prohiber la viande de bœuf.

鴉片烟｜不倒, *Iā p'ién iēn* ｜ *poŭ tào*, on ne peut arriver à extirper l'opium.

｜靑蓮敎, ｜ *ts'īn lién kiáo*, interdire la secte du Nénuphar.

｜作, ｜作房, ｜ *tsŏ*, ｜ *tsŏ fâng*, interdire la distillation des grains, et la fabrication du sucre de grains (en temps de famine).

要｜他的酒, *Iáo* ｜ *t'a tĭ tsieòu*, il faut lui interdire le vin.

｜職, ｜ *tchĕ*, destituer d'un emploi.

官｜了, *Koūan* ｜ *lò*, le mandarin a été destitué.

把他的秀才｜了, *Pà t'a tĭ sieóu ts'âi* ｜ *lò*, on lui a enlevé son grade de bachelier.

｜出玫瑰會, ｜ *tch'ŏu mêi koúi hoúi*, exclure de la confrérie du Rosaire.

出一張｜條, *Tch'ŏu ĭ tchāng* ｜ *t'iâo*, publier une affiche notifiant l'exclusion d'un membre d'une société.

嗝 *v.* 膈 *Kĕ·*. 扯｜吨 (*v.* ｜吨兒), *Tch'è* ｜ *tén (v.* ｜ *tén eûl)*, avoir le hoquet.

紇 *v.* 乾 *Kĕ·*. Nœud (au prop. et au fig.); bosse.

｜繒, ｜ *tă*, même sens.

打(*v.* 挽)一个｜繒, *Tà (v. ouàn) ĭ kó* ｜ *tă*, faire un nœud.

｜繒緊了解不開, ｜ *tă kìn lò, kiài (v. kài, v kiĕ·) poŭ k'āi*, le nœud est trop serré, on ne peut le dénouer.

火重起｜繒, *Hò tchóng, k'ì* ｜ *tă*, quand on a le corps en feu, il pousse des boutons (durs comme des nœuds).

心頭(v. 良心)有一个丨絡，*Sīn t'eôu (v. leàng sīn) ieòu ĭ kó* | *ta*, avoir quelque chose sur le cœur (ou sur la conscience).

蛇 *Kĕ*. 丨蚤，| *tsào*, puce.

逮丨蚤，*Tài (tái)* | *tsào*, attraper les puces.

抖丨蚤，*T'eòu* | *tsào*, les secouer.

看丨蚤，*K'án* | *tsào*, les chercher.

柁 *Kĕ*. 丨栊，| *teōu*, partie du tronc d'arbre enfouie en terre.

老丨栊，*Lào* | *teōu*, vieux tronc noueux.

K'Ĕ

刻 *K'ĕ*. Graver; moment.

雕丨，*Tiāo* |, graver.

丨書板子，| *chōu pàn tsè*, graver les planches d'un livre.

丨字，| *tsé*, lettres sculptées, sculpter des lettres.

丨板，| *pàn*, planche gravée pour l'impression.

一丨時候，ĭ | *chê heóu*, le quart de l'heure chinoise, c.-à-d. une ½ heure.

一丨鐘，ĭ | *tchōng*, un quart d'heure.

五點三丨，*où tièn sān* |, cinq heures trois quarts.

時時丨丨，*Chê chê* | |, à tout moment, continuellement.

即丨要來，*Tsiĕ (v. tsĭ)* | *iáo lâi*, il va arriver à l'instant.

丨下，| *hiá*, en ce moment.

丨薄人，v. 丨嫌人，| *pŏ jên, v.* | *hiên jên*, traiter durement les gens.

克 *K'ĕ*. Vaincre, dompter, mortifier, persécuter.

丨己，| *kì*, se vaincre, dompter ses passions.

丨自己的私慾偏情，| *tsé kì tĭ sē iŏ p'iēn ts'în*, mortifier ses passions.

丨苦肉身，| *k'òu joŭ chēn*, mortifier sa chair.

要丨苦一吓，*Iáo* | *k'òu ĭ há*, il faut se mortifier un peu.

丨天主教，| *T'iēn Tchoù kiáo*, persécuter les chrétiens (la religion chrétienne).

丨仇，v. 丨仇人，| *tch'côu, v.* | *tch'côu jên*, poursuivre son ennemi.

客 *K'ĕ*. Hôte, convive, étranger, marchand.

賓丨，*Pīn* |, hôte.

貴丨，希丨，遠丨，過路的丨，*Koúi* |, *hī* |, *iuèn* |, *kó lóu tĭ* |, hôte distingué, hôte rare, hôte qui vient de loin, hôte de passage.

一位丨，*ĭ oúi* |, un hôte.

丨堂，v. 丨房，v. 丨廳，| *t'âng, v.* | *fâng, v.* | *t'īn*, appartement destiné à la réception des hôtes.

待丨，*Tái* |, traiter des hôtes.

拜丨，*Pái* |, saluer des hôtes.

請丨，*Ts'ìn* |, inviter à un festin.

散帖子請丨，*Sán tiĕ (t'iĕ) tsè ts'ìn* |, lancer des invitations pour un festin.

催丨，*Ts'oūi* |, presser les invités de venir.

酬丨，*Tch'côu* |, donner un repas pour remercier ceux qui ont rendu quelque service, ou qui ont apporté des présents dans une circonstance solennelle.

丨散了，| *sán lò*, les hôtes se sont dispersés, ils sont partis.

接(v. 迎)丨，*Tsiĕ (v. în)* |, aller au-devant d'un hôte.

送丨，*Sóng* |, reconduire un hôte.

丨官，| *kouān*, mandarin de passage; nom flatteur donné qqfois aux voyageurs bien mis.

丨長，| *tchàng*, petit fonctionnaire municipal faisant plus ou moins office de maire.

丨商，| *chāng*, commerçant.

丨帮，| *pāng*, société de négociants.

佃丨，*Tién* |, locataire, fermier.

招佃丨，*Tchāo tién* |, prendre un locataire ou un fermier.

華西官話漢法詞典

說|, *Chŏ* |, beau parleur.
酒|, *Tsieou* |, ivrogne.

咳 *K'ĕ*. |嗽, | *seóu*, tousser.
|嗽藥, | *seóu iŏ*, remède contre la toux.
傷風|嗽, *Chāng fōng* | *seóu*, refroidissement accompagné de toux.
乾|, *Kān* |, toux sèche.
|不轉, *v.* |不出來, | *poŭ tchoŭan*, *v.* | *poŭ tch'ŏu lâi*, faire des efforts pour tousser, sans pouvoir en finir.
我|累了, *Gò* | *loúi lò*, je suis fatigué à force de tousser.

肐 *K'ĕ*. |膝頭, *v.* |膝頭兒, | *sĭ t'eôu*, *v.* | *sĭ t'eôu eûl (t'êul)*, genou.

KĒN

根 *Kēn*. Racine, origine (au prop. et au fig.).
樹|子, *Chóu* | *tsè*, racine d'un arbre.
挖|子, *Oŭa (oŭa)* | *tsè*, piocher des racines.
扯|子, *Tch'è* | *tsè*, arracher une racine.
斬草不除|萌芽依舊生, *Tchàn ts'ào poŭ tch'ôu* |, *mông iâ ĭ kieóu sēn*, coupez l'herbe sans extirper la racine, elle repoussera comme auparavant.
除不倒病|, *Tch'ôu poŭ tào pín* |, ne pouvoir extirper la racine du mal.
|深不怕風搖動, | *chēn poŭ p'á fōng iâo tóng*, si les racines sont profondes, il (l'arbre) ne craint pas d'être ébranlé par le vent.
|子淺, | *tsè ts'ièn*, les racines sont peu profondes.
生|, *v.* 發|子, *Sēn* |, *v.* *fă* | *tsè*, prendre racine.
和而流生不倒|, *Hô eûl lieôu sēn poŭ tào* |, les coureurs ne peuvent prendre racine nulle part.
他這堂生了|子, *T'a tché t'âng sēn lò* | *tsè*, il a pris racine dans ce lieu.
舌|子, 耳|子, *Chĕ* | *tsè*, *eùl* | *tsè*, racine de la langue, de l'oreille.
這个毛病自來有|, *Tché kó mâo pín tsé lâi ieòu* |, cette maladie vient de naissance.
留一个禍|, *Lieôu ĭ kó hó* |, (litt.) laisser une source de malheurs (pour l'avenir).
這个事, | |我不明, *v.* 不曉得| |來歷, *Tché kó sé*, | | *gò poŭ mîn*, *v.* *poŭ hiào tĕ* | | *lâi lĭ*, je ne connais pas l'origine de cette affaire.
立不倒|, *Lĭ poŭ tào* |, il ne peut établir l'origine.
要追那个|底, *Iáo tchoūi lá kó* | *tì*, il faut remonter jusqu'à la racine, jusqu'à l'origine.
| |不乾淨, | | *poŭ kān tsín*, l'origine (par ex. de cette fortune) n'est pas très honnête.
你把這个|由(*v.* 原)說跟我聽, *Gnì pà tché kó* | *ieôu (v. iuên) chŏ kēn gò t'īn*, raconte-moi l'origine de cette affaire.
|本, | *pèn*, en vérité, réellement; capital.
|本有這件事, | *pèn ieòu tché kién sé*, il y a réellement cette affaire.
沒得|本做生意, *Mŏ tĕ* | *pèn tsóu sēn í*, je n'ai pas de capital pour faire le commerce.
|教, | *kiáo*, chrétien né de parents chrétiens.
這个人教|不穩, *Tché kó jên kiáo* | *poŭ ouèn*, cet homme n'est pas solide dans sa foi.
這个娃娃六|不全, *Tché kó oûa oûa lŏu* | *poŭ ts'uên*, cet enfant a un grave défaut physique.
一|樹子, 一|草, 一|線, *ĭ* | *chóu tsè*, *ĭ* | *ts'ào*, *ĭ* | *sién*, un arbre, un brin d'herbe, un fil.

跟 *Kēn*. Suivre; à; avec.
|倒, *v.* |隨, | *tào*, *v.* | *soûi*, accompagner.
你|倒他脚|脚, *Gnì* | *tào t'a kiŏ* | *kiŏ*, suis-le pas à pas.

｜班, v. ｜班兒, ｜ *pān, v.* ｜ *pān eûl* (*peûl*), valet de pied.

｜官, ｜衙門, ｜ *kouān,* ｜ *iâ mên,* être à la suite d'un mandarin, être employé au prétoire.

我｜神父二十年了, *Gò* ｜ *chên foú eúl chĕ niên lò,* je sers le Père depuis vingt ans.

｜前, ｜ *ts'iên,* en présence.

在官｜前, *Tsái kouān* ｜ *ts'iên,* devant le mandarin.

我｜不上, *Gò* ｜ *poŭ cháng,* je ne puis suivre.

你｜他一路, *Gnì* ｜ *t'a ĭ loú,* va avec lui, accompagne-le.

我｜他說, *Gò* ｜ *t'a chŏ,* je lui dis.

我讓｜你, *Gò jáng* ｜ *gnì,* je te cède.

不挐｜你, *Poŭ lâ* ｜ *gnì,* je ne te donnerai pas.

要｜你的工錢, *Iáo* ｜ *gnì tĭ kōng ts'iên,* on te paiera ton ouvrage.

買東西不｜錢, *Mài tōng sī poŭ* ｜ *ts'iên,* acheter sans payer.

我｜你的耳巴子, *Gò* ｜ *gnì tĭ eùl pa tsè,* je te donne un soufflet!

他還｜你來, *T'a houân* ｜ *gnì lâi,* ah oui! qu'il viendra encore!

庚 *Kēn.* Caractère du cycle (voir au Supplément); âge.

貴｜, *Kouí* ｜, quel âge avez-vous?

老｜, *Lào* ｜, du même âge (pop.).

我倆个打老｜, *Gò leàng kó tà lào* ｜, nous deux, nous nous reconnaissons du même âge.

｜書, v. ｜帖, v. 年｜, v. 生｜, ｜ *chōu, v.* ｜ *tiĕ· (t'iĕ·), v. niên* ｜, *v. sēn* ｜, écrit authentique des fiançailles, portant le nom et l'âge des deux futurs.

取年｜, *Ts'ù niên* ｜, réclamer cet écrit (s'entend de la famille du fiancé, à laquelle cet écrit est livré).

發｜書, *Fă* ｜ *chōu,* livrer cet écrit (s'entend de la famille de la fiancée).

贖回｜帖, *Chŏu houî* ｜ *tiĕ· (t'iĕ·),* racheter ce billet, cet écrit (ce qui se fait quelquefois, quand du côté de la fille on veut rompre les fiançailles).

更 *Kēn.* Veille.

起(v. 定)｜, *K'ì (v. tín)* ｜, annoncer la 1ère veille.

定｜炮, *Tín* ｜ *p'áo,* coup de canon qui dans les villes annonce le commencement des veilles de la nuit.

半夜三｜起火, *Pán ié· sān* ｜ *k'ì hò,* à minuit, à la 3ème veille, l'incendie a éclaté.

五｜天亮就來, *Où* ｜ *t'iēn leáng tsieóu lâi,* viens à la 5ème veille, au point du jour.

雞叫要來打五｜了, *Kī kiáo, iáo lâi tà où* ｜ *lò,* le coq chante, on est sur le point de battre la 5ème veille.

打｜, *Tà* ｜, battre les veilles.

收｜, *Cheōu* ｜, finir les veilles de la nuit (à la 5ème veille).

｜夫, v. 打｜匠, v. 打｜的, ｜ *foū, v. tà* ｜ *tsiáng, v. tà* ｜ *tĭ,* celui qui bat les veilles.

｜鑼, ｜鼓, ｜ *lô,* ｜ *kòu,* cymbale, tambour pour battre les veilles.

羹 *Kēn.* Bouillon, bouillie.

沒得奶奶要餵｜｜, *Mŏ tĕ· lài lài (lài lài) iáo oúi* ｜ ｜, s'il n'y a pas de lait, il faut nourrir l'enfant avec de la bouillie.

調(v. 瓢)｜, *T'iâo (v. p'iâo)* ｜, cuiller.

耕 *Kēn.* Labourer.

｜種, ｜ *tchóng,* cultiver la terre.

｜田種地, ｜ *t'iên tchóng tí,* labourer, cultiver les rizières et les champs.

不准宰｜牛, *Poŭ tchoùen tsài* ｜ *nieôu,* il est défendu d'abattre les bœufs ou buffles propres à labourer.

舌｜, *Chĕ·* ｜, (litt.) labourer de la langue, c.-à-d. enseigner.

K'ĒN

坑 *K'ēn, v.* |**子**, *v.* | |, | *tsè, v.* | |. Fosse.

挖一个| |, *Oūa (oūa) ĭ kó* | |, creuser une fosse.

多深一个| |, *Tō chēn ĭ kó* | |, une fosse très profonde.

犯罪怕落在地獄的| |, *Fán tsoúi p'á lŏ tsái tí iŏ tĭ* | |, en péchant on risque de tomber dans les abîmes de l'enfer.

落在| |**頭**, *Lŏ tsái* | | *t'eôu*, tomber dans une fosse.

糞|, *v.* **茅厮**|, *Fén* |, *v. mâo sē* |, fosse d'aisance.

賭博場陷人|, *Tòu pŏ tch'âng hién jên* |, les maisons de jeu sont des gouffres qui engloutissent les gens.

KÈN

哽 *Kèn.* Gorge ou langue embarrassée.

|**食病**, | *chĕ pín*, maladie dans laquelle les aliments ne descendent que très difficilement.

喫快狠怕|**人** (v. |**死人**), *Tch'ĕ k'ouái hèn, p'á* | *jên (v.* | *sè jên)*, en mangeant trop vite, il y a danger d'étouffer.

糍粑是|**人的**, *Ts'ê pā ché* | *jên tĭ*, le *ts'ê pā* (pâte de riz gluant) est difficile à avaler, il vous étrangle.

骨頭 (v. **魚刺**) |**在喉嚨裡頭**, *Kŏu t'eôu (v. iû ts'é)* | *tsái heôu lông ì (lì) t'eôu*, un os (ou une arête de poisson) s'est arrêté dans le gosier.

| |**噎噎**, | | *iĕ· iĕ·*, sangloter.

耿 *Kèn.* D'une seule pièce (par opposition à *siāng tĭ*, qui signifie: composé de pièces rapportées), entier.

這一張桌子是|**板子**, *Tché· ĭ tchāng tchŏ tsè ché* | *pàn tsè*, le dessus de cette table est d'une seule planche.

是|**木頭做的**, *Ché* | *mŏu t'eôu tsóu tĭ*, c'est fait d'un seul morceau de bois.

|**石包**, |**崖**, | *chĕ pāo*, | *gâi*, gros rocher d'une seule masse.

| |**一吊錢**, *v.* **一吊**|**錢**, *v.* **一吊錢**|**的**, | | *ĭ tiáo ts'iên, v. ĭ tiáo* | *ts'iên, v. ĭ tiáo ts'iên* | *tĭ*, une ligature complète.

做活路一天|**的**, *Tsóu hŏ lóu ĭ t'iēn* | *tĭ*, travailler un jour entier.

酒還有一罎|**的**, *Tsieòu houân ieòu ĭ t'ân* | *tĭ*, il y a encore une jarre entière de vin.

死了有一年|**的**, *Sè lò ieòu ĭ niên* | *tĭ*, il y a une année révolue qu'il est mort.

K'ÈN

懇 *K'èn.* Demander avec instance.

|**祈聖母轉達天主**, | *k'î chén mòu tchouàn tă T'iēn Tchoù*, supplier ardemment la Sainte Vierge d'intercéder auprès de Dieu.

哀|, *Gāi* |, implorer en excitant la pitié.

做一个哀|**呈子**, *Tsóu ĭ kó gāi* | *tch'ên tsè*, composer une ardente supplique (pour être présentée au mandarin).

|**切祈禱**, | *ts'iĕ· k'î tào*, prier avec ferveur.

肯 *K'èn.* Consentir, vouloir, préférer.

你|**不**|, *Gnì* | *poŭ* |, consens-tu? veux-tu?

我怕他不|, *Gò p'á t'a poŭ* |, j'ai peur qu'il ne consente pas.

他不|**借**, *T'a poŭ* | *tsié·*, il ne consent pas à prêter.

|**喫酒**, |**說笑**, | *tch'ĕ tsieòu*, | *chŏ siáo*, aimer à boire le vin, à plaisanter.

|**幫忙**, | *pāng mâng*, il donne volontiers un coup de main.

我說的話他|**信**, *Gò chŏ tĭ houá t'a* | *sín*, il écoute volontiers ce que je lui dis.

他還|**說**, *T'a houân* | *chŏ*, il consentira encore à parler! (il s'en gardera bien.)

今年子｜死人，｜落雨，｜壞船，*Kīn niên tsè ｜ sè jên, ｜ ló iù, ｜ houái tch'oūan*, cette année, il meurt beaucoup de gens, il pleut beaucoup, il se brise beaucoup de barques.

他｜討口不做活路，*T'a ｜ t'ào k'eòu poŭ tsóu hŏ lóu*, il aime mieux mendier que travailler.

狠 v. 齦 *K'èn*. Ronger.

｜骨頭，｜ *koŭ t'eôu*, ronger des os.

耗子來｜我的箱子，*Háo tsè lâi ｜ gò tĭ siāng tsè*, les rats viennent ronger ma malle.

｜爛了，｜穿了，｜ *lán lò*, ｜ *tch'oūan lò*, ils l'ont abîmée, ils l'ont percée en la rongeant.

｜一个洞，｜ *ĭ kó tóng*, faire un trou en rongeant.

KÉN

齦 *Kén*. 牙｜，*Iâ* ｜, gencives.

牙｜痛又腫，*Iâ ｜ t'óng ieóu tchòng*, les gencives me font mal, elles sont enflées.

更 *Kén*. Marque du comparatif; changer de personnel, changer d'emploi.

這个樣子｜好，*Tché· kó iáng tsè ｜ hào*, comme cela c'est mieux.

我的｜多，*Gò tĭ ｜ tō*, j'en ai davantage.

這个｜要得緊，*Tché· kó ｜ iáo tĕ· kìn*, ceci est encore plus nécessaire.

你｜遠，他｜高，*Gnì ｜ iuèn, t'a ｜ kāo*, tu es plus éloigné; il est plus haut.

你今天來｜早，*Gnì kīn t'iēn lâi ｜ tsào*, aujourd'hui tu viens encore plus matin.

他的毛病｜見深沉，*T'a tĭ mâo pín ｜ kién chēn tch'ên*, sa maladie paraît beaucoup plus grave.

官把那个保正拏來｜了，*Koūan pà lá kó pào tchén lâ lâi ｜ lò*, le mandarin a changé ce *pào tchén* (chef de garde nationale).

聽倒說他要｜出去 (v. ｜跟別个)，*T'in tào chŏ t'a iáo ｜ tch'ŏu k'ú (v. ｜ kēn piĕ· kó)*, j'ai entendu dire qu'il allait résigner sa charge à un autre.

一年一｜，*ĭ niên ĭ ｜*, (dans cette charge) le personnel est renouvelé chaque année.

埂 v. 硍 v. 磠 *Kén*. Sommet d'une côte; plis d'une étoffe.

山｜，*Chān ｜*, sommet d'une côte.

翻｜子，*Fān ｜ tsè*, franchir une côte.

緞子愛起｜，*Touán tsè gái k'ì ｜*, le satin prend facilement des plis.

平｜，*P'in ｜*, aplanir les plis d'une étoffe (avec le fer à repasser).

K'ÉN

掯 *K'én*. S'opposer, violenter.

｜價不交，｜ *kiá poŭ kiāo*, s'obstiner à retarder le payement du prix, par ex. d'un terrain acheté.

｜卡人，｜ *k'à jên*, faire violence (morale) aux gens.

這个｜節難過，*Tché· kó ｜ tsiĕ· lân kó*, c'est une difficulté malaisée à surmonter.

KEŌU

勾 v. 句 *Keōu*. Attirer, effacer.

｜引人犯罪 (v. 得罪天主)，｜ *ìn jên fán tsoúi (v. tĕ· tsoúi T'iēn Tchòu)*, porter les hommes au péché.

｜他來，｜ *t'a lâi*, attire-le.

｜結匪人，｜ *kiĕ· fèi jên*, avoir des rapports intimes avec les mauvais sujets, avec les voleurs.

藥裡頭｜一點酒，*Iŏ ì (lì) t'eôu ｜ ĭ tièn tsieòu*, mêler un peu de vin au médicament.

一筆｜消，*ĭ pĭ ｜ siāo*, effacer tout d'un trait de pinceau (une fois les dettes payées).

｜一筆賬，｜ *ĭ pĭ tcháng*, effacer une dette.

字寫錯了要｜, *Tsé siè· ts'ó lò, iáo* ｜, quand on s'est trompé en écrivant, il faut biffer.

鉤 *Keōu.* Crochet, accrocher, anneau fermé (dans ce dernier sens on dit *k'eōu*).

打一个鐵｜｜, *Tà ī kó t'iĕ·* ｜｜, fabriquer un crochet en fer.

小｜, *Siào* ｜, agrafe, petit crochet.

釣魚｜, *Tiáo iû* ｜, hameçon.

｜(*v.* 拘)起來, ｜ *k'ì lâi,* accrocher (amener avec un crochet).

鍊子｜｜, *Lién tsè* ｜｜, anneaux d'une chaine.

溝 *Keōu.* Canal, fossé, vallée étroite et profonde.

河｜, *Hô* ｜, lit d'un ruisseau.

修河｜, *Sieōu hô* ｜, faire un conduit pour l'eau.

挖｜｜, *Oūa (oüa)* ｜｜, creuser un canal.

做一个｜｜引水, *Tsóu ī kó* ｜｜ *ìn choùi,* faire une rigole pour conduire l'eau.

漕｜, *Ts'âo* ｜, petit canal.

漕瓦做漕｜, *Ts'âo oùa tsóu ts'âo* ｜, les tuiles concaves font comme des petits canaux sur les toits.

陽｜, 陰｜, *Iâng* ｜, *īn* ｜, canal ou fossé à ciel ouvert, canal couvert.

｜｜泥倒了不通要拏來洮過, ｜｜ *gnî tào lò poŭ t'ōng, iáo lâ lâi t'âo kó,* le conduit est ensablé et ne communique plus, il faut le curer.

我在｜頭坐, *Gò tsái* ｜ *t'eôu tsó,* je demeure dans la vallée.

｜｜深太陽難得晒, ｜｜ *chēn, t'ái iâng lân tĕ· chái,* la vallée est profonde, le soleil y pénètre difficilement.

鬮 *v.* 鬮 *Keōu.* 拈｜, *Niēn* ｜, tirer au sort.

K'EŌU

摳 *K'eōu.* Prendre en fouillant avec la main, gratter.

｜黃鱔, ｜ *houâng chán,* prendre les anguilles, en fouillant la vase avec la main.

｜垷巴栽樹秧子, ｜ *gnî pā, tsāi chóu iāng tsè,* creuser un peu la terre, pour y planter des arbres.

在荷包兒頭｜錢, *Tsái hô pāo eûl (peûl) t'eôu* ｜ *ts'iên,* fouiller dans sa bourse, pour en tirer des sapèques.

再｜幾个, *Tsái* ｜ *kì kó,* tirez-en encore quelques unes (des sapèques).

儘｜, *Tsìn* ｜, ne pas finir d'en tirer.

｜癢, ｜ *iàng,* se gratter.

瘡不要｜, *Tch'oūang poŭ iáo* ｜, il ne faut pas gratter les ulcères.

｜出血, ｜ *tch'ŏu hiĕ·,* gratter jusqu'au sang.

｜皮子起來, ｜ *p'î tsè k'ì lâi,* enlever la peau en grattant.

｜穿了, ｜ *tch'oūan lò,* gratter (un ulcère ou furoncle) jusqu'à le percer.

鏂 *K'eōu.* Creuser un objet dur avec des instruments en fer.

｜石頭, ｜ *chĕ t'eôu,* creuser une pierre.

這些雕工｜得深, *Tché· sī tiāo kōng* ｜ *tĕ· chēn,* ces sculptures ou ciselures sont fouillées profondément.

KEÒU

狗 *Keòu.* Chien.

一條(*v.*一个, *v.*一隻)｜, *ī t'iâo (v. ī kó, v. ī tchĕ)* ｜, un chien.

牙｜, 母(*v.* 草)｜, *Iâ* ｜, *mòu (v. ts'ào)* ｜, chien mâle, chienne.

跟山｜, *Niēn chān* ｜, chien de chasse.

蠻｜, 藏｜, 大種｜, *Mân* ｜, *Tsáng* ｜, *tá tchòng* ｜, chien venant de chez les Barbares, gros dogue du Thibet, chien de grosse race.

京｜, *Kīn* ｜, chien nain de Pékin.

野｜, 毛｜, 豺｜, *Iè* ｜, *mâo* ｜, *tch'âi* ｜, chien sauvage, renard (nom vulg.), loup.

癩子｜, *Lái tsè* ｜, chien pelé, galeux.

㖸頭 |, *Sŏ t'eôu* |, chien qui mord sans aboyer.

天 | 吃月, *T'iēn* | *tch'ĕ iuĕ*, le chien du ciel dévore la lune (ce qui est censé causer les éclipses).

| 兒, *v.* **| 兒子**, | *eûl (keùl)*, *v.* | *eûl tsè*, petit chien. (*Keòu eûl tsè*, fils de chien, est employé comme malédiction.)

一窩 | 兒子, *ĭ ō* | *eûl tsè*, une nichée de petits chiens.

| 籠子(*v.* **籠籠**), *v.* **| 窩**, | *lông tsè* (*v. lông lông*), *v.* | *ō*, niche à chien.

| 打架, *v.* **| 咬架**, | *tà kiá*, *v.* | *gaò kiá*, les chiens se battent.

| 咬, | *gaò*, le chien aboie.

| 下口, | *hiá k'eòu*, le chien mord.

| 嗥(*v.* **號**), | *hâo*, le chien hurle (mauvais présage pour les payens).

打 |, *Tà* |, battre le chien pour le chasser.

打瘋 |, *Tà fōng* |, tuer un chien enragé.

打 | 看主人, *Tà* | *k'án tchòu jên*, en battant le chien, aie égard à son maître.

跟 |, *Nièn* |, chasser le chien dehors.

喚 |, *Houán* |, appeler le chien.

你去邀 |, *Gnì k'ú iāo* |, va écarter les chiens, va les empêcher de mordre.

| 販子, | *fán tsè*, marchand de chiens.

釘 | 虫, *Tīn* | *tch'ông*, tic de chien.

| 肉, | *joŭ*, viande de chien (recherchée comme fortifiante).

| 東西, | *tōng sī*, espèce de chien! (injure.)

宰雞 | 的, *Tsài kī* | *tĭ*, (litt.) tueur de poules et de chiens (injure).

你好大的 | 胆, *Gnì haò tá tĭ* | *tàn*, tu as une audace de chien (malédiction).

| 賺你的錢, | *tchouán gnì tĭ ts'iên*, je n'ai rien gagné sur toi, c'est le chien (serment employé par les marchands).

放 | 屁, *Fáng* | *p'í*, c'est un pet de chien que tu lâches (maléd.).

K'EÒU

口 *K'eòu*. Bouche, bouchée, gorgée, entrée: centre de commerce; tranchant de couteau; numéral des personnes d'une même famille, des marmites, etc.

| 皮, | *p'î*, lèvres.

| 水, | *choùi*, salive.

吐一把 | 水, *T'où ĭ pà* | *choùi*, sortir un crachat.

| 痰, | *ts'ân (t'ân)*, gros crachat.

| 味, | *oúi*, appétit.

開 | 味, *K'āi* | *oúi*, ouvrir l'appétit.

胃 |, *Oúi* |, estomac.

心 |, *Sīn* |, poitrine, creux de l'estomac.

胸 |, *Hiōng* |, poitrine, poitrail.

開 |, **閉 |**, *K'āi* |, *pí* |, ouvrir la bouche, la fermer.

奓開 |, *Tchā k'āi* |, l'ouvrir toute grande.

下 |, *Hiá* |, commencer à manger, mordre.

下 | 咬人, *Hiá* | *gaò jên*, mordre avec avidité.

猪不下 |, *Tchōu poŭ hiá* |, le porc mange sans avidité.

| 信, | *sín*, nouvelle de vive voix.

帶 | 信, *Tái* | *sín*, porter une nouvelle orale.

吵 | 嘴, *Tch'ào* | *tsoùi*, se quereller.

有一點 | 角, *v.* **| 嘴**, *Ieoù ĭ tièn* | *kŏ*, *v.* | *tsoùi*, il y a une petite altercation; on se dit quelques mots de travers.

擇 |, *Ts'ĕ* |, *litt.* être difficile de bouche, choisir sa nourriture.

驢子不擇 |, *Lû tsè poŭ ts'ĕ* |, l'âne n'est pas difficile pour sa nourriture.

忌 |, *Kí* |, s'abstenir de certaines paroles (par superst.); s'abstenir de certains mets.

不忌 | 亂說話, *Poŭ kí* | *louán chŏ hóua*, parler sans éviter certains mots réputés néfastes.

禁 |, *Kín* |, prohiber certains mets, s'abstenir de certains mets.

不禁|亂喫東西, *Poŭ kín* | *louán tch'ĕ tōng sī*, manger de tout, sans tenir compte de rien.

塞 |, *Sĕ* |, fermer la bouche, bâillonner.

澁|的, *Sĕ* | *tĭ*, astringent.

辣|的, *Lă* | *tĭ*, mordant, piquant.

入 |, *v.* **可** |, *Joŭ* |, *v. k'ò* |, appétissant.

你弄的菜入(*v.* **可**) |, *Gnì lóng* (*v. lóng*) *tĭ ts'ái joŭ* (*v. k'ò*) |, les mets préparés par toi sont appétissants.

緊|的, *Kìn* | *tĭ*, difficile à avaler.

|**乾**, |**渴**, | *kān*, | *k'ŏ*, avoir la bouche sèche, avoir soif.

他的|臭, *T'ā tĭ* | *tch'eóu*, il a mauvaise haleine.

|**腔**, *v.* |**音**, | *k'iāng*, *v.* | *īn*, accent particulier, idiôme, patois.

某處的|腔(*v.* **音**)**不好聽**, *Mòng tch'óu tĭ* | *k'iāng* (*v. īn*) *poŭ hào t'īn*, le langage de tel endroit est désagréable à entendre.

|**氣**, | *k'í*, souffle, respiration; manière de penser trahie par les paroles.

一|氣不來, *ĭ* | *k'í poŭ lâi*, la respiration vient à manquer, c.-à-d. mourir.

你去套(*v.* **討**)**他的|氣**, *Gnì k'ú t'áo* (*v. t'ào*) *t'ā tĭ* | *k'í*, va l'interroger, tâche adroitement de le faire parler.

他都有點|氣, *T'ā toū ieoù tièn* | *k'í*, d'après ses paroles, il laisse à entendre qu'il consentira.

|**情話**, | *ts'în* (*ts'iên*) *hóua*, locutions communes, en usage dans la langue parlée.

這个人沒得|才幾句|情話都說不出來, *Tché kó jên mŏ tĕ* | *ts'âi, kì kú* | *ts'în* (*v. ts'iên*) *hóua tōu chŏ poŭ tch'ŏu lâi*, cet homme n'est pas habile à parler, il ne sait pas même dire quelques banalités.

他的|鉗子好, *T'ā tĭ* | *k'iên tsè haò*, il est habile à parler.

話在|邊上說不出來, *Hóua tsái* | *piēn cháng, chŏ poŭ tch'ŏu lâi*, j'ai le mot sur les lèvres, mais je n'ose ou je ne puis le dire.

|**供**, | *kóng*, aveux d'un accusé.

有了|供, *Ieoù lò* | *kóng*, il a fait des aveux.

反了|供, *Fàn lò* | *kóng*, il a retiré ses premiers aveux.

禍從|出病從|入, *Hó ts'ông* | *tch'ŏu, pín ts'ông* | *joŭ*, par la bouche viennent les calamités, et par la bouche entrent les maladies.

蜂糖|苦瓜心, *Fōng t'âng* |, *k'òu koŭa sīn*, la bouche a la douceur du miel, le cœur a l'amertume de la courge amère (prov.).

使|不如自走, *Chè* | *poŭ joû tsé tseòu*, au lieu de commander, mieux vaut faire par soi-même (prov.).

|**是風筆是踪**, | *ché fōng, pĭ ché tsōng*, la parole passe comme le vent, l'écrit laisse des traces (*verba volant, scripta manent*).

|**條**, | *t'iâo*, barbe postiche.

漱|, *Soú* |, se rincer la bouche.

|**案**, | *gán*, frais de nourriture et de logement à l'auberge.

打|案, *Tà* | *gán*, vivre à l'auberge.

|**案算你的**, | *gán souán gnì tĭ*, les frais d'auberge sont à ton compte.

會打|案, *Hoúi tà* | *gán*, il est habile à se débrouiller.

一|飯的朋友, *ĭ* | *fán tĭ p'ông ieòu*, (litt.) ami pour une bouchée de riz, c.-à-d. ami qui n'aime que votre table.

一|就咬死, *ĭ* | *tsieóu gào sè*, il l'a tué d'un coup de dent.

咬一|, *Gào ĭ* | donner un coup de dent.

刀劃一个大|, *Tāo hŏua* (*houâ*) *ĭ kó tá* |, faire une grande entaille avec le couteau.

他腦膓上打了幾个||, *T'ā laò k'ŏ cháng tà lò kì kó* ||, on lui a fait plusieurs blessures béantes à la tête.

刀|藥, *Tāo* | *iŏ*, onguent pour blessure.

院墻有一个｜｜, *Iuén ts'iâng ieòu i kó* ｜｜, le mur d'enceinte a une brèche.

看盜｜, *K'án táo* ｜, visiter l'endroit par où les voleurs ont pénétré (ce que fait ou fait faire le mandarin, quand on accuse pour vol).

｜袋, ｜ *tái*, sac.

塲｜上,門｜, *Tch'âng* ｜ *cháng, mên* ｜, à l'entrée du marché, devant la porte,

稅｜, 渡｜, *Chóui* ｜, *toú* ｜, douane, lieu de passage d'un fleuve.

｜子, ｜ *tsè*, défilé, débouché, centre commercial.

堵｜子, *Toù* ｜ *tsè*, garder un défilé.

總｜子, *Tsòng* ｜ *tsè*, grand centre commercial.

充在｜外, *Tch'ōng tsái* ｜ *oúai*, exilé hors des frontières (en Mongolie).

｜岸, ｜ *gán*, endroit commercial, bourg ou ville; se dit aussi du prix de la viande de porc.

好大的｜岸, *Haò tá ĭ kó* ｜ *gán*, c'est un bourg ou une ville très considérable, très commerçante.

市｜皮 (*v.* 快), *Ché* ｜ *p'î* (*v. k'oúai*), le marché est en baisse (ou bien en hausse).

刀｜鈌了, *Tāo* ｜ *k'uĕ lò*, le tranchant du couteau est ébréché.

刀｜沒鋒, *Tāo* ｜ *mŏ fōng*, le couteau n'est pas affilé.

刀｜快, *Tāo* ｜ *k'oúai*, la lame coupe bien.

一家人八｜, *ĭ kiā jên pă* ｜, une famille composée de huit personnes.

両｜子, *Leàng* ｜ *tsè*, les deux époux.

一｜鍋, *ĭ* ｜ *kō*, une marmite.

人｜重了, *Jên* ｜ *tchóng lò*, il y a trop de gens à nourrir.

馬兒｜輕 (*v.* ｜重), *Mà eûl* ｜ *k'īn* (*v.* ｜ *tchóng*), le cheval est jeune (ou âgé).

犭口 *v.* 口 *K'eòu*. 牲｜, *Sēn* ｜, animaux domestiques, bêtes de somme.

騎牲｜, *K'î sēn* ｜, aller à cheval, monter une bête de somme.

餵牲｜, *Oúi sēn* ｜, élever des bêtes de somme; leur donner à manger.

做庄稼離不得牛牲｜, *Tsóu tchoūang kiā, lî poŭ tĕ nieôu sēn* ｜, pour l'agriculture, on ne peut se passer de buffles et d'autres bêtes de somme.

KEÓU

㝅 *v.* 㝅 *v.* 够 *v.* 勾 *Keóu*. Suffire, assez.

｜｜, ｜｜, cela suffit; assez! assez!

｜了, ｜ *lò*, cela suffit.

緊｜, *v.* 儘｜, *Kìn* ｜, *v. tsìn* ｜, cela suffit largement.

他不｜喫, *T'ā poŭ* ｜ *tch'ĕ*, il n'a pas suffisamment de quoi vivre.

｜喫｜穿, ｜ *tch'ĕ* ｜ *tch'oūan*, avoir de quoi manger et de quoi se vêtir.

｜嗏子, ｜ *chá tsè*, à quoi cela peut-il suffire? cela ne suffit pas.

只｜繳, *Tchè (tchĕ)* ｜ *kiào*, il y a juste de quoi vivre, il n'y a pas de superflu.

要稱｜, *Iáo tch'ēn* ｜, il faut faire bon poids (pas moins que le poids juste).

不｜秤, *Poŭ* ｜ *tch'én*, il n'y a pas le poids voulu.

這个布｜做一件衫子, *Tché kó póu* ｜ *tsóu ĭ kién chān tsè*, cette toile suffit pour une robe.

｜鬭, ｜ *teóu*, plus que suffisamment, avec excès.

他蹧蹋你一个｜鬭, *T'ā tsāo t'ă gnì ĭ kó* ｜ *teóu*, il t'a insulté de la belle façon.

這个路｜你走, *Tché kó loú* ｜ *gnì tseòu*, tu en auras ton compte, à faire ce chemin.

｜攪, ｜ *kaò*, il y a de quoi faire.

能｜, *Lēn* ｜, puissant, habile, vouloir, pouvoir.

能｜人, *Lên* ｜ *jên*, homme capable, puissant.

不能｜拏跟你, *Poŭ lên* ｜ *lâ kēn gnì*, je ne puis, je ne veux pas te le donner.

我萬不能｜爲這宗事, *Gò ouán poŭ lên* ｜ *oûi tché tsōng sé*, jamais je ne pourrai consentir à faire de pareilles choses.

K'EÓU

篋 *K'eóu.* Peigne du métier de tisserand.

做 | , *Tsóu* | , fabriquer ces peignes.

蔲 *K'eóu.* **荳** | , *v.* **肉荳** | , *Teóu* | , *v.* *joŭ teóu* | , muscade aromatique.

| **仁**, | *jên*, noix ou graine de la muscade.

—**碗** | **肉**, *ĭ ouàn* | *jŏu*, un plat de tranches de lard sur des légumes salés (*iên ts'ái* ou *iâ ts'ái*).

扣 *K'eóu.* Retrancher, retenir ; agrafer, boucler (au prop. et au fig.).

—**歇除一歇** | **剩不倒幾个錢**, *ĭ hiĕ· tch'ôu, ĭ hiĕ·* | *chén poŭ tào kì kó ts'iên*, déduction faite des sommes déjà reçues et des retenues à faire, il ne reste plus guère de sapèques à recevoir.

照 | , *Tcháo* | , retenir au prorata sur un paiement.

| —**吊錢**, | *ĭ tiáo ts'iên*, retenir une ligature.

租子不清要 | **頂首**, *Tsōu tsè poŭ ts'īn, iáo* | *tìn cheòu*, quand la redevance d'un fermier n'est pas livrée intégralement, on se compense sur l'assurance.

| **除還剩得有十吊錢**, | *tch'ôu houân chén tĕ· icòu chĕ tiáo ts'iên*, toute déduction faite, il reste encore 10 ligatures.

| (*v.* 紐)**衣裳**, | *ī chāng*, boutonner un habit.

| **門**, | *mên*, fermer la porte avec une espèce d'agrafe ou chaînette en fer.

| **得緊**, | *tĕ· kìn*, c'est accroché, boutonné solidement.

— | **線**, *ĭ* | *sién*, un petit paquet de fil (10 de ces paquets font une once).

線有頭 | ,**二** | , *Sién icòu t'eôu* | , *eúl* | , il y a du fil de 1ere grosseur, de 2eme grosseur.

白二 | , *Pĕ· eúl* | , fil de soie blanc de 2eme grosseur.

手 | **手**, *Cheòu* | *cheòu*, une main accrochée à l'autre.

兩个抬轎子 | **手**, *Leàng kó t'âi kiáo tsè* | *cheòu*, ce sont deux bons porteurs de chaise, d'égale force; ils vont bien ensemble.

這个太醫 | **手**, *Tché· kó t'ái ī* | *cheòu*, ce médecin est habile, il réussit bien dans ses cures.

他們兩個是 | **起的**, *T'ā mên leàng kó ché* | *k'ì tĭ*, eux deux sont comme liés ensemble, ils s'entendent bien entre eux.

用碗 | **倒菜**, *Ióng ouàn* | *tào ts'ái*, couvrir un plat avec une tasse.

釦 *K'eóu.* **門** | **子**, *Mên* | *tsè*, agrafe ou chaînette en fer pour accrocher une porte.

叩 *K'eóu.* | **頭**, | *t'eóu*, (autrement dit *k'ŏ t'eóu*), fléchir les deux genoux, et baisser la tête jusqu'à terre.

| **首**, | *cheòu*, étant déjà à genoux, saluer en baissant la tête jusqu'à terre.

— | **首**,**二** | **首**, *ĭ* | *cheòu, eúl* | *cheòu*, 1ere, 2eme salutation, etc., dans les cérémonies solennelles.

| **拜**, | *pái*, se prosterner jusqu'à terre pour saluer.

| **謝天主**, | *sié· T'iēn Tchòu*, remercier Dieu à deux genoux.

KĪ

機 *Kī.* Métier de tisserand; moyen caché; moteur.

| **頭**, | *t'eôu*, métier de tisserand.

—**架** | **頭**, *ĭ kiá* | *t'eôu*, un métier de tisserand.

| **匠**, | **房**, | *tsiáng*, | *fâng*, tisserand; atelier de tisserand.

開 | **房編布**, *K'ai* | *fâng piēn póu*, ouvrir un atelier de tisserand pour la toile.

一个 | **房安四个** | **頭**, *ĭ kó* | *fâng gān sé kó* | *t'eôu*, établir quatre métiers dans un atelier de tisserand.

綾子 | 房, *Lîn tsè | fâng*, atelier où l'on tisse une certaine étoffe de soie fleurie appelée *lîn tsè*.

| 會, | *hoúi*, occasion.

這宗 | 會難得, *Tché tsōng | hoúi lân tě*, une pareille occasion se rencontre difficilement.

㨪倒 | 會, *P'óng tào | hoúi*, rencontrer une occasion.

買舊貨都是論 | 會, *Mài kiéou hó, tōu ché lén | hoúi*, pour acheter les vieilleries, il faut rencontrer les occasions.

| 密事, | *mǐ sé*, secret.

經 |, 經 | 行, *Kīn |, kīn | hâng*, médiateur, courtier; compagnie de courtiers.

| 骨轉, | *koŭ tchoúan*, cheville, axe de poulie.

| 器, | *k'í*, machine (v. g. machine à vapeur), moteur, ressort.

火(*v.* 鎗) | 子, *Hò (v. ts'iāng) | tsè*, chien de fusil.

饑 *v.* 飢 *Kī*. Faim, famine.

| 餓, | *ó*, avoir faim.

| 不擇食, | *poŭ ts'ě chě*, qui a faim n'est pas difficile pour la nourriture.

充 |, *Tch'ōng |*, assouvir sa faim.

逢 | 荒年辰, *Fóng | hoūang niên chēn*, se trouver dans une année de famine.

今年害怕有 | 荒, *Kīn niên hái p'á ieòu | houāng*, cette année il y a à craindre la famine.

肌 *Kī*. Chair.

| 膚, | *fōu*, la peau.

| 瘦, | *seóu*, maigre.

面黃 | 瘦, *Mién hoûang | seóu*, figure jaunie avec grande maigreur.

這个人 | 瘦得狠, *Tché kó jên | seóu tě hèn*, cet homme est très maigre.

| 瘦完了, | *seóu ouân lò*, il est tout à fait amaigri.

机 *Kī (Kì)*. Espèce de table.

香 |, *Hiāng |*, autel domestique des payens.

茶 |, *Tch'â |*, petite table carrée qui se place ordinairement entre deux chaises.

靠 |, *K'áo |*, escabeau placé au milieu du canapé chinois.

捲 |, *Kuèn |*, table ornée, longue et étroite, placée en arrière du canapé.

雞 *v.* 鷄 *Kī*. Coq, poule.

| 兒子 *v.* |, 娃子, | *eûl tsè, v. | oûa tsè*, poussin.

| 公, *v.* 雄 |, *v.* 叫 |, | *kōng, v. hiông |, v. kiáo |*, coq.

| 母, *v.* | 婆, | *moù, v. | p'ô*, poule.

𨬓 |, *Sién |*, chapon.

野 |, 金 |, 銀 |, *Iè |, kīn |, în |*, faisan, faisan doré, faisan argenté.

雪 |, 竹 |, *Suě |, tchŏu |*, faisan du Thibet, perdrix.

秧 | 子, 穀蓪 |, *Iāng | tsè, koŭ (v. kě) tōng |*, deux espèces de poules d'eau.

田 | 子, *T'iên | tsè*, grenouille.

灶(*v.* 叫) | 子, *Tsáo (v. kiáo) | tsè*, grillon.

子 | 子, *v.* 嫩 | 兒, *Tsè | tsè, v. lén | eûl*, jeune poulette.

| 冠子, | *kouān tsè*, crête de coq.

| 㮹子, | 菌子, | 爪爪, | *sóu tsè, | kuín tsè, | tchào tchào*, le gésier, l'estomac, les pattes de la poule.

冷得起 | 皮子, *Lèn tě k'ì | p'î tsè*, il fait froid à en avoir la chair de poule.

| 毛, | 蛋, | *mâo, | tán*, plumes, œufs de poule.

| 滲了蛋要叫, | *sén lò tán, iáo kiáo*, la poule chante quand elle a pondu.

老 | 婆肉是緜的, *Laò | p'ô joŭ, ché miên tĭ*, les vieilles poules ont la chair coriace.

洗一个 |, *Sì ĭ kó |*, saigner une poule.

燙一个 |, *T'áng ĭ kó |*, l'échauder pour la plumer.

| 叫就起來, | *kiáo, tsieóu k'ì lâi*, se lever dès le chant du coq.

| 叫頭道, | *kiáo t'eôu táo*, le coq chante pour la première fois.

| 把菜園 hā 爛了，| pà ts'ái iuên hā lân lò, les poules ont abîmé le jardin en grattant.

| 腸帶，| tch'âng tái, cordon en toile.

Kī pā, mot grossier et obscène signifiant les parties naturelles de l'homme, souvent employé dans les malédictions.

Kī | *eûl (keūl) v.* | *eûl*, (trivial) les parties naturelles des enfants.

Hâ | *eûl*, chatouiller ces parties chez les enfants pour les faire rire (mauvaise habitude très commune en Chine).

乩 *Kī. (v. kī).* 降 |, *Kiáng* |, certaine pratique de divination.

湖南降 |, *Foû lân kiáng* |, les gens du *Foû lân* pratiquent cette superstition.

基 *Kī (v. kī).* Fondement, emplacement.

| 址，| *tchè*, fondement.

| 地 | ,v. 屋 |, *Tí* |, *v. oŭ* |, emplacement d'une maison.

一个好屋 |, *ĭ kó haò oŭ* |, un bel emplacement de maison.

平一个地 |, *P'în ĭ kó tí* |, aplanir un emplacement pour une maison.

買房子連地 | 一吓, *Maì fâng tsè liên tí* | *ĭ há*, acheter une maison avec le terrain sur lequel elle est bâtie.

生 | ,v. 生 | 子, *Sēn* |, *v. sēn* | *tsè*, ancien tombeau vide et abandonné.

皇上登 |, *Houâng cháng tēn* |, l'Empereur monte sur le trône.

| 斯督, | 斯當, | *sē toŭ*, | *sē tāng*, le Christ, chrétien.

箕 *Kī (v. kī).* Crible, panier.

撮 |, *Ts'ŏ* | panier sans rebord d'un côté, servant à ramasser les balayures, ou à puiser des grains.

編撮 | 來賣, *Piēn ts'ŏ* | *lâi mái*, fabriquer de ces paniers pour les vendre.

撮一撮 | 的米, *Ts'ŏ ĭ ts'ŏ* | *tī mì*, ramasser un plein *ts'ŏ kī* de riz.

簸 |, *Pŏ* |, panier plat et rond, de grandeur moyenne.

拏簸 | 來裝, *Lâ pŏ* | *lâi tchouāng*, mettre dans un panier de ce genre.

其 *Kī.* 蕨 | 草, *Kuĕ (v. kiŏ)* | *ts'ào*, espèce de fougère.

期 *v.* 朞 *Kī.* Période de temps révolue.

| 親，| *ts'īn*, parenté pour laquelle il faut porter le deuil une année entière.

幾 *Kī (v. kì).* Presque, peu s'en faut.

| 乎兒死，| *foû eûl sè*, il s'en fallait d'un rien qu il mourût.

| 乎失事，| *foû chĕ sé*, pour un peu je manquais mon coup.

譏 *Kī.* Se moquer.

| 誚人家，| *siáo (ts'iáo) jên kiā*, se moquer de quelqu'un.

K'Ī

欺 *K'ī.* Mépriser, faire injure.

你 | 我, *Gnì* | *gò*, tu veux te moquer de moi, tu veux m'opprimer.

這是 | 人, *Tché ché* | *jên*, c'est se moquer du monde.

耶穌受多少 | 誚妄証, *Iê soū cheóu tō chaò* | *siáo (ts'iáo) ouáng tchén*, Jésus a souffert les moqueries et les calomnies.

人善人 | 天不 |, *Jên chán jên* |, *t'iēn poŭ* |, les hommes se moquent des braves gens, le ciel ne s'en moque pas.

| 山莫 | 水，| *chān, mŏ* | *choùi*, moquez-vous des montagnes, mais pas des fleuves, c.-à-d. les montagnes présentent moins de dangers que les fleuves.

| 哄人家，| *hòng jên kīa*, tromper les gens, s'en moquer.

不要 | 哄神父, *Poŭ iaó* | *hòng chên foû*, ne mens pas au Père, ne te moque pas de lui.

天主不受 | 哄, *T'iēn Tchoū poŭ cheóu* | *hòng*, on ne se moque pas de Dieu.

自 | 自哄, *Tsé* | *tsé hòng*, se tromper soi-même.

相 | (*v.* | 壓)人家, *Siāng* | (*v.* | *iă*) *jên kiā*, opprimer les gens.

圖丨頭, *T'ôu* 丨 *t'eôu*, rechercher le gain; chercher à l'emporter sur les autres.

有丨頭,沒丨頭, *Ieòu* 丨 *t'eôu, mŏ* 丨 *t'eôu*, il y a à gagner, il n'y a pas à gagner.

他是事都要撿丨頭, *T'ā ché sé tōu iáo kièn* 丨 *t'eôu*, dans n'importe quelle affaire il veut toujours avoir l'avantage.

期 *K'ī*. Epoque fixe, temps déterminé.

慶丨, 齋丨, 減丨, *K'ín* 丨, *tchāi* 丨, *kièn* 丨, jour de fête, de jeûne, d'abstinence.

送(*v.* 報)丨, *Sóng (v. páo)* 丨, signifier à la famille de la fiancée le jour de la noce: ce qui se fait avec cérémonie.

關丨, *Kouān* 丨, échéance.

日丨, *Jĕ* 丨, jour fixé, terme assigné.

丨過了, 丨 *kó lò*, le terme est passé.

定了丨, *v.* 約了丨, *v.* 說个丨, *Tín lò* 丨, *v. iŏ lò* 丨, *v. chŏ kó* 丨, on a fixé un terme.

沒有定丨, *Mŏ ieòu tín* 丨, on n'a pas fixé de terme.

不丨而會, *Poŭ* 丨 *eûl hoúi*, se rencontrer par hasard.

趕丨, *Kàn* 丨, se presser, presser un ouvrage pour le jour fixé.

不等丨就來了, *Poŭ tèn* 丨 *tsióu lâi lò*, il est venu sans attendre le jour fixé.

今天丨大, *Kīn t'iēn* 丨 *tá*, aujourd'hui c'est un jour heureux, favorable.

溪 *K'ī*. Ruisseau, torrent. (*K'ī* s'ajoute à une foule de noms de lieux où passent des ruisseaux.)

山丨水, *Chān* 丨 *choùi*, eau des torrents qui descendent des montagnes.

易漲易退山丨水, *í tchàng í t'oúi chān* 丨 *choùi*, grossir rapidement et diminuer de même, c'est le propre des torrents.

丨溝, 丨 *keōu*, petit ruisseau, ravin non à sec.

搭一个板板過丨溝, *Tă ĭ kó pàn pàn kó* 丨 *keōu*, mettre une planche pour passer le torrent.

K'Î

其 *K'î*. Son, sa; ce, cette.

有丨名無丨實, *Ieòu* 丨 *mîn oû* 丨 *chĕ*, il en a la réputation, mais elle n'est pas fondée sur la réalité.

沒得丨事, *Mŏ tĕ* 丨 *sé*, il n'y a pas cette affaire.

丨餘, 丨 *iû*, le reste, les autres.

旗 *v.* 旂 *K'î*. Drapeau, bannière.

丨子, 丨 *tsè*, même sens.

丨丨, 丨丨, petit drapeau.

一桿丨, *ĭ kàn* 丨, un drapeau.

八丨, *Pă* 丨, les huit bannières sous lesquelles sont rangés les Tartares.

黃(*v.* 紅, *v.* 白, *v.* 藍, *v.* 黑)丨, *Houâng (v. hông, v. pĕ, v. lân, v. hĕ)* 丨, drapeau jaune, rouge, blanc, bleu, noir. (La couleur du drapeau sert à désigner le nom du corps d'armée. Les 8 bannières ont les 4 premières couleurs, il y en a 2 pour chaque couleur.)

丨人, *v.* 丨員人, 丨 *jên, v.* 丨 *iuên jên*, Tartare mandchou.

插丨子, *Tch'ă* 丨 *tsè*, planter un drapeau.

打丨子, *Tà* 丨 *tsè*, porter un drapeau.

拷丨子 (*v.* 丨丨), *Lào* 丨 *tsè (v.* 丨丨*)*, porter de petits drapeaux, comme par ex. lors d'un mariage.

丨旛, 丨 *fān*, bannière des enterrements.

麒 *K'î*. 丨麟, 丨 *lîn*, animal fabuleux dont l'apparition est l'annonce d'une grande prospérité.

棋 *v.* 棊 *v.* 碁 *K'î*. Jeu d'échecs chinois.

象丨, *v.* 圍丨, *Siáng* 丨, *v. ouî* 丨, même sens.

丨盤, 丨子, 丨 *p'ân*, 丨 *tsè*, l'échiquier, les pièces du jeu.

華西官話漢法詞典

天作丨盤星作子, *T'iēn tsŏ* 丨 *p'ân, sīn tsŏ tsè*, le ciel forme un échiquier dont les étoiles sont les pièces.

下一盤(*v.* 兩盤)丨, *Hiá ī p'ân (v. leàng p'ân)* 丨, faire une ou deux parties d'échecs.

會下丨, *Hoúi hiá* 丨, habile à jouer aux échecs.

下丨混時候, *Hiá* 丨 *houén chê heóu*, jouer aux échecs pour tuer le temps.

世事如丨局局新, *Ché sé jôu* 丨, *kŭ kŭ sīn*, les choses de ce monde sont comme les échecs, elles présentent à chaque coup une nouvelle face.

丨牌, 丨 *p'âi*, les pièces du jeu d'échecs employées en guise de cartes à jouer.

打(*v.* 耍)丨牌, *Tà (v. choùa)* 丨 *p'âi*, jouer aux cartes avec les pièces du jeu d'échecs.

蜞

K'î. 丨蟆子, *v.* 丨蟆兒, 丨 *mâ (v. mà) tsè, v.* 丨 *mâ eûl (mēul)*, (vulg.) grenouille.

丨蟆子出來了, 丨 *mâ tsè tch'ŏu lâi lò*, les grenouilles sont sorties de leur retraite (après l'hiver).

丨蟆子叫喚, 丨 *mâ tsè kiáo houán*, les grenouilles coassent.

丨蟆塘, 丨 *mâ t'âng*, mare à grenouilles.

捉丨蟆子, *Tchŏ* 丨 *mâ tsè*, prendre des grenouilles.

剮丨蟆子, *Koùa* 丨 *mâ tsè*, écorcher des grenouilles.

丨蟆跳枯井, 丨 *mâ t'iáo k'ōu tsìn*, grenouille qui saute dans un puits sec (proverbe).

耆

K'î. 丨老, 丨 *laò*, les vieillards respectables.

紳丨父老, *Chēn* 丨 *foú laò*, les lettrés et les vieillards.

官請紳丨商量, *Koūan ts'ìn chēn* 丨 *chāng leâng*, le mandarin invite les lettrés et les principaux vieillards à délibérer avec lui.

奇

K'î. Extraordinaire, surprenant.

希(*v.* 稀)丨, *Hī* 丨, même sens.

好希丨, *Hào hī* 丨, c'est tres extraordinaire; (par dérision) il n'y a pas de quoi s'extasier.

你不帮我就希丨, *Gnì poŭ pāng gò tsieóu hī* 丨, que tu ne restes pas à mon service, voilà bien une grosse affaire! (s. e. tu n'as qu'à t'en aller).

圖希丨, *T'ôu hī* 丨, rechercher ce qui est curieux.

丨異, 丨 *í*, admirer.

丨妙的事, 丨 *miáo tĭ sé*, chose admirable.

丨妙的意思, 丨 *miáo tĭ í sé*, sens admirable.

不為出丨, *Poŭ oûi tch'ŏu* 丨, rien d'étonnant, pas très étonnant.

花錢不為出丨人還要喫虧, *Hōua ts'iên poŭ oûi tch'ŏu* 丨, *jên houân iáo tch'ĕ k'oūi*, dépenser de la sapèque, passe encore: mais c'est qu'il faudra souffrir en personne.

丨怪, 丨 *koúai*, curieux, étrange.

丨哉怪哉, 丨 *tsāi, koúai tsāi*, c'est vraiment étrange!

騎

K'î. 丨馬, 丨 *mà*, aller à cheval.

丨(*v.* 丨起)牲扣, 丨 *(v.* 丨 *k'ì) sēn k'eòu*, user d'une monture.

丨騾子, 丨 *lô tsè*, monter une mule, un mulet.

牲扣野得狠怕丨得(*v.* 不敢丨), *Sēn k'eòu iè tĕ hèn, p'á* 丨 *tĕ (v. poŭ kàn* 丨*)*, l'animal est trop indocile, j'ai peur de le monter (ou bien, je n'ose pas le monter).

肐膝頭(*v.* 胯胯)丨痛了, *K'ĕ sī t'eôu (v. k'oùa k'oùa)* 丨 *t'óng lò*, j'ai mal aux genoux (ou aux cuisses), à force d'aller à cheval.

丨了(*v.* 過)二十里路, 丨 *lò (v. kó) eúl chĕ lì loú*, j'ai fait vingt lis à cheval.

別人丨馬我丨驢, *Piĕ jên* 丨 *mà, gò* 丨 *lû*, les autres montent un cheval, moi un âne (chacun selon sa fortune).

記得少年丨竹馬, *Kí tĕ cháo niên* | *tchŏu mà*, souviens-toi quand, tout petit, tu allais à cheval sur un bambou.

人善被人欺馬善被人丨, *Jên chán pí jên k'ī, mà chán pí jên* |, on se moque des braves gens, on monte les chevaux dociles (qui se fait agneau, le loup le mange).

丨馬坐轎三分命, | *mà tsó kiáo sān fēn mín*, il y a du danger *(sān fēn)* à aller à cheval ou en chaise.

祈 *K'i. v.* | **禱**, | *taò*, Prier, demander.

丨求天主, | *k'ieôu T'iēn Tchoù*, prier Dieu.

我帮你丨求, *Gò pāng gnì* | *k'ieôu*, je t'aiderai à demander.

KÌ

幾 *Kì.* Combien? quel? quelques.

丨時, | *ché*, quand?

丨時來, | *chê lâi*? quand viendra-t-il?

丨大, | *tá*? de quelle grandeur?

有丨多人, *Ieòu* | *tō jên*? combien y a-t-il de monde? ou bien, il y a beaucoup de monde.

有丨个,丨十,丨百,丨千,丨萬, *Ieòu* | *kó*, | *chĕ*, | *pĕ*, | *ts'iēn*, | *ouán*, il y a quelques unités, qq. dizaines, qq. centaines, quelques milliers, qq. dix mille; ou bien il y a combien d'unités, etc.

Les circonstances seules indiquent si le mot *kì* doit être pris dans le sens affirmatif ou au sens interrogatif. On doit toujours, dans l'interrogation, estimer approximativement le nombre qu'on demande. On ne dira pas: **有丨个人**, *Ieòu* | *kó jên* (s'il s'agit d'une armée), mais: **有丨千,丨萬人**, *Ieòu* | *ts'iēn*, | *ouán jên?* il y a combien de milliers, combien de fois dix mille hommes? De même: **你有丨歲**? *Gnì ieòu* | *soúi*? quel âge as-tu? se dit à un enfant au-dessous de dix ans.

蟣 *Kì.* | **子**, | *tsè*, lentes (œufs de poux).

麂 *Kì.* | **子**, | **子皮**, | *tsè*, | *tsè p'î*, daim, peau de daim.

己 *Kì.* Son, sa, ses, soi-même.

愛人如丨, *Gaí jên jôu* |, aimer son prochain comme soi-même.

我(v. 你, v. 他, v. 我們)自丨, *Gò (v. gnì, v. t'a, v. gò mên) tsé* |, moi-même, toi-même, lui-même, nous-mêmes.

自丨的人, v. 事, v. 錢, *Tsé* | *tĭ jên, v. sé, v. ts'iên*, gens à soi (de la même famille), ses affaires personnelles, ses propres sapèques.

我自丨做, *Gò tsé* | *tsóu*, je veux faire cela moi-même.

知丨知彼,將心比心, *Tchē* | *tchē pì, tsiāng sīn pì sīn*, se connaître, c'est connaître autrui, l'examen de son propre cœur fait connaître celui des autres.

紀 *Kì.* Annales, année.

綱丨, *Kāng* |, annales (voir *kāng*).

年丨, *Niên* |, âge, s'entend d'un âge un peu considérable.

你老的有好大年丨, *Gnì laò tĭ ieòu haò tá niên* |, mon vénérable, quel âge avez-vous?

你年丨大了, *Gnì niên* | *tá lò*, tu es trop âgé.

那个年丨大黠, *Là kó niên* | *tá tièn?* quel est le plus âgé?

有年丨的人, *Ieòu niên* | *tĭ jên*, les gens âgés, c'est un homme âgé.

經丨, *Kīn* |, courtier.

K'Ì

豈 *K'ì.* Comment?

丨敢, | *kàn*, comment oserais-je? c'est trop d'honneur (polit.).

丨不是好, | *poŭ ché haò?* n'est-ce pas bien? ne serait-ce pas bien ainsi?

起 *K'ì.* Ce mot est d'un emploi très fréquent dans le langage usuel; et il a des sens très variés dont les principaux sont: se lever, lever, s'élever, commencer, monter, enlever, se soulever, pouvoir; il est aussi la particule numérale des affaires.

丨**來**, 丨 *lâi,* se lever (étant assis ou couché), lève-toi donc; lever, pousser (en parlant des plantes).

請丨**來**, *Ts'ìn* 丨 *lâi,* je vous invite à vous lever (parole de politesse d'un supérieur à un inférieur qui lui fait la grande salutation).

丨**來不得**, 丨 *lâi poŭ tĕ·,* il ne peut se lever (il est trop malade).

趴丨**來,趴不**丨**來**, *P'â* 丨 *lâi, p'â poŭ* 丨 *lâi,* se lever en s'aidant des mains, ne pouvoir se lever.

一个多月沒有丨**床**, *ī kó tō iuĕ· mŏ ieòu* 丨 *tch'oûang,* il y a plus d'un mois qu'il n'a quitté le lit.

丨**來得早** (*v.* **遲**), 丨 *lâi tĕ· tsào* (*v. tch'ê*), se lever de bonne heure (ou bien, tard).

菜些都長丨**來了**, *Ts'ái sī toū tchàng* 丨 *lâi lò,* les légumes ont fini par bien pousser.

麥子丨**來了**, *Mĕ· tsè* 丨 *lâi lò,* le froment a levé, poussé.

饃饃不丨**來**, *Mô mō poŭ* 丨 *lâi,* le pain ne lève pas.

丨**包包**, *v.* 丨**紇繨**, 丨 *pāo pāo, v.* 丨 *kĕ· tă,* il se forme une tumeur, un bouton.

丨**灰**, 丨 *hoūi,* il s'élève de la poussière.

丨**心**, 丨 *sīn,* prendre une résolution.

丨**不好的心**, *v.* 丨**惡心惡意**, *v.* 丨**心不良**, 丨 *poŭ haò tī sīn, v.* 丨 *gŏ sīn gŏ í, v.* 丨 *sīn poŭ leâng,* se laisser aller à une pensée méchante, prendre une résolution criminelle.

在那裡丨**火**, *Tsái là lì* 丨 *hò?* où a commencé le feu?

患難大禍就從那裡丨, *Houán lán tá hó tsieóu ts'ông lá lì* 丨, toutes ces calamités, c'est précisément de là qu'elles viennent.

今天丨**,明天止**, *Kīn t'iēn* 丨, *mîn t'iēn tchè,* on commence aujourd'hui, et on finit demain.

丨**頭**, 丨**初**, 丨 *t'eôu,* 丨 *ts'ōu,* commencer, au commencement, dès le principe.

丨**身**, *v.* 丨**程**, 丨 *chēn, v.* 丨 *tch'ên,* partir, se mettre en route.

丨**不倒頭**, 丨 *poŭ taò t'eôu,* ne pouvoir commencer.

他先丨, *T'ā siēn* 丨, il a commencé le premier.

纔丨**不多年**, *Ts'âi* 丨 *poŭ tō niên,* cela a commencé depuis peu d'années.

丨**了市**, 丨 *lò ché,* le marché a commencé.

丨**勢**, 丨 *ché,* commencer, paraître.

長毛丨**勢那一年**, *Tch'âng mâo* 丨 *ché lá ī niên,* l'année où ont paru les rebelles *aux longs cheveux.*

丨**了彌撒**, 丨 *lò mî să,* la messe a commencé.

丨**一个學堂,一个場**, 丨 *ī hó hiŏ t'âng, ī kó tch'âng,* créer, commencer une école, un marché.

丨**坡** (*v.* **岸**, *v.* **坎**), 丨 *p'ō* (*v. gán, v. k'àn*), d'une barque monter sur la rive.

丨**載子**, 丨 *tsái tsè,* faire monter à terre le chargement d'un bateau, c.-à-d. décharger le bateau.

丨**貨**, 丨 *hó,* faire transporter des marchandises à un endroit déterminé.

今天買貨,明天來丨, *Kīn t'iēn mài hó, mîn t'iēn lâi* 丨, aujourd'hui j'achète les marchandises, demain je les ferai prendre.

丨**在坡上**, 丨 *tsái p'ō cháng,* décharger (les marchandises) du bateau sur la rive.

丨**一點坭巴**, 丨 *ī tièn gnî pā,* enlever un peu de terre.

丨**不**丨**走**, 丨 *poŭ* 丨 *tseòu,* ne pouvoir enlever.

丨**了一層**, 丨 *lò ī ts'ên,* on a enlevé une couche.

瘡好了丨**了一層皮**, *Tch'oūang haò lò,* 丨 *lò ī ts'ên p'î,* une fois l'abcès guéri, toute une plaque de peau s'est soulevée.

丨**子**, 丨 *tsè,* instrument en acier pour aiguiser les couteaux, en enlevant le morfil.

丨刀子, 丨 *tāo tsè*, affiler les couteaux avec cet instrument.

做 (*v.* 挑)不丨, *Tsóu (v. t'iāo) poŭ* 丨, je ne puis faire (ou porter) cela.

他來得丨, *T'ā lâi tĕ·* 丨, il est capable de faire cela.

我來不丨, *Gò lâi poŭ* 丨, je ne suis pas de taille pour cette affaire.

他穿得丨, *T'ā tch'ouān tĕ·* 丨, il est assez riche pour se payer de ces habits.

睡丨,立丨,横丨, *Chóui* 丨, *lĭ* 丨, *houân* 丨, couché, dressé debout, en travers.

這又是一丨, *Tché· ieóu ché ĭ* 丨, ceci est encore une autre espèce.

啟 *K'ì.* (employé dans un langage un peu plus relevé) enseigner, ouvrir.

丨蒙, 丨 *mông*, enseigner les premiers éléments aux enfants.

天主默丨他, *T'iēn Tchoù mĕ·* 丨 *t'ā*, Dieu lui inspira.

丨齒 (*v.* 口), 丨 *tch'è* (*v. k'còu*), ouvrir la bouche pour parler.

這件事難與丨齒, *Tché· kién sé lân iù* 丨 *tch'è*, ce n'est pas commode d'entamer cette question, c'est embarrassant à dire.

丨經, 丨 *kīn*, entonner les prières.

一丨一應, *ĭ* 丨 *ĭ ín*, par antiennes et par répons.

KÍ

記 *Kí.* Mémoire, se souvenir.

丨性, *v.* 丨含, 丨 *sín*, *v.* 丨 *hân*, faculté de la mémoire.

沒得丨性教他半天丨不倒, *Mŏ tĕ·* 丨 *sín, kiāo t'ā pán t'iēn,* 丨 *poŭ tào*, il n'a pas de mémoire, on a beau lui répéter la leçon une demi-journée, il ne retient rien.

丨得, *v.* 丨得倒, 丨 *tĕ·*, *v.* 丨 *tĕ· taò*, je me rappelle.

丨不得, *v.* 丨不倒, *v.* 丨不起, 丨 *poŭ tĕ·*, *v.* 丨 *poŭ taò*, *v.* 丨 *poŭ k'ì*, je ne me rappelle pas, je ne puis me rappeler.

丨不得那樣多, 丨 *poŭ tĕ· lá iáng* (*láng*) *tō*, je ne puis me rappeler tant de choses.

你念經丨得我, *Gnì nién kīn* 丨 *tĕ· gò*, souviens-toi de moi dans tes prières.

你丨得喫藥, *Gnì* 丨 *tĕ· tch'ĕ iŏ*, souviens-toi de prendre le médicament.

丨得你跟他說, 丨 *tĕ·, gnì kēn t'ā chŏ*, si tu y penses, dis-lui.

要常時丨念天主, *Iáo châng chê* 丨 *nién T'iēn Tchoù*, il faut toujours penser à Dieu.

他丨我的仇, *T'ā* 丨 *gò tĭ tch'eôu*, il me garde rancune.

奉教人丨不得仇, *Fóng kiáo jên* 丨 *poŭ tĕ· tch'eôu*, les chrétiens ne peuvent garder de la haine, des inimitiés.

忘丨, *Ouâng* 丨, oublier (voir *ouâng*).

不要忘丨了, *Poŭ iáo ouâng* 丨 *lò*, il ne faut pas oublier.

你拿這張像做丨念, *Gnì lá tché· tchāng siáng tsóu* 丨 *nién*, prends cette image comme souvenir.

丨在心, 丨 *tsái sīn*, conserver dans son cœur la mémoire d'une chose.

丨恩不丨仇 丨 *guēn poŭ* 丨 *tch'eôu*, il faut se souvenir des bienfaits, et non des injures.

好生丨倒, *Haò sēn* 丨 *taò*, rappelle-toi bien! prends-y bien garde!

我要丨倒你, *Gò iáo* 丨 *taò gnì*, je me souviendrai de toi! je te garde une dent!

丨不清楚, *v.* 丨不清白, 丨 *poŭ ts'īn ts'òu*, *v.* 丨 *poŭ ts'īn pĕ·*, ne pas se rappeler clairement.

丨號, 丨 *háo*, signe, signal.

打一个丨,打一个暗丨, *Tà ĭ kó* 丨, *tà ĭ kó gán* 丨, marquer, faire une marque secrète.

丨在簿子上, 丨 *tsái poú tsè cháng*, inscrire sur le registre.

忌 *Kí.* Détester, craindre, s'abstenir, néfaste.

丨恨人家, 丨 *hén jên kiā*, détester autrui.

丨諱，丨 *hoúi*, crainte superstitieuse ou révérentielle, qui fait éviter certaines paroles, certaines choses.

丨諱一句話，丨 *hoúi ī kú hoúa*, éviter un mot par crainte superstitieuse.

奉教人不丨諱（*v.* 沒得丨諱），*Fóng kiáo jên poŭ* 丨 *hoúi* (*v. mŏ tĕ·* 丨 *hoúi*), les chrétiens n'ont pas de ces observances ou craintes superstitieuses.

丨辰，丨 *chên*, jour néfaste de deuil.

今天丨辰官不問案，*Kīn t'iēn* 丨 *chên, koūan poŭ ouén gán*, aujourd'hui c'est un jour néfaste, le mandarin ne juge pas de procès.

丨月，丨 *iuĕ·*, 1ere, 5eme et 9eme lunes.

害病要丨發病的菜，*Hái pín iáo* 丨 *fă pín tĭ ts'ái*, un malade doit s'abstenir des mets contraires à son mal.

丨鴉片煙，丨酒，丨 *iā p'ién iēn*, 丨 *tsieòu*, renoncer à l'opium, au vin.

丨脫了，丨 *t'ŏ lò*, avoir réussi à se défaire de cette habitude (de l'opium, du vin, etc.).

計 *Kí*. Calculer, ruse, stratagème.

心丨，*Sīn* 丨, calculer de mémoire.

丨開貨物單，丨 *k'āi hó oŭ tān*, faire la liste ou le catalogue des marchandises.

算丨，*Soúan* 丨, imaginer des ruses.

丨較，丨 *kiáo*, ruse, combinaison.

魔鬼的丨較，*Mô koùi tĭ* 丨 *kiáo*, les ruses du diable.

用心丨較般般錯退步思量事事寬，*Ióng sīn* 丨 *kiáo pān pān ts'ó, t'oúi póu sē leâng, sé sé k'oūan*, en se pressant, tout va de travers; en sachant reculer et considérer à loisir, tout devient facile.

設一个丨策，*Chĕ· ī kó* 丨 *ts'ĕ·*, imaginer une ruse.

千方百丨，*Ts'iēn fāng pĕ·* 丨, mille moyens et cent stratagèmes.

將丨就丨，*Tsiāng* 丨 *tsieóu* 丨, prendre quelqu'un dans ses propres filets.

七十二丨走爲上丨，*Ts'ī chĕ eúl* 丨, *tseòu oûi cháng* 丨, sur les soixante-douze manières de se tirer d'affaire, la plus sûre est encore de filer.

人忙無丨，*Jên mâng ôu* 丨, l'homme empressé ne trouve pas d'expédient.

自悔失丨，*Tsé hoùi chĕ* 丨, regretter d'avoir laissé passer une bonne occasion.

他詭丨多端，*T'ā koùi* 丨 *tō toūan*, il est plein de fourberie.

繼 *Kí*. Venir à la suite, succéder.

相丨，*Siāng* 丨, se succéder.

丨父，丨母，丨 *fóu*, 丨 *mòu*, mari de la mère, marâtre.

丨兒子，丨 *eûl tsè*, fils d'un premier mariage de la femme.

丨業，丨 *niĕ·*, héritage paternel.

寄 *Kí*. Confier, dépôt; loger.

你的包袱丨在這裡，*Gnì tĭ pāo fŏu* 丨 *tsái tché· lì*, dépose ton paquet ici.

經堂不是丨東西的地頭，*Kīn t'âng poŭ ché* 丨 *tōng sī tĭ tí t'côu*, l'oratoire n'est pas un endroit pour déposer des objets.

丨一吓就來，丨 *ī há tsieóu lâi*, je vous confie (cet objet) pour un instant, je reviens aussitôt.

我丨跟你，*Gò* 丨 *kēn gnì*, je te le confie.

在人戶頭丨飯，丨站，丨宿（*v.* 歇），*Tsái jên fóu t'eôu* 丨 *fán*, 丨 *tchán*, 丨 *siŏu* (*v. hiĕ·*), prendre ses repas dans une famille, y loger, y coucher.

丨生子，丨 *sēn tsè*, gui, plante parasite.

桑丨生，*Sāng* 丨 *sēn*, gui du mûrier.

既 *Kí*. 丨然，丨 *jân*, puisque.

丨是來了我不說，丨 *ché lâi lò, gò poŭ chŏ*, puisqu'il est venu, je ne dirai rien.

丨是這樣你不消去，丨 *ché tché· iáng, gnì poŭ siāo k'ú*, puisqu'il en est ainsi, tu n'as pas besoin d'y aller.

季 *Kí*. Saison.

一丨，*ī* 丨, une saison.

上丨，下丨，*Cháng* 丨, *hiá* 丨, 1ere partie de l'année, 2eme partie de l'année.

一年四｜, *v.* **週年四｜**, *I niên sé* ｜, *v. tcheōu niên sé* ｜, *litt.* toute l'année et les 4 saisons, c.-à-d. toute l'année.

四｜齋(*v.* **減**), *Sé* ｜ *tchāi (v. kièn)*, le jeûne (ou l'abstinence) des Quatre-Temps.

伎 *Kí. v.* **｜倆**, *v.* **｜巧**, ｜ *leàng, v.* ｜ *k'iào*, Adresse, ruse.

K'Í

氣 *K'í.* Air, temps, odeur, force, haleine, chagrin, colère, vapeur, apparence, caractère.

理｜, *Lì* ｜, les deux principes, le premier immatériel, le second matériel (qui selon les docteurs chinois forment l'origine de toutes choses).

節｜, *Tsiĕ·* ｜, les 24 divisions de l'année chinoise.

天｜, **天｜大**, *T'iēn* ｜, *t'iēn* ｜ *tá*, température, il fait très chaud.

地｜, *Tí* ｜, exhalaisons qui viennent de la terre, humidité.

瘴｜, **瘟｜**, *Tcháng* ｜, *ouēn* ｜, air insalubre, pestilentiel.

潮｜, *v.* **濕｜**, *Tch'âo* ｜, *v. chĕ* ｜, humidité.

香｜; **臭｜**, *v.* **穢｜**, *Hiāng* ｜; *tch'éou* ｜, *v. oúi (v. iú)* ｜, bonne odeur, puanteur.

有一點｜色(*v.* ｜ ｜), *Ieòu ĭ tièn* ｜ *sĕ·* (*v.* ｜ ｜), il y a un peu d'odeur.

餿｜, **霉｜**, **焩｜**, *Seōu* ｜, *mêi* ｜, *fōu* ｜, odeur de rance, de moisi, de brûlé.

運｜, **福｜**, *Iún* ｜, *foŭ* ｜, souffle de la fortune, du bonheur.

運｜不足憑, *Iún* ｜ *poŭ tsiŏ p'in*, on ne peut pas compter sur la fortune.

毒｜, *Tŏu* ｜, air empoisonné, force du poison; au fig. méchanceté.

要使｜力, *Iáo chè* ｜ *lĭ*, il faut dépenser des forces.

這个人｜力大, *Tché· kó jên* ｜ *lĭ tá*, cet homme est très fort.

歇｜, *Hiĕ·* ｜, se reposer.

｜出不贏, ｜ *tch'ŏu poŭ în*, être haletant, avoir la respiration pressée.

出不得｜, *Tch'ŏu poŭ tĕ·* ｜, ne pouvoir respirer.

上｜接不倒下｜, *Cháng* ｜ *tsiĕ· poŭ taò hiá* ｜, avoir de la peine à respirer, avoir la respiration très lente.

喘｜得狠, *Tch'oùan (v. tch'ouài)* ｜ *tĕ· hèn*, être hors d'haleine.

要落｜, *Iáo lŏ* ｜, il va expirer.

小｜, *Siào* ｜, susceptibilité.

你不要小｜, *Gnì poŭ iáo siào* ｜, ne sois pas si susceptible.

發｜得狠, *Fă* ｜ *tĕ· hèn*, se fâcher très fort.

怒｜冲天, *Loú* ｜ *tch'ōng t'iēn*, les vapeurs de la colère montent jusqu'au ciel, c.-à-d. grande colère.

使｜不做, *Chè* ｜ *poŭ tsóu*, par dépit refuser de travailler.

在人家身上出｜, *Tsái jên kiā chēn cháng tch'ŏu* ｜, décharger sa colère sur le dos d'autrui.

這些娃娃淘｜, *Tché· sī oûa oûa t'âo* ｜, ces enfants vous font faire de la bile.

慪｜, *Gnéou* ｜, avoir du chagrin.

｜人, ｜ *jên*, chagriner les gens; haïr quelqu'un.

｜死人, ｜ *sè jên*, c'est à faire mourir de chagrin.

他是｜死了, *T'ā ché* ｜ *sè lò*, il est mort de chagrin.

你不｜我就不要說｜話, *Gnì poŭ* ｜ *gò, tsiéou poŭ iáo chŏ* ｜ *hoúa*, si tu n'es pas fâché contre moi, il ne faut pas dire des paroles d'amertume.

｜昏了, ｜ *hoūen lò*, il a perdu la raison de colère.

受人家的｜, *Chéou jên kiā tĭ* ｜, avoir à supporter la mauvaise humeur de quelqu'un.

我｜他不過, *Gò* ｜ *t'ā poŭ kó*, je ne puis lui pardonner cela.

話明｜散, *Hóua mîn* ｜ *sán*, après qu'on s'est expliqué, il ne reste plus de rancune.

不服｜, *Poŭ fŏu* ｜, se rebiffer, se révolter intérieurement.

爲一口 |, *Oúi ĭ k'eòu* |, pour un petit ressentiment.

| 水, | *choùi*, vapeur d'eau.

穀子今天只乾得倒水 |, *Kǒu tsè kīn t'iēn tchè (tchĕ) kān tĕ taò choùi* |, aujourd'hui le riz ne pourra être séché complétement, mais seulement quant à l'humidité extérieure.

人的 | 像, *Jên tĭ* | *siáng*, la tournure, l'extérieur de quelqu'un.

秀 |, *Sieóu* |, élégant, délicat.

名 |, *Mîn* |, réputation, renom.

山珍海味只圖一點名 |, *Chān tchēn hài oúi, tchè (tchĕ) t'ôu ĭ tièn mîn* |, les mets rares et recherchés (qui viennent des montagnes et des mers), ce n'est qu'une affaire de renom, de parade.

不傷和 |, *Poŭ chāng hô* |, ne pas blesser la charité, ni rompre la concorde.

增 |, *Tsēn* |, faire des efforts (pour arriver à quelque chose).

我的兒子不增 |, *Gò tĭ eûl tsè poŭ tsēn* |, mon fils est un propre à rien.

要有志 |, *Iáo ieòu tché* |, il faut avoir de l'énergie dans le caractère.

脾 |, *P'î* |, le caractère, le naturel de quelqu'un.

他脾 | 不好, *T'a p'î* | *poŭ hào*, il a mauvais caractère.

這匹馬有點脾 |, *Tché p'ĭ (p'ì) mà ieòu tièn p'î* |, ce cheval a des caprices.

器 *K'í*. Ustensile, vase, instrument, capacité.

| 皿, | *mìn*, instrument en général.

這是啥子 | 皿, *Tché· ché chá tsè* | *mìn*? qu'est-ce que cela?

軍 |, *Kūin* |, armes du soldat.

鴉片煙不吃了煙 | 都丟了, *Iā p'ién iēn poŭ tch'ĕ lò, iēn* | *tōu tieōu lò*, il ne fume plus l'opium, il a même jeté ses instruments à fumer.

磁 |, 磁 | 的, *Ts'ê* |, *ts'ê* | *tĭ*, porcelaine, en porcelaine.

成 |, *Tch'ên* |, avoir de la capacité, être apte.

這个小夥子難得成 |, *Tché· kó siào hò tsè lân tĕ· tch'ên* |, ce jeune homme fera difficilement quelque chose de bon.

機 | 局, *Kī* | *kŭ (v. kiŏu)*, arsenal.

棄 *K'í*. Rejeter, abandonner, mépriser.

嫌 (*v.* 厭) |, *Hiên (v. ién)* |, mépriser, repousser.

捨 |, *Chè·* |, abandonner, rejeter.

| 絕, | *tsuĕ·*, rejeter complétement, excommunier.

犯 | 絕的罪, *Fán* | *tsuĕ· tĭ tsoúi*, encourir l'excommunication.

| 絕魔鬼魔鬼的工夫魔鬼的虛臉面, | *tsuĕ· mô koùi, mô koùi tĭ kōng fōu, mô koùi tĭ hū lièn mién*, renoncer au diable, à ses œuvres, à ses pompes.

自暴自 | 的人, *Tsé páo tsé* | *tĭ jên*, homme qui ne tient plus compte de rien, qui a complétement perdu sa dignité.

契 *K'í*. Contrat, titre de propriété.

| 約, *v.* | 書, *v.* | 紙, | *iŏ, v.* | *chōu, v.* | *tchè*, contrat de vente et d'achat.

紅 |, *Hông* |, ce contrat timbré par le mandarin.

撥糧稅 |, *Pŏ leâng choúi* |, faire timbrer un contrat d'achat, et reporter l'impôt du vendeur à son propre nom.

明天立 |, *Mîn t'iēn lĭ* |, demain on dressera le contrat.

老 |, *Lào* |, vieux titre que le vendeur livre à l'acquéreur, tout en lui en faisant un nouveau qu'on appelle: 新 |, *Sīn* |, nouveau titre de possession.

過山 |, *v.* 過岡 |, *Kó chān* |, *v. kó kāng* |, le plus récent des anciens titres de possession.

紅 | 的抄白, *Hông* | *tĭ tch'āo pĕ·*, copie d'un titre.

夥 |, *Hò* |, associé, ami.

KĬ

極 *Kĭ (v. kiĕ·)*. Sommet, faîte, superlatif.

四 |, *Sé* |, les quatre points cardinaux

北 | ,南 | , *Pĕ·* | , *lân* | , pôle nord, pôle sud.

六 | (上下前後左右), *Lŏu* | *(cháng, hiá, ts'iĕn, heóu, tsò, ieóu)*, les 6 faces d'un cube, à savoir: la supérieure, l'inférieure, la face antérieure, la postérieure, la gauche, et la droite.

太 | , *T'ái* | , le premier principe de toutes choses, d'après certains philosophes chinois.

| 多, | *tō*, extrêmement nombreux, beaucoup.

| 少, | *chào*, très peu; à tout le moins.

| 好, | *hào*, très bien.

胆小至 | , *Tàn siào tché* | , excessivement peureux.

吉 *Kĭ*. Heureux, de bon augure.

| 凶, | *hiōng*, bonheur et malheur.

大 | 大利, *Tá* | *tá lí*, grand bonheur et grande prospérité.

開門大 | , *K'ai mên tá* | , en ouvrant la porte, on trouve le bonheur (inscription superstitieuse pour appeler la bonne fortune).

| 人自有天相, | *jên tsé ieòu t'iēn siáng*, l'homme fortuné est aidé du ciel.

| 兆, | *tcháo*, présage heureux.

及 *Kĭ*. Et; parvenir.

來(*v.* 赶)不 | 了, *Lâi (v. kàn) poŭ* | *lò*, (litt.) ne plus pouvoir arriver (ou bien, atteindre), c.-à-d. c'est trop tard.

不過不 | , *Poŭ kó poŭ* | , ni trop, ni trop peu; assez bien.

級 *Kĭ*. Grade, degré (au propre et au fig.).

品 | , *v.* 等 | , *P'ìn* | , *v. tèn* | , dignité, grade.

品 | 祕跡, *P'ìn* | *pĭ tsĭ*, sacrement de l'Ordre.

加 | ,降 | , *Kiā* | , *kiáng* | , monter en grade; être dégradé, perdre des bons points.

大老爺爲這件事受罰降三 | , *Tá laò iê· oúi tché· kién sé cheóu fă kiáng sān* | , pour cette affaire, le mandarin a été puni et dégradé de trois degrés.

棘 *Kĭ*. Épine, piquer.

荆 | , *Kīn* | , épines (voir *kīn*).

| 手, | *cheòu*, (litt.) chose qui blesse la main, c.-à-d. affaire difficile, épineuse.

這宗病太醫 | 手無方, *Tché· tsōng pín t'ái ĭ* | *cheòu oû fāng*, ces sortes de maladies mettent les médecins sur les dents, ils n'y trouvent pas de remède.

激 *Kĭ*. Eau qui devant un obstacle s'élève en bouillonnant (au propre et au fig.).

感 | , *v.* 動 | , *Kàn* | , *v. tóng* | , se sentir ému, émouvoir.

是人家 | 起他來, *Ché jên kiā* | *k'ì t'a lâi*, ce sont d'autres qui l'ont poussé, excité à venir.

急 *Kĭ*. Prompt, pressé, réduit aux abois.

性(*v.* 性子) | , *Sín (v. sín tsè)* | , vif de caractère.

你 | 狠了他又皮得狠, *Gnì* | *hèn lò, t'a ieóu p'î tĕ· hèn*, tu es trop vif; lui, est trop lambin.

有甚麽 | 事, *Ieòu chén mô* | *sé?* qu'y a-t-il de si pressé?

緊 | 事, *Kìn* | *sé*, affaire urgente, d'importance.

| 病, | *pín*, maladie subite.

走 | 狠了, *Tseòu* | *hèn lò*, j'ai marché trop vite.

| 忙來不倒, | *mâng lâi poŭ taò*, il ne pourra pas venir si vite, de sitôt.

趕 | , *Kàn* | , se presser pour un ouvrage.

趕(*v.* 走) | 點來, *Kàn (v. tseòu)* | *tièn lâi*, viens donc plus vite.

| 速改過, | *siŏ (v. siŏu) kài kó*, se corriger promptement.

帶 | 信, *Tái* | *sín*, porter une lettre, une nouvelle pressée.

千 | 千 | , *Ts'iēn* | *ts'iēn* | , c'est très pressé (recommandation).

丨迫，丨*p'ĕ*, être pressé, être dans l'angoisse.

閒時辦來丨時用，*Hiên chĕ pán lâi*, 丨 *chĕ ióng*, s'approvisionner en temps ordinaire, pour avoir de quoi subvenir aux besoins imprévus.

K'Ĭ

吃 *K'ĭ (Tch'ĕ)*. Manger et boire.

丨飯，丨茶，丨 *fán*, 丨 *tch'â*, manger le riz, boire le thé.

不好丨，*Poŭ hào* 丨，pas bon à manger.

丨煙，丨 *iēn*, fumer du tabac ou de l'opium.

KIĀ

加 *Kiā*. Mettre dessus, ajouter, augmenter.

丨增，丨 *tsēn*, augmenter.

請丨懷，*Ts'ìn* 丨 *houâi*, je vous souhaite bon appétit.

罪上丨罪，*Tsoúi cháng* 丨 *tsoúi*, entasser péché sur péché.

担子重了丨不得，*v.* 丨不上，*v.* 丨不起了，*Tán tsè tchóng lò* 丨 *poŭ tĕ*, *v.* 丨 *poŭ cháng*, *v.* 丨 *poŭ k'ì lò*, le fardeau est lourd, on n'y peut rien ajouter.

丨兵，丨 *pīn*, augmenter le nombre des soldats; envoyer des soldats, par ex. pour réprimer une révolte.

不丨刑不招，*Poŭ* 丨 *hîn poŭ tchāo*, sans l'emploi de la torture, il n'avouera pas.

不丨病不得死，*Poŭ* 丨 *pín poŭ tĕ sè*, si la maladie ne s'aggrave pas, il ne mourra pas.

要丨補一百銀子，*Iáo* 丨 *poù ĭ pĕ în tsè*, il faudra un supplément de 100 taëls.

烘籠子裡頭丨一點火，*Hōng lông tsè ì (lì) t'eôu* 丨 *ĭ tièn hò*, mettre un peu de feu dans la chaufferette.

這个菜要丨一點鹽，*v.* 醋，*v.* 糖，*Tche kó ts'ái iáo* 丨 *ĭ tièn iên*, *v.* *ts'óu*, *v.* *t'âng*, ce mets manque un peu de sel, ou de vinaigre, ou de sucre.

秤不彀要丨，*Tch'én poŭ keóu iáo* 丨, on m'a fait la balance trop faible, il faut suppléer.

斗小要丨一*v.*二，*Teòu siào, iáo* 丨 *ĭ v. eúl*, le boisseau est trop petit, il faut augmenter de 1 ou de 2 dixièmes.

我丨你一耳巴，*Gò* 丨 *gnì ĭ eùl pā*, je t'applique un soufflet.

天主丨我的患難，*T'iēn Tchòu* 丨 *gò tĭ houán lán*, Dieu m'envoie des tribulations.

你求天主丨你的力量，*Gnì k'ieôu T'iēn Tchòu* 丨 *gnì tĭ lĭ leáng*, prie Dieu d'augmenter tes forces.

丨害，丨 *hái*, causer du dommage.

不欲人丨諸我我亦勿丨諸人，*Poŭ iŏ jên* 丨 *tchōu gò, gò ĭ oŭ* 丨 *tchōu jên*, je ne dois pas faire à autrui ce que je ne veux pas qu'on me fasse.

又丨頂首又丨租子，*Icóu* 丨 *tìn cheòu, icóu* 丨 *tsōu tsè*, augmenter à la fois et la somme d'assurance, et la redevance annuelle d'un fermier.

丨一倍，丨兩倍，丨 *ĭ péi*, 丨 *leàng péi*, doubler, tripler (ajouter une fois, deux fois autant).

丨不的，丨 *poŭ tĭ*, je ne saurais affirmer, je ne suis pas sûr.

有丨敢你去，*Ieòu* 丨 *kàn, gnì k'ú*, si tu te sens de taille, vas-y.

丨敢不倒，*v.* 丨敢不住，*v.* 丨敢不定，丨 *kàn poŭ tào*, *v.* 丨 *kàn poŭ tchóu*, *v.* 丨 *kàn poŭ tín*, je n'en sais trop rien.

耞 *Kiā*. 連丨，*Liên* 丨 *(v. liên kái)*, fléau pour battre les céréales.

枷 *Kiā*. Cangue, joug.

帶丨，*Tái* 丨，porter la cangue.

丨號兩个月，丨 *háo leàng kó iuĕ*, condamné à la cangue pour deux mois.

帶萬年丨，*Tái ouán niên* 丨，porter la cangue toute la vie.

官把他丨起，*Kouān pà t'ā* 丨 *k'ì*, le mandarin l'a condamné à la cangue.

圓圓丨，*Iuên iuên* 丨，cangue ronde.

連二三｜, *Lién eûl sān* ｜, cangue double ou triple, portée à la fois par deux ou trois individus.

｜擔, ｜ *tān*, joug pour atteler le buffle.

迦 *Kiā*. 釋｜, *Chĕ* ｜, nom de famille de Bouddha.

袈 *Kiā*. ｜裟, ｜ *chā*, chape des bonzes.

家 *Kiā*. Famille, secte ou classe d'individus; apprivoisé.

一｜人, *ĭ* ｜ *jên*, toute une famille.

你｜下好多人, *Gnì* ｜ *hiá haò tō jên?* dans ta famille combien y a-t-il de personnes?

我一｜八口, *Gò ĭ* ｜ *pá k'eòu*, ma famille est de huit personnes.

安｜, ｜室, ｜業, ｜神, 冤｜, 屍｜, ｜鄉, *Gān* ｜, ｜ *chĕ*, ｜ *niĕ*, ｜ *chên*, *iuēn* ｜, *chē* ｜, ｜ *hiāng*, voyez *gān*, *chĕ*, etc.

｜門, ｜ *mên*, parents du côté paternel.

認｜門, *Jén* ｜ *mên*, se reconnaître comme parents (ce qui se fait souvent entre ceux qui ont le même nom de famille).

他們同姓就認｜門, *T'ā mên t'ông sín, tsieóu jén* ｜ *mên*, parce qu'ils sont du même nom, ils se reconnaissent comme parents.

｜門叔姪, ｜ *mên chŏu tchĕ*, parents, oncle, neveux: expression vague pour désigner toute la parenté.

｜眷, ｜ *kuén*, femme et enfants.

｜祖, ｜父, ｜母, ｜兄, ｜姐, ｜ *tsòu*, ｜ *fóu*, ｜ *mòu*, ｜ *hiōng*, ｜ *tsiè*, *etc.*, mon aïeul, mon père, ma mère, mon frère aîné, ma sœur aînée, etc.

他的｜底(*v.* 道, *v.* 當, *v.* 廊)好, *T'ā tĭ* ｜ *tì* (*v. táo, v. táng, v. lâng*) *hào*, il a de la fortune.

清官難判｜屋事, *Ts'īn kouān lân p'án* ｜ *oŭ sé*, même un bon mandarin a du mal à dirimer les affaires de famille.

他們幾妯娌吵分｜, *T'ā mên kì tchŏu lì tch'ào fēn* ｜, les femmes font le tapage pour presser la division des biens de famille.

｜｜戶戶, *v.* ｜｜人戶, ｜ ｜ *fóu fóu*, *v.* ｜ ｜ *jên fóu*, chaque famille.

大｜(*v.* 官｜)人戶, *Tá* ｜ (*v. kouān* ｜) *jên fóu*, famille opulente et noble.

貧｜小戶, *P'în* ｜ *siào fóu*, petites gens.

｜公, ｜婆, ｜ *kōng*, ｜ *p'ô*, grand-père et grand'mère maternels.

親｜, *Ts'īn* ｜, familles unies par alliance.

打親｜, *v.* 打兒女親｜, *Tà ts'īn* ｜, *v. tà eûl niu ts'īn* ｜, s'allier par le mariage des enfants.

｜人, *v.* ｜丁, *v.* ｜奴, *v.* ｜童, ｜ *jên*, *v.* ｜ *tīn*, *v.* ｜ *lôu*, *v.* ｜ *t'ông*, employé ou domestique de grande maison.

我｜屋的人, *Gò* ｜ *oŭ tĭ jên*. les gens de ma famille.

｜傳, ｜ *tch'oûan*, traditions de famille.

談些｜場(*v.* 常)事, *T'ân sī* ｜ *tch'âng* (*v. châng*) *sé*, s'entretenir des affaires de la famille.

坐｜房子, *Tsó* ｜ *fâng tsè*, logement de famille.

東｜, *Tōng* ｜, parents qui entretiennent un maître d'école; patron, le maître de la maison; bailleur de fonds.

當｜人, *Tāng* ｜ *jên*, celui qui gère les biens de la famille; le mari.

｜有千口主事一人, ｜ *ieòu ts'iēn k'eòu, tchòu sé ĭ jên*, dans une famille, y eût-il mille personnes, il ne faut qu'un maître chargé de régler les affaires.

不顧｜(*v.* ｜務), *Poŭ kóu* ｜ (*v.* ｜ *oú*), ne pas s'occuper de sa famille.

｜富小兒驕, ｜ *fóu siào eûl kiāo*, dans une famille riche les enfants sont fiers.

｜貧思賢妻, ｜ *p'în sē hiên ts'ī*, quand la famille est pauvre, il faut chercher une femme sage.

掙｜, 搬｜, *Tsén* ｜, *pān* ｜, relever une famille, déménager.

抄｜滅族, *Tch'āo* ｜ *miĕ ts'ŏu*, exterminer une famille avec toute la parenté.

傾｜破產, *K'ūin* ｜ *p'ó tch'àn*, ruiner complétement sa famille.

丨敗人亡，丨 *pái jên ouâng*, ruine de la famille, corps et biens.

操丨，*Ts'āo* 丨，s'occuper des affaires du ménage.

二丨情願，*Eúl* 丨 *ts'în iuén*, les deux familles, les deux partis consentent.

儒丨，道丨，釋丨，*Jôu* 丨，*táo* 丨，*chĕ* 丨，la secte des lettrés, des docteurs de la raison, des bouddhistes.

農丨，醫丨，天文丨，*Lông* 丨，*ī* 丨，*t'iēn ouên* 丨，les cultivateurs, les médecins, les astronomes.

國丨，*Kouĕ* 丨，le gouvernement.

蠻丨，苗丨，*Mân* 丨，*miâo* 丨，les *Mân tsè*, les *Miâo tsè*.

自丨，*Tsé* 丨，soi-même.

大丨，*v.* 齊丨，*Tá* 丨，*v. ts'î* 丨，tous, tous ensemble. (*Ts'î kiā* signifie aussi: bien gouverner sa famille.)

只曉得害人丨，*Tchĕ (tchĕ) hiào tĕ hái jên* 丨，il ne sait que nuire à autrui.

丨雞沒得野雞好看，丨 *kī mŏ tĕ iè kī hào k'án*, le coq domestique n'est pas aussi beau que le faisan.

餵丨，餵不丨，*Oúi* 丨，*oúi poŭ* 丨，apprivoiser (au propr. et au fig.); ne pouvoir apprivoiser.

丨夥（*v.* 傢伙），丨 *hò*, dans le langage populaire se joint, sans y ajouter grand sens, à beaucoup d'adjectifs exprimant une qualité:

好丨夥，懶丨夥，皮丨夥，*Hào* 丨 *hò*, *làn* 丨 *hò*, *p'î* 丨 *hò*, riche, à l'aise, excellent; paresseux; lambin.

傢 *Kiā*. 丨伙，*v.* 丨事，丨 *hò*, *v.* 丨 *sé*, ustensile quelconque, outil.

找甚麽丨事裝米，*Tchào chén mô* 丨 *sé tchoūang mì*, cherche quelque chose pour mettre le riz.

一切動用丨伙，*ī ts'iĕ tóng ióng* 丨 *hò*, tous les ustensiles dont on a besoin.

木匠的丨事，*Môu tsiáng tī* 丨 *sé*, outils de menuisier.

丨事不齊，丨 *sé poŭ ts'î*, les outils ne sont pas au complet.

稼 *Kiā (kiá)*. Semer, planter.

庄丨，*Tchoūang* 丨，moissons, agriculture.

做莊丨，*Tsóu tchoūang* 丨，faire de l'agriculture.

莊丨漢，*Tchoūang* 丨 *hán*, cultivateur.

今年子的庄丨不好，*Kīn niên tsè tī tchoūang* 丨 *poŭ hào*, cette année l'agriculture ne réussit guère.

KIÀ

假 *Kià*. Faux, prétexte, simulé; emprunter.

不曉得眞丨，*Poŭ hiào tĕ tchēn* 丨，je ne sais si c'est vrai ou faux.

盡是丨的，*Tsín ché* 丨 *tī*, tout est faux.

這个銀子有丨，*Tché kó în tsè ieòu* 丨，cet argent a du faux.

丨哥，丨 *kō*, individu qui fait le faquin, sans avoir de quoi.

這个人丨得很，*Tché kó jên* 丨 *tĕ hèn*, cet homme est extrêmement hypocrite.

到底教是眞的人是丨的，*Táo tì kiáo ché tchēn tī, jên ché* 丨 *tī*, en somme la religion est vraie, mais les hommes (qui la professent) peuvent être trompeurs.

他害病都是丨故事，*T'a hái pín tōu ché* 丨 *kou sé*, sa maladie est une feinte.

丨如你犯了事，丨 *jôu gnì fán lò sé*, supposons, (ou, par exemple) tu as commis un délit.

丨裝不曉得，丨 *tchoūang poŭ hiào tĕ*, faire semblant de ne pas savoir.

丨裝本分人，丨 *tchoūang pèn fén jên*, il fait le simple, le bonhomme.

丨巴意思沒有聽見，丨 *pā í sé mŏ ieòu t'in kién*, il fait semblant de n'avoir pas entendu.

他丨意來問我，*T'a* 丨 *í lâi ouén gò*, il feint de m'interroger (quoiqu'il sache bien).

賣丨貨，*Mái* 丨 *hó*, vendre du faux.

做丨，*Tsóu* 丨，falsifier.

這宗貨｜不得(v. 不得｜), Tché tsōng hó｜poŭ tĕ (v. poŭ tĕ｜), cette sorte de marchandise ne doit pas (ou ne peut pas) être falsifiée.

弄｜成眞, Lóng｜tch'ĕn tchēn, ce qu'on a avancé d'abord pour tromper, finit par se trouver vrai; donner le faux pour le vrai.

KIÁ

假 Kiá. Congé.

告(v. 請)｜, Káo (v. ts'ìn)｜, demander un congé.

｜滿, ｜màn, à l'expiration du congé.

價 Kiá. Prix, valeur.

｜錢, v. ｜值, ｜ts'iên, v. ｜tchĕ, même sens.

值｜, 不值｜, Tchĕ｜, poŭ tchĕ｜, avoir de la valeur, être cher; n'avoir pas de valeur.

這个人不值｜, Tché kó jĕn poŭ tchĕ｜, cet homme ne vaut pas cher (soit réellement, soit, plus rarement, parce qu'il se prodigue).

米甚麼｜錢, Mì chén mô｜ts'iên? à quel prix le riz?

有｜錢, 沒得｜錢, Ieòu｜ts'iên, mŏ tĕ｜ts'iên, c'est à bon prix, c'est à bas prix.

賣不起｜錢, Mái poŭ k'ì｜ts'iên, cela ne se vend guère bien, c'est à bas prix.

不出(v. 出不起)｜錢, Poŭ tch'ŏu (v. tch'ŏu poŭ k'ì)｜ts'iên, on ne veut (ou on ne peut) pas offrir un prix convenable.

｜錢說(v. 扯)不攏, ｜ts'iên chŏ (tch'è) poŭ lòng, on ne peut tomber d'accord pour le prix.

｜錢高(矮), ｜ts'iên kaō (v. gài), prix élevé (ou bien, bas).

雙｜錢, Choūang｜ts'iên, prix double: deux fois ce que vaut l'objet.

定｜, Tín｜, fixer un prix.

這宗貨沒定｜, v. 無碑｜, Tché tsōng hó mŏ tín｜, v. oû pēi｜, ces marchandises n'ont pas de prix fixé.

講(v. 說, v. 批)｜, Kiàng (v. chŏ, v. p'ēi)｜, débattre, estimer le prix.

你帮倒說(v. 圓)｜, Gnì pāng taò chŏ (v. iuên)｜, aide à débattre le prix.

他喊㗂子｜, T'ā hàn chá tsè｜, quel prix demande-t-il?

你還他㗂子｜, Gnì houân t'ā chá tsè｜, quel prix lui offres-tu?

熬｜, 讓｜, Gāo｜, jáng｜, tenir le prix élevé, abaisser le prix.

米長｜, 跌｜, Mì tchàng｜, tiĕ｜, le riz monte, il baisse.

騰空交｜, T'ĕn k'ōng kiāo｜, une fois la maison vide et livrée, on versera le prix d'achat.

貨眞｜實, Hó tchēn｜chĕ, les marchandises sont de bonne qualité, et le prix en est juste.

買｜, 賣｜, Mài｜, mái｜, prix d'achat, prix de vente.

這股地方我照買｜讓跟你, Tché koù tí fāng gò tcháo mài｜jáng kĕn gnì, ce terrain, je te le cède au prix d'achat.

駕 Kiá. Char, atteler; titre de politesse.

｜馬, ｜牛, ｜mà, ｜nieôu, atteler des chevaux, des bœufs.

｜車, ｜船, ｜tch'ē, ｜tch'oûan, atteler un char; gouverner une barque, mener une barque pour son propre compte.

｜雲, ｜iûn, (litt.) monter sur les nuages, c.-à-d. dire des mensonges.

聖｜, Chén｜, litt. le Saint Char, l'Empereur. (En certains pays les Chrétiens se servent de cette expression pour saluer leur curé.)

聖｜平安, Chén｜p'în gān? le Père va-t-il bien?

尊(v. 太)｜, v. ｜台, Tsēn (v. t'ái)｜, v. ｜t'âi, (style relevé): Monsieur, Votre Seigneurie.

候｜, 迎｜, Heóu｜, în｜, je vous attendrai, j'irai au-devant de vous, Monsieur.

架 *Kiá*. Échafaud, étagère; particule numérale des machines.

十字｜, *Chě tsé* ｜, échafaud en forme de croix.

十字聖｜, *Chě tsé chén* ｜, la Ste Croix.

立房｜, *Lĭ fâng* ｜, élever la charpente d'une maison.

一个｜｜, *ĭ kó* ｜｜, une machine, une carcasse.

房子打得光｜｜, *Fâng tsè tà tĕ kouāng* ｜｜, la maison a été démolie au point qu'il n'en reste plus que la carcasse.

床｜子,書｜子, *Tch'oûang* ｜ *tsè, chōu* ｜ *tsè*, montants d'un bois de lit, pupitre.

｜起的, ｜ *k'ì tĭ*, croisé.

｜起筷子, ｜ *k'ì k'oúai tsè*, poser les bâtonnets en croix.

肘起｜子耍(*v.* **講**, *v.* **玩 排場扯｜子**, *Tcheòu k'ì* ｜ *tsè chouà (v. kiàng, v. ouán) p'âi tch'âng tch'è* ｜ *tsè*, se donner de grands airs, mener un grand train, peu en rapport avec sa position.

吵｜,打｜,咬｜, *Tch'ào* ｜, *tà* ｜; *gaò* ｜, se quereller, se battre; s'entre-mordre (en parlant des chiens).

做事要做過｜, *Tsóu sé iáo tsóu kó* ｜, tant qu'à faire les choses, il faut les faire complétement.

攪過了｜了, *Kaò kó lò* ｜ *lò*, c'est complétement achevé, c'est fini.

你攪些嚟子｜子, *Gnì kaò sī chá tsè* ｜ *tsè?* qu'est-ce que tu fais là?

一｜車子,一｜鐘, *ĭ* ｜ *tch'ē tsè, ĭ* ｜ *tchōng, etc.*, une noria, une horloge, etc.

嫁 *Kiá*. Marier sa fille, prendre un époux.

他的女一把連｜了, *T'ā tĭ niù ĭ pà liên* ｜ *lò*, il a marié toutes ses filles.

｜在發財人戶, ｜ *tsái fă ts'âi jên foú*, mariée dans une famille riche.

｜出門的女潑出去的水, ｜ *tch'ŏu mên tĭ niù, p'ŏ tch'ŏu k'ú tĭ choùi*, une fille mariée est comme de l'eau répandue (qu'on ne peut plus recueillir).

烈女不｜二夫, *Liĕ niù poŭ* ｜ *eúl foū*, une femme de caractère ne connaît qu'un époux (ne se marie pas deux fois).

好女不穿｜粧衣, *Hào niù poŭ tch'oūan* ｜ *tchoūang ī*, une bonne fille ne met pas les habits reçus en dot.

這个婦人｜了幾道, *Tché kó foú jên* ｜ *lò kì táo*, cette femme a été mariée plusieurs fois; ou bien, a été mariée combien de fois?

出｜, *v.* **改｜**, *Tch'ŏu* ｜, *v. kài* ｜, femme qui se remarie après la mort de son conjoint.

我不願｜跟他, *Gò poŭ iuén* ｜ *kēn t'ā*, je ne veux pas me marier avec lui.

陪｜,行｜, *P'êi* ｜, *hîn* ｜, dot; meubles donnés en dot à une fille.

KIĂ

甲 *Kiă*. Premier caractère du cycle; écaille, cuirasse; subdivision de la garde nationale.

｜子, ｜ *tsè*, première année du cycle. (Voir le tableau du Cycle au Supplément.)

一輪｜子, *v.* **花｜**, *ĭ lên* ｜ *tsè, v. hoūa* ｜, soixante ans, un cycle complet.

貴｜子, *Koúi* ｜ *tsè?* de quelle année du cycle êtes-vous? quel âge avez-vous?

你是嚟子｜子, *Gnì ché chá tsè* ｜ *tsè?* même sens.

我的｜子是癸亥, *Gò tĭ* ｜ *tsè ché koúi (v. koùi) hái*, je suis né en l'année *koúi (v. koùi) hái* (1863).

我算不來｜子, *Gò souán poŭ lâi* ｜ *tsè*, je ne sais pas compter d'après le cycle.

我滿了一輪｜子, *Gò màn lò ĭ lên* ｜ *tsè*, j'ai 60 ans.

身懷六｜, *Chēn hoûai loŭ* ｜, être enceinte.

刮(v.打)魚｜, *Koŭa (v. tà) iû* ｜, écailler un poisson.

起｜｜, *K'ì* ｜｜, s'écailler, venir par plaques.

摳瘡｜｜(*v.* **殼殼**), *K'eōu tch'oūang* ｜｜ *(v. k'ŏ k'ŏ)*, écorcher un ulcère en grattant.

指 | , v. **指** | **殼**, *Tchè* | , v. *tchè* | *k'ŏ*, ongles des doigts (voir *tchè*).

穿山 | , *Tch'oūan chān* | , pangolin.

盔 | , *K'oūi* | , le casque et la cuirasse.

披 | ,**穿** | , *P'ēi* | , *tch'oūan* | , porter une cuirasse, l'endosser.

他只圖褪(v. **脫**) | , *T'ā tchè (tchĕ) t'ôu leá (v. t'ŏ)* | , *litt.* il ne cherche qu'à se débarrasser de sa cuirasse, c.-à-d. il ne cherche qu'à dégager sa responsabilité.

鐵 | **船**, *T'iĕ* | *tch'oūan*, navire blindé, un cuirassé.

保 | , *Paò* | , garde nationale chinoise.

一 | , *ĭ* | , c'est, dans l'organisation de la garde nationale, le groupement d'une centaine de familles, plus ou moins.

| **長**, | *tchàng*, chef d'un *kiá*.

十 | **爲一保**, *Chĕ* | *oûi ĭ pào*, dix *kiă* constituent un *pào*.

夾 *Kiă*. Presser ou soutenir des deux côtés, comprimer, pince, pincer.

| **棍**, | *koúen*, instrument de torture pour comprimer les pieds.

| **板**, | *pàn*, planche à comprimer.

| **書**, | *chōu*, presser un livre.

我在中間 | **倒**, *Gò tsái tchōng kiēn* | *(vulg. k'ā) tao*, je suis pressé entre deux objets (au propr. et au fig.).

拏像 | **在書裡頭**, *Lâ siáng* | *(k'ā) tsái chōu ì (lì) t'eôu*, mettre une image dans un livre.

| **得緊**, | **得穩**, | *(k'ā) tĕ· kìn*, | *(k'ā) tĕ· ouèn*, c'est assujetti fortement, cela tient solidement.

| **坭匠**, | *gnî tsiáng*, maçon pour les ouvrages en torchis (voir *gnî*).

| **口**, | *k'eòu*, astringent, acide.

| **舌子**, | *chĕ· tsè*, bègue.

這个人 | **得狠**, *Tché· kó· jên* | *tĕ· hèn*, cet homme est très serré, très avare.

火 | **子**, *Hò* | *tsè*, pincettes (autrement appelées *hò k'iên*).

| **倒**, | *tào*, saisir avec des pinces.

| **一點火**, | *ĭ tièn hò*, saisir des tisons avec les pincettes.

螃蟹 | | | **人**, *P'âng hài* | | | *jên*, l'écrevisse vous serre avec ses pinces.

| (v. **挾**)**恨**, v. | **嫌**, v. | **仇**, | *hén*, v. | *hiên*, v. | *tch'eôu*, avoir de la haine, de l'inimitié (contre quelqu'un).

袷 v. **袷** *Kiă*. Habit doublé.

| **衫子**, | **襖子**, | *chān tsè*, | *gào tsè*, robe doublée, ouatée.

K'IĂ

恰 *K'iă*. A point.

| **當**, | *táng*, juste, comme il faut.

做得 | **當**, *Tsóu tĕ·* | *táng*, c'est fait comme il faut.

預備得 | **當**, *Iú pí tĕ·* | *táng*, préparé convenablement.

| | **殼**, | | *keóu*, cela suffit juste.

要 | **一點**, *Iáo* | *ĭ tièn*, c'est un peu trop juste, il en manque un peu.

做衫子 | **一點布**, *Tsóu chān tsè* | *ĭ tièn pou*, la toile ne suffit pas tout à fait pour une robe.

掐 *K'iá*. Pincer avec les ongles.

他把我 | **得精叫喚**, *T'ā pà gò* | *tĕ· tsīn kiáo houán*, il m'a pincé à me faire jeter les hauts cris.

輕輕 | **一吓子**, *K'īn k'īn* | *ĭ há tsè*, pincer légèrement.

| **虱子蛇蚤**, | *sĕ· tsè*, *kĕ· tsào*, écraser (entre les doigts) des poux, des puces.

| **死**, | *sè*, tuer en écrasant entre les doigts.

| **他一爪**, | *t'ā ĭ tchào*, pince-le un coup.

KIĀI

皆 *Kiāi*. Tout, ensemble.

| **是**, | *ché*, tout cela en est (après une énumération) (style relevé).

遍地 | **是**, *Pién tí* | *ché*, toute la terre en est couverte.

階 *Kiāi (v. Kāi)*. Degré, escalier.

KIÀI

解 *Kiài.* Expliquer, raconter; délier (se prononce souvent *kài*: voir ce mot).

講｜, *Kiàng* ｜, expliquer, commentaire.

告｜**祕跡**, *Káo* ｜ *pí tsĭ*, sacrement de Pénitence (voir *káo*).

總告｜, *Tsòng káo* ｜, confession générale.

聽｜**放赦**, *T'ín* ｜ *fáng ché*, entendre la confession et absoudre.

｜**開**, ｜ *(v. kài) k'āi*, ouvrir en déliant.

｜**悶**, ｜ *mén*, dissiper la tristesse.

一醉｜**千愁**, *ĭ tsoúi* ｜ *ts'iēn ts'eôu*, une ribote dissipe mille chagrins.

KIÁI

解 *Kiái.* ｜ (*v.* ｜**送**)**犯人**, ｜ *(v. Kái sóng) fán jên*, conduire un criminel d'un lieu à un autre.

｜**銀子上省**, ｜ *în tsè cháng sèn*, envoyer de l'argent du fisc à la capitale de la province.

｜**元**, ｜ *iuên*, le premier à l'examen pour la licence.

界 *Kiái.* Limite, terme.

兩省的交｜, *Leàng sèn tĭ kiāo* ｜, rencontre des limites de deux provinces.

三縣的交｜, *Sān hién tĭ kiāo* ｜, jonction des limites de trois sous-préfectures.

｜**牌**, ｜ *p'âi*, borne indiquant la délimitation de deux juridictions.

打｜, **踹**｜, *Tà* ｜, *tch'ài* ｜, fixer les limites d'un terrain; reconnaître les limites en en faisant le tour.

安｜**石**, *Gān* ｜ *chĕ*, poser des pierres comme limites.

移(*v.* **揝**)｜, *î (v. tsàn)* ｜, changer, reculer une borne.

爭邊｜, *Tsēn piēn* ｜, se disputer pour les limites.

世｜, *Ché* ｜, le monde.

世｜**上的人**, *Ché* ｜ *cháng tĭ jên*, homme vivant en ce monde.

芥 *Kiái.* ｜**末**, ｜ *mŏu (mŏ)*, moutarde.

｜**藍菜**, ｜ *(v. kái) lân ts'ái*, sénevé.

誡 *v.* **戒** *Kiái.* Ordonner, défendre, s'abstenir.

天主十｜, *T'iēn Tchòu chĕ* ｜, les dix commandements de Dieu.

天主的｜**命**, *T'iēn Tchòu tĭ* ｜ *mín*, les commandements de Dieu.

守｜**規**(*v.* **規**｜), *Cheòu* ｜ *kouī (v. kouī* ｜*)*, observer les commandements.

齋｜, *Tchāi* ｜, jeûne et abstinence.

｜**指**, ｜ *tchè*, bague.

｜**烟丸子**, ｜ *iēn iuên tsè*, pilules pour guérir de l'habitude de l'opium.

｜**酒**, ｜ *tsieòu*, renoncer au vin, défendre le vin.

KIĀNG

江 *Kiāng.* Fleuve.

｜**河**, ｜ *hô*, même sens.

金｜, *v.* **金沙**｜, *Kīn* ｜, *v. kīn chā* ｜, nom du fleuve Bleu dans son cours supérieur.

楊(*v.* **洋**)**子**｜, *Iâng tsè* ｜, nom du même fleuve dans son cours inférieur.

滿｜**水**, *Màn* ｜ *chouì*, grandes eaux, quand le fleuve coule à pleins bords.

兩｜**水**, *v.* **合**｜, *Leàng* ｜ *chouì, v. hŏ* ｜, eaux de deux fleuves réunis.

拋｜, **轉**｜, *P'āo* ｜, *tchouàn* ｜, passer un fleuve, passer d'un fleuve dans un autre.

皇上的｜**山客商的碼頭**, *Houâng cháng tĭ* ｜ *chān* (voir *chān*), *k'ĕ chāng tĭ mà t'eôu*, le royaume est à l'empereur, et les ports sont aux commerçants.

｜**南**, ｜ *lân*, nom des deux provinces *Kiāng sōu* et *Gān houī* réunies.

｜**西**, ｜ *sī*, nom d'une autre province.

跑｜**湖**, *P'ào* ｜ *fôu*, courir le monde (voir *fôu*).

| 口, | *k'eòu*, embouchure d'un fleuve.

疆 *Kiāng*. Limites, confins.
| 界, | *kiái*, même sens.
| 邊, | *piēn*, confins du royaume.

繮 *v.* 韁 *Kiāng*. | 繩, | *choûen*, rênes, bride.

殭 *Kiāng*. | 屍, | *chē*, cadavre rigide.
| 蠶, | *ts'ân*, ver à soie qui, le temps venu, ne fait pas de cocon.

僵 *Kiāng*. Raidi par le froid.
手脚 | 了, *Cheòu kiŏ* | *lò*, mains et pieds engourdis par le froid.

薑 *Kiāng*. Gingembre.
生 |, *Sēn* |, gingembre frais.
乾 |, *Kān* |, gingembre séché.
生 | 做藥引子又做香料, *Sēn* | *tsóu iŏ ìn tsè, ieóu tsóu hiāng leáo*, le gingembre est employé en médecine, et pour les assaisonnements.
子 | 不及老 | 辣, *Tsè* | *poŭ kĭ laò* | *lá*, le gingembre tendre n'est pas aussi fort de goût, que celui qui a toute sa maturité.
黃 |, *v.* | 黃, *Houâng* |, *v.* | *houâng*, curcuma, safran.
| 黃水, | *houâng chouì*, teinture jaune de curcuma.

豇 *Kiāng*. | 荳, *v.* | 荳子, | *teóu*, *v.* | *teóu tsè*, espèce de haricot très long.

剛 *Kiāng (kāng)*. Tout juste, à peine.
| | 合式, | | *hŏ ché*, juste comme il faut.
| | 八個, | | *pá kó*, tout juste huit.
我 | 纔喫了飯, *Gò* | *ts'âi tch'ĕ lò fán*, je viens de manger.
飯 | | 彀喫, *Fán* | | *keóu tch'ĕ*, il y a du riz juste de quoi manger.

K'IĀNG

腔 *K'iāng*. Creux; son de voix.
崖 |, *Gâi* |, creux d'un rocher.
雲南的口 | (*v.* 腔), *Iûn lân tĭ k'eòu* |, l'accent du *Yunnan*.
京 |, *Kīn* |, accent de Pékin.
不敢開 |, *Poŭ kàn k'āi* |, il n'ose ouvrir la bouche.
你開不得 |, *Gnì k'āi poŭ tĕ* |, tu n'as pas le droit de parler.
我沒得這宗 | 手, *Gò mŏ tĕ tché tsōng* | *cheòu*, je ne suis pas de taille (à faire cela).

框 *K'iāng*. Cadre, monture, carcasse.
窗子 | |, *Ts'āng tsè* | |, cadre d'une fenêtre.
眼鏡 | |, *Ièn kín* | |, monture de lunettes.
房子打得光 | |, *Fâng tsè tà tĕ koūang* | |, ils ont dévalisé la maison, n'en laissant que la carcasse

筐 *K'iāng*. 斗 |, *Teòu* |, très grand panier en bambou, plat et rond.
籮 |, *Lô* | (*v.* *k'oūang*), panier beaucoup moins grand et plus profond.

K'IÂNG

強 *K'iâng*. Violent, fort, avantageux.
| 盜, | *táo*, brigand, voleur.
做 | 盜, | 盜窩子, *Tsóu* | *táo*, | *táo ō tsè*, faire le métier de voleur, nid de voleurs.
不怕人 | 只怕理弱, *Poŭ p'á jên* | *tchè (tchĕ) p'á lì jŏ*, ce qui est à craindre ce n'est pas la force d'autrui, mais bien la faiblesse de son propre droit.
| 壯, | *tchoúang*, fort, vigoureux.
人無剛 | 安身不長, *Jên oû kāng* | *gān chēn poŭ tch'âng*, sans un peu de vigueur, il est impossible de jouir longtemps d'une vie tranquille.

華西官話漢法詞典

| 中更有 | 中手, | *tchōng kén ieòu* | *tchōng cheòu*, les forts trouvent toujours de plus forts qu'eux.

我們試吓子那个 | 點, *Gò mén ché há tsè là kó* | *tièn*, voyons un peu qui prévaudra, ou bien, essayons qui sera le plus fort.

自 | , *Tsé* | , se confier en sa force, ou bien, se faire violence à soi-même.

他 | , *T'ā* | , il est fort, il y gagne.

生意不 | , *Sēn í poŭ* | , le commerce ne rapporte guère.

這个要 | 點, *Tché kó iáo* | *tièn*, ceci vaut mieux, on y gagne davantage.

人多爲 | , *Jên tō oûi* | , il y a avantage à être en nombre.

KIÀNG

講 *Kiàng*. Parler, discuter, délibérer, expliquer.

一時 | 不完, *ī chê* | *poŭ ouân*, on ne peut tout dire en un moment.

| 些不要緊的話, | *sī poŭ iáo kìn tī hoúa*, parler de bagatelles.

| 和, | *hô*, parler pour la paix.

| 生意, | *sēn í*, parler de commerce, débattre un marché.

生意 | 不成, *Sēn í* | *poŭ tch'ên*, le marché ne peut se conclure.

| 理, *v.* | 禮信, | *lì*, *v.* | *lì sín*, parler raison, avoir une discussion publique devant les notables, pour une affaire en litige.

| 一塲禮信, *v.* 道理, | *ī tch'âng lì sín*, *v.* táo lì, engager une de ces discussions.

| 輸了, | *chōu lò*, il a été vaincu dans la dispute.

| 不贏(*v.* 過)人家, | *poŭ în (v. kó) jên kiā*, ne pouvoir tenir tête à son adversaire dans la dispute.

這个事(*v.* 這句話)你要跟我 | 淸楚, *Tché kó sé (v. tché kú hoúa) gnì iáo kēn gò* | *ts'īn ts'òu*, tu vas me rendre raison de cette affaire (de cette parole).

那一句話 | 不過去, *Lá ī kú hoúa* | *poŭ kó k'ú*, cette parole ne peut passer.

| 自己很, | *tsé kì hèn*, se vanter.

| 亂了, | *loúan lò*, on a embrouillé la question.

| 不淸楚, *v.* | 不下台, *v.* | 不煞過, *v.* | 不攏, | *poŭ ts'īn ts'òu*, *v.* | *poŭ hiá t'âi*, *v.* | *poŭ chá kó*, *v.* | *poŭ lòng*, ne pouvoir terminer une dispute.

| 道理, | *taó lì*, prêcher; avoir une discussion publique.

會 | 道理, *Hoúi* | *taó lì*, habile à prêcher; habile à discuter.

| 嘴角孽, | *tsoùi kŏ niĕ*, se quereller.

| 書, 開 | , | *chōu*, *k'āi* | , expliquer un livre, commencer à expliquer.

我 | 跟你聽, *Gò* | *kēn gnì t'īn*, je vais t'expliquer.

K'IÀNG

弜 *v.* 強 *K'iàng*. Faire violence.

這是 | 屈不得的事, *Tché ché* | *k'ĭo poŭ tĕ tī sé*, c'est une affaire qu'on ne peut imposer par la force.

| 勉, *v.* 勉 | , | *mièn*, *v.* *mièn* | , violenter, à la rigueur.

我不 | 勉那个, *Gò poŭ* | *mièn là kó*, je ne force personne.

| 勉吃酒, | *mièn tch'ĕ tsieòu*, se faire violence pour boire du vin.

生意 | 勉, *Sēn í* | *mièn*, le commerce peut passer, il ne va pas trop mal.

勉 | 教得書, *Mièn* | *kiāo tĕ chōu*, à la rigueur, il peut faire l'école.

| | 勉勉要得, | | *mièn mièn iáo tĕ*, cela peut passer à la rigueur.

KIÁNG

降 *Kiáng*. Descendre, s'abaisser, abaisser.

天主子 | 生爲人, *T'iēn Tchòu tsè* | *sēn oûi jên*, le Fils de Dieu descendant (du ciel) s'est fait homme.

伏求聖神｜臨, *Fŏu k'ieôu chén chên | lîn*, nous vous en supplions humblement, Esprit Saint, descendez (*Veni Sancte Spiritus*).

｜福, | *fŏu*, bénir.

｜禍, | *hó*, envoyer des malheurs.

｜級, | *kĭ* (voir *kĭ*), dégrader d'un ou de plusieurs degrés.

强 *Kiáng*. Revêche, se raidir.

是一个｜性(*v.* **脾氣**), *Ché ĭ kó | sín* (*v. p'î k'í*), c'est une nature revêche.

你不要｜, *Gnì poŭ iáo |*, ne résiste pas.

｜不得了, | *poŭ tĕ˙ lò*, il n'y a plus moyen de résister.

｜傢伙, *v.* **｜頸了**, | *kiā hò*, *v.* | *kìn lò*, opiniâtre.

是｜起的, *Ché | k'ì tĭ*, l'affaire est arrêtée (des deux côtés on s'opiniâtre).

脚手｜, *Kĭo cheòu |*, pieds et mains engourdis par le froid ou la fatigue.

走｜了, *Tseòu | lò*, je suis harassé par la marche.

舌頭都｜了, *Chĕ˙ t'eôu tōu | lò*, la langue est déjà glacée.

糨 *Kiáng*. Colle.

｜子, | *tsè* (*tsiáng tsè*), même sens.

攪｜子, *Kào* (*v. k'ào*) | *tsè*, faire de la colle.

糊點｜子, *Fôu tièn | tsè*, enduire d'un peu de colle.

KIĀO

交 *Kiāo*. Liaison, unir, livrer, confier.

相｜, *Siāng |*, union réciproque, amis.

結｜, *v.* **｜友**, *Kiĕ˙ |*, *v.* | *ieòu*, faire amitié.

至｜的好朋友, *Tché | tĭ hào p'ông ieòu*, ami très intime.

我們不相｜, *Gò mên poŭ siāng |*, nous n'avons pas de relations ensemble.

絶｜, *Tsuĕ˙ |*, rompre les relations.

貧賤之｜不可忘, *P'în tsién tchē | poŭ k'ò ouâng*, il ne faut pas oublier les amitiés contractées au temps de l'indigence.

｜鋒, *v.* **｜戰**, | *fōng*, *v.* | *tchán*, engager la bataille; la mêlée.

｜接, | *tsiĕ˙*, (litt.) livrer et recevoir, avoir des relations; stipulation, convention.

他｜接不好的人, *T'ā | tsiĕ˙ poŭ hào tĭ jên*, il fréquente de mauvais sujets.

｜接明白了, | *tsiĕ˙ mîn pĕ˙ lò*, c'est bien entendu, c'est convenu.

一時還不起賬要一个｜接, *ĭ ché houân poŭ k'ì tcháng, iáo ĭ kó | tsiĕ˙*, si on ne peut payer ses dettes immédiatement, il faut au moins assigner un terme.

辦｜接, *Pán | tsiĕ˙*, prévenir, convenir, arranger une affaire.

這个事沒得｜接, *Tché˙ kó sé mŏ tĕ˙ | tsiĕ˙*, rien n'est déterminé pour cette affaire, il n'y a personne qui veuille en répondre.

不准｜頭接耳, *Poŭ tchoùen | t'eôu tsiĕ˙ eùl*, défense de pencher la tête l'un vers l'autre (pour faire la causette): se dit aux écoliers.

｜價, **｜頭**, | *kiá*, | *t'eôu*, livrer le prix; arrhes.

生意講成了要拏｜頭, *Sēn í kiàng tch'ên lò, iáo lâ | t'eôu*, une fois le marché conclu, il faut livrer des arrhes.

這件事我跟你｜代, *Tché˙ kién sé gò kēn gnì | tái*, je te confie cette affaire.

信｜那个(**｜那裡**, *v.* **｜何處**), *Sín | là kó* (*| là lì*, *v.* | *hô tch'óu*)? à qui, ou bien, où faut-il livrer la lettre?

這个事我｜跟你, *Tché˙ kó sé gò | kēn gnì*, je te remets cette affaire.

是一吊錢的｜易, *Ché ĭ tiáo ts'iên tĭ | í*, c'est l'affaire d'une ligature.

｜界地方, | *kiái tí fāng*, pays qui sont sur la limite de deux ou plusieurs juridictions.

他是頭一把｜椅, *T'ā ché t'eôu ĭ pà | ì*, il occupe le premier fauteuil, c.-à-d. il tient le premier rang.

怎麼樣開 \|, *Tsèn mô iáng k'āi* \|, quelle ressource? comment s'en tirer?

開不得 \|, *K'āi poŭ tĕ* \|, il n'y a pas de remède; ne plus savoir que faire.

你有了幾个錢就開不得 \|, *Gnì ieòu lò kì kó ts'iên, tsieóu k'āi poŭ tĕ* \|, parce que tu as quelques sapèques, tu fais bien de l'embarras, te voilà bien fier.

我傷心沒開 \|, *Gò chāng sīn mô k'āi* \|, j'éprouve du chagrin à ne plus savoir que devenir.

我跟你改个 \|, *Gò kēn gnì kài kó* \|, je t'indique un moyen, un remède.

膠 *Kiāo.* Colle, coller.

熬 \|, *v.* \| **拏來炖化**, *Gâo* \|, *v.* \| *lâ lài tén houá*, fondre de la colle au feu.

上 \|, *Cháng* \|, coller, mettre de la colle.

\| **水**, \| *choùi*, colle étendue d'eau.

上 (*v.* **打**) \| **水**, *Cháng* (*v. tà*) \| *choùi*, passer une couche de cette colle, comme préparation au vernis.

\| **發了**, *v.* \| **醒了**, *v.* \| **走了性**, \| *fá lò, v.* \| *sìn lò, v.* \| *tseòu lò sín*, la colle ne tient plus.

牛 (*v.* **牛皮**) \|, *Nieôu* (*v. nieôu p'î*) \|, colle de peau de bœuf.

魚 \|, **魚漂** \|, *Iû* \|, *iû p'iáo* \|, colle de poisson, colle de première qualité.

阿 \|, **龜** \|, *Ō* \|, *koūi* \|, colle de peau d'âne, d'écaille de tortue (toniques).

\| **蠟**, *v.* \| **蠟燭**, \| *lă, v.* \| *lá tchŏu*, faire des chandelles, ou des cierges à la cuiller.

\| **黃蠟**, **白蠟**, **牛** (*v.* **牛油**) **蠟**, \| *houâng la, pĕ lá, nieôu* (*v. nieôu ieôu*) *lă*, couler des cierges de cire d'abeilles, de cire végétale, de suif.

驕 *Kiāo.* Orgueil.

\| **傲**, \| *gáo*, même sens (voir *gáo*).

罪宗七端 \| **傲爲首**, *Tsoúi tsōng ts'ī toūan*, \| *gáo oûi cheòu*, parmi les sept péchés capitaux, l'orgueil tient le premier rang.

心頭 \| **傲**, *Sīn t'eôu* \| *gáo*, s'enorgueillir intérieurement.

說 \| **傲的話**, *Chŏ* \| *gáo tĭ houá*, dire des paroles d'orgueil.

蛟 *Kiāo.* Dragon, crocodile.

\| **龍**, \| *lông*, monstre fabuleux, auquel sont attribuées les inondations.

出 \|, *Tch'oŭ* \|, le monstre est sorti provoquant l'inondation.

嬌 *Kiāo.* Beau, délicat.

\| **養**, \| *iàng*, élever délicatement.

這个娃娃兒 \| **乖**, *Tché kó oûa oûa cûl* (*ouêul*) \| *kouāi*, cet enfant est fort gentil.

美 \| \| **一个婦人**, *Mèi* \| \| *ĭ kó foú jên*, une belle femme.

教 *Kiāo.* Enseigner (voyez *kiáo*).

\| **書**, \| *chōu*, enseigner les livres, faire l'école.

難得 \|, *Lân tĕ* \|, difficile à instruire.

\| **不出來**, *v.* \| **不會**, \| *poŭ tch'oŭ lâi, v.* \| *poŭ hóui*, impossible de lui rien faire apprendre.

\| **棚**, \| *p'ông*, préparer les aspirants au baccalauréat militaire.

\| **打**, \| *tà*, donner des leçons d'escrime.

\| **他的道理**, \| *t'ā tĭ táo lì*, enseigne-lui la doctrine.

\| **做手藝**, \| **做生意**, \| *tsóu cheòu gní*, \| *tsóu sēn í*, enseigner un métier, enseigner le commerce.

你 \| **他念經**, *Gnì* \| *t'ā nién kīn*, enseigne-lui à prier.

養兒總要有 \| **詔**, *Iàng cûl tsòng iáo ieòu* \| *tcháo* (*tcháo*), quand on a des enfants, il faut absolument les instruire, leur donner une éducation.

K'IĀO

蹺 *K'iāo.* \| **脚**, *v.* \| **起二郎腿**, \| *kiŏ, v.* \| *k'ì eúl lâng t'oùi*, se croiser incivilement les jambes.

\| **起的**, \| *k'ì tĭ*, croisé, en travers l'un sur l'autre.

板子跐｜了, *Pàn tsè tch'ài | lò*, pesant sur un bout de la planche, l'autre bout s'est soulevé.

K'IÂO

橋 *K'iâo*. Pont.

木｜, 石｜, *Mŏu |, chĕ |*, pont de bois, pont de pierre.

板板｜, *Pàn pàn |*, simples planches posées au-dessus d'un ruisseau ou d'un ravin.

獨木｜, 浮｜, *Toŭ mŏu |, foû |*, pont fait d'une seule poutre, pont flottant.

鐵索｜, 篾索｜, *T'iĕ· sŏ |, miĕ· sŏ |*, pont en chaînes de fer, pont en cordes de bambou.

索索｜, *Sŏ sŏ |*, pont qui consiste en une simple corde de bambou.

平｜, 捲洞｜ (*v.* **拱｜**), *P'in |, kuèn tóng |* (*v. kòng |*), pont plat, pont à arches.

獨功｜, 通功｜, *Toŭ kōng |, t'ōng kōng |*, pont bâti aux frais d'un particulier, pont bâti aux frais du public.

｜洞, *| tóng*, arche d'un pont.

｜板 (*v.* **面子**), *| pàn (v. mién tsè)*, tablier du pont.

｜墩, *| tèn*, piles du pont.

搭一道｜, *Tă ī táo |*, jeter un pont.

水打了｜, *Choùi tà lò |*, l'eau a emporté le pont.

修｜補路就是大功德, *Siēou | poù lóu, tsiéou ché tá kōng tĕ·*, construire des ponts, réparer les chemins, sont des œuvres grandement méritoires.

催｜, *Ts'oūi |*, tendre les chaînes d'un pont en fer.

過｜, *Kó |*, passer un pont.

踩｜, *Tch'ài |*, cérémonie de l'inauguration d'un pont.

算盤十三｜, *Souán p'àn chĕ sān |*, les treize rangées de boules de l'abaque.

打算盤要記｜數, *Tà souán p'ân iáo kí | soú*, en se servant de l'abaque, il faut faire attention de ne pas confondre les rangées.

爐｜, *Lôu |*, gril.

𣞆 *K'iâo*. Bois qui travaille, tordu, déformé.

這个板板𠺕｜了, *Tché· kó pàn pàn chái | lò*, cette planche s'est déjetée sous l'action du soleil.

杉木柏木不多｜, *Chā móu, pĕ· mŏu poŭ tō |*, le bois de sapin, de cèdre travaille peu.

｜起來, ｜起的, *| k'ì lâi, | k'ì tī*, se déjeter, se tordre; tordu.

他唱經是｜起的, *T'ā tch'áng kīn, ché | k'ì tī*, dans le chant des prières, sa voix jure avec celle des autres.

打｜盤兒, *Tà | p'ân eûl (p'eûl)*, se dédire d'un engagement.

｜脫了, *| t'ŏ lò*, il a réussi à se dépêtrer de son engagement.

荍 *v.* 蕎 *K'iâo*. **｜子**, *v.* **｜麥**, *| tsè. v. | mĕ·*, sarrazin.

苦｜子, 甜｜子, *K'où | tsè, t'iên | tsè*, sarrazin amer, sarrazin doux.

春｜, 秋｜, *Tch'oūen |, ts'iēou |*, sarrazin semé au printemps, en automne.

｜粑, *| pā*, galette de farine de sarrazin.

KIÀO

絞 *Kiào*. Étrangler, enchevêtré.

｜刑, *| hîn*, supplice de la strangulation.

｜決, ｜候, *| k'uĕ·, | heóu*, condamné à être étranglé sur-le-champ, avec sursis.

犯｜罪, *Fán | tsoúi*, commettre un crime puni de la strangulation.

問｜罪, *Ouén | tsoúi*, condamner à la strangulation.

｜三｜䰟｜死, *| sān |, ts'âi | sè*. étrangler en trois fois.

是｜起的, *Ché | k'ì tī*, c'est enchevêtré.

一｜線, *ī | sién*, un peloton de fil.

｜腸痧, *| tch'âng chā*, espèce de colique de *miserere*.

肚皮丨起丨起痛, *Toŭ p'î* | *k'ì* | *k'ì t'óng*, avoir mal au ventre, comme si les boyaux se tordaient.

繳 *Kiào*. Dépense du ménage (sens populaire); livrer.

丨費, *v.* 丨用, *v.* 丨纏, | *féi*, *v.* | *íóng*, *v.* | *tch'ân*, dépense du ménage.

不㲄丨, *Poŭ keóu* |, cela ne suffit pas pour vivre.

他的丨纏大, *T'a tĭ* | *tch'ân tá*, sa dépense domestique est forte.

一个人要丨一百錢一天, *ĭ kó jên iáo* | *ĭ pĕ· ts'iên ĭ t'iēn*, un homme dépense 100 sapèques par jour.

錢丨完了, *Ts'iên* | *ouàn lò*, toute la sapèque est dépensée; ou bien toute la sapèque a été livrée.

丨卷上去, | *kuén cháng k'ú*, présenter sa composition à l'examinateur.

他們兩个打私丨, *T'a mên leàng kó tà sē* |, eux deux sont amis intimes.

攪 *Kiào*. Mêler, tourner et retourner (se prononce souvent *kào*: voir ce mot).

丨蛋, | *tán*, battre des œufs.

拏灰麵白糖雞蛋和倒來丨做雞蛋糕, *Lâ hoūi mién, pĕ· t'âng, kī tán hô taò lâi* | *tsóu kī tán kāo*, prendre de la farine, du sucre, des œufs, mélanger et battre ensemble pour faire des gâteaux de Savoie.

一熬一丨, *ĭ gâo ĭ* |, remuer une sauce en la faisant mijoter.

丨轉, | *tchoŭan*, tourner et retourner pour mêler.

丨擾, | *jaò*, troubler, molester.

打丨人, *Tà* | *jên*, être à charge aux gens.

打丨了, *Tà* | *lò*, je vous ai été à charge (mot de politesse, quand on a été traité par quelqu'un).

丨騷鬼, | *sáo koùi*, individu qui est toujours à importuner (pour emprunter de l'argent).

狡 *Kiào*. Rusé, roué.

丨猾, *v.* 丨折, *v.* 丨鞶, | *houă*, *v.* | *tchĕ·*, *v.* | *tchĕ* (voir *houă*), même sens.

我丨他不贏, *Gò* | *t'a poŭ în*, je ne puis lutter de ruse avec lui.

K'IÀO

巧 *K'iào*. Adresse, industrie.

手丨, *Cheòu* |, adroit de ses mains.

做得丨, *Tsóu tĕ·* |, c'est artistement travaillé.

丨不過西洋人, | *poŭ kó sī iâng jên*, rien de plus adroit que les Européens.

你丨我笨, *Gnì* | *gò pén*, tu es habile, moi je suis gauche.

丨工夫, | *kōng foū*, ouvrage habilement fait.

這个東西丨妙, *Tché· kó tōng sī* | *miáo*, c'est d'une merveilleuse habileté.

花言丨語, *Hoūa iên* | *iù*, paroles artificieuses.

湊丨, *Ts'eóu* |, par un heureux hasard.

這个人靈機丨變, *Tché· kó jên lîn kī* | *pién*, cet homme est fertile en ressources.

担子輕丨, *Tán tsè k'īn* |, le fardeau est léger.

他的轎子丨, *T'a tĭ kiáo tsè* |, sa chaise est légère, il n'est pas lourd à porter en chaise.

KIÁO

叫 *v.* **呌** *Kiáo*. Appeler, mander; chant ou cri de certains animaux.

丨喊, *v.* 丨喚, | *hàn*, *v.* | *houán*, appeler, crier, pleurer.

丨化子, | *hoúa tsè*, mendiant.

丨他來, | *t'a lâi*, dis-lui de venir (peu poli).

茶錢我丨了, *Tch'â ts'iên gò* | *lò*, le thé, c'est moi qui viens de le payer.

丨禮, | *lì*, diriger des cérémonies.

丨船, | *tch'oûan*, appeler une barque; la retenir pour soi.

一轉的人都｜得動, *ĭ tchoùan tĭ jên tōu* ｜ *tĕ· tóng*, il peut remuer tout un canton.

他不｜我我也不｜他, *T'a poŭ* ｜ *gò, gò ì poŭ* ｜ *t'ā*, il ne me parle pas, moi je ne lui parle pas non plus (deux hommes brouillés).

那个｜你去, *Là kó* ｜ *gnì k'ú?* qui t'a dit d'y aller? qu'allais-tu faire dans cette galere?

沒錢｜我怎樣去法, *Mŏ ts'iên* ｜ *gò tsèn iáng k'ú fă?* sans sapeques comment voulez-vous que j'y aille?

你｜喺子, *Gnì* ｜ *chá tsè?* comment t'appelles-tu? (peu poli.)

你｜喺子聖名, *Gnì* ｜ *chá tsè chén min?* quel est ton nom de baptême?

這个｜喺子名字, *v.* 東西, *Tché· kó* ｜ *chá tsè* mîn tsé, *v.* tōng sī? comment cela s'appelle-t-il?

這｜喺子話, *Tché·* ｜ *chá tsè hoúa?* qu'est-ce que tu dis là?

這纔｜很, *Tché· ts'âi* ｜ *hèn*, voilà ce qui s'appelle fort!

雞｜,｜雞, *Kī* ｜, ｜ *kī*, le coq ou la poule chante, coq.

｜驢, ｜ *lû*, âne (injure).

鵲兒｜得好聽, *Ts'iŏ eûl* ｜ *tĕ· hào t'in*, l'oiseau chante agréablement.

｜頭子, *v.* ｜頭兒, ｜ *t'eôu tsè, v.* ｜ *t'eôu eûl (t'eûl)*, espece d'ail.

教 *Kiáo*. Religion, enseignement.

天主｜, *T'iēn Tchòu* ｜, la religion catholique.

耶穌｜, 回(*v.* 回回)｜, *Iê· soū* ｜, *hoûi (v. hoûi hoûi)* ｜, la religion protestante, la religion musulmane.

儒｜, 佛｜, 道｜, *Joû* ｜, *foŭ* ｜, *táo* ｜, la religion des lettrés, le bouddhisme, et la religion des docteurs de la raison.

三｜人, *Sān* ｜ *jên*, les sectateurs des trois religions ci-dessus (les payens Chinois se désignent ainsi eux-mêmes).

青蓮｜, 邪｜, *Ts'īn liên* ｜, *siê·* ｜, secte du Nenuphar, religion perverse.

夷｜, *î* ｜, on entend par là tous les Barbares qui ne sont pas de race Chinoise.

隔｜, *Kĕ·* ｜, être d'une religion différente.

外｜人, *v.* ｜外的人, *Ouái* ｜ *jên, v.* ｜ *ouái tĭ jên*, étrangers à la religion, comme par ex. les payens vis-à-vis des chrétiens.

｜友, ｜ *ieòu*, ami de religion (les chrétiens s'appellent ainsi entre eux).

傳｜, 傳｜士, *Tch'oûan* ｜, *tch'oûan* ｜ *sé*, prêcher la religion, prédicateur.

主｜, *Tchòu* ｜, maître de la religion: titre réservé à l'évêque.

｜主, ｜ *tchòu*, chef d'une secte ou confrérie, parmi les payens (les payens donnent aussi ce nom aux missionnaires, et aux catéchistes).

｜宗, *v.* ｜皇, *v.* ｜化皇, ｜ *tsōng, v.* ｜ *hoûang, v.* ｜ *hoúa hoûang*, le Pape.

奉(*v.* 進, *v.* 入)｜, *Fóng (v. tsín, v. joŭ)* ｜, entrer dans une religion.

悖(*v.* 反)｜, *Péi (v. fàn)* ｜, apostasier.

貴｜, *Koúi* ｜, de quelle religion êtes-vous? (politesse.)

請｜, *v.* 請見｜, *Ts'ìn* ｜, *v. ts'ìn kién* ｜, veuillez m'instruire, veuillez me donner votre avis.

上一回當領一回｜, *Cháng ĭ hoûi táng, lìn ĭ hoûi* ｜, autant de fois je suis attrapé, autant de fois j'acquiers de l'expérience.

｜訓兒女, ｜ *hiún eûl niù*, élever ses enfants.

養子不｜如養驢, 養女不｜如養豬, *Iàng tsè poŭ* ｜ *joû iàng lû, iàng niù poŭ* ｜ *joû iàng tchōu*, avoir des fils et ne pas les élever, autant vaut nourrir des ânes; avoir des filles et ne pas les élever, autant vaut nourrir des porcs.

沒有落｜, *Mŏ ieòu lŏ* ｜, inhabile, maladroit; l'affaire est restée indécise.

｜場垻, ｜ *tch'âng pá*, champ de Mars.

下｜場下操, *Hiá* ｜ *tch'âng hiá ts'āo*, aller s'exercer au champ de Mars.

較 *Kiáo (v. káo)*. Examiner.

比｜, *Pì* ｜, comparer.

計｜, *Kí* ｜, ruse, industrie (voir *kí*).

轎 *Kiáo*. Chaise.

｜子, ｜ *tsè*, chaise à porteurs.

一頂(*v.* 一乘)｜子, *ĭ tìn (v. ĭ tch'ên)* ｜ *tsè*, une chaise à porteurs.

對班(*v.* 二股轆)｜子, *Toúi pān (v. eúl koù loŭ)* ｜ *tsè*, chaise à deux porteurs.

三丁枴(*v.* 丁枴子)｜子, *Sān tīn kouài (v. tīn kouài tsè)* ｜ *tsè*, chaise à trois porteurs.

大｜, *v.* 四｜, *v.* 四人｜, *Tá* ｜, *v. sé* ｜, *v. sé jên* ｜, chaise à quatre porteurs.

花｜, *Hoūa* ｜, chaise fleurie, pour les nouvelles mariées.

明｜, *Mîn* ｜, belle chaise découverte.

鸚鵡綠｜, *Guēn kō loŭ* ｜, (voir *guēn*).

｜頂, ｜簾子, ｜ *tìn*, ｜ *liên tsè*, toit de la chaise, voiles du devant de la chaise.

｜夫, ｜ *foū*, porteur de chaise.

｜行, *v.* ｜舖子, ｜ *hâng*, *v.* ｜ *p'óu tsè*, boutiques qui fournissent chaises et porteurs.

人夫｜馬, *Jên foū* ｜ *mà*, porteurs, chaises, chevaux (tout l'attirail de voyage).

請(*v.* 喊, *v.* 寫)｜子, *Ts'ìn (v. hàn, v. siè)* ｜ *tsè*, louer chaise et porteurs.

放｜子, *Fáng* ｜ *tsè*, louer une chaise à des porteurs; se faire remplacer pour une partie du chemin (se dit des porteurs); dans ce dernier sens on dit aussi: 襯｜子, *Ts'én* ｜ *tsè*.

開｜底子錢, *K'āi* ｜ *tì tsè ts'iên*, payer le prix de louage de la chaise sans les porteurs.

上｜, 下｜, *Cháng* ｜, *hiá* ｜, monter en chaise, en descendre.

讓｜, *Jáng* ｜, soulager les porteurs en allant quelque temps à pied.

抬｜子, *T'âi* ｜ *tsè*, porter une chaise.

｜子落平, ｜ *tsè lŏ p'în*, déposez la chaise par terre.

｜子重了打(*v.* 撈)不起上肩, ｜ *tsè tchóng lò, tà (v. laò) poŭ k'ì cháng kiēn*, la chaise est trop lourde, je ne puis la soulever sur mes épaules.

提｜子, *T'î* ｜ *tsè*, porter la chaise à bras pendants; qu'on apporte la chaise!

扶｜子, *Fôu* ｜ *tsè*, soutenir la chaise.

拉｜子, *La* ｜ *tsè*, tirer la chaise avec des cordes.

K'IÁO

竅 *K'iáo*. 七｜, *Ts'ĭ* ｜, les sept ouvertures du corps humain.

靈魂出了｜, *Lîn houên tch'ŏu lò* ｜, *litt.* l'âme est sortie par les trous, c.-à-d. l'âme a quitté le corps, il est mort.

KIĔ

劫 *Kiĕ*. Prendre par force; longue période de temps, dans le système de la métempsycose.

搶｜, *v.* ｜搶, *v.* 打｜, *Ts'iàng* ｜, *v.* ｜ *ts'iàng*, *v. tà* ｜, piller.

投胎轉｜, *T'eôu t'āi tchoùan* ｜, renaître et commencer une nouvelle période.

千｜萬難, *Ts'iēn* ｜ *ouán lán*, avoir souffert de toutes les façons dans les nombreuses transmigrations antérieures.

結 *Kiĕ*. Nouer, fructifier.

紅(*v.* 藍, *v.* 白)｜子, *Hông (v. lân, v. pĕ)* ｜ *tsè*, nœud en soie rouge (ou bleue, ou blanche) qui sert de bouton de calotte.

打｜子, *Tà* ｜ *tsè*, faire des nœuds.

｜案, ｜ *gán*, (litt.) nouer le procès, c.-à-d. le terminer.

具｜, *Kú* ｜, signer son acquiescement au jugement.

下去具｜, *Hiá k'ú kú* ｜, retirez-vous et signez votre acquiescement (paroles du mandarin aux plaideurs après le jugement).

押倒具｜, *Iá tào kú* ｜, ne pas donner la liberté à quelqu'un, jusqu'à ce qu'il ait signé son acquiescement.

具背教｜, *Kú péi kiáo* ｜, signer pardevant le mandarin un acte d'apostasie.

具了｜不得反悔, *Kú lò* ｜ *poŭ tĕ fàn hoùi*, une fois son consentement signé, il n'y a plus à revenir sur le procès.

｜親, ｜ *ts'īn*, contracter alliance par mariage.

｜交, *v.* 相｜, ｜ *kiāo*, *v. siāng* ｜, nouer des relations, avoir des relations.

｜約, ｜ *iŏ*, faire alliance.

做得｜實, *Tsóu tĕ* ｜ *chĕ*, c'est fait solidement.

火重｜起了, *Hò tchóng* ｜ *k'ì lò*, il est fort échauffé, avec constipation.

｜果 (*v.* 菓), ｜ *kò*, produire des fruits.

今年柑子｜得好, *Kīn niēn kān tsè* ｜ *tĕ haò*, cette année les orangers donnent bien.

這根樹子不｜(*v.* 肯｜), *Tché kēn chóu tsè poŭ* ｜ (*v. k'èn* ｜), cet arbre ne produit pas (ou bien il produit beaucoup).

這宗人看後來怎樣｜果, *Tché tsōng jên k'án heóu lâi tsèn iáng* ｜ *kò*, voir un peu comment ces gens-là finiront.

揭 *Kiĕ*. *v.* ｜開, ｜ *k'āi*, découvrir; soulever un couvercle.

｜蓋蓋, ｜ *kái kái*, soulever le couvercle.

｜帽子, ｜ *máo tsè*, ôter son bonnet.

竭 *Kiĕ*. Épuiser, de toutes ses forces.

｜力, ｜ *lĭ*, de toutes ses forces.

盡心｜力, *Tsín sīn* ｜ *lĭ*, faire tous ses efforts.

｜打, ｜跑, ｜喊, ｜做, ｜ *tà*, ｜ *p'ào*, ｜ *hàn*, ｜ *tsoú*, frapper de toutes ses forces, courir à toutes jambes, appeler de toute la force de ses poumons, travailler avec la plus grande ardeur.

潔 *Kiĕ*. Pur, propre. ｜淨, ｜ *tsín*, même sens.

｜白, ｜ *pĕ*, blanc et propre (au propr. et au fig.).

貞｜, *Tchēn* ｜, pureté, virginité.

聖母取｜, *Chén moù ts'ù* ｜, Purification de la Ste Vierge.

冰清玉｜, *Pīn ts'īn iú* ｜, net comme la glace, et pur comme le jade, c.-à-d. entièrement pur et net.

給 *Kiĕ* (*v. kì*). Donner, livrer.

供｜, *Kōng* ｜, offrir, nourrir.

｜酒錢, ｜ *tsieoù ts'iên*, donner du pourboire.

字｜跟他, *Tsé* ｜ *kēn t'ā*, rends-lui le papier.

｜發佃戶起身, ｜ *fá tién foú k'ì chēn*, renvoyer un fermier en lui rendant son assurance.

K'IĔ

怯 *K'iĕ*. Timide, avoir peur.

心頭｜倒怕去得, *Sīn t'eóu* ｜ *taò, p'á k'ú tĕ*, la peur lui prend au cœur, il n'ose pas y aller.

那个怕｜他, *Là kó p'á* ｜ *t'ā?* qui le craint?

KIĒN

間 *Kiēn*. Au milieu, dedans, pendant: particule numérale des compartiments de maisons et des chambres (dans ce dernier sens se lit souvent *kān*: voir ce mot).

中｜, *Tchōng* ｜, milieu.

白日｜, 晚｜, *Pĕ jĕ* ｜, *ouàn* ｜, en plein jour; le soir, la nuit.

二三月｜, *Eúl sān iuĕ* ｜, à la 2ème ou 3ème lune.

平時｜, *v.* 平常｜, *P'în chê* ｜, *v. p'în chāng* ｜, ordinairement, en temps ordinaire.

天地｜, *T'iēn tí* ｜, en ce monde, sur terre.

天地｜做事要公道, *T'iēn tí* ｜ *tsoú sé iaó kōng táo*, en ce monde il faut agir avec justice.

世｜好事忠和孝, *Ché* ｜ *haò sé, tchōng hô hiáo*, ce qu'il y a de mieux en ce monde, c'est la fidélité et la piété filiale.

鄉｜, 市｜, *Hiāng* ｜, *ché* ｜, à la campagne, au marché.

一丨房子, ĭ 丨 fâng tsè, un compartiment.

艱 Kiēn. v. 丨難, v. 丨 lân, difficile, ardu.

這件事我都丨難, Tché· kién sé gò tōu 丨 lân, pour cette affaire, je suis fort embarrassé.

他的事丨難, T'ā tĭ sé 丨 lân, sa position est difficile.

如今找錢丨難, Jôu kīn tchào ts'iên 丨 lân, par ces temps-ci on a beaucoup de peine à gagner quelques sapèques.

姦 Kiēn. Fornication, adultère.

犯丨, Fán 丨, commettre un adultère.

丨人家的婦女, 丨 jên kiā tĭ fóu niù, corrompre la femme ou la fille d'autrui.

丨夫, 丨婦, 丨 fōu, 丨 fóu, l'homme qui a des relations adultères, la femme adultère.

估(v. 強)丨, Kòu (v. k'iàng) 丨, commettre un viol.

和丨, Hô 丨, fornication ou adultère de plein gré.

親屬相丨, Ts'īn chŏu siāng 丨, inceste.

丨情案, 丨 ts'în gán, procès pour adultère ou fornication.

奸 Kiēn. Hypocrite, faux, rusé; impudique.

丨詐, v. 丨巧, 丨 tchá, v. 丨 k'iào, hypocrite, rusé.

丨臣, 丨 tch'ên, ministre traître.

他的丨心大, T'ā tĭ 丨 sīn tá, il est très fourbe.

這个娃娃丨, Tché· kó oūa oūa 丨, ce gamin est malicieux.

丨不丨憨不憨, 丨 poŭ 丨 hān poŭ hān, passablement sot.

耍丨, Choùa 丨, jouer au plus rusé.

我不請他愛耍丨得很, Gò poŭ ts'ìn t'ā, gái choùa 丨 tĕ· hèn, je ne veux pas m'adresser à lui, il est trop habile (à épargner sa peine).

堅 Kiēn. Solide, fort, fortifier.

丨壯, v. 丨剛, 丨 tchoúang, v. 丨 kāng, robuste.

丨穩, 丨 oùen, solide.

付丨振祕跡, 領丨振, Fóu 丨 tchén pí tsī, lìn 丨 tchén, administrer la Confirmation, la recevoir.

做(v. 修)得丨固, Tsóu (v. sieōu) tĕ· 丨 kóu, c'est fait (ou bâti) solidement.

這樣丨固萬世不得倒, Tché· iáng 丨 kóu, ouán ché poŭ tĕ· tào, solide comme c'est, cela ne s'écroulera jamais (pas en dix mille siècles).

要丨固新教友, Iáo 丨 kóu sīn kiáo ieòu, il faut affermir les nouveaux chrétiens.

丨辭不肯, 丨 ts'ê poŭ k'èn, refuser fermement, avec opiniâtreté.

慳 Kiēn. v. 丨吝, v. 丨 lín, avare, tenace.

做事丨吝一樣都捨不得, Tsóu sé 丨 lín, ĭ iáng tōu chè· poŭ tĕ·, il se conduit en avare, il lui coûte de donner la moindre chose.

丨吝不還賬, 丨 lín poŭ houân tcháng, par avarice ne pas payer ses dettes.

監 Kiēn. Prison; surveiller.

丨牢, 丨 lâo, prison.

丨犯(大丨), 丨 fán, prisonnier de la grande prison (tá kiēn), où sont enfermés les individus sous le coup d'une accusation capitale.

丟(v. 收 v. 坐)丨, Tieōu (v. cheōu v. tsó) 丨, mettre en prison, être en prison.

打來收丨, Tà lâi cheōu 丨, il a été frappé et mis en prison.

撥丨, Pŏ 丨, être transféré dans la grande prison, après un premier jugement.

丨工, 丨 kōng, surveiller les travaux.

肩 Kiēn. v. 丨頭, v. 丨膀(v. 髈), v. 丨 t'eôu, v. 丨 pàng, épaule.

鬆(v. 歇)一 | , *Sōng (v. hiĕ) ĭ* | , se reposer un peu, en déposant son fardeau de dessus l'épaule; au fig. se reposer un peu.

| 挑背膴, | *t'iāo péi mô*, se fatiguer à porter sur l'épaule et sur le dos.

| 膀膴痛了, | *pàng mô t'óng lò*, l'épaule est endolorie à force de porter.

搖起一个 | 頭, *Sòng k'ì ĭ kó* | *t'eôu*, secouer la chaise en se fâchant (comme font les porteurs de chaise).

一 | 抬攏, ĭ | *t'âi lòng*, porter jusqu'au bout sans changer d'épaule, ou bien, sans se reposer.

換 | , *Houán* | , changer d'épaule.

挳上 | , *Lào cháng* | , soulever (un fardeau) sur l'épaule.

搭(v. 挳)在 | 膀上, *Tă (v. lào) tsái* | *pàng cháng*, mettre ou porter un objet sur l'épaule.

右 | , v. 大 | ; 左 | , v. 小 | , *Ieóu* | , *v. tá* | ; *tsò* | , *v. siào* | , l'épaule droite, l'épaule gauche (langage des porteurs).

抬小 | , *T'âi siào* | , porter sur l'épaule gauche.

坎 | 子, *K'àn* | *tsè*, espece de gilet appelé aussi: *lìn kiá tsè*.

兼 *Kiēn*. Ensemble, avec.

紅苕 | 倒飯喫, *Hông chào* | *tào fán tch'ĕ*, manger le riz mêlé avec des patates.

| 扯, | *tch'è*, l'un dans l'autre, en moyenne.

| 扯巴得倒一百錢一天, | *tch'è pā tĕ tào ĭ pĕ ts'iên ĭ t'iēn*, en moyenne, on peut gagner 100 sapèques par jour.

| 高扯矮賣三个錢一个, | *kāo tch'è gài mái sān kó ts'iên ĭ kó*, l'un dans l'autre (bons et mauvais, petits et grands), je les vends 3 sapèques pièce.

| 之, | *tchē*, de plus.

他讀不得 | 之又懶, *T'a toŭ poŭ tĕ*, | *tchē ieóu làn*, il n'a pas d'aptitude, de plus, il est paresseux.

K'IĒN

謙 *K'iēn*. v. | 卑, v. | 遜, v. | *pēi*, v. | *sún*, humble, humilité.

| 讓, | *jáng*, céder par modestie.

| 和, v. | 虛, | *hô*, v. | *hū*, affabilité, modestie.

| 下自己, v. 卑下自 | , | *hiá tsé kì*, v. *pēi hiá tsé* | , s'humilier.

你 | 卑點不要犯驕傲, *Gnì* | *pēi tièn poŭ iáo fán kiāo gáo*, sois plus humble, ne cède pas à l'orgueil.

神父 | 卑很了, *Chên fóu* | *pēi hèn lò*, le Père est trop humble, trop doux.

要除傲習 | , *Iáo tch'ôu gáo sĭ* | , il faut extirper l'orgueil, et pratiquer l'humilité.

牽 *K'iēn*. Conduire par la main, tirer.

一个 | 一个, v. 手 | 手, *ĭ kó* | *ĭ kó*, v. *cheòu* | *cheòu*, aller en se tenant par la main.

不要人 | 都走得, *Poŭ iáo jên* | *tōu tseòu tĕ*, il peut marcher sans qu'on le tienne.

| 引, | *ìn*, conduire par la main, introduire; au fig. allécher.

| 牲牣餵水, | *sēn k'eòu oúi choùi*, conduire les animaux à l'abreuvoir.

| 肥猪, | *féi tchōu*, conduire un porc gras (à la boucherie).

| 猪, | *tchōu*, conduire un porc (s'emploie souvent dans le sens de: conduire une truie au mâle).

| 葡萄藤上樹子, | *p'ôu t'âo t'ên cháng chóu tsè*, faire monter une vigne sur un arbre.

| 得過來, v. | 不過來, | *tĕ kó lâi*, v. | *poŭ kó lâi*, pouvoir, ou bien, ne pas pouvoir amener quelque objet, ou un homme à ses desseins.

拉 | 纏(v. 縢), *La* | *t'ân (v. t'ên)*, tirer la corde des barques.

放(v. 收) | 纏, *Fáng (v. cheōu)* | *t'ân*, donner de la corde (ou bien, ramasser la corde).

| 纏斷了要打張，| *t'ân touán lò, iáo tà tchāng*, la corde rompue, la barque est emportée en arrière.

| 纏槖(*v.* 槖兒)好打火把，| *t'ân kào* (*v. kao eûl, keul*) *hào tà hò pà*, les débris de cordes de bambous sont bons à faire des torches.

裹於先要把葉子 | 開，*Kò iēn siēn iáo pà iě· tsè* | *k'ai*, pour faire un cigare, il faut commencer par étendre, par étirer les feuilles de tabac.

衣裳 | 伸，*ī châng* | *tch'ēn*, bien étirer les habits.

他 | 長來，*T'ā* | *tch'âng lâi*, il vient continuellement.

K'IÈN

乾 *K'iên.* | 坤，| *k'oūen*, le ciel et la terre.

虔 *K'iên.* S'appliquer, droit, ferme.

| 誠念經，| *tch'ên nién kīn*, prier avec ferveur.

| 心誠意，| *sīn tch'ên í*, avec application et ferveur.

鉗 *K'ién. v.* | 子，*v.* | *tsè*, pinces, tenailles.

火 |，*Hò* |, pincettes.

拿 | 子拈東西，*Lâ* | *tsè niēn tōng sī*, saisir un objet avec des pinces.

嘴 | 子好，*Tsoùi* | *tsè hào*, il est habile à parler.

KIÈN

簡 *Kièn.* Abréger, choisir.

| 便，| *pién*, court et commode.

| 慢了，| *mán lò*, je vous ai traité avec bien peu de respect (réponse d'un maître de maison aux remerciements que lui fait son hôte, au moment du départ).

| 直，| *tchě*, pour couper court, bref, en définitive.

| 直不去 (*v.* 不要了)，| *tchě poŭ k'ú* (*v. poŭ iáo lò*), en définitive, on n'y va pas (ou bien on n'en veut plus).

| 筆寫的，*v.* | 寫的，| *pĭ siè· tī*, *v.* | *siè· tī*, écrit en caractères abrégés.

筧 *v.* 梘 *Kièn.* Conduit d'eau, gouttière.

| 漕，*v.* | 水漕，| *ts'âo*, *v.* | *choùi ts'âo*, canal des gouttières.

| 漕漏，| *ts'âo leóu*, la gouttière a des fuites.

| 竿，*v.* | 筒，| *kān*, *v.* | *t'ǒng*, conduit d'eau en bambou.

| 水喫，| *choùi tch'ĕ*, amener par des conduits de l'eau pour boire (pour l'usage domestique).

謇 *v.* 謇 *Kièn. v.* | 吧郎，*v.* | *pā lâng* (*lang*), begue.

說話有點 |，*Chŏ hoúa ieòu tièn* |, il bégaie un peu.

| | 答答的，| | *tă tă tī*, qui bégaie fort.

繭 *Kièn.* | 子，| *tsè*, cocon de ver à soie.

蠶子上了 |，*Ts'ân tsè cháng lò* |, les vers ont fait leur cocon.

煮 | 取絲，*Tchòu* | *ts'ù sē*, cuire les cocons pour les dévider.

| 紬，| *tch'eôu*, fort tissu fait avec la soie du bombyx du chêne.

減 *Kièn. v.* | 少，*v.* | *chào*, diminuer.

| 價賣，| *kiá mái*, vendre au rabais, vendre avec perte.

小罪 | 少天主的恩寵，*Siào tsoúi* | *chào T'iēn Tchòu tī guēn tch'òng*, les péchés véniels affaiblissent la grâce de Dieu.

不加不 |，*Poŭ kiā poŭ* |, ni augmenter ni diminuer.

| 節諸期，| *tsiĕ· tchōu k'ī*, jours d'abstinence et de jeûne.

我犯了一个 | 期，*Gò fán lò ī kó* | *k'ī*, j'ai violé une abstinence.

儉 *Kièn (kién).* Épargner, vivre avec économie.

| 省，*v.* | 節，| *sèn*, *v.* | *tsiĕ·*, même sens.

燒炭比燒柴丨省些, *Chāo t'án pì chāo tch'âi* | *sèn sī*, brûler du charbon est plus économique que de brûler du bois.

也不要太丨省很了, *ì poŭ iáo t'ái* | *sèn hèn lò*, cependant il ne faut pas pousser trop loin l'esprit d'économie.

你丨省些, *v.* 你丨省一吓, *Gnì* | *sèn sī*, *v. gnì* | *sèn ī há*, sois plus économe.

丨省錢米, | *sèn ts'iên mì*, économiser les sapeques et le riz.

我丨省两百錢, *Gò* | *sèn leàng pĕ· ts'iên*, j'ai épargné 200 sapèques.

鹻 *Kièn*. Potasse, savon.

丨水, | *choùi*, eau de lessive.

熬丨, *Gâo* |, concentrer par la cuisson l'eau de lessive pour coaguler la potasse.

燒丨, *Chāo* |, brûler des herbes ou du bois pour faire de la potasse.

草丨, *Ts'ào* |, potasse tirée de l'herbe.

柴丨, *Tch'âi* |, potasse tirée du bois, et réputée meilleure.

一包丨, *ī pāo* |, mesure de potasse de 10 à 12 livres.

洋丨, *Iâng* |, savon européen.

用丨洗衣裳, *Ióng* | *sì ī châng*, laver les habits au savon.

揀 *Kièn*. Choisir.

丨選, | *suèn*, même sens.

丨選的人, | *suèn tĭ jên*, les élus, un élu.

檢 *Kièn*. Recueillir, ramasser.

看㗂子,聽㗂子丨㗂子, *K'án chá tsè, t'īn chá tsè*, | *chá tsè*, il recueille tout ce qu'il voit, tout ce qu'il entend.

丨柴, | *tch'âi*, ramasser du bois (mort).

丨花生, | *hoūa sēn*, ramasser, recueillir les arachides.

丨銀子, | *în tsè*, trouver de l'argent, un trésor.

丨煤炭花兒, 丨糞, | *mêi t'án hoūa eûl (houēul)*, | *fén*, ramasser des morceaux de charbon incomplétement brûlés, des fientes (différentes industries).

路上丨的, *Lóu cháng* | *tĭ*, trouvé sur la route.

憑口丨的道理, *P'în k'eòu* | *tĭ táo lì*, doctrine prise non dans les livres, mais sur les lèvres d'autrui.

你丨倒, *v.* 丨起來, *Gnì* | *taò*, *v.* | *k'ì lâi*, ramasse (au propr. et au fig.).

是丨得的, *Ché* | *tĕ· tĭ*, c'est autant de ramassé (aubaine inattendue).

這两百錢是丨得的, *Tché· leàng pĕ· ts'iên ché* | *tĕ· tĭ*, ces 200 sapèques sont comme ramassées sur la route, c.-à-d. gagnées facilement, sans y avoir compté.

丨財喜, | *ts'âi hì*, attraper une bonne aubaine, juste ou injuste.

昨天丨得有一个嬰孩, *Tsŏ t'iēn* | *tĕ· ieòu ĭ kó īn hiâi*, (litt.) hier j'ai ramassé un enfant, c.-à-d. hier il m'est né un enfant, ou bien, hier j'ai recueilli un enfant trouvé.

丨碗, | *ouàn*, desservir la table, ramasser la vaisselle.

丨賬, | *tcháng*, prendre à son nom les dettes d'autrui.

你爭他一吊錢我跟你丨, *Gnì tsēn t'ā ī tiáo ts'iên gò kēn gnì* |, je me charge de payer la ligature que tu lui dois.

丨房子, 丨瓦, 丨漏, | *fâng tsè*, | *oùa*, | *leóu*, réparer la toiture d'une maison, en remplaçant les tuiles hors d'usage.

丨挽丨挽, | *ouàn* | *ouàn*, dégagez la corde (cri des bateliers quand la corde de halage est embarrassée au milieu des rochers).

KIÉN

見 *Kién*. Voir, regarder, percevoir, soit par la vue soit par l'ouïe.

看丨;不看丨, *v.* 看不丨, *K'án* |; *poŭ k'án* |, *v. k'án poŭ* |, voir; n'y pas voir.

丨証, *v.* 丨証人, | *tchén*, *v.* | *tchén jên*, témoin.

當丨証, *Tāng* | *tchén*, servir de témoin.

｜了鬼，｜ *lò koùi*, tu as vu le diable (se dit souvent, soit par plaisanterie, soit par manière de reproche, à quelqu'un qui aura fait une sottise, ou à qui il sera arrivé quelque petit accident).

免｜，*Mièn* ｜, je le dispense de venir me voir (signifier un refus d'audience).

不｜面. *v.* 不跟他｜面，*Poŭ* ｜ *mién, v. poŭ kēn t'ā* ｜ *mién*, ne pas admettre quelqu'un en sa présence.

這件事你｜得天主(*v.* 人)麼，*Tché· kién sé gnì* ｜ *tĕ· T'iēn Tchòu (v. jên) mô*, (litt.) avec cette affaire pourrais-tu paraître devant Dieu (ou bien, devant les hommes)? c.-à-d. cette affaire est-elle juste?

這个事不｜官不得了，*Tché· kó sé poŭ* ｜ *koūan poŭ tĕ· leaò*, cette affaire ne peut se terminer que devant le mandarin.

不｜了，*Poŭ* ｜ *lò*, c'est disparu.

｜者易作者難，｜ *tchè· í, tsŏ tchè· lân*, à voir, c'est facile: à faire, c'est difficile.

我聽不｜，*Gò t'ín poŭ* ｜, je n'entends pas (voir *t'ín*).

愚(*v.* 蠢)｜，*Iû (v. tch'oùen)* ｜, mon humble opinion.

我的意｜是這樣的，*Gò tĭ í* ｜ *ché tché· iáng tĭ*, tel est mon avis.

這个人沒得甚麼｜識，*Tché· kó jên mŏ tĕ· chén mô* ｜ *chĕ*, cet homme n'est guère intelligent, il n'a pas d'expérience.

少｜多怪，*Chaò* ｜ *tō koúai*, qui a peu vu, s'étonne facilement.

｜識淺. *v.* 小｜識，｜ *chĕ ts'ièn, v. siào* ｜ *chĕ*, petit esprit, sans expérience.

｜不得你那小家子｜識，｜ *poŭ tĕ· gnì lá siào kiā tsè* ｜ *chĕ*, je ne puis souffrir ton petit esprit.

多｜多聞，*Tō* ｜ *tō ouên*, regarder et écouter beaucoup.

沒得嘹子主｜，*Mŏ tĕ· chá tsè tchoù* ｜, il ne sait à quoi se résoudre.

｜不得他，｜ *poŭ tĕ· t'ā*, je ne puis le voir, je ne puis le supporter.

｜不得齷齪，｜ *poŭ tĕ· ó tch'ŏ*, il ne peut souffrir les choses inconvenantes.

｜不得火(*v.* 風)，｜ *poŭ tĕ· hò (v. fōng)*, cela ne peut être exposé au feu (ou bien au vent).

不｜難不｜好，*Poŭ* ｜ *lân, poŭ* ｜ *hào*, qui ne voit pas la difficulté, ne voit pas le mérite.

這倒不｜難，*Tché· táo poŭ* ｜ *lân*, ceci ne paraît pas difficile.

請｜教，*Ts'ìn* ｜ *kiáo*, je vous écoute.

不｜你的氣，*Poŭ* ｜ *gnì tĭ k'í*, je ne te garde pas rancune.

不｜你的過，*Poŭ* ｜ *gnì tĭ kó*, je ne t'impute pas à faute.

請勿｜咎(*v.* 罪)，*Ts'ìn oŭ* ｜ *kieóu (v. tsoúi)*, veuillez me pardonner.

｜人一張像，｜ *jên ĭ tchāng siáng*, distribuer des images à tous ceux qui se présentent.

件 *Kién.* Particule numérale des affaires, des habits, des colis.

一｜事，一｜衣裳，*ĭ* ｜ *sé, ĭ* ｜ *ĭ chāng*, une affaire, un habit.

物｜，*Oŭ* ｜, ustensile, objets.

衣物等｜，*ī oŭ tèn* ｜, habits, et autres choses de ce genre.

一｜一｜拿來，*ĭ* ｜ *ĭ* ｜ *lâ lâi*, apporte-les l'un après l'autre.

三錠両｜，*Sān tín leàng* ｜, trois globules (d'argent) et deux morceaux.

箱子大小有十五｜，*Siāng tsè tá siào ieòu chĕ où* ｜, caisses grandes et petites, il y en a quinze en tout.

論｜數開脚錢，*Lén* ｜ *sóu k'āi kiŏ ts'iên*, payer le port d'après le nombre des colis (et non d'après le poids).

劍 *Kién.* Epée, glaive.

一口(*v.* 一把)｜，*ĭ k'eòu (v. ĭ pà)* ｜, une épée.

寶｜，*Pào* ｜, épée riche.

建 *Kién.* Bâtir, établir (style relevé).

｜修，*v.* ｜造，｜ *sieōu, v.* ｜ *ts'áo*, bâtir.

｜設病房，｜ *chĕ· pín fâng*, bâtir un hôpital.

丨立聖體瞻禮, 丨 *lĭ chén t'ì tchān lì*, fête de l'institution de l'Eucharistie.

福丨, *Fŏu* 丨, nom d'une province.

健 *Kién.* Dur, fort.

丨壯, *v.* 硬丨, *v.* 康丨, 丨 *tchoúang, v. guen* 丨, *v. k'āng* 丨, vigoureux.

丨火, 丨 *hò*, tremper (l'acier).

毽 *Kién. v.* 丨子, *v.* 丨兒, *v.* 丨 *tsè, v.* 丨 *eûl (kiéul)*, espèce de balle à jouer, qu'on lance avec le pied.

踢(*v.* 打)丨子, *T'ī (v. t'iĕ·) (v. tà)* 丨 *tsè*, jouer à cette balle.

鑒 *v.* 鑑 *Kién.* Examiner, miroir, exemplaire.

丨牧, 丨 *mŏu*, évêque.

綱丨, *v.* 通丨綱目, *Kāng* 丨, *v. t'ōng* 丨 *kāng mŏu*, Annales de l'Empire.

監 *Kién.* Grade acheté; eunuque.

丨生, 丨 *sēn*, celui qui a acheté un grade à prix d'argent.

好希奇一个丨生一條牛買的, *Hao hī k'ī ĭ kó* 丨 *sēn, ĭ t'iâo nieôu mài tĭ*, c'est fameux, son grade, il l'a acheté pour un bœuf!

太丨, *T'ái* 丨 *(v. t'ái kiēn)*, eunuque du harem impérial.

間 *Kién* (voir *kān*). Séparer, interrompre.

丨或間, 丨 *hŏ (v. houĕ·) kiēn*, parfois, de temps en temps.

K'IÉN

欠 *K'ién.* Manque, dette, désirer.

並無丨少, *Pín oû* 丨 *chào*, il ne manque rien, il n'est dû plus rien.

我銀子要丨點, *Gò în tsè iáo* 丨 *tièn*, mon argent ne suffit pas tout à fait.

修房子丨木料, *Sieōu fâng tsè* 丨 *mŏu leáo*, manquer de bois pour achever une maison.

丨項, 丨 *háng*, somme due.

丨人家的錢, 丨 *jên kiā tĭ ts'iên*, devoir des sapèques.

丨賬, *v.* 丨負, 丨 *tcháng, v.* 丨 *fóu*, avoir des dettes.

你丨好多, *Gnì* 丨 *hào tō?* combien dois-tu?

品除下丨二十吊錢, *P'ìn tch'ôu hiá* 丨 *eúl chĕ tiáo ts'iên*, tout compte fait, il reste dû 20 ligatures.

寫丨字, *v.* 寫丨飛, *Siè·* 丨 *tsé, v. siè·* 丨 *fēi*, écrire une obligation.

心頭沒得甚麽罣丨, *Sīn t'eôu mŏ tĕ· chén mô koúa* 丨, aucun désir, aucun regret ne trouble mon cœur.

我也不丨他, *Gò ì poŭ* 丨 *t'ā*, aussi je ne le regrette pas.

兒子丨父母丨得很, *Eûl tsè* 丨 *fóu mòu,* 丨 *tĕ· hèn*, le fils pensant à ses parents absents, soupire très fort après eux.

摙 *K'ién.* Cordes pour tirer les palanquins, ou les barques.

掛丨, *Koúa* 丨, mettre des tireurs de corde à un palanquin.

拉丨, *Lā* 丨, tirer à la corde.

賣丨, *Mái* 丨, se louer comme tireur.

丨夫, 丨 *fōu*, tireur.

派十名丨, *P'ái chĕ mîn* 丨, fournir dix tireurs.

榫 *K'ién.* 樓丨, *Leôu* 丨, traverses qui soutiennent le plancher d'en haut.

地丨, *Tí* 丨, traverses qui soutiennent le plancher d'en bas.

饘 *K'ién.* 丨粉, 丨 *fèn*, farine ou fécule de petits haricots.

KIEŌU

鳩 *Kieōu.* 斑丨, *Pān* 丨, tourterelle.

打斑丨, *Tà pān* 丨, tirer des tourterelles.

水斑丨, *Choùi pān* 丨, espèce de tourterelle aquatique.

K'IEÔU

求 *K'ieôu.* Demander, prier.

| 人不如 | 己, | *jên poŭ jôu* | *kì*, au lieu de demander à autrui, mieux vaut s'adresser à soi-même (ne compter que sur soi).

| 天主的仁慈, | *T'iēn Tchòu tĭ jên ts'é*, implorer la miséricorde de Dieu.

| 雨 (*v.* | 晴), | *iù (v.* | *ts'în)*, faire des supplications pour demander la pluie (ou bien le beau temps).

強 |, *K'iàng* |, demander avec violence, avec trop d'instance.

| 情, | *ts'în*, demander la paix, demander pardon.

| 哀矜, | 免, | *gāi kīn*, | *mièn*, demander l'aumône, demander une dispense.

| 不倒, | *poŭ taò*, ne pouvoir obtenir ce qu'on demande.

| 諸己, | *tchōu kì*, (litt.) demander à soi-même, c.-à-d. s'interroger soi-même, s'examiner.

尿 *K'ieôu.* Parties génitales de l'homme (mot grossier très fréquemment employé à tort et à travers par le bas peuple).

Souán |, affaire faite: au diable!

毬 *K'ieôu. v.* 綉 |, *v. Sieóu* |, balle à jouer.

拋 (*v.* 丟, *v.* 打) 綉 |, *P'āo (v. tieōu, v. tà) sieóu* |, la lancer.

踢綉 |, *T'ĭ sieóu* |, la lancer avec le pied.

球 *K'ieôu.* Globe.

地 |, *Tí* |, globe terrestre.

氣 |, *K'í* |, ballon, aérostat.

琉 |, *Lieôu* |, îles de ce nom.

KIEÒU

九 *Kieòu.* Le nombre neuf.

| 个, | *kó*, neuf unités.

| 十 |, | *chĕ* |, quatre-vingt-dix-neuf.

第 | 个, *Tí* | *kó*, le neuvième.

| | 銀子, | | *in tsè*, argent au titre de $\frac{99}{100}$.

| | 錢, | | *ts'iên*, ligatures dont chaque centaine n'est que de 99 sapèques.

| | 八十一, | | *pă chĕ ĭ*, 9 fois 9 font 81.

| 品天神, | *p'ìn t'iēn chên*, les neuf chœurs des Anges.

| 州, | *tcheōu*, les neuf provinces de l'antique division de la Chine.

| 子痒, | *tsè iàng*, ulcères autour du cou, écrouelles.

數 | 天, *Sòu* | *t'iēn*, époque des grands froids.

一 | 二 | 凍死老狗, *ĭ* | *eúl* | *tóng sè laò keòu*, la première et la seconde période (9 jours) des grands froids glacent à mort les vieux chiens.

韮 *Kieòu.* | 菜, | *ts'ái*, poireau.

久 *Kieòu.* Longtemps.

多 |, *Tō* |, très longtemps.

等 (*v.* 捱) 多 |, *Tèn (v. gâi) tō* |, attendre (ou bien tarder) très longtemps.

長 | 生意不哄人, *Tch'âng* | *sēn í poŭ hòng jên*, un commerce qui dure n'est pas frauduleux.

打一个長 | 的主意, *Tà ĭ kó tch'âng* | *tĭ tchòu í*, former un dessein durable.

恒 |, *v.* 悠 |, *Hên* |, *v. ieōu* |, persévérer.

落雨落不 |, *Lŏ iù lŏ poŭ* |, la pluie a peu duré.

不 | 要來, *Poŭ* | *iáo lâi*, il viendra sous peu, bientôt.

纔不 | 的事, *Ts'âi poŭ* | *tĭ sé*, une affaire toute récente.

年辰 | 了記不倒, *Niên chên* | *lò, kí poŭ taò*, il y a trop d'années (trop longtemps), je ne m'en souviens plus.

好 |, *Haò* |, combien de temps? ou bien, fort longtemps.

相見易得好｜住難爲人，*Siang kién í tĕ· naò,* ｜ *tchóu tân oûi jên*, on est bien d'accord dans une simple entrevue: quand on demeure longtemps, on devient à charge.

｜後，｜ *heóu*, après bien longtemps.

KIEÓU

舅 *Kieóu.* 毋｜, *v.* ｜爺, *v.* ｜｜, *v.* ｜父, *Moù* ｜, *v.* ｜ *iê*, *v.* ｜｜, *v.* ｜ *fou*, oncle maternel.

｜娘, *v.* ｜毋, ｜ *niâng*, *v.* ｜ *moù*, femme de l'oncle maternel.

｜公, ｜婆, ｜ *kōng*, ｜ *p'ô*, grand-oncle maternel, sa femme.

｜子, ｜ *tsè*, beau-frere (frère de la femme).

(Les gens grossiers abusent si souvent de ce mot en le prenant dans un sens obscène, qu'on ne peut guère s'en servir décemment.)

我哄你算是你的｜子, *Gò hòng gnì, souán ché gnì tĭ* ｜ *tsè*, (sorte d'imprécation grossière) si je te trompe, que je passe pour ton beau-frère!

舊 *Kieóu.* Vieux (se dit des choses, rarement des personnes).

｜年, ｜ *niên*, l'an passé.

｜衣裳, ｜房子, ｜貨, ｜鞋子, ｜ *ī châng*, ｜ *fâng tsè*, ｜ *hó*, ｜ *hâi tsè*, vieux habits, vieille maison, vieilles marchandises, vieux souliers.

半新半｜, *Pán sīn pán* ｜, ni vieux ni neuf, encore en bon état.

肯新修房子不肯來整｜, *K'èn sīn siēou fâng tsè poŭ k'èn lâi tchèn* ｜, il vaut mieux bâtir une maison neuve, que d'en restaurer une vieille.

｜了, ｜完了, ｜ *lò*, ｜ *ouân lò*, c'est vieux, c'est trop vieux; c'est tout à fait vieux, c'est usé.

穿｜的, *Tch'oūan* ｜ *tĭ*, se vêtir de vieux habits.

｜了換新, *v.* 改｜更新, ｜ *lò houán sīn*, *v.* *kài* ｜ *kén sīn*, remplacer le vieux par du neuf.

依｜, *ī* ｜, comme auparavant.

新人趲｜人, *Sīn jên tsouàn* ｜ *jên*, les jeunes poussent les vieux.

整｜齋, *Tchèn* ｜ *tchāi*, faire le métier de raccommoder les vieux habits, les vieux objets.

顏色好但不過｜, *Iên sĕ· hào, tán poŭ kó* ｜, la couleur est belle, mais elle ne dure pas.

過得｜；過不｜, *v.* 不過｜, *Kó tĕ·* ｜; *kó poŭ* ｜, *v.* *poŭ kó* ｜, durable; pas durable.

救 *Kieóu.* Sauver, délivrer, secourir.

｜世主, ｜ *ché tchòu*, le Sauveur du monde.

｜命, *v.* ｜人性命, ｜ *mín*, *v.* ｜ *jên sín mín*, sauver la vie à quelqu'un.

喊打死人｜命, *Hàn tà sè jên* ｜ *mín*, crier: on me tue, sauvez-moi.

｜生(*v.* 命)船, ｜ *sēn* (*v.* *mín*) *tch'oûan*, barque de sauvetage.

喊耶穌｜我, *Hàn Iê· soū* ｜ *gò*, crier: Jésus, sauvez-moi.

｜人要｜倒頭, ｜ *jên iáo* ｜ *táo t'eôu*, tant qu'à secourir les gens, il faut les secourir jusqu'au bout.

｜得活, ｜ *tĕ· hŏ*, on pourra le sauver.

｜不活, ｜ *poŭ· hŏ*, on ne pourra pas le sauver.

我望他打｜, *Gò ouáng t'ā tà* ｜, j'espère qu'il me sauvera, qu'il viendra à mon secours.

病很了沒得｜, *Pín hèn lò, mŏ tĕ·* ｜, la maladie est trop grave, il n'y a plus moyen de le sauver.

你要想｜靈魂, *Gnì iáo siàng* ｜ *lîn houên*, tu dois songer à sauver ton âme.

一百之中難｜一个, *ī pĕ· tchē tchōng lân* ｜ *ī kó*, sur cent, en sauver difficilement un.

沒人來｜, *Mŏ jên lâi* ｜, personne n'arrive au secours.

｜出來了, ｜ *tch'ŏu lâi lò*, il a été délivré.

｜火, ｜水, ｜ *hò*, ｜ *chouì*, travailler au sauvetage dans un incendie, une inondation.

丨攤，丨 *lán*, tirer d'un malheur en général.

究 *Kieóu.* Examiner, chercher; enfin.

丨辦, *v.* 嚴丨, 丨 *pán*, *v. niên* 丨, juger et punir sévèrement.

官要追(*v.* 懲)丨, *Koūan iáo tchoūi (v. tchēn)* 丨, le mandarin va poursuivre (cette affaire) à fond.

窮丨, *K'iông* 丨, examiner à fond.

這件事有甚麼講丨, *Tché· kién sé ieòu chén mó kiàng* 丨, quelles sont les causes, ou les motifs de cette affaire?

愛講丨, *Gái kiàng* 丨, aimer le luxe, l'élégance.

丨竟, 丨 *kín*, enfin, en définitive.

丨竟怎樣, 丨 *kín tsèn iáng?* en fin de compte, comment est-ce?

柩 *Kieóu.* Cadavre dans le cercueil; le cercueil renfermant le cadavre.

靈丨, *v.* 棺丨, *Lîn* 丨 (express. payenne), *v. koūan* 丨 (express. chrét.), même sens.

抬靈丨, *T'âi lîn* 丨, porter un mort dans son cercueil.

殯丨, *Pín* 丨, enterrer provisoirement un mort.

咎 *Kieóu.* Faute, calamité, blâmer.

丨由自取, 丨 *ieôu tsé ts'ù*, être soi-même la cause de son malheur.

丨惡多端, 丨 *gŏ tō toūan*, beaucoup de mal, beaucoup de fautes.

不要見(*v.* 歸)丨, *Poŭ iáo kién (v. koūi)* 丨, n'imputez pas à faute, pardonnez.

KĪN

巾 *Kīn.* Bonnet, serviette.

方丨帽, *Fāng* 丨 *máo*, bonnet de cérémonie à l'usage des prêtres.

手丨, *v.* 手丨帕子, *Cheòu* 丨, *v. cheòu* 丨 *p'á tsè*, mouchoir.

帼丨帕子, *Kŏ* 丨 *p'á tsè*, essuie-mains.

今 *Kīn.* Maintenant, présentement.

丨天, *v.* 丨日, *v.* 丨朝, 丨 *t'iēn*, *v.* 丨 *jĕ*, *v.* 丨 *tchāo*, aujourd'hui.

丨年, 丨 *niên*, cette année (l'année présente).

丨早, *v.* 丨早晨, 丨 *tsào*, *v.* 丨 *tsào chên*, ce matin.

丨晚些, *v.* 丨宵, 丨 *ouàn sī*, *v.* 丨 *siāo*, ce soir, cette nuit.

如丨, *v.* 目丨, *Jôu* 丨, *v. moŭ* 丨, présentement, actuellement.

如丨我要改過, *Jôu* 丨 *gò iáo kài kó*, maintenant je veux me corriger.

丨後, *v.* 自(*v.* 從)丨以後, 丨 *heóu*, *v. tsé (v. ts'ông)* 丨 *ì heóu*, désormais.

當丨皇帝, *Tāng* 丨 *houâng tí*, l'empereur régnant.

衿 *v.* 襟 *Kīn.* Pan d'habit.

衣丨, *ī* 丨, le devant d'un habit.

開對丨汗褟子, *K'āi toúi* 丨 *hán t'ă tsè*, chemise qui se boutonne sur le milieu de la poitrine.

開大丨汗褟子, *K'āi tá* 丨 *hán t'ă tsè*, chemise qui se boutonne sur le côté.

襤丨丨, *v.* 丨丨吊吊, *v.* 丨丨片片, *v.* 破丨, *Lán* 丨 丨, *v.* 丨 丨 *tiáo tiáo*, *v.* 丨 丨 *p'ién p'ién*, *v. p'ó* 丨, haillons déchirés.

只有幾股襤丨丨吊起, *Tchè (tchĕ) ieòu kì koù lán* 丨 丨 *tiáo k'ì*, il n'a que quelques loques pendues sur le corps.

連丨, *v.* 弟兄, *v.* 丨兄丨弟, *Liên* 丨, *v.* 丨 *tí hiōng*, *v.* 丨 *hiōng* 丨 *tí*, les maris de deux sœurs.

紳丨, *Chēn* 丨, les notables.

矜 *Kīn. v.* 丨憐, *v.* 丨 *liên*, avoir pitié.

做(*v.* 行)哀丨, *Tsóu (v. hîn) gāi* 丨, faire l'aumône.

求哀丨, *K'ieôu gāi* 丨, demander l'aumône.

丨誇, 丨 *k'oūa*, se vanter.

這个人丨誇得很, *Tché· kó jên* 丨 *k'oūa tĕ hèn*, c'est un vantard.

僬丨, *Tsiâo (v. tsiāo)* 丨, faire le hâbleur.

斤 *Kīn.* Livre; hache.

十六两一丨爲天平, *Chĕ loŭ leàng ĭ* | *oûi t'iēn p'în*, la livre ordinaire est celle de 16 onces.

十八两一丨, *Chĕ pă leàng ĭ* |, livre de 18 onces.

半丨; 丨半, *Pán* |; | *pán*, demi-livre; une livre et demie.

三丨零四两, *v.* **三丨四两**, *Sān* | *lîn sé leàng, v. sān* | *sé leàng*, 3 livres plus 4 onces.

四丨少二两, *Sé* | *chào eúl leàng*, 4 livres moins 2 onces.

十丨大旺, *Chĕ* | *tá ouáng*, 10 livres, bon poids.

十丨有欠(*v.* **多**), *Chĕ* | *ieòu k'ién (v. tō)*, pas tout à fait 10 livres (ou bien, un peu plus de 10 livres).

稱一丨灰麵; 割半丨肉; 打一丨酒; 吊一百丨炭, *Tch'ēn ĭ* | *hoūi mién; kŏ pán* | *jŏu; tà ĭ* | *tsieòu; tiáo ĭ pĕ* | *t'án*, acheter (litt. peser) une livre de farine; (litt. couper) une ½ livre de viande; (litt. battre) une livre de vin; (litt. peser) 100 livres de charbon.

論丨丨, *v.* **論丨數**, *v.* **論丨頭**, *Lén* | |, *v. lén* | *sóu, v. lén* | *t'côu*, à la livre.

千丨, *Ts'iēn* |, (litt. 1000 livres) grosse barre de fer, levier.

拿千丨來拗石頭, *Lâ ts'iēn* | *lâi gáo chĕ t'eôu*, soulever une pierre avec ce levier.

一把斧丨, *ĭ pà foù* |, une hache.

搭(*v.* **栽**)**丨斗**, *Tă (v. tchouāi)* | *teòu*, tomber, tomber la tête la première.

走路栽丨搭斗的, *Tseòu lóu tchouāi* | *tă teòu tĭ*, marcher d'un pas chancelant avec de fréquentes chutes.

打丨斗, *Tà* | *teòu*, faire la roue en appuyant les mains par terre.

筋 *Kīn.* Nerfs.

脉丨, 血丨, *Mĕ* |, *hiĕ* |, artères, veines.

太陽丨, *T'ái iàng* |, tempes.

一身丨骨痛, *ĭ chēn* | *kŏu t'óng*, les nerfs et les os de tout le corps me font mal.

抽脚丨, *Tch'eōu kiŏ* |, couper les jarrets; énerver.

扯丨, *Tch'è* |, attaque de nerfs, convulsions; se quereller.

他們两个怕要扯丨, *T'ā mên leàng kó p'á iáo tch'è* |, eux deux vont probablement avoir une querelle ensemble.

這个事後來有丨絆, *Tché kó sé heóu lâi ieòu* | *p'án*, cette affaire suscitera plus tard des difficultés, des querelles.

這个人丨丨撒撒, *v.* **梭梭**, *v.* **絆絆**, *Tché kó jên* | | sā sā, *v.* sō sō, *v.* p'án p'án, cet homme est ennuyeux, fait beaucoup d'embarras, de difficultés pour des riens.

看小兒只看丨紋, *K'án siào eúl tchè (tchĕ) k'án* | *ouên*, pour les enfants (on ne tâte pas le pouls), on ne fait qu'examiner les linéaments des veines (du pouce).

瘦得很一个丨骨人, *Seóu tĕ hèn, ĭ kó* | *kŏu jên*, homme très maigre, qui n'a que les nerfs et les os.

糊壁頭要紙丨或草丨, *Fôu pĭ t'eôu iáo tchè* | *houĕ ts'ào* |, pour crépir les murs il faut mélanger (à la boue, à la chaux) du papier ou de la paille hachés.

洋紙沒得丨絲, *Iâng tchè mŏ tĕ* | *sē*, le papier européen n'a pas de nervures (comme le papier chinois).

脚(*v.* **手**)**轉丨**, *Kiŏ (v. cheòu) tchouán* |, espèce de crampe violente aux pieds (ou aux mains).

金 *Kīn.* Or, métal. **丨子**, | *tsè*, or.

五丨, *Où* |, les cinq métaux (or, argent, fer, cuivre, étain).

黄丨, 丨條子, *Houâng* |, | *t'iâo tsè*, or jaune, or en lingot.

丨子的, *v.* **丨子打的**, | *tsè tĭ, v.* | *tsè tà tĭ*, en or, fait en or.

丨晃晃的, | *houáng houáng tĭ*, d'un jaune d'or brillant.

丨廠, 丨窖, | *tch'àng*, | *káo*, mine d'or, trou à enfouir l'or.

沙｜,淘沙｜, *Chā* ｜, *t'âo chā* ｜, or tiré du sable aurifère, extraire cet or.

｜鉑, ｜ *pŏ*, clinquant servant surtout aux superstitions.

｜錁錠, ｜ *in tín*, faux globules d'or ou d'argent (pour superst.) faits avec ce clinquant.

｜葉子, *v.* 佛｜, ｜ *iĕ tsè*, *v.* *foŭ* ｜, or en feuilles très minces servant à dorer.

貼｜,鍍｜, *T'iĕ* ｜, *toú* ｜, dorer en appliquant des feuilles d'or, dorer au feu ou à la pile.

｜針花, ｜ *tchēn hoūa*, fleur du lis jaune, bonne à manger.

坭｜, *Gnî* ｜, mica, dont se servent les Chinois, pour donner à leurs inscriptions la couleur jaune-doré.

吞｜死的, *T'ēn* ｜ *sè tī*, qui s'est donné la mort en avalant des feuilles d'or (mode de suicide usité parmi les mandarins).

｜不擇地道不拘方, ｜ *poŭ ts'ĕ tí, taó poŭ kū fāng*, l'or ne choisit pas son terrain, la vraie doctrine ne connaît pas de distinction entre les pays.

眞｜不怕火煉, *Tchēn* ｜ *poŭ p'á hò lién*, le vrai or ne craint pas d'être éprouvé au feu.

高山出｜銀寶貝, *Kaō chān tch'ŏu* ｜ *în paò péi*, les hautes montagnes produisent l'or, l'argent et les pierres précieuses.

厘｜錢, *Lî* ｜ *ts'iên*, droits de douane.

打(*v.* 抽)厘｜, *Tà (v. tch'eōu) lî* ｜, lever des droits de douane; organiser une levée de décimes, pour une œuvre d'utilité publique.

一字值千｜, *ī tsé tchĕ ts'iēn* ｜, un caractere vaut mille onces d'or ou d'argent.

貴千｜;千｜小姐, *Koúi ts'iēn* ｜; *ts'iēn* ｜ *siào tsiè*, votre fille (polit.); fille noble.

京 *Kīn*. Capitale, résidence du gouvernement.

｜都, *v.* ｜城, ｜ *toū*, *v.* ｜ *tch'ên*, même sens.

北｜,南｜, *Pĕ* ｜, *Lân* ｜, Pékin (cour du Nord); Nankin (cour du Midi).

進｜, *Tsín* ｜, aller à la capitale (à Pékin).

告｜狀, *Kaó* ｜ *tchoúang*, porter un procès jusqu'à Pékin.

｜樣子, *v.* ｜裝, ｜ *iáng tsè*, *v.* ｜ *tchoūang*, à la façon, à la mode de Pékin.

｜腔,｜官,｜報, ｜ *k'iāng*, ｜ *koūan*, ｜ *páo*, voyez *k'iāng, koūan, páo*.

荆 *Kīn*. *v.* ｜棘, ｜ *kĭ*, épines.

富路莫栽｜棘草他年免掛子孫衣, *Tāng loú mŏ tsāi* ｜ *kĭ ts'ào, t'ā niên miên koúa tsè sēn ī*, ne plantez pas d'épines sur la route, de peur que plus tard vos fils et petits-fils n'y accrochent leurs habits.

拙｜, *Tchŏ* ｜, *litt.* vile épine, pour dire, ma femme (politesse).

負｜請罪, *Foú* ｜ *ts'ìn tsoúi*, (litt.) demander pardon en apportant des épines pour se faire châtier, c.-à-d. faire des excuses très humbles.

經 *Kīn*. Livres sacrés, loi; traiter les affaires; durable, action de passer; veines ou artères.

五｜(易｜,詩｜,書｜,禮記,春秋), *Où* ｜ (*í* ｜, *chē* ｜, *chōu* ｜, *lì kí, tch'oūen ts'ieōu*), les cinq livres canoniques des Chinois.

聖｜, *Chén* ｜, les livres sacrés, la Bible.

｜典, ｜ *tièn*, les livres classiques; texte des prières (style chrétien).

｜典道理不熟, ｜ *tièn taó lì poŭ chŏu*, ne savoir bien ni les prières ni la doctrine.

｜堂, ｜ *t'âng*, lieu de prières, église, oratoire.

｜書, *v.* ｜本; ｜板, ｜ *chōu*, *v.* ｜ *pèn*; ｜ *pàn*, livre de prières; canons d'autel.

誦(*v.* 念)｜, *Sóng (v. nién)* ｜, réciter des prières.

一段｜,一台｜, *ī touán* ｜, *ī t'âi* ｜, une prière, une suite de prières.

早課｜,晚課｜, *Tsào k'ó* ｜, *ouàn k'ó* ｜, prières du matin, du soir.

唱｜，題｜，*Tch'áng* ｜，*t'î* ｜，chanter des prières, entonner des prières.

跪倒（立起，*v.* 站起）念｜，*Kouí taò* (*lĭ k'ì, v. tchán k'ì*) *nién* ｜，prier à genoux (debout).

請人念｜，*Ts'ìn jên nién* ｜，inviter du monde à venir prier pour un mort.

念｜不恭敬，不端莊，*Nién* ｜ *poŭ kōng kín, poŭ toŭan tchoŭang*, prier d'une manière irrévérencieuse.

佛｜，觀音｜，*Foŭ* ｜，*kouān īn* ｜，priere des bouddhistes; prières adressées à la déesse *Kouān īn*.

不正｜的人，*Poŭ tchén* ｜ *tĭ jên*, homme aux mœurs dépravées (qui ne se conduit pas d'après les principes des livres canoniques).

｜侑，*v.* ｜理，*v.* ｜管，｜ *ieōu*, *v.* ｜ *lì*, *v.* ｜ *kouàn*, soigner; s'occuper d'une affaire.

｜侑牲扣，｜ *ieōu sēn k'eòu*, soigner des bêtes de somme.

｜侑不來，*v.* 不會｜侑，｜ *ieōu poŭ lâi*, *v.* *poŭ houí* ｜ *ieōu*, pas habile à soigner.

不是得我｜手的事，*Poŭ ché tĕ gò* ｜ *cheòu tĭ sé*, cette affaire n'a pas passé par mes mains; elle ne me regarde pas.

｜一事長一智，｜ *ĭ sé tchàng ĭ tché*, autant d'affaires traitées, autant d'acquis pour l'expérience.

事非｜過不知難，*Sé fēi* ｜ *kó, poŭ tchē lân*, quand on n'a pas traité une affaire par soi-même, on n'en connait pas les difficultés.

｜緯有理，｜ *oûi ieòu lì*, bien ordonner, bien disposer les choses.

｜事，*v.* ｜得事，｜ *sé*, *v.* ｜ *tĕ sé*, durable.

這个顏色不｜事，*Tché kó iên sĕ poŭ* ｜ *sé*, cette couleur ne tient pas longtemps.

｜得餓，*v.* ｜不得餓，｜ *tĕ ó*, *v.* ｜ *poŭ tĕ ó*, pouvoir, ou ne pas pouvoir endurer la faim.

柴不｜燒，*Tch'âi poŭ* ｜ *chāo*, le bois se consume vite au feu.

｜得老，｜ *tĕ laò*, vieillir sans paraître vieux.

已｜不在了，*ì* ｜ *poŭ tsái lò*, maintenant il n'existe plus.

玻璃絣子有一條｜，*Pō lî p'ìn tsè ieòu ĭ t'iâo* ｜，la bouteille de verre a une fente ou un semblant de fente.

玻璃磁器燙不得怕｜，*Pō lî ts'ê k'í t'áng poŭ tĕ, p'á* ｜，le verre, la porcelaine ne doivent pas être mis dans l'eau bouillante, de peur qu'ils ne se fendent.

驚 *Kīn*. Craindre, effrayer.

｜嚇人，｜ *hĕ jên*, faire peur à quelqu'un.

打雷｜人得很，*Tà loûi* ｜ *jên tĕ hèn*, le tonnerre est très effrayant.

｜怕天主的威嚴，｜ *p'á T'iēn Tchòu tĭ oūi niên*, craindre la majesté de Dieu.

聽這句話我｜一吓（*v.* 吃一｜），*T'īn tché kú houá gò* ｜ *ĭ há* (*v. tch'ĕ ĭ* ｜)，en entendant cette parole, j'ai été effrayé.

拿些道理來｜醒人家，*Lâ sī taó lì lâi* ｜ *sìn jên kiā*, réveiller quelqu'un de sa torpeur, au moyen d'exhortations pathétiques.

｜啞了，｜ *ià lò*, effrayé à en perdre la voix.

下冷水有一點｜人，*Hiá lèn choùi ieòu ĭ tièn* ｜ *jên*, on est un peu saisi en entrant dans l'eau froide.

一條街都｜動了，*ĭ t'iâo kāi toū* ｜ *tóng lò*, toute la rue en a été mise en émoi.

一點點事不消｜動那樣多人，*ĭ tièn tièn sé poŭ siāo* ｜ *tóng lá iáng (láng) tō jên*, pour une affaire de rien, inutile de déranger tant de monde.

｜風丸，｜ *fōng iuên*, pilules pour guérir les enfants pris de convulsions.

兢 *Kīn*. Craintif, tremblant.

｜｜顫顫，｜｜ *tchán tchán*, trembler de peur.

華西官話漢法詞典

K'ĪN

欽 *K'īn*. Honorer, respecter.

丨崇天主萬有之上, 丨 *ts'ōng T'iēn Tchòu ouán ieòu tchē cháng*, honorer Dieu par-dessus toutes choses.

丨命, 丨 *mín*, par ordre impérial (titre qui se met avant tous les autres, pour les mandarins nommés directement par l'empereur).

要三品官纔打得丨命, *Iáo sān p'ìn koūan ts'âi tà tĕ·* 丨 *mín*, il faut être mandarin au moins de troisième classe pour prendre ce titre de *k'īn mín*.

丨差大臣, 丨 *tch'āi tá tch'ên*, ambassadeur, commissaire impérial.

打發丨差, *Tà fă* 丨 *tch'āi*, envoyer un ambassadeur.

卿 *K'īn*. Grand mandarin; nom par lequel l'empereur interpelle les grands mandarins.

丨相, 丨 *siáng*, ministre de l'empereur.

輕 *K'īn*. Léger (au pr. et au fig.); mépriser.

担子不曉得丨重, *Tán tsè poŭ hiào tĕ·* 丨 *tchóng*, je ne sais pas si le fardeau est léger ou lourd.

他說話不分丨重, *T'ā chŏ houá poŭ fēn* 丨 *tchóng*, (litt.) en parlant il ne distingue pas le léger du grave, c.-à-d. il parle d'une manière inconsidérée, ne faisant attention ni à qui, ni de qui il parle.

罪有丨重, *Tsoúi ieòu* 丨 *tchóng*, il y a des péchés légers et des péchés graves.

肉身要看得丨靈魂要看得重, *Jŏu chēn iáo k'án tĕ·* 丨, *lîn houēn iáo k'án tĕ· tchóng*, il faut faire peu de cas du corps, mais grandement estimer l'âme.

丨易, 丨 *i*, léger et facile.

他的手倒丨, *T'ā tĭ cheòu táo* 丨, lui, il a la main légère.

丨丨摸, *v.* **刷**, *v.* **搬**, *v.* **抹**, *v.* **打**, 丨 丨 *mō*, *v. choŭa*, *v. ts'ă*, *v. mă*, *v. tà*, toucher, brosser, frotter, essuyer, frapper légèrement.

丨丨吞下, 丨 丨 *t'ēn hiá*, avaler tout doucement.

丨巧活路, 丨 *k'iào hŏ lóu*, travail léger, qui ne fatigue pas.

玻璃餅子要丨省點放, *Pō lî p'ìn tsè iáo* 丨 *sèn tièn fáng*, il faut poser plus doucement les bouteilles en verre.

丨省活路, 丨 *sèn hŏ lóu*, travail léger, délicat.

案丨了, *Gán* 丨 *lò*, le procès, l'accusation est devenue légère.

丨快如神, 丨 *k'ouái jôu chên*, léger et rapide comme un esprit.

丨慢(v. 丨賤)人家, 丨 *mán (v.* 丨 *tsién) jên kiā*, mépriser autrui.

不要看他丨很了, *Poŭ iáo k'án t'ā* 丨 *hèn lò*, il ne s'agit pas d'en faire peu de cas.

丨人丨自己, 丨 *jên* 丨 *tsé kì*, mépriser les autres, c'est se rapetisser soi-même.

這个小夥子好丨狂, *Tché· kó siào hò tsè hào* 丨 *k'ouâng*, ce jeune homme est fort léger.

丨粉, 丨 *fèn*, calomel.

K'ÎN

衾 *K'în (v. k'īn)*. **衣丨**, *ī* 丨, habits dont on revêt les cadavres.

衣丨棺槨, *ī* 丨 *koūan kŏ*, habits et cercueil (tout ce qu'il faut pour la sépulture).

禽 *K'în*. Nom générique des oiseaux. (Voir *cheóu* page 23.)

噙 *K'în*. Mâcher, tenir pressé dans la bouche.

這个葯吞不得光是丨在口頭, *Tché· kó iŏ t'ēn poŭ tĕ·, kouāng ché* 丨 *tsái k'eòu t'eóu*, ce médicament ne doit pas être avalé, il faut seulement le mâcher.

這个葯不好丨, *Tché· kó iŏ poŭ hào* 丨, ce médicament n'est pas bon à mâcher.

琴 *K'în.* Luth, instrument à cordes.
彈丨虧指甲, *T'ân* | *k'oūi tchè kiă*, pincer le luth abîme les ongles.
彈丨歌舞, *T'ân* | *kō où*, faire de la musique, chanter et danser; se dit de quelqu'un qui est dans une grande joie.
胡丨, *Fôu* |, espèce de violon.
扯風丨, *Tch'è fōng* |, jouer de l'orgue ou de l'harmonium.

芹 *K'în.* 丨菜, | *ts'ái*, céleri.
水丨菜, *Choùi* | *ts'ái*, cresson.

擒 *K'în.* Prendre, saisir.
生丨活捉, *Sēn* | *hŏ tchŏ*, prendre vif, par ex. un ennemi dans une guerre.
把某人丨住, *Pà mòng jên* | *tchóu*, arrête un tel.

勤 *K'în. v.* 丨快, *v.* | *k'ouái*, diligent.
丨快做活路, *v.* 做活路丨快, | *k'ouái tsóu hŏ lóu, v. tsóu hŏ lóu* | *k'ouái*, diligent au travail.
你丨快點, *Gnì* | *k'ouái tièn*, sois un peu plus diligent.
一丨天下無難事, *ī* |, *t'iēn hiá oû lân sé*, avec de la diligence, on vient à bout de toutes les difficultés.
丨儉持家, | *kièn tch'ê kiā*, conduire son ménage avec diligence et économie.
丨帮苦做, | *pāng (v. pā) k'òu tsóu*, travailler ferme, sans épargner sa peine.
他都來得丨, *T'ā tōu lâi tĕ* |, il vient encore diligemment, c.-à-d. fréquemment.
殷丨(*v.* 慇懃)人, *īn* | *jên*, être aux petits soins pour quelqu'un.

KÌN

謹 *Kìn.* Attentif, soigneux.
丨守自己, | *cheòu tsé kì*, veiller attentivement sur soi.
要丨愼, *Iáo* | *tch'én*, il faut être soigneux, il faut être sur ses gardes.
丨防强盗, | *fâng k'iâng táo*, se bien garder des voleurs.
房子丨愼, *v.* 丨捲, *Fâng tsè* | *tch'én, v.* | *kuèn*, la maison est sûre.
丨言愼行, | *iên tch'én hín*, veiller soigneusement sur ses paroles et sur ses actions.

緊 *Kìn.* Etroit, pressé. (Ce mot se joint à beaucoup de verbes avec l'idée de presse, d'effort, d'insistance.)
要得丨, *Iáo tĕ* |, très nécessaire.
救靈魂纔要得丨, *Kieóu lîn houên ts'âi iáo tĕ* |, sauver son âme, voilà ce qui est nécessaire.
他丨了, *v.* 他受丨, *T'ā* | *lò, v. t'ā cheóu* |, il est à l'étroit, il est dans le besoin.
一吊錢我要得丨, *ī tiáo ts'iên gò iáo tĕ* |, j'ai absolument besoin d'une ligature.
丨迫, | *p'ĕ*, pressé, dans la nécessité.
丨急的事, | *kĭ tĭ sé*, affaire urgente.
人多擠得丨, *Jên tō, tsì tĕ* |, il y a trop de monde, on est extrêmement serré.
不要財心丨很了, *Poŭ iáo ts'âi sīn* | *hèn lò*, ne sois pas trop avare.
要帳不可逼丨很了, *Iáo tcháng poŭ k'ò pī (pĭ)* | *hèn lò*, en réclamant des dettes, il ne faut pas trop urger.
錢他看得丨 (*v.* 不要丨), *Ts'iên t'ā k'án tĕ* | (*v. poŭ iáo* |), il tient beaucoup aux sapèques (ou bien, il y tient peu).
正在當丨的時候, *Tchén tsái tāng* | *tĭ chê heóu*, juste au moment le plus important, au temps de la presse.
說得丨, *Chŏ tĕ* |, c'est dit avec insistance, en appuyant, en précisant.
不大丨的事, *Poŭ tá* | *tĭ sé*, affaire peu importante.
一兩百錢不打丨, *ī leàng pĕ ts'iên poŭ tà* |, 100 ou 200 sapèques, petite affaire.
吃丨, 梆丨的, *Tch'ĕ* |, *pāng* | *tĭ*, serrer; très serré, tassé, tenace.
綁(*v.* 拴)丨, 踩丨, 築丨, 催丨, *Pàng (v. choūan)* |, *tch'ài* |, *tchŏu* |, *ts'oūi* |, lier, fouler, tasser, serrer fort.

錦 Kìn. 丨秀，丨 *sieóu*, beau, élégant.

丨緞，丨 *touán*, bordure fleurie des cartouches en satin.

景 Kìn. Brillant; situation.

光丨，*Kouāng* 丨，état, disposition, mode extérieur.

看這个光丨難得好，*K'án tché· kó kouāng* 丨，*lân tě· haò*, à voir son état, il guérira difficilement.

十樣丨 (v. 丨兒)，*Chě iáng* 丨 (v. 丨 *eûl*), assortiment de sucreries.

丨緻，丨 *tché*, paysage, site.

這个地方該有些好丨緻，*Tché· kó tí fāng kāi ieòu sī haò* 丨 *tché*, dans cette contrée, il y a sans doute quelques beaux sites.

丨教碑，丨 *kiáo pēi*, inscription de la Religion resplendissante (nom de l'inscription chrétienne trouvée à *Sī gān foù*).

儆 v. **警** Kìn. Exhorter, défendre, réprimer.

丨戒兒女，丨 *kiái eûl niù*, corriger ses enfants, les détourner du mal.

丨醒罪人，丨 *sìn tsoúi jên*, par de vives exhortations réveiller le pécheur de sa torpeur.

頸 Kìn. v. 丨子, v. 丨項, v. 丨 *tsè*, v. 丨 *háng*, cou.

丨子降了，丨 *tsè kiáng lò*, avoir le torticolis.

吊丨死了，*Tiáo* 丨 *sè lò*, il s'est pendu.

吊丨鬼，*Tiáo* 丨 *kouì*, diable qui pousse les gens à se pendre.

脚丨子，手丨子，*Kiŏ* 丨 *tsè, cheòu* 丨 *tsè*, cou-de-pied, poignet.

KÍN

禁 Kín. Défendre, prohiber, s'abstenir.

丨革, v. 丨止，丨 *kě·*, v. 丨 *tchè*, prohiber (voir *kě·*).

丨革不倒，丨 *kě· poŭ taò*, ne pouvoir empêcher.

要丨止他，*Iáo* 丨 *tchè t'a*, il faut l'arrêter, il faut lui défendre.

嚴丨一件事，*Niên* 丨 *ĭ kién sé*, défendre sévèrement une chose.

這是犯丨的事，*Tché· ché fán* 丨 *tĭ sé*, c'est une chose défendue par la loi.

丨地，丨 *tí*, endroit où il est défendu d'aller sans permission.

丨子，丨 *tsè*, gardien de prison, geôlier.

不丨眼淚長流，不丨大笑起來，*Poŭ* 丨 *ièn loúi tch'âng lieôu, poŭ* 丨 *tá siáo k'ì lâi*, ne pouvoir s'empêcher de pleurer à chaudes larmes, de rire aux éclats.

丨口，丨 *k'eòu*, s'abstenir de manger de certaines choses.

丨口痢，丨 *k'eòu lí*, dyssenterie où l'on ne peut rien manger.

近 Kín. Près, approcher.

遠丨，*Iuèn* 丨，distance.

隔得丨，*Kě· tě·* 丨，pas loin.

隔(v. 離)河丨，*Kě· (v. lî) hô* 丨，ce n'est pas loin de la rivière.

趕場丨，*Kàn tch'âng* 丨，ce n'est pas loin pour aller au marché.

不論遠丨都來得，*Poŭ lén iuèn* 丨 *toū lâi tě·*, les proches, les éloignés, tous peuvent venir.

走丨處，*Tseòu* 丨 *tch'óu*, aller en un endroit proche.

側丨的人些，*Tsě·* 丨 *tĭ jên sī*, les voisins.

團隣四丨，*T'oûan lîn sé* 丨，tout le voisinage.

有丨便，*Ieòu* 丨 *pién*, c'est près et commode.

你丨很了趲(v. 退 v. 站 v. 離)遠點，*Gnì* 丨 *hèn lò, tsàn (v. t'oúi, v. tchán, v. lî) iuèn tièn*, tu es trop près, écarte-toi un peu.

你說的話好不丨理(v. 情)，*Gnì chŏ tĭ hoúa haò poŭ* 丨 *lì (v. ts'în)*, ce que tu dis là n'est vraiment pas raisonnable.

丨如時，丨 *joû chê*, en ces temps-ci (style relevé).

敬 *Kín.* Respecter, révérer, vénérer, honorer, adorer.

孝 | 父母, *Hiáo | foú moù*, avoir du respect filial pour les parents.

恭 | 天主, 尊 | 長上, *Kōng | T'iēn Tchòu, tsēn | tchàng cháng*, honorer Dieu et respecter les supérieurs.

人都還恭 |, *Jên toū houân kōng |*, il a encore bonne mine, bonne tenue.

在天主臺前要恭恭 | |, *Tsái T'iēn Tchòu t'âi ts'iên iáo kōng kōng | |*, devant Dieu il faut se tenir très respectueusement.

| 菩薩, | 神, *| p'ôu sá, | chén*, vénérer les idoles, les esprits (des payens).

| 聖人, *| chén jên*, honorer les saints.

若要人 | 我除非我 | 人, *Jŏ iáo jên | gò, tch'ôu fēi gò | jên*, si je veux que les autres me respectent, il faut que je les respecte d'abord.

失 | 失 |, *Chĕ | chĕ |*, je vous ai manqué de respect (polit.).

二天我要 | 你四两 *v.* **一杯茶**, *Eúl t'iēn gò iáo | gnì sé leàng, v. ĭ pēi tch'â*, (litt.) un autre jour je te paierai respectueusement 4 onces (de vin), ou bien, une tasse de thé.

不服 |, *Poŭ foŭ |*, se révolter intérieurement (contre quelqu'un).

竟 *Kín.* **究 |**, *v.* **| 自**, *Kieóu |, v. | tsé* (voir *kieóu*), enfin.

| 不來, *| poŭ lâi*, décidément il ne vient pas.

| 自沒有去成, *| tsé mŏ icòu k'ú tch'ên*, en définitive, il n'a pas pu y aller.

境 *Kín.* Frontières, limites.

出 |, *Tch'ŏu |*, sortir des limites d'une juridiction.

跟人出 |, *Niēn jên tch'ŏu |*, chasser quelqu'un du pays.

鏡 *Kín. v.* **| 子**, *v. | tsè*, miroir, lunettes.

| 子是照人的像, *| tsè ché tcháo jên tĭ siáng*, le miroir reflète la figure des gens.

照 | 子, *Tcháo | tsè*, se regarder dans un miroir.

穿衣 | |, *Tch'oūan ī | |*, grand miroir de toilette.

| 架箱, *| kiá siāng*, petit nécessaire de toilette, avec miroir sur l'intérieur du couvercle.

眼 |, *Ièn |*, lunettes.

眼 | 有窩子, 老光, 通光, *v.* **少光** *v.* **平光**, *Ièn | icòu ō tsè, laò kouāng, t'ōng kouāng, v. chaó kouāng, v. p'în kouāng*, il y a des lunettes pour myopes, pour presbytes, et différentes espèces de conserves.

墨 |, 茶 |, *Mĕ |, tch'â |*, lunettes de couleur noire, foncée.

玻璃(*v.* **燒料)眼 |**, *Pō lî (v. chāo leáo) ièn |*, lunettes en verre.

水晶(*v.* **石頭)眼 |**, *Choùi tsīn (v. chĕ t'eóu) ièn |*, lunettes en cristal de roche.

戴眼 | (*v.* **| 子)**, *Tái ièn | (v. | tsè)*, porter lunettes.

看書要使(*v.* **用)眼 |**, *K'án chōu, iáo chè (v. ióng) ièn |*, pour lire il faut que je me serve de lunettes.

我離不得眼 |, *Gò lî poŭ tĕ ièn |*, je ne puis me passer de lunettes.

賣整眼 | 生意, *Mái tchèn ièn | sēn í*, commerce de vente et raccommodage de lunettes.

眼 | 框框(盒子), *Ièn | k'iāng k'iāng (hŏ tsè)*, monture de lunettes (étui à lunettes).

敓一付眼 |, *P'īn ĭ foú ièn |*, se procurer une paire de lunettes.

這付眼 | 合我的眼睛, *Tché foú ièn | hŏ gò tĭ ièn tsīn*, cette paire de lunettes me va.

千里 |, 顯微 |, 西洋 |, *Ts'iēn lì |, hièn oûi |, sī iâng |*, longue-vue, microscope, stéréoscope.

劤 *v.* **勁** *v.* **勬** *Kín.* Force, se servir de ses forces.

有 | 沒 |, *Ieòu |, mŏ |*, il y a (il n'y a pas) de la force, du nerf, du goût (au propr. et au fig.).

海上絲綢之路文獻集成 科技與文化編

使｜, v. **勁｜**, v. **趲｜**, *Chè* ｜, v. *tchă* ｜, v. *tsàn* ｜, se servir de ses forces, s'efforcer.

有｜勁, *Ieòu* ｜ *tchă*, avoir de la force.

沒｜勁, *Mŏ* ｜ *tchă*, ne pas en avoir (au propre et au figuré).

這个酒有｜, v. **有｜勁**, v. **｜勁大**, *Tché kó tsieòu* ieòu ｜, v. ieòu ｜ tchă, v. ｜ tchă tá, ce vin est fort.

趲｜吓, v. **趲一吓｜**, *Tsàn* ｜ *há*, v. *tsàn ĭ há* ｜, s'efforcer un peu.

這个人不趲｜, *Tché kó jên poŭ tsàn* ｜, cet homme ne vaut pas cher.

貨(v. **庄稼**) **不趲｜**, *Hó (v. tchoūang kia) poŭ tsàn* ｜, la marchandise (ou la récolte) est mauvaise.

對｜, *Toúi* ｜, être de même force.

K'ÍN

慶 *K'ín*. **｜賀**, v. **喜｜**, ｜ *hó*, v. *hì* ｜, féliciter.

｜期, ｜ *k'ī*, jour de fête.

重｜, *Tch'ông* ｜, ville de 1ère classe du Sutchuen.

磬 *K'ín*. Timbre.

敲｜敬菩薩, *K'āo* ｜ *kín p'ôu să*, frapper sur le timbre pour honorer l'idole.

KIŎ

脚 v. **腳** *Kiŏ*. Pied (au pr. et au fig.).

一隻｜, **雙｜**, *ĭ tchē (tchĕ)* ｜, *choūang* ｜, un pied, les deux pieds.

｜頸, v. **｜頸子**, ｜ *kìn*, v. ｜ *kìn tsè*, cou-de-pied.

｜板, v. **｜板底**, ｜ *pàn*, v. ｜ *pàn tì*, plante des pieds.

｜板心, ｜ *pàn sīn*, milieu de la plante des pieds.

｜背, ｜ *pēi*, le dessus du pied.

｜後跟, **｜𨃼**, ｜ *heóu kēn*, ｜ *kàn*, le talon, la jambe.

｜肚子, **｜尖子**, ｜ *tòu (v. tóu) tsè*, ｜ *tsiēn tsè*, mollet, pointe du pied.

跟你幾｜尖(v. **頭**), *Kēn gnì kì* ｜ *tsiēn (v. t'eôu)*, je vais te donner des coups de pied.

他來不倒他的｜頭多, *T'ā lâi poŭ taò, t'ā tĭ* ｜ *t'eôu tō*, il ne peut venir, il est trop occupé, il a beaucoup de courses à faire.

他都很有點｜面, *T'ā tōu hèn, ieòu tièn* ｜ *mién*, il a beaucoup de crédit, de réputation.

｜指拇子(v. **拇兒**), ｜ *tchè moù tsè (v. moù cûl)*, doigts du pied.

｜印(v. **印子**), v. **｜步**, v. **｜跡**, ｜ *ín (v. ín tsè)*, v. ｜ *póu*, v. ｜ *tsĭ*, traces des pieds, vestiges.

跟倒｜步(v. **｜跡**) **走**, *Kēn taò* ｜ *póu (v.* ｜ *tsĭ) tseòu*, suivre des traces.

路還沒有乾倒底有了｜步, *Loú houân mŏ ieòu kān, táo tì ieòu lò* ｜ *póu*, la route n'est pas encore sèche, cependant il y a déjà des empreintes de pas (elle commence à sécher).

你合不倒｜步, *Gnì hŏ poŭ taò* ｜ *póu*, tu ne vas pas au pas.

打光｜板, *Tà kouāng* ｜ *pàn*, aller pieds nus.

｜滑了, ｜ *hoŭa lò*, le pied a glissé.

我再沒有打過虛｜, v. **虛過｜**, *Gò tsái mŏ ieòu tà kó hū* ｜, v. hū kó ｜, jamais je n'ai fait de faux pas (au moral).

｜巴穩(v. **不穩**), ｜ *pā ouèn (v. poŭ ouèn)*, le pied pose (ou bien, ne peut pas poser) solidement, sans glisser.

｜𨃼軟(v. **髭**) **了**, ｜ *kàn jouàn (v. p'ā) lò*, le pied est faible, sans force.

我｜閃了一吓, *Gò* ｜ *chàn lò ĭ há*, je me suis donné une entorse.

踼｜絆爪(v. **手**), *T'ĭ* ｜ *p'án tchào (v. cheòu)*, marcher en trébuchant, en se heurtant partout.

跌｜板爪, *T'ĭ* ｜ *pàn tchào*, se démener en frappant du pied et en agitant les mains.

我抓他幾彎心｜, *Gò tchoūa t'ā kì ouān sīn* ｜, je lui ai donné quelques bons coups de pied.

囂｜打人, *Hiāo* | *tà jên*, animal qui rue, et qui frappe les gens.

提不起｜, *T'î poŭ k'ì* |, ne pouvoir lever les pieds.

｜提高點, | *t'î kāo tièn*, lève les pieds plus haut (pour ne pas heurter).

歇一吓(*v.* 一天)｜, *Hiĕ ĭ há* (*v.* ĭ *t'iēn*) |, se reposer un instant (un jour).

｜不方便, | *poŭ fāng pién*, n'avoir pas les pieds libres, dispos.

上｜鐐, *Cháng* | *leâo*, mettre aux entraves.

打斷｜髈, *Tà touán* | *kàn*, casser les jambes.

洗｜, 燙｜, *Sì* |, *t'áng* |, se laver les pieds, les baigner dans de l'eau très chaude.

｜盆, | *p'ên*, baquet de bois, pour se laver les pieds.

一｜跑回家去, ĭ | *p'ào hoûi kiā k'ú*, courir d'un trait jusque chez soi.

包｜, *Pāo* |, envelopper les pieds avec une toile (pour les hommes), les serrer pour les atrophier (s'il s'agit des femmes).

女人要包(*v.* 纏)｜, *Niù jên iáo pāo* (*v. tch'ân*) |, les femmes doivent se serrer les pieds.

包｜布, *Pāo* | *póu*, carré de toile avec lequel les hommes s'enveloppent les pieds.

裹｜, *Kò* |, envelopper les pieds en roulant des bandelettes tout autour (femmes).

｜帶子, | *tái tsè*, bandelettes avec lesquelles les femmes s'enveloppent les pieds.

鞋不合｜, *Hâi poŭ hŏ* |, les souliers ne vont pas aux pieds.

我｜大穿一尺八, *Gò* | *tá*, *tch'oūan* ĭ *tch'ĕ pă*, j'ai le pied grand, je chausse 1 pied 8 pouces (mesure des cordonniers).

｜蛇子, 千｜虫, | *chê tsè*, *ts'iēn* | *tch'ông*, lézard, mille-pieds.

高｜凳, *Kāo* | *tén*, petite échelle double assez haute.

地｜石(*v.* 枋), *Tí* | *chĕ* (*v. fāng*), pierre (ou pièce de bois) qui fait le bas (fondement) d'une cloison.

墻｜, 山｜, 床｜, 桌子｜｜, *Ts'iâng* |, *chān* |, *tch'oûang* |, *tchŏ tsè* | |, pied du mur, de la montagne, du lit, de la table. (*Kiŏ*, comme en français *pied*, s'emploie pour le dos ou pour le soutien d'une foule d'objets.)

｜滓, *v.* ｜ ｜, | *tsè*, *v.* | |, résidu, lie.

油｜子, 酒｜子, *Ieôu* | *tsè*, *tsieòu* | *tsè*, résidu d'huile, lie de vin.

只剩得有一點｜｜, *Tchè* (*tchĕ*) *chén tĕ ieòu* ĭ *tièn* | |, il ne reste plus qu'un peu de résidu, de lie.

｜子, | *tsè*, portefaix, courrier.

｜子有攬頭, | *tsè ieòu làn t'eôu*, les portefaix ont un patron responsable.

喊(*v.* 請)｜子, *Hàn* (*v. ts'in*) | *tsè*, louer des porteurs.

信｜子, *v.* 跑信的｜子, *Sín* | *tsè*, *v. p'ào sín tĭ* | *tsè*, courrier.

開｜錢, *K'āi* | *ts'iên*, payer le port.

水｜錢, *Choùi* | *ts'iên*, prix, frais de transport par eau.

貨一攏就要清下｜, *Hó* ĭ *lòng*, *tsieóu iáo ts'īn hiá* |, aussitôt les marchandises arrivées, il faut achever de payer le port.

他做活路好｜色, *T'ā tsóu hŏ loú haò* | *sĕ* (pop.), c'est un fameux travailleur.

那个｜色惹不得, *Lá kó* | *sĕ jè poŭ tĕ* (pop.), ce garnement, il ne fait pas bon s'y frotter.

口是江湖｜是路, *K'eòu ché kiāng foû*, | *ché loú*, avec la langue et de bonnes jambes on peut aller partout, on trouvera toujours sa route.

覺 *Kiŏ*. ｜得, *v.* 㬐｜, | *tĕ*, *v. kìn* |, remarquer, s'apercevoir.

｜魂, | *houên*, âme sensitive des animaux.

我｜得有一點痛, *Gò* | *tĕ ieòu* ĭ *tièn t'óng*, je sens un peu de douleur.

你丨得痛不, *Gnì* | *tĕ· t'óng poŭ?* sens-tu la douleur?

不憬不丨又過了一年, *Poŭ kìn poŭ* |, *ieóu kó lò ĭ niên*, encore une année passée sans qu'on s'en soit aperçu.

不憬(*v.* 不知)不丨犯罪, *Poŭ kìn (v. poŭ tchē) poŭ* | *fán tsoúi*, pécher par inadvertance.

喜得好憬丨得早, *Hì tĕ· hào kìn* | *tĕ· tsào*, par bonheur, on s'en est aperçu à temps.

我丨得飽, *Gò* | *tĕ· paò*, je me sens rassasié.

眞的人不知鬼不丨, *Tchēn tĭ, jên poŭ tchē, koùi poŭ* |, vraiment, ni hommes ni diables n'y ont rien vu (se dit d'une action faite en secret).

K'IŎ

却 *v.* 郤 *K'iŏ*. Rejeter, dédaigner.

我忘丨了, *Gò ouâng* | *lò*, j'ai oublié.

失丨了, *Chĕ* | *lò*, c'est perdu.

確 *K'iŏ*. Solide, certain.

的丨, *Tĭ* |, certain.

不曉得的丨, *Poŭ hiào tĕ· tĭ* |, je ne sais pas d'une manière bien certaine.

的丨的信, *Tĭ* | *tĭ sín*, nouvelle certaine et précise.

Nota.—Pour d'autres *kiŏ, k'iŏ*, voir *kŭ, k'ŭ*.

KIŌNG. (voir *Kōng*).

K'IÔNG

窮 *K'iông.* Terme; pauvre.

無丨, *Oû* |, sans limite, infini.

世界丨末, *Ché kiái* | *mŏ*, la fin du monde.

天主無丨的仁慈, *T'iēn Tchòu oû* | *tĭ jên ts'ê*, la miséricorde infinie de Dieu.

把他間丨了, *Pà t'a ouén* | *lò*, je l'ai réduit au silence, il n'a pu répondre.

他的書理間不丨, *T'a tĭ chōu lì ouén poŭ* |, on ne peut le prendre en défaut sur les livres, il sait répondre à tout.

貧丨, *P'în* |, pauvre, pauvreté.

貧丨自在富貴多憂, *P'în* | *tsé tsái, foú koúi tō ieōu*, les pauvres sont fort tranquilles, tandis que les riches sont pleins de soucis.

人丨志不丨, *Jên* | *tché poŭ* |, il a peu de fortune, mais beaucoup de désirs.

哀憐丨人, *Gāi liên* | *jên*, avoir pitié des pauvres.

丨寒, 丨苦, | *hân*, | *k'òu*, très pauvre, malheureux.

丨得不得下台, *v.* 丨完了, | *tĕ· poŭ tĕ· hiá t'âi, v.* | *ouân lò*, il est absolument pauvre, il est sans ressources.

有兒丨不久無子富不長, *Ieòu eûl* | *poŭ kieòu, oû tsè foú poŭ tch'âng*, qui a des enfants ne restera pas longtemps pauvre, sans enfants on ne reste pas longtemps riche.

丨要丨得乾淨, | *iáo* | *tĕ· kān tsín*, il faut être pauvre, mais honnête.

KŌ

哥 *v.* 哥 *Kō*. Frere aîné, ou cousin du côté paternel.

丨丨, *v.* 大丨, | |, *v. tá* |, le premier des frères (ou cousins) aînés.

二丨, 三丨, *Eúl* |, *sān* |, *etc.*, le 2ème, le 3ème frère aîné, etc.

大丨, *Tá* |, sert aussi à interpeller les étrangers au-dessous de 40 ou 50 ans. A ceux qui sont plus âgés on dit *tá iē*. Entre gens très connus, on s'interpelle familièrement en ajoutant au nom de famille le mot *kō* précédé de *tá, eúl, sān, iāo*, suivant que l'homme en question est dans sa famille le 1er, le 2ème, le 3ème, ou le dernier par ordre de naissance. Ainsi on dira:

李大丨, 李二丨, 李三丨, 李么丨, *Lì tá* |, *Lì eúl* |, *Lì sān* |, *Lì iāo* |, le 1er, le 2ème, le 3ème, le dernier des frères de la famille *Lì*.

小 | , *v.* 幺 | , *Siào* | , *v. iāo* | , le dernier des freres ainés.

那个是 | 子那个是兄弟, *Là kó ché* | *tsè, là kó ché hiōng tí?* qui (des deux) est l'aîné, qui le cadet?

他們盡是些 | 弟, *T'ā mên tsín ché sī* | *tí*, (litt.) ils sont tous frères aînés et cadets, c.-à-d. francs-maçons.

拔 | , *v.* | 兒, *P'â* | , *v.* | *eûl (koeūl)*, filous adroits.

假 | , *v.* 耍 | , *Kià* | , *v. choùa* | , individu qui fait le faquin.

袍 | , *P'âo* | , coureur, qui fait mille métiers sans arriver à rien.

袍 | 痞子, *P'âo* | *p'ì tsè*, vagabonds, mauvais sujets.

歌 *Kō.* Chanter, chant, chanson.

| 唱, | *tch'áng*, chanter joyeusement.

聖誕 | , *Chén tán* | , chant de Noël.

邪 | , *v.* 淫 | , *Siê* | , *v. în* | , chanson obscène.

愛唱山 | , *Gái tch'áng chān* | , aimer à chanter les chansons légères des campagnards.

鴿 *Kō.* 鸚 | , *Guēn* | , perroquet.

戈 *Kō.* Lance, armes en général.

鍋 *Kō.* Marmite.

一口 | , *ĭ k'eòu* | , une marmite.

沙 | , *Chā* | , marmite ou pot en argile.

背沙 | , *Pēi chā* | , porter sur soi une de ces marmites, c.-à-d. être réduit à la mendicité.

大 | , 二水 | , 三水 | , *Tá* | , *eúl choùi* | , *sān choùi* | , marmite de 1ere, de 2eme, de 3eme grandeur.

耳 | , | 耳子, *Eùl* | , | *eùl tsè*, marmite à anses, anses d'une marmite.

鐵 | , 銅 | , *T'iě* | , *t'ông* | , marmite en fonte, marmite ou casserole en cuivre.

鼎 | , *Tìn* | , marmite à couvercle, qu'on suspend, ou qu'on pose sur un trépied.

盬 | , *Iên* | , marmite énorme, presque plate et très épaisse, employée pour l'évaporation de l'eau de sel.

| 頭碗盞, | *t'eôu ouàn tchàn*, les marmites et toute la vaisselle.

| 巴, | *pā*, croûte qui s'attache à la marmite, quand on y fait cuire des aliments.

天 | , *T'iēn* | , dessus de l'alambic.

| 廠, | *tch'àng*, fonderie de marmites.

鑄 | , *Táo (tchóu)* | , couler des marmites.

造孽得很燒不起 | , *Tsaó niě tĕ hèn. chāo poŭ k'ì* | , il est fort malheureux, au point de n'avoir pas de quoi chauffer (et mettre dans) la marmite.

開 | , *K'ai* | , établir une cuisine ou un foyer.

我們院子頭有七个 | 灶 (*v.* 七个 | 頭), *Gò mên iuén tsè t'eôu ieòu ts'ĭ kó* | *tsáo* (*v. ts'ĭ kó* | *t'eôu*), il y a sept (foyers) ménages habitant sur notre cour.

爛 | 鐵, *Lán* | *t'iě*, fer ou fonte de vieilles marmites cassées.

燒一 | , 兩 | , *Chāo ĭ* | , *leàng* | , cuire une marmite, deux pleines marmites.

這一吓 | 不空, *Tché ĭ há* | *poŭ k'ōng*, en ce moment la marmite n'est pas libre.

菜還沒有下 | , *Ts'ái houân mŏ ieòu hiá* | , on n'a pas encore mis dans la marmite la viande (ou les légumes).

回 | 菜, *Hoûi* | *ts'ái*, mets réchauffé.

喫大 | 飯, *Tch'ĕ tá* | *fán*, manger de la cuisine (marmite) commune.

| 口 (*v.* 閑閑), | 底, | *k'eòu* (*v. hiên hiên*), | *tì*, bords de la marmite, fond de la marmite.

補 | 匠, *Pòu* | *tsiáng*, raccommodeur de marmites.

埋 | 造飯, *Mâi* | *ts'áo fán*, creuser un trou en guise de foyer, pour y mettre la marmite et y faire cuire le riz (s'entend des voyageurs, et des soldats en expédition).

K'Ō

科 *K'ō.* Rang, examen.

丨考, *v.* 丨場, 丨 *k'ào, v.* 丨 *tch'âng,* examen pour la licence.

下丨場, *Hiá* 丨 *tch'âng,* se présenter à cet examen.

登(*v.* 發)丨, *Tēn* (*v. fă*) 丨, être reçu licencié ou docteur.

醫丨, *ī* 丨, art de la médecine.

內丨, 外丨, *Loúi* 丨, *ouái* 丨, médecine proprement dite, chirurgie.

小兒丨, *Siào eûl* 丨, médecin pour les enfants.

苛 *K'ō.* Réquisitionner, contribution forcée.

丨派人, 丨 *p'ái jên,* réquisitionner des hommes.

KÒ

果 *Kò.* Certain, évident, en effet.

丨有這个事, 丨 *ieòu tché· kó sé,* en effet, il y a cette affaire.

丨然是眞的, 丨 *jân ché tchēn tĭ,* en effet, c'est vrai.

菓 *v.* 果 *Kò.* Fruits (au pr. et au fig.).

五穀百丨, *Où koŭ pĕ·* 丨, (litt.) les 5 céréales et les 100 fruits, c.-à-d. toute espèce de céréales et de fruits.

結丨, *Kiĕ·* 丨, porter des fruits: au pr. et au fig. (voir *kiĕ*).

水丨, *Choùi* 丨, fruits des arbres.

討(*v.* 摘)水丨, *T'ào (v. tsĕ·) choùi* 丨, cueillir des fruits.

蘋丨, *P'în* 丨, pomme.

豆豆丨丨, *Teóu teóu* 丨 丨, les pois, les haricots, et autres denrées de ce genre.

京丨舖, *Kīn* 丨 *p'óu,* boutique où l'on vend des fruits confits et autres sucreries.

掛功丨(*v.* 功德), *Koúa kōng* 丨 *(v. kōng tĕ·),* faire des collectes, pour bâtir des pagodes, des routes, ou des ponts.

裹 *Kò.* Envelopper, rouler.

丨布, 丨 *poú,* enrouler une toile.

丨纏子, 丨 *tch'ân tsè,* bandelettes dont les gens du peuple s'entourent le bas des jambes.

丨脚, 丨 *kiŏ,* (voir *kiŏ*).

丨起的, 丨 *k'ì tĭ,* enroulé.

丨蓆子, 丨 *sĭ tsè,* enrouler une natte.

菸丨得緊, 丨得鬆, *Iēn* 丨 *tĕ· kìn,* 丨 *tĕ· sōng,* le tabac (le cigare) est roulé serré, il est trop lâche.

丨絞人, 丨 *kiào jên,* entortiller les gens, faire des dupes.

K'Ò

顆 *K'ò.* Particule numérale des choses rondes.

一丨米, 一丨丸子, *ī* 丨 *mì, ī* 丨 *iuên tsè,* un grain de riz, une pilule.

爭一丨米我打爛船, *Tsēn ī* 丨 *mì, gò tà lán tch'ouân,* il s'en est fallu d'un rien (d'un grain de riz) que je fisse naufrage.

可 *K'ò.* Vouloir, permettre, pouvoir, il convient, il faut; interrogatif.

丨以, 丨 *ì,* cela peut aller.

喫一點酒都丨以切不丨喫醉, *Tch'ĕ ī tièn tsicòu tōu* 丨 *ì, ts'iĕ· poŭ* 丨 *tch'ĕ tsoúi,* boire un peu de vin est permis, mais il faut absolument éviter de s'enivrer.

害人之心不丨有防人之心不丨無, *Hái jên tchē sīn poŭ* 丨 *ieòu, fâng jên tchē sīn poŭ* 丨 *oû,* l'intention de nuire est défendue, mais il faut bien se prémunir.

丨憐, 丨 *liên,* digne de pitié; que cela fait pitié!

他丨憐得很, *T'a* 丨 *liên tĕ· hèn,* il est dans un état pitoyable.

丨惜我的錢, 丨 *sĭ gò tĭ ts'iên,* que je regrette mes sapèques!

丨惜了那樣好一个人, 丨 *sĭ lò là iáng (láng) haò ī kó jên,* quel dommage! c'était un si brave homme!

你實在丨惡, *Gnì chĕ tsái* | *oú*, tu es vraiment détestable.

丨**愛的**，丨**恨的**，丨**用的**， | *gái tĭ*, | *hén tĭ*, | *ióng tĭ*, digne d'amour, digne de haine, qui peut servir.

你丨曉得麽, *Gnì* | *hiào tĕ· mô?* en saurais-tu quelque chose?

KÓ

個 *v.* **箇** *v.* **个** *Kó.* Particule numérale toujours usitée à défaut d'autre particule propre, et qui s'adjoint souvent aux pronoms démonstratifs.

一丨人, *ĭ* | *jên*, un homme.

半丨時候，一丨半時候, *Pán* | *chĕ heóu, ĭ* | *pán chĕ heóu*, une demi-heure chinoise, une heure et demie.

幾丨, *Kì* |, combien? quelques uns.

有丨把丨, *Ieòu* | *pà* |, il y en a fort peu, il y en a un par-ci par-là.

有丨把両丨, *Ieòu* | *pà leàng* |, il y en a un ou deux.

二丨主日, *Eúl* | *tchòu jĕ*, dimanche prochain, la semaine prochaine.

我一丨人，他一丨兒, *Gò ĭ* | *jên, t'a ĭ* | *eúl (keúl)*, moi tout seul, lui seul.

一丨都不來, *ĭ* | *tōu poŭ lâi*, il n'en vient pas un seul.

去一丨死一丨, *K'ú ĭ* | *sè ĭ* |, autant il en va, autant il en meurt.

丨丨**都要**，| | *tōu iáo*, chacun (tous) en veut.

丨丨**不貪那得人使**，| | *poŭ t'ān, là tĕ· jên chè?* si personne n'avait de désirs, où trouverait-on du monde pour son service?

這丨，那丨，那丨, *Tché·* | ; *lá* | ; *là* |, celui-ci, ceci; celui-là, cela; lequel?

過 *Kó.* Passer (à l'actif et au neutre, avec des sens multiples comme en français); surpasser, dépasser, plus, trop; livrer; s'adjoint aux verbes pour faire le prétérit, pour indiquer que l'action exprimée par le verbe est complétée, finie; ou bien qu'on peut, qu'on a droit de faire cette action; faute, manquement.

丨**河**，丨**海**，丨**橋**， | *hô*, | *hài*, | *k'iâo*, passer (traverser) un fleuve, la mer, un pont.

丨**去**，丨**來**， | *k'ú*, | *lâi*, aller d'ici là; de là venir ici; (les deux réunis) aller et venir, se promener.

丨**路的人**， | *lóu tĭ jên*, un passant.

要走那裡丨, *Iáo tseòu lá lì* |, il faut passer par là.

路爛得狠丨不倒, *Lóu lán tĕ· hèn*, | *poŭ taò*, la route est en trop mauvais état, on ne peut pas passer.

丨**考**，丨**審判**， | *k'ào*, | *chèn p'án*, passer l'examen, paraître devant Dieu.

丨**吊**, *v.* 丨**秤**， | *tiáo, v.* | *tch'én*, passer par la balance, peser; au poids.

丨**揺**, *v.* 丨**尺子榣**， | *în, v.* | *tch'ĕ tsè în*, passer à la mesure de longueur; mesurer au pied; au pied (comme qui dirait au mètre).

丨**講**，丨**打**， | *kiàng*, | *tà*, (litt.) passer par la dispute, la bataille, c.-à-d. (pour régler une affaire) avoir recours à une discussion publique, ou aux coups de poing.

丨**了一天，一个月，一年**， | *lò ĭ t'iēn, ĭ kó iuĕ·, ĭ niên*, il est passé (il s'est écoulé) un jour, un mois, un an.

丨**年**， | *niên*, (litt.) passer l'année, signifie: passer le nouvel an.

丨**早**(*v.* 丨**午**)**沒有**， | *tsào (v.* | *où) mŏ ieòu?* avez-vous déjeuné (ou dîné)?

病人怕丨不倒今晚些, *Pín jên p'á* | *poŭ taò kīn ouàn sĭ*, le malade ne passera probablement pas cette nuit.

他家好丨, *T'a kia haò* |, sa famille est à l'aise.

丨**不當得**, *v.* **不多**(*v.* **當**)丨**得**， | *poŭ tāng tĕ·, v. poŭ tō (v. tāng)* | *tĕ·*, il n'est guère à l'aise, ou bien, ils ne sont guère d'accord.

心頭難丨, *v.* 丨**不得**, *Sīn t'eôu lân* |, *v.* | *poŭ tĕ·*, avoir le cœur mal à l'aise, se sentir le cœur pris d'une grande commisération, ou indignation.

他們兩婆媳 | 不得, *T'a mên leàng p'ó sī | poŭ tĕ·*, cette belle-mère et sa bru ne peuvent s'accorder ensemble, ne peuvent se souffrir.

拏烟 | 來, *Lâ iēn | lâi*, passe-moi (apporte) le tabac.

| 爐烟, *| lôu iēn*, bouts de cigares.

裝 | 西洋, *Tchoūang | sī iâng*, embarquer pour faire passer en Europe.

| 了幾道手, *| lò kì taó cheòu*, cela a passé par plusieurs mains.

超 |, *Tch'āo |*, surpasser, dépasser.

熱不 | 去年, *Jĕ· poŭ | k'ú niên*, il n'a jamais fait si chaud que l'année dernière.

事不 | 當時, *Sé poŭ | táng chê*, il faut saisir les affaires au moment.

不 | 是這樣大, *Poŭ | ché tché· iáng tá*, cela ne dépasse pas cette grandeur.

不 | 兩三天的光景, *Poŭ | leàng sān t'iēn tĭ koūang kìn*, ce n'est pas une affaire de plus de deux ou trois jours.

| 了店子, *| lò tién tsè*, on a dépassé l'auberge.

走 | 了二十里, *Tseòu | lò eúl chĕ lì*, on a dépassé de 20 lis.

我們路上錯 | 了, *Gò mên loú cháng ts'ó | lò*, nous nous sommes par inadvertance dépassés (croisés) mutuellement en route.

太 | 狠了, *T'ái | hèn lò*, on est allé par trop loin (au figuré).

打 | 狠了, *Tà | hèn lò*, on a dépassé la mesure en frappant.

做事 | 逾了, *Tsóu sé | iû lò*, en agissant on a dépassé les bornes.

| 分, *v.* **| 度**, *| fén*, *v.* *| toú*, dépasser la mesure.

| 銀子, *| în tsè*, livrer de l'argent.

說事 | 錢, *Chŏ sé | ts'iên*, aider à arranger, à terminer les affaires, moyennant finance.

啥子東西都要 | 錢買, *Chá tsè tōng sī toū iáo | ts'iên mài*, pour avoir n'importe quoi, il faut le payer.

看 |, 喫 |, 來 |, *K'án |, tch'ĕ |, lâi |*, j'ai vu, j'ai mangé, je suis venu.

燃 | 了, *Jân | lò*, c'est fini de brûler.

一升米的飯他都喫得 |, *ĭ chēn mì tĭ fán t'a toū tch'ĕ tĕ· |*, il est capable de manger tout le riz fourni par la cuisson d'un *chēn* de riz décortiqué.

今年的米喫得 |, *Kīn niên tĭ mì tch'ĕ tĕ· |*, cette année, on peut manger du riz (il est bon marché).

三十里路他都走不 |, *Sān chĕ lì loú t'a toū tseòu poŭ |*, il ne peut pas même faire 30 lis à pied (*litt.* en marchant il ne peut même pas achever 30 lis).

我說得 | 他, *v.* **問得 | 他**, *Gò chŏ tĕ· | t'a*, *v.* *ouén tĕ· | t'a*, je puis le gronder, ou bien, je puis lui demander raison.

這句話你講不 |, *Tché· kú hóua gnì kiàng poŭ |*, cette parole, tu ne peux l'expliquer, tu ne peux en rendre raison.

| 失, *v.* **| 錯**, *| chĕ*, *v.* *| ts'ó*, manquement, faute.

無 | 無錯, *Oû | oû ts'ó*, sans la moindre faute.

小 | 聖人都難免, *Siào | chén jên toū lân mièn*, même les Saints évitent difficilement les petites fautes.

無大 | 稱得爲善人, *Oû tá | tch'ēn tĕ· oûi chán jên*, celui qui n'a pas de grandes fautes peut passer pour vertueux.

他的 | 塲多, *T'a tĭ | tch'âng tō*, il a plus d'une malice dans son sac.

攪些啥子 | 塲, *Kaò sī chá tsè | tch'âng?* quel mauvais tour me joues-tu encore?

這件事你帶得有點 |, *Tché· kién sé gnì tái tĕ· ieòu tièn |*, dans cette affaire tu n'es pas tout à fait sans faute.

閒談莫論人非, 靜坐常思己 |, *Hiên t'án mŏ lén jên fēi, tsín tsó châng sē kì |*, dans vos conversations, ne parlez pas des défauts du prochain; tranquille chez vous, pensez toujours à vos propres fautes.

人非聖賢焉能無 |, *Jên fēi chén hiên, iēn lên oû |*, à moins d'être un saint, comment peut-il être sans faute?

K'Ó

課 *K'ó*. Examen, devoir.

考 |, *K'ào* |, faire passer l'examen dans une école.

三天一 |, *Sān t'iēn ĭ* |, un examen tous les trois jours.

日 |, *Jĕ* |, devoir journalier; (style chrétien) office diurnal, bréviaire.

經 |, *Kīn* |, prières réglementaires.

早 |, **晚** |; **早晚** |, *Tsào* |, *ouàn* |; *tsào ouàn* |, prières du matin, du soir; prières du matin et du soir.

暮 |, **夜** | **三節**, *Móu* |, *ié·* | *sān tsiĕ·*, vêpres, les 3 nocturnes de matines.

| **銀**, | *în*, revenu en argent, que doivent payer ceux qui ont affermé le commerce du thé, du sel, du cuivre.

茶 |, **鹽** |, **銅** |, *Tch'â* |, *iên* |, *t'ông* |, revenu payé pour le commerce du thé, du sel, du cuivre.

稅 |, *Choúi* |, revenu de la douane.

KŎ

葛 *Kŏ*. Sorte de pois ou de haricot, dont l'écorce sert à tisser une étoffe légère employée à la confection des habits d'été.

| **布**, | *póu*, toile faite avec cette plante.

各 *Kŏ*. Chaque, chacun.

| **樣的事**, | *iáng tĭ sé*, toute (chaque) espèce de choses.

| **人的本性**(*v.* **脾氣**)**不同**, | *jên tĭ pèn sín (v. p'î k'í) poŭ t'ông*, le caractère d'un chacun n'est pas le même.

| **人** | **心**, | **人** | **意**, | *jên* | *sīn*, | *jên* | *í*, autant d'hommes, autant d'opinions.

這是 | **人的事**, *Tché· ché* | *jên tĭ sé*, c'est l'affaire d'un chacun en particulier.

| **管** | **的**, | *kouàn* | *tĭ*, que chacun s'occupe de ses affaires.

| **信** | **的**, | *sín* | *tĭ*, à chacun sa croyance, sa religion (fin de non-recevoir qu'apportent les payens à bout de raisons).

| **是** | **的**, | *ché* | *tĭ*, chacun pour son compte; à chacun son bien.

| **自走你的**, | *tsé tseòu gnì tĭ*, tu n'as qu'à t'en aller.

| **自丟心**, | *tsé tieōu sīn*, tu n'as pas à t'inquiéter.

| **位先生一吓請了**, | *oúi siēn sēn ĭ há ts'ìn lò*, j'invite à la fois tous et chacun de ces Messieurs.

| **食**, | *chĕ*, petit régal que prennent, après la conclusion d'un marché ou d'un contrat un peu important, le vendeur et l'acquéreur, le propriétaire et le fermier, avec les entremetteurs.

喫(*v.* **打**) | **食**, *Tch'ĕ (v. tà)* | *chĕ*, prendre ce régal (ce qui est considéré comme la publication et la garantie du marché ou du contrat).

鴿 *Kŏ*. *v.* | **子**, *v.* | *tsè*, Pigeon, colombe.

一對 | **子**, *ĭ toúi* | *tsè*, un couple de pigeons.

餵 | **子**, *Oúi* | *tsè*, élever des pigeons.

| **子尾上綁哨筒**, | *tsè oùi cháng pàng cháo t'ông*, attacher un sifflet à la queue du pigeon.

繳 |, *Kiào* |, pigeon dressé pour attirer les pigeons étrangers dans son propre colombier.

野 | **子**, *Iè·* | *tsè*, pigeon ramier.

角 *Kŏ*. Corne, coin, angle.

牛 |, **羊** |, **鹿** |, *Nicôu* |, *iâng* |, *loŭ* |, corne de bœuf (ou buffle), de chèvre, de cerf.

| | **羊**, | | *iâng*, brebis à cornes, chèvre.

牛 | **車的**, *Nicôu* | *tch'ē· tĭ*, fait en corne de bœuf travaillée au tour.

灌 |, *Kouán* |, corne dont on se sert pour faire avaler les médecines aux animaux.

尖 | |, *Tsiēn* | |, angle aigu.

四 | , v. 四个 | | , *Sé* | , v. *sé kó* | | , les quatre coins d'un carré.

三 | 圈, *Sān* | *k'uēn*, triangle.

房圈 | | , *Fâng k'uēn* | | , coin d'une chambre.

帕子 | | , *P'á tsè* | | , coin d'un mouchoir.

口 | , *K'eòu* | , quereller.

打架(v. 打𢶒) | 孽, *Tà kiá (v. tà tch'oūi)* | *niě·*, se battre et se quereller.

找人家 | 孽, *Tchào jên kiā* | *niě·*, chercher querelle à quelqu'un.

皂 | 樹, *Tsáo* | *chóu*, fèvier.

皂 | , *Tsáo* | , gousses du fèvier servant à la fabrication d'une espèce de savon appelé: 皂 | 水, v. 皂 | 油, *tsáo* | *choùi*, v. *tsáo* | *ieôu*.

豌荳 | , 葫荳 | , *Ouān teóu* | , *fôu teóu* | , petite gousse de pois, de fève, qui commence à pousser.

三 | 風, *Sān* | *fōng*, lierre.

桷 *Kŏ*. v. | 子, v. 瓦 | 子, v. | *tsè*, v. *ouà* | *tsè*, lattes pour porter les tuiles du toit.

出頭 | 子先遭難, *Tch'ōu t'eôu* | *tsè siēn tsāo lán*, les lattes qui sortent de l'alignement périssent les premières, (proverbe pour dire) ceux qui aiment à se mettre en avant reçoivent les premiers coups.

連二 (連四) | 子, *Liên eúl (v. liên sé)* | *tsè*, lattes qui ont deux fois (ou bien, quatre fois) la largeur et l'épaisseur des lattes ordinaires.

| 釘, | *tīn*, gros clou sans tête (qui sert à clouer les lattes).

割 *Kŏ (v. kĕ·)*. Couper.

用刀 | , *Ióng tāo* | , couper avec un couteau.

小心看 | 手, *Siào sīn k'án* | *cheòu*, prends garde de te couper les doigts.

| 耳朵, | *eùl tò*, couper les oreilles (épouvantail des enfants).

| 下來, | *hiá lâi*, détacher en coupant.

| 斷, | *touán*, couper en deux (jusqu'à la séparation complète) par ex. une corde.

| 一刀, | *ĭ tāo*, donner un coup de couteau en coupant.

| 開, | *k'āi*, ouvrir (ou bien, séparer) en coupant, par ex. un paquet.

| 肉, v. | 菜, | *joŭ*, v. | *ts'ái*, (litt.) couper de la viande, c.-à-d. en acheter.

| 草賣, | *ts'ào mái*, couper de l'herbe pour vendre.

| 猪草, | *tchōu ts'ào*, couper des herbes pour les porcs.

| 麥子, | *mĕ· tsè*, couper, récolter le froment.

| 雞焉用牛刀, | *kī, iēn ióng nieôu tāo*, pour saigner une poule, ira-t-on prendre le grand couteau à tuer les bœufs (proverbe).

| 損禮, | *sèn lì*, la circoncision.

閣 *Kŏ*. Conseil impérial; tour, belvédère.

| 老, | *laò*, conseiller impérial.

內 | , *Loúi* | , conseil privé de l'empereur.

| 下, | *hiá*, votre Seigneurie, Monsieur (terme de polit.).

躭 | (v. 擱), *Tān* | , différer, retarder, empêcher.

早都想來躭 | 了, *Tsào tōu siàng lâi, tān* | *lò*, j'aurais voulu venir plus tôt, j'ai été retardé.

躭 | 兩天, *Tān* | *leàng t'iēn*, tarder deux jours.

路上躭 | , *Loú cháng tān* | , s'attarder en route.

躭 | 活路, *Tān* | *hŏ loú*, empêcher, retarder le travail.

你把我躭 | 了, *Gnì pà gò tān* | *lò*, tu m'as retardé.

觀音 | , *Kouān īn* | , pavillon ou pagode de la déesse *Kouān īn*.

K'Ŏ

膢 *K'ŏ*. 腦 | , *Laò* | , tête; extrémité principale d'une foule d'objets.

抬起腦 |, *T'ài k'ì laò* |, lever la tête.
埋倒腦 |, *Mâi taò laò* |, baisser la tête.
砍(v. 宰)腦 |, *K'àn (v. tsài) laò* |, couper la tête.
剃(v. 梳)腦 |, *T'í (v. sōu) laò* |, raser (ou bien, peigner) la tête.
包腦 |, *Pāo laò* |, s'envelopper la tête d'un mouchoir.
腦 | 痛, v. 昏, v. 悶, *Laò* | *t'óng, v. houēn, v. mén*, la tête fait mal, la tête est troublée, appesantie.
看撞腦 |, *K'án tch'ouáng laò* |, prends garde de te cogner la tête.
腦 | 打一个包, *Laò* | *tà ī kó pāo*, il s'est fait une bosse à la tête.
瘌瘌 |, *Lă lĭ* |, tête chauve.
煙竿腦 |, *Iēn kān laò* |, tête (fourneau) de pipe.

殼 *K'ŏ*. Enveloppe dure de certains fruits, cosse de légumes, balle de graines; carton.
花生 | |, 黑桃 | |, *Houa sēn* | |, *hĕ t'âo* | |, cosse d'arachide, coque de noix.
蛋 | |, *Tán* | |, coquille d'œuf.
今年穀子盡是空 | |, *Kīn niên koŭ tsè tsín ché k'ōng* | |, le riz de cette année n'a que des balles vides.
穀子風不來秕 | 重, *Koŭ tsè fōng poŭ lâi, p'ì* | *tchóng lò*, le riz perd beaucoup à la tarare, il y a trop de balles vides.
硬 | |, *Guén* | |, écorce dure.
烏龜 | |, *Oū koūi* | |, carapace de tortue.
笋 |, *Sèn* |, enveloppes des jeunes pousses de bambou, qui tombent à mesure que la tige s'élève.
刷(v. 打)紙 | 子, *Choŭa (v. tà) tchè* | *tsè*, faire du carton (épais ou mince, dur ou flexible).
書 | 子, *Chōu* | *tsè*, couverture de livre en carton, ou en papier fort, doublé ou triplé.
硬 | 子, *Guén* | *tsè*, carton épais et résistant.
脫 |, *T'ŏ* |, dépouiller son enveloppe, changer de peau, chute de la croûte d'un ulcère.

瞌 *K'ŏ*. | 睡, | *choúi*, sommeil.
他的 | 睡重得狠, *T'ā tĭ* | *choúi tchóng tĕ hèn*, il a le sommeil très lourd.

磕 *K'ŏ*. | 頭, | *t'eôu*, grande salutation, qui se fait en se mettant à genoux, et en baissant la tête jusqu'à terre. (Elle est usitée soit comme cérémonie du culte, soit à l'égard des supérieurs, soit quand il s'agit de réparer une injure, de demander pardon, ou de remercier pour quelque bienfait signalé.)
| 頭認錯, | *t'eôu jén ts'ó*, faire cette salutation en reconnaissant ses torts.
我跟你 | 頭, *Gò kēn gnì* | *t'eôu*, je me prosterne à tes pieds.
他是 | 過五个頭的, *T'ā ché* | *kó où kó t'eôu tĭ*, il a fait les cinq salutations, c.-à-d. c'est un nouveau chrétien (parce qu'un néophyte doit faire cinq fois le *k'ŏ t'eôu*, en entrant dans la religion chrétienne).
| 了幾个响頭, | *lò kì kó hiàng t'eôu*, il a fait plusieurs fois le *k'ŏ t'eôu*, et sa tête faisait résonner le parquet.

擱 v. 搕 v. 敲 *K'ŏ*. Poser; frapper, extorquer (se dit aussi *k'ō* ou *k'ó*).
你 | 在棹子上, *Gnì* | *tsái tchŏ tsè cháng*, pose sur la table.
| 不下, | *poŭ hiá*, il n'y a pas assez de place pour poser.
| 倒, | *taò*, dépose.
船 | 起了, *Tch'ouân* | *k'ì lò*, la barque est arrêtée sur un bas-fond.
| 起的, | *k'ì tĭ*, échoué, arrêté (au prop. et au fig.).
他的官司 | 起了, *T'ā tĭ kouān sē* | *k'ì lò*, son procès est arrêté sans pouvoir avancer.
我 | 他幾吓, *Gò* | *t'ā kì há*, je l'ai frappé un peu.

敲 | (v. | 詐, v. | 索)人家, K'āo | (v. | tchá, v. | sǒ) jên kiā, extorquer par des moyens injustes l'argent d'autrui.

渴 K'ǒ. Soif (au prop. et au fig.).

口發 |, v. 口 |, K'còu fǎ |, v. k'còu |, sentir la soif, avoir soif.

| 時一滴如甘露, | chê ĭ tĭ joû kān lóu, quand on a bien soif, une goutte (d'eau) est comme une douce rosée.

解(v. 止) |, Kài (v. tchè) |, apaiser la soif.

水菓是解 | 的, Choùi kò ché kài | tĭ, les fruits apaisent la soif.

| 慕, | 想, | móu, | siàng, désirer ardemment, par ex. la visite de quelqu'un.

常懷 | 想, v. 時常 | 慕, Cháng houâi | siàng, v. chê chàng | móu, à tout instant je pensais à vous, désirant ardemment vous voir. On répond: 彼此, Pì ts'è, c'est réciproque.

KŌNG

公 Kōng. Public; juste; titre de dignité; mâle de certains animaux.

| 所, | sò, édifice public, lieu de réunion.

| 館, | 禱, | 審判, 打 | 稟, | kouàn, | taò, | chèn p'án, tà | pìn. Voir kouàn, taò, chèn, pìn.

| 濟堂, | tsí t'âng, maison de bienfaisance publique.

| 桌, v. | 案, | tchǒ, v. | gán, table devant laquelle juge le mandarin; bureau du maître d'école.

| 堂, | t'âng, tribunal, prétoire.

| 人, | jên (plus communément tch'āi jên), gens du prétoire, satellites.

| 人見錢由如蒼蠅見血, | jên kién ts'iên, ieôu joû ts'āng īn kién hiĕ, les gens du prétoire, à la vue de la sapèque, sont comme les mouches à la vue du sang.

| 事, 辦 | 事, | sé, pán | sé, affaires publiques, traiter les affaires publiques.

悞 | 事, Oú | sé, nuire aux affaires publiques, les traiter avec négligence.

假 | 濟私, Kià | tsí sē, sous prétexte d'affaires publiques, soigner ses propres intérêts.

| 報私仇, | paó sē tch'côu, abuser de son autorité pour assouvir sa haine.

昨日叩府 | 出, Tsǒ jĕ k'cóu foù | tch'ǒu, hier j'ai été frapper à votre porte, vous étiez absent pour affaires publiques (manière polie de dire qu'on n'a pas trouvé quelqu'un chez lui).

你要通 |, Gnì iáo t'ōng |, tu dois communiquer (cela) au public.

男 | 婦女, Lân | foú niù, (tous ensemble) tant hommes que femmes.

| 道點開錢, | taó tièn k'āi ts'iên, donne un prix un peu plus raisonnable.

做事說話要 | 道, Tsóu sé chŏ houá iáo | taó, il faut agir et parler selon la justice.

不 | 道的人, Poŭ | taó tĭ jên, homme injuste.

| 義, | gní, justice; théologie.

跟我斷 | 平, Kēn gò touán | p'în, décidez entre nous avec équité.

秉 | 直斷, Pìn | tchĕ touán, juger selon la justice.

| 買 | 賣, | mài | mái, acheter et vendre à juste prix.

| 爵, | 爺, | tsiŏ, | iê, dignité de duc.

相 |, Siáng |, appellation honorifique donnée à un jeune homme bien mis.

| 主, | tchòu, fille de l'empereur.

家 |, Kiā | (en certains endroits kā |), grand-père maternel.

大家 |, 二家 |, 么家 |, Tá kiā |, eúl kiā |, iāo kiā |, 1er, 2eme, dernier frere du grand-père maternel.

這個老 | |, Tché kó laò | |, ce vieillard.

老人 |, Laò jên |, beau-père (père du mari).

孝敬 | 婆, Hiáo kín | p'ô, respecter les parents du mari.

| |, | |, grand-père.

端 |, Touān |, espèce de sorcier que les payens invitent pour chasser le diable.

跳端 |, *T'iáo touān* |, ce sorcier faisant ses simagrées.

雞 |, | 羊, *Kī* |, | *iâng*, coq, bélier ou bouc.

是 | 子是母子, *Ché* | *tsè, ché mòu tsè?* est-ce un mâle ou une femelle? (se dit d'une manière générale. Pour signifier spécialement le mâle ou la femelle de tel animal, il y a souvent des noms particuliers, qui varient avec les espèces d'animaux.)

| 報, | *páo*, élire au suffrage universel.

工 *Kōng*. Ouvrier, travail, main d'œuvre.

士農 | 商, *Sé lông* | *chāng*, les lettrés, les cultivateurs, les artisans et les commerçants.

| 匠, | 人, | *tsiáng*, | *jên*, artisan, journalier, domestique.

| 夫, | *foū*, travail.

| 程, | *tch'ên*, travail, journée d'ouvrier.

一 |, *v.* 一个 |, *v.* 一个 | 程, *ĭ* |, *v. ĭ kó* |, *v. ĭ kó* | *tch'ên*, une journée de travail.

半个 |, *Pán kó* |, une demi-journée de travail.

這个活路你看好多 | (*v.* | 程), *Tché· kó hŏ loú gnì k'án haò tō* | (*v.* | *tch'ên*), à combien de journées d'ouvrier estimes-tu ce travail?

包 |, *Paō* |, ouvrage commandé à forfait, où tout est à la charge de l'ouvrier.

點 |, *Tièn* |, compter les journées; à la journée.

包喫點 |, *Paō tch'ĕ tièn* |, travail fait à la journée à tant par jour, les ouvriers se nourrissant eux-mêmes.

包 | 做得毛點 | 做得慢, *Paō* | *tsóu tĕ· mâo, tièn* | *tsóu tĕ· mán*, l'ouvrage à forfait est peu soigné; à la journée il est trop lent.

| 錢繳纏算來投貴了, | *ts'iên kiào tch'ân souán lâi t'eôu koúi lò*, à compter le prix de la main d'œuvre et les frais de nourriture, cela revient cher.

停止百 |, *T'în tchè pĕ·* |, cesser tous les travaux (serviles).

男 |, 女 |, *Lân* |, *niù* |, travail fait habituellement par les hommes, par les femmes.

土 |, 石 |, 木 |, 雕 |, *T'où* |, *chĕ* |, *mŏu* |, *tiāo* |, ouvrage en terre, ouvrage de manœuvre; travail de tailleur de pierre, de menuisier, de sculpteur.

長 |, 月 |, *Tch'âng* |, *iuĕ·* |, domestique à l'année, domestique ou ouvrier au mois.

散 |, 零 |, *Sàn* |, *lîn* |, ouvrages divers, accessoires; ouvrier à journées non continues.

小 |, *Siào* |, manœuvre dont l'ouvrage n'exige pas d'apprentissage.

開 (*v.* 起, *v.* 動) |, *K'āi* (*v. k'ì, v. tóng*) |, commencer un ouvrage.

上 |, *Cháng* |, se mettre à l'ouvrage, s'y rendre.

停 (*v.* 歇, *v.* 放) |, *T'în* (*v. hiĕ·, v. fáng*) |, interrompre, cesser l'ouvrage.

收 (*v.* 放) |, *Cheōu* (*v. fáng*) |, cesser l'ouvrage à la fin de la journée.

還 | 夫, 圓 |, *Hoûan* | *foū, iuên* |. Voir *hoûan, iuên*.

背 | (*v.* | 程), *Peī* | (*v.* | *tch'ên*), ouvrage qui demande beaucoup de travail.

花窗背 |, *Hoūa ts'āng pēi* |, les fenêtres sculptées exigent beaucoup de journées de travail.

| 本, | *pèn*, capital.

做生意要有 | 本, *Tsóu sēn í iáo ieòu* | *pèn*, pour faire le commerce, il faut avoir du capital.

攻 *Kōng*. Attaquer.

| 書, | *chōu*, attaquer les livres, étudier avec ardeur.

| 打城門, | *tà tch'ên mên*, attaquer la porte de la ville.

四面夾 |, *Sé mién kiă* |, attaquer de quatre côtés à la fois.

| 破城, | *p'ó tch'ên*, prendre la ville de force.

功 *Kōng*. Action, mérite.

做善 | 有 | 勞, *Tsóu chán* | *ieòu* | *lào*, à faire de bonnes œuvres, on acquiert des mérites.

諸聖相通 |, *Tchōu chén siāng t'ōng* |, la communion des Saints.

通 | 單, *T'ōng* | *tān*, circulaire annonçant la mort de quelqu'un, et demandant des prières pour lui.

通 | 念經, *T'ōng* | *nién kīn*, prier plusieurs ensemble.

将 | 折罪, *Tsiāng* | *tchě tsoúi*, racheter ses fautes par ses mérites.

立常生的 |, *Lǐ chāng sēn tǐ* |, faire des œuvres dignes de la vie éternelle.

因 (v. 爲) 耶穌的 | 勞, *īn (v. oûi) Iê sōu tǐ* | *laô*, par les mérites de Jésus-Christ.

你是這樣做有嘛子 |, *Gnì ché tché iáng tsóu, ieòu chá tsè* |, quel mérite as-tu en agissant ainsi?

在天主台前有 |, *Tsái T'iēn Tchòu t'ái ts'ién ieòu* |, avoir du mérite devant Dieu.

積 | 累仁, *Tsī* | *loùi jên*, accumuler des mérites et des vertus.

記 | 過, *Kí* | *kó*, noter les mérites et les démérites.

| 臣, | *tch'ên*, dignitaire qui a rendu des services éclatants à l'empereur.

| 名, | *mîn*, (litt.) mérite et renommée, c.-à-d. titres d'honneur, grades (qui sont censés acquis par le mérite).

他是有 | 名的, *T'ā ché ieòu* | *mîn tǐ*, il est gradé.

辦 | (v. 神 |). *Pán* | *(v. chên* | *)*, se confesser.

聽 |, *T'ín* |, entendre les confessions.

做神 |, v. 停 |, *Tsóu chên* |, v. *t'ìn* |, faire une retraite (cesser tout autre travail).

世人讀書專爲 | 名, *Ché jên toǔ chōu tchoūan oûi* | *mîn*, les hommes ne s'adonnent à l'étude que dans le seul but d'arriver aux honneurs.

弓 *Kōng*. Arc.

一張 |, *ǐ tchāng* |, un arc.

| 弦, | 背, | *hiên*, | *péi*, corde de l'arc, courbure de l'arc.

這两條路一个是 | 背一个是弦, *Tché leàng t'iâo loú, ǐ kó ché* | *péi ǐ kó ché hiên*, de ces deux chemins l'un fait l'arc (est plus long), l'autre la corde.

彎 |, *Ouān* |, bander un arc.

拈 | 搭箭, *Niēn* | *tá tsién*, prendre l'arc et y poser la flèche.

| 開弦斷, | *k'āi hiên toúan*, rompre la corde en tendant l'arc.

| 口, | *k'eòu*, mesure d'arpentage de 5 pieds.

拿倒 | 口丈地方, *Lâ taò* | *k'eòu tcháng tí fāng*, arpenter un terrain avec cette mesure.

這條路沒有過 | 口, *Tché t'iâo loú mǒ ieòu kó* | *k'eòu*, ce chemin n'a pas été mesuré (il est plus long qu'on ne dit).

躬 *Kōng*. Corps humain; en personne.

| 親受苦, | *ts'īn cheóu k'òu*, souffrir soi-même.

天子 | 耕, *T'iēn tsè* | *kēn*, le Fils du Ciel conduit la charrue en personne.

宮 *Kōng*. Palais, pagode.

皇 |, v. 皇上的 | 殿, *Houâng* |, v. *houâng cháng tǐ* | *tién*, le palais de l'empereur.

東 |, 西 |, *Tōng* |, *sī* |, l'impératrice qui occupe les appartements de l'Est, celle qui habite les appartements de l'Ouest.

天后 |, *T'iēn heóu* |, pagode de la reine du ciel.

| 保, | *pào*, titre donné aux grands mandarins, qui sont nommés précepteurs honoraires du prince impérial *(t'ái tsè t'ái pào, v. chào pào)*.

恭 *Kōng*. Respect extérieur, révérence (voir *kín*).

做得不 | 敬, *Tsóu tě poǔ* | *kín*, ce n'est pas fait convenablement, avec soin.

| 喜 | 喜, | hì | hì, (litt.) respect et joie, c.-à-d. bonjour, salut! (se dit en entrant dans une maison.)

| 喜你, | hì gnì, salut à toi! je te félicite.

| 賀, v. | 維, | hó, v. | oûi, féliciter.

打一 | , Tà ĭ | , saluer légèrement, en élevant les mains jointes.

| 身, | chēn, se courber pour faire une révérence.

| 敬不如從命, | kín poŭ joû ts'ông mín, le respect ne vaut pas l'obéissance.

供 Kōng. Entretenir, nourrir; avouer (se lit aussi kóng; voir ce mot).

| 養父母, | iàng foú mòu, entretenir ses parents.

兒女多了 | 不倒(v. 起), Eûl niù tō lò | poŭ taò (v. k'ì), il a trop d'enfants, il ne peut les nourrir.

| 一家人, | ĭ kiā jên, fournir à l'entretien de toute une famille.

口 | , K'eòu | , réponses de l'accusé à l'interrogatoire, aveux (voir k'eòu).

畫 | , Hoüa | , signer l'interrogatoire.

喫零 | , Tch'ĕ lîn | , se dit des parents qui se font entretenir à tour de rôle par chacun de leurs fils.

K'ŌNG

空 K'ōng. Vide.

| 中; 大(v. 太) | , | tchōng; tá (v. t'ái) | , le vide, l'air; l'atmosphère, le ciel.

買 | 倉, Mài | ts'āng, (litt.) acheter un grenier vide, c.-à-d. payer présentement à vil prix une marchandise qui ne pourra être livrée que plus tard, par ex. une récolte en herbe.

挖 | 了, v. 打 | 了, Ouă | lò, v. tà | lò, c'est vidé, à force de creuser avec une pioche, ou avec un autre instrument.

騰 | 了, T'ên | lò, c'est vidé par le déménagement.

搬不 | , P'ân (v. pān) poŭ | , ne pouvoir tout déménager.

耗子不打 | 倉, Haó tsè poŭ tà | ts'āng, les rats n'attaquent pas un grenier vide.

抬 | 轎子, T'âi | kiáo tsè, porter une chaise vide.

KÒNG

拱 Kòng. Saluer en joignant les mains; convexe.

| 手作揖, | cheòu tsŏ ĭ, joindre les mains et saluer.

打一 | , Tà ĭ | , faire le petit salut, qui consiste à joindre les mains devant la poitrine.

打 | 手, Tà | cheòu, joindre les mains.

鏡子有 | 的有窩子, Kín tsè ieòu | tĭ, ieòu ō tsè, parmi les lunettes, il y en a de convexes et de concaves.

| 起來, | k'ì lâi, bomber (à l'actif et au neutre).

| 出來, | tch'ŏu lâi, bomber (au neutre).

蝩 Kòng. Fouiller la terre avec le museau.

猪愛 | 花生,紅苕,土巴, Tchōu gái | hoüa sēn, hông châo, t'òu pā, le porc avec son groin se délecte à déterrer les arachides, les patates, à fouiller la terre.

這地花生拿跟猪 | , Tché tí hoüa sēn lâ kēn tchōu | , donner ce champ d'arachides à manger aux porcs.

地 | 子, | 猪子, Tí | tsè, | tchōu tsè, taupe, blaireau.

老 | , Laò | , nom populaire donné quelquefois au porc.

鑛 v. 礦 Kòng. Minerai, mine.

| 子, | tsè, minerai.

銀 (v. 鐵, v. 銅, v. 錫) | 子, în (v. t'iĕ, v. t'ông, v. sĭ) | tsè, minerai d'argent (de fer, de cuivre ou d'étain).

這個銀 | 子强, Tché kó în | tsè k'iâng, ce minerai d'argent est riche.

丨子都多升不出來，丨 *tsè tōu tō, chēn poū tch'ŏu lâi*, le minerai est abondant, mais on ne sait pas dégager le métal, ou cela n'en vaut pas la peine.

丨子灰，丨 *(v. kouàng) tsè hoūi*, chaux non éteinte.

K'ÒNG

孔 *K'òng*. Vide, trou.

鼻丨，毛丨，*Pí* 丨，*mâo* 丨，narines, pores du corps.

胛丨，*Hiă (kiă)* 丨，aisselle.

七丨來血，*Ts'ĭ* 丨 *lâi hiĕ·*, le sang s'échappe par les sept ouvertures du corps.

灶丨，*Tsáo* 丨，orifice du fourneau.

丨雀，丨 *ts'iŏ*, paon.

丨夫子，丨 *foū tsè*, Confucius.

恐 *K'òng. v.* 丨怕 *v.* 丨防，*v.* 丨 *p'á v.* 丨 *fâng*, craindre, peut-être.

丨怕下雨帶傘，丨 *p'á hiá iù, tái sàn*, il pourrait bien pleuvoir, prends ton parapluie.

丨怕要死，丨 *p'á iáo sè*, il est à craindre qu'il ne meure.

丨口無憑，丨 *k'òu oû p'în*, de crainte que la parole ne puisse servir de preuve (terme de contrat).

烤 *K'òng*. Cuire à sec, rôtir.

丨饝饝，丨 *mô mō*, cuire du pain.

丨飯，丨紅苕，丨 *fán* (voir *fán*)；丨 *hông châo*, cuire les patates à sec.

丨起熱，丨 *k'ì jĕ·*, chaleur étouffante.

太陽丨人，*T'ái iâng* 丨 *jên*, le soleil rôtit les gens (il fait chaud).

KÓNG

供 *Kóng*. Exposer avec respect.

丨聖像，丨 *chén siáng*, exposer des images de Saints, pour les vénérer.

丨在祭臺上，丨 *tsái tsí t'âi cháng*, exposer sur l'autel.

丨聖體，丨 *chén t'ì*, garder la Sainte-Réserve.

拿你來丨起，*Lâ gnì lâi* 丨 *k'ì*, on va faire de toi une idole.

丨飯，丨菓，丨 *fán*, 丨 *kò*, offrir aux idoles des mets, des fruits ou des sucreries.

共 *Kóng*. Ensemble, avec; total.

三位丨一性一體，*Sān oúi* 丨 *ĭ sín ĭ t'ì*, les trois Personnes ont également la même nature et la même substance.

總丨算來還該補五兩銀子，*Tsòng* 丨 *soúan lâi, hoûan kāi poù où leàng în tsè*, tout compte fait, il reste à payer cinq taëls.

同居丨處，*T'ông kū* 丨 *tch'óu*, demeurer ensemble.

兩間房子同梁丨柱，*Leàng kān fâng tsè t'ông leâng* 丨 *tchóu*, les deux parties de la maison portent sur les mêmes colonnes.

同娘丨母，*T'ông niâng* 丨 *mòu*, né de la même mère.

同鄉丨井，*T'ông hiāng* 丨 *tsìn*, de la même campagne, ou compatriote.

公丨的，*Kōng* 丨 *tĭ*, possédé en commun, indivis.

貢 *Kóng*. Tribut, offrir le tribut.

進丨，*Tsín* 丨，offrir, payer le tribut.

三年進一回丨，*Sān niên tsín ĭ hoûi* 丨，payer le tribut une fois tous les trois ans.

丨川紙，丨 *tch'oūan tchè*, espèce de papier à écrire.

拔丨，優丨，副丨，歲丨，恩丨，功丨生員，*P'â* 丨，*ieōu* 丨，*foú* 丨，*soúi* 丨，*guēn* 丨，*kōng* 丨 *sēn iuên*, différentes classes de bacheliers.

丨生，丨 *sēn*, bachelier d'une de ces classes.

捐一个丨生，*Kuēn ĭ kó* 丨 *sēn*, acheter un titre de *kóng sēn*.

丨緞，丨 *toúan*, espèce de satin fleuri.

丨茶，丨 *tch'â*, thé de 1ère qualité destiné à l'Empereur.

K'ÓNG

空 *K'óng*. Libre, loisir, oisif, vide.

丨不丨, 丨 *poŭ* 丨, as-tu le temps? es-tu libre?

我不得丨(*v.* 不當(*v.* 多) 丨), *Gò poŭ tĕ* 丨 (*v. poŭ tāng* (*v. tō*) 丨), je ne suis pas libre (je n'ai guère le temps).

我丨了就來, *Gò* 丨 *lò tsieóu lâi*, dès que je serai libre, je viendrai.

我事情多心不丨, *Gò sé ts'în tō, sīn poŭ* 丨, j'ai trop d'affaires, je n'ai pas l'esprit libre.

丨閒的人, 丨 *hiên tĭ jên*, homme qui n'a rien à faire.

朝廷無丨地世上無閒人, *Tch'âo t'în oû* 丨 *tí, ché cháng oû hiên jên*, dans le royaume, il faut qu'il ne reste pas de terre non cultivée: dans le monde, qu'il n'y ait pas de gens oisifs.

丨的, *v.* 丨起的, 丨 *tĭ*, *v.* 丨 *k'ì tĭ*, libre, disponible, non occupé (personnes ou choses).

你有丨銀子沒得, *Gnì ieòu* 丨 *în tsè mŏ tĕ?* as-tu de l'argent disponible?

丨時候, 丨 *chê heóu*, temps libre.

喫丨飯, *Tch'ĕ* 丨 *fán*, vivre sans travailler.

飯都不得丨喫那裡得丨耍, *Fán tōu poŭ tĕ* 丨 *tch'ĕ, là lì tĕ* 丨 *choùa?* je n'ai pas même le temps de manger, comment aurais-je le temps de m'amuser?

這個婦人身不丨, *Tché kó foú jên chēn poŭ* 丨, cette femme est enceinte.

沒得丨處(丨房圈), *Mŏ tĕ* 丨 *tch'óu* (丨 *fâng k'uēn*), il n'y a pas d'endroit (de chambre) libre.

丨手, 丨 *cheòu*, les mains vides.

虧丨, *K'oūi* 丨, voyez *k'oūi*.

滿了沒得丨丨, *Màn lò, mŏ tĕ* 丨 丨, c'est plein, il n'y a pas de vide.

丨乏, 丨 *fă*, épuisé, vide (en parlant des choses ou des hommes).

這間房子有幾丨, *Tché kān fâng tsè ieòu kì* 丨, combien y a-t-il de chambres dans cette partie de la maison?

一丨屋, *v.* 一丨房圈, *ĭ* 丨 *oŭ*, *v.* *ĭ* 丨 *fâng k'uēn*, un appartement, une chambre.

悾 *K'óng*. *v.* 丨子(*v.* 老寬), *v.* 丨 *tsè* (*v. laò k'oūan*), sot.

我不愛當丨子, *Gò poŭ gái tāng* 丨 *tsè*, je ne veux pas passer pour un sot.

上不盡的當捉不盡的丨子, *Cháng poŭ tsín tĭ táng, tchŏ poŭ tsín tĭ* 丨 *tsè*, on n'a jamais fini de subir des dommages, ni de prendre tous les sots (il y en a trop).

只哄得倒丨子, *Tchè* (*tchĕ*) *hòng tĕ taò* 丨 *tsè*, ce n'est bon que pour attraper les sots.

出丨子的笨, *Tch'ŏu* 丨 *tsè tĭ pén*, faire des sottises.

控 *K'óng*. *v.* 具丨, *v.* 告丨, *v.* *kú* 丨, *v.* *káo* 丨, accuser.

告上丨, *Káo cháng* 丨, accuser à un tribunal supérieur.

KŌU

孤 *Kōu*. Orphelin, seul; unique.

丨哀子, 丨 *gāi tsè*, orphelin de père et de mère.

丨兒寡母, 丨 *eûl koùa mòu*, l'orphelin et la veuve.

他是一個丨人, *T'ā ché ĭ kó* 丨 *jên*, c'est un homme seul, sans parents ni enfants.

進丨老院, *Tsín* 丨 *laò iuén*, entrer à l'hospice des vieillards, y être admis.

喫丨, *Tch'ĕ* 丨, recevoir sa subsistance de l'hospice des vieillards.

施丨, *Chē* 丨, faire des largesses à cet hospice.

丨單, *v.* 丨獨無靠, 丨 *tān*, *v.* 丨 *toŭ oû k'áo*, seul, sans appui.

稱丨道寡, *Tch'ēn* 丨 *táo koùa*, se dire pauvre et sans vertu, c.-à-d. être roi (les rois en parlant d'eux-mêmes disent *Kōu* ou *Koùa*).

姑 *Kōu*. Sœurs du père, fille.

| 娘, | *niâng*, tante paternelle.

大, 二, 三, 么 | 娘, *Tá, eúl, sān, iāo* | *niâng*, 1ere, 2eme, 3eme, dernière tante paternelle.

| 爺, | *iê*, mari de la tante paternelle; gendre.

| 婆, | *p'ô*, grand'tante paternelle.

小 | 子, *Siào* | *tsè*, sœur du mari non mariée.

| 娘(*v.* 孃), | *niâng (v. niâng)*, demoiselle.

| 娘兒, *v.* 小 | 娘兒, | *niâng eûl (niêul)*, *v. siào* | *niâng eûl*, petite fille.

守貞的 | 娘, *Cheòu tchēn tī* | *niâng*, fille qui garde la virginité.

他是不出門的 | 娘, *T'a ché poŭ tch'ōu mên tī* | *niâng*, c'est une fille qui ne se marie pas, qui veut garder la virginité.

說 | 娘, *v.* 說一个 | 娘, *Chŏ* | *niâng*, *v. chŏ ĭ kó* | *niâng*, demander une fille en mariage.

新 | 娘, *Sīn* | *niâng*, nouvelle mariée.

大, 二, 三, 么 |, *Tá, eúl, sān, iāo* |, la 1ere, la 2eme, la 3eme, la plus jeune des filles.

菇 *Kōu*. 慈 |, *Ts'ê* |, tubercule qui se plante dans les rizières, et qui est bon à manger.

蘑 |, *Mô* |, espèce de champignon.

辜 *Kōu*. Faute, ingratitude.

無 |, *Oû* |, innocent.

| 負, | *foú*, abuser.

| 負錢, 米, | *foú ts'iên, mì*, gaspiller l'argent, le riz.

嘓 *Kōu (kŏ)*. | 匪, | *feì*, petits voleurs du pays, mauvaise engeance.

K'ŌU

箍 *v.* **箍** *K'ōu(Kōu)*. Cercle, cercler.

| 子, | *tsè*, anneau.

銅 | 子, 銀 | 子, *T'ông* | *tsè, în* | *tsè*, anneau de cuivre, d'argent.

| 桶, | *t'òng*, cercler des seaux.

要 | 得緊, *Iáo* | *tĕ kìn*, il faut cercler solidement (au pr. et au fig.).

你這个兒多事要 | 倒吓, *Gnì tché kó eûl tō sé, iáo* | *taò há*, ton fils est trop étourdi, il faut le discipliner, le tenir un peu.

拏篾條來 |, *Lâ miĕ (v. mi) t'iāo lâi* |, cercler avec du bambou.

鐵 | 要經事些, *T'iĕ* | *iáo kīn sé sī*, les cercles en fer sont plus solides.

| 幾道, *v.* | 幾道 |, | *kì táo, v.* | *kì táo* |, cercler de plusieurs cercles.

枯 *K'ōu*. Desséché, gâté; tourteau de graines oléagineuses.

乾 | 了, *Kān* | *lò*, amaigri, desséché, flétri (se dit des animaux et des végétaux).

血 | 了, *Hiĕ* | *lò*, le sang est appauvri.

水 | 了, *Choùi* | *lò*, l'eau est très basse.

生意 | 得狠, *Sēn í* | *tĕ hèn*, le commerce est très languissant.

銀錢 |, *în ts'iên* |, être à sec d'argent et de sapèques.

桐 |, 花(*v.* 花生) |, 茶 |, *T'ông* |, *hoūa (v. hoūa sēn)* |, *tch'â* |, résidu d'élœococca, d'arachides, de graines de thé.

上了 | 的菸油水要好些, *Cháng lò* | *tī iēn, ieôu choùi iáo haò sī*, le tabac, fumé avec un engrais de tourteaux, est plus onctueux et plus fort.

骷 *K'ōu*. | 髏, | *leôu*, crâne.

| 髏山, | *leôu chān*, mont du Calvaire.

只剩得一點 | 骨, *Tchè (tchĕ) chén tĕ ĭ tièn* | *koŭ*, il ne reste que des ossements.

K'ÔU

丌 *K'ôu*. S'accroupir; demeurer.

房子 | 下去了, *Fâng tsè* | *hiá k'ú lò*, la maison s'est affaissée.

你丨倒. *Gnì* | *taò*, baisse-toi, accroupis-toi.

丨處都沒得, | *tch'óu tōu mŏ tĕ·*, il n'a pas même d'endroit pour loger.

這裡丨吓那裡丨吓, *Tché· lì* | *há*, *lá lì* | *há*, demeurer par-ci par-là, sans endroit fixe.

我在叙府丨多年了, *Gò tsái Sú foù* | *tō niên lò*, j'habite Sú-foù depuis nombre d'années.

這个房子丨不得人, *Tché· kó fâng tsè* | *pou tĕ· jên*, cette maison est inhabitable.

丨蘆, *v.* 丨蘆兒, | *lôu*, *v.* | *lôu eûl*, gourde, petite gourde (pour *foù lôu eûl*).

KÒU

古 *Kòu*. Ancien, antique.

丨時, 丨時的人, | *chê*, | *chê tĭ jên*, les temps antiques; les hommes de l'antiquité.

丨詩, 丨字, 丨教, 丨聖經, 丨聖所, | *chē*, | *tsé*, | *kiáo*, | *chén kīn*, | *chén sò*, poëmes, écriture antiques; la religion, les Livres Saints de l'Ancien Testament, les limbes.

自(*v.* 從)丨以來, *Tsé (v. ts'ông)* | *ì lâi*, de tout temps.

過得萬丨, *v.* 萬丨不得壞, *Kó tĕ· ouán* | , *v. ouán* | *poŭ tĕ· hoúai*, cela peut durer très longtemps (dix mille antiquités).

丨碑, 丨錢, 丨坟, | *pēi*, | *ts'iên*, | *fên*, inscription, sapèques, tombeaux anciens.

丨話, | *hoúa*, paroles des anciens, proverbes.

好丨, *Háo* | , être entiché de l'antiquité, des usages anciens.

丨董器皿, | *tòng k'í mìn*, objets antiques et rares.

丨董人, | *tòng jên*, homme singulier, qui n'est pas de son siècle.

老丨格人, *Laò* | *kĕ· jên*, homme aux manières antiques, dur à la fatigue.

人心不丨, *Jên sīn poŭ* | , les hommes (d'aujourd'hui) n'ont pas la rectitude des anciens.

估 *Kòu*. Estimer, deviner; faire violence.

打丨眼買(*v.* 賣), *Tà* | *ièn mài (v. mái)*, acheter (ou vendre) en bloc, au jugé.

打丨眼說, *Tà* | *ièn chŏ*, dire en général, en gros.

明天的事是丨不得的, *v.* 不定的 *v.* 不出來的, *Mîn t'iēn tĭ sé ché* | *poŭ tĕ· tĭ*, *v.* *poŭ tín tĭ*, *v.* *poŭ tch'ŏu lâi tĭ*, ce qui arrivera demain ne peut se deviner.

會算的人丨得一半, *Hoúi souán tĭ jên* | *tĕ· ĭ pán*, les habiles peuvent deviner à moitié.

我丨你輸好多, *Gò* | , *gnì chōu haò tō?* si je devine, combien veux-tu perdre?

丨騙人, | *p'ién jên*, faire violemment tort à quelqu'un.

丨買丨賣, | *mài* | *mái*, acheter et vendre en faisant violence aux gens.

丨倒進去, 丨倒要錢, | *taò tsín k'ú*, | *taò iáo ts'iên*, entrer de force, exiger de force des sapèques.

丨住人犯罪, | *tchóu jên fán tsoúi*, faire violence à autrui pour le faire pécher.

我丨不住他, *Gò* | *poŭ tchóu t'ā*, je ne puis le forcer à...

滿丨住不還帳, *Màn* | *tchóu poŭ houân tcháng*, il refuse avec violence de payer sa dette.

隨各人奉教沒得丨住, *Soûi kŏ jên fóng kiáo, mŏ tĕ·* | *tchóu*, libre à chacun de se faire chrétien, on ne force personne.

他們両个是丨起的, *T'ā mên leàng kó ché* | *k'ì tĭ*, eux deux ne sont pas d'accord, ils se font la mine.

盬 *v.* 盬 *Kòu*. Vase (en forme de grande soupière) pour faire cuire les mets.

銅(*v.* 錫)丨子, *T'ông (v. sĭ)* | *tsè*, ce vase en cuivre (ou bien, en étain).

丨子席, | *tsè sĭ*, repas, où figure principalement cette soupière, dans laquelle on a fait cuire ensemble plusieurs sortes de viandes.

股 *Kòu*. Hanche, cuisse; part.

屁 | , *P'ï* | , fesses.

打両百屁 | , *Tà leàng pě p'ï* | , donner 200 coups sur le derrière.

賣屁 | , *Mái p'ï* | , se prêter à la sodomie (expression souvent employée dans les malédictions obscènes).

| **肱**, | *kōn*, cuisses et bras.

分成三 | , *Fēn tch'ên sān* | , diviser en 3 parties.

我要分一 | , *Gò iáo fēn ï* | , je veux obtenir une part.

路四 | **來**(*v.* **走**)**了三** | , *Lóu, sé* | *lâi* (*v. tseòu*) *lò sān* | , on a fait les trois quarts du chemin.

一 | **地方**, *ï* | *tí fāng*, un terrain d'une certaine étendue.

一 | **水**, *ï* | *choùi*, une source ou un filet d'eau, un bras de rivière.

一 | **風**, **一** | **氣氣**(*v.* **氣色**), *ï* | *fōng*, *ï* | *k'í k'í* (*v. k'í sě*), une bouffée de vent, une mauvaise odeur.

一 | **帳**, *ï* | *tcháng*, une part dans les pertes et dans les bénéfices.

一 | **線**, **一** | **索子**, *ï* | *sién*, *ï* | *sŏ tsè*, un fil simple, une corde simple.

我拿點 | **頭跟你拈**, *Gò lâ tièn* | *t'eôu kēn gnì niēn*, je vais te donner ta part, je t'en ferai voir de grises.

蠱 *Kòu*. Ver intestinal.

水 | **病**, *v.* | **脹病**, *Choùi* | *pín*, *v.* | *tcháng pín*, hydropisie.

| **惑人心**, | *houĕ jên sīn*, jeter le trouble dans le cœur des gens, et les pousser au mal.

牯 *Kòu*. *v.* | **牛**, *v.* | *nieôu*, taureau, buffle.

鼓 *Kòu*. Tambour; renflé.

擂 | , **打鑼** | , *Loûi* | , *tà lô* | , battre du tambour; battre du tambour et du tam-tam.

吹 | **手**, *Tch'oūi* | *cheòu*, musiciens (ceux qui jouent de la flûte et qui battent du tambour).

| **起的**, | *k'ì tī*, enflé (comme un tambour).

| **起來了**, *v.* | **出來了**, | *k'ì lâi lò*, *v.* | *tch'ŏu lâi lò*, cela s'est enflé, bossué.

| **起勁**, | *k'ì kín*, s'efforcer.

K'ÒU

苦 *K'òu*. Amer (au prop. et au fig.); douleur, souffrance.

| **的**, *v.* | **味**, | *tī*, *v.* | *oúi*, d'un goût amer.

刮 | **的**, *Kouā* | *tī*, très amer.

| **活路**, | **差**, | *hŏ lóu*, | *tch'āi*, travail, corvée pénible.

世上的 | , **死後的** | , *Ché cháng tī* | , *sè heóu tī* | , les souffrances de cette vie, celles de l'autre vie.

勞 | **度活**, *Lâo* | *tóu hŏ*, mener une vie pénible.

勞 | , *v.* **困** | , *v.* | **楚**; **病** | , *Lâo* | , *v. k'ouén* | , *v.* | *ts'òu*; *pín* | , fatigue, souffrance; maladie.

死得 | , *Sè tĕ* | , il est mort en souffrant beaucoup.

我的 | **心**(*v.* **情**)**那个能知道**, *Gò tī* | *sīn* (*v. ts'în*), *là kó lên tchē taó?* qui peut savoir tout ce que je souffre au fond du cœur?

神父來好辛 | , *Chên foú lâi haò sīn* | , le Père venant nous voir se donne beaucoup de peine. Rép. **沒有**, *Mŏ ieòu*, mais non.

受 | (*v.* | **難**), *Cheóu* | (*v.* | *lán*), souffrir.

| **難主日**, | *lán tchòu jĕ*, dimanche de la Passion.

| **像**, | **路經**, | *siáng*, | *loú kīn*, crucifix; prières du Chemin de la Croix.

聖母痛 | , *Chén mòu t'óng* | , la Compassion de la Ste Vierge.

| **修聖人**, | *siēou chén jên*, les saints pénitents.

| **衣**, | **帶**, | *ī*, | *tái*, cilice, ceinture à pointes de fer.

克 | **肉身**; **下** | , *K'ĕ* | *joŭ chēn*; *hiá* | . Voir *k'ĕ*, *hiá*.

我｜勸他, *Gò ｜ k'uén t'a*, je mis tout mon cœur à l'exhorter.

KÓU

故 *Kóu.* Cause, parce que; ancien; mourir.

緣｜, *Iuên ｜*, cause, raison (voir *iuên*).

無｜生端, *Oû ｜ sēn toūan*, susciter des affaires sans rime ni raison.

推｜, *T'oūi ｜*, imaginer des prétextes, s'excuser.

｜意犯的罪, ｜ *í fán tĭ tsoúi*, péché commis de propos délibéré.

｜所以, *v.* ｜而, ｜ *sò ì, v.* ｜ *eûl*, c'est pourquoi.

懶做活路｜所以窮了, *Làn tsóu hŏ loú* ｜ *sò ì k'ióng lò*, il est paresseux, voilà pourquoi il est tombé dans l'indigence.

我說一个｜事跟你聽, *Gò chŏ ĭ kó* ｜ *sé kēn gnì t'in*, je veux te conter une histoire.

假｜事, *Kià ｜ sé*, feinte, mensonge, conte.

｜友, *v.* ｜交, ｜ *ieòu, v.* ｜ *kiāo*, ancien ami.

親不親｜鄕人, *Ts'īn poŭ ts'īn* ｜ *hiāng jên*, parent ou non, c'est un compatriote, cela suffit.

作爲｜紙, *Tsŏ oûi ｜ tchè*, ce sera regardé comme du vieux papier (de nulle valeur).

病｜了,亡｜了, *Pín ｜ lò, ouâng ｜ lò*, il est mort de maladie; il est mort.

雇 *Kóu.* Louer (en parlant des ouvriers, des chaises, des barques).

｜工人, ｜ *kōng jên*, louer des ouvriers, des journaliers.

｜轎子, ｜轎夫, ｜ *kiáo tsè*, ｜ *kiáo foū*, louer une chaise, louer des porteurs de chaise.

｜船, ｜ *tch'oûan*, louer une barque.

顧 *Kóu.* Prendre soin.

看｜, *v.* 照｜, *K'án ｜, v. tcháo ｜*, même sens.

管｜教友靈魂的事, *Kouàn ｜ kiáo ieòu lîn houên tĭ sé*, régir avec soin les intérêts spirituels des chrétiens.

先｜靈魂後｜肉身, *Siēn ｜ lîn houên, heóu ｜ joŭ chēn*, on s'occupe d'abord de l'âme, le soin du corps ne vient qu'après.

這个人不｜臉, *Tché kó jên poŭ ｜ lièn*, cet homme n'a pas de vergogne (*litt.* il ne soigne pas sa face).

不｜家, *Poŭ ｜ kiā*, ne pas prendre les intérêts de la famille.

｜病, ｜ *pín*, administrer un malade.

不｜好歹, *Poŭ ｜ haò tài*, sans faire attention si c'est bien ou mal.

錢米衣服等件要｜惜點用, *Ts'iên, mì, ī foŭ tèn kién, iáo ｜ sĭ tièn ióng*, sapèques, riz, habits, etc., il faut en user avec un peu plus de ménagement.

我｜不倒那樣多, *Gò ｜ poŭ taò lá iáng (láng) tō*, je ne puis pas m'occuper de tant d'affaires.

只｜眼前不｜後來, *Tchè (tchĕ) ｜ ièn ts'iên, poŭ ｜ heóu lâi*, ne songer qu'au présent, pas à l'avenir.

｜朋, ｜ *p'ông*, aider ses amis, s'entr'aider.

｜盼, *v.* 相｜, ｜ *p'án, v. siāng ｜*, s'entr'aider.

觀｜, *v.* 光｜, *Kouān ｜, v. koūang ｜*, soigner, regarder avec bienveillance.

前蒙光｜有失迎候, *Ts'iên mông koūang ｜ ieòu chĕ în heóu*, l'autre jour, que vous me faisiez l'honneur d'une visite, j'ai manqué de vous attendre et d'aller au-devant de vous.

固 *Kóu.* Ferme, opiniâtre.

堅｜, *Kiēn ｜*, solide, affermir (voir *kiēn*).

｜執, *v.* ｜意, ｜ *tchĕ, v.* ｜ *í*, obstiné, avec obstination.

｜執犯罪, ｜ *tchĕ fán tsoúi*, pécher avec pleine délibération.

K'ÓU

庫 *K'óu.* Trésor, magasin des objets précieux.

國丨空虛, *Kouĕ·* 丨 *k'ōng hū*, le trésor de l'Empire est vide.

上粮銀子要丨色丨平, *Cháng leâng in tsè iáo* 丨 *sĕ·* 丨 *p'în*, l'argent pour payer l'impôt doit avoir la qualité et le poids (plus fort) de l'argent du trésor.

入丨, *Jŏu* 丨, serrer dans le trésor.

銀丨, 丨**銀**, *în* 丨, 丨 *în*, trésor, argent du trésor.

恩赦神丨, *Guēn ché· chên* 丨, le trésor spirituel des indulgences.

褲 *v.* **袴** *K'óu.* Culotte, jambières.

丨**子**, 丨 *tsè*, culotte (on dit aussi **小衣** *siào ī*).

一條丨子, *ĭ t'iâo* 丨 *tsè*, une culotte.

騎馬丨, *K'î mà* 丨, culottes qui se lient au bas avec des cordons.

腿丨, *v.* **套丨**, *T'oùi* 丨, *v. t'áo* 丨, jambières.

丨**襠**, 丨 *tāng*, fond de culotte.

封襠丨, *Fōng tāng* 丨, culotte à fond fermé.

衩衩丨, *Tch'à tch'à* 丨, culotte à fond ouvert pour les enfants.

丨**腰帶**, 丨 *iāo tái*, ceinture pour retenir la culotte.

套丨帶帶, *T'áo* 丨 *tái tái*, attaches des jambières.

丨**脚**, 丨 *kiŏ*, le bas des jambes de la culotte.

KǑU

谷 *Kŏu.* Vallée.

山丨, *Chān* 丨, même sens.

山丨水, *Chān* 丨 *choùi*, eau de montagne.

穀 *Kŏu.* Riz non écossé; céréales en général.

丨**子**, 丨**米**, 丨 *tsè*, 丨 *mì*, riz non écossé; riz en général, écossé ou non.

酒丨, **飯丨**, *Tsiòu* 丨, *fán* 丨, riz gras pour faire du vin, riz à manger.

早丨子, *Tsào* 丨 *tsè* (appelé aussi *lŏu chĕ tsào*), riz qui mûrit plus tôt.

遲丨子, *Tch'ê* 丨 *tsè*, riz qui mûrit plus tard.

撒丨子 *v.* 丨**種**, *Sá* 丨 tsè, *v.* 丨 tchòng (on dit aussi *sá iāng tsè*), semer le riz.

丨**子揚花(含苞)**, 丨 *tsè iâng hoūa (hân pāo)*, le riz est en fleurs (il forme ses grains).

丨**子在出**, 丨 *tsè tsái tch'ŏu*, l'épi est en train de sortir.

丨**稍稍**, **一稍丨子**, 丨 *tiāo tiāo (v. tiáo tiáo)*, *ĭ tiāo* 丨 *tsè*, épi de riz; un épi de riz.

打丨子, *Tà* 丨 *tsè*, battre le riz.

今年丨子打得來 (*v.* **打不來**), *Kīn niên* 丨 *tsè tà tĕ· lâi (v. tà poŭ lâi)*, cette année le rendement du battage de riz est bon (ou bien, est médiocre).

出丨子田, *Tch'ŏu* 丨 *tsè t'iên*, rizière qui produit beaucoup de riz.

一石丨子整得出來五斗米, *ĭ tán* 丨 *tsè tchèn tĕ· tch'ŏu lâi où teòu mì*, d'un *tán* (10 boisseaux) de *kŏu tsè*, on obtient 5 boisseaux de *mì* (riz écossé).

這股地方有好多丨石, *Tché· kòu tí fāng ieòu hào tō* 丨 *tán?* ce domaine produit combien de *tán* de riz?

礱丨子, *Loûi* 丨 *tsè*, faire passer le riz par une espèce de moulin appelé *loûi tsè*.

點丨子, *Tièn* 丨 *tsè*, semer le riz en lignes, et à sec.

一挑丨子, *ĭ t'iāo* 丨 *tsè*, une charge de riz composée de 2 corbeilles pleines. (On compte souvent le rendement par charges.)

六十挑丨子田, *Lŏu chĕ t'iāo* 丨 *tsè t'iên*, rizières d'un rendement moyen de 60 charges.

他收一千多丨子, *T'ā cheōu ĭ ts'iēn tō* 丨 *tsè*, il perçoit un revenu de plus de mille mesures (*tán*, qui est ici sous-entendu) de riz.

一把丨草, *ĭ pà* 丨 *ts'ào*, une poignée (une petite botte) de paille de riz.

丨**樁**, 丨 *tchoūang*, chaume de riz.

丨花，v. 丨花糖，丨 *hoūa, v.* 丨 *hoūa t'âng*, sucrerie, pâtisserie de grains de riz.

倉丨，*Ts'āng* 丨，riz des greniers publics.

包丨，包丨包包，*Pāo* 丨，*pāo* 丨 *pāo pāo*, maïs (appelé aussi *iû mě·*); épi de maïs.

包丨麵(粑)，*Pāo* 丨 *mién (pā)*, farine (gâteau) de maïs.

包丨酒，*Pāo* 丨 *tsieòu*, eau-de-vie de maïs.

包丨稈稈，*Pāo* 丨 *kàn kàn*, tige de maïs.

點包丨，*Tièn pāo* 丨，semer (en lignes) le maïs.

扳(v. 詖)包丨包包，*Pān (v. p'ì) pāo* 丨 *pāo pāo*, arracher des épis de maïs.

包丨飯，*Pāo* 丨 *fán*, farine grossière de maïs, cuite à la façon du riz.

嫩包丨，老包丨，*Lén pāo* 丨，*lào pāo* 丨，épi de maïs tendre, complètement mûr.

㩚包丨，*Mǎ pāo* 丨，égrener le maïs.

剮包丨，*Koùa pāo* 丨，dépouiller le maïs de son enveloppe de feuilles.

包丨子子(v. 米米)，*Pāo* 丨 *tsè tsè (v. mì mì)*, grains de maïs.

包丨心心，*Pāo* 丨 *sīn sīn*, épi dépouillé de ses grains.

包丨鬚鬚，*Pāo* 丨 *sū sū*, barbe de l'épi de maïs.

脹包丨，*Tcháng pāo* 丨，maïs gonflé d'eau et non encore desséché.

五丨百菓，*Où* 丨 *pě· kò*, toutes les céréales (les 5 céréales), et tous les fruits (les 100 fruits).

骨 *Kŏu. v.* 丨頭，*v.* 丨 *t'eôu*, os.

丨節痛，丨 *tsiě· t'óng*, souffrir aux articulations.

剔(v. 取)丨頭，*T'ī (v. ts'ù)* 丨 *t'eôu*, extraire les os de la viande.

光丨頭，*Kouāng* 丨 *t'eôu*, os décharné, squelette.

燒牛丨頭，*Chāo nieôu* 丨 *t'eôu*, calciner des os de bœuf (pour engrais).

栽牛丨頭秧子，*Tsāi nieôu* 丨 *t'eôu iang tsè*, repiquer le riz, après en avoir trempé la racine dans du noir animal (os de bœuf calcinés).

虎丨，牙丨，丨牌，*Fòu* 丨，*iâ* 丨，丨 *p'âi*. Voir *fòu, iâ, p'âi.*

我栽了丨頭㧪開了，*Gò tchoūai (tsāi) lò,* 丨 *t'eôu ts'ô k'āi lò*, en tombant j'ai eu un os disloqué.

黑丨頭雞，v. 烏丨雞，*Hě·* 丨 *t'eôu kī, v. oū* 丨 *kī*, poule aux os noirs.

蠻子分白丨頭黑丨頭，*Mân tsè fēn pě·* 丨 *t'eôu hě·* 丨 *t'eôu*, (litt.) les Barbares se divisent en os blancs et en os noirs, c.-à-d. en soumis et en indépendants.

冷丨瘋，*Lèn* 丨 *fōng*, rhumatismes.

大丨格人，*Tá* 丨 *kě· jên*, homme d'une forte charpente.

肋丨，v. 朸巴丨，丨髗，*Lě·* 丨，*v. lě· pā* 丨，丨 *souï*. Voir *lě·, souï.*

菸丨頭，*Iēn* 丨 *t'eôu*, côtes du tabac.

至親丨肉，*Tché ts'īn* 丨 *jŏu*, parenté très proche.

錢財事小丨肉情重，*Ts'iên ts'âi sé siào,* 丨 *jŏu ts'īn tchóng*, les sapèques et autres biens de ce genre, petite affaire: les relations de parenté, voilà ce qui est important.

牌丨，*P'âi* 丨，côtelettes.

K'ŎU

哭 *K'ŏu. v.* 涕丨，*v. t'ī* 丨，pleurer.

悲丨，*Pēi* 丨，pleurer amèrement.

丨一塲，丨 *ī tch'âng*, pleurer un bon coup.

丨喪，*v.* 丨死人，丨 *sāng, v.* 丨 *sè jên*, pleurer un mort.

丨嘻嘻的，丨 *hī hī tī*, en pleurnichant.

丨起來了，丨 *k'ì lâi lò*, les larmes lui viennent; il se mit à pleurer.

放聲大丨，*Fáng chēn tá* 丨，éclater en sangiots.

嬰孩丨奶奶，*In hiâi* 丨 *lāi lāi*, l'enfant pleure, demandant la mamelle.

拿跟你免得丨，*Lâ kēn gnì, mièn tě·* 丨，je te le donne pour t'empêcher de pleurer (se dit par ironie).

KOŪA

瓜 *Koūa.* Cucurbitacées.

南｜，東｜，瓠子｜，絲｜，*Lân* ｜, *tōng* ｜, *fôu tsè* ｜, *sē* ｜, diverses espèces de citrouilles.

黃｜，苦｜，西｜，*Houâng* ｜, *k'òu* ｜, *sī* ｜, concombre, courge amère, pastèque ou melon d'eau.

誰肯說自己的｜兒苦，*Choûi k'èn chŏ tsé kì tĭ* ｜ *eûl k'òu?* (litt.) qui voudra dire que ses courges sont amères? c.-à-d. qui voudra reconnaître ses torts?

屋脊上的東｜両邊滾，*Oū tsī cháng tĭ tōng* ｜ *leàng piēn kouèn*, la courge, qui se trouve sur le faîte de la maison, roule (indifféremment) des deux côtés (ce proverbe s'applique à un homme sans principes).

引南｜藤藤上房子，*ìn lân* ｜ *t'ên t'ên cháng fâng tsè*, faire monter les tiges de citrouilles sur le toit de la maison.

黃｜出市太醫行時，*Houâng* ｜ *tch'ŏu ché t'ái ī hîn chê*, quand les concombres paraissent au marché, les médecins font de bonnes affaires (c.-à-d. il y a beaucoup de maladies).

｜子，v. **香｜子**，｜ *tsè*, v. *hiāng* ｜ *tsè*, graines de certaines espèces de citrouilles, que les Chinois mangent en buvant le vin.

｜瓢，｜ *p'iâo*, grande cuiller en bois.

｜皮帽，v. **｜皮子**，｜ *p'î mao*, v. ｜ *p'î tsè*, calotte (ainsi nommée à cause de sa ressemblance avec une demi-courge).

｜片，｜ *p'ién*, tranches de citrouilles confites au sucre.

｜分，｜ *fēn*, diviser en parts égales, ou en petites parties.

打人家的｜鎚，*Tà jên kiā tĭ* ｜ *tch'ôui*, quereller autrui sans raison.

K'OŪA

誇 *K'oūa.* Se vanter, vanterie.

｜獎自己，｜ *tsiàng tsé kì*, se vanter.

怕你｜獎不得行，*P'á gnì* ｜ *tsiàng*, *poŭ tĕ hîn*, tu as beau te vanter, vains efforts.

不要｜口(v. **嘴**, v. **張**), *Poŭ iáo* ｜ *k'eòu* (v. *tsoùi*, v. *tchāng*), il ne faut pas se vanter.

KOÙA

寡 *Koùa.* Veuve; peu, modique.

｜婦，v. **｜母子**，｜ *foú*, v. ｜ *moù tsè*, veuve.

守｜，*Cheòu* ｜, garder la viduité.

｜婦門前是非多，｜ *foú mên ts'iên ché fēi tō*, (litt.) devant la porte des veuves on médit beaucoup, c.-à-d. on soupçonne facilement la vertu des veuves.

鰥｜孤獨，*Koūan* ｜ *koū toŭ*, les veufs, les veuves, les orphelins, et ceux qui n'ont pas d'enfants.

不論多｜，*Poŭ lén tō* ｜, peu ou beaucoup, il n'importe guère.

｜不敵衆，｜ *poŭ tĭ tchóng*, le petit nombre ne saurait résister au grand nombre

打｜了，*Tà* ｜ *lò*, tout est vendu; acheter tout ce qui reste dans la boutique.

｜蛋；蛋｜了，｜ *tán*; *tán* ｜ *lò*, œuf couvi, pourri; l'œuf est couvi.

剮 *Koùa.* Écorcher, supplice des cent plaies.

｜罪，｜ *tsoúi*, crime passible du supplice des cent plaies.

｜皮，｜人，｜ *p'î*, ｜ *jên*, infliger ce supplice, écorcher un homme.

｜皮子，｜ *p'î tsè*, dépouiller un animal de sa peau.

把衣裳跟他｜下來，*Pà ī châng kēn t'ā* ｜ *hiá lâi*, enlève-lui ses habits de dessus le corps (cela se pratique souvent à l'égard des débiteurs récalcitrants).

K'OÙA

胯 v. **骻** *K'oùa.* Partie intérieure du haut des cuisses, hanche.

｜骨，｜ *koŭ*, os de la hanche.

河有一大｜水，*Hô ieòu ĭ tá* ｜ *choùi*, dans le fleuve il y a de l'eau jusqu'à la hanche.

腰 | 大, *Iāo | tá*, avoir de fortes hanches.

| | 上生得有一个瘡, *| | cháng, sēn tĕ· icòu ī kó tch'oūang*, il s'est formé un abcès aux parties secrètes.

垮 *K'oùa*. Crouler (au prop. et au fig.).

這個房子怕要 |, *Tché· kó fâng tsè p'á iáo |*, cette maison menace de crouler.

該也不得 |, *Kāi ì poŭ tĕ· |*, espérons qu'elle ne croulera pas.

| 得响, *| tĕ· hiàng*, cela s'écroule avec fracas.

漲大水 | 多少田坎, *Tchàng tá choùi | tō chaò t'iên k'àn*, l'inondation a fait crouler bien des bords de rizières.

山上崖 | 下來了, *Chān cháng gâi | hiá lâi lò*, le rocher de la montagne s'est détaché.

米價 | 下來了, *Mì kiá | hiá lâi lò*, le prix du riz est tombé considérablement.

去年 | 了好幾家舖子, *K'ú niên | lò haò kì kiā p'óu tsè*, l'année passée, bon nombre de boutiques ont croulé, c.-à-d. ont fait faillite.

背時倒灶 | 烟窗, *Péi chê taò tsáo | iēn tch'ōng*, misérable dont la cuisine se renverse, et dont la cheminée croule (se dit d'un pauvre diable qui a tous les malheurs).

KOÚA

卦 *Koúa*. Lignes horizontales, entières ou coupées, groupées d'une certaine façon. (Elles sont le fondement du plus ancien des livres canoniques chinois, du **易經**, *í Kīn;* leur usage presque exclusif est de servir à la divination.)

八 |, *Pă |*, les huit figures fondamentales faites avec ces lignes.

占 (v. 打, v. 問, v. 稟) |, *Tchān (v. tà, v. ouén, v. pìn) |*, exercer la divination au moyen de ces figures.

| 打不轉, *| tà poŭ tchouán*, ne pouvoir obtenir un bon augure avec ces lignes symboliques.

挂 *v.* **掛** *v.* **罣** *Koúa*. Suspendre, accrocher; inscrire; empêcher; regretter.

把衣裳 | 在那釘釘上, *Pà ī châng | tsái lá tīn tīn cháng*, suspends tes habits à ce clou.

釘子 | 倒衣裳, *v.* **衣裳 | 倒釘子**, *Tīn tsè | taò ī châng, v. ī châng | taò tīn tsè*, l'habit a été accroché (déchiré) par un clou.

衣裳 | 爛了, *ī châng | lán lò*, l'habit a été abîmé par un accroc.

看 | 衣裳, *K'án | ī châng*, prends garde d'accrocher (de déchirer) tes habits.

我的手 | 出血, *Gò tĭ chcòu | tch'ŏu hiĕ·*, je me suis écorché les mains jusqu'au sang.

| 像, **| 燈綵**, *| siáng, | tēn ts'ài*, suspendre des images, des lanternes et des décorations.

| 牌, **| 招牌**, **| 紅**, *| p'âi, | tchāo p'âi, | hông*. Voir *p'âi, hông*.

燒錢 | 紙, *Chāo ts'iên | tchè*, brûler du papier superstitieux (papier à sapèque), et en suspendre (aux tombeaux).

| 賬, *v.* **| 簿子**, *| tcháng, v. | poú tsè*, inscrire des comptes. *Koúa tcháng* signifie aussi faire ou obtenir crédit.

我要現錢不 | 賬, *Gò iáo hién ts'iên poŭ | tcháng*, il me faut de l'argent comptant, je ne fais pas crédit.

| 斤两, *| kīn leàng*, inscrire au compte les livres et les onces.

| 會錢, *| hoúi ts'iên*, donner sa souscription à telle ou telle société, dont le but est ordinairement superstitieux.

我 | 十吊錢, *Gò | chĕ tiáo ts'iên*, je m'inscris pour 10 ligatures.

我要 | 你一百銀子, *Gò iáo | gnì ī pĕ· în tsè*, je veux t'inscrire (t'imposer) pour 100 taëls.

你 | 在我名下, *Gnì | tsái gò mîn hiá*, inscris à mon compte.

| 名字, *| mîn tsé*, inscrire les noms; s'entend dans le sens de donner son nom pour la confession.

三年都沒有｜名字, *Sān niên toū mŏ ieòu* | *mîn tsé*, voilà trois ans qu'il ne fait plus inscrire son nom, c.-à-d. qu'il ne s'est confessé.

他把我｜住了, *T'ā pà gò* | *tchóu lò*, il m'a arrêté, il m'a empêché.

這个事有｜住, *Tché· kó sé ieòu* | *tchóu*, cette affaire peut donner des soucis, causer des dommages aux gens.

不要來｜倒我, *Poŭ iáo lâi* | *taò gò*, ne viens pas (m'accrocher) me donner de l'embarras.

並無｜碍, *Pín oû* | *gái*, il n'y a absolument aucun obstacle.

｜欠, *v.* ｜念, ｜ *k'ién, v.* | *nién*, penser assidûment, avec regret, à une personne ou à une chose absente.

長行｜在心頭(*v.* 上), *Tch'âng hîn* | *tsái sīn t'eôu* (*v. cháng*), je m'en préoccupe continuellement.

不要｜慮世上的福樂, *Poŭ iáo* | *lú ché cháng tĭ foŭ lŏ*, il ne faut pas désirer avec inquiétude le bonheur de ce monde.

褂 *Koúa*. 馬｜, *v.* 馬｜子, *v.* 馬｜兒, *v. mà* |, *v. mà* | *tsè*, *v. mà* | *eûl* (*kouéul*), pardessus court, à larges manches.

明鏡(線縐, 青布)馬｜, *Mîn kín* (*sién tsóng, ts'īn póu*) *mà* |, pardessus en drap (en soie fleurie, en toile noire).

穿皮｜子, *Tch'oūan p'î* | *tsè*, porter un pardessus fourré.

｜皮｜子, | *p'î* | *tsè*, acheter, assortir une fourrure pour pardessus.

你的皮｜子｜嗏子面子, *Gnì tĭ p'î* | *tsè* | *chá tsè mién tsè?* de quelle étoffe veux-tu couvrir ton pardessus en fourrure?

大｜子, *Tá* | *tsè* (pour *t'áo tsè*), grand pardessus de cérémonie.

汗｜子, 號｜子, *Hán* | *tsè*, *háo* | *tsè*. Voir *hán*, *háo*.

｜子船, | *tsè tch'oûan*, barque pour voyageurs, à chambres ou compartiments.

領｜子, *Lìn* | *tsè*, gilet avec col.

黃馬｜, *Houâng mà* |, surtout jaune accordé par l'empereur en récompense d'un service signalé.

K'OÚA

跨 *K'oúa*. Voyez *K'á*.

KOŬA

刮 *Koŭa*. Ratisser, racler.

把蘿蔔｜乾淨, *Pà lô póu* | *kān tsín*, racle proprement les navets.

用刀｜, *Ióng tāo* |, racler au couteau.

這个待詔｜得痛, *Tché· kó tái tcháo* | *tĕ· t'óng*, ce barbier racle à faire souffrir.

｜皮子, | *p'î tsè*, ratisser un cuir.

桌子抹不乾淨要｜過, *Tchŏ tsè mă poŭ kān tsín, iáo* | *kó*, la table, on ne peut la rendre propre en frottant, il faut la racler au couteau.

馬｜｜, *Mà* | |, étrille.

｜子, | *tsè* (*v. teòu t'áng tsè*), instrument pour niveler les grains dans le boisseau (ou pour racler les poils des porcs).

播米要｜斗, *În mì iáo* | *teòu*, il faut niveler le boisseau en mesurant le riz.

不要｜盡很, *Poŭ iáo* | *tsín hèn*, il ne faut pas niveler trop strictement.

｜平, | *p'în*, niveler.

｜灰(*v.* 漆灰), | *hoūi* (*v. ts'ĭ hoūi*), passer du mastic sur les aspérités et les fentes (d'un objet à vernir).

｜不落(*v.* 脫), *v.* ｜不下來, | *poŭ lŏ* (*v. t'ŏ*), *v.* | *poŭ hiá lâi*, ne pouvoir enlever en raclant.

｜猪毛, | *tchōu mâo*, racler les soies d'un porc saigné.

KOŬAI

乖 *Koūai*. Rusé, adroit; gentil.

｜巧, | *k'iào*, rusé.

這个娃娃｜(*v.* ｜覺), *Tché· kó oûa oûa* | (*v.* | *kiŏ*), cet enfant est gentil, intelligent.

｜｜的不要哭, | | *tĭ, poŭ iáo k'ŏu*, sois gentil, ne pleure pas.

你的狗 | 得好, *Gnì tĭ keòu* | *tĕ· hào*, ton chien est bien éduqué.

KOŬAI

拐 *Koŭai.* Tromper, engâger à suivre; coude, coin de rue; boiteux.

| 了他的婦人, | *lò t'ā tĭ fóu jên*, il lui a enlevé sa femme (et a fui avec elle).

| 販婦女, | *fán fóu nìu*, enlever par ruse des filles et des femmes, et aller les revendre ailleurs.

| 子客, | *tsè k'ĕ·*, embaucheur, séducteur.

刁 |, *v.* 勾 |, *Tiāo* |, *v. keōu* |, séduire, débaucher (quelqu'un).

螺螄 |, *v.* | 骨, *Lô sē* |, *v.* | *kŏu*, cheville du pied.

| 騙人家, | *p'ién jên kiā*, tromper adroitement les gens.

| 了帳, *v.* | 了事, *v.* | 了, | *lò tcháng, v.* | *lò sé, v.* | *lò*, il a fait une sottise et s'est fait prendre.

| 脚, *v.* | 子, | *kiŏ, v.* | *tsè*, individu qui marche difficilement, en se balançant sur les deux jambes.

| | 上, | | *cháng*, (attention) au tournant! cri des porteurs de chaise et des portefaix, pour avertir les gens de faire place, et leur permettre de tourner.

轉(*v.* 倒 *v.* 跌) |, *Tchoŭan (v. tào, v. tiĕ·)* |, tourner à l'angle d'une rue.

你對直走不要倒 |, *Gnì toúi tchĕ tseòu, poŭ iáo tào* |, marche tout droit devant toi, sans prendre de tournant.

轉不倒 |, *Tchoŭan poŭ tào* |, ne pouvoir passer (par ex. avec une chaise,) un tournant à angle trop aigu.

彎彎 | | 的路, *Oūan oūan* | | *tĭ lóu*, route pleine de sinuosités.

之字 |, *Tchē tsé* |, tournant à plusieurs angles aigus, comme le caractère 之

柺 *Koŭai.* Bâton.

| 子, | *tsè*, bâton court avec poignée horizontale, dont se servent les porteurs à dos, pour faire halte, et appuyer leur charge.

背東西離不得 | 子打拄, *Pēi tōng sī lî poŭ tĕ·* | *tsè tà tch'òu*, ceux qui portent à dos ne peuvent se passer de ce bâton, pour appuyer ce qu'ils portent.

| 杖, *v.* | 棍, | *tcháng, v.* | *koúen*, bâton de vieillard.

拄倒 | 棍, *Tch'òu tào* | *koúen*, s'appuyer sur ce bâton.

鎗 | 子彎得好, *Ts'iāng* | *tsè oūan tĕ· hào*, la crosse du fusil est bien contournée.

K'OŬAI

塊 *K'oŭai.* Morceau, particule numérale des morceaux, etc.

有八个錁子不算 | 頭, *Ieòu pă kó ìn tsè poŭ soúan* | *t'eôu*, il y a 8 globules d'argent, sans compter les morceaux (fragments de globule).

有好多 | 數, *Ieòu hào tō* | *sóu?* combien y a-t-il de morceaux?

一 | 土, 一 | 田, *ĭ* | *t'òu, ĭ* | *t'iên*, une pièce de terre, une rizière.

大小田有二十 |, *Tá siào t'iên ieòu eúl chĕ* |, rizières grandes et petites, il y en a vingt.

田大 | 好做庄稼, *T'iên tá* |, *hào tsóu tchoūang kiā*, quand les rizières sont grandes, la culture est plus facile.

打粹了不成 | 數, *Tà soúi lò, poŭ tch'ên* | *sóu*, c'est réduit en poussière, cela ne forme pas de morceaux.

| 子炭, | *tsè t'án*, charbon en gros morceaux.

吐血 | |, *T'òu hiĕ·* | |, vomir des caillots de sang.

KOÚAI

怪 *Koúai.* Extraordinaire, merveilleux, admirer; se plaindre.

| 物, | *oŭ*, monstre.

不是人定是妖 |, *Poŭ ché jên, tín ché iāo* |, si ce n'est pas un homme, c'est le diable à coup sûr.

| 事, | 事情, | *sé*, | *sé ts'în*, chose curieuse.

古 | 人, *Kòu* | *jên*, homme aux manières étranges.

這个人 | 家夥, *Tché· kó jên* | *kiā hò*, c'est un homme singulier, rusé, défiant.

| , *v.* | 了, *v.* 這纔 | (*v.* 奇 |), | , *v.* | *lò*, *v. tché· ts'ai* | (*v. k'î* |), c'est curieux! voilà qui est curieux!

說話 | 頭 | 腦的, *Chŏ houá* | *t'eôu* | *lao tĭ*, parler d'une manière étrange.

門都不關賊來偷你 | 得, *v.* | 不得, *v.* 難 | , *Mên tōu poŭ koūan, tsoûi lâi t'eōu gnì*, | *tĕ·*, *v.* | *poŭ tĕ·*, *v. lân* | , tu ne fermes pas même ta porte, si les voleurs t'ont dévalisé, il n'y a rien d'étonnant.

你不守主日難 | 天主不降福你, *Gnì poŭ chèou tchòu jĕ, lân* | *T'iēn Tchòu poŭ kiáng fŏu gnì*, tu n'observes pas le dimanche, il n'est pas étonnant que Dieu ne te bénisse pas.

難 | , *Lân* | , se dit aussi sous forme d'exclamation à la suite d'une révélation inattendue, et signifie: c'est donc cela!

不要 | 人家只 | 得自己, *Poŭ iáo* | *jên kiā, tchĕ (tchĕ)* | *tĕ· tsé kì*, il ne faut pas s'en prendre à autrui, mais uniquement à soi-même.

不要管閒事免得 | , *Poŭ iáo kouàn hiên sé, mièn tĕ· teōu* | , ne vous occupez pas des affaires d'autrui, afin d'éviter qu'on ne s'en prenne à vous.

這个事 | 不得人, *Tché· kó sé* | *poŭ tĕ· jên*, pour cette affaire, on ne peut s'en prendre à personne.

不要錯 | 人, *Poŭ iáo ts'ó* | *jên*, il ne faut pas mal à propos s'en prendre à autrui.

你不聽話後來 | 不得, *Gnì poŭ t'īn houá, heóu lâi* | *poŭ tĕ·*, tu ne veux pas entendre raison, plus tard tu ne pourras t'en prendre à personne.

K'OÚAI

快 *K'oúai*. Plaisir; rapide; tranchant.

圖肉身的 | 樂, *T'ôu jŏu chēn tĭ* | *lŏ*, désirer les plaisirs du corps.

| 活過日子, | *hŏ kó jĕ tsè*, passer agréablement son temps.

爽 | , *Chouàng* | , à l'aise, lestement.

凉 | , 勤 | , *Leâng* | , *k'în* | , frais, diligent.

| 當, *v.* | | 當當的, | *táng*, *v.* | *táng táng tĭ*, vite, rapide.

| (*v.* | 當)點來, | (*v.* | *táng*) *tièn lâi*, arrive un peu plus vite.

走得 | , *Tseòu tĕ·* | , vous avez marché vite (parole de politesse pour souhaiter la bienvenue).

走路飛 | , *Tseòu loú fēi* | , marcher très vite, comme en volant.

| 了, *v.* 要 | 了, | *lò*, *v. iáo* | *lò*, cela va vite, on touche à la fin.

| 性, | *sín*, caractère vif, nature prompte.

這個葯 | 性, *Tché· kó iŏ* | *sín*, ce remède opère vite.

這个活路 | 不得, *Tché· kó hŏ loú* | *poŭ tĕ·*, dans cet ouvrage, il ne faut pas se presser, il ne faut pas aller trop vite.

清晨八早(*v.* 清早八晨)不要放 | , *Ts'īn chên pă tsào (v. ts'īn tsào pă chên) poŭ iáo fáng* | , de grand matin, il ne faut pas parler trop vite (il faut éviter certaines paroles).

市口 | , *Ché k'eòu* | , le marché est fermé, les marchandises s'enlèvent rapidement.

米 | ,包穀又不皮, *Mì* | , *pāo koŭ ieóu poŭ p'î*, le riz se vend bien, et le maïs pas mal.

| 刀,刀 | , | *taō*, *taō* | , couteau bien tranchant, le couteau coupe bien.

刀磨不 | , *Taō mô poŭ* | , le couteau n'est pas bien aiguisé.

| 刀打荳腐两面光生, | *taō tà teóu foù leàng mién kouāng sēn*, (litt.) en coupant le fromage de haricots avec un bon couteau, des deux côtés la coupure est nette, c.-à-d. un homme habile sait contenter les deux parties.

筷 *K'oúai*. Bâtonnets (dont on se sert pour manger).

一隻丨子,一雙丨子, *ĭ tchĕ (tchĕ)* 丨 *tsè, ĭ choūang* 丨 *tsè*, un bâtonnet, une paire de bâtonnets.

刮丨子, *Koŭa* 丨 *tsè*, fabriquer des bâtonnets en bambou.

烏木丨子,牙骨丨子, *Oū mŏu* 丨 *tsè, iâ koŭ* 丨 *tsè*, bâtonnets en ébène, en ivoire.

丨籠, 丨 *lông*, panier, étui pour les bâtonnets.

抽丨子, *Tch'eōu* 丨 *tsè*, tirer des bâtonnets (de cette boîte).

拈菜要用(v. 使)丨子, *Niēn ts'ái iáo iông (v. chè)* 丨 *tsè*, pour saisir les mets, il faut se servir des bâtonnets.

KOŪAN

關 *Koūan.* Fermer; avoir rapport; défilé, douane; échéance.

丨門, 丨 *mên*, fermer la porte.

丨不攏, 丨 *poŭ lòng*, cela ne ferme pas complètement.

丨門閉戶, 丨 *mên pí foú*, portes fermées, s'enfermer strictement chez soi.

丨門家中坐禍從天上來, 丨 *mên, kiā tchōng tsó, hó ts'ông t'iēn cháng lâi*, fermez vos portes et restez à la maison, les calamités vous tomberont du ciel.

丨舖子, 丨 *p'óu tsè*, fermer boutique (au prop. et au fig.).

丨舖子不做生意, 丨 *p'óu tsè poŭ tsóu sēn í*, fermer boutique et ne plus faire le commerce.

丨野物, 丨 *iè· oŭ*, prendre des animaux sauvages avec la cage à trappe.

丨水在田裡頭, 丨 *choùi tsái t'iên ì (lì) t'eôu*, arrêter l'eau dans les rizières.

丨你甚麽事, 丨 *gnì chén mô sé?* est-ce que cela te regarde?

不丨我的事, *Poŭ* 丨 *gò tĭ sé*, cela ne me regarde pas.

這个事丨係不輕, v. 非淺, *Tché· kó sé* 丨 *hí poŭ k'in, v. fēi ts'ièn* (voir *hí*), ce n'est pas une affaire de petite conséquence.

丨口, 丨 *k'eòu*, défilé, douane.

看稅丨, *K'án choúi* 丨, garder un poste de douane.

稅丨上要躭閣一吓, *Choúi* 丨 *cháng iáo tān kŏ ĭ há*, à la douane il faut s'arrêter un moment.

賬分成三丨還清楚, *Tcháng fēn tch'ên sān* 丨 *houân ts'īn ts'òu*, répartir le remboursement d'une dette en 3 termes.

六丨會, *Loŭ* 丨 *hoúi*, société qui prête de l'argent, à condition que le remboursement (capital et intérêts) se fasse en 6 termes égaux et déterminés.

丨期, 丨 *k'ī*, jour d'échéance.

丨夫子, v. 丨帝, 丨 *foū tsè, v.* 丨 *tí*, célèbre général du temps des trois royaumes *(Sān Kouĕ·)*, devenu le dieu de la guerre.

官 *Koūan.* Magistrat, gouverner; public.

一員丨, *ĭ iuên* 丨, un mandarin.

文丨,武丨, *Ouên* 丨, *où* 丨, mandarin civil, mandarin militaire.

旗員丨, *K'î iuên* 丨, mandarin tartare.

地方丨, *Tí fāng* 丨, les mandarins du lieu.

父母丨,代印丨,署印丨, *Foú moù* 丨, *tái ín* 丨, *chóu ín* 丨. Voir *foú, ín, chóu*.

實授(v. 正印)丨, *Chĕ cheóu (v. tchén ín)* 丨, mandarin titulaire.

清丨,貪丨, *Ts'īn* 丨, *t'ān* 丨, mandarin intègre, mandarin vénal et rapace.

學丨, v. 教丨, *Hiŏ* 丨, v. *kiáo* 丨, petit mandarin préposé aux lettrés et aux études, dans une sous-préfecture.

府丨,州丨,縣丨, *Foù* 丨, *tcheōu* 丨, *hién* 丨, préfet de 1ere classe, de 2eme classe; sous-préfet.

打箭鑪是蠻漢兩丨, *Tà tsién loû ché mân hán leàng* 丨, à *Tà tsién loû* il y a un mandarin thibétain et un mandarin chinois.

做(v. 當)丨, *Tsóu (v. tāng)* 丨, être en charge de mandarin.

禀(v. 報)丨, *Pìn (v. paó)* 丨, présenter une requête ou faire une dénonciation au mandarin.

丨貶了(v. 參了, v. 革了), 丨 *pièn lò (v. ts'ān lò, v. kĕ· lò)*, le mandarin a été destitué.

僧 | , 道 | , *Sēn* | , *taó* | , chef officiel de tous les bonzes, ou des *taó sé* d'une certaine étendue de pays.

| | 相衛, | | *siāng oúi*, les mandarins se soutiennent entre eux.

| 馬大路, | *mà tá lóu*, grande route.

| 價, | *kiá*, prix fixé par le mandarin; prix très bas auquel les marchands sont obligés de vendre, quand il s'agit d'achats pour le prétoire.

堂 | , *T'áng* | , garçon de boutique à thé.

打一場 | 司, *Tà ī tch'àng* | *sē*, faire un procès.

打 | 司不要錢做鹹菜不要盐, *Tà* | *sē poŭ iáo ts'iên, tsóu hân ts'ái poŭ iáo iên*, pour faire un procès on peut se passer de sapèques, absolument comme pour faire des légumes salés on peut se passer de sel.

| 司客, *v.* | 司販子, | *sē k'ĕ*, *v.* | *sē fán tsè*, individu qui aime à faire des procès.

半邊 | 司, *Pán piēn* | *sē*, procès dans lequel une seule des deux parties a tous les frais à supporter.

| 地, | 田, | *tí*, | *t'iên*, biens communaux.

| 店, | *tién*, grande auberge.

| 盐, | 茶, | 話, | 山, | *iên*, | *tch'â*, | *hoúa*, | *chān*. Voir *iên*, *tch'â*, *hoúa*, *chān*.

四肢五 | , *Sé tchē où* | , les 4 membres et les 5 sens (du corps).

棺 *Koūan*. *v.* | 材, *v.* | 木, *v.* | *ts'âi*, *v.* | *mŏu*, cercueil.

一副 | 材, | 材舖, *ī foú* | *ts'âi*, | *ts'âi p'óu*, un cercueil, boutique à cercueils.

| 罩, *v.* 籠 | , *v.* 籠 | 罩, | *tcháo*, *v.* *lông* | , *v.* *lông* | *tcháo*, tenture disposée au-dessus du cercueil.

入 | , 合 | , *Joŭ* | , *hŏ* | , mettre le mort dans le cercueil; fermer le cercueil, ou ensevelir dans le même tombeau.

冠 *Koūan*. Bonnet.

免 | , *Mièn* | , ôter son bonnet par respect.

花 | , 茨 | , *Hoūa* | , *ts'é* | , couronne de fleurs, couronne d'épines.

| 子, 雞 | 子, 雞 | 花, | *tsè*, *kī* | *tsè*, *kī* | *hoūa*, crête d'oiseau en général; voir *kī*, *hoūa*.

觀 *Koūan*. Regarder (au pr. et au fig.).

| 看, *v.* | 照, *v.* | 顧, | *k'án*, *v.* | *tcháo*, *v.* | *kóu*, regarder avec bienveillance, soigner, s'occuper de.

| 切人家, | *ts'iĕ· jên kiā*, traiter favorablement quelqu'un.

你修房子 | 切我一吓, *Gnì sieōu fâng tsè*, | *ts'iĕ· gò ī há*, comme vous allez bâtir, traitez-moi avec faveur (donnez-moi du travail).

袖手旁 | , *Sieóu cheòu p'âng* | , (litt.) se tenir à côté, et regarder les mains dans les manches, c.-à-d. se contenter de regarder, quand il faudrait aider.

經堂要修得 | 瞻, *Kīn t'âng iáo sieōu tĕ·* | *tchān*, une église doit être bâtie d'une façon distinguée, belle à voir.

K'OŪAN

寬 *K'oūan*. Large (au pr. et au fig.).

路 | 大道, *Lóu* | *tá táo*, la route est grande, large.

看 | 窄, *K'án* | *tsĕ·*, voir si c'est large ou étroit, voir la largeur.

| 大, *v.* | 朝(*v.* 暢), *v.* | 深, | *tá*, *v.* | *tch'âo (v. tch'áng)*, *v.* | *chēn*, vaste, ample, à l'aise.

他 | 朝(*v.* 暢), *T'ā* | *tch'âo (v. tch'áng)*, il est à l'aise.

| 弘大量, | *hông tá leáng*, au cœur large, pas susceptible.

你 | 闊一吓, *Gnì* | *k'ŏ ī há*, sois plus indulgent, prends patience.

好 | 閒, *Háo* | *hiên*, aimer une oisiveté aisée.

請 | 心, *Ts'ìn* | *sīn*, mettez-vous le cœur au large, ne vous chagrinez pas.

這个字講得 | , *Tché· kó tsé kiàng tĕ·* | , ce caractère a un sens large, étendu.

神父恩 | , *Chên fóu guēn* | , le Père est très indulgent.

他走得丨, *T'ā tsòu tĕ·* 丨, il a voyagé au loin.

洋布典得丨, *Iâng póu hīn tĕ·* 丨, la toile européenne est répandue au loin.

丨恕, *v.* 丨饒, *v.* 丨讓, 丨 *chóu, v.* 丨 *jâo, v.* 丨 *jáng*, pardonner.

丨(*v.* 丨限)你四天, 丨 (*v.* 丨 *hién*) *gnì sé t'iēn*, par grâce, je t'accorde un délai de 4 jours.

請丨坐, *Ts'ìn* 丨 *tsó*, veuillez vous asseoir au salon (polit.).

請丨衣服 (*v.* 章), *Ts'ìn* 丨 *ī fǒu* (*v. tchāng*), veuillez vous mettre à l'aise en entr'ouvrant vos habits (politesse aux hôtes pendant l'été).

丨免, 丨 *mièn*, dispenser par grâce.

丨處, 丨 *tch'óu*, faites place (cri des porteurs de chaise).

KOÙAN

管 *Kouàn*. Gouverner, administrer, s'occuper de.

天主掌丨天地萬物, *T'iēn Tchòu tchàng* 丨 *t'iēn tí ouán ǒu*, Dieu gouverne le ciel, la terre, et toutes choses.

丨治百姓, 丨 *tché pĕ· sín*, gouverner le peuple.

丨事, 當丨事, 丨 *sé, tāng* 丨 *sé*, s'occuper des affaires, intendant; être intendant.

這个猫兒不丨事, *Tché· kó māo eûl poŭ* 丨 *sé*, ce chat ne s'occupe de rien (il ne prend pas les rats).

不丨事的釘子, *Poŭ* 丨 *sé tĭ tīn tsè*, clou qui ne sert à rien.

房子裡頭中柱丨事, *Fâng tsè ì t'eôu tchōng tchóu* 丨 *sé*, dans une maison, les colonnes du milieu sont importantes.

丨家, 丨 *kiā*, gouverner la famille, économe.

我不丨, 我丨不得, *Gò poŭ* 丨, *gò* 丨 *poŭ tĕ·*, je ne m'en occupe pas, je ne puis pas m'en occuper.

他的事我丨不下, *T'ā tĭ sé gò* 丨 *poŭ hiá*, je n'ai pas assez d'autorité ou de puissance pour régler ses affaires.

我的事你不要丨, *Gò tĭ sé gnì poŭ iáo* 丨, ne te mêle pas de mes affaires.

他沒得丨頭, *T'ā mŏ tĕ·* 丨 *t'eôu*, il n'a personne qui puisse le gouverner.

不錯錯了丨他的寬恕他就是, *Poŭ ts'ó, ts'ó lò,* 丨 *t'ā tĭ, k'ouān chóu t'ā tsieóu ché*, on ne peut nier qu'il n'ait eu tort, n'y faites pas attention, pardonnez-lui, et que ce soit fini.

丨他肯不肯, 丨 *t'ā k'èn poŭ k'èn*, qu'il consente ou non, peu importe, il n'y a pas à s'en occuper.

經丨, *v.* 丨理, *Kīn* 丨, *v.* 丨 *lì*, s'occuper de, régir (voir *kīn*).

不丨好歹, *Poŭ* 丨 *hào tài*, ne pas regarder si c'est bien ou mal, bon ou mauvais.

只丨聽命, *Tchè* (*tchĕ*) 丨 *t'ín mín*, tu n'as qu'à obéir.

儘丨放心, *Tsìn* 丨 *fáng sīn*, tu peux absolument être sans inquiétude.

丨案的, 丨 *gán tĭ*, chef satellite chargé des procès.

有客來要照丨吓子, *Ieòu k'ĕ· lâi iáo tcháo* 丨 *hĭ tsè*, quand il vient des hôtes, il faut t'en occuper un peu.

草房子丨不久, 只丨得一年, *Ts'ào fâng tsè* 丨 *poŭ kieòu, tchè* (*tchĕ*) 丨 *tĕ· ĭ niên*, une paillotte ne dure pas longtemps, elle ne peut durer qu'un an.

丨帶(*v.* 統丨)五百兵, 丨 *tái* (*v. t'òng* 丨) *où pĕ· pīn*, commander 500 soldats.

這个地方是那一縣丨的, *Tché· kó tí fāng ché là ĭ hién* 丨 *tĭ?* de quelle sous-préfecture dépend ce pays?

他丨齊那裡, *T'ā* 丨 *ts'î* (*kĭ*) *là lì?* jusqu'où s'étendent ses possessions?

筆丨, *Pĭ* 丨, manche de pinceau.

館 *v.* 舘 *Kouàn*. Hôtel, auberge, école, pagode.

公丨, *Kōng* 丨, hôtel de mandarin, autre que le prétoire; grande maison d'un dignitaire, ou d'une société.

扎(*v.* 打)公丨, *Tchă* (*v. tà*) *kōng* 丨, prendre logement dans un hôtel de ce genre.

飯｜，酒｜，茶｜，麵｜，｜子，*Fán* ｜, *tsieòu* ｜, *tch'â* ｜, *mién* ｜, ｜ *tsè*, boutique où l'on vend, à consommer sur place, du riz cuit, du vin, du thé, du vermicelle, des viandes.

包席｜，*Pāo sĭ* ｜, boutique qui livre sur commande des dîners à domicile.

開設醫｜，看醫｜，*K'āi chĕ ī* ｜, *k'án ī* ｜, établir une pharmacie: garder, desservir une pharmacie.

學｜，*Hiŏ* ｜, école.

陝西｜，*Chàn sī* ｜, pagode des gens du *Chàn sī*.

K'OÙAN

欵 *v.* 款 *K'oùan*. Libéral, particule numérale.

｜待，｜客，｜ *tái*, ｜ *k'ĕ*, traiter avec libéralité, traiter des hôtes.

經堂擺得｜式，*Kīn t'âng pài tĕ* ｜ *ché*, l'oratoire est orné avec pompe.

人窮｜式在，*Jên k'iông* ｜ *ché tsái*, un riche a beau s'appauvrir, il lui reste des habitudes de luxe.

和約第十三｜准天主教，*Hô iŏ tí chĕ sān* ｜ *tchoùen T'iēn Tchòu kiáo*, l'article 13 du traité autorise la Religion chrétienne.

一｜事，*ĭ* ｜ *sé*, une affaire.

｜嘴的人，*v.* ｜天｜地，*v.* ｜文｜武，｜ *tsoùi tĭ jên*, *v.* ｜ *t'iēn* ｜ *tí*, *v.* ｜ *oûen* ｜ *où*, vantard qui prétend connaître tout, savoir tout faire.

撖 *K'oùan*. Heurter, obstacle, empêcher.

我把手｜倒了，*Gò pà chcòu* ｜ *tào lò*, je me suis écorché la main (en heurtant contre un obstacle).

把這个人來｜倒，*Pà tché kó jên lâi* ｜ *tào*, arrête cet homme, empêche-le de s'en aller.

門打不開門閂子｜倒在，*Mên tà poŭ k'āi, mên p'ĭĕ tsè* ｜ *tào tsái*, on ne peut pas ouvrir la porte, le verrou est poussé à l'intérieur.

｜起了，｜ *k'ì lò*, il y a un obstacle, c'est arrêté par un obstacle.

KOÚAN

貫 *Koúan*. Enfiler, communiquer.

｜錢，｜ *ts'iên*, enfiler des sapèques en ligatures.

一｜錢，*ĭ* ｜ *ts'iên*, un compte de sapèques (ce compte se fait dans les boutiques tous les soirs, ou tous les 5 jours, alors on enfile les sapèques reçues).

做大生意天天都要｜錢，*Tsóu tá sēn í t'iēn t'iēn tōu iáo* ｜ *ts'iên*, dans le grand commerce, il faut chaque jour compter les sapèques et les enfiler.

｜通，*v.* ｜透，｜ *t'ōng*, *v.* ｜ *t'eóu*, être en communication.

他們幾个都是｜通的，*T'ā mên kì kó tōu ché* ｜ *t'ōng tĭ*, ces quelques individus sont d'intelligence entre eux (pour faire de mauvais coups).

｜串，｜ *tch'oúan*, choses enfilées ou attachées l'une à l'autre.

瘡｜了，*Tch'oūang* ｜ *lò*, la plaie s'est compliquée d'inflammation, de suppuration.

慣 *Koúan*. S'habituer, accoutumé.

｜習，｜ *sĭ*, accoutumé.

｜習的毛病，｜ *sĭ tĭ mâo pín*, (litt.) maladie habituelle: péché d'habitude.

冷水我喫｜了不得壞事，*Lèn choùi gò tch'ĕ* ｜ *lò, poŭ tĕ houái sé*, je suis habitué à boire de l'eau froide, cela ne peut me nuire.

這个地方我丌｜了的 (*v.* 丌不｜)，*Tché kó tĭ fāng gò k'ôu* ｜ *lò tĭ* (*v. k'ôu poŭ* ｜), je suis habitué à ce pays (ou bien, je ne puis m'y habituer).

攪｜了，*Kaò* (*v. kiào*) ｜ *lò*, il y est habitué, c'est son habitude.

我們両个是攪｜了的，*Gò mên leàng kó ché kaò* ｜ *lò tĭ*, nous sommes habitués l'un à l'autre.

易得｜，*í tĕ* ｜, on s'habitue facilement.

父母把他 | 勢了, *Foú moù pà t'a | ché lò*, ses parents l'ont gâté.

灌 *Koúan*. Arroser, verser.

| 水在他額頭上, | *choùi tsái t'a guĕ· t'eôu cháng*, verser de l'eau sur son front (pour le baptiser).

| 滿一罐酒, | *màn ĭ koúan tsieòu*, remplir une cruche de vin.

| 葯, | 酒, | *iŏ*, | *tsieòu*, faire avaler de force des médecines, du vin.

| 猪牲知的葯不好 |, | *tchōu sēn k'eòu tĭ iŏ poŭ haò* |, faire avaler des remèdes aux porcs, aux bêtes de somme, n'est pas facile.

不肯吃要 | 你, *Poŭ k'èn tch'ĕ, iáo | gnì*, si tu ne veux pas boire, je te ferai boire de force.

罐 *Koúan*. Cruche, cruchon en terre cuite.

罈罈 | |, *T'ân t'ān* | |, grosses jarres et cruchons en terre.

酒 |, 油 |, v. 装酒, 装油的 | |, *Tsieòu* |, *ieôu* |, v. *tchoūang tsieòu*, *tchoūang ieôu tĭ* | |, cruchon à vin, à huile.

滿滿一 |, *Màn màn ĭ* |, un cruchon bien plein.

早點買油遲一吓來 |, *Tsào tièn mài ieôu, tch'ê ĭ há lāi* |, on achete l'huile de bonne heure, on se la fait livrer (mesurée à la cruche de 10 livres) un peu plus tard (quand elle est bien clarifiée).

窰 | 廠, *Iáo* | *tch'àng*, magasin de poterie, fabrique de poterie.

鸛 *Koúan*. v. 老 |, v. *Laò* |, cigogne.

KOŪANG

光 *Koūang*. Brillant, net; nu.

太陽之 | 透進玻璃而不損之, *T'ái iáng tchē* | *t'eóu tsín pō lî eûl poŭ sèn tchē*, les rayons du soleil traversent le verre sans l'endommager.

聖母發 |, *Chén mòu fă* |, la Ste Vierge émet des rayons lumineux (médaille miraculeuse).

背 |, *Péi* |, réflecteur.

| 亮, v. | 明, | *leáng*, v. | *mîn*, lumière éclatante.

聖神 | 照我們的心, *Chén chên* | *tcháo gò mên tĭ sīn*, le S^t^. Esprit éclaire notre cœur.

榮 |, v. | 榮, | 景, *Iûn* |, v. | *iûn*, | *kìn*. Voir *iûn*, *kìn*.

| 陰似箭日月如梭, | *īn sé tsién jĕ iuĕ· joû sō*, le temps passe avec la rapidité de la flèche, les jours et les mois courent comme la navette du tisserand.

寸金難買寸 | 陰, *Ts'én kīn lân mài ts'én* | *īn*, (litt.) avec un pouce d'or on achète difficilement un pouce de temps: le temps ne peut s'acheter, même au poids de l'or.

我沾你的 |, *Gò tchān gnì tĭ* |, je tire avantage de toi, tu me favorises.

| 生, v. | | 生生的, | *sēn*, v. | | *sēn sēn tĭ*, net, bien uni (au prop. et au fig.).

我臉上都不 | 生, *Gò lièn cháng tōu poŭ* | *sēn*, (litt.) je n'ai pas la figure bien nette: j'ai un peu de confusion.

穿得 | 生, *Tch'oūan tĕ·* | *sēn*, il est habillé proprement.

做得 | 生, *Tsóu tĕ·* | *sēn*, c'est un ouvrage bien fait.

紅 | 滿面, *Hông* | *màn mién*, la figure tout illuminée, une figure de prospérité.

打 | 腦膝, 打 | 脚板, *Tà* | *laò k'ŏ*, *tà* | *kiŏ pàn*, aller tête nue, pieds nus.

| 董董, | *tòng tòng*, le haut du corps nu jusqu'à la ceinture.

| 叉叉, v. | 跳跳, v. | 林林, | *tch'a tch'a*, v. | *t'iào t'iào*, v. | *līn līn*, tout le corps nu.

他的腦膝是 | 塔嗒的, *T'a tĭ laò k'ŏ ché* | *t'ă t'a tĭ*, il a la tête chauve.

山都砍 | 了, *Chān tōu k'àn* | *lò*, à force de couper les arbres, la montagne est toute dénudée.

| 架架, | 板板, | *kiá kiá*, | *pàn pàn*, carcasse, planche nue.

大家弄得一个淨 |, *Tá kiā lóng tĕ· ĭ kó tsín* |, en arriver tous à n'avoir plus rien du tout.

| 是曉得喫飯不曉得做活路, | *ché hiào tĕ· tch'ĕ fán, poŭ hiào tĕ· tsóu hŏ loú*, il ne sait que manger, et il ne sait pas travailler.

| 是我一个兒, | *ché gò ĭ kó eûl (keûl)*, il n'y a que moi seul.

老 |, 少 |, 通 | 鏡子, *Laò* |, *cháo* |, *t'ōng* | *kín tsè.* Voyez *kín.*

K'OŪANG

誆 *K'ouang.* | 娃娃, | *oûa oūa*, dorloter les enfants.

K'OÛANG

狂 *K'oûang.* Sot, faire des folies.

發 |, *Fă* |, faire des folies, s'amuser, folâtrer.

誏(*v.* 張) |, *v.* 輕 |, *Tchāng* |, *v. k'īn* |, se vanter follement, se montrer d'une légèreté excessive dans sa conduite.

| 笑, | *siáo*, rire follement.

說話癲 |, *Chŏ hoúa tiēn* |, parler en fou.

癲 | 起來了, *Tiēn* | *k'ì lâi lò*, le voilà qui fait des folies.

這匹馬愛 |, *Tché· p'ĭ (p'ì) mà gái* |, ce cheval aime à danser.

KOÙANG

廣 *Koùang.* Grand, vaste.

這一家人銀錢 |, *Tché· ĭ kiā jên în ts'iên* |, cette famille est riche.

两 | 就是 | 東 | 西, *Leàng* |, *tsieóu ché* | *tōng* | *sī*, par les deux *Koùang*, on entend la province du *Koùang tōng* (Canton) et celle du *Koùang sī.*

| 東人, | 東話, | *tōng jên*, | *tōng hoúa*, gens de Canton, langage de Canton.

湖 |, *Foû* |, le *Foû lân* et le *Foû pĕ·* réunis.

下 |, *v.* 走 |, *v.* 打 |, *Hiá* |, *v. tseòu* |, *v. tà* |, aller du *Sutchuen* au *Foû koùang.*

| 貨, | 布, | *hó*, | *poú*, marchandises, toiles cantonnaises, ou du *Foû koùang.*

逛 *Koùang (v. Koúang, v. Káng.) v.* 閒 |, *v.* | 耍, *v. Hiên* |, *v.* | *choùa*, flâner, se promener.

到處去 |, *Táo tch'óu k'ú* |, flâner de côté et d'autre.

| 一轉, *v.* | 一 |, | *ĭ tchouán, v.* | *ĭ* |, faire un tour.

不要張 | 李 | 的, *Poŭ iáo Tchāng* | *Lì* | *tĭ*, ne sois pas toujours à flâner, à bavarder chez celui-ci (dans la famille *Tchāng*), chez celui-là (dans la famille *Lì*); pas tant d'équivoques, de subterfuges!

KOÚANG

穬 *Koúang.* Brillant.

| 油, | *ieôu*, huile siccative, préparée pour le vernissage.

| 過一道, 两道, | *kó ĭ táo, leàng táo*, on a passé une couche, deux couches de cette huile à vernir.

抹 | (*v.* | 油), *Mò (mŏ)* | (*v.* | *ieôu*), étendre ce vernis en frottant.

| 油熬嫩了不發(*v.* 放)亮, | *ieôu gâo lén lò poŭ fă (v. fáng) leáng*, le vernis pas assez cuit ne donne pas de brillant.

熬 | 油要拿倒火色, *Gâo* | *ieôu iáo lâ taò hò sĕ·*, pour bien cuire le vernis, il faut saisir le degré de cuisson voulu.

纔打底子還沒有放 |, *Ts'âi tà tì tsè hoûan mô ieòu fáng* |, on vient de passer les couches préparatoires, on n'a pas encore mis le vernis brillant.

K'OÚANG

壙 *v.* 曠 *K'oúang.* Vide.

| 野, | *iè·*, désert.

耶穌在 | 野守了齋, *Iê· sōu tsái* | *iè· cheòu lò tchāi*, Jésus a jeûné dans le désert.

况 *K'oúang.* (style relevé.)

| 且, *v.* 何 |, | *ts'iè· v. hô* |, à plus forte raison, d'autant plus.

| 且這个事我都淘了神, | *ts'iè tché kó sé gò tōu t'ào lò chên*, d'autant plus que je me suis donné beaucoup de peine pour cette affaire.

某人的景 | 何如, *Mòng jên tī kìn | hô jôu?* comment vont les affaires d'un tel?

KOUĚ

國 *Kouĕ (v. Kŏ)*. Royaume.

中華 |, v. 中 |, *Tchōng houa* |, v. *Tchōng* |, la Chine.

法 |, 英 |, *Fă* |, *īn* |, la France, l'Angleterre.

西 |, *Sī* |, royaume d'Occident: nom commun donné à tous les royaumes d'Europe.

天 |, *T'iēn* |, le royaume du ciel.

天下萬 |, *T'iēn hiá ouán* |, tous les royaumes du monde.

列 |, 三 |, *Liĕ* |, *sān* |, époques de l'histoire de la Chine; le temps de la féodalité (770 à 225 av. J.-C.); le temps des trois royaumes (221 à 265 ap. J.-C.).

| 亂思艮臣, | *loúan sē leâng tch'ên*, quand le royaume est troublé, on désire un bon ministre.

| 家的事, | *kiā tī sé*, les affaires du gouvernement, la politique.

K'OŬEN

昆 *K'oūen (v. Kouēn)*. Aîné.

| 玉幾位, v. 賢 | 仲幾位, | *iú kì oúi*, v. *hiên* | *tchóng kì oúi?* combien êtes-vous de frères? R. 愚兄弟三人, *Iû hiōng tí sān jên*, nous sommes trois frères (style relevé).

崐 *K'oūen (v. Kouēn)*. | 崘, | *lên*, grande chaîne de montagnes du Turkestan.

K'OŬEN

渾 *K'oūen (v. houên)*. Entier.

| 身, | *chēn*, tout le corps, le corps entier.

死得苦到底得了一个 | 屍, *Sè tĕ k'òu, táo tì tĕ lò ĭ kó | chē*, il est mort en souffrant beaucoup, cependant il s'en est tiré avec le corps entier (il n'a pas eu la tête coupée, grande consolation pour un Chinois).

燒 | 猪, | 雞, *Chāo* | *tchōu*, | *kī*, rôtir un porc entier, une poule entière.

| 呑, | *t'ēn*, avaler en bloc, sans diviser (au pr. et au fig.).

KOÙEN

滾 *Kouèn*. Bouillant, très chaud.

燒 | 水, | 茶, *Chāo* | *choùi*, v. | *tch'â*, faire bouillir de l'eau (ou bien du thé).

拿 | 水來湯衣裳, *Lâ* | *choùi lâi t'áng ī châng*, apporte de l'eau très chaude pour y tremper les habits.

晒 | 了, *Chái* | *lò*, chauffé fortement par le soleil.

緋 | 的, *Fēi* | *tī*, très chaud, brûlant.

輥 v. 滾, *Kouèn*. Roue, rouler (au pr. et au fig.).

車 | 子, *Tch'ē* | *tsè*, roue de char.

餹 | 子, *T'âng* | *tsè*, grand cylindre cannelé en pierre, pour broyer la canne à sucre.

| 砣, | *t'ô*, gros cylindre à fouler.

這个狗會打 |, *Tché kó kèou hoúi tà* |, ce chien est dressé à se rouler sur lui-même.

| 在泥巴頭, | *tsái gnî pā t'eôu*, rouler dans la boue.

石頭 | 下來了, *Chĕ t'eôu* | *hiá lâi lò*, une pierre a dégringolé.

|, v. | 你的, |, v. | *gnì tī*, (expression de mépris) va te coucher! va te promener!

牛要 | 水, *Nieôu iáo* | *choùi*, le buffle a besoin de se baigner.

牛 | 宕, *Nieôu* | *táng*, mare pour baigner le buffle.

賣肉和身 |, *Mái jôu hô chēn* |, vendre la viande avec les os, les tripes, etc.

我到處都 | 過, *Gò táo tch'óu toū* | *kó*, j'ai roulé un peu partout.

跟倒 | , *Kēn tào* | , (litt.) rouler avec les autres, faire chorus avec eux.

你跟倒他 | , *Gnì kēn taò t'ā* | , va avec lui, parle comme lui.

媒 | 子, *Mêi* | *tsè*, sobriquet donné aux entremetteurs de mariage.

打 | 龍, *Tà* | *lông*, (litt.) faire le dragon roulant: individu qui ne vit que d'escroqueries, habile à pêcher en eau trouble.

裩 *Kouen.* | 身子, | *chēn tsè*, veste avec manches étroites.

嵌 | , *K'ān* | , coudre des galons aux habits.

| 袖子 (領), | *sieóu tsè (lìn)*, coudre des galons aux manches (au col).

K'OÙEN

捆 *v.* 綑 *K'ouen.* Lier, particule numérale de ce qui est lié en botte.

一 | 柴, 一 | 烟, *ī* | *tch'âi*, *ī* | *iēn*, un fagot, un paquet de tabac (10 livres au moins).

| 住一吓, | *tchoú ī há*, lier ensemble.

房子家具 | (*v.* 滾) 住一吓, *Fâng tsè kiā kú* | (*v. kouèn*) *tchoú ī há*, la maison et les meubles tout compris.

拿强盜 | 倒送官, *Lâ k'iâng táo* | *taò sóng kouan*, prendre un voleur et le conduire lié au mandarin.

| 得緊 (*v.* 鬆), | *tĕ kìn* (*v. sōng*), c'est lié serré (ou bien lâche).

| 綁, | *pàng*, lier un homme avec des cordes.

布 | 子, 紙 | 子, 葯 | 子, *Poú* | *tsè*, *tchè* | *tsè*, *iŏ* | *tsè*, ballot de toile, de papier, médecines roulées en ballot.

閫 *K'òuen.* 都 | , *Toū* | , titre d'un chef de bataillon (*Toū sē*).

閨 | , *Kouī* | , appartement des femmes, fille non mariée.

KOÚEN

棍 *Kouen. v.* | 子, *v.* | | , *v.* | | 棒棒, *v.* | *tsè*, *v.* | | , *v.* | | *páng páng*, bâton.

拄路 | , *Tch'òu loú* | , bâton de voyage.

拿 | 子拄路,邀狗, *Lâ* | *tsè tch'òu loú*, *iāo keoù*, prendre un bâton pour s'appuyer, pour chasser les chiens.

訟 | , *Sóng* | , (litt.) bâton de proces; instigateur de procès.

官恨那訟 | 的, *Kouān hén lá sóng* | *tī*, le mandarin déteste les instigateurs de procès.

光 | , *v.* 痞 | , *Kouāng* | , *v. p'ì* | , fripon, mauvais drôle.

黑眼光 | , *Hĕ ièn kouāng* | , fripon illettré, mais habile dans les procès.

K'OÚEN

困 *K'oúen.* Las, fatigué, misérable; (pop.) se coucher, être couché.

| 苦, | 窮, | *k'òu*, | *k'iông*, misère, pauvreté.

打 | 了, *Tà* | *lò*, il a été battu, à en rester couché par terre.

我去 | 一吓, *Gò k'ú* | *ī há*, je vais me coucher un instant.

我害病 | 了幾天, *Gò hái pín* | *lò kì t'iēn*, j'ai été alité plusieurs jours.

| 着了, | *tch'ŏ lò*, être endormi.

酒餅子 | 倒放不要立起, *Tsieòu p'in tsè* | *tào fáng*, *poŭ iáo lĭ k'ì*, pose les bouteilles de vin couchées, et non debout.

KOŪI

歸 *Kouī.* Se diriger vers, appartenir à, réunir, retourner.

天主是我們的 | 向, *T'iēn Tchòu ché gò mên tī* | *hiáng*, Dieu est notre fin.

河漲水還沒有 | 漕, *Hô tchàng choùi houân mŏ ieòu* | *ts'âo*, le fleuve a débordé, et n'est pas encore rentré dans son lit.

| 攏一處, | *lòng ī tch'óu*, réunir en un seul lieu.

| 除, | *tch'ôu*, la division (arithmétique).

南溪縣 | 叙府管, *Lân k'ī hién* | *Sú fòu kouàn*, la sous-préfecture de *Lân-k'ī* dépend de la préfecture de *Sú-fòu*.

沒事早 | 家, *Mŏ sé tsào | kiā*, quand on n'a rien à faire on rentre chez soi.

撿的偷的一概要 | 原主, *Kièn tĭ t'eōu tĭ, ĭ k'ái iáo | iuên tchòu*, les objets trouvés ou volés doivent retourner à leur premier maître.

賬要早點 | 還, *Tcháng iáo tsào tièn | houân*, il faut payer ses dettes de bonne heure.

罪 | 于你, *Tsoúi | iû gnì*, le péché retombe sur toi.

龜 v. **亀** *Koūi.* v. **烏 |**, v. *oū |*, tortue.

烏 | 殼殼, **| 膠**, *Oū | k'ŏ k'ŏ, | kiāo.* Voir *K'ŏ, Kiāo.*

| 板, *| pàn*, écaille inférieure de la tortue.

| 子, *| tsè*, œuf de tortue. (Employé comme malédiction, ce mot signifie: mari trop complaisant, ou bien bâtard.)

| 兒, v. **| 兒子**, *| eûl*, v. *| eûl tsè*, (malédiction) bâtard.

閨 *Koūi.* Appartement des femmes.

| 女, v. **| 閫**, *| niù*, v. *| k'ouèn*, fille adulte non encore mariée.

規 *Koūi.* Compas, règle (au propr. et au fig.).

| 矩, *| kù*, (litt.) le compas et l'équerre: règle de mœurs, règlement.

要立(v. **定** v. **興**)**一个 | 矩**, *Iáo lĭ (v. tín v. hīn) ĭ kó | kù*, il faut établir une règle.

念經辦功只想滿一个 | 矩, *Nién kīn pán kōng tchè (tchĕ) siàng màn ĭ kó | kù*, prier, se confesser par pure formalité.

好教友守 | 誡, *Hào kiáo ieòu chèou | kiái*, les bons chrétiens observent les commandements.

學堂頭的 | 矩很, *Hiŏ t'âng t'eôu tĭ | kù hèn*, la règle de l'école est sévère.

聖會四 | (v. **定 |**), *Chén houí sé |*, (*v. tín |*), les 4 commandements de l'Eglise.

滿了四 | 的教友, *Màn lò sé | tĭ kiáo ieòu*, chrétien qui a observé les 4 commandements de l'Eglise (qui a fait ses Pâques).

壞(v. **犯**) **| 矩**, *Hoúai (v. fán) | kù*, transgresser les règles.

這个人沒得 | 矩, *Tché kó jên mŏ tĕ | kù*, cet homme n'a pas de règle, de tenue.

| 條, v. **條 |**, *| t'iâo*, v. *t'iâo |*, articles d'un règlement.

沒得 | 欄關不倒猪, *Mŏ tĕ | lân, kouān pŏu tào tchōu*, sans enclos, pas moyen de tenir les porcs.

說不 | 一, *Chŏ pŏu | ĭ*, ne pouvoir accorder une affaire, terminer une dispute.

這个活路做得 | 一, *Tché kó hŏ lóu tsóu tĕ | ĭ*, cet ouvrage est bien fait.

K'OŪI

虧 *K'oūi.* Manque, dommage, nuire.

| 缺, *| k'uĕ*, manque, tort.

求天主補我的 | 缺, *K'ieôu T'iēn Tchòu pòu gò tĭ | k'uĕ*, je prie Dieu de suppléer à ce qui me manque.

我 | 空了, *Gò | k'óng lò*, je suis en déficit, j'ai dissipé l'argent d'autrui.

我 | 空他両百銀子, *Gò | k'óng t'ā leàng pĕ în tsè*, je lui redois 200 taëls.

修房子木匠 | 空了, *Sieōu fâng tsè mŏu tsiáng | k'óng lò*, en bâtissant cette maison, le menuisier a trop dépensé.

吃多大的 |, *Tch'ĕ tō tá tĭ |*, subir un grand dommage.

我吃了他的 | 不少, *Gò tch'ĕ lò t'ā tĭ | pŏu chào*, j'ai eu à subir bien des dommages de sa part.

這宗病大 | 人, *Tché tsōng pín tá | jên*, ces sortes de maladies affaiblissent beaucoup.

這回不但 | 錢 | 銀子人都要吃 |, *Tché houî pŏu tán | ts'iên, | în tsè, jên tōu iáo tch'ĕ |*, cette fois-ci, non-seulement ses sapèques et son argent en pâtiront, sa peau aussi en pâtira.

華西官話漢法詞典

鏡子不好 | 眼睛, *Kín tsè poŭ hào | ièn tsīn*, les mauvaises lunettes font mal aux yeux.

鞋子小 | 脚, *Hâi tsè siào | kiŏ*, les souliers trop petits font mal aux pieds.

| 你自己說出來, | *gnì tsé kì chŏ tch'ŏu lâi*, tu as pris la peine de le dire toi-même (se dit, par ex. à celui qui par mégarde aura dit quelque chose à son désavantage).

平生不作 | 心事夜半敲門心不驚, *P'în sēn poŭ tsŏ | sīn sé, iě pán k'āo mên sīn poŭ kīn*, ne blessez jamais votre conscience, et vous n'aurez pas peur, si, à minuit, on vient frapper à votre porte.

盔 *K'oūi*. Casque.

戴 | 甲, *Tái | kiă*, porter casque et cuirasse.

沙 |, *Chā |*, petit mortier à piler.

魁 *K'oūi*. Premier, qui tient le premier rang.

文 |, 武 |, *Ouên |, où |*, licencié ès lettres, ès armes.

煙 |, *Iēn |*. opium de 1ère qualité (enseigne des boutiques à opium).

| 星閣, | *sīn kŏ*, pavillon de l'idole *K'oūi sīn*, à laquelle se recommandent les candidats aux examens.

頭 |, *T'eôu |*, première grandeur (pour les chapeaux).

KOÙI

鬼 *Koùi*. Diable, génie, mânes.

| 神, | *chên*, les esprits en général.

魔 |, v. | 魔, *Mô |*, v. | *mô*, le diable.

你撞了 |, *Gnì tch'ouàng (v. tch'ouáng) lò |*, tu as rencontré le diable (se dit à quelqu'un qui a fait une bévue, ou qui n'entend pas raison).

着 (*v. tchâo*) 了 | 打, *Tchŏ (v. tchâo) lò | tà*, il a été rossé par le diable (se dit de celui qui, ayant cherché querelle, s'est fait battre).

剮 (*v.* 脫 *v.* 剝) | 皮, *Kouà (v. t'ŏ v. pŏ) | p'î*, dépouiller un cadavre.

生是你家人死是你家 |, *Sēn ché gnì kiā jên, sè ché gnì kiā |*, vivante ou morte (il s'agit ordinairement des brus), elle appartient à ta famille.

倒路 |, *Táo lóu |*, lutin qui égare les gens.

| 叫喚, | *kiáo hoúan*, le diable crie (payen).

收 |, 送 |, 跟 |, *Cheōu |, sóng |, niên |*, ramasser, éconduire, chasser le diable (opération des sorciers).

驅魔 | 離人身, *K'ū mô | lî jên chēn*, chasser le diable du corps d'un possédé.

| 來找他, | *lâi tchào t'ā*, le diable vient l'obséder.

| 把他迷倒了, | *pà t'ā mî tào lò*, le diable l'a aveuglé.

拿跟 | 買死的, *Lâ kēn | mài sè tĭ*, il est vendu au diable.

這是 | 事, v. | 過場, *Tché ché | sé*, v. | *kó tch'âng*, c'est une affaire diabolique.

這个房子出 |, *Tché kó fâng tsè tch'ŏu |*, cette maison est hantée.

| 臉殼, | *lièn k'ŏ*, masque en carton.

| 登鵬, | *tēn kō*, (pop.) hibou.

詭 *Koùi*. Rusé, trompeur.

| 計, | *kí*, ruse (voir *Kí*).

| 取銀財, | *ts'ù în ts'âi*, s'emparer par ruse du bien d'autrui.

| 詐 (*v.* 道) 的人, | *tchá (v. táo) tĭ jên*, homme rusé, perfide, trompeur.

晷 *Koùi (v. koūi)*. Ombre du soleil.

日 |, *Jĕ |*, cadran solaire.

畫一个日 |, *Hoúa ĭ kó jĕ |*, tracer un cadran.

KOÚI

桂 *Koúi*. Cannellier.

| 皮, 肉 |, 安 |, | *p'î, joŭ |, gān |*, cannelle de Chine, de Ceylan, de Cochinchine.

瑰 *Koúi.* **玫｜**, *v.* **玫｜花**, *Mêi* ｜, *v.* *mêi* ｜ *houā*, rose.

玫｜經, 玫｜珠子, *Mêi* ｜ *kīn*, *mêi* ｜ *tchōu tsè*, prières du Rosaire, chapelet indulgencié.

跪 *Koúi.* S'agenouiller.

打｜, *v.* **下｜**, *Tà* ｜, *v.* *hiá* ｜, faire une génuflexion d'un certain genre (à la manière des soldats).

｜倒, ｜ *taò*, se mettre à genoux.

｜在天主台前, ｜ *tsái T'iēn Tchòu t'âi ts'iên*, s'agenouiller en présence de Dieu.

｜凳, ｜ *tén*, banc pour s'agenouiller.

經堂｜滿了, *Kīn t'âng* ｜ *màn lò*, l'oratoire est plein de monde (agenouillé).

胞膝頭｜痛了, *K'ĕ· sĭ t'eôu* ｜ *t'óng lò*, j'ai mal aux genoux (à force) de rester agenouillé.

｜膝禮, ｜ *sĭ lì*, somme payée à quelqu'un ayant aidé dans un procès, pour la peine qu'il a eue de rester à genoux devant le mandarin.

｜不下去, ｜ *poŭ hiá k'ú*, ne pouvoir se mettre à genoux.

｜拜, ｜稟(*v.* **叩**), ｜ *pái*, ｜ *pìn* (*v. k'eòu*), saluer à genoux, prendre les ordres de quelqu'un à genoux.

貴 *Koúi.* Noble, illustre, cher, estimer. (S'emploie souvent par politesse en parlant de choses ayant rapport à l'interlocuteur, dans le sens de *votre*; s'emploie aussi dans le sens de Monsieur.)

｜教, ｜國, ｜府, ｜ *kiáo*, ｜ *kouĕ·*, ｜ *foù*, votre religion, votre royaume, votre ville.

｜縣, ｜府, ｜ *hién*, ｜ *foù*, Monsieur le Sous-Préfet, Mr. le Préfet (en s'adressant à eux).

｜物, ｜東西, ｜ *oŭ*, ｜ *tōng sī*, choses précieuses, chères.

富｜, ｜客, *Foú* ｜, ｜ *k'ĕ·*, riche, hôte illustre.

在天主台前不分｜賤, *Tsái T'iēn Tchòu t'âi t'siên poŭ fēn* ｜ *tsién*, devant Dieu, il n'y a pas de distinction entre nobles et gens du peuple.

喜得好遇倒｜人, *Hì tĕ· hào iú taò* ｜ *jên*, par bonheur j'ai rencontré un homme de bien.

天下萬物靈魂爲｜, *T'iēn hiá ouán oŭ lîn houên ouî* ｜, de tout ce qu'il y a sous le ciel, c'est l'âme qui a le plus de prix.

你不曉得｜重天主的恩, *Gnì poŭ hiào tĕ·* ｜ *tchóng T'iēn Tchòu tĭ guēn*, tu ne sais pas apprécier les bienfaits de Dieu.

聖體是最尊｜的, *Chén t'ì ché tsú tsēn* ｜ *tĭ*, l'Eucharistie est ce qu'il y a de plus excellent.

買得｜, *v.* **買｜了**, *Mài tĕ·* ｜, *v.* *mài* ｜ *lò*, c'est acheté trop cher.

金｜, *v.* **乾｜**, *Kīn* ｜, *v.* *kān* ｜, très cher.

不得｜, *Poŭ tĕ·* ｜, cela ne peut enchérir, ce n'est pas trop cher.

米｜起來了, *Mì* ｜ *k'ì lâi lò*, le riz a enchéri.

不爲｜, *v.* **不甚｜**, *Poŭ ouî* ｜, *v.* *poŭ chén* ｜, ce n'est pas très cher.

算來投｜了, *Souán lâi t'eôu* ｜ *lò*, tout compte fait, cela revient cher.

當家纔知鹽米｜, *Tāng kiā ts'âi tchē iên mì* ｜, il faut être l'économe, pour savoir que le sel et le riz reviennent cher.

｜州省, ｜ *tcheōu sèn*, province du *Koúi-tcheōu*.

櫃 *Koúi.* Comptoir, armoire, buffet.

｜台, ｜ *t'âi*, comptoir donnant sur la rue, où l'on étale les marchandises.

欄身｜, *Lân chēn* ｜, autre comptoir rentrant dans la boutique, à angle droit avec le premier.

｜房, ｜ *fâng*, l'espace séparé du reste de la boutique par les deux comptoirs et par un grillage avec porte.

掌｜先生, *Tchàng* ｜ *siēn sēn*, principal commis d'une boutique, caissier.

| 子, v. 平 |, | tsè, v. p'în |, meuble ressemblant à une grosse malle, et servant d'armoire.

立 |, v. 衣 |, Lĭ |, v. ī |, armoire proprement dite, armoire pour les habits.

書 |, Chōu |, bibliothèque.

銀 |, 鐵 |, în |, t'iĕ |, coffre pour l'argent, coffre-fort en fer.

桌椅板凳床鋪 | 子都賣盡了, Tchŏ ì pàn tén tch'oûang p'ōu (v. p'óu) | tsè | tōu mái tsín lò, tables, chaises, bancs, lits, armoires, il a tout vendu.

裝 (v. 收) 在 | 子頭, Tchoūang (v. cheōu) tsái | tsè t'eôu, serrer dans l'armoire.

打羅 |, Tà lô |, mettre en mouvement le crible à farine, renfermé dans une espece d'armoire.

K'OÚI

愧 K'oúi (koúi). Honte, pudeur.

羞 |, v. 慚 |, v. 面 |, Sieōu |, v. ts'ân |, v. mién |, rougir de honte, être couvert de confusion.

自卑自 |, Tsé pēi tsé |, s'humilier et être confus.

KŪ

居 Kū. Habiter, s'arrêter, demeurer, être.

坐 |; 華 |, v. 寶 |, Tsó |; hoûa |, v. pào |, habitation; votre habitation (polit.).

你在那裡 | 住, Gnì tsái là lì | tchóu? où demeurez-vous?

我沒得 | 處, Gò mŏ tĕ | tch'óu, je n'ai pas d'habitation.

兩弟兄分 |, Leàng tí hiōng fēn |, les deux frères habitent séparément.

貧 | 鬧市無人問富在深山有遠親, P'în | láo ché oû jên ouén, foú tsái chēn chān ieòu iuèn ts'īn, le pauvre est délaissé au milieu de la foule: le riche, même sur une montagne retirée, est recherché de parents éloignés.

| 士, | sé, nom donné aux pèlerins bouddhistes, hommes ou femmes.

| 喪, | sāng, être en deuil.

| 意 (v. | 心) 守齋, | í (v. | sīn) cheòu tchāi, former le dessein de jeûner.

| 一, | ī, parfaitement; même sens que koūi ī (voir ī).

拘 Kū. Resserrer, réprimer.

| 禁在監裡頭, | kín tsái kiēn ì (lì) t'eôu, mettre en prison.

不 | 俗禮, v. 不 | 不方, Poŭ | siôu lì, v. poŭ | poŭ fāng, ne nous astreignons pas à l'étiquette.

請菜, R. 不 |, v. 不 | 禮, Ts'ìn ts'ái, Rép. Poŭ |, v. poŭ | lì, veuillez-vous servir. Rép. C'est ce que je fais.

無 |, v. 不 | 那个, Oû |, v. poŭ | là kó, n'importe qui.

不 | 那一方, 不 | 那一處, Poŭ | là ī fāng, poŭ | là ī tch'óu, n'importe dans quelle direction, en quel endroit.

駒 Kū. Beau cheval (style relevé).

閣下餵幾个寶 |, Kŏ hiá oúi kì kó pào |, Monsieur, combien avez-vous de chevaux?

千里 |, Ts'iēn lì |, coursier qui fait 1000 lis en un jour; homme d'un talent hors ligne.

烏 |, Oū |, cheval gris (couleur dédaignée des Chinois).

K'Ū

軀 K'ū. v. 肉 |, joŭ |, corps humain.

驅 K'ū. Courir rapidement en avant, poursuivre.

聖若翰洗者是吾主耶穌的先 |, Chén Jŏ hān sì tchè ché oû Tchòu Iê sōu tĭ siēn |, St Jean-Baptiste est le Précurseur de N. S. Jésus-Christ.

| 逐魔鬼, | tchŏ mô koùi, chasser le diable.

受人 | 使, Cheóu jên | chè, être au service de quelqu'un.

跼 *K'ū* (*v. k'ŭ, v. k'uĕ·, v. k'uê·, v. kiŏ*).
｜子, *v.* ｜脚跛手的, ｜ *tsè, v.* ｜ *kiŏ pò cheòu tĭ*, estropié des pieds et des mains.

KÙ

舉 *Kù*. Élever (au prop. et au fig.).
鑒牧｜手, *Kién móu* ｜ *cheòu*, l'évêque impose les mains.
他的行爲｜動不端莊, *T'a tĭ hîn oûi* ｜ *tóng poŭ touān tchouāng*, sa conduite n'est pas édifiante.
你纔不要,(*v.* 受)人抬｜, *Gnì ts'âi poŭ iáo* (*v. cheóu*) *jên t'âi* ｜, tu ne veux donc pas qu'on te patronne, tu n'en es pas digne.
我認不倒.他不敢｜薦, *Gò jén poŭ taò t'ā, poŭ kàn* ｜ *tsién*, ne le connaissant pas, je n'ose le patronner.
公｜,*v.*保｜, *Kōng* ｜, *v. paò* ｜, élire au suffrage universel.
一｜两得(*v.*便), *ĭ* ｜ *leàng tĕ·* (*v. pién*), faire d'une pierre deux coups.
｜人, ｜ *jên*, licencié.
入學中｜, *Joŭ hiŏ tchóng* ｜, devenir bachelier et licencié.

矩 *Kù. v.* 規｜, *Koūi* ｜, règle, loi.

KÚ

句 *Kú*. Particule numérale des mots; mot, phrase, membre de phrase, vers.
說一｜話, *Chŏ ĭ* ｜ *houá*, dire un mot.
念書,要依｜讀, *Nién choū iaó ĭ* ｜ *toŭ*, (*v. teóu*), en lisant, il faut couper les phrases d'après le sens.
我罵他幾｜, *Gò má t'ā kì* ｜, je lui ai dit quelques injures.
一｜書, *ĭ* ｜ *choū*, une phrase de livre.

具 *Kú*. Instrument, instrumenter.
家｜,*v.*器｜, *Kiā* ｜, *v. k'í* ｜, meuble, ustensile de ménage.

｜控, ｜結, ｜ *k'óng*, ｜ *kiĕ·*. Voir *k'óng, kiĕ·*.
｜改過切結, ｜ *kài kó ts'iĕ· kiĕ·*, signer l'engagement formel de se corriger.

懼 *Kú. v.* 畏｜, *v.* 恐｜, *v.* ｜怕 *v.* 怕｜, *Oúi* ｜, *v. k'òng* ｜, *v.* ｜ *p'á*, *v. p'á* ｜, craindre, crainte.
有點怕｜,沒得怕｜, *Ieòu tièn p'á* ｜, *mŏ tĕ· p'á* ｜, il a un peu de crainte, il n'a pas de crainte.

據 *v.* 攄 *Kú*. Gage, preuve; d'après.
憑｜, *P'in* ｜, preuve (voir *p'in*).
｜我想來, ｜ *gò siàng lâi*, d'après ma manière de penser.
｜他說,有理, ｜ *t'ā chŏ, ieòu lì*, à s'en rapporter à ses paroles, il a raison.

鋸 *Kú*. Scier, scie.
一把｜子, *ĭ pà* ｜ *tsè*, une scie.
｜扁 (*v.* 皮)子, ｜ *p'ièn* (*v. p'î*) *tsè*, lame de scie.
｜麵子, *v.* ｜末子, ｜ *mién tsè*, *v.* ｜ *mŏ tsè*, sciure de bois.
掌｜子, *Tchàng* ｜ *tsè*, tenir la scie.
切｜, *Ts'iĕ·* ｜, scie à scier le bois en travers.
解｜, *Kài* ｜, scie à scier le bois en long pour planches.
鈒｜, *Sa* ｜, petite scie.
銅絲｜, *T'ông sē* ｜, fil de cuivre servant de scie à marqueterie.
鏤｜, *Seōu* ｜, scie à fouiller.
｜樹子, ｜ *choú tsè*, scier un arbre.
｜斷, ｜不斷, ｜ *touán*, ｜ *poŭ touán*, scier en deux, ne pouvoir scier complètement.
｜不動, ｜ *poŭ tóng*, ne pouvoir entamer à la scie.
拉｜子, *Lā* ｜ *tsè*, manier la scie.
｜子要撥齒, ｜ *tsè iáo pŏ tch'è*, il faut écarter les dents de la scie (faire la voie).
起(*v.*銼)｜子, *K'ì* (*v. ts'ó*) ｜ *tsè*, aiguiser les dents d'une scie.

劊 *Kú.* ｜子手，｜ *tsè cheòu*, bourreau.

K'Ú

去 *K'ú.* Aller (soit par opposition à venir, soit comme verbe auxiliaire signifiant que l'action du verbe auquel il est joint va se faire); exprime souvent aussi une idée d'éloignement.

一｜一來，*ï* ｜ *ï lâi*, un aller et un retour.

｜了來，*v.* ｜來了，｜ *lò lâi*, *v.* ｜ *lâi lò*, j'en reviens (je suis allé et revenu).

轉｜，上｜，下｜，*Tchouàn* ｜，*cháng* ｜，*hiá* ｜，retourner en arrière, monter, descendre.

我不得｜，*Gò poŭ tĕ·* ｜，je n'irai pas.

我｜不得，*Gò* ｜ *poŭ tĕ·*, je ne puis y aller.

赶忙｜，*v.* 就｜，*Kàn mâng* ｜，*v. tsieóu* ｜，va vite, immédiatement.

快出｜，*K'ouái tch'ŏu* ｜，sors vite d'ici.

你各自進｜，*Gnì kŏ tsé tsín* ｜，entre tout bonnement (se dit du dehors).

你｜讀書，*Gnì* ｜ *toŭ chōu*, va étudier.

買這些東西｜了好多錢，*Mài tché· sī tōng sī* ｜ *lò haò tō ts'iên?* pour acheter ces objets, combien as-tu déboursé?

來數，｜數，*Lâi soú*, ｜ *soú*, recettes, dépenses (termes de compte).

｜了一件衫子，一把刀兒，｜ *lò ï kién chān tsè, ï pà tāo eúl*, il a perdu une robe, un petit couteau.

｜年，*v.* ｜歲，｜ *niên*, *v.* ｜ *sóui*, l'année dernière.

｜聲，｜ *chēn*, le 4eme des 5 tons de la prononciation des mots chinois.

他就｜做｜了，*T'a tsieóu* ｜ *tsóu* ｜ *lò* il est parti aussitôt pour aller faire ce travail.

KŬ

橘 *Kŭ* (*v. kiŏ v. kiŏu*). Orange.

｜柑，*v.* ｜子柑，｜ *kān*, *v.* ｜ *tsè kān*, orange mandarine.

｜餅，｜紅，｜ *pìn*, ｜ *hông*, oranges confites.

局 *Kŭ.* Ordre, rang; bureau d'affaires publiques.

當｜者迷，旁觀者清，*Tāng* ｜ *tchè· mî, p'âng kouān tchè· ts'īn*, l'homme lancé au milieu d'une affaire voit trouble, tandis que les simples spectateurs jugent très sainement.

鹽｜，洋務｜，*Iên* ｜，*iâng oú* ｜，régie du sel. Voir *iâng*.

總｜，*Tsòng* ｜，bureau des notables d'un district, qui forme une espèce de conseil municipal, et a différentes attributions.

三費｜，*Sān féi* ｜，autre bureau de notables, percevant des revenus destinés à couvrir les frais de certains procès.

｜上的人，｜ *cháng tĭ jên*, membres d'un de ces bureaux.

菊 *Kŭ.* ｜花，｜ *hoūa*, reine-marguerite et autres fleurs de ce genre.

K'Ŭ

曲 *K'ŭ, v. k'iŏ, v. k'iŏu.* Courbe, tortueux; chanson.

彎彎｜｜的路，*Ouān ouān* ｜ ｜ *tĭ loú*, route très sinueuse.

不顧情理｜直，*Poŭ kóu ts'în lì* ｜ *tchĕ*, ne pas faire attention si les raisons ou la cause sont bonnes ou mauvaises.

唱｜子，*Tch'áng* ｜ *tsè*, chanter des chansons.

｜蟮，｜ *chán*, ver de terre.

麯 *v.* 麴，*K'ŭ.* ｜子，*v.* ｜葯，｜ *tsè*, *v.* ｜ *iŏ*, ferment pour boissons alcooliques.

燒酒，甜酒｜子，*Chāo tsieòu, t'iên tsieòu* ｜ *tsè*, ferment pour eau-de-vie, pour vin doux.

揉｜子，放｜子，*Joûa* ｜ *tsè, fáng* ｜ *tsè*, pétrir le ferment, le mettre dans le liquide à fermenter.

屈 *K'ŭ*. Opprimer.

寃｜好人, *Iuĕn* | *haò jên*, opprimer les braves gens.

受寃(v.枉)｜, *Cheóu iuĕn (v. ouàng)* |, être victime d'une injustice (d'une calomnie).

K'UÊ·

茄 *K'uĕ·*, v. *k'î*, v. ｜子, | *tsè*, aubergine.

｜色, | *sĕ·*, couleur d'aubergine: violet.

K'UĚ

决 v.決, *Kuĕ·*, v. *k'uĕ·*. Statuer, absolument.

｜定主意, | *tín tchoù í*, prendre une ferme résolution.

這幾天那犯人要出｜, *Tché· kì t'iēn lá fán jên iáo tch'ŏu* |, dans quelques jours ce criminel va être exécuté.

闕 *K'uĕ·*. Trou, brèche.

墻｜, *Ts'iâng* |, fente, trou, ou brèche d'un mur.

田坎上挖一个｜口, *T'iên k'àn cháng oūa (oŭa) ĭ kó* | *k'eoù*, ouvrir une brèche au bord de la rizière.

缺 *K'uĕ·*. Manque, omission, ébréché; charge vacante.

銀子｜了, *în tsè* | *lò*, l'argent est venu à manquer, il n'y a plus d'argent.

一吊錢｜少三十, *ĭ tiáo ts'iên* | *chào sān chĕ*, il manque 30 sapèques à la ligature.

｜經, ｜主日瞻禮, ｜彌撒. | *kīn*, | *tchòu jĕ tchān lì*, | *mî să*, omettre ses prières, ne pas observer les dimanches et les fêtes, ne pas entendre la messe.

我｜一雙襪子, *Gò* | *ĭ choūang ouă tsè*, il me manque une paire de bas.

｜牙巴, | *iâ pā*, (v. | *p'â chè*), mâchoire ébréchée, individu qui a perdu ses dents.

｜子, | *tsè*, homme qui a la bouche en bec-de-lièvre.

碗打｜了, *Oùan tà* | *lò*, la tasse a été ébréchée en tombant.

快刀終有一｜, *K'ouái taō, tchōng ieòu ĭ* |, si bon que soit un couteau, il finit par s'ébrécher.

開｜, 候｜, 補｜, *K'āi* |, *heoú* |, *poù* |, laisser une place vacante, attendre la vacance d'une charge, obtenir une charge vacante.

宜賓都是一个好｜分, *Gnî pīn toū ché ĭ kó haò* | *fén*, la sous-préfecture de *Gnî pīn (Sú-foù)* est une bonne place.

KŪEN

捲 *Kūen*. Pas droit, replié, recourbé.

脚蹉｜起, *Kiŏ kàn* | *k'ì*, avoir les jambes retirées.

硬性得狠｜不轉來, *Guén sín tĕ· hèn* | *poŭ tchouàn lâi*, c'est trop raide, impossible à faire plier, à redresser.

捐 *Kūen*. Souscription, surtaxe; achat d'une charge.

我｜一百銀子, *Gò* | *ĭ pĕ· în tsè*, je donne 100 taëls (souscription plus ou moins volontaire lors d'une calamité publique, comme inondation, famine).

上｜輸, *Cháng* | *chōu*, payer la surtaxe ajoutée à l'impôt régulier.

｜功名, ｜監生, | *kōng mîn*, | *kién sēn*, acheter un titre honorifique, un titre de *kién sēn*.

｜班子, | *pān tsè*, mandarin sans grade littéraire, qui a acheté sa place.

不怕是｜班子他的肚才好,就是翰林官都比不上他, *Poŭ p'á ché* | *pān tsè t'ā tì toú ts'âi haò, tsieóu ché hán lîn kouān toū pì poŭ cháng t'ā*, ce mandarin, bien que sans grade littéraire, est un homme très habile, d'autres ont beau avoir le grade d'académiciens, ils ne peuvent lui être comparés.

｜官, | *kouān*, acheter une place de mandarin, mandarin qui a acheté sa place.

K'ŪEN

圈 *K'ūen.* Rond, circuit fermé (rond ou non); bracelet; chambre.

畫(*v.* 打)一个 | |, *Houá* (*v. tà*) *ĭ kó* | |, tracer un cercle, un zéro.

| 一个字, | *ĭ kó tsé*, tracer un demi-cercle sur le côté d'un caractère (pour avertir qu'il est pris dans une acception nouvelle, et qu'il se prononce autrement).

扯 | 子, *Tch'è·* | *tsè*, attirer la foule en cercle autour de soi.

手 | 子, *Cheòu* | *tsè*, bracelet.

一對玉 (*v.* 銀) | 子, *ĭ toúi iú (v. în)* | *tsè*, une paire de bracelets en jade ou en argent.

圓 |, 三角 |, *Iuên* |, *sān kŏ* |. Voir *iuên, kŏ*.

打 | | 轉, *Tà* | | *tchoúan*, tourner tout autour.

一間 (*v.* 一空)房 | 一乘床, *ĭ kān* (*v. ĭ k'óng*) *fâng* | *ĭ tch'ĕn tch'ouâng*, un lit par chambre.

K'UÊN

權 *K'uên.* Autorité, pouvoir.

全 | 大臣, *Ts'uên* | *tá tch'ên*, ministre plénipotentiaire.

交 (*v.* 付) |, 領 |, *Kiāo* (*v. fóu*) |, *lìn* |, donner le pouvoir, le recevoir.

神父代天主的 | 赦罪, *Chên fóu tái T'iēn Tchoù tĭ* | *ché· tsóui*, le prêtre remet les péchés par le pouvoir délégué de Dieu.

摘了 | 的神父, *Tsĕ· lò* | *tĭ chên fóu*, prêtre interdit.

我沒得 | 免你, *Gò mŏ tĕ·* | *mièn gnì*, je n'ai pas le pouvoir de te dispenser.

| 棍, | *kouén*, bâton pastoral.

拳 *K'uên.* 一 | 大, 一 | 深, *ĭ* | *tá*, *ĭ* | *chēn*, de la grosseur, de la hauteur du poing.

| 打脚踢, | *tà kiŏ t'ĭ*, frapper du poing et des pieds.

空 | 白手, *K'ōng* | *pĕ· cheòu*, les mains vides, n'avoir rien en main.

划 |, *v.* 猜 | 行令, *Hōua* |, *v. ts'āi* | *hîn lín*, jouer à la mourre.

KUÈN

啳 *Kuèn.* Injurier grossièrement.

| 人罵人, | *jên má jên*, même sens.

| 得不好聽, | *tĕ· poŭ hào t'īn*, dire des injures sales, qui offensent les oreilles.

捲 *Kuèn.* Plier, enrouler, recourber.

| 棚, | *p'ông*, plafond en planches recourbées en *S*.

一 | 布, *ĭ* | *póu*, une pièce entière de toile (se dit des toiles européennes).

K'UÈN

犬 *K'uèn.* Chien (usité surtout dans la langue écrite).

一 | 吠形百 | 吠聲, *ĭ* | *féi hîn, pĕ·* | *féi chēn*, un chien aboie à un objet, aussitôt cent chiens aboient à sa voix (sans savoir de quoi il s'agit).

虎落平陽被 | 欺, *Fòu lŏ p'în iâng pí* | *k'ī*, le tigre une fois en rase campagne est insulté par les chiens.

願效 | 馬之勞, *Iuén hiáo* | *mà tchē lâo*, je veux me dévouer entièrement à votre service (litt. comme un chien, ou un cheval).

不肖 | 子, *Poŭ siáo* | *tsè*, (litt.) mon misérable chien, pour dire poliment: mon fils (en parlant de lui).

馬牛羊雞 | 猪(豕), *Mà niêou iâng kī* | *tchōu (chè)*, cheval, bœuf, brebis, poule, chien, porc, tous les animaux domestiques.

KUÉN

眷 *Kuén.* Parenté, témoigner de l'affection.

家 |, *Kiā* |, femme et enfants d'un personnage.

| 屬, | *chŏu*, toutes les personnes appartenant à la famille de quelqu'un.

| 顧, | *kóu*, traiter avec bienveillance.

圈

Kuén. Etable.

耶穌生在羊 | 內, *Iê· sōu sēn tsái iâng* | *loúi*, Jésus est né dans une étable (à brebis).

牛 | , *Nieôu* | , étable à bœufs.

一个猪 | , *ĭ kó tchōu* | , une étable à porcs.

掃 | , *Sào* | , vider une écurie; tout vendre.

卷

Kuén. Cahier, fascicule de livre, piece d'un dossier.

| 子, | *tsè*, papier ou cahier, sur lequel doit être écrite la composition d'examen.

做, 賣 | 子, | 房, *Tsóu, mái* | *tsè*; | *fâng*, faire, vendre de ces cahiers; boutique où ils se vendent.

交(*v.* 繳) | , *Kiāo (v. kiào)* | , remettre sa composition à l'examinateur.

這部書分成三十二 | , *Tché· póu chōu fēn tch'ên sān chĕ eúl* | , cet ouvrage est divisé en 32 fascicules.

要翻案 | , *Iáo fān gán* | , il faut revoir les pieces du procès.

倦

Kuén. Fatigué.

走 | 了, *Tseòu* | *lò*, être harassé de la marche.

棬

Kuén. *v.* | 子樹, *v.* | *tsè chóu*, arbre à suif.

| 油, | *ieôu*, suif tiré des graines de cet arbre.

K'UÉN

勸

K'uén. Exhorter.

相 | , *Siāng* | , s'exhorter mutuellement, exhorter.

| 人爲善, | *jên oûi chán*, exhorter au bien.

人不 | 不善, *Jên poŭ* | *poŭ chán*, l'homme ne devient bon qu'à force d'exhortations.

| 不轉來, *v.* | 不回頭, | *poŭ tchoùan lâi, v.* | *poŭ hoûi t'eôu*, je ne puis le persuader de se convertir.

不聽善 | , *Poŭ t'in chán* | , ne pas écouter les bons avis.

| 化人, | *hoúa jên*, exhorter au bien.

| 世文, | *ché ouên*, exhortations populaires qui s'affichent partout.

我只能 | 你不聽算了, *Gò tchè (tchĕ) lên k'uén gnì, poŭ t'in souán lò*, je ne puis que t'exhorter, si tu n'écoutes pas, tant pis!

| 散了, | *sán lò*, avec de bonnes paroles on est parvenu à les séparer.

| 酒, | *tsieòu*, presser les hôtes de boire.

我苦 | 他奉敎, *Gò k'òu* | *t'ā fóng kiáo*, je l'exhortais de tout cœur à se faire chrétien.

KUĪN

君

Kuīn. Roi, prince, sage.

| 王, | 臣, | *ouâng*, | *tch'ên*, le souverain; le roi et le ministre, ou le sujet.

先到爲 | 後到爲臣, *Siēn táo oûi* | , *heóu táo oûi tch'ên*, celui qui arrive le premier est le roi, celui qui arrive ensuite est son sujet.

| 子量大小人氣大, | *tsè leáng tá, siào jên k'í tá*, le sage a grand cœur, l'homme vulgaire est robuste de corps.

| 子小人義利上辨, | *tsè siào jên gní lí cháng pién*, le sage et l'homme vulgaire se font reconnaître dans les questions de justice et d'intérêt.

酒中不語眞 | 子, *Tsieòu tchōng poŭ iù tchēn* | *tsè*, ne pas parler après avoir bu, est le fait d'un vrai sage.

同 | 一夜話勝讀十年書, *T'ông* | *ĭ ié· hóua, chén tŏu chĕ niên chōu*, une nuit d'entretien avec un sage, profite plus que 10 ans d'étude.

嚴 | , 夫 | , 郎 | , *Niên* | , *fōu* | , *lâng* | , mon père, mon mari, votre fils (polit.).

老 | , *Lào* | , fondateur de la secte des *Táo sé*.

華西官話漢法詞典

軍 *Kuīn.* Armée, militaire.
將｜, *Tsiāng* ｜, gouverneur militaire tartare (qui va de pair avec le vice-roi).
｜門(*v.* **提督**), ｜ *mên (v. t'î tǒu)*, chef de la milice de toute une province.
解｜餉銀子, *Kái* ｜ *hiàng în tsè*, expédier l'argent de la solde.
｜器, **｜裝**, ｜ *k'í*, ｜ *tchoūang*, armes de guerre, équipement militaire.
打｜務, **辦｜務**, *Tà* ｜ *oú, pán* ｜ *oú*, faire la guerre; pourvoir aux besoins d'une armée en expédition.
他是｜功底子(*v.* **出身**), *T'a ché* ｜ *kōng tì tsè (v. tch'ǒu chēn)*, c'est à des exploits militaires qu'il doit son avancement.
火頭｜, *Hò t'eôu* ｜, chef de cuisines militaires.
｜師, ｜ *sē*, chef du conseil militaire; se dit par ironie de ceux qui dirigent secrètement et enveniment les procès.
沒得｜師他做不出來, *Mǒ tě* ｜ *sē, t'ā tsóu poǔ tch'ǒu lâi*, s'il n'avait pas quelque secret conseiller, il ne pourrait rien faire.
充｜, **｜犯**, *Tch'ōng* ｜, ｜ *fán*, être exilé, exiler; un exilé.

均 *Kuīn.* Egal, également.
做成三股｜分, *Tsóu tch'ên sān kòu* ｜ *fēn*. diviser en trois parties égales.
要分｜平 (*v.* **｜勻**), *Iáo fēn* ｜ *p'în* (*v.* ｜ *iûn*), il faut diviser en parts égales.

K'UĪN

傾 *K'uīn.* Répandre, fondre.
｜倒底下, ｜ *tào tì hiá*, répandre par terre.
｜水, **｜茶**, ｜ *choùi*, ｜ *tch'â*, répandre de l'eau, du thé.
｜財, ｜ *ts'âi*, prodiguer l'argent.
｜銀子, ｜ *în tsè*, fondre de l'argent.

K'UÎN

羣 *K'uîn.* Troupeau, multitude.
一｜羊子, **一｜麻雀兒**, *ĭ* ｜ *iâng tsè, ĭ* ｜ *mâ ts'io eûl*, un troupeau de moutons, une volée de moineaux.
一｜一｜來, *ĭ* ｜ *ĭ* ｜ *lâi*, venir par troupes.
鴨子成｜, *Iá tsè tch'ên* ｜, les canards vivent par troupes.
三五成｜, *Sān où tch'ên* ｜, par groupes de 3 ou de 5, par petits groupes.
裙 *K'uîn.* ｜**子**, ｜ *tsè*, jupe de cérémonie portée par les femmes.

K'UÌN

頃 *K'uìn.* ｜**刻**, ｜ *k'ě*, un moment, subitement.
｜刻之間, ｜ *k'ě tchē kiēn*, en un moment, en un clin d'œil.

KUÍN

菌 *Kuín. v.* ｜**子**, ｜ *tsè*, champignon.
香｜, *Hiāng* ｜, espèce de champignon d'une bonne odeur.
熱天落雨生｜子, *Jě t'iēn lǒ iù sēn* ｜ *tsè*, l'été, quand il pleut, il pousse des champignons.
｜子不好認容易悞事, ｜ *tsè poǔ hào jén, iông í oú sé*, les champignons ne sont pas faciles à distinguer, ils occasionnent facilement des accidents.
坡上撿｜子, *P'ō cháng kièn* ｜ *tsè*, chercher des champignons sur la colline.

LĀ

拉 *Lā.* Tirer, traîner de force.
｜船, **｜牽繩**, **｜縴**, ｜ *tch'oûan*, ｜ *k'iēn t'ân*, ｜ *k'ién*, haler une barque (voir *k'iēn, k'ién*).
｜船上灘, ｜ *tch'oûan cháng t'ān*, haler la barque par un rapide.

索索丨伸了(丨斷了), *Sŏ sŏ* | *tch'ēn lò (* | *toúan lò)*, la corde est tendue raide (elle s'est cassée, à force de tirer dessus).

丨不動, 丨不起走, | *poŭ tóng*, | *poŭ k'ì tseòu*, en tirant, ne pouvoir faire bouger, ne pouvoir avancer.

丨人去見官, | *jên k'ú kién koūan*, traîner quelqu'un devant le mandarin.

不要丨倒我衣裳, *Poŭ iáo* | *taò gò ī chāng*, ne me tire pas par les habits.

丨夫, | *foū*, réquisitionner des porteurs, pour mandarins ou pour autres services publics.

丨扯人去犯罪, | *tch'è· jên k'ú fán tsoúi*, entraîner quelqu'un à pécher.

兒女不學好要丨扯父母, *Eûl niù poŭ hiŏ haò, iáo* | *tch'è· foú moù*, les enfants qui ne se conduisent pas bien, compromettent leurs parents.

這件事後來有丨扯, *Tché· kién sé heóu lâi ieòu* | *tch'è·*, pour cette affaire, il y aura des gens compromis plus tard.

丨丨扯扯的本錢, | | *tch'è· tch'è· tĭ pèn ts'iên*, capital emprunté de côté et d'autre.

丨賬, 賬丨多了, | *tcháng, tcháng* | *tō lò*, faire des dettes, être accablé de dettes.

丨生意, | *sēn í*, attirer le commerce, les chalands à soi.

丨皮條, *v.* 搭板兒, | *p'î t'iāo*, *v.* tă pàn eûl *(peùl)*, vieilles mégères, entremetteuses de courtisanes.

LÂ

拿 *v.* 拏 *Lâ.* Prendre, apporter, emporter, donner.

丨來, *v.* 丨過來; 丨回來, *v.* 丨轉來, | *lâi, v.* | *kó lâi;* | *hoûi lâi, v.* | *tchouàn lâi*, apporte, donne; rapporte.

丨去; 丨回去, *v.* 丨轉去, | *k'ú;* | *hoûi k'ú, v.* | *tchouàn k'ú*, emporte, enlève; remporte.

丨得出來, 丨不出來, | *tĕ· tch'ŏu lâi*, | *poŭ tch'ŏu lâi*, pouvoir, ne pas pouvoir produire au dehors, payer, rembourser.

你丨倒, *Gnì* | *taò*, prends, porte, emporte.

沒有丨你的, *Mŏ ieòu* | *gnì tĭ*, je ne t'ai rien pris.

丨起來, | *k'ì lâi*, prendre en bas, à terre, élever, soulever.

捉丨強盜, *Tchŏ* | *k'iâng taó*, prendre des voleurs.

丨賊要丨贓丨姦要丨雙, | *tsĕ· iáo* | *tsāng*, | *kiēn iáo* | *choūang*, quand on saisit un voleur, il faut saisir avec lui la pièce de conviction; s'il s'agit d'adultère, il faut prendre en même temps les deux coupables.

丨跟他喫, 穿, | *kēn t'ā tch'ĕ, tch'oūan*, donne-lui de quoi se nourrir, de quoi se vêtir.

| *kēn*, devant un verbe sert assez souvent pour exprimer le passif:

我丨跟強盜偷了, *Gò* | *kēn k'iâng táo t'eōu lò*, j'ai été volé par les voleurs.

丨刀砍, 丨索子來綁起, | *tāo k'àn*, | *sŏ tsè lâi pàng k'ì*, frapper avec un couteau, lier avec une corde.

LÀ

藞 *Là.* Négligent.

不丨事(生意), *Poŭ* | *sé (sēn í)*, ne pas s'occuper sérieusement de ses affaires (de son commerce).

他一點都不丨事, *T'ā ĭ tièn toū poŭ* | *sé*, il ne s'occupe absolument de rien de sérieux.

喇 *Là (lá).* 丨嘛和尙, | *mā hô cháng*, bonzes du Thibet, appelés lamas.

丨嘛寺, | *mā sé*, bonzerie de lamas.

那 *Là.* Qui? quel?

丨个, | *kó?* qui est-ce? (| *kó*, non accompagné de substantif, s'entend exclusivement des personnes.)

這是丨个, *Tché· ché* | *kó?* qui est cet homme ou cette femme?

丨個的帽子, | *kó tĭ máo tsè?* à qui est ce bonnet?

丨條河，丨一本書，丨 *t'iâo hô,* 丨 *ĭ pèn choū?* quel fleuve? quel livre?

丨个時候，丨 *kó chê heóu,* en quel temps? quand?

過丨裡去了，*Kó* 丨 *lì k'ú lò?* où est-il allé?

丨(*v.* 丨裡)有這宗事，丨 (*v.* 丨 *lì*) *ieòu tché· tsōng sé,* où y a-t-il pareille chose? (signifie: nulle part).

丨裡不說些閒話，丨 *lì poŭ chŏ sī hiên houá?* où ne dit-on pas quelque parole de dispute? (c.-à-d. on ne peut éviter complètement ces sortes de paroles.)

丨樣，*v.* 丨麽樣，丨 *iáng, v.* 丨 *mô iáng?* comment? de quelle façon?

要請丨些人，*Iáo ts'ìn* 丨 *sī jên?* quelles personnes faut-il inviter?

LÁ

那 *Lá.* Ce, cet, celui-là, cela, l'autre, quelque.

這个丨个，*Tché· kó* 丨 *kó,* celui-ci, celui-là; l'un, l'autre; ceci, cela.

這些丨些，*Tché· sī* 丨 *sī,* ces, ceux-là.

丨個人，丨個東西，丨 *kó jên,* 丨 *kó tōng sī,* cet homme-là, cet objet-là.

丨不是好東西，丨 *poŭ ché haò tōng sī,* c'est un méchant objet (se dit des gens par mépris).

丨我不管，丨 *gò poŭ kouàn,* quant à cela, je ne m'en occupe pas.

要走丨一條路，*Iáo tseòu* 丨 *ĭ t'iâo loú,* il faut passer par l'autre route.

這樣說丨樣說，*Tché· iáng chŏ,* 丨 *iáng chŏ,* parler comme ceci, comme cela, sans suite.

LĂ

納 *Lă.* Prendre, recevoir; piquer un habit.

丨福，丨 *foŭ,* souhait de bonjour.

丨鞋底，丨襪底，丨 *hâi tì,* 丨 *ouă tì,* piquer une semelle de souliers, de bas.

丨條，丨 *t'iâo,* petites traverses pour consolider les cloisons en planches, ou les lattes des tuiles.

邋 *Lă. v.* 丨遢，*v.* 丨 *t'ă,* sordide.

這個人丨遢得狠，*Tché· kó jên* 丨 *t'ă tĕ· hèn,* cet homme est très malpropre.

腊 *Lă.* Viande de porc salée et fumée.

烟丨肉，*Iēn* 丨 *joŭ,* saler et fumer de la viande.

這个丨肉有點 *ha* 喉，*Tché· kó* 丨 *joŭ ieòu tièn hā heôu,* ce salé est un peu rance.

臘 *v.* 腊 *Lă.* Douzième et dernière lune de l'année.

丨月三十，丨 *iuĕ· sān chĕ,* le 30eme jour de la 12eme lune, le dernier jour de l'année.

丨下，*v.* 丨月間，丨 *hiá, v.* 丨 *iuĕ· kiēn,* à la 12eme lune.

冬丨月冷，*Tōng* 丨 *iuĕ· lèn,* à la 11eme et à la 12eme lune il fait froid.

蠟 *Lă.* Cire, suif à chandelles.

黃丨，白丨，*Houâng* 丨，*pĕ·* 丨，cire d'abeilles, cire végétale blanche.

漆丨，*Ts'ĭ* 丨，cire végétale grossière.

牛油丨，*Nieôu ieôu* 丨，chandelle de suif.

魚油丨，*Iû ieôu* 丨，cire de blanc de baleine.

塾(漂)黃丨，*Tién (p'iáo) houâng* 丨，purifier (blanchir) des cierges.

膠黃丨，*Kiāo houâng* 丨，faire des cierges à la cueiller.

買幾隻丨來點燈籠，*Mài kì tchĕ (tchĕ)* 丨 *lâi tièn tēn lông,* acheter quelques chandelles pour allumer la lanterne.

毛丨，*Mâo* 丨，cire non purifiée.

一碣(*v.* 一圓)黃丨，*ĭ t'ô (v. ĭ iuên) houâng* 丨，une masse de cire.

一餅黃丨，*ĭ pìn houâng* 丨，un pain de cire.

插一隻丨燭，*Tch'ă ĭ tchĕ (tchĕ)* 丨 *tchoŭ,* planter, fixer une chandelle.

丨台，丨 *t'âi,* chandelier.

你點三對丨，*Gnì tièn sān toúi* 丨，allume 3 paires de cierges.

丨心粗了(細了), 丨 *sīn ts'ōu lò (sí lò)*, la mèche du cierge est trop grosse (elle est trop petite).

黃丨丨過的線, *Houâng* 丨 丨 *kó tĭ sién*, fil qui a été frotté avec de la cire.

白丨樹, *Pĕ* 丨 *chóu*, arbre à cire végétale (espèce de frêne).

白丨虫, *Pĕ* 丨 *tch'ông*, vers (espèce de cochenille) qui déposent la cire sur cet arbre.

刮白丨, *Kouă pĕ* 丨, racler la cire des branches de cet arbre.

辣 *Lă*. Saveur piquante.

丨子, 丨 *tsè*, (pop.) piment.

丨菜, 丨 *ts'ái*, légume piquant, moutarde.

我拿一點丨子湯跟他喫, *Gò lá ĭ tièn* 丨 *tsè t'āng kēn t'ā tch'ĕ*, (litt.) je m'en vais lui faire goûter un peu de bouillon de piment, c.-à-d. je lui réserve quelque chose de peu agréable, je lui en ferai voir de rudes.

丨口, *v.* 丨嘴, 丨 *k'eòu*, *v.* 丨 *tsoùi*, qui pique le palais.

燥丨得狠, *Ts'áo (sáo)* 丨 *tĕ hèn*, très piquant, très mordant.

太陽丨得狠, *T'ái iâng* 丨 *tĕ hèn*, le soleil pique dur.

火丨了點, *Hò* 丨 *lò tièn*, le feu est un peu trop vif.

蝲 *Lá*. Voir *hŏ*.

鬎 *Lă*. 黃丨釘, 丨子魚, *Houâng* 丨 *tīn*, 丨 *tsè iû*, deux espèces de poissons très estimées.

䈲 *Lă*. Corde en bamboo.

丨篾, 丨 *miĕ*, écorce de bambou séchée, pour faire des cordes.

LĀI

腉 *Lāi*. Mamelles, lait.

嬰孩要喫丨丨, *In hiâi iaó tch'ĕ* 丨 丨, l'enfant demande le sein.

餵丨丨, *Oúi* 丨 丨, donner le sein.

擠丨丨, *Tsì* 丨 丨, traire.

LÂI

來 *Lâi*. Venir; arriver, futur; se joint comme auxiliaire à beaucoup de verbes avec un sens vague de venir, s'approcher, etc.

丨; 丨了, 丨; 丨 *lò*, arrive! me voici.

他是一个丨字行, *T'ā ché ĭ kó* 丨 *tsé hâng*, ce n'est qu'un valet (qui répond au mot *lâi*, arrive, comme si c'était son nom propre).

去丨了, 回丨, 轉丨, 過丨, *K'ú* 丨 *lò*, *hoûi* 丨, *tchouàn* 丨, *kó* 丨. Voir *k'ú*, *hoûi*, *tchouàn*, *kó*.

丨不得, 不得丨, 丨 *poŭ tĕ*, *poŭ tĕ* 丨, il ne peut pas venir, il ne viendra pas.

不丨了, *Poŭ* 丨 *lò*, il ne vient pas, ou bien, il ne viendra pas.

斷了丨往, *Touán lò* 丨 *ouàng*, on a rompu les relations (les allées et venues).

丨得快(慢), 丨 *tĕ k'ouái (mán)*, il vient vite (ou lentement); s'entend aussi de la croissance des plantes et des animaux.

你在(*v.* 從, *v.* 走)那裡丨, *Gnì tsái (v. ts'ông, v. tseòu) là lì* 丨, d'où viens-tu?

我在(*v.* 從, *v.* 走)叙府丨, *Gò tsái (v. ts'ông, v. tseòu) Sú foù* 丨, je viens de *Sú-foù*.

丨得合式(*v.* 扭頭), 丨 *tĕ hŏ ché (v. teóu t'eôu)*, il vient à propos.

丨得, *v.* 丨得起, 丨 *tĕ*, *v.* 丨 *tĕ k'ì*, il peut venir, il peut contribuer (voir *k'ì*).

丨得起兩吊錢, 丨 *tĕ k'ì leàng tiáo ts'iên*, il peut fournir 2 ligatures.

他冒火(驕傲)得丨不起, *T'ā máo hò (kiāo gáo) tĕ* 丨 *poŭ k'ì*, (pop.) il est d'une colère (d'un orgueil) qui dépasse toute mesure.

嫖賭嚼遙門門都丨, *P'iâo, toù, tsiâo (tsiáo) iâo, mên mēn toū* 丨, luxure, jeux de hasard, intempérance, paresse, il est de tout (il vient pour tout).

丨不丨要一梧把錢, 丨 *poŭ* 丨 *iáo ĭ p'ào pà ts'iên*, dès le début, il faut une dizaine de ligatures.

你們打牌我丨一个, *Gnì mên tà p'âi gò* 丨 *ĭ kó*, vous voulez jouer aux cartes, j'en suis.

水丨得陡, *Choùi* 丨 *tĕ· tcoù*, l'eau coule (arrive) sur une pente rapide (comme fait un torrent).

雨丨得緩, *Iù* 丨 *tĕ· houàn*, la pluie tombe doucement.

這个人丨得猛(慈), *Tché· kó jên* 丨 *tĕ· màng* (*v. ts'ê*), cet homme est d'un naturel violent (ou bien, doux).

你掛在我丨帳, *Gnì kouá tsái gò* 丨 *tcháng*, inscris à mon avoir (voir *tcháng*).

丨銀十二两, 丨 *în chĕ eúl leàng*, reçu en argent 12 taëls (terme de compte).

他不丨使你, *T'a poŭ* 丨 *chè gnì*, il ne fait pas attention à toi, il ne s'occupe pas de toi.

要間他的丨路(*v.* 丨歷, *v.* 丨由, *v.* 丨頭), *Iaó ouén t'a tĭ* 丨 *loú* (*v.* 丨 *lĭ*, *v.* 丨 *ieôu*, *v.* 丨 *t'eôu*), il faut l'interroger sur son origine, sur ses antécédents.

沒丨頭;有大丨頭, *Mŏ* 丨 *t'eôu; ieoù tá* 丨 *t'eôu*, il importe peu; il importe beaucoup, c'est une affaire de conséquence.

總有一个丨頭, *Tsòng ieoù ĭ kó* 丨 *t'eôu*, il faut absolument qu'il y ait quelque raison à cela.

自丨, *Tsé* 丨, venir de soi-même, naturellement.

自丨火, *Tsé* 丨 *hò*, allumettes chimiques.

自丨(*v.* 從丨, *v.* 以丨, *v.* 路丨, *v.* 自以丨)有這个毛病, *Tsé* 丨 (*v. ts'ông* 丨, *v. ì* 丨, *v. loú* 丨, *v. tsé ì* 丨) *ieoù tché· kó mâo pín*, dès l'origine il a eu cette maladie.

從今以丨, *Ts'ông kīn ì* 丨, désormais, dorénavant.

原丨,本丨, *Iuên* 丨, *pèn* 丨, à proprement parler, vraiment.

將丨不好, *Tsiang* 丨 *poŭ haò*, plus tard cela ira mal.

丨年, 丨世, 丨 *niên*, 丨 *ché*, l'année prochaine, le monde futur.

一丨,二丨, *ĭ* 丨, *éul* 丨, d'abord, ou premièrement; ensuite, ou secondement.

一丨你𠵨他,二丨你打他, *ĭ* 丨 *gnì kuèn t'a*, *éul* 丨 *gnì tà t'a*, tu l'as injurié d'abord, ensuite tu l'as battu.

我不吃酒一則丨沒錢, *Gò poŭ tch'ĕ tsieòu, ĭ tsĕ·* 丨 *mŏ ts'iên*, je ne bois pas de vin, du reste je n'ai pas de sapèques (pour en acheter).

這樣看丨有理, *Tché· iáng k'án* 丨 *ieòu lì*, à regarder la chose ainsi, il a raison.

得丨, 不丨, *Tĕ·* 丨, *poŭ* 丨, ces mots ajoutés aux verbes indiquent habileté, profit, avantage (ou manque d'habileté, etc.) à faire l'action marquée par le verbe.

做得丨,做不丨,寫得丨,寫不丨, *Tsoú tĕ·* 丨, *tsoú poŭ* 丨; *siè· tĕ·* 丨, *siè· poŭ* 丨, savoir (ne pas savoir) faire, écrire.

穀子打得丨,打不丨, *Koŭ tsè tà tĕ·* 丨, *tà poŭ* 丨. Voir *koŭ*.

LÀI

嬭 *v.* 奶 *Lài*. Mamelle, nourrice, lait.

丨子, *v.* 丨頭, *v.* 丨嘴, 丨 *tsè*, *v.* 丨 *t'eôu*, *v.* 丨 *tsoùi* (suivant les pays), mamelle, tétin.

丨癰, 丨 *iōng*, cancer au sein.

丨母, *v.* 丨媽, 丨 *moù*, *v.* 丨 *ma*, nourrice.

丨丨, 丨丨, grand'mère paternelle; personne âgée.

羊丨,牛丨,丨餅, *Iâng* 丨, *nieôu* 丨, 丨 *pìn*, lait de brebis, de vache, fromage.

LÁI

奈 *Lái*. Moyen, remède; quoi? comment?

丨何, 丨 *hô*, comment? que faire?

沒丨何, *v.* 無丨何, *v.* 沒丨其何, *Mŏ* 丨 *hô*, *v. oû* 丨 *hô*, *v. mŏ* 丨 *k'î hô*, pas moyen de faire autrement. On appelle aussi *mŏ* 丨 *hô* un petit mortier à broyer le poivre.

我做這个生意都是沒｜何, *Gò tsoú tché· kó sēn í toū ché mŏ* ｜ *hô*, c'est bien malgré moi que je fais ce commerce.

吃鴉片煙的人个个都說沒｜何, *Tch'ĕ ia p'ién iēn tĭ jên kó kó toū chŏ mŏ* ｜ *hô*, les fumeurs d'opium disent tous que c'est malgré eux qu'ils fument.

沒｜何三字喪却多小品行, *Mŏ* ｜ *hô sān tsé sáng k'iŏ tō chaò p'ìn hîn*, ces trois mots: *mŏ lái hô*, causent pour beaucoup de gens la perte des mœurs.

耐 *Lái. v.* 忍｜, *v.* ｜煩, *Jèn* ｜, *v.* ｜ *fân*, patience, patienter.

教蒙童要｜煩, *Kiāo mông t'ông iaó* ｜ *fân*, pour enseigner les commençants, il faut de la patience.

你｜倒吓, *Gnì* ｜ *taò há*, patiente un peu.

我｜不過了, *Gò* ｜ *poŭ kó lò*, je ne puis le supporter davantage.

賴 *Lái.* Avoir confiance, s'appuyer; calomnier.

無｜罪人, *Oû* ｜ *tsoúi jên*, (moi) pécheur sans appui.

｜天主仁慈, ｜ *T'iēn Tchòu jên ts'ê*, s'appuyer sur la miséricorde de Dieu.

我｜倒神父定要一張像, *Gò* ｜ *tào chên foú, tín iáo ĭ tchāng siáng*, au risque d'importuner le Père, il me faut une image.

耍 (*v.* 撒) ｜, *Choùa (v. să)* ｜, importuner, s'imposer.

｜食生意, ｜ *chĕ sēn í*, métier de gagne-petit.

｜食嗑兒, ｜ *chĕ hó eûl (hoĕul)*, gens sans ressources, qui ont recours à toutes sortes d'expédients pour vivre.

誣｜人家, *Oū* ｜ *jên kia*, calomnier autrui.

無｜不成詞, *Oû* ｜ *poŭ tch'ên ts'ê*, sans calomnie, une accusation n'est pas parfaite.

移屍圖｜, *ĭ chē t'ôu* ｜, déplacer un cadavre (en le portant sur le terrain d'un voisin), dans l'intention de nuire.

癩 *Lái.* Lèpre, teigne, et autres maladies de la peau.

｜病, ｜子, 生｜子, ｜ *pín*, ｜ *tsè*, *sēn* ｜ *tsè*, la lèpre, lépreux, prendre la lèpre.

｜娃兒, ｜ *oûa eûl*, petit teigneux.

狗｜了, *Keòu* ｜ *lò*, le chien est devenu galeux.

｜的, *v.* ｜ ｜紇紇的, ｜ *tĭ*, *v.* ｜ ｜ *kĕ· kĕ· tĭ*, rugueux, pas lisse.

蠣 *Lái.* Crapaud.

｜紇寶, ｜ *kĕ· pào*, nom vulgaire du crapaud.

LÂN

難 *Lân.* Difficile.

在世｜得, *Tsái ché* ｜ *tĕ·*, c'est une chose difficile à obtenir en ce monde.

｜得做, ｜得說, ｜ *tĕ· tsóu*, ｜ *tĕ· chŏ*, difficile à faire, difficile à dire.

好事｜爲, 好人｜做, *Haò sé* ｜ *oûi*, *haò jên* ｜ *tsóu*, le bien est difficile à faire, il y a à souffrir, pour être homme de bien.

｜爲, R. 不｜爲, ｜ *oûi*, *poŭ* ｜ *oûi*, tu as pris de la peine pour moi, merci. Rép. Mais non; il n'y a pas de quoi (polit.).

這件事有些｜(*v.* ｜處), *Tché· kién sé ieòu sī* ｜ (*v.* ｜ *tch'oú*), cette affaire a ses difficultés.

這个事两｜, *Tché· kó sé leàng* ｜, dans cette affaire, il y a des difficultés des deux côtés.

作｜, *Tsŏ* ｜, se trouver dans l'embarras.

心頭好作｜, *Sīn t'eôu hào tsŏ* ｜, j'ai le cœur très mal à l'aise, dans l'angoisse.

心頭｜過, ｜得過日子, *Sīn t'eôu* ｜ *kó*, ｜ *tĕ· kó jĕ tsè*. Voir *kó*.

這倒不爲｜, *Tché· táo poŭ oûi* ｜, quant à ceci, ce n'est pas bien difficile.

這个易得那个｜得, *Tché· kó í tĕ·*, *lá kó* ｜ *tĕ·*, ceci est facile, cela est difficile.

這个事有點碍｜(*v.* 犯, *v.* 煩｜), *Tché· kó sé ieòu tièn gái* ｜ (*v. fán*, *v. fân* ｜), cette affaire est passablement embarrassante, difficile.

艱｜, *Kiēn* ｜, difficile, ardu.

南 *Lân*. Sud.

丨**方**, 丨 *fāng*, côté du midi; région du sud.

指丨針, *Tchè* 丨 *tchēn*, (litt.) aiguille qui indique le sud: boussole.

湖丨,雲丨,海丨,安丨, *Foû* 丨, *Iûn* 丨, *Hài* 丨, *Gān* 丨, Fou lan, Yunnan, Hainan, l'Annam.

楠 *Lân*. Arbre de la famille des laurinées.

丨**木**, 丨 *mǒu*, bois de cet arbre (excellent pour les constructions).

真丨;潤丨, *v.* **毛丨**, *Tchēn* 丨; *jouén* 丨, *v. mâo* 丨, deux espèces de *lân mǒu*, dont la première est de beaucoup supérieure à la seconde.

船底要真丨板子, *Tch'oûan tì iáo tchēn* 丨 *pàn tsè*, pour le fond d'une barque, il faut des planches de *tchēn lân*.

男 *Lân*. Masculin, mâle.

丨**娃娃**, *v.* 丨**嬰孩**, 丨 *oûa oûa*, *v.* 丨 *īn hiâi*, petit garçon.

是丨的,是女的, *Ché* 丨 *tī, ché niù tī?* est-ce un garçon, ou une fille?

丨**子漢**, 丨 *tsè hán*, homme (par opposition à femme).

不分丨女, *Poŭ fēn* 丨 *niù*, ne pas séparer les hommes des femmes, ou bien ne pas faire distinction entre hommes et femmes (ne pas observer les règles à cet égard).

丨**不丨,女不女**, *v.* **倒丨不女**, 丨 *poŭ* 丨, *niù poŭ niù*, *v. táo* 丨 *poŭ niù*, ni homme ni femme.

丨**的在一邊女的在一邊**, 丨 *tī tsái ĭ piēn, niù tī tsái ĭ piēn*, les hommes d'un côté, les femmes de l'autre.

丨**裝女扮**, *v.* 丨**扮女妝**, 丨 *tchoūang niù pán*, *v.* 丨 *pán niù tchoūang*, homme qui s'habille en femme.

他丨人出門去了, *T'a* 丨 *jên tch'ǒu mên k'ú lò*, son mari est parti en voyage.

丨**色**, 丨 *sě˙*, sodomie.

丨**爵**, 丨 *tsiŏ*, dignité de baron.

丨**猫兒**, 丨 *mâo eûl (mēul)*: chat mâle (pour le mâle des autres animaux, on ne se sert pas du mot *lân*).

欄 *Lân*. Enclos, balustrade.

牛丨, *Nieôu* 丨, étable à bœufs.

丨**杆**, 丨 *kān*, balustrade; galon (voir *kān*).

栽鐵籬笆丨倒菜園, *Tsāi t'iĕ˙ lî pā* 丨 *tào ts'ái iuên*, planter une haie pour enclos de jardin.

攔 *Lân*. Arrêter, empêcher.

阻丨, *Tsoù* 丨, empêcher.

丨**住** (*v.* **倒**), **我丨不住他**, 丨 *tchóu (v. tào), gò* 丨 *poŭ tchóu t'a*, arrêter, je ne puis l'arrêter, l'empêcher.

遮丨, *Tchē˙* 丨, couvrir une chose pour la cacher.

丨**得倒牛牲扣**, 丨 *tě˙ tào nieôu sēn k'eòu*, cela peut arrêter les buffles et les autres animaux.

丨**人的路**, 丨 *jên tī lóu*, barrer le chemin à quelqu'un (au pr. et au fig.).

丨**斷**, *v.* **切丨**, 丨 *touán*, *v. ts'iĕ˙* 丨, intercepter complètement la communication.

蘭 *Lân*. 丨**草**, *v.* 丨**草花**, 丨 *ts'ào*, *v.* 丨 *ts'ào hōua*, fleur odorante très cultivée en pots.

藍 *Lân*. Indigo, couleur bleue.

丨**子**, 丨**葉子**, *v.* 丨**葉葉**, 丨 *tsè*, 丨 *iĕ˙ tsè*, *v.* 丨 *iĕ˙ iĕ˙*, plante de l'indigo, ses feuilles.

習丨子, *Sī* 丨 *tsè*, cultiver, planter l'indigo.

丨**子稈稈**, 丨 *tsè kàn kàn*, tige de la plante qui sert à la reproduction.

泡丨子葉葉來打靛, *P'áo* 丨 *tsè iĕ˙ iĕ˙ lâi tà tién*, faire macérer les feuilles d'indigo, pour en tirer la matière tinctoriale.

丨**的**, 丨**色**, 丨 *tī*, 丨 *sě˙*, bleu, couleur bleue.

深 | ,毛 | ,二 | ,月 | ;洋 | ,v.品 | , *Chēn* | , *mâo* | , *eúl* | , *iuě* | ; *iâng* | , *v. p'ìn* | , différentes nuances de bleu, depuis la foncée jusqu'à la plus claire; teinture bleue européenne.

琺 | , *Fă* | , émail.

籃 *Lân.* | | , *v.* | 子, | | , *v.* | *tsè*, panier, boîte à compartiments.

提 | 子生意, *T'î* | *tsè sēn í*, petit commerce de médicaments, ou d'autres articles renfermés dans un petit panier ou une boîte à compartiments.

編 | 子來賣, *Piēn* | *tsè lâi mái*, tresser de ces paniers pour vendre.

醡 | , *Tchá* | , panier très souple, dans lequel on comprime les fruits dont on veut exprimer le jus.

LÀN

攬 *v.* 攬, *Làn.* Louer un ouvrage; s'immiscer dans les affaires d'autrui.

| 頭, *v.* | 子, | *t'eôu*, *v.* | *tsè*, entrepreneur, chef d'ouvriers ou d'hommes de peine.

| 生意, 活路, | *sēn í, hŏ lóu*, louer un commerce, une entreprise.

當 | 頭, *Tāng* | *t'eôu*, faire le maître entrepreneur.

| 過去, *v.* | 跟人家, | *kó k'ú*, *v.* | *kēn jên kiā*, louer à autrui.

| 過來, | *kó lâi*, louer pour soi.

包 | , *Pāo* | , louer un ouvrage à prix fait.

包 | 詞訟, *Pāo* | *ts'è sóng*, se charger à prix fait de la conduite d'un procès.

| 收拾, | *chēou chě*, civière au milieu de laquelle se trouve un grand panier, où se mettent les objets à porter.

| 載子船, | *tsái tsè tch'oûan*, bateau-omnibus pour voyageurs et marchandises.

懶 *Làn.* Paresse.

犯 | 惰, *v.* 犯 | 惰的罪, *Fán* | *tó*, *v. fán* | *tó tĭ tsoúi*, commettre le péché de paresse.

| 不愛動得, | *poŭ gái tóng tĕ*, paresseux qui n'aime pas à se remuer.

| 散人, | *sàn jên*, homme d'un extérieur négligé.

躲 | , *v.* 偷 | , *Tò* | , *v. t'eōu* | , se soustraire au travail par paresse.

好喫 | 做, *Háo tch'ĕ* | *tsóu*, aimer à bien manger, tout en faisant le paresseux.

㜮 *Làn. v.* | 鹽巴, | *iên pā*, saler en frottant ou en brassant.

菜 | 得有鹽, *Ts'ái* | *tĕ ieòu iên*, on a frotté la viande de sel.

| 鹽菜, | *iên ts'ái*, brasser le sel dans les légumes à conserver.

LÁN

難 *Lán.* Souffrance, calamité.

受 | , *v.* 遭 | , *Cheóu* | , *v. tsāo* | , souffrir, tomber dans le malheur.

苦 | , 患 | , *K'òu* | , *houán* | , souffrances.

逃 | ; 逃 | 的, *T'âo* | ; *t'âo* | *tĭ*, fuir le malheur; malheureux qui quitte son pays pour cause de calamité.

我如今落 | 了, *Gò joû kīn lŏ* | *lò*, maintenant je suis tombé dans la misère.

好人多落 | , *Haò jên tō lŏ* | , les hommes de bien ont beaucoup à souffrir.

| 中好救人, | *tchōng haò kieóu jên*, quand les gens sont dans le malheur ou la misère, c'est le bon moment pour les secourir.

母 | 之日, *Mòu* | *tchē jĕ*, (litt.) le jour des souffrances de ma mère, c.-à-d. le jour anniversaire de ma naissance.

爛 *Lán.* Gâté, pourri, brisé, tombé en mauvais état, détérioré.

打 | , 扯 | , 放 | ; 漚 | , 朽 | , *Tà* | , *tch'ĕ* | , *fáng* | ; *gŏ (guéou)* | , *hieòu* | , briser, déchirer, laisser gâter en voulant conserver; pourrir.

| 瘡, | 痘子, | *tch'oūang*, | *teóu tsè*, ulcère mauvais, mauvaise variole.

｜肚皮，｜秀才，｜ *tóu p'ī*, ｜ *sieóu ts'âi*, homme fertile en expédients pour nuire aux gens; bachelier ruiné devenu vaurien et mèchant.

賬放｜了，*Tcháng fáng* ｜ *lò*, il a prêté à fond perdu.

衣裳穿｜了，*ī châng tch'oūan* ｜ *lò*, les habits sont usés, à force d'avoir été portés.

｜脚𩬻，｜ *kiŏ kàn*, jambe rongée par les ulcères.

｜了，｜完了，｜ *lò*, ｜ *ouân lò*, c'est gâté, c'est entièrement gâté.

｜人家的事，｜ *jên kia tĭ sé*, gâter les affaires d'autrui.

這个葯是｜肉，*Tché· kó iŏ ché* ｜ *jŏu*, cette drogue attaque les chairs.

批｜了，打｜招牌，攪｜了，稀髱｜，*P'ēi* ｜ *lò*, *tà* ｜ *tchāo p'âi*, *kào* ｜ *lò*, *hī p'a* ｜, *etc*. Voir *p'ēi*, *p'âi*, *kào*, *hī*.

襤 *Lán*. Déchiré (habit).

｜衣裳，｜ *ī châng*, habits déchirés, guenilles.

｜衿衿，｜ *kīn kīn*, loques (voir *kīn*).

LĀNG

躴 *Lāng*. Grand et mince de corps.

｜巴兒，｜ *pā eûl (pēul)*, nom donné à ceux qui sont fluets, et au dernier d'une catégorie quelconque.

人｜得狠，*Jên* ｜ *tĕ· hèn*, il est trop mince, trop frêle.

｜筋筋一个人，｜ *kīn kīn ī kó jên*, homme de frêle apparence.

LÂNG

囊 *Lâng*. Sac, enveloppe, bourse.

包｜，*Pāo* ｜, sac ou enveloppe de toile, pour porter des effets de voyage.

聖｜包 *Chén* ｜ *pāo*, bourse (pour le corporal).

郎 *Lâng*. Appellatif des hommes (style relevé).

新｜，*Sīn* ｜, le nouveau marié.

大｜，二｜，*Tá* ｜, *eúl* ｜, le fils aîné, le fils cadet.

令｜，*v.* ｜君，*Lín* ｜, *v.* ｜ *kuīn*, votre fils (politesse).

他們両｜舅，*T'ā mên leàng* ｜ *kieóu*, les deux beaux-frères (l'un mari, l'autre frère de la femme).

廊 *Lâng*. Bâtiments accessoires.

走｜，*v.* 遊｜，*Tseòu* ｜, *v.* *ieôu* ｜, promenade couverte.

榔 *Lâng*. 檳｜，*Pīn* ｜, noix d'arec.

狼 *Lâng*. Loup, méchant.

豺｜，*Tch'âi* ｜, loup.

｜心，｜貪，｜ *sīn*, ｜ *t'ān*, cœur cruel, extrêmement cupide.

LÀNG

攮 *Làng*. Ecarter, repousser.

｜他一掌，｜ *t'ā ĭ tchàng*, repousse-le.

｜過去，｜過來，｜ *kó k'ú*, ｜ *kó lâi*, écarter, approcher avec la main.

｜不開，｜ *poŭ k'āi*, impossible de s'en tirer, d'écarter cet obstacle, ou ce malheur.

朗 *Làng*. Clair, net.

｜聲念，｜ *chēn nién*, réciter ou lire à haute et intelligible voix.

明聲｜氣的，*Mîn chēn* ｜ *k'í tĭ*, qui s'exprime à voix haute et nette.

LÁNG

閬 *Láng*. Haut, vaste, ample.

這个房子修得高｜，*Tché· kó fâng tsè sieōu tĕ· kāo* ｜ *(v. lâng)*, cette maison est bien haute.

晾 *Láng*. Sécher à l'air ou au soleil.

｜衣裳，｜ *ī châng*, sécher un habit à l'air.

把我的衣裳｜起，*Pà gò tĭ ī châng* ｜ *k'ì*, mets mes habits à sécher à l'air.

丨不乾，丨 *poǔ kān,* ne pouvoir sécher complètement en mettant à l'air.

他們有晒丨沒得，*T'a mên ieòu chái* 丨 *mǒ tě·?* ont-ils un endroit pour mettre les habits à sécher?

浪 *Láng.* Flot, vague; prodigue.

波丨, *v.* 丨子, *Pō* 丨, *v.* 丨 *tsè,* grande vague.

起丨子，起多高的丨子, *K'ì* 丨 *tsè, k'ì tō kāo tī* 丨 *tsè,* il s'élève des vagues, de très hautes vagues.

放船去鬥丨子, *Fáng tch'oûan k'ú teóu* 丨 *tsè,* lancer sa barque contre les flots.

滾大丨, *Kouèn tá* 丨, naviguer (rouler) sur les hautes vagues.

起丨子船播得狠, *K'ì* 丨 *tsè tch'oûan pò tě· hèn,* la barque est battue, ballottée par les vagues.

載子輕船壓不住丨子, *Tsái tsè k'īn, tch'oûan iǎ poǔ tchóu* 丨 *tsè,* le bateau peu chargé ne peut maîtriser les vagues.

軟皮丨, *Jouàn p'î* 丨, vagues moins fortes et régulières.

後丨催前丨, *Heóu* 丨 *ts'oūi ts'iên* 丨, le flot de derrière pousse celui de devant.

無風不起丨, *Oû fōng poǔ k'ì* 丨, pas de vent pas de vagues.

任他風丨起只是不開船, *Jén t'a fōng* 丨 *k'ì tchè (tchě) ché poǔ k'āi tch'oûan,* que le vent et les flots fassent rage à leur gré, je n'ai qu'à ne pas démarrer.

丨費錢米，丨 *féi ts'iên mì,* dissiper les sapèques et le riz.

丨子收心一片寶，丨 *tsè cheōu sīn ī p'ién paò,* l'enfant prodigue, une fois converti, est une vraie perle.

水丨出來了, *Choùi* 丨 *tch'ǒu lâi lò,* l'eau (du vase) s'est répandue au dehors à force d'avoir été agitée.

亮 *Láng.* Pour *leáng;* voir *leáng.*

LÂO

捞 *Lâo. v.* 丨鉤，丨 *keōu,* croc, gaffe.

勞 *Lâo.* Travail, peine, lassitude.

道丨, *Táo* 丨, remercier quelqu'un de la peine qu'il a prise pour rendre service.

丨了你，丨 *lò gnì,* je vous ai donné de la peine: merci.

不必丨心, *Poǔ pǐ* 丨 *sīn,* inutile de prendre cette peine, de vous inquiéter.

徒丨無功, *T'ôu* 丨 *oû kōng,* se donner de la peine en vain.

微丨何功之有, *Oûi* 丨 *hô kōng tchē ieòu,* ce que j'ai fait est bien peu de chose: ce n'est pas la peine de remercier.

丨碌，丨 *loǔ,* travailler avec excès.

丨苦，犒丨，功丨，丨 *k'òu, k'áo* 丨, *kōng* 丨. Voir *k'òu, k'áo, kōng.*

癆 *Lâo. v.* 丨病, *v.* 丨 *pín,* phthisie.

吐血丨，童子丨，百日丨，枯丨, *T'òu hiě·* 丨, *t'ông tsè* 丨, *pě· jě* 丨, *k'ōu* 丨, phthisie accompagnée de crachements de sang; phthisie des enfants et des jeunes gens; phthisie qui emporte les malades, au bout d'une centaine de jours; anémie, épuisement.

撈 *Lâo.* Retirer de l'eau, retirer.

丨不起來，丨 *poǔ k'ì lâi,* ne pouvoir repêcher.

河裡頭打丨 (*v.* 丨東西), *Hô ì (lì) t'eôu tà* 丨 *(v.* 丨 *tōng sī),* recueillir des épaves sur le fleuve.

沒有丨倒, *Mǒ ieòu* 丨 *tào,* on n'a pu le repêcher.

水中丨鹽, *Choùi tchōng* 丨 *iên,* vouloir repêcher du sel dans l'eau: faire du travail en vain.

丨屍，丨梢，丨 *chē,* 丨 *chāo.* Voir *chē, chāo.*

嘮 *Lâo.* 丨叨，丨 *tāo,* importun, ennuyeux avec son bavardage.

撩 *Lâo (leâo).* Retrousser, relever.

衣裳丨起, *ī châng* 丨 *k'ì,* retrousser ses habits.

衣裳 | 開, *ī chāng* | *k'āi*, entr'ouvrir l'habit.

牢 *Lâo*. Prison; solide.

坐監坐 |, *Tsó kiēn, tsó* |, être en prison (voir *kiēn*).

| 實, | *chĕ*, solide, solidement.

醪 *Lâo*. Vin doux.

| 糟, *v.* | 糟兒, | *tsāo, v.* | *tsāo eûl (tseûl)*, vin doux, moût du vin de riz.

煮一碗 | 糟兒, *Tchòu ĭ ouàn* | *tsāo eûl*, faire bouillir (préparer) une tasse de moût.

LAÒ

老 *Laò*. Vieux, ancien, respectable.

| 了, | 完了, | *lò*, | *ouân lò*, il a vieilli, tout à fait vieilli.

莫笑他人 |, *Mŏ siáo t'ā jên* |, ne te moque pas de la vieillesse d'autrui.

人 | 癲悚, 樹 | 心空, *Jên* | *tiēn tōng, choú* | *sīn k'ōng*, un homme vieux tombe dans l'enfance, un arbre vieux devient creux.

人 |, 心不 |, *Jên* |, *sīn poŭ* |, l'homme vieillit, mais pas son cœur.

沒有到 |, *Mŏ ieòu táo* |, il n'est pas parvenu à la vieillesse.

我要在這裡過 |, *Gò iáo tsái tché· lì kó* |, je veux passer mes vieux jours ici.

你 | 的還好, *Gnì* | *lĭ (tĭ) houân hào?* vous allez encore bien, mon vieux?

| 者, | 漢兒, | *tchè·*, | *hán eûl (héul)*, un vieux (termes familiers et peu respectueux).

| 子, | *tsè*, le vieux, pour dire le père. (Peu respectueux dans la bouche des enfants, il est très employé par les parents eux-mêmes. Ce mot est fort usité dans les malédictions.)

娘 | 子, *Niâng* | *tsè*, les parents, père et mère (pop.).

充 | 子, *Tch'ōng* | *tsè*, se donner comme le père de quelqu'un (c'est ce que font souvent les Chinois dans leurs malédictions).

| 子不怕你, | *tsè poŭ p'á gnì*, moi, ton père, je n'ai pas peur de toi (maléd.).

養 | 田, *Iàng* | *t'iên*, rizières que se réservent les parents lors du partage des biens.

包穀沒有 |, *Pāo koŭ mŏ ieòu* |, le maïs n'est pas mûr.

蛋煮 | 了, *Tán tchoù* | *lò*, les œufs sont trop cuits.

| 房子, | *fâng tsè*, maison paternelle; cercueil (voir *fâng*).

放在 | 地頭, *Fáng tsái* | *tí t'eôu*, remettre à la place d'autrefois.

| 色, | *sĕ·*, couleur primitive, naturelle.

抬 | 點, *T'âi* | *tièn*, (litt.) porte un peu plus mûrement, c.-à-d. avance un peu sur l'épaule le bâton à porter (de peur qu'il ne glisse).

| 毛病, | *mâo pín*, maladie (physique ou morale) qui date de longtemps.

| 典, | *tièn*, chef de bureau (*fâng*) d'un prétoire.

|, placé immédiatement devant le nom de famille, est une appellation familière usitée entre égaux, ou de supérieur à inférieur, ainsi on dira:

| 王, | 唐, | *Ouâng*, | *T'âng*, *Ouâng* un tel, *T'âng* un tel.

| 大, | 二, | 三, | 么, | *tá*, | *eúl*, | *sān*, | *iāo*, l'aîné, le 2eme, le 3eme, le dernier parmi les frères.

| 當, | 比, | *tāng* (abrégé de *kī sē tāng*), | *pì* (abrégé de Pilate): chrétiens, payens (termes dont se servent les Chrétiens pour ne pas être compris des payens).

| 爺, | *iê·*, 大 | 爺, *Tá* | *iê·*, | 夫子, | *foū tsè*, | 師, | *sē*, | 先生, | *siēn sēn*; | 帶年, | *tái niên, v.* | 尊年, *v.* | *tsēn niên*, etc. Voir *iê·*, *foū*, *sē*, *sēn*, *niên*.

| 木頭, | *moŭ t'eôu*, | 實, | *chĕ*, | 虎, | *foù*, | 熊, | *hiông*, | 鴉, | *oūa (ia)*, | 鼠, | *choù*, | 舖, | *kouán*, | 木虫, | *moŭ tch'ông*, | 庚, | *kēn*, | 輩子, | *péi tsè*, | 板, | *pàn*, | 樸樸的, | *p'ŏu p'ŏu tĭ*, | 酒, | *tsieòu*, | 林, | *lîn*, | 火, | *hò*, etc., etc. Voir *mŏu*, *chĕ*, *foù*, *hiông*, *oūa*, *chòu*, *kouán*, *tch'ông*, *kēn*, *péi*, etc., etc.

瑙 *Lào.* 瑪｜,瑪｜珠子, *Mà* ｜; *mà* ｜ *tchōu tsè,* cornaline; chapelet ou collier de cornaline.

惱 *Lào.* Irritation, haïr, détester.

｜恨, ｜ *hén,* haïr, détester (voir *hén*).

腦 *Lào.* Cerveau.

｜膭, ｜ *k'ŏ*, tête; 抬起｜膭,埋起｜膭, *T'âi k'ì* ｜ *k'ŏ, mâi k'ì* ｜ *k'ŏ.* Voir *k'ŏ.*

望倒｜膭, *Ouáng tào* ｜ *k'ŏ,* lever la tête comme pour regarder.

偏起｜膭, *P'iēn k'ì* ｜ *k'ŏ,* incliner la tête de côté.

打破｜膭, *Tà p'ó* ｜ *k'ŏ,* briser, ouvrir la tête.

你說話沒頭｜, v.沒頭,沒｜的, *Gnì chŏ houá* mŏ t'eôu ｜, *v.* mŏ t'eôu, mŏ ｜ tĭ, ce que tu dis n'a pas de suite, n'a ni queue ni tête.

打｜膭, *Tà* ｜ *k'ŏ,* (litt.) frapper la tête: au fig. se dit des choses qui portent à la tête, comme le vin, le tabac.

｜髓,潮｜, ｜ *soùi, tch'âo* ｜, cervelle, camphre.

拷 *Lào.* Porter sur l'épaule.

｜起走, ｜ *k'ì tseoù,* emporter sur l'épaule.

｜包包;｜幾吊錢, ｜ *pāo pāo,* ｜ *kì tiáo ts'iēn,* porter sur l'épaule un paquet, quelques ligatures.

｜枷, ｜ *kiā,* porter la cangue.

｜鎗去打野物, ｜ *ts'iāng k'ú tà iè·oŭ,* aller à la chasse le fusil sur l'épaule.

｜竿竿, ｜ *kān kān,* au fig. même sens que *tchàng kān kān;* voir *kān.*

｜大鎚;｜大頭, ｜ *tá tch'ôui;* ｜ *tá t'eôu,* (litt.) soulever le gros marteau, porter le gros bout; se mettre en avant, supporter la plus grande charge dans une affaire.

修經堂會長要｜大頭, *Sieōu kīn t'âng houí tchàng iáo* ｜ *tá t'eôu,* quand on bâtit un oratoire, c'est aux catéchistes à supporter les plus fortes charges.

LÁO

殰 *Láo.* Empoisonner.

找葯｜耗子, *Tchào iŏ* ｜ *háo tsè,* chercher des drogues pour empoisonner les rats.

｜人的葯, ｜ *jên tĭ iŏ,* drogue qui est un poison.

｜死人;｜死的, ｜ *sè jên;* ｜ *sè tĭ,* empoisonner; mort empoisonné.

｜不死, ｜ *poŭ sè,* ne pouvoir faire périr par le poison.

｜陽花 (*v.* 鬧羊花), ｜ *iâng hoūa,* datura stramonium.

鬧 *v.* 閙. *Láo.* Bruyant, animation.

不要｜, *Poŭ iáo* ｜, ne faites pas de tapage.

｜臢, ｜ *tsá,* sans ordre, avec bruit et confusion.

又吵又｜, *v.* 吵｜, *Ieoú tch'ào ieoú* ｜, *v. tch'ào* ｜, se quereller, se disputer à grands cris.

喧｜,昏｜, *Huēn* ｜, *hoūen* ｜, se bousculer avec force tapage, se quereller comme des fous.

回子｜雲南,｜空了, *Hoûi tsè* ｜ *Iûn nân,* ｜ *k'ōng lò,* les Mahométans ont ravagé le Yunnan et l'ont rendu désert.

｜事起來了, ｜ *sé k'ì lâi lò,* il a surgi une affaire, une rébellion.

｜人家, ｜ *jên kiā,* injurier, quereller autrui.

你去｜他一吓, *Gnì k'ú* ｜ *t'ā ĭ há,* va lui faire un charivari.

打｜, *Tà* ｜, faire la maraude, piller, voler.

圖｜熱, *T'ôu* ｜ *jĕ·,* aimer la foule et le bruit, la pompe (voir *jĕ·*).

｜娼家, *v.* ｜蕩子, ｜ *tch'āng kiā, v.* ｜ *táng tsè,* fréquenter les maisons de débauche.

LĔ

肋 *Lĕ·.* Côte.

｜膀, *v.* ｜巴;｜骨, *v.* ｜巴骨, ｜ *p'àng, v.* ｜ *pā;* ｜ *koŭ, v.* ｜ *pā koŭ,* flanc, côte.

一條｜骨，ì t'iâo｜koŭ, une côte.

勒 Lĕ·. Frein, mors, rênes; contraindre.

你轡頭緊點把牲加｜轉來，Gnì p'éi t'eôu kìn tièn pà sēn k'eòu｜tchouàn lâi, serre la bride davantage, pour faire reculer l'animal.

帕｜子，P'á｜tsè, espèce de petit bonnet à l'usage des femmes.

背繫｜我的膀子，Péi hí｜gò tī pàng tsè, les attaches de la hotte me blessent l'épaule.

並無｜逼等情，Pín oû｜pĭ tèn ts'în, absolument sans aucune contrainte (formule de contrat).

｜葫荳葉，｜foû teoú ĭĕ·, cueillir les feuilles de feve.

｜揹人家，｜k'én (v. k'èn) jên kiā, faire une violence morale à quelqu'un, l'opprimer.

LEA

繚 Lĕa (leâo). Se débarrasser, arracher.

｜不脫，｜poŭ t'ŏ, pas moyen de s'en débarrasser.

他這吓巴倒你你｜不脫，T'ā tché· há pā taò gnì, gnì｜poŭ t'ŏ, le voilà maintenant accroché à toi, tu ne pourras plus t'en débarrasser.

皮都｜脫了，P'î toū｜t'ŏ lò, la peau est même partie (écorchure).

｜了皮，｜lò p'î, je me suis écorché.

拿錢｜兩百跟他，Lâ ts'iên｜leàng pĕ· kēn t'ā, donne-lui 200 sapèques.

LEÂNG

良 Leâng. Bon, excellent.

慈｜，｜善，淳｜，Ts'ê｜，｜chán, choûen｜，doux, miséricordieux.

｜心，有｜心的人，｜sīn, ieòu｜sīn tī jên, conscience; homme de conscience.

｜心過不得，v. 受責備，｜sīn kó poŭ tĕ·, v. cheóu tsĕ· pí, avoir des remords de conscience.

你沒｜心，Gnì mŏ｜sīn, tu n'as pas de conscience!

昧 (v. 敗 v. 壞 v. 喪)｜心，Méi (v. pái v. houái v. sáng)｜sīn, fausser, oblitérer la conscience.

查考｜心，Tch'â k'ào｜sīn, examiner sa conscience.

｜家 (v. 民) 子弟，｜kiā (v. mîn) tsè tí, jeune homme de famille honorable.

誣｜爲盜，Oū｜oûi táo, accuser un honnête homme d'être voleur.

凉 Leâng. Frais.

｜快，｜k'oúai, fraîcheur agréable.

坡上歇｜，P'ō cháng hiĕ·｜，prendre le frais sur la montagne.

乘 (v. 歇)｜，Chên (v. hiĕ·)｜，prendre le frais.

｜悠悠的，｜ieōu ieōu tī, frais très agréable.

退｜，T'oúi｜，le temps se rafraîchit.

茶，菜｜了，Tch'â, ts'ái｜lò, le thé, les mets sont refroidis.

官受了｜，Kouān cheóu lò｜，litt. le mandarin a été rafraîchi, il a reçu une réprimande de ses supérieurs.

｜水，｜風，｜葯，｜亭子，｜糕，｜choùi，｜fōng，｜iŏ，｜t'în tsè，｜kāo, etc. Voir choùi, fōng, iŏ, t'în, kāo.

毛硝大黃是大｜，Mâo siāo tá houâng ché tá｜，le māo siāo (sel purgatif très employé) et la rhubarbe sont des purgatifs (rafraîchissants) énergiques.

這个病｜不得，Tché· kó pín｜poŭ tĕ·, dans cette maladie il faut éviter les rafraîchissants ou purgatifs, ou bien, il faut se garder des refroidissements.

我｜了吓，Gó｜lò há, j'ai pris un refroidissement.

糧 v. 粮 Leâng. Aliments, denrées; impôt.

大｜，v. 正｜，Tá｜，v. tchén｜，litt. les grandes, les vraies céréales, c.-à-d. le riz, le maïs, le froment.

雜｜，Tsă｜，les autres céréales.

米丨,米丨舖, *Mì* 丨; *mì* 丨 *p'ŏu*, riz, vivres; magasin à riz.

兵丨, *v.* 丨**餉**, *Pīn* 丨, *v.* 丨 *hiàng*, vivres, solde des soldats.

喫丨, *Tch'ĕ* 丨, *litt.* manger la solde des soldats, c.-à-d. être soldat.

進城上丨, *Tsín tch'ĕn cháng* 丨, aller en ville payer l'impôt.

扯丨票, *Tch'è* 丨 *p'iáo*, se faire délivrer le reçu timbré du payement de l'impôt.

抬丨, *v.* **栽丨**, *T'âi* 丨, *v. ts'âi* 丨, augmenter l'impôt à payer (ce qui se fait pour ceux qui ne paient pas à temps).

撥丨稅契, 用丨, 丨戶, *Pŏ* 丨 *chouí k'í, ióng* 丨, 丨 *foú*. Voir *k'í, ióng, foú.*

飛丨, *Fēi* 丨, faire passer une partie de l'impôt d'un terrain sur un autre (par ex. en aggravant l'impôt du terrain qu'on vend, pour diminuer d'autant celui du terrain qu'on conserve).

丨**房**, 丨 *fáng*, bureau des impôts.

丨**差**, 丨 *tch'âi*, satellite chargé de presser la rentrée des impôts.

樑

v. **梁** *Leâng.* Maîtresse poutre; montagne; régiment.

正丨, *Tchén* 丨, la maîtresse poutre d'une maison.

上丨不正下丨歪, *Cháng* 丨 *poŭ tchén hiá* 丨 *ouāi*, si la poutre principale n'est pas droite, celle qui est au-dessous ne saurait l'être (prov.).

上丨, *Cháng* 丨, mettre la maîtresse poutre en place (ce qui se fait solennellement).

買屋看丨討媳看娘, *Mài oŭ k'án* 丨, *t'ào sĭ k'án niâng*, en achetant une maison il faut regarder à la maîtresse poutre, pour choisir une bru il faut regarder à la mère.

丨**擔**, 丨 *tán*, poutre qui supporte des demi-colonnes.

鞋丨子, *Hâi* 丨 *tsè*, arête ou côte des souliers, sur le dessus du pied (voir *hâi*).

斗丨子, *Teòu* 丨 *tsè*, traverse du boisseau.

山丨, *Chān* 丨, crête d'une chaine de montagnes.

翻丨子, *Fān* 丨 *tsè*, passer une montagne.

一匹丨子, *ĭ p'ĭ (p'ĭ)* 丨 *tsè*, une montagne; un régiment de soldats.

丨**子上的不是得好人**, 丨 *tsè cháng tĭ poŭ ché tĕ· haò jên*, les soldats ne sont pas des gens honnêtes.

扎一匹丨子, *Tchă ĭ p'ĭ* 丨 *tsè*, installer un régiment.

粱

Leâng. v. **高丨**, *v. kāo* 丨, sorgho.

高丨酒, *Kāo* 丨 *tsieòu*, eau-de-vie de sorgho.

高丨殼殼, *Kāo* 丨 *k'ŏ k'ŏ*, balle de sorgho.

量

Leâng. Délibérer, estimer.

商丨一件事, *Chāng* 丨 *ĭ kién sé*, délibérer sur une affaire.

我易得商丨, *Gò í tĕ· chāng* 丨, je suis de bonne composition.

要商丨一吓, *Iáo chāng* 丨 *ĭ há*, il faut se consulter un peu.

思丨一吓, *Sē* 丨 *ĭ há*, réfléchir un peu.

LEÀNG

両

v. **兩** *Leàng.* Deux, les deux; once.

我出丨百錢你要出二百五, *Gò tch'ŏu* 丨 *pĕ· ts'iên, gnì iáo tch'ŏu eúl pĕ· où*, je donne 200 sapèques, tu en donneras 250. (Sur l'emploi de *leàng* et de *eúl*, voir *eúl; leàng* ne s'emploie jamais comme nombre ordinal.)

丨**不實照**, 丨 *poŭ chĕ tcháo*, il y a inadvertance de part et d'autre (excuse).

丨**爺子丨夫婦, 丨口子丨娘母**, 丨 *iê· tsè*, 丨 *foū foú*, 丨 *k'eòu tsè*, 丨 *niâng moù, etc.* Voir *iê·, foú, k'eòu, niâng*, etc.

丨**大小**, 丨 *tá siào*, les deux femmes d'un individu, la légitime et la concubine.

一丨銀子, 一百銀子, *ĭ* 丨 *în tsè, ĭ pĕ· în tsè*, 1 taël, 100 taëls. (Pour les centaines, les milliers de taëls, quand il n'y a pas de fraction, le mot *leàng* très souvent n'est pas exprimé.)

吃二｜,四｜, *Tch'ĕ eúl* ｜, *sé* ｜, boire 2 onces, 4 onces (sous-entendu, de vin).

｜頭, *v.* **｜邊**, *v.* **｜面**, ｜ *t'eôu*, *v.* ｜ *piēn*, *v.* ｜ *mién*, les 2 extrémités, les 2 côtés, les 2 faces.

我走這條路｜頭黑, *Gò tseòu tché· t'iâo loú* ｜ *t'eôu hĕ·*, dans ce voyage, parti avant le jour, j'arrive de nuit (*litt.* il faisait noir aux deux bouts).

分｜, *Fēn* ｜, nom générique des poids.

LEÁNG

量 *Leáng*. Mesure, limite, capacité.

力｜, *Lĭ* ｜, mesure, degré de forces (physiques ou morales).

盡力｜, *Tsín lĭ* ｜, de toute la mesure de ses forces, faire son possible.

巴不得出一封銀子沒得那个力｜, *Pā pŏu tĕ· tch'ŏu ĭ fōng în tsè mŏ tĕ· lá kó lĭ* ｜, je voudrais bien donner 50 taëls, je n'en ai pas le moyen (mes forces ne vont pas jusque là).

挑不起沒得那樣大的力｜, *T'iāo pŏu k'ì mŏ tĕ· lá iáng tá tĭ lĭ* ｜, je ne suis pas de force à porter.

救靈魂是超人的力｜, *Kieóu lîn houên ché tch'āo jên tĭ lĭ* ｜, sauver son âme est au-dessus des forces humaines.

無限無｜, *Oû hién oû* ｜, sans limite ni mesure.

你有好大的酒｜, *Gnì ieòu hào tá tĭ tsieòu* ｜, combien peux-tu boire de vin (sans t'enivrer)?

我｜(v. 酒｜)淺, *Gò* ｜ (*v. tsieòu* ｜) *ts'iēn*, je ne puis supporter beaucoup de vin.

度｜, *Tóu* ｜, intelligence, habileté, faculté de savoir prendre une décision.

這个人｜大(v. 氣｜大), *Tché· kó jên* ｜ *tá* (*v. k'í* ｜ *tá*), cet homme a le cœur grand, large.

酌｜, *Tchŏ* ｜, réfléchir.

做甚麼事先｜一吓, *Tsóu chén mô sé siēn* ｜ *ĭ há*, il faut réfléchir avant de rien entreprendre.

｜體裁衣, ｜ *t'ì ts'âi ī*, tailler un habit sur mesure.

平生只會｜人短何不回頭把自｜, *P'în sēn tchè* (*tchĕ*) *hoúi* ｜ *jên touàn, hô pŏu hoûi t'eôu pà tsé* ｜, au lieu de passer sa vie à juger les défauts des autres, pourquoi ne pas faire un retour sur soi-même, pour examiner ses propres défauts?

諒 *Leáng*. Supposer, conjecturer.

｜必沒得那个事, ｜ *pĭ mŏ tĕ· lá kó sé*, j'ai du mal à croire qu'il y ait cette affaire.

｜(v. ｜必)他不敢來, ｜ (*v.* ｜ *pĭ*) *t'ā pŏu kàn lâi*, je suis persuadé qu'il n'osera pas venir.

晾 *Leáng*. Exposer à l'air.

皮貨要｜吓不是要生虫, *P'î hó iáo* ｜ *há, pŏu ché iáo sēn tch'ông*, les fourrures doivent être mises à l'air, sinon les vers les attaquent.

亮 *Leáng*. Clair, lumineux.

光｜, *v.* **明｜**, *Kouāng* ｜, *v. mîn* ｜, clair, brillant.

｜蕁蕁的, *v.* **｜晃晃的**, ｜ *tsēn tsēn tĭ*, *v.* ｜ *houáng houáng tĭ*, très brillant, très éclairé.

天｜了, *T'iēn* ｜ *lò*, il fait jour.

天｜起來, *T'iēn* ｜ *k'ì lâi*, se lever au jour.

大天｜了, *v.* **大天大｜**, *Tá t'iēn* ｜ *lò*, *v. tá t'iēn tá* ｜, il fait grand jour.

天｜開了, *T'iēn* ｜ (*v. láng*) *k'āi lò*, le temps s'est éclairci.

｜臊, *v.* **｜爽**, ｜ *sáo*, *v.* ｜ *sàng* (*chouàng*), bien éclairé.

搬,磨不｜, *Ts'ă*, *mô pŏu* ｜, ne pouvoir faire briller en frottant, en aiguisant.

玻璃是透｜的, *Pō lî ché t'eóu* ｜ *tĭ*, le verre est transparent.

點｜, *Tièn* ｜, allume.

拏｜來照我吓, *Lâ* ｜ *lâi tcháo gò há*, apporte de la lumière pour m'éclairer un peu.

燈不｜，不發｜，*Tēn pǒu* ｜，*pǒu fǎ* ｜，la lampe ne brille pas, ne donne pas de lumière.

不要擋(*v.*遮)我的｜，*Pǒu iáo tàng* (*v. tchē*) *gò tǐ* ｜，ne m'intercepte pas la lumière.

開一个窗子接(*v.*偷)｜，*K'āi ǐ kó ts'āng tsè tsiě* (*v. t'eōu*) ｜，ouvrir une fenêtre pour donner du jour.

｜壺，*v.* ｜壺兒，*v.* ｜油壺，｜ *fôu*, *v.* ｜ *fôu eûl* (*feûl*), *v.* ｜ *ieôu fôu*, lampe portative en terre.

｜皮子，｜ *p'î tsè*, allumette soufrée.

｜火虫，｜ *hò tch'ông*, ver luisant.

｜花兒，｜ *hoūa eûl*, champignon de mèche; grosse mèche de lampe en fil.

LEÂO

遼 *Leâo.* ｜東，｜ *tōng*, province et fleuve de ce nom (Mandchourie).

鐐 *Leâo.* 脚｜，*Kiǒ* ｜，entraves pour les pieds.

上了脚｜手杻，*Cháng lò kiǒ* ｜ *cheòu tcheòu*, on lui a mis les entraves aux pieds et les menottes aux mains.

LEÀO

了 *Leào (lò).* Terminer, finir; marque souvent le passé, et aussi le présent; joint aux adjectifs, il fait l'office du verbe être, et indique souvent un excès de la qualité. (Sauf dans le sens de terminer, finir, on prononce généralement *lò* pour *leào*. D'autres distinguent, prononçant *lò* après une voyelle: *tch'ě lò*, et *nò* après une consonne: *K'án nò*).

各人做事各人｜，*Kǒ jên tsóu sé, kǒ jên* ｜，(litt.) ce que chacun fait, à chacun de le terminer, à chacun de répondre de ses actions.

這个事我跟你們｜(*v.* ｜好)，*Tché kó sé gò kēn gnì mên* ｜ (*v.* ｜ *hào*), je veux vous terminer cette affaire, vous mettre d'accord.

事｜｜，*Sé* ｜ *lò*, l'affaire est terminée, arrangée.

他的官｜｜，*T'ā tǐ kouān* ｜ *lò*, il a perdu sa place de mandarin.

不得｜，*Poǔ tě* ｜，ne pas pouvoir être terminé; être à bout de moyens.

他的事一吓不得｜，*T'ā tǐ sé ǐ há poǔ tě* ｜，ses affaires ne pourront pas de si tôt être tirées au clair.

他的病不得｜，*T'ā tǐ pín poǔ tě* ｜，sa maladie est désespérée.

｜不起，｜ *poǔ k'ì*, qui ne peut être terminé, superlatif.

這个事一時｜不起，*v.* ｜不倒，*Tché kó sé ǐ chê* ｜ poǔ k'ì, *v.* ｜ poǔ tào, cette affaire ne peut se terminer en un moment.

這个教師｜不起，*Tché kó kiáo sē* ｜ *poǔ k'ì*, ce maître d'armes est invincible.

他有｜幾吊錢就｜不起，*v.* ｜不得，*T'ā ieòu lò kì tiáo ts'iên, tsieóu* ｜ poǔ k'ì, *v.* ｜ poǔ tě, parce qu'il a quelques ligatures, il ne se possède plus.

｜性酒，｜ *sín tsieòu*, liqueur médicinale.

喫｜，來｜，去｜，*Tch'ě* ｜ *(lò)*, *lâi* ｜ *(lò)*, *k'ú* ｜ *(lò)*, j'ai mangé, je suis venu, je suis allé.

我見不得他｜，*Gò kién poǔ tě t'ā* ｜ (*lò*), je ne puis plus le voir (supporter sa vue).

你還要犯罪不...不｜，*Gnì houân iáo fán tsoúi poǔ? R. Poǔ* ｜ (*lò*), vas-tu encore recommencer à pécher? R. Non, plus jamais.

熱｜，冷｜，*Jě* ｜ (*lò*), *lèn* ｜ (*lò*), c'est chaud, c'est froid.

高｜，小｜，*Kāo* ｜ (*lò*), *siào* ｜ (*lò*), *etc.*, c'est haut (trop haut), petit (trop petit), etc.

完｜，完｜完｜，*Ouân* ｜ (*lò*), *ouân* ｜ (*lò*) *ouân* ｜ (*lò*), c'est fini; malheur! malheur!

LEÁO

料 *Leáo.* Compter, prévoir; matière, matériaux.

萬不｜有這宗事，*Ouán poǔ* ｜ *ieòu tché tsōng sé*, je n'aurais pas prévu qu'il y eût pareille affaire.

丨不定的事，丨 *poŭ tín tĭ sé*, choses qu'on ne peut prévoir d'une manière certaine.

你靈魂的事要丨理吓，*Gnì lîn houên tĭ sé iáo* 丨 *lì há*, il faut t'occuper un peu des affaires de ton âme.

丨子，*v.* 材丨，丨 *tsè, v. ts'âi* 丨，matière première à mettre en œuvre (le contexte indique de quel genre de matière il est question).

木丨，燒丨，顏丨，下丨，*Mŏu* 丨，*chāo* 丨，*iên* 丨，*hiá* 丨．Voir *mŏu, chāo, iên, hiá*.

房丨，藥丨，*Fâng* 丨，*iŏ* 丨，matériaux d'une maison (bois surtout), médicaments bruts.

扯一件馬掛丨，*Tch'è· ĭ kién mà koúa* 丨，acheter l'étoffe pour un pardessus.

一个布有兩件衫丨，*ĭ kó póu ieòu leàng kién chān* 丨，une pièce de toile de coton (chinoise) a de quoi faire deux robes.

辦丨子，*Pán* 丨 *tsè*, préparer les matières premières.

背(*v.* 虧)丨，*Pēi* (*v. k'oūi*) 丨，chose dont la confection demande beaucoup de matière.

衫子比褂子背丨，*Chān tsè pì koúa tsè pēi* 丨，une robe demande plus d'étoffe qu'un pardessus.

馬丨，餵丨，*Mà* 丨，*oúi* 丨，céréales pour les chevaux, nourrir les animaux avec des céréales.

這個娃娃不是得好丨子，*Tché· kó oûa oûa poŭ ché tĕ· hào* 丨 *tsè*, ce gamin a de mauvaises dispositions, il ne promet rien de bon.

正經材丨，*Tchén kīn ts'âi* 丨，bons matériaux (au pr. et au fig.).

撩 *Leáo*. Abandonner, laisser.

這些爛東西肯拏來丨了，*Tché· sī lán tōng sī, k'èn lâ lâi* 丨 *lò*, ce qu'il y a de mieux à faire de toutes ces vieilleries, c'est de les jeter.

丨在田裡頭，丨 *tsái t'iên ì (lì) t'eôu*, jeter, abandonner dans la rizière.

LĒN

綸 *Lēn*. Tordre, rouler pour arrondir.

丨線，丨麻，丨 *sién*, 丨 *mâ*, tordre du fil, du chanvre.

撚子丨緊點，*Niên tsè* 丨 *kìn tièn*, roule l'allumette (de papier) un peu plus serrée.

丨丸子，丨 *iuên tsè*, faire (rouler) des pilules.

LÊN

倫 *Lên*. Ordre, espèce.

五丨(君臣，父子，夫婦，兄弟，朋友)，*Où* 丨，les cinq rapports sociaux, savoir: entre le prince et le sujet, *kuīn tch'ên;* entre le père et le fils, *fóu tsè;* entre le mari et la femme, *fōu fóu;* entre les frères, *hiong tí;* entre les amis, *p'ông ieòu*.

婚姻是五丨之首，*Houēn īn ché où* 丨 *tchē cheòu*, le mariage est la base des cinq rapports sociaux.

人丨，*Jên* 丨，les rapports naturels des hommes entre eux.

殺父母造反都是滅(*v.* 逆)丨的大罪，*Chă fóu mòu ts'áo fàn, tōu ché miĕ·* (*v. gnĭ, v. gnĭĕ·*) 丨 *tĭ tá tsoúi*, le parricide et la rébellion sont des crimes contre nature.

輪 *Lên. v.* 丨子，*v.* 丨 *tsè*, roue; par ordre, successif.

挨丨子，*Gāi* 丨 *tsè*, par ordre, l'un après l'autre.

丨子船，丨 *tsè tch'oûan*, barques qui font le service public à tour de rôle.

車丨子，*Tch'ē* 丨 *tsè*, roue de char.

鐘表的丨子，*Tchōng piào tĭ* 丨 *tsè*, roues d'une horloge, d'une montre.

丨子不轉，丨 *tsè poŭ tchoùan*, la roue ne tourne pas.

丨中要一个，丨 *tchōng iáo ĭ kó*, il en faut un sur le nombre.

能 *Lên.* Pouvoir (au pr. et au fig.).

全丨天主, *Ts'uên* 丨 *T'iēn Tchoù*, Dieu tout puissant.

天主的全丨, *T'iēn Tchoù tĭ ts'uên* 丨, la toute-puissance de Dieu.

丨幹, 丨彀, 丨 *kán*, 丨. *keóu*, puissant.

不丨 (*v.* 不丨彀)做, *Poŭ* 丨 (*v. poŭ* 丨 *keóu*) *tsóu*, ne pas pouvoir ou ne pas vouloir (suivant le contexte) faire.

不拘何人都丨付洗, *Poŭ kŭ hô jên tōu* 丨 *fóu sì*, tout homme peut baptiser.

丨說不丨行, 丨 *chŏ poŭ* 丨 *hîn*, il sait dire, mais il ne sait pas faire.

楞 *v.* 稜 *Lên.* Angle, arête.

四个丨丨, *Sé kó* 丨 丨, les quatre arêtes.

丨丨缺了, 丨 丨 *k'uĕ· lò*, l'arête est ébréchée.

光棍總怕倒丨, *Kouāng kouén tsòng p'á tào* 丨, les chenapans ont toujours peur de se faire prendre.

LÈN

撚 *Lèn* (pour *nièn*). Allumette en papier. Voir *nièn*.

冷 *Lèn.* Froid.

天氣丨(丨得狠), *T'iēn k'í* 丨 (丨 *tĕ· hèn*), il fait un temps froid (très froid).

高山丨凍大, *Kāo chān* 丨 *tóng tá*, il fait grand froid sur les montagnes.

丨天, 丨 *t'iēn*, les jours froids, l'hiver.

茶丨了, 氷丨的, *Tch'â* 丨 *lò*, *pīn* 丨 *tĭ*, le thé est froid, d'un froid glacial.

丨瀙瀙的, 丨 *ts'ín ts'ín tĭ*, d'un froid pénétrant, d'une solitude glaciale.

過山沒得人烟就丨瀙, *Kó chān mŏ tĕ· jên iēn, tsieóu* 丨 *ts'ín*, au passage des montagnes où il n'y a pas d'habitants, la solitude vous donne le frisson.

丨颼颼的, 丨 *seōu seōu tĭ*, d'un petit froid piquant.

不丨不熱, *Pŏu* 丨 *pŏu jĕ·*, ni chaud ni froid.

作寒作丨, *Tsŏ hân tsŏ* 丨, éprouver le frisson de la fièvre.

丨熱不和, 丨 *jĕ· pŏu hô*, le froid et le chaud ne sont pas en harmonie (dans le corps): aphorisme de la médecine chinoise.

病人要忌生丨, *Pín jên iáo kí sēn* 丨, un malade doit s'abstenir des mets crus et froids.

出丨汗, *Tch'ŏu* 丨 *hán*, avoir une sueur froide.

坐丨板凳, *Tsó* 丨 *pàn tén*, (litt.) être assis sur un banc froid, nom d'un genre de torture.

打丨鎚, *Tà* 丨 *tch'oûi*, frapper à l'improviste.

丨木了, *v.* 丨強了, 丨 *mŏu lò*, *v.* 丨 *kiáng lò*, engourdi par le froid.

丨淡, 丨 *tán*, tiède (au moral), sans animation.

他丨淡了不念經, *T'ā* 丨 *tán lò*, *pŏu nién kīn*, il est devenu tiède, et ne prie plus.

城裡頭丨淡, *Tch'ên ì* (*lì*) *t'eôu* 丨 *tán*, la ville est sans animation, il n'y a pas de commerce.

丢丨了, *v.* 丢丨淡, *Tiēou* 丨 *lò*, *v. tiēou* 丨 *tán*, ne plus s'occuper d'une affaire, la laisser s'assoupir.

LÉN

論 *Lén.* Délibérer, discuter, raconter; quant à.

講丨, *v.* 談丨, *Kiàng* 丨, *v. t'án* 丨, parler, disputer de.

推丨, *T'oūi* 丨, raisonner, déduire.

丨理該罰, 丨 *lì kāi fă*, selon le droit, il devrait être puni.

丨天主的道理做不得, 丨 *T'iēn Tchoù tĭ táo lì tsóu poŭ tĕ·*, suivant la doctrine chrétienne, cela ne se peut faire.

丨我倒沒來頭, 丨 *gò táo mŏ lâi t'eôu*, quant à moi, peu importe.

丨他這件事易得安排, 丨 *t'ā tché kién sé í tĕ· gān p'âi*, quant à son affaire, il est facile de l'arranger.

国家出版基金项目
NATIONAL PUBLICATION FOUNDATION

海上絲綢之路文獻集成

總主編 陳支平 陳春聲

歷代史籍編 79

主編 范金民

海峽出版發行集團
THE STRAITS PUBLISHING & DISTRIBUTING GROUP
福建人民出版社

本册目次

江蘇海運全案十二卷

〔清〕賀長齡等纂

《江蘇海運全案》十二卷，清賀長齡等纂。長齡（一七八五—一八四八）字耦耕，湖南善化（今長沙）人。嘉慶十三年（一八〇八）進士，官江蘇、山東布政使。道光六年（一八二六）行海運之法，江蘇藩司所屬蘇、松、常、鎮四府，太倉一州額漕正耗米一百六十三萬一千餘石，由吴淞海運至天津。是書即彙録此事全案。書分諭旨章奏四卷、詳稟文移四卷、米册一卷、船册二卷、圖説一卷。所附海運圖，詳記江蘇至天津海域地名，凡海島、礁、沙、水道等，皆施以標注。又精繪、詳述海運沙船形制，尤爲難得。據上海圖書館藏清道光六年刻本影印。

江蘇海運全案

板存蘇松太道庫

海運全案序

國家定鼎宅燕歲漕東南米四百餘萬石供億
京師蓋因前代會通河之舊南起江北達通州而咽喉
於黃淮交滙之淸口康熙嘉慶年間屢以河患議海
運未果道光四年冬大風壞高堰淸口淤明年漕滯
詔羣臣議海運協辦大學士英和連疏陳其利六月臣澍
自皖移蘇途次接奉
諭旨令覆議甫接任即拜摺請海河分運時督臣琦善自
山東奉
簡命至亦主海運議並得

旨報可七月臣澍因公至海上召集長年三老宣播
皇仁與約期冬歸受兌新漕八月布政使臣賀長齡復往
議定水腳雇值及剝兌一切章程六年春正月沙船
攢泊黃浦臣澍自省馳往率同大小文武相機督辦
其天津收米則尚書臣穆彰阿倉場侍郎臣百春臣
申啟賢同各員夙夜將事遂六月上旬而起運告竣
計海船一千五百六十二號裝兌蘇藩司所屬四府
一州額漕正耗米一百六十三萬三千餘石由吳淞
出崇明佘山北放大洋趨成山轉之罘以達天津水
程四千餘里往返兩次不爽時日屢遇風暴履險如

夷間有鬆艙拋失耗米爲數共止八百餘石不及全
運米千分之一至於正額顆粒無損因思古來海運
如禹貢碣石入河泰起黃腄輓遼左乃在瀛滄登萊
境內對渡關東道里無多唐宋偶一餽運其數更微
故史不載明初張赫等初運三十萬最多至七十萬
永樂中陳瑄始建倉於直沽亦止以百萬爲名其後
沈廷揚自淮河口開洋七日抵天津一時詫爲異事
其實經營已閱年餘所運二萬六千石而已即元代
海運最久其初運亦僅四萬三千石行之七八年猶
祇運米數十萬漂失動以萬計從未有初次試行即

裝米一百六十餘萬自始至終不溺一人不損額漕
一粺米如今茲所運者仰惟
聖人在位海若馮夷莫不效職而瀛民蛋客生長
承平習於沙線操駕日精昔之望洋興歎以爲波濤不測
者久已視爲坦途揚帆直上無嶕崖之嵒峚無港汊
之灣環轉較諸內河爲易議者每謂河運費財海運
費人由今觀之海運果費人否耶然則費財之說舍
海運亦奚以易之蘇松數府州漕額甲天下而丁船
經行內河提溜挽閘剶淺搬壩與夫押運交兌價驗
之費多不能省丁疲索之官官復問之民民力憊矣
而官與丁亦敝使蘇屬海運遂行歲省費不啻十之
四五東南民力庶有鳩乎若夫難海運者曰盜賊曰
潮濕曰侵蝕實皆無可慮但患南兌易而北卸難章
程不可不豫耳是役也始於集議定計成於招商雇
船繼以籌費兌米終於交卸收驗以及水師之會哨
委員之設局貨物之免稅餘米之收買商埠之獎勵
旗丁之安置頭緒穰繁不容無紀爰彙始事以來
詔諭章疏及咨移稟議爲海運全案若干卷以敘一時之
事備將來考擇而程途之經涉船式之修造風汛之
趨避亦策海者所有事也故爲圖附焉至於南北同

心大小并力咸稟
聖謨執事有恪喜起之象於斯可徵則又不獨爲海運一
事之也
大淸道光六年丙戌十二月朔
資政大夫兵部侍郎兼都察院右副都御史巡撫江
蘇等處地方總理糧儲提督軍務
賞戴花翎隨帶加二級臣陶澍謹序

海運全案跋

維道光五年江蘇漕糧以道梗改由海運時臣鑾適出守松江府轄吳淞海口爲漕賦最重地奉大府檄奔走襄事邀
恩優敘及調蘇州府編海運全案既畢謹擇言曰今之譚海運者咸謂以變通河道之窮河道通則無所用之此但爲運道言而未爲漕事言也抑但可爲江西湖廣之漕言而未可爲江蘇之漕言也江廣賦輕而船重抵淮遲汛漲輒虞堵閉故言漕事則易而運道則難江蘇賦重而船輕抵淮早汛前尚可籌渡故言運

道則易而漕事則難然江廣之船去河遠去海尤遠終不能不以運道之通塞爲利弊若江蘇之船去河近去海尤近并不以運道之通塞爲利弊臣守土官所職司者漕耳請常言漕事蘇松常鎮太倉四府一州之漕賦額幾半天下而其每歲例給旗丁之運費則爲銀三十六萬九千九百兩爲米四十一萬一千八百九十三石計米折價直銀九十三萬六千七百五十九兩共計給丁銀米二項爲銀百二十九萬五千七百五十八兩上之出于
國帑者如此而下之所以津貼幫船者殆不啻再倍過之通計公私所費幾數兩而致一石官非樂爲給也民非樂爲出也丁非盡飽厚利也軍船行數千里之運河過淺過閘有費督運催儹有費淮安通壩驗米又有費亦知其所從出乎出於彼者必取於此而公私名實之不符有所贏者必有所絀而良莠强弱之不平吏治何由而清民氣何由而靖惟海運則糧百六十三萬三千餘石而計費僅百四十萬抵漕項銀米之數所溢無幾而幫船之浮費絲毫無有焉誠使決而行之永垂定制不經閘河不飽重壑則但動漕項正帑已足辦公舉百餘年丁費之重累一旦釋然

如沉疴之去體豈非東南一大快幸事哉彼謂變通濟運者所益固在
國計而調劑漕務則所益尤在民生
聖人舉事無一不根柢於民依而善乘夫時勢故舉一事而百順從之以是知儳然不終日之中必無易簡良法而事之可久可大者必出於行所無事也海運之利非河運比
本朝之海運又非前代比江蘇之海運又非他省比而蘇松等屬之海運又非他府比誠欲事半而功倍一勞而永逸百全而無弊人心風俗日益厚吏治日益盛

國計日益裕必由是也無他術也若夫謀議之始末設
施之綱目前序後記備矣不復及云
欽加道銜江蘇蘇州府知府前松江府知府臣陳鑾謹跋

海運全案序

道光四年冬淮決高堰竭運河
天子深維海與漕相消息疇咨夾右故道維時輔臣力贊
大府僉同而臣長齡適藩南服綰海國漕貢迺襄議
迺籌費迺遴員迺集粟迺召舟僚屬輯力文武顓心
其明年遂航海致百五十萬石京師六年夏既蕆事
僉曰是役也國便民便商便官便河便漕便于古未
有于是作而言曰時之未至雖聖人不能先天以開
人行海運必今日其諸至創而至因者乎古之帝者
不盡負海而都或負海都矣而海道未通海氛未靖

海商海舶未備雖欲藉海用海無自故三代有貢道
無漕運漢唐有漕運無海運元明海運矣而有官運
無商運其以海代河商代官必待我道光五年乘天
時人事至順而行之故無風濤盜賊晼濕之疑也無
募丁造舟訪道之費且勞也乘天時人事交迫而行
之瀆告災非海無由也官告竭非商不為功也乘百
餘年海禁之久開與臺洋十萬米之已試而行之其
事若無難其理至易見也然猶先遲之以借黃重運
之以轉般不可謂不慎然微
宸斷樞贊之必不可已羣議陰陽猶將眩以闕價之折實

叔以通倉之胥勒難以屯丁之安置不可謂不格成
事何易任事何難易曰夫乾天下之至健也德行恒
易以知險夫坤天下之至順也德行恒簡以知阻又
曰窮則變變則通神而化之使民宜之故知法不易
簡者不足以宜民非夷艱險而勇變通者亦不能以
易簡以海運之逸濟河運之勞而謂治河必病漕無
是也以海運之變通漕運之窮而謂治漕必病河無
是也有百年之計有焦然不終日之計今者官與民
為難丁與官為難倉與丁為難而人心習俗囂于下
黃與淮為難漕與河為難而財力

國計耗于上鑿枘沸潏未知所屆中流一壺夫豈無在
或者欲以蘇松二府之漕歲由海達為常而改小江
廣之重艘以利漕變通目前之河道以利黃
大聖人端拱穆清攬羣策執參伍探萬物之本原而斟之
王路奚患不蕩王道奚患不平老子曰大道甚夷而
民好徑非海難人而人難海非漕難人而人難漕本
是推之萬事可知也不難于祛百載之積患而難于
祛人心之積利反是正之百廢可舉也敝不極不更
時不至不乘正其原順而循補其末逆而勢苟非其
人功不虛創事不虛因其以海運為之椎輪

江蘇布政使司布政使臣賀長齡謹序

道光丙戌海運記

傳曰有始有卒者其惟聖人乎又曰凡民可與樂成
難與圖始覩於道光五年海運之事詎不信哉
國家宅京西北轉漕東南舍元襲明以河易海雖康熙
嘉慶中以河患屢議海運屢不決若夫行之於倉卒
之餘試之以百六十餘萬之粟倏抵太倉而民不知
役
國不知費天下見其行之孔易矣抑知其謀之孔周天
下見其不疾而速不行而至矣抑知其發之甚微關
之甚鉅幸以小臣遭際奔走始終其事親覩

聖人在位都俞咨訪貿周萬慮岳牧僉同不有所述使後
世勵見與元代招盜造舟募丁訪道勞費者比即不
然亦僅謂一時權宜備緩急罔關利
國利民久遠大計奚以見我
聖神舉事一備百順至簡易可久大永永與天地無極用
敢拜手而爲之記初四年冬高堰決運道梗中外爭
言濟漕之策或主借黃或主盤壩發言盈廷莫適所
從欽惟
帝心有開必先則有首咨海運之
詔羣疑朋興貢說互異匪曰風颶則曰盜賊匪曰黴濕則
曰侵耗造募則曰勞費招雇則曰價鉅以暨屯軍之
閒散通倉之勒索河防之弛廢爭先爲難百議一喙
坐失事機自春徂夏旣而借黃盤壩皆病
天子喟然念東南民力之不支是用疇咨於左右輔弼之
臣於是協辦大學士臣英和奏言治道久則窮窮必
變小變之小益大變之大益未有數百年不敝且變
者
國家承平日久海不揚波航東吳至遼海者晝夜往反
如內地今以商運決海運則風颶不足疑盜賊不足
虞黴濕侵耗不足患也以商運代官運則舟不待造

丁不待募價不更籌也至於屯軍之安置存乎人倉
胥之稽察存乎人河務之張弛存乎人刱借黃既病
盤壩又病不變通將何策之出臣以爲無如海運便
詔仍下有漕各省大吏議於是臣琦善自山東移督兩江
臣陶澍自安徽移撫江蘇咸請以蘇松常鎮太倉四
府一州之粟全由海運
詔曰可是秋臣陶澍暨江蘇布政使臣賀長齡先後至上
海招集商艘宣
上德意許免稅許優價許獎勵聞風麕集子來恐後爰設
海運總局於上海以川沙同知臣李景嶧蘇州府督

糧同知臣俞德淵董之與道府各臣共襄其事又遣
道府丞倅先齎案冊及經費十餘萬由陸赴北與直
隸執事官各設局於天津而
欽差理藩院尚書臣穆彰阿爲驗米大臣會同倉場侍郎
駐天津與直隸督臣共籌收兌事宜於是南北並舉
綱挈目張至於誓水師壯聲勢以聯絡其間者則江
南提督蘇松鎮狼山鎮總兵自吳淞會哨至鶯游門
山東登萊鎮總兵自鶯游門會哨至廟島直隸天津
鎮總兵自廟島會哨至直沽口章程既定明年正月
撫臣親莅海上絣綱挈領部先後申號令各州縣剝

運之米銜尾而至鱗次而兌浹旬得百三十餘萬爲
首運餘三十餘萬歸次運告祭
風神
海神
天后集長年三老犒酒食銀牌而遣之萬艘讙噂江澄
海晭旌旗颺動黿龍踴躍由崇明十滧直放大洋繞
出千里長沙趨成山轉渤海溯直沽逆河以達於天
津水程四千餘里踰旬畢至回空再運汔五月兩運
告竣勺粒無損視河運之粟瑩潔過倍津通之人觀
未曾有先後

詔獎任事各臣有差是役也其優於元代海運者有三因
曰因海用海因商用商因舟用舟蓋承二百載海禁
大開水程之險易風汛之遲速駕駛之趨避愈歷愈
熟行所無事知北洋不患深而患淺故用平底沙船
以適之知海船不畏浪而畏礁故直放大洋以避之
知風颶險于秋冬平于春夏故乘東南風令以行之
因利乘便事半功百而元代所未有也其優於河運
者有四利利
國利民利官利商蓋河運有剝淺費過閘費過淮費屯
官費催儹費通倉費故上既出百餘萬銀米以治其

公下復出百餘萬津貼以治其私茲則不由內地不
經層飽故運米百六十餘萬而計費不及百萬用公
則私可大裁用私則公可全省實用實銷三省其二
而河運所未有也其行之也則有三要曰招商雇舟
曰在南兌米曰在北交米其招商雇舟如之何曰沙
船載米自五百石以上二千石以下計四府一州之
粟需船千五百六十有二號石給直銀四錢每船賚
神銀四兩犒賞三兩天津挖泥壓空錢一千每百石
墊艙蘆席銀一兩三四錢有差每米一石白糧給耗
一斗糙糧給耗八升每船載貨二分免其稅凡受雇

之船限十一月集上海候兌過遲者罰是爲運之始要其在南兌米如之何曰沙船齊泊黃浦江按各縣先至之糧以次派之某船卽給某縣之旗以爲號各縣剝運至則監兌官率船商以鐵斛較其斛驗米官呈米糧道以驗其米仿河運之例船各封樣米一斗令呈天津以驗其符合復截給三聯執照一存局一給船戶一移天津收米官以稽其眞僞隨兌隨放至崇明十滧候東南風齊進是爲運之中要其在北交米如之何曰沙船至天津口由直沽河泝流百八十里縴輓而至天津東門停泊待驗如在洋遇風斫桅

鬆艙者依漕船失風例奏請豁免其他故缺壞者以耗米補之再不足者責其償其領運萬石以上者賞以級到津驗米後兌交剝船卽與沙船無涉其餘米收買貨物免稅仍給三聯執照如上海之例是爲運之終要此皆本年試行海運之已事也如將復行垂永制則如之何曰尙宜籌盡善者亦有三焉創行之始商情觀望願載貨而不盡載米及交卸速而受值厚知載米利贏於載貨則宜一運畢而無煩再運而一要無餘憾矣止上海牙人赴北之行定商艘到津停泊之界稽山東各島逗留以免滯買天津挖泥官地以防爭縴令自雇以免勒索旗繳變價以別空重則次要無遺憾矣其由津運通之剝船二千中途難免侵耗宜令通倉各胥于天津收米具結後卽令押剝運通再有損濕惟各胥是問則三要無遺憾矣至於法久弊生因時制變則神而宜之存乎其人

江蘇松江府知府前川沙同知臣李景嶧恭記

道光六年夏海運告竣謹將
詔諭章疏咨移稟議彙爲全案刊刻成書以備經畫轉運之一助而共事諸君子自徵收以迄兌運閱時至七八月之久運米至一百六十三萬三千餘石之多出崇明放洋以達天津往返不爽時日是非
大憲指示周詳無由臻此美備要亦賴諸君子同寅協恭執事有恪故能不勞而成也景嶧忝與其事所有四府一州有漕三十二廳州縣及沙船放洋之十滧係崇明縣地方爰錄銜名於册用誌一時際會之
盛焉

山左李景嶧謹識

蘇州府知府額騰伊
長洲縣知縣王錫蒲
元和縣知縣何士祁
吳　縣知縣萬　臺
署吳江縣事候補通判劉文澈
震澤縣知縣孫枝秀
署常熟縣知縣周　珩
昭文縣知縣李廷錫
崑山縣知縣馮秉泰

新陽縣知縣德　宣
松江府知府陳　鑾
川沙廳撫民同知李景嶧
華亭縣知縣賀崇禧
奉賢縣知縣劉　佳
婁　縣知縣徐夢熊
金山縣知縣程士偉
上海縣知縣許乃大
南滙縣知縣楊承湛
青浦縣知縣蔡維新

常州府知府程鍾齡
署武進縣知縣胡先達
陽湖縣知縣張世桐
無錫縣知縣葉申薌
金匱縣知縣徐家槐
署江陰縣知縣王　澐
宜興縣知縣史積新
荊溪縣知縣穆晉泰
鎮江府知府羅　琦
署丹徒縣知縣謝肇瀛

丹陽縣知縣王　覭
金壇縣知縣田壯觀
署溧陽縣知縣李萬倉
署太倉州知州蘇州總捕同知范博文
鎮洋縣知縣鄭光偉
嘉定縣知縣淩春臺
寶山縣知縣王　坤
崇明縣知縣王青蓮

總閱
兵部尚書都察院左都御史兩江總督世襲一等侯臣琦　善
兵部侍郎都察院左副都御史江蘇巡撫　賞戴花翎臣陶　澍

纂輯
江　蘇　布　政　使　司　布　政　使臣賀長齡
江　蘇　按　察　使　司　按　察　使臣覺羅慶善
欽加按察使銜分巡蘇松太道臣潘恭常
江安督糧道前蘇州府知府臣額騰伊

編次
欽加道銜蘇州府知府前松江府知府臣陳　鑾
松江府知府委辦海運總局前川沙同知臣李景嶧

校刊
金壇縣縣丞前寶山縣主簿海運委員臣周恭壽
署婁縣典史候補未入流海運委員臣虞芝林
湖　南　舉　人　揀　選　知　縣臣魏　源
福　建　貢　生　候　選　布　政　司　理　問臣夏世堂

江蘇海運全案目錄

道光五年二月初五日奉

上諭上年江南高堰漫口淸水宣泄過多高寶至淸江浦一帶河道節節淺阻於本年重運漕船大有妨礙屢經諭令欽差尚書文孚等會同兩江總督及河漕諸臣妥商籌辦均以淸水來源本緩一時難期暢注而重運瞬卽前進未便停待懇請引黃入運藉其浮送此固不得已權宜之計雖添築閘壩鉗束盛漲自可無虞汎溢第黃水挾沙而行過後必致淤墊恐目前偶資濟運日久貽患滋深終非善策從來海運之說歷據臣工條議有謂可以試行者亦有謂斷不可行者迄無定見果係河

流順軌漕船自可照常由內河行走如必欲捨河運之成規輕冒洪波之鉅險一切更張舊制固屬勢所不能然漕糧爲天庾正供所關匪細設將來運道竟至淤滯各幫船因而遲誤該督撫等身任地方豈有束手無策不爲設法運京之理自應未雨綢繆另籌妥辦朕思江蘇之蘇松常鎭浙江之杭嘉湖等府屬濱臨大海商船裝載貨物駛至北洋在山東直隸奉天各口岸卸運售賣一歲中乘風開放每每往來數次似海運尙非必不可行朕意若將各該府屬應納漕米照常徵兌改雇大號沙船分起裝運嚴飭舵水人等小心管駕伊等熟習水性定能履險如夷所有風濤之警盜賊之事亦可無慮惟事係創始辦理不易然不可畏難坐視漠不相關著魏元煜顏檢張師誠黃鳴傑各就所屬地方情形廣諮博採通盤經畫悉心計議勿存成見務將如何津貼沙船旗丁不至苦累雇用剝船有無騷擾閭閻抑或隨船均需派委員弁照料護押及各該屬由何處水次兌運開行抵北時灣泊何所以便起卸運通之處一一熟籌據實具奏候朕裁酌施行至江廣幫船應否同江浙漕糧一體轉運海口俟江浙等幫海運著有成效再行歸併籌辦亦著一併議奏將此各諭令知之欽此

道光五年四月初二日奉
上諭魏元煜等奏會議海運情形諸多窒礙以盤壩較之海運爲穩安並據孫玉庭奏稱河口至裹河一帶日見淤墊漕船起剝磨淺倍爲艱澀應及早籌畫盤壩接運事宜請飭豫東兩省雇備船隻解江應用等語本年借黃濟運啟放禦黃壩四十餘日漕船未經挽渡者尚多河口至裹河一帶又日見淤墊轉瞬黃水漲發而未渡軍船既難改由海運盤壩事宜自不可不預爲籌畫所需接運船隻已諭知程祖洛琦善即行封雇解江備用矣惟盤壩接運一切車船需費雖較之海運不至加多

究不若軍船之省便現距夏至一月有餘孫玉庭等仍當竭力趲挽無論起剝磨淺如何艱澀務須鼓勵兵夫照常挽渡多過一幫即少一幫接運之周折斷不可因有此旨稍爲鬆勁至一切車船水腳等費該督等尤當撙節估計不可任聽所屬恣意浮冒其豫東兩省雇備商船應如何酌給運腳口糧之處該督等會籌妥議即行知照程祖洛琦善可也將此諭知孫玉庭魏元煜顏檢嚴烜並諭張師誠知之欽此

協辦大學士臣英和跪
奏爲通籌漕河全局酌量變通應請暫雇海船以分滯運酌撥額漕以資治河爲一勞永逸長治久安之計
仰祈
乾斷
敕議施行事竊查上年江南禦黃壩堵築稍遲致洪澤湖受漲決口清水濆泄新漕迫臨不得已而爲借黃濟運之計近日恭聆
天語渡黃之船僅一千七百餘隻黃水又復停淤後幫已多阻滯則全漕不能抵通勢所必致朱臣程顥云治

道從事而言若救之則須變大變之大益小變之小益事至今日未有不當決然變計者矣然已經渡黃之船如何催挽速令回空淺阻船隻及尾幫江廣漕糧如何設法改運高寶運河如何得以疏濬將來重運如何不致滯礙是宜預籌統計策出萬全甚非可以苟且目前致將來補苴無術也臣受
恩深重職司所關晝夜焦思不敢隱默謹就臣管見所及與成案可援似有裨漕河者請爲
皇上陳之

一已渡黃之船宜亟嚴飭催挽設法卸運速令回空也

淸水現既淺弱黃水又値消落沙停淤厚運河旱阻者幾數十里若不及早回空則黃水愈灌愈淤勢難飛渡以一千七百餘隻停留不歸之船人衆食空必難安靜且黃河以北從無軍船經冬歷春之事此時頭進幫船已入東境應由山東巡撫嚴飭沿途文武員弁併力催趲不許片刻停泊並飭運河道宣泄湖水相機灌送一面飛飭有泉各州縣實力疏濬源源灌注專委泉河廳親往履勘不任稍形短涸一俟出閘卽由直隸總督飛提到壩交卸回空然臣揣度情形猶恐緩不及待祇有沿途剝運回空較速查嘉慶

十四年東豫二省回空漕船曾有再運截留北倉米石之案本年豫東二省漕船將次兌竣回空應令毋庸歸次卽令迎頭南下將北來頭進幫船米石裝載兌運抵通其豫省本年應運所俵米石應令暫緩歸運一併接運南糧又查山東閘河內外額設官剝船三百隻民剝船三百隻原備全漕撥用此時北上船僅一千七百餘隻撥用甚寬或可分出此項剝船若干隻於出閘後代撥運通又楊邨剝船二千餘隻亦可分提至閘口外接撥代運仍飭原運旗丁押通交兌其接兌之船應給行月折耗等項銀米均應按定裝載米數程途照例核給卽於截卸之船扣出銀米內撥給總期及早回空得以渡黃歸次爲準

一高寶一帶淺阻之船所載米石宜令迅速起剝儘數運通也查本年江蘇出運船二千數百隻浙江出運船約千餘隻江安出運船六百五十餘隻此時除已渡黃船一千七百餘隻在後各幫尙多如實係旱經進口滯擱於淺之船抽退不出似捨剝運之外別無善策查乾隆嘉慶年間成案或截撥近省平糶或卽截留淮揚各屬存貯或分給回空漕船責令來年帶交此時旣已無須賑糶而州縣存貯易滋抛漏明歲

漕運尙屬未定亦難仿照惟有剝運一策淮安一帶現經淤淺糧船所帶划船諒已剝運閘旱路三里水路二三十里至八九十里不等每米一石挑剝席片等費約銀二三錢淺阻等幫計船約千餘隻共米百餘萬石計需銀三四十萬兩所費尙不甚鉅查黃河口額設剝船七百五十隻本年兩江總督奏留備用江西湖南代造直隸官剝船四百六十隻此項剝船儘可備撥如再不敷仍可就近雇船備用惟尋常官剝民剝船隻受載不過二百餘石艙小無蓬僅恃席片遮蓋易於滲濕偸漏聞山東等省向有民間運糧

船隻土名西河牛之類腹大受多樓篷俱備此種最宜雇用長運抑或卽用豫東二省接運頭進南糧之船俟交卸後再行接運一次務期酌量輪轉使淺阻之米儘數北來勿再遲延惟雇用民船例價較減地方官向有賠累必致畏縮雇募不力應由該撫轉飭各州縣將雇用實價詳請開銷亦不得勒派民船致滋擾累所有各船交替換載應扣應給銀米等項應責成押運員弁隨時核定詳報免致日久轇轕再思高寶挑剝之時適值伏夏南方暴雨不時籮筐肩挑小船分剝勢難躲避風雨米石稍霑潮濕則以後剝

運換載必致發變無用此爲挑剝時第一緊要關係尤應嚴飭督辦各員妥爲設法籌備不令致有潮濕方爲盡善至跟接進口尙未淺擱之船無論何幫槪行抽退轉由鎭江運赴黃浦並歸海運以省盤剝

一江廣等幫及江口一帶未經淺擱之船徑宜雇用海船運津也海運行於元代六十餘年至明永樂間會通河成其法始廢而明臣邱濬猶謂會通河如人之咽喉一日食不下咽事卽可慮因有河海並運之議嘉慶九年給事中蕭芝奏請採買海運案內浙江巡撫阮元覆奏亦稱如萬不得已而行祇可量分額漕改爲海運可見彼時亦議及此上年御史查元偁又有上海商船買米運京之請經該省督撫奏稱有妨民食遂置不議由臣今日論之竊謂全漕悉由海運則不可而商船未嘗不可分載也江蘇買米海運則不可而額漕未嘗不可暫資也請言其四難更陳其四善

國家河運已數百年一旦改由海運無論一切章程難以驟議苐以數百萬

天庾之重忽輕試於素不相習之風濤物議人情易滋惶惑此一難也官運必置船置船必設官費既不貲船

豈猝辦元代得習知水綫之人因以委任現今旣難其人而大洋出沒又豈官府號令所能約束此二難也江河挽運風火等事在在不免沿途員弁星羅棋布而該丁等尙或假飾揑報海中島嶼繁多風色不一旣難連幫何從稽察倘更有放洋之失誰執其咎此三難也圖海運之便捷河工必致疎懈挑挖疏濬勢必不力漸成淤塞百餘年之成功數千里之水利一旦失之後欲河運不復可得此四難也全漕似未可輕試海運屢有成議而臣竊以爲暫雇商船分運漕糧則不慮此閒上海沙船有三千餘號大船可載

三千石小船可載千五百石多係通州海門土著富民所造立有會館保載牙行運貨往來並不押載從無欺騙等情關東一歲數至沙綫風信是所熟悉不致歧誤此一善也雇船海運無須製船之費若令分載米石應給腳價仍可即於短運幫船之內劃出給與不需多費此二善也上海商船以北行爲放空以南行爲正載海船裝帶南貨不能滿載往往取草泥石塊壓船今令赴津之船每船酌准七分裝糧三分帶貨給與腳價免征貨稅自必踴躍從事而暫行仍可即止此三善也閩粵南洋或有海氛而由吳淞口

進北北洋沙磧水淺南洋鳥船斷不能入從無他虞且該商等所得運費與貿易之利相同又經官取保結必無意外之失此四善也有是四善而無四難孰便於此議者尤以風濤爲慮查江廣境內如洞庭湖鄱陽湖長江俱稱險阻歷年軍船多有漂溺情事不獨海洋爲險且海洋節歲貿易之船何以不聞淌失而上年臺灣米船又何以安穩抵津雖有數船遇風駛至吳淞口岸並非漂沒是其明證又以風信靡常守候不定爲詞向來海船由上海至天津風利七八日可到至遲不過旬月從無阻滯較之河運迅速倍

蓰又謂鹽水鹽風易至霉變上年所運臺米受濕者不及百分之一今已先行開放領米旗分咸以爲完潔况南糧堅實遠勝臺米且載運不過旬日爲時不久何至遽行蒸變應請由兩江總督江蘇巡撫轉飭上海道於上海口岸傳齊各商行諭知雇船出運每官糧漕斛一石應給運價銀若干並准折耗米若干取具互保甘結呈明存案陸續兌開江廣等幫共船九百八十餘隻米約一百萬石內外兩月之間計可兌竣即令該商等出具領運米數清單承認交兌其抵津時應請於倉場侍郎二人中分一人前往兌收

嚴禁經紀人等不得稍有需索等弊俾該商等不致苦累以肅政體再由楊郡剝船撥運赴通其應給該商銀兩應先於上海給領一半其餘一半俟運津交兌後核明運米數目按照補給即於江蘇直隸酌款墊給再由部撥歸款並嚴禁胥吏剋扣中飽等弊務令實數歸商不致該商裹足不前若該商等奉行妥速應請照上年臺商運米之案擇其尤爲出力者酌給職銜以示鼓勵至江廣幫船身重大恐未能由丹陽運河運至海口即飭將江浙等幫已經截卸之船於出瓜洲口時交兌替運抑或雇船剝運總在該督

撫察看情形妥協辦理如果行之有效將來全漕運
京時酌分百餘萬石交商兌運未必非漕運中並行
不悖之一策也
一明年請暫停河運將本年新征漕糧酌分海運餘悉
征收折色以資治河兼可治淮治湖而永利漕運也
查利運必先治河而河漕斷難兼治現在高寶運河
亟須大加挑挖況洪澤湖屢經黃水灌入湖底逐漸
淤高將來必不能多蓄清水刷黃濟運關係甚大即
山東微山等湖亦爲閘河蓄泄要區近聞亦多淤墊
雖每歲有冬挑之例而爲時甚暫疏濬仍淺所以每

逢漕船進閘均需剝運是湖河俱應預爲籌復以資
永利若非暫停河運寬以歲月斷不能專心併力湖
河通治爲一勞永逸之計是以康熙年間停運治河
行之久有成效爲百世不易之理而今日在工諸臣
未有以此申請者以未知京通倉貯情形則不敢議
停河運以大工費用浩繁則不敢議通治湖河且現
當河漕兩礙之際更不敢議置漕而治河也臣查京
通各倉現貯米石爲數有餘本年奉天河南碾買米
石亦陸續可到加以新漕已渡黃者約一百二三十
萬石其餘浙江江安江廣各幫或剝運或海運必令

抵通豫東漕糧仍可照常征運則倉貯已屬充裕若
於本年新糧內儘江蘇浙江附近海口各州縣征收
本色米一百萬石或一百五十萬石交兌漕船運至
黃浦仍由商船海運抵津撥運交倉則
天庾更屬充盈其餘江蘇各州縣及有漕各省概令折色
約計不下七八百萬兩在百姓仍屬惟正之供未嘗
少加而於工需大有裨益本年冬季即可開征陸續
起解亦無緩不濟急之虞在民間得存此項米石日
食亦裕惟州縣折征漕糧每米一石應征銀若干應
俟秋成時由該督撫察看糧價情形核定數目奏明

辦理並由該藩司將奏定折色銀數出示通諭各地
方暫行折征並嚴飭各州縣照數征解司庫彙解工
次如有加征勒捐等弊立即嚴叅懲辦至停運旗丁
等仍照減運年分津貼成案辦理其篙舵水手皆係
無業之民道光二年江浙兩省係由各地方官查明
籍貫每人酌給盤費制錢二三千文備文押遞回籍
由本籍出具收管各結並曉諭暫令歸農辦有成案
本年折征省分即於本年各幫歸次時應由該督撫
轉飭查照辦理計一州縣應兌之船多者百餘隻少
者數十隻每船十八以每名制錢三千計算每縣至

多不過需銀三千餘兩冬漕既係折色各州縣卽將
每年應給各幫兌運雜費以之安插此項人等尚有
節省惟諭令各幫俟明歲冬漕開兌時仍聽此項人
等到次幫運不必另易生手致啟爭端此一年中河
運既停計節省運費各項銀七十二萬餘兩米二十
二萬餘石足敷海船運腳而征收折色銀兩卽可全
濟工需費用既足歲月亦寬不特江南湖河可治卽
東省湖河均可一律疏濬應於本年漕船辦竣後由
該河督等預籌湖河全局次第興工實力儧辦務使
河漕並治永資利賴

一酌雇海船裝運督辦高寶剝運催趲東境挽運宜
欽派大員督理也現在淮安一帶駐札漕運總督一員南
河總督一員兩江總督一員江督總理地方事件河
督專司全河漕務均係兼轄惟漕督職司漕務向來
押運尾幫北上今既高寶阻滯黃河以北聲氣恐不
能通其由江南東境直抵通州綿亘一二千里雖有
山東巡撫直隸總督而相距較遠實有鞭長莫及之
勢且淮安夫挑船剝東境儧運交替以及上海籌辦
商船載運均係權宜辦理尤須因時變通道府各員
恐亦未敢專政應請

欽派公正通達大員協同該管督撫會議妥辦於海口河
道上下往來不時稽察庶責成專而策應靈矣
以上各條不揣檮昧縷晰詳列恭候
聖鑒采擇
敕下各督撫速議施行以臣愚昧之見通盤核計如此辦
理滯漕既可北來河道乃克專治減運費以爲海船
之腳費而不致疲商折額漕以爲疏濬之工需而毋
庸籌款目前得權宜之便將來有永賴之安今日之
計似係不可緩者勢值萬難未可稍事拘泥必須破
除成例酌量變通於事方克有濟若徒畏難苟安總

以仰仗
聖主洪福遂畢乃事則其弊不至不可收拾而不止實非
臣之所敢知也謹瀝血誠伏祈
皇上聖鑒訓示謹
奏
道光五年四月初十日具
奏本日奉
硃批所奏甚屬明晰另有旨諭欽此四月十七日奉到四
月初十日內閣奉
上諭前因運道淺阻借黃濟運終非善策降旨令魏元煜

等將海運事宜各就所屬地方情形廣諮博採悉心籌
議節據該督等覆奏均以爲窒礙難行本日據英和奏
通籌漕河全局請暫雇海船以分滯運酌折額漕以資
治河各條所奏甚屬明晰國家漕運河防均關重大若
祇以轉運漕艘爲目前急務而不顧將來河工之貽害
則爲患甚鉅該督等自當計及萬全俾河漕兩無妨礙
本年重運全漕現據該督等竭力催挽並籌備船隻盤
壩接運自可以次抵通惟全河大局及本年如何回空
明年如何濟運不可不通盤預籌該督等前次會議各
條係爲慎重漕糧節省經費不爲無見然勢值兩難固

不可妄議更張亦不可稍事拘泥英和所奏各款意在
漕河並治永資利賴該督等接奉此旨務當悉心計議
總期不誤轉漕有裨河務勿得稍存成見徒爲目前權
宜之計也英和摺著發交閱看將此各諭令知之欽此

協辦大學士臣英和跪
奏爲再陳雇商分運及折漕治河變通章程以期盡善
無弊仰祈
聖鑒事竊查本年河道淤塞漕運阻滯仰廑
聖懷宵旰焦勞無微不至臣受
恩深重具有天良竭慮殫思不敢隱默已將酌量變通漕
河並治情形於前摺內縷陳仰蒙
聖明洞鑒惟暫雇商船及酌折額漕條內尚有未經備述
者再爲
皇上陳之竊惟臣前議暫雇商船海運者誠以河道既阻

重運中停河漕不能兼顧惟有暫停河運以治河雇
募海船以利運雖一時之權宜實目前之急務舍此
別無良策輿論亦屬僉同而在事諸臣初議未敢及
此者固以風濤之險盜賊之虞在在可慮且旗丁運
官等素未經歷海道恐其未能押運似屬難行以臣
擬測其故皆不係此特以事屬創行萬一有失物論
不能不歸咎於定議之人且事後恐有賠累辦理不
善商情易致沸騰更懼身爲怨府臣愚凡事有利卽
有弊任事者但當興利而杜弊不可恐有弊而廢事
其間斟酌盡善俱在當事者之權衡安能因噎而廢

食上年高堰決口淹溺郵莊俾蒙
聖恩軫恤無非蘇民困惜民力休養生息俾元氣長此充
周夫東南爲財賦之區頻年間有歉薄本年清口通
船多夫縴挽至今起剝尚有滯漕二百萬石船運車
挽日需數萬人竣事尚須數月以後堤堆挑挖各工
用力尚無底止固屬計工給價然以細民力作於寒
暑風雨之中疾疫不時耕種或輟未得稍休其所以
勞民力者至矣亟當留其有餘紓其勞而用之夫以
滯漕全由盤壩剝運則民力勞而帑費不省暫雇海
船分運則民力逸而生氣益舒現據江省先後咨送

本年二三月內覆奏各摺到部仰見
聖諭煌煌垂詢剴切而諸臣覆奏始終含混無一著實之
語籌議已及半年計仍不出剝運者其故有二一則
慮商船到津難以交卸也素聞旗丁歷來運漕到通
交卸時經紀等皆資其津貼而商情艮懦向不習見
官吏已多畏縮一旦間令代運代交必滋疑慮臣以
爲如明歲雇募商船海運應令兩江總督江蘇巡撫
專委一二廉潔幹員先期於上海地方傳齊商行船
戶剴切諭明每官糧一石給運腳銀若干淨照漕斛
兌交無論正耗及二五耗米均按漕斛計數實兌即

令該委員監兌按船給發各商實運米數執照仍照
臣前議取具各商承運米數甘結並令存委員手嚴
禁胥吏等不得與商船交涉滋弊兌漕後仍令該委
員親身押運抵津時分出倉場侍郎一人並請
派臣部堂官一人同赴天津按照官給執照米數漕斛兌
收如有經紀刁難勒措准該委員咨送倉場並分咨
戶部衙門從嚴懲辦一切交兌事宜由該委員一手
承辦經紀人等不得向商船過問其應給商船腳價
銀兩每漕糧一石需銀七錢向問該處行用以制錢
七十文爲一錢按折核計每石只需銀四錢一二分

是海運之腳價甚廉斷不可稍有剋扣應亦由該委
員具結承領親交該商等按數實收庶需索之弊可
除而商情踴躍偕來也一則海運既行恐漕運員弁
及旗丁水手人等難以安插也有漕省分辦漕各員
各有所司而漕標尤其專責一旦暫停河運前項人
等似屬無所事事不知商運既行漕糧衙門差務自
簡費用自節而例定養廉俸工等項仍可照常支給
况當河湖通治大工需人孔多漕標員弁或可暫行
酌揀數員撥歸河標聽候差委員弁既不致閒散而
工次亦可多收得人之助似屬兩有裨益且一俟湖

河道治之後員弁等仍可照常河運永無阻滯以覘
現在之辦運喫力勞逸迥殊其津貼旗丁按照減歇
之例辦理安插舵工水手人等援照江浙成案給與
盤費歸籍之處臣已於前摺內聲敘矣夫海運之說
由來已久查有元一代全由海運初歲運四萬石後
增至三百餘萬石其道里遠近載在元史甚悉明初
河海並運永樂十年以後會通河成始由河運然猶
三年海運一次宏治間邱濬奏請於無事時通海運
故道與河漕並行一旦河漕稍有滯塞此不來而彼
至嘉靖間胡櫝請通海運以佐河漕之急他如梁夢
龍王宗沐等疏述海道里數不一而足所言均班班
可考我
朝雍正年間藍鼎元亦奏稱今之海運已爲坦途舟航安
穩與內河如一轍海運在今日確乎可行等語是彼
時已有此論嘉慶年間諸臣疏請者更不乏人然猶
需造船設官雇覓熟悉海綫之人故其時以爲費巨
勢難因輟其議此時雇商帶運爲費既省仍可暫行
卽止而經歷海洋更如輕車熟路利運便捷莫過於
此何不可行之有但更有請者海運雖無意外之虞
而防禦尤須計出萬全應當上海交兌之時由該督

撫等先期咨照浙江提鎭水師營出哨招寶陳錢一
帶地方江南提鎭水師營出哨大小洋山會於馬跡
山山東鎭臣出哨成山石島會於鷹游門以資彈壓
護送不獨海洋永靖卽商船偶有失風等事亦可藉
以稽查似覺更爲周密至酌折額漕一節說者以爲
百姓完糧日久似難遽行改折且此次改收折色亦
恐百姓嗣後皆援案不肯完納本色多有窒礙查漕
運全書內載凡漕糧題准改折將該府州縣應徵改
折米數及酌定價值刊示曉諭不遵指叅又漕糧遇
有改折其隨漕輕齎席木贈截等項例應按數折徵
又起運漕糧正米一石例有耗米並給運行月贈耗
等米如遇改折一例按照時價折徵又漕糧改折只
許按價徵收如仍借兌漕爲名濫行科索者卽行叅
處各等語載在冊籍各省皆知又查額漕折色順治
康熙雍正乾隆年間均經行之有案而江蘇之淸河
阜寧宿遷桃源海州沭陽贛榆嘉定寶山九州縣安
徽之寧國太平旌德英山四縣江西之瀘溪一縣湖
北之通山當陽通城三縣河南之祥符等州縣均因
距水次窵遠奏准永遠徵收折色官爲採辦兌運久
經遵行各在案其徵收折色銀兩乾隆年以前多係

因災改折其折價多不逾二兩至各省永遠徵收折
色者係按照月報糧價加以牙行運腳折耗等項其
折價則自三兩數錢至四兩數錢不等悉歸民戶攤
徵此係歷年報部成案並非創始且於惟正之供未
嘗加增臣伏思明歲通治湖河不得不暫停河運故
臣前議除豫東照常徵運外江浙漕糧暫雇商船海
運一百萬石或一百五十萬石增益倉庾其餘各省
應徵漕糧為數孔多既不能全緩帶徵而各州縣倉
厫無多亦未便令徵存暫貯惟有將此項米石按照
時價暫收折色以濟工需毋庸另行籌款實為目前

一舉兩得之計惟在該上司善於奉行既不病官亦
不累民以歸妥協至改收折色酌減市價由該督撫
奏定藩司出示曉諭不許科索其折徵期限應請稍
寬蓋漕既改折地方糧石充裕勢難剋期出糶易銀
上兌若必令如限完銀未免迫促所有此次徵收折
色應請自本年十月開徵起至次年四月止勒限掃
數全完不准絲毫拖欠如此則限期既寬民力自裕
工需亦可無誤其隨漕輕齎席木贈截等項亦應折
征併數彙解協濟工需如各州縣仍借兌漕為名濫
行科徵抑或至此次折徵時欲豫留將來勒折地步

於奏定折價之外加重科派該督撫並即從重叅處
毋稍姑容以上二條總在各督撫實心實力勿計一
己之利害而忘
國家緩急之要圖勿徇屬吏之私情而失當時權宜之
至計應仍請
旨敕下各督撫速議施行臣愚昧之見謹繕摺再陳恭祈
皇上聖鑒訓示謹
奏
道光五年五月二十二日具
奏本日奉

上諭前據英和奏通籌漕河全局請暫雇海船以分滯運
酌折額漕以資治河當降旨交魏元煜等悉心計議尚
未據該督等覆奏本日復據英和奏雇商分運及折漕
治河各章程據稱雇商船海運應令兩江總督江蘇巡
撫專委幹員先期剴切曉諭每官糧一石給運腳銀若
干淨照漕斛兌交仍令該委員親身押運抵津時分出
倉場侍郎一人並派戶部堂官一人赴津按官給執照
米數漕斛兌收應給商船腳價銀兩由該委員具結承
領漕標員弁酌撥河標差委津貼旗丁按照減歇之例
辦理安插舵工水手人等援照江浙成案給與盤費歸

籍當上海交兌時由該督撫等先期咨照江南浙江山東提鎮會哨以資彈壓明歲除豫東照常徵運外江浙漕糧或海運一百萬石或一百五十萬石其餘按照時價暫收折色以濟工需至改收折色酌照市價由該督撫奏定藩司出示曉諭不許科索其隨漕輕齎席木贈截等項亦應折徵併數彙解協濟工需等語治河所以利漕裕國尤當便民英和所奏係屬一時權宜之計朕周諮博訪擇善而從並不預存成見著各該督撫等查照英和原奏章程是否可行悉心妥速議奏毋得遷就游移致多窒礙務須計出萬全期於公事有濟或此外

更有良法美意可以利漕濟運者並著該督撫等各抒所見據實奏聞不可徒以空言塞責也英和摺並著鈔給閱看將此由四百里各諭令知之欽此

道光五年六月初六日奉

上諭魏元煜奏籌議漕河全局一摺前據英和奏通籌漕河全局請暫雇海船以分滯運酌折額漕以資治河當

降旨交該督等悉心計議茲據魏元煜奏稱江浙漕額殷繁一經折色恐小民觀望拖延辦理轉行掣肘所有江浙漕米請仍循舊章概徵本色儘數運通現在堰盱堤工已砌十餘層清水已蓄八尺八寸計至來春總可在一丈以外如力能敵黃仍當照常濟運即不能敵黃趁清水直達河口開壩攢挽一月內可期全數渡竣至海運章程事關創始如蒙宸斷施行再督飭司道詳晰

妥議等語試行海運原因運道淺阻為一時權宜之計朕周諮博訪志在擇善而從是以諭令諸臣悉心妥議計出萬全不為遙制魏元煜乃欲出自宸斷意存推諉殊非實心任事之道至折色一節業據魏元煜奏稱辦理恐形掣肘惟各省情形不同現在勢值兩難力求漕河並治英和既為此奏並著琦善魏元煜陶澍程含章遵照前旨悉心議奏務須盡善無弊期於公事有裨現在清水已有八尺八寸本年糧船是否可以全數回空不致停留河北明年重運北來是否仍可照常濟運即使不能敵黃而糧船連檣前進能否直達河口開壩攢

挽能否全數渡黃著琦善魏元煜察看清水情形詳悉
奏聞至海運試辦是否可行朕並不預存成見該督等
會商妥議一併據實具奏將此各諭令知之欽此

江蘇巡撫臣陶澍跪
奏爲遵
旨籌議海運及暫收折色停運治河各情形分別可行不
可行恭摺覆
奏仰祈
聖鑒事竊臣於五月二十九日承准軍機大臣字寄道光
五年五月二十二日奉
上諭前據英和奏通籌漕河全局請暫雇海船以分滯運
酌折額漕以資治河當降旨交魏元煜等悉心計議尚
未據該督等覆奏本日復據英和奏雇商分運及折漕

治河各章程據稱雇商船海運應令兩江總督江蘇巡
撫專委幹員先期剴切曉諭每官糧一石給運腳銀若
干淨照漕斛兌交仍令該委員親身押運抵津時分出
倉場侍郎一人並派戶部堂官一人赴津按官給執照
米數漕斛兌收應給商船腳價銀兩由該委員具結承
領漕標員弁酌撥河標差委津貼旗丁按照減歇之例
辦理安插舵工水手人等援照江浙成案給與盤費歸
籍當上海交兌時由該督撫等先期咨照江南浙江山
東提鎮會哨以資彈壓明歲除豫東照常征運外江浙
漕糧或海運一百萬石或一百五十萬石其餘按照時

價暫收折色以濟工需至改收折色酌照市價由該督
撫奏定藩司出示曉諭不許科索其隨漕輕齎席木贈
截等項亦應折徵併數彙解協濟工需等語治河所以
利漕裕國允當便民英和所奏係屬一時權宜之計朕
周諮博訪擇善而從並不豫存成見著各該督撫等查
照英和原奏章程是否可行悉心妥速議奏毋得遷就
游移致多窒礙務須計出萬全期於公事有濟或此外
更有良法美意可以利漕濟運者並著該督撫各抒所
見據實奏聞不可徒以空言塞責也英和摺並著抄給
閱看將此由四百里各諭令知之欽此仰見我

皇上廑念河漕勤劬宵旰屬在臣工孰不感凜交增況臣
渥蒙
簡畀調任江蘇爲錢糧最重之區當河漕棘手之際發蹤
所由責無旁貸更何敢遷就游移致滋貽誤竊以爲
漕米關係
國家根本重計而治河卽所以治漕上年洪湖決口一
泄無餘其始祇因堵壩稍遲遂致諸事牽掣及今歲
而借黃不足繼以開挑開挑不足繼以剝船剝船不
已繼以車運現在時日已迫而漕米之在淮南者尚
有一百數十萬石勞勞半載竭蹶倍形然則變通之

方奚可以不豫也查海運之法自元逮明行之有效
祇以閱時旣久章程難復協辦大學士英和前摺所
陳四難之說言之甚詳然全漕由海運則不可而商
船未嘗不可分載臣細閱英和條議誠識時之要著
目前籌運之策無踰於此自屬可行惟現交秋令西
北風多船行不便止可豫爲布置以運新漕其章程
一切則摺內所舉照斛兌交官給運腳及派委大員
赴津兌收各條均極周密臣甫蒞蘇境與督漕諸臣
尚未晤面倘條款猶有未盡自當隨時妥商辦理以
期行之有益至折漕一事向値歉歲偶一行之或山

區米少離水太遠之地意在便民爲
朝廷格外之恩今若徧行各屬則格礙甚多所難者尤在
銀無所出蓋米爲民間所自有而銀則不能盡有惟
待於穀米之糶售漕米改徵折色卽與丁地無異以
江蘇一省言之額漕幾及二百萬倘以百萬徵米由
海運而百萬折色約計應折銀二三百萬平時一百
數十萬之丁地分爲上忙下忙官有惰徵之處分民
有抗糧之責罰猶且催徵不前積爲民欠剔於數月
之內頓加逾倍之正銀勢必穀賤傷農有糶無售比
戶需銀而銀不可得閭閻之氣騷矣況一省之漕或

徵或折辦理參差尤多掣肘竊意漕米折色他省情形不一若江蘇則勢在難行至停運治河一勞永逸最爲上策惟在去冬洪湖初決時行之則甚易此時石工將竣蓄水漸深沙泥在底挑挖難施如微山湖則現在本能蓄水又未便涸泄其水以施挑挖也至於漕運渡黃喫緊惟在禦黃壩一處其餘工段均不與運道相連不必停運而始能興工況京師萬方輻輳漕米而外需用甚多若停運一年將南方之貨物不至北方之棗豆雜消物情殊多未便是折色與停運二者均有不可行也竊思來歲當以海河並運爲

宜廣招商船分作兩次裝載計可運米一百五六十萬石其餘仍由運河而行秋冬之間卽由河臣派員將運河挑挖深通俾資順利計來春湖水益增自可引導濟運不至如借黃之累矣大抵專辦海運則恐商船之不足專辦河運又恐淸水之難恃惟有兩者相輔而行可期無誤且米運既分則運道舒而治河亦易於

天儲仍可擴充撥之有備無患之道更屬相宜所有臣遵

旨籌議河漕大概情形謹據實分別可行不可行恭摺覆

奏伏乞

皇上聖鑒訓示謹

奏

再海運係暫時試行將來河道全通自應仍由河運萬一淺阻亦事所時有應請仿照唐代轉運之法於沿淮沿河一帶建置倉厫遇有阻滯暫爲存貯俟水足時或由剝船載運或由原船次年搭運卽使存貯稍久而距京較近緩急究有可恃惟建倉之初所費頗多但以搬運各策計之其所費差足相等而倉厫歷久尚在其利較長似亦轉漕之一法可以濟運道之窮緣奉

諭旨此外有可利漕濟運者各抒所見謹就臣管見所及附片具陳伏乞

訓示謹

奏

道光五年六月十五日具

奏六月二十九日奉

上諭陶澍奏籌議海運及暫收折色停運治河各情形據稱折色與停運二者均不可行來歲當以海河並運爲宜廣招商船分作兩次裝載計可運米百五六十萬石其餘仍由運河而行秋冬之間卽由河督派員將運河

挑挖深通計來春湖水益增自可引導濟運等語太倉儲蓄本應陳陳相因停運之說原未可輕爲議及至漕糧改徵折色卽與丁地無異以江省額徵漕糧核計應折之銀爲數甚鉅民間以米易銀遽難出糶必致穀賤傷農是折漕一節江省尤難施行此事竟無庸置議海運一事既據該撫奏稱目前籌運之策無踰於此與琦善意見相同著俟藩司賀長齡赴海口查勘情形籌畫到日卽將一切章程會同妥議具奏惟明歲海運漕米不過一百五六十萬石其餘漕糧亦應及早籌蓄清水仍由河運方爲盡善昨琦善所議將海運餘剩米石酌

量變價存貯亦非萬全之策著與陶澍從長定議相機妥辦勿存成見總期於國計民生實有裨益用副委任其另片奏仿照唐代轉運之法於沿淮沿河一帶建置倉廒一節現在既籌河海並運此事暫緩籌辦該督等總當先其所急也將此諭令知之欽此

兩江總督臣琦善跪

奏爲遵

旨籌議海運必應暫行其章程尙須詳計折漕未能無弊因工需宜爲變通容俟另議妥協再行臚陳謹將大概情形先行恭摺覆

奏仰祈

聖鑒事竊臣於本年六月十三日承准軍機大臣字寄欽

奉

上諭魏元煜奏籌議漕河全局一摺前據英和奏請暫雇海船以分滯運酌折額漕以資治河當降旨交該督等

悉心計議海運原爲一時權宜之計朕周諮博訪志在擇善而從魏元煜乃欲出自宸斷意存推諉殊非實心任事之道至折色一節據魏元煜奏稱辦理恐形掣肘惟各省情形不同現在勢值兩難力求漕河並治英和既爲此奏並著琦善魏元煜陶澍程含章遵照前旨悉心議奏務須盡善無弊現在清水已有八尺八寸本年糧船是否可以全數回空明年重運北來是否仍可照常濟運卽使不能敵黃而糧船連檣前進能否直達河口開壩趲挽能否全數渡黃著琦善魏元煜察看清水情形詳悉奏聞至海運試辦是否可行朕並不豫存成

見該督等會商妥議一併據實具奏等因欽此仰見我

皇上垂㢘漕河計出萬全至意臣渥荷

天恩畀任兩江總督漕河全局關係極重不敢不竭盡心

力而海運折漕二事皆當籌議伊始一切章程必須

詳愼圖維從容計畫實未敢冒昧遽陳惟念治漕必

先治河今河身已墊黃水擡高清水不足敵黃即不

能濟運且高寶一帶運河淤墊寬而且厚以一百餘

里之河道欲挑寬二三十丈挑深一丈五六尺無論

經費重鉅籌撥爲難亦無如許賢員可資任使是河

不治則漕不行舍海運一策實別無良法臣前在山

東時業將海運可以暫行緣由恭摺奏

聞茲臣於抵任後徧行咨訪亦僉以爲海運可行據江蘇

藩司賀長齡函稱來年新漕以出海商船核計可於

春夏間運送米七十餘萬石再令折回趕運一次共

可運米一百五十萬石等情苐聞今春江省初籌海

運時曾將商民船隻封留其中難免弊竇此時各船

俱已開放出洋並無停泊在次倘因畏累避匿回棹

商船未能如往歲之多臣遽將運送米數先行議定

必致言不顧行且南船北駛全仗南風及行抵天津

又須北風方能折回趕運二次其時總在春夏海洋

風汛靡常難必往來一無停阻而漕糧非客貨可比

雖不能剋定期限亦未便聽其自如是須切詢船行

之人未便憑空懸擬而出海商船俱在上海地方臣

遠駐淸江未克親往查辦適新任撫臣陶澍前來淸

江與臣面商飭令藩司賀長齡親赴海口督同地方

官將商船如何設法招徠使其必無畏避並定立章

程使運送不致過於遲逾其各州縣倉厫距海口遠

近不一所有剝運兌裝等事均令逐一籌議妥善由

臣會同撫臣復加察核另行具

奏至折漕一事在小民完納條銀分爲上下兩忙猶未

能按年淸款江省額漕較重欲令數月之間以米易

銀完納足數民力未必裕如更恐有不肖官吏高下

其手增價病民甚至任意侵挪將完作欠均不可不

爲慮及然來年重運旣萬不能行若使照常全徵本

色除酌分海運之外所餘米石無從起運是折色本

色兩端辦理俱形掣肘苐當此鉅工林立待用孔殷

國家經費有常豈能一一盡資帑藏似不妨畧事權變

俾歸實用而裕工需臣愚昧之見擬將來歲新漕先

儘海運數目確切議定再將未能起運米石設法變

價解歸工用似流弊稍輕而工需仍可得濟商之撫

臣陶澍據云折色斷不可行而酌量變價尚可通融
籌辦倘變價難期迅速再行酌量存貯容俟督飭江
寧江蘇兩藩司酌核情形詳晰定議務令官民兩無
窒礙再行切實
奏陳臣亦知海運折漕二事皆爲萬不得已之舉但當
此河湖交病不能不量爲變通全在辦理得人方於
公事有濟惟有會同撫臣督飭兩藩司殫竭血誠周
詳體察愼選良吏嚴絕弊端不敢稍萌畏難之心亦
不敢畧存見好之念庶幾漕河並治冀以上紓
聖主宵旰焦勞至漕額以江省爲最重來年籌辦海運皆

在上海一處出口而沙船爲數無多卽使全行回棹
尚不能如額裝載倘各省漕糧亦俱欲從上海放洋
則米數愈多船隻愈形短少必致連江省議運之米
壅滯難行其事實難兼顧查浙省本有寧波乍浦兩
海口自可就近辦理其安徽江西湖南湖北四省均
無海道可通則或量收折色或變價歸工或設法存
貯待至下年搭運應請
敕下浙江等五省督撫諸臣各就本地情形豫爲籌計以
免臨事周章再查前督臣魏元煜奏稱淸水已蓄八
尺八寸計至來春總可在一丈以外如力能敵黃仍

當照常濟運卽不能敵黃趁淸水直達河口開壩趲
挽一月內可期全數渡竣等語刻下高堰石工計已
在七分以上湖水蓄至一丈一尺臣與河臣復飭將
向來蓄至一丈卽可過水之智信二壩用土封高三
尺俾得多爲收蓄以淮水來源而論無慮不能蓄至
一丈七八尺之數而通工員弁僉以爲新砌石工灰
漿未能凝固難資抵禦臣實不敢師心自用强令蓄
足而現在湖河情形實爲可慮若就上年霜後黃河
所存底水二丈以黃河低於湖底一丈六尺計算本
年回空時湖水不敢蓄至一丈五六尺勢不能不仍

行借黃浮送惟空船非重船可比又係順流而下時
日無多盡力催儹尚不難全數歸次至來歲新運屆
臨正當湖水冬令消耗之後船身特重且係逆流運
道必形淤淺如竟開壩儹挽黃高於淸理有一定重
船非空船可比需日較多勢必將運河淤成高仰而
漕船仍難挽渡此時未敢冒險輕於嘗試臣受
恩深重不敢不據實陳明所有遵
旨籌議緣由先行恭摺附驛具
奏伏乞
皇上聖鑒謹

奏
道光五年六月二十二日具
奏七月初六日奉
硃批議妥再奏另有旨諭欽此同日奉到六月二十八日
奉
上諭琦善奏遵旨籌議海運折漕大概情形一摺據稱與陶澍面商飭藩司賀長齡親赴海口督同地方官將商船設法招徠並剝運兌裝等事逐一籌議章程再行會奏至折漕一事江省漕額較重欲令以米易銀完納足數民力未必裕如更恐不肖官吏增價病民甚至任意

侵挪將完作欠擬將來歲新漕先儘海運數目確切議定再將未能起運米石設法變價解歸工用倘變價難期迅速再行酌量存貯俟督飭江寧江蘇兩藩司定議具奏至籌辦海運皆在上海一處出口沙船爲數無多倘各省漕糧俱於上海放洋船隻愈形短少必致連江省議運之米壅滯難行浙省本有寧波乍浦兩海口自可就近辦理其安徽江西湖南湖北四省均無海道請敕浙江等省督撫豫籌本年回空勢不能不借黃浮送來歲新運正當湖水消耗如竟開壩趲挽實未敢冒險嘗試等語覽奏均悉所有來年海運事宜著俟藩司賀長齡赴海口籌議該督再會同該撫妥議具奏折色既不可行其變價存貯二議亦俟該藩司酌核情形詳晰定議務期官民兩無窒礙至所稱來年海運皆在上海船隻無多浙省尚可分運惟前據程含章奏浙省乍浦海口中隔石塘不能停泊寧波甬江口遠隔三江五壩盤剝費鉅折漕一節亦窒礙難行已降旨令該撫毋庸辦理所有安徽江西湖南湖北四省均無海道著李鴻賓等各就本地情形豫爲籌計如明年清水足資敵黃仍可照舊辦理倘情形稍有阻滯或量收折色或變價歸工或設法存貯待至下年搭運議定後即一面奏聞

仍咨會琦善陶澍妥商辦理事關重大斷不可遷就游移尤不可冒昧輕率總期於事有濟籌出萬全勿存成見是爲至要至琦善奏本年回空仍須借黃來歲新運正當湖水消耗未敢冒險嘗試自係爲慎重起見著與嚴烺會同妥議務令蓄清敵黃漸復舊規照常濟運方爲妥善將此各諭令知之欽此

兩江總督臣琦善片

奏再海運一事並無成例可循所有雇覔商船及裝運兌交各事宜皆屬創始頭緒煩多措置或有未周卽爲叢弊之藪非得公正明幹大員督同地方官豫爲計畫妥定規條必致臨時掣肘貽誤江省海船俱在上海收泊現任上海縣知縣武念祖才識疎庸於辦理海運不甚相宜業經臣札飭藩司將該員撤回另行揀員接署至於督辦之大員查藩司有本任應辦事件不能常川駐彼前任蘇松太道龔麗正已奉

旨送部引

見新任道員潘恭常尚未到省並恐其甫膺外任情形未能熟悉一時頗難其選且江省官吏中材居多又係疲散成風罔知振作遇有工作輒思情求倖進而於公事則茫然無措吏治之壞似較臣初到山東時爲尤甚海運事關重大必期經理得人臣察看通工人員惟有前任江蘇臬司林則徐降調河南河北道鄒錫淳二員經前督臣魏元煜等

奏准調赴南河督催埝盱石工臣到任後接見數次林則徐細密精詳鄒錫淳極任勞怨以之籌辦海運事宜可期安協得力刻下埝盱石工已砌至七分以上計在八月中旬總當完竣可否仰懇

天恩於石工屆竣時暫令該二員前赴上海督同該縣先將應辦事宜察看情形逐一籌議由臣會同撫臣覆加核定總期費用不致虛糜而州縣商民均無滋累方爲妥善查林則徐係丁憂人員鄒錫淳係籍隸本省原發直隸差委一俟章程議定該地方官不難循照遵行卽可令林則徐回籍守制鄒錫淳仍赴原省差委臣爲愼重海運起見謹附片具

奏伏乞

皇上訓示謹

奏

道光五年六月二十二日具

奏七月初六日奉

硃批另有旨欽此又於情求倖進句上奉

硃批負恩誤國可恨之至欽此又於前任江蘇臬司林則徐降調河南河北道鄒錫淳名上均奉

硃圈並於句上奉

硃批所見不差欽此同日奉到六月二十八日奉

上諭琦善奏請派林則徐等赴上海籌議應辦事宜等語現在埝盱石工已砌至七分以上林則徐鄒錫淳著於

石工屆竣時前赴上海督同該縣將應辦事宜逐一籌
議該督撫等查明核定具奏章程既定飭令該地方官
循照妥辦林則徐卽飭令回籍守制鄒錫淳著仍赴直
隸差委欽此

兩江總督臣琦善片
奏再洪湖清水難以蓄足情形臣已會同河臣另摺詳
晰陳
奏現接浙江撫臣程含章來咨明歲新漕已
奏明仍由河運臣伏思本年清水既難蓄足則明年禦
黃壩斷不可開舍盤壩剝運赴通別無籌運之策查
今年首進二進幫船雖可畱爲接運新漕之用但船
隻過多丁舵水手甚衆擁擠羣聚滋事堪虞且東省
微山湖存水已止九尺六寸若儘力宣洩一至六尺
卽不能出湖七年漕船縱使江南暢達亦必阻滯于

東省不可不通盤籌計自應于霜降後察看黃水消
落卽啟放禦黃壩數日趕將二進幫船儹挽渡黃歸
次彼時黃水挾沙無多空船行走迅速運河不至過
形淤墊其首進幫船于交卸江廣滯漕回空後卽令
在臨清閘外衛河一帶停泊守凍庶東省少資蓄潴
於明歲開凍後再令進閘南下接運新漕約可裝米
八十餘萬石惟江南漕米可以海運若干下餘賸漕
是否堪以變價抑或卽以首進空船盤運赴通且
國家經費有常未便事事動
帑如來歲賸漕必須盤運所有盤剝運腳亦當妥爲另

籌臣現已知會江蘇撫臣及蘇寧兩藩司於京口江
寧一帶會晤面商一俟議有端緒再與漕臣穆彰阿
覆核會
奏一面將首進空船是否足敷接運浙省新漕之處咨
會浙江撫臣辦理相應附片陳明謹
奏
道光五年七月二十二日具
奏八月初六日奉
硃批議妥再奏欽此

江蘇巡撫臣陶澍跪
奏為查看海口運道並曉諭商船大概情形恭摺具
奏仰祈
聖鑒事竊臣前於揚州途次承准軍機大臣字寄六月初
六日奉
上諭魏元煜奏籌議漕河全局一摺海運原因運道淺阻
為一時權宜之計朕周諮博訪志在擇善而從是以諭
令諸臣悉心妥議計出萬全不為遙制至折色一層各
省情形不同著琦善魏元煜陶澍程含章遵照前旨悉
心議奏務須盡善無弊期於公事有裨等因欽此在案

查海運折色二事臣於未經奉到
廷寄之先業已分別可行不可行恭摺覆
奏現在欽奉
諭旨海運一事既據該撫奏稱目前籌運之策無踰於此
與琦善意見相同著俟藩司賀長齡赴海口查勘情形
籌畫到日即將一切章程會同妥議具奏等因欽此又
在案伏查漕米一項關係
天庾正供數百年來由內河行走最為穩妥惟現當淮黃
阻滯漕運維艱仰勞
聖主宵旰焦思臣等敢不竭力圖維於不得已之中勉籌

濟運之道以冀仰紓
宸注惟海運事屬創始一切辦理之法宜豫而尤以雇覓海船爲第一要務蓋必船定而後一切章程始可得而詳議也臣因漕事重大必須身親查驗始能得其確實茲以覆勘蘇松等處水利工程由華亭順赴上海勘得上海縣東南門外黃浦江一道闊五六里距海口四十餘里爲各商船聚泊之所臣徧歷江干現有大小沙船一百餘隻當卽登船查看見大中沙船均係桅板堅固艙底平整大者約可裝米一千四五百石中號可裝八九百石小者可裝四五百石據船

戶牙行僉稱各船常年載貨北行轆轤轉運至十冬臘三個月內各號船隻始能收幫歸次約計大中兩號沙船堅固可用者共有九百餘隻若分作兩次陸續趕運共可運正耗米一百五六十萬石其小號沙船裝米無多不如大中兩號之平穩該船等常年往來北洋沙綫是所諳歷間有失事不過百中之一二由上海駛往天津順風旬日可到至遲不過一月等語惟該船等向來受載商貨從未裝運官米交兌事宜非所熟悉恐有稽留揹勒不無畏累之心臣當卽出示曉諭復傳集現到沙船商戶舵水人等面加開諭告以給價運糧毫無苦累一至天津隨到隨卸並無稽延兆
聖恩寬大上年臺灣運米各商得邀獎敘沙船果能妥速運津亦當
奏懇
恩施向其剴切指示一面飭令現到各船商出具承攬領運切結存案此時仍聽裝貨北行但限冬初回南毋許逗留他處並飭上海道縣查明此後續到各船均卽豫寫攬運切結催令早去早回不得封留滋累該商船經此番曉諭咸知踴躍急公其餘一切章程臣

因文闈屆期應赴江寧監臨仍飭藩司賀長齡卽行馳往上海將商船腳價並帶備耗米及酌派將弁押運委員交兌各事宜妥籌具詳再由督臣與臣會核入
奏所有臣查看海口曉諭船商大概情形理合恭摺具
奏伏乞
皇上聖鑒謹
奏
道光五年七月二十三日具
奏八月二十九日奉

硃批知道了欽此

掌浙江道監察御史臣熊遇泰跪

奏爲明年暫行海運諸務皆宜預籌謹陳管見仰祈

聖鑒事查本年借黃濟運運河淤塞據兩江督臣琦善奏

稱明年海運可以暫行已令藩司賀長齡親往海口

查辦事宜等語臣思雇商海運原屬權宜之計而此

時舍海運之外亦別無良法惟事關創始策宜萬全

謹就臣見聞所及粗舉六條敬爲

皇上陳之

一上海交兌宜聽各地方官自行雇緺運送也臣聞向

來漕船開兌旗丁需索幫費每軍船一隻裝米不過

八九百石而裝費多至千餘金此外出倉進艙俱有

陋規其故由於漕船出運沿途漕委官弁均須餽送

提溜打閘費用浩繁而抵通交兌經紀花戶勒索尢

鉅丁取之官官取之民相沿成習明年既行海運沿

海州縣運至吳淞江口路途無幾若仍由軍船裝運

勢必仍舊需索而且行走內河耽延時日似宜各地

方官自行雇船裝至海口由該管糧道驗明米粒乾

潔押令海船兌收不必軍船裝運以省轇轕而杜紛

擾

一海口商船宜安爲招徠也運河淤墊寬闊深長挑挖

甚費時日明年幫船能否酌分河運尚未可知則海運漕糧多運一石即多一石之益江浙兩省雖俱有海口而浙江之寧波乍浦二處並無可以裝載米石之船惟吳淞海口商船常至奉天天津販買豆石近年以來添造加增不下二千五六百號大者可裝二千石小者可裝一千石統計可裝米二百餘萬石江浙兩省全漕不難分作兩次全數運津無如本年二三月因議海運前江蘇撫臣張師誠飭令上海道將海船全數封雇守候兩月始行釋放又不出示曉諭以致差役人等肆行勒索繼於五月中又將海船封

雇釋放如前而勒索更甚以至海口商船望而生畏四散逃避茲據兩江督臣琦善奏稱商船無多約計每次祇可運米七十萬石二次可運一百四十萬石可見此時商船之少不比從前臣聞上海製造商船多係通州海門殷實之戶立有會館牙行關口俱有冊籍不難招至非如他項船隻可以任意遠颺是宜開誠布公出示曉諭嚴查上次藉端勒索之吏役人等追贓治罪則船戶悅服踴躍胥來矣至商人之實能急公者應否准其帶貨免納正稅抑或給與匾額以示鼓勵之處則又在地方官酌而行之總期於公事商情兩無窒礙

一給發腳價宜嚴禁剋扣抵津交兌宜嚴禁需索也上海商船以北行為放空南行為正載今用放空之船載米運津而所得腳價與正載相等商民猶不踴躍急公決非情理無如商船當封雇之時已多勒措至給發腳價又不免剋扣而向來軍丁運米到通經紀人等刁難需索層出不窮所以畏懦商人望風畏懼臣愚以為封雇商船之時即宜出示曉諭每運米一石給腳價銀若干耗羨米若干由該督撫遴選廉潔人員專司其事親自給發嚴禁差役吏胥不得干涉

再選幹員押運抵津其收兌之時

欽派一二公正大員到津監兌則經紀人等諸弊悉除而商沽實惠矣

一海中行走宜聽其自便不可牽制也上海商船往來洋面沙綫風信瞭如指掌向來裝載客貨百不失一若因漕糧重運不准其四散開行恐因牽制轉失事機臣聞商船之舵工水手俱有保載牙行運貨往來從無押載並不欺騙惟冬季朔風緊急偶有擱淺鬆艙拋棄貨物然前船後載總可稽查今運米赴津當春夏之交南風北駛決無意外之事即使千百之中

偶有一二不難取具同行各船甘結援照漕運全書風火事故之例如實係變生意外人力難施應請
恩旨豁免若駕駛失機者自宜責令賠償以昭慎重
一天津剝船宜多爲雇備以免臨時周章也查向來剝船多在楊村一帶本年添備修艌計有二千餘隻此項剝船於本年漕務完竣即當趕緊修補提至天津停泊守候再閘河以內額設官剝船三百隻民剝船三百隻明年由天津運通米數甚多此項剝船宜於河水未凍以前儘數趕到天津以備明年剝運如實在不敷則天津之北倉可容米四十萬石亦可暫爲

存貯以待轉運
一漕船水手宜妥爲安插俾無失所以免滋事也明年暫行海運停運軍丁自當照減運年分津貼成案辦理而篙工水手人數孔多辦理不善恐其滋事伏查各省漕船水手雇募不同如臣原籍之江西漕船水手多係土著人民每歲漕船受兌之時則邀募上船回空之後則散歸鄉里有家可依有業可守即停運亦可謀生無須安插湖廣軍船水手大略亦與江西相似惟江南浙江等處漕船水手俱係山東無業游民終年受雇在船無家可歸一經停運旗丁斷不能仍舊給與工食若不妥爲安置勢必別生事端臣聞上年江浙兩省因災減運各船水手無所依歸民間恐其逗留滋事紳士富戶各捐己貲每名給制錢三千文官爲押送回籍料理極爲妥協案籍俱存不難照辦惟明年全漕停運人數較多即使遞回原籍人衆業寡生計維艱伏思明年挑挖運河疏濬海口工程至鉅役使必多此項篙工水手或可酌量遞送工所俾得自食其力亦以工代賑之意也
以上數條謹就臣見聞所及冒昧縷陳恭候
聖鑒採擇並請

敕下各該督撫妥議章程總期圖終慮始動出萬全不得臨事張皇致貽後誤臣不揣愚陋敬獻芻蕘是否有當伏祈
皇上訓示謹
奏
道光五年八月初五日具
奏本日奉
上諭據御史熊遇泰條奏明年暫行海運請將上海交兌米石聽地方官自行雇剝運送不必令軍船裝運以省需索幫費海口商船宜妥爲招徠勿任吏役藉端勒索

給發腳價嚴禁剋扣抵津交兌嚴禁刁難商船放洋行走聽其自便不可牽掣轉失事機倘有鬆艙等事取具同行各船甘結分別豁免賠償天津剝船宜多爲雇備漕船水手宜妥爲安插各款明年海運事宜琦善等前已派藩司賀長齡赴上海查勘尚未據酌議章程覆奏該御史所奏各款諒該督等亦已籌議及此如有可採納之處著一併覈議具奏該督等務將一切章程詳議周妥勿致臨事張皇方爲至善該御史摺著鈔寄閱看將此諭令知之欽此

道光五年八月初九日內閣奉

上諭前據英和奏通籌漕河全局請暫雇海船以分滯運酌折額漕以資治河當交有漕省分各督撫等悉心議奏嗣據各督撫等詳晰籌議安徽江西湖廣離海較遠浙江乍浦寧波海口或不能停泊或盤剝費鉅惟江蘇上海商船據琦善等奏可以暫行海運已有旨交議籌辦矣其折色一節據程含章奏窒礙難行請仍收本色琦善李鴻賓陶澍楊懋恬嵩孚等均以爲弊竇叢生請收本色由州縣變價歸工惟成格張師誠因全收折色不便於民請以本折各半徵收朕以漕糧爲天庾正供

收本色由來已久改折色易滋弊端所有江蘇安徽浙江湖廣折漕一節已降旨無庸議並將該督撫等變價歸工及本折兼收之議概予駁斥仍令江西省再行妥議尚未奏到現當秋穫登場各省將次徵收漕米喫緊之時若躭延時日不早定議恐有不肖官吏藉端影射舞弊病民所關甚鉅著通行曉諭有漕省分各督撫所有應徵漕糧仍照向例徵收本色毋得藉口折漕致滋擾累並著琦善嚴烜體察情形明年各省軍船行抵江境應如何渡黃運通自應早爲計及通盤籌畫據實具奏並咨會各該省督撫妥爲辦理俾不至臨時周章總

期無誤開兌日期又能全數抵通方爲妥善將此通諭

知之欽此

兩江總督臣琦善跪

奏竊臣前因海運事宜須會同撫臣督飭江寧蘇州兩

藩司當面熟商卽經

奏明前赴京口江寧一帶訂期計議在案臣行抵京口

適撫臣陶澍亦同時到彼當與江寧藩司張志緒江

蘇藩司賀長齡及降調河南河北道鄒錫淳將海運

章程逐條計議據該司道查明上海共有大中兩號

沙船九百餘隻現據投具承攬受雇者已有七百號

其餘二百餘船散處各屬業經飭縣傳喚約冬月可

全行歸次自春及夏兩次轉運堪以海運漕糧一百

五十萬石大局已定臣卽於八月初十日回至清江

現據該司道等先後具詳一切已有章程惟內有一

二條款尚須叅酌之處事關創行不厭詳慎臣已咨

商撫臣飭司再行酌議一俟覆到卽當會同漕臣撫

臣繕摺具

奏理合附片陳明謹

奏

道光五年八月二十二日具

奏九月初四日奉

硃批知道了欽此

兩江總督臣琦善跪

奏再前任江蘇臬司林則徐經前督臣魏元煜等

奏准調赴南河督催石工臣到任後因該司辦事精細

又經

奏明於石工屆竣時暫令前赴上海督同該縣籌辦海

運事宜詎該司氣體素弱自上年染患瘧疾帶病到

工節次舉發茲該司於催工完竣前赴上海路過高

郵病勢更重臣途次會晤復據稟懇給假就醫察其

形神委頓實難强令趨公查該司承催石工已竣卽

河臣驗收自有承修之人而海運事宜又經藩司賀

長齡與前任河北道鄒錫淳議有定章林則徐本係

丁憂人員應卽回籍守制藉資調理除據稟批飭回

籍外理合附片

奏

聞謹

奏

道光五年八月二十二日具

奏九月初四日奉

硃批知道了欽此

兩江總督臣琦善跪

奏爲遵

旨查明水師額設戰船會哨巡緝情形並酌籌明年海運

漕糧嚴密稽查防範恭摺覆

奏仰祈

聖鑒事竊臣承准軍機大臣字寄道光五年七月二十六

日奉

上諭御史熊遇泰奏請敕修營務以安漕運而肅海防一

摺洋面近日肅清惟來年試行海運亦宜籌慮萬全以

期有備無患著琦善查明該省額設戰船等項有無短

缺虛浮各營將弁能否認眞巡緝如有懈怠廢弛之員

卽應嚴叅懲辦明年重運北來經由各處沙島應如何

稽查防範派員帶兵押運不致有意外之虞俱著悉心

籌議以期計出萬全並令該提鎮等屆時嚴密巡查務

使奸宄斂跡於漕務海防兩有裨益方爲妥善等因欽

此臣查江南外海水師蘇松鎮中營左營右營奇營

共額設戰哨船九十四隻狼山鎮狼右營掘港營共

額設戰哨船一十九隻川沙營吳淞營南匯營共額

設戰哨船三十九隻例係三年小修六年大修九年

拆造每屆修造之年由營稟報驗估詳

奏歷係鹽道蘇松太道及各該地方官分別領銀承辦
在營弁本未經手錢糧無從分肥侵蝕而就江南辦
事顧頂之情形其中修艌草率亦難保其必無卽如
水師應修船隻上年八月十月先後
奏准部覆承辦之員並不當時領銀購料遲至本年五
月始以現辦大工應否停辦詳請部示以致至今尚
未修艌其諸事因循已可概見臣實不敢率稱足額
致蹈欺罔至江南內外洋面自乾隆四十六年
奏定巡洋班次以三個月爲一班按春夏秋冬四季出
巡蘇松鎮中左右奇四營每季輪派官弁十一員帶

領水陸兵丁二百八十八名坐駕舢哨舢板等船九
隻巡緝所轄內外洋面並與狼右川沙吳淞等營巡
洋員弁在半洋沙等處洋面會哨川沙營每季輪派
官弁二員坐駕哨船二隻帶領水陸兵丁四十八名
吳淞營每季輪派官弁二員坐駕哨船二隻帶領水
陸兵丁六十名南匯營每季輪派官弁三員坐駕哨
船三隻帶領水陸兵丁七十二名巡緝所轄洋面並
與蘇松鎮中左右奇四營巡洋員弁在匯北等處洋
面會哨狼右營每季輪派官弁三員坐駕唬哨船三
隻帶領水陸兵丁六十八名巡緝所轄洋面與掘港

營巡洋員弁在大洋稍洋面會哨後又與蘇松鎮中
左右奇四營巡洋員弁在佘山洋面會哨掘港營每
季輪派官弁二員坐駕唬船一隻帶領水陸兵丁三
十二名巡緝所轄洋面並與狼右營在大洋稍洋面
會哨果能親身督率實力奉行已可弭盜安民無須
更張舊制臣惟有嚴催承辦船工各員趕緊領銀修
造一俟工竣遴員核實驗收如再疲玩卽行嚴參仍
責成提鎮於所轄洋面照例分派員弁實力巡防並
於吳淞口對出之盡山壁下花腦等山最爲扼要之
區令該提鎮親赴大洋按段稽察庶奸宄不致潛蹤

聲勢更爲聯絡實於漕運海防均有裨益臣仍隨時
密行訪察如有廢弛營務巡緝懈怠之員卽當據實
參辦不敢稍避嫌怨所有遵
旨查明額設戰船會哨巡緝情形並酌籌防範海運漕糧
緣由理合恭摺覆
奏伏乞
皇上聖鑒謹
奏
道光五年九月初二日具
奏九月十五日奉

硃批知道了欽此

兩江總督臣琦善漕運總督臣穆彰阿江蘇巡撫臣陶澍跪
奏爲蘇松常鎮太四府一州應徵道光五年分漕糧議
請全由海運並酌定運送兌收各章程恭摺奏
聞仰祈
聖鑒事竊臣等前奉
敕議海運事宜當經先後籌議具
奏欽奉
諭旨海運一事著俟藩司賀長齡赴海口查勘情形籌畫
到日即將一切章程會同妥議具奏等因欽此臣等伏
查江省上海船商素稱殷實雇用載糧並無苦累該
商等豈無急公之心惟因與官吏交涉恐有剋扣需
索及刁揩羈留情事遂至疑畏不前經臣陶澍於查
勘江震水利之便繞至上海傳集船商面加曉諭商
情頗形踴躍兹據江蘇藩司賀長齡前任河北道鄒
錫淳前赴上海會同蘇松太道潘恭常督同府縣查
明上海地方向有本省大中兩號沙船每船裝米自
數百石至二千石不等又有浙江省之蜑船及三不
像等船與沙船大小相似向亦往來天津熟悉北洋
沙綫堪以備雇已據陸續具到承攬共有沙船一千
餘號三不像等船數十號由該司道等核議章程詳

請具
奏前來臣等查上海沙船既經雇有一千餘號來年海
運一事必可試行所有江寧揚州淮安徐州通州海
州等四府二州額徵新漕並緩帶米石業經臣琦善
臣穆彰阿等
奏明改由盤壩接運在案其蘇州松江常州鎮江太倉
等四府一州額徵起運道光五年分漕白正耗米共
一百五十餘萬石合計大中兩號沙船兩次載運米
數正與該各府州額漕不相上下自應卽以蘇松等
四府一州新漕全歸海運倘有帶徵道光三年二限

及歷年災緩米石因新舊並納民力實形拮据應飭
各州縣儘徵儘解隨同新漕均由海運至上海商船
現有一千餘號已較向年歸次數目爲多現飭該管
府縣於冬季全數歸次時再行續雇其浙省翟船及
三不像等船既與沙船大小相等且係平底深艙亦
應寬爲雇備臣等現已移咨浙江撫臣轉飭地方官
諭令該船戶等於冬季齊赴上海聽候選擇雇用統
計海船裝運蘇松等四府一州新漕並儘徵儘運之
緩帶漕米於來年春夏兩次運送務期悉數抵津不
致短絀遲滯臣等謹將該司道等所議運送兌收章

程悉心酌核分列六條謹呈
御覽
一沙船運送漕糧交兌盤量難免折耗應酌給耗米也
查蘇松常鎮太四府一州每年起運漕糧例給旗丁
耗米共一十八萬餘石原以備折耗食用之需此次
雇用沙船運至天津食用折耗勢所不免亦應酌給
耗米俾免賠償之累惟海運較河運爲速自當量爲
節省毋須與漕船一例應請每白糧一石給耗米一
斗糙米一石給耗米八升卽於例給旗丁耗米內動
放通盤核計可節省耗米六萬餘石應令隨同起運

正耗米石一併由沙船運送到津以實倉貯
一海運漕糧如無故短少霉變應令沙船賠補以專責
成也查向來商船攬載客貨偶有遭風鬆艙等事卽
載後驗明大桅已斫實係遭風免其賠補倘大桅未
斫所載貨物霉變短少卽責令賠補今裝運漕糧更
宜核實應請於沙船到津時如果驗有斫桅鬆艙及
傷斃人口情事自應查照糧船失風之例
奏明免其賠繳並照例優恤如並無事故而有短少霉
變等弊卽令於備帶餘耗米內如數補足再有不敷
勒令買補以專責成

一驗米交米應專派大員經理也查海運漕糧上海爲
總匯之地驗收兌裝責任綦重屆時應由臣等
奏明派委道府丞倅四員先於各州縣剝米到次時會
同蘇松太道逐一盤驗必須乾圓潔淨升合無虧秉
公斛量兌收每船於正米內提出樣米一斗裝貯木
桶黏貼印花即交沙船帶津所派道府於驗米後飭
令各帶佐雜一員由陸路趕赴天津俟沙船一到將
原封米樣稟請
欽派驗米大臣在於沙船比驗一經兌交剝船即與沙船
無涉該沙船以關東裝豆爲正載惟慮交米稽延致

誤豆汛且須急駛回南以備二次接運漕糧應請
敕部議定沙船到津在東門外交兌定限幾日收竣放行
並請
敕下直隸督臣先期多雇剝船在天津東門外守候俾沙
船隨到隨卸不致羈累誤運至北壩交兌向有應給
銀米各款除糧道衙門應解輕齎席木等款仍照例
解交外其由津赴通船價飯米及茶果個兒錢經紀
書差飯食一切載在漕運全書各雜費並天津道起
剝工食等項計以旗丁到通應領銀米等款撥抵之
外尚有不敷沙船祇有水腳勢不能照舊給與而各

項人役日食所需亦不可不稍資津貼容另行籌畫
解赴倉場等衙門分別給發
一海運漕糧宜飭沿海水師會哨巡防也查沙船受載
漕糧運至天津交卸洋面遼廓防護宜周除江南沿
海水師由臣琦善移行提鎮將弁統巡分巡外應請
敕下山東直隸督撫臣轉飭沿海水師提鎮各按汛地多
撥哨船分派將弁兵丁巡防護送夜間於島嶼處所
多掛號燈日間多豎號旗俾商船停泊守風不致迷
于所嚮臣琦善屆時再當
奏派武職大員二人押坐商船赴津庶商船有無疎虞
得所稽考而海船會哨官兵亦免虛應故事

一海運商船宜分別獎敘以示鼓勵也查商船領運漕
糧迅速無誤自應核其運米之多寡以定獎敘之等
差除一萬石以下由臣等及司道分別賞給匾額外
其自一萬石至五萬石以上應請分別給予職銜若
已捐至五品無可再加或另行酌獎均俟漕糧交兌
完竣報明蘇松太道衙門覆核具詳由臣等
奏請
欽定再商船全數運米南北貨物未免阻滯應請每船准
其八成載米酌留二成搭載貨物並由海關查明免

稅放行計數請豁稅額但不得過二成之數其自關
東運豆回南仍照例輸稅以重關課
一蘇松常鎮太四府一州軍船宜酌加調劑也查該各
屬軍船已于本年首進遲米到通現經
奏明截留河北接運本年江廣滯漕並留爲來歲接運
浙江等省漕糧之用此項軍船原可毋庸議及調劑
惟新漕既由海運所有隨漕行月贈五等項該軍船
等概已無從支給其接運別省漕米僅有水脚口糧
爲數無多非起運本幫漕糧可比而歸次之期須在
來歲秋冬其隨時添置器具及零星修補船隻在在

均需費用恐丁力貧疲難免苦累似應酌加調劑向
來減運漕船例有半支月糧及苫蓋銀兩此項接運
軍船既有水脚口糧應請照減運漕船之例于所省
行月贈五項下量爲核減酌給稍資貼補用示體恤
現飭司道查議俟議覆到日再行咨部核覆此外江
北各軍船仍屬本幫辦運自有應得之項應毋庸議
以上六條臣等往返商酌意見相同其沙船所需水
脚等項款細費繁
國家經費有常豈能事事盡資
帑藏臣等現在督同藩司妥協辦理無須動用正項應

請免其報銷其例給幫丁漕項各款既可無須支動
容當查明另行報撥至起運正耗米石數有奇零與
緩帶漕糧儘徵儘運確數均俟沙船收兌之後飭司
造具起運細冊分別
題咨臣等竊思來年海運事屬創行大局雖可議定細
處不厭精詳若必一一
奏明恐致拘泥窒礙惟有仰懇
天恩由臣等隨時通融酌辦總期措置周妥不誤倉儲以
仰副
聖主肅清漕利運至意所有蘇松等四府一州應徵五年分

漕糧全由海運並酌定運送兌收各章程謹合詞恭
摺具
奏是否有當伏乞
皇上聖鑒訓示謹
奏
再御史熊遇泰條陳海運事宜六款奉
旨敕交臣等核議如該御史所稱明年暫行海運請將上
海交兌米石聽地方官自行雇剝運送不必令軍船
裝運以省需索幫費一款臣等查本省軍船均未歸
次明歲海運漕米原係令地方官雇船剝至上海交

兌各幫旗丁無從需索又如所稱海口商船宜妥爲
招徠勿任吏役藉端勒索一款臣等查海運商船先
經
奏派藩司賀長齡親赴上海向牙行船戶開誠曉示各
船商均知踴躍急公陸續投具承攬本未假手吏胥
且僅止招徠並未封雇不致有藉端勒索之事又如
所稱給發腳價嚴禁剋扣抵津交兌嚴禁需索一款
臣等查海運腳費係藩司賀長齡與牙行船戶面爲
議定明歲漕糧交兌上船即示諭船商親赴蘇松太
道衙門由該道潘恭常當堂按石發給腳價剋扣之
弊可期杜絕至押運到津經紀人等刁難需索實爲

情事所必有縱使米色乾圓潔淨何難挑剔苛求惟
有仰懇
聖恩屆時
欽派親信大臣赴津驗收監兌以期諸弊肅清又如所稱
商船放洋行走聽其自便不可牽掣轉失事機一款
臣等查商船出洋全憑風色駕駛原不能如內河之
按幫按次官爲鈐束臣等雖另摺聲明
奏派武職大員二人押坐商船亦祇令其稽察海船之
有無事故官兵會哨之能否認眞於商船放洋仍聽
其看風收放不稍牽制又如所稱天津剝船宜多爲
雇備一款臣等查商船進天津海口不能直達北倉
必須加緯挽至東門另用小船剝運臨時雇覓諸費
周章臣等已另摺
奏請
敕下直隸督臣先期多爲雇備俾沙船隨到隨卸免致羈
延又如所稱漕船水手妥爲安插一款臣等查江南
首二進幫船業已
奏明分泊江南山東衛河一帶停泊以爲接運明年新
漕之用篙工水手既有營運可圖自可無虞生事該

御史所陳六款均與臣等籌辦相同應請毋庸另議
理合附片覆
奏伏乞
聖鑒謹
奏
道光五年九月初二日具
奏九月初八日奉
上諭琦善等奏請將蘇松常鎮太四府一州應徵道光五
年分漕糧全由海運並議定運送兌收各章程一摺海
運事宜前據琦善於抵任後飭令藩司賀長齡赴上海

查勘情形會同妥議嗣該撫陶澍于查勘水利之便亦至上海傳集商船面加曉諭商情頗形踴躍茲據奏現雇有沙船一千餘隻三不像數十隻計春夏兩次可以運米一百五十餘萬石著照所請將蘇松常鎮太四府一州新漕並綏帶漕糧由海運抵津其所議酌給沙船耗米一款著即於例給旗丁耗米十八萬餘石內動放所有節省耗米六萬餘石並令隨同起運正耗米石一體運送抵津又海運漕糧無故短少霉變一款著查明如有所桅鬆艙傷斃人口情事自應奏明免其賠繳並照例優邮若無故短少霉變即令于備帶耗米內補足如再不敷勒令買補以專責成又驗米交米專派大員經理一款著于兌運時派委道府大員等逐一盤驗將米樣貯桶黏貼印花交沙船帶津以備欽派驗米大臣查對並著戶部將沙船到津在東門外交兌限幾日收竣放行即行議定具奏其須用剝船並著直隸總督飭屬先期多爲雇備隨到隨剝俾沙船不致羈累又沿海水師會哨巡防一款除由該督臨時移行該提鎮將弁統巡分巡外著山東直隸各督撫轉飭沿海水師提鎮各按汛地多撥哨船分派將弁兵丁巡防護送並著該督屆期奏派武職大員一二人押坐商船赴津以資稽考

江蘇海運全案　卷一　廿三

其商船宜分別獎敘及蘇松等府州軍船酌加調劑一款俱著照所議辦理又另片奏議覆御史熊遇泰條陳海運事宜六款除該督等所議章程已經議及外其海船押運到津經紀人等難免需索刁難請派親信大臣赴津驗收監兌一款尚爲除弊起見著軍機大臣屆期奏請欽派一二員前往此外如有應行隨時酌辦之事該督等務當預籌詳妥勿致臨時周章有負委任欽此

江蘇海運全案　卷一　廿四

戶部謹
奏爲遵
旨議奏事竊照兩江總督琦善等奏議海運章程一摺欽
奉
諭旨著戶部將沙船到津在東門外交兌限幾日收竣放
行卽行定議具奏等因欽此欽遵於九月十一日抄出
到部臣等伏查來年暫雇商船海運現據兩江總督
臣琦善等
奏定商船裝運蘇松常鎮太四府一州屬漕糧一百五
十餘萬石分作春夏兩次運津計每次運米七十餘

萬石運抵天津東門時自應迅速起剝俾商船趕早
回南再行裝運其限定收竣放行日期查向來漕糧
抵壩每日起米以三萬石爲率此係平時軍船陸續
抵壩且每年止運一次故每日起米止定此數來年
商船海運船衆米多風帆甚駛勢必同時齊集天津
起剝米石若照每日起米三萬石之數未免稽遲臣
等酌議惟有令承辦各員多備剝船增添人夫斗斛
屆期應由
欽派驗米大臣察看情形督令趕緊酌量加起剋期兌收
完竣不得稍有遲滯但臣等更有請者米數之多起

在剝船之多備而剝船裝運或恐仍有不敷似又莫
若將剝運之米就近起卸俾剝船得以更番輪剝起
米多而轉運速則商船之放行愈早查天津北倉可
貯洪斛米四十萬石上年天津起卸臺米十餘萬石
係先行卸貯北倉後由北倉剝運通州轉運京倉天
津距通州水路三百數十餘里北倉又距天津東門
數十餘里此次起剝商運漕糧若徑行儘北倉收貯
不惟倉厫不敷且相隔數十里之遙起卸尚恐遲誤
除多備剝船已奏
旨交直隸總督飭屬辦理外應令天津府縣就近將該府

縣空出各倉並天津東關附近寬大廟宇廣爲豫備
其倉厫廟宇均鋪墊席板勿令潮濕屋上均加抅抿
免致滲漏北倉亦照舊令天津運使飭商修葺完固
以便收貯其剝運之時查商船首次抵津是時清口
盤壩之南糧尚未北來無須起剝官剝船額設二千
五百隻加以添雇民剝海運到津之糧儘數撥運商
船首次抵津時應先儘最近之天津府縣倉厫廟宇
暫行剝卸一二十萬石其餘米石令剝船徑行運通
隨後將天津府縣倉厫廟宇所貯漕米卽行運通毋
庸轉卸北倉致多周折商船更得早日回南不誤往

來裝運至商船二次抵津時計盤壩之米亦應北上
須船剝運倘是時剝船不敷即將二次到津之米先
行剝貯天津府縣倉厫廟宇如不敷卸貯再行剝貯
北倉隨令原剝船隻將所貯米石儘數運通如彼時
剝船足數裝運即照起剝首次商船米石章程辦理
不必分貯北倉更屬簡便總之該商船等航海遠來
乃係民運官糧更非尋常旗丁轉運漕糧可比斷不
可任該經紀書役等稍有勒措留難以阻其急公應
募之志應請
敕下倉場侍郎督飭坐糧廳於經紀吏役內揀擇誠實之

人派令辦剝如有刁難勒索等弊應聽該商民等指
名喊控即由
欽派大臣嚴拏懲辦務令該商船等隨到隨起愈速愈妙
毋得稍有羈累乃爲盡善其米卸貯倉厫廟宇之時
應令天津鎮總兵多派兵弁嚴密巡邏勿稍疏懈致
滋偷漏至運米限期倉場向係每日起米三萬石此
次自應儘力多起俾得遄行抵通隨時酌奪斷不得
拘泥舊限所有天津東門起剝以及轉運京通各倉
其剝船人戶如何得無偷竊攙和船米裝卸如何得
無潮濕抛撒沿途官弁如何催儹防範剝船衆多如

何不致擁擠先期應請分倉場侍郎一人並由直隸
總督派委藩司前往天津飭屬妥爲辦理以便
欽派大臣臨時查驗再查起剝工食及輕齎等項銀兩已
據兩江總督奏明由該省解赴倉場等衙門分別給
發自可如期解到倘或商船先抵天津而此項銀兩
尚未解到應准在天津運道兩庫內先行墊發仍俟
前項銀兩解到時歸款庶不致臨剝待費稍有遲延
又據兩江總督奏稱各商分別獎敘及載貨二成免
其納稅其商船自關東運豆回南仍照例輸稅等語
查商船以關東運豆爲正載倘該商運豆回南各關

人役借端需索留難商船勢不得急駛再運所關非
細應請
敕下各關迅速查驗放行並嚴禁吏胥人等不得稍有指
累俾各商更加踴躍而漕糧早達
天庾如此辦理米經分貯剝運則商船交卸甚速按船約
計不過數日之內即可放行不致羈累以上臣等酌
議各章程應仍請
敕下直隸總督察看情形隨時酌量辦理所有臣等定議
緣由理合恭摺具
奏是否有當伏乞

皇上訓示謹
奏
道光五年九月十八日具
奏本日奉
旨依議欽此

山東巡撫臣武隆阿跪
奏爲籌議巡防海運事宜仰祈
聖鑒事竊照本年七月內欽奉
上諭御史熊遇泰奏請敕修營務以安漕運海防一摺洋
面近日肅清來歲試行海運亦宜籌慮萬全以期有備
無患著訥爾經額查明該省額設戰船有無短缺將弁
能否認眞巡緝如有廢弛之員嚴叅懲辦明年重運北
來經由各處沙島應如何稽查防範派員帶兵押運俱
著悉心籌議並令該鎮屆時嚴密巡查務使奸宄斂跡
於漕務海防兩有裨益等因欽此當經護撫臣訥爾經

額移行遵照一面委員候補通判史朔齡掖縣縣丞
徐鈖前往隨同該管登萊靑道嵩英查勘籌議臣抵
任後接准登州鎮臣咨報並據登萊靑道督同委員
等勘明籌議章程稟覆臣涖任未久必須周諮博采
以求盡善復經飭行藩臬兩司逐一確查悉心嚴議
去後茲據該司等查明東省向設戰船等項除應修
外均係足額並無短缺並准登州鎮臣札勒杭阿咨
覆各營將弁均係按時出哨巡緝亦屬認眞尙無懈
怠廢弛之員由該司等將海運巡防事宜籌議章程
詳請具

奏前來臣查江南商船出吳淞江口由寶山崇明至佘山東駛繞出五道沙外洋轉東北越過東省交界之鷹遊門直走東大洋卽交山東水師所管南汛洋界大洋中千餘里並無山島可泊直至卽墨縣之嶗山文登縣之北槎山始見島嶼如無風便暫須收泊則在日照縣之夾倉口膠州之古鎮口均可寄椗膠州之唐島卽墨縣之靑島海陽縣之棉花島乳山口等處皆可停泊再至文登縣之馬頭嘴卽入東汛洋界經由文登縣之蘇山島靖海衛榮成縣之龍口崖養魚池均可寄椗至榮成縣之石島裏島卽可收泊轉

過成山頭向西駛卽入北汛洋界經由文登縣之劉公島寧海州之崆峒島文登縣之威海衛寧海州之養馬島福山縣之之罘島八角口黃縣之黃河營屺㟂島蓬萊縣之廟島掖縣之小石島皆可收泊卽達直隸鹽山縣大沽河出境查東省洋面共一百零五島明年漕運經行惟此二十五處島嶼最爲海道要地其間居民叢雜宵小易藏較之洋面巡防尤屬緊要自應分派弁兵嚴密巡查以資彈壓又查水師洋面膠州南汛管轄一千六百八十里成山東汛管轄三百九十里登州北汛管轄一千七百七十里內除赴關東洋面三百三十里外實在洋面運道三千五百一十里至水師營額設戰守兵五百三十五名戰船十隻艍船二隻戰船每隻配兵四十名艍船每隻配兵三十名營員督率官弁管駕每年三月內出洋巡哨九月內回哨行之歷年已久島嶼安靜商賈無虞惟海道與河道不同重運出洋乘風逐浪四散分駛勢不能銜尾聯幫防護尤爲至要自應責成該管遊擊守備督率弁兵於糧船入境之先將島嶼險要之處詳細搜查迎護糧船入境小心巡防護送互相稽查務須聲勢聯絡如有偷安怠惰停泊不前臣卽

會同鎮臣隨時參

奏懲辦斷不敢稍涉瞻徇仍令鎮臣屆時前往沿海一帶督查以昭愼重再查南北東三汛額設戰船十隻艍船二隻內南汛二號戰船一隻例應大修業經駕進膠口尙未興工北汛八十兩號戰船二隻現亦駕進登口應行驗修其餘戰船艍船共九隻船身均屬堅固篷桅等具亦屬齊全其應修之船三隻飭令速行修理倘或辦理不及就近雇覓堅大商船暫時應用以爲巡哨之需所有沿海礮臺墩臺現已委員分投查勘如在限內間有損壞飭令趕緊賠修倘係限

外久已傾圮亦卽作速估修俾防守兵丁得有棲身之所一切器械逐件查點務期一律整齊適用以壯軍威臣仍俟明年漕運將到時與鎮臣札勒杭阿先行飭知營員帶領弁兵認眞巡查妥爲防護斷不使虛應故事總期于漕務海防兩有裨益臣謹將籌議章程各條敬爲我

皇上陳之

一東省戰船巡哨向係三月出洋九月回哨此次防護糧船則出洋日期總以接到江南咨會將運漕船隻定于何時開洋預先行知所有南北東三汛戰船于

明歲春融後卽行配兵出洋巡查不必拘定三月九月之限致有延誤

一東省洋面南自鷹遊門入境北至直隸鹽山縣大沽河出境所有三汛巡哨戰船應照派赴各該管洋面梭織巡查遞相護送南米漕船既由吳淞江出口自必避五道沙繞出大洋不由鷹遊門行走而鷹遊門爲入東海防要地未便因船行不到遂置于不議應令該管之南汛戰船仍舊巡至鷹遊門交界洋面以昭周密

一巡哨船隻分派備弁等官應立統巡分巡名目並按所管汛地作爲專汛兼轄應由登州鎮臣派定出巡咨明臣衙門立案以專責成而免推諉其巡哨弁兵如果始終勤奮巡緝無誤分別奬勵倘敢任意停泊怠惰偷安從嚴叅究示懲

一漕運經行海道凡有可以寄碇收泊之島率多居民雜處良莠不齊難保無宵小匪徒因有糧船停泊妄生覬覦是稽查岸匪之責較之洋面巡防尤關緊要查水師營戰守兵丁僅五百三十餘名除分配戰船出洋巡哨外所剩之兵丁無多尙須看守軍裝庫局等項實屬不敷差遣應令登州鎮臣於漕運將到之

時擇其最要各島另于陸路各營就近酌撥貼防千把員弁帶領兵丁數名或十餘名視島嶼之大小定兵之多寡分駐要隘嚴密稽查如有前項匪徒立卽拏送有司從嚴懲辦仍禁止弁兵不得滋擾良民以示體恤

一沿海漁船定例于造船時報申查取漁甲族鄰保結印烙字號給予執照開明年貌籍貫十船編爲一甲出洋時汛口驗照掛號放行於防微杜弊之道不爲不周東省洋面雖向稱綏靖而明年接護漕糧爲正供所關稽查防範益宜周密所有各島漁船出入海

口臣現已嚴飭沿海各州縣務遵定例將漁船一律
編號取結給照察驗始准出入如敢視爲具文並不
認眞查辦或有狥縱得規情弊一經查出立卽嚴參
以示懲儆
一沿海礮臺墩臺原爲防守而設現在已經委員確切
查勘飭令各州縣趕緊整理但查各州縣沿海地方
遼闊向來設立礮臺墩臺每每各處相距二三十里
且有遠至六七十里者其間濱臨海澨又無居民僅
撥三五兵丁亦不足以資接應應飭令沿海各州縣
于相距較遠礮臺墩臺適中之處設立卡房一二處

酌撥壯役五名就近再由營撥兵三名在彼巡守與
礮臺墩臺汛兵彼此招呼往來巡哨庶聲息相通更
資得力
以上各條臣與藩臬兩司悉心籌酌定議是否有當
臣謹恭摺具
奏伏乞
皇上聖鑒訓示再兗州鎭屬之武定安東二營亦有沿海
口岸向來設有水師官兵亦無戰船于洋面例無責
成臣已移知鎭臣舒凌阿屆期酌派官兵于沿海口
岸陸路一體嚴密稽查防範以歸周匝合併陳明謹

奏
道光五年十月二十八日具
奏十一月初九日奉
硃批所奏著依議行隨時認眞嚴行督飭不可有名無實
欽此

兩江總督臣琦善漕運總督臣陳中孚江蘇巡撫臣陶澍跪
奏爲會籌海運陸續應辦各事宜請
旨遵行事竊照本年海運漕糧業經臣等將應委驗米交
米道府各員並籌款協貼天津雇剝及通倉經紀人
等飯食各項
奏奉
諭旨飭行欽遵在案現屆新漕啓徵商船陸續歸次一俟
明年二三月間即可次第兌運開行所有海運陸續
應辦各事宜謹列條款恭呈
御覽

一驗米應責成糧道會同蘇松太道監兌也查驗米爲
漕運要務糧道有監兌專司應請即派蘇松常鎮督
糧道宋滇暫駐上海會同蘇松太道潘恭常逐細查
驗兌交商船並封貯樣米隨船帶赴天津由交米委
員稟送
欽派大臣在於沙船比對米色按冊交收但商船趁風開
行先後不齊該糧道勢不能隨船前往應請毋庸押
運赴津以免顧此失彼
一赴津交米應分別委員前往也查蘇省漕糧既多商
船次第開行不便壓前等後該糧道既須驗米不能
押運自應先派大員齎帶冊籍前赴天津經理交兌
事宜查有前經
奏派會議海運章程之原任河南河北道鄒錫淳揀發
道府慶玉李湘茝堪以委赴天津辦理交米事宜又
查有泰州知州王有慶蘇州府管糧通判清平堪以
委赴天津幫辦交米事宜以上各員俱令各帶佐雜
一員先由陸路赴津妥爲經理均俟漕糧全數到彼
兌交剝船方准回蘇銷差
一交米委員應以到天津爲竣事無須再至通倉也查
來年蘇屬漕糧由海運送事屬創行本不能與往歲

軍船視同一例而經紀人等不能無弊必得從嚴約
束使沙船無所畏累庶次運不致稽遲惟沙船僅能
到津而止前此道光三年閩商所運臺灣米石俱於
天津交卸並未徑送通倉此次業經臣等奏奉
諭旨屆期
欽派大臣在津驗收由戶部議定章程奏請
敕下倉場侍郎督飭坐糧廳於經紀吏役內揀擇誠實之
人派令辦剝奉
旨飭行在案是漕糧之純潔與否既經
欽派大臣在於天津水次驗明到通以後即可無庸覆驗

應請將過剝事宜責成通倉各監督帶同各倉經紀
人等一手經理押運赴通其江省交米委員一俟天
津兌給剝船即已交卸竣事無須再至通倉庶彼此
均無推諉第剝船自津赴通盤量不無折耗則耗米
在所必需兼查剝船向皆酌給飯米此次自亦未便
短少查有例應給丁耗米十八萬餘石業經
奏請撥給商船十二萬餘石尚有節省耗米六萬餘石
除此項搭運節省耗米內亦應劃給商船耗米外實
存米五萬九千六百餘石隨正起運赴津所有天津
剝船盤耗飯米等項應請即於此項節省耗米內酌
量撥給仰懇

敕下倉場侍郎會同直隸督臣妥議辦理
一協貼天津通倉銀兩現由蘇省籌款解交也通倉派
往天津之經紀人等飯食雜費及盤量身工各款臣
等已於前摺聲明除將旗丁到通應領銀米等款撥
抵外由蘇另籌津貼茲擬按照起運米數每石給銀
四分措解銀六萬餘兩交倉場衙門分別發給又天
津雇剝不敷等項除應由直隸督臣
奏明動撥外尚有例不准銷各款甚多茲擬措解銀六
萬餘兩交天津道庫俾資協貼以上二款現在委員
先期解往其帶徵各米應俟確核儘徵數目計歸海
運若干再行籌款協貼
一押運宜遴委武職大員也查商船自蘇赴津既有各
省沿海水師會哨巡防足資護送前經臣等
奏明派委武職大員二人押坐商船赴津以資稽察彈
壓茲查有川沙營參將關天培堪以委押頭運船隻
京口協副將湯攀龍堪以委押次運船隻惟洋面巡
護既已專責沿海水師該二員衹須酌帶隨從數人
不必多派弁兵以節糜費
以上數條謹就臣等管見所及合詞具

奏伏乞
皇上訓示遵行謹
奏
道光五年十一月十七日具
奏十二月二十一日奉到
硃批另有旨欽此同日奉到十二月初五日內閣奉
上諭琦善等奏會籌海運應辦各事宜一摺江蘇現屆新
漕啓徵商船陸續歸次來年二三月間即可次第兌運
開行著責成蘇松督糧道會同蘇松太道查驗米色兌
交商船並封貯樣米隨船帶赴天津由交米委員送交

欽派大臣比對米色按冊交收其到津以後過剝事宜
責成坐糧廳帶同經紀人等一手經理押運赴通所有
江省交米委員在津將漕糧兌給剝船即已交卸竣事
無庸再至通倉以免推諉惟剝船自津赴通盤量不無
折耗有例應給丁耗米十八萬餘石業經奏准撥給商
船十二萬餘石尚有節省耗米六萬餘石除此項搭運
節省耗米內應劃給商船外實存米五萬九千六百餘
石隨正起運赴津所有天津剝船盤耗飯米等項該督
等請於此項節省耗米內酌量撥給著倉場侍郎會同
直隸總督妥議辦理至直隸雇剝不敷等款著該督等

查照戶部議覆直隸總督具奏銀數分別籌撥解赴直
隸備用餘俱照所議辦理該部知道欽此

直隸總督臣那彥成跪

奏為籌議來年海運漕糧由天津剝運通壩各事宜臚
陳條款恭摺奏請
聖鑒事竊查江蘇省蘇松常鎮太四府一州屬本年所收
漕糧前經兩江總督臣琦善等議奏雇用商船於來
年春夏兩季由海運津仰蒙
俞允飭部議覆以商船卸米之迅速在剝船之多備而剝
船裝運或恐仍有不敷似又不若將剝運之米就近
起卸應令天津府縣將空出各倉并天津東關附近
寬大廟宇廣爲預備等因具

奏奉
旨依議欽此移咨到前督臣蔣攸銛行據藩司屠之申天
津道鄭祖琛會議列款具詳蔣攸銛未及具奏移交
前來臣查蘇省漕糧雇用商船由海運津其應如何
由津轉運通壩事屬創始自應仿照北倉截漕之例
辦理惟商船航海而來卸載必須迅速俾得及早回
帆方不致誤其貿易之期查蘇松常鎮太四府一州
屬起運道光五年分新漕一百五十萬石加以帶徵
節年舊漕約共一百六十餘萬石分爲春夏兩次運
津每次約八十餘萬石需用剝船較多直隸額設官

剝船二千五百隻以每隻裝米二百五十石計之即儘數剝運尚不敷一次之用況前項剝船須撥給故城景州古澂處所二百隻備剝盤壩南糧又須酌留八百隻在楊村守候備剝南糧及豫東漕糧止餘船一千五百隻必須添雇民船五百隻於二月開河時先剝漕糧計三月中旬商船抵津維時豫東漕船亦可駛抵楊村起剝赴通催令迅速騰空循照截漕成案將其回空軍船酌用約可抵作剝船五百隻共成二千五百隻每次可剝米五十萬石若商船乘風同時齊到剝運不及惟有於附近水次暫時露囤陸續

運通總期商船迅速回空不令日久羈候除將應需露囤支銷剝船雇價口食商船進口縴夫及各項兵役人夫飯食等項妥確估計臚列條款開具清單恭
呈
御覽是否有當伏乞
皇上聖鑒訓示再修理北倉及水師將備應行會哨巡護業經前督臣蔣攸銛分飭長蘆運司並天津鎮總兵遵照辦理合併陳明謹
奏

謹將來年蘇省漕糧海運至津應行籌備各事宜開具清單敬呈
御覽

一海運漕糧到津應請仿照截卸北倉章程由坐糧廳來津監收并令通倉經紀斛兌運通以歸一手經理也查向來漕船因入直較遲恐誤歸次截卸北倉剝運赴通者向由坐糧廳督令經紀驗收轉運通倉此次蘇省漕糧由海運津業經兩江督臣琦善等
奏奉
諭旨屆期
欽派大臣一二員赴津驗收監兌並經奏明驗米之後一

經兌交剝船即與沙船無涉是既杜經紀人等需索刁難之弊並可免沙船羈留之累洵屬盡善然在津斛收既歸通壩之經紀辦理其裝載剝船并起岸露囤及卸至北倉轉運赴通收倉亦應歸經紀一手承辦庶法從簡易無既收復交之煩應請
敕下倉場侍郎循照舊章派坐糧廳一員並於在倉漕白經紀一百二十五名中擇其誠實可靠者五六十名先期飭令多帶斛隻口袋來津俟沙船到日聽候
欽派大臣驗明米色即開斛挨次兌收其運通交倉亦令該經紀一手經理以專責成而免諉卸

一官剝船隻不敷應用應遵照部議添雇民船并酌用豫東回空軍船協濟也查直隸額設官剝船二千五百隻內撥給故城縣景州古淺處所二三百隻備剝外其餘均在於楊村候剝南漕來年首次海運抵津計在三月惟時豫東漕船亦可駛抵楊村而清口盤壩之糧亦必於四月內銜尾北上其勢斷難分投兼顧今議將前項官剝二千五百隻內分撥故城等處備剝船二百隻又留給楊村八百隻下餘一千五百隻預期齊集天津排列海河備用仍按照歷年剝運奉米等項雇用民船數目從寬籌備分飭沿河州縣

雇覓堪裝漕糧二百五十石民船五百隻連官剝船共成二千隻以備裝運如首次海運抵津之期已將屆豫東軍船回空之後查明北倉尚有滯漕未經運完卽暫留剝運滯漕若滯漕已竣卽留津備剝海運漕糧設盤壩南糧軍船連䑸入直約計楊村所存剝船不敷輪用或再添雇民船或卽於所雇五百隻之內抽撥應用仍隨時察看情形酌辦總期足敷輪轉兩無貽誤

一漕糧應暫時露囤也查天津地方除北倉之外別無倉厫附近水次亦無寬大廟宇堪以卸貯惟勘得天津東關外上園地方高阜寬廣又對面雙廟地方亦甚高敞此二處約可露囤四五十萬石緣蘇省商船每年春間來津貿易自數十隻至百餘隻不等向在上園至龍王廟一帶停泊月餘始行回空故該處露囤最爲便捷來年首次海運抵津計有漕糧八十餘萬石除一半轉運通壩外一半卽在上園等處露囤俟官剝船轉回再行裝運惟露囤不便過夏二次海運抵津約計米數先剝赴北倉卸貯數十萬石下餘五十萬石徑運通倉俟剝船轉回再由北倉陸續運通

一北倉應先騰空也查天津北倉可貯洪斛米四十萬餘石計平斛米五十餘萬石現已卸貯本年江廣滯漕應請

敕下倉場衙門於來年冰泮後剝船空閒之時全數運赴通壩將厫座騰空預爲存貯海運漕糧之用

一剝船雇價飯米應照例覈實籌給以資食用也查歷年北倉截卸漕糧用官剝船轉運赴通每百石除扣油艙外向由運丁給船價并飯米折色銀七兩零九分五釐五毫又將經紀每百石應得津貼銀二兩五錢幫貼官剝船一半銀一兩二錢五分計官剝船每

百石得銀八兩三錢四分五釐五毫如用豫東回空軍船代運將應給經紀名下每百石津貼銀二兩五錢全數幫貼並令運丁每石分出食米一升計豫東軍船代運每百石得銀九兩五錢九分五釐五毫食米一石此係北倉轉運之雇價來年兌剝係在天津東門外上園地方較北倉增水程四十二里其雇價等項自須一體議增且民船與官剝不同亦應量為區別計北倉至通州水程二百八十四里現增水程四十二里按十成攤算應酌增一成半核計官剝船每百石應增水腳銀一兩二錢五分一釐八毫連北

倉至通雇價等項共銀九兩五錢九分七釐三毫所雇民船請即援照豫東軍船代運價值給發再將所增水程加給一成半銀一兩四錢三分九釐三毫食米一斗五升連北倉至通雇價等項每百石共銀十一兩零三分四釐八毫食米一石一斗五升照部價折銀一兩六錢一分共需雇價并飯米折價銀十二兩六錢四分四釐八毫按一百六七十萬石米數計算共約需剝價等銀一十七萬餘兩此項剝價銀兩應蘇省籌給應請

敕下兩江督臣如數解交倉場衙門轉發一面先由坐糧廳於通濟庫內籌撥發交該地方官易錢按其所載平斛米數折算洪斛核給如通濟庫未能墊撥仍先由長蘆運庫天津道庫暫墊仍預期由倉場暨坐糧廳檄移照辦至油艌一項除民船毋庸扣繳外所有官剝船隻仍照歷年北倉轉運之例每百石扣繳銀一兩二錢四分四釐毋庸議加仍俟漕竣核明銀數由坐糧廳移咨江蘇省在於漕贈等項銀內提扣解交天津道庫分別支用歸款再應交米石起岸及運轉抗價並如何議給經紀耗米之處統歸倉場衙門核定辦理

一官民剝船在津守候應酌給口糧以免苦累并備辦露囤席片搭蓋棚廠雇用緯夫應籌撥經費俾資應用也查定例官剝船於九月漕糧完竣至來年四五月間除剝載豆麥有應得飯米剝價外其封河守凍四個月每船給工食銀十五兩在於長蘆商捐銀內動支又官剝船除剝運漕米及奉天豆麥外閒空時准其攬載商貨鹽斤四月之後即不能攬載遠行各等語是剝船每年二月開河以後至四月為止原准其攬載營生來歲剝船二月開河以後即須剝運截卸北倉滯漕赴通壩交收應不准其攬載遠出但剝

運滯漕完竣之後如海運漕糧已經到津該剝船等均可受剝得價毋虞枵腹惟海運到津遲早難定而此項剝船不能不令在津等候旣無例給工食又不便另請開銷自應議給口糧以資接濟至雇用民船尤宜預先雇備若俟海運到津始飭沿河州縣雇覓誠恐緩不濟急亦應給與守候之價應請將官剝船以運完滯漕到津之日起民船以受雇到津之日起均至受載漕糧之前一日止約計牽算守候十餘日以每船船戶一名舵工水手四名共五名每名每日給銀五分計算每船日需銀二錢五分民船亦照此

數核給不准逾額約需口糧銀七八千兩其二次海運到津不論各船守候與否應令於所得雇價內自行通融不准再行支給口糧以示限制又天津縣辦理北倉截漕席片並在倉夫役飯食等項例無開銷每萬石向在於溢餘海稅項下動支津貼銀一百兩至辦理露囤所需席片等項更多曾於嘉慶十五年間詳定每萬石津貼銀一百四十兩來年海運漕糧約計在上園并北倉先後囤卸七八十萬石共需津貼銀一萬餘兩近年並無溢餘海稅來年沙船所帶二成貨物免徵稅銀其未能徵有溢餘更可槪見此外又無閒款可動應由江省籌撥津貼又搭蓋棚厰築墻挑溝以及兵役飯食並一切雜用約需銀五千餘兩又沙船收入天津海口駛至東關上園地方係屬逆流而上自應雇備縴夫爲其拉挽前進庶可剋期交收及早回帆不致久稽時日查天津海口至東關外上園河程一百八十里每船約用縴夫十五名按沙船一千六百隻計算約需縴夫二萬四千名照日行五十里核計應分四日行走每名日給制錢八十文共需錢七千六百餘千文其出口時係屬下水毋庸加縴統計應需各項銀兩并錢合銀共三萬餘

兩應請

敕下兩江督臣江蘇撫臣在於各州縣水腳項下籌撥銀三萬兩解直備用仍俟事竣據實造報臣衙門核銷不敷補解餘則撥歸天津道庫節年墊發剝價以歸核實

一沙船抵津應擇寬闊處所停泊挨次交兌以免擁擠也查天津東門外龍王廟雖向爲海船聚集之所但河身狹窄兩岸居民稠密不但難容多船且空重船隻往來匯轉亦多未便茲查龍王廟迤下六里餘地名上園該處河面寬廣應令沙船到此專靠一岸停

泊挨次交兌其兌竣空船即令折回另擇寬處停泊隨潮回帆以後重船亦即挨順前進以次交兌不得搶先壓後致啟爭端其受兌剝船亦分定幫數即在龍王廟至上園一帶與沙船對岸排列兌竣一幫即押赴龍王廟以上停候開行空船亦即挨順前進受兌總期魚貫蟬聯不使擁擠亦不令間斷以免稽滯仍由營派委弁兵自海口起沿途分設汛鋪催重儹空並由該地方官雇撥縴夫拉挽前進勿任無故停留其上園至龍王廟一帶並應按段派撥兵役往來稽查以杜船戶偷漏之弊至沙船進口日期應由大

沽水師營參將具文專差呈報由臣咨明軍機處奏

請

欽派大臣來津驗收監兌

一露囤米石應先期築墻挑溝以資嚴密而防雨水也

查來年蘇省海運漕糧因轉運不及現請在於天津東關外上園雙廟兩處暫時露囤自應預期撥夫墊填平坦週圍土築墻垣每處以百丈為率迎面空留丈餘設立柵欄俾有啟閉四面挑溝宣洩雨水仍於圍墻內囤米之處多備秫稭席片分設鋪墊苫蓋並搭蓋席棚四圍包括以蔽風雨棚外分搭窩鋪為兵役守護駐足之所將來沙船到津亦挨次驗收勿令先後參差即就剝船先兌米五十萬石於裝載後即分起開行下餘米石即起岸囤貯俟剝船轉回裝運赴通交收二次運到漕糧亦照此辦理庶沙船不致日久羈候而經紀人等得以輪轉照料亦無顧此失彼之虞

一剝運米石應分起開行并派撥員弁兵役彈壓催儹以免停留滋弊也查通倉經紀一百數十名除留壩收漕外其分派來津者不過五六十名自應添增人夫斗斛盡力多起大約每日可斛收米四萬石剝運

船隻應即分起接續開行庶不致久羈滋弊而押運人役亦可輪轉更替應請將前到沙船先行起剝米五十萬石分作十起轉運每剝船一百六十隻為一起俟兌足米四萬石由經紀自撥親信妥人分起押運開行每起仍由鎮道派委文職武弁各一員隨帶兵役各十名督同船頭彈壓照料一俟運抵通壩驗經紀所派之人自行交倉押運各員役即稟知倉場衙門趕緊馳回接押尾後各起米船其第二次海運到津由上園剝赴北倉並北倉轉運赴通亦照此辦理仍飭沿途文武印信員弁稽查催儹勿任剝船無

故逗留亦不許船戶將米石顆粒上岸以杜偷盜攙
和滋弊至漕米落艙起岸折耗在所不免如船戶並
無弊混該經紀人役亦不得藉詞勒措設或沿途有
偷盜情事該經紀人役立速稟知押運員弁拿交所
在州縣按律究辦以昭炯戒
一驗收剝船並支放剝價工食應設局派員經理俾有
專責也查官剝民船應按裝運米數核發剝價並須
於駛抵水次時先行逐船查驗排幫編號分撥安頓
事務紛繁必須逐日在水次親身經理天津縣有應
辦地方事宜僅堪總司出納未能久駐河干專心管

理且船戶赴縣領價亦多未便應請照楊村起剝章
程在於龍王廟設立總局遴委丞倅二員帶同佐雜
數員由天津縣酌派書役專駐局內俟剝船到日驗
收記檔以一百六十隻爲一幫製備旗幟書明第幾
幫第幾號船戶姓名令其挨順停候一面由天津縣
請領銀兩照依時價易錢移交局員收貯俟沙船進
口交兌時每日由坐糧廳將各船戶裝運米數開具
印單發交局員將雇價并飯米折價銀兩照單核明
給發不許絲毫尅扣仍令天津縣不時赴局照料道
府亦輪往稽查統俟事竣由天津縣會同該委員造

冊報銷庶事有責成查辦益臻周密
一官剝船隻應於今冬挑驗加修堅固以昭慎重也查
各州縣經管剝船每年例給油艌銀五兩三年小修
一次例給修費銀二十兩現在續增剝船造解未久
照例油艌堪以撥用惟原額剝船自排造解直已有
七八九年不等頻年撥用不無損壞且今歲裝運奉
米奉豆以及剝載漕糧往返多次更多受傷應於今
冬漕竣後逐一挑驗除船身堅固者仍照例分別油
艌小修外其有損壞較甚之船非油艌小修所能完
固者即核實估計撥項加修所需修費即於道庫節

存油艌項下動撥仍派員督辦務期一律堅固以昭
慎重
道光五年十一月二十二日具
奏十一月二十五日奉
上諭那彥成奏籌議海運漕糧由天津剝運通壩各事宜
開單呈覽來年蘇省漕糧雇用商船由海運至天津事
屬創始所有起卸剝運各事宜自應預籌周安俾商船
及早回空不致羈留擁擠官民剝船足資轉運並免苦
累其騰空北倉及暫時露囤章程均宜經理盡善一切
承辦員役必須各專責成以期迅速而杜流弊著戶部

將該督所奏各條逐加查核速議具奏單併發欽此

戶部謹

奏為明歲海運米石到津宜豫定卸運章程請

旨敕議具奏事竊查本年江蘇蘇松常鎮太四府一州漕糧明歲由上海商船春夏兩次運赴天津前據兩江總督臣琦善等議奏章程六條並於臣部覆奏案內奏明起米迅速必須多備剝船增添人夫斗斛並恐北倉收貯倉廒不敷應就天津府縣空出各廒及附近寬大廟宇廣為豫備嚴禁經紀書役人等勒掯刁難其剝船船戶如何得無偷漏攙和船米裝卸如何得無潮潤抛撒沿途官弁如何催趲防範剝船衆多如何不致擁擠先期應分倉場侍郎一人並由直隸總督派委藩司前往天津飭屬妥辦由

欽派大臣臨時查驗再起剝工食輕齎等項銀兩或由運道庫內先行墊發商船經由各關應速查驗放行均

請

敕下直隸總督察看情形隨時酌辦各等因奉

旨依議欽此嗣據倉場侍郎以本年滯漕一百三十餘萬石船到稍遲不及運送京倉奏請暫貯天津北倉及通州等倉又奏請截卸北倉河南碾動粟米五萬石各在案臣等伏思明歲海運事屬創始辦理須出萬

全在南起運各章程既經兩江總督臣埼善等先期
議奏至在北兑收剝運一切事宜亦應豫爲籌定其
中關鍵總以商船到津隨收隨放毋致羈留而起剝
後貯運米石不令稍滋弊混此二節最爲緊要臣等
查海船風駛甚速由上海到津早只須七八日遲亦
不過半月萬一連檣接舵蜂擁而來同時湊集水次
囤在加斛起卸而轉運不及勢不能不分米截卸本
年滯漕及河南粟米現經截貯天津北倉及通州等
倉米數甚多倘明年海船已到而北倉通倉截卸米
石尚未運京厫座未經騰空似未可全恃廟宇分貯

及露囤二法且將來海運米石與滯漕米石一并轉
運必致牽混莫如於海船未到之前將本年暫貯滯
漕米石並河南粟米全數趕運京倉庶辦理得以寬
展應請
旨敕下倉場侍郎轉飭坐糧廳嚴諭經紀人等於明春冰
初泮時迅速起運勒限完竣以爲海運米石截卸之
地如逾限不完即予叅處至海船到津起米迅速必
在斗斛之多備口袋之增添剝船之敷用三者不致
短缺而尢嚴禁經紀書役人等勒措刁難庶可速益
求速向聞額設官剝船二千五百隻多未足額或修
艌不實明歲應先期由藩司會同天津道親往點驗
如有短少勒限賠補照例查叅統核起米數目其應
需船若干隻或將官剝船隻儘數應用或酌留若干
以備新漕濟剝之用餘應添雇民剝若干隻現在天
津一帶共有民船若干隻豫行出示擇其寬大堅實
者屆期候雇責成天津道轉飭辦理其石壩土壩裏
河外河各剝船是否足額大通橋長車尢關緊要例
於新漕未到之先豫備長車一百二十輛如有不敷
臨時添雇明歲長車一百二十輛是否足敷運送抑
需添雇應由倉場先期查驗並令籌備務飭齊全至

例設口袋十八萬條應亦先期飭令呈驗分撥閘壩
各處以敷輪轉惟既經分撥後海船起米必不敷用
應請添製口袋五萬條專爲天津起米之用其加斛
一節前據倉場侍郎請將滯漕卸貯北倉案內奏稱
加斛至八十隻每船一斛起米每日約起米三萬四
五千石趕緊起收惟有加斛之一法等語查每日用
斛八十隻起米僅三萬四五千石來年海船起米若
仍照此次每日三萬數千石之數爲日必致稽遲有
誤豆汛亦應添製斛一百隻俾敷起卸並由地方官
多雇人夫應用如有經紀人等稍事刁難嚴拏從重

懲治至米色之乾潔總以到津時查驗爲憑除有黴變應由該商等於准給耗米內賠補外所有好米應由
欽派大臣派委所帶司員會同直隸委員江南委員倉場委員公同查驗具結起剝後卽涉經紀之手如有黴變潮濕卽惟經紀是問不得以海船受濕爲辭藉爲偷漏攙和之地卽如上年收買臺米截卸北倉先據倉場侍郎咨據坐糧廳呈稱各厫黴變已及十分之三經臣部陳奏奉
旨飭直隸總督臣蔣攸銛親詣查驗僅據奏稱查出厫頭

收貯船底受濕米九百餘石不及百分之一迨至運京剝放各旗領米人等同聲稱好似此情弊已可槩見此次海運爲日較速且係堅實南糧非臺米質嫩可比似更不致蒸變其起剝後或徑運京倉或另籌國貯沿途轉運應照上年臺米運倉倉場奏案責成通壩經紀一手經理押運赴通並由地方文武員弁實力稽察并於在津查驗具結時卽將米樣分包印封咨送駐通之倉場侍郎大通橋抽查御史大通橋監督各一分俟剝運到壩由駐通之倉場侍郎督同坐糧廳大通橋監督會同大通橋抽查御史親詣查照存記米樣比對如米色不符及查有攙和偷漏積壓等弊立將押運之經紀拏送刑部嚴懲著賠並將督辦沿途稽察不力之文武員弁一體查叅以專責成而杜弊混其國運所需運腳抗費席片剝船工飯等項例給價費自應先期核實數目以昭限制將來作何開銷如何動用亦應按款核實固不可令其賠累亦未可稍事虛縻其請添製口袋五萬條木斛一百隻均由倉場轉飭照例備辦務於明歲正月內一律製妥報部查照並俟點驗俟天津起卸完竣時卽行加謹收貯報部核辦以上各條亟須先事籌議庶

免臨時周章應請
旨飭下直隸總督督同藩司天津道並倉場侍郎督同坐糧廳等查照臣部前奏及此次所議逐細詳定章程於本年封印前妥議會奏俟具奏到日再由臣部悉心核議至海船到津爲日甚速應並請
旨飭下兩江總督於初次兌竣沙船將次開行時由四百里馳奏奏到時卽請
欽派大員前往天津查辦其初次沙船在上海兌米應卽儘船受兌似不必拘定分勻二次配運以免滯誤沙船到津旣應刻日起卸若卸載後空船赴奉天買豆

是否尙慮耽延有誤二次兌運如何可期迅速之處
應由兩江總督酌量情形查奏辦理再查剝運米石
抵通後轉運京倉仍恐經紀車戶人等尙有偷漏積
壓等弊尤當嚴密稽查屆時應由臣英和派委步軍
統領衙門文武員弁沿途往來稽察以昭嚴肅臣等
爲海運創行倍應愼重起見爲此恭摺具
奏伏祈
皇上聖鑒訓示謹
奏
道光五年十一月二十四日具
奏本日奉
上諭戶部奏明歲海運米石到津請豫定卸運章程一摺
著直隸總督督同藩司天津道並著倉場侍郞督同坐
糧廳等查照該部前奏及此次所奏各條逐一詳定章
程于本年封印前妥議會奏俟具奏到時再交該部覆
議至海船到津爲日甚速著兩江總督於初次兌竣沙
船將次開行時由四百里馳奏到日卽請欽派大員前
往天津查辦其初次沙船在上海兌米著卽儘船受兌
不必拘定分勻二次配運以免遲誤沙船到津起卸後
空船赴奉天買豆是否有慮耽延致誤二次兌運如何

可期迅速之處著兩江總督酌量情形查奏辦理再剝
運米石抵通後轉運京倉仍恐經紀車戶人等尙有偷
漏積壓等弊屆時著英和派步軍統領衙門文武員弁
沿途往來稽察以昭嚴肅欽此

戶部謹
奏爲遵
旨速議具奏仰祈
聖鑒事道光五年十一月二十五日內閣奉
上諭那彥成奏籌議海運漕糧由天津剝運通壩各事宜開單呈覽來年蘇省漕糧雇用商船由海運至天津事屬創始所有起卸剝運各事宜自應預籌周妥俾商船及早回空不致羈留擁擠官民剝船足資轉運並免苦累其騰空北倉及暫時露囤章程均宜經理盡善一切承辦員役必須各專責成以期迅速而杜流弊著戶部

將該督所奏各條逐加查核速議具奏單併發欽此欽遵於本月二十八日抄出到部臣等伏查本年江蘇省蘇松常鎮太四府一州漕糧雇用商船於來年春夏季由海運津臣等竊以海運事屬創始辦理須出萬全其在北一切收運事宜應請詳細妥爲籌定是以臣等於兩江總督臣琦善等前次奏到時臣部覆奏案內奏令直隸總督倉場侍郎等查照臣部所議各條隨時酌辦嗣因章程亟宜先期預定臣等又於本月二十四日奏令該督等妥議會奏均經欽奉
諭旨飭行欽遵在案茲查該督所奏及臚列各條均經臣部議及其所議章程及核定各款均與臣部兩次奏令籌議之處悉多符合謹按照原開清單逐條悉心核議開具于後

一據奏稱向來漕船因入直較遲截卸北倉剝運赴通者向由坐糧廳督令經紀驗收轉運通倉此次蘇省漕糧由海運津業經兩江總督臣琦善等奏奉
諭旨屆期
欽派大臣一二員赴津驗收監兌並奏明驗米之後一經兌交剝船即與沙船無涉是旣杜經紀人等需索刁難之弊並可免沙船羈留之累洵屬盡善然在津斛

收旣歸通壩經紀辦理其裝載剝船並起岸露囤及卸至北倉轉運赴通收倉亦應歸經紀一手承辦庶法從簡易無旣收復交之煩應請
敕下倉場侍郎照舊派坐糧廳一員並于在倉漕白經紀一百二十五名中擇其誠實可靠者五六十名先期飭令多帶斛隻口袋來津俟沙船到日聽候
欽派大臣驗明米色即開斛挨次兌收其運通交倉亦令該經紀一手經理以專責成而免諉卸等語查海運漕糧到津由倉場侍郎派委坐糧廳一員赴津監收其斛收裝載剝船幷起岸露囤及卸至北倉轉運赴

通收倉選擇誠實經紀均歸一手經理之處查與臣
部前奏相符至稱多帶斛隻口袋亦經臣部奏令倉
場侍郎添製木斛一百隻口袋五萬條專爲天津起
米之用奏准欽遵在案均應如該督所奏辦理一據
奏稱直隸額設官剝船二千五百隻內撥給故城縣
景州古淺處所二三百隻備剝外餘均在于楊村候
撥南漕來年首次海運抵津計在三月惟時豫東漕
船亦可駛抵楊村而淸口盤壩之糧亦必于四月內
銜尾北上其勢斷難分投兼顧今議將前項官剝二
千五百隻內分撥古城等處備剝船二百隻又留給

楊村八百隻下餘一千五百隻預期齊集天津排列
沿河備用仍按照歷年剝運奉米等項雇用民船數
目從寬籌備分飭沿河州縣雇覓堪裝漕糧二百五
十石民船五百隻連官剝船共成二千隻以備裝用
如首次海運抵津之期已將屆豫東軍船回空之候
查明北倉尚有滯漕未經運完卽暫留剝運滯漕若
滯漕已竣卽留津備剝海運漕糧設盤壩南糧軍船
連艅入直約計楊村所存剝船不敷輪用或再添雇
民船或卽于所雇五百隻之內抽撥應用仍隨時察
看情形酌辦總期足敷輪轉兩無貽誤等語查需用

官民剝船及酌留官剝船隻核與臣部前奏均屬符
合其議酌用豫東回空軍船一節查本年滯漕業將
此項軍船接運既免封雇之勞而船大尤能多載明
歲應仍留供剝至令其或暫剝北倉滯漕或卽備剝
海運米石或再添雇民剝抑或卽于所雇五百隻之
內抽撥應用均應如該督所議隨時察看情形酌量
辦理惟封雇民船大小多寡總期裝運適用毋得槩
行封禁致累商民一據奏稱天津地方除北倉之外
別無倉厫附近水次亦無寬大廟宇堪以卸貯惟勘
得天津東關外上園地方高阜寬廣又對面雙廟地

方亦甚高敞此二處約可露囤四五十萬石緣蘇省
商船每年春間來津貿易自數十隻至百餘隻不等
向在上園至龍王廟一帶停泊月餘始行回空故該
處露囤最爲便捷來年首次海運抵津計有漕米八
十餘萬石除一半轉運通壩外一半卽在上園等處
露囤俟官剝船轉回再行裝運惟露囤不便過夏二
次海運抵津約計米數先剝赴北倉卸貯數十萬石
下餘五十餘萬石徑運通倉俟剝船轉回再由北倉
陸續運通等語查商船同時齊集天津恐剝船不敷
輪轉莫若就近起卸庶免遲誤是以臣部前奏令天

津道縣擇附近之倉厫廟宇以備卸貯茲既據該督
奏稱該處附近無倉厫廟宇堪以卸貯查有上園雙
廟二處高敞寛廣可暫時露囤四五十萬石俟剝船
轉回裝運應如所奏辦理但海運米石初次總宜多
運應令兩江總督遵照欽奉
諭旨初次沙船著即儘數受兑不必拘定分勻兩次配運
以免遲誤一據奏稱天津北倉可貯洪斛米四十餘
萬石計平斛米五十餘萬石現已卸貯本年江廣漕
漕應請
敕下倉場衙門于來年冰泮後剝船空閒之時全數運赴

通壩將厫座騰空預爲存貯海運漕糧之用等語查
本年北倉截卸米石過多業經臣部奏令倉場侍郎
轉飭于明春冰初泮時迅速起運勒限完竣以爲海
運米石截卸之地如逾限不完即予叅處等因奏准
欽遵在案二進仍令倉場侍郎遵照原奏
諭旨明春趕緊勒限起運兑竣不得稍有遲誤一據奏稱
歷年北倉截卸漕糧用官剝船轉運赴通每百石除
扣油艙外向由運丁給船價並飯米折色銀七兩零
九分五釐五毫又將經紀每百石應得津貼銀二兩
五錢幫貼官剝船一半銀一兩二錢五分計官剝船

每百石得銀八兩三錢四分五釐五毫如用豫東回
空軍船代運將應給經紀名下每百石津貼銀二兩
五錢全數幫貼並令運丁每石分出食米一升計豫
東軍船代運每百石得銀九兩五錢九分五釐五毫
食米一石此係北倉轉運之雇價來年兑撥係在天
津東關外上園地方較北倉增水程四十二里其雇
價等項自須一體議增且民船與官船不同亦應量
爲區別計北倉至通州水程二百八十四里現增水
程四十二里按十成攤算應酌增一成半核計官剝
船每百石應增水脚銀一兩二錢五分一釐八毫連

北倉至通雇價等項共銀九兩五錢九分七釐三毫
所雇民剝請即援照豫東軍船代運價值給發再將
所增水程加給一成半銀一兩四錢三分九釐三毫
食米一斗五升連北倉至通雇價等項每百石共銀
十一兩零三分四釐八毫食米一石一斗五升照部
價折銀一兩六錢一分共需雇價並飯米折價銀十
二兩六錢四分四釐八毫按一百六七十萬石米數
計算共需剝價等銀一十七萬餘兩此項剝價銀兩
應蘇省籌給應請
敕下兩江督臣如數解交倉場衙門轉發一面先由坐糧

廳于通濟庫內籌撥發交該地方官易錢按其所載平斛米數折算洪斛核給如通濟庫未能墊撥仍先由長蘆運庫天津道庫暫墊仍預期由倉場暨坐糧廳檄移照辦至油艙一項除民船毋庸扣繳外所有官剝船隻仍照歷年北倉轉運之例每百石扣繳銀一兩二錢四分四釐毋庸議加仍俟漕竣核明銀數由坐糧廳移咨江蘇省在于漕贈等項銀內提扣解交天津道庫分別支給歸款再應繳米石起岸及運轉抗價並如何議給經紀耗米之處統歸倉場衙門核實辦理等語查籌給官剝飯米腳價業經臣部議

及且核與嘉慶十四年北倉轉運成案例給數目相符應准支給至議分別津貼民剝豫東軍船及所增水程加給銀兩折色米石查此項船隻與官剝有間自宜量爲體恤均應如該督所奏辦理并均令按所載平斛米數折算洪斛核給先由通濟天津運道各庫暫墊仍由兩江總督如數解交歸款其油艙一項除民剝不給外亦應如所奏俟漕竣核明銀數由坐糧廳移咨蘇省在漕贈等項銀內提扣解交天津道庫歸款至起米抗價及應給經紀耗米應令倉場侍郎查照定例核明實數具奏到日再由臣部核給一

據奏稱官剝船每年二月開河以後至四月爲止原准其攬載營生來歲剝船二月開河以後卽須剝運截卸北倉滯漕赴通壩交收應不准其攬載遠出但剝運滯漕完竣之後如海運漕糧已經到津該剝船等均可受剝得價無虞枵腹惟海運到津遲早難定而此項剝船不能不令在津等候既無例給工食又不便另請開銷自應議給口糧以資接濟至雇用民船尤宜預先雇備亦應給與守候之價應請將官剝船以運完滯漕到津之日起民船以受雇到津之日起均至受載漕糧之前一日止約計牽算守候十餘

日以每船船戶一名舵工水手四名共五名每名每日給銀五分計算每船日需銀二錢五分民船亦照此數核給不准逾額約需口糧銀七八千兩其二次海運到津不論各船守候與否應令于所得雇價內自行通融不准再行支給口糧以示限制又天津縣辦理北倉截漕席片並在倉夫役飯食等項例無開銷每萬石向在溢餘海稅項下動支津貼一百兩至辦理露囤所需席片等項更多曾于嘉慶十五年間詳定每萬石津貼銀一百四十兩來年海運漕糧約計在上園並北倉先後囤卸七八十萬石共需津貼

銀一萬餘兩近年並無溢餘海稅來年沙船所帶
成貨物免征稅銀其未能有溢餘更可槩見此外又
無閒款可動應由江省籌撥津貼又搭蓋棚廠築牆
挑溝以及兵役飯食並一切雜用約需銀五千餘兩
又沙船收入天津海口至東關上園地方係屬逆流
應雇備縴夫拉挽前進庶可刻期交收查天津海口
至東關外上園河程一百八十里每船約用縴夫十
五名按沙船一千六百隻計算約需縴夫二萬四千
名照日行五十里核計應分四日行走每名每日給
制錢八十文共需錢七千六百餘千文其出口係屬

下水毋庸加縴統計應需各項銀兩併錢合銀共三
萬餘兩應請
敕下兩江督臣江蘇撫臣在于各州縣水腳項下籌撥銀
三萬兩解直備用仍俟事竣據實造報臣衙門核銷
不敷補解餘則撥歸天津道庫節年墊發剩價以歸
核實等語查酌給撥船口糧及露囤所需銀兩縴大
雇價臣部前奏亦經議及茲既據該督核給共約需
銀三萬餘兩應令核實給發由兩江總督江蘇巡撫
在各州縣水腳項下解直備用事竣由該督核銷如
尚不敷即令蘇省補解其餘則撥歸天津道庫節年

墊發剩價一據奏稱天津東關外龍王廟雖向爲海
船聚集之所但河身狹窄兩岸居民稠密不但難容
多船且空重船隻往來匯轉亦多未便茲查龍王廟
迤下六里餘地名上園該處河面寬濶應令沙船到
此專靠一岸停泊挨次交兌其兌竣空船即令折回
另擇寬處停泊隨潮回帆以後重船亦即挨順前進
以次交兌不得搶先壓後致啓爭端其受兌剩船亦
分定幫數即在龍王廟至上園一帶與沙船對岸排
列兌竣一幫即押赴龍王廟以上停候開行空船亦
即挨順前進受兌總期魚貫蟬聯不使擁擠亦不令

間斷以免稽遲仍由營派委弁兵自海口起沿途分
設汛鋪催重趲空並由該地方官雇撥縴夫拉挽前
進勿任無故停留其上園至龍王廟一帶並應按段
派撥兵役往來稽查以杜船戶偷漏之弊至沙船進
口日期應由大沽水師營參將具文專差呈報由臣
咨明軍機處奏請
欽派大臣來津驗收監兌等語查沙船到津剩船衆多如
何不致擁擠剩船船戶如何得無偷漏沿途官弁如
何催趲防範俱經臣部前奏議及茲既據稱上園地
方寬濶并力催趲勿任停留及上園至龍王廟一帶

按段派兵役稽查應如所奏辦理至奏請大臣前往
天津驗收之期臣部前奏令兩江總督于初次兌竣
沙船將次開行時由四百里馳奏到時即請
欽派大員赴津兹據稱沙船進口時呈報奏請尚虞遲滯
應無論何處奏報總以奏報先到之時即奏請
欽派大員前往天津庶辦理得以從容而起卸不致遲誤
一據奏稱來年蘇省海運漕糧因轉運不及請于天
津東關外上園雙廟兩處暫時露囤自應預期撥夫
墊塡平坦週圍土築牆垣每處以百丈爲率迎面空
留丈餘安設柵欄俾有啓閉四面挑溝宣泄雨水仍

于圍牆內囤米之處多備秫稭席片分設鋪墊苫蓋
並搭蓋席篷四圍包括以蔽風雨篷外多搭窩鋪爲
兵役守護駐足之所將來沙船到津亦挨次驗收勿
令先後參差即就剝船先兌米五十萬石于裝載後
即分起開行下餘米石即起岸囤貯俟剝船轉回裝
運赴通交收二次運到漕糧亦照此辦理庶沙船不
致日久羈候而經紀人等得以輪轉照料亦無顧此
失彼之虞等語查露囤築牆挑溝以防雨水分搭窩
鋪以資防護應如所奏辦理惟露囤米石不便過夏
一俟剝船轉回趕緊運通斷不可遲至夏至之後致

受潮濕倘尚有二次運津米石更不得再行露囤以
昭慎重一據奏稱通倉經紀一百數十名除留壩收
漕外其分派來津者不過五六十名自應添增人夫
斗斛盡力多起大約每日可斛收米四萬石剝運船
隻應即分起陸續開行庶不致有久羈之弊而押運
人役亦可輪轉更替應請將前到沙船先行起剝米
五十萬石分作十起轉運每剝船一百六十隻爲一
起俟兌足米四萬石由經紀自撥親信妥人分起押
運開行每起仍由鎭道派委文職武弁各一員隨帶
兵役各十名督同船頭彈壓照料一俟運抵通壩聽

經紀所派之人自行交倉押運各員役即稟知倉場
衙門趕緊馳回接押尾後各起米船其第二次海運
到津由上園剝赴北倉至北倉轉運赴通亦照此辦
理仍飭沿途文武營汛員弁稽查催趲勿任剝船無
故逗留亦不許船戸將米石顆粒上岸以杜偷盜攙
和之弊至漕米落艙起岸折耗在所不免各船戸並
無弊混該經紀人役亦不得藉詞勒掯設或沿途有
偷盜情事該經紀人役立速稟知押運員弁拏交所
在州縣按律究辦以昭烱戒等語查剝船分起運通
及鎭道派委文武員弁兵役彈壓照料嚴查沿途逗

弭偷盜情事均與臣部前奏相符應如所奏辦理惟
所稱每日收米四萬石之處查臣部既經奏明添置
木斛口袋並增添人夫自應加數多起不得限定每
日四萬石之數總期臨時趕起愈多愈妙俾沙船早
日回南方爲盡善一據奏稱官剝民船應按裝運米
數核發剝價並須于駛抵水次時先行逐船查驗排
幫編號分撥安頓事務紛繁必須逐日在水次親身
經理天津縣有應辦地方事宜僅堪總司出納未能
久駐河干專心管理且船戶赴縣領價亦多未便應
請照楊村起剝章程在于龍王廟設立總局遴委丞

倅二員帶同佐雜數員由天津縣酌派書役專駐局
內俟剝船到日驗收記檔以一百六十隻爲一幫製
備旗幟書明第幾幫第幾號船戶姓名令其挨順停
候一面由天津縣請領銀兩照依時價易錢移交局
員收貯俟沙船進口交兌時每日由坐糧廳將各船
戶裝運米數開具印單發交局員將僱價並飯米折
價銀兩照單核明給發不許絲毫剋扣仍令天津縣
不時赴局照料道府亦輪往稽查統俟事竣由天津
縣會同該委員造冊報銷庶事有責成查辦益臻周
密等語查設局派員經理應由該督遴派妥員辦理

其收發各款銀兩應仍責成天津道專轄其事奏銷
時應由該藩司天津道詳核造報均不得專諉卸于
丞倅佐雜各員俾出納均歸核實一據奏稱各州縣
經管剝船每年例給油艌銀五兩三年小修一次例
給修費銀二十兩現在續增剝船造解未久照例油
艌堪以撥用惟原額剝船自排造解直已有七八九
年不等頻年不用不無損壞且今歲裝運奉米奉豆
以及剝載漕糧往返多次更多受傷應于今冬漕竣
逐一挑驗除船身堅固者仍照例分別油艌小修外
其有損壞較甚之船非油艌小修所能完固者即核

實估計撥項加修所需修費即于道庫節存油艌項
下動撥仍派員督辦務期一律堅固以昭慎重等語
查修理官剝臣部前奏已經議及應令該督派委妥
員逐一確實查核分別油艌加修務于今冬一律修
理堅固俾資剝運以上各條臣等謹遵
旨按款核議恭呈
御覽其應由倉場侍郎議奏各條仍俟具奏到日再由臣
部核議外謹繕摺具
奏是否有當伏乞
皇上訓示遵行謹

奏
道光五年十一月二十九日具
奏本日奉
旨依議欽此

兩江總督臣琦善江蘇巡撫臣陶澍跪
奏爲蘇糧現由海運請將例帶席竹酌解銀兩交倉以
利漕行仰祈
聖鑒事竊照蘇松常鎮太五府州起運漕糧應解席片毛
竹二項例由糧道衙門動支銀兩發給幫丁購帶交
倉現在試行海運已飭各州縣籌辦席片毛竹爲商
船襯艙氣筒之用爲數甚多卽以抵補例帶席竹原
屬有盈無絀但商船形式與糧艘不同現用席片俱
係釘入艙口之内其毛竹亦已造成氣筒計高長一
丈圍圓一尺四五寸不等誠恐到津後拆卸選抵交

倉未能合用若將席片例價另行購備再令商船帶
往交倉不特多佔船艙有礙裝米且艙短料長亦難
安放若堆貯艙面又易招風實與揚帆使戧諸多窒
礙惟通倉席竹亦在必需所有此項例支席竹銀兩
未便歸於節省造報自應蘇省如數解銀赴倉場衙
門就近酌量購置庶爲兩便可免貽誤除飭該道發
銀趕解赴通外謹會同漕運總督臣陳中孚合詞恭
摺具
奏請
旨敕下倉場侍郎查照辦理伏乞

皇上聖鑒訓示謹
奏
道光五年十二月二十一日具
奏道光六年正月二十二日奉
硃批該衙門知道欽此

戶部謹
奏爲遵
旨議奏事倉場侍郎百春等具奏籌議明年海運起卸預定
章程一摺道光五年十二月十九日内閣奉
上諭百春等奏籌議明年海運起卸章程一摺明年海運
米石到津前經戶部奏定章程當令直隸總督倉場侍
郎會議業據直隸總督議奏經戶部覈覆玆該侍郎等
按款籌議分晰開單請旨著交戶部將該侍郎等所奏
及前次議覆直隸總督各條逐細詳覈具奏毋致兩歧
單並發欽此欽遵於本月二十二日抄出到部臣等公

同檢查臣部前次議覆直隸總督原奏及此次倉場
侍郎單開十一款細心核校查該督前奏添雇民船
協貼剝價擇地露囤設局經理各條多係地方官承
辦之事此次該侍郎等所奏分別起運米色嚴禁經
紀弊端酌分倉厫寄囤加增耗米貼費等款多係倉
場專轄之事且均係按照臣部前議章程分晰酌籌
彼此並無歧異其爲慎重海運米石趕攢起卸恐累
商民之處意見大略相同臣等伏思職守各有責成
辦理允資共濟本年臣部及該督該侍郎先後所奏
章程條分縷晰明歲海運抵津固應按照辦理而事

屆臨期帑項或可益歸撙節卸運或可益臻迅速尤
在彼時酌量情形會籌妥辦庶更允協應仍請
旨敕下直隸總督倉場侍郎轉飭直隸藩司天津道及坐
糧廳等於明歲海運抵津之時務令同心併力不分
畛域會籌妥辦總使商船不致擾累米石均歸覈實
則海運雖屬創行而措置悉臻完備矣所有倉場侍
郎議奏各條臣等謹悉心按款分別覈覆另繕清單
恭呈
御覽是否有當伏祈
皇上聖鑒訓示謹

奏
謹將臣等覈議各條開列清單恭呈
御覽
一據奏稱查戶部原奏內稱米色之乾潔總以到津時
查驗為憑除有黴變由該商等於准給耗米內賠補
外所有好米應由
欽派大臣派委所帶司員會同直隸委員江南委員倉場
委員公同查驗具結起剝後卽涉經紀之手如有黴
變潮潤卽惟經紀是問不得以海船受濕為詞藉為
偷漏攙和之地臣等查戶部所議於體恤商民嚴杜

經紀人等弊端已屬盡善惟沙船起卸之米靠幫挨
底在海中業受蒸潮而尚不至於黴變若一概以黴
變挑斥將不足以服商船之心若以乾潔收受到通
壩時責以剝船船戶及經紀人等致受潮濕亦未平
允應請於沙船起剝之時由
欽派大臣派委所帶司員會同直隸江南倉場委員公同
查驗除乾潔之米照例收受其實係黴變之米准於
耗米賠補外若受潮潤而並未至黴變之米亦難一
概挑斥更換應由各該委員驗明後較量若干石數
記載明白一面呈報

欽派大臣處一面呈報臣衙門查覈如到石壩時再有多
受潮濕者卽行嚴究經紀船戶查辦如與原報之數
相符分別挑晾可以久貯者入倉收貯不堪收貯者
酌量奏請先行搭放等語查海船運米到津起剝後
卽與沙船無涉惟既經查驗如係黴變應由海船賠
補外所有起剝均係好米如有潮潤短少經紀係押
運之人責令賠補臣部前奏所以劃清界限不令以
海船受潮為詞原屬平允惟據該侍郎等奏稱海船
靠幫挨底或受蒸潮尚不至於黴變之米難以一概
挑斥更換應記明數目分別挑晾收貯入倉或先行

搭放之處似屬周到應如所奏辦理惟此項潮潤未
經黴變之米斷不可與乾潔好米夾雜混淆應於海
船起卸時由在津驗米各員將起剝米石分別乾潔
潮潤數目另行書立冊檔二分以一分存於驗米各
員之手以一分移送在壩收米之坐糧廳並將裝運
剝船編立字號由驗米委員給予該船米色數目船
戶姓名印票轉令該船將所裝米石按照印票米色
數目自行書寫旗號籤識以便沿途查催押運各員
一目了然到壩時由坐糧廳查檔對票以憑收受其
乾潔米石如受潮潤及潮潤米石如再黴變或另有

偷漏攙和等弊以致米色米數不符嚴究懲治並令
經紀船戶分賠以昭覈實

一據奏稱漕船到壩所有經紀個兒錢等項係由旗丁
自行給予節經臣等飭令坐糧廳嚴行禁諭不准格
外需索如有風聞立卽從重懲治明年海運漕糧係
由商船領運所有應給經紀等個兒錢飯米折色及
津貼等銀均係官爲經理商船入口經
欽派大臣查驗米樣後該經紀等只須帶領斛手到船起
卸並無與該商人船戶交涉之事倘該經紀等有藉
端刁難勒指需索情事或被喊控或經查出卽立時

鎖拏交地方官嚴加問擬治罪等語查海船以民運
官糧斷不可任聽經紀等刁難勒索致阻其急公應
募之心是以臣部釐經奏請嚴行禁止茲所請嚴禁
經紀勒索等弊從重問擬之處應如所奏辦理

一據奏稱石壩起卸漕糧每年額製口袋十八萬條以
日行三萬石爲率計需用口袋數目向係用三萬條
石壩起卸三萬條落號三萬條裏河常川行走三萬
條大通橋起運三萬條分進各倉三萬條由各倉倒
回石壩周而復始如有一處積壓卽致處處遲滯計
糧多之年周轉次數亦多糧少之年周轉次數較少

其殘敝情形有甚與不甚之殊而斷無可以留存不
用之袋是以十八萬條之數必須留石壩應用所有
海運起卸應用口袋之處業經戶部議請添製五萬
條勢所必需臣等查每年置買口袋之例計添置五
萬條需銀一萬二千餘兩此項添置口袋五萬條應
請通濟庫輕齎項下卽行給發以便趕辦至斛隻一
項戶部議添置一百隻亦請於通濟庫發給備辦俟
置辦齊全以部頒鐵祖斛較準後帶往天津應用等
語查石壩起卸漕糧每年額製口袋十八萬條應令
倉場侍郎轉飭坐糧廳親身點驗戳記不得稍有偷

減亦不得以稀薄者充數至臣部奏准添置口袋五萬條木斛一百隻所需各價均應於通濟庫給發趕辦惟添置之袋應令坐糧廳查驗戳記寫明添置字樣添置木斛亦應令眼同較準烙印以便起卸用竣時一並報部覈辦

一據奏稱向來各剝船油艌每不堅固易於漏水受載米石恒致潮潤所以糧少之年挑其堅固者應用來歲海運漕糧與北倉轉運截卸滯漕奉天黑豆接運南糧均需用剝船甚多若以損壞者充數於運務大有關係應令地方官查看認眞油艌如應用之時倘

有滲漏之處將承辦不力之員一併嚴叅等語查剝船裝運米石必須船無滲漏乃能米不潮濕是以臣部議覆直隸總督案內奏令該督派委妥員逐一確實查驗分別油艌加修務於今冬一律修理堅固俾資剝運倘應用時仍查有滲漏之船應如該侍郎所奏將承辦不力之員嚴行叅處

一據奏稱歷年由天津轉運通壩之米麥豆並北倉截卸之漕糧或係地方官兌收或係坐糧廳督率經紀兌收均由地方官派委佐貳等員帶同兵役押送到壩查驗起卸誠以官員押運既須自顧考成而船戶夫役人等亦皆有所畏懼如有偷漏攙水等弊隨時可以懲治至經紀本屬下役與各衙門之隸役人等無異所有雇備官剝民剝各船均由官爲經理而剝船受兌之後水程三百餘里陸續轉運一百數十萬之多若專令經紀管押恐船戶夫役人等非經紀所能約束而亦未足以昭愼重且經紀四五十名須在水次起卸勢難再使管押剝船致令顧此失彼應由督臣派委員弁多帶兵役於剝船受兌後由天津押運到通交卸以重責成至經紀由海船起卸兌剝係原經手之人亦不能置身事外每剝運一次應責令

該經紀本身或自雇親信之人隨同押運官沿途照料如有偷漏短少及攙水情事查係經紀之人作弊卽責令經紀賠補並治以應得之罪如係船戶作弊卽著落船戶並船頭分別賠補仍責成押運員弁隨時秉公體察不許經紀人役藉詞勒揹至石壩起卸之後由裏河轉運大通橋均係經紀料理如有短少潮濕米石惟經紀是問不得再有牽涉外河剝船以杜抵賴等語查所請天津剝運米石由直隸派委員弁多帶兵役於剝運交兌後由天津押運到通交卸係爲愼重漕糧起見其由裏河轉運大通橋如有短

少潮濕米石惟經紀是問之處應如所奏辦理惟查通壩經紀爲歷來辦漕剝運經手之人卽如上年北倉截卸案内據倉場侍郎奏明責令經紀押運是經紀服役雖微而於剝運事宜承辦甚爲熟悉及此次海運漕糧前經兩江總督等及臣部奏明專派經紀一手經理且與轉運臺米事同一律務飭該經紀等小心承辦不得妄圖推諉仍由坐糧廳選擇派用痛絕弊端毋致玩誤至稱如係經紀之人作弊令經紀賠補船戶作弊令船戶賠補之處查船戶得價受雇承運官糧不得聽從經紀作弊而經紀以在官人役

並得有加增飯折銀米旣令押運自不得仍令船戶作弊除查明起剝後米色米數不符應令經紀船戶按數分賠並各治以應得之罪以昭平允其押運員弁亦應認眞督押催趲庶防範益歸周密

一據奏稱漕糧車輛由朝陽門進城所有城外四倉並通倉拉運俸米甲米各車同進朝陽門彼此擁擠每致遲滯查道光二年因修理石路會由步軍統領衙門行知令拉運俸米甲米車輛由東直門崇文門分道進城明年拉運漕糧車輛如能不致擁擠自可往來迅速應請

旨敕下步軍統領衙門酌量令俸米甲米各車分道進城以免擁擠等語查明年大通橋車輛拉運漕糧若與城外四倉拉運俸甲米石車輛同進朝陽門勢必彼此擁擠致形遲滯所請仿照成案分門進車之處應如所奏辦理屆期由臣英和所管步軍統領衙門酌派員弁稽察照料令俸甲米石各車分門拉運以期往返迅速

一據奏稱大通橋車運各倉每石應領脚價銀兩除題定應扣各款外因車價昂貴不敷雇覓向年承買黑豆二萬石豆價盈餘每年津貼長車一百二十輛之

費該橋向年挽運漕糧如遇天晴道乾仍有坐派城外之倉尚可趕運三萬石一遇陰雨泥淖卽運一二萬石尚覺喫力明年海運暨盤壩接運之南糧並北倉囤貯之滯漕及奉天豫東之粟米麥豆爲數甚多爲期甚迫如大通橋轉運遲滯回袋不能騰空輪轉石壩卽不免停斛待起勢必致逐處擁擠不可不預爲籌備戶部原奏内稱車輛是否足敷運送抑須添雇原爲大通橋遲滯起見臣等查大通橋車輛實係不敷運送惟添雇車輛少則無濟於事多則糜費甚重且添車必須添袋約須添雇大車五六十輛添置

口袋四五萬條方敷輪轉計添大車六十輛卽須津貼雇價四千五百餘兩口袋五萬條卽需銀一萬二千餘兩合計共需銀一萬六千五百餘兩始能辦理臣等再四籌畫大通橋轉運不及總因城內各倉路遠而又不能夜運之故若一面照坐派運入城內各倉一面於城外各倉查點空厫並號房准令暫囤俟漕務畢後再行運進城內則路途既近夜間亦可搬抗囤貯每日例行洪斛三萬石之外尙可責令竭力趕辦愈多愈善計囤費每石二分最多囤至四十萬石始用銀八千兩較添置車輛口袋似屬省便於公

項既不致多糜而於運務又可期迅辦再添車原期迅速而車輛愈多來回更易擁擠似不如倒囤騰袋尢爲妥協應請於城外四倉及號房暫囤並飭大通橋監督不可藉詞多囤總期撙節辦理大通橋既不添車添袋所有暫囤之費應請先於通濟庫支發漕竣據實報銷等語查大通橋每年額雇長車一百二十輛明年海運暨盤壩南糧並北倉囤貯漕奉天豫東米麥豆石均需車拉運若車輛短少必致轉運遲滯是以臣部前奏令該侍郎早爲籌酌茲據稱車少既不敷用而添車又須添袋糜費甚重請於城外四倉及號房暫囤是不必添車添袋而運務可期迅速囤費所需無多於公項仍有節省應如所奏辦理仍令轉飭大通橋監督撙節辦理亦隨卽分運各倉俾令勻貯其囤費於通濟庫支發事竣覈實報銷並由步軍統領衙門屆期派委員弁嚴密稽查毋令車戶人役等乘機偷竊滋弊

一據奏稱剝船受兌後向須寫立承攬甘結開明米數若干並無潮濕短少到壩後如數交收倘有短少著落賠補惟是途中偷漏攙水等弊固防經紀勾通舞弊而船戶亦屬慣技如查明實係船戶作弊責令賠

補而此輩並無身家不可不預爲籌計莫如將船戶腳價飯米折色並津貼等銀共計應得若干先於受兌後發給七成其餘三成包封彙交押運員弁領帶俟到壩後查驗並無偷漏短少及攙水潮濕等弊再行發給如有短少潮濕卽將包封三成銀兩扣抵賠補米石及挑晾之費仍按律懲處再各縣剝船每十隻有船頭一名按百隻有總船頭一名船戶作弊均由船頭主使勾串如各船有前項情弊其三成銀兩扣抵之外再有不敷卽責令船頭賠補庶知儆畏仍飭押運員弁沿途稽查如查有前項情弊詳明究辦

倘毫無覺察致船戶作弊一併參處等語查所請酌留剝船腳價三成到通給發並備抵船戶短少攙和潮濕之處係爲防弊起見應如所奏辦理但押運員弁務須秉公覈實分別給發扣抵如該員弁等因有酌留腳價在手任意扣抵及給發時有絲毫剋扣情弊應由

欽派大臣查明嚴行參辦

一據奏稱北倉截卸漕糧所有抗腳挖窨等項向由各幫旗丁自行辦理此次海運漕糧撥進海口或對船起卸或暫行露囤或先貯北倉所有盤兌上岸及再

由岸上船一切抗腳挖窨等項自應先期籌備查戶部原奏內稱添置斛隻俾敷起卸並由地方官多雇人夫應用等語夫役既由地方官雇備則抗腳挖窨卽係雇價其按石核數支發應令直隸藩司及天津道預先籌款辦理以免臨時有誤等語查抗腳挖窨等費向來北倉截卸案內係由旗丁自行給發並不開銷卽 臣 部前奏令地方官多雇人夫亦無令地方官出價之語查明年海運漕糧旗丁雖不北來而所給經紀個兒錢飯米折色津貼等銀仍照舊支給且有議及加增銀兩耗米之處原係令經紀俾資辦公

此項抗腳挖窨之費應卽在經紀所得項下自行酌給咨部辦理斷不得令直隸藩司天津道豫先籌款致形偏累

一據奏稱歷年北倉截卸漕米轉運通壩每百石例給剝船腳價銀三兩七錢三分四釐飯米折色銀三兩三錢六分一釐五毫油艌銀一兩二錢四分四釐其經紀應給飯米折色銀二兩二錢五分個兒錢銀二兩七錢津貼銀二兩五錢如用官剝船裝運所有津貼銀經紀分與船戶一半如用豫東軍船裝運將津貼銀全行給與軍船此向來北倉截卸漕糧轉運章

程明年由天津上園地方起卸轉運所有剝船腳價飯米等項已由督 臣 那彥成酌議照北倉之例按程增添議給其經紀等應得之項亦應照北倉之例酌議查個兒錢並津貼銀無論道里遠近應歸一律辦理無庸議增至飯米折色一款該經紀在津起卸並分派隨同押運官沿途照料自應量與加增查飯米折色每百石向給銀二兩二錢五分茲照腳價十成攤算酌增一成半核計應加給銀三錢三分七釐五毫共銀二兩五錢八分七釐五毫並個兒錢銀二兩七錢合計每百石共銀五兩二錢八分七釐五毫計

海運漕糧折洪斛一百二十餘萬石共計銀六萬三千數百餘兩共津貼銀每百石二兩五錢共計銀三萬餘兩應照向例官剝船裝運令經紀貼併一半其餘一半仍歸經紀辦公如係豫東軍船及民船裝運即全數貼併軍民各船應俟臨時由天津總局核計各項船隻裝運米數分別給領又向年北倉截卸漕糧每米一石旗丁應給經紀耗米一升此次海運漕糧或對船起卸或囤貯之後復又過斛上載搬抗狠籍未免折耗較多應請酌添耗米每石五合以示體恤再旗丁向年有應領瞏羡餘米價紙劄等項銀兩

據兩江督臣原奏請將此項抵撥茶果等款惟查廳茶果係以船數計算每船十兩倉茶果係以米數計算每石五釐一毫七絲二忽五微茲海船裝運來津其石數自可照舊計算而軍船未來船數無從計算所有廳茶果一項難以扣抵應請照每年江南軍船裝運適中之數以洪斛五百石爲一船計每米一萬石作船二十隻核算共應交廳倉茶果銀二百五十一兩七錢二分五釐所有旗丁應領瞏羡餘米價紙劄等銀按米一萬石船二十隻核算應領銀四百八兩以之抵撥廳倉茶果等款外尚多銀一百五十六

兩二錢七分五釐統計海運折洪斛米一百二十餘萬石共應多出銀一萬八千數百餘兩除應給經紀個兒錢銀飯米折色並分給各項船戶及經紀人等之津貼等項共需銀九萬三千數百餘兩即以此項多出銀作抵外仍不敷銀七萬五千數百餘兩應請

旨敕下兩江督臣如數解交惟此項不敷銀兩未解到之前並該省輕齎尚未解到所有應支各項均須籌項墊發應照兩江督臣原奏於天津運道兩庫先行借墊俟兩江解到時再行歸款等語查應給經紀個兒錢銀折色飯米與應給耗米均照舊支給外其所議

加給經紀折色飯米銀每百石加一成半銀三錢三分零及每米一石加給耗米五合均應如所奏辦理惟耗米亦應以洪斛核計於海船所帶作正耗米內扣除再查此次加給經紀銀米係因天津截卸較北倉稍遠是以議增嗣後北倉截卸仍照舊辦理不得援此爲例至所議應給倉茶果仍照米計算廳茶果以洪斛五百石一船計算並分給各項船戶經紀等貼費共需銀九萬三千餘兩以多出之瞏羡等銀一萬八千餘兩抵補外尚不敷銀七萬五千兩零應於天津運道兩庫墊發仍由兩江解還歸款其茶果銀

兩應於該年通濟庫茶果項下報部核銷
一據奏稱白糧米質鮮嫩蘇松常三府白糧向於各府
軍船內選擇堅固之船用麻袋裝運北上過津關後
各旗丁恐官剝船或有滲漏多係捐資自雇堅固民
船裝載沿途照料行抵崔家樓地方復又詳請住泊
整裝然後挽載抵壩俟查驗過秤後經紀雇車拉運
仍係旗丁自行交倉明年海運白糧應請
旨飭下兩江督臣仍照向例備帶麻袋交海船裝運俟到
天津查驗米色另行起卸上岸專用民船裝載責令
押運官帶同白糧經紀並兵役人等照料運通俟起

卸後經紀自行轉運進倉交納至白糧到壩向須掣
秤明年天津起卸若照向年仍復過秤必致遲延應
請改用斛收以期迅速再白糧折耗較漕糧稍重是
以兩江督臣奏明漕糧應給海船耗米八升而白糧
則係一斗明年海運到津起卸、臣等議將漕糧折耗
請照向例於每石一升外添給五合共計一升五合
至白糧米質鮮嫩折耗較重應每石准給耗米一升
八合等語查白糧米質鮮嫩所請令江南用麻袋交
海船裝運北上到津時專用民剝裝運及改用斛收
之處係爲慎重白糧起見均應如所奏辦理至所請

白糧每石給與耗米一升八合亦應准給以示體恤
道光五年十二月二十七日具
奏二十八日奉
旨依議欽此

江蘇巡撫臣陶澍跪

奏爲海運緊要親赴上海一帶督辦仰祈

聖鑒事竊照本年江蘇漕米由海分運應辦事宜節經臣

會同督臣漕臣議

奏在案臣因海運事關創始經理匪易前經札商督臣

琦善俟開篆後臣即親往上海一帶查辦臣於去臘

徙陽運河挑竣即委員分提各屬新漕趲赴海口交

兑適值冬令水涸兼以冰凌凍結剥船未能迅速復

經遴委臣標中軍叅將張殿華隨標學習三等子爵

陳述祖候補鹽大使黄冕迎提各屬漕剥星夜趕運

連日雨雪應期運河水長剥船暢行雲集上海臣已

派委各員隨同該道府等將現到海船九百數十號

逐細扦量每船約裝米若干自上海至黄浦一帶分

段駐泊將某船若干隻應兑某州縣漕糧編寫旗幟

以便一望即知源源斛兑勿令擁擠計晴天每日斛

手百餘名可量兑米四萬餘石米質均以乾潔爲主

其白糧一項遵照倉場原奏及部議較量足斛用口

袋裝載以昭愼重現在鎮江之米全經赴兑蘇常二

府米船亦已半抵上海其松江太倉之米尤切近易

到米船既多各項人役甚衆一切稽查彈壓攸關緊

要臣即日由水路前往督同該道府委員等相機籌

辦務俾妥速一俟兑有成數即可將分起開行各事

宜次第馳

奏仰答

宸厪所有臣衙門日行事件照例委藩司賀長齡代拆代

行併將已經招解到省案件暫行代審以免遲延謹

會同兩江總督臣琦善漕運總督臣陳中孚恭摺具

奏伏乞

皇上聖鑒謹

奏

道光六年正月二十四日具

奏二月二十三日奉

硃批知道了欽此

兩江總督臣琦善片

奏再臣於上年十二月間接准部咨欽奉

上諭海船到津爲日甚速著兩江總督于初次兌竣沙船將次開行時由四百里馳奏到日即請欽派大員前往天津查辦其初次沙船在上海兌米著即儘船受兌不必拘定分勻二次配運以免遲誤沙船到津起卸後空船赴奉天買豆是否有慮耽延致誤二次兌運如何可期迅速之處著兩江總督酌量情形查奏辦理等因欽此查海運漕糧共一百五十一萬餘石分作兩次運送現在進口商船共有九百五十餘號合計初運米數有盈無絀苐海洋風信靡常設有初運之船未能同時歸棹即恐二運不敷所用自應遵

旨儘船受兌不必分勻二次轉致以米待船節經臣飭行藩司賀長齡蘇松太道潘恭常督同各委員認眞扦驗艙口務令按船裝足毋許船戶以多報少茲據該司具禀商船九百數十隻派裝米八十餘萬石截至正月二十日止兌竣米二十萬九千餘石裝船一百八十五隻緣向來沙船攬載客貨俱係隨裝隨開先往崇明之十滧海口候風放洋今兌竣各船因停泊地方船多擁擠急欲開赴十滧自當聽從其便等情

除檄飭沿海各鎮營督帶兵船嚴密巡護外臣查自上海而至十滧係屬內洋惟十滧已在大海之中必待風色順利方可開行其遲速有難預定臣遠駐江寗二月初旬又當前赴清江籌辦盤運事宜道里更爲遙隔若俟商船自十滧放洋之後接據禀報始行馳奏或恐商船駛至天津尚在奏到之先現准撫臣陶澍來咨自蘇起程親赴上海督辦該處相距較近臣已咨會撫臣商船於何日放洋即就近由四百里

恭摺

奏報並一面咨明直隸山東督撫各臣沿途委員探訪如運米沙船將次到津即行飛咨戶部以便奏請

欽派驗米大臣前赴天津俾免商船守候所有具攬未到沙船尚有一百八十餘隻浙船未到者有六十餘隻如全數到齊約可裝米二十三萬餘石連現在派定之九百餘船共可裝米一百餘萬石是餘賸二運米石不過五十萬左右此即初運船隻歸棹不齊亦可不致貽誤其初運沙船到津卸米之後不令前赴奉天買豆固可即日放空回南但販豆爲關東生計所資亦爲船商常年本業且海船又利于壓重難於駛放空船似未便阻其往販應請

敕下奉天府尹飭令各該地方官一俟商船到彼勒定期
限置貨開行並咨明經過各省轉飭海口催令南歸
勿任逗留當不致有遲滯至天津通倉兩處所需剝
價等項前經
奏明各解銀六萬餘兩以資津貼茲准戶部先後咨行
應由江省籌解銀二十餘萬兩是前解銀兩尚有不
敷第海運事屬創行在本省實需支用若干須俟二
運完竣方有定準此時不得不寬為預備臣已會商
撫臣飭司籌議應動用何項歸還天津運道兩庫墊
款之處俟議覆到日再行具

奏合將海運兌竣船隻開赴十滋候風緣由先行附片
奏
聞伏祈
聖鑒謹
奏
道光六年正月二十七日具
奏二月初十日奉
上諭琦善奏海運漕糧儘船受兌現到商船九百餘隻足
運米八十餘萬石所有兌竣船隻先開赴十滋候風初
運沙船到津卸米後前往奉天買豆催令南歸等語販
豆係該船商常年本業且海船利於壓重不能駛放空
船自應准其照常往販惟尚有二次兌運必應迅速南
下著奉天府尹飭令各該地方官俟商船到彼即令置
貨開行毋得勒措並飛咨經過直隸山東各省轉飭沿
途海口催令南歸勿任逗留貽誤欽此

兩江總督臣琦善跪

奏再海運漕糧截至正月二十日止兌過米數船數及開赴十滋候風各緣由前經附片具

奏在案臣與撫臣陶澍以初運漕糧總期多多益善現在載米商船向俱載豆與米質本有不同而商用豆斛與漕倉米斛大小亦非一律自當核實計算隨飭藩司蘇松太道督令委員按船扦驗酌量加裝茲據委員等禀稱各船米石均已核實勻裝約計已經派裝及陸續進口各船共可裝米一百二十萬石等語查初運各船既可裝至一百二十萬之數所賸漕糧

僅有三十餘萬石不及四分之一此即二運時船隻歸棹不齊亦可全數起運況四五月間正值盤壩接運軍船連檣赴津似二運宜於稍遲俾免北河擁擠則初運商船歸棹更可從容斷不致有貽誤現在撫臣親駐上海督辦臣於日內即赴清江相距較遠所有海運一切事宜先經往返札商意見相同即就近由撫臣隨時

奏辦以免遲誤至天津通倉兩處需用各項疊准戶部咨行先由通濟及天津運道各庫暫行墊發再由江省解還歸款惟縴夫雇價剝船口糧等項各約需銀三萬餘兩應由江省在於州縣水腳項下動支解直備用查縴夫雇價一項商船一到天津即須動給此時兌足各船已次第開赴十滋寄椗候風一經放洋行走甚爲迅速應請

敕下直隸督臣轉飭天津縣預集人夫由天津運道二庫墊發價值統俟竣事一併籌還歸款理合將初運約裝米數及二運可期無誤緣由敬謹附片

奏陳伏祈

聖鑒謹

奏

道光六年二月初二日具

奏二月二十七日奉

硃批另有旨欽此同日奉到道光六年二月十五日奉

上諭據琦善奏初次海運計可裝米一百二十萬石縴夫雇價剝船口糧等項約需銀三萬餘兩商船到津即須動給等語著那彥成轉飭天津縣預集人夫由天津運道二庫墊發價值俟事竣由江省籌還歸款欽此

江蘇巡撫臣陶澍跪

奏再查前奉

諭旨海船到津爲日甚速著兩江總督於初次兌竣將次開行時由四百里馳奏到日即請欽派大員前往天津查辦等因欽此茲臣正在拜摺間接督臣琦善來信言現須前赴清江道路遠隔糧船旣在十滧候風出洋恐委員等轉報有稽即由臣處將開行日期馳

奏臣查沙船經由大海各自駛行本無幫次現因黃浦馬頭擁擠於正月二十三四等日臣未到上海之先業已有船十數隻陸續開出十滧據稱該處一出大洋即無島嶼可泊總須候過二月初八日風信方能開放但十滧距上海二百數十里一遇順風開行旬餘即可抵津若俟稟報始行具

奏恐船到在先轉致措辦難及應即請

旨簡派大臣會同倉場赴津驗收所有初運米數現在儘船儘兌隨兌隨開若風日晴和剝船順速計二月底初運可竣合併附陳謹

奏

道光六年二月初三日具

奏二月二十一日奉到

硃批另有旨欽此同日奉到

上諭陶澍奏海運沙船已陸續受兌開出十滧地方候過二月初八日風信即可開行等語著派穆彰阿於海船進口後前赴天津會同倉場侍郎驗收如需隨帶司員即自行酌派隨往欽此

江蘇巡撫臣陶澍跪

奏爲恭報微臣親至上海督辦海運現已兌有成數陸續出口仰祈

聖鑒事竊照蘇松等屬試行海運前經札商督臣俟開篆後臣卽親赴上海督辦業於正月二十四日專摺具

奏在案臣因各屬漕剝雲集上海米多船衆各項人役不下數十萬亟須妥爲布置卽由水路晝夜兼行遄抵該處連日督同糧道宋瀠上海道潘恭常蘇州府額騰伊松江府陳鑾川沙同知李景嶧上海縣許乃大及各委員等按照章程分派經理其有量須變通

者隨時籌酌期於愼速並據提臣王應鳳于會哨巡洋後同駐上海彈壓伏查上海縣黃浦馬頭自東迤北接連吳淞閘門迤南一帶卽黃浦江均係漕船經行之路前因吳淞江冬底水涸多有淺阻改由吳江縣之平望地方遶嘉善金山等處出黃浦江儹行水道稍迂節經添委員弁同州縣原委各員催儹迎提無分雨夜陸續剝到黃浦凡沙船歸次派定某處米數卽懸挂各色旗號排列成行剝船一到各認號旗就幫斛兌先于對岸之百蓮涇派員查驗米色給單開斛每日輪派丞倅委員督率各縣丁屬斗級笆夫斛手等分頭受兌其沙船苫蓋俱由各縣自備竹木席片鐵釘氣筒等物先行墊艙每裝米一艙上蓋稻草一層以收潮氣並飭每縣帶解制斛十面經用道府印烙到上海時仍由道府各員將頒鐵斛眼同船戶較準卽令該船戶畫押再加監兌委員印封爲據每船另裝樣米一桶蓋貼印花帶赴天津照驗兌竣一船卽將司道會印三聯執照截給一張所有船戶耆舵姓名以及縣分米數詳細註明以憑稽核至領給水腳之後卽令船戶給州縣米結一紙委員亦給兌單一紙存照沙船雖經驗派在先而臨時受兌

或有船身敝舊修艙未固者仍准挑換旬餘以來風日晴和剝船到浦隨驗隨兌添雇斛手至百餘名每日可兌米四五萬石現據呈報正月三十日截數共兌米五十四萬有零計算海運全漕已逾三分之一惟黃浦江岸馬頭堪以停泊受兌之處無多沙船裝載後卽須隨兌隨開移至上海縣東近海之吳淞口聽候在汛員弁挂驗放出崇明縣十滧地方寄椗守過二月初八日風信卽可放洋長行其餘兌完船隻以次解纜據委員等呈報前來臣謹擇于二月初一日親赴寶山縣海口地方虔祀

海神先將兌足米船五百一十餘隻陸續放至十滧地
方俟初八日風信一過卽可開出大洋向北行駛一
面催提各縣接運剝船到浦俾各委員趕緊斛兌所
有現在辦理海運情形臣因關係
大庾重務謹會同督臣琦善漕臣陳中孚合詞具摺由驛
馳
奏仰慰
宸廑伏乞
皇上聖鑒訓示謹
奏

再海運以船隻爲主儘雇儘兌原不拘定兩運之期
惟因從前屢封屢放商情未免畏累臣於上年七月
到蘇後卽親赴上海傳集各沙船曉以大義嚴禁擾
累卽日具呈承攬者九百餘船嗣於八月內藩司賀
長齡赴上海會議章程復添雇浙船百餘隻經此兩
次攬雇海運大局遂定此內除崇明縣舉人施彥士
寶山縣監生陸昌言首先領雇倡募招徠最爲出力
鄞縣職員謝占壬上海縣監生王揆熟悉洋情効勞
尤著並有上海縣職員毛振勲朱增慎以自置沙船
領載該縣糧米萬餘石不受水腳價值情殷報効其
餘商船蔣炳陳廷芳陳鶴陳荷季兆瑨季存霖等亦
俱招致多船爭先受雇至浙省蜑船三不像船節准
浙江巡撫程含章轉飭藩司繼昌催雇來滬此項船
戶非蘇省土著未有承攬經手查署蘇松鎮河標副
將裘安邦精勤幹練且係浙籍語音易通已飭令督
同扞派浙船米數一體裝載通計現到船隻大小千
號儘船受兌初運可兌百萬石以外該商等感戴
皇恩咸知奮往除俟事竣遵照
奏定章程同臣琦善臣陳中孚彙請
獎敘外合將商船踴躍情形附片以

聞謹
奏
道光六年二月初三日具
奏二月二十一日奉
硃批覽奏俱悉欽此又附奏商船裝兌踴躍情形并委署
蘇松鎮裘副將督同扞派浙船米數夾片一件同日
奉
硃批知道了欽此

兩江總督臣琦善江蘇巡撫臣陶澍跪
奏爲海運沙船加裝米石趕造另冊補咨以歸簡捷仰
祈
聖鑒事伏查本年海運雇船原定八成裝米二成搭貨免
其納稅以恤商情惟現當漕糧起運船多貨少未𨚫
一律有貨可攬而米數百五十萬匀出一艙卽多得
一艙之用海洋風信靡常難期迴檣迅速自應於初
運船隻儘數裝載不必拘定八成裝貨之議以歸簡
捷臣琦善與臣陶澍札商意見相符當飭藩司賀長
齡遴委蘇州府知府額騰伊會同該道府丞縣等確
切查覆因思漕糧經由大海全在該船戶等各知保
重不得稍涉勉強臣陶澍到上海時曉諭各船有情
願加裝者許其自行酌量數目具報加裝仍照原議
每石給運腳銀四錢耗米八升其已裝客貨二成不
願加米者聽兹據該委員等稟稱商船受兌以來見
諸事體恤毫無擾累倍覺懽忻鼓舞感奮急公有已
經受兌八成而未攬客貨者情願加裝米石臣核查
無異卽飭令該員等先將上海南滙等縣二運漕米
分派各船灑帶次儘松屬近處州縣糧米添派現已
加至三萬餘石尚有已抒未裝之船陸續加裝惟從

前所造咨冊祇據原派米數載入届兹糧運開行原
冊篇頁繁多未便因加裝數目换造致令稽遲臣等
前因海運事屬創行恐有拘泥窒礙會經
奏明由臣等隨時通融酌辦期於周妥所有現在各船
米數業於兌竣時發給三聯印照黏單加註添裝某
縣米數蓋用糧道印信以便抵津之日先憑執照米
數兌收一面由上海公所補造加米另冊註明船戶
某人原裝某縣正耗米石若干加裝某縣正耗米石
若干仍另造簡明清冊照依現今各船裝米執照數
目飛咨倉場及天津收米之

欽派大臣以後隨兌隨報按五日一咨不必拘定初運次
運之期如此辦理既歸簡核而南兌北交均免遲延
歧誤至糧道衙門造辦各州縣漕白二米起運正耗
數目仍照舊分別題咨以備稽核臣等爲漕米數多
儘先裝載以期運務商情兩有裨益除將現在辦理
加裝情形移咨直隸倉場各衙門一體查辦外謹會
同漕運總督臣陳中孚合詞附驛具
奏伏乞
皇上聖鑒訓示施行謹
奏

道光六年二月初三日具
奏二月二十一日奉
硃批依議轉行欽此

江蘇巡撫臣陶澍跪
奏再上年十一月內直隸省議奏海運經費各事宜內有沙船收入天津海口至東關上園地方係屬逆流應雇備縴夫拉挽前進共需錢七千六百餘千原咨由蘇省發給嗣經戶部議照直隸所奏改爲動支腳費隨後找解補款查此項縴夫價值現在蘇省未經發給難以稽遲該商船一到天津即須直隸省先行墊發雇夫拉挽免致商船守候得以迅速回裝二運除再行移咨直隸總督查照辦理外合併附片陳明
謹
奏

道光六年二月初三日具
奏二月二十一日奉
硃批知道了欽此

兩江總督臣琦善江蘇巡撫臣陶澍跪
奏為恭報運米海船開放大洋並續兌各情形仰祈
聖鑒事竊照海運初兌米船前因陸續放出吳淞口至十
滧地方寄碇候風開行經臣等先後具
奏在案查十滧地方雖隸崇明縣境已在內洋之外緊
接黑水大洋一過佘山即無島嶼可依必得順風二
四日始抵山東之石島成山一帶中間洋面將近二
千里並無抛貓寄碇之處是以船行必須看定風色
始能向北駛行非比內河可以刻期催儹前經詢據
開行各船僉稱候過二月初八日風信之期方能放

洋業經臣陶澍於前摺內聲明在案茲自二月初八
日以後風雨稍稀該處十滧離上海地方沙渚回環
程途已遠當即專委往探據稱自二月初十日風轉
東南比即有船百餘隻起碇放洋前進隨後跟到各
船亦在該處寄碇陸續開放等情查旬日以來風雨
連緜不特海船難以行駛即各屬剝米船隻亦因漕
糧重大未敢冒雨催兌幸自十三日天氣晴霽每日
斛兌仍可四五萬石不等統計已開未開各船現共
斛兌正耗漕白等米八十五萬餘石共兌船八百餘
隻鎮江一府之米業已全行兌開蘇松常太四屬漕
糧亦兌十之六七其各處未到剝船現在春水方生
足資浮送不致如前繞道可期迅速所有米船自十
滧放洋及現辦兌開各情形臣等因海運事重謹會
同漕臣陳中孚合詞繕摺由驛馳
奏伏乞
皇上聖鑒謹
奏
再漕米經由大海應由水師營汛帶兵防護疊經臣
琦善督飭各營遵照辦理茲提臣王應鳳鎮臣曹與

邦副將臣裘安邦先後巡洋前來上海與臣陶澍會
晤復經嚴飭各弁兵乘船樹幟攜帶鎗礮吹螺傳送
夜間懸掛桅燈支更瞭望梭織巡查俾資防範其糧
船由上海至吳淞口係屬內河即令署守備劉均帶
領兵船護送由吳淞至十滧係屬內洋即令署參將
田松林接送自十滧至佘山以北之外洋即令狼右
營遊擊徐天柱接送自大洋梢至黃家港對出之大
洋即令遊擊徐天柱帶同掘港營把總程淮接送自
黃家港至射陽湖對出之大洋即令鹽城營遊擊趙
本接送自射陽湖至黃河口對出之大洋即令廟灣

營遊擊沈濤瑞接送自黄河口至灌河口對出之大洋即令佃湖營都司保常泰接送自灌河口至鷹游門對出之大洋即令東海營都司孫廷揚接送至山東日照縣界交替均酌帶兵船逐層防護勿使疏虞其鹽城廟灣佃湖東海等營雖係狼山鎮所轄究隸漕河兩標已一體咨照轉飭照辦至佘山迤南如陳錢馬蹟等山雖係浙江交界實爲江省門戶又內洋之練祈深淘及施翹河六滧十滧等處均關要害另派蘇松中營遊擊陳松林暨都司楊朝棟守備周維藩陳之奎周世揚鮑起豹等往來巡查以重巡防而

昭整肅合併附片以

聞謹

奏

再米船一出大洋各自駛行並無幫次全視者舵爲用非如糧船有運弁照料惟泊船寄椗之所仍須派員彈壓方昭整飭前經臣等

奏明初運船隻遴委川沙營參將關天培督押茲查初運米船較多未便遲俟兌竣已飭關天培督押現兌各船前赴天津至將來初運全竣時仍須委員護押已據提臣另派都司俞大銓屆期押送石島交替合

併附陳謹

奏

道光六年二月十五日具

奏三月初二日奉

硃批知道了欽此

陶澍跪

奏爲海船初運兌竣仍接續趕辦暨微臣暫回省城各

緣由仰祈

聖鑒事竊照海運糧米以多爲貴原不拘定兩運之限而船隻有數不能同時並集自應酌分先後以期剗運兌裝均無歧誤前經札商督臣將一應事宜預爲籌酌意見相同即經臣親赴上海提齊已到各船均勻裝配業將開行出洋各情形會同臣琦善具

奏在案旬日以來天氣晴和風色亦順復經督飭該道府等催集各委員將現已扦量各船趕緊解兌截至

二月二十一日止總共兌過正耗米一百一十二萬二千餘石所有已扦各船俱經兌竣該船戶等踴躍趨公連日尚有自北回南零星入口卸貨及修艌未完尚須掏抿灰縫之船均可陸續裝載臣已飭印委各員仍當隨驗隨扦一體兌運隨時開放不許稍形疏懈惟本年海運米石除正耗漕白等米一百五十餘萬外尚有給船耗米十數萬不在正運之內亦須載運以備折耗通計米數實有一百六十三萬三千餘石米質本重爲數又多就現在已到未到及應須修艌各船猶不敷裝載不能不分爲兩次運送而一過春夏之交南風司令北船回滬較難

天庾重大不敢不及早圖維惟冀前船回棹迅速俾二運得資趕辦臣自駐上海業經匝月初運糧米已逾全漕三分之二嗣後照常交兌可期無誤臣於拜摺後即暫行回省辦理衙門緊要事件仍飭該道等督同委員妥爲經理陸續申報所有初運漕糧兌竣並接續趕辦各緣由謹會同兩江總督臣琦善漕運總督臣陳中孚合詞繕摺由驛具

奏仰答

宸廑伏乞

皇上聖鑒謹

奏

再蘇松常鎮太四府一州每年起運漕糧例給旗丁耗米一十八萬餘石原以備中途折耗之需前因海運較速無須與漕船一例全給當經臣等議

奏除省出耗米六萬餘石即隨正運赴津以爲到通剗船飯食等用外所有載米沙船每裝運白糧一石仍酌給船戶耗米一斗裝運糙米一石仍酌給耗米八升以備折耗之用查現在各州縣起運漕糧斛兌足數各沙船順風赴津即有折耗爲數無多此項給船

耗米將來兌交額糧之後應有餘剩合計不下十萬餘石在該船等業已到津交卸所得餘米自須就地變價易貨臣思沙船赴津總以迅速回南趕裝二運爲要務若餘米投行變糶輾轉議價收銀難免耽延時日自不若查照收買糧船餘米之例於沙船到津兌交額糧後將此項餘剩耗米就近官爲收買在各沙船得價易貨回檣可期迅速而漕糧正額之外又可增米十萬之多於倉儲運艄均有裨益惟收買糧船餘米例價向有一定今沙船應得耗米如交兌正額並無短少原聽其自行食用變糶而沙船與糧船

軍商各別較收買糧船餘米之例稍有不同似應按照時價酌給以示體恤如蒙

俞允應請

敕下戶部並直隸總督會同倉場衙門一面查照天津米價出示曉諭如沙船到津有願將耗米變價者卽照市價就地給銀收買俾期迅速臣爲利漕起見謹會同督臣琦善合詞附驛具

奏伏乞

訓示遵行謹

奏

再海運各船前于初十日開放大洋百餘隻茲又接副將裘安邦稟稱十七日午刻風轉東南有船一百五六十號自十滧起椗酉刻全抵佘山赴北駛放大洋又十八日午刻有船一百七十餘號亦於酉刻駛出佘山大洋十九日仍有赴滧寄椗之船一百九十餘號現在風色正順計可陸續暢行足慰

宸廑謹附片具

奏

道光六年二月二十二日具

奏三月十二日奉

硃批另有旨欽此又沙船耗米照市價就地給銀收買夾片一件同日奉

硃批只可聽其自便難於勒令另有旨欽此又海運各船駛放大洋日期夾片一件同日奉

硃批欣慰覽之欽此同日並准

軍機處知會海船初運兌竣及收買沙船餘米摺片各一件已奉有寄信

諭旨交尚書穆彰阿直督那彥成倉場侍郎申啓賢並

盛京將軍晉昌等照辦至耗米變價並交穆彰阿等查照天津時價收買矣

戶部謹
奏為遵
旨核議具奏事內閣抄出倉場侍郎臣百春等奏請將剝船腳價三成銀兩先由直隸藩庫撥墊一摺道光六年二月十八日奉
上諭百春等奏江蘇解到銀兩尚不敷用所有剝價三成需銀五萬餘兩現在天津運道二庫無款可墊請由直隸藩庫撥墊解支仍俟江南解到歸款等語著戶部核議具奏欽此欽遵于本月十九日抄出到部據該侍郎等奏稱查直隸督臣等原奏所有雇覓剝船腳價等

項共需銀十七萬餘兩臣等原奏經紀個兒錢等項共需銀九萬餘兩均請由兩江督臣籌款分別解交現准江蘇巡撫臣委員解交天津道庫銀六萬四百餘兩又解交臣衙門銀六萬四百餘兩臣等當將來銀飭交坐糧廳兌收通濟庫俟海運到津查照奏定章程墊款支用將來有餘不足再為核實咨銷茲據清河天津兩道會稟請將蘇松解通庫銀六萬四百餘兩撥出銀五萬二十兩以為剝船腳價扣留三成之用並請將三成腳價由坐糧廳就近在壩給發等語臣等查海運一切需費均已各歸各款由直隸督

臣等並臣等分別奏明此內惟津貼一項兩處所奏係屬一款須俟臨時由天津總局核計各項船數裝載米石若干分別給發至現在江蘇解交臣衙門銀六萬四百餘兩以海運米折洪斛米一百二十餘萬石計算所有個兒錢銀每石二分七釐共需銀三萬二千四百兩飯米折色銀每石二分五釐八毫七絲五忽共需銀三萬一千五十兩統共需銀六萬三千數百兩現在解到之銀尚有不敷至扣留三成腳價戶部議准臣等原奏係由天津發交押運委員領帶到壩查無虧短潮濕再行給發今若改由坐糧廳散

給與奏定章程係屬兩歧且個兒錢飯米折色二項乃雇覓人夫飯食工價等用在所必需通濟庫輕齎等項均屬隨到隨發並無存留之款戶部按年勾稽有案實無項可以墊用所有剝船水腳應請仍照戶部議准臣等原奏由天津扣留三成交押運委員領帶到壩給發至天津運道兩庫據稱現已無款可墊所有剝價三成五萬餘兩可否先由直隸藩庫撥給解交清河天津兩道辦理俟江南解到再行歸款之處應請
旨敕下直隸督臣籌議等語臣等伏查本年海運漕糧在

南經費已由兩江督臣籌款辦理無需動用正項其自津至通運費上年由直隸督臣暨倉場侍郎奏明共需銀二十餘萬兩亦由江南籌款解交惟解交不及是以臣部于議覆直隸總督倉場侍郎案內請于天津運道暨通濟各庫先行墊發奏蒙
允准在案查此項給發銀兩經費雖同款目各別其應給剝船脚價及扣留三成銀兩係奏明由天津給發其應給經紀折色飯米等項係奏明由坐糧廳給發現據江蘇撫臣委員解交天津道庫銀六萬餘兩交通庫銀六萬餘兩兩處分交原以各歸各用茲據該侍郎等奏稱據清河天津兩道稟請將江蘇解到通庫銀六萬四百餘兩撥出銀五萬一千餘兩以爲剝船脚價扣留三成之用並請將三成脚價由坐糧廳就近在壩給發查剝價扣留三成銀兩既經奏明由天津封交押運員弁到壩給發茲該道等因運道兩庫無款可墊請由通庫撥給不惟與奏案不符且通庫所收江蘇解到銀六萬四百餘兩給發經紀飯米折色等項約計尚不敷用而通濟庫亦無存留之款其剝價三成銀兩自難按數由通濟庫撥出當此海船瞬屆抵津運務喫緊之際未便臨剝待費自應如該

侍郎所請將所需三成脚價銀兩先由直隸藩庫墊發查直隸上年秋撥冊報藩庫實存地丁銀七十七萬九千餘兩除動撥本省兵餉銀三十萬兩下餘銀四十七萬九千餘兩係留爲本省經費之用即請于此項銀內通融借撥銀五萬一千餘兩應請
敕下直隸督臣迅速委員解交淸河天津兩道以濟要需仍由江蘇撫臣如數解交歸款並遵照原奏由天津發交押運員弁領帶到壩分別給發以專責成而歸簡易所有臣等核議緣由是否有當伏乞
皇上訓示謹
奏
道光六年二月二十三日具
奏二月二十四日奉
旨依議欽此

山東巡撫臣武隆阿跪
奏爲南省海運糧船入境日期恭摺奏
聞仰祈
聖鑒事切臣于本月二十二日啟行赴省東一帶校閲營
伍並督飭巡護糧船緣由具
奏在案二十四日行至武定途次接據登萊青道嵩英
禀報本月十八日有常州府上字二甲十號船一隻
收泊俚島裝運漕米一千一百五十石同日又據榮
成縣石島司巡檢陳維標禀報本月十九日有蘇州
府昭文縣第一號糧船寶字鮑協泰二甲九十七號

內裝米四百石又常州府宜興縣第十四號糧船上
字周隆順三甲三號內裝米八百二十石先後收進
石島各等情臣查洋面行船非比內河可以按定次
序但同時守風自必一律開駛玆既具報南來漕船
已有三隻收泊島口其在後之船自亦陸續接踪而
來是巡護正當喫緊之際察沿海緊要島嶼均經臣
添派文武員弁梭織瞭望巡查更恐洋面遼闊或目
力所不及或糧船乘風夜間駛過復飭該管道府州
縣多雇漁船出洋迎探均經具報遵照辦理惟登鎮
所屬水師兵船早經咨明該鎮扎勒杭阿迅速催令

放洋務于糧船未到之先將島嶼險要地方逐一詳
細認眞搜查並迎赴交界接護入境在案玆據江省
來咨復經臣先後咨催至十四次並加函屬令其速
催舟師出洋並以該鎮係
奏明督查應請赴沿海督辦究竟舟師現在何處曾否
放洋巡護至今未見該鎮咨覆查海運係初次試行
關係至重豈容玩視懈忽是否該鎮已有咨覆齎遞
遲滯抑或別有情形容臣至登州查實倘有玩視情
事臣惟據實叅
奏將水師將弁從嚴懲辦斷不敢稍有姑息所有南省

糧船入境日期合先恭摺具
奏伏乞
皇上聖鑒謹
奏
道光六年二月二十五日具
奏

山東巡撫臣武隆阿跪
奏為海運漕船續抵東境收泊島嶼日期隻數並探有乘風駛從外洋北去船隻緣由恭摺奏
聞仰慰
聖懷事竊臣於本月二十五日武定途次接據登萊青道嵩英等初次稟報海運入東日期當經臣專摺奏報在案茲於二十八日行至青州府屬之壽光縣先後接據文登副將成玉並登萊二府以及各委員等稟報月之十八十九並二十二十一二等日續有收泊石島俚島南來漕船先後計共有四十號均經留心

照料採辦薪水得風已先後放洋北上並瞭望有由外洋越過成山北去船隻因所備巡探之漁船輕小不能趕赴大洋查探遙望北去之船約有一二十隻號色均查看不真詢據收島船上舵水人等咸稱同時放洋各船內有繞出成山外洋行走者即不收此島各等情臣查海上行船全乘風色船大載重無論風勢大小總以外洋為穩其船小載輕者總以內洋傍山行走可以隨處收泊為便現在收入島口之船均一一查記其由外洋駛過之船數有無收泊北汛之廟島等口抑或直赴天津容臣查探再行隨時具

奏至臣前摺以登鎮哨船未見咨報出洋恐有玩視情事是以
奏明查實嚴參茲據臣派巡島嶼之武弁周全榮稟稱二月二十二日赴水師南汛及膠州海口查得遊擊惠昌耀率領千總劉孔照管駕二三號戰船已於本月初十日出洋把總周印賢外委王賜恩管駕四五號戰船於十二日出洋赴交界洋面巡哨接護是水師將弁已早出洋迎護尚無玩視惟鎮臣札勒杭阿尚未咨覆是否疏漏抑係齎遞遲延應與東北二汛舟師有無出洋巡查一律查明另行奏

聞除將各島收泊漕船號數繕具清單恭呈
御覽外所有南來糧船續行入境緣由理合恭摺奏
聞伏乞
皇上聖鑒謹
訓示謹
奏

再臣正在封摺間接據蓬萊縣稟本月二十五日瞭見東南大洋有漕船數十隻乘風駛去相距遙遠不能辨認旗色自辰及酉已約有五十餘隻天時將晚隨後尚有續來者有無收泊廟島俟巡探得實再行

飛報等因查連日東南風盛發漕船行走順利多半直達天津則東省水陸哨探瞭望勢難責其不無遺漏臣復委員赴直東接界沿海處所查探總計出東船數俟全數過境後統行具奏臣仍督飭水陸官弁實力查探凡有收島船隻小心照料不使稍生疏懈合併附片奏

聞謹

奏

道光六年二月二十八日具

奏

兩江總督臣琦善江蘇巡撫臣陶澍跪

奏爲籌覆海運應解直隸需用銀兩查款動解恭摺奏

聞事竊照蘇松等屬漕糧試行海運疊准户部咨行天津需用剝船價值等項以起運米一百六七十萬石照洪斛折算約該銀一十七萬餘兩並北倉截卸需用露囤搭蓋棚廠兵役飯食雇用縴夫等項應于水腳項下支銀三萬兩又倉場衙門應需經紀個兒錢飯米津貼等款銀七萬餘兩請先由通濟天津運道各庫暫墊仍由兩江總督如數籌解歸款至官剝船隻油艌一項俟漕竣核明銀數由坐糧廳移咨蘇省在漕贈等項銀內提扣解交還款等因臣等伏查蘇省起運漕白正耗米一百五十一萬餘石照洪斛折算應解天津剝價等項銀一十五萬二千餘兩北倉截卸露囤等項銀三萬兩又倉場需用銀七萬五千餘兩二共銀二十五萬七千餘兩除前已由蘇籌款解過銀十二萬餘兩又應照部議在于隨漕徵收水腳項下撥解銀三萬兩外約計尚應籌解銀十萬餘兩查倉場所議經紀津貼內有與直隸重複之款而天津剝船雇價一項又有官剝民剝之分此時均難截數撥解惟現在商船將次到津即須動用自應先行

籌款酌量解往以應急需當經轉飭江蘇藩司賀長
齡臬司覺羅慶善江安糧道湯藩蘇松糧道宋潢蘇
松太道潘恭常會議分別籌解去後嗣據該司道詳
稱海運一切經費皆屬在外籌備並未開銷
各項前已措解過天津通倉兩處銀一十二萬餘兩現
在本省支給商船水腳神福犒賞以及各州縣雇用
剝船製備席箯等款爲費不貲兼有采運之米待用
尙多以所備之銀核應用之數或可撙節濟公實不
便儘數解往天津轉致本省支用不敷辦理掣肘惟
查本年海運比較河運之年有節省漕項銀米現存

蘇松糧道庫給丁行贈等銀二十餘萬兩堪以動用
所有現議補解各款銀兩向係旗丁在於得項內自
行措交即出于漕項銀米之中則直省需用還墊各
款應即在節省漕項銀款內酌量動撥此外尙有隨
運赴津節省餘耗漕白米五萬九千餘石係
奏明酌量撥抵折耗飯米之用除現由倉場撥給經紀
耗米一萬九千餘石外尙剩耗米四萬餘石亦係海
運餘出之米應即作正交倉合附聲明等語詳請
奏明撥解前來臣等覆加核計所詳係屬實在情形目
下商船自必陸續抵津待用不能稍緩臣等謹即恭

摺奏
聞一面在于節省漕項內動支銀七萬兩同撥解水腳銀
三萬兩迅速趕解天津道庫相應請
旨敕下戶部轉行直省按款分支以應急需所有節省餘
耗米四萬餘石仍即作正交倉至江蘇漕項銀米將
來實可節省若干統俟全漕完竣再行計數另請報
撥所有臣等籌款補解緣由謹會同漕運總督臣陳
中孚合詞繕摺具
奏伏乞
皇上聖鑒謹
奏

道光六年二月二十九日具
奏四月初三日奉
硃批戶部知道欽此

道光六年三月初三日奉
上諭前因沙船到津卸米後前往奉天買豆降旨令該府尹等俟商船到彼卽令置貨開行催令南歸本日據陶澍奏截至二月二十一日止共兌正耗米一百十二萬二千餘石惟通計米數有一百六十三萬三千餘石各船不敷裝載不能不分兩運一過春夏之交南風司令北船回滬較難惟恃初運船迅速回棹得賫趕辦等語晉昌等接奉此旨卽飭各該地方官俟商船一到卽令置貨開行毋得刁難勒掯並飛咨經過各省轉飭沿途海口催令迅速南回趕辦二次兌運此爲至要將此諭令知之欽此

山東巡撫臣武隆阿跪
奏爲海運南糧船隻收泊島口數目並有糧船直從外洋越渡情形恭摺奏祈
聖鑒事竊照南省海運糧船經由東境北上臣前於途次接據各島口稟報先後收泊船共四十隻經臣兩次繕摺
奏報並將經過漕船有徑從外洋北去緣由於摺內聲明在案前月二十五日東北風大作次日復轉西北風其勢甚猛歷兩晝夜方始漸息臣於陸地所見如此竊念海洋風浪自必更倍尋常當此漕運盛行之際巡探防護各船關係至重當經飭查巡護去後茲臣于三月初三日行抵登州郡城連日途次接准登州鎮咨會並據道府州縣文武委員等陸續具報臣逐加細核除由大洋順風越渡未曾進口無從探查船隻外所有石島俚島威海口之罘島廟島等處進口收泊守風糧船自二月十八日起截至三月初三日各口報到之日止除臣前已兩次
奏報至四十隻外現又續到收泊船一百九十九隻連前總計二百三十九隻現在此內隨經採辦薪水等項順風出口北行船一百四十七隻現尚停泊候風

開行船九十二隻洋面平靜島民安戢至二十五六
兩日大風海上勢尤猛烈茲已查明各島口收泊糧
船仰賴
皇上福庇俱各安穩惟新陽縣第二十二號程聚太船大
桅微損又通州第十一號高永祥船艄樓吹脫護板
水手高憲朝失足落水隨經在彼巡防之把總于登
雲督同兵役撈救得生落水大小板片全行撈起查
驗船身糧米並無傷損潮濕均即駕赴廟島趕緊修
理完固候風開行各等情伏查海面遼闊風平浪靜
時懸帆經過相去不甚迢遠尚可瞭見船身蓬桅而

旗色船號仍難辨識若遇烟霧溟濛船在數十里或
百餘里之間則非目力之所能及況船戶於海面風
濤沙線素所慣習苟從外洋乘風飛渡瞬息千里雖
有可泊之島亦必揚帆直過不肯停留其迎探哨船
勢難飛速迎往一一探報係屬實在情形臣思天津
海口為南糧歸總之路船隻抵彼直隸督臣即當馳
奏是此項外洋徑渡漕船山東省難以查清即
奏報到時亦在直省已奏之後且恐船數多寡不符日
期先後互異轉致上煩
聖廑是以臣先經附片陳明委員馳赴直東海面接界處

所查探出東船數統俟全行過境再行核
奏惟此後進口收泊漕船源源而至為數正多臣現已
嚴飭各員弁梭織往來巡防稽察並令兵船於進口
出口地面幫同照料防護以昭周密其出入船隻一
一按號登記隨時馳報登州去各島較近臣密為訪
察墩臺卡房尚屬整肅巡防事宜亦頗周匝鎮臣札
勒杭阿于南糧未到之先已赴沿海周歷督查登萊
道嵩英亦親履各島督率巡防在事文武尚知海運
至要咸各奮勉臣復嚴加札諭務各實力實心妥慎
辦理倘有玩誤之員即會摺

奏參不敢稍存姑息以期海運平穩仰副
聖主垂念漕儲至意臣於登州閱兵事畢即前赴即墨膠
州各營次第校閱除俟各島口報到續收糧船隨時
奏報外所有現在經過糧船數目及由外洋越過各緣
由理合恭摺具
奏伏乞
皇上聖鑒再海運南糧一百數十萬石裝船不少此後接
續而來號數繁多是以此次臣僅于摺內塡寫總數
未經另繕清單合並陳明謹
奏

道光六年三月初五日具
奏

盛京將軍臣晉昌奉天府尹臣盛泰跪
奏爲欽遵
諭旨嚴催運漕海船一俟駛抵奉天趕緊裝載南歸以期
無誤受兌恭摺奏
聞仰祈
聖鑒事竊臣等於道光六年二月十五日接准軍機處行
知二月初十日內閣奉
上諭琦善奏海運漕糧儘船受兌現到商船九百餘隻足
運米八十餘萬石所有兌竣船隻先開赴十滧候風初
運沙船到津卸米後前往奉天買豆催令南歸等語販
豆係該船商常年本業且海船利於壓重不能駛放空
船自應准其照常往販惟尚有二次兌運必應迅速南

下著奉天府尹飭各該地方官俟商船到彼卽令置貨
開行無得勒掯並飛咨經過直隸山東各省轉飭沿途
海口催令南歸勿任逗遛貽誤欽此伏查奉天各海口
向係旗民地方官會同管理臣等欽遵
諭旨飛飭海口旗民地方官曉諭沿海一帶商賈鋪戶人
等將應發各海口豆石先期運至水次存貯一俟運
漕海船到口驗明來照立卽裝兌給與回照催令剋
期開行並遴委明幹妥員督率稽查倘兵役行店人

竹篙以火烘之既其節欲其直而不曲也其頭以鐵爲之形上鋭有旁戟

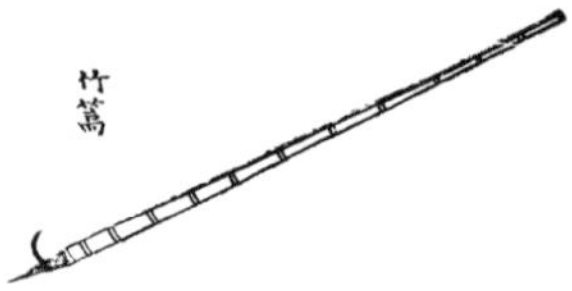

竹篙

道光六年　月　日具

奏三月十九日奉

諭旨知道了欽此

驗米大臣臣穆彰阿倉場侍郎臣申啟賢跪

奏為海運沙船接續到津查驗米色趕緊起運情形恭

摺奏

聞仰祈

聖鑒事竊臣穆彰阿於三月初二日跪聆

聖訓後旋即束裝就道帶同司員前赴天津於初五日途

次接准軍機大臣字寄道光六年三月初三日奉

上諭陶澍奏海船初運兌竣仍接續趕辦一摺本年初次

試行海運據該撫奏截至二月二十一日止共兌過正

耗米一百一十二萬二千餘石事機極為順利惟海運

米石除正耗漕白等米尚有給船耗米通計米數有一

百六十三萬三千餘石各船不敷裝載不能不分兩次

運送一過春夏之交南風司令北船回滬較難自應令

初運沙船迅速回棹俾二運得資趕辦本日據天津鎮

總兵克什德奏報長洲縣第十三號船一隻於二十九

日早潮引進天津海口日內諒已陸續前來穆彰阿等

接奉此旨即飭該鎮道等遇有海運抵津隨到隨剝不

准片刻延滯並嚴飭坐糧廳稽查吏胥經紀人等如有

刁難需索立即重懲毋稍姑息總令沙船卸米前往奉

天買豆迅速回南以便趕辦二運又陶澍另片奏給船

耗米將兌交額糧後應有餘剩合計不下十萬餘石請
查照糧船餘米之例就近官爲收買等語向來南糧餘
米俱准在通變賣惟例價向有一定沙船糧船軍商各
別若官爲收買轉啟勒掯諸弊自應聽其自便著穆彰
阿等查照天津時價出示曉諭如有願將耗米變價者
即聽該處民人照市價收買該商既可藉以沾潤于該
處市價民食亦有裨益將此各諭令知之欽此遵
旨寄信前來等因臣穆彰阿即星夜趲程於初六日午刻
行抵天津當同臣申啟賢會詣上園據該鎮道等僉
稱自二月二十九日至三月初六日陸續進口沙船

九十餘隻現已挽抵水次五十二隻臣等親至沙船
公同查驗米色均屬乾潔即於初七日開斛兌運並
飭天津鎮道及坐糧廳趕緊趲辦一面將准售餘米
恩旨曉諭聽沙船戶自行變賣并諭令如有經紀胥役人
等需索勒捐立即扭稟有犯必懲該商民無不感頌
皇仁歡欣鼓舞至沙船卸竣米石尚須前往奉天買豆回
南趕接二運該船所帶貨物恐關口或有留難仍屬
耽滯臣穆彰阿按船分給免稅印單飭關查驗速放
并註明販豆後仍行納稅亦不得稍有延擱俾得不
誤接運惟查沙船僅可容斛一隻現在沙船停泊上

園尚少不能多開斛隻計自初七日至初九日共起
平斛米六萬八千餘石起空沙船計七十隻即刻令
沙船退出俾其將貨物餘米自行售賣迅速起程并
嚴札押運剝船委員晝夜督催不許片刻停泊到壩
收竣仍押空回津以期輪轉速運至經紀胥役人等
惟有遵
旨嚴飭坐糧廳實力稽查毋稍姑息臣等仍親詣河壩督
率各該員認眞趕辦起運則速益求速剔弊則嚴益
加嚴以期仰副
皇上愼重海運惠恤商民之至意所有臣等至津收兌海

運米石大概情形恭摺奏
聞伏祈
皇上聖鑒謹
奏
道光六年三月初十日具
奏三月十五日奉
旨知道了欽此

倉場侍郎臣申啓賢跪

奏查起兌海運米石前經直隸督臣議奏奉部覆准所有民船照依北倉轉運之例按其水程里數酌量加增每百石議給食米一石一斗五升照部價折銀給予等因在案茲據清河天津兩道會詳稱官剝船隻或本或折當時該道等未經議及茲查官剝船戶食米沿途准其炊食如改給折色恐該剝船戶得價吝於買食仍在船竊取炊爨請照北倉現辦章程一體議給本色以歸畫一並請由臣主稿與直隸督臣會

奏等語當經臣飭令坐糧廳琦琛妥議旋據該廳議

請仍給本色食米似為妥協現在沙船來甚迅速已抵上閘開斛起卸剝船即應兌運若待拘泥與直隸督臣會奏誠恐往返會稿尚需時日而剝船趕運未便耽延所有剝船戶食米自應照直隸督臣原議按其水程每百石給食米一石一斗五升之數給予本色除臣一面咨部查核外理合附片

奏

聞伏乞

皇上聖鑒謹

奏

道光六年三月初十日具

奏三月十五日奉

硃批知道了欽此

山東巡撫臣武隆阿跪
奏爲恭報續到糧船收泊島口數目并探有收入津口
船隻緣由仰祈
聖鑒事竊照江南海運糧船先後收泊東省島口自二月
十八日起至三月初三日止共船二百三十九隻經
臣疊次繕摺
奏報在案茲臣由登州閱兵折回途次據親駐海濱督
查之登萊道嵩英轉據沿海印委各員稟報自初四
日至初六日止續又收泊糧船六十八隻連前總計
三百零七隻內已開行北上船二十六隻連前共開

行船一百七十三隻現存停泊未開船四十二隻連
前共未開船一百三十四隻尚有遂從外洋乘風徑
渡糧船瞭望不眞未能探查號數并據另稟江南贛
字五甲四十五號趙聯盛船一隻裝米七百餘石行
至長山島洋面忽遇西北大風折斷桅杆船頭沖入
礁石致將船身觸漏沈水當經巡防兵役將舵水十
二名撈救上岸人口無傷現在勘驗督同兵役打撈
又崇字一百五十三號蔣朱順船一隻在洋遇風波
濤洶湧船重勢危隨卽起米一百餘石拋入水中船
始平穩收泊經榮成縣會同江南押運官叅將關天
培驗明訊供屬實此外尚有二三船拋錨損傷均於
糧米並無妨礙亦已趕緊修整各等情臣已飛飭迅
速打撈分別購料趕修完固一面嚴札沿海文武員
弁務各不分晝夜梭織巡查一遇續到經過及收入
島口船隻卽速迎往防護稽查妥爲照料不得稍有
懈忽仍將船號數目隨時報明登萊道彙總轉報俾
歸畫一并屬鎭臣札勒杭阿就近督率水陸將弁一
體認眞巡防接護以期益加周匝臣正在繕摺具
奏間又據武定府稟報臣前次委員裘繼勳及登兗二
鎭屬沿海汛弁探查得陸續駛出東境糧船共九十

隻已收入天津口合併陳明所有東省續到糧船數
目各緣由理合恭摺具
奏伏乞
皇上聖鑒謹
奏
道光六年三月十一日具
奏

倉場侍郎臣百春跪
奏爲山東各幫糧船並海運頭起轉運剝船抵通日期
恭摺奏
聞事竊照本年兌漕一切事宜前經臣等次第辦理齊備
奏蒙
聖鑒在案兹查山東幫船於二月二十四日挽過天津關
北上並江蘇省海運沙船亦已進口於三月初七日
開斛起運臣當即飭令楊村通判預備剝船隨到隨
剝復嚴飭漕汛官弁帶領淺夫刮板沿河測探水勢
遇有横淺之處即行疏濬深通以期重運遄行無滯

今德州首幫於三月十五日挽抵通壩海運南漕頭
起剝船亦於十六日抵通臣即擇吉於十六日敬謹
祭祀
河神開斛起卸至北倉存貯滯漕先行轉運平斛米四
十六萬二千石分爲十起陸續全行抵壩於十五日
均經起卸完竣其在津守凍牛莊黑豆業經起卸收
倉查探在後幫船以及海運剝船均經跟接前進臣
除一面督飭坐糧廳隨到隨驗分别迅速起卸轉運
進倉無任稽遲外所有山東省幫船並海運剝船抵
通開斛起卸日期理合恭摺奏
聞伏乞
皇上聖鑒再臣申啟賢現赴天津辦理海運漕糧起運事
宜未經列銜合併陳明謹
奏
道光六年三月十八日具
奏本日奉
旨知道了欽此

山東巡撫臣武隆阿跪

奏再海運糧船收泊島口數目臣疊經

奏報在案茲臣閱兵回省於青州途次接據登萊道稟報截至三月初九日止續又收泊船一百七十八隻總計連前共船四百八十五隻又據武定府稟報臣前次委員在直東交界處所查探得續又駛出東境糧船三隻連前共出東境船九十三隻均已收入洋口並據該道府聲明多有邀從外洋乘風徑渡北上並未收泊無從探查船數各等情除批飭沿海文武員弁將收泊各船梭織巡防照料並將在後續到船隻隨時報明道府彙總轉報外理合附片奏

聞謹

奏

道光六年三月十三日具

奏

倉場侍郎臣百春臣申啟賢跪

奏爲通倉收受海運白糧書役人夫飯食工價請由通庫墊發仍應南漕解還歸款恭摺奏

聞仰祈

聖鑒事竊據西中二倉監督呈稱白糧進倉凡倉中書役人夫飯食工價等費並無開銷向年係各幫按每船交飯銀十八兩一錢六分由該運官用印文呈送該倉當即鈐印批迴除以每船二兩解送通濟庫由坐糧廳作正開銷外其餘十六兩一錢六分係倉中書役人夫按款支領飯食工價等項之用今年蘇松常三府白糧改由海運此項銀兩並無弁丁帶來交納既係倉中辦公必需之項應請照奏准以五百石爲一船之案咨行該督等照向例解交先由通濟庫墊發以資辦公等因又據聲稱查漕運全書內載白糧進倉每船一隻需費銀三十五六兩雍正七年奏准酌減十分之六仍存四分等語核與現在各幫交倉之數稍有不符其不符之由歷年既久無案可稽惟每年該運官以印文交倉而倉中亦係鈐記批迴均係十八兩一錢六分之數久經辦理在案合併聲明等情並將歷年案據呈送前來臣等查西中二倉白

糧飯銀係該倉辦公之需檢查該倉呈送歷年辦理案據均係十八兩一錢六分與漕運全書數目不甚符合是否於何時曾又增改歷年久遠無案可稽而該倉以印文交受歷年辦理均有案據似屬可憑自應仍令照舊辦理惟今年蘇松常三府白糧改由海運所有西中倉飯銀一項並無幫弁來通交納應查照前奏以洪斛五百石爲一船咨行兩江督臣並漕臣衙門照數解通其未解到以前先由通濟庫墊發又各幫應交茶果銀兩前經臣等議以旗丁到通應領之曾羨餘米價等銀扣抵惟查白糧各幫向無應

領曾羨餘米價等項所有應交茶果銀兩無項可抵應一併奏明請

旨敕下兩江督臣并漕臣衙門均照洪斛五百石爲一船如數解通歸款以便照例支銷臣百春與臣申啟賢往返札商意見相同謹合詞恭摺具

奏是否有當伏乞

皇上聖鑒謹

奏

道光六年三月十八日具

奏本日奉

旨百春等奏通倉收交海運白糧書役人夫飯食工價請由通庫墊發仍應南漕解還歸款西中二倉白糧飯食係該倉辦公之需本年蘇松常三府白糧改由海運所有該倉飯銀准其查照前奏以洪斛五百石爲一船著琦善陳中孚即派員照數解通其未解到以前先由通濟庫墊發至應交茶果銀兩經該侍郎等以旗丁到通應領曾羨餘米價等銀扣抵白糧各幫查無領項亦著琦善陳中孚照洪斛五百石爲一船一體如數解通歸款欽此

協辦大學士臣英和跪

奏爲請

旨事本月十六日臣跪聆

諭旨海運現已陸續到津沙船應有餘米不下十萬餘石

聽津民照市價收買實爲體恤沙船船戶並與民食有

益之至意惟查上年臺灣海運米石到津部中卽擬

聽民自銷以期兩便無如天津米商一時不能湊成

多銀且希冀賤價售買而海船歸期又迫其勢甚窘

是以臣部奏請官爲收買彼時臺灣船戶同聲感頌

皇仁今沙船尚有二次接運更宜令其速歸仍恐天津米

商不無觀望覬覦銀不應手之弊查臣部本年收有

外省解部之項扣至三月十七日已有二百三十萬

餘兩可否請

旨動用銀二十萬兩由部解津暫存道庫其有津民不能

銷售之米卽照時價官爲收買或另行露囤或暫貯

北倉請先

敕下穆彰阿等傳諭江南委員於正米收竣後由各沙船

船戶自具願賣米數交江南委員逐日移交坐糧廳

照數起米價銀由江南委員轉發船戶如此官民分

售沙船得以早歸趕運二次米石似屬有益是否有

當伏候

皇上訓示遵行謹

奏

道光六年三月十九日具

奏本日奉

旨海運現已陸續到津沙船餘米不下十萬餘石前經降

旨照南糧餘米例聽天津民人照市價收買茲據英和

奏沙船宜令速歸趕運二次米石恐該商等希圖賤價

售買觀望不前請由部動用銀二十萬兩官爲收買著

順天府卽派委妥員赴部領銀分起解往天津暫存道

庫並著穆彰阿等於正米收竣後卽傳諭江南委員如

有船戶願賣餘米聽該處民人照市價收買倘該處不

能銷售卽動項照市價官爲收買其價銀由江南委員

轉發船戶毋得假手吏胥致啟勒掯短發諸弊俾沙船

得以早歸毋誤二次接運欽此

驗米大臣臣穆彰阿倉場侍郎臣申啓賢跪
奏爲海運沙船隨到隨剝辦理情形恭摺奏
聞仰祈
聖鑒事竊查海運沙船陸續到津米色乾潔業經臣等將
查驗情形及開斛日期會同具奏在案茲據江南委
押海運叅將關天培報稱三月十五日行至天津海
口查詢前後共進口米船四百二十四隻在後船三
百九十餘隻次第停泊風順不日可來等因並查抵
次船內有江南十滧口二月二十八日開行之船均
已先到據稱風帆順遂較往年爲甚速等語商船大

致全屬平穩足以仰慰
聖廑惟查海運事屬試行辦理諸係創始章程雖經奏定
機宜全在臨時當臣等抵津之時初經籌辦諸極棼
煩旬日以來漸能就緒或爲章程所未及而現待講
求或爲章程所已詳而益求盡善總期起運迅速又
當俯順商情乃臻安協蓋上閘水次距海口一百八
十餘里逆流急溜海河不甚寬展潮汛大小不同沙
船形制笨重轉動喫力停泊處所又須讓寬河面俾
便各船來往船多排遠稽察難周剝船載米二百石
沙船則多寡不等剝船不能拘船承剝沙船亦不能

整數兌交平斛洪斛兌受各異種種糾紛易致舛錯
臣等逐日會同設法籌辦進口沙船總令趁潮挽入
兌次豎立界竿俾沙船儘力提前不致脫幫遠住一
面排次對單米數奇零另分剝船湊載每日沙船不
論何時行抵上閘水次卽令江南委員排具次數淸
河天津兩道配給剝船坐糧廳核准兌單飛速集夫
發斛不准稍逾時刻猶慮經紀胥役人等藉端挑剔
並飭各員分船驗米目擊起兌卽令沙船水手自行
斛攩經紀胥役人等無從弊混臣等仍不時親詣河
干逐加查察遇犯卽懲嚴示儆戒此皆章程所未及

而隨時酌辦之機宜也至於起剝露囤奏案內原議
兩法並用臣等查剝船足敷輪轉卽可毋庸露囤顛
扛上下旣屬需時米石亦多拋撒實莫便於對船接
卸因飭該道廳等儘船卸兌弟查原議官民剝船二
千隻備裝海運誠恐尚不敷用應將分給故城楊村
接剝新漕各剝船暫行提用豫東軍船一俟回空原
議內亦經奏明酌分裝運仍由臣申啓賢行文通永
道併將豫東糧船內所雇之民剝亦於卸竣後雇備
來津剝船數旣寬餘輪運似可竣事惟是沙船掛剝
高下不同隨用席片束筒襯板靠幫斛注勢甚順溜

最為省捷沙船底深艙小邊旁較高祇有船首龍門
兩口兌米各沙船人手或少照料難周又多不願兩
斛起米故每船只容一斛臣等深慮稽遲因查每斛
起米向來一日五六百斛船雖不能加斛斛或可以
加數因飭坐糧廳嚴督經紀斛手加緊從事每日一
斛起米竟至八九百斛至一千斛以外是以一斛之
用仍收兩斛之功故載米三四百石之沙船半日內
即可卸竣載米一千六七百石之沙船兩日餘亦可
退空計自初七日開斛起至十九日止共挽抵水次
沙船二百五十二隻即以退空二百五十二隻通共

起過平斛好米二十二萬一千餘石隨到隨空辦理
尚屬一氣不敢片刻稽延臣等仍逐日親詣監催並
分員督飭每日無論抵次沙船或數隻或數十隻船
到即收起空迅速時常停斛以待船轉覺工多而用
少此時沙船陸續到次斛隻大半空閒若嗣後輻輳
而來開至百斛更可倍期迅速此又章程所已詳而
臨時酌籌益歸便捷之辦法也臣穆彰阿并於兌竣
後每令司員親給印單公同詰問據各商僉稱斛收
公允餘米甚多售賣得價並無一人需索一日耽延
統計所得水腳免稅售米等銀較貿易尤多餘潤衆

情歡舞頂祝
皇仁並有各商情願不赴奉天買豆即行回南趕裝二運
米石踴躍情形更可想見凡此事機順應實皆仰賴
聖主洪福臣等欽慶難名所有臣等現在籌辦驗收海運
米石事宜理合詳晰恭摺具
奏伏祈
皇上聖鑒訓示謹
奏
道光六年三月二十日具
奏本日奉

硃批諸凡辦理妥協覽奏欣慰之至欽此

江蘇巡撫臣陶澍跪

奏為海運船隻在洋猝遇暴風行走平穩並續運米石

接運辦理情形仰祈

聖鑒事竊照海運漕糧前經臣親赴上海督集各船踴躍受兌於應給舵水犒賞之外分別賞給銀牌以示奬勸一面諄諭以事關

天庾倍須保重該耆舵等均皆歡欣聽受臣因初運糧米已逾全漕三分之二此後接續交兌可期無誤業於二月二十五日暫回省城辦事旋於二十六七兩晝夜西北暴風大作兼落黃沙臣恐放洋各船有失即

經飭委員弁就江省沿海一帶查看尚無失事之船惟往北黑水大洋尤關緊要正差探聞接據押運委員川沙營叅將關天培稟稱督押米船自佘山起椗至二月二十三日船過大沙洋面是日霧重風輕止能東西折戧未能前駛二十五日巳刻入山東境黑水大洋二十六日丑刻約離石島相近因風雨夜黑不見山頭忽轉西北暴風各船均下太平篷艦隨風漂漾直至二十八日風浪稍和起篷開蓬向西折戧二十九日酉刻至石島北寄椗三月初一日南風大霧至未刻收泊俚島是晚又起北風大暴至初二夜風定查俚島口內停泊米船一百五隻又收口船十一隻係已過成山被風折回比即會同文登協副將逐船查詢崇明縣船戶蔣朱順一船裝運無錫縣漕米八百二十石於二十六日在洋遇風打傷船梢沖斷跳停樑板併沖裂後橫板進水祇得鬆艙拋去漕米七十餘石又贛榆縣船戶吳裕隆太倉州船戶葛恒順二船亦于二十六日在洋遇風因浪勢湧激船面過水潮濕糧米旋同該處文武會驗葛恒順一船係裝運陽湖縣白糧止濕浮面一層米三四十石又吳裕隆一船係裝運常熟縣漕糧止濕浮面一層米

三十餘石當令舵水人等先將受潮米石趕緊曬晾分艙另貯至蔣朱順一船所損船梢樑板各件已飭覓匠趕緊修理大約三四日即可修竣開行現在米船行過俚島者約計五百號內外一俟風轉東南即赴廟島一帶稽查所有江省及山東沿海巡船聲勢尚屬連接等情具稟前來臣查二月二十六七等日風沙暴起洶浪異常在洋米船人力難施仰賴

聖主洪福得以化險為平幸無一船失事僅止蔣朱順等三船微有損濕業經該叅將查驗蔣朱順一船拋散米七十餘石實因風猛鬆艙並無揑飾盜賣情弊應

請查照章程俟到津之日將給船耗米抵補不致多
有短缺至葛恒順吳裕隆兩船受潮米石並經該叅
將飭令逐一晒晾另船貯運亦應俟抵津之日由
欽派大臣查驗有無蒸變查照章程核辦至海洋船隻順
風駛行時亦折戧行走儘有同日開行而到岸之期
相去逾旬即上年已具承攬之船至今尚有五十餘
隻未歸約計到時卸貨修艌陸續兌開其時初運之
船亦必有回棹而南者牽前搭後絡繹放行即可無
須截分兩運以歸妥速所有海船在洋遇風據報尚
無失事暨續兌糧米各情形謹會同督臣琦善漕臣

陳中孚合詞恭摺具
奏伏乞
皇上聖鑒謹
奏
再海運前次裝米一百一十二萬餘石陸續接辦暨
各船先後出口放洋情形業經
奏蒙
聖鑒在案茲復據委員李景嶧等稟報截至三月十五日
止續又兌過米十一萬餘石連前共兌正耗米一百
二十三萬四千九百餘石所有續兌各船絡繹出口
並據崇明縣知縣王青蓮縣丞畢以紱等前後稟稱
自二月二十一二等日東南風順有船二百四
十餘號自十滧開放外洋二十四日又有放洋米船
三十餘號二十五六七八等日風狂浪大沙霧迷漫
當經督率兵役梭織巡諭寄椗各船多下貓纜加意
護持俱皆平穩二十九日天氣晴朗風轉東南有船
五十餘號開放大洋又自三月初一日起至初五日
有船二百四十餘隻陸續放洋初七八九十等日風
發東南又開放米船一百餘號惟自吳淞口至十滧
地方經過復寶銅沙等處海船畏淺多泊中洪一遇

順風揚帆逕過難以截數點驗約計放洋船隻現在
已有一千餘號尚有赴滧寄椗之船守風未開並據
副將裘安邦稟稱於巡護之際見有自北回南之沙
船詢據該船耆舵口稱一路遇見赴北糧船俱各順
利等語查連日風色和順各船計可揚帆北上陸續
抵津足慰
聖廑合併附片以
聞謹
奏
道光六年三月二十日具

奏四月二十日奉
硃批所奏俱悉欽此又片奏一件同日奉
硃批知道了欽此

驗米大臣臣穆彰阿倉場侍郎臣申啟賢跪
奏爲遵
旨收買餘米辦理章程恭摺奏
聞仰祈
聖鑒事竊於三月二十一日接到戶部咨稱道光六年三
月十九日內閣奉
旨海運現已陸續到津沙船餘米不下十萬餘石前經降
旨照南糧餘米例聽天津民人照市價收買茲據英和
奏沙船宜令速歸趕運二次米石恐該商等希圖賤價
售買觀望不前請由部動用銀二十萬兩官爲收買著

順天府即派委妥員赴部領銀分起解往天津暫存道
庫並著穆彰阿等於正米收竣後即傳諭江南委員如
有船戶願賣餘米聽該處民人照市價收買倘該處不
能銷售即動項照市價官爲收買其價銀由江南委員
轉發船戶毋得假手吏胥致啟勒指短發情弊俾沙船
得以早歸無誤二次接運欽此臣等當即傳諭江南委
員並督同坐糧廳清河天津兩道會議酌辦旋據該
道廳委員等稟稱傳集各沙船戶詢據僉稱沙船大
小不一所得餘米自二十餘石至一百餘石不等除
酌留江南來津食用及歸次口糧之外約可售賣七成

前此卸空各船已與本地民人交易日來船到較多
售賣漸少今蒙
皇上優加體䘏官為收買倍深感戴等語又查得天津市
價白糧平斛每石制錢三千八九百文至四千有零
不等粳米平斛每石制錢二千四五百文至六七百
文不等各等情臣等復令司員查詢無異隨卽公同
定價白糧每石合天津市平紋銀三兩二錢粳米每
石合天津市平紋銀二兩二錢均以平斛收受出示
曉諭各商無不樂從惟查現在抵次已經起卸之船
餘米零星自應逐船收買免其向隅嗣後續到未經
起卸之船若俟正米兌竣後始行收買再為分船斛
收轉恐守候稽遲因定議由江南委員按照每船收
買七成米數單報坐糧廳轉飭經紀隨同正米一手
斛收起運毋須另籌囤貯逐日卽將收買米數移知
江南委員按數發價不得假手吏胥其有沙船願與
民人交易者仍聽其便至駁船運腳及津通一切經
費均照海運章程一律辦理庶免兩歧除已離水次
陸續出口沙船無庸議外所有在次各船卽於二十
一日為始按船收買臣等伏查天津民食多係雜糧
稻米行銷本少故商行無須多買前此沙船初到之

時所餘耗米天津民買得價一時頗形踴躍旬日以
後鋪民漸多觀望後到沙船亟欲歸辦二運深恐不
能全數銷售及早回帆今奉
旨官為收買仍按照市價核給所得價銀係由江南委員
親身給發臣等復飭司員查驗平色俱足較之民買
市錢市斛該商等沾潤實多且各船抵次當卽隨同
正米一并收運更比民買省一轉折則回棹倍覺迅
速至米價銀兩現飭天津道庫暫行墊給趕發俟部
撥銀二十萬兩解到時撥還庫款並飭各該員統於
事竣後按照收買起運米數分別報銷不得稍有浮
濫如有餘剩仍繳還部款以重帑項所有收買沙船
餘米辦理章程理合恭摺具
奏再自三月初七日起至二十七日止通共起過平斛
好米四十六萬五千餘石內收買餘米八千一百餘
石退空沙船四百八十五隻現經陸續出口計已足
敷回南二次接運漕糧之用其餘進口各船臣等仍
嚴飭各該員隨到隨起一律趕辦不使片刻遲延以
副
聖廑合併附
聞伏祈

皇上聖鑒謹
奏
道光六年三月二十八日具
奏四月初三日奉
硃批所奏均悉欽此

奏再海運沙船陸續進口並兌剝催運情形節經　直隸總督臣那彥成跪
片奏陳
聖鑒在案茲據清河道陶樑天津道鄭祖琛等稟稱連日以來沙船到次較多斛收甚速自三月十七至二十一日又兌剝洪斛米九萬五千四十餘石平斛白糧九千二百二十三石零連前共已兌剝洪斛漕糧二十三萬二千一百三十餘石零平斛白糧一萬二千一百餘石零騰空沙船前後共計三百七十餘號亦均陸續卸貨出口至應行收買餘米一層昨奉

諭旨當即傳集已到各沙船戶詢據僉稱沙船大小不一所得餘米自二十餘石至一百餘石不等除食用並留歸次口糧外約可售賣七成前已卸空各船已與民人交易現在船到較多一時恐難全銷今蒙
聖恩曲加體卹准照市價官為收買無不感激樂從隨查照天津市價酌中定以白糧每石給市平紋銀三兩二錢漕米每石給市平紋銀二兩二錢較之該船戶零星售賣已為得益並于起卸之時籌以便捷之法即由江南委員按船將收買餘米數目單報坐糧廳兌竣正米之後即斛收此項餘米仍將實收若干知

會江南委員照數發價以歸簡速如有情願賣與民
人者仍聽其便其剝價及津通一切經費悉照海運
章程辦理事竣分別報銷至剝船八十號爲一幫官
剝現排列二十六幫民剝除陸續搭運白糧外尚有
四幫統計三十幫可裝平斛米六十萬石現已剝運
一半有奇委員押運已過關者十四幫頭運兩幫業
已折回船一百四十餘號二運日內亦可轉回因恐
沙船駛至迅速兌剝或有不敷現又備價添雇民船
一百號委員解津如此多方籌備自可輪轉足用毋
庸再行露囤更臻簡便至民船裝載白糧需用席片

並兌米席箇俱飭天津縣先將所備露囤席片應用
事竣據實造銷等情前來除飭令該道等隨同
欽使隨在妥籌辦理務期用不虛糜事歸順速並令將議
定收買餘米章程卽行出示曉諭一面知會江南委
員等一體遵照外理合附片奏
聞伏乞
皇上聖鑒謹
奏
道光六年四月初一日具
奏本月初六日奉

硃批覽奏均悉欽此又于摺內毋庸再行露囤句旁奉
硃筆甚好欽此

兩江總督臣琦善江蘇巡撫臣陶澍跪
奏為蘇省徵存積年緩帶漕米擬留本省糶濟民食請
旨遵行事竊照蘇松常鎮太四府一州五年分新漕全歸
海運尚有帶徵三年初二限及歷年災緩米石前因
新舊並納民力拮据仰蒙
皇上天恩將長洲等州縣帶徵二限米石遞緩一年催徵
其餘各年緩帶之米有早已徵存在倉及陸續徵收
者伏查倉儲原應陳陳相因前奉
諭旨毋庸折色變價是以臣等於議覆海運章程摺內聲
請將緩帶米石隨同新漕一併搭運赴津在案惟查

本年起運全漕米數本多此項緩帶米石間有徵存
在倉已歷歲時者江南梅雨易蒸積久漸黯未能一
律乾潔兼查蘇屬漕額甲於各省向來民間除納糧
外本境之民每不敷本境之食全賴客米接濟本年
上游江廣各省來米無多兼因剝運同時雇船甚衆
米販益稀而本境自三年水災之後倉儲動缺民鮮
蓋藏上年秋稼適又為風霧所傷米質未能飽綻目
下全漕起運民間存米無多現當青黃不接之際糧
價漸增並恐此後尚有騰貴據司道查明情形詳請
核辦前來臣等仰體

皇上軫卹民艱慎重地方之至意不能不先事圖維因思
前項緩帶米石據各州縣具報徵存在倉計有十五
萬餘石現在陸續接徵均係應行搭運之款而本年
蘇松等屬除起運全漕外尚有節省耗米四五萬石
經臣等
奏明作正交倉現又接奉
諭旨發帑收買沙船耗米以卹商情計亦不下十萬石內
外是全漕正額之外儘有贏餘而蘇省民食正值艱
貴之時若將前項帶徵緩漕米石留備本省糶賣即
以蘇省糶出之項補抵天津收買沙船耗米之價一

轉移間於
太倉無損毫末而民食得以充裕裨益良非淺鮮合無
仰懇
天恩俯准將蘇省海運應行搭解緩漕米石乘此青黃不
接之時按照時價出糶以資民食如蒙
俞允臣等即飭藩司將糶易銀兩刻期提解司庫報撥不
許絲毫存留屬庫至米質存倉間有經歷霉天未能
一律倘糶不足數應即責成收貯之員照價賠補以
符定例所有蘇省徵存緩漕請留備糶濟民食緣由
謹會同總漕臣陳中孚合詞具

奏伏乞
皇上訓示遵行謹
奏
道光六年四月初四日具
奏五月初四日奉
硃批另有旨欽此同日奉
上諭琦善等奏請將積年緩帶漕米留備民食一摺江蘇省各年緩帶米石前經該督等請隨同新漕一併搭運惟該省本年起運全漕米數甚多民間蓋藏未裕現值青黃不接之際自應量加調劑以恤民艱著加恩將該

省海運應行搭解緩漕米石卽飭藩司按照時價出糶俾民食有資所糶銀兩刻期提解司庫報撥如存米未能一律糶不足數卽責成收貯之員照價賠補該部知道欽此

江蘇巡撫臣陶澍跪
奏爲請
旨飭催沙船以速海運事竊照海運米石前經臣於會報初運摺內聲明接續辦理現計存留各屬及寄存上海棧房之米尚有三十餘萬石專待前船回棹方能全行起運現據押運川沙營叅將關天培稟稱抵津沙船已有五百餘隻隨後各船亦跟接前進又據在津交米委員稟稱有程聚泰等十四船於交卸後情願不赴關東運豆卽放空回南候裝二運等語該船商等仰沐
皇仁感奮趨公踰常踴躍現在天津收米極爲迅速其餘

各船卽令交兌後趕赴奉天裝豆計算程途亦不過四月底可回上海受載五月內卽可將未運米石掃數運北臣前在上海時歷詢耆舵僉稱海船行走全仗風色按照時令各有一定大約自南赴北總以四五月夏至前後南風司令最爲相宜六月上旬尚堪行駛及至六月中旬以後風暴靡常卽難行走一交七月西風更多商船失事多在此時以故大半停泊候至冬初乃開俗語謂之屯秋是五月正宜放洋未可遲誤爲海運第一關鍵惟商船衆多其中爭先趨

事者固不乏人而取巧自便者恐亦不免當此各船俱運官糧或冀乘間多攬客貨可以擡高脚價壟斷居奇因而到處逗留且四月回南多係頂風折戧人力較勞稍存省力之心或竟安坐候風遲遲解纜兼沙船向係裝豆從未裝米少所試驗或慮夏月米有發變意存趨避亦未可定萬一借此支延卽恐錯過風汛别滋貽誤竊思蘇省漕糧歷係軍船裝運經時抵通照米交兑不因夏熱歇運沙船行走較速抵津不過旬日自可毋虞霉變縱使海氣蒸𧇊亦不過浮面分寸間無礙食用比之錯過風汛乘危冒險得失

懸殊況現屆梅雨沙船回次受兑已在米質發熱之後一經斛量吹晾更加堅實無庸以悶艙爲慮且南北辦運一切員役人夫亦須及早竣事方可裁撤以節經費臣與督臣札商所見相同並據藩司賀長齡查明情形詳議前來相應請
旨敕下直隸總督奉天府尹轉飭所在地方官催飭沙船交卸漕米迅卽裝貨回南趕裝二運俾得順趁風汛妥速蕆事實於漕務有裨謹會同督臣琦善漕臣陳中孚合詞具
奏伏乞
皇上聖鑒謹
奏
道光六年四月初四日具
奏四月十九日奉
上諭陶澍奏請飭催沙船以速海運一摺據稱現計存米尚有三十餘萬石專待前船回棹方能全行起運海船自南赴北總以四五月夏至前後南風司令最爲相宜至六月中旬風暴靡常卽難行走且辦運員役人夫亦須及早竣事方可裁撤以節經費等語穆彰阿接奉此
旨卽將現到沙船加緊剝運愈速愈妙並迅速收買餘

米俾沙船得以早歸無誤二次接運並著那彦成晉昌常文盛泰等轉飭各該地方官催飭沙船迅卽裝貨回南並飛咨沿途海口催令迅速儹行俾得順趁風汛趕裝二運無使遲誤將此諭令知之欽此

兩江總督臣琦善江蘇巡撫臣陶澍跪
奏再蘇省海運漕白糧米有天津通倉兩處應用經費
前已由蘇籌解銀十二萬餘兩嗣准戶部壘次咨行
天津剝價等款除解過外尚多不敷復經臣等
奏請酌動節省漕項銀七萬兩同部撥隨漕費腳銀三
萬兩一併委員解津奉
硃批戶部知道欽此欽遵在案茲據藩司賀長齡詳稱接
准清河道陶樑天津道鄭祖琛咨稱天津需用縴夫
露囤等款較原奏約尚不敷銀二萬餘兩應由江蘇
補解等語由司請撥漕項前來臣等查海運事屬創

行一切隨時用款均無成例可循是以蘇省兩次籌
撥之項均係約略核計解往應用現在原議銀數既
有不敷則此後有無續增仍難預定應請
旨於蘇糧道庫節省漕項內再行酌動銀五萬兩解往天
津以濟急需俟全漕完竣按照前後解過銀數查明
在通倉支用者卽由倉場核銷在天津支用者卽由
直隸省核銷庶款目不致糾纏而待支亦無延誤除
飭委員提解外所有臣等籌款續解緣由謹會同漕
臣陳中孚合詞附片具
奏伏乞
聖鑒謹
奏
道光六年四月初四日具
奏四月十九日奉
上諭琦善等奏海運漕糧到天津用項不敷請籌續解等
語本年辦理海運事屬創始一切用款均無成例可循
前經該督等兩次籌款解往天津尚不敷縴夫露囤等
款銀二萬餘兩此外恐仍有續增之項自應酌量籌撥
著照所請准其在蘇糧道庫節省漕項內再行動撥銀
五萬兩迅卽委員解往天津以資應用俟全漕完竣按

照前後解過銀數查明在通倉支用者由倉場衙門核
銷在天津支用者由直隸省核銷該部知道欽此

江蘇巡撫臣陶澍跪
奏再海運漕糧截至三月十五日爲止已裝米一百二
十三萬餘石並各船放洋出口情形先經附片具
奏在案茲截至三月二十九日續又兌過米二萬九千
一百餘石連前共兌米一百二十六萬四千餘石并
據崇明縣知縣王青蓮副將裘安邦稟稱由十滧出
洋米船已有一千一百三十餘隻臣查近日南風順
利各船隻自可揚帆北上陸續抵津又據押運委員
川沙營參將關天培自天津海口來稟據稱三月初
十日船至廟島口門見東南山礁下沉失米船一隻

詢係贛字趙聯盛沙船裝運荆溪縣米五百石又加
裝上海縣米一百五十石於三月初三日寄碇廟島
口門當夜暴風驟起將大桅刮倒激斷貓纜撞至山
根礁石上登時碰沉幸未傷人當同該汛備弁前往
查驗屬實其撈獲水米均已潮濕應由蓬萊縣通詳
辦理已諄囑營縣弁役將被難舵水妥爲安頓十一
日未刻風轉東南卽督押各船開行十四日午後收
進天津海口沿路查詢現已行至廟島跟接前進者
共計船八百餘隻除已進口船五百一十餘隻外尚
有未到口船二百八十餘隻現亦接續前來等情臣

查三月初三四五等日連遇暴風江南出口各船尚
俱平穩所有趙聯盛一船在東省廟島口門遭風碰
沉業經該參將查驗屬實並無揑飾應請查照章程
核辦合併附片以
聞謹
奏
道光六年四月初四日具
奏五月初四日奉
硃批知道了欽此

驗米大臣臣穆彰阿倉場侍郎臣申啟賢跪

奏爲海運已經到次沙船起過米石騰空船隻數目恭

摺奏

聞仰祈

聖鑒事竊自海運沙船運米到津經臣等將起剝米數及收買餘米章程先後奏明在案連日以來臣等督飭各該員等加緊從事不使一處疎懈間有轇轕繁瑣之時無不隨時隨事會同設法料理總期省紛便商益歸妥速茲查上園水次自三月初七日開斛起截至四月十七日止共卸到沙船一千一百零七隻均于

十七日起米完竣全數騰空計四十日內起過正耗漕白及收買餘米共一百一十四萬餘石核計江蘇省奏明海運初次二次統共米一百五十一萬石之數已收及四分之三且經全數由剝船運赴通壩不令露囤海運大局似已無可過慮足以仰慰

聖廑惟以後沙船江南陸續裝運先據江蘇撫臣陶澍奏明續開各船牽前搭後絡繹放行無須截分兩運昨又接據咨稱五月南風當令海船自南而北俱屬順風六月上旬尚堪行駛七月西風停泊俗謂屯秋是五月正好運漕惟商船或恐到處逗留四月回南甚勞人力不免停泊且現在江南存倉存棧米石已多發熱倘貯倉過夏必多黑黯到津更形窒礙應飭地方官諭催商船及早回南務於四月內趕抵上海受兌等語查上園水次自三月初七日至二十七日卸已起空沙船四百八十五隻計足敷江南二運之用業經臣等奏明在案茲截至四月十七日共騰空沙船一千一百零七隻均飭天津鎮道先後催令出口並查各船或赴奉天販豆或徑回上海裝運不等惟海洋風信靡常並經各員等詢據各船僉稱此次回南歷加修艌多需時日黃梅天氣不敢裝米各等情

是各船回南之遲早受兌之後先臣等仍難懸揣總之未運米石江南上海兌次既係陸續裝運則嗣後沙船到津亦必零星而來爲時較久情形或有不同臣等惟有陸續驗收屆期酌量辦理所有現在到次沙船全數起竣兌運米已過一百萬石騰空船已過一千餘隻情形理合恭摺具

奏伏祈

皇上聖鑒謹

奏

道光六年四月十九日具

奏本月二十四日奉
硃批所奏均悉欽此又於兌運米已過一百萬石句旁奉
硃批好欽此

驗米大臣臣穆彰阿跪
奏爲恭摺覆奏仰祈
聖鑒事竊於四月十七日海運到次沙船全數起竣並將
退空出口船隻數目經臣於十九日會同具奏在案
茲於二十日接准軍機大臣字寄道光六年四月十
九日欽奉
諭旨陶澍奏請飭催沙船以速海運一摺據稱現計存米
尚有三十餘萬石專待前船回棹方能全行起運海船
自南赴北總以四五月夏至前後南風司令最爲相宜
至六月中旬風暴靡常卽難行走且辦運員役人夫小
須及早竣事方可裁撤以節經費等語穆彰阿接奉此
旨卽將現到沙船加緊剝運愈速愈妙並迅速收買餘
米俾沙船得以早歸無誤二次接運等因欽此伏查臣
自抵津以後會同倉場侍郞申啟賢督飭各該員籌
辦海運事宜沙船到次無不隨驗隨卸一力趲辦總
期速益求速不敢片刻稽延每屆沙船到多之時一
日總令起米五萬石並嚴札押運剝船委員實力督
催勒限十五日以內均令往返到次俾資轉運其收
買各船七成餘米卽係隨同正米一手斛收不分兩
截故亦不致積壓前截至四月十七日止共起過米

一百一十四萬餘石所有陸續到次沙船一千一百七隻已於是日全數起竣水次爲之一空至江南二次未運米約三十餘萬石約計需船四百餘隻查天津水次三月二十八日卽已退空沙船四百八十五隻當卽奏明足數江南二次裝運之用隨據天津鎮總兵克什德報稱四月初五日以前均已先後催出海口是此項出口船隻計裝運二次米石已屬有餘且此內並有不赴奉天情願徑回上海船隻更可先回棹其接續卸竣各船又復迅速催趲儘數出口昨並據清河天津各道面稟接據江南來信沙船在

津起米轉赴奉天販豆回到上海現在已有數船是此地起卸迅速而各船回南亦尚不甚遲滯惟查江南咨送上海十次以後開行船數少者六七隻多者十數隻陸續裝運則嗣後不免零星而來卽如四月十八十九等日水次全空無米可起二十二二十三日始有到次沙船仍不過十隻以內以後更可想見

臣惟有欽遵

諭旨加緊剝運一有沙船到次仍飭各該員迅速起卸不稍耽延其餘一切辦運事宜自當隨時會同酌量辦理所有以前到次沙船全數起竣現在陸續辦理情形理合恭摺具

奏伏乞

皇上聖鑒謹

奏

道光六年四月二十五日具

奏本日奉

硃批知道了欽此

江蘇巡撫臣陶澍跪
奏再海運漕糧前次陸續裝米一百二十六萬四千餘
石暨各船放洋情形業經具
奏在案茲截至四月十五日續又兌過米二萬八千餘
石連前共兌米一百二十九萬二千二百餘石尚有
未兌米三十四萬九百餘石專待初次出運沙船回
棹方能全行起運前經
奏明請
旨敕下直隸總督奉天府尹催飭沙船交卸漕米迅即載
貨南歸趕裝二運並札飭沿海各員弁實力催儹勿
任趨避支延恐致錯過夏間風汛有誤二運茲據委
員署松江府知府李景嶧上海縣知縣許乃大候補
知縣陳用琇等先後稟報自四月初六日起至十九
日止首運沙船自天津回棹已有三十一隻現在首
先回棹之周隆順等船已裝運二次漕米於四月十
六日出口並據天津委員李湘茝鄒錫淳等稟報截
至四月初六日止共已收進天津船一千九十隻又
據押運川沙營叅將關天培稟報截至三月三十日
止共卸竣船五百五十五隻現已由天津連檣出口
計可接續南下該船商等爭先攬運事機極為順利

瞬屆夏仲南風正多海船最宜北行所有未兌漕糧
三十四萬餘石現已札飭司道飭催各屬分起剝赴
上海派運一俟北來船隻報有分數臣陶澍仍即親
赴上海彈壓督同各員妥貼辦理以期穩速所有海
船陸續回棹趕辦二運漕米情形合併附
奏仰慰
聖廑伏乞
皇上聖鑒謹
奏
道光六年四月二十八日具
奏五月二十七日奉
硃批知道了欽此

驗米大臣臣穆彰阿倉場侍郎臣申啟賢片
奏再查海運漕糧前將起過漕白正耗及收買餘米共一百一十四萬餘石騰空沙船一千一百七隻業於四月十七日奏明在案嗣因江南需前船回棹方能接運是以此後續到船隻甚屬零星計自四月十八日以來僅到船五十五隻惟此內已有由奉天販豆回南復裝二運到津之船九隻該船因首運獲利此次所裝米數較前加多均不承載貨物即米色亦屬乾潔并據該船戶等面稱路遇由奉天回南船數百隻隨後即可裝運北來等語臣等仍飭隨到隨卸不

令稍有停滯計又起過米六萬餘石理合附片陳明
伏乞
聖鑒謹
奏
道光六年五月十七日具
奏本日奉
硃批知道了欽此

山東巡撫臣武隆阿片
奏再海運漕船到東收泊及駛出東境收入津口各船數即經
奏報在案臣因前准江省咨會海運漕船分為兩起而每起船數若干未據咨明隨經備文咨查旋准江蘇撫臣陶澍覆稱約計承攬船隻陸續兌開初運空船亦多回南隨到隨兌絡繹放行即可無須截分兩運等情是江省在後船隻現又陸續兌開臣仍飭沿海文武員弁照前巡查防護並令將回空至東船隻催令迅速南駛以便乘時兌運現在報到寄貓船內即

有自津回空復又受兌而來者截至五月初九日除由外洋徑駛抵津外通計先後到東收泊船九百八十三隻均經隨時乘風北駛惟五月初一日夜間有上海縣元字六十四號徐福泰一船遭風砍桅漂至文登之梁家村擱淺船底裂縫漕米受濕又太倉州三十四號蔣恒太一船被風觸礁傷損船底隨浪打至榮成之褚島淺灘漂失水手一名餘經兵役人等撈救得生打撈存船漕米約至一二百石均經濕透臣已飛飭各該縣趕緊晒晾米石並查驗船隻是否均可修整容俟查明分別辦理再據署武定府知府

富俊松阿稟報截至五月初八日共已駛出東境收
入津口船一千一百五十四隻理合附片具
奏伏乞
聖鑒謹
奏
道光六年五月十八日具
奏五月二十八日奉
硃批覽欽此

江蘇巡撫臣陶澍跪
奏為海運沙船陸續回棹並臣親往督辦緣由恭摺
奏祈
聖鑒事竊照海運漕糧前於四月內裝兌一百二十九萬
餘石所有交運未竣米石俟天津回棹船隻報有分
數臣仍親赴上海彈壓督辦業經附片奏
聞在案茲據辦運委員等呈報回南商船截至五月二十
二日止已有進口船三百二十餘隻惟上海存棧米
石間有發熱及熱過變色之米而各處存倉餘米亦
尚多未到臣隨即飭屬趕緊剝運到滬除米質本堅

顏色紫老無礙食用仍照舊交兌外其黴變稍壞者
即剔除另換好米務俾乾潔現據委員蘇州府額騰
伊署松江府李景嶧稟報應換米石俱已齊全靜候
派裝又據押運委員川沙營參將關天培自天津來
稟據稱進口船一千一百二十餘隻惟泰字錢元森
一船裝運丹徒縣漕米四百石尚未收口其餘卸竣
米船截至四月二十六日止共已催出海口空船一
千七十二隻該將於催船之際即挨船曉諭令其迅
速回南趕裝二運各船商咸稱此次裝運漕糧抵津
之後隨到隨卸斛兌公平毫無阻滯所餘耗米官為

收買無零星糶賣之繁較向年攬載各貨尤為便捷
仰沐
皇仁不惟絲毫無累更能餘利均沾是以鼓舞懽忻刻期
趕回並有抵津卸米後放空回南之船咸稱所帶貨
物既經免稅餘米又蒙
聖恩加賞價值無不懽忻踴躍爭先趕回裝載二運情願
不往關東載豆徑行南歸者竟有十之六七併詢北
來船隻僉稱成山石島一帶見回南沙船尚有一二
百號在洋折戧向南行駛日來多有北風回棹之船
更可迅速等語臣查海船全藉風色順利方能來往

如期刻下正當夏令船宜北行亟應趕趁風汛迅速
蕆事所有一切兌運事宜諸關緊要臣卽日由水路
前往督同該道府暨委員等妥協籌辦斷不敢因運
務將竣稍存大意一俟掃數開行卽當會同督臣漕
臣繕摺馳
奏仰慰
宸廑所有臣親往上海督辦海運緣由理合恭摺具
奏伏乞
皇上聖鑒謹
奏

道光六年五月二十八日具
奏七月初二日奉到
硃批知道了欽此

江蘇巡撫臣陶澍跪
奏再辦理海運一切費用均係由外籌款並未絲毫請
帑所有常年例應給丁之漕項銀米多歸節省除兩次
撥解過天津應用銀兩外餘銀俟事竣查明報撥其
漕贈行月各米前於議請給丁全支月糧案內接准
部咨行令將節省米石搭運赴通茲據藩司賀長齡
糧道宋澣詳稱道光五年分蘇屬應徵漕贈五米及
白糧盤耗運船水手飯米等三款共米九萬八千七
百二石零已據徵存在倉此項米石原係例應給丁
之款現因海運省出歸公與應行起運漕糧不同若
搭運赴通南北經費無款可籌應請就近糶變等情
查蘇屬徵存積年緩帶漕米現奉
諭旨允留本省糶濟民食所有此項贈五等米九萬八千
七百餘石本係節省所餘並非正米應請一併留省
按照時值每石酌定價銀二兩二錢五分出糶提銀
解歸道庫另行報撥以歸核實尚有五年分行月一
款共米九萬三千餘石除應給接運漕白丁船全支
本色月糧及滿號兌雇等船苫蓋併濟造行月糧米
約共需米八萬五千餘石尚應剩米八千餘石現未
具報全完應俟奏銷案內核計完欠造報留為下年

辦運湊派幫丁之用毋庸糶撥除咨明戶部外謹會
同督臣琦善漕臣陳中孚合詞附片陳明伏乞
聖鑒謹
奏
道光六年五月二十八日具
奏六月十七日奉
硃批轉行照辦欽此

兩江總督臣琦善江蘇巡撫臣陶澍跪
奏爲海運漕糧全數兌開完竣船行順利仰慰
聖懷事竊照本年蘇屬辦理海運所有初運米石及二運
絡繹開放情形節經臣等
奏報在案茲臣陶澍因商船回棹業有成數復自省馳
抵上海督同委員等愼選米質刻期觔交各船踴躍
逾恒爭先受兌總計蘇州松江常州鎭江太倉等四
府一州額徵道光五年分起運漕白正耗米一百四
十五萬一千三十一石零又節省歸倉倏撥耗米五
萬九千六百七十五石零又給船耗米十二萬餘石

運計裝載正耗各米共一百六十三萬三千餘石前
後用沙船及浙江蜑船三不像船共一千五百六十
二隻截至六月初五日止掃數斛交完竣伏念
國家河運已數百年暫因河務艱阻分由海運創始甚
難人情觀望誠以
天庾重大向不航海舵工水手皆非官役可比旣虞壓雇
復懼難交畏縮弗前或相避匿其難一也河運弁丁
數千各司其事沿途催儧層層照料尚不免風火沉
失之虞今以新定章程責之素不相習之委員保無
疎損其難二也各州縣米赴上海多者八九萬少者

二三萬同時雇剝船隻難敷倘紛紛封捉卽爲行旅
商民之病其難三也各州縣距黃浦水次或六七百
里或一二百里遠近不齊旣恐停船待米守候需時
又恐米到船稀無從寄頓況商行斛手無多盤量稍
稽卽誤風汛其難四也海運用費初無成式籌畫稍
疎更恐不肖官吏借端擾累易致刁民藉口其難五
也商船赴津風利東南及至回帆又宜西北一往一
來非衹旬期萬一停阻有妨二運其難六也以上數
端辦理稍有未愼易滋貽誤至于波濤之險更屬人
所難防當此河道淺阻搬剝維艱臣等仰體

宵旰焦勞再四圖維舍海運別無良策是以上年六月到
任之始卽經會議意見相同臣陶澍隨赴上海開誠
曉諭招徠商船復經臣琦善
奏派藩司賀長齡前任降調河北道鄒錫淳續往添雇
船隻會同各員詳議章程奏奉
諭旨允行臣琦善因河工緊要不克分身屢次函商務期
周安臣陶澍親駐督辦數月以來商情感奮民屢安
堵自開兌以至蕆事諸極順利仰仗
聖主如天之福共效子來不日之成惟
宸謨早定于幾先俾海道咸歸于坦蕩臣陶澍現在親詣

海口督飭放行會同提臣王應鳳諄飭沿海水師梭
織巡防並派京口副將湯攀龍押尾前進連日南風
正利洋面波恬船行穩速約計六月下旬即可全抵
天津所有海運辦竣緣由臣等謹合詞繕摺由驛馳
奏伏乞
皇上聖鑒再漕臣陳中孚押運北上未及會銜合併聲明
謹
奏
道光六年六月初五日具
奏六月二十四日奉到
硃批另有旨欽此又於臣琦善因河工緊要不克分身屢
次函商務期周妥句旁奉
硃批究係卿督飭有方可嘉之至欽此

江蘇巡撫臣陶澍跪
奏再本年海運由外籌款即以向來辦漕雜費充用並
未請
帑所有常年河運例應給丁漕項銀米除迭次撥解天
津應用及調劑旗丁案內全支月糧外尚有節省銀
十餘萬兩米十餘萬石現將節省給丁贈五等米
奏請糶變易銀解道其餘節省漕項並飭糧道查明徵
存實數報部候撥又有節省耗米五萬餘石搭運赴
津除撥給經紀耗米外尚剩米四萬餘石歸倉是蘇
省辦理海運不但絲毫未費
帑項且較常年河運所省之數甚多至商船搭載二成
客貨仰蒙
恩旨准其免稅以示體䘏現據委管海關道潘恭常稟稱
約計海運商船所免稅銀不過一萬餘兩應在該關
額徵稅銀項下劃除現飭該道逐細查明另冊咨部
外合併附片陳明伏祈
聖鑒謹
奏
道光六年六月初五日具
奏六月二十四日奉到

硃批所辦甚好欽此

江蘇巡撫臣陶澍跪

奏爲海運默邀

神佑化險爲平恭懇

天恩賜加封號匾額仰祈

聖鑒事竊照海運自南赴北經歷重洋數千餘里茫無畔岸偶値風濤人力難施臣前於沙船初次開行時恭詣寳山縣海口地方致祭

風神

海神並因上海縣黃浦江岸建有

天后廟歷著靈應率屬虔誠齋禱祈保平安迨二月二

十五六七等日西北風暴大作勢甚猛烈三月初一二三等日又起北風大暴其時初運之米一百數十萬石業已開行出洋臣亦回抵省城目擊陸地狂飈揚沙折木遥想海洋風浪彌覺寢食難安悚惕之餘載申默禱嗣據押運叅將關天培稟報沙船一千餘隻正抵黑水大洋迭遭風暴各船齊下太平篷隨風漂淌歷數日數夜危急之頃若有神助及至收口竟未損失一人遠先後駛抵天津上園水次查驗米石惟蔣朱順吳裕隆徐茂順彭永和周昇泰等五船因風鬆艙拋去漕米十餘石數十石不等趙聯盛一

船在廟島沉濕米六百餘石通共損失糧米八百餘
石以到津米數計之不及千分之一其餘彭巨隆陳
隆泰張元庚何恒新閻聚泰吳恒發袁慶發張茂利
等八船業因遭風砍斷大桅米石毫無漂失祗有錢
元森一船尚未抵津所裝僅止四百餘石且春夏南
風司令北回須用折戧本年夏令間有北風是以來
去各船均皆穩速分風劈流不爽時日計自初運以
逮告竣往返水程幾及萬里在船耆舵水手不下二
三萬人現查到津各船並未傷損一名尤爲向來未
有之事良由

聖明在上百靈効職嘉生翊
順利漕安瀾屬在臣民同深感凜伏查
天后之神在元代至元年間卽以護衞海漕加封致祭
載在元史我
朝靈貺宣昭迭蒙
敕賜封號本年海運化險爲平顯應尤著合無仰懇
皇上天恩
賜加封號以表
庥嘉其海口之
風神廟

海神廟並懇
御書匾額
頒發恭摹一體懸掛俾
靈佑長昭洋情允戴據辦運委員李景嶧許乃大等具
詳前來謹會同兩江總督臣琦善合詞恭摺附驛具
奏伏乞
皇上聖鑒謹
奏
道光六年六月初五日具
奏六月二十四日奉到六月十七日內閣奉

上諭陶澍奏海運默邀
神佑請加封號扁額一摺所奏甚是本年試行海運該
撫陶澍恭詣寶山縣海口致祭
風神
海神並詣上海縣黃浦江岸虔禱
天后廟沙船正抵黑水大洋迭遇風暴危急時若有
神助並未損失一人卽有遭風斷桅各船米石毫無漂失
利漕安瀾覽奏實深欽感著發去大藏香十炷交陶澍
祗領遣員詣各處
神廟敬謹祀謝

天后之神豐彰靈應我朝屢加封號本年海運化險爲
平顯應尤著着禮部察例擬加封號候朕酌定以昭
靈貺海口
風神廟
海神廟並發去御書扁額交該撫敬謹懸掛以答
神庥欽此

兩江總督臣琦善江蘇巡撫臣陶澍跪
奏爲海運全竣請將在事尤爲出力各員恭懇
天恩量加鼓勵仰祈
聖鑒事竊照蘇省試行海運事屬創舉關係重大分任需
人臣等于議辦之初即以雇船爲第一關鍵籌款爲
濟用要需而一切文案章程鈎稽冊檔以及驗米兌
米各事宜均極繁重必須實心經理方能趨事赴功
當飭藩司賀長齡等遴選誠實勤幹之員各量材能
分別派委復經臣等隨時激勸逐件指示在事文武
大小一百餘員晝夜奮勤不辭勞瘁或招雇商船料
理經費或綜核文冊酌議章程或驗兌漕糧迎提催
儹或專駐公所收發出入或巡防彈壓經歷島洋莫
不竭盡心力各供指臂而各州縣經徵漕米趕早全
完又皆慎選米色籌解經費絲毫不累閭閻現在全
漕一百數十萬石一律開行以數百年未行之事上
稟
宸謨如期妥竣似應加以鼓勵查藩司賀長齡綜理全局
布置精詳臬司慶善辦事細心同貪贊畫蘇松糧道
宋漢蘇松太道潘恭常駐滬驗兌始終其事均係司
道大員

恩出
聖裁臣等未敢擬請優敘其赴津交米解銀各員及押運
之將弁等俟交米全竣另行具
奏外所有辦漕在事各員人數衆多臣等不敢濫登薦
牘亦不敢泯沒其勞謹擇其尤爲出力者開具清單
恭呈
御覽可否仰懇
天恩量予鼓勵出自
鴻施其餘各員應分別咨部議敘由外記功核實辦理再
急公領運之船商紳耆人等應加獎勵現飭該司道

查明造冊遵照章程
奏咨辦理臣等謹合詞恭摺具
奏伏乞
皇上聖鑒訓示謹
奏
謹將蘇省辦理海運尤爲出力各員開具清單註明
實績恭呈
御覽
蘇州府知府額騰伊
松江府知府陳　鑾

該二員督辦本屬運務一切妥洽並派駐上海綜司
驗船兌米各務井井有條經理咸宜應請
賞加道銜
署松江府知府川沙廳同知李景嶧
前任蘇州府督糧同知俞德淵
該二員官聲素好篤實練勤派駐公所料理全局李
景嶧任勞任怨力肩終始俞德淵現已丁憂回籍而
籌定章程極爲得力應請將該二員
賞加知府銜李景嶧遇缺陞用俞德淵俟服闋引
見後遇缺陞用

上海縣知縣許乃大
該員調任上海稽查彈壓始終其事經理得宜應請
以同知直隸州儘先陞用
崇明縣知縣王青蓮署崇明縣丞江陰縣丞畢以紱
查崇明地居海外十潊緊接大洋爲商船寄椗守風
之所該員等彈壓巡防親歷波濤數月之久王青蓮
畢以紱均請以應陞之缺儘先陞用
試用知縣陳用珩兩淮候補鹽大使黄冕
該二員來往催漕驗米交兌不辭勞瘁最爲出力陳
用珩應請不論繁簡遇缺即補黄冕應請遇缺儘先

補用
寶山縣主簿周恭壽
該員自上年派令隨同籌議海運一切事宜鉤稽文案冊檔晝夜奮勤始終出力應請以縣丞儘先陞用
試用同知吳廷揚試用通判顧文光試用理問陳仁吳景周試用縣丞嚴偉試用府經歷陳溶試用從九品魏邦魯佘錫溥劉國正
以上九員或驗米監兌或稽核文案均能勤慎妥協應請各按本班儘先補用
長洲縣丞錢兆麟嘉定縣丞姚大成吳江縣丞蕭翩

江陰縣巡檢俞昌會
以上四員或經理度支或查艙兌米風雨寒暑備極辛勤應請儘先陞用
武進縣丞陸鈁松江府經歷張慶瑗長洲縣主簿劉琨
以上三員查艙兌米均極出力應請各按本班以應陞之缺陞用
候補未入流虞芝林
該員派辦公所文案奮勉任勞應請補缺後以應陞之缺陞用

太湖廳巡檢謝元淮青浦縣巡檢方景雯
以上二員委辦查艙兌米各事極爲得力惟該員等本有奏
旨儘先陞用之案應請不論繁簡遇缺卽陞
又查武職出力三員
提標前營遊擊署上海遊擊福智
署提標右營守備候補守備劉均
提標千總李炳忠
查黃浦至吳淞海口剝船商船梭織往來最關緊要該員等防護稽查始終勤奮福智李炳忠請以應陞

之缺陞用劉均請儘先補用
道光六年六月初五日具
奏六月二十四日奉到
硃批汝總辦此事諸凡妥順朕深嘉悅另有恩旨欽此同日奉到六月十七日內閣奉
上諭琦善等奏海運漕糧全數兌開完竣請將出力人員鼓勵各一摺上年河務阻滯諸臣奏請試行海運事屬創始辦理維艱仰賴
神靈垂佑在事臣工竭誠宣力雇船兌運籌畫周詳計起運漕白正耗各米一百六十三萬三千餘石用船一

千五百六十二隻兩次絡繹開放穩抵津門諸凡妥順
朕心深為嘉悅自應即沛恩施以昭獎勵琦善督飭有
方可嘉之至著交部議敘陶澍覩駐督辦深協機宜著
賞戴花翎藩司賀長齡布置精詳臬司慶善細心贊畫
蘇松糧道朱潢始終其事俱著交部議敘調任蘇松太
道潘恭常駐浦籌辦經理得宜著賞加按察使銜所有
單開尤為出力之蘇州府知府額騰伊松江府知府陳
鑾俱著賞加道銜川沙廳同知李景嶧前任蘇州府督
糧同知俞德淵俱著賞加知府銜李景嶧著遇缺陞用
俞德淵俟服闋引見後遇缺陞用上海縣知縣許乃大

著以同知直隸州儘先陞用崇明縣知縣王青蓮署崇
明縣丞江陰縣丞畢以紱俱著以應陞之缺儘先陞用
試用知縣陳用珩著不論繁簡遇缺即補兩淮候補鹽
大使黃冕著遇缺儘先補用寶山縣主簿周恭壽著以
縣丞儘先陞用試用同知吳廷揚試用通判顧文光試
用理問陳仁吳景周試用縣丞嚴偉試用府經歷陳溶
試用從九品魏邦魯奈錫溥劉國正俱著各按本班儘
先補用長洲縣丞錢兆麟嘉定縣丞姚大成吳江縣丞
蕭翩江陰縣巡檢俞昌會俱著儘先陞用武進縣丞陸
鈁松江府經歷張慶瑗長洲縣主簿劉琠俱著各按本

班以應陞之缺陞用候補未入流虞芝林著俟補缺後
以應陞之缺陞用太湖廳巡檢謝元淮青浦縣巡檢方
景雯該員等本有儘先陞用之案著不論繁簡遇缺即
陞提標前營遊擊署上海遊擊福智提標千總李炳忠
俱著以應陞之缺陞用署提標右營守備候補守備劉
均著儘先補用其餘應予議敘記功各員及尤為出力
之船商紳耆人等並著查明分別辦理該部知道欽此

禮部謹
奏爲遵
旨議奏事道光六年六月十七日内閣抄出奉
上諭陶澍奏海運默邀
神佑請加封號扁額一摺所奏甚是本年試行海運該
撫陶澍恭詣寶山縣海口致祭
風神
海神廟並詣上海縣黃浦江岸虔禱
天后廟沙船正抵黑水大洋迭遇風暴危急時若有
神助並未損失一人卽有遭風斷桅各船米石毫無漂

失利漕安瀾覽奏實深欽感著發去大藏香十炷交陶
澍祇領遣員詣各處
神廟敬謹祀謝
天后之神疊彰靈應我朝屢加封號本年海運化險爲
平顯應尤著着禮部察例擬加封號候朕酌定以昭
靈貺海口
風神廟
海神廟並發去御書匾額交該撫敬謹懸掛以答
神庥欽此欽遵抄出到部臣等謹案
天后靈佑昭垂歷徵顯應溯查康熙十九年及乾隆二
年二十二年疊次
加封爲護國庇民妙靈昭應宏仁普濟福佑羣生誠感咸孚
天后之神又查乾隆五十三年因臺灣大功告成奉
旨於福建湄州天后神廟舊有封號上加顯神贊順四字又
查嘉慶五年
冊封琉球曾經特奉
諭旨於福建湄州
天后神廟封號上加垂慈篤祜四字均經遵奉在案今
江蘇上海縣黃浦江岸
天后廟欽奉

諭旨交臣部議加封號臣等敬謹撰擬繕寫淸單伏候
欽定恭候
命下臣部行文該撫於該處神牌敬謹繕入用答
神庥爲此謹
奏
道光六年六月二十二日具
奏本日奉
硃筆圈出安瀾利運欽此

吏部謹

題爲遵議覆

題事道光六年六月十九日内閣奉

上諭琦善等奏海運漕糧全數兑開完竣請將出力人員

鼓勵各一摺上年河務阻滯諸臣奏請試行海運事屬

創始辦理維艱仰頼

神靈垂佑在事臣工竭誠宣力雇船兑運籌畫周詳計

起運漕白正耗各米一百六十三萬三千餘石用船一

千五百六十二隻兩次絡繹開放穩抵津門諸凡妥順

朕心深爲嘉悦自應卽沛恩施以昭獎勵琦善督飭有

方可嘉之至著交部議叙陶澍親駐督辦深協機宜著

賞戴花翎藩司賀長齡布置精詳臬司慶善細心贊畫

蘇松糧道宋澬始終其事俱著交部議叙等因欽此欽

遵抄出到部除

賞戴花翎并加銜升用補用各員臣部遵

旨另行分别註册外查本年辦理海運事屬創始據該督

等奏報漕糧全數兑開完竣欽奉

諭旨交部議叙臣等公同酌議應將兩江總督琦善給予

加二級江蘇布政使賀長齡江蘇按察使慶善蘇松

糧道宋澬等各給予加一級紀録二次伏候

聖裁爲此謹

題

道光六年七月二十一日具

題本日奉

旨琦善著加二級賀長齡慶善俱著加一級紀録二次餘

依議欽此

江蘇巡撫臣陶澍跪

奏為恭摺覆

奏仰祈

聖鑒事恭照本年海運默邀

神佑欽奉

御書

風神廟

海神廟扁額併大藏香十炷

頒發到臣遣員祀謝因黃浦江岸

天后之神顯應允著

特敕禮臣議加封號旋准禮部咨開上海縣黃浦江岸

天后之神請加封號於六月二十二日奉

硃筆圈出安瀾利運欽此即經臣恭錄轉行敬謹繕入該

處

天后神牌並恭摹

御書製扁遴遣護上海道署松江府知府李景嶧賫赴海

口

風神廟

海神廟敬謹懸掛並恭賫藏香詣各處

神廟虔誠祀謝以答

神庥而昭

聖貺所有接奉

諭旨敬謹遵辦緣由理合恭摺覆

奏伏乞

皇上聖鑒謹

奏

道光六年七月二十八日具

奏九月初八日奉

硃批知道了欽此

驗米大臣臣穆彰阿跪
奏爲遵
旨查明核議覆奏仰祈
聖鑒事竊臣於七月二十七日接准直隸總督臣那彥成
咨稱具奏海運漕糧進口起卸沙船加添縴夫應需
雇價口糧並需用席片等項價值銀兩核與例價浮
多請交確查議奏七月十九日內閣奉
上諭那彥成奏接剝海運漕糧需用經費請交欽差大臣
確切查核等語本年直隸接剝海運米石所需經費前
經議定章程玆據該督奏稱縴夫雇價較原價計增一

倍其守候口糧住宿棚廠並剝船添用蓋席兌米添用
席桶均係原議所未及著穆彰阿確切查明席片是否
必須多用例價是否實有不敷據實核議具奏欽此臣
當卽督飭該道等逐款核議緣本年海運事屬試行
章程雖經議定而一切情形仍須隨時斟酌會經奏
明在案玆據直隸總督臣那彥成奏稱沙船進口雇
用縴夫雇價及守候口糧住宿棚廠一款查原奏章
程案內係海口至收兌水次道里數目核計腳價嗣
因沙船陸續進口多寡不一人夫係由招募聚集恐
難久待且間値陰雨之時道路泥濘故遂議給守候

口糧及搭蓋住宿棚廠至剝船添用苫蓋席片　款
本年二月內先經倉場侍郎奏明夏秋大雨時行應
給剝船苫蓋席片由地方官預備在案是以該道等
按船給領又添用兌米席筒一款查原奏本議露囤
截卸兩法嗣因費帑需時因籌製席筒以便沙船對
卸剝船較爲省便以上三款均係臨時籌辦故皆原
議所未及至剝船席片自四月運米起卽經給領苫
蓋爲數旣多勢須四出採買加以運腳雖例價稍有
未敷然事關帑項且席片爲漕務歲需之件斷難於
例價外多爲開銷至縴夫雇價須按程途里數核計

口糧尤應扣減席筒須按接卸船數核計均不得格
外增多致啟嗣後浮靡之漸現經事竣均已用有成
數臣嚴飭該道等照例刪減總於實用之中仍寓撙
節之意按款釐定另造妥冊據實報部核銷不令稍
有浮靡以杜冒濫所有臣遵
旨查明核議緣由理合恭摺奏
聞伏乞
皇上聖鑒謹
奏
道光六年八月初九日具

奏八月十三日奉
硃批依議轉行欽此

驗米大臣臣穆彰阿倉場侍郎臣百春跪
奏爲海運沙船業經到齊米石全數起竣恭摺奏
聞仰慰
聖懷事竊查江蘇省本年起運道光五年分蘇松常鎮太四府一州漕糧雇用沙船兩次由海運至天津陸續進口挽抵水次臣等嚴飭隨到隨卸一力儹辦所有已到船隻及起過米數均經臣等先後奏明在案茲自三月初七日起截至八月初八日止計共抵水次沙船一千五百五十七隻共起過米一百五十萬六千七百一十八石六斗有零均已兌收完竣一律運

通至收買沙船餘米自三月十九日爲始共收買過米六萬五千七石五斗亦已隨同正漕一併運通計用價庫平紋銀十四萬三千七百七十三兩八錢九分均已隨時給發餘剩銀兩應仍暫存天津道庫候部撥用又收買經紀耗米查此項米石本係於起運正項米內劃給除白糧耗米奏明毋庸收買外現經起運軍糧耗米共一萬六千七百一十二石二升有零均經飭令隨船運通應俟經紀正項漕米逾額掣欠計有成數由臣百春倉場衙門核明抵補計價咨部再行給發臣等伏念此次海運事屬試行諸皆創

始兩次起運遠歷海洋且該商民等初運官糧須與
吏胥經手頗恐交米爲難而一切剝運事宜亦極糾
紛煩瑣乃今一律事竣米色始終乾潔細訪商情不
惟無所畏累並且沾潤實多統計正耗米一百五十
萬餘石並未露囤截卸均得隨時剝兌全數運通辦
理亦屬省捷是皆仰賴
聖主鴻福臣等欽幸難名所有海運事竣緣由理合恭摺
具
奏伏祈
皇上聖鑒謹
奏
道光六年八月初九日具
奏八月十三日奉
硃批覽奏欣慰之至另有諭旨欽此

驗米大臣臣穆彰阿倉場侍郎臣百春片
奏再查江南奏報案內除撥給沙船耗米不計外起運
漕白正米及節省耗米共一百五十一萬七百七石
有零前後共用沙船一千五百六十二隻查天津到
次沙船一千五百五十七隻兌收漕白及收買米共
一百五十七萬一千七百二十六石有零計已收有
贏餘惟查到次蔣朱順等四船砍桅鬆艙查驗屬實
例應豁免米二百三十八石六斗五升又江南山東
奏明在洋失風事故趙聯盛等四船共米二千八百
五十石又尚未到次黃遇泰一船詳據江南委員等
稟據船戶潘裕泰等稱該船洋面遇風微有碰傷米
石並無損失現尚駐島修艙到津時日難以預定等
語臣等查該船米石已在正額之外且數僅九百石
已飭天津道查明該船如經進口立即挽抵水次斛
兌運通交收不致有誤理合附片陳明伏祈
聖鑒謹
奏
道光六年八月初九日具
奏八月十三日奉
硃批知道了欽此

驗米大臣 臣 穆彰阿跪

奏爲海運事竣謹將在津辦理收運尤爲出力各員據

實陳明恭懇

天恩分別獎勵仰祈

聖鑒事竊照本年試行海運在津交兌最宜惠卹商民不令吏胥人等稍有交涉尤在剝船足敷輪轉不致以米待船方能剝運迅速免致露囤截卸之煩上年由部議定後卽據直隸總督 臣 那彥成督率藩司屠之申詳議章程預爲經畫俾得先事之宜本年正月清河道陶樑遵

旨來津會同天津道鄭祖琛專司其事嗣江南委員及坐糧廳亦復接續前來和衷籌辦當 臣 抵津之時該道員等業已選委丞倅次第整齊復經 臣 逐日親詣公所先後會同倉場侍郎 臣 申啓賢 臣 百春遇事籌商督飭辦理總期恪稟

宸謨惠商利漕俾該商船隨到隨卸不令稍有羈留一切吏胥經紀人等務飭痛絕弊端毋許向該商等刁難需索申誡再三該道員等無不竭誠盡力恪謹將事惟事當創始非有成案可循一俟沙船駛進海口後查明具報卽須雇備縴夫催提到次查驗米色監視斛收配給駁船催空出口必須詳盡而綜理文案鈎稽冊檔給發剝價彈壓人夫以及押運往來巡防催儹需員孔多辦理尤極繁瑣各該丞倅州縣等均能明幹曉事晝夜辛勤 臣 駐津數月目擊各員出力情形始終罔懈實不敢壅於上

聞當此事竣之時謹援照江南鼓勵成案一律恭懇

恩施以昭激勸查清河道陶樑天津道鄭祖琛駐津總辦措置精詳於一切派員雇剝及地方承辦各事宜均能隨事隨時悉心調度俾克妥協蕆事天津鎮總兵克什德來往海口催提船隻並分委將弁稽察歷効

勤勞惟係鎮道大員

恩出

聖裁 臣 未敢擅擬優敘其知府同知知縣以下各員及營委將弁 臣 均各按勞績酌定等第咨明直隸督 臣 分別奏請獎勵江南委員淮揚道鄒錫淳河庫道李湘茝候補道府慶玉督同太倉直隸州知州王有慶蘇州府通判清平認眞籌辦經理周詳勸諭商民耆舵水手頗能恪遵約束其隨帶佐雜各員均亦倍矢勤奮昕夕不懈前經兩江總督 臣 琦善奏明各該員及押運將弁等交米完竣另行具奏請獎 臣 亦各按勞

績沓明江省辦理至坐糧廳琦琛汪鑑督催收兌辦理迅速約束經紀斛手人等並無向該商船交涉情弊琦琛汪鑑可否請
旨交部從優議敘再臣隨帶司員戶部候補主事成山吉明胡美彥張寅數月以來經臣派委查辦一切均能潔己奉公始終其事不辭勞勩該員等在部行走業已期滿奏留可否仰懇
皇上天恩遇有該衙門主事缺出儘先補用以上各員實皆著有勞績臣謹仰體
聖主激勵人材至意據實陳明恭候

恩裁伏祈
皇上聖鑒謹
奏

道光六年八月初九日具
奏八月十三日奉
硃批另有旨欽此同日內閣奉
上諭穆彰阿等奏海運沙船到齊米石全數起卸並請將在事尤爲出力各員分別獎勵各一摺本年試行海運係協辦大學士尚書英和首先陳奏詳查定議及沙船受兌開行風帆順利現已全數抵津迅速竣事英和着加恩賞用紫韁仍着交部議敘以爲實心辦事者勸尚書署漕運總督穆彰阿前經朕派赴天津會同倉場侍郎商議督辦調度得宜穆彰阿着賞加二級百春着賞加一級坐糧廳琦琛汪鑑督催收兌辦理妥速俱着交部從優議敘戶部候補主事成山吉明胡美彥張寅隨同穆彰阿查辦一切不辭勞瘁着遇有該部應補主事缺出儘先補用直隸總督那彥成督率藩司屠之申酌議章程預爲經理妥善那彥成屠之申俱着交部議敘清河道陶樑天津道鄭祖琛駐津總辦措置精詳天津鎮總兵克什德往來海口催趲稽察俱爲出力克什德

着賞戴花翎鄭祖琛着加按察司銜陶樑着加鹽運司銜其直隸知府以下各員及營委將弁着那彥成照例開等第分別奏請獎勵江南辦運委員鄒錫淳等及押運武員着琦善等各按勞績分別奏請鼓勵其首先領雇招徠之商埠人等着陶澍就近查明奏請恩施該部知道欽此

倉場侍郎臣百春跪

奏爲恭摺奏

聞請

旨事據坐糧廳琦琛汪鑒呈稱職廳徵收通州稅務每年正額並盈餘共應徵銀一萬二千三百餘兩春冬全賴猪酒布疋夏秋全賴南來雜貨紙張檳榔茶葉煙酒雜糧等貨以足課額本年江南四府漕糧俱歸海運浙江湖廣等幫仍係盤壩剝運軍船既不到通民船又多爲官雇撥運漕糧所有貨物不能裝載抵通本年徵收稅課至九月初八日卽一年期滿現在截

至八月初十日僅共收銀七千八百五十五兩零尚不敷銀四千八百八十三兩零似此情形稅項必不能足額查天津關道光四年採買臺米商船准帶二成貨物免其納稅又海運沙船亦准帶貨免稅又通永道徵收木稅江廣幫船攜帶木板不能到通稅無可抽將稅銀減去二成在案今職廳經徵之稅與天津海稅通永道木稅事同一例亦應援照暫減二成等情具詳請

奏前來臣等體察通州稅務缺額情形實因糧船盤壩剝運未能帶貨又值海運之年是以短絀不能如數自係實情並非廳員徵多報少合無仰懇

聖恩可否將坐糧廳經徵正額盈餘稅銀請照直隸督臣

那彥成所

奏木稅之例亦暫行酌減二成如於減定之外多收銀兩儘數報解倘減定後再不足數卽著經徵之員賠補仍俟明歲運河通暢漕船無滯貨物照常到通卽可照原定全數徵收報解以符定制而昭核實是否有當理合具

奏伏祈

皇上聖鑒謹

奏

道光六年八月十三日具

奏九月十三日奉

旨戶部核議具奏欽此

署理山東巡撫臣陳中孚跪
奏爲海運遭風漕船撈起米石不堪運貯估變報撥恭
摺奏祈
聖鑒事竊查前據蓬萊等縣先後稟報趙聯盛等海運漕
船在洋遭風經前撫臣武隆阿隨時
奏報一面飭令打撈米石趕緊曬晾並查明船隻是否
均可修整分別辦理旋據各該縣查明趙聯盛原裝
江南荆溪縣正耗米五百四十石又搭運上海縣正
耗米一百六十二石二共米七百二石船破米濕僅
撈獲米一百六十八石蔣恒太船原裝太倉州正耗

米一千一百八十八石船底破損除沉失外僅撈獲
米一百六石三升八合徐福太船原裝青浦縣正耗
米七百石又備帶耗米五十六石船底裂縫所裝米
石非經浸泡即以受潮除船戶請領備帶耗米以爲
修船回籍之費外實存受潮米三百四十四石浸泡
米三百五十六石並據聲稱所借米石雖經曬乾均
已薰蒸霉變不堪煮食等情前撫臣武隆阿以此項
米石似難再行運貯批司飭令估計變價去後玆據
藩司訥爾經額轉據登州府知府景慶委員會同各
該縣確切估計趙聯盛船撈獲米一百六十八石蔣

恒太船撈獲米一百六石三升八合每石均估值銀
四錢五分徐福太船受潮米三百四十四石每石估
銀七錢泡透米三百五十六石每石估值銀四錢統
計撈獲米九百七十四石三升八合共估值銀五百
六兩五錢一分七釐詳請具
奏前來臣覆加查察尚屬核實估計即飭將變價銀兩
提貯司庫報部撥用如變不足數責成該地方官照
數賠補理合恭摺具
奏再江南海運漕糧共用沙船一千五百六十二隻除
在江南山東洋面失風四隻截至八月初八日共計

催出東境收入津口船一千五百五十七隻下剩黄
遇泰一船於八月初八日駛抵福山縣之芝罘口守
風停泊旋即開行駛出東境一律完竣其分派查催
彈壓海運各員事屬創始容臣確切查明如有實在
出力應行鼓勵之處另行核辦合併陳明伏乞
皇上聖鑒謹
奏
道光六年八月十三日具
奏八月二十七日奉
硃批知道了欽此

長蘆鹽政臣阿揚阿跪
奏為遵
旨查明覆
奏仰祈
聖鑒事竊臣於八月二十八日巳刻准兵部火票遞到軍
機大臣傳諭內開道光六年八月二十七日奉
上諭前據穆彰阿等奏海運沙船共一千五百六十二隻計到天津水次一千五百五十七隻又由江南山東奏明在洋失風事故船四隻又黃遇泰一船到津難以預定等語本日據陳中孚奏黃遇泰船於八月初十日行

抵芝罘口守候風順開行計中秋節後可抵天津著阿揚阿傳諭天津道鄭祖琛確查黃遇泰船月內如已進口即飭迅速挽抵水次運通交收不可遲誤至穆彰阿等奏失風事故船四隻陳中孚查明趙聯盛蔣恒泰徐福泰等三船已將撈起不堪運貯米石估變報撥其無著船一隻係何姓名裝米若干並著該道查對清冊報該鹽政具奏將此傳諭知之欽此遵即恭錄
諭旨轉行天津道鄭祖琛飭即欽遵確查黃遇泰一船如已進口並令迅速挽抵水次運通毋致遲誤其失風無著船一隻查核冊內係何姓名裝米若干查明呈報去後茲據該道報稱黃遇泰沙船裝載漕糧九百石於八月二十六日到津挽抵上園水次隨經查驗米色乾潔即挑選堅固官剝船四隻督同坐糧廳派撥經紀斛手於八月二十七日開兌即於是日兌竣委員督率經紀人等押運赴通其無著沙船一隻檢查江蘇繳行清冊係屬船戶錢元森裝載丹徒縣漕糧正耗米四百餘石查係初運之船等因該道詳請具
奏前來所有臣等遵
旨飭查覆

奏緣由理合恭摺具
奏伏乞
皇上聖鑒訓示謹
奏
道光六年九月初一日具
奏本日奉
硃批戶部知道欽此

兩江總督臣琦善江蘇巡撫臣陶澍跪
奏爲查明海運案內委赴天津交米各員暨押運將弁
遵
旨各按勞績分別懇
恩鼓勵事竊照蘇省試行海運事屬創始所有本省一應
事宜經臣等遴員辦理至米船出海經歷重洋及船
抵天津一切交兑尤關緊要前經
奏派候補道府鄒錫淳李湘茝慶玉等馳往天津協力
籌辦並委副將湯攀龍關天培等酌帶弁丁押坐商
船分起赴津沿途照料彈壓臣陶澍仍親赴上海督

辦告竣於六月初五日同臣琦善會
奏聲明該員等俟交米完竣另請
恩獎在案嗣准
欽差天津收米臣穆彰阿咨會海運沙船均已兑收完竣
並奉
上諭江南辦運委員及押運武員著琦善等各按勞績分
別奏請鼓勵在案仰見我
皇上恩施格外獎勵必錄臣等遵即督同藩司賀長齡等
核查得新任淮揚道鄒錫淳河庫道李湘茝候補道
府慶玉精心籌度一切查船收米分泊盤量諸務布

置周詳並督率隨帶各員竭力趨公始終勿懈太湖
協副將關天培督押首運漕米一百二十餘萬石之
多屢遇驚颷駭浪護送平安到津後復隨同催提船
隻効勞最著京口協副將湯攀龍押送次運漕糧往
返催提經歷洪濤剋期告蕆諸臻妥協查湯攀龍係
保舉堪勝總兵奉
旨記名之員鄒錫淳李湘茝關天培均係實缺道將大員
應否酌加
恩獎之處出自
聖裁惟慶玉一員係揀發江蘇以道府補用該員駐津交

米時逾半載籌辦一切穩協精詳實屬勞績昭著現
在江省尚無可補之缺可否仰懇
天恩准其以道員遇有各省缺出開單請
旨簡放以示鼓勵之處出自格外
鴻施其餘出力文武除分別咨叙外所有尤爲出力各員
各按勞績開具清單恭呈
御覽臣等謹合詞恭摺具
奏伏乞
皇上聖鑒訓示謹
奏

謹將赴津交米出力委員及押運武職員弁開單訂
明勞績恭呈
御覽
陞補太倉直隸州知州王有慶
蘇州府管糧通判淸平
該二員駐津數月綜理交兌事宜規畫周詳始終勤
慎王有慶應請
照例本應陞用應請
賞加知府銜遇缺陞用其淸平一員押運漕糧已歷三次
賞加同知銜遇缺儘先陞用

南滙縣縣丞鄭祖經
山陽縣縣丞項炳森
該二員或專司出納收買餘米或綜理文案鉤稽檔
冊誠實可靠辦事勤明均請以應陞之缺儘先陞用
委用縣丞溫履台
試用府經歷顧毓奇
該二員或稽查斛兌核數給照或駐海口查船催重
儹空不辭勞怨經理得宜均請補缺後以應陞之缺
儘先陞用
試用主簿汪鈺
試用未入流李長慶
該二員或經管排船驗米或委辦提儹商船均極得
力應請儘先補用
掘港營都司俞大銓
該員押送漕船至山東石島洋面交替勤奮著勞應
請以應陞之缺儘先陞用
拔補千總周世榮
候補千總鄭大經
額外外委趙寶和
該三員隨同關天培湯攀龍陸續赴津遠涉重洋護
送妥速應請以應陞之缺儘先陞用

道光六年九月三十日具
奏十一月初二日奉到
硃批另有旨欽此同日奉到道光六年十月十六日內閣
奉
上諭琦善等奏查明承辦海運各員懇恩鼓勵一摺本年
辦理海運前經降旨令琦善等將江南辦運委員及押
運武員各按勞績分別奏請鼓勵茲據查明具奏懇請
恩施江南京口協副將湯攀龍太湖協副將關天培督
押海運船隻妥協迅速俱著加恩交部從優議敘淮揚

道鄒錫淳河庫道李湘茝等駐津交米布置周詳鄒錫淳李湘茝俱著交部議叙慶玉昨已簡放安徽廬州府知府仍著賞加道銜太倉直隸州知州王有慶著賞加知府銜蘇州府管糧通判清平著以同知陞用南滙縣縣丞鄭祖經山陽縣縣丞項炳森均著以應陞之缺陞用委用縣丞温履台試用府經歷顧毓奇均著俟補缺後以應陞之缺陞用試用主簿汪鉦試用未入流李長慶均著儘先補用掘港營都司俞大銓拔補千總周世榮候補千總鄭大經額外外委趙寶和均著以應陞之缺儘先陞用該部知道欽此

江蘇巡撫臣陶澍跪

奏爲遵

旨查明海運案内急公領運倡募招徠船隻之商埠人等恭懇

天恩量加鼓勵事道光六年八月十三日内閣奉

上諭海運沙船到齊米數全行起卸其首先領雇倡募招徠之商埠人等著陶澍就近查明奏請恩施等因欽此查此次試行海運雇募船隻先經臣會同督臣琦善議

奏章程應核運米之多寡以定奬叙之等差除一萬石以下在外分別賞給匾額外其自一萬石至五萬石以上應請分別給予職銜若已捐至五品無可再加者或另行酌奬均俟漕糧交兑完竣再行核辦欽奉

諭旨允行在案兹據藩司賀長齡會同臬司慶善分巡蘇松太道潘恭常兼護蘇松常鎮督糧道額騰伊查明應行奬叙各商埠開摺詳請具

奏前來伏思海船承運官米事屬創行以雇募商船爲第一要務上年七月經臣親赴上海開誠曉諭釋其畏累之心卽日各商踴躍受雇復經督臣

奏派藩司賀長齡馳往率同道府各員廣爲招徠取具

攬呈尅期歸次該船商等感沐
皇仁咸思奮迅或首先領運願捐腳價或親身押運經歷
重洋自春徂秋往返兩運米數則毫無滲漏人船則
盡保平安慕義從公爭先恐後至上海行埠人等雇
船立攬扞量斛兌均能不避辛劬抒誠報効凡此衆
情之鼓舞莫非
聖化之涵濡惟創始稍覺艱難故
恩敘特從優渥所有應行獎勵各商埠謹遵
旨查明開具清單恭呈
御覽其間九為出力數人本有職銜據該司道轉據局員

等詳請捐足不論雙單月歸部選用分發可否仰邀
俞允之處出自格外
鴻施微臣未敢擅便除飭取年貌三代籍貫各冊另行咨
部查核發給執照外理合會同督臣琦善繕摺具
奏伏乞
皇上聖鑒謹
奏
謹將海運案內急公倡募各紳商及領運出力之船
埠人等分別米數詳明實績開單恭呈
御覽

崇明縣辛巳科舉人施彥士
該舉人熟悉海洋情形情殷報効倡始承攬領運漕
米一萬四千餘石親自押坐商船經歷重洋屢遇風
險至三月十五日始抵天津未及趕入會試查舉人
本班應揀選知縣今該舉人因海運出力可否即以
知縣揀發各省補用抑以教職儘先選用伏候
聖裁
上海縣捐職布政司經歷朱增慎上海縣捐職都察
院經歷毛振勳
查海運發議之初商情多存疑畏該二員首將自置

沙船承運米二萬餘石並將應領水腳銀八千餘兩
捐出充公各商因此踴躍承攬洵屬能知大義情切
急公兼查道光三年賑案內義捐九多茲據該府縣
詳稱該二員年富才明均堪錄用可否仰邀
俞允各就原職照續增武陟例捐足不論雙單月歸部儘
先選用出自
聖恩
浙江慈谿縣捐職通判盛炳煜捐職從九品洪炳煇
鄞縣捐職布政司理問謝占壬
查盛炳煜洪炳煇名下各船共載米七萬餘石並領

文親押浙船一百六十五號護送到津經歷險洋照
料妥協顆粒無損並因沽口擁擠設法抽讓催趲趕
裝二運洵屬急公出力謝占壬熟悉海洋沙綫指陳
險易招募商船親自護送赴津照料始終出力均與
各商之僅止用船攬載者不同可否仰邀
俞允各就原職加足不論雙單月照常例加捐分發籤掣
各省試用出自
聖恩
浙江鄞縣捐職州同盧新江蘇通州捐職布政司理
問彭晉嘉定縣捐職理問蒯學順崇明縣捐職理問

陳廷芳山東膠州捐職州同孫榮炅
以上各商名下船隻載米自一萬石以上至二三萬
石該商等本有六品頂帶應請
賞加五品職銜
浙江慈谿縣戊辰科舉人大挑教諭阮兆熊慈谿縣
監生費元墀上海縣船商楊國芳寶山縣監生陸昌
言
以上費楊二商各載米四萬餘石陸昌言載米三萬
餘石查楊國芳兩次領運赴津幫同清理河道關天
培湯攀龍二將皆乘坐該商船隻押運抵津最為得
力陸昌言首先領雇議定水腳招徠有勞費元墀載
米數多均請
賞給六品職銜阮兆熊充當浙船董事未經裝米因浙船
初頗推諉該舉人諄切開導當即同具承攬嗣後復
照料交兌急公出力應請
賞給六品頂帶
上海縣船商王文瑞慈谿縣船商盛垣該二商各載
米三萬數千石應請
賞給七品職銜
崇明縣監生朱承茂長洲縣船商何文焌上海縣船

商沈志明浙江鎮海縣船商華仁安
以上商船各載米二萬餘石均請
賞給八品職銜朱承茂本有頂帶請加給七品職銜
江蘇通州貢生季存霖貢生崔進書監生彭維清監
生季兆瑨監生彭昀元和縣監生蔣炳崇明縣監生
陳鶴監生陳荷監生陳冠英監生顧近顏寶山縣監
生馬賡殿監生劉瑞珍
以上商船各載米一萬餘石該商等本有頂帶應請
賞加八品職銜
通州船商郁勝隆慈谿縣船商葛維戊胡紹中盛榮

以上商船各載米一萬餘石應請
賞給九品職銜
上海縣牙行幫夥唐育曾李昌泰顧飛熊徐元潋唐
森階吳錫章萬寶榮毓震徐士釗
以上各牙埠等或在上海幫辦或赴天津照料雇募
船商扦驗交兌始終効力應請
賞給從九品頂帶
藩司衙門書吏顧崑揚
此次海運本係創行該吏自去秋至今一年督率各
書繕辦文稿井井有條查該書充當典吏已滿三年

本係例應考職以從九未入二項歸部選用之人應
請照上年直隸省查辦旗地出力書吏何照等獎叙
之案
恩准免其考驗交部以從九品註冊即行選用
道光六年九月三十日具
奏十一月初二日奉到
硃批另有旨欽此同日奉到道光六年十月十六日內閣
奉
上諭陶澍奏查明海運案內急公領運倡募招徠船隻之
商埠人等懇恩鼓勵一摺本年海運沙船全數到齊前
經降旨著該撫就近查明將各商埠人等分別奏請恩
施茲據該撫遵查開單具奏各該商等承運官米踴躍
急公或首先領雇願捐腳價或親身押運經歷重洋自
春徂秋往返兩運均能不避辛劬自應量加獎勵江蘇
崇明縣舉人施彥士著交吏部以知縣籤掣省分歸於
議叙班補用上海縣捐職布政司經歷朱增慎捐職都
察院經歷毛振勳俱准其各就原職捐足不論雙單月
歸部儘先選用浙江慈谿縣捐職通判盛炳煜捐職從
九品洪炳煇鄞縣捐職布政司理問謝占壬俱准其各
就原職加足不論雙單月照常例加捐分發籤掣省分

試用鄞縣捐職州同盧新江蘇通州捐職布政司理問
彭晉嘉定縣捐職理問蒯學順崇明縣捐職理問陳廷
芳山東膠州捐職州同孫榮昃俱賞加五品職銜浙江
慈谿縣舉人大挑教諭阮兆熊著賞給六品頂帶慈谿
縣監生費元墀上海縣船商楊國芳寶山縣監生陸昌
言俱賞給六品職銜上海縣船商王文瑞慈谿縣船商
盛垣俱賞給七品職銜崇明縣監生朱承茂著賞給七
品職銜長洲縣船商何文燮上海縣船商沈志明浙江
鎮海縣船商華仁安俱賞給八品職銜江蘇通州貢生
季存霖崔進書監生彭維清季兆瑨彭昀元和縣監生

蔣炳崇明縣監生陳鶴陳荷陳冠英顧近顏寶山縣監
生馬賡殿劉瑞珍俱賞加八品職銜通州船商郁勝隆
慈谿縣船商葛維戊胡紹中盛榮俱賞加九品職銜上
海縣牙埠唐育曾李昌泰顧飛熊徐元潋唐森階吳錫
章萬寶榮姚震徐士釗俱賞給從九品頂帶藩司衙門
書吏顧崑揚充當典吏已滿三年著免其考驗交吏部
以從九品註冊即行選用該部知道欽此

直隸總督臣那彥成跪
奏爲覈實海運出力人員遵
旨據實保奏恭懇
聖恩分別獎勵事竊臣接准
欽差署理漕運督臣穆彰阿咨會欽奉
諭旨本年海運全數抵津迅速蕆事其知府以下各員及
營委將弁著那彥成照原冊開列等第分別奏請獎勵
等因欽此穆彰阿咨到原單僅止分別一二三等並
未註有各員勞績亦未將各員應如何
奏請邀

恩之處分晰註明經分飭清河天津二道秉公具細開列
清單臣再加核實恭摺
奏明在案臣查本年海運事屬創始而直隸辦理接剝
事宜尤爲喫重自沙船進口至上園水程一百八十
餘里即須預集縴夫會派員弁催提挽運迨至天津
隨同穆彰阿驗米盤收隨到隨兌分裝剝船排幇由
津至通三百二十餘里疏通河道分幇押運沿途催
趲稽查並設立總局散放剝價分給票單記檔註冊
以及採辦苫蓋蓆片添設蓆筒頭緒煩多均無舊章
可循全在隨時相機籌辦沙船雲集之時官民剝船

二千數百號水手縴夫人等不下數萬餘人彈壓稽
查在在均須派員經理是以先後所派文武百餘員
分司其事時經七月之久各員弁均不辭勞瘁奮勉
無誤茲據鹽運使銜清河道陶樑按察使銜天津道
鄭祖琛天津鎮總兵克什德查明在事出力文武分
別勞績開單稟請具
奏前來臣查穆彰阿單列一等二十四人之內天津府
知府周壽齡職分較大河間府同知濮城甫經陞任
均毋庸再請
恩施其保定府經歷方廷瑚海河主簿沈葵鹽山縣舊縣

巡檢褚洪滄州風化店巡檢任元資俸已滿應在外
記名遇缺陞補所有尤爲出力一等之務關同知周
衡等十八員將備四員或在局悉心籌畫經理得宜
或在海口調遣船夫稽查得力或押運剝船往來迅
速或疏濬河道設法濟運或掌理冊檔塡發單票或
收放剝價雇覓民船歷經半載有餘晝夜辛勤始終
不懈著有微勞合無仰懇
聖主
天恩
俯准分別陞補議敘以示鼓勵謹繕各員弁勞績清單恭

呈
御覽伏乞
皇上
聖鑒謹
奏
道光六年　月　日具
奏　月　日奉
上諭那彦成奏核實保奏海運出力人員一摺前因海運
全數抵津諭旨該督照穆彰阿冊開等第分別奏請獎
勵茲據開單具奏除保定府經歷方廷瑚等四員由該

督等記名陞補外天津府知府周壽齡河間府同知濮
城俱著交部議敘務關廳同知周衡著以知府陞用先
換頂戴署天津縣知縣蔣兆璠署天津府同知涿州知
州包棻署邢臺縣知縣沈蓮生俱著以同知直隸州陞
用蔣兆璠並著先換頂戴雄縣縣丞楊夔生天津縣縣
丞張欽祖武清縣縣丞葉渠靜海縣獨流巡檢畢林俱
著以河工應陞之缺陞用候選縣丞李宣範河工候補
縣丞查維垣蔣珊河工候補從九品王步瀛俱著遇缺
卽補候補縣丞張應垣張大治候補從九品吳松美德
昭范兆文俱著交部從優議敘坐補東安縣主簿李朋

煊著免其坐補本班儘先補用天津鎮水師營叅將李
沁德現因本缺應裁著即撤回江南儘先補用天津鎮
中軍遊擊趙隴田署天津鎮城守營都司左營守備哈
振鰲俱著以應陞之缺陞用署左營守備候補守備之
雲騎尉姜世堃著儘先補用又另片奏從九品職銜書
吏錢成張第元又書吏俞浩俱著以從九品歸部儘先
選用該部知道欽此

道光六年　月　日內閣奉
上諭百春等奏水脚攅價請展限裁減一摺五閘水脚攅
價自道光四五兩年係照三釐舊額支領本年已屆限
滿應行裁減三毫惟因海運及盤壩漕糧並銅鉛俸豆
等項一時雲集兼有轉運北倉滯漕預東粟麥各項又
催令軍船回空加價添夫趕辦若遽行裁減三毫役力
未免竭蹶著照所請自本年起准其再展緩二年照三
釐舊額支給俾紓役力至道光八年仍應裁減辦理又
另片奏書吏丁沅隨辦海運始終奮勉請以從九品未
入流歸部銓選等語丁沅著俟役滿考職後准其以應
選之缺咨部儘先選用該部知道欽此

直隸總督臣那彥成跪
奏再本年江省海運漕糧一百五十萬七千六百餘石
由直省預備船隻自天津接剝至通倉交收應須剝
船水腳飯米經江省先後委員解到銀十二萬兩其
接剝一切經雜各費所經江省委員解到銀九萬四
百二十八兩零又因收買沙船餘米奉
旨飭發部庫銀二十萬兩均存貯天津道庫陸續分別支
用自二月接剝開運起至八月中旬止經
欽差大臣及倉場侍郎駐劄天津督率直隸道府會同江
蘇道府及各委員等認眞趕辦妥協竣事所有支用

各項銀兩應即分別造冊報部核銷查剝船水腳飯
米按照
奏定章程實用銀十一萬七千四百二十二兩零江省
係動支漕項銀兩本屬報部之款現飭承辦各員趕
緊循例造冊由臣咨部核銷餘銀二千五百七十餘
兩聽候戶部另行撥用其收買餘米剝價係部庫之
款亦應查照
欽差奏案一體造報咨部核銷惟接剝經雜各費如雇給
沙船縴夫苫蓋剝船蓆片及過載溜米蓆筒民船守
候口糧押運員弁兵役薪水飯食並因事屬創始凡
原議章程所未及而臨時必須應用一切雜費均經
局員會同江省委員隨時稟明
欽差及倉場侍郎撙節支用共銀七萬三千三百餘兩在
於江省解到另項銀九萬四百二十八兩內動給此
項銀兩前經江省
奏明係在外另籌協貼不敷及州縣漕費水腳並非報
部之款應毋庸咨部核銷仍飭承辦之員開列細數
移咨江省歸入沙船水腳等項彙案核辦並將餘銀
一萬七千一百餘兩一併移送江省收款以歸劃一
而免牽混理合附片

奏
聞伏祈
皇上聖鑒謹
奏
道光六年　月　日具
奏

兵部謹
題為准咨議
題事議得准江蘇巡撫臣陶澍咨稱蘇省試行海運統
巡分巡各務前蒙
奏派沿海水師各按汛地多撥哨船分派將弁督率兵
丁巡防護送之各屬漕剝數千餘隻皆由官塘泖澱
等湖出黃浦而至上海其間港汊紛岐剝船四出均
經由內河陸汛各員日夜護送刻下全漕悉數運津
固由上稟
宸謨亦復下資羣力前將黃浦至海口一路巡護彈壓尤

為出力之遊擊福智等三員彙摺
奏請鼓勵此外各員如有防護實在出力之處移請提
督并蘇松狼山二鎮查開實績分別核辦去後茲准
查明各營將備等官或不避風阻經歷島洋或晝夜
辛勤探迎巡護均能不辭勞瘁實心經理亦未便泯
沒其勞似應酌量獎敘以示鼓勵相應將叅將張殿
華彭鎮川李恩元學習三等子爵陳廷祖遊擊陳松
林張廷春田松林都司孫廷揚守備沈士魁袁夢熊
周彥維周世揚趙雲彪鮑起豹千總周通江湯攀鳳
顧顯邦陳宗岳張成龍施元鳳黃琴開摺咨部分別

議敘其餘在外記功各員即由各該營鎮存記註檔
隨時自行酌辦相應咨部查照核覆等因移咨到部
查定例漕運屆滿人員該漕運總督秉公考核如果
人材出衆踴躍急公並無中途截留及失風掛欠等
事列為一等如係循分供職運滿無誤列為二等均
咨部議敘兵部題明准其給咨送部引
見其一等人員入於一議敘班內陞用二等人員入於二
議敘班內陞用如有已因軍政卓異俸滿業經引
見者毋庸再行送部等語本年試行海運其防護出力之
叅將張殿華等或不避風阻經歷島洋或晝夜辛勤

探迎巡護均能不辭勞瘁實心經理俾全漕悉數運
津其在事出力各員據該撫開單咨部給與獎敘核
與運弁領運屆滿踴躍急公中途並無事故該督咨
部議敘由部題請送部引
見之例相符應令兩江總督江蘇巡撫將各該員分別等
第出具切實考語給咨送部引
見俟
命下之日遵奉施行伏候
聖裁為此謹
題

道光六年十一月十二日具
題本月十四日奉
旨依議欽此

兵部謹
題爲遵議覆
題事議得內閣抄出兩江總督臣琦善等奏查明海運
案內委赴天津交米各員暨押運將弁遵
旨各按勞績分別懇
恩鼓勵等因一摺道光六年十月十六日奉
上諭琦善等奏查明承辦海運各員懇恩鼓勵一摺本年
辦理海運前經降旨令琦善等將江南辦運委員及押
運武員各按勞績分別奏請鼓勵茲據查明具奏懇請
恩施江南京口協副將湯攀龍太湖協副將關天培督
押海運船隻安協迅速俱着加恩交部從優議敘等因
欽此欽遵抄出到部除文職應聽吏部核辦并部司
俞大銓等以應陞之缺儘先陞用之處臣部恭錄
諭旨行文該督撫欽遵辦理外查例載漕運届滿人員該
漕運總督秉公考核如果人材出衆踴躍急公並無
中途截留及失風掛欠等事列爲一等如係循分供
職運滿無誤列爲二等均咨部議敘兵部題明准其
給咨送部引
見其一等人員入于一議敘班內陞用二等人員入于二
議敘班內陞用如有已因軍政卓異俸滿業經引

見者毋庸再行送部等語今江南省承辦海運各員經該
督等查明奏請鼓勵京口協副將湯攀龍太湖協副
將關天培督押海運船隻妥協迅速欽奉
諭旨俱著加恩交部從優議敘查與運弁領運屆滿踴躍
急公中途並無事故應行送部引
見之例相符惟湯攀龍業經該督保舉堪勝水師總兵臣
部帶領引
見奉
旨記名關天培原係川沙營參將前經該督以委押海船
出力奏陞副將聲明俟服闋後送部各在案此次均

未便再行調取應請照一運全完隨帶加一級之例
加等各給與加二級恭候
命下遵奉施行伏候
聖裁爲此謹
題
道光六年十一月二十日具
題本月二十二日奉
旨依議欽此

吏部謹
題爲遵議覆
題事議得道光六年十月十七日內閣抄出兩江總督
臣琦善等奏查明承辦海運各員分別鼓勵一摺十
六日奉
上諭琦善等奏查明承辦海運各員懇恩鼓勵一摺本年
辦理海運前經降旨令琦善等將江南辦運委員及押
運武員各按勞績分別奏請鼓勵茲據查明具奏懇請
恩施江南京口協副將湯攀龍太湖協副將關天培督
押海運船隻妥協迅速俱著加恩交部從優議敘淮揚

道鄒錫淳河庫道李湘茝俱著交部議敘等因欽此欽
遵抄出到部除欽奉
諭旨交部從優議敘之副將湯攀龍關天培已據兵部知
照自行辦理其加銜陞用補用文職各員臣部遵
旨另行分別註册外應將淮揚道鄒錫淳河庫道李湘茝
等各給予加一級紀錄二次伏候
聖裁爲此謹
題
道光六年十二月初一日具
題本月初三日奉

旨依議欽此

吏部謹
題為准咨議
題事准江蘇巡撫臣陶澍咨本年蘇省試行海運全漕
兌運極為妥速前經擇其尤為出力各員
奏請鼓勵在案此外各員不辭勞瘁應酌量等差分別
奬敘以示鼓勵相應開摺咨部核覆等因前來應將
咨請從優議敘之鎮江府理事同知富康太倉衛守
備新調德州衛守備陳長青元和縣縣丞王作楨華
亭縣縣丞夏修憲寶山縣縣丞譚霖上海縣主簿陶
禮長洲縣吳塔司巡檢劉琦昭文縣白茆司巡檢林

覲光嘉定縣諸翟司巡檢胡廷宜上海縣黃浦司巡
檢車麟等十員各給予加一級紀錄二次其咨請議
敘之震澤縣縣丞楊春陽婁縣縣丞劉岦如臯縣主
簿陳德培華亭縣主簿黃榜婁縣主簿章恩榮松江
府知事張雲翮上海縣吳淞司巡檢陳丙安上海縣
典史費長春等八員各給予加一級伏候
聖裁為此謹
題
道光六年十二月初四日具
題本月初六日奉

旨依議欽此

江蘇巡撫部院陶　爲剴切曉諭事照得上海口岸
爲商船出入之所我
國家深仁厚澤利舶通商海隅蒼生蒙樂利者二百年矣
本年因洪湖決口蓄水無多漕運淺澀來年春運改
由海道業奉
聖旨命本部院會同
爵督部堂督率辦理並
特簡道員另調府縣預行籌辦查上海至天津洋面沙綫
惟沙船最爲熟悉而沙船之耆舵水手尢屬淳良該
船戶等向來受雇貿易今得仰供
天庾之用正可展其平日急公奉上之忱諒必踴躍趨公

咸知感奮惟事屬創始誠恐該船戶等不知現在籌
辦之意合亟出示明白曉諭查海船全憑風信一交
冬令各沙船例應收口守凍其時商貨已卸本係閒
月正值各州縣徵收漕糧陸續交兌之時是沙船受
雇不致等候也截米一石卽有一石之價另委大員
當堂給發絲毫不經吏役之手雖裝官米仍與民雇
無異是沙船不致賠累也滿載之後任聽儎便開洋
不加催促是沙船行住自由不至掣肘也春初東風
司令張帆北去數日卽抵天津是沙船不患風濤也

本部院先委賢員在天津城東門外守候沙船一到卽與卸裝放回是船戶管運不管交不患收米勒掯也在上海受載裝米之外仍准稍帶客貨到津卸載之後仍准放至奉天攬裝豆餅等物是官給運價之外更有餘利也春夏風信最利趕緊往回可裝兩運共有運米較多之船商果能兩運妥速本部院定當
奏請
聖恩賞給頂戴職銜者舵水手果能穩實勤愼認眞出力查明亦酌加獎賞是一舉而名利兩得也爾等目下有受載商貨北上者務須早去早歸其有願在口岸

修艌船隻聽候受雇者各隨其便一切便宜斷不稍滋牽累爾等上報
國恩下利身家務宜踴躍及時自効此外如有堅固平穩情願運米赴津之蛋船鳥船等亦准一體受雇以示同仁倘有各衙門吏役或土棍人等假公濟私嚇詐爾等者本部院嚴查密訪一經察出定當照阻撓軍
國重計例處死治罪決不寬饒爾等切勿疑慮致誤趨公本部院現在親詣上海當面傳諭行戶船商以及耆民舵工水手人等各宜知悉特示
道光五年七月二十日示

江蘇布政使賀長齡江蘇按察使覺羅慶善署蘇松常鎮督糧道湯藩分巡蘇松太道潘恭常前任河南河北道鄒錫淳詳爲酌籌海運招雇商船並運送兌收各章程詳請具
奏事案于道光五年七月初十十五日奉
爵督部堂琦 巡撫部院陶 札開道光五年六月二十八日奉
上諭琦善奏遵旨籌議海運折漕大概情形一摺據稱與陶澍面商飭藩司賀長齡親赴海口督同地方官將商船設法招徠並剝運兌裝等事逐一籌議章程再行會
奏至折漕一事江省漕額較重欲令以米易銀完納足

數民力未必裕如更恐不肖官吏增價病民甚至任意侵挪將完作欠擬將來歲新漕先儘海運數目確切議定再將未能起運米石設法變價解歸工用倘變價難期迅速再行酌量存貯俟督飭江寧江蘇兩藩司定議具奏所有來年海運事宜俟藩司賀長齡赴海口籌議該督再會同該撫妥議具奏折色旣不可行其變價存貯二議亦俟該藩司酌核情形詳晰定議務期官民兩無窒礙等因欽此同日又奉
爵督部堂琦　札開道光五年六月二十八日內閣
奉

上諭琦善奏請派林則徐等赴上海籌議應辦事宜等語
現在埝圩石工已砌至七分以上林則徐鄒錫淳著于
石工屆竣時前赴上海督同該縣將應辦事宜逐一籌
議等因欽此又于道光五年六月二十九日奉
上諭陶澍奏籌議海運及暫收折色停運治河各情形據
稱折色與停運二者均不可行來歲當以海河並運爲
宜廣招商船分作兩次裝載計可運米百五六十萬石
其餘仍由運河而行秋冬之間卽由河督派員將運河
挑挖深通計來春湖水益增自可引導濟運等語太倉
儲蓄本應陳陳相因停運之說原未可輕爲議及至漕

糧改徵折色卽與丁地無異以江省額征漕糧核計應
折之銀爲數甚鉅民間以米易銀遽難出糶必致穀賤
傷農是折漕一節江省尤難施行此事竟毋庸置議海
運一事既據該撫奏稱目前籌運之策無踰於此與琦
善意見相同著侯藩司賀長齡赴海口查勘情形籌畫
到日卽將一切章程會同妥議具奏等因欽此札司親
赴海口督同地方官將商船如何設法招徠州縣如
何運送委員如何兌收各情形立定章程籌議詳辦
等因到司奉此本司賀長齡職道潘恭常遵卽會同
前任河南河北道鄒錫淳親詣上海督同署松江府

知府李景嶧上海縣知縣許乃大查得本省大中兩
號沙船共有一千餘隻該船商等前蒙
巡撫部院親臨面諭並出示招徠已形踴躍當日卽
具到承攬七十餘船本司道等復親赴沙船開誠宣
示此次裝載漕糧俱用民價平雇卽與客貨無異受
雇時既不抑勒封錮交卸時亦斷不致守候稽留並
酌定領運漕米不分正耗每石給價曹平紋銀四錢
該商等各釋疑畏之心無不歡欣鼓舞連日又陸續
具到承攬九百三十餘船連前七十餘船已有一千
餘號之數每船裝米自數百石至二千石不等大局

已有把握復據該府縣稟稱上海尚有浙省蜑船並
三不像船亦曾到過天津現在收上海口者數十號
與沙船同係平底堪以雇用並經取具認雇結狀前
來本司道等復親赴該船察看艙口寬深木料堅固
與大號沙船相仿詢問該船戶等僉稱兩項船隻共
有一百四五十號牽算每船可運米一千五百石惟
該船原隸浙省應請咨明
浙江巡撫部院飭行寧波乍浦各府廳出示曉諭令
該船等於冬季齊赴上海以備選雇如此兼收並用
則一百五十餘萬石之米似可於春夏之間全行起

運辦理再臻妥速現據糧道冊開蘇松常鎮太四府
一州屬除南秋局恤各米外本年額徵漕白正耗共
米一百六十三萬三千一百九十五石零內漕白正
米一百十七萬七千九百十四石零加三加四等耗
米共四十五萬五千二百八十石零內除例應給丁
耗米一十八萬二千一百六十四石零實該起運交
倉耗米二十七萬三千一百一十六石零二共米一
百四十五萬一千三十石零至給丁耗米一十八萬
二千一百六十四石零原以備長途剝量折耗之用
今沙船程期較近折耗無多自應量為節省應請漕

糧一石給耗米八升白糧一石給耗米一斗共計米
一十一萬七千五百二十二石零此係給船帶備折
耗之項毋庸議給水腳餘剩耗米六萬四千六百四
十二石零既可毋庸給丁應即搭運作為交倉米數
實共起運交倉漕白正耗各米一百五十一萬五千
六百七十二石零以每石四錢合算應需銀六十萬
六千二百六十九兩零加以各縣剝運上海腳價及
一切雜費為數均屬不貲
國家經費有常況值工需緊要何敢動云請
帑致有虛糜計惟以地方本有之款籌運

天庾惟正之供則漕糧既利轉輸官民均無苦累容俟本
司道等另行籌款隨時稟請酌辦濟用惟是海運事
屬創始本無成案可循勢難一一造報應請
奏懇
聖恩免其報銷至隨漕行月贈五等項無需動用即可省
出銀四十萬四千餘兩米二十五萬餘石除由江安
江蘇兩糧道照減歇軍船例給發減半月糧及苫蓋
銀兩外餘俱分別查款報撥再本年帶徵道光三年
二限災緩及歷年未完帶徵漕白正耗米五十餘萬
石此項米石新舊並納民力未免拮据自應通飭各

州縣及時趕徵完納儘徵儘解兌交沙船運津以裕
倉儲至北壩交兌應給銀米各款向有糧道衙門解
給者亦有由旗丁按米給予津貼者今改由海運除
糧道衙門應解輕齎席木各款仍照例解交外其旗
丁應給各項既不動用漕項即不能照常津貼但由
津赴通船價飯米及茶果個兒錢經紀書役飯食一
切載在漕運全書各雜費除以旗丁到通應領銀米
等款撥抵外尚多不敷現擬由本司道籌措銀兩委
員先期解赴倉場衙門暨天津道兌收分別給發稍
資協貼所有本司道等酌議海運招雇商船及帶徵

漕米儘徵儘解情形並酌擬運送兌收各章程理合
會銜具詳繕開清摺呈祈
察核會
奏請
旨遵行再前任臬司林則徐因病回籍未與海運之議故
未列銜理合聲明爲此備由另具書冊呈乞
照詳施行
計呈摺
一各州縣由倉次剝運上海應給水腳也查沙船均泊
上海既不能迎至各倉受兌各州縣卽需雇覓剝船

運送上海且常鎮二府距上海遠至五六百里所費
不貲應請各按程途里數給予水腳銀兩現已籌款
由該州縣自行坐支以免藉口賠累至上海商船攬
載客貨腳價皆係全給今裝運漕糧亦應如數全給
以釋其疑畏之心且一經兌米卽須趁風開行不能
久待自應將水腳銀兩由司督同府州籌款先期解
往上海聽候蘇松太道當堂驗發以免牙儈胥役從
中侵扣
一驗米交米應專派大員經理也查海運漕糧上海爲
總匯之地驗收兌裝責任綦重應請

奏明派委道府丞倅四員先於各州縣剝米到次時令
同蘇松太道逐一盤驗必須乾圓潔淨升合無虧秉
公斛量兌收每船于正米內提出樣米一斗裝貯木
桶黏貼印花卽交沙船帶津所派道府于驗米後飭
令各帶佐雜一員由陸路趕赴天津俟沙船一到將
原封米樣稟請
欽派驗米大臣在于沙船比驗一經兌交剝船卽與沙船
無涉該沙船以關東裝豆爲正載惟慮交米稽延致
誤豆汛且須急駛回南以備二次接運漕糧應懇
奏請

敕部議定沙船到津在東門外交兌定限幾日收竣放行
並請
敕下直隸總督先期多雇剝船在天津東門外守候俾沙
船隨到隨卸不致累商誤運
一海運漕糧如無故短少霉變應令沙船賠補以專責
成也查向來商船攬載客貨偶有遭風鬆艙等事卸
載後驗明大桅已砍實係遭風免其賠償倘大桅未
砍所載貨物霉變短少卽責令賠補今裝運漕糧更
宜核實應請于沙船到津時如果驗有砍桅鬆艙及
傷斃人口情事自應查照糧船失風之例

奏明免其賠繳並照例優恤如並無事故而有短少霉變等弊即令于備帶餘耗米內如數補足再有不敷勒令買補以專責成

一海運漕糧宜飭沿海水師會哨巡防也查沙船受載漕糧運至天津交卸洋面遼廓防護宜周除江蘇省洋面應請

奏明轉飭各營汛逐程防護外並懇

奏請

勑下山東直隸等省轉飭沿海水師提鎮各按汛地多撥哨船分派將弁兵丁巡防護送夜間于島嶼處所多挂號燈日間多竪號旗俾商船停泊守風不致迷于所嚮并請

奏派武職大員二人押坐商船赴津庶商船有無疎虞得以稽考而沿海會哨官兵亦免虛應故事

一海運商船宜分別獎敘以示鼓勵也查商船領運漕糧迅速無誤自應核其運米之多寡以定獎敘之等差除一萬石以下請由

督部堂撫部院及本司道等分別賞給匾額外其自一萬石至五萬石以上應請

奏明分別給予職銜若已捐至五品無可再加或另行

酌獎均俟漕糧交兌完竣報明蘇松太道衙門覆核具詳轉懇

奏請

欽定再商船全數運米南北貨物未免阻滯應請每船准其八成載米酌留二成搭載貨物並由海關查明免稅放行計數請豁稅額但不得過二成之數其自關東運豆回南仍照例輸稅以重關課

一蘇松常鎮太四府一州軍船宜酌加調劑也查該各屬軍船已于本年首進運米到通業蒙

奏明截留河北接運本年江廣滯漕並留為來歲接運浙江等省新漕之用此項軍船原可毋庸議及調劑惟新漕既由海運所有隨漕行月贈五等項該軍船等概已無從支給其接運別省漕糧僅有水腳口糧為數無多非起運本幫漕糧可比而歸次之期須在來歲秋冬其隨時添置器具及零星修補船隻在在均需費用恐丁力疲貧難免苦累似應酌加調劑向來減運漕船例有半支月糧及苫蓋銀兩此項接運軍船既有水腳口糧應請照減運漕船之例于所省行月贈五項下量為核減酌給稍資貼補用示體恤容俟查議另行詳請咨

部核覆此外江北各軍船仍屬本幫辦運自有應得
之項應毋庸議
道光五年八月初六日具詳奉
爵督部堂琦　批仰候會同
漕撫部院察核具
奏繳摺存又奉
巡撫部院陶　批已經
爵督部堂會核具
奏欽奉
諭旨均經抄摺恭錄轉行在案仰卽知照繳摺存

江蘇布政使賀長齡江蘇按察使覺羅慶善署蘇松
常鎮督糧道湯藩分巡蘇松太道潘恭常前任河南
河北道鄒錫淳爲詳請咨明事竊照江蘇省海運新
漕所有招雇商船並籌議交兌各事宜現在分別查
議會詳請
奏其各沙船抵津應需插標記認集夫縴挽官定價値
及凡遇關津渡口驗照放行不許詐索向給陋規並
卸米後應用鈔泥任其挖掘壓鈔各事宜應行咨明
直省飭令遵照辦理以臻妥協而免遲誤相應會議
章程具詳伏候
鑒核移咨
直隸總督部堂分飭遵照實爲公便爲此備由呈乞
照詳施行
計開
一天津口硬沙宜插標記認也查天津海口有硬沙二
處一名曹妃澱一名黃壩蓋此外並無山礁暗沙該
商船乘風駕駛必須認識繞避方免疏虞應請咨明
直隸總督部堂檄飭該處地方文武汛官查明凡有
沙礁之處多插標竿日則樹旗夜則懸燈以憑沙船
辨認

一沙船到津自東沽起至東門外停卸地方俱係逆流而上共計水程一百四十餘里必須人夫縴挽方能前進大船約用夫三十名中船約用夫二十名每夫每站給制錢百文以站半計算每夫給制錢一百五十文今將大中兩號船牽算每船用夫二十五名計用制錢三千七百五十文以千五百船計算共用制錢五千二百五十千文已由蘇籌款發給商船但恐船數衆多或致人夫居奇勒掯應請咨明
直隸總督部堂檄飭天津縣至時代集人夫官定價值以免把持訛索

一各關口向有掛驗小費該商等不無畏累此次裝運漕糧應請咨明天津各關口岸凡裝糧沙船經過一概不許強索分文仍於官給執照内註明一應關津渡口驗照放行不許訛索向給陋規

一卸米後應挖泥壓鈔也伏查天津口内多係鹽城曠土向來沙船到口均在該處挖泥壓鈔今船數衆多恐有土棍藉端訛詐應請咨明
直隸總督部堂飭行天津縣出示諭禁凡沙船卸米後任其挖掘壓鈔如有前項情弊該船戶稟知蘇省委員知會該地方官查拏究辦至應用鐵鍬土筐等物每船酌給制錢一千文令其自爲置備以千五百船計算共用制錢一千五百千文亦已由蘇籌款發給商船支用

道光五年八月初六日具詳奉
爵督部堂琦　批仰候據詳移咨
直隸總督部堂長蘆鹽院分飭遵照辦理仍候
漕撫部院批示繳
署總漕部院穆　批仰候
爵督部堂酌核主稿會辦仍候
撫部院批示錄報繳

巡撫部院陶　批已據詳移咨
直隸總督部堂分別飭遵并咨明天津關查照仍候
[illegible]部堂院批示繳

江蘇布政使賀長齡分巡蘇松太道潘恭常為據情
詳請咨明事竊據松江府上海縣申據商人盧久成
盛成阜胡東興稟稱蒙諭著商等將向收別口未悉
船名浙省商船一十三隻速赴寧波查開船名稟候
轉覆核辦等因茲特遣人趕赴本籍查到盧延安等
船名一十三隻所有領照字號以及船隻名目現因
四散南北貿易不能詳晰爲敢開單聲明稟請備移
鄞縣鎮海二縣查明字號並飭各船主就近在籍預
行具立承攬一面寄信各口著令各船屆時駛收上
海聽候裝糧以免遲誤等情前來除飛移鄞縣鎮海

二縣查開領照字號分別蓋船三不像名目並飭各
該船主在籍就近預行具立承攬飛移註冊一面寄
信各口著令各船屆時駛收蘇省吳淞口停泊投報
聽候給發銀米領運漕糧北上外理合開報等情到
府伏查此項船隻先經稟明在案應請俯賜轉咨
浙江巡撫部院一體檄飭寧波府及鄞縣鎮海二縣
將摺開商人盧久成等稟報盧延安等未悉船名之
船一十三隻查開領照字號分別蓋船三不像船名
目飭令各船主在籍就近預行具立承攬移知上海
縣註冊一面寄信各口著令各船屆時駛收蘇省吳
淞口停泊投報聽候運漕北上等情到司據此理合
據情會詳伏候
鑒核俯賜咨明
浙江巡撫部院檄飭府縣查照曉諭遵辦以期船數
愈多裝運更爲妥速爲此備由呈乞
照詳施行
道光五年九月初六日具詳奉
爵督部堂琦　批已據詳移咨
浙江巡撫部院查照速飭曉諭照辦矣仰即知照繳
巡撫部院陶　批已據詳移咨

浙江巡撫部院轉飭該府縣查照趕緊曉諭遵辦飭
令迅速移知上海縣註冊並令趕泊吳淞聽候兌漕
矣仰即知照繳

江蘇布政使賀長齡江蘇按察使覺羅慶善爲據稟轉詳事案照道光五年分新漕現擬海運所有省城至上海新開計程二百八十里前因並無馬路又無水驛經本司等會議添設水驛船隻六站詳明飭遵去後玆據上海縣稟稱奉飭添水站接遞文報粘單內開每處設快船三隻用水手四名馬快一名號書一名日給飯食油燈紙張租房等因伏查每處站次設有快船三隻自可足資遞送惟每站僅撥馬快一名勢難兼顧卑職擬每船一隻撥馬快一名庶往來接遞益昭妥速計卑縣設站二處設船六隻應馬快

六名較原定計增四名其飯食亦照數給發事竣造冊報銷稟請飭屬遵照等情到司據此本司等伏查遞送公文係馬快專責原議每站設快船三隻輪流往返隨到隨行本非同時駕駛若僅撥馬快一名誠屬勢難兼顧今上海縣稟請每船一隻撥馬快一名以資差遣係屬實在情形自應俯如所請准其添設此外應行添設水驛之嘉定青浦崑山元和等縣亦一律准其每船撥馬快一名以昭畫一所需飯食油燈等項仍照原議在于各屬例給津貼旗丁幫費銀兩內按數分別給發毋庸動支正款事竣核實報銷除飭各屬一體遵照外相應將增添水驛馬快緣由具文會詳伏候

鑒核示遵爲此呈乞

照詳施行

道光五年九月初五日具詳奉

爵督部堂琦　批如詳轉飭遵照添設水驛遇有文報趕緊依限馳遞毋稍遲延繳

巡撫部院陶　批據送清摺存查仰即轉飭即照該司等核定數目分別給發先將何月日爲始申報查核仍將給過銀數按月報查繳

江蘇布政使賀長齡分巡蘇松太道潘恭常詳爲據情轉詳事竊據署松江府知府李景嶧督同上海縣知縣許乃大稟稱前奉札飭將海運新漕案內凡有商船攬運如何查驗水次停泊如何分割並報解津貼銀兩各事宜悉心妥議章程馳稟察辦海運事屬創舉凡有在縣應行事宜務期籌畫周安俾免臨時缺誤等因遵卽督縣親歷浦江吳淞閘等處測量水勢察看情形將沙船剝船停泊處所先行議定並將委員查驗船隻扦量米數各州縣應備苫蓋給予沙船各船執照委員押運剝船交兌及文武大小官員

書吏兵役應給薪水舟車飯食添設水站馳遞文報及沙船犒賞神福各事宜開具條款冊摺稟請核辦前來當核送到條款內所載委員查驗船隻扦量米數一條據請委丞倅一員督率佐雜四員查驗船隻係一覽而知之事非如稽核銷算可比所擬佐雜四員似覺過多經本司酌改丞倅一員督率佐雜二員又州縣剝船運米應防偷竊等弊一條據請擬用黃標紙間隔以一尺爲率一層米一層紙鋪墊等語核查州縣剝運米石赴上海雖有官役人等隨船押送稽查然不得不嚴加防範擬於最上一層鋪紙後再平鋪米一寸以上再用灰印似覺更爲嚴密又委辦候補等官分別給以舟車薪水一條核查所擬酌定各員薪水各數均覺過多批令刪減再行籌議詳辦並將添設水站接遞文報一節飭行蘇松二府及元和崑山青浦上海嘉定等五縣各按文報必經地段遵照設立並經飛移臬司詳辦在案茲據署松江府李丞遵減核議稟覆到司本司道等覆核無異合將該署府等所議條款轉造清冊會詳伏候

批示飭遵實爲公便爲此備由另具書冊呈乞

照詳施行

計開

一各縣剝船宜擇地停泊以避浦江風濤並分派員役巡查以資彈壓也查各州縣漕糧聚集水次人舟擁擠處滋事端應各分派船塢每塢立一長竿懸旗一面大書某州某縣漕糧剝船塢以便各州縣剝船認塢停泊應派委佐雜二員隨役四名在水次周歷巡查有犯必懲以杜囂爭

一沙船宜泊浦江排列成行並給與號旗以易辨識也查沙船必須于初到之日委員押令兩船一聯或三船一聯停泊江心以便剝船泊近兌米庶無擁擠之

處每遇船隻進口時須委丞倅督率佐雜查驗可以裝運之船卽簽算米數酌定縣分給與大旗一面寫明某縣第幾號漕船以便剝船望見易於泊近交兌

一沙船苫蓋及槺米桶應飭各州縣預爲購辦也查竹木席片鐵釘稻草氣筒等物均爲漕船襯墊漕米之需槺米桶每船一隻以備查驗米色每裝米一艙上蓋稻草一層以收潮氣應飭各該州縣照數備辦齊全卽交剝船先行帶到每米百石應用稻草竹木席片鐵釘氣筒若干另開清摺呈核稻草至上海置備尚易

一州縣剝船運米應防偷竊等弊宜酌委佐雜押運也查剝船戶奸良不一恐有偷竊散失著水等弊擬用黃標紙間隔以一尺爲率一層米一層紙鋪墊最上一層鋪紙後再平鋪米一寸以上再用灰印並由縣自行移派縣丞主簿巡檢等官一員帶同書役斗級笆夫人等押運交兌以專責成

一各州縣剝運米石應並帶木斛也查各州縣兌米木斛俱有道府印烙宜各先帶十隻到上海請監兌委員卽用上海縣頒頒鐵斛眼同船戶將縣中帶來木斛較準卽令該船戶畫押再加監兌委員印封爲據一縣之米總用較準之斛收兌

一各海船收兌米石執照應存根備核也查沙船兌竣開行應給執照所用三聯印單業經遵照頒式刊刻其各海船兌收各州縣米石收米百石卽給州縣兌單一紙以爲憑據至一船兌足卽給州縣米結一紙如糧船兌收之例此項兌單宜用二聯票式上印該船字號姓名戳記一給交米州縣根存該船備查所出米結亦祇用二聯單俱另擬式呈核

一辦事之書役口糧棲止宜臨時酌量支銷也查上海派撥分巡兵役以及添募書吏捕役應需燈燭舟資

工食口糧此時難以懸定應俟臨期核定人數多寡準其按日支銷

一應設水站馳遞文報也查海運事宜最爲緊要一切限行文報刻難遲緩應飭元和崑山靑浦嘉定上海等縣各設雙櫓快船四隻每船水手六名每站租賃房二間派撥書辦一名馬快二名如有限行文報立卽登記馳送不許壓前等後如有遲誤挨站查究應以九月初一日爲始卽由上海縣移知各縣備辦

一委辦候補道府大員以及丞倅將弁均應分別給以舟車薪水也玆酌擬道府大員每日舟車薪水銀四

兩丞倅每日舟車薪水銀二兩佐雜舟車薪水及跟
役飯食銀一兩二錢千把外委每日舟車薪水亦給
銀一兩二錢以資辦公如委知縣以上現任之員不
給薪水
一各州縣剝船水脚應准坐支也查各州縣漕糧多寡
不一道路遠近不齊所有應支鋪艙席竹鐵釘氣筒
等項併計按每米一石每百里給銀二分應飭各府
州核定米數里數准其坐支不得浮冒濫銷
一各州縣津貼銀兩應行酌提也查各州縣津貼銀兩
除應行坐支外應著令陸續解赴松太道關庫兌收

聽候給發
一海船如有滲漏及損具不全者應勒限修艌添置也
查沙船蜑船三不像等船未必盡屬完固堅好如驗
有滲漏及損具不全者即令趕緊修艌製備限到次
後半月完工若不完工趕裝即由蘇松太道封錮一
年不准攬載生理以杜規避
一沙船耆舵水手宜分別犒賞也茲擬開船時每船耆
舵每名給銀一兩副舵每名六錢水手每名三錢神
福每船四兩
以上各款係就大概情形據該府縣等酌議開陳其

餘或有未盡及一時不能籌計者容俟臨期再行請
示辦理
道光五年九月初八日具詳奉
爵督部堂琦　批如詳飭遵繳冊存
總漕部院穆　批仰候
爵督部堂
巡撫部院批示遵行繳冊存
巡撫部院陶　批據議各條均屬妥協仰即移行遵
照辦理至元和崑山青浦上海嘉定等五縣應設水
站接遞文報一節現據臬司會詳另行批示飭遵至

各屬應行坐支剝船水脚等款並令核實動支不得
稍有浮冒仍于事竣造冊請銷毋違繳冊存

江蘇布政使賀長齡爲詳明事竊照籌辦海運首以
招雇商船爲第一要務前經
巡撫部院暨本司先後親詣上海傳集船戸牙行開
誠曉諭並令署松江府知府李景嶧督同上海縣知
縣許乃大一手經理故能商情悅服業據取具承攬
者已有一千餘隻今瞬届冬令沙船即應陸續歸次
新任松江府知府陳鑾現已赴任所有招集商船歸
次一事應仍委川沙同知李景嶧協同辦理除札飭
川沙同知李景嶧會同松江府知府陳鑾督率上海
縣知縣許乃大將已具承攬各船迅即催令如數歸

次其未具承攬者亦即預爲雇備齊集一律取具承
攬呈送庶免臨期缺誤外理合具文詳明伏候
鑒核爲此呈乞
照詳施行
道光五年九月十八日具詳奉
爵督部堂琦　批據詳已悉繳
巡撫部院陶　批據詳已悉仰即飭令將未具承攬
各沙船趕緊設法招集一律取具承攬造冊呈送以
免缺誤繳

江蘇布政使賀長齡按察使覺羅慶善分巡蘇松太
道潘恭常會詳爲海運赴北交米應以到津驗收爲
竣事詳請據實
奏懇
聖恩明降
諭旨以專責成而免推諉事竊照本司道等前奉行准
協辦大學士英　續奏海運一摺內開江蘇委員押
運抵津時
欽派倉場侍郎一人並請
欽派戸部堂官一人同赴天津按照官給執照米數漕斛

驗收一切交兌事宜由該委員一手承辦經紀人等
不得向商船過問等語是承辦委員在津聽候驗收
即以到津爲竣事也嗣經本司道等詳請
奏派道府丞倅四員各帶佐雜先由陸路赴津代商交
米一俟商船到津即將每船樣米稟請
欽派大臣就在商船比對逐細斛量一經兌交剝船即與
沙船無涉等因已蒙會核具
奏是在津驗收斛量之後斷不能再作兩番交卸也特
恐通倉經紀吏胥人等狃於故常或謂漕務向係通
倉交卸欲令蘇省委員協同經理則無論此次不用

幫弁旗丁僅止委員數人斷難照料周匝設已經天
津驗收之後而途次剝船又有發水短少情事勢必
彼此推諉漫無責成於
天庾正供大有關係而直省委員雇剝護送事務已極紛
繁若更令其領運赴通再作一番交卸恐亦徒形掣
肘轉致誤公惟折耗費用自應仍由江蘇籌款本司
道等查由津赴通漕米不無盤量折耗現有隨正運
津之餘耗米六萬餘石應請
奏明卽以此項抵補盤耗之數似尚有贏無絀其通倉
派往天津之經紀胥吏人等飯食雜費及盤量工費

各款前詳聲明除例應動支正款外另籌津貼茲擬
按米每石給銀四分措解銀六萬餘兩交
倉塲衙門濟用又天津雇剝不敷及礙難開銷各款
除應由
直隸總督部堂
奏明動撥外茲擬亦措解銀六萬餘兩解赴天津道庫
兌收湊用其帶徵各米應俟徵到時儘歸海運若干
再計協貼兩項一並措解合無詳請俯念海運事屬
創行交米總宜妥速照詳會核
奏懇

聖恩明發
諭旨將到津交米一事責成江蘇委員實力經理毋庸再
行赴通其雇剝彈壓各事責成直隸辦理而一經
欽派大臣在津驗米斛收以後卽責成通倉經紀吏胥人
等專司其事領運赴通不得復向江蘇過問如此明
定限制庶經紀人等在津自必認眞驗收沿途更必
加意照料而蘇省亦不致掣肘誤公本司道等爲熟
籌萬全以免臨時推諉起見謹合詞具詳是否有當
仰祈
會核具

奏請
旨遵行爲此備由另具書冊呈乞
照詳施行
道光五年九月二十四日具詳奉
爵督部堂琦　批此案業經
巡撫部院主稿會
奏矣仰卽遵照繳
總漕部院陳　批仰候
爵督部堂酌核會
奏繳

巡撫部院陶　批仰候
爵督部堂會核具
奏繳

江蘇布政使賀長齡江蘇按察使覺羅慶善分巡蘇松太道潘恭常爲請咨各省飭行口岸速催海運商船趕緊回南領兌新漕事竊照蘇松常鎮太四府一州道光五年起運漕白二糧業蒙
奏奉
諭旨全由海運抵津所有應用商船裝載漕糧俱用民價平雇卽與客貨無異受雇時旣不抑勒封錮交卸時亦不致守候稽留並酌定領運交倉正耗各米每石給價曹平紋銀四錢事竣後復准詳請
奏明獎敘該商等各釋疑畏之心陸續具到承攬共計

本省大中兩號沙船一千二隻浙省三不像蜑船四十二隻通共已有沙船一千二隻浙船四十二隻現在續具承攬之船尚未截數查該商船向於每年冬月內全歸上海水次茲屆冬令自應全數趕緊回南停泊黃浦江水次聽候派兌第恐該船商等罔知開漕日期任意攬載客貨不顧歸次早遲而各省關津口岸不知該船均已攬載漕米未能及時催趲任其行止自由未免隨處逗留設過風汛之期必致貽誤關係匪輕相應具文詳請伏候
鑒核飛咨奉天直隸山東等省轉飭各關隘口岸凡

有濱海商船停泊之處責成該地方文武各官剴切
曉諭一體嚴催務令於冬三月內全行駕駛回南聚
集上海水次聽候受兌新漕倘有已具承攬之船借
名修艙待貨任意逗留以致遲誤者應由蘇省查明
在何處耽延即當據實詳請
奏咨究辦將該處地方官請
旨嚴議如此辦理庶不致各分疆界遲誤遷延以免臨時
掣肘爲此備由呈乞
照詳施行
道光五年九月二十九日具詳奉

爵督部堂琦　批已據詳移咨
直隸總督山東巡撫部堂院暨
奉天府尹轉飭嚴催商船務於冬月內全行駛回上
海聽候受兌新漕毋任遷延貽誤仰即知照繳
總漕部院陳　批仰候據詳飛咨
直隸總督山東巡撫部堂院暨
奉天府尹轉飭嚴催商船趕緊回南受兌繳
巡撫部院陶　批已據詳分咨仰即知照繳

江蘇布政使賀　爲據呈咨行事奉
巡撫部院陶　札開據浙江寧波府慈谿縣商人盛
成典等呈稱商等置造三不像蜑船兩項船隻皆用
松木入水甚深鹹水逼浸受濕更甚非如沙船之純
用杉木船身乾燥者可比至若三不像係屬尖底現
浮水面可驗又非如蜑船之平底者可比倘有米粒
黴變商等傾家蕩產不足以抵償萬一深恐有誤漕
運呈請于船貨卸空時委員查驗等情具呈前來當
查蜑船三不像船雇裝漕米既有運腳耗米並准隨
帶二分貨物免其納稅事竣之後並當

奏請
獎賞事屬有利無害該商何所見而種種推諉且案已
奏奉
諭旨時已秋盡冬初即應分駛前來斷不能任其支飾規
避著令速即傳知各商早來受兌毋稍遲延致干重
咎等因批示在案合亟札司立即照批轉飭該府縣
速即傳諭各船商速即分駛前來受兌毋任支飾規
避至本省各沙船現在續行進口堪以雇運者共有
若干亦即嚴飭委員人等迅速雇定一律取具承攬
造冊送查均毋稍任延誤等因到司奉此合亟札府

立即會同李俞二丞督飭上海縣遵照傳諭各船商
迅即分駛前來受兌毋任支飾規避稟之特札
道光五年九月二十九日札松江府知府陳鑾川沙
同知李景嶧蘇州府督糧同知俞德淵

江蘇布政使賀　爲據稟飛咨事據松江府川沙同
知李景嶧稟覆浙省之蜑船三不像等船往來關東
本係裝運餅豆正載既堪運豆即可運漕卑職前在
上海招募船隻即據該商等以伊等浙船不堪運漕
等情飾詞推諉經卑職再四開導並查驗各船可以
一律備用是以先後飭具承攬船五十餘隻業經具
稟在案今該商等復敢在
院具呈業蒙批飭具徵明察無遺至所雇江蘇商船
前已經卑職督同上海縣親詣查驗船艙招雇並無
止以梁頭爲憑濫行剔除之事等情到司據此查浙

省蜑船三不像等船與蘇省沙船同係裝運餅豆正
載何以沙船即可運漕而蜑船三不像船獨敢飾詞
推諉且前經該同知督同上海縣親赴各船查驗可
以備用是以飭具承攬由司轉詳計數入
奏乃該商等輒復在
院飾詞諉卸顯係覬覦蘇省沙船明年雇運漕糧則
關東裝餅豆各貨勢必需船裝運而南方花布等貨
之往北者亦倍於往年該船商乘此壟斷居奇可獲
厚利故爾隔省揑情呈瀆以巧遂其趨避之心倘因
麤細相形蘇省沙船聞而解體以致垂成之事因此

難行所關匪細據稟前情除飭松江府會同委員李
俞二丞督同上海縣仍卽趕緊招雇查催免致臨時
缺誤并詳請飛咨
浙江巡撫部院外合并飛咨爲此合咨
貴司煩照來移希卽一體曉諭各船速赴上海具攬
承運毋任規避遲延望切施行
道光五年十月初十日咨
浙江布政使司

江蘇布政使賀長齡按察使覺羅慶善稟竊照本年
海運新漕前經本司會同各司道詳請
奏明由蘇省籌議應用一切經費通飭遵照去後茲據
蘇松常鎭太四府一州屬陸續稟稱現已籌款足用
妥爲預備除畱支剝費外依期解赴蘇松太道衙門
驗派分別解給不致遲誤等因除飛移蘇松太道遵
照
奏案事理一體督飭嚴催分別驗派解給如有一縣觀
望缺少卽移揭來司以憑會詳參辦外合肅具稟
道光五年十月廿三日具稟奉
爵督部堂琦　批據稟已悉繳
總漕部院陳　批仰候據稟札飭松太道遵照催辦
繳

江蘇布政使司賀按察使司覺羅慶分巡蘇松太道
潘　為曉諭沙船趕緊歸次裝運漕糧事照得本年
蘇松常鎮太四府一州額征起運漕白糧米已經具
奏全由海運欽奉
諭旨蘇松常鎮太四府一州新漕並緩帶漕糧由海運抵
津其所議酌給沙船耗米即於例給旗丁耗米內動放
又海運漕糧如有斫桅鬆艙傷斃人口情事自應奏明
免其賠繳並照例優恤若無故短少黴變即令於備帶
耗米內補足如再不敷勒令買補以專責成驗米交米
著於兌運時派委道府大員等逐一盤驗將米樣貯桶

黏貼印花交沙船帶津以備欽派驗米大臣查對並著
戶部將沙船到津在東門外交兌限幾日收竣放行即
行議定具奏其須用剝船並著直隸總督飭屬先期多
為雇備隨到隨剝俾沙船不致羈累又沿海水師並著
山東直隸各督撫轉飭沿海水師提鎮各按汛地多撥
哨船分派將弁兵丁巡防護送並著該督屆期奏派武
職大員二人押坐商船赴津以資稽考商船分別獎敘
著照所議辦理其海船押運到津經紀人等難免需索
刁難請派親信大臣赴津驗收監兌著軍機大臣屆期
奏請欽派一二員前往此外如有應行隨時酌辦之事

務當預籌詳妥勿致臨時周章有負委任欽此等因即
移行欽遵在案查沙船裝運漕糧業經本司會同各
司道酌定按交倉正耗米數每石給價曹平紋銀四
錢並裝載糙糧每石給備帶耗米八升白糧每石給
備帶耗米一斗其帶備之米不在給價之內總而計
之較與民價平雇已屬有多無少況抵津以後恐有
經紀書役人等刁難勒索亦已層層預為計及籌畫
盡善各船戶斷無稍有滋累而所發水腳亦由蘇松
太道衙門當堂給發嚴禁胥吏人等勒索抵津交兌
完竣後尚須詳請

奏懇
天恩分別給予議敘又經本司道議定開船之時各船耆
舵每名給銀一兩副舵每名給銀六錢水手每名給
銀三錢每船各給神福銀四兩在該商等既得益資
餘利而又可邀
異數之褒實屬名利兩全之事現屆冬令自應及早駛
回上海水次聽候派運除詳請分咨各省口岸一體
查催歸次外特恐未能周知合再抄錄奏咨裝運抵
津兌交各章程剴切曉諭為此示仰各船商及牙行
人等知悉爾等商船如已在上海縣具有承攬者即

速分投傳集趕緊歸次其尚未具有承攬者亦卽速
赴具攬呈送一面將船駛至上海口岸分幫停泊聽
候分派裝運至兌交一切各事宜悉照抄黏章程辦
理其水腳耗米等款已分別移行遵照俱按實數給
發該商等毋得稍有遲誤大干未便各宜稟遵毋違
特示
道光五年十月十九日示

兩江爵督部堂琦　爲札知事照得明年試行海運
前據該司道等查有浙省三不像蜑船與蘇省沙船
相仿堪以運米赴津當經會摺
奏明飭雇昨據浙江商人盛成興盧久成等來轅具呈
據稱三不像蜑船皆松木造成鹹水逼浸潮濕更甚
奉裝漕米倘有虧變傾家蕩產不足賠償等情本爵
部堂察核情詞顯有畏累推諉情事隨傳該商盛成
興等當堂剴切開導該商等均知悔悟各願船內加
倍襯墊多雇熟諳水手踴躍急公裝運不敢推卸除
取具各結附卷飭委候補同知吳廷揚帶同該商盛

成興等前赴上海交蘇松太道潘恭常督率查明現
在浙省三不像蜑船收泊口內若干一體傳知點立
承攬並令該商等轉傳有船各商遵照毋任諉卸外
合併札飭札司卽便轉飭蘇松太道遵照俟該同知
吳廷揚將該商等帶到卽行督率查明收泊口內之
船一體傳知寫立承攬以爲明年海運之用並令該
商等轉傳有船各商遵照迅速通知各口令其將船
駛回上海受雇均毋任其諉卸貽誤飛速須札
計抄呈
告狀商人盛成興等浙江寧波府慈谿縣八

爲愼重漕運叩飭驗釋事本年籌辦海運奉
巡撫部院諭雇沙船此外有平穩堅固之蜑船烏船
情願運裝者自應一視同仁一體受雇等示嗣奉松
江府以閩省烏船尖底不堪付裝將商等浙省之三
不像蜑船誤認平底在上海者先留船照並查商船
一百六十一號不論大小新舊儘數取立承攬隨移
原籍毋許隱漏商等具詞聲剖府批抄黏伏查商等
向赴奉天山東兩處自運餅豆以赴北爲放空回南
爲正載今順帶南漕優給水腳並准議叙苟有知識
無不踴躍從公無如商船皆用松木造成鹹水逼浸

潮濕更甚非如平底沙船純用杉木船身乾燥者可
比更查漕運軍船例禁白木成造誠以米粒乾圓潔
淨而白木滲水易於受潮今商船盡係松木顯與裝
運之例兩歧倘有黴變商等傾家蕩産不足賠償且
三不像底尖蜑船底圓實由牙行提報致府縣誤以
平底具詳且商船不堪裝米歷有各屬議稟並
浙江巡撫部院歷次
奏案可憑勢難貽誤無奈籌呈
巡撫部院請驗未准只得黏呈議款奔號
侯爺俯念松木尖底商船捏報平底請賜委員覆驗
保運全商上呈

江蘇布政使賀長齡按察使覺羅慶善分巡蘇松太
道潘恭常爲詳明飭委事照得蘇省各屬本年新漕
業蒙
奏奉
諭旨試行海運其各屬雇備船隻剝往上海交兑商船運
行各事宜先據松江府督同上海縣籌議條款到司
又經本司會同蘇松太道造冊具詳
鑒核在案現届漕糧啟徵之候各屬不日卽須剝往
上海交兑所有原議章程內應行委員經理各事宜
自應斟酌損益分別派委以專責成相應開摺具詳

伏候
批示飭遵爲此呈乞
照詳施行
道光五年十一月初五日具詳奉
爵督部堂琦　批如詳派委繳摺存
總漕部院陳　批來詳凊摺閱悉卬
爵督部堂巡撫部院核示遵行仍飭各員依限前赴上海妥辦
毋任延誤繳
巡撫部院陶　批如詳飭遵繳摺存

江蘇布政使賀長齡爲咨會查辦事奉
巡撫部院陶　札開准
總漕部院陳　咨海運蘇松常鎮太四府一州漕糧
係
奏明春夏兩運內除濱海州縣就近剝運交商無礙浙
船行走其餘海運州縣糧米均應由鎮常蘇太各水
次用剝船運赴上海特該剝船是否均須由向來江
浙軍船經行之鎮常蘇州運河一帶行走未知確實
倘海運剝船有支河可通自然無礙若止一河通行
彼時海運糧剝南下浙省軍船北來倘河道窄狹一

經擁擠遲滯海運與盤壩均有關係查浙江幫船本
年歸次較早現已嚴飭冬兑冬開來年列爲首進勒
限二月初十日以前到淮先爲盤運如蘇松常鎮等
處海運剝船彼時倘可稍遲卽讓浙江幫船先行倘
海運商船應當早開卽責令各州縣將海運剝船務
于正月半以前一律全抵吳淞口候兑以便騰出河
道俾浙江幫船長行來淮趕趁盤壩以免兩相遲誤
咨會轉飭辦理並將蘇常等處河道應否挑挖轉飭
籌辦見覆飭遵等因到院准此查各屬漕船經行河
道并行到上海一路必須一律深通前經通飭查勘

預行設法疏通嗣據震澤崑山新陽婁縣南滙武進陽湖無錫等縣申覆足資浮送並據無錫縣聲明再行確探水勢循例擇淺估閘等情在案其餘各屬未據覆齊茲准前因合行札飭札司立即飭催各屬將漕運經行之處親歷查勘如有淺澁速即預行撈挖深通仍將水勢情形先行通報一面查明各州縣海運剝船是否均由運河行走如遇浙省重運幫船是否不致兩相擁擠抑應讓剝船先行或讓浙省幫船先行之處并即查照

總漕部院來咨妥議由司詳覆飭遵毋稍遲延等因

到司奉此本司查浙省幫船自南而來係由蘇屬之吳江震澤經過至蘇州直達常鎮二屬官塘運河行走除松太二屬及常昭崑新各縣漕糧剝船俱有腹裏河道可通其長元吳三縣剝船至上海應由東路行走俱與浙船不相遇阻惟常鎮二屬及江震二縣剝船恐與浙省軍船同時一河行走而河道甚寬似不致有擁擠遲滯常鎮二屬向來免開本早今改由海運更宜加緊辦理應令趕于年內一律剝竣爲期總在浙船未運之前至江震二縣剝船至蘇城外一段若與浙船同時並行雖不致阻礙亦應飭令該二縣趕緊征收隨收隨剝務於來歲正月望前一律剝竣自可無擁擠之虞除分別飭遵并飭該府州將各屬漕剝各船經行之處親歷查勘如有淺澁速即預行撈挖深通勿致臨時貽誤并將水勢情形先行通報外理合具文詳明爲此呈乞

照詳施行

道光五年十一月初三日具詳奉

爵督部堂琦　批據詳已悉繳

總漕部院陳　批據詳已悉浙江各幫刻已勒限來歲二月初十內渡江過淮所有常鎮及江震等縣剝

船必須於浙幫未到之先過竣不獨可免擁阻更免舵水人等爭執滋事仰即隨時察探河道情形分別嚴札各府縣上緊撈挖趕辦剝運慎毋刻延爲要繳

巡撫部院陶　批據詳已悉仰即飭令各該府州將各屬漕剝船隻經由處所迅速查勘如有淺澁速即趕緊撈挖深通毋使稍有淺阻致誤運行并令將水勢情形先行稟報毋遲繳

爵督部堂琦　爲呈明事道光五年十二月二十七
日准
兵部火票遞到
戶部咨貴州司案呈道光五年十二月初十日據山
海關監督珠爾杭阿呈稱奉部札開議覆兩江總督
奏海運章程一摺查黏單內開運糧商船載貨二成
免其納稅其自關東運豆回南仍照例輸稅各關迅
速放行並嚴禁吏胥需索留難俾各商更加踴躍等
語伏查山海關應徵正項盈餘銀兩全賴奉省各海
口商船貨物納稅是以每年正額盈餘不致短絀此

歷任奏報數目均屬上下相等並未有盈絀懸殊大
部有案可稽今職差細繹來文運米商船帶貨二成
免其納稅一節係專指商船自南起運漕糧帶貨至
津售賣免其納稅若該船到津卸米後或將貨物轉
至奉省並在天津加裝貨物赴各海口售賣亦准免
其納稅則應徵正額盈餘必致短少獲咎匪輕且
國課攸關未便任該商等含混舞弊其中難保無奸商
夾帶貨物恃有免稅執照到處影射職差職守所關
故不揣冒昧詳陳如運糧商船將二成免稅之貨卸
在天津售賣自應遵照奏定章程免其納稅倘不能
賣完並另販天津貨物轉至奉天裝豆時售賣自應
仍照尋常商販一體納稅以杜影射之弊庶幾
國課不致短少而辦理亦不致掣肘矣呈請速賜札覆
以便遵行等因當經付查雲南司覆稱查前項商船
海運漕糧前據兩江總督原奏分別獎敘條內稱再
商船全數運米南北貨物未免阻滯應請每船准其
八成載米酌留二成搭載貨物並由海關查明免稅
放行計數請豁稅額但不得過二成之數其自關東
運豆回南仍照例輸稅以重關稅等因欽奉
諭旨其商船宜分別獎敘其蘇松等府州軍船酌加調劑

二款俱著照所議辦理欽此欽遵在案是商船帶貨北
來應免納稅其自關東販豆回南始行輸稅前奏甚
爲明晰今據付稱該監督呈請運糧商船二成免稅
之貨到津售賣不完及另販天津貨物轉至奉天裝
豆時售賣並運糧商船交卸後赴奉天裝豆回南應
否一體輸稅之處核明付覆過司以憑核辦等因查
該商船航海遠來原係民運官糧必須優加體恤是
以在南裝運貨物經兩江總督奏請免稅仰蒙
恩准所有該商所帶免稅之貨到津售賣不完或另販天
津貨物轉至奉天應一律全行免稅以廣

皇仁其到關東裝豆後回南仍應查照原奏照例輸納豆
税以重
國課再漕糧一百五十萬石初次未能運竣該商船尚
須二次裝運則初運裝豆倍宜急駛回南方免遲誤
前次覆奏內令各關查驗迅速放行原以該商船裝
豆回南時應行納稅之貨恐各關人役或有藉端需
索留難情事耽延時日所有該商船裝豆回南經由
該關時務飭查明應納稅課若干照令輸納後迅速
放行嚴禁吏胥人等不得額外勒指致誤再運其一
次運糧仍照初次章程辦理等因付司照辦前來相

應由四百里飛咨兩江總督先期示諭該沙船人等
一律聞知俾有遵循以示體恤可也等因到本爵部
堂准此合就札飭札司即便遵照速行示諭該船商
人等一體遵循辦理毋違特札
道光五年十二月初一日札江蘇布政使

江蘇布政使賀長齡按察使覺羅慶善蘇松常鎮督
糧道宋潢分巡蘇松太道潘恭常為轉詳事竊據松
江府知府陳鑾蘇州府督糧同知俞德淵松江府川
沙同知李景嶧上海縣知縣許乃大會詳續議海運
案內上海交兌各事宜開冊呈送前來本司道等會
同籌核將送到條款分別斟酌損益轉造清冊會詳
伏候
批示飭遵實為公便呈乞
照詳施行
計開

一委員查驗沙船每查一船即於船旁易見之處黏貼
船單一紙塡明某字號沙船船商者舵某某姓名在
船水手若干名實裝糧米若干石即隨手登記簿冊
照船單內開載以便按縣核派
一原議沙船有八成裝米二成搭貨之說今聞自上海
至津可銷之貨向來本少如有不願搭貨儘數裝米
者應於查船時開明儘數估裝米石即於冊內註定
免致受兌時再事游移
一沙船量定艙口之後共計在次若干號即查照各縣
米數挨次分派如由鎮江府屬派起即將鎮屬四縣

各按停泊段落派在一處以次由常至蘇逐段接運每派定一船卽於船旁大書某縣第幾號運糧沙船字樣並給大旗一面亦書某縣第幾號運糧沙船使剝船一望卽知庶免臨時錯亂

一沙船派定後應按各縣抄行一冊俾知本縣派船若干隻剝米若干石卽可遵照派定數目源源起運其剝船字號卽照沙船字號配搭起運俾運到水次時某號剝船卽撐赴某號沙船受兌庶免無所適從之虞

一沙船派定米數後每府應造送一冊以憑督催起運

再造五府州總冊十餘分分送

各衙門查核並于十二月封篆以前由驛咨送

直隸總督倉場衙門各一分以便海船到津時查照收斛其封篆以後續派船隻若統歸第二起造報未免稍遲恐商船到津轉在其前交卸米石無憑稽核不特易於歧錯更致商船守候稽遲自應飭令多備空白印冊于封篆以後按十日咨報

倉場直隸一次並照錄一分飭發赴津交米委員稽核庶歸妥協

一剝船運到時該縣押船家丁稟請驗米大員帶同委員到船查驗驗畢卽知照委員傳知沙船趕緊兌收兌見米數隨給兌單每兌竣一船沙船卽給全收米結該縣家丁仍持至總局照驗挂號以憑隨時申報

一三聯執照應由本司道會印再加上海縣印交總局存貯以憑隨時給發其米結兌單式樣應由上海縣刊刻刷印散給各船收存兌竣後隨時塡給上用船商圖記者舵花押爲憑其監交委員亦宜加用戳記以憑查考

一各州縣運米若干石派船若干隻及用何色號旗應造總冊一分移知吳淞水師營俾沙船出口時跟綜

巡護至每船兌米完竣出具全領米結後仍隨時知照該營於到口時派兵護送該營亦將某號船於某日出洋飛移總局申報

各衙門查核

一鎭江一屬開倉最早常年十二月初間米已收完應令于十二月初十前後先行起剝以便從容兌收其蘇松常太四屬應於正二三月內均勻派作首運餘剩米石卽歸次運辦理毋致貽誤

一兌米斛手應由上海縣豆行內公雇斛手一百名取具斛匠頭承認結狀並造送花名一冊隨時承應按

照所斛米石給予工價每石五文應飭各屬俟總局
核派米數隨米帶往于丁胥人等眼同過斛時計米
付錢但恐米多湧兌之時不敷應用再行通飭每縣
隨剝各帶斗級三名並爸夫二三名以備相幫照料
一丈勘吳淞江水勢自黃渡以下淺處居多剝船礙難
行走將來各縣剝船應由崑山至青浦出大攔路港
歷泖湖斜塘歸入黃浦直達上海或出寶帶橋至白
蜆江由澱山湖入泖湖亦歸黃浦以達上海惟澱山
湖時有風阻之患崑山一路較為平穩應將各縣剝
船腳費仍照官塘支銷其行走程途無妨各隨其便

一自橫潦涇至上海縣東門計程一百三十里一潮不
能徑達各屬剝船經行必須預籌停泊之所查上海
縣迤西七十里有閔行鎮地方堪以停泊該鎮地處
荒鄉四面遼廓且恐剝船坌集人衆滋事雖有黃浦
巡檢一員把總外委各一員恐不足以資彈壓應請
派委文武二員駐札該處以便剝船經臨駐泊時防
範照料
一黃浦風潮不時所有支河汊港堪以暫泊之處外來
剝船無由深悉且潮信之早遲水性之緩急苟非素
所經歷必致茫無把握畏憚不前應請每十里預備
本地方熟慣小船一隻以便剝船到浦時指引接應
偶值天陰夜黑或猝遇風潮卽可指引支港使之知
所趨避計自十二月初五日起每日雇船十三隻約
須錢七八千文應由該地方官經雇准歸公費內報
銷
一原議吳淞閘分設三十塢停泊剝船現因不走吳淞
各縣剝船均由黃浦抵次應卽在浦江停泊以俟驗
收惟黃浦風潮難測恐夜間陡起暴風致有顛簸之
患今擬在上海迤南十餘里黃浦各支港中擇地停
泊亦不限定三十塢祗令委員隨宜安插暫避風濤

俟風日晴穩撐赴沙船受兌其委員應多派十餘名
以便分頭照料
一原議沙船初到時委員押令兩船一聯或三船一聯
於江心停泊今查沙船乘風駛進海口無分早暮時
止則止委員押停實有不及之勢應飭令查驗委員
隨時調度黃浦江面寬至數百丈不難挨次排列總
以不礙剝船泊近受兌卽為妥貼其押停委員似亦
毋庸另派
一原議每艙鋪墊苫蓋應用關東蘆席二十四張本地
蘆席則用六十張今復傳至耆舵細加體問據稱各

船艙口大小不一且一船而前後中艙廣狹不同若按艙置辦轉至多寡不均不如隨米計算方得勻稱現議每米一百石備帶本地蘆席二十張圍圓一尺以上毛竹四根毋庸劈破竹篾氣筒二個棋子鐵釘一觔足數應用每船樣米桶一隻俱由州縣自備至上蓋稻草一層亦係必用之物就上海置買爲便以上各物照時價估值每米一石約計紋銀二分應請于公費內同剝船腳費准其坐支銷用

一總局內請撥司書一名蘇糧道書二名蘇松太道書一名上海縣書一名按衙門各帶清書二名分司稽

核米數編派船隻銷算水腳等事

一委員查驗艙口及監交兌米應由上海縣署隨時酌派清書數名跟隨委員黏貼船單登記簿冊等事

一上海縣應提經費現已解存道署銀五千兩所有總局應用各項應向道署具領請先發數千金陸續支用用完再領其銀領出總以公估價值爲憑兌換錢洋俱按照時價逐款登明務期出入相符以憑事竣報銷如有錯混惟經手官吏是問

一委員支收銀錢各款應派總局書吏二名幫同經手凡有支領數目委員存一底簿書辦除分款立冊外另立一出入總簿逐款登記將除用實存數目按日一小結五日連前一大結按旬按月俱有四柱總結由承辦委員隨時稽查不得絲毫含混

一總局支放各款銀用曹平足兌洋錢照時作價銅錢無論多寡俱用足串不得有輕平擡價短底之弊使各色人等無藉詞剋扣致于公事有礙

一總局內領放銀兩應按月造具支用細數及現存實數清冊二分申報司道衙門存案以憑查考

一委員申報查驗船數兌裝米數以及一切海運公事並支用銀錢結狀除現任者各用本任印信鈐記外

其餘候補人員應刻給海運委員某官某人戳記一塊以憑查考非海運事件不得于他處行使

一白糧係上供之需久貯縣倉恐致色變應將各屬白糧于第一次全行起運總於正月望前舂辦齊全一律每袋稱足一百六十觔剝運上船庶于開行日期不致遲誤並于查驗艙口時將堅固寬大船隻另行提出裝運白糧其實裝白糧米若干石即於查驗時一律扞定至有白糧米數本少或裝剩餘米不敷裝運一船不妨兩縣搭運各估艙口仍于冊內註明俾免淆混

一商船神福及犒賞舵水手等項原議神福一項按船核給舵水手人等係按名計發各屬起運米石派定船隻若干固不一定卽舵水手名數亦有不同自應由總局核明派裝商船若干隻內應給某某船神福銀若干犒賞舵水手某某等幾名銀若干核計總數於移知派運米數時一併備文移明各屬令其隨米帶往給發以省總局支發之煩仍于各屬籌備經費銀內開銷

一商船赴津應給縴挽夫工原議每船給制錢三千七百五十文惟船有大小似未盡善今擬按米貼給商船每海運米一石酌給制錢四文計海運米一百五十萬石共需夫價錢六千千文較前擬五千二百餘千之數稍有加增然其事不致偏枯所給錢文仍令各屬隨米帶交商船於籌備經費銀內開銷

一總局各衙門書役飯食油燭及船價等項自應由總局分別酌量核給統于本省報銷案內造報

道光五年十二月初五日具詳奉

爵督部堂琦　批如詳飭遵繳冊存

總漕部院陳　批據詳并清冊閱悉繳冊存

巡撫部院陶　批如詳飭遵繳冊存

江蘇布政使賀長齡按察使覺羅慶善蘇松常鎭督糧道宋潢分巡蘇松太道潘恭常詳爲酌籌海運等事照得蘇省本年新漕由海運行自上海派裝商船抵津交兌在南塡給執照卽將截存照會飛遞在津交米委員查明比對而按船派米細冊亦須飛咨直省及委員知照其在津委員於各船收口時必應隨時報明蘇省察考一切文報往來在在均關緊要誠恐經過山東直隸兩省各驛站視爲隔省公文並不隨時依限馳遞致有貽誤除飭赴津各委員自起程以後如有發遞回蘇各項文報務於郵封面上註明海運要件限行字樣外相應具文詳請飛咨

直隸總督部堂
山東巡撫部院通飭有驛各州縣凡遇蘇省往來文報封面上註有海運要件限行字樣者卽速依限加緊馳遞毋許遲延並請行知蘇省各驛站一體遵照實爲公便爲此備由另冊呈乞

照詳施行

道光五年　月　日具詳奉

巡撫部院陶　批仰候分咨

直隸總督部堂
山東巡撫部院查照飭遵仍由臬司行知本省各驛一體遵照毋遲繳

江蘇布政使賀長齡爲據情轉詳事竊海運漕糧原議章程條欵內稱委辦候補道府大員每日酌給舟車薪水銀四兩丞倅每日舟車薪水銀二兩佐雜舟車薪水及跟役飯食銀一兩二錢其知縣以上現任之員不給薪水先經本司彙案會同蘇松太道詳奉批准在案兹據海運總局委員李俞二丞督同上海縣詳稱佐雜委員查船兌米及巡查彈壓無分朝暮均需船隻往來原議連船價每日給銀一兩二錢實屬不敷自應另行給予船價復查各委員扦量船隻及巡查彈壓等事需用船隻現在按日雇備匀搭牽算每員每日需用銀四五錢不等今請畫一各加薪水銀四錢統共一兩六錢由各委員自行雇備船隻以免零星折價其派在總局辦事不用船隻之各委員仍照一兩二錢之數支銷以示區别如蒙允准即于十二月初一日將已到上海之員一體支給至道府丞倅大員自應各有坐船不准開銷公項議詳核示等情到司據此本司伏查佐雜委員薪水本連舟車盤費每日議給銀一兩二錢今據總局委員具詳所費不貲議請另給船價統于薪水銀內酌增銀四錢應否准其加增從十二月初一日起將已到上海

之員一體支給其派在總局辦事不用船隻之各委員仍照一兩二錢之數支銷又道府丞倅大員各有坐船不准開銷公項相應據情轉詳伏候

批示以便飭局遵照再蘇松太道駐札上海不及會銜會印合并聲明爲此備由另册呈乞

照詳施行

道光五年十二月初七日具詳奉

爵督部堂琦　批據詳已悉繳

總漕部院陳　批據詳已悉繳

巡撫部院陶　批如詳飭遵繳

江蘇布政使司賀　爲據稟飛飭事據蘇州府督糧同知俞丞松江府川沙同知李丞會稟稱兌米斛手業由上海豆行內雇定七十名現在尚須招募擬足百名之數方敷應用倘臨時再有不敷即令各該縣隨帶斛手幫同照料惟是斛手工價前經許令議定每石辛力錢五文統計正耗米一百六十餘萬石應需斛力錢八千餘千文此項若由總局給發竊慮每日斛手分頭量兌散在各船總局經手之員辨認不清易致舛錯不如飭令各該縣自行給發仍于經費內開銷在該縣丁胥人等眼同過斛計米付錢認定

斛米之人即係領錢之人自不致有所冒濫至於神福犒賞一款計每船需銀十兩內外一俟兩運完竣開銷不下二萬金此款數亦甚鉅似應由各該縣隨同水腳帶赴上海自爲給付即于酌提數內開銷俾總局內少一項支發即免一項報銷以歸簡易而省煩瑣等情到司據此合亟據稟飛飭札到該府廳州縣立即遵照趕緊自行預備臨時給發毋得缺誤干咎特札

道光五年十二月初八日札蘇松常鎮太四府一州并所屬

江蘇布政使司賀　爲通飭遵照事案照海運漕糧案內沙船到津應需縴夫價值一款續據蘇州府等議稟應按米計算每石酌給制錢四文逐船驗發又沙船到津卸米後應挖泥壓鈔需用鐵鍬土筐等物令船戶自爲置辦每船酌給制錢一千文此二款應于各屬籌備經費銀內發給商船先經本司札飭上海總局委員李俞二丞督同上海縣籌議詳覆去後茲據該丞等申稱應給天津縴夫並挖泥壓鈔兩項錢文自應各該縣隨米同神福犒賞斛手辛力一併帶交以免兩岐應請通飭有漕各廳州縣隨米帶赴

上海自行給付等情到司據此查前據總局李俞二丞稟請將應給上海斛手工價並沙船神福犒賞三款飭令各該縣隨同水腳帶赴上海自爲給付等情即經飛札飭遵在案茲據具申前情合再通札各該府廳州縣立即遵照將應給沙船神福犒賞縴夫價值挖泥壓鈔並上海斛手工價等項銀錢即速備齊隨米一併解赴上海自行分別給付仍于酌提經費數內開銷並將限解經費如數預解

蘇松太道衙門聽候兌收驗給毋稍違玩致干重咎

特札

道光五年十二月十一日札蘇松常鎮太四府一州並
所屬除太湖靖江崇明三廳縣

江蘇布政使司賀　為飛札飭查事案照蘇省本年
海運漕糧先經本司親赴上海招雇沙船卽據該商
等遞具情願裝運赴津切結呈送并經本司道會同
出示曉諭於冬三月內全行聚集上海水次受兌新
漕各在案今已臘月中旬前次具攬各船祇有七百
餘隻駛回上海受兌本司訪聞竟有玩法之徒將已
經回棹船隻私往通州海門贛榆等處各口岸剝卸
貨物並有寧波等處奸民將內河貨物運往沿海地
方乘間裝載潛赴關東等處貿易此等商船業蒙
奏奉

上諭裝運漕糧各衙門皆有花名可考如此規避誤公卽
應追照究辦地方官失於覺察亦當予以嚴參合亟
飛札飭查札到該廳州縣等立卽遵照刻速密赴沿
海地方逐細確查如有沙船在境立卽押令速赴上
海受兌漕糧仍先將現在停泊該境船數及催令出
口日期由五百里星飛馳稟敢再稍有膜視任聽書
役放縱除將該廳州縣等以誤漕例立予詳請參奏
外並提該船戶從重治罪稟之特札
道光五年十二月十四日札海門廳通州海州江寧
縣東臺縣贛榆縣如皋縣泰興縣崇明縣

江蘇布政使司賀　爲據稟札飭密查事據崇明縣知縣王青蓮稟稱海運漕糧現當喫緊之時業經卑職多撥幹役分派家丁督押四出水陸稽查如有各處沙船到境一概押令駛赴上海聽候兌運並嚴諭海船各保甲實力查察毋許私運客貨上船有卽拏解究辦一面移會營汛分段巡察以免疎縱惟沙船旣非一縣所管而放洋之處有在鄰境地方稽察難周稟懇檄飭海門通州等各廳州縣于沿海各口水陸要隘分布稽查毋許私攬停泊偷越庶得互相禁戢于公事實有裨益等情到司據此合亟札飭札到

該廳州縣等立遵來札及抄稟事理刻速選撥幹役分派家丁務須不動聲色在於沿海各口水陸要隘處所嚴密分布稽查毋許私攬停泊偷越仍先將現在停泊海口沙船共有若干隻開列花名星馳稟報一面設法催令駛赴上海受兌倘敢飾延卽行據實稟辦事關海運漕糧毋得藐視致干參咎特札

道光五年十二月十五日札海門廳通州海州贛榆

縣

委辦海運總局蘇州府督糧同知俞德淵松江府川沙同知李景嶧督同上海縣知縣許乃大爲遵札呈覆事奉札開照得海運漕糧案內應給沙船及神福犒賞據議每船需銀十兩內外上海斛手工價每石辛力錢五文此三款據該總局稟請通飭由各該縣隨米帶赴上海自爲給付又先經本司道會詳沙船抵津各事宜案內沙船到津應須縴夫價值一款續據蘇州府等議稟應按米計算每石酌給制錢四文逐船給發又沙船到津卸米後應挖泥壓鈔需用鐵鍬土筐等物每船酌給制錢一千文令其自爲置辦

此二款應于各屬籌備經費內發給商船其是否由總局按數給發抑由各該縣隨米帶往並未議及惟鎮江府屬向來籌備經費爲數本少昨據丹徒縣申稱除徑支剝船水脚並置備沙船鋪艙蘆席稻草竹片鐵釘氣筒及押運丁役盤費外祗應解銀五百七十餘兩雖經本司駁查但卽使撙節恐亦屬有限而應需前項每石四錢水脚及神福犒賞等四款銀兩以米計算不敷甚多且此外金壇溧陽二縣情形諒亦相仿惟溧陽一縣爲數稍多亦難預定數用現在該屬各縣業經派船剝運所有前項應行隨米帶交

各款如無解到或解不足數作何籌給應否於蘇松
太道衙門先行請撥由總局核明發給以免貽誤合
亟飛札查詢刻日籌議詳覆一面趕緊辦理毋稍刻
延貽誤等因卑職等遵將丹徒縣不敷給船水脚等
項應于蘇松太道庫收到各縣三成津貼銀內撥補
一節另稟外所有奉查應給天津縴夫并挖泥壓鈔
兩項錢文自應各該縣隨米同神福犒賞斛手辛力
一併帶交以免兩歧應請通飭有漕各廳州縣隨米
帶赴上海自行給付其丹徒等縣不敷之處由總局
核明撥給奉札前因理合具文申覆伏祈

鑒核
道光五年十二月十八日具詳

揚州府泰州知州王有慶稟竊卑職奉
委赴津交收海運漕糧所有應行籌備各事宜皆當
預爲籌及伏查海船給與耗米一層原以備盤耗不
敷前蒙
諭飭各船必須全行備帶不許私折私售該船戶等
自當遵照帶往惟查糙糧耗米每石多至八升白糧
耗米每石多至一斗固欲寬備有餘亦所以貼補商
船以示體恤其實盤量折耗斷不至如此之多計到
津交兌後餘剩耗米爲數甚鉅該船戶等自必就近
在津售賣天津不過一隅之地且居民俱食雜糧若

忽增此十數萬之南米其價必致頓減商船不肯減
價售賣轉致隨船帶往奉天錦州等處其時雖官爲
禁止亦不可得因思向來京倉籌備不敷尚欲發
帑採買其盤運脚價及一切經費較之尋常買價多至
倍蓰查漕運全書本有收買餘耗之條若將此餘剩
耗米
奏請發價採買旣可以稍資儲備亦可以體恤商情蓋
採買定價自必較民價稍豐商船自無不樂售且斛
收囤貯無須另派多員卽交此次收米之人將正米
收足接連斛收餘米或另行存貯或隨剝搭運送京

照數給與價值仍請聽商自便無庸勉強願售者儘
數收買不願售者任聽隨船帶回至收米給價應如
何議立章程不致抑勒勉抑之處當由直省籌議辦
理卑職等於交兌時仍可留心查察如有不妥或於
商船稍有未便自當隨時酌辦卑職愚昧之見是否
有當肅泐稟聞
道光五年十二月二十九日具稟

江甯布政使張志緒蘇州布政使賀長齡江安督糧
道湯藩蘇松常鎮督糧道朱澂爲遵議請撥事竊查
今冬蘇松常鎮太四府一州漕糧接奉
檄飭行令核議雇用商船由海運送等因卽經本司
道轉飭各屬查議將一切應辦事宜妥商去後嗣據
核議稟覆復經本司道逐一體察情形悉心參酌開
列清摺並因蘇松常鎮太四府一州軍船已蒙
奏留河北接運本年江廣滯漕仍留爲來歲接運浙江
等省新漕之用是此項新漕既由海運所有隨漕行
月贈五等項該軍船既已無從支給其接運別省漕
糧又僅有水脚口糧爲數無多非起運漕糧可比而
歸次之期需在來歲秋冬隨時添置器具及修補船
隻在在均須費用恐丁力貧疲難免苦累似應酌加
調劑應請照減運漕船之例于蘇省行月贈五項下
量爲核減酌給用示體恤聲明容俟查議另行詳請
咨
部核覆業蒙
會議附摺具
奏欽奉
恩旨蘇松等府州軍船酌加調劑著照所議辦理欽此轉

行議撥詳咨等因在案茲會查得兌運並協運蘇松
常鎮太四府一州漕糧幫船內江省本司道所屬係
江淮頭二三四五六七八幫與武頭三四五六七八
幫滁蘇幫儀徵幫揚州頭幫淮安頭幫淮安四幫廬
州二三幫泗州前後幫大河二三幫鳳常幫鳳中常
幫鳳中二幫長淮頭四幫共三十一幫蘇省本司道
所屬鎮江前後幫蘇州前後幫太倉前後幫鎮海前
後幫金山幫並蘇州松江常州白糧幫共計十二幫
往年幫船歸次水手可以隨時遣散今漕糧海運空
船截留河北守候接運明年別省漕糧舵水人等既

未能暫爲遣散而在船日食飯米所費不貲其修艌
船隻及置備檣帆器具所領三修每船僅銀七兩五
錢十不敷一且又遠在河北釘鐵油麻並工匠人等
均須由南購覓雇船裝送至高坂頭盤壩過河至泊
船處所道路遠近不一按船散用往返盤費工價等
項無不倍於往昔向來近泊蘇常一帶不獨價值平
減更可賒欠刻下種種苦累情形實有難支之勢壘
據江興蘇太等衛守備先後詳請酌加調劑俾得趕
購工料大加修艌庶來年無誤接運前來並奉
批檄飭查核議各在案本司道等悉心體察該丁等

接運別省漕糧自河北受米上船較之自次開行程
途所少無多今止領水腳口糧所有耗米津貼錢糧
等項一切全無而安家置具以及修艌雇工等費與
自運不甚懸殊比之減運年分停船歸次舵水無多
苦蓋有限並無置具修艌等費其情形迥不相同自
應遵
旨酌加調劑本應將行月贈五等款項下查照減運之例
按款量爲酌減核給方符原
奏但查贈五係額編隨糧給軍之款定例每兌米一石
給米五升給銀有五分者有一錢者原因軍丁長運

民戶贈軍酬勞之用今糧歸海運並非本丁本船裝
載若再議給殊與本款原意不符至行糧係出運之
款既有得領水腳亦未便重復議給是行贈兩款均
應毋庸議覆此外祇存原奏調劑所指月糧一款其
月糧本係旗丁安家及在船日食所需若就此一款
照減運半支之例酌減核給非但爲數無多未能稍
紓丁力且與原
奏指明行贈等款項下酌撥之處不符惟查減運之年
曾於苦蓋月糧之外尚有加給二分三分之案今各
丁現在停候接運須俟來年禦黃壩開放霜降後始

能回次其費用較之常年出運判若逕庭其得項僅止水脚較與常年出運所得少更倍蓰今行贈米議動撥若月糧援照加二分三分之案辦理仍不足以資調劑本司道等再四籌商與其在于原奏所定行糧月糧贈五等三款內拘泥拨款酌撥不如在于月糧本款內全行給發丁力固可稍紓而本司道造報較爲便捷所有節省行贈等項照入撥冊聽候撥用相應會議具詳伏候

鑒核俯念蘇松常鎮太各幫糧米改歸海運軍船接運別省漕糧幫丁疲累難堪准將接運旗丁應領江安江蘇兩道月糧銀米各幫照額全支以資旗丁趕購工料大加修艙俾來年接運不致誤公請賜咨

部實爲公便爲此呈乞

照詳施行

道光六年正月初八日具詳奉

爵督部堂琦　批此案業經

總漕部院會同咨

部仰即知照繳

總漕部院陳　批仰候據詳會同咨

部俟覆到飭遵繳

巡撫部院陶　批查此案已准

總漕部院咨

部核覆矣仰即知照繳

海運總局松江府川沙分府李　諭牙行知悉該行原報之船派在何縣裝糧俟裝竣一船該原經報牙行即同委員向該縣家屬將應付該船水脚及神福犒賞鈔泥錢文三面付清當令該船出具領到銀米收清結狀同送到局掣給三聯執照聽該船擇吉趁風開行該牙行仍將開行日期報查倘經委員已報某船應裝糧米於某日兌竣而該牙行並不為經理發給水脚各項銀錢取具領結掣照者查明遲一日者杖責遲二日者枷責本分府言出法隨決不姑貸

特諭

道光六年正月十二日諭牙行唐萬豐李裕昌顧誠信張鼎盛劉協豐萬永昌鄭同興朱通裕

江蘇布政使司賀　為特札嚴查事據崇明縣王令稟稱在於永泰沙外海地方查有通字沙船十七隻又蘇府元字沙船一隻共十八隻內十一隻俱裝有綿花紙貨藥材茶葉等物其餘七隻均係空船訊據各船戶供稱伊等各於九十月間攬載客貨前赴山東關東等處交卸其現在空船亦欲赴關東等處裝載客貨回南均在洋面連遇颶風先後漂回停泊即被查見各等供詰以曾否具攬受兌漕糧或認已在上海具攬或稱並未攬運惟是前在上海所奉招雇沙船字號姓名卑縣無案可稽現在空船七隻自應

押令駛赴上海聽候受兌所有裝貨沙船十一隻據供已於九十十一月間各自攬裝客貨均有稅單呈驗原擬赴北卸貨回南再赴上海受兌中途遇颶或因舵桅損折停泊修整或係寄椗守風所得水脚業已花消過半若將原貨交客無力償還水脚等語卑職查各船雖係遇颶漂回北風當令任守耽延倘非有心規避但當海運喫緊之際如令其往北卸貨回南再行受兌恐致遲誤應否概令將貨卸空交客押赴上海一體裝糧之處現經就近稟明

蘇松太道核示飭遵又據崇明縣稟稱探問上海八

蒯炳置有商船七隻內四隻已在上邑攬雇裝糧尚有三隻潛泊海洪蒯炳串通上海牙行朱逼裕私將花衣布卷裝貯小船剝運當奉

蘇松太道督飭上海縣拏獲又聞蒯炳自願罰裝糧米十萬石未知准否各等情到司據此查本年漕糧改由海運招徠沙船裝載既給水腳又准議敘並無稍有抑勒之事乃該商等竟不激發天良急公報効未具攬者裹足不前已具攬者又逗留在外殊屬可惡據稟該縣永泰沙地方有沙船十八隻隱匿在彼攬載客貨其中且有已具攬之船在內尤為詫異查

已具承攬船隻于上年七月內本司親臨上海時即據立攬承運漕糧比時原議於冬三月內全行駛赴上海聽候裝運該令係承雇之員豈竟茫然不知乃今披閱崇明縣兩次稟摺所開十月內尚有弊混出口之船竟敢逗留在外至蒯炳串通上海牙行朱逼裕私運貨物如果確實何以該令全不覺察實屬藐誤除稟批示外合亟特札嚴查札到該令立遵來札迅速查明單開各船是否全具承攬如何十月內尚准開放出洋該令何竟全然不知勒限文到日先行明白稟覆仍速將空船七隻刻即委員迎提歸次其

裝有貨物十一船亦即押令卸空駛往上海受兌並查此外有無隱匿在外船隻一併確查附覆並將拏獲蒯炳各船如何辦理緣由一併錄案具覆此後設再有弊混私放及逗留在外之船定惟該令是問凜之特札

道光六年正月十五日札上海縣知縣許乃大

海運總局松江府川沙分府李　諭各州縣運米家丁知悉照得浦江潮湧溜急江面寬闊一日兩潮各縣剝糧船隻自百蓮涇出口駛至沙船交兌水次尚有五里倘風潮不順卽人力難施是以必須趁潮平之時趕緊駛傍大船斛交方不致耽延時日本分府詳查委員牙行指引均屬有名無實當此各屬糧剝羣至之時若仍前宕延坐失機宜有誤漕運關係匪輕惟有各自僱雇本地小船指引最爲便捷該小船常在浦江不但熟悉水性而且每日剝載貨物諗知各商船停泊之處剝船之大而重者可用之爲水縴

船之小而輕者可藉之爲引路所費有限而利便實多該運米家丁等其各遵照一俟該屬糧米驗過後卽到龍王廟交兌公所將各剝船派兌沙船水次地界開明早雇縴引小船趕緊傍近大船交兌毋自延誤致干重咎特諭

道光六年正月十五日諭各州縣運米丁屬

委辦海運總局松江府川沙同知李景嶧爲呈覆事

奉札開准

山東巡撫部院武　咨稱本年海運經臨東省洋面遼闊迥非內河可比全在瞭望辨認方免歧誤所有海運糧船係用何色何樣號旗篷上有無書寫字號咨詢飛覆以便通行沿海營縣遵照瞭望防護等因札到卽便遵照東省咨詢事理剋日查明呈覆以便飛咨飭遵毋遲等因奉此遵查蘇省漕白糧米派裝商船由海運津桅上懸掛長方號旗分別五色書明某州廳縣編列號數蘇州府屬黃旗黑字松江府屬

白旗紅字常州府屬藍旗紅字鎭江府屬紅旗黑字太倉州屬五色旗黑字相應具文呈覆伏候

鑒核咨覆爲此備由呈乞

照詳施行

道光六年正月十七日具詳

松江府川沙同知李景嶧督同上海縣知縣許乃大爲詳明事竊照蘇松常鎮太四府一州屬道光五年漕白糧米由海運津雇用沙船裝運一經各縣剝船運到即須開斛交兌惟因各商船耆舵水手平時貿易往來祇與行戶相熟現雇該船裝運糧米由官經理而在官人役該商等素不相習誠恐斛交不能迅速數目易致淆混且黃浦一日兩潮外來剝船不諳潮性更恐行駛失當必應另雇本地熟慣小船指引泊近沙船受兌庶免參差貽誤前經諭令豆行司事慎選各豆行內誠實勤慎素爲沙船

信服之行夥早爲訂定俟各縣剝船到浦即領赴沙船按照兌單糧石照料兌裝並約束斛手照向來客商斛豆公平斛交俾免藉口茲據該司事稟報上年十二月十七日因鎮屬糧米將到尋覓龍王廟爲公所俾行夥羣集一處不致渙散並雇定小船四隻下河看斛行夥三十名記數行夥二十名所雇行夥難令枵腹從事似應酌給飯食使其安心辦事雇備小船亦應給予船價現奉諭飭添斛一百二十張每斛一張即須用看斛行夥一人現在開斛金壇溧陽上海等縣之糧即須先派雇行夥數十名以資辦公請領飯食前來卑職等酌擬請從雇定日期起每名每日給飯食錢二百文所雇小船每船每日給船價錢一百六十文又牙行八戶領兌差使煩勞稟請每日共給錢一千文統俟各屬初運漕糧剝船齊到兌竣隨時停止此項公費實緣交兌之迅速全賴斛量之得宜查該公所爲交兌漕糧要地所用官斛必須封貯其中早發晚收方足以昭慎重現派差役八名在該處照料伺應亦應量給飯食以示體恤相應具文詳請伏候

鑒核允准即于屬解津貼銀內由上海縣按日給發

彙冊報銷實爲公便爲此呈乞

照詳施行

道光六年正月十七日具詳奉

布政使司賀　批查各屬漕米剝到上海既有專員監兌又有各縣丁屬書役隨船押送其商船亦俱有耆舵水手人等則斛兌時即可令其彼此照料況斛手工食每一石議給五文已不爲少設必須添人幫斛即應斛手自行雇覓其飯食即在每石五文之內若如來詳每斛一張用看斛一人計須雇用行夥多至百十餘名又有牙行領兌所議飯食總計爲數甚

鉅不特多糜經費且恐轉滋各縣丁役藉口惟記數
一事似不得不專人經理應如何酌派其看斛應否
裁撤之處仰再悉心妥議詳候察奪仍候
糧巡道批示繳

江蘇布政使賀長齡蘇松常鎮督糧道宋濆爲會詳
請咨事竊照蘇松常鎮太四府一州起運漕糧應解
席片毛竹二項例由糧道衙門動支銀兩發給幫丁
購帶交倉本年試行海運已飭各州縣籌辦席片毛
竹爲商船襯艙氣筒之用爲數甚多卽以抵補例帶
席竹原屬有盈無絀但商船形式與糧艘不同現用
席片俱係釘入艙口之内其毛竹亦已造成氣筒誠
恐到津後拆卸遲抵交倉未能合用若將例價席片
另行購備再令商船帶往交倉不特多佔船艙有礙
裝米且艙短料長亦難安放若堆貯艙面又易招風

實與揚帆使戧諸多窒礙是經本司道籌議將例支
席竹銀兩如數解赴
倉場衙門就近酌量購置詳懇具
奏請
旨敕下倉場衙門查照辦理在案本司道伏查蘇省海運
漕糧正改兌正米項下例有帶交通倉鋪墊席片係
按米二石給辦方席一分七釐每米二十石給辦方
席一領七分每領計長四尺八寸闊四尺八寸計共
米一百一十萬八千八百八十九石七斗六升五合
一勺應辦方席九萬四千二百五十五領六分三釐

內蘇松常太三府一州屬每領例價銀一分二釐鎮江府屬并徐蕭等營添兵案內長洲婁縣丹陽等縣以南改漕正改二兌米石項下每領例價銀一分共該四府一州屬應解備辦方席例價銀一千一百一十五兩一錢七分三釐向不扣平又應辦交倉毛竹例應查照出運幫船計算每船應交毛竹四枝內該大毛竹一根計長二丈一二尺圍圓一尺一二寸每根例價銀二錢四分中毛竹三根每根計長一丈一二尺圍圓六七寸每根例價銀一錢二分本司道核查道光五年分蘇松常鎮太四府一州屬糧歸海運

既無出運幫船可計應即仿照上屆道光四年分全漕出運幫船二千二十六隻計算共該應交大毛竹二千二十六枝中毛竹六千七十八枝共該毛竹例價銀一千二百一十五兩六錢內除應扣報部二二平銀二十六兩七錢四分三釐外實該應解毛竹價銀一千一百八十八兩八錢五分七釐以上共應解備辦席片毛竹例價銀二千三百四兩三分現在蘇省首運漕糧已經剝往上海交兌商船一遇風汛即須開行其通倉應用席竹係待用之物自宜早為備辦若俟蘇省解到銀兩再行購買竊恐緩不濟急況應解銀數不過二千餘金長途跋涉既不便專員批解而刻下又無便員赴津自應請咨

倉場衙門先在通濟庫內暫行墊發購辦以濟應用至帶運緩漕米石項下亦有隨糧應交席片向俟各屬報完緩漕派搭後核發價銀給丁購辦今屆緩漕米石原奏內聲明儘徵儘解前經本司道移商定議飭屬徵存貯倉歸入次運商船搭派帶運其隨糧席片亦應查照正漕一體折銀批解

倉場衙門就近購辦但此時米數尚未核定難以懸擬動解且銀數甚少應請一併咨明

倉場部院將來派搭次運到津緩漕項下應交席價亦先在於通濟庫內墊給購辦所有應解正漕席竹價銀并緩漕席價銀兩均由糧道衙門各按年款動支統俟蘇省籌定應解剝船雇價等款銀兩一併附便批解歸款相應具文會詳伏候

會核移咨

倉場衙門查照辦理深為公便為此呈乞

照詳施行

道光六年正月二十六日具詳奉

爵督部堂琦　批仰候

巡撫部院核咨繳
巡撫部院陶　批仰候據詳咨明
倉場部院暨
爵督部堂總漕部院查照繳
總漕部院陳　批仰候
巡撫部院會核移咨查照繳

上海縣知縣許乃大稟竊奉札據崇明王令兩次稟摺十月內尚有弊混出口之船逗留在外至蒯炳私運貨物如果屬實何以該令全不覺察札飭明白稟覆並查此外有無隱匿在外船隻等因到縣伏查承運沙船原議十月初一日爲始不准出口嗣因各沙船有已經裝載貨物得受客商水腳者若概行截留似非所以體恤商情經卑縣議請以十一月初始不許再放北洋具稟本府轉稟在案今查王令摺開各船均係十月內報驗出口於十一十二等月遇風漂回是卑職並無弊放之事至蒯炳船隻潛泊海洪剝運私貨被獲一節查上年十二月間有蒯茂沙船一隻私裝布貨卽奉

蘇松太道督同卑職訪獲訊據供稱所載布疋係奉議准裝二成之貨並非偷漏出口亦未違議多帶復飭牙行朱通裕確查屬實具結釋放並無訪獲蒯炳私裝被獲願罰裝糧米十萬石之案查獲亦止有一船並無三船是該令所稟委係誤聽傳言現在該令所稟十八船內有十六船已經具攬認裝其二船尚未具攬其已經裝貨之十一隻前雖交稅報驗今既遇風漂回未便仍聽往北致稽兌運自應遵照札飭

押令卸空與空船七隻一併提回裝糧惟各商已報
稅銀應否查明給還理合具稟
道光六年正月二十六日奉
布政使司賀　批上年本司訪聞有沙船數十隻潛
泊海門崇明合轄之永泰沙地方串通牙行攬貨運
北當經本司札飭該廳縣確查旋據崇明縣稟復詢
問永泰沙居民皆稱十一月內實有沙船數十隻在
彼寄椗守風紛紛載貨南北往來並有蒯炳沙船曾
經
蘇松太道拏獲交縣訊辦等語嗣據崇明縣查獲沙

船十八隻其十一隻業已載有稅貨稟請核示內有
七隻係空船押赴上海受兑等因又經本司批令仝
行押赴上海亦在案茲據具稟前由查十月中旬卽
經本司會同巡道委員扦量船隻預備裝漕是十月
十五以後卽不應令其出口何以十一月下旬尚令
攬貨赴北此牙行之弊混一也至蒯炳沙船串通朱
通裕私運稅貨既經巡道督飭該縣訪獲卽應澈底
根究何以聽其狡稱祇有蒯茂一船所攬布疋卽係
准搭二成之貨試思彼時漕糧尚未上船何以先有
搭貨且是否在浦江裝載抑係潛赴永泰沙地方亦

未確切聲明況崇明地方皆聞該船係與朱通裕串
通作弊何以轉令該牙確查卽可信爲屬實此牙行
之弊混二也至所稟原議從十一月初始不許再放
北洋之說本司衙門並未接見府稟況奉
奏明冬三月全數招集歸次是十月正在歸次之際何
以尚令出口此牙行之弊混三也至崇明縣續獲商
船十八隻其十一隻尚可諉爲因風漂回其空船七
隻潛泊海洪方冀攬貨赴北亦可謂之因風漂回乎
此牙行之弊混四也永泰沙已在吳淞口外固屬稽
察難周卽由吳淞至浦江計程數十里節節可以停

留若非牙行稟報斷不能知其進口卽謂出口有照
票可憑設已進口者稽留不報又何以知之在該縣
素稱公正勤明原可信其不致扶同捏飾但牙行惟
利是圖豈能保其無弊耶攬雇商船一事屢經本司
會同
蘇松太道殫竭心力督飭該縣認眞確查方冀上不
負於
君國下不涉於阿私乃近來放船少裝之說尚不滿於人
言本司遠駐省垣既有聞見不得不責成該縣實力
嚴查茲閱來稟似尚未深悉底裏合再批飭仰卽遵

照指飭情節嚴提朱通裕到案確加訊究錄供詳辦
並即迅派妥實丁役將崇明縣續獲商船十八隻全
數提回浦江派運漕糧限三日內稟覆毋再稍涉含
混大干未便繳

委辦海運總局松江府川沙同知李景嶧督同上海
縣知縣許乃大爲詳請咨明事竊照蘇松常鎮太四
府一州屬起運漕白二糧前因雇備商船不敷裝運
業將鎮江府屬全漕及蘇州常州二府屬全運白糧
首運一半漕米先行派裝造冊呈送在案茲奉
巡撫部院札飭試行海運漕米甚多而沙船較少未
能多雇應將各州縣未派米石於原裝各船米數之
外按船酌量加裝等因卑府伏查加裝米石各沙船
內已裝竣者居多請以就近縣分加添俾免商船守
候所有加裝米數不及造冊先於三聯照上黏單註
明某船裝足某縣米石之外尚有餘艙情愿加裝茲
又加裝某縣正耗米若干石給船八升耗米若干石
水腳銀若干兩一併收領運至天津交納字樣其已
經給照者令添足一船牙行即向船商將原給執照
取回送至總局黏貼加裝米數照單應鈐印信若再
往返會印未免稽遲應請專用
糧道衙門印信以歸簡易惟加裝之米必俟該船受
兌時量其重輕方能定數此時多寡難以懸揣即添
搭之縣分亦難預定今擬先將上海二運米石灑派
添裝次儘松屬近處二運一半漕糧派添其常州府

屬未派一半漕糧現亦飛致各縣趕緊起剝來上派
船兌交現有添裝米石與前冊全行不符所有天津
收米之處應先懸三聯執照兌收俟各船到齊後再
統核計各州縣漕白二米起運正耗額數另造細冊
咨
部備查伏祈
鑒核先行詳請咨明
戶部
倉場部院暨
直隸總督部堂并飭在津交米委員查照為此呈乞
照詳施行

道光六年正月二十六日具詳奉
布政使司賀　批已會同詳請分咨一體遵辦矣仰
即知照繳

江蘇巡撫部院陶　為再行曉諭事照得海運漕糧
雇用民船原定以八成裝米二成搭貨
奏准飭行按照八成扣量配米今漕糧已屆起運各船
先後開行船多貨少該商船未必一律有貨可攬若
必拘八成裝米之說轉致商船別無餘利殊非體恤
商情之意為此示諭各船戶知悉爾等各船兌足原
派米數之外如果無貨可帶仍可加裝漕米即自行
酌量能添若干親赴海運總局報明以便委員照數
添載每石仍照給水腳銀四錢耗米八升如此辦理
庶各船量加米石多得二成餘利於運務商情兩有

裨益其各知悉特示
道光六年正月二十七日示

海運總局松江府川沙分府李　諭牙行知悉現奉
巡撫部院面諭二月初一日致祭
海神令各兌足商船開行出口每船耆舵賞給銀牌
一面以示榮奬該行等卽將各行原報船隻內之已
裝已派未裝未派各船分別開摺送局轉呈候給奬
賞其浙船等雖尚未派裝現已來滬候兌自應一體
給予該行等亦一併開呈並傳知各船耆舵届期齊
集聽候傳諭給賞其已經出口之船如有人尚在上
海亦一併傳知領賞毋得遲誤特諭
道光六年正月二十七日諭牙行唐萬豐李裕昌顧
誠信張鼎盛劉協豐萬承昌鄭同興朱通裕

江南提督王　爲咨明會同蘇松鎮酌派護送糧船
章程以專責成而免疏虞事竊照江省漕糧試行海
運由上海受兌開行吳淞出口十滧放洋天津交卸
所有經過洋面均須派委員弁護送防範層層交替
庶專責成而昭愼重本提督先經察看得江浙交界
之小羊馬蹟陳錢等山爲蘇省門戶必須專飭員弁
彈壓巡查以資捍衛自大瀏口至小羊山卽令原派
巡洋之南滙營守備周維藩帶領兵船往來巡查羊
山至馬蹟山卽令原派巡洋之蘇鎮左營守備陳之
奎帶領兵船往來巡查馬蹟山至陳錢山卽令原派
總巡之蘇鎮右營都司楊朝棟帶領兵船往來巡查
其內洋之練祈深淘等處亦係要隘處所自練祈至
深淘黃家灣等處卽令原派分巡之吳淞營守備周
世揚往來巡查自施翹河至稗沙六滧十滧等處卽
令總巡之蘇鎮中營遊擊陳松林幷分巡奇營守備
鮑起豹往來巡查以專責成仍令內外巡洋官兵船
隻遵照
奏定章程各就本境洋面認眞巡防毋任稍有疏懈其
糧船由上海開行至吳淞口卽令署右營守備劉均
帶領兵船護送至吳淞口交替自吳淞口至十滧卽

令署吳淞營叅將田松林督帶兵船護送至十滧交替寄椗候風放洋時由署蘇松鎮總兵裘安邦督帶該標將備兵船防範護送至佘山交替佘山以北至山東交界係狼山鎮所轄由狼山鎮總兵曹興邦督帶該標將備兵船防範護送至東省交替自佘山至大洋稍對出之洋面卽令狼山右營遊擊徐天柱督帶兵船護送至大洋稍交替自大洋稍至黃家港對出之洋面卽令掘港營都司俞大銓督帶兵船護送至黃家港洋面交替自黃家港至射陽湖對出之洋面卽令鹽城營遊擊趙本督帶兵船護送至射陽湖

洋面交替自射陽湖至黃河口對出之洋面卽令廟灣營遊擊沈清瑞督帶兵船護送至黃河口洋面交替自黃河口至灌河口對出之洋面卽令佃湖營都司保常泰督帶兵船護送至灌河口洋面交替自灌河口至鷹遊門對出之洋面卽令東海營都司孫廷揚督帶兵船護送至鷹遊門交替如此逐層護送毋致疏虞但海運事屬創始應行詳慎其中或有未盡事宜隨時相機妥辦至鹽城廟灣佃湖東海四營雖係狼山鎮所轄究隸漕河兩標所屬除咨明

爵督部堂並咨會

總漕河部院一體飭遵并咨蘇松狼山二鎮外相應照會爲此照會貴司煩爲查照施行

道光六年正月三十日咨

江蘇布政使司

蘇州府知府額騰伊松江府知府陳鑾松江府川沙同知李景嶧稟竊照蘇松常鎮太四府一州道光五年分應運漕糧前議勻作春夏兩次由海運行所需沙船剝船以及一切水腳費用係蒙查核各州縣向年給軍津貼提解支給嗣於首運漕米將次兌竣之際適值

巡撫部院按臨滬上查見船多米少復奉札飭將蘇松二府暨太倉州屬次運漕糧再行起運五成卑府等當經親詣各屬趕緊催提隨經踵接起剝赴滬截至二十二日止共已兌運米一百一十三萬四千六百石零計裝足船九百九十二隻未兌竣船仍日逐趕兌餘因立攬沙船及浙船尚有未進口九十餘隻又已進口沙船二十餘隻尚須卸貨修艙一時無船受兌卑府等復查此項米石現貯剝船為數尚多若仍令其停泊守兌不特坐日飯食需費不資船戶偷漏弊竇叢出而黃浦上下風潮迅厲在在堪虞設有差池賠累匪淺因是再四籌計除縣倉可以借貯五六萬石外惟有租賃棧房令其暫行起貯庶為穩妥現除月內可以修竣船隻為日無幾仍令派裝之米在剝暫行守候受兌外其餘甫經進廠船隻修艙需

時又立攬未到之船歸期既難懸擬到後亦需卸貨修艙均未便令剝船守候自應飭令一律於縣倉客棧分別暫貯以免疏虞惟查起貯縣倉進出挑價每石需錢五六十文而租賃棧房係不分別久暫計米一石進出挑腳以及棧租需錢七十文此項費用原係現今格外添出從前並未預為計及卑府等伏查各該縣踴躍從公爭先起剝今不得已而令其起貯候兌所有耗費自未便轉令墊賠致滋疲累仰懇准其與沙船剝船腳費等項一例報銷以昭公允再次運五成之外各該屬因聞上海船多米少且奉札飭有不論次第先到先兌之諭而昭文縣又稟奉批准全數起運是以多有全數起運或有多運數千石來滬者各該縣均係急公黽勉所到之米應令一體入棧准其報銷至每縣棧米若干應俟進棧後由總局開數具報以憑察核卑府等因公起見籌議若斯謹會同署太倉州知州范傭文合詞具稟伏乞

批示遵行

道光六年二月初四日具稟

委辦海運總局松江府川沙同知李景嶧督同上海縣知縣許乃大呈爲遵批詳覆事奉批卑職等會詳雇倩行夥請給辛工船價等款一案蒙批飭覆議卑職等遵查黃浦江面寬闊各商船隨處停泊各縣剝船到浦不知沙船停在何處而船身沉重浦江一日兩潮外來船戶不諳水性未便任其自行往來查問致有疏虞必須另雇本地熟慣小船指引以便泊近沙船隨到隨兌是雇用小船一項似斷不可少至監斛行夥記數緣商船舵水平日貿易往來惟憑行家經理斛手人等亦惟行家約束今斛兌漕糧所派之

員役專司稽查彈壓至於斛量米石全賴行夥看斛交兌隨時記數方不致錯混惟開一斛卽須一人記數九難從減伏思經費固當撙節而籌辦亦宜周匝今卑職等添派各項人役實爲酌籌兌糧迅速起見萬不敢借端糜費奉批前因合再查議詳覆伏候

批示呈乞

照詳施行

道光六年二月初十日具詳奉

布政使司賀　批如詳准給仍報明

蘇松太道查考繳

揚州府泰州知州王有慶稟竊卑職奉

委赴津交兌海運漕糧並飭先行籌辦交米事宜等因業經遵照將起程到津各日期先後具文通報各在案茲卑職於抵津後卽與天津道府縣等籌商停泊過剝等事並於十六日會同該縣查看海河西岸上園地方停剝囤糧處所緣是日該縣因公未及同往卑職卽帶該縣家屬並所撥書役前詣該處勘得上園地方在天津東門外浮橋迤南五里河面約寬三十餘丈以下約寬四五十丈不等東岸向有鹽船來往縴道平坦可行西岸多係民間修艌船隻將土

刨成溝塘參差不平現據該縣在於西岸蓋造盤驗米石官廳一所官廳之西卽係露囤漕糧厫厰周圍二百餘丈四面砌有土牆約高六尺以爲剝運不及暫行囤貯之地卑職伏查該處河面窄狹較之上海黃浦江面大相逕庭而海船將來一齊收口且有剝船在彼迎候必致錯雜擁擠今擬東岸停泊剝船西岸停泊海船中空十餘丈以爲民船往來及海船回空之路自上園以下分段停泊依次查驗盤量不使壓前等後至西岸崎嶇縴路難行現與該縣酌商趕緊修築其海船縴夫該縣業經雇備臨時不致有誤

合將勘過情形繪圖貼說先肅稟陳
道光六年二月初十日具稟

江蘇布政使賀長齡蘇松常鎮督糧道宋潢爲再行
咨明事案奉行准
戶部咨議覆倉場侍郎奏白糧到壩向係掣秤明年
天津起卸若照向年仍復過秤必致延遲應請改用
斛收以期迅速等因奏奉
諭旨依議欽此行司移行遵照辦理等因奉此伏查白糧
過壩例應正耗並計每包秤足一百六十斤所有蘇
松常鎮太四府一州屬應行起運白糧米石前因改
由海運業已正耗劃分恐交兌不免轇轕是以本司
道等通飭各屬將白糧一項按照漕運全書加三耗

者以一石三升爲一袋加五耗者以一石五升爲一
袋俱秤足一百六十斤交與商船其節省白糧餘耗
一項雖非正款不能以加三加五併計但分別互異
亦恐轇轕並經飭令該州縣即以一石爲一袋捐補
秤足一百六十斤之數隨正起運並于造送額征漕
白各米冊案內聲明詳請分咨在案今既奉
倉場部院奏准此項白糧改用斛收則蘇省在次兌
交商船自應一體斛交應請照每一石爲一袋毋庸
區別一石三升一石五升盛袋亦毋庸再行過秤以
期迅速而歸畫一相應具文詳請分咨查照實爲公

使爲此呈乞
照詳施行
道光六年二月二十七日具詳奉
爵督部堂琦　批仰候據詳分咨並候咨明
戸部轉咨
欽派大臣查照繳
總漕部院陳　批仰候咨移
戸部科監
直隸總督部堂倉場部院查照至
欽派大臣現尚未奉

派定並候行知天津道俟
欽派大臣到津時就近呈報查核繳
巡撫部院陶　批仰候
漕部院會核分咨繳

江蘇布政使賀長齡蘇松常鎮督糧道宋濬爲移咨
事竊奉行准
倉場部院咨開先據西倉監督保淳阿林泰中倉監
督齡椿余寅元會同呈稱竊職倉每年奉坐各府白
糧該幫旗丁每船應交飯銀十八兩一錢六分內每
船以銀二兩由職司等移交坐糧廳通濟庫收受作
正開銷其餘銀十六兩一錢六分係爲職倉收受白
糧各役辦公之用此外並無別項支領此項飯銀向
由各幫運官備具印文給付旗丁持銀付倉交納職
司等除將每船銀二兩移交通濟庫外其餘各役飯

食即由職司等公同散給并鈐印發給批迴交該旗
丁收執此係歷年舊定章程久經遵辦在案惟查道
光六年蘇松常三府白糧從海運到津由商人交糧
並無運弁旗丁到通此項飯銀事關交庫正額并職
倉各役收糧辦公要款未便無著應作何籌辦之處
職司等因公起見理合開列分給各役飯食銀清單
伏乞鑒核等情當行坐糧廳詳細妥議章程呈覆去
後茲據該廳琦琛汪鑑議稱遵查西中二倉收受白
糧所有書役及各項搬抗人夫工食等費向無支銷
之款每年係由旗丁齎本幫印文按每船交倉飯銀

一十八兩一錢六分內除由倉交通濟庫銀二兩歸於白糧項下作正開銷外其餘銀兩卽由本倉分散各書役人等辦公并鈐印發給批迴交該旗丁收執此係該倉聲敘歷年辦理章程也惟職廳衙門除由倉按每船交白糧飯銀二兩收入通濟庫作正開銷外其餘等款均由該倉自行辦理職廳衙門無案可稽茲奉飭議伏查西中二倉收受白糧並無支銷款項其旗丁每船交倉飯銀一十八兩一錢六分向既由該運官以印文交收仍由倉鈐印發給批迴收執自係辦公必需之款惟本年蘇松常三府白糧係由

海運津幫弁旗丁俱不隨船到通所有應交飯銀未據兩江總督議及將來白糧到通一切進倉入廒書役工食及抗費等項無可支發可否照前次奏准原議以五百石爲一船咨行兩江總督并漕院衙門查照向例籌解來通應用其未解到以前先由通庫墊發抑或奏明辦理之處伏候裁定再查白糧各幫向無在通應領贈羨等項其每船應交廳茶果銀一十兩每年係由各該府總運解交通濟庫兌收隨同漕糧茶果款項一律開銷歷年辦理在案今年海運漕糧已議定以該旗丁到通應領贈羨等銀作抵其[illegible]

松常三府白糧既無在通庫應領之項所有應交廳茶果一款無可抵扣可否一體照前次奏准原議以五百石爲一船咨行兩江總督并漕院衙門將應徵茶果銀兩隨同輕齎批解通庫抑或一律奏明辦理以便照例支放各款統歸年終奏銷是否有當理合遵檄酌議呈請鑒核等情議覆前來除飭該倉監督將應交飯銀自行墊辦外相應將西中倉監督會詳及坐糧廳議覆各緣由并抄錄倉單一併移咨查照向例作速籌解等因准此合亟轉行仰卽遵照迅速籌議通詳核辦檄飭司道籌議詳辦等因奉此本司

道查得糧道衙門每年扣解白糧飯食茶果二項係於旗丁應支截漕錢糧內核扣彙交押運廳員帶解赴

倉場衙門暨坐糧廳交納計蘇松常三白幫共船一百三十六隻每船扣解飯銀一十八兩一錢六分共銀二千四百六十九兩七錢六分又扣解坐糧廳白幫茶果銀一十兩內除三白幫每幫頭船一隻不扣外計共白船一百三十三隻該銀一千三百三十兩二共應扣解銀三千七百九十九兩七錢六分今蘇省白糧全由海運商船並無錢糧可扣自應仍在節

省給丁截漕等項下動撥但盤奏
部咨議准應由蘇省籌解天津倉場各款銀兩業經
本司道等通盤核算除已經解過及扣除重複外實
應遵照
部議在於水腳項下動支銀三萬兩並請在於節省
漕截銀米項下動撥銀七萬七千餘兩會同詳請
奏明動解在案茲又奉到咨提白糧茶果飯食二項始
知此二款不在疊次議撥銀兩之內若再詳請附
奏未免涉於零星且恐與
倉場衙門咨案不符惟查前奉

部提剝船價腳飯米折色每百石計銀一十二兩六
錢四分四釐八毫係照民剝計算如用官剝船隻每
百石連經紀應得一半津貼共應給銀一十兩八錢
四分七釐三毫比民剝每百石可省銀一兩七錢九
分七釐五毫彼時因天津應用官剝船若干隻民剝
船若干隻蘇省無從懸定是以仍照
部議寬為籌備若全以民剝計算尚應請動水腳漕
項兩款共補解銀十萬七千餘兩現在天津若係官
剝民剝各半分用則前擬補解銀兩內照起運米數
計算尚可省出銀一萬八百餘兩即係多解之款本

司道管見所及所有前項應解白糧茶果飯食銀兩
應請
會核咨明
戶部暨
直隸總督部堂 倉場部院 並行知天津清河二道查明現在實用
官剝船若干隻核計實用剝價若干兩即在前解剝
價多餘數內劃出銀三千七百九十九兩七錢六分
發交通倉歸墊庶免另請
奏撥委解之煩實為公便為此呈乞
照詳施行

道光六年二月二十九日具詳奏
爵督部堂琦　批仰候
巡撫部院會核咨行繳
總漕部院陳　批仰候
巡撫部院會核咨行繳
巡撫部院陶　批仰候據詳分咨
戶部暨
直隸總督部堂 倉場部院 並札行天津清河二道遵照辦理繳

江蘇布政使賀長齡爲詳請示遵事據上海總局委員稟稱竊自上年奉
旨江蘇四府一州漕白二糧試行海運雇募江浙兩省商船裝運赴津交卸每石水腳曹紋四錢之外給以耗米又議准將運米萬石以上者遞加優敘
皇恩浩蕩無以復加上秋承攬運漕沙船一千餘隻自上年十月酉船待運起至本年二月止共到沙船九百九十七隻浙船一百六十一隻除沙船修艌未竣者十六隻不計外共運米一百二十二萬七千餘石均已先後受兑惟查尚有已經具攬未進口沙船八十

隻尚係去年十月出赴關東至今未到該商船既已承攬運漕本不應冬季尚赴關東守凍致延漕運且聞有崇字施全亭通字彭全齡李彭延靖字陳長興等俱係去年十月攬寫復興興泰號關東豆載自上海裝雜貨出口至今二月十二日始在石島卸貨由石島復出關東此等商船不但玩誤漕運並且貽累客商未到各船如此者正復不少今已節屆三月裝糧商船兑竣開行者一千餘號而未回者尚復宕延於外同爲貿易商船共享
熙朝樂利之休乃一則踴躍急公早到受兑一則規避延玩居心叵測此等刁頑商船若不分別懲罰無以獎良善而儆奸詐卑職採訪輿論咸謂必須示罰方服衆心現擬凡三月後進口曾經具攬之船將裝糧水腳每石減去一錢五分給發以示薄罰即以補各州縣棧租之費其耗米神福犒賞等項仍照數給領若查有避匿別情即將該船耆舵提訊究辦合將已攬未到各船名號開摺具稟伏候鑒核飭遵並請詳咨奉天山東沿海地方按照船號查追並嚴飭江南沿海各口岸查明押回以儆刁頑至此次先開之船回棹趕裝二運者其時正値炎夏海洋風波盛漲必

須查驗八百石以上堅固船隻應用凡小而舊者概不選用以昭慎重所有二運舵水人等其犒賞應請量加以示獎勵庶賞罰分明等因本司伏查此次試行海運各船商情願具攬並非出於免强且給以價値體恤優加在踴躍急公者業已
奏定獎敘而取巧延誤乘間壟斷漁利者若不加以薄罰亦無以示公平茲據該員稟擬前來自應如稟分別辦理但水腳每石減去銀一錢五分未免過多似應每石減去銀五分以示區別至趕回二運各船舵水人等應加犒賞似應於原定犒賞之外酌量賞給

銀牌庶賞罰分明共知激勸所有本司酌議緣由是
否有當合將該委員開送已攬未到各船名號錄呈
伏祈
鑒核分別咨行查催實爲公便爲此呈乞
照詳施行
道光六年三月初九日具詳奉
爵督部堂琦　批仰候
巡撫部院核示遵行繳
總漕部院陳　批仰候
巡撫部院核示遵行繳
巡撫部院陶　批未到商船仰候咨明
奉天府尹山東巡撫部院轉飭趕催回棹至該商船漁利玩公自應
酌示罰懲惟不必爲棧租之費卽以所罰之項爲急
公船隻神福犒賞銀牌等項之用俾賞罰分明益昭
勸戒所議每石減去水腳銀五分是否酌中定議仰
再確核議詳以憑批示飭遵此繳

江蘇布政使賀長齡爲遵批詳覆事道光六年三月
十六日奉
巡撫部院陶　批本司詳具攬未到商船漁利玩公
酌示罰懲一案蒙批所議每石減去水腳銀五分是
否酌中定議仰再確核議詳等因到司奉此本司查
得遲歸商船罰減水腳以之抵給急公船隻神福犒
賞銀牌等項之用自屬賞罰分明並昭勸戒至棧租
之費業經詳奉准於經費內一律動支事竣核實造
報自可毋庸再以所罰水腳抵給至遲歸商船罰減
水腳前據上海總局議詳以遲至三月後進口船隻
每石減去銀一錢五分未免太多是以酌中定議每
石減去五分以此計之則可裝千石之船已有罰減
銀五十兩似足以儆玩誤相應具文詳覆伏候
批示飭遵爲此呈乞
照詳施行
道光六年三月初十日具詳奉
巡撫部院陶　批如詳移行飭遵繳

江蘇布政使賀長齡蘇松常鎮督糧道宋濬爲海運接續派兌隨裝隨開不必拘分二運酌擬應辦事宜呈請核咨事照得海運漕糧自正月開兌起屆今共兌竣商船一千一百餘隻實裝糙白二米一百二十二萬二千一百餘石隨裝隨開約計先開各船已到天津正可從容交兌是運過米數按全漕已逾十分之七較之原擬八九十萬已屬增加此後尚有修艌未竣及續到各船約尚可裝米十萬餘石亦卽隨兌隨開正與不必勻分二運

諭旨相符惟上海每日進口之船不過三兩隻仍須卸貨並有尚應拆修者計非剋期所能竣事且此項續到各船內有船身低小裝載不過二三百石礙難遠涉大洋者均應剔除則未運米四十萬石必須俟赴津各船回南方能全運但海船趁風駕駛本無幫次儘有同日開行而到岸之期相去旬日甚至有數十日者祇可牽先搭後絡繹放洋此時陸續赴津則回棹自難畫一現在各屬存倉待運及就近囤棧上海之米業經嚴飭各該縣加謹收貯並飭上海總局將此後進口各船無論已未具攬凡有可用卽細心挑選派運以期趕早赴津免致曠延時日但江南梅雨甚

多若遲過五月米質恐致變黑自應節節提前庶無他慮今商船回棹之遲速未能預期而赴津交兌之後先亦難懸擬應請移咨直隸奉天山東各省遵

旨嚴催首運及未回各船趕早回棹不得稍任逗留其上海現在每日續到商船爲數無多又須卸貨修艌零星派兌事務較簡本司前已詳明將委赴上海執事各員分起撤回祇留四五員隨時辦理在案可否並請將蘇省現係接續派運到津次第兌收緣由會咨

直隸總督部堂暨

倉場衙門查照伏祈

照詳施行

道光六年三月十一日具詳奉

爵督部堂琦　批仰候

巡撫部院察核分咨繳

總漕部院陳　批仰候

巡撫部院會核咨明

倉場部院暨

直隸總督部堂查照繳

巡撫部院陶　批仰候會同

爵督部堂分咨查照飭催繳

江蘇布政使賀長齡爲據情轉詳事竊據上海總局委員松江府川沙同知李景嶧稟稱竊照蘇松常鎮太四府一州道光五年分糧米由海運津前蒙
奏委川沙營叅將關天培押送首運米石京口副將湯攀龍押送二運米石嗣緣頭運漕米百萬餘石裝船千有餘號督押之關叅將適中行走恐難後顧經提督會同狼山鎮計議添派掘港營都司俞大銓搭幫護送至東省石島交替以昭慎重等因卑職伏查首運米石現已裝至一百二十萬石將來搭幫全竣首運已有一百三十萬石之多迨回船二運米數不過

三十餘萬石今奉添委俞都司搭幫護送頭運米石亦必須跟帶兵役自雇船隻至石島往回亦應代籌盤費以示體恤卑職查前蒙議定首次兩運押送官各給盤費銀二千兩押首運之關叅將業已如數領去至次運之押送官雖同係遠涉海洋而米數船數不及首運四分之一易於照料毋庸如關叅將之先遣把總一名帶兵役二名前往用度較省擬請于二運押送官應給盤費項內提出銀二百兩以爲俞都司石島往來盤費商之提督以爲平允等情到司伏查掘港營都司俞大銓奉委護送頭運尾船至東省石島交替必須跟帶兵役自雇船隻往回盤費在所不免今既據該委員稟請于二運押送官應給盤費項內提出銀二百兩以爲俞都司石島往來盤費之用似屬公允可否俯如所稟卽于松太道庫屬解津貼銀內動支給發以示體恤相應據情轉詳伏候
批示飭遵爲此呈乞
照詳施行
道光六年三月十六日具詳奉
爵督部堂琦　批如詳飭遵繳
總漕部院陳　批仰候

巡撫部院核示遵行繳
巡撫部陶　批如詳飭遵繳

戸部為遵議等事雲南司案呈准漕運總督咨據江
寗布政使張志緒蘇州布政使賀長齡江安督糧道
湯藩蘇松常鎮督糧道朱澮會詳兌運並協運蘇松
常鎮太四府一州漕糧幫船停留河北接運浙江等
省新漕費用浩繁丁力貧疲實形苦累自應遵
旨酌加調劑請將月糧全行支給等情到本部院據此本
部院等悉心察核該司道所稱河北住守接運船隻
較之出運需費更多而得項轉少種種苦累難支須
將前項月糧銀米全給幫丁之處係屬實在情形相
應咨部查照核覆等因前來查蘇松常鎮太四府一

州漕糧改由海運所有漕船在河北接運別省漕糧
該軍船僅有水腳口糧其行月贈五等項無從支給
幫丁苦累難堪前經該督等請照減運漕船之例于
所省行月贈五項下量為核減酌給
奏准遵行在案今據該督咨稱查贈五係額編隨漕給
丁之款今糧歸海運並非本船裝載若再議給殊於
本款原意不符至行糧係出運之款既已得領水腳
亦未便重複議給是行贈兩款均應毋庸議撥若就
月糧一款酌減核給仍不足以資調劑請將月糧本
款內全行給發以紓丁力其節省行贈等項造入撥
冊聽候撥用等語查該省接運軍船僅得水腳口糧
未免苦累且經奉
旨調劑自應將月糧一款全數給發以昭簡便而資津貼
應如所咨辦理仍將給發月糧行米按幫分晰造冊
報部查核並將節省行贈銀兩造入撥冊報部撥用
節省米石亦即派幫搭運赴通交納可也
道光六年三月二十日咨

兩江爵督部堂琦　爲咨行事道光六年三月初八日准
盛京兵部火票遞到
盛京將軍奉天府尹咨左戶司會案呈道光六年二月十五日准
軍機處行知二月初十日内閣奉
上諭琦善奏海運漕糧儘船受兌現到商船九百餘隻足運米八十餘萬石所有兌竣船隻先開赴十滧候風初運沙船到津卸米後前往奉天買豆催令南歸等語販豆係該船商常年本業且海船利於壓重不能駛放空船自應准其照常往販惟尚有二次兌運必應迅速南

下著奉天府尹飭各該地方官俟商船到彼卽令置貨開行無得勒掯並飛咨經過直隸山東各省轉飭沿途海口催令南歸勿任逗留貽誤欽此欽遵前來除恭摺具
奏外相應飛飭各海口旗民地方官遵照
旨内事宜曉諭沿海一帶商賈鋪戶人等將應發各海口豆石先期運至水次存貯一俟運漕海船到口驗明來照立卽裝兌給與回照催令刻期開行仍將各船進口出口日期按旬呈報並遴委明幹妥員督率稽查倘兵役行店人等稍有勒掯情弊卽行嚴加懲辦並知會山海關監督毋許稅書丁役藉端留難暨飛咨直隸總督山東巡撫飭令沿海地方勿任逗留一面咨行兩江總督衙門轉飭承辦各員驗收船隻依限受兌以期迅速而免遲誤其咨行直隸總督山東巡撫兩江總督山海關監督封筒四個咨送
盛京兵部希卽飭驛由馬上飛遞可也等因到本爵部堂准此合就札行札司卽便移行知照毋違特札
道光六年三月二十四日札江蘇布政使

江蘇布政使賀長齡蘇松常鎮督糧道宋潢分巡蘇松太道潘恭常爲詳明事竊照蘇松常鎮太四府一州屬道光五年分漕白糧米由海運津業經職道督同委派各員驗兑開行已奉將首運兑裝船米各數具

奏在案因奉

奏明仍行接續趕辦復遵督令各委員將各屬陸續運到米石接續儘船派兑茲據總局委員李丞詳報所有首運漕白並加裝二運共米九十七萬十石零俱經驗兑開行又奉

飭提各屬二運五成漕米來滬候兑已將續到各船派裝米二十五萬二千一百餘石共一百二十二萬二千一百餘石尚存蘇松太三屬未派米十四萬五千九百餘石雖尚有具攬未到及現在修艙各船尚可裝米十萬餘石而未到者到期難以預定黃浦潮汐靡常剝船不便久停各州縣自應暫行貯棧候船裝運并有吳縣吳江震澤常熟昭文新陽靑浦等七縣於五成之外多剝米六萬餘石到滬該家丁亦經一律上棧此項存貯米石應飭各該州縣擇留妥當丁屬住棧看守俟交兑時仍飭監兑委員査驗米色倘或米色不純不堪交兑仍應隨時駁換好米兑交商船如各該州縣丁屬在棧照料不愼致有黴變不堪交兑仍惟各該州縣是問不得以米已貯棧將來米色不純妄冀諉過以專責成詳請飭令各州縣遵照等情前來本司道等伏査本年蘇松常鎮太四府一州屬漕白等米由海運津原定章程除鎮屬漕糧全歸首運派兑外其餘各屬漕糧勻分首二兩運派兑其白糧統歸首運全數起運續後議將常州府屬及松太二屬之川沙上南嘉寶等五廳縣漕糧亦歸首運派兑繼因各船尚堪加裝派運行令蘇松太三

屬一十六州縣將二運一半米内卽行剝送五成聽候加裝以符首運一百二十餘萬石之數現在儘船派兑加裝共有一百二十二萬餘石其尚存未派及吳縣等縣五成之外多剝米石黃浦潮汐靡常剝船不便久停自應卽照該局員所議一併暫行貯棧候船裝運飭令各該州縣擇留妥當丁屬看守俟交兑時仍行驗明米色交兑倘各該丁屬照料不愼致有黴變仍惟各該州縣是問以專責成除俟零星入口之船一經卸貨修艙卽令該委員等隨時由棧驗兑開行并飭各州縣遵照妥派家丁住棧看守外相應

具文會詳伏候
鑒核爲此呈乞
照詳施行
道光六年三月二十九日具詳奉
爵督部堂琦　批據詳已悉繳
總漕部院陳　批據詳已悉繳
巡撫部院陶　批據詳已悉繳

委辦海運總局署松江府知府李景嶧爲詳明事竊照蘇松常鎭太四府一州道光五年分起運漕白二糧試行海運前經招雇商船具攬承運業將兌竣各船開行放洋日期報明並奉詳咨奉天如查無運漕回照者不准其裝載各貨催令放空回南以杜規避取巧等因在案無如近日進口船隻奸僞百出往往串通牙行或另換字號或以大報小或稱不諳北洋沙線多方諉飾雖經卑署府委查確實不准稍任朦混但奉天口岸有內口外口之別該商船卽無運糧回照仍希冀潛往關東外口裝載卽奉天各口岸所出告示亦祇以三個月爲期是該船卽無裝糧回照過此三月仍往裝運是以該船戶所具永遠不赴關東結內祇稱內口不稱外口且另換一船名各關口卽無從查悉况各船戶按年換照向俱有人包攬代換各廳州縣旣非按例訊取供結給照則船之大小亦無從稽察伏思欲絕其弊必先明立章程庶查察易周而免混漏今擬凡裝運過漕糧之船由卑署府詳請另給一裝過漕糧執照此照仍請司道會印給船戶收執准其赴關東內外口裝運攬載卽有時船主更換赴各廳州縣請照將裝糧之照呈明方准換

給縣照倘無此照卽關東外口如貔子窩大莊河英那河大孤山撻拉腰花園尖山金線島青山台洋河小沙河等處亦不准去祇准到山東石島而止不准駛過成山如此則裝過漕糧之船仍舊關東內外口均准裝載其未裝漕糧之船該船戶旣自稱爲漁船祇可沿灘採捕不能遠過成山此後凡各廳州縣給照卽塡明漁船不得遠出大洋字樣如此嚴爲區別庶幾奸商刁牙無從弊混並請咨明山東奉天直隸各處如各口查無裝過漕糧執照呈驗卽以私船出洋論罪且將船隻入官船商枷號三個月杖責發落遞回原籍交地方官嚴行約束不准再領出洋生理牌照造船緣此等抗裝

天庾正供之船商揆之天理人情均所不容若不嚴示責儆無以別淳良而懲奸頑除出示曉諭外理合具文詳明伏候

鑒核

道光六年三月三十日具詳奉

爵督部堂琦　批查現准

盛京將軍咨會運漕海船到口驗照裝運豆石催令開行其未經承攬運糧之船須先儘運糧船隻裝載如

有盈餘方准未經運糧之船裝運移咨轉飭承辦各員驗收船隻依限受兌如內有規避兌運之船統由

江蘇省查明懲辦等因現經本爵部堂札司移行遵照辦理據詳前情仰候

巡撫部院批示此繳

巡撫部院陶　批仰候分咨

直隸總督部堂山東巡撫部院暨

奉天府尹轉飭查辦仍候

爵督部堂批示繳

江蘇巡撫部院陶　爲詳明事據交米委員前任河
南河北道鄒錫淳等詳稱案奉
長蘆鹽院福　札開案查沙船裝漕准帶二成貨物
免稅前經本院屢飭海口等處丁書等不准勒索以
及留難遲滯在案本月初一日據海口丁書等稟稱
裝漕沙船進口二隻船戶郁同發鮑協泰捎帶紙張
布疋等貨係按照該沙船戶呈出單票掛號並未上
船查驗稽遲等情前來據此查該船搭裝貨物之時
已在江蘇取結給照自難影射偷漏惟現在既不上
船查驗所有該船貨單自應由貴道移知以昭愼重

至該船起卸貨物向係到本關預行報明本院立即
差人前赴該船照數秤掣核算免稅若干今恐稽查
遲滯自應變通辦理以便發給執照本院除嚴飭丁
書不准遲延滋擾外合將免稅章程二條先行移會
爲此合移貴道請煩通飭該沙船戶一體遵辦等因
並准天津道咨同前由到職等准此伏查海運漕船
隨帶二成貨物前經奏文准其免稅現在各船紛紛
抵津進口其隨帶貨物多有在津起卸而貨過剝船
則與民船無所區別恐天津海河民船貨物乘間影
射自應官爲開報以昭愼重惟該船戶等或於未經
驗米之先或於既經斛𣪠之後隨時起卸難以刻延
必由職等移明辦理未免遲滯現在飭委隨帶之候
補縣丞温履台主簿汪鈺專駐上園俟海船到次令
將所帶貨物據實開報件數斤兩在津剝卸者卽由
該委員照開清單載明縣分號數船戶姓名蓋用該
縣丞等鈐記給與船戶聽其自行齎赴關口呈請發
給免稅驗單庶辦理簡便益臻迅速至該船戶剝卸
之貨或有一次未經起竣續行剝卸者亦由該委員
等隨時開單呈報以順商情職等仍不時稽察務使
海船戶等實霑

皇仁之優渥而民船不致影射透漏除報明
長蘆鹽院並咨覆天津道知照外職等因重課便商
起見是否有當合將辦理情形具文詳明伏祈示遵
等情到本部院據此除如詳批飭外合行札知札司
卽便移行知照毋違特札
道光六年四月初七日札江蘇布政使

江蘇巡撫部院陶　爲據稟札飭事四月初九日據
交米委員鄒錫淳慶玉李湘茝王有慶淸平稟稱三
月二十一日准天津道咨轉奉
欽差大臣穆　抄行道光六年三月十九日內閣奉
上諭海運現已陸續到津沙船餘米不下十萬餘石前經
降旨照南糧餘米例聽天津民人照市價收買茲據英
和奏沙船宜令速歸趕運二次米石恐該商等希圖賤
價售買觀望不前請由部動用銀二十萬兩官爲收買
著順天府卽派委妥員赴部領銀分起解往天津暫存
道庫並著穆彰阿等於正米兌竣後卽傳諭江南委員
如有船戶願賣餘米聽該處民人照市價收買倘該處
不能銷售卽動項照市價官爲收買其價銀由江南委
員轉發船戶毋得假手吏胥致啟勒措短發諸弊俾沙
船得以早歸毋誤二次接運欽此行令妥議收買章程
稟請核奏等因職等伏查沙船載運漕糧得有餘米
自願變價卽赴關東販豆苐天津民食多係雜糧稻
米行銷較少俟本地民人購買恐致耽延有誤歸次
自應查詢各商船實在情形傳述
諭旨明定章程官爲收買以順商情而臻妥速當卽傳集
已到各沙船戶詢據僉稱沙船大小不一所得餘米

自二十餘石至一百餘石不等除由江南來津食用
及歸次口糧之外約可售賣七成前此卸空各船已
與本地民人交易日來船到較多一時恐難全售今
蒙
聖恩敕令官爲收買實深感戴等語又查得天津市價白
糧平斛每石制錢三千八九百文至四千有零不等
漕米平斛每石制錢二千四五百文至六七百文不
等以錢合銀酌中定價白糧每石合天津市平紋銀
三兩二錢漕米每石合銀二兩二錢較之該船戶自
行零星售賣殊爲得益並於起卸之時預籌便捷之
法應由職等挨船將收買餘米數目單報坐糧廳登
記冊檔於沙船正耗米石斛兌完竣後卽將收買餘
米一手斛運實收米數若干坐糧廳移知職等照數
發價一面轉咨通壩辦理事竣通盤核計米數造報
毋庸另斛另運以歸簡易如有潮濕黴變米石不准
收買其有情願賣與民人者仍聽其便至剝船運腳
及津通一切經費悉照海運章程動款辦理事竣分
別報銷至沙船截至二十日止騰空二百七十餘隻
已離水次陸續出口無從收買應以二十一日欽奉
諭旨之日爲始遵照辦理再現議章程職等現已會同坐

糧廳直隸清河天津兩道就近稟請
欽差大臣及
倉場部院示遵合併聲明等情到本部院據此合行
札飭札司卽便移行知照毋違特札
道光六年四月十二日札江蘇布政使

前任河南河北道等爲咨明事本年四月初八日奉
欽差督辦海運漕糧大臣穆　批本道等會稟沙船蔣朱
順等遇風鬆艙短少米石請俟事竣奏免等緣由奉
批據稟已悉著卽轉飭將朱順周昇泰二船先行回
棹仍候本部堂彙奏請豁并由該道等加結存案可
也此繳又於初九日奉
倉場部院申　批據稟已悉查蔣朱順周昇泰二船
遭風碰損短少米石與無故者有間自應先令回棹
統俟海運完竣再行彙
奏請免繳各等因到道奉此除飭令該二船回棹外合
亟抄稟咨明爲此合咨
貴司請煩查照施行
計抄稟
前任河南河北道鄒錫淳等稟竊據海運沙船戶蔣
朱順稟稱領裝無錫縣漕糧八百二十石二月二十
七日行至山東界榮成縣俚島地方陡遇暴風打傷
後艄擊裂後橫板旱縫臥艙進水人力難施不得已
鬆艙報明榮成縣暨押運關叅將隨蒙詣驗後行抵
海口又經稟報驗明交卸洪斛正米五百八十四石
六斗又將耗米食米賠補洪斛正米五十四石八升

計少平斛米二十一石六斗五升無力措賠稟叩豁
免又據沙船戶周昇泰稟稱領裝崑山縣漕糧一千
二十五石又加裝南滙縣米一百五十石於三月二
十二日行至廟島西北洋面忽遇暴風吹斷大貓船
頭破浪擊裂人力難施不得已鬆艙進口抵次稟蒙
驗卸平斛正米一千六十二石五斗又將蒙給耗米
九十四石補交計少平斛正米一十八石五斗無力
措賠稟叩豁免各等情並據各呈坐糧廳填給收過
米石執照前來職等公同請驗所稟均屬實情伏查
江省原奏條議內開沙船到津時如果驗有斫桅鬆

艙自應查照糧船失風之例奏明免其賠繳如並無
事故而有短少黴變等弊卽令於備帶餘耗米內如
數補足再有不敷勒令買補以專責成等語今蔣朱
順周昇泰二船遇風鬆艙未經斫桅與原奏免賠條
議稍有未符惟遭風碰損較之無故短少者情殊有
間現在蔣船臥艙周船頭艙俱尚浸水委無裝點捏
飾其應交正米不敷業據將所得餘耗並自帶食米
儘數賠補餘短耗米若再勒令買補未免向隅可否
俟海運完竣彙
奏請免先令該二舟回棹之處理合據情轉稟伏候

示遵爲此具稟
道光六年四月十二日咨
江蘇布政使司

委辦海運總局署松江府知府李景嶧爲詳明事竊照道光五年分蘇松常鎮太五府州屬漕白二糧試行海運所有初運商船耆舵已蒙賞給銀牌各商等無不懽忻踴躍爭先受兌現在各商船陸續回棹候裝二運詢稱挽運妥速除回棹之頭船業已賞給花紅銀牌以後陸續進口各船耆舵自應一律犒賞銀牌各一面以示獎勵至在船水手同一効力毫無加獎未免向隅今擬回棹趕裝二運各船之水手於原定犒賞之外每名另加賞賚銀一錢五分以示體恤此款銀兩卽在前詳遲延歸次各船罰減水腳銀內

撥給統計用銀不及二千兩之數俟兌交完竣另行造冊報銷合先具文詳明伏祈

批示立案爲此呈乞

照詳施行

道光六年四月十五日具詳奉

巡撫部院陶　批如詳辦理仰江蘇布政司卽轉飭

遵照繳

江蘇巡撫部院陶　爲札知事據委押頭起海運川沙營叅將關天培稟稱天津口外舊有攔江沙一道橫亘甚長潮水落後沙面僅存水三四尺米船沈重至此必俟潮長七分方能進口若西風小信潮弱大號米船每至不敷浮送由口門至上園卸米地方水程二百里河勢灣曲灘嘴頗多各船挽縴前進至速亦須四日方抵上園重空船隻連幫行走加以鹽船貨船往來其間每致擁塞日逐往來催趲押令重空船隻均無阻滯茲查天津海口截至四月初一日止通共收進重船九百八十三隻尾後船隻詢據後到

各船云稱約均行至成山廟島一帶三月十五二十二二十八三日均係西北暴風二十六二十九三十等日東南順風諒後船總可跟接茲復查有元字何恒新一船于三月初四日在山東黑水洋遭風刮斷頭桅人米均未傷損該船現已進口驗無別故惟海道綿長風濤凶險遇有事故一時不得周知此外在後各船有無事故惟有時刻留心查明稟報再海運重船現已挽抵上園八百四十二隻截至三十日止卸竣米五十一萬餘石共卸空船五百五十五隻現已放離上園連檣出口又據另稟崇字蔣朱順拋米

一船于三月二十日收進天津口已經交卸計短少洪斛米七十一石四斗除將該船耗米六十五石六斗抵交外仍少平斛米二十三石零已飭該耆舵購買別船餘米交納不致缺誤又太字葛恒盛一船潮濕白米三四十石業已曬乾該船于三月十五日進口現已交卸完竣又額字吳裕隆一船潮濕米三十餘石驗已曬乾該船于三月二十九日進口尚未卸米又通字彭巨隆通字張元庚額字陳隆泰三船均係在洋遭風斵桅現查均已進口卸米無虧詢據各耆舵僉稱交卸正米每石均餘耗米一升數合至二

升以外不等民買市價止二千四百文此刻官爲收買每石紋銀二兩二錢照天津銀價每兩易錢一千二百四十文計每石合大錢二千七百二十六文較之市價每石又多得錢三百二十六文各等情到本部院據此合就行知札司即便移行知照毋違特札

道光六年四月十八日札江蘇布政使

江蘇布政使賀長齡蘇松常鎮督糧道宋濬爲詳請咨明事道光六年四月初八日奉

江蘇巡撫部院陶　札開道光六年四月初五日准

倉場部院咨本部院百

奏通倉收受海運白糧書役人夫飯食工價請由通庫墊發並白糧應交茶果銀兩一併南漕解通歸款等因一摺相應抄奏并恭錄

諭旨移咨查照等因到本部院准此查此項銀兩前據司道議詳請咨行

戶部暨

直隸總督部堂 倉場部院 並天津清河二道查明現在實用官剝船若干隻核計實用剝價若干兩即在前解剝價多餘數內劃出發交通倉歸墊等情業經據詳咨行在案茲准前因合就抄黏札飭札司即便遵照查明此項銀兩是否仍應在於前解剝價多餘銀內劃出毋庸另行撥解即日議詳核辦等因到司奉此本司道會查得海運案內通倉應需白糧書役人夫飯食工價并交廳茶果二項銀兩前蒙行准

倉場部院咨會籌解等因當查蘇省解往天津剝船價腳俱照民剝計算若官剝民剝各半分用則前解

銀內尚可省出銀一萬八百餘兩所有應解白糧飯
食茶果銀兩即經詳請咨明
戶部暨
直隸總督部堂
倉場部院並行天津清河二道查明現在實用官剝
船若干隻核計實用剝價若干兩即在前解剝價多
餘數內劃出銀三千七百九十九兩七錢六分發交
通倉歸墊業奉咨行在案茲奉前因伏查海運漕白
糧米天津通倉兩處應用經費前已由蘇籌解銀十
二萬餘兩嗣奉行准
部咨天津剝價等款尚多不敷又經詳奏

奏請于節省漕項銀內動撥銀七萬兩同
部撥隨漕費腳銀三萬兩業經委員解赴天津在案
嗣緣接准清河天津二道咨稱天津需用縴夫露囤
等款約尚不敷銀二萬餘兩應由江蘇補解等語當
查海運事屬創行一切隨時用款均無成案可循此
後有無續增仍難預定又經詳請
奏明于道庫節省漕項內再行酌動銀五萬兩解往天
津濟用係屬寬爲籌備所有前項白糧飯食茶果銀
兩如天津剝價核有盈餘似應即于剝價多餘數內
劃出銀三千七百九十九兩七錢六分發交通倉歸
墊設或剝船價腳並無餘剩應請于續解天津備用
銀內如數動支劃交通庫歸墊庶免零星委解之煩
合再具文詳明伏候
會核咨明
戶部暨
直隸總督部堂
倉場部院並行知天津清河二道查照辦理實爲公
便爲此呈乞
照詳施行
道光六年四月十八日具詳奉
爵督部堂琦　批仰候

巡撫部院察核咨行繳
總漕部院陳　批仰候
巡撫部院會核咨行繳
巡撫部院陶　批仰候分別咨行查照繳

江蘇巡撫部院陶　為詳請等事道光六年四月十
七日准
山東巡撫部院武　咨江南贛字五甲四十五號運
船趙聯盛裝載漕米在長山島洋面遭風沉溺撈起
之米約有一百八十餘石除飭縣會營派令兵役看
守曬晾並將破船起獲外合將送到兌漕及免稅執
照咨送查銷等因到本部院准此查該船遇風碰沉
前據川沙營叅將關天培稟報業經札飭該司道暨
總局委員移行知照並經附片具
奏在案茲准前因除將兌糧執照飭發糧道又免稅執
照飭發蘇松太道查銷外合行抄咨札飭札司即便
知照毋違特札

計抄咨
山東巡撫部院武　為詳請具
奏並請咨送事據布政使訥爾經額呈稱案據蓬萊縣
知縣劉克均詳稱道光六年三月初四日據縣屬長
山島巡役劉吉稟稱有江南贛字五甲四十五號運
船趙聯盛裝荆溪縣第七號漕米五百石耗米四十
石又裝上海縣漕米一百五十石耗米十二石共裝
米七百零二石于三月初三日半夜行至長山島洋
面忽遭大西北風將桅折斷隨浪打至雀兒嘴船頭
套入礁石船身沉水船上舵水共十二人喊經公値
海差兵役人等急救上岸並未傷人該役等因風浪
洶湧不能飛渡是以稟報稍遲合併聲明等情據此
查長山島峙立海中距天橋口四十里當因初五六
等日狂風大作波浪滔天不能濟渡至初七日風色
稍平卑職隨即會同右營都司夏存宇中營委弁葛
仁緒渡至該島協同安駐在島巡防之把總于登雲
並駐守廟島巡防之壽光縣縣丞孫鑑世襲雲騎尉
尚需魁亦於是日渡至雀兒嘴會同親詣勘驗先勘

得該處海面相離海岸半里許近岸一帶俱係暗礁
該船自頭至尾計長六丈一尺樑頭六尺四寸船頭
套入暗礁船身漫水四五寸惟後稍樓露有五六尺
船桅斫斷各舵俱被水浸訊據耆民錢國珍舵工夏
裕林同供是江南通州人駕駛這趙聯盛船隻共水
手十名裝的荆溪縣漕米五百石隨船備帶耗米四
十石又搭運上海縣漕米一百五十石隨船帶備耗
米十二石共米七百零二石共有十二艙九艙裝米
兩艙裝糖包紅麯油酒等物一係水艙于二月十八
日在崇明縣十滧放洋三月初三日起更後至長山

島逆風難行寄貓停泊三更後西北風大緊三貓齊
下仍打不住只得將大桅斫斷豈知風浪過猛入力
難施將船打至雀兒嘴船底爲礁石所觸頃刻船沉
米石貨物盡行淹沒舵水等是兵役等用木篾救起
並未傷人所有船票海關免稅票米照俱放在艙樓
上並未潮濕沿島居民亦無乘危撈搶等事情甘具
結據水手郁裕廷朱雲飛潘樹堂梁廷裕高于河彭
會臯夏子有葛儒林錢永高夏震鳴供與耆舵相同
各等供據此隨查驗原領江南海州贛榆縣五甲四
十五號船照並海關票開載耆民錢國珍舵工夏裕

林水手郁裕廷等年貌箕斗及裝載米數出口月日
與所供均屬相符並查執照內開沿途設遇斫桅鬆
艙情事隨時稟報地方官驗明轉詳
奏請免賠等語除卑職捐廉將被患耆舵水手人等加
意撫恤一面多雇船隻派撥人夫將米石一切趕緊
打撈惟米遭鹹水浸漬四五日不但腐朽且極腥臭
斷難供食糖紅麯油酒等件經水浸透亦多無用現
在撈起之米約有一百八十餘石諭令該耆舵及兵
役人等小心看守俟晾乾盤量見數應作何辦理之
處另行請示遵行並將破船設法牽挽上岸交付該

耆舵等收管外合將查訊趙聯盛漕船遭風沉溺緣
由取結具文申報等情到司據此除飭該縣會同營
汛迅將撈起米石派令兵役看守曬晾並將破船起
獲外擬合詳請具
奏並請將送到兌漕及免稅執照移咨
江蘇巡撫部院查銷等情到本部院據此查該船觸
礁沉水業經本部院恭摺具
奏抄摺咨明在案茲據前情除咨
兩江總督部堂外擬合咨送爲此合咨
貴部院煩請查銷施行

道光六年四月二十一日札江蘇布政使

天津交米委員揚州府泰州知州王有慶等稟伏查
上園公局應辦各事均關緊要職等內外兼顧初時
甚形竭蹶所幸事機順利上下皆悉心奉公職等得
以隨同辦理惟事當創始諸凡冗雜深恐胥役人等
於沙船投到挈批等事或有勒掯需索情弊須立定
規條以期各沙船迅速返棹合將職等所擬章程十
二條繕具清摺呈覽

計開

一海口報到進口沙船若干隻應卽將船戸花名裝運
縣分米數於存局照驗查對後繕摺呈送坐糧廳按

照船戸花名裝運米數預塡藍單交局查對加戳俟
各船到上園水次投到時隨卽轉給其有船已到次
而海口尚無報單者應於該船投到時另給某人裝
某縣漕米若干石字條一紙加用本局圖記卽令船
戸自赴坐糧廳科房請領藍單到局核對一面排定
請驗開斛以免守候

一每日黎明先將已到上園水次挽過交界旗杆各沙
船挨次按兩隻一排開具清摺呈候查驗並卽另開
請驗各船花名米數加用本局圖記送交直隸總局
預備剝船足用本日申刻以前陸續投到各船應隨
時排定挂斛請示查驗開斛其申刻以後投到不及
請驗之各船應於次日黎明照依辦理

一上海裝載各船糧米時有加裝寄裝改裝名目加裝
另有黏單在三聯照尾寄裝另有執照改裝另有文
冊頭緒紛繁務須於海口報到時預將米數查對明
白以免臨時舛錯至各船到次內有不領水腳之船
應隨時申請賞給花紅

一
欽差及坐糧廳並各道衙門發下諭單各件應於各船投
到時按船給發一面卽收取三聯執照及船照等件

隨付收條爲據俟其交兑淸楚請領執照等件仍將
原給收條歸回卽於簿內加一出字圖記以便查對
至收存各船戸印照等件頗爲繁雜切須逐件按戸
歸齊登立號簿至晚查對分別蓋印整理淸楚以防
錯亂遺失俟
欽差發下免稅印單隨時給領以免各船報竣後羈延守
候

一各沙船報到時卽令將所帶貨物開具淸單本局照
謄刷印單內蓋印鈐記仍交該船戸自行赴關請驗
卽將其原單存留照抄入冊其銷售不完帶赴關東

售賣之物另開一單黏貼三聯照尾蓋用關防印信
同船照兌單按戶歸齊隨領隨給仍將各船所帶貨
物另立一冊按五日一次呈送天津道衙門存案
一沙船運米到次係用洪斛交兌除坐糧廳發給記籌
藍單之外本局另給刷印小單一紙令填剝船花名
受兌米數船戶自行填記報竣時同藍單一併送局
查核
一每日沙船兌竣漕米自持坐糧廳斛收紅單到局查
驗時須看明已硃標完字者方准對數登簿如無硃
標完字者仍令該船戶自行赴倉請標庶有稽查而

免舛錯每晚核計兌竣米船若干隻每船兌竣米數
若干與照驗原裝米數詳細查對清楚然後書籤送
呈
欽差公館請領免稅印單以便轉發
一每日兌竣船隻米數於晚間查明各船原裝平斛細
數填摺加鈐申送總局並至坐糧廳科房查明各船
已未兌竣洪斛總數申合平斛數目內白糧若干另
加註腳繕成夾單同兌竣各船米數清摺一併申送
由總局轉報本省各衙門
一坐糧廳發到蓋印倉收必須與照驗底冊折算詳細

查對此為交米要據查對後應即慎重過數收清令
各船出具並無需索勒掯切結送總局備文移送坐
糧廳存案
一上園沿河一帶攢重催空營中派委外委四員隨時
催提又本局公事繁多派來隨書一人不敷經辦另
借天津縣清書四名幫同繕寫又另借天津縣頭役
一名散役六名派在本局聽候差遣所有房租薪水
一切及排列各沙船坐船二隻每日給價若干并本
局應用紙張等件俱按期由營員清書人等出具領
紙本局蓋用圖記令其赴總局自行支領

一沙船兌竣漕糧之後即令將樣米桶及海口原給編
號木牌交回本局隨將漕糧兌竣黃旗交付並取該
船戶投到挂號以及請領免稅鈐單掣取交米回照
等件本局吏役人等並無需索勒掯情事甘結俟竣
事後申請存案備查
一各海船自海口到次者舵水手人等遇有患病事故
及與地方民人爭鬧等事應隨時稟明知會天津縣
查明辦理
道光六年四月二十八日具稟

江蘇巡撫部院陶　爲據稟札知事據押運委員糸
將關天培稟竊卑職前將洋面風水及到津船數並
天津河道各情形三次肅稟由驛馳呈在案查廟島
至天津海程九百餘里中無島嶼如遇東南順風由
廟島兩日一夜卽可收抵津口若行至中途一轉西
風必須仍回廟島寄椗疊詢後到米船竟有往返廟
島至二三次甫得進口者廟島開船針用卯酉稍爲
偏北是必以東南風爲順也三月三十日據卑營把
總周世榮報稱有盛永駿三不像船裝震澤縣糙米
一千七百五十石於三月二十二日乘潮行至攔江

沙淺擱已經七日現在潮水起汐尚不能浮送恐致
墊傷等語卑職當差目兵顧遇馳赴海口飭令該弁
會同天津水師員弁就近雇船起剝照料進口去後
茲據該弁報稱遵於初一日會同水師官弁雇覓民
船四隻押至盛永駿船傍共剝米二百六十餘石船
已輕浮於初二日收口受剝等情查三月三十日亥
刻忽起北風大颶雷雨交作至初一日黎明雨止暴
風未定探有米船數隻在洋遇風斫桅拋米等事卑
職卽由水路兼程趕往海口查辦於初四日行至葛
沽見有回空浙船九隻與重運沙船二十三隻因爭

走上風停船爭鬧卑職當飭空重船隻分岸行走河
道立時疏通初五日卑職船抵海口迎遇贛字閻聚
泰一船查據耆舵王明裕周廷鳳稟稱裝運新陽縣
米三百石加裝南匯縣米一百五十石在船水手七
名於三月三十日在洋遭風初一日飄至天津口南
面大山地方被浪打傷後艄拋失大貓一口不得已
斫去大桅船方平穩初二日風定將就行駛初五日
收進口內等語卑職親驗各艙漕米乾潔無損舵水
亦均無故惟船身上面旱板打傷間有裂縫大桅斫
落無存當卽移會委員鄒道等俟該船挽抵上園先

行驗收免致潮濕又查有崇字吳恒順一船裝運婁
縣米九百石亦係在洋遭風斫去大桅驗得船身堅
固人米均未受傷又通字彭永和船裝運吳江米七
百石據該船耆民報稱於二月二十七日在石島洋
面遭風拋失太平篧籃船面過水斫去大桅並拋去
米八十餘石艙面漕米被水浸濕卑職查驗屬實現
亦移知鄒道等驗辦又據通字袁慶發船耆舵唐啟
鳳等報稱三月三十日在洋遭風刮至大山洋面因
風雨黑夜點水僅深三托水底硬沙下貓不住恐致
墊沉不得已拋去米約六七十石又斫去大桅船方

停住幸未傷人叩求驗報等情卑職驗得該船裝運
長洲縣米七百石斫桅鬆艙屬實餘米尚未潮濕又
查有上字張茂利船裝運丹陽縣米九百石據耆民
陳勝裕報稱於四月初一日午後行至廟島西首遭
風船身歪側勢將傾覆只得砍去大桅船方平穩人
米俱獲保全等語卑職查驗各艙漕米毫未潮濕惟
大桅斫失船身尚固又據崇字周昇泰在船耆民稟
稱於三月二十二日在廟島西口寄椗被風刮斷貓
本飄至島外淺灘處所恐墊傷船底當將頭艙米拋
去約一百一二十石船未傷損叩求驗報等情查該

船裝運崑山縣米一千二十五石加裝南匯縣米一
百五十石另有給船耗米九十四石以之抵補正米
尚不致過於虧累以上遭風各船卑職均已移知江
南收米各委員隨時核辦通報並飭各船趕往上園
卸米再查天津海口截止四月初八日止連前通共
進船一千一百零一隻計共裝米一百十三萬七千
餘石回空船隻已出口五百餘號上園截至四月初
六日止已卸竣漕白二米共七十萬八千一百六十
四石零計卸空船七百五十三隻查四月初五初六
初七接連三日西風後船未能跟接諒一轉東風尾

後各船定可連檣到口容另查明稟報外合將到津
船數及米船遭風各緣由稟聞等情到本部院據此
合行札知札司即便移行知照毋違特札
道光六年四月二十九日札江蘇布政使

江蘇布政使賀長齡爲詳覆事奉
巡撫部院陶　札開據直隸清河道陶樑天津道鄭
祖琛會詳稱道光六年三月三十日蒙札開據蘇州
布政司會同蘇松常鎮督糧道議詳蘇松常三白幫
共船一百三十六隻每年每船向由糧道衙門在旗
丁應支截漕錢糧內扣解倉場衙門飯食銀十八兩
一錢六分共銀二千四百六十九兩七錢六分又應
扣坐糧廳衙門白幫茶果銀十兩除每幫頭船一隻
不扣外共扣銀一千三百三十兩二共應扣解銀三
千七百九十九兩七錢六分今蘇省白糧全由海運

商船並無錢糧可扣現奉倉場咨提此二項銀兩又
不在疊欠議撥銀兩之內若再詳請附
奏未免涉於零星且恐與倉場咨案不符因核計在津
起剝海運漕糧若係官民剝船各半分用前擬補解
銀兩內照起運米數尚可省出銀一萬餘兩即請在
於此項多餘銀內劃出銀三千七百九十九兩七錢
六分發交通倉歸款等情行令遵照辦理等因蒙此
職道等遵查直省剝價經蘇省折實計算需銀十五
萬二千七百餘兩內除應歸倉場撥發經紀津貼銀
一萬一千數百兩尚需銀十四萬一千數百兩又原

奏應需剝船等空口糧等項經費銀三萬兩又天津
縣續估經費不敷已移會蘇省藩司補解銀二萬餘
兩共計需銀十九萬數千兩除前已解交銀六萬四
百餘兩又現奉
奏明在於漕項並水腳銀內撥解銀十萬兩尚計不敷
銀三萬數百兩所有通倉續提茶果等銀直省勢難
劃抵撥解且已經倉場
奏奉
諭旨敕由蘇省派員解通歸款亦未便輾轉劃撥致與奏
案不符緣蒙前因擬合具文詳覆請飭蘇省司道另

行籌款派員徑解
倉場衙門歸款並請將直省不敷銀三萬數百兩迅
飭補解俾敷支放實爲公便等情到本部院據此查
天津應需剝價等款不敷業已
奏明于蘇糧道庫節省漕項內再行酌動銀五萬兩現
據詳委試用從九品費福柱領解至白糧茶果及書
役人夫飯食工價前准
倉場部院咨送摺稿應一併南漕解通亦經札飭查
明是否仍應在于前解剝價多餘銀內劃出毋庸另
行撥解令即議詳核辦在案據詳前情合行札飭札

司立即遵照迅速查議詳辦等因到司奉此本司查
此案前經奉札當查海運案內通倉應需白糧書役
人夫飯食工價並交廳茶果二項銀兩前蒙行准
倉場衙門咨會籌解等因當查蘇省解往天津剝船
價腳俱照民剝計算若官剝民剝各半分用則前解
銀內尚可省出銀一萬八百餘兩所有應解白糧飯
食茶果銀兩即經詳請咨明
戶部暨
直隸總督部堂 倉場部院 並行天津清河二道查明現在實用官剝
船若干隻核計實用剝價若干兩即在前解剝價多

餘數內劃出銀三千七百九十九兩七錢六分發交
通倉歸墊業奉咨行在案是海運漕白糧米天津通
倉兩處應用經費前已由蘇籌解銀十二萬餘兩嗣
奉行准
部咨天津剝價等款尚多不敷又經詳奉
奏請於節省漕項銀內動撥銀七萬兩同
部撥隨漕費腳銀三萬兩業經委員解赴天津在案
嗣緣接准清河天津二道各稱天津需用縴夫露囤
等款約尚不敷銀二萬餘兩應由江蘇補解等語海
運事屬創行一切隨時用款均無成案可循此後有

無續增仍難預定又經詳請
奏明于道庫節省漕項內再行酌動銀五萬兩解往天
津濟用係屬寬爲籌備所有前項白糧飯食茶果銀
兩即應於續解天津五萬兩數內劃出銀三千七百
九十九兩七錢六分發交通倉歸墊庶免零星委解
之煩業經本司會同糧道詳請咨明
戶部暨
直隸總督部堂 倉場部院 並行知天津清河二道查照辦理並詳明
爵督部堂 總漕部院 在案茲奉前因合再具文呈覆伏候查照
前詳分別咨行辦理實爲公便爲此呈乞

照驗施行
道光六年四月二十九日具呈

江蘇巡撫部院陶　爲據稟札知事據狼山鎮標掘港營都司俞大鈴稟稱自三月三十日從十滧放洋時有本省南北兩洋巡船在洋迎前護後聯絡遞送至四月十三日行抵馬頭嘴外島與各營船相接詢悉東省登鎮水師南東兩汛各兵船在洋迎護南糧過境等語旋于十五日收進石島探詢所過糧船咸稱進東省各島寄碇者均係添置薪水並可避風風便卽行誠慮米變不敢停留等語並詢得該處石島司巡檢陳維擴據云所過東境石島俚島威海崆峒之罘八角長山廟島等處海口地方漕船自二月十

八日起截至四月十六日止共計查過九百零四隻內有在洋遭風進石島之尹洪順徐茂發孫永興程聚泰四船桅皆損折然濕米無多惟彭永和船斫桅鬆艙拋米八十餘石進俚島之蔣朱順船進威海島之徐茂順船進廟島之吳裕隆葛恒順等船有遭風鬆艙之事又雀兒嘴趙聯盛船觸入暗礁全舟擱碎以上遭風各船隨時置辦修理完固於四五日內開行北上惟彭永和船蔣朱順船當經該地方官分別申報修整開行其餘船隻自二月二十五六等日風信過後所過各口岸島嶼漕船均屬安穩並有十三日進口趙朱泰一船十五日進口施合泰王雙鳳趙長義三船查詢各船收口寄碇之處據稱乘風駛行並無一定全洋平靜都司仍坐原船自鷹遊門回省銷差等情到本部院據此合行札知札司卽便移行知照毋違特札

道光六年五月初二日札江蘇布政使

江蘇布政使賀長齡爲海運商船由津陸續回南應需遴員經理趕裝二運事竊照蘇省海運漕糧前因初運事竣差務較簡即經本司詳明將委赴上海各員分別存留撤減在案茲初運赴津各船現據吳淞口委員具報陸續回棹截至五月初二日止已有歸次商船一百二十三隻而各屬存倉未運米二十九萬餘石現當蒸熱之後必須及早慎選好米趁五月內風汛裝船開洋方免遲誤所有查船驗米各事宜在在均關緊要自應復加核實申明各員派定差使開列銜名具詳分別飭知以專責成而杜竽濫本司

伏查總理海運總局一切事宜原係

奏派署松江府知府川沙同知李景嶧承辦茲該署守於郡試事畢仍卽帶印駐札上海一手經理又有原委協理總局之上海縣知縣許乃大仍可接辦襄理彈壓事務其承辦總局支發銀錢稽核冊檔稽核米數詳稟文案各委員等現在上海接辦均極妥協自可毋庸更換其查選船隻一事除已奉仍委蘇州府知府額騰伊前赴上海督同選用外合再專派二員飭令隨同額守認眞稽查選用毋許隱漏遲延至查報回空進口船隻原係寶山縣主簿專責自應飭令該主簿一手經理惟目下驗米一事責任重大若派委佐雜辦理不足以帖服各屬丁役之心且恐易滋藉口應請派令丞倅知縣二員專駐水次隨同糧道查驗務選乾圓純潔之米按船派兌如稍有蒸變押令退換倘敢藐視强交卽稟請叅賠以愼倉儲其兌交商船米石亦應添委妥員監交監兌除分別札飭遵照辦理外所有本司接派經理二運各委員緣由相應開具銜名詳候

批示祇遵實爲公便爲此備由呈乞

照詳施行

道光六年五月初六日具詳奉

爵督部堂琦　批如詳轉飭各員遵照迅速趕辦繳

總漕部院陳　批仰候

巡撫部院核示遵行繳

巡撫部院陶　批如詳飭委辦理繳

兩江爵督部堂琦　爲飭查事據委押初運淞營叅將關天培禀稱竊查四月初九日起至二十日止收口米船僅十八隻此後續兌各船是否併歸頭運尚未奉到札示查照上海委員李同知十二次來冊共船一千一百五十七隻茲截至四月二十日止連前共到天津船一千一百十九隻外加廟島失風趙聯盛一船共計船一千一百二十隻照冊查對計未到船三十七隻此內惟太字錢元森船裝運丹徒縣米四百石泰字施泰昌船裝運崑山縣米七百石以上二船在先兌開此時尚未收口事屬可慮卑職疊

諭後到米船均無確信此外各船俱係在後兌開諒無妨礙茲

欽差大臣穆

倉場部院申　於十七日截定船一千一百七隻計共斛收米一百十四萬零於四月十八日會銜

奏報卑職未敢拘泥合將已到天津連趙聯盛一船共一千一百二十隻具禀馳呈此後未到船三十七隻一俟到口卽行馳報外至海運船數是否卽以一千一百五十七隻作爲初運在後米船截爲後運之處卑職未便擅自回銷伏候批示祇遵等情到本爵部堂據此查前准

江蘇提督來咨海運漕糧叅將關天培業已押運米一百二十四萬一千一百餘石計裝船一千一百四十五隻應作爲頭運尚有米三十九萬一千餘石應令京口副將湯攀龍作爲二運督押護送咨請核奪等因卽經本爵部堂以此後海運米石自應京口副將湯攀龍督護前進咨覆

提督並咨明

巡撫部院查照在案今據禀海運船數是否以一千一百五十七隻作爲初運除咨詢

巡撫部院酌定飭知外所有錢元森施泰昌二船旣開兌在先因何至今尚未到津合就札查札到該司卽便遵照確切查明該二船是否在江境停泊抑係另有他故刻日馳禀察核以憑轉飭知照毋違特札

道光六年五月十三日札江蘇布政使

委辦海運總局署松江府知府李景嶧為詳明事竊照初運漕糧各州縣剝糧船隻皆由黃浦直達上海交兌沙船惟上海東門外起至橫潦涇一帶黃浦計程一百三十里江潮風信靡常誠恐外來剝船不能盡行熟悉更慮天陰夜黑支港難收前曾勘議雇募本地諳習小船九隻作為引導每船派兵役各一人分段巡查隨時指引稟明在案今二運糧米現當趕兌各縣剝糧船隻陸續來浦自應仍照前章雇設船隻引導今擬自周家渡起橫潦涇止分為九段每段設船一隻每船派撥差役二名每名每日給飯食錢

一百二十文每船給船價錢五百文均從五月十五日起按五日一次由黃浦司巡檢車麟具領散給俟各縣剝糧船隻到齊即行停支除經札飭上海縣遵照并飭黃浦司巡檢車麟督率巡船差役小心巡護指引催儹外相應具文詳明伏候

鑒核為此備由呈乞

照詳施行

道光六年五月十五日具詳

江蘇巡撫部院陶　為札知事據委押頭運川沙營參將關天培稟稱四月二十二日起至二十六日止共進口重船七隻連前通共收口船一千一百二十六隻查施泰昌一船於二十二日進口詢據耆民李大成稟稱該船係正月二十四日在上海兌糧因舵工王正和患病未能開船另募舵工李元琪到船更換以致耽延日久於三月十九日甫放大洋一路又因風收島於今方到並無別故等語卑職詣船查驗米色完好已飭赴上園交卸惟錢元森一船迄無確耗卑職前於催趲空船之際即挨船曉諭令其迅速

回南趕裝二運茲截至四月二十六日止共已催出空船一千七十二隻疊詢南來重船僉稱沿路於石島成山一帶均見有裝豆回南沙船約數有一百八九十隻在洋折戧向南行駛等語查四月二十四五六七等日均係北風回棹之船更可趁風迅速到上四月初一日以前共卸竣回空船五百五十餘隻計算裝豆回南連守風日期統計以四十天為度大約五月初十內外五百餘船總可回至上海似已足敷二運之用等情到本部院據此合就札行札司即便知照毋違特札

道光六年五月十七日札江蘇布政使

江蘇布政使賀長齡蘇松常鎮督糧道宋濬爲詳請
議糶節省贍五等米事竊照蘇松常鎮太四府一州
屬道光五年分漕白糧米全由海運其漕糧項下隨
徵之漕贈五米白糧項下隨徵之盤運耗米運船水
手飯米皆無須給丁均歸節省前經本道核查白糧
項下原編給丁運船水手飯米本屬糙款其盤運耗
米係春熟白米既歸節省在州縣毋庸舂辦應同原
征加二春耗米石及運船水手飯米一併統以糙米
存貯由道另行報候撥用詳請通飭遵照在案續奉
於具

奏籌覆海運應解直隸需用銀兩查款動解摺內聲明
江蘇漕項銀米將來實可節省若干統俟全漕完竣
再行計數另請報撥又奉
大部於准給幫丁全支月糧案內行令將節省米石
派幫搭運赴通交納各等因本司道等查道光五年
分各屬應行編征漕贈五米及白糧盤耗運船水手
飯米等三款計算共有米九萬八千七百二石零常
年河運係由各州廳縣隨漕徵收給丁濟運之款已
據具報徵存在倉本應遵照
部議搭運赴津惟此項節省米石原係例應給丁之

款與起運正項不同且搭運赴津南北經費在在需用實屬無款可籌辦理亦多窒礙應請援照緩漕米石留南變糶之案將前項本應給丁海運案內節省贈五等款米九萬八千七百二石零准予
奏請一體留南按照時價糶濟民食所有糶存銀兩勒限提解道庫同節省行贈銀款一併入冊報
部撥用理合會議具文通詳并將議糶節省贈五等米造冊呈送伏候據情具
奏飭知遵行實爲公便再查各屬應徵道光五年分行月一款共計米九萬三千餘石內應動給接運漕白

丁船全支本色月糧及滿號免雇等船苫蓋暨濟造行月糧米約計共應支米八萬五千餘石該存支剩餘米八千餘石現在未據具報全完查道光四年華亭等縣未經征完有四千二百餘石之多本年能否全數征完難以懸定而應支行月等項亦未派支完竣似難槩歸節省況常年河運派支行月米石遇有不敷以及因災緩缺歷將舊存災減漕船節省行月米石湊派或請動撥正項緩漕倘今冬仍復河運或州縣完不足數即致不敷派支似應催令各州縣趕緊催徵加謹收貯統於奏銷案內核計完欠造報留爲下年湊派幫丁之用毋庸併請糶變合併聲明爲此呈乞

照詳施行

道光六年五月二十二日具詳奉

爵督部堂琦　批仰候

巡撫部院察核會

奏餘並悉繳

巡撫部院陶　批已會同

爵督部堂 總漕部院 附片具

奏抄片咨行在案仰卽知照繳

江蘇布政使賀長齡按察使覺羅慶善蘇松常鎮督
糧道宋潢分巡蘇松太道潘恭常為詳請核咨事奉
爵督部堂琦 巡撫部院陶 札開道光六年四月十七日准
戶部咨蘇松常鎮太本年海運漕糧商船所需水腳
等項前據兩江總督奏明無須動用正項其例給幫
丁漕項各款既可無須動支容當查明另行報撥等
因在案今復據該督奏稱海運經費皆屬在外籌備
前已措解過天津通倉銀十二萬餘兩現在本省支
給商船等項為費不貲實不便解往天津轉致本省
辦理掣肘查本年有節省漕項銀米現存蘇糧道庫

給丁等銀二十餘萬兩堪以動用等因本部查該督
前奏內聲明海運一切經費無須動用正項所有節
省漕項自應入冊報撥茲據奏明動用銀七萬兩將
來如何歸款之處未據聲明至節省餘剩耗米前據
奏稱係隨正交倉今原奏內復行聲叙應即作正交
倉其是否即係隨正交倉之處應令兩江總督等確
切聲明報部至前已解過天津通倉二處銀十二萬
餘兩係動支何款隨漕徵收水腳究有若干除動支
三萬兩外餘剩銀兩作何支銷均無憑稽核應併咨
兩江總督漕運總督江蘇巡撫轉飭一體詳查報部

以備稽核可也等因札司即便遵照查明會核分晰
議詳請咨等因到司奉此本司道會查蘇省漕糧暫
由海運沙船所需水腳犒賞以及各州縣雇用剝船
製備席篋等款用項甚多前奉
協辦大學士英　條奏原請動用漕項給丁銀米尉
經本司道等查得海運經費若全用漕項銀米實多
不敷且係本省應辦之事何敢動云請
帑惟查向年辦漕各州縣本有以米石多寡按水次舊
章酌給幫船津貼各款於嘉慶二十二年曾經
前任兩江總督部堂孫

奏奉
諭旨准定限制有案今糧由海運所有各州縣津貼之款
無需給丁即可儘數抵作本省海運經費以期各州
縣撙節數用無從藉口虧挪而河運復舊之時亦不
致因現辦海運遽將此項裁革轉致日後丁運難行
是以詳請分別飭辦並經
奏明撥解過天津通倉兩處銀十二萬餘兩俾資協貼
惟因此項給丁津貼向係各州縣自行通融籌辦此
時若指明動用何款恐將來幫丁視為例所應得又
將格外苛求實於漕務大有關繫是本司道等詳請

具
奏海運經費聲明無庸動
帑應免報銷係專指本省用款而言其天津通倉兩處
用項之例准開銷者原不在此數內也嗣奉行准
部咨天津剝價等款除解過外尚多不敷飭籌補解
當查飭提各項載在漕運全書者向年俱係旗丁在
於所得行贈等款銀米內自行交給卽出於漕項之
中今在外籌備經費旣有不敷自應遵照
協辦大學士英　請動漕項之原議酌撥濟用是本
司道等詳請

奏撥節省漕項銀十二萬兩解津備用實與原奏不動
正項之案並無歧異茲於五月初七日接奉札行前
蒙會
奏海運漕糧到津用項不敷請籌款續解一摺奉到
上諭本年辦理海運事屬創始一切用款均無成例可循
前經該督等兩次籌款解往天津尚不敷縴夫等銀二
萬餘兩此外恐仍有續增之項自應酌量籌撥著照所
請准其在于蘇糧道庫節省漕項內再行動撥銀五萬
兩迅卽委員解往天津以資應用俟全漕完竣按照前
後解過銀數查明在通倉支用者由倉場衙門核銷在
天津支用者由直隸省核銷等因欽此是先後在於節
省漕項款內動解直省支用銀兩均已奉
旨准其動撥支用原不必再籌歸款其在天津支用者由
直隸省核銷在通倉支用者由倉場衙門核銷已足
以昭核實蘇省自應仍照原
奏毋庸報銷再動解隨漕徵收水腳銀三萬兩一款係
遵奉
部咨在於各州縣例徵隨漕費腳內飭提解往查此
項各屬隨漕徵收費腳錢文係照漕運則例內開奏
定數目每年由各州縣按米徵收本係縣幫各半分

支嗣改爲全行給丁茲糧歸海運毋庸給丁已遵
部撥解過銀三萬兩其餘各屬徵存錢文現已按照
起運米石飭令如數易銀解司容俟提解齊全另行
報撥至節省餘耗米石現已搭運赴津卽係隨正交
倉之款所有奉飭准照
部咨事理謹卽會核分晰登覆具詳伏候
會核咨覆
戶部查照實爲公便爲此呈乞
照詳施行
道光六年五月二十五日具詳奉

爵督部堂琦　批仰候
巡撫部院會核咨
部繳
巡撫部院陶　批仰候會同
爵督部堂
總漕部院核咨
戶部繳

委辦海運總局署松江府知府李景嶧爲詳請咨查事竊照道光五年漕白糧米試行海運前經招雇商船運津已據具攬承運乃各船商於具攬後復行攬載客貨駛往各口除崑字陸錦茂太字劉祥泰崇字倪湧盛三船實係失風外其餘寶字黃福春崑字楊福盛陸錦福崇字施全亨陳永隆黃茂春元字吳福隆談萬利東字戴永源通字包益泰徐發順彭咸隆季鶴盛張恒昌姚世恒等共十五船自去年秋冬出口至今不回問有該船主授意避差者亦有該耆舵等始則居心規避久則耽於遊蕩飄泊難歸者此等船戶業已具攬於前膽敢抗避於後若不嚴加懲治無以獎勵善良前經稟請將三月後回南者每石減給水腳五分以爲二運獎賞之用卑署府伏查現在節交六月漕糧全數兌竣開行而承攬之船尚有十五隻未經進口此等船商耆舵避差玩法誆騙客商擬請咨查江南山東直隸各口岸嚴行查拿押解上海飭上海縣訊究分別按擬示懲如訊係船主授意者卽提該船主訊明問擬杖一百枷號一個月倘係生監職員詳請咨革或係耆舵不顧船主生意任意避匿於外喪心昧良尤爲可惡應將該耆舵嚴訊供

詞問擬滿枷號一個月其中如有盜賣客貨侵吞商人領支水力者嚴訊追賠倘敢抗延監追治罪似此分別究懲以儆刁頑相應酌擬具詳伏祈鑒核示遵並請移咨查辦爲此備由另具書冊呈乞照詳施行

道光六年五月二十九日具詳奉

爵督部堂琦　批仰江蘇布政司會同蘇松太道核議通詳仍候

巡撫部院批示繳

巡撫部院陶　批查已具承攬之黃福春等十五船膽敢避匿至今不回實屬抗玩已極亟應嚴加懲治今核該員擬議未免太輕不足示懲仰候拿到訊明後加重懲辦永遠不准裝貨仍先叙具簡詳請咨各省查拿解江訊辦毋遲並候

爵督部堂批示繳

江南提督王　爲咨明事准

貴司咨呈竊照本年試行海運松江川沙上海吳淞及崇明狼山兩鎮屬護送糧船內河外洋各水師營于常年汛地巡哨之外另選弁兵雇船防護爲時數月之久經費不貲雖水師各營防護運糧本有專責但該營既照往年常例添派弁兵日夜巡護則飯食燈燭以及收拾軍裝器械所費實多各營將弁之廉俸兵丁之餉銀定有常額尙形拮据再因海運巡護之費無出按名攤扣則弁兵所得之項更減難資養贍似于體恤營伍教養兵丁之義猶有未備伏查江南沿海水師各營共計添派弁兵以六百名爲率每名日給銀四分以百日計每名應支銀四兩六百名計應共支銀二千四百兩再查海運經費由總局支發之款如委員薪水書役飯食製備號旗押運將官路費交兌飯食數大款一切零用各款統算爲數不過二萬餘兩較之初議約需費銀四五萬兩已屬大減從前因恐經費短絀是以武營一款未經議及今事已完竣所餘經費卽武營再用銀二千四百兩亦敷動支似應卽于總局盈餘經費內提銀二千四百兩解交提督按營分派爲各營護送漕糧弁兵飯食

之需以示體恤茲飭據總局李署守議稟前來相應詳請俯念沿海水師各弁兵廉餉無多不敷攤扣准于海運經費款內飭令該總局提出銀二千四百兩就近解交貴提督查明撥護糧船弁兵之多寡差使之繁簡酌量核派俾資調劑等因除詳明札飭上海總局在于經費款內動支銀二千四百兩解候貴提督酌量等差分別核派外合咨查照仍祈見覆施行等因到本提督准此查蘇松常鎮太四府一州漕糧試行海運防護剝船沙船均關緊要經本提督分飭沿江沿海各營派兵逐程防護以昭慎重在案茲准咨呈前因本提督查撫標城守營派兵三十名提標中營左營前營後營城守營五營各派兵三十名上海右營派兵四十名蘇鎮標六營內中營左營右營奇營川沙營吳淞營六營各派兵三十名狼鎮標右營掘港營鹽城營廟灣營佃湖營東海營六營各派兵三十名南匯營派兵二十名以上共計沿江沿海二十營總共派兵六百名業已分飭各營造具兵丁花名確冊呈送現據海運總局解送銀兩前來所有分派各營兵數是否有當相應覆詢為此照會

道光六年六月初二日照會

江蘇布政使司

委辦海運總局署松江府知府李景嶧爲詳報事竊
照蘇松常鎮太四府一州屬道光五年分漕白二糧
前蒙
奏奉
諭旨試行海運等因欽遵辦理在案自本年正月初九日
開兌起計裝江浙二省商船一千五百六十二隻兌
運漕白正耗米一百四十五萬一千三十一石三斗
八升三勺節省候撥耗米五萬九千六百七十五石
九斗三升一合五勺給船耗米一十二萬二千四百
八十八石八升五合一勺共米一百六十三萬三千

一百九十五石三斗九升六合九勺今截至六月初
五日止一律兌足開行相應具文詳報伏候
鑒核詳請會
奏爲此備由開具書冊呈乞
照詳施行
道光六年六月初五日具詳

委辦海運總局署松江府知府李景嶧督同上海縣
知縣許乃大爲詳請事竊照蘇松常鎮太五府州屬
道光五年分漕白二糧試行海運僱用商船業經
奏准八成裝米二成搭貨免其輸稅等因所有前次運
糧各船業經示諭遵照在案伏查江浙各船將頭運
糧米運津交卸後駛回上海趕裝二運惟二運回棹
船隻截至五月二十三日同日進口者數十隻均願
攬裝米石未便阻其踴躍急公之心而所餘未運之
米前已儘船派足船多米少勢不敷載是以照原裝
之數均勻派裝以遂商情但所載過輕難以行駛若

照派裝米數核計二成貨物船仍輕而難行殊於海
運有礙現當二運裝兌已竣亟須趁風開行似應仍
照該船初運原裝之數核計二成搭貨免稅放行庶
該商船得以迅速放洋而輕重適宜行駛無虞合將
現在減裝米石各船名米數開摺具詳伏乞
鑒核移咨山東直隸各關查照放行若於原裝二成
之外加增者查出重究似此予以限制俾有準則而
恤商情實爲公便爲此具摺呈祈
批示遵行
道光六年六月初六日具詳奉

巡撫部院陶　批仰候移咨
直隸總督部堂
山東巡撫部院移行各關遵照繳摺存

督護初運川沙營參將關　爲初運米船全抵天津
專差移報事竊照敝府督押海運前將到津船數及
查辦緣由節次移明在案茲於五月初五日接奉
提督軍門王　札開爲移明事竊照海運漕糧至關
緊要前奉
奏派川沙營參將關天培督押初運船隻京口協副將
湯攀龍督押次運船隻護送前進嗣本提督因初運
米數較多當又加派掘港營都司俞大銓歸幫護送
至山東石島交替去後現據俞都司稟報准海運總
局李同知移開首運糧米現已開運船一千一百四

十五隻計裝漕白二米一百二十四萬一千一百餘
石爲數甚鉅自應督押護送前進等情都司於三月
二十二日自上海開行三十日自十滧放洋前進等
情前來查海運漕糧原
奏分二運共計全漕正耗米一百六十三萬三千餘石
今頭運關參將業已押運米一百二十四萬一千一
百餘石應作爲頭運尚有未運米三十九萬一千餘
石前運船隻業已接續回南隨免隨開自應卽令京
口協湯副將作爲二運督押護送以專責成而免遲
誤除咨明

爵督部堂
巡撫部院並札知總局外合就行知札仰該叅將照
札事理卽便遵照等因奉此是頭運米船已蒙
提督軍門王　核明米數完以一千一百四十五隻
截爲初運其在後船作爲次運業經咨明在案玆天
津海口截至五月初六日止先後通共到船一千一
百五十五隻已逾頭運截止之數理合具文專差把
總周世榮齎文通報除報明
各衙門外合並移明爲此合移
貴司請煩查照施行再敝府接到上海總局李署守
移來十六次文冊計共船一千一百九十九隻玆已

收進海口船一千一百五十五隻又扣除趙聯盛失
風一船照冊核對計尚未進口船四十三隻敝府現
仍在津守催一俟後運京口湯副將押船到津交代
明白再爲回省銷差合並移明
道光六年六月初七日移
江蘇布政使司

江蘇布政使賀長齡蘇松常鎭督糧道朱澍爲據稟
轉詳事竊據蘇州府知府額騰伊署松江府知府李
景嶧會稟稱各屬徵存積年緩漕米石仰蒙
奏准留于本省糶濟民食並蒙由司核議每石酌中定
斷糶變銀二兩二錢五分自奉文之日起限兩月照
數解納等因除轉飭各屬遵照外卑府等伏查各屬
徵完緩漕先經奉飭海運二次漕糧由沙船搭運赴
津業據各屬造具已未完年款清冊呈送核辦在案
今奉
奏准變價其冊報已完米石固當遵限全數變價如有

玩視違誤立予撤叅懲辦所有未完民欠亦應嚴飭
殫力催徵一律糶變以清積逋惟所欠在民現居青
黄不接之時若概予以兩月之限恐小民完納不前
該縣等懼干重咎勢必仍蹈揑墊挪移之故轍殊非
仰體核實辦公之道是以卑府等會同酌擬與其嚴
限而滋積弊莫若量予寬展以求實在除前據冊報
徵存在倉之米遵照憲定章程辦理外其續報徵完
及未完民欠徵變之限應請量予展限兩個月俾各
屬得以設法催輸而免挪展之弊抑卑府等更有請
者緩漕變價所以濟民食而省籌運而定價又在適

中之數此時各縣追徵亦應從而核實庶民力稍寬
以期輸將踴躍倘有任聽書役浮加勒索藉稱民欠
難追冀圖宕展者一併從嚴叅處未完之欠著落賠
繳如敢捏墊規避一概刪除不准作抵庫項如此則
小民得霑實惠而積欠可期一清稟請核示等情到
司據此本司道會查得蘇省各屬道光四五年分應
徵各年緩帶漕米前蒙
奏奉
諭旨糶濟民食所糶價銀提解司庫報撥等因節經本司
酌議將各屬徵存各年緩帶米石適中定價每石糶

銀二兩二錢五分自奉文之日起統限兩個月內分
作兩限提解司庫報撥詳明通飭遵照在案茲據具
稟前情本司道伏查蘇省州縣按年辦理起運漕糧
及因災緩帶搭運米石每以交兌期促先行由縣籌
墊以致徵輸漕尾清款頗難陋習相沿驟難禁絕此
項奉准糶變緩漕及隨徵耗五等米共有二十八萬
餘石前奉抄發原摺本係聲明具報徵存在倉及陸
續接徵米石均係應行搭運之款應請出糶以資民
食等因所以為民生計者至周且備是先已徵存在
倉米十五萬餘石自應飭令依限照價出糶其餘米

十三萬石有零隨後陸續徵輸者雖內有給丁隨耗
等米並非起運之款但正漕既已奏准變糶所有向
係隨漕給丁各款米石應請准其於徵足後乘此青
黃不接之時一律出糶以濟民食惟概定以二月之
限恐一時未能趕徵州縣懼干咎戾又不免輾轉挪
墊其弊仍未能絕不若寬以時日再展兩月之限勒
令將已未完緩漕各款米石全數催徵隨時糶變依
限繳價倘逾限再有未完乃係各州縣因循自誤即
著照數賠繳不准再以墊欠列抵庫項庶積年因災
宿逋藉以一清民食既得有資陋習亦可禁絕似於

糧價催科兩有裨益相應據情會詳伏候
批示祗遵為此呈乞
照詳施行
道光六年六月十三日具詳
爵督部堂琦　批仰候
巡撫部院核示遵行繳
總漕部院陳　批仰候
巡撫部院核示遵行繳
巡撫部院陶　批如詳飭遵繳

江蘇巡撫部院陶　爲札知事據天津交米委員前任河南河北道鄒錫淳等稟稱奉委赴津交收海運漕糧並隨帶佐雜五員幫同照料職等到津後公同酌議將應辦事宜分派該佐雜等使各有專司庶無推諉南匯縣縣丞鄭祖經山陽縣縣丞項炳森住居東門外公所管理文案及銀錢出入候補縣丞溫履台候補主簿汪鈺住居上園公所管理排船請驗收交米數及開報各船免稅貨單候補府經歷顧毓奇住居海口專查各船進口及兌竣後出口事宜其提重催空已因委員較少職等常川輪至河干並就近

飭令溫履台汪鈺兼理嗣後又有收買各船餘米核數兌銀亦需專責又經議歸卑職有慶督同鄭祖經溫履台辦理所有排船請驗一事止汪鈺一人專管每遇空重擁擠之際沙船八九隻停泊一排路長將及十里雖職等由兩岸陸路並乘小舟三路調排猶恐查察難周日來二運船到漸多若續後大幫齊至排船請驗提重催空值此酷暑之時終日奔走河干尤爲喫力茲查有解銀來津之候補未入流李長慶職等留心察看該員幹練勤能堪以隨同料理提趲排船諸事懇准留津以資委用實爲公便至該員奉解銀兩業經天津道兌收掣批合併聲明等情到本部院據此除批准留津委用外合行札知札司卽便知照毋違特札

道光六年六月十七日札江蘇布政使

江蘇布政使賀長齡為詳請事道光六年六月十七
日奉
巡撫部院陶　札開道光六年六月初十日准
戶部咨雲南司案呈准江蘇巡撫咨據蘇松常鎮督
糧道宋濬詳稱竊照每年江興等衛協運各幫應解
戶部飯銀八百兩歷於各幫丁應支錢糧內扣存道
庫棄發通餉便員帶解向來上年扣存銀兩於下年
起解如遇幫船停減均於次年補扣是以道光四年
分銀兩於當年扣存業經飭委本年通餉便員汪世
杰帶解在案至道光五年分應解戶部飯銀八百兩

須於今冬各幫應領錢糧內核扣於來年帶交本道
伏查道光五年分起運漕糧全由海運而本省丁船
截留河北接運別省漕糧並無本道衙門應領運費
錢糧可以查扣此項部飯銀兩未便短缺似應於來
年復歸河運本省漕糧各該幫丁應支新運錢糧內
補扣呈解以免缺誤相應詳候咨部查照等因相應
咨達等因前來查解部飯銀原係本部藉資辦公之
款所有江蘇每年江興等衛協運各幫應解部飯銀
八百兩今據江蘇巡撫咨稱歷於各幫丁應支錢糧
內扣解道光五年分起運漕糧全由海運並無應領

運費錢糧可以查扣請於來年復歸河運補扣呈解
以免缺誤等語查蘇松本年起運漕糧雖由海運而
在北需用經費均係該省自行籌解所有本部每年
藉資辦公飯銀似未便缺誤應咨江蘇巡撫漕運總
督即飭另籌照數解部以資辦公而免缺誤可也等
因到院札司即便查明詳辦等因到司奉此本司伏
查蘇省每年江興等衛協運各幫應解戶部飯銀八
百兩經糧道詳請咨明
大部於來年各該幫丁應支新運錢糧內補扣呈解
茲奉准

部咨自應由蘇籌解惟銀數無多專員起解未免長
途跋涉而
大部辦公所需亦未便遲緩除移咨在津交米鄒道
等先行籌墊備具文批就近委員徑解
戶部兌收俟該道府等事竣回蘇另籌給發歸墊外
理合具文詳明伏候
會核咨覆
戶部查照為此呈乞
照詳施行
道光六年六月十

爵督部堂琦　批仰候
巡撫部院核咨繳
總漕部院穆　批據詳已悉仰候
巡撫部院會咨繳
巡撫部院陶　批仰候咨達
戶部并札天津交米委員鄒錫淳等就近墊解繳

江蘇巡撫部院陶　為飭遵事道光六年六月二十
八日准
兵部火票遞到
軍機處知會內開貴撫前奏海運默邀
神佑請加封號匾額本月十七日欽奉
上諭內開發去大藏香十炷又海口
風神廟
海神廟發去
御書匾額等因所有欽奉
諭旨業經由報寄交外茲將大藏香十炷匾額二面交兵
部由驛發往貴撫即查照祗領敬謹祀謝懸掛等因
到本部院准此合行札發札道即將發來

御書匾額兩軸及藏香皮木匣查收將
御書匾字敬謹摹勒上匾同藏香木匣恭賫
風海神廟內兩處祀謝懸掛仍將懸掛日期申報并將
御書呈繳以憑敬謹存貯毋遲特札
風神廟匾額奉
頒宣仁利涉四字
海神廟匾額奉
頒恬波濟運四字

道光六年六月三十日札護理蘇松太道

委辦海運江南淮揚道等爲報銷事道光六年三月二十一日奉抄行道光六年三月十九日内閣奉

上諭海運已陸續到津沙船餘米不下十萬餘石前經降

旨照南糧餘米例聽天津民人照市價收買茲據英和

奏沙船宜令速歸趕運二次米石恐該商等希圖賤價售買觀望不前請由部動用銀二十萬兩官爲收買著順天府即派委妥員赴部領銀分起解往天津暫存道庫並著穆彰阿等於正米收竣後即傳諭江南委員有船戶願賣餘米聽該處民人照市價收買倘該處不能銷售即動項照市價官爲收買其價銀由江南委員轉

發船戶毋得假手吏胥致啟勒掯短發諸弊俾沙船得以早歸無誤二次接運欽此行令妥議收買章程稟請

核奏等因職等查得沙船載運漕糧得有餘米自願變價即赴關東販豆苐天津民食多係雜糧稻米行銷較滯若俟本地民人購買恐致躭延有誤歸次自應查詢各商船實在情形傳述

諭旨明定章程官爲收買以順商情而臻妥速當即傳集已到各沙船戶詢據僉稱沙船大小不一所得餘米自二十餘石至一百餘石不等除由江南來津食用及歸次口糧之外約可售賣七成前此卸空各船已

與本地民人交易日來船到較多一時恐難全售今
蒙
聖恩優加體恤得以官爲收買倍深感激等語又查得天
津市價白糧平斛每石制錢三千八九百文至四千
有零不等漕米平斛每石二千四五百文至六七百
文不等以錢合銀酌中定價白糧每石合天津市平
紋銀三兩二錢漕米每石合銀二兩二錢較之該船
戶自行零星售賣殊爲得益並于起卸之時預籌便
捷之法由職等按船將收買餘米數目單報坐糧廳
登冊于正耗米石斛兌完竣後即將收買餘米一手

斛運實收米數移知職等照數發價以歸簡易如有
潮潤黴變米石不准收買惟時因部撥銀兩未到職
等先向天津道咨借庫紋銀三萬兩發價嗣于三月
三十日經委員將部項解赴天津道庫又經職等會
同驗明俱係庫平足色元寶于天津市平比較每百
兩實長庫平三兩當將收到庫項比較市平緣由詳
明並將前借道庫銀三萬兩咨由天津道劃收歸款
餘銀存貯道庫陸續支取備發米價各在案茲查海
運漕船統共一千五百六十二隻內除三月二十一
日以前騰空已離水次二百七十餘隻陸續出口無

從收買其餘各船耗米或有在途守候風信食用無
餘或有稍爲潮潤黴變不予收買外計自三月二十
一日起至八月初四日止收買商船餘米一千一百
三十八戶內漕糧五萬九千八百三石五斗每石按
照定價發銀二兩二錢計共津平銀一十三萬一千
五百六十七兩七錢白糧五千二百四石每石發價
銀三兩二錢計共津平銀一萬六千六百五十二兩
八錢兩共發過津平紋銀一十四萬八千二百二十
兩五錢其米隨正交剥運通價銀即以元寶按照市
平給發零尾亦用元寶剪碎找給職等督同委員面

交各船戶收領取具船戶領結備查委無涉手吏胥
從中勒掯短發諸弊茲已事竣理合造具細冊具文
詳送伏候
鑒核咨
部再剝運餘米運腳經費應歸天津道核實造報合
並聲明爲此呈乞
照詳施行
道光六年八月初九日具詳

江蘇布政使賀長齡江蘇按察使覺羅慶善蘇松常
鎮太督糧道宋潢分巡蘇松太道潘恭常爲查明海
運在事出力各員詳請在外分別奬叙事竊照蘇省
試行海運事屬創舉關係重大分任需人一切查船
催儹稽察照料監交監兌各事宜均極繁重必須多
員經理方能趨事赴功現在全漕兌運開行極爲妥
速因由上稟
宸謨亦復下賫羣力惟人數衆多不能概登薦牘前經本
司道等擇其尤爲出力各員查明實績詳呈
奏請鼓勵在案此外各員或駐劄河干查船監兌或沿

途催儹往來迎提或查驗米色照料船隻或專駐水
次彈壓稽查或管解銀兩前赴直省均能不辭勞瘁
實心經理亦未便泯沒其勞似應酌量等差分別奬
叙以示鼓勵相應開摺具詳伏候
會核批示其應行咨
部議叙各員並懇咨
部分別議叙爲此呈乞
照詳施行
謹將海運委員擬請咨叙拔委銜名開呈
鑒核

計開
柘林通判孫宗渭
試用理問陳治
以上二員應請儘先拔委署理撫民理民同知一次
試用通判闞庭桂
試用通判陳景朝
以上二員應請儘先拔委丞倅一次
鎮江府理事同理富康
太倉衛守備新調德州衛守備陳長青
元和縣縣丞王作楨

華亭縣縣丞夏修憲
寶山縣縣丞譚霖
上海縣主簿陶禮
長洲縣吳塔巡檢劉珣
昭文縣白茆巡檢林觀光
以上八員請咨
部從優議叙
嘉定縣諸翟巡檢胡廷宜
上海縣黃浦巡檢車麟
以上二員出力較多請咨

部從優議叙外再請本年首先拔委優差一次
上海縣縣丞李鴻猷
應請准其代理知縣一次
試用從九品梁顯德
應請本年首先拔委優差一次
試用縣丞孫琬
試用從九品朱光恩
試用從九品潘金
試用未入流章德楙
以上四員應請拔委署缺一次

震澤縣縣丞楊春陽
婁縣縣丞劉岦
松江府知事張雲翮
如皋縣主簿陳德培
華亭縣主簿黃榜
婁縣主簿章恩榮
上海縣吳淞巡檢陳丙安
上海縣典史費長春
以上八員請咨
部議叙

試用縣丞張起濤
試用從九品舒春元
試用從九品費福柱
以上三員委令管解剝價等款銀兩前赴直省交收均無遺誤本司核查佐雜酬奬章程案內委解遠省協餉京餉本有入于勞班委署一次之案今海運案內張起濤等管解剝價等款九與尋常解餉不同應請將張起濤舒春元費福柱三員不入班次遇有缺出首先委署一次
道光六年九月十五日具詳奉

爵督部堂琦　批仰候
巡撫部院核示遵行繳摺存
總漕部院穆　批仰候
巡撫部院核示遵行繳摺存
巡撫部院陶　批據請應行咨部議敘各員仰候會
同
爵督部堂開單咨移
吏部科議覆飭遵至應行在外奬勵各員並即遵照單
開各員分別註冊辦理繳摺存
計開

柘林通判孫宗渭
試用理問陳治
以上二員准其儘先拔委署理撫民理民同知一次
試用通判閻庭桂
試用通判陳景朝
以上二員准其儘先拔委丞倅一次
嘉定縣諸翟巡檢胡廷宜
上海縣黃浦巡檢車麟
以上二員出力較多除咨
部從優議敘外准其本年首先拔委優差一次

上海縣丞李鴻猷
該員准其代理知縣一次
試用從九品梁顯德
准其首先拔委優差一次
試用縣丞孫琬
試用從九品朱光恩
試用從九品潘金
試用從九品章德懋
以上四員准其拔委署缺一次
試用縣丞張起濤

試用從九品舒春元
試用從九品費福桂
以上三員委令管解剝價等款銀兩前赴直隸交收均無遺誤核查佐雜酬奬章程案內委解遠省協餉京餉本有入于勞班委署一次之案今海運案內張起濤等管解剝價等款尤與尋常解餉不同准其將張起濤舒春元費福桂三員不入班次遇有缺出首先委署一次再費福桂一員于解餉之前先經派往上海差委著有微勞應再拔委優差一次以示鼓勵

江蘇布政使賀長齡按察使覺羅慶善兼護蘇松常鎮督糧道額騰伊分巡蘇松太道潘恭常爲查明海運案內催儹護送委員再行具詳請奬事竊照蘇省試行海運事屬創舉關係重大分任需人一切查船催儹稽察照料監交監兑各員均經先後分别詳請鼓勵在案所有各屬剥運漕糧赴滬交兑前因剥船戶奸良不一恐有偷竊著水等弊卽經通飭各該州縣自行酌委佐貳等官沿途防範其經過漕剥之處亦恐任意逗遛致誤兑運併經飭委催令趕運儹行全漕告竣之後當卽通行飭查去後兹據各屬以所委之員均尚實心經理開列員名陸續禀請酬奬前來本司道覆查各屬飭委護解漕糧以及迎提催儹剥糧船隻各委員除前詳案内業已彙案請奬者應行扣除外其餘各員或稽查出力或駐剳河干稍著微勞未便泯沒似應各予存記大功一次俟續後得有勞績再行併計辦理以示鼓勵相應開摺具詳伏候

會核批示爲此呈乞

照詳施行

謹將各屬剥運漕糧押運赴滬并委催趕運沿途迎

催各委員銜名開呈

鑒核

計開

前署太倉州州同羅祥麟

候補知縣武念祖

前任江陰縣知縣候補知縣王克勤

布政司理問戴公望

前署新陽縣縣丞現任常熟縣縣丞張錫疆

前署震澤縣縣丞吳繼會

溧陽縣縣丞陳煒烈

候補縣丞陳鴻慶

常州府知事張焯

吳縣主簿佘世苓

前署昭文縣主簿宋元綱

陽湖縣主簿方友椿

金匱縣主簿劉嵩齡

江陰縣主簿吳一夔

丹陽縣主簿鈕信友

川沙司獄董學淳

前署崑山縣石浦巡檢張聰賢

吳江縣同里巡檢王綱
震澤司巡檢陳桂植
南滙縣三林巡檢范世漢
金山縣洙涇巡檢王雲標
前署武進縣奔牛巡檢王正模
無錫縣高橋巡檢金聘儒
宜興縣下邾巡檢管兆蕃
荆溪縣湖㳇巡檢吳連城
丹徒縣高家鎮巡檢莫如柏
丹陽縣吕城巡檢調補常熟縣黄泗浦巡檢謝德源

金壇縣湖溪巡檢陳皓
鎮洋縣甘草巡檢曾浩
試用從九品彭杰
試用從九品周大淳
前署常熟縣典史錢繩武
前署華亭縣典史沈鳳樓
試用未入流陳廷銓
以上共三十四員應請各予存記大功一次
道光六年九月十五日具詳
爵督部堂琦　批仰候

巡撫部院核示遵行繳摺存
總漕部院穆　批仰候
巡撫部院核示遵行繳摺存
巡撫部院陶　批如詳註冊各記大功一次以示鼓
勵繳摺存

江蘇布政使賀長齡按察使覺羅慶善兼護蘇松常
鎮督糧道額騰伊分巡蘇松太道潘恭常爲查明海
運案內防護出力武職各員詳請分別獎敘事竊照
蘇省試行海運統巡分巡各務前蒙
奏派沿海水師各按汛地多撥哨船分派將弁督率兵
丁巡防護送又各屬漕剝數千餘隻皆由官塘泖澱
等湖入黃浦而至上海其間港汊紛岐剝船四出均
經由內河陸汛各員日夜護送剋下全漕悉數運竣
固由上稟
宸謨亦復下資羣力惟人數衆多不能概登薦牘前准

提督將黃浦至海口一路巡護彈壓尤爲出力之將
備福遊擊等三員移會到司即經本司道詳奉稟摺
奏請鼓勵此外各員如有防護實在出力之處前經移
請
提督并蘇松狼山二鎮查開實績分別移司核辦去
後茲准查明移覆前來本司道查得移請獎敘各營
鎮將備等官或不避風險經歷島洋或晝夜辛勤探
迎巡護均能不辭勞瘁實心經理亦未便泯沒其勞
似應酌量分別獎敘以示鼓勵相應開摺會詳伏候
會核批示其應行咨
部議敘各員並懇咨
部分別議敘其餘在外記功各員即由各該營鎮存
記註檔隨時自行酌辦至三等子爵陳述祖撫標叅
將張殿華催儹漕剝均屬出力其應如何獎敘之處
並請一併核入辦理合並聲明爲此呈乞
照詳施行
謹將海運案內防護出力武職將備等官應行獎敘
各員開具清摺呈送
鑒核
計開

提標中軍叅將彭鎮川
吳淞營叅將李恩元
蘇鎮標中營遊擊陳松林
蘇鎮標左營遊擊張廷春
蘇鎮標奇營遊擊田松林
提標中營守備沈士魁
松江城守營守備袁夢熊
川沙營守備周彥維
吳淞營守備周世揚
蘇鎮標右營守備趙雲標

蘇鎮標奇營守備鮑起豹
提標中營千總周通江
提標右營千總湯攀鳳
吳淞營千總顧顯邦
川沙營千總陳宗岳
蘇鎮標左營千總張成龍
蘇鎮標右營千總施元鳳
東海營都司孫廷揚
狼標左營千總黄琴
以上十九員應請咨
部議叙
蘇鎮標右營都司楊朝棟
南滙營守備周維藩
川沙營千總湯清瑞
蘇鎮標中營千總李德昌
蘇鎮標左營千總劉奎
提標中營把總陸寶傳
提標右營把總李成鳳
提標右營把總盛邦慶
提標右營把總高亮

提標城守營把總張邦瑞
吳淞營把總張定邦
吳淞營把總車朝柱
川沙營把總陸鳳翔
川沙營把總朱振邦
蘇鎮標左營把總管鴻章
提標中營外委高溶
提標左營外委李逢春
提標前營外委甘雨泰
提標前營外委張成藻
提標後營外委孫景
提標後營外委陳秀文
提標城守營外委楊文輝
提標城守營外委唐昌期
提標右營外委王大春
提標右營外委劉高上
吳淞營外委鮑宗源
吳淞營外委張書紳
吳淞營外委劉人彥
吳淞營外委徐克明

川沙營外委車萬榮
蘇鎮標左營外委張成鳳
蘇鎮標右營外委田浩然
蘇鎮標右營外委張鴻選
蘇鎮標奇營外委倪增祿
蘇鎮標奇營外委楊懋德
提標左營額外王秀海
提標城守營額外汪廷傑
提標右營額外李汝惠
吳淞營額外葉遇春

吳淞營額外車萬全
吳淞營額外車耀宗
川沙營額外劉御林
川沙營額外高家棟
川沙營額外王裕楨
南滙營額外謝國治
蘇鎮標中營額外盛景千
鹽城營遊擊趙本
鹽城營守備田恭
鹽城營千總馬宏宇

廟灣營遊擊沈清瑞
廟灣營千總李大銓
佃湖營都司保常泰
掘港營把總程淮
狼右營把總楊定元
狼右營額外王兆椿
鹽城營外委馬殿揚
廟灣營外委郭世標
廟灣營外委田遇春

佃湖營外委翟九齡
東海營外委李魁文
以上共六十一員應請在外記功即由各該營鎮存
記註檔隨時自行酌辦理合聲明
道光六年九月十五日具詳奉
爵督部堂琦　批查摺開請咨議敘各員前准
提督咨會即經咨請
巡撫部院察核彙辦其在外記功各員弁亦經准咨
記功咨會在案據詳前請仰候
巡撫部院核辦繳摺存

總漕部院穆　批仰候
巡撫部院核示遵行繳摺存
巡撫部院陶　批據請應行咨
部議敘各員仰候會同
爵督部堂咨移
兵部科議覆飭遵至應行在外存記各員弁並候開單
移明
提督查照核辦繳摺存

江蘇布政使賀長齡稟竊查本司詳送請獎海運委
員清摺內列試用從九費福柱一員係與張起濤舒
春元奉委管解剝運等銀至直隸省交收無誤均請
不入班次遇有缺出首先委署一次在案今復查該
員費福柱於未奉委解餉銀之前先經派往上海於
海船首運時差遣委用著有微勞茲若與張起濤等
同一酬獎未免漫無區別理合據實稟請核入前摺
將費福柱一員於首先委署之外再予拔委優差一
次庶足以示鼓勵而昭平允肅具稟陳
道光六年九月二十一日具稟
巡撫部院陶　批據稟該員費福柱于解餉之前先
經派往上海差委著有微勞應再拔委優差一次以
示鼓勵等情已于另詳開單飭知矣仰卽遵照繳

江蘇布政使賀長齡按察使覺羅慶善蘇松常鎮督
糧道宋潢兼護蘇松太道李景峄為查明海運在事
出力人員補詳請咨議敘事竊照蘇省試行海運事
屬創舉關係重大分任需人一切查船催儹稽察照
料監交監兌各事宜均極繁重必須多員經理方能
趨事赴功前因全漕兌運開行極為妥速固由上憲
宸謨亦復下資羣力惟人數衆多不能概登薦牘即經本
司道等擇其尤為出力各員查明實績詳奉彙摺
奏請鼓勵此外各員或駐劄河干查船監兌或沿途催
儹往來迎提或查驗米色照料船隻或專駐水次彈
壓稽查均能不辭勞瘁實心經理亦未便泯沒其勞
似應酌量等差分別獎敘以示鼓勵并開摺會詳伏
候
會核批示其應行咨請議敘各員並懇咨
部分別議敘各在案茲本司等復查前請外獎各員
內有嘉定縣諸翟巡檢胡廷宜上海縣黃浦巡檢車
麟二員出力較多前詳僅請首先拔委優差一次尚
不足以酬其勞應請核入前詳於拔委優差之外仍
請與鎮江府理事同知富康等八員一體咨
部從優議敘以昭平允實為公便為此呈乞

照詳施行
道光六年九月二十三日具詳

戶部爲詳咨事雲南司案呈准直隸總督那彥成咨據直隸布政使屠之申呈稱竊查江蘇省海運漕糧案內應需剝船三成腳價銀兩前奉戶部奏明行令在於司庫先行借撥委員解交清河天津二道兌收撥用等因並請咨明江蘇轉飭照數解直歸款在案茲准天津清河二道移咨以江蘇省先後借存道庫剝價等銀十萬兩所有借撥司庫三成腳價銀五萬一千兩在於蘇省解存剝價銀內照數動撥委員河工候補縣丞李維垣移解前來除將解到銀兩照數兌收歸還原借地糧銀兩貯庫外所有解還歸款緣

由擬合具文詳請查核咨部銷案等情相應咨明等因前來查海運漕糧案內應需剝船三成腳價銀兩前經本部奏明在於直隸藩庫借撥銀五萬一千兩解交天津道庫兌收撥用並令江蘇照數籌解歸款在案今據直隸總督咨稱前項借撥司庫銀兩已據天津清河二道照數在於蘇省解存剝價銀內動撥委員候補縣丞李維垣解還歸款等語相應付知北檔房查照並咨照江蘇巡撫仍咨覆該督可也

戶部總督倉場爲移咨事據坐糧廳琦琛等呈稱據直隸天津道咨稱案照本年蘇省海運漕糧由津運通所需水腳銀兩均照奏定銀數分別核給其油艙一項上年詳奉

奏定章程除民船毋庸扣繳外所有官剝船隻仍照歷年北倉轉運之例每百石扣繳銀一兩二錢四分四釐俟漕竣核明銀數移咨江蘇省在於漕贈等項銀內提扣解交天津道庫分別支用歸款等因奉部照議核覆行知遵照在案查本年蘇省海運白糧係全用民船剝運赴通毋庸議給油艙至兌收漕糧除豫

東軍船裝運毋庸核扣油艙外實計官剝船裝運赴通漕糧正米每百石應扣油艙銀一兩二錢四分四釐轉咨江蘇省在於漕贈等銀內提扣徑解本道衙門兌收分別支用歸款等情據此查海運漕糧正項同收買沙船耗米除東豫軍船裝運外官剝船實運到通洪斛米一百一十四萬四千三十七石零每百石扣油艙銀一兩二錢四分四釐共應扣銀一萬四千二百三十一兩八錢二分理合呈請轉咨江蘇省將前項銀兩查照議定章程在於漕贈等款內提扣徑解天津道衙門兌收按例支銷並請將轉咨緣由

先飭天津道遵照等情前來相應移咨
貴部院請煩查照辦理施行
道光六年十二月　日咨
江蘇巡撫部院

蘇松常鎮太五府州屬
道光五年分
額該起運漕糧正耗米一百四十二萬九千一百三十二石三斗一升二合內
蘇州府屬米六十七萬一千二百二十七石六斗四合九勺
松江府屬米二十九萬三千二百三十一石五斗三升三合二勺
常州府屬米二十四萬九千七百九十五石六斗三升七合九勺

鎮江府屬米一十一萬八千一百九十三石九斗六升四合七勺
太倉州并屬米九萬六千六百八十三石五斗七升一合三勺
額該起運白糧正耗米八萬一千五百七十四石九斗九升九合八勺內
蘇州府屬米二萬三千九百三十五石三斗六升三合五勺
松江府屬米二萬七千二百八十四石六斗三升六合四勺

常州府屬米二萬一千九百一十石九斗九合一勺
太倉州並屬米八千四百四十四石九升八勺

長洲縣
道光五年分
額該起運漕糧正耗米八萬六千三百三十三石九斗一升九合六勺內
正兌糧米六萬二千四百八十三石七斗七升四合八勺
二五交倉耗米一萬五千六百二十石九斗四升三合七勺
改兌糧米四千四百六十七石三斗七升六合五勺
一七交倉耗米七百五十九石四斗五升四合
節省候撥耗米三千二百三斗七升六勺
以上各款共符前額係沙船到津交卸實數
外給沙船每石八升耗米六千九百六石七斗一升三合五勺

長洲縣

道光五年分

額該起運白糧正耗米三千三十三石七斗二升七合三勺內

白粳正米二千二百五十石

交倉耗米九十五石二斗八升

白糯正米三百一十七石

交倉耗米一十三石五斗七升

節省倏撥白粳耗米三百一十三石七斗一升九勺

節省倏撥白糯耗米四十四石六升六合四勺

以上各款共符前額係沙船到津交卸實數

外給沙船每石一斗耗米三百三石三斗七升二合七勺

元和縣

道光五年分

額該起運漕糧正耗米八萬一千九百九十一石四斗九合二勺內

正兌糧米五萬九千五百二十三石八斗六升二合六勺

二五交倉耗米一萬四千八百八十石九斗六升五合六勺

改兌糧米四千一十三石三斗一升八合七勺

一七交倉耗米六百八十二石二斗六升四合二勺

節省倏撥耗米二千八百九十石九斗九升八合一勺

以上各款共符前額係沙船到津交卸實數

外給沙船每石八升耗米六千五百五十九石三斗一升二合八勺

元和縣
道光五年分
額該起運白糧正耗米二千九百四十三石九斗九合一勺內
白粳正米二千一百八十二石
交倉耗米九十二石五斗
白糯正米三百九石
交倉耗米一十三石二斗一升
節省候撥白粳耗米三百四石二斗二升七合三勺
節省候撥白糯耗米四十二石九斗七升一合八勺
以上各款共符前額係沙船到津交卸實數
外給沙船每石一斗耗米二百九十四石三斗九升九勺

吳縣
道光五年分
額該起運漕糧正耗米五萬四千四百六十三石六斗九升四合七勺內
正兌糧米三萬九千六百二十九石七斗四升七合六勺
二五交倉耗米九千九百七石四斗三升六合九勺
改兌糧米二千五百六十八石五斗七升二合
一七交倉耗米四百三十六石六斗五升七合二勺
節省候撥耗米一千九百二十一石二斗八升一合
以上各款共符前額係沙船到津交卸實數
外給沙船每石八升耗米四千三百五十七石九升五合六勺

吳縣

道光五年分

額該起運白糧正耗米二千五十八石七斗二升七合三勺內

白粳正米一千五百二十七石

交倉耗米六十四石七斗七升

白糯正米二百一十五石

交倉耗米九石一斗九升

節省俵撥白粳耗米二百一十二石八斗六升六合四勺

節省俵撥白糯耗米二十九石九斗九勺

以上各款共符前額係沙船到津交卸實數

外給沙船每石一斗耗米二百五石八斗七升二合七勺

吳江縣

道光五年分

額該起運漕糧正耗米八萬八百三十石三斗六升三勺內

正兌糧米五萬八千八百石六升九合

二五交倉耗米一萬四千七百石一升七合二勺

改兌糧米三千八百二十八石二斗二升五合

一七交倉耗米六百五十石七斗九升八合三勺

節省俵撥耗米二千八百五十一石二斗五升八勺

以上各款共符前額係沙船到津交卸實數

外給沙船每石八升耗米六千四百六十六石四斗二升八合九勺

吳江縣

道光五年分

額該起運白糧正耗米二千七百六十石七斗二升七合二勺內

白稉正米二千四十八石

交倉耗米八十六石八斗二升

白糯正米二百八十八石

交倉耗米一十二石三斗二升

節省傒撥白稉耗米二百八十五石五斗四升三合六勺

節省傒撥白糯耗米四十石四升三合六勺

以上各款共符前額係沙船到津交卸實數

外給沙船每石一斗耗米二百七十六石七升二合八勺

震澤縣

道光五年分

額該起運漕糧正耗米八萬九千八百一十五石二斗九升八合七勺內

正兌糧米六萬五千三百六十石四斗二升八合五勺

二五交倉耗米一萬六千三百二十六石六斗七合一勺

改兌糧米四千二百八十五石七斗八升六合七勺

一七交倉耗米七百二十八石五斗八升三合七勺

節省傒撥耗米三千一百六十七石八斗九升二合七勺

以上各款共符前額係沙船到津交卸實數

外給沙船每石八升耗米七千一百八十五石二斗二升三合九勺

震澤縣

道光五年分

額該起運白糧正耗米二千九百九十三石五斗四升五合四勺內

白粳正米二千二百一十九石

交倉耗米九十四石五升

白糯正米三百一十四石

交倉耗米一十三石四斗四升

節省候撥白粳耗米三百九石四斗四合五勺

節省候撥白糯耗米四十三石六斗五升九勺

以上各款共符前額係沙船到津交卸實數

外給沙船每石一斗耗米二百九十九石三斗五升四合六勺

常熟縣

道光五年分

額該起運漕糧正耗米八萬一千五百三十石四升二合二勺內

正兌糧米五萬九千三百六十九石五斗九升四合二勺

二五交倉耗米一萬四千八百四十二石三斗九升八合五勺

改兌糧米三千七百九十六石一斗六升四合四勺

一七交倉耗米六百四十五石三斗四升七合九勺

節省候撥耗米二千八百七十六石五斗三升七合二勺

以上各款共符前額係沙船到津交卸實數

外給沙船每石八升耗米六千五百二十二石四斗三合四勺

常熟縣

道光五年分

額該起運白糧正耗米二千九百八十二石九斗九合一勺內

白粳正米二千二百一十二石

交倉耗米九十三石七斗六升

白糯正米三百一十二石

交倉耗米一十三石三斗六升

節省傒撥白粳耗米三百八石四斗二升一合八勺

節省傒撥白糯耗米四十三石三斗六升七合三勺

以上各款共符前額係沙船到津交卸實數

外給沙船每石一斗耗米二百九十八石二斗九升九勺

昭文縣

道光五年分

額該起運漕糧正耗米六萬八千六百八十七石一斗二升六合六勺內

正兑糧米四萬九千七百七十九石四斗五升三合五勺

二五交倉耗米一萬二千四百四十四石八斗六升三合四勺

改兑糧米三千四百五十四石五斗九合一勺

一七交倉耗米五百八十七石二斗六升六合五勺

節省傒撥耗米二千四百二十一石三升四合一勺

以上各款共符前額係沙船到津交卸實數

外給沙船每石八升耗米五千四百九十四石九斗七升一勺

昭文縣

道光五年分

額該起運白糧正耗米二千四百三十三石三斗六

升三合六勺內

白粳正米一千八百四石

交倉耗米七十六石四斗六升

白糯正米二百五十五石

交倉耗米一十石九斗一升

節省俟撥白粳耗米二百五十一石五斗四升

節省俟撥白糯耗米三十五石四斗五升三合六勺

以上各款共符前額係沙船到津交卸實數

外給沙船每石一斗耗米二百四十三石三斗三升

六合四勺

崑山縣

道光五年分

額該起運漕糧正耗米六萬三千六百九十五石六

斗八升四合三勺內

正兌糧米四萬四千三百二十石五斗九升九合

二五交倉耗米一萬一千八十石一斗四升九合七

勺

改兌糧米五千一百八十六石五斗三升八合七勺

一七交倉耗米八百八十一石七斗一升一合六勺

節省俟撥耗米二千二百二十六石六斗八升五合

三勺

以上各款共符前額係沙船到津交卸實數

外給沙船每石八升耗米五千九十五石六斗五升

四合七勺

崑山縣

道光五年分

額該起運白糧正耗米二千三百五十七石七斗二升七合二勺內

白粳正米一千七百五十一石

交倉耗米七十四石二斗七升

白糯正米二百四十四石

交倉耗米一十石四斗

節省傒撥白粳耗米二百四十四石九升三合六勺

節省傒撥白糯耗米三十三石九斗六升三合六勺

以上各款共符前額係沙船到津交卸實數

外給沙船每石一斗耗米二百三十五石七斗七升二合八勺

新陽縣

道光五年分

額該起運漕糧正耗米六萬三千八百八十石六升九合三勺內

正兌糧米四萬四千四百九十一石七斗六升九合七勺

二五交倉耗米一萬一千一百二十二石九斗四升二合四勺

改兌糧米五千一百五十五石三斗八升二合四勺

一七交倉耗米八百七十六石四斗一升五合

節省傒撥耗米二千二百三十三石五斗五升九合八勺

以上各款共符前額係沙船到津交卸實數

外給沙船每石八升耗米五千一百一十石四斗五合五勺

新陽縣

道光五年分

額該起運白糧正耗米二千三百七十石七斗二升

七合三勺內

白粳正米一千七百五十四石

交倉耗米七十四石三斗二升

白糯正米二百五十二石

交倉耗米一十石八斗二升

節省候撥白粳耗米二百四十四石五斗八升九合

一勺

節省候撥白糯耗米三十四石九斗九升八合二勺

以上各款共符前額係沙船到津交卸實數

外給沙船每石一斗耗米二百三十七石七升二合

七勺

華亭縣

道光五年分

額該起運漕糧正耗米三萬五千五百七十四石一

斗三升二合七勺內

正兌糧米二萬四千五百石七斗七升七合七勺

二五交倉耗米六千一百二十五石一斗九升四合

四勺

改兌糧米三千一百六十八石四斗四升一合九勺

一七交倉耗米五百三十八石六斗三升五合一勺

節省候撥耗米一千二百四十一石八升三合六勺

以上各款共符前額係沙船到津交卸實數

外給沙船每石八升耗米二千八百四十五石九斗

三升六勺

華亭縣
道光五年分
額該起運白糧正耗米三千六百一十二石八斗一升八合二勺內
白粳正米三千五十七石
交倉耗米一百二十七石六斗一升
節省候撥耗米四百二十八石二斗八合二勺
以上各款共符前額係沙船到津交卸實數
外給沙船每石一斗耗米三百六十一石二斗八升一合八勺

奉賢縣
道光五年分
額該起運漕糧正耗米三萬四千四百五十五石六斗八升六合內
正兌糧米二萬三千七百六十四石六斗七升九合九勺
二五交倉耗米五千九百四十一石一斗七升
改兌糧米三千三十二石一斗五升七合六勺
一七交倉耗米五百一十五石四斗六升六合八勺
節省候撥耗米一千二百二石四斗一升一合七勺
以上各款共符前額係沙船到津交卸實數
外給沙船每石八升耗米二千七百五十六石四斗七升八勺

奉賢縣

道光五年分

額該起運白糧正耗米三千一百三十七石七斗三升七合三勺內

白粳正米二千六百五十五石

交倉耗米一百一十石八斗三升

節省俟撥耗米三百七十一石八斗九升七合三勺

以上各款共符前額係沙船到津交卸實數

外給沙船每石一斗耗米三百一十三石七斗七升二合七勺

婁縣

道光五年分

額該起運漕糧正耗米三萬八千一百九十四石五斗七升六勺內

正兌糧米二萬六千九十六石三斗二升五合

二五交倉耗米六千五百二十四石八升一合二勺

改兌糧米三千六百六十石八斗三升二合四勺

一七交倉耗米六百二十二石三斗四升一合五勺

節省俟撥耗米一千二百九十石九斗九升五勺

以上各款共符前額係沙船到津交卸實數

外給沙船每石八升耗米三千五十五石五斗六升五合六勺

婁縣
道光五年分
額該起運白糧正耗米三千六百八十一石三斗六
升三合六勺內
白粳正米三千一百一十五石
交倉耗米一百三十石五升
節省倸撥耗米四百三十六石三斗一升三合六勺
以上各款共符前額係沙船到津交卸實數
外給沙船每石一斗耗米三百六十八石一斗三升
六合四勺

金山縣
道光五年分
額該起運漕糧正耗米三萬四千五十石五斗七升
六合三勺內
正兌糧米二萬三千三百八十九石三斗二升六合
八勺
二五交倉耗米五千八百四十七石三斗三升一合
七勺
改兌糧米三千九十九石六斗六升五合三勺
一七交倉耗米五百二十六石九斗四升三合一勺

節省倸撥耗米一千一百八十七石三斗九合四勺
以上各款共符前額係沙船到津交卸實數
外給沙船每石八升耗米二千七百二十四石四升
六合一勺

金山縣

道光五年分

額該起運白糧正耗米二千九百六十一石六斗三升六合四勺內

白粳正米二千五百六石

交倉耗米一百四石六斗二升

節省偹撥耗米三百五十一石一升六合四勺

以上各款共符前額係沙船到津交卸實數

外給沙船每石一斗耗米二百九十六石一斗六升三合六勺

上海縣

道光五年分

額該起運漕糧正耗米四萬六千一百八石七斗六升五勺內

正兌糧米三萬一千六百一十一石八斗八升六勺

二五交倉耗米七千九百二石九斗七升二勺

改兌糧米四千二百六十二石一斗七升五合七勺

一七交倉耗米七百二十四石五斗六升九合九勺

節省偹撥耗米一千六百七石一斗六升四合一勺

以上各款共符前額係沙船到津交卸實數

外給沙船每石八升耗米三千六百八十八石七斗八勺

上海縣

道光五年分

額該起運白糧正耗米四千一百三十五石二斗四升七合五勺內

白粳正米三千四百九十九石五升五合六勺

交倉耗米一百四十六石七升三合三勺

節省候撥耗米四百九十石一斗一升八合六勺

以上各款共符前額係沙船到津交卸實數

外給沙船每石一斗耗米四百一十三石五斗二升四合八勺

南匯縣

道光五年分

額該起運漕糧正耗米四萬六千七十四石二斗三升五合一勺內

正兌糧米三萬一千七百一十石三斗六升二合九勺

二五交倉耗米七千九百二十七石五斗九升七勺

改兌糧米四千一百二十七石四斗三升五合二勺

一七交倉耗米七百一石六斗六升四合

節省候撥耗米一千六百七石一斗八升二合三勺

以上各款共符前額係沙船到津交卸實數

外給沙船每石八升耗米三千六百八十五石九斗三升八合八勺

南匯縣

道光五年分

額該起運白糧正耗米四千四十五石五斗四升六合八勺內

白粳正米三千四百二十三石一斗五升五合

交倉耗米一百四十二石九斗五合六勺

節省候撥耗米四百七十九石四斗八升六合二勺

以上各款共符前額係沙船到津交卸實數

外給沙船每石一斗耗米四百四石五斗五升四合七勺

青浦縣

道光五年分

額該起運漕糧正耗米五萬四千五百四十一石一斗四升四勺內

正兌糧米三萬七千二百四十五石九升六合九勺

二五交倉耗米九千三百一十一石二斗七升四合二勺

改兌糧米五千二百石九斗九升六合九勺

一七交倉耗米八百八十四石一斗六升九合五勺

節省候撥耗米一千八百九十九石六斗二合九勺

以上各款共符前額係沙船到津交卸實數

外給沙船每石八升耗米四千三百六十三石二斗九升一合二勺

青浦縣

道光五年分

額該起運白糧正耗米五千六十七石六斗三升六合四勺內

白粳正米四千二百八十八石

交倉耗米一百七十八石九斗八升

節省候撥耗米六百石六斗五升六合四勺

以上各款共符前額係沙船到津交卸實數

外給沙船每石一斗耗米五百六石七斗六升三合六勺

川沙廳

道光五年分

額該起運漕糧正耗米四千二百三十二石三斗二升一合六勺內

正兌糧米二千九百九石四斗三勺

二五交倉耗米七百二十七石三斗五升一勺

改兌糧米三百八十二石八斗七合五勺

一七交倉耗米六十五石七升七合三勺

節省候撥耗米一百四十七石五斗九升六合四勺

以上各款共符前額係沙船到津交卸實數

外給沙船每石八升耗米三百三十八石五斗七升八合五勺

川沙廳

道光五年分

額該起運白糧正耗米六百四十二石六斗六升二勺內

白粳正米五百四十三石七斗八升九合四勺

交倉耗米二十二石七斗一合一勺

節省候撥耗米七十六石一斗六升九合七勺

以上各款共符前額係沙船到津交卸實數

外給沙船每石一斗耗米六十四石二斗六升六合

武進縣

道光五年分

額該起運漕糧正耗米三萬七千八百五十四石二斗八升八合七勺內

正兌糧米二萬九千二百一石八斗七升九合八勺

二五交倉耗米七千三百石四斗七升

節省候撥耗米一千三百五十一石九斗三升八合九勺

以上各款共符前額係沙船到津交卸實數

外給沙船每石八升耗米三千二十八石三斗四升三合一勺

武進縣

道光五年分

額該起運白糧正耗米三千三百三十石三斗六升三合六勺內

白粳正米二千七百一十一石

交倉耗米一百二十七石三升

白糯正米一百七石

交倉耗米三石二斗一升

節省候撥白粳耗米三百六十五石八斗七升九合一勺

節省候撥白糯耗米一十六石二斗四升四合五勺

以上各款共符前額係沙船到津交卸實數

外給沙船每石一斗耗米三百三十三石三升六合四勺

陽湖縣

道光五年分

額該起運漕糧正耗米三萬九千九百八十六石三斗五升八合內

正兌糧米三萬八百四十六石六斗一升九合

二五交倉耗米七千七百一十一石六斗五升四合八勺

節省候撥耗米一千四百二十八石八升四合二勺

以上各款共符前額係沙船到津交卸實數

外給沙船每石八升耗米三千一百九十八石九斗八合六勺

陽湖縣

道光五年分

額該起運白糧正耗米三千五百一十七石九升九勺內

白粳正米二千八百六十二石

交倉耗米一百三十四石一斗

白糯正米一百一十四石

交倉耗米三石四斗二升

節省係撥白粳耗米三百八十六石二斗六升三合六勺

節省係撥白糯耗米一十七石三斗七合三勺

以上各款共符前額係沙船到津交卸實數

外給沙船每石一斗耗米三百五十一石七斗九合一勺

無錫縣

道光五年分

額該起運漕糧正耗米二萬九千七百三十五石一斗五升五合四勺內

正兌糧米二萬二千九百三十八石五斗四升八合五勺

二五交倉耗米五千七百三十四石六斗三升七合一勺

節省係撥耗米一千六十一石九斗六升九合八勺

以上各款共符前額係沙船到津交卸實數

外給沙船每石八升耗米二千三百七十八石八斗一升二合五勺

無錫縣
道光五年分
額該起運白糧正耗米二千六百八石二斗七升二合七勺內
白粳正米二千四十五石
交倉耗米九十六石五斗三升
白糯正米一百六十二石
交倉耗米四石八斗六升
節省候撥白粳耗米二百七十五石二斗八升八合二勺
節省候撥白糯耗米二十四石五斗九升四合五勺
以上各款共符前額係沙船到津交卸實數
外給沙船每石一斗耗米二百六十石八斗二升七合三勺

金匱縣
道光五年分
額該起運漕糧正耗米三萬一千三百五十四石四升五合一勺內
正兑糧米二萬四千一百八十七石四斗六合二勺
二五交倉耗米六千四十六石八斗五升一合六勺
節省候撥耗米一千一百一十九石七斗八升七合三勺
以上各款共符前額係沙船到津交卸實數
外給沙船每石八升耗米二千五百八石三斗二升三合六勺

金匱縣
道光五年分
額該起運白糧正耗米二千七百四十七石七斗二升七合三勺內
白粳正米二千一百五十四石
交倉耗米一百一石六斗八升
白糯正米一百七十一石
交倉耗米五石一斗三升
節省候撥白粳耗米二百八十九石九斗五升六合四勺
節省候撥白糯耗米二十五石九斗六升九勺
以上各款共符前額係沙船到津交卸實數
外給沙船每石一斗耗米二百七十四石七斗七升二合七勺

江陰縣
道光五年分
額該起運漕糧正耗米四萬五千九百七十七石七斗九升八合內
正兌糧米三萬五千四百六十八石五斗八升七合二五交倉耗米八千八百六十七石一斗四升六合七勺
節省候撥耗米一千六百四十二石六升四合三勺
以上各款共符前額係沙船到津交卸實數
外給沙船每石八升耗米三千六百七十八石二斗二升三合八勺

江陰縣
道光五年分
額該起運白糧正耗米四千石四斗五升四合六勺
內
白粳正米三千二百五十五石
交倉耗米一百五十二石五斗一升
白糯正米一百三十石
交倉耗米三石九斗
節省倏撥白粳耗米四百三十九石三斗八合二勺
節省倏撥白糯耗米一十九石七斗三升六合四勺

以上各款共符前額係沙船到津交卸實數
外給沙船每石一斗耗米四百石四升五合四勺

宜興縣
道光五年分
額該起運漕糧正耗米三萬八千二百一十三石七斗七升二合九勺內
正兌糧米二萬九千四百七十九石一斗九升六合二勺
二五交倉耗米七千三百六十九石七斗九升九合七勺
節省倏撥耗米一千三百六十四石七斗七升七合

以上各款共符前額係沙船到津交卸實數
外給沙船每石八升耗米三千五十七石一斗一合八勺

宜興縣
道光五年分
額該起運白糧正耗米三千三百三十石三斗六升三合六勺內
白粳正米二千七百一十一石
交倉耗米一百二十七石三升
白糯正米一百七石
交倉耗米三石二斗二升
節省候撥白粳耗米三百六十五石八斗七升九合一勺

節省候撥白糯耗米一十六石二斗四升四合五勺
以上各款共符前額係沙船到津交卸實數
外給沙船每石一斗耗米三百三十三石三升六合四勺

荆溪縣
道光五年分
額該起運漕糧正耗米二萬六千六百七十四石二斗一升九合八勺內
正兌糧米二萬五百七十七石二斗五升五合三勺
二五交倉耗米五千一百四十四石三斗一升三合八勺
節省候撥耗米九百五十二石六斗五升七勺
以上各款共符前額係沙船到津交卸實數
外給沙船每石八升耗米二千一百三十三石九斗三升七合六勺

荆溪縣

道光五年分

額該起運白糧正耗米二千三百七十六石六斗三升六合四勺內

白粳正米一千九百三十四石

交倉耗米九十石六斗

白糯正米七十七石

交倉耗米二石三斗一升

節省候撥白粳耗米二百六十一石三升六合四勺

節省候撥白糯耗米一十一石六斗九升

以上各款共符前額係沙船到津交卸實數

外給沙船每石一斗耗米二百三十七石六斗六升三合六勺

丹徒縣

道光五年分

額該起運漕糧正耗米一萬二石五斗六升四勺內

正兌糧米五千七百二石三斗四升六合五勺

二五交倉耗米一千四百二十五石五斗八升六合六勺

改兌糧米二千一百六十八石八斗三升四勺

一七交倉耗米三百六十八石七斗一合二勺

節省候撥耗米三百三十七石九升五合七勺

以上各款共符前額係沙船到津交卸實數

外給沙船每石八升耗米八百石二斗四合九勺

丹陽縣
道光五年分
額該起運漕糧正耗米二萬七千八百五十八石二
斗七升七合三勺內
正兌糧米一萬七千一百七十石七斗一升五勺
二五交倉耗米四千二百九十二石六斗七升七合
六勺
改兌糧米四千六百七十九石四斗一升六勺
一七交倉耗米七百九十五石四斗九升九合八勺
節省條撥耗米九百一十九石九斗七升八合八勺

以上各款共符前額係沙船到津交卸實數
外給沙船每石八升耗米二千二百二十八石六斗
六升二合二勺

金壇縣
道光五年分
額該起運漕糧正耗米三萬七千五百八十二石三
斗六升一勺內
正兌糧米二萬二千九百九十五石八斗一升五合
五勺
二五交倉耗米五千七百四十八石九斗五升三合
九勺
改兌糧米六千四百五十七石五斗四升四合
一七交倉耗米一千九十七石七斗八升二合五勺

節省條撥耗米一千二百八十二石二斗六升四合
二勺
以上各款共符前額係沙船到津交卸實數
外給沙船每石八升耗米三千六石五斗八升八合
八勺

溧陽縣

道光五年分

額該起運漕糧正耗米四萬二千七百五十石七斗六升六合九勺內

正兌糧米二萬六千一百六十石三斗七升六合六勺一勺

二五交倉耗米六千五百二十六石五斗九升四合一勺

改兌糧米七千四百一石四斗六升二合四勺六勺

一七交倉耗米一千二百五十八石二斗四升八合六勺

節省候撥耗米一千四百五十八石八升五合二勺

以上各款共符前額係沙船到津交卸實數

外給沙船每石八升耗米三千四百二十石六升一合四勺

太倉州

道光五年分

額該起運漕糧正耗米四萬五千六百八十八石五斗八升四合六勺內

正兌糧米三萬三千二百九十二石二斗八升七合七勺

二五交倉耗米八千三百二十三石七升一合九勺

改兌糧米二千一百三石四斗三升七合四勺

一七交倉耗米三百五十七石五斗八升四合四勺

節省候撥耗米一千六百一十二石二斗三合二勺

以上各款共符前額係沙船到津交卸實數

外給沙船每石八升耗米三千六百五十五石八升六合八勺

太倉州
道光五年分
額該起運白糧正耗米一千七百一十一石二斗七升二合七勺內
白粳正米一千四百四十八石
交倉耗米六十一石三斗
節省候撥耗米二百一石九斗七升二合七勺
以上各款共符前額係沙船到津交卸實數
外給沙船每石一斗耗米一百七十一石一斗二升七合三勺

鎮洋縣
道光五年分
額該起運漕糧正耗米四萬五千一百三十六石二斗三升七合三勺內
正兌糧米三萬二千八百七十五石五斗三升三合六勺
二五交倉耗米八千二百一十八石八斗八升三合四勺
改兌糧米二千九十三石三斗七升六合三勺
一七交倉耗米三百五十五石八斗七升四合
節省候撥耗米一千五百九十二石五斗七升
以上各款共符前額係沙船到津交卸實數
外給沙船每石八升耗米三千六百一十石八斗九升九合

鎮洋縣
道光五年分
額該起運白糧正耗米一千七百三石內
白粳正米一千四百四十一石
交倉耗米六十一石一斗一升
節省候撥耗米二百石八斗九升
以上各款共符前額係沙船到津交卸實數
外給沙船每石一斗耗米一百七十石三斗

嘉定縣
道光五年分
額該起運漕糧正耗米三千二百七十七石一斗五升四合九勺內
正兌糧米二千五百二十八石九升九勺
二五交倉耗米六百三十二石二升二合七勺
節省候撥耗米一百一十七石四升一合三勺
以上各款共符前額係沙船到津交卸實數
外給沙船每石八升耗米二百六十二石一斗七升二合四勺

嘉定縣

道光五年分

額該起運白糧正耗米二千五百五十石三斗六升

三合六勺內

白粳正米二千一百五十八石

交倉耗米九十一石四斗四升

節省傒撥耗米三百石九斗二升三合六勺

以上各款共符前額係沙船到津交卸實數

外給沙船每石一斗耗米二百五十五石三升六合

四勺

寶山縣

道光五年分

額該起運漕糧正耗米二千五百八十一石五斗九

升四合五勺內

正兌糧米一千九百九十一石五斗一升五合七勺

二五交倉耗米四百九十七石八斗七升八合九勺

節省傒撥耗米九十二石一斗九升九合九勺

以上各款共符前額係沙船到津交卸實數

外給沙船每石八升耗米二百六石五斗二升七合

六勺

寶山縣
道光五年分
額該起運白糧正耗米二千四百七十九石四斗五
升四合五勺內
白粳正米二千九十八石
交倉耗米八十九石四升
節省俟撥耗米二百九十二石四斗一升四合五勺
以上各款共符前額係沙船到津交卸實數
外給沙船每石一斗耗米二百四十七石九斗四升
五合五勺

道光五年分
蘇州府屬
長洲縣派裝漕糧船八十九隻　白糧船三隻
元和縣派裝漕糧船九十五隻　白糧船三隻
吳　縣派裝漕糧船五十六隻　白糧船二隻
吳江縣派裝漕糧船九十一隻　白糧船三隻
震澤縣派裝漕糧船九十二隻　白糧船二隻
常熟縣派裝漕糧船八十六隻　白糧船三隻
昭文縣派裝漕糧船六十四隻　白糧船三隻
崑山縣派裝漕糧船七十八隻　白糧船二隻
新陽縣派裝漕糧船七十五隻　白糧船二隻

松江府屬
華亭縣派裝漕糧船三十八隻　白糧船三隻
奉賢縣派裝漕糧船四十二隻　白糧船一隻
婁　縣派裝漕糧船四十一隻
金山縣派裝漕糧船四十一隻　白糧船三隻
上海縣派裝漕糧船二十三隻　白糧船四隻
南匯縣派裝漕糧船三十四隻　白糧船四隻
青浦縣派裝漕糧船五十七隻　白糧船四隻
川沙廳派裝漕糧船四隻　白糧船一隻

常州府屬

武進縣派裝漕糧船四十二隻　白糧船三隻

陽湖縣派裝漕糧船四十四隻　白糧船三隻

無錫縣派裝漕糧船四十七隻　白糧船三隻

金匱縣派裝漕糧船二十八隻　白糧船三隻

江陰縣派裝漕糧船四十二隻　白糧船四隻

宜興縣派裝漕糧船三十九隻　白糧船三隻

荆溪縣派裝漕糧船二十三隻　白糧船二隻

鎮江府屬

丹徒縣派裝漕糧船十二隻

丹陽縣派裝漕糧船二十九隻

金壇縣派裝漕糧船四十九隻

溧陽縣派裝漕糧船五十三隻

太倉州屬

太倉州派裝漕糧船四十九隻　白糧船二隻

鎮洋縣派裝漕糧船四十隻　白糧船二隻

嘉定縣派裝漕糧船五隻　白糧船二隻

寶山縣派裝漕糧船二隻　白糧船二隻

長洲縣

派裝漕糧船八十九隻

第一號鎮字陳正泰二月十七日出吳淞口三月十四日到津六月二十四日回南進口

第二號通字季凝發二月初六日出吳淞口三月初二日到津五月初四日回南進口

復裝崑山縣糧米二次運津

第三號崇字陳恒增二月初六日出吳淞口三月十五日到津六月初八日回南進口

第四號崇字呂新泰二月十一日出吳淞口三月二十日到津六月二十七日回南進口

第五號崑字洪禴昌二月十一日出吳淞口三月初九日到津五月二十一日回南進口

復裝崑山縣糧米二次運津

第六號通字季元駿二月十一日出吳淞口三月初三日到津五月二十二日回南進口

第七號崇字陸源順二月初十日出吳淞口三月初九日到津五月初六日回南進口

復裝元和縣糧米二次運津

第八號寶字徐增盛二月十一日出吳淞口三月初一日到津四月二十六日回南進口

復裝元和縣糧米二次運津

第九號元字張德潤二月二十三日出吳淞口三月二十六日到津六月初八日回南進口

第十號元字沈恒隆二月初十日出吳淞口三月十二日到津六月十四日回南進口

第十一號通字高湧祥二月初十日出吳淞口三月初十日到津四月三十日回南進口

復裝新陽縣糧米二次運津

第十二號通字顧延齡二月十五日出吳淞口三月十五日到津五月十一日回南進口

復裝元和縣糧米二次運津

第十三號通字郁同發二月初六日出吳淞口三月二十九日到津四月初十日回南進口
復裝太倉州糧米二次運津
第十四號海門字沈裕順二月十五日出吳淞口三月二十九日到津六月十九日回南進口
第十五號寶字殷長泰二月十五日出吳淞口三月十五日到津五月二十一日回南進口
復裝長洲縣糧米二次運津
第十六號元字張福全二月十五日出吳淞口三月十二日到津六月初八日回南進口
第十七號元字張福同二月十五日出吳淞口三月十四日到津五月二十二日回南進口
復裝震澤縣糧米二次運津
第十八號崇字陳協利二月十五日出吳淞口三月二十四日到津六月初七日回南進口
第十九號崇字陳聚源二月十五日出吳淞口三月二十四日到津六月初六日回南進口

第二十號崇字陳利慶二月二十日出吳淞口三月二十四日到津八月十二日回南進口
第二十一號崇字陳泰來二月十八日出吳淞口三月二十八日到津八月十二日回南進口
第二十二號崇字陳永和二月十五日出吳淞口三月十七日到津五月二十三日回南進口
復裝華亭縣糧米二次運津
第二十三號崇字陳協興二月十五日出吳淞口三月二十六日到津六月初八日回南進口
第二十四號崇字陳協慶二月十七日出吳淞口三月十七日到津五月二十一日回南進口
復裝婁縣糧米二次運津
第二十五號崇字陳協茂口二月十八日出吳淞口三月二十六日到津五月二十三日回南進
第二十六號元字陳永茂口二月十八日出吳淞口三月二十六日到津七月二十七日回南進
復裝青浦縣糧米二次運津

第二十七號崇字陳永利二月十五日出吳淞口三月十五日到津五月二十日回南進口
復裝震澤縣糧米二次運津
第二十八號元字陳協昌二月十八日出吳淞口四月初二日到津七月二十九日回南進口
第二十九號元字陳協盛口二月二十日出吳淞口三月二十六日到津五月二十六日回南進
第三十號崇字陳永泰二月十八日出吳淞口三月二十六日到津六月初六日回南進口
第三十一號崇字高聚來二月十八日出吳淞口三月二十六日到津六月十一日回南進口
第三十二號崇字高振發二月二十日出吳淞口三月十七日到津五月二十三日回南進口
第三十三號崇字高瑞發二月二十日出吳淞口三月二十九日到津六月十四日回南進口
第三十四號崇字倪茂發二月十八日出吳淞口三月二十一日到津六月初十日回南進口
第三十五號崇字陳隆慶二月二十日出吳淞口三月十四日到津五月二十六日回南進口

第三十六號崇字陳恒茂二月十八日出吳淞口三月三十日到津八月十六日回南進口
第三十七號崇字陳源來口二月二十三日出吳淞口三月二十九日到津六月十七日回南進
第三十八號崇字陳福順口二月二十日出吳淞口三月二十六日到津五月二十三日回南進
第三十九號崇字陳永順二月二十日出吳淞口三月二十九日到津六月十三日回南進口
第四十號崇字陳源發二月二十三日出吳淞口四月初三日到津六月初八日回南進口
第四十一號崇字陳利慶二月二十日出吳淞口三月二十四日到津八月十二日回南進口
第四十二號崇字張福順三月初三日出吳淞口四月初四日到津八月初四日回南進口
第四十三號鎮字黃福利三月十六日出吳淞口四月二十四日到津八月十三日回南進口
第四十四號元字孫恒大三月初五日出吳淞口三月二十日到津五月初六日回南進口
復裝新陽縣糧米二次運津

第四十五號太字金源典二月二十三日出吳淞口三月二十九日到津七月初三日回南進口
第四十六號寶字孫福茂三月初五日出吳淞口四月初十日到津六月十三日回南進口
第四十七號通字姚利疑三月初八日出吳淞口三月二十九日到津八月十二日回南進口
第四十八號通字彭隆祥口三月初五日出吳淞口三月二十六日到津六月二十三日回南進
第四十九號通字姚益順三月初八日出吳淞口四月初三日到津六月初六日回南進口
第五十號通字彭洪聚三月初五日出吳淞口三月三十日到津八月初九日回南進口
第五十一號通字彭合盛口三月初五日出吳淞口三月二十六日到津七月二十七日回南進
第五十二號通字季延盛三月初五日出吳淞口三月二十六日到津六月十九日回南進口
第五十三號通字袁慶發三月初八日出吳淞口四月初七日到津八月初八日回南進口
第五十四號鎮海盛德隆三月十三日出吳淞口四月初三日到津■月■日回南進口

第五十五號鎮海胡允泰三月二十日出吳淞口四月十五日到津■月■日回南進口
第五十六號崇字顧長泰口三月二十五日出吳淞口五月二十七日到津八月十二日回南進
第五十七號崇字吳源泰四月初三日出吳淞口五月初四日到津八月十二日回南進口
第五十八號崇字施恒福四月初七日出吳淞口五月十九日到津八月十七日回南進口
第五十九號崇字周源昌口三月二十九日出吳淞口五月二十三日到津八月十一日回南進
第六十號上字王增福四月十一日出吳淞口五月初七日到津八月十二日回南進口
第六十一號元字龔長增四月十九日出吳淞口五月二十九日到津八月十三日回南進口
第六十二號通字季大利口五月二十九日出吳淞口六月二十二日到津八月初九日回南進
曾裝丹徒縣糧米初次運津
第六十三號上字張長義五月二十六日出吳淞口六月十五日到津八月初九日回南進口

曾裝宜興縣糧米初次運津
第六十四號通字彭恒隆口五月二十九日出吳淞口六月二十六日到津八月初九日回南進
曾裝金匱縣糧米初次運津
第六十五號元字蔣長盛六月初三日出吳淞口六月十五日到津八月初九日回南進口
曾裝江陰縣糧米初次運津
第六十六號無錫紀長發六月初三日出吳淞口六月二十一日到津八月初八日回南進口
曾裝青浦縣糧米初次運津
第六十七號太字施長興六月初三日出吳淞口六月二十一日到津八月初九日回南進口
曾裝丹陽縣糧米初次運津
第六十八號上字張長順六月初七日出吳淞口六月十六日到津八月初六日回南進口
曾裝昭文縣糧米初次運津

第六十九號崇字郁翔盛口五月二十九日出吳淞口七月初七日到津八月二十六日回南進
曾裝金壇縣糧米初次運津
第七十號無錫張長泰六月初八日出吳淞口七月初八日到津八月二十六日回南進口
曾裝震澤縣糧米初次運津
第七十一號元字蔣聚盛六月初五日出吳淞口七月初七日到津九月十七日回南進口
曾裝江陰縣糧米初次運津
第七十二號元字楊祿茂六月初九日出吳淞口七月十七日到津九月十九日回南進口
曾裝川沙廳糧米初次運津
第七十三號崇字顧嘉泰六月初五日出吳淞口七月十八日到津九月十九日回南進口

曾裝溧陽縣糧米初次運津
第七十四號崇字郁長源五月二十九日出吳淞口七月初七日到津八月二十九日回南進口
曾裝吳縣糧米初次運津
第七十五號通字彭又延六月初四日出吳淞口六月二十日到津八月初十日回南進口
曾裝新陽縣糧米初次運津
第七十六號通字徐大順六月初三日出吳淞口七月初十日到津九月十七日回南進口
曾裝金壇縣糧米初次運津
第七十七號寶字劉洪泰六月初八日出吳淞口七月十六日到津九月二十八日回南進口
曾裝元和縣糧米初次運津
第七十八號元字孫恒順六月初九日出吳淞口七月十七日到津九月十九日回南進口

曾裝上海縣糧米初次運津
第七十九號無錫陳茂順六月初八日出吳淞口七月初八日到津八月二十六日回南進口
曾裝崑山縣糧米初次運津
第八十號太字程長春六月初八日出吳淞口七月十一日到津九月二十六日回南進口
曾裝金壇縣糧米初次運津
第八十一號太字劉隆泰六月初九日出吳淞口七月十六日到津九月二十二日回南進口
曾裝新陽縣糧米初次運津
第八十二號崇字張源盛六月初九日出吳淞口七月十五日到津九月十六日回南進口
曾裝溧陽縣糧米初次運津
第八十三號通字袁萬利六月初七日出吳淞口七月初七日到津八月二十九日回南進口

曾裝青浦縣糧米初次運津
第八十四號上字王永福六月初九日出吳淞口七月十六日到津九月二十七日回南進口
曾裝嘉定縣糧米初次運津
第八十五號元字蒯　順六月初八日出吳淞口七月二十六日到津九月初八日回南進口
曾裝震澤縣糧米初次運津
第八十六號通字尹同源六月初九日出吳淞口七月十二日到津九月初八日回南進口
曾裝崑山縣糧米初次運津
第八十七號寶字殷長泰六月初九日出吳淞口七月十八日到津九月三十日回南進口
曾裝長洲縣糧米初次運津
第八十八號通字姚恒茂六月初八日出吳淞口七月十四日到津九月初二日回南進口

曾裝昭文縣糧米初次運津
第八十九號通字陶瑞隆六月初八日出吳淞口七月初八日到津九月十四日回南進口
曾裝武進縣糧米初次運津

長洲縣
派裝白糧船三隻
第九十號崇字陳恒泰二月二十三日出吳淞口三月二十四日到津五月二十二日回南進口
第九十一號崇字陳源利二月二十日出吳淞口三月二十六日到津五月二十三日回南進口
復裝元和縣糧米二次運津
第九十二號元字陳協源二月二十三日出吳淞口三月二十九日到津八月十三日回南進口

元和縣
派裝漕糧船九十五隻
第一號元字談萬盛二月初十日出吳淞口三月初十日到津五月初一日回南進口
復裝太倉州糧米二次運津
第二號寶字孫永盛二月初六日出吳淞口三月初二日到津四月初九日回南進口
復裝太倉州糧米二次運津
第三號寶字孫永茂二月初三日出吳淞口三月初三日到津四月十三日回南進口
復裝太倉州糧米二次運津
第四號顧字佘立增二月初十日出吳淞口三月十七日到津五月二十一日回南進口
第五號通字尹連順二月二十日出吳淞口三月二十日到津六月初六日回南進口
第六號太字彭合發二月十五日出吳淞口三月二十日到津六月初五日回南進口
第七號上字陳協源二月初三日出吳淞口三月初二日到津四月二十七日回南進口
復裝吳縣糧米二次運津
第八號太字潘裕泰二月初十日出吳淞口三月十四日到津五月十六日回南進口
復裝元和縣糧米二次運津
第九號吳江張德增二月初十日出吳淞口三月初二日到津五月初一日回南進口
復裝吳江縣糧米二次運津
第十號通字彭和增二月十五日出吳淞口三月十五日到津八月十二日回南進口
第十一號通字彭協隆二月二十日出吳淞口三月十二日到津五月二十一日回南進口
復裝鎮洋縣糧米二次運津

第十二號無錫陳茂泰二月初十日出吳淞口三月二十日到津五月二十日回南進口

復裝青浦縣糧米二次運津

第十三號元字張德盛口二月二十八日出吳淞口三月二十四日到津六月初六日回南進

第十四號太字屠榮泰二月初九日出吳淞口三月初九日到津五月二十日回南進口

復裝新陽縣糧米二次運津

第十五號崇字張恒利二月初十日出吳淞口三月十四日到津[redacted]

第十六號寶字劉洪泰二月初六日出吳淞口三月初三日到津五月十七日回南進口

復裝長洲縣糧米二次運津

第十七號寶字劉德泰二月初六日出吳淞口三月初二日到津五月初一日回南進口

第十八號寶字劉合泰二月初六日出吳淞口三月初二日到津五月初一日回南進口

第十九號寶字沈元泰二月初六日出吳淞口三月十四日到津五月二十一日回南進口

復裝昭文縣糧米二次運津

第二十號元字張長裕口二月二十日出吳淞口三月二十五日到津五月二十三日回南進

復裝婁縣糧米二次運津

第二十一號寶字劉和泰二月初六日出吳淞口三月初二日到津四月三十日回南進口

復裝華亭縣糧米二次運津

第二十二號崇字周永豐二月二十日出吳淞口三月二十六日到津六月十三日回南進口

復裝昭文縣糧米二次運津

第二十三號上字王慶泰二月初三日出吳淞口三月十一日到津五月初六日回南進口

復裝青浦縣糧米二次運津

第二十四號上字沈德泰二月初六日出吳淞口三月十四日到津五月二十二日回南進口

復裝金山縣糧米二次運津

第二十五號上字沈長利二月二十日出吳淞口三月十四日到津五月十九日回南進口

復裝震澤縣糧米二次運津

第二十六號上字沈元隆二月初六日出吳淞口三月初八日到津四月二十七日回南進口

復裝常熟縣糧米二次運津

第二十七號通字盧洪順口二月二十三日出吳淞口三月二十一日到津六月十七日回南進

第二十八號元字吳恒利二月二十八日出吳淞口三月二十日到津六月十一日回南進口

第二十九號上字沈恒昌二月十五日出吳淞口三月初十日到津五月初二日回南進口

復裝昭文縣糧米二次運津

第三十號元字沈隆發二月十五日出吳淞口三月初十日到津四月二十六日回南進口

復裝太倉州糧米二次運津

第三十一號元字錢大發二月十一日出吳淞口三月初二日到津四月二十八日回南進口

復裝昭文縣糧米二次運津

第三十二號通字郁和順口二月二十三日出吳淞口三月二十七日到津八月十二日回南進

第三十三號通字高源盛二月二十日出吳淞口三月二十四日到津六月初五日回南進口

第三十四號元字劉永駿二月初十日出吳淞口三月十二日到津五月十一日回南進口

復裝元和縣糧米二次運津

第三十五號元字鄭福康二月初十日出吳淞口三月初八日到津四月二十六日回南進口

復裝常熟縣糧米二次運津

第三十六號崇字王合順口　二月二十三日出吳淞口三月二十六日到津六月初八日回南進口
第三十七號崇字陳同源　二月十七日出吳淞口三月十六日到津六月初六日回南進口
第三十八號崇字陳同慶　二月十七日出吳淞口三月二十日到津七月二十三日回南進口
第三十九號崇字張恒興口　二月二十五日出吳淞口三月二十九日到津六月十四日回南進口
第四十號崇字沈鴻發　二月二十三日出吳淞口四月初四日到津八月十二日回南進口
第四十一號上字張遇順口　二月二十八日出吳淞口三月二十二日到津五月十九日回南進口
第四十二號元字張福隆口　二月二十三日出吳淞口三月二十九日到津六月十二日回南進口
第四十三號海門陸乾茂　二月二十八日出吳淞口四月初三日到津八月初十日回南進口
第四十四號寶字馬福盛口　二月二十八日出吳淞口三月二十日到津五月二十二日回南進口
第四十五號寶字馬元盛口　二月二十八日出吳淞口三月二十六日到津六月十二日回南進口

第四十六號上字馬怡盛口　二月二十八日出吳淞口三月二十六日到津六月初五日回南進口
第四十七號元字曹源德　三月初三日出吳淞口三月二十七日到津六月十一日回南進口
第四十八號太字周恒裕　二月二十三日出吳淞口三月二十日到津五月初九日回南進口
第四十九號太字周長裕口　二月二十二日出吳淞口三月十四日到津五月二十二日回南進

復裝崑山縣糧米二次運津

第五十號通字彭咸泰　三月初五日出吳淞口三月二十七日到津八月初三日回南進口
第五十一號通字彭福凝　三月初五日出吳淞口四月初一日到津七月二十六日回南進口
第五十二號通字季延裕口　三月初五日出吳淞口三月二十九日到津七月二十九日回南進口
第五十三號通字彭福亨　三月初五日出吳淞口四月初四日到津八月初九日回南進口
第五十四號通字彭延聚　三月初三日出吳淞口三月二十五日到津六月初一日回南進口

第五十五號通字彭元泰　三月初五日出吳淞口三月二十六日到津七月初三日回南進口
第五十六號崇字朱福昌　三月十六日出吳淞口四月二十二日到津九月初一日回南進口
第五十七號元字黃德茂　三月十三日出吳淞口三月三十日到津八月初八日回南進口
第五十八號鎮海盛德榮　三月十三日出吳淞口四月初三日到津[redacted]
第五十九號鎮海邵寶福　三月十六日出吳淞口四月十六日到津[redacted]
第六十號鄞字盛福全　三月初十日出吳淞口四月初四日到津[redacted]
第六十一號崇字周福泰　四月十一日出吳淞口五月二十七日到津八月十一日回南進口
第六十二號崇字周合順口　三月二十九日出吳淞口五月二十八日到津六月十三日回南進
第六十三號鎮字沈洪順　三月二十九日出吳淞口五月初五日到津八月十六日回南進口
第六十四號寶字徐增盛　六月初七日出吳淞口七月初七日到津八月二十八日回南進口

曾裝長洲縣糧米初次運津

第六十五號崇字顧龔順　四月十一日出吳淞口五月二十六日到津八月十一日回南進口
第六十六號崇字黃福泰　四月二十四日出吳淞口五月二十七日到津[redacted]
第六十七號海門施長裕　五月初九日出吳淞口六月初八日到津八月十二日回南進口

曾裝陽湖縣糧米初次運津

第六十八號鎮字王永昌　五月二十六日出吳淞口六月十二日到津八月十一日回南進口

曾裝丹陽縣糧米初次運津

第六十九號上字王永春口　六月初七日出吳淞口六月二十六日到津八月二十四日回南進

曾裝上海縣糧米初次運津

第七十號鎮海盛德風　六月初七日出吳淞口六月十七日到津八月十三日回南進口

曾裝昭文縣糧米初次運津

第七十一號上字孫德泰六月初三日出吳淞口六月十五日到津八月初九日回南進口

第七十二號崇字陸源順六月初三日出吳淞口六月二十日到津八月十一日回南進口

曾裝長洲縣糧米初次運津

第七十三號上字王貞泰六月初五日出吳淞口七月初十日到津八月二十六日回南進口

曾裝吳縣糧米初次運津

第七十四號鎮海盛德華口六月初八日出吳淞口六月二十七日到津八月二十五日回南進

曾裝昭文縣糧米初次運津

第七十五號元字孫永興六月初三日出吳淞口六月十六日到津八月初四日回南進口

第七十六號崇字陳恒泰六月初八日出吳淞口七月十一日到津九月初九日回南進口

曾裝長洲縣糧米初次運津

第七十七號崇字周履祥六月初五日出吳淞口七月初十日到津八月二十九日回南進口

曾裝常熟縣糧米初次運津

第七十八號太字潘裕泰六月初八日出吳淞口八月初九日到津十月初三日回南進口

曾裝元和縣糧米初次運津

第七十九號通字彭全春六月初八日出吳淞口七月十五日到津八月二十七日回南進口

曾裝華亭縣糧米初次運津

第八十號通字彭和懋六月初八日出吳淞口六月二十三日到津八月十一日回南進口

曾裝震澤縣糧米初次運津

第八十一號崇字周福慶六月初九日出吳淞口七月十五日到津九月初五日回南進口

曾裝金匱縣糧米初次運津

第八十二號通字季彭駿六月初九日出吳淞口七月十五日到津九月十九日回南進口

曾裝無錫縣糧米初次運津

第八十三號通字季增利六月初八日出吳淞口七月十六日到津九月二十三日回南進口

曾裝荆溪縣糧米初次運津

第八十四號通字彭齡珍六月初九日出吳淞口七月十一日到津九月初七日回南進口

曾裝無錫縣糧米初次運津

第八十五號通字顧延齡六月初九日出吳淞口七月初八日到津九月二十二日回南進口

曾裝長洲縣糧米初次運津

第八十六號通字金永興六月初九日出吳淞口七月十六日到津九月十九日回南進口

曾裝金壇縣糧米初次運津

第八十七號通字彭盐隆六月初九日出吳淞口七月十五日到津九月初一日回南進口

曾裝金匱縣糧米初次運津

第八十八號通字彭福源六月初九日出吳淞口七月十四日到津九月二十五日回南進口

曾裝新陽縣糧米初次運津

第八十九號上字葛長珍六月初八日出吳淞口六月二十二日到津八月初十日回南進口

曾裝宜興縣糧米初次運津

第九十號元字劉永駿六月初八日出吳淞口六月二十二日到津八月初八日回南進口

曾裝元和縣糧米初次運津

第九十一號通字彭隆增六月初九日出吳淞口七月十五日到津九月十六日回南進口

第九十二號贛字閻福泰六月初八日出吳淞口七月十八日到津九月二十五日回南進口
曾裝丹徒縣糧米初次運津

第九十三號通字楊全順六月初八日出吳淞口七月初七日到津九月十六日回南進口
曾裝常熟縣糧米初次運津

第九十四號通字顧延隆六月初九日出吳淞口七月十一日到津八月二十九日回南進口
曾裝丹徒縣糧米初次運津

第九十五號贛字徐增源口六月初九日出吳淞口七月二十二日到津九月二十六日回南進
曾裝丹陽縣糧米初次運津

曾裝金壇縣糧米初次運津

元和縣

派裝白糧船三隻

第一號寶字馬隆盛三月初三日出吳淞口三月二十六日到津六月初八日回南進口

第二號崇字郁長茂口二月二十三日出吳淞口三月二十六日到津八月十二日回南進

第三號寶字馬乾盛口二月二十八日出吳淞口三月二十六日到津六月初八日回南進

元和縣

加裝各縣漕船四隻內

長洲縣船加裝一隻

華亭縣船加裝一隻

婁　縣船加裝二隻

吳縣

派裝漕糧船五十六隻

第一號實字黃遇泰二月初十日出吳淞口三月十四日到津五月十九日回南進口

復裝吳江縣糧米二次運津

第二號寶字戴永茂二月廿六日出吳淞口三月初二日到津四月二十一日回南進口

復裝吳縣糧米二次運津

第三號上字施榮泰二月十七日出吳淞口三月十五日到津五月二十三日回南進口

第四號元字張福臻二月十一日出吳淞口三月二十日到津六月十一日回南進口

第五號上字張恒德二月初十日出吳淞口三月初八日到津四月二十日回南進口

復裝吳縣糧米二次運津

第六號崇字郁長源二月廿六日出吳淞口三月初二日到津五月初一日回南進口

復裝長洲縣糧米二次運津

第七號崇字顧德興二月十五日出吳淞口三月十五日到津五月十九日回南進口

復裝吳江縣糧米二次運津

第八號通字崔元順二月十五日出吳淞口三月十四日到津六月廿八日回南進口

第九號太字彭合茂二月廿六日出吳淞口三月初十日到津五月二十一日回南進口

復裝華亭縣糧米二次運津

第十號上字徐德盛二月廿六日出吳淞口三月初一日到津四月十九日回南進口

復裝吳縣糧米二次運津

第十一號上字孫德興二月初三日出吳淞口三月初二日到津四月十三日回南進口

復裝常熟縣糧米二次運津
第十二號上字王貞泰　二月初六日出吳淞口三月初九日到津五月初十日回南進口
復裝元和縣糧米二次運津
第十三號上字王永吉　二月初六日出吳淞口三月初一日到津四月十七日回南進口
復裝鎮洋縣糧米二次運津
第十四號上字何恒興　二月二十日出吳淞口三月二十九日到津八月十二日回南進口
第十五號元字何長順口　二月二十三日出吳淞口三月二十九日到津八月十四日回南進
第十六號元字何長裕口　二月二十八日出吳淞口三月二十八日到津八月十四日回南進
第十七號元字何長泰進口　二月二十八日出吳淞口三月二十七日到津六月二十七日回南
第十八號元字何恒新口　二月二十三日出吳淞口三月二十六日到津六月十一日回南進

第十九號元字何長茂口　二月二十三日出吳淞口三月十五日到津五月二十一日回南進
第二十號元字蔣元貞口　二月二十八日出吳淞口三月二十六日到津八月十二日回南進
第二十一號寶字孫德祥　二月十八日出吳淞口三月十四日到津四月二十六日回南進口
復裝昭文縣糧米二次運津
第二十二號寶字張常盛進口　二月二十五日出吳淞口三月二十六日到津五月二十一日回南
復裝崑山縣糧米二次運津
第二十三號元字洪福源　二月二十日出吳淞口三月二十六日到津六月初六日回南進口
第二十四號海門施長慶　二月十八日出吳淞口三月十四日到津四月二十九日回南進口
復裝昭文縣糧米二次運津
第二十五號海門沙益康　二月十八日出吳淞口三月二十日到津六月初七日回南進口

第二十六號海門沙益昌　二月十八日出吳淞口三月二十日到津六月初九日回南進口
第二十七號通字崔湧春　二月二十日出吳淞口三月十四日到津八月初八日回南進口
第二十八號通字崔景春口　二月二十三日出吳淞口三月二十七日到津七月初三日回南進
第二十九號通字彭永福口　二月二十三日出吳淞口三月二十六日到津六月初七日回南進
第三十號通字彭又增　二月二十日出吳淞口三月十四日到津六月初六日回南進口
第三十一號通字包恒泰　二月二十日出吳淞口三月十四日到津五月二十三日回南進口
第三十二號鎮海盛福如口　三月初五日出吳淞口三月二十一日到津八月二十七日回南進
第三十三號鄞字盛泰亨　三月初五日出吳淞口三月二十九日到津七月初三日回南進口
第三十四號鄞字盛慶順　三月初五日出吳淞口三月二十一日到津[illegible]
第三十五號鄞字盛永昌　三月初十日出吳淞口三月三十日到津[illegible]

第三十六號鎮字盛泰裕　三月初十日出吳淞口四月初三日到津[illegible]
第三十七號通字彭遐隆　三月十六日出吳淞口四月初四日到津八月十二日回南進口
第三十八號寶字黃福源　四月初七日出吳淞口五月初三日到津八月十二日回南進口
第三十九號通字季彭延　四月十九日出吳淞口五月二十八日到津八月初八日回南進口
第四十號通字彭洪裕　五月十六日出吳淞口六月十一日到津八月十二日回南進口
第四十一號崇字張公順口　五月二十二日出吳淞口七月初九日到津九月二十四日回南進
第四十二號崇字周福全　六月初四日出吳淞口六月二十日到津八月二十九日回南進口
第四十三號通字姚長泰　六月初五日出吳淞口七月十五日到津十月十六日回南進口
第四十四號通字尹聖發進口　四月二十七日出吳淞口五月二十三日到津七月二十六日回南
會裝新陽縣糧米初次運津

第四十五號上字王永康 五月初四日出吳淞口五月十二日到津七月二十日回南進口
曾裝宜興縣糧米初次運津
第四十六號海門字沙益亨 四月二十七日出吳淞口五月二十四日到津八月初八日回南進口
曾裝溧陽縣糧米初次運津
第四十七號上字徐德盛 五月初四日出吳淞口五月二十三日到津八月初三日回南進口
曾裝吳縣糧米初次運津
第四十八號上字張恒德 五月十二日出吳淞口五月二十三日到津八月初四日回南進口
曾裝吳縣糧米初次運津
第四十九號寶字戴永茂 五月十九日出吳淞口六月初八日到津八月初七日回南進口
曾裝吳縣糧米初次運津

第五十號太字沈德茂 五月十五日出吳淞口六月初七日到津八月初十日回南進口
曾裝吳江縣糧米初次運津
第五十一號額字蔣源增 五月十九日出吳淞口六月初九日到津八月十四日回南進口
曾裝溧陽縣糧米初次運津
第五十二號上字王永興 五月十九日出吳淞口六月初二日到津八月初四日回南進口
曾裝新陽縣糧米初次運津
第五十三號上字陳協源 五月二十二日出吳淞口六月初七日到津八月初十日回南進口
曾裝元和縣糧米初次運津
第五十四號元字孫恒泰 五月二十二日出吳淞口六月初九日到津八月初十日回南進口
曾裝上海縣糧米初次運津

第五十五號崇字蔡信泰 五月十九日出吳淞口七月初八日到津九月初九日回南進口
曾裝新陽縣糧米初次運津
第五十六號崇字沈義泰 五月二十二日出吳淞口六月十二日到津八月十二日回南進口
曾裝吳江縣糧米初次運津

吳縣

派裝白糧船二隻

第一號上字王永元二月二十三日出吳淞口三月十四日到津五月二十一日回南進口

復裝金山縣糧米二次運津

第二號上字王復順二月二十三日出吳淞口三月二十七日到津六月初六日回南進口

吳縣

加裝各縣漕船二隻內

昭文縣船加裝一隻

華亭縣船加裝一隻

吴江縣

派裝漕糧船九十一隻

第一號太字單德泰　二月初三日出吴淞口三月初一日到津四月二十六日回南進口

復裝太倉州糧米二次運津

第二號太字張永源　二月初六日出吴淞口三月十二日到津五月初六日回南進口

復裝新陽縣糧米二次運津

第三號吴江張幅泰　二月十五日出吴淞口三月二十六日到津五月二十四日回南進口

第四號通字張福興　二月十五日出吴淞口三月十四日到津八月初九日回南進口

第五號元字施萬茂　二月初十日出吴淞口三月初九日到津五月十八日回南進口

第六號崇字龔合順　二月十一日出吴淞口三月初十日到津五月初二日回南進口

復裝新陽縣糧米二次運津

第七號崇字周長興　二月十一日出吴淞口三月二十六日到津六月十四日回南進口

第八號崇字周隆泰　二月十五日出吴淞口三月二十六日到津六月初五日回南進口

第九號上字王洪泰　二月初六日出吴淞口三月十九日到津六月初六日回南進口

第十號崇字顧福泰　二月初六日出吴淞口三月十四日到津五月二十六日回南進口

第十一號崇字周復隆　二月十五日出吴淞口三月十五日到津五月二十二日回南進口

復裝金山縣糧米二次運津

第十二號太字沈德茂　二月初六日出吴淞口三月初一日到津四月二十七日回南進口

復裝吴縣糧米二次運津

第十三號無字俞萬順　二月初十日出吴淞口三月二十一日到津六月初四日回南進口

第十四號通字姚恒源　二月二十三日出吴淞口三月二十日到津六月十二日回南進口

第十五號通字彭允隆　二月初十日出吴淞口三月十五日到津五月十九日回南進口

第十六號通字陶捷昌　二月十七日出吴淞口三月二十六日到津六月十一日回南進口

第十七號元字蔣長泰　二月初十日出吴淞口三月十五日到津五月二十一日回南進口

復裝奉賢縣糧米二次運津

第十八號元字陳復利　二月十五日出吴淞口三月二十六日到津六月初六日回南進口

第十九號元字楊天順　二月十五日出吴淞口三月二十七日到津六月十四日回南進口

第二十號海門周德源　二月初十日出吴淞口三月初十日到津五月二十一日回南進口

復裝奉賢縣糧米二次運津

第二十一號崇字沈義泰　二月初十日出吴淞口三月初二日到津四月二十九日回南進口

復裝吴縣糧米二次運津

第二十二號太字周福茂　二月十五日出吴淞口三月二十六日到津六月初八日回南進口

第二十三號崇字陳裕泰　二月十七日出吴淞口三月十四日到津五月十九日回南進口

復裝吴江縣糧米二次運津

第二十四號崇字陳源興　二月二十日出吴淞口三月二十九日到津八月十二日回南進口

第二十五號崇字蔡德財　二月十七日出吴淞口三月十四日到津五月二十三日回南進口

第二十六號元字方愈泰　二月初十日出吴淞口三月二十六日到津六月初七日回南進口

第二十七號崇字胡德興　二月十八日出吴淞口三月三十日到津八月十二日回南進口

第二十八號海門沈正泰　二月二十日出吴淞口三月二十四日到津七月二十二日回南進口

第二十九號通字姚長春　二月十八日出吴淞口三月二十四日到津六月初七日回南進口

第三十號通字彭福慶二月二十三日出吳淞口三月十七日到津六月初七日回南進口

第三十一號通字彭永和二月二十日出吳淞口四月初四日到津八月十六日回南進口

第三十二號通字季洪發二月十八日出吳淞口三月十四日到津六月初七日回南進口

第三十三號崑字陸錦源二月二十三日出吳淞口三月十五日到津[redacted]

第三十四號鎮字陳豐泰二月二十日出吳淞口三月二十四日到津六月初八日回南進口

第三十五號崇字周順泰二月十五日出吳淞口三月二十六日到津六月十二日回南進口

第三十六號崇字周玉全口二月二十三日出吳淞口三月二十九日到津六月十一日回南進

第三十七號崇字周福昌二月二十日出吳淞口三月二十九日到津六月十一日回南進口

第三十八號崇字施同春二月二十五日出吳淞口四月初四日到津八月初三日回南進口

第三十九號崇字顧源泰二月二十三日出吳淞口四月初六日到津八月十二日回南進口

第四十號崇字陸利順口二月二十日出吳淞口三月二十六日到津七月二十七日回南進

第四十一號通字金永昌口二月二十三日出吳淞口三月二十六日到津六月初七日回南進

第四十二號通字楊湧利口二月二十三日出吳淞口三月十四日到津五月二十一日回南進

復裝新陽縣糧米二次運津

第四十三號通字楊愈增口二月二十三日出吳淞口三月十四日到津五月二十三日回南進

第四十四號通字彭又春三月初三日出吳淞口三月二十六日到津六月初五日回南進口

第四十五號崇字陳全順二月二十三日出吳淞口四月初三日到津六月十七日回南進口

第四十六號元字郭元興三月初五日出吳淞口四月初四日到津八月初十日回南進口

第四十七號太字汪萬泰二月二十日出吳淞口三月十五日到津五月二十日回南進口

復裝金山縣糧米二次運津

第四十八號鄞字盛福騏三月初五日出吳淞口三月二十八日到津八月十一日回南進口

第四十九號鄞字葛恒德三月初五日出吳淞口三月二十七日到津[redacted]

第五十號鄞字盛阜豐三月初五日出吳淞口三月二十九日到津[redacted]

第五十一號鎮海盛泰驊三月初五日出吳淞口三月二十九日到津六月十九日回南進口

第五十二號鎮海盛福乾三月初五日出吳淞口三月二十一日到津六月十二日回南進口

第五十三號鎮海葛徵泰三月初五日出吳淞口四月初五日到津六月二十三日回南進口

第五十四號鄞字盧永聚三月初八日出吳淞口三月二十九日到津[redacted]

第五十五號崇字周洪泰四月十一日出吳淞口五月二十三日到津八月十一日回南進口

第五十六號通字彭泰順四月十九日出吳淞口六月初八日到津八月十一日回南進口

第五十七號崇字朱恒增五月初七日出吳淞口六月初八日到津八月十六日回南進口

第五十八號寶字孫德盛五月初四日出吳淞口五月十一日到津八月初一日回南進口

曾裝荆溪縣糧米初次運津

第五十九號丹陽陳福順六月初七日出吳淞口七月初七日到津八月二十七日回南進口

曾裝金壇縣糧米初次運津

第六十號通字彭全福五月二十六日出吳淞口六月初六日到津八月初九日回南進口

曾裝鎮洋縣糧米初次運津

第六十一號崇字蔡增盛五月十九日出吳淞口七月十一日到津九月初四日回南進口

第六十二號元字王增茂口六月初五日出吳淞口六月二十七日到津九月二十八日回南進

第六十三號吳江張德增五月二十九日出吳淞口七月初八日到津九月初三日回南進口

曾裝元和縣糧米初次運津

第六十四號太字張利泰　六月初三日出吳淞口七月初八日到津八月二十六日回南進口
曾裝崑山縣糧米初次運津
第六十五號鎮字黃福源　六月初七日出吳淞口七月初二日到津九月十六日回南進口
曾裝溧陽縣糧米初次運津
第六十六號通字陸全發　六月初五日出吳淞口六月十六日到津八月初九日回南進口
曾裝新陽縣糧米初次運津
第六十七號元字吳恒昌　六月初四日出吳淞口六月十五日到津八月十二日回南進口
曾裝青浦縣糧米初次運津
第六十八號通字尹又發　六月初三日出吳淞口七月初八日到津八月二十八日回南進口
曾裝金壇縣糧米初次運津

第六十九號崇字郁其順　六月初三日出吳淞口七月十四日到津九月十六日回南進口
曾裝金壇縣糧米初次運津
第七十號崇字陳德順　六月初八日出吳淞口七月十五日到津[redacted]
曾裝溧陽縣糧米初次運津
第七十一號太字金元昌　六月初八日出吳淞口七月初五日到津九月二十四日回南進口
曾裝震澤縣糧米初次運津
第七十二號元字朱福利　六月初八日出吳淞口七月初七日到津九月初九日回南進口
曾裝常熟縣糧米初次運津
第七十三號崇字陳裕泰　六月初九日出吳淞口七月十一日到津八月二十八日回南進口
曾裝吳江縣糧米初次運津

第七十四號通字朱福泰　六月初八日出吳淞口六月二十九日到津八月十一日回南進口
曾裝溧陽縣糧米初次運津
第七十五號崇字顧德興　六月初五日出吳淞口七月十六日到津九月二十二日回南進口
曾裝吳縣糧米初次運津
第七十六號通字包祥泰　六月初七日出吳淞口七月初十日到津九月初九日回南進口
曾裝金壇縣糧米初次運津
第七十七號通字潘益順　六月初八日出吳淞口七月二十二日到津九月二十二日回南進口
曾裝溧陽縣糧米初次運津
第七十八號寶字黃遇泰　六月初八日出吳淞口六月二十六日到津十月二十六日回南進口
曾裝吳縣糧米初次運津

第七十九號通字季振順　六月初九日出吳淞口七月十六日到津九月十八日回南進口
曾裝無錫縣糧米初次運津
第八十號上字葛源利　六月初八日出吳淞口七月初八日到津九月十五日回南進口
曾裝宜興縣糧米初次運津
第八十一號贛字程興泰　六月初八日出吳淞口七月初八日到津十月十五日回南進口
曾裝新陽縣糧米初次運津
第八十二號海門吳長泰　六月初九日出吳淞口七月二十一日到津[redacted]
曾裝金匱縣糧米初次運津
第八十三號元字程祿春　六月初九日出吳淞口七月十四日到津九月二十六日回南進口
曾裝溧陽縣糧米初次運津

第八十四號海門徐發泰六月初八日出吳淞口七月十八日到津九月初八日回南進口
曾裝武進縣糧米初次運津
第八十五號通字彭遂隆六月初八日出吳淞口七月十八日到津九月二十一日回南進口
第八十六號崇字郁長利六月初八日出吳淞口七月初八日到津九月十六日回南進口
曾裝常熟縣糧米初次運津
第八十七號元字陳景泰六月初八日出吳淞口七月初七日到津九月二十一日回南進口
曾裝震澤縣糧米初次運津
第八十八號元字華永慶口六月初九日出吳淞口七月二十八日到津九月二十四日回南進
曾裝南匯縣糧米初次運津
第八十九號太字程和春六月初九日出吳淞口七月十四日到津九月二十六日回南進口

曾裝金壇縣糧米初次運津
第九十號通字崔聚春六月初八日出吳淞口七月十一日到津九月十九日回南進口
曾裝溧陽縣糧米初次運津
第九十一號太字王咸昌六月初九日出吳淞口七月十六日到津九月二十日回南進口
曾裝震澤縣糧米初次運津

吳江縣
派裝白糧船三隻
第一號太字蕭長泰口二月十八日出吳淞口三月二十六日到津五月二十四日回南進
復裝新陽縣糧米二次運津
第二號崇字龔長興二月二十日出吳淞口三月二十六日到津七月十四日回南進口
第三號崇字周履發二月二十日出吳淞口三月二十六日到津六月十四日回南進口

吳江縣

加裝各縣漕船五隻內

元和縣船加裝一隻

常熟縣船加裝一隻

昭文縣船加裝一隻

婁　縣船加裝一隻

鎮洋縣船加裝一隻

震澤縣

派裝漕糧船九十二隻

第一號太字王咸昌二月十五日出吳淞口三月十四日到津五月十九日回南進口

復裝吳江縣糧米二次運津

第二號元字王福興二月二十三日出吳淞口三月十五日到津五月十七日回南進口

第三號元字江福利二月十五日出吳淞口四月初五日到津八月十三日回南進口

第四號元字徐增泰二月十八日出吳淞口三月二十六日到津六月初八日回南進口

第五號元字徐安泰二月二十日出吳淞口三月十五日到津五月二十日回南進口

復裝崑山縣糧米二次運津

第六號元字朱長利三月初五日出吳淞口三月二十六日到津六月初六日回南進口

第七號元字孫隆泰二月十五日出吳淞口四月初四日到津八月十二日回南進口

第八號太字金元昌二月十五日出吳淞口三月十二日到津五月十九日回南進口

復裝吳江縣糧米二次運津

第九號鎮字張愈寧二月十一日出吳淞口三月初二日到津五月十九日回南進口

第十號無錫張長泰二月初十日出吳淞口三月十四日到津五月初十日回南進口

復裝長洲縣糧米二次運津

第十一號鎮字張履元二月二十日出吳淞口三月二十九日到津八月初八日回南進口

第十二號通字郁隆順二月二十三日出吳淞口三月二十日到津六月十一日回南進口

第十三號太字周隆發二月十三日出吳淞口三月十二日到津五月初二日回南進口

復裝青浦縣糧米二次運津

第十四號太字蒯　增　二月十五日出吳淞口三月十四日到津五月二十六日回南進口
第十五號元字蔣聿生　二月十五日出吳淞口三月二十六日到津六月初六日回南進口
第十六號元字蒯　順　二月十五日出吳淞口三月初十日到津五月十七日回南進口
復裝長洲縣糧米二次運津
第十七號通字彭增泰　二月二十日出吳淞口三月二十七日到津八月初九日回南進口
第十八號元字朱恒豐　二月十七日出吳淞口三月二十七日到津六月初六日回南進口
第十九號元字楊元利　二月十七日出吳淞口三月十五日到津五月二十三日回南進口
復裝婁縣糧米二次運津
第二十號元字莊長春　二月初十日出吳淞口三月初一日到津四月初九日回南進口
復裝常熟縣糧米二次運津

第二十一號元字莊同春　二月初十日出吳淞口三月初九日到津四月十四日回南進口
復裝昭文縣糧米二次運津
第二十二號元字裴永興　二月十五日出吳淞口三月十五日到津五月二十三日回南進口
第二十三號崑字沈利泰　二月十五日出吳淞口三月十七日到津五月二十二日回南進口
復裝鎮洋縣糧米二次運津
第二十四號崇字朱恒泰口　二月初十日出吳淞口三月二十五日到津五月二十六日回南進
第二十五號通字張元庚　二月初九日出吳淞口三月十二日到津五月二十日回南進口
復裝崑山縣糧米二次運津
第二十六號通字季振隆　二月十五日出吳淞口三月十二日到津六月初六日回南進口
第二十七號鎮字陳金泰　二月二十日出吳淞口三月二十六日到津六月十三日回南進口

第二十八號太字王德昌口　二月二十八日出吳淞口三月二十七日到津六月初五日回南進
第二十九號通字季延隆　二月二十日出吳淞口三月十五日到津五月二十四日回南進口
第三十號通字楊金茂　二月二十五日出吳淞口三月三十日到津八月十六日回南進口
第三十一號通字楊湧祿　二月二十八日出吳淞口四月初五日到津八月十二日回南進口
第三十二號通字郁隆駿　二月二十日出吳淞口四月十六日到津六月初六日回南進口
第三十三號元字吳恒順口　二月二十八日出吳淞口三月二十九日到津六月初八日回南進
第三十四號元字陳景泰　二月十八日出吳淞口三月十四日到津五月二十二日回南進口
復裝吳江縣糧米二次運津
第三十五號太字江順昌口　二月二十日出吳淞口三月二十六日到津七月二十一日回南進
第三十六號丹陽陳相發　二月二十三日出吳淞口三月十四日到津[redacted]

第三十七號丹陽陸恒泰　二月二十日出吳淞口三月二十六日到津六月初六日回南進口
第三十八號丹陽陸廣泰口　二月二十日出吳淞口三月二十五日到津五月二十二日回南進
第三十九號丹陽王裕泰　二月二十日出吳淞口三月十四日到津五月二十二日回南進口
第四十號丹陽陳萬增　二月二十五日出吳淞口四月初四日到津六月十三日回南進口
第四十一號元字盛益慶　二月二十日出吳淞口三月十九日到津六月初六日回南進口
第四十二號通字彭和懋　二月二十日出吳淞口三月十二日到津五月十四日回南進口
復裝元和縣糧米二次運津
第四十三號通字彭咸順　二月二十日出吳淞口三月二十六日到津六月十九日回南進口
第四十四號通字包利源　二月二十日出吳淞口三月二十日到津六月十四日回南進口
第四十五號通字楊湧福口　二月二十八日出吳淞口四月初三日到津七月二十七日回南進

第四十六號鎮海盛德裕三月初五日出吳淞口三月二十日到津七月初三日回南進口
第四十七號鎮海盛永駿三月初五日出吳淞口四月初四日到津[redacted]
第四十八號海門張履泰三月初三日出吳淞口四月初四日到津八月十二日回南進口
第四十九號太字鮑長瀧口三月初八日出吳淞口三月二十七日到津七月二十一日回南進
第五十號太字黄元利三月初八日出吳淞口四月初十日到津八月初七日回南進口
第五十一號元字何恒泰三月十六日出吳淞口三月二十九日到津八月十三日回南進口
第五十二號通字張隆茂三月初三日出吳淞口四月初四日到津八月初九日回南進口
第五十三號太字陳大森三月初十日出吳淞口三月三十日到津八月初十日回南進口
第五十四號通字彭延泰口三月二十五日出吳淞口四月二十二日到津八月初三日回南進
第五十五號通字彭恒齡四月十九日出吳淞口五月二十八日到津八月十二日回南進口

第五十六號通字季彭齡四月十九日出吳淞口五月二十八日到津八月十六日回南進口
第五十七號通字季福隆四月十九日出吳淞口五月初五日到津八月十二日回南進口
第五十八號寶字孫恒利四月十九日出吳淞口五月二十六日到津八月十四日回南進口
第五十九號太字黄茂泰口四月二十四日出吳淞口五月二十九日到津八月十三日回南進
第六十號上字沈恒茂六月初三日出吳淞口七月十七日到津九月二十日回南進口
第六十一號通字袁駿福六月初七日出吳淞口七月初八日到津九月二十六日回南進口
會裝宜興縣糧米初次運津
第六十二號通字彭景祥六月初七日出吳淞口七月初九日到津九月初三日回南進口
會裝江陰縣糧米初次運津
會裝金壇縣糧米初次運津

第六十三號通字彭德昌六月初三日出吳淞口六月十六日到津八月初七日回南進口
會裝新陽縣糧米初次運津
第六十四號太字鄭公興六月初五日出吳淞口六月十六日到津八月初八日回南進口
會裝江陰縣糧米初次運津
第六十五號通字姚利祥六月初七日出吳淞口六月二十日到津八月十一日回南進口
會裝江陰縣糧米初次運津
第六十六號通字彭延康六月初五日出吳淞口七月初七日到津九月初一日回南進口
第六十七號鎮海盛德成六月初七日出吳淞口六月十七日到津八月十二日回南進口
會裝昭文縣糧米次初次運津
第六十八號丹陽姚長泰六月初八日出吳淞口六月二十六日到津八月十一日回南進口

會裝金匱縣糧米初次運津
第六十九號寶字馬恒益六月初八日出吳淞口六月二十三日到津八月初十日回南進口
會裝上海縣糧米初次運津
第七十號通字姚元利六月初八日出吳淞口七月十一日到津九月二十八日回南進口
第七十一號太字張永安六月初八日出吳淞口七月二十一日到津十月十六日回南進口
會裝青浦縣糧米初次運津
第七十二號通字季全茂六月初九日出吳淞口七月十一日到津九月初七日回南進口
會裝無錫縣糧米初次運津
第七十三號通字張隆順六月初八日出吳淞口六月二十七日到津八月十二日回南進口
會裝金山縣糧米初次運津

第七十四號元字洪德源六月初七日出吳淞口七月初七日到津九月十八日回南進口
曾裝溧陽縣糧米初次運津
第七十五號寶字孫福盛六月初八日出吳淞口六月二十五日到津八月十二日回南進口
曾裝上海縣糧米初次運津
第七十六號上字沈長利六月初八日出吳淞口七月二十三日到津[redacted]
曾裝元和縣糧米初次運津
第七十七號太字周源隆六月初八日出吳淞口七月十八日到津九月三十日回南進口
曾裝江陰縣糧米初次運津
第七十八號海門吳合泰六月初八日出吳淞口七月十五日到津九月二十二日回南進口
曾裝金匱縣糧米初次運津

第七十九號元字婁元泰六月初九日出吳淞口七月十七日到津九月二十五日回南進口
曾裝南匯縣糧米初次運津
第八十號通字彭洪順六月初八日出吳淞口六月二十五日到津八月初九日回南進口
曾裝丹徒縣糧米初次運津
第八十一號崇字陳咸泰口六月初九日出吳淞口七月二十一日到津九月二十六日回南進
曾裝武進縣糧米初次運津
第八十二號太字黃同福六月初八日出吳淞口七月二十一日到津九月十六日回南進口
曾裝常熟縣糧米初次運津
第八十三號通字姚順泰六月初九日出吳淞口七月十四日到津八月二十九日回南進口
曾裝江陰縣糧米初次運津

第八十四號通字彭福昌六月初八日出吳淞口七月初九日到津九月十八日回南進口
曾裝新陽縣糧米初次運津
第八十五號元字張福同六月初八日出吳淞口七月初十日到津九月十六日回南進口
曾裝長洲縣糧米初次運津
第八十六號崇字陳永利口六月初八日出吳淞口七月二十八日到津九月二十五日回南進
曾裝長洲縣糧米初次運津
第八十七號通字崔祥春六月初八日出吳淞口七月二十二日到津十月十六日回南進口
曾裝溧陽縣糧米初次運津
第八十八號通字姚源順六月初八日出吳淞口七月初八日到津九月十九日回南進口
曾裝江陰縣糧米初次運津

第八十九號昭字張幅銀六月初八日出吳淞口七月十一日到津九月初九日回南進口
曾裝丹陽縣糧米初次運津
第九十號元字華永吉六月初九日出吳淞口七月十四日到津九月十五日回南進口
曾裝常熟縣糧米初次運津
第九十一號崇字陳裕慶六月初九日出吳淞口七月二十一日到津十月初七日回南進口
第九十二號元字龔長發六月初八日出吳淞口七月十一日到津八月二十六日回南進口
曾裝奉賢縣糧米初次運津

震澤縣

派裝白糧船二隻

第一號通字彭福順二月二十日出吳淞口三月十四日到津六月十二日回南進口

第二號通字彭延庚二月二十八日出吳淞口四月初四日到津八月十二日回南進口

震澤縣

加裝各縣漕船六隻內

元和縣船加裝二隻

華亭縣船加裝二隻

婁　縣船加裝二隻

常熟縣

派裝漕糧船八十六隻

第一號崑字陳福利　二月十五日出吳淞口三月十八日到津六月初四日回南進口

第二號元字華永吉　二月初六日出吳淞口三月初十日到津五月二十一日回南進口

復裝震澤縣糧米二次運津

第三號崇字周長泰口　二月十五日出吳淞口三月二十六日到津五月二十五日回南進

復裝新陽縣糧米二次運津

第四號元字彭合源　二月初六日出吳淞口三月十七日到津五月二十二日回南進口

第五號元字朱福利　二月十一日出吳淞口三月十二日到津五月十九日回南進口

復裝吳江縣糧米二次運津

第六號崇字周永源　二月十五日出吳淞口三月二十六日到津六月十三日回南進口

第七號崇字沈鴻茂　二月十五日出吳淞口三月二十六日到津八月初十日回南進口

第八號寶字黃福安　三月初三日出吳淞口三月二十九日到津六月初五日回南進口

第九號太字謝德興　二月初十日出吳淞口三月初八日到津五月二十三日回南進口

第十號寶字馬全盛　二月十五日出吳淞口三月初二日到津四月十三日回南進口

復裝常熟縣糧米二次運津

第十一號寶字孫瑞和　二月十一日出吳淞口三月初一日到津五月初一日回南進口

復裝昭文縣糧米二次運津

第十二號崇字顧恒泰　二月十一日出吳淞口三月二十七日到津六月初九日回南進口

第十三號崇字郁長利　二月十五日出吳淞口三月十四日到津五月二十二日回南進口

復裝吳江縣糧米二次運津

第十四號太字彭合盛　二月初三日出吳淞口三月初九日到津[redacted]

第十五號元字林德寧口　二月十七日出吳淞口三月二十七日到津七月二十一日回南進

第十六號崇字吳源發　二月十一日出吳淞口三月二十日到津五月二十一日回南進口

復裝新陽縣糧米二次運津

第十七號寶字凌春茂　二月十五日出吳淞口三月十九日到津八月十七日回南進口

第十八號寶字黃福順　二月二十五日出吳淞口三月十四日到津五月初二日回南進口

復裝新陽縣糧米二次運津

第十九號顧字趙同發　二月十五日出吳淞口三月二十六日到津六月初六日回南進口

第二十號顧字趙恒發　二月十八日出吳淞口四月初三日到津六月初八日回南進口

第二十一號顧字吳裕隆　二月十七日出吳淞口三月二十九日到津八月初九日回南進口

第二十二號顧字閻福泰　二月十一日出吳淞口三月初四日到津五月十四日回南進口

復裝元和縣糧米二次運津

第二十三號通字姚利有　二月十八日出吳淞口三月二十七日到津八月十二日回南進口

第二十四號崇字蔣恒協口　二月十八日出吳淞口三月二十九日到津八月二十三日回南進

第二十五號崇字蔣恒源　二月十八日出吳淞口四月初四日到津八月十六日回南進口

第二十六號崇字張源興　二月初十日出吳淞口三月初九日到津四月三十日回南進口

復裝太倉州糧米二次運津

第二十七號崇字陳協隆　二月十五日出吳淞口三月十五日到津五月二十六日回南進口

第二十八號鎮字張履祥　二月二十三日出吳淞口三月三十日到津八月十二日回南進口

第二十九號鎮字張瑞和二月十八日出吳淞口三月十二日到津六月初五日回南進口
第三十號元字朱合豐口二月十七日出吳淞口三月二十七日到津七月二十六日回南進
第三十一號通字季福駿二月十五日出吳淞口三月二十四日到津六月初七日回南進口
第三十二號太字黄同福二月十一日出吳淞口三月十四日到津五月二十二日回南進口
復裝震澤縣糧米二次運津
第三十三號元字黄興茂二月初九日出吳淞口三月十二日到津六月初十日回南進口
第三十四號崇字周洪茂二月十五日出吳淞口三月十四日到津五月二十三日回南進口
復裝崑山縣糧米二次運津
第三十五號崇字周福康二月十五日出吳淞口三月十五日到津五月二十一日回南進口
第三十六號崇字周長茂二月十五日出吳淞口三月二十六日到津六月十三日回南進口

江蘇海運全案　卷十　哭

第三十七號崇字周怡泰二月十五日出吳淞口三月二十日到津五月二十五日回南進口
第三十八號崇字周洪順口二月二十一日出吳淞口三月二十九日到津六月初六日回南進
第三十九號崇字周履祥二月初六日出吳淞口三月十五日到津五月初九日回南進口
復裝元和縣糧米二次運津
第四十號崇字張德順二月十五日出吳淞口三月十五日到津六月初七日回南進口
第四十一號崇字張全順二月十五日出吳淞口三月二十六日到津六月十一日回南進口
第四十二號崇字陳長興二月二十日出吳淞口三月二十日到津八月初九日回南進口
第四十三號崇字王恒增二月十五日出吳淞口四月初三日到津八月十二日回南進口
第四十四號太字夏增盛二月二十日出吳淞口三月二十七日到津六月初四日回南進口
第四十五號通字高允祥二月十八日出吳淞口三月二十六日到津八月初九日回南進口

第四十六號寶字馬德盛二月初十日出吳淞口三月初一日到津四月十五日回南進口
復裝奉賢縣糧米二次運津
第四十七號上字張德盛二月十一日出吳淞口三月初三日到津五月二十一日回南進口
第四十八號鄞字盛協福口三月初三日出吳淞口三月二十一日到津五月二十三日回南進
第四十九號鎮海盛裕慶三月初五日出吳淞口三月三十日到津[redacted]
第五十號鎮海盛德康三月初三日出吳淞口三月二十一日到津[redacted]
第五十一號鎮海盛泰騏三月初五日出吳淞口三月三十日到津[redacted]
第五十二號鎮海盛元昌三月初五日出吳淞口三月二十八日到津[redacted]
第五十三號鎮海劉泰豐三月初五日出吳淞口三月二十九日到津六月初八日回南進口
第五十四號鎮海葛興元三月初五日出吳淞口四月初三日到津[redacted]

江蘇海運全案　卷十　哭

第五十五號鎮海盛和茂三月初五日出吳淞口三月二十七日到津[redacted]
第五十六號鎮海盛德貞三月初五日出吳淞口三月二十八日到津六月十三日回南進口
第五十七號鎮海盛泰椿三月初八日出吳淞口四月初四日到津六月初十日回南進口
第五十八號鎮海盧延得三月初五日出吳淞口三月二十八日到津六月十四日回南進口
第五十九號太字陸錦順四月十七日出吳淞口五月二十六日到津八月十一日回南進口
第六十號崇字張長利六月二十七日出吳淞口七月十一日到津九月十一日回南進口
第六十一號崑字周泳源五月十六日出吳淞口六月初八日到津八月十二日回南進口
第六十二號崑字張義春四月二十七日出吳淞口六月初一日到津八月初九日回南進口
第六十三號海門沙益利口四月二十七日出吳淞口五月二十二日到津八月初九日回南進
曾裝金壇縣糧米初次運津

第六十四號元字莊長春四月二十七日出吳淞口五月十二日到津八月初十日回南進口
曾裝震澤縣糧米初次運津
第六十五號太字沈德泰四月二十四日出吳淞口五月二十二日到津八月十八日回南進口
曾裝南匯縣糧米初次運津
第六十六號上字孫德興四月二十七日出吳淞口五月初五日到津七月二十日回南進口
曾裝吳縣糧米初次運津
第六十七號上字徐德興四月二十七日出吳淞口五月初七日到津七月二十二日回南進口
曾裝荊溪縣糧米初次運津
第六十八號寶字馬全盛五月十二日出吳淞口六月二十三日到津八月初八日回南進口
曾裝常熟縣糧米初次運津

第六十九號通字居錦利四月二十七日出吳淞口五月二十五日到津八月初四日回南進口
曾裝崑山縣糧米初次運津
第七十號寶字孫瑞昌五月二十六日出吳淞口六月初九日到津八月十一日回南進口
曾裝上海縣糧米初次運津
第七十一號元字郭洪興五月十九日出吳淞口六月初二日到津八月初六日回南進口
曾裝溧陽縣糧米初次運津
第七十二號元字郭長興五月十九日出吳淞口六月初二日到津八月初九日回南進口
曾裝溧陽縣糧米初次運津
第七十三號元字王永利五月二十二日出吳淞口七月十五日到津九月二十二日回南進口
曾裝金壇縣糧米初次運津

第七十四號太字張德財五月十二日出吳淞口五月二十八日到津八月初九日回南進口
曾裝崑山縣糧米初次運津
第七十五號贛字程福泰五月十九日出吳淞口六月初五日到津八月十一日回南進口
曾裝新陽縣糧米初次運津
第七十六號上字沈元隆五月十九日出吳淞口六月初六日到津八月十五日回南進口
曾裝元和縣糧米初次運津
第七十七號崇字周臨泰五月十九日出吳淞口六月初二日到津八月十一日回南進口
曾裝溧陽縣糧米初次運津
第七十八號元字徐德泰五月十九日出吳淞口六月初四日到津八月十二日回南進口
曾裝荊溪縣糧米初次運津

第七十九號海門施源利五月二十二日出吳淞口六月十二日到津八月十一日回南進口
曾裝陽湖縣糧米初次運津
第八十號上字葛永盛五月十六日出吳淞口六月初四日到津八月初三日回南進口
曾裝嘉定縣糧米初次運津
第八十一號海門沙益慶五月二十二日出吳淞口六月十二日到津八月十一日回南進口
曾裝溧陽縣糧米初次運津
第八十二號崇字陳源順五月十六日出吳淞口六月十二日到津八月十一日回南進口
第八十三號元字鄭福康五月十二日出吳淞口五月二十四日到津八月初三日回南進口
曾裝元和縣糧米初次運津
第八十四號太字張永和五月十六日出吳淞口六月初六日到津八月初五日回南進口

第八十五號元字王得盛五月二十六日出吳淞口六月初八日到津八月初六日回南進口

曾裝宜興縣糧米初次運津

第八十六號上字王永生五月十二日出吳淞口五月二十五日到津八月初十日回南進口

曾裝武進縣糧米初次運津

曾裝宜興縣糧米初次運津

常熟縣

派裝白糧船三隻

第一號寶字馬松盛三月初三日出吳淞口三月二十九日到津六月初六日回南進口

第二號寶字馬慶盛二月二十八日出吳淞口三月二十六日到津六月初六日回南進口

第三號寶字淩增茂二月二十三日出吳淞口三月十四日到津六月初十日回南進口

昭文縣

派裝漕糧船六十四隻

第一號寶字鮑協泰二月初三日出吳淞口三月初一日到津四月二十九日回南進口

第二號寶字黃源盛口二月二十五日出吳淞口三月二十八日到津六月初六日回南進

第三號上字張益盛二月初十日出吳淞口三月初三日到津五月初二日回南進口

第四號崇字胡德盛二月十五日出吳淞口三月二十九日到津六月十一日回南進口

第五號元字董福盛二月十五日出吳淞口三月二十一日到津六月初五日回南進口

第六號元字孫紹泰二月初十日出吳淞口三月十二日到津五月初七日回南進口

復裝新陽縣糧米二次運津

第七號海門王信茂二月十五日出吳淞口三月十一日到津五月二十二日回南進口

復裝華亭縣糧米二次運津

第八號崇字顧翕泰二月十五日出吳淞口三月二十六日到津六月二十日回南進口

第九號上字陸長源二月初十日出吳淞口三月十二日到津五月初三日回南進口

復裝新陽縣糧米二次運津

第十號崇字陳合泰口二月十一日出吳淞口三月二十四日到津七月二十八日回南進

第十一號上字張長順二月初十日出吳淞口三月初三日到津五月初八日回南進口

復裝長洲縣糧米二次運津

第十二號元字蔣福安口二月十七日出吳淞口三月二十七日到津七月二十八日回南進

第十三號崇字顧隆泰二月初六日出吳淞口三月十四日到津[redacted]

第十四號崇字蔣恒臻二月初十日出吳淞口三月十五日到津五月二十六日回南進口

第十五號崇字王元利口二月初十日出吳淞口三月二十六日到津七月二十六日回南進

第十六號通字顧璇順二月十五日出吳淞口三月初十日到津五月二十二日回南進口

第十七號崇字顧合隆二月十一日出吳淞口三月十六日到津六月十三日回南進口

第十八號鎮海盛德風二月十五日出吳淞口三月初二日到津五月十二日回南進口

復裝元和縣糧米二次運津

第十九號鎮海盛德恒二月十五日出吳淞口三月十九日到津五月二十三日回南進口

第二十號鎮海盛德亨二月十五日出吳淞口三月初二日到津五月二十三日回南進口

第二十一號鎮海盛德安二月十五日出吳淞口三月十九日到津五月二十三日回南進口

復裝金山縣糧米二次運津

第二十二號鎮海盛德成二月十五日出吳淞口三月初二日到津五月初六日回南進口

復裝震澤縣糧米二次運津

第二十三號鎮海盛德孚二月十五日出吳淞口三月初二日到津五月二十二日回南進口

第二十四號鎮海盛德慶二月十五日出吳淞口三月十五日到津五月二十四日回南進口

復裝金山縣糧米二次運津

第二十五號鄞字盛德元二月十八日出吳淞口三月十九日到津[redacted]

第二十六號鄞字費元吉二月十五日出吳淞口三月十九日到津八月二十日回南進口

第二十七號鄞字盛福駛口二月二十三日出吳淞口三月十九日到津八月二十五日回南進

第二十八號鎮海盛德華二月二十三日出吳淞口三月十五日到津五月十二日回南進口

復裝元和縣糧米二次運津

第二十九號鎮海費元懋二月十八日出吳淞口三月十九日到津[redacted]

第三十號鄭字費元慶二月二十日出吳淞口三月十九日到津六月十三日回南進口
第三十一號鄭字費元美二月二十日出吳淞口三月十九日到津六月初一日回南進口
第三十二號鄭字吳乾元三月初八日出吳淞口三月二十七日到津[redacted]
第三十三號鄭字葛生元三月初五日出吳淞口三月二十日到津[redacted]
第三十四號鄭字盛泰安三月初五日出吳淞口三月二十四日到津[redacted]
第三十五號鄭字盛福臨三月初八日出吳淞口三月二十六日到津六月十一日回南進口
第三十六號鎮海盛德利三月初五日出吳淞口三月二十九日到津八月初七日回南進口
第三十七號鎮海葛恒乾三月初五日出吳淞口三月二十八日到津六月初十日回南進口
第三十八號鄭字盧延順三月初五日出吳淞口三月三十日到津九月三十日回南進口
第三十九號鎮海盛德咸三月初五日出吳淞口三月二十一日到津六月初八日回南進口

第四十號鎮海盛福申三月初五日出吳淞口三月三十日到津[redacted]
第四十一號靖字陳長興四月初三日出吳淞口五月初四日到津八月十二日回南進口
第四十二號太字謝德財四月十七日出吳淞口五月二十六日到津八月初九日回南進口
第四十三號海門沙益祥四月二十七日出吳淞口五月二十三日到津八月初十日回南進口
　　曾裝溧陽縣糧米初次運津
第四十四號鄭字吳聚元四月二十七日出吳淞口六月初六日到津[redacted]
第四十五號上字沈恒春五月十二日出吳淞口五月二十五日到津八月二十四日回南進口
　　曾裝上海縣糧米初次運津
第四十六號元字莊同春五月初四日出吳淞口五月二十四日到津八月初九日回南進口
　　曾裝震澤縣糧米初次運津

第四十七號上字徐德茂五月初四日出吳淞口五月十二日到津七月二十二日回南進口
　　曾裝荆溪縣糧米初次運津
第四十八號上字王信隆五月初七日出吳淞口五月二十三日到津八月初六日回南進口
　　曾裝宜興縣糧米初次運津
第四十九號寶字孫瑞和五月二十六日出吳淞口六月初八日到津八月初十日回南進口
　　曾裝常熟縣糧米初次運津
第五十號寶字劉合泰五月二十二日出吳淞口六月十一日到津八月十一日回南進口
　　曾裝元和縣糧米初次運津
第五十一號寶字孫德祥五月十二日出吳淞口五月二十三日到津八月初三日回南進口
　　曾裝吳縣糧米初次運津

第五十二號無錫任長利五月十九日出吳淞口六月初六日到津[redacted]
　　曾裝新陽縣糧米初次運津
第五十三號寶字孫德茂五月十二日出吳淞口五月二十二日到津八月初四日回南進口
　　曾裝金山縣糧米初次運津
第五十四號海門施長增五月二十二日出吳淞口六月初八日到津八月初十日回南進口
　　曾裝陽湖縣糧米初次運津
第五十五號通字張元順五月二十六日出吳淞口六月初六日到津八月十二日回南進口
　　曾裝丹陽縣糧米初次運津
第五十六號海門施源興五月二十二日出吳淞口六月十二日到津八月十二日回南進口
　　曾裝陽湖縣糧米初次運津

第五十七號寶字劉和泰五月二十二日出吳淞口六月初九日到津八月初十日回南進口
曾裝元和縣糧米初次運津
第五十八號元字孫恒昌五月二十六日出吳淞口六月初七日到津八月初六日回南進口
曾裝上海縣糧米初次運津
第五十九號上字張長慶五月十二日出吳淞口六月初五日到津八月初四日回南進口
曾裝宜興縣糧米初次運津
第六十號元字蔣合盛五月十九日出吳淞口六月初六日到津八月初六日回南進口
曾裝江陰縣糧米初次運津
第六十一號元字錢大發五月二十二日出吳淞口六月初八日到津八月初四日回南進口
曾裝元和縣糧米初次運津

第六十二號元字華永泰五月十九日出吳淞口六月初八日到津八月初八日回南進口
曾裝宜興縣糧米初次運津
第六十三號海門施長慶五月二十二日出吳淞口六月初七日到津八月初十日回南進口
曾裝吳縣糧米初次運津
第六十四號上字沈恒昌五月二十二日出吳淞口六月初一日到津八月初六日回南進口
曾裝元和縣糧米初運津

昭文縣
派裝白糧船三隻
第一號崇字顧洪泰二月二十三日出吳淞口四月初四日到津八月十四日回南進口
第二號通字姚元慶二月二十八日出吳淞口三月二十六日到津七月二十八日回南進口
第三號通字姚恒茂二月十八日出吳淞口三月十四日到津五月十八日回南進口
復裝長洲縣糧米二次運津

崑山縣

派裝漕糧船七十八隻

第一號泰字施泰昌 三月十三日出吳淞口四月二十二日到津八月初九日回南進口

第二號通字姚利益 二月十五日出吳淞口三月初四日到津五月初五日回南進口

復裝崑山縣糧米二一次運津

第三號吳江謝德增 二月初十日出吳淞口三月十五日到津五月十一日回南進口

第四號崇字陳同春 二月初十日出吳淞口三月二十六日到津六月十一日回南進口

第五號元字顧義泰 二月十一日出吳淞口三月十四日到津六月初九日回南進口

第六號崇字龔永泰 二月二十日出吳淞口四月初三日到津八月初九日回南進口

第七號太字張利泰 二月十五日出吳淞口三月初十日到津五月初二日回南進口

復裝吳江縣糧米二一次運津

第八號崇字黃洪泰 二月二十三日出吳淞口四月初三日到津八月初四日回南進口

第九號通字李合隆 二月十五日出吳淞口三月十一日到津四月二十六日回南進口

復裝華亭縣糧米二一次運津

第十號通字陸合興 二月十五日出吳淞口三月十四日到津五月二十一日回南進口

復裝奉賢縣糧米二一次運津

第十一號通字彭元昌 二月十七日出吳淞口三月初十日到津五月二十日回南進口

復裝華亭縣糧米二一次運津

第十二號寶字徐復盛 二月十八日出吳淞口三月二十六日到津七月二十八日回南進口

第十三號通字彭裕隆 二月二十日出吳淞口三月十四日到津五月二十一日回南進口

第十四號無錫陳茂順 二月十八日出吳淞口三月十四日到津五月十八日回南進口

復裝長洲縣糧米二一次運津

第十五號太字王盛泰 二月十五日出吳淞口三月十一日到津四月二十二日回南進口

第十六號海州江恒興 二月二十三日出吳淞口三月二十九日到津六月初八日回南進口

第十七號通字高吉祥 二月二十日出吳淞口三月二十四日到津五月二十三日回南進口

第十八號通字彭益凝 二月十五日出吳淞口三月三十日到津八月初八日回南進口

第十九號通字居錦利 二月十五日出吳淞口三月初四日到津四月十五日回南進口

復裝常熟縣糧米二一次運津

第二十號海門陸日長 二月二十三日出吳淞口三月二十八日到津[redacted]

第二十一號太字張德財 二月十五日出吳淞口三月初八日到津四月二十六日回南進口

復裝常熟縣糧米二一次運津

第二十二號通字尹同源 二月二十日出吳淞口三月十五日到津五月二十一日回南進口

復裝長洲縣糧米二一次運津

第二十三號通字郁裕順 二月二十日出吳淞口四月十六日到津五月二十三日回南進口

第二十四號崇字陳恒興 二月二十三日出吳淞口三月二十日到津八月初二日回南進口

第二十五號崇字黃永茂 二月二十三日出吳淞口四月初十日到津六月十三日回南進口

第二十六號通字季珍福 二月二十日出吳淞口四月初三日到津八月初八日回南進口

第二十七號贛字吳德隆 二月二十日出吳淞口三月十七日到津五月二十五日回南進口

第二十八號崇字周昇泰 二月二十三日出吳淞口三月二十六日到津六月初九日回南進口

第二十九號崇字黃合茂 二月二十三日出吳淞口三月二十六日到津八月初四日回南進口

第三十號贛字陳增泰二月二十三日出吳淞口三月二十九日到津七月二十九日回南進口

第三十一號崇字沈延隆三月初三日出吳淞口四月初四日到津八月初六日回南進口

第三十二號元字蔣泰生二月二十八日出吳淞口四月十五日到津八月十一日回南進口

第三十三號上字楊大順二月二十三日出吳淞口三月二十六日到津六月初六日回南進口

第三十四號昭字孔昌順二月二十五日出吳淞口三月二十四日到津八月初三日回南進口

第三十五號通字彭泳延二月二十三日出吳淞口三月二十九日到津六月十四日回南進口

第三十六號通字尹淇祥二月二十日出吳淞口三月二十六日到津八月初二日回南進口

第三十七號通字季元茂二月二十日出吳淞口三月十七日到津五月二十四日回南進口

第三十八號崇字周永隆二月二十日出吳淞口三月二十六日到津六月初十日回南進口

第三十九號上字何隆順三月初三日出吳淞口四月初五日到津八月十三日回南進口

第四十號贛字胡同順二月二十三日出吳淞口四月初三日到津八月初九日回南進口

第四十一號通字郁恒順二月二十三日出吳淞口三月二十七日到津八月初七日回南進口

第四十二號元字鄭祿康四月十一日出吳淞口五月二十三日到津八月十一日回南進口

第四十三號海門黃德利四月二十四日出吳淞口五月初九日到津七月二十三日回南進口

第四十四號崇字周履泰四月十七日出吳淞口五月二十九日到津八月十四日回南進口

第四十五號元字沈德順四月二十四日出吳淞口五月二十九日到津八月十二日回南進口

第四十六號通字彭玉祥四月十一日出吳淞口五月初三日到津八月十二日回南進口

第四十七號通字錢長利四月二十七日出吳淞口五月二十八日到津八月十二日回南進口

第四十八號崇字陳合順五月初七日出吳淞口五月二十九日到津八月十一日回南進口

第四十九號陽字郁仁茂四月二十七日出吳淞口五月十一日到津八月十一日回南進口

第五十號贛字張德寧五月二十六日出吳淞口六月十一日到津八月初十日回南進口

曾裝金壇縣糧米初次運津

第五十一號贛字彭福利五月二十二日出吳淞口六月初八日到津八月十一日回南進口

曾裝溧陽縣糧米初次運津

第五十二號贛字蔣懋隆五月十九日出吳淞口六月初九日到津[redacted]

曾裝溧陽縣糧米初次運津

第五十三號元字談萬茂五月二十六日出吳淞口六月初八日到津八月十三日回南進口

曾裝宜興縣糧米初次運津

第五十四號通字季凝發六月初三日出吳淞口六月二十日到津八月十一日回南進口

曾裝長洲縣糧米初次運津

第五十五號陽字聶隆泰六月初五日出吳淞口七月初七日到津八月二十八日回南進口

第五十六號崇字倪德茂六月初八日出吳淞口七月初八日到津八月二十九日回南進口

第五十七號太字朱隆茂五月二十九日出吳淞口七月初七日到津[redacted]

第五十八號贛字程德泰六月初五日出吳淞口七月初八日到津九月十九日回南進口

曾裝溧陽縣糧米初次運津

第五十九號昆字謝三益六月初九日出吳淞口七月十五日到津九月二十四日回南進口

第六十號通字周高發六月初五日出吳淞口六月十六日到津八月十一日回南進口

曾裝武進縣糧米初次運津

第六十一號崇字周玉龍六月初八日出吳淞口七月二十二日到津九月十六日回南進口

第六十二號崇字陳合茂六月初七日出吳淞口七月十一日到津九月二十四日回南進口

第六十三號通字彭恒福六月初五日出吳淞口六月二十七日到津八月二十日回南進口
第六十四號通字姚利益六月初九日出吳淞口七月十四日到津
曾裝崑山縣糧米初次運津
第六十五號海門丁元增六月初五日出吳淞口七月十六日到津九月十六日回南進口
第六十六號寶字張常盛六月初九日出吳淞口七月十一日到津九月二十二日回南進口
曾裝吳縣糧米初次運津
第六十七號通字季鶴凝六月初八日出吳淞口七月十五日到津九月二十一日回南進口
曾裝無錫縣糧米初次運津
第六十八號通字彭恒祥六月初七日出吳淞口六月十六日到津八月十二日回南進口
曾裝婁縣糧米初次運津
第六十九號崇字顧觀泰六月初九日出吳淞口八月初八日到津十月初九日回南進口

第七十號上字朱元順六月初八日出吳淞口七月初七日到津
曾裝宜興縣糧米初次運津
第七十一號崇字周洪茂六月初八日出吳淞口七月二十二日到津九月十九日回南進口
復裝常熟縣糧米初次運津
第七十二號通字張元庚六月初八日出吳淞口六月二十九日到津八月十二日回南進口
曾裝震澤縣糧米初次運津
第七十三號太字程合隆六月初八日出吳淞口七月初八日到津九月十九日回南進口
曾裝新陽縣糧米初次運津
第七十四號崑字洪福昌六月初八日出吳淞口七月十五日到津

曾裝長洲縣糧米初次運津
第七十五號昭文張幅順六月初八日出吳淞口七月初五日到津九月十九日回南進口
曾裝青浦縣糧米初次運津
第七十六號太字周長裕六月初八日出吳淞口六月二十日到津八月初十日回南進口
曾裝元和縣糧米初次運津
第七十七號元字洪恒源六月初九日出吳淞口七月十六日到津九月二十二日回南進口
曾裝金匱縣糧米初次運津
第七十八號元字徐安泰六月初九日出吳淞口七月十八日到津九月十七日回南進口
曾裝震澤縣糧米初次運津

崑山縣

派裝白糧船二隻

第一號通字姚利興 三月初三日出吳淞口三月三十日到津八月十二日回南進口

第二號通字黃永茂 三月初八日出吳淞口四月初三日到津八月十二日回南進口

新陽縣

派裝漕糧船七十五隻

第一號通字高發祥 二月初十日出吳淞口三月十四日到津五月二十一日回南進口

第二號通字尹洪慶 二月十一日出吳淞口三月初五日到津五月十六日回南進口

復裝金山縣糧米二次運津

第三號通字尹聖發 二月初十日出吳淞口三月初八日到津四月十四日回南進口

復裝吳縣糧米二次運津

第四號通字彭德昌 二月十五日出吳淞口三月初四日到津四月三十日回南進口

復裝震澤縣糧米二次運津

第五號贛字閻聚泰 二月二十三日出吳淞口四月初五日到津八月十一日回南進口

第六號崑字陸和順 二月十一日出吳淞口三月十四日到津六月十一日回南進口

第七號通字管長源 二月十五日出吳淞口三月二十日到津五月初二日回南進口

第八號太字程合隆 二月十五日出吳淞口三月初九日到津五月二十一日回南進口

復裝崑山縣糧米二次運津

第九號崑字陶元順 二月二十三日出吳淞口四月初四日到津六月十一日回南進口

第十號贛字程福泰 二月十七日出吳淞口三月初三日到津四月二十七日回南進口

復裝常熟縣糧米二次運津

第十一號通字彭全裕 二月十五日出吳淞口三月初九日到津五月二十二日回南進口

第十二號通字陸全發 二月十五日出吳淞口三月十四日到津五月十一日回南進口

復裝吳江縣糧米二次運津

第十三號通字張隆盛三月初三日出吳淞口四月初三日到津八月初八日回南進口
第十四號通字彭福昌二月十一日出吳淞口三月初二日到津五月二十日回南進口
復裴震澤縣糧米二次運津
第十五號通字彭福源二月初十日出吳淞口三月初三日到津五月二十一日回南進口
復裴元和縣糧米二次運津
第十六號通字彭又延二月十五日出吳淞口三月初十日到津五月十三日回南進口
復裴長洲縣糧米二次運津
第十七號通字彭協順二月二十日出吳淞口三月十四日到津六月十二日回南進口
第十八號崇字蔡信泰二月初十日出吳淞口三月初十日到津四月二十八日回南進口
復裴吳縣糧米二次運津

第十九號元字何增泰二月二十八日出吳淞口四月初七日到津八月十七日回南進口
第二十號無錫任長利二月初六日出吳淞口三月初八日到津四月初九日回南進口
復裴昭文縣糧米二次運津
第二十一號如字徐恒泰二月十五日出吳淞口三月二十一日到津六月初五日回南進口
第二十二號贛字程興泰二月十五日出吳淞口三月初九日到津五月十九日回南進口
復裴吳江縣糧米二次運津
第二十三號贛字程聚泰二月十五日出吳淞口三月二十四日到津五月十九日回南進口
第二十四號贛字徐同源二月十八日出吳淞口三月三十日到津八月初九日回南進口
第二十五號上字王永興二月十一日出吳淞口三月初一日到津四月二十七日回南進口
復裴吳縣糧米二次運津

第二十六號通字彭又生二月二十三日出吳淞口三月二十八日到津八月十二日回南進口
第二十七號太字程利泰二月二十八日出吳淞口三月十五日到津六月初八日回南進口
第二十八號元字胡昇發二月二十日出吳淞口三月二十六日到津六月初六日回南進口
第二十九號寶字瞿長興二月二十八日出吳淞口三月二十九日到津六月初八日回南進口
第三十號崇字沈咸順三月初三日出吳淞口四月初四日到津八月十三日回南進口
第三十一號丹陽聶利涉二月二十日出吳淞口三月二十六日到津六月初一日回南進口
第三十二號丹陽陳福增二月二十八日出吳淞口三月二十九日到津八月初十日回南進口
第三十三號上字周和順二月二十八日出吳淞口三月二十六日到津八月初九日回南進口
第三十四號太字劉隆泰二月二十日出吳淞口三月二十四日到津五月二十二日回南進口
復裴長洲縣糧米二次運津

第三十五號元字蔣德生二月二十八日出吳淞口四月初四日到津八月十二日回南進口
第三十六號昭字王福增二月二十三日出吳淞口三月二十四日到津五月二十二日回南進口
第三十七號通字季增順二月二十三日出吳淞口三月十七日到津六月初八日回南進口
第三十八號元字陳元昌二月十八日出吳淞口三月二十六日到津六月初七日回南進口
第三十九號元字何恒茂三月初三日出吳淞口四月初四日到津八月初八日回南進口
第四十號元字何長增二月二十八日出吳淞口三月二十八日到津六月十九日回南進口
第四十一號鎮海吳惠元三月初五日出吳淞口三月二十九日到津[redacted]
第四十二號鎮海盛福迎三月初三日出吳淞口三月二十一日到津[redacted]
第四十三號鎮海盧延亨三月初五日出吳淞口三月二十九日到津[redacted]
第四十四號鎮海盧成泰三月初五日出吳淞口三月三十日到津[redacted]

第四十五號鄞字葛茂元三月初五日出吳淞口三月二十九日到津[redacted]

第四十六號鄞字盧益迎三月初五日出吳淞口三月二十九日到津[redacted]

第四十七號鄞字王源裕三月初五日出吳淞口三月二十七日到津六月初十日回南進口

第四十八號鄞字吳永元三月初五日出吳淞口三月二十日到津[redacted]

第四十九號通字姚元發四月十九日出吳淞口五月二十七日到津八月十一日回南進口

第五十號崇字張合順四月二十四日出吳淞口六月初七日到津八月十五日回南進口

第五十一號太字張永源六月初二日出吳淞口六月十六日到津八月初九日回南進口

會裝吳江縣糧米初次運津

第五十二號寶字黃福順六月初九日出吳淞口七月十二日到津九月二十二日回南進口

會裝常熟縣糧米初次運津

第五十三號上字陸長源六月初八日出吳淞口六月二十六日到津八月二十八日回南進口

會裝昭文縣糧米初次運津

第五十四號通字彭玉發六月初八日出吳淞口六月二十七日到津八月初七日回南進口

會裝婁縣糧米初次運津

第五十五號元字胡長發六月初三日出吳淞口七月初八日到津九月十九日回南進口

會裝陽湖縣糧米初次運津

第五十六號通字崔壽春六月初八日出吳淞口七月初七日到津八月二十八日回南進口

會裝武進縣糧米初次運津

第五十七號通字尹同春六月初八日出吳淞口七月二十二日到津九月十四日回南進口

會裝金壇縣糧米初次運津

第五十八號上字王增利六月初五日出吳淞口六月十六日到津八月初十日回南進口

會裝奉賢縣糧米初次運津

第五十九號元字孫紹泰六月初八日出吳淞口七月初十日到津九月十八日回南進口

會裝昭文縣糧米初次運津

第六十號通字崔年發六月初五日出吳淞口六月十九日到津八月十二日回南進口

會裝武進縣糧米初次運津

第六十一號元字孫恒大六月初七日出吳淞口六月二十二日到津八月十二日回南進口

會裝長洲縣糧米初次運津

第六十二號通字高湧祥六月初六日出吳淞口七月初七日到津九月十九日回南進口

會裝長洲縣糧米初次運津

第六十三號崇字龔合順六月初八日出吳淞口七月十四日到津九月二十四日回南進口

會裝吳江縣糧米初次運津

第六十四號崇字吳源發六月初九日出吳淞口七月十四日到津九月初五日回南進口

會裝常熟縣糧米初次運津

第六十五號崇字周長泰六月初九日出吳淞口七月十四日到津八月二十九日回南進口

會裝常熟縣糧米初次運津

第六十六號太字蕭長泰六月初八日出吳淞口七月初八日到津九月十九日回南進口

會裝吳江縣糧米初次運津

第六十七號太字屠榮泰六月初八日出吳淞口七月初三日到津八月十六日回南進口

會裝元和縣糧米初次運津

第六十八號通字彭永安六月初八日出吳淞口七月二十二日到津九月二十六日回南進口

曾裝丹陽縣糧米初次運津

第六十九號通字楊湧利六月初八日出吳淞口七月十一日到津九月二十二日回南進口

曾裝吳江縣糧米初次運津

第七十號寶字馬協盛六月初八日出吳淞口七月十一日到津九月初九日回南進口

曾裝南匯縣糧米初次運津

第七十一號寶字黃長發六月初八日出吳淞口七月十一日到津九月初二日回南進口

曾裝華亭縣糧米初次運津

第七十二號太字謝德泰六月初九日出吳淞口七月十五日到津九月二十七日回南進口

曾裝溧陽縣糧米初次運津

第七十三號通字彭德錢六月初九日出吳淞口七月十六日到津九月十九日回南進口

曾裝宜興縣糧米初次運津

第七十四號崇字丁祥茂六月初八日出吳淞口七月十五日到津九月二十五日回南進口

曾裝武進縣糧米初次運津

第七十五號海州字顧合興六月初八日出吳淞口七月十四日到津九月十九日回南進口

曾裝武進縣糧米初次運津

新陽縣

派裝白糧船二隻

第一號通字崔咸春二月二十日出吳淞口三月二十七日到津七月初三日回南進口

第二號元字蔣肇生三月初五日出吳淞口四月初五日到津八月十二日回南進口

華亭縣

派裝漕糧船三十八隻

第一號元字裴永順二月二十三日出吳淞口四月初五日到津六月三十日回南進口

第二號太字龔協利二月十八日出吳淞口四月初三日到津六月初七日回南進口

第三號元字龔長泰二月十五日出吳淞口三月初九日到津五月十七日回南進口

復裝婁縣糧米二次運津

第四號通字彭全春二月十八日出吳淞口三月十四日到津五月十五日回南進口

復裝元和縣糧米二次運津

第五號元字季福增二月二十三日出吳淞口四月初七日到津八月十一日回南進口

第六號崇字張翕泰二月二十八日出吳淞口四月初四日到津六月二十日回南進口

第七號通字郁隆茂二月二十日出吳淞口四月十七日到津八月十二日回南進口

第八號寶字黃長發二月二十五日出吳淞口三月二十日到津五月十九日回南進口

復裝新陽縣糧米二次運津

第九號崇字王涉利二月十八日出吳淞口三月二十八日到津八月十三日回南進口

第十號通字郁隆增二月二十日出吳淞口三月二十六日到津六月十五日回南進口

第十一號太字徐隆泰二月二十三日出吳淞口四月初四日到津七月初三日回南進口

第十二號海州武同發二月二十三日出吳淞口三月二十四日到津七月二十一日回南進口

第十三號崇字王和盛二月二十日出吳淞口四月初一日到津八月十七日回南進口

第十四號寶字張德盛二月二十五日出吳淞口三月二十六日到津八月初九日回南進口

第十五號鎮海盛德順二月二十八日出吳淞口三月二十四日到津六月初六日回南進口

第十六號鎮海盛泰成三月初五日出吳淞口三月二十一日到津八月二十三日回南進口

第十七號鎮海盛慶豐二月二十八日出吳淞口三月二十八日到津[redacted]

第十八號鎮海盛永盛三月初三日出吳淞口三月三十日到津[redacted]

第十九號鎮海盧榮發三月初三日出吳淞口三月二十一日到津八月二十日回南進口

第二十號鎮海盛裕生三月二十日出吳淞口四月十五日到津[redacted]

第二十一號寶字張長泰三月二十日出吳淞口四月初七日到津六月初六日回南進口

第二十二號通字彭際隆四月二十四日出吳淞口五月二十九日到津九月初六日回南進口

第二十三號寶字張長利四月初三日出吳淞口五月初三日到津八月初六日回南進口

第二十四號崇字倪合發四月初七日出吳淞口五月二十三日到津八月十二日回南進口

第二十五號上字周隆順四月十九日出吳淞口四月二十九日到津七月初三日回南進口

曾裝宜興縣糧米初次運津

第二十六號元字華永茂四月二十七日出吳淞口五月二十七日到津九月初六日回南進口

第二十七號崑字蕭和春六月初八日出吳淞口七月初九日到津九月二十二日回南進口

第二十八號通字李合隆五月二十六日出吳淞口七月初八日到津九月十四日回南進口

曾裝崑山縣糧米初次運津

第二十九號崑字陳全增六月初七日出吳淞口七月初八日到津九月二十四日回南進口

第三十號崑字周源泰六月初九日出吳淞口七月二十一日到津九月十七日回南進口

曾裝奉賢縣糧米初次運津

第三十一號通字季延駿六月初八日出吳淞口七月初八日到津九月初六日回南進口

曾裝荆溪縣糧米初次運津

第三十二號元字張長裕六月初八日出吳淞口七月初十日到津九月十九日回南進口

曾裝元和縣糧米初次運津

第三十三號崇字陳永和六月初八日出吳淞口七月十六日到津九月十六日回南進口

曾裝長洲縣糧米初次運津

第三十四號太字彭合茂六月初八日出吳淞口七月十二日到津九月十九日回南進口

曾裝吳縣糧米初次運津

第三十五號海門王信茂六月初六日出吳淞口七月十五日到津十月初一日回南進口

曾裝昭文縣糧米初次運津

第三十六號通字彭元昌六月初九日出吳淞口七月十五日到津九月十八日回南進口

曾裝崑山縣糧米初次運津

第三十七號崇字周德昌六月初九日出吳淞口七月十六日到津八月二十九日回南進口

曾裝溧陽縣糧米初次運津

第三十八號寶字殷德盛六月初九日出吳淞口七月十八日到津九月二十六日回南進口

曾裝荆溪縣糧米初次運津

華亭縣

派裝白糧船三隻

第一號元字朱義昇三月初三日出吳淞口四月初四日到津八月十二日回南進口

第二號元字劉同泰二月二十八日出吳淞口三月二十九日到津六月初八日回南進口

第三號崇字胡合源三月初三日出吳淞口三月二十九日到津八月初八日回南進口

華亭縣

加裝各縣漕糧船四隻內

吳江縣船加裝二隻

震澤縣船加裝一隻

金山縣船加裝一隻

加裝各縣白糧船二隻內

南滙縣船加裝一隻

川沙廳船加裝一隻

奉賢縣

派裝漕糧船四十二隻

第一號通字彭彩泰　二月二十三日出吳淞口三月二十日到津六月初六日回南進口

第二號通字彭又晉　二月二十三日出吳淞口四月初二日到津七月二十六日回南進口

第三號通字周源泰　二月二十日出吳淞口三月二十日到津六月初二日回南進口

復裝華亭縣糧米二次運津

第四號崇字沈合順　三月初三日出吳淞口四月初四日到津十月十一日回南進口

第五號海門顧萬順　二月二十三日出吳淞口三月二十九日到津六月十一日回南進口

第六號贛字季勝利　二月二十日出吳淞口三月二十六日到津六月初六日回南進口

第七號元字龔長發　二月二十日出吳淞口三月二十七日到津五月十九日回南進口

復裝震澤縣糧米二次運津

第八號上字王增利　二月十七日出吳淞口三月十二日到津五月初三日回南進口

復裝新陽縣糧米二次運津

第九號通字彭全利　二月十八日出吳淞口三月二十四日到津六月初六日回南進口

第十號崑字陳咸泰　二月十五日出吳淞口三月二十九日到津八月初八日回南進口

第十一號丹陽陳國泰　二月二十日出吳淞口三月二十四日到津五月二十一日回南進口

第十二號通字彭永裕　二月二十三日出吳淞口三月二十六日到津六月十六日回南進口

第十三號崇字施恒茂　二月二十八日出吳淞口三月二十八日到津八月十二日回南進口

第十四號通字江振順　二月二十日出吳淞口三月二十日到津六月初八日回南進口

第十五號通字顧駿順　二月十五日出吳淞口三月十五日到津五月二十五日回南進口

第十六號崇字陳福利二月二十八日出吳淞口三月二十六日到津[redacted]

第十七號崇字陸源昌二月十八日出吳淞口三月二十九日到津八月初一日回南進口

第十八號通字彭永凝二月二十日出吳淞口三月二十六日到津六月初八日回南進口

第十九號鎮海費元翔三月初五日出吳淞口三月二十九日到津[redacted]

第二十號鎮海盛福順三月初五日出吳淞口三月三十日到津六月初三日回南進口

第二十一號鎮海王源昌三月初三日出吳淞口三月二十一日到津八月二十五日回南進口

第二十二號鄞字葛榮成三月初五日出吳淞口三月二十日到津[redacted]

第二十三號崇字王雙鳳三月二十五日出吳淞口五月初四日到津八月二十五日回南進口

第二十四號贛字閻恒泰五月初四日出吳淞口七月十二日到津十月初三日回南進口

第二十五號崇字周德興四月二十九日出吳淞口五月二十四日到津八月十一日回南進口

第二十六號崇字陳合隆四月十一日出吳淞口五月二十六日到津八月十一日回南進口

第二十七號通字黃永利四月二十四日出吳淞口六月初六日到津八月初十日回南進口

第二十八號崇字龔長順四月二十四日出吳淞口五月二十六日到津八月十二日回南進口

第二十九號崑字徐長盛五月十二日出吳淞口六月初八日到津八月十一日回南進口

第三十號海州武和順四月二十七日出吳淞口五月二十七日到津八月初四日回南進口

第三十一號上字彭恒隆四月二十七日出吳淞口五月十八日到津七月二十二日回南進口

曾裝荊溪縣糧米初次運津

第三十二號寶字馬德盛五月十六日出吳淞口五月二十二日到津八月初十日回南進口

曾裝常熟縣糧米初次運津

第三十三號崑字陸錦泰五月二十二日出吳淞口六月十一日到津八月二十一日回南進口

第三十四號商字邢仁壽五月二十六日出吳淞口六月初八日到津[redacted]

第三十五號贛字胡大來五月十九日出吳淞口六月初四日到津八月初九日回南進口

曾裝溧陽縣糧米初次運津

第三十六號寶字張源興五月二十九日出吳淞口六月十二日到津八月初十日回南進口

曾裝南滙縣糧米初次運津

第三十七號海門周德源六月初八日出吳淞口七月十五日到津九月十九日回南進口

曾裝吳江縣糧米初次運津

第三十八號崇字陳長春六月初八日出吳淞口七月十六日到津九月初一日回南進口

曾裝武進縣糧米初次運津

第三十九號通字陸合興六月初九日出吳淞口七月十八日到津九月十九日回南進口

曾裝崑山縣糧米初次運津

第四十號元字蔣長泰六月初八日出吳淞口七月十六日到津九月十五日回南進口

曾裝吳江縣糧米初次運津

第四十一號崇字呂合泰六月初八日出吳淞口七月十一日到津九月十七日回南進口

曾裝金匱縣糧米初次運津

第四十二號上字楊元盛六月初九日出吳淞口七月十二日到津九月十六日回南進口

曾裝陽湖縣糧米初次運津

奉賢縣

派裝白糧船一隻

第一號元字何長春三月十六日出吳淞口四月初四日到津八月十八日回南進口

奉賢縣

加裝漕糧船

南滙縣船加裝一隻

加裝各縣白糧船十五隻內

長洲縣船加裝二隻

元和縣船加裝二隻

吳　縣船加裝二隻

吳江縣船加裝二隻

常熟縣船加裝三隻

新陽縣船加裝一隻

金山縣船加裝一隻

太倉州船加裝一隻

鎮洋縣船加裝一隻

婁縣

派裝漕糧船四十一隻

第一號通字包景祥二月十五日出吳淞口三月十四日到津五月二十一日回南進口

復裝婁縣糧米二次運津

第二號通字崔隆春二月二十日出吳淞口三月二十七日到津六月二十三日回南進口

第三號崇字吳恒順二月十八日出吳淞口三月三十日到津八月十三日回南進口

第四號上字蔣恒德二月二十三日出吳淞口四月初七日到津八月十八日回南進口

第五號通字彭恒祥二月二十三日出吳淞口三月十五日到津五月十九日回南進口

復裝崑山縣糧米二次運津

第六號通字楊合順二月二十日出吳淞口三月二十日到津八月初八日回南進口

第七號崑字陸錦吉二月二十八日出吳淞口三月二十九日到津八月十一日回南進口

第八號上字沈恒源三月初三日出吳淞口三月二十八日到津六月初七日回南進口

第九號通字彭玉發二月二十日出吳淞口三月十五日到津五月初六日回南進口

復裝新陽縣糧米二次運津

第十號贛字萬長順二月二十日出吳淞口三月二十八日到津七月初五日回南進口

第十一號贛字徐增利二月二十日出吳淞口三月十四日到津五月二十一日回南進口

第十二號太字袁福增三月初三日出吳淞口三月二十九日到津八月二十三日回南進口

第十三號寶字陳森盛三月初十日出吳淞口四月初四日到津六月十二日回南進口

第十四號通字彭洪興二月二十八日出吳淞口四月初五日到津六月二十日回南進口

第十五號寶字張宏裕二月二十八日出吳淞口三月二十四日到津六月初六日回南進口

第十六號鄞字葛興泰三月初五日出吳淞口三月二十一日到津八月十八日回南進口

第十七號鄞字盧延康三月初五日出吳淞口三月二十四日到津五月二十五日回南進口

第十八號鎮海盛德雍三月十三日出吳淞口四月初五日到津六月初八日回南進口

第十九號鎮海盛德臨三月初十日出吳淞口四月初五日到津八月初七日回南進口

第二十號鄞字葛榮元三月十三日出吳淞口四月十一日到津[redacted]

第二十一號通字彭隆聚四月初七日出吳淞口五月初四日到津八月十二日回南進口

第二十二號元字孫隆昌五月初四日出吳淞口六月初二日到津八月初六日回南進口

第二十三號海門戴源順四月二十七日出吳淞口五月二十六日到津八月初十日回南進

第二十四號崇字龔永隆六月初三日出吳淞口七月十六日到津九月二十六日回南進口

曾裝溧陽縣糧米初次運津

第二十五號元字莊三益六月初八日出吳淞口七月二十三日到津十月初二日回南進口

曾裝陽湖縣糧米初次運津

第二十六號通字顧延順六月初七日出吳淞口七月初八日到津[redacted]

曾裝丹陽縣糧米初次運津

第二十七號寶字徐長順六月初七日出吳淞口七月初八日到津[redacted]

曾裝金壇縣糧米初次運津

第二十八號通字顧延利六月初五日出吳淞口六月二十七日到津八月十一日回南進口

曾裝南匯縣糧米初次運津

第二十九號通字季福康六月初九日出吳淞口七月十一日到津九月初七日回南進口

曾裝荆溪縣糧米初次運津

第三十號崇字陳協慶六月初八日出吳淞口七月十六日到津九月初十日回南進口

會裝長洲縣糧米初次運津

第三十一號寶字沈元泰六月初九日出吳淞口七月十一日到津[redacted]

會裝元和縣糧米初次運津

第三十二號通字彭　泰六月初八日出吳淞口七月十五日到津[redacted]

會裝丹陽縣糧米初次運津

第三十三號吳江薛元發六月初九日出吳淞口七月初十日到津[redacted]

會裝荊溪縣糧米初次運津

第三十四號通字包景祥六月初八日出吳淞口七月初四日到津[redacted]

會裝婁縣糧米初次運津

第三十五號贛字程順泰六月初八日出吳淞口六月二十八日到津八月二十八日回南進口

會裝武進縣糧米初次運津

第三十六號通字彭增福六月初八日出吳淞口七月初八日到津[redacted]

第三十七號元字楊元利六月初九日出吳淞口七月十五日到津[redacted]

會裝震澤縣糧米初次運津

第三十八號通字錢長康六月初八日出吳淞口七月十四日到津[redacted]

第三十九號元字龔長泰六月初八日出吳淞口七月十一日到津九月初二日回南進口

會裝華亭縣糧米初次運津

第四十號鎮洋季福盛六月初九日出吳淞口七月初八日到津[redacted]

會裝溧陽縣糧米初次運津

第四十一號寶字殷隆發六月初九日出吳淞口七月二十七日到津九月二十六日回南進口

會裝青浦縣糧米初次運津

婁縣

加裝各縣漕糧船七隻內

元和縣船加裝一隻

吳　縣船加裝一隻

吳江縣船加裝一隻

華亭縣船加裝一隻

金山縣船加裝三隻

加裝各縣白糧船十九隻內

長洲縣船加裝一隻

元和縣船加裝一隻

昭文縣船加裝一隻

華亭縣船加裝一隻

青浦縣船加裝三隻

武進縣船加裝一隻

陽湖縣船加裝二隻

無錫縣船加裝三隻

江陰縣船加裝二隻

宜興縣船加裝三隻

荊溪縣船加裝一隻

金山縣

派裝漕糧船四十一隻

第一號海州顧同裕二月二十三日出吳淞口四月初四日到津七月二十二日回南進口

第二號崇字陳協和二月二十三日出吳淞口三月二十九日到津八月初一日回南進口

第三號元字袁合發三月初三日出吳淞口四月初六日到津八月初八日回南進口

第四號元字孫隆源三月初三日出吳淞口三月二十六日到津八月初八日回南進口

第五號海門陸長泰二月二十八日出吳淞口四月初四日到津八月初九日回南進口

第六號通字張隆順二月二十三日出吳淞口三月十四日到津五月二十日回南進口

復裝震澤縣糧米二次運津

第七號崇字王合泰三月初三日出吳淞口四月初三日到津八月二十二日回南進口

第八號元字方復興三月初十日出吳淞口四月初三日到津八月二十日回南進口

第九號通字郁天順二月二十三日出吳淞口三月二十七日到津八月十三日回南進口

第十號海門陳怡泰三月初八日出吳淞口四月初四日到津八月十二日回南進口

第十一號通字彭永康三月初三日出吳淞口四月初五日到津六月初五日回南進口

第十二號海門黃信泰二月二十五日出吳淞口四月初六日到津七月初三日回南進口

第十三號通字彭洪彩二月二十八日出吳淞口三月二十日到津八月初一日回南進口

第十四號通字尹遂發二月二十三日出吳淞口三月二十九日到津六月二十四日回南進口

第十五號寶字孫德茂二月十八日出吳淞口三月十四日到津四月二十六日回南進口

復裝昭文縣糧米二次運津

第十六號通字錢長順三月初八日出吳淞口四月初四日到津八月初九日回南進口

第十七號通字彭延福　三月初十日出吳淞口四月初三日到津八月初三日回南進口

第十八號通字崔利春　三月初五日出吳淞口三月二十六日到津六月十一日回南進口

第十九號通字王發順　三月初五日出吳淞口三月二十九日到津七月二十二日回南進口

第二十號通字彭隆盛　三月初三日出吳淞口四月初四日到津七月二十一日回南進口

第二十一號通字陸合發　三月二十八日出吳淞口三月二十五日到津六月初五日回南進口

第二十二號崑字施永順　三月初五日出吳淞口四月初五日到津八月十一日回南進口

第二十三號元字方隆興　四月二十七日出吳淞口七月十四日到津十一月十六日回南進口

第二十四號崇字陸源昇　四月二十七日出吳淞口六月初四日到津八月十二日回南進口

第二十五號太字葛恒茂　五月二十六日出吳淞口六月初八日到津八月初十日回南進口

曾裝武進縣糧米初次運津

第二十六號上字楊元發　五月初四日出吳淞口五月二十六日到津八月初四日回南進口

曾裝川沙廳糧米初次運津

第二十七號寶字孫德隆　五月初七日出吳淞口五月二十三日到津八月初九日回南進口

曾裝南匯縣糧米初次運津

第二十八號寶字王永泰　六月初九日出吳淞口七月十六日到津九月二十五日回南進口

曾裝上海縣糧米初次運津

第二十九號上字沈德泰　六月初八日出吳淞口七月十一日到津九月二十二日回南進口

曾裝元和縣糧米初次運津

第三十號上字王永元　六月初八日出吳淞口七月十五日到津九月十六日回南進口

曾裝吳縣糧米初次運津

第三十一號鎮海盛德安　六月初八日出吳淞口七月十八日到津九月十七日回南進口

曾裝昭文縣糧米初次運津

第三十二號鎮海盛德慶　六月初八日出吳淞口七月二十二日到津十月十一日回南進口

曾裝昭文縣糧米初次運津

第三十三號元字黃元茂　六月初八日出吳淞口七月十六日到津九月十九日回南進口

曾裝溧陽縣糧米初次運津

第三十四號崇字周復隆　六月初九日出吳淞口七月二十一日到津九月十八日回南進口

曾裝吳江縣糧米初次運津

第三十五號元字蔣復泰　六月初九日出吳淞口七月十八日到津九月二十八日回南進口

曾裝江陰縣糧米初次運津

第三十六號太字姚長利　六月初八日出吳淞口七月十五日到津九月十八日回南進口

第三十七號鎮海盧延利　六月初八日出吳淞口七月二十二日到津[redacted]

曾裝武進縣糧米初次運津

第三十八號寶字王元昇　六月初八日出吳淞口七月十一日到津九月二十五日回南進口

第三十九號丹陽王松泰　六月初九日出吳淞口七月二十二日到津九月二十二日回南進口

曾裝陽湖縣糧米初次運津

第四十號通字尹洪慶　六月初九日出吳淞口七月十六日到津九月二十一日回南進口

曾裝新陽縣糧米初次運津

第四十一號太字汪萬泰　六月初八日出吳淞口七月初八日到津八月二十八日回南進口

曾裝吳江縣糧米初次運津

金山縣

派裝白糧船三隻

第一號通字郁恒興三月初五日出吳淞口四月初五日到津八月初八日回南進口

第二號元字劉興泰二月二十八日出吳淞口四月初二日到津八月初八日回南進口

第三號通字彭協和三月初八日出吳淞口三月三十日到津八月十一日回南進口

金山縣

加裝各縣漕糧船七隻內

元和縣船加裝一隻

吳江縣船加裝一隻

震澤縣船加裝一隻

新陽縣船加裝一隻

華亭縣船加裝一隻

婁　縣船加裝二隻

上海縣

派裝漕糧船二十三隻

第一號元字孫恒順　二月初十日出吳淞口三月十二日到津五月十六日回南進口

復裝長洲縣糧米一次運津

第二號寶字馬恒益　二月初十日出吳淞口三月十二日到津五月十一日回南進口

復裝震澤縣糧米一次運津

第三號寶字孫瑞昌　二月初十日出吳淞口三月十二日到津五月初一日回南進口

復裝常熟縣糧米一次運津

第四號元字孫恒泰　二月初十日出吳淞口三月十四日到津五月初六日回南進口

復裝吳縣糧米一次運津

第五號上字馬來盛　二月二十日出吳淞口三月十五日到津五月二十二日回南進口

第六號元字葛永利　二月二十日出吳淞口三月二十七日到津六月十四日回南進口

第七號上字沈長春　二月初三日出吳淞口三月初一日到津四月十三日回南進口

第八號上字沈恒春　正月二十九日出吳淞口三月初四日到津四月十六日回南進口

復裝昭文縣糧米一次運津

第九號上字孫永興　二月二十三日出吳淞口三月二十七日到津八月初九日回南進口

第十號寶字孫恒泰　二月二十日出吳淞口三月初九日到津五月初八日回南進口

第十一號寶字王永泰　二月初三日出吳淞口三月十二日到津五月二十二日回南進口

復裝金山縣糧米一次運津

第十二號上字王永春　正月三十日出吳淞口三月初九日到津五月初二日回南進口

復裝元和縣糧米一次運津

第十三號上字王永和　二月初三日出吳淞口三月十七日到津五月二十二日回南進口

第十四號上字王永源　二月初三日出吳淞口三月十八日到津五月十九日回南進口

第十五號元字孫長盛　二月初八日出吳淞口三月十二日到津五月二十三日回南進口

第十六號寶字孫福盛　正月二十九日出吳淞口四月十六日到津五月十七日回南進口

復裝震澤縣糧米一次運津

第十七號寶字周正順　二月二十三日出吳淞口三月二十七日到津八月初八日回南進口

第十八號鎮字張祥和　二月二十日出吳淞口三月二十三日到津六月十四日回南進口

第十九號元字陳泰寧　二月十七日出吳淞口三月二十九日到津六月十一日回南進口

第二十號崇字朱恒福　二月十五日出吳淞口四月初四日到津八月十三日回南進口

第二十一號通字錢長發　二月十五日出吳淞口三月十四日到津六月十一日回南進口

第二十二號海門蔡增泰　三月初六日出吳淞口三月十七日到津五月二十七日回南進口

第二十三號上字楊長茂　二月二十三日出吳淞口三月二十七日到津六月初五日回南進口

上海縣

派裝白糧船四隻

第一號元字孫恒昌二月二十三日出吳淞口三月十一日到津四月二十八日回南進口

復裝昭文縣糧米二次運津

第二號寶字孫大順三月初五日出吳淞口三月二十七日到津六月初六日回南進口

第三號元字孫德順二月二十日出吳淞口三月十四日到津五月初三日回南進口

復裝青浦縣糧米二次運津

第四號寶字馬恒盛二月二十日出吳淞口三月初十日到津四月二十五日回南進口

上海縣

加裝各縣漕船一百五十七隻內

長洲縣船加裝六隻

元和縣船加裝十二隻

吳　縣船加裝六隻

吳江縣船加裝七隻

震澤縣船加裝三隻

常熟縣船加裝十四隻

昭文縣船加裝七隻

崑山縣船加裝八隻

新陽縣船加裝五隻

武進縣船加裝八隻

陽湖縣船加裝九隻

無錫縣船加裝四隻

金匱縣船加裝四隻

江陰縣船加裝三隻

宜興縣船加裝一隻

荊溪縣船加裝五隻

丹陽縣船加裝六隻

金壇縣船加裝二十二隻

溧陽縣船加裝二十七隻

南滙縣

派裝漕糧船三十四隻

第一號上字王增泰二月十五日出吳淞口三月十四日到津六月初八日回南進口

第二號上字王增祿二月十五日出吳淞口三月二十六日到津八月初九日回南進口

第三號寶字孫德隆二月初十日出吳淞口三月初三日到津四月十三日回南進口

復裝金山縣糧米一次運津

第四號寶字黃元泰二月十八日出吳淞口三月十四日到津五月二十一日回南進口

第五號太字張德興二月二十三日出吳淞口三月二十六日到津六月十一日回南進口

第六號寶字黃和順二月十七日出吳淞口三月十四日到津六月初七日回南進口

第七號寶字張源興二月十一日出吳淞口三月十二日到津五月初八日回南進口

復裝奉賢縣糧米一次運津

第八號元字蕭同春三月二十日出吳淞口四月初三日到津六月二十四日回南進口

第九號元字楊爭順二月十八日出吳淞口三月二十六日到津六月初十日回南進口

第十號太字陳源發二月二十日出吳淞口三月十八日到津六月初五日回南進口

第十一號崇字呂洪泰二月二十日出吳淞口三月二十六日到津八月十二日回南進口

第十二號崇字蔡元泰二月二十三日出吳淞口四月初四日到津八月十三日回南進口

第十三號元字裴大興二月二十日出吳淞口三月十五日到津六月初四日回南進口

第十四號元字朱福順二月十七日出吳淞口三月二十六日到津八月十一日回南進口

第十五號寶字馬生盛二月十七日出吳淞口三月二十六日到津六月初六日回南進口

第十六號元字華永慶二月十一日出吳淞口三月十四日到津五月二十六日回南進口

復裝吳江縣糧米二次運津
第十七號上字葛新盛二月初十日出吳淞口三月初十日到津四月二十八日回南進口
第十八號寶字馬協盛二月十七日出吳淞口三月二十六日到津五月二十三日回南進口
復裝新陽縣糧米二次運津
第十九號太字沈德泰二月十五日出吳淞口三月初七日到津四月初九日回南進口
復裝常熟縣糧米二次運津
第二十號崇字施恒發二月二十八日出吳淞口四月初五日到津八月十二日回南進口
第二十一號通字彭長顯二月十五日出吳淞口三月十二日到津六月初六日回南進口
第二十二號通字顧延利二月十五日出吳淞口三月初四日到津五月十二日回南進口
復裝婁縣糧米二次運津
第二十三號崇字顧元隆三月初十日出吳淞口三月三十日到津六月十六日回南進口
第二十四號崇字周長順二月十一日出吳淞口三月二十六日到津六月十一日回南進口
第二十五號元字陳協增二月二十日出吳淞口三月二十九日到津六月初六日回南進口
第二十六號太字季元發二月二十日出吳淞口三月二十九日到津八月初七日回南進口
第二十七號通字彭遐康三月十六日出吳淞口四月初四日到津六月十一日回南進口
第二十八號崇字施合泰三月二十五日出吳淞口五月初四日到津七月二十五日回南進口
第二十九號太字宓增泰三月二十五日出吳淞口四月十四日到津六月十二日回南進口
第三十號崇字沈長福四月二十四日出吳淞口六月初一日到津八月十二日回南進口
第三十一號崇字呂永盛四月初七日出吳淞口五月二十三日到津八月二十八日回南進口
第三十二號崇字朱泳增四月十九日出吳淞口五月十五日到津八月十一日回南進口

第三十三號崇字朱泳慶四月二十七日出吳淞口五月二十六日到津八月十二日回南進口
第三十四號崇字朱泳裕四月二十七日出吳淞口五月二十七日到津八月初九日回南進口

南滙縣

派裝白糧船四隻

第一號元字楊增茂二月二十日出吳淞口三月二十六日到津六月初六日回南進口

第二號元字婁元泰二月二十日出吳淞口三月十四日到津五月十九日回南進口

復裝震澤縣糧米二次運津

第三號太字蕭榮春二月二十三日出吳淞口三月二十六日到津六月初七日回南進口

第四號上字蕭長春二月二十三日出吳淞口三月二十七日到津五月二十四日回南進口

南滙縣

加裝各縣漕船九十三隻內

長洲縣船加裝八隻

元和縣船加裝七隻

吳　縣船加裝九隻

吳江縣船加裝十一隻

震澤縣船加裝五隻

常熟縣船加裝十隻

昭文縣船加裝二隻

崑山縣船加裝十二隻

新陽縣船加裝五隻

華亭縣船加裝一隻

金山縣船加裝一隻

川沙廳船加裝一隻

武進縣船加裝六隻

陽湖縣船加裝二隻

無錫縣船加裝一隻

江陰縣船加裝一隻

宜興縣船加裝二隻

丹徒縣船加裝一隻

丹陽縣船加裝二隻
太倉州船加裝五隻
鎮洋縣船加裝一隻

青浦縣
派裝漕糧船五十七隻
第一號崇字周履增二月十五日出吳淞口三月二十六日到津六月十四日回南進口
第二號通字彭敘泰口二月二十三日出吳淞口三月十五日到津五月二十五日回南進
第三號贑字徐德順二月二十三日出吳淞口四月初三日到津八月十五日回南進口
第四號寶字張長泰口二月二十三日出吳淞口三月二十六日到津六月初六日回南進
第五號崇字陳永昌二月二十日出吳淞口三月二十九日到津八月十四日回南進口
第六號崇字周福增二月十七日出吳淞口三月二十六日到津八月初四日回南進口
第七號昭字張幅順二月十七日出吳淞口四月十七日到津五月十九日回南進口
復裝崑山縣糧米二次運津
第八號元字裴永利二月二十日出吳淞口三月三十日到津八月十二日回南進口
第九號鎮字張福源口二月二十日出吳淞口三月二十三日到津六月二十三日回南進
第十號元字張履增口二月十八日出吳淞口三月二十八日到津五月二十三日回南進
第十一號元字孫隆吉二月十五日出吳淞口四月十六日到津六月初五日回南進口
第十二號上字張德利二月初十日出吳淞口三月十二日到津五月二十一日回南進口
復裝鎮洋縣糧米二次運津
第十三號寶字殷隆發口二月二十三日出吳淞口三月十四日到津五月二十一日回南進
復裝婁縣糧米二次運津
第十四號丹陽王永泰二月二十日出吳淞口三月十二日到津[redacted]
第十五號寶字施錫泰二月二十日出吳淞口三月二十六日到津六月初六日回南進口

第十六號通字袁萬利　二月十五日出吳淞口三月初二日到津四月二十八日回南進口

復裝長洲縣糧米二次運津

第十七號崇字顧豐泰　二月十五日出吳淞口三月十四日到津六月初九日回南進口

第十八號元字蔣全泰　二月二十三日出吳淞口三月二十六日到津七月二十九日回南進口

第十九號元字孫榮昌　二月二十日出吳淞口三月二十七日到津六月初六日回南進口

第二十號元字吳恒昌　二月十八日出吳淞口三月十四日到津五月初二日回南進口

復裝吳江縣糧米二次運津

第二十一號崇字龔永慶　二月二十八日出吳淞口四月初三日到津七月十四日回南進口

第二十二號通字趙聚茂　三月初五日出吳淞口三月二十九日到津[redacted]

第二十三號崇字倪洪裕　二月二十日出吳淞口四月初四日到津八月初四日回南進口

第二十四號崇字顧來泰　二月十七日出吳淞口三月三十日到津八月十四日回南進口

第二十五號太字郁同利　三月初八日出吳淞口三月二十六日到津六月初五日回南進口

第二十六號無錫紀長發　二月十八日出吳淞口三月十四日到津四月二十八日回南進口

復裝長洲縣糧米二次運津

第二十七號贛字周景隆　二月二十八日出吳淞口三月二十六日到津六月初七日回南進口

第二十八號太字蔣和泰　二月十八日出吳淞口三月二十六日到津六月十三日回南進口

第二十九號太字張永安　二月二十日出吳淞口三月二十日到津五月二十日回南進口

復裝震澤縣糧米二次運津

第三十號崇字陳永發　二月十八日出吳淞口四月初三日到津八月十一日回南進口

第三十一號無錫徐長發　二月二十八日出吳淞口三月二十五日到津六月初五日回南進口

第三十二號丹陽陳恒利　二月二十八日出吳淞口三月二十九日到津八月初八日回南進口

第三十三號通字崔元利　三月初十日出吳淞口四月初三日到津八月初四日回南進口

第三十四號通字彭凝茂　三月十三日出吳淞口四月初二日到津八月初八日回南進口

第三十五號通字張合利　三月初三日出吳淞口四月初四日到津八月十三日回南進口

第三十六號元字諸元茂　三月二十日出吳淞口四月初六日到津八月十四日回南進口

第三十七號通字顧泳順　三月初五日出吳淞口三月二十九日到津七月初五日回南進口

第三十八號通字崔長春　三月初三日出吳淞口三月二十六日到津六月十九日回南進口

第三十九號通字錢長庚　三月初三日出吳淞口四月初一日到津七月二十九日回南進口

第四十號鎮海盛德森　三月二十五日出吳淞口四月十六日到津六月十六日回南進口

第四十一號海門戴鴻順　五月初七日出吳淞口六月初二日到津八月初六日回南進口

第四十二號崇字吳馭翔　四月二十七日出吳淞口六月初八日到津八月十四日回南進口

第四十三號元字徐福泰　四月十九日出吳淞口[redacted]

第四十四號元字黃復隆　五月十九日出吳淞口七月初七日到津九月初十日回南進口

第四十五號鎮海徐捷元　四月二十七日出吳淞口六月初八日到津九月十七日回南進口

第四十六號太字龔協盛　六月初八日出吳淞口七月十八日到津九月十七日回南進口

第四十七號太字周隆發　五月二十二日出吳淞口六月十一日到津八月初十日回南進口

曾裝震澤縣糧米初次運津

第四十八號元字孫德順　五月二十二日出吳淞口六月初七日到津八月初十日回南進口

曾裝上海縣糧米初次運津

第四十九號元字施萬興　五月二十二日出吳淞口六月十二日到津八月初三日回南進口

曾裝武進縣糧米初次運津

第五十號通字馬湧金 五月二十九日出吳淞口六月十二日到津八月十五日回南進口

第五十一號上字王慶泰 五月二十六日出吳淞口六月十一日到津八月十六日回南進口

曾裝元和縣糧米初次運津

第五十二號通字彭益盛 六月初八日出吳淞口七月初七日到津九月初八日回南進口

第五十三號崇字陳全泰 六月初八日出吳淞口七月十六日到津九月十四日回南進口

曾裝陽湖縣糧米初次運津

第五十四號元字王元祺 六月初七日出吳淞口六月十六日到津八月初九日回南進口

曾裝江陰縣糧米初次運津

第五十五號寶字張長和 六月初八日出吳淞口六月二十五日到津八月二十四日回南進口

曾裝江陰縣糧米初次運津

第五十六號無錫陳茂泰 六月初八日出吳淞口七月初八日到津八月二十六日回南進口

曾裝元和縣糧米初次運津

第五十七號崇字陳協茂 六月初八日出吳淞口七月十六日到津九月十七日回南進口

曾裝長洲縣糧米初次運津

青浦縣

派裝白糧船四隻

第一號元字顧合泰 二月十八日出吳淞口三月二十九日到津八月十六日回南進口

第二號崇字朱恒慶 三月初三日出吳淞口四月初五日到津八月初一日回南進口

第三號通字郁隆昌 二月二十八日出吳淞口三月二十九日到津八月初八日回南進口

第四號丹陽王義泰 二月二十八日出吳淞口三月二十七日到津六月十二日回南進口

青浦縣

加裝各縣漕船二隻內

常熟縣船加裝一隻

昭文縣船加裝一隻

川沙廳

派裝漕糧船四隻

第一號元字楊祿茂二月二十日出吳淞口三月十四日到津五月初九日回南進口

復裝長洲縣糧米一次運津

第二號元字楊福茂二月十八日出吳淞口三月二十日到津五月二十一日回南進口

復裝鎮洋縣糧米一次運津

第三號元字楊祥茂二月二十日出吳淞口三月二十六日到津六月初五日回南進口

第四號上字楊元發二月十五日出吳淞口三月初三日到津四月十四日回南進口

復裝金山縣糧米二次運津

川沙廳

派裝白糧船一隻

第一號元字楊德茂口二月二十三日出吳淞口三月二十四日到津六月初七日回南進

武進縣

派裝漕糧船四十二隻

第一號通字崔年發二月十五日出吳淞口三月初三日到津五月初六日回南進口

復裝新陽縣糧米二一次運津

第二號元字黃泰來二月初十日出吳淞口三月二十六日到津八月十二日回南進口

第三號元字施萬源口二月初十日出吳淞口三月二十三日到津五月二十三日回南進

第四號通字崔壽春二月十五日出吳淞口三月初一日到津五月初一日回南進口

復裝新陽縣糧米二一次運津

第五號通字周高發二月十五日出吳淞口三月初二日到津五月初四日回南進口

復裝崑山縣糧米二一次運津

第六號海門徐發泰二月十一日出吳淞口三月十四日到津五月十九日回南進口

復裝吳江縣糧米二一次運津

第七號元字施萬興二月初十日出吳淞口三月初四日到津五月初一日回南進口

復裝青浦縣糧米二一次運津

第八號元字王得盛二月初十日出吳淞口三月初九日到津四月二十九日回南進口

復裝常熟縣糧米二一次運津

第九號海州顧合興二月初十日出吳淞口三月初四日到津五月十八日回南進口

復裝新陽縣糧米二一次運津

第十號通字陶瑞隆二月十一日出吳淞口三月十二日到津五月十八日回南進口

復裝長洲縣糧米二一次運津

第十一號鎮字張祥順二月二十三日出吳淞口四月初四日到津[redacted]
第十二號元字汪德豐二月十五日出吳淞口三月二十六日到津六月十一日回南進口
第十三號元字孫隆興二月十五日出吳淞口三月二十六日到津六月初八日回南進口
第十四號海門黃長利二月十五日出吳淞口三月十四日到津五月二十六日回南進口
第十五號元字楊愈順二月十五日出吳淞口三月十四日到津六月十一日回南進口
第十六號元字汪裕泰二月十五日出吳淞口三月十四日到津五月二十三日回南進口
第十七號崇字蔣恒裕二月初六日出吳淞口三月十二日到津五月二十一日回南進口
第十八號崇字陳長春二月初六日出吳淞口三月十二日到津五月二十一日回南進口
復裝奉賢縣糧米二次運津
第十九號崇字陳咸泰二月初三日出吳淞口三月十二日到津五月二十二日回南進口

第二十號崇字王源興二月初六日出吳淞口三月十四日到津五月二十六日回南進口
復裝震澤縣糧米二次運津
第二十一號太字葛恒茂二月初十日出吳淞口三月初一日到津五月初二日回南進口
復裝金山縣糧米二次運津
第二十二號元字楊協順二月十五日出吳淞口三月二十九日到津八月十二日回南進口
第二十三號元字孫隆順二月十五日出吳淞口三月十五日到津五月二十一日回南進口
第二十四號崇字丁祥茂二月十一日出吳淞口三月初十日到津五月十九日回南進口
第二十五號鎮海盛德和三月初五日出吳淞口三月二十九日到津六月初六日回南進口
復裝新陽縣糧米二次運津
第二十六號鎮海盛福興三月初五日出吳淞口三月二十一日到津八月二十六日回南進口

第二十七號鎮海盧延利三月初五日出吳淞口三月二十四日到津五月二十三日回南進口
復裝金山縣糧米二次運津
第二十八號鎮海盧延泰三月初五日出吳淞口三月二十一日到津[redacted]
第二十九號鄞字費元增三月初五日出吳淞口三月十九日到津九月初八日回南進口
第三十號鎮海盛裕泰三月初三日出吳淞口三月二十七日到津五月二十六日回南進口
第三十一號鄞字費元生三月初五日出吳淞口三月二十八日到津[redacted]
第三十二號鄞字盛泰騤三月初五日出吳淞口三月二十九日到津六月初八日回南進口
第三十三號鎮字盛泰騋三月初五日出吳淞口三月二十八日到津六月二十日回南進口
第三十四號鄞字盧福康二月二十八日出吳淞口三月二十一日到津[redacted]
第三十五號元字孫洪順三月初十日出吳淞口四月初四日到津六月初六日回南進口

第三十六號通字尹同福三月二十九日出吳淞口五月初四日到津八月初十日回南進口
第三十七號元字陳景福三月初十日出吳淞口三月三十日到津六月初八日回南進口
第三十八號元字孫隆茂三月初八日出吳淞口四月初七日到津六月三十日回南進口
第三十九號海門吳長順三月十三日出吳淞口四月初五日到津八月初六日回南進口
第四十號通字季廣凝三月十六日出吳淞口四月初四日到津八月初五日回南進口
第四十一號海門吳合順三月初五日出吳淞口四月初六日到津八月初九日回南進口
第四十二號寶字黃福昌三月二十九日出吳淞口四月二十一日到津八月十一日回南進口

武進縣

派裝白糧船三隻

第一號上字程福春口 二月二十日出吳淞口三月二十七日到津七月二十七日回南進口

第二號贛字程順泰 二月十八日出吳淞口三月十四日到津五月二十日回南進口

復裝婁縣糧米一次運津

第三號海門沈同泰 二月二十日出吳淞口三月二十九日到津六月初九日回南進口

陽湖縣

派裝漕糧船四十四隻

第一號崇字陳全泰口 二月十一日出吳淞口三月二十一日到津五月二十二日回南進口

復裝青浦縣糧米一次運津

第二號海門施源利 二月初十日出吳淞口三月初九日到津四月二十八日回南進口

復裝常熟縣糧米一次運津

第三號海門施長裕 二月初十日出吳淞口三月十二日到津四月二十八日回南進口

復裝元和縣糧米一次運津

第四號海門施源興 二月初十日出吳淞口三月十二日到津四月二十六日回南進口

復裝昭文縣糧米一次運津

第五號海門施長增 二月初十日出吳淞口三月十四日到津四月二十六日回南進口

復裝昭文縣糧米一次運津

第六號海門施長利 二月初十日出吳淞口三月初九日到津四月二十七日回南進口

復裝太倉州糧米一次運津

第七號通字楊金盛口 二月二十三日出吳淞口三月二十九日到津八月十六日回南進口

第八號太字黃恒昌 二月初十日出吳淞口三月十四日到津五月二十三日回南進口

第九號元字莊三益 二月十一日出吳淞口三月十五日到津五月二十一日回南進口

復裝婁縣糧米一次運津

第十號元字殷德興 二月十二日出吳淞口三月二十三日到津六月初六日回南進口

第十一號崇字楊德茂 二月十一日出吳淞口三月初二日到津八月十二日回南進口

第十二號元字汪萬春二月十五日出吳淞口三月二十四日到津六月二十四日回南進口
第十三號元字汪萬新二月十五日出吳淞口三月十五日到津五月二十一日回南進口
第十四號崇字顧林泰二月十五日出吳淞口三月二十六日到津八月初四日回南進口
第十五號崇字周福興二月十五日出吳淞口三月十三日到津五月二十六日回南進口
第十六號崇字顧興泰二月十五日出吳淞口三月二十六日到津六月二十三日回南進口
第十七號太字鄭公盛二月初十日出吳淞口三月初九日到津六月十四日回南進口
第十八號元字胡長發二月十五日出吳淞口三月二十一日到津四月二十六日回南進口

復裝新陽縣糧米二次運津

第十九號常字褚恒泰二月初十日出吳淞口三月十四日到津五月十九日回南進口
第二十號常字褚恒興二月初十日出吳淞口三月十四日到津[redacted]

第二十一號丹陽戎興發二月初十日出吳淞口三月十四日到津六月初六日回南進口
第二十二號丹陽王松泰二月初十日出吳淞口三月十二日到津五月二十二日回南進口

復裝金山縣糧米二次運津

第二十三號丹陽王元泰二月初十日出吳淞口三月十一日到津五月二十二日回南進口
第二十四號丹陽王恒泰二月初十日出吳淞口三月十二日到津五月二十二日回南進口
第二十五號崑字胡長發二月十五日出吳淞口三月初十日到津四月二十七日回南進口
第二十六號鎮洋陳鶴年二月初十日出吳淞口三月十二日到津八月十一日回南進口
第二十七號上字楊元盛二月初三日出吳淞口三月十七日到津五月二十一日回南進口

復裝奉賢縣糧米二次運津

第二十八號鄞字盛協勝三月初三日出吳淞口三月二十九日到津六月十五日回南進口

第二十九號鄞字劉泰康三月初五日出吳淞口三月二十八日到津六月十三日回南進口
第三十號鄞字盛福雲三月初三日出吳淞口三月二十一日到津[redacted]
第三十一號鄞字盛和泰三月初三日出吳淞口三月三十日到津[redacted]
第三十二號鄞字費元泰三月初五日出吳淞口三月二十七日到津六月初七日回南進口
第三十三號鎮海盛德昌三月初五日出吳淞口三月二十七日到津[redacted]
第三十四號鎮海盛和興三月初三日出吳淞口三月二十四日到津[redacted]
第三十五號鎮海盧永齡三月初五日出吳淞口三月二十九日到津[redacted]
第三十六號鎮海盛慶祿三月初五日出吳淞口三月三十日到津[redacted]
第三十七號鄞字盧延齡三月初五日出吳淞口三月三十日到津[redacted]
第三十八號鄞字盛慶益三月初三日出吳淞口三月二十日到津[redacted]

第三十九號鄞字盛慶祥三月初八日出吳淞口四月初四日到津六月十九日回南進口
第四十號通字姚長茂三月初八日出吳淞口三月二十八日到津八月初一日回南進口
第四十一號海門施一龍三月初八日出吳淞口四月初五日到津七月二十八日回南進口
第四十二號元字蒯　來三月十六日出吳淞口三月二十九日到津七月二十三日回南進口
第四十三號通字彭合茂三月二十九日出吳淞口五月初四日到津八月十二日回南進口
第四十四號崇字周履慶三月初十日出吳淞口四月初十日到津六月十五日回南進口

陽湖縣

派裝白糧船三隻

第一號太字葛恒盛二月十八日出吳淞口三月十五日到津六月十二日回南進口

第二號元字龔長春二月二十日出吳淞口三月二十七日到津八月初七日回南進口

第三號崇字顧吉泰二月二十日出吳淞口三月二十七日到津八月初七日回南進口

陽湖縣

加裝漕船

無錫縣船加裝一隻

無錫縣

派裝漕糧船二十七隻

第一號崇字張源利　二月初六日出吳淞口三月十二日到津五月二十一日回南進口

第二號崇字蔣朱順　二月初十日出吳淞口三月二十日到津六月十九日回南進口

第三號崇字朱泳泰　二月初十日出吳淞口三月二十六日到津六月十七日回南進口

第四號崇字周復順　二月十一日出吳淞口三月十七日到津五月二十五日回南進口

第五號崇字周永慶　二月十五日出吳淞口三月十七日到津五月二十七日回南進口

第六號崇字周德慶　二月十一日出吳淞口三月十七日到津五月二十一日回南進口

第七號崇字胡合興　二月初六日出吳淞口三月初九日到津四月三十日回南進口

復裝鎮洋縣糧米二次運津

第八號崇字周永順　二月十一日出吳淞口三月二十六日到津六月十九日回南進口

第九號通字季彭駿　二月初十日出吳淞口三月十二日到津五月十六日回南進口

復裝元和縣糧米二次運津

第十號通字季振順　二月初九日出吳淞口三月十一日到津五月二十日回南進口

復裝吳江縣糧米二次運津

第十一號通字季翕隆　二月十五日出吳淞口三月二十九日到津八月初八日回南進口

第十二號通字季全茂　二月初十日出吳淞口三月初九日到津五月十一日回南進口

復裝震澤縣糧米二次運津

第十三號通字季鶴凝　二月初十日出吳淞口三月初九日到津五月初二日回南進口

復裝崑山縣糧米二次運津

第十四號通字彭齡珍　二月初十日出吳淞口三月初十日到津五月十六日回南進口

復裝元和縣糧米二次運津

第十五號鎮海字盛福坤　三月初五日出吳淞口三月二十九日到津[redacted]

第十六號鄞字盛瑞祥　三月初五日出吳淞口三月二十日到津[redacted]

第十七號鎮海字盧榮進　三月初五日出吳淞口三月二十七日到津[redacted]

第十八號鄞字葛榮馨　三月初五日出吳淞口三月二十日到津[redacted]

第十九號鄞字費元益　三月初五日出吳淞口三月二十九日到津六月初八日回南進口

第二十號鎮海字盛泰增　三月初五日出吳淞口三月二十四日到津[redacted]

第二十一號鄞字盛永豐　三月初三日出吳淞口三月二十七日到津六月初八日回南進口

第二十二號鄞字盛泰騮　三月初五日出吳淞口三月二十八日到津六月初六日回南進口

第二十三號鎮海字費元貞　三月初五日出吳淞口三月三十日到津六月十三日回南進口

第二十四號鄞字胡益泰　三月初八日出吳淞口三月三十日到津六月十九日回南進口

第二十五號太字顧洪泰　三月十六日出吳淞口四月初六日到津八月初九日回南進口

第二十六號寶字黃洪泰　三月初八日出吳淞口三月二十九日到津五月二十五日回南進口

復裝鎮洋縣糧米二次運津

第二十七號無錫字查恒興　三月十六日出吳淞口四月十三日到津七月初五日回南進口

無錫縣

派裝白糧船三隻

第一號崇字周福臨二月二十日出吳淞口四月初三日到津六月十三日回南進口

第二號崇字周益泰二月二十日出吳淞口三月二十六日到津五月二十六日回南進口

第三號崇字周信泰二月二十日出吳淞口三月二十六日到津六月十一日回南進口

金匱縣

派裝漕糧船二十八隻

第一號崇字周福慶二月十一日出吳淞口三月十一日到津五月十六日回南進口

復裝元和縣糧米二次運津

第二號通字彭益隆二月初十日出吳淞口三月初十日到津五月二十日回南進口

復裝元和縣糧米二次運津

第三號通字彭恒隆二月初十日出吳淞口三月初二日到津四月二十六日回南進口

復裝長洲縣糧米二次運津

第四號崇字呂福泰二月初六日出吳淞口三月初十日到津五月初十日回南進口

第五號崇字呂合泰二月初六日出吳淞口三月十四日到津五月二十一日回南進口

復裝奉賢縣糧米二次運津

第六號崇字蔡宏泰二月初六日出吳淞口三月十二日到津五月二十三日回南進口

第七號海門吳益泰二月十八日出吳淞口三月二十六日到津六月十三日回南進口

第八號海門吳勇順二月二十日出吳淞口三月二十六日到津六月初六日回南進口

第九號海門吳　泰二月二十日出吳淞口三月二十六日到津六月初六日回南進口

第十號海門吳合泰二月初六日出吳淞口三月初九日到津五月十九日回南進口

復裝震澤縣糧米二次運津

第十一號丹陽姚長泰二月初十日出吳淞口三月十二日到津五月十一日回南進口

復裝震澤縣糧米二次運津

第十二號元字蒯　茂二月十五日出吳淞口三月二十六日到津六月初七日回南進口

第十三號崇字顧咸泰 二月初三日出吳淞口三月十五日到津八月初一日回南進口

第十四號通字彭恒興 二月十五日出吳淞口三月十五日到津五月二十七日回南進口

第十五號通字包景泰 二月十五日出吳淞口三月十四日到津六月初五日回南進口

第十六號通字包景發 二月十八日出吳淞口三月二十一日到津八月十二日回南進口

第十七號鎮海盛和慶 三月初五日出吳淞口三月三十日到津[redacted]

第十八號鎮海盛慶福 三月初五日出吳淞口三月三十日到津[redacted]

第十九號鄞字盛永泰 三月初三日出吳淞口三月二十四日到津[redacted]

第二十號鎮海盛泰駒 三月初三日出吳淞口三月二十七日到津[redacted]

第二十一號鎮海盛泰阜 三月初五日出吳淞口四月初五日到津[redacted]

第二十二號鎮海盧延勝 三月初五日出吳淞口三月二十八日到津[redacted]

第二十三號鎮海盛德泰 三月初五日出吳淞口三月二十日到津八月十七日回南進口

第二十四號鎮海王泰順 三月初五日出吳淞口三月二十七日到津[redacted]

第二十五號鄞字胡生泰 三月初五日出吳淞口三月二十一日到津五月十九日回南進口

第二十六號鎮海盛德勝 三月初五日出吳淞口三月三十日到津[redacted]

第二十七號鎮海盛德大 三月初五日出吳淞口三月二十九日到津[redacted]

第二十八號鎮海盛德興 三月初八日出吳淞口三月二十九日到津六月初八日回南進口

金匱縣

派裝白糧船三隻

第一號海門吳長泰 二月十七日出吳淞口三月十四日到津五月二十一日回南進口

復裝吳江縣糧米二次運津

第二號元字王長增 二月十五日出吳淞口三月十四日到津六月十七日回南進口

第三號海門陸源茂 二月二十五日出吳淞口四月初五日到津八月十三日回南進口

江陰縣

派裝漕糧船四十二隻

第一號通字姚德茂二月十一日出吳淞口三月二十四日到津八月初四日回南進口

第二號通字姚增泰二月十五日出吳淞口三月十七日到津八月初四日回南進口

第三號通字姚源茂二月初十日出吳淞口三月二十九日到津八月十一日回南進口

第四號通字姚源順二月初十日出吳淞口三月初三日到津五月十九日回南進口

復裝震澤縣糧米二次運津

第五號元字蔣元亨二月十五日出吳淞口三月二十九日到津八月十二日回南進口

第六號元字蔣恒生二月十五日出吳淞口三月十九日到津六月二十日回南進口

第七號元字蔣復泰二月十五日出吳淞口三月十二日到津五月二十一日回南進口

第八號元字蔣福康二月十九日出吳淞口三月十五日到津六月初六日回南進口

復裝金山縣糧米二次運津

第九號元字蔣元利二月十五日出吳淞口三月二十六日到津六月二十七日回南進口

第十號元字蔣大生二月十七日出吳淞口三月二十七日到津八月初八日回南進口

第十一號元字蔣寧泰二月十七日出吳淞口三月二十六日到津八月十三日回南進口

第十二號元字蔣榮泰二月十七日出吳淞口三月二十六日到津八月初九日回南進口

第十三號通字姚順泰二月十一日出吳淞口三月十四日到津五月十九日回南進口

復裝震澤縣糧米二次運津

第十四號通字姚利祥二月十五日出吳淞口三月初三日到津五月初三日回南進口

復裝震澤縣糧米二次運津

第十五號太字鄭公興二月初十日出吳淞口三月初十日到津五月初二日回南進口

復裝震澤縣糧米二次運津

第十六號太字周源隆二月初十日出吳淞口三月十四日到津五月二十日回南進口

復裝震澤縣糧米二次運津

第十七號元字蔣合盛正月二十七日出吳淞口三月初二日到津四月二十八日回南進口

復裝昭文縣糧米二次運津

第十八號元字蔣長盛二月初十日出吳淞口三月初十日到津五月初一日回南進口

復裝長洲縣糧米二次運津

第十九號元字蔣聚盛二月初十日出吳淞口三月初十日到津五月初一日回南進口

復裝長洲縣糧米二次運津

第二十號元字蔣源盛二月初十日出吳淞口三月十二日到津五月十九日回南進口

第二十一號通字錢長慶二月十五日出吳淞口三月二十七日到津六月二十日回南進口

第二十二號元字王元祺二月初六日出吳淞口三月十二日到津五月二十一日回南進口

第二十三號元字沈乾泰二月初十日出吳淞口三月二十日到津六月十七日回南進口

復裝青浦縣糧米二次運津

第二十四號通字包利增二月十七日出吳淞口三月十五日到津六月二十五日回南進口

第二十五號通字袁駿福二月十一日出吳淞口三月初二日到津五月初三日回南進口

復裝震澤縣糧米二次運津

第二十六號鎮海邵徵福三月初五日出吳淞口三月二十四日到津

第二十七號鎮海費元孚三月初五日出吳淞口三月十九日到津

第二十八號鎮海盧榮盛三月初五日出吳淞口三月二十四日到津[redacted]

第二十九號鎮海胡恒泰三月初三日出吳淞口三月二十七日到津[redacted]

第三十號鄞字盛泰生三月初五日出吳淞口三月二十九日到津八月初十日回南進口

第三十一號鎮海胡順泰三月初八日出吳淞口三月二十九日到津[redacted]

第三十二號鎮海盛協懋三月初五日出吳淞口三月三十日到津[redacted]

第三十三號鎮海盛裕順三月初三日出吳淞口三月二十九日到津[redacted]

第三十四號鎮海葛恒隆三月初八日出吳淞口三月三十日到津[redacted]

第三十五號鎮海葛恒興三月初八日出吳淞口四月初三日到津[redacted]

第三十六號鎮海盛瑞安三月初三日出吳淞口三月二十一日到津五月二十二日回南進口

復裝鎮洋縣糧米二次運津

第三十七號鄞字胡需泰三月初五日出吳淞口四月初二日到津六月十四日回南進口

第三十八號顏字蔣源隆三月十六日出吳淞口三月三十日到津六月十一日回南進口

第三十九號鄞字徐駿泰三月十六日出吳淞口四月初四日到津[redacted]

第四十號通字彭裕順三月十六日出吳淞口四月十九日到津八月十二日回南進口

第四十一號鎮洋周茂隆三月二十九日出吳淞口五月初五日到津八月十二日回南進口

第四十二號元字黃合隆三月二十日出吳淞口五月初四日到津八月十四日回南進口

江陰縣

派裝白糧船四隻

第一號通字丁祥順二月二十三日出吳淞口四月初四日到津八月初七日回南進口

第二號元字陳協興二月十七日出吳淞口三月二十日到津六月初六日回南進口

第三號通字包景昌二月二十日出吳淞口三月二十三日到津八月十七日回南進口

第四號寶字張長和二月十七日出吳淞口四月十六日到津五月二十二日回南進口

宜興縣

派裝漕糧船三十九隻

第一號上字張長茂二月初三日出吳淞口三月十四日到津五月二十三日回南進口

第二號上字張長慶二月初三日出吳淞口三月初九日到津四月二十六日回南進口

復裝昭文縣糧米二次運津

第三號上字張長義二月初六日出吳淞口三月十二日到津五月初八日回南進口

復裝長洲縣糧米二次運津

第四號上字葛長珍二月初六日出吳淞口三月初十日到津五月二十二日回南進口

復裝元和縣糧米二次運津

第五號太字黃洪興二月初四日出吳淞口三月十五日到津五月十九日回南進口

復裝鎮洋縣糧米二次運津

第六號元字華永泰二月初三日出吳淞口三月初四日到津五月初一日回南進口

復裝昭文縣糧米二次運津

第七號元字盛益隆二月初六日出吳淞口三月初九日到津五月十三日回南進口

復裝鎮洋縣糧米二次運津

第八號上字朱元順二月初六日出吳淞口三月十四日到津五月十九日回南進口

復裝崑山縣糧米二次運津

第九號通字彭德錢二月十七日出吳淞口三月十四日到津五月二十三日回南進口

復裝新陽縣糧米二次運津

第十號上字王永康正月三十日出吳淞口三月初二日到津四月十四日回南進口

復裝吳縣糧米二次運津

第十一號上字王永生二月初三日出吳淞口三月初二日到津四月二十七日回南進口

復裝常熟縣糧米二次運津

第十二號上字王信隆二月初三日出吳淞口三月初二日到津四月二十一日回南進口

復裝昭文縣糧米二次運津

第十三號上字王元吉二月初三日出吳淞口三月初三日到津四月二十六日回南進口

復裝太倉州糧米二次運津

第十四號上字周隆順二月初六日出吳淞口三月初二日到津四月初五日回南進口

復裝華亭縣糧米二次運津

第十五號上字王元泰二月初三日出吳淞口三月十二日到津五月二十二日回南進口

第十六號太字張永和二月初六日出吳淞口三月初一日到津四月二十六日回南進口

復裝常熟縣糧米二次運津

第十七號元字沈德盛二月初三日出吳淞口三月初十日到津五月初七日回南進口

第十八號上字沈恒茂二月十一日出吳淞口三月初九日到津五月初二日回南進口

復裝震澤縣糧米二次運津

第十九號通字高恒順二月十五日出吳淞口三月十四日到津五月十九日回南進口

第二十號寶字張元利二月十六日出吳淞口三月二十七日到津六月初七日回南進口

第二十一號寶字沈元發二月初十日出吳淞口三月初九日到津五月十三日回南進口

第二十二號元字于合盛二月十七日出吳淞口三月十四日到津六月初六日回南進口

第二十三號元字談萬茂二月初十日出吳淞口三月初十日到津五月初一日回南進口

復裝崑山縣糧米二次運津

第二十四號贛字蔣源盛二月初十日出吳淞口三月十二日到津五月十九日回南進口

第二十五號鎮海費元利三月初五日出吳淞口三月十九日到津[redacted]

第二十六號鎮海盛福泩三月初五日出吳淞口三月三十日到津六月初八日回南進口

第二十七號鄞字盛福源三月初三日出吳淞口三月二十一日到津[redacted]

第二十八號鄞字盧延慶三月初九日出吳淞口三月二十八日到津六月初十日回南進口

第二十九號鎮海費元亨三月初五日出吳淞口三月十九日到津[redacted]

第三十號鄞字盛阜安三月初五日出吳淞口三月二十八日到津[redacted]

第三十一號鎮海費元大三月初五日出吳淞口三月三十日到津六月初八日回南進口

第三十二號鄞字盛瑞珍三月初五日出吳淞口三月二十一日到津六月初五日回南進口

第三十三號鎮海盛瑞慶三月初五日出吳淞口三月三十日到津[redacted]

第三十四號寶字黃福茂口四月初七日出吳淞口四月二十九日到津八月二十一日回南進

第三十五號通字彭駿順口三月二十九日出吳淞口四月二十八日到津八月十二日回南進

第三十六號通字彭發祥三月二十日出吳淞口四月初四日到津八月初七日回南進口

第三十七號寶字凌德茂三月十六日出吳淞口四月初三日到津八月十二日回南進口

第三十八號崇字趙朱泰三月二十日出吳淞口五月初四日到津八月十二日回南進口

第三十九號無錫邵源泰三月十六日出吳淞口四月初十日到津八月十二日回南進口

宜興縣

派裝白糧船三隻

第一號上字葛源珍口二月二十日出吳淞口三月二十六日到津五月二十六日回南進

第二號元字龔洪源二月二十三日出吳淞口三月十四日到津六月初六日回南進口

第三號上字葛源利口二月二十日出吳淞口三月二十六日到津五月二十三日回南進

復裝吳江縣糧米二次運津

荊溪縣

派裝漕糧船二十三隻

第一號通字季延福　二月十一日出吳淞口三月十五日到津六月初六日回南進口

第二號通字季翕康　二月十五日出吳淞口三月二十日到津六月初八日回南進口

第三號通字季延駿　二月初十日出吳淞口三月十二日到津五月十一日回南進口

復裝華亭縣糧米二次運津

第四號通字季增利　二月十一日出吳淞口三月初九日到津五月十四日回南進口

復裝元和縣糧米二次運津

第五號通字季福康　二月初十日出吳淞口三月十一日到津五月二十一日回南進口

復裝婁縣糧米二次運津

第六號寶字殷德盛　二月十五日出吳淞口三月十四日到津五月二十日回南進口

復裝華亭縣糧米二次運津

第七號贛字趙聯盛　二月初十日出吳淞口[illegible]

第八號上字徐德興　二月初三日出吳淞口三月初一日到津四月十三日回南進口

復裝常熟縣糧米二次運津

第九號上字徐德隆　二月初二日出吳淞口三月初二日到津四月十三日回南進口

復裝太倉州糧米二次運津

第十號上字徐德茂　二月初三日出吳淞口三月初三日到津四月十七日回南進口

復裝昭文縣糧米二次運津

第十一號上字彭恒隆　二月初八日出吳淞口三月初二日到津四月十五日回南進口

復裝奉賢縣糧米二次運津

第十二號元字徐德泰　二月初八日出吳淞口三月初三日到津五月初五日回南進口

復裝常熟縣糧米二次運津

第十三號吳江字薛元發　二月初十日出吳淞口三月二十六日到津五月二十一日回南進口

復裝婁縣糧米二次運津

第十四號鄞字盛福駿　三月初五日出吳淞口三月二十四日到津六月初一日回南進口

第十五號鎮海字盛慶茂　三月初五日出吳淞口三月二十七日到津六月十四日回南進口

第十六號鎮海姚利興　三月初五日出吳淞口三月三十日到津六月十二日回南進口

第十七號鄞字吳成元　三月初五日出吳淞口三月二十日到津[illegible]

第十八號鎮海盧榮鄮　三月初五日出吳淞口三月二十九日到津[illegible]

第十九號鎮海盛阜源　三月初五日出吳淞口三月三十日到津[illegible]

第二十號鎮海胡逢泰　三月初八日出吳淞口四月初三日到津[illegible]

第二十一號上字蒯發　三月二十日出吳淞口四月十五日到津八月十四日回南進口

第二十二號通字季綿福　三月二十日出吳淞口四月初四日到津八月十一日回南進口

第二十三號昭字王福順　三月二十日出吳淞口四月初十日到津八月十一日回南進口

荆溪縣

派裝白糧船二隻

第一號通字季延康 二月二十日出吳淞口三月十九日到津六月初八日回南進口

第二號寶字孫德盛 二月初十日出吳淞口三月初九日到津四月十五日回南進口

復裝吳江縣糧米二次運津

丹徒縣

派裝漕糧船十二隻

第一號通字彭凝發 二月十五日出吳淞口三月三十日到津八月十二日回南進口

第二號通字彭合懋 二月十五日出吳淞口三月十五日到津七月二十二日回南進口

第三號通字彭延發 二月十一日出吳淞口三月二十六日到津八月二十日回南進口

第四號通字彭和春 二月十一日出吳淞口三月二十四日到津六月初六日回南進口

第五號通字彭合泰 二月十五日出吳淞口三月十九日到津五月二十二日回南進口

第六號通字楊全順 二月十一日出吳淞口三月十四日到津五月二十一日回南進口

復裝元和縣糧米二次運津

第七號太字錢元森 二月十五日出吳淞口[illegible]

第八號通字彭隆增 二月十五日出吳淞口三月初十日到津五月十九日回南進口

復裝元和縣糧米二次運津

第九號通字彭增順 二月二十日出吳淞口三月十九日到津七月二十九日回南進口

第十號通字彭洪順 二月十六日出吳淞口三月初十日到津五月十九日回南進口

復裝震澤縣糧米二次運津

第十一號通字彭洪齡 二月十一日出吳淞口三月十二日到津五月二十五日回南進口

第十二號通字計大利 二月初十日出吳淞口三月初三日到津五月初三日回南進口

復裝長洲縣糧米二次運津

丹陽縣

派裝漕糧船二十九隻

第一號通字張元茂二月初十日出吳淞口三月初二日到津四月二十八日回南進口

復裝鎮洋縣糧米二次運津

第二號元字諸恒茂二月初十日出吳淞口三月初二日到津五月二十三日回南進口

第三號通字彭永安二月十五日出吳淞口三月十二日到津五月二十一日回南進口

復裝新陽縣糧米二次運津

第四號通字彭福聚二月十五日出吳淞口三月初十日到津五月二十三日回南進口

第五號通字彭福齡二月十五日出吳淞口三月十二日到津六月初八日回南進口

第六號通字彭　泰二月十七日出吳淞口三月十四日到津五月十三日回南進口

復裝婁縣糧米二次運津

第七號通字彭咸慶二月十八日出吳淞口三月二十六日到津七月二十八日回南進口

第八號通字彭巨隆二月初十日出吳淞口三月十四日到津五月二十日回南進口

第九號太字施長興二月初十日出吳淞口三月十一日到津五月初六日回南進口

復裝長洲縣糧米二次運津

第十號鎮洋王永昌二月初六日出吳淞口三月初一日到津五月初三日回南進口

復裝元和縣糧米二次運津

第十一號通字張元順二月初十日出吳淞口三月初一日到津四月二十六日回南進口

復裝昭文縣糧米二次運津

第十二號通字顧齡順二月十五日出吳淞口三月十二日到津五月二十二日回南進口

復裝鎮洋縣糧米二次運津

第十三號通字顧聚順二月十七日出吳淞口三月二十七日到津七月二十六日回南進口

第十四號通字顧正順二月十五日出吳淞口三月二十六日到津六月初六日回南進口

第十五號通字顧延順二月十五日出吳淞口三月初十日到津五月十三日回南進口

復裝婁縣糧米二次運津

第十六號通字顧延隆二月十五日出吳淞口三月初三日到津五月十九日回南進口

復裝元和縣糧米二次運津

第十七號通字姚延齡二月二十日出吳淞口三月十九日到津六月初六日回南進口

第十八號通字顧金順二月十五日出吳淞口三月二十六日到津八月初一日回南進口

第十九號通字顧洪順二月十五日出吳淞口三月二十四日到津六月十二日回南進口

第二十號通字張祿興二月十五日出吳淞口三月二十六日到津七月初七日回南進口

第二十一號上字張茂利二月二十日出吳淞口四月初七日到津八月十三日回南進口

第二十二號元字張幅泰二月十七日出吳淞口三月二十四日到津五月二十三日回南進口

第二十三號昭字張幅銀二月十七日出吳淞口三月二十六日到津五月二十二日回南進口

復裝昭文縣糧米二次運津

第二十四號通字姚恒泰三月初五日出吳淞口三月二十九日到津八月十二日回南進口

第二十五號元字寶順泰二月十五日出吳淞口三月二十六日到津六月十二日回南進口

第二十六號無錫徐茂發二月十七日出吳淞口四月初四日到津八月十四日回南進口

第二十七號無錫徐茂順二月十七日出吳淞口四月初十日到津八月十二日回南進口

第二十八號丹陽姚茂泰二月十八日出吳淞口三月二十六日到津六月初六日回南進口

第二十九號太字徐吉祥口二月二十三日出吳淞口三月二十六日到津八月十二日回南進口

金壇縣

派裝漕糧船四十九隻

第一號元字何福順二月十五日出吳淞口三月十七日到津五月二十三日回南進口

第二號上字何恒增二月二十三日出吳淞口四月初三日到津八月十三日回南進口

第三號通字包祥泰二月初十日出吳淞口三月十二日到津五月十九日回南進口

復裝吳江縣糧米一次運津

第四號丹陽陳福順二月十五日出吳淞口三月十四日到津五月初二日回南進口

復裝吳江縣糧米一次運津

第五號丹陽陳福昌二月十五日出吳淞口三月二十九日到津八月初九日回南進口

第六號崇字呂元順口正月二十六日出吳淞口三月十四日到津五月二十五日回南進口

第七號通字金永慶二月十五日出吳淞口三月十二日到津六月初六日回南進口

第八號通字金永和二月十五日出吳淞口三月十二日到津六月初五日回南進口

第九號東字唐廣利二月初十日出吳淞口三月十一日到津五月二十二日回南進口

第十號通字繆長利二月初十日出吳淞口三月十四日到津五月十八日回南進口

第十一號通字尹洪順二月十一日出吳淞口三月二十六日到津八月初五日回南進口

第十二號通字黃永亨二月初三日出吳淞口三月三十日到津八月十二日回南進口

第十三號通字徐大順二月十七日出吳淞口三月十七日到津五月十四日回南進口

第十四號崇字施恒春口正月二十三日出吳淞口三月二十日到津七月二十七日回南進口

復裝長洲縣糧米一次運津

第十五號寶字徐長順二月十一日出吳淞口三月十二日到津五月十三日回南進口

復裝婁縣糧米二次運津
第十六號寶字徐萬茂　二月十一日出吳淞口三月十二日到津五月二十三日回南進口
第十七號崇字郁翔盛　二月二十三日出吳淞口三月十四日到津五月初二日回南進口
復裝長洲縣糧米二次運津
第十八號崇字郁其順　二月二十三日出吳淞口三月初三日到津五月初五日回南進口
復裝吳江縣糧米二次運津
第十九號通字尹　發　二月十五日出吳淞口三月二十七日到津六月初六日回南進口
第二十號通字尹同春　二月十五日出吳淞口三月初四日到津五月初二日回南進口
復裝新陽縣糧米二次運津
第二十一號通字尹又發　二月十五日出吳淞口三月初十日到津五月初七日回南進口

復裝吳江縣糧米二次運津
第二十二號元字王永利　二月十一日出吳淞口三月十一日到津四月二十一日回南進口
復裝常熟縣糧米二次運津
第二十三號通字金永興　二月十一日出吳淞口三月十二日到津五月二十一日回南進口
復裝元和縣糧米二次運津
第二十四號贛字董裕泰　二月十五日出吳淞口三月十二日到津六月初七日回南進口
第二十五號贛字張萬盛　二月十五日出吳淞口三月十四日到津五月十九日回南進口
第二十六號贛字張萬增　二月十五日出吳淞口四月十六日到津五月二十日回南進口
第二十七號贛字程聯泰　二月初十日出吳淞口三月十二日到津六月初八日回南進口
第二十八號太字程長春　二月十二日出吳淞口三月初二日到津五月十六日回南進口

復裝長洲縣糧米二次運津
第二十九號太字程和春　二月初十日出吳淞口三月十一日到津五月二十二日回南進口
復裝吳江縣糧米二次運津
第三十號元字孫吉昌　二月十五日出吳淞口四月十六日到津六月初七日回南進口
第三十一號贛字徐增源　二月十五日出吳淞口三月十四日到津五月十三日回南進口
復裝元和縣糧米二次運津
第三十二號贛字徐源泰　二月十五日出吳淞口三月十二日到津五月二十三日回南進口
第三十三號通字彭景祥　二月十五日出吳淞口三月初三日到津五月初二日回南進口
復裝震澤縣糧米二次運津
第三十四號元字呂親泰　二月二十一日出吳淞口三月十七日到津六月十三日回南進口

第三十五號寶字張榮昌　二月十八日出吳淞口三月十五日到津五月二十四日回南進口
第三十六號寶字凌益茂　二月十一日出吳淞口三月初十日到津六月初七日回南進口
第三十七號元字孫德興　二月十五日出吳淞口三月二十六日到津六月初八日回南進口
第三十八號元字洪恒源　二月十五日出吳淞口三月十四日到津五月二十一日回南進口
復裝崑山縣糧米二次運津
第三十九號上字黃祥興　二月十一日出吳淞口三月二十三日到津六月初五日回南進口
第四十號贛字張德寧　二月初十日出吳淞口三月初三日到津四月二十六日回南進口
復裝崑山縣糧米二次運津
第四十一號贛字吳大隆　二月十八日出吳淞口三月十七日到津五月二十三日回南進口
第四十二號贛字程勝隆　二月二十日出吳淞口三月二十六日到津六月初六日回南進口

第四十三號額字陳福泰二月十八日出吳淞口三月十四日到津六月初五日回南進口

第四十四號額字汪德泰二月十八日出吳淞口三月三十日到津七月二十七日回南進口

第四十五號額字趙合發二月十一日出吳淞口三月二十日到津七月二十七日回南進口

第四十六號額字程同春二月十五日出吳淞口三月二十九日到津八月初八日回南進口

第四十七號海門沙益利二月初六日出吳淞口三月初二日到津四月初八日回南進口

復裝常熟縣糧米二次運津

第四十八號崇字沈長興二月十五日出吳淞口三月十五日到津五月二十二日回南進口

第四十九號崇字沈恒順二月十五日出吳淞口四月十六日到津五月二十五日回南進口

溧陽縣

派裝漕糧船五十三隻

第一號元字黃元茂二月初六日出吳淞口三月初九日到津五月二十三日回南進口

復裝金山縣糧米二次運津

第二號海門沙益慶正月二十七日出吳淞口三月初八日到津四月二十九日回南進口

復裝常熟縣糧米二次運津

第三號海門沙益亨正月二十六日出吳淞口三月初三日到津四月十五日回南進口

復裝吳縣糧米二次運津

第四號海門沙益祥正月二十七日出吳淞口三月初二日到津四月初八日回南進口

復裝昭文縣糧米二次運津

第五號海門周永順二月初十日出吳淞口三月十二日到津五月二十一日回南進口

第六號崇字龔永隆正月二十六日出吳淞口三月初二日到津五月初七日回南進口

復裝婁縣糧米二次運津

第七號崇字顧嘉泰正月二十六日出吳淞口三月初十日到津五月十四日回南進口

復裝長洲縣糧米二次運津

第八號元字洪德源二月十五日出吳淞口三月十二日到津五月十七日回南進口

復裝震澤縣糧米二次運津

第九號崇字張源盛二月初六日出吳淞口三月十一日到津五月十一日回南進口

復裝長洲縣糧米二次運津

第十號崇字施合泰二月十七日出吳淞口三月二十日到津七月二十五日回南進口

第十一號崇字陳德順　二月初三日出吳淞口三月初九日到津五月十八日回南進口

復裝吳江縣糧米二次運津

第十二號崇字周臨泰　正月二十四日出吳淞口三月初九日到津四月二十八日回南進口

復裝常熟縣糧米二次運津

第十三號崇字周長發　二月十五日出吳淞口三月二十三日到津六月十一日回南進口

第十四號崇字周德昌　二月初十日出吳淞口三月十四日到津五月二十二日回南進口

復裝華亭縣糧米二次運津

第十五號崇字顧履泰　正月二十六日出吳淞口三月十二日到津八月初一日回南進口

第十六號贛字陳隆泰　二月十五日出吳淞口三月十七日到津七月二十二日回南進口

第十七號元字程祿春　二月初十日出吳淞口三月十二日到津五月二十二日回南進口

第十八號元字劉萬祥　二月十五日出吳淞口三月二十七日到津六月十二日回南進口

復裝吳江縣糧米二次運津

第十九號元字談萬興　二月初六日出吳淞口三月十二日到津五月二十三日回南進口

第二十號元字劉萬隆　二月十五日出吳淞口三月十四日到津五月二十五日回南進口

第二十一號元字朱長順　二月十五日出吳淞口三月十七日到津六月初六日回南進口

第二十二號元字朱福茂　二月初十日出吳淞口三月十四日到津五月二十三日回南進口

第二十三號元字郭長興　二月初六日出吳淞口三月初十日到津四月二十六日回南進口

復裝常熟縣糧米二次運津

第二十四號元字郭洪興　二月初十日出吳淞口三月初九日到津四月二十五日回南進口

復裝常熟縣糧米二次運津

第二十五號贛字胡大來　二月初十日出吳淞口三月初三日到津五月初三日回南進口

復裝奉賢縣糧米二次運津

第二十六號崇字陸茂順　二月初十日出吳淞口三月十七日到津六月十七日回南進口

復裝吳江縣糧米二次運津

第二十七號鎮字黃福源　正月二十七日出吳淞口三月初十日到津五月初二日回南進口

第二十八號贛字張咸利　二月初十日出吳淞口三月十二日到津五月二十一日回南進口

復裝鎮洋縣糧米二次運津

第二十九號贛字蔣源增　二月初六日出吳淞口三月初一日到津四月二十七日回南進口

復裝吳縣糧米二次運津

第三十號贛字蔣懋隆　二月初十日出吳淞口三月初三日到津四月二十八日回南進口

第三十一號海州字趙福增　二月初十日出吳淞口三月初十日到津五月二十三日回南進口

復裝崑山縣糧米二次運津

第三十二號贛字佘立源　二月十一日出吳淞口三月十二日到津七月二十二日回南進口

第三十三號贛字程德泰　二月十一日出吳淞口三月初三日到津五月初二日回南進口

第三十四號贛字董臨泰　二月初十日出吳淞口三月初十日到津五月二十二日回南進口

復裝崑山縣糧米二次運津

第三十五號贛字董福泰　二月初六日出吳淞口四月十六日到津十月二十三日回南進口

第三十六號贛字王廣增　二月十七日出吳淞口四月初三日到津八月十二日回南進口

第三十七號海門字袁隆泰　二月十五日出吳淞口三月十二日到津五月二十三日回南進口

第三十八號通字朱福泰　二月十一日出吳淞口三月初九日到津五月二十日回南進口

第三十九號通字潘益順二月初十日出吳淞口三月十二日到津五月二十日回南進口
復裝吳江縣糧米二次運津

第四十號元字沈恒泰二月初十日出吳淞口三月十四日到津五月二十三日回南進口
第四十一號太字朱福寧二月十五日出吳淞口三月二十七日到津六月十五日回南進口
第四十二號太字謝德泰二月十一日出吳淞口三月初四日到津五月二十二日回南進口
復裝吳江縣糧米二次運津

第四十三號海州字張德隆二月十一日出吳淞口四月十六日到津六月初八日回南進口
復裝新陽縣糧米二次運津

第四十四號贛字彭福利二月初三日出吳淞口三月初十日到津四月二十六日回南進口
復裝崑山縣糧米二次運津

第四十五號贛字彭合隆二月十一日出吳淞口三月初四日到津四月二十三日回南進口
第四十六號太字謝德利二月十一日出吳淞口三月二十日到津五月二十五日回南進口
第四十七號通字崔恒春二月十五日出吳淞口三月初二日到津六月初五日回南進口
第四十八號通字崔茂春二月十七日出吳淞口三月十九日到津六月十六日回南進口
第四十九號通字彭元利二月初十日出吳淞口四月初四日到津六月十一日回南進口
第五十號鎮洋字季福盛二月初十日出吳淞口三月十一日到津五月二十二日回南進口
復裝婁縣糧米二次運津

第五十一號通字陶增茂二月十五日出吳淞口三月初二日到津五月二十二日回南進口
第五十二號通字崔聚春二月十五日出吳淞口三月十四日到津五月二十二日回南進口
復裝吳江縣糧米二次運津

第五十三號通字崔祥春二月十五日出吳淞口三月初十日到津五月十九日回南進口
復裝震澤縣糧米二次運津

太倉州

派裝漕糧船四十九隻

第一號上字何恒順三月初八日出吳淞口四月初三日到津五月二十四日回南進口

第二號上字王元順二月二十五日出吳淞口四月初三日到津六月初五日回南進口

第三號太字黃元駿二月二十八日出吳淞口三月二十九日到津八月十二日回南進口

第四號寶字劉元泰二月二十三日出吳淞口三月二十六日到津六月初五日回南進口

第五號通字黃永發三月初八日出吳淞口四月十六日到津八月十二日回南進口

第六號崇字周永興二月二十八日出吳淞口三月二十九日到津八月初四日回南進口

第七號通字季建康三月初三日出吳淞口四月初四日到津八月十二日回南進口

第八號元字蔣大昌三月初三日出吳淞口三月三十日到津八月初九日回南進口

第九號海門施福利二月二十五日出吳淞口三月二十六日到津六月初八日回南進口

第十號通字彭又祥三月初三日出吳淞口四月初三日到津八月十二日回南進口

第十一號通字包錢裕三月初三日出吳淞口四月初二日到津八月十一日回南進口

第十二號通字彭順齡二月二十八日出吳淞口三月三十日到津六月二十日回南進口

第十三號太字程合泰三月初八日出吳淞口三月二十九日到津六月初七日回南進口

第十四號上字朱聚寧三月初五日出吳淞口三月二十九日到津七月二十六日回南進口

第十五號元字盛益順三月初三日出吳淞口三月二十六日到津八月初七日回南進口

第十六號海門朱永茂三月十三日出吳淞口四月初十日到津六月十七日回南進口

第十七號崑字倪萬順三月十三日出吳淞口四月初六日到津六月十三日回南進口

第十八號崇字陳德泰三月初三日出吳淞口四月初四日到津六月十三日回南進口

第十九號崇字蔣恒瑞二月二十八日出吳淞口四月初二日到津八月十七日回南進口

第二十號元字程正泰三月初三日出吳淞口四月初二日到津六月初六日回南進口

第二十一號崇字周永翔三月初五日出吳淞口四月初三日到津八月初四日回南進口

第二十二號通字彭興順三月十三日出吳淞口四月十五日到津八月十一日回南進口

第二十三號通字彭恒延三月十六日出吳淞口四月初二日到津十月二十一日回南進口

第二十四號太字陳永泰三月初十日出吳淞口四月初七日到津八月初三日回南進口

第二十五號上字沈元順三月初五日出吳淞口四月初三日到津八月初八日回南進口

第二十六號通字包景福三月二十五日出吳淞口四月二十二日到津八月十二日回南進口

第二十七號海門張祥禎四月二十七日出吳淞口五月二十六日到津八月初十日回南進口

第二十八號崇字張源興五月二十九日出吳淞口七月初八日到津九月十六日回南進口

會裝常熟縣糧米初次運津

第二十九號通字王洪順五月二十五日出吳淞口六月初八日到津八月初五日回南進口

第三十號元字張福臨三月二十九日出吳淞口五月二十九日到津[redacted]

第三十一號海門沈勇泰四月十七日出吳淞口五月十二日到津八月十二日回南進口

第三十二號崇字龔發盛四月十九日出吳淞口五月二十三日到津八月十一日回南進口

第三十三號寶字黃祥泰五月十二日出吳淞口六月初八日到津八月初十日回南進口

第三十四號元字蔣恒泰四月二十七日出吳淞口[redacted]

第三十五號通字彭隆發五月十二日出吳淞口六月十五日到津八月二十三日回南進口

第三十六號東字繆福泰四月二十七日出吳淞口五月二十六日到津八月初九日回南進口

第三十七號寶字孫永盛四月二十四日出吳淞口五月初二日到津七月初三日回南進口

曾裝元和縣糧米初次運津

第三十八號寶字馬大盛 四月二十七日出吳淞口五月初九日到津八月初八日回南進口

第三十九號崇字沈合隆 五月初四日出吳淞口五月二十七日到津[illegible]

第四十號通字錢長裕 五月十二日出吳淞口六月初二日到津八月十二日回南進口

第四十一號上字徐德隆 四月二十七日出吳淞口五月二十四日到津八月初六日回南進口

曾裝荆溪縣糧米初次運津

第四十二號寶字孫永茂 四月二十七日出吳淞口五月初六日到津七月二十二日回南進口

曾裝元和縣糧米初次運津

第四十三號崇字沈隆慶 五月初七日出吳淞口七月二十三日到津九月十八日回南進口

第四十四號通字郁同發 五月十六日出吳淞口六月初一日到津八月初四日回南進口

曾裝長洲縣糧米初次運津

第四十五號元字談萬盛 五月二十六日出吳淞口六月初八日到津八月十五日回南進口

曾裝元和縣糧米初次運津

第四十六號海門施長利 五月二十二日出吳淞口六月十二日到津八月初九日回南進口

曾裝陽湖縣糧米初次運津

第四十七號元字沈隆發 五月二十六日出吳淞口六月初十日到津八月十二日回南進口

曾裝元和縣糧米初次運津

第四十八號上字王元吉 五月十二日出吳淞口五月二十六日到津八月初四日回南進口

曾裝宜興縣糧米初次運津

第四十九號太字單德泰 五月十二日出吳淞口五月二十四日到津八月初三日回南進口

曾裝吳江縣糧米初次運津

太倉州

派裝白糧船二隻

第一號寶字黃遇發三月初五日出吳淞口三月三十日到津六月初六日回南進口

第二號太字顧洪順口二月二十三日出吳淞口三月二十四日到津六月十四日回南進

鎮洋縣

派裝漕糧船四十隻

第一號鎮海姚慶壽三月初五日出吳淞口三月二十七日到津[redacted]

第二號鎮海盧延安二月二十八日出吳淞口三月二十一日到津[redacted]

第三號鄞字盛福隆口二月二十八日出吳淞口三月二十八日到津六月十九日回南進

第四號鄞字盛永成三月初三日出吳淞口三月二十日到津[redacted]

第五號鄞字盛和順二月二十八日出吳淞口三月三十日到津六月十四日回南進口

第六號鎮海盛福安二月二十八日出吳淞口三月三十日到津[redacted]

第七號鄞字邵同福二月二十八日出吳淞口三月二十日到津六月初五日回南進口

第八號鎮海胡謹泰二月二十八日出吳淞口三月二十一日到津[redacted]

第九號鎮海盛泰敏三月初五日出吳淞口三月二十四日到津[redacted]

第十號鎮海盧永迎三月初五日出吳淞口三月二十四日到津[redacted]

第十一號鎮海胡合泰三月初八日出吳淞口三月二十九日到津六月初七日回南進口

第十二號鄞字盛德迎三月初五日出吳淞口三月二十七日到津六月初六日回南進口

第十三號崇字沈隆發三月二十五日出吳淞口五月初二日到津八月十三日回南進口

第十四號崇字陳福慶三月二十九日出吳淞口五月初五日到津八月十二日回南進口

第十五號通字彭永慶三月二十日出吳淞口四月初四日到津七月二十七日回南進口

第十六號崇字龔源順口三月二十五日出吳淞口四月二十六日到津八月十七日回南進

第十七號鎮海費元興三月十九日出吳淞口四月二十九日到津八月十二日回南進口

第十八號上字趙長義三月二十九日出吳淞口五月初四日到津九月初六日回南進口

第十九號元字孫長利四月初二日出吳淞口五月初三日到津八月十三日回南進口

第二十號元字陳幅昌四月初三日出吳淞口四月二十二日到津八月初六日回南進口

第二十一號通字包錢順四月十一日出吳淞口五月二十八日到津八月初九日回南進口

第二十二號海門楊和泰四月二十七日出吳淞口六月十二日到津八月十六日回南進口

第二十三號上字王德昌六月初九日出吳淞口七月二十三日到津九月二十六日回南進口

第二十四號上字王永吉五月初七日出吳淞口五月二十三日到津八月初三日回南進口

第二十五號寧字劉長順五月二十六日出吳淞口六月十七日到津[redacted]

曾裝吳縣糧米初次運津

第二十六號崇字胡合興五月二十六日出吳淞口七月初八日到津九月二十六日回南進口

曾裝無錫縣糧米初次運津

第二十七號元字孫培興六月初五日出吳淞口六月二十二日到津九月十六日回南進口

第二十八號通字張元茂六月初五日出吳淞口七月初八日到津九月十七日回南進口

曾裝丹陽縣糧米初次運津

第二十九號元字盛益隆六月初七日出吳淞口六月十七日到津八月十二日回南進口

曾裝宜興縣糧米初次運津

第三十號崇字王恒豐五月二十九日出吳淞口七月初十日到津九月初十日回南進口

第三十一號崇字周永茂六月初八日出吳淞口七月十六日到津九月二十四日回南進口

第三十二號太字黃洪興六月初八日出吳淞口六月二十八日到津八月十六日回南進口

曾裝宜興縣糧米初次運津

第三十三號上字張德利六月初八日出吳淞口七月十八日到津十月初四日回南進口

第三十四號贛字張咸利六月初八日出吳淞口七月初八日到津九月二十一日回南進口

曾裝青浦縣糧米初次運津

第三十五號寶字黃洪泰六月初九日出吳淞口八月初四日到津九月二十四日回南進口

曾裝溧陽縣糧米初次運津

第三十六號元字楊福茂六月初八日出吳淞口七月十六日到津九月二十四日回南進口

曾裝無錫縣糧米初次運津

第三十七號鎮海盛瑞安六月初八日出吳淞口六月二十九日到津九月十五日回南進口

曾裝川沙廳糧米初次運津

第三十八號崑字沈利泰六月初八日出吳淞口七月十六日到津九月二十四日回南進口

曾裝江陰縣糧米初次運津

曾裝震澤縣糧米初次運津

第三十九號通字彭協隆六月初八日出吳淞口七月十七日到津九月十八日回南進口

曾裝元和縣糧米初次運津

第四十號通字顧齡順六月初九日出吳淞口七月十一日到津八月二十九日回南進口

曾裝丹陽縣糧米初次運津

鎮洋縣

派裝白糧船二隻

第一號上字王增順三月初三日出吳淞口三月二十七日到津六月初六日回南進口

第二號通字彭全福二月二十三日出吳淞口三月十四日到津五月初三日回南進口

復裝吳江縣糧米二次運津

嘉定縣

派裝漕糧船五隻

第一號上字葛永盛口二月二十三日出吳淞口三月十四日到津四月二十九日回南進

復裝常熟縣糧米二次運津

第二號通字季長康口二月二十三日出吳淞口三月二十四日到津六月十七日回南進

第三號寶字高長順口二月二十三日出吳淞口四月初四日到津八月十六日回南進口

第四號通字姚森泰口二月二十三日出吳淞口三月二十九日到津八月十一日回南進

第五號崇字沈隆順三月初八日出吳淞口四月十三日到津十月二十七日回南進口

嘉定縣

派裝白糧船二隻

第一號上字王永福二月二十八日出吳淞口三月十四日到津五月二十三日回南進口

復裝長洲縣糧米二次運津

第二號元字朱義和三月初五日出吳淞口四月初三日到津八月十一日回南進口

寶山縣

派裝漕糧船二隻

第一號通字季咸康三月初五日出吳淞口三月三十日到津六月十一日回南進口

第二號通字彭廣凝三月初三日出吳淞口三月二十九日到津七月二十六日回南進口

寶山縣

派裝白糧船二隻

第一號元字葛恒乾三月初十日出吳淞口四月初三日到津八月初七日回南進口

第二號顏字李湧順戶二月二十三日出吳淞口四月初二日到津七月二十二日回南進

江蘇巡撫臣陶澍跪

奏爲謹陳海運圖說仰祈

聖鑒事竊照蘇松常鎭太五府州額漕因運河阻滯改由

上海沙船運赴天津現已辦有成局依次開行臣伏

思海運與河運原相表裏禹貢載揚州貢賦沿海達淮冀州夾右碣石入海卽海運之始秦唐雖亦偶行其道難稽明則由膠萊內河轉搬登州實爲勞費惟元代海運最久然至元十九年初次運米僅止四萬三千石明年始抵直沽行之六七年猶歲祇運米三四十萬不等旋因其路險惡另開生道運米漸多蓋

海船畏淺不畏深畏嶕不畏風而畏淺尤甚於嶕明人沿嶼求道非嶕卽淺無怪其難自不若元代所開生道卽今沙船所行爲最善查元明入海之道或由劉河轉廖角沙或由黃河口至鷹游門今俱壅塞惟吳淞口至十滧一路爲宜而由此運米入海實創自今年臣因初次試行卽須裝米一百五六十萬倍蓰從前不敢不倍加愼重每遇熟習海洋之人詳加詢問證以紀載得其徑道至於大洋浩瀚本無畔岸雖舟人定之以更香驗之以水色格之以針盤究難確指其道里數目惟有就西岸對出之州縣汛地比照

核計不相逕庭其小島微嶼亦難盡載謹摘敘大凡畧分段落併繪圖貼說恭呈
御覽

第一段海船自上海縣黃浦口岸東行五十里出吳淞口入洋繞行寶山縣之復寶沙迤至崇明縣之新開河計一百一十里又七十里至十滧是爲內洋十滧可泊船爲候風放洋之所崇明縣地

第二段自十滧開行卽屬外洋東迤一百八十里至佘山一名蛇山又名南槎山係荒礁上無居民不可泊但能寄碇爲東出大洋之標準蘇松鎭所轄

第三段自佘山駛至大洋向正北微偏東行至通州吕泗場對出之洋面約二百餘里水深十丈可寄碇從此以北入黑水大洋至大洋梢對出之洋面約一百四十里係狼山鎭右營所轄又北如皋縣對出之洋面起至黃沙洋港對出之洋面約二百六十里又北泰州對出之洋面起至黃家港對出之洋面約二百二十里係狼山鎭掘港營所轄又北至鬭龍港對出之洋面約二百里又北至射陽湖對出之洋面約一百二十里係鹽城營所轄又北至黃河口對出之洋面約一百二十里係廟灣營所轄黃河口稍南有沙埂五條船行遇東風則慮淺擱宜避之又北至安東縣灌河口對出之洋面約九十里係佃湖營所轄又北至海州贛榆縣鷹游門對出之洋面約一百八十里係東海營所轄計自佘山大洋以北起至鷹游門對出之洋面止約共一千五六百里統歸狼山鎭汛地凡舟行過佘山卽四顧汪洋無島嶼可依行船用羅盤格定方向轉針向北畧東行如東南風則針頭偏東一個字如西南風則針用子午查江南佘山與山東鐵槎山南北遙對謂之南槎北槎行船應用子午正針因江境雲梯關外迤東有大沙一道自西

向東接漲甚遠暗伏海中恐東風過旺船行落西是以針頭必須偏東一個字避過暗沙再換正針此沙徑東北積爲沙埂舟人呼爲沙頭山若船行過於偏東一直上北便見高麗諸山故將至大沙外仍須偏西始能對成山一帶也

第四段行過鷹游門對出之洋面往北卽山東日照縣界山東水師南洋汛所轄又北至文登縣之鐵槎山一名北槎山自佘山至此始見島嶼又北至文登縣之馬頭嘴入東洋汛界經由蘇山島靖海衛及榮成縣之石島養魚池石島居民稠密可泊惟島門東

南向春時乘風易入難出自鷹游門至石島約六百餘里大洋中雖舵工以針盤定方向猶須常用水托水托者以鉛爲墜用繩繫之探水取則也每五尺爲一托查十滧開船試水自十托至二十托上下行過佘山試水均在三十托上下順風二日餘均係黑水再試至十托上下即知船到大沙洋面行過大沙試水漸深至五十托上下視水綠色則係山東洋面順風再一日試水二十托上下水仍綠色遙望北槎及石島一帶山頭隱隱可見再行半日即至石島洋面此商船赴北一定針路也

第五段自石島至俚島洋面約一百六十里俚島至成山洋面約一百四十里俱榮成縣地爲南北扼要之所可泊水綠色針盤仍用子午略偏東從成山轉頭改針向西略北入北洋汛界至文登縣之劉公島約一百里又西至威海衛一百餘里又西至福山縣之之罘島一百里又北至蓬萊縣之廟島二百里以上自石島起至廟島止約共九百餘里之罘島西北一帶有暗礁船行偏東以避之又廟島之東有長山頭淺灘宜避試水在十五六托至二十托不等船至廟島以東南風爲大順計東省洋面共一百零五島中有二十五島最爲海道要地而廟島尤大可以停泊

第六段自廟島過掖縣小石島即入直隸天津海口約九百里針對大西偏北沿途試水在十四五托再試水至六托上下水黃色水底軟泥即可抛貓候潮進口約計天津海口逆流挽縴一百八十餘里即抵天津東關外

以上海運水程自吳淞口出十滧東向大洋至佘山北向鐵槎山歷成山西轉之罘島稍北抵天津總計水程四千餘里伏查我

朝自康熙年間開海禁以來商船往還關東天津等處習以爲常凡駕駛之技趨向之方靡不漸推漸準愈久愈精是海運雖屬試行海船實所習慣而春夏之時東南風多行走尤爲順利臣謹就見聞所及臚陳大槩伏祈

皇上聖鑒謹

奏

道光六年二月初三日具

奏二月二十一日奉

硃批所奏均悉圖留覽欽此

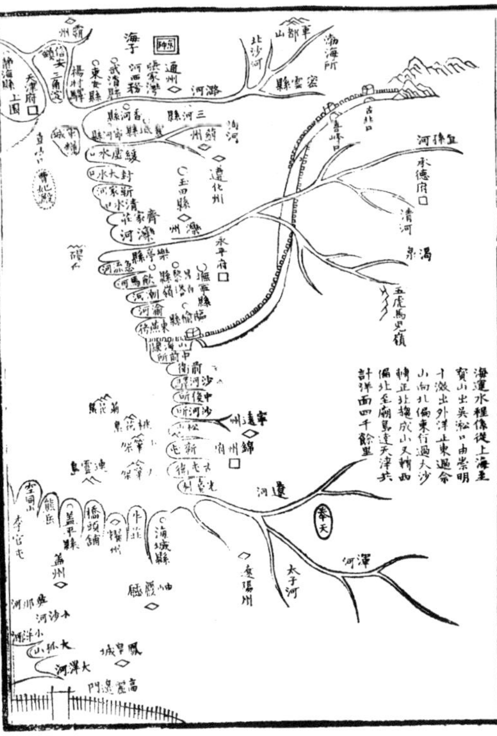
五虎馬史嶺
海運水程係從上海至寶山出吳淞口由崇明十滧出外洋正東遇佘山而北偏東行過大沙轉正北繞成山又轉西偏北至廟島達天津共計洋面四千餘里

江蘇海運全案

六

海運圖

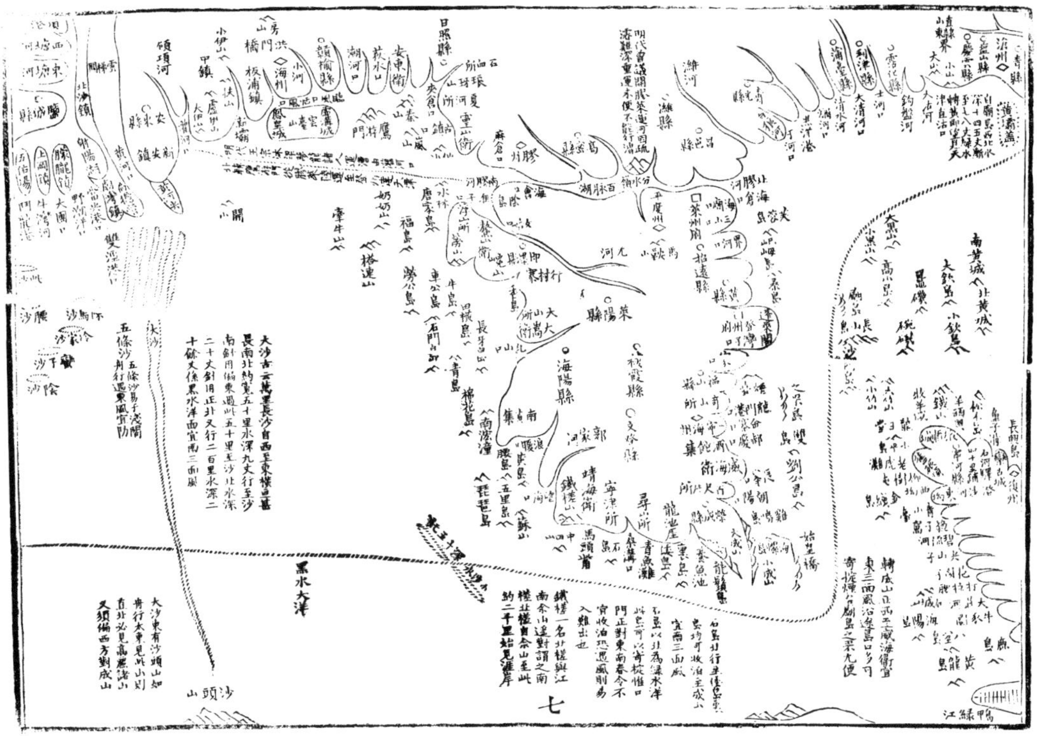
大沙古云萬里長沙自西至東横亘長南北約寬五十里水深九丈行至沙南針用偏東過此五十里至沙北水深二十丈針用正北又行二百里水深二十餘丈係黑水洋西宜南三面風
黑水大洋
大沙東有沙頭山如舟行太東見此山則直北必見高㷀諸山又須偏西方對成山
山頭沙
鐵槎一名北槎與江南佘山遥對謂之南槎北槎自佘山至此約二千里始見涯岸
石島以北為綠水洋門正對東南春令不宜收泊恐遇風則易入難出也
宜南三面風
東三面風沿途島口均可寄椗惟劉島之泉尤便
七

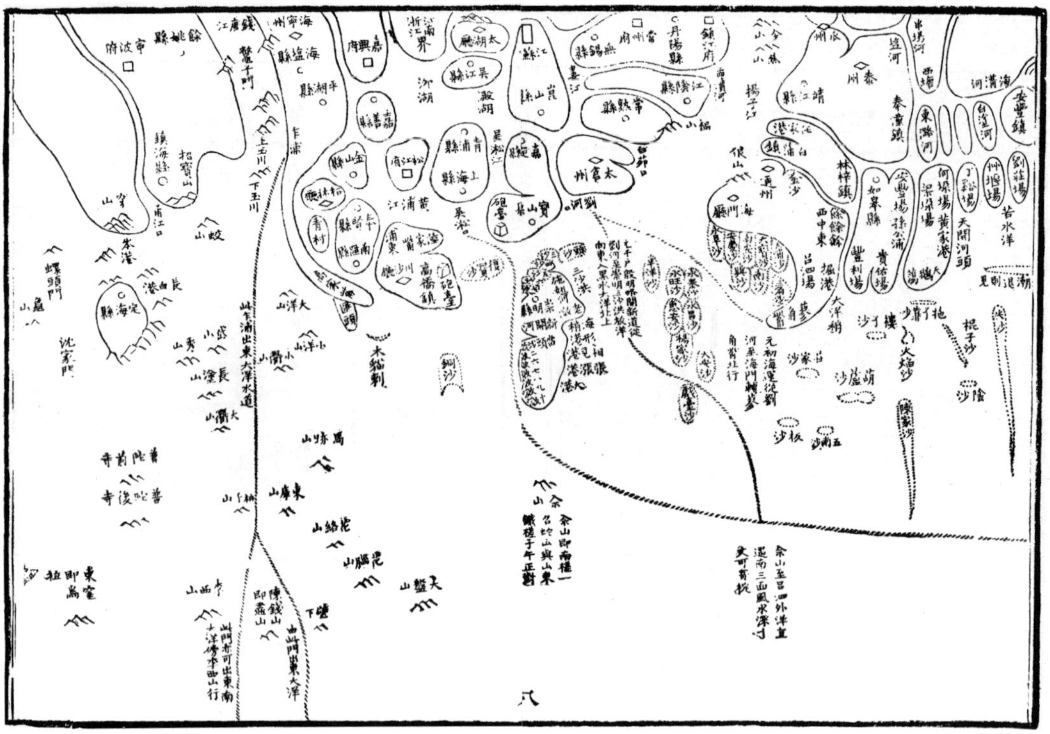

八

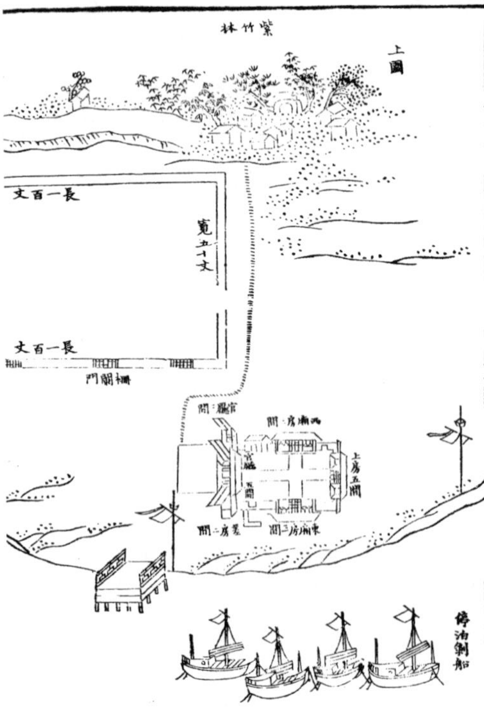

天津上園圖

江蘇海運全案　卷十二　九

攔江沙圖

海河圖

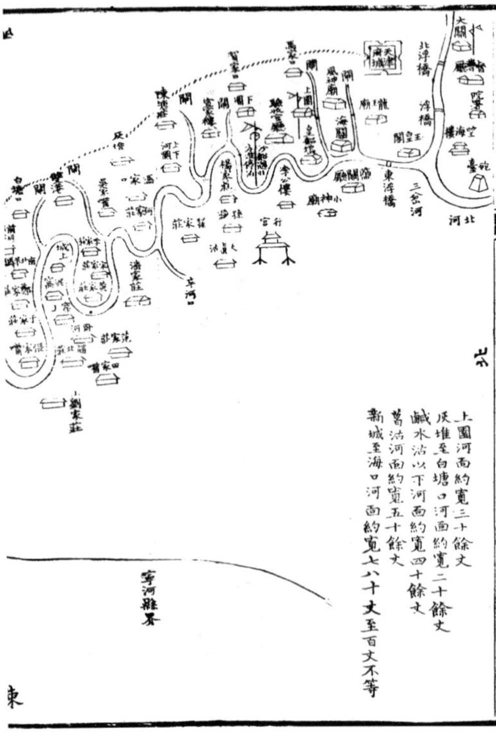

上圖河面約寬三十餘丈
灰堆至白塘口河面約寬二十餘丈
鹹水沽以下河面約寬四十餘丈
葛沽河面約寬五十餘丈
新城至海口河面約寬七八十丈至百丈不等

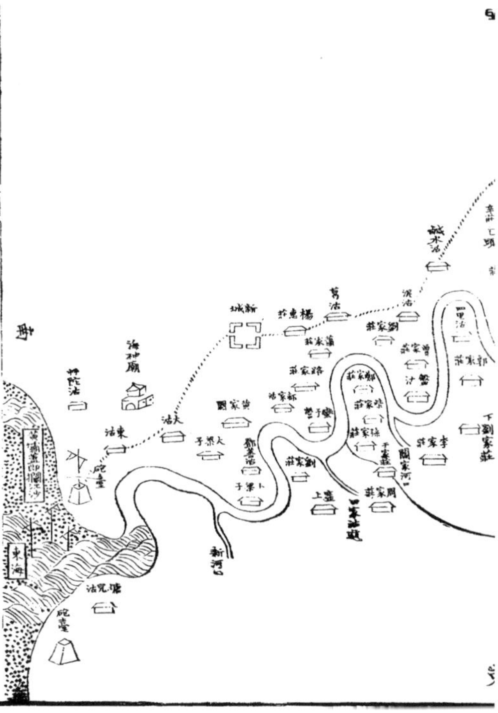

江蘇海運全案　卷十二　十四

三岔河四里至馬家口八里至賀家口七里至陳唐莊五里至灰堆十里至雙港五里至白塘口十五里至鹹水沽二十里至葛沽八里至新城二十四里至大沽四里至東沽三里至砲臺

以上陸路計一百十三里

三岔河四里至馬家口十里至賀家口八里至陳唐莊十五里至灰堆二十四里至雙港七里至白塘口、三十二里至鹹水沽二十八里至葛沽十四里至新城二十八里至大沽五里至東沽五里至砲臺

以上水路計一百八十里

黃浦江圖

江蘇海運全案　卷十二　十五

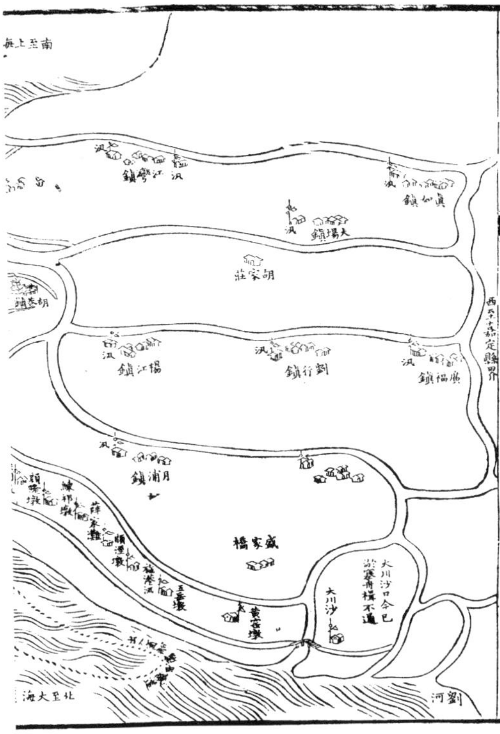

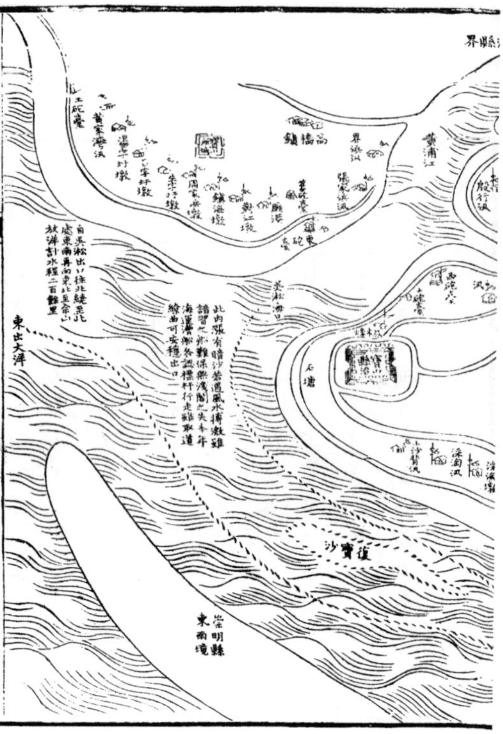

江蘇海運全案　卷十二　廿六

吳淞江圖

江蘇海運全案　卷十二　廿七

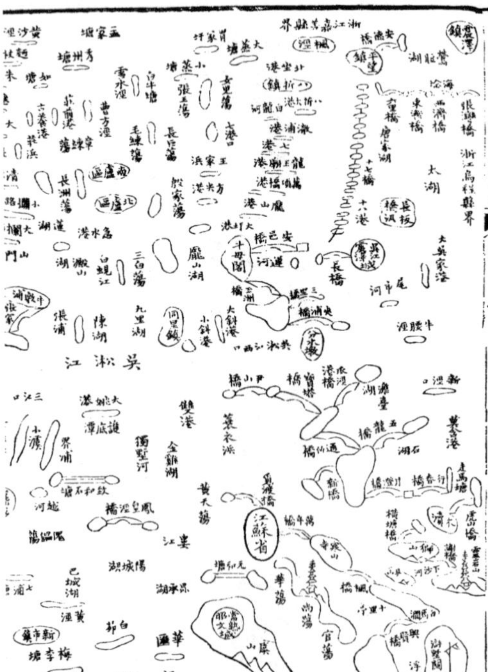

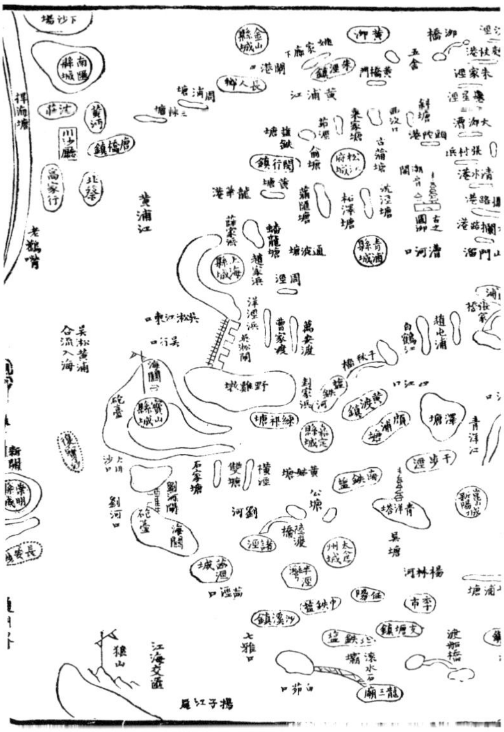

沙船停泊圖

沙船專行北洋身長倉淺頭狹腹闊無槳櫓之具利於揚帆船形方俗呼方船

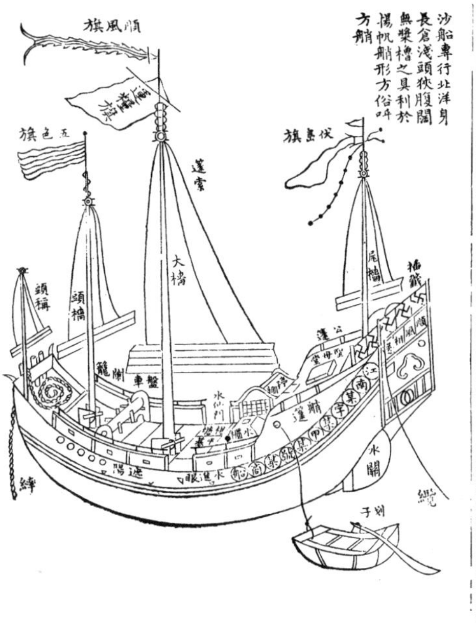

沙船行駛圖

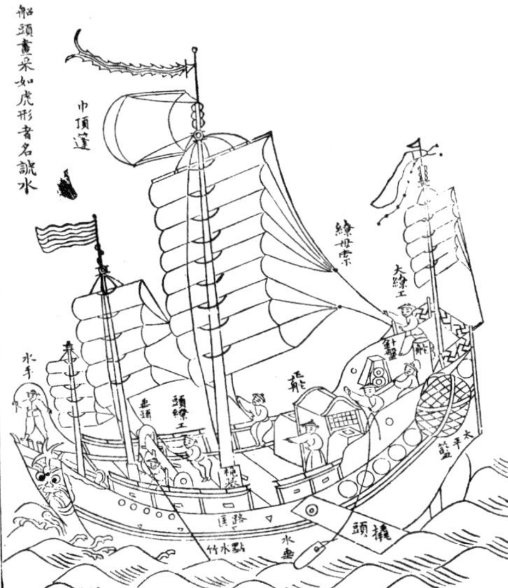

江蘇海運全案　卷十二　二十

蜑船停泊圖

蜑船南北洋皆行身長倉深頭尾帶方船底及兩旁塗以蠣粉上横抹以煤屑頭尾間刷以礬紅

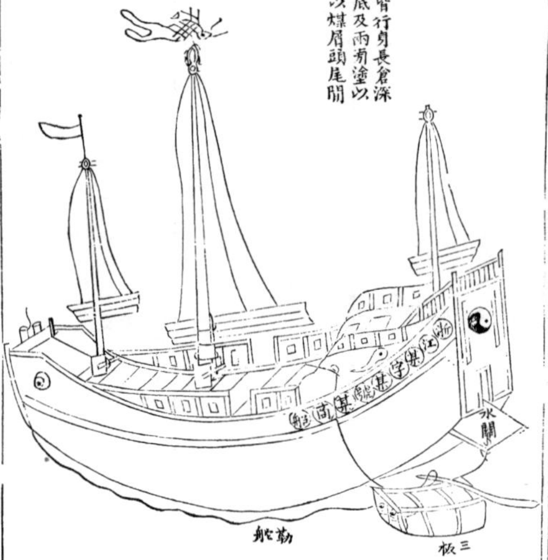

蜑船行駛圖

江蘇海運全案　卷十二　二十一

三不象船停泊圖

三不象船多行北洋少行南洋身長腹闊頭鋭尾高船底及兩旁純塗蠣粉以驅兩洋水中鹹蟲頭尾間抹以礬紅其篷以竹箬爲之取其堅固然甚重今亦有用布者自頭至艄水關上有索一根名勸艀蜑船同

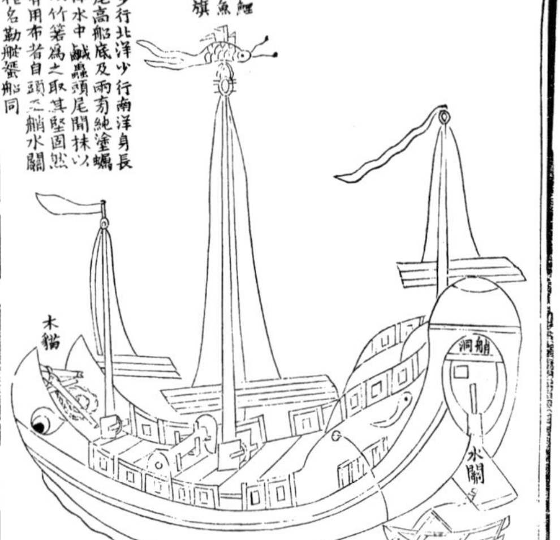

三不象船行駛圖

衛船停泊圖

衛船専行北洋身長腹闊頭尾不高檣短無棚窗無粉飾

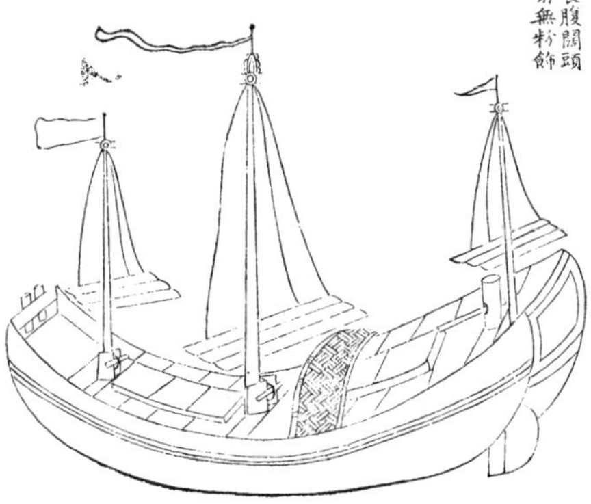

衛船行駛圖

沙船梁倉圖

凡造沙船其深淺以大面梁三三折算梁闊二丈倉深三尺三寸三分梁闊一丈倉深六尺六寸六分如此最穩亦有以四折算者梁闊一丈倉深四尺賃可多載行則校遲如蛋船三不象船倉比沙船深行比沙船遲北洋水淺多沙灘山脚運糧宜用倉淺之船故應以沙船爲首

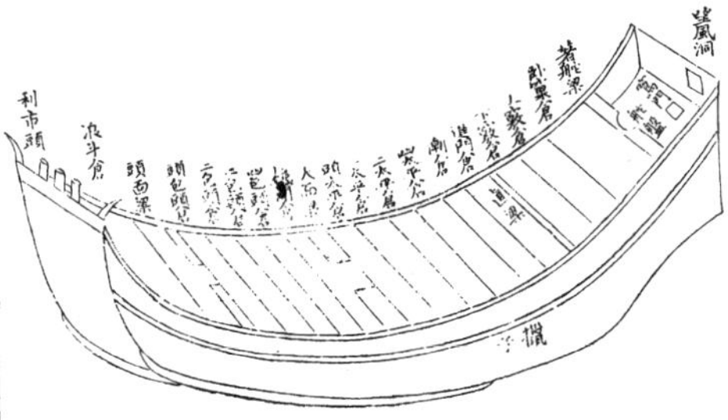

沙船底圖

凡造沙船多用整木取其堅固每逢夏日將船曳於塢內先刮去船底及兩旁塵垢曬乾後用油灰麻皮艌之抹以桐油謂之上高塢其省者但於沙灘上加塗桐油謂之抹水油然每年之間必須上高塢一次以修葺之

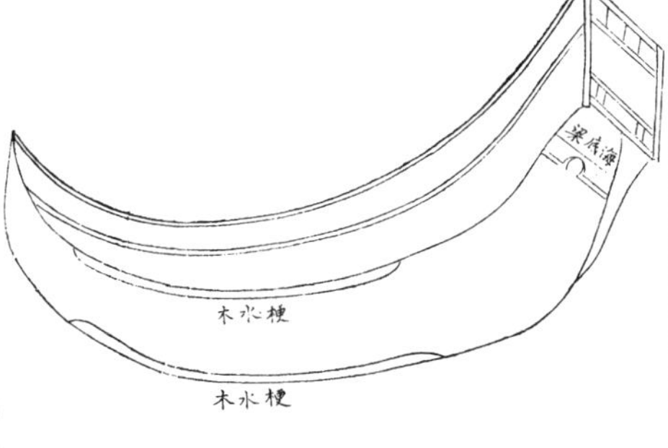

沙船梁倉圖

沙船形制寬長皆與三不象船略同

船櫃倉在水關兩旁

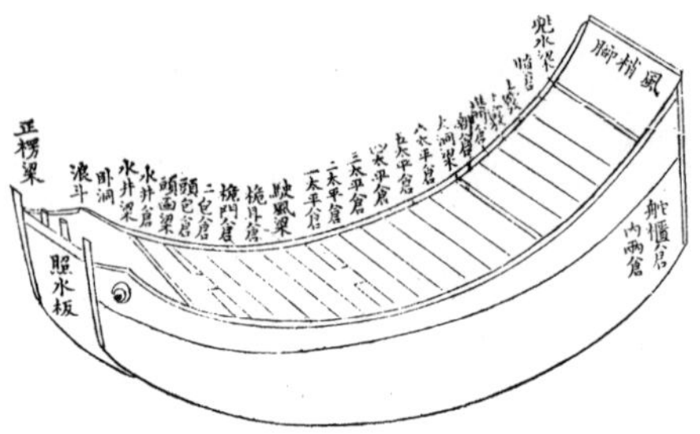

三不象梁倉圖

凡造三不象船以松木為主每逢夏日上塢淺於沙灘用火烘其船底及兩旁以驅水蠹而後以水洗之用麻皮油灰艌之再用蠣粉煤屑䰎紅飾之

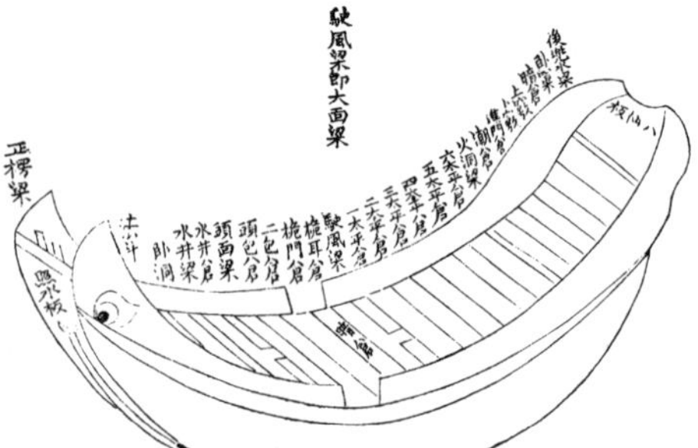

利市頭俗呼也在船頭上中間三歧如筆架者其名曰插拋錨時所以欄大索者

利市頭

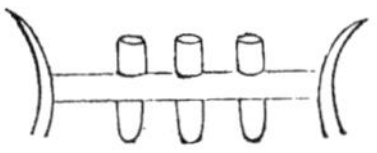

聖母堂香火所在高設棚頂

聖母堂

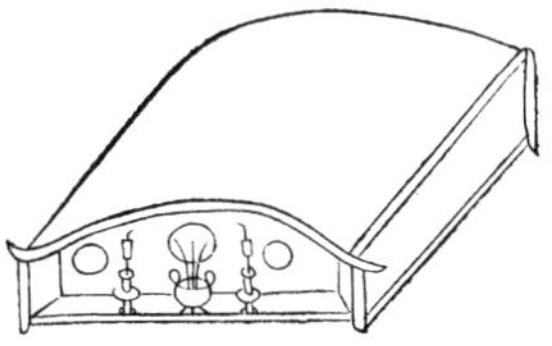

藏醫香以祀神特設一廚

香廚

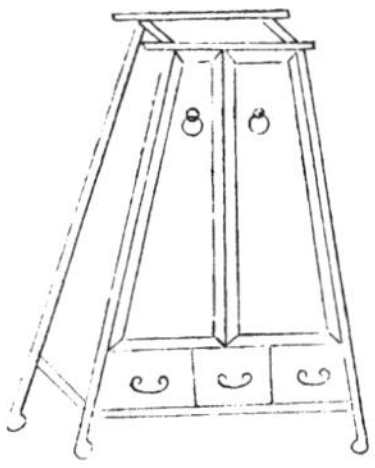

形家鍼盤有正鍼有縫鍼漢以前止有內盤十二支爲先天之正鍼自唐以後始有外盤而附四維八干於地支之左右用二十四字者卦有二十四爻有二十四氣盤之字二十四從八卦十二支出也八卦分四正四隅而正四卦當地支子午卯酉之位故去卦而存支支即卦也其正四位則輔之以八干東加甲乙西加庚辛南加丙丁北加壬癸其四隅位則輔以地支丑寅夾艮辰巳夾巽未申夾坤戌亥夾乾沙船鍼盤無內盤惟用外盤之二十四字蓋海洋遼闊舟行方位非四正四隅足以限之故用縫鍼之法如鍼指卯字爲正東指巽字爲東南略偏向乙字則猶未至於東南指辰字則將近於東南也鍼指午字爲正南指坤字爲西南略偏向丁字則猶未至於西南指未字則將近於西南也以類而推二十四字用法周密已無毫釐之差復用上下盤者下盤以鍼定字上盤以字定鍼下盤曰坐盤恐其欹側嵌之於倉板上盤則藏之於樻置之於艄倉舵師穴其竅而窺焉

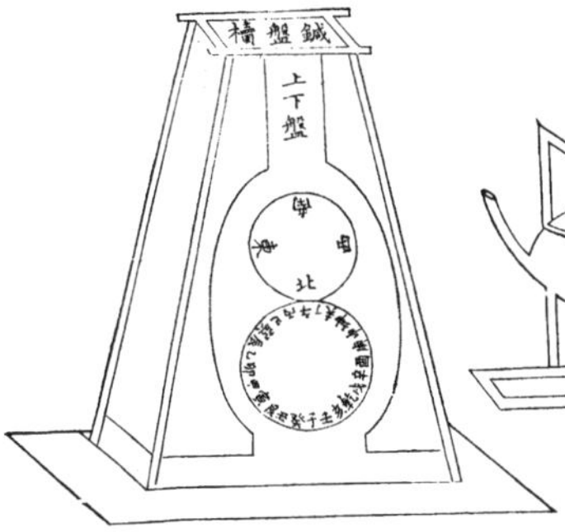

盤鐙

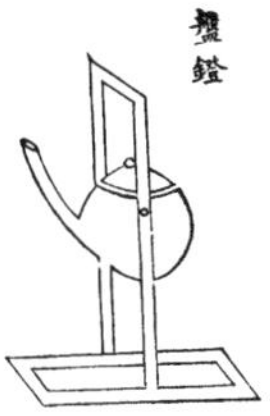

小頂篷在大檣之巔風極順時張之中山傳信錄謂官船始用中頂篷今商船通用之

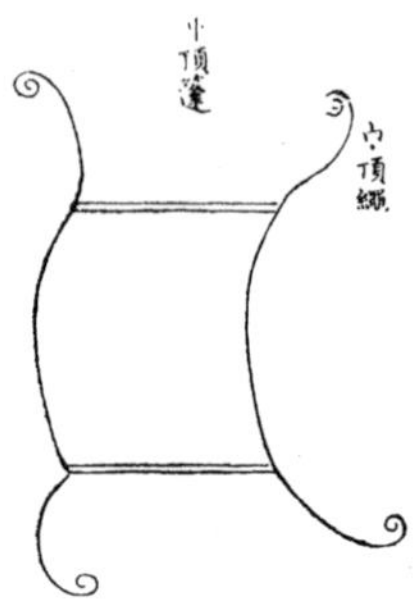

頭檣與橫視大檣

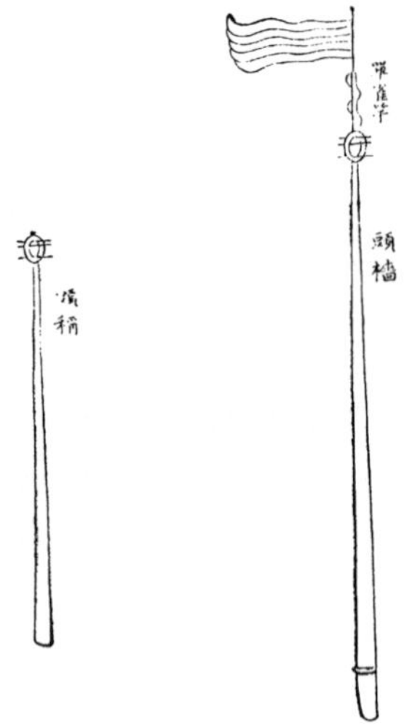

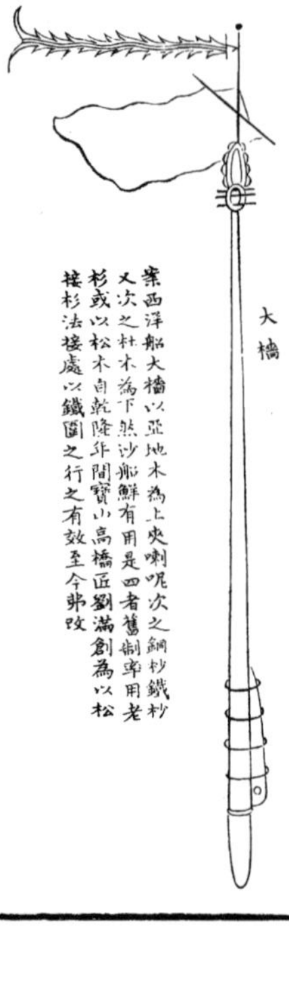

案西洋船大檣以亞地木為上夾喇呢次之鋼杪鐵杪又次之杉木為下然沙船鮮有用是四者舊制率用老杉或以松木自乾隆年間寶山高橋匠劉滿創為以松接杉法接處以鐵圍之行之有效至今弗改

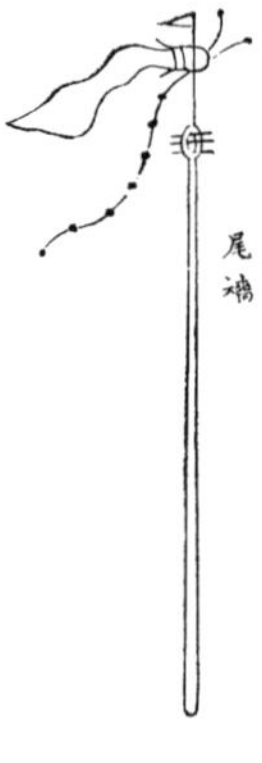

船篷以布為之欲其耐風雨也率染以枷皮故其色赭

沙船向用布篷浙船向用箬篷然編篾夾竹其質太重故浙船今亦用布

箬篷

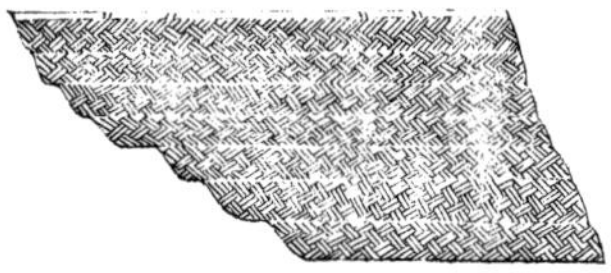

大鐵錨輕重視船之大小又有二錨三錨之分由此遞殺制皆仿此

大鐵錨

木椗以夾剌呢為上烏鹽木次之若黃白鹽木已非其選矣南產青秀木初用尚能入泥三年後即不能直沈及底蓋南泥性柔鐵錨易走故有木椗之制北泥性堅非鐵不入是以沙船猶尚鐵錨惟浙船間用木椗字書有碇字無椗字然唐書孔戣傳番舶泊步有下椗稅則其所由來者舊矣

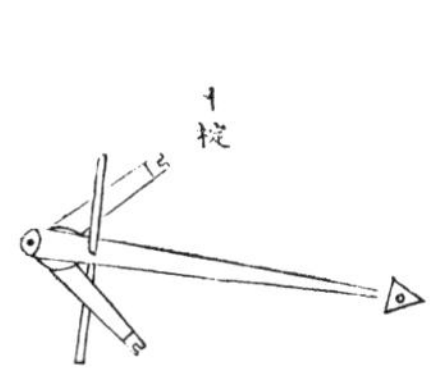

水垂繫以水線所以探水垂以鉛為之重十七八斤線以棕繩為之其長短以託計凡五尺為一託水線長者七十託短亦三四十託鉛性善下凡使垂必及底而止垂上包以布抹以蠟灌以脂膏俾水底沙泥緣垂而起驗其色以辨海洋地界計線之長短知水之淺深

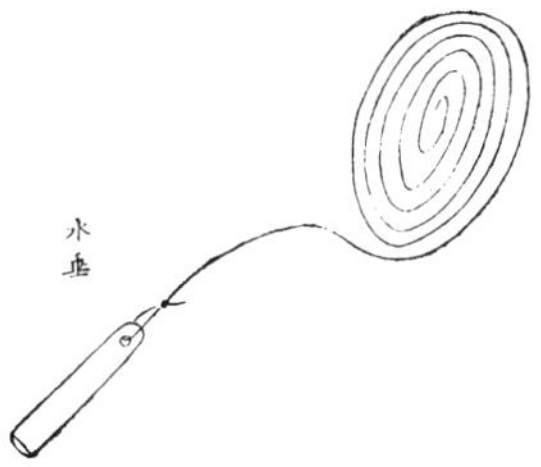

水關者行舟樞紐安危繫焉
是以舵梗行船棒取材必堅

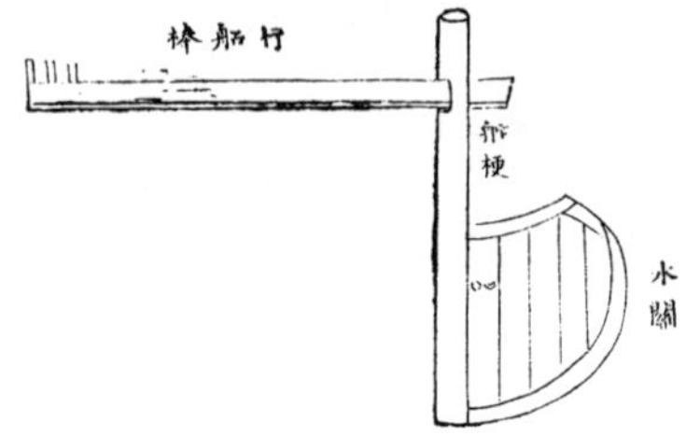

大檣之前有盤車焉所以起錨也
大檣之後有盤車焉所以挂帆也
水關之旁有擺車焉所以收舵也
有大車二車三車之別制皆準此

盤車

車關棒

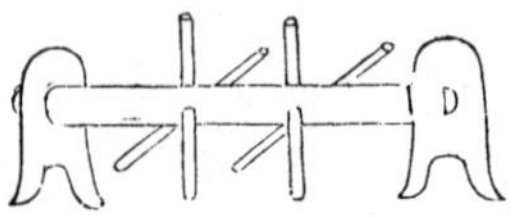

綀母索以棉紗爲之柔而韌也

輮索即輮轆索凡制索以麻篾
熟急絞而引長之合三而成規
急就篇注所謂切撚之令緊者
是也小爾雅云大者爲索小者
爲繩今人稱索本此

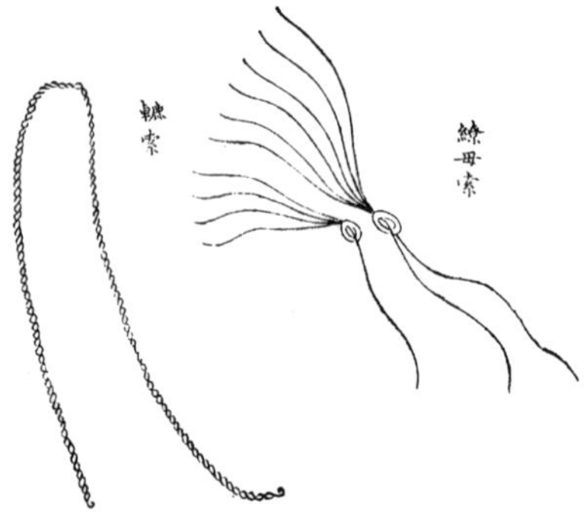

劈篾作纜以維其舟

篾纜

繂有大繂二繂三繂之分皆以檾爲之六繂施於淺二繂三繂施於深

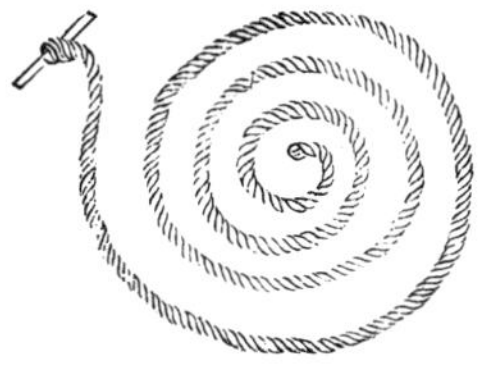

木篙以小枝獨木爲之

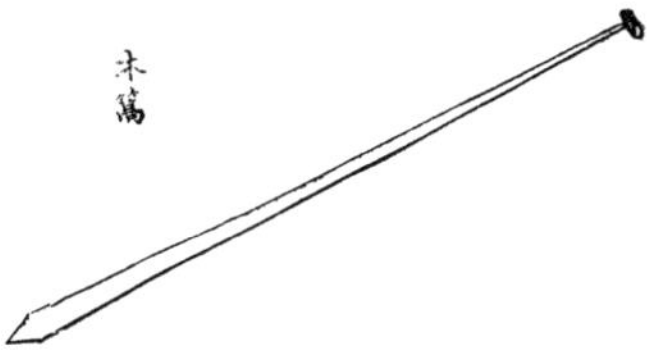

竹篙以火烘之眂其節欲其直而不曲也其頭以鐵爲之形上銳有兩戟

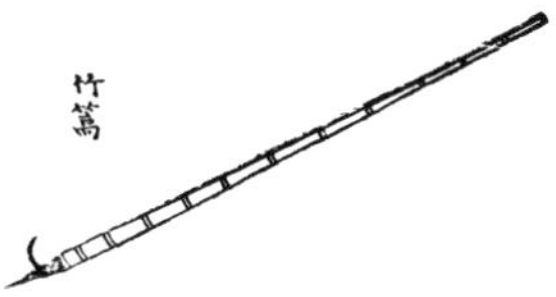

戧頭在船之兩旁所以禦浪舊制皆用之今船底多梗水木故祇用戧頭遂廢

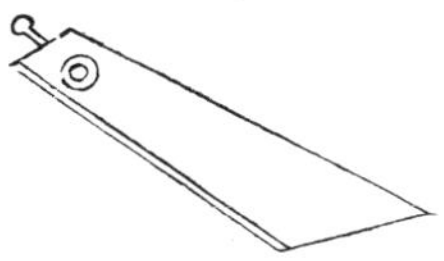

跳板上多横鐵條所以防滑

跳板

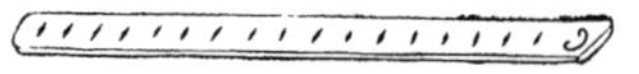

亭子棚在艄篷前所以屖休息壯觀瞻

亭子棚

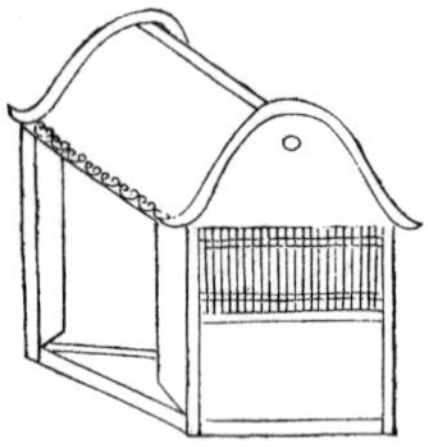

麻肋與公篷不同在船棚內之兩旁是著舵所卧者

麻肋

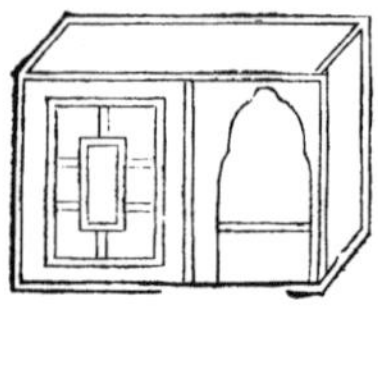

船艄設篷以蔽風雨凡水手皆得而居之故謂之公篷

公篷

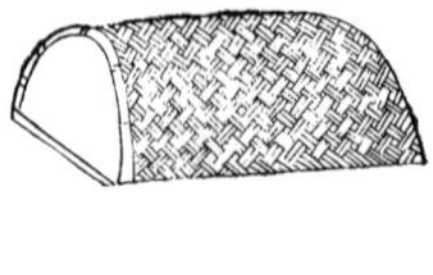

設於船兩旁在上曰闌龍在下曰遮陽在艄曰插鐵

闌龍

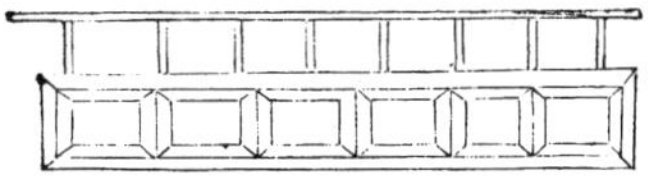

遮陽

平基即倉上蓋倉板

平基

凡作船竈先作木架然後以磚砌之則船上熓時便於取攜

船竈

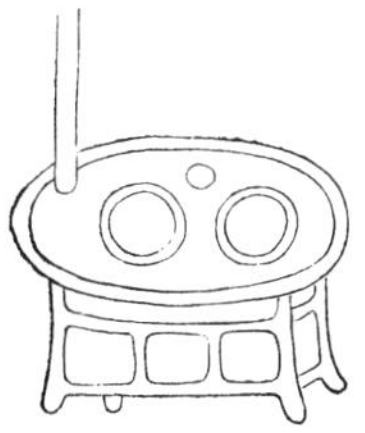

水櫃即木井也海水味鹹無以取飲故船必置井以儲水南洋船有水倉不設水櫃惟北洋諸船用之

水櫃

船火倉深非梯不可

船梯

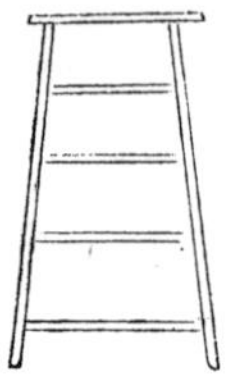

拖分所以供洒濯

拖分

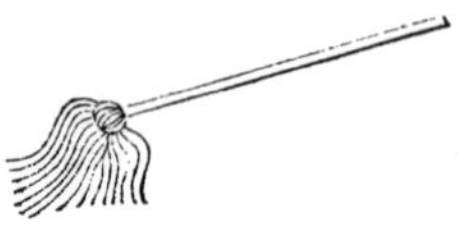

太平籃以竹爲之中實以石船行海運或有風波則以籃寄於水中俾舟無蕩

太平籃

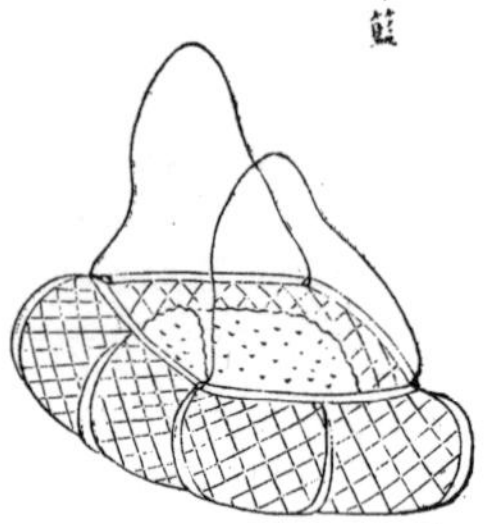

考定沙船式

大号沙船長十丈容關斛一千五百石今舉以爲式

中号小号由此漸殺或七成五成三成算有三三成四四成者皆可類推凡沙船量以淮尺每尺當部尺一尺一寸長短廣狹以此爲準

利市頭寬一丈八寸 案船梁皆以直梁爲主大尺皆準之定制如大面梁海底梁皆準直梁八成頭面梁準直梁七成利市頭準直梁六成造册大率如此

浪斗倉 案此倉在頭櫓之前梁腳四座每座相距三尺五格相聯故又名聯倉橫深一丈五尺直深一丈一尺

頭面梁寬一丈二尺六寸厚六寸 所以支頭櫓

包頭倉 凡四倉自頭櫓之後遞次至桅門倉之前每倉三尺八寸共一丈五尺二寸小號者祗三倉其制與浪斗倉略同

桅門倉 此倉內有半梁一座梁腳一座共作三格每格相距三尺八寸共一丈一尺四寸半梁者倉雖隔而可通者也

大面梁寬一丈四尺四寸厚八寸 所以支大櫓

太平倉 凡四倉自大櫓之後遞次至潮倉之前是爲船之中倉每倉三尺八寸共深一丈五尺二寸

潮倉 案此倉又名出門倉橫深三尺八寸在第四太平倉之後船有潮濕於此察之水氣所聚故不貯載

進門倉 在潮倉後內有半梁一座共成二格每格相距三尺八寸共深七尺六寸

㫖梁寬一丈八尺案㫖梁一名䲭梁乃船中桂木通體隆殺準諸此

下敫倉

上敫倉

臥窠倉已上三倉俱在進門倉之後乃艙倉也爲水手寢息之所倉內梁脚有多至四五座五六座者横深約二丈內外每船水手以二十人計船小可略減其制則同

著舵梁寬一丈八尺

舵盤寬一丈八尺厚七寸

海底梁寬一丈四尺四寸厚七寸在船艄之下所以支水關

巾頂篷長三丈寬二丈四尺

巾頂繩五條

頭稱視尾檣差小無定制

頭檣長四丈三尺圍圜四尺

大檣長七丈圍圜五尺五寸

尾檣長二丈二尺圍圜三尺

頭稱篷視稱之大小用布無定制

頭篷長三丈六尺寬二丈二尺計二十四頁需上海布名布六十疋

套段幅廣一尺一寸長十八尺

大篷長四丈三尺寬四丈計二十九頁需上海布八十疋

尾篷長二丈寬一丈六尺計十二頁需上海布三十疋

大貓重一千四百斤

二貓重一千二百斤

三貓重七百斤

行船棒長二丈

舵梗長二丈二尺

繚母索長十五託凡五尺爲一託

轆索長九丈

篷索大小十二條

大繂長六十步每步亦五尺合三十二股而成一

二繂長七十步合二十六股而成一

三繂長八十五步合二十股而成一

水匱設於艙倉板上兩旁貯水幾何以人之多寡然之遠近計

其有無關船政者說已分見小圖茲不羼入

考定蜑船式

家蜑船三不象船量法皆以闊尺爲準酌中定制容

一千八百石

正繻梁長一丈三尺二寸

照水板 自此至水井梁長一丈五尺四寸

浪斗長九尺 上有頭桅面梁一片長一丈五尺寬一尺四寸厚六寸

卧洞倉 凡三倉共長九尺二寸內有半梁二柱

水井梁 自此至駛風梁長二丈九尺梁頭寬一丈七尺二寸斜深八尺駛腦一尺六寸

水井倉長三尺六寸

包倉 凡二倉共長六尺四寸

暗倉長四尺二寸

桅門倉 凡三倉共長七尺內有底稜二柱底稜者船底之牽條也

桅耳倉 左右各一長各五尺內桅臼旁有底稜一根所以支柱大檣之腳

駛風梁 自此至火洞梁長二丈七尺梁頭寬二丈三尺六寸斜深七尺四寸駛腦二尺二寸上有面梁一片長二丈三尺寬二尺厚一尺

太平倉 凡六倉各長四尺五寸

火洞梁 自此至兜水梁長二丈三尺五寸梁頭寬二丈四尺斜深七尺八寸駛腦二尺六寸

潮倉長三尺三寸

進門倉長四尺六寸

下竅倉長四尺六寸

上竅倉長四尺六寸

暗倉長六尺四寸 分馬口兩倉

兜水梁 自此至風梢腳梁長一丈二尺八寸梁頭寬一丈九尺四寸斜深九尺六寸駛腦一尺二寸

舵櫃倉長八尺六寸 凡二倉在水關兩旁

風梢腳梁上橫寬一丈七尺六寸下橫寬一丈四尺六寸高一丈三尺六寸 上有順風梁一柱自正繻梁至順風梁長十一丈照水板至風梢腳梁共計倉口橫深十丈七尺七寸

巾頂篷二十頁 方廣三丈二尺需寧波布六十四丈

頭檣長五丈四尺圍圜四尺六寸

大檣長八丈 如用松木圍圜八尺若雜木差減一尺

尾檣長三丈七尺圍圜二尺五寸

頭篷二十二頁 上橫寬二丈四尺下橫寬一丈八尺五寸需寧波布四十七丈

大篷三十三頁 上橫寬四丈九尺下橫寬四丈一尺需用寧波布一百五十丈

尾篷十三頁 上橫寬一丈三尺下橫寬一丈五寸需寧波布十五丈

大貓重九百斤

二貓重八百三十斤

木椗長二丈六尺其輕重視取材無定制

舵杆長三丈一尺 附案金門洞圍徑一尺三寸沓拖一丈三尺五寸闊廣八尺

大繂長六十八託 需棕一千七百斤

二繂長六十八託 需棱一千五百四十斤

三繂長六十八託 需棱一千三百七十斤

餘與沙船同者不具載

考定三不象船式

案三不象之制昉自康熙三十八年承運福建木料就釣船舊制增益以松木爲之其式不象江南之沙船不象福建之鳥船不象浙江之蜑船故名之曰三不象視蜑船差大容二千石

正樯梁長一丈三尺六寸

照水板 自此至水井梁長一丈四尺六寸

浪斗長八尺六寸 上有頭檣面梁一片長一丈五尺寬一尺四寸厚八寸

卧洞倉 凡三倉共長九尺內有半梁二柱

水井梁 自此至駛風梁長三丈一尺梁頭寬一丈七尺二寸斜深八尺二寸駛腦一尺四寸

水井倉長三尺五寸

包倉 凡二倉共長六尺

暗倉長三尺

桅門倉 凡三倉共長一丈五寸內有底橈二柱

桅耳倉 左右各一長各五尺內桅臼旁有底橈一根

駛風梁 自此至大洞梁長二丈七尺梁頭寬二丈三尺八寸斜深七尺八寸駛腦二尺一寸１有面梁一片長二丈三尺圍圓五尺有奇

太平倉 凡六倉各長四尺五寸

大洞梁 自此至兜水梁長二丈五尺梁頭寬二丈四尺四寸斜深八尺二寸駛腦二尺六寸

潮倉長三尺二寸

進門倉長四尺
下簸倉聯倉長六尺四寸有串梁一根
上簸倉長三尺
暗倉長三尺
卧稟倉長五尺四寸
兜水梁寬一丈九尺八寸自駛腦四角至八仙板約長十一丈前自照水板後至兜水梁共計倉口橫深九丈七尺六寸
巾頂篷二十頁方廣三丈二尺需寧波布六十四丈
頭檣長五丈六尺圍圓四尺六寸
大檣長八丈如用松木圍圓八尺若雜木差減一丈

尾檣長三丈四尺圍圓二尺五寸
頭篷二十二頁上橫寬二丈五尺下橫寬一丈九尺五寸需寧波布四十九丈
大篷三十三頁上橫寬五丈二尺下橫寬四丈三尺需寧波布一百五十七丈
尾篷十三頁上橫寬一丈三尺下橫寬一丈五寸需寧波布十五丈五尺
大貓重一千斤
二貓重九百斤
木椗長二丈六尺其輕重視取材無定制
舵杆長三丈三尺
餘與蛋船略同

具承攬式
船商某住某縣某都圖
為情願屆時守候裝糧事切奉
鈞示裝載漕糧由天津東門外交卸等因船商奉
諭之下情願急公報效竊商置有　字　號　船
隻屆時到浦聽候
委驗如堪承運靜候糧米上載給發水力運至天津
東門外交卸不敢違誤理合預行呈明伏乞
鑒察上呈
道光五年七月　日

江蘇海運全案　卷十二　三十五

船單

上海縣正堂　查驗得
字號　船一隻
具攬船商
管船者舵　水手　名
實裝糧米
道光　年　月　日查驗訖

江蘇海運全案　卷十二　三十六

報單

海運委員
今將本日扦驗商船開報
字號　船實裝米　千　百　十石　字號　船實裝米　千　百　十石
字號　船實裝米　千　百　十石　字號　船實裝米　千　百　十石
字號　船實裝米　千　百　十石　字號　船實裝米　千　百　十石
字號　船實裝米　千　百　十石　字號　船實裝米　千　百　十石
字號　船實裝米　千　百　十石　字號　船實裝米　千　百　十石
以上共驗船　隻共實裝糧米　石
道光　年　月　日　第　號

報單

委員　　今於本月　日將
縣第　號字　船艙口鋪墊如式合
行報知以便裝兑
道光　年　月　日填報

存查

委員　今查驗
縣第　號剥船户
實裝米　百　十　石
道光六年　月　日驗單

驗單

委員　今查驗
縣第　號剥船户
實裝米　百　十　石
道光六年　月　日驗單

封呈樣米單

驗米委員　　　　今驗得

縣米　　　石　　剥船　　　隻

縣米　　　石　　剥船　　　隻

米色　　封樣呈

驗

道光六年　　月　　日

報單

道光　年　月　　日本日兑收得

州縣漕白糧正耗米　　石交船户　　　受兑訖

連前共米　　石

監兑委員　　　　具報

兑米報單

督催兑米委員　為兑米日報事

計開

縣共兑

縣共兑

縣共兑

縣共兑

縣共兑

縣共兑

道光六年　月　日填報

兑單存根

縣　字第　號　船船戶

今兑得

州廳縣漕白糧正耗米　百石除裝足另具米結外合

先將日逐兑單給照兩銷兑單是實

道光六年　月　日

字　號

兑單

縣　字第　號　船船戶

今兑得

州廳縣漕白糧正耗米　百石除裝足另具米結外合

先將日逐兑單給照兩銷兑單是實

道光六年　月　日

兑竣報單

督催兑米委員　為沙船兑竣事

計開

縣派運沙船户　於　日受兑竣

縣派運沙船户　於　日受兑竣

縣派運沙船户　於　日受兑竣

縣派運沙船户　於　日受兑竣

縣派運沙船户　於　日受兑竣

道光六年　月　日填報

米結式

具切結船商某今具到

總局案下實結得商今領運　縣漕糧正耗米

石給船八升耗米　石俱係顆粒實

收上船運津並無私折短少情事所具切結是實

交兑公所斛手某

銀米全領結式

具領船户某領到

縣　糧正耗並隨運節省耗米共　千　百

十　石　斗　升　合　勺每石水脚銀四錢共銀

百　十　兩　錢　分　釐米照漕斛兌足銀係

漕平足紋全數領回中無短扣奉給隨船每石八升

耗米共　百　十　石　斗　升　合　勺一併領

回倘到津交卸米石短少即將奉給耗米補足如有

餘米歸船食用合具全領是實

神福犒賞銀　天津挖泥錢　一併收領

道光六年　月　日具領船户

管船耆舵

保領牙行

奉給　縣簽　號到津交米船照一紙一併

具領

委員　今於本月　日將

縣第　號　船應領

水脚銀　神福犒賞銀

一併發訖取有銀米全領結狀合行呈送並請填發三聯

執照一紙以便轉給此單存照

道光六年　月　日

存　查

江蘇督糧道／布政使司／蘇松太道　為存案備查事據上海縣報稱船商某願將自置　字號　船一隻領運道光五年分　縣起運　糧正耗米共　千　百　十　石　斗　升　合　勺節省備撥耗米　十　石　斗　升　合　勺以上共米　千　百　十　石　斗　升　合　勺此係到津交卸之數隨船帶備耗米共　十　石　斗　升　合　勺此係給沙船之數取具領運切結當蒙按照到津交卸米數每石四錢給發水脚共漕平紋銀　百　十　兩　錢　分俱已全數收領訖該商等小心經管運赴天津府東門外聽候委員轉請盤驗交卸不許遲誤倘沿途設遇所捲颶風事情隨時呈報地方官驗明轉詳奏請免賠如並無事故而查出虧短少即以帶備餘耗如數補足再有不敷船主自行買賠若到津驗無短缺所帶餘米給予船戶以作回南食米自上海至天津所過關津渡口驗照放行不許訛索陋規如違查究除發給船戶執照並給在津委員驗照外理合備案存查

月　日自　縣開行

搭貨　據免稅放行

船商　耆民　舵工　水手　名

花名另冊登記

道光六年　月　日

編定　縣第　號運糧船

執照存根備查

縣第　號

驗　照

江蘇督糧道／布政使司／蘇松太道　為發給驗照事據上海縣報稱船商　願將自置　字號　船一隻領運道光五年分　縣起運　糧正耗米共　千　百　十　石　斗　升　合　勺節省備撥耗米　十　石　斗　升　合　勺以上共米　千　百　十　石　斗　升　合　勺此係到津交卸之數隨船帶備耗米共　十　石　斗　升　合　勺此係給沙船之數取具領運切結當蒙按照到津交卸米數每石四錢給發水脚共漕平紋銀　百　十　兩　錢　分俱已全數收領訖該商等小心經管運赴天津府東門外聽候委員轉請盤驗交卸不許遲誤倘沿途設遇所捲颶風事情隨時呈報地方官驗明轉詳奏請免賠如並無事故而查出虧短少即以帶備餘耗如數補足再有不敷船主自行買賠若到津驗無短缺所帶餘米給予船戶以作回南食米自上海至天津所過關津渡口驗照放行不許訛索陋規如違查究除發給船戶執照外合給驗照是實

月　日自　縣開行

搭貨　據免稅放行

船商　耆民　舵工　水手　名

花名另冊登記

道光六年　月　日

編定　縣第　號運糧船　飛遞在津委員比對

縣第　號

執　照

江蘇督糧道／布政使司／蘇松太道　為發給執照事據上海縣報稱船商　願將自置　字號　船一隻領運道光五年分　縣起運　糧正耗米共　千　百　十　石　斗　升　合　勺節省備撥耗米　十　石　斗　升　合　勺以上共米　千　百　十　石　斗　升　合　勺此係到津交卸之數隨船帶備耗米共　十　石　斗　升　合　勺此係給沙船之數取具領運切結當蒙按照到津交卸米數每石四錢給發水脚共漕平紋銀　百　十　兩　錢　分俱已全數收領訖該商等小心經管運赴天津府東門外聽候委員轉請盤驗交卸不許遲誤倘沿途設遇所捲颶風事情隨時呈報地方官驗明轉詳奏請免賠如並無事故而查出虧短少即以帶備餘耗如數補足再有不敷船主自行買賠若到津驗無短缺所帶餘米給予船戶以作回南食米自上海至天津所過關津渡口驗照放行不許訛索陋規如違查究須至執照者

月　日自　縣開行

搭貨　據免稅放行

神福福貨銀　天津挖泥錢　一併收領

船商　耆民　舵工　水手　名

花名另冊登記

道光六年　月　日給船戶收執

編定　縣第　號運糧船

奎

加裝具領銀米結式

具領　字船戶　竊奉派裝運　縣漕糧正耗並節省餘耗米共　照數兌竣後尚有餘船情願再行加裝　縣漕糧正耗並隨運節省耗米共　給船八升耗米　水脚銀

俱經照數領兌米係漕斛銀係漕平倘到津交卸米石短少即將奉給耗米補足如有餘米歸船食用合具收領是實

道光六年　月　日具收領船戶

管船者舵

保領牙行

加裝黏單式

字　船原派

縣道光五年分　縣糧米兌竣後情願加裝

漕糧正耗米

節省倏撥耗米

共米　又給船八升耗米

計水脚漕平紋銀　一併收領運津交納

須至單者

存根

第二次承運漕糧　字　商船水手計　名

每名加賞銀一錢五分共計漕平紋銀　兩　錢　分正

道光六年　月　日給發

海運總局第　號

照票

憑票發給第二次承運漕糧　商船加賞水手銀

計　名共計漕平紋銀　兩　錢　分正

崇本錢莊照發

運過漕米商船執照存查

江蘇督糧道宋 布政使司賀 蘇松太道潘　為存查執照事照得蘇松常鎮太五府州屬道光五年分漕白糧米前經招雇商船運津是未經裝糧之船該船户既自稱為漁船祇可沿灘採捕不能遠過成山此後即關東外口如貔子窩大莊河英那河大孤山韃拉腰花園夾山金綫島青山台洋河小沙河等處亦不准去祇准到山東石島而止不准駛過成山所有該船已運過糧米應准駛赴關東内外各口攬載貨物一俟駛至各口即憑此照驗放除詳請咨明山東奉天直隸督撫尹憲轉飭各口岸查照外合截照根存查備案須至執照者

一給　字船户　收執

道光六年　月　日給

字第　號

六十六

運過漕米商船執照

江蘇督糧道宋 布政使司賀 蘇松太道潘　為給照收執事照得蘇松常鎮太五府州屬道光五年分漕白糧米前經招雇商船運津是未經裝糧之船該船户既自稱為漁船祇可沿灘採捕不能遠過成山此後即關東外口如貔子窩大莊河英那河大孤山韃拉腰花園夾山金綫島青山台洋河小沙河等處亦不准去祇准到山東石島而止不准駛過成山所有該船已運過糧米應准駛赴關東内外各口攬載貨物一俟駛至各口即憑此照驗放除詳請咨明山東奉天直隸督撫尹憲轉飭各口岸查照外合行給照收執須至執照者

右照給　字船户　收執

道光六年　月　日給

遇有船主更換將此執照呈明換給聯照

風報

正月初三日龍神會

初四日接神颶

初八日龍神會

初九日玉皇颶此日有颶後颶皆驗否則後亦多不驗

初十日大將軍降日逢煞期午後有風無風則雨

十二日龍神會

十三日關帝颶

二十一日大將軍降與初十日同

二十五日龍神會

二十九日龍神會又烏狗颶

三十日龍神會

二月初二日白鬚颶東西洋攷同嶺南雜記作初四

初三日龍神朝上帝

初七日春明報

初九日龍神朝上帝

十二日龍神朝上帝

二十一日觀音報

二十九日龍神朝上帝

三月初三日上帝颶又龍神朝星辰又真武報此日最宜謹防

初七日閻王報又龍神朝星辰
十五日眞人颶又名眞君報
二十三日天后聖誕俗呼媽祖颶諺云眞人颶多風媽祖颶多雨
二十七日龍神朝星辰
二十八日諸神朝上帝
四月初一日白龍報
初八日佛子颶又名太子報龍會太白
十二日龍會太白
十七日龍會太白
二十三日太保報午時有大風雨

二十五日龍神太白報
五月初五日屈原颶係大颶之信天帝龍王朝玉帝
初十日申酉時有大風雨
十一日天帝龍王朝玉帝申酉時有大風雨
十三日關帝颶
二十一日龍母報
二十九日天帝龍王朝玉皇
六月初九日地神龍王朝玉皇
十二日彭祖颶嶺南雜記作十三
十八日彭祖婆颶

十九日觀音報
二十四日雷祖誕此報最準名爲洗炊籠颶自十二日至二十四日係大颱之旬
二十七日地神龍王朝玉帝卯辰有大風雨
七月初七日神煞交會
初八日神煞交會
初九日神煞交會
十五日鬼颶神煞交會
二十七日神煞交會
八月初一日竈君颶
初三日龍王大會

初五日大颱旬
初八日龍王大會
十四日伽藍報
十五日魁星颶
二十一日龍神大會
二十七日龍神大會
九月初九日重陽報嶺南雜記稱九降自初一至十八日風信靡常
十一日龍神朝玉皇
十五日龍神朝玉皇
十六日張良颶

十九日觀音颶龍神朝玉皇
二十七日冷風颶
十月初一日大颶旬
初五日風信報
初八日東府君朝玉皇
初十日水仙王颶
十五日東府君朝玉皇
十八日彌陀颶
十九日東府君朝玉皇
二十日東嶽朝天

二十六日翁爹颶
二十七日東府君朝玉皇
十一月十四日水仙報
二十七日普安颶
二十九日四嶽朝天
十二月二十四日送神颶又名掃塵風自二十日至除夕多大風名送年風
二十八日有大狂風
又十二月二十日至三十日俱與明年按月相應二十一日有風則明年正月有大風二十二日有風則二月有大風餘可類推或一日之間風作二次則所應之月風亦如之

按風報日期本日及前後三日內皆當昉之葢俗傳報期或稱諸神誕日或稱龍神朝會雖各有所指實則不外日月躔度陰星之應惟報期甚多月躔箕畢表不足以槩之故復取嶺南雜記中山傳信錄兩洋攷福建通志所載以備叅攷

附沙船耆舵相傳歷驗風報

正月十五日卸燈報此報不必避正月立春之後每有南風數日俗謂之拜年風北行之船正可趁此放棹

二月初八日張大帝報此報宜避

十九日觀音報此報不惡

三月初三日田雞報此報最險切宜豫防

四月無大風報

五月初五日端陽報不惡

十三日下陽報此報宜避

六月無大風報惟二十四日雷祖報最險但不必年年常有

七月十五日七月半報此報宜避七月東北風太緊往往有風潮之處可知此報之險但不必年年有之

八月無大風報

九月初九日重陽報重陽後每有數日南風北行之船候至此時可以放棹二十四五等日往往大風過此便可行船諺云九月廿七朝前走十月無風慢慢來

十月十一日麻和尚報此報甚險宜避

二十日有報不必避

三十日犁星報冬至將近犁星著地必有大風凡見犁星著地其報非凡報可比若不見犁星著地亦即無報但行船不可不防

十一月十五日小雪報不必避

十二月初大雪報約在冬至後二十七日

二十四日掃塵報極險宜避

行船避報此規矩之常但報期太多若逢報必避則幾無可以行船之日矣蓋無關輕重之報原不必避即極險最惡之報亦不必年年定有此在耆舵之善於覲察以定之耳

潮信說

潮信各處不同今海運由上海黃浦兌米至吳淞出口自應以上海爲準案朝至曰潮夕至曰汐每月朔以子午時至日遲三刻至望日則子潮降而爲午午潮降而爲子如是半月以復其初月建大則潮五十八至月建小則潮五十六至月之麗天出東入西大建經天二十九次小建經天二十八次無三十次者潮秉月之精故亦無六十至也上海潮信吳淞口最早黃浦次之松江又次之先是潮由吳淞入朔望以子午爲信自李家洪之決海內徙遂早數晷至向來

大信並無潮頭比年以來愈南愈大繫纜不謹每至傾側是以潮信不可不知攷宋元以來官榜潮信於亭以便行旅斯意良善故於此書詳載備推測焉

吳淞江潮信

初一辰戌末　初二巳亥正　初三巳亥末　初四午子初
初五午子正　初六午子末　初七未丑初　初八未丑正
初九申寅初　初十申寅正　十一申寅末　十二卯酉正
十三卯酉末　十四辰戌初　十五辰戌正　十六辰戌末
十七巳亥初　十八巳亥末　十九子午初　二十子午正
二十一子午末　二十二丑未初　二十三子午正　二十四寅申初
二十五寅申正　二十六寅申末　二十七卯酉正　二十八卯酉末
二十九辰戌初　三十辰戌正

黃浦潮信

初一巳亥正　初二巳亥末　初三子午初　初四子午正
初五子午末　初六丑未正　初七丑未末　初八寅申正
初九寅申末　初十卯酉正　十一卯酉末　十二辰戌正
十三辰戌末　十四巳亥初　十五巳亥正　十六巳亥末
十七子午初　十八子午正　十九子午末　二十丑未初
二十一丑未正　二十二丑未末　二十三寅申正　二十四寅申末
二十五卯酉初　二十六卯酉正　二十七卯酉末　二十八辰戌初

二十九辰戌末　三十辰戌末

黃浦潮信分四時表

吳淞江潮信準此早三刻可以類推表中但列十二時初正末而不列刻數者葢潮從東北來東北風大則潮早西南風大則潮遲是又不可以刻分定也

	春秋	夏	冬
初一　十六	巳正亥初大	巳初戌末大	巳正戌末大
初二　十七	巳末亥正大	巳末亥初大	巳末亥初大
初三　十八	午初亥末大	午初亥末大	午初亥正大
初四　十九	午正子初大	午末子初大	午正亥末大
初五　二十	午末子正下岸	午末子正下岸	午末子初下岸
初六　二十一	未初子末漸小	未初子末小	未正子末漸小
初七　二十二	未正丑初漸小	未正丑初小	未末丑初小
初八　二十三	未末丑末漸小	未末丑正小	申初丑末小
初九　二十四	申正寅初小	申初丑末小	申正寅初小
初十　二十五	寅末申末交澤	寅初申正交澤	寅末申末交澤
十一　二十六	卯初酉初起水	寅末申末起水	卯初酉初起水
十二　二十七	卯末酉正漸大	卯初酉初漸大	卯末酉正漸大
十三　二十八	辰初酉末漸大	卯末酉正漸大	辰初酉末漸大
十四　二十九	辰末戌正漸大	辰初酉末漸大	辰末戌初漸大
十五　三十	巳初戌末大	辰末戌初大	巳初戌正漸大

海上絲綢之路文獻集成

總主編　陳支平　陳春聲

歷代史籍編 80

主編　范金民

海峽出版發行集團
THE STRAITS PUBLISHING & DISTRIBUTING GROUP
福建人民出版社

本册目次

海運續案六卷

〔清〕佚名輯

《海運續案》六卷，輯者不詳。咸豐元年（一八五一）江南蘇州、松江、常州、鎮江、太倉四府一州糧漕，復行海運，援照道光六年（一八二六）及二十八年頒章辦理，事後裒録全案，以續《全案》，故名續案。卷一、二諭旨章奏，卷三本部咨文及接收咨呈，卷四差次劄咨，卷五船册，卷六米册。據中國國家圖書館藏清抄本影印。

海運續案

咸豐壬子年

卷一
諭旨　章奏
卷二
諭旨　章奏
卷三
本部咨文及接收咨呈
卷四
差次劄咨
卷五
船冊
卷六
米冊

戶部尚書臣孫　跪
奏為援照成案河海並運以裕庫儲而資周轉仰祈
聖鑒事竊維部庫支絀近年滋甚粵西軍務尚未告竣南河復值漫口臣等已照該督等所請如數撥給銀四百五十萬兩以濟要工此次所撥之款皆明年京支所必需居期籌措無資恐致束手伏念
國家量入為出制用舊章原屬有贏無絀近年因銀價昂貴歲入之數不能如額年年常此減少積少成多遂致一切支放皆形竭蹶當此入項短缺之日又值出項繁多此辦理之所以掣肘也為今之計若非有另外加增之項不足以供接濟然非有節省之費亦無術可以加增且即以節省為加增必其事曾經辦過著有成效者方可仿照而行有益無損溯查江蘇漕運自道光十年以後年年缺額約計短收數目自三四成至四五成不等十餘年來以習為故常矣然或偶行海運則全漕俱到無少缺減總緣漕船減歇則漕務幫費全數節省即以所省之費添購米石足額之故實由於此又查道光二十七年遵
旨將蘇松太二府一州漕白糧米改由海運以各州縣津貼旂丁之費作為籌補之資計多得米三十餘萬石此即以節省為加增而著有成效者也惟是該年海運係為籌補倉儲故多得之米全數交倉今則倉儲尚非甚缺而部庫支絀萬狀擬請將來歲蘇松太三屬新漕照案改由海運計多得之米仍可有三十餘萬石即以此米糶出換銀可得銀六十餘萬兩又三屬幫船既不出運行糧耗米等項皆歸節省計通共可得銀八九十萬兩於常年交倉米數仍無減損而多得之銀計明歲春間即可聽候部撥似於庫儲不無少補雖此項到京亦僅足兩月之用然今茲舍此而不計則來歲並此而亦無且三屬漕白既由海運則大工興辦之後亦少此數十幫逆流挽上之重船是又一舉而兩得者也惟臣之所見究屬懸擬一切真正情形仍在蘇省當此萬分支絀之時內外臣工各宜實心實力共濟艱難俾
帑項多一分之蓄儲則度支多一分之裨益是又歸在事人員之經理得宜自收實效也相應請
旨敕下該督撫悉心體察速議妥辦以裕度支而救時艱臣愚昧之見是否有當伏乞
皇上聖鑒謹
奏

再查海運成案道光六年經大學士英　奏請試辦
是歲全漕到京並無損失道光二十七年遵
旨將蘇松太二府一州漕白改由海運爾時言者皆以風濤
盜賊藉詞阻止仰賴
成皇帝宸謨獨斷遂收全漕俱到之益伏查蘇松常鎮太五
屬前三屆交倉漕糧道光二十九年九十七萬餘石三十年三十餘萬
咸豐元年九十三萬餘石是五屬河運之米尚不及
二十七年蘇松太三屬海運米石之多言者於海運
之全漕到京河運之常年短缺皆置而不論惟一議
海運則羣疑滋起是其言之不足為據已可概見此

海運之可行者一也至風波之說臣常訪之海上居
人僉云海洋風信皆有定期商船往來即以其期為
收放故失事者百不遇一況海運在春夏之交維時
東南風司令一帆順駛萬里遄征事妥行速此海運
之可行者二也又盜賊之說近歲東陽盜蹤未靖非
無商船被刧之案然皆五月以後之事蓋緣洋盜皆
閩粵人素畏北洋風寒必俟六七月間方敢北駛今
歲山東石島煙臺兩案即係七月二十五日之事可
為明證溯查前屆海運皆於五月內蕆事彼時並無
盜賊此海運之可行者三也又況商船被劫皆由水
師偷安不出巡洋所致今以
天庾正供改行海運由江南以至天津水師提鎮以下人
人知有責成連艘千百礮械齊備較商船聲威之壯
奚啻十倍不但無虞盜劫兼可使盜望風而遁此海
運之可行者四也又查漕運全書海運一條內載我
朝自康熙年間開海禁以來商船往還關東天津等處
習以為常駕駛之技趨向之方靡不漸推漸準愈久
愈精是海運雖屬試行海船實為習慣春夏多東南
風舟行尤為順利等語此書道光二十四年由臣部
纂修恭逢

欽定刊頒是海運之可行已登典冊更覺信而有徵矣謹附
片陳明伏乞
皇上聖鑒謹奏咸豐元年九月二十四日奉
上諭戶部尚書孫　奏河海並運以裕庫儲一摺據稱
從前海運著有成效請將來歲蘇州松江太倉三屬新
漕照案由海海運計節省之項可補庫儲又另片奏檢
查成案歷陳海運之可行等語著陸建瀛楊文定按照
所奏各情並體察該省地方現在情形明年漕運是否
有宜變通之處務當豫為籌畫悉心妥議迅速具奏原
摺片均抄給閱看將此各諭令知之欽此

江南道監察御史臣張祥晉跪
奏為節省浮費以濟要需請將本年江蘇新漕援照前
居海運成案推廣常鎮各屬及浙江一體遵辦仰祈
聖鑒事竊惟南漕善策莫如海運道光二十七年蘇松太
漕在於該屬節省漕贈銀米添購米三十餘萬石運
交京倉此前居辦理之成案也而本年江浙新漕應
改海運有較之二十七年為尤甚者豐北漫口大工
甫興距來歲重運之期不遠儻屆期未能工竣固恐
有礙漕行即使依限合龍水歸故道而黄水曾經入
運秋冬水落難保無淤塞之虞如道光四年高埝缺

奏一　五

口運道受淤盤運滯漕費帑至九十餘萬且恐不能
如斯抵通有妨京倉支放此不可不先事豫防者也
至於南河工用浩繁尤當亟籌經費查江蘇前居海
運僅辦蘇松太屬節省銀數已不下七八十萬兩之
多若將新漕推廣常鎮各屬及浙江杭嘉湖三府一
體遵辦其節省當在二百萬兩以上應令毋庸添購
米石即將銀兩撥解河工以濟急需是節幫費之虛
糜歸工需之實用此尤海運之有裨於今日者也總
之新漕改由海運既免運道淤塞之慮又濟南河要
工之需且計漕糧抵通可較河運有速無遲有贏無

絀似一舉而數善兼備現值南漕開辦之時如臣言
可採應請
旨勅下江浙兩省督撫體察情形稽覈成案速議具奏臣
愚昧之見是否有當伏乞
皇上聖鑒訓示謹
奏

奏一　六

再前據兩江督臣陸建瀛等奏稱南河現興大工錢
價驟長每銀一兩僅易制錢一千五六百文於工需
帑項虧折甚鉅是設法以平錢價尤屬要圖向聞浙
江漕糧兼收折色而繳錢之地為多州縣以錢易銀
解兑每為市價居奇須制錢二千三四百文方能易
銀一兩近年州縣虧空多緣於此如新漕改辦海運
將節省銀兩撥濟工需飭令搭解錢文運交工次則
州縣既可免易銀之累而河工又可免易錢之虧虛
兩地錢價俱平而帑項胥歸實用矣謹附片具
奏咸豐元年九月二十五日奉
上諭𦘕據戶部尚書孫　奏擬行海運以裕庫儲已降
旨交陸建瀛楊文定悉心妥議具奏茲據御史張祥晉
奏請將江蘇新漕援照從前海運成案推廣常鎮各屬及浙
省一體　辦等語南漕海運雖有舊案可循是否可以

推廣並　地方情形是否可行著陸建瀛楊文定常大淳悉
心體察迅速妥議具奏又另片奏江浙漕糧徵錢之地
居多若改辦海運將節省之錢運交河工並可以平銀價
著一併議奏原摺片均抄給閱看將此各諭令知之欽
此

兩江　陸建瀛江蘇巡撫臣楊文定跪
奏為蘇　鎮太四府一州漕糧遵
旨籌議海運先將覈實大概情形恭摺具奏仰祈
聖鑒事竊臣等准軍機大臣字寄本年九月二十四日奉
上諭戶部尚書孫瑞珍奏河海並運以裕庫儲一摺據稱
從前海運著有成效請將來歲蘇州松江太倉三屬新
漕照案由海海運計節省之項可補庫儲又另片奏檢
查成案歷陳海運之可行等語著陸建瀛楊文定按照
所奏各情並體察該省地方現在情形明年漕運是否
有宜變通之處務當預為籌畫悉心妥議迅速具奏原
摺片均抄給閱看將此諭令知之欽此又續准軍機大
臣字寄九月二十五日奉
上諭昨據戶部尚書孫瑞珍奏擬行海運以裕庫儲已降
旨交陸建瀛楊文定悉心妥議具奏茲據御史張祥晉
奏請將江蘇新漕援照從前海運成案推廣常鎮各屬
及浙省一體試辦等語南漕海運雖有舊案可循是否
可以推廣並現在地方情形是否可行著陸建瀛楊文
定常大淳悉心體察迅速妥議具奏又另片奏江浙漕糧
徵錢　若改辦海運將節省之錢運交河工
並可以　一併議奏原摺片均抄給閱看將此各

諭令知之欽此臣等伏查江蘇歲額漕糧甲於他省統計蘇松常鎮太四府一州每年照例交倉漕米一百四十餘萬石歷來州縣津貼幫費以蘇松太為最重常鎮次之近年灾歉頻仍民間元氣未復以致起運米數歲有緩缺即熟田應徵之米亦復催輸不易而銀價未能平減浮費不克盡裁收兌兩難官民交困若欲力籌補救舍海運誠無良策辰下粵西軍務未竣南河復值漫口撥餉浩繁正度支孔亟之時欲於裕漕之中籌節省之計亦非海運不可臣楊殿邦正在亟商籌辦間適奉

諭旨飭議臣等伏查道光二十八年海運成案蘇松太三屬二十七年額徵漕糧除熟田應徵米穀外實災缺米二十七萬三千七百餘石當時即以節省給丁餘耗等米一十六萬餘石交倉並提節省給丁漕贈等銀一十五萬餘兩以之採買米一十一萬三千餘石湊足漕額又籌補常鎮兩屬災缺米六千九百七十餘石並提隨正交倉經紀耗米一萬三千三百餘石總計二十九萬四千餘石是籌補實缺等米為數幾及三十萬石即出於節省給丁銀米其節省給丁津貼皆係抵充沙船水腳耗米及天津通壩駁運等費曾經由部議准覆奏有案較之道光六年已屬格外節省本年夏秋風雨過多業據各屬會同委員紛紛堪報均有歉收緩缺額漕在所不免如果改由海運自應籌足額數即沙船水腳耗米暨南北公費又皆為海運所必需亦不能不藉資於節省津貼臣等督同司道及各府州悉心體察蘇松太三屬漕糧近年海運成案既收實效自當循辦而常鎮二屬幫費既經道途較遠情形本與蘇松不同非不可照舊河運惟就該御史推廣之議復加籌覈覺蘇松既歸海運即常鎮照辦亦為順易且多此兩府海運之米又省

數萬河運之資於度支不無小補應請將蘇松常鎮太五府州應徵熟田漕白二米一律由海運並將節省例給旗丁餘耗等米飭令各州縣分別糶變惟刻下江蘇米價頗賤每石不過值銀一兩加之節省漕贈等銀約計總可得銀六七十萬查照上屆成案抵作籌補缺額之米立限提解司庫尚未覈定具詳現在趕緊嚴追應俟各屬被歉頃畝科則細冊送齊之後方能覈見實數且恐各屬科則有避就之虞歉分有浮報之處臣等自當不避勞怨認真查辦總使比較上屆海運交倉之米不致短少所有海運一切辦

法應與道光六年及二十七年成案互相參酌容俟
覈定確數並酌擬辦理章程另行具
奏其沙船水脚耗米及南北應用經費照舊於節省津
貼項下飭提支用再南河工用奉撥蘇省銀兩經臣
陸建瀛酌量情形飭屬銀錢並解尚資接濟在州縣
徵漕間有折色亦洋錢居多況海運節省應候部撥
該御史所奏節省之錢數交河工之處應毋庸議至
於風濤之險盜賊之虞原奏辯論已詳即水手之難
以安插尤應加意防範臣等惟有督同司道詳查成
案逐一覈議次第詳奏設有今昔異宜仍當因時籌

酌分別請
旨遵行除浙江漕糧能否海運由該撫臣常大淳另行籌
議具奏外相應將蘇屬五府州漕白二糧遵辦海運
並抵補足數酌擬節省銀款大概情形先行合詞恭
摺覆奏伏乞
皇上聖鑒訓示謹
奏咸豐元年十二月初五日內閣奉
上諭陸建瀛楊文定奏遵旨籌議海運一摺前據尚書孫
瑞珍奏陳從前海運成效請將新漕援照辦理並據御
史張祥晉奏請推廣成案試辦海運疊經降旨諭令陸

建瀛等體察情形悉心妥議具奏茲據該督撫籌覈大
概情形先行覆奏所有來年蘇州松江常州鎮江太倉
五府州漕白糧米著准其一律改由海運該督撫即查
照成案迅將籌辦章程詳議奏聞並著嚴飭各屬覈實
認真辦理毋致滋生弊端餘著照所議辦理該部知道
欽此

浙江巡撫臣常大淳跪
奏為查明浙省漕糧難以試行海運請仍循照舊章辦
理恭摺覆
奏仰祈
聖鑒事竊臣承准軍機大臣字寄咸豐元年九月二十五
日奉
上諭昨據戶部尚書孫　　奏擬行海運以裕庫儲等因
欽此遵
旨寄信到臣當即欽遵劄飭藩司糧道轉行有漕各府悉
心妥議據實詳辦去後茲據藩司椿壽糧道胡元博

轉據杭嘉湖三府以查明浙省漕糧試行海運諸多
窒礙會議詳請覆
奏前來臣覆詳加察覈伏思漕運河工均為當務之急
目下河工漫口運道不無淤阻工費所需孔迫誠能
將新漕改行海運節省給幫銀米以濟工需兼免新
漕阻滯之虞何敢不實力實心認真籌辦無如悉心
體察實有萬難改行之勢緣浙省情形與蘇省不同
蘇省漕額較重所收本折為給幫津貼均較浙省為
多以致海運經費較之河運稍有節省浙省近年河
運貼幫銀米多者每石四錢有零少者每石不及三
錢今如試行海運即以蘇省向辦海運經費每石一
兩有奇之數而計較之河運非特不能節省且不敷
為數甚鉅此其不能行者一也又浙江乍浦寧波雖
有海口乍浦向有鐵板沙淤無船可雇寧波則相距
有漕州縣窵遠又中隔兩江三壩不能一帆直達且
該海口船亦無多不敷受載如改行海運亦必須從
蘇省之上海放洋而浙省有漕各屬相距上海或三
四百里或六七百里盤運甚遠費亦不支且上海地
轄江蘇該地方官有所節制募船尚易浙省非其所
轄幫必呼應不靈即使仰藉江蘇代為雇募而兩省

同時舉辦綜計額漕不下二百數十萬石約需沙船
二千餘隻方可載運其時或雇用不敷或勒索居奇
均不可不慮此其不能行者二也又沙船放洋時在
二月中旬起運漕糧及運行經費必須歲底正初先
期兌交清楚方可乘時開行浙漕收兌向遲內如嘉
興秀水嘉善海鹽等縣漕米歲內完納寥寥遲至來
春方能旺收積習相沿牢不可破至各屬給幫各款每
至四月開幫尚多掛欠漕白錢糧延至糧艘北行猶
未能完足五分之數百計追呼而漕缺大率凋殘非
多方挪墊不能曲為敷衍兼之浙省向非聚商之所

内河船隻亦不甚多如以三屬各州縣漕糧同時運赴上海其間壓前等後稽擱亦必難免銀米兩項遲誤堪虞此其不能行者三也又浙省二十一幫丁情素稱疲累如杭嘉二府之杭二杭四海所杭三寧前嘉白等幫從前尚可支持自道光三十年因災停運之後殷者轉疲疲者愈累其湖屬八幫困苦尤甚旂丁衣不蔽體食不充腹在船蓬桅槓具率多典質甚至有拆賣船板者本年起運多方調濟並將減船月糧全行撥濟始能勉行出運今若試行海運再復停歇則在次各船即難保其悉能完備下屆仍行河運設有缺誤關係非輕且改行海運必須將各船水手逐一資遣而浙省各幫均有水手欠帳多者贏千累萬道光三十年辦理資遣

奏請撥款之外又將減丁苫蓋月糧全行貼給方能驅散彼時該水手等因奠下運受雇故尚相安無事今若改行海運恐該水手等慮及從此失業或藉索幫欠逗留生事或流為盜賊擾害閭閻尤不可不防其漸溯查嘉慶十五年暨道光五年浙省遵奉

諭

旨勅議試行海運酌折額漕均經各前撫臣以窒礙難行具摺奏覆在案彼時浙省漕務尚稱完善猶且難行

今則民困幫疲其受賠情形更非昔比有漕各屬内如海寧秀水嘉善海鹽歸安德青等州縣固已疲瘠著名其餘各邑亦不可勝言各州縣每辦一漕無不筋疲力盡咸以漕缺為畏途如果改行海運得能節省當亦無不樂從今通盤籌計較之河運之費非惟不能節省轉須加多兼之種種窒礙實有斷難改行之勢所有浙省漕糧應請仍循舊章由歸河運行以免貽誤並請

旨勅下兩江督臣暨江南河臣迅飭將運道設法疏濬以利漕行而免阻滯臣謹會同漕運總督臣楊殿邦據實

恭摺覆

奏伏乞

皇上聖鑒訓示謹

奏咸豐元年十二月十七日奉

硃批知道了既屬窒礙著暫停試辦欽此

兩江總督臣陸建瀛江蘇巡撫臣楊文定跪
奏為蘇松常鎮太四府一州應徵咸豐元年漕白糧米
全由海運酌定辦理章程恭摺奏祈
聖鑒事竊臣等議請海運奏奉
上諭陸建瀛楊文定奏遵旨籌議海運一摺前據尚書孫
瑞珍奏陳從前海運成效請將新漕援照辦理並據御
史張祥晉奏請推廣成案試辦海運疊經降旨諭令陸
建瀛等體察情形悉心妥議具奏茲據該督撫籌畫大
概情形先行覆奏所有來年蘇州松江常州鎮江太倉
五府州漕白糧米石准其一律改由海運該督撫即查
照成案迅將籌辦章程詳議奏聞并著嚴飭各屬覈實
辦理毋致滋生弊端餘著照所議辦理該部知道欽此
當經欽遵轉飭遵照辦理去後臣等伏查江蘇漕務
收兑兩難積疲已久欲求節費裕漕誠非海運不可
本年交秋風雨過多收成復形歉薄經臣等嚴飭司
道實力整頓不准絲毫浮報覈計本年熟田應徵交
倉漕白米一百四萬六千二百餘石一律由海運津
仍照成案於來年二月內全數放洋北上其向年例
給旗丁餘耗等米飭令各州縣一律糶變連節省漕
贈等銀並撥節省津貼等款共銀六十六萬兩分別

立限提解報部撥用一切海運辦法本有成案可循
第查道光五年及道光二十七三十等年漕糧三次
海運或辦五屬或辦三屬或專辦白糧事勢多有不
同今屆四府一州漕白二糧全歸海運正與道光五
年情形相仿彼時年穀順成全漕起運並無災緩缺
額之款除津通應用各款及應給沙船耗米概支節
省銀米外所計餘米六萬數千石隨正交倉道光二
十七年海運籌補災缺等米幾及三十萬石抵足漕
額辦理已屬不易此次銀米併計除補足交倉額米
外尚有額外餘銀二十六萬餘兩比較道光五年二
十七年兩屆交倉之數均屬有贏無絀其餘兑運事
宜悉循成法惟今屆節省之款以米易銀亦復少有
異同臣等惟有殫竭愚忱認真督辦現就司道妥議
章程覆加詳覈謹先擬十條為我
皇上陳之
一海運事繁任重必期經理得人也查海運漕糧以
省城為始事以上海為總滙以天津為歸宿道光五
年及二十七三十等年三次海運成案均於省城上
海天津三處各委司道守丞各大員分任厥事而以
縣令佐雜襄理奔走今屆自應仿照辦理飭藩司總

理全局並委員署蘇州府知州鍾殿選署松江府知府何士祁督同候補知縣吳煦查議章程勾稽款目仍由藩司會同糧道應徵銀米確數俾昭覈實其雇備沙船為海運首務飭委蘇松太道吳建彰督同候補知府洪玉珩松海防同知藍蔚雯等雇覓沙船並督飭各委員料理沙船兌收放洋各事糧道倪良耀責任糧儲應令於各屬開倉時親往查驗一次復於上海裝船時會同蘇松太道再行盤查米色均須一律乾圓潔淨白糧更宜慎重均不准稍有攙雜柔嫩不潔等弊並由糧道查明回空軍船幫次軍丁水手

各若干參酌成案分別調劑資遣至天津交米事宜尤屬喫重應即飭委該道酌帶委員先起由陸路赴津管理交兌並會同直隸委員照案妥為籌辦

一交倉漕米必須籌補足額也查道光二十七年蘇松太三屬漕糧辦理海運以節省給丁贈五餘耗等米全數交倉並提給丁漕贈等銀採買起運補足漕額在案茲查咸豐元年分蘇州松江常州鎮江太倉等四府一州額徵有閏交倉漕白正耗米一百四十四萬五千三百九十一石零除本年秋歉緩徵漕糧及丹徒縣額漕儘撥旗營兵糧並被歉緩缺統共米三十九萬九千一百三十五石零實徵熟田交倉漕糧九十七萬四千二百四十九石零又額徵交倉白糧正耗米七萬二千六石零共計交倉漕白正耗米一百四萬六千二百五十五石零應照奏案一律由海運津至緩缺交倉漕糧米三十九萬九千一百三十五石零內除丹徒縣起運米石項下例應加截京口節歸不敷米四百八十二石零已於兵糧項下另籌買補外實計缺額米三十九萬八千六百五十二石零自應照案籌補足額今查漕白項下向應給丁贈五盤用等耗米除被歉緩徵及留支春耗等米

外共計熟田應徵節省給丁耗米二十一萬三千九百九十五石零今既專籌銀款應即飭令糶變並酌提各屬節省給丁津貼等銀湊抵緩缺漕糧米三十九萬八千六百五十二石零補足交倉全額餘歸銀款併計至沙船耗米每漕糧一石給米八升白糧一石給米一斗共計米八萬五千一百四十餘石應由各州縣捐給本年歉緩漕南米石仍俟來年秋成後查看情形按限徵完交幫搭運以符成例

一籌銀款以備撥用也今次遵
旨籌辦海運請以節省旗丁米石分別糶變不足之數再

提各屬節省給幫津貼以上屆籌補京倉米額改為籌補銀款惟係以銀合米補足漕額仍應專稽銀數以清眉目查本年蘇松常鎮太五屬額徵漕白項下共計被歉緩徵米三十九萬九千一百三十五石零查有熟田應徵給丁贈五餘耗等米二十一萬三千九百九十五石零既辦海運即應節省現飭各該州縣一律糶變每石合銀一兩共該糶變銀二十一萬三千九百九十五兩零又提各屬節省給丁津貼銀二十五萬八千三百六十四兩零並節省給丁漕贈等銀一十八萬七千六百三十九兩零三共銀六十

卷一　廿二

六萬兩分別立限提解司庫聽候部撥除抵補緩缺交倉額米合銀三十九萬八千六百五十二兩零外計有額外餘銀二十六萬一千三百四十八兩零其各屬應給沙船水脚神福犒賞暨捐贈津通剝船經紀食耗等米由縣驗運赴滬水脚等款除應給沙船耗米歸入米款覈計外每石約需銀五錢七分五釐挨出運米數覈計共需銀六十萬一千五百九十餘兩及南北應用公費均飭各州縣於向年應給旗丁幫費内分別解給抵用

一籌補緩缺南糧毋庸援案截撥也查南糧項下應支兵糧局卹等米每逢災歉年分均係截撥漕糧道光二十六等年京倉不敷

奏明籌款買補並碾常平倉穀給發其道光二十七年漕糧海運成案係已節省隨漕脚費買米抵放各在案本年各屬歉收計有緩缺兵糧局卹等米二萬三千六百七十三石零此係計口授食要需不能短少今漕額既已抵足前項緩缺之米自應一體籌撥照案以節省隨漕脚費錢文飭令各州縣易銀批解分別買米抵放毋須援案截撥即平常倉穀有關民食亦可毋庸辦碾

卷一　廿三

一停運旗丁水手分別調劑資遣也查道光二十七年蘇松太三屬漕糧海運所有各幫停運軍船係委糧道查案籌款分別撫卹資遣今屆常鎮一併海運回空糧船較上屆更多現照案飭令軍船各歸兌糧水次並劄糧道參酌成案將停歇軍丁應支月糧苫蓋等銀籌款速放以卹丁力其水手人等亦由該道督飭各州縣於軍船到次之日查明水手人數開造姓名籍貫各給資遣銀兩押令速回本籍如有藉衆生事或盤踞不散嚴拏究辦

一沙船領運漕糧悉遵成案也查道光五年漕糧海

運沙船運米抵津如無故短少即令賠補儻驗有斫
挖鬆艙等情事
奏明豁免道光二十七年援案辦理惟沙船八成載米
二成載貨如在洋遭風並未拋棄貨物獨棄官糧者
雖驗有鬆艙屬實其短少米石仍勒令賠補令次自
應照辦現在雇定沙船先行趕緊修艙編列號檣停
青浦水次聽候派兑其未經進口之船現已咨行各
海口一體招徠歸塢一俟米數兑齊陸續放洋北上
仍援照上屆成案准其二成載貨
恩免納稅除運米一萬石以下由外給獎其自一萬石至
五萬石以上分別給與職銜若捐至五品無可再加
或另行酌獎事竣
奏請辦理又道光五年成案沙船抵津交兑之後所餘
耗米曾經
奏明官為收買道光二十七年漕糧海運准令商船在
津自行變賣餘米此次亦應照辦
一巡督防護倍宜周密也查道光二十七年漕糧海
運
奏明仿照閩廣商船赴津貿易之例准令沙船各帶軍器
俾資防護仍於入口時呈繳出口時給領以備稽考

並遴派武職大員親為護送仍派兵一千名沿海巡
防各在案現當整飭洋面之際沿海水師巡防係其
專責毋庸派員調兵押送轉致稽延即令各該水師
鎮將統帶備弁兵船沿途護送出境仍咨直隸山東
等省照案一律防範接護以昭慎重其沙船攜帶軍
器亦照舊章辦理
一籌備天津通倉經費照案支用也查道光二十七
年漕糧海運除輕齎由閘竹木等項照例批解外其
天津官剝民剝雇價通倉經紀夫役飯食等項均由
蘇籌備解津由江蘇交米委員會同直隸委員按照
起運米數分別支應此次自應照章辦理輕齎由閘
竹木等款照例由糧道衙門批解並天津剝船食米
通倉經紀耗米另行備帶本色外其餘應需經費仍
由蘇省籌措解往由直隸江蘇兩省委員查照成案
逐一酌給絲毫不動
帑項
一剝船經紀食耗等米備帶本色也查道光二十七
年漕糧海運天津剝船食米按照米數給發折色其
通倉經紀耗米係江蘇委員收買沙船餘米隨正兑
交經

欽差收米大臣德誠等於漕糧起卸完竣摺内聲明
奏報在案查上届舊章剥船食米每漕米一石給食米一升一合五勺每石折給銀一兩四錢其通倉經紀耗米每漕糧一石給耗米一升五合白糧一石給耗米一升八合均以洪斛覈計現在詳稽成案剥船食米係給船戶飯食之用經紀耗米係備赴通折耗之需此二項本係米款與其折銀給發或赴津購米徒滋轉折此次應即備帶本色現飭辦漕各州縣如數措備計本年海運漕白二糧一百四萬六千二百餘石共需食耗等米二萬七千九百餘石隨正兑交沙

船一律運京按交倉米數分别兑交給發

一天津交米之後循舊責成經紀也查道光五年漕糧海運欽奉
上諭海船押運到津經紀人等難免需索刁難著軍機大臣届期奏請欽派一二員前往等因道光二十七年成案經部援案
奏明由直隸派委天津道駐津總辦倉場揀派坐糧廳酌帶經紀斛收戶部奏請
欽派大臣一人倉場侍郎一人赴津查驗及道光三十年蘇松常太四屬海運白糧亦係仿照辦理各在案自三次海運以來確有舊章可循已屬詳慎周密此次仍請照由各衙門届時
奏派米到天津驗收之後即與沙船無涉以免羈候其由津運通之剥船中途如有侵耗滲濕責成經紀承管庶免攙雜使水等弊以上各條臣等欽遵
諭旨詳考成案參酌時宜悉心妥議意見相同謹臚列籲
請
訓示遵辦其有未盡事宜再行隨時陳奏所有臣等會議海運章程緣由謹會同漕運總督臣楊殿邦合詞具
奏是否有當伏乞

皇上聖鑒訓示謹
奏咸豐二年正月十三日奉
硃批戶部妥速議奏欽此

戶部謹
奏為遵
旨妥速議奏仰祈
聖鑒事咸豐二年正月十三日兩江總督陸建瀛江蘇巡
撫楊文定會同漕運總督楊殿邦奏蘇松常鎮太四
府一州應徵咸豐元年漕白糧米全由海運酌定辦
理章程一摺奉
硃批戶部妥速議奏欽此欽遵於正月十四日抄出到部
據原奏內稱查江蘇漕務收兌兩難欲求節費裕漕
誠非海運不可臣等嚴飭司道覈計熟田應徵交倉

漕白米一百四萬六千二百餘石由海運津仍照成
案於二月內全數放洋北上其例給旗丁餘耗等米
一律糶變連節省漕贈等銀并提節省津貼等款共
銀六十六萬兩立限提解報部撥用一切海運辦法
本有成案可循惟今屆節省之款以米易銀亦復少
有異同現就司道妥議章程覆加詳覈謹先擬十條
等因奉
旨交臣部妥速議奏臣等按照各條公同詳加酌覈恭摺
覆奏謹呈
御覽

一海運事繁任重必其經理得人一條據稱擬令藩
司綜理全局並委員署蘇州府知府鍾殿選署松
江府知府何士祁督同候補知縣吳煦查議章程
勾稽款目蘇松太道吳健彰督同候補知府洪玉
珩松　海防同知藍蔚雯雇覓沙船糧道倪良燿
盤查米色並查明軍丁水手分別調劑資遣至天
津交米尤屬吃重即飭委該道酌帶委員先期赴
津管理交兌並會同直隸委員照案籌辦等語　臣
等查上屆漕糧海運該省均於省城上海天津三
處各委司道守丞等員分任厥事在案茲據奏稱

藩司綜理全局並委各該署府督同候補知縣等
勾稽款目蘇松太道吳健彰督同候補知府及該
同知等雇備沙船糧道倪良燿赴津交兌一切覈
與案符均應如所奏辦理仍飭該藩司會同該糧
道詳稽應徵帶徵正耗及漕項銀米各數先行報
部毋稍延悞其雇船事宜仍飭該道認真經理應給
沙船水脚耗米等項務宜嚴加防範毋任假手書
吏少有需索剋扣其查驗米色並調劑軍丁資遣
水手均係糧道專責應即責成該糧道詳慎辦理
漕糧務須乾圓潔淨一律稉米白糧尤應慎重均不

准稍有私米攙雜及黍嫩潮潤等弊應如所奏令該糧道於開倉時親歷查驗復於上海交兌再加盤查仍查照舊章簽裝米樣粘貼印花以便到津稟請驗米大臣比對至天津交米尤關緊要亦應如所奏令該糧道先期早抵津門管理交兌并會辦撥船一切事宜毋稍遲延致滋貽誤

一交倉漕米必須籌補足額一條據稱咸豐元年蘇松常鎮太四府一州實徵熟田漕糧額徵白糧共計正耗米一百四萬六千二百五十五石零一律由海運津至緩缺漕糧米三十九萬九千一百三十五石零內除丹徒縣加截京口不敷米四百八十二石零另籌買補外實計缺額米三十九萬八千六百五十二石零自應籌補足額查漕白項下共計熟田應徵節省給丁耗米二十一萬三千九百九十五石零今既專籌銀款應即飭令糶變並酌提節省給丁津貼等銀湊抵緩缺米三十九萬八千六百五十二石零補足全額餘歸銀款併計其沙船耗米共計八萬五千一百四十餘石應由各州縣措給歉緩漕南米石仍俟秋後查看情形按限徵完交幫搭運以符成例等語　臣等查

道光二十八年辦理海運以節省給丁等米交倉並提給丁等銀買米補足漕額在案今據奏稱實徵熟田漕糧額徵白糧共正耗米一百四萬六千二百五十五石零一律由海運津緩缺漕糧米三十九萬八千六百五十二石零籌補足額查此次海運專為籌補銀款該省補足額漕米數仍歸銀款併計應如所奏辦理其沙船耗米八萬五千一百四十餘石亦應准其由各州縣措給務令全交本色以備到津或有折耗賠補之用如查有私折等弊即將州縣叅處至咸豐元年歉緩漕南米石仍飭俟咸豐二年秋後按限徵完交幫搭運毋任所屬捏灾遞緩其海運漕白二糧應即飭令分別各府州縣正改兌正耗米各細數詳造妥冊先期由陸路賫至天津以備驗米大臣查覈毋稍遲延

一籌銀款以備撥用一條據稱今次海運請以節省給丁米石分別糶變不足之數再提節省給幫津貼以上屆籌補京倉米額改為籌補銀款仍應專稽銀數以清眉目查有熟田應徵給丁贈五餘耗等米二十一萬三千九百九十五石零一律糶變每石合銀一兩共該糶變銀二十一萬三千九百

九十五兩零又提各屬節省給丁津貼銀二十五萬八千三百六十四兩零並節省給丁漕贈等銀一十八萬七千六百三十九兩零三共銀六十六萬兩分別立限提解司庫聽候部撥其各屬應給沙船水脚神福犒賞及措購津通剝船經紀食耗等米由縣剝運赴滬水脚等款除應給沙船耗米歸入米款覈計外每石約尚需銀五錢七分五厘按出運米數覈計共需銀六十萬一千五百九十餘兩及南北應用公費均飭各州縣於向年應給旗丁幫費內分別解給抵用等語　臣等查此次海運專籌銀款據稱查有熟田應徵給丁米二十一萬三千九百九十五石零一律糶變每石合銀一兩共該銀二十一萬三千九百九十五兩零又節省給丁津貼銀二十五萬八千三百六十四兩零又節省給丁漕贈等銀一十八萬七千六百三十九兩零三共銀六十六萬兩應令提解司庫聽候部撥應用其各屬應給沙船水脚等款共需銀六十萬一千五百九十餘兩及南北應用公費於給丁幫費內解給抵用均應如所奏由外籌給分別辦理

一籌補緩缺南糧毋庸援案截撥一條據稱本年緩缺兵糧局恤等米二萬三千六百七十三石零此係計口授食要需自應一體籌撥照案以節省隨漕脚費錢文易銀批解買米抵放毋須援案截撥即常平倉穀亦可毋庸動碾等語　臣等查兵糧局恤等米如有緩缺上年因籌備京倉　臣部奏明嗣後不准截留漕糧旋由該省奏明籌款買補並碾常平倉穀給發並於道光二十八年海運案內聲明庫款各有支項常平倉亦關緩急礙難再動奏准在於海運節省隨漕脚費銀兩內動支採買放給在案此次循照舊章應如所奏辦理仍令覈實報銷用有盈餘報部候撥

一停運旗丁水手分別調劑資遣一條據稱道光二十八年漕糧海運停運軍船係查案籌款分別撫恤資遣令屆常鎮一併海運回空糧船更多現飭令軍船各歸水次並叅酌成案將應支月糧苫蓋等銀籌款速放水手人等亦於到次之日查明人數開造姓名籍貫各給資遣銀兩押令速回本籍等語　臣等查上屆海運成案停運旗丁係由糧道將恤丁舊案叅酌墊放水手係令各州縣開造

人數姓名住址清冊給銀資遣回籍玆據奏稱令
屆傳船較多現將月糧苫蓋等銀籌款速放水手
人等各給資遣銀兩均與案符應准照辦仍飭嚴
行查察勿令書役絲毫累及閭閻並不得假手吏
胥留難尅扣幫船向係漕務官員所轄仍令漕運
總督諄飭各衛備弁妥為約束務臻靖謐如有水
手藉衆盤踞即飭嚴拏究辦毋任稍存大意致滋
事端

一沙船領運漕糧悉遵成案一條據稱沙船八成載
米二成載貨如在洋遭風並未拋棄貨物獨棄官

卷一　卅三

糧者雖驗有鬆艙屬實其短少米石仍勒令賠補
令次自應照辦其二成載貨
恩免納稅除運米一萬石以下由外給奬其自一萬石至
五萬石以上分別給予職銜若捐至五品無可再
加或另行酌奬又道光六年沙船抵津交兑之後
所餘耗米官為收買道光二十八年准令商船在
津自行變賣此次亦應照辦等語　臣等查上
屆海運成案沙船八成載米二成載貨免其納稅
如在洋遭風除斫桅鬆艙驗明糧貨俱損仍奏明
豁免外如貨物並未拋棄獨棄官糧者雖鬆艙屬

實短少米石仍令賠補此次自應照辦以昭覈實
其所稱應募各商除一萬石以下由外給奬其自
一萬石以上至五萬石以上分別給予職銜若捐
至五品無可再加或另　酌　奬等語覈與案符應
俟事竣奏請辦理至餘米一項道光六年係官為
收買道光二十八年准令商船自行變賣應俟沙
船抵津交兑時由江蘇派出駐津糧道察看有無
應須賠補覈明米數稟請驗米大臣隨時酌辦

一巡哨防護倍宜周密一條據稱漕糧海運准令沙
船各帶軍器於入口時呈繳出口時給領並遴派

卷一　卅四

武職大員親為護送仍派兵一千名沿海巡防各
在案現當整飭洋面之際沿海水師巡防係其專
責毋庸派員調兵押送轉致稽延即令各該水師
鎮將統帶備弁兵船沿途護送出境仍咨直隸山
東等省照案一律防範接護等語　臣等查上
屆海運准令沙船各帶軍器並派武職大員護送
仍派兵一千名沿海巡防各在案此次應如所奏
照章辦理惟沙船軍器於入口時呈繳出口時給
領務宜實力稽查毋令稍滋流弊至所稱沿海水
師巡防係其專責即責成各該水師鎮將沿途護

送並直隸山東等省一律防範接護等語臣等查
百萬正供攸關支放現當整飭洋面之時尤為緊
要應飭該督撫及直隸山東各督撫等務須嚴飭
各該水師鎮將統帶備弁兵船逐段巡查逐程護
送斷不可稍事偷安致滋疎懈如有前項弊端即
行據實參奏毋任互相諉卸致干重咎
一籌辦天津通倉經費照案支用一條據稱漕糧海
運除輕賫由閘竹木等項照例批解外其天津官
剝民剝雇價通倉經紀夫役飯食等項均由蘇籌
備解津由江蘇交米委員會同直隸委員按照起

運米數支應絲毫不動
帑項等語　臣等查上屆海運成案除輕賫等項照
例批解外其天津撥船之雇價通倉經紀夫役之
口食等項均由外籌備不動
帑項此次循照舊章應如所奏辦理應令該省按照現
籌海運米數先將約計需用銀兩解交天津道庫
以備應用仍由該省委員先期到津會同覈定數
目報部查覈總之沙船抵津愈早愈妙當河運南
糧未到之先早為蕆事所籌經費自可無虞支絀
一剝船經紀食耗等米備帶本色一條據稱上屆舊

章剝船食米每漕米一石給食米一升一合五勺
每石折給銀一兩四錢其通倉經紀耗米每漕糧
一石給耗米一升五合白糧一石給耗米一升八
合均以洪斛合計現在詳稽成案剝船食米係給
船戶飯食之用經紀耗米係備赴通折耗之需此
二項本係米款與其折銀給發或赴津購米徒滋
轉折此次應即備帶本色計本年海運漕白二糧
一百四萬六千二百餘石共需食耗等米二萬七
千九百餘石隨正兌交沙船一律運津按交倉米
數分別兌交給發等語　臣等查上屆海運章

程天津剝船食米係按照米數給發折色通倉經
紀耗米係收買沙船餘米隨正兌交在案今據
奏稱剝船食米係給船戶飯食之用經紀耗米係
備赴通折耗之需應即備帶本色等語查此二項
本係米款應准其備帶本色以免周折惟剝船經
紀如有分賠之案經紀項下例在於耗米內計除
其剝船項下作何辦理之處應令直隸總督諄囑
詳查妥議務使米歸有著不准顆粒延欠
一天津交米之後循舊責成經紀一條據稱漕糧海
運由直隸派委天津道駐津總辦倉場揀派坐糧

應酌帶經紀斛收戶部奏請
欽派大臣一人倉場侍郎一人赴津查驗米到天津驗收
之後即與沙船無涉以免羈候其由津運通之剝
船中途如有侵耗滲濕責成經紀承管庶免攙雜
使水等弊等語　臣等查沙船抵津之後由驗
米大臣會同倉場驗明米色交坐糧廳督飭經紀
斛收載入撥船由津運通此際稍有諉卸則百弊
叢生前功盡棄該督撫等所稱責成經紀承管一
節最關緊要溯查歷屆成案疊經奏明米之乾潔
總以到津時查驗為憑公同查驗具結起撥後即涉

經紀之手如有霉變潮潤即惟經紀是問不准以
代役充數剝船兑足由經紀自撥親信妥人分起
押運仍派文職武弁各一員隨帶兵役督同船頭
彈壓照料一俟運抵通壩各員稟知倉場馳回接
押尾後各起聽經紀所派之人自行交倉等因在
案此次漕糧抵津自應仍照舊章由驗米大臣會
同倉場坐糧廳直隸江蘇各委員眼同查驗明確
如沙船本有霉變即由江蘇委員責令該商等於
准給耗米內賠補如係好米即由坐糧廳取具該
經紀米色乾潔米數無虧切結督令斛收由經紀

自派親信妥人押運交倉如撥船在路有偷漏攙
和等弊立即稟知押運員弁拏交州縣責令撥船
賠補治以應得之罪如經紀索費不遂故縱使水
偷漏然後稟明洩忿及同通作弊分肥隱匿不稟
經押運委員查出或別經發覺應責令經紀撥船
分成賠補並各治以應得之罪糧米抵通委員馳
回押運後起撥船亦即起卸回空此後由裏河轉
運大通橋均係經紀料理如有短少潮濕經大通
橋及應行收米之倉監督查出均惟經紀是問不
得牽涉外河撥船更不得牽涉原裝沙船入倉以

後如有灰黰霉變及那移牽混等弊則責在該倉
應令該倉賠補治花戶以應得之罪不得牽涉經
紀更不得牽涉外河撥船及原裝沙船如此劃清
界限層層防範總期實心實力有弊必除庶幾於
事有濟其直隸派委押運文武員弁催儹彈壓是
其專責務令撥船銜尾遄行毋任稍有逗留並嚴
防經紀人等滋弊毋稍疎懈致干參處
以上各條臣等謹就原奏參酌成案公同詳覈恭摺
覆奏此外應辦一切事宜均有成規可仿應令確查
舊章一體遵照所有臣等遵

旨妥速議奏緣由謹恭摺具奏伏乞
皇上聖鑒訓示謹
奏
咸豐二年正月十九日具奏本日奉
旨依議欽此

戶部謹
奏為查驗海運漕糧照案先期奏請
欽派事竊查上屆海運蘇州松江太倉二府一州漕糧到
津交收經臣部援照成案豫行奏請
欽
派大臣一人會同倉場侍郎一人屆期赴津查驗於道光
二十八年正月二十二日欽奉
上
諭戶部奏查驗海運漕糧先期奏請派員等語著派朱鳳
標德誠屆期前往天津認真查驗兌收欽此欽遵在案本
屆咸豐二年起運咸豐元年徵收蘇州松江常州鎮
江太倉四府一州漕白糧米較之上屆海運二府一
州漕白糧米為數尤多應即查照成案奏請
欽派大臣一人會同倉場侍郎一人俟天津鎮道呈報沙
船抵津即行率同隨帶司員遵奉前往理合恭摺具
奏並將近年歷屆驗收海運米石戶部侍郎倉場侍
郎開列名單恭呈
御覽伏乞
皇上訓示謹奏請
旨
謹將歷屆驗收海運漕糧商米戶部侍郎倉場侍郎
開列名單恭呈

御覽
道光二十六年收買江蘇商米一萬一千四百石奏
旨派戶部左侍郎臣柏葰倉場侍郎臣陳孚恩
道光二十七年江督奏請派收江浙商米四十一萬
餘石奏
旨派戶部右侍郎臣花沙納倉場侍郎臣陳孚恩
道光二十八年驗收海運正漕米一百九萬六千餘
石奏
旨派戶部右侍郎臣朱鳳標倉場侍郎臣宗室德誠
咸豐元年驗收海運白糧七萬二千餘石奏
旨派倉場侍郎臣朱嶟
咸豐二年正月十五日具奏奉
硃批著派孫　慶　屆期前往驗收欽此

陸建瀛片
再本年蘇州松江常州鎮江太倉等五府州屬起運
漕白糧米業經臣等奏蒙
諭旨全由海運將來天津交兑事宜最為繁重必須諳練
漕務廉幹有為之員庶克經理前於海運章程內奏
委蘇松糧道倪良燿赴津總司其事惟籌辦撥船稽
覈米數一切事務較繁上届均隨帶丞倅各員同往
照料有案查有候補知府洪玉珩候補同知王家珮
朱鈞梁逢辰候補知縣吳煦等堪以隨同倪良燿赴
津俟沙船到時即會同直隸地方官妥為辦理庶幾
各專責成謹合詞附片陳明伏乞
聖鑒謹
奏咸豐二年二月十二日奉
硃批知道了欽此

直隸總督臣訥爾經額片

奏再查本年江南蘇松常鎮太五府州屬應徵咸豐元年漕白糧米全由海運接准部咨行令遵照舊章派委道員赴津會同天津道設局總理並一切如何照章籌辦之處迅速奏明報部以憑覈辦等因查南糧海運曾有奏定章程上屆即係循照舊章並無應行變通之處本年海運漕糧應照案派委道員前往會辦查有清河道譚廷襄堪以派委駐津會同天津道遵照舊章迅速辦理除經檄飭遵並咨戶部外所有派委道員前往會辦海運緣由理合附片具

奏伏乞

聖鑒謹

奏咸豐二年二月十九日奉

硃批知道了欽此

兩江總督臣陸建瀛等片

奏再本年海運米船前經

奏明責令各該管水師鎮將統帶備弁兵船沿途防護現又派撥捕盜勇船護送出洋固昭周密惟沙船者舵水手人數衆多往往於所過口岸停泊稽延必須有人約束催趲茲據上海局委員候補知府洪玉珩稟稱查有在籍刑部員外郎王承基分發安徽候補知縣沈譽來均係商董熟悉海洋情願捐資僱募水勇分為頭尾兩幫督壓糧米北上以資約束而聯聲勢請照道光六年海運崇明舉人施彥士等壓運米船成案具

奏前來伏查該董等情殷報効不避風濤之險尚屬急公似未便阻其報効之忱除飭遵外謹合詞附片陳明伏乞

聖鑒謹

奏咸豐二年二月十九日奉

硃批知道了欽此

兩江總督臣陸建瀛江蘇巡撫臣楊文定跪
奏為恭報海運漕白糧米已裝各船開至十滧守風放
洋日期循案先行由驛馳奏仰祈
聖鑒事竊照蘇松常鎮太四府一州屬咸豐元年漕白糧
米經臣等奏奉
諭旨全由海運當飭將漕白米色加意挑選責令蘇松糧
道倪良燿蘇松太道吳健彰覆加查驗招雇沙船裝運在案前據各屬將頭批
米石陸續剝運赴滬隨到隨驗督飭兌裝截至正月三十日止計共兌漕
糧正耗等米三十八萬五千五百五十六石零白糧正耗米二萬一千四百
貳拾柒石零內除應給沙船漕白耗米及京通食耗二

米外實共起運交倉漕白糧米叁拾陸萬柒千叁百
捌拾壹石零分裝沙船叁百餘隻所有應給米脚等
項分别給發清楚取具領狀互結並委員查明各船隨
帶器械飭令駛至吳淞口至十滧寄椗守過二月初
八日風信放洋北上由司道暨上海局員詳請具
奏前來伏查海運沙船出口先經劄委崇明縣知縣孫
豐馳往十滧稽查催趲剋期放洋並令水師鎮將帶
兵沿途巡哨防護俟米船放至十滧齊幫統於二月
初八日後察看風色順利聯艘開行惟此時海洋雖
屬平静而漕糧為
天庾正供尤當慎益加慎查上海設有勇船捕盜甚為得
力茲特派艇船六隻開風船二隻水勇五百名即令
勇頭王之敬管帶護送米船出洋與沿途水師各營
氣勢聯絡以壯聲威而昭慎重除催令續後米石趕
緊源源兌運依限二月內全數開洋不准稍有遲逾
一面飛咨本省鄰省沿海各鎮營督帶兵船嚴密巡
護並咨戶部查覈外合將海運米石已裝各船開至
十滧守風放洋日期謹照案會同漕臣楊殿邦恭摺
由驛馳奏伏乞
皇上聖鑒謹
奏咸豐二年二月十九日奉
硃批知道了欽此

兩江總督臣陸建瀛江蘇巡撫臣楊文定跪
奏為海運漕白糧米責成沿海各鎮營親督師船妥為
防護恭摺具
奏仰祈
聖鑒事竊臣等遵
旨籌議海運一案已臚列章程具奏內巡哨防護一條聲
明沿海水師巡防是其專責毋庸派員調兵押送轉
致稽延即令各該管水師鎮將統帶兵船護送出境
仍咨直隸山東等省一體防範接護在案茲准
欽差戶部尚書孫　咨開漕糧為
天庾正供該督撫等所稱毋庸另行派員調兵即令各該
水師護送接護一節自係為專其責成以免諉卸起
見惟專任者何人分任者何人如何嚴飭各該員弁
實力奉行不致稍有鬆懈並於各省交界處所如何
嚴密防範聲息相通不致互相推諉之處未據詳細
聲敘相應飛咨即將咨詢各款熟籌妥議迅速具奏
並由江省飛咨山東巡撫直隸總督一體遵照辦理
以免疎虞等因查道光六年二十八年兩次海運均
派委武職大員帶兵護送六年係派兵六百名二十
八年係派兵一千名原為慎重其事無如各營遠近

不一未能刻期到齊以致兑米之後守候稽延因而
盜賊生心米質被罨種種不便是以咸豐元年海運
白糧臣陸建瀛與撫臣傅繩勳定議免派武職大員
帶兵護送以免停船守候轉致遲延之弊是年到津
妥速即其明驗今屆常鎮蘇松太四府一州漕米白
糧徑行海運較之專運白糧雖有多寡之殊而辦理
仍無二致自應查照前案沙船受兑之後即飭令陸
續開洋赴津不准逗留崇明亦不准進泊山東各島
如敢故違查有損失責令該船主照數賠償自行運
津交兑其山東直隸兩省亦照案咨請巡護以備不
虞惟道光二十八年係開明船數米數先行咨照此
次既不停泊山東一律駛赴天津收口驗兑自無須
先咨船米數目以省浮文臣等往返函商意見相同
當飭各屬遵照辦理現准戶部尚書臣孫　咨詢前
來復查蘇屬本年海運漕白糧米在內洋則責成署
福山鎮錢朝舉會同提右營水師叅將准升太湖協
劉長清吳淞營叅將陳長泰彈壓巡防在外洋則責
成蘇松鎮總兵葉長春狼山鎮總兵王鵬飛各帶本
標水師弁兵按段稽查巡護務保無虞其山東直隸
洋面仍咨請各督撫臣照飭沿海鎮營各按各境嚴

密巡查總期安抵天津勿稍疎失為要所有准咨緣
由除咨覆
欽差户部尚書孫　查照並分别咨行外謹合詞恭摺具
奏伏乞
皇上聖鑒訓示謹
奏咸豐二年二月十七日奉
硃批户部知道欽此

卷一　　四十九

兩江總督臣陸建瀛江蘇巡撫臣楊文定跪
奏為恭報海運漕糧續裝數目跟接前幫放洋日期謹
再由驛馳
奏仰祈
聖鑒事竊照蘇松常鎮太五府州屬漕白糧米全由海運
截至正月三十日止共兑交倉漕白正耗米三十六
萬七千三百餘石業經臣等由驛馳奏在案茲據上
海局委員候補知府洪玉珩等詳報截至二月二十
日止共續兑漕糧正耗等米三十二萬三千六百十
五石零白糧正耗等米二萬七千五百十一石零內

卷一　　五十

除應給沙船耗米以及津通食耗等米外實該起運交倉
漕白正耗米三十一萬六千八百二十四石零分裝
沙船三百餘隻其應給水脚等項照案發給清楚並
飭委員查明各船隨帶器械一律駛出吳淞跟幫開
行連前共船六百餘隻統計交倉米六十八萬四千
二百餘石接續放洋北上其餘米石仍督令趕緊斛
兑開行詳請具
奏前來伏查運米沙船出口現經照案咨會水師鎮將
帶兵沿途巡哨防護俟米船放至十滧齊幫察看風
色順利聯踪開行並特派上洋勇船護送出洋臣等

仍催令續後米石趕緊源源兌運勒限二月內全數
開洋不准稍有遲逾一面飛咨本省鄰省沿海各鎮
營督帶兵船嚴密巡護以昭慎重除將續兌米數咨
部查覈外合將海運米石續裝沙船開行日期謹照
案會同漕臣楊殿邦恭摺由驛馳
奏伏乞
皇上聖鑒謹
奏咸豐二年三月初七日奉
硃批知道了欽此

卷一　五十一

倉場侍郎臣慶　臣朱　跪
奏為委派坐糧廳隨同兌收海運漕糧仰祈
聖鑒事竊臣等接准戶部咨開本部具奏查驗海運漕糧
請
欽派大臣一摺咸豐二年正月十五日奉
硃批著派孫　慶　居期前往驗收欽此移咨前來臣
等查道光六年二十八年海運成案向派坐糧廳一
員帶領經紀人等隨同查驗兌收此次蘇州松江常
州鎮江太倉四府一州漕白糧米均由海運自應查
照舊章辦理臣等公同商酌擬派坐糧廳刑部郎中
毓鍾隨同認真查驗並飭慎選妥實可靠經紀人等
前往斛收嚴禁從中需索等弊總期於漕務倉儲均
有裨益理合恭摺奏
聞伏祈
皇上聖鑒謹
奏咸豐二年二月十一日奏本日奉
旨知道了欽此

驗米大臣臣孫　臣慶　跪

奏為遵

旨前赴天津驗收海運南糧先期恭請

聖訓事竊本年正月十五日臣部奏請

欽差驗米大臣一摺奉

硃批著派孫　慶　届期前往驗收欽此欽遵在案臣等查海運南糧到津向由兩江總督直隸總督各派委員駐津設立總局其應辦一切事宜理宜先事豫籌督率妥辦伏查道光二十八年係於三月初二日

請

訓率同隨帶司員起程其時上海沙船尚未探有進口消息此次自應照辦酌於三月初間起程前往至海洋風信靡常萬一風帆順利能於本月底探有進口信息臣等即行前往不必拘定三月初間日期合併聲明除俟將届起程再行恭摺具報起程日期外理合先行跪請

聖安恭聆

訓誨是否有當伏乞

皇上聖鑒謹

奏

叁三　五十三

咸豐二年二月十八日具奏本日奉

旨知道了欽此

叁一　五十四

山東巡撫臣劉源灝跪
奏為備陳籌辦本年海防情形仰祈
聖鑒事竊照東省海防自道光三十年間經前撫臣陳
奏改水師鎮將增設弁兵添造戰船係為整頓之計上
年新營立定鎮將陸續到任戰船亦由粵東成造回
東各事甫有就緒而新兵未及訓練七月間突有粵
匪劫估戰船之事水師遊擊副將或已畏罪自盡或
已參革治罪鎮臣陳世忠守備黃富興相繼追賊南
行水師為之一空幸值冬令撤防暫安無事現屆春
融指日南風司令粵匪布興有雖經投誠而沿海宄
卷二　二十五
徒恐未必止此一股難保不乘風聯綜北駛本年江
省蘇松等府州漕糧均由海運洋面防衛事宜更較
常年喫重溯查道光六年及二十八年江省海運經過
東洋一切稽查防護歷有舊章臣現亦照案先期籌
備如登州府屬榮成縣之石島為全洋扼要擬派委
登州府知府汪承鏞督率該縣文武往來彈壓此外
如文登縣之威海福山縣之烟台蓬萊縣之廟島以
及榮成縣之俚島等處亦擬由省遴委幹練州縣佐
貳等官分駐巡防並飭沿海各州縣團練壯勇分扼
口岸以杜內匪偷越惟海口究察責在文員洋面護

送責在水師現在水師一鎮三營僅止前營實缺遊
擊羅朝輔一人舊有戰船年久失修不堪駕駛二十
九年添造之紅頭快船亦止能內港追襲不能駛出
大洋衝鋒臨敵上年被賊先後劫估之新造廣艇開
風等船雖經在浙省繳回九隻奉
旨勅令黃富興押回而該守備因另有委造
盛京戰船於奉飭知以前由浙徑行赴粵經前撫臣陳
飛檄飭令折回現尚未據稟報回浙且聞在浙省收
回各船多有破損是否尚堪修補駕回備用抑竟須
折造之處似難懸擬必須該守備回浙後飭令會同
卷二　二十六
浙省委員勘明情形稟覆到日方能酌辦約計開洋
以前實已趕辦不及是現在情形既無鎮將又無師
船而百餘萬
天庾正供指日連檣北來設有踈虞所關匪細臣通盤籌
計所需戰船尚可循照前數年辦理成案不惜經費
在沿海各口岸募雇商船頂替作配兵勇巡防惟水
師將領非陸路武員所能庖代查新任水師登州鎮
臣武迎吉係上年十二月間由江省京口協副將奉
旨簡放文登協水師副將陳勝元後營水師遊擊陳廷芳
係上年十月間由部掣補除陳勝元旋經升補江蘇

福山鎮總兵其遺缺尚未經部掣補外其餘各員現
時均未到任相應請
旨勅催新任登州鎮臣武迎吉並
勅部飛催新任後營水師遊擊陳廷芳迅速來東任事以
專責成其文登協水師副將亦請由部即行掣補俾
免曠誤抑臣更有請者查道光六年江省海運北來
該省遴派武職大員護送並派兵六百名沿海巡防
二十八年亦派武職大員護送加派兵一千名本年
海運兩江督臣陸建瀛等以沿海巡防各有專責毋庸派
員調兵押送應咨直隸山東等省接護等因經

卷二　五十七

戶部議准咨會在案臣伏思兩江督臣議改章程自
係為各專責成以杜諉卸起見惟查道光六年東省
洋面甚為平靜即二十八年閒雖有閩匪闌入洋氛
亦未甚熾而上兩次海運過多尚資江省兵威以備
不虞三十年以後閩粵宄匪諳習東洋形勢乘虛規
伺如上年之劫佔戰船撲攻口岸勢甚倡獗現值東
省水師無將無船即多雇商船酌帶兵勇分段巡護
亦恐聲勢單弱不足以資捍衛臣非敢忘冀推諉而
以本年情形叅　較上兩屆舊章不容不思患豫防倍
加慎重可否籲懇

天恩俯賜
勅諭兩江督臣仍循舊章於海運開行時遴委武職大員
帶兵北來防衛俾東省水師藉資聲威以免疎虞之
處出自
聖裁為此恭摺具
奏伏乞
皇上聖鑒謹
奏咸豐二年二月二十三日奉
上諭劉源灝奏籌辦海防情形一摺已明降諭旨令武迎
吉等迅赴新任矣本年海運山東省水師將弁不敷巡

卷二　五十八

防自係實在情形惟請飭江蘇遴派武職大員北來防
衛一節業據陸建瀛等奏定章程並分咨直隸山東等
省沿途接護又據稱飭令江蘇在籍員外郎王承基安
徽候補知縣沈謦來等雇募水勇分為頭尾兩幫督押
糧米起運是江蘇已有勇船防護不致漫無約束況米
船現經陸續開洋若此時始令派委大員轉恐遷延時
日緩不濟急該署撫仍照現定章程妥為辦理毋庸再
議吏　張至登州鎮總兵武迎吉計日即可到任該省
水師情形應如何整頓之處即著與該鎮隨時會商籌辦
實力捺辦毋得稍存諉卸致有疎虞也將此諭令知之欽此

兩江總督臣陸建瀛江蘇巡撫臣楊文定跪
奏為恭報海運漕糧全數兌竣跟接前幫一律放洋謹
再由驛馳
奏仰祈
聖鑒事竊照本年蘇松常鎮太五府州屬漕白糧米全由
海運截至正月三十日二月二十日止兩次兌竣沙
船六百餘號共裝起運交倉漕白正耗米六十八萬
四千二百餘石業經先後
奏報在案茲據蘇松太道吳健彰等詳報三月初三日
止將各屬應運漕白等米全行兌裝完竣合計連前
解兌漕糧正耗米一百七萬八千六百石零白糧正
耗米八萬一千三百三十一石零內除沙船耗米八
萬五千一百四十石零津通食耗二米二萬七千九
百四十一石零實在交倉漕白正耗米一百四萬六
千二百五十五石零共裝沙船八百餘隻其應給沙
船水腳等項銀兩均經發給清楚仍飭委員查明各
船隨帶器械趕緊跟幫開行放洋北上詳請具
奏前來伏查沙船放洋全仗風色現值天氣晴和如果
南風順利船行可期穩速所有初次裝運沙船現據
崇明縣稟報放洋二百九十隻在後未放各隻恐有疎
虞臣楊文定即日親赴上海督催嚴飭各沙船趕緊
跟幫行走毋任稍有稽延並令勇船帶領水勇護送
出洋自佘山至山東石島為止一面飛咨本省隣省
沿海各鎮營督帶兵船嚴密巡護以聯聲勢現在江
省洋面安靜堪以仰慰
宸廑除將船號米數咨部查覈外合將海運米石全行兌
竣開行日期謹照案會同漕臣楊殿邦恭摺由驛馳
奏伏乞
皇上聖鑒謹
奏咸豐二年三月十五日奉
硃批知道了欽此

倉場侍郎臣朱嶟跪
奏為委派大通橋監督於海運漕糧到通時分班赴壩
照料查催以杜弊端而昭迅速仰祈
聖鑒事竊照大通橋滿漢監督二員專司轉運歷年漕糧
由通運橋經抽查御史督同該監督等掣量斛面遇
有短欠著落各經紀賠補一面督率車戶人等將應
進各倉糧石分投轉運歷經遵辦在案今年河海並
運前經臣等奏派滿坐糧廳毓鍾隨同臣慶　赴津
驗收海運糧石在通惟漢坐糧廳一員若海運與東
糧並到照料恐有未周查起運漕糧由裏河各閘撥

奏二

六二

抗過載沿途無不抛灑短欠及乘間偷漏情弊甚至石
壩號房積壓糧袋各閘積壓載船輪轉不能迅速必
須認真查催不任稍滋流弊方臻周密臣已嚴飭坐
糧廳詳細查驗務期一律乾潔至由壩運橋米石應
請派委大通橋滿漢監督中留一員在橋抽掣分一
員在壩輪流照料並沿閘一帶往返稽查如有前項
弊端立即稟明懲辦如此層層稽查催趲轉運既能
迅速而閘壩等處亦可清其流弊是否有當伏祈
皇上聖鑒再臣慶　現赴天津驗收海運糧石未及列銜
合併聲明謹

奏咸豐二年三月十四日奏本日奉
旨知道了欽此

奏三

六十二

驗米大臣臣𢘿　臣慶　跪

奏為遵

旨赴津驗收海運南糧謹將現辦情形恭摺奏祈

聖鑒事竊臣等於本月初四日由各路起程初十日行抵

天津直隸委員清河道譚廷襄亦於是日抵津會同

天津道張起鵷天津府錢炘和等辦理總局事務臣等督飭隨帶司員臣部郎中董醇主事振麟王友端成琦坐糧廳毓鍾並該鎮道等熟商妥辦其先期哨探乘潮迎護導引進口挽排水次查驗米色監視斛收配給撥船踈通河道收發器械催空出口一切事宜由該鎮道等遴委丞倅將弁各司其事次第整齊本年沙船放洋較蚤先於本月初三日接據天津鎮道呈報沙船抵津信息現在沙船陸續進口截至本月十六日止業經到津共計沙船一百二隻計裝漕白糧米十三萬三千餘石其在後各船聞已源源而來現在江蘇委員同知梁逢辰朱鈞同帶鐵斛來津據稱蘇松糧道倪良燿現已在途不日可到臣等督飭該司員會同坐糧廳暨江蘇直隸兩省委員三面眼同較明斛隻一面催令撥船移近沙船臣等率同司員坐糧廳等親赴河干查驗米色尚屬乾潔即令趕緊斛收分起撥運此後續到船隻亦即逐日逐船認真查驗飭令隨驗隨收俾得早為運通以期迅速藏事所有驗收海運南糧現辦情形理合恭摺具奏伏乞

皇上聖鑒謹

奏

咸豐二年三月十八日奉

硃批知道了欽此

倉場侍郎臣朱嶟跪
奏為海運漕白糧米抵通開斛起卸日期恭摺奏
聞事竊照本年江蘇省蘇松常鎮太四府一州漕白糧米
全行海運裝載沙船運抵天津由
欽差大臣查驗兑裝剝船於三月二十二日開行北上四
月初一日抵通臣即擇吉於初二日敬謹祭祀
河神開斛起卸一面行令坐糧廳隨到隨驗不許片刻
停留其騰空剝船仍飭司漕員弁無分晝夜督催迅
速回津接運以資輪轉俾免貽誤臣正在辦理間據
山東省德州衛首幫於初二日挽抵通壩在後各幫
已跟接北上臣仍令坐糧廳同海運漕糧一併查驗
分別起卸並飭大通橋監督趕緊轉運進倉毋稍稽
遲所有海運漕白糧米及山東省幫船陸續抵通開
斛日期理合恭摺奏
聞伏乞
皇上聖鑒再臣慶　現赴天津驗收海運糧米未經列銜
合併聲明謹
奏咸豐二年四月初五日奏本日奉
旨知道了欽此

倉場侍郎臣朱嶟跪
奏為遵
旨查明覆奏仰祈
聖鑒事四月二十九日奉
上諭給事中志魁奏興平倉掣驗海運交倉米石每袋均
有短少請飭查辦一摺著倉場侍郎確切查明據實覆
奏欽此欽遵到臣衙門臣查定例經紀運米到大通橋
交與車戶轉運進倉每十萬石定掣欠二百石車戶
每十萬石定掣欠二百五十石又道光八年經前任
倉場侍郎松廷等奏掣欠逾額章程一摺奉
上諭松廷等議奏近來經紀掣欠米石過多諭令該倉場侍
郎妥議章程具奏茲據奏從前掣欠逾額之米均經戶部
咨准令該經紀等折交銀兩著照所議准將掣欠在額內
者仍照收買餘米例其掣欠逾額者援照歷次成案比照
市價議增五成令其折價交銀每年前漕完竣後由大通
橋監督覈明經紀車戶額內額外各數目報部應交銀兩
一律完交嗣後著照新定章程辦理等因欽此欽遵在案
故經紀由石壩運米至大通橋經抽查御史每五十
袋抽掣一袋一袋短少五十袋照數罰賠登記欠
單將原袋交與車戶分運各倉御史監督抽掣如法

除經紀短欠外再有短欠著落車戶賠補非經大通
橋掣斛之後經紀業已賠補清楚再令車戶拉運進
倉也故必俟漕糧完竣之時通盤覈算分晰經紀掣欠
若干車戶掣欠若干在額內者照收買餘米例賠補
在額外者即照市價酌增五成折銀賠補立法綦嚴
所以杜偷漏抛撒之弊歷經遵辦在案顧掣欠向來
所有而未有如本年之無袋不短每袋短至六七升
之多者此項短欠米石例應經紀車戶賠補不為無著然
非徹底根究誠如該給事中所奏積至贏千累萬於
倉儲大有關礙臣嘗親赴石壩屢經查驗抽掣斛面
卷二　六十七
多有不足隨將經紀斛手人等嚴行枷責懲辦務令
添足再行過橋並嚴訊因何短欠如許之多據各經
紀供稱實因海運米石類多潮熱起載剝船嚴密封
釘及至抵通屢奉
欽差大人嚴催起限緊迫河干不能風晾入袋轉運沿閘
搬抗節次過風米身收縮車路顛簸復經橋倉等處
出袋掣量短欠逾多役等勢處無可如何實在賠累
不堪等語臣悉心體察各處詢訪尚屬實在情形在
下役人等藉端茲弊難保必無而來源未清伊適有
所藉口相應請

旨敕下驗米大臣督率司員認真查驗遇有潮潤發熱之
米即令全數風晾乾透再行兌剝運通以昭慎重而
杜口實臣仍隨時查察並嚴飭坐糧廳大通橋監督
實力防範嚴禁短量偷漏使水等弊庶於倉儲有裨
製欠米石統俟漕糧全數進倉後仍照舊章覈明經
紀車戶額內逾額各若干分晰咨部照例賠補所有
查明緣由理合恭摺據實覆奏伏祈
皇上聖鑒謹
奏咸豐二年五月初六日內閣奉
上諭朱嶟奏覆查興平倉海運米石短少請飭驗米大臣
卷二　六十八
認真查驗一摺著戶部詳覈速議具奏欽此

戶部謹
奏為遵
旨速議具奏仰祈
聖鑒事咸豐二年五月初六日奉
上諭朱嶟奏覆查興平倉海運米石短少請飭驗米大臣
認真查驗一摺著戶部詳覈速議具奏欽此欽遵於初
七日抄出到部據原奏内稱四月二十九日奉
上諭給事中志魁奏興平倉掣驗海運交倉米石每袋均
有短少請飭查辦一摺著倉場侍郎確切查明據實覆
奏欽此欽遵到臣衙門臣查定例經紀運米到大通橋

卷二　七十九

交與車戶轉運進倉每十萬石定掣欠二百石車戶
每十萬石定掣欠二百五十石又道光八年經前任
倉場侍郎松廷等奏掣欠逾額章程一摺奉
上諭松廷等議奏近來經紀掣欠米石過多諭令該倉場侍
郎妥議章程具奏茲據奏從前掣欠逾額之米均經戶部
咨准令該經紀等折交銀兩著照所議准將掣欠在額内
者仍照收買餘米例其掣欠逾額者援照歷次成案比照
市價議增五成令其折價交銀每年全漕完竣後由大通
橋監督覈明經紀車戶額内額外各數目報部將應交銀
兩一律完交嗣後著照新定章程辦理等因欽此欽遵在
案故經紀由石壩運米至大通橋經抽查御史每五
十袋抽掣一袋一袋短少五十袋照數罰賠登記欠
單將原袋交與車戶分運各倉各倉御史監督抽掣
如法除經紀短欠外再有短欠著落車戶賠補非經
大通橋掣斛之後經紀業已賠補清楚再令車戶拉
運進倉也故必俟漕糧完竣之時通盤覈算分晰經
紀掣欠若干車戶掣欠若干在額内者照收買餘米例
賠補在額外者即照市價酌增五成折銀賠補立法
綦嚴所以杜偷漏拋撒之弊歷經遵辦在案故掣欠
向來所有而未有如本年之無袋不短每袋短至六

卷二　七十

七升之多者此項短欠米石例應經紀車戶賠補不
為著然非澈底根究誠如該給事中所奏積至盈千
累萬於倉儲大有關礙臣嘗親赴石壩屢經查驗抽
掣斛面多有不足隨將經紀斛手人等嚴行枷責懲
辦飭令添足再行過橋並嚴訊因何短欠如許之多
據各經紀供稱實因海運米石類多潮熱起載剝船
嚴密封釘及至抵通屢奉
欽差嚴催起限緊迫河干不能風晾入袋轉運沿閘搬抗
節次過風米身收縮車路顛簸復經橋倉等處出袋
掣量短欠愈多役等勢處無可如何實在賠累不堪

等語臣悉心體察各處詢訪尚屬實在情形在下役人等借端滋弊難保必無而來源未清伊適有所藉口相應請

旨敕下驗米大臣督率司員認真查驗遇有潮潤發熱之米即令全數風晾乾透再行兑剝運通以昭慎重而杜口實臣仍隨時查察並嚴飭坐糧廳大通橋監督實力防範嚴禁短量偷漏使水等弊庶於倉儲有裨掣欠米石統俟漕糧全數進倉後仍照舊章覈明經紀車戶額內逾額各若干分晰咨部照例賠補等語

臣等查海運成案曾經奏明米質之乾潔總以到津時查驗為憑是以此次漕糧抵津由驗米大臣會同倉場坐糧廳直隸江蘇各委員眼同查驗明確如沙船米有霉變即由江蘇委員責令該商等賠補如係好米即由坐糧廳取具該經紀米色乾潔米無虧切結督令斛收押運赴通抵通後由裏河轉運大通橋均係經紀料理如有短少潮濕經大通橋及應行收米之倉監督查出均惟經紀是問不得牽涉外河剝船更不得牽涉原裝沙船等因奏奉

諭旨准行在案是界限既已劃清斯弊竇不容牽混今倉場侍郎因興平倉海運米石短少遵奉

諭旨確查覆奏所稱定例經紀由壩運橋車戶由橋運倉其掣欠數目統俟漕糧完竣之時通盤覈算經紀車戶掣欠各若干在額內者照例價賠補在額外者照市價酌增本係申明舊例以為追賠短少地步應毋庸議至所稱興平倉短欠之米據各經紀供稱因海運米石類多潮熱及至抵通屢奉

欽差嚴催起限緊迫河干不能風晾入袋轉運米身收縮短欠愈多請

旨飭下驗米大臣督率司員認真查驗遇有潮潤發熱之米即令全數風晾再行兑剝等語臣等查海運章程劃清界限原期各清各弊庶免臨時牽混今興平倉米石如果在津起載時即屬潮熱何以承運之經紀肯出具米色乾潔米數無虧切結且漕糧抵通例由坐糧廳一面驗收一面飭令經紀入袋轉運如果米質潮濕何以該坐糧廳草率驗收並不向承運之經紀嚴行究辦迨至由壩運橋由橋運倉層折既多更滋弊竇該侍郎既稱借端滋弊難保必無自當責成坐糧廳及大通橋各監督逐層分別查辦何以於查倉給事中志魁奏參米石短少之後僅問之借端滋弊之人即據其一面之詞謂驗米之初類多潮熱率

爾含混具奏且既據該侍郎奏稱親赴石壩抽掣斛面多有不足飭令添足再行過橋等語是該侍郎業已查驗得實何以並不將短少斛面之人嚴參治罪照數追賠轉藉口於米身收縮曲為開脫以上情節均應令該侍郎據實明白迴奏至所稱抵通後

欽差嚴催起限緊迫一節臣等查該侍郎奏報起過糧數自四月初一日起至二十日止每日僅起米一萬餘石如再按照例限斛收三萬石不知又將作何藉口該侍郎所奏俱未覈實當此整頓倉務之際經紀人等即使嚴加防範猶恐百弊滋生若再寬為縱容更覺肆無忌憚相應請

旨敕下倉場侍郎朱　嚴飭坐糧廳驗收米石如查有潮濕虧短諸弊即將作弊之人送部治罪照案追賠至由石壩轉運大通橋由大通橋分運各倉務各釐剔弊端實力訪察斷不可意存迴護使經紀車戶人等有所推諉如經管各官有意袒護即將承辦之員據實參奏如此層層防範庶倉儲稍有裨益所有臣等速議緣由是否有當伏乞

皇上聖鑒訓示謹

奏請

旨

咸豐二年五月十三日內閣奉

上諭前因倉場侍郎慶奏興平倉海運米石短少各情當交戶部詳覈速議具奏茲據該部奏稱查海運成案漕糧抵津由驗米大臣會同倉場坐糧廳直隸江蘇各委員眼同查驗由坐糧廳取具該經紀切結督收運通後由東河轉運大通橋如查有短少潮濕等弊均惟經紀是問現在興平倉米石如果在津時即有弊混該經紀何肯出具結迨至抵通驗收該坐糧廳何以率行轉運且既經查倉給事中參奏該侍郎又將斛面短少查驗得實何以不將舞弊之人嚴參治罪照數追賠輒據該經紀等一面之詞歸咎於天津驗米大臣著朱嶟據實明白迴奏當此整頓倉務之際若不嚴加懲創更恐肆無忌憚即著該侍郎等嚴飭坐糧廳驗收米石如查有潮濕虧短等弊即將舞弊之人送部治罪照例追賠至由石壩轉運大通橋後分運各倉務各釐剔弊端實力訪察如經管各官意存迴護亦著據實參奏毋稍徇隱餘依議欽此

戶部謹
奏為海運剝船通壩驗收遲滯請
旨嚴催以肅漕政仰祈
聖鑒事竊維本年河道阻滯重運維艱幸賴海運漕糧稍資接濟在受雇之沙船急公應募航海而來尤當迅速驗收俾得及早回空別謀生計而天津驗收之遲速總以運通之剝船能否輪轉為憑前因東糧同時並到臣等以剝船抵通交卸後仍須折回天津裝運與東糧交卸後無須再運者不同當即移咨倉場嚴飭坐糧廳先儘剝船驗卸不准片刻停留並經

奏二　七十五

欽差驗米大臣於驗收起運情形摺內奏奉
諭旨准行各在案嗣據驗米大臣咨稱漕糧抵通坐糧廳每日例應起米三萬石現在通壩每日僅起米萬餘石並有停驗日期以致剝船沿河停泊待驗積壓至二十餘里之遙沙船人等守候半月之久尚未挂剝紛紛攔輿呈控環跪哀求在津辦理十分掣肘等語又經臣部移咨倉場將指飭各情形迅即咨報驗米大臣查覈並咨覆臣部以憑覈辦等因亦在案茲據倉場咨稱現在東豫二省幫船已經停驗外河起米大通橋進倉每日均符三萬石之數惟裏河未能足額已將石壩州判奏參摘頂咨覆前來臣等查向例漕糧抵通坐糧廳驗收起卸過壩由石壩州判督催轉運大通橋分運各倉各有專司不容推諉今停驗之剝船積壓至二十餘里之遙是驗收既已遷延轉運何由迅速臣等按倉場五日奏報收過海運糧數覈算自四月初一日起至二十日止每日僅起米一萬餘石自二十一日起至二十五日止每日亦僅起米二萬餘石即將起過東糧之十一萬七千餘石算入亦難符每日三萬之數彼時日永天晴起卸得手該坐糧廳既未遵照奏案認真趕辦亦未遵照例限

奏三　七十六

如數斛收遂致數百隻航海之沙船紛紛呈控尚復成何事體且剝船封固釘堅無從風晾悶蒸日久黴變堪虞設遇陰雨連綿米質受傷誰職其咎當此河運艱難之際若再不激發天良破除情面何以革積習而挽頹風相應請
旨勅下駐通倉場侍郎嚴飭坐糧廳遵照每日起米三萬石定例隨到隨驗以速補遲儻因循不振仍復遷延或縱容經紀人等故意刁難阻撓海運為需索河運旗丁地步即行據實嚴參勿稍廻護並將因何每日起米不足三萬石之處切實查明具奏至大通橋各

官轉飭一體遵照迅即分運以免遲滯臣王　現
署順天府尹一面劄行通永道嚴飭石壩州判於
坐糧廳驗收後迅速督催轉運不准片刻稽延如此
逐層趕辦庶沙船可以及早回空不至有妨本業矣
是否有當伏乞
皇上訓示謹
奏請
旨咸豐二年五月初二日內閣奉
上諭戶部奏海運剝船通壩驗收遲滯一摺定例漕糧抵
通坐糧廳驗收起卸每日應起米三萬石茲據奏稱本
年海運剝船通壩驗收每日僅一萬餘石或二萬餘石
以致剝船停泊待驗積壓至二十餘里之遙該坐糧廳
並未遵照例限如數斛收致令航海沙船不得及早回
空辦理殊未妥協着交部議處仍着倉場侍郎嚴飭該
廳員等隨到隨驗以速補遲倘仍復遷延或縱容經紀
人等故意刁難為需索地步即着據實嚴參其大通橋各
官亦飭一體遵照迅速轉運並將因何每日不足三萬
石之處查明具奏至石壩州判有督催轉運之責着順
天府府尹嚴飭該州判於坐糧廳驗收後迅催轉運毋
任再有稽延欽此

卷二　二十七

倉場侍郎臣朱嶟跪
奏為遵
旨查明具奏仰祈
聖鑒事五月初五日准戶部行知本部奏催海運剝船到
通迅速驗收一摺於五月初二日具奏本日奉
上諭戶部奏海運剝船通壩驗收遲滯一摺定例漕糧抵
通坐糧廳驗收起卸每日應起米三萬石茲據奏稱本
年海運剝船通壩每日僅一萬餘石或二萬餘石以致
剝船停泊待驗積壓至二十餘里之遙該坐糧廳並未
遵照例限如數斛收致令航海沙船不得及早回空辦
理殊未妥協著交部議處仍著倉場侍郎嚴飭該廳員
等隨到隨驗以速補遲倘仍復遷延或縱容經紀人等
故意刁難為需索地步即著據實嚴參其大通橋各官
亦飭一體遵照迅速轉運並將因何每日不足三萬石
之處查明具奏至石壩州判有督催轉運之責著順天
府府尹嚴飭該州判坐糧廳驗收後迅催轉運毋任再
有稽延欽此欽遵到臣查河運糧船例有到通回空限
期海運例無到通回空限期河運例與無閏之年比較
遲早海運例不比較遲早道光二十八年欽奉
上
諭海運河運兼管並不得顧此失彼故臣於奏報開斛日

卷二　二十八

期摺內聲明海運奏報同日並到飭令坐糧廳一併
驗收在案嗣接戶部來咨內稱東豫二省漕糧同時
並到必須先儘海運剝船驗卸事涉兩岐權衡酌辦
乃擬為先驗海運兩日後驗東糧一日無論同時並
到者先儘驗收即後來者已儼然居上矣若竟將東
糧停擱不驗未免顯背舊章且河面窄狹幫船排列
在前剝船越次攙擠恐其阻塞運路欲速反遲此東
糧之不能相間一驗有驗東糧之日故海運有停糧
之日也誠使起卸得手次第趕辦自足以資周轉而
符例限無奈河乾水淺自小河口以上壩樓以下深處

忝三

三二九

一尺六七寸淺處一尺四五寸剝船既提不進前釣
載船又不敷浮送覩此情形幾於束手無策設法籌
辦不惜重價另僱民間小船𦂳續轉運初時船隻短
少不敷應用幸東豫幫船帶有小剝腳船驗卸騰空
加價添僱乃復稍稍增益而船身短小所載不過四
五十石晝夜輪回亦不能足三萬石之數兼以米色
參差潮熱霉變者所在多有若一意求速草草了事
或將溼米朦混濫收迨至入倉朽爛虧折誰識其咎
查驗米色係坐糧廳專責不敢不小心慎重逐船挨
艙詳驗未免稽遲此四月十九日以前每日起米僅

萬餘石至二萬石不能足三萬石之實在情形也查
石壩土壩報單二十日至二十四等日外河起米實
已趕上洪斛三萬石外有平斛白糧二千石若俱以
平斛核算已在三萬八九千石被部臣刪去白糧一
層而將少起之日與多起之日挪前移後籠統核計
故不足三萬石耳二十五二十六日天津總單未到
無憑驗收起米不足三萬石二十七二十八二十九
等日起米三萬石已將海運到通剝船掃數驗卸完
竣並無積壓三十日五月初一日脫空初二日至初
十等日每日到通剝船僅止一起間有脫空之日每

忝二

八二

起船一百餘隻裝平斛漕糧二萬餘石核計洪斛一
萬六千餘石不堪起卸者千餘石此又起米不足三
萬石兼驗東糧之原委也查楊村額設官民剝船二
千餘百隻起運白糧例應另僱民船不在此數如果
購備齊全循序漸進陸續騰空星夜折回何致不敷
輪轉使
欽差有停收待剝之虞計此時沙船米數無多在津剝船
業已有盈無絀據楊村汎把總王紈稟報楊村通判
於五月初七日已將回剝船截留歸次矣臣惟有嚴
飭坐糧廳將東豫二省軍船加緊驗收以符例限剝

船隨到隨驗壩橋各處一體飭遵如敢怠緩即行據
實嚴參而由石壩過載裏河實為運務關鍵河水既
充船隻轉運如果奮勉圖功何難日行三萬而部臣
調驗收既已遷延轉運何由迅速不知轉運之勤惰
但視存積之多寡號房無米則可歸咎於外河之起
卸不速今按石壩報單詳查該處運數多不過二萬
三四千石而積壓在號者至六七萬八九萬之多一
處積壓則各處阻滯以致橋上短米進倉河下乏袋
起米重重貽悞厥咎難辭此臣於四月二十七日將
石壩州判吳元忭奏參摘頂之原委也至下役人等
借端需索誠恐難免業經臣出示嚴禁並諭令押運
員弁查拿船戶扭稟從重懲處在案若縱容經紀人
等故意刁難阻撓海運為需索河運旗丁地步該員
即喪天良決不至此除將各處報單送部查核外所
有切實查明緣由理合恭摺具
奏伏乞
皇上聖鑒謹
奏咸豐二年五月十六日奉
上諭朱嶟奏遵旨查明海運米石起卸情形一摺此次海
運米石由天津剝運抵通較之豫東漕米起卸尤宜迅
速據該侍郎查明坐糧廳等尚無有意積壓情事惟當
大雨時行之際若每日起卸不足三萬石之數必致輪
轉不及且易啟偷漏需索等弊著朱嶟嚴飭廳員迅速
催卸不得藉詞推諉有誤正供倘經紀人等故意刁難
即著嚴拿懲辦其石壩州判並著督飭趕辦如有遲延
一併參奏欽此

倉場侍郎臣朱嶟跪
奏為遵
旨據實明白迴奏仰祈
聖鑒事五月十六日准戶部行知本月十三日奉
上諭前因倉場侍郎覆奏海運米石短少各情當交戶部
詳覈速議具奏茲據該部奏稱查海運成案漕糧抵津
由驗米大臣會同倉場坐糧廳直隸江蘇各委員眼同
查驗由坐糧廳取具該經紀切結督收運通後由裏河
轉運大通橋如查有短少潮溼等弊均惟經紀是問現
在興平倉米石如果在津時即有弊混該經紀何肯出

具切結迨至抵通驗收坐糧廳何以率行轉運且既經
查倉給事中參奏該侍郎又將斛面短少查驗得實何
以不將舞弊之人嚴參治罪照數追賠輒據經紀等一
面之詞歸咎於天津驗米大臣著朱嶟據實明白迴奏
欽此臣跪讀之下不勝悚惶竊漕糧抵津大臣如何
會驗經紀何以出結臣不得而知也至抵通驗收據
坐糧廳每日稟報查驗得海運漕糧凡起米貲乾潔
者飭令經紀趕緊起卸其中或間有潮熱或十數船
潮熱或數十船潮熱情形輕者飭令隨晾隨起情形
重者飭令上岸風晾伏驗再起未嘗率行轉運若承
運之經紀遠在天津當時未及提訊至斛面有無短
少非該廳一人查照所能周臣不時親至𨻶樓抽掣
斛面多有不及即將該經紀斛手人等隨時枷責嚴
行示懲飭令添足再行過橋時照數賠補無待於追
若一升一合紛紛嚴參送部雖夏日舒長恐亦不勝
其煩瀆至興平倉短少米石曾經臣申明俟漕糧全
數進倉仍照舊章覈明確數咨部照例辦理
國法具在何能借口於米身收縮曲為開脫惟經紀車
戶人等雖屬賤役當運務喫緊之際亦資其力若一
查有短少即將舞弊之人嚴參治罪照數立追竊恐

短欠人多送部者去其大半一時召募不及必得公
事遲誤其咎誰歸借端滋弊下役之積習牢不可破
然使無端可借弊何由滋短少潮溼等弊均惟經紀
是問則奮弊之端不能不問之滋弊之人當臣查問
之時據該經紀供稱虧折各情節雖係一面之詞若
遽斥為狡飾壅於
上聞轉不足以折服其心
奏請
敕下驗米大臣督率司員認真查驗正所以關蠹役之口
非敢歸咎也謹據實明白迴

奏伏祈
皇上聖鑒謹
奏咸豐二年五月二十日内閣奉
上諭據朱嶟迴奏海運米石短少情形與戶部前奏兩歧
著派恩華彭蘊章秉公確查據實具奏欽此

卷二　八十五

臣恩華臣彭蘊章跪
奏為遵
旨查奏事本月二十日奉
上諭據朱嶟迴奏海運米石短少情形與戶部前奏兩歧
著派恩華彭蘊章秉公確查據實具奏欽此臣等於次
日
陛辭後即於二十二日帶同兵部司員祥奎程識工部司員錫惠軍機章京陳鴻翊前往通州倉場衙門傳到坐糧廳汪潤並經紀人等查詢先據倉場侍郎呈出坐糧廳毓鍾在天津驗米逐日禀報公文內開每日收

卷二　八十六

米均間有米質蒸熱發紫字樣是海運米色原不能盡純又據汪潤呈出在通驗收米石清冊有全船潮濕者有一艙潮濕者均經挑晾後再行驗收是在津不過蒸熱到通始見潮濕其為中途剝船使水無疑查海運章程經紀於出結後米之潮濕虧短皆惟經紀是問不得別有推諉此次興平倉短米業經該侍郎奏請照例於全漕完竣時著落經紀車戶追賠已由戶部覈准此外各倉如有短少亦應一律辦理至該侍郎原奏據經紀供稱屢奉
欽差嚴催起限緊迫河干未能風晾以致轉運後米身收

縮等語提訊經紀黑糴明等供亦相同臣等竊思海
運為一時救急之務若任聽經紀等遲延起運苦累
沙船設或再行海運沙船將視為畏途不得不存遠
慮未可概事拘泥況值海運米石在津尚未潮濕到
通後坐糧廳驗有潮濕仍加挑晾與該經紀所供亦
不相符其經紀在津出結係屬向例該侍郎尤不當
為諉為不知雖業經到壩抽查將斛面不足之經紀斛
手枷責當時即令賠補尚非有心徇庇惟於倉米
短少不肯虛心引咎尚復嘵嘵置辯究屬不合相應請
旨將倉場侍郎朱嶟交部議處現在米石尚未驗收完竣
應請
飭下該侍郎仍責成坐糧廳及大通橋監督認真查驗如
有潮濕短少情弊即行嚴究懲辦所有臣等遵
旨確查緣由理合據實具奏伏乞
皇上聖鑒謹
奏
咸豐二年五月二十四日奉
上諭前因朱嶟迴奏海運米石短少情形與戶部原奏兩
歧特派恩華彭蘊章前往查辦茲據奏稱查驗坐糧廳
公文清冊此項米石在天津不過蒸熱到通州始見潮

濕通州坐糧廳仍加風晾始行驗收與該侍郎原奏據
經紀供稱河干未能挑晾以致轉運後米身收縮之語
不符其經紀在天津出結係屬向例該侍郎不得諉為
不知等語此次海運原為倉儲緊要權宜辦理若任聽
經紀藉端挑斥必致遲延貽誤該倉場侍郎自應通盤
籌畫以濟倉儲乃於倉米短少並不虛心引咎輒以天
津收驗為詞嘵嘵置辯實屬不合朱嶟著交部議處其
未收米石仍著責成坐糧廳及大通橋監督認真查驗
迅速轉運如有潮濕短少情弊即著嚴究懲辦餘依議
欽此

臣孫瑞珍臣慶祺跪
奏為海運南糧驗收全完恭摺奏
聞仰慰
聖懷事竊查江蘇省本年起運咸豐元年分蘇州松江常
州鎮江太倉四府一州漕白糧米雇用沙船由海運
津陸續進口挽抵天津上園水次臣等督飭各該員
隨到隨驗一力儹辦所有起運漕白二糧米數先經
臣等兩次奏報在案計自三月中旬開斛以來原報
沙船八百七十三隻裝運漕白平斛糧米一百四萬
六千二百五十五石八斗二升六合三勺承運經紀

卷二　八十九

隨正交倉耗米一萬五千九百九石八斗五升七合
五勺八抄統共漕白二糧並經紀耗米一百六萬二
千一百六十五石六斗八升三合八勺八抄現據照
數查驗斛收一律乾潔內有沉失米三千一百九十
石按照奏定章程本應豁免經江蘇總局委員以倉
儲緊要自行備價收買沙船餘米抵補足額掃數全
完顆粒無虧計用官民撥船五千八十八隻酌分四
十八起先裝前後跟接全數起運除撥運易州
陵糈白糧正耗米一千二百九十八石七斗三升六合七勺
一抄外其餘交倉漕白二糧及應撥薊州白糧共計
一百六萬八百六十六石九斗四升七合一勺七抄
均經起運赴通臣等查豐北漫口本年春間未能合
龍河運江浙江廣等省漕糧抵通自必較遲幸海運
風帆順利先有此百餘萬石漕白糧米早運通壩俾
實倉儲較之河運又復節省銀六十六萬兩以供撥
用現在前項漕白糧米一百六萬二千一百六十五
石六斗八升三合八勺八抄均經隨時斛收全數撥
兌比較道光二十八年卸竣日期早完一月有餘辦
理胥歸簡捷是皆仰賴
聖主鴻福臣等欽幸難名再上兩屆海運每屆另備口袋

卷二　九十

五萬條以為在津露囤及北倉截卸之用本屆並未
露囤亦未截卸毋庸另備口袋少此一項開銷計節
省銀一萬二千餘兩其上案豫備截卸露囤蓆片繩
索等項亦即毋庸採辦以節經費而昭覈實所有臣
等驗收海運南糧事竣緣由理合恭摺具奏再臣等
於拜摺後即行率同隨帶司員起程回京恭覆
恩命合併聲明伏乞
皇上聖鑒謹
奏咸豐二年五月二十三日奉
硃批知道了欽此

臣孫瑞珍臣慶祺跪

奏為海運事竣謹將在津辦理收運尤為出力各員援

照

恩准成案恭懇

天恩分別獎勵仰祈

聖鑒事竊查道光二十八年七月初三日奉

上

諭朱鳳標德誠奏海運事竣請將出力各員分別獎勵一摺本年南糧海運前曾派朱鳳標等前往天津督飭各該員妥為籌辦現在正漕全數兑收各該員等著有微勞自應分別加恩以昭激勸委員江南淮揚道查文經直隸清河道何耿繩天津道張起鵷署天津鎮總兵福珠洪阿均著交部議敘坐糧廳奎綬著交部從優議敘隨帶司員前湖北武昌府知府戶部員外郎上行走聯英著記名以道員用戶部候補主事董醇著遇有主事缺出儘先補用其天津府知府以下各員及由道調往之委員營委將弁並江南委員及佐雜各員均著咨明各該省督撫分別請獎朱鳳標德誠在彼數月督辦周妥均著交部議敘餘著照所擬辦理欽此欽遵在案臣等查本年辦理海運原因豐北未能合龍河運恐有阻滯並以軍需緊要擬將河運費用節省以供撥解所有海運一切經費必須樽節支用方可然毫不動

帑項尤在起運迅速免致露囤截卸之煩前經江蘇督撫酌擬章程由臣部逐款覈議參酌時宜務為經畫嗣於三月內江南委員升任甘肅按察使蘇松糧道倪良燿等先後來津會同清河道譚廷襄天津道張起鵷等專司其事坐糧廳毓鍾隨同臣等赴津與直隸江蘇兩總局公同商辦先撥該道等選委府縣丞倅次第整齊復經臣等逐加查察該道員等無不竭誠盡力恪謹將事其先期哨探乘潮迎護導引進口挽拖水次查驗米色監視斛收配給撥船疏通河道一切事宜均須周妥而總理文案鈎稽冊檔樽節經費彈壓人夫加以預購餘米備抵缺額收發器械巡防盤詰需員恐多該府縣丞倅等均能明幹曉事晝夜辛勤臣等目擊各該員出力盡形始終罔懈實不敢壅於

上

聞當此事竣之時謹照道光六年及二十八年兩居鼓勵

成案恭懇

恩施以昭激勸查升任甘肅按察使蘇松糧道倪良燿總理交米事宜籌畫精詳力全漕額清河道譚廷襄天津道張起鵷經理一切均能隨時隨事悉心調度俾

克妥協藏事署天津鎮總兵大沽協副將特克慎來
往海口催提船隻親督將弁遠探近引歷著近勤勞惟
係司道鎮將大員
恩出
聖裁未敢擅議優敘其天津府知府錢炘和署天津縣知
縣謝子澄各委員等及由通調津委員並營員將弁
臣等各按勞績咨明直隸督臣分別奏請獎勵江南委員
候補知府洪玉珩等認真籌辦經理周詳勸諭商民
耆舵水手胥遵約束其佐雜各員及督押糧米航海
委員亦均培矢勤奮昕夕不暇臣等亦照成案各按

卷二　九十三

勞績分別咨明江省督撫辦理再查前屆臣部隨帶
司員二員及道光六年辦理海運隨帶四員均蒙
聖恩獎敘此次隨帶四員內郎中董醇一員上年兩次收買
商米及前屆辦理海運均經隨帶赴津熟習情形該
員才猷素著識力兼優本年以
京察一等蒙
恩記名以道府用此次帶同驗米亦能領袖同司辦理諸
務悉臻妥善可否仰懇
天恩交軍機處記名遇有道員缺出請
旨簡放先換頂帶主事振麟候補主事王友端學習主事
成琦三員經臣等委辦一切均能潔已奉公始終其
事不辭勞瘁查主事振麟係已補實缺人員可否仰
懇
天恩留於臣部以員外郎儘先補用候補主事王友端由
進士分部早經奏留可否仰懇
天恩遇有臣部主事缺出儘先陞用學習主事成琦前在
都察院筆帖式任內當差十二年有餘嗣由文進士
籤分臣部在主事上行走已逾二年可否仰懇
天恩留於臣部以主事儘先補用以上各員實皆著有勞
績臣仰體

卷二　九十四

聖主激勸人材至意援案聲請恭候
聖裁伏祈
皇上聖鑒謹
奏請
旨咸豐二年五月二十三日內閣奉
上諭孫瑞珍慶祺奏海運事竣請將出力各員分別獎勵
一摺本年南糧海運前曾派孫瑞珍等前往天津督飭
各該員妥為籌辦現在漕糧一百餘萬全數兌收各該
員等著有微勞自應分別加恩以昭激勸委員江南蘇
松糧道陞任甘肅按察使倪良耀直隸清河道譚廷襄

天津道張起鵷署天津鎮總兵特克慎均著交部從優
議敘坐糧廳毓鍾著賞給道銜隨帶司員戶部郎中董
醇著交軍機處記名遇有道員缺出請旨簡放先換頂
戴戶部主事振麟著以員外郎儘先陞用戶部候補主
事王友端著遇有主事缺出儘先補用戶部學習主事
成琦著留於該部以主事儘先補用其天津府知府以
下各員及由通州調往之委員營委將弁並江南委員
及佐雜各員均著咨明各該省督撫分別請獎孫瑞珍
慶祺督辦妥速均著加恩交部議敘餘著照所議辦理該部
知道欽此

再查坐糧廳兩員內除汪潤一員駐通接收海運南
糧應照成案俟撥船起卸全完再由倉場衙門覈辦
外其駐津坐糧廳刑部郎中毓鍾隨同臣等終日河
干逐船逐艙查驗米色督率經紀不辭勞瘁查上屆
駐津坐糧廳海運事竣蒙
恩交部從優議敘此次海運沙船連檣早到趕辦一切倍著
辛勤該員係本年
京察一等人員可否邀
恩賞給道銜以示鼓勵出自
皇上逾格鴻慈謹
奏請
旨

協辦大學士直隸總督臣訥爾經額跪
奏為海運漕糧支用經雜各費循照歷屆成案請免報
銷恭摺奏祈
聖鑒事竊照本年海運江蘇松常鎮太四府一州漕白米
一百六萬二千一百六十五石零自津運通應需剝
船水脚及一切經雜各費由江省解到九四平銀一
十三萬兩除剝解坐糧廳通倉協貼等銀一萬五千
三百兩實收銀一十一萬四千七百兩存留天津道
庫備用茲據清河道譚廷襄天津道張起鵷會呈稱
本年海運需用官民剝船水脚並苫蓋剝船蓆片溜

奏二　九十七

蓆筒以及民船守候口糧押運員弁兵役薪水飯食
迎護導引哨船弁兵口糧一切經雜各費經
欽差大臣督飭該道等會同江蘇委員撙節動用茲已事
竣該道等逐細勾稽覈實銷算並將收回苫艙蓆片
估計變價就款開除共用九四平銀一十一萬四千
六百九十四兩零折實庫平銀一十萬七千八百一
十二兩零尚餘九四平銀五兩零檢查道光六年海
運剝價因動支漕項銀兩係報部之款是以造冊報
銷其一切經雜 各費 由江省在外籌款
奏明毋庸造報二十八年剝價等銀江省係在津貼旗
丁幫費銀內撥解並非解部之款亦經奏明毋庸報
部本年江省解到銀兩係照案在於應給幫費內籌
撥應請
奏明毋庸報部覈銷仍分項造具細冊詳咨江省歸入
商船水脚等項彙案辦理所有用賸銀五兩零查升
任江蘇糧道倪良耀前因應解坐糧廳協貼等項銀
兩不敷支解在於天津道庫借撥銀二千九百八十
七兩零應將前項餘銀劃抵尚未還借墊九四平銀
二千九百八十二兩零請咨江省解交歸款等情造
冊會詳請

奏三　九十八

奏前來臣按款覆覈並檢查道光六年海運漕糧需用
剝價及一切經雜各費按米攤算每百石需銀十一
兩二十八年海運每百石需銀十一兩零本年每百
石需銀十兩零比較上二屆有減無增所有本年海
運動用銀兩江省係由外籌撥應請循照歷屆成案
免其報部覈銷仍將細冊咨送江省彙入沙船水脚
案內辦理借墊銀兩催解歸款外為此恭摺具
奏伏乞
皇上聖鑒謹
奏咸豐二年八月十七日奉

硃批户部知道欽此

協辦大學士直隸總督臣訥爾經額跪

奏為辦理海運出力人員遵

旨覈實保奏懇

恩分别奬勵仰祈

聖鑒事竊臣接准部咨咸豐二年五月二十三日奉

上諭孫瑞珍慶祺奏海運事竣請將出力各員分别奬勵

一摺本年南糧海運前曾派孫瑞珍等前往天津督飭

各該員妥為籌辦現在全数兑收各該員等着有微勞

自應分别加恩其天津府知府以下各員及由通州調

往之委員營委將弁並佐雜各員均著咨明該督分别

請奬等因欽此並准

欽差户部尚書臣孫　倉場侍郎臣慶　將直隸所派

文武員弁並由通帶往各員銜名開單咨送到臣仰

見

聖主激勵人材微勞必錄之至意惟查單開共計一百五

十九員之多自應分别出力之等差核寔辦理隨飭

總辦局務之清河道譚廷襄天津道張起鵷暨藩司

會同查明核議詳請

奏奬前來伏查本年辦理海運臣先期派委營員出洋

哨探迎護天津總局經理文案稽核支銷監視兑斛

調撥剝船押運米石催重儹空事務較煩而沙船進
口之事加以官民剝船二千數百隻水手人等一時
滙集彈壓稽查尤關緊要當經分委員弁各司其事
數月以來均能不辭勞瘁奮勉從公迅速蕆事不無
著有微勞仰懇
聖恩准令分別請奬謹遵
旨擇其尤為出力文武二十三員請
旨分別鼓勵以昭激勸又出力稍次文武共三十二員並請
敕下部臣分別從優及量予議叙謹依次開單恭呈
御覽此外各員弁由外存記容臣隨時酌量奬勵理合恭
卷二　一百一
摺具奏伏乞
皇上聖鑒訓示謹
奏咸豐二年六月二十八日奉
上諭訥爾經額奏遵保辦理海運出力人員一摺本年辦
理海運直隸派委各員弁等或綜理文案或斛收監兑
或調撥剝船或催儹稽查均屬著有微勞自應分別奬
勵天津府知府錢炘和廣平府同知鍾瑞天津縣知縣
謝子澄新城縣知縣鄭士蕙宣化府經歷宋嵩慶天津
鎮標葛沽營遊擊薛成龍大沽協左營都司吳璋均著
以應升之缺升用候補知府金鐄著遇有本班應補缺

出儘先補用天津府海防同知候選知府高應元著以
知府歸部儘先選用清苑縣縣丞捐升知縣汪鳴和著
開缺以知縣留於直隸歸候補班補用河工候補縣丞
捐升知縣於藩著以知縣留於直隸歸本班儘先補用
仍各照例捐足再行序補建昌縣巡檢捐升主簿陳克
昌著開缺以主簿留於北河補用捐班前先用按察司
經歷貴德馨本班儘先補用縣丞於恒吉遇缺即補縣
丞劉傑河工本班儘先補用縣丞祥瑞河工分缺間用
主簿熊琦均著歸候補班先用候補府經歷龔煥候補
直隸州州判唐樹翼北河候補縣丞高維翰北河候補
卷二　一百二
從九品孫冬旭試用從九品戚祖培試用府倉大使汪
葆光均著儘先補用楊村通判厲維梁山海關通判烏
林泰即用知縣薩炳阿試用知縣吳應台葉增慶州同
銜天津縣縣丞王恒謙任邱縣縣丞俸滿卓異候升程
椿武清縣河西務主簿鄒在人霸保主簿朱浩良北河
遇缺即補從九品許忠阜平縣典史汪榕井陘縣典史
陳廷賡天津縣楊青驛驛丞楊承杰天津鎮標中軍遊
擊吳燦署天津鎮標城守營都司題升東明營都司毛
文藻大名鎮標長垣營都司白含章天津鎮標左營守
備梁運彰署天津鎮標右營守備阜城汛千總哈清魁

正定鎮標左營守備王恩洪天津鎮標大沽協左營把總劉淳海口營把總王寶慶左營把總劉巽雲河間協右營商家林汛把總沈鳳鳴大沽協左營外委楊殿臣大沽協海口營外委杜來增景州營吳橋汛外委楊瑞城守營外委王恩潞均著交部從優議叙東路同知吳承祖通州知州佈彥海河主簿陞補故城縣縣丞鄭繼勳天津縣葛沽巡檢樓東洪天津縣典史劉玉衡均著交部議叙餘著照所擬辦理該部知道单併發欽此

禮部謹

奏為遵

旨議奏事 咸豐二年九月十五日內閣奉

上諭陸建瀛等奏海運安穩護送

神佑請加封號匾額一摺上年蘇州松江常州鎮江太倉四府一州漕白糧石俱由海運該撫楊文定於督辦之初即叩禱

天后

風神

海神各廟虔求佑助嗣沙船先後放洋妥速抵津米石並無傷損

神靈默佑欽感良深著發去大藏香十柱交陸建瀛楊文定祇領遣員分詣各處

神廟敬謹祀謝

天后屢彰靈應疊加封號此次海運利漕安瀾顯應由著著禮部察例擬加封號候朕酌定並發去御書匾額交該督等敬謹懸掛以答

神庥其

風神

海神並著禮部一體擬加封號以昭靈貺欽此欽遵抄出到部臣等謹按

天后靈佑昭垂歷徵顯應溯查康熙十九年乾隆二年二十二年五十三年暨嘉

慶五年道光十九年迭次
加封為護國庇民妙靈昭應宏仁普濟福佑羣生誠感咸孚顯神贊順垂
慈篤祜澤覃海宇之神又查道光六年海運奏
旨於江蘇上海縣
天后神廟封號上加安瀾利運四字其
風神
海神廟並發去
御書匾額交該督撫敬謹懸掛再查道光二十八年海運奏
旨於江蘇上海縣
天后神廟封號上加恬波宣惠四字並於
風神廟加宣德贊化四字
海神廟加靈昭鎮靜四字均經遵奉在案今江蘇上海縣
天后神暨
風神
海神各廟欽奉
諭旨交臣部一體議加封號臣等敬謹擬擬各字樣分繕清單伏候
欽定恭候
命下臣部行文該督撫於該處各神牌敬謹繕入用答
神庥為此謹
奏請
旨咸豐二年十月初九日奏本日奉
硃筆圈出
天后封號導流衍慶
風神封號揚仁佐治
海神封號助順安瀾欽此

兩江總督臣陸建瀛江蘇巡撫臣楊文定跪
奏為海運完竣請將委赴天津及在蘇辦事尤為出力各員恭懇
聖恩量予鼓勵以昭激勸事竊照咸豐元年蘇松常鎮太四府一州起運漕白粮
米一律由海運津事關重大分任需人臣等於議辦之初即以省城為始事
上海為總滙天津為歸宿分別酌派署蘇州府知府鍾殿選等查議章
程勾稽款目蘇松太道吳健彰督同松海防同知藍蔚雯等招雇沙船
及兌米放洋各事宜並委現任臬司前任蘇松粮道倪良燿帶同候補
知府洪玉珩等前往天津辦理交米諸務當經先後奏明在案該員等自
奉委後或總理局務籌議章程或稽核冊案催提銀米或雇覓商船
料理經費或驗對漕粮迎提催儹或　護送沙船涉歷重洋或往
天津交米布置精詳或專司出納力求撙節或排船編號分泊盤量莫不
竭盡心力共襄厥事現在交倉漕白正耗米一百四萬六千二百五十餘石又沙船
耗米剝船食米等款一十一萬三千餘石統計正耗米一百一十五萬九千餘石均
係乾圓潔淨一律交兌清楚並無顆粒短少即海運案內節省銀六十六萬
兩亦已分別提解奉部照數咨明撥用此皆上賴
皇上洪福下藉羣力贊襄得以諸事順速悉臻妥協至天津委員已經
欽差戶部尚書孫　　等奏奉
諭旨江南委員及佐雜各員均著咨明該省督撫分別請奬等因欽此並准孫
　單開十二員註明勞績移咨在案而在省局滬局辦事各員亦俱始終奮
勉不辭勞瘁自應擇其尤為出力者一體請奬以昭激勸據司道核明會
詳請奏前來臣等查本屆辦理海運比照道光二十七年計多常鎮兩府
與道光六年情形相仿而稽核銀米一切事務較繁各該員均能勤奮不
遺餘力自未便没其微勞請將各該員經管事宜酌擬奬敘等差另繕清
　單恭呈
御覽可否仰懇
逾格　鴻慈量予鼓勵伏候
訓示遵行謹合詞恭摺具奏伏乞
皇上聖鑒謹
　奏
　　計開
　候補知府洪玉珩
該員派駐滬局督辦雇船兌運放洋各事諸臻周妥嗣復赴津襄理交
米伺值驗卸籌畫精詳最為出力該員本係應補繁缺知府之員擬請
交軍機處記名遇有本省知府缺出無論地方河工一體開單請
旨簡放
　試用同知王家佩
該員曾於道光二十八年派赴天津襄辦海運甚為得力兹復在津
綜理局務不辭勞怨力求樽節擬請
賞加知府銜
　試用同知朱鈞

該員前經襄理上海局兑運各事嗣經派津綜理分局及查船驗米彈壓
水手一切深合機宜擬請不論繁簡遇缺即補
試用同知梁逢辰
該員襄辦交米驗卸起剝委勘遭風船隻督押晒晾均能竭盡心力擬請
賞加
升銜
知州銜准補嘉定縣知縣吳煦
該員前經委辦省局文案嗣經赴津襄理文案句稽冊檔始終詳慎擬請
以應升之缺即行升用
糧道庫大使陳森培
新班遇缺即補道庫大使魯鴻飛
元和縣周莊司巡檢何本忠
以上三員查驗米色催重償空事極煩瑣該員等均能始終勤慎悉臻
妥協陳森培擬請加州同銜魯鴻飛擬請歸入新班分缺先用何本忠擬
請以縣丞主簿升用
金匱縣主簿王汝金
該員隨同驗卸監督起斛頗為幹練擬請以縣丞儘先升用
蘇州府知事孫承履
該員駐扎海口收繳軍械倍著辛勤擬請以應升之缺升用
刑部候補員外郎王承基
安徽試用知縣沈譽來
以上二員籍隸松江與滬局董事雇募沙船本屬急公嗣復自備
資斧押坐沙船歷涉重洋倍為妥速且與道光六年崇明縣舉人施
彥士押護沙船成案相符洵屬勞勛最著抵津後復又收儲餘米尤
為始終出力王承基擬請以知府歸部選用沈譽來擬請以知縣儘先補用
署蘇州府知府徐州府知府鍾殿選
該員總辦省局海運並督催各屬銀米一切任勞任怨力肩終始擬請
賞加
道銜
候補知府松江海防同知藍蔚雯
該員總司上海全局驗船兑米均能實力實心籌議章程悉臻妥協
洵屬倍著勤勞擬請以知府歸入候補班儘先補用
知府銜署松江府知府川沙同知何士祁
該員辦理省滬局務籌畫章程句稽銀米井井有條擬請以知府
補用
崇明縣縣丞徐承恩
婁縣縣丞邵鼎曾
無錫縣高橋司巡檢童復
候補未入流吳承業
以上四員派委監兑米石催儹剝船均能不辭辛苦徐承恩本係
應升人員擬請以知縣升用邵鼎曾童復擬請以應升之缺升用
吳承業擬請遇缺即補

咸豐二年九月十五日奉

硃批另有旨欽此同日奉

上諭陸建瀛楊文定奏遵保派辦海運出力各員開單呈覽懇請鼓勵一摺本
年辦理海運該委員等或在上海籌辦局務或赴天津交兑米石均屬著有
微勞自應量予恩施以昭激勸江蘇候補知府洪玉珩著交軍機處記名
遇有本省知府缺出無論地方河工一體開單請旨簡放試用同知王家佩
著賞加知府銜試用同知朱鈞著不論繁簡遇缺即補試用同知梁達晨著賞
加升銜知州銜准補嘉定縣知縣吳煦著以應升之缺即行升用粮道庫大
使陳森培著賞加州同銜新班遇缺即補道庫大使魯鴻飛著歸入新班
分缺先用元和縣周莊司巡檢何本忠著以縣丞主簿升用金匱縣主
簿王汝金著以縣丞儘先升用蘇州府知事孫承履著以應升之缺升用刑
部候補員外郎王承基著以知府歸部選用安徽試用知縣沈礐來著
以知縣儘先補用署蘇州府知府徐州府知府鍾殿選著賞加道銜候
補知府松江海防同知藍蔚雯著以知府歸入候補班儘先補用知府
銜署松江府知府川沙同知何士祁著以知府補用崇明縣縣丞徐承
恩著以知縣升用婁縣縣丞郘鼎曾無錫縣高橋司巡檢童復均
著以應升之缺升用候補未入流吳承業著遇缺即補該部知道單
併發欽此

倉場侍郎臣慶祺臣朱嶟跪

奏為通壩辦理海運出力人員援照

恩准成案恭懇

天恩分別獎勵仰祈

聖鑒事竊照道光二十八年十月初二日奉

旨德誠等奏請將收兑海運米石出力人員照案鼓勵等語坐糧廳宋紹棻大
通橋監督松阿禮薩炳阿均著交部議敘通壩委員石壩州判兼理土壩
州同任元著賞加州同銜通濟庫大使沈溶著以應升之缺升用該部知道
欽此欽遵在案臣等前因海運與東粮同時並到通壩驗收諸務惟漢廳
員一人曾經循案奏派大通橋監督二員輪流駐通帮同照料又天津海運
事竣

欽差大臣孫　等請獎各員摺內聲明坐粮廳汪潤一員駐通接收海運南粮應
照成案俟剝船起卸全完再由倉場衙門核辦均經奏蒙

聖鑒在案茲查海運漕粮通壩於四月初二日開斛起卸東粮首帮亦於是日抵通
正值天旱河乾之際河海並運殊費周章漢廳員汪潤不辭勞瘁分投查
驗督催起運權其緩急兩無遲誤令於六月十一日一律趕辦全完大通橋監
督全善壽山橋壩分馳沿閘稽查贊襄一切罔遺餘力該員等雖屬
分內之事而臣等未便沒其微勞可否給予議敘出自

恩裁再通州土壩州同錢瑮起運迅速辦事認真通濟庫大使沈溶委辦諸
務多著辛勤可否量予分別議敘以昭鼓勵之處伏候

恩施為此援案循例具奏伏乞
皇上聖鑒訓示謹
奏咸豐二年六月十六日奏奉
上諭慶祺朱嶟奏請將通壩收兑海運米石出力人員分別奬勵一摺大通
橋監督全善壽山通州土壩州同錢璟通濟庫大使沈溶著交部分別議
敘坐粮廳監督汪潤前因收米遲延交部議處著加恩開復無庸給
予議敘欽此

為咨行事查海船自南赴北總以夏令以前為宜所
有明年蘇松糧道所屬漕白糧海運比較道光二十
八年米數尤多更宜趕緊籌辦相應飛咨兩江總督
江蘇巡撫漕運總督嚴飭承辦海運各員於驗收裝
兑一切事宜務須提前趕辦一俟裝兑齊全即飭看
定風色催令放洋長行連帆北上以期四月以前悉
數抵津早達
天庾事關重大該督撫等自必迅速辦理及早蕆事慎勿
稽遲於事前貽誤於事後致令京鬯重項或有意外
之虞可也

為咨行事查白糧一項係供
内廷及光祿寺等項應用理宜培加慎重向俱裝載麻袋堆架船艙以便透氣免致發熱黴變道光二十八年辦理海運内白糧一項及本年白糧海運均係如此辦理所有明年蘇松糧道所屬白糧海運自宜遵照妥辦相應飛咨兩江總督江蘇巡撫轉飭承辦各員諄切曉諭各該商船務將白糧全裝麻袋堆架船艙毋得散放在艙致令氣鬱不宣發熱變色儻有疎率以致抵津交收掣肘往返駁換惟承辦各該員是問事關

内廷應用萬勿稍存大意可也

為咨行事本部於道光二十七年十一月議覆海運摺内欽奉
上諭所有道光二十八年蘇州松江太倉二府一州漕白糧米改由海運其漕糧米石務令完交一色乾潔粳米不准稍有攙雜白糧一項亦著普律乾潔等因欽此欽遵辦理在案查蘇松糧道所屬漕糧例應兑收乾圓潔淨一律粳米迥非捐輸米石私粳並納可比白糧一項尤宜乾潔若有色質柔嫩及秈米攙雜臨時駁換則往返躭延遷就入倉則不堪儲蓄所有明年蘇松糧道所屬漕白糧米海運務須兑交一色乾潔之米不准

稍有柔嫩攙雜致令抵津交收掣肘相應飛咨兩江總督江蘇巡撫漕運總督嚴飭所屬實力奉行儻經徵州縣及監兑各官稍有疎率不免柔嫩潮潤及秈糯攙雜祗有奏明駁換立飭補運並將經徵及監兑各員嚴行參處其水腳銀兩即著落該員等照數賠補斷不能將就起卸至江蘇應解天津用款並令先期解交天津道庫豫備剝價等項之用萬勿遲誤可也

為咨明事咸豐二年二月初一日准倉場總督咨據坐糧廳呈稱查道光六年海運案內經戶部議准照置袋例添置口袋五萬條木斛一百隻均於通庫輕齎項下給發以備帶津露囤起卸應用事竣報部覈辦在案迨道光二十八年海運蒙前任堂臺接准戶部咨照道光六年成案仍添置口袋五萬條舊存木斛一百隻因歷年久除尚堪修整者十五隻餘俱齣朽請添造八十五隻以備應用亦在案但本年海運四府一州漕白米數較多倘遇蜂擁而來勢必在津露囤尤須多備口袋方免貽誤職等再四籌畫惟有仍照上兩屆成案添置口袋五萬條以備急需請祈堂臺鑒覈示遵俾得預為趕辦等情前來查上屆海運案內循照舊章添置口袋五萬條未辦露囤均未動用現在通濟庫經費支絀亦應撙節所有此次海運循例添置口袋一節擬以毋庸備辦是否可行相應咨明本部查照等因前來　查上兩屆海運案內添置口袋五萬條以備帶津露囤起卸應用均因起卸露囤事涉紛繁未經舉行是以口袋均未動用本屆辦理海運既據倉場咨稱現在經費支絀亦應撙節所有循例添置口袋一節擬以毋庸備辦等語

卷三　口

自係為撙節經費起見應如所咨辦理惟露囤既未豫籌剝運尤宜迅速查二十八年正月本部議覆直隸總督籌議海運事宜一摺內稱剝船抵通交卸按照海運每日起米章程計算每四萬石不過一日即可起卸清完通壩誠能一到即驗一驗即收則剝船得以迅速回空輪轉裝載自不致有剝運不及之虞等因遵辦在案應仍咨倉場諄飭坐糧廳於剝船抵通之時務即趕緊驗收俾得剝船迅速回空藉資周轉不得稍有稽遲積壓以致臨時周章貽誤漕務可也

卷三　五

江蘇巡撫楊文定為詳請咨明事據署蘇州布政使岳興阿署蘇州按察使吳葆晉蘇州督糧道倪良耀蘇松太道吳健彰會詳稱竊照蘇省今屆咸豐元年漕白糧米議行海運所有赴津交米事宜現奉奏派職糧道前往經理其在津辦理一切文移應即以道印帶往鈐用隨帶經理之候補知府洪玉珩候補同知王家佩朱鈞梁逢辰候補知縣吳煦並隨帶赴津差遣之糧道庫大使徐森培金匱縣主簿王汝金周莊司巡檢何本忠候補道庫大使魯鴻飛蘇州府知事孫承履候補布經歷高鏡涵等循照上屆道光二

十七年成案飭令各刊正字鈐記印用以昭信守相應具文詳候咨明倉場各部直隸督院查照等情到本部院據此除分咨外相應咨達為此合咨

貴部請煩查照施行須至咨者

為飛咨事本部查二月二十一日由內閣抄出直隸總督片奏派委道員駐津會辦海運緣由一摺內稱南糧海運曾有奏定章程上屆即係循照舊章並無應行變通之處等語查本屆海運江蘇督撫酌定辦理章程摺內奏稱上屆剝船食米係給發折色經紀耗米係收買沙船餘米本屆海運應請備帶本色等語經本部議奏並聲明剝船經紀如有分賠之案經紀項下例在於耗米內計除其剝船項下作何辦理之處應令直隸總督諄囑詳查妥議務使米歸有著不准顆粒延欠等因奏准並行知在案現尚未據該

督將剝船項下若有應賠米石如何詳查妥議俾歸有著之處詳細報部相應飛咨直隸總督迅將剝船項下妥議章程報部查覈以便移咨

欽差驗米大臣查照辦理毋任疎忽於事前周章於事後並劄行天津道可也

江蘇巡撫楊文定為詳請事據署蘇州布政使岳興
阿詳稱竊照蘇松常鎮太五府州屬咸豐二年海運
元年分漕白糧米遵
旨籌議改由海運業經援案酌提向年給幫津貼作為南
北一切經費以備支用並籌議運解章程詳蒙派委
蘇松糧道前往天津督辦交米事宜一併具
奏在案現准蘇糧道來咨查上屆海運舊章除輕賫由
閘竹木等項照例由道批解外其餘天津官剝民剝
雇價及通倉經紀夫役飯食等項均由蘇省籌備解
交天津道庫由江蘇交米委員會同直隸委員按照

起運米數分別支應此次
奏明照案辦理惟通倉應給個兒錢款向由本　道衙
門在於旗丁領款內扣存交總運廳員帶解赴北本
與輕賫由閘竹木等款無異應請仍照河運章程由
本道自行領解轉給外其餘剝價等款約需京平銀
一十三萬兩咨請分批解儲天津道庫早日起程北
上俟到津後會同直隸省委員查照例案支用等因
前來查有委赴天津聽候差遣人員堪以即飭管解
茲本署司擬派金匱縣主簿王汝金領解第一批銀
四萬四千兩九四折實銀四萬一千三百六十兩計
裝四十一鞘蘇州府知事孫承履領解第二批銀四
萬三千兩九四折實銀四萬四百二十兩計裝四十
鞘候補道庫大使魯鴻飛領解第三批銀四萬三千
兩九四折實銀四萬四百二十兩計裝四十鞘統共
銀一十三萬兩九四折實銀一十二萬二千二百兩
前赴天津道衙門交收備用除劄飭該員等赴司領
銀起解外相應由司填具蘇字一千四十二三四號
司批三張呈送掛號繕具兵牌槅牌劄文一併飭發
以憑轉給賫解並請飛移直隸總督山東巡撫飭行
沿途營汛州縣派撥妥幹員弁選撥勁兵加謹護送

具應用勘合現移臬司衙門填用合併聲明除分別
給文委員王汝金等飭令解赴天津道查收外相應
咨明為此合咨
貴部請煩查照施行須至咨者
咸豐二年二月二十七日咨

為詳請事咸豐二年二月二十七日准江蘇巡撫楊
文定咨據署蘇州布政使岳興阿詳稱竊照蘇松常
鎮太五府州屬咸豐二年海運元年分漕白糧米遵
旨籌議改由海運業經援案酌提向年給幫津貼作為南
北一切經費以備支用並籌議運解章程詳蒙派委
蘇松糧道前往天津督辦交米事宜一併具奏在案
現准蘇松糧道來咨查上屆海運舊章除輕賫由閘
竹木等項照例由道批解外其餘天津官剝民剝雇
價及通倉經紀夫役飯食等項均由蘇省籌備解交
天津道庫由江蘇交米委員會同直隸委員按照起
運米數分別支應此次奏明照案辦理惟通倉應給
個兒錢一款向由本道衙門在於旂丁領款內扣存交
總運廳員帶解赴北本與輕賫由閘竹木等款無異
應請仍照河運章程由本道自行領解轉給外其餘
剝價等款約需京平銀一十三萬兩咨請分批解儲
天津道庫早日起程北上俟到津後會同直隸省委
員查照例案支用等因前來查有委赴天津聽候差
遣人員堪以即飭管解茲本署司擬派金匱縣主簿
王汝金領解第一批銀四萬四千兩九四折實銀四
萬一千三百六十兩計裝四十一鞘蘇州府知事孫

承履領解第二批銀四萬三千兩九四折實銀四萬
四百二十兩計裝四十鞘候補道庫大使魯鴻飛領
解第三批銀四萬三千兩九四折實銀四萬四百二
十兩計裝四十鞘統共銀一十三萬兩九四折實銀
一十二萬二千二百兩前赴天津道衙門交收備用
除劄飭該員等赴司領銀起解外相應由司填具蘇
字一千四十二三四號司批三張呈送掛號繕具兵
牌梢牌劄文一併飭發以憑轉給賫解並請飛移直
隸總督山東巡撫飭行沿途營汛州縣派撥妥幹員
弁選撥勁兵加謹護送其應用勘合現移臬司衙門
填用合併聲明除分別給文委員王汝金等飭令解
赴天津道查收外相應咨明等因前來　相應移
行驗米大臣直隸總督倉場總督並劄行天津道查
照可也

貴州司為呈請事咸豐二年二月十八日據山海關監督哈當阿呈稱本年二月接准江蘇巡蘇咨據上海海運總局委員詳稱商船郁森盛等稟稱道光六年籌辦海運准帶二成貨物緣直隸天津口向無大賈貿易未能悉數銷售須轉往奉天牛莊口易貨奏明免稅迨工屆二十八年海運漕糧上海出口免稅悉照六年成案惟抵京卸米即奉押出所有准帶二成免稅貨物仍須轉往奉天及船抵牛莊報關查驗據胥役聲稱未奉明文免稅仍應完納現屆又奉海運商等值差承運而准帶二成免稅貨物仍轉往奉

卷三　十二

天易貨第恐該關胥役藉稱未奉明文推諉羈延不堪待候求請核咨示諭等情到局據此理合具文分咨山海關出示曉諭等情到院據此相應知會山海關監督查照核辦等因查道光六年海運係該省奏准免稅並給有運米商船護照黏單聲明免其二成之稅又復奉有部文是以免其納稅復查道光二十八年海運亦係該省奏請因未奉有部覆又運米商船並無確據黏單所有免稅二成仍照例徵收令該省既未奏准又未奉到部文未敢率行據咨擅准免稅且該商承運南糧又不將二成貨數呈請給發照

單意存取巧藉此影射偷漏如商船應行免稅祈即示指如有護照黏單商船免其納稅如無護照黏單仍應一體納稅明文示覆俾得有所遵循至於未奉部文以前各口船隻謹擬援照道光二十八年成案先行一體徵收俟奉到部示再為遵辦伏乞查照示覆等因前來查道光六年海運漕糧前經兩江總督奏請每船准其八成載米酌留二成搭載貨物並由山海關查明免稅放行計數請豁稅額但不得過二成之數其自關東運豆回南仍照例輸稅以重關課又於二十八年兩江總督李星沅片奏商船二成載貨

卷三　十三

由海關查明免稅計數請豁稅額聲明係裝米千石准帶貨二百石論石而不論價如有二成以外之貨在天津銷售則在天津納稅在關東銷售則在關東納稅歷經遵辦在案今據山海關監督呈稱查道光六年海運係該省奏准免稅並給有運米商船護照黏單是以免其納稅令該商承運南糧應否免稅呈請部示等因當經付查雲南司去後現據雲南司覆稱此次海運係照道光二十八年海運章程辦理二十八年係照道光六年章程辦理至商船護照係由蘇省自行給發等語查道光六年暨二十八年海運

商船八成載米二成載貨均准其免稅此次辦理海運自應仍照舊章辦理應飛咨兩江總督江蘇巡撫出示曉諭即於該商等起運時查照道光六年成案發給護照黏單以憑山海關查驗並劄行山海關監督遇有該商船到口即驗明護照將裝載二成貨物免稅放行如有二成以外之貨仍照例納稅並嚴禁胥役人等不得留難勒索致誤再運再查海運案內經過各關免徵稅課均准其作正開除歷經奏准有案此次山海關免過二成貨物稅數亦應准其作正開除仍令該監督於奏報關滿稅數摺內聲明辦理

並將免過稅銀數目造具細冊專案送部查核並付知雲南司可也

咸豐二年三月十一日到

為知照事咸豐二年三月十一日准貴州司將山海關呈稱江蘇運米沙船轉往奉天牛莊口易貨應否免稅呈請部示一案辦結付知前來　除應行各處由貴州司自行知照外相應抄錄原案飛咨驗米大臣查照可也

咸豐二年三月十三日飛咨

為飭查事前於咸豐二年三月初四日據天津鎮道
等呈報海運沙船一隻於本月初一日駛抵大沽海
口攔江沙外即於是日乘潮進口等因當經本部覈
辦在案迄今十有餘日未據續報進口船隻相應飛
劄天津鎮道即飭查明現在有無續到沙船迅速報
部以憑查覆嗣後如有沙船抵津隨到隨報不必拘
定五日彙報可也

卷三　十六

直隸總督訥爾經額為會議詳覆事據布政使陳啟邁清
河道譚廷襄天津道張起鵷會呈稱蒙太子太保協
辦大學士兵部尚書直隸總督部堂訥　劄開咸
豐二年二月二十七日准戶部咨雲南司案呈本部
查二月二十一日由內閣抄出直隸總督片奏派委
道員駐津會辦海運緣由一摺內稱南糧海運曾有
奏定章程上屆即係循照舊章並無應行變通之處
等語查本屆海運江蘇督撫酌定辦理章程摺內奏
稱上屆剝船食米係發給折色經紀耗米係收買沙
船餘米本屆海運應請備帶本色等語經本部議准
並聲明剝船經紀如有分賠之案經紀項下例在於
耗米內計除其剝船項下作何辦理之處應令直隸
總督諄囑詳查妥議務使米歸有著不准顆粒延欠
等因奏准並行知在案現尚未據該督將剝船項下
若有應賠米石如何詳查妥議俾歸有著之處詳細
報部相應飛咨直隸總督迅將剝船項下妥議章程報部
查覈以便移咨
欽差驗米大臣查照辦理毋任疎忽於事前奏章於事後
並劄行天津道可也等因咨行到職道天津道移會
到本司布政司職道清河道蒙此遵查本年戶部議覆江

卷三　十七

省具奏蘇松等屬漕白糧米全由海運酌定章程原
摺內載此次漕糧抵津仍照舊章由驗米大臣會同
倉場坐糧廳直隸江蘇各委員眼同查驗明確如係
好米即由坐糧廳取具該經紀米色乾潔米數無虧
切結督令斛收由經紀自派親信妥人押運交倉如剝
船在路有偷漏攙和等弊立即稟知押運員弁拏交
州縣責令剝船賠補治以應得之罪如經紀索費不
遂故縱使水偷漏然後稟明洩忿及通同作弊分肥
隱匿不稟經押運委員查出或別經發覺應責令經
紀剝船分成賠補並各治以應得之罪等語是剝船

偷漏攙和經紀查出稟明員弁則罪在剝船如經
紀索費不遂故縱使水偷漏然後稟明洩忿及通同
作弊分肥隱匿不稟經押運員弁查出或別經發覺
則罪在經紀兼在剝船界限清晰遇有分賠之案經
紀剝船不容稍有諉卸至於米因盤量折耗經紀剝
船均無弊竇應行作何辦理之處雖未議及而溯查
道光六年戶部議覆前督院那　籌議剝運事宜
內載漕米落艙起岸折耗在所不免剝船戶並無弊
混該經紀人役不得藉詞勒措又議覆前倉場總督
百　議奏起卸章程內載向年北倉截卸漕糧每米

一石給耗米一升海運漕糧或對船起卸或過斛搬
抗折耗較多准於每石一升之外酌添耗米五合白糧
每石准給耗米一升八合各等語蓋由津運通較北
倉稍遠是以增給耗米藉資彌補此次海運江省議
奏剝船經紀食耗等米備帶本色一條亦稱經紀耗
米係備赴通折耗之需是折耗有米可補無虞短絀
第剝船戶人等無弊不作若不明定章程必致藉口
折耗以掩其偷漏之弊本司道會同悉心覈議擬請
此次海運漕白糧米由津赴通如實因對船起卸過
斛搬抗致有折耗剝船戶並無弊混漕白糧米每石

所短之米未逾一升五合及一升八合之數即在經
紀耗米內扣抵倘漕米每石短米在一升五合以上
白糧每石短米在一升八合以上除以應得耗米扣
抵之外下短米石應即遵照部議如係剝船偷漏攙
和經紀查出稟明押運員弁則責令剝船賠補並治
以應得之罪如經紀索費不遂故縱使水偷漏然後
稟明洩忿及通同作弊分肥隱匿不稟經押運委員
查出或別經發覺則責令經紀剝船各半分賠並各治以
應得之罪經紀剝船分賠之米分別著追交倉不許
顆粒延欠抑本司道更有請者剝船戶類皆無業貧民

與其追賠於事後致費周章不若慎重於事前期有把握二十八年海運案内剝船分賠短米將船戸遞回天津懲處者均照數在於船戸名下追繳其發交通州及解送刑部治罪之船戸均應無憑追繳由直隸海運總局賠補受累非輕伏查剝船戸於應得剝價之外每百石另給本色食米一石一斗五升較有盈餘應請將船戸所得食米於剝船内另艙存放抵通後正米無虧准其將食米領用如有分賠米石即令該船戸以食米補交免致事後追交為難若以食米補交之外仍有不數即將剝船戸發回天津由職道等照例分别治罪並在於船戸名下追繳米石運通交倉務期賠米有著正供無虧所有會議緣由是否允協擬合詳請查覈俯賜咨部覈覆遵行實為公便等情到本閣督部堂據此相應咨明為此合咨

貴部請煩查照覈覆施行須至咨者

咸豐二年三月十五日到

直隸署天津鎮天津道為呈報事案蒙

憲劉海運漕糧沙船抵津迅即報部等因玆本署職於

咸豐二年三月初一日據署大沽協副將李志和稟據左海兩營都守轉據導引哨船外委高作霖等稟報探有江蘇省海運漕糧沙船一隻船名張義興裝運松江府青浦縣漕米八百六十石於本月初一日駛抵大沽海口攔江沙外即於是日乘潮進口請查覈等情據此職道亦據海防同知高應元海口委員葛沽巡檢樓東淇等報同前由除通報外擬合具文呈報

大部查覈再清河道譚現在差次尚未到津不及會銜合併聲明為此備由具呈

照驗施行須至呈者

為呈報事咸豐二年三月初四日據署天津鎮道等
呈報海運漕糧沙船一隻船名張義興裝運松江府
青浦縣漕米八百六十石於本月初一日駛抵大沽
海口攔江沙外即於是日乘潮進口呈報前來　相
應知照
欽差驗米大臣總督倉場查照辦理並劄行該鎮道嗣後
續有沙船抵津信息迅即呈報本部以憑覈辦可也

卷三　二十二

為詳覆事咸豐二年三月十五日准直隸總督訥爾
經額咨據布政使陳啓邁清河道譚廷襄天津道張
起鵷會呈稱蒙准部咨直隸總督片奏派委道員駐
津會辦海運緣由一摺内稱南糧海運曾有奏定章
程上屆即係循照舊章並無應行變通之處等語查
本屆海運江蘇督撫酌定辦理章程摺内奏稱上屆
剩船食米係發給折色經紀耗米係收買沙船餘米
本屆海運應請備帶本色等語經本部議准并聲明
剩船經紀如有分賠之案經紀項下例在於耗米内
計除其剩船項下作何辦理之處應令直隸總督詳
囑詳查妥議務使米歸有著不准顆粒延欠等因奏
准並行知在案現尚未據該督將剩船項下若有應賠
米石如何詳查妥議俾歸有著之處詳細報部相應
飛咨直隸總督迅將剩船項下妥議章程報部查覈
以便移咨
欽差驗米大臣查照辦理等因咨行到職道天津道移會
到本司布政司職道清河道蒙此遵查本年戶部議
覆江省具奏蘇松等屬漕白糧米全由海運酌定章
程原摺内載此次漕糧抵津仍照舊章由驗米大臣
會同倉場坐糧廳直隸江蘇各委員眼同查驗明確

卷三　二十三

如係好米即由坐糧廳取具該經紀米色乾潔米數
無虧切結督令斛收由經紀自派親信妥人押運交
倉如剝船在路有偷漏攙和等弊立即稟知押運員
弁拏交州縣責令剝船賠補治以應得之罪如經紀
索費不遂故縱使水偷漏然後稟明洩忿及通同作
弊分肥隱匿不稟經押運委員查出或別經發覺應
責令經紀剝船分成賠補並各治以應得之罪等語
是剝船偷漏攙和經紀查出稟明員弁則罪在剝船
如經紀索費不遂故縱使水偷漏然後稟明洩忿及
通同作弊分肥隱匿不稟經押運員弁查出或別經

卷三　二一四

發覺則罪在經紀兼在剝船界限清晰遇有分賠之
案經紀剝船不容稍有諉卸至於米因盤量折耗經
紀剝船均無弊竇應行作何辦理之處雖未議及而
溯查道光六年戶部議覆前督院那　籌議剝運事
宜內載漕米落艙起岸折耗在所不免剝船戶並無
弊混該經紀人役不得藉詞勒措又議覆前倉場總
督百　議奏起卸章程內載向年北倉截卸漕糧每
米一石給耗米一升海運漕糧或對船起卸或過斛
搬抗折耗較多准於每石一升之外酌添耗米五合
白糧每石准給耗米一升八合各等語蓋由津運通

較北倉稍遠是以增給耗米藉資彌補此次海運江
省議奏剝船經紀食耗等米備帶本色一條亦稱經
紀耗米係備赴通折耗之需是折耗有米可補無虞
短絀第剝船戶人等無弊不作若不明定章程必致
藉口折耗以掩其偷漏之弊本司道會同悉心覈議
擬請此次海運漕白糧米由津赴通如實因對船起
卸過斛搬抗致有折耗剝船戶並無弊混漕白糧米
每石所短之米未逾一升五合及一升八合之數即
在經紀耗米內扣抵儻漕米每石短米在一升五合
以上白糧每石短米在一升八合以上除以應得耗

卷三　二一五

米扣抵之外下短米石應即遵照部議如係剝船偷
漏攙和經紀查出稟明押運員弁則責令剝船賠補
並治以應得之罪如經紀索費不遂故縱使水偷漏
然後稟明洩忿及通同作弊分肥隱匿不稟經押運
委員查出或別經發覺則責令經紀剝船各半分賠
並各治以應得之罪經紀剝船分賠之米分別著追
交倉不許顆粒延欠抑本司道更有請者剝船戶類
皆無業貧民與其追賠於事後致費周章不若慎重
於事前期有把握二十八年海運案內剝船分賠短
米將船戶遞回天津懲處者均照數在於船戶名下

追繳其發交通州及解送刑部治罪之船戶均因無
憑追繳由直隸海運總局賠補伏查剝船戶於應得
剝價之外每百石另給本色食米一石一斗五升較
有贏餘應請將船戶所得食米於剝船內另艙存放
抵通後正米無虧准其將食米領用如有分賠米石
即令該船戶以食米補交免致事後追繳為難若以
食米補交之外仍有不敷即將剝船戶發回天津由
職道等照例分別治罪並在於船戶名下追繳米石
運通交倉務期賠米有著正供無虧擬合詳請查覈
咨部覈覆等情相應咨明等因前來　查江蘇咸
豐二年海運漕白糧米前據直隸總督附奏派委道
員駐津會辦摺內聲稱南糧海運曾有奏定章程上
屆即係循照舊章並無應行變通之處經本部以本
屆海運江蘇督撫酌定辦理章程摺內奏稱上屆剝
船食米係發給折色經紀耗米係收買沙船餘米本
屆海運應備帶本色經本部議准並聲明剝船經紀
如有分賠之案經紀項下例在耗米內計除其剝船
項下作何辦理行令直隸總督諄飭詳查妥議章程
報部覈辦在案今據直隸總督咨稱此次海運漕白
糧米由津運通如實因對船起卸過斛搬抗致有折

耗剝船戶並無弊混漕白糧米每石所短未逾一升
五合及一升八合之數即在經紀耗米內扣抵償漕
白糧米所短均以應得之數除以應得耗米扣抵外
下短米石如係剝船偷漏經紀查出稟明押運員弁
責令剝船賠補如經紀索費不遂故縱使水偷漏然
後稟明減忿或通同作弊分肥隱匿不稟經押運委
員查出或別經發覺責令經紀剝船各半分賠並各
治以應得之罪分賠之米分別著追交倉並請將剝船
每百石應得本色食米一石一斗五升於剝船內另
艙存放抵通後正米無虧准其將食米領用如有分
賠即令該船戶以食米補交如仍有不敷將剝船戶
發回天津分別治罪著追運通交倉務期賠米有著
正供無虧等語查海運漕白糧米由津運通剝船如
有應賠之項既據該督妥議章程詳細報部應如所
咨即飭該道等將剝船食米另艙存放俟抵通時正
米無虧方准領用如有應賠米石即將食米補交若
再不敷除發回該道照例治罪外仍將所虧米石由
該道追繳足數以重倉儲惟所稱剝船起卸漕白糧
米每石未逾一升五合及一升八合之數即在經紀
耗米內扣抵之處本部查耗米一項本係經紀領用

留抵折耗之需抵有贏餘留補掣欠上屆業已辦理在案至剝船戶剝價之外本有食米一項今以剝船所虧短從經紀應得之耗米內扣除若經紀有虧短又將何以抵補所咨殊未允協且查歷屆海運並無經紀為剝船代扣之案應仍咨該督即飭遵照上屆成案認真辦理如剝船戶並無弊混該經紀人役不得藉詞勒掯如實有攙和偷漏等弊即遵照上屆分賠獨賠之案覈實追補總期米歸有著正供無虧是為至要並飛咨

欽差驗米大臣查照暨知照總督倉場飛劄清河天津道

可也

江蘇巡撫楊文定為詳請咨明事據署蘇州布政使岳興阿詳稱竊查蘇省咸豐二年海運元年分漕白糧米案內赴津交兌事宜前蒙

奏

派蘇糧道隨帶候補知府洪守等前往經理其在津辦理一切文移應否即以道印帶往鈐用抑照歷屆海運成案仍由司庫借給押運關防並隨帶各員是否循案毋須另刊鈐記之處當經本署司會同各司道詳請覈示分咨奉以倪道赴津即以道印帶往鈐用隨帶各員照案各給鈐記現經據詳分咨等因批飭遵照在案茲奉會劄蘇糧道篆務查有署臬司吳葆晉堪以兼署並經蘇糧道稟奉院臺批司即將庫儲押運關防一顆速即委員賫送倪道祇領一面敘詳請咨等因各到司奉此本署司伏查蘇糧道篆務既蒙另委臬司兼署其倪糧道赴津辦理文移自應仍用押運關防隨帶各員勿須另刊鈐記除行知各委員遵照並將庫儲蘇州府押運關防一顆於二月十四日委員賫送倪道祇領行用外相應詳候咨明

欽

派驗米大臣并

吏戶部暨

倉場部堂 直隸督院查照實為公便等情到本部院據此除分

咨外相應咨達為此合咨
貴部請煩查照施行須至咨者
咸豐二年三月二十五日到

為詳請咨明事咸豐二年三月二十五日准江蘇巡
撫楊　咨據署蘇州布政使岳興阿詳稱竊照蘇
省咸豐二年海運元年分漕白糧米案内赴津交兑
事宜前蒙奏派蘇糧道隨帶候補知府洪守等前往
經理其在津辦理一切文移應否即以道印帶往鈐
用抑照歷届海運成案仍由司庫借給押運關防並
隨帶各員是否循案毋須另刊鈐記之處當經本署
司會同各司道詳請覈示分咨奉以倪道赴津即以
道印帶往鈐用隨帶各員照案各給鈐記現經據詳
分咨等因批飭遵照在案兹奉會劄蘇糧道篆務查

有署臬司吳葆晉堪以兼署並經蘇糧道稟奉院臺
批司即將庫儲押運關防一顆速即委員賫送倪道
祇領一面敘詳請咨等因各到司奉此本署司伏查
蘇糧道篆務既蒙另委臬司兼署其倪糧道赴津辦
理文移自應仍用押運關防隨帶各員勿須另刊鈐
記除行知各委員遵照并將庫儲蘇州府押運關防
一顆於二月十四日委員賫送倪道祇領行用外相
應詳候咨明吏部暨驗米大臣并總督倉場直隸總
督查照實為公便等情除分咨外相應咨達等因前
來　相應移咨吏部驗米大臣總督倉場直隸總

督并劄行天津清河道查照可也

直隸總督訥爾經額為咨明飭遵事據清河道譚廷
襄天津道張起鵷會呈稱咸豐二年三月二十日蒙
戶部劄開為詳覆事雲南司案呈准直隸總督訥咨
據布政使陳啓邁清河道譚廷襄天津道張起鵷會
呈稱蒙准部咨直隸總督片奏派委道員駐津會辦
海運緣由一摺内稱南糧海運曾有奏定章程上屆
即係循照舊章並無應行變通之處等語查本屆海
運江蘇督撫酌定辦理章程摺内奏稱上屆剥船食
米係發給折色經紀耗米係收買沙船餘米本屆海
運應請備帶本色等語經本部議准並聲明剥船經

紀如有分賠之案經紀項下例在於耗米内計除其
剥船項下作何辦理之處應令直隸總督諄屬詳查
妥議務使米歸有著不准顆粒延欠等因奏准並行
知在案現尚未據該督將剥船項下若有應賠米石
如何詳查妥議俾歸有著之處詳細報部相應飛咨
直隸總督迅將剥船項下妥議章程報部查覈以便
移咨
欽差驗米大臣查照辦理等因咨行到職道天津道移會
到本司布政司職道清河道蒙此遵查本年戶部議
覆江省據奏蘇松等屬漕白糧米全由海運酌定章

程原摺内載此次漕糧抵津仍照舊章由驗米大臣
會同倉場坐糧廳直隸江蘇各委員眼同查驗明確
如係好米即由坐糧廳取具該經紀米色乾潔米數
無虧切結督令斛收由經紀自派親信妥人押運交
倉如剥船在路有偷漏攙和等弊立即禀知押運員
弁拿交州縣責令剥船賠補治以應得之罪如經紀
索費不遂故縱使水偷漏然後禀明洩忿及通同作
弊分肥隱匿不禀經押運委員查出或别經發覺應
責令經紀剥船分成賠補並各治以應得之罪等語
是剥船偷漏攙和經紀查出禀明員弁則罪在剥船

如經紀索費不遂故縱使水偷漏然後禀明洩忿及
通同作弊分肥隱匿不禀經押運員弁查出或别經
發覺則罪在經紀兼在剥船界限清晰遇有分賠之
案經紀剥船不容稍有諉卸至於米因盤量折耗經
紀剥船均無弊竇應行作何辦理之處雖未議及而
溯查道光六年户部議覆前督院那　　籌議剥運
事宜内載漕米落艙起岸折耗在所不免剥船户並
無弊混該經紀人役不得藉詞勒措又議覆前倉場
總督百　　議奏起卸章程内載向年北倉截卸漕
糧每米一石給耗米二升海運漕糧或對船起卸或

過斛搬抗折耗較多准於每石一升之外酌添耗米
五合白糧每石准給耗米一升八合各等語蓋由津
運通較北倉稍遠是以增給耗米藉資彌補此次海
運江省議奏剥船經紀食耗等米備帶本色一條亦
稱經紀耗米係備赴通折耗之需是折耗有米可補
無虞短絀第剥船户人等無弊不作若不明定章程
必致藉口折耗以掩其偷漏之弊本司道會同悉心
覈議擬請此次海運漕白糧米由津赴通如實因對
船起卸過斛搬抗致有折耗剥船户並無弊混漕白
糧米每石所短之米未逾一升五合及一升八合之

數即在經紀耗米内扣抵償漕米每石短米在一升
五合以上白糧每石短米在一升八合以上除以得
耗米扣抵之外下短米石應即遵照部議如係剥船
偷漏攙和經紀查出禀明押運員弁則責令剥船賠
補並治以應得之罪如經紀索費不遂故縱使水偷
漏然後禀明洩忿及通同作弊分肥隱匿不禀經押
運委員查出或别經發覺則責令經紀剥船各半分
賠並各治以應得之罪經紀剥船分賠之米分别著
追交倉不許顆粒延欠抑本司道更有請者剥船户
類皆無業貧民與其追賠於事後致費周章不若慎

重於事前期有把握二十八年海運案内剝船分賠
短米將船户遞回天津懲處者均照數在於船户名
下追繳其發交通州及解送刑部治罪之船户均因
無憑追繳由直隸海運總局賠補伏查剝船户於應
得剝價之外每百石另給本色食米一石一斗五升
較有盈餘應請將船户所得食米於剝船内另艙存
放抵通之後正米無虧准其將食米領用如有分賠
米石即令該船户以食米補交免致事後追繳為難
若以食米補交之外仍有不敷即將剝船户發回天
津由職道等照例分别治罪並在於船户名下追繳

米石運通交倉務期賠米有著正供無虧擬合詳請
查覈咨部覈覆等情相應咨明等因前來查江蘇咸
豐二年海運漕白糧米前據直隸總督附奏派委道
員駐津會辦摺内聲稱南糧海運曾有奏定章程上
屆即係循照舊章並無應行變通之處經本部以本
屆海運江蘇督撫酌定辦理章程摺内奏稱上屆剝
船食米係發給折色經紀耗米係收買沙船餘米本
屆海運應給備帶本色經本部議准並聲明剝船經
紀如有分賠之案經紀項下例在耗米内計除其剝
船項下作何辦理行令直隸總督諄飭詳查妥議章

程報部覈辦在案今據直隸總督咨稱此次海運漕
白糧米由津運通如實因對船起卸過斛搬抗致有
折耗剝船户並無弊混漕白糧米每石所短未逾一
升五合及一升八合之數即在經紀耗米内扣抵倘
漕白糧米所短均逾應得之數除以應得耗米扣抵
外下短米石如係剝船偷漏經紀查出稟明押運員
弁責令剝船賠補如經紀索費不遂故縱使水偷漏
然後稟明渋忿或通同作弊分肥隱匿不稟經押運
委員查出或别經發覺責令經紀剝船各半分賠並
各治以應得之罪分賠之米分别著追交倉並請將

剝船每百石應得本色食米一石一斗五升於剝船
内另艙存放抵通後正米無虧准其將食米領用如
有分賠即令該船户以食米補交如仍有不敷將剝
船户發回天津分别治罪著追運通交倉務期賠米
有著正供無虧等語查海運漕白糧米由津運通剝
船如有應賠之項既據該督妥議章程詳細報部應
如所咨即飭該道等將剝船食米另艙存放俟抵通
時正米無虧方准領用如有應賠米石即將食米補
交若再不敷除發回該道照例治罪外仍將所虧米
石由該道追交足數以重倉儲惟所稱剝船起卸漕

白糧米每石未逾一升五合及一升八合之數即在經紀耗米內扣抵之處本部查耗米一項本係經紀領用留抵折耗之需抵有盈餘留補掣欠上屆業已辦理在案至剝船戶剝價之外本有食米一項令以剝船所虧短從經紀應得之耗米內扣除若經紀有虧短又將何以抵補所咨殊未允協且查歷屆海運並無經紀為剝船代扣之案應仍咨該督即飭遵照上屆成案認真辦理如剝船戶並無弊混該經紀人役不得藉詞勒措如實有攙和偷漏等弊即遵照上屆分賠獨賠之案覈實追補總期米歸有著正供無

虧是為至要並飛劄清河道天津道可也等因蒙此遵查海運漕糧每石耗米一升五合白糧每石耗米一升八合本係仿照北倉截卸章程酌議增給以備由津赴通折耗之用似難留補由通運京之掣欠且由津運通由通運京均係該經紀承送承交運京之虧短既以耗米留補運通之虧短轉不以耗米扣抵似亦未歸畫一惟掣欠之米彌補無期現奉
戶部以耗米係經紀領用祇有盈餘留補掣欠所有剝船虧短行令遵照上屆分賠獨賠之案覈實追補自應查覈追補章程分晰聲明以杜諉卸而資遵守

復查由津運通米石虧短原定獨賠分賠章程界限本自明晰惟現將剝船食米飭令另艙存放隨同正米運通以備扣抵若正米虧短概將食米全行扣抵易滋牽混職道等悉心酌覈擬請於剝船抵通後由坐糧廳先儘正米斛收正米無虧即准剝船戶將食米領用如有虧短係經紀在途查出剝船舞弊稟明押運員弁有案者應按照舊章責令剝船獨賠先儘所短數目以食米扣抵若經紀在途並未查出剝船舞弊稟明押運員弁有案者到壩始經發覺按照舊章責令經紀剝船各半分賠經紀分賠之米在耗米

內抵除剝船分賠之米在食米內抵交抵剩之米仍給領用如不敷抵再行發回天津補追如此分別辦理庶米歸有著正供可期無虧除詳明
欽憲外擬合具文詳請查覈俯賜移咨
欽憲轉飭通壩坐糧廳查照遵辦實為公便等情到本閣
督部堂據此除分咨外相應咨明為此合咨
貴部煩請查照施行須至咨者
咸豐二年四月十八日到

為咨明事咸豐二年四月十八日准直隸總督訥　咨據清河道譚廷襄天津道張起鵷會呈稱蒙部劄查江蘇咸豐二年海運漕白糧米前據直隸總督附　奏派委道員駐津會辦摺內聲稱南糧海運曾有奏定章程上屆即係循照舊章並無應行變通之處經本部以本屆海運江蘇督撫酌定辦理章程摺內奏稱上屆剝船食米係發給折色經紀耗米係收買沙船餘米本屆海運應給備帶本色經本部議准並聲明剝船經紀如有分賠之案經紀項下例在耗米內計除其剝船項下作何辦理行令直隸總督

諄飭詳查妥議章程報部覈辦在案今據直隸總督咨稱此次海運漕白糧米由津運通如實因對船起卸過斛搬抗致有折耗剝船戶並無弊混漕白糧米每石所短未逾一升五合及一升八合之數即在經紀耗米內扣抵償漕白糧米所短均逾應得之數除以應得耗米扣抵外下短米石如係剝船偷漏經紀查出稟明押運員弁責令剝船賠補如經紀索費不遂故縱使水偷漏然後稟明洩忿或通同作弊分肥隱匿不稟經押運委員查出或別經發覺責令經紀剝船各半分賠並各治以應得之罪分賠之米分別著追交倉並請將剝船每百石應得本色食米一石一斗五升於剝船內另艙存放抵通後正米無虧准其將食米領用如有分賠即令該船戶以食米補交如仍有不敷將剝船戶發回天津分別治罪著追運通交倉務期賠米有著正供無虧等語查海運漕白糧米由津運通剝船如有應賠之項既據該督妥議章程詳細報部應如所咨即飭該道等將剝船食米另艙存放俟抵通時正米無虧方准領用如有應賠米石即將食米補交若再不敷除發回該道照例治罪外仍將所虧米石由該道追交足數以重倉儲惟

所稱剝船起卸漕白糧米每石未逾一升五合及一升八合之數即在經紀耗米內扣抵之處本部查耗米一項本係經紀領用留抵折耗之需抵有盈餘留補掣欠上屆業已辦理在案至剝船戶剝價之外本有食米一項今以剝船所虧短從經紀應得之耗米內扣除若經紀有虧短又將何以抵補所咨殊未允協且查歷屆海運並無經紀為剝船代扣之案應仍咨該督即飭遵照上屆成案認真辦理如剝船戶並無弊混該經紀人役不得藉詞勒掯如實有攙和偷漏等弊即遵上屆分賠獨賠之案覈實追補總期米

歸有著正供無虧是為至要並飛劄清河道天津道等因遵查海運漕糧每石耗米一升五合白糧每石耗米一升八合本係仿照北倉截卸章程酌議增給以備由津赴通折耗之用似難留補由通運京之掣欠且由津運通由通運京均係該經紀承運承交運京之虧短既以耗米留補運通之虧短轉不以耗米扣抵似亦未歸畫一惟掣欠之米彌補無期現奉戶部以耗米係經紀領用抵有盈餘留補掣欠所有剝船虧短行令遵照上屆分賠獨賠之案覈實追補自應查覈追補章程分晰聲明查由津運通米石虧短

原定獨賠分賠章程界限本自明晰惟現將剝船食米飭令另艙存放隨同正米運通以備扣抵若正米虧短概將食米全行扣抵易滋牽混職道等悉心酌覈擬請於剝船抵通後由坐糧廳先儘正米斛收正米無虧即准剝船戶將食米領用如有虧短經紀在途查出剝船舞弊稟明押運員弁有案者應按照舊章責令剝船獨賠先儘所短數目以食米扣抵若經紀在途並未查出剝船舞弊稟明押運員弁有案者到壩始經發覺按照舊章責令經紀剝船各半分賠經紀分賠之米在耗米內抵除剝船分賠之米在食米內抵交抵剩之米仍給領用如不敷抵再行發回天津補追如此分別辦理庶米歸有著正供可期無虧擬合詳請查覈移咨

欽憲轉飭通壩坐糧廳查照遵辦等情相應咨明等因前來　查江蘇咸豐二年海運漕白糧米由津運通前據直隸總督咨報如剝船戶並無弊混漕白糧米每石所短未逾一升五合及一升八合之數即在經紀耗米內扣抵儻所短均逾應得之數除以應得耗米扣抵外下短米石如係剝船偷漏經紀查出稟明責令剝船賠補如經紀索費不遂故縱使水偷漏然

後稟明洩忿或通同作弊分肥隱匿不稟經押運委員查出或別經發覺責令經紀剝船各半分賠並各治以應得之罪分賠之米分別著追交倉並請將剝船每百石應得本色食米一石一斗五升於剝船內另艙存放抵通後正米無虧准其領用如有分賠即令該船戶以食米補交如仍有不敷將剝船戶發回分別治罪著追經本部以剝船食米既據該督妥議章程另艙存放俟抵通時正米無虧方准領用如有應賠即將食米補交若再不敷除發回該道照例治罪外仍將所虧米石由該道追交足數惟所稱剝船

起運漕白糧米每石未逾一升五合及一升八合之數即在經紀耗米内扣抵之處查耗米一項本係經紀領用留抵折耗之需抵有盈餘留補掣欠上届業經辦理有案剝船户本有食米一項如有虧短在於經紀應得之耗米内扣除若經紀亦有虧短又將何以抵補所咨殊未允協且查歷届海運並無經紀為剝船代扣之案行令遵照上届分賠獨賠之案覈實追補在案今據該督咨稱前項海運耗米以備由津赴通折耗似難留抵掣欠運京之虧短既以耗米留補運通之虧短轉不以耗米扣抵似未盡一擬請剝

船抵通如有虧短係經紀在途查出剝船舞弊稟明押運員弁有案者應按照舊章責令剝船獨賠先儘食米扣抵若經紀在途並未查出剝船舞弊稟明押運員弁有案者到壩始經發覺按照舊章責令經紀剝船各半分賠經紀分賠之米在耗米内抵除剝船分賠之米在食米内抵交如有不敷再行發回天津補追等語查海運耗米原備運通虧短經紀如有應賠即在耗米内扣抵抵足之外尚有盈餘再行留抵掣欠上届即係如此辦理原以剝米運通不必一定虧短留經紀之耗米以備賠補所以責成經紀嚴防

船户之偷漏並非將耗米先儘留抵掣欠也若准令船户豫先按耗米數目扣除誰肯不扣除者是不待偷漏業已虧短矣該道並不詳譯部文率以運通之虧短轉不以耗米扣抵似未盡一為詞殊未喻本部前咨深意至所稱剝船運通如有虧短係經紀在途查出剝船舞弊稟明有案者應按照舊章責令剝船獨賠先儘所短數目以食米扣抵若經紀在途並未查出剝船舞弊稟明押運員弁有案者到壩始經發覺按照舊章責令經紀剝船各半分賠經紀分賠之米在耗米内抵除剝船分賠之米在食米内抵交抵

剩之米仍給領用如不敷抵再行發回天津補追之處既據該督分晰聲明應如所咨辦理儻有前項情事應劄行天津清河二道認真覈辦總於沙船卸米未經竣事以前嚴飭全行搭運不准顆粒短少是為至要並知照驗米大臣總督倉場查照可也

欽差戶部正堂孫
倉場部堂宗室慶　為飛咨事咸豐二年四月十六日
據天津道張起鵷詳稱查湖南觧船委員善化縣知
縣易學超領解官剝船三百五十隻前奉咨會初限
剝船二百隻於咸豐元年正月二十二日開行二限
剝船一百五十隻於三月二十七日開行核計程途
早應押到前因未據解到檄飭沿河州縣查催并派
委員弁迎提暨咨會山東濟東道飭催旋據委員稟
報探得前項剝船尚未挽入東境聞係在衆興地方
停住衆興距濟寧六百餘里等情當經咨會臬司會
同藩司詳請咨催嗣因江省海運漕糧到津需用剝

船甚殷復經詳請分咨兩江督院山東撫院檄飭沿
河州縣嚴催並因江西省代造二限剝船二百隻於
道光三十年十一月初三日開行內於咸豐元年九
月解到船一百隻尚有一百隻未據解到又江西省
代造三限剝船二百隻於咸豐元年七月十三日開
行迄今亦未解到又經分別咨行查催在案茲准山
東濟東道查明前項剝船尚未到境咨覆到道復查
現值兌剝海運漕糧喫緊之際因豫東幫船同時抵
壩海運河運相間驗收剝船不及趕回接運雖經分
飭天津通州等州縣并派委員弁分投添雇民船協

濟而民船畏累遠避沿河無船可雇剝運海運漕糧
尚未及半需用剝船多而且急必須將前項湖南江
西新造官剝催提到津供用除詳請督憲咨提外擬
請查核俯念海運緊要分咨兩江督院山東撫院江
西撫院檄行沿河州縣查明湖南初二限及江西二
三兩限代造剝船現在何處停延嚴催押船委員星
夜押催來津以濟剝運等因前來查江廣代造剝船
管解到津以六十里為一站每日一站計算江西應
行六十餘日湖南應行七十餘日今湖南初限剝船
二百隻係咸豐元年正月開行二限剝船一百五十

隻係咸豐元年三月開行江西二限剝船內一百隻
於道光三十年十一月開行三限剝船二百隻於咸
豐元年七月開行計其時日遠或一年有餘近亦十
月之久即令沿途阻風守閘亦何至遲延至今尚未
解到似此任意逗留實出情理之外現值兌撥海運
南糧豫東漕糧喫緊之際需用剝船多而且急未便
任其再事耽延既據天津道詳請分咨檄催相應飛
咨兩江總督山東巡撫江西巡撫迅速檄行沿河州
縣查明湖南初二兩限及江西二三兩限剝船現抵
何處即日嚴催星夜北上毋任片刻停留務令兼程

前進以速補遲庶幾早日抵津免誤剝運並先查取押船委員各職名送部核議如再遲延本部堂定行嚴叅決不稍貸幸勿視為具文并知照本部查照可也須至咨者

咸豐二年四月二十日到

為轉行事咸豐二年四月二十日准

欽差大臣咨據天津道詳稱江廣代造直隸撥船於道光三十年及咸豐元年先後開行迄今未據解到殊屬遲延嗣因江省海運漕糧到津需用甚殷應再移咨兩江總督江西巡撫山東巡撫即飭查照

欽差大臣原咨辦理並抄錄驗米大臣原文移咨湖南巡撫查照即將因何遲延緣由詳查報部並先查取押船委員各職名送部覈議毋稍廻護致干叅辦可也

咸豐二年四月二十三日咨

欽
差戶部正堂孫倉場侍郎宗室慶　為咨行事查沙船急公應募航海而
來自應遵照歷居奏明成案隨驗隨卸以便及早回
空現在豐工漫口未能合龍業經節逾芒種而南糧
一船尚未渡黃刻下一粒不能抵通幸賴蘇松等五
府州屬漕白糧米海運抵津稍資補救江南原雇沙
船之時自必以海運成案每日起米四萬隨驗隨收
等章程大張曉示以廣招徠玆幸風帆順利蜂擁抵
津若不遵照奏案實踐成言俾得交卸公事復安舊
業失信於民何以謀
國現在由壩回空剝船每日不過百隻及數十隻不等
以致所驗之米積有十七八萬之多每日縱將由壩
回津剝船隨到隨挂儘數裝滿亦不能敷每日起米
四萬石之數沙船耆民人等紛紛攔輿呈控環跪乞
命本部堂若任聽哀懇漠無所動夫豈人情查官剝
船隻湖南應造三百五十隻未經解到江西應造剝
船除解到外尚有未到船三百隻之多現據海運總局
呈報調津官剝一千七百九十五隻雇到民船六百
零二隻前項船隻早經用竣現已劄飭再行添雇并
經飛咨兩江總督山東江西巡撫檄行沿河州縣嚴
催湖南江西所造剝船星夜赴津惟此項剝船未據

報明行抵何處恐屬鞭長莫及即天津雇募只有嚴
飭儘數全雇若合用之船已經雇盡亦難責以必行
惟有通壩按照定例起卸米石則前項二千數百隻
官民剝船自足以資周轉查戶部則例漕員職掌門
內載坐糧廳專管北河催趲空重漕船挑挖淤淺又
漕運全書內載每日例應起米三萬石飭令坐糧廳
每日自寅至戌趕緊兌收又海運全案內載每日僅
起米三萬四五千石必致稽遲應以四萬石為率本年
辦理海運該廳自當遵照定例先行挑挖淤淺其起
卸米石即不按照海運章程日起四萬豈轉不能如
常年河運日以洪斛三萬石為率現在日晷甚長竟
致不遵定例趕緊起卸試問江廣船來每至深秋晝
影苦短將若何辦理相應移咨倉場部堂轉飭合亟劄
飭該廳劄到即行振刷精神趲前趕辦能照海運章
程日起四萬則每日回津當有二百四五十船即或
不能亦必照常年河運定例日起洪斛三萬石以平
斛計之合米三萬七千五百石每日壩工亦當有剝
船一百七八十隻回空該廳此次劄到若再不遵定
例按數起卸則是有意掣肘海運使此六十六萬銀
兩不得再供

國用本部堂惟有遵例辦理未便任其顯違定例毋謂
言之不早也切切又本部堂以剝船裝載南糧運通
交卸即須折回天津輪轉剝運與東糧運船卸空歸
次本年無須再運者不同即經移咨駐通倉場部堂
將剝船趕前驗卸俾得星夜回津輪運以資周轉並
經奏明移咨倉場部堂遵照在案又由部咨行即飭
坐糧廳速將海運起剝船隻隨到隨驗趕緊起卸不
准片刻停留俾得星夜回津以資周轉如東豫漕糧
同時并到亦必須先儘剝船驗卸以免
欽差在津有停收待剝之處倘有貽誤即行據實參辦等
因亦在案現在是否遵照辦理希即移咨即飭詳報
行轅查覈毋遲幷知照本部查照可也

卷三　五十二

為再行咨查事咸豐二年四月二十日准
欽差大臣咨前經本部咨行海運起剝船隻隨到隨驗趕
緊起卸不准片刻停留俾得星夜回津以資周轉如
東豫漕糧同時并到亦必須先儘剝船驗卸以免
欽差在津有停收待剝之虞倘有貽誤即行據實參辦等
因在案現在是否遵照辦理並查照
欽差大臣原咨內稱每日應遵照海運章程起米四萬石
不得按照河運定例所起之數辦理如不遵辦即將
經管之員據實嚴參應咨倉場務於文到日迅即一
併分晰查明徑行咨報驗米大臣查照幷知照本部
查覈可也

卷三　五十三

總督倉場為咨詢事照得上年江蘇白糧海運經本
部以內倉向無辦過海運成案本倉場遂將河運之
嘉湖二白幫派給內倉嗣據浙江糧道以丁情苦累
請咨當經咨催
本部覆稱嗣後蓟易及派撥內倉白糧無論河運海
運仍令循照舊章五府輪派等語查本年自應輪派
蘇松等府令海運白糧業經抵通應否派給內倉及
派給若干石之處相應移咨
本部查照望速見覆以便飭覆可也
咸豐二年四月十七日到

為咨詢事咸豐二年四月十七日准總督倉場咨上
年江蘇白糧海運經本部以內倉向無辦過海運成
案本倉場遂將河運之嘉湖二白帮派給內倉嗣據
浙江糧道以丁情苦累請咨當經咨　部覆嗣後蓟
易及派撥內倉白糧無論河運海運仍令循照舊章
五府輪派等語查本年自應輪派蘇松等府令海運
白糧業經抵通應否派給內倉及派給若干石之處
相應移咨本部查照見覆飭遵等因前來　查撥
運易蓟並內倉白糧前據倉場咨報應撥前項米石
先經奏定派蘇松常嘉湖五府輪流截撥嗣因江蘇

白糧海運應派內倉以歷年皆歸河運其海運白糧
向無派過仍派河運之嘉湖運交內倉丁情苦累請
嗣後無論河運海運係循舊章五府輪派經本部查
係實在情形准如所請辦理咨覆倉場在案今據倉
場咨稱本年應運內倉白糧輪派蘇松等府令海運
白糧業已抵通應否派給內倉及若干石之處咨部
示覆等語查本年應運內倉白糧既據倉場查明輪
派蘇松等府自應遵照本部前咨在於抵通海運白
糧內派撥內倉至派撥各倉米數向由倉場覈定咨
報今海運白糧係蘇松常三府本年應輪派內倉係

某府白糧及派給若干石之處應仍咨倉場即飭分
晰查明報部以憑查覈可也
咸豐二年四月二十六日咨

直隸總督訥爾經額為詳咨事據布政使陳啟邁呈
稱據天津縣詳稱咸豐二年三月初三日蒙坐糧廳
毓　牌開為飭知事照得海運漕白糧米瞬抵天津
茲本部定於三月初二日起程赴津辦理海運起兌
一切事宜所有前經行飭該縣查照辦過成案應備
用繩縫連席片大小竹篝裝樣米袋麻繩吊籮溜米
席筒以及堆貯官袋斛隻房屋
欽差倉場暨本部辦公館舍此刻諒必均已備妥合再飭
知本部起程日期為此牌仰天津縣遵照可也須牌
等因到縣蒙此遵查前奉行知本年海運江南蘇松
常鎮太四府一州漕白糧米共一百四萬六千五十
五石零覈與道光六年並二十八年海運米石相去
無多應用一切什物等項悉應照依前次成案次第
備辦當因席片一項需用較多卑縣素非產席之區
必須分赴安州寧河武清靜海霸州文安大城等州
縣在於各集鎮逐漸採買計本年海運漕白糧共一
百萬零四萬六千二百五十餘石每官民剥船一隻裝
米二百石計用剥船五千二百隻每剥船一隻用苫
艙席二十領共用席十萬四千餘領內白糧剥船每
隻較漕糧多用席十領又每剥船一隻用溜米席桶

一個每捅需席四領殘破隨時添補約用席二萬二千餘領若遇大雨時行漕白剥船所苫艙席片恐有滲漏仍照案詳請加添通共約計需用席十三四萬領現已照數購齊陸續運至水次備用又席桶一個需架木二根現已購備架木一萬根又置備大竹篙一千根小竹篙五萬根又裝米樣布袋上屆先僅酌備四千個迨起剥時屢蒙坐糧廳檄行添置不敷實多此次仿照估備一萬二千個又備燈籠五千個號旂五千面沙船兌竣旂一千面挑旂木桿五千二百根又縫繩麻繩拉繩吊籮木斛等項均已查照舊章

分別買備置傚如有不敷並此外需用者臨時添備不致遲誤並將堆貯官袋斛隻房屋以及探哨船隻驗米官棚官船經紀等役棚座船隻河沿碼頭亦俱按項雇備搭蓋修築完固除俟事竣另造清冊按款報銷外至

欽差倉場暨坐糧廳本省總局並南省委員辦公處所共計館舍七處或借用行館或用泰商舊屋或租賃民房卑職均先經督飭工匠各按各所必須棲止辦公房間分別添補黏修現已一律修補整齊油飾鮮明至房間以內應用棹椅等項亦均分別置辦齊全靜

候各院按臨除按處簽派書役小心看守外所有海運事宜均已遵照分別辦理緣由擬合具文詳請查覈轉請咨部立案等情到司據此本司覆查無異擬合據情具文詳請查覈咨部等情到本閣督部堂據此除咨江蘇巡撫外相應咨明為此合咨貴部請煩查照施行須至咨者

咸豐二年四月初二日到

為詳咨事咸豐二年四月初二日准直隸總督訥爾經額咨據布政使陳啟邁呈稱據天津縣詳蒙坐糧廳牌開照得海運漕白糧石瞬抵天津茲辦理海運起兌一切事宜所有前經行飭該縣查照辦過成案應備用繩縫連蓆片大小竹籌裝樣米袋麻繩吊蘿溜米蓆筒以及堆貯官袋斛隻房屋

欽差倉場暨本部辦公館舍諒必俱已備妥合再飭知天津縣遵照等因遵查前奉行知本年海運江南蘇松常鎮太四府一州漕白糧米共一百四萬六千二百五十五石零覈與道光六年並二十八年海運米石相去無多應用一切什物等項悉應照依前次成案次第備辦等因蓆片一項零用較多卑縣素非產蓆之區必須分赴安州寧河武清靜海霸州文安大成等州縣在於各集鎮逐漸採買計本年海運漕白糧共一百零四萬六千二百五十餘石每官民剝船一隻裝米二百石計用剝船五千二百隻每剝船一隻用苫艙蓆二十領共用蓆十萬四千餘領內白糧剝船每隻較漕糧多用蓆十領又每剝船一隻用溜米蓆桶一箇每桶需蓆四領殘破隨時添補約用蓆二萬二千餘領若遇大雨時行漕白剝船所苫艙蓆片

卷三　六十

恐有滲漏仍照案詳請加添通共約計需用蓆十三四萬領現已照數購齊陸續運至水次備用又蓆桶一箇需架木二根現已購備架木一萬根又置備大竹籌一千根小竹籌五萬根又裝米樣布袋上屆先僅酌備四千箇追起剝時屢蒙坐糧廳檄行添置不敷實多此次仿照做備一萬二千箇又備燈籠五十箇號旂五千面沙船兌竣旂一千面挑旂木杆五千二百根又縫繩麻繩拉繩吊蘿木斛等項均已查照舊章分別買備置做如有不敷並此外需用者臨時添備不致遲誤並將堆貯官斛隻房屋以及探哨船隻驗米官棚官船經紀等役棚座船隻河沿馬頭亦俱按項雇備搭蓋修築完固除俟事竣另造清冊按款報銷外至

欽差倉場暨坐糧廳本省總局並南省委員辦公處所共計館舍七處或借用行館或用參商舊屋或租賃民房卑職均先經督飭工匠各按各所必須棲止辦公房間分別添補粘修現已一律修補整齊油飾鮮明至房間以內應用棹椅等項亦均分別置備齊全靜候各院按臨除按處添派書役小心看守外所有海運事宜均已遵照分別辦理緣由擬合具文詳請查

卷三　六十一

覈轉請咨部立案等情本司覆查無異擬合據情具
文詳請查覈咨部等情除咨江蘇撫院外相應咨明
等因前來　查海運漕白糧石抵津起兑一切事
宜前據坐糧廳行飭天津縣查照辦過成案應備用
繩縴連蓆大小竹籌裝樣米袋麻繩吊籮溜米蓆筒
以及堆貯官袋斛隻房屋辦公館舍諒必妥備合再
飭知令據直隸總督咨稱該縣均已分别辦理並據
聲稱本年米石覈與道光六年二十八年海運米石
相去無多應用一切什物等項悉照依前次成案備
辦等語本部查道光六年海運漕白米一百六十餘

萬石道光二十八年海運漕白米一百八萬三千餘
石本年海運漕白米一百四萬六千餘石何以聲稱
與道光六年並二十八年相去無多再二十八年尚
有預備截卸北倉鋪倉蓆片在内現届米數既少亦
並未備辦截卸何以一切蓆片等項比二十八年反多自
應覈實删減報部查覈再查上届咨報案内並無蓆
桶架木號旂沙船兑竣挑旂木桿名目令届因何製
造應咨直隸總督轉飭逐層分晰查明報部以憑覈
結其二十八年海運備辦蓆片等項據稱於事竣覈
實請銷迄今三載有餘未據造冊請銷殊屬遲延應

咨該督即飭查明二十八年實在用過蓆片等項價
銀若干某項銀若干務令文到日即將用過蓆片等
項據實造冊報銷毋得浮冒係動用何項銀兩照何
例開銷之處並因何延擱不行報銷一併隨案聲明
以憑覈辦並將道光六年咨請備辦蓆片等項原案
抄録送部備查暨知照驗米大臣總督倉場可也

欽差戶部正堂孫倉場侍郎慶　為咨行事據清河道譚廷譚天津道張起鵷詳稱蒙劄開查沙船張義和等稟稱該商等到次或已旬餘或逾半月大半尚未挂剝間有挂剝之船日斛無幾環求速飭多發剝船趕緊起卸等情相應將原稟劄交直隸總局多發剝船如壩上起卸遲延不敷周轉仍宜廣為雇募以資應用幷劄坐糧廳每日無論所挂剝船若干務飭經紀儘數斛收等因蒙此查道光六年海運漕糧一百六十三萬三千餘石調用官剝船一千五百隻雇用民剝船五百隻共備船二千隻二十八年海運漕糧一百零九萬六

卷三　六十四

千餘石調用官剝船一千九百隻雇用民剝船六百隻共備船二千五百隻本年海運正秏漕糧一百零六萬二千餘石調共官剝船一千七百九十五隻內除豫東糧船起剝用船一百二十五隻實存船一千六百七十隻又雇用民船七百三十隻共備船二千四百隻是米數少於道光六年及二十八年而船數則較二十八年少一百隻較道光六年尚多四百隻乃輪轉發剝截止本月十六日十二運前起止共發過官剝船一千八百六十三隻民剝船六百八十五隻已挂剝未裝足官剝船二百二十七隻民剝船八十九隻水次存官剝船二百零一隻民剝船七隻共計官剝船二千二百九十一隻民剝船七百八十一隻內除原調官剝一千六百七隻原雇民船七百三十隻外計通壩僅回空官剝船六百二十一隻民剝船五十一隻其餘或到壩停候驗卸或在途行走統計十七起佔船實屬不少推原其故總因豫東幫船同時抵壩河運海運相間驗卸以致剝船不能迅速騰空昨據第七運前起押運委員沈時　稟報於本月十二日運抵通州劉各莊以南之閆家場地方與前起剝船銜尾相接計算日期須至二十一日方能

卷三　六十五

輪驗即係不克迅速之明証茲奉憲劄自應遵照辦理惟民剝船雇至七百餘隻較上兩屆多一二百餘隻不等近地實以搜羅殆盡若　方雇募又恐緩不濟急且差役四處封船查察難周尤難保無流弊況通壩前積後壓不能敷原定十五日回轉之限停待愈久占擱愈多而官船視官運為畏途雇募艱難即使竭力籌備所添無幾仍復不能應急辦理實屬掣肘除飭天津縣再行設法雇募民剝船隻聽候剝用幷移谷通壩坐糧廳設法籌辦外擬合詳明憲台移谷倉憲朱　檄行通壩坐糧廳督飭經紀設法籌辦

俾剝船迅速回空輪運後起漕糧免致貽誤等因前來查本月初四日本部堂以剝船裝載南糧運通交卸即須回津轉剝與東糧軍船卸空歸次本年無須再運者不同咨行轉飭將剝船趕前驗卸俾得星夜回津以資周轉等因奏明移咨在案又於十六日咨覆文内聲明剝船積壓守候多時必致不敷輪轉所裝米石久經封釘或將一色好米薫蒸霉變在在堪虞咨令設法趕辦又於十七日據沙船人等攔輿呈控即經詳敘例案咨令隨驗隨卸并聲明由部咨行令將海運剝船隨到隨驗不准片刻停留如東糧同

時并到亦須先儘剝船驗收以免在津停收待剝之虞等因亦在案今據直隸總局以通壩前積後壓占擱愈多詳請移咨籌辦查官民剝船共有二千數百隻之多如果趕緊驗收回空輪運何致不敷周轉現在通壩每日僅起米萬餘石并有停驗日期以致剝船沿河停泊待驗積壓至二十餘里之遥無論轉運不敷在津辦理十分掣肘即此數十萬漕白糧米封釘在小艙之中鬱積數十日之久際此炎熱天時或將一色好米薫蒸霉變意外之虞咎將誰屬本部堂思慮及此寢食為之不安通壩承辦各員何慮慮不到此且以今年河海兩運漕糧三百餘萬石計之若何所稱通壩現在每日僅起米萬餘石覈算必將起至十個月之久加以脱幫及大雨時行日期應行計除則此三百餘萬石勢必年餘方可起竣萬一幸有全漕四百餘萬計非年半不能起一年之漕試問該廳有此情理否應再飛咨總督倉場即飭該廳趕前起卸以速補運東糧裝在軍船尚可諭令開艙風晾海運剝船封釘堅固無從風晾斷難再行積壓致有疎虞務令先儘剝船驗卸按照常年河運每日以洪斛三萬石為率不但剝船藉資周轉在津可無停收

待剝之虞且使南糧及早驗收在通庻免米質受傷之慮至河道有無淤淺理應先事挑挖口袋十八萬條無慮不敷輪轉刻下天氣晴霽日咎正長均未便任其藉詞延擱希即通飭橋倉各員一體遵照迅速轉運倘承辦各該員不即照章辦理或胥役人等有意留難致滋阻滯立即分别參究以速運行而免貽誤再通壩起卸海運糧米現派何員會同坐糧廳辦理希即移咨行轅查照萬勿刻遲除咨行駐通倉場外相應移咨本部查照可也

為咨行事咸豐二年四月二十三日准
欽差大臣咨海運起剝米石通壩每日僅起米萬餘石并有停驗日期以致剝船前積後壓占擱愈多不敷轉運在津辦理十分掣肘行令坐糧廳趕前起卸以速補遲等因前來查海運剝船前經本部移咨倉場轉飭隨到隨驗不准片刻停留以資周轉如東豫漕糧同時並到亦必須先儘剝船驗卸以免停收待剝儻有貽誤即行據實參辦在案嗣准
欽差大臣咨以通壩驗收海運米石應遵照海運章程每日起米四萬石不得照河運所起之數辦理如不遵辦即將經管之員據實嚴參又經本部移咨倉場遵照
欽差大臣原咨迅即分晰查明徑行咨報覈辦並咨報本部查覈各在案今海運米石如果遵照本部前咨每日起米四萬石剝船隨到隨驗如果東豫漕船同時並到先儘剝船驗卸斷無不敷周轉致有停收待剝之虞乃該廳因何不行遵辦以致剝船停泊河干誠如
欽差大臣所咨際此炎熱天時設將好米蒸變該廳所司何事厥咎奚辭相應移咨倉場飭行坐糧廳查照驗米大臣及本部行催各原咨迅即趕前起卸以速補遲儹承辦各員不即照章辦理并胥役人等有意留

難再致停收待剝立即分别嚴參懲處仍將因何每日所起米僅萬餘石之處詳晰查明報部並按照
欽差大臣指飭各情形迅即逐一分晰徑行咨報驗米大臣覈辦並知照本部查覈萬勿再延致干查議可也

戶部總督倉場為咨覆事准本部咨稱准
欽差大臣咨前經本部咨行海運起剝船隻隨到隨驗趕
緊起卸不准片刻停留俾得星夜回津以資周轉如
東豫漕糧同時並到亦必須先儘剝船驗卸以免
欽差在津有停收待剝之慮倘有貽誤即行據實叅辦等
因在案現在是否遵照辦理並查照
欽差大臣原咨內稱每日應遵照海運章程起米四萬石
不得按照河運定例所起之數辦理如不遵辦即將
經管之員據實嚴叅應咨倉場務於文到日迅即一
併分晰查明徑行咨報驗米大臣查照等因前准

欽差大臣又本部來咨均經本部堂疊次嚴飭廳橋壩閘
各員一體遵照辦理在案惟是查海運章程起米四
萬石係指沙船在津起卸而言非指通壩而言也漕
運則例內載經紀起米額設口袋十八萬條原計每
日外河起米三萬存號三萬由裏河轉運三萬大通
橋存號三萬分進各倉三萬回袋三萬按日轉流週
轉是石壩日起米數以三萬為率今查現在東豫二
省幫船已經停驗外河起米大通橋進倉每日均符
三萬石之數惟裏河轉運未能足額業經本部堂將
石壩州判吳元忭奏叅摘頂在案除移咨

欽差大臣查照外相應咨覆本部查照可也

戶部總督倉場慶　為移咨事據坐糧廳呈稱竊照
本年海運漕白糧石經職廳帶同書吏經紀人等赴
津兑運除經紀人等有應領款項外所有書吏辦理
稿案文件一應書手人等飯食紙張需用浩繁職廳
詳加體察勢難令其枵腹從事查道光二十七年職
廳衙門東庫書吏承辦收買商米事務每米一石給
該吏飯銀一釐八毫以作紙張飯食辦公之用歸於
茶果項下報銷今該吏等隨同赴津專辦海運實無
辦公之項且辦理海運較辦理商米事務更繁可否
援照前案辦理給予飯銀一釐八毫之處請祈堂臺

咨明戶部實為公便等情當經本倉場飭查道光二
十八年海運該吏等因何並未辦理之處仰即詳細
查明呈覆以憑覈辦在案今復據該廳呈稱職廳遵
即詳查據該吏稟稱竊因道光二十八年蒙前任奎
大老爺帶赴天津出差辦理海運起兑一切事宜吏
等竭力辦公所有用度浩繁賠累難堪於差務甫經
告竣之時奎大老爺業經任滿是以未能懇恩俯卹
賞給辦公之資所有賠累一切實係力不能支至今
猶未能歸楚竊思本年吏等辦理海運所有紙張膏
伙房租稿案薪水修金一切用度浩繁實在無力墊

辦苦累情形久邀洞鑒合無仰懇恩施援照二十七
年辦理商米之案賞給飯銀以資辦公謹將二十八
年未請俯給辦公銀兩緣由理合稟明職廳詳細查
覈係屬實在情形理合據情呈覆鑒覈恩准施行等
情前來查該廳所詳該吏等辦公賠累委係實在情
形相應據情移咨
本部查照辦理仍祈見覆以便飭知遵辦望速施行

為移咨事咸豐二年六月初二日准總督倉場慶　咨
據坐糧廳呈稱竊照本年海運漕白糧石經職廳帶
同書吏經紀人等赴津兑運除經紀人等有應領款
項外所有書吏辦理稿案文件一應書手人等飯食
紙張需用浩繁職廳詳加體察勢難令其枵腹從事
查道光二十七年職廳衙門東庫書吏承辦收買商米事
務每米一石給該吏飯銀一厘八毫以作紙張飯食
辦公之用歸於茶果項下報銷今該吏隨同赴津專
辦海運實無辦公之項且辦理海運較辦理商米事
務更繁可否援照前案辦理給予飯銀一厘八毫之

處請祈咨部等情當經本倉場飭查道光二十八年
海運該吏等因何並未辦理之處仰即詳細查明呈
覆以憑覈辦在案今復據該廳呈稱職廳遵即詳查
據該吏禀稱道光二十八年蒙前任奎帶赴天津辦
理海運起兑一切事宜吏等竭力辦公所有用度浩
繁賠累難堪於差務告竣業經任滿是以未能懇恩
俯卹賞給辦公之資所有賠累一切實係力不能支
至今猶未能歸楚本年辦理海運一切用度浩繁實
在無力墊辦合無仰懇恩施援照二十七年辦理商米
之案賞給飯銀以資辦公理合禀明職廳詳細查覆
係屬實在情形理合據情呈覆鑒覈恩准施行等情
查該廳所詳該吏等辦公賠累委係實在情形相應
據情咨部查照辦理仍祈見覆遵辦等因前來　查
道光二十八年海運案內一切支用銀款仿照道光
六年成案辦理並無坐糧廳隨帶赴津書吏每石飯
食銀一厘八毫一項開銷本届咸豐二年海運前經
奏明按照舊章辦理所有支用各款自應查照上兩
届成案覈辦今據倉場請照收買商米之案每石給
坐糧廳隨帶書吏飯食銀一厘八毫本部查本年海
運米石係屬蘇松等五府州屬正漕即在常年河運

漕糧數内與收買商米在漕糧之外者情事不同檢
查上兩届成案均未據倉場請過坐糧廳隨帶書吏
飯食銀兩所有倉場請照收買商米之案每石給坐
糧廳隨帶赴津書吏飯食銀一厘八毫之處本部覈
與歷辦海運正漕成案不符礙難覈准應咨倉場轉
飭坐糧廳遵照成案辦理不得以海運正漕牽混收
買商米之案率請例外開銷以重經費而昭覈實可也

驗米大臣為劄行事據清河道譚廷襄天津道張起
鵷稟稱竊查楊村官撥船每船例應裝米三百石向
因北運河橫淺較多歷係減裝米石道光二十八年
海運漕糧撥運赴通亦係隨時察看水勢酌量減裝
每船裝米二百二三十石至二百五六十石不等茲
海運自應循照辦理惟現在海運沙船蜂擁北來一
俟江省委員到津即須兑撥運通而刻下北運河水
勢淺澀異常竊恐減裝之後撥船仍復阻滯難行勢
必不及趕回輪運若再為減裝則佔用撥船過多必
致不敷撥用雇備為難理合稟請檄行通永道轉飭

漕運通判確查各汎橫淺處所督率淺夫逐段實力
撈挖務期一律深通照例以水深二尺四寸為度俾
資浮送而利撥運等因據此相應劄飭通永道督飭
漕運通判查照辦理毋任稍有延誤切切特劄

驗米大臣為劄行事本部堂查道光六年海運經驗
米大臣會同倉場侍郎奏明每日沙船不論何時抵
次即令江南委員排具次數清河天津兩道配給剝
船坐糧廳嚴准兑單飛速集夫發斛不准稍踰時刻
及經紀胥役人等藉端挑剔又戶部奏稱每日用斛
八十隻起米僅三萬四五千石必致稽遲應添製斛
一百隻俾敷起卸如有經紀人等稍事刁難從重懲
治又道光二十八年戶部奏明經紀剝船兩項人等
均多弊竇現經倉場訪聞米本乾潔不肯起卸是其
勒措情形已可概見全在管轄經紀剝船各衙門譯

諭於前嚴懲於後庶幾各清各弊俾免稍有諉卸至
沙船抵津經紀挑剔不難臨事奏明從嚴究辦等因
奏奉
諭旨依議欽此在案現在沙船抵津截至本月十九日止共
計進口二百二十八隻抵次船九十四隻驗過船五
十八隻共已驗過漕白糧米七萬三千六百餘石自
應遵照歷屆奏案隨驗隨起趕緊斛收乃迄今四日
之久僅據報稱起卸米二千五百餘石似此玩延必
致轉運不及關係全漕大局貽誤匪輕相應劄行江
蘇總局沙船一經到次即行排列整齊開具排單封

送米樣呈請查驗如有實在霉變之米即令該船以餘米按數抵補並劄直隸總局凡有驗過沙船即行掛剝以便承運經紀斛量收兌毋任藉端勒措延擱仍劄坐糧廳即將驗過之米迅速起卸趕緊斛收如有挑剔刁難及主使挑剔刁難之人即行嚴密查拏送轅究辦毋得稍有疎縱遲延并飭該廳每日起米後即將本日起卸米數開單呈送以憑查覈各宜凜遵毋違切切特劄

卷四　二

驗米大臣為飭遵事照得本部堂沿河驗米見有剝船受兑之後雖已封釘艙板而竟有蔴袋裝載米石安放於艙面之上隨即查詢據船戶聲稱委係食米查所擬杜弊條款內稱此次海運剝船食米係給予本色因剝船戶平日俱食雜糧應得剝價足數食用所給本色食米現已咨部於剝船內另艙存放抵通後正米無虧准其將食米領用如有分賠米石即令該船戶以食米補交是此項米石俱應另艙存放隨同封釘以備分賠正米之虧且沿河稽查易於牽混更不足以杜弊端合行飭遵為此劄仰直隸總局清河天津道飭令各該委員遵照所擬杜弊條款內明白曉諭各船戶一體遵辦毋得稍有含混並飭沿河押剝巡查各員弁如見剝船上有裝袋之米並未加貼封條即係偷竊不可任其以食米藉詞致滋流弊毋違特劄

廿八　日

驗米大臣為飛劄事查東糧軍船例定三月初一日
到通上屆南糧海運及本年海運均經分別奏咨催
令提前兌裝趕緊開行務於沙船未到之先過關北
上在案並由本部飛咨飭令於海運米石未到以前
及早抵通卸竣以免河道擁擠亦在案今該省並未
遵照辦理山東軍船遲至三月中旬以後始抵津關
較之道光二十八年遲延將及一月殊非覈實辦公
之道現在沙船起卸所有官剝民剝分起運通正當
趕辦喫緊之際不容片刻停留若必令軍船行走在
前剝船積壓在後則剝船兩次裝載行走遲滯必有

週轉不及之慮貽誤匪輕本部堂查剝船裝載南糧
與軍船所載東糧同係
天庾正供東糧既不能遵照部咨於沙船未到以前早為
竣事致令軍船剝船同時並進自應聽從載輕行速
之剝船插幫行走乘便趕前毋得稍有攔阻互相爭
競為此飛劄山東河南糧道即飭該省總運星速傳諭沿
途各該幫弁嚴諭丁舵水手人等並劄天津總局轉
飭押運員弁嚴諭剝船水手人等一體遵照軍船正
行之際固不得因讓剝船稍有停泊若剝船乘空前
進該幫船亦不得稍有攔阻如軍船遇有守風自行

停泊之時尤不得橫截中流致礙河道該糧道等務
即明白曉諭如有不遵約束刻即嚴拏究辦儻稍疎
縱本部堂定行嚴叅毋謂言之不豫也并劄坐糧廳
火速傳諭沿途各幫遵照毋遲切切特劄

驗米大臣為飭查事照得前據直隸總局詳請由上園一帶起至通壩止派委文武員弁分段稽查在案現在頭運剝船業已開行北上今據各該委員等來轅禀辭各往段落稽查防範等情合亟飭遵為此劄仰直隸總局清河道天津道遵即查明該文武員弁等是否業已前往稽查抑或尚未起程務須嚴飭該員弁等迅速起程前往萬勿再有耽延致滋貽誤速速特劄

驗米大臣為劄咨行事據總理海運局清河道譚廷襄天津道張起鵷禀稱竊查海運漕糧由津剝運赴通抵壩交卸後應即折回天津水次接運後起漕米定限十五日往返以數輪轉第一運前起重剝係於本月二十二日開行按程計算至四月初六日方能回津接濟初七日兑剝之用惟豫東軍船在前八幫已於二十二日頭起剝船開行之先過閘北上雖剝船身輕載少行走較速恐亦不能漫越前進到壩在後通壩自必先儘軍船驗收以一日一幫計之該運剝船即須守候八日方能驗卸勢必貽誤輪用復查軍船抵壩向在外河停泊候驗剝船向係提近壩樓驗卸合無仰懇俯念海運需剝緊急檄行通壩坐糧廳將剝船提近壩樓與豫東軍船相間驗卸以後軍剝均照此辦理俾免剝船久候得以迅速回津輪運等因前來本部堂查剝船裝載沙船起卸海運南糧與軍船所運東糧同一
天庾正供東糧既未遵照部咨於海運南糧未到之先早為竣事致令同時並進所有剝船軍船抵壩起卸自應熟商妥籌查東省糧船抵壩起卸之後本年冬季始行受兑新糧現在並不再行出運與剝船即須由

壩折回輪轉剝運沙船米石者不同沙船急公應募
航海而來自應優加體恤早給剝船輪轉剝運俾得
迅速起卸無誤回空趕載此中緩急後先應即準情
酌理妥洽覈辦上屆海運案內即經駐通倉場部堂
奏明剝船運抵通壩行令坐糧廳隨到隨驗嚴飭經
紀等趕緊起卸轉運不許片刻停留其騰空撥船仍
飭無分晝夜迅速回津接運以資輪轉等因此次自
應照此辦理相應移咨貴部堂合行飭遵為此劄仰通壩坐糧廳所有裝載海運南糧
剝船將次抵通希飭該坐糧廳即行提近壩樓迅速
趕前查驗起卸俾得星夜回津輪轉起運毋令剝船
卷四　九
稍有守候致誤沙船交兑起卸可也切切特劄

驗米大臣為飛劄事本部堂查管理北運河水道係
屬漕運通判專責現在海運剝船東糧軍船同時並進
尤應刮挖深通茲據海運總局天津道清河道稟稱據第一
運前起委員候補府經歷龔煥稟報該運剝船行至
打魚莊內有姚萬升張發民船二隻不能前進並聞
前途水勢僅一尺八九寸橫淺尤多而該漕運通判
稟稱覩勘各汎橫淺均足二尺四五寸等語所稟存
水尺寸已屬不符面詢天津道剝船喫水若干據稱
官剝每船裝米二百二十石現飭勾量新舊江廣各
剝船以水尺度之每船不過喫水一尺八寸至二尺
卷四　十
不等以漕尺度之每船不過喫水一尺六寸五分至
一尺八寸不等現在姚萬升張發二船各止運米二
百五十石喫水並不甚深本部堂查北河沿途各汎
每汎額設刮板五六副七八副不等淺夫自九十名
至一百四十四名不等何以並不勤加刮挖致令僅
裝二百五十石之船不能前進該通判所司何事實
屬懈玩已極為此劄飭該通判劄到火速晝夜刮挖
儻復仍前玩忽致有遲滯本部堂即行叅辦毋謂言
之不早也並劄通永道轉行查催速速特劄

驗米大臣為剳咨行事據清河道譚廷襄天津道張起
鵷詳稱查由津運通米石虧短原定獨賠分賠章程
界限本自明晰惟現將剝船食米飭令另艙存放隨
同正米運通以備扣抵若正米虧短概將食米全行
扣抵易滋牽混職道等悉心酌覈擬請於剝船抵通
後由坐糧廳先儘正米斛收正米無虧即准剝船戶
將食米領用如有虧短係經紀在途查出剝船舞弊
稟明押運員弁有案者應按照舊章責令剝船獨賠
先儘所短數目以食米扣抵若經紀在途並未查出
剝船舞弊稟明押運員弁有案者到壩始經發覺按

卷四　上一

照舊章責令經紀剝船各半分賠經紀分賠之米在
耗米内抵除剝船分賠之米在食米内抵交抵剩之
米仍給領用如不敷抵再行發回天津補追如此分
別辦理庶米歸有著正供可期無虧擬合具文詳請
查覈俯賜轉飭通壩坐糧廳查照遵辦等因前來本
部堂查道光二十八年奏定抵通虧短分賠獨賠一
案界限最為明晰如係經紀拏獲則責令剝船獨賠
若經紀並未查出或未經稟明則責令經紀剝船分
賠緣經紀耗米本係仿照北倉截卸章程議增以備
由津赴通折耗之用如果經紀剝船均無弊竇委因

盤量折耗原不難即以所備耗米抵補但恐剝船恃
有耗米可抵任意偷漏必致虧短之數浮於所備耗
米之數而承運經紀又復置身事外沿途並不嚴密
稽查甚或串通剝船分肥舞弊是以責令剝船賠補
一半其餘一半即在經紀耗米内扣抵以均責成而
昭平允今據該道等詳請照辦相應移咨駐通倉場 飛劄駐通坐糧
侍郎轉飭 廳即飭照案辦理剝船抵通先儘正米斛收正米無虧
即准剝船戶將食米領用如有虧短並未據經紀查
出剝船舞弊或未經稟明押運員弁則責令分賠除
經紀耗米抵補一半外其餘一半即將剝船食米按

卷四　上二

數斛收如有盈餘仍准剝船戶領用若係經紀查出
剝船舞弊確據稟明押運員弁有案即將剝船食米
計數獨賠如有不敷再行發回天津補追並遵照道
光二十八年
諭旨一船了一船之案不得因承運經紀拏獲一二船其餘
未經稟獲之船概令經紀免賠以杜弊中之弊可也 切切特劄

驗米大臣為劄行事據王元禎船耆民孫西周沈協盛船耆民沈湘舟禀稱竊身王元禎裝載昭文縣白糧一千四百三十石身沈協盛裝載上海縣白糧一千六百四十五石早經駛抵津次已奉排號臨驗米色一律純潔候今多日並不挂剥起卸竊見前船均已交卸後船亦皆起剥獨身等兩船竟遭羈累風聞所載白糧截留候撥

陵糈不勝汗駭伏查蘇省歷次海運祇知到津交剥屢蒙各憲曉示奏定章程均係隨到隨卸不致片刻羈延從未聞有截留之事况身等航海運糧雇值無幾歷涉驚濤復虞賠補刻幸平安抵次滿望照章即日交卸方可轉至奉天牛莊等處貿易轉瞬須打夏凍若再遲滯不及回南兼且船艙蒸悶萬一米色發熱設有霉變咎將誰任等語除批示飭遵外合亟劄行坐糧廳 江蘇總局 直隸總局迅即會商妥速辦理切切並將原呈發交直隸總局查照特劄

卷四　十三

驗米大臣為劄行事准署理山東巡撫咨稱據榮成縣知縣石用熙呈稱江蘇商船顧萬隆裝載荆溪縣漕米五百九十石駛至石島外洋失風漂没訊取耆舵水手供詞知照前來合行抄録原文劄飭江蘇總局查覈辦理特劄

卷四　十四

驗米大臣爲劄行事查沙船耆民孫西周沈湘舟呈
詞前經劄行江蘇直隸兩總局坐糧廳迅即會商妥
速辦理茲據直隸總局詳稱沈協盛船米應由經紀
斛收同交倉白米一併運通王元楨船米飛飭易州
迅派丁役來津領兑等語除易州應領白糧批令該
局飛飭領兑儻再遲延即將該州職名詳參外相應
劄飭駐津坐糧廳迅飭經紀趕緊斛收同交倉白米一
併運通仍將易州應撥江米迅即指派毋再延誤并
劄通坐糧廳飛飭薊遵豐等三州縣赴通領兌儻延
不赴領即將該州縣等職名詳參該津坐糧廳仍將
現辦情形迅即詳覆並劄蘇直兩局妥速辦結會詳
毋遲切切特劄

驗米大臣爲劄行事查歷辦海運成案均經奏明隨
驗隨收現在原備撥船早經用竣全賴通壩趕緊起
卸俾撥船及早回空以資周轉白糧一項起卸之後
轉運通倉該倉每日應收之米應即隨到隨收不准
片刻停留爲此劄飭中西倉監督劄到即行查明白糧
經紀承運白糧到倉該倉每日是否儘數斛收及有
無延不收受勒令經紀囤貯候收之處刻即聲覆并
飭嚴禁花户人等挑剔刁難勒索諸弊儻查有前項
弊端立即嚴究重懲毋稍疎縱致干未便切切特劄

驗米大臣為剳行事查歷辦海運成案均經奏明隨
驗隨收現在原備撥船早經用竣全賴通壩趕緊起
卸俾撥船及早回空以資周轉白糧一項起卸之後
轉運通倉該倉每日應收之米應即隨到隨收不得
片刻停留除剳飭中西二倉監督查明白糧經紀承運
白糧到倉該倉每日是否儘數查收有無延不收受
勒令經紀囤貯刻即聲覆并飭嚴禁花戶人等挑剔
刁難勒索諸幹外相應剳飭通坐糧廳即將該倉收
米情形明查暗訪儻查有花戶人等挑剔刁難勒索
諸幹該倉監督延不究辦即由該廳將該倉監督指
卷四　十七
名詳參毋稍瞻徇切切並剳津坐糧廳查照特剳

驗米大臣為剳行事本部堂查道光六年海運經驗
米大臣會同倉場侍郎奏明每日沙船不論何時抵
次即令江南委員排具次數清河天津兩道配給剝
船坐糧廳嚴催兌單飛速集夫發斛不准稍踰時刻
及經紀胥役人等藉端挑剔又戶部奏稱每日用斛
八十隻起米僅三萬四五千石必致稽遲應添製斛
一百隻俾數起卸如有經紀人等稍事刁難從重懲
治又道光二十八年戶部奏明經紀剝船兩項人等
均多弊竇現經倉場訪聞米本乾潔不肯起卸是其
勒掯情形已可概見全在管轄經紀剝船各衙門諄
卷四　十八
諭於前嚴懲於後庶幾各清各弊俾免稍有諉卸至
沙船抵津經紀挑剔不難臨時奏明從嚴究辦等因
奏奉
諭
旨依議欽此在案本部堂奉
命來津自當嚴禁胥役人等挑剔刁難勒索諸弊為第一
要務本年豐北漫口未能合龍河運江安浙江江西
湖南湖北漕糧尚不識何時能到本部堂早夜思維
刻深焦灼幸賴蘇松常鎮太五府州屬漕糧改由海
運現到船數已過十分之九就現到糧數而論較之
上三屆該五府州屬河運米數已屬有盈無絀并有

節省銀六十六萬兩以供
國用設該五府州屬本年不辦海運不獨此六十六萬
銀兩花費無存且現已節交芒種而南糧一船尚未
渡黃剋下一粒不能抵通運道若何疏通倉儲若何
預備試問該廳尚有何策令上海沙船急公應募航
海而來自應遵照奏案隨驗隨卸以便及早回空海
運原非常行之事然萬不得已亦有需用沙船之時
若任胥役人等挑剔刁難設有緩急保無聞風遠避
裹足不前令本部堂督同該廳查驗得沈長茂陳景
福孫福昌等三船白糧僅止黴欠實光體質究屬乾

潔本部堂向領俸米多有不及此者自應趕緊斛收
以符奏案為此劄仰該廳劄到即行率同經紀剋即
起卸毋任胥役人等稍有勒索遲延貽誤大局且現
在已驗之米積有十七萬餘石之多而該廳每日起
卸尚不及平斛二萬石之數每日所挂剝船均未儘
數裝滿該廳亦應設法趕辦毋任泄沓從事切切并
劄江蘇直隸總局儻有胥役人等藉端勒索即行詳
稟究辦特劄

驗米大臣為迅飭遵辦事照得本部堂風聞得沿河
一帶有小船裝載霉爛之米賣給剝船攙和之事並
有沿途私自開艙情弊正在查辦之際接據候補府
金鎧稟稱前奉飭查假冒經紀舍人在外招搖撞騙
等因蒙此遵即密飭該縣嚴行查訪在於附近東門
北門一帶店寓跟踪覓線去後復劄知阜府所屬各
委員令於沿河一帶實力巡查有向剝船勒索者即
行詰訊嚴拿不准稍形鬆懈以期有犯必懲茲接第
一段把總龔永清稟稱自十二日戌時在大園迆下
帶同外委李光恩並經紀代役李慶元等拏獲傍貼

剝船賣菜小船一隻內載有臭米二口袋又兩蓆簍
約計米有四五石之多該委員曾向查訊據稱買自
沙船等供是否屬實均應澈底根究阜府當即飭令
將該犯胡文治交縣嚴行訊辦其在逃之夥犯范幗
春徐發馮宣三等三名由縣緝拏歸案辦理同日又
接得第三段委員王恒謙稟稱於十二日戌刻在三
里屯迆南查出第十運之五十七號官剝船有開艙
情弊當即會同押運文員許忠武弁曹大醇眼同巡
役李仲等查驗得該船裝米八艙前三艙封皮已破
厌印已動訊據該船戶李文玉供稱四月十二日行

至三里屯地方船身走漏趕緊開艙一時糊塗未經稟明船上裝載洪斛漕米一百七十六石如有短少小的情甘認罪賠補又據第五十四六八號官船戶張順徐金升等保得李文玉船上實係怕有水漏幫同拆看將灰印損壞如有别情惟小的們是問各等供查海運封皮灰印最關緊要今既擅行拆動難保無偷竊情弊但各起銜尾北上不容刻延卑府遵照發下章程一面飭令委員將船戶李文玉嚴行責懲並取確供及各船戶保結一面押令駕駛前進等情前來查小船裝載臭米四五石貼近剥船據稱自沙船買來賣給剥船戶其偷盜攙和之弊自應杜絕並有第十運五十七號船戶李文玉行至三里屯將前三艙封皮灰印均已拆動該船既有走漏自應稟明委員會同開艙查驗乃該船戶胆敢私自開艙竟不稟明辦理顯有偷盜使水攙和之弊若不從嚴懲辦不足以儆將來合亟飭遵為此劄仰清河天津道遵即轉飭天津縣將拏獲之犯胡文治一名嚴行審訊澈底根究並將在逃之夥犯范幗春徐發馮宣三等三犯飭縣趕緊查拏歸案一併訊究仍飭沿河一帶文武員弁如有小船靠近沙船收買氣頭霉爛之米轉賣

卷四　三五

與剥船戶者立即鎖拏究辦毋稍寬縱至第十運五十七號船戶李文玉既已私自開艙業經委員將其責懲並取確供存案押令前進如有短少情弊應由通州坐糧廳查明懲辦該道等仍嚴飭沿河一帶段落文武員弁實力稽查如有小船載米及剥船開艙等事一有訪聞立即查拏稟明送究萬勿稍事因循致滋懈並行蘇總局倪道遵照嗣後沙船如有氣頭霉爛之米應如何嚴密防範免滋弊竇之處該道務須妥議詳覆以憑覈奪毋遲速速并由直隸總局轉行分段稽查各委員一體遵照特劄

卷四　三六

驗米大臣為劄行事查沙船張義和等二十三名公
稟内稱該商等到次或已旬餘或逾半月大半尚未
挂撥間有挂撥之船日斛無幾環求速飭多發剝船
趕速起卸等情除批示飭遵外相應將原稟劄交直
隷總局按照所稟事理多發剝船如壩上起卸遲延
不敷周轉仍宜廣為雇募以資應用仍將每日所挂
撥船數目逐日開單送轅備查并劄坐糧廳每日無
論所挂剝船若干務飭經紀儘數斛收當日即將各
船裝滿不得少挂尾零仍將每日所起米數於當晚
開單送轅本部堂即與局報所挂船數較對以杜諉
卸而速運務切切特劄

卷四　二三

驗米大臣為劄咨行事准駐通倉場部堂咨據坐糧廳
汪潤呈稱遵查海運各起剝船提壩驗卸可得迅速
無如石壩至河口一帶不但水勢過微且河面窄小
剝船俱於小聖廟住泊現在另雇小剝起運每日加
數起卸不過起米萬餘石此因限於天時非聽其任
意遲延之故須待水勢充盈方於通壩起卸有濟等
情相應移咨查照前來查坐糧廳專管北河催趲空
重漕船挑挖淤淺例有明文本屆辦理海運該廳自
應先事豫籌庶免臨時竭蹶乃於剝船到次舊口水
淺並以河面窄小必須雇剝起運為詞查石壩河窄
並非始自今年現在剝船積壓數起守候多時必致
不敷輪轉兼之所裝米石久經封釘或將一色好米
薰蒸霉變在在堪虞殊非慎重辦公之道相應移咨
駐通倉場部堂嚴飭該廳督率經紀人等設法趕辦
遵照奏案剝船一經到次剋即驗收轉運毋誤漕行
從不能按照海運章程日起洪斛米四萬石亦必按
照河運每日起米總以洪斛三萬石為率以便剝船
騰空回津接運不准稍有遲滯儻再藉詞延宕即行
據實嚴參以示懲儆須至咨者　并劄直隷總局查照

卷四　二四

驗米大臣為劄行事據清河道天津道詳稱查剥船運米如有虧折前經職道等遵照部議申明舊章係經紀查出剥船舞弊稟明有案即令剥船獨賠若經紀并未查出舞弊稟明有案到壩始經發覺責令經紀剥船各半分賠經紀分賠之米在耗米内抵除剥船分賠之米在食米内抵交抵賸之米仍准領用如不敷抵發回天津補追詳蒙憲臺允准行知在案今據該剥船戶具稟裝載白糧到壩每船短米二石餘至三石餘不等并未據經紀查出剥船舞弊稟明有案按照定章各半分賠每船裝米二百石上下帶有食米二石餘斗以短米二三石覈計各半分賠交米之外尚須另行買補至米石到通因水淺起剥由該剥船按包給價抗卸脚錢亦令賠出未免益形苦累既據瀝情具稟自應查明辦理除咨會通壩坐糧廳外擬合詳請查覈俯賜檄行通壩坐糧廳查明該剥船等所短米石是否照章分賠到通水淺剥運裏河應否由經紀自備船隻并抗卸脚價經紀有無領項應否令剥船賠出申覆飭知下道以便轉飭該剥船戶遵照等因前來查剥船虧折米石賠補章程業經本部堂於本月初六日按照奏定章程詳細行令遵辦在案自

卷四　二十五

應照案辦理毋得稍有舛錯至剥運裏河應否由經紀自備船隻并抗卸脚價經紀有無領項之處查經紀向有吊載剥船自行備用抗脚等費亦係按照通壩抗價每石二釐給發由江蘇所[illegible]數内籌給今據清河道等詳請劄飭申覆為此飛劄駐通坐糧廳查明剥運裏河應否由經紀自備船隻其抗卸脚價如令剥船戶自發則所議每石二釐抗價自必毋庸給與經紀將來自必不請開銷是否如此辦理應令一併詳細聲覆以憑覈辦特劄

卷四　二十六

驗米大臣為咨行事現在海運辦理完竣經本部堂
奏明該撫縣丞倅等均能明幹曉事晝夜辛勤目擊
各該員出力情形始終罔懈不敢壅於上
聞弁聲明江南委員候補知府洪玉珩等認真辦理經
周詳勸諭商民耆舵水手胥遵約束其佐雜各員及
督押糧米航海委員亦均倍矢勤奮昕夕不暇查照
成案各按勞績分別咨明江省督撫辦理等因除將
差次原奏抄録咨送及奉到
諭旨再行恭録咨送外所有該候補府等在津出力各員應即
開單註明勞績移咨
貴督部堂
貴撫部院查照辦理可也
計開
候補知府洪玉珩　該員派駐滬局督辦雇船兌運
放洋各事井井有條諸臻周妥嗣復赴津勷理交
米伺值驗卸籌畫精詳最為得力
候補同知王家珮　該員道光二十八年派赴天津
勷辦海運甚為得力茲後在津綜理總局分局一
切經費不辭勞怨力求撙節結實可靠
候補同知朱鈞　該員前經襄理上海局兌運各事
嗣經派津總理分局及沙船一切事宜查船驗米

分泊盤量驗照給單彈壓水手遇有沙船控告鬥
毆錢債事件隨時審斷耆舵悅服深合機宜實為
該總局出色之員
候補同知梁逢辰　該員勷辦交米伺值驗卸照料
起撥委勘遭風船隻督押晒晾均能竭盡心力
州衔准補嘉定縣知縣吳煦　該員前委辦理省局
文案綜覈款目嗣經赴津勷理文案勾稽冊檔始
終詳慎
糧道庫大使陳森培　候補道庫大使魯鴻飛　元
和縣周莊巡檢何本忠　該三員排船開揢監視斛
收查驗米色督押風晾收照驗單開造冊籍催重
趲空事極煩瑣均能始終勤慎最為出力
金匱縣主簿王汝金　該員隨伺驗卸監督起斛查
報米數頗為幹練
蘇州府知事孫承履　該員駐劄海口收繳沙船器
械拴號造冊倍著辛勤
候補刑部員外郎王承基　請分發安徽試用知縣
沈譽來　該二員籍隸松江舉充滬局董事雇募沙
船經理裝兌本極踴躍急公嗣復自備資斧押坐
海運沙船歷涉重洋躬親護送倍加妥速既省遴

委武職押運且與道光六年崇明縣舉人施彥士
押護沙船成案相符洵屬勞勣最著抵津後復又
收儲餘米彈壓水手毫無滋事尤為始終出力
以上單開共計十二員

驗米大臣為咨行事現在海運辦理完竣經本部堂
奏明該府縣丞倅等均能明幹曉事晝夜辛勤目擊
各該員出力情形始終罔懈不敢壅於上
聞幷聲明天津府知府錢炘和署天津縣知縣謝子澄各
委員等及由通調津委員幷營委將弁各按勞績咨
明直隸總督臣分別奏請獎勵等因除將差次原奏
抄錄咨送及奉到
諭旨再行恭錄咨送外所有該府等在津出力各員應即
開單註明勞績移咨貴閣督部堂查照辦理可也
據直隸海運總局單開

天津府知府錢炘和
署天津府同知徐鏳
廣平府同知鍾瑞
天津縣知縣謝子澄
以上四員總理局務並會同江南委員查驗米
色
候補縣丞於恒吉
河工試用縣丞候選知縣於藩
候補縣丞耿曰棠
武清縣河西務主簿鄒在人

建昌縣巡檢候選主簿陳克昌
候補從九孫冬旭
新補阜平縣典史汪榕
以上七員管理局務並撥運支銷一切事宜
鎮標葛沽營遊擊薛成龍
鎮標大沽左營都司吳璋
鎮標大沽左營把總劉淳
鎮標大沽左營把總王開泰
鎮標大沽海口營把總王寶慶
鎮標大沽海口營把總陳發
鎮標大沽左營外委楊殿臣
鎮標大沽左營外委高立
鎮標大沽海口營外委杜來增
鎮標大沽海口營外委萬寶來
鎮標大沽左營外委高作霖
鎮標大沽左營外委王希堂
鎮標大沽海口營外委謝錫恩
以上十三員出洋迎護導引沙船
天津縣葛沽巡檢樓東淇
河營外委常玉成

以上二員查報沙船進口出口日期
保定府理事同知博多宏武
以上一員稽查在官人役及地方棍徒訛索沙船
楊村通判厲維梁
以上一員總理撥船稽查來往日期編列號次
北運河筐兒港千總王天文
經制外委郃容
額外外委郃宣
額外外委夏保泰
記名外委全福威 郝文光
以上六員隨同楊村廳經管撥船事務
候補知縣劉湘
候補知縣毛慶麟
河營外委王炤
以上三員驗收官民撥船
天津府海防同知高應元
以上一員提調沙船撥船疏通河路
河營捷地汛把總黑永貴
河營外委施斌

河營外委郝慶瀾
以上三員隨同催提沙船疏通河路
河營守備張淳
天津縣典史劉玉衡
河營外委穆長清
河營外委王元慶
以上四員隨同催提撥船疏通河路
新補新城縣知縣鄭士蕙
候補知縣吳鹿台
候補知縣葉增慶

卷四

廿三

候補知縣薩炳阿
天津府經歷汪慶恩
滿完縣丞閔松燾
天津府北倉大使葉養度
河營把總尹光彩
以上八員監視撥船蓋用灰印封釘艙口
候補縣丞劉傑
以上一員查報起米數目
候補府經歷龔煥
候補縣丞祥瑞

候補按經歷費德聲
候補主簿熊琦
候補州判唐汝翼
霸保主簿朱浩良
天津縣楊青驛丞楊承杰
候補府倉大使汪蓀光
候補從九盛祖培
候補吏目陳兆麟
候補從九沈士樾
候補從九沈欽時

卷四

廿四

候補未入趙元勲
候補未入胡濟寬
靜海縣主簿顧肇域
候補州判李執中
候補未入陳廷賡
南皮縣主簿王謨
河工候補從九許忠
清苑縣縣丞候選知縣汪鳴和
候補直隸州州判汪蓀熇
任邱縣縣丞程椿

宣化府經歷宋嵩慶
鎮標右營外委王遇亨
鎮標城守營外委李墉
鎮標城守營把總劉法祖
鎮標左營外委王治華
鎮標左營外委王恩波
鎮標左營外委沈壽
鎮標左營外委喬世達
鎮標左營外委楊得
鎮標左營外委王遇豐

鎮標城守營外委高鍾洛
鎮標左營外委喬世林
鎮標左營外委李治安
鎮標右營外委章殿甲
鎮標右營外委劉焕芝
鎮標城守營外委華雲彪
鎮標左營外委吳承恩
鎮標城守營外委李逢瑞
鎮標城守營外委耿長泰
鎮標城守營外委曹大醇

鎮標城守營外委方廷標
鎮標城守營喬委喬國勝
鎮標城守營外委趙國璧
鎮標靜海營外委楊克明
鎮標河間協左營外委高兆麟
以上四十七員輪流押催米船
督標左營遊擊白含章
鎮標中營遊擊吳燦
正定鎮標左營守備王恩洪
以上三員總理海河運河沙船剝船經由停泊
處所稽查彈壓

鎮標左營守備梁運彰
鎮標署右營守備哈清魁
鎮標左營把總劉翼雲
鎮標河間協右營商家林把總沈鳳鳴
鎮標景州營吳橋縣外委楊瑞
鎮標城守營外委王恩溶
以上六員隨同在於海河運河沙船撥船經由
停泊處所稽查彈壓
鎮標署天津城守營都司毛文藻

以上一員上園至蒲口兩岸巡查
駐劄西沽督查候補知府金鎧
駐劄楊邨督查候補通判龔國瑞
駐劄河西務督查候補知縣劉必傳
駐劄小河口督查山海關通判烏林泰
分查第一段河營趙家場把總龔永清
分查第二段清河縣縣丞陳元祿
分查第三段天津縣縣丞王恒謙
分查第四段河營唐官屯千總馬寶泰
分查第五段候補縣丞蔣子修

分查第六段原派候補從九孔憲階該員丁憂後改
派候補從九蔣文濤
分查第七段候補吏目孫金鏞
分查第八段候補從九張輔廷
分查第九段布政司理問陳紹廉
分查第十段候補縣丞高維翰
以上十五員巡查撥船偷漏舞弊
新陞多倫諾爾巡檢武清縣楊邨驛丞馮鼎
河營外委李德潤
東路同知吳承祖

通州知州佈彥
試用吏目孫慧元
通上汛把總夏春林
以上六員駐壩查催回空撥船
第一跕東路營外委王萬忠
第二跕東路營外委高殿舉
第三跕務關外委張樹勳 蔡雲錫
第四跕楊邨外委姚承霈 武純峯
以上六員沿河查催空船
候補通判葉榮春

借補吳橋縣丞候補知縣楊雲鰲
鎮屬外委許萬隆
河營外委郭長清
鎮屬外委李茂林
河營外委郝桂森
河營外委常榮富
河營外委李際芳
河營外委李有慶
河營外委劉玉魁
河營外委時平儀

河營外委鄭潤
河營外委王煒
河營外委周焕文
河營外委趙慶瀾
河營外委李光恩
河營外委陳兆祥
河營外委王恩桐
河營外委楊永升
河營外委吳恩來
以上二十員公所聽候差委
海河主簿升補故城縣縣丞鄭繼勲
以上一員管理棚廠並同空沙船挖土壓載
以上直隷總局府縣以下各委員等及由通調津委員並營委將弁等共計一百五十九員各按差使不辭勞瘁本部堂業經奏明移咨
貴閣督部堂分別奏請奬勵再此次沙船嚮風慕義踴躍急公齊至天津與直隷撥船停泊河干者不下數萬人該天津府知府錢炘和署天津縣知縣謝子澄於聽斷之餘挨日周歷水次彈壓巡查數月以來沙船一無滋事偶與撥船交涉事件均持平審斷毫

不偏徇輿論翕然地方賴以安謐實屬循良勤幹應由
貴閣督部堂從優奏請
奬叙

驗米大臣為咨行事本屆海運辦理完竣經本部堂
奏明該府縣丞倅等均能明幹曉事晝夜辛勤并聲
明天津各委員等及由通調津委員各按勞績咨明
直隸督臣分別奏請獎勵等因除據直隸總局原單
移咨外相應再行摘叙勞績移咨
貴閣督部堂查照辦理可也
計開
派令封艙記印委員
新城縣知縣鄭士蕙
候補知縣葉增慶
候補知縣薩炳阿
天津府經歷汪慶恩
滿完縣丞閔松燾
河營把總尹光彩
北倉大使葉養庚
試用知縣吳應台由通調津自備資釜
以上各員自司事以來逐日　河干不分晝夜洵
屬竭誠盡力始終罔懈
派令各船兑票欠單核數過硃委員
候補縣丞劉傑由通調津自備資釜　該員始終其

事不辭勞瘁
飭令駐劄分段巡查偷漏舞弊之督委各員
候補知府金鎧
第一段委員把總龔永清
第二段委員外委李光恩
第三段委員天津縣丞王恒謙
以上各員拿有小船偷賣臭米及船戶私開艙
封等案巡查不分晝夜司事均屬認真
宣化府經歷宋嵩慶　該員行轅公所聽候差委收
發公文委辦一切小心謹慎並無貽誤行轅事
竣復押第二十三運後起撥船
天津府海防同知高應元　該員曾經兩屆辦理海
運熟習情形此次海運提調沙船撥船踐通河
路辦理一切均屬妥詳穩練

長洲縣

派裝漕白糧船二十三隻

第一號元字趙生泰　三月初三日進天津口

第二號太字金同泰　三月十八日進天津口

第三號太字沈長發　三月初三日進天津口

第四號寶字金恒盛　三月十五日進天津口

第五號通字姚得利　三月十九日進天津口

第六號太字謝源來　三月十六日進天津口

第七號吳字黃長德　三月二十日進天津口

第八號元字周同茂　三月初三日進天津口

第九號元字金保盛　三月初二日進天津口

第十號太字屠長春　三月十五日進天津口

第十一號崑字金永祥　三月十五日進天津口

第十二號上字甘永和　三月十五日進天津口

第十三號無字俞增利　三月十七日進天津口

第十四號海門字沙大春　三月十五日進天津口

第十五號昭字陳元順　三月初三日進天津口

第十六號崑字龔長福　三月十八日進天津口

第十七號崇字宋天盛　三月十七日進天津口

第十八號鎮字金乾泰　三月十五日進天津口

第十九號海門字樊聚順　四月初三日進天津口

第二十號太字馬永盛　三月初三日進天津口

第二十一號元字常隆順　三月十五日進天津口

第二十二號崑字沈協盛　三月二十七日進天津口

第二十三號鎮字全寶發　三月初十日進天津口

元和縣

派裝漕白糧船十五隻

第一號吳字金源祥　三月二十日進天津口

第二號鎮字金祥泰　三月十五日進天津口

第三號元字沈元康　三月十五日進天津口

第四號元字黄長盛　三月十八日進天津口

第五號通字姚恒茂　三月十五日進天津口

第六號太字金恒泰　三月初十日進天津口

第七號崇字張茂順　三月十六日進天津口

第八號上字陳和泰　三月十五日進天津口

叁三

第九號元字祝春年　三月十五日進天津口

第十號太字孫同泰　三月初一日進天津口

第十一號吳字張福增　三月二十七日進天津口

第十二號寶字黄長興　三月初七日進天津口

第十三號通字彭恒齡　三月二十三日進天津口

第十四號贛字萬勝泰　三月十九日進天津口

第十五號太字戴源新　三月十九日進天津口

三

吳縣

派裝漕船十二隻

第一號元字方萃生　三月初三日進天津口

第二號元字謝長順　三月十七日進天津口

第三號贛字佘源來　三月初三日進天津口

第四號太字金萬發　三月初三日進天津口

第五號鎮字管長慶　四月十二日進天津口

第六號如字吳萬興　三月十九日進天津口

第七號鎮字彭永發　三月十二日進天津口

第八號元字孫永裕　三月初十日進天津口

叁五

第九號吳字徐萬春　三月十八日進天津口

第十號上字趙恒順　三月十二日進天津口

第十一號太字馬寶興　三月十七日進天津口

第十二號鎮字林錫隆　三月十九日進天津口

四

吴江縣

派裝漕白糧船十五隻

第一號贛字沈福源　三月十八日進天津口

第二號崑字張順發　三月十五日進天津口

第三號崑字張利發　三月初三日進天津口

第四號如字徐長利　三月初三日進天津口

第五號崑字沈凝盛　三月十二日進天津口

第六號崑字沈長盛　三月初十日進天津口

第七號太字張隆順　三月初三日進天津口

第八號崇字張恒裕　三月十九日進天津口

卷五

五

第九號太字陳得順　三月二十七日進天津口

第十號太字費大發　三月初三日進天津口

第十一號贛字張福臨　三月十五日進天津口

第十二號海州字張義昌　三月二十二日進天津口

第十三號元字沈祥發　三月十八日進天津口

第十四號通字顧長泰　三月二十日進天津口

第十五號太字沈履泰　三月十六日進天津口

震澤縣

派裝漕白糧船九隻

第一號鎮字屠長盛　三月初二日進天津口

第二號鎮字馬心盛　三月初九日進天津口

第三號元字孫恒源　三月十二日進天津口

第四號元字孫寶康　三月十五日進天津口

第五號贛字沈洪順　三月十五日進天津口

第六號贛字郁義泰　三月初一日進天津口

第七號吴字金長泰　三月十五日進天津口

第八號太字奚源利　三月二十七日進天津口

卷五

第九號元字張義順　三月初九日進天津口

六

常熟縣

派裝漕白糧船十六隻

第一號　元字朱恒全　三月十七日進天津口

第二號　通字季元隆　四月初一日進天津口

第三號　崇字周乾順　三月二十三日進天津口

第四號　崇字周鼎順　三月十六日進天津口

第五號　崇字沈萬泰　三月十八日進天津口

第六號　通字江祥豐　三月十七日進天津口

第七號　通字江祥瑞　三月十八日進天津口

第八號　崇字呂順泰　四月初三日進天津口

卷五

第九號　崇字范洪泰　三月三十日進天津口

第十號　通字郁隆駿　三月二十七日進天津口

第十一號　鎮字金同利　三月十五日進天津口

第十二號　鎮字章天壽　三月十八日進天津口

第十三號　吳字李運泰　三月十九日進天津口

第十四號　吳字談福隆　三月三十日進天津口

第十五號　太字薛長順　三月初三日進天津口

第十六號　太字薛福順　三月初三日進天津口

七

昭文縣

派裝漕白糧船十八隻

第一號　崑字陸六順　三月二十日進天津口

第二號　鎮字洪進發　三月二十三日進天津口

第三號　常字仲恒順　三月十七日進天津口

第四號　鎮字莊福增　三月十七日進天津口

第五號　通字江元發　三月十八日進天津口

第六號　通字陸全裕　三月初七日進天津口

第七號　元字陸永發　三月二十七日進天津口

第八號　元字蔣永利　三月初三日進天津口

卷五

第九號　元字蔣元亨　三月十四日進天津口

第十號　元字蔣永吉　三月十二日進天津口

第十一號　元字咸元順　三月十五日進天津口

第十二號　元字陳福泰　三月初十日進天津口

第十三號　元字方恒泰　三月初十日進天津口

第十四號　吳字錢大發　三月二十日進天津口

第十五號　吳字金茂元　三月十六日進天津口

第十六號　吳字費大順　三月初三日進天津口

第十七號　海門州張德隆　三月二十二日進天津口

第十八號　太字蔣肇生　三月十六日進天津口

八

崑山縣

派裝漕白糧船七隻

第一號　通字郁裕順　三月十七日進天津口

第二號　通字朱合隆　三月二十日進天津口

第三號　崑字張永祥　三月初三日進天津口

第四號　元字曹天隆　三月初三日進天津口

第五號　寶字黄長生　三月二十日進天津口

第六號　如字吴永泰　三月二十七日進天津口

第七號　元字陸德利　四月初一日進天津口

卷三

九

新陽縣

派裝漕白糧船八隻

第一號　贛字郁升泰　三月十二日進天津口

第二號　崇字吕新盛　三月十七日進天津口

第三號　元字孫永康　三月十五日進天津口

第四號　元字沈裕茂　三月初三日進天津口

第五號　元字孫永昌　三月初三日進天津口

第六號　元字金長茂　三月十五日進天津口

第七號　鎮字陳德茂　三月二十日進天津口

第八號　鎮字王永發　三月圭日進天津口

卷三

一

華亭縣

派裝漕白糧船九隻

第一號太字鈕德發　三月初三日進天津口

第二號通字彭遐福　三月十八日進天津口

第三號贛字彭豫泰　三月初三日進天津口

第四號鎮字張德茂　三月初三日進天津口

第五號鎮字余德泰　三月二十二日進天津口

第六號鎮字申天壽　三月三十日進天津口

第七號鎮字鈕聚盛　三月二十日進天津口

第八號海州字張金元　三月二十二日進天津口

第九號鎮字楊新泰　三月十九日進天津口

卷五　十一

奉賢縣

派裝漕白糧船七隻

第一號元字徐德泰　三月初三日進天津口

第二號元字王德盛　三月十七日進天津口

第三號吴字夏長壽　三月十八日進天津口

第四號崇字吕洪泰　三月二十二日進天津口

第五號鎮字陳義泰　三月初三日進天津口

第六號贛字余源盛　三月二十七日進天津口

第七號崇字施合順　四月十八日進天津口

卷五　十二

婁縣

派裝漕白糧船五隻

第一號吳字夏元壽　三月十五日進天津口

第二號通字錢合利　三月初三日進天津口

第三號太字鄭順興　三月十七日進天津口

第四號吳字金長發　三月十七日進天津口

第五號通字崔源順　四月初一日進天津口

第六號崑字朱安泰　三月初三日進天津口

十三

金山縣

派裝漕白糧船八隻

第一號元字沈裕凝　三月初十日進天津口

第二號元字沈裕生　三月初三日進天津口

第三號吳字沈利貞　三月十六日進天津口

第四號鎮字王壽申　三月十五日進天津口

第五號上字王吉泰　三月十八日進天津口

第六號太字陸長增　三月二十日進天津口

第七號通字姚利益　三月十八日進天津口

第八號太字馬發泰　五月初七日進天津口

第九號元字王元壽　三月十六日進天津口

第十號丹湯字聶利涉　三月十八日進天津口

十四

上海縣

派裝漕白糧船八隻

第一號鎮字孫元元　三月十六日進天津口

第二號鎮字沈祥茂　三月十五日進天津口

第三號上字王永吉　三月初十日進天津口

第四號上字王永生　三月二十五日進天津口

第五號上字王永裕　三月十五日進天津口

第六號元字何長增　三月二十二日進天津口

第七號鎮字孫裕福　三月二十日進天津口

第八號元字何恒新　三月二十日進天津口

南滙縣

派裝漕白糧船六隻

第一號通字彭隆祥　三月十五日進天津口

第二號通字彭壽福　三月初九日進天津口

第三號通字彭壽禄　三月初九日進天津口

第四號鎮字全寶利　三月初三日進天津口

第五號鎮字全協泰　三月初十日進天津口

第六號通字彭合順　三月初十日進天津口

青浦縣

派裝漕白糧船二十四隻

第一號元字錢天成　三月初十日進天津口

第二號鎮字金裕增　三月初二日進天津口

第三號崇字呂合順　三月十五日進天津口

第四號寶字張常盛　三月十七日進天津口

第五號上字陳合隆　三月十七日進天津口

第六號崑字金益利　四月初四日進天津口

第七號鎮字曹永春　三月十五日進天津口

第八號太字錢萃恒　三月十五日進天津口

第九號崇字朱福昌　三月十八日進天津口

第十號崇字王源興　三月十三日進天津口

第十一號元字沈仁盛　三月十五日進天津口

第十二號元字張義興　三月初一日進天津口

第十三號元字朱元發　三月十八日進天津口

第十四號元字孫長福　三月十六日進天津口

第十四號元字孫恒寶　三月初三日進天津口

第十六號吳字姚順泰　三月十五日進天津口

第十七號崇字呂永慶　三月十五日進天津口

第十八號崇字陳泰來　三月十六日進天津口

第十九號崇字呂奕盛　三月十七日進天津口

第二十號元字黃源昌　三月十七日進天津口

第二十一號吳字祝萬壽　三月十八日進天津口

第二十二號崇字呂茂盛　三月初十日進天津口

第二十三號崇字呂又盛　三月初三日進天津口

第二十四號贛字佘立源　三月二十日進天津口

川沙廳

派裝漕白糧船二隻

第一號 元字 沈隆發 四月初三日進天津口

第二號 海州字 張德盛 三月二十七日進天津口

十九

武進縣

派裝漕白糧船十五隻

第一號 吳字 徐恒泰 三月初十日進天津口

第二號 太字 俞仁康 三月初三日進天津口

第三號 太字 張永隆 三月初十日進天津口

第四號 崑字 徐元順 三月初三日進天津口

第五號 上字 王元泰 三月十五日進天津口

第六號 崇字 周履順 三月十六日進天津口

第七號 太字 陸萬泰 三月十五日進天津口

第八號 太字 朱福康 三月十七日進天津口

第九號 鎮字 陸萬年 三月初十日進天津口

第十號 鎮字 周福茂 三月十五日進天津口

第十一號 太字 張祥茂 三月二十二日進天津口

第十二號 鎮字 金保堃 三月十七日進天津口

第十三號 江陰字 錢福利 四月十七日進天津口

第十四號 如字 管長源 三月二十九日進天津口

第十五號 崑字 倪長發 三月十八日進天津口

二十

陽湖縣

派裝漕白糧船二十隻

第一號 吴字 金再福 三月三十日進天津口

第二號 崑字 陳合泰 三月二十二日進天津口

第三號 鎮字 楊元吉 三月初十日進天津口

第四號 太字 孫奕隆 三月二十二日進天津口

第五號 太字 王義增 三月十八日進天津口

第六號 元字 金永昌 三月十五日進天津口

第七號 鎮字 馬駿元 三月二十二日進天津口

第八號 如字 唐廣德 三月十九日進天津口

第九號 贛字 蔣源盛 三月十九日進天津口

第十號 上字 金永元 三月初一日進天津口

第十一號 上字 金永和 三月初一日進天津口

第十二號 通字 彭恒茂 三月十九日進天津口

第十三號 通字 彭恒興 三月十八日進天津口

第十四號 無字 俞源利 三月十八日進天津口

第十五號 鎮字 袁永利 三月十九日進天津口

第十六號 崑字 陸錦吉 四月初一日進天津口

第十七號 鎮字 楊合發 三月十六日進天津口

第十八號 吴字 白馮源 三月初十日進天津口

第十九號 無字 丁永利 三月十九日進天津口

第二十號 寶字 孫德茂 三月初十日進天津口

無錫縣

派裝漕白糧船十四隻

第一號　元字孫寶生　三月十六日進天津口

第二號　鎮字金生泰　三月十七日進天津口

第三號　通字彭義順　三月十五日進天津口

第四號　崑字馬吉盛　三月初一日進天津口

第五號　鎮字洪駿福　三月十五日進天津口

第六號　鎮字彭長慶　三月十三日進天津口

第七號　元字孫長慶　三月初一日進天津口

第八號　元字孫鴻來　三月初三日進天津口

第九號　元字孫長興　三月十五日進天津口

第十號　通字彭洪茂　三月十七日進天津口

第十一號　鎮字趙隆順　三月十七日進天津口

第十二號　太字馬祿順　三月初七日進天津口

第十三號　元字張德潤　三月十八日進天津口

第十四號　吳字沈協昌　三月初十日進天津口

三十五

二十三

金匱縣

派裝漕白糧船十隻

第一號　元字馬奕盛　三月初十日進天津口

第二號　太字彭彩祿　三月十五日進天津口

第三號　元字孫恒義　三月十六日進天津口

第四號　鎮字張履發　五月初七日進天津口

第五號　崑字徐長盛　三月三十日進天津口

第六號　通字金錢利　三月十七日進天津口

第七號　元字王遇順　三月十二日進天津口

第八號　吳字沈協亨　三月二十六日進天津口

第九號　吳字林錫康　三月二十日進天津口

第十號　上字金榮隆　三月初三日進天津口

第十一號　崑字金永裕　三月初十日進天津口

三十二

二十四

江陰縣

派裝漕白糧船十隻

第一號元字方萃豐　三月初三日進天津口

第二號通字彭福延　三月二十日進天津口

第三號通字沙聚源　三月十六日進天津口

第四號贛字佘德順　三月二十日進天津口

第五號崇字趙安泰　三月十八日進天津口

第六號寶字周正順　三月二十二日進天津口

第七號太字胡福源　三月十二日進天津口

第八號海州字張義興　三月二十三日進天津口

第九號崑字沈福源　三月十七日進天津口

第十號元字陳興泰　三月二十六日進天津口

廿五

二十五

宜興縣

派裝漕白糧船五隻

第一號贛字郭萬亨　三月三十日進天津口

第二號元字沈裕盛　三月十五日進天津口

第三號元字陸綬壽　三月十五日進天津口

第四號寶字王恒盛　三月十六日進天津口

第五號海州字顧萬順　三月十九日進天津口

廿五

二十六

溧陽縣

派裝漕白糧船九隻

第一號元字金永興　三月十五日進天津口

第二號贛字沈興祥　三月十七日進天津口

第三號元字孫隆順　三月三十日進天津口

第四號吳字沈長亨　四月初三日進天津口

第五號元字趙永泰　三月初三日進天津口

第六號上字沈長利　三月十七日進天津口

第七號通字彭錫隆　三月二十日進天津口

第八號太字王德茂　四月初一日進天津口

第九號通字姚洪利　三月十六日進天津口

卷五　二十七

太倉州

派裝漕白糧船十隻

第一號上字袁長茂　三月初十日進天津口

第二號無字唐長利　三月二十日進天津口

第三號吳字施大發　三月十九日進天津口

第四號元字趙洪泰　三月十八日進天津口

第五號大字胡福盛　三月初十日進天津口

第六號太字莊德祿　三月十六日進天津口

第七號元字孫福全　三月十六日進天津口

第八號崑字陳永利　三月初三日進天津口

第九號崑字張永泰　三月二十九日進天津口

第十號吳字應得順　三月十二日進天津口

第十一號通字彭榮發　四月初一日進天津口

第十二號元字謝天順　三月初十日進天津口

第十三號吳字章天福　三月十六日進天津口

第十四號海門字沈發祥　三月十七日進天津口

卷五　二十八

鎮洋縣派裝漕白糧船十二隻

第一號上字張大茂　三月初三日進天津口
第二號寶字孫永茂　三月十五日進天津口
第三號元字孫恒泰　三月初三日進天津口
第四號海門字沙益利　三月十八日進天津口
第五號元字張大興　三月初三日進天津口
第六號贛字孫鴻泰　三月十三日進天津口
第七號元字施萬興　三月十九日進天津口
第八號元字孫永吉　三月初三日進天津口
第九號元字張裕興　三月初十日進天津口
第十號元字孫彩泰　三月初三日進天津口
第十一號太字莊德壽　三月二十三日進天津口
第十二號元字趙恒福　三月二十七日進天津口

寶山縣
派裝漕白糧船四隻

第一號海門陸元順　三月十九日進天津口
第二號通字彭義茂　三月二十七日進天津口
第三號贛字佘聚泰　三月十五日進天津口
第四號通字高萬順　三月十八日進天津口

嘉定縣
派裝漕白糧船五隻
第一號元字孫得順　三月初三日進天津口
第二號鎮字孫興盛　三月十七日進天津口
第三號太字金德增　三月十九日進天津口
第四號海州字顧萬盛　三月十一日進天津口
第五號海州字張仁昌　四月初三日進天津口

卷五　三十一

長洲縣
派裝漕白糧船二十一隻
第二十四號元字周元順　三月三十日進天津口
第二十五號吳字謝恒順　三月二十二日進天津口
第二十六號贛字徐德泰　三月二十七日進天津口
第二十七號鎮字金長茂　三月二十三日進天津口
第二十八號吳字金增盛　四月初一日進天津口
第二十九號贛字郭萬泰　三月二十三日進天津口
第三十號太字林增祿　四月初一日進天津口
第三十一號上字張元泰　三月二十日進天津口
第三十二號崑字奚恒孚　三月二十三日進天津口
第三十三號太字袁長泰　四月初一日進天津口
第三十四號崑字施翔發　四月二十八日進天津口
第三十五號太字程增康　四月初五日進天津口
第三十六號升字聶隆泰　三月二十七日進天津口
第三十七號通字彭恒壽　四月初三日進天津口
第三十八號崇字陳源利　四月初一日進天津口
第三十九號崇字張恒升　三月三十日進天津口
第四十號元字金元發　四月初六日進天津口
第四十一號元字蔣源福　四月初三日進天津口

卷五　三十二

第四十二號 鎮字楊永春 三月二十七日進天津口
第四十三號 元字孫永興 三月二十六日進天津口
第四十四號 鎮字金長泰 三月二十九日進天津口

元和縣
派裝漕白糧船二十五隻
第十六號 鎮字章天祿 四月三十日進天津口
第十七號 崑字彭咸順 四月初三日進天津口
第十八號 鎮字李恒貞 三月二十日進天津口
第十九號 贛字郁景泰 三月十六日進天津口
第二十號 元字陸永福 三月二十七日進天津口
第二十一號 崑字吳茂泰 四月十二日進天津口
第二十二號 太字孫福泰 三月二十二日進天津口
第二十三號 元字蔣元利 三月二十七日進天津口
第二十四號 崑字徐長興 三月二十九日進天津口
第二十五號 上字張德利 三月二十九日進天津口

吳縣

派裝漕白糧船二十七隻

第十三號　元字　王衍泰　四月初四日進天津口

第十四號　上字　陳景禄　三月二十日進天津口

第十五號　崑字　黄長利　四月三十日進天津口

第十六號　鎮字　金福來　三月初十日進天津口

第十七號　崇字　朱福春　三月十六日進天津口

第十八號　崑字　張聚盛　三月十六日進天津口

第十九號　無字　丁源利　三月二十七日進天津口

第二十號　元字　金永康　三月二十日進天津口

第二十一號　太字　孫恒盛　三月十五日進天津口

第二十八號　通字　彭壽發　三月二十七日進天津口

第二十三號　鎮字　彭裕慶　三月二十九日進天津口

第二十四號　元字　孫颿順　三月二十三日進天津口

第二十五號　鎮字　孫恒祥　三月二十七日進天津口

第二十六號　太字　層長泰　三月二十九日進天津口

第二十七號　崇字　宋隆盛　三月三十日進天津口

卷五

三十五

吳江縣

派裝漕白糧船九隻

第十六號　吳字　尹盛泰　三月二十七日進天津口

第十七號　寶字　孫德隆　三月初十日進天津口

第十八號　贛字　沈洪泰　三月二十七日進天津口

第十九號　元字　金咸禄　三月二十九日進天津口

第二十號　崇字　施祥泰　三月二十九日進天津口

第二十一號　吳字　周長順　四月十一日進天津口

第二十二號　崑字　包同泰　四月初二日進天津口

第二十三號　鎮字　繆洪泰　三月二十四日進天津口

第二十四號　海州字　劉合興　三月二十日進天津口

卷五

三十六

震澤縣

派裝漕糧船十三隻

第十號通字彭裕壽　三月二十九日進天津口
第十一號吳字謝大順　三月十九日進天津口
第十二號通字彭長泰　四月十六日進天津口
第十三號鎮字孫祿順　三月二十七日進天津口
第十四號通字朱長順　三月二十七日進天津口
第十五號崇字顧源發　三月二十九日進天津口
第十六號贛字郭大隆　三月二十二日進天津口
第十七號通字高淞順　四月初一日進天津口
第十八號通字湯永祿　三月二十七日進天津口
第十九號崇字蔡長福　三月十六日進天津口
第二十號通字彭麟祥　三月二十七日進天津口
第二十一號通字韓聚利　三月二十七日進天津口
第二十二號鎮字金合利　四月十二日進天津口

卷五

三十七

常熟縣

派裝漕糧船二十二隻

第十七號崇字瞿元貞　三月二十二日進天津口
第十八號太字曹永盛　四月初一日進天津口
第十九號贛字萬長源　三月二十七日進天津口
第二十號鎮字周德發　三月初三日進天津口
第二十一號寶字孫永隆　三月十八日進天津口
第二十二號鎮字陳福利　三月二十日進天津口
第二十三號太字孫同茂　三月二十二日進天津口
第二十四號鎮字全寶凝　三月二十九日進天津口
第二十五號贛字佘德泰　三月二十七日進天津口
第二十六號通字彭德昌　三月十七日進天津口
第二十七號海州字汪源昌　三月二十二日進天津口
第二十八號鎮字周寶源　三月二十七日進天津口
第二十九號贛字孫同德　四月十二日進天津口
第三十號通字彭齡福　三月二十日進天津口
第三十一號崇字沈合茂　三月二十七日進天津口
第三十二號鎮字莊茂盛　三月二十日進天津口
第三十三號鎮字吳萬泰　四月十五日進天津口
第三十四號鎮字陸景福　四月十六日進天津口

卷五

三十八

第三十五號鎮字高天發　四月初三日進天津口

第三十六號通字彭長騋　三月二十六日進天津口

第三十七號吳字公大發　三月二十七日進天津口

第三十八號元字陸全吉　三月二十三日進天津口

昭文縣

派裝漕糧船十一隻

第十九號崑字陳福利　三月二十八日進天津口

第二十號元字錢森利　三月二十九日進天津口

第二十一號吳字陸祥盛　三月十七日進天津口

第二十二號崑字金長發　三月二十二日進天津口

第二十三號元字王元禎　三月二十日進天津口

第二十四號太字張義和　三月二十三日進天津口

第二十五號太字金永興　三月二十日進天津口

第二十六號崇字陳萬春　三月二十二日進天津口

第二十七號元字蔣福茂　三月十八日進天津口

第二十八號吳江字顧永林　三月二十二日進天津口

第二十九號太字鄭順發　三月十八日進天津口

崑山縣

派裝漕糧船七隻

第八號　元字朱恒大　三月十九日進天津口

第九號　吳字孫恒吉　三月十六日進天津口

第十號　無字龔永興　四月三十日進天津口

第十一號　海州字武和順　三月三十日進天津口

第十二號　上字王永興　三月二十日進天津口

第十三號　鎮字莊源順　三月十五日進天津口

第十四號　崇字孫德發　三月二十七日進天津口

叁五

四十一

新陽縣

派裝漕糧船八隻

第九號　崇字蔡長增　四月初三日進天津口

第十號　贛字蔣源益　四月初三日進天津口

第十一號　元字莊合順　三月二十三日進天津口

第十二號　鎮字公同發　四月十二日進天津口

第十三號　通字彭永康　三月二十三日進天津口

第十四號　寶字施元貞　三月二十日進天津口

第十五號　太字費大富　四月初一日進天津口

第十六號　海州字劉長盛　四月初三日進天津口

叁五

四十二

華亭縣

派裝漕糧船九隻

第十號崇字張發泰　三月二十九日進天津口

第十一號太字顧長增　三月二十二日進天津口

第十二號無字丁永興　四月初一日進天津口

第十三號寶字黃福昌　三月二十日進天津口

第十四號通字彭元昌　三月三十日進天津口

第十五號通字姚源利　四月初三日進天津口

第十六號崇字張恒德　四月初一日進天津口

第十七號鎮字顧元和　四月初三日進天津口

第十八號吳字沈萬亨　四月初三日進天津口

奉賢縣

派裝漕糧船七隻

第八號鎮字陳源裕　四月初八日進天津口

第九號崑字吳協興　三月三十日進天津口

第十號鎮字徐永利　四月初一日進天津口

第十一號通字彭壽中　三月二十九日進天津口

第十二號鎮字楊元祥　三月二十三日進天津口

第十三號崑字戴永盛　三月三十日進天津口

第十四號崇字蔡天順　四月初六日進天津口

婁縣

派裝漕糧船十隻

第七號元字王宏盛　三月二十二日進天津口

第八號贛字徐常泰　三月二十七日進天津口

第九號元字王衍利　三月十五日進天津口

第十號崑字朱福泰　三月十五日進天津口

第十一號崇字黃長順　三月三十日進天津口

第十二號寶字黃遇發　四月十二日進天津口

第十三號鎮字孫永興　三月二十二日進天津口

第十四號崇字張合隆　四月初三日進天津口

第十五號通字彭恒源　四月初二日進天津口

第十六號通字楊全順　三月二十七日進天津口

金山縣

派裝漕糧船七隻

第十一號贛字陳福順　四月初三日進天津口

第十二號元字陳同源　三月二十九日進天津口

第十三號鎮字楊福茂　三月二十七日進天津口

第十四號寶字孫瑞和　四月初八日進天津口

第十五號通字彭森泰　四月初八日進天津口

第十六號崇字陳協春　四月初三日進天津口

第十七號崇字沈元豐　四月十二日進天津口

上海縣
派裝漕糧船十隻
第九號 太字 田永興 三月二十七日進天津口
第十號 太字 田永發 三月二十三日進天津口
第十一號 元字 孫遐福 三月二十七日進天津口
第十二號 上字 金和茂 三月二十二日進天津口
第十三號 吴字 孫祿昌 三月二十日進天津口
第十四號 吴字 林吉順 四月初八日進天津口
第十五號 崇字 張駐順 四月二十五日進天津口
第十六號 鎮字 沈協盛 三月二十日進天津口
叁五
第十七號 鎮字 楊永安 三月二十九日進天津口
第十八號 鎮字 林錫貞 三月二十日進天津口

四十七

南滙縣
派裝漕糧船二十九隻
第七號 元字 孫恒生 三月二十九日進天津口
第八號 鎮字 楊永祿 三月十八日進天津口
第九號 鎮字 沈協茂 三月十五日進天津口
第十號 鎮字 林錫祥 三月十六日進天津口
第十一號 元字 楊祿茂 三月十六日進天津口
第十二號 上字 楊元發 三月十七日進天津口
第十三號 鎮字 林錫元 三月十五日進天津口
第十四號 鎮字 金來盛 三月十七日進天津口
叁五
第十五號 鎮字 金恒福 三月十五日進天津口
第十六號 元字 金恒生 三月十七日進天津口
第十七號 鎮字 金恒祿 三月二十日進天津口
第十八號 鎮字 楊永凝 三月十五日進天津口
第十九號 元字 張義隆 三月二十四日進天津口
第二十號 元字 王遇春 三月二十六日進天津口
第二十一號 太字 莊寶來 三月十五日進天津口
第二十二號 崇字 吕耕泰 三月二十七日進天津口
第二十三號 元字 趙恒吉 三月二十日進天津口
第二十四號 太字 趙恒壽 三月二十二日進天津口

四十八

第二十五號　字元朱恒安　三月二十日進天津口
第二十六號　字鎮盛吉利　三月初十日進天津口
第二十七號　字崇孫恒泰　三月二十四日進天津口
第二十八號　字贛蔣通順　三月二十九日進天津口
第二十九號　字贛蔣利順　三月二十日進天津口
第三十號　字元祝介年　三月十九日進天津口
第三十一號　字贛蔣源裕　三月二十七日進天津口
第三十二號　字贛蔣源增　三月二十二日進天津口
第三十三號　字贛沈源祥　三月十六日進天津口
第三十四號　字贛沈洪源　三月二十九日進天津口
第三十五號　字元祝永年　三月二十日進天津口

青浦縣

派裝漕糧船八隻
第二十五號　字元孫恒有　三月二十二日進天津口
第二十六號　字元孫恒來　三月二十六日進天津口
第二十七號　字元曹永慶　四月初一日進天津口
第二十八號　字崇宋福盛　三月二十七日進天津口
第二十九號　字太奚恒鈺　四月初一日進天津口
第三十號　字鎮郭長興　三月二十二日進天津口
第三十一號　字鎮諸公順　三月二十二日進天津口
第三十二號　字海州江源發　三月二十七日進天津口

川沙廳

派裝漕糧船二隻

第三號元字趙祥泰　三月二十日進天津口

第四號元字陳景福　三月二十四日進天津口

卷五

五十一

武進縣

派裝漕糧船十六隻

第十六號贛字胡同順　三月二十二日進天津口

第十七號崑字沈恒茂　三月二十六日進天津口

第十八號吳字馮益昌　三月十六日進天津口

第十九號贛字徐德源　三月三十日進天津口

第二十號鎮字楊元康　三月二十二日進天津口

第二十一號通字彭同順　三月二十七日進天津口

第二十二號太字陸全興　三月二十三日進天津口

第二十三號海州字沙恒春　三月二十日進天津口

第二十四號崇字陳隆慶　四月初三日進天津口

第二十五號崇字呂源泰　四月十七日進天津口

第二十六號贛字郭萬利　四月初三日進天津口

第二十七號鎮字孫恒茂　三月十五日進天津口

第二十八號崑字沈協春　三月二十二日進天津口

第二十九號太字鈕德利　四月初一日進天津口

第三十號太字金仁泰　三月三十日進天津口

第三十一號元字黄金昌　四月初一日進天津口

卷五

五十二

陽湖縣

派裝漕糧船十隻

第二十一號元字屠長茂　四月二十五日進天津口

第二十二號崇字陳萬順　四月初三日進天津口

第二十三號吳字夏長福　三月三十日進天津口

第二十四號吳字祝咸寧　四月十六日進天津口

第二十五號通字季廣凝　四月初三日進天津口

第二十六號通字彭恒隆　四月十三日進天津口

第二十七號崇字陳永發　四月初二日進天津口

第二十八號崇字陳同泰　四月初三日進天津口

無錫縣

派裝漕糧船十二隻

第十五號元字姚生福　四月初五日進天津口

第十六號崇字周如盛　三月二十七日進天津口

第十七號崇字朱履福　三月二十二日進天津口

第十八號鎮字奚恒齡　三月二十九日進天津口

第十九號太字謝德和　三月二十日進天津口

第二十號崑字沈永盛　三月二十二日進天津口

第二十一號吳字張德興　三月二十七日進天津口

第二十二號太字孫長發　三月二十日進天津口

第二十三號鎮字王顧順　三月二十三日進天津口

第二十四號元字孫恒昌　四月十三日進天津口

第二十五號吳江字馬文泰　四月十三日進天津口

第二十六號太字王復興　四月初三日進天津口

金匱縣
派裝漕糧船十五隻
第十二號 吳字 丁合興 四月初一日進天津口
第十三號 上字 奚恒康 三月二十日進天津口
第十四號 鎮字 金大順 四月初三日進天津口
第十五號 吳字 邰德盛 四月初一日進天津口
第十六號 崇字 陸再德 三月二十日進天津口
第十七號 皐字 潘永泰 三月三十日進天津口
第十八號 崇字 陳合盛 三月二十九日進天津口
第十九號 通字 錢長源 三月三十日進天津口

第二十號 吳字 奚恒延 三月二十九日進天津口
第二十一號 崇字 陳萬隆 四月十五日進天津口
第二十二號 崇字 蔡興盛 三月二十九日進天津口
第二十三號 鎮字 馬泰來 三月三十日進天津口
第二十四號 鎮字 金德和 四月十二日進天津口
第二十五號 寶字 黄福安 三月二十日進天津口
第二十六號 無字 金生利 四月十六日進天津口

江陰縣
派裝漕糧船十九隻
第十一號 贛字 蔣源隆 三月二十日進天津口
第十二號 吳字 馬協泰 三月二十四日進天津口
第十三號 元字 陸介福 三月二十三日進天津口
第十四號 崑字 金永升 三月二十二日進天津口
第十五號 上字 孫福盛 三月二十二日進天津口
第十六號 通字 朱福春 三月二十日進天津口
第十七號 崇字 施恒發 四月初一日進天津口
第十八號 吳江字 奚恒利 四月初一日進天津口

第十九號 元字 奚恒和 三月二十日進天津口
第二十號 元字 張義茂 三月二十二日進天津口
第二十一號 元字 朱永茂 四月初一日進天津口
第二十二號 鎮字 莊利全 三月二十七日進天津口
第二十三號 太字 張德順 四月初九日進天津口
第二十四號 崇字 呂生泰 四月十三日進天津口
第二十五號 通字 彭同福 三月二十三日進天津口
第二十六號 上字 沈德泰 三月二十七日進天津口
第二十七號 崇字 陳同發 四月初三日進天津口
第二十八號 太字 董長春 三月二十七日進天津口

第二十九號　崇字蔣元盛　四月十一日進天津口

卷五　五十七

宜興縣

派裝漕糧船二十六隻

第六號　贛字孫長利　四月二十七日進天津口

第七號　崑字龔和順　三月二十七日進天津口

第八號　鎮字楊元春　三月十九日進天津口

第九號　通字彭裕生　三月十七日進天津口

第十號　贛字佘臨泰　三月二十二日進天津口

第十一號　海州字張德昌　三月二十五日進天津口

第十二號　如字唐廣泰　三月二十三日進天津口

第十三號　通字黄福順　三月二十二日進天津口

第十四號　贛字張福增　三月二十二日進天津口

第十五號　通字周遂順　三月二十七日進天津口

第十六號　通字湯恒泰　三月二十日進天津口

第十七號　元字祝萬年　三月二十日進天津口

第十八號　元字金永泰　三月初十日進天津口

第十九號　元字王仁泰　三月十八日進天津口

第二十號　鎮字金長順　三月二十三日進天津口

第二十一號　吳字謝德茂　三月三十日進天津口

第二十二號　吳字彭順隆　四月初九日進天津口

第二十三號　通字彭元泰　三月二十六日進天津口

卷五　五十八

第二十四號　海州字胡源順　四月初三日進天津口
第二十五號　吳字嚴同順　三月十九日進天津口
第二十六號　上字張協隆　三月二十九日進天津口
第二十七號　通字高驟順　三月二十七日進天津口
第二十八號　吳字金裕興　四月初三日進天津口
第二十九號　崇字龔長源　四月初三日進天津口
第三十號　鎮字錢保昌　四月初一日進天津口
第三十一號　元字張大昌　三月三十日進天津口

叁三

五十九

荆溪縣

派裝漕糧船十八隻

第一號　元字張永春　三月二十日進天津口
第二號　如字吳長利　四月初五日進天津口
第三號　元字包長發　三月初三日進天津口
第四號　太字奚恒發　四月初四日進天津口
第五號　無字任德利　三月十六日進天津口
第六號　鎮字許長利　四月初六日進天津口
第七號　鎮字金隆茂　三月二十九日進天津口
第八號　贛字萬和源　三月二十二日進天津口
第九號　崇字黄宏盛　三月二十九日進天津口
第十號　通字彭永源　三月二十日進天津口
第十一號　鎮字金天順　三月三十日進天津口
第十二號　鎮字孫協利　三月十五日進天津口
第十三號　元字王衍康　三月十五日進天津口
第十四號　鎮字張原發　三月十九日進天津口
第十五號　太字張永和　三月二十日進天津口
第十六號　上字張正泰　三月二十日進天津口
第十七號　鎮字錢萬利　三月三十日進天津口
第十八號　海州字顧萬隆　失風

叁五

六十

丹陽縣

派裝漕糧船十隻

第一號元字黄利昌　三月二十二日進天津口

第二號太字戴同春　四月十四日進天津口

第三號太字馬洽興　四月十八日進天津口

第四號通字彭恒福　四月初二日進天津口

第五號通字彭利福　四月初一日進天津口

第六號通字崔元昌　四月二十八日進天津口

第七號崇字呂財泰　四月十五日進天津口

第八號通字陳愈慶　四月初三日進天津口

卷五　六十一

第九號贛字萬長順　四月初十日進天津口

第十號吳江字奚恒茂　三月二十日進天津口

金壇縣

派裝漕糧船十六隻

第一號通字彭合茂　三月二十七日進天津口

第二號通字彭發祥　三月二十七日進天津口

第三號鎮字陳金泰　三月二十二日進天津口

第四號崑字沈永茂　三月十七日進天津口

第五號太字田恒發　三月二十七日進天津口

第六號鎮字金永安　五月初三日進天津口

第七號吳字張德和　三月二十七日進天津口

第八號崑字謝隆泰　三月二十一日進天津口

卷五　六十二

第九號太字沈隆祥　三月二十九日進天津口

第十號元字陸介禄　三月二十二日進天津口

第十一號太字薛長發　四月初一日進天津口

第十二號黄字王源發　四月初十日進天津口

第十三號滎字王源生　四月十八日進天津口

第十四號黄字正鴻順　四月十五日進天津口

第十五號江陰字錢德利　三月二十七日進天津口

第十六號崑字陳萬利　三月二十七日進天津口

溧陽縣

派裝漕糧船二十四隻

第十號 崇字黃勝和 四月十二日進天津口

第十一號 贛字徐協源 三月二十七日進天津口

第十二號 贛字徐洪泰 三月二十七日進天津口

第十三號 上字沈協禄 三月二十三日進天津口

第十四號 元字周元亨 三月十九日進天津口

第十五號 太字莊利順 三月十九日進天津口

第十六號 崑字金和利 四月初九日進天津口

第十七號 海州字武萬泰 三月二十七日進天津口

第十八號 贛字余源生 三月二十三日進天津口

第十九號 崇字蔣恒協 三月二十三日進天津口

第二十號 鎮字金長利 三月二十七日進天津口

第二十一號 上字張元茂 三月二十二日進天津口

第二十二號 鎮字楊永興 三月二十二日進天津口

第二十三號 崑字沈恒盛 三月二十七日進天津口

第二十四號 崇字施翔茂 四月初三日進天津口

第二十五號 元字陳洽茂 三月二十日進天津口

第二十六號 通字彭恒禄 三月二十九日進天津口

第二十七號 太字徐元福 三月二十二日進天津口

卷五　六十三

第二十八號 崇字陳德和 三月二十七日進天津口

第二十九號 元字孫裕禄 三月二十九日進天津口

第三十號 贛字郭增源 三月二十日進天津口

第三十一號 贛字郭萬源 三月二十七日進天津口

第三十二號 崑字萬源順 三月二十三日進天津口

第三十三號 鎮字孫長春 四月初三日進天津口

卷五　六十四

太倉州

派裝漕糧船十六隻

第十五號	元字沈長來	三月二十二日進天津口
第十六號	元字孫隆昌	三月十五日進天津口
第十七號	崇字龔發順	失風
第十八號	崇字錢洽利	三月二十七日進天津口
第十九號	太字張恒茂	三月三十日進天津口
第二十號	太字馬福凝	三月初三日進天津口
第二十一號	太字孫乾利	三月十七日進天津口
第二十二號	太字沙大生	三月十八日進天津口
第二十三號	海門字沙　勝	三月二十日進天津口
第二十四號	太字張益茂	三月二十七日進天津口
第二十五號	太字張福茂	三月十六日進天津口
第二十六號	元字莊慶祿	三月二十八日進天津口
第二十七號	元字孫福昌	三月十九日進天津口
第二十八號	海州字陳復盛	三月二十八日進天津口
第二十九號	太字金源豐	三月二十二日進天津口
第三十號	崑字馬兆泰	四月初一日進天津口

叄五

六十五、

鎮洋縣

派裝漕糧船十六隻

第十三號	海州字張萬源	三月二十七日進天津口
第十四號	太字王福康	三月二十七日進天津口
第十五號	吳字金再元	三月二十七日進天津口
第十六號	通字彭聚發	三月二十四日進天津口
第十七號	崑字金恒利	三月二十七日進天津口
第十八號	元字孫炎齡	四月初一日進天津口
第十九號	元字曹永祥	四月十三日進天津口
第二十號	海州字張來亨	三月二十七日進天津口
第二十一號	元字金恒發	四月十六日進天津口
第二十二號	鎮字金福源	三月二十七日進天津口
第二十三號	通字任洪茂	三月二十三日進天津口
第二十四號	吳字林協利	四月初三日進天津口
第二十五號	太字馬合興	四月十三日進天津口
第二十六號	元字金同發	三月二十九日進天津口
第二十七號	太字唐廣盛	三月三十日進天津口
第二十八號	元字黄福順	四月初一日進天津口

叄五

六十六

長洲縣

派裝漕糧船二隻

第四十五號 吳字 應德大 四月二十日進天津口

第四十六號 太字 陸長發 四月二十日進天津口

卷五

六十七

元和縣

派裝漕糧船十九隻

第二十六號 通字 盧洪源 四月初六日進天津口

第二十七號 鎮字 沈宏福 四月初六日進天津口

第二十八號 贛字 郁長泰 四月十一日進天津口

第二十九號 昭字 顧永發 四月十四日進天津口

第三十號 太字 孫恒隆 四月初三日進天津口

第三十一號 崇字 唐同茂 四月十二日進天津口

第三十二號 太字 邵德發 三月二十七日進天津口

第三十三號 鎮字 張福興 五月初二日進天津口

第三十四號 鎮字 吳泰元 四月二十五日進天津口

第三十五號 通字 錢萬利 五月初四日進天津口

第三十六號 鎮字 江福高 四月二十五日進天津口

第三十七號 太字 蔡隆興 五月初二日進天津口

第三十八號 太字 張增義 四月初十日進天津口

第三十九號 江陰字 張恒福 四月十四日進天津口

第四十號 崇字 陳永和 四月二十八日進天津口

第四十一號 崑字 沈洪盛 四月初十日進天津口

第四十二號 吳江字 宋隆泰 四月初九日進天津口

第四十三號 元字 金和泰 四月十三日進天津口

卷五

六十八

第四十四號　大字張長發　四月二十七日進天津口

吴縣
派裝漕糧船五隻
第二十八號　鎮字公同順　二月十九日進天津口
第二十九號　通字崔壽祿　五月初四日進天津口
第三十號　鎮字孫元泰　四月初三日進天津口
第三十一號　崑字沈福茂　三月二十二日進天津口
第三十二號　崇字曹元吉　四月十六日進天津口

吳江縣

派裝漕糧船十七隻

第二十五號太字馬福興　四月初四日進天津口
第二十六號崇字張同福　三月三十日進天津口
第二十七號吳江字顧永盛　三月二十日進天津口
第二十八號崇字周履亨　四月初八日進天津口
第二十九號吳字顧元壽　四月初三日進天津口
第三十號太字周合順　三月三十日進天津口
第三十一號通字彭福源　四月初六日進天津口
第三十二號通字彭洪福　三月二十日進天津口

卷五　七十一

第三十三號吳字夏長順　五月初三日進天津口
第三十四號太字胡福興　四月十七日進天津口
第三十五號崇字陳隆盛　五月初五日進天津口
第三十六號如字徐同順　四月十五日進天津口
第三十七號崇字沈隆盛　四月十五日進天津口
第三十八號崇字周福順　四月十六日進天津口
第三十九號崇字黃恒泰　五月初七日進天津口
第四十號太字謝德春　失風
第四十一號崑字陶發泰　四月十二日進天津口

震澤縣

派裝漕糧船十二隻

第二十三號崇字王寶興　五月初三日進天津口
第二十四號崇字呂長福　四月二十七日進天津口
第二十五號鎮字金裕盛　五月初五日進天津口
第二十六號太字奚恒福　四月十六日進天津口
第二十七號通字陸全利　四月十五日進天津口
第二十八號太字張增裕　四月十二日進天津口
第二十九號太字張永利　四月初十日進天津口
第三十號大字陶福泰　四月初十日進天津口

卷五　七十二

第三十一號崑字奚恒協　四月十八日進天津口
第三十二號太字奚恒春　四月十九日進天津口
第三十三號崑字宋隆茂　四月十九日進天津口
第三十四號崇字王同生　四月二十五日進天津口

崑山縣

派裝漕糧船十八隻

第十五號　無字　丁湧利　四月十一日進天津口
第十六號　吳江字　顧永利　三月二十八日進天津口
第十七號　太字　吳寶興　四月初六日進天津口
第十八號　崇字　張泰貞　五月初九日進天津口
第十九號　崑字　奚恒元　四月二十日進天津口
第二十號　吳江字　謝德康　四月初一日進天津口
第二十一號　鎮字　金源盛　四月初一日進天津口
第二十二號　崑字　奚恒吉　四月十八日進天津口
第二十三號　吳江字　奚恒裕　四月十八日進天津口
第二十四號　鎮字　林錫泰　五月初二日進天津口
第二十五號　太字　張恒茂　四月十八日進天津口
第二十六號　元字　張德春　四月十六日進天津口
第二十七號　太字　奚恒昌　四月十六日進天津口
第二十八號　元字　奚恒乾　四月十四日進天津口
第二十九號　通字　錢合隆　四月二十七日進天津口
第三十號　陽字　姚長春　五月初四日進天津口
第三十一號　崇字　趙發泰　五月初八日進天津口
第三十二號　元字　曹長發　五月初五日進天津口

卷五　七十三

新陽縣

派裝漕糧船十隻

第十七號　崇字　呂豐泰　四月二十七日進天津口
第十八號　海州字　江源興　四月十五日進天津口
第十九號　海州字　武同發　四月十六日進天津口
第二十號　鎮字　江元利　五月初二日進天津口
第二十一號　崑字　柴立興　四月十八日進天津口
第二十二號　崑字　陸德來　四月初九日進天津口
第二十三號　崑字　邵德茂　四月初六日進天津口
第二十四號　鎮字　楊元福　四月十二日進天津口
第二十五號　通字　彭榮福　四月初五日進天津口
第二十六號　崇字　呂福全　五月初九日進天津口

卷五　七十四

華亭縣

派裝漕糧船五隻

第十九號崇字顧合豐　五月初二日進天津口

第二十號崇字宋合盛　四月初三日進天津口

第二十一號崑字張萃泰　四月初八日進天津口

第二十二號通字陸來順　四月初六日進天津口

第二十三號崑字沈長茂　三月二十九日進天津口

奉賢縣

派裝漕糧船十隻

第十五號通字陸遂順　四月初一日進天津口

第十六號通字陸萬順　四月初五日進天津口

第十七號崑字郁隆興　四月十六日進天津口

第十八號太字高介昌　四月初一日進天津口

第十九號鎮字莊福興　四月初六日進天津口

第二十號太字張復興　四月二十五日進天津口

第二十一號元字金泰安　四月三十日進天津口

第二十二號江陰字潘周順　四月十三日進天津口

第二十三號通字郁隆增　五月初八日進天津口

第二十四號鎮字孫仁發　四月初十日進天津口

婁縣

派裝漕糧船六隻

第十七號　海州字胡茂順　五月初五日進天津口

第十八號　崇字陳源來　五月初四日進天津口

第十九號　通字彭裕發　四月十六日進天津口

第二十號　鎮字管長增　四月十八日進天津口

第二十一號　崇字陳萬興　四月十二日進天津口

第二十二號　鎮字林錫亨　四月十七日進天津口

金山縣

派裝漕糧船七隻

第十八號　崇字李福元　五月初四日進天津口

第十九號　太字沈恒茂　四月十二日進天津口

第二十號　崑字奚恒慶　三月二十日進天津口

第二十一號　天津字大全順　四月初三日進天津口

第二十二號　天津字咸福　四月初二日進天津口

第二十三號　崇字張履順　五月初八日進天津口

第二十四號　太字奚恒興　三月二十九日進天津口

上海縣

派裝漕糧船十六隻

第十九號 崇字金源興 五月初二日進天津口

第二十號 如字徐復順 三月三十日進天津口

第二十一號 崇字陳源發 五月初五日進天津口

第二十二號 鎮字陳正康 五月初七日進天津口

第二十三號 元字黃豫昌 四月二十六日進天津口

第二十四號 崇字朱茂生 四月十三日進天津口

第二十五號 崇字朱履興 四月十三日進天津口

第二十六號 昭字金茂順 四月初十日進天津口

卷五　七十九

第二十七號 鎮字周福元 五月初四日進天津口

第二十八號 鎮字周生盛 五月初二日進天津口

第二十九號 鎮字金長春 四月二十七日進天津口

第三十號 吳字應得福 四月二十七日進天津口

第三十一號 崇字陳福利 四月二十七日進天津口

第三十二號 太字張德發 四月十七日進天津口

第三十三號 鎮字周萬泰 五月初三日進天津口

第三十四號 崇字陳福茂 五月初二日進天津口

陽湖縣

派裝漕糧船六隻

第二十九號 通字毛天福 四月二十七日進天津口

第三十號 鎮字黃遇泰 四月十三日進天津口

第三十一號 元字黃德和 三月二十七日進天津口

第三十二號 鎮字金裕福 三月二十日進天津口

第三十三號 崇字呂添泰 三月二十日進天津口

第三十四號 崇字黃增盛 三月二十九日進天津口

卷五　八十

金匱縣

派裝漕糧船二隻

第二十七號　寶字黃洪泰　四月二十八日進天津口

第二十八號　元字徐福盛　四月二十八日進天津口

江陰縣

派裝漕糧船十五隻

第三十號　崇字呂永泰　四月十八日進天津口

第三十一號　無字查恒興　四月初一日進天津口

第三十二號　通字馮恒元　三月二十七日進天津口

第三十三號　通字張順興　四月初八日進天津口

第三十四號　通字江順興　四月十六日進天津口

第三十五號　通字陸彭壽　四月初八日進天津口

第三十六號　崑字李元禎　四月二十七日進天津口

第三十七號　太字周永發　四月十六日進天津口

第三十八號　太字吳源隆　四月三十日進天津口

第三十九號　崇字王源茂　四月初十日進天津口

第四十號　黃字吉永增　四月十三日進天津口

第四十一號　黃字王源盛　四月十八日進天津口

第四十二號　太字陸德茂　三月三十日進天津口

第四十三號　江陰字潘同順　四月初十日進天津口

第四十四號　吳字陸元發　四月十七日進天津口

荆溪縣

派裝漕糧船二隻

第十九號　鎮字彭永全　三月十三日進天津口

第二十號　通字彭合發　三月二十三日進天津口

卷五　八十三

丹陽縣

派裝漕糧船九隻

第十一號　崇字范恒興　四月十二日進天津口

第十二號　太字邵德和　三月二十三日進天津口

第十三號　崇字陳福興　四月十三日進天津口

第十四號　崇字俞同興　四月十六日進天津口

第十五號　江陰字符增福　四月十六日進天津口

第十六號　太字吳源順　四月十七日進天津口

第十七號　寶字沈長源　四月二十七日進天津口

第十八號　太字陶龍順　四月初六日進天津口

第十九號　元字金保安　四月初三日進天津口

卷五　八十四

金壇縣
派裝漕船四隻
第十七號元字姚新泰　五月初三日進天津口
第十八號太字金隆順　四月十二日進天津口
第十九號太字謝德泰　四月十六日進天津口
第二十號元字孫同發　三月三十日進天津口

督理蘇松常鎮太糧儲道兼巡視漕河倪良耀呈為
造送事今將蘇松常鎮太五府州屬咸豐元年分海
運漕白二糧分晰漕糧正改兑正耗並白糧粳糯正
耗細款實在交倉米數開冊呈送伏候
查覈施行須至冊者
計開
蘇松常鎮太五府州屬
咸豐元年分
起運漕糧項下
正兑正米七十四萬六千三百三石九斗四升四合
九勺
交倉二五耗米一十八萬六千五百七十五石九斗
八升六合六勺
改兑正米三萬五千三百五十八石二斗六升五勺
交倉一七耗米六千一十石九斗四合三勺
以上實起運交倉漕糧正耗米九十七萬四千二百
四十九石九升六合三勺

蘇松常鎮太五府州屬
咸豐元年分
起運白糧項下
内倉上白熟粳正米二千六百八十四石
交倉五升耗米一百三十四石二斗
内倉白熟細粳正米八百八十四石
交倉五升耗米四十四石二斗
内倉白粳正米三千五百七十五石
交倉五升耗米一百七十八石七斗五升
供用庫白熟粳正米七千一百五十七石

交倉五升耗米三百五十七石八斗五升
供用庫白粳正米二萬三千九百八十二石
交倉五升耗米一千一百九十九石一斗
光祿寺白熟粳正米九千四百六十九石
交倉三升耗米二百八十四石七升
光祿寺白粳正米一萬二千二百三十五石
交倉三升耗米三百六十七石五升
王祿白粳正米五千六百六十五石
交倉五升耗米二百八十三石二斗五升
酒醋麵局上白熟糯正米一千六百二石

交倉五升耗米八十石一斗
光祿寺白熟糯正米九百四石
交倉三升耗米二十七石一斗二升
光祿寺白糯正米八百六十八石
交倉三升耗米二十六石四升
以上實起運交倉白糧粳糯正耗共米七萬二千六
石七斗三升
通共由海運津交倉漕白二糧正耗粳糯共米一百
四萬六千二百五十五石八斗二升六合三勺

長洲縣

咸豐元年分

起運漕糧項下

正兑正米四萬三千五百八十三石八斗三升一合五勺

交倉二五耗米一萬八百九十五石九斗五升七合九勺

以上起運交倉漕糧正耗共米五萬四千四百七十九石七斗八升九合四勺

長洲縣

咸豐元年分

起運白糧項下

內倉上白熟粳正米二百四十二石

交倉五升耗米一十二石一斗

供用庫白熟粳正米九百七石

交倉五升耗米四十五石三斗五升

光祿寺白熟粳正米八百五十六石

交倉三升耗米二十五石六斗八升

王祿白粳正米二百四十五石

交倉五升耗米一十二石二斗五升

酒醋麪局上白熟糯正米二百三石

交倉五升耗米一十石一斗五升

光祿寺白熟糯正米一百一十四石

交倉三升耗米三石四斗二升

以上起運交倉白糧正耗共米二千六百七十五石九斗五升

元和縣
咸豐元年分
起運漕糧項下
正兌正米三萬八千四百八十三石四斗七升
交倉二五耗米九千六百二十石八斗六升七合五勺
以上起運交倉漕糧正耗共米四萬八千一百四石三斗三升七合五勺

元和縣
咸豐元年分
起運白糧項下
內倉上白熟粳正米二百三十五石
交倉五升耗米一十一石七斗五升
供用庫白熟粳正米八百八十石
交倉五升耗米四十四石
光祿寺白熟粳正米八百三十石
交倉三升耗米二十四石九斗
王祿白粳正米二百三十七石
交倉五升耗米一十一石八斗五升
酒醋麪局上白熟糯正米一百九十七石
交倉五升耗米九石八斗五升
光祿寺白熟糯正米一百一十二石
交倉三升耗米三石三斗六升
以上起運交倉白糧正耗共米二千五百九十六石七斗一升

吳縣
咸豐元年分
起運漕糧項下
正兌正米三萬六百五十七石一斗三升七合三勺
交倉二五耗米七千六百六十四石二斗八升四合
三勺
以上起運交倉漕糧正耗共米三萬八千三百二十
一石四斗二升一合六勺

吳縣
咸豐元年分
起運白糧項下
內倉上白熟粳正米一百六十五石
交倉五升耗米八石二斗五升
供用庫白熟粳正米六百一十六石
交倉五升耗米三十石八斗
光禄寺白熟粳正米五百七十九石
交倉三升耗米一十七石三斗七升
王禄白粳正米一百六十七石
交倉五升耗米八石三斗五升
酒醋麪局上白熟糯正米一百三十七石
交倉五升耗米六石八斗五升
光禄寺白熟糯正米七十八石
交倉三升耗米二石三斗四升
以上起運交倉白糧正耗共米一千八百一十五石
九斗六升

吳江縣

咸豐元年分

起運漕糧項下

正兑正米三萬五千二百八十七石三斗五升九合
九勺

交倉二五耗米八千八百二十一石八斗四升

以上起運交倉漕糧正耗共米四萬四千一百九石
一斗九升九合九勺

吳江縣

咸豐元年分

起運白糧項下

內倉上白熟粳正米二百二十石

交倉五升耗米一十一石

供用庫白熟粳正米八百二十五石

交倉五升耗米四十一石二斗五升

光祿寺白熟粳正米七百七十九石

交倉三升耗米二十三石三斗七升

王祿白粳正米二百二十四石

交倉五升耗米一十一石

酒醋麪局上白熟糯正米一百八十四石

交倉五升耗米九石二斗

光祿寺白熟糯正米一百四石

交倉三升耗米三石一斗二升

以上起運交倉白糧正耗共米二千四百三十五石
一斗四升

震澤縣
咸豐元年分
起運漕糧項下
正兑正米三萬一千五石六斗四升九合五勺
交倉二五耗米七千七百五十一石四斗一升二合
四勺
以上起運交倉漕糧正耗共米三萬八千七百五十
七石六斗一合九勺

震澤縣
咸豐元年分
起運白糧項下
內倉上白熟粳正米二百三十九石
交倉五升耗米一十一石九斗五升
供用庫白熟粳正米八百九十四石
交倉五升耗米四十六石七斗
光禄寺白熟粳正米八百四十五石
交倉三升耗米二十五石三斗五升
王禄白粳正米二百四十一石
交倉五升耗米一十二石五升
酒醋麪局上白熟糯正米二百一石
交倉五升耗米一十石五升
光禄寺白熟糯正米一百一十三石
交倉三升耗米三石三斗九升
以上起運交倉白糧正耗共米二千六百四十石四
斗九升

常熟縣
咸豐元年分
起運漕糧項下
正兑正米三萬六千一百五石三斗八升二合四勺
交倉二五耗米九千二十六石三斗四升五合六勺
以上起運交倉漕糧正耗共米四萬五千一百三十一石七斗二升八合

卷六　十四

常熟縣
咸豐元年分
起運白糧項下
內倉上白熟粳正米二百三十九石
交倉五升耗米一十一石九斗五升
供用庫白熟粳正米八百九十二石
交倉五升耗米四十四石六斗
光祿寺白熟粳正米八百四十二石
交倉三升耗米二十五石二斗六升
王祿白粳正米二百三十九石
交倉五升耗米一十一石九斗五升
酒醋麪局上白熟糯正米二百石
交倉五升耗米一十石
光祿寺白熟糯正米一百一十二石
交倉三升耗米三石三斗六升
以上起運交倉白糧正耗共米二千六百三十一石一斗二升

卷六　十五

昭文縣
咸豐元年分
起運漕糧項下
正兑正米二萬五千四百七十六石三斗八升六合三勺
交倉二五耗米六千三百六十九石九升六合六勺
以上起運交倉漕糧正耗共米三萬一千八百四十五石四斗八升二合九勺

昭文縣
咸豐元年分
起運白糧項下
内倉上白熟粳正米一百九十五石
交倉五升耗米九石七斗五升
供用庫白熟粳正米七百二十八石
交倉五升耗米三十六石四斗
光禄寺白熟粳正米六百八十七石
交倉三升耗米二十石六斗一升
王禄白粳正米一百九十四石
交倉五升耗米九石七斗
酒醋麪局上白熟糯正米一百六十三石
交倉五升耗米八石一斗五升
光禄寺白熟糯正米九十二石
交倉三升耗米二石七斗六升
以上起運交倉白糧正耗共米二千一百四十六石三斗七升

崑山縣
咸豐元年分
起運漕糧項下
正兌正米二萬七千八百八十石四斗九升三合六勺
交倉二五耗米六千九百七十石一斗二升三合四勺
以上起運交倉漕糧正耗共米三萬四千八百五十石六斗一升七合

卷六　十八

崑山縣
咸豐元年分
起運白糧項下
內倉上白熟粳正米一百八十九石
交倉五升耗米九石四斗五升
供用庫白熟粳正米七百五石
交倉五升耗米三十五石二斗五升
光禄寺白熟粳正米六百六十四石
交倉三升耗米一十九石九斗二升
王禄白粳正米一百九十三石

卷六　十九

交倉五升耗米九石六斗五升
酒醋麪局上白熟糯正米一百五十四石
交倉五升耗米七石七斗
光禄寺白熟糯正米九十石
交倉三升耗米二石七斗
以上起運交倉白糧正耗共米二千七十九石六斗七升

新陽縣
咸豐元年分
起運漕糧項下
正兑正米二萬五千五十石三斗八升四合
交倉二五耗米六千二百六十二石五斗九升六合
以上起運交倉漕糧正耗共米三萬一千三百一十二石九斗八升

新陽縣
咸豐元年分
起運白糧項下
内倉上白熟粳正米一百九十石
交倉五升耗米九石五斗
供用庫白熟粳正米七百一十石
交倉五升耗米三十五石五斗
光禄寺白熟粳正米六百六十九石
交倉三升耗米二十石七升
王禄白粳正米一百八十五石
交倉五升耗米九石二斗九升
酒醋麪局上白熟糯正米一百六十三石
交倉五升耗米八石一斗五升
光禄寺白熟糯正米八十九石
交倉三升耗米二石六斗七升
以上起運交倉白糧正耗共米二千九十一石一斗四升

華亭縣
咸豐元年分
起運漕糧項下
正兑正米一萬六千二百七十石八斗一勺
交倉二五耗米四千六十七石七斗
改兑正米二千一百八石五斗三升五合四勺
交倉一七耗米三百五十八石四斗五升一合
以上起運交倉漕糧正耗共米二萬二千八百五石
四斗八升六合五勺

卷六　二十二

華亭縣
咸豐元年分
起運白糧項下
供用庫白粳正米一千六百九石
交倉五升耗米八十石四斗五升
光禄寺白粳正米一千二百六十二石
交倉三升耗米三十七石八斗六升
王禄白粳正米一百八十六石
交倉五升耗米九石三斗
以上起運交倉白糧正耗共米三千一百八十四石
六斗一升

卷六　二十三

奉賢縣
咸豐元年分
起運漕糧項下
正兌正米一萬七千六百七十二石八斗一升八合四勺
交倉二五耗米四千四百一十八石二斗四合六勺
改兌正米二千二百五十九石二斗九升九合四勺
交倉一七耗米三百八十四石八升九勺
以上起運交倉漕糧正耗共米二萬四千七百三十四石四斗三合三勺

卷六　二十四

奉賢縣
咸豐元年分
起運白糧項下
供用庫白粳正米一千三百九十八石
交倉五升耗米六十九石九斗
光禄寺白粳正米一千九十六石
交倉三升耗米三十二石八斗八升
王禄白粳正米一百六十一石
交倉五升耗米八石五升
以上起運交倉白糧正耗共米二千七百六十五石八斗三升

卷六　二十五

婁縣

咸豐元年分

起運漕糧項下

正兑正米一萬五千六百八十七石八升二合五勺

交倉二五耗米三千九百二十一石七斗七升六勺

改兑正米二千八十三石四斗九升八合五勺

交倉一七耗米三百五十四石一斗九升四合七勺

以上起運交倉漕糧正耗共米二萬二千四十六石五斗四升六合三勺

婁縣

咸豐元年分

起運白糧項下

供用庫白粳正米一千六百三十八石

交倉五升耗米八十一石九斗

光祿寺白粳正米一千二百八十五石

交倉三升耗米三十八石五斗五升

王祿白粳正米一百九十二石

交倉五升耗米九石六斗

以上起運交倉白糧正耗共米三千二百四十五石五斗

金山縣
咸豐元年分
起運漕糧項下
正兌正米一萬九千三十五石八斗四升二合三勺
交倉二五耗米四千七百五十八石九斗六升六勺
改兌正米二千五百四十九石三斗三升二合八
勺
交倉一七耗米四百三十三石三斗八升六合六勺
以上起運交倉漕糧正耗共米二萬六千七百七十
七石五斗二升二合三勺

卷六　二十八

金山縣
咸豐元年分
起運白糧項下
供用庫白粳正米一千三百二十二石
交倉五升耗米六十六石一斗
光禄寺白粳正米一千三十四石
交倉三升耗米三十一石二升
王禄白粳正米一百五十石
交倉五升耗米七石五斗
以上起運交倉白糧正耗共米二千六百一十石六
斗二升

卷六　二十九

上海縣
咸豐元年分
起運漕糧項下
正兑正米三萬一千五百三十六石九斗四升二合
二勺
交倉二五耗米七千八百八十四石二斗三升五合
六勺
改兑正米四千二百六十石三斗二升六合三勺
交倉一七耗米七百二十四石二斗五升五合五勺
以上起運交倉漕糧正耗共米四萬四千四百五石
七斗五升九合六勺

上海縣
咸豐元年分
起運白糧項下
供用庫白粳正米一千八百四十二石四斗八升
交倉五升耗米九十二石一斗二升四合
光禄寺白粳正米一千四百四十三石九斗七升五
合六勺
交倉三升耗米四十三石三斗一升九合三勺
王禄白粳正米二百一十二石六斗
交倉五升耗米一十石六斗三升
以上起運交倉白糧正耗共米三千六百四十五石
一斗二升八合九勺

南滙縣
咸豐元年分
起運漕糧項下
正兌正米三萬一千六百三十四石七斗五升二合
二勺
交倉二五耗米七千九百八石六斗八升八合一勺
改兌正米四千一百二十五石六斗二升五合九勺
交倉一七耗米七百一石三斗五升六合四勺
以上起運交倉漕糧正耗共米四萬四千三百七十
石四斗二升二合六勺

南滙縣
咸豐元年分
起運白糧項下
供用庫白粳正米一千八百三石一斗四升
交倉五升耗米九十石一斗五升七合
光禄寺白粳正米一千四百一十二石六斗五合
交倉三升耗米四十二石三斗七升八合一勺
王禄白粳正米二百七石四斗一升
交倉五升耗米一十石三斗七升五勺
以上起運交倉白糧正耗共米三千五百六十六石
六升六勺

青浦縣
咸豐元年分
起運漕糧項下
正兑正米二萬七千四百九十五石五斗六升二合
交倉二五耗米六千八百七十三石八斗九升五勺
改兑正米三千八百四十七石七升九合一勺
交倉一七耗米六百五十四石三合四勺
以上起運交倉漕糧正耗共米三萬八千八百七十石五斗三升五合

卷六　三十四

青浦縣
咸豐元年分
起運白糧項下
供用庫白粳正米二千二百五十八石
交倉五升耗米一百一十二石九斗
光禄寺白粳正米一千七百七十一石
交倉三升耗米五十三石一斗三升
王禄白粳正米二百五十九石
交倉五升耗米一十二石九斗五升
以上起運交倉白糧正耗共米四千四百六十六石九斗八升

卷六　三十五

川沙廳

咸豐元年分

起運漕糧項下

正兌正米二千八百九十六石四斗三升八合一勺

交倉二五耗米七百二十四石一斗九合五勺

改兌正米三百八十二石五斗一升九合九勺

交倉一七耗米六十五石二升八合四勺

以上起運交倉漕糧正耗共米四千六十八石九升五合九勺

川沙廳

咸豐元年分

起運白糧項下

供用庫白粳正米二百八十六石三斗八升

交倉五升耗米一十四石三斗一升九合

光禄寺白粳正米二百二十四石四斗一升九合四勺

交倉三升耗米六石七斗三升二合六勺

王禄白粳正米三十二石九斗九升

交倉五升耗米一石六斗四升九合五勺

以上起運交倉白糧正耗共米五百六十六石四斗九升五勺

武進縣
咸豐元年分
起運漕糧項下
正兌正米二萬九千一百三十一石九斗七升四合八勺
交倉二五耗米七千二百八十二石九斗九升三合七勺
以上起運交倉漕糧正耗共米三萬六千四百一十四石九斗六升八合五勺

卷六　三十八

武進縣
咸豐元年分
起運白糧項下
內倉白熟細粳正米一百三十四石
交倉五升耗米六石七斗
內倉白粳正米五百五十七石
交倉五升耗米二十七石八斗五升
供用庫白粳正米一千三百五十七石
交倉五升耗米六十七石八斗五升
光禄寺白粳正米四百二十六石

卷六　三十九

交倉三升耗米一十二石七斗八升
王禄白粳正米二百三十七石
交倉五升耗米一十一石八斗五升
光禄寺白糯正米一百七石
交倉三升耗米三石二斗一升
以上起運交倉白糧正耗共米二千九百四十八石二斗四升

陽湖縣
咸豐元年分
起運漕糧項下
正兑正米三萬七百七十三石一斗八合五勺
交倉二五耗米七千六百九十三石二斗七升七合
一勺
以上起運交倉漕糧正耗共米三萬八千四百六十
六石三斗八升五合六勺

卷六　　四十

陽湖縣
咸豐元年分
起運白糧項下
内倉白熟細秔正米一百四十二石
交倉五升耗米七石一斗
内倉白秔正米五百八十七石
交倉五升耗米二十九石三斗五升
供用庫白秔正米一千四百三十三石
交倉五升耗米七十一石六斗五升
光禄寺白秔正米四百五十石
交倉三升耗米一十三石五斗
王禄白秔正米二百五十石
交倉五升耗米一十二石五斗
光禄寺白糧正米一百一十四石
交倉三升耗米三石四斗二升
以上起運交倉白糧正耗共米三千一百一十三石
五斗二升

卷六　　四十一

無錫縣

咸豐元年分

起運漕糧項下

正兌正米一萬二千八百八十三石四斗一升七合七勺

交倉二五耗米五千七百二十石八斗五升四合四勺

以上起運交倉漕糧正耗共米二萬八千六百四石二斗七升二合一勺

無錫縣

咸豐元年分

起運白糧項下

內倉白熟細秔正米一百五石

交倉五升耗米五石二斗五升

內倉白秔正米三百九十九石

交倉五升耗米一十九石九斗五升

供用庫白秔正米一千六十九石

交倉五升耗米五十三石四斗五升

光祿寺白秔正米二百八十六石

交倉三升耗米八石五斗八升

王祿白秔正米一百八十六石

交倉五升耗米九石三斗

光祿寺白糯正米一百六十二石

交倉三升耗米四石八斗六升

以上起運交倉白糧正耗共米二千三百八石三斗九升

金匱縣

咸豐元年分

起運漕糧項下

正兌正米二萬四千一百二十九石二斗八升一合一勺

交倉二五耗米六千三十二石三斗二升三勺

以上起運交倉漕糧正耗共米三萬一百六十一石六斗一合四勺

金匱縣

咸豐元年分

起運白糧項下

內倉白熟細秔正米一百一十一石

交倉五升耗米五石五斗五升

內倉白秔正米四百一十八石

交倉五升耗米二十石九斗

供用庫白秔正米一千一百二十七石

交倉五升耗米五十六石三斗五升

光祿寺白秔正米三百一石

交倉三升耗米九石三升

王祿白粳正米一百九十七石

交倉五升耗米九石八斗五升

光祿寺白糯正米一百七十一石

交倉三升耗米五石一斗三升

以上起運交倉白糧正耗共米二千四百三十一石八斗一升

江陰縣
咸豐元年分
起運漕糧項下
正兑正米三萬五千三百八十五石六斗一升四合
交倉二五耗米八千八百四十六石四斗三合五勺
以上起運交倉漕糧正耗共米四萬四千二百三十
二石一升七合五勺

卷六　四十六

江陰縣
咸豐元年分
起運白糧項下
内倉白熟細秔正米一百六十一石
交倉五升耗米八石五升
内倉白秔正米六百六十八石
交倉五升耗米三十三石四斗
供用庫白秔正米一千六百三十石
交倉五升耗米八十一石五斗
光祿寺白秔正米五百一十二石

卷六　四十七

交倉三升耗米一十五石三斗[illegible]升
王祿白秔正米二百八十四石
交倉五升耗米一十四石二斗
光祿寺白糯正米一百三十石
交倉三升耗米三石九斗
以上起運交倉白糧正耗共米三千五百四十一石
四斗一升

宜興縣
咸豐元年分
起運漕糧項下
內倉白熟細粳正米一百三十四石
交倉五升耗米六石七斗
內倉白粳正米五百五十七石
交倉五升耗米二十七石八斗五升
供用庫白粳正米一千三百五十七石
交倉五升耗米六十七石八斗五升
光祿寺白粳正米四百二十六石
交倉三升耗米一十二石七斗八升
王祿白秔正米二百三十七石
交倉五升耗米一十一石八斗五升
光祿寺白糯正米一百七石
交倉三升耗米三石二斗一升
以上起運交倉白糧正耗共米二千九百四十八石
二斗四升

宜興縣
咸豐元年分
起運漕糧項下
正兑正米二萬五千六百七十四石三斗九升四合
二勺
交倉二五耗米六千四百一十八石五斗九升八合
六勺
以上起運交倉漕糧正耗共米三萬二千九十二石
九斗九升二合八勺

荆溪縣
咸豐元年分
起運漕糧項下
正兑正米一萬七千七百八十八石七斗七升三合
四勺
交倉二五耗米四千四百四十七石一斗九升三合
四勺
以上起運交倉漕糧正耗共米二萬二千二百三十
五石九斗六升六合八勺

卷六　五一

荆溪縣
咸豐元年分
起運白糧項下
内倉白熟細秔正米九十七石
交倉五升耗米四石八斗五升
内倉白秔正米三百八十九石
交倉五升耗米一十九石四斗五升
供用庫白秔正米九百七十一石
交倉五升耗米四十八石五斗五升
光祿寺白秔正米三百五石
交倉三升耗米九石一斗五升
王祿白粳正米一百七十二石
交倉五升耗米八石六斗
光祿寺白糯正米七十七石
交倉三升耗米二石三斗一升
以上起運交倉白糧正耗共米二千一百三石九斗
一升

卷六　五十一

丹陽縣
咸豐元年分
起運漕糧項下
正兑正米一萬一千八百四十石九斗六升一合
交倉二五耗米二千九百六十石二斗四升三勺
改兑正米三千一百四十七石四斗五升
交倉一七耗米五百三十五石六升六合五勺
以上起運交倉漕糧正耗共米一萬八千四百八十
三石七斗一升七合八勺

金壇縣
咸豐元年分
起運漕糧項下
正兑正米一萬四千七百一十六石七斗九升二合
六勺
交倉二五耗米三千六百七十九石一斗九升八合
一勺
改兑正米四千一百三十二石五斗四升四合
交倉一七耗米七百二石五斗三升二合五勺
以上起運交倉漕糧正耗共米二萬三千二百三十
一石六升七合二勺

溧陽縣

咸豐元年分

起運漕糧項下

正兑正米二萬二千七百九十二石八斗七升六合六勺

交倉二五耗米五千六百九十八石二斗五升九合二勺

改兑正米六千四百六十二石四升九合二勺

交倉一七耗米一千九十八石五斗四升八合四勺

以上起運交倉漕糧正耗共米三萬六千五十一石六斗九升三合四勺

卷六　五十四

太倉州

咸豐元年分

起運漕糧項下

正兑正米二萬七千二百四十五石七斗三升九合二勺

交倉二五耗米六千八百一十一石四斗三升四合八勺

以上起運交倉漕糧正耗共米三萬四千五十七石一斗七升四合

卷六　五十五

太倉州
咸豐元年分
起運白糧項下
內倉上白熟粳正米一百五十六石
交倉五升耗米七石八斗
供用庫白粳正米五百八十五石
交倉五升耗米二十九石二斗五升
光祿寺白熟粳正米五百五十五石
交倉三升耗米一十六石六斗五升
王祿白粳正米一百五十二石
交倉五升耗米七石六斗
以上起運交倉白糧正耗共米一千五百九石三斗

鎮洋縣
咸豐元年分
起運漕糧項下
正兌正米二萬三千六百八十九石九斗八升三合
交倉二五耗米五千九百二十二石四斗九升五合八勺
以上起運交倉漕糧正耗共米二萬九千六百一十二石四斗七升八合八勺

鎮洋縣
咸豐元年分
起運白糧項下
內倉上白熟粳正米一百五十六石
交倉五升耗米七石八斗
供用庫白粳正米五百八十四石
交倉五升耗米二十九石二斗
光祿寺白熟粳正米五百四十七石
交倉三升耗米一十六石四斗一升
王祿白粳正米一百五十四石
交倉五升耗米七石七斗
以上起運交倉白糧正耗共米一千五百二石一斗一升

嘉定縣
咸豐元年分
起運漕糧項下
正兑正米二千五百二十七石九斗七升四合七勺
交倉二五耗米六百三十一石九斗九升三合七勺
以上起運交倉漕糧正耗共米二千一百五十九石九斗六升八合四勺

嘉定縣
咸豐元年分
起運白糧項下
內倉上白熟粳正米二百三十三石
交倉五升耗米一十一石六斗五升
供用庫白粳正米八百七十二石
交倉五升耗米四十三石六斗
光祿寺白熟粳正米八百二十三石
交倉三升耗米二十四石六斗九升
王祿白粳正米二百三十石

交倉五升耗米一十一石五斗
以上起運交倉白糧正耗共米二千二百四十九石
四斗四升

寶山縣
咸豐元年分
起運漕糧項下
正兑正米一千九百六十二石七斗二升一合八勺
交倉二五耗米四百九十石六斗八升五勺
以上起運交倉漕糧正耗共米二千四百五十三石
四斗二合三勺

寶山縣
咸豐元年分
起運白糧項下
内倉上白熟秔正米二百二十五石
交倉五升耗米一十一石二斗五升
供用庫白秔正米八百四十石
交倉五升耗米四十二石
光祿寺白熟秔正米七百九十三石
交倉三升耗米二十三石七斗九升
王祿白秔正米二百四十石

卷六　六十二

交倉五升耗米一十二石
以上起運交倉白糧正耗共米二千一百八十七石
四升

浙江海運全案初編十卷續編四卷重編八卷

（初編卷一至卷一〇）

〔清〕黄宗漢　馬新貽纂

《浙江海運全案初編》十卷《續編》四卷《重編》八卷，清黄宗漢、馬新貽纂。宗漢（一八〇三—一八六四）字壽臣，福建晉江人，道光十五年（一八三五）進士，官兩廣總督。新貽（一八二一—一八七〇）字穀山，山東荷澤人，道光二十七年（一八四七）進士，官浙江巡撫。咸同之際，太平軍攻占鎮江、揚州諸運河沿線重鎮，浙江漕運被迫改行海運。此書即彙輯其時有關海運之奏摺、章程而成。《初編》十卷、《續編》四卷爲黄氏纂輯，《重編》八卷爲馬氏纂輯，合刊成二十二卷，分商船事宜、經費事宜、滬局事宜、放洋巡護事宜、津局事宜、運竣事宜、採辦事宜、省局事宜等，並附圖説。據上海圖書館藏清咸豐、同治間刻本影印。

浙江海運全案初編

板存浙江糧道庫

浙江海運全案初編序

咸豐二年壬子夏臣宗漢自甘藩恭拜

恩命巡撫滇南旋調浙江觸暑戒途七月抵淸口南下而

浙省元年漕糧杭嘉兩幫頭船甫挽運出江其最後

者未離浙境途次督飭運弁催趲遄行憶前陳臬此

邦起運漕糧不逾夏孟茲何濡滯至此蓋元年兌漕

較遲當起運而天旱逡巡旱甚運河舟膠不得進時

部臣因豐工決口有咨令南糧變價之議而齊魯鳴

鴻嗷嗷以待

詔下截南糧賑時漕臣擬截浙漕而兩江督臣則欲截湖

廣漕令浙漕水次變價意見各歧久不決至議定北

行天亦雨運道稍通時已七月矣而湖漕尚未離次

先是護撫臣

奏請湖漕變價藉留湖幫各船以濟新漕乃因價絀部

議不行於是湖漕仍當起運臣宗漢涖任值大比之

期未旬日卽入闈監臨念漕事不置伏思

國家漕東南糧以實通倉官俸兵糈胥於是給歲額不

可缺湖漕卽起運必不能渡黃杭嘉兩幫卽渡黃抵

津而潞河冰凍必不能回空濟運況豐工一決再決

微湖水漫百餘里漕船卽入東境阻於水必不能如

期抵浙若不早圖舊漕既誤勢將貽誤新漕闔後以
漕臣委糧道回浙提湖漕即准咨飭行李霜降水涸
船抵蘇河進退維谷新漕且迫眉焦灼益甚深思熟
慮變糶則價難贏剝轉則費益鉅欲雇民船船無可
雇欲配減船船亦不敷亟籌變通之法爲補救之方
莫如試行海運惟浙省雖屬海疆乍浦鐵板沙運米
商船憚於停泊甯郡中隔三江五壩轉運愈艱既無
出海之口辦理漕務又與江省懸殊故前人屢議海
運而輒止乃博採旁詢得其要領揆時度勢握其樞
機成算在胷遂飛章入

告於斯時也羣疑滿腹臣宗漢以一身主持之二三僚屬
以羣力襄成之仰賴
宸衷獨斷
諭旨准行而浙省海運之役以興於是遴委屬吏條議章
程海道則仍由滬瀆而以浙省漕糧往附之船隻則
儘雇甯波而以沙衛各船協濟之經費則支銷河運
而以州縣幫費津貼之與蘇省往復咨商率各局僚
采集議既和且洽剋期舉行十二月起運正月開兌
衆情咸奮事方及半而安慶被陷之報至不數旬而
江甯鎮江被陷之報又至民樂

昇平二百年一旦風鶴迭警閭閻惶駭漕事頓廢不旬
日而上海訛言商船星散漕事又幾廢維時外籌防
堵內辦海運慮漕糧不足先採買以備充慮經費不
敷豫籌歀以墊用并力一心無懼無惑以堅厥成至
四月而放洋蕆事荷
聖天子威靈海若效順屏翳宣勞礁石不驚玉粟靡黯舳
艫飛於之罘帆檣萃於析津迄六月下旬全數抵倉
交兌無缺此則臣宗漢所不敢預爲計料於意中者
也然使二年之漕不改行海運則先以無船誤即使
雇民船配減船持之以必行而粵匪竄入長江京口

隔塞亦終以道梗誤今以海運而轉避寇警俾全漕
畢致
京師此誠
皇上如天之福又臣宗漢所不能不私爲慶幸於意外者
也是役也援江省之成案定浙省之新章創而因同
而異自始事以迄終事公牘鱗積付之吏胥將有散
佚因仿江省海運全案之刻爲浙江海運全案三年
改道劉河將有續編故列爲初編云
大清咸豐三年癸丑十二月朔
賜進士出身

誥授資政大夫兵部侍郎兼都察院右副都御史巡撫浙
江等處節制水陸各鎮提督軍務糧餉兼理鹽政
賞戴花翎加三級臣黃宗漢謹序

總閱
兵部侍郎兼都察院右副都御史巡撫浙江等處地方提督軍務　賞戴花翎臣黃宗漢
總纂
浙江布政使司布政使臣椿壽
浙江布政使司布政使臣麟桂
署浙江布政使司布政使按察使臣黃樂之
護理鹽運使司鹽運使福建汀漳龍道臣晏端書
浙江督糧道臣周起濱
護理按察使司按察使杭州府知府臣余士璟
護理杭嘉湖道署杭州府知府臣徐榮

分纂
署紹興府知府臣繆梓
陞用同知嘉興縣知縣臣楊裕深
台州府同知臣朱緒曾
提舉銜杭州府水利通判臣費文淦
金華縣知縣臣邵淩霄
玉泉場大使臣朱錫齡
候補布庫大使臣陳湅
候補鹽大使臣史喆
柯橋巡檢臣顧錕

校對

候補未入流臣張承志

候補未入流臣桑樹勲

浙江海運全案目錄

浙江巡撫臣黃宗漢跪

奏爲舊漕玩誤勢將誤及新漕亟籌變通辦法試行海
運籲懇
格外恩施俯如所請以重漕務仰祈
聖鑒事竊查浙江糧艘現惟湖所湖白溫後處後四幫計
船一百餘隻尚在湖州其杭嘉十三幫業已渡黃前
進最後之台前等四幫甫經挽運出境行至何處守
凍尚未能定除另行據實叅
奏外是全浙漕船俱已出境明年回空能否趕副交兌
之期尤未可知現在辦理新漕實已無船可用若俟

回空誤後臨時纔議更張則事事窒礙又將蹈今年
覆轍一誤再誤其咎更重臣自八月二十日出闈後
連日與藩司椿壽署臬司麟桂及另派熟悉漕務委
員署首府晏端書候補同知繆梓等再四熟商照舊
河運既毫無把握則舍海運別無他策近日恭閱邸
抄浙江糧道已奉
旨將杭嘉湖道周起濱調補部文尚未到浙而刻下議辦
新漕時候已遲未便靜候該道周起濱前經臣委赴
衢州以督押兵差出境爲名順便在江西交界之常
山玉山縣地方踏看形勢恐江西有警預爲防堵地

步現在江西安謐如恒已飛劄該道迅速回省先赴
新任將試行海運之法與司道商榷茲該司道等面
稟舍此別無辦法請卽定規飭行方趕得上惟浙江
前經
奏明不能辦海運者一由於旂丁水手別無安置之處
一由于辦理海運必須將河運用項一概節省歸公
單就州縣給幫之費而計實不敷海運之需是以屢
議屢止本年拘泥原奏不敢變通籌議迨回空旣遲
忽欲更張並幫費亦已花消實屬無從著手是堅持
河運一樣作正開銷而遲誤已至今日爲今之計惟

有據實奏請
皇上格外恩施俯念浙省漕務積疲日久與江蘇情形迥
異非變通辦法勢將決裂准將辦理河運一切作正
開銷之費併歸辦理海運之需于庫欵不多一文于
倉儲可期無誤且查道光六年江蘇試行海運成案
亦有作正開銷銀米之欵並現在旂丁水手多已北
上尚不慮聚衆阻撓乘此旁無窒礙之日正可將海
運籌議試行臣查該司道等所議俱係實在情形當
卽分派委員馳赴甯波上海各處查明海運船隻共
有若干是否足敷運用先後據各委員查明回覆浙

江甯波可雇得一百號船江蘇上海地方共有沙船
千餘號江蘇省若照舊海運則用賸之船祗有百餘
號兩省同時並運覈計尚不敷用惟歷居江蘇成案
亦有船隻不敷分作兩次開行者詢之攬載船戶僉
稱夏月開船正值南風司令比諸春令尤爲迅速安
穩等語與成案亦屬相符況浙省當極疲之後甫議
海運其交兑銀米亦必不能過于趕早至四月間則
銀米已齊船隻又足敷用比諸河運抵通之日似已
提早數月于倉儲實有裨益臣智識庸愚不能于籌
議變通之中力求節省歸公之項惟有諄飭各司道

認眞覈實但凡可以節省之處概以撙節爲要再有
不敷卽由司道庫籌畫辦理總期于歷辦河運作正
開銷額內支銷于庫項毫無所增于漕糧可期迅速
以仰副
聖主俯恤下情愼重倉儲至意恭候
命下臣卽飭司道辦理事竣之日覈實造冊報銷愚昧之
見是否有當伏乞
聖鑒訓示遵行臣不勝悚惶之至事關漕務緊要謹由驛
馳
奏合併聲明謹

奏
咸豐二年九月二十五日具
奏十月初七日奉
上諭黃宗漢奏籌議新漕懇請試行海運一摺本年浙江漕船開兑過遲落後各幫趲至九月下旬甫經挽運出境即使截剝回空斷難如期歸次受兑所有來歲新漕亟應變通辦理以免貽誤著照所請改由海運以期迅速並將原辦河運各費作為海運支銷一切章程即由該撫督飭司道覈實籌議妥速奏辦欽此

浙江巡撫臣黃宗漢跪
奏為來歲新漕試行海運須預為封雇沙船請
飭下兩江督臣江蘇撫臣委員幫同辦理恭摺奏祈
聖鑒事竊浙省來歲新漕經臣奏請試行海運仰蒙
恩施着照所請改由海運並將原辦河運各費併歸海運支銷一切章程即督飭司道慎重籌議妥速奏辦等因欽此臣跪讀之下感激莫名伏查海運漕糧浙省事屬創行一切章程自當欽遵
諭旨慎重妥籌迅速覈辦除已飭令司道督同委員會議具詳由臣覆覈迅速具

奏外惟海運以雇船為第一要務所有浙省甯波關口向來北運商船一百餘隻業已飭令該管道府先行盡數封雇此外尚須添雇江蘇上海沙船方可敷用第浙省委員到彼呼應恐有不靈臣經飛咨兩江督臣江蘇撫臣派委幹員會同浙省委員赴上海豫為封雇并函囑指示一切辦法仍飭令原辦各員於雇船後來浙會同襄辦始終其事以期慎重毋誤理合
恭摺奏
聞請
旨飭下兩江督臣江蘇撫臣派員封雇沙船并赴浙局幫

同辦理以重漕務伏乞
皇上聖鑒謹
奏咸豐二年十月二十日具
奏咸豐二年十一月初八日奉
上諭黃宗漢奏浙江新漕試行海運請飭江蘇委員幫同辦理一摺來年浙漕海運係屬創始預雇船隻最爲緊要除由該省自雇北運商船外其不敷船隻應由江蘇上海添雇著兩江總督江蘇巡撫派委妥員幫同辦理所有江蘇浙江海運事宜並着該督等責成按察使倪良燿總司其事以資熟手總期不分畛域妥速籌辦毋稍延誤欽此

兩江總督臣陸建瀛江蘇巡撫臣楊文定跪
奏爲浙省漕糧試行海運現在委員幫同趕辦恭摺具
奏仰祈
聖鑒事竊照浙省新漕因河運船隻不敷應用經浙撫臣
黃宗漢奏請試行海運並請由江蘇委員幫同辦理
前准部咨欽奉
上諭浙漕海運係屬創始預雇船隻最爲緊要除由該省自雇北運商船外其不敷船隻應由江蘇上海添雇着兩江總督江蘇巡撫派委妥員幫同辦理所有江蘇浙江海運事宜並着該督等責成按察使倪良燿總司其事以資熟手總期不分畛域妥速籌辦毋稍延誤等因欽此當經恭錄轉行司道欽遵妥議籌辦去後茲據藩司聯英臬司倪良燿詳稱浙漕試行海運首重沙船前已委員會同浙江委員在上海設局辦理惟漕米如何剝運南北經費如何籌措蘇省有成案可循浙省則事屬創始該司倪良燿既奉
諭旨總司其事自應悉心籌畫以期無誤
正供惟海運以稽覈銀米爲先所有揀選好米以及僱備剝船並一切耗米水脚等費均須責成浙省妥速趕辦毋致臨事周章至派雇沙船則責成滬局委員倘

有米無船卽將蘇省經理委員查明叅處若有船無米或有米而無水腳卽將浙省辦漕各縣揭叅懲辦如此責有攸歸庶幾海運可期迅速至南北經費現由浙省奏准與蘇省道光六年辦法大致相同自當詳稽舊案參以浙省情形議定章程畫一辦理現委川沙同知何士祁候補同知朱鈞梁逢辰分別派委籌議妥協另行詳辦先將大略情形詳請具

奏前來臣等覆覈無異除咨明浙江撫臣外謹合詞恭

摺具奏伏乞

皇上聖鑒謹

奏

咸豐二年十二月初六日會

奏咸豐三年正月十一日在江甯察院奉到

硃批知道了欽此

浙江巡撫臣黃宗漢跪

奏爲浙省辦理海運籌議章程恭摺奏祈

聖鑒事竊臣接准部咨十月初七日欽奉

上諭本年浙漕開兌過遲最後各幫甫經挽運出境卽使截剝回空斷難如期歸次受兌所有來歲新漕亟應變通辦理着照該撫所請改由海運並將原辦河運各費併歸海運支銷一切章程卽由該撫督飭司道慎重籌議妥速奏辦等因欽此仰見

皇上愼重漕糧至意臣跪讀之下欽感莫名伏查海運一切章程雖有江省成案可循而浙江漕務疲敝已甚

實難與江省並論荷蒙

聖恩洞察准以河運各費作海運支銷臣惟有欽遵

諭旨督飭司道認眞妥籌茲據該司道等詳稱目前辦理之法以催提銀米雇備商船爲喫緊要務浙省收納漕糧近年皆遲至三四月始能完竣解欵亦多玩延現經委員赴杭嘉湖三屬查明向年兌漕正津各欵立限批解提早開倉甯波船隻亦已委員仝行招雇復赴上海添雇沙船以副兌運并將籌議章程會詳

請

奏前來臣悉心察覈臚列八條另繕清單敬呈

御覽是否有當伏乞
皇上訓示遵行謹
奏
謹將浙省試行海運辦理章程繕具清單恭呈
御覽
一浙省漕糧應仍由上海起運也查浙省雖有乍浦甯波兩處海口乍浦中隔石塘塘外又係鐵板沙塗商船難以停泊甯波海口相距三江五壩盤費甚鉅經
前撫臣程含章
奏明起運漕糧均多窒礙此次試行海運應仍由江蘇

上海地方派船裝兌惟地屬隔省且有夷船在彼貿易措置尤貴得宜至各州縣盤運水程紆遠兼涉黃浦江一百餘里水面寬濶風潮不時已由臣飭司道委員前赴上海會同江省委員及該管地方官將泊船處所先期相度務令不與夷船相雜黃浦江一帶亦即查明何處最險臨時撥船導引派員護送以免疎虞
一裝載漕糧船隻應兩省協雇並兩次接運也查浙省船隻熟悉北洋沙線止有甯波之蜑船及三不像船其船身較上海沙船更爲寬大堅固從前迭經載運江省漕糧業經臣飭司道委員全行招雇取具承攬結狀該船僅百三十餘號約可裝糧二十萬餘石其不敷之處即經飛咨江省督撫臣委員協雇上海沙船據江省來咨兩省並運必須江省初次沙船抵通後回南接辦現復委員前往上海與江省委員商榷辦理一面嚴催各屬銀米將已雇甯波船趕早兌開俾得二次接運再行添雇沙船以期無誤
一委員分辦以專責成也查海運事宜省城及上海天津均應設局遴員經理省局爲總會之所擬委藩司椿壽署臬司麟桂綜理局務督同湖州府知府現署

杭嘉湖道晏端書候補同知繆梓等籌議章程鈎稽欵目至驗米交米均係糧道責成擬委該道周起濱前赴上海查驗米色隨飭中塘同知仲孫樊等駐局監兌漕糧支放水脚經理一切事宜該道于驗米後督同陞用同知之署仁和縣知縣楊裕深等赴津兌交除飭省局各員趕緊查覈本屆漕糧正耗細數行令各州縣提早開倉批解銀欵上海委員雇備船隻並將甯郡商船于臘月初旬駕歸水次候兌外糧道周起濱即令帶同委員先期由陸路至津與直隸委員商辦剝船兌交各務俾商船隨到隨兌以免稽遲

一沙船水脚耗米應照章覈給也查江省海運章程每米一石給水脚銀四錢漕糧給耗米八升白糧給耗米一斗
奏明遵辦在案浙省應請照給此外如神福犒賞席片氣筒鐵鍬土筐及雇用斛手折給縴夫等項各有定章均應查照覈給惟是項銀兩若經書吏之手難免剋扣攙襍等弊飭令委員當堂給發俾吏胥無從侵蝕庶各商得沾實惠

一商船應酌免課稅並分別請獎議賠也查各商以民船受載官糧自當量加體卹若能迅速蕆事尤應格

外獎叙江省海運章程每船八成載米准令二成載貨海關查明免稅至載米較多自一萬石至五萬石以上分別給予職銜若已捐至五品另行酌獎
奏明遵行在案浙省應請援照辦理至各船有遭風鬆艙等事卸載後驗明大桅已斫貨物已棄查照糧船失風之例
奏明請豁並照例優卹如無故霉變短少大桅未斫貨物未棄即令于備帶耗米內如數補交再有不足勒令賠補以杜狡飾而重漕糧

一天津剝船應多爲雇備也查道光六年江省海運案內直隸督臣
奏稱直隸額設官剝船二千五百隻內撥給故城景州二百隻酌留楊村八百隻止餘船一千五百隻須添雇民船五百隻又留豫東回空軍船五百隻共成二千五百隻備剝漕糧嗣經
欽派大臣復提用故城景州及楊村各船是年共剝運漕糧一百六十餘萬石是剝船多備方可敷用况此次江浙兩省同行海運米數較多必須兩次接運初次于二月內開行四月回南庶于二次轉運可以無誤若剝船稍有躭誤以致二次漕糧洋面風色不順礙

難行駛于漕糧大有關繫應請
敕下直隸總督查明現在官剝船數或可儘數提用或須添雇民船必應寬爲籌備以濟剝運俾商船迅速轉帆則運務不致稽遲

一津通用欵應趕緊籌解並暫請墊給也查通倉用欵除輕齎由閘應照例備解外其剝船價值及經紀貼費箇兒茶果等項皆係必須之欵而剝船價值爲數尤鉅道光五年江省海運案內直隸督臣原
奏北倉截卸漕糧用官剝船轉運赴通每百石除扣油艌外由運丁給銀八兩三錢四分五釐五毫至海運

漕糧在上園兌剝加增銀一兩二錢五分一釐八毫
共銀九兩五錢九分七釐三毫民剝船由北倉轉運
給銀九兩五錢九分五釐五毫上園兌剝增水腳銀
一兩四錢三分九釐三毫共銀十一兩三分四釐八
毫又加給食米一石一斗五升奉部覈覆准行浙省
應請照給惟各項銀兩向係旂丁領給漕截等銀赴
通應用此次浙省海運俱照歴屆河運經費額內支
銷臣現卽嚴提各屬銀欵委員分期批解惟運米商
船風色順利駛行甚速委員由陸路解運或尚未到
商船卽不免守候之累應請援照道光五年成案于

天津道庫或直隸藩庫暫行墊給一俟委員迅速解
到卽行歸欵
一巡哨防護宜加周密也查道光五年江省海運漕糧
遴委武員派兵護送嗣于咸豐元年
奏明沿海水師巡防係其專職無庸派員調兵轉致稽
延卽令各該水師鎮將統帶弁兵沿途護送出境由
部覈覆在案臣此次當卽專咨提鎮嚴督水師將弁
實力巡防如有疎虞卽行叅辦仍俟漕艘出洋咨令
遴委將弁逐程護送並咨山東直隸等省一體接護
毋稍鬆勁用冀正供無虧
天庾充溢
以上撮舉大綱臚列八條其餘未盡事宜容當隨時
酌覈奏辦合併聲明
咸豐二年十一月初八日具
奏十一月二十五日奉到
硃批另有旨欽此同日奉到咸豐二年十一月十九日內
閣奉
上諭黃宗漢奏籌議浙省海運章程開單呈覽一摺據稱
目前辦理之法以催提銀米雇備船隻爲要務現經該
撫委員趕辦其單開各欵如裝載漕糧船隻兩次接運

委員分別以專責成天津剝船多爲豫備巡哨防護宜
加周密各條並查照江蘇成案章程均着照所議辦理
並着兩江江蘇直隸各督撫于上海天津等處遴員妥
爲經理江蘇按察使倪良耀着仍遵前旨總司江浙海
運事宜總期籌辦妥速毋稍延誤該部知道欽此

浙江巡撫臣黄宗漢跪
奏爲浙漕辦理海運續議章程恭摺附驛奏祈
聖鑒事竊照浙漕奏明試行海運設局查辦並經臣籌議
章程臚列八條開單具
奏聲明未盡事宜隨時酌覈奏辦等因先後奉
旨准行並於臣奏請蘇省委員幫同辦理摺内欽奉
上諭江蘇浙江海運事宜著責成按察使倪良燿總司其
事以資熟手總期不分畛域妥速籌辦毋稍遲誤等因
欽此遵即檄行妥辦去後茲據藩司麟桂糧道周起
濱會同江蘇臬司倪良燿轉據局員護運司晏端書

署杭捕同知繆梓等查明來歲起運新漕正耗米數
六十四萬餘石所需船隻已據甯波道府雇募蛋船
三不像船九十餘隻由提鎮水師押駕赴滬上海沙
船亦陸續進口承攬又有天津衛船情願裝運兩省
官糧船隻無虞缺乏並將未盡事宜續議章程具詳
請
奏前來除將起運米數分咨户部倉場暨漕臣江省督
撫臣查照並委員分赴各屬催提銀米於來春趕先
起運外所有續議章程臣再臚列八條繕具清單恭
呈

御覽是否有當伏乞
皇上聖鑒訓示遵行謹
奏
謹將浙漕辦理海運續議章程繕具清單恭呈
御覽
一白糧宜先期起運並將樣米帶津呈驗也查白糧米
質柔嫩易於蒸變必應先期起運現飭各州縣趕緊
春辦裝入蔴袋一面咨明江蘇撫臣由臬司倪良燿
先撥寬大沙船數十隻於第一次全數裝運至向例
白糧到通秤足每袋一百六十觔道光五年倉場督
臣

奏准改用斛收江蘇海運漕糧一體斛交每一石爲一
袋浙省自應照辦並與漕白糧米均於正米内提出
樣米一斗用蔴袋裝盛黏貼印花交商船賚帶到津
由委員呈請
欽派大臣查驗
一天津兑交之後應責成經紀以杜諉卸也查海運以
民船受載官糧非軍船之承運漕糧者可比惟恐經
紀人等有意挑剔海船不免受累道光六年欽奉
諭旨海船到津難免經紀需索刁措着軍機大臣屆期奏請

欽派一二員前往又奉
諭旨商船到津委員將樣米送交欽派大臣比對米色按冊
驗收其過剝事宜責成坐糧廳帶同經紀一手經理交米
委員將漕糧兌給剝船即爲竣事毋庸到通以免推諉各
等因欽遵在案來年海船到津自必遵照
奏請
欽派大臣前往驗收所有過剝事宜應請查照成案專歸
經紀承管與沙船無涉責成既專則剝船中途攙雜
使水等弊亦當不禁自除
一沙船餘剩耗米應令自行售賣也查商船所得耗米
抵津後如無賠補之欵除食用外每有盈餘道光六
年該船戶等呈請收買由部
奏明發銀二十萬照時價購買交倉二十七年江省以
經費支絀未便率請收買應聽自行出售並因大幫
沙船業已抵津尚有尾幫未到海洋行駛遲早難定
即令委員在津收買交兌飭知該船戶在蘇繳價或
於續到時自行變價奏奉
諭旨准行各在案此次浙省海運應即援案曉諭各商飭將
到津餘米自行出售倘大幫已到而尚有尾船未至
即令委員籌買補額交兌以速運務

一旂丁應領篔羨餘米價紙劄等銀請照案抵解也查
丁運到通應給經紀津貼箇兒錢飯米折色廳倉茶
果等銀道光六年倉場督臣
奏明歷年北倉截卸漕米每洪斛一百石各丁給經紀
飯米折色銀二兩二錢五分在津起卸加給銀三錢
三分七釐五毫箇兒錢銀二兩七錢津貼銀二兩五
錢毋庸議增廳茶果以船數計算每船十兩倉茶果
以米數計算每石五釐一毫七絲二忽五微軍船未
來船數無從計算以洪斛五百石爲一船米一萬石
作船二十隻應支廳倉茶果共銀二百五十一兩七
錢二分五釐所有旂丁應領篔羨餘米價紙劄等項
按米一萬石船二十隻合算應領銀四百餘兩據江
省來咨請將此項抵撥各欵仍有不敷應即飭令如
數解交經部覈覆在案此次浙漕海運應請
敕下倉場督臣查照浙省幫丁例給之項照案抵撥其不
敷銀兩由浙省如數解交
一餘耗應行節省援案糶變提解報撥也查道光五年
江省海運沙船貼耗經紀貼耗剝船食米均奏准于
旂丁應得耗米內劃給此次浙省海運欽奉
諭旨准將河運經費支銷所有前項耗食等米應請即于

丁耗內開支覈計本年漕糧給丁耗米共七萬九千三百四十九石三斗一升九合三勺內除給商船貼耗四萬六千一百十八石八斗七升六合四勺經紀貼耗八千六百二十三石八斗六升八勺天津剝船食米六千五百三十九石七斗七升八合七勺外計剩漕白耗米一萬八千六十六石八斗三合四勺內白糧剩耗應將舂耗歸糙該串米二千四百五十四石七升一合四勺共剩漕白糙耗米二萬五百二十石八斗七升四合八勺歸入節省項下照江蘇咸豐元年海運成案每石糶變銀一兩限各州縣於滿販

後兩月變價提解糧道庫報部候撥

一海運經費應覈實節省也查浙省河運例有給丁漕截負重行糧月糧晒颺米價等項銀米併將餘米留南變價以資調劑今既將河運經費併歸海運支銷當此度支未裕之際尤應諸從撙節除將漕截負重等欵銀兩歸入海運支銷卽有不敷另籌辦理外其行糧一項各丁既不出運毋庸議給月糧項下銀米查明停運及災減軍船共應調劑確數再行覈辦留南餘米飭將本色如數交通晒颺米價亦毋庸動給以上各項統由糧道覈實查明細數並有無缺額糧米應行抵補及別項濟放之處另行報部查覈

一軍船宜酌加調劑水手宜預籌資遣也查本年浙省漕船杭嘉等幫尚未回空湖屬各幫仍行留滯丁力自形疲乏江省海運案內經部議覆按照由海起運米數空出軍船全支月糧其因災減歇軍船照半支月糧之例酌加三分以資調劑浙省應請照辦至水手人等尤宜速行遣散擬卽叅酌成案於海運經費內提欵存儲一俟幫船到次飭令各州縣協同幫弁查明實存名數分別資遣取到原籍回文以憑存驗

一蓆片毛竹應解銀購辦也查起運漕糧應解蓆片毛

竹二項例由糧道衙門動支銀兩發給旂丁購帶交倉今若令海運商船帶交蓆竹揚帆使戧諸多窒碍前經江省

奏明如數解銀赴倉場衙門酌量購買遵行在案浙省

應請照辦

以上續議章程臚列八條如尚有未盡之處容再隨

時酌覈奏辦合併聲明

咸豐二年十二月初十日具

奏三年正月初三日奉

硃批戶部妥議具奏單併發欽此

戶部謹
奏爲遵
旨妥議具奏仰祈
聖鑒事咸豐二年十二月二十二日浙江巡撫黃宗漢奏
浙漕辦理海運續議章程一摺奉
硃批戶部妥議具奏單併發欽此欽遵抄出到部據原奏
內稱竊照浙省新漕奏明試行海運設局查辦並經
臣等籌議章程臚列八條開單具奏聲明未盡事宜
隨時酌覈奏辦等因先後奉
旨准行並於臣奏請蘇省委員幫同辦理摺內欽奉

上諭江蘇浙江海運事宜著責成按察使倪良燿總司其
事以資熟手總期不分畛域妥速籌辦毋稍延誤等因
欽此遵卽檄行妥辦去後茲據藩司麟桂糧道周起
濱會同江蘇臬司倪良燿轉據查明來歲起運新漕
正耗米六十四萬餘石所需船隻已據甯波道府雇
募蜑船三不像船九十餘隻由提鎮水師押駕赴滬
上海沙船亦陸續進口承攬又有天津衛船情願裝
運兩省官糧船隻無虞缺乏並將未盡事宜續議章
程具詳請奏前來除委員分赴各屬催提銀米于來
春趕先起運外所有續議章程臣再臚列八條等因
奉
旨交臣部妥議具奏臣等按照各條公同詳加酌覈恭摺
覆奏謹呈
御覽
一白糧宜先期起運並將樣米帶津呈驗一條據稱白
糧米質柔嫩易于蒸變必應先期起運現飭各縣趕
緊舂辦裝入蘇袋一面咨明江蘇撫臣由臬司倪良
燿先撥寬大沙船數十隻於第一次全數裝運至向
例白糧到通秤足每袋一百六十觔道光五年倉場
督臣奏准改用斛收每一石爲一袋浙省自應照辦

並漕白糧米均于正米內提出樣米一斗用蘇袋裝
盛黏貼印花帶津呈請
欽派大臣查驗等語臣等查白糧米質柔嫩理宜倍加愼
重先期起運該撫所請先撥寬大沙船於第一次全
數裝運之處應如所奏辦理仍令轉飭承辦各員諄
切曉諭各該商船務將白糧全裝蘇袋堆架船艙毋
得散放在倉致令氣鬱不無發熱變色倘有疎率以
致抵津交收掣肘惟承辦之員是問至所稱白糧到
通改用斛收每一石爲一袋並漕白糧米均提出樣
米一斗帶津呈驗等語查係江蘇歷屆海運成案該

省自應照辦
一天津兌交之後應責成經紀一條據稱海運以民船受載官糧非軍船之承運漕糧者可比惟恐經紀人等有意挑剔海船不免受累道光六年欽奉
諭旨海船到津難免經紀需索刁掯著屆期奏請欽派一二員前往又奉
諭旨商船到津委員將樣米送交欽派大臣比對米色按冊驗收其過剩事宜責成坐糧廳帶同經紀一手經理交米委員將漕糧兌給剝船卽爲竣事毋庸至通以免推諉各等因欽遵在案來年海船到津自必遵照奏請

欽派大臣前往驗收所有過剩事宜應請查照成案專歸經紀承管與沙船無涉責成旣專則剝船中途攙雜使水等弊亦當不禁自除等語除由臣部另摺奏請
欽派大臣前往驗收外伏查歷屆海運章程沙船到津驗米大臣會同倉場坐糧廳及南北各委員眼同查驗明確如沙船本有霉變卽責令該商等於准給耗米內賠補如係好米卽由坐糧廳取具該經紀米色乾潔米數無虧切結督同斛收交米委員將漕糧兌給剝船後卽爲竣事其過剩事宜卽責成坐糧廳帶同經紀一手經理不得牽涉原裝沙船至由津運通由

通運倉如何稽查如何防範倘有潮濕短少如何分賠獨賠之法均有成案可循該撫所稱責成經紀之處係屬查照舊章應如所奏辦理
一沙船餘賸耗米應令自行售賣一條據稱商船耗米抵津後如無賠補之欵除食用外每有盈餘道光六年由部發銀二十萬照時價購買交倉二十七年江省以經費支絀未便牽請收買應聽自行出售並因大幫沙船業已抵津尚有尾幫未到卽令委員在津收買交兌飭知該船戶在蘇繳價或于續到時自行變價此次浙省海運應卽援案曉諭各商飭將餘米

自行出售倘大幫已到而尚有尾船未至卽令委員籌買補額交兌等語臣等查沙船餘賸耗米道光六年係官爲收買道光二十七年及咸豐二年係自行變賣斟酌時宜辦法原無拘泥此次浙省沙船餘米到津驗收時除有霉變虧短飭令該商等將此項米石賠補外仍有盈餘或照道光六年成案官爲收買或照上兩屆成案自行變賣應俟驗米大臣臨時體察米色之能否乾潔價值之能否平減分別奏辦惟屆時大幫已到而尚有尾船未至卽由該省交米委員籌買補足交兌以速運務而免缺額其尾船如本

未開行應令飭知該船戶由南繳價如有續行到津
船米是否官爲收買抑或自行變價還欵之處統俟
臨時察看情形酌量辦理
一旂丁應領籄羨餘米價紙劄等銀照案抵解一條據
稱丁運到通應給經紀津貼箇兒錢飯米折色廳倉
茶果等銀每洪斛百石各丁給經紀飯米折色銀二
兩二錢五分加給銀三錢三分七釐五毫箇兒錢銀
二兩七錢津貼銀二兩五錢廳茶果以船數計算每
船十兩倉茶果以米數計算每石五釐一毫七絲二
忽五微軍船未來船數無從計算以洪斛五百石爲

一船米一萬石作船二十隻應交廳倉茶果共銀二
百五十一兩七錢二分五釐所有旂丁應領籄羨餘
米價紙劄等項按米一萬石船二十隻合算應領銀
四百餘兩請將此項抵撥各欵仍有不敷飭令如數
解交在案此次浙漕海運應請
敕下倉場督臣查照浙省幫丁例給之項照案抵撥其不
敷銀兩由浙省如數解交等語臣等查旂丁到通向
有應領之籄羨餘米價紙劄等銀按米一萬石船二
十隻合算應領銀四百餘兩海運之年卽以此項銀
兩扣抵應給經紀津貼箇兒錢飯米折色等項及應

交廳倉茶果之用仍有不敷再由南省如數解交歷
經遵辦在案此次浙漕海運應令倉場衙門查照浙
省幫丁例給之項儘數抵撥不敷銀兩再由浙省如
數解交以供支用而清欵目
一餘耗應行節省援案糶變一條據稱江省海運沙船
貼耗經紀貼耗剝船食米均于旂丁應得耗米內劃
給此次浙省海運所有前項耗食等米應請卽于丁
耗內開支覈計本年漕糧給丁耗米共七萬九千三
百四十九石三斗一升九合三勺內除給商船貼耗
四萬六千一百十八石八斗七升六合四勺經紀貼

耗八千六百二十三石八斗六升八勺天津剝船食
米六千五百三十九石七斗七升八合七勺外計賸
漕白耗米一萬八千六十六石八斗三合四勺內白
糧賸耗應將舂耗歸糙該申米二千四百五十四石
七升一合四勺共賸耗米二萬五百二十石八斗七
升四合八勺歸入節省項下照江蘇咸豐二年海運
成案每石糶銀一兩限各州縣兩月變價提解糧道
庫報部候撥等語臣等查江省海運沙船貼耗經紀
貼耗剝船食米均于旂丁應得耗米內劃給此次浙
省海運所有前項耗食等米應准其卽在于旂丁耗

米內開支惟開支外仍有餘賸耗米二萬五百二十石有零據該撫奏請援照成案飭令糶變價銀報部候撥等因查該省米價既屬平減變糶銀兩爲數無幾而京倉積儲多多益善卽交海船帶裝亦屬簡便應請

飭下浙江巡撫卽將前項餘賸耗米一併由海運津毋庸糶變以重倉儲而供支放

一海運經費應覈實節省一條據稱浙省河運例有給丁漕截負重行糧月糧晒颺米價等項銀米並將餘米留南變價以資調劑今既將河運經費并歸海運

除將漕截負重等欵銀兩歸入海運支銷卽有不敷另籌辦理外其行糧一項各丁既不出運應毋庸議給月糧項下銀米查明停運及災減軍船共應調劑確數再行覈辦留南餘米飭將本色如數交通晒颺米價亦毋庸動給以上各項統由糧道查明細數並有無缺額糧米應行抵補及別項濟放之處另行報部查覈等語臣等查漕截負重行糧月糧晒颺米價及餘米留南等項銀米均係例給旂丁之欵今據該撫奏稱請將漕截負重等欵銀兩歸入海運支銷行糧一項及晒颺米價各丁既不出運毋庸議給留南

餘米仍飭將本色如數交通等語所奏均屬覈實應卽准其照辦其月糧銀米應令查明停運及災減軍船援照成案辦理至各項有無缺額應行抵補及別項濟放之處飭令一併查明細數咨報臣部覈辦

一軍船宜酌加調劑水手宜預籌資遣一條據稱本年浙省漕船杭嘉等幫尚未回空湖屬各幫仍行留滯丁力自形疲乏江省海運案內按照海運米數空出軍船全支月糧因災減歇軍船照半支月糧之例酌加三分以資調劑浙省應請照辦至水手人等尤宜速行遣散擬卽叅酌成案于海運經費內提欵存儲

一俟幫船到次飭令各州縣協同幫弁查明實在名數分別資遣等語臣等查月糧一欵向例出運全支停運半支前于道光二十八年江蘇海運據漕運總督等奏准月糧銀米按照起運米數確查空出軍船一律全給災減在次各船除例給五分外酌加三分在案茲據該撫奏請照辦係爲體䘏丁舵起見應准其援案辦理仍令漕運總督浙江巡撫確切查明實徵米數若干石按照海運米數空出軍船若干隻因災減歇軍船若干隻應給月糧若干石現在海運減存行月米若干石分晰報部查核至所稱水手人等

擬卽于海運經費內提欵飭令各州縣協同幫弁查明分別資遣一節查安揷水手自係現時要務應令轉飭各州縣協同幫弁妥爲資遣倘假手吏胥留難尅扣卽行叅奏查辦毋致滋生事端並令漕運總督諄飭各衛備弁嚴加約束毋得稍存大意致有疎失總期毋縱毋激是爲至要

一席片毛竹解銀購辦一條據稱起運漕糧應解席片毛竹二項例由糧道衙門動支銀兩發給旂丁購帶交倉今若令海運商船帶交席竹諸多窒礙前經江省奏明如數解銀解赴倉場衙門酌量購買遵行在案浙省應請照辦等語臣等查起運漕糧例有應解席片毛竹二項茲據該撫奏請如數解銀酌量購買等語查係援照江蘇海運成案辦理應准其如數備銀解赴倉場衙門購買應用以歸簡便以上各條臣等謹就原奏參酌成案公同詳覈恭摺覆奏此外應辦一切事宜均有成規可倣應令確查江蘇海運舊章一體遵照所有臣等遵

旨妥議具奏緣由謹恭摺覆奏伏乞

皇上聖鑒

訓示遵行謹

奏

再查海運沙船自南赴北總以夏至以前南風司令爲宜所有本屆蘇松糧道所屬海運米一百四萬餘石並浙江海運米六十四萬餘石比較道光二十八年及咸豐二年米數尤多前據浙撫奏稱擬分兩次運津覈算時日較爲廹促現據江省奏陳海運大槪情形摺內聲稱江省糧米勒限二月內全數放洋北上浙省漕糧業經遵奉

諭旨飭令按察使倪良燿總司其事亦經委員趕辦以期海運迅速等因臣等伏查咸豐二年海運報完日期係在五月十九日比較道光二十八年早完一月有餘辦理較爲妥協但在津驗收之遲速總以沙船抵津之早晚爲憑相應請

旨飭下江蘇浙江各巡撫諭令總辦海運按察使倪良燿督率承辦各員于驗收裝兌一切事宜務須提前趕辦隨驗隨裝隨裝隨運催令連帆北上能得一次裝運齊全更爲簡捷倘必須兩次接運卽令第一次儘船裝足及早放洋以後絡繹開行前牽後搭不必拘定兩運成數以免守候稽遲其首先抵津船隻卽飭趕緊騰空及早回南找裝第二次糧米總期五月以

前兩次船米悉數抵津事關重大各該撫自必迅速
辦理愈早愈妙倘或稽遲于事前貽誤于事後致有
意外之虞卽惟該撫等是問所有催開海運沙船緣
由理合附片陳明伏乞
皇上訓示謹
奏請
旨
咸豐三年正月初八日具
奏奉
旨依議欽此

戶部謹
奏爲來歲南糧海運續議章程四條恭摺具
奏仰祈
聖鑒事竊查本年蘇松常鎭太四府一州漕白糧米改由
海運一切章程均係按照道光六年及二十八年兩
屆成案稍爲變通斟酌辦理現據兩江總督陸建瀛
於堵築豐工事宜摺內聲明蘇松糧道所屬應行起運
咸豐二年糧米仍應照案請辦海運以顧京倉而免
遲延並經臣部行令按照本年辦理章程迅速妥辦
在案伏查道光六年初次試辦海運計節省米六萬

餘石及二十八年二次海運計籌補缺額米將及三
十萬石數已加至五倍本年三次海運節省銀兩至
六十六萬兩之多較上兩屆成效漸有可觀惟事欲
推行盡利弊當釐剔無私所有明年接辦海運事宜
除遵照舊章毋庸另議各款外仍有前議未及宜益
求詳之處臣等公同酌覈謹續擬四條恭呈
御覽
一天津剝價應覈實給發也查剝價銀兩係江省解交
天津道庫備用漕糧用官剝船洪斛每石剝價銀九
分五釐九毫七絲三忽白糧用民剝船洪斛每石剝

價銀一錢一分三毫四絲八忽向係按照時價易換錢文移交直隸局員給發不許絲毫剋扣第以銀易錢一入一出未免參差明年海運應令直隸總督轉飭天津道按米發銀先期將漕白糧洪斛每石剝價銀數及飯食米數並有無守候口糧張貼告示俾剝船戶共見共聞屆期發交局員親給其銀數不及一兩未便零星散給者另行易錢找給毋假胥吏之手如有向剝船戶需索錢文者准其扭稟沿途兵役及通壩胥吏人等有向剝船戶藉端勒掯者並許喊控如此覈實辦理剝船戶得項既優倘再有偷盜攙和

等弊除責令賠補外仍照例從嚴治罪毋稍寬貸

一通壩日起米數除奏報外應移知驗米大臣也查海運章程向由驗米大臣督催起卸剝運赴通抵壩後隨到隨起每日總須符例定三萬石之數倘或積壓張灣一帶便有項阻不能前進之虞總緣向來通壩不將日起米數開報驗米大臣以致無從查覈明年海運應請

勅下駐通倉場于五日奏報摺內聲明每日起米均符三萬石之數並轉飭駐通坐糧廳將每日起米若干石卸船若干隻按日開報驗米大臣以便查催而免貽誤

一通壩口袋應令足額並嚴查各處積壓也查起米口袋例定歲製十八萬條原足敷用而起米遲延總藉口于口袋不敷輪轉推求其弊則有缺額積壓兩端缺額之弊由于經紀侵蝕偷減積壓之弊由于橋倉阻滯故使周轉不及挾制分肥明年海運自應各清各弊隨時懲辦如橋有積壓當參橋監督如倉有積壓當參倉監督橋倉均有積壓當並參橋倉若均無積壓而每日起卸不及三萬石之數是原備口袋之缺額可知當參坐糧廳應令倉場侍郎轉飭坐糧廳

務于辦理先濟事宜時認眞點驗不得稍有缺少並嚴飭橋倉各監督迅速轉運毋許車戶花戶人等故意留難致滋遲誤如有前項弊端立予究辦

一米色務須乾潔應令通壩切實驗收毋任諉卸也查海運章程向由驗米大臣會同駐津倉場坐糧廳直隸江蘇各委員查驗明確如本有霉變卽令沙船于耗米內賠補如係好米卽由坐糧廳取具該經紀米色乾潔米數無虧切結督令斛收此後均有經紀承運承交與沙船無涉查取結者駐津坐糧廳出結者帶赴天津之經紀如果米本霉變經紀豈甘出結一

經出結是米色本屬乾潔米數亦無虧短何以抵壩
之時間有潮濕短少入倉以後與原驗米樣不能一
律相符此中情弊在于剝船開行以後可知應令駐
津坐糧廳將所取經紀各甘結按日申報驗米大臣
以憑查覈并令駐通坐糧廳臨時切實查究如有偷
漏攙和係由經紀拿獲則責令剝船獨賠治剝船以
應得之罪若經紀並未查出並未稟明或通同作弊
分肥則責令經紀剝船分賠並各治以應得之罪此
後由壩運橋由橋交倉如有短少潮溼均惟經紀車
戶是問不得牽涉外河剝船更不得牽涉原裝沙船

入倉以後如有灰黯霉變則責令該倉賠補治花戶
以應得之罪不得牽涉經紀更不得牽涉剝船沙船
應請
勅下駐通倉場于五日奏報摺內將米色米數切實聲明
以免日後牽混至橋倉各監督均係倉場管轄人員
應令一併嚴飭迅速妥辦毋許胥役人等滋生弊端
任意諉卸以上四條臣等謹就歷屆章程悉心推議
以期密益加密有弊必除是否有當伏乞
皇上聖鑒訓示遵行謹
奏咸豐二年九月二十二日具

奏本日奉
旨依議欽此

戶部謹
奏爲遵
旨議奏仰祈
聖鑒事咸豐三年正月十五日前任兩江總督陸建瀛江蘇巡撫楊文定奏蘇松等屬應徵咸豐二年新漕一律仍由海運臣定辦理章程一摺奉
硃批戶部議奏欽此欽遵於正月十七日抄出到部據原
奏內稱竊照蘇松常鎮太四府一州咸豐三年起運二年分漕白糧米循案海運以實
京倉等因查此次海運本係照案辦理毋庸另議章程惟江蘇漕糧近兩年之改由海運者名爲裕倉實則籌餉是鈎稽米數固爲當務之急而綜計節省銀款尤須絲絲入扣此外如派員經理以專責成籌備經費以資公用災缺南米仍以漕費採買補足兵糈沙船出口卽令水師護送俾免疏虞至於經紀耗米剝船食米則出諸州縣運米到津一經驗收則責在經紀凡此數端非獨於上屆成法畧有變通卽銀米數亦互有參差現就司道會議章程覆加詳覈謹擬十條等語奉
旨交臣部議奏臣等按照各條詳加酌覈謹繕摺覆奏恭

呈
御覽
一海運事繁任重必期經理得人一條據稱現委蘇州府知府鍾殿選川沙同知何士祁在於省城查覈章程鈎稽銀米並由蘇松太道督同候補知府洪玉珩松海防同知藍蔚雯署理上海縣知縣姚輝第暨兼辦上海事宜之川沙同知何士祁等雇覓沙船並督飭各委員料理兌米放洋各事宜仍由藩司綜理全局臬司總司其事至各屬米色係糧道專責由該道於各州廳縣開倉時親歷查驗一次復于上海裝船時會同蘇松太道再行盤驗均須一律乾圓潔淨白糧更宜慎重不准稍有攙雜等弊惟天津交米最爲喫重應卽飭委糧道何俊酌帶委員先期由陸路赴津管理交兌並會同直隸委員照案妥爲辦理等語臣等查歷屆漕糧海運該省均于省城上海天津三處各委司道守丞等員分任厥事在案兹據奏稱藩司總理全局臬司總理其事並委蘇州府知府川沙廳同知鈎稽銀米並由蘇松太道督同候補知府暨松海防同知署上海縣知縣暨兼辦上海事宜之川沙廳同知等雇覓沙船並督飭各委員料理兌米放

洋各事宜均應准其照辦惟勾稽銀米應令該藩司臬司詳稽應徵帶徵正耗及漕項銀米各數先行報部其雇覓沙船應給水脚耗米等項務宜嚴加防範毋任經手書吏少有需索尅扣其查驗米色應責成該糧道詳慎辦理漕糧務須乾圓潔淨一律粳米白糧尤應慎重均不准有秈米攙雜及柔嫩潮潤等弊至天津交米尤關緊要應令該糧道早抵津門會辦一切事宜毋稍遲誤

一交倉漕米仍須籌補足額一條據稱咸豐二年蘇松常鎮太四府一州額徵無閏交倉漕白正耗米一百

四十四萬八千五百九十五石零除本年秋歉緩徵米四十萬六千一百二十一石二斗零實徵熟田交倉漕糧正耗米九十七萬四百六十七石二斗零又額徵交倉白糧正耗米七萬二千六石七斗零共計交倉漕白正耗米一百四萬二千四百七十三石九斗零一律由海運津至緩缺交倉漕糧米四十萬六千一百二十一石零內除丹徒縣起運米石項下例應加截京口旗營不敷米九百石零另籌買補外實計缺額米四十萬五千二百二十石零自應照案籌補足額查漕白項下向應給丁之米照案糶變並酌

提各屬節省給丁漕贈津貼等銀共計六十萬兩抵補緩缺漕糧米四十萬五千二百二十石零補足全額統計有盈無絀至沙船耗米每漕糧一石給米八升白糧一石給白米一斗共計米八萬四千八百三十八石零仍由各州縣捐給其歉緩漕南米石俟次年秋成後察看情形按限徵完交幫搭運以符成例等語臣等查道光二十八年海運係屬籌補災缺漕糧咸豐二年海運係屬兼籌銀款此次海運據稱實徵熟田漕白正耗共米一百四萬二千四百七十三石零一律由海運津其緩缺漕糧米四十萬五千二

百二十石零即以節省等銀六十萬兩作爲補足全額統計有盈無絀核與上屆節省銀六十六萬兩此次僅節省銀六十萬兩短缺之數至有六萬兩之多殊不足以昭覈實業由臣部奏請查詢應歸彼案覈辦至沙船耗米八萬四千三百三十八石零務令全交本色以備到津或有折耗賠補之用如查有私折等弊即將州縣叅處至咸豐二年歉緩漕南米石仍飭按限徵收交幫搭運毋任捏災遞緩其漕白二糧應即分別各府州縣正改兌正耗米各徵數詳造妥冊先期由陸路賫至天津以備驗米大臣查覈

一籌補銀欵以備撥用一條據稱今次漕糧循案海運自應仍籌銀欵現在雖將節省給丁米石並節省給幫津貼照案以銀合米補足漕額總應專稽銀數以清眉目查此次蘇松常鎭太五屬應徵熟田漕白項下計有節省給丁贈五餘耗等米二十一萬三千三百四十石零現飭各州縣一律糶變每石合銀九錢共該銀一十九萬二千六兩又提各屬節省給丁津貼銀二十六萬一千七百一十七兩零又道庫節省給丁漕贈等銀一十四萬六千二百七十六兩零三共銀六十萬兩分別立限提齊歸還復堵豐工案內

所墊銀欵其各屬應給沙船水脚神福犒賞及剝運赴滬脚費暨津通剝船經紀食耗等米並南北應用公費均飭各州縣於其餘節省幫費內分別解給抵用等語臣等查此次海運專籌銀欵計節省銀六十萬兩內有糶變耗米一欵每石合銀九錢經臣部以上屆海運糶變耗米每石合銀一兩今復每石減銀一錢殊非愼重經費之道奏請

勅查果如市價平減卽將此項米石運津毋庸糶變在案茲據聲稱丁耗等米二十一萬三千餘石現飭各州縣一律糶變每石合銀九錢共該銀一十九萬二千餘兩是此項米石該省於未接部文之前業經糶變應卽免其運津其糶變銀兩與節省漕贈津貼等項共銀六十萬兩據稱立限提齊歸還復堵豐工墊欵復經臣部以現在軍需緊急籌畫孔殷應令移緩就急以濟要需已于正月二十二日奏明卽將此項節省銀六十萬兩趕緊催提內撥銀五十萬兩分起委員陸續解交

欽差大臣向榮大營仍餘銀十萬兩卽令解往江甯以爲防堵之用又在案應歸彼案覈辦其各屬應給沙船水脚等項暨津通剝船經紀食耗等米并南北應用

公費均于節省幫費內解給抵用應如所奏由外籌給分別辦理惟應給沙船水脚等項及南北應用公費各項銀數原奏内均未分晰聲明臣部無憑查覈應令詳細查明報部覈辦

一天津通倉經費照案籌備支用一條據稱上屆辦理海運除輕賫由關竹木等項由糧道衙門照例批解天津剝船食米及通倉經紀耗米另行備帶本色外其天津官剝民剝雇價等項均由蘇省籌備解津由江蘇委員會同直隸委員按照起運米數分別支應此次仍應照案籌辦絲毫不動

貉金惟今屆浙江杭嘉湖等屬咸豐三年起運二年分
漕糧亦已奏准改由海運所有津通各衙門一切費
用務與江蘇省劃清辦理各歸各省支銷以免糾轕
而清款目等語臣等查上屆海運成案除輕賫等項
照例批解外其天津撥船之雇價通倉經紀夫役口
食等項均由蘇省籌備此次自應照辦惟所稱今屆
浙江杭嘉湖漕糧亦由海運所有津通各衙門一切
費用務與江蘇劃清辦理各歸各省支銷以免糾轕
而清款目等語查浙省海運業據浙江巡撫奏明准
將河運一切作正開銷之費并歸辦理海運之需自

應各歸各省支銷以免糾轕仍令各該省按照現運
米數先將約計需用銀兩解交天津道庫以備應用
仍由各該省委員先期到津會同天津總局分別覈
定數目報部查覈總之沙船抵津愈早愈妙如果迅
速告竣所籌經費自可無虞支絀
一籌補緩缺南糧毋庸截撥一條據稱此次各屬仍有
緩缺兵糧局卹等款共米二萬七千六百二十三石
零此係計口授食要需不能短少今漕額既已抵足
是項緩缺之米亦應一體籌補照案以節省隨漕腳
費錢文飭令各州縣易銀批解分別買米抵放毋須

截撥亦毋庸動碾倉穀等語臣等查兵糧局卹等米
如有緩缺不准截留漕糧應由該省籌款買補並碾
常平倉穀給發嗣于道光二十八年海運案內聲明
庫款各有支項常平倉亦關緩急碍難再動奏准在
於海運節省隨漕腳費款內動支採買放給上屆海
運亦係援照辦理各在案此次循照舊章應如所奏
辦理仍應覈實報銷如有盈餘卽令報部候撥
一沙船放洋照案責成沿海水師防護一條據稱海運
沙船准其各帶軍器俾資防護仍于入口時呈繳出
口時給領以備稽考並責成該管水師鎮將統帶備

弁兵船沿途護送出境一面咨明直隸山東等省一
體防範接護在案此次自應照案咨行各鎮營將管
轄洋面專任分任各職名開摺咨部查考並咨直隸
山東二省一體照辦以昭慎重等語臣等查歷屆海
運成案均准令沙船各帶軍器以備不虞此次自應
照辦惟沙船軍器於入口時呈繳出口時給領務宜
實力稽查毋令稍滋流弊至所稱責成該管水師鎮
將統帶備弁兵船沿途護送出境並咨明直隸山東
二省一體防範接護之處臣等查百萬正供理宜倍
加慎重現當整飭洋面之時尤爲緊要沿途水師巡

防是其專責應飭浙江江蘇各巡撫及直隸山東各督撫等務須嚴飭各該水師鎮將統帶備弁兵船逐段巡查逐程防護出境入境務須聲氣聯絡不得互相推諉如有偷安營弁即行據實嚴參毋任少有疎虞致干重咎

一剝船經紀食耗等米仍備帶本色一條據稱剝船食米每漕白米一石給米一升一合五勺通倉經紀耗米每漕糧一石計耗米一升五合白糧一石給耗米一升八合均以洪斛覈計上屆均備帶本色隨正運津支給在案此次仍應照辦計本屆海運漕白二糧

一百四萬二千四百七十三石九斗零共需食耗等米二萬七千八百四十一石零隨正兌交沙船一律運津按交倉米數分別兌交給發再查經紀耗米亦係由津剝運赴通應須剝船食米一百八十二石零上屆抵津後動支備帶經費買米補交今次應飭屬備齊本色帶交沙船運津給發以歸畫一等語臣等查上屆海運成案天津剝船食米通倉經紀耗米均係備帶本色此次海運據稱食耗等米二萬七千八百四十一石零隨正兌交沙船運津按交倉米數分別給發其經紀耗米項下應需剝船食米一百八十二石零亦係備帶本色均應如所奏辦理至剝船經紀如有分賠獨賠之案應令按照上屆章程即在於食耗等米內如數賠補

一天津交米之後循舊責成經紀一條據稱漕糧海運由直隸派委天津道駐津總辦倉場揀派坐糧廳酌帶經紀斛收並奏請

欽派大臣赴津查驗事竣奏報各在案此次兼運浙省漕糧海船回帆更宜迅速仍請照案米到天津驗收之後即與沙船無涉免其羈候其由天津運通由通運倉應照現奉戶部奏准章程責成經紀承管如有偷

漏攙和分別責令賠補究治等語臣等查歷屆海運成案沙船抵津由驗米大臣會同倉場坐糧廳直隸江蘇各委員眼同查驗明確如沙船本有霉變即責令沙船於准給耗米內賠補如係好米即由坐糧廳取具該經紀米色乾潔米數無虧切結督令斛收由經紀一手經理不得牽涉原裝沙船各在案此次兼運浙省漕糧海船回帆更宜迅速該撫所請米到天津驗收之後即與沙船無涉免其羈候之處洵係歷屆海運章程第一要務應如所奏辦理至運通運倉如有偷漏攙和分別賠補究治均有成案可循毋庸

另議

一停運旗丁分別調劑一條據稱上届海運各幫停運軍船由糧道籌欵分別優邺令届仍由海運所有停運船隻應支月糧苫蓋等銀自應照案籌給以邺丁力其水手人等上年蘇省並無回空毋庸再議資遣等語臣等查上屆海運停運旗丁係由糧道將邺丁舊案叅酌墊放在案此次海運所有停運軍船自應仍令查照成案籌給月糧苫蓋等銀以邺丁力其水手人等上年既無回空自應毋庸開銷資遣銀兩以昭覈實而節經費

一沙船領運漕糧悉遵成案一條據稱沙船八成載米二成載貨如在洋遭風並未拋棄貨物獨棄官糧者雖驗有鬆艙屬實其短少米石仍勒令賠補此次仍應照辦現在雇定沙船修艌編號停泊黃浦受兌其未經進口之船咨行一體招徠歸塢一俟米數兌齊陸續放洋北上其沙船赴津仍照上届成案准其二成載貨

恩免納稅除運米一萬石以下由外給奬其自一萬石至五萬石以上分別給奬職銜若捐至五品無可再加或另行酌奬事竣奏請辦理至沙船抵津交兌之後所餘耗米仍照上届成案准令該商船在津自行變賣以歸畫一等語臣等查歷屆海運成案沙船八成載米二成載貨免其納稅如在洋遭風除斫桅鬆艙驗明糧貨俱損仍奏明豁免外如貨物並未拋棄獨棄官糧者雖鬆艙屬實短少米石仍令賠補此次均應照辦其所稱應募各商除一萬石以下由外給奬其自一萬石至五萬石以上分別給與職銜若捐至五品無可再加或另行酌奬等語覈與成案相符應俟事竣奏請辦理至餘米一項道光六年係官爲收買道光二十八年及咸豐二年係令沙船自行變賣

辦法原無拘泥此次沙船餘米除有霉變虧短飭令該商等將此項米石賠補外仍有盈餘或官爲收買或令自行變賣應俟驗米大臣臨時察看米色之能否乾潔米價之能否平減分別奏明辦理

以上各條臣等謹就原奏參酌成案公同詳覈恭摺覆奏此外應辦一切事宜均有成規可仿應令確查舊章一體遵照所有臣等遵

旨議奏緣由謹恭摺覆奏伏乞

皇上聖鑒

訓示遵行謹

奏

咸豐三年二月初一日具

奏本日奉

旨依議欽此

兩江總督臣陸建瀛跪

奏再本年辦理海運漕米係由上海紳董候選知府王

承基安徽候補知縣沈磬來親身督押前赴天津隨

同照料甚爲妥速明年新漕江蘇浙江皆辦海運事

務更煩自應仍令該紳等隨同辦理以資熟手惟查

沈磬來現應請咨前赴安徽候補誠恐王承基一人

照料難周此外又別無可靠之人相應請

旨將安徽候補知縣沈磬來暫留在籍俟明年督護海運

事竣再飭赴補茲據蘇州藩司聯英轉據上海道麟

請

奏前來理合附片陳明伏乞

皇上聖鑒訓示謹

奏

咸豐二年　月　日具

奏十一月十六日奉

硃批依議吏部知道欽此

戶部謹
奏爲查驗海運米石照案先期奏請
欽派事竊查上屆海運蘇州松江常州鎭江太倉四府一
州漕白糧到津交收經臣部援照成案預行奏請
欽派大臣一人會同倉場侍郎一人屆期赴津查驗一摺
於咸豐二年正月十五日具奏本日奉
硃批着派孫瑞珍慶祺屆期前往驗收欽此欽遵在案查
本屆咸豐三年起運咸豐二年江蘇蘇松常鎭太四
府一州漕白米一百四萬餘石並浙江杭嘉湖三屬
漕白米六十四萬餘石均經各該省先後奏

准全由海運較之上兩屆海運米石爲數尤多應卽查照
成案先期奏請
欽派大臣一人會同倉場侍郎一人俟有天津鎭道呈報
沙船抵津信息卽行率同隨帶司員遵奉前往理合
恭摺具
奏
咸豐三年正月十一日具
奏本日奉
硃批着派王慶雲會同慶祺驗收欽此又於咸豐三年二
月十八日奉

上諭著改派孫瑞珍前往天津會同慶祺查收海運米石
王慶雲著毋庸前往欽此

大學士直隸總督臣訥爾經額跪

奏再查江浙兩省咸豐二年漕白糧米由海運津接准

部咨行令遵照舊章派委道員會同天津道設局總

理並一切如何照章籌辦之處迅速奏明報部以憑

覈辦等因查南糧海運向有奏定章程上年即係循

照舊章辦理並無應行變通之處本年海運漕糧自

應照案派委道員前往會辦查有通永道海瑛堪以

派委駐津會同天津道遵照舊章慎速辦理除徑檄

飭遵並咨戶部外所有派委道員前往會辦海運緣

由理合附片奏

聞伏乞

聖鑒謹

奏

咸豐三年二月初四日具

奏初九日奉

硃批知道了欽此

奏爲海運漕白糧米頭批兌竣開行恭摺由驛具　浙江巡撫臣黃宗漢跪

奏仰祈

聖鑒事竊照浙省海運漕糧前經

奏明招雇甯波之蜑船三不像船取具承攬裝載其不

敷之處由蘇省協雇上海沙船惟兩省並運必須江

省初次沙船抵通後回南接辦欽奉

諭旨照議辦理等因欽遵在案茲查甯波受雇商船先有

一百十四號於上年十二月底駛至上海其餘船隻

現在甯郡修艙不日亦可赴滬並據上海局招雇天

津衛船并經蘇省將餘剩沙船撥交上海局裝運浙

漕統計船數已足敷用所有浙省本年起運新舊漕

白二糧共交倉正耗及應給經紀剝船耗食等米六

十四萬餘石現據杭嘉湖三屬剝運抵滬三十餘萬

石於咸豐三年正月初十日開兌截至三十日止共

兌米一十二萬餘石白糧亦全數裝兌即於二月初

四日頭批船隻駛抵吳淞口候風開放由海運局員

詳請具

奏前來臣查道光五年江省海運案內欽奉

諭旨海船到津爲日甚速初次兌竣開行時由四百里馳奏

等因本年浙江省海運漕糧旣據頭批兌竣開至海口候風自可揚帆北上除飛咨直隸山東江蘇各督撫臣轉飭水師營弁沿途接護外理合恭摺馳
奏伏乞
皇上聖鑒再臣前奏江浙並行海運船隻不敷應行兩次接運現在甬東及沙衞各船足敷裝載臣已飭令隨兌隨開以重倉儲而期迅速不復兩次接運合併陳明謹
奏
咸豐三年二月十一日具

奏二月二十六日奉
硃批該部知道欽此

浙江巡撫臣黃宗漢跪
奏再天津需用剝船及交米一切事宜已飭糧道周起濱督同委員陞用同知楊裕深等由陸路赴津趕辦需用銀兩亦已委員分批起解惟現在江省道路戒嚴必須格外防護現經臣飭令設法趕解務保無虞惟恐行走未能迅速而商船先已到津不免有守候之累相應請
旨敕下倉場侍郎直隸總督查照奏定章程於天津道庫或直隸藩庫暫行墊給俟該道等抵津後即行歸欵除咨會查照外理合附片具奏伏乞

聖鑒再正摺早經繕就因兩江總督退守金陵南北道路梗塞文報紛紛退回臣恐有疏失未敢拜發今探明驛路已通謹由五百里恭遞合併陳明謹
奏
咸豐三年二月十一日具
奏咸豐三年二月二十六日奉
硃批着照所奏辦理該部知道欽此

浙江巡撫臣黃宗漢跪
奏再沙船貼耗經紀貼耗剝船食米均於旂丁耗米內
開支其開支外尚有餘剩米二萬五百二十石零前
經臣奏請援照蘇省成案飭屬糶變每石價銀一兩
報部候撥本年蘇省新漕又經該省奏明每石糶銀
九錢移知查照在案茲准戶部議覆浙省前項耗米
一併由海運津毋庸糶變等因臣覈與蘇省辦理兩
岐且浙省自上年災歉以後民食本有不敷嗣因長
江梗阻奏明招商採買刻下尚無商販至浙惟有仰
懇

天恩俯准將前項餘剩耗米仍照前奏每石價銀一兩由
浙省糶變於民食不無少有裨益其糶變銀兩仍報
部候撥謹附片具
奏伏乞
聖鑒謹
奏
咸豐三年二月十一日具
奏咸豐三年二月二十六日奉
硃批另有旨欽此同日奉
上諭黃宗漢奏請將餘剩耗米仍留浙省糶變等語着戶
部速議具奏欽此

戶部謹
奏再據浙撫黃宗漢附片奏稱沙船貼耗經紀貼耗剝船食米均於旗丁耗米內開支其開支外尚有餘剩米二萬五百二十石零前經臣奏請援照蘇省成案飭屬糶變每石價銀一兩報部候撥本年蘇省新漕又經該省奏明每石糶銀九錢移知查照在案茲准
戶部議覆浙省前項耗米一併由海運津毋庸糶變等因臣竊與蘇省辦理兩歧且浙省自上年災歉以後民食本有不敷祇因長江梗阻奏明招商採買刻下尚無商販至浙惟有仍懇

天恩俯准將前項餘剩耗米仍照前奏每石價銀一兩由浙省糶變於民食不無少有裨益其糶變銀兩仍報部候撥等語咸豐三年二月十八日奉
上諭黃宗漢奏請將餘剩耗米仍由浙省糶變等語著戶部速議具奏欽此欽遵抄出到部臣等伏查浙省本屆海運餘剩耗米前經臣部議令一併由海運津毋庸糶變原爲籌備倉儲起見今既據該撫奏稱浙省自上年災歉以後民食不敷茲因長江梗阻招商採買刻下尚無商販請將前項餘剩耗米仍照前奏每石價銀一兩由浙糶變糶變銀兩報部候撥等因查該撫所奏自係實在情形應准將餘剩耗米二萬五百二十石零仍照前奏每石價銀一兩糶變即飭將糶變價銀趕緊報撥毋任延宕所有臣等速議緣由理合附片具
奏
咸豐三年二月二十一日具
奏奉
旨依議欽此

浙江巡撫臣黃宗漢跪

奏再湖屬舊漕除冬撫春郵暨撥南糧截留十二萬石外共白糧一萬餘千石與本年新漕一併海運赴津前經臣奏明在案惟查白糧爲

玉食正供必應出陳易新以昭誠敬隨飭屬購換新米一律春辦齊全共計交倉正耗米一萬一千八百六十石四斗六升三合由藩司糧道具詳前來除飭令剝運赴滬迅速兌運外理合附片陳明伏乞

聖鑒謹

奏

咸豐三年二月十六日具

奏四月初六日奉

硃批戶部知道欽此

浙江巡撫臣黃宗漢跪

奏再糧道周起濱前赴天津辦理收兌事宜現已帶印起程所有道署應辦

題咨冊籍及上下文移應行委員代辦以專責成查有捐陞知府現署杭州府同知繆梓熟諳海運漕務情形堪以勝任除飭令將各項冊籍文移仍用該道銜名由該員代行代印外理合附片具

奏伏乞

聖鑒謹

奏

咸豐三年二月十六日具

奏四月初六日奉

硃批戶部知道欽此

江蘇按察使臣倪良耀跪

奏爲海運漕米遲滯恭請勒限分別嚴叅仰祈

聖鑒事竊臣於咸豐二年十一月初八日欽奉

諭旨總辦江浙海運事宜臣卽督率江浙委員雇船候運儘力催徵詎自咸豐二年十二月起至三年正月止據滬局委員摺報江省四府一州所屬起運到滬米數僅止十六萬七千餘石浙省則據報起運到滬者僅止六萬六千餘石其實在上船者尚無確數伏查

漕糧爲

天庾正供例應冬兌冬開至遲亦不過正月卽上年海運

亦於三月掃數北上今已二月初旬各州縣尚復觀望不前況現在逆匪東下湖廣江西安徽等處漕糧碍難起運是江浙海運尤爲緊急乃各州縣始則以幫費賠累爲詞呈求海運及至現在海運又復以軍書旁午花戶完納不前等詞推諉有意延挨此等情形臣知之甚熟若不擇尤嚴辦曷以肅漕政而儆劣員相應請

旨以二月初旬起勒限月内趕緊運米赴滬放洋若再遲誤卽擇尤奏請革職發往緊要軍前効力庶幾重法之下各自警心得以無誤海運上海距蘇不過二百餘里如圜練諸務稍有就緒仍可往來兼顧若浙省則離蘇較遠難以分身前往應請

旨飭下浙江撫臣一體飭屬照辦除申詳各督撫及浙撫外謹將臣辦理海運勒限嚴叅緣由恭摺具

奏伏乞

皇上訓示遵行謹

奏

咸豐三年二月十二日具

奏二月二十五日奉

硃批另有旨欽此二月十八日内閣奉

上諭據倪良耀奏海運漕米遲滯請勒限嚴叅一摺江浙海運前有旨令倪良耀總司其事疊次飭部飛催正擬此時已可開船出洋何以遲至今日始奏稱漕米遲滯勒限嚴催耶該藩司若果及早催徵將延誤之州縣先行嚴叅懲處亦何致相率效尤輒以軍書旁午花戶不前藉口推諉現在江浙各屬運米到滬者爲數尚屬無多似此觀望遷延必至貽誤正供咎將誰歸倪良耀現已調補江蘇布政使責任更無旁貸著卽嚴飭各州縣趕緊運米赴滬勒限二月内掃數運到剋期放洋倘各屬再敢託詞有意遲誤卽行嚴叅不但革職發往軍前

効力必當從重挐問治罪以儆玩延其浙江省應運米
石亦諭令黄宗漢一體嚴催矣欽此
咸豐三年二月十八日奉
上諭本年海運最關緊要浙省米石務即飛催各船接續
開行尅期運津萬勿延誤欽此

浙江巡撫臣黄宗漢跪
奏再頃接江蘇臬司倪良燿以江浙兩省海運漕米遲
滯勒限嚴參鈔摺詳送到臣接閲之下不勝詫異伏
查本年浙省新漕六十四萬餘石前據海運局詳報
剝運赴滬者已有三十餘萬石内十二萬石頭批兌
給商船白糧亦全數裝兌於二月初四日船至吳淞
口候風業經臣由驛具奏在案該司於二月十二日
繕摺拜發據稱浙省漕米起運赴滬者僅止六萬餘
石其實在上船者尚無確數臣不知其憑何奏報至
於浙漕海運臣因上年杭嘉湖三屬糧船未能歸次

不得已而試行海運並非出於各州縣之呈求若花
戸完納不前蘇省或有其事浙省則均已陸續報完
並無其說亦不知該司憑何妄報且以誤漕之州縣
欲發往緊要軍前効力尤不可解至於蘇省居民紛
紛遷徙固由於兩江總督陸建瀛退守金陵所致惟
其時江蘇撫臣楊文定在常鎮一帶辦理防堵省垣
重地責任兩司全不顧及大局先將眷屬搬移過浙道經
杭城人所共見是該司於寇未至而先徙以爲民望
以致闔省官民客商愈形惶惑數日内蘇州省城十
室九空過路人爲之傷心慘目而該司有信到浙惟

查詢其眷屬曾否過浙未嘗一字問及漕務此臣之
所目見也該司自奉
命以來於浙漕本漠不相關此次奏報詸其心或無以服蘇
省之僚屬爲此先發制人或無以全蘇省之新漕以
此預爲地步既喪盡天良又陰險巧詐臣實有不能
緘默者相應據實奏參請
旨定奪至於浙省新漕計本月內可以全數起剝赴滬三
月中旬可以一律兌竣放洋斷不致上煩
宸廑謹附片馳
奏伏乞

皇上聖鑒謹
奏
咸豐三年二月十六日具
奏二月二十四日奉
上諭黃宗漢奏接據倪良燿鈔送奏摺與現辦海運情形
不符據實參奏等語前據倪良燿奏稱浙省海運米石
起運赴滬者僅六萬餘石茲據黃宗漢奏浙米赴滬已
有三十餘萬石覽奏殊堪詫異此次江浙兩省海運特
旨派倪良燿總司其事何以於浙米剝運確數奏報含
混顯係任聽屬員誑禀以爲本省辦理不善地步倪良
燿着先行交部嚴加議處仍責令將浙省赴滬米石並
蘇省起運未完米石一律趕緊催辦倘有貽誤朕惟倪
良燿是問欽此
咸豐三年二月二十四日奉
上諭黃宗漢奏接據倪良燿鈔摺與浙米起運數目不符
據實奏參等語本日已明降諭旨將倪良燿嚴議仍責
令嚴催趕辦矣據稱浙省新漕本月內可以全數起剝
赴滬三月中旬可以一律完竣放洋著即飭屬實力催
辦勿致稍有延誤爲要將此由六百里諭令知之欽此
同日又奉

上諭前據倪良燿奏海運漕米遲滯聲明浙米據報到滬
者僅止六萬餘石其實在上船者尚無確數江省四府
一州屬起運到滬米數僅止十六萬七千餘石當經降
旨諭令該司一律嚴催本日據黃宗漢奏浙米起運赴
滬已有三十餘萬石內十二萬餘石頭批兌給商船白
糧亦全數裝兌於二月初四日船至吳淞口候風等語
覽奏爲勝詫異倪良燿此次辦理海運實屬遲延前奏
勒限嚴催朕已覺其爲辦理不善卸責地步降旨嚴飭
茲據黃宗漢參奏倪良燿係特派總辦江浙兩省海運
之員何至於浙米起運確數含混奏報且據稱倪良燿

有先送眷屬搬移杭州之事大吏舉動如此何怪民心惶惑偪此軍務緊急若再貽誤海運將何以對朕耶本日已明降諭旨將倪良燿嚴加議處仍着將江浙應行海運米石一體嚴催趕緊放洋開行陸續北上倘再觀望遷延專顧私事以至有誤正供雖欲藉詞卸責斷難逃朕洞鑒必將倪良燿從重治罪决不寬貸將此由六百里諭令知之欽此

江蘇布政使臣倪良燿跪

奏爲恭報海運漕白糧米已裝各船開至十滧守風放洋日期循案先行由驛馳奏仰祈

聖鑒事竊照蘇松常鎮太四府一州屬咸豐二年漕白糧米經撫臣等奏明循案仍由海運詳考成案實力辦理臣復蒙

恩命總理江浙兩省海運事宜臣遵卽督率兩省委員趕雇船隻催令兑運茲據江蘇委員具詳各屬將米石陸續剝運赴滬驗明督飭兑裝自正月開兑起至二月初七日止共兑漕糧正耗等米二十三萬九千三

百五十一石零白糧正耗等米一萬二千二百二十五石零內除應給沙船漕白耗米及隨交津通食耗等款外實共起運交倉漕白糧米二十二萬七千一百二石零分裝沙船二百餘隻又於二月二十二日止共續兑漕糧正耗等米二十九萬九千七百九十九石零白糧正耗等米一萬四百七十三石零除應給沙船耗米以及津通食耗等款外實共起運交倉漕白糧米二十八萬一百七十三石零分裝沙船二百餘隻連共交倉漕白糧米五十萬七千二百七十餘石所有應給水脚等項分別給發清楚並委員查

明各船隨帶器械飭合駛出吳淞口至十滧寄椗候風放洋並據浙江省委員具詳正月三十日止共兌米十二萬餘石裝用商船七十餘號即于二月初四日駛抵吳淞陸續開至十滧於二月二十一日乘風先行放洋在後據各屬源源剝運到滬尚有二十餘萬石臣即飭合不分晝夜趕緊兌裝接續開赴十滧跟蹤前進伏查海運漕糧沙船兌竣開行應由四百里馳奏一面咨會本省水師鎮將飭令弁兵沿海巡哨防護申詳直隸山東各督撫臣轉飭水師營弁查探接護并將在後米石仍由臣督飭江浙兩省委員

隨到隨兌兌竣一船先開一船候順風色放洋飛駛北上務使速益求速不准停延暨詳報本省督撫及浙撫備覈臣隨時察看情形再行馳往督辦以期

正供早達天津藉紓

宸廑合將海運米石兌開日期先行由驛具

奏伏乞

皇上聖鑒謹

奏

咸豐三年三月初六日具

奏四月初二日奉

硃批知道了欽此

咸豐三年二月二十三日奉
上諭御史陳慶鏞奏海運糧米囤積上海請飭迅速起運
一摺本年江浙海運漕米關繫緊要前已有旨傳諭倪
良燿勒限嚴催趕緊上船放洋開行現尚未據奏報實
深懸念着楊文定倪良燿督飭該委員等將已經兑收
上船之米共若干石迅速催令開行其陸續運到者隨
到隨卽上船跟𦪇前進天庾正供豈容稍有延誤倪良
燿專司其事責無旁貸若有阻隔自問當得何罪昨據
楊文定馳奏上海道吳健彰現雇夾板船三隻由海入
江藉資剿匪之用亦只可如此辦理惟船隻尚少仍須

多雇數隻更爲得力前黃宗漢奏稱浙江藩司麟桂已
趕赴上海雇備夷船著卽飭麟桂並吳健彰廣爲雇覔
星速帶船赴援有能擊破匪船殲斃賊黨者除所獲火
藥鎗礮兵械外其餘賊匪輜重概行充賞將此由六百
里加緊諭知楊文定倪良燿並傳諭麟桂吳健彰知之
欽此

吏部爲遵
旨嚴議具奏事咸豐三年二月二十四日奉
上諭黃宗漢奏接據倪良燿鈔送奏摺與現辦海運情形
不符據實糸奏等語前據倪良燿奏稱浙省海運米石
起運赴滬者僅六萬餘石茲據黃宗漢奏浙米赴滬已
有三十餘萬石覽奏殊堪詫異此次江浙兩省海運特
旨派倪良燿總司其事何以於浙米剝運確數奏報含
混顯係任聽屬員誑稟以爲本省辦理不善地步倪良
燿著先行交部嚴加議處仍責令將浙省赴滬米石並
蘇省起運未完米石一律趕緊催辦倘有貽誤朕惟倪

良燿是問欽此欽遵到部查此案江蘇布政使倪良燿
于江浙海運總司其事何以浙米剝運確數奏報含
混顯係任聽屬員誑稟以爲本省辦理不善地步奏
奉
諭旨著先行交部嚴加議處應請將代辦江蘇巡撫事江
蘇布政使倪良燿照含糊題奏降一級留任例上加
等議以降三級留任係私罪毋庸查級紀議抵仍責
合該員倪良燿將浙省赴滬米石江蘇起運未完米
石一律趕緊催辦理合恭摺具
奏咸豐三年三月初一日奏本日奉

旨依議欽此

代辦江蘇巡撫事務蘇州布政使臣倪良燿跪

奏爲海運剝送交兌米數互有參差據實陳明仰祈

聖鑒事竊臣於三月初十日接到軍機大臣字寄咸豐三

年二月二十三日奉

上諭御史陳慶鏞奏海運糧米囤積上海請飭迅速起運一摺本年江浙海運漕米關繫緊要前已有旨傳諭倪良燿勒限嚴催趕緊上船放洋開行現尚未據奏報實深懸念著楊文定倪良燿督飭該委員等將已經兌收上船之米共若干石迅速催令開行其陸續運到者隨到隨卽上船跟踪前進天庾正供豈容稍有延誤倪良

燿專司其事責無旁貸若有阻隔自問當得何罪昨據楊文定馳奏上海道吳健彰現雇夾板船三隻由海入江藉資剿匪之用亦只可如此辦理惟船隻尚少仍須多雇數隻更爲得力前黃宗漢奏稱浙江藩司麟桂已趕赴上海雇備夷船著卽飭麟桂並吳健彰廣爲雇覔星速帶船赴援有能擊破匪船殲斃賊黨者除所獲火藥鎗砲兵械外其餘賊匪輜重概行充賞將此由六百里加緊諭知楊文定倪良燿並傳諭麟桂吳健彰知之等因欽此同日又接咸豐三年二月二十四日奉

上諭黃宗漢奏接據倪良燿鈔送奏摺與現辦海運情形

不符據實奏忝等語前據倪良燿奏稱浙省海運米石起運赴滬者僅六萬餘石玆據黃宗漢奏浙米赴滬已有三十餘萬石覽奏殊堪詫異此次江浙兩省海運特
旨派倪良燿總司其事何以奏報含混顯係任聽屬員誑禀以爲本省辦理不善地步倪良燿著先行交部嚴加議處仍責令將浙省赴滬米石並蘇省起運未完米石一律趕緊催辦倘有貽誤朕惟倪良燿是問等因欽此同日又接奉
上諭前據倪良燿奏海運漕米遲滯聲明浙米據報到滬者僅止六萬餘石其實在上船者尚無確數江省四府

一州屬起運到滬米數僅止十六萬七千餘石當經降
旨諭令該司一律嚴催本日據黃宗漢奏浙米起運赴滬已有三十餘萬石內十二萬餘石頭批兌給商船白糧亦全數裝兌於二月初四日船至吳淞口候風等語覽奏曷勝詫異倪良燿此次辦理海運實屬遲延前奏勒限嚴催朕已覺其爲辦理不善卸責地步降旨嚴飭玆據黃宗漢忝奏倪良燿係特派總辦江浙兩省海運之員何至於浙米起運確數含混奏報且據稱倪良燿有先送眷屬搬移杭州之事大吏舉動如此何怪民心惶惑值此軍務緊急若再貽誤海運將何以對朕耶本日已明降諭旨將倪良燿嚴加議處仍著將江浙應行海運米石一體嚴催趕緊放洋開行陸續北上倘再觀望遷延專顧私事以至有誤正供雖欲藉詞卸責斷難逃朕洞鑒必將倪良燿從重治罪决不寬貸將此由六百里諭令知之等因欽此臣伏查蘇省歷屆辦理海運奏報米數總以上海局摺報兌上沙船之數爲准葢因州縣具報剝運均係先期預報並未計及程途之遠近不一或水次兌剝躭延或米雖到滬而水脚未齊或米數升斗不符均須由局駮飭查催迨到滬後覈數配裝又需數日殆未有以州縣剝運之文卽作

爲沙船裝兌之數者是以臣於二月十二日初奏江省米數僅止十六萬七千餘石其浙省米六萬餘石係二月初八日接浙省上海局委員具報兌交之數臣因見米石到滬遲延卽經奏請
嚴旨勒限趕運業已恭錄轉飭欽遵玆浙江撫臣所奏僅據浙省各州縣具報撥運米數而未經查覈上海實在裝運之數此臣所不解者一也至上海局委員卽係浙撫所派屬員經辦既已詳報臣衙門有案則本省上司斷無不一體通報之理何以浙撫臣並不詳細檢查轉覺臣有意將浙省運到數目減少以爲掩

飾蘇省遲延地步豈知米數多寡及兌運月日俱有
案牘可憑臣前奏浙省裝運米數係於二月初六日
接浙江委員申報其隨後續到之米於二月二十日
甫經報到歸入第二次奏報今浙撫臣所稱三十餘
萬石未知其何日截數計算係舍局員實在之報而
據州縣先期之報此臣所不解者二也浙省雖初次
辦理海運然章程總應歸一律不准互有參差浙江
撫臣如因州縣所報與滬局委員所報各有不同自
當札飭該委員等查覆否則札行臣衙門將所以不
同之故切實聲明詳覆卽可了然今並未行查輒以

情形不符叅奏此臣所不解者三也上年奉
旨綜理海運之時臣任臬司與江蘇省漕務州縣毫無交
涉何致有心朦混任聽屬員誑禀而浙撫臣轉以州
縣剝運之數爲憑不加確覈此臣所不解者四也至
沙船到津後由
欽派大臣督同交米各委員逐一盤驗撥送通倉今若據
州縣籠統報數率行入
奏將來到津盤驗必致大不相符如照浙撫臣所奏米
數設奉
欽差大臣叅劾復何詞可辯此臣所不解者五也臣受

恩深重綜司江浙海運惟當事事覈實竭盡愚誠何敢意
涉偏私稍存舍混不顧公事有負
生成除再欽遵
訓飭督令江浙兩省委員等將海運米石實力嚴催掃數
趕緊裝兌放洋北上外合將浙省剝運交兌米數互
有參差緣由據實陳明伏乞
聖鑒訓示謹
奏
再臣二齡失恃賴繼母史氏撫育長成今繼母年已
八十三歲因年老多病步履維艱不能就養本年正

月下旬臣風聞原籍望江縣值賊匪過境縣官被害
民舍遭焚衰老之人生死存亡不能遥測且長江阻
隔音問難通臣夙夜徬徨寢食俱廢惟念江蘇省軍
務方殷何敢陳情乞養是以飭令家屬前往繞道探
訪以慰老年之心實由人子思念衰親之眞情可以
上陳於
君父之前者竊思我
皇上以孝治天下廣推錫類之仁定荷仰邀
垂察本不應瑣瀆
宸聰旣經浙江撫臣奏叅理合附片陳明伏乞

聖鑒謹
奏
咸豐三年　月　日具
奏三月二十二日奉
硃批何居心若是巧詐另有旨欽此同日奉
上諭倪良燿奏海運剝送交兑米數參差一摺並申辯家屬回籍等語此次江浙兩省海運米石迭經降旨責成倪良燿趕緊辦理如果該司認眞督催何至於二月中旬始行奏請勒限放洋嗣後亦未據將遲延州縣指名叅奏茲因被黃宗漢叅劾特臚陳剝運交兑情形嘵嘵

辯論以掩其遲誤之咎已屬難逃朕鑒兒當軍務倥偬之際輒將眷屬遷避鄰省致令民心惶惑咎實難辭乃猶以繞道回籍探訪老母爲詞何居心若是巧詐倪良燿著傳旨嚴行申飭責令將江浙兩省未經放洋各米石迅速督飭跟蹤開放如再事遲滯有誤天庾正供朕必將該藩司從重治罪至近來被兵省分每聞督撫司道先將家屬移徙出城甚至賊尚未到之處亦有先遷家屬遠避者以致訛言肆起士民驚駭遷徙紛紛似此張皇失措祇知自顧身家安望其固結人心保守疆圉耶朕於中外臣工無不推誠相待爾諸臣亦當淸夜捫心公忠自矢恪守國而忘家之義勿負朕望勉之凛之
將此通諭知之欽此

驗米大臣戶部尚書臣孫瑞珍倉場侍郎臣慶祺跪
奏爲遵
旨前赴天津驗收海運南糧恭請
聖訓事竊本年二月十八日奉
上諭著改派孫瑞珍前往天津會同慶祺查收海運米石等因欽此欽遵臣等伏查海運南糧到津向由兩江總督直隸總督各派委員駐津設立總局其應辦一切事宜應先事預籌由臣等督率妥辦本年江浙兩省漕糧同辦海運共計漕白糧一百六十八萬餘石米數比較上屆尤多茲據天津鎮道呈報二月二十二日探有進口沙船一隻裝運蘇屬漕米一千二百石等因前來嗣後南風司令各船自必源源而來所有天津收米應辦一切事宜臣等應即率同隨帶司員前往督辦驗收除俟抵津後再將辦理情形奏報外謹具摺奏
聞跪請
聖安恭聆
訓誨再戶部事務殷繁現値籌畫軍需更關緊要臣孫瑞珍現在出差所有戶部漢尚書一缺暨管理三庫事務並翰林院掌院學士各缺均應請
旨派員署理以重職守合併聲明伏乞
皇上聖鑒謹
奏
咸豐三年三月初二日具
奏奉
旨知道了欽此

浙江巡撫臣黃宗漢跪
奏再臣承准軍機大臣字寄本年二月十八日奉
上諭黃宗漢奏藩司麟桂熟悉廣艇情形自願前往招募
爲江浙兩省防勦之用辦理甚合機宜該藩司曾任上
海道於該處情形熟悉着卽督帶船砲駛赴鎭江上游
一帶相機攻勦一面知照向榮楊文定楊殿邦等南北
策應至本年海運最關緊要浙省米石務卽飛催各船
接續開行尅期運津萬勿延誤將此由六百里諭知黃
宗漢並傳諭麟桂知之欽此遵查該司麟桂於二月初
七日起程赴滬十五日旋浙所有艇船事宜已據蘇

松太道吳健彰借雇局艇六隻海雕二隻開風二隻
香山艇一隻廣艇三隻夾板船四隻夷船三隻先後
駛入鎭江由江蘇撫臣楊文定督帶又據甯波道府
招募廣艇十隻先有九隻放至上海該司本應遵
旨前赴鎭江惟恭繹
聖諭因臣前奏該司已至上海是以令其督帶今該司早
經回省現在一切籌防事宜惟臣與該司兩人日夕
督辦臬司黃樂之又經出省辦理防堵如嘉湖一帶
軍務喫重應由臣親帶官兵前往策應該司未便再
行遠出臣已分咨向榮楊文定楊殿邦並札該司麟

桂知照至浙省海運新漕截至二月底止已兌交商
船三十九萬八千七百餘石陸續候風放洋所有天
津需用銀兩前因江省道路戒嚴已由委員發交商
船賫帶赴津以期迅速其餘米石已飭局員趕運兌
開總期無誤倉儲仰紓
宸廑於萬一謹附片覆奏伏乞
聖鑒再浙省水師兵船前奉
諭旨飭赴福山口迎擊已據溫州鎭總兵陳世忠咨報督
帶師船四隻配足軍火星馳起程又提臣葉紹春准
向榮咨調浙省師船該提臣派調黃巖鎭廣艇一隻溫

州鎭廣艇二隻瑞安營同安船一隻米艇一隻玉環
營同安船一隻委員管駕開行合併陳明謹
奏
咸豐三年三月初九日具
奏四月十九日奉
硃批另有旨欽此四月初二日內閣奉
上諭黃宗漢奏辦理軍務情形一摺並片奏藩司回省各
事宜等語浙江與江蘇接壤自應嚴密設防以爲蘇省
後路聲援該撫派兵前赴常鎭一帶協防復派文武員
弁於嘉湖各屬分三路紮營扼要駐守並派將弁帶兵

居中策應布置尙屬妥協省垣要地分撥兵勇守衛並安設砲臺調集水師之處均著照所議辦理所需經費准其於藩庫正雜項下再撥銀十萬兩交籌防局撙節動用覈實報銷該撫現在省垣督飭所屬嚴密籌防尤須安撫人心持以鎭定隨時剴諭紳民剖陳利害令其集貲團練互相保衛其有實心爲公廣勸捐輸或能毀家紓難者准該撫從優請奬候朕破格施恩倘有刁生劣監意圖掊克侵漁不顧大局者卽着該撫查明秉公懲辦總期人心固結衆志成城如有緊要卽著該撫親往嘉湖督率妥辦向榮連獲勝仗奪據鍾山其城外東

南兩面賊營攻燬殆盡且有湖南江西等省船礮自上游運駛已至江浦但能將上海船隻駛入京口先將鎭江賊船剿燬收復郡城則金陵城內之賊益形窮蹙大兵更易得手可以一鼓成擒麟桂熟悉艇船情形著仍遵前旨迅赴鎭江與楊文定督率礮船奮力攻擊吳健彰所雇局艇等船如有未到者卽著飛催前進浙江師船已由總兵陳世忠統帶提督葉紹春復派員駕船同往若再於浙江多撥師船並廣艇等船陸續助剿則聲勢益壯務須不分畛域與鄧紹良等內地陸路之兵併力攻復鎭江卽疾趨江甯江面爲向榮援應截賊北竄之路毋得株守杭城致失事機其藩司印務前已有旨令黃樂之署理著卽由嘉湖回省幫同該撫辦理一切事務其海運米石現已運訖有未經兌開者著該撫迅卽嚴飭委員趕緊督押赴滬放洋毋再遷延所有前次奏到各摺件著抄錄硃批並所奉諭旨寄給閱看將此由五百里諭知黃宗漢並傳諭麟桂知之欽此

浙江巡撫臣黃宗漢跪
奏再浙省海運漕糧所有天津需用剝船及交米一切
事宜前經飭令糧道周起濱督同委員由陸路赴津
趕辦茲據糧道稟稱二月二十六日行抵如皐縣聞
揚州失守逆匪竄擾淮河道路梗塞未能即行前進
等情臣查海運新漕業已接續兌開放洋海船乘風
張帆行駛甚速如逆匪不即退出淮河該糧道等行
程必致耽悞到津商船不無覊候除飛飭由海押米
赴津之江蘇寶山縣職員徐雲會隨同直隸委員襄
辦收兌各事宜以資經理而免遲滯並咨
欽派驗米大臣暨倉場侍郎直隸總督查照外理合附片
具
奏伏乞
聖鑒謹
奏
咸豐三年三月二十二日具
奏四月二十日奉
硃批該部知道欽此

驗米大臣戶部尚書臣孫瑞珍倉場侍郎臣慶祺跪
奏爲遵
旨赴津驗收海運南糧謹將現辦情形恭摺奏祈
聖鑒事竊臣等於本月初九日率同隨帶司員臣部員外
郎振麟主事成琦王友端何國琛由水路起程十四
日行抵天津當即督飭該司員等及坐糧廳汪潤會
同直隸總局通永道海瑛天津道張起鵷天津府錢
炘和等先期辦理水次查驗監視斛收配給剝船疏
通河道一切事宜次第整齊並令天津鎮特克愼督
率員弁於查收器械導引進口之時逐船盤詰稽查
不容匪徒溷跡現據報稱舵水人等均各安靜並無
夾帶匪人等事蘇松糧道何俊亦已抵津並據詳稱
本屆海運共米一百四萬二千餘石旋經蘇撫議將
丹陽縣漕糧一萬八千餘石全行截留又於蘇松等
五屬酌截漕糧二十萬石作爲蘇省軍糈實起運漕
白糧米八十二萬三千餘石由蘇撫分別奏咨在案
等語浙江糧道周起濱聞已在途不日可到前據浙
江撫臣奏稱本屆海運漕白糧實起運米六十四萬
餘石該兩省沙船放洋風帆順利截至本月十八日
止蘇省進口船一百三十七隻裝米十六萬五千餘

石浙省進口船四十一隻裝米六萬八千餘石共計進口船一百七十八隻共裝米二十三萬四千餘石當此南風司令以後沙船自必源源而來臣等督飭該司員等會同坐糧廳暨總局委員眼同較明斛收一面催令剝船移近沙船應即親赴河干查驗米色趕緊斛收分起撥運運河之水現在足敷浮送可無擁擠之虞再本届海運米數較多撥船恐不敷用現擬援照道光六年海運章程截留豫東軍船協撥此項軍船較為寛大能多受載以之協濟撥運可期迅速早達

天庾所有驗收海運南糧現辦情形理合恭摺具奏伏乞

皇上聖鑒謹

奏

咸豐三年三月二十二日具

奏三月二十四日奉

硃批知道了欽此

戸部謹

奏為江浙海運漕糧遲滯請

旨飭催恭摺奏祈

聖鑒事三月二十日蘇州布政使倪良燿奏報海運裝兑各船放洋日期一摺本日奉

硃批知道了欽此欽遵由內閣鈔出到部查原奏內稱蘇松常鎮太四府一州屬咸豐二年漕白糧米奏明循案仍由海運復蒙

恩命綜理江浙兩省海運事宜臣遵即督率兩省委員趕雇船隻催令兑運茲催據江蘇委員具詳各屬將米

石陸續赴滬兑裝自正月開兑起至二月初七日止共兑漕糧正耗等米二十三萬九千三百五十一石零白糧正耗等米一萬二千二百二十五石零內除應給沙船漕白耗米及隨交津通食耗等欵外實共起運交倉漕白糧米二十二萬七千一百二石零又於二月二十二日止共陸續兑漕糧正耗等米二十九萬九千七百九十九石零白糧正耗等米一萬四百七十三石零除應給沙船耗米以及津通食耗等欵外實共起運交倉漕白糧米二十八萬一百七十三石零連共交倉漕白糧米五十萬七千二百七十

餘石飭令駛出吳淞口至十滧候風放洋並據浙江
省委員具詳正月三十日止共兌米十二萬餘石於
二月初四日駛抵吳淞於二月二十一日乘風先行
放洋在後據各屬源源剝運到滬尚有二十餘萬石
臣即飭令不分晝夜趕緊兌裝接續跟艅前進并將
在後米石仍由臣督飭江浙兩省委員隨到隨兌等
語臣等伏查江蘇省本年起運漕白正耗米一百四
萬六千餘石浙江省本年起運漕白正耗米六十四
萬七千餘石改由海運前據兩江總督江蘇巡撫等
奏稱勒限於二月內全數放洋又據浙江巡撫奏稱

三月中旬可以兌開完竣經臣部奏請飭江蘇浙江
各巡撫諭令承辦各員提前趕辦及早放洋叠次飛
催在案嗣於二月十八日欽奉
上諭據倪良燿奏海運漕米遲滯請勒限嚴參一摺江浙
海運前有旨令倪良燿總司其事迭次飭部飛催正擬
此時已可開船出洋何以遲至今日始奏稱漕米遲滯
勒限嚴催耶該藩司若果及早催徵將延誤之州縣先
行嚴參懲處亦何致相率效尤輒以軍書旁午花戶不
前藉口推諉現在江浙各屬運米到滬者爲數尚屬無
多似此觀望遷延必至貽誤正供咎將誰歸倪良燿現
已調補江蘇布政使責任更無旁貸着即嚴飭各州縣
趕緊運米赴滬勒限二月內掃數運到剋期放洋倘各
屬再敢託故有意遲誤即行嚴參不但革職發往軍前
効力必當從重拏問治罪等因欽此飭遵去後茲據陞
任藩司倪良燿奏稱江蘇省兌運米現止五十萬七
千餘石浙江省兌運米現止三十餘萬石覈計兩省
起運米數僅及其半較之歷屆海運三月中旬全數
放洋日期亦形遲滯其未經裝兌沙船糧米江蘇省
尚有五十餘萬石浙江省尚有三十餘萬石均未據
該撫等咨報到滬亦未將遲滯緣由報明查覈是該

撫等督辦遲延該司催提不力已可概見值此京倉
支絀之時河運梗阻江安江西漕糧不克運通湖南
湖北漕糧又已停運惟恃兩省海運米石藉資接濟
不趁此風色順利及早全數裝兌放洋倘有疎虞貽
誤京倉支放關係匪輕應請
旨飭令江蘇浙江各巡撫暨總司海運事宜江蘇布政使
倪良燿迅即催儹全數裝兌放洋務期速益加速毋
稍遲延致滋貽誤臣等爲慎重漕糧起見是否有當
伏乞
皇上訓示謹

奏

咸豐三年三月二十五日奉

上諭戸部奏海運漕糧遲滯請旨飭催一摺本年江蘇浙江兩省起運漕白正耗米石改由海運前經降旨飭令江蘇布政使倪良耀嚴飭各州縣趕緊運米赴滬剋期放洋玆據戸部奏稱江蘇省兌運米現止五十萬七千餘石浙江省兌運米現止三十餘萬石核計兩省起運米數僅及其半較之歴屆放洋日期亦形遲滯其未經裝兌糧米江蘇省尚有五十餘萬石浙江省尚有三十餘萬石未據各該撫等咨報天庾正供所關甚鉅豈可

任意躭延致有貽悞著江蘇浙江各巡撫並總司海運事宜江蘇布政使倪良耀迅即催儹全數裝兌放洋毋得稍有遲誤欽此

浙江巡撫臣黄宗漢跪

奏爲浙省海運漕糧全數起運赴滬恭摺由驛馳

奏仰祈

聖鑒事竊照浙省咸豐三年海運二年漕白糧米六十四萬八千二十五石七斗三升二合七勺内除餘耗留變米一萬七千九百六十七石六斗二升九合實交倉正耗米五十六萬八千六百七十六石四斗一升三合四勺又應給經紀津剝商船耗食等米六萬一千三百八十一石六斗九升三勺又咸豐元年出陳易新白糧交倉正耗米一萬一千八百六十石四斗六升三合又應給經紀津剝商船耗食等米一千五

百三十八石三斗八升五合二勺通共起運新舊漕白糧米六十四萬三千四百五十六石九斗五升一合九勺除頭批開行日期并剝運兌交米數經臣節次奏明有案外所有續運之米現於三月中旬一律赴滬據滬省局員呈報截至二十日止已兌交商船五十二萬餘石尚有未兌米一十二萬餘石應需船隻飭據蘇省局員稟報無虞缺乏並准山東撫臣李僡知照由該省飭雇沙船五十一隻催令赴滬裝運現經臣飛飭蘇浙兩省各局員迅將未兌米石陸續

兌開兌日前赴天津聽候驗收外合將浙省海運漕
糧於三月中旬全數起運赴滬緣由恭摺馳
奏以慰
宸廑伏乞
皇上聖鑒謹
奏
咸豐三年三月二十八日具
奏四月二十日奉
硃批知道了戸部知道欽此

浙江巡撫臣黃宗漢跪
奏再本年浙漕海運事屬創始臣前任浙江臬司署藩
司時素知在浙之候補同知繆梓有學有品於浙省
錢漕鈎稽最精又不流於苛刻毎幫辦藩司糧道衙
門清釐交代欵目精細持平輿論翕服上年八月臣
抵任後即入闈監臨適值繆梓總辦科場事務朝夕
接見與之講求變通漕務該員力主海運之說臣出
闈後再與司道熟商即令繆梓會同湖州府知府晏
端書詳議條欵公同酌定奏蒙
恩准並請於省城上海天津分別設局委員經理在案茲

於三月中旬新漕米石均已起運全完所有總司省
局尤爲出力之護理鹽運使捐輸案內咨部不論雙
单月以道員選用之湖州府知府晏端書署理杭州
府總捕同知捐輸案内咨部以雙月知府選用之候
補同知繆梓自上年冬月設局以來核算鈎稽催提
銀米實心實力任勞任怨辦理極爲妥速且該員等
各有本任應辦公事又於本年正月以後隨同臣籌
辦防堵一切均無貽誤洵爲府廳中結實可靠之員
臣仰承
恩遇任重事繁自恨一已之才力不足以圖報稱竊慕古

大臣以人事
君之義據實保奏又不敢指請陛階可否仰乞
天恩俯念今日需才孔亟先將各該員等量予超擢以示
鼓勵出自
逾格鴻慈臣謹附片具
奏伏乞
聖鑒訓示再上海局委員中塘同知仲孫樊等天津局委
員嘉興縣知縣楊裕深等應俟各局兌交事竣及以
次出力人員容臣陸續擇尤酌保斷不敢稍涉冒濫
合併陳明謹
奏
咸豐三年三月二十八日具
奏四月初九日內閣奉
上諭黃宗漢奏將辦理海運尤爲出力之知府同知量予
鼓勵等語浙江湖州府知府晏端書候補同知繆梓於
海運事宜實心經理著有勞績該撫先行保奏自係爲
鼓勵人才起見惟浙江海運漕米尚未全數運抵天津
據孫瑞珍等奏稱糧道周起濱現亦未到經費銀兩欠
解尚多是該省辦理海運完竣尚需時日所有晏端書
繆梓二員着俟海運事竣再由該撫聲明請旨候朕施

恩欽此

蘇州布政使臣倪良燿跪
奏爲督催江浙海運米石續後兌交各數及現辦情形
先行覆奏仰祈
聖鑒事竊臣三月十八日接到軍機大臣字寄咸豐三年
三月初八日奉
上諭浙江海運係該藩司專辦之事屢次陳奏含混遷延
並不實力籌辦所稱委員催提誠恐未能得力等語尤
爲荒謬如果事事聽之委員又何必特派大員總司其
事兩省漕糧關繫正供業已遲誤至此尚稱不容稍有
遲誤不知該藩司何顏出諸口也現已命許乃釗暫署

江蘇巡撫該藩司即將浙省運到米石並蘇省起運未
完米石仍遵疊奉諭旨趕緊催辦務令尅期放洋倘再
稍有貽誤朕必將倪良燿從重治罪至浙省抵滬米石
前據黃宗漢奏已有三十餘萬石而該藩司始則奏稱
六萬餘石今又奏稱十三餘萬石何以總不相符浙江
江南兩省由陸赴津之道員究已行抵何處該員等所
帶銀兩係備剝船等項之需現在欽派大臣已赴天津而
此項銀兩未能應手著即迅速催儹毋任沿途遲滯此
後沙船放洋及現辦情形均着隨時馳奏不得有掩飾
推諉致干重罪將此由六百里傳諭知之等因欽此伏

查臣前奏浙省運滬米數與浙江撫臣所奏不相符
合疊奉
嚴旨詰問已將浙省係據州縣所報剝運之數爲憑蘇省
係據滬局交兌沙船之數爲憑所以不能符合緣由
先經詳細
奏陳在案現又督令各屬將未運米石不分晝夜星速
趕緊剝送赴滬隨到隨兌一俟每船銀米均全即令
開行不准延誤計自催提以來江蘇省截至三月十
六日止續據兌上沙船連前放洋正耗等米共有七
十萬一百餘石所有兌齊米石各船付清水腳飭令

跟接候風放洋在後各船亦經催令交齊銀米跟接
前進尚該米一十餘萬石臣惟有竭力嚴提勒限於
三月內一律完竣全數放洋北上倘再有藉口躭延
謹遵
旨將不肖州縣嚴參懲辦浙江省截至三月十六日止已
據兌上沙船連前放洋正耗等米共有五十萬四千
餘石所有兌齊各船亦令星速開放候風放洋揚帆
北上在後米石催齊跟接前進事關
正供不敢稍分畛域惟有督飭趕緊辦理庶期以速補
遲仰副

聖主誥誡再三之至意合將江浙海運米石催辦情形先
行恭摺覆
奏伏乞
皇上聖鑒謹
奏咸豐三年四月初四日奉
硃批戶部知道欽此
再臣欽奉
諭旨浙江江南兩省由陸赴津之道員究已行抵何處該
員等所帶銀兩係備剝船等項之需現在欽派大臣已
赴天津而此項銀兩未能應手著即迅速催儹毋任沿

途遲滯等因欽此臣伏查天津交米之蘇松糧道何俊
於二月初八日自常熟福山渡海至清江浦由陸起
程計期可以抵津浙江糧道周起濱已由臣移會催
令於二月十二日起程所有江蘇省應帶銀兩先由
藩司聯英動款起解天津因道路梗阻正站難行沙
船一經到津亟須提用未便守候不得已先由上海
商號寄銀十二萬兩令委員候補同知朱鈞於三月
十一日在上海乘坐沙船航海赴津查收約計旬日
間可到天津其餘應解銀七萬兩於二月二十三日
委員領解亦因鎮江揚州失守道路阻塞奉署督臣
楊文定札飭江蘇大軍雲集需餉浩繁傳檄截回解
赴
欽差大臣向榮大營收用除經遵奉分批起解外所有天
津交米經費不敷銀兩先經臣詳請直隸督臣倉場
督臣於津通各庫暫行墊給在案再蘇松糧道衙門
應解通倉輕齎等項銀七萬兩業已出庫起程因鎮
江一帶不通委員折回適當軍餉緊急而司庫又正
形匱乏暫行截留湊濟軍需亦經臣詳明本省撫臣
咨請直隸墊給一俟軍務告竣籌款解還相應請
旨飭下倉場侍郎直隸督臣於津通各庫內先行暫墊給

發俟軍務事竣籌款解還以免貽誤至浙省天津交
米需用銀兩已由浙撫臣黃宗漢
奏明於天津道庫直隸藩庫暫行墊給合併陳明伏乞
聖鑒謹
奏咸豐三年四月初四日奉
硃批戶部知道欽此

驗米大臣戶部尚書臣孫瑞珍倉場侍郎臣慶祺跪
奏爲續報海運商船進口現在驗收起運情形並請
旨飭催浙江糧道赴津交兑恭摺奏祈
聖鑒事竊臣等奉
命赴津驗收海運南糧前於三月二十二日謹將辦理大
概情形恭摺奏
聞拜摺後陸續據大沽協呈報截至四月初五日止江蘇
進口船連前共三百三十六隻共裝米四十二萬四
千餘石浙省進口船連前共一百八十二隻共裝米
二十七萬六千餘石兩省前後合算共計進口船五

百一十八隻共裝平斛漕白米七十萬餘石由海口
挽抵上園水次江浙商船共二百八十九隻先後由
臣等督率司員坐糧廳等會同南北各總局每日親
赴河干逐船逐艙查驗米色隨將乾潔米石飭令依
次發給撥船斛收受兑現在起卸米十五萬四千餘
石內巳裝載開行撥船六百二十隻分作六起由津
運通在後續裝撥船亦即隨裝隨運銜尾遄行惟海
運事煩責重向由南省先期奏派糧道赴津交兑除
江蘇糧道何俊業於三月十六日抵津設局辦理外
浙江總局僅有通判育淳一員其糧道周起濱並各

該委員均未抵津而該省米船陸續抵次自應隨到
隨驗隨卸臣等恐有貽誤不敢株守以待業經通融
先辦一面就該省巳到商船督率通判育淳先行查
驗米色飭令撥運赴通一面行文該省及沿途各督
撫查探該糧道等行抵何處迅即催令北上臣等正
在盼望之際旋於四月初六日接據浙江撫臣咨會
以該糧道行抵如臯縣因淮河道路梗塞未能即行
前進飛飭由海押米赴津之江蘇職員徐雲會隨同
直隸委員襄辦收兑各事宜並稱於三月二十二日
附片具奏等因臣等伏查糧道專司漕務無論河運

海運均應親身北上以期交兑無誤本屆浙省海運
事屬創行責任尤重該糧道自應先期早到卽或道
途梗塞亦應如蘇省委員繞道行走今該撫任聽該
糧道等半途中止並不嚴飭兼程前進該糧道等既
不抵津以致會同查驗商辦撥運支發經費諸事均
形棘手現雖督率通判育淳從權籌辦設法驗收起
卸而該省米究係若干石有無短缺解津銀究係若
干兩是否敷用一切事宜既非該員一手經理安能
盡悉至該撫所稱職員徐雲會臣等檢查前咨係江
蘇捐職從九押帶頭次運船商人既非官員又無職

守臣等接准此次咨文後查探徐雲會業已抵津飭令司員傳見面詢大概情形多未明曉是徐雲會只能照料耆舵水手豈可以糧道專管之事責令經理該撫不思事關重大率以數十萬

天庾正供委諸微末職銜之隔省商人實出情理之外臣等深恐貽誤焦灼萬分相應請

旨勅下浙江撫臣嚴飭該糧道周起濱及各該委員刻即起程迅速北上倘再遲延即行據實奏參所有臣等現辦海運情形並請

勅催浙江糧道赴津交兌各緣由理合恭摺具奏伏乞

皇上聖鑒訓示遵行謹

奏

咸豐三年四月初七日具

奏四月初十日奉

上諭孫瑞珍慶祺奏驗收海運米石並請飭催浙江糧道赴津交兌一摺本年江浙兩省辦理海運江蘇糧道何俊早已抵津其浙江糧道周起濱輒因淮河道路梗塞半途中止該糧道專司漕務責任綦重現在浙省米船陸續抵次僅據該撫飭令江蘇從九品徐雲會赴津襄辦以致查驗撥運支發經費等事諸多棘手殊屬不成事體著黃宗漢嚴飭該糧道周起濱及各委員等兼程北上倘該員等再敢託故遷延致有貽誤即著據實奏參毋稍廻護餘著照所議辦理該部知道欽此

驗米大臣戶部尚書臣孫瑞珍倉場侍郎臣慶祺跪
奏再查津通應用各欵向由該省分批解津支放本届
蘇省海運經費前因匯寄銀十二萬餘兩尚未到津
由蘇松糧道何俊詳請在於天津運庫借銀五萬兩
應用俟蘇省銀到即行歸欵茲據該糧道詳稱續准
蘇藩司知會現在大兵雲集金陵需餉甚急海運經
費現剩銀七萬兩運送維艱業經奉文將前項解津
銀七萬兩就近截留由原委員徑解大營交收備用
所有津通需用銀兩請於津通各庫內照數墊支等
語并據該糧道以蘇省經費撥充軍需係屬先其所
急例准作正開銷而津通用欵爲數本繁所匯銀兩
原屬不敷今委解之七萬兩又經截留非但運庫之
欵未能歸還以後用欵勢必不能接濟詳請籌撥等
因前來臣等伏查蘇省解津銀七萬兩既經截留軍
營自應准其作正開銷另行籌欵抵撥現在撥價等
項需用浩繁刻不可緩臣等再四商酌擬請
飭下戶部查照蘇省截留金陵軍營銀七萬兩歸入軍需
項下核辦並請
敕下長蘆鹽政就近在於鹽課項下照數抵撥銀七萬兩
作正開銷如蒙

俞允再由臣等札行運庫除將前項暫借銀五萬兩畫抵
免其歸還外仍令提交銀二萬兩發給江蘇總局以
符七萬兩之數至浙江海運經費前據浙江撫臣咨
報先撥銀七萬兩委員起解於二月十二日起程續
據咨稱天津需用銀兩前因江省道路戒嚴已由委
員發交商船賫帶赴津等語現據該省通判育淳以
浙省經費由三不像船攜帶來津帶銀之船共計百
有餘隻已到者七十餘隻所帶銀數不過二三萬兩
除動用外別無存項轉瞬商船全數抵津驗收起撥
經費必致短缺倘有貽誤關係匪輕等情稟請籌撥
前來臣等伏查浙省海運經費酌需銀十餘萬兩該
撫所稱發交商船之項是否在先撥銀七萬兩之外
各商船所帶銀兩究有若干均未據原文聲叙詢之
通判育淳既非該員經管亦復不能詳悉而撥價等
項一經運米均須按日支放刻不可緩現在浙省商
船進口已多撥運喫緊已到經費實屬不敷支用擬
請查照奏定章程在於天津鹽關各庫暫行墊給俟
浙省銀到亟行歸款相應請
旨飭下直隸總督長蘆鹽政就近在鹽關各庫並天津道
庫無論何欵通融借墊以備目前支用俟浙省銀到

再行分別還欵并請
敕下浙江撫臣迅將未到經費趕緊源源解津庶於海運要需不致貽誤所有江浙兩省應解經費分別抵撥籌墊各緣由謹附片陳明伏乞
皇上訓示遵行謹
奏請
旨
咸豐三年四月初七日具
奏四月初十日奉
上諭祭瑞珍慶祺奏江浙兩省應解海運經費請分別抵墊等語海運船隻現已陸續抵津驗收起撥需費緊要所有江蘇省應解天津經費既經該省截解軍營銀七萬兩著即准其歸入軍需案內報銷並著於長蘆鹽課項下照數抵撥其已解未到銀兩仍著嚴催至浙江省海運經費未到銀兩亦准其於直隸鹽關各庫及天津道庫通融借墊以濟急需俟解到時即分別還欵仍著浙江巡撫嚴催未到銀兩趕緊接解倘有延誤惟該撫是問餘著照所議辦理欽此

倉場侍郎臣朱嶟跪
奏爲海運漕糧抵通開斛起卸日期恭摺奏
聞仰祈
聖鑒事竊照本年江浙二省起運漕白糧米經該督撫奏明全行海運裝載沙船運抵天津由
欽派大臣查驗督令斛收受兌剝船今於四月十一日抵運通壩臣擇於十二日敬謹祭祀
河神開斛起卸一面行令坐糧廳隨到隨驗嚴飭經紀等趕緊起卸轉運不准片刻停留騰空剝船仍飭沿河司漕員弁無分晝夜催令迅速回津接運以資輪轉俾免貽誤所有海運漕糧抵通開斛起卸日期理合恭摺奏
聞伏祈
皇上聖鑒再臣慶祺現赴天津驗收海運漕糧未經列銜合併陳明謹
奏咸豐三年四月十四日奏本日奉
硃批著即迅速起卸若仍似上年故意遲延即行參辦欽此

戶部謹
奏爲海運經費截留銀兩據咨奏明仰祈
聖鑒事竊據驗米大臣臣部尚書孫瑞珍倉場侍郎宗室慶祺咨稱現在浙省海運撥運喫緊已到經費不敷支用業經奏請在於天津鹽關各庫並天津道庫無論何欵通融借墊於咸豐三年四月初九日奉
上諭浙江省海運經費未到銀兩准其於直隸鹽關各庫及天津道庫通融借墊以濟急需俟解到時即行分別還欵等因欽此欽遵行知各該衙門在案茲准長蘆鹽政呈稱查天津關征收稅銀前奉戶部撥解南河大汛工需銀二萬六千兩因結至本年三月十七日止一年關期報滿實存銀八千八十四兩零又存解內務府額外盈餘銀一萬二千三百八十兩零共實存銀二萬四百兩零遵照部撥之數已屬不敷新季徵收尚需時日南河大汛工需又難久待可否先將應解內務府銀兩暫行借用湊足銀二萬兩之數撥解南河應用其短解銀六千兩應請另行改撥俟新季稅銀徵有成數再行解還內務府呈請部示去後四月初八日奉到部覆准其將應解內務府額外盈餘銀內暫借一萬二千兩湊足二萬兩之數撥解南河

其不敷銀六千兩令於新季續徵稅課銀兩趕緊湊足起解毋庸另行改撥等因現擬先行委員起解銀二萬兩解往南河交納其欠解銀六千兩俟徵有成數再行委員解交茲因浙省海運米六十四萬石約需銀十二三萬兩除該撫奏報解津銀七萬兩改由海船賫帶現已動用外其餘備解銀兩均未據咨報數目及起程日期而撥價等項支發刻不可緩查有天津關稅項下奉部撥解南河銀二萬六千兩既據咨稱正在委員批解尚未起程擬即就近截留以應目前支用其南河大汛工需銀二萬六千兩亦係要需應由浙江巡撫刻即將海運經費扣出銀二萬六千兩就近解往南河交納仍由部臣據咨奏明辦理等語臣等伏查海運抵津轉運到通所需經費實屬刻不可緩茲據該大臣咨稱本屆浙省海運米六十四萬石約需銀十二三萬兩除該撫奏報解津銀七萬兩改由海船賫帶現已動用外其餘備解銀兩均未據咨報數目及起程日期撥運經費不敷支用業經奏請在於天津鹽關各庫並天津道庫無論何欵通融借墊欽奉
諭旨允准在案查有天津關稅項下奉部撥解南河銀二

萬六千兩正在委員批解尚未起程擬請暫行截留
以濟目前支用其南河大汛工需銀二萬六千兩亦
係要需應由浙江巡撫刻即將海運經費扣出銀二
萬六千兩就近解往南河交納等語係爲海運經費
緊要起見應如該大臣所咨辦理俾得及早蕆事應
請
旨飭下長蘆鹽政迅將部撥南河銀二萬六千兩暫行移
解海運局以濟轉運急需并飭浙江巡撫即將海運
經費如數扣出解往南河交納毋稍稽延彼此就近
轉移撥用既無需時日運送亦無虞梗阻實於南北

用欵兩有裨益理合據咨陳奏伏乞
皇上聖鑒
訓示遵行謹
奏
咸豐三年四月二十二日具
奏奉
旨依議欽此

浙江巡撫臣黃宗漢跪
奏爲遵
旨飛飭糧道兼程北上恭摺附驛覆奏仰祈
聖鑒事竊臣於本月二十日欽奉
上諭孫瑞珍慶祺奏請飭催浙江糧道赴津交兌一摺浙
江糧道周起濱輒因淮河道路梗塞半途中止現在浙
省米船陸續抵次僅據該撫飭令江蘇從九品徐雲會
赴津襄辦以致查驗撥運支發經費等事諸多棘手殊
屬不成事體著嚴飭該糧道及各委員兼程北上倘再
托故遷延致有貽誤即據實奏叅毋稍迴護等因欽此

遵查該糧道周起濱自上冬到任後前赴蘇省辦理
剝運湖屬舊漕因該省水淺阻滯於本年正月初二
日復往催提至二月初旬竣事臣即飭該道於十二
日起程趕緊北上該道因江省道路戒嚴天津需用
銀兩未能攜帶督飭委員在上海派交殷實商船賫
帶赴津一面與各委員由福山取道南通州前進二
十六日行抵如臯聞揚州失守逆匪竄擾淮河道路
梗塞行程恐有躭誤稟經臣附片具
奏一面飭令由海押米赴津之江蘇寶山縣職員徐雲
會隨同直隸委員襄辦俾免商船羈候一面飛飭該

道設法遄行旋據該道稟報前在如皐途次探得六
閘一帶甚不安靜改道由海安盤墹從東臺鹽城皐
甯等處起岸渡黃行走可期穩速詎於三月初十十
一日在皐甯板湖薛家蕩地方兩次被盜行李盤費
刼去無存委員烏程縣知縣梁正標等均受重傷應
俟整治行裝方可前進臣接閱來稟焦灼萬分當查
津局委員惟金華府通判育淳於正月間由常州差
次起程如果中途無阻計可早抵津門第該道與各
委員行程遲滯津局兌交事宜必致掣肘當查候補
未入流張承志熟悉海運即飭令由海赴津會同育

淳徐雲會妥爲辦理一面八百里飛咨驗米大臣倉
場侍郎直隸總督查照去後嗣因日久未據該道續
稟臣未知其曾否北上節次行文沿途飛催並由江
蘇藩司倪良燿詳委該省赴津幫辦交米之候補同
知朱鈞上海局員仲孫樊詳委嘉定縣職員張修睦
先後航海赴津會辦各在案欽奉前因臣復查該糧
道周起濵及各委員自上海起程兩次改道並皐甯
一路行程躭誤由於道路阻滯尚非無故遷延惟在
皐甯途次被盜以後不即整治行裝迅速赴津誠如
聖諭實屬不成事體除經遵

旨飛飭兼程北上並咨驗米大臣倉場侍郎一俟該道抵
津詢明究竟是否無故遷延據實叅辦外理合恭摺
附驛覆奏伏乞
皇上聖鑒正在繕摺間接據該道來稟三月二十三日由
皐甯起程仍繞道由鹽城興化高郵前進於四月初
二日至王家營登車北上除再行文飛催並咨驗米
大臣倉場侍郎查照覈辦外合並陳明謹
奏咸豐三年四月二十五日具
奏五月十四日在湖州舟次奉
硃批另有旨欽此五月初五日內閣奉

上諭黃宗漢奏遵旨嚴飭糧道兼程北上一摺浙江糧道
周起濵此時計已行抵天津所有浙省米船兌交事宜
著孫瑞珍慶祺督同該糧道迅速辦理無致遲誤據該
撫奏稱該糧道在皐甯板湖薛家蕩地方兩次被盜委
員烏程縣知縣梁正標等均受重傷並著孫瑞珍等查
詢確情其被刼之款是否公項一併查明具奏欽此

驗米大臣戶部尙書臣孫瑞珍倉場侍郎臣慶祺跪

奏爲遵

旨查明浙江糧道在途遇盜情形被刼銀兩並無公項在內各緣由恭摺具奏仰祈

聖鑒事竊臣等准戶部咨開咸豐三年五月初五日內閣

奉

上諭黃宗漢奏遵旨嚴飭糧道兼程北上一摺浙江糧道周起濱此時計已行抵天津所有浙省米船兌交事宜着孫瑞珍慶祺督同該糧道迅速辦理毋致遲誤據該撫奏稱該糧道在阜甯板湖薛家蕩地方兩次遇盜委

員烏程縣知縣梁正標等均受重傷並着孫瑞珍等查詢確情其被刼之欵是否公項一併查明具奏等因欽此欽遵知照前來伏查臣等前因浙江糧道周起濱及各委員均未抵津奏請

飭催在案旋于四月二十四日據該糧道等同日抵津來謁臣等詢悉該委員等在途遇盜受傷被刼銀兩各情並稱傷已平復被刼盤費銀兩委無公項在內等語玆因欽奉

諭旨飭令查詢確情復經臣等傳到該糧道周起濱及委員烏程縣知縣梁正標等詳加詢問並飭令按照所詢各欵據實詳覆去後玆據該糧道詳稱遵查職道于二月十二日自浙起程趕緊北上因江省道路戒嚴帶同委員嘉興縣知縣楊裕深烏程縣知縣梁正標金華縣知縣邵淩霄臨海縣知縣黃檝秀水縣主簿秘雲書候補從九品胡毓麟試用未入流方理等由福山取道南通州前進二十七日行抵如皐聞淮河道路梗塞改道由東臺鹽城阜甯等縣行走及抵阜甯縣因該處夫馬雇不敷用當令委員楊裕深梁正標黃檝胡毓麟于三月初十日先行前進詎是日行抵阜甯縣管轄之板湖地方被土匪執持器械蜂

擁搶去盤費行李等物並將梁正標胡毓麟用刀背砍傷經該處開張飯鋪之朱姓趨救得脫旋經管姓將匪徒搶去物件繳還並云前途匪徒更甚于此難以過去卽退回阜甯亦須雇人護送等語十一日由板湖折回行至薛家蕩地方復被土匪多人將銀兩行李全行搶去隨從家人間受微傷該委員報經該署縣龔勑親詣查拏起回衣被等物約有十之二三其餘銀兩均未起獲職道查驗梁正標胡毓麟兩臂受傷俱重飭令趕緊醫痊速整行裝並將委員被搶情形稟明浙撫憲一面探明可走路途由阜甯起程

仍繞道鹽城興化高郵淮安等府州縣地方前進於四月初二日渡黃二十四日行抵天津一路行程實由道路梗塞節次阻滯以致未能迅速委非託故遷延至委員楊裕深等在阜甯縣板湖薛家蕩地方被搶銀兩共計二千兩零俱係領給盤費緣海運經費統交商船帶津並無公項毋庸籌補梁正標等所受傷痕亦已平復等語臣等核與前後所詢各情相符倘無揑飾其到津未能迅速委因繞道行走並非無故遲延應請免其置議現在浙省米船交兌事宜業經臣等督同該糧道次第辦理以速補遲毋致延誤

知縣梁正標等所受傷痕均已醫治平復分派管理總局一切事宜尚無貽誤其經費銀兩先經該省派令殷實商船均勻洒帶已到帶銀商船業經陸續兌收支發剝價等項之用途中被刼銀二千兩零既係各委員所帶盤費並無公項在內毋庸另籌歸補至被盜地方據稱報明有案應由臣等移咨兩江總督江蘇巡撫嚴飭所屬趕緊緝捕照例懲辦所有臣等遵

旨查明各緣由理合恭摺具奏伏乞

皇上聖鑒謹

奏

再臣等驗收海運南糧前于三月二十二日及四月初七日業將辦理情形兩次恭摺奏

聞在案拜摺後陸續據大沽協呈報截至五月十三日止江蘇進口商船連前共五百十九隻裝米六十三萬九千餘石浙江進口商船連前共三百六十隻裝米五十一萬五千餘石兩省前後合算共計進口商船八百七十九隻共裝平斛漕白米一百十五萬四千餘石先後由臣等督率各員親赴河干查驗米色乾潔趕緊剝運現已運過江蘇漕白米共五十一萬九

千餘石浙江漕白米共三十六萬五千餘石兩省共運過漕白米八十八萬四千餘石分作三十八起陸續赴通所有卸竣商船亦卽飭令隨時回空不准逗遛水次江蘇委員除前次抵津各員外續有候補同知朱鈞主簿王汝金附搭沙船航海到津浙江各委員亦均同抵津門兩省總局一切事宜現俱次第齊全並無貽誤各該省經費銀兩或由商船分帶或由期票滙兌津通所需各欵尚敷支用伏查本屆海運南糧仰賴

聖主鴻福洋面肅清風帆順利抵津糧米已有一百十餘

萬石北運河因迭次得雨河水足資浮送尚無擁擠積壓之虞當此南風司令未到商船若能銜尾而來不難尅期蕆事臣等仍當督率司員會同各委員迅速妥辦以期早達

天庾所有續到海運南糧船米數目並現在辦理情形理合附片陳明謹

奏

咸豐三年五月十五日具

奏十七日奉

硃批知道了欽此

浙江巡撫臣黄宗漢跪

奏爲浙省海運漕米全數兌竣放洋恭摺馳

奏仰祈

聖鑒事竊於本月十二日承准軍機大臣字寄本年四月初二日奉

上諭海運米石現已遲誤有未經兌開者即着嚴飭委員趕緊督押赴滬放洋毋再遷延等因欽此臣查本年浙省海運新舊漕米六十四萬三千四百五十六石九斗五升一合九勺于三月中旬一律起運赴滬截至是月二十日止兌交商船五十二萬餘石業經臣於三月二十八日由驛

奏報在案所有未完之米十二萬餘石當即飛飭蘇浙兩省各局員迅速兌開毋得稍事遷延致誤京倉支放欽奉前因復經恭錄轉行去後茲據省局轉據上海局委員仲孫樊具報已于四月初十日兌竣統計本年海運漕米共裝船四百十四隻應給水脚等項銀兩均經給發清楚放洋於二十日全數北上等情詳請具

奏前來臣查沙船放洋全憑風色現值天氣晴和南風司令行駛可期穩速除飛咨直隸山東江蘇各督撫

臣轉飭水師營弁沿途接護並咨
欽差驗米大臣倉場侍郎查照外所有浙省海運漕米全
數兌竣放洋緣由謹恭摺馳
奏以慰
宸廑伏乞
皇上聖鑒謹
奏
咸豐三年四月二十五日具
奏五月十四日在湖州舟次奉
硃批知道了欽此

浙江巡撫臣黃宗漢跪
奏再中防同知仲孫樊江蘇吳江縣進士由臨海縣陞
補今職年壯才優辦事亦甚練達海塘公務俱報安
瀾上年委赴鄞縣查拏梟徒出力蒙
恩賞戴藍翎本年浙漕由臣奏委前赴上海駐局監兌計
自上冬以來會督各委員辦理收兌漕糧支放銀兩
事事悉臻妥協臣前因平望防堵緊要該員籍隸吳
江於地方情形更爲熟悉指示機宜飭令兼辦尚能
應手現在商船一律放洋收兌事竣臣未便沒其勤
勞應將該員在局最爲出力緣由先行附片具

奏仍請俟天津交兌事竣並各局以次出力人員酌量
保奏時聲明請
旨再浙漕不敷船隻統由蘇省幫僱撥用該省局員與浙
省局員和衷共事不分畛域實屬可嘉亦請俟津局
事竣容臣會同蘇省督撫臣酌覈保奏出自
逾格鴻施伏乞
聖鑒謹
奏
咸豐三年四月二十五日具
奏五月十四日奉

硃批知道了欽此

蘇州布政使臣倪良燿跪

奏爲親赴上海督催江浙海運漕糧業已全數兌竣開

行一律放洋謹再由驛馳奏並將延玩之知縣據實

奏參仰祈

聖鑒事竊照本年江蘇浙江兩省漕白糧米全由海運所

有交兌起運船米各數節經先後

奏報在案臣惟恐在後之米稍有躭延致滋遲誤當於

三月二十四日由蘇州起程馳赴上海親自督催茲

截至四月初十日止將蘇松常鎮太四府一州屬漕

糧正耗米八十三萬二千一百六十六石六斗零白

糧正耗米八萬一千三百四十六石五斗零內除沙

船耗米六萬七千三百五十六石九斗零津通食耗

二米二萬二千一百九十五石五斗零實在交倉漕

白正耗米八十二萬三千九百六十石零現已掃數

兌交沙船其應給沙船水脚等項銀兩均經發給清

楚又浙江省漕糧正耗米五十九萬四千七百六十

八石一斗零白糧正耗米四萬八千六百八十八石

八斗零內除沙船耗米四萬七千三百四石九斗零

津通食耗二米一萬五千六百一十五石一斗零實

在交倉漕白正耗米五十八萬五百三十六石零業

經浙江撫臣奏報由各州縣一律剝運起程赴滬現
在沙船均已雇備齊全足敷應用卽催令陸續裝兌
其水脚等項均由浙省委員按數發給催令趕緊開
行放洋北上現值天氣晴和又值南風順利可期穩
速臣又飭雇廣艇四隻配勇二百名護送出洋自佘
山至山東石島往還照料并在籍之安徽候補知縣
沈謷來督押尾幫航海北駛一面飛咨本省鄰省沿
海水師嚴密巡護以冀早日抵津合將兌竣開行日
期先行奏紓
宸廑至州縣征收漕糧本有期限海運尤宜加緊乃至四

月初旬尚有吳江上海二縣未經運滬之米均在二
三萬石以上雖據稱因風鶴之警花戶完納不前然
天庾正供豈容藉詞延玩已由臣先行籌補足額交兌開
行該員等遲延之咎斷難從寬應將署吳江縣知縣
帥宗槼署上海縣知縣姚輝第請
旨革職一面委員接署以便提同經手丁書人等訊明究
辦其籌補之數責令署任之員趕緊徵還歸欵至截
留米二十一萬八千餘石現經戸部奏奉
諭旨飭令設法補足全數裝兌沙船運京業經由臣督飭
各屬趕緊籌辦另行奏報合併陳明伏乞

皇上聖鑒謹
奏
咸豐三年四月二十六日具
奏五月十四日奉
硃批另有旨欽此同日奉
上諭倪良燿奏海運漕糧全數放洋並請將延玩之知縣
革職一摺江蘇署吳江縣知縣帥宗槼署上海縣知縣
姚輝第於應徵海運漕糧遲至四月初旬尚未全數運
交實屬延玩帥宗槼姚輝第均着革職交怡良督同該
藩司提集丁書人等訊明究辦其未解米石業經籌補

足額卽責令署任之員趕緊徵還歸欵至截留米二十
一萬八千餘石著倪良燿迅速籌補全數裝兌運赴天
津毋稍遲誤該部知道欽此

山東巡撫臣李僡跪

奏爲籌辦本年海防情形恭摺仰祈

聖鑒事竊准部咨本屆江浙二省漕糧並行海運較上年米數船隻增多當此洋面巡防喫緊之時尤宜愼益加愼除廟島俚島烟臺等處各口照例嚴飭水師前後營督率備弁兵丁會哨迎護外所有登州鎭總兵屆時能否前往石島地方彈壓之處迅速奏明辦理等因臣查道光六年及二十八年江省海運經過東洋舊章如登州府屬榮成縣之石島爲全洋扼要應派登萊靑道督率該縣文武彈壓此外文登縣之威海福山縣之烟臺蓬萊縣之廟島以及榮成縣之俚島等處亦應由省遴委幹練州縣佐貳等官分駐巡防並飭沿海各州縣團練壯勇分扼口岸以杜內匪偷越一面咨明登州鎭臣親往督防以昭愼重在案本年江浙漕糧並由海運自應加意認眞除分撥印委文武各員嚴密巡防外仍咨會鎭臣武迎吉現雖船撥帶軍火器械屆時督飭將備分配駕駛各於交界處所會哨迎護設遇盜艈立卽捕拏是文武各有責成防護足示周密臣復不時稽察獎勤儆惰務使

天庾早達海澨肅淸以期仰副

宸廑除俟海運船隻抵境另行奏報外爲此恭摺具

奏伏乞

皇上聖鑒謹

奏

咸豐三年二月十八日具

奏三月初三日奉

硃批知道了欽此

山東巡撫臣李僡跪
奏爲恭報江省海運糧船現入東境行駛平穩情形仰
祈
聖鑒事竊照本年江省蘇松等府並浙江漕糧俱改海運由東省洋面經過前經臣將豫籌防護情形恭摺奏
聞一面咨行鎮道督飭水陸文武各員分段稽查迎探一有入東船隻妥爲防護茲准登州鎮臣武迎吉咨報自二月十五日至二十四日探有江蘇船戶陶龍太馬隆順莊福興馬福興張增裕等船五隻裝載青浦等縣漕糧先後駛入東省登州府屬榮成縣石俚二

島口岸現經該處文武各員催令陸續開行並據水師巡洋員弁瞭探各船在洋風帆穩渡行駛迅疾洋面亦平靜無事惟在後各船尚未據續報入境臣遠駐兗郡距登屬海口千有餘里文檄往返需時且檢查上年海運各船多有乘順風由大洋徑行北駛不收島岸故各島委員有不及探報者除飛咨登州鎮臣並檄行登萊青道嚴飭水師將備務須統帶師船商艇分段在洋迎探遇有經過糧船實力防護並飭文武各員於各島收泊之船催令趕緊開行勿任藉詞逗遛以免疎虞外所有江省海運糧船現入東境行駛平穩情形理合恭摺具
奏伏乞
皇上聖鑒謹
奏
咸豐三年三月初八日在兗州府途次具
奏本月二十日奉
硃批知道了欽此

山東巡撫臣李僡跪

奏再前准登州鎮臣武迎吉咨報江蘇省漕船駛入東

境平穩情形經臣具摺

奏報在案茲據兼護登萊青道萊州府知府王鴻烈等

稟報浙省嘉善等縣首幫漕米船戶童驊茂等裝載

四隻計共六千六百餘石於三月初二日收泊威海

芝罘各口旋即開行北上等情前來除仍飭文武員

弁認眞巡防妥爲護送外理合附陳伏乞

聖鑒謹

奏

咸豐三年三月二十一日奉

硃批知道了欽此

山東巡撫臣李僡跪

奏再查江浙兩省海運漕船經過東洋出入島口船數

前經臣先後

奏報在案茲又准登州鎮咨報自三月十一日起至二

十日止江省船戶朱永茂等船五十四隻裝載江陰

等縣漕米浙省船戶白駿康等船十七隻裝載長興

等縣漕米二共船七十一隻經過東洋收泊島口經

文武委員催儹開行由水師將弁護送北上各船在

洋行駛平穩除仍飭探有續到之船護送前進外理

合附片奏

聞伏乞

聖鑒謹

奏

咸豐三年四月初七日兗州途次附

奏四月十八日奉

硃批知道了欽此

山東巡撫臣李僡跪

奏再江浙兩省海運漕船經過東洋收泊島口船數經

臣先後附片

奏報在案茲又准登州鎮臣咨報自三月二十一日起至三十日止江蘇船戶陳永利等船四十五隻裝載新陽等縣漕米浙江船戶費大富等船三十一隻裝載秀水等縣漕米先後駛入東洋收入各島口經文武各委員催令開行由水師將備護送前進各船在洋行駛平穩連前統計兩省收口漕船共一百九十六隻除仍飭探有續來船隻催儹護送務期連檣北

上外所有收口船數理合附片奏

聞謹

奏

咸豐三年四月十二日具

奏本月十九日奉

硃批知道了欽此

山東巡撫臣李僡跪

奏再查江浙兩省海運漕船經過東洋出入島口船數

節經臣先後

奏報在案茲又准登州鎮臣咨報自四月初一日起至十五日止江省船戶張甡順等船二十三隻裝載上海等縣漕米浙省船戶王吉太等船十六隻裝載歸安等縣漕米共船三十九隻經過東洋收泊島口經文武委員催儹開行由水師將弁護送北上各船在洋行駛平穩連前統計江浙兩省已過船二百三十五隻除仍飭探有續到之船護送前進外理合附片

奏

聞謹

奏

咸豐三年五月十一日具

奏本月十七日奉

硃批知道了欽此

山東巡撫臣李僡跪

奏再江浙兩省海運漕船經過東洋截至四月十五日止出入島口船數經臣附片

奏報在案茲又准登州鎮咨報自四月十六日起至三十日止江蘇船戶孫長利等載運昭文等縣漕米共船二十七隻浙江船戶湯永祿等載運長興等縣漕米共船三十隻駛入東洋收泊島口經文武委員催趲開行由水師將弁護送北上各船在洋行駛平穩統計江浙兩省前後已過漕船二百九十二隻除仍飭探有續到之船護送前進外理合附片奏

聞伏乞

聖鑒謹

奏

咸豐三年五月二十九日具

奏　月　日奉

硃批知道了欽此

山東巡撫臣李僡跪

奏再查江浙兩省海運漕船經過東洋出入島口船數節經臣附片

奏報在案茲又准登州鎮臣咨報五月初一日至二十日止江省船戶符增福等船二十四隻裝載華亭等縣漕米浙省船戶張順興等船十七隻裝載嘉興等縣漕米經過東洋守泊島口經文武委員催令開行由巡洋水師將備護送前進各船在洋行駛平穩運前統計已過江浙兩省漕船三百三十三隻除仍飭探有續到之船護送北上外理合附片奏

聞謹

奏

咸豐三年六月十三日具

奏　月　日奉

硃批知道了欽此

辦理江南山東防堵事務山東巡撫臣李僡跪
奏再查江浙兩省海運漕船經過東洋出入島口船數
節經臣先後附片
奏報在案兹又准登州鎮臣咨報自五月二十一日起
截至六月初六日止江省船戸陳森泰等船八隻裝
載陽湖等縣漕米浙江船戸金恒發等船三隻裝
烏程等縣漕米行抵東洋收泊島口均經文武委員
催令開行由巡洋水師償護北上各船在洋行駛平
穩惟江省黃勝和一船在模椰島外洋遭風大桅斷
折船內米石並無損失旋飭修整出口連前統計已
過船三百四十四隻查前據江蘇藩司及上海局詳
報江省漕船五百八十餘隻浙省漕船四百餘隻共
計一千餘隻時屆六月中旬出入東洋島口船數尚
未及半是否各船未經收口由外洋乘風徑渡抑在
南洋别有阻滯除飭迎探確查一有續到之船趕緊
催護北上外理合附片奏
聞謹
奏
咸豐三年七月初三日河南懷慶府大營具
奏七月十二日奉
硃批知道了欽此

驗米大臣戶部尚書臣孫瑞珍倉場侍郎臣慶祺跪
奏為浙江海運南糧驗收全完先行恭摺奏
聞仰慰
聖懷事竊查本年江蘇浙江起運咸豐二年分漕白糧米全由海運計自三月中旬開斛以來兩省沙船陸續進口經臣等督飭各該員隨卸隨驗一力趲辦起運米數迭經先後奏報在案現在江蘇漕白糧米除該省截留米二十一萬餘石續據奏稱趕緊籌辦另行奏報外其業經放洋米八十二萬三千餘石較浙省為多除抵津米七十六萬四千餘石先後驗收仍有

米五萬九千餘石尚未抵津容俟續行奏報所有浙省原報沙船四百一十四隻裝運漕白糧米五十八萬五百三十六石八斗七升六合四勺承運經紀交倉耗米八千八百三十七石三斗四升九合二勺統共漕白二糧並經紀交倉耗米五十八萬九千三百七十四石二斗二升五合六勺現俱照數查驗斛收米色均屬乾潔內除撥運易州漕白正耗米三千三百一十七石二斗六升一合三勺其餘交倉漕白二粮及應撥薊州白糧共計五十八萬六千五十六石九斗六升四合三勺計用官民撥船二千七百二十一隻分起兌裝運赴通壩加以沙船耗米撥船食米五萬四千八十二石七斗二升六合三勺共計漕白二米六十四萬三千四百五十六石九斗五升一合九勺覈與該省原報起運數目相符臣等伏查本屆南漕前因豐工未合各幫繞湖行走浙省回空漕船迄今尚未歸次繼因逆匪竄擾長江運道梗阻以致湖南湖北漕船停運一年江西江安漕糧全數截留合計四省糧米顆粒不能抵通儲蓄無餘轉輸之術
京城仰食者數十萬人所關實非淺鮮仰賴
聖謨深遠

宸衷獨斷准令江浙兩省漕白糧米同辦海運而浙江海運事屬創行復荷
恩施准將原辦河運各費併歸海運支銷一切章程均經浙江撫臣黃宗漢督同該司道等慎重籌畫並參酌江蘇歷屆海運成案次第舉行該省在津設局交米經費照案支發前後未及四個月即已起卸完竣較之該省上年滯漕早完五六個月即較之該省常年河運亦早完三四個月不等一切辦理胥歸簡捷是皆仰賴
聖主鴻福洋面肅清風帆順利現運蘇省已到糧米合算

計有一百三十餘萬石抵通不但支放有資而人心亦藉以安謐臣等欽幸之忱實無既極浙江糧道周起濱及正佐各委員一俟濤聲各案亦即飭令同浙以便赶辦來歲新漕所有浙江省海運漕白糧米起運全完緣由理合先行恭摺具

奏伏乞

皇上聖鑒再南省沙船一經起卸立即飭令回空現在水次並無逗遛船隻合併聲明謹

奏

再查上屆江蘇海運案內蘇省赴津交米之糧道及

知縣佐雜各員辦理無誤著有微勞經臣等於起運報完後叙其勞績欽奉

上諭蘇松糧道陞任甘肅按察使倪良燿着交部從優議叙江南委員及佐雜各員着咨明該省督撫分別請獎等因欽此欽遵在案此次浙江海運前經浙江撫臣

奏派浙江糧道周起濱來津總理交米事務知縣楊裕深邵凌霄梁正標黃檝及佐雜各員來津襄辦數月以來晝夜辛勤不辭勞瘁臣等隨時察看該糧道周起濱竭誠盡力籌畫精詳知縣楊裕深等或專司經費勾稽米數或排船編號催重儹空一切起剝事宜均無貽誤其佐雜及航海督押糧米各員亦均倍矢勤奮臣等目擊出力情形始終罔懈不敢壅于上

聞現當浙江海運事竣謹照道光六年及二十八年咸豐二年歷屆鼓勵成案恭懇

恩施以昭激勸惟糧道周起濱係監司大員未敢擅議優叙

恩出

聖裁其知縣及佐雜各員臣等謹照成案各按勞績出具考語咨明浙江撫臣援案分別請獎臣等爲海運出力鼓勵人才起見理合附片陳明伏乞

皇上聖鑒

訓示遵行謹

奏請

旨

咸豐三年七月初七日奉

硃批另有旨欽此同日奉

上諭孫瑞珍慶祺奏浙江海運南糧驗收全完並援照成案懇請將出力各員鼓勵等語此次浙江海運事屬創始經巡撫黃宗漢督同該司道等參酌成案經理得宜統計前後未及四個月即已全數起運交兌完竣辦理

實爲妥速自應量予恩施以示鼓勵浙江巡撫黃宗漢
加恩着賞戴花翎糧道周起濱着賞戴花翎仍交部議
敘其餘辦理海運出力各員並該撫前次保奏在局最
爲出力之中防同知仲孫樊均着該撫確實查明酌量
保奏候朕施恩其江蘇海運米石尾數仍着孫瑞珍等
督飭各該員等妥速驗收隨時具奏該部知道欽此

驗米大臣戶部尚書臣孫瑞珍倉場侍郎臣慶祺跪
奏爲蘇省海運南糧驗收完竣恭摺奏
聞仰慰
聖懷事竊查咸豐三年八月初五日臣等以蘇省海運米
石尾數無多擬請折價交納並聲明續到沙船仍趕
緊驗收等因具奏初七日奉
硃批另有旨欽此同日內閣奉
上諭孫瑞珍慶祺奏海運米石尾數請折價交納一摺江
蘇省漕白糧米由海運至天津除現已驗收八十萬五
千四百餘石其未到漕米一萬八千四百餘石尾數無

多該尚書等請照京倉折放米石粳米每石一兩四錢
之數飭令蘇松糧道折價交納派員解部俾該糧道迅
速回任趕辦來年新漕即着照所請行至撤局後其續
到沙船即由慶祺督同坐糧廳將經紀耗米驗收撥運
以清欵目餘着照所擬辦理該部知道欽此欽遵在案
除日內續到沙船四隻業經驗收外伏查蘇省原報
交倉漕白正耗米八十二萬三千九百六十石六斗
一升五合六勺內撥運易州米一千二百九十一石
六斗八升九合薊遵豐等州縣米一千四百七十石
截留駐津官兵米三千石運通交倉米八十萬三千

五百七石一斗七升六合九勺共計已到漕白糧米八十萬九千二百六十八石八斗六升五合九勺均經臣等驗收米色乾潔仍有未到漕糧米一萬四千六百九十一石七斗四升九合七勺以粳米每石一兩四錢例價核算應交庫平紋銀二萬五百六十八兩四錢五分由臣等當面彈兌黏貼印花派員解部交納以上銀米合計核與原報數目相符顆粒無虧外有沙船耗米剝船食米經紀耗米共八萬九千餘石內除沙船撥船食耗等米業經如數交清其經紀耗米一萬二千五百七十五石四斗二升九合四勺

除奉撥易薊遵豐等州縣米石業已撥給留津兵糧並折價米石毋庸給與經紀耗米應歸另案覈辦外仍應交經紀耗米一萬二千二百六十四石七斗五升二合七勺此項經紀應得耗米現經提前交倉先儘正供收足應俟續到沙船再由臣慶祺督飭坐糧廳汪潤查驗斛收撥運通州照例抵補經紀挈欠以清款目臣等伏查江浙兩省同一海運而浙省撥給沙船剝船經紀食耗等米共六萬二千餘石因無餘項措辦卽在給丁耗米數內分款開支蘇省撥給沙船剝船經紀食耗等米共八萬九千餘石均係出諸

州縣幫費除將食耗等米開銷外仍多撥解銀六十萬兩是浙省改辦海運漕糧可期迅速抵通蘇省改辦海運尤於倉儲庫款兩有裨益此江浙兩省海運大同小異之實在情形也況復本年運道梗阻轉輸之法舍海運别無他途仰賴

聖主鴻福洋面肅清風帆順利統計江浙兩省起運米石全數兌竣在津文武員弁以及軍民人等莫不同聲相慶臣等欣幸之忱實無旣極該兩省新漕業經欽

奉

諭旨明年仍辦海運臣等已飭該糧道等迅速回南妥爲

籌辦現當時勢艱難並諄囑以一切辦理務於循照舊章之中更籌節省經費之法以冀精益求精速愈加速浙江糧道周起濱業於七月二十四日呈報起程江蘇糧道何俊一俟清釐文案亦卽回蘇趕辦新漕沙船一千餘號業已陸續回空現在海口安靜如常並無匪徒溷跡所有蘇省海運米石完竣緣由理合恭摺具

奏伏乞

皇上聖鑒再臣慶祺遵奉前

旨仍留天津專辦巡防事宜臣孫瑞珍於拜摺後率同隨

帶司員由水路起程回京恭覆
恩命合併聲明謹
奏
驗米大臣戶部尚書臣孫瑞珍倉場侍郎臣慶祺跪
奏爲本屆江浙兩省海運事務較繁謹將在津辦理尤
爲出力各員援照
恩准成案恭懇
天恩分別獎勵仰祈
聖鑒事竊查咸豐二年五月二十三日奉
上諭孫瑞珍慶祺奏海運事竣請將出力各員分別獎勵

一摺本年南糧海運前曾派孫瑞珍等前往天津督飭
各該員妥爲籌辦現在漕糧一百餘萬全數兌收各該
員等著有微勞自應分別加恩以昭激勸直隸清河道
譚廷襄天津道張起鵷署天津鎮總兵特克慎均著交
部從優議敘隨帶司員戶部郎中董醇著交軍機處記
名遇有道員缺出請旨簡放先換頂戴戶部主事振麟
著以員外郎儘先陞用戶部候補主事王友端著遇有
主事缺出儘先補用戶部學習主事成琦著留于該部
以主事儘先補用其天津府以下各員及由通州調往
之委員營委將弁均著咨明該省分別請獎孫瑞珍慶
祺督辦妥速均著加恩交部議敘餘著照所擬辦理該
部知道欽此欽遵在案臣等伏查本屆南糧始因豐工
堵築尚未合龍繼緣逆匪竄擾運道梗塞湖廣江西
江安各省漕糧全數未能起運仰賴
宸謨廣運准令江浙兩省漕白糧米同辦海運
京糈攸關顆粒均形寶貴現當部庫支絀之時一切支
銷必須力求撙節方可絲毫不動
帑項合計江浙兩省起運米一百五十餘萬石內交倉
米一百四十餘萬石比之上兩屆海運米數尤多事
務較繁臣等自三月抵津以來督飭隨帶司員及坐

糧廳會同直隸江蘇浙江各總局參酌成規妥爲商
辦該員等無不竭誠盡力恪謹將事其導引進口挽
排水次查驗米色監視斛收配給剝船疏通河道一
切事宜以及辦理文案鉤稽銀米彈壓水手盤詰匪
徒需員孔多該府縣丞倅及將弁等均能晝夜辛勤
不辭勞瘁臣等在津數月之久目擊各該員始終罔
懈不敢壅于上
聞謹照歷屆鼓勵成案恭懇
恩施查通永道海瑛幹練有爲開局以來辦理妥協嗣于
六月經直隸督臣奏調總辦直隸糧臺天津道張起

鷗會經三次海運辦理起剥諸務始終其事毫無貽
誤天津鎮總兵特克慎親督將弁往來海口彈壓巡
防較尋常倍加嚴密惟係鎮道大員未敢擅議優敘
恩出
聖裁天津府知府錢炘和辦事認真勤勞歷著惟該府向
由臣等咨明直隸督臣奏請奬勵應仍照成案併同
天津縣知縣謝子澄及調赴天津之丞倅知縣佐雜
各員並營委將弁各按勞績咨明直隸督臣分別辦
理至臣部隨帶司員上屆海運均蒙
恩准奬敘此次隨帶四員內主事王友端係臣部雲南司

正主稿職司各省漕務於海運情形尤爲熟悉該員
心精力果有守有爲係此次總理一切收驗事宜最
爲得力之員員外郎振麟成琦候補主事何國琛皆
臣部出色人員數月以來隨臣等驗米辦理一切運
務均能潔己奉公猷爲懋著臣等謹照道光六年及
二十八年咸豐二年鼓勵成案奏請
恩施可否仰懇
天恩准令員外郎振麟成琦遇有臣部郎中缺出無論題
遐咨留卽行陞補主事王友端遇有臣部員外郎缺
出無論題遐咨留卽行陞補候補主事何國琛現已

頂補候補缺後遇有臣部員外郎缺出無論題遐咨
留卽行陞補以上各員寔皆著有勞績臣等仰體
聖主激勵人材至意援案聲請恭候
聖裁伏乞
皇上聖鑒謹
奏請
旨
再查上屆江蘇海運案內蘇省赴津交米之糧道及
各委員辦理無誤著有微勞經臣等於起運報完後
聲敘勞績欽奉

上諭蘇松糧道陞任甘肅按察使倪良燿着交部從優議
敘江南委員及佐雜各員着咨明該省督撫分別請奬
等因欽此又本屆浙江海運完竣臣等懇將浙江赴
津出力各員鼓勵於七月初七日奉
上諭糧道周起濱著賞戴花翎仍交部議敘其餘辦理海
運出力各員均著該撫酌量保奏等因欽此欽遵各在
案臣等伏查蘇省海運米石比較浙省爲多且籌給
商船撥船經紀食耗等米均係出諸節省幫費並不
在應征正耗米數之內開銷此外又有節省銀兩以
供撥用較之浙省尤屬於公有益臣等抵津之日卽

據蘇松糧道何俊率同同知松海知縣姚銑及各委
員等馳抵津門辦理交米事務並據同知朱鈞等攜
帶經費航海而至數月以來晝夜辛勤不辭勞瘁臣
等隨時察看該糧道何俊實力籌辦練達精詳遇事
能存大體其同知以下各員或專司經費勾稽米數
或排船編號催重趲空以及一切起剝事宜均各倍
矢勤奮臣等目擊各該員出力情形謹照歷屆鼓勵
成案恭懇
恩施以昭激勸惟糧道何俊係監司大員未敢擅議優敘
恩出

聖裁其同知知縣及佐雜各員臣等仍照舊章各按勞績
出具考語咨明兩江督臣江蘇撫臣援案分別請獎
臣等爲海運出力鼓勵人材起見理合附片陳明伏
乞
皇上聖鑒謹
奏請
旨
再查駐津坐糧廳工部郎中汪潤隨同臣等終日河
干逐船逐艙查驗米色專辦收運一切事宜頗能挽
回積習嚴禁在津經紀書役勒索刁難諸獘該員係
原任大學士杜受田保舉及
京察一等並截取繁缺知府人員可否援照上屆
賞給道銜成案仰懇
天恩賞給道銜以示鼓勵出自
皇上鴻慈謹
奏請
旨
咸豐三年八月十一日具
奏均奉
硃批另有旨欽此八月十四日內閣奉

上諭琦瑞珍慶祺奏江浙兩省海運事竣請將出力各員
分別請獎等語本年江浙兩省海運事務較繁前派琦
瑞珍慶祺前往天津督飭各該員妥爲籌辦現在漕糧
一百五十餘萬石全數兌收各該員著有微勞自應分
別加恩以昭激勸委員江南蘇松糧道何俊直隸通永
道海瑛天津道張起鵷天津鎮總兵特克愼均着交部
從優議敘坐糧廳汪潤著賞給道銜隨帶司員戶部員
外郎振麟成琦均着遇有本部郎中缺出無論題選咨
留即行陞補主事王友端着遇有本部員外郎缺出無
論題選咨留即行陞補候補主事何國琛着俟補缺後

遇有本部員外郎缺出無論題選咨留即行陞補其天津府知府以下各員及由通州調往之委員營委將弁並江浙委員及佐雜各員均着咨明各該省督撫分别請奬孫瑞珍慶祺兩次督辦甚屬妥協俱着加恩賞戴花翎餘着照所議辦理該部知道欽此

浙江巡撫臣黄宗漢跪

奏爲浙省海運漕糧默邀

神佑恭摺奏請

御書扁額仰祈

聖鑒事竊照浙省漕糧本年舉行海運事屬創始一切事宜均參酌蘇省舊章辦理尚係人力所能爲而米船放洋以後自南至北遠隔重洋一路風帆能否順利

則必仰賴

神靈默爲呵護臣於米石起運赴滬時恭詣

風神廟

天后宫齋心虔禱祈保平安茲據天津局委員具報浙省漕米六十餘萬石其裝四百餘船均於六月中旬全數抵津兌收完竣各商船行駛迅速毫無疎失等情臣接閱來稟仰見

聖明在上百神效靈欣幸之餘彌深感仰所有浙江省城

風神廟

天后宫相應仰懇

天恩均請

御書扁額

頒發恭摹敬謹懸掛以昭

靈貺而答
神庥臣不勝額抃之至謹恭摺具
奏伏乞
皇上聖鑒謹
奏
咸豐三年八月二十六日具
奏十一月十九日奉
硃批另有旨欽此同日奉到咸豐三年九月二十一日内
閣奉
上諭黃宗漢奏
神靈默佑懇請頒發扁額一摺本年浙江省海運米石

自放洋以後風帆順利於六月中旬全數抵津毫無疎
失此皆仰賴神靈默爲呵護朕心實深寅感所有浙江
省城
風神廟
天后宮朕特親書扁額各一方交該撫敬謹懸掛以答
神庥欽此

奏爲恭謝　　浙江巡撫臣黃宗漢跪
天恩仰祈
聖鑒事竊臣於九月十四日接准戸部咨開咸豐三年七
月初七日内閣奉
上諭此次浙江海運事屬創始巡撫黃宗漢督同司道等
叅酌成案經理得宜全數起運交兌完竣辦理寔爲妥
速加恩着賞戴花翎仍交部議叙等因欽此當即恭設
香案望
闕叩頭祗謝

天恩伏念臣職效鷄翔才慚鳩拙屬以漕河之偶阻議由
瀛海以試行
斷由
宸謨喜蒙
福庇自揚舲於滬浦暨艤檝於津沽海若效靈
神倉遄達廼膺
恩錫加以采章
龍光賚
湛露之濃鴻毛叶順風之遇憶昨輸誠助餉曾叨翠羽之
榮頒祇今循分供儲復拜

丹毫之
褒寵受
恩愈重思報彌虔慶溢彈冠倍切欽承於負荷敬襄勵翼
豈徒耀飾於觀瞻臣惟有益矢愚衷偕萬姓臚歡鳧
藻早籌新運祝千艘穩渡蟬聯所有感激榮幸下忱
謹繕摺恭謝
天恩伏乞
皇上聖鑒謹
奏
咸豐三年九月二十四日具

奏十一月初九日奉
硃批知道了欽此

吏部謹
題議得內閣鈔出咸豐三年七月初七日奉
上諭孫瑞珍慶祺奏浙江海運南糧驗收全完並援照成
案懇請將出力各員鼓勵等語此次浙江海運事屬創
始經巡撫黃宗漢督同該司道等參酌成案經理得宜
統計前後未及四個月即已全數起運交兌完竣辦理
實為妥速自應量予恩施以示鼓勵浙江巡撫黃宗漢
加恩著賞戴花翎糧道周起濱著賞戴花翎仍交部議
敘其餘辦理海運出力各員並該撫前次保奏在局最
為出力之中防同知仲孫樊均著該撫確實查明酌量

保奏候朕施恩其江蘇海運米石尾數仍著孫瑞珍等
督飭各該員等妥速驗收隨時具奏該部知道欽此欽
遵鈔出到部除賞戴花翎各員臣部遵
旨註冊外查欽奉
諭旨交部議敘之浙江督糧道周起濱給予加一級紀錄
二次等因具
題咸豐三年十月初九日奉
旨依議欽此

署倉場侍郎臣全慶倉場侍郎臣朱嶟跪
奏爲海運漕白糧米撥運抵通起卸完竣恭摺奏
聞仰祈
聖鑒事竊照本年江浙二省漕白糧米裝載沙船由海運
津經
欽派大臣查驗督飭受兌剝船分起運通所有抵通開斛
起卸日期業經奏蒙
聖鑒在案除浙省沙船業經到齊兌運完竣外其江省沙
船一時未能到齊且尾數無多經
欽派大臣奏明折價交納以完正供續到沙船兌給經紀

耗米茲據江省留津委員朱鈞詳稱續到船隻將經
紀漕糧耗米全數兌給白糧耗米短數無多購買交
足又交原截寶山縣兵米一千石耗米十五石此外
尚有未到船十隻裝米一萬一千一百餘石擬交江
省原截兵米現屆冬令一時未能收口請俟抵津交
天津道縣經理並據天津道詳稱續到沙船耗米全
行兌完各等情臣等查海運米石分起運通自第一
起至六十二起除截留津通兵米並撥運薊易及折
價外共計江浙二省到通漕糧洪斛米一百一萬二
千二百七十五石零又漕糧經紀耗米除抵賠沉濕
漂淌外實起米一萬五千三十五石零白糧除撥運
薊易外計到通平斛米十一萬二千九百六十六石
零又白糧經紀耗米除抵賠沉濕虧短外實起米一
千七百八十二石零均經按起運通經紀耗米隨正
入倉抵補摰欠今據坐糧廳呈報於十一月二十七
日全行起卸完竣臣等仍嚴飭大通橋監督趕緊轉
運進倉以期早登
天庾所有江浙二省海運漕白糧米全數起竣緣由理合
恭摺奏
聞伏乞

皇上聖鑒謹
奏
咸豐三年十二月初四日具
奏奉
旨依議欽此

浙江巡撫臣黃宗漢跪
奏爲海運全竣酌保在事尤爲出力各員恭懇
天恩量予鼓勵仰祈
聖鑒事竊臣於咸豐三年三月間因漕糧起運全完附片
陳明浙漕籌議變通由候選知府繆梓力主海運之
說會同署運司湖州府知府晏端書酌議條欵辦理
尤爲出力請量予鼓勵等因奉
上諭晏端書繆梓二員着俟海運事竣由該撫聲明請旨
候朕施恩等因欽此又於四月間因海船放洋事竣附
片陳明總司滬局之中防同知仲孫樊最爲出力俟

天津交兌事竣保奏奉
硃批知道了欽此又於九月十月間先後准吏戶部咨七
月初七日內閣奉
上諭孫瑞珍慶祺奏浙江海運全完援照成案請將出力
各員鼓勵等語此次浙江海運事屬創始經巡撫黃宗
漢督同司道等參酌成案經理得宜全數起運交兌完
竣辦理妥速自應量予恩施以示鼓勵浙江巡撫黃宗
漢加恩着賞戴花翎糧道周起濱着賞戴花翎仍交部
議敘其餘辦理出力各員並該撫前次保奏在局最爲
出力之中防同知仲孫樊均着該撫確實查明酌量保

奏候朕施恩等因欽此欽遵移咨到臣仰見
皇上於微勞必錄之中寓覈實量能之意下懷欽感莫可
言宣伏查浙省試行海運事屬創始關係重大分任
需人經臣督同司道於議辦之初即以籌欵爲濟用
要需雇船爲運行關鍵而一切文案章程鈎稽冊檔
以及驗米兌米各事宜均極繁重雖有成案可稽而
各省情形不同初次籌辦時虞窒礙難行必須得人
勷助以期辦理周全當飭藩司麟桂糧道周起濱遴
選實心勤幹之員各量材能分別派委復經臣隨時
激勸逐件指示在事大小數十餘員晝夜奮勤不辭

勞瘁或籌濟經費招雇商船或酌議章程綜覈文冊
或驗兌漕糧迎提催儹或分赴津滬排船給單或專
駐公所收發出入或航海赴津涉歷風濤莫不竭盡
心力各供指臂現在漕白糧米六十餘萬石一律抵
津交納以浙省未經試行之事上稟
宸謨如期妥竣自應量加鼓勵除糧道周起濱已蒙
恩旨賞戴花翎仍交部議敘不復請獎外查浙江布政使
現署江甯藩司麟桂前派統領局務布置精詳歷陞
安徽按察使前甯波府知府畢承昭僱募甯波商船
辦理妥速署運使陞任福建汀漳龍道前湖州府知

府晏端書總司省局實心籌畫頗著勤勞惟係司道
大員
恩出
聖裁臣未敢擬請優叙所有在事各員人數衆多臣不敢
濫登薦牘亦不敢泯没其勞謹擇其尤爲出力者開
具清單恭呈
御覽可否仰懇
天恩量予鼓勵出自
鴻施至前任中防同知仲孫樊業經病故應毋庸議其餘
各員應分別咨部議叙由外記功覈實辦理其急公

頒運之紳商人等應行獎勵遵照章程另行
奏咨辦理謹恭摺具
奏伏乞
皇上聖鑒訓示謹
奏
謹將浙省辦理海運各局在事出力人員開具清單
註明實績恭呈
御覽
省城總局
署理紹興府事雙月候選知府繆梓

該員才識素優浙省錢漕尤爲熟悉因河道阻滯力
主試行海運參酌成案通籌各局章程親赴各屬籌
費不避嫌怨力肩終始俾得迅速蕆事洵爲實心任
事之員該員本係雙月候選知府應請免其捐足各
班以知府留浙即補
陞用同知提舉銜杭州府水利通判費文淦
該員督雇內河剝船支發水脚口糧事極煩瑣備著
辛勤應請
賞加運同銜
玉泉場大使朱錫齡

該員幫辦文案經管銀錢始終其事均臻妥協應請
以應陞之缺儘先陞用
柯橋巡檢候選縣丞顧錕
該員遇事本屬勤幹此次幫理局務經管各屬解款
籌備津滬用項稽覈帳目辦理文案甚爲得力該員
本係雙月候選縣丞應請開缺以縣丞留浙即補
湖州府經歷陳繩武候補州吏目周詒綬候補縣丞
黃恩詔試用從九品崔栻朱鼎元
該五員或雇備剝船或飭提銀米或赴甯滬催船往
返河干迄無休息陳繩武應請以應陞之缺陞用周

詒綬黃恩詔應請俟補鈌後以應陞之鈌陞用崔栻
朱鼎元應請歸候補班先用
候選同知余鈞恩甬東司巡檢姚紹唐
該二員均在甯波封船得力余鈞恩本係在蘇需次
來浙措資因熟悉甯商情形由局派令馳赴海口會
同紳董招商立攬姚紹唐駐劄鄞縣由局札委稽查
海口彈壓催駛赴滬實屬勤奮余鈞恩應請俟服闋
後以同知遇鈌郎選姚紹唐應請以應陞之鈌儘先
陞用
上海分局

捐陞通判前玉泉場大使李會裕
該員協同總司局務並於議辦之初首先赴上海會
同江蘇委員邀集紳商雇募沙船設局以後辦理一
切均合機宜勤勞最著該員業已捐陞通判應請俟
引
見回省後遇鈌郎補
候補通判徐徵
該員專辦剝兌彈壓稽查始終勤奮應請歸本班先
用
雙月候選知州嘉松分司運判莫嘉幹

該員幫理局務兼司驗船兌米不辭勞瘁經理得宜
應請以知州郎選仍在任候選
試用布庫大使陳涑
該員綜稽文案及銀米冊籍均能妥協應請
賞加六品職銜
候補布理問戴賡保儘先補用布理問周理
該二員派司排船給單監兌彈壓倍著辛勤戴賡保
應請
賞加知州銜周理應請遇鈌郎補
試用從九品鄭崇暄孫廷贊

該二員專駐外局監斛剝兌稽查彈壓頗著勤勞均
請歸候補班郎補
江蘇候補知府署理松江府事藍蔚雯知府銜江蘇
候補同知梁逢辰
浙漕由滬起運越境設局辦事呼應恐有不靈該二
員係由江省奏派會同浙省委員封僱各船會商一
切事宜彈壓稽查布置周妥洵為不分畛域實心實
力共勷要務藍蔚雯應請
賞加陞銜梁逢辰應請俟補鈌後以知府陞用
天津分局

題陞中防同知楊裕深
該員幹練老成在浙年久情形熟悉委赴天津交米總理局務經管銀錢支銷查覈文案冊檔擘畫精詳最爲得力先因獲匪出力奉
旨以同知陞用業經題陞同知應請俟奉准部覆後以知府留浙補用先換頂帶

同知銜金華府通判育淳
該員專司伺値驗米監視起卸督押晒晾彈壓水手頗著辛勤惟現已丁憂應請俟服闋引
見後以應陞之缺陞用

補用同知烏程縣知縣梁正標
該員幫理局務又復迎提船隻排號給單收發執照事極煩瑣不憚辛勤該員先經獲盜引
見奉
旨以同知用應請以同知卽補

金華縣知縣邵凌霄
該員先在省局勷理不辭勞瘁復赴津局辦理文案經管收放銀錢並伺値驗卸始終詳愼應請以同知陞用先換頂帶

臨海縣知縣黃熾
該員幫理局務亦復彈壓水手遇有沙船控告事件持平審斷委赴海口收發軍械查報船數尤著勤勞應請以應陞之缺陞用

秀水縣主簿秘雲書捐班前先用未入流張承志
該二員經理銀錢文案輪赴水次伺値驗卸彈壓水手事事妥協張承志前經在蘇襄辦海運銀米欵項俱悉茲又不避艱險航海赴津尤屬勇於任事秘雲書應請以府經縣丞陞用張承志應請俟補缺後以應陞之缺儘先陞用

儘先補用從九品胡毓麒候補未入流方理

該二員經管收繳軍械隨同驗米監兌胡毓麒又委赴海口查報進出船隻方理又委令催重儹空清理河道俱能詳愼出力均請俟補缺後以應陞之缺陞用

已捐分發尚未掣省未入流張脩睦捐職從九品徐雲會
該二員先後由海赴津護送各船涉歷重洋復照料卸米事宜約束舵水手人等無許滋事實屬急公張脩睦先經派充滬局董事雇募商船經理兌裝悉臻妥善張脩睦應請以未入流留於浙江儘先補用

徐雲會應請

賞給六品頂戴

咸豐三年十二月二十七日具

奏咸豐四年正月二十二日奉到

硃批另有旨欽此咸豐四年正月初九日内閣奉

上諭黄　奏海運全竣酌保出力各員懇請鼓勵一摺此次浙江海運辦理尙屬妥速所有在事尤爲出力人員自應量予恩施以示獎勵現署浙江布政使麟桂安徽布政使前任甯波府知府畢承昭陞任道員前湖州府知府晏端書均著交部從優議叙署理紹興府事雙月候選知府繆梓著免其捐足各班以知府留於浙江卽補陞用同知提舉銜杭州府水利通判費文淦著賞加運同銜玉泉場大使朱錫齡著以應陞之缺儘先陞用柯橋巡檢候選縣丞顧錕著開缺以縣丞留於浙江卽補湖州府經歴陳繩武著以應陞之缺陞用候補州吏目周貽綬候補縣丞黄恩詔均著俟補缺後以應陞之缺陞用試用從九品崔栻朱鼎元均著歸候補班先用候補同知余鈞恩著俟服闋後以同知遇缺卽選甬東司巡檢姚紹唐著以應陞之缺儘先陞用捐陞通判前玉泉場大使李曾裕著俟引見後遇缺卽補候補通判

徐徵著歸本班先用雙月候選知州嘉松分司運判莫嘉幹著以知州卽選仍在任候選試用布政司庫大使陳涑著賞加六品職銜候補布政司理問戴賡保著賞加知州銜儘先補用布政司理問周理著遇缺卽補試用從九品鄭祟瑄孫廷贊均著歸候補班卽補署松江府知府現放江蘇遺缺知府藍蔚雯著賞加陞銜知府銜江蘇候補同知梁逢辰著俟補缺後以知府陞用題陞中防同知楊裕深著以知府留於浙江補用先換頂戴同知銜金華府通判育淳著俟服闋引見後以應陞之缺陞用補用同知為程縣知縣梁正標著以同知卽補金華縣知縣邵凌霄著以同知陞用先換頂戴臨海縣知縣黄檝著以應陞之缺陞用秀水縣主簿秘雲書著以府經歴縣丞陞用捐班前選用未入流張承志著俟補缺後以應陞之缺儘先陞用儘先補用從九品胡毓麒候補未入流方理均著俟補缺後以應陞之缺陞用已捐分發尙未掣省未入流張修睦著以未入流留於浙江儘先補用捐職從九品徐雲會著賞給六品頂戴該部知道單併發欽此

浙江巡撫臣黃宗漢跪
奏爲查明海運案內急公領運倡募招徠船隻之江浙
紳董及甯波商埠並書吏人等恭懇
天恩量加鼓勵仰祈
聖鑒事竊照浙省初次試行海運雇募商船經臣議
奏章程查照蘇省成案以運米之多寡定獎叙之等差
除一萬石以下在外分別賞給扁額外其自一萬石
至五萬石以上應請分別給與職銜若已捐至五品
另行酌獎均俟漕糧交兌完竣再行覈辦欽奉
諭旨允行在案茲據該司道等查明應行獎叙各紳董商

埠及書吏人等開摺詳請具
奏前來伏思海船承運官米浙省事屬創行募雇之初
甯波商人多存疑畏兼之兩省並運北上之船既多
則不裝載漕糧之船在南較少漁利尤倍必須本地
紳士曉以大義廣爲招募方肯立攬承載前經臣督
飭司道轉行各地方官就地延邀紳士董理其事開
誠曉諭釋其畏累之心示以體恤之意始據該船商
取具攬呈踴躍受雇隨飭各紳董馳赴上海幫同江
浙委員招徠沙衛各船照料一切俾各抵滬受兌該
船商等感沐

皇仁咸知奮迅或首先承裝或親身押運經歷重洋剋期
蒇事米數則毫無滲漏人船亦盡保平安慕義從公
爭先恐後至甯波牙埠人等隨同雇船立攬各局書
吏核案放船驗米均能不避辛勤抒誠報効凡此衆
情之鼓舞莫非
聖化之涵濡惟創始稍覺艱難故
恩叙請從優渥謹擇其實在出力者繕具清單恭呈
御覽可否仰懇
天恩一體准予鼓勵出自
鴻施除飭取年貌三代籍貫各册另行咨部查覈發給執

照外理合恭摺具奏伏乞
皇上聖鑒再此外尚有上海商埠及沙衛各船因上海未
平類多遷徙經臣屢次飭查尚未能開報容俟趕緊
查明另行辦理合併陳明謹
奏
謹將海運案內急公倡募之江浙紳商及領運出力
之甯波船埠並各局書吏人等註明實績分別米數
開單恭呈
御覽
慈谿縣前任福建建甯縣知縣張廣埏鄞縣候補布

政司理問童可衾慈谿縣候選府經歷王訓鎮海縣抜貢王引孫八品頂戴李容監生俞斌

查浙漕議由海運商情多存趨避船隻不即進口希圖留南運貨居奇獲利張廣埏童可衾王訓王引孫四員本係甯波船局司事俞斌素爲衆商信服均志切急公涉歷各港汊諄勸船商曉以有利而無累隨同委員押令各船進關李容將自置船隻首先立攬承雇各船乃同聲樂從張廣埏王訓李容俞斌又馳赴上海照料交兑自始至終俱臻妥協洵爲得力紳商張廣埏應請

賞加知州銜童可衾應請

賞加鹽提舉銜王訓應請

賞加六品職銜王引孫應請以教職本班儘先選用李容俞斌均請

賞給六品頂戴

上海縣分發浙江候補同知王慶勳元和縣浙江候補通判祝師紳上海縣分發浙江縣丞沈淳煜吳江縣雙月候選從九品仲孫懋

查浙漕由上海起運雖由蘇省委員封雇各船濟用而越境辦事時恐疎虞必須本地紳商幫同照料斛兑稽查偷漏庶不致有所弊混該員等或在本邑或在隣近入船俱爲熟悉查覈防護極爲認眞王慶勳祝師紳復將自置沙船首先領運浙漕倡募沙衛各船踴躍受雇尤爲急公慕義王慶勳應請俟到省後遇缺即補祝師紳應請

賞加鹽提舉銜沈淳煜應請俟到省後儘先補用仲孫懋應請以從九品分發浙江歸於候補班內遇缺即補

歸安縣候選知州蔣維鏞安吉縣候選訓導顏森玉

該二員原籍浙江在上海日久熟悉情形經理外局派船監斛支發水腳辛勤數月極爲奮勉蔣維鏞應

請以知州儘先選用顏森玉應請以訓導儘先選用

慈谿縣監生馮振鏕八品頂戴費綸鋕

以上二員各載米四萬餘石均屬急公承運載米數多查照蘇省成案均請

賞給六品職銜

鄞縣船商梁騏周錡柴承愼徐允章慈谿縣船商葛維漢馮騤周繼會陸禹高盛鐘璋林鴻費輔泮鎭海縣船商夏忠任

以上商船各載米一萬餘石親身押運查照蘇省成案應請

賞給九品職銜
慈谿縣商民楊學賢
該商自甬押運赴津董理甯屬各船掛剝起卸各事
務悉臻妥善洵屬不辭勞瘁應請
賞給從九品職銜
鄞縣牙行幫夥九品職銜李雲書鮑采臣鎭海縣牙
行幫夥王淮
以上各牙埠等或在甯波幫辦或赴上海照料經理
船務扦驗交兌毫無貽誤著有微勞李雲書本有九
品職銜應請

賞給八品職銜鮑采臣王淮應請
賞給從九品頂戴
省城總局書吏陳文炳戴鴻鈞天津分局書吏周纘
文周維溶上海分局書吏秦瀚毛緒源
該書等或總辦文案查核舊章或繕寫鈎稽清算銀
米或隨赴滬津催船驗兌均屬始終勤奮著有微勞
周纘文原派省局辦稿尙屬精細復赴天津尤爲辛
勤周纘文應請以從九品歸部選用陳文炳戴鴻鈞
周維溶秦瀚毛緒源均請
賞給從九品職銜

咸豐三年十二月二十七日具
奏咸豐四年正月二十二日奉到
硃批另有旨欽此咸豐四年正月十八日內閣鈔出初九
日奉
上諭黃　奏查明海運案內急公倡募之紳商及領運出
力之船埠書吏人等懇恩鼓勵並開單呈覽一摺前任
福建建甯縣知縣張廣埏著賞加知州銜候補布政司
理問童可念著賞加鹽提舉銜候選府經歷王訓著賞
加六品職銜拔貢生王引孫著以教職本班儘先選用
八品頂戴李容監生俞斌均著賞給六品頂戴分發浙

江候補同知王慶勳著俟到省後遇缺即補候補通判
祝師紳著賞加鹽提舉銜分發浙江縣丞沈淳煜著俟
到省後儘先補用雙月候選從九品仲孫懋著以從九
品分發浙江歸於候補班內遇缺即補候選知州蔣維
鏞著以知州儘先選用候選訓導顏森王着以訓導儘
先選用監生馮振鏕八品頂戴費綸鋕均著賞給六品
職銜船商梁騏周錡柴承慎徐允章葛維漢馮駿周繼
晉陸禹高盛鍾璋林鴻賚輔泮夏忠任均著賞給九品
職銜商民楊學賢著賞給從九品職銜牙行幫夥九品
職銜李雲書著賞給八品職銜鮑采臣王淮著賞給從

九品頂戴書吏周纘文著以從九品歸部選用陳文炳
戴鴻鈞周維浴秦瀚毛緒源均著賞給從九品職銜該
部知道單併發欽此

戶部謹
奏爲遵
旨查議具奏恭摺仰祈
聖鑒事據直隸總督桂良奏上年江浙兩省海運漕糧支
用經雜各費循案請免報銷一摺咸豐四年二月二
十五日奉
硃批戶部查議具奏欽此欽遵抄出到部據原奏內稱咸
豐三年江蘇浙江漕糧海運計剝運江省漕白米八
十二萬一千七百十六石零浙省漕白米五十八萬
九千三百七十四石零自津至通剝船水腳及一切
經雜各費撙節動支覈實銷算並將收回苫艙蓆片
估計變價就款開除計江省海運共用九四平銀八
萬八千七百四十五兩四錢一分八釐一毫除由蘇
局解交銀八萬三千六百四十五兩八錢八分九釐
儘數支用外實墊銀五千九十九兩五錢二分九釐
一毫浙省海運共用九四平銀六萬四千二百九十
八兩四錢一分二釐三毫已由浙局解交銀六萬一
千六百六十七兩三錢八釐儘數支用實墊銀二千
六百三十一兩一錢四釐三毫其長墊銀兩應由江
浙兩省撥解歸欵援案請免報銷並造具細冊咨送

江浙兩省彙覈辦理長墊銀兩催解歸欵等語臣等
伏查道光五年二十八年及咸豐二年海運成案天
津應需剝船水腳及一切經雜各費向由南省籌備
交天津總局覈給事竣後造具細冊咨送南省彙入
沙船水腳案內辦理毋庸造冊報部歷經遵照辦理
在案茲據直隸總督奏稱咸豐三年江浙兩省海運
糧米所需剝船水腳及一切經雜各費造具細冊咨
送江浙兩省彙覈辦理並援案請免造冊報部等因
臣等查與成案相符應如所奏歸入江浙兩省彙覈
辦理應請

旨敕下直隸總督即飭直隸總局造具細冊咨送江浙兩
省逐欵覈實銷算彙案覈辦至所稱江省海運該局
長墊銀五千九十九兩五錢二分九釐一毫浙省海
運該局長墊銀二千六百三十一兩一錢四釐三毫
催令江浙兩省撥解歸欵之處應一併
敕下兩江總督江蘇浙江各巡撫轉飭各該糧道查明前
項銀兩是否長墊數目是否相符按冊覈算有無浮
冒如實係應銷之欵即行籌解歸欵仍令報部查覈
再現在經費支絀南省籌畫維艱天津轉運各費總
宜力求撙節除前經臣部議令剝船飯米折色項下
每百石節省銀一兩一錢五分守候口糧一項全行
裁革外其餘一切用欵應令直隸總督嚴飭津局委
員應裁者裁應減者減務須覈實支銷毋任稍滋浮
冒所有臣等遵
旨查議緣由理合恭摺具
奏伏乞
皇上聖鑒謹
奏
咸豐四年三月十五日具
奏本日奉

旨依議欽此

浙江巡撫部院黃　爲咨明事案照浙江省咸豐
年分漕糧改漕白糧除災歉蠲緩等米外實該起運
正耗米六十三萬餘石前經
奏明改由海運應需沙船業已咨請轉飭雇募在案合
將起運米數先行咨明爲此合咨
貴部堂院煩請查照施行
咸豐二年十一月初八日咨
兩江督 江蘇撫 院

浙江巡撫部院黃　爲據稟飛咨事十一月二十六
日據署甯波府知府畢承昭稟稱竊照本年新漕海
運飭卽督同鄞縣封雇北船放滬受兌當經卑署府
隨同本道督飭辦雇先後稟明立攬詳送在案茲據
鎭海饒令暨府差弔到船照一十七紙並尙有甫經
進口未弔牌照者連前立攬之船統計現有八十二
隻之數除將現到船隻催令立攬齊全再行呈送外
現查在甬江各船其先到者已陸續收入海塗燂洗
修艙此係商船向章運載一年歲底卽無大修總須
油艙一次內有無須修整船隻出月初旬卽可候風
開放赴滬所有沿途洋面請分別咨行水師各員弁
遵照一俟該船出口放洋務卽妥爲護送以免疎虞
等情到本部院據此
一咨 提督 定海鎭
查此案前據海運局具詳卽經飛咨在案茲據前情
合再由六百里飛咨爲此合咨
貴提督鎭煩請查照希卽飛飭沿途水師各員弁留心
查探一俟該船出口放洋務卽妥爲護送免致疎虞
望切望速施行
一行 乍浦協 鎭海營 定標中左右三營 提標左右二營

札某某知悉十一月二十六日據署寧波府知府畢
承昭稟稱竊照云云等情到本部院據此合亟由六
百里飛飭札到該協營立卽遵照留心查探一俟該船
出口放洋迅速妥爲護送免致疎虞切切

一咨　兩江督院　江蘇撫院
爲據稟飛咨事十一月二十六日云云據此除分別
咨行查探護送外相應飛咨爲此合咨
貴部堂院煩請查照希卽轉飭一體查探接護施行

一行江蘇倪臬司
爲行知事十一月二十六日云云據此除分別咨行

查探護送外合就行知爲此行司卽便查照仍希一
體移行查探接護望切
咸豐二年十一月二十七日行咨

浙江巡撫部院黃　爲詳請覈咨事據糧儲道周起
濱詳稱查浙省新漕改由海運所有杭嘉湖三府屬
咸豐三年起運二年分漕糧改漕白糧除去災緩通
共實該交倉正耗并餘米五十六萬八千六百七十
六石四斗一升三合四勺又應裝支給海運商船津
剝經紀食耗等欵共隨正運津漕白耗米六萬二千
五百一十四石三升七合六勺二共該米六十三萬
一千一百九十石四斗五升一合本道會督海運局
員逐加查覈扣算準確理合詳候咨明
戶部暨

倉場直隸閩浙漕運督部堂查照並咨
兩江督院　江蘇撫院派兌商船裝運赴北等情到本部院據此
除分咨外相應咨明爲此合咨
貴部部堂部院煩請查照施行
咸豐二年十一月二十六日咨
戶部　倉場　直隸督院　閩浙　漕運督院　兩江督院　江蘇撫院

浙江巡撫部院黃　爲詳請覈咨事據糧儲道周起
濱詳稱查浙省新漕改由海運所有杭嘉湖三府屬
咸豐三年起運二年分漕糧改漕白糧除去災緩實
該交倉正耗餘米及應裝支給海運商船津剝經紀
食耗等欵數目前經本道會督局員詳奉分咨
戶部曁
直隸閩浙督院倉場漕運部堂查照並咨
兩江督院江蘇撫院派兌沙船裝運赴北等因在案茲據省局
委員呈稱准上海局委員杭州中防同知仲丞等移
稱海運漕糧應給經紀剝船耗米食米向係由南省
解銀至津歸天津道衙門按數折給去年蘇省改定
章程派令各縣隨正撥運至滬兌交海船運赴天津
本色交給其沙船酌帶是項米石照正米按石給予
水脚及墊艙苫蓋等項雜欵銀兩不給海船貼耗等
由過局轉報到道所有商船耗米數目自應覈正請
咨計應裝支給海運商船津剝經紀食耗等欵共隨
正運津漕白耗米六萬一千二百八十二石五斗一
升五合九勺運交倉漕白正耗并餘米五十六萬八
千六百七十六石四斗一升三合四勺共該米六十
二萬九千九百五十八石九斗二升九合三勺理合

詳候分咨等情到本部院據此除分咨外相應再行
咨明爲此合咨
貴部堂部院煩請查照施行
咸豐三年正月十一日咨
戶部　直隸倉場督院　兩江閩浙督院　江蘇漕運撫院督院

浙江巡撫部院黃　爲詳送事據海運省局詳稱竊
照咸豐二年分漕白糧米奉行海運所有交倉正耗
米數及支給經紀耗米天津剝船食米海船貼給耗
米等欵數目除已奉糧道開具省總詳奏殿咨外合
再分晰造具細數清冊詳候咨送
倉場直隸督院備查等情到本部院據此除咨
直隸倉場督院外相應咨明爲此合咨
貴部堂煩請查照施行
計咨送　冊一本
咸豐三年正月十一日咨
倉場直隸督院

浙江巡撫部院黃　爲詳送事據海運省局詳稱竊
照咸豐二年分漕白糧米奉行海運所有交倉正耗
米數及支給經紀耗米天津剝船食米海船貼給耗
米等款數目前經本護司等分晰造具清冊詳奏分
咨
倉場直隸督院在案查新增經耗項下剝船食米已奉咨
部在於剩耗米內開支其上運白糧米石業經出陳
易新並奉行文歸入新漕一律由海運津合再分晰
造具清冊詳候咨送
倉場直隸督院查照等情到本部院據此除咨
直隸倉場督院外相應咨明爲此合咨
貴部堂煩請查照施行
計咨送冊二本
咸豐三年二月二十日咨
倉場直隸督院

浙江巡撫部院黄 爲詳送事據海運省局詳稱竊
照本年海運新舊漕白二糧交倉正耗米數及支給
經紀耗米天津剥船食米海船貼給耗米新增經耗
項下剥船食米等欵數目相應分晰造具清册詳候
咨送
欽派驗米大臣查照等情到本部院據此相應咨送爲此
合咨
貴大臣煩請查照施行
計咨送册三本
咸豐三年二月二十日咨

欽派驗米大臣

浙江巡撫部院黄 爲詳請咨行事據海運局員詳
稱竊照本年新漕已奉
奏准試行海運前經詳議章程分别查辦在案惟查白
糧米石質本柔嫩必須預備口袋裝加謹收儲並
應選擇上海堅固沙船分装載運庶幾不虞蒸變得
以上貢
天庾今浙省實運白糧稉糯正耗交倉米石及帶交經紀
津剥商船耗食等米共計五萬二千餘石該派沙船
五十餘號裝載以昭慎重除飭令各州縣先期舂辦
齊全剥運上海務在第一次全數起運外相應詳請
咨達

兩江督江蘇撫憲并行蘇臬司查照分派堅固沙船備載浙
省白糧實爲公便等情到本部院據此相應咨明爲
此合咨
貴部堂部院煩請查照希即迅賜飭令分派堅固沙船備
載浙省白糧望切施行
咸豐二年十二月初四日咨
兩江督江蘇撫院

浙江巡撫部院黃　爲詳請咨行事據海運局員詳稱竊照海船雇運漕糧查照江省章程八成裝米准令二成載貨
恩免納稅浙省奉行海運招雇甯波蜑船三不像等船已據陸續立攬承雇前經稟蒙移咨
提鎮二憲押護商船駛蘇候用在案惟查各船自甯至滬應帶南貨業已照例裝載一經行抵蘇關即可往泊滬境所有例帶二成貨物自應免予輸稅以昭激勸相應詳請咨明
蘇省督撫憲并行蘇松太道查照辦理實爲公便等情到本部院據此除咨
江蘇撫院兩江督院外相應咨明爲此合咨
貴部院堂煩請查照施行
咸豐二年十二月初五日咨
兩江督院江蘇撫院

浙江巡撫部院黃　爲咨明事案照浙江省來歲新漕辦理海運籌議章程緣由業經本部院恭摺具
奏咨明在案所有巡哨防護宜加周密一條相應再行抄錄
預先咨明爲此合咨
貴提部院堂鎮煩請查照希即一體移行遵照施行
計抄巡哨防護章程一條
一巡哨防護宜加周密也查道光五年江省海運漕糧遴委武員派兵護送嗣於咸豐元年
奏明沿海水師巡防係其專職無庸派員調兵轉致稽延卽令各該水師鎮將統帶弁兵沿途護送出境出部覈覆在案臣此次當卽專咨提鎮嚴督水師將弁實力巡防如有疎虞卽行參辦仍俟漕艘出洋咨令遴委將弁逐程護送並咨山東直隸等省一體接護毋稍鬆勁用冀正供無虧
天庾充溢
咸豐二年十二月　日咨
兩江督院直隸江蘇撫院　江南提督山東撫院　定海鎮登州鎮　直隸天津鎮江南蘇松鎮

浙江巡撫部院黄　爲會議詳請覈咨事據海運局員詳稱案查商船裝運漕米援案帶貨二成惟船隻至各關口掛驗恐各關胥吏藉端需索不特遲悮駛行且令商船畏阻相應詳請咨明

直隸督憲轉飭各關口岸凡載糧商船經過毋許强索分文仍於執照内註明一應關津渡口驗照放行經過各關毋許吏胥恃强勒索庶幾上重

正供下恤商情而於運務益昭迅速實爲公便等情到本

部院據此相應咨明爲此合咨

貴部堂煩請查核希即轉飭遵照施行

咸豐二年十二月二十四日咨

直隸督院

浙江巡撫部院黄　爲詳請覈咨事據海運局員詳稱案照浙省新漕與江省並行海運恐船隻未敷業蒙具

奏兩次接運在案查商船貿易爲生天津卸載後必須趕赴關東裝豆又恐豆貨未能齊集在奉稽留致誤轉運道光六年經

兩江督憲

奏奉

上諭販豆係該船商常年本業且海船利於壓重不能駛放空船自應准其照常往販惟尚有二次兌運必應迅速南

下着奉天府尹飭各該地方官俟商船到彼即合置貨開行毋得勒捎並飛咨經過直隸山東各省轉飭沿海海口催令南歸勿任逗遛貽誤等因欽此欽遵在案來歲江浙並運必須兩次接運方能竣事其接運之船回南遲延貽誤匪細相應詳請咨明

奉天府尹預飭海口旗民地方官曉諭沿海一帶商賈舖戶將應發各海口豆石先期運至水次存儲一俟浙漕商船卸米抵奉立即裝兌給與回照催令開行並即先行遴員督率稽查倘有兵役行店人等勒捎情弊即行懲辦並知會

山海關監督嚴禁稅書丁役藉端留難并請分咨
直隸督/山東撫憲飭令沿海地方勿任逗遛庶商船及早回
南而轉運可期迅速等情到本部院據此除分咨外
相應咨明爲此合咨
貴府尹/關部院煩請查照施行
咸豐二年十二月二十四日咨
直隸督/山東撫院　奉天府尹/山海關

浙江巡撫部院黃　爲會議詳請發咨事據海運局
員詳稱案查商船抵津卸米船身過輕難以開洋均
應在該處挖泥壓鈔以資駕駛惟船數衆多恐該地
土棍藉端訛索相應詳請咨明
直隸督/長蘆鹽憲飭行天津道府縣先行出示曉諭凡浙省
商船卸交浙省漕糧後准其擇曠挖泥壓鈔如有前
項情弊由該船戶禀知在津委員知會該地方官查
拏究辦至應用鐵鍬土筐等物江省每船酌給制錢
一千文即令商船自爲置備浙省照案發給毋庸官
爲經理等情到本部院據此除咨
長蘆鹽/直隸督院外相應咨明爲此合咨
貴部堂/院煩請查照施行
咸豐二年十二月二十四日咨
直隸督/長蘆鹽院

浙江巡撫部院黃　爲詳請覈咨事據海運局員詳稱竊照道光六年江省海運經
直隸督憲
奏明運米商船在上園地方停泊議以東岸泊剝船西岸泊海船中空十餘丈以爲民船往來海船回空之路如剝船不敷輪轉商船難以守候或在北倉截卸或在上園露囤嗣經
欽差大臣因截卸露囤顛抗狠籍概行停止來歲江浙並行海運船數衆多若在一處停泊不惟挨擠堪虞兼恐混淆無別至商船並集一時難以盡剝是否應須

暫行截卸以免守候相應詳請咨達
直隸督憲轉飭天津道府俟浙省委員抵津後會同相度商船抵津是否即在上園地方一處排定或可另擇寬廣河面分別停泊俾免擠雜其剝船裝運是否隨時輪裝或有應須截卸之處亦應先期酌定以期迅速轉帆藉資二運等情到本部院據此相應咨達爲此合咨
貴部堂煩請查照施行
咸豐二年十二月二十四日咨
直隸督院

直隸總督部堂訥　爲詳送事據天津道呈奉行准
浙江撫院黃　咨江浙海運漕船抵津是否即在上園地方一處排定或可另擇寬廣河面分別停泊其剝船裝運是否隨時輪裝或有應須截卸之處先期酌定以冀迅速轉帆等因行據天津府轉據天津縣詳稱遵查本年江浙兩省漕糧由海運津重船停泊水次界址當經卑職親往上園沿海河岸一帶勘得上園以上仍泊蘇省沙船並挖泥壓載各照上屆原址毋庸另議其浙省重船停泊上園迤南對河大直沽處一俟起糧騰空後各船取土挖泥壓載即在勘

定大直沽以下之掛甲寺楊家莊二處分別挖泥壓空回帆時在於土城以下停泊免致擁擠除分別設立蘇浙停泊牌叉插監旗幟交界水牌並票諭識認外所有勘定住泊沙船及騰空挖泥壓載緣由擬合繪圖貼說請查覈轉詳由府詳道轉送查覈移咨等情相應咨送請煩查照飭知施行
咸豐三年四月初四日咨
浙江撫院

浙江巡撫部院黃　爲詳請聚咨事據海運局員詳
稱案照商船受載漕白二糧運至天津交部洋面寥
濶防護宜周已奉
奏明在案現屆開運之時相應詳請分咨
各省督撫提鎭轉飭沿海水師各按汎地多撥哨船
分派將弁兵丁巡防護送不得虛應故事島嶼處所
夜間多掛號燈日間多豎號旗俾商船停泊守風不
致迷於所向並請聲明浙省運糧商船各號旗杭屬
黃旗黑字上加紅帶嘉屬紅旗黑字上加藍帶湖屬
藍旗紅字上加黃帶書明某府某州縣海運糧船第

幾號以便識認又查浙省於省城上海天津各設局
辦理海運事宜馳遞公文皆關緊要但恐各省驛站
視爲隔省公文不依限飛遞貽誤匪輕現經仿照江
省章程於郵封面上註明海運緊要公文限行幾日
字樣各局一體照註應請一併分咨江蘇山東直隸
各省通飭有驛州縣凡遇浙省往來海運文報務速
依限飛遞如有遲逾立須查究等情到本部院據此
除分咨外相應咨明爲此合咨
貴部堂院提鎭煩請查照希即轉飭遵辦施行
咸豐二年十二月二十八日咨

直隸兩江督院　山東江蘇撫院　直隸天津山東登州鎭　蘇松定海鎭
江南浙江提督

浙江巡撫部院黄　爲詳請覈咨事據海運局員詳稱竊照商船由海洋運送漕糧各州縣剩米到次逐一盤驗秉公斛兑即於正米內提出樣米一斗交商船帶津呈驗查道光五年江省海運原用木桶盛儲因米色受罨轉不足爲查驗比對之據道光二十七年暨咸豐元年江省海運仿照常年河運白糧之式

奏明均用蔴袋裝儲樣米運津在案此次浙省海運應行援照辦理即用蔴袋盛儲黏貼印花交商船架儲船艙攜帶天津由浙省赴津委員呈送

驗米大臣查對應請咨明

倉場督憲

直隸督憲俟奉

欽派大臣一體咨明查照俾昭覈實等情到本部院據此

除咨

倉場直隸督院外相應咨明爲此合咨

貴部堂請煩查照施行

咸豐二年十二月三十日咨

直隸倉場督院

浙江巡撫部院黄　爲詳請覈咨事據海運局員詳稱竊照商船到津概用洪斛兑交江省海運成案凡應給廳倉茶果個兒錢經紀津貼抗脚挖脊倉場各役飯食以及官民剝船雇僱等欵按石計算者概以洪斛覈算按船計算者以洪斛五百石爲一船各有例案可循此次浙省試行海運均照江省成案覈給一切支給銀米自應各按洪斛覈算用示畫一相應詳候咨明

直隸督憲

倉場督憲轉飭坐糧廳天津道府查照辦理實爲公

便等情到本部院覈此除咨

直隸倉場督院外相應咨明爲此合咨

貴部堂煩請查照轉飭施行

咸豐二年十二月三十日咨

倉場直隸督院

浙江巡撫部院黄　爲詳請覈咨事據海運局員詳稱竊照河運到通有應繳倉廳茶果個兒錢經紀津貼飯米折色等項江省道光六年海運由
倉場督憲
奏明以旗丁應領餘米價筐羡紙劄等銀按數抵撥如有不敷飭令解交經
部覈覆在案此次浙漕海運應請咨達
倉場督憲查照浙省幫丁例給之項按米一萬石船二十隻合算照數抵撥其不敷之銀仍由浙省解交查餘米一項浙省向係留南變價爲調劑幫丁之用現因辦理海運將是項餘米一并解通其價銀自應援案照抵相應詳請咨明
直隸
倉場督憲轉行坐糧廳天津道府一體查照實爲公便等情到本部院據此除咨
直隸
倉場督院外相應咨明爲此合咨
貴部堂煩請查照轉飭施行
咸豐二年十二月三十日咨
倉場
直隸督院

浙江巡撫部院黄　爲詳請覈咨事據海運局員詳稱案照商船到津隨到隨應過剝所有官民剝船自須先期在次守候查道光六年
直隸督憲
奏明剝船在津守候每船船戶一名舵工水手四名每名日給銀五分以十日爲限其二次海運到津令於雇價內自行通融不得再支歷年辦理在案查本歲江浙同時海運需用剝船甚多應卽先期雇備而經費支絀應給守候工食於原限十日尤應格外撙節至兩省船隻一時並集各商船無不爭先卸載應如何分別輪轉必須早定章程以免臨時周章其漕白二糧白糧全用民剝漕糧官民剝船兼用係屬江省舊章自當循照辦理應請一併咨明
直隸督憲轉行天津道府查照等情到本部院據此相應咨明爲此合咨
貴部堂煩請查照轉飭施行
咸豐二年十二月三十日咨
直隸督院

浙江巡撫部院黄　爲詳請覈咨事據海運局員詳
稱案查海運漕糧津通用欵應需廳倉茶果個兒錢
及官民剥船價值經紀津貼等項爲數甚鉅需用甚
殷自應於商船開運之前設法籌措委員分批解通
應用惟海船行走甚速一帆風順迅達津門委員由
陸路解送或尚未到商船即不免於守候先奉援案
奏明在於通濟庫及長蘆運庫天津道庫暫行墊給在
案理合詳候咨明
倉場督憲
直隸督憲照案飭墊一俟浙省委員解到即可依數
歸欵實爲公便等情到本部院據此除咨
直隸倉場督院外相應咨明爲此合咨
貴部堂煩請查照轉飭施行
咸豐二年十二月三十日咨
倉場直隸督院

浙江巡撫部院黄　爲詳請覈咨事據海運局員詳
稱案查道光六年江省海運所有經紀耗米剥船食
米均在給丁耗米項下支銷二十七年海運由江蘇
委員會同直隸委員於備帶經費內按石折價給發
咸豐元年飭令辦漕州縣捐備本色由沙船帶交給
發不復再行折給此次浙省海運漕糧經費支絀先
經
奏明應給經紀耗米剥船食米查照江省六年成案即
於原給丁耗米內支銷除飭各州縣即將前項本色
耗米剥赴上海商船隨正搭運赴津一律給與本色
外應請咨明
倉場督憲
直隸督憲轉飭坐糧廳天津道府查照辦理等情到
本部院據此除咨
倉場直隸督院外相應咨明爲此合咨
貴部堂煩請查照轉飭施行
咸豐二年十二月三十日咨
直隸倉場督院

浙江巡撫部院黄　爲詳請咨明事據海運局員詳稱案查商船到津自東沽起至東門外上圍地方計程一百八十里係屬逆流必須人夫縴挽方能前進道光六年江省海運由直隸代雇縴夫二十七年案內將縴夫工食折給沙船自雇咨明

直隸督憲在案至天津海口向有硬沙二處一名曹妃淀一名黄壩商船乘風疾駛每致爲其阻擱道光六年江省海運於該處預立標杆以便瞭望嗣於二十七年曁咸豐元年咨請

直隸督憲轉飭大沽海口文武預爲代雇漁船引路

以便商船進口免致疎虞所需漁船雇値即由赴津委員夥發浙省自應照辦相應詳請咨明

直隸督院查照等情到本部院據此相應咨明爲此合咨

貴部堂煩請查照轉飭施行

咸豐二年十二月三十日咨

直隸督院

浙江巡撫部院黄　爲詳請夥咨事據海運局員詳稱竊照收兑漕糧本用漕斛向來河運抵通槩以洪斛交納仍折漕斛夥算道光二十七年江蘇海運案內各屬自備漕斛用上海縣鐵斛較驗印烙加貼印花給沙船帶赴天津仍解部頒鐵斛與天津鐵斗倉場米斛呈請驗米大臣督同較驗在案此次浙省海運仍在上海兑交商船已飭令各屬備帶漕斛解送上海局移取上海縣鐵斛由監兑委員較準印烙加貼印花交商船攜帶赴津仍將浙省糧道衙門部頒鐵斛令交米委員由陸路解往天津呈請

驗米大臣與天津鐵斗倉場米斛互相較驗以昭畫一應請咨明

直隸督憲曁

倉場督憲並請俟奉

派驗米大臣一體咨明轉飭天津道府坐糧廳查照辦理等情到本部院據此除咨

倉場直隸督院外相應咨明爲此合咨

貴部堂煩請查照施行

咸豐二年十二月三十日咨

直隸倉場督院

浙江巡撫部院黄　爲詳請覈咨事據糧儲道周起濱詳稱竊照收兑漕糧本用漕斛向來河運抵通槩以洪斛交納仍折漕斛覈算道光二十七年江蘇海運案内各屬自備漕斛用上海縣鐵斛較驗印烙加貼印花給沙船帶赴天津仍解

部頒鐵斛與天津鐵斗倉場米斛呈請驗米大臣督同較驗在案此次浙省海運仍在上海兑交商船已飭令各屬備帶漕斛解送上海局移取上海縣鐵斛由監兑委員較準印烙加貼印花交商船攜帶赴津仍將本道衙門原奉

工部頒發鐵斛令交米委員由陸路解往天津呈請驗米大臣與天津鐵斗倉場米斛互相較驗以昭畫一前經省局晏守等詳奉咨明

直隸督憲在案今天津局委員陞用同知嘉興縣知縣楊裕深等即日起程前赴天津辦理收兑各事宜所有前項鐵斛應即飭令該局員帶往較用除飭發該員等領解赴津聽候較驗仍俟事竣攜回呈繳外相應詳請分咨

戸部暨

直隸倉場督院轉飭查照實爲公便等情到本部院據此

除分咨外相應咨明爲此合咨

貴部堂煩請查照飭知施行

咸豐三年二月二十八日咨

戸部二月十三日咨

直隸倉場督院

浙江巡撫部院黃　爲詳請事據海運省局詳稱奉
札開照得杭嘉湖三屬漕糧駁運上海何縣起運係
由何處水路行走沿途撥護應咨行江浙兩省某某
等處文武營縣暨各水師派撥護送之處查明具詳
等因奉此遵查各屬糧米業已陸續剝運赴滬交兌
所有沿途經由縣汛自應加意逐程護送方資慎重
前據上海局條議一律由黃浦行走應請飭行杭嘉
湖三府協暨經過之仁和石門桐鄉嘉興秀水嘉善
歸安烏程德清等縣並飛咨
兩江督院暨

江蘇撫院轉行蘇臬司松江府太倉州華亭婁縣金
山寶山上海等縣會同營汛一體遵照防護等情到
本部院據此除分飭遵照防護暨咨
兩江督江蘇撫院外相應咨明爲此合咨
貴部堂院煩請查照希卽轉飭一體遵照防護望切施
行
咸豐三年正月　　日咨
兩江督江蘇撫院

浙江巡撫部院黃　爲詳請覈咨事據海運局員詳
稱竊照浙省新漕奉行海運均係查照江蘇章程辦
理惟查江省歷屆海運仿照閩廣商船赴津貿易之
例准令沙船各帶軍器仍於入口時呈繳出口時給
領以備稽考今浙省海運商船應請仿照江省辦理
准令各帶軍器以資防護仍隨時實力稽查於入口
時呈繳出口時給領毋令稍滋流弊相應詳請分咨
戶部暨
直隸督憲轉飭天津道府查照辦理等情到本部院
據此除咨

直隸督院戶部外相應咨明爲此合咨
貴部堂煩請查照施行
咸豐三年正月二十一日咨
戶部直隸督院

浙江巡撫部院黃　爲詳請覈咨事據海運省局詳稱竊浙漕奉行海運所有應給耗米業經查照蘇省章程在於原給旗丁耗米内開支查經紀每漕糧一石給耗米一升五合白糧一石給耗米一升八合商船每漕糧一石給耗米八升白糧一石給耗米一斗天津剝船上圍截卸不分漕白每石給食米一升一合五勺業奉撫部院先後

奏咨在案茲准蘇省知會經紀耗米亦係由津剝運赴通飭屬備齊本邑帶交沙船運津給發以歸畫一等因在案所有浙省應給經紀耗米項下亦應增備天津剝船食米每石一升一合五勺統計浙省起運漕糧應增備漕白米九十九石一斗七升四合四勺卽請一律在於原給旗丁耗米支剩項下動給相應詳請咨明

戸部查照等情到本部院據此相應咨明爲此合咨

貴部煩請查照施行

咸豐三年正月二十六日咨

戸部

浙江巡撫部院黃　爲起解海運經費事據糧儲道周起濱詳稱竊照本屆浙漕奉行海運所有天津官民剝船價值以及一切津通用欵前據省局晏守等詳稱備帶銀七萬兩以副支放等情當經本道會同藩司詳明飭委第一批委員秀水縣主簿秘雲書第二批委員候補未入流方理各管解銀一萬八千兩第三批委員准補臨海縣知縣黃檝第四批委員候補從九品胡毓麒各管解銀一萬七千兩前赴直隸天津道衙門投納由浙省赴津委員會同直隸委員覈案動給除經省局各員傳到解官并同糧庫大使郭培榮一並赴庫當堂眼同三面照依

部砝按數兌交釘鞘至起解前項銀兩每鞘一千兩計十兌每兌一百兩均由各州縣解到五兩中錠二十錠爲一兌計十兌合釘一鞘設有不敷足數卽於交兌時當將碎塊添補準足三面眼同彈兌并令解官親自執錘復兌仍令各該解官互相監視包封釘鞘並無絲毫短少外所有該解員管解錢糧經由

各部院衙門暨

直隸督院咨文並防護兵牌擬合一併呈請照例繕給並將回照掛號定限發道轉給飭令該員等領解

前項銀兩自浙至津由水路前進應請先行分咨餉鞘經出之江南山東直隸各省督撫部院衙門預行知會前途縣驛營汛文武各官預派官弁備齊夫馬車輛俟餉鞘到時查點明白立刻起行按站派官一員帶兵護送逐程交替催儹該解官不許停留仍嚴行巡查將出境入境日期並有無事故出具印結按日確查加結詳咨並請將應行護送兵丁數目於咨行前途各省文內聲明除本省沿途護送兵丁現在移明杭嘉二協一體查明照數僉派押運外相應備文具詳伏

祈俯賜察覈辦理至餉鞘起程日期俟該解官呈報到道另文轉報合併聲明等情到本部院據此

一咨　直隸督院

除分咨外相應給咨賫投爲此合咨

貴部堂煩請查照希卽飭知天津道查明免收判批回銷施行

一咨　河東河督院　兩江督院　漕運督院　江南河院　山東撫院　江蘇撫院

除掛批給發兵咨牌領解並分咨外相應合先咨明爲此合咨

貴部院堂煩請查照希卽轉飭沿途經過各營縣知照

派撥預派員弁備齊夫役俟浙省委員秘雲書等管解前項銀兩到境卽便照撥兵丁各二名查點掛號立刻起行按站派官帶兵逐程護送催儹前進該解官等不許片刻停留仍將入境出境日期轉報咨

部并祈移咨前途省分一體循照並希

示覆施行

一咨　直隸督院

除掛批給發咨牌領解並分咨撥護外相應咨明爲此合咨

貴部堂煩請查照希卽委員迎提仍飭沿途經過各

營縣照例一體撥護並將入境日期轉報咨

部并祈

示覆施行

咸豐三年正月三十日咨

浙江巡撫部院黄　爲起解海運經費事據海運省局詳稱竊照本届浙漕奉行海運所有天津官民剥船價值以及一切津通用欵前經本護司等詳請備帶銀七萬兩以副支放當奉藩司糧道會詳飭委秀水縣主簿秘雲書候補未入流方理准補臨海縣知縣黄檝候補從九品胡毓麒等分批協同管解前赴直隸天津道衙門投納由浙省赴津委員會同直隸委員核案動給除經本護司等傳到解官并同糧庫大使郭培榮一並赴庫當堂眼同三面照依部砝按數兑交釘鞘至起解前項銀兩每鞘庫平一千兩計十兑每兑一百兩計五兩中錠二十錠設有不敷足數即於交兑時當將碎塊添補準足三面眼同彈兑并令解官親自執錘覆兑仍令各該解官互相監視包封釘鞘並無絲毫短少並由局頒發砝碼飭令該解官前赴憲轅稟請黏貼印花帶津較兑外擬合詳請分咨

直隸倉場督院查照再該員等現據具報於本年二月十二日起程合併聲明等情到本部院據此除咨

倉場直隸督院外相應咨明爲此合咨

貴部堂煩請查照施行

咸豐三年二月十四日咨

直隸倉場督院

浙江巡撫部院黃　爲起解海運經費事據糧儲道
周起濱詳稱案准臬司咨開奉准
兵部咨織造關部司道各衙門起解餉鞘一切動用
勘合等差由按察使刊刷總理驛傳傳牌俟移填勘
合之時將傳牌一併附送聽該衙門查照勘合字號
及夫馬等項數目先一日填發專案咨部備查等因
遵奉在案該本道查得本屆浙漕辦理海運所有津
通用欵據海運省局晏守等詳稱擬先撥解銀七萬
兩業經詳委秀水縣主簿秘雲書候補未入流方理
准補臨海縣知縣黃檝候補從九品胡毓麒等分批

協同管解前赴直隸天津道衙門投納今准臬司移
到傳牌一紙填明
兵部庚字二百七十一號勘合一道委員秘雲書方
理黃檝胡毓麒等管解海運案內津通用欵餉鞘至
天津水路站船一隻沿途撥給縴夫六名回日不用
現據該員等申報於本年二月十二日起程除於先
一日發給首站仁和縣轉傳外擬合詳候咨明
兵部等情到本部院據此相應咨明爲此合咨
貴部煩請查照施行
咸豐三年二月二十八日咨

兵部

浙江巡撫部院黄　爲詳請事據海運省局詳稱案照海運漕糧津通用欵需用甚殷應於商船開運之前設法籌措分批委解備用前經本護司等擬先解銀七萬兩並藩司糧道會詳飭委秀水縣主簿秘雲書候補未入流方理准補臨海縣知縣黄檝候補從九品胡毓麒等分批協同管解兌釘餉鞘前赴直隸天津道衙門投納已據具報於二月十二日起程在案惟查委員管解前項銀兩經由江南山東等省按站儹行當此逆匪肆擾楚北沿途戒嚴雖奉詳咨一體派撥官兵護送前進不免稍有稽滯海船自滬放洋一帆風順轉瞬即達津門而委員銀尚未到商船轉須守候應請咨明

戶部暨

直隸倉場督院轉飭坐糧廳及天津道府查照浙省前次奏咨章程援案在於通濟庫及長蘆運庫天津道庫暫行墊給俾漕糧得以迅速兌交商船免羈候之累浙省委員管解銀兩業已在途指日即得按數歸欵等情到本部院據此除分咨外相應咨明爲此合咨

一咨　戶部

貴部請煩查照施行

一咨　直隸倉場督院

貴部堂煩請查照希即轉飭坐糧廳及天津道府援案先行墊給俾漕糧得以迅速兌交商船免羈候之累一俟浙省委解銀兩到日即行按數歸欵實爲公便望切施行

咸豐三年二月二十八日咨

戶部二月十四日咨

直隸倉場督院

浙江巡撫部院黃　爲詳請咨覆事據糧儲道周起
濱詳稱奉撫部院案行咸豐三年二月十二日接准
兵部火票遞到
欽差戶部左堂王　咨開本部堂查本年蘇松糧道及浙
江糧道所屬漕糧海運直省應需撥價等項應照案
將約需銀兩解交天津道庫應用仍由各該省委員
先期到津會同覈定數目報部查覈復查上屆海運
案內蘇省咨報帶解餉銀委員及糧道並各委員等
起程日期係二月十七十九等日已比二十八年海
運案內起程日期較遲本屆江浙兩省均應趕早起

程現尚未據咨報相應飛咨即將帶解餉銀委員並
辦理天津交兌事務之糧道及隨帶丞倅等員現於
何日由浙起程約於何時抵津迅速咨報以憑查覈
至該委員帶解餉銀沿途應行按站防護之處應由
該督撫飭屬照例辦理毋致疎虞並知照直隸總督
山東巡撫可也等因到院行道奉此查津通用欵前
據海運省局議詳先撥解銀七萬兩業經本道會同
藩司詳委秀水縣主簿秘雲書候補未入流方理准
補臨海縣知縣黃檝候補從九品胡毓麒等分批協
同管解據報於二月十二日起程並奉咨明沿途江
南山東直隸等省按站照例防護本道並即隨帶各
委員亦於是日啓行約計三月下旬可以抵津趕辦
交兌事務惟值粵匪東下處處戒嚴不無阻滯如果
行程順利似無遲逾合並聲明緣奉前因相應詳請
咨覆
欽差戶部左堂王　暨咨
直隸倉場督院查照等情到本部院據此除分咨外相應
由六百里飛咨爲此合咨
貴部堂煩請查照施行
咸豐三年二月二十九日咨

欽差戶部左堂王
直隸倉場督院

浙江巡撫部院黃　爲咨商事咸豐三年四月二十六日准
貴部堂 倉場總督部堂 咨開浙省漕糧海運現在沙船抵津業經驗卸陸續剥運到通所解輕齎銀兩尚無信息飛咨星速催令卽日起解沿途趲趲解通等因到本部院准此查浙省應解輕齎銀兩亟應設法趲解以供支用本部院先擬交上海沙船由海搭解運通乃該船戸以各船俱帶有海運經費已恐海面洋盜聞風垂涎蓋米石係散重之物盜因不便尚不輕於攫取若多帶輕齎銀兩正爲誨盜之端反恐貽誤
天庾正供再三推辭不肯又擬向各帳局匯票到京據稱京城内銀號帳局關閉甚多恐匯票到京不免貽誤因思經由旱路起解而接到赴津之周糧道先後禀稱行抵如皋縣聞揚州失守逆匪竄擾淮河道途阻梗未能卽行前進卽改道行至阜甯縣地方該委員楊裕深等禀報在板湖薛家蕩等處節被土匪搶掠所帶行裝盤費等項均被刼去委員等身受重傷是淮徐一帶土匪截刼尤多則道路之節節阻滯寔屬難以行走若浙省之輕賫刻下鎮揚一帶南北未通銀兩遽行委解中途設有疎虞咎旣誰任且鉅萬北

漕辦運要欵反致無着本部院再四熟籌直隸及長蘆
貴庫 蘆鹺 如有應解
欽差大臣向　江甯大營之欵卽在於浙省前項輕賫銀内劃抵將浙省應行解通之輕賫就近解赴江甯大營以濟軍需卽由 直隸等省 貴鹺 將應解大營之軍需抵作浙省應行解通之輕賫以放北漕辦運要欵彼此查明銀數互相飛咨分別查辦似此一轉移間俾通餉軍需兩得其便豈不妥善但不知 直隸及長蘆各 貴庫 鹺 有無應解江甯大營可與浙江兩相抵兌之欵本部院又無從深悉爲此咨商
貴部 堂 院 俯卽 飛咨直隸長蘆等處 查明如有可以抵兌銀數迅賜
示覆查辦抵解倘使無欵可抵則前項輕賫急待支放而此時道路阻梗不能起解豈不勢將貽誤本部院深知此欵緊要日夜督同司道籌商焦灼萬分可否由 直隸及長蘆各 貴庫 鹺 暫行籌墊給發應用一俟道路通順卽由本部院飛速委員兼程趕解歸欵以完公務而免遲延弁乞
查覈辦理總之此項銀兩急須解通本部院時刻在心刻下之所以不能起解者實因道路梗塞難行恐

有疎虞務祈曲爲籌畫以全要公是所盼切再本部
院原擬將此項輕賫實因道路梗塞難以起解緣由
恭摺
奏明伏念
宵旰憂勤焦勞備至又不敢遽煩
天聽故不得已而爲此咨商之舉也除咨
雛鹺督院暨長蘆鹽院倉場直隸各督院外相應一并咨明至糧道
周起濱已據稟報四月初間自王家營開車至遲於
四月下旬亦可抵津該道有匯兌銀兩至清江浦支
取此項自清江以上能否攜帶安抵津門及由海船

帶去之項如果一一到齊除用外約計尚有餘銀一
二萬以上并希傳詢該道盡其所餘若干一併撥出
先解其不敷之數望即鑒此苦衷設法照咨抵兌迅
速由八百里見覆施行爲感
垂照於無既矣
咸豐三年　月　日咨
餘鹺督 長蘆鹽院

浙江巡撫部院黃　爲詳明事據糧儲道周起濱詳
稱據海運上海局員仲丞等申稱案奉札飭浙省新
漕改由海運係屬招雇商船裝載自與幫船河運不
同上年浙西三屬各有災歉米色情形業經詳奉覈
奏在案各州縣如以粳秈並納將來交兌商船是否可
以分艙存儲刻日悉心議覆等因奉此遵查海船秈
粳尚可分艙存儲惟抵津交卸時易至淆雜卑職等
由各州縣將秈粳分批解滬配船分裝最爲妥善或
有畸零餘剩不能配足商船受裝石數者隨時通融
與粳米合船裝兌飭令分艙存儲並於聯單上照白

糧粳糯之例切實註明以免津門交卸時混淆無辨
是否有當理合申覆伏候鑒覈等情到道據此查粳
秈分批配裝既有辨別而免混淆洵屬妥善除通飭
各屬遵照務須慎選乾潔好米交兌不得藉詞攙雜
外擬合詳候分咨
戶部暨
倉場直隸督院查照等情到本部院據此除分咨外相應
咨明爲此合咨
貴部堂煩請查照施行
咸豐二年二月初八日咨

戸部二月初六日咨
倉場
直隷督院

浙江巡撫部院黄　爲詳請聚咨事據海運省局詳稱竊照浙省漕糧辦理海運所有天津通倉兩處應需剥價等項已奉藩司糧道詳委臨海縣知縣黄檝等管觧庫平紋銀七萬兩前赴直隸天津道衙門投納在案現奉札據總理江蘇浙江海運江蘇按察使司倪　呈覆辦理海運南北用欵均宜撙節郎常年地丁項下廉俸等項悉照
戸部
奏定章程扣平放給蘇省上屆津通兩處應需剥價等項用欵概以九四京平聚解請轉飭遵辦等因轉行到局奉此查浙省委觧銀兩均係庫平自應九四折放以符定案除轉飭浙江海運天津局員遵照外相應詳請咨達
直隷
倉場督憲轉飭坐糧廳天津道府查照辦理以昭畫一等情到本部院據此除咨
倉場
直隷督院外相應咨明爲此合咨
貴部堂煩請查照轉飭辦理施行
咸豐三年二月十三日咨
直隷
倉場督院

戸部爲呈請事貴州司案呈咸豐三年二月日
准山海關監督寶齡呈稱准江蘇巡撫咨開蘇松等
屬咸豐三年分起運二年漕白糧米奏准循案海運
惟今届江浙全漕統歸海運沙船裝米應援案准其
帶貨二成以示體恤應先期咨明各關准其帶貨二
成免予報稅等因查咸豐二年海運案內經前監督
奏准部覆免征稅課應准其作正開除於奏報關滿
稅數摺內聲明遵照辦理在案茲准江蘇巡撫知照
本年江浙海運漕糧理合呈請部示以便遵辦伏乞
查照示覆等因前來查海運漕糧前經兩江總督等

奏請每船准其八成載米二成載貨由海關查明免
稅放行計數請豁稅額但不得過二成之數其自關
東運豆回南仍照例輸稅以重關課並聲明裝米千
石准其帶貨二百石論石而不論價如有二成以外
之貨在天津銷售則在天津納稅在關東銷售則在
關東納稅歷經遵辦在案今據山海關監督呈稱咸
豐二年海運案內經前監督奏准部覆免征稅課作
正開除於奏報關滿稅數摺內聲明辦理在案本年
江浙海運漕糧呈請示覆以便遵辦等語查上年海
運漕糧係照舊章辦理此次辦理海運自應仍循其
舊相應移咨浙江巡撫出示曉諭即於該商等起運
時查照成案發給護照黏单以憑山海關查驗可也
咸豐三年二月二十三日咨
浙江撫院

直隸督院訥　爲據禀咨明事據署天津鎮特總兵
天津道張起鵷會禀稱竊照本年海運一切事宜業
經查照成案次第辦理惟是粤西逆匪滋擾楚境竄
入九江頃閱邸鈔該逆駕船多隻江河分竄查江海
一水可通逆賊詭譎多端倘藉海運乘隙溷跡關係
匪輕職等互相商擬一俟漕糧海船駛抵攔江沙外
由短哨兵船導引進口令其在砲台以外河面拋錨
泊候另委妥員帶兵細加盤驗放行惟海運各船向
係駛進內河候驗今若令在砲臺以外拋錨恐臨時
各船不遵約束理合禀請轉咨江浙預行曉諭各沙

船遵照候驗實爲公便等情除咨江蘇撫院外相應
咨明查照希即飛飭海運總局作速曉諭各沙船一
體遵照在於礮臺以外停泊候驗施行
咸豐三年三月十七日咨
浙江撫院

直隸總督部堂訥　爲據禀分咨事據天津道張起
鵷禀稱案蒙督院札飭承准
軍機大臣字寄咸豐三年三月初五日奉
上諭由江入海直達天津每年閩廣江浙山東直隸各商
船載貨販糧咸集奉天各口岸誠恐逆匪假扮商賈由
海駛至天津勾結土匪爲患務須及早籌維着飭令該
管鎮道隨時查緝奸細毋任溷跡等因欽此蒙督院以
江浙兩省海運漕糧沙船現已陸續進口水手客商
衆多飭委標弁吳璋並札飭海防同知鍾瑞前赴天
津會同地方文武認真查辦令即欽遵

諭旨分別辦理等因遵查各省商船由海來津向係大沽
營員於進口時查驗人數收繳器械俟出口時仍將
器械發還以資防護立法本極周密刻下閩廣商船
尚無北來消息山東商船現無收入大沽海口者本
省商船進口無多查驗人數相符惟江浙海運沙船
現已進口二十餘隻在後船隻自必跟接北來水手
客商衆多稽查倍宜認真職道前以海運沙船來津
向由南省派員駐劄海口稽查彈壓曾經會同署鎮
特副將禀蒙移咨
江蘇浙江撫院查照成案飭派文武大員來津專司其事

並經稟咨江浙兩省諭令各沙船遵照在於大沽攔
臺以外停泊候驗原因江海一水可通恐有奸匪溷
入稽查必須密益求密二月二十三日以後沙船已
進大沽海口十餘隻而江浙兩省委員並無一人來
津復經職道札委候補知州卞寶書前赴大沽遇有
沙船及外來商船進口會同營員嚴密稽查一面督
飭印委各員將挽抵上閘水次各沙船按照所執牌
照逐一查點人數率皆多寡參差當向各船耆民詰
訊據稱牌內水手原係從前按人填寫以後請領牌
照總按原填名數書寫其寔雇覓水手或多或寡並

無一定所以人數牌照不符現在船上水手均係安
分良民如有舛錯惟伊等是問等語並據投具切結
前來伏查商船之給領牌照原爲稽查人數而設乃
各船人數竟與牌照不符是牌照不足爲據人數憑
何查驗已到各船旣據訊明取結應毋庸議惟未來
沙船尚多應請飛咨
江蘇浙江撫院轉飭海運局員此後凡遇沙船請領牌照
務須確查人數訊明姓名年歲住籍在於牌照內詳
細填寫給發耆民收執以憑查驗如有人數不符卽
可從此查究使奸細無可托足地面悉就肅清閩廣

山東各商船所執牌照填寫人數恐亦不免參差並
請移咨各省查照辦理除欽遵
諭旨隨時查緝奸細不任溷跡外所有查辦情形合肅馳
稟察覈等情到本閣督部堂據此除分咨外相應咨
明爲此合咨
貴部院煩請查照希卽轉飭海運局員嗣後凡遇沙
船請領牌照務須確查人數詢明姓名年歲籍貫在
於牌照內詳細填註給發收執以便查驗望速施行
咸豐三年　月　日咨
浙江撫院

直隸督院訥　爲咨明事據天津縣知縣謝子澄稟稱竊奉札飭據委員吳璋等稟報查明進口江南元和等縣漕船水手人票俱不相符飭令提集該船戶等嚴訊切供飛報查覈等因當因海運沙船人數衆多若概行傳案察訊易滋擾累計惟有親詣各船集訊查驗較爲愼重簡易隨卽親詣沙船停泊處所將委員驗過江蘇元和張義興等船隻按船逐一查點人票均不相符當詰以因何不符據耆舵人等供稱道光二十七年分上海招商運米赴洋收買短繳天津不敷運脚銀五千餘兩經上海道議由沙船提捐

解繳定以沙船舵水在十名以上者捐洋兩元十名以下者捐洋一元又上海捕盜局抽巡洋緝私經費按水手人數多寡定抽用之多寡分福祿壽喜才爲五等五人爲才抽洋元五十人爲喜抽洋元十十五人爲壽抽洋元十五以此遞加至福字抽洋元二十五而止該船戶希圖少捐故俱少報人數此查明實在水手人數多而票帖所註人數少之緣由也卽就票照所註人數而論除不在票照之人不計外而在票照之人年貌姓名仍不相符復加研訊據該耆舵人等供稱領新照時伊等將舊票所註水手人等照樣開寫至出口始行雇覓水手並無長在該船不換之人質之衆水手供亦相同此票與人又所以不符也且沙船所執多係舊照因上年收口回滬後上海道雇覓船隻將伊等船票全行撤回不能再出貿易至本年裝竣漕糧催趲放洋因新票須由川沙廳轆轉發給守候需時上海道將去歲舊票仍行發下此舊票出洋之原委也至伊等製造一船約費數千金身家性命俱繫於船焉敢容留匪人自受其累請求詳察等語並據該船戶呈出上海收捐執照覈與所供相符察驗舵水人等俱屬馴順尙無形跡可疑之

人隨取具耆舵切實甘結並將點驗過人數註寫淸單年貌住址附于結內以昭覈實伏查該船戶所供固係實情第現值南省賊氛未靖海口重地盤詰奸細爲刻下第一要務自宜認眞查驗以杜奸萌斷不敢草率從事稍涉大意惟船數衆多逐船點驗非卽日可能蕆事除俟驗過百隻將所取甘結淸單詳送備查一遇形迹可疑之人立卽飛稟覈辦外所有奉札查訊沙船人票不符緣由合肅馳報察覈再該船戶人票不符雖由圖省捐項起見尙無別項獘混究非愼重海防之道應請飛咨

江蘇撫院檄飭上海道除業經裝糧出口各船不計外嗣後沙船領票出口無論裝糧貿易概行換給新票並確查船上舵水人數將姓名籍貫覈實註入票內不准一名遺漏亦不准一名頂替以便稽察而昭慎密實爲公便等情到本閣督部堂據此查前據天津道具禀進口江浙海運沙船按照所執牌照逐一查點人數率皆多寡參差當向各船耆民詰訊據稱牌內水手原係從前按人填寫以後請領牌照總按原填名數書寫其實雇覓水手或多或寡並無一定所以人數與牌照不符現在欽奉

寄諭誠恐奸匪假扮商賈由海駛至天津勾結爲患飭令隨時查緝等因所有各商船之給領牌照原爲稽查人數而設乃各船人數竟與牌照不符是牌照不足爲據人數憑何查驗未來沙船尚多應請飛咨

江蘇浙江撫院轉飭海運局員此後凡遇沙船請領牌照務須確查人數詢明姓名年歲住籍在于牌照內詳細填寫給發耆民收執以憑查驗如有人數不符即可從此查究使奸細無可托足等情即經飛咨

貴部院查照飭遵在案茲據前情除再分咨飭遵外合再飛咨爲此合咨

貴部院煩請查照希即轉飭海運局員嗣後凡遇沙船牌照務須確查人數詢明姓名年歲籍貫在於牌照內詳細填註給發新照以便查驗而昭慎重望速

施行

咸豐三年　月　日咨

浙江撫院

直隸督院詠 爲咨明事據署天津鎮總兵大沽協副將特克愼天津道張起鵷會稟竊查海運章程向由蘇省遴派職分較大文武委員先期來津駐劄大沽海口會同大沽營員於沙船進口出口之時稽查彈壓並收發沙船砲械道光二十八年辦理海運蘇省派有副將顧淸漣參將陳長淸暨通判知縣各一員來津專司其事一切悉稱順適咸豐二年海運蘇省僅委佐雜一員不足以資彈壓且到津較遲在前沙船先已進口由大沽營員收繳器械呼應不靈辦理諸多掣肘又沙船裝載米數應由蘇省先期造冊咨送以便查覈乃往往船已到津米冊始到以致稽考爲難本年蘇省漕糧仍由海運自應申明舊章覈實辦理浙江海運漕糧事同一律亦應查照辦理擬合會稟察覈俯賜分咨

江蘇撫院察照定章委派副參丞倅知縣各員先期來津駐劄海口專司稽查彈壓及收發沙船器械並飭上海局員將沙船裝米數目預爲造冊務於沙船未到以前遞送來津實爲公便等情到本閣督部堂據此相應咨明爲此合咨

貴部院煩請查照希卽委派文武各員先期來津以

資稽查彈壓收發器械並飭將沙船裝米數目預爲造冊務於沙船未到以前遞送來津以便查考仍祈將委員銜名見覆施行

咸豐 年 月 日咨

浙江撫院

浙江巡撫部院黄　爲詳覆事據海運省局詳稱奉
札開咸豐三年正月二十八日准
直隸督院訥　咨開浙省辦理海運應卽派委文武各員先期來津駐劄海口專司稽查彈壓及收發沙船器械並上海沙船裝米數目預爲造冊務於沙船未到以前遞送來津以便查考仍祈將委員銜名見覆等因到院札局奉此本護司等查浙省海運漕糧委赴天津經辦剝運稽查彈壓各員業經藩司糧道詳奉撫部院批委陞用同知嘉興縣知縣楊裕深金華府通判育淳金華縣知縣邵淩霄烏程縣知縣梁

正標准補臨海縣知縣黄檝秀水縣主簿秘雲書候補從九品胡毓麒候補未入流方理分委先期赴津辦理飭行遵照在案緣奉前因理合詳候咨覆
直隸督院備查至商船裝米清冊先行咨明上海局員迅速造冊一俟到日另文詳請咨送合併聲明等情到本部院據此相應咨覆爲此合咨
貴部堂煩請查照施行
咸豐三年二月十三日咨
直隸督院

浙江巡撫部院黄　爲飛行咨覆事本年三月二十三日准
貴部堂咨開據署天津鎮總兵特克愼天津道張起鵷會稟稱竊奉督院檄行准浙江撫院咨會派委陞用同知嘉興縣知縣楊裕深等先期赴津辦理剝運稽查彈壓事宜至商船裝米清冊俟上海局造送到日另文咨送行令知照等因遵查本年江浙兩省漕糧由海運來津沙船水手衆多難保無奸匪溷跡其中必須於進口之時查驗人數收繳器械方昭愼密前因本省海口營員呼應不靈辦理掣肘經卑職職

道查照成案稟請分咨浙江撫院委派副叅丞倅知縣各員來津駐劄海口專司其事原期武職文員相助爲理今浙省來咨並未派有武職大員似不足以昭愼重理合稟請查照前稟移知浙江撫院添派副將叅將各一員迅速北來駐劄海口專司稽查彈壓及收發沙船器械並請咨催
江蘇撫院迅飭派定文武委員兼程來津實爲公便等情到本閣督部堂據此查前據該鎮道以上年海運蘇省僅委佐雜一員不足以資彈壓且到津較遲在前沙船先已進口由大沽營員收繳器械呼應不

靈辦理諸多掣肘稟經飛咨委派副叅丞倅知縣各
員先期來津駐劄海口專司稽查彈壓及收發沙船
器械在案現今沙船陸續進口尚未准派委各員來
津自應再行咨催茲據前情除咨
江蘇撫院外相應咨催希即添派副將一員叅將一
員兼程來津駐劄海口專司稽查彈壓及收發沙船
器械幸勿刻延仍祈將委員銜名及起程日期見覆
等因到本部院准此查浙江周糧道及文職各委員
前於二月初旬自浙起程因粵匪竄擾江甯道路戒
嚴行程遲滯現在行至江南阜甯縣地方土匪搶掠

倘須確探前途儹行且浙省業已裝載海船接續放
洋海程迅速計可陸續抵津前項武員刻下即使由
浙派往約計抵津亦已趕辦不及且當此籌辦防堵
之時督防操練在在需員一時實無副叅大員堪以
委赴天津所有天津海口稽查彈壓及收發沙船器
械之員如浙省文員已經到津即飭令驗收倘因道
路阻梗遲到即請
貴部堂督飭天津道府查照並希就近派委以昭愼
重此係因路次難行不得已權宜辦理相應由八百
里飛咨爲此合咨

貴部堂煩請查照覈辦施行
咸豐三年　月　日咨
直隸督院
浙江巡撫部院黃　爲飛咨事咸豐三年三月二十
三日准
直隸督院訥　咨開云云倘因道路阻梗遲到即請
直隸督院轉飭天津道府查照並希就近派委以昭
愼重此係因路次難行不得已權宜辦理除咨明外
相應咨由八百里飛咨達爲此合咨
貴部堂欽差煩請查照施行

咸豐三年　月　日咨
欽差大臣孫倉場督院慶戸部

浙江巡撫部院黃　爲詳送事據海運省局詳稱准
上海局員仲丞等移稱竊照杭嘉湖三府屬漕糧奉
行海運議由江蘇上海口交兌商船運津茲自咸豐
三年正月初十日開兌之日起截至正月三十日止
計有兌竣商船七十隻共實裝漕米十二萬八百二
十七石二斗一升一合五勺白米五千三百九石六
斗二升三合即於二月初四日頭批開放吳淞口候
風放洋長行駛津交卸造冊移請轉詳分咨等因到
局准此合將移到清冊呈請咨送
欽派驗米大臣暨

直隸倉場督院查覈等情到本部院據此除分咨外相應
由六百里飛咨爲此合咨
貴大臣部堂煩請查照施行
計咨送　冊一本
咸豐三年二月二十四日咨
欽派驗米大臣孫慶　直隸倉場督院

浙江巡撫部院黃　爲詳送事據海運省局詳稱准
上海局員仲丞等移稱竊照頭批放洋兌竣甯船七
十號實裝漕白糯糧米數清冊業經詳請咨送在案
茲自二月初一日起截至十五日止續有兌竣米船
七十一號內計實裝漕糧一十萬四千九百三十石
九斗二升二勺白糧五千五百十二石九斗七升二
勺糯米七百三石三斗一升七合一勺統計實裝漕
白糯米十一萬一千一百四十七石二斗七合五勺
業已塡給聯單給發水腳神福犒賞各欵銀兩飭令
陸續開出吳淞口候風放洋聯䑸駛津交卸造冊移

局准此合將移到清冊詳請分咨
欽派驗米大臣暨
直隸倉場督院查覈等情到本部院據此除分咨外相應
六百里飛咨爲此合咨
貴大臣部堂煩請查照施行
計咨送　冊一本
咸豐三年三月初二日咨
欽派驗米大臣孫慶　直隸倉場督院

浙江巡撫部院黄　爲詳送事據海運省局詳稱准
上海局員仲丞等移稱竊照頭批二批放洋兌竣甯
船沙船二共計船一百四十一隻實裝漕白二糧米
數清冊業經造送在案兹自二月十六日起截至三
月初三日止復又兌竣三批米船一百零八隻內計
實裝漕糧一十五萬五千三百六十三石一斗八升
三合八勺白糧粳糯一萬一千七百三十九石二斗
五合八勺統共實裝漕白粳糯米一十六萬七千一
百二石三斗八升九合六勺業又分塡聯單給發水
脚神福犒賞各欵銀兩趕即飭令陸續開出吳淞口

候風放洋聯帆北上交卸理合造冊移請轉詳咨送
等由過局准此合將送到清冊詳候分咨
欽派驗米大臣暨
直隸倉場督院查覈等情到本部院據此除分咨外相應
由六百里排遞飛咨爲此合咨
貴部大臣煩請查照施行
計咨送冊一本
咸豐三年三月十七日咨
欽派驗米大臣
直隸倉場督院

浙江巡撫部院黄　爲詳送事據海運省局詳稱准
上海局員仲丞等移稱竊照初二三次兌竣放洋米
船清冊業經造送移請詳咨各在案兹自三月初四
日起截至二十日止續有兌竣米船五十隻內計實
裝漕白米七萬三千七百八十三石六斗六升六勺
連前統計兌竣船二百九十九隻實裝正耗漕白米
四十七萬八千一百七十石二斗九升一合四勺業
已塡給聯單給發水脚神福犒賞各欵銀兩開放吳
淞候風放洋聯艅駛津交卸造冊移請轉詳分咨等
由准此合將送到清冊詳候分咨

欽派驗米大臣暨
直隸倉場督院查覈等情到本部院據此除分咨外相應
由八百里排遞飛咨爲此合咨
貴部大臣煩請查照施行
計咨送冊一本
咸豐三年四月初七日咨
欽派驗米大臣
直隸倉場督院

浙江巡撫部院黃　爲詳送事據海運省局詳稱准
上海局員仲丞等移稱竊照初二三四次兌竣放洋
米船清冊業經造送移請轉詳分咨各在案茲自三
月二十一日起截至四月初五日止續有兌竣米船
五十四隻內計實裝漕白米七萬三百七十石一斗
一升九合四勺連前統計兌竣船三百五十三隻實
裝正耗漕白米五十四萬八千五百四十石四斗一
升八勺業已填給連單給發水脚神福犒賞各欵銀
兩開放吳淞候風放洋聯艅駛津交卸造冊移請轉
詳分咨等由准此合將送到清冊詳候分咨

欽派驗米大臣暨
直隸倉場督院查覈等情到本部院據此除分咨外相應
由八百里排遞飛咨爲此合咨
貴大部堂煩請查照施行
計咨送冊一本
咸豐三年四月初十日咨
欽派驗米大臣
直隸倉場督院

浙江巡撫部院黃　爲詳送事據海運省局詳稱准
上海局員仲丞等移稱竊照初二三四五次兌竣放
洋米船清冊業經造送移請轉詳分咨在案茲自四
月初六日起至初十日止續有兌竣米船六十一隻
內計實裝漕白米九萬四千九百一十六石五斗四
升一合一勺連前統計兌竣船四百一十四隻實裝
漕白正耗米六十四萬三千四百五十六石九斗五
升一合九勺業已全數兌竣填給聯單給發水脚神
福犒賞各欵銀兩放洋北上造冊移送轉詳分咨等
由准此合將送到清冊詳候分咨

欽派驗米大臣暨
直隸倉場督院查覈等情到本部院據此除分咨外相應
由八百里排遞飛咨爲此合咨
貴大部堂煩請查照施行
計咨送冊一本
咸豐三年五月初一日咨
欽派驗米大臣
直隸倉場督院

兩江督院陸　爲咨行事據蘇松鎮稟稱來春江浙漕糧均須海運業經放棹上海會晤吳道預籌防護事宜當經吳道述及來春海運米船江南米數已有一百餘萬石又浙江新漕因上年漕船俱已出境明年回空未悉能否趕到交兑諸多窒碍現經

浙撫憲奏奉

諭旨變通籌議海運委員至上海甯波查雇船隻有分起攬載於夏令海運之舉其米數不知係全浙漕糧抑照江蘇省酌量海運尚未奉有明文所有巡防護送雖率由舊章然以閩省沙埕洋面有廣艇盜船六隻遊

奕伺刼至今尚未捕獲伏思江省水師原有舊設舩船十隻捐造舩船二隻倡造舩船十隻以本年春季海運該二十二船全數出洋巡護之外又加倡造捐造開風海鵰廣艇各船六隻並另雇華艇協同護送得以四府一州運米各船保衛無虞安然過北迨海運事竣經崇明孫令查以海洋安靖稟請將新舊議給操巡口糧概行裁撤以節糜費嗣奉批飭將續議加增口糧酌裁其舊設操巡照章給發各營船數一半出巡一半留營凡屬外海官兵莫不感激欽佩今以來年春夏又須江浙兩省漕糧海運米數較多關係

天庾正供遠涉重洋更當慎重防護且浙江所運漕糧雖由甯波上海兩處雇船然均裝由上海受載出吳淞口過北所有各米船自上海掛驗出口駛赴十滧佘山放洋逐程護送章程均可循照本年春季層層交替辦理毋須另議更章惟酌裁一半留營各船尤必須仰乞憲恩仍令全數配兵出巡多一船即多一船之力如蒙允准並懇預飭崇明縣知照俾各船均可隨時出洋以免歧誤其另雇華艇一項本職業與上海吳道籌商仍由該局捐雇飭撥來洋協同巡護既

於戧駛緝捕可靠並於巡防護送得力再查向來江省海運米船原定舊章有咨會

浙江撫院轉咨定海鎮統帶兵船在於江浙交界一體堵截嚴防之案今浙省亦有海運漕糧既由上海受兑出吳淞口過北較之往年浙省兵船僅在交界洋面堵截不同况江南沙船裝運漕糧出口放洋設有私行停泊逗遛江省巡洋官兵尚易約束催令趁風開行而浙江蛋船三不像船亦由上海裝米出口倘或私自偷泊恐江南官兵在洋指揮未能約束有誤期限關係不小必得浙省巡洋官兵先期駕船來

江會同巡護庶可彈壓稽查而免延誤自應稟請移
咨
浙江撫院咨會定海鎮于來年春夏兩季浙省米船
裝運上海受載由吳淞出口放洋時應由定鎮統帶
該標水師兵船預期來江會同江省師船一體巡護
俾可約束浙省船戶設有南來盜匪阻擾並可江浙
兵船合力會勦既不致有鞭長莫及之慮而本職亦
得免南北兩顧之憂實於水師巡防聲勢益增聯絡
惟是否可行仰候衡奪訓示等情到本部堂據此查
明年江浙漕糧同時海運所有護送師船自應將留

營船隻全數出洋俟海運事竣仍照現定章程一半
存營所需兵丁口糧應於海運經費內覈給除劄藩
臬司知照外相應咨會爲此合咨
貴部院煩請查照希卽責成定海鎮統帶兵船預期
來江協同巡護施行
咸豐三年　月　日咨
浙江撫院

兼署閩浙總督部堂怡　爲咨覆事准
貴部院咨准
兩江督院陸　咨據蘇松鎮稟稱今浙省海運漕糧
旣由上海受兌出吳淞口過北較之往年浙省兵船
僅在交界洋面堵截不同而浙江𦩷船三不像船亦
由上海裝米出口倘或私自偷泊恐江南官兵在洋
未能約束有誤期限必得浙省巡洋官兵先期駕船
來江會同巡護庶可彈壓稽查請於春夏兩季浙省
米船裝運上海受載由吳淞出口放洋時應由定鎮
統帶該標水師兵船預期來江會同江省師船一體

巡護俾可約束浙省船戶設有南來盜匪阻擾並可
江浙兵船合力會剿等情據此查江浙漕糧同時海
運所有護送師船咨請責成定海鎮統帶兵船預期
來江協同巡護等因准此除飛札定海鎮遵照
貴部院來咨事理迅卽統帶各員弁舺師配足軍火
砲械預期星馳赴江會同江省師船在洋一體認眞
巡護毋稍疎虞仍將遵辦緣由同護過米船日期具
文報查并札浙藩司會同督糧道暨海運省局一體
轉移遵照外相應咨覆爲此合咨
貴部院煩請查照施行

咸豐三年　月　日咨

浙江撫院

署定海鎮印務右營遊擊周士法具稟案奉咨會咸豐三年正月初六日准

兩江督院陸　咨開江浙漕糧同時海運所有護送師船自應將留營船隻全數出洋咨會責成定海鎮統帶兵船預期來江協同巡護等因相應由五百里飛咨統帶兵船預期赴江協同江省師船一體巡護等因奉此查是案前奉

撫部院檄飭將封雇赴滬受兌北船派委大員護送前來卑職當經轉飭右營遊擊張夢熊帶領兵船護送前進在案現據稟稱已將赴滬北船八十餘隻陸

續護送先後開行尚有數十隻雖經受雇尚未開行或尚未進關俟開往齊全護送前進開列清摺具報到日另再稟報憲案茲奉前因除飭令遊擊張夢熊帶同一幫兵船跟蹤護送該北船赴江先行協同江省舟師小心防護外卑職現因本轄洋面遼濶往來督緝在在均關緊要若預期先去誠恐顧此失彼容俟該漕船可以裝兌開往過北屆期卽當率領師船馳赴江省洋面會同江省師船加意協同防範俾得約束稽查免致疎虞合將奉飭赴江巡護漕船緣由先行稟覆

咸豐三年　月　日咨

浙江撫院

欽差戶部左堂王　爲飛咨事查上年蘇省漕糧海運經兩江總督等奏明沿海水師巡防是其專責卽令各該水師鎮將統帶備弁兵船沿途護送出境仍咨直隷山東等省照案一律防範接護等語經本部議覆奏准在案本屆江浙兩省漕糧海運事同一律應辦一切事宜自應遵照奏案及早籌辦相應飛咨貴撫卽將本屆護送海運漕糧各該水師鎮將備弁專任何人分任何人如何嚴飭各該員弁實力防護不致稍有鬆懈並于各省交界處所如何嚴密防範聲息相通不致互相推諉之處迅速熟籌妥議具奏並由貴省飛咨山東巡撫直隷總督一體遵照辦理以免疎虞而昭愼重再該省海運漕糧一經兌竣放洋卽行奏報毋稍遲延可也

咸豐三年　月　日咨

浙江撫院

浙江巡撫部院黄　爲詳覆事據海運省局詳稱奉
案行咸豐三年二月初五日准
兵部火票遞到
欽差戶部左堂王　咨查上年蘇省漕糧海運經兩江總督等奏明沿海水師巡防是其專責卽令各該水師鎭將統帶備弁兵船沿途護送出境仍咨直隸山東等省照案一律防範接護等語經本部議覆奏准在案本屆江浙兩省漕糧海運事同一律應辦一切事宜自應遵照奏案及早籌辦相應飛咨貴撫卽將本屆護送海運漕糧各該水師鎭將備弁專任何人分

任何人如何嚴飭各該員弁實力防護不致稍有鬆懈並于各省交界處所如何嚴密防範聲息相通不致互相推諉之處迅速熟籌妥議具奏並由
貴省飛咨山東巡撫直隸總督一體遵照辦理以免疎虞而昭愼重再該省海運漕糧一經兌竣放洋卽行奏報等因到院行局奉此查浙漕試行海運當奉
奏明專咨提鎭嚴督水師將弁實力巡防如有疎虞卽行參辦仍俟漕艘出洋咨令遴委將弁遂程護送並咨山東直隸等省一體接護用冀正供無虧
天庾充溢等因欽奉
上諭巡哨防護宜加周密着照所議辦理等因欽此並奉
分別咨移在案茲奉前因應請查照前次
奏咨事件咨行各鎭營遴委將弁實力防護並將管轄洋面專任分任各職名開摺咨
部查考並咨直隸山東江南等省一體照辦以昭愼重是否有當相應詳請咨覆
欽差戶部左堂王　暨分咨各督撫提鎭一體查照辦理實爲公便等情到本部院據此查此案本部院先已分咨將如何責成沿途水師各員弁防護浙省海運漕糧專任何人分任何人並於交界處所如何嚴密

接護之處開具員弁姓名清冊尅日示覆以便彙
奏在案據詳前情除分咨外合再行由六百里飛咨咨覆爲此
合咨
貴部堂院提鎭煩請查照前咨迅速彙辦並祈卽行
欽差戶部左堂煩請查照施行
示覆望速施行
咸豐三年二月十四日咨
直隸兩江督院　江蘇山東撫院　直隸天津山東登州鎭　江南浙江提督
欽差戶部左堂王　浙江定海江南蘇松鎭

浙江提督葉　爲咨覆事本年二月十五日准
貴部院咨開據海運省局詳本年浙省漕糧海運應
請查照前次
奏咨事件咨行各鎮營遴委將弁實力防護並將管轄
洋面專任分任各職名開摺咨
部查考並咨直隸山東江南等省一體照辦以昭慎
重是否有當相應咨覆
欽差戶部左堂王　暨分咨各督撫提鎮一體查照辦理
實爲公便等情到本部院據此查此案本部院先已
分咨將如何責成沿途水師各員弁防護浙省海運

漕糧專任何人分任何人並于交界處所如何嚴密
接護之處開具員弁姓名清冊尅日示覆以便彚
奏在案據詳前情除分咨外合再由六百里飛咨查照
前咨迅速彚辦並祈即行示覆等因到本提督准此
爲查此案係責成定海鎮赴滬防護所有各員弁如
何防護並管轄洋面專任分任何人及交界處所如
何接護各員弁姓名清冊前准咨會卽經咨請定海
鎮開摺徑送
貴部院覈
奏並經咨覆各在案茲又准咨前因除再咨會定海鎮

查開徑送外相應咨覆爲此合咨
貴部院煩請查照施行
咸豐三年　月　日咨
浙江撫院

山東撫院李　爲飛咨事咸豐三年二月初一日准
兵部火票遞到
戸部咨雲南司案呈查道光二十八年漕糧海運經
前任山東巡撫奏明石島地方最爲扼要必須嚴密
防護專委熟悉海疆情形之知府常川駐劄巡查彈
壓其餘各島口亦俱遴委勤幹佐貳等官分駐巡防
並咨商登州鎮總兵添雇堅大商船備帶軍火器械
嚴飭水師前後營督率備弁兵丁分配駕駛各於交
界處所會哨迎護仍責成該鎮道往來調度稽查毋
任偷安島澳以收實效等因咸豐二年海運亦經遵

辦各在案查本屆江浙二省漕糧並行海運較之上
年米數船隻均有增多當此洋面巡防喫緊之時尤
宜慎益加慎所有全洋扼要之石島本在登州府屬
榮成縣地方擬令登州鎮總兵屆時前往巡防彈壓
以昭慎重其餘廟島俚島烟臺等處各口仍令分飭
水師前後營督率備弁兵丁協力防護惟該鎮本任
原有操防巡哨各事宜屆時是否可以前往之處本
部似難懸擬相應飛咨山東巡撫通盤籌畫除廟島
俚島烟臺等處各口照例嚴飭水師前後營督率備
弁兵丁會哨迎護外即將登州鎮總兵屆時能否前
往石島地方巡防彈壓之處迅速　奏明辦理並由東
省知照浙江江蘇直隸各督撫一體嚴密防護務須
聲息相通毋得稍有鬆懈其沙船入境出境日期仍
應照例屆時奏報毋稍遲延可也等因到本部院准
此查上屆咸豐二年及道光二十八年南糧由海運
津均經
登州鎮咨報前往扼要之石島等處彈壓稽查有案
本年江浙二省漕糧並行海運米數船隻增多當此
洋面巡防喫緊之際自應照案辦理茲准前因除恭
摺具

奏並分別咨行外相應咨明爲此合咨
貴部院煩請查照一體轉飭防護務期聲息相通施
行

咸豐三年　月　日咨

浙江撫院

山東巡撫部院李　爲咨覆事咸豐三年二月十九
日准
登州鎮武　咨竊准貴撫提部院咨以本年江浙二
省漕糧並行海運由鎮彈壓稽查並行司道委員前
往巡防各事宜遵照
戶部來文巡防舊章另摺具
奏先行咨鎮屆期前往石島等處督同實力巡防彈壓
一面分派水師員弁管駕兵船挨段護送在於要隘
各島口派撥弁兵認眞防護勿稍疎虞如有怠玩貽
誤之員即據實嚴叅懲辦仍將辦理緣由星馳移覆

等因並准登萊青道咨商本年漕船爲數既多爲日
亦長當此海氛不靖巡防喫重應即妥爲籌辦以期
有備無患惟陸營兵丁多有調赴皖豫防勦深恐不
敷遣派自應將經過各島口擇其緊要者照舊派兵
防守如向無漕船停泊守風之處亦即酌量從減或
竟無庸派防以昭覈實咨請查照通盤籌畫何處應
行派兵防守何處應行裁撤妥議章程移復辦理各
到鎮准此查本年江浙南糧海運過境較上兩屆船
多漕重尤爲喫緊本省洋境東西與江直交界相距
數千里歷次漕船開行俱由南省派撥兵船護送至

山東石島洋境交界東省水師接護以期聲息相通
今尚未准江省咨照來東而本省之分段撥船巡護
本鎮檢覈舊章自當查照通盤籌畫如守備黃富興
赴粵修船未到以前綜計僅存廣艇三隻紅頭船十
隻前經預飭前後文三營將備各就洋境分別最要
次要究竟需船若干隻確實議詳覈辦以期節省而
免曠誤旋據將分段需船數目呈覆前來本鎮覆加
確覈誠與向章不甚參差其廣艇船三隻分之愈見
其少而難期得力應於原有水勇六十名處專由文
登營酌配官兵責令該管將備督帶於最要之石俚

島上下洋面往來巡護以壯聲威此外三營亦飭先
儘紅頭船配撥其分段不敷之船前已商准王護道
即各循舊章移請由道飭雇民船頂替暫資應用仍
俟黃富興駕船到東即行酌量裁撤以節經費一面
按章飭行兵勇先期出洋清查本管島口即赴交界
迎探以重漕行此參酌向章擬派水師駕船防護之
大概情形也俟取到配船官兵姓名另再照案咨送
查考至沿海口岸所須官兵巡查本鎮詳覈舊案當
此經費支絀亦在力求節省況兩省遞運爲日尤長
亟宜分別緩急先將歷屆漕船經由要口防兵或循

照向章撥派或體察商情量爲增派以冀
帑不虛糜防收實效其向無漕船停泊守風處所非但
各營額兵多經調赴皖省不敷遣派而孤懸曠遠偏
僻港嶼卽駐三五防兵亦屬徒滋耗費於事無濟不
如暫爲裁撤統歸節省俟臨時察看事機有應變通
之處再就近與道商酌辦理庶於慎防節費兩有裨
益除分別咨行道營查照及酌量先期馳赴石島要
隘督防日期同取到花名冊籍隨時分文另行咨達
外合將水陸防漕按章酌量撥裁覈實議辦緣由開
具清摺一併備文馳復請祈查照覈示遵行並希將

檄委在事文武職名地方明晰賜咨過鎭以便查考
施行等因到本部院准此查咨送清摺酌議各條均
屬周備海運南漕指日北來應卽迅速照辦除咨覆
登州鎭並行藩司外相應飛咨爲此合咨
貴部院煩請查照希卽一體轉飭水師員弁會哨防
護施行

計開

文登營靖海汛石島礮臺一座原設協防外委一員馬兵二
名守兵十四名該島係漕船入東首站上屆海運由
營添撥兵十二名令該汛把總帶領巡防此次應仍
循舊辦理
文登營榮成汛俚島僻墩一座原設守兵五名該島查係要
口歷屆海運收泊漕船最多上次由營添撥兵十七
名令該汛千總就近帶領巡防此次應仍循舊辦理
右營入角汛芝罘島卽烟臺口礮臺一座原設協防外委
一員防兵十名又僻墩一座原設防兵四名該處查
係要口上屆海運由營添撥兵二十六名令該外委
帶領兼防此次應仍循舊辦理
中營聲島上屆海運派官一員兵二十五名該處孤
懸海中係漕船經由要道此次應仍循舊辦理

以上四處係屬最要守口防兵數目內如有派赴皖
省出師者已令由營照數補足以重漕務
文登營靖海衞汛原設把總一員馬兵二名守兵十
四名在彼巡防
文登營靖海汛馬頭嘴礮臺一座原設馬兵二名守兵十四
名令該汛協防外委就近巡防
文登營榮成汛養魚池礮臺一座原設協防外委一員馬兵
二名守兵十四名在彼巡防又僻墩一座原設守兵
五名令協防礮臺外委就近巡防
文登營榮成汛龍口崖礮臺一座原設馬兵二名守兵十四

名在彼巡防又僻墩一座原設守兵五名在彼巡防
膠州營靈山汛古鎮口礮臺一座原設協防外委一員馬兵
二名守兵十名在彼巡防
膠州營靈山汛唐島礮臺一座原設馬兵二名守兵十四名
令該汛千總就近巡防
膠州營浮山汛青島礮臺一座原設協防外委一員馬兵一
名守兵十一名在彼巡防
右營八角口礮臺一座原設千總一員防兵九名在
彼巡防
以上八處查非漕船收泊最要之口舊有額設官兵無

論有無派赴皖省此次應仍照常巡防毋庸再添以
歸撙節
萊州營北海汛小石島僻墩一座原設把總一員守兵六名
上届海運添撥兵四名此次應行裁撤仍令原設弁
兵巡防以節糜費
中營黃縣汛黃河營僻墩一座原設守兵六名上届海運
添撥兵四名外委一員此次應行裁撤令該汛把總
帶領原設兵丁就近兼防以節糜費
中營黃縣汛屺峼島僻墩一座原設守兵六名上届海運
添撥兵四名此次應行裁撤令該汛把總就近帶領

原設兵丁巡防以節糜費
即墨營勞山頭上届海運派即墨營官一員兵二十
名此次應行酌減官一員兵十五名仍令該營派撥
兵五名在彼巡探以節糜費
甯福營崆峒島上届海運派甯福營官一員兵十名
此次應請酌減官一員改歸該營劉公島兵五名改
歸該營威海衛仍令該營派撥兵五名在彼巡探以
節糜費
文登營北茶山上届海運派文登營官一員兵六名
此次應全行裁撤以節糜費

文登營棉花島上届海運派文登營官一員兵六名
此次應全行裁撤以節糜費
文登營海陽汛乳山口僻墩一座原設守兵五名上届海運
並未加添此次仍令該汛協防黃島外委就近帶領
巡防
右營長山島上届海運因該處查報漕船無多惟係
經由要道已從減酌派登右營官一員帶兵十名赴
該島巡防此次應仍循舊辦理以昭周密
天橋口上届海運從無報運漕船舊案常川駐守之
官兵自應停派惟近接府城即令後營存城弁兵就

近巡查以壯聲威

甯福營海汛養馬島僻墩一座原設守兵六名上屆海運添撥兵四名今擬將此四名兵丁移併該營劉公島要隘添防仍令原設兵丁在彼巡防

甯福營威海衛原設把總一員馬兵六名守兵十五名在彼駐防今查該處係漕船收泊要口此次應再移添兵五名令該汛把總帶領巡防仍令該營都司不時親往稽查其原設防兵如有派赴皖省出師者令由營照數補足以重漕行

甯福營劉公島上屆海運派該營兵十六名令威海

汛把總帶領兼防該處係屬要隘爲威海口門屏障難於兼顧此次應移添兵四名專派官一員帶領巡防令威海汛把總專防本汛仍令該營都司不時親往稽查以重漕行

以上十三處係按地方衝僻酌量裁撤改添辦理

計　開

第一段自鶯遊門起由嵐山頭至膠州頭營口止一帶洋面

派前營專巡千總一員帶領外委一員額外一名管駕兵船在鶯遊門與江省接界洋面往來巡防巡護並與江省東海營兵船會哨

第二段自頭營口起由青島至海陽縣之乳山口止一帶洋面

派前營專巡把總一員帶領外委一員管駕兵船往來巡防護送

第三段自乳山口起由棉花島至文登縣之馬頭嘴止一帶洋面

派前營專巡把總一員帶領外委一員額外一名管駕兵船往來巡防護送

以上三段係前營洋面汛地應由該營總巡署遊擊分巡署守備管駕兵船在於各要隘洋面漕船經由

處所往來巡防護送不時周歷稽查

第四段自馬頭嘴起由石島至倭島止一帶洋面

派文登水師營專巡千總一員帶領額外一名管駕兵船往來巡防護送

第五段自倭島起由俚島至榮成縣之成山頭止一帶洋面

派文登水師營外委二員管駕兵船協同幫巡護送

以上洋面二段仍以該營千總爲專巡往來兼顧巡防以免諉卸而專責成

第六段自成山頭起由海驢島至文登縣之劉公島
威海口止一帶洋面
派文登水師營專巡把總一員帶領額外一名管駕
兵船往來巡防護送
第七段自威海口起由浮山島至福山縣之芝罘島
止一帶洋面
派文登水師營外委二員管駕兵船協同幫巡護送
以上洋面二段仍以該把總爲專巡往來兼顧巡防
以免諉卸而專責成
以上四段係文登水師營洋汛地當扼要極爲衝繁

應由該營總巡署副將分巡署守備管駕兵船隨時
相機在各要隘洋面處所往來巡護彈壓督查以防
疎虞而資策應
第八段自芝罘島起由八角口長山島至蓬萊縣之
天橋口止一帶洋面
派後營專巡把總一員帶領外委一員額外一名管
駕兵船往來巡防護送
第九段自天橋口迤北砣機島起至北隍城島奉天
旅順洋面交界止一帶洋面
派後營專巡千總一員帶領外委一員額外一名管
駕兵船往來巡防
以上東路東北路洋面二段派該營署守備管駕兵
船往來分投巡防不時周歷稽查
第十段自天橋口西北廟島起至黃縣龍口止一帶
洋面
派後營專巡把總一員帶領外委一員管駕兵船往
來巡防護送並與直隸兵船會哨
第十一段自龍口起至大沽河與直隸交界止一帶
洋面
派後營專巡把總一員帶領外委一員管駕兵船往

來巡防護送
以上四段係水師後營洋汛除北路一段係赴奉天
洋面其餘三段南省漕船俱由此數處連檣赴津應
令該管總巡遊擊帶領額外一名管駕兵船在于各
段洋面漕船經由處所往來督查
以上二營按段撥船以巡爲護所需口糧即于例領
巡洋口糧動支由道給發至所需船隻飭令先儘營
存各船配用不敷之船仍照章行營移道飭雇民船
暫用
咸豐三年　月　日咨

浙江撫院

山東撫院李　爲飛咨事咸豐三年二月十九日據
布政司劉源灝兼護登萊道王鴻烈呈稱咸豐三年
二月初四日奉撫部院劄開咸豐三年二月初一日
准
兵部火票遞到
戸部咨雲南司案呈查道光二十八年漕糧海運經
前任山東廵撫奏明石島地方最爲扼要必須嚴密
防護專委熟悉海疆情形之知府常川駐劄廵查彈
壓其餘各島口亦俱遴委勤幹佐貳等官分駐廵防
並咨商登州鎮總兵添雇堅大商船備帶軍火器械

嚴飭水師前後營督率備弁兵丁分配駕駛各於交
界處所會哨迎護仍責成該鎮道往來調度稽查毋
任偷安島澳以收寔效等因咸豐二年海運亦經遵
辦各在案查本屆江浙二省漕糧並行海運較之
上年米數船隻均有增多當此洋面廵防喫緊之時
尤宜愼益加愼所有全洋扼要之石島本在登州府
屬榮成縣地方擬令登州鎮總兵屆時前往廵防彈
壓以昭愼重其餘廟島俚島烟臺等處各口仍令分
飭水師前後營督率備弁兵丁協力防護惟該鎮本
任原有操防廵哨各事宜屆時是否可以前往之處

本部似難懸擬相應飛咨山東巡撫通盤籌畫除廟島俚島烟臺等處各口照例嚴飭水師前後營督率備弁兵丁會哨迎護外即將登州鎮總兵居時能否前往石島地方巡防彈壓之處迅速奏明辦理並由東省知照浙江江蘇直隸各督撫一體嚴密防護務須聲息相通毋得稍有鬆懈其沙船入境出境日期仍應照例屆時奏報毋稍遲延可也等因到本部院准此查上年咸豐二年及道光二十八年南糧由海運津均經登鎮咨報前往扼要之石島等處彈壓稽查有案本年江浙二省漕糧並行海運米數船隻增

多當此洋面巡防吃緊之際自應照案辦理茲准前因除恭摺具

奏並分別咨行外合就檄行爲此仰司官吏卽便會同登萊道查照舊章遴委文員派定巡防處所尅日詳候覈奪一面嚴速移行沿海水陸文武各員弁一體實力防護勿稍疎懈致干嚴叅仍將漕船入境出境日期由道按五日一次彙開清摺星馳具稟以憑

奏報並將發去火票移送臬司照例造報速速等因咨行到司奉此除會同飭委試用從九品胡光琛前往榮成縣之石島試用縣丞周長德前往榮成縣之俚島試用縣丞王太原前往文登縣之威海試用縣丞李環前往福山縣之烟臺試用縣丞閻溶前往蓬萊縣之廟島等口分駐妥爲防護遇有漕船經過卽速會同地方文武員弁會銜開摺稟報外所有各委員銜名擬合呈報察覈等情到本部院據此相應移咨

爲此合咨

貴部院煩請轉飭知照施行

咸豐三年　月　日咨

浙江撫院

直隸督院訥　爲詳請等事據天津道張起鵷呈稱
案蒙督院牌開咸豐三年正月十二日准
浙江撫院黃　咨開浙省漕糧現屆開運之時沿海
水師巡防護送島嶼處所分別掛竪號燈號旂俾商
船不致迷於所向並將海運事宜馳遞公文皆關緊
要現經仿照江省章程於郵封面上註明海運緊要
公文限行幾日字樣咨請查照飭辦等因咨行到道
蒙此查直隸洋面並無島嶼所有掛竪號燈號旂之
處應毋庸議惟歷屆海運由天津鎮稟派弁兵管駕
哨船出洋迎護並另派哨船在于攔江沙內外駐守

導引此次自應循照舊章辦理至海運公文皆關緊
要必須依限飛遞方無遲誤茲蒙前因除移會天津
鎮循舊稟派並分行天河二府轉飭遵照外擬合詳
覆查覈移咨浙省知照實爲公便等情到本閣督部
堂據此相應咨覆爲此合咨
貴部院煩請查照飭知施行
咸豐三年　月　日咨
浙江撫院

天津鎮特　爲咨覆事二月二十八日准
貴院咨會本屆護送海運漕糧沿途水師各員弁如
何責成實力防護專任何人分任何人並於交界處
所如何嚴密接護之處煩照前咨迅速覈辦祈即見
覆等因查此案前准
貴院咨會正在擬覆間旋蒙
宮保直隸督部堂訥　照會內開准
貴院咨開浙省海運漕糧沿途各水師鎮將備弁專
任何人分任何人如何嚴飭實力防護各省交界處
所各將如何辦理之處開具員弁姓名清冊示覆等

因查本年江浙兩省新漕海運來津已據該鎮查照
成案派委葛沽營遊擊薛成龍署大沽左營都司陳
克明統帶弁兵管駕哨船出洋迎護在案茲准前因
除咨覆外擬合照會前去卽移行遵照等因蒙此擬
合咨覆爲此合咨
貴部院請煩查照施行
咸豐三年　月　日咨
浙江撫院

直隸督院訥　爲詳送事據天津道張起鵷呈稱竊照本年浙江漕糧由海運津一切事宜悉照舊章派員辦理茲准天津鎮轉據各營將管駕哨船巡護導引催提沙船剥船稽查彈壓並往來巡查押運赴通各員弁兵丁銜姓花名以及安設馬撥兵丁花名馬匹毛齒分項造册先後咨送到道覈與成案相符詳送分咨等情據此擬合咨送清册爲此合咨

貴部院煩爲查照施行

計咨送清册七本

咸豐三年　月　日咨

浙江撫院

浙江布政使司椿　爲移請覈辦事咸豐二年九月十九日奉

巡撫部院黃　札開照得漕糧爲

天庾正供關係重大冬兌冬開例有定限不容稍有遲緩惟起運必先計船浙省額運漕白船隻本年杭嘉等十三幫先已出運船四百八十隻現在湖屬八幫出運船二百四十五隻湖屬幫船出運過遲勢難趕副回空接運二年分新漕杭嘉等十三幫船四百八十隻今冬能否回空歸次尚不可知設歸次逾期豈非貽誤新運是河運船隻不敷已在意中能否照前署院所奏不敷船隻責令州縣幫預爲雇覔寬大民船裝運惟此項寬大民船係何名目究在何處地方如何添雇若干隻每船需銀若干兩如何選擇幹丁分幫管帶又如何派員專司雇運并在給丁某欵銀米內作爲雇價工資疊飭查議未復如民船果能雇足堪資裝運確有把握在次軍船又有若干隻可以照舊起運兩者併計足敷新漕之用方可照常河運否則有米無船計將安出或應如何變通辦理或試行海運以速倉儲之處除行杭嘉湖周道及杭嘉湖三府外合行札詢札司立即將新漕起運事宜逐盤籌

畫刻日妥速暢達會同周道據實具詳以憑覈辦本
部院總以不誤新運迅速兌開爲要此外別無成見
轉瞬開倉事在至緊萬勿稍有片延等因奉此查本
年新漕本司前在署理撫篆任內據糧道詳
奏擬雇民船裝運一層業經會同
糧道詳明如通盤籌畫不能籌辦妥善祇有海運一
法應需一切經費現在趕緊籌畫策俟
貴道到任悉心會商妥議章程另行專案詳
奏在案奉飭前因擬合移知爲此合咨
貴道請煩查照希將新漕起運事宜通盤籌畫刻日

妥議主稿挈銜會詳覈辦幸勿遲滯望速施行
咸豐二年九月二十一日咨
杭嘉湖道新調糧道周

浙江督糧道周起濱稟案奉
憲臺札飭全浙軍船出境能否回空趕副交兌尚未
可知新漕無船可用舍海運別無他策除恭摺具
奏外札道立即會同藩司通行有漕州縣飛速妥辦一
面遴員設局將海運事宜妥議具詳限令來歲二月
初八日以前交清如稍遲誤以誤漕嚴叅等因奉此
道查浙漕辦理海運事屬創始所有催徵銀米預籌
支放以及前赴上海招雇沙船暨將糧米剝運放洋
抵津交通各事宜必須仿照蘇省章程量爲變通妥
速辦理以冀無誤定限自應遴委曉暢漕務明白幹

練之員庶以經理得宜藉收臂助茲查西安縣知縣
楊裕深係久任漕務之員辦事精詳素著勤能以之
委辦海運局務必於公事有裨職道爲海運喫緊辦
事得人起見理合具稟仰祈
察覈俯賜札司飭調該楊令尅期來省派司海運局
務其西安縣員缺應如何委代之處一併行司辦理
深爲公便肅此稟聞
咸豐二年九月二十九日具稟奉
巡撫部院黃　批仰布政司飛速札調署西安縣楊
令尅日兼程來省辦理來年癸丑新漕海運局務是

爲至要所有員缺應否遴員詳委接署該司酌量辦
理切切此繳稟抄發

浙江巡撫部院黃　札署杭嘉湖道晏守杭捕同知繆丞知悉照得
現在浙省漕艘多已北上新漕若照舊河運船隻不
敷應用本部院督同司道熟商惟有照江蘇省辦理
海運之一法奏請試行一俟奉
准卽恭錄
諭旨并抄摺行知外合行札飭札到該署道丞立卽遵照會
同晏守繆丞刻日設局將新漕海運一切事宜妥議章程
覈實會詳現居開倉毋稍遲誤再各屬銀米俱限來
歲二月初八日以前交清如有遲誤卽以誤漕嚴叅
本部院先已行知司道並有漕各府州縣遵照在案
並卽查照切切特札
咸豐二年十月初三日行

浙江布政使司椿壽浙江督糧道周起濱爲會議詳
請事案奉
憲札全浙軍船出境能否回空尚未可知新漕無船
可用舍海運別無他策除恭摺具
奏外札飭司道通行有漕各州縣妥速趕辦一面遴員
設局將海運事宜妥議具詳限令來歲二月初八日
以前交清如有遲誤以誤漕嚴叅等因奉此除遵飭
通行杭嘉湖三屬州縣遵辦外伏查浙省漕務幫疲
縣累常年河運竭蹷不遑本屆漕船又因被旱阻淺
全幫出境遲延歲內勢難回空接兌新漕不得不變

通試行海運必須比較河運提早趕辦且糧米仍須
剝赴上海事既初創兩省間隔辦理更非易易本司
道通籌全局以雇募海船爲首務業經派令熟悉委
員分赴上海甯波妥籌招雇並詳請咨明蘇省飭行
趕辦在案惟查蘇省歷辦海運久著成效衹緣江蘇
徵收本折優裕給幫津貼較多再將例給旗丁銀米
併湊故遇災歉之年仍可抵足全漕額數上屆復有
節省報効南河工需浙省本折既短幫費較輕收於
民而給於幫均未及江蘇之半未免優絀懸殊惟有
力求籌全之法除各屬給幫津貼兌費以及貼給錢

米槩行飭提作抵外應將常年河運例給漕截等項
一切錢糧及行月米欵併作海運沙船水腳及南北
經費庶挹彼注茲冀以勉爲完善浙省辦運既形掣
肘似難仿照江蘇節省抵補全漕額數之外再行格
外報効查蘇省海運銀米雖經限令歲內徵解齊足
然亦未能一律清楚總俟二月放洋以前銀米全完
浙省歷年遲緩緣杭嘉湖三屬土性本寒收穫較晚
以致開倉徵兌節節遞緩杭湖兩屬多有歲底徵足
滿厫惟嘉屬額漕既大輸納獨遲甚有嘉善海鹽等
縣延至次年三月始報滿厫亟應力圖整飭提早徵

輸又應完道庫漕項錢糧自頭年下忙以至來年四
月止浙東甯處八屬往年按照額徵可完十之八九
浙西三屬僅完十之六七今屆夏秋被旱除溫屬並
無災歉向年完數不過五成外其餘各屬俱有災歉
其中金衢嚴三屬分數爲重錢糧更爲短絀以目前
情形而論全屬完數自今冬以至來年約收二十萬
餘兩往屆歲內收數六七萬兩不等至多之年可收
十萬而止餘欠開年百計催提必得四月出運之前
甫能敷衍運用此歷來各屬徵解銀米之實情也現
在奉行海運定限來年二月初八日以前交清斷不

容再蹈玩延積習業已分飭各州縣勒令提早開倉務於歲內催徵齊足嘉屬至遲之處統限於正月中旬徵足滿厫仍飭慎選米色毋以潮雜醜米任意濫收以免上海沙船并到津驗收層層藉詞駁換仍由本道臨倉驗米查有前弊立予揭參其應完漕項錢糧即係本年分徵解之欵延今均未破白現在應將漕白錢糧除去災緩按其實徵之數以歲內解足一半開年二月糧米運赴上海之前按數全完照常批解道庫此外各屬給幫兌費出於完漕折色并同漕截及隨漕行月暨白糧貼價貼米等項分別銀米悉

照各屬河運給幫各欵合計錢洋免其易銀折耗並經委員分屬查開實數到日責令各州縣儘收儘解省城總局聽候撥用如至期米已起運銀多延欠暨錢糧完半全完之期尚復短鈌貽誤本司道即照誤漕例從嚴叅辦以示懲儆至浙漕初行海運除應給沙船水脚神福雜費等項以及遴員委赴上海分設內外各局經理收放銀米斛交上船并委員馳赴天津會同直隸委員查辦交兌收驗運通一切南北經費按照蘇省章程叅酌籌辦惟查江蘇道光六年成案所有沙船耗米及天津剝船並經紀食米耗米均在給丁耗米支給其道光二十七年暨咸豐元年江蘇兩次海運概將丁耗米石抵補漕額所有各前項耗米或在津貼幫費提銀折給或購備本色撥給浙省經費本多不足所有沙船耗米及經紀剝船耗食米欵即在給丁耗米動支既於河運無異似可節省經費再行督同局員通盤妥籌覈辦此外查照江蘇成案如何斟酌損益及上海另設分局委員經收銀米紳董雇斛兌交沙船各事宜隨時詳請

憲示辦理開倉瞬屆海運事務殷煩必須先立省局庶提綱挈領事歸總滙合將設局派員查辦事宜分

列各欵開具清摺督同在局委員會議催提銀米各緣由先行具詳仰祈

察覈示遵深爲公便再此案係由本糧道主稿合併聲明爲此備由呈乞

照詳施行

今開

一議定局員應有專責也現設海運總局奉委署杭巡道湖州府晏守暨署杭捕同知繆丞署西安縣楊令辦理局務惟海運事頗殷煩必須添派幫辦俾襄厥事應請將杭州府暨仁錢二縣並分派正雜各委員

隨同幫辦庶各司其事以辦理文案稽覈銀米支發錢糧籌畫通盤運用此數事之中爲全局綱領現擬署杭巡道晏守綜理局務常川在局督察稽查總其大成又繆丞楊令專司文案查覈幫欵通計南北必須運需及收放錢糧以上事事喫重現在分派正雜各委員幫同辦理杭州府及仁錢二縣亦常川到局協同參酌並派令正雜各員考覈米數催提起運并登記僉發上下文牘及一切標硃過批事件似此分別派定各有專責而免延諉

一招募沙船應首先籌辦也查浙漕海運仍應剝赴江

蘇上海口岸放洋惟兩省間隔呼應不靈且聞上海所產沙船一千數百餘隻上屆蘇省海運米一百四萬餘石共裝沙船八百餘隻約計每船載米一千二百餘石本年江蘇仍行海運恐儘蘇省之外所餘船隻浙省海運米石能否敷用難以懸擬查甯波甬東海口向有蜑船三不像等項船隻前赴關東載運豆貨各物慣習海洋似亦可裝米石與其沙船不敷臨時周章曷若預爲分雇有備無患查本屆浙漕除去災緩約七成覈計應起運漕白米六十六萬餘石即需船六百餘隻除委員分赴甯波上海各口會同該

地方官設法招雇並另文會詳咨行查辦外仍俟該委員分赴各處妥爲招募俟有若干船數飭取承攬備查在甬東受雇各船其船身大小受載米數與沙船有無增減並飭委員確切計算該雇船若干可裝米若干仍應駛至上海口岸聽候派兌再將上海沙船應雇若干以足額運船數庶可兌運無誤

一文檄並行省局應歸一律以免歧異也凡海運案內各憲檄行文件以及各府州縣稟詳如至司道衙門者均由本司道迅速施行外自設立總局以後一切關涉海運公事應飭有漕各州縣嗣後一切海運詳

稟概行報明省局庶以一氣貫串而無歧誤

一局員應酌用鈐記以昭信守也查海運省局詳稟文移公事絡繹必須刊刻鈐記如湖州府晏守現署杭嘉湖道其杭道印信現在本糧道又係隨時借用俟補同知繆丞現署杭捕同知及交卸西安縣坐補嘉興縣楊令該丞等印信或有或無未歸畫一應請由本司刊刻浙江海運總局長方鈐記一顆又上海亦須遴員設局經理收放銀米更關緊要並應刊頒督辦浙江海運上海局委員長方鈐記一顆遇有詳稟移行公牘該二局即便行用其省局有上申督撫文

稟應以晏守具銜繆丞楊令隨同列銜其餘在局委員毋庸預名平移下行文件一律如斯上海局一切詳稟文移即由駐劄委員具銜其海運公事均於文封加蓋海運公文飛速馳遞如違查究等字紅戳俾符體制而昭信守

一酌覈時宜應行損益也查浙省辦理海運雖有蘇省章程援引辦理或宜蘇而不宜浙或利彼而不利此應由總理大員督同文案局員相度時宜量爲變通予以損益俾得事歸盡善仍令該局員隨時開摺呈送本司道酌覈辦理或應詳

奏之處並由本司道籌議詳請

憲示辦理以臻妥協而期周密

一屬徵米數應飭局悉心考覈并一體飭查米色也查本年杭嘉湖三屬州縣夏秋被旱災歉相間輕重不等前經本司飛飭委員趕緊覈實勘報不准稍任浮混現已勘覆齊全會詳請

奏所有該三屬分數內有嘉善等縣科則高下不等飛飭科算清楚俟覆到再行飭令局員督同局書除去災緩科覈起運實在米數究有若干米數既定則沙船水腳一切南北運用悉照江蘇成規即得必需之數至江蘇給丁耗米道光六年初行海運所有沙船耗米以及到津剝船耗米食米經紀耗米食米均於給丁耗米項下支銷道光二十七年及咸豐元年蘇省辦理海運概將給丁耗米抵補全漕額數前項耗米或於幫費款內購備本色給發或由州縣捐貼浙省幫費本屬無多不抵海運之用倘藉給丁各項錢糧以補不足所有沙船耗米食米剝船經紀耗食等米能否仿照道光六年蘇省成案在於給丁耗米內動支俾節經費之處再容通盤籌畫仍責成局員督飭經書分晰勾稽妥爲辦理至於沙船兌收漕糧較

之旗丁尤爲認眞必須乾圓潔淨毋得攙雜混收瞬屆開倉嚴飭各州縣格外慎選米色民間應納漕糧務於歲內一律上倉以應二月剝運放洋倘不慎之於始一經上海沙船以及抵津驗收或被駁回欲換則慮無米不換則慮短缺遷延時日進退維谷應將經收之州縣照誤漕嚴叅除由司道通行各屬遵照外並行省局於各屬開倉之前一體嚴查以杜濫收屆期本糧道仍親往各屬查驗米色如有攙雜立即駁換以昭慎重

一屬解錢糧兌費等款分別存儲以昭慎重也查浙省

奉行海運事屬創始且江蘇各屬所收本折寬裕浙省未及其半是以蘇省辦理海運除一切經費不動正項悉在津貼幫費欵內支銷仍有餘賸併同漕贈等欵銀米以抵全漕額數及補災缺兵糧上屆又有節省報部撥解工需此江浙漕務優絀懸殊之實情也今浙漕試行海運除各州縣給幫津貼兌費白糧折價暨折給行月貼米等欵先派委員按屬查清開摺呈送外若將沙船津貼及上海局費剝船等欵概令州縣扣留聽其隨米給發竊恐放洋期迫設有貽誤所關匪細應請將各屬向來津貼兌費按屬委員

查明應有之欵及應提漕截銀兩歸儲總局聽候撥用其應完漕白錢糧仍照常解存道庫外何屬先期申報滿厫即由省局預雇剝船駛赴徵存各州縣趕速剝運赴滬週而復始轆轤轉運仍覈道里遠近酌覈江蘇成案每石每百里給銀若干即於局內支銷所有沿途管押剝船稽查偷漏應由各州縣自派親信丁役小心照管仍俟各屬將給幫兌費等欵解有成數分撥上海局按章支用及預備南北經費之用此外海運不敷費用即請在於向年河運給丁銀米項下動支湊齊總期於常年河運之外不得溢支如

給丁錢糧及飭提幫費銀米各欵通覈用項如有不敷應作何籌補再行隨時稟請

憲示辦理再各屬給幫兌費漕截等項向以洋錢折算將來應提州縣幫費即照所收洋錢抵解免其易銀致多傾鎔折耗而於應發經費既屬便捷亦無遲誤之虞各州縣如敢稽延短欠即以誤漕嚴叅以示懲儆

一各局委員薪水經費應請動支節省耗銀也查河運之年運官養廉均在漕白耗羡項下支銷今屆試行海運各幫運弁並無領運之責自應飭令回淮其省

局上海局天津局一切委員薪水應請在於耗羡項下支銷如有不敷再於各屬津貼幫費欵內找給浙漕辦理海運所有經費原屬不敷故將給丁錢糧併爲貼補不使額外溢支其前項節省運弁養廉亦係常年河運應給之欵今請改給委員薪水與給丁錢糧貼補海運費用毫無二致其餘紙張油燭以及書役飯食在在需資均於津貼幫費撙節動支如此分別支給仍與河運之年並無出入而以欵抵欵期於通盤全局免致不敷現在開局薪水飯食紙張油燭等項日所必需應由司道庫先行酌量籌墊以資開

局之用仍俟各屬解到耗銀及津貼等欵先行提還
歸欵
一員役薪水應立限制也查總理局務大員及現任人
員均有廉俸可支毋庸議給薪水外所有在局同知
知縣等員每員每月應給薪水銀三十兩佐雜每員
每月應給薪水銀十五兩各經書每名每日各給銀
一錢看管奔走各役每名每日各給銀五分其局中
紙張油燭等項事有煩簡之時用有多寡之殊每月
不得逾四十兩之數以示限制而節浮糜
一省局經書應選熟諳供役也查設立省局一切文案

繁多勾稽欵目科覈銀米均關緊要若派別署經書
未免遇事生疎應於本糧道衙門選擇熟諳總書四
名及數書算書清書等十名分別繕寫文移冊籍惟
海運公事皆係緊急不能延捱應令該書等常川住
局毋論朝夜隨到隨辦如有曠誤立予懲處
以上十條係屬開局議辦之事其有未盡事宜以及
將來詳
奏章程並上海應設分局委辦收放銀米及訪延紳董
雇觧上船各事宜俟容次第覈辦呈請
示遵理合登明

咸豐二年十月二十三日具詳奉
巡撫部院黃　批海運全局以催提銀米及雇募沙
船爲最要除沙船一項業已委員分赴上海甯波妥
籌招雇外其催提漕項徵收漕米必須事事提早庶
不致有誤放洋風汛摺開各條均屬妥協惟局員薪
水經費動支耗銀一條將來造冊報部有無窒礙仰
即先立省局督同局員將一切章程遵奉
諭旨慎重籌議妥速詳請具
奏毋遲此繳摺存

浙江海運省局署杭嘉湖道湖州府知府晏端書署杭捕同知繆梓署仁和縣知縣楊裕深爲呈報事本年十月二十三日奉准司咨本屆新漕試行海運所有局員承辦海運公務應須鈐記行用以昭信守擬合刊刻移送咨請查收希卽頒發行用等由過道准此查浙江省城海運總局現定於十月二十三日開局所有應用鈐記相應備文移送請煩查收希將海運上下平移一切文件隨時行用仍將開用鈐記日期通報查覈等因奉此查浙省辦理海運事屬創始業奉

奏明飛咨江省派員預雇沙船在案茲奉前因本局遵於十月二十三日開用鈐記辦事嗣後事涉海運文件應請

憲臺並行省局以歸畫一合將設局開用海運鈐記日期備文呈報伏祈

察查爲此備由呈乞

照驗施行

咸豐二年十月二十七日申報

各院司道

浙江布政使司椿
督糧道周　爲移會事照得浙省今冬新漕

前奉

奏明試行海運業經欽奉

諭旨准行現在委員分赴上海甯波招募沙船並經議定

開局章程詳奉

批示各在案茲於十月二十三日先在省城設立海運總局並由本司刊頒鈐記行用查海運公文無不事關緊要亟須加緊投遞各驛舖斷不可視爲尋常文件任意延壓稍有遲誤所關匪細惟恐各驛舖習於疲玩仍事躭延亟應嚴加整頓以速郵政相應備

文移請爲此合咨

貴司請煩查照希卽飛飭各該驛舖凡遇本司道及浙江省城海運總局暨上海分局委員往來公文均加海運緊要公文字樣紅戳者務宜加緊投遞毋得片刻稽遲擦損倘敢故違有誤海運要件並請分別兼管驛務舖遞之縣令及專管之驛丞輕則記過重則參辦仍飭提驛夫遞夫一併從重究處以示懲創

望速施行

咸豐二年十月二十九日咨

臬司

浙江巡撫部院黃　爲曉諭新漕改由海運各屬糧
戶及早完漕趕副運限事照得咸豐二年十月十七
日准
兵部火票遞到咸豐二年十月初七日內閣奉
上諭本年浙江漕船開兑過遲來歲新漕亟應變通辦理
著改由海運以期迅速等因欽此欽遵在案查漕糧爲
天庾正供原應冬兑冬開今因河運遲滯改由海運凡一
切收兑事宜均須提前趕辦庶米船放洋不致有誤
風汛現屆開倉合亟出示曉諭爲此示仰闔屬糧戶
人等知悉爾等務各恪遵

諭旨將本年應納漕糧趕緊輸完以副海運期限倘敢狃
於積習因循觀望完納不前致有貽誤本部院定卽
按戶查拿從嚴懲辦
國法森然斷難曲貸其各凜遵毋違特示
咸豐二年十月　日示

浙江布政使椿壽督糧道周起濱稟本年十月二十
四日奉
憲臺批本司道會詳籌議設局查辦海運事宜開具
條欵清摺請察覈示遵等緣由奉批海運全局以催
提銀米及雇募沙船爲最要除沙船一項業已委員
分赴上海甯波妥籌招雇外其催提漕項徵收漕米
必須事事提早庶不致有誤放洋風汛摺開各條均
屬妥協惟局員薪水經費動支耗銀一條將來造冊
報部有無窒礙仰卽先立省局督同局員將一切章
程遵奉

諭旨愼重籌議妥速詳請具
奏毋遲此繳摺存等因奉此遵查領運備弁遞年具詳
漕憲派司辦運該備弁領運之年應支養廉係在道
庫解收耗羨錢糧動支開運看減各弁養廉係在司
庫請支除咸豐二年起運奉
漕憲派委領運之候補衛千總一俟運竣飭令回淮
外其餘各幫實缺員弁適逢海運旣無領運之責卽
責成看守減船雖有應支養廉銀兩較之出運之年
減少前經籌議例有給丁錢糧併歸海運支銷所有
節省運弁養廉亦可援照辦理議請改支局員薪水

今奉
批示將來報
部有無窒礙等因仰見籌畫周詳隱微必察欽服難
名本司道再四思維與其將來往返登覆轉繁案牘
曷若另籌支給較爲妥協查各州縣徵收漕糧有隨
徵漕費一欵向年河運每船例給錢二十四千文今
新漕已行海運前項漕費錢文亦應飭屬折銀提解
道庫備用所有局員薪水銀兩卽請在於所提漕費
項下動給將來海運案內具
奏之便隨摺聲明似與動支報
部耗羡銀兩毫無窒礙是否有當理合會議具稟仰

祈
批示祗遵實爲公便
咸豐二年十一月初六日具稟奉
巡撫部院黃　批查漕費錢文係有例銷之欵亦未
便作爲局員薪水仰卽查照並行海運局知之此繳

浙江海運省局護理鹽運司湖州府知府晏端書署
杭捕同知繆梓署仁和縣知縣楊裕深爲詳覆事本
年十一月初一日奉
憲臺文開照得有漕州縣原辦河運各費已奉
奏准併歸海運支銷除漕白錢糧照常提解道庫外所
有各屬津貼兌費漕截及白糧貼價貼米等欵業經
詳明
撫憲飭令各屬合計洋銀儘數解儲省城總局分別
備用免其易銀致多傾鎔折耗而於應發經費既屬
便捷亦無遲誤各州縣如敢積延短欠卽以誤漕嚴
叅以示懲儆等因抄錄詳摺移局在案除另移飭催

各屬趕早開倉外移煩查照一俟各屬具報開倉希
卽嚴提兌費等欵解局備用一面將收支各數隨時
移道查覈至前項洋銀既已提局應卽頒發省局收
照給領備案以昭慎重仍將辦理緣由先行見覆等
因奉此查各屬額解漕白正耗錢糧已奉詳明
撫憲照常批解
憲庫兌收所有原辦河運之給幫津貼兌費漕截及
白糧貼價貼米等項洋銀均應提解本局收庫備用
以昭慎重並應刊頒省局收照給領備案茲奉前因

除移行杭嘉湖三府及有漕州縣一體遵照並候各
屬解到兌費等欵洋銀分別收支數目遵飭隨時報
明外合將收照樣式備文詳送伏祈
察查爲此備由呈乞
照詳施行
今呈送省局收照樣式二紙
咸豐二年十一月初十日具稟奉
督糧道周　批來詳已悉業經據情札飭庫大使郭
培榮遵照一面俟各屬批解津貼幫費漕截及白糧
貼米貼價等欵按照每旬三六九等日派委駐局八
員驗收寄儲本道外庫後責成該庫官督率丁役晝
夜巡防毋稍疎虞有干柸賠並通飭杭嘉湖三府州
縣一體遵辦矣希卽查照仍將收支數目隨時報查
是爲至要切切此復收照樣式存

浙江巡撫部院黃　札護理鹽運使晏守知悉照得
該守業經
奏護運司篆務所有海運省局事宜仍派該守照舊總
理合行札知札到立卽遵照毋違特札
咸豐二年十一月十五日行

署浙江布政使司麟桂浙江督糧道周起濱爲海運局務會詳分別委辦事竊照本年新漕

奏准試行海運前奉

憲臺飭委正任湖州府晏守署杭捕同知繆丞並札調陞用同知之現署仁和縣楊令綜理省局事務並由前司暨本道詳委杭州中防同知仲丞候補通判李倅馳赴上海招雇沙船暨派署甯波府通判周倅在甯雇集北商船隻各在案茲查省城局務係屬提綱挈領除前奉派委知府丞令之外公事紛繁其有標判文案收放錢糧必須老成謹厚之員方資勷理

前於開局之際需員甚殷卽經前司會同本道派委正任金華縣知縣邵淩霄柯橋巡檢顧錕駐局常川經理外茲查杭嘉湖三屬州縣陸續具報開倉上海係銀米總滙所有封雇沙船監兌過斛支放水脚稽覈帳目照料起剝催提彈壓分配沙船管帶斛夫各役等事頭緒繁多事體冗雜在在均關緊要應請卽委在滬封船之杭州中防同知仲孫樊總理上海局務並將局員鈐記頒給行用其原委之候補通判李曾裕續委之候補運副祝維則候補布庫大使陳涑試用從九鄭崇暄等一體幫同分司辦理將來漕糧抵滬過船放洋天津驗收兌通更須得力之員妥爲辦理查陞用同知署仁和縣知縣楊裕深遇事精詳明白曉暢應請卽委該令先期由陸路赴津會同直隸委員商辦剝運交收各事宜俾臻妥協至正任金華縣知縣邵淩霄委駐省局遇事認眞洵屬不辭勞瘁津局分辦需人俟省局事竣並飭該令隨同楊令赴津一體幫辦合將分局酌委緣由理合備文具詳

伏祈

察覈再省外各局如果尚須添員委辦之處隨時另行詳請合並聲明爲此備由呈乞

照詳施行

咸豐二年十一月二十八日詳奉

巡撫部院黃　批如詳分飭委辦餘已悉仍候抄詳札飭海運局員知照此繳

浙江巡撫部院黃　爲再行曉諭趕緊完漕以速海運事照得新漕改由海運前巳

奏奉

諭旨遵經出示曉諭在案查海運以雇船爲先現在上海沙船山東衛船甯波三不像等船業巳分別咨行并分飭印委各員招募雇就一俟立春得有南風即可開放赴北本年立春係在臘月下旬必須乘時放洋爲期甚廹合行出示曉諭爲此示仰闔屬糧戶人等知悉爾等須知漕糧爲

天庾正供起運比往年較早自示之後務各速將本年應

納漕糧趕緊輸完以副海運倘敢沿習觀望完納不前致有貽誤本部院定即按名嚴拿衿草民究從重懲辦斷不寬貸各宜凜遵毋違特示

咸豐二年十一月　日示

署浙江布政使司麟
浙江督糧道周　爲曉諭愼選好米趕早完漕以副海運而重

正供事案奉

巡撫部院黃　札開咸豐二年十月十七日准

兵部火票遞到咸豐二年十月初七日內閣奉

上諭本年浙江漕船開兌過遲來歲新漕亟應變通辦理著改由海運以期迅速等因欽此轉行到本司道欽遵在案查漕糧關係

天庾草野小民食毛踐土何由上答

皇仁惟有愼選乾潔好米完漕藉以仰酬萬一共爲

盛世良民不容率以潮雜醜米搪交今因河運遲滯改行海運即由浙省運赴江蘇上海放洋一切收兌剝運在在需時自應提早趕辦且定倒冬兌冬開現在時巳及期亟宜踴躍急公切勿狃於積習稍任延捱有誤放洋風汛倘有玩戶攙醜抗納除飭府縣隨時究辦外合行出示剴切曉諭爲此示仰該屬糧戶人等知悉爾等務各欽遵

諭旨激發天良迅將本年漕糧趕緊於年內一律輸完當知海運全憑風力逾期即致貽誤自示之後如敢遷延觀望復蹈前轍則三尺具在法不容寬必當按戶

從重嚴辦斷不能法外施仁稍從曲貸也慎毋嘗試
噬臍莫及凜遵毋違特示
咸豐二年十一月二十九日示

總理海運省局護鹽運司湖州府知府晏端書署杭
捕同知繆梓署仁和縣知縣楊裕深稟竊照本届新
漕奉行海運所有各屬向年河運津貼漕白幫費各
欵前蒙糧道札委卑職梓親赴各郡督同各該州縣
漕庫一一查覈其間折漕之數多寡不同且遲早懸
殊提解之期總以臘正二三個月爲斷向來輕賫一
項至五六月甫行批解給幫漕截亦多遲延挂欠現
辦海運礙難照常辦理議將各項道欵暫行從緩漕
截輕賫儘先提解將給幫貼費並輕賫漕截三項自
臘月至二月分別由漕庫書具限約以折漕之遲速
分批解之多寡後先並由卑職梓稟明
憲鑒在案茲各屬接續具報開倉前項應完各欵應
即遵照認限趕解以濟海運除杭屬另呈外理合開
具嘉湖各縣每石酌定提解幫費銀數并同輕由漕
截津貼等欵分限解數清摺肅泐稟呈仰祈察覈委
員前往守提其折漕之欵不得絲毫挪動以濟海運
要需實爲德便
今呈送清摺二扣
咸豐二年十二月初二日具稟奉
巡撫部院黃　批已據稟分路委員馳赴各屬守催

趕解矣仰新任糧儲道迅即一體嚴催毋稍鬆勁仍
移海運局知照此繳稟同清摺札稿抄發

總理海運省局護鹽運司湖州府知府晏端書署杭
捕同知繆梓署仁和縣知縣楊裕深稟竊照各屬應
提幫費銀兩業經卑職梓親赴各郡覈明每石提解
數目并將輕由漕截銀兩一同立限提早完納當將
嘉湖兩府應完數目開摺稟請委催在案所有杭屬
州縣亦據陸續取具漕庫書限狀送局前來除餘杭
臨安二縣應俟來省飭令具限另呈外合將仁錢海
富新於昌等七州縣每石酌定提解幫費銀數并同
輕賫漕截津貼等款分限解數清摺肅泐稟呈仰祈
察覈委員前往守提其折漕之欵不得絲毫挪動以

濟海運要需實爲德便
今呈送清摺二扣
咸豐二年十二月初五日具稟奉
巡撫部院黃　批已據稟分路委員馳赴杭屬守催
趕解矣仰新任糧儲道迅即一體嚴催毋稍鬆勁仍
移海運局知照此繳稟同清摺札稿抄發

浙江海運省局護理鹽運使湖州府知府晏端書署杭捕同知繆梓署仁和縣知縣楊裕深爲遵飭議詳事案奉

撫憲黃　札開據戸房書吏周理正禀稱舊漕事宜已較往屆繁多現在新漕海運文案亦復不少均須隨到隨辦該房繕書無幾必須添雇幫辦所有辛工飯食請賜照海運局派書給發飯食之案一律賞給等情合行札飭札到該局立卽查議具覆等因奉此本護司等查前奉飭知會議海運開局章程條欵內開各書飯食均於津貼幫費欵內撙節動支每名每

日各給銀一錢詳奉

憲准在案並蒙糧道遴派經承淸書前來趕辦設局一切要件昕夕不遑隨據該書等禀陳淸苦乞照淸查谿免等局經書淸書月給飯食銀四兩三兩成案請示覈給本護司等復查省局爲總滙之所欵目稠件日逐紛繁均須悉心趕辦方無貽誤該書等住局辦公自宜量加體䘏擬如所請准照淸查谿免成案經書一名月給飯食銀四兩淸書一名月給飯食銀三兩分別給領在每月增費無多而經書得資貼補所有

憲臺撫憲衙門辦理海運戸房書吏繕書議給辛工飯食之處亦請照案分別覈給俾資辦公卽在完解津貼項下動支緣奉前因相應備文議詳伏祈

察覈酌定書吏繕書名數隨詳批示以便支送　爲此

備由呈乞

照詳施行

咸豐二年十二月初六日具詳奉

巡撫部院黃　批本部院衙門辦理海運事務經稿書一名淸書一名仰卽知照繳又奉

布政司麟　批希候

撫憲批示遵行此繳又奉

督糧道周　批如詳覈給仍候

撫憲批示錄報備查此覆

浙江布政使司麟桂江蘇按察使司倪良燿浙江督
糧道周起濱爲轉詳請
奏事竊照浙漕奉行海運卽經設局查辦並會議應
奏章程詳請覈辦並蒙札知議
奏八條聲明未盡事宜隨時酌覈奏辦等因奉
旨准行並欽奉
上諭江蘇浙江海運事宜着該督等責成按察使倪良燿
總司其事以資熟手總期不分畛域妥速籌辦毋稍延
悞欽此欽遵在案玆據總理浙江海運省局事務護兩
浙鹽運司湖州府晏守督同署杭捕同知繆丞署仁

和縣楊令會詳浙省咸豐二年實應起運交倉正耗
米數業奉詳咨
戸部
倉漕憲
兩江江蘇督撫憲查照所有雇募甯郡蜑船三不像等船據
甯波府具稟已攬九十餘隻並奉咨明
提鎭憲飭行水師員弁駕押赴滬受兌其上海沙船陸
續進口承攬山東衛船亦情願裝運兩浙官糧商情
極爲踴躍船隻不致缺乏除一面催提各屬糧米趕
緊批解起運外玆又逐加商議另行臚列八條請轉
詳具
奏前來敬爲
憲臺陳之
一白糧宜先期起運及漕白均封儲樣米帶津呈驗也
查白糧須在冬間舂辦米質柔嫩每易蒸變必應先
期起運除飭各州縣趕緊舂辦并預備蔴袋裝盛一
面請咨
蘇撫憲並由本臬司分撥寬大堅固沙船數十號於
第一次全數裝運外向例白糧到通秤足每袋一百
六十斤道光五年

倉塲督憲
奏准白糧改用斛收江蘇海運漕糧一體斛交每一石
爲一袋浙省自應照辦至漕白糧米均於正米內提
出樣米一斗亦用蔴袋收儲粘貼印花卽交商船賫
帶俟
欽派大臣到津委員呈驗
一天津兌交之後應責成經紀以杜諉卸也查海運以
民船受載官糧本非軍船之承運漕糧者可比而經
紀人等惟恐視同一例道光六年江省欽奉
諭旨海船到津難免經紀需索刁措着軍機大臣屆期奏請

欽派一二員前往又奏
諭旨商船到津委員將樣米送交欽派大臣比對米色按冊
驗收其過剝事宜責成坐糧廳帶同經紀一手經理交米
委員將漕糧兌給剝船即爲竣事毋庸至通以免推諉各
等因欽遵在案誠恐該經紀惟利是謀臨兌之時意
存挑剔既兌之後更圖牽累要在防範嚴密俾得諸
弊廓清所慮法久蠹生兼以兩省並運尤易畸輕畸
重海船到津
大部自應援案具奏
欽派大臣前往驗收至驗收過剝應請查照成案專歸經

紀承管與沙船無涉責成既專即剝船中途攙雜使
水等弊亦當不禁自除
一沙船餘賸耗米應令自行售賣也查商船所得耗米
抵津後如無賠補之欵除留備食用外每有盈餘道
光六年該船戶等呈請收買由　部
奏明發銀二十萬兩照時價購買交倉在案二十七年
江省具
奏現在經費支絀未便率請收買應聽自行出售奏
部覈覆並因大幫沙船業已抵津尚有尾船未到海
洋行駛遲早難定即令委員在津收買餘米交兌餉

知該船戶在蘇繳價或於續到時自行變價沙船皆
係殷戶不爲苦累
奏奉
諭旨准行亦在案此次浙省海運擬即援案曉諭各商到津
餘米毋庸率行呈請聽其自行出售至大幫已到尚
有尾船未能踵至即令委員籌買補額交兌以速運
務
一旗丁應領簟羡餘米價紙劄等銀請照案抵解也查
丁運到通有應給經紀津貼個兒錢飯米折色及廳
倉茶果等銀道光六年
倉場督憲原

奏歷年北倉截卸漕米每洪斛百石各丁給經紀飯米
折色銀二兩二錢五分在津起卸加給銀三錢三分
七釐五毫個兒錢銀二兩七錢津貼銀二兩五錢毋
庸議增廳茶果以船數計算每船十兩倉茶果以米
數計算每石五釐一毫七絲二忽五微軍船未來船
數無從計算以洪斛五百石爲一船米一萬石作船
二十隻合算應交廳倉茶果共銀二百五十一兩七
錢二分五釐所有旗丁應領簟羡餘米價紙劄等項
按米一萬石船二十隻合算應領銀四百餘兩據江

省來咨請將此項抵撥各款仍有不敷應即飭令如
數解交奉
部覈覆在案此次浙漕海運應請
奏明
勅下倉場督院查照浙省幫丁例給之項照案抵撥其不
數銀兩如數解交
一餘耗應行節省援案糶變提解報撥也查道光五年
江省海運所有沙船貼耗經紀貼耗剝船食米均於
旗丁應得耗米內劃給奉
旨准行在案此次浙省海運欽奉

諭旨准其以河運經費作海運支銷前項耗食等米應請
即於丁耗內開支覈計本年漕糧給丁耗米共七萬
九千三百四十九石三斗一升九合三勺內除派給
商船貼耗四萬六千一百十八石八斗七升六合四
勺經紀貼耗八千六百二十三石八斗六升八勺天
津剝船食米六千五百三十九石七斗七升八合七
勺外計剩漕白耗米一萬八千六十六石八斗三合
四勺內白糧剩耗應將舂耗歸糙該申米二千四百
五十四石七升一合四勺實共剩漕白糙耗米二萬
五百二十石八斗七升四合八勺歸入節省項下援

照江蘇咸豐元年海運成案每石糶變銀一兩飭令
各州縣限於滿廒後兩月變價提解本糧道庫報
部候撥
一海運經費應覈實節省也查浙省河運例有給丁漕
截貟重行糧月糧晒颺米價等項銀米併將餘米留
南變價以資調劑今既將河運經費併歸海運支銷
當此度支未裕之際尤應諸從撙節以冀有裨庫藏
除將漕截貟重等款銀兩應請歸入海運支銷即有
不敷另籌辦理外其行糧一項各丁既不出運毋庸
議給月糧項下銀米應俟查明停運及災減軍船其

應調劑確數再行覈辦留南餘米飭即如數本色交
通晒颺米價亦請毋庸動給以上各項統由本糧道
覈實查明細數並查是否有缺額糧米應行抵補及
別項濟放之處另行報
部查覈
一軍船宜酌加調劑水手應預籌資遣也查本年浙省
漕船杭嘉等幫尚未回空湖屬各幫仍行留滯即經
卸載歸次艱難接運新漕丁力自形疲乏江省海運
案內經
部議覆按照由海起運米數空出軍船全支月糧其

因災減歇軍船照半支月糧之例酌加三分以資調
劑浙省應請照辦至水手人等尤宜速行遣散擬即
參酌成案於海運經費內提欵存儲一俟幫船到次
飭令各州縣協同幫弁查明實在名數分別資遣取
到原籍回文以憑存驗
一蓆片毛竹應解銀購辦也查起運漕糧應解蓆片毛
竹二項例由本糧道衙門動支銀兩發給旗丁購帶
交倉惟海運商船若令帶交蓆竹揚帆使載諸多窒
礙前經江省
奏明如數解銀赴
倉憲衙門酌量購買遵行在案浙省應請照辦
以上各條本司道等會同局員詳細酌商均應請
奏之欵理合備文具詳伏祈
察覈具
奏實爲公便再本臬司遠在蘇省不及會印合併聲明
爲此備由呈乞
照詳施行
咸豐二年十二月初七日具詳奉
巡撫部院黄　批仰候察覈具
奏另札行知此繳

總理海運省局護鹽運司湖州府知府晏端書署杭
捕同知繆梓署仁和縣知縣楊裕深稟竊照各屬應
提幫費銀兩業經卑職梓親赴各郡覈明每石提解
數目并將輕由漕截銀兩一同立限提早完納當將
嘉湖兩屬及杭屬仁錢海富新於昌七州縣認解各
數先後開摺稟請委催在案所有杭屬餘杭臨安二
縣先經稟奉飭提來省現在甫據定議覈實具限送
局前來合將該二縣每石酌定提解幫費銀數并同
輕賫漕截津貼等欵分限解數清摺肅泐稟呈仰祈
察覈委員前往儘數守提其折漕之欵不得絲毫挪
動以濟海運要需實爲德便
今呈送清摺二扣
咸豐二年十二月十八日具稟奉
巡撫部院黄　批已據稟札委朱昭綸馳赴餘杭臨
安二縣守催趕解矣仰新任糧儲道迅即一體嚴催
毋稍鬆勁仍移海運局知照此繳稟同清摺札稿抄
發

浙江海運省局護理鹽運司湖州府知府晏端書署杭捕同知繆梓署仁和縣知縣楊裕深為詳明事竊照各屬完解津貼幫費及漕截正銀前經本護司等稟明寄儲糧庫當蒙批示在案茲已動支洋銀十四元給與糧庫大使郭培榮修理外庫外惟查收到銀兩雖係隨時撥解滬局所有存儲銀兩仍應慎重收藏已蒙行知責成庫大使實力巡防似須量給薪水以資收放登記冊籍油燭等需應請查照局員佐雜支給薪水之例每月動給銀十五兩於本月起支俟銀款移解清楚即行住支庶事權得以兼屬而

帑項不致貽誤理合備文詳明伏祈

察覈示遵為此備由呈乞

照詳施行

咸豐二年十二月二十七日具詳奉

巡撫部院黃　批仰新任糧儲道會同布政司覈覆移遵此繳詳抄發

布政司麟　批希候

撫憲暨　糧道批示繳

督糧道周　批據詳動給庫大使薪水銀兩緣由已悉希即飭遵並候

撫憲暨　藩司批示此覆

總理江浙海運江蘇按察司倪　爲移請通飭事據
江省滬局稟稱本年各屬漕白二糧仍由海運查白
糧一項自當倍加愼重必須裝儲蔴袋俾得透風以
免到津霉變誠恐各屬於剝運時未能畫一查案稟
請飭遵再各沙船已由局曉諭耆舵循舊槪裝蔴袋
堆架船艙毋得稍存大意致令發熱變色等情到司
據此查白糧爲
天儲玉粒若由海運更應倍加愼重道光三十年曾奉
部行飭令曉諭各沙船全裝蔴袋堆架船艙在案今
春本司在津驗米親見白糧有裝蔴袋者均無霉變

其未裝蔴袋而散儲船艙之米均已變色可見散艙
裝袋大有關係本屆海運白糧必須全裝蔴袋堆架
船艙曉諭耆舵小心看管以昭愼重據稟前情除通
飭江省各州縣遵照外浙省自應一律辦理合並移
會爲此合移
貴局請煩查照通飭各州縣白糧必須全裝蔴袋并
飭滬局曉諭耆舵將米袋堆架船艙小心看管以昭
愼重望速施行
咸豐二年十二月二十七日移
浙江海運省局

浙江布政司麟桂督糧道周起濱爲海運省滬津局
會詳添委分辦事竊照本年新漕
奏准試行海運前經詳奉飭委各員分局經理並聲明
省外各局如果尚須添員委辦隨時詳明在案茲查
省城局務內經管各縣解欵兌滙上津用項收放銀
錢上庫淸理帳籍催報文冊事件原委金華縣知縣
邵淩霄柯橋巡檢顧錕經管緣邵淩霄派往天津銀
錢事繁現復添委玉泉場大使朱錫齡協同原委柯
橋巡檢顧錕經理其查覈起運米數分派剝船覈計
水脚監造冊籍委杭州府知事宋昭綸又經管收發

文移督催稿僉兼辦硃墨書記委候補鹽課大使史
喆又催提銀米委試用從九品孫廷贊分司辦理其
上海局務內驗米較斛等事委衢州府同知陶定求
候補州吏目周貽綬又監兌及給單等事委嘉松分
司莫嘉榦候補理問戴賡保又排船編號及彈壓照
料等事委候補通判徐徵候補批驗大使宗佑湖州
左營千總姚培淸試用府經歷江城候補縣丞張凱
候補理問周理分司辦理又天津局務內經管收放
銀錢辦理文案登覈帳籍等事委原派省局經管銀
錢之金華縣知縣邵淩霄并添委秀水縣主簿秘雲

書候補未入流張承志又隨同職道伺候
欽差大臣驗米並交兌等事委金華府通判育淳候補運
判周李燮又經管迎提船隻排號給單查貨免稅收
發執照清理詞訟等事委烏程縣知縣梁正標准補
臨海縣知縣黃檝候補未入流方理候補從九品胡
毓麒分司辦理合將各局酌委緣由理合備文具詳
仰祈
察覈再省外各局如果仍須添員協理之處容再隨
時另詳合併聲明爲此備由呈乞
照詳施行

咸豐二年十二月二十九日具詳奉
巡撫部院黃　批如詳分別酌委辦理餘並悉仍候
抄詳札飭海運省局知照此繳

浙江海運省局札某州縣知悉照得本屆新漕奉行
海運凡於解支劃運一切章程經本局援照江省成
案分別詳辦查折給商船鋪艙蓆片鐵釘氣筒等項
按米一石給銀一分六釐議由該州縣備銀解赴省
局以憑彙移滬局備辦已奉
撫憲批准飭提解省是項銀兩本經覈入提解津貼
款內如由局撥船起運者津貼全數解局毋庸另議
如由縣自雇剝船起運即將一分六厘銀於坐支水
腳項下扣出仍行解局彙移滬局發給又隨米應解
漕斛十數隻至滬必須及早呈候較驗烙印以憑加貼

印封交給商船帶津又按米千石置辦商船號旗一
面計長一丈二尺濶六尺該屬遵式用黃鑲紅鑲藍旗黑紅字上
加鑲紅鑲藍帶隨米交商船懸掛現據上海局函開前項號
旗業經代辦各州縣於到滬後但須繳付旗價毋庸
自製以免瑣煩並恐不甚合式至預備稻草亦由上
海局購買不必再行繳價此外尚須自帶斗級笆夫
及笆斗栲栳到滬應用再剝米赴滬每裝米一尺即
鋪黃裱紙一層每船裝足上加灰印庶免沿途偷漏
使水情弊並責令押送書差認眞看管以上一應事
宜務即趕緊遵辦合再摘叙定章專札飛飭札到該

州縣遵照辦理毋違切切

咸豐二年十二月三十日行有漕各州縣并另移杭

嘉湖三府

浙江布政司麟桂浙江督糧道周起濱爲申覆事咸

豐二年十二月三十日奉

憲臺批海運省局詳明津貼等款收儲糧庫動給庫

大使薪水銀兩一案奉批仰新任糧儲道會同布政

司覈覆移遵此繳詳抄發等因奉此遵查各屬完解

漕截幫費等款銀兩存儲糧庫俾昭慎重仍責

成庫大使實力巡防遇有收放並令登記冊籍所有

該庫官應給書役紙張油燭等項在在需資自應量

給薪水前由省局具詳奉批前因本司道詳加體察

查派員經理出納自須添派丁役常川巡防不得不

酌給薪水及書役飯食紙張等項以資辦公茲督同

局員覈議應請查照在局佐雜人員支給薪水之例

每月動給庫大使薪水銀十五兩又書識一名丁役

四名每名日給飯食錢七十文并月給紙張錢五百

文即於十二月起支俟銀款移解清楚再行住支似

此辦理庶於慎重庫藏之中仍寓體恤末僚之意洵

於公事得臻周妥除移行遵照外理合覈議呈復伏

祈

察覈實爲公便爲此備由呈乞

照驗施行

咸豐三年正月　日申

撫院

浙江海運省局札某州縣知悉本年正月初十日准

上海局移開准

江蘇海運上海總局移開竊照海運漕糧貼給沙船耗米原備到津折耗抵補之需各屬均應隨正剝運交兌不准乾折私賣業經示禁通禀在案抄禀移知查照辦理等因到局除出示曉諭承運海船外移局查照轉行各屬一體遵辦計黏抄等因准此合亟抄黏通飭札到該州縣立即遵照迅將應給商船耗米隨同正米剝運赴滬交兌不准解米丁胥私賣折乾交給務須確切查禁毋稍玩違大干未便凜切速速

計黏抄

敬禀者竊照本年蘇松等屬漕白糧米仍由海運所有貼給沙船耗米原備到津折耗抵補之需各屬均應按數隨正剝運來滬斛交沙船不准顆粒短少亦不許該船戶私存在家以及沿途售賣致令到津交兌虧肘上屆海運訪有解米丁胥將應給沙船耗米與船戶私相折乾情事當經示禁禀蒙嚴飭在案誠恐故智復萌仍蹈前轍除確查諭禁外相應禀請通飭各屬將應給沙船耗米務須按數隨正剝運來滬交兌嚴禁私相折乾俾知儆畏深為公便肅此具禀

咸豐三年正月　日行有漕各州縣

浙江布政司麟桂督糧道周起濱爲遵批具詳改委事本年二月初一日奉

憲臺批本司道會詳湖州協左營千總姚培清應否委辦上海局務等緣由奉批查該弁姚培清現在湖州本地防堵緊要未便派令赴滬辦事所遺原委排船編號及彈壓照料等差仰即另行改委接辦具報並移營知照繳等因奉此查上海排船編號及彈壓照料等事即應需員經理今本司道查有候補鹽經歷王紹沂堪以委令馳往接辦緣奉前因理合遵批備文會詳伏祈

察覈爲此備由呈乞

照詳施行

咸豐三年二月初七日具詳奉

巡撫部院黃　批如詳飭委赴滬接辦並即移知海運省局查照繳

浙江布政使麟桂　督糧道周起濱爲轉詳事據海運
省局晏守等詳稱竊照浙省海運新舊漕白糧米六
十四萬餘石已於三月中旬一律起運赴滬至督同
委員陞用同知楊裕深等赴津經理兌米事務先於
二月初旬起程嗣緣行抵如皋已值粵匪竄擾揚州
誠恐道路戒嚴行程遲滯當經詳奉
奏明卽令由海押米赴津之紳董江蘇寶山縣職員徐
雲會隨同直隸委員先行經理收兌事宜在案玆復
奉飭知接據天津局委員楊裕深等稟稱三月初十
十一等日行至江南阜甯縣地方在板湖薛家蕩等

處節被土匪搶掠所帶盤費行裝等項均已遺
失已飛移該縣龔令就近緝拏究辦並聞前途淸河
桃宿等處各有土匪擾害行旅須卽確探遄行等情
據稟轉移到局奉此查赴津委員惟金華府通判有
淳早由常州差次先期起程如果中途無阻計可預
抵津門應卽飭令於各委員未到以前會同徐紳卽
將津局事宜妥爲經理惟事務紛繁難以一手照料
亟應添派委員趕速赴津以資襄辦今查有熟悉海
運之候補未入流張承志堪以飭委由海赴津會同
先期赴津之有倅並押米職員徐雲會暨直隸委員

辦理收兌各事庶臂助得人益臻周妥除飭知有倅
外相應備文詳請察覈轉請分咨
戶部暨
欽派驗米大臣
直隸倉場督院轉飭天津道府坐糧廳查照等情到本司
道據此查候補未入流張承志前經本司道會詳委
赴津局辦理收兌事宜嗣據該員呈請給假未能隨
同本道一同起程玆據前情亟應添派委員由海赴
津以速交兌除札飭該員遵照外相應備文轉詳伏
祈

察覈分咨
戶部暨
驗米大臣
直隸倉場督院轉飭天津道府坐糧廳查照實爲公便爲
此備由呈乞
照詳施行
咸豐三年四月初二日詳奉
巡撫部院黃　批已據海運省局具詳分咨矣仰卽
遵照繳

蘇州布政使司倪良燿署浙江布政使司黃樂之浙
江督糧道周起濱爲轉詳
奏咨事據海運省局委員護鹽運使湖州府晏守署杭
州總捕同知繆丞等詳稱竊查浙省咸豐二年分杭
嘉湖三屬漕白糧米
奏請試行海運實該起運漕白米六十三萬五十八石
一斗三合七勺又搭運咸豐元年分湖屬舊運白糧
業經出陳易新覈計白糧米一萬三千三百九十八
石八斗四升八合二勺二共起運新舊漕白米六十
四萬三千四百五十六石九斗五升一合九勺於三

月中旬一律起運赴滬先經轉詳具
奏在案茲准上海局委員仲丞等移稱各州縣漕白米
幷易新白糧於前月下旬全數抵滬緣沙衛各船甫
經進口俟其卸貨掃艙方能接續受兌一有卸空船
隻即多雇斛手赶令兌裝現於四月初十日全數兌
竣共計裝運船四百十四隻共裝米六十四萬三千
四百五十六石九斗五升一合九勺刻日放洋等情
到局據此其甯沙衛各船何項船隻裝運米若干石
業經飛移滬局分晰具覆所有兌竣緣由詳報察覈
轉請

奏咨實爲公便等情到本司道據此相應備文會詳伏
祈
察覈具
奏並分咨
欽差驗米大臣暨
戶部
倉場 直隸 督院
山東撫 兩江督 江蘇撫 院一體查照寔爲公便再本蘇藩司遠在隔
省不及會印合併聲明爲此備由呈乞
照詳施行

咸豐三年四月二十日具詳奉
巡撫部院黃　批已據海運省局具詳分别
奏咨矣仰即查照另札遵行此繳

浙江海運省局護理鹽運使湖州府知府晏端書署
杭捕同知繆梓爲呈報事竊照杭嘉湖三屬海運漕
白糧米業於四月初十日全數兌竣於四月二十日
乘風放洋均經先後詳報在案玆准上海局員仲丞
等移稱新舊漕白正米共五十八萬五百三十六石
八斗七升六合四勺計裝甯沙衛船四百一十四隻
內計甯船一百二十三隻實裝正米二十一萬九百
四十九石六斗三升五合五勺沙船二百三十三隻
實裝正米二十七萬九千二百七十二石二斗六升
八合九勺衛船五十八隻實裝正米九萬三百一十

四石九斗七升二合外加商耗經紀剝船等米共六
十四萬三千四百五十六石九斗五升一合九勺移
知查照等由到局准此相應備文呈報伏祈
察覈爲此備由呈乞
照驗施行
咸豐三年五月初二日申
浙撫院 蘇藩司　浙藩司 糧道　並另移浙江海運天津局

浙江海運省局護理鹽運使湖州府知府晏端書署
杭捕同知繆梓稟竊照本年海運漕白糧米業已全
數裝兌海船放洋北上所有各州縣應解津貼漕截
等項欠數甚鉅前經詳奉飭委丞倅大員前往催提
迄今完解寥寥而前借糧庫銀兩亟須解還歸墊現
值夏徵正旺必得加緊催追勒限五月內掃解清款
若再稍有鬆勁必致宕延遲誤轉瞬
奏銷各牧令中間有更調一經交替更成懸欵查漕務
事宜總應原辦漕之員一手經理前項欠解津貼漕
截等項如有更調均請責成原辦漕之員一律完繳

不得列入交代以他欵作抵致滋推諉如有漕尾漕
截原辦之員實未徵完後任可以接征代解者另行
確覈稟辦似此明定章程冀於公務有裨相應稟請
札飭杭嘉湖三府轉飭各屬遵照實爲公便肅泐謹
稟
咸豐三年五月初十日稟奉
巡撫部院黃　批查各屬未完津貼等銀本應及早
完解乃遲至此時尚未起解齊全實屬可恨設有更
調自應責成原辦漕務之員一律解繳斷不准列入
交代以他欵作抵致滋推諉延宕玆據前情已如稟

飛札杭嘉湖三府轉飭所屬遵照趕解矣該局仍即
一體飭遵毋遲並報明藩司糧道知照此繳

浙江海運省局爲移知事本年七月十一日奉
糧道周　文開照得湖屬各幫停運水手應行資遣
回籍前經詳奉
奏准在於海運經費銀內動支除飭委署台後閙運千
總雷旻賡署湖白看減千總李念靜會同管解赴湖
外移局查照希即動放銀三千六百兩給發該委員
解赴湖州府投收散給幸勿遲延等因奉此合就移
知爲此合移
貴府煩爲查收見覆仍將資遣水手散放緣由逕報
糧憲暨移本局備查望速施行
咸豐三年七月十六日移
湖州府

浙江督糧道周起濱爲詳送事案於咸豐二年十二月初八日奉
憲臺案行咸豐二年十二月初七日接准
兵部火票遞到
戶部咨開雲南司案呈內閣抄出浙江廵撫黃
奏浙省辦理海運籌議章程一摺咸豐二年十一月十九日奉
上諭黃宗漢奏籌議浙省海運章程開單呈覽一摺據稱目前辦理之法以催提銀米雇備船隻爲要務現經該撫委員趕辦其單開各欵如裝載漕糧船隻兩次接運委員分辦以專責成天津撥船多爲預備廵哨防護宜加周密各條並查照江蘇成案章程均著照所議辦理並著兩江江蘇直隸各督撫於上海天津等處遴員妥爲經理江蘇按察使倪良燿着仍遵前旨總司江浙海運事宜務期籌辦妥速毋稍延誤該部知道欽此又清單內同日奉
硃批另有旨欽此欽遵抄出到部由驪發司前來相應恭錄
上諭硃批飛咨江蘇廵撫浙江廵撫遵照再歷屆海運章程所有漕白二糧均應將正耗米數先行報部再將各府州縣正改兌正耗米各細數詳造妥册屆期由陸路賫至天津歷經遵辦在案今浙江省起運正耗米數若干原奏內尚未議及應令該撫即飭將米數趕緊咨報並分別各府州縣正改兌正耗米各細數詳造妥册屆期賫送天津以備驗米大臣查覈毋稍遲延以致臨時掣肘是爲至要應一併移咨浙江廵撫查照辦理可也等因到院行道奉此相應查照蘇省册式造具米數細册備文詳送伏祈
察覈咨達
戶部科查照再查浙省各州縣經征漕白二糧河運之年例應將各屬原額除各案坍荒豁免及被災歉蠲緩各數外實征起運
京通二倉兌改漕糧嘉湖二府屬白糧改漕米石并支領本折行糧蘆蓆銀米造具經徵州縣領運各衛所開兌兌完各日期官丁職役姓名恭繕
黃靑各册詳送具
題并請咨達
戶部科暨
倉場部堂收糧查覈今屆浙省漕糧試行海運除將各州縣實徵漕白交倉米石及帶交經紀并天津剝

船食米等項業經由局分别造册詳奉咨送
直隸督憲查覈外所有各州縣經徵漕白完兌各數
應否仍行繕造
黃册詳
題緣浙漕海運事屬創始一切文册無案可循就經本
道移詢蘇松糧道查復去後旋准咨覆蘇省河運之
年先於六七月間造具各屬額徵漕白糧米登除坍
荒減則蠲豁扣準實征各數覈結道府州總開册詳
送
漕憲覈派全單造册咨
部其被災蠲緩各數係於運減船糧及軍衛有司册
內造報并造漕白開幫册籍亦登明蠲緩實徵開列
經徵督催各官幫弁職名幫兌細數開兌開行月日
詳咨近年辦理海運惟只查造各州縣寔運交倉漕
白米數册詳請分咨前經抄式移送在案其被歉緩
徵米數係於比較上三届實運糧數册內彙總登除
此外別無他册至來移所謂
黃青各册本道衙門向無此項册籍遵送等由過浙准此
所有完兌一案應照蘇省海運章程毋庸繕造
黃青各册詳

題合併聲請覈咨爲此備由呈乞
照詳施行
今呈送
清册三套
咸豐三年七月二十日具詳奉
巡撫部院黃　批仰候咨送
戶部暨
倉場部堂查照再送來之册僅祇三案業已儘數分
送矣仍即補造一套呈院備案毋遲繳册俱送

總理海運省局署鹽運使司事陞授福建汀漳龍道
晏端書署紹興府知府繆梓陞用同知嘉興縣知縣
楊裕深爲詳解事竊照咸豐二年漕糧奉文試行海
運各幫水手人等應於海運經費內提欵存儲一俟
幫船到次飭令各州縣協同幫弁查明實在名數分
別資遣已奉
撫憲
奏明在案查浙省海運減船七百二十五隻每隻水手
十名每名給錢三千文以錢二千文合銀一兩共該
銀一萬八百七十五兩內除解過湖州銀三千六百

兩尚未放銀七千二百七十五兩現當省局查辦報
銷之際不日卽需撤局杭嘉各幫糧船尚羈東境未
便守候應將前銀解庫聽候覈辦相應備文詳明伏
祈
察覈劄庫兌收並請批示備案爲此備由呈乞
照詳施行
今呈解杭嘉等屬資遣水手銀七千二百七十五
兩正
咸豐三年九月二十三日具詳奉
糧道周　批解到留備杭嘉等屬水手資遣銀七千
二百七十五兩希候劄庫兌收此繳

浙江海運省局爲移知事本年十月十九日奉
浙撫部院黄　札開照得浙省海運漕糧放洋順利
兑收完竣請賜
御書扁額
頒發
天后宫
風神廟緣由經本部院於八月二十六日恭摺具
奏當經抄摺行知在案今於咸豐三年十月十八日接
准
兵部火票遞到

軍機處交出
發下
御書
天后宫風神廟扁額各一方合行札發札局卽將發來扁額立
卽欽遵敬謹勾摹刊刻稟候擇吉懸掛併將
墨寶恭存與懸掛日期照例詳咨計恭發
御書扁額一匣內裝
欽頒
天后宫扁額海澨流慈四字又
欽頒
風神廟扁額宣仁利運四字等因奉此除欽遵敬謹勾
摹刊刻扁額稟請擇吉懸掛另行詳咨外合就移知
爲此合咨
貴司煩請查照欽遵施行
咸豐三年十月二十九日移
蘇藩司暨移　浙藩司　浙糧道　甯巡道併札行
杭嘉湖甯四府

浙江海運省局署布政使黃樂之署鹽運使晏端書
督糧道周起濱督同總辦委員署紹興府知府繆梓
等爲詳請覈咨事案於咸豐三年十月十九日奉
巡撫部院黃　札開照得浙省海運漕糧放洋順利
兌收完竣請賜
御書扁額
頒發
天后宮
風神廟緣由經本部院於八月二十六日恭摺具
奏當經抄摺行知在案今於咸豐三年十月十八日接

准
兵部火票遞到
軍機處交出
發下
御書
天后宮 風神廟扁額各一方合行札發札局即將發來扁額立
即欽遵敬謹勾摹刊刻稟候擇吉懸掛併將
墨寶恭存與懸掛日期照例詳咨計恭發
御書扁額一匣等因奉經本司道等欽遵督匠勾摹刊刻
成扁稟奉

撫院擇於十二月十四日未時前詣
天后宮
風神廟敬謹懸掛除將
墨寶恭送
文瀾閣尊藏外合將懸掛日期照例詳報仰祈
覈咨
禮部查照爲此備由呈乞
照詳施行
咸豐四年正月二十一日具詳奉
巡撫部院黃　批仰候咨明

禮部查照此繳

崇文紫陽監院候選儒學爲遵札申覆事本年正月二十
一日奉札開照得浙省海運漕糧放洋順利奏奉
御書
頒發
天后宮風神廟扁額各一方業經督匠敬謹勾摹刊刻成扁擇
吉恭懸在案所有
墨寶應行恭儲合行札發札到該監院即便查收恭送
文瀾閣尊藏仍將收到日期申覆備考毋違等因奉此
遵將
墨寶於二月初一日恭送
文瀾閣敬謹尊藏理合備文申報仰祈
察查爲此備由具申伏乞
照驗施行

浙江海運省局護理鹽運司湖州府知府晏端書署
杭捕同知繆梓署仁和縣知縣楊裕深爲轉報事竊
照浙省漕糧業奉
奏明運滬由海放洋當奉詳委杭州中防同知仲孫樊
候補運副祝維則候補通判李曾裕馳赴上海設局
查辦在案茲准該委員仲丞等移知於本年十二月
初三日在江蘇上海縣小南門外薛家濱商船會館
設立浙江海運上海總局等由過局准此擬合備文
轉報伏祈
察查爲此備由呈乞
照驗施行
咸豐二年十二月十二日具申
撫院藩司糧道

浙江海運省局護理鹽運司湖州府知府晏端書署
杭捕同知繆梓署仁和縣知縣楊裕深爲詳送事竊
照浙江海運上海應設分局業將開局日期由本護
司等備文轉報在案茲准該局委員詳悉籌議交兌
糧米各項章程移送前來查覈所議各條俱係因地
因時酌量辦理其未能詳備者聲明細籌續陳內惟
海船應用號旂早奉司道通飭先由各州縣置備送
滬張掛毋庸由局預辦其收支銀兩款繁數鉅應飭
按旬開列四柱清冊連所餘平色移送省局彙覈報
查均期覈實合將送到清摺備文錄呈伏祈

察覈示遵爲此備由呈乞
照詳施行
今呈送滬局章程一本
一上海總局應派人專管銀錢帳目文案書札一切事
宜也查總局日逐收放銀錢登稽帳冊綜覈承運船
隻剝運到滬漕白正耗糧米交兌斛量種種細數以
及奉發牌札文移書信各件事務繁冗擬派精細妥
幹委員一人紳士二三人常川駐宿局中專司一切
以重責成而資考覈
一紳董及牙行經紀辦理海船兌米領銀諸務應設立
公局也查蘇省章程海運紳董於上海小東門外龍
王廟設立公局經理領放水腳及交兌米石等事並
由該紳董等自行添派專司幫辦各人常川在局辦
公浙省應仿照辦理擇於上海小南門外商船南會
館設局辦公
一承運浙漕海船與蘇省各船分埠停泊受兌也查黃
浦江環繞上海縣城大小東門大小南門之外江蘇
海運沙船歷年聚泊東門浦岸各縣剝船或由吳淞
或由黃浦均至東門外交兌本年浙省所雇甯波三
不像蜑船及會同蘇省分雇沙船衛船若與蘇省運

船間錯停泊雖有標識旂號未免易於淆混且恐海
船剝船水手人夫或有擁擠紛爭之弊現與蘇省委
員公同酌議惟南門外之南馬頭江面寬濶且地當
閒僻非商民船舫所聚擬令甯波三不像蜑船鱗次
排泊此處其沙船衛船進口泊岸卸貨應聽商客之
便迨經派定裝載浙漕亦即駛歸南馬頭一處停泊
將來浙江剝船自閔行以東傍浦江北岸行走至南
馬頭攏船交米江蘇剝船之由黃浦來者自閔行以
東傍浦江南岸行走駛過南門至東門馬頭攏船交
米該剝船等乘潮而行各得水勢之便並無紆迴繞

道等情而兩省船隻界限判然不致囂雜以起爭端

一封雇沙船衛船應遵札會同蘇省辦理也查蘇省雇運沙船均由上海局員諭令報稅牙行將進口沙船截留聽候配裝糧米本年浙省海運漕糧亦由江蘇上海出口且本省所封甯波三不像蜑船僅只一百一二十號不敷裝載必須添雇蘇省沙船及山東天津衛船現經會同江蘇上海局各委員公同酌議議定浙江漕米先儘甯船裝兌甯船裝畢繼以沙船再有不敷繼以衛船庶于蘇漕並無關礙而浙漕亦不致滯留久待唯浙省委員在上海雇募沙船衛船地

屬隔省牙行人等均係蘇省所屬現已詳請

總理江浙兩省海運事宜江蘇臬司倪　上海道吳

並移明蘇省上海總局及上海縣請飭稅行人等

一體承應雇攬以資呼應而急挽輸

一海船神福耆舵水手犒賞苫蓋墊艙挖泥縴夫等項銀錢應仿照蘇省成規覈給也查海船應給雜款道光六年成案或由局發給或由州縣坐支辦給近年蘇省因銀價較貴原案苫蓋銀每石二分減爲一分六釐神福銀每船四兩耆舵每船各一名各給銀一兩副舵每船一名給銀六錢挖泥每船一千文縴夫每石四文悉循其舊又因各船水手名數參差定爲裝米百石准開水手一名以上種種款項每米一石約需曹平實銀二分八釐一毫總歸上海給發浙省應仿照辦理隨水腳銀兩總解滬局覈數支發

一承運海船亦於雇報時先編號次以次兌裝也查海船進口候裝糧米咸願早兌早開得以趲行赴北甯船既到上海黃浦聚泊南馬頭應即以報到之後先編列號數候糧米剝運至滬挨號派裝其承雇裝載浙漕之沙船衛船亦應一體先編號數接續派裝不得攙先越後

一承運海船裝運各縣糧米應辦標識號旂及驗米樣袋也查江省歷年海運沙船內按船給與大旂一面寫明某府某縣便各縣剝船易於識認攏泊交兌各府號旂分用各色浙省應仿照辦理並議杭州府用黃旂黑字上加紅帶嘉興府用紅旂黑字上加藍帶湖州府用藍旂紅字上加黃帶庶府分各有標識且較蘇省添一號帶更不虞混淆無別再查江省六年章程海船每號賫帶樣米桶一隻嗣後改用布袋與號旗均歸各州縣備辦今議浙漕所需號旗樣米袋悉由滬局預行製辦發用以歸簡易

一各州縣帶來木斛應用鐵斛面仝較準也查江省章程各州縣各帶道府印烙木斛十隻到滬請監兌委員用上海縣鐵斛眼同船戶較準即令船戶畫押再加監兌委員印封為據一縣之米總用較準之斛收兌浙省應仿照辦理其所需鐵斛應於嘉興府屬最近江蘇上海之縣分撥解來滬存局備較再如杭州之於昌等縣湖州之武安等縣額漕無多似無須一律賫帶十斛應由省局酌定飭知

一海船收兌執照聯單應分別刊刷請印與准其各蓋圖記也查蘇省章程沙船兌竣開行各給執照照驗

二單又存查一單謂之三聯單由滬局刻成申送司道蓋印發局隨時塡給又海船兌收各州縣米石即付兌單一紙至各船兌足即交米結一紙均用二聯票式上鈐該船字號姓名戳記一付州縣一存該船備查浙省應仿照辦理所有三聯單現已刊就即日刷成申送

各憲鈐印飭發其二聯單結及局中應用大小各種報單照單加裝黏單領結亦已仿依蘇省成式逐件刊刷齊全備用凡委員船戶應蓋圖記俱令自爲刊辦隨宜蓋用

一進口海船請免委員扦驗也查蘇省近年海運船隻業經詳定由稅行報明各船受載米數飭令公正紳董查驗免其委員扦驗浙省應仿照辦理以歸簡易而杜流弊

一海船兌收漕白米石應用豆行斛手也查蘇省章程各縣運米來滬由上海豆行公雇斛手一百名取具斛匠頭承認結狀並造送花名一冊隨時承應按照所斛米石給予公價每石五文各州縣仍隨運米剝船酌帶斗級二三名笆夫二三名相幫照料浙省應仿照辦理惟起運米數較少斛手應酌用六十名隨

時承應

一州縣銀米應先行確派成數尅期解運也查杭嘉湖各州縣收納漕糧湊集經費情形互異即遲早有殊應由省局確查覈派定某縣於某時某日可以趕解銀若干兩米若干石並爲覈計起程先後道里遠近排列次序先期移明滬局以便滬局就現到各海船驗實受裝米數分派縣分須給旂幟俟剝船到時指認號旂攏泊交兌其各縣業經派定起程銀米應請憲行通飭不得臨時藉詞躭誤遷延致海船船戶人等曠日延望嘵嘵陳訴

一海船進口日期及受裝米數應由滬局覈查飛移省局及杭嘉湖府縣也漕糧由剝船交兌海船既恐海船久待而剝運遷延尤恐剝運先來而無船受兌應由滬局俟甯船進口然後飛速移知省局及各府縣趕將准備米石剝運來滬交兌迨甯船將次裝盡之時亦先由滬局查明現在雇定沙船衛船若干號約計可裝糧米若干石飛移省局府縣庶幾船米相需兩無窒礙

一海船運米水腳應先行覈發爭執米色應派員監理也查蘇省章程各州縣運米到滬報明總局委員即

一面知會局董先將水腳各項銀兩發給船戶不經書吏之手並由董事傳帶斛手眼同斛兌正耗米石如有船戶分外挑剔米色或州縣剝船掗交等弊再由總局派員秉公酌辦以免勒揹爭執每兌一州縣一批之米裝海船幾隻由董事封記米樣隨時投局驗收封交沙船帶赴天津浙省均應仿照辦理

一總局支放各欵應統歸公正實在也凡局中放給欵項銀用曹平足兌洋錢照時作價銅錢無論多少俱以足串不得有輕平擡價短底短串等情使各色人等藉詞尅扣致於公事有礙每月終造具收支發給現存細數清冊移送省局以憑查考

一交兌銀米應由各州縣自派丁屬來滬料理也若州縣剝船到滬該縣押送家丁稟請

糧憲驗米驗畢即知照委員傳知董事及船戶趕緊兌收兌完米數隨給兌單每完竣一船由海船付給全收米結該縣家丁仍至總局照驗掛號以憑隨時申報

一浦江巡緝彈壓等類委員浙省應無須添設也查蘇省章程所委巡緝彈壓各項文武員弁無不周詳備至浙局地居隔省且黃浦一帶交兌糧米除局中承

辦一切事件均須浙省委員分司其事外其巡彈諸務議由總局浙員稟請

上海道並移知蘇局大委員飭令所委員弁一總巡緝彈壓如有浙江剝船及承運浙漕海船水手人等滋鬧生事亦由浙局員隨時分別送交上海縣或蘇省巡彈委員懲治

咸豐二年十二月　日具詳奉

巡撫部院黃　批冊開犒賞苫蓋等項一條由省局再行覆覈至於海船剝船分埠停泊各屬糧米標識旂號撥解鐵斛酌帶斗級以及銀米尅期解運交米

自派丁屬共六條即通飭杭嘉湖三府迅速辦理內海船赴滬停泊一條應並行甯郡諭知商船一體查照其餘各條因事制宜由局酌量辦理所有收支銀兩如詳飭令按旬摺報以昭覈實仰即分別查辦仍報明藩司糧道可也此繳冊存

浙江海運省局護理鹽運司湖州府知府晏端書署杭捕同知繆梓署仁和縣知縣楊裕深爲遵批分別查辦詳覆事咸豐二年十二月十九日奉

憲臺批本護司等詳送滬局籌議交兌糧米各項章程等緣由奉批冊開犒賞苫蓋等項一條由省局再行覆覈至於海船剝船分埠停泊各屬糧米標識旗號撥解鐵斛酌帶斗級以及銀米尅期解運交米自派丁屬共六條即通飭杭嘉湖三府迅速辦理內海船赴滬停泊一條應並行甯郡諭知商船一體查照其餘各條因事制宜由局酌量辦理所有收支銀兩如詳飭令按旬摺報以昭覈實仰即分別查辦仍報明藩司糧道可也此繳冊存等因奉此遵查是項章程先經本護司等移行杭嘉湖甯四府查辦在案茲奉前因查犒賞苫蓋等項一條均係仿照蘇省成規覈給應如所議辦理其餘各條亦屬因事制宜應准照行惟嘉屬各縣向無鐵斛存儲業由省局較準木斛兩副移送上海局其上海較斛即移借上海縣鐵斛較驗又各州縣每米千石備號旗一面長一丈二尺濶六尺預期解滬排船張掛復准上海局知會前項號旗各屬自製事涉煩瑣並恐不甚合式業由滬

局代辦各屬於到滬後但須繳付漕價毋庸自製除
錄批移行遵照外擬合備文詳覆伏祈
察查爲此備由呈乞
照詳施行
咸豐三年正月初十日具詳奉
巡撫部院黃　批如詳移行遵照辦理仍報明藩司
糧道暨江蘇倪臬司可也此繳

浙江海運省局護理鹽運司湖州府知府晏端書署
杭捕同知繆梓署仁和縣知縣楊裕深爲詳明事據
上海局委員杭州中防同知仲孫樊等稟稱竊奉
撫憲劄飭卑職等前赴江蘇上海縣訪延紳董籌辦
浙江海運事宜等因遵此卑職等於十一月間陸續
來滬遵飭詳慎選訪本地及寄居滬地各紳士務求
公正淳實以資宣力辦公謹查江蘇省上海海運總
局本年延上海縣監生徐渭仁職員朱增慎郁松年
沈大本王承榮王慶勳王慶榮寶山縣職員沈譽來
等共理局務伏念今玆江浙兩省並行海運同在上
海口岸交兌出洋欽奉
諭旨責成江蘇臬司倪總司其事不分畛域妥速籌辦所
有蘇省上海各紳董浙省自應一體延請凡浙漕交
兌一切事件合該紳董等照依江省成規經畫照料
無分畛域業經卑職等敦請該紳士徐渭仁沈譽來
公同襄辦浙省運務在案唯兩省漕糧同時交兌事
務較繁且浙漕初次試行海運雖有成規之可仿尤
須襄理之多資兼之浙江甯波府封雇三不像蛋船
多籍隸浙東或係閩省寄籍今來蘇省海口受裝漕
米不免人地生疎卽甯郡承辦紳商於上海地面亦

未熟諳必須選訪浙閩紳士素在上海經商貿易及住居上海多年者庶幾熟悉情形無殊土著而與甬上紳商各有鄉情故誼斯商情可以協和公事更臻妥速卑職等自來上海詳加探訪復經延請原籍福建現籍上海縣職員郭長祚浙江甯波府鎮海縣職員李容湖州府歸安縣職員蔣維鏞等會同公延上寶紳董及甯郡來滬紳董俞斌等一體襄同辦理浙漕交兌種種事宜該紳士等均公正淳實允堪飭令經辦上海運局要務並經卑職等以禮延見許以事竣之日無論兼辦江浙海運及專辦浙運紳董其實

力實心始終勤慎克濟急公者均准照案分別請奬以示鼓勵除移會蘇省局員請飭紳董徐渭仁等一體公辦江浙運務並由卑職等諄諭專辦浙局紳董郭長祚等協力和衷妥爲經理外合肅稟陳等情到局據此相應備文詳明伏祈

察覈爲此備由呈乞

照詳施行

咸豐二年十二月二十二日詳

巡撫部院黄　批此案已據仲丞等會稟批局矣仰卽查照前批事理遵行此繳

浙藩司麟　批既准並詳希候

撫憲暨　蘇臬司糧道批示遵行繳

蘇臬司倪　批接閲詳明上海局稟浙漕海運延董襄理緣由已悉希候

浙撫憲暨　浙藩司糧道批示繳

督糧道周　批據詳已悉希候

撫憲暨　蘇藩臬司批示此覆

浙江海運上海總局中防同知仲孫樊候補鹽運司運副祝維則補用通判李曾裕稟竊卑職奉委前赴江蘇上海辦理浙漕海運交兌事宜業經設局延董條議章程並將應辦事宜逐件籌商布置停妥節次詳稟在案伏查浙江海運初次試行上海設局地居隣省較之蘇省總局就設海防廳署又有上海縣近在同城幕友胥書可以兼資並理情形已自懸殊又浙省各州縣所提正款津款均解歸省局轉解滬局分給水脚及神福苫墊等雜項銀兩較之蘇省飭令州縣各將銀錢解滬逕交錢店者規程亦微有不同卑職等公同籌議竊謂浙漕海運銀米統歸於總局而兌放徑由於外局事務既繁關係甚重付託不可不愼職任尤不可不專兼之丁胥易滋弊混須先事爲之防閑商情每怯官場須紳士爲之道達前議總派委員紳士掌管文案銀錢帳目茲查有委員藩庫大使陳涑精細詳愼堪以綜稽文案兼覈銀米冊籍並有向在上海經商紳士江蘇元和縣措貲告假在籍之前浙江候補通判祝師紳浙江安吉縣優貢生就職訓導顏森玉明習算數熟悉滬地行市堪以管理收放銀錢鈎稽船米諸務均常川駐宿局中辦事

至於紳董外局總司出入銀錢以及一切要務雖襄理須資羣力而責成亦貴有攸歸卑職等現於紳董中敦請指捐浙江試用同知王慶勳候選知州蔣維鏞晨夕悉心綜覈主持職員李容監生俞斌於甬船最爲熟悉亦請其常在局協力辦理其外局幫辦之人亦由該紳士王慶勳等秉公延用仍派委員候補從九品鄭崇暄專主外局較斛監兌稽查私弊等事該員勤敏精幹自能勝任凡省局解到銀錢預令王慶勳蔣維鏞李容俞斌祝師紳等承保殷實可靠錢鋪四家隨時勻派存收於交兌時憑局中印票覈發庶幾官項益昭鄭重而支放一準公平再滬局淸算書手俱由臨時募充猶恐該書等無所統率或有玩誤情事查有上海縣指捐浙江試用縣丞沈淳煜請習海運文稿條例卑職等專令在局督率書吏小心勤愼實力趨公以上各紳士等均踴躍急公專誠報効毋須議給辛修資費至於外局幫辦豆行經紀常川出力諸人查照蘇省章程向准開銷辛資等項者應由紳董隨時酌量倣照一體酬給以節縻費而策勤勞所有卑職等擬派委員紳士各司各職以專責成等情合肅稟陳

咸豐　年　月　日稟奉
巡撫部院黃　批能節縻費便于公事有益據稟前
情仰海運省局迅即覈覆轉移遵照一面報明藩司
糧道可也並候
督部堂批示此繳稟抄發

浙江海運省局護理鹽運司湖州府知府晏端書署
杭捕同知繆梓署仁和縣知縣楊裕深爲錄報事據
上海局委員杭州中防同知仲丞等移稱竊照奉委
在滬設局辦理浙江海運事宜所有紳董外局規條
自應仿照蘇省成案辦理當經移抄去後茲准江蘇
海運上海總局抄錄移送前來合行抄錄移知煩爲
查照等情到局據此相應備文錄報伏祈
察查爲此備由呈乞
照驗施行
今抄呈上海外局規條清摺一扣

一各州縣解來漕斛宜常川輪流較準黎明開斛時發
出若干隻於當晚即著斛夫繳局點數收清封儲以
昭慎重
一斛夫百名造具花名清冊呈送總局即在百名內挑
選斛頭二名常川管帶在局不得出外閒蕩以便隨
時開斛每斛米一石給錢五文按日照數給發飯食
自備
一斛手錢文各州縣於派定船戶後按米數先行持錢
送存外局以便逐日給發局中不能代墊
一各州縣米到先赴總局報明聽候扦驗一面仍赴外

局掛號照派定船隻挨次裝載先到先兌以各州縣
到局掛號之前後爲准不得攙越以昭公允
一各州縣運來之米其米質好醜悉由
糧道扦驗與外局無涉
一豆行司月五家各舉一人常川在局分作五櫃管配
斛脚運來米數等事盡爲數甚鉅必得分頭辦理庶
無錯誤
一稅行將運米各船排定幫次標插旗號某船停泊某
處開具清冊報明外局各董事頭緒紛繁仍自備資
斧常川在局照料一切事竣照案詳請獎勵
一此次海運仍照道光二十七年章程開斛兌米悉由
各州縣丁書斗級及剝船人等照料承運各沙船自
有者舵等記數萬無差誤各州縣所來之人究屬人
地生疎與斛手運船人等恐言語不通別生枝節即
由局中添派五六人常川在浦往來照料一切
一外局由總局派出局差四名以備差遣所需飯食由
總局發給
一外局常川雇備渡船十二隻停泊龍王廟馬頭以備
辦事人等暨斛手往來渡浦每船每日仍由外局給
發工食

一外局諭刻海運外局圖記一方并刻兌米單逐日回
單兌竣回單兌米報單及銀米結等項以便臨時塡
寫既昭憑信且不致遺漏差誤
一局中董事俱可自備資斧其餘一切應備物件及經
帳奔走等事在在需人且頭緒紛繁非一二人所能
經理應擇其至不可少至不能缺者准作一體開銷
庶免誤公糜費
以上各條仰幫辦各董及稅行豆行人等一體遵照
辦理毋違切切
咸豐三年正月十一日申
浙江撫院藩司糧道

浙江布政使麟督糧道周　為移會事咸豐二年十二月二十六日准

蘇臬司倪　咨開據江蘇上海局委員何丞等稟稱奉札飭浙江新漕試行海運預雇沙船先儘本省應用餘歸浙省湊用一面將浙漕事宜遵照舊章會同浙省委員熟籌妥議現辦情形稟候鑒覈等情到司據此合亟抄稟咨煩查照所稟各情如江浙漕糧同時開兌船隻衆多若不分別地段必致擁擠羼雜互相爭占諸多未便請飭仲丞等即照指定水次江省沙船停泊浦江迤北浙省來船停泊浦江迤南此外

剝船爲數更多挨次掛剝不得遠離以免爭競而便配裝上海五方雜處宵小易潛又當海運同舉人數加增數十萬若不分段嚴密巡查彈壓勢必滋生事端除屆時多派文武委員帶領兵役往來梭織稽查約束外希即一體飭令仲丞等多帶幹練人役毋分雨夜按段稽查隨時懲辦並於剝船入境照料催儹其耗米原爲天津籌補之用必須全數帶往不得水次折乾沿途盜賣以致到津虧短一經發覺不惟將該耆舵照例究辦該船戶亦難辭咎至水腳四錢應用九折給發并飭仲丞等均照江省一律辦理等由過道准此查前據上海局員仲丞等條議江蘇海運沙船歷年聚泊東門浦岸今裝運浙漕之甯波三不像蛋船擬令排泊上海縣南門外之南馬頭又浙江剝船自閘行以東傍浦江北岸行走至南馬頭攏船交米江蘇剝船之由黃浦來者自閘行以東傍浦江南面行走駛過南門至東門馬頭攏船交米該剝船等乘潮而行各得水勢之便並無紆迴繞道而兩省船隻界限判然不致囂雜以起爭端等情到道在案准咨前由合就移會為此合移

貴局煩爲查照希即移行上海局員會同江蘇滬局

及上海縣並文武委員分帶兵役毋論雨夜按段稽查倘有宵小潛留在境立即隨時懲辦並於剝船入境沿途照料催儹仍即曉諭海船耆舵務將貼耗全數帶津備用不得水次折乾沿途私賣以致到津虧短其水腳四錢應以九折給發一切章程均照江省章程酌覈妥爲辦理望切施行

計黏抄

敬稟者竊奉札准

浙江撫憲咨奏來歲新漕試行海運預爲封雇沙船

請

敕下兩江總督江蘇巡撫委員幫同辦理一摺抄錄咨會
查照等因到院札司轉飭遵照將沙船一律封雇先
儘本省應用餘歸浙省湊用一面將浙漕事宜會同
浙省委員熟籌妥議等因奉此遵將封雇沙船及請
咨浙省蜑船三不像等船來滬候兌緣由先後稟陳
在案查浙江委員仲丞祝運副李倅等先後到滬會
商在小南門外適中之地設立總局大東門外設立
外局已接仲丞等來移於初三日開局辦公卑職等
即經稟報在案至本省辦理內外局一切章程條欵
均已詳細移知並囑斟酌照辦如尚有應查事件隨

時移詢再復俾無遺漏其外局應用董事豆行司事
斛手人等均經分別代爲延雇諭令妥爲經理並諭
稅行常川赴局伺候不得歧視復接仲丞等來移因
蜑船係屬甯波雇來另延閩浙紳董三人會同經理
以昭愼重彙計浙糧杭嘉湖三屬共正耗米六十三
萬餘石尚聞另有搭運米十餘萬石除先到之米儘
裝蜑船約有二十餘萬石所缺船隻尚多應由江省
滬局代雇以符奏案現在裝運本省米石沙船尚未
齊全俟開正後船隻陸續進口足敷本省裝運之外
即可儘數揀選封雇移送並招徠山東衛船以備不

敷合計此三項船隻如果銜尾齊來同時受兌既不
誤風信之期且可免遲延之慮或可毋須二運惟兩
省漕糧同時開兌船隻衆多若不分別地段必致擁
擠孱雜互相爭佔諸多未便現與該委員等會商指
定水次本省沙船停泊浦江迤北浙省來船停泊浦
江迤南此外剝船爲數更多即令其挨次掛剝不得
遠離以免爭競而便配裝上海五方雜處宵小易潛
又當海運同舉之時各項人數加增至數十萬之多
若不分段嚴密巡查彈壓勢必滋生事端浙省委員
無多且係客官一切人夫未必盡聽約束必得多派

文武幹練委員帶領兵役無分雨夜按段稽查隨時
懲辦並飭委吳淞司黃浦司兩巡檢於浙省剝船入
境之時沿途照料催儹其耗米原爲天津籌補之用
必須全數帶往不得乾折私賣水腳四錢應用九折
給發均已告知仲丞等一律辦理以免兩歧而歸畫
一將來米船放洋之時應由江南水師兵弁捕盜董
勇一體護送至山東洋面交替以昭愼重總期兩省
漕糧安穩抵津不分畛域和衷共濟用以仰副愼重
天庾一秉大公之至意再如有應行幫辦事件容隨時續
議稟陳茲奉前因謹將遵照舊章會同熟籌妥議現

辦情形禀候鑒覈

咸豐三年正月二十一日移

海運省局

浙江海運省局護理鹽運司湖州府知府晏端書署杭捕同知繆梓署仁和縣知縣楊裕深爲詳請事竊照各屬業已接續具報開倉分莊派圖按日徵輸一經漕白糧米齊足卽須剝運上海交兑商船放洋現在本護司等新造祖斛三隻擬須滬局行用應請卽將

部頒鐵斛發局較準方可轉解相應備文詳請仰祈察覈卽賜飭發俾得較驗烙發行用深爲公便爲此備由呈乞

照詳施行

咸豐二年十一月二十六日具詳奉

督糧道周　批已由局賫帶新造木斛來道較驗轉須滬局行用矣希移上海局將領到斛隻日期報查毋遲此復

浙江海運省局爲移送事案准移送海運米船兌竣開行應用執照照驗存查三聯單共五百張到局當經轉呈

藩糧二憲蓋印發給並奉

憲行查收轉移上海局查明塡給並將塡給商船姓名隻數應用號數開摺送查等因奉此相應備文移知爲此合移

貴局煩爲查照遝行開摺呈送並移本局備查望速施行

計移送三聯印單五百張

咸豐二年十二月二十八日移

上海局

浙江海運上海總局委員杭州中防同知仲孫樊俟補通判李曾裕爲申報事竊照浙省杭嘉湖三府各屬漕糧現據秀水等縣派遣丁書管解米石到滬謹擇於正月初十日開斛兌收理合具文申報伏候

鑒覈爲此備由呈乞

照驗施行

咸豐三年正月初十日具申

浙江撫院藩司糧道

浙江海運上海總局委員杭州中防同知仲孫樊候補通判李曾裕稟竊查海運米船一過二月初八日風信卽可放洋長行茲准蘇省委員松海防同知藍丞等移會今屆江浙兩省同時並舉所有斛兌米船一經裝足卽飭開行以免擁擠擇於二月初一日會同卑職等隨伺

蘇松太道恭祀

海神一面押令兌竣各船一律駛至吳淞口候風放洋北上仍將兌竣成數另行覈明詳請

奏咨除將前奉

撫憲飭發祭帛敬謹賫奉會同蘇省局員隨班恭祀行禮外肅泐稟陳

咸豐三年二月　日稟奉

督糧道周　批據稟已悉仰候

兩院憲暨　各司道批示繳

浙江布政使麟桂督糧道周起濱稟竊照台前等四幫舊漕分泊江省常州無錫處所相隔一百餘里本司道再三籌議應由職道會同胡參道前往江蘇督飭委員起卸運滬一有頭緒職道再行回省辦理新漕一切事宜至湖州所等四幫剝運散放冬撫事務較繁湖府王署守有承辦新漕之責查現任溫州府常守前署湖府舊漕係其經手應請會同王署守督辦一俟得有眉目各委員剝運亦有端倪再令常守回任至候補府葉守前經本司委赴金華各屬催造冬撫戶口清冊此次湖州剝運舊漕若委葉守赴湖

監兌事出一律於辦撫事宜實屬有濟再海運新漕查驗米色斛交海船原係職道責成惟在省督催銀米暨赴江蘇會同胡參道押剝舊漕仍應回省部署攜帶津通用欵再行赴津在在需時如赴上海驗米之後再轉天津公事既繁時日稽遲勢必顧彼失此稍有貽誤所關匪細可否仰乞

憲恩俯將上海驗米事務另派大員前往查辦庶於

公事益昭慎重如蒙

俯允再行移知蘇臬司知照是否有當合併稟請

察覈示遵

咸豐三年正月初二日具稟奉
巡撫部院黃 批據稟已悉所有上海驗米事務已
飭委候補府王濤照前往查辦矣仰即知照餘俱如
稟由該司道分飭遵辦毋遲此繳

浙江海運省局護理鹽運司湖州府知府晏端書署
杭捕同知繆梓爲呈報事案准上海局移開准江蘇
海運上海總局移開竊照本年江浙兩省同時辦理
海運現在封雇沙船鱗排浦江而各屬剝米亦紛紛
來滬交兌浙省蛋船三不像船陸續抵浦候兌並各
處剝船雲集南北黃浦吳淞一帶人數衆多在在均
須彈壓稽查以免滋生事端除札委上海縣縣丞劉
國棟上海縣主簿章廷颺親身前赴浦江妥爲巡查
彈壓并移提右營派員分投巡查外移明知照等因
到局准此移局知照等因到局准此理合備文轉報
仰祈
察查爲此備由呈乞
照驗施行
咸豐三年二月初七日具申
撫院藩司糧道

浙江巡撫部院黃　札糧儲道知悉本年二月初八日准
登州鎮武　函開海運漕船自南北上收泊山東島口俱多若不預將船名截數示知過竣與否勢必紛雜無緒現經商准
江蘇楊中丞將蘇省雇兌海船名號隻數並放洋報竣截數各若干陸續寄知敝處亦按半月將收見數目函致庶彼此各有稽對浙省事同一律應請俟據報受兌船名有數隨時陸續開單由驛飛示迨近竣事時并乞截數見寄以憑稽覈敝處亦將收泊船數陸續馳告等因到本部院准此合行札飭札到該道立即查照來文事理轉行上海局員將受兌船名數目陸續開單隨時飛報
登州鎮查覈迨各船放洋竣事時亦即截數報知
武總鎮爲要毋稍延誤切切
咸豐三年二月十三日行

浙江海運省局護鹽運使晏端書署杭捕同知繆梓爲詳請移查事竊准上海局員仲丞等移稱浙江杭嘉湖三府屬漕糧業據各州縣撥運到滬漕白糧米兌竣各船業已分次放洋前因由海押運抵津之上海紳士分發浙江候補同知王慶勳承管滬局銀錢要件一時不克分身先派江蘇寶山縣捐職從九徐雲會首先押領運米商船往津照料一切業經稟明各憲並移知在案查該紳於二月二十六日自滬起程酌給川資薪水銀二百兩先由敝局給發銀一百兩到津後再由津局給發銀一百兩俾得駐津照料交卸一切事務移煩查照等因到局准此遵查紳士押運赴津應給川資薪水銀兩江省是否在於經費款內一律動支浙省無案可稽相應備文詳請伏祈察覈移查蘇省示覆以便移行遵照爲此備由呈乞照詳施行
咸豐三年三月二十五日詳奉
浙藩司麟　批希候移請
江蘇藩司查覆到司另行移知仍候
糧道批示此覆
浙糧道周　批已據詳飛移

蘇藩司暨
蘇糧道查照覈示矣仍俟移覆到日另文移知希即
查照此覆

浙江海運上海總局爲移知事竊照敝局籌議續派
紳董隨同委員押運尾幫米船赴津緣由除詳明
各憲外合行抄詳移知爲此移煩查照施行
計抄詳
爲詳明事竊照押運浙省頭批各幫漕白糧米船赴
津紳董前經舉報江蘇寶山縣捐職從九徐雲會首
先押運起程先後稟報在案伏查紳董赴津交米事
務紛繁深恐難以一手照料且現在尾次運船必得
遴選派押以資照料會同在局紳董切實籌議查有
外局紳士嘉定縣籍分發未入流張修睦年壯才明

熟悉運務堪以飭令押坐尾幫米船隨同續奉飭委
赴津委員候補未入流張承志由海赴津幫同前到
紳董徐雲會妥爲襄理交兌諸務並請照案酌給川
資薪水銀二百兩先由臯局發給銀一百兩到津後
再由津局給發銀一百兩俾得駐津照料交卸一切
除諭飭該紳士即日隨委起程外理合具文詳請分
咨查照爲此備由呈乞
照詳施行
咸豐三年四月十五日移
省局

江蘇蘇松太道吳　爲移覆事案准
貴司道咨詢浙省漕糧兌竣放洋先派江蘇寶山縣
職員徐雲會押運赴津應給川資江省是否在于經
費欵內一律動支查案覈覆等因本道查無成案可
循卽經飭局查覆去後茲據該局員藍丞等申稱蘇
省紳士押運赴北歷係自備資斧事竣給奬並無給
過川資成案等情申覆前來合亟移覆爲此合咨
貴道請煩覈辦施行
咸豐三年五月十六日移
浙江糧道

浙江海運上海總局爲咨行事本年三月二十三日
奉
蘇布政司倪　札奉
蘇撫部院楊　札開咸豐三年二月初十日准
浙江撫院黃　咨爲照浙省漕糧辦理海運沿海水
師巡防護送必須格外嚴密以保無虞前經本部院
奏明巡哨防護宜加周密一條業已抄錄咨行嗣奉
硃批
上諭又經恭錄咨行欽遵各在案茲准
欽差戶部左堂王　咨本屆護送海運漕糧各該水師鎮
將備弁專任何人分任何人如何嚴飭各該員弁實
力防護不致稍有踈懈並於各省交界處所如何嚴
密防範聲息相通不致互相推諉之處迅速具奏並
由浙省飛咨各處一體遵照辦理等因到本部院准
此相應飛咨查照希卽一面嚴行飛飭各員弁師船
馳赴各洋面及交界處所嚴密防範無令稍有踈虞
一面將各地界專任何人分任何人交界處所如何
接護之處開具員弁姓名淸冊尅日示覆等因到院
行司轉飭下局奉此遵卽移會去後茲准江蘇省滬
局員移稱查此案前奉札行當查上屆海運漕白糧

米沿海鎮營分任防護一節內洋責成福山鎮會同
提右營參府及吳淞營參府彈壓巡防外洋責成蘇
松鎮狼山鎮各帶本標水師弁兵按段稽查巡護其
山東直隸洋面咨請照飭各按各境嚴密巡查在案
此次似應照案飭令分任實力防護以期安抵天津
卽經詳請覈明會轉在案等情移覆前來卑職等伏
查本年蘇省海運漕糧旣經詳明照案辦理浙省事
同一律自應一體照辦除詳覆
蘇藩憲彙轉請咨外合行移知爲此合移
貴局請煩查照施行
咸豐三年四月初二日移
浙江海運省局

浙江督糧道周　爲移知事准
蘇藩司咨開准貴道咨准司咨蘇省道光二十七年
辦理海運米船在洋遇盜被刦當將該船原裝米數
移知津局卽於備帶經費銀內動支買足交倉一面
由蘇查明刦剩米石若干責令船主變糶繳價由滬局
解司歸欵其刦失米石以及耗米水脚等項槪免賠
繳至應繳米價糙糧定以每石銀一兩白糧每石一
兩四錢四分此外如有被刦退回或失米無多尚堪
起運者仍由滬局查明籌補足數飭令跟綜北上並
不移津採買等由准此查漕糧由海運津本係
奏明分咨沿海水師營弁巡哨防護卽偶有失事應行
緝獲究辦該處地方官不能置身事外今來咨以刦
失米石及耗米水脚等項槪免賠繳其刦剩漕白糧
米每石定以一兩及一兩四錢四分并此外被刦退
回或失米無多仍由滬籌補等由是否蘇省
奏咨有案或由外查辦浙省本屆初行海運卷帙不全
而下屆亦應仍循辦理遇有海船失事必須查案援
引以杜船戶籍端取巧咨請查明道光二十七年原
定章程是否
奏咨抑由外辦迅賜鈔案剋日示覆過道緊等覈辦等

因准此查米船在洋遇盜刼失米石以及耗米水腳概免賠繳一層係專指遇盜確有實據者而言若因逗遛失事則咎在船主理應着落該船戸照數賠繳未能一律寬免上屆道光二十七年詳定有案因係由外於經費內動用籌補是以未經

奏咨至沿海水師如何勒令限緝限滿不獲如何參辦之處當時亦未議立章程照准前因鈔案移覆查照辦理等由過道准此合就鈔本移知爲此合移

貴局煩爲查照施行

咸豐三年十月十八日移海運省局

浙江海運省局護理鹽運司湖州府知府晏端書署杭捕同知繆梓爲轉報事准上海局員仲丞等移稱竊照杭嘉湖三屬海運漕白糧米業於四月初十日全數兊竣具文詳報在案所有文案帳目趕緊清釐現在均有就緒謹擇於四月二十四日撤退外局二十六日并撤內局各局員等卽行晉省面稟一切事宜其報銷經費及出力之委員紳董船商人等應行請獎各事容再另行覈商詳辦等由到局准此相應備文轉報伏祈察查至省局事務雖係日就簡少第各屬完解水脚等銀覈計欠數尚多必須加緊嚴催以資解歸借欵且現奉糧道飭抄海運全卷刊刻成案尚需時日並有報銷事件所有駐局書吏人等仍請酌留辦公合併聲明爲此備由呈乞

照驗施行

咸豐三年五月初九日申

撫院並藩司糧道

浙江巡撫部院黃　爲詳請事咸豐四年二月初七
日准
戸部咨開雲南司案呈准浙江巡撫黃　咨據署布
政使事按察使黃樂之糧儲道周起濱會詳稱竊照
浙省海運應給商船經紀貼耗暨天津剝船食米前
經詳奉奏明均於原給旗丁河運應得耗米欵內開
支統計咸豐三年起運二年分漕白二糧剩耗并白
耗申糙共米二萬五百二十石八斗七升四合八勺
歸入節省項下援照江蘇海運成案每石飭屬糶變
價銀一兩提解到庫報部候撥欽奉

諭旨准行嗣准蘇省知會經紀耗米亦係由津剝運赴通
應行增備天津剝船食米每石一升一合五勺即在
丁耗支剩項下動給詳奉咨部查照各在案是浙省
實剩丁耗僅止米二萬四百一十九石七斗六升六
勺應遵奏案飭屬糶變現據仁和等州縣運省米九
千三百五十二石二斗二升二合六勺已變價銀九
千三百五十二兩二錢二分三釐應請先行報部候
撥其餘各屬未完米一萬一千六十七石五斗三升
八合俱係實欠在縣業經詳請將嘉興等五縣請參
革職留任以示懲儆仍由司道即將已參暨未完各
縣勒限嚴提務期尅日一律起解全完另行詳辦外
相應詳候咨部等情相應咨達等因前來除將前項
變價銀九千三百五十二兩二錢二分三釐本部照
數登記並付知北檔房查照酌撥外其未完米石據
稱實欠在縣業經該司道等將各該縣詳請革職留
任勒限嚴提等語查該省海運餘剩耗米乃早應糶
變報撥之項何以即經本部飭催尚有未完米一萬
一千六十七石五斗三升八合之多殊屬玩誤應咨
該撫除將各該縣從嚴參辦外迅將未完耗米勒限
完解糶變報部酌撥毋再稍延致干未便可也等因

到本部院准此合就轉行爲此仰該局查照准咨事
理即便遵照迅將各該縣未完餘剩耗米勒限完解
糶變詳咨並移藩司查照毋違
咸豐四年四月初二日行海運省局

浙江布政使司韓　爲移知事本年九月十三日奉

撫憲黃　批本司呈詳委員試用從九品吳延齡管

解原借天津道庫海稅銀一萬兩適當鎮揚一帶逆

匪擾攘之際繞道行走盤費倍常該員並不請領津

貼并能妥速交納委實著有微勞援照張祖慈委解

闈餉記功之案准記大功二次以示鼓勵請察覈批

示等緣由奉批委員吳延齡如詳准記大功二次以

示鼓勵此繳等因奉此除行該員遵照并由司註冊

外擬合移知爲此合咨

貴局請煩查照施行

咸豐四年九月二十日移

海運省局

浙江布政使麟桂浙江督糧道周起濱爲詳明事竊

照浙漕辦理海運前經本司道詳委陞用同知嘉興

縣楊令等馳赴天津設局辦理收兌等項各事宜業

經抄詳錄批札知該局員等在案茲據海運省局晏

守等具詳天津設局應行備帶用款以及收買餘米

擬先解銀五萬兩等情到本司道據此查天津局備

帶銀兩既據具詳擬先解銀五萬兩應即飭令該楊

令等具領管解除札飭遵照外相應備文詳明伏祈

察覈爲此備由呈乞

照詳施行

咸豐三年二月初七日具詳奉

巡撫部院黃　批據詳已悉繳

浙江海運省局護理鹽運司湖州府知府晏端書署
杭捕同知繆梓爲詳請
奏明事竊照海運漕糧預備津通用欵應於商船開運
之前先漕委解赴津以資備用前經本護司等詳請
先解銀七萬兩並奉藩司糧道會詳飭委准補臨海
縣知縣黃檝秀水縣主簿秘雲書候補從九品胡毓
麒候補未入流方理等分批協同管解前赴直隸天
津道衙門投納已據具報於二月十二日起程當奉
憲臺咨明
戸部暨

直隸倉場督院轉飭坐糧廳及天津道府查照如浙省米
已抵津銀尚未到援案在於通濟庫及長蘆運庫天
津道庫暫行墊給等因在案嗣據上海局員仲丞等
具報頭次海船放洋延派江蘇寳山縣捐職從九品
徐雲會押運妥爲約束照料又經本護司等詳請
憲臺咨明
直隸督院並行天津道府查照各在案茲據天津局
委員楊裕深等同管解銀兩准補臨海縣黃檝等稟
稱卑職等委赴天津并管解津通用欵銀七萬兩自
浙起程一路儹行加意謹防適因逆氛偪近鎮江道
路戒嚴當卽改由黃浦松江行走現於二月十九日
行抵江蘇上海縣境面晤上海局員仲丞等公同會
議現値粵匪竄擾江南京口一帶實形梗塞管解銀
兩係剝船雇價等用萬難延緩未便拘泥從事擬將
前項銀兩分派海船帶往天津交納以昭愼重卑職
等仍由福山口繞出清江加緊遄行以冀早日到津
分司交兌事宜是否有當理合稟候示遵等情前來
本護司等遵查前項銀兩爲數旣鉅此時道路梗阻
行旅維艱似不若交與海船帶津較爲妥協除批飭
遵照外擬合備文詳請伏祈

察覈附
奏實爲公便爲此備由呈乞
照詳施行
咸豐三年三月初四日詳
巡撫部院黃　批仰候覈
奏另札行知繳

浙江海運上海總局中防同知仲孫樊候補通判李
會裕爲詳請彚收事竊奉
憲發天津交卸漕米剝船等項經費庫平紋銀九萬
一千兩現在先經分別交付甯波府上海各商號承
運漕米船隻一百二十二號共庫平原封銀四萬五
千兩正又前因甯船頭幫急欲放洋先挪滬局水脚
等欵印封寶銀一萬四千四百兩零共成五萬九千
四百兩零出具領狀存局合先詳報伏候
鑒覈俯卽飭令津局委員於各商船抵津時陸續彚
收各給收照仍移皁局知照俾該船戶回南挈銷領
狀再摺開銀數有零俟後幫帶交銀數摺內覈準送
呈合併聲明爲此備由呈乞
照詳施行
計開摺
咸豐三年三月十三日詳
巡撫部院黄　批已據詳鈔摺札飭周糧道督同津
局委員於各商船抵津時點收給照矣仰海運省局
迅卽轉飭知照繳詳同清摺均鈔發

浙江海運上海總局中防同知仲孫樊候補通判李
會裕爲詳請彚收事竊奉
憲發天津交卸漕米剝船等項經費庫平銀九萬一
千兩當經先將銀五萬九千四百四十七兩九錢六
分分交甯沙商船盛裕祥等一百二十二船帶津彚
繳詳明
憲鑒在案尚有銀三萬一千五百五十二兩四分業
經由局分交續竣放洋之沙衛各船金永泰等四十
三船帶交津門彚繳取具各船領狀存案除移知津
局查照覈收外理合具文詳明伏候
鑒覈俯賜飛飭津局委員於各商船抵津時陸續彚
收按船給予收照仍移皁局知照俾該船戶回南挈
銷領狀爲此備由呈乞
照詳施行
咸豐三年四月二十日詳
巡撫部院黄　批仰候據詳由八百里飛札周糧道
督飭津局委員查照兌收再該局前詳發交甯沙商
船盛裕祥等帶津銀五萬九千四百兩零同現在來
詳發交沙衛各船金永泰等帶津銀三萬一千五百
兩零共銀九萬一千兩緣由，本部院現已照抄清摺

二扣咨明
欽差驗米大臣暨
倉場
直隸督院查照矣仰海運省局迅即轉移知之此繳
現在送到清摺一扣同來詳一併抄發

浙江海運天津局陞用同知嘉興縣知縣楊裕深爲
呈報事案奉
省局文開准上海局移奉發天津經費銀九萬一千
兩先後帶赴津門彙交取具領狀存案移局飛飭津
局委員陸續彙收按船給照俾該船戸回南掣銷領
狀等由移局查照希即按船彙收給予執照等因奉
此查海運商船攜帶經費截至六月十八日止共收
銀九萬七百八十四兩九錢四分均經給予收照以
便該船戸回南掣銷領狀合將船戸花名帶交銀數
開摺呈送伏祈
察查爲此備由呈乞
照驗施行
咸豐三年　月　日申
浙江撫院　浙江糧道　滬省局

總理海運局務護鹽運司　湖州府知府晏端書署杭
捕同知繆梓陞用同知嘉興縣知縣楊裕深稟竊照
浙漕辦理海運所有天津局務業奉司道詳委卑職
裕深及金華縣知縣邵逡霄等分司職事轉行到局
奉此惟查應備津局用欵及收買餘米約銀六萬兩
前經詳明擬先解銀五萬兩應由卑職裕深等管解
以副支放至卑職裕深等委赴天津沿途盤費薪水
在在需資現擬查照蘇省成案開摺具稟仰祈
察覈
批示遵行又津局委員秀水主簿秘雲書候補未入

方理奉委管解天津剝價等銀七萬兩以每員各管
解銀三萬五千兩查照歷年解餉章程每萬兩每站
給路費銀五錢五分由卑職裕深等領解銀五萬兩
內覈實支銷造報合併聲明
今呈送
清摺二扣
咸豐三年正月二十五日稟奉
巡撫部院黄　批據稟已悉仰即查照單開各員銀
數遵行繳摺存
計開

陞用同知嘉興縣楊裕深　六百兩
金華縣邵逡霄　六百兩
秀水縣主簿秘雲書　三百二十兩
候補未入流張承志　三百二十兩
金華府通判青淳　六百兩
候補運判周李燮　六百兩
烏程縣梁正標　五百兩
准補臨海縣黃檝　五百兩
候補從九品胡毓麒　三百二十兩
候補未入流方理　三百二十兩

總理浙江海運省局護鹽運司湖州府知府晏端書
署杭捕同知繆梓陞用同知嘉興縣知縣楊裕深稟
竊照浙漕海運已據具報放洋所有天津局務亟須
馳往趕辦茲糧道定於二月十二日帶同委員楊令
等起程赴津辦理收兑等項事宜自應選派書吏隨
同前往承辦一切文移稿件查蘇省歷届海運成案
赴津書吏共給盤費薪水銀八百八十兩浙省經費
支絀不得不稍事撙節本護司等擬請酌給銀六百
兩以資道書辦公薪水及赴津往還盤費是否有當
相應具稟伏乞

察覈批示以便移知津局委員楊令等遵照支給實
爲公便
咸豐三年二月十二日稟
撫院

浙江海運天津局委員金華府通判育淳爲申報事
竊照浙省本年起運上年漕白糧米由海運津奉委
卑職隨同本糧道赴津辦理交米各事宜卑職于三
月二十日抵津查浙省沙船自三月十六日起至今
陸續進口已有一百數十隻所有應辦交米事宜自
當趕緊遵辦惟本糧道尚未抵津勢難停待是以於
三月二十六日設局於二十八日隨同
各憲到次開艙查驗米色除先行遵辦其未盡事宜
一俟本糧道抵津後再行督同次第辦理外擬合將
卑職先期抵津設局驗米各日期具文申報

查覈爲此備由具申伏乞
照驗施行
咸豐三年四月初十日申
欽差大臣倉場督院　直隸督院　坐糧廳　蘇藩司　通永道　天津道并另稟
浙江撫院并司道衙門

浙江督糧道周起濵爲申報事竊本屆浙省漕糧改
由海運本道帶同委員由陸路赴津交兌當將自省
起程日期申報嗣因賊匪竄擾江南道路梗塞又將
行走未能迅速設法繞道前進情形節次具禀
憲鑒各在案茲於四月二十四日行抵天津除隨伺
欽憲按船驗交並將一切事宜督同委員趕緊辦理外理
合備文呈報伏祈
察查爲此備由呈乞
照驗施行
咸豐三年四月三十日申

欽差大臣　倉場督院　直隷閩浙督院　江蘇浙江撫院　總漕部院并
另移　蘇州浙江藩司　坐糧廳　浙江省局

浙江海運天津局陞用同知嘉興縣知縣楊裕深等
爲申報事竊照浙省本年起運上年漕白糧米由海
運津卑職等奉委前赴天津辦理交米各事宜業將
由浙起程日期申報嗣因賊匪竄擾江南道路梗塞
又將行走未能迅速設法繞道前進情形由糧道節
次具禀各在案茲卑職等於四月二十四日行抵天
津除將應辦一切事宜次第辦理外所有抵津日期
擬合具文申報
查覈爲此備由呈乞
照驗施行
咸豐三年四月二十四日申

欽差大臣　倉場督院　閩浙督院　浙江撫院　浙藩司
總漕部院　坐糧廳　浙糧道
蘇藩司　浙省局

浙江督糧道周起濱爲申送事竊照浙省本屆漕糧
奉行海運天津交米事宜奉
浙撫院
奏明由本道來津辦理旋經在浙會同藩司派定執事
詳委陞用同知嘉興縣知縣楊裕深等隨同幫辦諸
務業將抵津日期申報在案所有在津交米派委執
事各員銜名理合開具清摺備文申送仰祈
察覈爲此備由呈乞
照驗施行
計申送

清摺一扣
謹將在津交米派委執事各員銜名開摺呈送伏候
查覈須至摺者
計開
陞用同知嘉興縣知縣楊裕深
該員總理局務經管銀錢支銷稽察文案勾稽檔
冊一切事宜
金華縣知縣邵凌霄
該員駐劄總局經管收放銀錢辦理文案登覈賬
籍并隨同育倅伺值驗米事宜

秀水縣主簿秘雲書
候補未入流張承志
該二員幫辦總局銀錢文案并隨同育倅伺值驗
米事宜張未入由海赴津尚未見到合併申明
金華府通判育淳
該員專司伺值驗米監視起斛卸剝交兌事宜
烏程縣知縣梁正標
准補臨海縣知縣黃熾
該二員駐劄分局經管迎提船隻排號給單查貨
免稅收登執照清理詞訟稽察彈壓并隨同育倅

伺值驗米黃令又另委赴海口收發器械查報進
出船隻事宜
候補從九品胡毓麒
候補未入流方理
該二員幫辦分局事務經管收繳軍械風晾米色
并隨同育倅伺值驗米胡從九又另委赴海口隨
同黃令查報進出船隻事宜
咸豐三年五月　日申
欽差大臣　倉場督院

總督倉場部堂爲飭遵事查直隸易薊二州
陵稍白米從前河運向於江浙二省五府白糧幫內遞年輪
派在案近年江蘇白糧改由海運自上年起遂將易
糧在于海運蘇屬白糧米內派撥薊糧在于海運松
屬白糧米內派撥亦在案今江浙二省本年起運白
糧統歸海運自應仍照上年成案辦理所有本年易
州需用白糧應在海運江蘇常屬白糧米內派給薊
州需用白糧應在海運浙江嘉屬白糧米內派給此
項
陵稍應令揀選乾潔白米截撥合將易薊應需米數抄單行

知爲此牌仰浙江督糧道查照可也須至牌者
計黏單一紙
遵化州查報癸丑年供應
白米二百五十石　江米四十石
薊州應需
上白米一百七十五石　江米二十五石
豐潤縣應需
白米二百五十石　江米二十五石
易州應需
平上白米六百七十九石七斗二升九合
平次白米九十四石二斗三升二合
平江米一百四十四石四斗四升八合三勺
昌陵應需平上白米一百二十六石四斗六合九勺
平次白米三十五石九斗一升九合八勺
平江米一十八石九斗二合五勺
慕陵應需平上白米一百二十二石八斗四升五勺
平次白米三十四石九斗八勺
平江米一十八石三斗九升三合
昌西陵應需平上白米六十八石一斗五升
次白米一十九石三斗

江米一十石三斗五升
咸豐三年三月初七日行浙江糧道

浙江海運天津總局陸用同知嘉興縣知縣楊裕深
等為詳請飭遵事案蒙
欽差大臣倉場督院札開准
駐通倉場部堂咨據易州知州程仁傑詳稱卑州本
年供應
陵糈江白米石蒙在海運江蘇常屬白糧米內派給飭令遣
派丁書赴津領兌自應遵照辦理惟查去歲截收白
米係在海運蘇屬白糧內補派緣沙船窄小海氣薰
蒸米質濕潮顆粒漲滿雖蒙飭發一半耗米奈自津
起程行至天津縣所屬之鐵頭堤阻淺有該處人李
姓用木植蓆片做閘蓄水送船挽行需索錢文刁惡
異常又行至靜海縣所屬之五龍口等處一帶淤泥
阻淺數日船不能行找雇小船撥運其各船戶乘勢
居奇所費甚鉅卑州書役因人地生疎呼應不靈辦
理不易輾轉起卸至白溝河每石計傷耗米三四升
不等且雇車運赴州倉又有折耗總之此項海運米
石層層傷耗節節費用卑州前因事屬創始暫時變
通不敢遽請籌議貼補將傷耗米石即由卑州自行
補苴今查江浙二省白糧統歸海運每歲均應如此
領運若不明定章程將來一切傷耗年年委之卑州

賠累實屬力有未逮所有本年奉派海運常屬白糧
請查照上年成案由天津道派員押赴白溝河倉次
交卸至一切傷耗米石及沿途雇撥費用錢文并押
撥人役飯食等項可否即請在南省解到海運經費
內籌給交該委員妥為領辦以昭慎重而免苦累之
處擬合詳覆籌議示遵等情相應移咨查照等因前
來查上年撥給易州
陵糈係於海運蘇屬白糧內揀派經本部堂驗明均係一律
乾潔上好之米並無米質潮濕顆粒漲滿情弊並據
清河天津道詳請由該道在津雇備民船派委妥員
督同該州丁役押至白溝河即由該州雇車轉運所
需水腳即在蘇省解到海運經費內給發其陸運車
價由該州查照向例辦理並據聲明輾轉裝運折耗
較多所有蘇省原備耗米應以一半給與易州作為
陸路折耗之用其餘一半耗米應同食米俱給撥船
具領以昭平允嗣據清河天津道於四月三十日飭
委候選知縣汪鳴和押同該丁役運至白溝河由該
州委員教諭趙煊接替轉運等因在案本年自應遵
照上年成案辦理乃該州於未經派領之先輒將上
屆撥運一律乾潔之米指為海氣薰蒸米質潮濕顆

粒漲滿並稱沿途阻淺雇船撥運輾轉起卸層層傷
耗節節費用該州賠補力有未逮請將押運一切事
宜責成天津委員其傷耗米石及沿途用項請在海
運經費內籌給交該委員妥爲領辦各等語查上屆
米色何以與本部堂所驗米色不符該州彼時何以
不即稟明查究即使轉運不免折耗原給有一半耗
米可以抵補況該州領米丁役有天津委員督同押
運何得藉口於人地生疎呼應不靈並以米質潮濕
土人刁惡船戶居奇傷耗費用砌詞具詳果如該州
所云必此後不辦海運而後可必該州應領之米專

俟旂丁自行運赴該州而後可該州所稟實屬藉詞
諉卸此風斷不可長所有本年應領白糧仍應聽候
派撥查照上屆成案妥爲辦理該州責無旁貸倘再
藉詞推諉致有貽誤本部堂惟有據實嚴參勿謂言
之不預也至本年薊易等州縣應需截撥粳米向於
江浙幫船內派撥在案江浙漕糧統歸海運自應按
照截撥白糧成案一律辦理據駐通倉場部堂抄單
移咨前來相應札行浙江總局即將本年撥運薊易
等州縣白糧粳米一體照案妥辦俟辦結後詳轅備
案等因蒙此查上年蘇省海運米內奉撥薊易二糧

俱由
坐糧廳選派撥運並蒙
天津道預飭各該州縣派撥丁役來津領兌由津備
船派員監兌押送至白溝河交替在案今屆薊易糧
米奉行在於海運江浙兩省白糧粳米內派撥自應
循照成案辦理

一呈　坐糧廳

奉檄前因擬合具文詳請
查核俯賜在於續驗裝運浙省白糧粳米沙船內選
撥仍請將撥定船名飭知卑局以便遵辦實爲公便

爲此備由呈乞
照詳施行

一呈　天津道

奉檄前因擬合具文詳請
查覈俯賜飭令薊易等州縣即日派撥丁役來津領
兌並請派員押至白溝河接替實爲公便爲此備由
呈乞
照詳施行
咸豐三年　月　日具詳奉
天津道批查上屆薊糧係同交倉正米一併撥運赴

通係由薊州等州縣派令丁書赴通領運易糧係由
易州派令丁書來津領兌此次自應循照辦理前奉
倉憲檄行業經分行薊州等州縣遵照茲復據詳飭
催仰即知照繳

浙江海運天津總局同知銜浙江金華府通判育淳
爲詳明事本年四月初四日蒙江蘇藩司咨行照得
上屆
奏辦赴津交米據運糧沙船張義典等稟稱道光六年
試行海運
江蘇撫院
奏明運糧沙船准帶二成貨物未能儘數銷售仍須轉
往奉天等處蒙給執照迨二十八年海運上海天津
免稅悉如六年舊章惟轉至奉天等處報關查驗據
胥役聲稱未奉免稅明文仍應完納商等遵將舊章

與理又稱守候文到而羈延旬月竟無示諭商船急
於易貨回南惟有照貨完納此次二成免稅貨物仍
前轉往奉天牛莊等處易貨商等裝糧出口時稟蒙
蘇撫部院分咨各關查照六年章程一律免稅伏思
該處稅關既弊混在前此次難保無仍蹈故轍推諉
稽延環求查覈成案掣給免稅執照等情當經刋備
執照查明每船帶赴奉天等處銷售免稅貨物填入
照內鈐蓋關防按船給發賫驗詳明
欽差大臣倉場督院移咨
戶部知會自津行赴奉天經由關隘一律查驗放行

以資體恤在案茲當沙船放津指日即可運米抵津
移煩查照將此次各沙船准帶二成貨物如未能儘
數銷售仍須轉往奉天牛莊等處貿易循照蘇省上
屆成案刊備執照將銷剩免稅貨物填入照內鈐蓋
關防按船給發詳明
欽差大臣倉場督院　移咨
戶部知會自津行赴奉天牛莊等處經過關隘一律
查驗放行以資體恤等因蒙此遵查浙省海運奉委
本糧道帶同卑職等抵津辦理交米各事宜惟本糧
道尚未抵津卑職自應遵照辦理且查蘇省沙船銷

剩貨物業已循案詳辦免稅在案今浙省沙船事同
一律除卑職遵照例案刊備執照查明填給賫驗外
擬合具文詳請
查覈俯賜移咨
戶部知會自津行赴奉天經由關隘一律查驗放行
實爲德便爲此備由呈乞
照詳施行
咸豐三年四月初七日具詳奉
欽差戶部正堂孫　倉場部堂慶　批據詳具悉已由本部堂劄行山海
關監督照辦矣繳

免稅執照

局銜　爲
給照驗放事照得本年沙船裝載浙省漕糧由海運津均奉
奏明八成裝米二成帶貨所帶貨物經由各關均准免稅其二
成以內天津銷售不完帶往關東售賣之物一律免稅案經
前交米委員倪糧道聲明成案詳奏
欽憲戶部正堂孫　批准札行照辦各在案今沙船戶　裝
運咸豐二年分糧米現經抵津驗卸全完所有准帶二成貨
物在津未能銷完須往奉天牛莊等處易貨合行給照賫驗
一俟該船抵關即將此照呈請免稅驗放如有二成以外者
照例完稅倘敢添註隱射一經查出定即罰賠須至執照者
計開
船戶　裝　縣糧米
准帶二成貨物在津銷售不完帶往關東售賣之物開列於後
計開
咸豐叁年　月　日

欽差戶部正堂孫 倉場侍郎宗室慶爲札行事據江蘇糧道詳稱此次各沙船准帶二成貨物如未能儘數銷售仍須轉往奉天牛莊等處貿易自應循照上屆成案刊備執照將銷賸免稅貨物填入照內鈐蓋關防按船給發詳明

欽差大臣知會自津行赴奉天牛莊等處經過關隘一律查驗放行以資體恤等因前來查歷屆海運成案均經兩江總督

奏准海船准其二成載貨論石而不論價由海關免稅放行如二成以外在天津銷售則在天津納稅在關

東銷售則在關東納稅其自關東運豆回南仍照例輸稅等因上屆江蘇海運沙船經本部堂札行山海關監督遵辦在案本屆江浙兩省漕糧海運所有二成載貨免稅均經各該督撫援案

奏准並於本年二月間經該監督呈請部示由本部札行照舊辦理各在案相應飛札山海關監督遇有兩省海運商船到口即驗明護照將二成貨物免稅如二成以外仍令照例納稅毋任吏胥人等稍有刁難勒索以示體恤而符成案並札知浙江總局可也特

札

咸豐三年四月初九日行浙江天津局

浙江督糧道周　爲咨送事竊照浙省本年起運上
年漕白糧米由海運津所有運糧沙船前准蘇藩司
移知
奏明准帶二成貨物免稅如未能儘數銷售仍須轉往
奉天牛莊等處貿易自應循照蘇省上屆成案刊備
執照將銷剩免稅貨物填入照內鈐蓋關防按船給
發等因准此當經循照辦理在案茲查浙省海運沙
船現已全數斛收起卸完竣所有各該船隨帶二成
貨物在津未能儘數銷售者除照蘇省上屆成案由
局隨時填註免稅執照按船發給收執外擬合將各
沙船帶往奉天牛莊免稅各貨物督同局員造具花
名清冊備文移送爲此合移
貴道請煩查照施行
計移送清冊一本
咸豐三年七月十四日移
天津道

浙江海運天津局同知銜金華府通判育淳爲詳請
示遵事本年四月初四日蒙
浙江海運省局移開二月初五日奉
糧道周　文開本年正月二十二日奉
巡撫部院黄　案行咸豐三年正月二十日接准
兵部火票遞到
戸部咨開雲南司案呈本部議覆浙江巡撫黄　奏
浙省辦理海運續議章程一摺又本部附片　奏催
海運沙船及早放洋一片咸豐三年正月初八日具
奏奉
旨依議欽此相應恭録
諭旨鈔録原奏附片飛咨浙江巡撫遵照可也等因到院
行道查照准咨奉
旨事理卽便欽遵辦理計黏单等因到道鈔本移局查照
分別移行欽遵至剩耗糶變一節卽由省局詳咨蘇
省商辦示覆各等因鈔本移煩查照欽遵等因蒙此
遵查浙省海運奉委
本糧道帶同卑職等抵津辦理交米各事宜惟本糧
道尚未抵津所有浙省沙船餘剩耗米自應遵照蘇
省章程辦理以歸畫一所有蘇省沙船餘剩耗米現

係如何辦理應請示覆以便遵辦擬合具文詳請伏
祈
查覈示遵爲此備由具申伏乞
照詳施行
咸豐三年四月初七日具詳奉
江蘇督糧道何　批查蘇省上届辦理海運於沙船
抵津將裝載漕糧交兌完竣後所餘耗米即令起存
棧房俟糧米全數交足聽候出示糶變本年循照辦
理並先出示曉諭在案希卽查照此復

浙江海運天津局爲曉諭事案蒙
欽差大臣倉塲督院　札開查本届江浙兩省海運所有沙船餘
米札行江蘇總局候選知府王承基協同各該總局
預爲收囤並將現時市價每石應需若干先期呈報
俟收有成數卽行呈請驗收備價發給等因蒙此合
行出示曉諭爲此示仰各沙船耆民人等知悉所有
該沙船裝運漕糧除交足正米外餘賸米石卽全數
存儲公所收囤俟收有成數卽行呈請驗收按照現
時市價照數發給各宜凛遵毋違特示
咸豐三年四月初十日示諭各沙船

浙江海運天津局諭運米各商船并日升糧店各舖戶知悉照得本局漕糧由海運津所有各商船兌剩餘米曾經諭令日升糧店并陳天和福典和明和順天興天發店德發號各舖戶收買在案迄今多日報數寥寥明係該舖戶等買多報少抑或係各商船私行變賣亦未可定要知此項米石乃漕糧所餘設正兌或有因故短鈌自應將餘耗抵補豈容任意銷售合行諭知諭到各商船等務將所餘之米向日升陳天和福典和明和順天興店天發德發號魁發號各舖戶按照時價變賣抑或自向本局請領現銀均隨

其便如本局動用各舖戶買存之米亦按彼時之時價給發現銀并另加以盤量折耗之費決不使各商船并各舖戶等兩有喫虧倘自諭之後各商船并各舖戶等敢再私相授受任意偷買偷賣或匿不報或以多報少一經查出定即併行送縣治以偷漏漕糧之罪再各舖戶如有匿數不報之事許爾等各商船赴局稟明各商船如有私自變賣之事許爾等各舖戶赴局呈首以憑查辦各宜凜遵毋違特諭

咸豐三年五月　日諭

浙江海運省局護理鹽運司湖州府知府晏端書署杭捕同知繆梓爲詳覆事奉

巡撫部院黃　案行本年五月初五日准

戶部咨開據驗米大臣咨稱浙省海運經費需銀十二三萬兩除由海船賫帶銀七萬兩不敷支用查有

天津關稅項下奉

部撥解南河銀二萬六千兩委員尚未起程擬請暫行截留以濟目前支用其南河大汛工需銀二萬六千兩亦係要需應由浙江巡撫即將海運經費扣出就近解往南河交納等因于咸豐三年四月二十二

日具奏奉

旨依議欽此相應飛咨等因咨院行局奉此遵查浙省海運漕糧六十四萬三千四百五十六石九斗五升一合九勺實交倉漕白正耗米五十八萬五百三十六石零查照江省歷年辦理海運津通應用剩價茶果等欵需銀八萬八千餘兩除應領贏羨紙劄餘米等銀二萬四百餘兩尚應解銀六萬七千九百餘兩現由海船賫帶銀七萬兩計餘銀二千八十餘兩此外如天津文武員弁薪水及備用等欵均另由委員携帶到津前經呈明在案茲奉前因本護司等復覈津

通用欵實已儘數滙解現在周糧道督同各委員計
已抵津自可按數解收以濟支用至省局並無餘欵
堪以抵撥惟奉
大部咨撥南河大汛工需亦屬緊解之欵勢難延緩
僅查有各屬解輕賫由閘蓆竹銀八萬五千餘兩收
儲道庫因道路梗阻未能起觧已奉咨覆
倉場督院查欵請抵本護司等擬請即於輕賫銀內
扣出銀二萬六千兩一俟鎮揚收復驛站可通責令
委員星夜起程徑解南河交納其天津關稅項下應
解南河銀二萬六千兩就近委觧

倉場衙門作收輕賫欵項似屬兩有便益如關稅銀
兩業已墊入海運經費支用即由津局委員將扣存
海運經費照數完繳輕賫遝解
倉場衙門轉移之間亦無窒礙相應備文具詳伏祈
察覈咨覆辦理
大部並
倉場督院查照爲此備由呈乞
照詳施行
咸豐三年五月初七日具詳奉
巡撫部院黄　批已據詳飛咨
戸部暨
倉場南河總督并
長蘆鹽院查照并札行天津道府及周糧道天津局
員迅速辦理矣仰即知照繳
署藩司黄　批現奉
南河督憲札催趕解下司另文移知在案希即查照
並候
撫憲暨糧道批示此覈
糧道周　批已據情詳請
撫憲飭委候補鹽大使宋亨頒餉管解前赴南河矣

希即查照仍移津局委員遵辦切速並候
撫憲暨藩司批示此覈

浙江巡撫部院黃　爲詳覆事咸豐三年八月二十
六日准
戸部咨雲南司案呈准浙江巡撫黃　咨據海運省
局詳稱奉准部咨據驗米大臣咨稱浙省海運經費
需銀十二三萬兩除由海船賫帶銀七萬兩不敷支
用查有天津關稅項下奉部撥解南河銀二萬六千
兩委員尚未起程擬請暫行截留以濟目前支用其
南河大汛工需銀二萬六千兩亦係要需應由浙江
巡撫卽將海運經費扣出就近解往南河交納等因
遵查浙省海運漕糧六十四萬三千四百五十六石

九斗五升一合九勺實交倉漕白正耗米五十八萬
五百三十六石零查照江省歷年辦理海運津通應
用剝價茶果等欵需銀八萬八千餘兩除應領簠羨
紙劄餘米等銀二萬四百餘兩尚應解銀六萬七千
九百餘兩現由海船賫帶銀七萬兩計餘銀二千八
十餘兩此外如天津文武員弁薪水及備用等欵均
另由委員攜帶到津前經呈明在案茲奉前因復覈
津通用欵實已盡數滙解現在周糧道督同各委員
計已抵津自可按數解收以濟支用至省局並無餘
欵堪以抵撥惟奉撥南河大汛工需亦屬緊要之欵

勢難延緩僅查有各屬輕賫由閘蓆竹八萬五千餘
兩收儲道庫因道路梗阻未能起解已奉咨覆查欵
請抵請卽於輕賫銀內扣出銀二萬六千兩一俟鎭
揚收復驛站可通責令委員星夜起程徑解南河交
納其天津關稅項下應解南河銀二萬六千兩就近
委解倉場衙門作收輕賫欵項似屬兩有便益如關
稅銀兩業已墊入海運經費照數完繳經費支用卽
由津局委員將扣存海運經費照數完繳輕賫逕解
倉場衙門轉移之間亦無窒礙相應詳候咨部查照
等情除分咨外相應咨明等因前來查浙江省本年

漕糧海運應需經費銀兩前據驗米大臣咨除動用
該撫由海船賫帶銀七萬兩外其餘不敷銀兩查有
天津關稅項下奉部撥解南河銀二萬六千兩請暫
行截留以濟支用其南河大汛工需銀二萬六千兩
應由浙江巡撫將海運經費扣除銀二萬六千兩解
往南河交納等因經本部奏明行文遵辦在案今據
該撫咨稱浙省海運漕糧查照江省歷年辦理海運
津通應用剝價茶果等欵需銀八萬八千餘兩除應
領簠羨紙劄餘米共銀二萬四百餘兩尚應解銀六
萬七千九百餘兩現由海船賫帶銀七萬兩計餘銀

二千八十餘兩此外如天津文武員弁薪水備用等
欵均已由委員攜帶到津奉撥南河大汛工需省局
並無餘欵堪以抵撥僅查各屬輕賫由閘竹蓆等銀
八萬五千餘兩收儲道庫因道路梗阻未能起解已
奉咨覆查欵請抵請卽於輕賫銀內扣出銀二萬六
千兩一俟驛站可通委員星夜解往南河交納其天
津關稅項下應解南河銀二萬六千兩就近委解倉
場作收輕賫欵項如已墊入海運經費支用卽由津
局委員將扣存海運經費照數完繳輕賫運解倉場
等語相應飛咨

欽差驗米大臣查明海運經費以及備用等欵是否均已
到齊敷用卽將該撫所稱餘賸銀二千八十兩同扣
存前借南河大汛工需銀二萬六千兩轉飭委員解
赴倉場交納作收輕賫欵項並知照總督倉場江南
河道總督暨劄行長蘆鹽政查照至所稱輕賫等銀
八萬五千餘兩項下扣除銀二萬六千兩解往南河
抵撥大汛工需之處應移付北檔房福建司查照辦
理仍咨覆該撫可也等因到本部院准此合就轉行
爲此仰該局查照准咨事理卽便知照毋違
咸豐三年九月十六日行省局

浙江海運省局護鹽運使晏端書署杭捕同知繆梓
爲呈報事本年六月二十一日奉
巡撫部院黄　案行咸豐三年六月二十日接准
兵部火票遞到
戸部咨開福建司案呈本部議覆兼署閩浙總督福
建巡撫王　奏閩省軍餉需用孔殷再請籌撥銀兩
一摺於咸豐三年六月初五日具奏本日奉
旨依議欽此相應抄錄原奏飛咨浙江巡撫遵照可也等
因到本部院准此除行藩司迅將奉撥封儲銀五萬
二千兩委解赴閩并行糧儲道外行局查照准咨奉

旨事理卽便欽遵移會糧道迅將奉撥輕賫等銀十萬兩
釘鞘備批派委妥員詳請給咨解閩以資軍餉毋稍
遲延計黏單等因奉此遵查輕賫由閘蓆竹等欵前
次詳咨
倉場督院共銀八萬五千餘兩除奉撥解南河工餉
銀二萬六千兩尚剩銀五萬九千餘兩今奉前因相
應備文呈報伏祈
察辦爲此備由呈乞
照驗施行
咸豐三年六月二十八日申

督糧道

總理海運省局護理鹽運司湖州府知府晏端書署
紹興府知府繆梓爲詳報事本年八月十四日奉糧
道行轅發遞文開竊照浙省本年應解輕賫等銀因
道路梗阻未能起解前奉
撫憲札飭由津抵解並奉
各大憲飭催到道當經督同委員先後提解銀二萬
兩管解赴通卽經移明在案伏查輕賫一欵係通倉
要需現在局務已竣復經督同局員儘將餘存經費
如數批解覈計銷剩銀三千七百八十四兩四錢五
分四釐並查有前解坐糧廳解抵各欵案內移准溢

解餘存銀二百一十五兩五錢四分六釐湊成銀四
千兩於本月二十日就近備具文批移解駐津坐糧
廳作收本省輕賫外移局查照等因奉此查天津局
前因海運經費沙船攜帶未能及期齊到當經稟奉
欽差大臣
奏明由
部議撥天津關稅原解南河工需銀二萬六千兩就
經本護司等詳請在於輕賫欵內扣出銀二萬六千
兩以抵工需今天津局僅只易解輕賫銀二萬四千
兩計短解銀二千兩旣經在津已將經費儘數用竣

未能解還應由省局動項呈解道庫以歸未解經費
原欵相應備文詳報伏祈
察覈爲此備由呈乞
照詳施行
咸豐三年八月二十三日具詳
巡撫部院黄　批據詳已悉仰候札飭糧儲道知照
此繳
督糧道周　批來詳已悉此覆

欽差戶部正堂孫
倉場部堂宗室慶　爲咨行事據天津道詳稱案蒙
劄行以浙省海運經費短缺奏奉
諭旨在於直隸鹽關各庫及天津道庫通融借墊等因遵
查道庫有徵存咸豐二年海稅銀九千四百十四兩
六錢九分六釐八毫五絲六忽五微又江西糧道解
還道光二十八等年迎剝案內原借海稅除上年迎
剝浙漕並打冰價運借用外現存銀二千四兩七錢
二分六釐五毫又江安糧道解還道光三十年迎剝
案內原借海稅銀六十六兩共銀一萬一千四百八
十五兩四錢二分三釐三毫五絲六忽五微此項銀

兩係應解部之欵現值海運需項緊急自應欽遵
諭旨留備借墊俟浙省解還到日再行解部惟歷年迎撥
案內南省借用海稅銀兩延不清解而海稅無可歸
欵遂致解部稽遲此次借墊海稅可否准其作正開
銷令由浙省迅速籌撥銀兩徑解部庫清欵俾歸簡
便而免延欠之處理合詳請酌覈奏咨等因前來查
現在浙省海運經費已到銀兩不敷支發自應遵照
奏案通融借墊以濟急需茲據天津道詳請前由應
令天津道即將前項應解部庫銀內提支銀一萬兩
發給浙江總局收領支用如浙省銀兩到齊用有盈

餘卽令就近歸還道庫原欵以省案牘而免轇轕倘
浙省所解銀兩實屬不敷卽令天津道作正開除再
由浙省迅速籌撥徑行解交部庫俾歸簡便統俟海
運將次完竣再行覈辦相應札行天津道浙江總局
並先知照戶部可也特札
咸豐三年四月　日札浙江天津局

浙江督糧道周起濱爲詳明事本年七月二十九日
奉
巡撫部院黃　案行咸豐三年七月二十五日准
欽差戶部正堂孫倉場部堂宗室慶　咨開先准部咨查片奏內稱現
在浙江經費銀兩或由商船分帶或由期票滙兌津
通各欵尚敷支用旣據奏稱該省經費銀兩均已帶
津自必將前次奏借鹽關各庫銀兩歸欵相應專咨
飭查該省曾否將已經解到銀兩如數歸欵等因前
來當卽劄行浙江糧道卽將前借天津道庫銀一萬
兩如數歸欵兹據該糧道詳稱遵查浙江省海運經
費由商船分帶之項雖已照數到齊祇因滙兌銀兩
未經收繳兼之津通解給各欵需用繁多現在通盤
籌畫尚形支絀實無盈餘銀兩所有前借天津道庫
銀一萬兩未能就近歸還原欵應遵照原案令天津
道作正開除再由浙省籌撥徑解部庫交納惟現當
賊匪滋擾道路多阻若由浙省徑行解部誠恐難期
迅速擬請在于鄰近浙江各省兩相抵撥俾歸簡易
而昭妥速等語本部堂查浙江總局前於天津道庫
應解部庫海稅銀內借動銀一萬兩經本部堂議令
浙省銀兩到齊如用有盈餘卽令就近歸還道庫原

欵由天津道解交部庫倘所到銀兩實屬不敷卽令天津道作正開除徑由浙省籌欵解部交納等因在案茲據該糧道詳稱津通各欵需用繁多所有前借天津道庫銀一萬兩未能就近歸還道庫自應徑由浙江省籌備銀一萬兩自行解部交納惟所稱賊匪滋擾道路多阻請在於鄰近浙江各省兩相抵撥一節自係爲愼重庫欵起見至應如何就近抵撥之處本部堂未便懸斷應由本部酌覈轉飭浙江巡撫遵照部文辦理並劄知天津道浙江總局暨知照浙江巡撫直隸總督可也等因到院准此行道官吏查照准咨事理卽便遵照仍將應行解部前借天津道庫銀一萬兩如何就近抵撥之處查明辦理一面具詳請咨毋稍刻延等因奉此遵查此項銀兩係因天津海運經費支用不敷奉准籌借今津局實無盈餘銀兩解歸還欵移咨還由浙省籌備就近抵撥等因自應仍由海運省局動支海運經費銀一萬兩俟部撥用奉飭前因除移該省局遵照外相應備文詳明伏祈

察查爲此備由呈乞

照詳施行

咸豐三年八月十二日具詳

撫院並移省局

巡撫部院黄　批仰卽查照該道另詳法良糧臺軍餉案內批示遵行此繳

總督倉場部堂爲飭遵事照得浙省漕糧現在奏明試行海運凡一切經費章程循照江蘇成案在於河運經費額內支銷查各幫三升八合餘米每石例給本部堂衙門書吏飯銀二分又篔羨按每兩給銀一分所有道光六年二十八年咸豐二年江省辦理海運其前項篔羨餘米飯食銀兩俱經該糧道按照米數覈定銀兩隨同輕賫附搭解通今浙省辦理海運其例給本部堂衙門書吏篔羨餘米飯食銀兩自應查照江蘇歷屆成案由該糧道先行按照米數覈定該銀若干於起解輕賫時專批逕解本部堂衙門投

交以憑覈給俾資辦公合行飭遵爲此札仰該道官吏遵照卽行覈算附搭解通以資辦公可也特劄

咸豐二年十二月十六日行浙江糧道

浙江督糧道周起濱爲申覆事本年五月十八日奉

總督倉場部堂牌開照得浙省海運一切經費章程均照江蘇成案辦理查各幫支領三升八合餘米價銀每石例給本部堂衙門書吏飯銀二分又篔羨每兩給銀一分前經檄飭該道按照米數覈定該銀若干於起解輕賫時專批逕解本部堂衙門投交迄今未據呈解查此項銀兩係本部堂衙門辦公之需且爲數無多似可先行籌解合亟飭催仰道遵照卽將此項銀兩按洪斛米每萬石覈餘米銀七兩六錢篔羨銀一兩八錢二分本屆實起運米若干共覈銀若

干卽在抵撥找解銀內劃出先行呈解通署俾資辦公仍將起解日期呈報查覈毋違等因奉此遵查浙省應解

憲書飯食一款應於例領之篔羨餘米等款內扣抵計銀三百八十七兩八錢一分五釐前經彙同解給各款開摺逕解坐糧廳分別查收在案奉飭前因理合備文申覆仰祈

察查爲此備由呈乞

照驗施行

咸豐三年六月初五日申

駐通倉場部堂

浙江督糧道周　爲咨覆事本年五月初四日准
貴廳咨開本年四月十五日蒙
浙江巡撫知照咸豐三年海運二年分漕白糧米內
除餘耗留南變價米一萬七千九百六十七石六斗
二升九合通共實起運新舊漕白米六十四萬三千
四百五十六石九斗零除頭批撥運兌交米石業已
開行外所有續運之米現於三月中旬一律赴滬據
浙省局員呈報截至三月二十日止已兌交商船五
十二萬餘石尚有未兌米十二萬餘石應需船隻無
虞缺乏等因茲准貴道移咨黏單內開應交正耗并
餘米五十六萬八千餘石帶交湖屬舊漕案內出陳
易新白糧交倉正耗米一萬一千餘石何以與奏報
數目多寡竟致懸殊且浙省餘米向係奏准留南變
價此次原奏亦稱餘耗留變米一萬七千九百餘石
何以單內又稱起運正耗餘米是與歷來成案及此
次奏案均屬不符再漕米正改兌白糧正耗各數未
經分晰粳秈白糯名目並交倉三升五升耗米細數
礙難核辦相應移道查照希將本年海運米數據實
聲叙分清漕米粳秈正改各數並白糧正耗三升五
升款目另繕清單即日移送以憑詳細覈算再查經

費銀兩交領數目一併開單知照等因並鈔黏過道
准此查前據總局申報內叙餘耗留南變價米一萬
七千九百餘石係在例給幫丁一五耗米內餘剩歸
入節省之項業由浙省詳咨另行變價報撥在案並
查浙省領劃餘米價銀係在二五交倉耗米內開銷
緣此項米石浙省向係
奏明留南變價作為調劑幫丁之用現因辦理海運將
是項餘米一併解通其價銀自應援案相抵業經詳
奉
浙撫部院於咸豐二年十二月咨明

直隸督院倉場部堂轉行知照各在案又於本月十四日准
貴廳咨催本年起運漕白正耗米分別移知等因查
浙省本屆起運新舊漕白米六十四萬三千四百五
十六石九斗零內除應給經紀津剝商船食耗等米
六萬一千三百八十一石六斗九升三勺又咸豐元
年分出陳易新白糧交倉正耗米一萬一千八百六
十石四斗六升三合內除經紀津剝商船食耗等米
一千五百三十八石三斗八升五合二勺外實交倉
漕白正耗米五十六萬八千餘石覈與原奏數目相
符除督同局員並飭承將漕白各米查開正兌改兌

粳糯各細數并經費銀兩同應解應領數目一併開
摺移送再摺開各欵均係查照河運向章及參以江
蘇海運成案逐欵科算惟粳秈數目前准咨查即經
飛移浙江省局查覆但距浙甚遠覆到需時恐稽時
日現經專委局員前往該經紀處查得卸過剝船漕
米內僅有正耗秈米六萬餘石每石餘米三升八合
合算不過一千八百餘石今本道從權變通擬以前
項領價餘米一萬六千餘石之內以六千石作為秈
米每石應減價銀一錢其餘概以粳米覈計有盈無
絀一面仍請飭令經紀收到秈米實數先行開單移

覆以便兌竣造冊分別呈送如浙江咨到確數有無
增減亦即再行移請更正俾歸覈實合並移明為此
合咨
貴廳請煩查照施行
計送清摺一扣
計開
浙省咸豐三年起運二年分漕糧正米三十七萬九
千三百二十五石一斗九升八合五勺
二五交倉耗米九萬四千八百三十一石二斗九升
九合六勺

改兌正米二萬九千三百六十五石五斗
一七交倉耗米四千九百九十二石一斗三升五合
改漕正米二萬三千一百三十九石二斗八升九合
一勺
二五交倉耗米五千七百八十四石八斗二升二合
三勺
白糧正米二萬九千九百七十五石內
白粳米二萬五千三百四十九石
白糯米四千六百二十六石
交倉耗米一千二百六十三石一斗六升八合九勺

內
三升交倉耗米三百五十三石三斗七升一合四勺
五升交倉耗米九百九石七斗九升七合五勺
又起運湖屬咸豐元年出陳易新舊白糧正米一萬
一千三百八十七石五斗七升一合六勺內
白粳米九千五百七十一石八斗七升八合八勺
白糯米一千八百一十五石六斗九升二合八勺
交倉耗米四百七十二石八斗九升一合四勺內
三升交倉耗米一百四十四石七斗三升七勺
五升交倉耗米三百二十八石一斗六升七勺

以上起運漕白正耗米五十八萬五百三十六石八
斗七升六合四勺外
尙有支給津剝商船耗米六萬二千九百二十石七
升五合五勺以符在浙起運漕白正耗米六十四
萬三千四百五十六石九斗五升一合九勺之數
合併聲明
一應解給經紀飯米折色
漕糧以洪斛計每石二分五釐八毫七絲五忽該銀
一萬一千一百二十四兩九錢七分一釐六毫六
絲內除奉撥易州粳米三千一百八十六石一斗
一升一合九勺洪斛折算該去銀六十五兩九錢

五分三釐
白糧以平斛計每石二分五釐八毫七絲五忽該銀
一千一百一十五兩一錢七分七釐一毫內除奉
撥易州白糯米八十一石八斗八升三合八勺平
斛計算該去銀二兩一錢一分九釐
一應解給經紀一半津貼
漕糧以洪斛計每石一分一釐二毫五絲該銀四千
八百三十六兩九錢四分四釐二毫內除奉撥易
州粳米三千一百八十六石一斗一升一合九勺

折洪斛計算該去銀二十八兩六錢七分五釐
一應解給經紀個兒錢
漕糧以洪斛計每石二分七釐該銀一萬一千六百八兩六錢六分六釐內除奉撥易州粳米三千一百八十六石一斗一升一合九勺洪斛折算該去銀六十八兩八錢二分
白糧以平斛計每石二分七釐該銀一千一百六十三兩六錢六分三釐一毫內除奉撥易州白糯米八十一石八斗八升三合八勺平斛計算該去銀二兩二錢一分一釐

一應解給抗腳挖筲
漕糧以洪斛計每石二釐該銀八百五十九兩九錢一釐二毫內除奉撥易州粳米三千一百八十六石一斗一升一合九勺折洪斛計算該去銀五兩九分八釐
白糧以平斛計每石二釐該銀八十六兩一錢九分七釐三毫內除奉撥易州白糯八十一石八斗八升三合八勺平斛計算該去銀一錢六分四釐
一應解廳茶果
漕糧以洪斛計每石二分該銀八千五百九十九兩一分一釐九毫內除奉撥易州粳米三千一百八十六石一斗一升一合九勺折洪斛計算該去銀五十兩九錢七分八釐
白糧以平斛計每石二分該銀八百六十一兩九錢七分二釐六毫內除奉撥易州白糯八十一石八斗八升三合八勺平斛計算該去銀一兩六錢三分八釐
一應解倉茶果
漕糧以洪斛計每石五釐一毫七絲二忽五微該銀二千二百二十三兩九錢一分九釐五毫內除奉

撥易州粳米三千一百八十六石一斗一升一合九勺折洪斛計算該去銀一十三兩一錢八分四釐
一應解給倉役飯食
白糧以平斛計每石三分六釐三毫二絲該銀一千五百六十五兩三錢四分二釐三毫內除奉撥易州白糯八十一石八斗八升三合八勺平斛計算該去銀二兩九錢七分四釐
以上十一款共銀四萬四千四百四十五兩七錢六分六釐八毫六絲查奉撥易州粳米三千一百八十六

石一斗一升一合九勺以洪斛折算又白糯米八十一石八斗八升三合八勺以平斛計算該除經紀飯米折色個兒錢等欵共銀二百四十一兩八錢一分四釐外

實該解給銀四萬三千八百三兩九錢五分二釐八毫六絲

一應領簞夫每船五兩漕糧以洪斛計五百石爲一船每石計銀一分該銀四千二百九十九兩五錢六釐

一應領羨夫每船四兩漕糧以洪斛計五百石爲一船每石計銀八釐該銀三千四百三十九兩六錢四釐八毫

一應領紙張漕白均以洪斛計每萬石爲一幫每幫銀二兩該銀九十二兩八錢八分六釐

一應領漕糧項下每石餘米三升八合共計米一萬六千四百九石五斗三升九合六勺內以六千石爲秈米每石價銀六錢以一萬四百九石五斗三升九合六勺爲粳米每石七錢該銀一萬八百八十六兩六錢七分七釐七毫二絲

以上四欵共應領銀一萬八千七百一十八兩六錢

七分四釐五毫二絲內除

倉場書吏飯食銀三百八十七兩八錢一分五釐外應抵解前項銀一萬八千三百三十兩八錢五分九釐五毫二絲業蒙

浙江巡撫咨明

直隸倉場督院援照江省成案按數撥抵外

實該找解銀二萬五千四百七十三兩九分三釐三毫四絲

咸豐三年五月二十一日移

坐糧廳

浙江督糧道周　爲移請更正抵解事案准
貴廳咨覆浙省抵領經費欵內撥運易米項下例不
給領簣羨等四欵尚應找解銀一百七十一兩七錢
八釐等因卽經移請在於溢扣秈米價內更正扣補
未准咨覆茲查本屆漕糧在滬裝運交倉正耗內粳
米四十六萬七千五百九十九石二斗五合每石應
領餘米三升八合該米一萬四千二百八十二石七
升五合每石例價七錢計銀九千九百九十七兩四
錢五分三釐又秈米六萬九千八百三十九石三升
九合五勺每石應領餘米三升八合該米二千一百

二十七石四斗六升三合六勺每石例價六錢計銀
一千二百七十六兩四錢七分八釐共該抵領銀一
萬一千二百七十三兩九錢三分一釐前曾請抵銀
一萬八百八十六兩六錢七分七釐七毫二絲計溢
扣銀三百八十七兩二錢五分四釐除去易米項下
不給簣羨等欵應行找解銀一百七十一兩七錢八
釐尚餘存銀二百一十五兩五錢四分六釐應請收
入浙省應解輕賫項下俾得各淸各欵擬合備造分
縣秈米實數細冊咨送爲此合咨
貴廳請煩查覈更正希將抵收浙省應解輕賫銀二
百一十五兩五錢四分六釐詳報
倉場部堂並移知本道備案幸勿稍遲望速施行
今移送
冊一本
咸豐三年六月三十日移
坐糧廳

戶部坐糧廳汪　爲移覆事准
貴道移稱本屆海運漕糧兌交粳秈米內三升八合
餘米價銀一萬一千二百七十三兩九錢三分一釐
較與前咨清摺內開載餘米銀一萬八百八十六兩
六錢七分七釐覈算敷餘銀三百八十七兩二錢五
分四釐內應補找解銀一百七十一兩七錢八釐尙
餘銀二百一十五兩五錢四分六釐歸入輕賫項下
俾得各淸各欵希卽詳報
倉場部堂並移知本道備案等因本部覆覈前咨清
摺內載銀米數目復經更正應找解銀一百七十一
兩七錢八釐卽以餘秈米價銀欵內敷餘銀劃抵外
尙餘存銀二百一十五兩五錢四分六釐併入輕賫
項下應俟浙省輕賫銀兩解到時再行詳報
倉場部堂覈銷相應移覆爲此合移
貴道請煩查照施行
咸豐三年七月初七日移
浙江糧道

浙江海運天津總局爲呈報申送事案奉
糧道飭發
部頒鐵斛一隻帶北較驗遵經由陸攜帶到津在案
兹已事竣由局查照蘇省成案發交沙船帶回飭據
董事徐雲會等發交沙船戶孫恒盛帶赴上海呈繳
除并取具該船戶領結轉呈到局除申報
糧道存案外理合備文呈報
撫院外合將原領備文申送伏祈
察查爲此備由呈乞
照驗施行
咸豐三年七月初三日申
浙江撫院糧道

浙江督糧道周起濱爲申送局墊補交米石彙開清單事竊照本年海運漕白二糧自滬運津商船間有炎蒸秏重及因風抛失稟請由局借補俟旋滬繳價等情當時劄飭喫緊未便任延卽令局員會同紳董察看商情除稍可彌縫之船業經令自行買補外而金寶珍等九船短缺漕白米石俱稱人地生疎在津無從措繳求請移行上海局縣由原攬稅行着落本船戸照數繳銀歸墊均經員董等查明屬實量予允准由局取結定案隨時詳道當卽分別詳移並飭上海局縣着落追繳各在案茲因局務告竣通將缺米

船名并應追銀數彙開清單庶案歸一致而瞭如指掌所有朱允利呂德源二船遇風被盜折回上海其應交漕米早緣久不來津亦於津局買米墊交全完祗因該二船未出江境應如何追繳統歸滬局覈辦理合開單備文詳送伏祈

鑒覈爲此備由呈乞

照驗施行

計申送清單一紙

今將各商船抵津斛缺米石由津墊給買補價值銀數彙列清單呈送

查覈

嘉興五號金寶珍船缺漕糧平斛米二百七十石二升八合由津墊價銀三百七十八兩三分九釐二毫

烏程二十號宋祥泰船缺漕糧平斛米二十一石八斗七升五合由津墊價銀三十兩六錢二分五釐

歸安十七號奚源利船缺漕糧平斛米三十一石九升六合二勺五杪由津墊價銀四十三兩五錢三分四釐七毫五絲

烏程二十二號金恒發船缺漕糧平斛米三十七石

五斗由津墊價銀五十二兩五錢

德清十九號沈恒順船缺漕糧平斛米三十五石由津墊價銀四十九兩

烏程二十九號金合發船缺漕糧平斛米四十石由津墊價銀五十六兩

海甯二十號錢長源船缺漕糧平斛米五十二石五斗由津墊價銀七十三兩五錢

湖屬白糧十號姚天泰船缺白糧平斛米九十八石六斗一升除賠繳外實由津墊價銀一百兩計欠交平斛白糧米四十一石六斗六升六合七勺

湖屬白糧一號陸再利船斛缺白糧除賠繳外實欠
交平斛白米六十二石五斗由津墊價銀一百五
十兩
未到朱允利船原裝歸安縣漕糧并經耗津剝除商
船耗不計外到津應交米一千二百三十二石七
合由津墊價銀一千七百二十四兩八錢一分
未到呂德源船原裝烏程縣漕糧并經耗津剝除商
船耗不計外到津應交米七百二十八石九斗三
升七合五勺由津墊價銀一千二十兩五錢一分
三釐

以上津局共墊斛缺漕白米價銀三千六百八十四
兩五錢二分二釐
咸豐三年 月 日申
浙江撫院並另移浙江省局

浙江督糧道周起濱爲呈報事本年七月十二日准
蘇藩司咨開竊照本年江浙兩省海運糧米先後雇
備沙船停泊黃浦受兌陸續駛出吳淞口候風放洋
北上業經詳咨
奏報取造均裝等冊詳咨照辦在案茲據滬局委員藍
丞等稟據崇明縣姚令稟稱五月二十八日據耆舵
宋有年等呈稱管駕崇字呂德源商船裝運浙省烏
程縣三十一號糧米七百十石并耗米七十五石零
五月初五日由吳淞掛號至十滧守風放行二十三
日午前駛至佘山西南洋面猝遇盜船四隻盜匪多

人上船刦去糧米三百餘石等情據經會營分別前
詣勘明該船被刦情形並詢據各耆舵供與報詞相
同又本月初二日據耆民陸鳳洲呈報崇字一百十
九號朱允利商船裝歸安縣第三十一號漕糧共正
米一千二百石并耗米九十六石又附裝客貨藥材
等件於四月二十八日由吳淞掛號出口駛至十滧
守風至五月二十四日放行往北二十五日午後駛
至佘山北洋猝遇撐篷盜船五隻放炮追來舵水等
見勢畏避退駛至黑沙嘴盜匪始去不料船遭擱淺
是夜又遇大風船身擱壞無奈斫檣鬆艙將客貨拋

去五十餘件正米約抛去二百餘石有在船焦錢二
客可訊開單黏照呈請勘詳等情除諭令各船放回
上洋外稟請查辦等情到局據此除飭該令詳報外
伏查浙省滬局業已撤退委員仲丞等俱已回省應
請咨明浙省辦理等情到司並據崇明縣姚令查勘
具詳前來查上屆道光二十七年海運裝米沙船或
在洋遭風或遇盜被刼均經移會津局先於備帶經
費銀內照數買補交倉一面由蘇查明餘剩米石追
繳變價歸欵在案迨辦咸豐元年海運間有遭風遲
到米船亦俱照辦今江浙兩省海運商船被盜遇風

漂失米石本省既無欵項可籌自應查照成案由津
收買沙船餘耗補交俾免缺額據稟前情除詳報
欽差大臣查考并移知浙藩司暨交米何糧道查照辦理
外合亟移知希將前二船應交漕糧正耗并津通食
耗等米一千九百六十石零一併在於解存經費銀
內照數收買沙船餘耗補足交倉并祈就近移知直
隸海運局道并飭在津各委員知照等因准此查呂
德源船承運烏程縣漕糧米七百一十石又經紀津
剝食耗米一十八石九斗三升七合五勺又朱允利
船承運歸安縣漕糧米一千二百石又經紀津剝食

耗等米三十二石七合前因遲至六月下旬尚未抵
津遍查行踪並無消息未便曠日久待轉稽通漕全
局當經督令局員即將買存餘米補交足額造具全
完清冊詳報
欽差大臣暨
撫憲查覈在案所需米價每石合銀一兩四錢先經
由局於經費項下籌墊擬俟該二船到津即飭令變
價歸欵茲准前因除飭上海局員仲丞遵照迅將該
二船承運米石由滬設法變價並將領過水腳銀米
分別着追一併解還歸欵外理合備文申報爲此備

由呈乞
照驗施行
咸豐三年七月　日申
浙江撫院并另移蘇藩司浙江省局札上海局仲丞

浙江海運天津總局陞用同知嘉興縣知縣楊裕深
等爲申請事竊照浙省本年漕白糧米由海運津現
已斛收完竣船戶某某等若干船其斛米執照業經
卑局封送在案所有應發各船倉收擬合開具花名
米數具文申請
查覈俯賜將船戶某某等若干船倉收飭發到局以
便轉給該船戶收執回南實爲公便爲此備由具申
伏乞
照驗施行
計黏船戶某某等若干船花名米數單一紙
咸豐三年　月　日隨時申請
坐糧廳

戶部坐糧廳汪　爲咨送事照得沙船起竣應出給
完照咨送
貴局轉發船戶收執現在起竣沙船若干隻相應出
給完照若干張希卽轉發並取具沙船戶並無需索
勒捐甘結咨送過部以便存查望切須至咨者
計咨送
完照若干張
咸豐三年　月　日隨時移送
浙江海運天津局

完照

戶部坐糧廳　爲
給發完照事照得本年浙省漕白糧米由
海運津今沙船商人　運到天津共計
應交　斛米　業已照數起卸全完
合行給發完照爲此照給該商人收執以
便存查可也須至完照者

咸豐叁年陸月　日

部

浙江督糧道周　爲移送事案准
貴廳咨開照得沙船起竣應出給完照咨送轉發船
戶收執並取具沙船戶並無需索勒掯甘結咨送過
部以便存查望切等因准此本道查浙省海運漕白
糧米共計裝運沙衛等船四百十四隻現已全數到
津掃數起卸完竣所有各船請領完照均經按船發
給取具並無需索勒掯甘結二紙除存留一分附卷
外擬合將各船投到甘結備文移送爲此合移
貴廳請煩查收備案望切施行
計移送沙衛等船甘結四百十二張

咸豐三年七月　日移

坐糧廳

浙江海運天津總局陞用同知嘉興縣知縣楊裕深
等爲申送事竊照浙省本年起運上年漕白糧米由
海運津所有浙省沙船自某月某日起至某日止共
抵津船若干隻除俟續到船隻再行查明開摺另文
申送外擬合將現已抵津浙省沙船及裝運米石各
數目先行開具清摺具文申送
查覈爲此備由具申伏乞
照驗施行
計申送清摺一扣
摺式

浙江海運天津總局
呈今將浙江本年漕白糧米由海運津沙船進口花
名縣分米數理合開摺呈送須至摺者
計　開
自某月某日起至某日止
船戶某姓名裝某縣　糧若干
以上共船幾隻
咸豐三年　月　日隨時申
欽差大臣　倉場督院　直隸督院　總漕部堂　浙江撫院　浙江省局　坐糧廳　蘇藩司

浙江海運天津總局陞用同知嘉興縣知縣楊裕深
等爲申報事竊照浙省本年起運漕白糧米由海運
津所有抵津沙船當經開具船戶花名米數清摺先
後通報在案茲自某月某日起至某日止計共卸空
沙船兌交漕糧若干白糧若干除飭卸空沙船領照
回南並將續卸船米各數另行申報外理合開具卸
交米數清摺具文申報伏祈
察覈爲此備由呈乞
照驗施行
計申送清摺一扣

摺式
浙江海運天津總局
呈今將浙省海運漕白糧米自某月某日起至某日
止卸空沙船開具船戶姓名及裝運縣分米數呈送
查覈施行
今　開
某月某日起至某日止
船戶某姓名裝某縣米若干
以上共船若干隻共漕白米若干
咸豐三年　月　日隨時申

欽差大臣倉場督院　直隸督院總漕部堂　浙江撫院省局　坐糧廳蘇藩司

浙江督糧道周起濱爲詳報事竊照咸豐三年起運二年分浙省杭嘉湖三府屬漕白二糧並咸豐元年湖屬舊白糧米

奏准改由海運奉委本道督同正佐各委員前赴天津辦理交米事宜當將抵津日期呈報在案伏查各屬應征漕白二糧陸續運至江蘇上海出口計裝本年起運咸豐二年漕白二糧正耗米五十六萬八千六百七十六石四斗一升三合四勺又帶運咸豐二年起運元年分湖屬白糧正耗米一萬一千八百六十石四斗六升三合二共交倉正耗米五十八萬五百三十六石八斗七升六合四勺又隨運經紀耗米八千八百三十七石三斗四升九合二勺以上漕白二糧交倉正耗並經紀耗米共五十八萬九千三百七十四石二斗二升五合六勺又天津剝船食米六千七百七十七石八斗三合六勺商船耗米四萬七千三百四石九斗二升二合七勺統計海運新舊漕白二糧交倉正耗並經紀津剝商船耗食等米共六十四萬三千四百五十六石九斗五升一合九勺共裝商船四百一十四隻自三月二十六日起程陸續駛抵天津水次當蒙

欽差大臣督同隨帶司員坐糧廳暨直隸浙江二省在事人員逐船詣驗隨驗隨卸截至現在止業已陸續到齊計裝交倉漕白正耗米五十八萬五百三十六石八斗七升六合四勺經紀耗米八千八百三十七石三斗四升九合二勺二共交倉漕白正耗並經紀耗米五十八萬九千三百七十四石二斗二升五合六勺內除奉撥易州白糯米八十一石八斗八升三合八勺隨正撥給經紀耗米一石四斗七升三合九勺漕糧米三千一百八十六石一斗一升一合九勺隨正撥給經紀耗米四十七石七斗九升一合七勺共

撥易州漕白交倉正耗米三千二百六十七石九斗九升五合七勺又隨撥漕白經紀耗米四十九石二斗六升五合六勺均由天津道委員押解交收外其餘運通新舊漕白二糧交倉正耗併同奉撥薊遵豐白粳交倉正耗米六百七十五石白糯交倉正耗米九十石通計共米五十七萬七千二百六十八石八斗八升七勺又經紀耗米八千七百八十八石八升三合六勺二共米五十八萬六千五十六石九斗六升四合三勺均已全數運通顆粒並無短缺其隨正應給津剝食米商船耗米亦已一律如數給清合將

全完米數造冊具文詳報仰祈

察覈具

奏實爲公便爲此備由呈乞

照詳施行

今呈送冊一本

咸豐三年六月二十八日具詳

欽差大臣倉場督院　浙江撫院

巡撫部院黃　批據詳海運漕白米石業已交卸全完已悉仰候

欽差驗米大臣具

奏並候

倉場部堂批示繳冊存

浙江督糧道周起濱爲詳請事竊照浙省本年杭嘉
湖三府屬起運漕白二糧並咸豐元年分湖屬舊白
糧均奉
奏准改由海運仰蒙
憲臺奉
命按沚津門逐船查驗督飭起卸計自三月十六日起至
現在止沙衞甯等船陸續抵次共計四百一十四隻
裝運交倉漕白正耗米五十八萬五百三十六石零
又隨交商船耗米津剝食米經紀耗米等款六萬二
千九百餘石統計正耗米六十四萬三千四百餘石

米色乾潔顆粒無虧均得早登
天庾經理尚無貽誤伏查浙江海運係屬初次試行頭緒
紛繁凡此事機順利皆上承
憲臺指示下策羣力勷助現當事竣所有各委員由
省派委赴津正值逆氛滋擾鎮揚一帶道路梗阻均
各歷盡艱辛繞道馳抵津門或綜理全局稽察籌度
或伺值驗卸監督起剝或專司經費辦理文案或排
船編號收繳軍械數月以來皆能盡心竭力晝夜勤
奮其航海赴津之委員紳董尤屬不避艱險踴躍趨
公洵能各供指臂著有微勞理合查照江蘇歷屆成

案開列員名勞績印摺具文詳請仰祈
察覈俯賜援案
奏咨給奬實爲公便爲此備由呈乞
照詳施行
計申送　印摺一扣
浙江督糧道謹
呈今將由浙委赴天津勷理交米各委員紳董銜名
勞績開摺恭呈
憲鑒
今開

陞用同知嘉興縣知縣楊裕深
浙省海運事屬創始該員在浙年久熟習情形調赴
省局會同籌議章程勾稽銀米極爲周密現又赴津
勷辦交米綜理全局經管銀錢支銷查覈文案冊檔
擘畫精詳最爲得力
金華縣知縣邵凌霄
該員前在省局常駐公所勷理一切不辭勞瘁現又
赴津辦理文案經管銀錢收放並伺值驗卸深合機
宜始終詳慎
秀水縣主簿秘雲書

捐班前先用未入流張承志
該二員幫辦總局銀錢文案輪赴水次伺值驗卸彈壓水手竭盡心力事事妥協張承志前在江蘇曾經勷辦海運於一切銀米款項極爲熟習現又不避艱險航海赴津尤屬勇於任事
同知銜金華府通判育淳
該員專司伺值驗米監視起卸督押晒晾彈壓水手頗著辛勤
烏程縣知縣梁正標
該員總理分局迎提船隻排號給單收發執照事極煩瑣始終出力頗爲幹練

准補臨海縣知縣黃檝
該員同梁令總理分局彈壓水手遇有沙船控告事件持平審斷耆舵悅服又委赴海口收發軍械查報進出船數尤著勤勞
儘先補用從九品胡毓麒
候補未入流方理
該二員幫辦分局經管收繳軍械隨同驗米監兌詳慎出力胡毓麒又委赴海口查報進出船隻不辭艱辛方理委令催重價空清理河道甚屬安詳

分發未入流張修睦
捐職從九品徐雲會
該二員籍隸江蘇太倉先後乘坐沙船航海赴津涉歷重洋沖風破浪躬親護送抵津後又復照料沙船卸米事宜約束耆舵水手人等毫無滋事寔屬踴躍急公張修睦先經派充滬局董事雇募商船經理兌裝悉臻妥善洵屬勞勩尤著
咸豐三年六月二十八日詳
欽差大臣　倉場督院

浙江督糧道周起濱督同局員楊裕深等爲申報事
竊照浙省杭嘉湖三府本年起運漕白糧米並帶運
上年湖屬白糧改由海運
奏委本道暨各委員來津辦理交米事宜曾將抵津日
期申報在案茲海運米石業經一律到津掃數兌交
完竣卸空商船亦即各給回照完單飭令回南出口
所需一切經費均經分別支放清楚此外並無未了
事件現于本月二十日撤局並擬定二十四日起程
回浙合將撤局起程日期先行具文通報仰祈
察覈爲此備由呈乞

照驗施行
咸豐三年七月二十日申
欽差大臣倉場督院　直隸閩浙督院　總漕部堂浙撫部院　並另移坐糧廳天津道
蘇浙藩司　浙臬司杭巡道　浙江省局

浙江巡撫部院黃　爲咨行事咸豐三年七月二十
五日准
欽差戶部正堂倉場部堂宗室慶孫　咨開現在浙省海運辦理完竣
除糧道業經本部堂保奏其知縣以下經本部堂隨
時察看均能明幹曉事晝夜辛勤目擊各該員出力
情形始終罔懈不敢壅於上
聞業經奏明浙江委員知縣楊裕深等或專司經費勾稽
米數或排船編號催重儹空一切起剥事宜均無貽
誤其佐襍及航海督押糧米各員亦均倍矢勤奮查
照成案各按勞績出具考語咨明浙江巡撫辦理援

案分別請奬除將差次原奏及奏到
諭旨鈔録咨送外所有在津出力各員應即開單註明勞
績移咨
貴撫部院查照辦理可也等因到本部院准此合就
轉行爲此仰該局查照准咨欽奉
上諭事理即便移行欽遵仍確切查明援案分别詳請
奏奬毋違
計黏单
陞用同知嘉興縣知縣楊裕深
該員在津勤辦交米綜理全局經管銀錢支銷查

覈文案册檔擘畫精詳詢以該省漕務利獘並辦
理海運一切章程均能洞悉洵爲該總局出色之
員

金華縣知縣邵凌霄

該員在津辦理文案經管銀錢收放並伺偵驗卸
一切合宜始終詳慎洵屬該總局得力之員

准補臨海縣知縣黃檝

該員總理分局彈壓水手遇有沙船控告事件持
平審斷耆舵悅服又委赴海口收發軍械查報進
出船數尤著勤勞

烏程縣知縣梁正標

該員總理分局迎提船隻排號給單收發執照事
極煩瑣始終出力頗爲幹練

同知銜金華府通判育淳

該員專司伺偵驗米監視起卸督押晒晾彈壓水
手頗著辛勤

捐班前先用未入流張承志

秀水縣主簿秘雲書

該二員幫辦總局銀錢文案輸赴水次伺偵驗卸
彈壓水手竭盡心力事事妥協張承志于一切銀
米款項極爲熟習現又不避艱險航海赴津尤屬
勇于任事

儘先補用從九品胡毓麒

候補未入流方理

該二員幫辦分局經管收繳軍械隨同驗米監兌
詳慎出力胡毓麒又委赴海口查報進出船隻不
辭艱辛方理委令催重儹空清理河道甚屬妥詳

分發未入流張修睦

捐職從九品徐雲會

該二員先後督押糧米航海赴津涉歷重洋躬親

護送抵津後又復照料沙船卸米約束耆舵水手
均屬踴躍急公張修睦于商船一切事宜及海運
情形極爲詳悉洵屬勞績尤著

以上共計十一員

咸豐三年七月二十七日行浙江海運省局

浙江海運省局布政使韓椿督糧道周起濱署杭嘉湖道晏端書督同總辦委員署紹興府知府繆梓等爲查明事上屆海運案內急公領運之沙衛各船商埠人等詳請一體

奏奬事竊照浙省上屆試行海運雇募商船前經議詳

請

奏章程查照蘇省成案以運米之多寡定奬叙之等差除一萬石以下在外分別賞給匾額外其自一萬石至五萬石以上應請分别給與職銜若已捐至五品另行酌奬均俟漕糧交兑完竣再行覈辦等因奉

旨准行嗣據甯波府等查明急公領運倡募招徠船隻之江浙紳董及甯波商埠並各局書吏人等開摺請奬就經轉詳請

奏並聲明尚有上海商埠及沙衛各船因上海未平類多遷徙俟開報至日另行辦理在案兹據叓局委員候補知府楊裕深詳稱據職董王慶勳俞斌王慶模等稟稱上屆浙省海運創始維艱經職董等剴切勸諭該船號商踴躍從公爭先兑運

正供早登

天庾上慰

宸廑甯郡承運各商已蒙恩奬而沙衛各船號以去秋滬城多事散去經年迨本屆海運時始得陸續會集致遲造報現奉諭示遵查上年承運漕米六十四萬三千四百五十六石九斗五升一合九勺除甯船承運二十萬石已邀奬叙外所有沙衛各船共計承運米四十餘萬石内有船號較小承運未及萬石者不敢濫行請奬外承運一萬石至四萬石以上之船號各商共計二十五名承運米三十四萬石曁朱通裕等牙行行夥二人遵案開取履歷造冊稟報迅賜轉詳並請查照江蘇承運成案與甯波船商牙夥一

律

奏請奬叙等情據此擬合照開承運船商履歷清摺詳祈察轉等情到局據此本司道伏查上屆浙漕海運沙衛各船裝兑較多該船商等踴躍從公咸知奮迅尅期蕆事盡保平安其牙埠人等亦皆不避辛勤抒誠効力前因散去各鄉未得同邀奬叙今旣查明實績自應並沐

恩施理合開具清摺備文詳請伏祈

憲臺俯賜察覈可否附片具

奏顓乞

天恩一體准予鼓勵出自
憲慈至該商埠等年貌三代籍貫各冊現在飭取另
行詳請覈咨合並聲明爲此備由呈乞
照詳施行
今呈送
淸摺一扣
謹將上屆海運案內急公領運之沙衞各船商埠人
等註明實積分别米數開具淸摺恭呈
憲鑒
今開

天津縣監生錢鏞上海縣八品職銜王慶淸
以上二員各載米四萬餘石均屬急公承運載米數
多查照蘇省成案均請
賞給六品職銜
元和縣理問銜祝繡紳嘉定縣船商金鳳歧上海縣
船商李鴻藻侯官縣船商鄭湘
以上商船各載米二萬餘石親身押運查照蘇省成
案祝繡紳應請
賞加五品職銜金鳳歧李鴻藻鄭湘應請
賞給八品職銜

上海縣附生艾恒錦船商李會廸黃潤基崇明縣船
商陳翔鸞嘉定縣船商鄭桂森周日斡胡世林秦斐
朱定華東臺縣船商繆恒春甯河縣船商李樂善天
津縣船商錢湘歸安縣船商蔣錫琛烏程縣船商沈
承恩寶山縣船商萬錫藩沈錫會吳縣船商葉盛璜
江陰縣船商蔣文泰鎭洋縣船商朱愼典
以上商船各載米一萬餘石親身押運查照蘇省成
案艾恒錦應請
賞給八品職銜李會廸黃潤基陳翔鸞鄭桂森周日斡胡
世林秦斐朱定華繆恒春李樂善錢湘蔣錫琛沈承

恩萬錫藩沈錫會葉盛璜蔣文泰朱愼典應請
賞給九品職銜
寶山縣牙行幫夥萬洪學靑浦縣牙行幫夥朱洪良
以上牙埠經理船務籤驗交兌毫無貽誤著有微勞
應請
賞給從九品頂戴
咸豐四年閏七月初二日具詳

浙江布政司椿壽浙江督糧道周起濱爲詳請咨商
事竊奉
憲行全浙軍船現在出境能否回空尚未可知浙省
新漕無船可用舍海運別無他策除恭摺具
奏外札飭司道通行有漕各州縣妥速趕辦一面遴員
設局將海運事宜妥議具詳等因奉此伏查浙省海
運漕糧赴津仍應剝赴蘇省之上海縣海口放洋訪
查上海沙船計有千餘隻之多查上年蘇松常鎮太
四府一州辦理海運米一百四萬餘石共用沙船八
百餘隻每船約計裝米一千二百餘石今年蘇省四

府一州仍行海運則蘇省運用之外所餘船數尚多
似敷浙漕裝運查杭嘉湖全額漕白糧石通計九十
五萬餘石今屆該三屬各有災歉現因分數委勘未
齊以全漕七成覈計約有海運米六十餘萬石所需
沙船六百隻左右查沙船載米爲海運首先要務自
應預爲招雇以便及期兌漕剝運放洋庶免臨時遲
悞惟沙船產於上海並非浙省所轄既係隔省鶩遠
難免呼應不靈除委員候補通判李曾裕前赴上海
會同上海縣飭傳沙船行戶確查招雇籌辦外理合
備文詳請仰祈咨明

江蘇撫憲檄行上海道暨該管府廳縣督飭查辦一
面仍由本司道會移上海道及府廳縣一體查照辦
理再查江蘇海運向在上海內外分設二局內局委
員經理收放銀米稽查用欵外局則延本地殷實公
正紳董督飭照料預備各物由剝船盤過沙船招雇
豆行斛手伺應盤量分裝派兌散放水脚各事宜事
竣詳
奏請奬浙省自應仿照辦理現在委赴上海查辦沙船
之李倅熟悉情形並飭前赴該地訪查聞望素優公
正殷紳董司其事一切設局查辦悉援蘇省成規俟

將來派定上海局員再飭悉心籌定章程撙節妥辦
據實稟送並請先賜一體咨商
江蘇撫憲行令上海道及該府廳縣一併籌議辦理
再在事紳董籍隸江蘇承辦浙省海運事竣之日應
否江浙兩省司道會詳請奬之處臨時再行請
示辦理合併聲明爲此備由呈乞
照詳施行
咸豐二年十月初七日具詳奉
巡撫部院黃　批仰候咨明
兩江督院 江蘇撫院 轉飭查辦一面飭令李倅馳赴上海會同

上海縣妥速招雇隨時具報餘已悉此繳

浙江布政司椿壽督糧道周起濱爲詳請委員赴蘇招募沙船事竊照新漕海運應以雇募沙船爲先務前經本司道會詳咨明

江蘇撫憲飭行上海道暨該府廳縣督同浙省委員妥爲籌辦在案今年蘇省仍行海運浙省同時並辦所有上海沙船能否足敷裝載既難懸擬且浙漕剝運上海放洋尚須訪延該地殷實紳董經理一切兑運事宜在在均關緊要茲查有杭州府中防同知仲孫樊候補通判李曾裕均係籍隸江省而於該地情形尚爲熟諳惟兩省間隔呼應不靈浙江海運又係

初創難期事事周妥必得仰藉蘇省

上憲同僚互爲關照一體幫同籌辦庶資妥速理合

備文會詳仰祈據情咨明

江蘇撫憲飭行上海道府廳縣會同浙省委員妥爲籌辦以期諸事得臻妥協而免掣肘實於公事有裨爲此備由呈乞

照詳施行

咸豐二年十月二十二日具詳奉

巡撫部院黄　批已據詳札飭中防同知仲孫樊候補通判李曾裕馳赴上海會同籌辦矣並候咨明

兩江督
江蘇撫院轉飭辦理此繳

浙江巡撫部院黄　爲咨覆事咸豐二年十一月初九日准

江蘇撫院楊　咨開本年十一月初一日准貴部院咨浙省海運漕糧事宜必須幫同籌辦庶資妥速等因除札蘇藩司移行上海道縣暨藍丞遵照會同浙省委員將海運新漕事宜認眞次第妥辦外咨覆查照等因到本部院准此合就轉行爲此仰道即便查照毋違須牌

咸豐二年十一月十四日行糧道

浙江巡撫部院黄　札糧儲道知悉本月二十四日
准
江蘇撫院楊　咨開本年十月十七日准貴部院咨
浙省海運漕糧赴津仍應剳赴蘇省之上海縣海口
查杭嘉湖全額漕白糧米通計九十五萬餘石今屆
三屬各有災歉現因分數委勘未齊以全省七成核
計約有海運米六十餘萬石所需沙船六百隻左右
查沙船載米爲海運首先要務自應預爲招雇庶免
臨時遲誤除委員候補通判李曾裕前赴上海會同
飭傳沙船行戶確查招雇籌辦並飭前赴該地訪查
聞望素優公正殷實紳董經司其事一切設局查辦
悉援蘇省成規俟派定上海局員再飭悉心籌定章
程撙節妥辦飛咨查照轉飭辦理等因到本部院准
此查此案前准貴部院咨會當因浙省辦理海運事
屬創始上海沙船共有若干江浙漕糧同時並運能
否敷用必須預爲籌計方免貽誤即經札飭蘇藩司
松太道遵照悉心籌辦一面由司遴委幹員前往上
海縣會同封雇嗣據藩司詳明飭令松海防同知藍
丞督縣覈明辦理即經咨明貴部院查照繼又札催
在案現據蘇松太道具詳上海沙船不敷裝運請咨

飭封雇蜑船三不像雨項商船及山東衞船來江協
運等情現經另文分咨兹准前因除再札飭蘇藩司
移道督飭廳縣並徑札松太道海防同知藍丞上海
縣遵照會同浙省委員妥爲籌辦外相應咨覆等因
到本部院准此查此案封雇沙船即經本部院具
奏並札飭委員馳赴上海會同籌辦在案兹准前因合
行札飭札到該道立即查照毋違特札
咸豐三年十月二十五日行

浙江巡撫部院黃　札糧儲道知悉本年十月二十
一日准
江蘇撫院楊　咨開據蘇松太道兼管江海關事吳
健彰詳稱咸豐二年十月十二日奉札開准浙江撫
部院黃　咨竊照現在浙省漕艘多已北上新漕若
照舊河運則船隻不敷應用本部院督同司道熟商
惟有照貴省辦理海運之法奏請試行一俟奉
准即恭錄
諭旨并抄摺另咨外查前准貴部院咨蘇松糧道所屬來
歲新漕業已奏明仍辦海運惟上海沙船共有若干

江浙兩省同時並運是否足敷應用倘能一併頭起
開行有若干船可歸浙江裝載如其不敷應分作第
二起開行該沙船於初次抵通後何時可以交兌清
楚速同上海副用共有船若干隻於何月日可以到
滬飛咨查照迅即派委一二員馳赴上海將沙船一
併封住并取具各船戶攬載切結存案以期無誤漕
務是禱再浙省並無熟悉辦理海運幹員不得不借
才鄰好並希將派赴上海封船之員飭令將來赴浙
襄理其事尤爲至禱並祈示復等因到院札道遵照
悉心籌辦等因到關職道伏查上海沙船現奉院臺

札飭來歲蘇省新漕奏請仍辦海運飭卽先行封雇
沙船等因奉經職道於十月十五日出示曉諭卽將
在港以及續後進口沙船堪以裝運漕米赴津者卽
行截留封雇取具各船戶承攬呈送查覈在案惟查
上海沙船近年以來各船商或因虧本歇業或因在
洋飄沒船數逐年遞減現在統計上海沙船大小共
一千四五百餘號其大號沙船向往關東生理堪以
裝運漕米赴津者共計八百餘號其小號五百餘船
僅在東省南口往來貿易船身窄小向不駛赴北洋
未便令其裝運漕米伏查漕糧海運向例八成裝米

二成搭貨免其納稅該商船等運米到津總須四五
月間交卸後折赴關東裝運豆石回南其時較遲查
本年春辦理蘇屬四府一州漕糧海運雇用沙船及
東省衛船共計八百餘號該商船等裝豆回南均在
五六月間抵滬來年辦理海運回棹亦須其時茲奉
浙省咨查上海船數可否江浙漕米同時起運或應
分作二起運津職道現查上海大號沙船共計八百
餘號來年蘇屬漕糧盡由海運尚慮不敷裝運勢難
兼及浙省若待該商船等回南復運切恐時令較遲
天氣炎熱米色易於蒸變且又轉瞬交秋北風司令

又恐商船中途阻滯事關
天庾正供不得不預爲計及溯查道光六年上海辦理海
運有甯波蜑船三不像兩項船隻封雇來江裝運漕
米該商船船身寬大堪以多載米石又有東省衛船
來江裝運現在浙省籌議漕糧試辦海運應請咨明
浙江撫院速飭甯波關將蜑船三不像兩項商船儘
數封雇押赴來江並祈咨明
山東撫院轉行沿海州縣示諭衛船各戶速卽來江
雇運得能於來年正月間浙省東省商船來江較多
江浙兩省漕米可以同時起運方爲妥善奉飭前因

理合查議詳咨浙江撫院查覈等情到本部院據此
相應咨明查照希卽轉飭趕緊封雇押赴來江聽候
派兌幸勿延誤等因到本部院准此查雇募蜑船三
不像等項船隻裝載海運米石已據藩司詳委中防
同知仲丞赴甯查辦卽經本部院札飭該道府縣遵
照在案今准前因合再札飭札到該道立卽移行甯
波道府督飭鄞縣迅將前項蜑船三不像等項船隻
趕緊封雇押赴至蘇聽候派兌是爲至要切速飛速
特札
咸豐二年十月二十二日行

浙江巡撫部院黃　札糧儲道知悉本年十一月十
一日准
兩江督院陸　咨開准貴部院咨據布政司糧儲道
會詳浙省新漕辦理海運沙船自應預爲招雇除委
候補通判李曾裕前赴上海會同上海縣飭傳船戶
確查招雇外詳請咨明江省檄行飭辦等情咨會到
本部堂查此案現據蘇松太道詳覆上海沙船不敷
裝運請分雇山東之衛船浙江甯波之蛋船及三不
像船來江協運業經本部堂分咨
山東撫部院暨貴部院轉飭在案准咨前因除行上

海道外相應咨覆查照前咨迅速辦理等因到本部
院准此查甯波蜑船三不像船節經行據甯波道府
趕緊封雇並飛咨
山東撫院　奉天府尹轉飭沿海各屬諭令甯波逗遛各商船迅
速回甬押赴上海聽候派兌在案茲准前因合再札
飭札到該道立卽移行甯波道府一俟北船到甯務
須隨到隨雇取立承攬押赴上海候兌是爲至要切
速特札
咸豐二年十一月十六日行

浙江巡撫部院黄　札糧儲道知悉咸豐二年十一月初一日准
江蘇撫院楊　咨開據蘇州布政使聯英詳奉行准
浙江撫部院黄　咨來歲新漕改由海運請將上海沙船一并封住並請將上海封船之委員飭令赴浙襄理其事等因查蘇省來歲新漕照案仍辦海運今浙省辦理海運事屬創始上海沙船共有若干江浙漕糧同時並運能否敷用必須預爲覈計方免貽誤玆准前因札司遵照悉心籌辦一面由司遴委幹員前往會同上海縣將應用沙船預爲封雇取具承運船戸攬載切結通送存案一俟封雇齊全卽飭令該委員迅速赴浙會同浙省委員妥爲籌辦毋稍遲誤等因到司除先札飭松江府督同上海縣松海防同知藍丞會同通盤籌畫禀覆另行委員馳赴上海會辦外相應詳候咨明浙江撫院等情咨會查照等因到本部院准此查封雇海運沙船前經札委中防同知仲孫樊候補通判李曾裕馳赴上海會辦在案今准前因合再札飭札到該道立卽查明轉飭仲丞李倅會同蘇省印委各員妥速辦理毋違特札
咸豐二年十一月初三日行

浙江巡撫部院黄　札糧儲道知悉咸豐三年正月十一日准
江蘇撫院楊　咨開據蘇臬司糧道松太道會詳稱竊照蘇松等屬咸豐三年起運二年分漕白糧米前
蒙
奏准循案海運業將大槪情形詳蒙專摺具
奏在案本司道等伏查海運事宜雖近年俱有成法不難援照辦理惟今届江浙全漕統歸海運且應提經費及糶變米價限期銀數均有變通之處自應議定章程通飭遵辦以昭畫一相應會議開冊詳候示遵其中議及天津倉場等處各條應請分咨
直隸督院倉場部堂轉飭遵辦並請咨明
計關浙江撫院查照至此外一切辦法均有上兩居詳准成案可援應請照辦毋庸另議紛更現亦另錄一冊附呈備案內有應咨
驗米大臣暨各關部
直隸倉場各處並請一併附咨據此除分咨外相應咨會查照辦理等因到本部院准此合行札知札到該道立卽查照准咨事理迅速辦理一面督同印委各員將已雇之三不像及蜑船尅日押令出口赴滬聽候

派兌不准再延切速火速特札

計黏單

咸豐三年起運二年分漕白糧米酌擬海運外辦章程

計開

一雇船事宜應分別趕辦也查今屆江浙兩省漕糧並行海運沙船進口遲早難以預定若兩省並雇恐有居奇之事擬以頭批米石本省專用沙船浙省先用蜑船三不像船用竣再行代雇沙船尚有山東衞船亦雇爲浙省裝用以備沙船之不足應請咨明

浙江撫院飭局遵照

咸豐三年正月十二日行

江蘇松江府知府趙德轍稟竊奉會札以浙漕試辦海運飭即會督上海縣及浙省委員豫雇沙船以全運務等因仰見先事持籌裕漕濟運下懷曷勝欽佩伏查江浙新漕並行海運同爲

天庾正供本屬無分畛域遵經移行松海防暨上海縣將現泊浦江沙船先行封雇一面廣爲招徠飭俟浙省委員到滬會同熟籌妥辦在案本年江蘇起運熟田漕白約計一百餘萬石須用沙船八百餘隻與上年數目相仿上海沙船雖有一千數百餘號剔除不堪駕駛及船身過小者餘剩之船設或統計尚有不敷

查得浙省向有之蜑船及三不像船平底深艙亦堪裝運又查江蘇省道光六年海運全漕一百數十萬石因沙船不敷留分兩運交兌無誤此次能否一起運津統俟上海廳縣雇定船隻再行覈議詳辦總期江浙兩省起運漕糧應用之船有備無患以仰副變通新運碩畫萬全之至意合肅稟覆

咸豐二年十月　日稟

督糧道周　批昨據甯波道府來稟甬江商船現僅封住五十餘隻一俟在途在北各船回甯再行封雇所有蘇省上海沙船亟應寬爲雇備希即移行松海

防同知藍丞暨上海縣會同浙省委員杭州中防同知仲丞候補祝運副候補通判李倅等迅將現泊浦江沙船除儘蘇省裝運外所有餘賸及續行進口船隻務望一併預為封雇隨時見覆俾以副用切切此復

署江蘇松江府上海縣知縣姚輝第稟頃奉鈞函以本年新漕奏行海運先應雇募沙船以資裝載浙省漕糧約計起運米數共有六十六萬餘石上海沙船本省應運之外尚可餘剩若干飭即一體封雇轉諭紳商妥為籌辦以免臨時周章等因祗承之餘仰見顧慮精詳下懷曷勝欽佩伏查上海沙船僅計一千有餘除本省需用八百餘號所剩無多前奉憲飭當即隨同松海防稟請將浙省蜑船及二不像等船一律封雇承運仍傳諭紳商並將進口沙船儘數封雇在案卑職自當不遺餘力隨同

憲委認真商辦以仰副慎重漕運之至意恭肅稟復

咸豐二年十一月十五日稟

督糧道周　批查浙省甯郡所産蜑船三不像等船節次移行甯波道府儘數招雇覈計裝載浙漕僅敷三分之一全藉鄰省代雇沙船以資協濟還希賢令尹傳諭紳商在滬寬為雇備及早立攬承裝而於浙漕海運免致貽誤深賴勗勷之助跂予望之實所昐切此繳

浙江巡撫部院黃　札糧儲道知悉咸豐二年十二月初六日准

江蘇撫院楊　咨開據上海局禀稱竊奉藩司札開照得本年蘇松等屬起運漕白糧米業奉

奏明照案仍由海運所有上海局應辦事宜頭緒紛繁自應分別遴員經理飭委臬府等總辦等因奉此伏查海運上海一局以雇募沙船爲要務先經接奉鈞札以本年江浙新漕同時辦理海運需船較多飭先封港招雇遵即出示曉諭將在浦沙船先行封備並請分咨浙省飭令蜑船三不像及東省衛船來滬候

裝在案臬府等復與商董船主籌議約計本省於年內開兑所需沙船不過五六十萬石之數茲先取具該商董等年內認運六十萬石承攬切結附卷仍着令趕緊廣爲招徠以免臨時缺少至浙省海運年內應須船隻若干無從懸擬應請咨明浙省先飭蜑船及三不像等船一百餘號于年內迅速來滬儘數受兑該省米石臬府伏查浙省之米自應以蜑船先運次及沙船俟明春江省船隻齊集代爲分雇裝運可期無誤合將商董先具認運本省六十萬石承攬并咨浙省迅催蜑船儘數來滬受兑緣由具禀等情到

本部院據此查浙省起運新漕前准貴部院咨會有六十三萬餘石之多而蘇省漕米同時海運沙船不敷裝載即經咨飭將蜑船三不像兩項商船早爲封雇來江聽用在案惟明春江浙漕米均由海運浙漕必須多雇蜑船三不像儘數裝載俟有不敷再以蘇省沙船撥給兑運庶可兩無貽誤據禀前情相應飛咨查照希卽嚴飭趕緊將兩項商船儘數封雇于年內押赴來江聽候派兑幸勿任延等因到本部院准此查甯郡已雇蜑船三不像兩項商船業經嚴飭於年內先行駛進上海聽候派兑其未進口之船又經

迭飭設法招回一俟到甯卽速儘數僱定赴滬各在案今准前因除咨覆

江蘇撫院外合亟札飭札到該道卽便飛飭將已經雇就蜑船三不像兩項商船務于年內一律押赴上海聽候派兑其現在尚未進口者應再如何設法招回儘數僱定星赴上海趕緊裝載放洋之處並速上緊妥辦不誤運行盼切盼切特札

咸豐二年十二月初八日行

浙江巡撫部院黃　札糧儲道知悉本年十月二十
八日准
江蘇撫院楊　咨開據蘇州布政使聯英詳稱竊奉
札開本年十月十七日准
浙江撫院黃　咨據布政使糧儲道會詳稱竊奉院
行現在出境軍船能否回空尚未可知浙省新漕無
船可用舍海運別無他策除恭摺具
奏外札飭司道通行有漕各州縣妥速趕辦一面遴員
設局將海運事宜妥議具詳等因奉此伏查浙省海
運漕糧赴津仍應剝赴蘇省之上海縣海口放洋訪

查上海沙船計有千餘隻之多查上年蘇松常鎮太
四府一州辦理海運米一百四萬餘石共用沙船八
百餘隻每船約計裝米一千二百餘石今年蘇省四
府一州仍行海運則蘇省運用之外所餘船數尚多
似敷浙漕裝運查杭嘉湖全額漕白糧米通計九十
五萬餘石今屆該三屬各有災歉現因分數委勘未
齊以全漕七成覈計約有海運米六十餘萬石所需
沙船六百隻左右查沙船載米為海運首先要務自
應預為招雇以便及期兌漕剝運放洋庶免臨時遲
誤惟沙船產於上海並非浙省所轄既係隔省窵遠

難免呼應不靈除委員候補通判李曾裕前赴上海
會同上海縣飭傳沙船行戶確查招雇籌辦外理合
詳請咨明江省各憲檄行上海道暨該管府廳縣督
飭查辦一面仍由本司道會移上海道及府廳縣一
體查照辦理再查江蘇海運向在上海內外分設二
局內局委員經理收放銀米稽查用款外局則延本
地殷實公正紳董督飭照辦預備各物由剝船盤過
沙船招雇豆行斛手伺應盤量分裝派兌散放水腳
各事理事竣詳
奏請奬浙省自應仿照辦理現在委赴上海查辦沙船

之李倅熟悉情形並飭前赴該地訪查聞望素優公
正殷紳董司其事一切設局查辦悉援蘇省成規俟
將來派定上海局再飭悉心籌定章程撙節妥辦據
實稟送並請先賜一體咨商江省各憲行令上海道
及該府廳縣一併籌議辦理再在事紳董籍隸江蘇
承辦浙省海運事竣之日應否江浙兩省司道會詳
請奬之處臨時再行詳請辦理合併聲明據情飛咨
查照等因到院札司奉此查前奉行准
浙江撫院咨會浙省新漕
奏請試行海運飭司派委赴滬封雇沙船等因當經詳

明飭委松海防同知藍丞會同上海縣遵照籌辦仍將沙船能否敷用之處先行通盤籌畫稟復察奪去後茲據藍丞稟稱遵即督同上海縣先行出示封港不准沙船出口一面飭稅行查明在港現有沙船若干儘數封備外卑職伏查上海沙船共計約有一千四五百號連年間有失風停歇已不足數尚有五百石以下不堪運米之船在內本年海運四府一州米一百萬石零共裝載沙船八百七十餘號若江浙兩省同時並運勢難兼顧查浙江甯波府向有蜑船及三不像等船一百餘號皆堅固寬大每船可裝米二

千餘石請由浙省全行封備先用俟本省漕糧運齊後餘剩沙船及續後到滬各船均可次第裝運踉蹤北上至船數多寡是否敷用抑須二運未敢預擬但事關隣省漕運重務可否先咨浙江遴委大員來蘇通盤籌畫以歸妥善而昭慎重等情稟覆前來本司伏查上海堪用沙船約止千隻而本年蘇省起運漕白二糧數在一百一十萬石左右除留備本省裝用外所剩無幾浙省起運漕米約有六十餘萬石須裝船四五百隻若同時並運不敷尚多卽擬二運又恐往返稽時今浙省甯波蜑船及三不像等船旣係平底深艙與上海沙船相似自可招雇湊用俾敷裝運而免缺誤除飭藍丞等照辦並飭俟浙省委員李倅到滬將應辦事宜會同熟籌妥辦外奉札前因合先詳候咨明

浙撫部院查照飭令全行封備先用實爲公便等情到本部院據此查此案前據上海道具詳卽經咨請封雇在案據詳前情相應再由五百里排單咨明爲此合咨

貴部院請煩查照希飭趕緊封雇押赴來江候兌幸勿延誤望速等因到本部院准此查甯波蜑船三不

像等項船隻業經本部院委員赴甯并札甯波道府速查封雇并咨

兩江督江蘇撫院一體查照在案茲准前因合再札飭札道立卽移行趕緊封雇具報毋稍刻延切速特札

咸豐二年十一月初一日行

總理江蘇浙江海運江蘇按察使倪　爲移明事據
江省滬局稟稱竊奉
憲札准
浙江撫院黃　咨據海運局詳稱白糧質本柔嫩必須預備口袋加謹盛儲並選擇堅固沙船裝運庶幾不致蒸變咨請派船備載等因轉飭籌議稟復卑職等伏查浙江海運案內原議浙米先儘蜑船裝載次及沙船衞船蜑船旣未裝足似未應議及沙船而
浙撫憲來咨指明先用沙船專載白糧粳糯等米蓋因蜑船係松板造成易受潮濕白糧乃

天庾正供愼益求愼故須藉用沙船以昭鄭重計米僅五萬餘石須沙船四五十號江省封備沙船雖尚未足額現在趕緊招徠正月內可望足數如有多餘卽可先移浙局應用查上屆海運頭次開行係在二月初旬彼時浙省白糧次第運滬後到沙船陸續移送尚可承辦應請咨明浙省除此次白糧之外所有糙糧務照初議蜑船兌竣之後方能以沙船接兌以符原案而免推諉等情到司據此咨煩查照再甯屬商船前准來咨李天益等三十九名隻於十二月初十日止開放赴滬董汞祥等三十三名隻於十二月十四起至二十四日止陸續開放並奉
浙撫憲札知飛催甯波蜑船三不像兩項船隻趕緊儘數封雇務於年內押赴上海聽候派兌又奉札知杭嘉湖三府屬新漕業已陸續剝運赴滬交兌經過縣汛逐程護送各等因均經本司移行認眞查探接護并迭次咨請
貴道一體嚴催務須船米齊至早兌早開在案迄已正月望後船米俱無抵滬當此時事緊急未便任其再延希卽加緊嚴催刻日船米陸續齊來裝運北上
望速施行

咸豐三年正月二十二日咨
浙江糧道

浙江海運省局護鹽運使湖州府知府晏端書署杭捕同知繆梓爲再行詳請事竊照浙省海運漕糧現已全數起運惟前據上海局員函稱未兑之船僅有備船四隻沙船一隻續准蘇省滬局移送沙船十三隻而各該州縣運米到滬閘行黃浦一帶跟踪而至如銜尾到齊需船尚多必得趕備沙船二百號方敷兑運除逕請江省滬局委員飭撥沙船應用外希即轉禀咨請備撥等情前來本護司等當查浙省新漕節奉

諭旨嚴飭趕早運津迭經勒限飛催已據各該州縣將起運漕糧接續剝運一俟抵滬後隨兑隨開趕緊放洋不分批數方能以速補遲如無商船受兑不特剝船停泊浦江風潮堪慮而糧米不能趕早兑竣全數放洋尤恐延誤滋咎卽經禀奉咨行趕撥沙船二百號受兑浙漕在案茲又准上海局移稱漕糧已兑四十九萬七千餘石計未兑之米尚十四萬餘石節據各縣報運不日卽當齊集而船隻實在不敷有米無船殊深焦灼希卽再行詳請飛催備撥應用等情前來合再備文詳請伏祈

察覈飛咨

蘇省督撫部院并札行蘇藩司暨蘇松太道松江府蘇滬局火速趕撥堅固沙船足敷受兑浙漕以濟運務而免遲延實爲公便爲此備由呈乞

照詳施行

咸豐三年三月十九日具詳奉

巡撫部院黄　批已據詳由八百里飛咨

代辦江蘇巡撫事布政使倪　并咨

兼署兩江督部堂楊　並札蘇藩司暨蘇松太道松江府蘇滬局迅卽趕撥沙船足敷受兑浙漕以濟運務而免遲誤矣仰卽一體移行趕撥受兑毋遲此繳

浙江海運省局護理鹽運使湖州府知府晏端書署
杭捕同知繆梓爲詳請事本年三月十九日奉
憲臺札開本年三月十六日准
山東撫院李　函開接天津張道錢守來函云以飭
雇沙船五十一隻於二月初先赴關東買豆方可以
重裝南下約三月內到滬惟浙省辦理海運與江蘇
本省海運章程微有不同審速毋遲萬不可躭延時
日即經函令速催開行由關東裝豆迅速赴滬以裕
漕運惟能否不致遲延卻不可必即祈飭照籌辦等
因到院准此查浙省海運漕糧業已

奏明盡三月中旬可以完竣現在各屬米石陸續剝運
赴滬所需沙船務必由蘇省飛飭趕緊雇齊以副裝
兌放洋前經札行蘇藩司在案今准前因除再札藩
司外札到立即查照詳請蘇藩司迅將浙漕應用沙
船事宜飛飭速速趕緊雇齊俾全漕得以掃數裝載
乘時北上等因奉此遵查浙省海運漕糧現已全數
起運前因船隻不敷裝載節經先後稟詳
憲臺咨行蘇省趕撥沙船二百號受兌浙漕各在案
茲奉
山東撫院知照飭雇沙船五十一隻催令赴滬裝運
浙漕等因查是項沙船若能日內抵滬自可儘數兌
運浙漕藉資協濟第由關東裝豆前來能否不致遲
延正未可必所有前請江省趕撥沙船務於日內按
數飭交撥合備文詳請伏祈
察覈飛咨
兩江督江蘇撫院并札行蘇藩司蘇松太道松江府蘇滬局
火速趕撥堅固沙船足敷受兌浙漕以濟運務而免
遲延實爲公便除詳蘇藩司外爲此備由呈乞
照詳施行
咸豐三年三月二十一日具詳奉

巡撫部院黃　批查浙漕海運所需沙船節經本部
院分別咨行趕辦在案茲據前情候再由八百里插
翼排遞飛咨
署江蘇撫院許　暨
署兩江督部堂楊　並札蘇藩司及蘇松太道松江
府蘇滬局務於日內趕撥堅固沙船足敷受兌浙漕
以濟運務而免延誤仰再一體移行趕撥受兌毋遲
繳

江蘇海運上海局松海防同知候補知府藍蔚雯郎補同知梁逢辰郎補同知平翰禀三月二十三日接

奉

憲臺八百里火票札開據浙局委員詳稱漕糧已兌米四十九萬七千餘石計未兌之米尚有十四萬餘石飭據各縣報運指日齊集而船隻不敷詳請催撥等情飭即趕撥沙船足敷受兌等因并准松江府轉移到局奉此遵查前奉

鈞札當查海運自開兌以來浙局需船除蜑船外業已先後移送江省沙船一百九十三隻東省衛船二

十三隻兌裝開行其應裝船隻仍源源撥送不致停兌卽經禀覆在案現准浙局委員知會計有米九萬餘石已報起運尚未抵滬卑職等計算約需船數十隻已足敷兌續又撥送沙船一十隻衛船三隻候兌惟去年出口未歸沙船及直隸山東衛船二月以來警報時傳徘迴中道近日亦陸續進口足敷裝運決不缺少遲誤緣奉札催肅再禀復

咸豐三年　月　日禀奉

巡撫部院黃　批據禀浙省漕糧已報起運尚未抵滬米九萬餘石仰海運省局迅卽查明嚴催飛速剗運到滬以副裝兌放洋北上不准遲延至所需沙船仍由該局查明確數移催蘇滬局趕撥濟用毋遲此繳禀抄發

署浙江布政使麟桂浙江督糧道周起濱爲詳請事
案奉
憲臺札准
江蘇撫院咨據蘇松太道吳健彰詳稱奉飭浙省新漕試辦海運行令委員雇募上海沙船攬載等因伏查來歲蘇省新漕仍辦海運奉經示諭將在港及續後進口沙船即行封雇在案茲江浙漕米同時起運不敷裝載應請咨明
山東撫院轉行沿海州縣示諭衛船各戶速即來江雇運得能於來年正月間東省來船較多江浙兩省

漕米可以同時起運方爲妥善理合查議詳咨等情咨院行司道奉此伏查浙省寧波關口商船計有一百三十餘隻現存甬江北船已據署寧府畢守招雇立攬商船計有五十六隻其餘在北貿易船隻雖已稟請咨明
奉天府尹山東撫憲轉飭沿海各縣趕緊諭催剋期轉棹即使全船回甬船數無多約計運米二十餘萬石不過三分之一仍屬不敷裝載必須東省衛船蘇省沙船互爲協濟庶資浙漕海運茲據總理海運局務護理鹽運司晏守等稟請前來開漕迫屆難以延緩理合備文詳請伏祈
察覈咨達
山東撫憲轉行沿海地方官示諭衛船各戶務於來年正月望前一律抵滬副用仍將雇船數目先行覆浙查照并祈咨請
兩江督憲江蘇撫憲一體知照實爲公便爲此備由呈乞
照詳施行
咸豐二年十一月十九日具詳奉
巡撫部院黃　批查此案前據海運局員具稟即經飛咨在案茲據前情仰候再由六百里飛咨

山東撫院轉飭查辦並將船隻數目先行覆浙暨咨
兩江督江蘇撫院一體飛速移行趕辦此繳

浙江海運省局護理鹽運司湖州府知府晏端書署
杭捕同知繆梓署仁和縣知縣楊裕深爲詳明事准
上海局委員杭州中防同知仲孫樊等移稱竊照海
運應以雇船爲第一要務除蜑船三不像船兩項已
由甯波封雇外尙屬不敷裝運應卽在滬雇備沙船
衛船聽飛儆局查有向開稅行之職員朱鋐熟悉船
商運務當卽飭將在浦沙船除蘇省雇用之外尙有
若干堪裝浙漕其衛船約於何時抵浦能否不致誤
運諭令稟復去後玆據朱鋐稟稱遵查沙船現赴蘇
局攬裝漕米六十餘萬石餘船陸續進口尙無定數

其衛船一項現據北直船商陳典錢曜三等以天津
甯河兩縣衛船共計堪裝糧米者二百餘號情願來
滬裝糧准於明春趕放來南聽候派裝等情稟奉
關憲諭飭各稅行凡有衛船來滬卽由該商等所開
天順公記號查明交稅行轉報大關驗稅一面報明
海運總局候驗攬裝等因在案是衛船一項願運漕
糧已屬確實可靠似可無虞誤運職現催令該號商
等趕緊信知開放一俟來春衛船抵滬隨時開報並
報明
蘇局憲驗封移送外抄黏

關憲諭帖具復前來抄黏移局等情到局據此查海
運漕糧首以雇船爲要務除浙省甯屬商船業已陸
續開放駛滬外所有天津衛船旣經由上海驗封踴
躍承裝於運務實有裨益擬合備文申呈伏祈
察覈爲此備由呈乞
照詳施行
今抄呈蘇關諭帖一扣
蘇松太道吳　爲諭飭遵辦事據北直船商陳典錢
曜三等稟稱竊商等籍隸北直天津順天等處置造
船隻航海經營向由關東山東上海等處裝載餅豆雜

糧等貨買賣今春曾奉派裝漕米商等小心裝載運
送到津交卸未敢遲誤今聞封雇沙船復行海運商
等天津甯河兩縣衛船共計堪裝糧米者二百餘號
情願來滬裝運漕糧爲敢稟請覈示如蒙恩准商卽
專人回北令各船於明春趕放來南聽候驗派裝運
并請在大東門外開設天順公記專理衛船公務買
賣凡衛船到上均由公記查明具保報局聽候查驗
隨船貨物亦由公記查明開單交稅行轉報不得儳
入攙越如有弊混惟商等公記是問等情稟請前來
當經批飭上海廳縣查議詳覆去後玆據該廳縣詳

稱本年江浙新漕並行海運需船正復不少該商等有衛船二百餘號情殷報効招徠承運洵屬急公至所請開設公記專理衛船公務由該商交稅行轉報不准他人攙越各情查該商等籍隸北直是否身家殷實須取本地或關山東號商保結准其開設將來沙船如有短缺卽以衛船裝運漕糧等情會詳前來據此除詳批飭該縣取具號商保結呈送查覈外合行諭飭諭到該稅行卽便遵照本年冬漕辦理海運凡直省衛船裝載貨物來滬卽由天順公記號查明開單交稅行轉報大關驗稅後准其卸貨售賣不

得留難羈阻一面報明海運總局聽候驗明具攬裝運漕米毋違特諭

咸豐二年十二月二十五日詳奉

督糧道周　批來詳已悉希候

撫憲暨藩蘇臬司批示此復抄帖存

總理浙江海運省局護理鹽運使湖州府知府晏端書署杭捕同知繆梓署仁和縣知縣楊裕深稟案奉

憲札先後接准

兩江督江蘇撫院咨據蘇松太道詳稱奉飭浙省新漕試辦海運行令委員雇募上海沙船攬載等因伏查來歲蘇省新漕仍辦海運奉經示諭將在港及續後進口沙船卽行封雇在案茲江浙漕糧同時起運不敷裝載應請咨明

山東撫院轉行沿海州縣示諭天津衛船各戶速卽來江雇運得能於來年正月間東省來船較多江浙

兩省漕米可以同時起運方爲妥善查議詳咨等情咨浙轉行到局奉此卽經本護司等稟奉咨達

山東撫院轉飭示諭衛船各戶赴滬備用在案伏查海運漕糧雇船係首先要務玆各屬俱已具報開倉而安吉等縣亦據報明征足滿厫浙省北船雇備不多蘇省沙船儘裝本省漕糧剩亦無幾全藉衛船寬爲封雇方資浙漕海運時迫事緊稟請移催

山東撫院暨飛移

直隸督院并行天津道轉飭沿海地方官示諭衛船各戶務於來年正月望前一律抵滬副用仍將雇船

數目先行復浙查照并祈咨請
兩江督江蘇撫院一體移知趕速辦理深為公便
咸豐二年十二月　日稟奉
巡撫部院黃　批已據稟飛咨
山東撫直隸督院并行天津道暨咨
兩江督江蘇撫院一體移咨趕速辦理矣仰新任糧儲道趕
緊籌辦並行海運省局知照此繳稟抄發

浙江巡撫部院黃　札海運省局知悉本年二月初
四日准
山東撫院李　咨開竊照前准
貴部院來咨以浙省新漕試辦海運船隻不敷裝載
咨行東省沿海各屬示諭衛船各戶趕緊赴浙聽候
僱用等因當經檄行司道通飭沿海各州縣遵照辦
理去後茲據萊州府知府王鴻烈稟稱竊卑府前接
濟南府李守來函以奉憲諭准浙省來咨海運漕糧
乏船封雇將東省衛船覓雇多隻迅即赴滬飭即轉
致沿海各處出示曉諭商賈沙船各船戶有願前往
上海裝載浙省漕糧者速即將船戶姓名開摺稟報
倘該船戶不願前往無船可雇亦速將實情逕稟嗣
復奉鈞諭令即飭縣各口岸衛船儘數封雇諭令各
船戶於正月望前一律馳赴上海等因當經卑府先
後飛飭所屬之掖昌濰膠即各州縣查辦一面將遵
辦緣由稟報在案旋據掖縣周樂清面稟以該縣海
口甚小向無前項衛船往來販運糧石無從封雇等
情又據膠州知州張同聲稟稱遵查浙江明歲海運
漕船借雇東省沿海商船亟應遵照趕辦惟卑州舖
戶南北貿易向係雇用南省沙船現在沙船俱已南

返並無沙船可雇本處衹有舢板一項身長不過丈餘寬不過四五尺兩旁無浪水板遇有南船進口藉以剝運貨物無事時則在海邊一帶捕魚爲生從不能航海遠行理合據實稟復等情又據卽墨縣知縣鄭鳴岡稟稱遵查此案前奉札飭業已出示曉諭在案現在各海口並無停泊及貿易船隻無從封雇理合稟復等情又據昌邑縣知縣鄭之鐘稟稱遵查卑縣地雖沿海並非商賈輻湊之區奉文後早經出示招徠而冬春之交竟無此項衛船過境現復飭役確查亦無停泊口岸實係難於雇覔理合稟復等情又

據濰縣知縣王慶恩稟稱該縣北海口久經淤塞不通舟楫歷年具文報明無從覔雇各等情前來卑府伏查掖昌濰三縣海口或久經淤塞封禁或口岸較小並無前項衛船往來商運自屬實情惟膠卽兩處據稱現亦無船可雇恐有諉卸情事卑府復細加訪察各口現無商賈沙船停泊其餘舢板小船身量太小衹可剝運貨物沿海捕魚所需不能航海遠行該州縣所稟均屬實在情形理合據實稟請查覈稟復實爲公便並據膠州知州張同聲稟同前由又據壽光縣知縣殷嘉樹稟稱該縣雖處海濱並無口岸衛船各戶向不來境停泊無從示諭招徠各等情到本部院據此查該府等所稟委係實在情形此外沿海各處有無衛船可僱俟稟報到日另行咨會外誠恐貴省需船緊急相應由馬遞先行咨覆查照等因到本部院准此合行札知札到該局卽便查照並報明藩司糧道及江蘇倪臬司知照毋違特札

咸豐三年二月初六日行

浙江巡撫部院黃　札海運省局知悉咸豐三年七
月初四日准
直隸督院訥　咨據天津道張起鵷呈稱據天津府
轉據天津縣知縣謝子澄詳稱遵查前奉札飭以江
浙漕糧同時起運沙船不敷裝載令卽示諭衞船各
戶一律赴滬受雇裝運等因當經示諭各戶有願赴
滬裝載南米者由戶長開單報明以便請照出口旋
據海船戶長李廷蔭劉大觀李聯芳同經紀招雇衞
船戶義源茂駕掌周蔭棠等五十一船願往滬次裝
載漕糧業稟本府按戶發給票照在案茲奉前因隨
卽飭據衞船戶義源茂等開具船頭書寫衞字排列
號數細單報明於三月初八日陸續出口等因前來
擬合照造清冊具文詳送查覈轉送等情據此除批
飭隨時查催外擬合送到清冊具文詳送覈咨等情
據此所有送到清冊擬合具文詳送查覈俯賜分咨
浙江江蘇撫院轉飭局員查照等情到本閣督部堂據此
咨送查照飭知等因到本部院准此合行札知札到
該局卽便移行知照毋違特札
咸豐三年七月十三日行

浙江布政使司椿督糧道周　爲移知事案奉
撫憲黃　札開全浙軍船出境能否回空尚未可知
新漕無船可用舍海運別無他策除恭摺具
奏外札飭司道通行有漕各州縣妥速趕辦一面遴員
設局將海運事宜妥議具詳限令來歲二月初八日
以前交清如有遲誤以誤漕嚴參等因奉此查浙漕
奉行海運應由江蘇所屬之上海縣雇覓沙船放洋
赴津惟是今年蘇省四府一州仍行海運深恐上海
地方所產沙船江浙同時海運自應先儘蘇省約計
上海原有沙船一千餘號江蘇本屆海運用船若干
難以懸擬蘇省雇載之外設或船數短絀卽致浙漕
不敷裝運與其臨事周章曷若綢繆未雨查甯波所
屬甬東海口係屬通洋要津其裝載豆貨等物向有
三不像蜑船等項船隻均係習慣海洋亟應預爲籌
計以補沙船之不足查杭嘉湖三屬本年田禾受旱
各有災歉約計起運米六十餘萬石若以沙船每隻
受載糧米一千餘石而計亦需六百隻左右甯波甬
東海口可以雇募蜑船三不像等船若干隻每船能
裝米若干石如能招雇仍須駛至上海口岸受載放
洋其雇價由南至北每千石約需水腳等銀若干兩

船身大小受載米數較與上海沙船有無增減亟應預爲查辦除札飭杭州中防同知仲丞委赴甯郡確切籌辦並詳請
撫憲檄行
貴道並甯波府督飭鄞縣會同委員仲丞趕速傳喚船戶行首逐一確查明白據實稟覆外擬合備文移請爲此合移
貴道請煩查照希即督飭府縣一體催辦逕令迅速查覆以憑定議辦理望速施行
咸豐二年十月初十日移
甯紹台道

浙江布政司椿督糧道周　札署甯通判周倅知悉照得本屆新漕已奉
撫憲
奏請試行海運一切開局查辦章程均已次第舉行查海運漕糧以招雇海船裝運糧米爲先務惟今年蘇省漕糧仍行海運浙省同時並辦必致沙船不敷甯波甬東海口向有蜑船三不像等船習慣海洋從前江蘇曾經招雇甯商各該船一體裝米在案此次浙省海運米石似應先於甯波甬東招募蜑船三不像以濟裝運合亟飭委劄到該倅立即會同該府縣飭傳甬東船商行戶查明前項三不像蜑船究有若干隻可以受雇駛赴上海裝米每船可裝漕糧若干石一應水腳等項悉照江蘇海運章程給發仍將查辦船數并約裝米數各情形據實稟復以憑本司道會同覈議辦理毋稍遲延有干重咎切切
咸豐二年十月二十一日行

署甯紹台道余士琛署甯波府知府畢承昭禀竊奉
憲札以本年冬漕試行海運所需船隻蒙飭督同鄞
縣妥爲雇備卑署道府當卽遵札督飭妥辦並經卑
署府會同中防同知仲丞宣布
憲意將此次海運雇價兌交貼耗各事宜悉按蘇省
章程參以浙省情形逐條開示分飭鄞鎭二邑榜示
通衢一面傳集船商行戶諄切開導衆商行戶人等
僉以浙漕海運事雖創舉今蒙
大憲格外體卹悉皆欣然鼓舞各願承裝因卽飭據
船商司事將鄞鎭二邑船數開送計共北船一百三

十六隻其中鄞邑船五十四隻鎭邑八十二隻除出
口未回外尚存甬江北船三十餘隻內有數隻探知
於卑署府未經回郡之先該商船戶等或恐海運貽
累兼以守候需時遂致妄生疑慮并或思暫避留南
冀將來船少貨多藉可裝載昂價因之掛放出口於
小港瀝港等處停泊卑署府訪查情形當卽禀商卑
署道諭飭各關海口經書曁由府札飭鄞鎭二邑飭
令如有北船到關赴縣掛驗概不准其放行一面由
卑署道府飭差諭令各行并飭鄞鎭二邑將現在停
泊鄞鎭之船先行弔照繳府俾使各船無照不得遠

行仍又飛飭鎭邑饒令派員前往各口搜查押回赴
甬現今已據鎭邑及該差等弔到牌照三十四隻先
後申繳到府其船隻亦俱陸續進口於鄞鎭港內停
泊計今已有三十餘隻玆卑署府傳集各商先將在
甬之船議令立攬承雇俟其二成貨物攬足卽令開
行務期早到上海歸次其北行未回之船卑署道府
弔查行簿向來每至年底止陸續北回在口內停泊
者計有九十餘隻或有百餘隻不等其餘在北開放
稍遲者因隆冬寒凍至次年正二月總須到甯今屆
辦理海運各船於年內果能全幫進口卽當一律封
雇倘有未及趕到船隻仍俟隨到隨雇放蘇以備二
運之用卑署道等總當認眞妥辦斷不敢稍涉虛飾
致誤

正供而貽
憲廑至各船牌照係沿途查驗之憑今次雇備海運
商情雖各出情願第事難逆料如將牌照就甯給還
恐致中途有避匿情事海洋無從查考今擬將弔到
牌照同承攬將來一併申送
憲臺察收轉發上海監兌委員暫存俟該船冬漕兌
足給還原照赴北其自甯波至上海一帶先由卑署

府給予護照註明此照執護至江蘇上海縣受兌止
俾其沿途關津查驗船至上海卽將原給府照呈繳
委員倒換原甬牌照運漕赴北庶幾船隻旣難避匿
而中途仍有執憑至於北船赴蘇候兌緣該船較沙
船船身長大且兩省同時受兌船隻較多應請
憲臺飭令於上海停泊處所先期擇覓寬濶船塢俾
將來各船受兌不致擁擠堪虞於事勢尤爲妥便除
俟立攬同牌照另行稟送外知蒙
慈念合將辦理緣由肅先稟陳
咸豐二年十月　日稟奉
巡撫部院黃　批仰新任糧儲道速卽督同海運局
員逐一查議尅日具覆毋稍刻延仍移藩司知照繳
稟抄發

總理海運省局署理杭嘉湖道湖州府知府晏端書
署杭捕同知繆梓署仁和縣知縣楊裕深稟竊照浙
省本屆新漕已奉
奏准試行海運先蒙
憲臺札飭甯波道府督縣封雇蜑船三不像等船押
令駛滬副用一面咨請蘇省招募上海沙船各在案
查甬東商船共有一百三十餘隻現聞甬江關內僅
存船三十餘隻巳據立攬承雇尚有停泊關外船二
十餘隻先巳稟請札飭趕回其餘各船在未奉飭雇
以前載貨北行經該管道府弔查船商行簿向來每
至年底止陸續回甯其開放稍遲者因隆冬寒凍至
次年正二月內歸甬卑署道等伏查海運事宜以雇
船爲最要先務該商船旣巳載貨北行未能刻期轉
棹設有稽延卽誤放洋風汛查各商船攬載漕糧得
項本優惟兩省並行海運攬載客貨易於居奇意存
躲避江省章程各商船不運載漕米者卽不准赴關
東貿易該船戶等亦多未便合無仰懇
察覈飛咨
山東撫憲
奉天府尹轉飭沿海州縣嚴查浙江甯波逗遛各商

船分別示諭押令一律迅速轉帆務於臘月望前全
行回甬備用深爲公便
咸豐二年　月　日稟奉
巡撫部院黄　批巳據稟由六百里飛咨
奉天府尹山東撫院轉飭沿海各屬諭令甯波逗遛各商船迅
速回甬矣仰卽知照繳

署甯紹台道余士璪署甯波府知府畢承昭稟竊奉
憲札本年冬漕辦理海運所需船隻札飭卑署道府
督縣辦雇以資濟運等因卑署道府等業將遵辦事
宜縷晰會稟一面仍飭鄞鎭二邑並經卑署府嚴飭
差役督同報稅行戸暨船商人等趕將船照弔取繳
府現又據鎭邑及該差等弔到牌照一十三隻連前
共四十七隻尚有船已在甬未經弔到牌照者數隻
正在傳集船商議令先行立攬承雇並取牙保甘結
送府茲據船商李生記等赴道府具呈以奉飭招雇
北船試行海運前赴上海吳淞受兌並蒙示諭簡便
章程體卹商情無微不至何敢不踴躍急公爭先受
雇現今駛入甬江之船共計五十餘隻遵卽出具承
攬赴上海受兌嗣後隨到隨攬斷不遊移覬望惟牌
照例須按年更換以爲沿途查驗之憑現奉飭弔半
多更換屆期且者舵水手年貌詳列照內開放之時
每多更易如至上海發給原照勢必年貌不符爾時
受兌孔急旣不克回甯換照而就此往關東裝貨載
回關隘必至挑斥留難恐誤二運稟懇免予弔送並
請發還原弔牌照俟立攬之後卽赴上海受兌斷不
敢延挨遲誤等情據此查卑署道府前稟議請弔照

申送倒換原因換給府照船隻不能遠行係爲杜絶逗遛避匿起見今據該商等所稟弔照多所窒礙係屬實在情形且船隻業經立攬承雇取有保結不致再有弊混該商等均係有力紳富之家勢不敢以巨萬貫之船本中途避匿輕于嘗試據稟似尚可行自應俯如所請以順商情所有卑署道府前稟弔照申送換給府照放行之處應請毋庸置議除將現已開報各船飭立承攬取同牙保甘結由卑署府即日另文申送並給還原照飭令開行外再查甯屬北船共計一百三十六隻刻下在甯鎭淺內停泊者計五十

餘隻其餘或係在途或尚在北一俟到甯卽當陸續封雇隨時具報

咸豐二年十一月　日稟奉

巡撫部院黃　批據稟已悉仰新任糧儲道仍速移行甯波道府將在途在北各船一俟到甯卽行封雇赴上海候兌是爲至要仍候札飭藩司暨海運局員知照此繳稟抄發

浙江巡撫部院黃　札周糧道知悉據署甯波府畢守稟稱奉札封雇海船濟運新漕一事玆據司事稟稱海運北船現俱情願在甬者五十六隻立攬承雇將來續到之船亦卽隨到隨攬已攬各船內有載貨及船身損漏者趕卸修艌放赴受兌臘底正初定可陸續齊至上海此後續到船隻如有滿載損壞之事亦應速令卸空修整以濟兌運其餘各船本屬完固而久已卸貨停泊在甯該商等意在急公以俟二月初間受兌開放未免躭延時日年內各縣漕糧自必早有征收在倉雖未能一律全完而總已約有成數

意欲早兌上船立春得有南風卽可開放赴北似此早去速回俾得迅趕二運惟商船特恐開放過早上海天津或未齊備轉恐南北有守候之虞用敢據情上達是否可行伏乞示遵等情前來本部院查閱來稟可見該署守之以

天庾正供爲重剴切曉諭各商人之踴躍急公俱堪嘉獎

本部院一以愛民恤商爲心該商人旣深明大義所有向來北運各船自必共相傳諭齊集裝載早去早來迅速趕上二運該守所稟恐開放過早上海天津或未齊備轉恐南北有守候之虞已見該守之體恤

下情本部院自當
奏明請
飭兩江總督嚴飭上海地方官及各委員隨到隨閘毋稍
留難并請
飭下倉場侍郎隨到隨收以便該商等得以迅速運回趕
上二運以示恤商至意該道府等凡有應行恤商之
處以後均着隨時具稟至應行酌給水脚等項銀米
業已札飭本省各委員照數覈給不准有抑勒尅扣
情弊以致商人裹足不前該委員等俱係本部院深
信之人平日公正辦事自必恪遵辦理本部院辦事

認眞愛士愛民尤其本性應行體恤下情之處責在
於官應行踴躍急公之處情具于民該守即將此札
遍行曉諭俾令益加奮勉自此次札飭諄諭之後倘
其中或有一二疲玩不遵者即行嚴辦言出法隨決
不寬貸除徑札華守外合亟飛飭札到該道即便轉
飭遵照一面催令有漕各州縣趕緊備齊銀米以速
運務不准遲誤切切特札
咸豐二年十一月十三日行

署寧波府知府畢承昭稟竊奉
憲飭封雇北船以濟海運等因奉經卑署府遵飭趕
辦節次稟報各在案茲據船商議敘布理問王在田
稟稱該商置有王泰元北船一隻原係廣東洋駁前
因遭風損壞自閩買歸改造深長濶大較蛋船三不
像等船裝貨幾加二倍向來在洋行駛濡滯運載不
能合幫聯綜且自二十九年至今赴北往回統計僅
得五次現今尚未回南此其駕駛遲滯之明證今奉
雇運漕糧商並不敢規避惟在洋退後既恐米色霉
變水師又不能獨護設有貽誤關係匪輕稟請察奪

等情卑署府以該船果能寬大容米更多於運務益
加妥適該商所稟是否實爲因公起見抑欲借此留
南藉圖獨擅其利批飭各商會查具稟去後嗣據船
商陸公一等公同查明該船實與各號船身迴異行
程不能迅速王在田所稟實爲慎重公事並無別有
擅利私情稟復前來復經飭據出具切結呈送並聲
明該船即在通幫一百三十六隻之內等情卑署府
查海運船隻行駛必須連綜迅速彼此聯絡方可隨
幫護送今王泰元之船既據查明實係格外濶大恐
致貽誤亦難冒昧從事應俟回南扣除理合據情轉

稟仰祈察覈
咸豐二年十二月十三日稟奉
督糧道周　批據稟扣留王泰元一船緣由已悉仰
卽如稟辦理至鄞鎮二縣北商船隻是否業已全行
封雇此外並無避匿遺漏情事仍卽據實查覆事關
海運先務勿稍片延切切並候
撫憲暨
省局批示繳

署寧波府知府畢承昭稟竊奉
憲飭以本年新漕海運商船不敷裝載飭卽曉諭船
商不必帶貨勸令加裝米石分別多寡酌奬等因遵
經卑署府暨委員署通判周倅隨同本道憲邀集紳
商宣布
憲意剴切開導該商等先則遲疑推諉未得允洽卽
有首肯者亦尙低徊不決卑署府以加裝一事有未
便强之以勢總須衆心鼓舞俾可不致變更復又邀
同司事諸紳面爲籌議適卑署府前請北船赴津交
卸准至關東裝貨之稟業奉

撫憲批示到府當卽遵批出示曉諭一面與各紳商
諄切勸諭勉之以急公曉之以大義現在已據該商
等各願報効所有原議二成之貨遵諭不復裝載俟
赴津交卸之後卽往關東裝貨迅速南旋趕載二運
惟者舵水手人等因身工無幾遠涉風濤商號向曾
許其稍帶小貨獲沾微利藉贍身家今運漕米亦懇
准其裝載免稅並據開具裝米數目清摺呈送前來
聲明摺內米數係按散裝之漕米覈計若用袋裝盛
之白糧艙中堆儲空隙較多較之裝載漕糧之摺又
須覈減大約其船裝漕可千石者白糧止可以八成

折計等情卑　署府查該商等急公加裝甚屬可嘉其所稟各情亦係實在情形至耆舵水手所帶小貨爲數向亦無多自應俯如所請以示體恤除稟請道憲飭關免稅一面催令開行外所有該商等遵諭加裝米數謹開摺恭呈

憲鑒仰祈察覈再查甯屬通幇北船共計一百三十六隻前送承攬內有北船二隻係蘇省商船不在原報數目之內又應行開除遭風等船五隻均於摺內登註合併聲明肅泐具稟

咸豐二年十二月十五日稟奉

督糧道周　批據稟商船加裝米數緣由已悉時屆正月初旬各縣漕糧均已兌交內河剝船立候運滬兌交仰卽飛飭各船戶候風及早開行駛滬交兌毋任延誤切切仍候

撫憲暨

各司道省局批示繳摺存

浙江巡撫部院黃　札糧儲道知悉據署甯波府具稟已封北船請照前飭准帶貨物等情抄稟札道妥速辦理仍飭催趕緊開放上海受兌毋違

計黏抄

敬稟者切奉札飭封雇北船海運漕糧等因一案業將封雇緣由節次具稟取攬詳送所有該商等踴躍急公情形已蒙深加獎勵遵札曉示各在案卑署府一面遵奉另札會同周倅延集商紳將加裝事宜妥爲勸諭茲於十二月初二日接奉札飭據總局詳以浙省船少米多飭令該商船全載漕米設法加裝分

別多寡優加獎勵早兌早開於天津交卸後卽可回滬趕裝二運等因奉經遵照札飭諭令該商暨司事等速議具覆開放去後茲據該商紳等赴府面稱今屆海運船隻前奉諄切勸諭且蒙

大憲格外體卹商等均已一律情願已經具報陸續出口候風開放受兌者三十九隻今蒙傳示札內有酌量加裝於天津交卸後卽可回滬之諭商等實生疑慮緣北商船隻半多自本經營不過往來順帶客貨而自北轉南尤多自行貿易且耆舵水手向亦許其稍帶小貨以期照料周到今奉雇運漕糧業蒙准

帶二成貨物是不特有本商船早經出資買定卽者舵水手亦各集貲購備嗣奉勸諭加裝雖商等不敢概行覆絕而至今尚未確有成議者半亦職是之故今又諭令赴津交卸卽可回滬等因第商等遵奉承雇因有按照蘇省章程准往關東裝貨之諭卽已會銀前往預置貨物以期隨到隨裝迅速返棹今如遵照諭飭是關東貨物早已買定頭運不能順便載回必致二運方可往運以盈千累萬之貨一經霉蒸無從銷售且其中窒礙情形未能枚舉尙乞轉求明晰曉諭以釋疑慮各等語并據具稟前來臬署府當卽

婉爲切實開導並以關東裝貨本有舊章札內雖未能一一開示將來總可赴關東裝載祇須迅速回南乘風轉運不致躭延時日而該商等總以事在兩可難免懷疑謹將原稟錄呈惟求

察覈迅賜給示曉諭俾該商等不致妄生疑慮至加裝米石臬署府現仍會同周倅妥爲勸諭務令設法加裝總期多多益善以仰副愼重漕運之至意俟卽議有端倪另當馳稟至該商所稟北船不敷挽運應如何添雇他省船隻協濟之處應請

電裁謹稟

巡撫部院黃　批前次加裝之議係爲鼓勵恤商起見今閱來稟亦屬實在情形如稟准帶貨物仍于天津交米後赴關東裝帶回貨以順商情但須迅速回南不准躭誤二運爲要仰卽分別剴切示諭趕緊開放上海俟兌餘已悉此繳摺存

船商蘇祥和盛惇記陸公一盛惇裕李生記董大生費敦大徐怡生蘇恒久費復大袁義記厲椿記盛瑞茂盛億生葛豫成王震裕童甡記童淳泰邵新泰馮增記王咸順謝復亨徐新三竺聚興余瑞泰吳元順林森泰蘇協記豐記號盛增盛順記號

合記號捷豐號白源來公稟

爲瀝陳下情仰祈轉達俾釋疑慮而勉趨公事竊商等前奉諭本年浙漕于明春試行海運招雇甯船赴上受兌業將已進甬江各船遵具承攬聽候飭放在案月前又蒙傳諭各商以浙漕米數較多勸令將二成裝載客貨艙口加裝漕米等因商等正在籌思未經稟覆兹于十二月初二日又轉奉

撫憲札飭諭示各船商此次初運該商船全載漕糧不必帶貨一經駛滬早兌早開于天津截卸後卽可回滬趕兌二運等因具仰

大憲藎猷策畫趕運正供之至意第商等細繹
憲諭于欽服之餘實不能不妄增疑慮伏查前奉
開列簡便規程第二條內云明春江浙並行海運
需船較多勢不能一次卽行運足必須頭運各船
于赴天津交米轉往關東裝載餅豆以後迅速回
南趕運二次第六條內云運米商船准其八成裝
米二成裝帶客貨并查明免稅
諭示煌煌皆係查照道光六年江蘇海運成案及
近年上海辦理章程商等曷敢不恪遵承運今伏
讀

憲諭該商船全載漕糧不必帶貨是不准二分裝帶
客貨也至於天津截卸卽可回滬趕兌二運等諭
並無轉往關東裝載餅豆明文商等愚昧私衷不
無疑慮如果遵辦往北不帶南貨回南不裝餅豆
商等尚可支吾何敢嘵嘵煩瀆第其中實有大難
措置下情不得不詳悉預陳之商等船隻向裝南
貨往北出售無論能否獲利原爲關東置貨資本
今只裝二分運本已屬不敷是以趕先會兌銀兩
在北置貨若初運之後不往裝載回南資本既致
冰擱而所置貨物經歷盛暑必有霉變之患將來

苦累不堪言狀其大難措置者一也每船駕駛者
舵水手不下二十餘人向于給辛工外准其南北
稍帶小貨一則得有餘資可以養活家口一則令
其帶有已資痛癢相關駕駛益加慎重今若不往
關東裝載回貨渠等雖帶小貨往津無從消售且
水手等尤屬貧戶並無資本向係行家賒貨轉運
今必至行家不肯賒給水手等往還南北冒涉風
濤無利可圖勢必人心渙散不肯認眞出力其大
難措置者二也甬江馬頭貧戶食力者居多商等
船隻每年南北運貨數次所有斛手秤手及剝船

損挑等夫修船製篷打索各工匠藉以謀生者不
下一二萬人今初運不准裝載北貨延至二運之
後秋高浪巨駕駛爲難勢必冬令方有北貨來甯
遙遙一載中而一二萬失業遊民無從覓食且值
歲歉米貴不爲餓殍卽爲匪類于地方深可危慮
其大難措置者三也以上所陳俱係實在情形並
無虛飾而商等所最難安頓者尤在水手人等現
今未奉往裝關東回貨明諭伊等未免懷疑觀望
紛紛傳說將向商等告退此輩鹵莽愚頑難以理
喻而又不能强制倘竟不遵約束貽誤運務商等

實屬無可奈何而又不能當此重咎爲此縷晰預
陳伏乞轉達
撫憲仍求准照江省成例許裝二分客貨往津並
于初運後許往關東裝載餅豆回南并卽曉示各
船俾不致妄增疑慮以誤運務實深感禱至關東
載貨回南起裝二運有道光六年成案可稽而近
年江省海運亦於裝貨回南後陸續承載二運是
商等甯船儘可遵照辦理不致有礙二運但浙漕
六十餘萬石而甯船僅一百三十餘號裹可裝載
米數不過十八九萬石卽令二運全裝未能掃數

運津還求另籌添雇他省船隻以資輸挽而免稽
遲實爲德便區區管見合併附陳不勝急切待命
之至謹稟

咸豐二年十二月初十日行

浙江海運省局護理鹽運司湖州府知府晏端書署
杭捕同知繆梓署仁和縣知縣楊裕深爲詳請事竊
照浙漕奉行海運招雇甯波商船已據甯波道府先
後稟覆並取具承攬詳送轉發到局在案惟查各屬
業已接續具報開倉轉瞬漕米收齊卽應剝運赴滬
交兌所有已雇蛋船三不像船隻前蒙
奏明臘月初旬駕歸上海水次受兌應請札行甯波道
府轉飭北號司事傳諭已經進關具攬各船耆舵務
于十二月初一至初十日以內駛赴上海并諭雇船
出力之鎮海縣拔貢生王引孫慈谿縣原任福建建

甯縣知縣張廣埏候選府經歷王訓鄞縣候選布政
司理問童可忩鎮海縣監生俞斌等於該紳士中酌
商二三名率同報稅行戶一二名前赴上海局經理
受兌開洋各事宜并請移咨
提鎮憲派委水師營弁分起押護開行毋任逗遛其續
到之船選雇趕開以資迅速擬合備文詳請伏祈
俯賜覈辦爲此備由呈乞
照詳施行
咸豐二年十一月二十三日具詳奉
巡撫部院黃　批仰新任糧儲道飭候飛咨

提督定海鎮派委水師營弁分起押護開行並札甯波道
府縣分別傳諭妥辦該道仍卽移行將續到之船趕
雇趕開毋遲并移藩司知照此繳詳抄發

署甯波府知府畢承昭爲詳送事奉札以本年冬漕
業奉
奏辦海運所需船隻飭卽督同鄞縣妥爲雇備等因奉
經轉飭遵辦一面會同委員中防同知仲丞出示愷
切曉諭並經卑署府札飭鄞鎮二邑並飭差協同牙
行將現在口內停泊北船弔取牌照繳送當將辦理
緣由隨同稟明嗣據該商等具稟以各船牌照係爲
沿途查驗之憑一經弔送其間或因例屆限滿或臨
行更易舵水一時轉難換更殊多窒礙請免弔送等
情復經隨同稟請免弔各在案兹選派清書設局查
辦飭據各商船主出具承攬并同牙行保結稟送到
府除保結附卷催令卸空船貨傳齊舵水人等候奉
示卽由甯給還原弔各照飭赴上海縣聽候委員查
驗受兑裝運外理合將已雇船隻數目查照前稟開
具清摺同飭立承攬呈送
撫憲並照開清摺備文申送仰祈
察覈再查甯屬北船共計一百三十六隻現今立攬
承雇者五十六隻餘均在途在北尚未回甬一俟來
甯卽當隨到隨雇陸續立攬呈送飭令開放候兑如
查有損漏船隻卽飭速行修艌應免不致遲誤再查

此次辦雇北[illegible]船頗得該商司事等之力如往來開導船主以及稽查避出口外勸令放回船隻皆係司事鎮海縣拔貢生王引孫慈谿縣原任福建建甯縣知縣張廣埏候選府經歷王訓鄞縣候選布政司理問童可僉認眞出力並經卑署府會同委員派令熟悉商船之鎮海縣監生俞斌一同在事經理皆未便沒其微勞合併呈明爲此備由具申伏乞

照詳施行

今申送清摺一扣

咸豐二年十一月初八日詳

巡撫部院黃 批據詳已悉仰新任糧儲道卽將發來承攬轉發海運局員查收辦理至其餘事宜仍飭該守查照本部院十一月十三日札飭事理遵行再該守前次稟請免弔各船牌照一案早經批道轉行矣並卽飭知此繳詳摺均抄同承攬五十六紙並發

督糧道周 批業已另札行知矣仰卽查照繳摺存

咸豐二年十一月二十七日申報二次雇定立攬商船二十二隻

咸豐二年十二月十三日申報三次雇定立攬商船三十隻

咸豐三年正月初九日申報四次雇定立攬商船一十九隻

浙江海運省局護理鹽運司湖州府知府晏端書署
杭捕同知繆梓署仁和縣知縣楊裕深爲轉報事據
甯波府申稱奉飭封雇海船濟運新漕飭將具攬各
船傳諭司事并各船耆舵行戸人等於十二月初旬
駛往上海受兑赴北等因奉經會同署通判周倅諭
催趕緊開放出關赴滬受兑去後玆據牙行開單稟
報商船李天益等三十九隻於本月初十日止陸續
先行開放等情除塡給護照並發還牌照領給開放
并行鎭海縣就近催令出關候風放滬並稟請
提憲轉飭水師員弁沿途撥護前赴上海受兑外合
將開放船戸姓名開摺申報察覈轉飭上海委員知
照至其餘各船及應修應卸船隻卽當分別趕催開
行立攬另文具報合併聲明等情到局據此擬合備
文呈報伏祈
察查並請札飭松江府上海縣暨松海防同知藍丞
等一體知照除移知浙江上海局外爲此備由呈乞
照驗施行
咸豐二年十二月十七日申
江蘇藩臬司
第二次自十二月十四日起至二十四日止開放赴

滬船三十三隻于十二月二十六日轉報
第三次自正月初二日起至初十日止開放赴滬船
三十隻于正月二十五日轉報
第四次自正月初十日起至二十日止開放赴滬船
十二隻于二月二十八日轉報
第五次二月十四日開放赴滬船六隻于三月二十
四日轉報
第六次四月初一日至初六日開放赴滬船七隻于
四月二十一日轉報

浙江海運上海總局爲移知事竊照杭嘉湖三府屬海運漕糧奉飭由甯波封雇三不像蜑船來滬裝運并准移知承攬船數在案兹據江蘇吳淞口委員寶山縣主簿吳文濬報于正月初八日起截至十五日止有甯船蔡祥元等現已陸續掛驗進口共計八十一隻開摺呈報前來查該船等俱已次第駛進浦江排泊受兑合行開單移知爲此合移請煩查照須移

咸豐三年正月二十一日移

浙江省局又於二月十五日移續到船二十八隻

督辦浙江海運省局司道爲移知事本年七月二十四日准

藩司咨開本年七月十二日准

坐糧廳賀　咨開准

天津道咨開案查道光六年海運章程內開剝船油艙一項除民船毋庸扣繳外所有官剝船隻仍照歷年北倉轉運之例每百石扣繳油艙銀一兩二錢四分四釐毋庸議加仍俟漕竣覈明銀數由坐糧廳移知南省提扣銀兩解交天津道庫分別支用歸欵等因歷經循辦在案兹查咸豐三年江蘇省海運除民船不扣油艙外計官剝船共起洪斛漕米五十六萬三千八百三十二石三斗六合五勺四抄四撮每百石應扣油艙銀一兩二錢四分四釐共應扣油艙銀七千一十四兩七分四釐浙江省海運除民船不扣油艙外計官剝船共起洪斛米四十萬一千六百三十六石七斗三升一合五勺八撮每百石應扣油艙銀一兩二錢四分四釐共應扣油艙銀四千九百九十六兩三錢一分六釐擬合咨會爲此合咨請煩查照祈即轉咨浙江藩司將應扣前項油艙銀兩迅賜委員照數解交本署道衙門兑收等因准此咨司將

前項銀兩委員照數解交天津道庫等由過司准此
咨局請將應扣前項油艌銀兩即行委員照數解赴
津庫兌收等因准此查是項銀兩本年帶津用欵內
如有盈餘應即覈明確數移還天津道庫以清上屆
欠欵理合備文移知爲此合咨
貴道煩請查照施行
咸豐四年七月二十七日咨
督糧道周

浙江海運省局布政使韓椿督糧道周起濱署杭嘉
湖道晏端書督同總辦委員署紹興府知府繆梓等
爲遵
旨事案於本年五月二十八日奉
憲臺案行咸豐四年五月十四日准
戸部咨開雲南司案呈本部議覆直督奏上年江浙
海運支用經費循案請免報銷一摺相應鈔錄原奏
恭錄
諭旨行文浙江巡撫轉飭糧道等一體欽遵覈辦可也等
因到院行局查照欽遵計黏單等因奉此本司道伏
查咸豐三年辦理浙省海運支發一切經雜各費已

奉
憲臺行准
直隸督院咨據天津道轉據委員署天津府同知徐
鏞會同前任天津縣知縣謝子澄造具分項清冊轉
移到浙即經發交上屆天津局員覈覆在案今本糧
道周起濱查前項長墊九四平銀二千六百三十一
兩一錢四釐三毫按冊覈算尚無浮冒現在屢准天
津道以庫項支絀一切待用恐殷移催解還歸欵等
由已在本年帶津經費銀內撥出解還以清欵目相

應備文詳報伏候
憲臺俯賜察覈咨達
戶部暨
直隸督院一體查照爲此備由呈乞
照詳施行
咸豐四年八月初四日具詳奉
巡撫部院黄　批仰候分咨繳

杭嘉湖三府屬
咸豐二年分
額該起運交倉漕糧正耗米五十三萬七千四百三十八石二斗四升四合五勺內
杭州府屬米九萬六千五百六十四石四斗三升四合二勺
嘉興府屬米二十五萬七千三十八石三斗六升四勺
湖州府屬米一十八萬三千八百三十五石四斗四升九合九勺
額該起運交倉白糧正耗米三萬一千二百三十八石一斗六升八合九勺內
嘉興府屬米一萬九千三百七十七石七斗五合九勺
湖州府屬米一萬一千八百六十石四斗六升三合
搭運湖州府屬
咸豐元年分
額該起運交倉白糧正耗米一萬一千八百六十石四斗六升三合

仁和縣

咸豐二年分

額該起運漕改正耗米二萬九千八百二十五石七斗八升一合內

正兌糧米二萬二千一百石五斗九升八合五勺

二五交倉耗米五千五百二十五石一斗四升九合六勺

改兌糧米一千八百八十石三斗七升

一七交倉耗米三百一十九石六斗六升二合九勺

以上各欵共符前額係應交倉實數

原給丁耗項下支銷漕糧耗食米三千一百八十一石五斗九升七勺內

商船每石八升耗米二千三百八十六石六升二合五勺

經紀每石一升五合耗米四百四十七石三斗八升六合七勺

天津剝船每石一升一合五勺食米三百四十二石九斗九升六合五勺

又新增經耗項下津剝每石一升一合五勺食米五石一斗四升五合

以上各欵共符前額係應支給實數

原給丁耗支剩米五百六十五石九斗八升四合二勺係奉

奏明糶價報撥

錢塘縣

咸豐二年分

額該起運漕改正耗米一萬三千六百一十八石四斗八升八合六勺內

正兌糧米一萬一百三十七石八升九合五勺

二五交倉耗米二千五百三十四石二斗七升二合四勺

改兌糧米八百九石五斗一升

一七交倉耗米一百三十七石六斗一升六合七勺

以上各欵共符前額係應交倉實數

原給丁耗項下支銷漕糧耗食米一千四百五十二石七斗一升八合三勺內

商船每石八升耗米一千八十九石四斗七升九合一勺

經紀每石一升五合耗米二百四石二斗七升七合三勺

天津剝船每石一升一合五勺食米一百五十六石六斗一升二合七勺

又新增經耗項下津剝每石一升一合五勺食米二石三斗四升九合二勺

以上各欵共符前額係應支給實數

原給丁耗支剩米二百五十四石三升二合四勺係

奉

奏明糶價報撥

海甯州

咸豐二年分

額該起運漕改正耗米三萬一千七百三石二斗四升六合七勺內

正兌糧米二萬三千六百二十八石二斗一升七合四勺

二五交倉耗米五千九百七石五升四合四勺

改兌糧米一千八百五十二石九斗七升

一七交倉耗米三百一十五石四合九勺

以上各款共符前額係應交倉實數

原給丁耗項下支銷漕糧耗食米三千三百八十一石八斗六升四合五勺內

商船每石八升耗米二千五百三十六石二斗五升九合七勺

經紀每石一升五合耗米四百七十五石五斗四升八合七勺

天津剝船每石一升一合五勺食米三百六十四石五斗八升七合三勺

又新增經耗項下津剝每石一升一合五勺食米五石四斗六升八合八勺

以上各款共符前額係應支給實數

原給丁耗支剩米五百八十八石五斗五升一合二勺係奉

奏明糶價報撥

富陽縣
咸豐二年分
額該起運漕改正耗米三千七百八石五斗八升九合七勺內
正兌糧米二千六百三十七石九斗五升二合
二五交倉耗米六百五十九石四斗八升八合
改兌糧米三百五十一石四斗一升
一七交倉耗米五十九石七斗三升九合七勺
以上各款共符前額係應交倉實數
原給丁耗項下支銷漕糧耗食米三百九十五石六斗四合五勺內
商船每石八升耗米二百九十六石六斗八升七合二勺
經紀每石一升五合耗米五十五石六斗二升八合八勺
天津剝船每石一升一合五勺食米四十二石六斗四升八合八勺
又新增經耗項下津剝每石一升一合五勺食米六斗三升九合七勺
以上各款共符前額係應支給實數

原給丁耗支剩米八十石九斗一升二合六勺係奉
奏明糶價報撥

餘杭縣
咸豐二年分
額該起運漕糧正耗米九千七百八十七石六斗二升九合三勺內
正兌糧米七千八百三十石一斗三合四勺
二五交倉耗米一千九百五十七石五斗二升五合九勺
以上各欵共符前額係應交倉實數
原給丁耗項下支銷漕糧耗食米一千四十四石七升八勺內

商船每石八升耗米七百八十三石一升三勺
經紀每石一升五合耗米一百四十六石八斗一升四合四勺
天津剝船每石一升一合五勺食米一百一十二石五斗五升七合七勺
又新增經耗項下津剝每石一升一合五勺食米一石六斗八升八合四勺
以上各欵共符前額係應支給實數
原給丁耗支剩米一百三十石四斗四升四合七勺
係奉

奏明糶價報撥

臨安縣

咸豐二年分

額該起運漕糧正耗米三千四百五十三石四斗九升六合二勺內

正兌糧米二千七百六十二石七斗九升七合

二五交倉耗米六百九十石六斗九升九合二勺

以上各款共符前額係應交倉實數

原給丁耗項下支銷漕糧耗食米三百六十八石三斗九升三合內

商船每石八升耗米二百七十六石二斗七升九合

七勺

經紀每石一升五合耗米五十一石八斗二合四勺

天津剝船每石一升一合五勺食米三十九石七斗一升五合二勺

又新增經耗項下津剝每石一升一合五勺食米五斗九升五合七勺

以上各款共符前額係應支給實數

原給丁耗支剩米四十六石二升六合六勺係奉

奏明糶價報撥

新城縣

咸豐二年分

額該起運漕糧正耗米一千六百五石八斗七升六合九勺內

正兌糧米一千二百八十四石七斗一合五勺

二五交倉耗米三百二十一石一斗七升五合四勺

以上各款共符前額係應交倉實數

原給丁耗項下支銷漕糧耗食米一百七十一石三斗三合內

商船每石八升耗米一百二十八石四斗七升二勺

經紀每石一升五合耗米二十四石八升八合二勺

天津剝船每石一升一合五勺食米一十八石四斗六升七合六勺

又新增經耗項下津剝每石一升一合五勺食米二斗七升七合

以上各款共符前額係應支給實數

原給丁耗支剩米二十一石四斗二合二勺係奉

奏明糶價報撥

於潛縣
咸豐二年分
額該起運漕糧正耗米一千五百三十九石九斗六升四合一勺內
正兌糧米一千二百三十一石九斗七升一合三勺
二五交倉耗米三百七石九斗九升二合八勺
以上各欵共符前額係應交倉實數
原給丁耗項下支銷漕糧耗食米一百六十四石二斗七升一合九勺內
商船每石八升耗米一百二十三石一斗九升七合一勺
經紀每石一升五合耗米二十三石九升九合五勺
天津剝船每石一升一合五勺食米一十七石七斗九合六勺
又新增經耗項下津剝每石一升一合五勺食米二斗六升五合七勺
以上各欵共符前額係應支給實數
原給丁耗支剩米二十石五斗二升三合八勺係奉
奏明糶價報撥

昌化縣
咸豐二年分
額該起運漕糧正耗米一千三百二十一石三斗六升一合七勺內
正兌糧米一千五十七石八升九合三勺
二五交倉耗米二百六十四石二斗七升二合四勺
以上各欵共符前額係應交倉實數
原給丁耗項下支銷漕糧耗食米一百四十石九斗五升二合九勺內
商船每石八升耗米一百五石七斗八合九勺
經紀每石一升五合耗米一十九石八斗二升五勺
天津剝船每石一升一合五勺食米一十五石一斗九升五合六勺
又新增經耗項下津剝每石一升一合五勺食米二斗二升七合九勺
以上各欵共符前額係應支給實數
原給丁耗支剩米一十七石六斗一升五勺係奉
奏明糶價報撥

嘉興縣

咸豐二年分

額該起運漕改正耗米五萬五千三百九十二石九升三勺內

正兌糧米三萬八千三百三十八石一斗七合五勺

二五交倉耗米九千五百八十四石五斗二升六合九勺

改兌糧米二千九百六十五石九斗二升

一七交倉耗米五百四石二斗六合四勺

改漕糧米三千一百九十九石四斗六升三合六勺

二五交倉耗米七百九十九石八斗六升五合九勺

以上各欵共符前額係應交倉實數

原給丁耗項下支銷耗食等米五千九百八石八斗一升二合八勺內

商船每石八升耗米四千四百三十一石三斗六升七合三勺

經紀每石一升五合耗米八百三十石八斗八升一合三勺

天津剝船每石一升一合五勺食米六百三十七石九合

又新增經耗項下津剝每石一升一合五勺食米九石五斗五升五合二勺

以上各欵共符前額係應支給實數

原給丁耗支剩米一千三石九斗八升四合四勺係

奉

奏明糶價報撥

嘉興縣
咸豐二年分
額該起運白糧正耗米四千一十四石七斗八升八合一勺內
白粳正米三千二百八十九石六斗五升二合
交倉耗米一百四十一石一斗二升五合六勺
白糯正米五百六十一石八斗一升五合
交倉耗米二十二石一斗九升五合五勺
以上各欵共符前額係應交倉實數
原給丁耗項下支銷白糧耗食米五百二十石七斗四升六合內
商船每石一斗耗米四百一石四斗七升八合八勺
經紀每石一升八合耗米七十二石二斗六升六合二勺
天津剝船每石一升一合五勺食米四十六石一斗七升
又新增經耗項下津剝每石一升一合五勺食米八斗三升一合
以上各欵共符前額係應支給實數
原給丁耗支剩米一千四十九石九升三合一勺係

奏明申糙糶價報撥

秀水縣
咸豐二年分
額該起運漕改正耗米四萬五千七石五升四合內
正兌糧米三萬一千八十二石二斗九升四合五勺
二五交倉耗米七千七百七十石五斗七升三合六勺
改兌糧米二千五百八十七石一斗
一七交倉耗米四百三十九石八斗七合
改漕糧米二千五百一石八斗二升三合一勺
二五交倉耗米六百二十五石四斗五升五合八勺

以上各欵共符前額係應交倉實數
原給丁耗項下支銷耗食等米四千八百一石一升四合九勺內
商船每石八升耗米三千六百石五斗六升四合三勺
經紀每石一升五合耗米六百七十五石一斗五合八勺
天津剝船每石一升一合五勺食米五百一十七石五斗八升一合一勺
又新增經耗項下津剝每石一升一合五勺食米七石七斗六升三合七勺
以上各欵共符前額係應支給實數
原給丁耗支剩米八百三十一石六斗三升五合八勺係奉
奏明糶價報撥

秀水縣
咸豐二年分
額該起運白糧正耗米三千三百五十一石三斗一升七合六勺內
白粳正米二千七百一十二石七斗二升三合
交倉耗米一百一十六石一斗一升三合六勺
白糯正米五百二石三斗二合
交倉耗米二十石一斗七升九合
以上各欵共符前額係應交倉實數
原給丁耗項下支銷白糧耗食米四百三十四石六斗八升九合三勺內
商船每石一斗耗米三百三十五石一斗三升一合八勺
經紀每石一升八合耗米六十石三斗二升三合七勺
天津剝船每石一升一合五勺食米三十八石五斗四升一勺
又新增經耗項下津剝每石一升一合五勺食米六斗九升三合七勺
以上各欵共符前額係應支給實數

原給丁耗支剩米八百七十五石七斗七升九合四勺係奉
奏明申糙糶價報撥

嘉善縣

咸豐二年分

額該起運漕改正耗米四萬八千三百二十四石一斗三升三勺內

正兌糧米三萬二千九百七十八石一斗三升五合

二五交倉耗米八千二百四十四石五斗三升三合七勺

改兌糧米三千一百一十五石六斗八升

一七交倉耗米五百二十九石六斗六升五合六勺

改漕糧米二千七百六十四石八斗九升二合八勺

二五交倉耗米六百九十一石二斗二升三合二勺

以上各款共符前額係應交倉實數

原給丁耗項下支銷耗食等米五千一百五十四石八斗五升五合八勺內

商船每石八升耗米三千八百六十五石九斗三升四勺

經紀每石一升五合耗米七百二十四石八斗六升二合

天津剝船每石一升一合五勺食米五百五十五石七斗二升七合五勺

又新增經耗項下津剝每石一升一合五勺食米八石三斗三升五合九勺

以上各款共符前額係應支給實數

原給丁耗支剩米九百二十三石二斗四合七勺係

奉

奏明糶價報撥

嘉善縣

咸豐二年分

額該起運白糧正耗米三千九百六石四升六合四勺內

白粳正米三千二百九十三石六斗一升五合一勺

交倉耗米一百四十一石三斗八升三合四勺

白糯正米四百五十二石七斗四升七合三勺

交倉耗米一十八石三斗六勺

以上各欵共符前額係應交倉實數

原給丁耗項下支銷白糧耗食米五百六石六斗四升一合五勺內

商船每石一斗耗米三百九十石六斗四合六勺

經紀每石一升八合耗米七十石三斗八合八勺

天津剝船每石一升一合五勺食米四十四石九斗一升九合五勺

又新增經耗項下津剝每石一升一合五勺食米八斗八合六勺

以上各欵共符前額係應支給實數

原給丁耗支剩米一千一十九石五斗三升七合六勺係奉

奏明申糙糶價報撥

海鹽縣
咸豐二年分
額該起運漕改正耗米二萬二千七百二十三石一斗三合九勺內
正兌糧米一萬五千四百四石三斗八升五合五勺
二五交倉耗米三千八百五十一石九升六合四勺
改兌糧米一千五百八十八石六斗七升
一七交倉耗米二百七十石七升三合九勺
改漕糧米一千二百八十七石一斗二合五勺
二五交倉耗米三百二十一石七斗七升五合六勺
以上各款共符前額係應交倉實數
原給丁耗項下支銷耗食等米二千四百二十三石九斗三升四勺內
商船每石八升耗米一千八百一十七石八斗四升八合三勺
經紀每石一升五合耗米三百四十石八斗四升六合七勺
天津剝船每石一升一合五勺食米二百六十一石三斗一升五合七勺
又新增經耗項下津剝每石一升一合五勺食米三

石九斗一升九合七勺
以上各款共符前額係應支給實數
原給丁耗支剩米四百四十五石一斗八升六合九勺係奉
奏明糶價報撥

海鹽縣

咸豐二年分

額該起運白糧正耗米二千一百五十六石六斗五升六合二勺內

白粳正米一千七百一十八石七斗七升四合六勺

交倉耗米七十三石九斗一升七合三勺

白糯正米三百四十九石二斗五升八合三勺

交倉耗米一十四石七斗六合

以上各款共符前額係應交倉實數

原給丁耗項下支銷白糧耗食米二百七十九石七斗三升三合五勺內

商船每石一斗耗米二百一十五石六斗六升五合七勺

經紀每石一升八合耗米三十八石八斗一升九合八勺

天津剝船每石一升一合五勺食米二十四石八斗一合五勺

又新增經耗項下津剝每石一升一合五勺食米四斗四升六合五勺

以上各款共符前額係應支給實數

原給丁耗支剩米五百六十二石二斗五升八合係

奉

奏明申糙糶價報撥

平湖縣

咸豐二年分

額該起運漕改正耗米二萬八千六百四十五石六斗九升四合六勺內

正兌糧米一萬九千七百一十九石四斗七升七合四勺

二五交倉耗米四千九百二十九石八斗六升九合三勺

改兌糧米一千六百五十七石一斗九升

一七交倉耗米二百八十一石七斗二升二合三勺

改漕糧米一千六百四十五石九斗四升八合五勺

二五交倉耗米四百一十一石四斗八升七合一勺

以上各款共符前額係應交倉實數

原給丁耗項下支銷耗食等米三千五十五石七斗七合八勺內

商船每石八升耗米二千二百九十一石六斗五升五合五勺

經紀每石一升五合耗米四百二十九石六斗八升五合四勺

天津剝船每石一升一合五勺食米三百二十九石四斗二升五合五勺

又新增經耗項下津剝每石一升一合五勺食米四石九斗四升一合四勺

以上各款共符前額係應支給實數

原給丁耗支剩米五百三十石二斗五升九合八勺

係奉

奏明糶價報撥

平湖縣

咸豐二年分

額該起運白糧正耗米二千二百七十四石六斗二升六合三勺內

白粳正米一千七百八十二石三斗一升五勺

交倉耗米七十六石二斗七升三合三勺

白糯正米三百九十九石六斗七合九勺

交倉耗米一十六石四斗三升四合六勺

以上各欵共符前額係應交倉實數

原給丁耗項下支銷白糧耗食米二百九十五石三升四合九勺內

商船每石一斗耗米二百二十七石四斗六升二合六勺

經紀每石一升八合耗米四十石九斗四升三合二勺

天津剝船每石一升一合五勺食米二十六石一斗五升八合三勺

又新增經耗項下津剝每石一升一合五勺食米四斗七升八勺

以上各欵共符前額係應支給實數

原給丁耗支剩米五百九十四石一斗二升五勺係

奉

奏明申糙糶價報撥

石門縣

咸豐二年分

額該起運漕改正耗米三萬二千八百八十七石七斗九升七合內

正兌糧米二萬三千一百五十一石八斗一合五勺

二五交倉耗米五千七百八十七石九斗五升四勺

改兌糧米一千四百八十三石九斗四升

一七交倉耗米二百五十二石二斗六升九合八勺

改漕糧米一千七百六十九石四斗六升八合二勺

二五交倉耗米四百四十二石三斗六升七合一勺

以上各欵共符前額係應交倉實數

原給丁耗項下支銷耗食等米三千五百八石二斗二升三合四勺內

商船每石八升耗米二千六百三十一石二升三合八勺

經紀每石一升五合耗米四百九十三石三斗一升六合九勺

天津剝船每石一升一合五勺食米三百七十八石二斗九合六勺

又新增經耗項下津剝每石一升一合五勺食米五石六斗七升三合一勺

以上各欵共符前額係應支給實數

原給丁耗支剩米五百七十一石二斗七升三合二勺係奉

奏明糶價報撥

石門縣

咸豐二年分

額該起運白糧正耗米一千九百五十九石三斗八升七勺內

白粳正米一千五百八十三石九斗四升五合五勺

交倉耗米六十七石九斗四升三合八勺

白糯正米二百九十五石八斗二升七合五勺

交倉耗米一十一石六斗六升三合九勺

以上各款共符前額係應交倉實數

原給丁耗項下支銷白糧耗食米二百五十四石一斗四升五合五勺內

商船每石一斗耗米一百九十五石九斗三升八合一勺

經紀每石一升八合耗米三十五石二斗六升八合九勺

天津剝船每石一升一合五勺食米二十二石五斗三升二合九勺

又新增經耗項下津剝每石一升一合五勺食米四斗五合六勺

以上各款共符前額係應支給實數

原給丁耗支剩米五百一十二石一斗四升四合六勺係奉

奏明申糙糶價報撥

桐鄉縣
咸豐二年分
額該起運漕改正耗米二萬四千五十八石四斗九
升三勺內
正兌糧米一萬六千七百一十石二斗二升四合五
勺
二五交倉耗米四千一百七十七石五斗五升六合
一勺
改兌糧米一千二百八十四石二斗五升
一七交倉耗米二百一十八石三斗二升二合五勺

改漕糧米一千三百三十四石五斗九合八勺
二五交倉耗米三百三十三石六斗二升七合四勺
以上各款共符前額係應交倉實數
原給丁耗項下支銷耗食等米二千五百六十六石
三斗七升九合四勺內
商船每石八升耗米一千九百二十四石六斗七升
九合二勺
經紀每石一升五合耗米三百六十石八斗七升七
合四勺
天津剝船每石一升一合五勺食米二百七十六石
六斗七升二合七勺
又新增經耗項下津剝每石一升一合五勺食米四
石一斗五升一勺
以上各款共符前額係應支給實數
原給丁耗支剩米四百三十五石七斗八合三勺係
奉
奏明糶價報撥

桐鄉縣

咸豐二年分

額該起運白糧正耗米一千七百一十四石八斗九升六勺內

白粳正米一千三百九十六石一斗五勺

交倉耗米六十石一斗八升八合三勺

白糯正米二百四十八石七斗四升九合二勺

交倉耗米九石八斗五升二合六勺

以上各欵共符前額係應交倉實數

原給丁耗項下支銷白糧耗食米二百二十二石四斗三升三合三勺內

商船每石一斗耗米一百七十一石四斗八升九合

經紀每石一升八合耗米三十石八斗六升八合一勺

天津剝船每石一升一合五勺食米一十九石七斗二升一合二勺

又新增經耗項下津剝每石一升一合五勺食米三斗五升五合

以上各欵共符前額係應支給實數

原給丁耗支剩米四百四十七石七斗八合一勺係

奉

奏明申糙糶價報撥

歸安縣
咸豐二年分
額該起運漕改正耗米四萬三千七百一石四斗九升九合一勺內
正兑糧米二萬九千六百三十六石三斗一升一合二勺
二五交倉耗米七千四百九石七升七合八勺
改兑糧米三千三百一石六斗四升
一七交倉耗米五百六十一石二斗七升八合八勺
改漕糧米二千二百三十四石五斗五升三合
二五交倉耗米五百五十八石六斗三升八合三勺
以上各欵共符前額係應交倉實數
原給丁耗項下支銷耗食等米四千六百六十一石七斗四升八合一勺內
商船每石八升耗米三千四百九十六石一斗一升九合九勺
經紀每石一升五合耗米六百五十五石五斗二升二合五勺
天津剝船每石一升一合五勺食米五百二石五斗六升七合二勺

又新增經耗項下津剝每石一升一合五勺食米七石五斗三升八合五勺
以上各欵共符前額係應支給實數
原給丁耗支剩米八百七十八石二斗五升八合七勺係奉
奏明糶價報撥

歸安縣
咸豐二年分
額該起運白糧正耗米三千五百五十四石九斗三升二合三勺內
白粳正米二千八百五十三石六斗四升五合四勺
交倉耗米一百一十九石七斗九升二合七勺
白糯正米五百五十九石四斗六升六合九勺
交倉耗米二十二石二升七合三勺
以上各欵共符前額係應交倉實數
原給丁耗項下支銷白糧耗食米四百六十一石九升九合八勺內
商船每石一斗耗米三百五十五石四斗九升三合三勺
經紀每石一升八合耗米六十三石九斗八升八合八勺
天津剝船每石一升一合五勺食米四十石八斗八升一合八勺
又新增經耗項下津剝每石一升一合五勺食米七斗三升五合九勺
以上各欵共符前額係應支給實數

原給丁耗支剩米九百三十二石九斗八升七勺係
奉
奏明申糙糶價報撥

烏程縣
咸豐二年分
額該起運漕改正耗米五萬二千五百三石二斗七升五合內
正兌糧米三萬五千三百二十五石七斗三升五合七勺
二五交倉耗米八千八百三十一石四斗三升三合
改兌糧米四千一百六十四石三升
一七交倉耗米七百七石八斗八升五合一勺
改漕糧米二千七百七十九石三斗五升三合
二五交倉耗米六百九十四石八斗三升八合二勺
以上各款共符前額係應交倉實數
原給丁耗項下支銷耗食等米五千六百石六斗五升五合五勺內
商船每石八升耗米四千二百石二斗六升二合
經紀每石一升五合耗米七百八十七石五斗四升九合一勺
天津剝船每石一升一合五勺食米六百三石七斗八升七合六勺
又新增經耗項下津剝每石一升一合五勺食米九石五升六合八勺
以上各款共符前額係應支給實數
原給丁耗支剩米一千七十二石八斗三升四合七勺係奉
奏明糶價報撥

烏程縣

咸豐二年分

額該起運白糧正耗米四千三百四十三石六斗五升三合八勺內

白粳正米三千五百七十六石五斗二升三合五勺

交倉耗米一百五十石九斗八升九合一勺

白糯正米五百九十二石八斗二升七合四勺

交倉耗米二十三石三斗一升三合八勺

以上各欵共符前額係應交倉實數

原給丁耗項下支銷白糧耗食米五百六十三石四斗二合三勺內

商船每石一斗耗米四百三十四石三斗六升五合三勺

經紀每石一升八合耗米七十八石一斗八升五合八勺

天津剝船每石一升一合五勺食米四十九石九斗五升二合一勺

又新增經耗項下津剝每石一升一合五勺食米八斗九升九合一勺

以上各欵共符前額係應支給實數

原給丁耗支剩米一千一百三十八石五斗二合七勺係奉

奏明申糙糶價報撥

長興縣

咸豐二年分

額該起運漕故正耗米四萬五千五百六十五石八斗九合三勺內

正兌糧米三萬四千四百八十五石九斗

二五交倉耗米八千六百二十一石四斗七升五合

故漕糧米一千九百六十六石七斗四升七合四勺

二五交倉耗米四百九十一石六斗八升六合九勺

以上各款共符前額係應交倉實數

原給丁耗項下支銷耗食等米四千八百六十石六斗一升八合八勺內

商船每石八升耗米三千六百四十五石二斗六升四合八勺

經紀每石一升五合耗米六百八十三石四斗八升七合一勺

天津剝船每石一升一合五勺食米五百二十四石六合八勺

又新增經耗項下津剝每石一升一合五勺食米七石八斗六升一勺

以上各款共符前額係應支給實數

原給丁耗支剩米六百七石二斗七升八合三勺係奉

奏明糶價報撥

長興縣
咸豐二年分
額該起運白糧正耗米一千六百七十石六斗九合九勺內
白粳正米一千三百七石四升四合八勺
交倉耗米五十三石四斗九升八合六勺
白糯正米三百九十八石三斗五升四合四勺
交倉耗米一十一石七斗一升二合一勺
以上各款共符前額係應交倉實數
原給丁耗項下支銷白糧耗食米二百一十六石六斗八升九合八勺內
商船每石一斗耗米一百六十七石六升一合
經紀每石一升八合耗米三十石七升一合
天津剝船每石一升一合五勺食米一十九石二斗一升二合
又新增經耗項下津剝每石一升一合五勺食米三斗四升五合八勺
以上各款共符前額係應支給實數
原給丁耗支剩米四百四十石五斗二升九合二勺
係奉

奏明申糙糶價報撥

德清縣
咸豐二年分
額該起運漕政正耗米二萬七千八百一十九石四
斗七升三合三勺內
正兌糧米一萬九千三百九十八石一斗八合
二五交倉耗米四千八百四十九石五斗二升七合
改兌糧米一千六百四石三斗四升
一七交倉耗米二百七十二石七斗三升七合八勺
改漕糧米一千三百五十五石八斗八合四勺
二五交倉耗米三百三十八石九斗五升二合一勺

以上各款共符前額係應交倉實數
原給丁耗項下支銷耗食等米二千九百六十七石
五斗七升二合七勺內
商船每石八升耗米二千二百二十五石五斗五升
七合八勺
經紀每石一升五合耗米四百一十七石二斗九升
二合一勺
天津剝船每石一升一合五勺食米三百一十九石
九斗二升四合
又新增經耗項下津剝每石一升一合五勺食米四
石七斗九升八合八勺
以上各款共符前額係應支給實數
原給丁耗支剩米五百一十四石五斗一升三合係
奉
奏明糶價報撥

德清縣
咸豐二年分
額該起運白糧正耗米一千九百三十石二斗一升
六勺內
白粳正米一千五百六十九石七斗九升四合六勺
交倉耗米六十六石一斗六升三合三勺
白糯正米二百八十三石一斗二升一合九勺
交倉耗米一十一石一斗三升八勺
以上各款共符前額係應交倉實數
原給丁耗項下支銷白糧耗食米二百五十石三斗
六升一合九勺內

商船每石一斗耗米一百九十三石二升一合一勺
經紀每石一升八合耗米三十四石七斗四升三合
八勺
天津剥船每石一升一合五勺食米二十二石一斗
九升七合四勺
又新增經耗項下津剥每石一升一合五勺食米三
斗九升九合六勺
以上各款共符前額係應支給實數
原給丁耗支剩米五百六石一斗五升六合四勺係

奉
奏明champion糙糶價報撥

武康縣

咸豐二年分

額該起運漕改正耗米七千九十二石二斗九升四合內

正兌糧米四千九百七十一石九斗九升八合五勺

二五交倉耗米一千二百四十二石九斗九升九合六勺

改兌糧米四百二十九石七斗二升

一七交倉耗米七十三石五升二合四勺

改漕糧米二百九十九石六斗一升八合八勺

二五交倉耗米七十四石九斗四合七勺

以上各欵共符前額係應交倉實數

原給丁耗項下支銷耗食等米七百五十六石五斗五升二合八勺內

商船每石八升耗米五百六十七石三斗八升三合五勺

經紀每石一升五合耗米一百六石三斗八升四合四勺

天津剝船每石一升一合五勺食米八十一石五斗六升一合四勺

又新增經耗項下津剝每石一升一合五勺食米一石二斗二升三合五勺

以上各欵共符前額係應支給實數

原給丁耗支剩米一百三十三石二升五合四勺係

奉

奏明糶價報撥

武康縣
咸豐二年分
額該起運白糧正耗米三百六十一石五升六合四勺內
白粳正米二百六十四石八斗七升五勺
交倉耗米一十一石一斗二升二合八勺
白糯正米八十一石九斗二升二合二勺
交倉耗米三石一斗四升九勺
以上各欵共符前額係應交倉實數
原給丁耗項下支銷白糧耗食米四十六石八斗三升一合四勺內
商船每石一斗耗米三十六石一斗五合六勺
經紀每石一升八合耗米六石四斗九升九合
天津剝船每石一升一合五勺食米四石一斗五升二合一勺
又新增經耗項下津剝每石一升一合五勺食米七升四合七勺
以上各欵共符前額係應支給實數
原給丁耗支剩米九十四石九斗六升一合六勺係
奉

奏明申糙糶價報撥

安吉縣
咸豐二年分
額該起運漕敀正耗米七千一百五十三石九升九
合二勺內
正兌糧米五千四百五十二石二斗
二五交倉耗米一千三百六十三石五升
改兌糧米二百八十八石七斗六升
一七交倉耗米四十九石八升九合二勺
以上各欵共符前額係應交倉實數
原給丁耗項下支銷耗食等米七百六十三石三升

九合一勺內
商船每石八升耗米五百七十二石一斗四升八合
五勺
經紀每石一升五合耗米一百七石二斗九升六合
六升七勺
天津剝船每石一升一合五勺食米八十二石二斗
又新增經耗項下津剝每石一升一合五勺食米一
石二斗三升三合九勺
以上各欵共符前額係應支給實數
原給丁耗支剩米一百二十一石二斗五合七勺係

奏
明糶價報撥

湖州府屬

咸豐元年分

額該起運白糧正耗米一萬一千八百六十石四斗六升三合內

白粳正米九千五百七十一石八斗七升八合八勺

交倉耗米四百一石五斗六升六合五勺

白糯正米一千八百一十五石六斗九升二合八勺

交倉耗米七十一石三斗二升四合九勺

以上各款共符前額係應交倉實數

原給丁耗項下支銷白糧耗食米一千五百三十八石三斗八升五合二勺內

商船每石一斗耗米一千一百八十六石四升六合三勺

經紀每石一升八合耗米二百一十三石四斗八升八合四勺

天津剝船每石一升一合五勺食米一百三十六石三斗九升五合四勺

又新增經耗項下津剝每石一升一合五勺食米二石四斗五升五合一勺

以上各款共符前額係應支給實數

咸豐二年分

杭州府屬

仁和縣派裝漕糧船一十八隻

錢塘縣派裝漕糧船八隻

海甯州派裝漕糧船二十一隻

富陽縣派裝漕糧船三隻

餘杭縣派裝漕糧船七隻

臨安縣派裝漕糧船二隻

新城縣派裝漕糧船一隻

於潛縣派裝漕糧船二隻

昌化縣派裝漕糧船一隻

嘉興府屬

嘉興縣派裝漕白糧船四十七隻

秀水縣派裝漕白糧船四十二隻

嘉善縣派裝漕白糧船四十隻

海鹽縣派裝漕白糧船一十八隻

平湖縣派裝漕白糧船二十三隻

石門縣派裝漕白糧船二十四隻

桐鄉縣派裝漕白糧船一十九隻

湖州府屬

歸安縣派裝漕白糧船三十六隻
烏程縣派裝漕白糧船四十一隻
長興縣派裝漕白糧船三十七隻
德清縣派裝漕白糧船二十八隻
武康縣派裝漕白糧船八隻
安吉縣派裝漕糧船四隻

咸豐元年分

湖州府屬派裝舊白糧船一十隻

查各屬漕白糧米共計派裝沙衛甯等船四百一十四隻惟內中有一船而分裝兩縣漕米者亦有一船而搭裝數縣零尾者故未能以散合總也

仁和縣

派裝漕糧船一十八隻

第一號 鎮字 金春生 二月初四日出吳淞口三月二十日到津
第二號 鄞字 錢震生 二月初四日出吳淞口三月十九日到津
第三號 鄞字 蘇祥隆 二月初四日出吳淞口三月十九日到津
第四號 鄞字 盛寶泰 二月初四日出吳淞口三月十八日到津
第五號 鎮字 朱大利 二月初四日出吳淞口三月十八日到津
第六號 鎮字 費元盛 二月十六日出吳淞口三月十八日到津
第七號 鄞字 盛裕源 二月十六日出吳淞口三月二十九日到津
第八號 鄞字 金生生 二月十六日出吳淞口三月十九日到津

第九號 鎮字 金懋豐 二月十六日出吳淞口三月十八日到津
第十號 鄞字 余仁乾 二月十六日出吳淞口三月二十九日到津
第十一號 鄞字 李天德 二月十六日出吳淞口三月十八日到津
第十二號 鎮字 蘇祥豐 二月十六日出吳淞口三月二十日到津
第十三號 鎮字 蘇祥慶 二月十六日出吳淞口三月二十九日到津
第十四號 吳字 瞿元利 三月初四日出吳淞口四月初四日到津
第十五號 元字 孫寶康 三月初四日出吳淞口四月二十二日到津
第十六號 鎮字 孫仁發 三月初四日出吳淞口四月初二日到津
第十七號 鎮字 孫協利 三月初四日出吳淞口三月二十七日到津
第十八號 鎮字 沈宏福 三月初四日出吳淞口三月二十四日到津

錢塘縣

派裝漕糧船八隻

第一號鄞字周大裕二月初四日出吳淞口三月十八日到津

第二號鄞字陸源隆二月初四日出吳淞口三月十七日到津

第三號鄞字盛福齡二月初四日出吳淞口三月十九日到津

第四號鎮字費大昌三月初四日出吳淞口四月初三日到津

第五號鎮字費大榮三月初四日出吳淞口四月初三日到津

第六號崇字周履亨三月初四日出吳淞口四月二十七日到津

第七號贛字沈洪順三月二十一日出吳淞口四月二十三日到津

第八號崑字金永祥三月初四日出吳淞口四月十七日到津

海甯州

派裝漕糧船二十一隻

第一號鎮字徐震豐二月初四日出吳淞口三月十八日到津

第二號鎮字徐乾豐二月初四日出吳淞口三月二十九日到津

第三號鄞字盛泰騮二月十六日出吳淞口三月十九日到津

第四號鎮字葛元椿二月十六日出吳淞口三月二十九日到津

第五號鄞字金源源二月初四日出吳淞口三月二十九日到津

第六號鎮字金大來二月初四日出吳淞口三月十八日到津

第七號鎮字金順合二月十六日出吳淞口三月十九日到津

第八號鄞字竺安慶二月十六日出吳淞口三月二十四日到津

第九號崑字葉恒久三月初四日出吳淞口四月初三日到津

第十號鎮字金如榮二月十六日出吳淞口三月十八日到津

第十一號太字鈕德發三月初四日出吳淞口三月二十七日到津

第十二號元字曹永祥三月初四日出吳淞口四月二十二日到津

第十三號崑字陳福利三月初四日出吳淞口三月二十三日到津

第十四號通字姚恒茂三月初四日出吳淞口四月二十五日到津

第十五號崑字陳萬利三月初四日出吳淞口三月二十二日到津

第十六號鎮字費元孚三月初四日出吳淞口四月二十日到津

第十七號鄞字蘇祥茂三月二十一日出吳淞口四月二十日到津　該船附載嘉善縣漕糧

第十八號鎮字謝元順三月初四日出吳淞口四月二十四日到津

第十九號鄞字盛泰順三月初四日出吳淞口四月初三日到津

第二十號通字錢長源四月十一日出吳淞口六月十六日到津

第二十一號衢字高恒順四月十一日出吳淞口五月初三日到津

富陽縣

派裝漕糧船三隻

第一號福山字陳聚壽三月初四日出吳淞口四月二十五日到津

第二號榮字義永利三月初四日出吳淞口四月二十七日到津

第三號鎮字徐益泰三月初四日出吳淞口三月二十九日到津該船附載桐鄉縣尾糧

餘杭縣

派裝漕糧船七隻

第一號元字馬奕盛 三月初四日出吳淞口三月二十日到津

第二號元字張德潤 三月初四日出吳淞口三月二十四日到津

第三號黃字吉永增 三月初四日出吳淞口四月初二日到津

第四號崑字萬源順 三月初四日出吳淞口三月二十四日到津

第五號元字祝萬年 三月初四日出吳淞口四月初三日到津

第六號元字祝永年 三月初四日出吳淞口四月初四日到津

第七號鎮字童聚豐 三月初四日出吳淞口四月初三日到津該船係載歸安縣漕糧附載餘杭縣尾糧

臨安縣

派裝漕糧船二隻

第一號鄞字金源恒 二月十六日出吳淞口三月三十日到津

第二號鎮字金元昌 二月十六日出吳淞口三月二十九日到津

新城縣

派裝漕糧船一隻

第一號鄞字董順康三月初四日出吳淞口三月十七日到津

於潛縣

派裝漕糧船二隻

第一號鎮字莊福增三月初四日出吳淞口三月二十七日到津

第二號吳字金再元三月初四日出吳淞口三月二十八日到津該船係載德清縣漕糧附載於潛縣尾糧

昌化縣

派裝漕糧船一隻

第一號鄞字劉泰康二月初四日出吳淞口三月二十月到津

嘉興縣

派裝漕白糧船四十七隻

第一號鄞字盛福駿二月初四日出吳淞口三月十七日到津

第二號鎮字王春源二月初四日出吳淞口三月二十日到津

第三號鄞字金源升二月初四日出吳淞口三月十九日到津

第四號鎮字姚華豐二月初四日出吳淞口三月十八日到津

第五號甯字金寶珍二月初四日出吳淞口四月十七日到津

第六號甯字陳得順二月十六日出吳淞口四月初四日到津

第七號羅字莊合利二月十六日出吳淞口三月二十九日到津

第八號羅字唐成達二月十六日出吳淞口三月二十八日到津

第九號鎮字金茂來二月十六日出吳淞口三月二十九日到津

第十號鎮字費元瑞二月十六日出吳淞口三月十八日到津

第十一號通字高萬順三月初四日出吳淞口六月初六日到津

第十二號寶字金恒盛三月二十一日出吳淞口四月二十三日到津

第十三號太字邵德和三月初四日出吳淞口三月二十七日到津

第十四號太字陸長發三月二十一日出吳淞口四月十四日到津該船附載歸安縣白糧

第十五號阜字馬吉盛二月十六日出吳淞口三月二十五日到津

第十六號通字彭合發二月十六日出吳淞口三月十七日到津

第十七號通字彭恒祿二月十六日出吳淞口三月二十四日到津

第十八號元字陸介祿二月十六日出吳淞口三月二十四日到津

第十九號吳字奚恒茂二月十六日出吳淞口三月十七日到津
第二十號元字祝春年二月十六日出吳淞口三月二十七日到津
第二十一號昭字沈福昌二月十六日出吳淞口四月初三日到津
第二十二號通字彭合茂二月十六日出吳淞口三月十八日到津
第二十三號鄞字陸源昌二月十六日出吳淞口三月二十九日到津
第二十四號成字張長順三月初四日出吳淞口四月十一日到津
第二十五號津字咸　合三月初四日出吳淞口三月二十八日到津
第二十六號鎮字金祥泰三月初四日出吳淞口三月二十八日到津
第二十七號鎮字費元興三月二十一日出吳淞口五月十九日到津
第二十八號人字陸長增三月二十一日出吳淞口四月十七日到津

第二十九號上字趙萬泰三月二十一日出吳淞口四月十八日到津
第三十號吳字施永發四月初六日出吳淞口四月二十三日到津
第三十一號海門字陸元順四月初六日出吳淞口五月二十一日到津
第三十二號福字張永茂四月初六日出吳淞口五月初二日到津
第三十三號利字恒萬順四月初六日出吳淞口五月初六日到津
第三十四號福字張源隆四月初六日出吳淞口五月初三日到津
第三十五號天字孫聯順四月初六日出吳淞口四月二十三日到津
第三十六號天字高公順四月初六日出吳淞口四月二十三日到津
第三十七號鎮字孫恒祥四月十一日出吳淞口五月十二日到津
第三十八號鎮字張義隆四月十一日出吳淞口四月二十七日到津

第三十九號無字張順興四月初六日出吳淞口五月二十一日到津
第四十號元字金恒發四月十一日出吳淞口五月二十二日到津
第四十一號寧河字泰裕順四月十一日出吳淞口五月初三日到津
第四十二號衛字永興瑞四月十一日出吳淞口四月二十九日到津
第四十三號寧河字李同叙四月十一日出吳淞口五月初二日到津
第四十四號寧字李長喜四月十一日出吳淞口五月十二日到津
第四十五號衛字王長順四月十一日出吳淞口四月二十九日到津
第四十六號衛字平吉順四月十一日出吳淞口五月初五日到津
第四十七號衛字高益順四月十一日出吳淞口五月初十日到津該船係載烏程縣漕糧附載嘉興秀水歸安三縣尾糧

秀水縣

派裝漕白糧船四十二隻

第一號鄞字陸源榮二月初四日出吳淞口三月十八日到津
第二號鎮字金永康二月初四日出吳淞口三月二十日到津
第三號鎮字吳恒元二月初四日出吳淞口三月十九日到津
第四號鎮洋字李恒貞二月初四日出吳淞口三月二十八日到津
第五號鄞字盛寶生二月初四日出吳淞口三月二十九日到津
第六號鄞字錢震元二月初四日出吳淞口三月十九日到津
第七號鎮字費元豐二月初四日出吳淞口三月十九日到津
第八號元字王義申二月初四日出吳淞口三月十七日到津

第九號鄞字吳慈元二月初四日出吳淞口三月二十日到津
第十號鄞字徐正昌二月初四日出吳淞口三月二十九日到津
第十一號鄞字王春和二月初四日出吳淞口三月十九日到津
第十二號鄞字董永祥二月初四日出吳淞口三月十九日到津
第十三號寶字黃福安三月初四日出吳淞口四月初三日到津
第十四號鎮字謝永發三月初四日出吳淞口四月初三日到津
第十五號鎮字李天來三月初四日出吳淞口三月二十三日到津
第十六號寶字孫德隆二月十六日出吳淞口三月十九日到津
第十七號吳字施大發二月十六日出吳淞口三月二十二日到津
第十八號元字周元順二月十六日出吳淞口四月初二日到津

第十九號鎮字徐永利三月初四日出吳淞口四月初四日到津
第二十號太字潘德發二月十六日出吳淞口四月初四日到津
第二十一號太字費大富二月十六日出吳淞口三月二十九日到津
第二十二號通字湯恒元三月初四日出吳淞口四月初四日到津
第二十三號太字陸萬順三月初四日出吳淞口三月二十九日到津
第二十四號鎮字陳義泰三月初四日出吳淞口四月二十七日到津
第二十五號鄞字金永泰三月初四日出吳淞口四月初三日到津
第二十六號鄞字葛恒德三月初四日出吳淞口三月二十九日到津
第二十七號鎮字盛裕生三月初四日出吳淞口四月初三日到津
第二十八號上字甘永和三月初四日出吳淞口四月十二日到津該船係載嘉善縣漕糧附載秀水縣漕糧

第二十九號贛字徐德源三月二十一日出吳淞口四月二十九日到津
第三十號贛字徐常泰三月二十一日出吳淞口四月二十七日到津
第三十一號太字張祥發三月二十一日出吳淞口四月二十七日到津
第三十二號崇字蔡長福三月二十一日出吳淞口四月二十八日到津
第三十三號通字湯恒泰四月初六日出吳淞口四月二十七日到津
第三十四號太字鄭順源四月初六日出吳淞口四月二十九日到津
第三十五號無字薛長興四月初六日出吳淞口四月二十九日到津
第三十六號太字唐廣利四月初六日出吳淞口四月二十九日到津
第三十七號如字管長源四月初六日出吳淞口四月二十七日到津
第三十八號黃字寧德裕四月初六日出吳淞口五月初三日到津該船附載嘉善縣尾糧

第卅九號商字高元順四月初六日出吳淞口四月十四日到津該船係載嘉善縣漕糧附載秀水縣漕糧
第卌號海州字張義昌四月十一日出吳淞口五月十二日到津該船附載長興縣尾糧
第卌一號鎮字繆洪泰四月十一日出吳淞口五月二十八日到津
第卌二號衛字高益順四月十一日出吳淞口五月初十日到津該船係載烏程縣漕糧附載嘉興秀水歸安三縣尾糧

嘉善縣

派裝漕白糧船四十隻

第一號鄞字盛寶康二月初四日出吳淞口三月二十六日到津
第二號鄞字盛福裕二月初四日出吳淞口三月十九日到津
第三號鎮字盛福恒二月初四日出吳淞口三月三十日到津
第四號鎮字童驊茂二月初四日出吳淞口三月十七日到津
第五號鄞字童裕茂二月初四日出吳淞口三月十九日到津
第六號鎮字童駿茂二月初四日出吳淞口三月十八日到津
第七號鄞字董永甯二月初四日出吳淞口三月十九日到津
第八號鎮字金洪元二月初四日出吳淞口三月十九日到津
第九號鎮字盛福年二月初四日出吳淞口三月十九日到津
第十號上字馬怡盛二月初四日出吳淞口三月二十五日到津
第十一號鄞字董永利二月初四日出吳淞口三月三十日到津
第十二號太字陸介順二月十六日出吳淞口三月十九日到津
第十三號崑字金合發二月十六日出吳淞口四月二十五日到津
第十四號鎮字公同利二月十六日出吳淞口三月三十日到津
第十五號崇字張同福二月十六日出吳淞口四月二十八日到津
第十六號元字諸元泰二月十六日出吳淞口三月二十三日到津
第十七號元字祝介年三月初四日出吳淞口三月二十七日到津
第十八號披字吉永福三月初四日出吳淞口三月三十日到津

第十九號黃字張增盛三月初四日出吳淞口四月二十七日到津
第二十號元字金長茂三月初四日出吳淞口四月初八日到津
第二十一號崑字龔和順三月初四日出吳淞口四月二十五日到津
第二十二號通字姚洪利三月初四日出吳淞口三月三十日到津
第二十三號崇字周福亨三月初四日出吳淞口四月二十八日到津
第二十四號上字趙恒順三月初四日出吳淞口三月二十五日到津該船附載長興縣白糧
第二十五號元字金隆盛三月初四日出吳淞口三月二十九日到津
第二十六號上字甘永和三月初四日出吳淞口四月十二日到津該船附載秀水縣漕糧
第二十七號太字莊利順三月初四日出吳淞口四月二十三日到津
第二十八號元字咸元順三月二十一日出吳淞口四月二十七日到津

第二十九號海字胡茂順三月二十一日出吳淞口四月二十八日到津
第三十號崑字張利發三月二十一日出吳淞口四月二十八日到津
第三十一號福字張永泰三月二十一日出吳淞口四月二十五日到津
第三十二號福字張慶泰三月二十一日出吳淞口五月初五日到津
第三十三號海字張來亨三月二十一日出吳淞口五月初三日到津
第三十四號鎮字金萃來三月二十一日出吳淞口四月二十八日到津
第三十五號商字高來順四月初六日出吳淞口四月十四日到津
第三十六號鎮字公同發四月初六日出吳淞口四月二十八日到津
第三十七號鄞字蘇祥茂三月二十一日出吳淞口四月二十日到津該船係載海甯州漕糧附載嘉善縣漕糧
第三十八號福字張生順四月初六日出吳淞口五月初三日到津

第三十九號商字高元順四月初六日出吳淞口四月十四日到津該船附載秀水縣漕糧
第四十號黃字韋德裕四月初六日出吳淞口五月初三日到津該船係載秀水縣漕糧附載嘉善縣尾糧

海鹽縣

派裝漕白糧船一十八隻

第一號太字屠長泰　二月十六日出吳淞口三月三十日到津

第二號元字孫同發　三月初四日出吳淞口四月初三日到津

第三號崇字陳泰來　二月十六日出吳淞口四月二十七日到津

第四號太字金恒泰　三月初四日出吳淞口三月二十五日到津

第五號通字郁裕順　三月初四日出吳淞口四月二十八日到津　該船附載桐鄉縣白糧

第六號鄞字盛裕駒　三月初四日出吳淞口四月初三日到津

第七號鄞字蘇祥安　三月二十一日出吳淞口四月二十五日到津

第八號鎮字彭永全　三月二十一日出吳淞口四月二十七日到津

第九號鎮字金長茂　三月二十一日出吳淞口四月十七日到津　該船係載德清縣漕糧附載海鹽縣漕糧

第十號崇字陳源利　四月初六日出吳淞口四月二十八日到津　該船係載德清縣漕糧附載海鹽縣漕糧

第十一號崑字陸德來　四月十一日出吳淞口四月二十七日到津

第十二號吳字孫壽祿　四月初六日出吳淞口六月初三日到津

第十三號吳字瞿元亨　四月初六日出吳淞口五月十五日到津

第十四號上字金和茂　四月十一日出吳淞口五月初六日到津

第十五號衞字咸興順　四月十一日出吳淞口五月初二日到津

第十六號衞字高泰順　四月十一日出吳淞口四月二十九日到津

第十七號衞字王合順　四月十一日出吳淞口五月初六日到津

第十八號鎮字孫衡盛　四月十一日出吳淞口六月初一日到津　該船附載長興縣漕糧

平湖縣

派裝漕白糧船二十三隻

第一號鎮字金源來　三月初四日出吳淞口三月二十九日到津

第二號鎮字費大順　三月初四日出吳淞口三月十八日到津

第三號鄞字金永茂　三月初四日出吳淞口三月十八日到津

第四號鎮字金咸元　二月十六日出吳淞口三月十八日到津

第五號上字王源泰　二月十六日出吳淞口三月二十七日到津

第六號崑字沈洪盛　二月十六日出吳淞口三月十九日到津

第七號崇字宋隆盛　二月十六日出吳淞口三月二十九日到津

第八號崇字陳萬興　二月十六日出吳淞口四月初二日到津

第九號無錫字查恒興　三月初四日出吳淞口四月二十九日到津

第十號鎮字楊元春　三月初四日出吳淞口三月二十五日到津　該船附載石門縣尾糧

第十一號鎮字彭永發　三月初四日出吳淞口四月初三日到津

第十二號崇字趙安泰　三月初四日出吳淞口四月二十七日到津

第十三號崑字彭咸順　三月初四日出吳淞口四月二十二日到津

第十四號通字彭永康　三月初四日出吳淞口四月二十五日到津

第十五號元字陸綏壽　三月初四日出吳淞口三月二十五日到津

第十六號元字陸介福　三月初四日出吳淞口四月二十五日到津

第十七號福字張洪泰　三月二十一日出吳淞口四月二十五日到津

第十八號天字協福順　四月初六日出吳淞口四月十七日到津

第十九號利字協益順四月初六日出吳淞口四月二十五日到津

第二十號通字彭彩祿四月十一日出吳淞口六月十四日到津

第二十一號津字崔合發四月初六日出吳淞口四月二十三日到津

第二十二號津字高雙順四月十一日出吳淞口五月初一日到津

第二十三號衛字平利順四月十一日出吳淞口五月十二日到津 該船係載德清縣漕糧附載平湖長興二縣漕糧

石門縣

派裝漕白糧船二十四隻

第一號鄞字徐駿泰二月初四日出吳淞口三月十七日到津

第二號鄞字蘇祥元二月初四日出吳淞口三月十九日到津

第三號鎮字盛寶安二月初四日出吳淞口三月十八日到津

第四號鄞字盛裕祥二月初四日出吳淞口三月十八日到津

第五號鄞字錢震亨二月初四日出吳淞口三月十九日到津

第六號鎮字金茂元二月初四日出吳淞口三月十八日到津

第七號鎮洋字王壽申二月初四日出吳淞口三月十九日到津

第八號鄞字盛裕昌二月初四日出吳淞口三月二十日到津

第九號鄞字李天生二月初四日出吳淞口三月十八日到津

第十號鄞字董順昌二月十六日出吳淞口三月二十九日到津

第十一號鄞字盛裕發二月十八日出吳淞口三月二十九日到津

第十二號崑字朱永泰三月初四日出吳淞口三月二十九日到津

第十三號元字張義順三月初四日出吳淞口三月三十日到津

第十四號太字張義和二月十六日出吳淞口四月二十八日到津

第十五號贛字蔣源隆三月初四日出吳淞口四月十七日到津

第十六號鎮字楊元春三月初四日出吳淞口三月二十五日到津 該船係載平湖縣白糧附載石門縣白糧

第十七號崇字陳德和三月初四日出吳淞口五月初三日到津

第十八號鎮字孫元元三月初四日出吳淞口三月二十九日到津

第十九號鎮字楊元吉二月初四日出吳淞口三月二十九日到津
第二十號崑字謝隆泰二月初四日出吳淞口三月二十二日到津
第二十一號元字陳景福二月初四日出吳淞口四月初二日到津
第二十二號鎮字徐德泰二月初四日出吳淞口三月二十六日到津
第二十三號元字沈裕生二月初四日出吳淞口三月二十三日到津
第二十四號元字沈裕凝二月初四日出吳淞口三月二十五日到津

桐鄉縣
派裝漕白糧船一十九隻
第一號鄞字盛裕乾二月初四日出吳淞口三月十九日到津
第二號鄞字金永順二月初四日出吳淞口三月十九日到津
第三號鄞字金永孚二月初四日出吳淞口三月十七日到津
第四號鎮字蘇祥雲二月初四日出吳淞口三月十九日到津
第五號鎮字蘇祥春二月初四日出吳淞口三月十九日到津
第六號鄞字余信泰二月初四日出吳淞口三月十九日到津
第七號鄞字金泰來二月十六日出吳淞口三月二十七日到津
第八號上字王永興二月十六日出吳淞口三月二十五日到津
第九號吳字張福隆三月初四日出吳淞口四月二十五日到津
第十號鎮字楊元康二月十六日出吳淞口三月二十九日到津
第十一號鎮字陳金泰二月十六日出吳淞口三月二十日到津
第十二號太字奚恒昌二月十六日出吳淞口三月十八日到津
第十三號通字郁裕順三月初四日出吳淞口四月二十八日到津該船係載海鹽縣白糧附載桐鄉縣白糧
第十四號鎮字盛裕發三月初四日出吳淞口四月初三日到津
第十五號鎮字馬心盛二月初四日出吳淞口三月二十五日到津
第十六號通字陸彭壽二月初四日出吳淞口三月二十七日到津
第十七號上字施元興三月初四日出吳淞口四月十七日到津
第十八號元字施萬興二月初四日出吳淞口三月二十四日到津

第十九號鎮字徐益泰 三月初四日出吳淞口三月二十九日到津 該船係載富陽縣漕糧附載桐鄉縣尾糧

歸安縣

派裝漕白糧船三十六隻

第一號鄞字金春懋 二月十六日出吳淞口三月十八日到津

第二號鎮字金順和 二月十六日出吳淞口三月十八日到津

第三號鎮字童聚豐 三月初四日出吳淞口四月初三日到津 該船附載餘杭縣尾糧

第四號鎮字金懋昌 三月初四日出吳淞口三月二十九日到津

第五號鎮字盛泰騏 二月十六日出吳淞口三月二十九日到津

第六號鎮字費大年 二月十六日出吳淞口三月十九日到津

第七號上字王吉泰 三月初四日出吳淞口四月初八日到津

第八號鎮字金元順 三月初四日出吳淞口三月十八日到津

第九號上字陳和泰 二月十六日出吳淞口三月二十七日到津

第十號崇字趙發泰 三月初四日出吳淞口四月二十七日到津

第十一號吳字金長利 三月初四日出吳淞口三月二十四日到津

第十二號太字陸長發 三月二十一日出吳淞口四月十四日到津 該船係載嘉興縣白糧附載歸安縣白糧

第十三號太字張益茂 三月初四日出吳淞口三月二十六日到津

第十四號通字彭壽發 三月初四日出吳淞口三月三十日到津

第十五號崑字陳合泰 三月二十一日出吳淞口四月二十八日到津

第十六號元字孫恒源 三月二十一日出吳淞口四月二十五日到津

第十七號太字奚源利 三月二十一日出吳淞口五月十五日到津

第十八號吳字徐萬春 三月二十一日出吳淞口四月十七日到津

第十九號無字唐長利四月初六日出吳淞口四月二十七日到津

第二十號吳字金裕豐四月初六日出吳淞口五月十七日到津

第二十一號上字陳景祿三月二十一日出吳淞口四月二十七日到津
該船係載德清縣漕糧附載歸安縣漕糧

第二十二號太字孫生利四月初六日出吳淞口四月二十二日到津

第二十三號福字張順泰三月二十一日出吳淞口四月二十七日到津
該船係載武康縣漕糧附載歸安縣漕糧

第二十四號太字陳得順四月初六日出吳淞口四月二十七日到津

第二十五號太字張祥茂四月初六日出吳淞口六月十八日到津

第二十六號無字丁永利四月初六日出吳淞口五月初二日到津

第二十七號天字高寶順四月初六日出吳淞口四月十七日到津

第二十八號黃字正鴻順四月初六日出吳淞口四月二十九日到津
該船係載武康縣漕糧附載歸安縣漕糧

第二十九號甯河字李長安四月初六日出吳淞口五月初一日到津

第三十號通字姚利益四月十一日出吳淞口六月初一日到津

第三十一號崇字朱允利四月十一日出吳淞口　月　日到津

第三十二號崇字蔣恒協四月十一日出吳淞口五月二十二日到津

第三十三號通字彭延興四月十一日出吳淞口五月二十四日到津

第三十四號崇字諸福順四月初六日出吳淞口四月二十九日到津

第三十五號衛字永興隆四月十一日出吳淞口五月初二日到津

第三十六號衛字高益順四月十一日出吳淞口五月初十日到津
該船係載烏程縣漕糧附載嘉興秀水歸安三縣尾糧

烏程縣

派裝漕白糧船四十一隻

第一號鎮字金恒昌三月十六日出吳淞口三月二十九日到津

第二號鄞字盛福康三月十六日出吳淞口三月十八日到津

第三號鄞字李天益三月十六日出吳淞口三月十九日到津

第四號鄞字金永壽三月十六日出吳淞口三月十八日到津

第五號鎮字孫元盛三月十六日出吳淞口三月十七日到津

第六號鄞字費元吉三月初四日出吳淞口三月三十日到津

第七號元字錢森利三月二十一日出吳淞口四月二十八日到津

第八號鎮字金寶順三月二十一日出吳淞口四月二十二日到津

第九號元字邵德泰三月初四日出吳淞口四月初四日到津

第十號元字孫恒昌三月初四日出吳淞口四月二十五日到津

第十一號崑字奚永發三月初四日出吳淞口三月二十八日到津

第十二號崇字蔡長增三月初四日出吳淞口四月二十七日到津

第十三號吳字邵德盛三月初四日出吳淞口五月初十日到津

第十四號贛字徐協源三月二十一日出吳淞口四月二十九日到津

第十五號鎮字金和順四月初六日出吳淞口四月十七日到津

第十六號無字張颿來三月二十一日出吳淞口四月二十五日到津

第十七號無字張松茂三月二十一日出吳淞口四月十七日到津

第十八號鎮字金裕盛三月二十一日出吳淞口五月十五日到津

第十九號陽字聶利涉三月二十一日出吳淞口四月二十七日到津

第二十號崇字宋祥泰四月初六日出吳淞口五月十五日到津

第二十一號贛字陳福順四月初六日出吳淞口五月十七日到津

第二十二號元字金恒發四月初六日出吳淞口五月二十八日到津

第二十三號黃字高慶順四月初六日出吳淞口四月十四日到津

第二十四號元字金永康四月初六日出吳淞口四月二十三日到津

第二十五號崑字奚恒元四月十一日出吳淞口五月二十一日到津

第二十六號海字沙益昌四月初六日出吳淞口四月二十八日到津

第二十七號通字彭錫隆四月十一日出吳淞口六月十四日到津

第二十八號太字金隆順四月初六日出吳淞口五月十二日到津

第二十九號太字金合發四月十一日出吳淞口六月十八日到津

第三十號衛字義源福四月十一日出吳淞口五月初六日到津

第三十一號崇字呂德源四月十一日出吳淞口　月　日到津

第三十二號商字李同增四月十一日出吳淞口五月初三日到津

第三十三號衛字義源茂四月十一日出吳淞口五月初三日到津

第三十四號衛字大全順四月十一日出吳淞口四月二十七日到津

第三十五號衛字大雙順四月十一日出吳淞口五月初一日到津

第三十六號商字王泰順四月十一日出吳淞口五月初一日到津

第三十七號衛字高萬順四月十一日出吳淞口四月二十八日到津

第三十八號津字高興順四月十一日出吳淞口四月二十八日到津

第三十九號衛字平祥順四月十一日出吳淞口五月初十日到津

第四十號衛字高玉順四月十一日出吳淞口五月初二日到津

第四十一號衛字高益順四月十一日出吳淞口五月初十日到津

該船附載嘉興秀水歸安三縣尾糧

長興縣

派裝漕白糧船三十七隻

第一號鎮字董順亨　二月初四日出吳淞口三月十七日到津

第二號鎮字費大得　二月初四日出吳淞口三月十九日到津

第三號鎮字金元豐　二月初四日出吳淞口三月十九日到津

第四號鎮字金恒豐　二月初四日出吳淞口三月十九日到津

第五號鎮字盛裕福　二月初四日出吳淞口三月二十九日到津

第六號鎮字金如意　二月初四日出吳淞口三月二十九日到津

第七號鎮字童盛豐　二月初四日出吳淞口三月十七日到津

第八號鎮字白駿康　二月初四日出吳淞口三月廿九日到津

第九號鎮字盛福元　二月初四日出吳淞口三月二十日到津

第十號上字趙恒順　二月初四日出吳淞口三月二十五日到津　該船係載嘉善縣漕糧附載長興縣白糧

第十一號鎮字章天禧　三月二十一日出吳淞口四月二十七日到津

第十二號通字張順興　三月二十一日出吳淞口五月十七日到津

第十三號崇字陳隆慶　三月二十一日出吳淞口五月初六日到津

第十四號崇字陳協春　三月二十一日出吳淞口五月初六日到津

第十五號崇字呂奕盛　三月二十一日出吳淞口四月二十二日到津

第十六號崇字陳萬春　三月二十一日出吳淞口四月二十八日到津

第十七號贛字郭萬通　四月初六日出吳淞口四月二十八日到津

第十八號吳字夏長壽　三月二十一日出吳淞口四月二十七日到津

第十九號鎮字陳正康　三月二十一日出吳淞口五月十二日到津

第二十號通字湯永祿　三月二十一日出吳淞口四月二十九日到津

第二十一號元字曹天隆　三月二十一日出吳淞口四月二十三日到津

第二十二號崇字陳源來　三月二十一日出吳淞口六月初一日到津

第二十三號昭字周長發　三月二十一日出吳淞口四月十七日到津

第二十四號崑字司長增　三月二十一日出吳淞口四月十七日到津

第二十五號吳字鈕叙增　三月二十一日出吳淞口四月十四日到津

第二十六號太字金源來　四月初六日出吳淞口四月二十九日到津

第二十七號元字金萬泰　三月二十一日出吳淞口五月二十六日到津

第二十八號崑字陸錦吉　四月初六日出吳淞口四月二十九日到津

第二十九號元字孫寶生　四月初六日出吳淞口五月十五日到津　該船附載德清縣白糧武康縣尾糧

第三十號日字黃正順　四月十一日出吳淞口六月初一日到津

第三十一號海州字張義興　四月十一日出吳淞口五月初四日到津

第三十二號津字王利順　四月十一日出吳淞口四月二十九日到津

第三十三號衛字高同順　四月十一日出吳淞口四月二十五日到津

第三十四號衛字王東順　四月十一日出吳淞口五月十二日到津

第三十五號鎮字孫衡盛　四月十一日出吳淞口六月初一日到津　該船係載海鹽縣漕糧附載長興縣漕糧

第三十六號海州字張義昌　四月十一日出吳淞口五月十二日到津　該船係載秀水縣漕糧附載長興縣尾糧

第三十七號衛字平利順　四月十一日出吳淞口五月十二日到津　該船係載德清縣漕糧附載平湖長興二縣漕糧

德清縣

派裝漕白糧船二十八隻

第一號通字彭麟祥 三月初四日出吳淞口三月二十七日到津

第二號元字金元福 二月十六日出吳淞口四月初四日到津

第三號通字彭恒源 二月十六日出吳淞口四月二十五日到津

第四號鎮字張福興 三月初四日出吳淞口四月二十九日到津

第五號上字陳景祿 三月二十一日出吳淞口四月二十七日到津 該船附載歸安縣漕糧

第六號通字彭發祥 三月初四日出吳淞口三月十八日到津

第七號崇字陳萬順 三月初四日出吳淞口四月初三日到津

第八號崇字蔡興盛 三月初四日出吳淞口四月二十七日到津

第九號吳字尹盛泰 三月初四日出吳淞口三月二十九日到津

第十號通字彭壽祿 三月初四日出吳淞口三月二十九日到津

第十一號吳字金再元 三月初四日出吳淞口三月二十八日到津 該船附載於潛縣尾糧

第十二號鎮字金長茂 三月二十一日出吳淞口四月十七日到津 該船附載海鹽縣漕糧

第十三號崇字陳福茂 四月初六日出吳淞口五月十九日到津

第十四號元字孫寶生 四月初六日出吳淞口五月十五日到津 該船係載長興縣漕糧附載德清縣白糧武康縣尾糧

第十五號海州字張德興 四月初六日出吳淞口四月二十八日到津

第十六號太字孫福順 四月初六日出吳淞口六月初一日到津

第十七號贛字徐德泰 四月十一日出吳淞口五月二十八日到津

第十八號崇字陳源利 四月初六日出吳淞口四月二十八日到津 該船附載海鹽縣漕糧

第十九號太字沈恒順 四月初六日出吳淞口六月十六日到津

第二十號鎮字莊履安 四月十一日出吳淞口五月二十六日到津

第二十一號海字張仁昌 四月十一日出吳淞口五月十五日到津

第二十二號海字張德利 四月初六日出吳淞口四月二十七日到津

第二十三號商字高隆順 四月十一日出吳淞口四月二十三日到津

第二十四號商字永泰順 四月十一日出吳淞口五月初六日到津

第二十五號衛字高吉順 四月十一日出吳淞口五月初二日到津

第二十六號商字高鴻順 四月十一日出吳淞口四月二十八日到津

第二十七號衛字平利順 四月十一日出吳淞口五月十二日到津 該船附載平湖長興二縣漕糧

第二十八號鎮字金安順 四月十一日出吳淞口六月初三日到津 該船係載湖屬舊白糧附載德清縣白糧

武康縣

派裝漕白糧船八隻

第一號崇字陳同發 二月十六日出吳淞口四月二十九日到津

第二號常字馬發順 三月初四日出吳淞口四月初四日到津

第三號通字朱長順 三月初四日出吳淞口三月二十九日到津

第四號黃字王鴻順 四月初六日出吳淞口四月二十九日到津 該船附載歸安縣漕糧

第五號通字韓聚利 二月十六日出吳淞口四月初二日到津

第六號元字趙恒吉 二月十六日出吳淞口三月二十六日到津

第七號福字張順泰 三月二十一日出吳淞口四月二十七日到津 該船附載歸安縣漕糧

第八號元字孫寶生 四月初六日出吳淞口五月十五日到津 該船係載長興縣漕糧德清縣白糧附載武康縣尾糧

安吉縣

派裝漕糧船四隻

第一號鄞字顧長順 三月初四日出吳淞口三月十八日到津

第二號鎮海字孫元茂 三月初四日出吳淞口三月十八日到津

第三號鎮字費元祥 二月十六日出吳淞口三月十九日到津

第四號鎮字葛恒榮 二月十六日出吳淞口三月二十九日到津

湖州府屬

派裝舊白糧船一十隻

第一號崇字陸再利 四月初六日出吳淞口五月二十二日到津

第二號海字張金元 四月初六日出吳淞口四月二十八日到津

第三號嶺字萬宏泰 四月初六日出吳淞口四月二十九日到津

第四號太字林協元 四月十一日出吳淞口五月二十八日到津

第五號太字周永發 四月十一日出吳淞口五月二十八日到津

第六號太字林協亨 四月十一日出吳淞口五月二十二日到津

第七號崑字朱安泰 四月十一日出吳淞口四月二十七日到津

第八號鎮字金安順 四月十一日出吳淞口六月初三日到津 該船附載德清縣白糧

第九號崇字陳源發 四月十一日出吳淞口五月二十八日到津

第十號吳字姚天泰 四月十一日出吳淞口六月十四日到津

海道針路

第一段海船自上海縣黃浦口岸東行五十里出吳淞口入洋繞行寶山縣之復寶沙迤至崇明縣之新開河計一百二十里又七十里至十滧是爲內洋十滧可泊船爲候風放洋之所崇明縣地

第二段自十滧開行即屬外洋東迤一百八十里至佘山一名蛇山又名南槎山係荒礁上無居民不可泊但能寄椗爲東出大洋之標準蘇松鎮所轄

第三段自佘山駛至大洋向正北微偏東行至通州呂泗場對出之洋面約二百餘里水深十丈可寄椗

從此以北入黑水大洋至大洋稍對出之洋面約一百四十里係狼山鎮右營所轄又北如皐縣對出之洋面起至黃沙洋港對出之洋面約二百六十里又北泰州對出之洋面起至黃家港對出之洋面約二百二十里係狼山鎮掘港營所轄又北至鬭龍港對出之洋面約二百里又北至射陽湖對出之洋面約一百二十里係鹽城營所轄又北至黃河口對出之洋面約一百二十里係廟灣營所轄黃河口稍南有沙埂五條船行遇東風則慮淺擱宜避之又北至安東縣灌河口對出之洋面約九十里係佃湖營所轄

又北至海州贛榆縣鷹游門對出之洋面約一百八十里係東海營所轄計自佘山大洋以北起至鷹游門對出之洋面止約共一千五六百里統歸狼山鎮汛地凡舟行過佘山卽四顧汪洋無島嶼可依行船用羅盤格定方向轉針向北略東行如東南風則針頭偏東一個字如西南風則針用子午查江南佘山與山東鐵槎山南北遥對謂之南槎北槎行船應用子午正針因江境雲梯關外迤東有大沙一道自西向東接漲甚遠暗伏海中恐東風過旺船行落西是以針頭必須偏東一個字避過暗沙再換正針此沙

徑東北積爲沙埂舟人呼爲沙頭山若船行過於偏東一直上北便見高麗諸山故將至大沙外仍須偏西始能對成山一帶也

第四段行過鷹游門對出之洋面往北卽山東日照縣界山東水師南洋汛所轄又北至文登縣之鐵槎山一名北槎山自佘山至此始見島嶼又北至文登縣之馬頭嘴入東洋汛界經由蘇山島靖海衞及榮成縣之石島養魚池石島居民稠密可泊惟島門東南向春時乘風易入難出自鷹游門至石島約六百餘里大洋中雖舵工以針盤定方向猶須常用水托

水托者以鉛爲墜用繩繫之探水取則也每五尺爲一托查十潊開船試水自十托至二十托上下行過佘山試水均在三十托上下順風二日餘均係黑水再試至十托上下卽知船到大沙洋面行過大沙試水漸深至五十托上下視水綠色則係山東洋面順風再一日試水二十托上下水仍綠色遥望北槎及石島一帶山頭隱隱可見再行半日卽至石島洋面此商船赴北一定針路也

第五段自石島至俚島洋面約一百六十里俚島至成山洋面約一百四十里俱榮成縣地爲南北扼要

之所可泊水綠色針盤仍用子午略偏東從成山轉頭改針向西略北入北洋汛界至文登縣之劉公島約一百里又西至威海衞一百餘里又西至福山縣之之罘島一百里又北至蓬萊縣之廟島二百里以上自石島起至廟島止約共九百餘里之罘島西北一帶有暗礁船行偏東以避之又廟島之東有長山頭淺灘宜避試水在十五六托至二十托不等船至廟島以東南風爲大順計東省洋面共一百零五島中有二十五島最爲海道要地而廟島尤大可以停泊

第六段自廟島過掖縣小石島卽入直隸天津海口約九百里針對大西偏北沿途試水在十四五托再試水至六托上下水黃色水底軟泥卽可抛貓候潮進口約計天津海口逆流挽縴一百八十餘里卽抵天津東關外

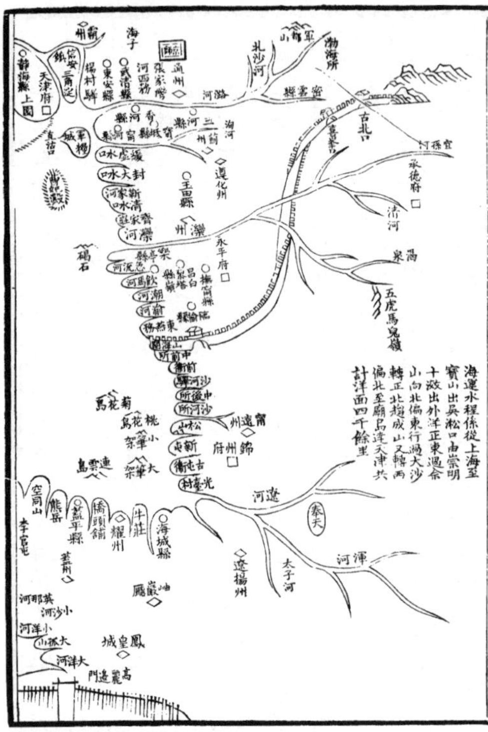

海運圖

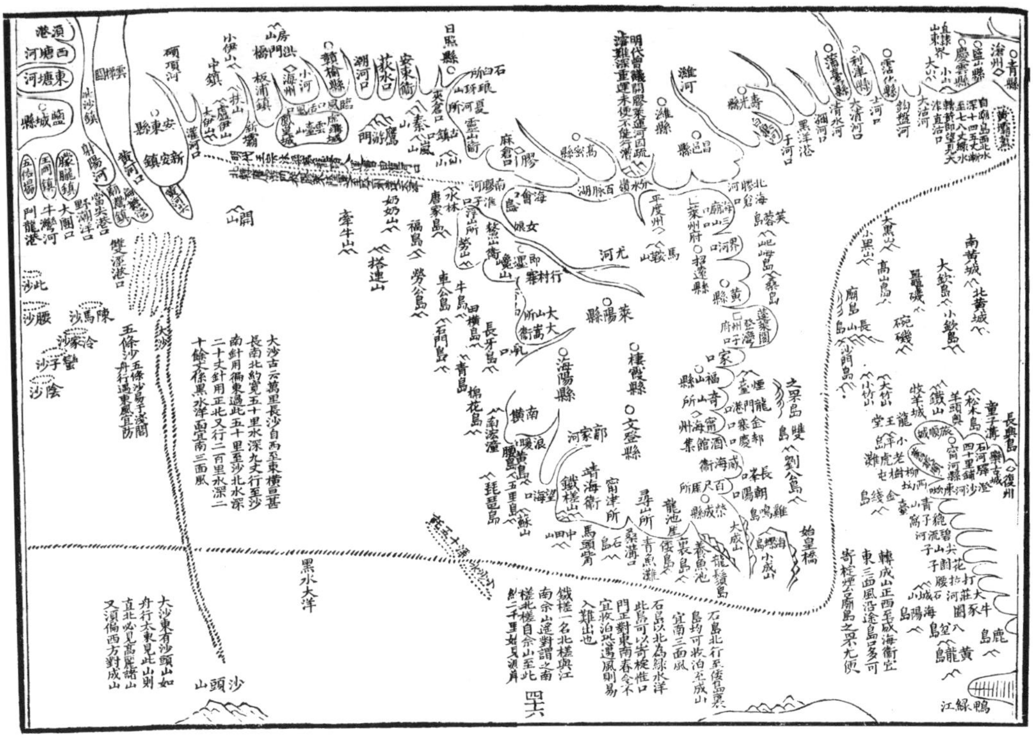
青縣
滄州
鹽山縣
慶雲縣
海豐縣
霑化縣
利津縣
蒲臺縣
壽光縣
濰縣
昌邑縣
平度州
膠州
即墨縣
萊陽縣
棲霞縣
文登縣
海陽縣
招遠縣
黃縣
登州府
蓬萊閣
劉公島
雞鳴島
始皇橋
成山
黑水大洋
沙頭山
大沙東有沙頭山如舟行太東見此山則直北必見高麗諸山又須偏西方對成山

四六

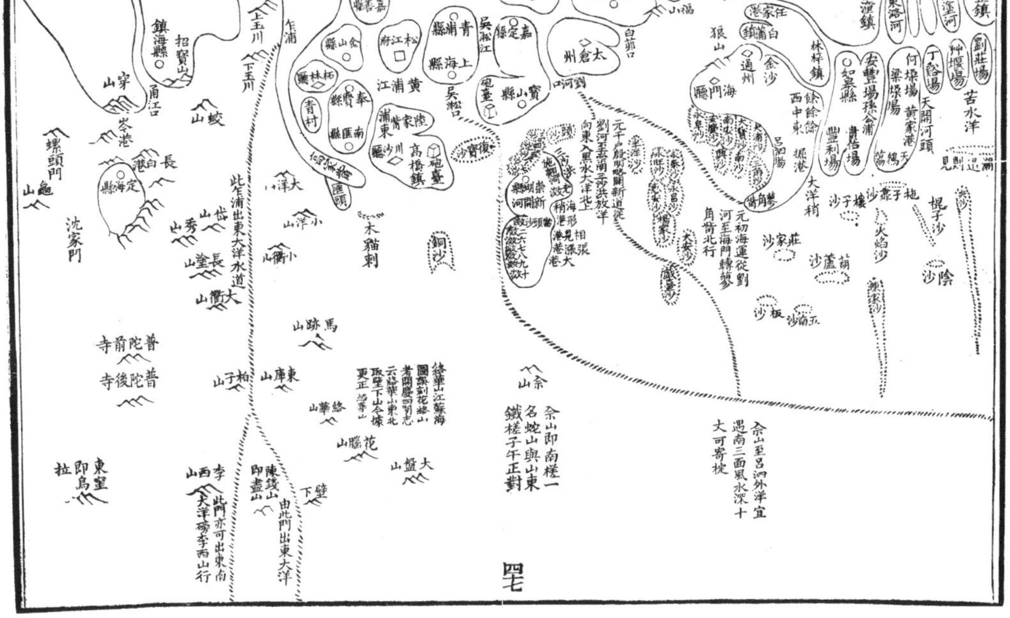
餘姚縣
寧波府
錢塘江
海寧州
海鹽縣
平湖縣
嘉興府
嘉善縣
浙江界
江南
吳江縣
崑山縣
常熟縣
江陰縣
無錫縣
常州府
丹陽縣
鎮江府
揚子江
靖江縣
泰州
通州
如皋縣
太倉州
寶山縣
上海縣
青浦縣
金山縣
奉賢縣
南匯縣
吳淞口
劉河口
乍浦
鎮海縣
招寶山
普陀前寺
普陀後寺
馬跡山
花腦山
陳錢山
大盤山
佘山
佘山即南槎一名蛇山與山東鐵槎子午正對
佘山至呂泗外洋宜遇南三面風水深十丈可寄碇
由此門出東大洋

四七

天津上園圖

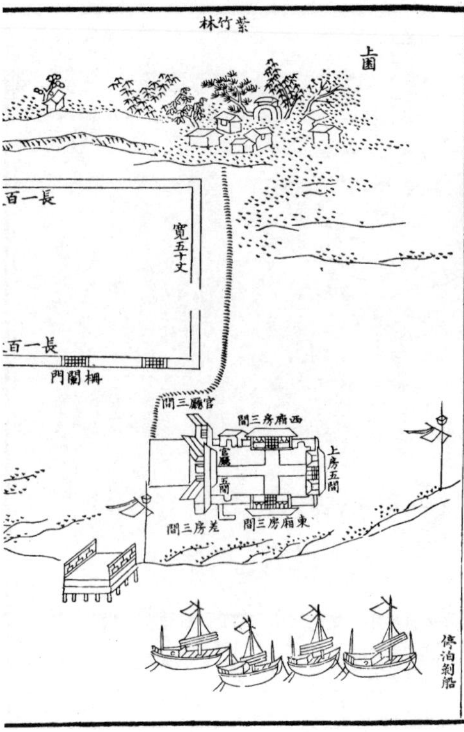
紫竹林
上園
長一百
寬五十丈
長一百
柵欄門
官廳三間
西廂房三間
上房五間
東廂房三間
差房三間
停泊剝船

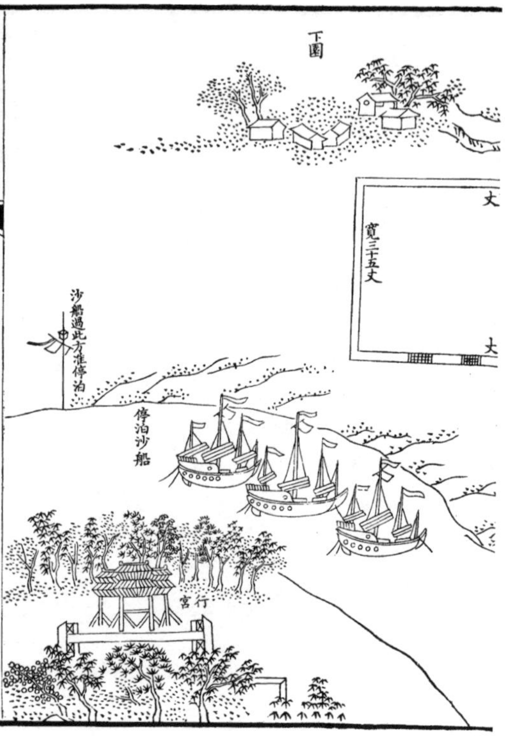
下園
寬三十五丈
沙船過此方準停泊
停泊沙船
行宮

浙江海運全案　卷十　平

攔江沙圖

浙江海運全案　卷十　三

海河圖

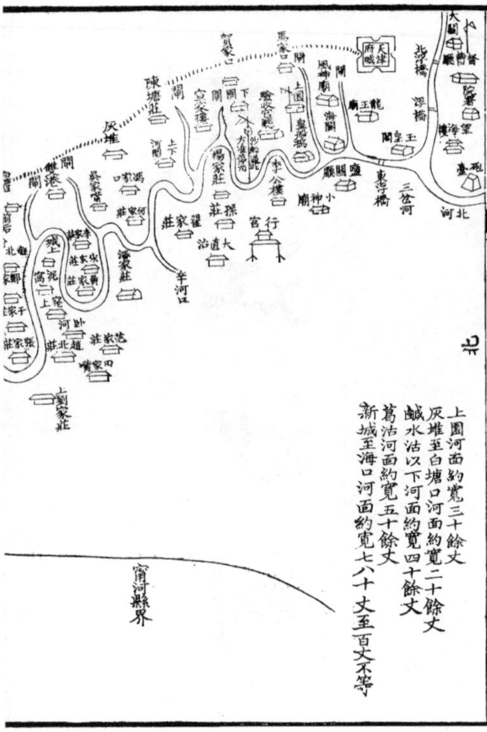

三岔河四里至馬家口八里至賀家口七里至陳唐莊五里至灰堆十里至雙港五里至白塘口十五里至鹹水沽二十里至葛沽八里至新城二十四里至大沽四里至東沽三里至砲臺

以上陸路計一百十三里

三岔河四里至馬家口十里至賀家口八里至陳唐莊十五里至灰堆二十四里至雙港七里至白塘口三十二里至鹹水沽二十八里至葛沽十四里至新城二十八里至大沽五里至東沽五里至砲臺

以上水路計一百八十里

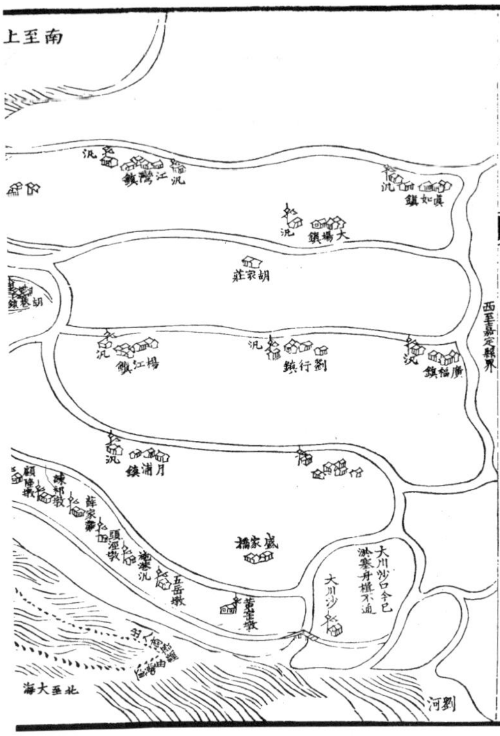

浙江海運全案　卷十　三四

黃浦江圖

浙江海運全案　卷一　三五

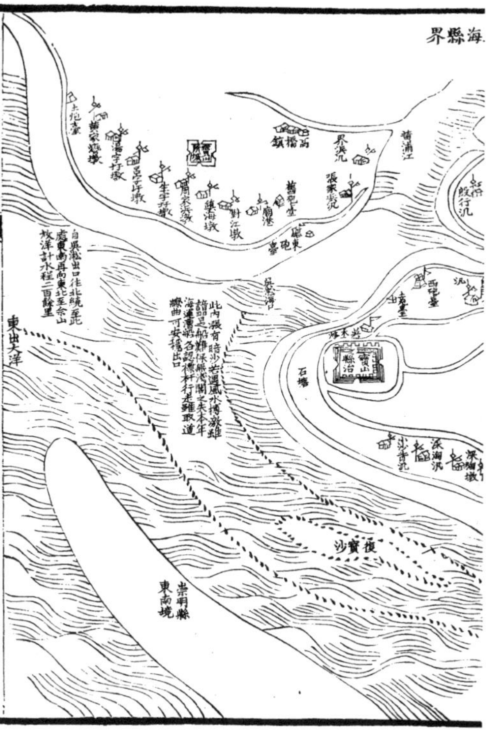

吳淞江圖

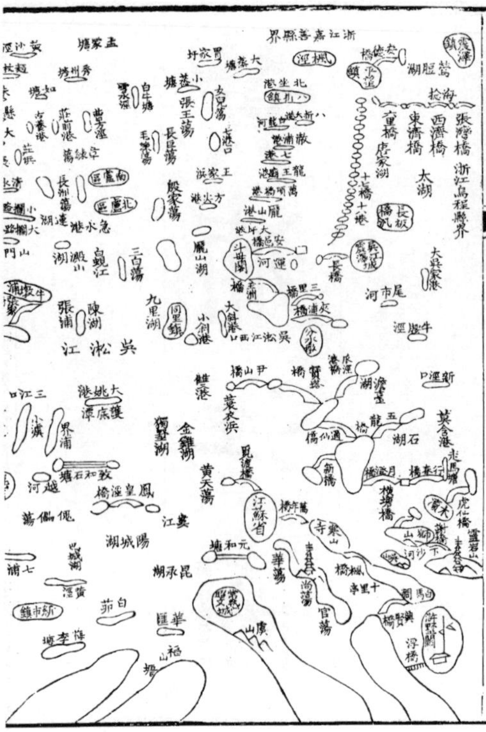
浙江嘉善縣界
浙江烏程縣界
張涇橋
太湖
吳淞江
黃天蕩
陽城湖
昆承湖

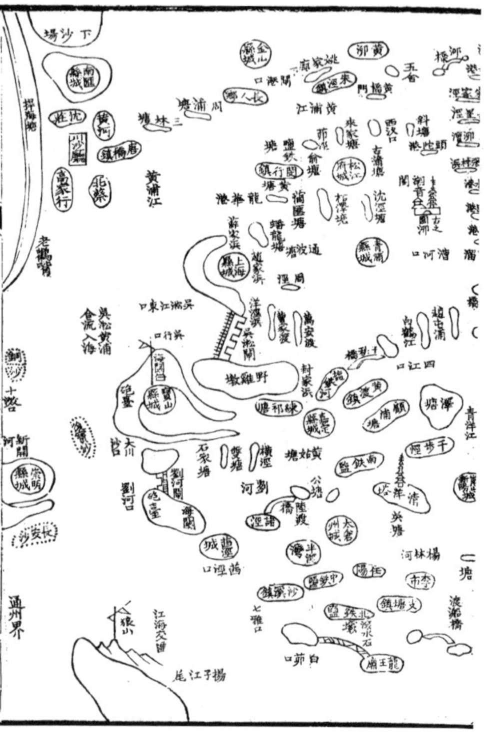
下沙場
黃浦江
吳淞江東口
野雞墩
崇明縣城
通州界
揚子江尾
白茆口

沙船停泊圖

沙船專行北洋身長倉淺頭狹腹闊無槳櫓之具利於揚帆艄形方俗呼方艄

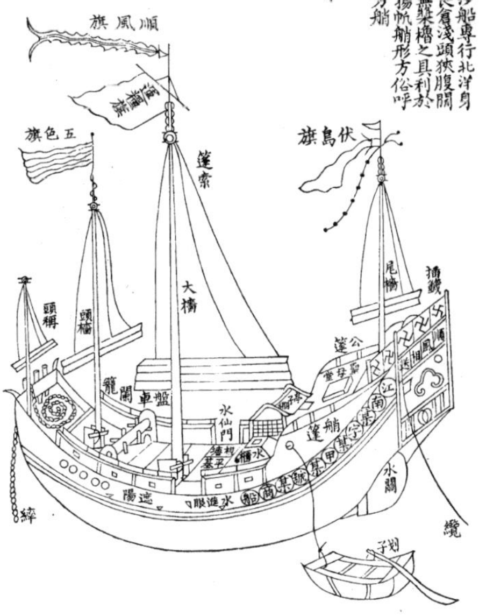

沙船行駛圖

船頭畫采如虎形者名號水

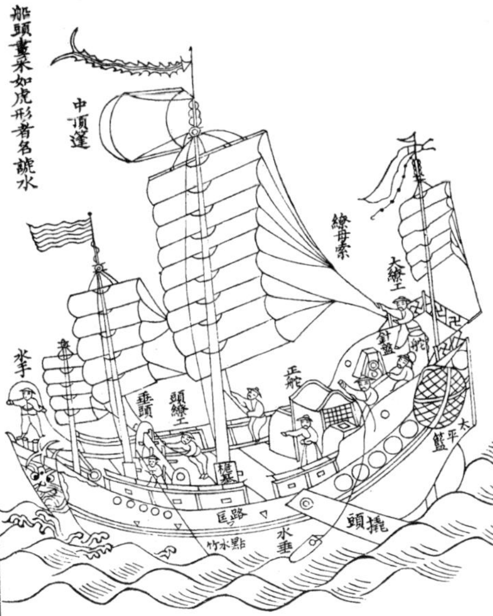

蛋船停泊圖

蛋船南北洋皆行身長倉深頭尾帶方船底及兩旁塗以蠣粉上横抹以煤屑頭尾間刷以礬紅

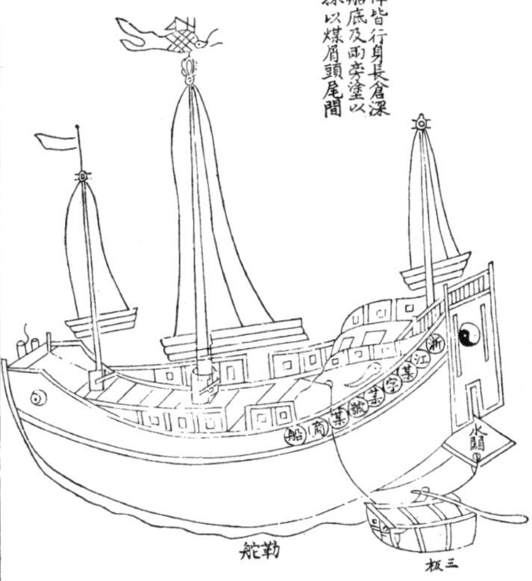

蛋船行駛圖

浙江海運全案　卷十　六十

三不象船停泊圖

三不象船多行北洋少行南洋身長腹闊頭鋭尾高船底及兩旁純塗蠣粉以驅兩洋水中蝕蟲頭尾間抹以礬紅其篷以竹箬爲之取其堅固然其篷今亦有用布者自頭至艄水關上有索一根名勒舵蛋船同

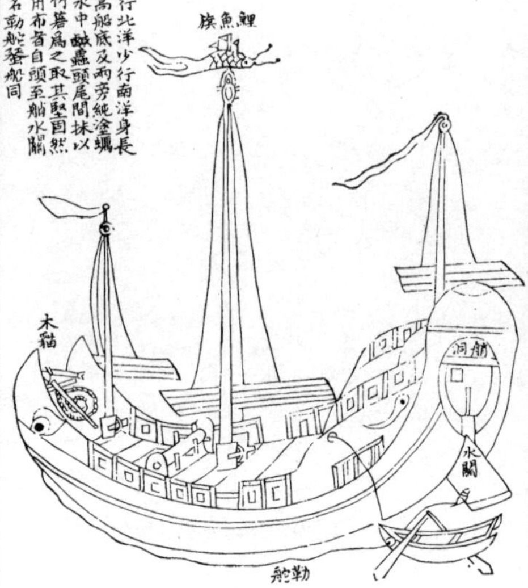

三不象船行駛圖

浙江海運全案　卷十　六十一

衛船停泊圖

衛船專行北洋身長腹闊頭尾不高檣短無棚旁無粉飾

衛船行駛圖

考定沙船式

大號沙船長十丈容關斛一千五百石今舉以爲式中號小號由此漸殺或七成五成三成算有三三成四四成者皆可類推凡沙船量以淮尺每尺當部尺一尺一寸長短廣狹以此爲準

利市頭寬一丈八寸 案船梁皆以亘梁爲主丈尺皆準之定制如大面梁海底梁皆準亘梁八成頭面梁準亘梁七成利市頭準亘梁六成造舟大率如此

浪斗倉 案此倉在頭艢之前梁腳四座每座相距三尺五格相聯故又名聯倉橫深一丈五尺亘深一丈一尺

頭面梁寬一丈二尺六寸厚六寸 所以支頭艢

包頭倉 凡四倉自頭艢之後遞次至梡門倉之前每倉三尺八寸共一丈五尺二寸小號者祇三倉其制與浪斗倉略同

梡門倉 此倉內有半梁一座梁腳一座共作三格每格相距三尺八寸共一丈一尺四寸半梁者倉雖隔而可通者也

大面梁寬一丈四尺四寸厚八寸 所以支大艢

太平倉 凡四倉自大艢之後遞次至潮倉之前是爲船之中倉每倉三尺八寸共深一丈五尺二寸

潮倉 案此倉又名出門倉橫深三尺八寸在第四太平倉之後船有潮濕於此察之水氣所聚故不貯載

進門倉 在潮倉後內有半梁一座共成二格每格相距三尺八寸共深七尺六寸

亘梁寬一丈八尺 案亘梁一名喬梁乃船中柱木通體隆殺準諸此

下竅倉

上竅倉

卧寞倉 已上三倉俱在進門倉之後乃艄倉也爲水手寢息之所倉內梁腳有多至四五座五六座者橫深約二丈內外每船水手以二十人計船小可略減其制則同

著舵梁寬一丈八尺

舵盤寬一丈八尺厚七寸

海底梁寬一丈四尺四寸厚七寸 在船艄之下所以支水關

巾頂篷長三丈寬二丈四尺

巾頂繩五條

頭稱 視尾艢差小無定制

頭艢長四丈三尺圍圓四尺

大艢長七丈圍圓五尺五寸

尾艢長二丈二尺圍圓三尺

頭稱篷 視稱之大小用布無定制

頭篷長三丈六尺寬二丈二尺 計二十四頁需上海布六十斤上海布名套段幅廣一尺一寸長十八尺

大篷長四丈三尺寬四丈 計二十九頁需上海布八十斤

尾篷長二丈寬一丈六尺 計十二頁需上海布三十斤

大貓重一千四百斤

二貓重一千二百斤

三貓重七百斤

行船棒長二丈

舵梗長二丈二尺

縩母索長十五託 凡五尺爲一託

轆索長九丈

篷索大小十二條

大綷長六十步 每步亦五尺合三十二股而成一

二綷長七十步 合二十六股而成一

三綷長八十五步 合二十股而成一

水匱 設於潮倉板上兩旁貯水幾何以人之多寡路之遠近計

考定蛋船式

案蛋船三不象船量法皆以閩尺爲準酌中定制容一千八百石

正檣梁長一丈三尺二寸

照水板 自此至水井梁長十丈五尺四寸

浪斗長九尺 上有頭桅面梁一片長一丈五尺寬一尺四寸厚六寸

卧洞倉 凡三倉共長九尺二寸內有半梁二柱

水井梁 自此至駛風梁長二丈九尺梁頭寬一丈七尺二寸斜深八尺駛腦一尺六寸

水井倉長三尺六寸

包倉 凡二倉共長六尺四寸

暗倉長四尺二寸

桅門倉 凡三倉共長七尺內有底桅二柱底桅者船底之牽條也

桅耳倉 左右各一長各五尺內桅臼旁有底桅一根所以支柱大檣之腳

駛風梁 自此至火洞梁長二丈七尺梁頭寬二丈三尺六寸斜深七尺四寸駛腦二尺二寸上有面梁一片長二丈三尺寬二尺厚一尺

太平倉 凡六倉各長四尺五寸

火洞梁 自此至兜水梁長二丈三尺五寸梁頭寬一丈四尺斜深七尺八寸駛腦二尺六寸

潮倉長三尺三寸

進門倉長四尺六寸

下竅倉長四尺六寸

上篛倉長四尺六寸

暗倉長六尺四寸分馬口兩倉

兜水梁自此至風稍腳梁長一丈二尺八寸梁頭寬一丈九尺四寸斜深九尺六寸駛腦一尺二寸

舵匱倉長八尺六寸凡二倉在水關兩旁

風稍腳梁上橫寬一丈七尺六寸下橫寬一丈四尺六寸高一丈三尺六寸上有順風梁一柱自正樑梁至順風梁長十一丈照水板至風稍腳梁共計倉口橫深十丈七尺七寸

巾頂篷二十頁方廣三丈二尺需甯波布六十四丈

頭櫓長五丈四尺圍圓四尺六寸

大櫓長八丈如用松木圍圓八尺若雜木差減一尺

尾櫓長三丈七尺圍圓二尺五寸

頭篷二十一頁上橫寬二丈四尺下橫寬一丈八尺五寸需甯波布四十七丈

大篷三十三頁上橫寬四丈九尺下橫寬四丈一尺需用甯波布一百五十丈

尾篷十三頁上橫寬一丈三尺下橫寬一丈五寸需甯波布十五丈

大貓重九百斤

二貓重八百三十斤

木椗長二丈六尺其輕重視取材無定制

舢杆長三丈一尺附案金門洞圓徑一尺三寸沓拖一丈三尺五寸開廣八尺

大繂長六十八託需樓一千七百斤

二繂長六十八託需樓一千五百四十斤

三繂長六十八託需樓一千三百七十斤

餘與沙船同者不具載

考定三不象船式

案三不象之制昉自康熙三十八年承運福建木料就釣船舊制增益以松木爲之其式不象江南之沙船不象福建之鳥船不象浙江之蜑船故名之曰三不象視蜑船差大容二千石

正櫺梁長一丈三尺六寸

照水板 自此至水井梁長一丈四尺六寸

浪斗長八尺六寸 上有頭櫺面梁一片長一丈五尺寬一尺四寸厚八寸

臥洞倉 凡三倉共長九尺內有半梁二柱

水井梁 自此至駛風梁長三丈一尺梁頭寬一丈七尺二寸斜深八尺二寸駛艙一尺四寸

水井倉長三尺五寸

包倉 凡二倉共長六尺

暗倉長三尺

桅門倉 凡三倉共長一丈五寸內有底桅二柱

桅耳倉 左右各一長各五尺內桅臼旁有底桅一根

駛風梁 自此至火洞梁長二丈七尺梁頭寬二丈三尺八寸斜深七尺八寸駛艙二尺一寸上有面梁一片長二丈三尺圍圓五尺有奇

太平倉 凡六倉各長四尺五寸

火洞梁 自此至兜水梁長二丈五尺梁頭寬二丈四尺四寸斜深八尺二寸駛艙二尺六寸

潮倉長三尺二寸

進門倉長四尺

下嵏倉聯倉長六尺四寸有半梁一根

上嵏倉長三尺

暗倉長三尺

臥窠倉長五尺四寸

兜水梁寬一丈九尺八寸 自駛艙四角至八仙板約長十一丈前自照水板後至兜水梁共計倉口橫深九丈七尺六寸

巾頂篷二十頁方廣三丈二尺需甯波布六十四丈

頭櫺長五丈六尺圍圓四尺六寸

大櫺長八丈 如用松木圍圓八尺若雜木差減一尺

尾櫺長三丈四尺圍圓二尺五寸

頭篷二十二頁 上橫寬二丈五尺下橫寬一丈九尺五寸需甯波布四十九丈

大篷三十三頁 上橫寬五丈二尺下橫寬四丈三尺需甯波布一百五十七丈

尾篷十三頁 上橫寬一丈三尺下橫寬一丈五寸需甯波布十五丈五尺

大貓重一千斤

二貓重九百斤

木椗長二丈六尺 其輕重視取材無定制

舵杆長三丈三尺

餘與蜑船略同

具承攬式

船商某住某縣某都圖

爲情願居時守候裝糧事切奉

鈞示裝載漕糧由天津東門外交卸等因船商奉

諭之下情願急公報効竊商置有　字　號　船

隻屆時到浦聽候

委驗如堪承運靜候糧米上載給發水力運至天津

東門外交卸不敢違誤

風報

正月初三日龍神會

初四日接神颶

初八日龍神會

初九日玉皇颶此日有颶後颶皆驗否則後亦多不驗

初十日大將軍降日逢煞期午後有風無風則雨

十二日龍神會

十三日關帝颶

二十一日大將軍降與初十日同

二十五日龍神會

二十九日龍神會又烏狗颶

三十日龍神會

二月初二日白鬚颶東西洋攷同嶺南雜記作初四

初三日龍神朝上帝

初七日春明報

初九日龍神朝上帝

十二日龍神朝上帝

二十一日觀音報

二十九日龍神朝上帝

三月初三日上帝颶又龍神朝星辰又眞武報此日最宜謹防

初七日閻王報又龍神朝星辰
十五日眞人颶又名眞君報
二十三日天后聖誕俗呼媽祖颶諺云眞人颶多風媽祖颶多雨
二十七日龍神朝星辰
二十八日諸神朝上帝
四月初一日白龍報
初八日佛子颶又名太子報龍會太白
十二日龍會太白
十七日龍會太白
二十三日太保報午時有大風雨

二十五日龍神太白報
五月初五日屈原颶係大颶之信天帝龍王朝玉帝
初十日申酉時有大風雨
十一日天帝龍王朝玉帝申酉時有大風雨
十三日關帝颶
二十一日龍母報
二十九日天帝龍王朝玉皇
六月初九日地神龍王朝玉皇
十二日彭祖颶嶺南雜記作十三
十八日彭祖婆颶

十九日觀音報
二十四日雷祖誕此報最准名爲洗炊籠颶自十二日至二十四日係大颶之旬
二十七日地神龍王朝玉帝卯辰有大風雨
七月初七日神煞交會
初八日神煞交會
初九日神煞交會
十五日鬼颶神煞交會
二十七日神煞交會
八月初一日竈君颶
初三日龍王大會

初五日大颶旬
初八日龍王大會
十四日伽藍報
十五日魁星颶
二十一日龍神大會
二十七日龍神大會
九月初九日重陽報嶺南雜記稱九降自初一至十八日風信靡常
十一日龍神朝玉皇
十五日龍神朝玉皇
十六日張良颶

十九日觀音颶龍神朝玉皇
二十七日冷風颶
十月初一日大颱旬
初五日風信報
初八日東府君朝玉皇
初十日水仙王颶
十五日東府君朝玉皇
十八日彌陀颶
十九日東府君朝玉皇
二十日東嶽朝天

二十六日翁爹颶
二十七日東府君朝玉皇
十一月十四日水仙報
二十七日晉安颶
二十九日四嶽朝天
十二月二十四日送神颶又名掃塵風自二十日至除夕多大風名送年風
二十八日有大狂風
又十二月二十日至三十日俱與明年按月相應二十一日有風則明年正月有大風二十二日有風則二月有大風餘可類推或一日之間風作二次則所應之月風亦如之

按風報日期本日及前後三日內皆當防之蓋俗傳報期或稱諸神誕日或稱龍神朝會雖各有所指實則不外日月躔度陰星之應惟報期甚多月躔箕畢表不足以槩之故復取嶺南雜記中山傳信錄兩洋攷福建通志所載以備叅攷

附沙船耆舵相傳歷驗風報

正月十五日卸燈報此報不必避正月立春之後每有南風數日俗謂之拜年風北行之船正可趁此放棹

二月初八日張大帝報此報宜避

十九日觀音報此報不惡

三月初三日田雞報此報最險切宜豫防

四月無大風報

五月初五日端陽報不惡

十三日下陽報此報宜避

六月無大風報常有惟二十四日雷祖報最險但不必年年

七月十五日七月半報此報宜避七月東北風太緊往往有風潮之處可知此報之險但不必年年有之

八月無大風報

九月初九日重陽報重陽後每有數日南風北行之船候至此時可以放棹二十四五等日往往大風過此便可行船諺云九月廿七朝前走十月無風慢慢來

十月十一日麻和尚報此報甚險宜避

二十日有報不必避

三十日犁星報冬至將近犁星著地必有大風凡見犁星著地其報非凡報可比若不見犁星著地亦即無報但行船不可不防

十一月十五日小雪報不必避

十二月初大雪報約在冬至後二十七日

二十四日掃塵報極險宜避

行船避報此規矩之常但報期太多若逢報必避則幾無可以行船之日矣蓋無關輕重之報原不必避即極險最惡之報亦不必年年定有此在耆舵之善於觀察以定之耳

潮信說

潮信各處不同今海運由上海黃浦兌米至吳淞出口自應以上海爲準案朝至曰潮夕至曰汐每月朔以子午時至日遲三刻至望日則子潮降而爲午午潮降而爲子如是半月以復其初月建大則潮五十八至月建小則潮五十六至月之麗天出東入西大建經天二十九次小建經天二十八次無三十次者潮秉月之精故亦無六十至也上海潮信吳淞口最早黃浦次之松江又次之先是潮由吳淞入朔望以子午爲信自李家洪之決海內徙遂早數晷至向來

大信並無潮頭比年以來愈南愈大繫纜不謹每至傾側是以潮信不可不知致宋元以來官榜潮信於亭以便行旅斯意良善故於此書詳載備推測焉

吳淞江潮信

初一辰戌末　初二巳亥正　初三巳亥末　初四午子初
初五午子正　初六午子末　初七未丑初　初八未丑正
初九申寅初　初十申寅正　十一申寅末　十二卯酉正
十三卯酉末　十四辰戌初　十五辰戌正　十六辰戌末
十七巳亥初　十八巳亥末　十九子午初　二十子午正
二十一子午末　二十二丑未初　二十三子午正　二十四寅申初
二十五寅申正　二十六寅申末　二十七卯酉正　二十八卯酉末
二十九辰戌初　三十辰戌正

黃浦潮信

初一巳亥正　初二巳亥末　初三子午初　初四子午正
初五子午末　初六丑未正　初七丑未末　初八寅申正
初九寅申末　初十卯酉正　十一卯酉末　十二辰戌正
十三辰戌末　十四巳亥初　十五巳亥正　十六巳亥末
十七子午初　十八子午正　十九子午末　二十丑未初
二十一丑未正　二十二丑未末　二十三寅申正　二十四寅申末
二十五卯酉初　二十六卯酉正　二十七卯酉末　二十八辰戌初

黃浦潮信分四時表

吳淞江潮信準此早三刻可以類推表中但列十二時初正末而不列刻數者蓋潮從東北來東北風大則潮早西南風大則潮遲是又不可以刻分定也

	春秋	夏	冬
初一　十六	巳正亥初大	巳初戌末大	巳正戌末大
初二　十七	巳末亥正大	巳末亥初大	巳末亥初大
初三　十八	午初亥末大	午初亥末大	午初亥正大
初四　十九	午正子初大	午末子初大	午正亥末大
初五　二十	午末子正下岸	午末子正下岸	午末子初下岸
初六　二十一	未初子末漸小	未初子末小	未正子末漸小
初七　二十二	未正丑初漸小	未正丑初小	未末丑初小
初八　二十三	未末丑末漸小	未末丑正小	申初丑末小
初九　二十四	申正寅初小	申初丑末小	申正寅初小
初十　二十五	寅末申末交澤	寅初申正交澤	寅末申末交澤
十一　二十六	卯初酉初起水	寅末申末起水	卯初酉初起水
十二　二十七	卯末酉正漸大	卯初酉初漸大	卯末酉正漸大
十三　二十八	辰初酉末漸大	卯末酉正漸大	辰初酉末漸大
十四　二十九	辰末戌正漸大	辰初酉末漸大	辰末戌初漸大
十五　三十	巳初戌末大	辰末戌初大	巳初戌正漸大

国家出版基金项目
NATIONAL PUBLICATION FOUNDATION

海上絲綢之路文獻集成

總主編　陳支平　陳春聲

歷代史籍編

81

主編　范金民

海峽出版發行集團
THE STRAITS PUBLISHING & DISTRIBUTING GROUP
福建人民出版社

本册目次

浙江海運全案初編十卷續編四卷重編八卷

（續編卷一至重編卷八）

〔清〕黄宗漢　馬新貽纂

浙江海運全案續編

板存浙江糧道庫

浙江海運續編序

咸豐三年六月海運蕆事粤匪猶踞金陵揚鎮二城久爲犄角之勢江路梗阻杭嘉兩幫漕船仍留滯黄河以北部議咸豐四年起運三年漕糧仍由海道抵津而八月五日上海縣匪徒起事城陷旬日間躪及嘉定寶山南滙青浦諸縣賊踪逼松江府城江省告急臣宗漢以上海爲漕糧起運重地不可不急圖克復派撥兵勇駐紮東泖以保固松江門戸使無竄越浙境旋經江省兵勇收復嘉定諸縣浙兵即由東泖進閔行鎮逐賊直抵滬城跨城東南爲水營江省大

兵營於西北賊匪跧伏城内倚城東江岸列礮臺數重以死拒滬瀆之運道不通臣宗漢益深焦急念自軍興以來江廣諸省漕糧皆已改折正供愈缺浙漕不能不貢

京師乃飛飭督防東泖署紹興府繆梓確查起運海口據博諮上洋紳商旁詢海船耆舵進劉河出運之議

恭疏以

聞得所請按劉河古爲劉家港元海運記云至元二十九年朱淸等建言命千戸殷明畧踏開生路自劉家港開洋至崇明三沙放洋望東行入黑水大洋取成山

轉至劉家鼎漿艅到登州沙門島於萊州放大洋入
界河其顛末皆有可稽明代以來海運不行港久淤
塞江省前霣吏迭經濬治隨濬隨淤海口復有攔門
沙舟行不便幸近年沙漸退僅存陰沙一片伏水中
而內河淺狹不可不治遂咨商兩江督撫委員會勘
由浙省籌借銀萬餘兩備疏濬太倉州知州蔡應斗
鎮洋縣知縣李翰文實司其事匝月工竣於是江浙
漕運遵
旨改道劉河起運浙漕自三月開運至七月而抵津畢兌
又代粵東採辦十萬餘石自六月開運至九月而抵

津畢兌上海至太倉僅百里米八十餘萬石銀數十
萬兩萃於海濱滬匪之覬覦洋盜之潛伺胥於是在
臣宗漢夙夜祇懼遴委將弁派撥兵勇節節防維自
始事迄終事無纖塵之驚無秋毫之損豈臣宗漢區
區之力所能臻此實仰賴
聖天子赫聲濯靈以卒斯役也凡運務事宜率皆循舊惟
改道劉河自咸豐四年起運咸豐三年漕糧始爰取
一切案牘彙爲續編附劉港圖說及濬河工冊付諸
梓人以資採擇
大清咸豐四年甲寅十一月朔

賜進士出身
誥授榮祿大夫兵部尚書兼都察院右都御史總督四川
等處提督軍務兼理糧餉前浙江巡撫
賞戴花翎加三級臣黃宗漢謹序

總閱
新授四川總督浙江巡撫臣黃宗漢
總纂
浙江布政使司布政使臣韓椿
署浙江布政使司布政使按察使臣黃樂之
浙江按察使司按察使兼署杭嘉湖道臣晏端書
浙江鹽運使司鹽運使臣慶廉
浙江督糧道臣周起濱
分纂
署杭州府知府甯波府知府臣繆梓

候補知府中防同知臣楊裕深
前台州府同知臣朱緒曾
候選同知臣余鈞恩
運同銜杭州府水利通判臣費文淦
署紹興府南塘通判臣陳湅
前署錢塘縣知縣臣馬昂霄
署仁和縣知縣臣韓培乾
署錢塘縣知縣臣繆步瀛
玉泉場大使臣朱錫齡
前金山場大使臣史詰

太平縣縣丞臣顧錕
校對
候補未入流臣張承志
候補未入流臣桑樹勳

戶部謹
奏爲蘇松常鎭太四府一州浙江全省漕糧請
旨飭令兩省督撫仍循舊章由海運津恭摺奏祈
聖鑒事竊維咸豐三年應運咸豐二年漕糧江廣等省因
河道梗阻未能運京頼有江蘇蘇松糧道所屬暨浙
江全省漕糧由海運津藉資接濟各倉新舊糧米粳
米一項約可放至明年九月稄米一項仍按二斗五
升折錢并以粟米五升抵放約可放至明年八月臣
等通盤合算本年各倉收受漕糧止及常年之半急
需來歲新漕接濟倉糧現在河道暢行尚稽時日豐

工又報漫塌不能不先事豫籌俾各省督撫早爲妥
辦免致觀望貽誤且江蘇浙江兩省漕務積弊已深
欲求裕
國恤民舍海運別無辦法應請
旨飭令兩江總督浙江江蘇巡撫督飭該糧道卽將咸豐
四年起運三年分漕白糧米派員經理一切事宜按
照本年海運章程奏明辦理其江西兩湖江安江北
漕糧容俟臣等妥籌奏辦謹先將籌辦江浙兩省漕
糧仍由海運緣由恭摺具
奏伏乞

皇上聖鑒謹
奏
咸豐三年六月二十八日具
奏本日奉
硃批依議行着戶部嚴行飭催不准各該督撫糧道等任
意躭延欽此

浙江巡撫臣黃宗漢跪
奏爲浙省本年新漕來歲仍行海運謹將奉文辦理緣
由恭摺由驛馳
奏仰祈
聖鑒事竊照戶部奏請江浙新漕來歲仍由海運所有一
切事宜按照本年章程奏明辦理欽奉
硃批依議行着嚴行飭催不准任意躭延等因欽此鈔錄
原奏咨行到浙臣查浙省漕糧上年試行海運經臣
籲懇
天恩以河運經費作海運支銷並經臚列條欵恭呈

御覽均奉
諭旨准行是來歲起運新漕卽可循照舊章辦理惟海運
以雇船爲第一要務所有甯波之蜑船三不像船業
經行令道府一俟該商船自津回浙全行封雇外其
上海之沙船直隸山東之衛船相應請
旨敕下兩江直隸各督臣江蘇山東各撫臣飭屬趕緊廣
爲招雇務于年內連檣抵滬以資裝運除俟秋後覈
明杭嘉湖三府屬應徵銀米督飭糧道及早提前趕
辦不敢稍事躭延並俟屆期分別派員設局經理另
行奏報外所有奉文辦理緣由合先恭摺由驛具

奏伏乞
皇上聖鑒謹
奏
咸豐三年八月初十日具
奏九月初七日奉
硃批另有旨欽此八月二十三日內閣奉
上諭黃宗漢奏請飭備新漕海運船隻一摺着戶部速議
具奏欽此

戶部謹
奏爲遵
旨速議具奏仰祈
聖鑒事咸豐三年八月二十三日內閣奉
上諭黃宗漢奏請飭備新漕海運船隻一摺着戶部速議
具奏欽此欽遵鈔出到部據原奏內稱竊照戶部奏請
江浙新漕來歲仍由海運一切事宜按照本年章程
奏明辦理欽奉
硃批依議行着嚴行飭催不准任意躭延等因欽此鈔錄
原奏咨行到浙臣查海運以雇船爲第一要務所有

甯波之蛋船三不像船業經行令道府一俟該商船
自津回浙全行封雇外其上海之沙船直隸山東之
衛船相應請
旨飭下兩江直隸各督臣江蘇山東各撫臣飭屬趕緊廣
爲招雇務于年內連檣抵滬以資裝運等語臣等伏
查本屆浙江海運所需船隻除甯波船三不像船由
浙省自行封雇外其上海之沙船及直隸之衛船山
東之登由子船係由浙省派員赴滬設立總局會同
江蘇委員與蘇省所需船隻一同封雇所有來春海
運自應照舊辦理查上海沙船年內回應各歸水次

其直隸山東船隻均由奉天牛莊裝豆運赴江省銷
售亦必自北而南連檣抵滬若責令直隸山東各督
撫代爲招雇轉無把握仍應責令該撫早派妥員赴
滬會同蘇省委員不分畛域一律封雇以資裝運毋
得稍有貽誤並請
旨飭下兩江直隸江蘇山東各督撫卽將應給商船每石
脚價銀四錢白糧每石食米一斗漕糧每石食米八
升及神福犒賞准免二成稅貨並裝運一萬石至五
萬石以上給予奬勵各章程各由本省刊刻告示遍
行曉諭該商船等僉蒙

聖恩優渥自必急公赴募聞風而往惟在該撫及兩江總
督江蘇巡撫及早提前趕辦毋任稍事躭延是爲至
要至該省新漕應徵漕白正耗米數及屆期派員經
理一切事宜仍應隨時奏報以憑覈辦所有臣等議
覆浙江新漕海運雇船緣由理合恭摺具
奏伏乞
皇上聖鑒謹
奏
咸豐三年八月二十八日具
奏本日奉

旨依議欽此

浙江巡撫臣黃宗漢跪

奏爲來歲新漕應速定起運海口及雇募各船先經豫籌咨辦緣由恭摺覆

奏并請

飭催江蘇直隸山東各省迅速定地封船以速海運仰祈

聖鑒事竊臣於十一月初十日接准軍機大臣字寄咸豐三年十月二十八日奉

上諭浙省漕米前經部咨令由乍浦海口兌裝上船放洋北上未據咨覆到部漕糧關繫緊要上海尚未收復明年海運事宜必應及早籌畫設法轉運著黃宗漢迅即妥籌具奏不得藉詞軍務以致臨時貽誤如上海即日克復則江浙海運漕糧自可循照舊章辦理等因欽此遵

旨由五百里寄信前來查自八月初上海失陷後臣以該處馬頭尤關海運先後委員督帶兵勇二千餘名籌備軍火餉需陸續接濟馳往會勦至九月間尚未克復臣焦灼萬分適接部咨商令浙漕改由乍浦起運當查該處如果可行甯波商船尤必樂赴自應及早籌議移改即飭糧道周起濱局員楊裕深等速查議詳嗣據在省司道及該員等會詳業與甯波船戶熟

商據稱乍浦海口有鐵板沙大船委難停泊從前截漕運闔由此出口不過數萬石船少隨兌隨開停泊不過二三日尚不聞有擱損今以七十萬石之數較之從前十倍有餘用船既多久聚候兌則風水可虞先後兌開則閩時逾久必致有誤風汎各船冒險而來十分爲難本省船戶即勉從而沙衛各船未經涉歷斷不願南下故前浙省每議海運輒復中止職此之故況剝船赴乍內河窄狹之處米多亦恐擁擠不開至於裝載麻袋及盤壩腳力須增經費猶其小焉者且該員等在天津時議改乍浦出運之說係上海

未失守以前今該處密邇上海該匪既未勦滅正須嚴防竄入更何敢以數十萬銀米置諸危險之地一經在乍受兌則閩廣人聚集尤多猝然內應防不勝防種種窒礙難行是以於接奉部咨之後以未改定起運地方不便空言咨覆滿望上海速平可以照舊辦理乃日復一日尚未奏捷地方未定一切章程俱難覈議臣心急如焚於九月內復飛飭總辦海運局員現暫赴上海督勦之候選知府繆梓就近與沙船各商人籌議究竟爾等船隻可否駛赴乍浦此外有何海口可以兌米上船並委楊裕深確查各海口可以起運地方去後旋據繆梓稟稱與該商王慶勳等六人連日邀同耆民舵工人等酌議僉稱羊山以南暗礁分出每易擱損身家所係殊難冒險嘗試而漕糧關

天庾正供同居

幬載敢不速籌辦法儻上海稍遲克復如蘇省寶山縣所屬之蘊草濱河面深濶近日沙衛各船皆泊於此太倉州所屬之劉河口本係海運故道因沙淤改途近年沙汙漸開沙船六七百石者皆可收泊千石以上者須泊外口用小船過載該二處均堪起運漕糧等

語與楊裕深所查劉河口地方已復故道似可辦理之稟相同臣接到各稟後旁參互證大略相同即於十月間飛函兩江督臣怡良及蘇藩司陳啟邁速將該二處委員確勘酌定一方議奏即行咨覆以便浙省派員赴彼設局辦理嗣據該督臣及藩司覆稱已飭委署松江府藍守及太倉州蔡牧馳赴該二處測量水勢有無窒礙酌覈定議具奏再行咨覆昨又接繆梓來稟以劉河口地方可以出運已由署松江府藍守具稟蘇省上司在案迄今蘇省尚未將定地出運之處咨浙此臣接到部咨未能即覆業已咨商江

蘇勘辦之情形也至海運又以雇船爲要務除甯波之蛋船及三不像船已由臣札飭該道府及早封雇並飛咨奉天直隸山東各海口凡有甯船停泊卽押令迅速回甯受雇外尚須添雇各船之處業經蘇省上年奏明海運以稽覈銀米而無船責在蘇省立定章程在案此外再有不敷本年係由臣飛咨直隸山東飭令天津府錢炘和封雇衞船前來是以臣八月內覆奏新漕仍由海運摺內聲請

飭下兩江直隸山東各督撫臣照舊封雇船隻嗣由戶部議奏以上海沙船固應各歸水次其直隸之衞船山

東之登由子船均由奉天裝豆運赴江省銷售亦必自北赴滬若責令該省代雇轉無把握著臣派員會同蘇省委員一律封雇等因行知到浙臣查在蘇各船由蘇封雇係屬照章辦理浙省未便越境封船業經咨明江蘇督撫臣仍照原奏封雇若直隸山東衞船本係詢明該商等向來舊章僅能裝載果品食物來南故赴滬之船甚少惟海運之年由官封雇始得裝豆駛進上海該船於受雇後或在天津內河置貨或往奉天裝豆來南卸載後卽運漕米赴津成規既不得紊亂況該船向有承當裝運奉天黑豆及小米差事亦應官爲分別辦理庶赴滬運漕各船一經封定得趕盡年內置貨來春冰開卽向南駛行等語亦經臣將各情節先行咨覆戶部一體咨飭照辦一面由臣於九月內八百里飛咨直隸山東督撫臣并札天津道府封雇各在案此臣於雇船事宜接奉部覆後仍飛咨各省及早封雇之情形也欽奉前因除再咨行各省欽遵查照外謹將豫行籌辦緣由恭摺覆

奏並請

飭下兩江督撫臣迅速委勘劉河口及蘊草濱兩海口何處堪以停泊各船裝兌起運於具奏後卽行覆浙一

面委員封雇沙船濟用并請

飭下直隸山東督撫臣查照臣歷次飛咨各情飭屬立速多封衞船務於來歲驚蟄前一概給照開行飭赴關東裝豆盡二月內一併到南其奉天直隸山東各海口亦請

飭該府尹及各督撫臣委查凡有甯波船隻停泊押令迅速回浙聽候封雇不准逗遛庶速海運而重漕務是否有當伏乞

皇上聖鑒訓示謹

奏

咸豐三年十一月十四日具

奏十二月初七日奉

硃批另有旨欽此同日奉到咸豐三年十一月二十五日

內閣奉

上諭黃宗漢奏遵籌來歲海運事宜一摺前因上海尚未收復疊次諭令怡良等將明年海運事宜迅籌妥辦本日據黃宗漢奏稱蘇省寶山縣所屬之蘊草濱及太倉州所屬劉河口等處地方均堪起運漕糧業經咨商蘇省迅將出運地方及早勘定並咨奉天直隸山東豫備封雇船隻各等語南漕爲天庾正供豈容稍有貽誤現在上海尚未收復既據該撫將變通辦理各情分别咨商自應及早改移會同妥辦著怡良許乃釗迅卽於劉河口及蘊草濱兩處海口委員勘定起運漕米地方一面奏聞卽一面知照浙江會同辦理並着直隸山東各督撫速派幹員封備衞船並着奉天府府尹及各該督撫確查各處海口如有竄泊商船停泊押令迅速回浙聽候封雇裝運漕糧斷不准胥役人等需索滋擾致生事端原摺著鈔給閱看將此由六百里各諭令知之欽此

戶部謹

奏爲遵

旨查議具奏事御史彭慶鍾奏請節省海運經費一摺咸豐三年十月三十日奉

硃批戶部查議具奏欽此欽遵於十一月初一日鈔出到部據原奏內稱道光二十七年直隸總督飭委天津各員轉運江浙採買洋米四十萬石所有由津抵通剝船剝價及員役薪水飯食一切祗報銷銀三萬零覈計運米百石費用不到八兩而連年海運江蘇近百萬石轉運之費幾二十萬兩浙江六十萬石轉運之費需十餘萬兩以百石計則運費需二十兩較之二十七年轉運洋米費用多至一倍有餘雖海運有案由道光六年酌議第事屬初辦自應從寬計算且其時銀價每兩不過制錢一千一二百文自道光二十七年以來每兩制錢竟至二千有零若照轉運洋米之案覈實節省明年江浙海運計米一百五六十萬石卽可省轉運銀十八九萬兩又聞剝船剝價之外計給予飯米折銀而每百石又給食米一石實係重複似應刪除以百五六十萬石漕米計之可省食米一萬五六千石亦值銀數萬兩此等浮費一經覈

實約計可省銀二十餘萬兩以歸公用似於庫項不
無小補應請
飭令戶部議定明年海運查照道光二十七年轉運洋米
之案辦理等語臣等伏查採買商米及海運漕糧由
津運通運倉一切經費有由天津給發者係按平斛
覈算其由通壩給發者係按洪斛覈算其由津給發
之欵商米案內開銷剝價及一切經費每百石合銀
八兩一錢零海運案內按咸豐二年奏報開銷剝價
及一切經費除油艌一項提存道庫不計外每百石
合銀十兩一錢零內民船專裝白糧得項較優應行

剔除毋庸比較其餘支銷比較商米每百石計多銷
銀不及二兩緣商米不給船戶津貼海運例以津貼
經紀二兩五錢分給剝船一半銀一兩二錢五分又
商米進口係商人自行照料海運正漕進口需船迎
護導引且米數較多時日又久雜費項下多銷銀七
八錢不等此由津給發多銷銀不及二兩之原委也
其由通給發之欵除篙兒錢銀業於北倉案內議令
按照時價發錢連腳價等項同係支銷銀九兩一錢
四分毋庸比較外商米案內添用腳價書吏飯銀等
欵每百石多銷銀九錢六分共銷銀十兩一錢海運

案內例給一半津貼銀一兩二錢五分飯米折色銀
二兩五錢八分零每百石多銷銀三兩八錢三分共
銷銀十二兩九錢七分比較商米每百石計多銷銀
二兩八錢七分緣商米係由天津給價派員押運赴
通毋庸經紀人等在津斛收海運正漕米色之是否
乾潔升合之有無短少皆由沙船兌交經紀剋期奏
派坐糧廳帶同經紀斛手赴津收受及裝載剝船之
後一切均責成經紀承運承交一手經理如有攙和
潮濕短少均惟經紀是問是以准給飯銀津貼等項
以資辦公此由通給發多銷銀二兩八錢七分之原

委也該御史所稱商米每百石不到八兩者係單指
天津剝運而言不知通壩仍銷銀十兩零也所稱海
運需銀二十兩者又係統津通兩處約畧而言不知
天津轉運祇需銀十兩零也合計津通用欵商米共
需銀十八兩二錢海運共需銀二十二兩九錢七分
零計多銷銀四兩七錢七分以十成計算多銷二成
有零原奏所稱多至一倍有餘者自係不知臣部各
案無從細覈惟究係目覩經費支絀力求撙節起見
若果能將明年海運改照商米辦理雖未能節省十
八九萬兩之多以百萬石計之約可節省銀四萬七

千餘兩惟是海運正漕若不責成經紀眼同沙船斛
收並責令經紀承運承交一手經理則米數之短缺
米石之攙和潮濕究係何人賠交是辦理海運不得
不奏派坐糧廳帶同經紀斛收赴津既經帶同赴津
若不照例給予飯銀津貼勢必藉口辦公不敷需索
沙船轉令沙船畏累裹足不前且商米轉運均係動
用庫欵海運經費歷由南省各州縣自行籌備均經
奏明絲毫不動帑項毋庸報部覈銷在案既非報部
之欵即無從提歸部庫以不能解部之欵概令刪除
在各州縣自必樂從而於天津交兑解收以及沿途

撥運抵壩起卸一切事宜在在俱形棘手近來豐工
漫口賊匪竄擾運道梗塞仰賴
聖謨深遠諭令辦理海運倉儲得以稍資接濟天津各總
局辦理尚能妥速似未便另議更張致於海運大局
有礙惟經費支絀南省籌畫維艱不得不量加裁減
臣等通盤籌畫再四商量所有明年海運擬將經紀
箇兒錢銀按錢折給每百石可節省銀一兩三錢五
分又抗腳挖筲每百石銀二錢仍照例令經紀自行
酌給不准開銷並令天津總局於守候口糧一項全
行裁革員役薪水及一切雜費覈實酌減其餘例定

支銷欵目謹據實陳奏籲懇
天恩俯准仍照舊章辦理該御史所請改照商米覈辦之
處應毋庸議至剝船食米係屬重複應裁惟查船戶
在津受兑後所給食米飭令另存一艙至通漕糧或
有短少即將食米抵補是優以給之正嚴以防之食
米似不可去而飯銀自應酌減擬將每百石食米一
石一斗五升在於飯米折銀內按南省糶變每石合
銀一兩價值減去銀一兩一錢五分其食米仍給本
色以備抵欠所有臣等遵
旨查議緣由理合恭摺具奏伏乞

皇上聖鑒訓示謹
奏
咸豐三年十二月初六日具
奏本日奉
旨知道了欽此

兩江總督臣怡良署江蘇巡撫臣許乃釗跪
奏爲籌備劉河口設局辦理海運事宜恭摺奏祈
聖鑒事竊照江浙兩省起運咸豐三年漕米接准部咨仍由海運惟上海尚未克復一切從何辦理行令查明
奏報等因臣等伏查江蘇口岸惟上海爲商船聚集之所節次辦理海運俱有舊章可循其次則太倉州之劉河口本係前明海運故道尚有寶山縣之蘊草濱亦可停泊沙船飭據署太倉州知州蔡映斗等會同浙江委員查明蘊草濱切近上海未敢以百餘萬銀米運赴裝載其劉河口外半里許從前曾有攔門

沙阻礙現已逐漸消滅僅存陰沙一道潮長時裝載千餘担之沙船可以出入自口門至新鎮三四里河面寬濶約有沙船四五百號可停雇覓亦屬便利惟從太倉六渡橋至劉河舊牐鎮計二十四里河面曲折水勢稍淺必須候潮而行此外別無阻礙由蘇藩司陳啟邁蘇松糧道何俊會議詳奏前來臣等伏查上海逆匪現在大兵會勦原不難指日殲除第海運漕糧若不另備一出口處所而坐待上海之克復設有遲誤臣等獲咎益深既據查明劉河口尚堪雇船兌運應即飭令先行設局委員招雇沙船齊集候兌

一俟上海克復仍由上海辦理以歸穩妥商之浙江撫臣黃宗漢意見相同除由該司道等派委幹員前往督辦並責成太倉州將內河淤淺之處設法疏通外所有籌備劉河口辦理海運緣由理合恭摺由驛
馳
奏伏乞
皇上聖鑒訓示謹
奏
咸豐三年十二月十五日具
奏十二月二十五日奉

硃批知道了戸部知道欽此

奉天府府尹奴才和色本恒毓跪
奏爲遵
旨確查奉省海口現有停泊商船押令迅速回浙恭摺奏
祈
聖鑒事竊照咸豐三年十一月二十九日承准軍機大臣
字寄十一月二十五日奉
上諭黄宗漢奏遵籌來歲海運事宜一摺前因上海尚未
收復迭次諭令怡良等將明年海運事宜迅籌妥辦本
日據黄宗漢奏稱蘇省寶山縣所屬之蘊草濱及太倉
州所屬劉河口等處地方均堪起運漕糧業經咨商蘇

省迅將出運地方及早勘定並咨奉天直隸山東豫備
封雇船隻各等語南漕爲天庾正供豈容稍有貽誤現
在上海尚未收復既據該撫將變通辦理各情分别咨
商自應及早改移會同妥辦著怡良許乃釗迅即於劉
河口及蘊草濱兩處海口委員勘定起運漕米地方一
面奏聞即一面知照浙江會同辦理並着直隸山東各
督撫速派幹員封備衛船並着奉天府府尹及各該督
撫確查各處海口如有甯波商船停泊押令迅速回浙
聽候封雇裝運漕糧斷不准胥役人等需索滋擾致生
事端原摺著鈔給閲看將此由六百里各諭令知之欽

此遵
旨寄信前來奴才等查奉省所屬之錦縣甯遠州海城縣
蓋平縣岫巖廳復州金州廳等處俱有海口可進商
船遵即飛飭各廳州縣並檄委候補知縣塔清阿廣
勳龔文灝張鼎鏞等分赴各海口會同該地方官認
眞查看去後玆據委員塔清阿廣勳龔文灝等先後
稟報查明各處海口所有南來商船均於大雪節前
次第回省現在封凍並無南船及甯波船隻停泊守
凍各等語惟有委員張鼎鏞稟稱查驗金州廳所屬
之柳樹屯海口尚有杉船八隻甯波船一隻在彼停

泊當即押令回棹已於十二月初十日開行奴才等
伏思海運南漕雇船爲要稍或貽誤關係匪輕現届
天寒氷凍南船不能進口俟春融開凍之際仍責成
該地方官親詣各海口逐加細查如有江浙兩省商
船進口販貨即押令迅速裝卸回省聽候封雇遄行
斷不准稍有逗遛以速海運而重漕糧所有確查奉
省海口停泊商船押令回浙緣由理合恭摺具
奏伏乞
皇上聖鑒謹
奏

咸豐三年十二月二十二日具
奏四年正月初七日奉
旨知道了欽此

浙江巡撫臣黃宗漢跪
奏爲浙省新漕海運改由劉河口受兌放洋籌議章程
恭摺奏祈
聖鑒事竊照浙江新漕來歲仍由海運因上海地方尚未
收復其起運海口應另行設法辦理前經飭據委員
繆梓楊裕深等會同沙船商人酌度地勢稟稱蘇省
之劉河口蘊草濱兩處沙船堪以停泊起運等情由
臣馳奏欽奉
諭旨飭令江省督撫臣迅卽於兩處海口委員勘定起運
漕米地方一面奏聞一面知照浙江會同辦理茲於

十二月二十日准江省督撫臣將勘定太倉州屬之
劉河口堪以雇船兌運
奏明改由該處設局辦理緣由鈔摺移咨到浙浙省自
應照辦惟查內河剝運米石至劉河海口受兌必須
經由太倉州城南馬頭及六渡橋地方約計數十里
水路淺狹剝船難於行駛經臣飛飭委員楊裕深馳
往太倉州會同該署牧蔡映斗等再三籌度必須挑
挖深通方可濟運估需挑工銀一萬餘兩蘇省無欵
可籌稟請由浙撥借等因前來復於二十三日接准
江蘇撫臣將前情飛咨到浙臣何敢稍分畛域致有

稽延當經飭局發銀一萬兩立速解交該署牧蔡映斗等趕緊挑挖尅期正月十五日以前完竣俾漕糧得以迅速起運所有月改口岸一切章程雖無庸盡議更張亦必須因時制宜茲據該司道等籌議條欵會詳請

奏前來臣悉心察覈臚列十條謹繕清單敬呈

御覽是否有當理合恭摺由驛具

奏伏乞

皇上聖鑒訓示再浙省撥解挑河經費銀一萬兩將來應由蘇省籌解歸欵合併聲明謹

奏

謹將浙省來歲新漕仍由海運辦理章程繕具清單

恭呈

御覽

一浙省漕糧改由劉河海口受兌放洋其內河淤淺應趕緊挑濬深通以利剝運也查上屆海運係由上海起運出吳淞口此次因上海尚未克復經江省勘明改由太倉州劉河受兌出口浙省自應照辦其太倉州至六渡橋一帶河道係剝運必由之路據署太倉州蔡映斗等勘明淤淺急應趕緊挑挖現由浙省籌借銀一萬兩解發署太倉州蔡映斗鎮洋縣李翰文上緊如式挑辦惟今屆浙漕係年內起運茲因改定口岸內河甫經挑濬興工若將漕米卽行剝運各船停泊日久米色必致變壞且多偷漏諸弊自應責成該牧令將挑濬事宜星夜趕辦分段開挑務於正月中旬一律挑濬深通俟工程將竣卽飭各州縣飛速運往受兌並令雇備剝船以三百石爲限免致臨時淺擱稽滯

一海運改由劉河出口其幫辦紳商及斛手人等宜先期預集也查向年辦理海運其支給水腳由各紳經

手出具承攬由稅行呈送水腳銀色憑公估覈定斛運漕糧由豆行斛手承辦歷屆遵循相安無異現在口岸雖改若月易新章各商船不無畏縮自應一切循舊辦理惟自上海滋事紳商皆已搬移斛手人等亦多失業分散且由上海出運各紳商及斛手均係就近辦理並得自顧本業劉河去上海百餘里祇能專辦運務所有前項人等已飭趕緊招徠妥爲安置俾得悉心幫辦則商船不慮更張而運務亦無停阻

一委員分辦以專責成也查海運事宜省城及劉河天津均應設局委員經理省局爲總滙之所已委署運

司晏端書署紹興府知府繆梓題陞中防同知楊裕深先行籌辦並飭署藩司黃樂之糧道周起濱會督辦理及委員分司其事所有劉河海口經理一切事宜復經札委幫辦省局之題陞中防同知楊裕深馳往太倉會同江省地方官設局辦理其津局各事宜飭委候補知府玉環同知葉堃隨同糧道於親赴劉河驗米後帶同正佐各員先期由陸路赴津會同直隸委員商辦至江省漕糧現議本折兼辦將來是否出運尚未知及若出運專係浙漕隔省辦事恐多窒礙應請

敕下江省派委大員管理仍行酌委熟悉海運之員駐劉劉河會同浙省委員籌辦一切以速運務

一商船承運漕糧應悉遵成案也查上届辦理章程每米一石給水脚銀四錢漕糧給耗米八升白糧給耗米一斗此外神福犒賞席片氣筒鐵鍬土筐及雇用斛收折給縴夫等項各照江蘇定章覈給並以每船八成載米准令二成載貨海關查明免稅其載米較多之船商自一萬石至五萬石以上分別給予職銜若捐至五品無可再加或另行酌奬所給耗米嚴飭州縣本色兌交上船准令該商船在津自行變賣各船如有遭風鬆艙等事卸載後驗明大桅已斫貨物已棄查照漕船失風之例奏明請豁並照例優卹如無故霉變短少大桅未斫貨物未棄卽令於備帶耗米內如數補交再有不足勒令買補均經奏明遵行在案此次仍應照辦惟船隻涉歷重洋設有事故應令報明所在地方縣汛驗明通報一面知照津局卽於備帶經費銀內動支買足交倉一面查明餘剩米石責令船主變糶繳解省局歸欵其損失米石并同耗米水脚等項概免賠繳若因逗遛失事及並無實據者着落稅行船戶照數賠繳不准寬免以杜狡飾

一白糧宜先期起運並將樣米帶津呈驗也查上届白糧米石飭令各州縣先期起運裝入麻袋由蘇省先撥寬大沙船裝運到津一體交納每一石爲一袋此次仍應照辦並與漕白糧米均於正米內提出樣米一斗用麻袋裝盛黏貼印花交商船賫帶到津由委員呈請

欽派大臣查驗

一津通用欵應暫請墊給並席竹觧銀購辦及管羨餘米價紙劄等銀照案抵觧也查上届津通用欵先經籌備銀十萬餘兩委員批觧適因鎮揚失守道路梗

塞起解則沿途之搶竊可虞滙兌則南北之舖商多
歇再三計議因交沙衛各船分賫抵津現在鎮城尚
未收復屆期恐難起解自應仍交米船均勻配帶惟
米船陸續到津先後不一津通用欵先時支放卽難
如數應手歷年辦理海運均於長蘆鹽庫天津道庫
借墊動放此次仍宜援案辦理應請
敕下倉場侍郎直隸總督長蘆鹽政轉飭在於通濟庫以
及鹽關各庫暫行墊給一俟浙省各船陸續到齊隨
時歸欵至席片毛竹二項向由糧道衙門動支銀兩
彙同輕賫等項解赴倉場衙門酌量購買此次應請

照辦再查上屆章程海運糧米到津應給經紀箇兒
錢飯米折色廳倉茶果等銀悉照蘇省定章以洪斛
五百石爲一船分別動支其應領筐羨餘米價紙劄
等項照案抵撥其不敷銀兩另由赴津委員如數解
交
一剝船經紀食耗等米飭屬運解本色並天津剝船多
爲雇備也查上屆章程天津剝船食米不分漕白每
石給米一升一合五勺經紀耗米漕糧每石給米一
升五合白糧每石給米一升八合其經紀耗米亦係
由津剝運赴通此項剝船一律照給食米所有各剝

船及經紀食耗等米同商船應給耗米均於原給旗
丁耗米欵內開支覈計本年漕白二糧給丁耗米八
萬五千二百九石六斗三升九合七勺內除應給商
船貼耗米五萬二十五石七斗五升六合七勺經紀
貼耗米九千三百五十六石四斗八勺剝船食米七
千二百八石九斗九升一合四勺計餘耗米一萬八
千六百一十八石四斗九升八勺又白糧項下申糙
米二千四百五十二石一斗三升一合六勺又清查
追補三四限漕糧原給旂丁耗米七千二百三十二
石一斗四升八合二勺內除應給商船貼耗米四千

八百二十一石四斗三升二合一勺經紀貼耗米九
百四石一升八合五勺剝船食米七百三石四斗七
升七合一勺計餘剩耗米八百三石二斗二升五勺
統計漕白二糧並清查搭運米石及申糙共餘耗米
二萬一千八百七十三石八斗四升二合九勺援照
上屆成案每石糶變銀一兩飭令各州縣於厫滿後
趕緊變價解局移道報部候撥至天津剝船必須寬
爲雇備庶海船到津無守候之虞應請
敕下直隸總督查明現在官剝船數或可儘數提用或須
添雇民船趕緊預爲籌備以濟剝運

一天津交米之後循舊責成經紀以杜諉卸也查道光
五年蘇省漕糧海運欽奉
上諭海船押運到津經紀人等難免需索刁難着軍機大臣
屆期奏請欽派一二員前往又奉
諭旨商船到津委員將樣米送交欽派大臣比較米色按冊
驗收其過剝事宜責成坐糧廳帶同經紀一手經理交米
委員將漕糧兌給剝船卽爲竣事毋庸到通以免推諉等
因上屆海運係由直隸派委天津道駐津總辦倉場
揀派坐糧廳酌帶經紀斛收並經戶部奏請
欽派大臣赴津查驗事竣

奏報各在案此次浙漕海運仍請照案由各衙門屆時
奏派米到天津驗收之後卽與沙船無涉免其羈候其
由津運通由通運倉應照上年戶部奏准章程責成
經紀承管如有偷漏攙和分別責令賠補究治
一商船放洋宜責成沿海水師防護也查上屆海運各
船責成該管水師鎮將統帶備弁兵船沿途護送出
境一面咨明江南山東直隸等省一體防範接護在
案此次自應照案咨行本省各鎮營將管轄洋面專
任分任各職名開摺咨部查考並咨江南山東直隸
等省一體照辦仍准各商船仿照閩廣商船赴津貿
易之例各帶軍器俾資防護仍於入口時呈繳出口
時給領以備稽考
一海運經費應覈實支銷軍船宜酌加調劑也查浙省
上屆海運奏奉
諭旨將河運一切經費併歸海運支銷嗣因力求節省復
奏明將漕截負重等欵銀兩開支其餘不敷儘提各
州縣津貼辦理本年鎮江未復上海復行滋事漕務
彌形掣肘籌辦益覺維艱自應仍遵前奉
諭旨將河運一切經費併歸海運支銷其能否節省之處
自當隨時確覈辦理至浙省軍船杭嘉等幫回空因

河道未通仍羈東境湖屬各幫全船停減應支月糧
苫蓋等銀自應循照上屆按海運米數空出軍船全
支月糧其因災減歇軍船照半支月糧之例酌加三
分統由糧道籌欵分別優卹以資調劑
以上係就上屆成案參酌時宜籌議章程臚列十條
如有未盡事宜容當隨時酌覈奏辦合併陳明
咸豐三年十二月二十七日具
奏咸豐四年正月二十二日奉
硃批戶部速議具奏單併發欽此

戶部謹
奏爲遵
旨速議具奏仰祈
聖鑒事浙江巡撫黃宗漢奏浙省新漕海運改由劉河口受兌放洋籌議章程一摺咸豐四年正月初九日奉
硃批戶部速議具奏單併發欽此欽遵於初十日由內閣鈔出到部據原奏內稱浙江新漕海運因上海尚未收復勘定太倉州屬之劉河口堪以雇船兌運改由該處設局辦理惟內河剝運米石至劉河口必須經由太倉州城南馬頭及六渡橋地方約計數十里水

路淺狹剝船難於行駛必須挑挖深通方可濟運估需挑工銀一萬餘兩蘇省無款可籌由浙措借當經發銀一萬兩解交趕緊挑挖剋期正月十五日以前完竣所有另改口岸一切章程雖毋庸盡易更張亦必須因時制宜臚列十條謹繕清單敬呈
御覽再浙省撥解挑河經費銀一萬兩將來應由蘇省籌解歸款等因奉
旨交臣部速議具奏除撥解挑河經費銀一萬兩應照所請仍由蘇省籌解歸款外臣等按照各條詳加酌覈恭摺覆奏謹呈
御覽

一浙省漕糧改由劉河受兌內河淤淺應趕緊挑竣一條據稱上海尚未收復改由太倉州劉河受兌出口其太倉州至六渡橋一帶河道淤淺急應趕緊挑挖現由浙省籌借銀一萬兩上緊分段開挖務於正月中旬一律挑竣深通俟工程將竣即飭各州縣飛速運往受兌等語查太倉州至六渡橋一帶係剝運必由之路既經勘明淤淺應如所奏責令太倉州知州星夜挑挖迅速蕆事並飭各州縣將糧米趕緊運往受兌毋稍稽遲

一海運改由劉河出口其幫辦紳商及斛手人等宜先期豫集一條據稱向來海運其支給水腳由各紳經手出具承攬由稅行呈送水腳銀色公估覈定斛運漕糧由豆行斛手承辦現在口岸雖改若另易新章各商船不無畏縮自應循舊辦理劉河去上海百餘里所有前項人等已飭趕緊招徠妥爲安置俾得悉心幫辦等語查南省海運向於上海設局均資該處紳商斛手人等幫辦此次口岸雖改該撫現已招徠前項人等幫同照料既可以資熟手而商船亦得以相安應如所奏辦理

一委員分辦以專責成一條據稱省局已委署運司晏端書署紹興府知府繆梓題陞中防同知楊裕深先行籌辦並飭署藩司黃樂之糧道周起濱會督辦理所有劉河口一切事宜復經札委楊裕深馳往太倉會同江省地方官設局辦理其津局各事宜飭委候補知府玉環同知葉堃隨同糧道於劉河驗米後帶同正佐各員先期由陸路赴津會同直隸委員商辦至江省漕糧現議本折兼辦將來是否出運尚未及知若出運專係浙漕隔省辦事恐多窒礙應請

飭下江省派委大員管理仍酌委熟悉海運之員駐札劉

河會同浙省委員籌辦等語查海運事宜省城及受兌處所並天津交米均應設立總局此次海運省城及天津兩局業據該撫派員經理其劉河口係江省所轄地方又係初次辦理誠恐隔省呼應不靈應如所奏請

旨敕下江省派委大員管理並委熟悉海運之員駐札劉河會同浙省委員籌辦毋得稍分畛域至江省新漕現已奉

旨敕令全數運米不准改折即令一併趕緊設局派員辦理毋稍遲誤

一商船承運漕糧應悉遵成案一條據稱每米一石給水腳銀四錢漕糧給耗米八升白糧給耗米一斗神福犒賞等項各照定章發給每船八成載米准令二成載貨免稅其載米自一萬石至五萬石以上分別給與職銜若捐至五品無可再加或另行酌奬所給耗米嚴飭州縣以本色兌交上船准令在津自行變賣各船如有遭風等事驗明大桅已斷貨物已棄奏明請豁並照例優卹如無故霉變短欠即令於耗米內如數補交再有不足勒令買補惟船隻設有事故應令報明所在地方驗明通報一面知照津局買足

交倉一面查明餘剩米石責令船主變糶繳解省局歸款其損失米石並耗米水腳等項概免賠繳若因逗遛失事及並無實據者着落稅行船戶照數賠繳等語查商船承運漕糧所有應給水腳銀兩漕白耗米等項及准帶二成貨物免稅並分別給奬之處均係照章辦理所給耗米應令嚴飭各州縣務將本色交兌上船到津驗米時如無短缺霉變准令該商船自行變賣如有短缺霉變即將此項米石賠補易換毋許各州縣私給折色致令到津臨時掣肘至所稱各船如有遭風事故查明分別豁免賠補之處均係

查照舊章應如所奏辦理

一白糧宜先期起運並將樣米帶津呈驗一條據稱上屆白糧米石飭令各州縣先期起運裝入麻袋先撥寬大沙船裝運到津每一石爲一袋此次仍應照辦等語查白糧米質柔嫩理宜倍加愼重先期起運該撫所請先撥寬大沙船裝運到津之處應如所奏辦理仍令嚴飭承辦各員諄切曉諭各商船務將白糧全裝麻袋堆架船艙毋得散放在艙以致發熱變色如有疎忽惟承辦之員是問

一津通用欵應暫請墊給並席竹解銀購辦及簟羡餘

米價紙劄等銀照案抵解一條據稱上屆津通用欵籌備銀十萬餘兩因道路梗塞交沙衛各船分齎抵津現在鎭揚尚未收復屆期恐難起解自應仍交米船均勻配帶惟米船到津先後不一卽難如數應手應請轉飭在於通濟庫以及鹽關各庫暫行墊給一俟各船到齊隨時歸欵至席片毛竹二項向同輕齎等項解赴倉場衙門酌量購買應給經紀箇兒錢飯米折色廳倉茶果等銀以洪斛五百石爲一船分別動支其應領簟羡餘米價紙劄等欵按數抵解不敷銀兩由浙補交等語查津通用欵向准於通濟庫及天津鹽關各庫墊發俟南省銀兩到齊歸欵惟現在各庫均形支絀應令先交放洋在前之米船趕緊帶津以便應用席片毛竹二項仍令解銀由倉場購辦應給箇兒錢等項銀兩卽令倉場查照該省應領簟羡等項按數抵扣不敷銀兩另由赴津委員解交其箇兒銀一項前已議令給發錢文毋庸給與銀兩抵齎一項亦經議裁以歸節省再輕齎爲通庫要需務須趕緊如數解交斷不准截留改撥致滋貽誤

一剝船經紀食耗等米飭屬運解本色並天津剝船多爲雇備一條據稱天津剝船食米每石給米一升一

合五勺經紀耗米漕糧每石給米一升五合白糧每石給米一升八合其經紀耗米亦係由津剝運赴通一律照給食米同商船應給耗米均於原給旗丁耗米內開支內除應給商船經紀貼耗剝船食米共餘耗米二萬一千八百七十三石八斗四升二合九勺援照上屆成案每石糶變銀一兩報部候撥至天津剝船必須寬爲雇備應查明現在官剝船數或可盡數提用或須添雇民船趕緊籌備以濟剝運等語查該省上屆海運所給商船經紀貼耗剝船食米均於旗丁應得耗米內劃給此次自應照辦惟剝船每百

石食米一石一斗五升前經議令給與本色仍於飯米折銀內按每石合銀一兩之數扣除銀一兩一錢五分以歸節省至該省所餘耗米二萬一千餘石如能搭運赴津較之由南糴變更有裨益所需運費並准作正開銷應令該撫酌覈辦理以期多一石抵津即多一石儲備其應運漕白正米數目原奏漏未聲敘應令該撫迅速咨報臣部以憑覈辦至剝船宜寬爲豫備應請

敕下直隸總督轉飭天津道先期調齊備用所雇民船毋庸開銷守候口糧以歸撙節

一天津交米之後循舊責成經紀以杜諉卸一條據稱上屆海運係由直隸總督派委天津道駐津總辦倉場揀派坐糧廳酌帶經紀斛收並經戶部奏請

欽派大臣赴津查驗此次仍請照案由各衙門屆時奏派米到天津驗收之後即與沙船無涉其由津運通由通運倉應照奏准章程責成經紀承管如有偷漏攙和分別賠補究治等語除臣部屆時另摺奏請

欽派大臣及直隸總督倉場衙門照例奏派各員赴津經理外所請米到天津驗收之後即與沙船無涉之處查係歷屆奏准成案應如所奏辦理至由津運通由通運倉如何稽查如何防範倘有潮溼短少如何責令經紀剝船分賠獨賠之處均有成案可循惟在認眞覈辦毋稍寬縱以重倉儲而杜弊竇

一商船放洋宜責成沿海水師防護一條據稱上屆海運責成該管水師鎮將統帶備弁兵船沿途護送出境一面咨明江南山東直隸等省一體防範接護在案此次自應照案咨行本省各鎮營將管轄洋面專任分任各職名開摺咨部查考並咨江南山東直隸等省一體照辦仍准各商船各帶軍器裨資防護於入口時呈繳出口時給領以備稽考等語查海運章

程均令沿途水師鎮將護送出境隣省防範接護此次自應照辦應令該省將管轄洋面各職名咨部備考並令江南山東直隸等省一體照辦毋得稍形鬆懈如有疎虞惟各該省水師鎮將是問其商船備帶軍器於入口時呈繳出口時給領均係照章辦理應令嚴密稽查毋任稍有疎忽

一海運經費應覈實支銷軍船宜酌加調劑一條據稱浙省上屆海運將河運一切經費併歸海運支銷本年漕務彌形掣肘籌辦益覺維艱自應仍將河運一切經費併歸海運支銷至浙省軍船杭嘉等幫回空

仍羈東境湖屬各幫全船停減應支月糧苦蓋按照
海運米數空出軍船全支月糧其因災減歇軍船照
半支月糧之例酌加三分以資調劑等語查上届該
省海運奏准將河運一切經費并歸海運開銷本年
海運據稱籌畫經費維艱自係實在情形仍應准其
以河運經費作爲海運開銷在津一切用欵無論鉅
細應裁者裁應減者減尤宜因時制宜力求撙節至
各軍船分別支給口糧之處查係照案辦理應令查
明確數覈實支銷報部查覈
以上各條臣等謹參酌成案公同詳覈恭摺覆奏此外

應辦事宜均有成規可仿如有應行變通之處仍由
臣部隨時奏請遵行所有遵
旨速議緣由謹恭摺具
奏伏乞
皇上聖鑒謹
奏
咸豐四年正月十六日具
奏奉
上諭戶部奏籌議浙江海運章程一摺本年浙省辦理海
運改由劉河口受兑放洋一切經理事宜業經浙江巡

撫黃宗漢派員妥辦惟該處海口係江蘇所轄若專令
浙江委員催辦尚恐呼應不靈致有貽誤着怡良許乃
釗立即派委大員並熟諳海運之員駐紮劉河會同浙
江委員設局妥速籌辦不得稍分畛域至海船駛抵天
津以後應用剝船着桂良督飭天津道府寬爲豫備以
濟撥運其江蘇省海運事宜仍着該督撫迅籌具奏毋
許藉口軍務因循延宕致誤正供餘依議欽此

浙江巡撫臣黃宗漢跪
奏爲海運糧艘將次受兌放洋如静海獨流之匪尚未撲滅漕船赴津進口有無妨礙應否另移善地請
敕下直隸督臣迅即確勘妥議奏咨辦理恭摺馳
奏仰祈
聖鑒事竊照浙省新漕仍由海運前經江蘇督撫臣奏請改由太倉之劉河口交商受兌起運飛咨到浙當經臣將應辦各事宜籌議條欵於上年十二月內由驛馳奏一面飭局撥銀解交太倉州地方官迅將內河淤淺運道趕緊挑濬其雇募商船招徠斛手諸務應

先期布置者亦飭委中防同知楊裕深等馳赴劉河會同蘇省委員設局辦理其挑挖河道本擬正月半間竣事因連旬雨雪交加難於動作計本月二十六七日即可完工各屬漕糧亦皆收有成數轉瞬即當起運放洋惟查天津之静海獨流二處尚爲匪踞臣年內接閱邸鈔知我兵屢獲勝仗滿謂釜底游魂指日定當殄滅海船駛赴天津仍可進口收泊聽候查驗斛收今探聽逾旬未聞報捷雖大兵攻剿無難即就盪平第海舶乘風北駛迅捷如飛一經開放到津祇須旬日數十萬

天庾正供關係非細凡經由地方收泊海口與夫轉運赴通之路必須先期相度以昭慎重浙省距津甚遠該處地勢情形無從懸擬應請
敕下直隸督臣迅將天津海口是否堪以照舊收泊商船設局斛收米石以及剝運入通能否一無妨礙倘因逆氛較近或有未便有無善地可以量移即日委員逐一確勘妥籌覆奏一面迅速飛咨蘇浙以便飭令赴津各委員及各商船遵照馳往俾免歧誤至劉河口地方距上海僅止百里賊匪時有竄擾之謠而佘山以南洋面時有海盜出沒伺刼均須嚴爲之防並

懇
敕下江省督撫臣嚴飭水陸文武員弁兵役逐加防衛以免疎虞據海運省局司道會詳前來除由臣先行分別飛咨查照外謹繕摺由五百里馳
奏伏乞
皇上聖鑒謹
奏
咸豐四年正月二十六日具
奏二月二十二日奉
硃批另有旨欽此同日奉到咸豐四年二月初十日內閣

奉
上諭據黃宗漢奏海運漕糧將次受兌放洋一摺本年浙
省海運糧米經黃宗漢議由江蘇太倉州屬之劉河口
受兌起運現在業經收有成數尅日卽可放洋北上所
有經過各該處洋面海口自應嚴飭水陸文武員弁帶
領兵役加意防衛以期妥速狼山鎮總兵泊承陞現帶
水師在上海勦匪著怡良許乃釗卽飭令該鎮於漕米
放洋時督帶兵船妥爲護送並着張亮基迅速揀派熟
悉洋面之員於漕艘經由地方及收泊口岸節節防護
毋任疎虞至駛抵天津海口時卽著桂良派委文武各

員妥籌起撥仍遵前旨寬爲豫備剝船以濟撥運至前
踞獨流之賊現已潰竄河間屬境距天津較遠所有浙
江派赴天津會同收米各委員仍卽照舊馳赴該處隨
同驗收毋稍遲誤將此由六百里加緊各諭令知之欽
此

浙江巡撫臣黃宗漢跪
奏再此次海運於應行起解三年新漕正耗米七十萬
餘石之外復將清查案內三限四限應行買補之米
六萬七千餘石一併搭運業經臣將米數開單具
奏並咨部查覈在案惟查上年浙省海運章程自上海
商船水腳暨天津剝船價值經紀津貼箇兒等欵以
及例無支銷用難刪減如內河剝船盤壩腳力雇募
斛手麻袋席片三處設局經理各項合計運米一石
實需經費八錢有零奏准將歷届河運各費併歸海
運支銷其不敷之銀酌提各州縣津貼濟用此起運

新漕米石所需經費之原委也至搭運清查買補之
米係遵照奏定章程由藩庫將各州縣所交清查案
內追補銀兩每限先買米五萬石運通每石止加津
貼銀四錢以充兌費咸豐元年二年初限二限之米
係由本省起剝隨漕搭運軍船已屬不敷應用當經
奏明於每石正米例支漕截負重蘆蓆銀三錢九分九
毫一絲耗米例支漕截銀三錢四分六絲兩項內覈
給一半奉
硃批該部知道欽此欽遵在案此次改由海運赴蘇設局
裝兌剝運之劉河道路較遠剝費既增又須雇募甯

波上海商船給發水脚更非搭運軍船可比所需各
項經費應照新增一律支給每石以八錢有零爲率
原定之津貼銀四錢連前動支漕截等款給予一半
之數亦尚不及六錢自應再行籌欵動給以免支絀
查漕截銀兩本係歷屆河運隨漕開支之欵現在海
運新漕既將河運各費一併支銷則搭運清查之米
亦應將漕截等銀全數於清查追補欵內動支以濟
運務再有不敷爲數尚少應即另行設法籌補據海
運省局司道會詳前來臣細爲覈計確係實在必需
且爲時已迫未便拘泥甯經批令查覈米石分別正

耗按例支銀數於清查案內繳存銀兩先行支給俾
免延誤除咨部查覈外謹會同兼署閩浙總督福州
將軍臣有鳳附片具
奏伏乞
聖鑒謹
奏
咸豐四年正月二十六日具
奏二月二十二日奉
硃批戸部知道欽此

戸部謹
奏爲查驗海運米石照案先期奏請
欽派事竊查上屆江浙兩省海運漕白糧米到津交收經
臣部援照成案預行奏請
欽派大臣一人會同倉場侍郎一人屆期赴津查驗一摺
奉
硃批著派王慶雲會同慶祺驗收欽此嗣奉
上諭著改派孫瑞珍前往天津會同慶祺查收海運米石
王慶雲著毋庸前往欽此欽遵在案查本屆咸豐四年
起運三年分浙省漕白糧米七十六萬餘石業已奏

報全由海運蘇省現在尚未奏報除臣部另摺奏叅
外立即查照成案先期奏請
欽派大臣一人會同倉場侍郎一人俟有天津鎮道呈報
沙船抵津信息即行率同隨帶司員遵奉前往理合
恭摺具奏並將上三屆驗收海運米石戸部尚書侍
郎倉場侍郎開列名單恭呈
御覽伏乞
皇上訓示謹
奏咸豐四年二月十四日具奏本日奉
硃批着派刑部侍郎李鈞會同全慶驗收欽此又於咸豐

四年三月十一日內閣奉
上諭著改派鄭親王端華會同全慶前往辦理驗收海運
米石事宜欽此

浙江巡撫臣黃宗漢跪
奏再查此次海運前經臣奏請將應給商船經紀貼耗
剝船食米均於原給旗丁耗米內開支支給之外尚
餘耗米二萬一千八百七十三石零援照上屆成案
飭屬糶變每石價銀一兩報部候撥接准部議以所
餘耗米如能搭運赴津較之由南糶變更有裨益令
臣酌覈辦理奏奉
諭旨咨行到浙伏查通倉儲備原宜多多益善惟浙省產
米不敷民食向賴湖廣江皖等省米商販運接濟上
年臣因江路梗阻商販不通故請將支賸耗米留浙
糶濟民食現在長江一帶梗阻如前米商仍多裹足
未能源源販運且上年各屬起運漕糧僅止六十四
萬餘石此次海運新漕及搭運清查案內追賠之米
共七十六萬餘石較上年計多運米十三萬餘石運
赴天津者數既增加則留存浙省者米即減少又各
屬自上年夏秋水患收成彌形歉薄民情將有食貴
之虞理合仰懇
天恩俯准將前項餘耗米二萬一千餘石仍照前奏留浙
糶變將每石價銀一兩報撥以期於京外均有裨益
據海運省局司道會詳前來臣謹附片具

奏伏乞
聖鑒訓示謹
奏
咸豐四年三月十七日具
奏四月十二日奉
硃批着照所奏仍留浙以濟民食欽此

浙江巡撫臣黃宗漢跪
奏爲海運放洋因閩警改期現在趕緊裝兌准擬日內
放洋先行馳奏仰祈
聖鑒事竊浙省新漕今屆改由劉河起運該處逼近上海
賊匪接濟漸窮每有欲竄太倉圖刼浙省銀米之謠
時刻皆有戒心臣亦早慮及此實以
天庾正供關係綦重舍此別無辦法不堅持起運之議則
百姓觀望匪徒抗阻官吏侵漁勢必至於銀米兩空
故凡徵收之難剝運之艱謠言之四起皆以鎮靜處
之竭盡血誠照常辦理志在於必成而已正月底察

看各屬徵收漸有成數劉河挑挖計期可完大局頗
有把握即於正月二十六日以海運糧艘將次受兌
放洋具奏一面距上海百里而近既虞該匪竄擾一
面自崇明至佘山又慮洋盜伺刼其竄距獨流之匪
剿捕如何情形尚未得確信隨於摺內聲請
飭下兩江山東督撫臣嚴飭水陸文武員弁兵役逐加防
護并查天津海口可否照舊收泊船隻嗣於二月二
十二日奉到
諭旨飭令狼山鎮總兵泊承陞督帶兵船於放洋時妥爲
護送并著張亮基於經由地方節節防護至前据獨流

之賊現已潰竄距天津較遠所有浙江派赴天津委員仍即照舊馳赴該處等因欽此臣遵即一面飛飭各屬上緊剝運米石至劉河一面飭令糧道周起濱於劉河驗米後即赴天津候補府葉堃率同正雜官數員即速由陸抵津叉恐旱路河間府屬或有阻梗該員等不能趕在海船到津之先復派即補同知梁正標率同佐雜官數員於頭批船隻放洋時即坐船赴津該員等均於二十六七八等日先後稟辭起行三月初接據劉河局員候補知府楊裕深稟稱各屬漕米已節次剝運前來現在陸續裝兌祇以由太倉至劉

河運道雖經挑挖而港路本屬窄淺且須候潮而行時因擁擠遲滯而劉河口本有一線陰沙二千石以上大船不能逾越進口現已多雇數十號剝船再行剝赴外洋裝兌節節棘手而多費資遠不如上海放洋之便每日兌上大船祇得一萬餘石甫經動手不免生疎以後辦理歸路每日裝兌自必較多定期三月初十日即可放洋當經批令上緊剝兌如期放洋凡人力做得到者不惜費爲之萬萬不可遲誤乃臣於初九早忽接得在上海督勇攻剿之留浙補用知府石景芬台州協副將豫祺等飛稟以蘇省北營於

初七日被匪攻撲焚燒營盤數座兵勇潰散惟署臬司吉爾杭阿之營尚存而其勢已孤立浙勇駐紮南營惟有鼓勵勇力堵防兼施以無負委任等語次日復接得糧道周起濱自蘇來稟以該道自初七日行抵崑新眼見逃兵無數沿途不免搶掠當即喝往數兵究詰俱聲張賊勢猖獗大營已被焚燒潰敗居民聞此惶恐情形殊爲可憫河面我浙米船甚多並因初十日放洋之信趕運去銀十萬餘兩爲分配各船備帶天津用款梁正標亦帶去銀五萬兩擬配船搭帶倉場衙門輕齎之款俱剝運在途距劉河不遠業

因前途梗塞不能前進該道即督押銀米各船一併折回蘇省等語查上海之匪欲竄早在意中此次情形臣於初九日得石景芬來稟之後既慮賊匪或竄蘇松復料逃兵之必搶掠浙省銀米在途至爲可危登時即派委武將管帶鎗礮兵三百餘名坐船四十餘隻連夜星馳行走直抵蘇州太倉防護剝船銀米諭令探明前途如已安定則護送至劉河若尚阻梗則官兵各船迎前勦捕銀米各船折回平望迨初十十一十二日連接石景芬之稟知該匪於初八初九初十三天俱係大隊數千名來撲南營石景芬豫祺

親冒矢石督同帶勇員弁勇目仲孫懋陶寶登黃一清王夢彪黃載清夏寶慶李恒淞李振林等各隊義勇分布各礮臺要隘與該匪力戰每日數時之久三戰三捷殺死賊匪數百名血流街巷生擒數名取首級數十顆奪獲旂幟鎗礮甚多我勇陣亡數名受傷數十名有此三日之勝軍威復振賊匪畏懼仍退閉城中等因旋接撫臣許乃釗初十日來信深奬石景芬等調度有方各勇人人用命大獲勝仗除發銀奬賞該勇外其官弁勞績即行奏請

優奬是石景芬所稟不誣也而許乃釗之信仍囑臣將海

運銀米暫緩剝赴劉河十四日接得石景芬來稟以十一日賊匪復竄北營亦經蘇省將弁收合各兵勇擊敗而返十五日接兩江督臣來咨以上海退回各兵已委員招集二千餘名督令回營地方安謐糧道周起濱來稟亦云現在道路可行已飭各船趕赴劉河而劉河局員楊裕深十二日之稟亦到據稱初十日放洋之期因初七日起警信頻聞人心驚惶諸事俱不應手其應行帶解天津之銀尚未到齊且佘山以南洋盜必須格外嚴防近聞狼山鎮總兵泊承陞蘇省將派赴天津稽查進口事務該局員即會督商人公議雇募水勇礮船六隻甫經具稟到臣由省發去大礮二十四尊亦在途未到是以不能如期放洋現俟銀米及大礮續到上緊裝兌於本月二十日前後准可放洋臣覩此情形焦急萬分上海之匪一日未平蘇浙河面一日不得安行劉河一隅又爲該匪所垂涎現令臣派弁恭持令箭飛飭帶兵官沿途防護剝船催趲前進並飛咨蘇浙各關柵如遇此項船隻到關不論夜深立即放行疊次諭知各州縣源源運米不准停留其太倉以上河道窄而兼淺所雇剝船須三百石以下之小船庶往來靈快不致擁擠又

飭令總理海運省局之候補道晏端書馳赴劉河會同局員澈底計議以後四五月間風汛正時必致竭盡心力多方設法嚴密籌防以速補遲仰副

聖主慎重倉儲至意所有海運漕糧准擬日內放洋緣由先行馳奏仍俟放洋之後再行奏

聞伏乞

皇上聖鑒謹

奏

咸豐四年三月十七日具

奏四月十二日奉

硃批所奏甚屬詳明知道了欽此

浙江巡撫臣黃宗漢跪
奏爲遵
旨遴派水師武職大員馳赴天津稽查海運沙船恭摺由
驛覆奏仰祈
聖鑒事竊臣於咸豐四年二月二十九日承准軍機大臣
字寄咸豐四年二月十八日奉
上諭桂良奏請飭江浙派員來津稽查海運沙船一摺本年江浙漕糧由劉河口放洋北上前據黃宗漢派委同知葉埜隨同糧道於劉河驗米後帶同各員先期由陸赴津會辦玆據桂良奏稱上屆海運江浙僅派文員來

津不足以資彈壓靜海一帶賊氛甫退一切稽查彈壓均不可稍涉疎虞昨經降旨令怡良等派狼山鎮總兵泊承陞督帶師船於海運沙船放洋時護送出口惟天津進口仍須有江浙武職大員會同稽查更爲得力著怡良許乃釗黃宗漢於兩省水師內迅派武職大員酌帶兵丁隨同海運沙船頭起先來天津與所派文員稽查彈壓其沙船抵津後應行查驗人數收繳器械即責成該員弁等會同各該委員一體查辦至米數清冊並著飭令局員先期造報於沙船未到以前咨送到津以憑查覈將此由六百里各諭令知之欽此臣查浙省水

師大員署定海鎮總兵周士法先經調赴鎮江協勦
溫州黃巖兩鎮總兵自陳世忠湯倫叅革後均未
簡放有人其副叅遊各員或隨同赴江或護理鎮篆輾轉
遞署鮮有實缺之員且天津爲近
畿重地靜海一帶賊氛甫靖江浙兩省海運沙船同時
麕集舵水人等爲數衆多彈壓稽查均關緊要必須
明白幹練之員方堪委令前往臣於奉
旨後卽飛咨提臣葉紹春詳加遴選茲據覆稱現護瑞安
協副將之溫州鎮標中軍遊擊袁君榮堪以委赴天
津等因前來除檄飭該遊擊酌帶弁兵駕坐艇船添

雇熟悉北洋沙線舵工卽日馳赴劉河口隨同頭起
海運沙船駛至天津將查驗人數收繳器械等項事
宜會同糧道等及直省文武委員妥爲辦理並咨督
臣將所遺員缺另行委員接署外所有遴選水師大
員遵
旨派往天津稽查彈壓緣由謹繕摺由驛馳
奏伏乞
皇上聖鑒再米數清冊已飭局員趕緊造送以便先期飛
咨到津合併陳明謹
奏

咸豐四年三月十七日具
奏四月十二日奉
硃批知道了欽此

浙江巡撫臣黃宗漢跪
奏爲報明海運放洋日期並到津需用及輕齎各項銀兩備齊交商搭運恭摺馳奏仰祈
聖鑒事竊浙省應行起運漕糧及清查之米共七十六萬餘石當因改由劉河口出運事屬創始隔省辦事甫經動手諸多未便復以賊氛逼近一聞警報道路阻梗接准蘇撫臣來函囑將銀米暫緩剝運是以不能如期放洋迨河路稍通卽派兵防護銀米直抵劉河經臣於三月十七日以海運糧石准擬日內放洋先行馳
奏在案數日來上海之匪未竄北營之兵已回各州縣起剝米數具報省局者褎計已有二十萬餘石飛飭星速前進均可陸續安抵劉河現據劉河局員楊裕深等稟稱今屆浙省漕糧及清查米石擬分六批起運每批十二萬餘石勻兌甯波及沙衛各船先因河道窄淺以及口門沙線大小船隻初次探量行走不免生疎故兌米較少近已漸臻熟悉兌數逐日加多所有頭批應行起運之米十二萬餘石配船八十隻已於三月二十日起陸續放洋駛至崇明十滧候風開行據省局司道會詳請

奏前來臣查歷屆海運成案於頭批兌竣放洋時應卽由驛具
奏此次由劉河起運浙省漕糧及清查米石旣據稟報頭批兌竣放至十滧候風卽日便當揚帆北上除飛咨直隸山東江蘇各督撫臣轉飭水師營弁沿途妥爲防護外理合恭摺馳
奏仰慰
聖廑所有各船分兌米數清冊據局員稟稱日內卽造報送省以便飛咨到津如米冊未到海船順風飛駛已先抵津每船俱有三聯單可以按數查收不至有所舛錯至應行備帶赴津濟用銀兩向由天津各衙門庫欵墊借現已接直隸總督來咨以各庫支絀委難先墊情形飛咨到浙其應行起解倉場衙門輕齎由閘等銀亦接該侍郎咨同前情均囑臣將各項經費於頭批海船放洋時一倂交商配帶赴津臣思浙省此次起運糧石應行買補清查之米六萬餘石并起運經費已需銀十餘萬兩其清查漕白糧米七十萬餘石計需經費近六十萬兩加以輕齎由閘各欵近十萬兩合計需銀八十餘萬兩各州縣徵收如此之難上屆海運經費臣嚴切督催至今未解之欵尚有

十餘萬銀司道各庫又以本省防堵上海軍營金陵大營每月需餉十三四萬羅掘殆盡籌墊幾窮而

天庾正供關係綦重又當竭力辦理力底有成若照上屆舊章到津需用各費未經解到以前由天津鹽關各課先行墊借其輕齎等欵亦照向來河運於六七月間始行起解尚可稍爲從容今因京津各庫支絀勢難先墊必須由浙同時併解各州縣新漕經費催解尚未及半自應於司道庫不論何項銀兩即行挪動起解所有天津用欵及輕齎等銀共籌挪二十餘萬兩現在已先後派兵督運至劉河由局員交商配船裝運但辰下水路亦多戒心搭解過多恐爲海盜之端商人亦甚難包其頭批船隻只能勻配强半其餘銀兩即於二批開行之先掃數解淸如此提前起運或可接續濟用倘偶有間斷不過數日之間仍由天津各庫暫爲通融俾得早日竣事除分咨查照外合併聲明爲此恭摺由驛馳奏伏乞

皇上聖鑒謹

奏

咸豐四年三月二十四日具

奏四月十七日奉

硃批戸部知道欽此

直隸總督臣桂良長蘆鹽政臣文謙跪
奏爲遵
旨籌議恭摺覆
奏仰祈
聖鑒事竊臣桂良於咸豐四年三月初三日奉到
廷寄三月初二日欽奉
上諭齊承彥奏海運抵津請豫籌防範一摺南糧海運一切事宜俱有成案可循該副都御史因上年天津有水手滋事之案並恐米船停泊閘口逼近天津郡城或有奸匪溷跡擬援商船例改泊葛沽自爲慎重起見現在

海運計已放洋南首逆氛未靖所募水手難保無奸匪冒充其應灣泊地方及兵勇駐劄之處並剝運事宜皆應豫爲籌畫勿致臨時周章著桂良悉心妥籌並傳諭文謙就近體察情形酌派兵勇實力巡查勿任滋事本日已諭李鈞全慶會同稽查彈壓矣原摺着鈔給閱看將此由四百里諭知桂良並傳諭文謙知之欽此臣文謙
並奉
軍機大臣遵
旨傳諭前來當卽轉行天津鎮道體察情形妥爲籌議茲據天津鎮總兵特克愼署天津道錢炘和會同籌議具稟臣等查海運沙船抵津向在距城五里之上園紫竹林一帶停泊剝運咸豐三年因江浙漕糧同時海運沙船過多泊至閘口水次至葛沽相距郡城旱路計七十里水路計一百三十里道光二十二年籌辦海防善後案內經前督臣訥爾經額以閩廣商賈船多人雜稽查匪易
奏明飭令在於葛沽停泊所帶貨物由該商另雇小船剝運赴津投行貿易第葛沽水勢湍急歷年商人用小船剝運貨物往往沉溺損米沙船米石顆粒皆
天庾正供非商船可比查海運章程凡漕米未經起剝以

前如有損失應由南省歸補業經起剝以後如有偷漏應由剝船賠償今若於葛沽起剝設有沉溺情事在南省業已交卸在剝船並非偷漏均難責令賠補且水程旣遠至一百餘里剝價卽應加增以兩省米數合計應增剝價爲數較鉅籌畫爲難况漕糧起剝之時或查驗米色或封釘船艙或彈壓水手督催回空事務紛繁有派令委員承辦者有必須地方官經理者是以歷屆海運同城文武均須親赴水次因上園一帶距城不遠可以兼顧如改泊葛沽起運不能逐日往還難免顧此失彼酌覈情形諸多窒礙因思

稽察必應嚴加辦理尤當扼要海運沙船有無奸匪
溷跡全在入口之時認眞盤查臣桂良前因天津鎮
道具稟上年查驗水手人數多與照票不符逐船稽
察按名報究大費周章卽經奏請
敕下江蘇浙江巡撫臣於沙船受兌之後必須驗明人票
相符方准放行如駛至天津海口查有人票不符卽
移咨該省查取原驗人員職名咨部議處並由各該
省派委武職大員來津駐劄專司稽查彈壓以昭周
密一面由直隸派委妥員前往海口會同認眞查辦
務使奸匪無從溷入臣等悉心籌商所有沙船抵津

應請在於上園紫竹林一帶灣泊毋許改泊葛沽以
免更張仍嚴飭委員於進口之時細心盤詰勿任疎
懈沙船水手本不許其入城現當巡防緊要之時自
應派員稽查並出示曉諭倘有水手人等入城閑遊
卽拏送懲處沙船卸空後卽催令迅速出口不准無
故逗遛致滋事端至兵勇駐劄之處臣文謙遵
旨就近體察情形詳細酌覈查紫竹林地方向有防兵紫
竹林迤上之馬家口現有義勇擬卽令紫竹林及馬
家口兵勇會哨傳籌梭職巡查再於郡城所募義勇
內酌撥一二百名前往駐紮足資防範其剝運事宜

臣桂良前已飭令天津道循照舊章妥爲豫備總期
隨到隨剝勿使稍有停待當經附片陳明在案除隨
時督飭巡查彈壓勿任滋事外所有遵
旨籌議緣由理合恭摺具
奏伏乞
皇上聖鑒謹
奏
咸豐四年三月二十六日具
奏四月初二日奉
硃批知道了着仍照舊章行欽此

驗米大臣和碩鄭親王奴才端華署倉場侍郎奴才全慶謹

奏爲恭報海運米船進口日期及現辦大概情形奏祈

聖鑒事竊奴才等奉

命赴津驗收海運米石於本月初八日跪聆

聖訓後初十日率同隨帶司員起程由水陸行走十五日

行抵天津本日據天津鎭呈稱探得擱江沙外到口

漕船一隻船名謝捷慶裝嘉興縣漕糧一千零五十

石詢據該船耆民等口稱於三月十六日由劉河口

裝糧四月初一日放洋十四日收天津海口遵卽會

同文武委員逐細查驗並無匪人亦無違禁物件並

據該耆民等口稱所過洋面安靜等語查本年海運

南省放洋較遲現當南風司令既有進口船隻以後

米船應卽跟幫駛至聞浙江糧道已於二月底由陸

路起程計日應可抵津所有應辦一切事宜當卽督

飭司員會同直隸總局司道等先期辦理庶免貽誤

並面飭天津鎭道督率員弁於查收器械導引進口

之時逐船盤查不容匪徒溷迹其運河水勢奴才等

沿河察看深淺不一現已劄飭通永道督率汛弁遇

有橫淺處所趕緊實力挑挖務期一律深通俾剝船

行駛迅速至官剝船隻現已調齊二千餘號排列水

次裝載白糧民船亦據天津道詳稱雇備七百餘隻

聽候配用一俟米船挽抵上園水次奴才等卽督率

司員會同各該總局親赴河干逐船查驗趕緊剝運

赴通以期早登

天庾惟通壩應辦口袋及裏河船隻大通橋車輛因經費

支絀未據先期辦齊誠恐臨時遲誤應請

飭下駐通驗米大臣及駐通倉場侍郎嚴飭坐糧廳及大

通橋監督趕緊預備齊全庶不致臨時掣肘所有海運

米船進口日期及現辦大概情形理合恭摺具奏仰

慰

聖懷再由通至津一路民情均屬靜謐天津府城商民均

各安堵奴才等抵津之日天津團勇出城迎接排列

河干綿亘數里一切旗幟刀矛鳥鎗擡鎗均屬鮮明

完備隊伍亦復整齊聲勢尚能聯絡詢知該處現在

蘆團擡鎗勇二百二十名水團擡鎗勇一百六十名

民團擡鎗勇一百名雁牌勇一百三十五名守城火

會勇二百六十八名襍技壯勇三千十七名以上三

千九百名均由軍需局按日給發口糧又義勇八百

二十二名由本處紳士捐給口糧又鹽商團練民勇

三千五百四十八名操演時由鹽商自行給發口糧

此外舖勇戶勇計一萬餘名均屬自備資斧合計二
萬餘人查天津團練自上年議辦後已有成效現今
賊匪雖已遠颺而該處商民仍無鬆懈實屬好義急
公辦理妥善奴才等留心察看洵足以資捍禦合併
陳明伏乞
皇上聖鑒謹
奏
咸豐四年四月十七日具
奏四月十八日內閣奉
上諭端華全慶奏海運米船進口並現辦情形一摺本年

海運南省漕糧本月十五日已有抵津船隻即日撥運
赴通所有通壩應用口袋及裏河船隻大通橋車輛自
應先期備辦庶免臨時周章著文彩李菡嚴飭坐糧廳
及大通橋監督趕緊籌辦齊全不得稍有貽誤欽此

戶部謹
奏爲倉儲亟宜籌備恭摺奏祈
聖鑒事竊自運道阻滯以來歲漕所入咸豐二年不及全
漕四分之三咸豐三年不及全漕四分之二本屆豫
東漕糧又經改辦折色江蘇雖設採買補運迄今未
據覆奏惟浙江之漕白米七十六萬江蘇之白糧五
萬餘石由海運津并不能及全漕四分之一覈計京
倉米石稜米一項久經放完粟米一項僅敷放至本
年五月粳米一項僅敷放至本年八月卽加以海運
米石亦僅能放至明年二月臣等計慮及此焦灼萬

分議捐輸則各項捐例紛繁勢不能令各該捐生不
趨彼而惡趨此議折放則各色米石俱少勢不能將
每月甲米不放米而盡放錢執是以思舍採買別無
善策本年三月十一日遵奉
諭旨
欽派採買米石大臣妥籌定議據該大臣等計議章程於
山海關等處廣爲採辦一面設局開捐并議以河南
折漕銀兩撥爲採買資本兵糈民食均資接濟第京
倉放欵甚鉅除稜米全行折色外其粟粳二色米石
每月約需十餘萬石合計一年連閏所需約在二百

萬石上下專恃山海關等處之採買尙恐不敷一年
支放臣等伏思奉天之雜糧廣東之洋米福建之臺
米素稱饒裕奉天河道鐵嶺一帶現准通行吉林等
處糧石均能轉運是以臣部採買之議廣東福建而
外首及奉天且查
盛京將軍等前奏內稱現已派委妥員在於囤糧處所
趕緊採辦動用何款再行奏明等因是該處米糧儘
可採買特籌款無多於事仍屬無濟北方採買以奉
天米石爲大宗若撥給價銀及時採辦較之口外各
處似更有把握所有河南折漕銀兩現據該撫奏報

除節省二萬餘兩歸地丁項下徵解外共計折銀一
十六萬八千餘兩分三批起解等因擬請於每批解
到部庫後由臣部分撥一半行知順天府委員解往
奉天加以該將軍等現籌之款當可採買雜糧數十
萬石該處米價素稱平減且有海道可通轉運亦易
爲力所買米糧限於本年七八月間陸續分起由海
運津其廣東福建之洋米臺米經臣等於本年二月
十二日議令採買并飭次催辦未據奏報惟查三月
十九日兩廣總督等於議覆上年有人條奏摺內有
洋米不堪久儲之語臣等熟思詳議洋米質雖柔嫩

果能尅期運津亦可儘先搭放福建臺米本自充盈
上年九月雖據該省奏稱臺灣內地土匪未靖暫緩
設局勸捐等語現已事隔半年該省地方漸就肅清
若發價採買自較捐輸尤易仍請
飭令各該省採買洋米臺米各數十萬石或一時趕辦不
及卽於本年趕運十數萬石餘俱於冬底備齊限來
年正二月內全數放洋北上所需米價廣東則無論
正雜各款儘先動用并一面勸捐以期迅速蕆事福
建則提用江西折漕銀兩旣已有款可撥當不至無
米可辦應請責成該府尹將軍督撫等迅卽尅期妥

辦不得畏難諉卸坐誤機宜并不得任聽屬員多糜
經費廣東福建事務較繁廣東之採買責令該督撫
會同粵海關監督辦理福建之採買責令該督撫專
委司道大員承辦以專責成而期實效至兩廣總督
前奏所稱擬俟紅單船經費有餘再行撥銀往浙採
買運津之處應令浙江巡撫查明該省銀兩如已解
到卽行採買若干萬石由海運津再江蘇省本年應
運漕糧前經臣部議令採買補運應請
旨飭下該督撫等迅速奏報該省來歲新漕仍令徵收本
色由海運津其沙船水脚及津通正雜各款查照浙

江海運章程以河運經費作爲海運開銷惟江蘇軍
務紛繁其徵收起運事宜督撫恐難兼顧擬請
飭令漕運總督於本年秋成後前往江蘇督辦一切俾免
貽誤淮揚下游各州縣向係產米之區似可勸捐米
石由長江載至崇明等處海口搭船運津亦卽令該
漕督妥籌酌辦如此次第舉行再按京倉米數之多
寡隨時分別成數本折兼放并令天津速立收米捐
局廣爲招徠以補採買之不足其各省折漕銀兩除
提用採買外餘俱提解部庫專供各倉折放之需似
於倉庫均有裨益臣等愚昧之見是否有當伏乞

皇上聖鑒
訓示遵行謹
奏請
旨
咸豐四年四月十九日具
奏奉
旨依議欽此

駐通驗米大臣左副都御史臣文彩
署總督倉場侍郎臣李菡跪
奏爲海運漕糧抵通開斛起卸日期恭摺奏
聞仰祈
聖鑒事竊照本年浙江省起運漕白糧米並江蘇省應運
白糧經該督撫奏明全行海運裝載沙船運抵天津
由
欽派王大臣查驗督令斛收受兌剝船今於五月十一日
運抵通壩臣等擇吉十二日敬謹祭祀
河神開斛起卸督飭隨帶司員及坐糧廳隨到隨驗嚴
飭經紀等趕緊起卸轉運不准片刻停留騰空剝船
仍飭沿河司漕員弁無分晝夜催令迅速回津接運
以資輪轉俾免貽誤所有海運漕糧抵通開斛起卸
日期理合恭摺奏

聞伏祈
皇上聖鑒再臣全慶現赴天津驗收海運米石未經列銜
合併陳明謹
奏
咸豐四年五月十四日具
奏奉
旨知道了欽此

浙江巡撫臣黃宗漢跪
奏再今屆劉河起運因上海逆匪及佘山以南洋盜均有窺伺漕糧之謠水陸地方均須嚴防蘇省兵力無多節經臣派委戕什哈蔣坤把總朱朝英等帶兵一百二十名赴劉河岸上駐劄又捐給該處紳士毛宜信等雇募鄉勇三百名以資協防又飭令外局紳董王慶勳等雇船六隻招募水勇一百數十名由省運解大礮二十四尊安放各船配足火藥鉛彈委候補縣丞黃恩詔帶赴佘山以南洋面防護嗣因浙漕放洋日久盜風漸熾蘇省所派吳健彰原雇在上海之

拖罾船四隻交與狼山鎮總兵泊承陞管帶至佘山一帶防護吳健彰因其防護浙漕未能發給船價口糧遲至四月初旬船隻尚未駛赴外洋該鎮泊承陞甚爲焦急自劉河飛咨到臣以浙省有定海鎮所船四隻因護送甯波商船赴劉河裝米運津現未回浙請臣將此師船交伊統領赴洋臣立即飛飭定海水師守備傅聯輝等將管駕之同安艇三隻釣船一隻截留在洋與黃恩詔所帶之水勇礮船六隻共兵勇船十隻一併咨交泊承陞統領由崇明至佘山往來防剿俾海船得以安行出口所需各兵勇船價口糧悉由浙省支銷查歷屆漕船運津沿途挑河及水陸防護一切經費均由該地方官支應今屆浙漕在劉河起運自挑挖河道起至防護出洋止浙省增添經費計須一萬數千兩俱於海運經費項下支用理合附片奏
聞至前次奏派署副將袁君榮赴津稽查海船進口係聲明駕坐艇船前往嗣據局員稟稱該艇船舵工不諳北洋沙線未便乘坐已查照蘇省成案令該員酌帶兵丁搭坐運米沙船赴津合併陳明伏乞
聖鑒謹
奏

咸豐四年五月二十二日具
奏六月十八日奉
硃批知道了欽此

浙江巡撫臣黃宗漢跪

奏為浙省海運漕米全數兌竣放洋恭摺馳

奏仰祈

聖鑒事竊查浙省今屆應行起運咸豐三年漕白二糧及三四限清查追賠米石先經奏明共七十六萬餘石嗣據糧道將各州縣零尾細數逐一覈算應加起運漕糧七百餘石計應起運漕白清查正耗米七十七萬二百二十二石一斗六合九勺內除續經奏奉

恩准留浙變糶餘剩耗米一萬九千四百二十一石七斗一升一合三勺外實應起運米七十五萬八百石三

斗九升五合六勺擬分為六批起運每批十一萬餘石勻派甯波及沙衞各船裝兌赴津交納因劉河起運事業創始挑挖河道稍需時日加以二三月間警信頻聞辦理不免阻滯其頭批米石遲至三月二十日起始據局員報稱陸續兌竣放洋卽經臣於三月二十四日循例由驛馳

奏并分咨各處在案所有未兌之米前經臣督飭省局委員催據各縣稟報陸續雇剝起運截至四月二十日止已全運至劉河候兌并飛催蘇省及甯波封船濟用計自三月二十日起至四月底止首批至五批

共兌米六十二萬餘石配船三百九十二隻均卽接續放洋其天津用項及倉場衙門輕齎等款俱於頭二批船內全數搭解起運當經先後造具銀米各清冊分別咨明

欽派驗米王大臣並倉場侍郎直隸督院各衙門查照驗收嗣據省局轉據劉河局員稟報第六批米十二萬餘石亦於五月初六日配足商船八十八隻裝兌完竣卽於初八日起跟接放洋並將六批米冊於十一日申送到省由臣分咨天津各衙門一律驗收惟劉河口門淺窄各批米船兌竣須於每月朔望較大之

時方能大幫暢行茲於二十日據該局員楊裕深等報稱所有兌竣各船均於五月望汛全數乘潮駛赴十滧候風北上連前共兌米七十五萬八百石三斗九升五合六勺裝船四百八十隻應給水腳等項銀兩業經掃數全完所有文武員弁兵丁已於十一日起飭令回省銷差等因前來臣查上年浙漕由上海起運係於四月二十日全數放洋今年遲至五月望汛不免有稽時日惟今屆米數稍多節候亦較遲現當天氣晴和南風司令仰蒙

聖主福庇海船順風飛駛約計旬餘日定可安抵津門上

紓
宸廑所有浙漕海運全數兌竣放洋緣由除分咨查照外
理合恭摺馳
奏伏乞
皇上聖鑒謹
奏
咸豐四年五月二十二日具
奏六月十八日奉
硃批知道了欽此

浙江巡撫臣黃宗漢跪
奏再歷屆浙江海運到津如有短缺米石查照原
奏章程應行買補者即由津局委員於給商耗米內買
補足額上倉乃該商船耗米往往沿途食用到津總
不足額上年浙省商耗已無可買當向蘇省商耗買
補今屆蘇省漕糧希少倘浙省有需買米殊費周章
臣於春間開兌之初即嚴諭各商船今屆耗米抵津
如有短少嚴行懲辦並由局員楊裕深遍行示諭到
津之日按照市價每石加給銀一錢向其收買誘之
以利令其全數運津能否遵循尚未可知現在
京倉需米甚殷自應寬為帶運以備不虞臣經札飭局
員在於蘇省產米地方採辦數千石配搭運津現據
楊裕深稟稱遵即籌備正米五千石給商耗米四百
石另雇衛船一隻承運其餘分交原運漕糧各船十
四隻加裝帶運各塡給三聯單一紙註明米數令其
一律開行赴津交兌以備抵補缺米之需如海船順
風穩速米數毫無缺少或抵補缺少之外尚有贏餘
應即一併交倉以實儲備此項米石係由浙省另行
籌款採買應俟到津後作何收用再行分別咨部覈
辦除分咨查照並札飭津局遵行外謹附片具

奏伏乞
聖鑒謹
奏
咸豐四年五月二十二日具
奏六月十八日奉
硃批戶部知道欽此

驗米大臣和碩鄭親王奴才端華署倉場侍郎奴才全慶謹
奏爲江浙海運正漕事竣遵
旨回京覆
命並將在津尤爲出力各員援照歷届保舉奏准成案恭
懇
天恩分別奬勵仰祈
聖鑒事咸豐四年七月二十四日內閣奉
上諭端華全慶奏海運正漕已全數驗收並江蘇起運糧
石各省捐輸採買及截漕等米到津尚需時日請旨遵
辦等語端華全慶著即回京此後抵津米石著譚廷襄
督同天津道認眞驗收按照奏定章程妥辦餘著照所
議辦理欽此奴才等應即遵
旨回京覆
命謹於本月二十六日率同隨帶司員由水陸起程所有
以後未到米石亦即遵
旨飭令留辦海運之順天府府尹譚廷襄督同天津道認
眞驗收按照奏定章程妥辦再查道光六年二十八
年及咸豐二年三年於海運事竣均將尤爲出力之
員奏請奬勵在案本届因運河梗塞豫東江安江廣
等省漕糧不克抵通所有江浙海運糧米顆粒尤應

愼重經紀撥船以及夫役人等積習相沿弊竇叢生
尤須逐層防範以期弊絕風淸奴才等自四月抵津
以來督飭隨帶司員及坐糧廳會同直隸浙江江蘇
各總局參酌成規妥爲商辦一切辦理文案鈎稽銀
米並查驗米色監視斛收配給撥船彈壓水手以及
海口稽查迎護導引並沿途分設段落催趲剝運到
壩查驗印封各事宜各該文武無不竭誠盡力晝夜
辛勤奴才等在津數月之久目擊該員等始終罔懈
不敢壅於上
聞謹照歷屆鼓勵成案奏懇

恩施查鹽運使銜署天津道淸河道錢炘和實力實心愼
重周密總理轉運一切事宜悉臻妥協浙江糧道周
起濱老成練達辦事精詳交米一切事務均能妥速
以上二員職分較大未敢擅議優敘
恩出
聖裁其天津府知府以下各員及調津委員並營委將弁
及江浙兩省派委赴津之文武各員奴才等認眞考
覈分別功過未便概照舊章保奬除將不能得力員
弁記過撤奬外餘均各按勞績咨明直隸兩江浙江
江蘇各督撫臣奏請奬勵至奴才等隨帶司員五員

內戶部員外郎遇缺卽陞郎中成琦戶部員外郎王
友端均熟悉海運漕務情形辦事精詳才守兼優始
終其事懋著勤勞此次總辦一切事宜最爲出色得
力之員查員外郎成琦係遇缺卽陞郎中人員員外
郎王友端在部亦應卽陞郎中均無可再爲保陞之
處可否仰懇
皇上天恩將該二員
賞戴花翎以示鼓勵出自
鴻慈戶部郎中易文濬老成諳練人品端方正黃旗漢軍
副參領明堯侍衛處委筆帖式喀輅明白謹飭隨同

奴才等查驗米石經理運務雖係初次均能潔己奉
公謹愼將事協同辦理一切悉臻妥善可否仰懇
皇上天恩將戶部郎中易文濬作爲歷俸期滿
交部記名以繁缺知府用先換頂戴副參領明堯遇有本
旗參領缺出卽行陞補委筆帖式喀輅遇有侍衛處
本旗筆帖式缺出卽行補用以上各員均能認眞襄
辦奴才等實因南糧海運大局攸關必須深知利弊
精益求精方能破除積習此次海運米石毫無攙雜
使水情弊較之歷屆辦理尤爲得收實效是以從優
請奬藉勵將來可否

恩施逾格之處恭候
聖裁伏乞
皇上聖鑒謹
奏請
旨

咸豐四年七月二十六日具
奏七月二十七日奉
硃批另有旨欽此同日奉
上諭端華全慶奏江浙海運正漕事竣請將出力各員分別奬勵一摺本年江浙兩省籌辦海運前派端華全慶前往天津驗收現在該二省正漕米石全數收兑各該員等著有微勞自應分別加恩以昭激勸鹽運使銜署天津道清河道錢炘和浙江糧道周起濱均著交部從優議叙戶部員外郎成琦王友端均着賞戴花翎戶部郎中易文濬着作爲歷俸期滿交部記名以繁缺知府用先換頂戴正黃旗漢軍副參領明亮着遇有本旗參領缺出卽行陞補侍衞處委筆帖式喀幹著遇有侍衞處本旗筆帖式缺出卽行補用另片奏請將辦理海運出力之坐糧廳及直隸委員奬勵各等語坐糧廳監督吏部員外郎賀壽慈著賞加知府銜知州用直隸候補

知縣耿日崇著補缺後以同知直隸州知州用捐陞知縣陳寶着賞加知州銜其天津府知府以下各員及調赴天津委員將弁并江浙委員均着咨明各該督撫分別請奬該部知道欽此

浙江巡撫臣黃宗漢跪
奏爲粵東應行採買米石由浙暫留餉銀先行代辦以
實倉儲恭摺馳
奏仰祈
聖鑒事竊臣於五月初三日接戶部鈔錄奏准籌備倉儲一摺飛咨到浙內開兩廣總督前奏所稱擬俟紅單船經費有餘撥銀往浙採買運津之處應令浙江巡撫查明該省銀兩如已解到卽行採買若干萬石由海運津等因維時粵省銀兩旣未解到其紅單船經費有無餘剩擬解若干銀買若干米尙未接得粵東

來咨殊覺茫然迨五月十五日復准戶部鈔錄廣東督撫臣續奏一摺飛咨到浙臣查閱原奏方悉粵省
奉
旨飭令採買米石礙難辦理奏請將秋季兵餉暫借二十萬兩委試用同知瞿生瑞先解銀十萬兩於四月初五日由粵起程赴浙採買其餘銀兩陸續委解並檄飭在籍之廣東試用通判朱聲槐協同經理該二員籍隸浙江熟悉情形飭令隨時妥議章程稟報再由該省另行具奏等因並由部咨臣於該委員等到浙時飭令迅速購買運通仍咨該省將續撥銀兩剋期委解到浙以期迅速蕆事此原奏及部咨皆令俟其銀兩及委員到浙飭令迅速辦理也至五月二十日纔接得粵省督撫臣咨同前因並鈔錄先後奏稿來浙囑臣飭屬協同該委員辦理並聲明已先起十萬兩由江西來浙咨請沿途催儹防護各等情前來臣查浙省頻年災歉民間絕少蓋藏向賴徽廣之米由長江剝運來浙上年春江路梗阻民食維艱經臣奏
懇
恩准米穀俱免關稅以廣招徠復將前年滯漕舊米並兩次海運餘剩耗米俱奏

准留浙糶變以濟民食此外惟蘇省下河之米時常接濟而東壩地方不爲匪竄方有米船剝運來浙設有風鶴之警商船不到浙省立時昂貴是浙之難於採買無異廣東臣再四熟籌江蘇漕糧改折運京米石甚少尙可分路購買然由海運津必須風汛得時粵距浙遠每有解餉過浙總在一百餘日現据所奏頭批帶銀來浙採買之員係四月初五日動身計到浙當在七月初其續撥之銀尙未有起解日期恐到浙亦在秋令彼時劉河之局俱撤卽商船亦難雇募本年因上海未平沙船分泊各處進口之船本不多關吏

復得錢賣放非該省大吏立將官書嚴懲幾至貽誤
大事若俟粵東委員到後赴劉設局纔議章程由粵
具奏即買米雇船已非易易況風汛又非其時辦理
定多費手臣深悉情形何敢稍涉拘泥現在
京倉需米甚於需銀今屆海運到津以及勸捐採買能
否用至來歲新漕殊未可知
聖慮至為焦勞臣心敢圖安逸四月間局員晏端書赴劉
河督催臣已諭令與本地紳董王慶勲俞斌等預籌
買米運津之計而非現銀難以應手浙省經此次海
運之後籌墊一空雖有未解之餉可以挪用以後無

欵可歸亦不敢擅動茲因粵東將解銀二十萬來浙
採買亟應乘此南風司令設法挪移代為速行購運
查運庫現有應解春夏季京餉各十萬兩銀先因奏
明挪解廬州軍需五萬後已另籌歸補採聽道路可
行正在委員起解間因與藩司韓椿運司慶廉商議
若將此項餉銀先解至劉河就近買米乘時起運於
倉儲似較有裨益俟粵餉到浙立速委員解京一轉
移間於銀米均歸有着不過遲早先後之分再該司
等意見相同當因事關倉儲緊要恐誤風汛未及
奏候

諭旨遵行於十五日復接部咨之後即飛飭劉河局員楊
裕深暫緩撤局傳諭紳董王慶勲俞斌速照前說分
赴各路購買十萬米石務盡六月內運津一面分咨
蘇省督撫臣迅飭封雇沙船濟用隨於二十一日據
楊裕深覆稱該紳董深明大義願效馳驅即趕緊分
頭購辦惟時屆仲夏本地所產糙粳俱已舂白即糙
籼亦無現成者可買各處米商向係收囤穀子遇有
銷售纔行趕礱聞蘇省亦有採辦漕糧十萬石之說
如同時並購既慮價高又恐礱坊趕辦不及有誤風
汛當經諄諭設法趕礱以期迅速所需經費請由省

先撥十餘萬銀派兵護解到劉其餘銀俟買得若干
覈計尚需若干再行稟請撥解等語臣即如稟札飭
運司於籌解春夏二季京餉欵內動支速行解往仍
飭該局員催令隨買隨礱隨到隨運能趕盡六月二
十日以前一律起運定當奏懇
恩施從優獎叙至此次代購米石天津驗收交倉自應札
飭局員一手辦理一切經費應如何支銷浙省並無
成案可循當即飛咨部示分別覈辦其未解銀兩及
有不敷之處仍咨粵東一併解浙除咨戶部覈覆並
分咨

欽派驗米王大臣倉場侍郎直隸總督查照一體驗收外
所有暫留京餉代粤趕辦米石仍俟粤餉到浙速即
解京緣由理合恭摺馳
奏伏乞
皇上聖鑒訓示謹
奏
咸豐四年五月二十二日具
奏六月十八日奉
硃批所辦認眞之至戶部知道如有未盡事宜著隨時請
旨欽此

驗米大臣和碩鄭親王奴才端華署倉場侍郎奴才全慶謹
奏再據浙江糧道周起濱署天津道錢炘和會詳稱准
浙江省局咨會採買米十萬石兌交商船悉照海運
漕糧一律支給惟天津交卸漕糧每石應給經紀耗
米一升五合撥船食米一升一合五勺新漕撥船食
米一勺七抄二撮五圭以十萬石論共應給米二千
四百十石一斗五升二合九勺請於米冊聯單內以
正米列爲一條每石給商耗米八升其三項耗米總
列爲備帶耗米若干所有運通究應給耗若干應聽
驗米王大臣臨時覈辦等因查從前採買成案每石

合銀二兩七錢二兩三四錢不等或商人自備資本
或先領價銀俱係運至天津交卸耗米等項均已包
括在米價之內自可毋庸給耗今由浙給價採買運
津既不能不另給商船耗米則由津亦不能不給撥
船食米况食米一項近年實存在倉以備賠補虧折
於公事實有裨益既經浙江備帶在船應請即照海
運一律撥給等語奴才等伏查此次採買由官運津
與二十七年由商自運者不同驗收時所除氣頭艙
底及盤量折耗沙船均須耗米抵補浙省所擬給與
沙船耗米之處自屬平允至撥船食米一項查道光

二十七年收買商米係用市斛量收較漕斛每石餘
米三升四合每起撥船運通均與批內聲明米石轉
轉盤量折耗所餘之米除抵補折耗之外下餘米石
再行儘數交壩等語是所餘之米雖經交倉原係預
備交通折耗之用今浙省採買係以平斛交收並無
此項餘米名目若不將浙省帶津之一升一合五勺
給與撥船另存一艙帶通誠恐抵壩驗收時當溽暑
天熱未見風晾縮虧折以及壓囤氣悶艙底之米無
處購買補足擬請仍照海運一律撥給以免缺額至
經紀耗米一項現收採買米石照案由天津道雇人

斛收經紀既不承運自可毋庸撥給耗米應同新增
撥船食米一併作正交倉是否有當謹附片陳明請
旨
咸豐四年七月初八日具
奏初九日奉
硃批戶部知道欽此

戶部謹
奏為遵
旨速議具奏仰祈
聖鑒事驗米王大臣端華全慶等奏酌定轉運採買米石
一摺咸豐四年七月初九日奉
硃批戶部速議具奏欽此欽遵到部據原奏內稱浙江巡
撫奏粵東應行採買米石由浙代辦天津一切經費
應如何支銷等因准戶部咨稱道光二十七年天津
收買商米係照轉運奉天米豆之案由津運通撥價
計每百石折銀四兩八錢等語其鋪艙蓆片溜米蓆

筒及各色器具并官吏斗級抬斛人夫飯食一切應
需之項尚未議及因調取採買各案逐加檢閱查道
光五年奉天採買米石由津運通每百石共用銀十
二兩八錢內除撥價照奉天米豆之案每百石給銀
四兩八錢動用地丁外其餘每百石不敷銀八兩由
直隸總督奏明在於庫存海稅盈餘銀內支用又道
光二十七年收買浙江商米由津運通因無露囤各
費每百石共用銀八兩一錢零內除撥價照奉天米
豆之案每百石給銀四兩八錢在於各省解津米價
內動用外其餘每百石不敷銀三兩三錢零除動道

庫存項由江浙兩省解還一半下餘一半因解津米
價銀兩均由該前道一手出入是以自願捐資歸補
各在案現據浙江巡撫咨稱採買米石應查照正漕
一律辦理等語查海運章程天津用款每百石連撥
價約需銀十兩一錢零緣蓆片薪水等項之外近添
封釘艙門裱糊艙裏監視灰印分段稽查以期密益
加密並因南氛未靖於迎護導引外安設馬撥備用
礮船出口稽查所有採買米石同係正供顆粒均應
慎重若僅給撥價一項其餘一切辦法既令裁撤無
論海口盤查未能嚴密卽由津運通撥船不加封釘

各段無人稽查誠恐到壩之米百弊叢生本年奉天
米豆顯變一案是其明證擬卽督飭直隸浙江各總
局按照海運章程一律辦理據各該局逐款開單會
詳請奏前來奴才等按款覆覈均係必不可裁之款
惟當此經費支絀之時採買用項與海運之出自幫
費並不動用正款者實有不同自應力加撙節所有
轉運採買米石應需各款擬卽在於浙江省備帶經
費內開銷除撥價一項按照奉天米豆之案每百石
給銀四兩八錢外其餘一切必需之費督令撙節支
用總以道光二十七年每百石連撥價官役薪水等

項其用銀八兩一錢零之案爲斷再有不敷卽由該
總局通融辦理似此酌定開銷數目既較之道光五
年採買之案每百石可省銀四兩有餘而較之現辦
海運亦可省銀二兩上下等因並聲明海運正漕截
至本月初七日止浙省進口船四百六十一隻共裝
米六十五萬四千餘石蘇省進口船三十九隻共裝
米五萬一千餘石均過十分之九福建捐輸米石已
據呈報進口米船一隻俟挽抵離城十里之大直沽
卽遵照戶部原擬前往查驗令天津道斛收撥運等
語臣等伏查道光二十六年收買商米二萬八千八

百餘石按照轉運奉天米石之案由津運通每百石
給剝船價銀四兩八錢其例給水腳不敷並委員盤
費書役飯食鋪艙蓆片等項由天津道捐資辦理道
光二十七年收買商米四十萬石由津運通共用剝
價銀一萬九千六百餘兩例給水腳不敷等銀一萬
三千五百餘兩計每百石需銀八兩一錢零除撥價
一項作正開銷其例銷不敷等項由外籌補歸款在
案此次浙江巡撫代廣東採買米十萬石津通用款
前經臣部查明轉運奉天米豆之案每百石給剝價
銀四兩八錢員役薪水每員日給銀一錢每役日給

銀五分先後咨行浙江巡撫驗米王大臣查明辦理并以應需經費南省或未籌備行令直隸總督天津鹽政先行籌款墊給其鋪艙蓆片等款咨行直隸總督札令天津道查明應給銀兩是否按米覈算迅速詳報以憑覈辦七月初四日據浙江巡撫咨稱採買米石查照正漕一律辦理等因臣等正在籌議間適據驗米王大臣等以浙江代粤東採買米石同係正供顆粒均應慎重飭據直隸浙江各總局按照現辦海運章程開單會詳逐款覈覆請將天津轉運各款應需銀兩在浙江省備帶經費內開銷除撥價一項

按照四兩八錢之案支給外其餘一切必需之款督令撙節支用總以道光二十七年每百石連剝價官役薪水等項共用銀八兩一錢零之案爲斷等因旣較之道光五年奉天採買米石每百石共用銀十二兩八錢之案省銀四兩有餘又較之現辦海運省銀二兩上下辦理尚屬覈實惟海運經費向不報部覈銷卽二十七年收買商米例銷不敷水腳等項因由外籌補亦未據將各款細數分晰報部此次浙江代粤東採買米石天津轉運各費旣據驗米王大臣奏稱採買運項與海運之出自幫費並不動用正款者

不同自應按款覈明除四兩八錢之剝價每員日給一錢每役日給五分之薪水業經臣部前咨詳細聲敘其鋪艙蓆片溜米蓆筒及各色器具共需用若干應給價若干斗級擡斛人夫共計若干應給飯食若干以及現辦章程一切應需款目如何分別支給應

請

旨飭下驗米王大臣轉飭直隸浙江各總局先行逐款開單報部查覈所需銀兩卽在浙江備帶經費內撙節動用不得恃有八兩一錢零之案稍滋浮冒事竣後卽行造具細冊報部覈銷其餘各省採買米石除奉

天之粟米五萬石仍由直隸總督查明年例轉運奉天米豆之案辦理外江蘇省採買米石計應不日抵津所需轉運各費亦應令該省籌備覈實報銷倘有未盡事宜以及應行酌減之處統由驗米王大臣隨時體察情形奏明辦理至福建捐輸米石據稱進口米船已有一隻俟挽抵大直沽卽前往查驗令天津道斛收撥運之處應一并請

旨飭下驗米王大臣秉公查驗諄飭天津道趕緊撥運以昭慎重該省採買米石天津轉運經費俟閩浙總督咨報到日再由臣部酌覈辦理所有遵議緣由理合

繕摺具奏伏乞
皇上聖鑒
訓示遵行謹
奏
咸豐四年七月十五日具
奏奉
旨依議欽此

兩江督院怡　爲咨會事據蘇藩司等會詳稱竊奉
函准
浙撫憲函開以今冬海運如難由滬起運應另議出口之地飭據局員議覆寶山之蘊草濱太倉之劉河口皆可停泊沙船裝載出運飭即查覆等因當經札委署松江府藍守暨署太倉州蔡牧馳赴該兩處勘明形勢通盤籌計覈議通稟察辦詳報在案茲據署太倉州蔡牧稟稱遵於十一月初二日帶同鎮洋縣李令前赴劉河口勘得該處港口外半里許曾有攔門沙阻礙現雖逐漸消減尚存陰沙一道須於潮長時千餘石之沙船可以出入查港口回至新鎮三四里港尚寬沙船約有四五百號可停雇覓尚屬便利至各屬運米投兌即由卑州與鎮洋縣境經過一水可通惟從太倉六渡橋至劉河舊閘鎮共二十四里河面曲折水勢較淺漕糧雇船剝運每船祇可裝米八九十石亦須俟潮長時放行蓋緣該處河道久未挑挖多有淤墊是以向來沙船進劉河口者無多細詢該處紳耆商牙僉稱今冬潮水甚大較與往年稍便出入正在會同鎮洋縣查勘時適有浙江委員俞斌同到港口勘量是浙省亦已預爲籌辦緣奉札飭

合將勘明形勢繪圖稟覆等情到司據此本司道等伏查上海逆匪現經大兵圍勦原不難指日殲除第來春江浙兩省漕糧海運關繫至重事務甚繁亟應先定海口設局委員招雇沙船齊集候兌劉河係太倉所轄既據該署牧勘明港面尚寬雇船便利即著署松江府藍守亦以上海已遭蹂躪海運新漕可改劉河設局收兌具稟本司道等會同商酌意見相同應請以該處定爲起運口岸通飭遵辦仍將內河淤淺處所責成該州覆加查勘或應爬撈或需挑挖一面通稟一面趕辦務於本月內一律疏通以利剝運是否有當詳候鑒覈會

奏再崇明縣孫豐議請由江陰口出江放洋一節查該處外有淤沙內多淺阻向年會有僅就常鎮二屬漕糧由此海運以省盤費之議嗣因窒礙多端不能如願應與寶山之蘊草濱均毋庸議等情到本部堂據此查此案迭據該司等具詳均經咨明

貴部院查照在案據詳前情除批候

蘇撫部院會覈具

奏外相應咨明爲此合咨

貴部院煩請查照辦理施行

咸豐三年十一月　日咨

浙江撫院

海運局委員署紹興府知府繆梓嘉興縣知縣楊裕深稟稱浙省來春海運漕糧先擬乍浦地方籌辦嗣經查明該處洋面險阻沙衛各船不能前來受兑復據該紳董俞斌張修睦等查得江蘇劉河口蘊草濱兩處可以出運飭查確查內外河道深淺寬窄海船停泊有無窒礙內河運米剝船應由何處行走共計水程若干是否一水可通先經卑職裕深選派家丁隨同該紳董等前往逐一查看行至太倉州適值該州蔡牧亦奉

江蘇藩憲諭飭前詣該兩處查看海口河道情形該

紳董卽帶家丁隨同勘量茲據該紳董等到滬卑府梓當卽接見面稱查得劉河口外約里許向有攔門沙一道現已逐漸消散惟存陰沙一片漲潮之時卽裝載千餘石之船可以出入無礙其港口內折回劉河新鎮約三四里河面甚寬沙衛各船約可停泊四五百隻不等惟從太倉之六渡橋至劉河舊閘河面曲折水不甚深內河剝船止能裝至百石漲潮之時稍有加增亦不過二百餘石上下至冬令屬運米交兑須由蘇州城外經過先到崑山計水程六十里再至太倉計水程四十里再至劉河口計水程五十里從

杭城大關起至劉河口止共計水程五百二十里嘉興湖州可以按遠近減算伏查是處海口本係元明海運故道現在人煙稠密沙衛各船亦間有由此進出文員有州同衙門武弁有都司衙門並足以資彈壓似無他慮此劉河口可以出運之情形也至蘊草濱地方與吳淞口相近卽黃浦江之下流河面甚寬刻下沙衛各船停泊此間者約以千計其內河運米由平望分路至盧區羅溪朱家角等處計水程一百六十里再至清浦四港口計水程七十里再至嘉定計水程三十里再至馬洛新開河成家港蘊草濱等

處計水程八十里從杭城大關起至蘊草濱止共計水程六百三十里若由此處出運河面較寬辦理似覺舒展惟離上海縣城相隔不過五六十里刻下賊匪未平未可輕易嘗試上海收復之後自應仍歸該處受兑以免更張設不得已而另籌海口則劉河口較蘊草濱爲穩當也除飭令該紳董等赴局面稟一切外肅泐具稟仰祈

憲臺察覈施行實爲公便

咸豐三年十一月十三日具稟奉

海運省局批據稟查勘劉河海口堪以出運情形仰

候列入章程轉詳
撫憲稟
奏繳

浙江海運省局署布政使黃樂之署鹽運使晏端書
督糧道周起濱督同總辦委員署紹興府知府繆梓
等為詳請咨明事竊照浙江省本年新漕仍行海運
業奉札准
江蘇督憲咨會委員勘明太倉劉河海口河港寬暢
堪以停船交兌自應在婁設局辦理即經本司道查
有題補中防同知楊裕深明白曉暢幹練精詳堪以
飭委總司婁局事宜詳奉
憲臺批准飭令馳赴查辦在案惟太倉係江蘇所轄
地居隔省誠恐呼應不靈所有浙省設局一切事宜

應請循案咨明蘇省轉飭地方官會同經理以昭詳
慎而期妥速除由局咨請江蘇藩司轉飭遵照外相
應具文詳請伏候
憲臺鑒覈俯賜分咨
兩江督江蘇撫憲飛飭遵照實爲公便爲此備由呈乞
照詳施行
咸豐三年十二月十一日具詳奉
巡撫部院黃　批仰候由八百里飛咨
兩江督江蘇撫院飛飭遵照繳

浙江巡撫部院黃　劄海運省局知悉照得劉河海口內河開濬工程業經飭局給發經費銀兩行令會辦在案兹據總辦要局中防同知楊丞稟稱一切紳董以及稅行公估并設局公所各件均已布置查劉河口在鎮洋縣境內由太倉州城至該處中間四五十里俱係鄉郵非地方官往來彈壓恐難安靜請札行蔡牧李令會同辦理等情前來除分咨江蘇督撫并逕行蔡牧李令外合行劄知劄到該局立卽查照一併轉行遵辦毋違特劄

咸豐三年十二月十九日行海運省局

浙江杭州中防同知楊裕深江蘇候補同知朱鈞署江蘇太倉直隸州知州蔡映斗署江蘇鎮洋縣知縣李翰文稟竊卑職鈞授奉

蘇藩憲札以本年江浙新漕海運改由劉河海口出運飭卽會同卑職映斗翰文等將一切應辦事宜趕緊次第舉行等因遵卽束裝赴太適卑職裕深亦奉憲委由上海軍營馳赴劉河海口辦理新漕海運事件隨卽邀同卑職鈞等開船前進卑職等伏查海運事件封雇船隻最爲緊要海口內河尤爲交兌遲速所關是以逐細履勘查太倉州城至劉河海口共計

水程七十里其海口外之攔門沙現已飄散僅存陰沙一片伏於水中當經傳到沙船耆舵人等面加詢問據稱裝載千石之船尚可行走若裝載過重之船必須向南駛轉約里許水面方可對放崇明等語是攔門沙一層尚無關礙由海口至劉河石閘約七八里水程河面在十丈八丈之間其水甚深兩岸俱可停泊沙船剝船往來上米亦不致十分擁擠再由劉河石閘至六渡橋地方約水程二十餘里河面不過三四五丈上下其水深可三四尺不等如裝載二百石剝船來往尚可勉強行駛再由六渡橋西行至太

倉州南馬頭約水程二十餘里水面不過丈餘深尺許較之卑職映斗前次帶同浙江紳董俞斌等查勘之時河水更形淺狹緣因現在四十餘日雨水稀少而潮汛又屆乾枯之際所致必得挑挖深通方可濟運值此軍興之際卑職等非不知兩省庫藏均屬支絀難以籌款惟念此項漕白乃

天庾正供爲都中人心所係未敢恝然況業已

奏明改由該處運津舍此別無可以辦理之處是以會同酌商擬於卑職映斗等前估開挑寬六丈深七尺之式改爲減半辦法更於無可節省之中再從節省

實在需用經費銀一萬餘兩總期剝船得以暢行無阻以全要公若論開復該河故道卽照原估三萬兩之數亦未能告厥成功爲久遠之計現在江浙兩省支應軍需同一萬分急迫卑職等目擊淤淺情形又不能不據實稟陳俾免貽誤此時蘇省旣屬無款可籌再四思維惟有稟請

蘇省各憲移咨

憲臺借撥銀一萬兩專委妥員會同卑職映斗翰文承辦剋日興工開挖期於明年新正十五日以前一律照式深通不致剝運到境守候卑職鈞裕深察看實在情形亦不得不照此辦理至此項銀兩將來作何歸補應請咨商辦理如再有不敷可否由蘇省自行設法籌墊時已迫矣事已急矣用敢不揣冒昧一面興工一面會銜稟請仰祈

鑒覈實爲公便謹稟

咸豐三年十二月十五日具稟奉

浙江巡撫部院黃　批據稟已悉仰江蘇太倉州知州蔡署牧會督署鎮洋縣知縣李令及浙省委員楊丞迅卽雇集人夫速將該處河道趕緊開工疏浚深通務於明年正月十五日以前一律完竣以速運行

萬萬不可稍有遲誤至所請借撥經費銀一萬兩業已札飭浙江海運省局分作兩批委員解交該署牧暨李署令查收濟用矣並卽知照仍將工竣日期飛速馳報切切併候

兩江督江蘇撫院批示繳

浙江海運省局司道批此案現奉

撫憲錄批札局仰楊丞查照另札遵行仍候

江蘇督撫憲批示繳

浙江海運省局署布政使黃樂之署鹽運使晏端書督糧道周起濱督同總辦委員署紹興府知府繆梓等爲詳請附

奏事奉

憲臺批蘇藩司詳據署太倉州蔡映斗署鎮洋縣李翰文會稟本年新漕海運改爲劉河出口查勘自小普陀起至石家塘止統共工長六千二百三十丈係剝運米船必由之路亟須挑濬深通俾資浮送撙節估計酌挑面寬六丈底寬二丈水面浚深七尺共估土方築壩車戽料工共錢五萬九千六百八十五千

八百六十四文仰祈委員復加勘估如數撥給督董及時興浚等情伏查蘇省漕糧已議請改徵折色前項挑河專利浙漕可否由浙派員馳往會同撙節覆估籌款解發等情由奉批仰海運省局迅卽確覈詳辦毋遲此繳詳抄發等因並據太倉州蔡牧鎮洋縣李令會同委員江蘇候補同知朱丞浙江中防同知楊丞會稟履勘太倉州城至劉河海口共計水程七十里其海口外之攔門沙現已飄散僅存陰沙一片伏於水中當經傳到沙船耆舵人等面加詢問據稱裝載千石之船尚可行走若裝載過重之船必須向

南駛轉約里許水面方可對放崇明等語是攔門沙一層尚無關礙由海口至劉河石閘約七八里水程河面在十丈八丈之間其水甚深兩岸俱可停泊沙船剝船來往上米亦不致十分擁擠再由劉河石閘至六渡橋地方約水程二十餘里河面不過三四五丈上下其水深可三四尺不等如裝載二百石剝船來往尚可勉強行駛再由六渡橋西行至太倉州南馬頭約水程二十餘里水面不過丈餘深尺許必得挑挖深通方可濟運會同酌商擬於前估開挑寬六丈深七尺之式改爲減半辦法更於無可節省之中

再從節省實在需用經費銀一萬餘兩總期剝船得以暢行無阻現在江浙兩省支應軍需同一萬分緊迫卑職等目擊淤淺情形不能不據實稟陳俾免貽誤此時蘇省無款可籌惟有稟請移浙借撥銀一萬兩專委妥員會同承辦刻日興工開挖期於明年新正十五日以前一律照式深通不致剝運到境守候至此項銀兩將來作何歸補應請咨商辦理如有不敷可否由蘇自行設法籌墊等情稟奉

憲臺劄飭籌撥銀一萬兩分作兩批解交等因各到局奉此本司道伏查本年新漕海運改由劉河出口

太倉一帶係屬剝運必由之路既據該委員勘明太
倉至六渡橋一帶河道淤淺自應趕緊挑挖以利漕
行惟該處並非浙省所轄所需前項挑河經費銀兩
誠如鈔發
兩江督憲批示欲歸浙省全認撥之情理似多窒礙
第漕白糧米乃
天庾正供所關匪細凡在臣工自當竭誠籌辦值此蘇省
籌餉維艱之際何敢稍分畛域有稽運務現已由浙
先行籌墊銀一萬兩分作兩批解交責成太倉州蔡
牧鎮洋縣李令趕緊集夫如式趲辦務於明年正月

十五日以前一律完竣以免阻滯所有浙省墊發前
項銀一萬兩將來作何歸補應請咨明轉飭蘇藩司
查議詳辦相應具文詳覆伏候
憲臺鑒覈並請將浙省籌解挑河經費銀一萬兩飭
令趕挑濬運緣由附片具
奏實爲公便爲此備由呈乞
照詳施行
咸豐三年十二月二十三日具詳奉
巡撫部院黃　批此案業經彙入具
奏抄摺行知在案仰卽遵照繳

浙江巡撫部院黃　爲咨覆事本年十二月二十二
日准
江蘇撫貴部院咨開據婁局委員浙江杭州中防同知楊
裕深江蘇候補同知朱鈞等會稟稱浙省新漕海運
改由劉河口出運所有該處內河必得挑挖深通方
可濟運需用經費稟請移咨浙撫憲借撥銀一萬兩
專委妥員覈實興挑期於明年正月十五日以前一
律深通不致剝運守候至此項作何歸補俟工竣造
報再請商辦如有不敷可否由蘇籌墊等情據此查
河道既須挑竣自應趁此水涸及早興工庶于漕行

無所阻滯除批司飭令卽日集夫挑挖務使運行暢
達外咨請酌量籌定迅賜示覆等因到本部院准此
查此案前據署江蘇太倉州蔡牧等具稟到院卽經
由浙撥借銀一萬兩分兩起行走並據海運省局具
詳頭批銀五千兩已委儘先從九品胡毓麒領解起
程前赴太倉州交收并由八百里飛咨
貴部堂院在案其第二批銀兩亦卽接續發解此項撥
借銀兩自應由
貴省於經費稍敷之日卽行移還浙省現在浙省庫
項亦屬支絀因挑濬前項河道事關漕務萬分緊要

是以迅速撥借如工用尚有不敷應由
貴省酌發准咨前因除咨
兩江督部堂并咨覆
江蘇撫部院外相應由六百里飛咨爲此合咨
貴部院堂煩請查照希卽飭令蔡牧等速將劉河海口
內河及早興工趕緊一律疏濬深通以速海運是所
盼切望速施行
咸豐三年十二月　日咨
兩江督院
江蘇撫院

江蘇巡撫部院許　爲詳請示遵事據蘇藩司詳稱
竊據署太倉州蔡映斗署鎮洋縣李翰文會稟稱本
年江浙新漕海運改爲劉河出口飭將內河淺阻段
落履勘撙節估計實需銀錢若干妥議稟辦等因卑
職等督同紳董悉心查勘將極淺極淤之處逐段丈
量計自小普陀起至石家塘止統共工長六千二百
三十丈係江浙兩省剝運米船必由之路亟需挑浚
深通俾資浮送隨督紳董撙節估計酌挑面寬六丈
底寬二丈平水面浚深七尺共估工二十萬二千四
百九方三分二釐每方折給錢二百四十文共估錢
四萬八千五百七十八千二百三十七文又築東西
兩大壩並通河汊港各小壩估需工料錢五千七百
七千六百二十七文又車戽通河水工錢五千四百
千文總共估需錢五萬九千六百八十五千八百六
十四文內壩工一款緣石家塘攔潮壩一道潮汐湍
急必得加築副壩方資抵禦非如上屆由平陸築壩
無須用木排樁者可比且刻下木植昂貴現照市價
撙節估計實需工料前數委難再減仰祈委員復加
勘估一面將所估料工如數撥給以便督董及時興
浚而利運行除現造細冊繪圖另呈外稟祈示遵等

情到司據此伏查此案挑工原爲江浙兩省劉運流通內河要工起見惟是蘇省各州縣漕糧已議請改徵折色專詳請

奏前項挑河今則專利浙漕且各屬折價悉已大加減讓本司擬提節省沙船水腳以爲籌補蠲減緩鈌行月兵局恤米地步而首府縣尚以辦公竭蹶一再面稟請免提解前項內河估需挑費錢五萬九千餘串更屬欵無所出可否由浙省派委大員馳往該處會同該州縣撙節復估籌欵解發以臻妥速爲時已迫亟需興工詳請飛咨浙撫院迅賜委員前赴太倉會同該州縣復勘興挑實爲公便等情到本署部院據此查現已十二月下旬所有內河必須趁此水落之時趕緊挑浚若再由

貴省委員來蘇會勘誠恐貽誤咋准

貴部院咨會飭委題補中防同知楊裕深總司要局事宜應卽飭令該員會同地方官復加履勘以期迅速除批司轉飭外相應飛咨爲此合咨

貴部院請煩查照希卽一體轉飭施行

咸豐三年十二月　　日咨

浙江撫院

浙江巡撫部院黃　爲咨明覆事本年十二月二十四日准

江蘇撫貴部院咨開據蘇藩司詳稱據署太倉州蔡映斗署鎭洋縣李翰文會稟稱本年江浙新漕海運改爲劉河出口內河淺阻段落估需工料錢文請如數撥給等情詳請咨浙委員前赴太倉會同該州縣復勘興挑等情據此查現已十二月下旬所有內河必須趁此水落之時趕緊挑浚若再由貴省委員來蘇會勘誠恐貽誤咋准咨會委題補中防同知楊裕深總司要局事宜應卽飭令該員會同地方官復加履勘以期迅速除批司外飛咨一體轉飭等因到本部院准此查此案前據蔡牧等會稟請借挑河經費銀一萬兩卽經行據海運省局詳報先行委解銀五千兩解交蔡署牧查收業已起程其餘五千兩隨卽再解現在浙省庫項亦屬支絀萬分祇以事關漕務緊要不得不先行籌濟乃希

貴部堂院籌欵撥還浙省如工用尚有不敷並祈由蘇省酌發當經咨明

貴部堂院在案今准前因除咨覆

江蘇撫兩江督院外相應咨明覆爲此合咨

貴部堂/部院煩請查照其挑濬劉河口內河事宜督飭雇募人夫非本地方官呼應不靈希卽專委該署太倉州知州蔡牧署鎮洋縣知縣李令迅速興工趕辦務速一律挑濬深通以濟漕運爲時已迫斷不可延至懇至感望切施行

咸豐三年十二月　　日咨

兩江督/江蘇撫院

浙江海運省局署布政使黃樂之署鹽運使晏端書督糧道周起濱督同總辦委員署紹興府知府繆梓等爲轉詳事據婁局委員杭州中防同知楊丞申稱竊照浙江省海運新漕改由劉河設局交兌惟該處離城較遠地居曠野而各州縣解到銀米爲數甚鉅似須酌派弁兵常川駐紮防護以照慎重擬請派撥鳥鎗兵二十名卽由現請委赴劉河彈壓之撫標外委蔣坤孫遇隆管帶惟該弁等現派上海防勦並請委員前往交替相應具文申請鑒覈轉請撫憲檄營遵照等情到局據此相應備文轉詳伏祈憲臺俯賜檄營遵照實爲公便爲此備由呈乞照詳施行

咸豐三年十二月二十五日具詳奉

浙江巡撫部院黃　批已札飭中軍官派撥鳥鎗兵二十名飭令外委孫遇隆管帶馳赴劉河小心防護矣仰卽一體轉移遵照此繳

署江蘇太倉州知州蔡映斗署鎮洋縣知縣李翰文會稟竊照本年江浙新漕海運改由劉河出口節奉蘇藩司劄飭將海運一切事宜趕速妥辦等因正在籌辦間適

憲臺委員杭州中防同知楊丞來太卑職等當卽會同馳赴劉河逐細履勘將探量海口水勢及內河淤淺應挑段落需用經費聯銜具稟

憲鑒並請借撥銀一萬兩委員興挑在案惟查浙省漕糧開印前後自必陸續到太所有該河淤淺處所亟應剋日挑濬深通以資剝運卑職等身任地方自

屬責無旁貸第查該河應挑段落約計二十餘里必須節節委員督辦庶工歸實在夫役人等亦不敢怠惰偷延卑職等正值辦理漕務喫緊之時且又奉委幫辦海運局務所有封船催兌以及彈壓地方諸事紛繁恐一時難以兼顧因而滋弊合再據實稟請仰乞

憲臺電鑒可否卽飭承辦海運局員中防同知楊丞等就近會同卑職等趕速辦理並卽飭令飛速來太以便卽日興工實爲公便謹稟

咸豐三年十二月　日具稟奉

浙江巡撫部院黃　批查開濬劉河口內河工程浙省委員呼應不靈應由該州縣督率趕辦卽迅速興工務使一律挑濬深通剋期工竣以濟漕運是所盼切再由浙籌借挑河經費銀一萬兩業已先後委員解交並卽查收具報此繳

江蘇布政使司陳啟邁爲據情轉詳事竊於十二月
二十日據署太倉州蔡映斗會同鎭洋縣李翰文稟
稱本年江浙新漕海運改由劉河出口奉飭將一切
事宜趕速妥辦正在籌辦間適
浙撫憲委員楊丞來太當卽會同馳赴劉河逐細履
勘將探量海口水勢及內河淤淺應挑段落需用經
費稟請移咨
浙撫憲籌撥銀一萬兩委員與挑惟查此項工程逐
一勘估築壩挑土等工已較道光十四年所辦工程
減半估計茲經浙省委員楊丞與卑職等酌議於減

半工程之中再行減半委因兩省經費支絀不得不
爲此節省之計第恐將來剝船到境未能一律通暢
設有貽誤卑職等實難當此重咎且所需工費又係
由浙省借撥若專歸卑職等經理恐不足以昭公信
稟乞轉請
浙撫憲迅卽專委局員楊丞等飛速來太會同辦理
等情到司據此伏查此項挑河利運浙漕所需工費
前據該局員等稟請在浙籌撥銀一萬兩當經稟請
憲臺飭令浙藩司查覈借撥另委妥員解蘇給發以
濟工需在案據稟前情除批飭該州縣等會同浙省

委員實力妥辦務期欵不虛糜工歸實在外相應具
文轉詳伏候
憲臺鑒覈迅賜專札飭委中防同知楊裕深及候補
通判徐徵等飛速到太將挑河事宜責成會同太倉
州蔡牧鎭洋縣李令妥爲辦理以昭公信而利漕運
所有前請籌撥銀欵並請委員解蘇撥給以濟要公
實爲公便爲此備由呈乞
照詳施行
咸豐三年十二月　日具詳奉
浙江巡撫部院黃　批查挑濬河道督役趕辦必須

由地方官提調方能得力若由外省委員會辦呼應
反覺不靈該署太倉州知州蔡牧署鎭洋縣知縣李
令素稱勤幹絕無畛域之分其所請由浙委員會辦
乃係謙遜之詞其意原所以昭公信本部院深知此
項工程估價已由該州等減之又減豈猶不足以示
信所請委員會辦之處應毋庸議諒該州等勇於任
事自已照囑興辦可以剋期竣工矣仍希
貴司卽飭趕緊督辦迅速完工以副諄囑至由浙籌
借挑河經費銀一萬兩業已先後委員起解並卽查
照此覆

署江蘇太倉州知州蔡映斗署鎮洋縣知縣李翰文爲申報事竊照奉飭挑浚劉河一案前經卑職等會同蘇省委員朱丞並浙省委員楊丞逐細查勘將淤淺段落及所需經費具稟

憲鑒在案茲奉

浙江撫憲批據稟已悉仰江蘇太倉州知州蔡署牧會督署鎮洋縣知縣李令及浙省委員楊丞迅即雇集人夫速將該處河道趕緊開工疏濬深通務於明年正月十五日以前一律完竣以速運行萬萬不可稍有遲誤至所請借撥經費銀一萬兩業已札飭浙江海運省局分作兩批委員解交該署牧暨李署令查收濟用矣並即知照仍將工竣日期飛速馳報切切併候

兩江督部堂
江蘇撫部院批示繳等因奉此伏查此次挑浚劉河專爲剝運漕糧起見現已臘月下旬未便久待卑職等當於前次發稟後隨即邀同紳董商酌趕辦先築東西兩壩其餘一切事宜亦經預爲布置茲擇於十二月二十七日雇齊夫役開工興挑卑職等親詣工次督率彈壓總冀速益求速剋期藏事無誤運行除俟工竣再行稟報外合將開工日期先行具文申報

仰祈

憲臺電鑒爲此備由呈乞

照驗施行

咸豐三年十二月二十八日具申

浙江海運省局

浙江海運婁局委員中防同知楊裕深稟竊卑職稟辭後於初十日抵太當卽開局辦事業已另文申報在案上海紳董張修睦并稅行斛手人等均已陸續到來於本日已令其至劉河海口布置一切止要河道開通卽行次第開兑不致貽誤惟此項工程原訂二十日一律完工卑職到太後卽向該署牧蔡丞并署鎮洋縣李令面詢據稱封印至今連日雨雪夫工寒冷以致稍遲必須本月二十五日方能一律告竣卑職一面著人前去看視其東西兩頭所築之壩俱已告成其水亦已車乾本日開挖詢據土工若果天色晴霽不過十日工夫准可完竣惟近聞上海匪徒有竄擾嘉定寶山之謠劉河海口相離嘉寶地方不過三十餘里蘇城亦有匪徒混入其中之說蘇省大憲已嚴飭小心防範矣崇明洋面盜船遊奕米船必由之道刻已託人偵探除將應辦事宜次第趕辦外合肅寸稟謹稟

咸豐四年正月　日具稟奉

海運省局批據稟已悉仰卽移會太倉州暨鎮洋縣督飭工作人等趕緊挑浚仍派丁役分頭偵探協同蘇省文武員弁小心防範一面知照杭嘉湖各屬

運米赴婁開斛兑交均毋違延切速此繳

署江蘇太倉直隸州知州蔡映斗署鎮洋縣知縣李翰文稟稱照劉河海口內河淤淺段落前奉憲飭趕緊興挑業於上年十二月二十七日開工通報

憲鑒在案伏查此項工程本擬趕於正月二十日以前辦竣無如開工以後雨雪交加以致未能剋期蕆事卑職等當卽督同各委員嚴押夫役竭力趕挑至本月初五日通河工竣祇因數日以來冒雨工作間有高下不等未能如式之處必得趁此未經開壩之先再加修治使河身一律深通剝船始得暢行無阻

現已嚴飭夫頭星夜趕辦一俟完竣卽可開壩剝船到境斷不致有停待之虞惟工程已竣例應稟請委員驗收而爲日已邇若待委員來太再行開壩未免稽延合無仰乞

憲恩卽賜檄飭浙省斐局委員楊丞蘇省斐局委員朱丞就近會同驗收趕緊開壩以速運行而免遲逾實爲公便謹稟

咸豐四年正月　　日具稟奉

巡撫部院黃　批仰海運省局飛飭楊丞會同蘇省斐局委員朱丞剋日驗收開壩以速運行仍候

兩江督院
江蘇撫院批示檄稟鈔發

浙江海運省局署布政使黃樂之署鹽運使晏端書
督糧道周起濱督同總辦委員署紹興府知府繆梓
等爲詳明事准
憲標中軍移奉
憲臺札開浙江海運新漕改由劉河交兌飭即派撥
烏鎗兵二十名飭令外委蔣坤孫遇龍管帶馳赴劉
河小心防護不得稍有疎懈至孫遇龍上海防勦事
務該中軍並即查明另行委弁前往交替等因遵即
飭委右營額外外委江覲廷前赴上海抵補交替其
飭挑左右兩營鎗兵共二十名仍交該弁帶往轉交

孫遇龍管帶赴局常川駐劄移局查照應需口糧並
希覈給等因到局准此查撥赴劉河防護鎗兵二十
名奉
憲臺飭令外委蔣坤孫遇龍管帶自應俟額外外委
江覲廷到上海後即令蔣坤或孫遇龍趕緊回省再
行帶兵徑赴劉河較爲便捷若先由江覲廷帶兵同
至上海轉交管帶赴婁則道路紆迴船價口糧不無
多用江覲廷係換防之員所有鹽菜口糧等項應由
籌防局轉飭應付毋庸由海運局議給其蔣坤等回
省後帶兵赴婁應需鹽菜口糧擬照籌防局章程外
委日支鹽菜銀五分又本身及跟役三員名照出省
例每名每日支口糧錢三十五文兵丁每名日給口
糧鹽菜油燭錢一百六十五文今派兵二十名合給
餘丁三名每名日支米折錢二十七文於該弁兵起
程時由海運省局先行酌給十日沿途毋庸應付仍
俟到婁後亦照此數接支所需船價並照籌防局之
例亦申省局按站覈給除分移籌防局暨
憲標中軍查照飭遵并札經過各縣毋庸應付並飭
婁局知照外相應詳明伏候
憲臺鑒覈爲此備由呈乞

照詳施行
咸豐四年正月初三日奉
巡撫部院黃　批據詳已悉此繳

浙江海運省局署布政使黄樂之署鹽運使晏端書
督糧道周起濱督同總辦委員署紹興府知府繆梓
等爲詳明事竊據委員中防同知楊裕深等詳
稱竊照浙漕海運改由劉河出口淤淺内河已奉籌
借銀兩發解太倉州鎮洋縣分段開挑務令一律深
通俟工程將竣卽飭各州縣運米受兑惟杭嘉湖三
府屬内河剝船咸願早卸早回將來兑交海船誠恐
爭先越後且連檣并行難免擁擠應令行抵太倉州
南馬頭暫爲住泊報明委員聽候編列號數駛赴劉
河卽以號次之先後挨順交兑而承運海船亦於厓

報時先編號數次第受裝以昭平允除出示太倉州
南馬頭并劉河口實貼曉諭外相應備文詳祈察覈
轉報
撫憲一面仍請札飭杭嘉湖三府屬有漕各州縣傳
諭剝船戶并押送書差人等一體照辦實爲公便等
情到局據此除通飭各府州縣一體遵照外相應備
文轉詳仰祈
憲臺俯賜鑒覈爲此備由呈乞
照詳施行
咸豐四年正月初四日具詳奉

巡撫部院黄　批如詳通飭遵照繳

浙江海運輿局中防同知楊裕深署杭捕同知徐徵
爲詳明事竊照太倉州內河淤淺之處現奉
浙撫憲條　奏由浙籌借銀一萬兩解發署太倉州
蔡牧鎮洋縣李令等上緊如式挑辦一律深通俟工
程將竣卽飭各州縣飛速運米受兌在案茲查浙省
有漕各屬間有徵收滿厫不日運米來輿若不明定
章程來往船隻恐有擁擠難免爭執滋事應請檄飭
太倉州鎮洋縣出示曉諭凡浙省各州縣裝米重船
俱令日間行走卸竣回空之船停空讓重俱令夜間
行走商民各船自劉河來者跟空夜行自太倉至劉

河者跟重日駛如此分別定章免致臨時周折相應
備文詳明伏祈
憲臺俯賜檄飭有漕各州縣遵照除詳
浙江撫 兩江督 江蘇撫憲暨江蘇藩臬 蘇松太道憲外爲此備由呈乞
照詳施行
咸豐四年正月十五日具詳
巡撫部院黃　批已據詳分飭太倉州鎮洋縣趕緊
出示曉諭遵照辦理矣仰海運省局迅卽轉飭知照
繳詳鈔發

浙江海運省局署布政使黃樂之署鹽運使晏端書
督糧道周起濱督同總辦委員署紹興府知府繆梓
等爲詳明事竊據輿局委員中防同知楊裕深等詳
稱竊照各州縣剝米來輿斛交海船放洋委員催兌
驗船以及催提銀米弁派赴上海探聽賊情在在需
船乘座而劉河海口僻在一隅船隻稀少難於雇覓
擬卽酌留備用船十隻常川停泊聽候撥用其水脚
飯食另行分別行座歸入旬報支銷相應詳祈察覈
轉詳等情到局據此相應據情轉詳仰祈
憲臺俯賜鑒覈爲此備由呈乞

照詳施行
咸豐四年正月二十五日具詳奉
巡撫部院黃　批備用船不可不留所見自有深意
而常川十隻是否太多每船應價若干尙未聲叙仰
再另行察看情形若當州縣解米之時常川備用之
船卽少臨時亦可封用也酌之此繳

浙江海運省局署布政使黃樂之署鹽運使晏端書督糧道周起濱督同總辦委員署紹興府知府繆梓等爲詳明事竊據婁局委員中防同知楊裕深等詳稱竊照浙省新漕已奉

撫憲條　奏經江省勘明改由太倉州劉河受兌出口淤淺內河急應趕緊挑挖現由浙省籌借銀一萬兩解發太倉州鎮洋縣如式挑挖在案查浙省有漕各州縣徵收漕米間有滿廒一俟工程將竣卽飭運米受兌現値隣境地方不謐杭嘉湖三府屬裝運糧米剝船赴劉沿河經由州縣營汛自應加意逐程護送方資保重應請詳明

撫憲飭行杭嘉湖三府協暨經過之仁和石門桐鄉嘉興秀水歸安烏程德清等縣並飛咨

兩江督江蘇撫院轉行蘇州府太倉州吳江長洲元和吳縣崑山鎮洋等縣會同營汛一體遵照實力防護免致疎虞相應備文詳請祈賜轉詳等情到局據此除移明杭嘉湖三協并行三府轉飭經由州縣營汛實力防護外相應據情轉詳仰祈

憲臺俯賜鑒覈並請飭行杭嘉湖三府協暨經過之仁和石門桐鄉嘉興秀水歸安烏程德清等縣並飛

咨

兩江督江蘇撫院轉行蘇州府太倉州吳江震澤長洲元和吳縣崑山新陽鎮洋等縣會同營汛多派兵役一體遵照防護以昭愼重實爲公便爲此備由呈乞

照詳施行

咸豐四年正月二十七日具詳奉

巡撫部院黃　批仰候飛咨

兩江督江蘇撫院轉飭遵照並檄行杭嘉湖三府協及仁和等縣一體實力防護以昭愼重此繳

浙江海運省局署布政使黃樂之署鹽運使晏端書督糧道周起濱督同總辦委員署紹興府知府繆梓等爲詳明事竊據婁局委員中防同知楊裕深等詳稱竊照浙漕海運改由劉河出口飭委卑職等前往劉河設局辦理當將開局日期申報在案茲查劉河淺處業已築壩興挑浙省各屬旋即運米來劉內河剝船自應挨順編號海口商船排定號次開斛受裝一面支發水脚塡給聯單及招雇豆行斛手分派紳董專司其事茲就上屆章程酌擬條欵備文詳祈轉

詳

撫憲備査等情到局據此伏査所議各條或參酌成案循舊辦理或因地制宜量予變通逐欵覆覈尚屬妥協惟所需較驗鐵斛請由嘉屬就近撥解一條該屬向無鐵斛存儲業由省局將上屆較準木斛兩副飭發應用其上年由津交給商船帶回之道庫

部頒鐵斛尚未繳省自應卽由婁局弔取鐵斛同省局所發木斛互相覆較卽將木斛存局俟各州縣運米到婁較準斛兌仍將

部頒鐵斛於頭批海船放洋帶赴天津較驗應用除批飭遵照外相應鈔錄婁局章程備文轉詳伏候

憲臺俯賜鑒覈爲此備由呈乞

照詳施行

今呈送

婁局章程冊一本

今將浙漕海運劉河出口婁局章程照錄淸冊呈送

查覈施行

今開

一劉河總局應派人專管銀錢帳目事宜也查總局日逐收放銀錢登稽帳冊總覈各州縣剝船運米到劉并漕白正耗銀米交兌海船斛量細數事務殷繁擬

派精細妥幹委員一人紳士二三人常川駐宿局中專司一切以重責成而資考覈

一紳商及牙行經紀宜先期預集也查海船兌米領銀上年設立公局經理本年自應照辦惟現改劉河出口必須招集上運辦過紳商牙行經紀熟手妥爲安置分別經辦其領放水脚及交兌米石等事並由紳董等自行添派結實可靠之人常川在局幫辦以重

責成

一海船神福着舵水手犒賞苫蓋墊艙挖泥縴夫等項應照案覈給也查海船應給雜欵內每石應給苫蓋

墊艙銀一分六釐神福每船給銀四兩耆舵每船各一名各給銀一兩副舵每船一名給銀六錢挖泥壓鈔每船給錢二千文縴夫每名給錢四文又各船水手定以裝米一百石準開水手一名每名給銀三錢均循舊章辦理以上種種款項每米一石約需曹平實銀二分八釐一毫總歸棧局給發應由省局隨同水脚銀兩一併解棧覈發

一承運海船應於屆報時先編號數次第兑裝也查海船進口候裝糧米咸願早兑早開得以趲行赴北各船駛到劉河海口即以報到之後預先編列號數俟

糧米剝運至劉挨號派裝不得攙先越後

一承運海船裝運各縣糧米應辦標識旗號及驗米樣袋也查海運商船均應按船給與大旗一面寫明某府某縣使各縣剝船易於認識攏泊交兑查上届杭州府屬用黃旗黑字上加紅帶嘉興府屬用紅旗黑字上加藍帶湖州府屬用藍旗紅字上加黃帶庶府分各有標識不虞混淆無別再查上届章程海船每號齎帶樣米一袋并蓋艙稻草上年悉由滬局預行製備發用本年棧局仍應照辦

一各州縣帶來木斛應用鐵斛面同較準也查各州縣應帶道府印烙木斛十隻到滬請監兑委員用鐵斛眼同船戶較準即令船戶畫押再加監兑委員印封爲據一縣之米即用較準之斛收兑其所需鐵斛應於嘉興府屬最近劉河之縣撥解來劉存局備較再如杭州之於昌等縣湖州之武安等縣額漕無多似無須一律齎帶十隻應由省局酌定飭知

一海船收兑執照聯單應分別刊刷請印與准其各蓋圖記也查海船兑竣開行各給執照照驗二單一給海船收執赴津交米一送派津局員按單查收又存查一單存局稽覈謂之三聯單由棧局刊刷申送司

道蓋印發局隨時填給又海船兑收各州縣米石即付兑單一紙各船兑足即交米結一紙均用二聯票式上鈐該船字號姓名戳記一付州縣一存該船備查本年棧局應用三聯單前經申送已蒙

各憲鈐印飭發到局其二聯單米結及局中應用大小各種報單照單加裝黏單領結亦已刷印齊全備用凡委員船戶應蓋圖記俱令自爲刊刻隨時蓋用

一進口海船請委員協同紳董籤驗也查海運船隻由稅行報明各船受載米數總局即派委員協同紳董查驗先到先裝以免各船戶有所藉口

一海船兌收漕白米石應用豆行斛手也查各縣運米來劉應雇用豆行斛手上屆係用六十名取具斛頭承認結狀並造送花名一冊隨時承應按照所斛米石給予工價每石五文各州縣仍隨運米剝船備帶笆斗栲栳並酌帶斗級二三名相幫照料以昭周妥

一海船進口日期及受裝米數應由婁局覈查移行也漕糧由剝船交兌海船旣恐剝運遷延海船久待又恐漕米先來而無海船受兌應先由婁局俟各船進口後報明省局及移行府縣准備米石剝運來劉趕緊斛兌庶幾船米相需兩無窒礙

一海運船米水腳應卽行覈發斟酌米色應派員監理也查各州縣運米到劉報明總局委員卽由董事傳帶斛手分別正耗米石眼同斛兌一面卽將水腳各項銀兩發給船戶如有船戶分外挑剔米色或州縣剝船摻交醜米等弊應由總局派員秉公酌辦以免勒措爭執其備帶米樣應由董事分別袋裝隨時投局再由總局黏貼印花發交海船帶赴天津以憑驗收

一總局支放各款應統歸公正實在也凡婁局放給銀款用曹平足兌洋錢照時作價銅錢無論多少給以足串不得輕平擡價短底扣串使各色人等有所藉詞致於公事有礙仍按旬開報以昭覈實

一交兌漕米應由各州縣自派丁屬來劉料理也各州縣剝米到劉一經總局委員驗明卽知照董事給以兌單諭令各船戶趕緊兌收每兌竣一船由海船付給收到米結該縣家丁仍至總局照驗掛號以憑隨時申報

一委員紳董及牙行經紀辦理海船兌米領銀諸務應設立公局也查上屆上海章程所有紳董并牙行經紀等多係本地之人無庸來局住宿是以僅備內外

兩局以爲辦公之所現在改辦劉河其委員紳董以及經紀牙行斛手等等均應常川在局且委員弁兵較上屆爲多而一切經費銀兩又須暫存太倉城內不能不分別尋覓公所以爲棲止所需房租應請歸入旬報辦理

咸豐四年正月二十八日具詳奉

巡撫部院黃　批設立公局公所一條已據該局另詳明晰批示在案木斛鐵斛一條卽將部頒鐵斛於頭批海船放洋時帶赴天津較驗應用至於海船標識旂號收米卽付兌單酌帶斗級剝船摻交以及自

派丁屬赴劉料理等五條卽通飭有漕各屬一體遵照所有收放銀兩飭令按旬開報以昭覈實其餘各條仍由局因事制宜隨時酌覈仰再查明轉飭妥辦可也此繳冊存

浙江海運省局劄撫標外委蔣坤知悉案奉

撫憲黃　批本局詳署局分司各員開摺詳候覈示其摺開武弁並請檄營飭調緣由奉批如詳委赴署局分別辦理至摺開武弁在上海防勦者現飭另委更替矣此繳摺存等因奉經轉移

撫中軍飭遵在案茲查該弁現已劄調回省應卽飭令帶同鳥鎗兵丁二十名馳赴劉河防護合行劄飭札到該弁卽便遵照卽日束裝起程前往毋稍躭延所需弁兵口糧船隻水脚聽候由局另行覈發並卽知照毋違特劄

咸豐四年正月二十九日行

浙江海運省局署布政使黃樂之署鹽運使晏端書
督糧道周起濱督同總辦委員署紹興府知府繆梓
等爲詳明事竊據覈局委員中防同知楊裕深等詳
稱竊照本年浙漕海運覈局發遞詳稟文移應雇代
馬船分段接遞以期無誤查太倉鎮洋二州縣向不
設立驛站止有舖遞且劉河海口僻在一隅來往公
文難免遲延擬卽雇備代馬船六隻以三隻停泊劉
河海運局前以二隻停泊杭州馬頭以一隻停泊蘇
州馬頭聽候撥用如由劉河而至蘇杭者卽留於蘇
杭馬頭由蘇杭而至劉河者卽留於劉河海運局前

如此常川梭織遞送較爲迅速惟由劉河至杭水程
遥遠恐此項船隻不敷差用擬以馬封上填明遞至
平望轉遞者應請平望巡防局卽速轉遞其水脚錢
文援照平望局給發之式每日每隻給錢七百文以
資傳遞詳祈察覈轉詳等情到局據此相應據情轉
詳伏祈
憲臺俯賜鑒覈爲此備由呈乞
照詳施行
咸豐四年正月二十九日具詳奉
巡撫部院黃　批代馬船隻應否照雇日給船錢亦
須酌覈仰仍由局查議具復察奪此繳

浙江海運省局署布政使黄樂之署鹽運使晏端書
督糧道周起濱督同總辦委員署紹興府知府繆梓
等爲呈報事據
憲標右營外委蔣坤稟稱奉委帶領鎗兵二十名馳
赴劉河防護海運新漕請給鳥鎗二十桿火藥五十
觔門藥五觔鎗鉛子五十觔帶劉備用稟乞轉呈
撫憲並移中協轉飭左右二營迅即給發等情到局
據此查外委蔣坤委帶鎗兵赴婁防護應即趕緊起
程據請鳥鎗二十桿自應照數給發其火藥門藥鉛
子等件所請未免過多應酌發火藥三十觔門藥三

觔鎗鉛子十觔帶婁備用除移中協轉飭左右二營
撥給外理合呈報伏候
憲臺鑒覈爲此備由呈乞
照驗施行
咸豐四年二月初一日申
撫院

浙江海運省局署布政使黄樂之署鹽運使晏端書
督糧道周起濱督同總辦委員署紹興府知府繆梓
等爲據情覈議詳覆事案奉
憲臺札開現在上海未平婁局存儲經費自應格外
慎重少存多放自是要着不可循蹈上屆舊章應由
局員另籌收放之法卽如用項之最鉅者莫如商船
水脚各船皆有船主船主多係殷實之家便須豫先
查明某船主有幾隻船到婁每船裝得多少米約可
得水脚銀若干卽未經裝米之先如遇由省解銀到
婁某船主之家先給之若干按其船之多少勻配分

給取具領狀存案如或不用其船仍將銀繳清變通
辦法不使銀多存局中則匪類無從生心較之寄存
蘇州錢莊及太倉城內更爲放心其餘用欵仍當一
體豫籌變通之法一則使未發之銀少存局二則使
已發之銀終有着目下時事早晚情形不同合計水
脚一項將屆三十萬之數應如何隨到隨給給後仍
可繳還之處札局立速督同婁局委員悉心酌覈從
長計議尅日詳覆亦不必定以鄙見爲然也等因奉
經轉行婁局查議詳辦去後茲據該局楊丞等詳稱
遵查本屆海運漕白并清查各米除商船給耗不計

外約米七十萬石共需水脚神福犒賞鋪艙等項銀二十七八萬兩又天津應用各欵如仍交沙船攜帶亦需銀十三四萬兩上下均應隨船支給惟劉河海口僻在一隅且逼近上海現雖設局辦理勢難存儲故擬在太倉州城内租覓公所以為收放地步但太倉州城亦逼近嘉寶一帶奸民聚衆肆搶之案層見叠出經費堆積其間終屬放心不下此外惟蘇州南北兩濠向為銀錢聚集之所復擬在此間尋覓殷實錢店暫為存儲或令沙船持票自行走取或令委員往來行提似較之太倉州城及劉河海運局聊為妥

當然刻下蘇州地方東有上海之賊不克蕩平西有鎮江金陵城池尚未收復謡言每每四起恐土匪藉此生心殊難逆料再四思維實無善策惟有遵照憲飭隨到隨放如甯波江蘇之船其船主是否殷實在局紳董自必知之最悉應諭令各紳董向各船主商妥其結實可靠之船無論曾否兑米即將應得水脚約定大數籠統發給該船主先行具領仍取籠統領狀備查俟兑竣之後再行分别多寡填入三聯單内多繳少補另取收領各狀備案前領發還在該船主得以先期置貨在海運局不致多存為慮亦是兩得之道局中責成紳董紳董責成船主用則給不用則繳此先銀後米之一辦法也其餘單號船隻而紳董又素不相識止憑稅行保攬者仍俟兑米之後按數給以水脚免致糾纏又如天津衛船遠隔重洋其船主之殷實與否不得而知惟有仿照單號沙船一面兑米一面給銀此先米後銀之又一辦法也第放之之法如此而解之之法亦當籌及此項經費省局須得將銀彈兑劃一婁局之信一到需多需少即便照信發行然必須雇定快船三四隻講定日子回空以四日為率重裝以六日為定風雨無阻其押解委員

亦須先期委定專為解銀而設婁局現有催提銀米之委員方若金李壆可以備用除應得薪水而外似應加以體恤日夜奔馳比不得在局中者可以諸事從省其省局所委之員除船價由省局付給外每次應給川費若干亦須向該員等說定在省局由省給發在婁局者由婁給發上下均不得任意索支解銀到太銀已起岸委員立應折回停泊杭州馬頭聽候信到領解不必在婁局守候緣委員親自帶信不如代馬船之迅速也省局起解之日務要先期飭知到局俾着鎗船前來迎接到平望而止平望局亦可飭

令撥鎗船護送到太倉而止其由乍浦至杭應否撥護應由省局酌定如此一氣相通兩相照應似不難於辦理倘需者急急而應者遲遲抑或委員在路躭延所雇之船未肯趕行又或各州縣所解經費不敷支放則棘手之虞一言難盡矣至太倉州城內亦須存銀萬金以備不時之用劉河局中除火食零用而外則竟不必存儲也抑卑職更有請者甯波之船仿照上屆約裝米二十萬石約需水脚等項八萬兩天津用欵每船分帶一千約銀十二萬兩如甯船紳董在杭何不諭令卽就省局具領委員幫解至甯波船

局卽交該紳董先爲分散俟兌竣後由該紳董等按照所裝米數開單呈送婁局再行塡入三聯各單內則更較在此地辦之爲得也卽江蘇沙船似亦可由省局須諭婁局紳董王丞慶勳等如有各船主愿意就杭具領者由婁局發給領票或紳董帶同各船主自向省局請領亦可照甯波之式辦理則此銀更可無須解到太倉矣王紳董刻因有事回家不日卽來局辦事容再與之熟商是否如斯辦理仰祈察覈轉詳等情前來本司道等伏查該丞等所議甯波江蘇各船應得水脚先行籠統給發俟兌竣之後再行塡

入聯單多繳少補另取領狀備案其餘單號船隻及天津衛船仍一面兌米一面給銀係爲愼重覈實起見均屬妥協應請照辦至省局給發銀兩何時應發若干須憑該局文到之時照給庶幾緩急得宜兩相照應惟銀兩必須委員領解加以鎗船沿途護送方昭愼密若先派委員預雇船隻待領給發既恐多滋縻費倘臨時委員雇船起解又恐遲誤據稱該局現有催提銀米委員方若金李瑩可以備用自應卽委該二員往來領解設或不敷再於現在婁局各員內擇其職司稍簡者隨時酌派仍由省局將銀兩預爲

籌足兌准俟領俟該委員賫到婁局印文卽行照數給發星飛趕解斷不致臨時守待使該局有棘手之虞所需鎗船既經該局豫雇應卽於領銀委員自婁起程時飭撥隨船護送毋庸由省另派鎗兵俾該委員到省領銀後得以立時行走不致有雇船派兵躭轉躭延之慮各委員領解銀兩往來約須八九日晝夜奔馳用度不免加增固應量加體恤擬請每員領解一次不論銀數多寡於月給薪水之外另給往來川費錢五千文以資貼補應需船隻卽坐該局備用之船毋庸另給船價似此分別辦理則領銀遲早該

局自有準則而解銀費用亦無虛糜之患矣倘有殷
實鋪戶可以滙兌銀兩亦由該楊丞酌定申請省局
照辦尤爲簡易妥到至據稱甯船水腳及天津用欵
如甯局紳董在杭即諭令在省具領以及江蘇沙船
由省須諭婁局紳董王慶勳等如有願意在杭具領
者由婁局給票請領一節現在甯局紳董並無在省
而甯船已據甯波府具報開行不日即至劉河應由
該局就近與押船各紳董妥爲商酌同江蘇沙船能
否就杭具領一并定議詳候察辦以歸妥協相應覈
議轉詳仰祈

憲臺察覈批示以便轉飭遵照爲此備由呈乞
照詳施行
咸豐四年二月初十日具詳奉
浙江巡撫部院黃　批如詳分別妥爲辦理仰即飛
飭遵照毋遲此繳

浙江海運省局署布政使黃樂之署鹽運使晏端書
督糧道周起濱督同總辦委員署紹興府知府繆梓
等爲轉詳事據婁局委員中防同知楊裕深等詳稱
竊查劉河海口舊有石壩一道本係
前蘇撫憲林　定地砌築以禦潮汎惟歷年已久屢
爲風潮沖突傾圮殆盡亂石堆積水中往來船隻頻
遭碰撞每有損壞本年江浙兩省漕白糧米已奉
奏改劉河出口由海運津以數十萬
天庾正供由此剗運自應鄭重辦理其水中亂石亟宜鳩
工撈挖以利漕行現據各紳董確切勘估實需工價

洋壹百伍拾元除札委劉河巡檢謝德全會同紳董
駐工撈挖務期不存礧塊通暢無阻並移會太倉州
鎮洋縣督飭趕辦外相應備文詳明伏祈察覈轉詳
撫憲備查等情到局據此相應備文轉詳伏祈
憲臺俯賜察覈爲此備由呈乞
照詳施行
咸豐四年二月十三日具詳奉
巡撫部院黃　批前次挑濬內河工程時此項亂石
因何不一律撈挖通暢究竟此時應否再行給發工
價之處仰即覈覆飭遵一面飛令將亂石趕緊撈去

以利漕行切切此繳

浙江海運省局署布政使黃樂之署鹽運使晏端書督糧道周起濱督同總辦委員署紹興府知府繆梓等為詳明事竊據婁局委員中防同知楊丞等詳稱竊查劉河海口之外向有攔門沙一道現雖飄散惟潮退之時隱隱暗伏據商船耆舵等僉稱裝一千石以內之船可以進口受兌其大號沙船裝至一千五六百石以上者即大汛亦難進口只得停泊沙外受載若令各州縣運米剝船出海交兌潮汛起落風汛靡常而內河搖船水手不知海洋水性傾覆堪虞殊非善全之策茲據紳董王慶勳等以黃浦江剝船向來專載沙船貨物往來大江熟悉水性應先行雇定二三十隻駛放劉河一俟米船行抵劉鎮即着該沙船耆舵帶領剝船到鎮較斛收兌自行運上沙船以昭穩實所有應給船價飯食容俟該紳董議定再行申報惟此項漕米轉輾過剝散裝不便須用麻袋盛裝應請籌備蘇袋一萬條飭運前來俾得應用相應備文詳明伏賜察覈轉詳

撫憲實為公便等情據此伏查此次海運漕糧改由劉河出口大號沙船只能停泊口外受兌不得不另雇黃浦剝船轉運沙船以昭穩實據稱須用蘇袋盛

裝係爲杜絕散耗起見似不可少現經本司道諭飭
葉守楊丞將糶變備儲白米空出麻袋三千隻先行
借撥劄飭赴滬委員署錢塘縣縣丞方若金帶解應
用其餘不解尚多應由楊丞酌量緩急撙節購辦設
或備儲糙米得以一併糶變應有空袋一萬數千隻
變價無幾併可撥用除俟續有空袋再行隨時酌發
並批飭遵照外相應具文轉詳伏候
憲臺俯賜鑒覈示遵爲此備由呈乞
照詳施行
咸豐四年二月十三日具詳奉

巡撫部院黃　批據詳此次海運漕糧另雇黃浦剝
船轉運沙船并先撥蔴袋三千隻已悉其餘不敷蔴
袋仰仍督飭楊丞等酌量緩急隨時妥辦以節經費
爲要此繳

署江蘇太倉州知州蔡映斗署鎮洋縣知縣李翰文
稟竊照挑濬劉河海口內河淤淺工程奉飭趕速挑
辦業於上年十二月二十七日開工通報在案本應
遵限於正月二十五日以前趕辦完竣祗因開工以
來雨雪過多晴霽日少是以稍遲經卑職等督同各
委員親駐河干押令夫役冒雨工作竭力挑挖至本
月初五日通河工竣正在稟請驗收間接奉藩憲札
飭前項工程已委浙江滬局委員楊丞蘇省滬局委
員朱丞就近驗收等因遵即移會於本月初十日馳
赴工次會同週歷確勘查驗封樁如式挑挖並無偷

減當於是日起土開壩探量水勢一律深通裝載三
百石以內之船足資浮送第恐各州縣所雇剝船大
小不等合並仰乞俯賜通飭各州縣運米剝船統以
三百石爲率切勿雇用大船以速轉運而免阻壓除
將所用工費覈實造冊報銷外合將工竣開壩日期
肅先稟報謹稟
咸豐四年二月十三日具稟奉
浙江海運省局批前據滬局委員中防同知楊丞會
同江蘇委員卽補同知朱丞具稟到局業已通飭各
屬選雇三百石以內剝船裝運赴滬在案仰卽知照

仍候
各憲批示繳

浙江海運省局署布政使黃樂之署鹽運使晏端書
督糧道周起濱督同總辦委員署紹興府知府繆梓
等爲據情轉詳事據婁局委員中防同知楊裕深等
詳稱准總理太倉海運局候補知府郎補同知朱鈞
署川沙撫民同知李初圻署太倉州蔡映斗署鎮洋
縣李翰文移稱浙省新漕改由劉河受兌放洋業經
招雇沙船取攬候兌在案茲據稅行顧誠信等禀稱
沙船自吳淞口駛赴劉河海口問有道路不諳應請
雇撥行風快船引導等情移請招雇快船二三隻懸
挂大旗標明引導快船字樣於劉河口至吳淞口一

帶往來引導等由准此查沙船自吳淞口駛赴劉河
道路不諳自應雇船引導除招雇行風快船三隻輪
流引導外所有前項快船雇價口糧容俟議定另文
申報相應備文詳明伏祈察覈轉詳
撫憲備查等情到局據此相應據情轉詳伏祈
憲臺俯賜察覈爲此備由呈乞
照詳施行
咸豐四年二月二十二日具詳奉
巡撫部院黃　批海運沙船自吳淞口駛至劉河口
如果不諳沙線自應酌雇行風快船往來引導仰即

飛飭婁局委員妥速查辦所有雇價務須覈實籌議
以節經費此檄

浙江海運省局布政使韓椿署鹽運使晏端書督糧
道周起濱督同總辦委員署紹興府知府繆梓等爲
詳請事據婁局委員中防同知楊裕深等詳稱據紳
士俞斌等稟稱劉河一帶地處偏僻匪徒易於潛踪
浙省解到經費給發水脚等銀應由外局覈算兌給
雖係暫行存儲而銀錢聚集之所宵小難防現當上
海未復搶掠時聞自應嚴密防護以資保衛擬請招
雇甯波鄉勇二十名飭令住宿公所晝夜巡防每名
日給飯食錢三百文統由外局給發事竣一併報銷
等情據此相應據情詳祈察覈轉詳等情到局據此
相應據情轉詳仰祈
憲臺俯賜鑒覈爲此備由呈乞
照詳施行
咸豐四年二月二十二日具詳奉
巡撫部院黃　批雇勇防護事屬可行惟名數錢數
是否尚可覈減仰即確切酌覈轉飭婁局委員知照
此繳

杭州中防同知楊裕深江蘇知府用卽補同知朱鈞
稟稱照挑浚劉河海口內河工程奉蘇藩司札委卑
職等會同就近驗收等因奉此兹准署太倉州蔡牧
署鎮洋縣李令以前項工程現已完竣移請驗收前
來卑職等卽於初十日前詣劉河自南馬頭西壩起
至六渡橋東大壩止計程二十餘里逥歷細勘查驗
封樁均已如式挑竣並無草率偷減量見面寬四丈
五尺底寬一丈五尺深五尺較之前稟所估寬深丈
尺有盈無絀剝運米船可以暢行無阻當於是日會
同蔡牧李令督飭夫役起土開壩水流暢旺一律深

通探量水勢裝載三百石以內之船足資浮送第恐
各州縣裝米剝船未能一律合無仰乞
憲臺通飭各州縣載米剝船統以三百石爲率切勿
雇用大船以速轉運而免阻壓除由蔡牧等將開壩
日期另文通報外合將奉委驗收緣由肅泐具稟謹
稟
咸豐四年二月　日具稟奉
巡撫部院黃　批據稟驗收劉河口內河工程及載
米剝船統以三百石爲率各緣由仰海運省局迅卽
查明飛飭有漕各屬一體遵照剝運毋遲仍候

兩江督院
江蘇撫院批示繳稟鈔發

浙江海運省局署布政使黃樂之署鹽運使晏端書
督糧道周起濱督同總辦委員署紹興府知府繆梓
等為詳覆事據斐局委員中防同知楊裕深等詳稱
本年二月十三日奉憲臺劄開轉奉
撫憲批本司道轉詳該局請留備用船隻以資委員
催兌等事乘座等緣由奉批備用船不可不留所見
自有深意而常川十隻是否太多每船應價若干尚
未聲叙仰即另行察看情形若當州縣解米之時常
川備用之船即少臨時亦可封用也酌之此繳等因
劄局遵照查明酌留船十隻常川備用是否太多並

將每隻應給價銀若干以及州縣解米之時可否臨
時封用之處一併馳覆覈轉等因奉此查雇備船十
隻各州縣運米到劉交兌海船各委員分頭辦事均
須乘座其間如經費銀兩雖係隨到隨放究不能以
今日解到之銀盡數作為今日之用自應提存局中
兌米有遲速而給發水腳亦不無先後劉河僻處海
邊且河道淤淺多日一切客商多由旱路行走刻下
雖已挑挖而合用之船終屬罕到現在地方不謐設
有意外遇時再為雇備必至束手無策此所以不能
不暫留二三隻以預備不虞也委員丁役來往上海

地方偵探賊情有日用一船或日用二船均係刻不
可少此外如履勘河道會督夫工亦必須船應用將
來委員赴省領銀海口斛米交兌馬頭編號給單沿
途催趲彈壓在在需船以目前而論似見其多倘旺
兌之時尚須添雇惟離開兌尚遠而船隻已留泊多
日爲職初念未慮及此殆後屢欲撤減而河工業已
告成稟飭運米似未便再議裁退應請仍留備用至
應給船價已於旬報摺內分晰開報在案應請覈明
轉報緣奉前因相應備文詳覆祈賜察覈轉詳
撫憲備查等情到局據此相應據情轉詳仰祈

憲臺俯賜鑒覈為此備由呈乞
照詳施行
咸豐四年二月二十二日具詳奉
巡撫部院黃　批仰在局司道確切籌定飛飭斐局
委員查照可也此繳

浙江海運省局署布政使黄樂之署鹽運使晏端書
督糧道周起濱督同總辦委員署紹興府知府繆梓
等爲據情轉詳事據婁局委員中防同知楊裕深等
詳稱本年二月初五日准總理太倉局候補府卽補
同知朱鈞署川沙撫民同知李初圻署太倉州蔡映
斗署鎭洋縣李翰文移稱奉布政使司陳批慠局稟
請札飭崑新兩縣防護米船緣由奉批已據稟札飭
蘇州府崑新兩縣俟米船過境會同地方文武員弁
督帶兵勇隄防護送矣至海洋防範一節應俟列入
章程詳請

督撫憲咨行各鎭營帶兵嚴防以免疎虞惟查上屆米
船放洋曾由紳董選派水勇雇撥艇船督押護送此
次應否照辦俾臻周妥之處並卽會同浙江委員督
董熟籌妥商稟復察奪等因移煩遵照批示籌商妥
辦並祈將遵辦緣由移局稟復等由准此查浙省漕
白糧米由海運津爲數甚鉅近因鄰境未清海洋不
謐期於撥勇護送一層固不得不豫爲之防以資愼
重但選派水勇雇撥艇船則支銷船價口糧每日需
錢不少當此經費支絀應否選雇防護之處卑職等
未敢擅議相應備文轉詳伏祈察覈批示祗遵實爲
公便至上屆海運該紳董等所選派水勇雇撥艇船
係以上海捕盜局辦理上海公事并未請給船價飯
食合併聲明等情到局據此伏查漕白糧米爲
天庾正供歴涉重洋自應倍加愼重雖經咨請沿海水師
逐程巡護惟當海洋未靖尤宜格外嚴防據請選派
水勇雇撥艇船護送約需經費若干未據聲明且江
省巡防海運向由捕盜局雇船募勇卽係船商先行
墊辦陸續捐補歸欵當此經費支絀應如何支銷除
批飭該局員督董悉心妥議詳覆至日再行詳請
憲示遵辦外相應具文詳請伏候

憲臺鑒覈爲此備由呈乞
照詳施行
咸豐四年二月二十三日具詳奉
巡撫部院黄　批選派水勇雇撥艇船護送自不可
少但經費支絀應如何酌辦之處仰仍飭令婁局委
員會督該紳董等悉心妥議具覆毋遲此繳

浙江海運省局署布政使黃樂之署鹽運使晏端書
督糧道周起濱督同總辦委員署紹興府知府繆梓
等為詳請事據㕍局委員中防同知楊裕深等詳稱
竊查上屆海運裝兌各船首批開放曾奉
撫憲頒發祝帛恭祀
海神本年浙省漕糧各州縣指日剝運來劉而海口
商船排泊已多即可隨到隨裝開至崇明十滧地方
乘風放洋自應查照成案詳請
撫憲頒發祝帛轉發㕍局俟海船裝兌首批開放擇
日會同蘇省委員齋沐行禮恭祀
海神以昭誠敬相應備文詳請伏祈轉詳
撫憲頒發祝帛等情到局據此伏查上屆海運頭批
放洋恭祀
海神當經由局備帛呈送
憲臺鈐印所需祝文即由滬局撰擬在案今次自應
照案辦理除批飭該局遵照外相應備帛呈送伏祈
憲臺俯賜察覈鈐印發局以便轉發㕍局虔詣
天后宮海神風神廟敬謹致祭為此備由呈乞
照詳施行
今呈送帛三端

咸豐四年三月初一日具詳奉
巡撫部院黃　批如詳蓋印仰即轉發㕍局敬謹致
祭此繳帛三端並發

浙江海運省局布政使韓椿督糧道周起濱侯補道
晏端書督同總辦委員署紹興府知府繆梓等爲申
覆事本年二月二十七日奉
憲臺批本局轉詳婁局動支月給油燭紙張銀兩以
資辦公等緣由奉批油燭紙張每月支銀四十兩係
上屆某局之章程今屆婁局應如何定見仰仍確覈
具覆此繳等因奉此伏查上屆試行海運省城設局
本糧道會同前藩司於籌議外辦章程內詳明局用
油燭紙張每月不得逾四十兩之數續經省局酌定
以二十兩給發書吏爲僉稿郵封紙張及辦公油燭

之需其餘二十兩爲局中各委員辦事紙張簿籍油
燭筆墨等項之用設有零星雜用皆取給於此不復
另行開銷迨後上海設局亦照每月支銀四十兩在
案今屆改由太倉州劉河交兌委員書吏分設數局
人數不少應需紙張油燭亦不減於省局應請准其
照章支用以示畫一除録批札飭該婁局遵照外擬
合備文申覆伏祈
憲臺鑒覈爲此備由呈乞
照驗施行
咸豐四年三月初七日具申

撫院

浙江海運省局布政使韓椿督糧道周起濱候補道晏端書督同總辦委員署紹興府知府繆梓等爲詳明事竊據婁局委員中防同知楊裕深等詳稱竊照本屆海運甯沙各船業已陸續進口而浙省各州縣漕白糧米分批起運不日到劉惟查劉河海口較淺二千石以上甯沙各船不能進口受兌而內河剝船不諳海道未敢出口兌交需用素習海道之船進口接運兌交海船庶可兩無窒礙查太倉鎮洋崇明寶山等縣地方向有提載船隻於劉河各口搬運貨物最爲熟悉已飭外局紳董前往揀選船身堅固者雇

募四十號駛至劉河剝運每船約裝米二百五十石今據紳董王慶勳王慶槙張修睦俞斌等議定每石給錢十五文坐日口糧每名每日給錢五十文事竣統由外局開數報銷擬合備文詳明伏祈轉詳

撫憲察覈批示再查前詳擬雇黃浦江剝船奉批准轉在案今因此項剝船不甚合用改雇提載所有前詳擬雇黃浦剝船一層應毋庸議合並附詳察轉實爲公便等情到局據此伏查劉河海口向有陰沙一道大號商船未能進口受兌自應另雇素習海道之船進口接運以期妥協今據該局以前詳擬雇黃浦剝船不甚合用改雇提載船四十號赴劉接剝每石給錢十五文坐日口糧每名日給錢五十文係屬剝運必須之事似應即飭該局督董上緊選雇以資轉運理合據情轉詳仰祈

憲臺俯賜鑒覈示遵爲此備由呈乞

照詳施行

咸豐四年三月十二日具詳奉

巡撫部院黃　批既係剝運所必需自應速辦惟這四十隻船每日只裝米一萬石何時纔裝兌得完且二千石以上者不能進口必應如此辦理其二千石

以下可以進口受兌者共有若干船每日可以裝多少米仰即飛飭婁局委員查明詳細速覆嗣後凡封雇沙船凡二千石以下可以入口者似宜多雇以便裝兌毋稍刻延切切此繳

浙江巡撫部院黃　劄海運省局知悉現在海運漕米放洋在卽自杭而蘇至太倉州劉河口內河剝運銀米經歷地方誠恐有宵小潛踪希圖搶竊或沿途剝船往來擁擠以致爭鬬不可不早爲巡防以緝匪徒而通河道本部院現派兵一千名配帶大礮擡鎗鳥鎗火箭火罐以及刀鎗等件駕坐船隻分作三批行走在於內河晝夜往來梭巡作爲遊兵以資防護而重漕糧除行營務處并劄委平陽都司葉鳳高管帶外行局立卽會商營務處妥速籌辦所有應行防護銀米之處卽察覈具詳請

奏其兵船水脚俱由該局雇定給發毋使沿途支應

咸豐四年三月十三日行

浙江海運省局布政使韓椿督糧道周起濱候補道晏端書督同總辦委員署紹興府知府繆梓等爲詳請附

奏事竊照各屬海運糧米現已陸續剝運赴夔交兌卽須乘汛放洋惟自杭而蘇至太倉州劉河口均係剝運銀米經歷地方誠恐宵小潛踪希圖搶竊或沿途剝船往來擁擠以致鬬爭滋事不可不早爲巡防以緝匪徒而通河道現奉

憲臺派兵一千名配帶大礮擡鎗鳥鎗火箭火礶刀鎗等件札委平陽營都司葉鳳高帶領駕坐船隻分

作三批行走在於內河晝夜往來梭巡作爲游兵實足以資防護其津局需用經費應由省局撥解夔局派發商船分帶現經本司道先撥銀七萬兩卽交管帶遊兵之葉都司領解赴夔以昭愼重已於三月十三日起程前進所需兵船水脚俱由海運省局覈給毋須沿途支應其自太倉以至劉河海口河道均屬淺狹現在各州縣剝船雲集必須魚貫遄行業經飭令夔局委員楊裕深多派委員紳董沿途催趲彈壓俾免擁擠耽延並由該丞會同本地紳董團練鄉勇三百名徹夜梭巡以杜奸匪溷跡至商船放洋須由

崇明佘山洋面經過該處向爲盜藪難保不意存窺
伺除由
江蘇督撫憲嚴飭水師官兵出洋實力巡護外現又勸
令該船商等招募勇船多隻由浙省撥給大小礮位
以及擡鎗鳥鎗火藥鉛彈等件隨同米船分起護送
以期共保無虞相應具文詳請伏候
憲臺鑒核附片具
奏爲此備由呈乞
照詳施行
咸豐四年三月十六日具詳奉

巡撫部院黃　批

浙江巡撫部院黃　劄海運省局知悉查今屆新漕
劉河口起運赴津之米必須盡四月下旬具報放洋
全竣則各州縣剝運赴劉之米亦須盡四月中旬具
報起剝全完此一定之勢也蓋本年起運米數較上
屆加多而本年開兌日期則比上屆稍遲以後劉河
口之兌米上海船每日須兌至二萬石各州縣之剝
米赴劉河亦須剝有二萬石庶彼此俱應手然恐州
縣各剝各米多寡既難晝一則劉河隨到隨兌成數
亦難預期今本部院定以平望局爲中間關鍵凡三
府屬各縣之剝米其途俱必經平望平望有柵可查

應劄飭各州縣以後凡起剝米石除照舊具報外多
添一套報文飛報平望局並劄飭督防平望之白丞
率同守柵員弁稽查放行每日劉河須兌二萬米平
望卽放二萬石啟行如約計各州縣所報起剝不能
接濟得上卽由該丞就近專差飛催守提或由六百
里公文遞催倘到平之米浮於二萬石卽着令暫停
次日纔啟行以到平之先後爲放行之先後各該員
認眞催放事竣一體從優
奏獎又劄飭婁局委員查明現已到劉之米可敷裝兌
幾天亦尚有剝運在途者通盤合計往後自某日起

應由平望放米若干赴劉郎知會白丞照放庶已到
者不致擁擠未到者不致脫節自四月起每日總有
二萬米兌上海船俾
天庾正供得以及早到津以慰北方億萬人之懸望爲此
札局立卽分飭速遵切切
咸豐四年三月二十二日行

浙江海運省局布政使韓　椿督糧道周起濱侯補道
晏端書督同總辦委員署　紹興府知府繆梓等爲恭
報海運糧米兌有成數現已陸續出口詳請覈
奏事竊照浙省本年海運漕白糧米及搭運清查米石
前因改由劉河出口事屬創始隔省辦事未免生疎
復以上海賊氛相距甚近適聞警報道路阻梗不克
如期放洋迨河路稍通卽派兵防護銀米直抵劉河
趕緊裝兌已奉
憲臺將現辦大概情形並准擬二十日內外放洋緣
由先行馳

奏在案現在各州縣起剝米數俱報省局者已有二十
餘萬石均經飛飭星速前進陸續安抵劉河茲據劉
河局員楊裕深等稟稱今局浙省漕糧及清查米石
擬分六批起運每批十二萬餘石勻兌甯波及沙衛
各船先因河道窄淺以及口門沙線大小船隻初次
探量行走不免濡滯故兌米較少近已漸臻熟悉兌
數逐日加多所有頭批應行起運之米十二萬餘石
配船八十隻已於三月二十日起陸續放行駛至崇
明十滧候風開行等情到局據此本司道伏查歷
屆海運成案於頭批兌竣放洋時應卽由驛具

奏令劉河起運浙省漕白糧米及淸查米石旣據稟報
頭批兌竣放至十滧候風卽日便當揚帆北上應請
憲臺先行馳
奏並咨
直隷山東江蘇督撫部院轉飭水師營弁沿途妥爲
防護所有各船分兌米數淸冊據叓局委員稟稱日
內卽可造報送省容再另詳請咨如米冊未到海船
順風飛駛先已抵津每船俱有三聯印單可以按數
查收不致有所舛錯至應行備帶赴津濟用銀兩向
於天津各衙門庫款內墊借現奉
憲臺行准
直隷督憲來咨以各庫支絀委難先墊自應由浙寬
爲籌解現同糧道衙門應解經費由閘蔴竹等款共
籌措銀二十餘萬兩派兵督運至劉河由局員交商
配船裝運惟爲數較多頭批船隻只能勻配强半其
餘銀兩卽於二批開行之先掃數解淸如此提前起
運或可接續濟用倘偶有間斷不過數日之間仍由
天津各庫暫爲通融借墊俾得早日竣事並請
憲臺分咨查照所有本届浙漕海運頭批放洋日期
並津通用款及經由各項銀兩備齊交商搭運緣由

理合備文具詳伏祈
憲臺察覈
奏咨爲此備由呈乞
照詳施行
咸豐四年三月二十三日具詳奉
巡撫部院黄　批此案業經恭摺由驛馳
奏並經鈔摺咨行在案仰卽遵照繳

浙江海運省局署布政使黃樂之署鹽運使晏端書
督糧道周起濱督同總辦委員署紹興府知府繆梓
等爲詳明事竊據裴局委員中防同知楊裕深等詳
稱照得太倉鎮洋二州縣向無驛站止有舖遞而浙
漕裴局設立劉河將近海口辦在鄉隅所有發遞公
文前經詳明雇用代馬船六隻分段接遞在案兹查
各縣陸續剝米到劉裝兑出海正當喫緊一切詳禀
文移無不緊要自應添雇代馬船四隻梭織馳遞俾
免遲誤相應備文詳明伏祈察覈轉詳等情到局據
此查該局前經詳明雇用代馬船六隻分段接遞公
文當經詳明
憲鑒並奉
憲批代馬船隻應否照雇日給船錢亦須酌覈仰仍
由局查議具覆察奪此繳等因隨經札飭裴局遵照
惟每船日給水腳錢七百文爲數較多即行覈實酌
減星速具復立等轉詳在案今據該局以各縣陸續
剝米到劉裝兑出海正當喫緊一切詳禀文移無不
緊要詳請添雇代馬船四隻梭織馳遞公文自爲趕
催剝運力求迅速起見可否准其添雇至每船日給
水腳錢文仍飛飭該局遵照覈實酌減星速詳復覈

辦相應分別詳明仰祈
憲臺俯賜鑒覈爲此備由呈乞
照詳施行
咸豐四年三月二十六日具詳奉
巡撫部院黃　批現當剝運放洋喫緊之際一切文
報均關緊要所有代馬船一項如詳准其添雇四隻
以速馳遞仍隨時酌量裁減以節經費其日給船錢
並行裴局覈實酌給具報可也此繳

浙江巡撫部院黃　劄海運省局知悉照得浙省新漕由內河剝運銀米自杭嘉歷蘇州太倉而至劉河沿途經歷河面既恐剝船往來有所擁擠又須晝夜行走以期迅速誠恐地僻夜深或有宵小潛踪希圖搶竊不可不預爲之防除經飛劄沿途地方文武選派幹役弁兵小心防護外茲本部院特飭營務處派委武職大員選挑精兵勁勇一千名配足大礮擡礮鳥鎗火箭火罐長鎗大刀各件駕船隻分作三批行走作爲遊巡精兵在於蘇浙內河晝夜往來梭織巡邏諭令該員弁兵丁如遇賊匪即督率各兵勇上前

迎剿不使一名竄逸若河面剝船往來或有擁擠爭競以致剝運銀米或有阻滯亦即派兵設法疏通倘有逞刁船戶不遵即行拿送該管地方官懲治總期緝捕盜匪疏通河道以利剝運而重漕糧現在頭批官兵三百餘員名坐船數十隻發給護照並派文員前途迎探有無匪踪往來送信其第二批三批官兵隨後即續行派往合行劄知劄到該局即便查照毋違

咸豐四年三月二十八日行

浙江巡撫部院黃　劄海運省局知悉現在劉河每日兌米上大海船有二萬石以外而各州縣剝米赴劉俱屬遲緩本部院計其到劉之米只能敷三月底裝兌四月初一日以後勢必停日待米擔誤此好風日殊爲可恨昨已飛飭各州縣迅速起剝連夜遄行矣誠恐各州縣視劄飭爲具文已成痼疾而此次剝米又全付諸書吏家丁自已漠不關心本部院既拿定主意如有貽誤之州縣即行嚴參不得不再三飛告使該州縣提起精神親身督率若再不遵仍是任聽家人玩誤則是自取嚴譴非本部院不教而誅也

且各州縣或有包與一批剝船專候此批船回來纔行再剝者此則必至貽誤合亟飛劄再行嚴催各州縣切不准專候一批剝船來回必須另催他船跟接而進又須連夜遄行以副諄諄嚴切劄催之意本部院現已派戈什哈恭持

令箭沿途督催并飭省局平望局日日具報凡有曠日不剝米之州縣即行查稟以憑嚴參切切特劄

咸豐四年四月初一日行海運省局

浙江海運省局劄平望支應局乍防同知白丞委員甯紹分司姚丞知悉
本年四月初六日奉
撫憲黃　閲發本道晏　呈送署嘉興縣楊令摺稱
嘉興由平望至蘊州一百六十里蘊州至移亭三十
六里移亭至吉義九里吉義至崑山二十七里崑山
至太倉四十里太倉至劉河口七十里共計官塘至
劉三百四十二里查蘊州婁門至移亭四九路程石
塘坍卸數十年不修河中沉石擱淺難以行走糧船過
境俱係該處地保插標記認嘉興由冷水灣至三店
十八里三店至蘆墟三十六里蘆墟至深塔十二里

深塔至周莊二十四里周莊至池墓十八里池墓至
崑山五十四里崑山至太倉四十里太倉至劉河口
七十里共計此路至劉二百七十二里河道寬闊並
無淺阻路逕較近來回可期迅速等情奉批有便道
自當准行等因奉此查前據嘉興府鍾守禀稱各縣
剝船經由城北冷水灣等處藉稱起剝拿船滋事且
有使水偷漏等弊不可不嚴行查禁是以通飭各縣
運米剝船概由官塘行走不准繞越在案今既據楊
令所稱由冷水灣至劉河口河路寬深且較由平望
官塘近七十里自應聽由近便處行走以期迅速惟

查蘆墟一帶河蕩渺茫時有風浪支港叢雜易藏宵
恐各縣准走僻河又用大船裝運平望不能稽查須
小務須嚴飭押運丁胥船戶人等格外小心免致疎
由該員認眞查驗合亟札飭札到該員即便遵照如
虞是爲至要合亟札飭札到該局即便知照毋違
有過大笨船即行截回是爲至要切切
咸豐四年四月初七日行委員白姚二丞并札嘉興
府鍾守署嘉興縣楊令

浙江海運省局札委員甯紹分司姚丞知悉照得海運漕白糧米剝運赴婁交兌前因各屬有用湖廣扁子江東船車排子等大號笨船阻塞河道當經本司道札委該員專駐太倉州南馬頭督率委員嚴查運米剝船隨時編號挨次放行如有笨滯大船阻礙河道無論裝米多少截令拆回一面將押運丁胥先行枷示河干一面將有意抗違之知縣詳請撤叅並飭該員將辦理情形隨時報查嗣奉

撫憲於嘉興楊令開送程途摺內手批有便道自當准行等因復恐各州縣准走僻河仍用大船平望不能稽查須由該員認眞查驗如有過大笨船卽行截回又經札飭遵照在案現在各屬報運米石蜂擁赴婁究於何日驗放何縣米船若干隻裝米若干石未據該員按日報查無憑稽覈合亟飛催札到該員卽便遵照速將驗放船米各數按日星飛具報

撫憲暨本局查考如有過大笨船阻礙河道卽飭押運丁胥就近雇換小船前進勿任違誤切速飛速

咸豐四年四月初十日行

浙江海運婁局杭州中防同知楊裕深等爲申復事

本年四月十一日奉

憲臺札開本年四月初三日奉

撫憲黃　札開據該局申覆飭查婁局二月中旬支銷鎗兵餘丁鹽菜油燭米折等項一案遵查外委蔣坤晉帶鎗兵赴劉防護弁兵案內聲明外委一員跟役二名鎗兵二十名餘丁三名今婁局送到二月中旬摺內所列鎗兵餘丁鹽菜油燭米折等項卽係外委蔣坤晉帶之鎗兵餘丁照例支給等情查婁局防護兵丁現已由局留兵百名其蔣坤及各兵應卽撤回除札婁局外札局一體飛速飭遵等因札到卽飭外委蔣坤帶同鎗兵遵照

憲札卽回銷差等因奉此查太倉州南馬頭剝船編號放至劉河海口水程有六七十里之遙兼以河道淺狹灣曲重船自太而來空船自劉而去不無稍有擁擠前經飭委外委蔣坤并海防營効用湯振雄帶兵往來沿途稽查一遇船隻擁塞水手爭執卽諭以好言使空船停讓令重船前進夜間督同鎗兵分班巡防月餘以來催儹頗稱得力現在正值旺兌請將外委蔣坤并鎗兵人等留於婁局以終其事俾助指

犖之力至嚴州官兵業以令其上岸駐紮一俟帶津
銀兩分交商船事竣卽行分別稟請撤留以節糜費
除稟復
撫憲外相應備文申復伏祈
憲臺俯賜察覈爲此備由呈乞
照驗施行
咸豐四年四月十三日具申
浙江海運省局

浙江海運省局布政使韓椿督糧道周起濱甯紹台
道晏端書督同總辦委員署紹興府知府繆梓等爲
浙省海運糧米全數兌竣放洋詳請
奏咨事竊據受局委員候補知府楊裕深等詳稱今屆
浙省海運漕白湊查等米除剩耗奉准留浙糶變外
寔該起運米七十五萬八百石零據各州縣陸續剝
運到劉計自三月二十日首批商船開放起至四月
二十八日五批止共裝運米六十二萬六千五百八
十一石零配船三百九十二隻陸續放洋分批造具
船名米數清册詳請分咨在案查六批起運米一十
二萬四千二百一十八石零配足商船八十八隻業
已塡給聯單并給發水腳神福犒賞各欵銀兩於五
月初八日起乘汎開放崇明十滧候風赴津交卸連
前統共裝船四百八十隻全數兌竣放洋詳祈轉請
奏咨等情前來伏查浙省本屆辦理海運因上海城池
未復改闗劉河受兌內港則淤淺難行必得籌銀挑
濬海口則陰沙暗伏更須僱剝轉輸事多開創辦理
未免生疎用欵倍繁籌墊頗形費力統計本年起運
漕白二糧及搭運湊查其米七十五萬八百石三斗
九升五合六勺摧據各州縣陸續起剝節經飛飭受

局楊守督同委員紳董上緊派船裝兌當據該局詳
報將頭批應運米一十二萬餘石配船八十隻趲兌
完竣於三月二十日起陸續放洋駛至崇明十滧候
風開放卽經本司道詳奉
憲臺由驛馳
奏嗣因各州縣剝運糧米恐未能一律迅速復經派委
多員分赴各屬押令起剝漏夜開行復因內河剝船
在途行走未免耽延又經劄委平望局員白丞督同
在局各委員居中催趱凡有剝船運米過平不論更
深夜半立卽查驗放行催令駛劉並奉

憲臺百計籌維派弁持
令沿途催趲并委平陽營都司葉鳳高帶領精兵配齊
礮械自杭至劉往來週歷晝夜遊巡俾剝船不致耽
延而宵小益加歛跡至剝船赴劉必須經過太倉該
處馬頭河道寬闊如劉河米船停泊稍多應於該處
暫爲截住俟退回空剝讓出河道再行編號放行庶
免擁擠之虞當經札委甯紹分司姚丞督同婁局編
驗委員駐劄太倉南馬頭實力驗放挨順遞行不使
稍有參差其劉河兌米貴在迅速 職道 奉委赴劉親
駐海口日逐督同各員及紳董人等押令昕夕趕兌

間有每日兌至三萬餘石者在局官紳咸知急公奮
勉委實不遺餘力截至四月二十八日止續將二批
至五批糧米裝兌完竣接續放洋并撥兵雇勇配駕
海船多隻由省撥給大小礮位以及擡鎗鳥鎗火藥
鉛彈等件飭委文武員弁候補縣丞黃恩詔等分批
管帶隨同米船於崇明佘山洋面往來迎護逐起送
出大洋均無疏失已據婁局先後造具分批船名米
數清冊送省詳請分咨在案今六批米石旋卽兌竣
連前統計共裝商船四百八十隻已於五月初八日
起將六批米船全數放洋現在正值南風司令天氣
晴和一帆風順自可穩速抵津此皆仰賴

聖主如天之福
憲臺忠藎之忱籌畫萬全悉臻順利所有浙漕趕速
裝兌完竣全數放洋緣由相應據情轉詳伏候
憲臺俯賜察覈具
奏並咨
直隸山東江南各督撫部院轉飭水師營弁沿途接
護暨飛咨
欽差驗米王大臣
倉場督院一體查照至第六批放洋船名米數清冊

現據送到另文詳請覈咨合並聲明爲此備由呈乞
照詳施行
咸豐四年五月十一日具詳奉
巡撫部院黃　批業已分別
奏咨另札行知矣仍候由六百里排遞飛咨
直隸山東江南各督撫提鎮飭令水師將備帶領兵
船認真防護實力巡哨以保無虞餘已悉此繳

浙江海運省局署布政使黃樂之署鹽運使晏端書
督糧道周起濱督同總辦委員署紹興府知府繆梓
等爲詳請
憲示事竊照浙省本年新漕奉准仍由海運業經詳
蒙分咨
兩江直隸督憲
江蘇山東撫憲飭屬招雇沙衛等船來南裝運並經由局
移行甯波道府俟商船回浙全行封雇并將省城設
立總局委員分任職司另刊關防行用及應行請
奏各事宜先後詳請

憲臺察覈在案伏查海運事務頭緒紛繁雖應循照
上屆成案辦理惟其中稍有增損之處自應按欵詳
明通行遵辦俾昭覈實理合酌議條欵開摺備文詳
請伏祈
憲臺俯賜察覈批示以便通飭遵辦至應設分局辦
理交兑各事宜容再籌議另行詳請合並聲明爲此
備由呈乞
照詳施行
今呈送
淸摺一扣

謹將新漕海運酌議外辦章程開具清摺呈送

憲鑒

今開

一漕截銀兩仍應飭屬解局并負重一欵由道移歸海運支銷也查浙省各州縣河運給幫津貼無多改行海運一切用欵不敷前奉

奏准以漕截負重等欵歸入海運支銷今屆新漕各州縣隨徵漕糧漕截銀兩仍照上屆成案飛飭趕解省局如敢延欠卽詳請嚴叅仍勒限清完其白糧改漕漕截并漕白負重等欵仍照案由道解局以濟支給

庶免缺誤

一輕齎錢糧應飭提趕解以資北用也查輕齎銀兩爲北倉鋪修一切要需例應先漕解通上屆應解是項銀兩曾蒙

憲臺咨請抵撥在案今屆是否照辦抑或由道提齊專員解通另再詳請

憲示一面由道先行嚴提足數俾免遲誤

一提解津貼銀兩應照上屆章程嚴催彙解省局不准逾延也查各屬津貼銀兩上屆每石酌提自三錢起至七錢有零不等統按實徵漕白正耗米數計算飭令解局分別開支今屆海運自應照辦一俟災歉定案以米計銀立限飭令趕解濟用倘有玩誤短解立予詳叅以示懲儆如能解運迅速銀米早清詳請記功用昭激勸

一各屬解局漕截等欵銀兩應照案填給收照並暫行寄庫也查上屆海運案內各州縣解局經費詳明免其傾鎔並准銀洋並納嗣因所解銀色夾雜平水參差官銀號不能蓋戳包用上海局又需寶紋一有折耗無從彌補當卽通飭解洋劃一辦理各屬批解洋銀到局時卽傳官銀號看估各按本日市價合銀一

面由局塡掣收照回銷其銀或卽時滙解滬局濟用或暫儲道庫責成庫官督率丁役晝夜巡防以昭愼重此次均應循照辦理所有各屬解到洋銀先儘收津貼次收漕截抵支商船水腳并一切用欵仍按日將收數開單呈報並將收支各數按五日一次具文報查

一各屬開倉應嚴飭提前並愼選米色也查浙江杭嘉湖三屬土性本寒收穫較晚故河運之年開倉徵兌節節遲緩今屆新漕業經嚴飭提早開倉尤應加緊徵兌總期於二月內全數放洋俾得早抵津門其米

色務須加意揀選白糧爲
天庾正供更宜慎之益慎一律乾圓潔淨不得攙雜混收
致干駁換
一運米剝船應由縣自雇也查上屆海運所需內河剝船由局派員代雇或州縣自雇辦理本屬參差局中幾致賠墊今擬責成各州縣自行招雇民船運赴海口斛交海船受兌惟各屬相距海口道里遠近不等查照上屆成案每石每百里給水脚銀一分六釐所有鋪艙蘆蓆押送飯食等項一併包括在內准於該縣應解津貼欵內按數坐銷其應給海船鋪艙蓆竹

鐵釘氣筒等用卽於前項水脚內每石提銀一分六釐解赴省局轉解分局彙給海船備用至剝船運米交兌每米一尺上鋪黃䄇紙一層間隔最上一層鋪紙後再鋪米一寸加用灰印立法本屬周密務須實力遵辦毋得視爲具文仍令各州縣遴派親信丁役管押以杜偷漏使水之弊
一商船耗米給予本色毋許私折也商船裝載
正供漕糧每石給耗米八升白糧每石給耗米一斗均按交倉正米兌給以備彌補虧折應俟抵津交卸全完後如有盈餘聽候津局示諭或局中收買或令自行

變糶臨時覈辦惟各屬運米交兌第恐不肖丁役勾通折乾或商船罔知顧公私自變賣應責成分局委員實力稽查如有前項情弊卽予從嚴究辦
一商船銀米應照案支給也查海運水脚按抵津正耗米每石給銀四錢仍按九折給發又蓆竹氣筒鐵釘折價每石銀一分六釐天津海口自雇縴夫每石錢四文挖泥壓鈔鐵鍬土筐每船錢一千文神福每船銀四兩耆舵每船各一名每名犒賞銀一兩副舵每船一名給銀六錢水手每名給銀三錢並照上海分局議定章程每裝米百石准開水手一名凡錢欵定

以每錢二千文作銀一兩計算均循舊章由分局隨米支給庶免守候而期迅速
一留南餘米仍應起運以實倉儲也查河運之年向有餘米一項每石給丁三升八合留南變價運前撥給各丁以濟運務上屆飭令有漕州縣各將本色如數運通當此
京倉未裕前項餘米仍飭各屬隨同正漕一律兌運赴津於倉儲不無有裨此項餘米仍照上屆成案每石補提水脚合津貼銀一兩以濟支用
一三聯單應照章刊刷給執也查三聯印單上屆由分

局刊刷備文申省鈐蓋藩司糧道印信隨時按船塡給一聯發海船收執赴津交米一聯送派津局員按單查收一聯存局稽考應分別漕白交倉正耗及經給耗米天津剝船食米數目並某字第幾號船商耆舵姓名水手人數一一塡明令局仍應照辦至白糧有粳糯之分漕糧有秈粳之別應飭令分艙存儲並於三聯單及裝船米數冊內分晰註明以免混淆

一隨米應備什物分別局縣置辦也查州縣自雇剝船需用鋪艙蘆蓆襯米黃裱紙張應照案備辦其運米赴商船交兑應酌派斗級笆夫各二三名前往相幫

照料並備帶木斛笆斗栲栳等件隨米運往至所需樣米蔴袋以及商船號旗蓋艙稻草均歸分局製備由縣繳價庶免參差

一員役薪水應照章覈給以示限制也查上屆章程在局同知知縣等員每員月支薪水銀三十兩庫官并在局鹽場佐雜每員月支薪水銀十五兩經書每名月給飯食銀四兩稿書清書每名月給飯食銀三兩又　憲臺衙門稿清書各一名月給飯食銀七兩又在局看管奔走人役每名月給飯食銀一兩五錢庫中書役共月給飯食紙張錢十一千文其局中紙張

油燭等項每月支銀不得過四十兩均請循舊支給開局之初應需經費先於上運局存銀內撙節墊發俟各屬解到本屆津貼按數劃還歸款

咸豐三年十月二十五日具詳奉

巡撫部院黃　批漕糧漕截並津貼兩款由各州逕行解局白糧改漕漕截及漕白負重等款仍由糧道衙門解局輕齎錢糧由道提齊委員解通所有各屬解局洋銀先儘津貼次收漕截以及剝船由縣自雇米色加意揀選商船耗米給予本色留南餘米仍應起運水腳等項均照舊章支給隨米什物分別縣局

置辦并給發聯單員役薪水等等悉照摺開條款辦理至現在局中用款暫借上運存銀一俟各屬解到新運津貼必須按數還款以清界限其白糧改漕項下漕截負重兩款銀兩糧道衙門務須如期解局以濟運用斷不可似上屆銀兩遲至此刻一無移解也仰即迅速分別移行遵辦餘已悉繳摺存

浙江海運省局署布政使黃樂之署鹽運使晏端書
督糧道周起濱督同總辦委員署紹興府知府繆梓
等爲杭嘉湖三府屬應徵咸豐三年冬漕一律仍由
海運並改由劉河出口酌定辦理章程詳請具
奏事竊照前奉
憲臺行准
部咨來歲浙江新漕仍由海運奏奉
硃批依議行着戶部嚴行飭催不准各該督撫糧道等任
意躭延等因欽此欽遵在案並奉劄准
部咨浙江乍浦海口能否出運飭局議詳又奉

憲行奉
上諭浙省漕米前經部咨令由乍浦海口兌裝上船未據
咨復漕糧關繫緊要迅即妥籌具奏等因欽此欽遵亦
在案本司道督飭局員迅卽查議具詳復經
憲臺飛飭總辦海運局員暫赴上海督勸之候選知
府繆梓就近確查據稟與該商王慶勳等六人邀集
耆舵酌議僉稱羊山以南暗礁紛出沙衛各船不熟
南洋沙線乍浦洋面又有鐵板沙塗亦難久泊未敢
冒險嘗試此外如劉河口蘊草濱兩處現經沙船停
泊堪以出運業

憲臺據情具
奏飛咨江省
督撫憲速卽勘明定地以速運務本月二十一日奉
憲臺准
蘇撫憲咨開籌備劉河口辦理海運於十二月十五
日具
奏咨行到浙浙省自應一律照辦查劉河口岸先業飭
委題陞中防同知楊裕深前往查勘現據楊裕深會
同太倉州蔡映斗江省候補同知朱鈞鎮洋縣知縣
李翰文稟稱劉河海口至石閘約七八里河路深闊

沙剩各船俱可停泊受兌六渡橋至太倉州城南馬
頭水路淺狹必須挑挖深通方可濟運實估需銀萬
兩請由浙省暫墊具稟
憲臺並稟到局卽奉飭局發銀萬兩飛速解交蔡牧
李令趕緊挑挖剋期完竣俾漕糧得迅速起運由江
省籌欵歸墊惟向年上海起運均有舊章可循茲因
改定口岸雖毋庸盡議更張必須另行布置其浙省
漕糧運至劉河口較之上海水程更遠剝運諸費益
復加增新定口岸用項較多如開濬河道墊欵萬兩
卽向年所無況上屆辦理海運奉

憲臺
奏准河運各費併作海運支銷本司道督飭局員力求節省祇行動支漕截頁重兩欵其餘儘提各州縣津貼濟用本年甯鎭未復上海匪徒接踵滋事以致嘉湖各屬土匪要挾鄉民圍租抗糧紛起疊出節經拿獲究辦甫漸解散而漕務益形掣肘正當
京倉缺米之時待放孔殷礙難專求節省致稽運務總以遵奉
諭旨河運經費併作海運支銷於庫欵不多一文於倉儲可期無誤再上屆各州縣漕糧年內卽行起運茲因

開濬河道甫經墊欵興工飭令晝夜趕辦約正月中旬可以竣事上海不日收復餘匪難免竄突一時銀米並集亦恐易滋規伺除一面催提銀米并飭催甬船趕緊開至劉河候兌外並乞
憲臺咨催江省將沙衞各船全行封雇蘇省船隻無缺浙省銀米先期齊集於正月下旬飛速趲運盡四月內定可掃數運通不致遲延所有會議章程或仿上屆成法援引辦理或與現在時宜畧有變通謹擬十條開具清冊備文詳送伏祈
憲臺俯賜察覈具
奏實爲公便爲此備由呈乞
照詳施行
今呈送
章程冊一本
謹將浙省來歲新漕仍由海運辦理章程開具清冊
恭呈
憲鑒
今開
一浙江漕糧改由劉河海口受兌放洋其內河淤淺應趕緊挑濬深通以利剝運也查上屆海運漕糧係由

江蘇之上海吳淞口出運此次因上海尚未克復經江省勘明改由劉河受兌出口浙省自應照辦其太倉州至六渡橋一帶河道係剝運必由之路據署太倉州蔡牧等勘明淤淺急應趕緊挑挖現由浙省籌借銀一萬兩解發署太倉州蔡映斗鎭洋縣李翰文上緊如式挑辦惟上屆浙漕係年內起運茲因改定口岸內河甫經挑濬興工若將漕米卽行剝運各船停泊日久米色必致變壞且多偷漏諸弊自應責成該牧令將挑濬事宜星夜趕辦分段開挑務於正月中旬一律挑濬深通俟工程將竣卽飛飭各州縣飛

速運往受兌並令雇覓剝船以三百石爲限免致臨
時淺擱稽滯
一海運改由劉河出口其幫辦紳商及斛手人等宜先
期豫集也查向年辦理海運其支給水脚由各紳經
手出具承攬由稅行呈送水脚銀色憑公估覈定斛
運漕糧由豆行斛手承辦歷屆遵循相安無異現在
口岸雖改若遽易新章各商船不無畏縮自應一切
循舊辦理而自上海滋事紳商皆已搬移斛手人等
亦多失業分散且由上海出運各紳商及斛手均係
就近辦理並得自顧本業劉河去上海百餘里只能

專辦運務所有前項人等亟應趕緊招徠妥爲安置
俾得悉心幫辦則商船不慮更章而運務亦無停阻
一委員分辦以專責成也查海運事宜省城及劉河天
津均應設局委員經理省局爲總匯之所業已奉飭
本署運司署紹興府知府繆梓
題陞中防同知楊裕深先行籌辦並由本署藩司糧道
會督辦理及委員分司其事所有劉河海口經理一
切事宜復經劄委幫辦省局之
題陞中防同知楊裕深馳往太倉會同江省地方官設
局辦理其津局各事宜飭委候補知府玉環同知葉

堃隨同本糧道於親赴劉河驗米後暨正佐各員先
期由陸路赴津會同直隸委員商辦至江省漕糧現
議本折兼辦將來是否出運難以遽定若出運專係
浙漕隔省辦事恐多窒礙伏乞
奏請
敕下江省派委大員管理仍行酌委熟悉海運之員駐紮
劉河會同浙省委員籌辦一切以濟運務
一商船承運漕糧悉遵成案也查上屆辦理章程每米
一石給水脚銀四錢漕糧給耗米八升白糧給耗米
一斗此外神福犒賞蓆片氣筒鐵鍬土筐及雇用斛

手折給縴夫等項各照江蘇定章覈給並以每船八
成載米准令二成載貨海關查明免稅其載米較多
之船商自一萬石至五萬石以上分別給予職銜若
捐至五品無可再加或另行酌奬事竣
奏請辦理所給耗米嚴飭州縣本色兌交上船准令該
商船在津自行變賣各船如有遭風鬆艙等事卸載
後驗明大桅已斫貨物已棄查照漕船失風之例
奏明請豁並照例優䘏如無故霉變短少大桅未斫貨
物未棄即令於備帶耗米內如數補交再有不足勒
令買補此次仍行照辦惟船隻歷涉重洋設有事故

應令報明所在地方縣汛驗明通報一面知照津局即於備帶經費銀內動支買足交倉一面查明餘剩米石責令船主變糶繳解省局歸欵其損失米石并同耗米水腳等項概免賠繳若因逗遛失事及並無實據者着落稅行船戶照數賠繳不准寬免以杜狡飾

一白糧宜先期起運並將樣米帶津呈驗也查上屆白糧米石飭令各州縣先期起運裝入蘇袋由蘇省先撥寬大沙船裝運到津一體斛交每一石為一袋此次仍應照辦並與漕白糧米均於正米內提出樣米

一斗用蘇袋裝盛黏貼印花交商船齎帶到津由委員呈請

欽派大臣查驗

一津通用欵應暫請墊給並蓆竹解銀購辦及豐羨餘米價紙劄等銀照案抵解也查上屆津通用欵先經籌辦銀十萬餘兩委員批解適因鎮揚失守道路梗塞擬由各號匯兌而南北銀號鋪商亦多歇業旋交沙船各船分齎抵津現在鎮城尚未收復屆期難以起解祗因仍交米船均勻配帶惟米船零星到津先後不一津通用欵先時支放即難如數應手歷年辦理海運均於長蘆鹽庫天津道庫借墊動放此次應請援案

奏明

敕下倉場侍郎直隸總督長蘆鹽政轉飭在於通濟庫以及鹽關各庫暫行墊給一俟浙省各船陸續到齊即行歸欵至蓆片毛竹二項向由糧道衙門動支銀兩彙同輕齎等項解赴倉場衙門酌量購買此次應請照辦再查上屆章程海運糧米到津應給經紀津貼箇兒錢飯米折色屜倉茶果等銀悉照蘇省定章以洪斛五百石為一船分別動支其應領豐羨餘米價

紙劄等欵按數抵解不敷銀兩由浙補交此次浙漕海運應請援案

奏明

敕下倉場侍郎查照浙省應領豐羨餘米價紙劄等項照案抵撥其不敷銀兩另由浙省赴津委員如數解交

一剝船經紀食耗等米飭屬運解本色並天津剝船多為雇備也查上屆章程天津剝船食米不分漕白每石給米一升一合五勺經紀耗米漕糧每石給米一升五合白糧每石給米一升八合其經紀耗米亦係由津剝運赴通此項剝船一律照給食米所有各剝

船及經紀食耗等米同商船應給耗米均於原給旗丁耗米欵內開支覈計本年漕白二糧給丁耗米八萬五千二百九石六斗三升九合七勺內除應給商船貼耗米五萬二十五石七斗五升六合七勺經紀貼耗米九千三百五十六石四斗八勺剝船食米七千二百八石九斗九升一合四勺計餘耗米一萬八千六百一十八石四斗九升八勺又白糧項下申糙米二千四百五十二石一斗三升一合六勺又清查追補三四限漕糧原給旗丁耗米七千二百三十二石一斗四升八合二勺內除應給商船貼耗米四千

八百二十一石四斗三升二合一勺經紀貼耗米九百四石一升八合五勺剝船食米七百三石四斗七升七合一勺計餘剩耗米八百三石二斗二升五勺統計漕白二糧並清查搭運米石及申糙共餘耗米二萬一千八百七十三石八斗四升二合九勺援照上屆成案每石糶變銀一兩飭令各州縣於厫滿後趕緊變價解局移道報部俟撥至天津剝船必須寬爲雇備庶海船到津無守候之虞應請

奏明

敕下直隸總督查明現在官剝船數或可儘數提用或須添雇民船趕緊豫爲籌備以濟剝運

一天津交米之後循舊責成經紀以杜諉卸也查道光五年蘇省漕糧海運欽奉

上諭海船押運到津經紀人等難免需索刁難着軍機大臣屆期奏請欽派一二員前往又奉

諭旨商船到津委員將樣米送交欽派大臣比對米色按冊驗收其過剝事宜責成坐糧廳帶同經紀一手經理交米委員將漕糧兌給剝船即爲竣事毋庸到通以免推諉等因上屆辦理海運係由直隸派委天津道駐津總辦倉場揀派坐糧廳酌帶經紀斛收並經

戶部奏請

欽派大臣赴津查驗事竣

奏報各在案此次浙漕海運仍請照案由各衙門屆時

奏派米到天津驗收之後即與沙船無涉免其羈候其由津運通由通運倉應照上年

戶部奏准章程責成經紀承管如有偷漏攙和分別責令賠補究治

一商船放洋照案責成沿海水師防護也查上屆海運各船責成該管水師鎮將統帶備弁兵船沿途護送出境一面咨明江南山東直隸等省一體防範接護

在案此次自應照案咨行本省各鎮營將管轄洋面專任分任各職名開摺咨部查考並咨江南山東直隸等省一體照辦仍准各商船仿照閩廣商船赴津貿易之例各帶軍器俾資防護仍於入口時呈繳出口時給領以備稽考

一海運經費應覈實支銷軍船宜酌加調劑也查浙省上屆海運

奏奉

諭旨以河運一切經費作海運支銷並續行條

奏將肩重漕截等欵銀兩歸入海運開支其餘不敷儘提各州縣津貼辦理本年甯鎮未復上海復行滋事漕務益形掣肘自應仍遵前奉

諭旨河運一切經費作海運支銷其能否節省之處事竣再行覈實具報至浙省軍船杭嘉等幫河道未通仍羈東境湖屬各幫全船停減應支月糧苦蓋等銀自應循照上屆按海運米數空出軍船全支月糧其因災減歇軍船照半支月糧之例酌加三分統由糧道籌欵分別優卹以資調劑

以上十條本司道等詳考上屆成案參酌時宜悉心籌議意見相同謹臚列請賜覈

奏如有未盡事宜隨時另詳是否有當伏乞

示遵理合登明

咸豐三年十二月二十四日具詳奉

巡撫部院黃　批業已恭摺具

奏另行鈔摺劄知矣仰卽查照此繳冊存

浙江海運省局署布政使黃樂之署鹽運使晏端書
督糧道周起濱督同總辦委員署紹興府知府繆梓等
爲詳請事竊照浙江省本年起運咸豐三年漕白糧
米並搭運清查米石業蒙
奏准仍由海運惟上屆係在江蘇上海交兑出洋駛放
天津進口辦理極爲妥速現因逆匪佔踞滬濱由江
蘇省印委各員勘明太倉州屬之劉河海口堪以出
運咨浙照辦業經浙省分委妥員前往設局辦理交
兑事宜一切悉循舊章似不致有貽誤惟劉河距上
海僅止百里相離甚近舍此江浙兩省又別無出運

口岸可以變通辦理自應由
江蘇督撫憲嚴飭文武員弁加意防範以免疎虞而
進口之天津地方相距靜海獨流等處亦僅數十里
迄今北竄逆匪尚未殲除淨盡雖經大兵征勦卽時
可以撲滅第商船順風疾駛一經放洋指日可抵津
門以數十萬
天庾正供彚集海口尤應格外嚴防以昭愼密此外有無
妥善進口地方浙省無從懸擬相應具文詳請伏候
憲臺鑒覈俯賜
奏請
敕下江蘇督撫憲嚴飭地方文武員弁分駐劉河海口加
意防範俾免疎虞并請
敕下戶部暨直隸督院轉飭天津等處地方官確切勘明
該處海口是否堪以收泊商船照舊設局收米不致
窒礙抑尚另有妥善之區迅速定議咨浙照辦並請
分咨查照實爲公便爲此備由呈乞
照詳施行
咸豐四年正月十九日具詳奉
巡撫部院黃　批業經由驛恭摺具
奏鈔摺劄知矣此繳

浙江海運省局署布政使黃樂之署鹽運使晏端書
督糧道周起濱督同總辦委員署紹興府知府繆梓
等爲詳請附
奏事案照淸査三限漕米一萬七千五百石五升又四
限漕米五萬石共米六萬七千五百石五升彙入咸
豐三年冬漕由海運津業將米數彙案詳咨在案惟
查上屆海運案內上海商船水脚及天津剝船價値
經紀津貼箇兒等欵以及例無支銷用難删減各項
覈計每石需銀八錢有零而請查案內各縣存漕每
石止列存津貼四錢作爲運費及委員採買內河剝
運之需初二兩限漕米由出運軍船搭運因用欵不敷

詳請具
奏每石漕米於正米例支漕截項重蘆蓆銀三錢九分
九毫一絲交倉耗米例支漕截銀三錢四分六絲兩
欵內覈實酌給一半奉
旨該部知道欽此欽遵在案今屆是項漕米由海運津必
須專雇商船非軍船搭運可比其海運經費自應照
新漕支給各欵一律辦理加以委員採買所費轉有
加增除動支原存津貼銀四錢外不敷甚多查漕截
銀兩本係隨漕開支之欵應請附片具

奏每石漕米准將前項例准支銷漕截等銀全數於淸
查欵內動支作爲海運經費支銷其餘不敷再行設
法籌補現在風汛已迫亟須趲運一俟奉到
憲示即行移會藩司將前項漕截等銀查覈米石分
别正耗按例支銀數解交轉解叓津兩局以濟運務
合行具詳伏祈
察覈示遵爲此備由呈乞
照詳施行
咸豐四年正月二十二日具詳奉
巡撫部院黃　批業已附片具

奏鈔片行知矣此繳

浙江海運省局署布政使黃樂之署鹽運使晏端書
督糧道周起濱督同總辦委員署紹興府知府繆梓
等爲詳請咨明事竊照河運到通有應給經紀個兒
錢津貼飯米折色等項卽以旂丁應領餘米價值羨
紙劄等銀按數抵撥如有不敷再行解交上屆浙省
海運當經詳奉咨達
倉場督院查照浙省帮丁例給之項按米一萬石船
二十隻合算照數抵撥其不敷之銀仍由浙省解交
其餘米一項浙省河運向係留南變價爲調劑幫丁
之用現在辦理海運卽將是項餘米一併本色解通

其上屆曾經援案照抵本屆新漕仍由海運業經照
案詳請咨明在案所有搭運淸查三四限項下交倉
正耗米六萬二百六十七石零現亦詳請一併由海
運津其應繳應領前項各欵自應與正漕一律辦理
相應具文詳請伏候
憲臺鑒覈俯賜咨明
直隸倉場督憲轉行坐糧廳天津道府一體援照辦理至
應繳廳倉茶果銀兩檢查江蘇省咸豐元年帶運白
糧案內聲請免解有案曾否奉准邀免無從查悉現
在飛移查復俟覆到再行覈辦合並聲明爲此備由
呈乞
照詳施行
咸豐四年正月二十五日具詳奉
巡撫部院黃　批仰候咨明
倉場部堂直隸督院轉飭坐糧廳天津道府一體援照辦理此
繳

浙江海運省局署布政使黄樂之署鹽運使晏端書
督糧道周起濱督同總辦委員署紹興府知府繆梓
等爲詳請覈咨事竊照海運漕糧應給經紀佃兒錢
津貼飯米折色等項即以旗丁應領餘米價　羨紙
劄等銀按數抵撥所有搭運清查三四限交倉正耗
米六萬二百六十七石零應領應繳各項自應與正
漕一律辦理卽經詳請咨明
倉場直隸督院轉飭援辦并聲明應繳驗倉茶菓銀兩檢
查江蘇省咸豐元年帶運白糧案内先經請免曾否
奉准移查覆到再行覈辦在案兹准江蘇司道咨覆
蘇省道光三十年海運帶徵白糧援照道光四六等
年帶徵道光三年分緩徵白糧成案均未解繳倉場
衙門各役飯食茶果等銀今届浙省清查米石亦歸
海船搭運事同一律自應循照成案請免解繳相應
備文詳請伏祈
憲臺俯賜察覈咨達
戶部暨
倉場督院查照爲此備由呈乞
照詳施行
咸豐四年二月初十日具詳奉

巡撫部院黄　批仰候咨明
戶部暨
倉場部堂查照繳

浙江海運省局　布政使韓椿署鹽運使晏端書督糧
道周起濱督同總辦委員署紹興府知府繆梓等爲
詳明事竊照上屆海運津局書吏由本糧道隨帶二
名由陸赴津又另撥一名航海前往各給九四京平
盤費銀二百兩共銀六百兩又回南時津局加給盤
費庫平銀五十兩今屆新漕仍由海運所有天津交
米事宜應帶書吏前由糧道衙門選派原在省局辦
公以及上屆赴津各書四名分令隨同前往內周保
之周輔成二名由陸隨行周續文江元二名由劉河
乘坐米船航海赴津所需盤費銀兩上屆三名每名

各銀二百兩今屆派撥四名飭令分道赴津應由省
局仍給銀六百兩按數勻給現在急須飭令起程應
請先行酌給庫平銀三百兩以示體恤餘俟到津後
由津局按數覈準京平找給不得再行請增理合備
文具詳仰祈
憲臺俯賜察覈實爲公便爲此備由呈乞
照詳施行
咸豐四年二月二十四日具詳奉
巡撫部院黃　批據詳已悉此繳

浙江海運省局布政使韓椿署鹽運使晏端書督糧
道周起濱督同總辦委員署紹興府知府繆梓等爲
詳明事竊照本屆新漕仍由海運天津交米事宜業
經詳委候補知府王環同知葉堃總理並委正佐各
員分司執事所有沿途盤費薪水查上屆楊丞育倅
邵令各給銀六百兩梁黃二令因順道進京各給銀
五百兩佐雜三員各給銀三百二十兩續於到津後
丞倅知縣各加給銀四百兩佐雜各加給銀二百兩
又航海佐雜一員給銀四百二十兩紳董二員各給
銀二百兩在案今屆應給各委員盤費銀兩自應分

別覈定並請於各委員起程時先行酌給以資長途
費用仍俟抵津後再由津局找給所有各員應給盤
費薪水之外一概不准加給如有在途濫付以及抵
津禀借定惟發銀者是問又紳董一員現據該訓導
邵燮元禀稱情願自備資斧赴津辦事應如所請毋
庸動給盤費銀兩合將酌定并先給銀數開摺具詳
伏候
憲臺察覈批示爲此備由呈乞
照詳施行
今呈送清摺一扣

謹將酌給赴津交米正佐各員盤費薪水銀兩開摺
呈候
憲鑒
計開
候補知府玉環同知葉堃
擬請酌給銀一千兩先給銀五百兩
候補同知烏程縣知縣梁正標
擬請酌給銀六百兩又航海加給銀一百兩先給
銀四百兩
金華縣知縣邵淩霄
擬請酌給銀六百兩先給銀三百兩
候補鹽經歴高履亨
候補鹽經歴趙汝爽
候補從九品何　顯
候補從九品劉光祺
署甯波府經歴仁和縣主簿龔炳麟
以上五員擬請各酌給銀三百二十兩各先給銀
一百六十兩
泰順縣典史高道生
候補未入流張承志

以上二員擬請各酌給銀三百二十兩又航海加
給銀八十兩各先給銀二百四十兩
咸豐四年二月二十四日具詳奉
巡撫部院黄　批據詳已悉此繳摺存

浙江海運省局布政使韓椿署鹽運使晏端書督糧道周起濱督同總辦委員署紹興府知府繆梓等爲詳明咨覆事本年二月初四日奉

憲臺案行咸豐四年二月初三日接准

兵部火票遞到

戶部咨開雲南司案呈本部速議浙江巡撫奏浙省漕糧海運改由劉河口受兌放洋一摺內開一剝船經紀食耗等米飭屬運解本色並天津剝船多爲雇備一條據稱天津剝船食米每石給米一升一合五勺經紀耗米漕糧每石給米一升五合白糧每石給

米一升八合其經紀耗米亦係由津剝運赴通一律照給食米同商船應給耗米均於原給旂丁耗米內開支內除應給商船經紀貼耗剝船食米共餘耗米二萬一千八百七十三石八斗四升二合九勺援照上屆成案每石糶變銀一兩報部俟撥至天津剝船必須寬爲雇備應查明現在官剝船數或可盡數提用或須添雇民船趕緊籌備以濟剝運等語查該省上屆海運所給商船經紀貼耗剝船食米均於旂丁應得耗米內劃給此次自應照辦惟剝船每百石食米一石一斗五升前經議令給與本色仍於飯米折銀內按每石合銀一兩之數扣除銀一兩一錢五分以歸節省至該省所餘耗米二萬一千餘石如能搭運赴津較之由南糶變更有裨益所需運費並准作正開銷應令該撫酌覈辦理以期多一石抵津即多一石儲備等因奏奉

諭旨轉行到局奉此伏查上屆海運曾蒙

奏明援照蘇省成案飭屬糶變在案茲奉前因查浙省產米不敷民食向藉湖廣江安等省米商販運以資接濟現因江路梗塞商販鮮通加以頻年災歉自去年十二月至本年二月中旬又復雨多晴少春花被

損民食益艱前項耗米應請循案飭屬每石糶變價銀一兩俟漕竣後趕緊解局移道報撥於民食不無有裨相應備文詳請伏祈

憲臺俯賜察覈咨覆

戶部查照實爲公便爲此備由呈乞

照詳施行

咸豐四年二月三十日具詳奉

巡撫部院黃　批此案業經附片具

奏鈔片咨行在案仰即遵照繳

浙江海運省局署布政使韓椿署鹽運使晏端書督
糧道周起濱督同總辦委員署紹興府知府繆梓等
爲詳請具
奏事竊照浙江省咸豐三年漕白糧米
奏准仍由海運其天津交米事宜前蒙
奏明飭委候補知府玉環同知葉堃隨同本糧道於親
赴劉河驗米後帶同正佐各員先期由陸路赴津會
同直隸委員商辦等因在案兹本糧道酌帶委員金
華縣知縣邵淩霄等於二十五日先行起程馳赴津
門商辦交兑事宜其葉守前委嚴州防堵未回現已

飛札飭調一俟來省即飭帶同委員紳董趕緊遄行
惟道路戒嚴誠恐行程未能迅速且商船一經放洋
乘風疾駛計日可到並擬遴派補用同知烏程縣知
縣梁正標酌帶佐雜各員乘坐頭批運米商船航海
赴津俾免遲誤其劉河海口前因內河淤淺急須挑
浚深通當經由浙籌借銀一萬兩先後解發江蘇太
倉州責成該地方官督率趕挑現據該州蔡映斗等
暨滬局委員中防同知楊裕深先後稟報前項挑工
業經督押人夫無分雨夜竭力趲辦兹已通工告竣
驗明如式起土開壩探量水勢一律深通三百石以

內剝船足資暢行無滯所有各州縣徵存米石急須
運滬候兑現已飛飭各屬將白糧正耗米石首先儘
數起剝其漕糧正耗及清查搭運米石亦即分批趕
運並札飭滬局委員先行派定商船一俟各屬運米
到滬漏夜裝兑押令乘風開放以期早達
天庾除俟頭批放洋另行詳請具
奏外合將本糧道起程赴津日期及挑河工竣現飭起
運緣由先行具文詳請伏候
憲臺鑒覈具
奏爲此備由呈乞
照詳施行
咸豐四年二月三十日具詳奉
巡撫部院黃　批海運漕糧運赴劉河緣由現經本
部院恭摺馳
奏矣仰即查照另札遵行繳

浙江海運省局劄天津局委員葉守知悉案查本届海運津局經費除本糧道備帶銀四千兩該守備帶銀四千兩又赴津委員書吏盤費由省局先給過銀二千八百六十兩實應解銀十萬九千一百四十兩前經發交管帶遊兵之葉都司解隻銀七萬兩現應找發銀三萬九千一百四十兩又

糧道衙門輕齎等欵除前次發交梁丞解隻銀五萬三十四兩五錢四分一釐應找發銀四萬二千五百兩現已飭委隻局委員候補從九品沈榮楨李瑩兩員會同帶領遊兵之平陽葉都司護解赴隻聽候隻

局派交海船分帶運津合亟劄知劄到該局即便知照仍將收到銀數欵目隨時開摺申報查考毋違

咸豐四年三月二十五日行

浙江巡撫部院黄　劄海運天津局委員葉守知悉查歷届漕糧所有給商耗米俱應全數運津以資抵補正米乃本部院訪聞上届浙省海運漕糧到津其正米已經盤缺係津局代爲買補所有給過各商耗米其不全數到津自可概見殊非慎重漕務之道除嚴飭隻局委員楊守會督紳董諭令各商船今届給發各商耗米五萬四千八百餘石必須遵照成案及此次嚴劄全數起運到津一律報明津局存棧外合行劄知劄到該局員立即遵照來文今届海運米船到津時即將各商船耗米五萬四千八百餘石遵照

成案一律存棧俟正米交蕆毋庸抵補方准變賣如有不遵定行嚴究切切

劄隻局委員楊守等知悉查歷届漕糧所有給商耗米俱應全數運津以資抵補正米乃本部院訪聞上届浙省海運漕糧到津其正米已經盤缺係津局代爲買補所有給過各商耗米其不全數到津自可概見殊非慎重漕運之道合亟劄飭劄到該局員即會督紳董嚴諭各商船今届給發各商耗米五萬四千八百餘石必須遵照成案及此次嚴劄全數起運到津一律報明津局存棧俟正米交蕆毋庸抵補方准

變賣如有不遵定行嚴究切切

咸豐四年四月　　日行

浙江督糧道周起濱稟前在甯陽途次肅稟遞呈職道星夜趲程玆於四月十九日巳刻馳抵津門

署倉場督院全　與

鄭親王均經按臨海船現到謝捷慶一號裴嘉興米一千五十石據云同時放洋者三號亦可即續進口

刻奉

鄭親王傳諭定期二十一日驗斛二十二日驗米即當設局督同正委各員妥速辦理總期於公無誤而經費一歸撙節爲喫要關鍵惟查此次北上正值賊匪分竄東直各處爲赴津必由之路即改程繞越亦屬寗邇寇氛且土匪窺伺所在皆有必須稍資備禦俾無他虞是以前在王營酌雇結實可靠壯勇置備器械結隊偕行然大衆就道於過渡尖宿又不免擁擠滯候種形掣肘倍覺爲難迨四月初九日住宿晏城集遇崇道官眷北來詢知德州近已路開不復遠繞武定一帶次早改由禹城前進距初十日住在平原適阜城賊匪即於是日竄逸連鎮前行之委員高履亨何顯行至桑園迤北相距數里之遙猝見逆匪驟至連夜折回其時東奔西突莫測所自實無可避之程殊屬進退維谷因思阜城既已退出斷無一時

復返之理縱有零星餘賊所帶壯勇似足抵禦隨商諸葉守等因德州渡河而西竟趨阜境因城西積屍盈野闃無人烟從大營疾走日行百五六十里竭三日之力始達任邱雖村莊蹂躪舖民逃避間有尖宿處煞費周章第回憶前以過渡繞程幸而破站兩天否則賊竄連鎮之日高委員等雖已前去而大隊適係宿站則危險有不可思議者是皆仰賴
鴻福得以涉險化夷在事諸員於驚悸之餘莫不同深慶幸至任邱以東上年河決水塞節節阻水不得已有自雄縣繞赴東安等境其中復多數日之程而

商船甫到一號諸可趕及籌辦足以上慰
憲厪謹稟
咸豐四年四月　日具稟奉
巡撫部院黄　批據稟已悉現在海運米船業已全數放洋帆檣飛駛指日即可一律抵津仰即一切事宜督飭局員妥速辦理所有經費必須格外撙節省一分是一分爲要仍將續到海船及交收米數隨時馳稟以慰懸念此繳

浙江巡撫部院黄　爲移咨事咸豐四年五月初五日准
倉塲督院咨開照得咸豐二年易薊二州白糧在於江蘇海運白糧内撥給又上年亦在於江浙海運白糧内分撥各在案查本年江浙二省白糧同歸海運所有易薊應需白糧自應悉照上年成案辦理擬將本年易州白糧在到津之江蘇省海運白糧内撥給薊州白糧在於到津之浙江省海運白糧内撥給此係
陵糈白米應令揀選乾潔好米截撥以昭慎重相應將薊州

應需米數鈔單移咨
貴撫部院查照施行等因到本部院准此合就轉行爲此仰局道官吏查照准咨事理即便移行知照毋違須至案者
計開
甲寅年遵化縣應需白米三百石江米三十石
又薊州應需上白米一百七十五石江米二十五石
又豐潤縣應需白米二百五十石江米二十五石

咸豐四年五月十四日行糧道海運省局

直隸督院桂　爲詳送事據兼署天津道錢炘和呈
稱蒙督院牌開咸豐三年十一月十六日准
浙江撫院黄　咨開明歲浙漕海運商船抵津卸米
後船身過輕難以開洋應在該處挖泥壓鈔惟船數
衆多恐該地土棍藉端訛索請查照飭知曉諭等因
咨行到道蒙此當經前道轉飭遵照去後兹據署天
津縣知縣錢萬青稟稱竊奉劄飭以本年海運江浙
兩省漕糧沙船到津卸載回空應照前次海運成案
即在於海河兩岸李公樓等處勘明淤灘地段准其
挖土壓載仍曉諭兩岸居民人等不准擅行攔阻把
持包攬繪圖貼説稟候派員稽查等因遵即傳集各
該地方親詣查勘仍惟李公樓唐家口費家嘴挂甲
寺楊家莊宣家樓等六處可備浙省起糧騰空後各
船取土壓載又挂甲寺楊家莊二處可備江省沙船
挖泥壓載各照上屆厚址取土立定界址插立標杆
並出示嚴禁毋許居民人等擅行攔阻如有把持包
攬以及勒索等弊許該船戸等喊稟究辦除查照舊
章辦理外所有遵照勘明取土地方緣由理合繪圖
貼説稟請查覈派員稽查實爲公便等情據此除俟
海運漕糧沙船到津由職署道派員前往彈壓外所

有送到圖說擬合具文詳送覈咨等情到本督部堂
據此除咨江蘇撫院外相應咨送爲此合咨
貴部院煩請查照施行
計咨送圖說一紙
咸豐四年五月　日咨
浙江撫院

浙江巡撫部院黃　劄夏局委員楊守知悉前已諭
令耗米顆粒不准偷賣必須全數運津並嚴札天津
局覈實查出從嚴懲辦矣該守等當諭令該紳董於
裝兑時嚴覈確數無稍含混捏飾自誤功名今屆劉
河起運事屬剏始該紳董厥功甚鉅將來
破格恩施必有喜出望外者若因米數短缺致有貽誤不
但棄其前功並亦與有後患利害得失及早圖之並
須傳諭押運紳董於沿途停泊之地隨時確查且本
年京通米少運至天津其利尤倍比置買別貨利多
而售易既遵
國法又便私圖何樂而不爲此該守業已遍行示諭甚爲
可嘉仍再三佈告切切
咸豐四年五月　日行

浙江海運天津局候補知府葉堃爲呈報事竊查前
奉
糧憲劄知據津局委員楊守詳據外局紳董王慶勳
等稟稱奉發
部頒鐵斛壹張於首批放洋之張永和船帶津取具
船戶領狀稟送轉詳等情轉送過道行局一俟該船
到津即行驗收仍將收到日期報查等因奉此茲於
五月二十日據該船戶張永和將所帶鐵斛一張赴
局呈繳除暫行收存俟事竣選派妥船帶回另報外
合將收到鐵斛日期備文呈報伏祈

憲臺察查除申
糧憲外爲此備由呈乞
照驗施行
咸豐四年五月　日具申
省局

浙江巡撫部院黃　爲行知事本年五月二十五日
接准
欽差和碩鄭親王署倉場部堂戶部左堂全　咨開查前據戶部奏准
江浙兩省海運沙船食米務須備帶本色除抵補缺
額外所餘米石擬令官爲收買等因本爵部堂抵津後
即飭令各總局儘數收囤除留備各該省抵補缺額
及紳民購買交捐外其餘概不准私買私賣等因各
在案惟查現到各船所餘米石甚屬寥寥相應移咨
兩浙總督浙江江蘇各巡撫轉飭承辦委員務將沙
船食米兌交本色不得折色發給並諄飭各該商船

除本船食米外概不准其沿途私賣以備抵津交足
正供之後按照市價收買並當堂給價不假吏胥之
手俾沾實惠如此辦理庶可稍補倉儲而各該商船
得價既優自必樂於從事希即剴切曉諭一體遵照
可也等因到本部院准此除行津局委員楊守暨紳
董外合就鈔稿行知爲此仰該局即便查照一體飛
速飭遵毋違
咸豐四年五月二十七日行海運省局

護理瑞安協副將事温州鎮標中營遊擊袁君榮稟
竊奉
憲檄飭赴劉河放洋前往天津查驗漕船人數收繳
器械一切事宜等因奉經自黃抵劉並撙節經費減
帶兵丁改搭浙漕沙船緣由又自劉河海口放洋日
期均經前後稟報在案茲督率大幫漕船於五月初
五日行至佘山內洋寄椗守風於初八日風順全行
放洋十八日行抵山東黑水洋面陡遇東北颶風浪
急水湧難以戧駛卑職卽幫同該船舵水人等妥愼
保護無奈暴風從辰至未愈起愈猛狂風急浪將該
船頭稍雨篷吹刮海中該處深水大洋實無錨地可
拋船卽隨風飄泊戌刻轉漂至江南五條沙南幸船
大堅固船身未損漕糧無虞亥刻風平卽令遷就開
行於六月初五日行至山東子午島洋面寄椗卽置
買篷布修裝完全於初七日開行放洋趕緊赴津初
九日卽抵天津口外因有欄門大沙適值潮汐小淺
船大載重未能進口俟至十四日大汐水深方能收
進津口隨飭該船趕赴天津交卸卑職一面會同在
津文武各員實力稽查彈壓收繳鎗礮器械未敢稍
形鬆懈以期仰副愼重之至意再查浙漕運船現今

抵津共有三百九十三隻俯俟全行到津後另再隨
時稟報外合將到津日期並聲明在洋遇暴緣由肅
具稟報謹稟
咸豐四年六月　日具稟奉
總督部堂王　批據稟已悉仰浙省海運局司道移
行知照繳
巡撫部院黃　批據稟已悉仰海運省局轉移知照
此繳稟鈔發

浙江海運省局布政使韓椿督糧道周起濱署杭嘉湖道晏端書督同總辦委員署紹興府知府繆梓等爲詳報覈銷事竊照本届海運各州縣自雇剝船運米至剝應照上届章程每石每百里准銷內河剝船水腳銀一分六釐內除每石應提一分六釐沙船席片氣筒等銀外餘應按照受局摺報距受程途里數覈算明確抵銷解欵又仁和等十縣續運剩耗米石除嘉善縣米一千石安吉縣米一百一十二石六斗三升三合一勺均係由省委員押運業經省局給發水腳外其餘各縣自行運受米石亦應查照正漕准銷剝船水腳以昭畫一又白糧口袋一項除前經候補府楊守將奉委盤運台州賑米案內辦存未用麻袋分派各縣應用毋庸由縣支銷袋價外其餘不敷口袋各該縣自行備辦應循上届章程每石准銷價銀六分五釐統照詳案於末批漕截銀內坐銷抵除欠欵除開單通飭遵照外相應造冊詳送伏祈

憲臺俯賜察覈爲此備由呈乞

照詳施行

計呈清冊一本

咸豐四年六月二十一日具詳

撫院

浙江督糧道周起濱爲詳報事竊照咸豐四年起運
三年分浙省杭嘉湖三府屬漕白二糧并搭運清查
案內三四限追賠漕米
奏准仍由海運奉委本道督同正佐各委員前赴天津
辦理交米事理當將抵津日期及辦理情形先後稟
呈
鈞鑒在案伏查各屬應徵漕白二糧陸續運至江蘇
劉河裝兌海船出口計裝本年起運咸豐三年分漕
白二糧正耗米六十一萬七千五百十二石四斗一
升七合二勺又搭運清查案內三四限追賠漕糧正

耗米六萬零二百六十七石九斗零一合八勺二共
交倉正耗米六十七萬七千七百八十石三斗一升
九合又隨運經紀耗米一萬零二百六十石四斗一
升九合三勺以上漕白二糧交倉正耗並經紀耗米
共六十八萬八千零四十石零七斗三升八合三勺
又天津剝船食米七千九百十二石四斗六升八合
五勺商船耗米五萬四千八百四十七石一斗八升
八合八勺統計海運漕白二糧交倉正耗並經紀津
剝商船耗食等米共七十五萬零八百石三斗九升
五合六勺自四月二十八日起至七月十九日止陸

續駛抵天津水次當蒙
鄭親王倉憲督同隨帶司員坐糧廳暨直隸浙江二省在
事人員逐船詣驗隨驗隨卸截至現在止業已陸續
到齊計裝交倉漕白正耗米六十七萬七千七百八
十石三斗一升九合經紀耗米一萬零二百六十石
四斗一升九合三勺二共交倉漕白正耗並經紀耗
米六十八萬八千零四十石零七斗三升八合三勺
內除奉撥易州糙粳米二百七十石三斗六升五合
六勺隨正撥給經紀耗米四石五升五合五勺係由
天津道委員押解交收外其餘運通漕白二糧交倉

正耗并奉撥遵化州白粳米三百石白糯米三十石
薊州白粳米一百七十五石白糯米二十五石糙粳
米四百五十石豐潤縣白粳米二百五十石白糯米
二十五石糙粳米三百五十石及遵薊豐三州縣隨
正撥給白粳經耗米十三石零五升白糯經耗米一
石四斗四升糙粳經耗米十二石通計共米六十八
萬七千七百六十六石三斗一升七合二勺均已全
數運通顆粒並無短缺其隨正應給津剝食米商船
耗米亦已一律如數給清合將全完米數造冊詳報
仰祈

憲臺察覈實爲公便爲此備由呈乞

照詳施行

咸豐四年七月二十五日具詳奉

巡撫部院黃　批據詳漕白二糧及搭運湇查米石交卸全完已悉仰海運省局轉移糧道查照可也繳詳鈔同清摺並發

浙江海運省局爲呈覆事本年七月二十日奉

巡撫部院黃　批省局詳送各屬運妻漕白及剩耗米石支銷內河剝船水腳并白糧口袋銀兩冊等緣由奉批如詳通飭有漕各屬一體遵照仍令將未完漕截等銀按數馳解不得再延至上屆每石百里開銷內河剝船水腳銀一分六釐原案一時檢尋無着並卽錄呈備查毋遲此繳冊存等因奉此遵查上屆初辦海運先由糧道衙門主稿會同前藩司條議內河剝船由省委員預雇駛赴徵存州縣趕速剝運迴而復始仍以道里遠近給發水腳酌覈江蘇成案卽於局內支銷詳奉

憲批鈔錄移行遵照嗣據湖州府稟請省局雇剝當卽遴員專辦而該屬復有自雇又據嘉興等縣稟請由縣自雇剝船運米請銷水腳銀兩到局復查道光六年江蘇海運全案內載按每米一石每百里給銀二分應飭覈定米數里數准其坐支不得浮銷迨後江蘇續辦海運因銀價日昂酌減每石百里給銀一分六釐等因是以省局卽照蘇案分別批飭覈實銷支各在案本屆仍由海運前於議詳外辦章程條欵案內聲明以上屆辦理參差擬請責成各州縣概行

自雇內河民船運赴海口斛兑查照上届成案准其
按數坐銷每石每百里給水脚銀一分六釐所有鋪
艙蘆席押送飯食等項一併包括在內其應給海船
鋪艙等費即於前項水脚內每石提銀一分六釐解
赴省局轉解分局彙給海船備用詳奉批准亦在案
奉批前因相應備文申覆並照造上届各州縣應銷
內河剝船水脚里數銀數清摺一分呈祈
憲臺俯賜察覈爲此備由呈乞
照驗施行
計申送清摺一分
咸豐四年七月二十七日具申
撫院

浙江督糧道周　爲移知事竊照本年浙省應解
通倉憲衙門輕齎席木及白糧由閘輕齎并改漕項
下蘆席毛竹等欵共銀九萬二千五百三十四兩五
錢四分一釐均由各海船先後帶津除三次委員解
赴
通倉憲衙門銀六萬六百二十五兩四錢一分又
駐津坐糧廳賀　因天津應放經紀用欵孔迫而浙
省應解飯米折色銀兩業已解清尚不敷用移令在
於輕齎欵內劃解銀六千一百五十八兩一錢二分
零一毫並續解銀五千兩連前次解通銀數併計尚
該找解銀二萬七百五十一兩一分九毫現於本月
十二日飭委烏程縣知縣梁正標解赴
通倉憲衙門交納合將輕齎銀兩批解清欵緣由備
文移知爲此合咨
貴局請煩查照施行
咸豐四年閏七月十九日咨
海運省局

浙江海運省局布政使韓椿督糧道周起濱署杭嘉湖道晏端書督同總辦委員署杭州府知府繆梓等爲遵劄詳請示遵事本年九月十七日接奉

憲臺劄開照得本年七月十七日接准

戸部咨開嚴飭各屬將應徵咸豐四年漕糧妥速徵收并嚴飭糧道查明徵收米數統限於本年十二月來年正月全數運赴海口派船裝兑放洋北上等因

奏奉

諭旨依議欽此又於九月十三日接准

戸部咨開浙省新漕諄飭該藩司糧道等提前趕辦

以期及早抵津等因奏奉

硃批依議速行欽此均經轉行欽遵在案合再札飭札到該局立即遵照將新漕事宜速速開局並將提早趕辦章程速議詳

奏并通飭杭嘉湖三府督飭所屬提早開倉并行甯處等八府屬將應解漕項銀欵提早趕解以資運用本

部院已

奏明今届十二月開兑緣京倉舊漕不能接濟所有新漕急須提早到津且解津銀欵若年年由海運津現在海盜充斥聞風豔羨尤易誨盜本部院定於年前起解津欵至現在留津委員候至代粵採買之米到齊約在十月方得動身回浙到省已在年底正月又須動身本部院擬留該員等毋庸回浙抑或酌留一二員並即由局速議先覆一面飭遵可也等因奉此遵查咸豐三年冬漕海運前經詳委候補知府葉堃等隨同糧道赴津辦理交米事宜嗣經正漕全數交淸其採辦交米事宜亦復兑辦過半糧道於八月二十四日起程回浙飭葉守等留津經理今奉前因查來歲新漕提早趕辦擬定正月放洋二月開凍即可抵津則水次交兑葉守等自應仍委津局以資熟手

所有留津守候代粵採買交米之候補知府葉堃候補鹽經歷高履亨仁和縣典史高道生三員應請飛飭毋庸起行一俟採辦米石交卸竣事在津守候轉瞬新漕運津即堪接辦惟該員等羈留津地爲日較長似應加給薪水俾資辦公擬照今春詳奉批准應給盤費薪水之數酌量加給是否有當相應開摺備文詳請伏候

憲臺鑒覈批示遵行至紳董邵燦元能否留津似應聽其自便即飭葉守詢明具報爲此備由呈乞

照詳施行

今呈送
清摺一扣
咸豐四年九月二十一日具詳奉
巡撫部院黃　批已據詳由六百里飛飭葉守等在
津守候接辦新漕事宜毋庸回浙所有該守等薪水
銀兩准其酌量加給現亦一併行知矣仰仍一體轉
飭遵照餘已悉此繳摺存

署浙江布政使黃樂之督糧道周起濱督同省局委
員爲詳請具
奏事本年七月十五日奉
憲臺案行准
戶部咨開本部具
奏來歲江浙新漕仍由海運即將一切事宜按照本年
海運章程奏明辦理奉
硃批依議行著嚴行飭催不准各該督撫糧道任意躭延
欽此咨行到院轉飭遵照將咸豐四年起運三年分
漕白糧米一切事宜按照本年海運章程詳請具

奏等因奉此竊照浙省漕糧辦理海運係於咸豐二年
創行雖有江省舊章而兩省情形迥異案經本道會
同前司督同省局各員籌議章程稽覈銀米先後詳
奏
奏咨並因江省沙船不敷裝運委員馳赴甯波招雇蜑
船三不像船隻并詳咨直隸山東等省雇募天津衛
船駛滬裝運仰邀
憲庇所有起運米六十四萬餘石已據津局委員禀
稱掃數抵津交卸全完在案本年豐工又報漫塌且
江浙兩省漕務積弊已深誠如

部議舍海運別無辦法亟應先事預籌查海運事宜總以銀米船隻三項爲最要本年五月間浙省霉雨霑足田禾遍插至六七兩月雨水過多收成分數尙難懸擬米數未能遽定總期多一分之起運卽多一分之儲備其上海商船水脚天津剝船價值及一切支用各欵上屆海運案內業

憲臺

奏明浙省州縣給幫之費實不敷海運之需請以原辦河運經費作海運支銷奉

旨准行三月間因粵匪肆擾徵解不前猶復支絀萬分設法籌墊方能蕆事此次海運伏乞

憲恩援案具

奏仍以河運經費作海運支銷但有可節省歸公之處概行力求節省於經費不敢虛縻於運務貴無貽誤至船隻一項尤應廣爲招雇以免臨事周章上屆江省海運截留二十萬石米數較少至三月中旬浙省漕糧全數運滬適因船隻缺乏停米待船賴直隸山東咨送衞船到滬又續有進口沙船甫能裝載放洋但衞船到滬已在四月初旬亦僅止五十隻本屆江浙兩省米數總求加增則船隻必宜多備尤宜早到

水次方免耽延除委員前赴甯波俟蜑船三不像等船回南全行封雇外可否

奏請

敕下江蘇省多備沙船直隸山東等省廣招衞船於年內聯檣抵滬裝載漕糧一面加緊催提銀米設法籌辦則運務可期迅速不致耽延其餘條議章程另容查案逐欵覈詳合將奉飭來歲浙省新漕仍由海運緣由備文詳明伏祈

憲臺俯賜覈

奏實爲公便此案係糧道主稿合併聲明爲此備由呈乞

照詳施行

咸豐三年七月二十四日具詳奉

巡撫部院黃　批仰候察覈具

奏此繳

總理浙江海運省局護理鹽運使晏端書署紹興府知府繆梓暨用同知嘉興縣知縣楊裕深等爲詳請覈咨事竊照浙省今冬新漕奉文仍行海運已蒙

憲臺

奏明循照舊章辦理請

旨敕下兩江總督江蘇巡撫飭屬趕緊廣爲招雇上海沙船務於年內運檣抵滬以資裝運等因在案伏查海運漕糧首以雇船爲先務浙省需船爲數無多今冬起運米數雖災歉田地現未勘實定案而

京倉需米甚殷總期多多益善尤賴寬備沙船俾以及時兌運不致有停延缺誤之虞相應備文詳請伏祈

憲臺俯賜察覈咨達

兩江督江蘇撫院轉飭蘇藩司蘇松太道松江府松海防同知上海縣等一體遵照務期封雇堅固寬大沙船三四百號弔照立攬付滬備用深爲公便爲此備由呈

乞

照詳施行

咸豐三年九月十八日具詳奉

巡撫部院黄　批仰候由六百里飛咨

兩江督江蘇撫院轉飭遵照迅即封雇堅固寬大沙船三四百號弔照立攬覆浙備用此繳

浙江海運省局護理鹽運使晏端書署紹興府知府繆梓陞用同知嘉興縣知縣楊裕深爲詳請飛咨事竊照浙省今冬新漕奉文仍行海運自應照案飭雇蜑船三不像船押令駛滬副用惟該商船攬載漕糧得項本優祇因江浙兩省並行海運攬載客貨易於居奇意存躲避值此派員封雇之際誠恐藉故遷延徘徊中道不早返棹回甬查上屆章程各商船不運載漕米者即不准赴各海口貿易立法本屬周密相應備文詳請伏祈

憲臺俯賜察覈飛咨

山東撫院
直隸督院轉飭沿海地方官嚴查浙江甯波逗遛各
奉天府尹

商船分別示諭如無裝過漕糧執照呈驗者即不許其裝載貨物以杜規避而全要公至在前駛往各海口之船隻亦即押令一律迅速轉帆務期尅日趕返甯波海口聽候封雇并請札飭甯波道府縣即爲出示曉諭俾各商船知不受載漕糧不能駛向各海口貿易則封雇較有把握而運務可期無誤其較小不堪裝運之船隻仍應分別給予免裝印單俾該商船得以照常貿易以免各海口藉此留難實爲公便爲此備由呈乞

照詳施行

咸豐三年九月十八日具詳奉

巡撫部院黃　批仰候由八百里飛咨

直隸督
山東撫院暨

奉天府尹轉飭遵辦並候札飭甯波道府縣一體妥爲辦理此繳

浙江海運省局署布政使黃樂之署鹽運使晏端書
督糧道周起濱督同總辦委員署紹興府知府繆梓
等爲轉詳事據婁局委員中防同知楊丞等詳稱竊
據上海船商僉稱商等向來置備沙船裝載貨物出
口例應各歸各縣請發印照凡遇關津執此呈驗放
行玆因滬城尚未克復未能易換新照應請即以上
屆舊照爲憑呈驗立攬以歸簡便相應備文詳祈俯
賜轉詳
撫憲咨明
兩江督 江蘇撫 院轉飭應給船照各州縣一體遵照辦理等
情到局據此相應備文轉詳伏祈
憲臺俯賜察覈咨明
兩江督 江蘇撫 憲轉飭應給船照各州縣遵照辦理並請分
咨
直隸督 山東撫 憲暨
奉天府尹 山海關 一體飭遵實爲公便爲此備由呈乞
照詳施行
咸豐四年二月初六日具詳奉
巡撫部院黃　批仰候分咨繳

浙江海運省局署布政使黃樂之署鹽運使晏端書
督糧道周起濱督同總辦委員署紹興府知府繆梓
等爲詳送事竊照上屆海運抵津商船查驗舵水人
等與票填不符奉准
直隸督憲咨會嗣後領票出口務須確查船上舵水
人數將姓名籍貫覈實註入票內不准一名遺漏亦
不准一名頂替等因在案本屆新漕海運現據婁局
詳請咨明概用舊照業經轉詳請咨其在船者舵水
手人等姓名籍貫難免參差到津查驗必致漫無稽
考應由該局另刊護照於開行時確查填給隨經札
飭先擬照式送候覈定去後玆據婁局委員中防同
知楊丞等詳稱上海沙船向來載貨出口例應各歸
各縣請發印照凡遇關津執此呈驗玆因滬城未復
未能易換新照請以咸豐三年所領舊照呈驗放行
前經詳請轉詳分咨在案玆查海船裝載浙省漕白
糧米在船者舵水手姓名籍貫必須確查填註現當
海防嚴密之際天津海口咫尺
京師尤宜倍加慎重應於開行時無論甯沙衛各船由
浙江海運婁局按船加給護照一紙註明耆舵水手
姓名籍貫交給船戶自劉至津凡遇海關執此呈驗

以憑稽考擬定式樣一面發刊詳祈察覈轉詳等情
前來除批飭照式刊刷即日[illegible]轉詳請咨外合將
送到護照式樣備文詳送仰祈
憲臺鑒覈爲此備由呈乞
照詳施行
咸豐四年二月十三日具詳奉
巡撫部院黃　批如詳照式刊刷仰即由局詳請分
咨毋遲此繳護照式樣一紙存

直隸督院桂　爲詳送事據兼署天津道錢炘和詳
稱蒙前督院牌開咸豐三年八月三十日准
戶部咨雲南司案呈本部速議浙江巡撫黃　奏請
飭備新漕海運船隻一摺於咸豐三年八月二十
八日具奏本日奉
旨依議欽此相應恭錄
諭旨鈔錄原奏飛咨直隸總督遵照可也等因咨行到道
當經張前道轉飭遵照去後茲據署天津府轉據天
津縣詳據海船經紀錢萬選等稟報雇定衞船戶豐
順駕掌張盛川等船七十八隻於二月二十日陸續
出口赴南裝運漕糧擬合造冊呈送等情由府覆覈
詳送前來職署道覆查無異所有送到清冊擬合詳
送覈咨等情到本督部堂據此相應咨送爲此合咨
貴部院煩請查照施行
咸豐四年　月　日咨
浙江撫院

浙江巡撫部院黃　札江蘇布政按察司照得本年浙省新漕改由劉河口出海所有各屬內河剝糧船隻經由蘇省平望江震及蘇城婁門等處均有防堵鄉勇聲勢聯絡惟崑山新陽地面距滬較近現在上海逆匪尚未蕩平而該處爲浙糧船隻必由之路應由崑新兩縣會同營弁於糧船過境時帶領兵勇加意提防迎護以免疎虞至劉河爲交米收米總滙之區相距滬城不及百里且向非貿易馬頭閭閻閒寂玆以浙省海運設局該處銀米紛至帆檣雲集外則沙船水手動以萬計內則運米剝船以及稅行斛手諸色

人等羣聚龐雜難保無游手好閒之徒溷跡其間藉端滋事似應添派幹員巡查彈壓并行地方營汛督帶兵役小心巡緝庶昭慎重爲此行知查照迅速辦理可也

爲飛咨事照得本年浙省新漕改由劉河口出海所有各屬內河剝糧船隻經由蘇省平望江震及蘇城婁門等處均有防堵鄉勇聲勢聯絡惟崑山新陽地面距滬較近現在上海逆匪尚未蕩平而該處爲浙糧船隻必由之路應由崑新兩縣會同營弁於糧船過境時帶領兵勇加意提防迎護以免疎虞至劉河爲交米收米總滙之區相去滬城不及百里且向非貿易馬頭閭閻閒寂玆以浙省海運設局該處銀米紛至帆檣雲集外則沙船水手動以萬計內則運米剝船以及稅行斛手諸色人等羣聚龐雜難保無游手好閒之徒溷跡其間藉端滋事似應添派幹員巡查彈壓并行地方營汛督帶兵役小心巡緝庶昭慎重除行江蘇藩臬二司外相應飛咨爲此合咨

貴部堂院煩請查照希即添派幹員巡查彈壓一面飭令地方營弁加意巡防迎護俾免疎虞至懇至感望速施行

一咨　兩江督　江蘇撫　院

爲飛咨事照得今屆浙省新漕改由劉河口出海即須陸續放洋歷屆海運出洋沿海鎭營各有專任內洋責成福山鎭會同提右營叅將及吳淞營叅將彈壓巡防外洋責成蘇松鎭狼山鎭各帶本標水師弁兵按段稽查迎護其山東直隸洋面應各按各境嚴密巡查此次仍應照辦以期周密再沙船由崇明之南佘山出口每於此處守風寄碇而該山四面皆洋輒有匪船出沒島中倘遇船隻稀少即乘機搶劫應由江省專飭福山鎭營等於南佘山洋面多派弁兵

隨時護送俟沙船轉放大洋後始准交與外洋水師
營接護庶
天庚正供俾免疎虞以昭愼重除分咨外相應由六百里
飛咨爲此合咨
貴提督部堂院煩請查照希即飛飭定海鎮於江浙交界水師鎮將馳赴所轄洋
面實力防護施行
一咨　浙江江南提督　直隸督山東撫院
爲飛咨事云云爲此合咨
貴鎮鎮鎮煩請查照希即統帶師船馳赴江浙交界洋面所轄洋面實力南佘山南面巡
會同實力防護施行巡防迎護施行哨如遇海運米船放洋隨時多派弁兵護送交界外
洋水師員弁接護施行
一咨　蘇松福山狼山鎮
咸豐四年二月　日咨行

浙江海運省局布政使韓椿督糧道周起濱候補道
晏端書督同總辦委員署紹興府知府繆梓等爲詳
請飭給事竊據褒局委員中防同知楊丞詳稱案據
紳董王慶勳張修睦王慶模俞斌等稟稱崇明所轄
之佘山洋面爲海船放洋要道該處係爲盜藪上屆
海運係由上海各船所設捕盜局撥船護送本年海
運出口招雇甯波大白底硬艙船兩隻釣船四隻招
集水勇送至佘山洋面折回循環護送俾得出口無
虞共計六舟雇價工食等項每月約需洋七八百元
鎗礮藥彈一切應請飭營提撥等情當經據情轉詳
憲示今據各紳董開單請領鎗礮藥彈等件給發勇
船備帶護送前來詳祈轉請
撫憲飭營提撥委員解赴劉河應用等情到局據此
伏查據請大小礮四十尊劈山礮十二尊擡鎗四枝
鳥鎗二十四枝省城是否均有現存除移營務處查
明詳請酌撥並批飭將所需雇船募勇經費能否責
成商船捐辦督董即日籌議詳辦外相應照錄清摺
具文詳請伏候
憲臺察覈一體檄營遵照至火箭藥彈等件據請似
屬過多應否酌給一半並請

憲臺覈示一併飭營撥解實爲公便爲此備由呈乞
照詳施行
咸豐四年三月初六日具詳奉
巡撫部院黃　批巳據詳札飭營務處查明酌撥矣
仰卽知照繳

浙江海運省局署布政使黃樂之署鹽運使晏端書
督糧道周起濱督同總辦委員署紹興府知府繆梓
等爲呈報事據褒局委員楊丞等詳稱崇明所轄佘
山洋面爲海運要道該處係爲盜藪上屆海運係由
上海各商所設捕盜局撥船護送本年海運出口招
雇甯波大白底硬檔船兩隻釣船四隻招集水勇送
至佘山洋面折回循環護送俾得出口無虞共計六
舟僱價工食等項每月約需洋七八百元鎗礮藥彈
一切應請飭營提撥等情當經據情詳明轉詳
撫憲察覈批示在案今據各紳董開單請領鎗礮藥
彈等件給發勇船備帶護送前來擬合備文詳請伏
祈察覈轉詳
撫憲飭營提撥委員解赴劉河應用實爲公便等情
到局據此伏查前據該丞具詳當查據請大小礮四
十尊劈山礮十二尊擡鎗四枝鳥鎗一十四枝省城
是否均有現存卽經移請營務處查明詳請酌撥並
詳請
憲臺一體檄營遵照至火箭藥彈等件據請似屬過
多應否酌給一半並請覈示飭發在案據詳前情除
劄候補縣丞黃恩詔前赴營務處查明所請礮械是

否均有現存堪以照數撥解由營迅速詳請
憲示仍俟奉批至日併同請撥藥彈等項統由該員
領解回斐濟用並飛移營務處迅速查明徑詳外相
應具文呈明伏候
憲臺鑒覈爲此備由呈乞
照驗施行
咸豐四年三月初八日具申
撫院

浙江海運省局署布政使黃樂之署鹽運使晏端書
督糧道周起濱督同總辦委員署紹興府知府繆梓
等爲詳請分咨事竊照上屆海運抵津商船查驗舵
水人等與票塡不符奉准
直隷督憲咨會嗣後領票出口務須確查船上舵水
人數將姓名籍貫覈寔註入票內不准一名遺漏亦
不准一名頂替等因在案本屆新漕海運現據斐局
詳請咨明槪用舊照業經轉詳請咨其在船耆舵水
手人等姓名籍貫難免參差到津查驗必致漫無稽
考應由該局另刊護照於開行時確查塡給隨經劄
據斐局委員中防同知楊裕深等詳稱查海船裝載
浙省漕白糧米在船耆舵水手姓名籍貫必須確查
塡註現當海防嚴密之際天津海口咫尺
京師尤宜倍加愼重應於開行時無論甯沙衞各船由
浙江海運斐局按船加給護照一紙註明耆舵水手
姓名籍貫交給船戶自劉至津凡遇海關執此呈驗
以憑稽考理合擬定護照式樣詳請察覈等情到局
又經轉詳
憲臺覈示旋於二月二十七日奉到
憲批如詳照式刊刷仰卽由局詳請分咨毋違此繳

護照式樣一紙存等因奉此復經飭遵去後玆據該
吳局委員遵飭刊刻印就照樣呈候轉送分咨等情
到本司道據此合將送到照樣備文詳送伏祈
憲臺俯賜察覈咨明
兩江督 江蘇撫 憲
直隸督 山東撫 憲
奉天府尹 山海關監督 一體查照實爲公便爲此備由呈乞
照詳施行
今呈送　刷印護照式樣八紙
咸豐四年三月初十日具詳奉

浙江巡撫部院黃　批仰候由六百里飛咨
兩江督 江蘇撫 院暨
直隸督 山東撫 院並咨明
奉天府尹 山海關監督 一體查照此繳護照式樣存送

浙江海運省局署布政使黃樂之署鹽運使晏端書
督糧道周起濱督同總辦委員署紹興府知府繆梓
等爲呈報事竊據吳局委員中防同知楊裕深等申
稱本年三月十六日准總理省城營務處咨開准督
辦海運總局咨據吳局詳請給發鎗礮藥彈等件飭
委赴營領解回吳濟用等因除於省城城上安設礮
位動撥三百五十觔鐵礮一位三百三十觔銅礮二
位三百觔鐵礮五位二百觔鐵礮八位一百五十觔
鐵礮八位併同架蓋等項並飭軍械所動撥劈山礮
五位擡礮四位鳥鎗二十四桿火箭六箱火藥一千

觔擡礮鉛子五十觔鳥鎗鉛丸五十觔火繩一百盤
馬令製造項下二寸二分生鐵彈六十出一寸七分
生鐵彈四百二十出熟鐵羣子一百觔飭委提標把
總厲斌揚帶兵管解會同委員黃恩詔前赴劉河總
局投交移煩點收掣批回銷並准於批回內註明劈
山礮五位不堪用未發字樣等由並奉憲局札同前
由各等由奉此查劈山礮五位未准營務處移到無
從查收其餘銅鐵礮位併架蓋及擡礮鳥鎗火箭火
藥火繩鐵鉛彈子均已照收業經掣批移覆營務處
查照在案所有解到礮位等項除移交外局紳董王

慶勳王慶楧張修睦俞斌等收領分飭勇船備帶防護外擬合備文報明伏祈察覈轉報
撫憲察查等情到局據此相應備文呈報仰祈
憲臺俯賜察查至劈山礮五位因何未准撥解業經移查營務處俟覆到日另行呈報爲此備由呈乞
照驗施行
咸豐四年三月二十四日具申
撫院

浙江海運省局布政使韓椿督糧道周起濱候補道晏端書督同總辦委員署紹興府知府繆梓等爲詳覆事本年三月十五日奉
憲臺案行咸豐四年三月初十日准
兵部火票遞到
欽差刑部左堂李　咨開查本年浙省漕糧海運經浙江巡撫奏明沿海水師巡防是其專責卽令各該水師鎮將統帶備弁兵船沿途護送出境仍咨直隸山東等省照案一律防範接護等語經戶部議覆奏准在案所有應辦一切事宜自應遵照奏案及早籌辦相應飛咨
貴撫卽將本居護送海運漕糧各該水師鎮將備弁專任何人分任何人如何嚴飭各該員弁實力防護不致稍有鬆懈並於各省交界處所如何嚴密防範聲息相通不致互相推諉之處迅速熟籌妥議具奏並由
貴省飛咨山東巡撫直隸總督一體遵照辦理以免疎虞而昭愼重可也等因到本部院准此合就轉行爲此仰該局查照准咨事理迅卽熟籌妥議詳請分別

奏咨毋遲等因奉此查本屆浙漕仍由海運已奉
奏明責成該管水師鎮將統帶備弁兵船沿途護送出
境一面咨行本省各鎮營將管轄洋面專任分任各
職名開摺咨部查考並咨江南山東直隸等省一體
照辦等因並經
戶部議准奏奉
上諭轉行欽遵在案茲奉前因相應備文具詳伏候
憲臺俯賜察覈咨覆
欽差刑部左堂李　暨分咨
江南直隸山東督撫部院及移行各鎮營一體查照辦理並請

飭令本省各鎮營將管轄洋面專任分任各職名速
行開送咨
部查考實爲公便爲此備由呈乞
照詳施行
咸豐四年三月二十四日具詳奉
巡撫部院黃　批

浙江巡撫部院黃　爲詳請事咸豐四年二月初七
日准
戶部咨開雲南司案呈准浙江巡撫黃　咨據海運
省局詳稱竊照浙省來歲新漕奉文仍由海運業經
詳奉奏請
敕下直隸總督山東巡撫飭屬寬雇衛船南來裝運并請
咨達直隸總督轉飭天津道府縣廣爲招募以期運
務迅速各在案茲據滬局委員詳據今春在上海立
天順局總辦衛船運糧之天津監生錢青選等稟稱
向來衛船總於正二月間在天津道關署換新牌照

驚蟄開凍即赴關東裝豆南來二月內總可趕到上
海今年新牌照直至三月始領到手因此抵滬遲延
今奉招諭明年趕早來南可否咨會直省查照通融
辦理准各衛船先執舊照赴東裝豆趕至南省卸貨
受兌挨抵津交米時請換新照並請給發諭單及海
運局封條以便沿途遇船封雇不致觀望遷延以免
遲誤等情除給諭並發封條催令趕辦外倘以舊章
難遽更改請於驚蟄前一律給照以便遄行詳請覈
咨前來伏思該船戶等於驚蟄後赴關東裝豆駛南
運米抵津不過四月爲時無幾換照略有先後公事

應無遲逾而於運務大有裨益似可酌量變通准各衞船先執舊照赴東裝豆來南趕運浙漕抵津呈換新照較爲便捷如舊章不能遽易務須統於驚蟄前一律换給新照俾其及早卸豆運糧無誤風汛相應詳請咨部查照並分咨直隸督院山東撫院奉天府尹分別轉飭天津道府縣及沿海地方官一體遵照務令各衞船統於來年二月抵南趕運新漕萬勿遲逾等情除分咨外相應飛咨等因前來相應飛劄天津道府准令各船先執舊照赴關東裝豆駛南俟運米抵津時再换新照或於驚蟄前一律給照總期各

船及早抵南裝運海運漕糧無誤風汛方爲妥速並知照直隸總督山東巡撫奉天府尹一體分別轉飭遵照辦理仍咨覆該撫可也等因到本部院准此合就轉行爲此仰該局查照准咨事理卽便轉行遵照毋違須至案者

咸豐四年三月二十八日行海運省局

浙江海運婁局中防同知楊裕深署杭捕同知徐徵爲詳明事本年三月二十八日准署紹興府繆守移開奉

撫憲黃　批敝府稟佘山一帶盜踪出没現雇白肚船二隻釣船四隻在洋巡護必須有員管帶惟黃縣丞恩詔可以派婁渠前在上海營中旋奉飭赴婁局差委剋下漕糧陸續開行勇船卽須出洋是否該縣丞堪以札委緣由奉批護送海運漕糧船隻並經札委黃縣丞管帶矣等因移煩查照等由准此查浙省漕糧受兌放洋前經督董招雇甯波大白底硬檔船

二隻釣船四隻雇募水勇并詳奉撥解鎗礮藥彈等件分給勇船備帶防護糧船出口在案兹准前由除移知候補縣丞黃恩詔管帶勇船出洋巡護漕船外擬合備文詳明伏祈

憲臺俯賜察覈實爲公便爲此備由呈乞

照詳施行

咸豐四年四月初三日具詳奉

海運省局批仰將該縣丞出洋日期於文內聲明另詳察轉此繳

浙江巡撫部院黃　爲欽奉事咸豐四年三月十四
日准
戸部咨開雲南司案呈准浙江巡撫黃　咨據海運
省局詳稱奉准部咨浙江巡撫黃　奏蘇省寶山縣
所屬之蘊草濱及太倉州之劉河口等處地方均堪
起運漕糧並咨奉天等省豫雇船隻一摺咸豐三年
十一月二十五日奉
上諭黃　奏稱蘇省寶山縣所屬之蘊草濱及太倉州所
屬之劉河口等處地方均堪起運漕糧業經咨商蘇省
迅將出運地方及早勘定並咨奉天直隸山東預備封

雇船隻各等語南漕爲天庾正供豈容稍有貽誤著怡
良許乃釗迅即於劉河口及蘊草濱兩處海口委員勘
定起運漕米地方一面奏聞即一面知照浙江會同辦
理並著直隸山東各督撫速派幹員封備衛船並著奉
天府府尹及各督撫確查各處海口如有甯波商船停
泊押令迅速回浙聽候封雇裝運漕糧斷不准胥役人
等需索滋擾致生事端欽此等因查衛船沙船早經詳
咨直隸山東江蘇各督撫暨奉天府尹飭屬趕雇赴
浙備用並請飭查海口如有甯船逗遛催令趕放甬
東具攬承運各在案茲江浙兩省漕糧已奉蘇省咨

改於劉河海口兌運放洋等因奉經詳委題陞杭州
中防同知楊裕深署杭州總捕同知徐徵前赴太倉
設局辦理浙漕兌運事宜一面督催有漕州縣上緊
徵運現據安吉等縣接續具報滿厫而甯屬蜑船三
不像兩項船隻亦據該管道府取具承攬催令卸貨
燀洗趕緊駛婁候兌惟查甯屬北商船僅止一百三
十餘隻本屬無多至今尚有在津未回之船縱使甬
江全船放棹旋甬雇齊裝米不過二十二三萬石仍
藉江省沙船天津衛船協濟裝運且本年浙漕共米
七十六萬餘石比較上屆數亦加增亟應多爲雇備

趕緊駛赴劉河海口以資運載時迫事急合再詳請
飛咨戸部一體飭催並咨直隸山東飭屬趕雇衛船
并兩江督憲江蘇撫憲飭屬多雇沙船一併發交浙
省婁局委員派裝兌運仍請咨明沿海各督撫暨奉
天府尹轉飭海口各地方官查明如有甯船及沙衛
各船逗遛在洋一律飛飭趕駛江省太倉劉河海口
俾得陸續裝載放洋乘風北上庶
正供早達
天庾以慰
宸廑等情除分咨外相應飛咨查照一體分別飛催山東

直隸江蘇督撫及奉天府尹迅速飭屬務將前項沙衛等船卽速分別封雇查催趕駛江蘇太倉劉河海口發交浙省婁局委員派裝兌運新漕等因前來相應飛咨直隸總督兩江總督山東巡撫江蘇巡撫趕緊將沙衛各船及登由子船飭屬刻卽封雇迅馳江蘇太倉州劉河海口兌運新漕毋稍延緩並劄奉天府尹轉飭查明如有甯船及商衛各船在洋逼邇一律飛飭趕駛江省劉河海口裝載新漕仍咨覆浙江巡撫可也等因到本部院准此合就轉行爲此仰該局查照准咨事理卽便轉行知照毋違

咸豐四年四月十二日行海運省局

海運太倉總局委員卽補同知朱鈞卽補通判李礽圻署太倉州知州蔡映斗前震澤縣知縣沈則柯署鎭洋縣知縣李翰文等爲申報事竊照江浙糧米由海運津需用船隻業經招雇沙衛船三百二十七隻具攬承運節次造冊稟呈

憲鑒在案伏查浙省起運漕白清查等米連船耗等款共米七十五萬八百石有零江省起運白糧正米五萬五千餘石應需承運船隻不敷尙多復有嚴飭督催委員押令分投雇備今據該稅行顧誠信等連日招雇無字俞源利等沙衛船八十隻取具承攬呈送前來當飭各該船趕緊設法卸貨星飛駛抵劉河排泊備兌覈計除浙省蜑船三不像船一百九隻計裝米二十萬餘石外卑局先後招雇沙衛船四百七隻攬裝正米五十四萬六千餘石連耗其應裝米六十萬二千餘石理合造具續雇沙船花名淸冊具文申報伏候

憲臺鑒覈爲此備由呈乞

照驗施行

咸豐四年四月二十日具申

浙江海運省局

代理甯波府鄞縣宋純修爲遵劄申報事咸豐四年
四月二十二日接奉
撫憲劄開據海運省局具詳令屆浙漕海運漕米清
查米石爲數較多應用商船亟須寛爲雇備迭經本
司道移行甯波道府督飭鄞鎭二縣暨甬東巡檢諭
令該紳董迅將三不像蜑船儘數封雇取攬催令趕
緊駛甬裝兌並節次詳請飛催在案迄今多日除據
封雇立攬一百十船外其餘杳無續雇現在風汎正
時且杭嘉湖三屬糧米均已具報全數起剝轉瞬雲
集甬江如果海船齊足定可逐一兌裝盡四月下旬

全數兌竣放洋若有米無船必致歇手候兌不特各
州縣剝船日久守候花消坐食嘖有煩言卽蘇局沙
船設有不敷亦必以我浙之船封雇未齊因之藉口
至於放洋風汎關繫更鉅倘有遲延更難措置本司
道等籌計及此實深焦灼除再飛移甯巡道暨劄甯
波府鄞鎭二縣甬東巡檢趕速儘數封雇取攬呈送
隨時押令開行務十五日內駛甬聽候裝兌外詳請
一體飭催等情到本部院據此查前項甯波之蜑船
三不像船迭經本部院由八百里飛飭趕緊封雇催
令全數馳赴劉河聽候受兌在案迄今未據具報實

屬玩延合再由八百里排遞劄催劄到該縣立卽督
同船局紳董催令蜑船三不像船速速全數馳抵劉
河受兌浙漕如該船戶等再有玩延本部院定卽派
弁帶鎖前往拏解來省查有書吏作弊等事官叅吏
治罪斷不寛貸仍將赴劉船隻字號數目日期由八
百里飛速馳報不准再遲切速等因奉此查海運船
隻節經卑職隨同本府督飭北商司事等先後封雇
得金永孚盛泰騏董永利盛裕祥董裕茂葛大孚董
順昌等船一百一十九隻均經取具各船承攬由府
開具清冊連同承攬分次詳送并卑職備文申報

憲鑒在案茲復隨同本府催據商船金萬茂等又出
立承攬四紙并牙行保結到案除將新立承攬仍由
府開摺詳送并押令各船趕緊卸貨傳齊船舵水手
人等刻日開放出口星夜趕赴劉河裝運外合將現
在續又封雇船四隻緣由先行具文申報仰祈
憲臺俯賜察覈除申
撫憲外爲此備由具申伏乞
照驗施行
咸豐四年四月二十五日具申
海運省局

浙江海運省局布政使韓椿督糧道周起濱甯紹台道晏端書督同總辦委員署紹興府知府繆梓等爲詳明事竊據委局委員補用知府楊守等詳稱准護瑞安協袁文開竊照做護協遵奉

撫憲檄飭督押海運漕糧赴津會同在津文員稽查彈壓收繳鎗礮各事宜業經遵札自瑞安起程并支領過銀二百兩選帶兵丁舵水九十名駕坐黄巖艇船由鎮海添雇舵工操駕茲於四月二十八日行抵劉河海口自應督押趕緊赴津以資彈壓並經叠奉

撫憲嚴札催行以速補遲至隨帶兵丁只准一二十名等因做護協接奉之下亟應恪遵辦理斷不敢稍涉因循糜費自宜酌省節減伏查江省委派武職附坐米船隨船安設礮位酌帶兵丁十餘名隨幫赴津沿途督護即與兵船無異做協正因所雇舵工自甯至劉海道漸覺生疎而艇船赴北須涉深洋海程浩渺未能稍事遷就現下既已抵劉不乏便船謬擬仿照江省現辦情形酌帶兵丁盧裕成馬瑞榮莊成濤王殿綸蔡殿華余瑞珽陸名隨同做護協附坐米船既得撙節經費且可趕速赴津期速補遲至所駕艇船一隻及在船減剩兵丁即令該船管駕千總劉凱

旋妥爲押駕回黄做護協初歷護押海運諸多未熟是否可行之處相商就近咨請覈示移局查照示覆深叨舟誼等因准此查護瑞安協袁遊擊已於四月二十八日到劉所坐艇船嫻習南洋海道不諳北洋風汎今防護漕糧北上此項艇船路道不熟未便乘座現在公同商酌仿照江省情形酌帶兵丁六名搭坐沙船已於本月初三日開放出洋防護赴津較爲妥速至駕坐艇船及餘剩兵丁由袁遊擊飭委千總劉凱旋押駕回黄相應備文詳明祈賜察覈實爲公便等情據此相應據情詳明仰祈

憲臺俯賜鑒覈爲此備由呈乞

照詳施行

咸豐四年五月十三日具詳奉

巡撫部院黄　批據詳已悉袁遊擊搭坐沙船防護漕糧北上已附片具

奏矣此繳

浙江巡撫部院黃　爲飛咨飭速趕辦事本月十五
日接到
部咨行令浙江採買米石由海運津其銀即由廣東
委員陸續解浙等因查廣東原奏內所稱係奉
旨飭令採買米石粵省採買維艱擬借動粵省秋季兵餉
銀二十萬兩委員解浙採辦米石欽奉
諭旨准行由部行知到浙令浙省遵照辦理現在粵東之
銀尚未解到浙省亦未接有粵省咨文惟原奏內有
四月初五日先行起解十萬兩其餘陸續委解之語
是該省雖先行起解十萬兩而粵東到浙總須三個

月計期已須七月間以後陸續撥解之銀又不知何
時方可起身何時方能到浙且係借動秋季兵餉則
起解亦未必能早若俱俟秋令方能到齊彼時縱有
米可買有船可運而風汛已非其時
京倉需米正殷
聖心重煩焦慮前接
部咨計咸豐三年江浙兩省漕米全數到津亦僅足
敷至來歲二月之糧若俟四年新海運到津早亦在
四月間事則中間已缺兩月之米若今屆到津之米
不能足額則已不敷用至二月閩省採買勸捐並行

昨有委員過浙面詢二十萬石之數尚未敢必今粵
東復難以採辦奏明解銀來浙辦理是該二省之米
數俱尚虛懸思之殊爲焦急惟查浙省今屆漕糧及
淸查米石連正耗合計起運七十五萬餘石比較往
年已多運米十餘萬石赴津上年災歉情形與蘇省
同並非豐稔向來浙米本不敷食用歷由長江濟運
而來其米源全資於
貴省間或有臺灣之米接濟者近來海道多梗臺米
到浙本少加以閩省現辦採買則臺米斷不能來浙
浙之米無從採買具明証也而兩屆辦理海運其船

隻更係由
貴省封雇濟用廣東原不知底蘊而爲此奏第已經
奉
旨准行何敢稍存推諉再四思維若俟廣東委員解銀到
浙則時候已遲現當南風司令正好趕兌北行之期
自應先爲墊辦以無誤風汛而浙省此次全漕起運
東挪西掩搜羅一空每月上海金陵本省三大宗軍
需防費已在十四五萬自正月至今此項用度又已
七八十萬本部院豈眞有點金妙術能爲不涸之倉
乎萬分拮据情形凡身歷公事者不必言亦自共喻

惟查運庫有春季應行起解京餉十萬兩多方延宕
迄未能起解屢奉部咨嚴催幾將遲誤
奏叅業已逾期至今斷不能不設法湊集起解現在正
當札催委解之時其夏季尚有十萬應行解京卽任
其延緩至遲六月間亦當籌解合計自此至六月有
此二十萬京餉可以暫留墊辦如以後粵東之銀無
誤俟其到日卽仍解京餉倘或不到則浙省係以京
餉墊辦京米並非有所貽誤似此一轉移間或可望
銀米兩不誤也除飭司備銀委員採買外所需船隻
若非
貴部^堂^院鼎力玉成則此事亦斷不能成諒
蓋懷察此情形爲粵浙計爲
京倉計定荷
飭令迅速雇釗沙船足敷十萬石之米移交浙局裝
兌運津如蒙
俞允希將何日內得以封雇齊全緣由先行
示覆以便定規後迅速覆
奏是爲切囑爲此咨請
貴部^堂^院請煩查照施行切速切速
咸豐四年五月　日咨

兩江督院
江蘇撫院

浙江巡撫部院黃　劄按察使銜蘇松太道知悉現於五月十五日准

戸部咨令浙江代粤東採辦米石由海運津等因前來本部院現將浙省應行起運

京餉二十萬兩先行截留墊辦十萬石米乘此南風司令之時即行裝兌運津交倉惟所需船隻已

奏明飛劄該道迅速封雇齊全移交浙局濟用除咨請

貴省督撫院一體飭遵外事關緊要合亟由六百里飛知劄到該道立即飭令封雇沙船足敷十萬石之數移交浙省海運局員收用萬萬不得違誤切切

咸豐四年五月　日行

浙江巡撫部院黃　劄婁局委員楊守知悉現接到

戸部咨文由浙江採買十萬石米由海運津該守着即責成紳董王慶勲等各領價分赴產米地方採買十萬石米趕緊裝兌運津交倉不准稍有諉延除飛咨江蘇外合亟劄飭劄到該守即一面傳諭責成紳董一面移咨蘇省海運局迅速封船濟用均着迅速辦理乘此南風司令之時趕辦完竣即奏請

優加奬敘毋得推諉延誤致干嚴參切切

咸豐四年五月　日行

浙江巡撫部院黃　劄江蘇海運省局知悉照得浙
省現接
部咨應採買米十萬石當此南風司令之時趕速裝
兌運津等因查此係
奏奉
諭旨之件不得稍有違延除飛劄浙江海運局委員楊守
等欽遵辦理外惟所需船隻尚多合亟劄飭劄到該
局員立即欽遵迅速封雇沙船送交浙局裝兌運津
毋稍短缺延挨致滋貽誤一俟竣事從優
奏獎仍將封雇緣由速行稟覆以憑先行覆

奏切切
咸豐四年五月　　日行

浙江海運省局布政使韓椿督糧道周起濱甯紹台
道晏端書督同總辦委員署紹興府知府繆梓等爲
據情詳明事竊據婁局委員楊守稟稱本年五月十
七日奉
撫憲劄開現接
戸部咨文由浙江採買米十萬石由海運津着即責
成王慶勳等各領價分赴採買趕兌運津劄到立即
傳諭紳董一面移知江蘇局封船濟用乘此南風司
令趕辦完竣即
奏請

優加獎敘毋得推諉延誤致干嚴叅等因奉此卑職當與
外局紳董王慶勳等商酌一面將遵飭趕辦情形稟
明
撫憲在案茲據外局紳董王慶勳俞斌等稟稱奉飭
採辦米十萬石續運赴津等因職董等素荷
憲恩愧難圖報當此
京倉需米孔殷之際食毛踐土同具天良尤當力思報
稱惟數至十萬之多時屆仲夏糙米俱已出臼購辦
尤非易易況江省現在採買米十萬石業經飭人分
往兩省同時購買恐商賈居奇難保不立時昂價若

不先期籌度必致臨事周章職董悉心酌議若待省
局發價始行採買已落人後一面先飭誠實可靠之
商夥於米市較旺之處先期馳往確採價值職董俞
斌即日由海赴仙女廟一帶王慶勳即赴蘇關外一
帶先行籌帶銀洋早日赴定分頭辦理現在節交夏
至一經購齊亟須放劉於一月內趕兌趕運俾可早
抵津門以仰副急公利運之至意所有米價水腳銀
兩務祈詳請迅速發給俾可接濟至海運公事已竣
續辦採買所有一切外局應裁應節酌量變通之處
開呈察轉等情并送條欵清摺前來查該紳董等所

稟各條均係實在情形應請察覈辦理至現在內局
委員惟有杭府司獄沈起鵾候補從九鄭崇暄二員
書吏酌留六名差役酌留六名以資辦公其薪水飯
食即照海運章程給發太倉州城局亦經裁撤所有
委員秀水縣主簿秘雲書仍令移住劉河經理銀錢
出入事件備用船隻酌留三四隻以應不時之需并
委員紳董往來海口監兌之用其代馬船除減去四
隻外其現在所留之六隻不惟文件絡繹而且往來
蘇州并駛赴海口探報一切非此不足應用未可裁
撤此外概歸節省似可毋庸另議章程至海運用帳

即截至本月二十日為止採買用帳即從二十一日
為始各歸各帳以免混淆再應用漕斛兌竣之後各
縣均已領回應請飭令嘉興秀水兩縣於月內各解
十隻來劉以便應用合並稟明並呈外局條欵摺一
扣到局據此除所請漕斛已飛飭嘉秀二縣各備漕
斛十隻勒限於五月內專差解婁應用外合將外局
條欵照錄詳送仰祈
憲臺俯賜鑒覈為此備由呈乞
照詳施行
今呈送婁局轉送外局條欵摺一扣

謹將續辦採買米石外局欵條錄呈
憲鑒
一經費銀兩宜分撥存開陸續領給也現在採辦米石
應領米價水腳各欵應請先發銀五萬兩即日解劉
應用以四萬兩解交平望局暫存七萬兩解存蘇省
李洪順朱恒和布號可以就近支取其餘俟開兌時陸續稟
請撥用劉河地僻未敢多儲銀洋分項存開隨時請
領庶可接濟辦公而昭慎重
一外局及豆行飯食一項宜酌量裒益也查外局豆行
每月均給火食錢各一百千文現在往來商夥較多

外局飯食應請酌加十分之二豆行司事人等所辦十萬米石無需多人業已酌量撤退其飯食一項應請酌減十分之四雖爲數無多而隨時變通庶足兩昭平允

一外局辦公之所宜酌請增減也現奉　憲飭責成職董等採買米十萬石運津則外局爲職董等集衆辦公之所未便即撤因請酌量添給一月房價暫緩出房兒致重遷監兌處爲會集之所刻下米到尚早應請暫退以節冗費俟開兌時再行酌辦惟採買公事與各縣漕運稍異漕運有各縣丁書等隨米赴地賃

住照料採買則均須職董等邀集親信商夥管駕催趲及排船交兌各務在在均須人手則住房臨時必須酌量添借俾可常川照料駐局辦公

一斛手宜酌量去留以節費用也查雇募斛手爲交兌要務惟現在米到尚須時日多人在地無事閒游難免轉生事端應請暫行遣回可省飯食之費酌留斛頭幾名發給飯食在劉守候一俟米到有日先期飭令斛頭往招可以一呼即至不致誤公而節浮費

一請撥給船隻俾資辦事也職董等奉飭採買米石而米市隨地起價早晚不齊必須廣飭可靠之夥分赴各處採聽價値職董等均須分頭親往採買方可覈實不致浮冗而劉河地僻別無船埠則船隻必須雇備在地應請憲局稟請雇劉之船隻酌量撥給二三隻飭赴外局以資辦公

一外局紳董及司事等宜酌量增減也海運公事現已告竣司事亦宜裁撤除將實力辦公者酌留數人外其餘夥友及監兌處添募各司事一併撤退如米到之後人或不敷隨時再添亦可少節辛資飯食之需惟職董王慶勲馳赴關外一帶分頭採辦職董俞斌須馳赴仙女廟一帶採辦而張未入修睦尅日押運

赴津局中惟王未入慶模一人在局辦公人少所有銀錢出入及函信往返均須照料查紳董李會裕內局公事已竣應請即飭移至外局作爲外局紳董襄辦局務較爲妥便

一各縣漕斛宜酌留撥用也採買之米一經往定即飭陸續放劉天時漸熱亦當趕即兌運必須備有漕斛三四十隻方可敷用查各縣漕斛該丁書等於兌竣後帶回繳縣應請轉飭各縣尚未起程之丁書到局先將縣斛留局檢有若干隻如不敷用並祈預期移縣解劉裨無遲誤

咸豐四年五月二十九日具詳奉

巡撫部院黃　批據詳漕斛一項已飛飭嘉秀二縣各備十隻解婁應用已悉至摺開採買經費已發銀十六萬兩該婁局委員楊守計早已收到矣其餘各條如豆行飯食去留斛手酌撥船隻添給房價以及紳董司事酌量增減等等仰仍督飭婁局委員楊守隨事隨時妥爲酌辦以節經費要要又來詳所敘酌留委員書差并備用代馬各船暨海運漕糧與採買用帳各歸各帳等事均如詳辦理可也此繳摺存

浙江海運省局布政使韓椿督糧道周起濱署杭嘉湖道晏端書督同總辦委員署紹興府知府繆梓等爲詳送事案奉

憲臺行准

戶部咨兩廣總督等奏籌撥銀二十萬兩委員解赴浙江採買米石由海運津等因業奉

憲臺馳

奏請將運庫應解春夏季京餉先解劉河就近購買乘時起運仍俟粵餉到浙再行委員解

部等因鈔摺行局奉經轉飭婁局委員候補知府楊守遵照趕辦去後兹據該守詳稱遵即督同紳董分投購辦隨運隨兌截至六月二十四日止一律兌竣其裝商船七十二隻計兌正米九萬七千四百二石四升四合備帶耗米二千五百九十七石九斗五升六合商船耗米七千七百九十二石一斗六升三合六勺通共正耗米十萬七千七百九十二石一斗六升三合六勺於六月二十八日起陸續駛至崇明十滧乘風放洋合將浙省代粵採買米石全數起運緣由造具船名米數清冊詳候轉詳

撫憲分咨并請遥飭津局查照等情到局據此合將

送到清冊備文詳送伏祈
憲臺俯賜察覈飛咨
欽差驗米王大臣暨
會場直隸督院轉飭駐津通坐糧廳天津道一體查照實爲
公便爲此備由呈乞
照詳施行
今呈送　清冊七本
咸豐四年六月二十八日具詳奉
巡撫部院黄　批現由六百里排遞飛咨
欽派驗米王大臣暨
會場直隸督院并行天津道及駐津通坐糧廳暨周糧道並
天津局委員葉守等查照矣此繳冊存送

浙江海運省局布政使韓椿督糧道周起濱署杭嘉
湖道晏端書督同總辦委員署紹興府知府繆梓等
爲詳請　奏咨事案奉
憲臺行准
戶部咨兩廣總督等奏籌撥銀二十萬兩委員解赴
浙江採買米石由海運津等因業奉
憲臺馳
奏請將運庫應解春夏季京餉先解劉河就近購買乘
時起運等因鈔摺行局就經轉飭婁局委員候補知
府楊裕深會督紳董趕緊採辦乘時兌運一面飛咨
蘇省迅速封雇沙船移交浙局濟用在案茲據婁局
楊守稟稱遵即傳諭紳董浙江候補同知王慶勳鎮
海縣職員俞斌等分頭採買陸續運劉於五月二十
七日開兌曾經報明在案嗣據王丞等接續運到米
石隨到隨兌截至本月二十四日業已掃數兌竣其
計採辦運津米十萬石又商船耗米七千七百九十
二石一斗六升三合六勺配裝商船七十二隻一面
給發水腳神福犒賞等銀已於本月十二日王源昌
等船陸續開行其餘停泊口內之船亦擬定二十八
日朔潮起汛之後一律押令駛放時屆大暑南風正

旺吳淞崇明十滧佘山等處無須候風計日可以抵
津除將正耗各米造具清冊另文詳請分咨一面飭
知候補縣丞黃恩詔紳董俞奎管帶勇船沿途護送
外合將兌竣并掃數開行日期稟祈轉詳請
奏並飛咨
直隸山東江蘇各督撫轉飭沿途水師一律接護以
昭慎重等情到局據此伏查此案採買米石現據婁
局造送船名米數放洋清冊到局業已另文詳請分
咨據稟前情合將兌竣放洋日期具文轉詳伏祈
憲臺俯賜察覈具

奏並請咨達
戶部 兩廣督院 廣東撫院查照并飛咨
直隸山東江蘇各督撫部院轉飭沿海水師一體接
護俾昭慎重爲此備由呈乞
照詳施行
咸豐四年六月三十日具詳
浙撫部院

浙江巡撫部院黃　爲欽奉事咸豐四年四月二十
七日准
戶部咨開雲南司案呈准浙江巡撫黃　咨准部咨
浙省漕糧海運船隻既據咨稱必須廣爲封雇自係
實在情形飛咨直隸山東務將衛船登由子船趕緊
廣爲招雇以濟浙省海運等因查浙省漕糧現在接
續起運甯屬蜑船三不像船兩項已據該管道府取
具承攬駛婁候兌惟甯屬北號商船僅止一百數十
隻至今尚有在津未回之船縱使甬江全船放棹回
甬雇齊裝米不過二十二三萬石仍藉衛沙及登由
子各船協濟裝運且本年浙漕共米七十六萬餘石
比較上屆數亦加增更應多爲雇備趕緊駛赴劉河
海口以資運載現在時迫事急直隸山東等省未見
咨覆除再咨催直隸山東各督撫外相應再行咨部
查照希再一體飛催直隸等省各督撫迅速飭屬務
將前項沙衛及登由子等船即速廣爲封雇催令趕
駛江蘇太倉劉河海口發交浙省婁局委員派裝兌
運新漕等因前來相應再行飛咨直隸總督山東巡
撫奉天府尹將沙衛各船並登由子船轉飭趕緊廣
爲封雇催令迅赴江蘇太倉劉河口發交浙省委員

派裝兌運新漕毋稍延誤仍咨覆浙江巡撫可也等因到本部院准此合就轉行爲此仰該局查照准咨事理卽便轉行知照毋違

咸豐四年七月初一日行海運省局

浙江海運省局布政使韓椿督糧道周起濱署杭嘉湖道晏端書督同總辦委員署紹興府知府繆梓等爲詳送事據委局委員候補知府楊裕深詳稱竊奉

撫憲劄准

部咨由浙採買米十萬石運津交兌等因遵經飭令各紳董購買米十萬七千七百九十二石一斗六升三合六勺配船七十二隻於六月十二日起陸續開放並經造具放洋米數清冊詳請轉詳分咨在案惟現當

京倉需米孔殷之際節奉劄飭多爲採運以資儲備茲

卑職與各紳董商議再添辦正米九千三十三石一斗五升九合八勺備帶耗米二百四十石九斗三升七合商船耗米七百二十二石六斗五升二合八勺共正耗米九千九百九十六石七斗四升九合六勺計裝商船八隻趕兌完竣跟同前船一律開行統於七月初三日全數放洋赴津交卸連前共計採辦正耗米一十一萬七千七百八十八石九斗一升三合二勺理合造具續辦米石船名米數清冊詳祈覈轉分咨並行津局査照等情到局據此除飭津局委員葉守遵照外合將送到清冊備文詳送伏祈

憲臺俯賜察覈飛咨
欽差驗米王大臣暨
直隸倉場督院轉飭駐津通坐糧廳天津道一體查照實爲
公便爲此備由呈乞
照詳施行
今呈送　清册七本
咸豐四年七月初二日具詳奉
巡撫部院黃　批現由六百里排遞飛咨
欽派驗米王大臣暨
直隸倉場督院并行天津道及駐津通坐糧廳暨周糧道並

天津局委員葉守等查照矣此繳册存送

浙江巡撫部院黃　爲欽奉事咸豐四年六月二十
八日接准
兵部火票遞到
戶部咨開雲南司案呈浙江巡撫奏粵東應行採買
米石由浙留餉代辦一摺咸豐四年六月初五日奉
硃批所辦認真之至戶部知道如有未盡事宜著隨時請
旨欽此欽遵於本月初七日鈔出到部查原奏內稱
此次所買米石天津驗收交倉一切經費應如何支
銷浙省並無成案可循卽飛咨部示分别覈辦等因
查道光二十七年天津收買商米係照轉運奉米奉

豆之案辦理由津運通每石每百里給剝價銀一分
五釐以三百二十里覈算計每百石給銀四兩八錢
此次該省採買米石自應照辦相應鈔錄原奏恭錄
硃批由五百里飛咨浙江巡撫查照可也等因到本部院
准此查此案原奏暨欽奉
硃批卽經分别咨行在案今准前因合就轉行爲此仰該
局查照准咨欽奉
硃批事理卽便移行欽遵
咸豐四年七月初四日行海運省局

浙江海運省局布政使韓椿督糧道周起濱署杭嘉
湖道晏端書督同總辦委員署紹興府知府繆梓等
爲詳請覈咨事案奉
憲臺行准
戸部咨兩廣總督等奏籌撥銀二十萬兩委員解赴
浙江採買米石由海運津等因業奉
憲臺馳
奏請將運庫應解春夏季京餉先解劉河就近購買米
石乘時起運仍俟粤餉到浙再行委員解
部等因鈔搨行局轉飭趕辦其不敷銀兩稟奉
憲諭各庫籌墊接續解濟已於六月初旬據婁局具

報全數買齊派船裝兌次第放洋備文詳請
奏咨在案茲據廣東省委員試用同知瞿生瑞等管解
第一批採買米價銀十萬兩於六月二十五日到浙
現經本司道督飭局員會同糧庫大使及粤省解員
於七月十一日三面彈兌照數收存原匣分裝儲庫
聽候撥歸原欵並據該解員瞿丞將兵牌印花簿呈
請轉繳聲明此項餉銀奉限於咸豐四年六月十三
日到浙今於六月二十五日解到因沿途風水阻滯
離城窵遠未及呈報覈計遲逾僅止十二日例邀免

議等情前來相應具文轉詳伏候
憲臺俯賜鑒覈分咨爲此備由呈乞
照詳施行
計呈送　兵牌一道　印花薄一本
咸豐四年七月十三日具詳奉
巡撫部院黄　批送到兵牌印花簿仰候咨送
兵部查銷並咨明
戸部暨
兩廣督廣東撫院查照繳

浙江海運天津局候補知府葉堃稟案奉
鄭親王劄開浙省代粤採買米石業經
奏明酌留浙局委員在津辦理交米事宜應飭該守仍
留天津並由該守酌留二三員幫同辦理務須恪謹
將事等因奉此竊查採辦米船現已陸續進口自應
酌定員名以資共襄厥事現擬請以候補鹽經歷高
履亨候補訓導邵燮元仁和縣典史高道生等三員
仍留天津辦理採辦事務除轉飭該員等遵照外合
肅稟明
咸豐四年閏七月十六日具稟奉

巡撫部院黄　批據稟候補鹽經歷高履亨等仍留
天津辦理代粤採買米石交兑事宜已悉仰海運省
局轉飭知之此繳稟鈔發

劉澗水道規形合準全圖

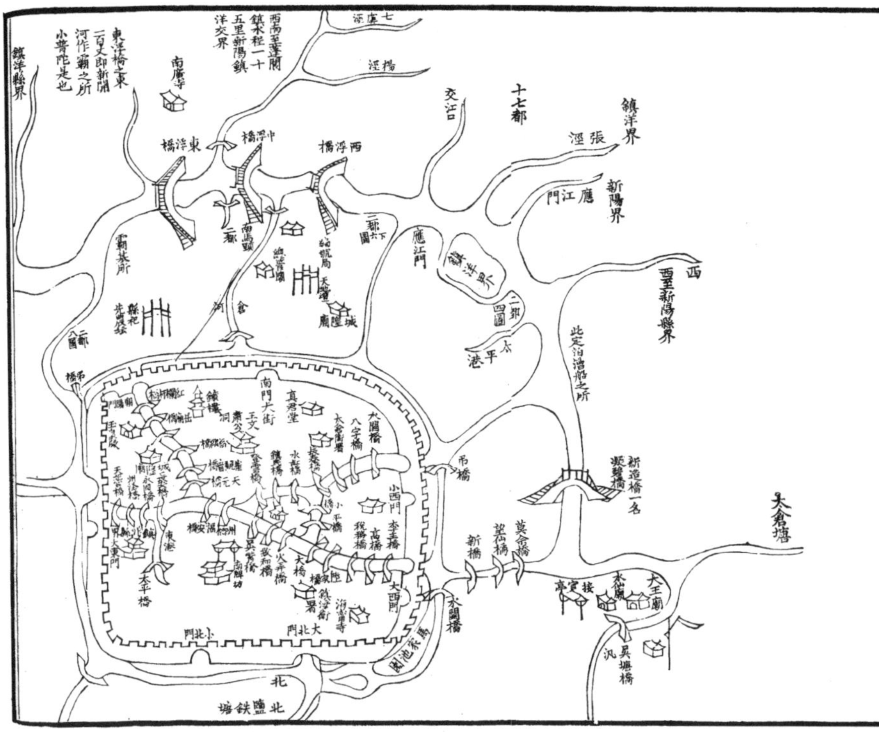

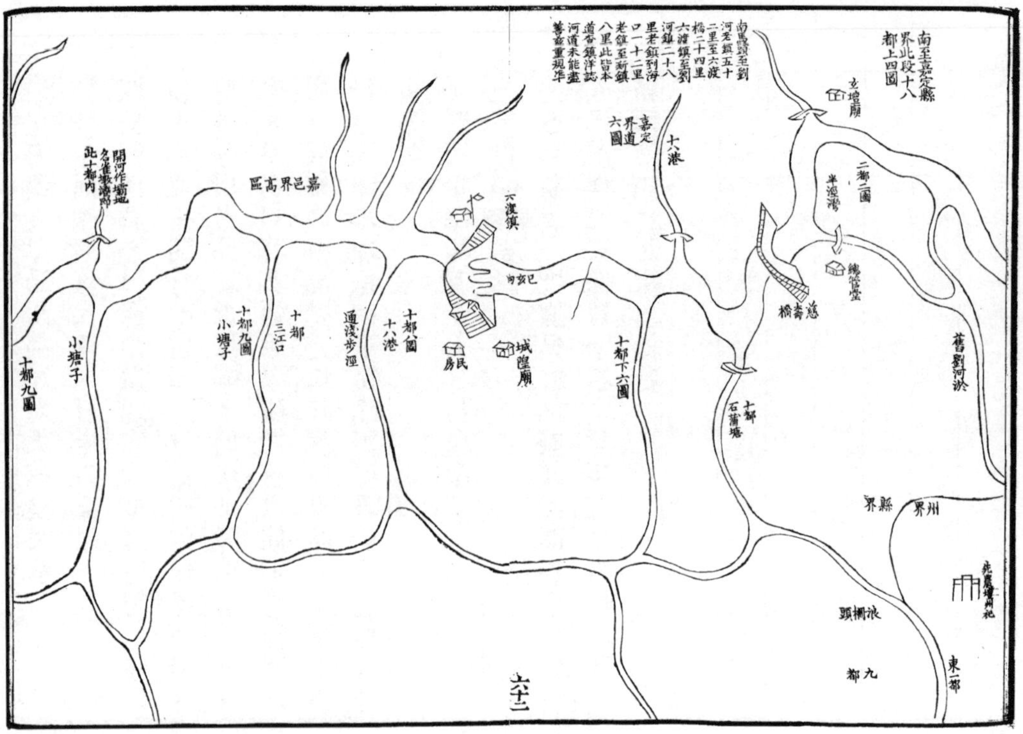
南至嘉定縣界此段十八都上四圖
玄壇廟
嘉定界道六圖
十八港
二都一圖
半涇灣
總管堂
慈壽橋
嘉邑界高區
開河作壩地名進級鎮此十都內
六渡鎮
十都九圖
小塘子
十都三江口
通浚步涇
十都一圖十八港
民房
城隍廟
十都下六圖
十都石蒲塘
舊劉河淤
十都九圖
小塘子
界州
界縣
浪橋頭
九都
東一都
六十二

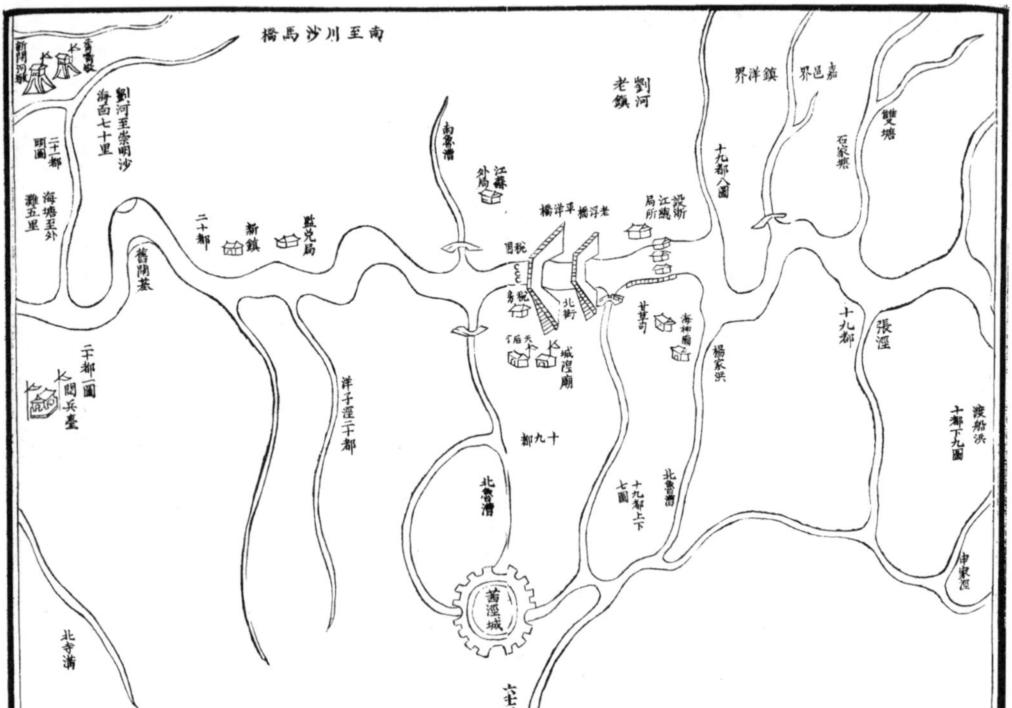
南至川沙馬橋
劉河老鎮
嘉邑界
鎮洋界
雙塘
石家濱
劉河至崇明沙海面七十里
二十一都頭圖
海塘至外灘五里
二十都
新鎮
監兑局
舊閘基
南魯漕
江蘇外局
平洋橋
老浮橋
設江海局所
十九都八圖
稅司
北街
城隍廟
甘草司
海神廟
楊家浜
十九都
張涇
二十都一圖
閱兵臺
洋子涇二十都
十九都
北魯漕
十九都上下七圖
北魯漕
渡船浜
十都下九圖
申家涇
茜涇城
北寺滿
六十三

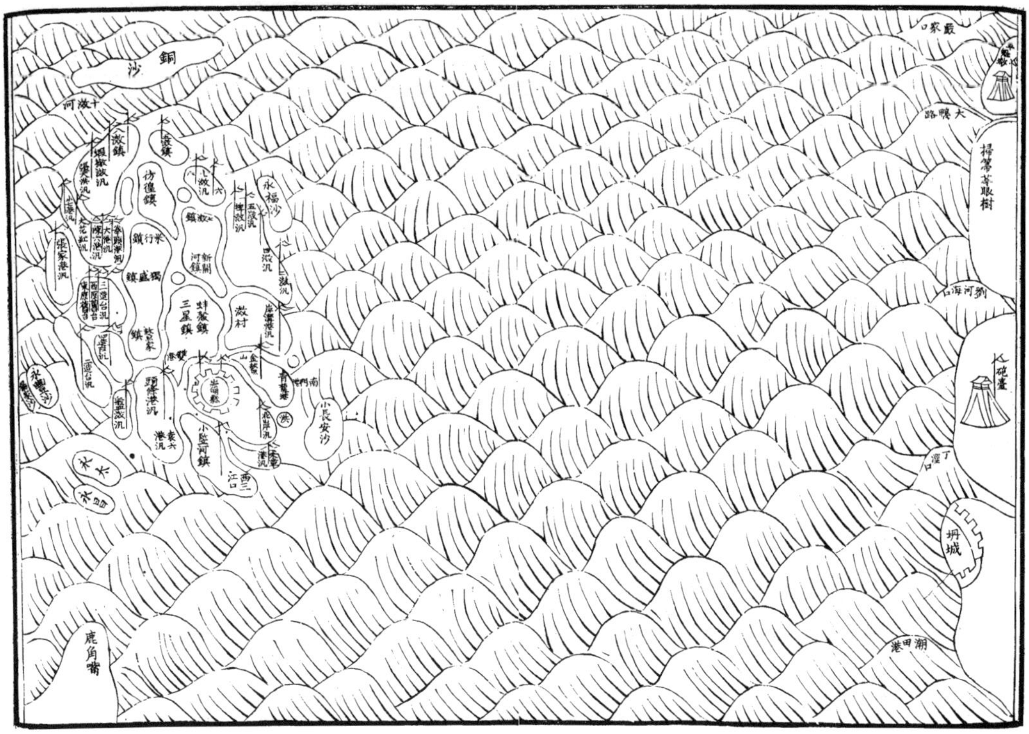

署江蘇太倉直隸州
署　鎮　洋　縣
呈今將奉飭挑濬劉河起止工段面底寬深丈尺土
方及壩座等項分別開具實用銀數清冊呈送
查覈須至冊者
計開
劉河自小普陀起至黃泥濱西工尾止
共計工長四千五十丈估挑
面寬四丈五尺底寬一丈五
尺平水面浚深五尺
計應挑土七萬九千九百一十七

方一分九釐三毫內
乾土二萬三千二百六十二方七分三
釐二毫九絲每方庫平銀一
錢共計庫平銀二千三百二
十六兩二錢七分三釐
淤土五萬二千六百一十七方三分八
釐五毫一絲每方庫平銀一
錢三分五釐共計庫平銀七
千一百三兩三錢四分七釐
瓦礫土四千三十七方七釐五毫每方

庫平銀一錢七分共計庫平
銀六百八十六兩三錢三釐
估築通工大小壩座料工庫平銀五百
七十兩一錢六分四釐
以上實用土方壩座等項共庫平
銀一萬六百八十六兩八分
七釐

第一段自東浮橋東小普陀廟田起至劉慶觀田止
工長一百六十丈岸高水面三尺五寸水深三尺
水下挑深二尺共高深八尺五寸擬挑口寬四丈
五尺底寬一丈五尺牽寬三丈見丈土二十五方
五分共土四千八十方內除河形牽寬一丈六尺
二寸五分牽深六尺五寸見丈土一十方五分六
釐二毫五絲共除土一千六百九十方
實挑土二千三百九十方內
乾土七百一十七方
淤土一千六百七十三方
信椿遠新口二丈　信椿高新口一尺九寸　高新
河底一丈四寸

第二段自前工起至王天觀田止工長一百四十丈
岸高水面四尺三寸水深二尺五寸水下挑深二
尺五寸共高深九尺三寸擬挑口寬四丈五尺底
寬一丈五尺牽寬三丈見丈土二十七方九分共
土三千九百六方內除河形牽寬一丈七尺牽高
六尺八寸見丈土一十一方五分六釐共除土一
千六百六十八方四分
實挑土二千二百八十七方六分內
乾土六百八十六方二分八釐
淤土一千六百一方三分二釐
信樁遠新口二丈　信樁高新口平　高新河底九
尺三寸

第三段自前工起至金在田止工長一百四十丈岸
高水面四尺水深二尺水下挑深三尺共高深九
尺擬挑口寬四丈五尺底寬一丈五尺牽寬三丈
見丈土二十七方共土三千七百八十方內除河
形牽寬一丈五尺牽高六尺見丈土九方共除土
一千二百六十方
實挑土二千五百二十方內
乾土七百五十六方
淤土一千七百六十四方
信樁遠新口二丈　信樁高新口一尺四寸　高新
河底一丈四寸

第四段自前工起至范丕田止工長一百四十丈岸高水面四尺八寸水深二尺水下挑深三尺共高深九尺八寸擬挑口寬四丈五尺底寬一丈五尺牵寬三丈見丈土二十九方四分共土四千一百一十六方內除河形牵寬一丈七尺牵高六尺八寸見丈土一十一方五分六釐共除土一千六百一十八方四分

實挑土二千四百九十七方六分內

乾土七百四十九方二分八釐

淤土一千七百四十八方三分二釐

信椿遠新口一丈五尺　信椿高新口平　高新河底九尺八寸

第五段自前工起至朱玉全田止工長一百四十丈岸高水面七尺水深二尺水下挑深三丈共高深一丈二尺擬挑口寬四丈五尺底寬一丈五尺牵寬三丈見丈土三十六方共土五千四十方內除河形牵寬二丈七寸牵高九尺見丈土一十八方六分三釐共除土二千六百八方二分

實挑土二千四百三十一方八分內

乾土七百二十九方五分四釐

淤土一千七百二方二分六釐

信椿遠新口二丈　信椿高新口一尺　高新口底一丈三尺

第六段自前工起至朱家宅止工長一百丈岸高水面五尺六寸水深二尺水下挑深三尺共高深一丈六寸擬挑口寬四丈五尺底寬一丈五尺牽寬三丈見丈土三十一方八分共土三千一百八十方內除河形牽寬一丈九尺牽高七尺六寸見丈土一十四方四分四釐共除土一千四百四十四方

實挑土一千七百三十六方內

乾土五百二十方八分

淤土一千二百一十五方二分

樹記遠新口六尺五寸　樹記高新口五尺　高新河底一丈五尺六寸

第七段自前工起至陳亮田止工長一百丈岸高水面一丈水深二尺水下挑深三尺共高深一丈五尺擬挑口寬四丈五尺底寬一丈五尺牽寬三丈見丈土四十五方共土四千五百方內除河形牽寬二丈一尺六寸牽深一丈二尺見丈土二十五方九分二釐共除土二千五百九十二方

實挑土一千九百八方內

乾土五百七十二方四分

淤土一千三百三十五方六分

信椿遠新口二丈　信椿高新口一丈　高新河底一丈六尺

第八段自前工起至沈文田止工長一百丈岸高水面八尺五寸水深二尺水下挑深三尺共高深一丈三尺五寸擬挑口寬四丈五尺底寬一丈五尺牽寬三丈見丈土四十方五分共土四千五十方內除河形牽寬二丈一尺牽高一丈五寸見丈土二十二方五釐共除土二千二百五方

實挑土一千八百四十五方內

乾土五百五十三方五分

淤土一千二百九十一方五分

信椿遠新口二丈　信椿高新口平　高新河底一丈三尺五寸

第九段自前工起至湯荀觀田止工長一百丈岸高水面八尺水深一尺五寸水下挑深三尺五寸共高深一丈三尺擬挑口寬四丈五尺底寬一丈五尺牽寬三丈見丈土三十九方共土三千九百方內除河形牽寬二丈九寸牽高九尺五寸見丈土一十九方八分五釐五毫共除土一千九百八十五方五分

實挑土一千九百一十四方五分內

乾土五百七十四方三分五釐

淤土一千三百四十方一分五釐

信椿遠新口一丈五尺　信椿高新口平　高新河底一丈三尺

第十段自前工起至沈金觀田止工長一百丈岸高水面四尺七寸水深一尺五寸水下挑深三尺五寸共高深九尺七寸擬挑口寬四丈五尺底寬一丈五尺牽寬三丈見丈土二十九方一分共土二千九百一十方內除河形牽寬一丈五尺五寸牽高六尺二寸見丈土九方六分一釐共除土九百六十一方

實挑土一千九百四十九方內

乾土五百八十四方七分

淤土一千三百六十四方三分

信樁遠新口一丈五尺　信樁高新口平　高新河底九尺七寸

第十一段自前工起至毛亮生宅止工長一百丈岸高水面五尺三寸水深一尺五寸水下挑深三尺五寸共二十一丈三寸擬挑口寬四丈五尺底寬一丈五尺牽寬三丈見丈土三十方九分共土三千九十方內除河形牽寬一丈七尺牽高六尺八寸見丈土十一方五分六釐共除土一千一百五十六方

實挑土一千九百三十四方內

乾土五百八十方二分

淤土一千三百五十三方八分

信樁遠新口二丈五尺　信記毛亮生宅門右柱上高新口六尺二寸　高新河底一丈六尺五寸

第十二段自前工起至王元田止工長一百丈岸高水面五尺六寸水深一尺五寸水下挑深三尺五寸共高深一丈六寸擬挑口寬四丈五尺底寬一丈五尺牽寬三丈見丈土三十一方八分共土三千一百八十方內除河形牽寬一丈七尺四分牽高七尺一寸見丈土一十二方九釐八毫四絲共除土一千二百九方八分四釐

實挑土一千九百七十方一分六釐內

乾土五百九十一方四釐八毫

淤土一千三百七十九方一分一釐二毫

信椿遠新口二丈五尺　信椿高新口一尺　高新河底一丈一尺六寸

第十三段自前工起至江福田止工長一百丈岸高水面六尺水深一尺水下挑深四尺共高深一丈一尺擬挑口寬四丈五尺底寬一丈五尺牽寬三丈見丈土三十三方共土三千三百方內除河形牽寬一丈七尺五寸牽高七尺見丈土一十二方二分五釐共除土一千二百二十五方

實挑土二千七十五方內

乾土六百二十二方五分

淤土一千四百五十二方五分

信椿遠新口二丈　信椿高新口一尺三寸　高新

河底一丈二尺三寸

第十四段自前工起至王順爲田止工長一百丈岸高水面四尺五寸水深一尺水下挑深四尺共高深九尺五寸擬挑口寬四丈五尺底寬一丈五尺牽寬三尺見丈土二十八方五分共土二千八百五十方內除河形牽寬一丈四尺八寸五分牽高五尺五寸見丈土八方一分六釐七毫五絲共除土八百一十六方七分五釐

實挑土二千三十三方二分五釐內

乾土六百九方九分七釐五毫

淤土一千四百二十三方二分七釐五毫

信椿遠新口二丈　信椿高新口二尺　高新河底一丈一尺五寸

第十五段自前工起至王大年田止工長一百丈岸高水面四尺三寸水深一尺水下挑深四尺共高深九尺三寸擬挑口寬四丈五尺底寬一丈五尺牽寬三丈見丈土二十七方九分共土二千七百九十方內除河形牽寬一丈四尺三寸一分牽高五尺三寸見丈土七方五分八釐四毫三絲共除土七百五十八方四分三釐

實挑土二千三十一方五分七釐內

乾土六百九方四分七釐一毫

淤土一千四百二十二方九釐九毫

信椿遠新口二丈　信椿高新口二尺　高新河底一丈一尺三寸

信椿西朱永和宅東楊樹信記高新河底一丈五尺

第十六段自前工起至錢鳳林田止工長一百丈岸高水面八尺水深一尺水下挑深四尺共高深一丈三尺擬挑口寬四丈五尺底寬一丈五尺牽寬三丈見丈土三十九方共土三千九百方內除河形牽寬二丈七寸牽高九尺見丈土一十八方六分三釐共除土一千八百六十三方

實挑土二千三十七方內

乾土六百一十一方一分

淤土一千四百二十五方九分

信椿遠新口二丈　信椿高新口一丈　高新河底一丈四尺

第十七段自前工起至劉丕田止工長一百丈岸高水面九尺五寸水深一尺水下挑深四尺共高深一丈四尺五寸擬挑口寬四丈五尺底寬一丈五尺牽寬三丈見丈土四十三方五分共土四千三百五十方內除河形牽寬二丈三尺一寸牽高一丈五寸見丈土二十四方二分五釐五毫共除土二千四百二十五方五分

實挑土一千九百二十四方五分內

乾土五百七十七方三分五釐

淤土一千三百四十七方一分五釐

信椿遠新口二丈　信椿高新口三尺　高新河底一丈七尺五寸

第十八段自前工起至陳洪田止工長一百十丈岸高水面七尺八寸水深一尺水下挑深四尺共高深一丈二尺八寸擬挑口寬四丈五尺底寬一丈五尺牽寬三丈見丈土三十八方四分共土四千二百二十四方內除河形牽寬二丈二寸四分牽高八尺八寸見丈土十七方八分一釐一毫二絲共除土一千九百五十九方二分三釐二毫

實挑土二千二百六十四方七分六釐八毫內

乾土六百七十九方四分三釐四絲

淤土一千五百八十五方三分三釐七毫六絲

信椿遠新口二丈　信椿高新口八寸　高新河底一丈三尺六寸

第十九段自前工起至陸裕田止工長一百丈岸高水面六尺一寸水深一尺水下挑深四尺共高深一丈一尺一寸擬挑口寬四丈五尺底寬一丈五尺牽寬三丈見丈土三十三方三分共土三千三百三十方北岸土埂長十五丈牽寬一丈牽高一尺五寸計土二十二方五分、共土三千三百五十二方五分內除河形牽寬一丈七尺四分牽高七丈一寸見丈土一十二方九釐八毫四絲、共除土一千二百九方八分四釐

實挑土二千一百四十二方六分六釐內

乾土六百四十二方七分九釐八毫

淤土一千四百九十九方八分六釐二毫

信椿遠新口二丈　信椿高新口一尺　高新河底一丈二尺一寸

第二十段自前工起至金惠田止工長一百丈岸高水面五尺三寸水深一尺水下挑深四尺共高深一丈三寸擬挑口寬四丈五尺底寬一丈五尺牽寬三丈見丈土三十方九分共土三千九十方北岸土埂長二十丈牽寬一丈五尺牽高一尺計土三十方二共土三千一百二十方内除河形牽寬一丈五尺七寸五分牽高六尺三寸見丈土九方九分二釐二毫五絲共除土九百九十二方二分五釐

實挑土二千一百二十七方七分五釐内

乾土六百三十八方三分二釐五毫

淤土一千四百八十九方四分二釐五毫

信樁遠新口二丈　信樁高新口一尺四寸　高新河底一丈一尺七寸

第二十一段自前工起至錢壽觀田止工長一百十丈岸高水面六尺水深一尺水下挑深四尺共高深一丈一尺擬挑口寬四丈五尺底寬一丈五尺牽寬三丈見丈土三十三方共土三千六百三十方北岸土埂長二十五丈牽寬一丈牽高一丈五寸計土三十七方五分二共土三千六百六十七方五分内除河形牽寬一丈七尺五寸共高七尺見丈土十二方二分五釐共除土一千三百四十七方五分

實挑土二千三百二十方内

乾土六百九十六方

淤土一千六百二十四方

信樁遠新口二丈　信樁高新口一尺五寸　高新河底一丈二尺五寸

第二十二段自前工起至錢耀田止工長一百丈岸
高水面五尺八寸水深一尺水下挑深四尺共高
深一丈八寸擬挑口寬四丈五尺底寬一丈五尺
牽寬三丈見丈土三十二方四分共土三千二百
四十方北岸土埂長二十丈牽寬一丈五尺牽高
一尺計土三十方二共土三千二百七十方內除
河形牽寬一丈七尺六寸八分牽寬六尺八寸見
丈土十二方二釐二毫四絲共除土一千二百二
方二分四釐
實挑土二千六十七方七分六釐內

乾土六百二十方三分二釐八毫
淤土一千四百四十七方四分三釐二毫
信椿遠新口二丈　信椿高新口一尺二寸　高新
河底一丈二尺

第二十三段自前工起至胥乾觀田止工長一百丈
岸高水面七尺水深一尺水下挑深四尺共高深
一丈二尺擬挑口寬四丈五尺底寬一丈五尺牽
寬三丈見丈土三十六方共土三千六百方南岸
土埂長十五丈牽寬一丈牽高一尺五寸計土二
十二方五分二共土三千六百二十二方五分內
除河形牽寬二丈牽高八尺見丈土十六方共除
土一千六百方
實挑土二千二十二方五分內
乾土六百六方七分五釐

淤土一千四百十五方七分五釐
信椿遠新口二尺　信椿高新口三尺四寸　高新
河底一丈五尺四寸

第二十四段自前工起至孫奎元田土工長一百丈
岸高水面六尺水深一尺水下挑深四尺共高深
一丈一尺擬挑口寬四丈五尺底寬一丈五尺牽
寬三丈見丈土三十三方共土三千三百方北岸
土埂長二十丈牽寬一丈牽高一尺五寸計土三
十方二共土三千三百三十方內除河形牽寬一
丈七尺五寸牽高七尺見丈土十二方二分五釐
共除土一千二百二十五方
實挑土二千一百五方內
乾土六百三十一方五分

淤土一千四百七十三方五分
信樁遠新口二丈　信樁高新口平　高新河底一
丈一尺

第二十五段自前工起至吳喜元田止工長一百丈
岸高水面六尺水深一尺水下挑深四尺共高深
一丈一尺擬挑口寬四丈五尺底寬一丈五尺牽
寬三丈見丈土三十三方共土三千三百方北岸
土埂長三十丈牽寬一丈牽高一尺五寸計土四
十五方二共土三千三百四十五方內除河形牽
寬一丈七尺五寸牽高七尺見丈土一十二方二
分五釐共除土一千二百二十五方
實挑土二千一百二十方內
乾土六百三十六方

淤土一千四百八十四方
信樁遠新口五丈　信樁高新口五尺　高深河底
一丈六尺

第二十六段自前工起至王佩田止工長一百丈岸高水面七尺七寸水深一尺水下挑深四尺共高深一丈二尺七寸擬挑口寬四丈五尺底寬一丈五尺牽寬三丈見丈土三十八方一分共土三千八百一十方北岸土埂長三十丈牽寬一丈五尺牽高二尺計土九十方二共土三千九百方內除河形牽寬二丈八寸八分牽高八尺七寸見丈土一十八方一分六釐五毫六絲共除土一千八百一十六方五分六釐

實挑土二千八十三方四分四釐內

乾土六百二十五方三釐二毫

淤土一千四百五十八方四分八毫

信椿遠新口三丈　信椿高新口三尺八寸　高新河底一丈六尺五寸

第二十七段自前工起至六渡橋東堍止工長一百丈岸高水面九尺五寸水深一尺水下挑深四尺共高深一丈四尺五寸擬挑口寬四丈五尺底寬一丈五尺牽寬三丈見丈土四十三方五分共土四千三百五十方北岸土埂長五十丈牽寬二丈牽高三尺計土三百方二共土四千六百五十方內除河形牽寬二丈三尺一寸牽高一丈五寸見丈土二十四方二分五釐五毫共除土二千四百二十五方五分

實挑土二千二百二十四方五分係繞越民房出土最遠內

乾土三百三十三方六分七釐五毫

瓦礫土一千八百九十方八分二釐五毫

信椿連字頭至岸三尺二寸　岸高河底一丈五寸　高新河底一丈七尺七寸

第二十八段自前工起至顧雙求田止工長一百丈岸高水面六尺水深一尺水下挑深四尺共高深一丈一尺擬挑口寬四丈五尺底寬一丈五尺牵寬三丈見丈土三十三方共土三千三百方北岸土埂長五十丈牵寬三丈牵高三尺計土四百五十方二共土三千七百五十方內除河形牵寬一丈七尺五寸牵高七尺見丈土一十二方二分五釐共除土一千二百二十五方

實挑土二千五百二十五方內係繞越民房出土最遠

乾土三百七十八方七分五釐

瓦礫土二千一百四十六方二分五釐

信椿遠新口三丈　信椿高新口六尺　高新河底一丈七尺

第二十九段自前工起至杜大興田止工長一百丈岸高水面六尺一寸水深一尺水下挑深四尺共高深一丈一尺一寸擬挑口寬四丈五尺底寬一丈五尺牵寬三丈見丈土三十三方三分共土三千三百三十方北岸土埂長三十丈牵寬一丈牵高二尺計土六十方二共土三千三百九十方內除河形牵寬一丈七尺七寸五分牵高七尺一寸見丈土一十二方六分二毫五絲共除土一千二百六十方二分五釐

實挑土二千一百二十九方七分五釐內

乾土六百三十八方九分二釐五毫

淤土一千四百九十方八分二釐五毫

信椿遠新口四丈　信椿高新口二尺五寸　高新河底一丈三尺六寸

第三十段自前工起至許元觀田止工長一百丈岸高水面九尺五寸水深一尺水下挑深四尺共高深一丈四尺五寸擬挑口寬四丈五尺底寬一丈五尺牽寬三丈見丈土四十三方五分共土四千三百五十方北岸土埂長二十丈牽寬一丈牽高一尺五寸計土三十方二共土四千三百八十方內除河形牽寬二丈三尺一寸牽高一丈五寸見丈土二十四方二分五釐五毫共除土二千四百二十五方五分

實挑土一千九百五十四方五分內

乾土五百八十六方三分五釐

淤土一千三百六十八方一分五釐

信椿遠新口二丈　信椿高新口五寸　高新河底一丈五尺

第三十一段自前工起至朱近田止工長一百丈岸高水面九尺水深一尺水下挑深四尺共高深一丈四尺擬挑口寬四丈五尺底寬一丈五尺牽寬三丈見丈土四十二方共土四千二百方北岸土埂長三十丈牽寬一丈五尺牽高一尺五寸計土六十七方五分二共土四千二百六十七方五分內除河形牽寬二丈三尺牽高一丈見丈土二十三方共除土二千三百方

實挑土一千九百六十七方五分內

乾土五百九十方二分五釐

淤土一千三百七十七方二分五釐

信椿遠新口二丈　信椿高新口五寸　高新河底一丈四尺五寸

第三十二段自前工起至楊新觀田止工長一百丈岸高水面七尺水深一尺水下挑深四尺共高深一丈二尺擬挑口寬四丈五尺底寬一丈五尺牵寬三丈見丈土三十六方共土三千六百方北岸土埂長五十丈牵寬一丈五尺牵高二尺計土一百五十方二共土三千七百五十方内除河形牵寬二丈牵高八尺見丈土十六方共除土一千六百方

實挑土二千一百五十方内

乾土六百四十五方

淤土一千五百五方

信椿遠新口一丈　信椿高新口五寸　高新河底一丈二尺五寸

第三十三段自前工起至張洪九田止工長一百丈岸高水面九尺水深一尺水下挑深四尺共高深一丈四尺擬挑口寬四丈五尺底寬一丈五尺牵寬三丈見丈土四十二方共土四千二百方北岸土埂長四十丈牵寬一丈牵高一尺五寸計土六十方二共土四千二百六十方内除河形牵寬二丈三尺牵高一丈見丈土二十三方共除土二千三百方

實挑土一千九百六十方

乾土五百八十八方

淤土一千三百七十二方

信椿遠新口一丈　信椿高新口平　高新河底一丈四尺

第三十四段自前工起至景才賓田止工長一百丈
岸高水面九尺三寸水深一尺水下挑深四尺共
高深一丈四尺三寸擬挑口寬四丈五尺底寬一
丈五尺牽寬三丈見丈土四十二方九分共土四
千二百九十方北岸土埂長二十丈牽寬一丈牽
高二尺計土四十方二共土四千三百三十方內
除河形牽寬二丈二尺六寸六分牽高一丈三寸
見土丈二十三方三分三釐九毫八絲共除土二
千三百三十三方九分八釐

實挑土一千九百九十六方二釐內

乾土五百九十八方八分六毫
淤土一千三百九十七方二分一釐四毫
信椿遠新口二丈　信椿高新口平　高新河底一
丈四尺三寸

第三十五段自前工起至毛和觀田止工長一百丈
岸高水面七尺七寸水深一尺水下挑深四尺共
高深一丈二尺七寸擬挑口寬四丈五尺底寬一
丈五尺牽寬三丈見丈土三十八方一分共土三
千八百十方北岸土埂長三十丈牽寬一丈五尺
牽高二尺計土九十方二共土三千九百方內除
河形牽寬二丈八寸八分牽高八尺七寸見丈土
十八方一分六釐五毫六絲共除土一千八百十
六方五分六釐

實挑土二千八十三方四分四釐內

乾土六百二十五方三釐二毫
淤土一千四百五十八方四分四毫
信椿遠新口二丈　信椿高新口平　高新河底一
丈二尺七寸

第三十六段自前工起至孫寶詒田止工長一百丈岸高水面九尺五寸水深一尺水下挑深四尺共高深一丈四尺五寸擬挑口寬四丈五尺底寬一丈五尺牽寬三丈見丈土四十三方五分共土四千三百五十方北岸土埂長二十丈牽寬一丈牽高一尺五寸計土三十方二共土四千三百八十方內除河形牽寬二丈三尺一寸牽高一丈五寸見丈土二十四方二分五釐五毫共除土二千四百二十五方五分

實挑土一千九百五十四方五分內

乾土五百八十六方三分五釐

淤土一千三百六十八方一分五釐

信椿遠新口二丈　信椿高新口五寸　高新河底一丈五尺

第三十七段自前工起至孫佩千田止工長一百丈岸高水面七尺水深一尺水下挑深四尺共高深一丈二尺擬挑口寬四丈五尺底寬一丈五尺牽寬三丈見丈土三十六方共土三千六百方北岸土埂長三十丈牽寬一丈五尺牽高一尺計土四十五方二共土三千六百四十五方內除河形牽寬二丈牽高八尺見丈土一十六方共除土一千六百方

實挑土二千四十五方內

乾土六百十三方五分

淤土一千四百三十一方五分

信椿遠新口二丈　信椿高新口五寸　高新河底一丈二尺五寸

第三十八段自前工起至楊管氏田頭東止工長一百一十丈岸高水面五尺水深一尺五寸水下挑深三尺五寸共高深一丈擬挑口寬四丈五尺底寬一丈五尺牽寬三丈見丈土三十方共土三千三百方北岸土埂長二十五丈牽寬一丈牽高二尺計土五十方二共土三千三百五十方內除河形牽寬一丈六尺二寸五分牽高六尺五寸見丈土十方五分六釐二毫五絲共除土一千一百六十一方八分七釐五毫

實挑土二千一百八十八方一分二釐五毫內

乾土六百五十六方四分三釐三毫五絲

淤土一千五百三十一方六分八釐七毫五絲

信樁遠新口二丈　信樁高新口一尺　高新河底一丈一尺

佑築通河壩座項下

一築小普陀前攔河大壩一座面項長一十丈底長六丈牽長八丈面項寬五丈四尺底寬七丈二尺牽寬六丈三尺高深六尺五寸每丈土四十方九分五釐共土三百二十七方六分照近處五十丈內取土每方銀一錢四分計銀四十五兩八錢六分四釐

工完銷除壩土連浚深河底三百八十四方三分每方銀一錢二分計銀四十六兩一錢一分六釐

以上共銀九十一兩九錢八分

一築西老劉河口攔壩一道又東老劉河口攔壩一道又十八港口攔壩一道共腰壩三道牽長二十一丈牽寬三丈牽深六尺每丈土一十八方共土三百七十八方每方銀一錢四分計銀五十二兩九錢二分

工完銷土二百六十四方六分每方銀一錢二分計銀三十一兩七錢五分二釐

以上共銀八十四兩六錢七分二釐

一築兩岸各垊口攔壩一十四道牽長五十丈牽

寬二丈六尺牽深六尺每丈土一十五方六分
共土七百八十方又各小汊口攔壩三十八道
牽長九十五丈牽寬九尺牽深六尺每丈土五
方四分共土五百一十三方通共土一千二百
九十三方每方銀一錢四分計銀一百八十一
兩二分
工完銷土九百八方六分每方銀一錢二分計銀
一百九兩三分二釐
以上共銀二百九十兩五分二釐
一築黃泥浜西工尾攔潮大壩一道面項長一十
丈底長六丈牽長八丈面項寬六丈底寬八丈
牽寬七丈高深六尺五寸每丈土四十五方五
分共土三百六十四方每方銀一錢四分計銀
五十兩九錢六分
工完銷除壩土連浚深河底四百三十七方五分
每土銀一錢二分計銀五十二兩五錢
以上共銀一百三兩四錢六分
通共壩座銀五百七十兩一錢六分四釐

浙江海運漕糧全案新編

板存糧儲道庫

浙江海運全案重編總目

浙江海運全案重編目錄

閩浙總督臣左宗棠跪
奏為覆查杭嘉湖三屬徵收漕糧積弊並現籌覈減大概情形恭
摺具
奏仰祈
聖鑒事竊臣欽奉同治二年六月初三日
上諭浙省疊遭兵燹小民流離失所殊堪軫念自應將該省漕糧量
予減免以示公溥之仁著左宗棠通飭杭嘉湖三屬將實在應徵
漕糧稅則詳細確查各按重輕分成量減奏明辦理欽此當因杭
嘉湖三屬均未克復戶口流亡徵冊燬失應俟地方肅清各就
各地情形分別裁減於上年十二月覆奏在案本年八月湖州
克復浙西一律肅清卽與布政使蔣益澧糧儲道楊昌濬商議

於省城設立清賦總局悉心規畫期於周妥查杭嘉湖三府漕
額之重與江蘇蘇松太等蘇松太既議減三分之一則杭嘉湖
亦宜仿照辦理就杭嘉湖三屬徵糧科則言之又以嘉湖為重
杭州次之就嘉湖兩府言之又以歸安烏程嘉善嘉興秀水為
最重平湖海鹽桐鄉石門德清次之長興武康各屬又次之杭
屬臨安於潛昌化新城等縣山多田少故較之嘉湖糧賦固輕
出產亦遠遜也嘗攷杭嘉湖三屬賦重之由始於宋季賈似道
之官田元代因而增之明初張士誠據姑蘇兼有嘉湖各郡明
祖平張士誠遂用其租籍收糧已而又括官田之糧均之民田
曆遞加增民困獨甚我
朝定鼎以來康熙中免三分之一者一年全免者一年雍正六年

又減嘉湖二府額賦十分之一計銀八萬一千餘兩中間偶逢
水旱偏災無不隨時蠲緩
厚澤深仁有加無已故民力得以稍紓至乾隆嘉慶年間家給人足
曾歷辦全漕道光癸未辛卯以後兩次大水民間元氣大傷賦
重之處未能全漕起運遂歲報災歉蠲緩頻仍然
朝廷雖屢沛殊恩而小民未盡霑實惠蓋一縣之中花戶繁多災
歉蠲免悉聽經書冊報世家大族豐收者亦能蠲緩編氓小戶
被歉者尚或全徵且大戶僅完繳正額小戶更任意誅求遲至
廒滿停收卽須改徵折色每石價至五六千文不等以小戶之
浮收抵大戶之不足官吏徵收不善小民咨怨有詞故鬧漕之
案往往因之而起然州縣浮收亦非能盡飽私橐也從前河運

之時旗丁需索幫費如咸豐初年每兌漕一石除給報部漕截
銀三錢四分六絲外尚須由州縣貼給費錢千文幫費一日不
清幫船一日不開州縣惟恐有悞運期不得不浮收以塡谿壑
而小民苦於苛歛弱者日受追呼桀者或從中持之因而竄入
大戶以致小戶日少大戶日多旗丁之索費日重州縣之虧項
日積民以完漕為苛政官以辦漕為畏途積弊相因官民交困
咸豐二年改行海運每石連商船水腳及南北用款統計約需
銀八錢有零曾奏准以給幫漕截抵支水腳其不敷之項按各
州縣幫費重輕酌提解省津貼自七錢至四錢不等較河運之
時已為節省茲奉
恩旨飭議覈減漕糧將舉數百年積困而紓之崇朝固三郡羣黎所

呼籲祈禱而不得者臣等躬逢
盛世若不能博訪利弊之所在而悉心叅酌衷諸至當以規永久不
獨無以副
朝廷曠古未有之
隆施亦何以慰草野久困思蘇之至意謹就現在漕務應行籌辦大
概情形列為四條敬為我
皇上陳之一曰減正額浙省杭嘉湖三屬額徵漕白改漕南匠行月
等米共一百一十餘萬石徵糧之則大小不同即浮額之糧亦
多寡不一現須分別量減自應先去浮額之甚以除輕重不均
之弊擬各按上中下賦則分別定數如每畝徵米一斗一升以
上至一斗八九升者為上則自六升以上至不及一斗一升者

為中則不及六升者為下則按科則之重輕分別覈減總期於
額徵數目酌減三分之一庶科則定而減數因之而均也一曰
減浮收向來收漕加耗每石自一二斗至七八斗不等各視花
戶貴賤強弱以定收數多寡今額漕既經減定則浮收之欵豈
可任其因循惟州縣辦漕有修倉搭棚紙張油燭之費有倉夫
斗級漕記差役飯食之費有內河運米交兌夫船耗米之費有
交米書役守候之費一切用欵甚鉅且收漕交兌相隔一二月
風晾搬轉虧折必多不能不於正漕之外酌留運費以資津貼
應俟查明各州縣用項由外覈實辦理其向來加尖加價勒折
諸弊自覈定之後概行裁革紳民一律均收不得再有大戶小
戶之分庶穀祿平而公利因之而利也一曰籌運費浙省向辦

海運每石需費約銀八錢除向給幫丁漕截銀三錢四分六絲
抵支外尚不敷銀四錢五分零現正額浮收概行分別覈減自
未便再由州縣議提津貼擬請將海運經費每石定以八錢為
額除支漕截外不敷之欵另行籌足查浙漕如照統減三分之
一每年起運之米不過六十萬石上下漕截不另覈減計可餘
銀十餘萬兩又節省給幫本折行月經費食米可得銀十二三
萬兩又屯田租息及節省幫弁廉俸可得銀數萬兩統計將及
三十萬兩足抵海運經費至所動正欵八錢按年將動用欵目
據實奏結應請毋庸造冊報銷以歸簡便並不得逾八錢之數
以示限制庶浮費裁而上下因之而利也一曰裁陋規向來州
縣收漕一切陋規極為繁雜此次覈定新章應令各州縣據實

查明開摺呈送分別裁減庶弊竇清而漕政因之而肅也嗣後
非實在旱潦不得再報災歉即實在民欠亦不得再報墊完而
近數十年相沿陋習亦可除矣至應減米數須查明科則方能
覈定現地方新復冊籍無存已飭各屬勒限趕造除白糧粳糯
為
天庾正供擬仍照額辦運擬減之數應統於漕糧項下註扣此外南
糧行月匠糧等仍各歸各欵按成扣減至杭嘉湖三屬漕糧稅
則輕重不同自應查照各按科則量減再併計總數共減若干
伏查各處被擾情形如杭屬之臨安新城於潛昌化湖屬之長
興武康孝豐安吉皆路通徽甯受害尤烈室廬盡成灰燼田地
久已荒蕪即招集遺黎亦寥寥可數從前道光年間及咸豐初

年辦理漕運每屆皆不過七八十萬石及五六十萬石不等現
擬照杭嘉湖全額統減三分之一如能辦理全漕與歷屆尚不
相上下惟刻下三屬情形即照減三分之一明歲新漕亦斷難
如數徵納而欲為經久之計又不能不通計
國賦盈虛以為定則可否仰懇
皇太后
皇上天恩俯准將杭嘉湖漕糧統減三分之一明歲新漕再酌量辦
理之處出自
聖裁至海運經費每石向祇支銷漕截銀三錢四分六絲此次請以
八錢作為定額與部案不符惟查商船水腳及南北用費每石
實需銀八錢其餘不敷之項皆係各縣津貼此時不將津貼一

項裁革則雖有裁減之名仍未能得覈減之實故不得不據實
瀝陳籲懇
聖恩准於漕截並行月屯租各項下照數動支庶漕弊可以盡革又
通省地漕銀兩及浙東各屬南米或關係餉需或抵支兵食除
正額毋庸查減其浮收之款亦應分別裁革現甯波紹興溫州
三府業已定章處州亦經減定其餘各屬應即一律覈減以昭
公溥除俟查明各州縣酌減額數另行具
奏外理合將議減杭嘉湖三屬漕糧大概情形恭摺具
奏伏乞
皇太后
皇上聖鑒訓示施行再臣於十月二十四日交卸撫篆此摺係由臣
先行定稿是以護撫臣未經列銜合併聲明謹
奏
同治三年十月二十六日具
奏奉
旨戶部議奏欽此

戶部謹
奏爲遵
旨議奏仰祈
聖鑒事閩浙總督左宗棠奏議減杭嘉湖三屬徵收漕糧大概情形
一摺同治三年十二月初二日議政王軍機大臣奉
旨戶部議奏欽此欽遵由內閣鈔出到部據原奏內稱查杭嘉湖三
府漕額之重與江蘇蘇松太等蘇松太既議減三分之一則杭
嘉湖亦宜仿照辦理就杭嘉湖三屬徵糧科則言之又以嘉湖
爲重杭州次之就嘉湖兩府言之又以歸安烏程嘉善嘉興秀
水爲最重平湖海鹽桐鄉石門德清次之長興武康各屬又次
之杭屬臨安於潛昌化新城等縣山多田少故較之嘉湖糧賦

固輕出產亦遠遜也從前河運之時旗丁每兌漕一石除給報
部漕截銀三錢四分六絲外尙須由州縣貼給費錢積弊相因
官民交困咸豐二年改行海運每石運商船水腳及南北用欵
統計約需銀八錢有零曾奏准以給幫漕截抵支水腳其不敷
之項按各州縣幫費重輕酌提解省津貼自七錢至四錢不等
較河運之時已爲節省茲奉
恩旨飭議覈減漕糧謹就現在漕務應行籌辦大概情形列爲四條
等語臣等伏查同治二年六月間臣部議覆潘祖蔭丁壽昌等
請減漕糧摺內議令閩浙總督署浙江巡撫左宗棠通飭所屬
將各府州縣實在應徵漕糧科則詳細確查各按重輕分成量
減又於上年十一月間議覆沈秉成奏請分別覈減湖州府漕
糧摺內議以科則之重輕當以每畝徵收若干爲斷請
飭令浙江巡撫體察情形按畝議減其杭嘉二府應減銀米亦卽照
此分別辦理均經奉
旨允准遵行在案茲據左宗棠奏陳浙省漕務積弊並現籌覈減大
概情形臣等督飭司員悉心查覈如議減正額一條據稱杭嘉
湖三屬額徵漕白改漕南匠行月等米共一百一十餘萬石擬
各按上中下賦則分別實數如每畝徵米一斗一升以上至一
斗八九升者爲上則自六升以上至不及一斗一升者爲中則
不及六升者爲下則按科則之輕重分別覈減總期於額徵數
目酌減三分之一等語臣等查各省漕額以江蘇浙江爲最重
而浙省漕額又不若蘇省之多臣部前議覈減蘇省漕糧請將

蘇松太三屬統按原額酌減三分之一常鎮二屬照原額酌減
十分之一統計蘇松常鎮太四府一州原額徵米一百六十六
萬餘石除酌減外尙可得米一百二十餘萬石是江蘇一省統
減米數係於三十分中減去八分浙省杭嘉湖三屬額徵漕白
改漕正耗米九十五萬餘石通盤覈計原比蘇省較少該督請
將該三屬漕額統減三分之一未免過多臣等公同商酌擬請
將杭嘉湖三屬漕糧仿照江蘇辦法統按原額於三十分中減
去八分至白糧粳糯爲
天庾正供應如該督所奏仍照原額辦運應減之數准其統於漕糧
項下註扣惟各屬賦則多寡不同應令該督撫確切查明如每
畝徵米一斗一升以上至一斗八九升者爲上則自六升以上

至不及一斗一升者爲中則不及六升者爲下則各按重輕分
別多寡量爲覈減總以統計杭嘉湖三屬額漕量減三十分之
八爲率仍將各該州縣上中下等田各若干畝舊額若干酌減
若干迅速分晰開列奏報至行月二糧原係隨漕徵收自應隨
漕遞減惟南匠米石額徵之數與支放之數不甚相懸並無贏
餘毋庸議減俾資辦公又該督議籌運費一條據稱浙省向辦
海運每石需費約銀八錢除向給幫丁漕截銀三錢四分六絲
抵支外尚不敷銀四錢五分零現在正額浮收概行分別覈減
自未便再由州縣議提津貼擬請將海運經費每石定以八錢
爲額除支漕截外不敷之欵另行籌足查浙漕如照統減三分
之一每年起運之米不過六十萬石上下漕截一欵不另覈減

計可餘銀十餘萬兩又節省給幫本折行月經費食米變價可
得銀十二三萬兩又屯田租息及節省幫弁廉俸可得銀數萬
兩統計將及三十餘萬兩足抵海運經費至所動正欵八錢按
年將動用數目據實奏結應請毋庸造冊報銷並不得逾八錢
之數以示限制等語查浙省海運向只支銷漕截銀兩其不敷
之數皆由州縣酌提津貼並不動用庫欵是以准免報銷今該
督以正額浮收概行覈減請將津貼一項裁革自係爲釐剔漕
弊起見但所需運費總宜於漕務項下寬爲籌備俾敷應用不
得於漕項之外再動別項正欵至一切支銷如有應裁應減者
亦宜分別裁減力求撙節不得即以八錢作爲定額應仍令該
督撫從長計議量入爲出將籌備欵項及應用數目再行據實

覆奏由臣　部覈定後方准照數動支如有盈餘報部候撥准免
造冊報銷以歸簡便至該督所議減浮收裁陋規兩條據稱向
來收漕加耗每石自一二斗至七八斗不等各視花戶貴賤強
弱以定收數多寡今額漕既經減定則浮收之欵豈可任其因
循惟州縣辦漕用欵甚鉅虧折亦多不能不於正漕之外酌留
運費以資津貼應俟查明各州縣用項由外覈實辦理其向來
加尖加價勒折諸弊自覈定之後概行裁革紳民一律均收不
得再有大戶小戶之分又稱向來州縣收漕一切陋規極爲繁
雜此次覈定新章應令各州縣據實查明開摺呈送分別裁減
各等語所奏實爲理漕要務應令該督撫督飭藩司糧道等將
浮收陋規兩項覈實裁減明定章程嗣後收漕州縣如再有陽

奉陰違復蹈從前惡習即行嚴叅懲辦毋稍狥隱又原奏內稱
從前道光年間及咸豐初年辦理漕運每屆皆不過七八十萬
石及五六十萬石不等現擬照杭嘉湖全額統減三分之一如
能辦理全漕與歷屆尚不相上下惟刻下三屬情形即照減三
分之一明歲新漕亦斷難如數徵納可否仰懇
天恩俯准將杭嘉湖漕糧統減三分之一明歲新漕再酌量辦理之
處等語查杭嘉湖三屬漕糧臣　部現議仿照江蘇辦法統按原
額於三十分中酌減八分原爲經久之計通盤覈算著爲定則
惟各處被兵年久民力彫殘本屆新漕仍難責以按照減定之
額如數全完應請
旨准令該督撫將本屆新漕體察情形酌量辦理嗣後非實在旱潦

不得再報災歉卽實在民欠亦不得再報墊完總期有弊必除
有犯必懲庶於
國計民生兩有稗益至所稱通省地漕銀兩及浙東各屬南米或
關係餉需或抵支兵食除正額毋庸查減其浮收之款亦應分
別裁革現甯波紹興溫州三府業已定章處州亦經減定其餘
各屬應卽一律覈減等語應如所奏辦理所有臣等遵議緣由
理合恭摺覆奏伏乞
皇上聖鑒訓示遵行謹
奏
同治四年正月二十五日具
奏奉
旨依議欽此

閩浙總督臣左宗棠跪
浙江巡撫臣馬新貽
奏爲遵
旨查明杭嘉湖三府額徵漕糧酌定應減分數籲懇
天恩准予減免以紓民力恭摺會
奏仰祈
聖鑒事案於同治二年六月初三日奉
上諭浙省迭遭兵燹小民流離失所殊堪軫念自應將該省漕糧量
予減免以示公溥之仁著左宗棠通飭杭嘉湖三屬將實在應徵
漕糧稅則詳細確查各按重輕分成量減奏明辦理欽此經臣宗
棠於克復湖州之後飭令司道設立清賦局悉心規畫妥爲籌
辦並於上年十月間將該三屬漕糧積弊及籌辦大概情形據
實詳細具
奏奉
旨戶部議奏欽此嗣准戶部議覆請將杭嘉湖三府漕糧仿照江蘇
辦法統按原額於三十分中減去八分白糧粳糯准於漕糧項
下計扣確查賦則各按重輕量爲覈減開列奏報其南匠米石
收支相埒並無贏餘毋庸議減所需運費宜於漕務項下寬爲
籌備俾敷應用不得於漕項之外再動別項正款所有浮收陋
規兩項覈實裁減明定章程嗣後收漕州縣再有陽奉陰違卽
行嚴參懲辦本屆新漕體察情形酌量辦理嗣後非實在旱潦
不得再報災歉卽實在民欠亦不得再報墊完總期有弊必除
有犯必懲庶於

國計民生兩有裨益等因具奏奉
旨依議欽此欽遵行文到浙臣宗棠先已統兵入閩臣新貽接奉後
細繹部議爲
國恤民兼籌並顧而於公私用項亦均計及實係斟酌至當遵卽
督飭司道確覈妥辦去後玆據總辦淸賦局布政司蔣益澧護
糧道薛時雨詳稱查浙省額徵漕白改漕南匠行月等米共一
百一十四萬七千三百餘石內除南匠正耗米十三萬三千八
百六十三石零白糧舂辦米一萬三千三十九石零均不議減
又白糧粳糯爲
天庾正供應照額辦運所減之數統於漕糧項下註扣外今按額徵
漕白改漕正耗行月等米一百萬四百石零照部議三十分之

八爲率覈計共應減米二十六萬六千七百六十五石零恪遵
諭旨分成量減各按各州縣田地山蕩科則重輕以分多寡額重者
減數宜多以蘇其積困額輕者減數遞少以示其均平仍於上
中下三則之中再分五等如上則之一斗六升至一斗九升酌
減十分中之三分上則之一斗一升至一斗五升酌減十分中
之二分五釐中則之九升至一斗酌減十分中之二分中則之
六升至八升酌減十分中之一分五釐六升以下之下則統減
十分中之一分均按整數覈減畸零細數不再瑣扣通籌合算
適符前數科則殊而輕重有別分數定而多寡同霑等情造冊
詳請具
奏前來臣等伏查杭嘉湖三府屬糧額之重起於前代我
朝二百年來業已
殊恩叠沛減之又減而較之他郡糧數尚屬懸絶民以賦重爲苦官
以費繁爲累在平時已有積重難返之勢當此大刼之餘戶口
減少物力凋殘正窮極變通之會仰蒙
特旨飭令按則覈減以昭公溥凡在臣民莫名欽感現經臣等督同
司道確切覈計除南匠等米外該三府原額漕白行月等米一
百萬四百石零按三十分之八分共應酌減米二十六萬六千
七百六十五石有奇本應遵照部議分縣造冊開報奈因兵燹
之後各處冊籍蕩然無存現據各州縣開送頃畝漕南等冊皆
仿照殘佚志乘及遠年賦役全書所造雖大數不致舛錯而畸
零尚難準確須俟各案查鈔齊全另行覈對分造細冊送部覈

覆定案今就各州縣開送田地山蕩頃畝額數及分別擬減米
數按照府總繕具清單恭呈
御覽合無仰懇
天恩俯准如數減免以示溥仁紓數代相沿之民困實曠古未有之
鴻慈行見率土騰歡定必輸將恐後雖目前瘡痍未復尚難照減全
徵而他日元氣漸充卽可概行起運嗣後非實遇凶荒不准輕
議蠲緩以實倉儲而重
國用至臣宗棠前議減浮收籌運費裁陋規均爲理漕要領容臣
等督飭司道將兌運經費徵收章程通盤籌畫悉心覈議另行
奏報總期上下交益歷久奉行以仰副
聖主惠愛黎元之至意所有查明杭嘉湖三府額徵漕糧應減米數

緣由謹會同漕運總督臣吳棠恭摺由驛具
奏伏乞
皇太后
皇上聖鑒訓示施行再此摺係臣新貽主稿合併陳明謹
奏
謹將杭嘉湖三府屬田地山蕩塘灘原額暨分則分等擬減米
數繕具府總清單恭呈
御覽
計開
杭州府屬仁錢等九州縣
額田二萬一百一十五頃三十四畝零

額地六千六百五十一頃三畝零
額山一萬二百二十六頃四十八畝零
額蕩塘一千五百八頃七十八畝零
以上共原徵米一十七萬八千一百八十九石五斗零今
擬減米二萬五千七百三十五石四斗八升八合零除減
實徵米一十五萬二千四百五十四石一升八合按則捧
算合減十分中之一分四釐四毫四絲
嘉興府屬嘉秀等七縣
額田三萬六千八百四十二頃八十四畝零
額地一萬一千五十七頃
額山一百八十頃六十畝零

額蕩灘七百七十四頃一十九畝零
以上共原徵米五十八萬七千四百七十五石一斗零今
擬減米一十四萬五千四百一十六石三斗一合除減實
徵米四十四萬二千五十八石七斗九升九合按則捧算
合減十分中之二分四釐七毫五絲
湖州府程安等六縣孝豐一縣向不科米請免覈減
額田二萬九千二百二十一頃三十六畝零
額地五千四百二十九頃七十一畝零
額山七千三百九十四頃七十三畝零
額蕩二千五百三十七頃一畝零
以上共原徵米三十八萬一十四石八斗零今擬減米九

萬五千六百一十三石八斗四升三合零除減實徵米二
十八萬四千四百石九斗五升七合按則捧算合減十分
中之二分五釐一毫六絲
以上杭嘉湖三屬田地山蕩塘灘共一十三萬一千九百三十
九頃一十三畝零原徵米一百一十四萬五千六百七十九石
四斗零共擬減米二十六萬六千七百六十五石六斗三升二
合零通盤捧算合減十分中之二分三釐二毫八絲計實徵漕
南等米八十七萬八千九百一十三石七斗六升八合除南糧
並白糧春耗兩款不計外實計原額漕白行月食正耗米一百
萬四百石五斗五升一合四勺擬減前數以符部議三十分之
八分

杭嘉湖三府屬田地山蕩塘灘科則

上則科徵一斗六升至一斗九升以上

田地共三萬五十八頃七畝零原徵米四十三萬五千七百四十九石一斗四升零擬減米一十二萬九千一百九十七石一斗二升四合

上則科徵一斗一升至一斗五升以上

田地共二萬二千八百三十頃七十三畝零原徵米三十一萬六千八百五十四石二斗一升九勺零擬減米七萬六千九百一石二斗九升

中則科徵九升至一斗以上

田地共一萬六千四百三十七頃九畝八分零原徵米一

十六萬八百一十四石三斗零擬減米三萬五百九十石四斗七升八合

中則科徵六升至八升以上

田地共二萬三千一十九頃一十七畝原徵米一十七萬二千九百一十三石八斗二升三合八勺零擬減米二萬四千二百九十七石四斗八升三合

下則科徵不及一升至五升以上

田地山蕩塘灘共三萬九千五百九十四頃七畝零原徵米五萬九千三百四十七石九斗六升三合零擬減米五千七百七十九石二斗五升七合六勺

同治四年閏五月初一日具

奏軍機大臣奉

旨另有旨欽此同治四年閏五月十一日內閣奉

上諭前因浙江叠遭兵燹小民流離失所諭令左宗棠將杭嘉湖三屬應徵漕糧稅則查明各按重輕分成奏請減免嗣據奏請將杭嘉湖三屬漕糧酌量覈減經戶部議覆統按原額於三十分中減去八分業經降旨允准玆據左宗棠馬新貽奏稱查明杭嘉湖三屬漕糧除南糧併白糧春耗兩欵毋庸議減外杭州府九州縣額徵米十七萬八千一百八十九石零擬減米二萬五千七百三十五石零嘉興府屬七縣額徵米五十八萬七千四百七十五石零擬減米十四萬五千四百十六石零湖州府屬除孝豐一縣向不科米應免覈減外其餘六縣額徵米三十八萬十四石零擬減米

九萬五千六百十三石零通計杭嘉湖三屬共減米二十六萬六千七百六十五石零等語加恩著照所請各按科則重輕分別上中下三則一律永遠減免以紓民力自此次減免之後該督撫務當督飭各該州縣按照奏定新章覈實徵收斷不准有浮收抑勒等弊至大戶包攬及一切陋規概行禁革以除積弊該督撫卽刊刻謄黃徧行曉諭務使實惠及民用副朝廷軫念民艱之至意餘著照所議辦理該部知道單併發欽此清單同日奉

旨覽欽此

浙江巡撫部院馬　爲詳請覈咨事據淸賦總局司道詳稱竊
照杭嘉湖三府屬應徵漕糧前奉
恩旨分別減免遵經將該三屬原額應徵分別上中下三則覈明應
減各數造冊詳送覈明
奏咨在案現在開辦新漕所有各屬應減實徵漕糧行月米石分
欵額數必須一律覈定俾徵兌皆有準則前飭各屬趕緊覈明
造報雖據陸續申送覈多舛錯若俟飭換準確再行彙定勢必
躭延時日貽悞堪虞自應由局先爲覈定飭遵以歸迅速而昭
覈實除通飭遵照外詳祈察覈咨明
大部查照至各屬應造分則分欵減定實徵每畝細數清冊現
在嚴催造送俟送齎覈準後卽行轉造另呈其同治四年開徵

冬漕各州縣除荒蕪田地外實在堪徵成熟漕白糧米若干統
俟勘報齊全覈定確數由海運局司道造報詳請奏咨合並聲
請咨明等情到本部院據此相應咨明爲此合咨
貴部請煩查覈施行
計咨送　冊一本
同治四年十一月十四日咨
戶部

浙江清賦總局司道謹將浙江省杭嘉湖三府屬各州縣同治四
年有閏漕白行月等米除減實徵額數造具清冊呈送伏候
查覈施行須至冊者
計開
杭嘉湖三府屬
同治四年分
額徵漕糧正兌正米五十八萬四千七百四十九石三斗
五升四合五勺內減米一十七萬二千二百三十
九石二斗三升四勺
應徵米四十一萬二千五百一十石一斗二升四合
一勺

耗米二十三萬三千八百九十九石七斗四升一合
八勺內減米六萬八千八百九十五石六斗九升
二合一勺
應徵米一十六萬五千四百四升九合七勺
改兌正米二萬九千三百五十三石二斗
耗米一萬一千七百四十一石二斗八升
改漕正米三萬六千二百九十石七斗七升三合六勺
內減米一萬一千八百六十二石二斗六合四勺
應徵米二萬四千四百二十八石五斗六升七合二
勺
耗米一萬四千五百一十六石三斗九合五勺內減

米四千七百四十四石八斗八升二合四勺
應徵米九千七百七十一石四斗二升七合一勺
白糧正米二萬九千九百七十五石
耗米一萬三千四百八十八石七斗五升
行糧本色米一萬六千三百七十七石內減米四千八
百三十三石四斗七升二合七勺
應徵米一萬一千五百四十三石五斗二升七合三
勺
月糧本色米二萬三千五百四十三石八斗三升四合
一勺內減米四千一百九十石一斗四升八合
應徵米一萬九千三百五十三石六斗八升六合一

勺
經費本色食米七千九百三十八石
以上共米一百萬一千八百七十三石二斗四升三
合五勺內減米二十六萬六千七百六十五石六
斗三升二合
應徵米七十三萬五千一百七石六斗一升一合五
勺
杭州府
額徵漕糧正兌正米九萬七千五十七石三斗一合九勺
內減米一萬五千九百二十四石七斗三升五合
四勺

應徵米八萬一千一百三十二石五斗六升六合五
勺
耗米三萬八千八百二十二石九斗二升九勺內減
米六千三百六十九石八斗九升四合一勺
應徵米三萬二千四百五十三石二升六合八勺
改兌正米四千八百九十二石一斗九升七合
耗米一千九百五十六石八斗七升八合八勺
行糧本色米二千六百六十四石內減米四百三十九
石四斗九升八合八勺
應徵米二千二百二十四石五斗一合二勺
月糧本色米一萬九千六百四十石一斗五升九合五

勺內減米三千一石三斗五升九合七勺
應徵米一萬六千六百三十八石七斗九升九合八
勺
以上共米一十六萬五千三十三石四斗五升八合
一勺內減米二萬五千七百三十五石四斗八升
八合
應徵米一十三萬九千二百九十七石九斗七升一
勺
嘉興府
額徵漕糧正兌正米二十八萬三千七百二十四石一斗
五升七合四勺內減米九萬三千七百三十六石

一斗五升七合八勺
應徵米一十八萬九千九百八十七石九斗九升九合六勺
耗米一十一萬三千四百八十九石六斗六升二合八勺內減米三萬七千四百九十四石四斗六升三合二勺
應徵米七萬五千九百九十五石一斗九升九合六勺
改兌正米一萬四千六百七十六石五斗九升
耗米五千八百七十石六斗三升六合
改漕正米二萬二千五百六十六石一斗四升內減米七千四百五十八石九斗六升八合
應徵米一萬五千一百七石一斗七升二合
耗米九千二十六石四斗五升六合內減米二千九百八十三石五斗八升七合
應徵米六千四十二石八斗六升九合
白糧正米一萬八千五百八十七石四斗二升八合四勺
耗米八千三百六十四石三斗四升二合八勺
行糧本色米八千七石內減米二千六百四十九石一斗八合三勺
應徵米五千三百五十七石八斗九升一合七勺

月糧本色米三千二百四十九石三斗四升九合三勺
內減米一千九十四石一升六合七勺
應徵米二千一百五十五石三斗三升二合六勺
經費本色食米四千七百八十八石
以上共米四十九萬二千三百四十九石七斗六升二合七勺內減米一十四萬五千四百一十六石三斗一合
應徵米三十四萬六千九百三十三石四斗六升一合七勺

湖州府

額徵漕糧正兌正米二十萬三千九百六十七石八斗九升五合二勺內減米六萬二千五百七十八石三斗三升七合二勺
應徵米一十四萬一千三百八十九石五斗五升八合
耗米八萬一千五百八十七石一斗五升八合一勺
內減米二萬五千三十一石三斗三升四合八勺
應徵米五萬六千五百五十五石八斗二升三合三勺
改兌正米九千七百八十四石四斗一升三合
耗米三千九百一十三石七斗六升五合二勺
改漕正米一萬三千七百二十四石六斗三升三合六

勺內減米四千四百三石二斗三升八合四勺
應徵米九千三百二十一石三斗九升五合二勺
耗米五千四百八十九石八斗五升三合五勺內減
米一千七百六十一石二斗九升五合四勺
應徵米三千七百二十八石五斗五升八合一勺
白糧正米一萬一千三百八十七石五斗七升一合六
勺
耗米五千一百二十四石四斗七合二勺
行糧本色米五千七百六石內減米一千七百四十四
石八斗六升五合六勺
應徵米三千九百六十一石一斗三升四合四勺

月糧本色米六百五十四石三斗二升五合三勺內減
米九十四石七斗七升一合六勺
應徵米五百五十九石五斗五升三合七勺
經費本色食米三千一百五十石
以上共米三十四萬四千四百九十石二升二合七
勺內減米九萬五千六百一十三石八斗四升三
合
應徵米二十四萬八千八百七十六石一斗七升九
合七勺
仁和縣
額徵漕糧正兌正米三萬一千五百八十三石五斗九升

四合五勺內減米五千八百八十九石九斗八升
一勺
應徵米二萬五千六百九十三石六斗一升四合四
勺
耗米一萬二千六百三十三石四斗三升七合八勺
內減米二千三百五十五石九斗九升二合
應徵米一萬二百七十七石四斗四升五合八勺
改兌正米一千八百七十九石五斗八升二合
耗米七百五十一石八斗三升二合八勺
行糧本色米八百五十八石內減米一百六十石七合
二勺

應徵米六百九十七石九斗九升二合八勺
月糧本色米五千七百一十石六斗六升五合九勺內
減米一千六十四石九斗七升四合一勺
應徵米四千六百四十五石六斗九升一合八勺
以上共米五萬三千四百一十七石一斗一升三合
內減米九千四百七十石九斗五升三合四勺
應徵米四萬三千九百四十六石一斗五升九合六
勺
錢塘縣
額徵漕糧正兌正米一萬三千三百七十三石九升八合
五勺內減米一千七百九十六石二斗八升一合

三勺
應徵米一萬一千五百七十六石八斗一升七合二
勺
耗米五千三百四十九石二斗三升九合四勺內減
米七百一十八石五斗一升二合五勺
應徵米四千六百三十石七斗二升六合九勺
改兌正米八百九石一斗七升
耗米三百二十三石六斗六升八合
行糧本色米三百七十八石內減米五十石七斗七升
三合一勺
應徵米三百二十七石二斗二升六合九勺

月糧本色米二千四百四十九石一升內減米三百二
十八石九斗五升二合三勺
應徵米二千一百二十石五升七合七勺
以上共米二萬二千六百八十二石一斗八升五合
九勺內減米二千八百九十四石五斗一升九合
二勺
應徵米一萬九千七百八十七石六斗六升六合七
勺
海甯州
額徵漕糧正兌正米三萬三千三百八十一石七斗五升
八合九勺內減米六千五百五十七石三斗八升七勺

應徵米二萬七千三百二十四石三斗七升八合二
勺
耗米一萬三千三百五十二石七斗三合六勺內減
米二千四百二十二石九斗五升二合三勺
應徵米一萬九百二十九石七斗五升一合三勺
改兌正米一千八百五十二石一斗八升五合
耗米七百四十石八斗七升四合
行糧本色米九百六十三石內減米一百七十四石七
斗四升三合九勺
應徵米七百八十八石二斗五升六合一勺
月糧本色米三千二百六十四石七斗八升六合三勺

內減米五百九十二石四斗二升九勺
應徵米二千六百七十二石三斗六升五合四勺
以上共米五萬三千五百五十五石三斗七合八勺
內減米九千二百四十七石四斗九升七合八勺
應徵米四萬四千三百七石八斗一升
富陽縣
額徵漕糧正兌正米三千三百二十一石一斗三升六合
五勺內減米三百三十六石八斗二合一勺
應徵米二千九百八十四石三斗三升四合四勺
耗米一千三百二十八石四斗五升四合六勺內減
米一百三十四石七斗二升八勺

應徵米一千一百九十三石七斗三升三合八勺
改兌止米三百五十一石二斗六升
耗米一百四十石五斗四合
行糧本色米九十石內減米九石一斗二升七合一勺
應徵米八十石八斗七升二合九勺
月糧本色米一千九百四十五石八斗九升九合三勺
內減米一百九十七石三斗三升七合
應徵米一千七百四十八石五斗六升二合三勺
以上共米七千一百七十七石二斗五升四合四勺
內減米六百七十七石九斗八升七合
應徵米六千四百九十九石二斗六升七合四勺

餘杭縣
額徵漕糧正兌正米七千八百二十六石八斗一升五合
四勺內減米八百五十五石六斗七升四合
應徵米六千九百七十一石一斗四升一合四勺
耗米三千一百三十石七斗二升六合二勺內減米
三百四十二石二斗六升九合六勺
應徵米二千七百八十八石四斗五升六合六勺
行糧本色米一百九十五石內減米二十一石三斗一
升八合六勺
應徵米一百七十三石六斗八升一合四勺
月糧本色米五百七十二石一斗八升一合四勺內減

米六十二石五斗五升四合三勺
應徵米五百九石六斗二升七合一勺
以上共米一萬一千七百二十四石七斗二升三合
內減米一千二百八十一石八斗一升六合五勺
應徵米一萬四百四十二石九斗六合五勺
臨安縣
額徵漕糧正兌正米三千一百二十石四斗八升九合五
勺內減米四百六十一石四斗九升九合一勺
應徵米二千六百五十八石九斗九升四勺
耗米一千二百四十八石一斗九升五合八勺內減
米一百八十四石五斗九升九合六勺

應徵米一千六十三石五斗九升六合二勺
行糧本色米七十五石內減米一十一石九升二合
應徵米六十三石九斗八合
月糧本色米二千五百二十八石四斗五升一合八勺
內減米三百七十三石九斗四升八勺
應徵米二千一百五十四石五斗一升一合
以上共米六千九百七十二石一斗三升七合一勺
內減米一千三十一石一斗三升一合五勺
應徵米五千九百四十一石五合六勺
新城縣
額徵漕糧正兌正米一千九百七石九斗五升七合內減

米二百五十七石七斗九升四合二勺
應徵米一千六百五十石一斗六升二合八勺
耗米七百六十三石一斗八升二合八勺內減米一百三石一斗一升七合七勺
應徵米六百六十石六升五合一勺
行糧本色米四十五石內減米六石八升二勺
應徵米三十八石九斗一升九合八勺
月糧本色米一千五百五十八石二斗二升六勺內減米二百一十石五斗三升九合四勺
應徵米一千三百四十七石六斗八升一合二勺
以上共米四千二百七十四石三斗六升四勺內減

米五百七十七石五斗三升一合五勺
應徵米三千六百九十六石八斗二升八合九勺

於潛縣

額徵漕糧正兌正米一千四百八十五石八斗一升九合三勺內減米一百五十七石二斗九升一合八勺
應徵米一千三百二十八石五斗二升七合五勺
耗米五百九十四石三斗二升七合七勺內減米六十二石九斗一升六合七勺
應徵米五百三十一石四斗一升一合
行糧本色米三十石內減米三石一斗七升五合九勺
應徵米二十六石八斗二升四合一勺

月糧本色米九百八十七石二斗五升九合七勺內減米一百四石五斗一升三合二勺
應徵米八百八十二石七斗四升六合五勺
以上共米三千九十七石四斗六合七勺內減米三百二十七石八斗九升七合六勺
應徵米二千七百六十九石五斗九合一勺

昌化縣

額徵漕糧正兌正米一千五十六石六斗三升二合三勺內減米一百一十二石三升二合一勺
應徵米九百四十四石六斗二勺
耗米四百二十二石六斗五升三合內減米四十四

石八斗一升二合九勺
應徵米三百七十七石八斗四升一勺
行糧本色米三十石內減米三石一斗八升八勺
應徵米二十六石八斗一升九合二勺
月糧本色米六百二十三石六斗八升四合五勺內減米六十六石一斗二升七合七勺
應徵米五百五十七石五斗五升六合八勺
以上共米二千一百三十二石九斗六升九合八勺內減米二百二十六石一斗五升三合五勺
應徵米一千九百六石八斗一升六合三勺

嘉興縣

額徵漕糧正兌正米五萬七千二百九十八石三斗六升
五合內減米一萬七千九百二石三斗八升七勺
應徵米三萬九千三百九十五石九斗八升四合三
勺
耗米二萬二千九百一十九石三斗四升六合內減
米七千一百六十石九斗五升二合三勺
應徵米一萬五千七百五十八石三斗九升三合七
勺
改兌正米二千九百六十四石六斗七升一合
耗米一千一百八十五石八斗六升八合四勺
改漕正米四千六百七十石二升二合六勺內減米一

千四百五十九石一斗八合四勺
應徵米三千二百一十石九斗一升四合二勺
耗米一千八百六十八石九合內減米五百八十三
石六斗四升三合三勺
應徵米一千二百八十四石三斗六升五合七勺
白糧正米三千八百五十一石四斗六升七合
耗米一千七百二十三石一斗六升二勺
行糧本色米一千六百八十九石內減米五百二十七
石七斗一升三合五勺
應徵米一千一百六十一石二斗八升六合五勺
月糧本色米二千二百九十七石三升九合八勺內減

米七百一十七石六斗九升三勺
應徵米一千五百七十九石三斗四升九合五勺
經費本色食米一千八石
以上共米一十萬一千四百八十四石九斗四升九
合內減米二萬八千三百五十一石四斗八升八
合五勺
應徵米七萬三千一百三十三石四斗六升五勺
秀水縣
額徵漕糧正兌正米四萬九千九百九十四石三斗八升
三合內減米一萬八千六百三十石九斗五升八
勺
應徵米三萬一千三百六十三石四斗三升一合二

勺
耗米一萬九千九百九十七石七斗五升三合二勺
內減米七千四百五十二石三斗八升三勺
應徵米一萬二千五百四十五石三斗七升二合九
勺
改兌正米二千五百八十六石一升四合
耗米一千三十四石四斗五合六勺
改漕正米三千九百八石六斗五升七合六勺內減米
一千四百五十六石六斗三合八勺
應徵米二千四百五十二石五升三合八勺

耗米一千五百六十三石四斗六升三合一勺內減
米五百八十二石六斗四升一合六勺
應徵米九百八十石八斗二升一合五勺
白糧正米三千二百一十五石二升五合
耗米一千四百四十六石七斗六升一合三勺
行糧本色米一千二百六十三石內減米四百七十石
六斗七升七勺
應徵米七百九十二石三斗二升九合三勺
經費本色食米八百八十二石
以上共米八萬五千八百九十一石四斗六升二合
八勺內減米二萬八千五百九十三石二斗四升

七合二勺
應徵米五萬七千二百九十八石二斗一升五合六
勺
嘉善縣
額徵漕糧正兌正米五萬五千七百七十二石九斗六升
五勺內減米二萬二千三十九石九斗三升三合
九勺
應徵米三萬三千七百三十三石二升六合六勺
耗米二萬二千三百九石一斗八升四合一勺內減
米八千八百一十五石九斗七升三合五勺
應徵米一萬三千四百九十三石二斗一升六勺

改兌正米三千一百一十四石三斗七升六合
耗米一千二百四十五石七斗五升四勺
改漕正米四千五百一十二石八斗四升六合八勺內
減米一千七百八十三石三斗五升二合五勺
應徵米二千七百二十九石四斗九升四合三勺
耗米一千八百五石一斗三升八合七勺內減米七
百一十三石三斗四升一合
應徵米一千九十一石七斗九升七合七勺
白糧正米三千七百四十六石三斗六升二合四勺
耗米一千六百八十五石八斗六升三合一勺
行糧本色米一千七百一十三石內減米六百七十六

石九斗三升三勺
應徵米一千三十六石六升九合七勺
月糧本色米九百五十二石三斗九合五勺內減米三
百七十六石三斗二升六合四勺
應徵米五百七十五石九斗八升三合一勺
經費本色食米八百八十二石
以上共米九萬七千七百三十九石七斗九升一合
五勺內減米三萬四千四百五石八斗五升七合
六勺
應徵米六萬三千三百三十三石九斗三升三合九
勺

海鹽縣
額徵漕糧正兌正米三萬一千七百一石四斗二升四合
內減米七千九百一十九石六斗一升一合九勺
應徵米二萬三千七百八十一石八斗一升二合一
勺
耗米一萬二千六百八十石五斗六升九合六勺內
減米三千一百六十七石八斗四升四合八勺
應徵米九千五百一十二石七斗二升四合八勺
改兌正米一千五百八十八石六合
耗米六百三十五石二斗二合四勺
改漕正米二千五百二十二石四斗九升八合內減米

六百三十石一斗六升七合四勺
應徵米一千八百九十二石三斗三升六勺
耗米一千八石九斗九升九合二勺內減米二百五
十二石六升六合九勺
應徵米七百五十六石九斗三升二合三勺
白糧正米二千六十八石三升二合九勺
耗米九百三十石六斗一升四合八勺
行糧本色米八百七十三石內減米二百一十八石九
升一合八勺
應徵米六百五十四石九斗八合二勺
經費本色食米六百三十石

以上共米五萬四千六百三十八石三斗四升六合
九勺內減米一萬二千一百八十七石七斗八升
二合八勺
應徵米四萬二千四百五十石五斗六升四合一勺
平湖縣
額徵漕糧正兌正米三萬二千九百九十石三斗一升三
合九勺內減米一萬七百一十八石八斗四升三
合五勺
應徵米二萬二千二百七十一石四斗七升四勺
耗米一萬三千一百九十六石一斗二升五合五勺
內減米四千二百八十七石五斗三升七合四勺

應徵米八千九百八石五斗八升八合一勺
改兌正米一千六百五十六石四斗九升七合
耗米六百六十二石五斗九升八合八勺
改漕正米二千六百六十八石八斗四升一合五勺內
減米八百六十七石一斗三升一勺
應徵米一千八百一石七斗一升一合四勺
耗米一千六十七石五斗三升六合六勺內減米三
百四十六石八斗五升二合
應徵米七百二十石六斗八升四合六勺
白糧正米二千一百八十一石九斗一升八合四勺
耗米九百八十一石八斗六升三合三勺

行糧本色米九百九十二石內減米三百二十二石六
斗三升四合四勺
應徵米六百七十石三斗六升五合六勺
經費本色食米五百四石
以上共米五萬六千九百二石六斗九升五合內減
米一萬六千五百四十二石九斗九升七合四勺
應徵米四萬三百五十九石六斗九升七合六勺

石門縣

額徵漕糧正兌正米三萬三百三十一石六斗九合內減
米九千七百六十三石二斗六升八合四勺
應徵米二萬五百六十八石三斗四升六勺

耗米一萬二千一百三十二石六斗四升三合六勺
內減米三千九百五石三斗七合四勺
應徵米八千二百二十七石三斗三升六合二勺
改兌正米一千四百八十三石三斗一升四合
耗米五百九十三石三斗二升五合六勺
改漕正米二千二百八十六石七升四合二勺內減米
七百三十五石八斗五升一合四勺
應徵米一千五百五十石二斗二升二合八勺
耗米九百一十四石四斗二升九合七勺內減米二
百九十四石三斗四升五勺
應徵米六百二十石八升九合二勺

白糧正米一千八百七十九石七斗七升三合
耗米八百四十五石八斗九升七合八勺
行糧本色米七百五十三石內減米二百四十二石三
斗七升八合九勺
應徵米五百一十石六斗二升一合一勺
經費本色食米五百四石
以上共米五萬一千七百二十四石六升六合九勺
內減米一萬四千九百四十一石一斗四升六合
六勺
應徵米三萬六千七百八十二石九斗二升三勺

桐鄉縣

額徵漕糧正兌正米二萬五千六百三十五石一斗二合
內減米六千七百六十一石一斗六升八合六勺
應徵米一萬八千八百七十三石九斗三升三合四
勺
耗米一萬二百五十四石四升八勺內減米二千七
百四石四斗六升七合五勺
應徵米七千五百四十九石五斗七升三合三勺
改兌正米一千二百八十三石七斗一升二合
耗米五百一十三石四斗八升四合八勺
改漕正米一千九百九十七石一斗九升九合三勺內
減米五百二十六石七斗五升四合四勺

應徵米一千四百七十石四斗四升四合九勺
耗米七百九十八石八斗七升九合七勺內減米二
百一十石七斗一合七勺
應徵米五百八十八石一斗七升八合
白糧正米一千六百四十四石八斗四升九合七勺
耗米七百四十石一斗八升二合三勺
行糧本色米七百二十三石內減米一百九十石六斗
八升八合七勺
應徵米五百三十二石三斗一升一合三勺
經費本色食米三百七十八石
以上共米四萬三千九百六十八石四斗五升六勺

內減米一萬三百九十三石七斗八升九勺
應徵米三萬三千五百七十四石六斗六升九合七
勺
歸安縣
額徵漕糧正兌正米五萬七千二百三十三石四斗八升
八合二勺內減米二萬五百二石三升八勺
應徵米三萬六千七百三十一石四斗五升七合四
勺
耗米二萬二千八百九十三石二斗九升五合三勺
內減米八千二百石八斗一升二合三勺
應徵米一萬四千六百九十二石五斗八升三合

改兌正米三千三百石二斗九升六合
耗米一千三百二十石一斗一升八合四勺
改漕正米四千一百一十九石六斗三升六合內減米
一千四百七十五石七斗二升五合二勺
應徵米二千六百四十三石九斗一升八勺
耗米一千六百四十七石八斗五升四合四勺內減
米五百九十石二斗九升一勺
應徵米一千五十七石五斗六升四合三勺
白糧正米三千四百一十三石一斗一升二合三勺
耗米一千五百三十五石九斗五勺
行糧本色米一千六百四十一石內減米五百八十七
石八斗三升四合七勺
應徵米一千五十三石一斗六升五合三勺
月糧本色米三十五石四斗三升八勺內減米一十二
石六斗九升一合九勺
應徵米二十二石七斗三升八合九勺
經費本色食米九百四十五石
以上共米九萬八千八十五石二斗三升一合九勺
內減米三萬一千三百六十九石三斗八升五合
應徵米六萬六千七百一十五石八斗四升六合九
勺

烏程縣

額徵漕糧正兑正米六萬六千二百四十石一斗八升八
合內減米二萬五千四百三十四石一斗二升
應徵米四萬八百六石六升八合
耗米二萬六千四百九十六石七升五合二勺內減
米一萬一百七十三石六斗四升八合
應徵米一萬六千三百二十二石四斗二升七合二
勺
改兑正米四千一百六十二石二斗八升
耗米一千六百六十四石九斗一升二合
改漕正米四千九百五十七石一斗六升四合五勺內
減米一千九百三石三斗九升三合一勺

應徵米三千五十三石七斗七升一合四勺
耗米一千九百八十二石八斗六升五合八勺內減
米七百六十一石三斗五升七合二勺
應徵米一千二百二十一石五斗八合六勺
白糧正米四千一百六十九石三斗五升九勺
耗米一千八百七十六石二斗七合九勺
行糧本色米一千七百七十三石內減米六百八十石
七斗七升五合五勺
應徵米一千九十二石二斗二升四合五勺
月糧本色米一十九石四升四合八勺內減米七石三
斗一升二合六勺

應徵米一十一石七斗三升二合二勺
經費本色食米一千一百三十四石
以上共米一十一萬四千四百七十五石八升九合
一勺內減米三萬八千九百六十石六斗六合四
勺
應徵米七萬五千五百一十四石四斗八升二合七
勺
長興縣
額徵漕糧正兑正米三萬四千四百七十一石三斗八升
四合內減米五千一百五十五石七斗七升九合
一勺

應徵米二萬九千三百一十五石六斗四合九勺
耗米一萬三千七百八十八石五斗五升三合六勺
內減米二千六十二石三斗一升一合六勺
應徵米一萬一千七百二十六石二斗四升二合
改漕正米一千九百六十六石七斗四升七合四勺內
減米二百九十四石一斗六升三勺
應徵米一千六百七十二石五斗八升七合一勺
耗米七百八十六石六斗九升九合內減米一百一
十七石六斗六升四合二勺
應徵米六百六十九石三升四合八勺
白糧正米一千六百五石三斗九升九合二勺

耗米七百二十二石四斗二升九合七勺
行糧本色米九百五十一石內減米一百四十二石二
斗三升八合二勺
應徵米八百八石七斗六升一合八勺
月糧本色米二百七石六斗九升一合內減米三十一
石六升三合七勺
應徵米一百七十六石六斗二升七合三勺
經費本色食米四百四十一石
以上共米五萬四千九百四十石九斗三合九勺內
減米七千八百二石二斗一升七合一勺
應徵米四萬七千一百三十七石六斗八升六合八

勺
德清縣
額徵漕糧正兌正米三萬三千二百四十七石三斗五升
七合內減米九千八百六十九石一斗四升四合
六勺
應徵米二萬三千三百七十八石二斗一升二合四
勺
耗米一萬三千二百九十八石九斗四升二合八勺
內減米三千九百四十七石六斗五升七合八勺
應徵米九千三百五十一石二斗八升五合
改兌正米一千六百三石六斗六升二合

耗米六百四十一石四斗六升四合八勺
改漕正米二千二百五十石七斗四升九合九勺內減
米六百六十八石一斗一升二合五勺
應徵米一千五百八十二石六斗三升七合四勺
耗米九百石三斗內減米二百六十七石二斗四升
五合
應徵米六百三十三石五升五合
白糧正米一千八百五十二石九斗一升六合五勺
耗米八百三十三石八斗一升二合四勺
行糧本色米九百六十六石內減米二百八十六石七
斗四升七合四勺

應徵米六百七十九石二斗五升二合六勺
月糧本色米一十三石七斗三升一合八勺內減米四
石七升六合二勺
應徵米九石六斗五升五合六勺
經費本色食米五百四石
以上共米五萬六千一百一十二石九斗三升七合
二勺內減米一萬五千四十二石九斗八升三合
五勺
應徵米四萬一千六十九石九斗五升三合七勺
武康縣
額徵漕糧正兌正米七千三百二十五石五斗七升三合

內減米一千五十二石八斗二升一合三勺
應徵米六千二百七十二石七斗五升一合七勺內減米
耗米二千九百三十石二斗二升九合二勺內減米
四百二十一石一斗二升八合六勺
應徵米二千五百九石一斗六勺
改兌正米四百二十九石五斗三升五合
耗米一百七十一石八斗一升四合
改漕正米四百三十石三斗三升五合八勺內減米六
十一石八斗四升七合三勺
應徵米三百六十八石四斗八升八合五勺
耗米一百七十二石一斗三升四合三勺內減米二

十四石七斗三升八合九勺
應徵米一百四十七石三斗九升五合四勺
白糧正米三百四十六石七斗九升二合七勺
耗米一百五十六石五升六合七勺
行糧本色米二百一十石內減米三十石一斗八升九
勺
應徵米一百七十九石八斗一升九合一勺
月糧本色米一十石八斗四合八勺內減米一石五斗
五升二合九勺
應徵米九石二斗五升一合九勺
經費本色食米一百二十六石

以上共米一萬二千三百九石二斗七升五合五勺
內減米一千五百九十二石二斗六升九合九勺
應徵米一萬七百一十七石五合六勺
安吉縣
額徵漕糧正兌正米五千四百四十九石九斗五合內減
米五百六十四石四斗四升一合四勺
應徵米四千八百八十五石四斗六升三合六勺
耗米二千一百七十九石九斗六升二合內減米二
百二十五石七斗七升六合五勺
應徵米一千九百五十四石一斗八升五合五勺
改兌正米二百八十八石六斗四升

耗米一百一十五石四斗五升六合
行糧本色米一百六十五石內減米一十七石八升八
合九勺
應徵米一百四十七石九斗一升一合一勺
月糧本色米三百六十七石六斗二升二合一勺內減
米三十八石七升四合三勺
應徵米三百二十九石五斗四升七合八勺
以上共米八千五百六十六石五斗八升五合一勺
內減米八百四十五石三斗八升一合一勺
應徵米七千七百二十一石二斗四合

浙江海運省局
浙江布政使
浙江按察使署理督糧道　會為詳請

奏明事竊減賦案內查覈浙漕額徵漕白改漕南匠行月等米共一百一十四萬七千三百餘石內除南匠正耗米十三萬三千八百六十三石零白糧加三舂辦米一萬三千三十九石零均不議減又白糧粳糯照額辦運所減之數統於漕糧項下註扣外計按額徵漕白改漕正耗行月等米一百萬四百石零內照部議分數覈減米二十六萬六千七百六十五石零共應存正耗等米七十三萬餘石經清賦局詳請

奏明在案惟浙省兵燹之後各處冊籍蕩然無存原奏內聲明僅據各州縣開送頭畝漕南等冊皆仿照殘佚志乘及遠年賦役全書所造尚難準確加以有閏無閏冊據參差以致數目未能準的是以籌抵海運經費案內米數亦多未符旋復逐加考覈詳細勾稽釐定準確計原額應徵米一百一十四萬七千三百餘石除南匠正耗及加三舂辦兩款不減外共應徵有閏米一百萬一千八百七十三石二斗四升三合五勺再除奉減米二十六萬六千七百六十五石六斗三升二合實應徵漕白正耗行月等米七十三萬五千一百七石六斗一升一合五勺內行月糧本色米三萬八百九十七石二斗一升三合四勺白糧項下經費本色食米七千九百三十八石二共米三萬八千八百三十五石二斗一升三合四勺奉准變價撥抵海運經費應扣除覈算外共計應徵有閏漕白正耗米六十九萬六千二百七十二石三斗九升八合一勺業將覈定各屬分款準確細數造

具清冊咨送

戶部查照亦在案第減賦案內各款米數及籌抵運費案內行月食等數目與咨

部清冊間有未符委以冊檔無稽遠搜旁証致前後未能脗合應請統以續行釐定各屬分款米數咨送

戶部清冊為準至無閏之年除照額減定及南匠舂辦二項仍照原額不減徵收外共應徵漕白正耗米六十九萬六千六百三十五石九斗七升八合一勺行月食三款應徵變價米三萬七千四石五斗九升六合一勺再昌化縣加閏月糧一款係查照咸豐十年起運九年分奏銷冊案覈數轉少於無閏之年業已另文詳請咨

部查示現在月糧加閏無閏米數仍照奏冊覈算一俟

部覆到日再行咨明更正合併聲明合將查明徵運確數備文會詳仰祈

憲臺俯賜察覈具

奏實為公便為此備由呈乞

照詳施行

同治五年十月二十八日奉

撫憲馬　批仰候覈

奏另札行知仍補詳

督
漕部堂查覈繳

浙江海運省局
浙江布政使司
二品頂戴浙江督糧道　爲詳復事本年十月二十二日奉

憲臺　簽查據該司道會詳減賦案內額徵各欵米數覈與籌
抵運費等欵數目未符應請統以續定各屬分數爲準等情詳
請具
奏前來查詳叙共計應徵有閏漕白正耗米六十九萬六千二百
七十二石零無閏之年共應徵漕白正耗米六十九萬六千六
百三十五石零計多米三百六十三石五斗八升無閏之年何
以多於有閏是否以南抵漕應卽隨案聲明以清眉目簽查到
司立卽會同糧道暨海運省局逐細查覈明確卽日詳復以憑
覈
奏毋延等因奉此遵查浙省漕糧以額徵正改兌灰石正耗各米

併算計數加閏與無閏原屬無所多寡除正改兌向不徵閏外
惟內有改折灰石正耗米石一欵遇閏之年應行加閏徵收其
加閏之米卽在於漕糧正改兌正耗米內扣出以作灰石閏米
是以有閏之年灰石加增漕糧轉少緣奉簽查理合開具有閏
無閏應徵欵目細數淸摺備文詳覆伏祈
憲臺俯賜察覈實爲公便再此案係海運省局主稿合併聲明
爲此備由呈乞
照詳施行

計呈　淸摺一扣

謹將浙省額徵漕白正耗米石數目理合開具有閏無閏各欵
米數淸摺恭呈

憲鑒

今開

原額除減漕米外應徵漕白各欵正耗米石項下內

有閏之年

應徵漕糧正改兌灰石正耗米六十三萬七千六百二十
五石四斗一升三合八勺內除奉文改折灰石正耗
米一萬九千一十六石七斗六升應歸另欵以一兩
二錢折銀解道外
實徵漕糧正改兌正耗米六十一萬八千六百八石六
斗五升三合八勺
應徵改漕白糧等欵正耗米七萬七千六百六十三石七
斗四升四合三勺

二共實徵有閏漕白正耗米六十九萬六千二百七十二
石三斗九升八合一勺

無閏之年

應徵漕糧正改兌灰石正耗米六十三萬七千六百二十
五石四斗一升三合八勺內除奉文改折灰石正耗
米一萬八千六百五十三石一斗八升應歸另欵以
一兩二錢折銀解道外
實徵漕糧正改兌正耗米六十一萬八千九百七十二
石二斗三升三合八勺
應徵改漕白糧等欵正耗米七萬七千六百六十三石七

斗四升四合三勺

二共實徵無閏漕白正耗米六十九萬六千六百三十五

石九斗七升八合一勺

浙江巡撫臣馬新貽跪

奏爲查明浙省減賦漕糧徵運確數仰祈

聖鑒事竊照浙省杭嘉湖三府減賦案內覈明除南匠正耗白糧加三春辦均不議減又白糧粳糯照額辦運所減之欵統於漕糧項下註扣外計按額徵漕白改漕正耗行月等米一百萬四百石零內照部議分數覈減米二十六萬六千七百六十五石零共應存正耗等米七十三萬餘石前經

奏明在案惟浙省兵燹之後各處冊籍蕩然無存原奏內聲明僅據各州縣開送頃畝漕南等冊皆彷照殘佚志乘及遠年賦役全書所造尚難準確加以有閏無閏冊據參差以致數目未能準的是以籌抵海運經費案內米數亦多未符旋復逐加考覈

詳細勾稽釐定準確計原額應徵米一百一十四萬七千三百餘石除南匠正耗及加三春辦兩欵不減外共應徵有閏米一百萬一千八百七十三石二斗四升三合五勺再除奉減米二十六萬六千七百六十五石六斗三升二合實應徵漕白正耗行月等米七十三萬五千一百七石六斗一升一合五勺內行月糧本色米三萬八百九十七石二斗一升三合四勺白糧項下經費本色食米七千九百三十八石二共米三萬八千八百三十五石二斗一升三合四勺奉准變價撥抵海運經費應扣除覈算外共計應徵有閏漕白正耗米六十九萬六千二百七十二石三斗九升八合一勺無閏之年除照額減定及南匠春辦二項仍照原額不減徵收外共應徵漕白正耗米六十九萬

六千六百二十五石九斗七升八合一勺行月食三㪷應徵變
價米三萬七千四石五斗九升六合一勺至浙省漕糧加閏與
無閏原屬無所多寡惟內有改折灰石正耗米石一欵應行加
閏在於漕糧正改兌正耗米內扣出以作灰石閏米是以有閏
之年灰石加增漕糧轉少又查昌化縣加閏月糧一欵係查照
咸豐十年起運九年分奏銷冊案覈數轉少於無閏之年業已
咨請部示現在月糧加閏無閏米數仍照奏冊覈算一俟部覆
到日再行咨明更正除將續行釐定各屬分欵準確細數造具
清冊咨送戶部查照外據省局司道會詳請
奏前來臣覆覈無異謹恭摺具
奏伏乞

皇太后
皇上聖鑒勅部查照施行謹
奏
同治五年十月二十九日具
奏同治六年正月十八日差弁賫回原摺後開
軍機大臣奉
旨戶部知道欽此

浙江巡撫部院馬　爲詳請覈咨事據署糧儲道王凱泰詳稱
竊照浙省額編漕項銀米分縣各數兵燹以後上下冊案蕩然
前經咨
部檢發近年有閏無閏
奏銷各冊暨陞坍各案雖奉頒到
奏冊爲額而陞坍各數仍無稽考卽有閏無閏銀米欵目年分亦
屬參差不一前經逐案稽覈悉心搜求業將無閏年分原額漕
項銀米卽以奉
部檢發咸豐二年分
奏冊爲額有閏年分原額漕項銀米卽以奉
部檢發咸豐元年分

奏冊爲額唯月廩一欵係屬六年
奏銷元年冊內並未列有加閏之欵所有有閏原額月廩銀兩係
查照督漕憲檢發咸豐十年起運九年分
奏銷冊案辦理業經署道將遵辦各緣由於本年
奏銷案內分晰聲明在案第查杭州府屬之昌化縣原額月糧米
石以及金華府屬之蘭谿縣衢州府屬之龍游縣原額月折月
本銀兩有閏額數較與無閏原額轉致減少細繹其故殆由無
閏原額係照咸豐二年
奏冊爲額有閏原額係照咸豐十年
奏冊爲額其中年分相隔較遠或有陞坍奉豁致有參差今昌化
蘭谿龍游三縣額徵有閏月糧銀米應否卽遵照奉發咸豐十

年
奏冊作爲定額其該三縣額徵無閏月糧銀米若即遵照奏發咸
豐二年
奏冊爲額覈與有閏年分原額較多未免兩歧應否即遵照咸豐
十年有閏原額銀米勻閏覈減作爲定額之處理合查明該三
縣有閏無閏各原額及勻減欵目細數開摺詳候咨請
戸部覈示遵行等情到本部院據此相應咨請
貴部煩請查照覈覆飭遵施行
同治五年十月二十六日咨
戸部
今將昌化蘭谿龍游三縣有閏無閏原額漕項銀米數目並

擬請勻減閏月銀米各數開摺咨請
覈示
計　開
昌化縣
咸豐二年無閏
原額本色月糧米六百三十二石九斗八升七合四勺
內除減漕案內減徵米六十六石一斗二升
七合七勺外
實徵無閏米五百六十六石八斗五升九合七勺
咸豐十年有閏
原額本色月糧米六百二十三石六斗八升四合五勺

內除減漕案內減徵米六十六石一斗二升
七合七勺外
實徵有閏米五百五十七石五斗五升六合八勺
前件擬請有閏之年仍照咸豐十年原額徵收外
如遇無閏之年請照有閏原額擬再勻減閏
米四十二石八斗八升九合實徵無閏米五
百一十四石六斗六升七合八勺

蘭谿縣
咸豐二年無閏
原額折色月糧銀五百六十三兩八錢七分三釐
原額本色月糧銀七十五兩四錢九釐

原額淺貢銀四百四十九兩九錢五分一釐
共無閏銀一千八十九兩二錢三分三釐
咸豐十年有閏
原額折色月糧銀五百五十二兩四釐
前件擬請有閏之年仍照咸豐十年原額徵收外
如遇無閏之年請照有閏原額擬再勻減閏
銀四十二兩四錢六分二釐實徵無閏銀五
百九兩五錢四分二釐
原額本色月糧銀七十九兩四錢五分一釐
前件擬請有閏之年仍照咸豐十年原額徵收外
如遇無閏之年請照有閏原額擬再勻減閏

銀六兩一錢一分二釐實徵無閏銀七十三
兩三錢三分九釐
原額淺貢銀四百三十七兩六錢三分六釐
前件擬請有閏之年仍照咸豐十年原額徵收外
如遇無閏之年請照有閏原額擬再勻減閏
銀三十三兩六錢六分四釐實徵無閏銀四
百三兩九錢七分二釐
共有閏銀一千六十九兩九分一釐無閏共減
閏銀八十二兩二錢三分八釐共實徵無閏
銀九百八十六兩八錢五分三釐

龍游縣
咸豐二年無閏
原額折色月糧銀二千二百五十二兩八錢九分七釐
原額淺貢銀六百六兩三錢五分二釐
共無閏銀二千八百五十九兩二錢四分九釐
咸豐十年有閏
原額折色月糧銀二千二百六兩四錢一分二釐
前件擬請有閏之年仍照咸豐十年原額徵收外
如遇無閏之年請照有閏原額擬再勻減閏
銀一百六十九兩七錢二分四釐實徵無閏
銀二千三十六兩六錢八分八釐
原額淺貢銀五百九十三兩九錢六分八釐

前件擬請有閏之年仍照咸豐十年原額徵收外
如遇無閏之年請照有閏原額擬再勻減閏
銀四十五兩六錢九分實徵無閏銀五百四
十八兩二錢七分八釐
共有閏銀二千八百兩三錢八分無閏共減閏
銀二百一十五兩四錢一分四釐共實徵無
閏銀二千五百八十四兩九錢六分六釐

浙江巡撫部院馬　爲遵飭造冊詳請覈咨事據糧儲道英樸
詳稱案於同治六年二月初二日接准
兵部火票遞到
戶部咨開浙江永減漕糧一案前據督撫等奏稱本應遵照部
議分縣造冊開報奈因兵燹之後冊籍無存奇零尚難準確須
俟各案查鈔齊全另行覈對分造細冊送部覈覆定案等因欽
奉
上諭一道業經鈔錄行知在案茲據奏稱查明減賸確數並據聲稱
造具清冊咨送本部等因查各屬減賸確數細冊爲永遠徵漕
根據最關緊要現據奏稱咨部而此項淸冊仍未送到應飛咨
該撫趕緊專案送部毋再稍遲至昌化蘭谿龍游三縣有閏無

閏年分原額漕項銀米各數擬請勻減一節查咸豐二年奏冊
歷年較遠或有陞坍豁除未免參差又咸豐十年奏冊尚未據
題到部未便率准援引且以有閏年分銀米之額勻減作爲無
閏年分定額亦未允愜今本部查浙省到部冊籍至咸豐九年
分止無閏之年應卽查照咸豐九年分奏冊作爲定額有閏之
年應卽查照咸豐七年分奏冊作爲定額相應鈔錄該二年昌
化蘭谿龍游等三縣額徵漕項銀米各數目開單咨覆浙江巡
撫遵照本部單開該二年作爲定額毋庸輕議更張惟單開各
欵均係減漕以前數目查浙省減漕案內奏准量減三十分之
八行月二糧隨漕遞減其餘漕項銀兩均不覈減今本部單開
昌化等縣漕項銀米數目除銀欵及米石折徵銀欵均無庸覈

減外其向徵本色米石者卽由該撫按照各該縣應減之數作
爲定額仍將減賸各數專案報部查覈等因到院行道並奉
戶部札同前因各等因奉此遵將昌化縣原額月糧本色米石
並蘭谿龍游二縣原額漕項正耗銀兩遵奉
戶部鈔發有閏無閏原額銀米各數以奉文之日爲始札飭各
該縣應以同治六年起遵照
戶部鈔發原額作爲徵解定額外所有杭嘉湖三府屬各州縣
減定漕糧各欵本色正耗米石并實徵各數現在查照部發鈔
案內開昌化縣月糧本色米石咸豐十年有閏原額項下聲請
扣除豁免數目其咸豐八年無閏原額覈係該年尚未遇豁以
致較與有閏原額轉大似應查照咸豐十年冊內扣豁之數一

律扣除則有閏之年原額方不致轉少遵經逐案悉照
戶部鈔發之數一律更正計除有閏變價米數合符原報外實
在有閏之年應徵漕白正耗米六十九萬六千二百七十二石
三斗九升八合一勺其無閏之年應扣除昌化縣原豁月糧本
色米四十九石七斗三勺外實應徵漕白正耗米六十九萬六
千五百八十六石二斗七升七合八勺理合造具各州縣有閏
無閏減定實徵各欵本色米石細數淸冊詳候咨送
戶部查覈等情到本部院據此相應咨明爲此合咨
貴部請煩查照施行須至咨者
計咨送　冊二本
同治六年六月　　日咨

戶部
按查咨送清冊係有閏無閏分冊造送惟閏年米數細冊卽
照同治四年十一月清賦案內咨　部冊籍造送米數悉屬
相符業已備載於前不復重列所有無閏覈正細數清冊刋
載於後

二品頂戴浙江督糧道　爲咨送事今將杭嘉湖三府屬各州
縣額徵無閏漕糧改漕白糧行月食等本色米石除減實徵數
目理合分晰開造清冊咨送
查覈施行須至冊者
今開
浙江省
額徵漕糧正兌正米五十八萬四千九百九十六石七斗五升
四合五勺內減米一十七萬二千二百三十九石二
斗三升四勺
實徵米四十一萬二千七百五十七石五斗二升四合
一勺

耗米二十三萬三千九百九十八石七斗一合八勺內減
米六萬八千八百九十五石六斗九升二合一勺
實徵米一十六萬五千一百三石九合七勺
改兌正米二萬九千三百六十五石五斗
耗米一萬一千七百四十六石二斗
改漕正米三萬六千二百九十石七斗七升三合六勺內減米
一萬一千八百六十二石二斗六合四勺
實徵米二萬四千四百二十八石五斗六升七合二勺
耗米一萬四千五百一十六石三斗九合五勺內減米四
千七百四十四石八斗八升二合四勺
實徵米九千七百七十一石四斗二升七合一勺

白糧正米二萬九千九百七十五石
耗米一萬三千四百八十八石七斗五升
行糧本色米一萬六千三百七十七石內減米四千八百三十
三石四斗七升二合七勺
實徵米一萬一千五百四十三石五斗二升七合三勺
月糧本色米二萬一千七百一十三石二斗一升六合八勺內
減米四千一百九十石一斗四升八合應徵米一萬
七千五百二十三石六升八合八勺嗣奉
大部鈔發冊開應扣昌化縣原豁米四十九石七斗
三勺
實徵米一萬七千四百七十三石三斗六升八合五勺

經費本色食米七千九百三十八石
以上共米一百萬四百六石二斗六合二勺內減米二
十六萬六千七百六十五石六斗三升二合應徵米
七十三萬三千六百四十石五斗七升四合二勺嗣
奉
大部鈔發冊開應扣昌化縣原豁米四十九石七斗
三勺
實徵米七十三萬三千五百九十石八斗七升三合九
勺
杭州府
額徵漕糧正兌正米九萬七千九十八石四斗九升八合九勺

內減米一萬五千九百二十四石七斗三升五合四
勺
實徵米八萬一千一百七十三石七斗六升三合五勺
耗米三萬八千八百三十九石三斗九升九合七勺內減
米六千三百六十九石八斗九升四合一勺
實徵米三萬二千四百六十九石五斗五合六勺
改兌正米四千八百九十四石二斗六升
耗米一千九百五十七石七斗四合
行糧本色米二千六百六十四石內減米四百三十九石四斗
九升八合八勺
實徵米二千二百二十四石五斗一合二勺

月糧本色米一萬八千一百九石五斗二合七勺內減米三千
一石三斗五升九合七勺應徵米一萬五千一百八
石一斗四升三合嗣奉
大部鈔發冊開應扣昌化縣原豁米四十九石七斗
三勺
實徵米一萬五千五十八石四斗四升二合七勺
以上共米一十六萬三千五百六十三石二斗六升五
合三勺內減米二萬五千七百三十五石四斗八升
八合應徵米一十三萬七千八百二十七石八斗七
升七合三勺嗣奉
大部鈔發冊開應扣昌化縣原豁米四十九石七斗

三勺
實徵米一十三萬七千七百七十八石一斗七升七合
嘉興府
額徵漕糧正兌正米二十八萬三千八百四十三石六斗九升
七合四勺內減米九萬三千七百三十六石一斗五
升七合八勺
實徵米一十九萬一百七石五斗三升九合六勺
耗米一十一萬三千五百三十七石四斗七升八合八勺
內減米三萬七千四百九十四石四斗六升三合二
勺
實徵米七萬六千四十三石一升五合六勺

改兌正米一萬四千六百八十二石七斗五升
耗米五千八百七十三石一斗
改漕正米二萬二千五百六十六石一斗四升內減米七千四
百五十八石九斗六升八合
實徵米一萬五千一百七石一斗七升二合
耗米九千二十六石四斗五升六合內減米二千九百八
十三石五斗八升七合
實徵米六千四十二石八斗六升九合
白糧正米一萬八千五百八十七石四斗二升八合四勺
耗米八千三百六十四石三斗四升二合八勺
行糧本色米八千七石內減米二千六百四十九石一斗八合

三勺
實徵米五千三百五十七石八斗九升一合七勺
月糧本色米二千九百九十九石七斗七合六勺內減米一千
九十四石一升六合七勺
實徵米一千九百五石六斗九升九勺
經費本色食米四千七百八十八石
以上共米四十九萬二千二百七十六石一斗一合內
減米一十四萬五千四百一十六石三斗一合
實徵米三十四萬六千八百五十九石八斗
湖州府
額徵漕糧正兌正米二十萬四千五十四石五斗五升八合二
勺內減米六萬二千五百七十八石三斗三升七合

二勺
實徵米一十四萬一千四百七十六石二斗二升一合
耗米八萬一千六百二十一石八斗二升三合三勺內減
米二萬五千三十一石三斗三升四合八勺
實徵米五萬六千五百九十石四斗八升八合五勺
改兌正米九千七百八十八石四斗九升
耗米三千九百一十五石三斗九升六合
改漕正米一萬三千七百二十四石六斗三升三合六勺內減
米四千四百三石二斗三升八合四勺
實徵米九千三百二十一石三斗九升五合二勺

耗米五千四百八十九石八斗五升三合五勺內減米一
千七百六十一石二斗九升五合四勺
實徵米三千七百二十八石五斗五升八合一勺
白糧正米一萬一千三百八十七石五斗七升一合六勺
耗米五千一百二十四石四斗七合二勺
行糧本色米五千七百六石內減米一千七百四十四石八斗
六升五合六勺
實徵米三千九百六十一石一斗三升四合四勺
月糧本色米六百四石六合五勺內減米九十四石七斗七升
一合六勺
實徵米五百九石二斗三升四合九勺

經費本色食米三千一百五十石
以上共米三十四萬四千五百六十六石七斗三升九
合九勺內減米九萬五千六百一十三石八斗四升
三合
實徵米二十四萬八千九百五十二石八斗九升六合
九勺
仁和縣
額徵漕糧正兌正米三萬一千五百九十六石九斗三合五勺
內減米五千八百八十九石九斗八升一勺
實徵米二萬五千七百六石九斗二升三合四勺
耗米一萬二千六百三十八石七斗六升一合四勺內減

米二千三百五十五石九斗九升二合
實徵米一萬二百八十二石七斗六升九合四勺
改兌正米一千八百八十石三斗七升
耗米七百五十二石一斗四升八合
行糧本色米八百五十八石內減米一百六十石七合二勺
實徵米六百九十七石九斗九升二合八勺
月糧本色米五千三百九石二斗六升七合五勺內減米一千
六十四石九斗七升四合一勺
實徵米四千二百四十四石二斗九升三合四勺
以上共米五萬三千三十五石四斗五升四勺內減米
九千四百七十石九斗五升三合四勺

實徵米四萬三千五百六十四石四斗九升七合
錢塘縣
額徵漕糧正兌正米一萬三千三百七十八石九斗八合五勺
內減米一千七百九十六石二斗八升一合三勺
實徵米一萬一千五百八十二石六斗二升七合二勺
耗米五千三百五十一石五斗六升三合四勺內減米七
百一十八石五斗一升二合五勺
實徵米四千六百三十三石五升九勺
改兌正米八百九石五斗一升
耗米三百二十三石八斗四合
行糧本色米三百七十八石內減米五十石七斗七升三合一

勺
實徵米三百二十七石二斗二升六合九勺
月糧本色米二千一百五十八石四斗六升七合二勺內減米
三百二十八石九斗五升二合三勺
實徵米一千八百二十九石五斗一升四合九勺
以上共米二萬二千四百石二斗五升三合一勺內減
米二千八百九十四石五斗一升九合二勺
實徵米一萬九千五百五石七斗三升三合九勺
海甯州
額徵漕糧正兌正米三萬三千三百九十五石八斗九升一合
九勺內減米六千五十七石三斗八升七勺

實徵米二萬七千三百三十八石五斗一升一合二勺
耗米一萬三千三百五十八石三斗五升六合八勺內減
米二千四百二十二石九斗五升二合三勺
實徵米一萬九百三十五石四斗四合五勺
改兌正米一千八百五十二石九斗七升
耗米七百四十一石一斗八升八合
行糧本色米九百六十三石內減米一百七十四石七斗四升
三合九勺
實徵米七百八十八石二斗五升六合一勺
月糧本色米三千七十六石二升六勺內減米五百九十[illegible]
石四斗二升九勺

實徵米二千四百八十三石五斗九升九合七勺
以上共米五萬三千三百八十七石四斗二升七合三
勺內減米九千二百四十七石四斗九升七合八勺
實徵米四萬四千一百三十九石九斗二升九合五勺
富陽縣
額徵漕糧正兌正米三千三百二十二石五斗六升一合五勺
內減米三百三十六石八斗二合一勺
實徵米二千九百八十五石七斗五升九合四勺
耗米一千三百二十九石二升四合六勺內減米一百三
十四石七斗二升八勺
實徵米一千一百九十四石三斗三合八勺

改兌正米三百五十一石四斗一升
耗米一百四十石五斗六升四合
行糧本色米九十石內減米九石一斗二升七合一勺
實徵米八十石八斗七升二合九勺
月糧本色米一千七百一十三石一斗五升二合五勺內減米
一百九十七石三斗三升七合
實徵米一千五百一十五石八斗一升五合五勺
以上共米六千九百四十六石七斗一升二合六勺內
減米六百七十七石九斗八升七合
實徵米六千二百六十八石七斗二升五合六勺
餘杭縣

額徵漕糧正兌正米七千八百三十石一斗三合四勺內減米
八百五十五石六斗七升四合
實徵米六千九百七十四石四斗二升九合四勺
耗米三千一百三十二石四升一合四勺內減米三百四
十二石二斗六升九合六勺
實徵米二千七百八十九石七斗七升一合八勺
行糧本色米一百九十五石內減米二十一石三斗一升八合
六勺
實徵米一百七十三石六斗八升一合四勺
月糧本色米四百九十六石八斗一升三合六勺內減米六十
二石五斗五升四合三勺

實徵米四百三十四石二斗五升九合三勺
以上共米一萬一千六百五十三石九斗五升八合四
勺內減米一千二百八十一石八斗一升六合五勺
實徵米一萬三百七十二石一斗四升一合九勺

臨安縣

額徵漕糧正兌正米三千一百二十一石八斗四合五勺內減
米四百六十一石四斗九升九合一勺
實徵米二千六百六十石三斗五合四勺
耗米一千二百四十八石七斗二升一合八勺內減米一
百八十四石五斗九升九合六勺
實徵米一千六十四石一斗二升二合二勺

行糧本色米七十五石內減米一十一石九升二合
實徵米六十三石九斗八合
月糧本色米二千三百五十一石三斗五升三合一勺內減米
三百七十三石九斗四升八勺
實徵米一千九百七十七石四斗一升二合三勺
以上共米六千七百九十六石八斗七升九合四勺內
減米一千三十一石一斗三升一合五勺
實徵米五千七百六十五石七斗四升七合九勺

新城縣

額徵漕糧正兌正米一千九百八石七斗六升內減米二百五
十七石七斗九升四合二勺

實徵米一千六百五十石九斗六升五合八勺
耗米七百六十三石五斗四合內減米一百三石一斗一
升七合七勺
實徵米六百六十石三斗八升六合三勺
行糧本色米四十五石內減米六石八升二勺
實徵米三十八石九斗一升九合八勺
月糧本色米一千四百五十二石五斗六升二合八勺內減米
二百一十石五斗三升九合四勺
實徵米一千二百四十二石二升三合四勺
以上共米四千一百六十九石八斗二升六合八勺內
減米五百七十七石五斗三升一合五勺

實徵米三千五百九十二石二斗九升五合三勺

於潛縣

額徵漕糧正兌正米一千四百八十六石四斗七升六合三勺

內減米一百五十七石二斗九升一合八勺

實徵米一千三百二十九石一斗八升四合五勺

耗米五百九十四石五斗九升五勺內減米六十二石九

斗一升六合七勺

實徵米五百三十一石六斗七升三合八勺

行糧本色米三十石內減米三石一斗七升五合九勺

實徵米二十六石八斗二升四合一勺

月糧本色米九百一十八石八斗七升八合內減米一百四石

五斗一升三合二勺

實徵米八百一十四石三斗六升四合八勺

以上共米三千二十九石九斗四升四合八勺內減米

三百二十七石八斗九升七合六勺

實徵米二千七百二石四升七合二勺

昌化縣

額徵漕糧正兌正米一千五十七石八升九合三勺內減米一

百一十二石三升二合一勺

實徵米九百四十五石五升七合二勺

耗米四百二十二石八斗三升五合八勺內減米四十四

石八斗一升二合九勺

實徵米三百七十八石二升二合九勺

行糧本色米三十石內減米三石一斗八升八勺

實徵米二十六石八斗一升九合二勺

月糧本色米六百三十二石九斗八升七合四勺內減米六十

六石一斗二升七合七勺應徵米五百六十六石八

斗五升九合七勺嗣奉

大部鈔發冊開應扣原豁米四十九石七斗三勺

實徵米五百一十七石一斗五升九合四勺

以上共米二千一百四十二石九斗一升二合五勺內

減米二百二十六石一斗五升三合五勺應徵米一

千九百一十六石七斗五升九合嗣奉

大部鈔發冊開應扣原豁米四十九石七斗三勺

實徵米一千八百六十七石五升八合七勺

嘉興縣

額徵漕糧正兌正米五萬七千三百二十二石五斗四升內減

米一萬七千九百二石三斗八升七勺

實徵米三萬九千四百二十石一斗五升九合三勺

耗米二萬二千九百二十九石一升六合內減米七千一

百六十石九斗五升二合三勺

實徵米一萬五千七百六十八石六升三合七勺

改兌正米二千九百六十五石九斗二升

耗米一千一百八十六石三斗六升八合

改漕正米四千六百七十石二升二合六勺內減米一千四百
五十九石一斗八合四勺
實徵米三千二百一十石九斗一升四合二勺
耗米一千八百六十八石九合內減米五百八十三石六
斗四升三合三勺
實徵米一千二百八十四石三斗六升五合七勺
白糧正米三千八百五十一石四斗六升七合
耗米一千七百三十三石一斗六升二勺
行糧本色米一千六百八十九石內減米五百二十七石七斗
一升三合五勺
實徵米一千一百六十一石二斗八升六合五勺

月糧本色米二千一百二十石五斗二升五合二勺內減米七
百一十七石六斗九升三勺
實徵米一千四百二石八斗三升四合九勺
經費本色食米一千八石
以上共米一十萬一千三百四十四石二升八合內減
米二萬八千三百五十一石四斗八升八合五勺
實徵米七萬二千九百九十二石五斗三升九合五勺
秀水縣
額徵漕糧正兌正米五萬一十五石三斗八升五合內減米一
萬八千六百三十石九斗五升八勺
實徵米三萬一千三百八十四石四斗三升四合二勺

耗米二萬六石一斗五升四合內減米七千四百五十二
石三斗八升三勺
實徵米一萬二千五百五十三石七斗七升三合七勺
改兌正米二千五百八十七石一斗
耗米一千三十四石八斗四升
改漕正米三千九百八石六斗五升七合六勺內減米一千四
百五十六石六斗三合八勺
實徵米二千四百五十二石五升三合八勺
耗米一千五百六十三石四斗六升三合一勺內減米五
百八十二石六斗四升一合六勺
實徵米九百八十石八斗二升一合五勺
白糧正米三千二百一十五石二升五合

耗米一千四百四十六石七斗六升一合三勺
行糧本色米一千二百六十三石內減米四百七十石六斗七
升七勺
實徵米七百九十二石三斗二升九合三勺
經費本色食米八百八十二石
以上共米八萬五千九百二十二石三斗八升六合內
減米二萬八千五百九十三石二斗四升七合二勺
實徵米五萬七千三百二十九石一斗三升八合八勺
嘉善縣
額徵漕糧正兌正米五萬五千七百九十六石四斗九升六合

五勺內減米二萬二千三十九石九斗三升三合九
勺
實徵米三萬三千七百五十六石五斗六升二合六勺
耗米二萬二千三百一十八石五斗九升八合五勺內減
米八千八百一十五石九斗七升三合五勺
實徵米一萬三千五百二石六斗二升五合
改兌正米三千一百一十五石六斗八升
耗米一千二百四十六石二斗七升二合
改漕正米四千五百一十二石八斗四升六合八勺內減米一
千七百八十三石三斗五升二合五勺
實徵米二千七百二十九石四斗九升四合三勺

耗米一千八百五十石一斗三升八合七勺內減米七百一
十三石三斗四升一合
實徵米一千九十一石七斗九升七合七勺
白糧正米三千七百四十六石三斗六升二合四勺
耗米一千六百八十五石八斗六升三合一勺
行糧本色米一千七百一十三石內減米六百七十六石九斗
三升三勺
實徵米一千三十六石六升九合七勺
月糧本色米八百七十九石一斗八升二合四勺內減米三百
七十六石三斗二升六合四勺
實徵米五百二石八斗五升六合

經費本色米八百八十二石
以上共米九萬七千七百一石四斗四升四勺內減米
三萬四千四百五石八斗五升七合六勺
實徵米六萬三千二百九十五石五斗八升二合八勺
海鹽縣
額徵漕糧正兌正米三萬一千七百一十四石七斗八升內減
米七千九百一十九石六斗一升一合九勺
實徵米二萬三千七百九十五石一斗六升八合一勺
耗米一萬二千六百八十五石九斗一升二合內減米三
千一百六十七石八斗四升四合八勺
實徵米九千五百一十八石六升七合二勺

改兌正米一千五百八十八石六斗七升
耗米六百三十五石四斗六升八合
改漕正米二千五百二十二石四斗九升八合內減米六百三
十石一斗六升七合四勺
實徵米一千八百九十二石三斗三升六勺
耗米一千八石九斗九升九合二勺內減米二百五十二
石六升六合九勺
實徵米七百五十六石九斗三升二合三勺
白糧正米二千六十八石三升二合九勺
耗米九百三十石六斗一升四合八勺
行糧本色米八百七十三石內減米二百一十八石九升一合

八勺
實徵米六百五十四石九斗八合二勺
經費本色食米六百三十石
以上共米五萬四千六百五十七石九斗七升四合九
勺內減米一萬二千一百八十七石七斗八升二合
八勺
實徵米四萬二千四百七十石一斗九升二合一勺
平湖縣
額徵漕糧正兌正米三萬三千四石二斗四升五合九勺內減
米一萬七百一十八石八斗四升三合五勺
實徵米二萬二千二百八十五石四斗二合四勺

耗米一萬三千二百一石六斗九升八合三勺內減米四
千二百八十七石五斗三升七合四勺
實徵米八千九百一十四石一斗六升九勺
改兌正米一千六百五十七石一斗九升
耗米六百六十二石八斗七升六合
改漕正米二千六百六十八石八斗四升一合五勺內減米八
百六十七石一斗三升一勺
實徵米一千八百一石七斗一升一合四勺
耗米一千六十七石五斗三升六合六勺內減米三百四
十六石八斗五升二合
實徵米七百二十石六斗八升四合六勺

白糧正米二千一百八十一石九斗一升八合四勺
耗米九百八十一石八斗六升三合三勺
行糧本色米九百九十三石內減米三百二十二石六斗三升
四合四勺
實徵米六百七十石三斗六升五合六勺
經費本色食米五百四石
以上共米五萬六千九百二十三石一斗七升內減米
一萬六千五百四十二石九斗九升七合四勺
實徵米四萬三百八十石一斗七升二合六勺
石門縣
額徵漕糧正兌正米三萬三百四十四石三斗五升內減米九
千七百六十三石二斗六升八合四勺
實徵米二萬五百八十一石八升一合六勺
耗米一萬二千一百三十七石七斗四升內減米三千九

百五石三斗七合四勺
實徵米八千二百三十二石四斗三升二合六勺
改兌正米一千四百八十三石九斗四升
耗米五百九十三石五斗七升六合
改漕正米二千二百八十六石七升四合二勺內減米七百三
十五石八斗五升一合四勺
實徵米一千五百五十石二斗二升二合八勺
耗米九百一十四石四斗二升九合七勺內減米二百九

十四石三斗四升五勺
實徵米六百二十石八升九合二勺
白糧正米一千八百七十九石七斗七升三合
耗米八百四十五石八斗九升七合八勺
行糧本色米七百五十三石內減米二百四十二石三斗七升
八合九勺
實徵米五百一十石六斗二升一合一勺
經費本色食米五百四石
以上共米五萬一千七百四十二石七斗八升七勺內
減米一萬四千九百四十一石一斗四升六合六勺
實徵米三萬六千八百一石六斗三升四合一勺

桐鄉縣
額徵漕糧正兌正米二萬五千六百四十五石九斗內減米六
千七百六十一石一斗六升八合六勺
實徵米一萬八千八百八十四石七斗三升一合四勺
耗米一萬二百五十八石三斗六升內減米二千七百四
石四斗六升七合五勺
實徵米七千五百五十三石八斗九升二合五勺
改兌正米一千二百八十四石二斗五升
耗米五百一十三石七斗
改漕正米一千九百九十七石一斗九升九合三勺內減米五
百二十六石七斗五升四合四勺

實徵米一千四百七十石四斗四升四合九勺
耗米七百九十八石八斗七升九合七勺內減米二百一
十石七斗一合七勺
白糧正米一千六百四十四石八斗四升九合七勺
實徵米五百八十八石一斗七升八合
耗米七百四十石一斗八升二合三勺
行糧本色米七百二十三石內減米一百九十石六斗八升八
合七勺
實徵米五百三十二石三斗一升一合三勺
經費本色食米三百七十八石
以上共米四萬三千九百八十四石三斗二升一合內
減米一萬三百九十三石七斗八升九勺
實徵米三萬三千五百九十石五斗四升一勺

安吉縣
額徵漕糧正兌正米五千四百五十二石二斗內減米五百六
十四石四斗四升一合四勺
實徵米四千八百八十七石七斗五升八合六勺
耗米二千一百八十石八斗八升內減米二百二十五石
七斗七升六合五勺
實徵米一千九百五十五石一斗三合五勺
改兌正米二百八十八石七斗六升
耗米一百一十五石五斗四合

行糧本色米一百六十五石內減米一十七石八升八合九勺
實徵米一百四十七石九斗一升一合一勺
月糧本色米三百三十九石三斗七升一合四勺內減米三十
八石七升四合三勺
實徵米三百一石二斗九升七合一勺
以上共米八千五百四十一石七斗一升五合四勺內
減米八百四十五石三斗八升一合一勺
實徵米七千六百九十六石三斗三升四合三勺
歸安縣
額徵漕糧正兌正米五萬七千二百五十七石七斗七升一合
二勺內減米二萬五百二石三升八勺

實徵米三萬六千七百五十五石七斗四升四勺
耗米二萬二千九百三石一斗八合五勺內減米八千二
百石八斗一升二合三勺
實徵米一萬四千七百二石二斗九升六合二勺
改兌正米三千三百一石六斗四升
耗米一千三百二十石六斗五升六合
改漕正米四千一百一十九石六斗三升六合內減米一千四
百七十五石七斗二升五合二勺
實徵米二千六百四十三石九斗一升八勺
耗米一千六百四十七石八斗五升四合四勺內減米五
百九十石二斗九升一勺

實徵米一千五十七石五斗六升四合三勺
白糧正米三千四百一十三石一斗一升二合三勺
耗米一千五百三十五石九斗五勺
行糧本色米一千六百四十一石內減米五百八十七石八斗
三升四合七勺
實徵米一千五十三石一斗六升五合三勺
月糧本色米三十二石六斗九升四合九勺內減米一十二石
六斗九升一合九勺
實徵米二十石三合
經費本色食米九百四十五石
以上共米九萬八千一百一十八石三斗七升三合八

勺內減米三萬一千三百六十九石三斗八升五合
實徵米六萬六千七百四十八石九斗八升八合八勺
烏程縣
額徵漕糧正兌正米六萬六千二百六十八石六斗三升七合
內減米二萬五千四百三十四石一斗二升
實徵米四萬八百三十四石五斗一升七合
耗米二萬六千五百七石四斗五升四合八勺內減米一
萬一百七十三石六斗四升八合
實徵米一萬六千三百三十三石八斗六合八勺
改兌正米四千一百六十四石三升
耗米一千六百六十五石六斗一升二合

改漕正米四千九百五十七石一斗六升四合五勺内減米一
千九百三石三斗九升三合一勺
實徵米三千五十三石七斗七升一合四勺
耗米一千九百八十二石八斗六升五合八勺内減米七
百六十一石三斗五升七合二勺
實徵米一千二百二十一石五斗八合六勺
白糧正米四千一百六十九石三斗五升九勺
耗米一千八百七十六石二斗七合九勺
行糧本色米一千七百七十三石内減米六百八十石七斗七
升五合五勺
實徵米一千九十二石二斗二升四合五勺

月糧本色米一十七石五斗五升八合内減米七石三斗一升
二合六勺
實徵米一十石二斗四升五合四勺
經費本色食米一千一百三十四石
以上共米一十一萬四千五百一十五石八斗八升九
勺内減米三萬八千九百六十石六斗六合四勺
實徵米七萬五千五百五十五石二斗七升四合五勺

長興縣

額徵漕糧正兌正米三萬四千四百八十五石九斗内減米五
千一百五十五石七斗七升九合一勺
實徵米二萬九千三百三十石一斗二升九勺

耗米一萬三千七百九十四石三斗六升内減米二千六
十二石三斗一升一合六勺
實徵米一萬一千七百三十二石四升八合四勺
改漕正米一千九百六十六石七斗四升七合四勺内減米二
百九十四石一斗六升三勺
實徵米一千六百七十二石五斗八升七合一勺
耗米七百八十六石六斗九升九合内減米一百一十七
石六斗六升四合二勺
實徵米六百六十九石三升四合八勺
白糧正米一千六百五石三斗九升九合二勺
耗米七百二十二石四斗二升九合七勺

行糧本色米九百五十一石内減米一百四十二石二斗三升
八合二勺
實徵米八百八石七斗六升一合八勺
月糧本色米一百九十一石七斗三升一合一勺内減米三十
一石六升三合七勺
實徵米一百六十石六斗六升七合四勺
經費本色食米四百四十一石
以上共米五萬四千九百四十五石二斗六升六合四
勺内減米七千八百三石二斗一升七合一勺
實徵米四萬七千一百四十二石四升九合三勺

德清縣

額徵漕糧正兌正米三萬三千二百六十一石四斗內減米九
千八百六十九石一斗四升四合六勺
實徵米二萬三千三百九十二石二斗五升五合四勺
耗米一萬三千三百四石五斗六升內減米三千九百四
十七石六斗五升七合八勺
實徵米九千三百五十六石九斗二合二勺
改兌正米一千六百四石三斗四升
耗米六百四十一石七斗三升六合
改漕正米二千二百五十石七斗四升九合九勺內減米六百
六十八石一斗一升二合五勺
實徵米一千五百八十二石六斗三升七合四勺

耗米九百石三斗內減米二百六十七石二斗四升五合
實徵米六百三十三石五升五合
白糧正米一千八百五十二石九斗一升六合五勺
耗米八百三十三石八斗一升二合四勺
行糧本色米九百六十六石內減米二百八十六石七斗四升
七合四勺
實徵米六百七十九石二斗五升二合六勺
月糧本色米一千二石六斗七升六合六勺內減米四百七升
六合二勺
實徵米八石六斗四勺
經費本色食米五百四石

以上共米五萬六千一百三十二石四斗九升一合四
勺內減米一萬五千四十二石九斗八升三合五勺
實徵米四萬一千八十九石五斗七合九勺

武康縣

額徵漕糧正兌正米七千三百二十八石六斗五升內減米一
千五十二石八斗二升一合三勺
實徵米六千二百七十五石八斗二升八合七勺
耗米二千九百三十一石四斗六升內減米四百二十一
石一斗二升八合六勺
實徵米二千五百一十石三斗三升一合四勺
改兌正米四百二十九石七斗二升

耗米一百七十一石八斗八升八合
改漕正米四百三十石三斗三升五合八勺內減米六十一石
八斗四升七合三勺
實徵米三百六十八石四斗八升八合五勺
耗米一百七十二石一斗三升四合三勺內減米二十四
石七斗三升八合九勺
實徵米一百四十七石三斗九升五合四勺
白糧正米三百四十六石七斗九升二合七勺
耗米一百五十六石五升六合七勺
行糧本色米二百一十石內減米三十石一斗八升九勺
實徵米一百七十九石八斗一升九合一勺

月糧本色米九石九斗七升四合五勺內減米一石五斗五升
二合九勺
實徵米八石四斗二升一合六勺
經費本色食米一百二十六石
以上共米一萬二千三百一十三石一升二合內減米
一千五百九十二石二斗六升九合九勺
實徵米一萬七百二十石七斗四升二合一勺

浙江海運全案重編目錄

新編卷二

省局事宜

浙江巡撫臣馬新貽跪

奏爲籌議海運經費請

旨飭部覈覆以便遵辦恭摺仰祈

聖鑒事竊照浙省杭嘉湖三府漕糧米石前奉

恩旨減免額徵經臣等查明應減成數奏奉

諭旨各按科則重輕分别上中下則一律永遠減免以紓民力等因

欽此欽遵刊刻謄黃徧行曉諭在案所有議籌運費一欵先經

督臣左宗棠具

奏接准部覆内開查浙省海運向只支銷漕截銀兩其不敷之數皆由州縣酌提津貼並不動用庫欵是以准免報銷今該督以正額浮收概行覈減請將津貼一項裁革自係爲釐剔漕弊起

見但所需運費總宜於漕務項下寬爲籌備俾敷應用不得於漕項之外再動別項正欵至一切支銷如有應裁應減者亦宜分別裁減力求撙節不得卽以八錢作爲定額應令該督撫從長計議量入爲出將籌備欵項及應用數目再行據實覆奏由

臣部覈定後方准照數動支如有盈餘報部候撥准免造冊報銷以歸簡便等因當經轉飭藩司糧道通籌妥議詳辦去後茲據該司道等詳稱查浙西漕米除照額覈減外共存正耗米七十萬三千餘石内海運新章每石給商船耗米八升以全漕起運而論應扣去米五萬餘石無須運費所有起運需費之米秪六十五萬餘石每石以八錢覈計約需銀五十二萬兩按漕截一欵例應給幫改行海運以後業經

奏准提解每石三錢四分六絲今擬全數動用計正銀二十六萬一千一百四十九兩零隨耗五千三百二十九兩零又白糧經費項下劃出漕截銀一萬三千一兩零此外自應遵照部議

奏准之案於漕糧項下酌提不敢動用別項正欵如減存之行月等米旣不給幫自應變價擬照經費食米定價每石作銀一兩五錢現除減免外仍應共收米三萬四千二百五十四石零計銀五萬一千三百八十一兩零又查南月米一項此時亦不給幫共收正米七千一百石每石作銀二兩計銀一萬四千二百兩杭嘉湖三府行糧折徵項下共銀一萬一千四百五十二兩零隨耗五百三十八兩零月糧折徵項下共銀五百四十八兩零隨耗二十七兩零經費食米折徵項下共銀三千八百四十

一兩零隨耗一百八十一兩零以及甯紹等府本色月糧項下共銀五萬九千七百三十一兩零又耗三千六百四十二兩零折色月糧項下共銀六萬八千七百二十四兩零又耗三千九百四十五兩零合之漕截銀兩已共銀四十九萬七千六百八十九兩零以全漕起運之年約需銀五十二萬兩計之所絀無幾如有不敷之處再於漕務項下設法撥補所提各欵皆係河運年間給幫之欵今河運易爲海運酌量籌抵仍係以漕辦漕未動正欵等情詳請具

奏前來臣等伏查從前海運經費不敷皆由各州縣酌提津貼每石自七錢至四錢不等此項津貼銀兩該州縣豈能自捐廉俸無非取自民間雖欲不浮收而不可得矣今正額旣蒙

恩減浮收更應禁絶所有海運經費一項除動支漕截而外斷不可再令州縣津貼以致重累吾民惟有遵照部議於漕務項下寬爲籌備今據該司道等議請以減存行月南月各米分別變價以及杭嘉湖三府行月食米折徵之欵甯紹等府本折月糧等欵抵備海運經費以昔年給丁之項爲今日運米之用以公濟公不動別項正欵尚屬妥協此外漕務項下尚有一二未提之欵萬一經費不敷亦可隨時撥補固不必另提正欵亦毋庸再議津貼也其部議每石運費不准拘定八錢之數查原奏所謂八錢者不過約計之詞以示限制之意原難作爲定額惟海運自滬及津僱船設局用費浩繁不得不寬爲籌備以免臨時掣肘臣等仍當督飭該司道等力求撙節覈實支銷如有盈餘存

於道庫聽候撥用並將動用數目按年

奏結免其造冊報銷以歸簡易至從前辦理河運用欵尤多將來如果復行以此八錢之欵作爲給幫之用是否相當尚難懸揣今但就海運而言辦理自可裕如矣除覈減浮收裁革陋規等事現在確切訪查總期官民兩便以垂久遠俟覈定章程另行

奏報外謹將籌議海運經費緣由會同閩浙總督臣左宗棠漕運總督臣吳棠合詞恭摺具

奏伏乞

皇太后

皇上聖鑒敕部覈覆施行謹

奏

同治四年八月初四日具

奏奉

旨戶部速議具奏欽此

按籌抵海運經費案內米數間有參差業將準確分欵細數專案

奏明備載前卷

戶部謹
奏爲遵
旨速議具奏事浙江巡撫馬新貽奏籌議海運經費一摺同治四年
八月十五日軍機大臣奉
旨戶部速議具奏欽此欽遵於十六日交出到部據原奏內稱浙省
杭嘉湖三府漕糧米石前奉
恩旨減免額徵經臣等查明應減成數奏奉
諭旨一律永遠減免欽遵刋刻謄黃徧行曉諭在案所有議籌運費
一欵先經督臣左宗棠具
奏接准部覆等因當經轉飭藩司糧道通籌妥議詳辦去後茲據
該司道等詳稱查浙西漕米除照額覈減外共存正耗米七十

萬三千餘石內海運新章每石給商船耗米八升以全漕起運
而論應扣去米五萬餘石無須運費所有起運需費之米祇六
十五萬餘石每石以八錢覈計約需銀五十二萬兩按漕截一
欵例應給幫改行海運以後業經奏准提解每石三錢四分六
絲今擬全數動用計正銀二十六萬一千一百四十九兩零隨
耗五千三百二十九兩零又白糧經費項下劃出漕截銀一萬
三千一兩零此外自應遵照部議奏准之案於漕糧項下酌提
不敢動用削項正欵如減存之行月等米既不給幫自應變價
擬照經費食米定價每石作銀一兩五錢現除減免外仍應共
收米三萬四千二百五十四石零計銀五萬一千三百八十一
兩零又查南月米一項此時亦不給幫共收正米七千一百石
每石作銀二兩計銀一萬四千二百兩杭嘉湖三府行糧折徵
項下共銀一萬一千四百五十二兩零隨耗五百三十八兩零
月糧折徵項下共銀五百四十八兩零隨耗二十七兩零經費
食米折徵項下共銀三千八百四十一兩零隨耗一百八十一
兩零以及甯紹等府本色月糧項下共銀五萬九千七百三十
一兩零又耗三千六百四十二兩零折色月糧項下共銀六萬
八千七百二十四兩零又耗三千九百四十五兩零合之漕截
銀兩已共銀四十九萬七千六百八十九兩零以全漕起運之
年約需銀五十二萬兩計之所絀無幾如有不敷之處再於漕
務項下設法撥補等情伏查從前海運經費不敷皆由各州縣
酌提津貼每石自七錢至四錢不等此項津貼銀兩該州縣豈

能自捐廉俸無非取自民間今正額既蒙
恩減浮收更應禁絕所有海運經費一項除動支漕截而外斷不可
再令州縣津貼以致重累吾民今據該司道等擬請以昔年給
丁之項爲今日運米之用以公濟公不動別項正欵此外漕務
項下尚有一二未提之欵萬一經費不敷亦可隨時撥補固不
必另提正欵亦毋庸再議津貼也其部議每石運費不准拘定
八錢之數查原奏所謂八錢者不過約計之詞以示限制之意
原難作爲定額惟海運自滬及津僱船設局用欵浩繁不得不
寬爲籌備以免臨時掣肘臣等仍當督飭該司道等力求撙節
覈實支銷如有盈餘存於道庫聽候撥用並將動用數目按年
奏結免其造冊報銷以歸簡易除覈減浮收裁革陋規等事俟

覈定章程另行奏報外謹將籌議海運經費緣由具奏等語臣等伏查浙江漕糧自行海運以來除將漕截銀兩抵作運費外不敷之數另由州縣酌提津貼上年督臣左宗棠奏杭嘉湖三屬收漕積弊摺內請革除津貼另籌運費實爲漕務正本清源之論經臣部議令量入爲出從長計議去後茲據撫臣馬新貽奏稱據藩司糧道詳稱浙西漕米減存正耗米七十餘萬石除支海運商船耗米外所有起運須費之米每石以八錢覈計約需運費銀五十餘萬兩以額徵漕截正耗銀兩合之減存行月南月各米分別變價銀兩及杭嘉湖等府行月食米折徵三款甯紹等府本折月糧等款共銀四十九萬七千餘兩全漕起運如有不敷再於漕務項下撥補等語查津貼既永遠革除運費必寬爲籌備該撫等請將昔年給丁之項爲今日運米之資以漕辦漕並不動用別項辦法尚爲妥洽其漕截一款已據該撫另片奏准毋庸覈減應即准其照舊徵收抵充運費此外議提各款均請准如所奏辦理惟向來該省辦漕祇准動用漕截現在議增之款幾至一倍有餘原恐各州縣藉口津貼重累閭閻故爲此破格之舉自此次明定章程後辦運既無虞掣肘紳衿更無可挾持該督撫大吏務宜嚴飭所屬照例徵收永禁津貼名目倘有仍前積習浮勒絲毫者即行嚴參究辦至漕務各款不在此次議提之列者尚多應令該撫照例冊報仍於每年奏報起運米數摺內將應徵漕項款目若干已動銀米若干實存銀米若干逐一隨摺聲明不得籠統開報致滋弊混其一切運

費亦應力求撙節不得以每石八錢即爲開銷定額所有動支之款仍照案免其報銷以歸簡易如有盈餘報部候撥再左宗棠前奏減浮收裁陋規兩條尤爲理漕要務現在既增加運費倘中飽仍未盡除殊負

朝廷破格恤民之至意應由該督撫訪查確實妥議章程趕緊奏明辦理以清積弊而垂久遠所有覈覆籌議海運經費緣由理合恭摺具

奏伏乞

皇上聖鑒謹

奏

同治四年八月二十三日具

奏本日奉

旨依議欽此

浙江巡撫臣馬新貽跪
奏為嚴減漕南浮收禁革陋規以肅漕政而蘇民困恭摺仰祈
聖鑒事竊照浙省正漕分成覈減業奉
恩准嗣遵部議以漕項籌抵運費復經臣具
奏覆准在案漕額既減運費亦籌軫恤民艱有加無已而額外浮
收若不痛加裁汰覈實酌留仍無以蘇民困查從前浮收之由
始則河運之貼幫繼則海運之貼費浙省自改辦海運以來津
貼之多寡卽視幫費之輕重為定每運漕米一石自三錢至七
錢不等統算約計五錢有奇以銀合米每石須加米三斗以上
以全漕九十五萬石計之約計收米三十餘萬石方敷海運津
貼之費加以州縣辦漕用欵名目紛繁內有紳衿大戶正賦之

外顆粒不加甚至有把持包攬等事勢不能不取盈於鄉曲之
小戶以為挹茲注彼之謀其中本折並收或以米加耗或以錢
合米大小戶長短不等最重之戶正漕一石竟有完米至一石
七斗以上者此完漕之不均浮收之所自來也臣與藩司蔣益
澧前護糧道薛時雨訪查各州縣徵收漕南舊規從嚴釐剔除
酌留耗餘以為辦公之用照現改新章徵收計杭州府屬共可
減浮收米六萬四千六百五十三石嘉興府屬共可減浮收米
二十八萬五千三百八十七石湖州府屬共可減浮收米一十
三萬六千八百六十六石三府共計減去浮收米四十八萬六
千餘石又漕南統徵分解米欵向以徵賸漕米歸南多係疲玩
小戶歷來折錢完納亦有浮收今一併覈減杭嘉湖三府南米
共可減浮收錢二十四萬七千餘串此從前漕南收數過多現
擬覈減之大概情形也所有原奏內州縣辦漕如修整倉廒書
役辛工剝兌守候等費皆屬萬不可省之用並有漕倉剝船各
處折耗為數亦多現在酌留耗餘僅勉敷辦公從前一切陋規
浮費概行裁汰飭將留裁各欵目造冊存案並明白曉示勒石
永禁漕糧概完本色紳民一律徵收不得再有大小戶名目其
有情願完折者按照市上米價隨時收納悉聽民便至杭屬之
新城於潛昌化等縣完納漕糧向收折色官為辦運應仍照舊
辦理按照市價徵收如敢仍蹈從前勒折浮收陋習一經發覺
嚴參治罪惟大戶向完漕米並不加耗此次改定新章酌留漕
用既云紳民一律自不得再分軒輕恐各大戶仍以從前完數

藉口不肯加耗起而與地方官為難一縣之中大戶居其半若
小戶有耗大戶無耗必至復事浮收否則不敷漕用於漕務新
章大有妨礙嗣後倘有紳衿恃勢把持仍前包攬短交自應一
併從嚴參辦茲據該司道具詳前來臣復覈無異應俟收漕時
嚴督州縣正已為先除酌留耗餘外不准顆粒浮收仍沿積習
庶民心悅服照章樂輸至大小衙門一應陋規抽風等項概行
禁革如敢違犯官參吏處以杜弊源而肅漕政臣謹會同閩浙
督臣左宗棠恭摺具
奏伏乞
皇太后
皇上聖鑒訓示再本年應徵起運新漕米數早經飭查具報祗因杭

湖二府克復未久冊檔遺失田地荒熟錯雜履勘非易急切未
能覈定現仍勒限嚴催一俟彙齊即行馳
奏合併聲明謹
奏
同治四年九月二十八日具
奏奉
旨另有旨欽此十月初九日內閣奉
上諭馬新貽奏覈減漕南浮收禁革陋規以肅漕政一摺浙省正漕
前經降旨分成覈減並准部議以漕項籌抵運費皆所以軫恤民
艱茲據馬新貽奏稱請將額外浮收痛加裁汰覈實酌留耗餘辦
公以蘇民困計杭州府屬其可減浮收米六萬四千六百餘石嘉

興府屬其可減浮收米二十八萬五千餘石湖州府屬其可減浮
收米一十三萬六千八百餘石杭嘉湖三府南米其可減浮收折
色錢二十四萬七千餘串從前一切陋規概行裁汰各等語即著
照所請將留裁各款目造冊存案並著該撫等明白曉示勒石永
禁漕糧概完本色其有情願完折者按照時價收納悉聽民便至
杭屬新城於潛昌化等縣漕糧向收折色官爲辦運仍著照舊辦
理按照市價徵收倘有不肖州縣仍敢蹈從前勒折浮收陋習即
著該督撫嚴參治罪至所稱浙省大戶完漕並不加耗甚至把持
包攬等弊經此次改定新章之後紳民一律徵收不准有大小戶
名目再分軒輊倘有紳衿等恃勢把持仍前包攬短交著一併從
嚴參辦餘著照所議辦理欽此

浙江巡撫臣馬新貽跪
奏爲查明嘉善縣從前丈缺田地攤賠銀米籲懇
鴻慈准予豁免以甦民困恭摺具
奏仰祈
聖鑒事據嘉興府屬之嘉善縣知縣傅斯怿轉據闔邑紳民呈稱竊
於前明宣德五年分嘉興縣之思賢等六鄉爲嘉善縣計區二
十計額田六十萬一千三百一十六畝有奇因與嘉興秀水二
縣壤地相連故善境嵌有與秀田畝區圖雖別冊籍無稽萬歷
十年善令於世延創互推之法康熙十年善令莫大勳有查丈
之舉而疆界卒未能清賦額各仍其舊至康熙三十八年紹興
府通判吳家瑜按畝清丈計虧缺田二百三十九頃所有丈缺

田畝應徵糧銀經前任巡撫張志棟
題請於丈實數內按畝加徵均攤補額四十一年奉部飭查四十
二年又委杭州府同知陳忱旦復行丈量四十三年前任巡撫
張泰交
題明該縣地屬水鄉波濤衝激河港日漸廣濶田地日漸坍削以
致缺額再奉部駁四十七年飭令嘉興秀水二縣隨同丈量復
經前任巡撫王然
題明按冊合算丈實坐嵌并丈缺各數均與從前兩次丈量之數
相符並無欺佔隱漏等弊經部定議均攤賠補以符原額乾隆
五年前任巡撫盧焯以賠補艱難
題請豁免未蒙覈准迄今百數十年歷久攤賠萬分苦累查全書

額載善邑田六十萬一千三百一十六畝有奇每畝額徵米一斗
九升三合五抄銀一錢六分三釐九毫七絲復因查虧衝缺按
田每畝加徵米七合九勺九抄一撮每畝加徵銀六釐八毫六
絲七忽是以實田而計已暗徵米至二斗一合一勺增銀至一
錢七分二釐七毫不特較同府各屬爲數獨多卽較之通省各
州縣亦所僅見當承平之日小民安居樂業雖輸將竭蹷敢不
勉力支持自髮賊據擾三載於兹顚連困苦不能罄述克復以
來商賈稍稍復業而農民無以爲生所恃者惟此田畝虛村絕
戶敗壘荒墳田之廢棄者無論矣卽有可耕之田苦無能耕之
人兼之農具既不皆備耕牛盡被宰傷往往數家之中置器一
分而彼此通用一村之內蓄牛一頭而先後遞耕播種既不同

時收成必多偏歉加以傭工有費墾田有費貸牛賃具又有費
竭終歲之勞所得不償所費身家不暇計而先籌夫維正之供
衣食且不資而更困以公攤之欵民力幾何焉能不盡幸蒙
殊恩特沛漕糧統減三十分中之八分合郡士民同深感戴但減賦
原所以恤民而恤民莫要於除累以嘉善而言賦雖減而缺田
未除將來按畝起科仍須於減定新賦之外每畝加攤銀米方
符減額查原丈缺田二百三十九頃應賠米四千六百一十三
石八斗七升賠銀三千九百六十六兩七錢五分再以減額遞
覈仍應賠米三千二百五十一石五斗七升無論兵燹之餘民
力實有未逮卽以衡坍而論康熙三十八年以前缺額已如此
之多距今百有餘年坍削又不知凡幾而逆匪之掘港開濠通

河決壩而毀缺者更不知凡幾若舉行丈量則勞民傷財曠時
失業流弊不可勝言若仍前賠補則虧外尚有續虧累中復多
暗累遺患更不堪設想民至於萬不得已則弱者逃而强者抗
於官有礙考成於民不免追呼官至於無可如何則輕報歉而
重報災在上仍須蠲緩在下未沾實惠是徒有補虧之名究無
補虧之實既無補虧之實則雖强符乎原額而要無濟於倉儲
於
國計民生兩無所益際此
皇仁渥沛豈宜再三瀆請惟念荒田墾種可待來年缺額攤賠迄無
了日以重賦之區當大兵之後益以二萬餘畝之虛糧困以百
數十年之積累此時救死不贍治生綦難實田猶是荒拋虛畝

何堪科派減賦尚難羅掘加攤何以補苴籲懇將善邑從前丈
缺額田二百三十九頃攤賠銀米並請豁除等情具詳到臣當
經批司覈議去後兹據陞任藩司蔣益澧會同清賦局司道具
詳請
奏前來臣查嘉興府屬之嘉善一縣本係嘉興縣之東北六鄉前
於有明宣德年間畫分爲縣其間田地雖就畫分之界按畝釐
剔因奸民取巧隱匿有司隔縣推收遂致彼此互攤竟成嵌田
弊政嗣因賦多缺額轇葛難清又復以攤徵補課勻額賠糧迨
後議請清丈其丈缺田地二百三十九頃有奇復將缺田應徵
銀米按畝勻加改更科則以免有虧
國課至乾隆年間屢請豁除攤賠無著銀米未經議准第查嘉善

境內官田最多賦額本重加以攤賠之糧更屬累上加累在承平時民力尚紓或可竭力輸將今則亂離之後元氣過傷縱無水旱偏災額賦已形竭蹷賠糧實有難支況小民終歲勤動得不敷用抗欠疲玩勢所必至轉使每年錢漕不能全完徒有攤賠之名仍無輸納之實我

皇上軫念民依所有杭嘉湖三府屬應徵永定之漕額尚蒙

恩施逾格普予量減此項匀攤缺糧尤爲嘉善縣獨有之積累何忍置之膜視且統計歲入之數銀米兩項均不足四千卽使毫無蒂欠所補於

國用者無幾而小民之苦累無所底止合無仰懇

天恩叠沛准將嘉善縣丈缺田二百三十九頃有零應攤徵銀三千九百六十餘兩米三千二百五十餘石一併豁免以紓積困如

蒙

俞允並乞明降

諭旨俾得恭刊謄黃徧行曉諭以廣

皇仁而杜流弊至前項丈缺田地頃畝因代遠年湮文案毀失無憑分晰稽覈並懇

敕部檢查原案發浙覈准應豁銀米確數另行咨報作爲該縣徵解定額其未奉減定以前仍暫照原額徵解除咨部科外臣謹會同閩浙總督臣左宗棠漕運總督臣吳棠合詞恭摺具

奏伏乞

皇太后

皇上聖鑒訓示謹

奏

同治五年四月十八日具

奏奉

旨戶部議奏欽此

浙江巡撫部院馬　爲恭錄曉諭事照得查明嘉善縣從前丈
缺田地攤賠銀米籲懇
鴻慈准予豁免以甦民困一案經本部院會同
爵督
漕運部堂左吳　恭摺具
奏奉
旨戶部議奏欽此欽遵在案尚未接准
部覆茲本部院恭閱邸鈔內開同治五年五月二十六日內閣
奉
上諭戶部奏遵議豁免嘉善縣攤賠銀米一摺浙江嘉善縣丈缺地
畝銀米向在丈實田地內按畝勻攤補額百姓歷年攤賠久形苦
累現値兵燹之後閭閻元氣至今未復若將丈缺田畝攤賠銀米

概行徵收民力恐益形拮据加恩著照所請所有嘉善縣丈缺田
畝應攤徵銀三千九百六十餘兩米三千二百五十餘石著一併
永遠豁免並著浙江巡撫卽行刊刻謄黃徧行曉諭務使實惠永
霑用副朝廷軫念民瘼至意餘依議欽此查前項缺額賠糧歷今
數百餘年從前屢請豁除未經議准今仰蒙
特恩豁免實係非常
曠典至減免年分必須分晰辦理以示均平查本年錢糧尚未覈定
減數仍照原額徵解亦經
奏明在案所有該縣缺額賠糧案內錢糧一項應以同治六年爲
始漕米一項卽以同治五年冬漕爲始一律減免永遠豁除以
蘇民困除俟接准部文恭刊謄黃另行頒發外合亟恭錄出示
曉諭爲此示仰嘉善縣糧戶人等一體欽遵知照如有經書庄
書人等妄稱使費藉端科派一經指控立卽嚴拏究辦毋違特
示
同治五年　月　日

戶部謹

奏爲遵

旨議奏事竊據浙江巡撫馬新貽奏嘉善縣從前丈缺田地攤賠銀米額懇豁免以甦民困一摺同治五年四月二十八日奉

旨戶部議奏欽此欽遵在於三十日由內閣抄出到部據原奏內稱嘉興府屬之嘉善縣知縣傅斯懌轉據闔邑紳民呈稱竊嘉善縣額田六十萬一千三百一十六畝有奇康熙三十八年紹興府通判吳家瑜按畝清丈計虧缺田二百三十頃所有丈缺田畝應徵糧銀經前任巡撫張志棟

題銷於丈實數內按畝加徵勻攤補額乾隆五年前任巡撫盧焯以賠補艱難

題請豁免未蒙覈准迄今百數十年歷久攤賠萬分苦累查全書額載邑田六十萬一千三百十六畝有奇每畝額徵米一斗九升三合五勺銀一錢六分五釐九毫七絲復因查虧衝缺按田每畝加徵米七合九抄一撮每畝加徵銀六釐八毫七絲七忽是以實田而計已暗徵米至二斗一合一勺增銀至一錢七分二釐七毫不特較同府各屬爲數獨多卽較之通省各州縣亦所僅見查原丈缺田二百三十九頃應賠米四千六百一十三石八斗七升應賠銀三千九百六十六兩七錢五分無論兵燹之餘民力實有不逮卽以衡消而論康熙三十八年以前缺額已如此之多距今百有餘年坍削又不知凡幾而逆匪之掘港開濠通河挖壩而毀缺者更不知凡幾若舉行丈量則勞民傷財曠時失業流弊不可勝言若仍前賠補則虧外尙有續虧累中復多賠累遺患更不堪設想我

皇上軫念民依所有杭嘉湖三府屬應徵永定之漕額尙蒙

恩施逾格普予量減而此項勻攤缺糧尤爲嘉善縣獨有之積累何忍置之膜視且統計歲入之數銀米兩項均不足四千卽使毫無蔕欠所補於

國用者無幾而小民之苦累無所底止合無仰懇

天恩叠沛准將嘉善縣丈缺田二百三十九頃零應攤徵銀三千九百六十餘兩米三千二百五十餘石一併豁免以紓積困至前項丈缺田地頃畝因代遠年湮文案燬失無憑分晰稽覈並懇

飭部檢查原案發浙覈准應豁銀米確數另行咨報作爲該縣徵解

定額其未奉減定以前仍暫照原額徵解等語臣部查原奏內稱康熙年間嘉善縣清丈地畝虧缺田二百三十餘頃經前撫臣張志棟題請按畝加徵均攤補額乾隆年間前撫臣盧焯以賠補艱難題請豁免未蒙覈准等語查康熙乾隆年間各原案已經百數十年於咸豐九年臣部失火均被燬無存無從檢查其該省應造賦役全書內向有地畝及銀米細數例應十年造送一次迄今三十餘年之久總未據該撫造送以致地畝及銀米數目無從查覈且該撫奏稱丈缺田二百三十九頃應賠米四千六百一十三石八斗七升又稱統計歲入之數銀米兩項均不足四千又稱懇將應攤徵銀三千九百六十餘兩米三千二百五十餘石一併豁免臣等督飭司員案照原奏內額徵及

加徵數目細加覈算計銀數尚屬相符而米數前後則大相懸殊應令該撫將原額田畝及應徵攤徵銀米確數詳細造具清冊送部備案其該省應造送賦役全書一併令其趕緊造送至稱嘉善境內官田最多賦額本重加以攤賠之糧更屬累上加累在承平時民力尚紓或可極力輸將今則亂離之後元氣過傷縱無水旱偏災額徵巳形竭蹶賠糧實有難支懇將嘉善縣丈缺地畝應攤徵銀米一併豁免等語查丈缺地畝攤徵銀米乾隆年間題請豁免未經議准者良以承平之時年穀順成即有攤徵之欵小民俱有天良無不樂于輸將率行議蠲未便照准今浙省新遭淪陷元氣未復百姓困苦力誠未逮若以丈缺之地仍加攤徵銀米勢必至積欠疲玩徒有攤賠之名終無徵

收之實且據稱此項勻攤缺糧爲嘉善縣獨有之積累更未便令其向隅應如所請將嘉善縣丈缺田二百三十九頃有零應攤徵銀三千九百六十餘兩米三千二百五十餘石一併豁免

如蒙

俞允並乞明降

諭旨由臣部行文該撫刊刻謄黃徧行曉諭務使實惠均霑以副我

皇上軫念民瘼之至意所有臣等遵議豁免嘉善縣攤缺銀米緣由

謹恭摺具

奏伏乞

皇上聖鑒謹

奏同治五年五月二十五日內閣奉

上諭戶部奏遵議豁免嘉善縣攤賠銀米一摺浙江嘉善縣丈缺地畝銀米向在丈實田地內按畝均攤補額百姓歷年攤賠久形苦累現值兵燹之後閭閻元氣至今未復若將丈缺田畝攤賠銀米概行徵收民力恐益形拮据加恩着照所請所有嘉善縣丈缺田畝應攤徵銀三千九百六十餘兩米三千二百五十餘石著一併永遠豁免並著浙江巡撫即行刊刻謄黃徧行曉諭務使實惠永霑用副朝廷軫念民瘼至意餘依議欽此

戶部謹
奏爲江浙二省來年海運及山東等省新漕請
旨飭催趕辦恭摺仰祈
聖鑒事竊維京倉爲根本至計近來儲備久虛本年蘇省起運米數無多浙江則顆粒未運臣部開放俸甲米石復於本年秋間奏准分別加成以示體恤所入益不敷所出惟賴江浙兩省來歲新漕趕辦運京得以接續開放查江蘇省本年起運松太二屬正漕並蘇屬租捐提成採買共米三十餘萬石除去沙剝食耗外實止進倉米二十九萬餘石常鎮二府並未一律辦運伏思租捐一節乃暫時變通之法前據該撫奏稱蘇城初復業戶未能收租僉願官爲經理是以設立租捐現在辦理善後事宜已

及兩年紳民當各安舊業且奉
恩旨將漕額減輕則照章輸納無不樂從蘇州一屬自可停止租捐全辦正漕卽常鎮二屬漕額亦經議減開徵自易爲力並可酌量起運相應請
旨飭下兩江總督江蘇巡撫督飭藩司糧道等將來歲海運漕糧多爲籌辦諸事提前俾得迅速抵津以資接濟至浙江省漕糧前據護撫臣蔣益澧奏稱杭嘉湖三屬克復未久民情困苦上年漕米未能徵解請俟本年冬漕察看情形勉爲辦運奉
旨允准在案茲查杭嘉湖三屬漕額已明奉
恩旨於三十分中減去八分現又據撫臣馬新貽奏海運經費均於漕務項下籌備復經臣部議准是賦額既減有定數經費亦不至虛懸卽可妥籌徵解所有來年海運事宜應請
飭下浙江巡撫援照成案從速辦理仍令江蘇浙江各督撫先期奏報米數上慰
宸廑其山東省應運漕糧定例於三月初一日抵通並請
飭令山東巡撫將來年新漕趕緊開兌務於南糧未到以前全數抵通交納總以京倉緊要能多一石起運卽多一石儲備該督撫等顧全大局深悉俸糈支絀情形前此瘡痍未復且於無可設措之中力籌起運目今民困漸蘇正漕日有起色更宜同心協力設法多籌切勿遷延觀望貽誤倉需是爲至要再查江蘇省漕額僅據該督等奏稱蘇松太三屬按則分別遞減統照部議三分減一之數常鎮二屬一律普減各照部議十分減一之數

至減定賦則詳細數目尚未據分晰奏報浙江省雖據開單奏明減定分數亦未將冊籍送部應令該督撫等迅卽將各府州縣原定額數及此次議減成數分晰造冊報部查覈除豫省新漕現據該撫奏請照舊折徵應由臣部覈辦外所有奏催江浙山東等省新漕緣由謹繕摺具奏伏乞
皇上聖鑒謹
奏請
旨同治四年八月二十五日具奏本日奉
上諭戶部奏江浙兩省本年海運及山東新漕飭催趕辦一摺京倉儲備久虛開放俸甲米石復於本年秋間分別加成所入益不敷所出惟賴各該省來歲新漕趕辦運京以供支放江蘇本年起運

松太二屬正漕並蘇屬租捐提成採買除去沙剝食耗外實止進
倉米二十九萬餘石常鎮二屬並未一律辦運現在辦理善後已
及兩年紳民當各安舊業蘇州一屬自可停止租捐全辦正漕常
鎮二屬漕額亦經議減開徵自易為力著李鴻章劉郇膏督飭藩
司糧道等將來歲海運漕糧多為籌辦諸事提前俾得迅速抵津
以資接濟浙江省杭嘉湖三屬漕額業經降旨於三十分中減去
八分又據馬新貽奏海運經費均於漕務項下籌備是賦額既減
有定數經費亦不致虛懸自可妥籌徵解所有來年海運事宜著
左宗棠馬新貽援照成案迅速辦理江蘇浙江米數並著各該督
撫先期奏聞山東省應運漕糧定例於二月初一日抵通著閻敬
銘督飭糧道將本年新漕趕緊開兌務於南糧未到以前全數抵

通交納至江蘇漕糧據該督等奏稱蘇松太三屬按則分別遞減
統照部議三分減一之數常鎮二屬一律普減各照部議十分減
一之數減定賦則詳細數目尚未據分晰奏報浙江省雖據開單
奏明減定分數亦未將冊籍送部著該督撫等迅即將各府州縣
原定額數及此次議減成數分晰造冊報部以備查覈前據吳棠
奏採買米石試辦河運當經降旨如能挽行無滯來歲江北新漕
即可復河運成規現在試辦河運之米挽過津關運道無阻且江
北久經肅清各屬本年新漕應即徵收本色著吳棠仿照本年河
運成案掃數起運惟本年河運封雇民船誠恐米數太多不無掣
肘如江北全漕不能概行河運即由該省酌量情形劃分成數河
海並運一切章程即著吳棠會同李鴻章劉郇膏趕緊妥議奏明

辦理漕糧為天庾正供各該督撫等素顧大局務當協力同心認
眞趕辦毋得遷延觀望貽悞欽此

浙江布政使蔣益澧
署理浙江督糧道王凱泰爲詳請示遵事查接管卷內本年九
月十五日奉
憲臺　札開照得本年浙省漕白糧米前奉
諭旨於明春仍行由海運津所有新漕一切事宜必須早爲籌畫浙
省前辦海運係照蘇省章程今冊案蕩然事同創始且前以各
縣津貼作爲經費現在津貼
奏請革除業由清賦局會議以漕截行月食等米折價解道抵作
省滬一切運費情形與前不同查從前海運向以二月初十以
前一律全數放洋茲已九月中旬尚未據具報設局似難再遲
究竟杭嘉湖三府屬實可徵運米若干石行月等米折價應如
何酌定期限批解甯沙等船可敷裝運由縣赴滬宜如何剝運

上海應如何設局津通應如何設局交兌急應將省局開設庶
可提綱挈領次第查辦札道立卽遵照務於九月二十日以前
開設海運省局並於丞倅大員中遴選諳練之員詳請駐局專
辦并派精明幹達之員分司襄理至該道衙門及各局辦理文
案各書亦須揀選熟諳者經理俾臻妥速其海運案內應須咨
題具
奏各案俟開局後卽照向章分別具詳覈辦事關新漕海運要公
務當迅速籌辦毋稍刻延等因奉此伏查本年杭嘉湖三府各
州縣應徵起運糧米祗因清釐稅賦奉減糧額辦理實非易易
嘉屬各縣雖將實徵米數開報前來亦須悉心確覈按欵勾稽
其杭湖二府屬之仁和錢塘海甯富陽餘杭烏程歸安德清等

州縣實運米數未據確切勘報業已飛催委勘趕緊定案卽可
催令試徵提早開倉至奉定海運經費遵經由道按欵嚴催批
解道庫以資移局辦理惟查歷屆奉辦海運應需承運商船除
由浙省將甯波海口之蜑船三不像等船全行封僱爲數亦不
過一百餘隻儘裝之外尚有不敷悉由江省封僱沙衛等船移
付浙局派裝來歲新漕現奉
諭旨仍行海運自應循舊辦理除移行甯波道府縣將甯船全行封
僱其江省沙衛等船亦應另案詳請咨行封僱外第查浙省海
運冊案蕩然無存一切籌辦事同初創省局係爲總滙之所事
務紛繁自應遴委熟悉海運之員駐局分司經理方期周妥奉
飭前因本司道查有補用知府李壽榛補用知府署甯紹運副

桑樹勳候補知縣許嘉德試用縣丞江堤試用縣丞周銳候補
從九品史孝善堪以經理謹擇於十月初一日在糧儲道署遵
飭先行開設省局循舊由司刊刻關防將一切應辦事宜督同
委員次第籌辦隨時詳請察覈相應具文會詳仰祈
憲臺俯賜察覈批示祗遵實爲公便再此案係糧道衙門主稿
合併聲明爲此備由呈乞
照詳施行
同治四年九月二十九日奉
撫憲馬　批據詳已悉仰卽嚴督各該委員速將應辦新漕起
運一切事宜趕緊籌畫分案詳辦毋任懈忽仍將如何辦理章
程尅日妥議先行開摺詳送察覈勿稍延漏此繳

浙江海運省局爲呈報事案奉
憲臺 撫憲 札飭本年浙省漕白糧米現奉
諭旨於明春仍行由海運津所有新漕一切事宜必須早爲籌畫飭
卽開設海運省局遴員分司襄理等因本司道遵經遴員擇吉
於十月初一日在糧儲道署開設海運省局並准
藩司衙門刊刻關防前來卽於是日開用除將應辦事宜督同
委員認眞經理外相應具文呈報仰祈
憲臺俯賜察覈爲此備由呈乞
照驗施行
同治四年十月初六日呈
漕憲 撫憲 並咨明

藩司 運司 江蘇糧道 四巡道
臬司 糧道 清賦局 札知杭處等十一府
有漕仁和等州縣
鄞鎮二縣

浙江海運省局爲呈報事竊照來歲新漕仍行海運嘗經設立
省局詳奉
憲臺飭委各員辦理在案惟省局事務紛繁尚須添員經理查
有補用同知候補知縣虞慶瀾熟悉海運情形堪以添委辦理
除札委外相應備文呈報仰祈
憲臺俯賜察覈爲此備由呈乞
照驗施行
同治四年十月二十日呈
撫憲

浙江海運省局爲呈報事竊照本屆浙省漕白糧米業奉
諭旨仍行由海運津遵經開設海運省局循照向章次第趕辦在案
惟查省局事務紛繁歷屆海運均係飭委首府及仁錢二縣隨
時赴局幫同照料本屆自應循案辦理除檄飭代辦杭州府劉
守暨仁和縣翁令錢塘縣蕭令遵照外理合備文呈報仰祈
憲臺察覈爲此備由呈乞
照驗施行
同治四年十月二十九日呈
撫憲

浙江海運省局爲咨請事竊照浙省本年杭嘉湖三府漕白糧
米前奉
撫憲札飭欽奉
諭旨仍行由海運津卽經於十月初一日在糧儲道署設立海運省
局並由
藩司衙門刊送關防業將開局並開用關防日期分別移行在
案查海運公文無不事關緊要必須加緊投遞庶無貽悞歷屆
海運均於郵封面上加蓋海運公文飛速馳遞如違查究等字
樣紅戳凡遇前項蓋用紅戳公文各站夫務須毋分雨夜加緊
投遞歷經移請通飭遵照在案今屆自應循舊辦理相應備文
咨請爲此合咨
貴司衙門請煩查照希卽嚴飭兼管驛務之縣令及專管之驛
丞凡遇本局及上海天津三處往來公文上有紅戳者務宜加
緊馳遞倘敢稽遲有悞海運輕則記過重必叅辦庶各知所儆
惕不致任意躭延望速施行
同治四年十月十二日咨
臬司衙門

浙江巡撫部院馬　爲詳請覈咨事據海運省局司道詳稱竊
照浙漕海運向於省城上海天津三處設局經理所有往來文
件均極緊要誠恐各省驛站視爲隔省公文並不依限飛遞貽
悞匪輕歷屆均係仿照江省章程於郵封面上蓋用海運公文
飛速馳遞如違查究木戳各局一體照辦在案本屆海運自應
循案辦理相應詳請分咨
江蘇山東直隸各省通飭有驛州縣凡遇浙省往來海運文報
務各依限飛遞如有遲逾挨站查究以期迅速而免遲悞實爲
公便等情到本部院據此除分咨外相應咨明爲此合咨
貴部堂院請煩查照希即通飭各縣驛遵照凡遇浙省往來海運
文報隨時依限飛遞毋致遲悞望切施行

同治四年　月　日咨
直隸督 江蘇撫 院

署理浙江督糧道爲移知事查接管卷內本年九月初六日奉
撫憲馬　札開本年試辦海運事務繁多本部院衙門照舊設
局戶房添書五名咨房添書二名承發添書一名每名日給辛
工銀一錢飯食銀八分每月油燭紙張筆墨銀四兩自九月十
六開局之日起支合行札道即在備公欵內按月動支給領毋
違等因奉此查此項銀兩歷屆於海運經費項下動支茲奉前
因相應移知爲此合移
貴局請煩查照施行須至移者
同治四年十月初七日移
海運省局

浙江巡撫部院馬　劄海運省局知悉據本部院衙門吏房書吏稟稱吏等繕辦新漕海運咨移文件事務繁多稟請援照戶咨兩房成案添僱繕書二名並請每名每月照案給發薪飯油燭銀五兩四錢并每月加給紙張等銀四兩等情前來除批准外劄局查照於十一月初一日起支按月給領具報可也此劄

同治四年十月二十八日劄

浙江巡撫臣馬新貽跪

奏再查浙江省嘉湖二府屬各縣應徵白糧正耗米四萬三千四百六十餘石例應照額徵收全數起運本屆除長興武康二縣已奉

恩旨全行蠲免外其餘各縣自應照例按額徵運經臣飭據該管知府稟稱各該屬荒田甚多成熟田畝又被水災以致續有荒廢農情益形困苦且秋禾受傷過甚半多青腰白膌若將白糧全額徵辦則未種荒產及被災田畝輸將無出祗有在於漕糧項內提糙舂白無如新墾之田蟲水相侵米色未能圓潔一經舂辦折耗既重且多細碎難以合式卽使糧戶上米時選剔發換又因米色大畧相同無可更易惟有請照漕糧分數辦運等情

又經臣督飭司道確查茲據藩司蔣益澧糧道王凱泰以本屆酌辦試徵剔荒徵熟而熟田中又遭水蟲之災或係補種或竟無收或受傷後米質柔嫩不得不再於成熟之內量爲變通酌覈蠲數是以起運漕白爲數無多如於漕米內提糙舂白既多折耗米質亦難完整若糧戶完米時轉輾挑剔又恐有悞兌運且向來舂白之米徵收耗米較多民力尤有未逮應請按照漕糧成熟分數一律蠲荒徵運以恤時艱雖白糧稍少而漕糧加增於起運總數仍屬無損庶於

國計民生兩有裨益等情會詳請

奏前來臣查白糧粳糯爲

大庾正供自當照額辦運惟嘉湖二屬兵燹之後土曠人稀本年已

種田畝夏秋之間先被水淹纔受蟲傷以致收成大爲減色所
稟委係實情合無仰懇
天恩逾格俯念嘉湖二屬被兵過甚新漕事同創始係屬試辦酌徵
與歷屆情形大不相同准將本年應徵白糧按照漕糧成熟分
數收運以紓民力謹附片具
奏伏乞
聖鑒訓示謹
奏
同治四年十一月十六日附片具
奏奉
旨著照所請戸部知道欽此

浙江海運省局爲明晰飭知事照得該屬各縣應徵白糧米石
前據嘉湖二府稟稱因荒田既多加以蟲水之傷米質類多靑
腰白臍舂辦輒碎飭換爲難未能照額辦運業經本藩司糧道
會詳
撫憲
奏懇
特恩將荒蕪田地應徵白糧按照漕糧一律扣蠲辦運在案惟已種
各田內尚有被災應行蠲緩之數仍應按照白糧遇災向例在
於漕糧項下抵補辦運不能再將白糧照徵七蠲三及被水災
歉另行扣除蠲數除將起運各米另行分款飭知外誠恐各屬
尚有悞會合再明晰飭知爲此劄仰該府縣立卽轉飭遵照辦理
毋稍違悞切切
同治四年十二月初八日劄嘉湖二府嘉歸十縣

浙江巡撫部院馬　爲詳請咨明事據署糧儲道王凱泰詳稱
竊照杭嘉湖三府屬各州縣應行起運改兌米石原係運解徐
州廣運倉之款迨後改歸通倉名曰改兌向來遇有災荒蠲緩
均在正兌米內分別徵蠲其改兌米石係照原額起運歷經辦
理有案伏查本屆起運漕白米石除杭州府屬之臨安新城於
潛昌化湖屬之長興武康安吉等七縣被災較重已奉
恩旨全行蠲免其餘各該州縣又因荒蕪田地甚多其開種成熟頃
畝續被水災均經確勘分別徵蠲辦理至白糧米石例不蠲緩
向係照額全數起運祇緣本屆試辦新漕係於無可措施之中
設法勸徵與歷辦情形大不相同民情久困待蘇被水熟田米
質柔嫩春辦尤多粞碎無可選剔不得不因時度勢格外求通

請將白糧米石按照漕糧成熟分數一律徵運詳請附
奏仰乞
特恩俞允在案所有前項改兌米石亦即請照正糧一律分別扣除
徵蠲以昭劃一相應詳請咨明
戶部查照立案等情到本部院據此相應咨明爲此合咨
貴部煩請查照立案施行
同治四年十二月初五日咨
戶部

戶部爲咨覆事雲南司案呈准浙江巡撫馬　咨據署糧儲道
王凱泰詳稱竊照杭嘉湖三府屬各州縣應行起運改兌米石
向來遇有災荒蠲緩均在正兌米內分別徵蠲其改兌米石係
照原額起運歷經辦理有案伏查本屆起運漕白米石除臨安
等七縣被災較重已奉
恩旨全行蠲免其餘各該州縣又因荒蕪田地甚多其開種成熟頃
畝續被水災均經確勘分別徵蠲辦理至白糧米石例不蠲緩
向係照額全數起運祇緣本屆試辦新漕係於無可措施之中
設法勸徵與歷辦情形大不相同民情久困待蘇被水熟田米
質柔嫩春辦尤多粞碎無可選剔不得不因時度勢格外求通
請將白糧米石按照漕糧成熟分數一律徵運詳請附

奏仰乞
特恩俞允在案所有前項改兌米石亦應請照正糧一律分別扣除
徵蠲以昭劃一相應詳請咨部查照立案等情相應咨明等因
前來查改兌米石例應照額起運不准蠲緩茲據浙江巡撫咨
稱杭嘉湖三府屬州縣應運改兌米石遇有災荒蠲緩均在正
兌米內分別徵蠲其改兌米石係照原額起運白糧米石例不
蠲緩祇緣本屆試辦新漕被水熟田米質柔嫩不得不因時度
勢奏請將白糧米石按照漕糧成熟分數一律徵運在案所有
改兌米石亦應請照正糧一律分別扣除徵蠲咨部立案等語
查浙省改兌米石旣據該撫比照白糧米石章程請照正糧一
律分別扣除徵蠲咨部立案並聲明本屆試辦新漕係於無可

措施之中設法勸徵與歷辦情形大不相同各等語應如所請
以昭畫一應咨該撫卽飭查照辦理可也
同治五年六月十九日咨
浙江撫院

浙江海運省局爲詳覆事本年十月十八日准藩司衙門移開
本年十月初六日奉
憲臺批錢塘縣會稟並送荒熟田地徵錮銀米冊摺由奉批據
稟荒熟徵錮銀米各數是否屬實仰布政使確查彙覈詳辦一
面轉移海運省局查明該縣本年漕糧額徵應否連閏計算其
摺開起運五年無閏字樣覈與嘉屬各縣稟報連閏計算之案
兩歧並卽由局確覈詳覆事關緊要毋任稍涉舛混切切此繳
冊摺存查等因移局查明錢塘縣本年漕糧額徵應否連閏計
算其摺開起運五年無閏字樣與嘉屬各縣稟報連閏計算之
案因何兩歧刻日確核逕行詳覆並移司查攷等因准此查歷
來辦理漕運無論河運海運
奏銷案內均以乙年起運甲年之米造報本届新漕乃同治五年
起運四年之米該縣摺開起運五年無閏字樣似係誤會月糧
提徵遂指作下年之欵復查漕糧項下本色米石有加閏月糧
一欵向來各屬徵收在於上年開徵之時預徵下年之米名爲
提徵月糧始自何年案卷蕩然無從查覈現在三年旣未啟徵
則同治四年分月糧米石自應於本年冬漕一律加閏徵收並
嗣後亦各按本年漕月並徵毋庸預先提徵業由清賦局專案
詳請咨
部立案在案所有各屬徵收銀米各欵凡應行加閏者悉照本
年加閏辦理奉飭前因相應備文詳覆仰祈
憲臺俯賜察覈爲此備由呈乞

照詳施行
同治四年十一月初二日奉
撫憲馬　批據詳已悉仍將本屆起運米數及應辦內外章程
即速查議分別詳辦毋稍延悞切切此繳

浙江巡撫部院馬　爲詳請覈咨事據清賦總局司道會詳稱
竊照各屬徵收漕糧項下內有月糧米石一欵河運之時係爲
預給各幫津貼養贍之用是以各州縣徵收甲年漕糧即並徵
乙年月糧以濟支放此例起自何年無從追溯現當兵燹之後
試辦新漕從前之遞年預徵月糧毋庸照辦所有四年冬漕案
內應徵月糧即係四年有閏之欵誠恐各屬尙有誤會并將來
造報奏銷與從前遞年預徵之案不符或奉
部詰自應將現辦情形詳請咨明俾昭覈實理合具詳仰祈
覈俯准將杭嘉湖三屬今屆徵運四年漕米即並徵四年月糧
以後按年並徵毋庸再照從前之案遞年預徵以歸一律應請
咨明
戶部立案等情到本部院據此除批如詳辦理外相應咨明爲
此合咨
貴部煩請查照立案施行
同治四年十月二十日咨
戶部

浙江巡撫部院馬　爲飭知事同治伍年四月初四日准
戸部咨開雲南司案呈准浙江巡撫馬　咨據清賦總局司道
會詳稱竊照各屬徵收漕糧項下內有月糧米石一欵河運之
時係爲預給各帮津貼養贍之用是以各州縣徵收甲年漕糧
卽並徵乙年月糧以濟支放現當兵燹之後試辦新漕從前之
遞年預徵月糧毋庸照辦所有四年冬漕案內應徵月糧卽係
四年有閏之欵誠恐各屬尙有誤會并將來造報奏銷與從前
遞年預徵之案不符或奉部詰自應將現辦情形詳請咨明俾
昭覈實理合詳請察覈俯准將杭嘉湖三屬今屆徵運四年漕
米卽並徵四年月糧以後按年並徵毋庸再照從前之案遞年
預徵以歸一律應請咨部立案等情除批如詳辦理外相應咨
明等因前來查浙省各屬徵收漕糧項下內有月糧米石從前
係爲預給各帮津貼養贍之用是以各州縣徵收甲年漕糧卽
並徵乙年月糧以濟支放歷年辦理在案今據浙江巡撫咨稱
現當兵燹之後試辦新漕從前預徵月糧毋庸照辦咨部立案
等語應如所請將應徵月糧按年徵收毋庸遞年預徵仍咨該
撫轉飭一律遵辦並咨照漕運總督可也等因到院行道查照
准咨事理卽便轉飭遵照辦理毋違
同治五年四月十四日行糧儲道

署浙江督糧道　爲咨覆事案准
貴局移查有閏之年漕糧覈扣灰石細數並月糧加閏米數各
等因查上年清賦局查辦減漕案內杭嘉湖三府屬各州縣額
徵米石係照同治四年有閏年分覈減造冊詳請咨
部在案其原額有閏米數內除改漕白糧正耗行食本色米石
向不加閏外查有閏漕糧正改兌正耗米石係遵照
部發咸豐二年起運元年分有閏
奏冊爲額月糧本色米石係遵照奉發咸豐十年起運九年分有
閏
奏冊爲額分別減定至減定免徵米石如遇無閏之年亦照此減
免卽如同治五年冬漕應徵無閏其徵無閏漕糧正改兌正耗
米石應遵照
部發咸豐三年起運二年分無閏
奏冊爲額月糧本色米石亦遵照
部發咸豐三年起運二年分無閏
奏冊爲額第查有閏無閏原額各欵米數相較從中間有參差推
原其故皆由咸豐元年以後各縣似有陞坍之案兵燹之後無
案可稽前經由道詳請咨明應俟
大部頒發近年陞坍冊案到日再行彙案查辦所有漕糧改折
灰石一欵原由漕糧正改兌正耗米內扣出改折每石一兩二
錢折銀解道名爲漕糧改折灰石銀兩另列專欵造報惟漕糧
向不徵閏迨後減徵漕糧改爲灰石其改折灰石米石應行加

閏徵解歷過有閏之年灰石加閏米若干仍在漕糧正改兌米
內扣除若干是以有閏之年應徵灰石米多而漕糧米數轉致
減少此歷辦之原委也合將遇閏加減米石數目並月糧加閏
米數分縣開單咨明爲此合咨
貴局請煩查照覈辦施行
計　開
仁和縣
遇閏之年減徵漕糧正兌正米[illegible]千三石三斗九合耗米五
石三斗二升三合六勺
減徵改兌正米七斗八升八合耗米三斗一升五合二勺
加徵灰石正米一十四石九升七合耗米五石六斗三升

八合八勺
加徵月糧米四百一石三斗九升八合四勺
錢塘縣
遇閏之年減徵漕糧正兌正米五石八斗一升耗米二石二
斗二升四合
減徵改兌正米三斗四升耗米一斗三升六合
加徵灰石正米六石一斗五升耗米二石四斗六升
加徵月糧米二百九十石五斗四升二合八勺
海甯州
遇閏之年減徵漕糧正兌正米一十四石一斗三升三合耗
米五石六斗五升三合二勺

減徵改兌正米七斗八升五合耗米三斗一升四合
加徵灰石正米一十四石九斗一升八合耗米五石九斗
六升七合二勺
加徵月糧米一百八十八石七斗六升五合七勺
富陽縣
遇閏之年減徵漕糧正兌正米一石四斗二升五合耗米五
斗七升
減徵改兌正米一斗五升耗米六升
加徵灰石正米一石五斗七升五合耗米六斗三升
加徵月糧米二百三十二石七斗四升六合八勺
餘杭縣

遇閏之年減徵漕糧正兌正米三石二斗八升八合耗米一
石三斗一升五合二勺
加徵灰石正米三石二斗八升八合耗米一石三斗一升
五合二勺
加徵月糧米七十五石三斗六升七合八勺
臨安縣
遇閏之年減徵漕糧正兌正米一石三斗一升五合耗米五
斗二升六合
加徵灰石正米一石三斗一升五合耗米五斗二升六合
加徵月糧米一百七十七石九升八合七勺
新城縣

遇閏之年減徵漕糧正兌正米八斗三合耗米三斗二升一合二勺

加徵灰石正米八斗三合耗米三斗二升一合二勺

加徵月糧米一百五石六斗五升七合八勺

於潛縣

遇閏之年減徵漕糧正兌正米六斗五升七合耗米二斗六升二合八勺

加徵灰石正米六斗五升七合耗米二斗六升二合八勺

加徵月糧米六十八石三斗八升一合七勺

昌化縣

遇閏之年減徵漕糧正兌正米四斗五升七合耗米一斗八

升二合八勺

加徵灰石正米四斗五升七合耗米一斗六升二合八勺

減徵月糧米九石三斗二合九勺

按查昌化月糧米前因有閏之年，轉致減徵冊卷無稽業已詳請咨　部數覆現奉戶部鈔發咸豐十年冊內聲明應扣原豁米四十九石七斗三勺則無閏之年應實徵月糧米五百一十七石一斗五升九合四勺遇閏應加徵米四十石三斗九升七合四勺詳載前卷

嘉興縣

遇閏之年減徵漕糧正兌正米二十四石一斗七升五合耗米九石六斗七升

減徵改兌正米一石二斗四升九合耗米四斗九升九合六勺

加徵灰石正米二十五石四斗二升四合耗米一十石一斗六升九合六勺

加徵月糧米一百七十六石五斗一升四合六勺

秀水縣

遇閏之年減徵漕糧正兌正米二十一石二合耗米八石四斗八勺

減徵改兌正米一石八升六合耗米四斗三升四合四勺

加徵灰石正米二十二石八升八合耗米八石八斗三升

五合二勺

嘉善縣

遇閏之年減徵漕糧米二十三石五斗三升六合耗米九石四斗一升四合四勺

減徵改兌正米一石三斗四合耗米五斗二升一合六勺

加徵灰石正米二十四石八斗四升耗米九石九斗三升六合

加徵月糧米七十三石一斗二升七合一勺

海鹽縣

遇閏之年減徵漕糧正兌正米一十三石三斗五升六合耗米五石三斗四升二合四勺

減徵改兌正米六斗六升四合耗米二斗六升五合六勺

加徵灰石正米一十四石二升耗米五石六斗八合

平湖縣

遇閏之年減徵漕糧正兌正米一十三石九斗三升二合耗

米五石五斗七升二合八勺

減徵改兌正米六斗九升三合耗米二斗七升七合二勺

加徵灰石正米一十四石六斗二升五合耗米五石八斗

五升

石門縣

遇閏之年減徵漕糧正兌正米一十二石七斗四升一合耗

米五石九升六合四勺

減徵改兌正米六斗二升六合耗米二斗五升四勺

加徵灰石正米一十三石三斗六升七合耗米五石三斗

四升六合八勺

桐鄉縣

遇閏之年減徵漕糧正兌正米一十石七斗九升八合耗米

四石三斗一升九合二勺

減徵改兌正米五斗三升八合耗米二斗一升五合二勺

加徵灰石正米一十一石三斗三升六合耗米四石五斗

三升四合四勺

歸安縣

遇閏之年減徵漕糧正兌正米二十四石二斗八升三合耗

米九石七斗一升三合二勺

減徵改兌正米一石三斗四升四合耗米五斗三升七合

六勺

加徵灰石正米二十五石六斗二升七合耗米一十石二

斗五升八勺

加徵月糧米二石七斗三升五合九勺

烏程縣

遇閏之年減徵漕糧正兌正米二十八石四斗四升九合耗

米一十一石三斗七升九合六勺

減徵改兌正米一石七斗五升耗米七斗

加徵灰石正米三十石一斗九升九合耗米一十二石七

升九合六勺

加徵月糧米一石四斗八升六合八勺

長興縣

遇閏之年減徵漕糧正兌正米一十四石五斗一升六合耗

米五石八斗六合四勺

加徵灰石正米一十四石五斗一升六合耗米五石八斗

六合四勺

加徵月糧米一十五石九斗五升九合九勺

德清縣

遇閏之年減徵漕糧正兌正米一十四石四升三合耗米五

石六斗一升七合二勺

減徵改兌正米六斗七升八合耗米二斗七升一合二勺

加徵灰石正米一十四石七斗二升一合耗米五石八斗
八升八合四勺
加徵月糧米一石五升五合二勺
武康縣
遇閏之年減徵漕糧正兌正米三石七升七合耗米一石二
斗三升八勺
減徵改兌正米一斗八升五合耗米七升四合
加徵灰石正米三石二斗六升二合耗米一石三斗四合
八勺
加徵月糧米八斗三升三勺
安吉縣

遇閏之年減徵漕糧正兌正米二石二斗九升五合耗米九
斗一升八合
減徵改兌正米一斗二升耗米四升八合
加徵灰石正米二石四斗一升五合耗米九斗六升六合
加徵月糧米二十八石二斗五升七勺
同治五年八月十七日咨
海運省局

浙江巡撫臣馬新貽跪
奏爲查明浙江省杭嘉湖三府屬試徵新漕米數並預籌提款濟
運情形恭摺仰祈
聖鑒事竊臣承准軍機大臣字寄內開同治四年八月二十五日欽
奉
上諭浙江省杭嘉湖三府屬漕額業經降旨於三十分中減去八分
又據馬新貽奏海運經費均於漕務項下籌備是賦額既減有定
數經費亦不至虛懸自可妥籌徵解所有來年海運事宜著左宗
棠馬新貽援照成案迅速辦理浙江米數並著先期奏聞等因欽
此當經欽遵督同司道籌辦在案茲據署糧道王凱泰詳稱浙
省屢歲軍興甫於上秋一律肅清民間困苦流離不堪言狀仰

蒙
恩綸特沛永減額漕
聖德如天歡臚動地並經籌定章程飭令各該州縣清糧招墾相輔
而行祇因被兵較重業戶轉徙流亡不知凡幾即召佃者亦屬
寥寥各屬插種之田又因夏秋之交先被水淹繼受蟲傷民情
倍形竭蹶惟漕糧爲
天庾正供自應勉籌徵運以備積儲現屆新穀登場應就成熟開漕
提前徵運即經嚴飭杭嘉湖三府督屬勘報覈實稟辦茲據各
該府先後勘覆約可試徵起運漕白正耗米一十九萬四千六
百餘石開摺詳請具
奏前來臣查杭嘉湖三府被兵之後戶口大減田荒過半孑遺之

民竭貲以供籽本冀獲豐稔乃夏秋之際蟲水爲災收成歉薄困苦情形非言可喻若當
國庫充盈之際不特乞
恩蠲免尤須量爲賑濟以拯窮黎今以
京倉之儲備久虛上煩
宸廑不得不於稍有收成之熟田項下酌辦試徵以供起運臣惟有督同司道嚴飭各屬潔己奉公徵勸兼施趕收交兌以期無悞放洋至海運經費尤須先事預籌查津貼運費業已裁革本屆應遵
奏定之案飭提漕截之外卽將從前給幫之漕白項下行月南月食米折暨帑處等八府屬之本折月糧正耗各欵催提濟用每石概以八錢爲率不再另動正欵支銷必當力求撙節而提解不容稍事遷延庶幾經費無絀得以迅速起運不致遲悞除將一切章程及詳細米數另行奏報外所有來歲新漕試徵米數及提欵濟運情形謹會同閩浙督臣左宗棠漕運總督臣吳棠恭摺馳陳伏乞
皇太后
皇上聖鑒再現據杭嘉湖三府屬各州縣以成熟之田悉係新墾籽種錯雜不齊加以入夏以後先被水淹繼受蟲傷以致米色未能純潔飭據司道查係實在情形應請循照歷屆奏案准其紅白兼收秈粳並納以示體恤除仍飭認眞揀選毋許濫收滋弊並咨戶部暨倉場侍郎查照外合併陳明謹

奏
同治四年十一月十六日具
奏奉
旨戶部知道欽此

浙江巡撫臣馬新貽跪

奏爲浙省來歲新漕籌議海運章程恭摺仰祈

聖鑒事竊照本年冬漕仍行海運經臣分飭趕辦先於省城開設總

局將應辦一切事宜督同司道暨各局員悉心籌畫次第舉行

並將試徵新漕米數具

奏在案伏查浙省自遭兵燹田地荒蕪上年克復以後即飭令各

屬趕緊招徠墾復並蒙

恩旨通漕三十成中減免八成

聖澤汪洋自必輸將恐後除杭屬之臨安新城於潛昌化湖屬之武

康安吉六縣被擾尤重經臣援案

奏准將同治四五兩年錢糧銀米全行蠲免又長興縣因被兵旣

重麥收蠶事無多又經臣

奏准將同治四年錢漕銀米全行豁免外其餘仁和等十五州縣

雖經招徠開墾種植無多兼之本年夏間屢遭雨水田禾多被

淹浸嘉屬復受蟲傷被災均重惟有酌量情形於已種各田之

中剔荒徵熟再行分別蠲免試辦酌徵以期上充

國課下恤民艱又白糧一項因荒田旣多加以蟲水之傷米質類

多青腰白臍春辦輾碎飭揀爲難未能照額辦運復又奏懇

特恩將荒蕪田地應徵白糧一律扣蠲其已種各田內有被災應行

蠲緩之數仍在於漕糧項下抵補辦運現將杭嘉湖三屬仁和

等十五州縣荒蕪災歉田地覈實釐剔除分別蠲免外統計起

運熟田漕白正耗米一十六萬九千八百四十三石零經剔商

耗等米一萬八千四百二十八石零餘賸耗米六千三百八十

一石零共米一十九萬四千六百五十四石零又白糧賸耗申

糙米一千六十石零由各司道督飭各州縣提早開倉妥速徵

運總期商船乘風放洋漕糧早登

天庾惟向辦海運一切事宜均有舊章可循本屆冊案被燬事同創

始謹督同局員熟加籌畫或仿照舊案或參以蘇省章程酌議

章程十二條會詳請

奏前來臣復覈無異相應繕具清單恭呈

御覽是否有當理合恭摺附驛具

奏伏乞

皇太后

皇上聖鑒訓示謹

奏

謹將浙省來歲新漕酌擬海運章程繕具清單恭呈

御覽

一委員分辦以專責成也查本屆辦理新漕必須細查減額改覈

經費實屬難於往屆加以兵燹之後冊檔蕩然事同創始非愼

選熟悉諳練之員分別經辦難期周妥省城爲總滙之地公事

最繁應仍照向章設立海運省局由各司道總司其事督同各

委員趕緊次第籌辦至上海天津二處亦應一律照章設局委

員籌辦所有滬局一切事宜已委補用道候補知府王慶勳補

用知府候補同知朱其昂等赴滬設局會辦至天津交米事宜

係糧道專責一俟周歷嘉湖等府及赴滬查驗米色之後帶同津局總辦委員候補知府郭式昌補用同知候補知縣虞慶瀾等於明春趕先由陸路赴津會同直隸委員分別妥爲辦理

一起運新漕仍由上海受兌放洋並沙船由蘇省協僱移浙應用也查浙省歷屆海運漕米均剝赴上海受兌由吳淞出口放洋今屆自應循照辦理惟江浙兩省同在上海交米應責成滬局委員會同蘇省委員及地方官將泊船處所先期勘定務令兩省剝船海船各歸各處不致擁擠混雜所有紳商稅行斛手人等亦應由上海局預爲招集以免臨時缺悮至白糧一項向來專用上海寬大沙船其餘漕米亦因本省甯船不敷裝運均由蘇省封撥沙船及東衛等船移付浙局派兌咸豐二年浙漕海

運案內經蘇省

奏定章程以派僱沙船責成滬局倘有米無船即將蘇省經辦委員參處若有船無米或無水腳即將浙省辦漕州縣嚴參懲辦歷久遵循在案本屆起運新漕除飭甯波道府將本省蜑船三不像船趕速全行封僱外所有白糧米石應由蘇省趕先封撥寬大沙船承裝首先放洋此外如甯船不敷自應查照舊章均由蘇省委員封僱移送浙局受兌除咨明兩江督臣江蘇撫臣查照外並請

敕下蘇省督撫轉飭局員一俟浙漕到滬趕先封撥寬大沙船承載白糧其餘如甯船儘數派裝尚有不敷務須多僱沙船及東衛各船隨時移浙俾漕糧得以隨到隨兌不致守候躭延

一餘賸給丁耗米及白糧舂糙應同漕糧起運一律交倉也查漕白二糧應給經紀耗米天津剝船食米商船食米之外尚有餘賸耗米又白糧餘耗項下應行舂糙米石從前或留南變價或搭運交倉現當京倉支絀之時自應隨同正漕一律運津交納以實倉儲

一經耗剝食商耗等米仍於給丁耗內支銷並商耗飭帶本色起運也查天津剝船食米每漕白米一石給米一升一合五勺通倉經紀耗米每白糧一石給米一升八合漕糧一石給米一升五合此項經紀耗米俱應由津運通亦須隨給剝船食米每石給米一升一合五勺又沙船耗米每白糧一石給米一斗漕糧一石給米八升以上各欵浙省自改辦海運以來均於河運給

丁耗米欵內動支飭屬備齊本色隨正交兌運津分別運給歷經遵辦在案本屆海運漕白正耗等米自應循照舊章將前項各米仍於給丁耗米項下按數動支以符定案至給商耗米原備到津折耗賠補之用如交兌後仍有盈餘向准該商船在津自行變價咸豐四年奉准部文由官給價收買歷經飭令在津委員按照時價給銀收買以備留抵正漕之不足本屆自應照飭津局給價收買並嚴飭各屬於上海裝兌時全以本色起運不准水手人等私行變賣致有短缺

一天津剝船應寬爲籌備也查商船連檣運糧到津非多備剝船隨驗隨剝必有擁擠守候之虞從前額設官剝一千九百餘隻儘用官剝不敷添僱民剝惟浙漕停運數年現在天津官剝實

有若干有無朽壞應行修艌之處未能深悉明歲漕糧雖未能
照額辦運然江浙兩省同辦新漕自較前兩屆蘇省獨辦之海
運米數爲多所用剝船必須寬爲籌備方期迅速轉運應請
敕下直隸總督轉飭天津道等查明寬爲籌備俾免停米待剝致多
遲滯
一白糧米石仍應裝盛蔴袋先期起運並樣米帶津呈驗也查歷
年海運因白糧米色柔嫩易於蒸變每平斛米一石裝盛蔴袋
一隻由蘇省先撥寬大沙船趕先裝兌頭批放洋本屆白糧因
嘉湖地方新復荒廢甚多成熟之田又復被水被蟲米質受傷
難於照額舂辦業經
奏明剔除荒蕪田地徵運在案除長興武康二縣已奉

恩旨全行蠲免外所有嘉興等十縣應行起運白糧粳糯正耗及經
剝商耗等米共一萬五千二百六十三石零自應查照舊章分
裝蔴袋兌交沙船首批放洋又漕白糧米向於正米內提出樣
米一斗裝入蔴袋黏貼印花交海船賫帶到津由委員呈請
欽派大臣查驗本屆亦應照辦
一商船照給水腳等項並二成免稅酌定賞罰也查浙漕海運商
船歷照蘇省章程除給耗米之外每米一石給予水腳銀四錢
並給神福犒賞蓆片氣筒鐵鍬土筐并僱用斛手折給縴夫等
項又商船八成載米准令二成帶貨各海關查明免稅至載米
較多之商船自一萬石至五萬石以上分別給予職銜若已捐
至五品無可再加統於事竣後

奏明酌奬如各船在洋有遭風鬆艙等事卸載後驗明大桅已砍
貨物已棄查照糧船失風之例
奏明減豁並照例優恤如無故短少貨物並未拋棄獨棄官糧者
雖鬆艙屬實所少米數仍令賠補商船在洋設有事故應令呈
報所在地方縣汛驗明通報確查屬實亦照遭風豁免之案辦
理所少米石即由津局於備帶經費內動支買足交倉事竣作
正開銷歷經
奏明遵行在案本屆自應照辦又洋藥一項蘇省奉有部行海運
漕米二成載貨免稅係指尋常貨物而言若攜帶洋藥應令照
水路每百觔徵銀三十兩以防包私漏稅等因本屆浙漕承運
商船亦應照案帶貨二成免稅如或由滬受兌開行後在各口

帶有洋藥均令遵照新章完納稅銀以杜包私
一津通經費應照案備帶如銀兩未到先請墊給並寘羨等款按
數抵解也查歷屆海運除毛竹蓆片由糧道衙門附同輕賫由
閩等款照例批解外所有天津官民剝價以及津通正雜各款
均由浙省委員帶津會同直隸委員按照米數分別支用內抗
腳挖箭守候口糧前已全行裁除剝船飯食折銀每百石減去
銀一兩一錢五分箇兒錢一項
奏准每石給銀二分咸豐十年蘇省按照採買章程無分漕白每
百石交天津道剝價雜費京平銀八兩一錢四釐箇兒錢每百
石給銀二兩經戶部議覆以蘇省正漕全完後續到米船由天
津道驗收運通因係正漕之外另行籌備之款是以准照採買

之案辦理今海運正漕應仍照上屆新章每百石給剝價雜費
銀八兩四錢四分七釐三毫氏剝每百石給銀九兩八錢八分
四釐八毫由該省如數解交天津道庫應用等因本屆浙漕仍
應查照舊章備帶支給至備帶經費從前或交海船分帶或覓
妥商滙兌並無一定章程此次應屆時察看情形再行酌辦惟
商船一經放洋若風帆順利旬日卽可抵津如前項經費未能
早到一切用款卽無從開支是以歷屆海運均請由天津各庫
就近借墊動支應照案請
旨飭下倉場侍郎直隸總督長蘆鹽政轉飭在於通濟庫直隸藩庫
天津道庫以及鹽關各庫暫行墊給一俟浙銀到津卽由津局
照數歸欵庶緩急有恃無悞運需又應給經紀箇兒錢飯米折

色及廳倉茶果等銀按米計算動支仍照成案將應領實羨餘
米價紙張等欵按數抵解其不敷銀兩由津局如數解交
一商船准帶礮械並飭令沿海水師會同防範也查歷屆海運成
案准令裝米商船各帶礮械軍器防護於入口時呈繳出口時
給領仍責成各省沿海水師鎭將統帶備弁兵船沿途遞相護
送並於上海由商董選備輪船送至東省會同巡護在案查蘇
省上屆海運仍由滬商捐辦雙輪船出洋護運惟浙漕停運數
年甯波商船能否一律捐置輪船護運之處現飭查議或由甯
商捐辦輪船護送或請蘇省輪船帶護以期周密除俟議覆到
日另行酌辦外經臣咨明本省水師各鎭轉行沿海將備會同
巡緝其山東直隸等省洋面循案請
旨敕下各該督撫提鎭督飭水師各按所轄洋面實力迎護加意防
範如有疎虞惟該水師是問並令開具專任分任各職名送部
查考
一天津交米之後應循舊責成經紀以杜諉卸並正漕完竣續到
米船卽由天津道驗收也查道光六年欽奉
諭旨海船到津難免經紀需索刁掯著軍機大臣屆期奏請欽派一二
員前往又奉
諭旨商船到津委員將樣米送交欽派大臣比對米色按冊驗收其過
剝事宜責成坐糧廳帶同經紀一手經理交米委員將漕糧交給剝
船卽爲竣事毋庸到通以免推諉各等因欽此浙省歷屆海運均經
欽遵在案本屆米到天津仍由委員將樣米呈驗俟

欽派大臣驗收斛交剝船卽責成經紀承管運通與商船無涉責任
旣專則剝船中途攙雜使水等弊亦當不禁自除又歷屆海運
均由戶部屆時奏請
欽派大臣赴津查驗並倉場揀派坐糧廳酌帶經紀斛收正漕米數
全完續到米船卽由天津道驗收運通在案今屆應請照辦一
俟正漕米數報完續到米船卽責成天津道查照成案驗收運
通
一海運經費覈實支銷如有不敷應隨時覈辦也查浙省咸豐二
年海運案內
奏奉
諭旨以河運一切經費作海運支銷並將負重漕截等銀歸入海運開

支其餘不敷儘提各州縣津貼濟用現在應提津貼一款業已
奏請裁革所需運費除將漕截照案濟支外不敷之銀將杭嘉湖
三府屬行月折色及甯處等八府屬本折月糧並向來給幫行
月南月經費食米飭屬變價解充海運經費亦經
奏明由部覆准在案自應嚴飭各屬趕緊徵解以資南北用款仍
當督飭各局員覈實開支撙節動用遵照定案每石不准逾八
錢之數惟查本屆漕糧起運無多經費不致不敷若辦理全漕
原定籌抵之數本非有餘倘甯紹等府或遇偏災蠲緩則所提
各款更形短少不敷甚鉅且或遇失事及事故商船其米石必
須由津買補運倉固不在八錢約數之內所費尤無一定自應
隨時酌量另行

奏明提撥至起運較少之年經費或稍有盈餘應請儘數提存糧
道庫留作下屆新漕之用不准別項借提以免臨時竭蹷
一天津交米應將本省部頒斛隻帶津較對也查歷屆海運糧道
赴津須將本省部頒鐵斛由陸攜帶赴津俟
欽派驗米大臣抵津後即將本省鐵斛與倉場衙門木斛天津鐵斗
一律較對準確方始開斛交兌歷經遵辦在案今屆自應循舊
辦理惟浙省自匪擾之後原存鐵斛業已燬失已准戶工二部
另行頒發木斛飭縣依式成造較對準確兌收所有帶津較對
之斛自應即將部頒木斛由糧道查照向章攜帶赴津與倉場
木斛天津鐵斗一律較對以歸劃一
同治四年十二月初四日具

奏奉
旨戶部速議具奏單併發欽此

戶部謹

奏為遵

旨速議具奏恭摺仰祈

聖鑒事浙江巡撫馬新貽奏酌議新漕海運章程一摺同治四年十二月十四日軍機大臣奉

旨戶部速議具奏單併發欽此欽遵鈔出到部據原奏內稱浙省自遭兵燹田地荒蕪上年克復以後即飭令各屬趕緊招徠墾復並蒙

恩旨通漕三十成中減免八成

聖澤汪洋自必輸將恐後除杭屬之臨安新城於潛昌化湖屬之武康安吉六縣被擾尤重經臣援案奏准將同治四五兩年錢漕

銀米全行蠲免又長興縣因被兵既重麥收蠶事無多又經臣奏准將同治四年錢漕銀米全行豁免外其餘仁和等十五州縣雖經招徠開墾種植無多兼之本年夏間屢遭雨水田禾多被淹浸嘉屬復受蟲傷被災均重惟有酌量情形於已種各田之中剔荒徵熟再行分別蠲免試辦酌徵又白糧一項因荒田既多加以蟲水之傷米質類多青腰白臍舂辦輙碎飭換為難未能照額辦運復又奏懇

特恩將荒蕪田地應徵白糧一律扣蠲已種各田內有被災應行蠲緩之數仍在於漕糧項下抵補辦運現將杭嘉湖三屬仁和等十五州縣荒蕪災歉田地覈實釐剔除分別蠲免外統計起運熟田漕白正耗米一十六萬九千八百四十三石零經剎商耗等米一萬八千四百二十八石零餘賸耗米六千三百八十一石零共米一十九萬四千六百五十四石零又白糧賸耗申糙米一千六十石零由各司道督飭各州縣提早開倉妥速徵運總期商船乘風放洋漕糧早登

天庾惟歷辦海運一切事宜均有舊章可循本屆冊案被燬事同創始熟加籌畫或仿照舊案或參以蘇省章程酌議章程十二條繕具清單恭呈

御覽等語臣等伏查浙江省本屆新漕前經臣部奏令妥籌徵解並將海運事宜援照成案作速辦理嗣據該撫將試徵新漕米數預籌提款濟運並應徵白糧按照漕糧成熟分數一律蠲荒徵運等因奏明在案茲據該撫奏稱杭嘉湖三屬統計起運熟田

漕白正耗米一十六萬九千八百四十三石零經剎商耗等米一萬八千四百二十八石零餘賸耗米六千三百八十一石零共米一十九萬四千六百五十四石零又白糧賸耗申糙米一千六十石零由各司道督飭各州縣提早開倉妥速徵運並將海運事宜酌議章程十二條具奏前來臣等查該撫所擬或仿照舊案或參以蘇省章程均為慎重漕糧起見謹督飭司員悉心酌覈繕具清單恭呈

御覽所有臣等遵

旨速議緣由謹恭摺具

奏伏乞

皇上訓示遵行謹

奏

謹將浙省海運章程分別覈覆繕具清單恭呈

御覽

一委員分辦以專責成一條據稱本屆辦理新漕必須細查減額改覈經費實屬難於往屆加以兵燹之後冊檔蕩然事同創始非慎選熟悉諳練之員分別經辦難期周妥省城爲總滙之地公事最繁應仍照向章設立海運省局由各司道總司其事督同各委員趕緊次第籌辦至上海天津二處亦應一律照章設局委員籌辦所有滬局一切事宜已委補用道候補知府王慶勳補用知府候補同知朱其昂等赴滬設局會辦至天津交米事宜係糧道專責一俟周歷嘉湖等府及赴滬查驗米色之後

同津局總辦委員候補知府郭式昌補用同知候補知縣虞慶瀾等於明春由陸路趕先赴津會同直隸委員分別妥爲辦理等語查浙省海運章程均於省城及上海天津三處設局委員分辦本年海運新漕應請准如所奏查照成案辦理

一起運新漕仍由上海受兌放洋並沙船由蘇省協僱移浙應用

一條據稱歷屆海運漕米均剝赴上海受兌由吳淞出口放洋今屆自應循舊辦理惟江浙兩省同在上海交米應責成滬局委員會同蘇省委員及地方官將泊船處所先期勘定所有紳商稅行斛手人等亦應由上海局預爲招集至白糧一項向來專用上海寬大沙船其餘漕米亦因本省甯船不敷裝運均由蘇省封撥沙船及東衞等船移付浙局派兌咸豐二年浙漕海運案內經蘇省奏定章程以派僱沙船責成滬局倘有米無船即將蘇省經辦委員叅處若有船無米或無水腳即將浙省辦漕州縣嚴叅懲辦歷久遵循在案本屆起運新漕除飭甯波道府將本省蜑船三不像船趕速全行封僱外所有白糧米石應由蘇省趕先封撥寬大沙船承裝首先放洋此外如甯船不敷自應查照舊章均由蘇局委員封僱移送浙局受兌等語查浙省海運漕糧向由上海受兌所需運米船隻均由蘇省協僱移浙應用歷經遵辦在案本屆起運新漕應令該撫查照舊章責成滬局委員會同蘇省委員及地方官將泊船處所先期勘定所有紳商稅行斛手人等亦宜預爲招集免致臨時掣肘並請飭下蘇省督撫轉飭局員一俟浙漕到滬趕先封撥寬大沙船承載

白糧其餘如甯船不敷務須多僱沙船及東衞各船隨時移浙應用不得稍分畛域致有停米待兌之虞

一餘贈給丁耗米及白糧申糙隨漕起運交倉一條據稱漕白二糧應給經紀耗米天津剝船食米商船食米之外尚有餘贈耗米及白糧餘耗項下應行申糙米石隨同正漕一律運津交納以實倉儲等語查歷屆海運案內餘贈給丁耗米及白糧申糙均係搭運交倉現據該撫奏請隨同正漕一律運津交納應如所奏辦理

一經耗剝食商耗等米仍於給丁耗內支銷並商耗飭帶本色一條據稱天津剝船食米每漕白米一石給米一升一合五勺通倉經紀耗米每白糧一石給米一升八合漕糧一石給米一升

五合此項經紀耗米俱應由津運通亦須隨給剝船食米每石給米一升一合五勺又沙船耗米每白糧一石給米一斗漕糧一石給米八升以上各欵浙省自改辦海運以來均於河運給丁耗米欵內動支飭屬備齊本色隨正交兌運津分別運給歷經遵辦在案本屆海運漕白正耗等米自應循照舊章將前項各米仍於給丁耗米項下按數動支以符定案至給商耗米原備到津折耗賠補之用如交兌後仍有盈餘向准該商船在津自行變價咸豐四年奉准部文由官給價收買歷經飭令在津委員按照時價給銀收買以備留抵正漕之不足本屆自應照飭津局給價收買並嚴飭各屬於上海裝兌時全以本色起運不准水手人等私行變價致有短缺等語查歷屆海運成案商

船耗米由滬支給經剝食耗等米由津支給均於原給旗丁耗米欵內開支本屆自應照辦至商船耗米原備到津折耗賠補之用應令該撫諭飭各屬於上海裝兌時全以本色起運不准水手人等私行變價抵津後正額無虧仍有盈餘由津局給價收買隨運交倉另檔存記

一天津剝船寬爲籌備一條據稱商船運橋運米到津非多備剝船隨驗隨剝必有擁擠守候之虞從前額設官剝一千九百餘隻官剝不敷添僱民剝明歲江浙兩省同辦新漕自較前兩屆蘇省獨辦之海運米數爲多所用剝船必須寬爲籌備應請轉飭天津道等查明寬爲籌備俾免停米待剝等語查江浙兩省同時辦運米數較多必須多備剝船方免遲滯現在應用官剝爲數無幾應請

飭下直隸督臣轉飭天津道將官剝船隻認眞油艌完固並將加修船隻趕緊一律修齊仍先期多爲封僱裝米二百石以上民船備用

一白糧米石裝盛蔴袋先期起運並樣米帶津呈驗一條據稱查歷年海運因白糧米質柔嫩易於蒸變每平斛米一石裝盛蔴袋一隻由蘇省先撥寬大沙船趕先裝兌頭批放洋本屆白糧因嘉湖地方新復荒廢甚多成熟之田又復被水被蟲米質受傷難於照額舂辦業經奏明剔除荒蕪田地徵運在案除長興武康二縣已奉

恩旨全行蠲免外所有嘉興等十縣應行起運白糧粳糯正耗及經

剝商耗等米共一萬五千二百六十三石零自應查照舊章分裝蔴袋兌交沙船首批放洋又漕白糧米向於正米內提出樣米一斗裝入蔴袋黏貼印花交海船賫帶到京由委員呈請

欽派大臣查驗本屆亦應照辦等語查白糧一項向來均係照額起運今歲浙省田禾因被淹傷經該撫奏明將白糧一項剔荒徵熟蠲緩之數以漕糧抵額辦運等因在案應准其就數起運此後仍不得援以爲例至分裝蔴袋及樣米黏貼印花等事宜查與歷屆海運成案相符應准照辦

一商船照給水脚等項並二成免稅酌定賞罰一條據稱浙江海運商船除給耗米之外每米一石給予水脚銀四錢並給神福犒賞蓆片氣筒鐵鍬土筐並僱用剝手折給縴夫等項又商船

八成載米准令二成帶貨各海關查明免稅至載米較多之商船自一萬石至五萬石以上分別給予職銜若已捐至五品無可再加統於事竣後酌獎如各船在洋有遭風鬆艙等事卸載後驗明梳斫貨棄查照糧船失風例奏明豁免並照例優恤如無故短少貨物並未拋棄獨棄官糧者雖鬆艙屬實所少米數仍令賠補商船在洋設有事故應令呈報所在地方縣汛驗明通報確查屬實亦照遭風豁免之案辦理所少米石即由津局於備帶經費內動支買足交倉事竣作正開銷歷經奏明遵行在案本屆自應照辦又部行海運漕米二成載貨免稅係指尋常貨物而言若攜帶洋藥應令照水路每百觔徵銀三十兩以防包私漏稅等語查運米商船除給耗米外應給水腳神福犒

賞蓆片氣筒等項又八成載米准令二成帶貨查明免稅至載米較多之船酌予奬勵如各船有遭風等事呈報驗明分別賠豁均有舊章可循應准照辦惟二成載貨免稅係指尋常貨物而言如攜帶洋藥仍令遵照新章完納以杜包私

一津通經費先請墊給並躉羨等項按數抵解一條據稱查歷屆海運除毛竹蓆片由糧道衙門附同輕賫由閘等款照例批解外所有天津官民剝價以及津通正雜各欵均由浙省委員帶津會同直隸委員按照米數分別支用內抗腳挖筲守候口糧先已全行裁除剝船飯米折銀每百石減去銀一兩一錢五分箇兒錢一項每石給銀二分每百石交天津道剝價銀八兩四錢四分七釐三毫民剝每百石給銀九兩八錢八分四釐八毫解交天津道庫應用至備帶經費從前或交海船分帶或覓妥商滙兌並無定章惟商船一經放洋旬日即可抵津如經費未能早到用欵即無從開支是以歷屆均請由天津各庫就近借墊動支應照案請

旨飭下倉場侍郎直隸總督長蘆鹽政轉飭在於通濟庫直隸藩庫天津道庫以及鹽關各庫暫行墊給一俟浙銀到津即由津局照數歸欵又應給經紀箇兒錢飯米折色及廳倉茶果等銀按米計算動支仍照成案將應領躉羨餘米價紙張等欵按數抵解其不敷銀兩由津局如數解交等語查歷屆海運津通用欵該撫請在通濟庫直隸藩庫天津鹽關各庫暫行墊給均經臣部以各庫支絀議令先交放洋在前之船帶津或先期委員由

陸運解各在案現在各庫仍形支絀恐難墊給所有津通用欵應令該撫體察情形或交放洋在前之船分帶或先期遴員由陸運解總期商船到津無悞要需至所稱天津官民剝價各欵照章解交天津道庫應用又應給經紀箇兒錢飯米折色及廳倉茶果等銀按米計數動支仍照案將應領躉羨餘米價紙劄等欵按數抵解其不敷銀兩由津局如數解交之處查與歷屆成案相符應准照辦

一商船准帶礮械並令沿海水師會同防範一條據稱查歷屆海運准令商船各帶礮械防護於入口時呈繳出口時給領仍責成各省沿海水師鎮將統帶備弁兵船沿途護送並於上海由商董選備輪船送至東省會同巡護在案查蘇省上屆海運仍

由滬商捐辦輪船出洋護運惟浙漕停運數年甯波商船能否一律捐置輪船護運之處現飭查議或由甯商捐辦輪船護送或請蘇省輪船代護以期周密除俟議覆到日另行酌辦外經臣咨明本省水師各鎮轉行沿海將備會同巡緝其山東直隸等省洋面循案請

旨飭下各該督撫提鎮督飭水師各按所轄洋面實力迎護加意防範並令開具專任分任各職名送部查考等語查歷屆海運商船放洋責成各省各沿海水師沿途護送並

欽派鎮將大員在洋督巡咸豐五年復經臣部會議令山東添造戰船招募粵勇並令該撫體察情形或添調奉天師船或添僱水勇均歸登州鎮總兵督帶巡護在案來年海運新漕除應用輪船應由該督撫妥籌辦理並於江浙洋面咨明水師各鎮會同巡緝外其餘山東直隸等處洋面應請

飭下直隸總督山東巡撫查照奏案嚴飭該管水師營汎實力迎護並將專任分任各職名送部備查至所請商船各帶礮械出口給領入口呈繳亦與歷屆成案相符應准照辦

一天津交米之後循舊責成經紀以杜諉卸一條據稱查道光六年欽奉

諭旨海船到津難免經紀需索刁掯著軍機大臣屆期奏請欽派一二員前往又奉

諭旨商船到津委員將樣米送交欽派大臣比對米色按冊驗收其過剝事宜責成坐糧廳帶同經紀一手經理交米委員將漕糧交給剝

船即爲竣事毋庸到通以免推諉各等因欽此浙省歷屆海運均經欽遵辦理在案本屆米到天津仍由委員將樣米呈驗俟

欽派大臣驗收斛交剝船即責成經紀承管運通與商船無涉責任既專則剝船中途攙雜使水等弊亦當不禁自除又歷屆海運均由戶部屆時奏請

欽派大臣赴津查驗並倉場揀派坐糧廳酌帶經紀斛收正漕米數全完續到米船即由天津道驗收運通在案今屆應請照辦一俟正漕米數報完續到米船即責成天津道查照成案驗收運通等語查海運成案米到天津驗收後即令坐糧廳督飭經紀斛收兌剝運通取具經紀米色乾潔米數無虧切結存案其由津運通如有潮溼攙雜等弊惟經紀剝船是問均不得牽涉原

裝沙船至正漕完竣均經驗米大臣奏明續到米船由天津道驗收本屆自應照辦惟南省兌交米石務須一律乾潔不得稍有舍混全米到天津如商船米有潮溼攙雜即令實力挑晾不得勒令經剝兌運如米本乾潔經剝故意需索勒掯即行從嚴究辦以杜推諉而清弊端

一海運經費覈實支銷如有不敷應隨時覈辦一條據稱查浙省所需運費除將漕截照案濟支外不敷之銀將杭嘉湖三府屬行月折色及甯處等八府屬本折月糧並向來給幫行月南月經費食米飭屬變價解充海運經費亦經奏明由部覆准在案自應嚴飭各屬趕緊徵解仍當督飭各局員覈實開支撙節動用遵照定案每石不准逾八錢之數惟查本屆漕糧起運無多

經費不致不敷若辦理全漕原定籌抵之數本非有餘倘甯紹等府或遇偏災蠲緩則所提各欵更形短少不敷甚鉅且或遇失事及事故商船其米石必須由津買補運倉固不在八錢約數之內所費尤無一定自應隨時酌量另行奏明提撥至起運較少之年經費或稍有盈餘應請儘數提存糧道庫留作下屆新漕之用不准別項借提以免臨時竭蹶等語查浙江海運經費前經臣部奏令力求撙節不得即以每石八錢作爲定額所有漕務項下酌提銀兩原係照全漕米數寬爲籌備將來全漕起運必不至不敷應用本年運米較少原提經費除動支外叢計當有盈餘應令查明數目報部撥用所請提存糧道庫留作下屆新漕之用應毋庸議

一天津交米應將本省部頒斛斗帶津較對一條據稱查歷屆海運糧道赴津須將本省部頒鐵斛由陸攜帶赴津俟驗米大臣抵津後即將本省鐵斛與倉場衙門木斛天津鐵斗一律較對準確方始開斛交兌歷經遵辦在案今屆自應循舊辦理惟浙省自匪擾之後原存鐵斛業已燬失已准戶工二部另行頒發木斛飭縣依式成造較對準確兌收所有帶津交兌之斛自應即將部頒木斛由糧道査照向章攜帶赴津與倉場木斛天津鐵斗一律較兌以歸畫一等語查與辦過成案相符應准照辦

同治四年十二月二十四日具

奏本日奉

旨依議欽此

浙江海運省局爲酌擬新漕海運外辦章程詳請

憲示事竊照浙省同治五年起運四年新漕奉准仍由海運業經設立省局派委妥員分別趕辦並籌議內辦章程詳請具

奏在案伏查海運事務頭緒紛繁冊案蕩然事同初創加以本屆改提經費酌覈開支及一切滬局交兌事宜尤須逐細妥籌方期周妥謹擬外辦章程十二條開摺備文詳請伏祈

憲臺俯賜察覈批示以便遵飭祇遵如有一切未盡事宜容再接續議詳合併聲明爲此備由呈乞

照詳施行

謹將新漕海運酌議外辦章程開具清摺呈送

憲鑒

今開

一海運經費應及早提解道庫撥局應用並輕賫錢糧應飭趕解以資北用也查浙漕歷辦海運所需運費漕截之外酌提各州縣津貼由局提催收納本年津貼一欵業奉

奏明裁革除漕截仍歸海運支銷外並將杭嘉湖三府行月折色甯處等八府本折月糧及向來給幇之行月米經費食米每一石變價銀一兩五錢南月米每石變價銀二兩按數解抵海運經費亦蒙

奏明

敕部議覆准行在案應飭各州縣將海運經費遝解糧庫投納隨時移局支給各屬仍隨文報局俾資查覈其南月變價一欵應由

藩司衙門覈數移知一併由糧道衙門收納以歸一律至海運用欵均須年內備齊方資支給所有前項經費銀兩自應由糧道衙門按欵勒限於年內提解足數庶免臨時竭蹷又查輕賫銀兩為北倉鋪修一切要需歷屆海運均經糧道委員解通今屆自應照案專委妥員先漕解通應由糧道衙門飛催各屬首先批解庶免遲悞

一各屬徵兌應嚴飭提前並秈米不准攙入也查杭嘉湖三屬漕糧河運之年開倉徵兌節節遞緩自改辦海運以來均經嚴飭提早開倉加緊徵兌限於二月內全數放洋歷久遵辦尚無貽悞本屆新漕自應飭屬趕速徵運並循照向章限於年內由縣陸續起剝赴滬裝兌海船總期於二月內一律全數放洋毋許稍有遲悞其各屬徵收米石不得藉粳秈並納曾經稟過有案多收秈米即或間有秈米交納者務須另艙存儲不准攙入粳米致抵津難於交兌至白糧一項為

天庾玉粒更宜慎益加慎一律乾圓潔淨不准攙入糲碎仍首先剝運上海趕於頭批放洋

一通飭慎收好米並禁止吏胥包戶牙商包價也查民間完納漕糧必不敢以低潮雜米完納即地方官收漕亦斷不致濫收低雜次米然剝滬交兌往往多低雜不堪或由於官為折收牙商以賤價包辦低雜次米交兌或胥吏包戶人等暗向民間折價包買醜米唐突上倉官不及察即為蒙混湖屬之程安等縣向來米色更屬不堪南局既難裝兌北局尤礙驗收退換則轉輾

需時承運則驗收受累臨時周章不成事體自應嚴飭各屬一律徵收本色慎選乾潔好米嚴禁胥吏包戶折收包米並禁絕牙商包辦濫交倘仍有低次壞米兌交者除由滬局退換外一面稟請將壞米各州縣分別嚴行參辦仍密查舞弊濫包之牙商包戶吏胥一併嚴提究治

一內河剝運米石應嚴禁使水短少並禁丁役不准尅扣水腳也查各屬由內河運米赴滬向章飭屬裝兌剝船每米一尺上鋪黃表紙一層間隔最上一層鋪紙後再鋪米一寸加用灰印立法頗為周密乃查歷屆剝米到滬經滬局委員驗兌每有攙水潮雜及短少之弊若果各州縣以好米兌剝如法鋪紙何至尚有潮雜使水之米細查其故非管解丁役扶同船戶中途偷賣使水攙雜即丁役尅扣水腳致令船戶不敷食用因而偷竊使水屢有駁換頗費周折必得明定章程庶使杜絕積弊應通飭各屬於剝運糧米務令如法鋪紙毋任視為具文並令分批慎選親信可靠家丁一人誠實差役數人小心管解并註明某丁役押解某某船戶米船若干隻每船米若干石隨米開具花名清摺申送滬局倘何船有使水攙雜等弊即將管解何船丁役由滬局總辦委員鎖押刑責並枷號河干示衆如係船戶通同一併枷責一面責令各州縣將使水米石更換如有短少飭令補足至給發船戶水腳各州縣自應傳齊各船戶當堂面給不得輾轉剝削致船戶竊米使水若滬局丁書人等有意留難亦即查明嚴辦

一內河剝價等項由縣開支並酌帶斛斗夫役也查歷屆海運所需內河剝船責成各州縣自行招僱民船運赴上海斛交海船受兌各屬距滬遠近不等定以每石每百里給水腳銀一分六釐剝船鋪艙蘆蓆押送飯食一併在內准於應解津貼欵內坐扣開銷在案本屆海運津貼已奉裁革應需前項水腳業經清賦局於酌定收漕新章案內詳定在於各州縣每石酌留辦公餘耗米二斗五升變價項下專欵開支毋庸由局覈辦其運米到滬向由滬局僱備豆行斛手斛兌海船每斛米一石給斛夫錢五文又每船須製樣米蔴袋一隻以及商船應用號旗價值蓋艙稻草統應照清賦局覈定新章在於滬局公費雜用欵內由各屬自行按數隨米解交滬局以便分別支給備辦仍照章

飭屬酌派斗級笆夫各二三名赴滬幫同照料并備帶較準木斛數張及笆斗栲栳等件隨米運滬以資應用

一海船苫蓋墊艙應用蓆片氣筒等項由局撥銀分給備辦也查向來海運應需海船苫蓋鋪艙蓆片鐵釘氣筒等項定以每米一石給銀一分六釐其銀即於各州縣坐銷剝船水腳銀內劃提在案現在津貼裁革所有內河剝船水腳已由縣在於辦公餘耗變價項下開支前項海船所需苫蓋墊艙蓆片鐵釘氣筒每石價銀一分六釐未便再令各屬支給應由滬局在於省局撥解海運經費項下動給海船備用無須由州縣支給以示體

恤

一白糧口袋仍飭屬備辦應需袋價由縣開銷也查白糧米石向用蔴袋裝運每米一石裝袋一隻初二屆海運由局製備發給應用後改由嘉湖各縣自備其銀在於應解津貼銀內坐扣本屆白糧需用蔴袋應仍飭各縣自行購辦所有袋價一欵向在津貼銀內動支今津貼裁革業經清賦局於酌覈收漕新章案內詳定前項白糧袋價在於各屬辦公餘耗變價項下開支毋庸由局給銀仍飭各縣認眞購辦務須雙絲緊密不得稀疎鬆懈致易損壞

一商船耗米給予本色毋許私折也查歷屆海運成案凡商船裝載

正供漕糧每石給耗米八升白糧每石給耗米一斗均按交倉正耗米數兌給以備抵補該船折耗及到津兌米虧短之用俟抵津

交卸全完後如有盈餘聽候津局收買運倉留抵正漕之不足如津局業已收買足數或諭令自行變糶均須臨時覈辦是商項商耗甚爲緊要豈容營私折價致有短少應即先行通飭各屬務將商耗一項全數斛交海船不准丁役勾通船商折錢付給一面由上海局示諭各商船務以本色帶津俟交卸全完後聽候津局給價收買毋許私自變賣並由滬局於交兌時將該船應給商耗內覈出三成米數於三聯單內註明若干石抵津交卸時由津局委員查明如不足三成米數即責令該商船照正米短少賠補之例就地買補交納仍由滬局分派委員實力稽查如有折乾及預賣情弊立即從嚴究辦

一商船銀米照案支給也查歷屆海運支給海船水腳除商耗外

白應查照向章按石給發又海船苦蓋墊艙蓆片氣筒鐵釘折價每石銀一分六釐天津海口自僱縴夫每石錢四文回空須用挖泥壓鈔應用鐵鍬土筐每船錢一千文神福每船銀四兩耆舵每船各一名每名各犒賞銀一兩副舵每船一名給銀六錢水手每名給銀三錢每裝米百石准開水手一名凡錢款定以每錢二千文作銀一兩以上各款除水腳外所有苦蓋等款約計每石開支銀二分八釐左右統由上海分局隨米支給在案今屆海運自應仍照向章按款給發惟現在銀價較從前低少應由上海局照時價覈給以昭平允

一三聯單仍照章刊刷給執也查三聯印單歷屆均由上海局刊刷備文送省鈐蓋藩司糧道印信隨時按船填給一聯發海船執赴天津交米一聯送津局委員按單查收一聯存局稽考本年海運仍由上海局刊刷齊全送省蓋印照章填給仍飭令滬局註明漕白交倉正耗及經紀耗米天津剝船食米數目並某字第幾號船商耆舵姓名水手人數并覈出商耗三成米數另行註入聯單作爲正米交兌如抵津短少查係私賣飭令賠補毋許稍有遺漏至白糧有粳糯之分漕糧有秈粳之別仍飭令分艙存儲於三聯單及裝船米數冊內分晰註明以免混淆

一飭發滬局樣斛仍就近借上海鐵斛較準也查各屬解米赴滬向由各屬自帶木斛眼同斛兌海船應由糧道衙門製備火烙樣斛二隻頒給滬局以便與各屬木斛較對事竣繳儲道庫仍查照向章由滬局就近移借上海縣部頒鐵斛一律較驗準確俾免參差

一本局員役薪飯應分別酌給以示限制也查向章知府薪水月支銀四十兩同通州縣月支銀三十兩佐雜月支銀十五兩又憲臺衙門書吏八名奉飭每名月給辛工銀三兩飯食銀二兩四錢又油燭紙張月給銀四兩又奉飭添設繕書二名每名月給辛飯銀五兩四錢加給油燭紙張銀四兩又本局經稿各書十二名每名月給辛工銀三兩飯食銀二兩四錢又在局聽差號役人等酌用四名每名日給飯食錢文酌量支給其局中紙張油燭等項查從前海運成案每月以四十兩爲率內以二十兩給各書支用二十兩留局開銷倘有盈餘以抵零星用項歷經照支辦理現在百物昂貴恐有不敷自當格外撙節仍照向章支給以示限制

同治四年十一月二十八日具詳奉

撫憲馬　批所議海運外辦章程均屬妥協仰即通飭遵辦至海運一切經費務須遵照

奏定之案格外撙節支用不得稍涉浮濫一俟事竣即將用過數目詳請

奏結一面將收支各數造具細冊送候查覈此外如有未盡事宜並仰隨時覈議詳辦均毋延漏此繳摺存

浙江巡撫部院馬　爲詳請事據海運省局司道詳稱竊據海運滬局總辦候補知府王守等呈詳條議應辦事宜摺稱各屬起運米石行抵蘇省水卡該處商船過往均有米捐應請飭屬逐船給發印旗一面開明某州縣運滬漕白糧米塡明月日石數咨請蘇省釐局轉飭各卡隨驗隨放若照依向章該屬丁書押護多船彼此行駛不無先後等待執批呈驗凡遇港口俱有捐卡浦江潮汛可虞恐滋貽誤仍飭各船于交米時隨將印旗呈繳滬局以杜影射等情據此伏查各屬運米剝船由內河行走向章每批派撥丁書押護必待執批呈驗放行該米船行駛先後不齊難免停船待驗恐有耽延卽米船麕集各釐卡亦形擁擠應如所議通飭各屬按船給發印旗一面開明某州縣運滬漕白糧米若干石並剝運月日凡各米船以印旗爲憑由各局卡隨驗隨放較爲便捷仍俟到滬後卽將印旗呈繳滬局似亦無虞影射之弊除咨蘇省牙釐總局江蘇松滬捐釐總局轉飭查照并通行杭嘉湖三屬一律遵照外相應詳請咨明

兩江督/江蘇撫憲轉飭經由各釐卡查照凡遇浙省運米剝船過卡卽查驗印旗隨時放行俾昭迅速等情到本部院據此除咨

江蘇撫/兩江督院外相應咨明爲此合咨

貴部堂/院請煩查照轉飭隨時驗放望切施行

同治四年十二月二十四日咨

兩江督/江蘇撫院

浙江海運省局爲咨請/飭遵事據海運滬局總辦候補知府王守等呈詳條議應辦事宜摺稱各屬起運米石行抵蘇省水卡該處商船過往均有米捐應請飭屬逐船給發印旗一面開明某州縣運滬漕白糧米塡明月日石數咨請蘇省釐局轉飭各卡隨驗隨放若照依向章該屬丁書押護多船彼此行駛不無先後等待執批呈驗凡遇港口俱有捐卡浦江潮汛可虞恐滋貽誤仍飭各船於交米時隨將印旗呈繳滬局以杜影射等情據此查各屬運米剝船由內河行走向章每批派撥丁書押護必待執批呈驗放行該米船行駛先後不齊難免停船待驗恐有耽延卽米船麕集各釐卡亦形擁擠應如所議通飭各屬按船給發印旗一面開明某州縣運滬漕白糧米若干石並剝運月日凡各米船以印旗爲憑由各局卡隨驗隨放較爲便捷仍俟到滬後卽將印旗呈繳滬局似亦無虞影射之弊

咨江蘇牙釐/江蘇松滬捐釐總局　除詳請

撫憲核咨并通飭各屬遵照外相應備文咨請爲此合咨

貴局請煩查照轉飭經由各釐卡凡遇浙省運米剝船過卡卽查驗印旗隨時放行俾免耽延望速施行

札杭嘉湖三府/有漕州縣　除詳請

撫憲咨明蘇省並咨請

江蘇牙釐/松滬釐捐總局查照外合行通飭爲此札仰該府/州縣立卽轉飭遵照每剝運漕白米船一隻製備大旗蓋印並開明船戶花名裝運某州縣糧米若干石註明剝運日期分給各剝船凡行

抵

蘇省釐卡卽將印旗呈驗放行到滬後將印旗呈繳滬局査銷

毋任稍違悞切切

札滬局 除詳請

撫憲覈咨

江蘇督撫憲轉飭經由各釐卡遵照並咨明

蘇省牙江蘇松滬捐釐總局轉飭並通行各屬遵辦外合行札知札到

該局卽便遵照一俟各屬剝船到滬將該船印旗驗明收回毋

稍違誤切切

同治四年十二月二十日咨

江蘇牙釐松滬釐捐總局札杭嘉湖三府仁和海等十五州縣滬局

浙江海運省局爲再行飭遵事據海運滬局總辦候補知府王

守等詳據外局紳董王慶模稟稱海運漕糧以愼選米色爲要

務各州縣剝米至滬遇有潮溼霉變之米奉派之船咸赴外局

爭吵抗不受兌以致遷延時日動多掣肘各屬起運之先無不

揀選精潔而丁胥船戶沿途攙水閒雜泥沙所封米樣非不精

純潔淨而剝船以千百計卽一船之中各艙米色亦㸃差不齊

豈能一律皆如樣米應請予各州縣米到後飭知外局督飭司

事斛手親赴剝船按艙扦驗米樣臨兌覈對務使一律圓潔樣

米相符則兌運不致稽遲倘有沿途攙水并雜泥沙立卽飭令

退換等情詳請通飭各州縣愼選丁胥嚴禁船戶使水等弊則

滬兌津交庶可迅速等情到局據此查各屬剝米運滬應行嚴

禁使水短少並禁丁役不准剋扣水腳業經本局嚴定章程詳

請

撫憲并通飭各屬遵辦在案據詳前情合再通飭爲此札仰該

府州縣立卽轉飭查照本局所議章程一律遵辦不得陽奉陰違虛

應故事倘米到上海查有從前積弊卽將管解丁役及剝運船

戶一併由滬局鎖押刑責並枷號河干示衆仍將使水之米退

換該縣亦干重咎該府責任督察并干未便切速火速

同治四年十二月二十一日札杭嘉湖三府並有漕各州縣

浙江巡撫部院馬　爲詳請覈咨事據海運省局司道詳稱竊照浙省海運漕白糧米各屬剝米到滬逐一盤驗裝兌商船向於正米內提出樣米一斗裝盛蔴袋粘貼印花交商船帶津呈驗本屆海運自應查照仍每船於正米內提出樣米一斗用蔴袋盛裝粘貼印花交商船攜帶天津由浙省赴津委員呈送驗米大臣查對米色俾昭覈實除經彙入章程詳

奏外相應詳請咨明

欽派倉場督憲直隸驗米大臣一體查照實爲公便等情到本部院據此除分咨外相應咨明爲此合咨

貴部堂大臣煩查照施行謹請察照施行

同治　年　月　日咨呈

倉場直隸督院

欽派驗米大臣

浙江巡撫部院馬　爲詳請覈咨事據海運省局司道詳稱案查浙省歷屆奉辦海運應給經紀耗米剝船食米均於原給丁耗項下開支本屆海運自應照案飭令各州縣將前項耗米剝赴上海隨正兌交商船搭運赴津一律給與本色除業經彙入章程詳

奏外相應詳請咨明

倉場直隸督憲轉飭坐糧廳天津道府查照辦理等情到本部院據此除咨

直隸倉場督院外相應咨明爲此合咨

貴部堂請煩查照轉飭坐糧廳天津道府查照辦理望切施行

同治　年　月　日咨

倉場直隸督院

浙江巡撫部院馬　爲詳請覈咨事據海運省局司道詳稱竊
照商船運米到津必須隨到隨剝庶免守候擁擠之虞所有官
民剝船自應先期備齊守候浙省初屆海運白糧全用民剝漕
糧官民剝船兼用咸豐九年江省海運案內直省續增官剝船
隻已奉
天津驗米大臣
奏准大加修整連額剝船共有一千九百五十餘隻白糧額數無
多固應專用官剝運送漕糧米石亦應一律先儘官剝毋庸再
僱民剝以符定例經
直隸督院轉飭天津縣將楊村原額續增官剝船隻悉數調驗
毋任短缺等因在案本屆海運自應遵照全用官剝惟江浙新

漕同時並運商船到津無不爭先卸載需用剝船較多所有官
剝船一千九百餘隻應即預爲備齊或有應行修艌之處更須
趕速修整方免臨時缺悞除經彙入章程詳
奏外相應詳請咨明
直隸督憲轉飭天津道府務須預爲趕速辦理實爲公便等情
到本部院據此相應咨明爲此合咨
貴部堂請煩查照希即轉飭天津道府將前項官剝船隻預爲
趕速備辦望切施行
同治　年　月　日咨
直隸督院

浙江巡撫部院馬　爲造冊詳請覈咨事據海運省局司道詳
稱竊照同治五年應行起運四年分杭嘉湖三府屬漕白正耗
並支剩餘耗白耗申糙及支給經剝商耗等欵數目業經詳請
察覈具
奏在案所有應行交倉漕白正耗支剩餘耗白耗申糙並分別支
給經紀耗米剝船食米商船耗米新增經耗項下剝船食米等
欵各州縣細數理合開造清冊三本計六分共一十八本詳請
分咨
戶部　直隸督憲　倉場督憲　莅津倉場督憲　并候
欽派驗米大臣一體咨送查照實爲公便等情到本部院據此除分

咨外相應咨送爲此合咨（咨呈）
貴部堂（大臣）請煩（謹請）查照（察照）施行
計咨送
冊三本
同治　年　月　日咨（呈）
欽派驗米大臣
戶部　直隸督院　倉場　莅津倉場

浙江海運省局

呈為造送事今將浙江省同治五年起運四年分杭嘉湖三府屬仁和等州縣漕糧正兌改兌改漕白糧粳糯交倉正耗米數及原給旗丁耗米項下支銷經耗津剝商耗食等米并新增經耗項下津剝食米各數分晰造具清冊呈送

查覈施行須至冊者

今　開

浙江省

同治五年起運四年分

實該起運漕改正耗米一十五萬六千三百三十二石二斗五升三合內

正兌糧米一十一萬六百六十二石六升一合五勺

二五交倉耗米二萬七千六百六十五石五斗一升五合三勺

改兌糧米八千五百三十五石六斗八升二合五勺

一七交倉耗米一千四百五十一石六升六合

改漕糧米六千四百一十四石三斗四升二合二勺

二五交倉耗米一千六百三石五斗八升五合五勺

以上各款共符前數係應交倉實米

原給丁耗項下支銷耗食等米一萬六千六百七十六石三斗五升二合二勺內

一升五合經紀耗米二千三百四十四石九斗八升三合七勺

一升一合五勺天津剝船食米一千七百九十七石八斗二升九勺

新增一升一合五勺經耗項下津剝食米二十六石九斗六升七合三勺

八升商船耗米一萬二千五百六石五斗八升三勺

以上各款共符前數係應支給實米

實該起運白糧正耗米一萬三千五百一十一石二斗八升四勺內

供用庫白粳米六千九百七十一石八斗一升五合二勺

五升交倉耗米三百四十八石五斗九升七勺

酒醋麵局白糯米九百六十一石三斗二升八勺

五升交倉耗米四十八石六升六合

光祿寺白粳米四千四十八石八斗三升八合五勺

三升交倉耗米一百二十一石四斗六升五合一勺

光祿寺白糯米九百八十一石七斗三升二合二勺

三升交倉耗米二十九石四斗五升一合九勺

以上各款共符前數係應交倉實米

原給丁耗項下支銷耗食等米一千七百五十二石五斗七合五勺內

一升八合經紀粳耗米二百六石八斗三升二合八

勺
糯耗米三十六石三斗七升二勺
一升一合五勺天津剝船粳食米一百三十二石一
斗四升三合一勺
糯食米二十三石三斗三升六合六勺
新增一升一合五勺經耗項下津剝粳食米二百三
斗七升八合六勺
糯食米四斗一升八合二勺
一斗商船粳耗米一千一百四十九石七升九勺
糯耗米二百二石五升七合一勺
以上各款共符前數係應支給實米

仁和縣
實該起運漕糧正耗米九千八百四十二石八升九合內
正兌糧米七千三百六十九石九升五合七勺
二五交倉耗米一千八百四十二石二斗七升三合
九勺
改兌糧米五百三十九石七升六合四勺
一七交倉耗米九十一石六斗四升三合
以上各款共符前數係應交倉實米
原給丁耗項下支銷耗食等米一千四十九石八斗八升
二勺內
一升五合經紀耗米一百四十七石六斗三升一合

三勺
一升一合五勺天津剝船食米一百一十三石一斗
八升四合
新增一升一合五勺經耗項下津剝食米一石六斗
九升七合八勺
八升商船耗米七百八十七石三斗六升七合一勺
以上各款共符前數係應支給實米
查杭屬除全行蠲豁外其錢塘海甯富陽餘杭
四州縣試徵漕糧各按起運米數分縣分
款仿照前式造列不全載

嘉興縣

實該起運漕改正耗米一萬八千八百四十一石四斗八
升八合三勺內
正兌糧米一萬三千八十五石四升二合五勺
二五交倉耗米三千二百七十一石二斗六升六勺
改兌糧米九百八十四石六斗九升四勺
一七交倉耗米一百六十七石三斗九升七合四勺
改漕糧米一千六十六石四斗七升七合九勺
二五交倉耗米二百六十六石六斗一升九合五勺
以上各款共符前數係應交倉實米
原給丁耗項下支銷耗食等米二千九石八斗六升八合
六勺內

一升五合經紀耗米二百八十二石六斗二升二合
三勺
一升一合五勺天津剝船食米二百一十六石六斗
七升七合一勺
新增一升一合五勺經耗項下津剝食米三石二斗
五升一勺
八升商船耗米一千五百七石三斗一升九合一勺
以上各款共符前數係應支給實米
實該起運白糧正耗米一千九百九十六石九斗五升一
合內
供用庫白粳米一千五十五石三斗八升二合一勺

五升交倉耗米五十二石七斗六升九合一勺
酒醋麪局白糯米一百三十二石八斗三升二合八
勺
五升交倉耗米六石六斗四升一合六勺
光祿寺白粳米五百八十石八斗八升七合九勺
三升交倉耗米一十七石四斗二升六合六勺
光祿寺白糯米一百四十六石六斗一升三合五勺
三升交倉耗米四石三斗九升八合四勺
以上各款共符前數係應交倉實米
原給丁耗項下支銷耗食等米二百五十九石一升八合
六勺內

一升八合經紀粳耗米三十石七斗一升六合四勺
糯耗米五石二斗二升八合七勺
一升一合五勺天津剝船粳食米一十九石六斗二
升四合三勺
糯食米三石三斗四升六勺
新增一升一合五勺經耗項下津剝粳食米三斗五
升三合三勺
糯食米六升一勺
一斗商船粳耗米一百七十石六斗四升六合六勺
糯耗米二十九石四升八合六勺
以上各款共符前數係應支給實米

查嘉屬秀水嘉善海鹽平湖石門桐鄉六縣均
各按試徵漕白起運米數分縣分款仿照
前式造列不全載

烏程縣

實該起運漕改正耗米一萬二千五百二十七石五斗二
升九合內
正兌糧米八千五百六十三石五斗六升五合七勺
二五交倉耗米二千一百四十石八斗九升一合四
勺
改兌糧米八百七十三石四斗九升六合五勺
一七交倉耗米一百四十八石四斗九升四合四勺

改漕糧米六百四十石八斗六升四合八勺
二五交倉耗米一百六十石二斗一升六合二勺
以上各欵共符前數係應交倉實米
原給丁耗項下支銷耗食等米一千三百三十六石三斗四升二合八勺內
一升五合經紀耗米一百八十七石九斗一升二合九勺
一升一合五勺天津剝船食米一百四十四石六升六合六勺
新增一升一合五勺經耗項下津剝食米二石一斗六升一合

八升商船耗米一千二石二斗二合三勺
以上各欵共符前數係應支給實米
實該起運白糧正耗米一千五百二十一石一斗九升內
供用庫白粳米七百六十五石九升三合四勺
五升交倉耗米三十八石二斗五升四合七勺
酒醋麵局白糯米九十六石八斗一升五合三勺
五升交倉耗米四石八斗四升八勺
光祿寺白粳米四百八十七石四斗四升
三升交倉耗米一十四石六斗二升三合二勺
光祿寺白糯米一百一十石七斗九升八合六勺
三升交倉耗米三石三斗二升四合

以上各欵共符前數係應交倉實米
原給丁耗項下支銷耗食等米一百九十七石三斗九合內
一升八合經紀粳耗米二十三石四斗九升七合四勺
糯耗米三石八斗八升四合
一升一合五勺天津剝船粳食米一十五石一升二合二勺
糯食米二石四斗八升一合五勺
新增一升一合五勺經耗項下津剝粳食米二斗七升二勺

糯食米四升四合七勺
一斗商船粳耗米一百三十石五斗四升一合一勺
糯耗米二十一石五斗七升七合九勺
以上各欵共符前數係應支給實米
查湖屬除全行蠲豁外其歸安德清兩縣各按試徵漕白起運米數分縣分欵仿照前式造列不全載

浙江海運省局

呈為造送事今將浙江省同治五年起運四年分杭嘉湖三府屬仁和等州縣搭運漕改白糧原給旗丁耗米項下支剩米石交倉及支銷經紀津剝商船耗食等米并新增經耗項下津剝食米各數分晰造具清冊呈送

查覈施行須至冊者

今　開

浙江省

同治五年起運四年分

共搭運漕改給丁耗項下支剩米二千八百四十八石三斗一升五合四勺

又白糧給丁耗項下支剩米三千五百三十三石五斗八升六合八勺

以上共支剩米六千三百八十一石九斗二合二勺

內

交倉米五千七百六十六石七斗四升八合八勺

以上漕米係應交倉實數

支銷耗食等米六百一十五石一斗五升三合四勺內

一升五合經紀耗米八十六石五斗一合二勺

一升一合五勺天津剝船食米六十六石三斗一升七合六勺

新增一升一合五勺經耗項下津剝食米九斗九升四合七勺

八升商船耗米四百六十一石三斗三升九合九勺

以上各欵共符前數係應支給實米

仁和縣

漕糧給丁耗項下支剩米一百七十九石四斗七升一合七勺內

交倉米一百六十二石一斗七升二合三勺

以上漕米係應交倉實數

支銷耗食等米一十七石二斗九升九合四勺內

一升五合經紀耗米二石四斗三升二合六勺

一升一合五勺天津剝船食米一石八斗六升五合

新增一升一合五勺經耗項下津剝食米二升八合

八升商船耗米一十二石九斗七升三合八勺

以上各欵共符前數係應支給實米

此外杭屬各州縣照前式分造列冊不全載

嘉興縣

漕改給丁耗項下支剩米三百三十九石三斗三升八合二勺

白糧給丁耗項下支剩米五百二十一石八斗一升八合

以上共支剩米八百六十一石一斗五升六合二勺

內

交倉米七百七十八石一斗四升九合二勺

以上漕米係應交倉實數
支銷耗食等米八十三石七合內
一升五合經紀耗米一十一石六斗七升二合二勺
一升一合五勺天津剝船食米八石九斗四升八合
七勺
新增一升一合五勺經耗項下津剝食米一斗三升
四合二勺
八升商船耗米六十二石二斗五升一合九勺
以上各欵共符前數係應支給實米
此外嘉屬各縣照前式分縣列冊不全載
烏程縣

漕改給丁耗項下支剩米二百四十五石二斗二升六合
白糧給丁耗項下支剩米三百九十八石七斗一升四合
六勺
以上共支剩米六百四十三石九斗四升六勺內
交倉米五百八十一石八斗七升九勺
以上漕米係應交倉實數
支銷耗食等米六十二石六升九合七勺內
一升五合經紀耗米八石七斗二升八合一勺
一升一合五勺天津剝船食米六百六斗九升一合
五勺
新增一升一合五勺經耗項下津剝食米一斗四勺

八升商船耗米四十六石五斗四升九合七勺
以上各欵共符前數係應支給實米
此外湖屬各縣照前式分縣列冊不全載

浙江海運省局

呈為造送事今將浙江省同治五年起運四年分嘉湖二府屬
嘉興等縣搭運白糧剩耗項下申糙米石交倉及支銷經耗津
剝商船耗食等米并新增經耗項下津剝食米各數分晰造具
清冊呈送

查覈施行須至冊者

今　開

浙江省

同治五年起運四年分

共搭運白糧剩耗項下申糙米一千六十石七升六合內

交倉米九百五十七石八斗九升四合九勺

以上漕米係應交倉實數

支銷耗食等米一百二石一斗八升一合一勺內

一升五合經紀耗米一十四石三斗六升八合四勺

一升一合五勺天津剝船食米一十一石一升五合
八勺

新增一升一合五勺經耗項下津剝食米一斗六升
五合三勺

八升商船耗米七十六石六斗三升一合六勺

以上各款共符前數係應支給實米

嘉興縣

白耗項下申糙米一百五十六石五斗四升五合四勺內

交倉米一百四十一石四斗五升六合

以上漕米係應交倉實數

支銷耗食等米一十五石八升九合四勺內

一升五合經紀耗米二石一斗二升一合八勺

一升一合五勺天津剝船食米一石六斗二升六合
七勺

新增一升一合五勺經耗項下津剝食米二升四合
四勺

八升商船耗米一十一石三斗一升六合五勺

以上各款共符前數係應支給實米

此外有白糧各縣均照前式分縣列冊不全載

浙江海運省局爲札發事照得本屆海運杭嘉湖三府屬各州
縣實應起運漕糧改漕白糧及剩耗米石實應交倉支給各欵
細數玆准
糧道衙門覈明開冊移送到局除通飭杭嘉湖三府暨仁錢海
等州縣遵照外合行抄冊札發爲此札仰該局卽便查照辦理
毋違切切

計發米數冊三本 照咨部分欵細冊飭發

同治四年十二月初六日札滬津二局

浙江海運省局爲札發事照得本屆海運該屬各州縣屬實應
起運漕糧改漕白糧及剩耗米石交倉支給各欵細數玆准
糧道衙門覈明開冊移送到局合行抄冊札發爲此札仰該府州縣
立卽轉飭所屬遵照迅將應運漕白米石趕緊妥速征收剩運
仍飭將白糧米石首先運滬以副頭批放洋並將剩運米數船
名隨時報查毋稍任遲延切切

計發冊一本 照咨部分欵細冊按屬抄發

同治四年十二月初六日札杭嘉湖三府仁海十五州縣

浙江巡撫部院馬　爲據情詳請事據署糧儲道王凱泰詳稱竊據嘉興府詳稱嘉善縣專派家丁前赴無錫溧陽等處購買白糯米石運回春辦請轉詳咨各關驗放等情並據嘉興石門二縣稟報專丁分赴江南常熟金壇溧陽等處買糯請賜詳咨各等情據此伏查浙省向不產糯各屬起運白糯米石向赴外江採辦誠恐沿途稽阻歷屆詳請咨關驗放惟現在尚未開關除咨牙釐局轉飭本省各局卡查照外詳請咨明

江蘇撫憲轉飭各釐卡凡遇浙省嘉湖各縣採買白糯米船過境卽速查驗放行勿稍稽阻實爲公便等情到本部院據此相應咨明爲此合咨

貴部院請煩查照轉飭遵照施行

同治四年十二月初七日咨

江蘇撫院

浙江巡撫部院馬　爲咨請事據海運省局司道詳稱竊照本屆新漕仍由海運所有杭嘉湖三屬漕白糧米剝運赴滬係由內河行走沿途應行撥護歷屆均經移行杭嘉湖三府協暨經過各縣並詳請飛咨

兩江督（江蘇撫）憲轉飭會同營汛一體防護在案本年漕糧已據各縣陸續具報開倉轉瞬卽須剝米赴滬交兌所有沿途經由縣汛自應加意逐程護送方昭愼重除移行杭嘉湖三府協并經過之仁和石門桐鄉嘉興秀水嘉善歸安烏程德清等縣會同營汛逐程護送外相應詳請飛咨

兩江督（江蘇撫）憲轉行蘇臬司通飭松江所屬經由各廳縣會同營汛一體防護並請飭行杭嘉湖三府協暨經過各縣一體遵照等情到本部院據此查本年應徵漕糧業據各屬開倉收納所有各屬運米赴滬自應沿途撥護以資周密而昭愼重據詳前情

咨

兩江督部堂
江蘇撫部院

除札浙省經過各府協遵照外相應飛咨爲此合咨

貴（爵）部（堂）院煩請查照轉飭遵辦施行

札

（杭嘉湖三府　協鎮　仁和石門桐鄉嘉興秀水　嘉善歸安烏程德清等縣）知悉云云除咨

江省督撫院轉飭遵照外合亟札飭札到該（府協縣）立卽（督飭各縣汛）遵照一俟各屬漕糧到境卽速會同（地方官　營汛）多派兵役逐程護送毋稍疎虞致干重咎仍將過境日期報查切切

同治四年十二月十三日（咨行）

浙江巡撫部院馬　爲詳請覈咨事據海運省局司道詳稱竊
照收兑漕糧本用漕斛向來河運抵通概以洪斛交納仍折漕
斛覈算浙省歷届海運係在上海兑交商船飭令各屬備帶漕
斛就近借用上海縣鐵斛由監兑委員較準印烙加貼印花交
商船帶赴天津仍將浙省糧道衙門
部頒鐵斛飭發交米委員解往天津呈請
驗米大臣與天津鐵斗倉場木斛互相較驗運竣仍將浙省
部頒鐵斛交海船帶回呈繳歷辦在案本届海運自應仍令各
屬備帶漕斛解送滬局循舊辦理並届期將浙省糧道衙門此
次奉
部頒發木斛飭令交米委員解往天津呈請

驗米大臣聽候飭調鐵斗木斛互相較驗以昭畫一除彙入章
程請
奏外相應詳請咨明
戶部暨
直隸倉場督院轉飭天津道府坐糧廳查照辦理並請俟奉
欽派驗米大臣一體咨明實爲公便等情到本部院據此除分咨外
相應咨呈明爲此咨呈合咨
貴大臣部堂請煩察查照轉飭天津道府坐糧廳查照辦理望切施行
同治　年　月　日咨呈
欽派驗米大臣
戶部
直隸倉場督院

浙江巡撫部院馬　爲詳請給咨事據署糧儲道王凱泰詳稱
竊查浙省有漕各州縣徵糧漕斛向由本道衙門照依
部頒鐵斛如式製造較準烙發行用溯查原頒鐵斛自乾隆九
年奉頒之後已歷百餘載銹裂不堪前經王前道詳請前撫院
晏　咨請
戶工二部換頒新鐵斛一張發浙行用迨咸豐十一年省垣被擾
鐵斛毀失又經前署薛道于上年詳請撫部院咨
部另頒嗣據委員朱廷梁領解回浙係木斛一張即經照式製
造轉發各州縣斛兑各在案查斛隻爲徵糧要件不容合勺參
差是以從前奉
部頒發均係生鐵鑄就上冬奉發木質祖斛不特易于裂縫且

自辦海運以來祖斛必須由陸帶津較對山路崎嶇車行震動
難保無鐵攀寬鬆板身欹裂自應請咨
大部另頒鐵斛方足以昭法守查現在候補從九品錢振衡尙
須赴
部呈解木斛工價理合詳請給發
戶工二部咨文以便即飭該員就近請領實爲公便等情到本部
院據此除咨
戶工部外相應給咨賫投爲此合咨
貴部請煩查照給領施行
同治五年五月二十六日咨
戶工部

浙江海運省局爲詳明事竊查浙省本屆海運津局交兌事宜業經遴委台州府知府吳守艾生等赴津設局總辦並分委各員襄理在案所有該守等赴津川資薪水自應照章覈給俾資應用又查滬局總辦委員候補知府王守維圻候補知縣虞令慶瀾亦應一併酌覈支數其餘分司各委員仍照章同通州縣月支薪水銀三十兩伙食六兩佐雜各員月支薪水銀十五兩伙食五兩至朱丞共昂會辦滬局吳守艾生赴滬委驗米色事務較繁費用較大應由本司道察覈情形酌數總給不在月支之列理合開摺備文詳送伏祈

憲臺俯賜察覈賓爲公便爲此備由呈乞

照詳施行

計呈　淸摺一扣

謹將津局委員酌給川資薪水銀數及滬局總辦委員薪水銀數開摺呈送

憲鑒

今開

津局

總辦台州府知府吳艾生　酌給川資薪水銀八百兩

會辦處州府同知常　紱　酌給川資薪水銀六百兩

會辦候補同知朱共昂　酌給川資薪水銀六百兩

委員補用通判馬秉鈞　酌給川資薪水銀四百兩

委員候補知縣李繼章　酌給川資薪水銀四百兩

委員候補布理問傅　漶　酌給川資薪水銀二百四十兩回南川資六十兩共三百兩

委員鮑郎場大使申　祜　酌給川資薪水銀二百四十兩回南川資六十兩共三百兩

委員候補主簿江泰祥　酌給川資薪水銀二百四十兩回南川資六十兩共三百兩

委員候補縣丞童叶庚　酌給川資薪水銀二百四十兩回南川資六十兩共三百兩

委員候補縣丞錢振衡　酌給川資薪水銀二百四十兩回南川資六十兩共三百兩

委員試用縣丞蘇　杰　酌給川資薪水銀二百四十兩回南川資六十兩共三百兩

委員試用從九品吳承恩　酌給川資薪水銀二百四十兩回南川資六十兩共三百兩

滬局

總辦候補知府王維圻　覈給薪水銀六百兩

總辦候補知縣虞慶瀾　覈給薪水銀六百兩

同治五年十二月十七日詳奉

撫憲馬　批本屆海運應給津滬兩局總辦會辦差遣各委員川資薪水銀兩均應查照去年新定章程發給仰即遵照辦理仍將給過銜名銀數開摺詳報毋稍浮濫切切此繳摺存

戶部

奏覆浙江巡撫馬　奏浙省同治六年起運五年冬漕籌議海運章程

一天津剝船寬為籌備一條據稱商船連檣運米到津必須多備剝船隨到隨剝庶免守候擁擠上屆米數較少剝船已屬支絀明年江浙新漕較多剝船更慮不給況津次為洋商擁擠若令商船守候碰磕在所不免非寬備剝船隨驗隨卸不足以示體䘏所有奉部酌派湖南湖北江西三省承造剝船是否齊全如再不敷應如何寬為籌備之處應請

飭下直隸督臣飭屬趕速寬備濟剝並將承造剝船一律趕緊排造其舊存官剝有應加修者趕緊修整如須添雇民剝務令雇備

堅固寬大船隻以資轉運等語查津通轉運剝船為第一要需現在津次船隻擁擠尤宜轉運迅速以免碰磕沉溺之虞本年兑收海運米石停驗待剝沉船迭出卽由於剝船損壞短少所致來年浙省新漕米數較多蘇省漕米自必一律加增若不先期多備剝船必致臨時掣肘前經臣部行令天津道將承造兩湖剝船三百隻卽行造齊其代造江西剝船三百三十四隻亦令趕緊籌辦在案應請

飭下直隸總督三口通商大臣責令天津道將排造船隻趕緊辦理並將留修剝船三百餘隻一律修齊鈌額船二百九十七隻一併補造足額此外官剝船隻仍令認眞油艌並先期覓雇寬大堅固民船備用漕米到津如剝船短少以致停驗待剝或船身損壞碰磕沉溺除將米石照例罰賠外卽將天津道從嚴叅處

一商船免稅之貨請以米石計觔並船旁跨帶竹木免其輸稅一條據稱商船承運漕糧所帶二成貨物按米石觔數計算浙省初行海運經該商等稟明定以一百二十觔為一石又該商船兩旁跨帶竹木防禦風濤為保護漕船起見向免輸稅上屆米船經過關口關吏以百觔為一石船旁護漕竹木亦飭納稅是以各船商紛紛求免伏思商船承運官糧非軍船可比不得不格外優䘏所有准帶二成貨物請卽以一百二十觔為一石船旁跨帶竹木旣係護漕之用且屬粗笨之貨似應一律免稅等語查海運商船二成帶貨向係按米石觔數計算浙省初行海運曾經酌定以一百二十觔為一石有案自應准其查照纍計

至商船兩旁跨帶竹木係因遠涉重洋為防禦風濤之用原與所帶各貨有別且係粗笨之物例定稅則無多亦應准其與二成貨物一律免交關稅應由三口通商大臣直隸總督山東江蘇浙江各巡撫轉飭沿海各關一體周知俟海運商船到口卽行查照辦理

一商船回空裝貨照免天津牛莊等處關稅一條據稱商船承運漕糧回空生計以北洋豆貨為大宗近因夾板洋船攙奪其利沙船日久疲乏上屆海運經通商大臣崇厚署兩江督臣李鴻章奏奉

諭旨准令此項卸運回空船隻裝貨南下時免交北稅漕船到津米石交清後卽由津局蘇浙糧道分別填給該船原裝米數某日

交清准在天津牛莊自運回貨全行免稅印照持赴天津牛莊各關呈驗放行交米未清之船概不給照其甯波等處船隻應請一律准予免稅等因遵奉在案復因商船驗卸後放空出口或往奉天之錦州蓋州或往山東之膠州石島煙台利津大山各口岸販貨本無一定又經通商大臣崇厚奏請將各船放空出口無論駛往奉天山東各口販貨准其一律免稅奉

旨該衙門知道欽遵亦在案所有本屆海運米船抵津交卸後自應遵照奏定章程按船給予免稅印照無論駛往奉天山東等各口岸販貨一律免予納稅其交米未清之船概不給照以杜拖欠等語查與歷屆奏准成案相符本屆承運浙糧無論何省海船均准照辦其有交米顆粒未清者均毋庸給予印照以示區

別而昭覈實

一米船抵津交卸應嚴禁經紀斛手剝船勒索浮費一條據稱商船運糧抵津經

欽派大臣查驗米色後由直隸局派定剝船起卸並督令經紀斛手迅速斛收原所以卹商人而速運務誠恐斛手及剝船戶等向商船勒索浮費故意留難應請嚴禁剝船人等毋許藉端浮索並令經紀斛手秉公斛收毋許需索刁掯等語查商船抵津經驗米大臣驗定米色後例應責令經紀斛手即時斛收由直局派定剝船趕緊起運不准稍有需索例禁極嚴特恐日久視爲具文仍不免有勒掯情弊應請

飭下直隸總督轉飭天津道嚴禁剝船人等毋許藉端浮索並令倉場侍郎轉飭坐糧廳監督先期揀派妥實經紀斛手帶往天津倘有需索刁掯情弊查係剝船船戶即由驗米大臣將天津道參辦查係經紀斛手即由驗米大臣將駐津坐糧廳參辦

同治五年十二月二十五日具

奏同日奉

旨依議欽此

餘條不全載

省局詳定同治六年起運五年冬漕外辦章程摘錄二條

計開

一上海交兌事宜統歸滬局辦理不必另設外局也查上海向有內外局之分內局委員經辦外局紳董經辦同一兌米事宜劈分兩處稽覈固多未便任聽司事人等上下其手先船後裝後船先裝致使商船嘖有煩言州縣藉口使費皆由於各分一處兩無查考今屆不分委員紳董統駐滬局一處不必另立外局名目庶期委紳耳目較周排船驗兌悉由總辦委員督同紳董親赴江干查驗派裝毋得專恃司事人等赴船裝兌所有商船到次編列次序挨次遞裝不得先後倒置並責成總辦委員嚴查積弊以昭覈實

一飭屬慎選米色不准多收秈米並嚴禁奸商包辦無弊也查浙省漕糧例定徵收粳米上年因秋雨過多又以新復之縣籽種不一米色未能一律純潔是以詳請

奏明秈粳並納原爲體恤小民起見乃各州縣藉有奉文之案濫行收納甚至任聽奸商包辦包交以秈易粳層層漁利侵蝕復以潮雜不堪之米攙和易換滬局兌收又不加慎以致津局交卸大費周章實屬不成事體本屆新漕自應明定章程嚴飭收漕各該州縣於開倉時親駐倉廒慎選乾潔純淨粳米如有一二小民籽種不齊間以秈米交納者不能不曲加體恤酌准觔收然總不得逾十分中之五釐以示限制應飭將所收秈米數目先行報明本局暨糧道衙門查覈知照滬局方准剝運交兌

倘不先稟報確數並於報數之外或有多運准令滬局剝回易換其剝運米石嚴禁奸商包辦包交并不准以低潮醜米攙雜倘滬局查有前項情弊即將玩愒各州縣嚴行叅辦並密拏奸商從重究治仍飭行滬局認眞驗兌勿得狥情包庇

浙江巡撫臣馬新貽跪

奏再查浙省嘉興湖州二府屬各縣應徵白糧米石例應照額徵收全數起運上年該二屬因辦試徵又遇蟲水爲災經臣

奏請按照漕糧成熟分數收運蒙

恩允准在案茲同治五年冬漕啟徵之際經臣飭將白糧照額辦運去後現據嘉湖二府稟稱被兵以後力籌招徠無如土著人少即外來佃種亦屬無多荒未全闢成熟之田土性堅瘠培壅不能深透既苦限於人力而水旱不常又復礙於天時現以新穀試礱米質柔嫩即使挑剔簸揚舂白亦難合式况提糙於漕無非就荒產之白糧全徵於成熟之糧戶白糧例耗又較漕耗加增草野無知轉生加賦之疑舂耗加多又有短漕之慮當此民

情困苦顆粒悉成寶貴與其增白糧而漕運愈少何如減白糧而漕數較多請將白糧米石按照漕糧成熟分數徵運等情又經臣督飭司道確切訪查委係實在情形茲據藩司楊昌濬督糧道英樸會詳請

奏前來臣查白糧稉糯爲

天庾正供例應照額起運上年因試辦酌徵蒙

恩准照成熟分數徵運本不能援以爲例惟嘉湖二府兵燹之後地曠人稀本年雖續有開墾之田數尚無多夏初受旱秋又被霜收成僅止中稔而荒蕪之產更非尋常水旱偏災可比察看情形白糧一項仍難照額起運合無仰懇

天恩逾格俯准將本年應徵白糧仍按漕糧成熟分數收運以紓民力謹附片具

奏伏乞

聖鑒訓示謹

奏

同治五年十一月二十二日由驛附片具

奏十二月初二日奉

旨著照所請戶部知道欽此

浙江巡撫部院馬　爲行知事同治六年二月十三日接准
兵部火票遞到
戶部咨開雲南司案呈准浙江巡撫馬　咨據布政使楊昌濬
糧儲道英樸會詳稱竊查杭嘉湖三府屬自肅清以後民佃流
亡轉徙招募隣佃開荒者居多地力連年失肥土曠人稀驟難
一律開種兼之本年夏秋先因亢旱缺水秋後又被霜侵其籽
種錯雜不齊以致含漿未足穀多細小空癟米色黑暗柔嫩更
有青腰白臍未能一律飽綻據該管知府並各州縣具禀前情
呈請紅白兼收秈粳並納前來查漕糧爲
天庾正供首以米色爲重豈容藉口天年濫行收納轉使交兌周章
惟新舊開墾荒田雖多方培壅而肥潤失常籽種又復不齊本

年夏秋先經受旱續被嚴霜秋登穀多空癟米多青腰白臍未
能圓綻委係限於天時均屬實在情形並無捏飾應請援照歷
屆遇災成案奏明紅白兼收秈粳並納又恐米難久儲並請咨
明戶部倉場先行搭放等情據此除分別奏咨外相應咨明等
因前來查該省新漕紅白兼收秈粳並納前於上年十二月間
據該撫隨摺聲明業經通行知照茲復據咨稱前因查米色雖
可通融米質必須乾潔何得以米難久儲預爲地步相應由五
百里飛咨浙撫嚴飭糧道認眞監兌毋稍含混致干參辦可也
等因到本部院准此合就轉行爲此仰道官吏查照准咨事理
卽便遵照辦理毋違須至案者
同治六年二月十六日行浙江糧道

浙江海運全案重編目錄

新編卷三

商船事宜

稅

省局飭查金晉發等船是否堪用

省局呈報封僱甯船內有閩釣等船不堪承載釋放

浙撫咨明浙漕海船至關毋許需索驗照放行

浙撫咨明商船各帶軍器入口呈繳出口給領

浙撫咨明商船進口應用縴夫自行給價並減派哨船引路

浙撫咨請商船卸米挖泥壓儎諭禁土棍勒掯

浙撫咨請蘇省先撥堅大沙船裝載浙漕白糧

浙撫咨明甯船二成載貨自甯至滬准其裝載免稅

撫院行知甯船二成免稅照江海關辦理不免回空稅課

通商大臣兩江總督奏蘇浙海運回空沙船請免天津牛莊
北稅

總理衙門奏覆海運回空沙船請免天津牛莊關稅

三口通商大臣片奏海運回空甯沙各船無論駛往何處一
律免稅

省局咨請覈辦承運甯船捐並輪船護費請免抽捐

省局飭知甯商應繳船捐並輪船護費准暫免捐

省局咨請覈辦承運甯船請免小貨捐錢

省局飭知承運甯船裝帶小貨准暫免捐

浙撫咨明浙漕商船由滬局加給護照查驗

商船護照式

浙撫奏承運商船賠累困苦請酌加水腳銀

江省督撫會奏海運商船暫加水腳籌款動給

戶部咨覆江蘇商船酌加水腳動給漕項

省局詳甯船回空南來請免二成客貨及小貨釐金

牙釐局移知詳覆回空甯船正小各貨一律減免二成釐捐

省局移行回空甯船減免二成捐釐以北貨免稅單爲憑

省局會詳商船回空貨釐各照蘇浙進口章程分別全繳減
捐

三口通商大臣咨天津水次中外商船雜處酌定米船妥順
行泊章程

浙撫咨通商大臣轉送浙漕裝運商船米數船名咨部清冊

省局詳商船應繳正小貨釐照章抽捐毋庸減免二成

浙江海運省局爲札移請飭查開報事本年十月初七日准
糧道衙門移開奉
撫憲馬　札開照得杭嘉湖三屬漕額遵
旨覈減起運均經先後具
奏在案轉瞬即屆冬漕一切章程必須預爲釐定以免臨時倉猝
查前辦海運向雇甯波之蛋船三不像等船承載初冬即須雇
定札道立即移行道府確查現存三不像船約有若干隻可裝
米若干石開具船戶花名清冊并查明前辦之商僱船埠人等
有無尚存星馳稟候察覈以便飭令訂雇毋得票令書差封雇
致有勒索縱放情事有誤漕運關係甚大毋稍遲延等因奉此
除移行甯波道府縣將在甯船隻預爲訂雇外移局一體飭催

等因到局准此查辦理海運以封船爲第一要務浙省歷屆海
運係先儘本省之蛋船及三不像船承裝現值冬漕在即亟應
寬爲雇備俾資裝運惟浙省自匪擾之後所存三不像蛋船究
有若干隻每隻可裝米若干石必須趕緊確查即日開報合亟
飛移飭爲此合移札仰該貴道廳請煩查照希即轉飭立即轉飭甯波府督飭鄞鎮二縣將在甯船隻
趕緊確切查明數目勒限五日內開摺送局一面督飭稅行刻
速立攬封雇事關海運幸勿稍稽望速施行毋得稍事刻延致干未便火速飛速
同治四年十月初十日移
甯巡道札甯波府鄞鎮二縣

浙江巡撫部院馬　爲詳請咨行事據海運省局司道詳稱竊
奉憲飭浙省本年杭嘉湖三屬漕白糧米已奉
諭旨於明春仍行由海運津應需甯沙各船飭即趕緊封僱承裝等
因伏查辦理海運以封船爲第一要務設有短缺關係匪輕浙
省歷辦海運係以本省甯波之蛋船三不像船并蘇省之沙船
天津之衛船及東省之登油等船派裝兌運其白糧一項有關
天庾玉粒一經春辦米質柔嫩向因甯船底淺均係松木成造深恐
裝載白糧米身受傷故浙省之白糧尤專用蘇省之堅固寬大
沙船承裝歷由蘇省及早封僱移交浙局俾白糧到滬剋期受
兌首先放洋此外甯船不敷裝運亦由蘇省協僱沙船並東衛
各船應用久經

奏咨照辦在案本屆蘇浙二省同辦海運所需裝糧船隻必多亟
應及早封僱除蛋船三不像船業經由局移行甯波道府督飭
鄞鎮二縣將在甬船隻查開確數飛報並飭稅行查照向章立
攬封僱外所有蘇省沙船應請咨請
江蘇撫憲轉飭上海道縣照歷屆章程迅速查封移交浙局庶
免臨時掣肘相應詳請飛咨
江蘇撫憲轉飭上海道縣檢選堅固寬大沙船一百餘號并衛
東等船趕緊一併協同封僱一面咨請
直隸督憲
山東撫憲嚴飭天津府縣暨登萊青三府縣將衛船及登油等
船趕緊催令赴滬承裝海運漕糧實爲公便等情到本部院據

此除分咨外相應咨請爲此合咨
貴部院堂院請煩查照希卽轉飭上海道縣迅速照數檢選堅固寬
大沙船並衛東等船趕緊一併封僱押送浙滬局承裝漕糧望切望速施行
院嚴飭天津府縣及登萊青三府縣速將
衛船及登油等船趕緊催令赴滬承裝漕糧望切望速施行
同治四年十月十五日咨
江蘇撫
直隸督撫院
山東撫

浙江海運省局爲呈報事竊照浙漕奉文仍行由海運津所需
甯波商船除業經催令甯波道府將在甯各船確查開報外查
歷辦海運先儘甯波之蛋船三不像等船裝兌糧米並派由紳
董趕先招僱押令赴滬受兌在案今屆新漕起運在卽自應仍
派紳董幫同趕爲封僱儘數押令赴滬俾免貽誤查有鄞縣職
員候選同知盧以瑛慈谿縣職員前任福建建甯縣張廣埏歷
屆派令經辦頗爲熟悉應卽仍派該紳等趕速封僱除照案給
諭外理合備文呈報仰祈
憲臺察覈爲此備由呈乞
照驗施行
同治四年十月十六日呈
撫憲

浙江海運省局爲呈報事竊照本屆海運需用甯船曁經移行
甯波道府督飭鄞鎮二縣趕速招僱立攬駛滬受兌並諭派鄞
縣職員候選同知盧以瑛慈谿縣職員前任福建建甯縣張廣
埏幫同封僱並令前赴上海經理受兌事宜在案現在各屬已
報開倉不日即須剝米赴滬前項甯船亟須備齊且上海照料
甯船兌務亦屬緊要應行添派紳董幫同襄理茲查有紳董舉
人章鋆堪以諭令前往除諭飭該紳董遵照外理合備文呈報
伏祈
憲臺俯賜察覈爲此備由呈乞
照驗施行
同治四年十二月初一日呈
撫憲

浙江海運省局爲札飭事照得浙省本屆起運漕白糧米現奉
諭旨仍行由海運津除滬局兌米各務業委候補知府王守會同該
員總辦外惟辦理海運以封船爲第一要務所有甯波之蛋船
三不像等船自經匪擾究存若于每隻可裝米若于前經移行
道府縣暨飭北號紳董張廣埏盧以瑛確切查報至今尚未覆
局新漕迫屆急須委員趕速會同查明封僱庶免臨期遲誤合
行札飭札到該丞立即遵照趕先前赴甯郡會同府縣紳董迅
將甯船查明實存確數務須寬爲封辦飛報察奪一面火速督
令稅行立攬送查一俟甯船辦有端倪即行赴滬設局總理裝
兌事務毋稍違延火速飛速
同治四年十月二十三日札滬局總辦委員補用同知朱丞其
昂

浙江海運省局爲移請飭催事本年十月十六日奉
撫憲馬　札開照得浙省杭嘉湖三府屬漕糧由海運津向雇
甯波之蜑船三不像船及江省之沙船山東之衛船裝載承運
歷經照辦在案現在時屆冬令亟須籌辦新漕惟海運漕糧以
雇船爲先務本屆起運米數較昔年爲少所有甯波之蜑船三
不像船每船約可載米若干現存若干隻今屆漕糧是否足數
裝運自應迅速查明趕緊先期招雇以免停米待船臨時貽誤
前經札飭甯波道府確查稟復去後迄今未據覆到除再飛催
該道府迅速查明現存前項各商船共有若干隻每隻約計裝
米若干石的限文到三日內先行開具船戶花名籍貫清冊呈
馳稟候察奪一面派委妥員逐一封雇取具各船承攬及互保

各結即日詳送覈辦外札局即便一體移飭遵照毋延等因奉
此查本屆杭嘉湖三府屬起運漕白糧米現在上緊查辦即日
開倉所需承運商船亟應趕緊封雇立攬務於年內一律押令
駛滬俟兌庶免停米待船前經移請飭查甯船確數在案茲奉
前因除札飭遵照外相應備文飛催爲此合移
貴道請煩查照希即督飭甯波府鄞鎮二縣並諭北號紳董迅
查在甯各商船共有若干務即一律全行封雇吊照立攬先將
船戶花名裝米數目清冊同承攬互保各結於文到三日內由
甯府轉送到局立等覈辦勿任再延望速施行
同治四年十二月十七日移
甯紹道

甯波府鄞縣知縣姚光宇敬稟者竊奉
憲臺札奉
撫憲札開前辦海運向雇甯波之蛋船三不像等船承載今昔
情形不同應即確查現存船隻約有若干每隻可裝米若干石
開具船戶花名清冊并查前辦商伢船埠人等有無尚存稟候
察覈以便飭令訂雇等因轉飭下縣奉此遵查辦理海運以封
雇船隻爲第一要務轉瞬即屆冬漕自應趕緊查明訂雇庶免
臨時貽誤卑職當經督飭各稅伢確查去後茲據稅伢葉順利
鮑宇春王裕順李元祚湯咸順稟稱伊等均係前辦伢戶向來
海運於十一二月內北船進口先由鎮海縣吊照送府諭飭伢
行向各號立攬訂雇取同伢保甘結呈由本府轉報

各憲一面給發護照駛往上海驗收聽候派運糧米歷辦如是
茲查甯港給照蛋船三不像等船共計一百九十餘隻現在停
泊船四十二隻內有二十七隻因年久霉爛難以裝運其實在
可用者僅止十五隻前昔運過漕糧每隻約載散裝漕米一千
五六百石袋裝白糧祇可八成此外各船俱放北未歸進口遲
早莫定大約年內回南者不過百號其中仍不無稍待修整之
船俟到時續行開報等情卑職復加訪查委係實情第恐將來
不敷雇用已傳諭關書遇有回南進口船隻毋許再行駛放出
關俾資多雇并移會鎮海縣隨時吊照呈送並着該稅伢等陸
續據實開報卑職仍不時稽查以杜隱避不敢票差書役封雇
致有勒索縱放情弊緣奉前因合將查明現存船隻實數花名

先行開冊稟送察覈除稟

撫憲暨

權藩道 本道 憲外謹稟

計呈 清冊一本

同治四年十月二十七日稟

省局

代理甯波府鎮海縣知縣顧德恆敬稟者竊奉本府札奉

撫憲札以轉瞬即屆冬漕一切章程必須預爲釐定以免臨時倉猝飭即確查現存蜑船三不像等船約有若干隻每隻可裝米若干石開具船戶花名清冊并查明前辦之商伢船埠人等有無倘存轉飭遝稟查覈聽候飭雇毋得票封致有勒索縱放情事等因又奉

憲臺 權道憲 札飭前因並令督飭稅行循照向章預爲訂雇並諭令關書查看情形如果進口蜑船等項不多恐將來不敷僱用遇有載豆回南船隻毋許再行驗放出關以免缺誤等因各下縣奉此遵查此項蜑像各船從前鄞鎮二邑原有三百餘號歷屆辦運亦雇三百號之則迨自內地連遭兵燹外洋盜匪充斥往來駕駛維艱貿易類多虧折商情竭蹶業歇船停無力修葺日久霉朽或變賣作料拆改小船居多地方肅清以後執領鄞鎮二邑牌照者約共一百九十餘隻其中執領卑邑牌照者計有五十六隻現在泊存鄞港船四十二隻內有船身霉爛者二十七隻船身堅固者只十五隻茲又先後進口經由卑縣收照船十九隻每船約可裝米一千五六百石餘未到口一俟船隻進口即當隨時收照送雇如果以後情形不多其載豆回南之船亦當一體遵辦所有現泊鄞港各船應由鄞縣辦理除移會查辦並將卑縣收照十九船另文申送本府飭令鄞伢立攬訂雇外合將遵查現存蜑像船數緣由並開具收照送雇十九船花名清摺肅泐馳稟仰祈

察覈誠爲公便再卑邑現在尚存前辦伢人沈德茂胡益茂二
戶合併聲明敬請
勳安伏乞
垂鑒除稟
撫憲暨巡糧道憲外卑職德恆謹稟
計呈　清摺一扣
同治四年十一月初一日稟
省局

浙江巡撫部院馬　爲詳請覈咨事據海運省局司道詳稱本
年十月二十一日奉憲臺批鄞縣稟遵札查明蛋船三不像船
開冊呈送一案由奉批查漕糧海運船隻最關緊要據稟甯港
現在停泊可用之船僅止十五隻不敷甚鉅仰海運省局立速
移行甯波道府督飭鄞鎮二縣迅將現存可用各船先行封雇
照章取具承攬及伢行互保各結詳送備查毋任書差賄縱一
面由局詳候咨請各省轉飭沿海地方文武查明如有甯船在
途即令上緊南下俾便招雇均毋違延切切此繳冊存等因奉
此伏查本屆海運需用甯船迭經飛飭甯波府縣趕速廣爲招
雇去後旋據鄞縣姚令稟報甯港僅存可用船十五隻其餘放
北未歸並據鎮海縣顧令稟報續進口船十九隻各開摺呈送

到局除經批飭甯波府督飭該二縣將所報各船即日立攬封
雇押令年內駛滬候兑並飭將續到船隻隨時封雇報查外惟
新漕米數雖屬無多然在甯各船兩共僅止三十四隻不敷甚
鉅時已仲冬爲期甚迫所有甯波之蛋船三不像等船尚未全
數南歸自必沿途逗遛必須趕速催令歸甯俾便雇載而免缺
誤奉批前因除再移行甯波道府鄞鎮二縣一體多爲招雇外
相應詳請咨請
直隸督 山東 江蘇 兩江督 撫憲飛飭沿海各營縣如有甯船停泊在口即速催令趕
遣回南勿任稍事逗遛實爲公便等情到本部院據此相應由
五百里排遞飛咨爲此合咨

貴部堂院請煩查照希卽飛飭沿海各營縣查明如有甯船停泊在口卽速催令趕趲回南勿任稍事逗遛足紉舟誼望速施行

同治四年十一月十四日咨

直隸督 兩江督 院
山東 江蘇 撫院

浙江巡撫部院馬 爲詳請飛咨事據海運省局司道具詳竊於本年十一月初八日奉憲札開本年十月二十六日准

暫護江蘇撫院劉 咨開浙省海運歷屆先儘甯波之蛋船三不像船裝載次由蘇省撥送封雇東衛船隻裝運倘再不敷再撥雇定江省之沙船承運在案惟查沙船大小不一每隻裝米五六百石至二千數百石不等近年生意虧折不能轉運停泊浦江日久船身朽壞行駛維艱各商疲乏無力重修十之七八業經飛咨

直隸督 山東 奉天府尹 院 轉飭沿海各州縣招雇催令各船來南裝運在案除蘇省本應需沙衛東船招雇裝運糧米外約有船若干隻可運浙漕此時難以懸定自當臨時酌量分撥裝運咨明查照等因到本部院准此查前據該局詳請飛咨各省封雇沙衛登油子等船業經分咨在案惟歷屆海運浙省漕糧因甯船不敷裝兌向由蘇省先雇沙船移浙應用其白糧一項尤須專用沙船應再咨請蘇省委員督同各號商趕緊招雇一面將先封各船酌量分撥浙局以免浙省停米待船此外倘有東衛各船亦應咨催

直隸督 山東撫 院 轉飭沿海州縣押令提前南下承運漕糧准咨前因札局立卽遵照詳候分咨一面由局飭催甯波道府將在甬各船一體封雇駛赴上海排泊候兌並行滬局委員遵照均毋延誤切速計抄咨等因奉此伏查浙省初屆海運業經

兩江督 江蘇撫 憲 陸 楊 奏准派雇沙船責成滬局委員倘有米無船卽

將蘇省經理委員查明叅處若有船無米或無水脚卽將浙省
辦漕各縣揭叅懲辦等因歷屆遵辦在案又歷屆海運白糧一
項因米質柔嫩甯船係松木造成易於蒸變向由蘇省專撥寬
大沙船首先承裝趕頭批放洋此外漕糧甯船不敷兌運亦責
成蘇省委員會同浙員封雇沙衛各船移浙裝用歷經
奏咨照辦亦在案本年海運需用商船業經叠次移行甯波道府
趕速招雇並先後詳請飛咨
兩江
直隸督憲
江蘇
山東撫憲飭催沿途逗遛船隻並請雇備沙衛東各船協濟在
案查本省之蜑船三不像船爲數向屬無多兼之連年停泊朽
壞不少必藉沙衛各船協濟方不致有誤兌運且白糧一項必

須專用沙船裝載現在各屬將次開倉轉瞬卽須剝運赴滬是
前項沙衛等船待用孔迫奉札前因除再移行甯波道府並飭
滬局遵照外合再備文詳請祈賜察核飛咨
兩江督
江蘇撫憲轉飭上海道海防廳並蘇局委員查照歷屆成案多
備堅大沙船並東衛各船移浙應用並請再咨
直隸督
山東撫憲飛催東衛各船趕速來南裝運實爲公便等情到本
部院據此除分咨外相應飛咨爲此合咨
貴部堂
部院請煩查照希卽轉飭上海道海防廳並蘇局委員查照
歷屆成案多備堅大沙船並東衛各船移浙應用足紉
舟誼望速施行
咨
兩江督
江蘇撫院

同治四年十一月二十二日咨

浙江巡撫部院馬　爲再行詳請覈咨事據海運省局司道詳稱竊據滬局詳送籌議條欵內開浙省自創行海運以來因甯船三不像等船爲數無多除江省移撥沙船先儘白糧裝載並裝漕糧外尚有不敷兼雇衛船協濟歷次辦理有案本年米數較前雖少而甯沙船隻大半失修似宜寬爲預備應請詳咨凡有進口衛船一律封雇移送浙局協運等情前來查浙省歷辦海運應需商船係以本省甯波之蜑船及三不像等船并蘇省沙船天津衛船山東登油等船派裝兌運業經循案詳請分別咨行封雇在案今據滬局呈詳以甯沙等船大半失修恐有不敷自應寬爲預備應再詳請分咨庶免臨期缺悞相應具文詳請仰祈察覈飛咨

江蘇撫憲轉飭上海道廳縣凡有衛東等船進口一律封雇並將應撥沙船趕緊照章一併移交浙局裝兌並咨請
直隸督
山東撫憲嚴飭天津府縣暨登萊青三府縣迅將衛東各船趕緊催令南下承裝浙省漕糧等情到本部院據此除分咨外相應飛咨爲此合咨

貴部院堂院請煩查照希卽轉飭上海道廳縣凡有衛東等船進口一律封雇並將應撥沙船趕緊照章一併移交浙局裝兌　嚴飭天津府縣登萊青三府縣迅將衛東各船趕緊催令南下承裝浙省漕糧望切施行　望速施行

同治四年十二月二十八日咨

江蘇撫
直隸督
山東撫　院

委辦海運滬局補用道銜甯波府知府邊葆誠　同知朱其昂　敬稟者竊卑職其昂接奉

憲札以浙省本屆起運漕白糧米仍行由海運津惟辦理海運以封船爲第一要務所有甯波之蜑船三不像等船自經匪擾究存若干每隻可裝米若干飭卽趕赴甯郡會同府縣紳董迅將甯船查明實存確數寬爲封辦督令稅行立攬送查一俟辦有端倪卽行赴滬設局總理裝兌事務毋稍違延等因遵卽由省起程於十一月初二日抵甯卑府葆誠前奉

憲飭均經轉行鄞鎮二縣暨北號紳董督同稅行查封在案茲又會同飭據鄞縣稟報給照蜑船三不像等船現在停泊甯港四十二隻其實在可用者僅止十五隻又據鎮海縣先後將裝貨進口船隻吊繳牌照四十八紙大小牽算每隻可裝米一千

五六百石造具花名清冊連同牌照備文申送並據鄞縣稟稱共計進口及停港船六十三隻內有應修之船需費甚鉅各商因情形拮据力難墊辦請借水腳銀三萬兩迅速給發以資趕修等情前來卑職等覆加訪查委係實情復詢據紳董稅牙人等僉稱續後進口船隻連現在已到者年前約有一百二十號之數察看情形似不致貽誤除由卑府葆誠另行詳請

憲臺籌欵借給一面將已到船隻照章委員查驗飭伢立攬訂僱取同伢保甘結呈送覈辦並嚴催鄞縣將停港各船趕緊吊照送查并行催鎮海縣俟各船陸續進口一律吊照報候查驗封僱取具承攬派員押赴滬局聽候裝兌外合將查明先後進口及停泊甯港船隻數目先行開摺稟報仰祈察覈再卑職其

昂會辦甯船已有端倪定於十二日即行赴滬設局總理裝兌
事務並封備沙船以資裝運合併聲明肅泐謹稟
同治四年十二月初一日稟
省局

甯波府為詳送事案奉
憲行本年冬漕仍由海運飭將甯波蛋船三不像等船照章封
雇駛滬受兌等因奉經轉飭鄞鎮二縣吊照封僱去後茲據委
員鄞縣姚令第一次申送金駿興等北船承攬保結五十四紙
前來除按船給發護照催令迅速開行赴滬受兌外合將送到
承攬開摺具文詳送仰祈
憲臺察覈除申報
撫憲暨 糧藩巡 憲外為此備由呈乞
照詳施行須至書冊者
今詳送　承攬五十四紙　清摺一扣
同治四年十二月二十三日詳
省局

浙江海運省局爲詳明事竊據鄞縣姚令詳稱奉飭前辦海運向僱甯波蜑船三不像等船承載轉瞬即屆冬漕應先確查現存船隻若干開送清冊以便飭令訂僱等因奉經查明實存船數開冊通稟一面邀集紳董行號會商諭令立攬封僱去後玆據北商義記永和等四十三號公稟向來蜑船三不像等船裝運漕糧應先於十一二月內分別修整添備槓具方能赴滬受兌此項費用歷屆由商等墊發兵燹之後衆商自顧不暇情形甚爲拮据且又時屆歲暮無處挪借誠恐貽誤要公現在會同紳董張廣埏盧以瑛等再四商酌惟有先懇在海運水腳項下借領銀三萬兩以便各船回南陸續分給早爲布置修理俟赴滬受兌即在應給欵內由滬局照數扣除俾全運務仍由該紳

董商號等出具領狀保結送查轉詳等情卑職伏查海運船隻理應一律完固節經察議委係修費繁重商力維艱勢難墊發較往歲情形不同可否先行籌借銀三萬兩俾資趕修仍俟受兌時按數扣還詳祈察覈示遵等情到局據此伏查本屆海運需用甯船業經催據鄞鎭二縣先後稟報存港進口船共四十號均已批飭甯波府趕速先行立攬仍飭廣爲招僱務於年內一律駛滬兌運在案今據鄞縣具詳以兵燹之後商情拮据請先借銀爲修整船隻槓具之用在於應領水腳欵內扣還查覈所稟尙屬實情應如所請辦理惟爲數太多擬請先行借給庫平銀二萬兩俾資修備應請即在甯郡關稅項下就近動撥借給仍飭取具該號商領狀紳董保結送候備查一面由本局照數移解藩庫還欵以免解往之煩除移請甯巡道就近動撥並咨藩司衙門查照外相應備文詳明伏祈

憲臺俯賜察覈爲此備由呈乞

照詳施行

同治四年十一月三十日奉

撫憲馬　批如詳借給銀二萬兩仰即移知甯巡道在於關稅項下就近動撥一面由局籌足移解藩庫歸欵仍飭滬局屆時扣還毋延此繳

浙江海運省局為札諭飭事照得商船截運漕糧應給水腳銀兩
前據鄞該縣具詳以商情拮据請先借領銀兩為修船之用俟受
兌時由滬扣還等情當經准予借給庫平銀二萬兩移請
甯巡道就近在於關稅項下動撥給發該號商領回並飭將應
修各船趕緊修葺備齊槓具務於年內一律駛滬候兌在案惟
查前屆蘇省海運沙船亦有先借水腳之案迨至兌足糧米急
須開行而先借銀兩業為扣除船主欠欵耆舵等水腳轉致無
着停船守候累月經旬貽誤耽延不成事體現在甯商借給水
腳銀兩係屬體卹商情起見不准擅扣款項將來船到上海受
兌責成該號商紳董將應付耆舵水手沿途水腳悉數給足不
准稍有短少如因扣欵致令停船守候惟該號商並紳董是問

札甯波府鄞鎮二縣合行札飭為此札仰該府縣立即轉飭鄞鎮二縣督同紳董各號商
諭紳董同紳董各號商合行諭飭為此諭仰該紳董立即傳諭各號商
一體遵照如滬局查有甯船兌足之後停船守
候水腳有誤放洋風汛定惟該號商是問該紳董亦難辭咎仍
飭將修葺完竣開放赴滬船名報候查考毋稍任違誤切切
札滬局　除諭甯船紳董並飭甯波府縣轉飭遵照外合行札飭
札到該局即便遵照如甯船於兌足之後查有前項情事立即
責成甯紳及號商如數給足不准稍有短少致誤放洋並於甯
船抵滬時先將各船確切查明督同甯紳分別支給勿使臨時
守候并一體先期切致甯船紳董盧選丞張前令遵照毋違切
切

同治四年十二月初六日札甯波府鄞鎮二縣滬局諭甯紳

浙江海運省局為呈報事竊照承裝海運漕糧甯船案據鄞縣
詳請先行借領水腳銀三萬兩為修整船隻槓具之用俟赴滬
受兌於應領水腳欵內扣還等情當查所請尚屬實情惟為數
太多准予借銀二萬兩即在甯郡關稅項下就近借給由局解
還藩司衙門歸欵業經詳明
憲臺並咨請甯巡道就近動撥并咨藩司衙門查照在案茲於
海運經費項下動支庫紋銀二萬兩解還藩司衙門作收甯巡
道移解關稅相應備文呈報伏祈
憲臺俯賜察覈為此備由呈乞
照驗施行
同治四年十二月初一日呈
撫憲

浙江海運省局爲飭查事據鎮海縣申報奉催甯船陸續進口牌名謝捷慶等六十九船先後申送立攬在案茲又進口牌名金晉發新慶安二船據該書禀稱查驗金晉發一船係本地釣船式樣新慶安一船係閩船式樣船内俱是閩人撑駕等語卑職復驗無異第該二船是否堪以裝運應請本府驗奪除掛號着令進甯卸貨候驗並俟續有進口再行收照送催外申祈察覈等情據此查本局海運需用甯船業據鄞鎮二縣先後申報存港可用及陸續進口共船八十四號應由該府轉飭趕速立攬送覈毋任延誤所稱金晉發一船係釣船式樣又新慶安一船係閩船式樣俱是閩人撑駕究竟該船等是否歸入甯波船號常在甯郡貿易能否裝運漕糧合行飭查爲此札仰該府立

卽遵照轉飭鄞鎮二縣會同甯紳盧選丞以瑛張前令廣埏確切查明前項二船如係向歸甯幫誠正可靠堪以裝運漕糧一併立攬封僱仍飭取該號商承保無誤甘結送候存查倘係不堪裝運亦卽據實禀覆切切

同治四年十二月十四日札甯波府

浙江海運省局爲呈報事案查本屆海運需用甯船業據鄞鎮二縣先後申報存港可用及陸續進口共船一百零三隻均經報明在案茲據甯波府邊守詳稱查得原報進口之金允昇金允生金源祥金鼎春四船或係釣船式樣或係閩人撑駕均不歸入甯波船號亦非常在甯郡貿易船身甚小難達重洋請賜釋放等情前來伏查裝運漕糧必須寬大及切實可靠商船方可承儎釣船難涉重洋閩船向不裝載糧米並係船身甚小均屬不堪承運據查四船自應准其釋放除批示外理合備文呈報伏祈

憲臺俯賜察覈再鄞鎮二縣原報存港進口共船一百零三隻現除釋放船四隻外實計進口船九十九隻合並聲明爲此備

由呈乞

照驗施行

同治五年二月初四日呈

撫憲

浙江巡撫部院馬　為詳請覈咨事據海運省局司道詳稱竊照海運商船裝載漕米援案裝米八成准帶貨二成又蘇省前奉
部行若帶有洋藥每百觔徵稅銀三十兩以防包私漏稅等因自應遵照辦理惟各商船至各關口掛驗恐胥吏藉端需索不特遲悞行駛且令商船畏阻有悞新漕自應循案詳請咨明
直隸督憲轉飭各關口岸凡載浙糧商船經過毋許吏胥藉端強索分文仍於執照內註明一應關津渡口驗照放行經過各關毋許吏胥恃強勒索庶幾上重
正供下恤商情而於運務益昭迅速擬合詳請覈咨實為公便等情到本部院據此相應咨明為此合咨
貴部堂請煩查照轉飭各關口岸遵照辦理施行
同治　年　月　日咨
直隸督院

浙江巡撫部院馬　為詳請覈咨事據海運省局司道詳稱案查商船放洋浙省歷屆海運係照江省章程仿照閩廣商船赴津貿易之例准令商船各帶軍器仍於入口時呈繳出口時給領以備稽考而資防護在案本屆自應照案辦理除彙入章程請
奏並再飭委員隨時實力稽查毋任稍滋流弊外相應詳請咨請
直隸督憲轉飭天津道府暨大沽協查照辦理實為公便等情到本部院據此相應咨請為此合咨
貴部堂請煩查照轉飭天津道府暨大沽協查照辦理施行
同治　年　月　日咨
直隸督院

浙撫咨商船進口應用縴夫請給價並派哨船引路　同治四年案

浙江巡撫部院馬　爲詳請覈咨事據海運省局司道詳稱案
查海運漕米商船到津自大沽進口至東門外上園地方計程
一百八十里係屬逆流必須人夫縴挽方能前進浙省歷屆海
運係仿照江省成案縴夫工食折給沙船由該船戶自雇給價
毋須官爲發給應請照案咨明
直隸督憲轉飭查照至天津海口向有硬沙商船乘風疾駛每
致爲其阻擱浙省初屆海運係咨請直省轉飭代雇漁船引路
咸豐九年蘇省海運案內亦經咨請
直隸督憲轉飭大沽海口文武派撥哨船三隻每船派千把一
員兵二十名代爲引路同治二年蘇省又以起運無多咨請減
派各在案今屆浙漕海運自應仿照江省減派成案辦理相應
詳請咨明
直隸督憲轉飭大沽海口文武一俟沙船進口有期仍撥哨船
於攔江沙內外迎護導引俾商船進口免致疎虞實爲公便等
情到本部院據此相應咨明爲此合咨
貴部堂請煩查照希卽轉飭大沽海口文武一俟沙船進口有
期仍撥哨船于攔江沙內外迎護導引俾商船進口免致疎虞
望切施行
同治　年　月　日咨
直隸督院

浙撫咨請商船卸米挖泥壓儎諭禁土棍勒捐　同治四年案

浙江巡撫部院馬　爲循案詳請覈咨事據海運省局司道詳
稱案查海運商船抵津交米之後船身太輕難於出洋向于天
津官灘由委員會同天津縣勘定地方該船戶自行挖泥壓儎
以資駕駛惟船數衆多恐該地土棍藉端訛索歷屆均經詳請
咨明
直隸督
長蘆鹽憲飭行天津道府縣出示諭禁在案本屆海運自應循
舊辦理相應詳請咨明
直隸督憲飭行天津道府縣查照向章先行出示曉諭凡浙省
商船卸交漕糧之後准其擇曠挖泥壓儎如有藉端勒措由該
船戶稟知在津委員知會該地方官查拿究辦至應用鐵鍬土
筐等物仍由滬局給價令各商船自行置備合併聲明等情到
本部院據此相應咨明爲此合咨
貴部堂請煩查照飭行天津道府縣照章出示曉諭凡浙省商
船卸交漕糧之後准令擇曠挖泥壓儎如有藉端勒措之徒隨
時查拿究辦施行
同治　年　月　日咨
直隸督院

浙江巡撫部院馬　爲詳請覈咨事據海運省局司道詳稱竊
照杭嘉湖三府本年應行起運漕白糧米已奉
諭旨仍行由海運津遵經籌議分別辦理外惟查嘉湖二府屬起運
白糧米石向因一經春辦米質柔嫩易于蒸變每石裝盛蘇袋
飭屬趕先運滬由蘇省選擇堅固沙船分艙架擱趁頭批放洋
今屆白糧業奉
奏明除荒辦運爲數較少尚須沙船二十餘隻除飭屬趕先于第
一次運剝到滬候兌外相應詳請咨請
兩江督 江蘇撫 憲并行蘇松太道查照於年內趕雇堅大沙船二十餘
隻先行裝載浙省白糧俾免停米待船致米質傷變其餘漕糧
如甯船不敷裝載自應照案仍由蘇省協雇隨時濟用等情到

本部院據此除咨
江蘇撫 兩江督 部院外相應咨請爲此合咨
貴部堂 院 請煩查照希卽轉飭蘇松太道遵照辦理施行
同治四年十二月十六日咨
兩江督 江蘇撫 院

浙江巡撫部院馬　爲詳請覈咨事據海運省局司道詳稱竊
照海船承運漕糧自應循案准令八成裝米二成載貨凡遇海
關
恩免納稅現經籌議章程詳請覈
奏在案所有浙省甯波蜑船三不像等船已據鄞鎭二縣先後陸
續立攬承雇不日卽須押令駛滬候兌惟查該船自甯至滬應
帶二成南貨准其照例裝載一經行抵上海卽行攏泊受兌所
有例帶二成貨物自應免予輸稅如帶有洋藥應遵蘇省奏到
部行每百觔徵銀三十兩不在尋常貨物之例相應詳請咨明
兩江督 江蘇撫 憲并行蘇松太道查照辦理實爲公便等情到本部院
據此除咨

江蘇撫 兩江督 院外相應咨明爲此合咨
貴部堂 院 請煩查照轉行蘇松太道查照辦理施行
同治　年　月　日咨
兩江督 江蘇撫 院

浙江巡撫部院馬　爲行知事據護海關申報海運各船免稅
章程仿照江海關辦理等情到本部院據此合就行知爲此仰
該局卽便查照須牌
計粘抄申文
按察使銜護理浙江海關印務分巡甯紹台道史致諤爲報
明事竊查浙海關甯波口常稅向來全賴本港大船往關東
天津牛莊等處貿易出口稅貨并回船商稅爲大宗統年錢
糧出諸該船十居其四上年冬間各船奉准封僱裝載糧米
因浙省之糧俱在上海受載出口是以甯港各船封僱後卽
駕赴上海聽候裝糧惟查從前成案有准其帶貨二成免其
納稅之例若就甯港各船而論理應空船駕往上海如該船
可裝一千石者應以八成裝米二成裝貨方符定例無如本
港各船一經封僱卽在甯地紛紛裝貨任意滿載兼之細貨
居多不待查驗揚帆出口實則糧米升合未裝而稅貨已統
船俱免矣顯係藉運糧之名偷漏應征之稅與額課大有關
係本年春間據關書稟報前情卽經飛飭鄞縣并諭令北號
紳董傳知商號牙戶將已裝貨物各船開單報關查驗乃各
船仍復置若罔聞以致本年常稅短絀更甚似此情形若不
申明成案切實曉諭難挽積弊查關署向無辦理海運裝糧
專案當經咨詢江海關兹准移覆辦理海運封僱沙船運米
赴津查照成案准其八成裝米二成搭貨免其納稅以示體
卹每屆海運先由海運省局列入章程詳請

督撫憲
奏准遵行照辦滬關向章如沙船力勝一千石者以八百石裝
米二百石搭貨每年海運由海關刊刻海運米船二成免稅
執照俟該沙船受兑漕米將所裝二成貨物開報稅行轉報
大關查驗貨數相符准其免稅塡給免稅執照飭給該船執
赴天津呈驗一併免稅倘所帶貨物查驗如逾二成以外餘
貨仍照例科稅浙省漕糧同辦海運由貴關封僱甯船來滬
兑運浙漕該甯船等由甯裝貨進口報明係備帶二成貨物
本關亦免徵進口稅銀俟該船裝米出口報關查驗隨帶貨
物一體塡發免稅執照給執出口彙總造冊作抵額稅如所
帶貨物在滬銷售本關照例徵稅歷來如是辦理至沙船赴
北裝貨回南進口本關例徵稅課向無免稅之例上年辦理
海運奉
通商大臣李　奏准蘇浙海運回空商船在北裝貨請免天
津牛莊關稅係專免北省各關稅課現在各沙船陸續裝運
北貨回南進口本關仍照例徵收並未免稅等因查江浙兩
省運糧免稅事同一律今後甯港封僱運糧各船一切章程
應援照蘇省辦理除札飭甯波府鄞縣凡有封僱運糧船隻
隨時將船戶姓名開單報關並曉諭各商船并諭知北商司
事及各商號牙戶等務將運糧各船所帶二成貨物開報稅
行轉報大關聽候查驗由關給發免單方准駕往上海照驗
進口所帶貨物如逾二成仍應輸稅其免過稅貨担數名目

逐船登記彙總造具清册其免過若干稅銀俟關期年滿時
詳請咨
部覈銷作抵額稅似此辦理庶於額課郵商兩無窒礙合將
查辦運糧免稅章程仿照江海關辦理各緣由備文報明仰
祈
憲臺察覈實爲公便爲此備由呈乞
照驗施行
同治五年十月二十三日行海運省局

通商大臣署兩江總督臣李鴻章跪
奏爲蘇浙海運回空沙船裝貨請免天津牛莊關稅以廣招徠恭
摺仰祈
聖鑒事竊照蘇浙海運漕糧歷係上海沙船承僱裝載由滬運津向
無貽誤沙船生計以北洋豆貨爲大宗自爲外國夾板船攘奪
其利沙船日就疲乏無力出洋大半廢擱今屆漕數較增不敷
僱用
京儲根本攸關亟應綢繆未雨上年臣在蘇撫任內奏奉
諭旨准令此項沙船販運奉省雜糧本年復將上海助餉船捐全行
蠲免總理各國事務衙門亦議辦北洋豆稅經部議定應交稅
課其豆稅須華洋並收方可開辦是南捐甫減而北稅驟增誠

恐商力仍未能紓運務究無大補與籌救之初意不符在該船
承運
天庾正供往返海洋與自行販運者本有不同若查明運卸回空船
隻裝貨南下時准其免交北稅既於體卹之中仍示區別而華
商得以邀免子稅洋商亦無從藉口先准總理衙門公函籌商
並以糧船向有帶貨二成免稅成案今議回空全行免稅其南
省如何給照爲憑北省如何稽查影射應由臣與三口通商大
臣崇厚會商妥議奏辦等因當經彼此抄函知會由臣鴻章
飭據江海關道會同海運局員查議稟覆前來覆加酌覈緣運
漕海船自南省裝米到津必須津局收清方知其交卸是否無
悞若由南預給回空免稅執照不特易生影射且恐北地稽查

爲難擬請明年海運漕船到津米石交清即由津局蘇浙糧道
分別塡給該船原裝漕米若干石某日交清准在天津牛莊自
運回貨全行免稅印照持赴天津牛莊各關呈驗放行其交米
不清之船概不給照以杜拖欠此議係專爲體恤沙船維持海
運起見今届船不敷用必須兼僱甯波等處船隻該船雖與沙
船情形不同而運北回南並無殊致應請一律准予免稅其重
運帶貨二成免稅事宜仍照舊章辦理與現議回空裝貨全免
北稅各爲一事不相牽涉至於北省如何稽查之法臣崇厚查
天津戶關向不徵收豆貨雜糧均歸天津道所轄海關抽收亦
係徵收進口者居多其出口豆貨雜糧總以牛莊一關爲大宗
應如何嚴查影射等弊届時當轉飭山海關監督及天津道認

眞稽核毋令奸商假冒偷漏其該漕船所免前項稅款仍由天
津牛莊各關作正開除以重課額計明春兌運在邇必須先事
籌定合無仰懇
天恩俯准照辦俾免遲誤除分咨外所有蘇浙海運回空沙船請免
北口豆貨雜糧各稅緣由謹會同三口通商大臣臣崇厚恭摺
由驛具
奏伏乞
皇太后
皇上聖鑒訓示謹
奏
同治四年十二月初三日具

奏奉
旨該衙門速議具奏欽此

總理各國事務衙門等謹

奏爲遵

旨速議具奏事據通商大臣暫署兩江總督李鴻章奏蘇浙海運回空沙船裝貨請免天津牛莊豆貨雜糧各稅一摺同治四年十二月十一日軍機大臣奉

旨該衙門速議具奏欽此欽遵於本月十一日由軍機處交出到部據原奏內稱竊照蘇浙海運漕糧歷係上海沙船承僱裝載由滬運津向無貽誤沙船生計以北洋豆貨爲大宗自爲外國夾板船攘奪其利沙船日就疲乏無力出洋大半廢擱今屆漕數較增不敷僱用上年臣在蘇撫任內奏奉

諭旨准令此項沙船販運奉省雜糧本年復將上海助餉船捐全行蠲免總理各國事務衙門亦議辦北洋豆稅經部議定應交稅課其豆稅須華洋並收方可開辦是南捐甫減而北稅驟增誠恐商力仍未能紓在該船承運

天庾正供往返海洋與自行販運者本有不同若查明運卸回空船隻裝貨南下時准其免交北稅既於體恤之中仍示區別而華商得以邀免子稅洋商亦無從藉口先准總理衙門公函籌商並以糧船向有帶貨二成免稅成案今議回空全行免稅其南省如何給照爲憑北省如何稽查影射應由臣與三口通商大臣臣崇厚會商妥議奏辦等因當經彼此抄函知會由臣李鴻章飭據江海關道會同海運局員查議稟覆前來覆加酌覈緣運漕海船自南省裝米到津必須津局收清方知其交卸是否無悞若由南預給回空免稅執照不特易生影射且恐北地稽查爲難擬請明年海運漕船到津米石交清卽由津局蘇浙糧道分別塡給該船原裝漕米若干石某日交清准在天津牛莊自運回貨全行免稅印照持赴天津牛莊各關呈驗放行其交米不清之船概不給照以杜拖欠今屆船不敷用必須兼僱甯波等處船隻應請一律准予免稅其重運帶貨二成免稅事宜仍照舊章辦理至於北省如何稽查之法臣崇厚查天津戶關向不徵收豆貨雜糧均歸天津道所轄海關抽收亦係徵收進口者居多其出口豆貨雜糧總以牛莊一關爲大宗應如何嚴查影射等弊屆時當轉飭山海關監督及天津道認眞稽覈毋令奸商假冒偷漏其該漕船所免前項稅欵仍由天津牛莊各

關作正開除等語臣等伏查本年四月間江蘇巡撫李鴻章奏上海關稅以沙船爲大宗近因沙船停泊稅項日絀若將奉天等處糧食與油豆餅一律販運則商船得有利益不唯歲捐可期起色卽每年海運漕糧需用沙船不致鈌少等情當經總理衙門會同戶部覆奏准如所奏辦理於五月初一日奉

旨允准在案又於本年九月間據山海關監督成林呈稱奉天所產米穀雜糧既准沙甯等船販運若定例輕於豆稅則商船勢必裝糧者多其豆額則更形虧短等語亦經戶部奏明擬請仿照臨清關雜糧每石稅銀一分一釐之例再行減去一釐定爲每石納稅一分仍俟試辦數年再行纂入則例等因於十月初一日具奏奉

旨依議欽此欽遵行知亦在案今據通商大臣李鴻章奏請蘇浙海
運回空沙船販運奉省雜糧本年復將上海助餉船捐全行蠲
免經部議定應交稅課是南捐甫減而北稅驟增誠恐商力仍
未能紓在該船往返海洋與自行販運者本有不同查明運卸
回空船隻裝貨南下時准其免交北稅擬請明年海運漕船到
津米石交清即由津局蘇浙糧道分別塡給該船原裝漕米若
干石某日交淸准在天津牛莊自運回貨全行免稅印照持赴
天津牛莊各關呈驗放行其交米不清之船概不給照以杜拖
欠今屆船不敷用必須兼僱甯波等處船隻應請一律准予免
稅其重運帶貨二成免稅事宜仍照舊章辦理該漕船所免前
項稅欵仍由天津牛莊各關作正開除等語臣等公同商酌該

大臣所奏係爲愼重海運體恤沙船起見應如所奏辦理相應
請
旨飭下直隸總督轉飭天津道及山海關監督俟明年蘇浙海運沙
船裝貨回空到關時認眞稽查毋令奸商偷漏影射等弊並移
咨通商大臣俟前項沙船起運時卽將船戶姓名船隻數目號
頭造具細冊送部應俟山海等關造送免稅冊到日以憑覈對
其免過稅銀仍造入該關稅銀奏報案內聲明辦理所有臣等
速議緣由理合恭摺具
奏伏乞
皇上聖鑒訓示遵行再此摺係戶部主稿會同總理各國事務衙門
辦理合併聲明謹
奏請
旨
同治四年十二月二十日具
奏本日奉
旨依議欽此

浙江海運全案重編　卷三　總理衙門奏覆海運回空沙船請免天津牛莊關稅　四二　同治四年案　新編

三口通商大臣奴才崇厚跪

奏再本年江浙兩省海運回空沙甯各船前經署兩江督臣李鴻章會同奴才奏明請免天津牛莊關稅以廣招徠業蒙

恩旨允准通飭欽遵在案茲據江蘇糧道奇克坦泰浙江臬司署糧道王凱泰會同詳稱轉據津局沙甯各船紳董稟稱查兩省商船承運漕白二糧抵津驗卸後放空出口或往奉天牛莊或往錦州蓋州或往山東膠州石島烟台利津大山等處販貨本無一定如天津就地販貨迺行回南及駛往牛莊販貨者既得仰

邀

皇仁全免關稅卽駛往他口者自必一體免稅惟細繹原奏內僅止聲明天津牛莊並無他口字樣恐將來給單時不以註明駛往

他口照驗有碍請將本年海運沙甯各船放空出口無論駛往何處販貨回南應准一律免稅等情據稟會詳請

奏前來奴才查南船販運豆貨雜糧原以天津牛庄兩口為大宗本屆海運沙甯各船已蒙

諭旨允准天津牛莊回空免稅該船商等仰沐

皇仁至優極渥惟海運船隻較多回空載貨不一勢不能同在一處購運北地口岸各有土產皆藉南船販運流通且內地船隻非比外國商船祇准前赴通商口岸沿海各口皆准貿易故歷屆交米完竣該船卽分赴各口販貨回南並不拘定天津牛莊兩處所請將奉天之錦州蓋州山東之膠州石島利津烟台大山各口岸該商船販運豆貨雜糧回南與天津牛莊一律准予免稅委係實在情形自應仰體

聖恩准予一律照免以廣

皇仁而恤商情奉天山東各該口所免稅項仍按照天津牛莊兩關作正開除以昭劃一除飭仍由該道等於各船漕米交完後給予免稅單以憑照驗並分別咨行各口督撫監督查照辦理外理合會同署兩江總督臣李鴻章附片具

奏伏乞

聖鑒謹

奏

同治五年四月十八日具

奏奉

旨該衙門知道欽此

浙江海運省局爲咨請覈辦事據甯郡牙釐局會辦甯波府邊
守等詳稱據北號紳董張廣埏盧以瑛張斯安禀稱𧨏埏等前
奉省局諭辦甯船赴滬受兑事宜茲查甯船貿易出口照章捐
繳船捐計每錦担錢一百六十五文六毫現該船等具攬放空
赴滬運糧應請免其捐繳船捐至具攬船隻已有七十餘號續
進之船亦應一體承運俟有成數即開各船花名另呈察覈再
慶孚局寶順輪船護送商船近年由局抽收護費今該輪船奉
飭護送糧船至佘山以南往來梭巡埏等禀明省局在案查輪
船經費本屬北商自行捐辦本年重辦海運護送往來添備舵
水砲勇辛工煤炭等項需費更爲浩繁且護送糧船事關重大
非歷數月之久不能蕆事所有本年護洋經費并乞免捐以紓

商力禀請察覈等情據此伏查北幫商船放空赴滬承裝海運
漕糧及慶孚公所之寶順輪船護送糧艘至佘山以南梭巡均
屬急公報効所有商船捐并輪船護費可否准予免其抽捐
以恤商情之處理合據情詳請祈賜察覈批示飭遵等情到局
據此查浙漕商船放洋前經查據甯紳張前令等會禀仍由該
商等捐備寶順輪船出洋護運業經據情轉詳
撫憲附
奏在案所有抽捐輪船護費以及承運商船封僱赴滬船捐應否
免其抽捐之處事隸
一咨藩司衙門
牙釐省局主政覈辦據詳前情除咨請

牙釐省局覈辦外相應咨請爲此合咨
貴司衙門請煩一體覈辦示復望速切速施行
一咨牙釐省局
貴局主政覈辦據詳前情相應咨請爲此合咨
貴局請煩覈辦示復望速切速施行
同治五年正月十四日咨
藩司衙門
省城牙釐總局

浙江海運省局爲札知事案查前據該局詳甯商應捐船捐並
輪船護費可否准予免其抽捐一案並據該府等各具詳前情
到局當經據情咨請
牙釐省局覈辦茲准移復文開此案前據甯郡牙釐局並詳到
局當查船捐護費准其免捐仍俟六月初一日起再行照舊抽
捐即經批飭遵照在案准咨前因移復查照飭遵等因准此合
行札知爲此札仰該府縣立即傳諭各號商遵照辦理毋違
同治五年三月初九日行甯波府甯郡牙釐局鄞縣

浙江海運省局爲咨請覈辦事據甯郡牙釐局會辦甯波府邊
守等詳稱據鄞縣姚令詳稱據耆民余茂林舵工周麟龍等稟
稱伊等及水手人等向在北號撑駛北船因辛金甚微蒙號主
定規船內許帶小貨俾沾微利比年設局捐餉所帶小貨南貨
出口每石捐錢二百三十四文北貨每石亦捐錢二百三十四
文係小貨號司事收繳無缺溯查咸豐年間試行海運商船裝
帶貨物曾蒙
奏定免稅蓋念伊等用力貧民涉波蹈險躬當半年苦役曲示體
恤故也茲本年重辦海運所有出口南貨稅課仰蒙循例豁免
號主船捐亦經請免在案伊等小貨自必概豁現在赴滬在即
誠恐局中仍向伊等收取小貨捐錢叩准免捐等情到縣據此

查海運章程各船帶裝貨物及水手人等所帶小貨均准免收
稅課捐錢事同一律似應一體邀免理合詳請祈賜批示飭遵
並懇轉請
省城牙釐總局通飭經過各局卡一律免捐俾各船得以趕緊
駛放免致沿途阻滯等情據此查昨據甯郡北號紳董張廣埏
等稟稱北幫商船遵飭駛滬承運漕糧請免船捐等情卽經詳
請覈示在案據詳各船水手所帶小貨請一律免其抽捐以示
體恤之處卑局未敢擅便理合據情詳請祈賜批示祇遵又據
甯波府暨鄞縣並詳各等情到局據此
一咨藩司衙門　查各項捐欵事隸
牙釐省局主政前據甯郡牙釐捐局詳稱承運漕糧甯船請免

船捐等情卽經咨請
牙釐省局暨
貴司衙門一體主政覈辦在案茲據詳請商船水手等隨帶小
貨一律免予抽捐是否可行除請
牙釐省局覈辦外相應備文咨請爲此合咨
貴司衙門請煩查照希卽一體覈明示復施行
一咨牙釐省局　查各項捐欵事隸
貴局主政前據甯郡牙釐捐局詳稱承運漕糧甯船請免船捐
等情卽經咨請
貴局主政覈辦在案茲據詳請商船水手等隨帶小貨一律免
予抽捐是否可行相應備文咨請爲此合咨
貴局煩請查照希卽覈明辦理如准所請並祈通飭經過各局
卡凡有甯船赴滬承運漕糧所帶小貨一律免捐並卽覆局望
速施行
同治五年正月十九日咨
藩司衙門
省城牙釐總局

浙江海運省局爲札知事案查前據該局詳承運漕糧甯船水
手隨帶小貨是否免其抽捐一案並據該府等各具詳前情當
經據情咨請
牙釐省局覈辦今准咨復文開是案前據甯郡釐局暨甯波府
具詳到局當查海運漕糧五月內當可竣事所有各船裝帶小
貨准暫免捐仍俟六月初一日起再行照章抽捐卽經批飭遵
照在案咨復查照等因准此合行札知爲此札仰該府縣立卽傳
諭各號商遵照辦理毋違
同治五年三月初八日行甯波府甯郡牙釐局鄞縣

浙江巡撫部院馬　爲詳請覈咨事據海運省局司道詳稱竊
照浙省初次海運各商船抵津查驗舵水人等與票塡不符奉
准
直隸督憲咨行到浙嗣後領票出口務須確查船上舵水人等
姓名籍貫覈定註明票內不准一名遺漏亦不准一名頂替等
因遵經歷屆各商船裝運浙糧赴津由滬局每船塡給護照一
紙註明耆舵水手姓名籍貫發給船戶凡遇關津執此呈驗稽
考在案今屆自應循照辦理茲據滬局總辦王守慶勳等詳送
護照式樣前來理合照案轉送咨明
直隸督 兩江蘇撫 奉天府尹 山海關 憲暨
查照實爲公便等情到本部院據此除分咨外相應

咨明爲此合咨
貴部堂 部院 府尹 關部 請煩查照轉飭認眞稽查望切施行
計咨送護照式樣一紙
同治五年正月二十六日咨
直隸督 兩江蘇撫 院
奉天府尹
山海關

浙江海運滬局　爲給發護照事照得咸豐二年海運抵津商
船查驗舵水人等與票塡不符奉
憲行准
直隸督憲咨會嗣後沙船領票出口務使確查船戶耆舵水手
人數將姓名籍貫覈實註入票內不准一名遺漏亦不准一名
頂替等因遵照在案現當海防嚴密之際自應倍加愼重以杜
奸匪混跡所有承運米船於開行時由局確查加給護照一紙
將舵水姓名籍貫逐一塡註凡遇經過關隘以及運米到津呈
驗以歸覈實除詳明分咨外爲此照給該船戶收執凡遇所過
關隘及運米到津卽將此照呈驗查對毋得頂替致干究治須
至護照者

計開

船戶	係　縣人耆民	係	縣人
舵工	係　縣人副舵	係	縣人
水手	係　縣人水手	係	縣人
水手	係　縣人水手	係	縣人
水手	係　縣人水手	係	縣人
水手	係　縣人水手	係	縣人
水手	係　縣人水手	係	縣人
水手	係　縣人水手	係	縣人
水手	係　縣人水手	係	縣人
水手	係　縣人水手	係	縣人

水手　係　縣人水手　係　縣人

水手　係　縣人水手　係　縣人

水手　係　縣人水手　係　縣人

水手　係　縣人水手　係　縣人

同治五年　月　日給

回帆繳銷

奏爲海運商船賠累困苦請酌加水脚以示體恤而廣招徠恭摺　浙江巡撫臣馬新貽跪

仰祈

聖鑒事竊照海運漕糧以商船爲第一要務商船缺悞關係匪輕是以歷届運務必先提前趕辦設法招徠無如兵燹之後沙船稀少甯船亦僅百餘號上年米數較少已屬封僱維艱本年新漕奉文仍由海運所有甯波商船先經分別飭令甯波府縣查議並飭號商多方設法必得寬爲招集以期無悞漕運旋據甯波府縣先後轉據北號紳商等稟陳北船攬裝各貨往還不過五十餘日承運官糧自冬月封僱以迄抵津交淸回南首幫動逾半年後幫更復過期者舵水手辛工不能不加篷索槓具籌備不能不寬以及守候費用逐處加增從前每石水脚四錢原實不敷彼時裝貨回南獲有利息藉資貼補今則運船販貨旋南爲夾板等船攘奪以致無船不虧折本錢回空之船盡屬賠累商號已多閉歇船隻任其朽壞停港拆毀及無力承裝者實已不少惟漕糧爲

天庾正供豈容任聽歇業致悞起運轉輾籌商委無勸導招徠善策惟有籲請每石酌加水脚銀數錢俾得用費稍充免致賠累或期各船踴躍聞風麕集以全運務各等情經臣督飭海運省局各司道確加訪察委係實在情形查本年戶部原奏內稱近年南糧均借資商船濟運欲期呼應較靈總當優加體恤俾船商樂於從事不致聞風裹足等因實係洞知灼見該司道等公同

籌議擬於例給水腳之外每石酌加銀一錢五分俾商船獲有
微利不致賠累等情會詳請
奏前來臣查海運漕糧以封僱商船爲首務浙省本屆新漕米數
較增必須寛爲籌備乃近年商船生意虧折歇業居多其船身
損壞無力修葺者尤應格外體恤庶足以廣招徠而速漕運函
詢江蘇情形亦復相同合無仰懇
天恩俯准按石酌加水腳銀一錢五分以資津貼所加銀兩仍於籌
抵海運經費項下儘數動用如有不敷應遵部議在於漕務款
內別籌支給不動正項統歸濟運水腳案內另款開報動用何
欵隨時咨部立案此係加給水腳不在原定每石八錢之內以
清界限除先飭令趕緊招僱商船以便剋期受兑外臣爲體恤

商船顧全運務起見是否有當謹恭摺具
奏伏乞
皇太后
皇上聖鑒訓示再查甯船歷屆承運浙漕向來不敷尚需蘇省代僱
沙船及東衞等船協運是以浙省從無裝運本省糧米之外再
有餘船撥濟蘇省現因被兵後舊船朽壞新船無增甯船僅賸
一百餘號更少於前今上海沙船短少浙省甯船不足相應請
旨飭下直隸山東等省即飭產船各地方官儘數挑選堅實東衞等
船趕緊駛滬協濟裝運臣仍當飛咨該二省一體催辦以免延
悞合併陳明謹
奏

同治五年十一月二十二日具
奏奉
旨另有旨欽此同治五年十二月初二日內閣奉
上諭馬新貽奏海運商船賠累請酌加水腳並請飭產船地方僱船
協濟一摺近年海運漕糧均係借資商船該商等承運官糧往返
動逾半年費用加增每多賠累自應優加體恤以廣招徠著准照
馬新貽所請此次海運封僱各商船於例給水腳之外每石酌增
銀一錢五分以資津貼浙江本屆新漕米數較增尤須多備船隻
俾敷裝運著直隸總督山東巡撫即飭產船各地方官儘數挑選
堅實東衞等船趕緊駛赴上海協運俾免貽悞餘著照所議辦理
該部知道欽此

奏爲海運商船修艌需資擬請暫加水脚籌欵動給以利漕運恭

兩江總督臣李鴻章
江蘇巡撫臣郭柏蔭　跪

摺奏祈

聖鑒事竊照蘇省漕糧改由海運僱募沙衞等船每兌米一石給水脚銀四錢自道光二十八年試辦以來歷今幾及二十年均經

列入章程

奏明給發本不容藉口賠累率請加增惟粤匪竄擾以後商民交困元氣大虧沙船生理以北來油豆餅片爲大宗近年夾板洋船均赴牛莊等口一體販運以致北地之貨價日昂南省之銷路日滯從此沙船販北貨無不大虧資本商情困乏莫甚於今卽本年抵津糧米間有受潮霉黯亦由商力拮据船身失修所

致茲據各商船稟請酌加運米水脚每石二三錢以免悞運若不量予調劑則船身愈久愈損米色漸不能純實於

天庾正供關係匪輕擬請本届每石酌加銀一錢五分傳諭號商承領分派督令將承運各船購料鳩工大加修整不准草率裝飾卽東衞各船亦一體支給以示公溥第當減賦裁浮之後此項加給水脚在州縣旣屬無欵可籌且道庫六分漕項及屯衞津貼各屬節省丁耗行月糶價已於裁免津貼案內搜括無遺司庫所收兵恤局糧折價各有本欵應支僅能以兩抵石勉强敷衍均無盈餘可籌惟有同治四年分一届解道四分漕項尚堪酌動按今冬約運米四五十萬石而計必需銀七萬有零方可敷用明知四分漕項應行報部候撥未便由外支銷奈沙船類多損壞修費急切待支且現准部議奏明無論河運海運必須體恤船戶洵屬確論海運涉歷重洋全賴船身堅固値此積困之餘尤應破格優恤而藩關各庫同形支絀舍此道庫四分漕項實無堪動蹙欵旣以漕項抵支運漕之費名實尙屬相符應請就欵開銷免其報撥如有不敷再於司關各庫暫爲設法籌墊先行給領與修以期無悞仍俟續解五年分四分漕項提還司道各庫歸欵據署蘇州藩司王大經蘇糧道奇克坦泰蘇松

太道應寶時會詳請

奏前來臣等覆加查覈無異除咨明戸部查照外理合會同漕運

總督臣張之萬恭摺具

奏伏乞

皇太后

皇上聖鑒訓示謹

奏

同治五年十一月二十二日具

奏

戶部咨雲南司案呈內閣鈔出署兩江總督李　等

奏海運商船修艌需資擬請暫加水脚等欵動給一摺同治五年

十二月十四日軍機大臣奉

旨著照所請該部知道欽此除鈔錄原奏恭錄

諭旨行文江蘇巡撫一體欽遵辦理外查道庫四分漕項係奏明報部候撥之欵原不應由外動支惟本屆海運酌增水脚係爲體恤商船起見既據該撫等聲稱漕務項下所籌運費均無盈餘而沙船損壞藉水脚爲修費急切待支應准其將四年分道庫四分漕項暫行動用如有不敷卽在司關各庫設法籌墊仍俟五年分四分漕項徵有成數卽行提還歸欵並將四五兩年分徵存四分漕項銀兩共有若干查明分晰報部至本屆海運商

船既已酌增水脚自應踴躍承運現據另摺奏報起運米數及浙撫奏報起運米數皆比上屆加多商船亦宜寬爲預備庶無停米待兌之虞應咨江蘇巡撫轉飭局員趕緊僱運以期及早放洋毋稍遲誤可也

同治六年　月　日咨

江蘇巡撫

浙江海運省局爲詳請示遵事竊據甯商紳董盧以瑛張廣埏等稟稱竊照浙甯承運商船裝貨回甯自應照章繳捐惟裝漕回甯之船往返日期旣遠甯市本息尤重糧回各船竟有全儎無貨者其帶貨之船又因各貨滯消虧折益甚懇請恩准承運各船裝載客貨照北貨釐捐章程減半繳捐以示體恤又耆舵水手等終歲生計全賴回貨餘利運船往返日期旣遠食用較大一遇貨物滯消本資全虧應請將耆舵等回空小貨釐金恩准全行免捐祈請轉詳恩准等情前來查近年甯船承運漕糧運船販貨南來爲夾板等船攘奪其利以致無船不虧折本錢回空之船疲乏賠累是以另案詳請

奏加水脚恩至渥也惟海運以商船爲第一要務兵燹之後船隻

稀少商號以巨萬之船本任聽船隻朽爛不加脩整非不寶貴實苦於無利可圖轉欲賠累以故歇業多而船隻少然承運漕糧除商船之外別無可運之船竊慮愈久愈疲年復減少於運務大有關係似須大加恩恤俾商船以不得承運糧米爲慽則招徠較易廢歇自興惟該紳董等所請回空南來帶貨進口減半繳捐未免過優可否仿照二成免稅之例准減二成繳捐似未始非挽救商船一道至耆舵水手回空所帶小貨爲數無多可否全行免捐以示體䘏是否有當相應備文詳請仰祈

憲臺俯賜察覈批示遵行爲此備由呈乞

照詳施行

同治五年十二月十二日具詳

撫憲

浙江捐輸牙釐總局爲移會事同治五年十二月十五日奉

撫憲馬　批

貴局詳甯船回空南來所帶貨物請酌減繳捐並水手小貨全行免捐請示緣由奉批據詳甯船回空帶貨免捐二成小貨全免係爲體卹商情起見惟與通省釐捐有無窒碍之處仰捐輸牙釐總局迅速覈議即日詳奪毋延切切此繳等因奉此查甯波船隻向裝海運漕糧搭貨二成准免捐稅其回空船隻一律捐釐並不減免第兵燹之後船隻較少而起運漕米逐漸加多自應格外體卹

貴局詳請將甯船回空南來所帶貨物減捐二成各水手名下小貨全行免捐自係體卹承運漕米商船起見惟回空甯船必須查明實係回空糧船有據可驗者所帶貨物無論多寡總以十成計算八成抽捐二成免捐至所帶小貨是否盡係水手之貨其中頗難覈實如果定以正貨減捐二成小貨全免勢必正貨指爲小貨無所區别且易於影射致滋爭執應請與號商回南各貨一律予減二成抽捐用昭劃一而免牽混事關

天庾正供是以量加體卹此外商船不得援以爲例似與通省釐捐尚無窒碍除詳請

撫憲咨明

蘇撫院轉飭上海釐卡一體照辦外擬合移知爲此合移

貴局請煩查照施行須至咨者

同治六年正月二十六日咨

海運省局

浙江海運省局為移劄知事本年二月十九日准
捐輸牙釐總局咨開同治六年二月初一日奉
撫憲馬　批本局詳覆飭議甯船回空南來所帶貨物並水手小貨請一律予減二成抽捐緣由奉批據詳實係回空糧船有據可驗者所帶無論正小各貨概以十成之中二成免抽釐捐所議尚屬周妥仰即嚴飭海口釐卡委員認眞驗明照單實係回空糧船免捐二成釐捐此外商船不得隱混並嚴禁巡丁司事藉名買放商船庶與釐捐無礙亦不致船商藉口仍候飛咨
江蘇撫院轉飭上海各釐卡一體照辦可也繳等因奉此查此案奉飭議詳當經咨明在案奉批前因除咨行外咨局飭遵等因准此查此案議詳前准咨局當經分別咨行在案今准前

因查商船承運糧米赴津兌卸後所有裝運北貨前奉
通商大臣
奏明商船回空北貨赴奉天牛莊山東等各口岸准予免繳北稅並在津交卸顆粒無欠由駐津糧道給發回空免予北稅印單赴口照驗在案此次回南商船免抽二成釐金即以糧道給予免稅印單為憑查明並無交米未清字樣即便驗免正小各貨二成捐項俾免弊混相應咨明合行劄知為此合咨札仰該府立即轉飭遵照毋違
貴道請煩查照轉飭施行
同治六年二月二十七日移劄甯波府
甯巡道

浙江海運省/捐輸牙釐總局為會議詳覆事案奉
憲臺牌行本年四月初九日准
署江蘇撫院郭　咨開據松滬捐釐總局稟稱甯船裝米赴津回空南來所帶貨物奉准減捐二成雖經浙局詳定此外商船不得援以為例惟上海沙船亦奉派裝糧米若甯船減捐沙船亦必藉口紛紛援請實於釐務大有關係現在前路各軍需餉甚殷礙難遵辦等情到本署部院據此查浙省海運回空商船裝貨到滬請減免二成釐捐蘇省漕船並未議免誠屬偏枯必致援案瀆請實與釐捐有礙相應咨商查照希即轉飭另行妥議詳辦仍望示覆等因到本部院准此仰即會同牙釐總局尅日妥議詳辦毋違等因奉此伏查甯波口岸遠不及滬上之繁

盛甯屬商船向不及滬船之衆多彼此情形本屬迥別且甯屬郡縣自咸豐十一年冬慘遭粵逆竄陷北號商人流離遷徙存號之貨被掠一空未到之貨中途折變空船在港者半遭折燬其幸而避出者久泊外洋亦多損傷迨同治元年四月郡縣先後克復各商遲之又久零星漸歸家業蕩然生意停歇修船無力運貨無資經該道府縣再三勸諭始能湊集資本合力經營以冀重興口岸然北駛船隻已不及從前十分之一乃北口貨源先為外國洋船捷得南來銷路盡被佔奪取盈商人虧本靡不望洋氣沮此固滬甯兩地商船同受其累而甯商之負債貿易力盡筋疲其苦尤甚是以甯郡官紳於三四兩年稟請將北號貨船釐捐陸續減抽十分之三五年二月

憲臺巡閱海疆復據甯商環求稟蒙覈減釐捐一成此歷年北號商船減捐之原委也至甯船承攬海運漕米曩年每屆可僱二百餘隻被冦之後船少且朽上屆漕運悉數封僱堪用僅七十餘隻頗為將來海運不敷之慮旋據甯波牙釐府局詳請將放空赴滬受兌漕米之船免繳船捐小貨及免捐運漕完竣回南所帶小貨等情前來即經牙釐省局批飭放空赴滬受兌之船免其抽收船捐小貨其回南船貨統以六月初一日起一律照章收捐是運米甯船前已議有減捐章程本屆漕米較多需船增倍以各商困苦賠累每漕米一石加給水腳銀一錢五分奏咨在案又據該商等以商困仍未能舒籲懇減抽回空釐金並小貨全免捐項經本司道會議酌准減抽回南甯船正貨小

貨釐捐各二成以示矜恤業已移行飭遵詳奉
憲臺咨明蘇省照辦亦在案此甯船運漕減免釐捐之原委也本屆辦理海運甯船趕修承攬其有一百十餘隻即此見商情踴躍感
恩急公且浙省酌減釐捐原不自今歲為始亦不獨甯船為然本司道等非不知軍餉協餉善後塘工各經費全藉釐捐接濟勢難減輕惟商人受累太深則甯船日見其少於漕運殊有關礙不能不稍紓商力顧全大局茲江蘇松滬捐局既稱礙難照浙減捐自係各就地方商情立論浙省減捐章程早經通行未便議改致使商人疑慮本司道等公同商議擬以運漕回南甯沙各船到甯銷貨即照浙省新章減捐其到滬淞卸貨銷售者

仍照蘇省向章一律繳捐用昭平允奉飭前因理合將會議緣由詳復是否有當祇候

憲臺批示遵辦並請轉咨

蘇撫憲查照飭遵實爲公便爲此備由呈乞

照詳施行

同治六年四月二十八日會詳奉

巡撫部院馬　批所議尙屬周妥應准如詳辦理仰即轉飭遵照並候咨明

江蘇撫院查照飭遵繳

辦理三口通商大臣崇　爲咨會事同治五年三月初五日據

天津道詳稱同治五年三月初二日奉

直隸總督部堂劉　札開同治五年二月二十四日准

欽命總理各國事務衙門咨開江蘇巡撫咨報今屆冬漕海運江浙並辦需船較多天津交米水次中外商船雜處行泊不便請飭外國火輪夾板等船妥順行走停泊以免磕碰自應將船路安置停妥以利飛挽抄單轉咨查照設法辦理等因到本部堂准此查前准江蘇撫院抄單咨會當經分別咨照札飭遵照在案茲准前因除咨三口通商大臣並札司轉移遵辦外合亟札飭札到該道即便遵照稟商三口通商大臣相度情形設法辦理轉飭英領事預爲妥置務使中外各船兩相讓護是爲至要一面將辦理緣由詳請咨復切速特札計抄咨單一紙內開照錄

江蘇巡撫來文內章程一天津交米水次中外商船雜處行泊不便應請咨明

總理衙門照會天津英領事飭令外國火輪夾板等船妥順行走停泊以免磕碰也查天津水次河面狹窄從前江浙同時海運已多擁擠之虞自外國通商後將津河之最寬紫竹林一帶築爲馬頭所有火輪夾板各船均在該處停泊從前紫竹林一帶本係糧船排泊驗卸之所今爲外國馬頭所佔不能停泊不得不提進裏河驗卸而米船出入必由紫竹林經過無如外國各船任意往來行駛毫不照顧米船重載掉轉不靈躲避不及往往被撞損傷該外國領事反歸過于米船罰令賠銀甚至中

國船停泊靠岸輪船行駛磕碰又指爲停不如式動輙議賠去
春江蘇米船因磕議賠者已屬層見疊出今春江浙同辦海運
船數較多更虞磕碰
天庾正供關繫匪輕應請咨明
總理衙門照會英領事既經和好通商則中外各商船自應一
體飭令兩相讓護不得率意行泊倘輪船碰壞米船傷損
正供應令議賠該領事不得稍存徇庇并請移咨
直隸督院
三口通商大臣預爲設法其應如何排泊受兌之處先期安置
停妥以便船到交兌庶免臨事掣肘又開
欽命總理各國事務衙門爲咨行事同治五年二月十三日准江蘇
巡撫咨稱今屆同治四年分冬漕海運江浙並辦需船較多均

遵
奏案辦理幾同創始自應叅酌時宜熟籌妥辦今酌議辦理章程
開單咨送覈辦等因前來查章程內開天津交米水次中外商
船雜處行泊不便請飭令外國火輪夾板等船妥順行走停泊
以免磕碰等語
天庾正供關繫匪輕自應將船路安置停妥以利飛挽相應抄錄原
單轉咨貴督查照相度情形設法辦理轉飭英領事預爲妥置
卽行咨江蘇巡撫查照並咨復本衙門查覈可也等因奉此職
道查本年海運江浙並辦船隻較多自應先期相度形勢設法
佈置俾中外各船不致互相磕碰當與辦理海運總局委員等
勘度籌商查從前海運沙船進口江蘇浙江各分水次每排四

五隻不等現在外國通商設立新關自紫竹林一帶歸外國停
泊輪船而輪船重大駕駛又速自應寬留河道以便行走現擬
自風神廟起至砲臺止爲上水次凡進口沙船不論江蘇浙江
由提調沙船委員會同江浙委員紳董按進口先後挨次排列
上水次二十四排至砲臺止以兩隻爲一排其續進海口沙船
直頂至新關以下止爲下水次應以一隻銜尾挨次停泊西岸
靠邊拋錨並由江浙糧道派令委員紳董在于停泊處所逐船
看守寬留中泓俟上水次驗收幾排完竣卽由提調沙船委員
等催放出口一面將下水次重船挨次提排上水次候驗不准
越次爭先其上下水次應令其各立標杆再查從前回空沙船
向在紫竹林李家樓等處停泊挖土現在輪船進出必須寬留

河道擬令在土城以下一帶挖載俾重船停泊之處相距較遠
方不致彼此擁擠至彈壓巡催向派海河主簿又查江浙米船
大小不等如上海之大沙船以及浙江甯波船喫水甚重不能
過靠河邊知外國輪船進口有信應請憲臺先期飭知俾該米
船預爲留意以上各條是否允協擬合遵照檄飭具文詳請憲
臺察覈示遵以便將辦理緣由詳復
督憲轉行咨復並據候補知州馬繩武何道增候選知縣耀昌
候補知縣童恒麟天津縣知縣楊國杞稟稱竊卑職等於二月
十六日接奉憲札飭將海運米船停泊章程妥議稟辦等因卑
職等遵查去年海運自風神廟起至砲臺止爲米船停泊上水
次自梁家園起至土城止爲米船停泊下水次除上水次外國

船隻向不行走外弁職等查得自梁家園關房以下起至土城
迤南四里之陳林莊共計水陸十六里東岸二溜潮落時水深
一丈五尺至一丈不等西岸二溜潮落時水深一丈至六七尺
不等輪船喫水深重應以西岸米船停泊水次內有卦甲寺賀
家口河灣兩段應不准其停泊其餘十三四里河道端直米船
靠岸單隻停泊夾板輪船往來出入彼此均無妨礙謹擬章程
條欵另繕清摺謹呈鈞電伏乞札飭天津道派委武弁二員並
請飭知南省糧道派委紳董會同在于下水次一帶常川稽查
以昭周密所有弁職等遵議米船停泊緣由理合具稟請示遵
行計稟呈清摺一扣各等情據此查該道覈議海運米船停泊
情形覈與天津縣會同新關委員所議章程大致無異惟夾板

輪船喫水較重應照天津縣並新關委員所議在于東岸行走
米船在于西岸停泊其河灣處所仍不准其停泊免致有擱淺
磕碰之虞至所議南省委員紳董在下水次米船停泊之所駐
守稽查最關緊要除稟批示該道一體多派文武委員乘船于
下水次一帶往來巡查分段駐守並批示天津縣將所議章程
刋刻刷印多張交大沽海口委員按船散放一體遵照暨分別
咨行外擬合咨會爲此合咨
貴撫部院請煩查照施行
計開章程
同知直隸州用候補知縣童恒麟
運同銜候補知州何道增
知府用候補知州馬繩武
運同銜候補知縣耀昌
運同銜天津府天津縣知縣楊國杞
呈
計開
一自天津以至大沽海口所有河身灣處窄狹處海運米船概
不准拋錨停泊
一米船向來於住船後船上僅留水手一二人看守以致遇有
妨礙船上人少亦趕辦不及嗣後總須多留水手以防設法
一米船停泊之時必須近岸順溜前後拋錨河面須露出錨標
不准當河停泊拋錨務須單隻停泊不許三兩並排

一米船停集葛沽處所應照閩廣商船停泊章程在玉皇閣以
東河身直處三兩傍岸停泊不得仍前五六成排長放錨纜
窒碍中流
以上四條如有違者應由南省委員議罰究辦
一英國船隻有逕赴天津紫竹林停泊者有在天津海口停泊
者由稅務司轉飭該處扦子手妥爲安排停泊
一自天津以至大沽海口所有河身灣處窄狹處英國船隻概
不准拋錨停泊如違每一次罰洋不得過二百元
一英國船隻河中來往拋錨之時必須盡力近岸露出錨標如
有違者每次罰銀五十兩再如因不小心比有碰船之事另
外賠補

以上三條如有英國船隻歸英國領事官辦理

同治五年三月二十九日咨

浙撫部院

浙江巡撫部院馬　爲詳請咨送事據海運省局司道詳稱案

奉

欽差大臣辦理通商事務署兩江督憲李　札准

戶部咨會議蘇浙海運回空沙船裝貨請免天津牛莊豆貨雜

糧各稅一摺於同治四年十二月二十日具

奏本日奉

旨依議欽此抄奏移咨上海通商大臣轉飭遵照抄單轉行到局奉

經分別移行欽遵並抄錄原奏呈報在案惟查

部議內開

通商大臣李　奏請蘇浙海運回空船隻裝貨南下時准其免

交北稅擬將明年海運漕船到津米石交清卽由津局蘇浙糧

道分別填給該船原裝漕米若干石某日交清准在天津牛莊

自運回貨全行免稅印照持赴天津牛庄各關呈驗放行其交

米不清之船概不給照以杜拖欠今屆船不敷用必須兼雇甯

波等處船隻應請一律准予免稅其重運帶貨二成免稅事宜

仍照舊章辦理該漕船所免前項稅欵仍由天津牛庄各關作

正開除等語臣等公同商酌該大臣所奏係爲愼重海運體恤

沙船起見應如所奏辦理相應請

旨飭下直隸總督轉飭天津道及山海關監督俟明年蘇浙海運沙

船裝貨回空到關時認眞稽查毋令奸商偷漏影射等弊並移

咨通商大臣俟前項沙船起運時卽將船戶姓名船隻數目號

頭造具細冊送部應俟山海等關造送免稅冊到日以憑覈對

其免過稅銀仍造入該關稅銀奏報案內聲明辦理等因查浙省本年海運派裝甯沙各船共九十四隻所有該船戶姓名及裝載米數自應遵照造具細冊呈請轉咨

通商大臣咨送

大部查覈理合詳送咨請

欽差大臣辦理通商事務署兩江督憲轉咨

大部查照等情到本部院據此相應咨送爲此合咨

貴大臣請煩查照轉咨

戶部查覈施行

計咨送　冊二本

同治五年五月初一日咨

欽差通商大臣署兩江爵督部堂李

浙江海運省局爲呈送事今將同治五年起運四年分浙漕全數放洋船名米數理合開造清冊呈送

查核施行

今開

上字船戶孫常泰裝桐鄉縣米一千七百一十五石三斗四升二合四勺

太字船戶吳萬利裝嘉善縣米五百五十三石二斗三升六合二勺

鄞字船戶盛裕恒裝烏程縣米二千一百五十八石一升一合四勺

贛字船戶金利發裝秀水縣米一千七百八十石一斗六升八勺

鎮字船戶金寶泰裝海甯州米一千五百四十九石三斗四升一合五勺

挨咨冊共船九十四隻不全載

同治五年四月　日

浙江海運省局爲詳請事案查海運商船八成載米二成載貨
海關查明免稅歷經
奏准遵行在案其回空南來貨物應繳釐捐上屆海運以商困未
紓暫請以運漕回南甯沙各船到甯銷貨無論正小各貨一律
減免二成釐捐其到滬銷售者仍照蘇省一律繳捐會同牙釐
局詳奉
憲臺批准通飭遵照在案第查商船承運漕糧每裝米一石原
給水腳曹平銀四錢上屆加給銀一錢五分並將各船所帶正
小各貨暫免二成釐捐係屬格外優恤本屆又據各商援照蘇
省現行之案稟懇每米一石於原給水腳四錢之外仍加給銀
一錢五分詳奉

憲臺批准轉行亦在案是商船水腳既經援照蘇省之案准其
加給則二成釐捐亦應援照蘇省之案一律抽收且浙省海運
歷屆均係仿照蘇省章程辦理此項貨釐蘇省並不減捐浙省
自應照辦今屆海運回空商船所帶正小各貨應令照章捐釐
毋庸減免二成其自甯至滬出口貨物亦飭一體抽捐以歸一
律除移行甯波道府并牙釐省局甯局轉飭遵照並一面出示
曉諭外理合備文詳請仰祈
憲臺俯賜察覈批示並請札行甯波道府并各釐卡遵照凡運
糧船隻自甯至滬及回南所帶貨物除照例免輸關稅外所有
應繳釐捐仍照舊章一律抽收毋庸減免二成以昭劃一爲此
備由呈乞

照詳施行
同治六年十一月十九日詳奉
撫憲馬　批如詳辦理仰即出示曉諭各商船一律照舊捐釐
不准再行減免並候札飭甯波道府傳諭各商暨行牙釐總局
甯波釐局一體遵照可也繳

浙江海運全案重編目錄

新編卷四

經費事宜

戸部謹
奏爲遵
旨妥議具奏事同治三年十月十七日奉
上諭沈秉成奏請分別覈減浙江湖州府屬漕稅並將漕截一項隨
漕另徵各摺片著戸部妥議具奏欽此欽遵鈔出到部據原奏內
稱杭嘉湖三府漕額以湖州爲最重而湖州漕額又以烏程歸
安德清爲最重今三縣編徵銀米較同府之安吉孝豐額重三
分之二較同府之長興武康額重十分之五其吉武孝半屬山
鄉與程安德三縣地勢懸殊自未可比擬若長興則與程安德
俱鄰太湖田畝犬牙相錯高下肥瘠亦復相同其所以輕重懸
殊之故起於宋而甚於明小民在承平之日已疲敝不堪遭此

兵燹尤爲困苦請將烏程歸安德清三縣應徵銀米照長興縣
上則平坦田一律起科其長興武康安吉孝豐四縣即照江蘇
漕額本輕之常鎮二府例一體量爲覈減又片奏內稱浙江漕
截每米一石徵銀三錢四分七釐比江蘇已多三分之二較江
西湖廣等省尤屬懸殊且併入地丁統徵耗上加耗民力難支
亦宜量予蠲減並令將漕截一項隨漕另徵各等語臣等伏查
上年六月間臣部議覆潘祖蔭丁壽昌等請減漕糧摺內議令
浙江巡撫通飭所屬將各該府州縣實在應徵漕糧科則詳細
確查各按重輕分成量減俟奏到之日由臣部覈覆辦理等因
又本年九月間臣部奏江浙軍務已平請籌辦新漕並遵前
旨將該二省應減漕額確查覆奏等因先後欽奉

諭旨行知各在案今該侍讀奏陳湖州府民困情形請將烏程歸安
德清三縣銀米照長興縣上則平坦田一律起科長興安吉武
康孝豐四縣照江蘇常鎮二府例量爲覈減等語查浙江杭州
府額徵漕糧正耗米一十三萬五千八百餘石嘉興府額徵漕
白正耗米四十二萬四千一百餘石湖州府額徵漕白正耗米
三十萬二百餘石以額徵總數計之湖州漕米之多不及嘉興
惟科則之重輕當以每畝徵收若干爲斷各府州縣地有廣狹
田有肥磽上中下賦則各不相同若不按畝而稽仍不足以昭
平允應請
旨飭下浙江巡撫查閱該侍讀所奏詳細體察情形仍按臣部前次
片奏各照舊額之重輕按畝分別議減並將各該州縣上中下

等田舊額銀米若干酌減若干迅速分晰開列奏交臣部覈議
其杭嘉二府應減銀米亦即照此分別辦理務期實惠均霑毋
令畸輕畸重是爲至要又該侍讀片奏所稱酌減漕截銀兩隨
漕另徵一節查漕運全書內載漕截銀兩歸於地丁統徵分解
有照依地丁一律徵耗者乾隆七年題准令有漕各屬於隔歲
年底刊刻易知由單地丁加耗若干漕截加耗若干於單內逐
一註明該戸照單完納如有多派立即嚴參從重治罪是漕截
加耗原與地丁不相牽混如有多派例禁綦嚴且併入地丁統
徵分解亦不僅浙江一省應仍照舊辦理毋庸隨漕另徵以歸
簡易至此項漕截銀兩每米一石徵銀三錢四分七釐較之江
安糧道所屬每米百石徵銀五兩米五石蘇松糧道所屬每米

百石徵銀十兩米五石多寡實相懸殊應如何量為覈減俾有
利民生仍不致有妨漕運之處應並令浙江巡撫通盤斟酌情
形一體奏明由臣部酌覈辦理勿再遲延所有臣等遵議緣由
謹繕摺覆奏伏乞
皇上聖鑒謹
奏
同治三年十二月初一日具
奏奉
旨依議欽此

浙江巡撫臣馬新貽跪
奏再前准戶部咨議覆翰林院侍讀沈秉成片奏請將浙江漕截
銀兩量予蠲減與地丁分而為二庶免牽混等語經部臣議覆
漕截銀兩併入地丁統徵分解不僅浙江一省應仍照舊辦理
毋庸隨漕另徵以歸簡易至此項漕截銀兩每米一石徵銀三
錢四分七釐較之江安糧道所屬每米百石徵銀五兩米五石
蘇松糧道所屬每米百石徵銀十兩米五石多寡實相懸殊應
如何量為覈減俾有利民生仍不致有妨漕運之處應令浙江
巡撫通盤斟酌情形一體奏明由部酌覈辦理等因具奏奉
旨依議欽此臣查漕截一項原為給幫濟運而設浙省漕截雖較重
於他省然方今既減漕額又禁浮收百姓具有天良當不致再

以賦重藉口且現在海運經費既不准動用別款又不便再提
津貼舍此漕截銀兩幾於無款可籌一經覈減將來運費不敷
不得已而取給於州縣必致復啟浮收之漸減有定之漕截增
無名之科派百姓亦何所利之臣仰體
朝廷德意總期實惠及民不敢博減賦之美名而貽浮收之大害況
漕截既與地丁並徵愚民無知以為杭嘉湖三府不僅減漕並
減錢糧勢必各存希冀之心紛紛陳請轉多窒礙所有浙省應
徵漕截銀兩應請照舊辦理毋庸覈減臣惟有督飭司道遵照
定例令有漕州縣於隔歲年底刊刻易知由單地丁加耗若干
漕截加耗若干於單內逐一註明該花戶照單完納如有多派
立即嚴參從重治罪以紓民力是否有當謹附片具

奏伏乞
聖鑒敕部一併覈覆施行謹
奏
同治四年八月初四日附片具
奏八月二十四日准
兵部火票遞回原片後開軍機大臣奉
旨著照所請戶部知道欽此

浙江海運省局為飭催趕解以濟海運事照得歷屆海運經費
飭提杭嘉湖所屬津貼解局濟用現在津貼一項業已裁革所
有該屬各州縣衛所應解
糧道衙門行折月折漕截等銀暨行月本色月糧耗米漕費食米變價銀兩前
經
撫憲
奏奉
諭旨作抵海運經費在案惟查海運米石例應歲內全數運滬所需
一切運費迫如星火斷難稍事刻延除由糧道衙門專札提催
外合再飛飭為此札仰該府立即遵照迅督所屬各州縣衛所將
應完前項銀兩勒限于歲內掃數批解
糧道衙門投納並隨文報局以憑移撥津滬要需毋任遲延飛
速切切
同治四年十一月十二日札杭處等十一府

浙江巡撫臣馬新貽跪

奏再杭嘉湖三府屬月糧本色折徵項下共銀五百四十八兩零

隨耗二十七兩零業經臣議請提歸運費於籌抵海運經費摺

內

奏准在案茲據藩司楊昌濬署糧道王凱泰會同海運省局各司

道詳稱月糧本色折徵一欵尙有湖屬之孝豐縣額徵月糧本

色折徵銀二千一百一十兩五錢九分七釐內除減徵不徵耗

外僅徵隨耗銀二兩五錢八分五釐當時因孝豐一縣向不徵

漕是以漏未併欵第查不徵漕之甯紹等府本色月糧銀兩亦

經併提歸入運費則孝豐縣之額徵本色月糧折徵銀二千一

百一十兩五錢九分七釐隨耗銀二兩五錢八分五釐自應併

提運費以歸畫一計杭嘉湖三屬月糧本色折徵歸入海運經

費項下共該正耗銀二千六百八十六兩一錢三分八釐遇閏

之年共該銀二千九百一十二兩九錢八分四釐前次籌抵案

內漏未併欵以致銀數叅差等情詳請

奏咨前來臣覆查無異除咨戶部更正外理合附片陳明伏乞

聖鑒勅部查照施行謹

奏

同治五年十月二十九日具

奏同治六年正月十八日差弁賫回原片後開

軍機大臣奉

旨戶部知道欽此

浙江巡撫部院馬　爲欽奉事同治六年二月二十一日准

戶部咨開雲南司案呈內閣鈔出浙江巡撫馬　奏籌抵海運

經費摺內孝豐縣額徵本色月糧折徵銀兩前次漏未併欵請

更正附片一件同治五年十二月初七日奉

旨戶部知道欽此欽遵於初八日鈔出到部十三日由福建司付送

前來相應恭錄

諭旨行文浙江巡撫遵照可也等因到本部院准此合就轉行仰局

查照准咨奉

旨事理卽便移行遵照毋違須至案者

同治六年三月初二日行海運省局

浙江布政使蔣　爲查明開數移覆事准
貴道移開南月米石已奉
撫憲
奏明此時亦不給幫共收正米七千一百石每石作銀二兩計銀
一萬四千二百兩抵充海運經費經
部議覆准在案自應飭屬趕辦何縣應派若干道中無從稽覈
咨請將杭嘉湖三屬各州縣應派南月米石數目分縣派定開
數移覆俾可飭屬變價趕解濟運至此項米石河運之年湊給
各幫海運之年奉抵運費此次各縣派定後毋論河海二運卽
作爲永遠定額編解糧道衙門之欵以省輾轉之煩應請飭屬
遵辦示覆等由過司准此查年額南米項下撥幫月米七千一

百石歷係坐撥嘉屬之嘉興秀水嘉善海鹽平湖石門桐鄉七
縣湖屬之烏程歸安德清三縣計每縣米七百一十石按年造
報
題銷現奉抵充海運經費其撥解縣分米數應請仍循其舊飭令
前指坐撥各縣按數變解濟運至此項南月米石起自乾隆年
間由司於年額南米項下分縣派撥并由
貴道衙門於撥給各幫每石扣米價銀一兩二錢移解司庫入
撥現辦海運雖奉抵充運費但復河運給幫仍當扣解米價報
撥本難作爲編解
貴道衙門之欵況須歸入南米項下覈計考成造報
題銷尤難劃由
貴道衙門辦理並請毋庸更張循舊按年移司飭撥解濟以符
例案而免窒碍除飭撥解濟外緣准前由理合查明開數移覆
貴道察照飭解須移

計開

同治四年分

嘉興縣月糧七百一十石
秀水縣月糧七百一十石
嘉善縣月糧七百一十石
海鹽縣月糧七百一十石
平湖縣月糧七百一十石
石門縣月糧七百一十石

桐鄉縣月糧七百一十石
烏程縣月糧七百一十石
歸安縣月糧七百一十石
德清縣月糧七百一十石

同治四年十一月二十三日咨

糧道

署理浙江督糧道爲開冊咨送事案查同治四年分杭嘉湖三府屬各州縣額徵月本行糧漕截攺兌漕截食米折并車夫項下抵解白糧漕截銀欵又甯處等八府屬各廳縣衛所額徵月本月折銀兩又杭嘉湖三府屬額徵行糧月糧本色米經費食米並坐派之南月米飭屬變價業奉
奏明解道撥抵海運經費在案除俟覈定各屬災歉分數扣明實徵準確應解銀數另行咨明外所有額徵各欵數目理合先行開造清冊備文咨送爲此合咨
貴局請煩查照施行須至咨者

今咨送

清冊一本

仁和縣

額徵月本有閏銀一百四十三兩七錢六分無閏徵銀一百三十三兩一錢一分二釐

耗銀四兩三錢一分三釐無閏徵銀三兩九錢九分三釐

行糧銀六百五十兩八錢六分六釐

耗銀一十九兩五錢二分六釐

攺兌漕截有閏銀五十一兩一錢三分四釐無閏徵銀五十一兩一錢五分五釐

耗銀一兩四分四釐無閏徵銀一兩四分四釐

漕截有閏銀一萬四千一百七十三兩二錢二分五釐無閏徵銀一萬四千一百七十九兩一錢九分六釐

耗銀二百八十九兩二錢四分七釐無閏徵銀二百八十九兩三錢六分九釐

變價項下

額徵行糧米六百九十七石九斗九升二合八勺每石變價銀一兩五錢該銀一千四十六兩九錢八分九釐

月糧米四千二百四十四石二斗九升三合四勺每石變價銀一兩五錢該銀六千三百六十六兩四錢四分又遇閏加徵米四百一石三斗九升八合四勺該變價銀六百二兩九分八釐

錢塘縣

額徵月本有閏銀六十三兩三分無閏徵銀五十五兩四錢一分

耗銀一兩八錢九分一釐無閏徵銀一兩六錢六分二釐

行糧銀二百五十八兩六錢七分六釐

耗銀七兩七錢六分

攺兌漕截有閏銀二十二兩一分三釐無閏徵銀二十二兩二分三釐

耗銀四錢四分九釐無閏徵銀四錢五分

漕截有閏銀六千六兩五錢一分五釐無閏徵銀六千
九兩一錢二分
耗銀一百二十二兩五錢八分一釐無閏徵銀一
百二十二兩六錢三分四釐

變價項下
額徵行糧米三百二十七石二斗二升六合九勺每石變
價銀一兩五錢該銀四百九十兩八錢四分一釐
月糧米一千八百二十九石五斗一升四合九勺每石
變價銀一兩五錢該銀二千七百四十四兩二錢
七分二釐又遇閏加徵米二百九十石五斗四升
二合八勺該變價銀四百三十五兩八錢一分五

釐
海甯州
額徵月本有閏銀八十二兩三錢九分七釐無閏徵銀七
十七兩三錢九釐
耗銀四兩九錢四分四釐無閏徵銀四兩六錢三
分九釐
行糧銀六百二十兩五錢七分三釐
耗銀三十七兩二錢三分五釐
改兌漕截有閏銀五十兩三錢八分八釐無閏徵銀五
十兩四錢一分
耗銀一兩二分八釐無閏徵銀一兩二分九釐

漕截有閏銀一萬四千九百二十六兩六錢八分一釐
無閏徵銀一萬四千九百三十三兩一釐
耗銀三百四兩六錢二分四釐無閏徵銀三百四
兩七錢五分三釐

變價項下
額徵行糧米七百八十八石二斗五升六合一勺每石變
價銀一兩五錢該銀一千一百八十二兩三錢八
分四釐
月糧米二千四百八十三石五斗九升九合七勺每石
變價銀一兩五錢該銀三千七百二十五兩四錢
又遇閏加徵米一百八十八石七斗六升五合七

勺該變價銀二百八十三兩一錢四分八釐
富陽縣
額徵月本有閏銀四十九兩六錢六分五釐無閏徵銀四
十三兩五錢七分三釐
耗銀一兩九錢八分六釐無閏徵銀一兩七錢四
分三釐
行糧銀六十八兩九錢五分三釐
耗銀二兩七錢五分八釐
改兌漕截有閏銀九兩五錢五分六釐無閏徵銀九兩
五錢六分
耗銀一錢九分五釐無閏徵銀一錢九分五釐

漕截有閏銀一千五百五十一兩四錢八分八釐無閏
徵銀一千五百五十二兩一錢五分二釐
耗銀三十一兩六錢六分三釐無閏徵銀三十一
兩六錢七分六釐
變價項下
額徵行糧米八十石八斗七升二合九勺每石變價銀一
兩五錢該銀一百二十一兩三錢九釐
月糧米一千五百一十五石八斗一升五合五勺每石
變價銀一兩五錢該銀二千二百七十三兩七錢
二分三釐又遇閏加徵米二百三十二石七斗四
升六合八勺該變價銀三百四十九兩一錢二分

餘杭縣
額徵月本有閏銀一十四兩三錢九分二釐無閏徵銀一
十二兩四錢三分三釐
耗銀七錢一分九釐無閏徵銀六錢二分一釐
行糧銀一百八十二兩三錢八分七釐
耗銀九兩一錢一分九釐
漕截有閏銀三千三百二十六兩九錢八分三釐無閏
徵銀三千三百二十八兩三錢八分一釐
耗銀六十七兩八錢九分七釐無閏徵銀六十七
兩九錢二分六釐
變價項下

額徵行糧米一百七十三石六斗八升一合四勺每石變
價銀一兩五錢該銀二百六十兩五錢二分二釐
月糧米四百三十四石二斗五升九合三勺每石變價
銀一兩五錢該銀六百五十一兩三錢八分九釐
又遇閏加徵米七十五石三斗六升七合八勺該
變價銀一百一十三兩五分二釐
臨安縣
額徵月本有閏銀六十二兩五錢九分八釐無閏徵銀五
十九兩一錢一分七釐
耗銀三兩一錢三分無閏徵銀二兩九錢五分六釐
行糧銀七十六兩二釐

耗銀三兩八錢
漕截有閏銀一千三百二十六兩四錢四分二釐無閏
徵銀一千三百二十七兩一釐
耗銀二十七兩七分無閏徵銀二十七兩八分二釐
變價項下
額徵行糧米六十三石九斗八合每石變價銀一兩五錢
該銀九十五兩八錢六分二釐
月糧米一千九百七十七石四斗一升二合三勺每石
變價銀一兩五錢該銀二千九百六十六兩一錢
一分九釐又遇閏加徵米一百七十七石九升八
合七勺該變價銀二百六十五兩六錢四分七釐

新城縣
額徵月本有閏銀三十九兩三錢一分九釐無閏徵銀三
十六兩五錢八釐
耗銀二兩三錢五分九釐無閏徵銀二兩一錢九
分一釐
行糧銀三十六兩三錢五分六釐
耗銀二兩一錢八分一釐
漕截有閏銀八百一十一兩二分五釐無閏徵銀八百
一十一兩三錢六分六釐
耗銀一十六兩五錢五分二釐無閏徵銀一十六
兩五錢五分八釐

變價項下
額徵行糧米三十八石九斗一升九合八勺每石變價銀
一兩五錢該銀五十八兩三錢八分
月糧米一千二百四十二石二升三合四勺每石變價
銀一兩五錢該銀一千八百六十三兩三分五釐
又遇閏加徵米一百五石六斗五升七合八勺該
變價銀一百五十八兩四錢八分七釐
於潛縣
額徵月本有閏銀二十六兩一錢八分五釐無閏徵銀二
十四兩二錢八分七釐
耗銀一兩三錢九釐無閏徵銀一兩一錢一分四釐

行糧銀四十二兩四錢八分四釐
耗銀二兩一錢二分四釐
漕截有閏銀六百三十一兩五錢八分五釐無閏徵銀
六百三十一兩八錢六分四釐
耗銀一十二兩八錢八分九釐無閏徵銀一十二
兩八錢九分五釐
變價項下
額徵行糧米二十六石八斗二升四合一勺每石變價銀
一兩五錢該銀四十兩二錢三分六釐
月糧米八百一十四石三斗六升四合八勺每石變價
銀一兩五錢該銀一千二百二十一兩五錢四分

七釐又遇閏加徵米六十八石三斗八升一合七
勺該變價銀一百二兩五錢七分三釐
昌化縣
額徵月本有閏銀一十七兩二錢六分二釐無閏徵銀一
十六兩一錢六分一釐
耗銀一兩三錢八分一釐無閏徵銀一兩二錢九
分三釐
行糧銀二十兩一錢四分二釐
耗銀一兩六錢一分二釐
漕截有閏銀四百四十九兩一錢四分八釐無閏徵銀
四百四十九兩三錢四分二釐

耗銀九兩一錢六分六釐無閏徵銀九兩一錢七分

變價項下

額徵行糧米二十六石八斗一升九合二勺每石變價銀

一兩五錢該銀四十兩二錢二分九釐

月糧米五百六十六石八斗五升九合七勺每石變價

銀一兩五錢該銀八百五十兩二錢九分又遇閏

減徵米九石三斗二合九勺該減銀一十三兩九

錢五分五釐

按查呂化月糧現奉部覆應扣原豁米四十九石七斗三勺計額徵米五百一十七石一斗五升九合四勺遇閏加徵米四十石三斗九升七合四勺變價銀兩照此覈算

嘉興縣

額徵月本有閏銀五十七兩七錢九分二釐無閏徵銀五

十三兩一錢三分

耗銀二兩八錢九分無閏徵銀二兩六錢五分七釐

行糧銀一千二十一兩三錢九分八釐

耗銀五十一兩七分

改兌漕截有閏銀八十兩六錢五分三釐無閏徵銀八

十兩六錢八分七釐

耗銀一兩六錢四分六釐無閏徵銀仝

漕截有閏銀二萬五千五百三十五兩六錢五分七釐

無閏徵銀二萬五千五百四十六兩四錢三分

耗銀五百二十一兩一錢三分二厘無閏徵銀五

百二十一兩三錢五分二釐

食米折銀四百九十三兩九錢二分

耗銀二十四兩六錢九分六釐

車夫項下抵解白糧漕截銀一千六百七十兩五錢七

分四釐

變價項下

額徵南月米七百一十石每石變價銀二兩該銀一千四

百二十兩

行糧米一千一百六十一石二斗八升六合五勺每石

變價銀一兩五錢該銀一千七百四十一兩九錢

三分

月糧米一千四百二石八斗三升四合九勺每石變價

銀一兩五錢該銀二千一百四兩二錢五分二釐

又遇閏加徵米一百七十六石五斗一升四合六

勺該變價銀二百六十四兩七錢七分二釐

經費食米一千八石每石變價銀一兩五錢該銀一千

五百一十一兩

秀水縣

額徵行糧銀一千一百四十四兩三分四釐

耗銀四十五兩七錢六分二釐

改兌漕截有閏銀七十兩三錢五分二釐無閏徵銀七

十兩三錢八分二釐

耗銀一兩四錢三分六釐無閏徵銀同

漕截有閏銀二萬二千二百八十兩二錢六分無閏徵

銀二萬二千二百八十九兩六錢二分

耗銀四百五十四兩六錢九分五釐無閏徵銀四

百五十四兩八錢八分七釐

食米折銀四百三十二兩一錢五分

耗銀一十七兩二錢八分六釐

車夫項下抵解白糧漕截銀一千三百九十四兩五錢

一分七釐

變價項下

額徵南月米七百一十石每石變價銀二兩該銀一千四

百二十兩

行糧米七百九十二石三斗二升九合三勺每石變價

銀一兩五錢該銀一千一百八十八兩四錢九分

四釐

經費食米八百八十二石每石變價銀一兩五錢該銀

一千三百二十三兩

嘉善縣

額徵月本有閏銀二十三兩九錢六分三釐無閏徵銀二

十二兩二分九釐

耗銀九錢五分八釐無閏徵銀八錢八分一釐

行糧銀九百一十一兩四錢五分六釐

耗銀三十六兩四錢五分六釐

改兌漕截有閏銀八十四兩七錢二分六釐無閏徵銀

八十四兩七錢六分一釐

耗銀一兩七錢二分九釐無閏徵銀一兩七錢三分

漕截有閏銀二萬四千九百四十六兩八錢九釐無閏

徵銀二萬四千九百五十七兩三錢三分二釐

耗銀五百九兩一錢一分四釐無閏徵銀五百九

兩三錢二分九釐

食米折銀四百三十一兩九錢四分二釐

耗銀一十七兩二錢七分八釐

車夫項下抵解白糧漕截銀一千六百二十四兩九錢

八分五釐

變價項下

額徵南月米七百一十石每石變價銀二兩該銀一千四

百二十兩

行糧米一千三十六石六升九合七勺每石變價銀一

兩五錢該銀一千五百五十四兩一錢四釐

月糧米五百二石八斗五升六合每石變價銀一兩五

錢該銀七百五十四兩二錢八分四釐又遇閏加

徵米七十三石一斗二升七合一勺該變價銀一

百九兩六錢九分一釐

經費食米八百八十二石每石變價銀一兩五錢該銀

一千三百二十三兩

海鹽縣

額徵行糧銀六百三十八兩八錢七分二釐

耗銀三十八兩三錢三分二釐

改兌有閏漕截銀四十三兩二錢二釐無閏徵銀四十三兩二錢一分九釐

耗銀八錢八分二釐無閏徵銀仝

漕截有閏銀一萬四千一百七兩三錢二釐無閏徵銀一萬四千一百一十三兩二錢四分五釐

耗銀二百八十七兩九錢二釐無閏徵銀二百八十八兩二分三釐

食米折銀三百八兩七錢

耗銀一十八兩五錢二分二釐

車夫項下抵解白糧漕截銀八百九十七兩九釐

變價項下

額徵南月米七百一十石每石變價銀二兩該銀一千四百二十兩

行糧米六百五十四石九斗八合二勺每石變價銀一兩五錢該銀九百八十二兩三錢六分二釐

經費食米六百三十石每石變價銀一兩五錢該銀九百四十五兩

平湖縣

額徵行糧銀五百六十三兩四錢八分四釐

耗銀二十二兩五錢四分

改兌漕截有閏銀四十五兩六分五釐無閏徵銀四十五兩八分四釐

耗銀九錢二分無閏徵銀仝

漕截有閏銀一萬四千六百八十二兩四錢二分九釐無閏徵銀一萬四千六百八十八兩六錢二分六釐

耗銀二百九十九兩六錢三分九釐無閏徵銀二百九十九兩七錢六分五釐

食米折銀二百四十六兩四錢三分一釐

耗銀九兩八錢五分八釐

車夫項下抵解白糧漕截銀九百四十六兩四錢七釐

變價項下

額徵南月米七百一十石每石變價銀二兩該銀一千四百二十兩

行糧米六百七十石三斗六升五合六勺每石變價銀一兩五錢該銀一千五兩五錢四分八釐

經費食米五百四石每石變價銀一兩五錢該銀七百五十六兩

石門縣

額徵行糧銀七百一十兩

耗銀二十八兩四錢

改兊漕截有閏銀四十兩三錢五分三釐無閏徵銀四
十兩三錢七分
耗銀八錢二分三釐無閏徵銀八錢二分四釐
漕截有閏銀一萬三千四百八十三兩三錢七分五釐
無閏徵銀一萬三千四百八十九兩四分
耗銀二百七十五兩一錢六分九釐無閏徵銀二
百七十五兩二錢八分四釐
食米折銀二百四十六兩九錢六分
耗銀九兩八錢七分八釐
車夫項下抵解白糧漕截銀八百一十五兩三錢五分
一釐

變價項下
額徵南月米七百一十石每石變價銀二兩該銀一千四
百二十兩
行糧米五百一十石六斗二升一合一勺每石變價銀
一兩五錢該銀七百六十五兩九錢三分二釐
經費食米五百四十石每石變價銀一兩五錢該銀七百
五十六兩

桐鄉縣
額徵行糧銀四百九十六兩一錢五分二釐
耗銀二十四兩八錢七釐
改兊漕截有閏銀三十四兩九錢二分三釐無閏徵銀

三十四兩九錢三分八釐
耗銀七錢一分三釐無閏徵銀仝
漕截有閏銀一萬一千四百七兩五錢九分二釐無閏
徵銀一萬一千四百一十二兩三錢九分六釐
耗銀二百三十二兩八錢六釐無閏徵銀二百三
十二兩九錢四釐
食米折銀一百八十五兩二錢二分
耗銀九兩二錢六分一釐
車夫項下抵解白糧漕截銀七百一十三兩四錢五分
四釐

變價項下

額徵南月米七百一十石每石變價銀二兩該銀一千四
百二十兩
行糧米五百三十二石三斗一升一合三勺每石變價
銀一兩五錢該銀七百九十八兩四錢六分七釐
經費食米三百七十八石每石變價銀一兩五錢該銀
五百六十七兩

安吉縣
額徵月本有閏銀九兩二錢四分八釐無閏徵銀八兩五
錢三釐
耗銀五錢五分五釐無閏徵銀五錢一分
行糧銀九十一兩九錢二分七釐

耗銀五兩五錢一分六釐
改兌漕截有閏銀七兩八錢五分二釐無閏徵銀七兩
八錢五分六釐
耗銀一錢六分無閏徵銀仝
漕截有閏銀二千四百三十一兩四錢六分無閏徵銀
二千四百三十二兩四錢八分三釐
耗銀四十九兩六錢二分一釐無閏徵銀四十九
兩六錢四分二釐

變價項下
額徵行糧米一百四十七石九斗一升一合一勺每石變
價銀一兩五錢該銀二百二十一兩八錢六分六釐

月糧米三百一石二斗九升七合一勺每石變價銀一
兩五錢該銀四百五十一兩九錢四分六釐又遇
閏加徵米二十八石二斗五升七勺該變價銀四
十二兩三錢七分六釐

歸安縣
額徵月本有閏銀八錢九分六釐無閏徵銀八錢二分四
釐
耗銀四分四釐無閏徵銀四分一釐
行糧銀一千一百七十四兩八錢七分五釐
耗銀五十八兩七錢四分四釐
改兌漕截有閏銀八十九兩七錢六分四釐無閏徵銀
八十九兩八錢二分
耗銀一兩八錢三分三釐無閏徵銀仝
漕截有閏銀二萬五千六百四十一兩六錢一分四釐
無閏徵銀二萬五千六百五十二兩四錢七分一
釐
耗銀五百二十三兩二錢九分四釐無閏徵銀五
百二十三兩五錢一分五釐
食米折銀四百五十三兩二分四釐
耗銀二十二兩六錢五分一釐
車夫項下抵解白糧漕截銀一千四百八十兩四錢三
分七釐

變價項下
額徵南月米七百一十石每石變價銀二兩該銀一千四
百二十兩
行糧米一千五十三石一斗六升五合三勺每石變價
銀一兩五錢該銀一千五百七十九兩七錢四分
八釐
月糧米二十石三合每石變價銀一兩五錢該銀三十
兩四釐又遇閏加徵米二石七斗五升五合九勺
該變價銀四兩一錢四釐
經費食米九百四十五石每石變價銀一兩五錢該銀
一千四百一十七兩五錢

烏程縣
額徵月本有閏銀四錢八分七釐無閏徵銀四錢四分七
釐
耗銀一分九釐無閏徵銀一分八釐
行糧銀一千二百五兩八錢九分六釐
耗銀四十八兩二錢三分六釐
改兌漕截有閏銀一百一十三兩二錢三分四釐無閏
徵銀一百一十三兩二錢八分二釐
耗銀二兩三錢一分一釐無閏徵銀二兩三錢一
分二釐
漕截有閏銀二萬九千八百一十三兩九分五釐無閏

徵銀二萬九千八百二十五兩八錢八分四釐
耗銀六百八兩四錢二分六釐無閏徵銀六百八
兩六錢八分七釐
食米折銀五百一十八兩一錢三分九釐
耗銀二十兩七錢二分五釐
車夫項下抵解白糧漕截銀一千八百八兩四錢五分
六釐
變價項下
額徵南月米七百一十石每石變價銀二兩該銀一千四
百二十兩
行糧米一千九十二石二斗二升四合五勺每石變價

銀一兩五錢該銀一千六百三十八兩三錢三分
七釐
月糧米一十石二斗四升五合四勺每石變價銀一兩
五錢該銀一十五兩三錢六分八釐又遇閏加徵
米一石四斗八升六合八勺該變價銀二兩二錢
三分
經費食米一千一百三十四石每石變價銀一兩五錢
該銀一千七百一兩
長興縣
額徵月本有閏銀五兩二錢二分五釐無閏徵銀四兩八
錢四釐

耗銀三錢一分三釐無閏徵銀二錢八分八釐
行糧銀七百九十一兩八分一釐
耗銀四十七兩四錢六分五釐
漕截有閏銀一萬四千六百五十二兩九錢二分四釐
無閏徵銀一萬四千六百五十九兩九分四釐
耗銀二百九十九兩三分七釐無閏徵銀二百九
十九兩一錢六分三釐
食米折銀二百一十六兩九分
耗銀一十二兩九錢六分五釐
車夫項下抵解白糧漕截銀六百九十六兩三錢四分
二釐

變價項下
額徵行糧米八百八石七斗六升一合八勺每石變價銀
一兩五錢該銀一千二百一十三兩一錢四分三
釐
月糧米一百六十石六斗六升七合四勺每石變價
銀一兩五錢該銀二百四十一兩一釐又遇閏加
徵米一十五石九斗五升九合九勺該變價銀二
十三兩九錢四分
經費食米四百四十一石每石變價銀一兩五錢該銀
六百六十一兩五錢
德清縣

額徵月本有閏銀三錢四分五釐無閏徵銀三錢一分八
釐
耗銀二分一釐無閏徵銀一分九釐
行糧銀六百九兩五錢一分三釐
耗銀三十六兩五錢七分一釐
改兌漕截有閏銀四十三兩六錢二分七釐無閏徵銀
四十三兩六錢四分六釐
耗銀八錢九分無閏徵銀八錢九分一釐
漕截有閏銀一萬四千七百七十兩六錢七分無閏徵
銀一萬四千七百七十六兩九錢九釐
耗銀三百一兩四錢四分無閏徵銀三百一兩五

錢六分七釐
食米折銀二百四十六兩九錢六分
耗銀一十四兩八錢一分八釐
車夫項下抵解白糧漕截銀八百三兩七錢三釐
變價項下
額徵南月米七百一十石每石變價銀二兩該銀一千四
百二十兩
行糧米六百七十九石二斗五升二合六勺每石變價
銀一兩五錢該銀一千一十八兩八錢七分九釐
月糧米八石六斗四勺每石變價銀一兩五錢該銀一
十二兩九錢一釐又遇閏加徵米一石五升五合

二勺該變價銀一兩五錢八分二釐
經費食米五百四石每石變價銀一兩五錢該銀七百
五十六兩
武康縣
額徵月本有閏銀二錢七分二釐無閏徵銀二錢五分
耗銀一分六釐無閏徵銀一分五釐
行糧銀一百三十七兩七錢一分一釐
耗銀八兩二錢六分二釐
改兌有閏漕截銀一十一兩六錢八分六釐無閏徵銀
一十一兩六錢九分
耗銀二錢三分八釐無閏徵銀二錢三分九釐

漕截有閏銀三千二百八十四兩八錢一分六釐無閏
徵銀三千二百八十六兩一錢九分九釐
耗銀六十七兩三分六釐無閏徵銀六十七兩六
分五釐
食米折銀六十二兩七錢四分
耗銀三兩七錢五釐
車夫項下抵解白糧漕截銀一百五十兩四錢二分二
釐
變價項下
額徵行糧米一百七十九石八斗一升九合一勺每石變
價銀一兩五錢該銀二百六十九兩七錢二分九

釐
月糧米八石四斗二升一合六勺每石變價銀一兩五
錢該銀一十二兩六錢三分二釐又遇閏加徵米
八斗三升三勺該變價銀一兩二錢四分六釐
經費食米一百二十六石每石變價銀一兩五錢該銀
一百八十九兩
孝豐縣
額徵月本有閏銀二千三百八十六兩四錢八分七釐無
閏徵銀二千一百一十兩五錢九分七釐
耗銀二兩八錢一分三釐無閏徵銀二兩五錢八
分五釐

定海廳
額徵月本有閏銀一百五十九兩一錢九分一釐無閏徵
銀一百三十五兩七錢二分五釐
耗銀一十二兩七錢三分五釐無閏徵銀一十兩
八錢五分八釐
鄞縣
額徵月本有閏銀二千五百七十九兩七錢四分三釐無
閏徵銀二千二百四十三兩二分三釐
耗銀一百五十四兩七錢八分四釐無閏徵銀一
百三十四兩五錢八分一釐
月折有閏銀一千八百八十七兩一錢五分無閏徵銀

一千七百一十一兩七錢三分
耗銀一百一十三兩二錢二分九釐無閏徵銀一
百二兩七錢四釐
慈谿縣
額徵月本有閏銀一千四百四十兩無閏徵銀一千二百
兩
耗銀七十二兩無閏徵銀六十兩
月折有閏銀一千五十五兩二錢六釐無閏徵銀九百
三十九兩七錢六釐
耗銀五十二兩七錢六分無閏徵銀四十六兩九
錢八分五釐

奉化縣
額徵月本有閏銀一千四百一十六兩無閏徵銀一千二
百兩
耗銀八十四兩九錢六分無閏徵銀七十二兩
月折有閏銀一千五百二十六兩五錢九分六釐無閏
徵銀一千三百八十六兩五錢九分六釐
耗銀九十一兩五錢九分六釐無閏徵銀八十三
兩一錢九分六釐
鎮海縣
額徵月本有閏銀一千五百四十一兩四錢三分九釐無
閏徵銀一千三百一十四兩二錢九釐

耗銀九十二兩四錢八分六釐無閏徵銀七十八
兩八錢五分二釐
月折有閏銀一千五百五十四兩無閏徵銀一千四百
兩
耗銀九十三兩二錢四分無閏徵銀八十四兩
象山縣
額徵月本有閏銀五百八十七兩五錢六分七釐無閏徵
銀五百二十七兩五錢六分七釐
耗銀四十七兩六釐無閏徵銀四十二兩二錢六
釐
月折有閏銀二百九十兩四錢五分二釐無閏徵銀二
百三十一兩六錢五分二釐
耗銀二十三兩二錢三分六釐無閏徵銀一十八
兩五錢三分二釐
山陰縣
額徵月本有閏銀五千五百五十八兩九錢四分八釐無
閏徵銀五千一百三十六兩五錢二分九厘
耗銀三百三十三兩五錢三分七釐無閏徵銀三
百八兩一錢九分二釐
月折有閏銀六千一百一十五兩二錢八分四釐無閏
徵銀五千七百七兩八錢
耗銀三百六十六兩九錢一分七釐無閏徵銀三

百四十二兩四錢六分八釐
會稽縣
額徵月本有閏銀四千六百三十九兩八錢五分三釐無
閏徵銀四千三百四兩三錢五分二釐
耗銀二百三十一兩九錢九分三釐無閏徵銀二
百一十五兩二錢一分七釐
月折有閏銀五千二百二十四兩一錢一分六釐無閏
徵銀五千四十九兩四錢八分
耗銀二百六十一兩二錢六分無閏徵銀二百五
十二兩四錢七分四釐
蕭山縣

額徵月折有閏銀五千八百三十兩九錢五分一釐無閏仝

耗銀一百七十四兩九錢二分八釐無閏仝

諸暨縣

額徵月本有閏銀一千三百三十三兩九錢二分一釐無閏徵銀一千二百一十三兩九錢二分一釐

耗銀六十六兩六錢九分六釐無閏徵銀六十兩六錢九分六釐

月折有閏銀七千八十四兩七錢三分二釐無閏徵銀七千八十四兩七錢三分一釐

耗銀三百五十四兩二錢三分七釐無閏徵銀仝

餘姚縣

額徵月本有閏銀三千兩無閏仝

耗銀一百五十兩無閏仝

月折有閏銀三千一百八十兩九錢一分六釐無閏仝

耗銀一百五十九兩四分六釐無閏仝

上虞縣

額徵月本有閏銀二千四百二兩二錢四分七釐無閏仝

耗銀一百二十兩一錢一分二釐無閏仝

月折有閏銀三千三兩無閏仝

耗銀一百五十兩一錢五分無閏仝

嵊縣

額徵月本有閏銀三千六百兩無閏徵銀三千四百八十兩

耗銀一百八十兩無閏徵銀一百七十四兩

臨海縣

額徵月本有閏銀二千六百一十三兩四錢八分七釐無閏徵銀二千四百四十二兩四錢二分一釐

耗銀一百八十二兩九錢四分四釐無閏徵銀一百七十兩九錢七分

月折有閏銀二千三百二十三兩七分二釐無閏徵銀二千二百三十三兩八錢八分四釐

耗銀一百六十二兩六錢一分五釐無閏徵銀一百五十六兩三錢七分一釐

黃巖縣

額徵月本有閏銀二千九百七十八兩八錢九分六釐無閏徵銀二千七百四十九兩七錢五分

耗銀二百八兩五錢二分三釐無閏徵銀一百九十二兩四錢八分三釐

月折有閏銀二千六百四十八兩五錢九分八釐無閏徵銀二千五百一十四兩九錢二分九釐

耗銀一百八十五兩四錢二釐無閏徵銀一百七十六兩四分五釐

寧海縣

額徵月本有閏銀一千三百五十四兩四分三釐無閏徵
銀一千二百四十九兩八錢八分六釐
耗銀一百八兩三錢二分三釐無閏徵銀九十九
兩九錢九分一釐
月折有閏銀一千二百三兩九錢八釐無閏徵銀一千
一百四十三兩一錢五分
耗銀九十六兩三錢一分三釐無閏徵銀九十一
兩四錢五分二釐

太平縣

額徵月本有閏銀一千八百一十三兩五錢九分八釐無
閏徵銀一千六百七十四兩九分

耗銀一百四十五兩八分八釐無閏徵銀一百三
十三兩九錢二分七釐
月折有閏銀一千六百一十二兩五錢七釐無閏徵銀
一千五百三十一兩一錢二分八釐
耗銀一百二十九兩無閏徵銀一百二十二兩四
錢九分

天台縣

額徵月本有閏銀一千二百五十二兩五錢六分八釐無
閏徵銀一千一百七十九兩三錢二分七釐
耗銀八十七兩六錢八分無閏徵銀八十二兩五
錢五分三釐

月折有閏銀一千一百二十兩一錢二分四釐無閏徵
銀一千八十二兩二錢七分一釐
耗銀七十八兩四錢九釐無閏徵銀七十五兩七
錢五分九釐

仙居縣

額徵月本有閏銀九百六十一兩四錢七釐無閏徵銀八
百八十七兩四錢五分三釐
耗銀三十八兩四錢五分六釐無閏徵銀三十五
兩四錢九分八釐
月折有閏銀八百五十四兩八錢二分八釐無閏徵銀
八百一十一兩六錢八分八釐

耗銀三十四兩一錢九分三釐無閏徵銀三十二
兩四錢六分八釐

金華縣

額徵月本有閏銀二百一十兩二錢九分一釐無閏徵銀
一百九十三兩八錢八分九釐
耗銀一十兩五錢一分五釐無閏徵銀九兩六錢
九分四釐
月折有閏銀二百一十三兩四錢四分五釐無閏徵銀
二百三兩九錢九分六釐
耗銀一十兩六錢七分二厘無閏徵銀一十兩二
錢

蘭谿縣
額徵月本有閏銀七十九兩四錢五分一釐無閏徵銀七十五兩四錢九厘
耗銀三兩一錢七分八釐無閏徵銀三兩一分六釐
月折有閏銀五百五十二兩四釐無閏徵銀五百六十三兩八錢七分三釐
耗銀二十二兩八分無閏徵銀二十二兩五錢五分五釐蘭溪有閏月折銀數轉少業已奉到　部覆更正另載於後

東陽縣
額徵月本有閏銀三百六十七兩九錢九分九釐無閏徵

銀三百三十九兩二錢六分
耗銀一十八兩四錢無閏徵銀一十六兩九錢六分三釐
月折有閏銀三百七十三兩二分四釐無閏徵銀三百五十六兩二錢九分五釐
耗銀一十八兩六錢五分二釐無閏徵銀一十七兩八錢一分五釐

義烏縣
額徵月本有閏銀二百六十五兩五錢七分一釐無閏徵銀二百四十五兩一錢五分
耗銀二十一兩二錢四分六釐無閏徵銀一十九兩六錢一分二釐
月折有閏銀二百六十九兩三分六釐無閏徵銀二百五十七兩五分四釐
耗銀二十一兩五錢二分二釐無閏徵銀二十兩五錢六分四釐

永康縣
額徵月本有閏銀三百五十九兩五錢九分無閏徵銀三百三十一兩九錢三分五釐
耗銀二十五兩一錢七分二釐無閏徵銀二十三兩二錢三分六釐
月折有閏銀七百九十二兩八錢九分二釐無閏徵銀

七百七十六兩六錢九分二釐
耗銀五十五兩四錢九分七釐無閏徵銀五十四兩三錢六分八釐

武義縣
額徵月本有閏銀一百九十五兩六錢六分無閏徵銀一百八十兩五錢七分八釐
耗銀一十五兩六錢五分二釐無閏徵銀一十四兩四錢四分六釐
月折有閏銀一百九十七兩九錢六分九釐無閏徵銀一百八十九兩二錢一分六釐
耗銀一十五兩八錢三分八釐無閏徵銀一十五

兩一錢三分七釐

浦江縣

額徵月本有閏銀一百三十三兩七錢三分二釐無閏徵銀一百二十三兩四錢四分四釐

耗銀九兩三錢六分一釐無閏徵銀八兩六錢四分一釐

月折有閏銀一百三十五兩六錢七分一釐無閏徵銀一百二十九兩六錢七分

耗銀九兩四錢九分七釐無閏徵銀九兩七分七釐

湯溪縣

額徵月本有閏銀七十三兩三錢八分七釐無閏徵銀六十八兩六錢四釐

耗銀四兩四錢三釐無閏徵銀四兩一錢一分七釐

月折有閏銀七十四兩四錢三釐無閏徵銀七十二兩一錢六釐

耗銀四兩四錢六分四釐無閏徵銀四兩三錢二分六釐

西安縣

額徵月本有閏銀一千四兩八錢七分五釐無閏徵銀九百四十兩九錢六分一釐

耗銀六十兩二錢九分二釐無閏徵銀五十六兩四錢五分七釐

月折有閏銀六百七十七兩六錢八分四釐無閏徵銀六百四十兩一錢四釐

耗銀四十兩六錢六分一釐無閏徵銀三十八兩四錢二分四釐

龍游縣

額徵月折有閏銀二千二百六兩四錢一分二釐無閏徵銀二千二百五十二兩八錢九分七釐

耗銀一百一十兩三錢二分一釐無閏徵銀一百一十二兩六錢四分五釐（龍游閏年月折銀數轉少已奉部覆更正另載於後）

江山縣

額徵月本有閏銀五百九十五兩二錢八分三釐無閏徵銀五百四十三兩六錢二分二釐

耗銀二十九兩七錢六分四釐無閏徵銀二十七兩一錢八分一釐

月折有閏銀六百六十五兩五錢一分六釐無閏徵銀六百三十五兩三錢九分一釐

耗銀三十三兩二錢七分六釐無閏徵銀三十一兩七錢七分

常山縣

額徵月本有閏銀三百五十九兩六錢八分七釐無閏徵

銀三百二十八兩五錢一分四釐
耗銀二十一兩五錢八分二釐無閏徵銀一十九
兩七錢一分一釐
月折有閏銀四百二兩二錢一分八釐無閏徵銀三百
八十四兩三分三釐
耗銀二十四兩一錢三分三釐無閏徵銀二十三
兩四分二釐

開化縣

額徵月本有閏銀四百九十九兩七錢九分五釐無閏徵
銀四百五十六兩六錢六分三釐
耗銀二十九兩九錢八分八釐無閏徵銀二十七

兩四錢
月折有閏銀五百五十九兩一錢二釐無閏徵銀五百
三十三兩九錢四分三釐
耗銀三十三兩五錢四分六釐無閏徵銀三十二
兩三分七釐

建德縣

額徵月本有閏銀六百八十六兩一錢九分五釐無閏徵
銀五百七十九兩七錢四分六釐
耗銀三十四兩三錢一分無閏徵銀二十八兩九
錢八分七釐
月折有閏銀三百五十六兩九錢一分六釐無閏徵銀

二百九十四兩四錢四分七釐
耗銀一十七兩八錢四分五釐無閏徵銀一十四
兩七錢二分二釐

淳安縣

額徵月本有閏銀二百三十八兩八錢四分一釐無閏徵
銀一百九十八兩八錢六分九釐
耗銀一十一兩九錢四分二釐無閏徵銀九兩九
錢四分四釐
月折有閏銀三百九十一兩九錢一分五釐無閏徵銀
三百六十八兩五錢九分八釐
耗銀一十九兩五錢九分六釐無閏徵銀一十八

兩四錢三分

遂安縣

額徵月本有閏銀五百三十一兩七錢一分二釐無閏徵
銀四百四十五兩七錢一分九釐
耗銀一十五兩九錢五分一釐無閏徵銀一十三
兩三錢七分二釐
月折有閏銀二百七十一兩九錢八釐無閏徵銀二百
二十一兩七錢四分六釐
耗銀八兩一錢五分七釐無閏徵銀六兩六錢五
分二釐

壽昌縣

額徵月本有閏銀四百二十六兩三錢三分六釐無閏徵
銀三百五十七兩一錢一分五釐
耗銀二十九兩八錢四分四釐無閏徵銀二十四
兩九錢九分八釐
月折有閏銀二百一十六兩五錢一分二釐無閏徵銀
一百七十六兩一錢三分三釐
耗銀一十五兩一錢五分六釐無閏徵銀一十二
兩三錢三分
桐廬縣
額徵月本有閏銀二百六十四兩二錢七分七釐無閏徵
銀二百二十兩八錢二分三釐

耗銀一十兩五錢七分一釐無閏徵銀八兩八錢
三分三釐
月折有閏銀一百三十五兩四錢八釐無閏徵銀一百
一十兩六分三釐
耗銀五兩四錢一分七釐無閏徵銀四兩四錢三
釐
分水縣
額徵月折有閏銀四百一十六兩七分三釐無閏仝
耗銀三十三兩二錢八分六釐無閏仝
嚴州所
額徵月本有閏銀一千八十兩八分六釐無閏仝

耗銀五十四兩五釐無閏仝
永嘉縣
額徵月本有閏銀一千八百三十七兩二錢二分四釐無
閏徵銀一千六百九十五兩九錢六分
耗銀一百四十六兩九錢七分八釐無閏徵銀一
百三十五兩六錢七分六釐
月折有閏銀一千一百三十九兩九錢六分四釐無閏
徵銀一千五十七兩五錢六分
耗銀九十一兩一錢九分七釐無閏徵銀八十四
兩六錢五釐
樂清縣
額徵月本有閏銀一千七百三十九兩九錢四釐無閏徵

銀一千六百六兩八分
耗銀一百二十一兩七錢九分三釐無閏徵銀一
百一十二兩四錢二分六釐
月折有閏銀一千七百四十二兩三錢八分四釐無閏
徵銀一千六百六十四兩三錢二分
耗銀一百二十一兩九錢六分七釐無閏徵銀一百
一十六兩五錢二釐
瑞安縣
額徵月本有閏銀二千四百三十二兩三錢二分八釐無
閏徵銀二千二百四十五兩二錢

耗銀一百七十兩二錢六分三釐無閏徵銀一百
五十七兩一錢六分四釐
月折有閏銀一千四百二十八兩五錢三分七釐無閏
徵銀一千三百一十九兩三錢七分九釐
耗銀九十九兩九錢九分八釐無閏徵銀九十二
兩三錢五分七釐
平陽縣
額徵月本有閏銀三千八百四十三兩九錢六分九釐無
閏徵銀三千五百四十五兩八錢六分五釐
耗銀二百六十九兩七分八釐無閏徵銀二百四
十八兩二錢一分一釐

月折有閏銀二千七百四兩三錢二分四釐無閏徵銀
二千五百三十兩四錢三分
耗銀一百八十九兩三錢三釐無閏徵銀一百七
十七兩一錢三分
溫州衛
額徵屯折有閏銀九百七十六兩九錢三分三釐無閏仝
耗銀六十八兩三錢八分五釐無閏仝
麗水縣
額徵月本有閏銀六百八十九兩二錢四分四釐無閏徵
銀四百九十一兩五錢七釐
耗銀四十一兩三錢五分四釐無閏徵銀二十九

兩四錢九分
月折有閏銀九百一十六兩七錢一分二釐無閏徵銀
八百四兩四錢七分五釐
耗銀五十五兩三釐無閏徵銀四十八兩二錢六
分八釐
縉雲縣
額徵月本有閏銀三千四百六十六兩六錢九分八釐無
閏徵銀三千三百二十一兩六錢九分六釐
耗銀一百七十三兩三錢三分五釐無閏徵銀一
百六十六兩八分五釐
月折有閏銀二千七百一十兩四錢七分一釐無閏徵

銀二千六百二十五兩九錢一分一釐
耗銀一百三十五兩五錢二分四釐無閏徵銀一
百三十一兩二錢九分六釐
松陽縣
額徵月本有閏銀三百六十八兩九錢四分四釐無閏徵
銀三百四十兩九分三釐
耗銀二十五兩八錢二分六釐無閏徵銀二十三
兩八錢六釐
月折有閏銀三百三十七兩六錢四分無閏徵銀三百
二十一兩八分一釐
耗銀二十三兩六錢三分五釐無閏徵銀二十二

兩四錢七分五釐

遂昌縣

額徵月本有閏銀一千四百七十二兩九錢一分二釐無閏徵銀一千三百八十七兩二錢三分七釐

耗銀一百一十七兩八錢三分三釐無閏徵銀一百一十兩九錢七分九釐

月折有閏銀一千七百七十六兩四錢一分九釐無閏徵銀一千七百二十六兩一錢一分七釐

耗銀一百四十二兩一錢一分三釐無閏徵銀一百三十八兩八分九釐

雲和縣

額徵月本有閏銀五百四十五兩二錢六分八釐無閏徵銀四百八十兩

耗銀四十三兩六錢二分一釐無閏徵銀三十八兩四錢

月折有閏銀二百四十八兩七分三釐無閏徵銀二百一十兩

耗銀一十九兩八錢四分六釐無閏徵銀一十六兩八錢

龍泉縣

額徵月本有閏銀九百九十七兩五錢九分七釐無閏徵銀八百六十九兩七錢三分七釐

耗銀五十九兩八錢五分六釐無閏徵銀五十二兩一錢八分四釐

月折有閏銀一千一百一十三兩九錢三分一釐無閏徵銀一千三十九兩三錢四分六釐

耗銀六十六兩八錢三分五釐無閏徵銀六十二兩三錢六分一釐

慶元縣

額徵月本有閏銀二百五十二兩五分三釐無閏徵銀二百三十三兩五錢五分二釐

耗銀二十兩一錢六分四釐無閏徵銀一十八兩六錢八分四釐

月折有閏銀四百六十七兩三錢七分六釐無閏徵銀四百五十六兩八錢七分一釐

耗銀三十七兩三錢九分無閏徵銀三十六兩五錢五分

景甯縣

額徵月本有閏銀九十九兩四錢九分無閏徵銀八十八兩三錢六分六釐

耗銀七兩九錢五分九釐無閏徵銀七兩六分九釐

月折有閏銀二百九十三兩三錢二釐無閏徵銀二百八十六兩八錢一分三釐

耗銀二十三兩四錢六分四釐無閏徵銀二十二
兩九錢四分五釐
宣平縣
額徵月本有閏銀四百一十兩六錢四分七釐無閏徵銀
三百七十五兩三錢七分三釐
耗銀三十二兩八錢五分二釐無閏徵銀三十兩
三分
月折有閏銀二百九十九兩二錢七分四釐無閏徵銀
二百七十八兩七錢二分五釐
耗銀二十三兩九錢四分二釐無閏徵銀二十二
兩二錢九分八釐

浙江巡撫部院馬　爲詳請咨明事據糧儲道英樸詳稱奉撫
部院案行同治六年二月初二日接准
兵部火票遞到
戸部咨開浙江永減漕糧一案前據督撫等奏稱本應遵照部
議分縣造冊開報奈因兵燹之後冊籍無存奇零尚難準確須
俟各案查鈔齊全另行覈對分造細冊送部覈覆定案等因欽
奉
上諭一道業經鈔錄行知在案茲據奏稱查明減賸確數並據聲稱
造具清冊咨送本部等因查各屬減賸確數細冊爲永遠徵漕
根據最關緊要現據奏稱咨部而此項清冊仍未送到應飛咨
該撫趕緊專案送部毋再稍遲至昌化蘭谿龍游三縣有閏無

閏年分原額漕項銀米各數擬請匀減一節查咸豐二年奏冊
歷年較遠或有陞坍豁除未免參差又咸豐十年奏冊尚未據
題到部未便率准援引且以有閏年分銀米之額匀減作爲無
閏年分定額亦未允愜今本部查浙省到部冊籍至咸豐九年
分止無閏之年應即查照咸豐九年分奏冊作爲定額有閏之
年應即查照咸豐七年分奏冊作爲定額相應鈔錄該二年昌
化蘭谿龍游等三縣額徵漕項銀米各數目開單咨覆浙江巡
撫遵照本部單開該二年作爲定額毋庸輕議更張惟單開各
欵均係減漕以前數目查浙省減漕案內奏准量減三十分之
八行月二糧隨漕遞減其餘漕項銀兩均不覈減今本部單開
昌化等縣漕項銀米數目除銀欵及米石折徵銀欵均無庸覈

減外其向徵本色米石者卽由該撫按照各該縣應減之數作
爲定額仍將減賸各數專案報部查覈可也等因到院行道奉
此遵查昌化蘭谿龍游三縣額徵銀米已奉
戶部覈定鈔發在案除昌化縣月糧本色米石遵照現奉定額
照數更正並遵飭造具減定有閏無閏分縣實徵漕糧等欵本
色米石細數清冊業經專案詳請咨送
戶部查覈外所有蘭谿龍游二縣額徵有閏無閏漕項各欵正
耗銀兩遵奉
戶部定額照數更正除飭知該二縣以奉文之日起作爲徵解
定額外理合造具該二縣有閏無閏額徵漕項銀兩更正各數
清冊詳候咨送

戶部備案等情到本部院據此相應咨送爲此合咨
貴部煩請查照備案施行須至咨者
計咨送　冊一本
同治六年六月十六日咨
戶部
二品頂戴浙江督糧道　爲造送事今將蘭谿龍游二縣額徵
漕項各欵正耗銀兩遵奉
大部覈定鈔發各數逐一更正理合造冊呈送
查覈施行須至冊者
今開
蘭谿縣
無閏之年
額徵折色月糧銀五百四十八兩四錢三分九釐每兩徵耗
四分應徵耗羨銀二十一兩九錢三分八釐
本色月糧米六十一石一斗一升五合二勺每石折銀
一兩二錢該銀七十三兩三錢三分九釐每兩徵
耗四分應徵耗羨銀二兩九錢三分三釐
淺貢銀四百三十七兩六錢三分六釐每兩徵耗四分
應徵耗羨銀一十七兩五錢六釐
共正項銀一千五十九兩四錢一分四釐耗羨銀四十
二兩三錢七分七釐
有閏之年

額徵折色月糧銀五百五十二兩四釐每兩徵耗四分應徵
耗羨銀二十二兩八分
本色月糧米六十六石二斗九合一勺每石折銀一兩
二錢該銀七十九兩四錢五分一釐每兩徵耗四
分應徵耗羨銀三兩一錢七分八釐
淺貢銀四百三十七兩六錢三分六釐每兩徵耗四分
應徵耗羨銀一十七兩五錢六釐
共正項銀一千六十九兩九分一釐耗羨銀四十二兩
七錢六分四釐
龍游縣
無閏之年

額徵折色月糧銀二千二百六兩四錢一分二釐每兩徵耗
五分應徵耗羨銀一百一十兩三錢二分一釐
淺貢銀五百九十三兩九錢六分八釐每兩徵耗五分
應徵耗羨銀二十九兩六錢九分八釐
共正項銀二千八百兩三錢八分耗羨銀一百四十兩
一分九釐

有閏之年
額徵折色月糧銀二千二百六兩四錢一分二釐每兩徵耗
五分應徵耗羨銀一百一十兩三錢二分一釐
淺貢銀五百九十三兩九錢六分八釐每兩徵耗五分
應徵耗羨銀二十九兩六錢九分八釐

共正項銀二千八百兩三錢八分耗羨銀一百四十兩
一分九釐查係向不加閏理合註明

浙江巡撫部院馬　爲詳請覈咨事據海運省局司道詳稱竊
照浙漕初屆奉行海運應繳廳倉茶果個兒錢經紀津貼飯米
折色等項係仿照江省道光六年海運成案以旗丁應領餘米
價籄羨紙劄等銀按數抵撥如有不敷飭令解交經
倉場督憲
奏明奉
部覈復歷經遵辦在案本屆海運前項餘米仍一併解通其價
銀仍查照浙省向給幫丁之項合算應請同籄羨紙劄等銀照
數援案抵撥其不敷之銀仍由浙省解交除彙入章程詳
奏外相應詳請咨明
直隸倉場督憲轉行坐糧廳天津道府一體查照實爲公便等情到

本部院據此除咨
直隸倉場督院外相應咨明爲此合咨
貴部堂煩請查照希卽轉行坐糧廳天津道府一體遵照施行
同治四年　月　日咨
直隸倉場督院

倉場侍郎臣成琦跪

奏爲豫備先漕實無另款可籌謹就筐羨等銀項下酌擬變通以

資協濟而利漕行恭摺奏祈

聖鑒事竊查咸豐八年升任侍郎沈　清查通濟庫銀兩案內奏稱

經紀人等先漕如油艌蓆片等項向例在腳價內開銷近年各

項扣款已多不敷辦運擬變通舊例將先漕一萬餘兩暫籌別

款匀攤由倉場侍郎妥速籌畫奏明辦理等因經戶部議奏奉

旨允准在案隨經臣廉兆綸於上年備辦先漕時會同前任倉場侍

郎崇　撙節刪減計軍白糧經紀大通橋車戶閘水腳共實

需先漕銀一萬一千餘兩擬請在於江浙二省筐夫銀兩項下

扣存通庫抵補先漕如有不敷請以通庫米折一款支銷接濟

於上年五月具奏旋准戶部議覆所奏覈減先漕各款數目向

爲覈實應准照辦至所擬扣用筐夫銀兩一款海運章程已抵

扣解通輕賫茶果等項勢難扣留通庫作抵行令仍在經紀車

戶水腳等應得銀內分別匀攤又通庫米折銀兩如輕賫茶果

不敷開放准其借動惟不得抵補先漕等因奏令遵辦在案臣

成琦仰蒙

天恩簡任倉場侍郎接任後調閱接管卷宗即與臣廉兆綸悉心酌

覈查先漕欵項向原於經紀人等抗腳價內坐扣嗣因不敷辦

運歷年均有長支每屆清查積成鉅欠是以咸豐八年清查案

內奏明免扣其辦理先漕經費奏請另籌似難仍籌之於經紀

人等應領項下況經紀及車戶水腳各欵疊經覈減所餘應領

之銀又按八折放給兼之搭放錢票官鈔今臣等復將以上數

項經費就經紀人等應領各項實欵內酌量提釐另摺奏請抵

補歷年長支掣欠各欵所餘更屬無幾領少扣多方憂誤運若

再加攤先漕各欵辦運無資勢必貽誤漕運所關匪淺現在新

漕已屆經費無出辦理萬分棘手臣等再四熟商江浙二省筐

夫一欵既據部咨勢難留通作抵而經紀人等應領各欵實又

減之又減萬難再議籌攤自宜另法變通以期於要需無誤臣

等復查通壩辦運經費專恃輕賫一欵每年支銷閘壩橋倉各

項抗腳買哏爲數不貲而江浙筐羨等銀及東豫等省羨餘紙

劄餘米價銀亦在輕賫項下支銷實爲鉅欵通庫連年支絀節

經臣等奏明將一切放欵撙節覈減或放給八折或裁減一二

成再按八折放給并搭配錢票官鈔二三成藉以敷衍覈計所

領實銀僅折給四五成不等惟各省筐羨等銀均按八折實銀

抵領如上年江蘇省應解通庫輕賫銀三萬六千餘兩該省筐

羨等銀按八折覈算向抵領銀二萬三千餘兩只餘銀一萬三

千餘兩解通辦理運務是以用費不敷其浙江東豫等省羨餘

等銀在通庫輕賫項下抵領者亦屬不少臣等公同商酌現在

辦理先漕經費無出如部臣以江浙二省筐夫銀兩萬難全數

扣留通庫即請將江浙二省筐夫銀兩并江浙東豫四省羨餘

紙劄餘米價銀均按七成折給其扣減三成銀兩留存通庫每

年約收銀一萬三四千兩作爲備辦先漕之用在各省支領筐

羨等銀雖與向年八折領數復減一成而全數支領實銀較之

通壩一切放欵配搭錢票官鈔外仍按八折放給僅領實銀四
五成者尚屬有贏無絀應請
勅下部臣覈議施行其米折一欵經臣等前次奏請業奉部駁只准
借動不得抵補先漕之用自應遵照部議以示限制再上年支
放經紀車戶水脚等先漕銀兩因未籌定何欵勻攤現在欵項
虛懸未經籌補應俟由戶部議定後每年除支發先漕銀兩外
如有贏餘按年儘數抵還咸豐九年先漕支用銀兩庶墊欵悉
歸有著運務可期妥速所有臣等籌撥先漕要欵緣由理合恭
摺奏
聞伏乞
皇上聖鑒

訓示遵行謹
奏請
旨咸豐十年二月初四日奏奉
硃批戶部覈議具奏片併發欽此

戶部謹
奏爲遵
旨覈議具奏仰祈
聖鑒事倉場侍郎成琦等奏預備先漕無欵可籌就豐裕等銀項下
酌擬變通以資協濟一摺咸豐十年二月初四日奉
硃批戶部覈議具奏片併發欽此據原奏內稱上年備辦先漕計單
白糧經紀大通橋車戶四閘水脚共實需銀一萬一千餘兩擬
請在於江浙二省豐裕銀兩項下扣存通庫抵補先漕如有不
敷請以通庫米折一欵支銷接濟於上年五月具奏旋准戶部
議覆豐裕銀兩一欵海運章程已抵扣解通輕賫茶果等項勢
難扣留通庫作抵行令仍在經紀車戶水脚等應得銀內分別

勻攤查先漕欵項向原於經紀人等抗脚價內坐扣嗣因不敷
辦運歷年均有長支每屆清查積成鉅欠是以咸豐八年清查
案內奏明免扣其辦理先漕經費奏請另籌似難仍籌之於經
紀人等應領項下况經紀及車戶水脚各欵屢經覈減所餘應
領之銀又按八折放給兼之搭放錢票官鈔今臣等復將以上
數項經費就經紀人等應領各項實欵內酌量提釐另摺奏請
抵補歷年長支掣欠各欵所餘更屬無幾領少扣多方憂誤運
若再加攤先漕各欵辦理無資勢必貽誤漕運所關匪淺現在
新漕已屆經費無出辦理萬分棘手臣等再四熟商江浙二省
豐裕一欵既部咨勢難留通作抵而經紀人等應領各欵實又
減之又減萬難再議籌攤自宜另法變通以期於要需無誤復

查通壩辦運經費專恃輕賫一欵每年支銷閘壩橋倉各項抗
脚價銀爲數不貲而江浙漕羨等銀及豫東等省羨餘紙劄餘
米價銀亦在輕賫項下支銷實爲鉅欵通庫連年支絀節經臣
等奏明將一切放欵撙節覈減或放給八折或裁減一二成再
按八折放給並配搭錢票官鈔二三成藉以敷衍覈計所領實
銀僅折給四五成不等惟各省漕羨等銀均按八折實銀抵領
其江浙豫東等省羨餘等銀在通庫輕賫項下抵領者亦復不
少臣等公同商酌現在辦理先漕經費無出如部臣以江浙二
省漕夫銀兩萬難全數扣留通庫即請將江浙二省漕夫銀兩
并江浙東豫四省羨餘紙劄餘米價銀均按七成折給其扣減
三成銀兩留存通庫每年約收銀一萬三四千兩作爲備辦先

漕之用再上年支放經紀車戶水脚等先漕銀兩因未籌定何
欵匀攤現在欵項虛懸未經籌補應俟由戶部覈定後每年除
支發先漕銀兩外如有盈餘按年儘數抵還咸豐九年先漕支
用銀兩等語臣等查咸豐八年清查通濟庫案內議令將先漕
銀兩暫籌別欵匀攤由倉場侍郎妥籌辦理嗣於咸豐九年五
月倉場奏請將江浙二省漕夫銀兩抵補先漕公費臣部因此
項銀兩南省海運章程已奏准抵解輕賫茶果等銀勢難扣留
通庫冉行作抵仍令於經紀車戶等應領銀内分別匀攤奏准
遵行各在案茲據該侍郎等以經紀車戶水脚等應領銀兩疊
經覈減所餘無幾萬難再議籌攤現在辦理先漕經費無出請
將江浙二省漕夫銀兩並江浙豫東四省羨餘紙劄餘米價銀

按七成折給其扣減三成銀兩留存通庫每年約收銀一萬三
四千兩作爲籌辦先漕之用等語臣等伏查江浙二省漕夫及
江浙豫東四省羨餘紙劄餘米價等銀向係於輕賫茶果等銀
内扣解咸豐五年倉場奏覈減放欵章程聲明均按八折放給
酌扣二成銀兩歸公歴經辦理在案茲該侍郎等擬請變通均
按七成折放將扣減三成銀兩留存通庫備辦先漕是於各省
應領各項加扣一成并將舊章扣存二成歸公銀兩并應用
該侍郎等因先漕緊要無欵可籌不得不變通籌畫自係實在
情形應准如所奏辦理相應請
旨飭下江浙豫東各督撫轉飭糧運各員遵照辦理其扣存三成銀
兩准其留通作爲備辦先漕之用惟查歴屆辦理先漕均於經

紀等脚價項下開銷今既籌有定欵應令倉場侍郎列入通庫
奏銷案内逐欵覈實報銷以淸欵目且查八年奏定先漕動用
銀約需一萬一千餘兩茲扣存各省三成漕羨等銀計共一萬
三四千兩除動用及抵補上年先漕銀兩外再有盈餘應令該
侍郎隨同通庫餘存銀兩報解部庫不得因有盈餘致滋浮冒
所有臣等遵
旨覈議緣由謹繕摺具
奏伏乞
皇上聖鑒訓示
奏咸豐十年二月二十六日具奏本日奉
旨依議欽此

浙江巡撫部院馬　爲詳請覆咨事據海運省局司道詳稱竊照海運漕糧津通用欵應需廳倉茶果個兒錢及官民剝船價值經紀津貼等項爲數甚鉅需用甚殷自應於商船開運之前設法解通應用惟海船行走甚速一帆風順迅達津門委員解往或尚未到津商船卽不免於守候歷屆海運係奉援案

奏明在於通濟庫及長蘆運庫天津道庫暫行墊給在案今屆應請援案辦理除業經彙入章程請

奏外相應詳請咨明

倉場直隸督憲照案飭行暫墊一俟浙省委員解到卽便照數歸欵等情到本部院據此除咨

倉場直隸督院外相應咨明爲此合咨

貴部堂請煩查照轉飭照案暫墊一俟浙省委員解到卽行照數歸欵以免守候望切施行

同治四年　月　日咨

倉場直隸督院

浙江巡撫部院馬　爲咨行事同治五年二月十八日准

總督倉場部堂咨開准貴撫部院咨稱海運漕糧津通用欵應需廳倉茶果個兒錢及官民剝船價值經紀津貼等項爲數甚鉅需用甚殷自應於商船開運之前設法解通應用惟海船行走甚速一帆風順迅達津門委員由陸路解往或尚未到津商船卽不免於守候歷屆海運係援案奏明在於通庫及長蘆運庫天津道庫暫行墊給在案今屆應請援案辦理相應咨明查照轉飭照案暫墊一俟浙省委員解到卽行照數歸欵以免守候等因並准戶部議覆浙江巡撫奏海運章程條欵內稱現在各庫仍形支絀恐難墊給所有津通用欵應令該撫體察情形或交放洋在先之船分帶或先期遴員由陸運解總期商船到

津無誤要需等因在案本倉場查近年到通米石捐輸採買居多並無隨糧經費全賴奏撥部庫銀兩而部庫亦復支絀不能全數給發是以通庫只可敷衍支持並無盈餘本屆浙省海運米石應解津通一切經費自應迅速批解以濟要需相應飛咨

貴撫部院請煩查照部議海運章程轉飭委員將津通運費務祈設法於商船未到之前先期解到庶米石到津不致守候實爲公益等因到本部院准此合就轉行爲此仰該局查照准咨事理卽便轉飭遵照辦理毋違

同治五年二月二十二日行海運省局

浙江巡撫部院馬　爲詳請覈咨事據海運省局司道詳稱竊
查浙省海運糧米所有津通經費除輕賫由閘蓆竹等項向由
糧道衙門照例批解外其天津官民剝價以及津通正雜等項
均由浙籌備解津按米支給內扺腳挖脣守候口糧業已裁除
剝船飯米折銀每百石減去銀一兩一錢五分計銀八兩四錢
四分七釐三毫箇兒錢一項每石給銀二分又廳倉茶果經紀
飯米折色一半津貼倉場各役飯食等欵均照歷屆章程按石
計算者概以洪斛覈算按船計算者以洪斛五百石爲一船分
別支給本屆海運自應一律照辦除經彙入章程詳
奏外相應詳請咨明
直隸督憲

倉場督憲轉飭坐糧廳天津道府查照辦理實爲公便等情到
本部院據此除咨
直隸倉場督院外相應咨明爲此合咨
貴部堂請煩查照轉飭坐糧廳天津道府查照辦理望切施行
同治四年　月　日咨
倉場直隸督院

浙江巡撫部院馬　爲詳請覈咨事據海運省局司道詳稱竊
照本屆新漕仍由海運所有應給漕白經紀飯米折色津貼箇
兒錢廳倉茶果及倉場各役飯食以及官民剝價等項均照向
章覈銀解津支給除業已分別詳請
奏咨外惟查天津道縣經雜各費咸豐六年江浙兩省因經費支
絀詳奉咨飭一律酌減二成直隸文武員弁應請酌派三分之
一所需薪水亦酌減給發歷經照辦在案今屆浙省米數無多
經費萬分支絀不得不力求撙節所有前項天津道縣經雜各
費應請照案酌減二成其直隸文武員弁亦請酌派三分之一
所需薪水酌減給發相應詳請咨明
直隸督憲轉飭天津道縣循案辦理並請咨明

倉場督憲查照實爲公便等情到本部院據此除咨
直隸倉場督院外相應咨明爲此合咨
貴部堂請煩查照希即轉飭天津道縣循案辦理施行
同治四年　月　日咨
直隸倉場督院

署理浙江督糧道爲詳請覈咨事案查杭嘉湖三府屬應徵漕
截銀兩前奉
奏明照舊辦理毋庸覈減等因奉
旨着照所請戶部知道欽此欽遵在案伏查漕截一欵係屬地漕統
徵分解糧道衙門所徵漕截係按起運正糧及二五交倉耗米
覈計每石應徵銀三錢四分七釐以九八折實紋銀三錢四分
六絲批解道庫今漕額已奉
恩旨覈減計該漕糧米二十六萬六千七百六十五石六斗三升二
合內除改漕正耗及給丁漕改行月等欵耗米五萬一千四百
六十六石五斗九升四合向不徵收漕截外仍應徵漕糧正兌
正米一十七萬二千二百三十九石二斗三升四勺又二五交

倉耗米四萬三千五十九石八斗七合六勺二共米二十一萬
五千二百九十九石三升八合按每石三錢四分六絲計覈減
漕項下漕截銀七萬三千二百一十四兩五錢九分一釐緣正
漕既經奉減而項下應徵漕截係屬銀欵並未議減自應飭屬
趕解仍按照地漕之例專列減漕漕截一欵如遇災歉之年應
照分數分別蠲緩所有正漕項下漕截銀兩已奉
諭旨抵充海運經費其減漕項下漕截銀兩亦應專列欵目併歸海
運支銷庶符原額而濟運用相應具文詳請仰祈
憲臺俯賜察覈咨明
大部查照立案並請批示以便通飭遵行實爲公便爲此備由
呈乞

照詳施行
計呈
清摺一扣
謹將隨漕應徵漕截銀兩開具減漕項下漕截銀數呈送
鑒覈
今開
浙江省漕糧項下
原額漕改白糧行月食等欵共米一百萬一千八百七十三石
二斗四升三合五勺內除奉減額徵米二十六萬六千
七百六十五石六斗三升二合又除正改兌改漕白糧
項下給丁耗米八萬四千五百一十七石六斗二升八

勺
實應徵起運交倉正耗米六十五萬五百八十九石九斗
九升七勺
隨漕應徵漕截銀二十六萬一千三十九兩六錢四分三釐
今奉減額該派減交倉漕糧行月正耗米二十六萬六千七百
六十五石六斗三升二合內除改漕正耗及給丁漕改
行月等欵耗米五萬一千四百六十六石五斗九升四
合向不徵收漕截外
仍該漕糧正兌米一十七萬二千二百三十九石二斗三升四勺
二五交倉耗米四萬三千五十九石八斗七合六勺
二共米二十一萬五千二百九十九石三升八合每石以

三錢四分六絲覈計
應徵減漕項下漕截銀七萬三千二百一十四兩五錢九分一釐
前件查漕截銀兩歸入地漕項下統徵分解不在議減之列
仍同正漕漕截銀兩一體抵作海運支銷倘遇災歉之
年另按分數分別蠲緩合併登明
同治四年十月二十六日奉
撫憲馬　批如詳辦理仰候咨明
戶部立案並即由道通飭各屬一體遵辦毋違繳摺存奉
督憲左　批仰候
撫部院咨
部立案繳摺存奉

漕憲吳　批仰候
撫部院　咨
部立案繳摺存

戶部爲咨覆事雲南司案呈准浙江巡撫馬　咨據署糧儲道
王凱泰詳稱案查杭嘉湖三府屬應徵漕截銀兩前奉撫部院
片奏浙省應徵漕截銀兩應請照舊辦理毋庸覈減奉
旨着照所請戶部知道欽此等因欽遵在案伏查漕截一款係屬地
漕統徵分解糧道衙門所徵漕截係按起運正糧及二五交倉
耗米覈計每石應徵銀三錢四分七釐以九八折實紋銀三錢
四分六絲批解道庫今漕額已奉
恩旨覈減計該漕糧米二十六萬六千七百六十五石六斗三升二
合內除改漕正耗及給丁漕改行月等款耗米五萬一千四百
六十六石五斗九升四合向不徵收漕截外仍應徵漕糧正兌
正米一十七萬二千二百三十九石二斗三升四勺又二五交

倉耗米四萬三千五十九石八斗七合六勺二共米二十一萬
五千二百九十九石三升八合按每石三錢四分六絲計覈減
漕項下漕截銀七萬三千二百一十四兩五錢九分一釐緣正
漕既經奉減而項下應徵漕截係屬銀款並未議減自應飭屬
起解仍按照地漕之例專列減漕一款如遇災歉之年應照分
數分別蠲緩所有正漕項下漕截銀兩已奉
諭旨抵充海運經費其減漕項下漕截銀兩亦應專列款目併歸海
運支銷庶符原額而濟運用詳請咨部查照立案等情據此相
應咨明查照立案等因前來查浙江省漕糧正額已奉
恩旨覈減其漕截一款亦據浙江巡撫奏請仍照舊辦理毋庸覈減
等因奉

旨允准在案今據該撫咨稱查漕額已奉
恩旨覈減計覈減漕糧米二十六萬六千七百六十五石六斗三升
二合內除改漕正耗及給丁漕改行月等欵耗米五萬一千四
百六十六石五斗九升四合向不徵收漕截外仍應徵漕糧正
耗共米二十一萬五千二百九十九石三升八合按每石三錢
四分六絲計覈減漕項下漕截銀七萬三千二百一十四兩五
錢九分一釐正漕奉減漕截並未議減其減漕項下漕截銀兩
應專列欵目併歸海運支銷咨部立案等語查此項減漕項下
應徵漕截銀兩既據該撫聲請專列一欵照例徵解並將此項
漕截銀兩併歸海運支銷應如所咨辦理仍咨浙撫即飭該糧
道轉飭各屬一體遵辦於漕項奏銷冊內另立欵目分清界限
按年具題報部覈辦毋任牽混可也
同治五年二月二十四日咨
浙江撫院

署理浙江督糧道爲詳請覈咨事案查杭嘉湖三府屬漕糧前
奉
恩旨覈減其項下隨徵漕截銀兩業經專案詳請
憲臺咨明
大部請專列減漕漕截一欵如遇災歉之年應照分數分別蠲
緩並請併歸海運支銷在案伏查本署道衙門尚有隨糧徵解
倉場輕賫蓆木銀兩從前係按正漕隨糧徵解今漕額已奉
恩旨覈減而是項輕賫銀欵並未議減與漕截事同一律覈計減漕
項下應扣輕賫蓆木等銀三萬二千四百四十七兩八錢四分
四釐應請照依減漕漕截之例另列專欵如遇災歉之年亦照
分數分別蠲緩是項減漕輕賫銀兩自應飭屬徵解並請扣存
道庫全漕之年運用本屬不敷應請一體湊濟運用屆期造冊
奏銷相應開摺具文詳請仰祈
憲臺俯賜察覈咨明
大部暨
倉場總督部堂查照立案並請批示以便通飭遵行實爲公便
爲此備由呈乞
照詳施行
謹將杭嘉湖三府屬各州縣同治四年減免漕糧項下隨漕減
存輕賫蓆木路費等欵銀兩數目開摺呈送
鑒覈
今開

杭嘉湖三府屬各州縣共減存輕賫蓆木等銀三萬二千四百
四十七兩八錢四分四釐內
仁和縣銀一千一百九兩五錢五分四釐
錢塘縣銀三百三十八兩三錢八分三釐
海甯州銀一千一百四十一兩八分九釐
富陽縣銀六十三兩八分三釐
餘杭縣銀一百六十一兩一錢九分一釐
臨安縣銀八十六兩九錢三分七釐
新城縣銀四十八兩二錢八分五釐
於潛縣銀二十九兩四錢六分二釐
昌化縣銀二十兩九錢八分四釐

嘉興縣銀三千三百七十二兩八錢九分八釐
秀水縣銀三千五百一十兩一錢六分五釐
嘉善縣銀四千一百五十二兩四錢四分三釐
海鹽縣銀一千四百九十二兩九分四釐
平湖縣銀二千一十九兩四錢八分四釐
石門縣銀一千八百三十九兩四錢四分七釐
桐鄉縣銀一千二百七十三兩八錢三分九釐
安吉縣銀一百六兩三錢二分八釐
歸安縣銀三千八百六十二兩一錢七分三釐
烏程縣銀四千七百九十一兩一錢七分九釐
長興縣銀九百七十一兩二錢四分五釐

德清縣銀一千八百五十九兩一錢五分
武康縣銀一百九十八兩三錢三分一釐
同治五年正月十九日奉
撫憲馬　批仰候咨明
戶部暨
倉場總督衙門查照立案該道即通飭各州縣照數扣解具報
繳摺存

戸部為咨明事雲南司案呈准浙江巡撫馬　咨稱浙江糧道衙門有隨糧徵解倉場輕賫蓆木銀兩從前係按正漕隨糧徵解今漕額已奉覈減而是項輕賫銀款並未議減與漕截事同一律覈計減漕項下應扣輕賫蓆木等銀三萬二千四百四十七兩八錢四分四釐應請照依減漕漕截之例另列專款如遇災歉之年亦照分數分別蠲緩是項減漕輕賫銀兩自應飭屬徵解並請扣存道庫全漕之年運用本屬不敷應請一體湊濟運用屆期造冊奏銷咨請查照立案前來查輕賫一款向係隨漕徵收起解上年欽奉

恩旨覈減浙省漕糧而漕項銀兩並未議減所有減漕項下之輕賫等銀三萬二千四百餘兩自毋庸仍解倉場衙門兌收應令該

撫督飭藩司糧道另列專款徵解部庫交納至所稱全漕之年運用不敷請將此項扣存道庫湊濟運用等語查該省海運經費上年奏案內指定款目已共計銀四十九萬七千餘兩即使減存正耗米七十餘萬石全數起運不敷運費甚微而漕項各款內未經議提者尚多正毋庸預扣此項輕賫等銀轉啓挪移浮冒之弊所請扣存道庫湊濟運用之處應毋庸議至逐年起運漕糧隨同徵解輕賫蓆木等銀仍應令嚴飭司道徵齊從速解赴倉場衙門兌收以濟先漕要需毋稍遲延蒂欠並知照倉場衙門可也

同治五年六月十九日咨

浙江撫院

署理浙江督糧道為咨明事案查本年起運漕白糧米業經由

海運津所有應解

倉場總督部堂輕賫通州餉銀歷係委員管解赴通交納在案茲本年應解同治四年分輕賫等銀除應扣減漕并豁免等銀外實應起解輕賫通餉等銀二萬五千九百一十兩一錢六分一釐除將前欵餉銀稟同海運津通用欵一律滙兌至津並委候補縣虞慶瀾候補縣丞周銳隨同本署道赴津俟抵津時逕行照數批解投納并詳明

撫憲分咨

戸部
倉憲并轉行

坐糧廳外理合開具分欵解數備文咨明為此合咨

貴局請煩查照施行

計粘抄

計開

輕賫易耗銀二萬二千一百九十三兩九錢九分四釐

三分板木銀二百五十三兩八錢三分七釐

八釐蘆蓆銀一百五十八兩六錢一分二釐

五釐蘆蓆銀九十九兩一錢三分二釐

一分七釐漕糧蘆蓆銀一百一兩五錢二分

白糧輕賫銀一千九百二十八兩三錢八分九釐

白糧由閘銀一千四十一兩一錢六分九釐

一分七釐改漕蘆蓆銀五兩四錢五分三釐

漕糧毛竹銀一百二十二兩二錢七分七釐
改漕毛竹銀五兩七錢七分八釐
以上統共解銀二萬五千九百一十兩一錢六分一
釐
同治五年正月二十三日移
海運省局

署理浙江督糧道爲詳請咨復事本年十一月三十日奉
憲臺案行同治四年十一月二十八日接准
兵部火票遞到
戶部咨前事等因到本部院准此合行仰道查照准咨事理卽
便遵照迅速委解詳咨毋違計粘抄原咨內開戶部爲咨行事
雲南司案呈同治四年十月二十四日准天津道李同文呈稱
奉部劄開議覆天津驗米大臣等奏請加修直隸滿料剝船以
資轉運一摺奉
上諭前據載齡等奏將滿料剝船加價修整當交該部妥議具奏茲
據戶部奏稱剝船缺額既多一時排造不及自宜將滿料各船撥
案修理等語着照該部所議所有甫經滿料之原額船五百五十

隻着直隸總督轉飭天津道及楊村通判責成管船各州縣承修
其上屆拆修又經限滿之續增船五百六十餘隻亦着一律修整
毋庸挑栽變價每船應需修費若干着直隸總督轉飭天津道覈
實估計報部籌款動用務於明年正月以前一律修竣以期無誤
轉運其直隸歲修缺額船二百九十餘隻時閱五年該承管各州
縣仍未承造歸補實屬任意玩延着直隸總督查明歷任承管州
縣各職名交部分別議處仍將前項缺額船隻立定限期勒令各
州縣補造歸額倘再遲延卽行從嚴叅辦餘依議欽此抄錄原奏
恭錄
上諭飭劄天津道欽遵辦理等因蒙此遵卽札飭楊村通判確切勘
估去後茲據署北運河楊村通判朱津詳稱連日挑驗內續增

剝船五百六十八隻咸豐九年間本已滿料因蒙驗米大臣奏准設法加修多用五年扣至同治三年漕後復屆限滿船身過於糟朽桅舵等項器具亦多殘破短鈌委實不堪留用應仍轉請全數裁除飭由各州縣領回變價呈繳至滿料原額剝船五百五十隻覆加查驗內二百隻亦係船身糟朽過於破舊難以留修應請轉請照例裁除其餘三百五十隻尚可分別等次酌量加修以資剝運惟向例上等祗給修費銀二十兩中等二十五兩下等三十兩現在銀價大減而一切木料等件價值倍昂若仍照舊給發修費勢必不敷所用應請酌量加增以期工堅料實等情職道覆驗相符伏查續增剝船五百六十八隻本係留而復用現在續又屆滿船身未免過於糟朽該倅所詳係屬

實在情形應請仍准照例裁除至原額一項內二百隻亦甚糟朽不堪難以留用亦請裁除變價以符例案其餘堪以留修者三百五十隻內上等四十二隻中等七十九隻下等二百二十九隻查向例上等給發修費銀二十兩中等給銀二十五兩下等給銀三十兩從前銀貴料賤尚敷需用近則銀價大減而料價倍昂若仍照舊給發修費勢必不敷所用查咸豐九年大部議覆驗米大臣兵部尚書全　等奏修滿料剝船統按下等例修銀數酌添銀二十兩成案每隻給予修費銀五十兩刻下銀價較咸豐九年又復相去懸殊可否統按下等酌添銀三十兩每隻給發修費銀六十兩俾資拆卸興修計留修剝船三百五十隻共需修費銀二萬一千兩遵照大部所議於鹽關項下動

墊飭發俾責成承管各州縣具領承修一面將滿料裁除原續剝船飭令照例變價呈繳除將鈌額船隻勒令承管州縣趕緊補造外擬合具文詳請覈覆等因前來查直隸滿料原額剝船五百五十隻並復經滿料之續增剝船五百六十八隻前據驗米大臣奏請加修經本部議覆即由直隸總督轉飭天津道覈實估計銀數在於鹽關項下先行動墊興修以期無誤轉運等因在案今據天津道呈稱續增剝船五百六十八隻咸豐九年本已滿料因蒙奏准設法加修多用五年扣至同治三年復屆限滿船身過於糟朽委實不堪留用應請仍准照例裁除至滿料原額剝船五百五十隻內二百隻糟朽不堪難以留用亦請裁除變價其餘堪以留修者三百五十隻可否統按下等酌添

銀三十兩每隻給發修費銀六十兩俾資興修計留修剝船三百五十隻共需修費銀二萬一千兩照部所議在於鹽關項下動墊責成管船各州縣具領承修等語查前項續增剝船原係早經滿料修而復用既據聲稱船身過於糟朽不堪留用尚屬實情應准其照例裁除所有變價銀兩即行解部交納至所稱原額船五百五十隻內二百隻亦請裁除一節查此項剝船係甫經滿料之艘自應遵照本年奏案及咸豐九年成案趕緊加修撥運米石是該道專責總期多修一船即多收一船之益何得以不堪留用藉詞搪塞所請礙難准行惟據稱船身糟朽桅舵亦多殘短應准照下等酌添銀三十兩每隻給發修費銀六十兩俾資拆修以重運務其堪以留用船三百五十隻每隻請

給修費銀六十兩未免過多應仍查照咸豐九年加修成案每
船准給發修費銀五十兩趕緊興修以上計需修船五百五十
隻共需銀二萬九千五百兩應飛咨直隸總督飭劄天津道在
於鹽關項下先行動墊給發承管各州縣迅速修理務令遵照
奏案於來年正月以前一律修竣由該道確查驗收倘有偷減
工料以及延不與修致誤漕運即惟該道及承修之員是問並
將應給船戶姓名銀數及保固五年印結造報送部以憑查覈
所有動墊修費銀兩除將東撫奏准本年解交天津道庫修艙
工食銀一萬兩抵作修費外再由東商生息項下撥解銀九千
五百兩江蘇漕務項下撥解銀六千兩浙江漕務項下撥解銀
四千兩湊足歸款應飛咨山東江蘇浙江各巡撫趕緊將前項

銀兩委解天津歸款毋稍遲延至歲修缺額船二百九十七隻
節經本部奏咨嚴催迄今總未補造殊屬玩延應即速飭遵照
迭次奏咨各案一面趕緊定限補造足額一面將歷任承管剝
船州縣各職名送部覈議照例辦理毋得仍前玩泄可也等因
奉此伏查楊村剝船修費浙省現奉撥解銀四千兩應於海運
經費項下動支俟明年正月委解津通用款時由局如數飭令
委員搭解前赴天津道庫交納歸款除咨海運省局屆期動撥
外相應備文詳請仰祈
憲臺俯賜察覈咨復
戶部查照實為公便為此備由呈乞
照詳施行

同治四年十二月二十日奉
撫憲馬　批仰候咨復
戶部查照仍移海運省局一俟前項銀兩委解時即行詳請分
咨毋違繳

戸部爲咨明事雲南司案呈准浙江巡撫馬　咨據署糧儲道王凱泰詳稱本署道詳楊村剝船修費俟委解津通用欵時由局動解等因查辦理海運所需南北運費前奉奏明每石約需銀以八錢爲率係屬運用必需之欵今奉派解楊村剝船修費銀肆千兩爲數較多細繹部文係在浙江漕務項下撥解似可毋須於海運經費項下動支應請仍在道庫動欵撥解交津局委員備帶至津解納除咨海運省局查照外相應詳請更正咨部查照等情據詳前情合再咨明等因前來查浙江應解直隸剝船脩費銀肆千兩前據浙江巡撫咨報俟本年正月委解津通用欵時由局動解當經本部移咨直隸總督並劄行天津道查照兑收在案今據該撫咨稱所有奉派剝船脩費銀肆千兩係在漕務項下撥解毋須於海運經費項下動支應請仍在道庫動欵撥解交津局委員備帶至津解納咨明更正等語應即准其於道庫漕務項下動撥仍咨該撫卽飭將前項撥解脩費銀兩務於海運津局委員如數賫津交納並移咨直隸總督劄行天津道查照一俟前項銀兩解到照數兑收查照本部前文分別歸欵解部仍將兑收日期報部查覈可也

同治伍年四月二十二日咨

浙江撫院

浙江巡撫部院馬　爲詳明事據署糧儲道王凱泰詳稱竊照

前奉准

部行浙江漕務項下撥解楊村剝船脩費銀四千兩遵經詳明仍在道庫動欵撥解在案查是項銀兩應卽委員解津交納查有試用縣丞周鋭堪以管解除札委外相應詳請咨明

直隸督院查照等情到本部院據此相應咨明爲此合咨

貴部堂請煩查照施行

同治五年正月十七日咨

直隸督部堂

浙江海運省局爲呈報事竊照浙省海運漕糧所有滬局裝兌事宜前經詳委王守等總辦並刊頒關防飭令赴滬設局趕緊開辦在案惟滬局所需一切經費據王守面稟請先酌帶銀兩以資撥用等情除發給庫紋銀三千兩交王守帶滬濟用並飭補具印領備案外擬合備文呈報仰祈

憲臺察覈爲此備由呈乞

照驗施行

同治四年十二月初六日呈

撫憲

浙江海運滬局爲申覆事案奉

憲臺札委候補知縣虞慶瀾並同候補從九錢振衡賫解津通一切經費庫平銀五萬兩赴滬一俟該委員將前項銀兩解到即速會同虞令選覓可靠銀號妥爲分滙赴津並將所滙何號若干兩各票據呈送以憑抵津支取等因奉此遵將前項滙銀到滬日期先行備文申報在案卑府等遵即會同候補知縣虞令選覓殷實可靠銀號妥爲分滙茲查新泰厚等三號堪以滙兌業由新泰厚號滙銀二萬兩謙祥益號滙銀二萬五千兩寶森號滙銀五千兩並取具該銀號等滙票共五紙除由虞令賫呈外理合備文申覆伏祈

憲臺俯賜察查爲此備由呈乞

照驗施行

同治四年十二月二十六日呈

省局

浙江海運全案重編

津通用欵

漕糧項下應解各欵

一經紀飯米折色

每漕米百石支銷銀二兩五錢八分七釐五毫按漕糧交倉正耗及餘賸耗交倉米數覈算不計經剢耗食

一經紀一半津貼

每漕米百石支銷銀一兩一錢二分五釐覈算米數同前

前二欵解交蒞津坐糧廳

一箇兒錢

每漕米百石支銷銀二兩覈算米數同前

一廳茶果

每漕米百石支銷銀二兩按正漕正耗米數計算不計賸耗及經剢耗食

一倉茶果

每漕米百石支銷銀五錢一分七釐二毫五絲按正漕正耗米數計算不計賸耗及經剢耗食

前三項解交通壩坐糧廳

以上五項按漕米計數均以洪斛折算洪斛照平斛八折覈計

白糧項下應解各欵

一經紀飯米折色

每白糧百石支銷銀二兩五錢八分七釐五毫

前項解交蒞津坐糧廳

一箇兒錢

每白糧百石支銷銀二兩

一倉場各役飯食

每白糧百石支銷銀三兩六錢三分二釐

一廳茶果

每白糧百石支銷銀二兩頭船照軍船例免繳銀二十兩

前三欵解交通壩坐糧廳

以上四項按白糧米數計算均以平斛覈計

應領項下四欵

一應領篙夫銀

每漕糧交倉洪斛米一百石領銀一兩

一應領羨夫銀

每漕糧交倉洪斛米一百石領銀八錢

一應領紙劄銀

每漕白洪斛交倉米一萬石爲一幫每幫領銀二兩

一應領餘米銀

每石餘米三升八合按交倉正米數目以平斛計算不算耗賸等米此項餘米按照原交稉秈給價稉米每石領價銀七錢秈米每石領價銀六錢

按前項餘米河運之年在於交倉耗米內扣出三升八

合支給軍船作爲旗丁回南食米之欵歷係留南動支
謂之留南餘米自改行海運所有二五一七等耗米均
隨正悉數交倉並不留南是以
倉場衙門將此項應給餘米折價抵支浙漕解欵
以上應領四欵銀兩前經
倉場督院
奏明八折給發咸豐十年辦理先漕案內又經
倉場督院
奏請經
戸部覆准七折覈給除再照七折實領之數內扣除
倉場衙門應提疊羨項下每兩飯食銀一分餘米項下每

石飯食銀二分外共計應領若干即抵前列漕白糧項下
應解九欵所有不敷銀若干由津局就近再行撥解
直隸局會同天津道支銷各欵
一天津官民剝價銀兩
查官剝船應給僱價飯米折色每漕糧百石支銷銀八兩
四錢四分七釐三毫按交倉正耗餘耗並經紀耗米以洪
斛覈算民剝船應給僱價飯米折色津貼每白糧百石支
銷銀九兩八錢八分四釐八毫按交倉正耗並經耗以洪
斛覈算均不給剝食價銀向來漕糧裝用官剝白糧裝用
民剝惟近年剝船短缺漕糧亦兼用民剝應隨時酌辦
一直局文武員弁薪水銀兩

直隸督院咨據天津縣造報冊開派辦事務各員照章知
府日支薪水制錢二千文丞倅州縣遊擊日支制錢一千
文佐貳雜職都司守備日支制錢八百文千總日支制錢
五百文把總外委押運委員日支制錢三百文所有派委
各事係
總理局務會同南省委驗米色 隨同驗米各員 海口稽查沙船收繳軍器查對入票
承辦剝運支銷一切事宜 查報沙船進口 驗收官民剝船
隨同楊村通判管理剝船事務 查報起米數目 總理封艙 記印
[illegible]調度催沙船排擋號信 輪流押催米船 經理收發 封條
監視剝船斛收並用印封艙 稽查剝船偷漏攙和 運河分段巡查偷漏舞弊
管理通壩事宜並催回空剝船 管理棚廠並沙船挖土壓載 放關稽查竹篾蓆片

沿河分站查催回空剝船 稽查地方棍徒訛索商船 上園至蒲口兩岸巡查
催儹回空沙船出口 各河封僱民船 散放關稅免單
一書役兵丁飯食銀兩
直隸督院咨據天津縣造送冊開歷屆海運每經書一名
日給飯食制錢二百文清書一名日給飯食制錢一百文
差役兵丁每名日給飯食制錢一百文所有總局及各口
各段各站各差事處所派撥書役兵丁按照給發又咸豐九
年奉文添派文武員弁前赴沿河州縣封僱民船隨帶差
役經紀並沿河總催回空剝船武弁隨帶兵丁所需飯食
錢文亦照支給
一押運文武員弁盤費銀兩

向章按平斛米二萬石分裝剝船一百隻爲一起每起支給銀六十二兩八錢同治五年

直隸督院咨據天津縣造送冊開歷屆海運押運文員盤費銀二十兩船價銀八兩燭價銀八兩隨帶縣役四名每名日給飯食銀八分按往返十五日覈計共銀四兩八錢押運武弁盤費銀十三兩二錢馬乾銀四兩隨帶兵役四名每名日給飯食銀八分按往返十五日覈算計共銀四兩八錢併數計算覈與六十二兩八錢之數相符惟同治五年辦理四年冬漕直局以官剝不敷輪轉詳定以五十隻爲一起押運員弁盤費等項不敷支給三局公議浙局總共津貼銀四百兩嗣後剝船敷用仍照向章支銷

一塘撥口糧津貼銀兩

直隸督院咨據天津縣造送冊開歷屆海運自海口至上園其安設馬撥四處每處馬兵二名馬二匹咸豐七年奉文覈減二成每兵每日給津貼制錢八十文每馬每日給津貼喂養制錢一百二十八文

一迎護導引礟船哨船弁兵口糧銀兩

直隸督院咨據天津縣造送冊開歷屆海運奉撥遊擊隨帶備弁分駕哨船四隻每船派千總一員外委一人兵丁五十名以二船爲一班輪流往返迎護咸豐七年奉文應給口糧覈減二成遊擊日支制錢八百文都司日支制錢五百文守備日支制錢四百文把總外委日支制錢一百六十文兵丁每名日支制錢五十六文又攔江沙外派撥哨船三隻每船千把一人兵丁二十名輪流導引沙船進口其支給與前項同又上屆奉飭添派礟船二隻派令弁兵駕駛巡查其口糧等項照引導哨船章程支給

一紙張油燭銀兩

直隸督院咨據天津縣造送冊開直局需用銀硃筆墨紅單白摺紅封等項並承辦文案書吏各紙張以及駐壩委員海口稽查委員掛剝兌米放關驗收官民剝船等各項造冊應用紙張油燭

一僱備委員差務等項船隻水手飯食銀兩

直隸督院咨據天津縣造送冊開歷屆海運各項船隻水

手每名日給飯食銀五分查所用船隻凡派委文武差務在水次者均需用船船隻較多支銷較大

一封釘剝船褙糊艙口押帶竹片銀兩

直隸督院咨據天津縣造送冊開咸豐四年海運奉

欽憲劄飭剝船兌足後即用竹篾封釘五年復奉飭官剝加用押帶七年復奉飭官剝一律用毛頭紙糊艙黏貼封條再行起米兌足後加用押帶外再加竹篾封釘其民船統用竹篾封釘所用工料按照市價支銷官剝每隻用大毛頭紙一百張每張價銀三釐每船用褙匠一名每名給飯食銀五分每船用麪半觔價銀一分又官剝修整押帶每船工料制錢六百文又官民剝船均用竹片封釘每船工料

制錢四百文

天津縣支銷各欵

一剝船苦艙蓆片銀兩

道光六年及二十八年海運章程凡平斛二百石爲一船漕糧官民剝船每船用苦艙蓆片十五領遇雨加增蓆十五領照統用剝船數加給不得過三分之一白糧官民剝船每船用蓆三十領遇雨無加每蓆一領牽算支銷銀一錢八分除事竣每蓆一領變價銀一分六釐扣算外淨該每領價銀一錢六分四釐同治五年

直隸督院咨據天津縣冊送相符

一溜米蓆筒銀兩

直隸督院咨據天津縣造送冊開歷屆海運因沙船與官民剝船交收米石船隻高下懸殊備辦溜米蓆筒由上達下免致抛撒每沙船一隻用溜筒一箇每箇用丈蓆四領每領價值連運腳銀一錢八分又夫工銀二分又每蓆筒一箇用白蔴繩半觔每繩一觔價銀五分又筒一箇用架木杉槁二根每杉槁一根價銀一錢

一搭蓋棚廠碼頭工料銀兩

直隸督院咨據天津縣造送冊開上園搭蓋驗米官棚六間兩梢搭棚二間經紀棚七間風神廟搭蓋官棚三間大直沽及風神廟前河沿搭蓋碼頭七座

一驗米等船隻水手飯食銀兩

直隸督院咨據天津縣造送冊開各船水手每名日給飯食銀五分僱備各憲及坐艜廳道府江浙糧道及照料溜筒並上下水次過渡以及委員應用各船

一布袋吊籠竹籌木斛銀兩

直隸督院咨據天津縣造送冊開裝盛米樣布袋每箇用布一尺價銀三分工價五釐吊籠每箇價銀一兩用提繩五觔每觔銀五分撞工銀五分竹籌每根價銀六釐木斛每隻工料銀四兩

一號旗標杆等銀

直隸督院咨據天津縣造送冊開此項號旗標杆係上園水次官廳總局以及沙剝等船停泊地方並沙船挖泥處

所暨水次識認之用

一派辦事務書役飯食等銀

直隸督院咨據天津縣造送冊開上園水次及散放苦艙蓆片封艙記印委員催押民船守卡開報船數等各項辦事書役飯食所支錢數照總局書役支給

一查僱民船委員津貼盤費銀兩

直隸督院咨據天津縣造送冊開本屆海運到津民船均貿易未歸奉飭委員赴各河趕僱酌貼委員盤費此欵向來所無

以上十七欵同治五年浙省辦理四年冬漕共運通交倉正耗等米十七萬餘石經

直隸督部院劉

奏明直局天津道縣支銷經雜各欵總共浙省用九四京平
銀二萬三千七百七十四兩六錢六分九釐一毫並咨送
天津道轉呈天津縣分欵清冊備查在案

一官剝船油艙銀兩
按漕糧交倉正耗並經耗餘𪄫耗等米以洪斛計算每洪
斛米百石解給京平銀一兩二錢四分四釐此欵銀兩已
於剝價內扣出應解交天津道衙門支用其如何在剝價
內扣出原案兵燹之後冊籍無存無從查覈俟查明添列
白糧無此項

浙省天津總局雜支各欵

一總局分局油燭紙張茶爐煤炭

一各項書差夫役營兵犒賞并各局守夜犒賞
一委員丁役赴海口查提船隻並解銀分赴京通盤川
一提賞剝船戶錢文
一常川驗米轎馬
一逐日收買餘米差役飯食
一輪流監兌風晾差役飯食
一添派紳董幫辦河下一切事宜船轎飯食
一租賃總分公局房屋賃價
一輕賫解項解員盤費
一存儲餘米棧租
一赴津委員盤費伙食薪水
一赴津書吏盤費獎賞
一收買餘米
以上各欵用無一定隨時酌辦此外如各局書差飯食河
下伺驗分排各項船隻添雇夫役收買氣頭爛米及公局
賞犒並歷屆津局雜支各費爲數較繁欵無準定不及備
載均應隨時撙節支銷

浙江海運全案重編目錄

新編卷五

滬局事宜

浙江海運省局爲詳請委辦事竊照浙省本屆起運漕白糧米
現奉
諭旨仍行由海運津遵經設立海運省局詳委各員次第經辦在案
查各屬起運糧米均由內河剝運赴滬兌交海船所有在滬排
船編號監兌過斛支放水脚稽覈銀米照料起剝催提彈壓分
配商船押令受兌並先期會同蘇局委員僱封沙衛各船一切
事務極爲繁重在在均關緊要歷屆均於上海設立總局遴派
諳練之員總辦局務並委各員分司各事以期周妥今屆新漕
伊邇亟須在滬設局飭員經辦查有補用道候補知府王慶勳
補用府候補同知朱其昂歷辦滬局事宜於運務最爲熟諳辦
理亦極周妥堪以委令赴滬總辦局務藉資熟手又候補府照

磨陸沅亦於海運熟悉情形堪以委令赴滬隨同分司各事相
應具文詳請仰祈
憲臺俯賜察覈批示遵行至此外尚須添委各員應即隨時詳
報爲此備由呈乞
照詳施行
同治四年十月二十五日奉
撫憲馬　批如詳分別委辦仰即飭令該委員等趕緊赴滬將
應辦事宜會同妥速籌辦仍飭將到滬設局及辦理情形隨時
稟報察查均毋延悞切切此繳

浙江海運省局爲呈報事竊照本屆新漕仍由海運所有上海
交兌一切事宜業經詳委補用道候補知府王守慶勳等赴滬
設局總辦在案惟滬局一切詳稟文移向章由省局篆刊關防
頒發行用本年自應查照辦理現經本局篆刊浙江漕糧海運
滬局木質關防一顆札發該守等收執行用以昭信守除飭將
開用日期及設局辦理情形通報外理合備文呈報伏祈
憲臺俯賜察查爲此備由呈乞
照驗施行
同治四年十一月二十三日呈
撫憲　並咨
藩司 糧道 衙門　蘇松太道　江蘇海運省局　又札杭嘉湖三府

並有漕各縣滬局上海縣

浙江海運省局爲呈報事竊照來歲新漕仍行海運所有上海交兑一切事務業經詳委補用道候補知府王守慶勲補用府候補同知朱丞其昂赴滬設局總辦在案惟查各屬運米赴滬一切排船編號監兑彈壓支發水脚事務紛繁尚須添員經理查有試用知縣水恩祚堪以添委隨同辦理除札委外相應備文呈報伏祈

憲臺俯賜察覈爲此備由呈乞

照驗施行

同治四年十月二十八日呈

撫憲

浙江海運省局爲呈報事竊照來歲新漕仍行海運所有上海交兑一切事務業經詳委補用道候補知府王守慶勳等赴滬設局總辦並委試用知縣水恩祚候補府照磨陸沅隨同經辦各在案惟查該局文案要件繁多尚須添員經理方資周妥茲查揀選知縣王文思堪以諭辦滬局文案除諭委外相應備文呈報伏祈

憲臺俯賜察覈爲此備由呈乞

照驗施行

同治四年十一月二十三日呈

撫憲

浙江海運省局爲據情轉報事竊據海運滬局總辦候補府王守等呈報照章刊刻浙江海運外局木質鈐記移送外局應用並呈鈐模等情並據委辦上海海運外局紳董候補知縣王慶模申稱奉飭經理外局監兌各事宜現在運務將次舉辦於本月初三日在小南門外裏倉橋開設外局傳集豆行司事召募斛手人等祗候兌運請飭各屬卽日起運赴滬交兌合將開局日期申報等情各到局據此理合備文轉報伏祈

憲臺俯賜察覈爲此備由呈乞

照驗施行

同治四年十二月　日呈

撫憲

浙江海運省局爲呈報事竊照來歲新漕仍行海運所有上海交兌一切事務業經詳委補用道候補知府王守慶勳等赴滬設局總辦在案惟各屬運米到滬分派海船監查斛兌稽察剝船填發三聯執照查對護照及一切交涉海船各事宜向章在於上海設立外局選派熟悉海運紳董分司經理今屆自應循案諭派以資襄辦查候補知縣王慶模候選員外郎吳鳳蓀廩生陸來素於運務諳熟堪以諭令會同王守等經辦上海外局事務除分別照知諭委外相應備文呈報伏祈

憲臺俯賜察覈爲此備由呈乞

照驗施行

同治四年十一月二十三日呈

撫憲

寧波府爲詳報事案奉
憲行本屆漕糧仍由海運飭將甯波蜑船三不像等船照章封
僱駛滬受兌等因奉經札飭鄞縣知縣姚光宇署鎮海縣知縣
凌卿雲嚴查封僱並委姚令勘驗船隻分別吊照立攬先後送
由卑府轉報并將甯商捐置輪船由候選知縣張斯安管駕巡
護南洋緣由詳蒙轉請
奏明在案茲據北號紳董知府銜前任福建建甯縣知縣張廣埏
知府銜候選同知盧以瑛五品銜分發補用州判沈槐僉稱遵
查歷屆海運向由埏等議派司事督同稅牙馳赴滬局料理裝
兌事務彈壓水手迅速北上此次事同一律埏等議派盧以瑛
沈槐二人督押各船起程赴滬辦理兌務埏仍在甯招僱催趲
續到船隻出口不致貽誤稟請轉報前來除照覆該紳董張前
令趕緊招僱足數一面催令盧沈二紳督同稅伢押帶已經立
攬各船迅速起程赴滬辦理裝兌事宜外理合具文通報仰祈
憲臺察覈轉詳立案除申
撫憲暨
糧藩巡憲外爲此備由呈乞
照詳施行
同治五年正月十四日
省局　批據詳已悉仰卽傳諭該紳董督同稅牙趕緊押令已
攬各船迅速儘數起程赴滬受兌現在各屬起運米石均已剎
運到滬專待甯船裝兌萬勿刻延切切仍候

撫憲暨
糧道藩司巡道衙門批示繳

浙江海運省局爲呈報事據寧波府申稱案奉

憲行本屆漕糧仍由海運飭將寧船照章封僱駛滬受兌等因

奉經轉行鄞鎮二縣飭令稅伢分別吊照立攬督押開放嗣據

北號紳董稟派董事盧以瑛沈槐二人赴滬辦理兌務當經轉

報在案兹據鄞縣稅伢鮑宇春等鎮海縣稅伢沈德茂等稟稱

伢等議派鄞縣伢夥胡鳳釗沈豐錀二人鎮海縣伢夥包進全

一人均隨同紳董赴滬辦理漕務叩請轉報等情到府據此除

諭令該伢等將已攬各船督同一律開放押帶赴滬辦理兌務

外申祈察覈等情據此除行滬局督令該伢夥將兌務小心經

理外理合備文呈報伏祈

憲臺俯賜察查爲此備由呈乞

照驗施行

同治五年二月初四日呈

撫憲

浙江海運滬局爲詳送事竊照同治五年起運四年新漕仍由

海運案奉

憲臺詳委卑府等赴滬設局辦理交兌事宜業將開辦籌議各

條繕摺詳請咨行在案伏查本屆滬局海運事務冊案散失事

同初創卑府等查照刊刻成案逐細參酌損益務期因時制宜

庶臻周妥合將分别舉辦滬局章程十二條開具清冊備文詳

送伏祈

憲臺俯賜察覈轉詳批示祇遵再有一切未盡事宜容隨時稟

明覈奪合併陳明爲此備由呈乞

照詳施行

計呈

清冊一本

謹將新漕籌議海運滬局章程開具清冊呈送

憲鑒

今開

一上海總局應派人專管銀錢帳目一切事宜也查總局監斛驗

米扦船文案重要各件業奉

憲委各員專司其事惟日逐收放銀錢登記帳冊綜覈配搭承

運船隻米數及塡寫聯單護照種種細瑣事務繁冗奉委各員

未能兼司今屆慎派精細司事四人常川駐局經理一切藉專

責成而資考覈

一上海外局應招雇牙行司事及斛手人等也查外局奉諭紳董

業經遵照向章刻發鈐記責令總司交兌事宜並將印模詳報
在案惟照料斛剝等人及經管銀錢收支勾稽船米冊籍向由
該董延請董行司事及添用結實可靠之人常川在局幫辦今
屆米數較少經費支絀除董行司事照章每米一石給錢一文
外其添用人等均令量事兼司毋許浮濫應給用欵業已抄發
奉頒覈定錢數飭令遵照支銷稅行承值公事除沙船應聽各
行統辦外甯船進出關口驗給牌照業准該董開報之顧誠信
張鼎盛兩行諭飭專司妥辦至斛手一項既係照章按石給錢
五文據該董冊開花名三十六人已准照僱以便臨期齊集趕
兌
一承運浙漕海船與蘇省各船分埠擇曠停泊受兌也查黃浦江

環上海縣城大小東門大小南門之外江蘇海運沙船歷年聚
泊東門浦岸迤北水次浙省所雇甯船及蘇省分雇沙衛等船
聚泊東門迤南水次現在東門迤北洋船絡繹江省承運海船
漸徙而南今屆承運浙漕甯沙各船應飭聚泊小南門浦岸迤
南水次浙局本建小南門外既易照料且杭嘉湖起運剝船皆
由南浦而來該處浦面寬廣兩旁兼有支港倘遇風暴悍潮內
河剝船易就支港穩便處所分泊並與江省船隻可無攙雜淆
混之虞
一海船進口日期及受裝米數應由滬局覈查飛報　憲局及移
行杭嘉湖府縣也漕糧由剝船交兌海船既恐剝船先來停米
為累又恐海船久待滋生事端今屆江省移撥承運白糧沙船

業已足數而各縣起運漕糧或在甯船未到之先業與江省通
融商辦請撥寬大堅固沙船約堪承運浙漕一萬餘石在甯船
漕糧裝兌不接之處移浙應用現經節次移會函催杭嘉湖等
屬飭令趕運米石甯府鄞鎮等縣飭令趕駛甬船一俟各屬報
解米數實在到浦逐日單報甬船進口五日一報庶滬局船米
有無互待情形　憲局即可瞭然以便隨時分別覈催並再由
臯局移行逕催以期迅速竣事
一承運海船飭查進口先後編定號次以次派裝也查海船承運
候裝咸願早兌早開得以趲行赴北歷屆號商取巧每有未曾
進口之船先行串同稅行虛報進口滬局挨號派裝後來之船
既得巧取占先先來之船轉致遺落在後今屆江省移撥沙船

無多查係實在先期停泊浦江除照依來文先後派裝外甯船
由甬東駛滬業飭吳淞口主簿確查該船進口次第挨號隨時
申報並着於船旁易見檣板粉書第幾號進口甯船由滬局依
次派裝庶各船先後曉然而商稅無從舞弊矣
一承運海船裝運各縣糧米應辦標識號旗及驗米樣袋也查歷
屆海運商船按船給與大旗一面寫明某府某縣使各縣剝船
易於識認攏泊交兌杭屬用黃旗黑字上加紅帶嘉屬用紅旗
黑字上加藍帶湖屬用藍旗紅字上加黃帶今屆應照辦理其
應用樣米蔴袋並前項號旗價值應遵飭發外辦章程由各屬
自行隨米解交滬局分別備辦以資應用
一各屬起運糧米給發剝船印旗呈驗釐卡放行也查蘇省水卡

米商船隻過往均有米捐先經詳請咨明蘇省釐局並請飭令杭嘉湖等屬逐船給發印旗一面開明某州縣運滬漕白糧米註明月日担石凡經過釐卡隨驗隨放俟各屬剝船到滬卽將該船印旗驗明收回以杜影射

一奉發烙印木斛仍借用蘇省鐵斛隨時較準也查上海縣鐵斛年久剝落不準今屆江蘇滬局様斛用元和縣鐵斛在省較準發滬惟木質冬歛春舒現屆和暖發生奉須在局様斛二隻較烙發時彼此已形參差又燥濕隨時未免再有盈縮前向蘇滬局移借鐵斛據覆伊局正需覆較已在元和縣取來俟借到時邀同甯沙紳商及各屬解米丁書將在局奉發様斛及各屬擕帶木斛專委員紳眼同較準仍飭斛手行用後逐日繳局隨發隨較以免爭執而重

正供

一商船兌裝漕白稉秈米石飭令分艙存儲也查各州縣剝運糧米到滬由局覈計米數派船裝載惟斛兌漕糧有秈稉之分白糧有稉糯之別均飭斛手人等分別交船並令逐日報明於兌竣時註明三聯單內並諭令各商船將各色米石分艙存儲呈樣滬局彙送津門收兌以免混淆

一海船收兌執照聯單應分別刊刷請印並准其各蓋圖記也查歷屆海運章程商船兌竣開行各給執照照驗二單又存查一單謂之三聯單今屆舊板無存業由滬局仿照蘇省現用格式飭匠遵刻申送省局轉請蓋印在案其海船兌收各州縣米石

卽付兌單一紙各船兌足卽交米結一紙均用二聯票式上鈐該船字號姓名戳記一付州縣一存該船備查今屆並已刻刷分別塡用再遵章加用護照一紙亦由滬局照刻用印呈樣隨時撥給各船以憑駛北照驗至船戶應蓋圖記俱令自爲刊辦蓋用

一海船神福耆舵水手犒賞苫蓋墊艙挖泥縴夫等項銀錢仍照章覈給也查海船應給各欵江省初辦原章按照每石給五色曹平銀給發又按石覈給項下有該船捐運十分之一者故內有九折扣支各欵除水脚照案支銷外所有苫蓋墊艙等每石銀一分六釐應折給五色曹平銀一分四釐四毫縴夫每石給錢四文應折給錢三文六毫其神福每船四兩耆舵每船各一

名各給犒賞銀一兩副舵每船一名給銀六錢挖泥每船一千文水手每裝米百石准開一名每百石給銀三錢均無折扣水手如小船裝僅五百石以上者准作八名大船裝至二千石以外者只准二十名如零數在五十六石以上准開水手一名各船兌竣時由滬局隨時覈發

一商剝各船雲集浦江詳委蘇省專員會同地方各官巡緝彈壓也查歷屆海運章程咨明江蘇分委巡緝彈壓各項文武員弁無不周詳備至良以地居隔省誠恐呼應不靈今屆應照辦理除由

憲局詳明

撫憲飛咨蘇省飭令地方各官常川照料外業由卑局再請詳

委江蘇候補知縣倪祖謙等三員專一彈壓浙運以重責成而
資彈壓
同治五年正月十七日詳送
省局　批據送各項章程均悉仰即照辦惟查豆行司事每米
二石給錢一文前送九年支用舊冊但列辛工並無每石給錢
之款既據照章計石給錢所有辛工一項自應刪除併飭此繳
冊存

浙江海運省局為移請事竊照浙省本屆海運漕白糧米仍由
上海裝兌放洋業經詳委總辦候補知府王守等赴滬設局經
辦在案惟查黃浦一帶各州縣剝船及承運海船聚泊一處水
手衆多難免滋生事端必須嚴密巡緝加意彈壓方資周妥而
地居隔省是以歷屆移請
貴省海運總局並
貴局 貴上海道轉飭蘇滬局并上海廳縣以及
貴省所委文武彈壓員弁一總巡緝彈壓在案今屆自應循案
辦理相應備文移請為此合移
貴局 貴道請煩查照希即轉飭蘇滬局上海廳縣及浦江巡緝彈壓
文武各員弁如有浙江剝船及承運浙漕海船水手人等滋鬧
生事務祈一體巡緝彈壓或由浙局委員隨時分別送交上海
縣亦祈一體懲治望速施行
同治四年十二月二十三日移
江蘇海運省局
蘇松太道

浙江巡撫部院馬　爲據情詳請事據海運省局司道詳稱竊據海運滬局總辦候補知府王守等詳稱今届海運新漕仍由上海交兑出口奉委畀府等赴滬設局總辦惟開兑後商剝各船雲集浦江均須彈壓地居隔省呼應不靈應請查照成案除飭蘇省地方官常川照料外並添委專員彈壓以重責成查有江蘇候補知縣倪祖謙現署上海縣主簿陳元燮補用府照磨沈金藻三員諳練精明堪以委任請轉詳咨明蘇省各憲飭委該員彈壓浙運交兑藉資周妥再該員等向係就近委令彈壓並不請支薪水等情到局據此伏查浙省漕糧由滬交兑放洋誠恐商剝各船雲集浦江易滋事端除照章由局移請蘇松太道並江蘇海運局轉飭蘇省地方官常川照料外據請江蘇候補知縣倪祖謙現署上海縣主簿陳元燮補用府照磨沈金藻三員專派彈壓浙漕交兑事宜理合詳請咨明

江蘇撫憲轉行蘇藩司飭委該員等彈壓兑務並請轉飭蘇省地方官常川照料以資周妥等情到本部院據此相應咨明爲此合咨

貴部院請煩查照希卽轉飭派委各該員彈壓兑務並令蘇省地方官隨時照料以昭周妥望切施行

同治四年十二月二十八日咨

江蘇撫院

浙江海運省局爲札發事據該局申送三聯單一百五十張轉請蓋印飭發下局以便塡給等情到局據此除將三聯單業由藩司糧道衙門一律蓋印外查三聯單內所列隨船帶備耗米卽係商船耗米應照支給全數塡註其剝出之三成六成數目應另列小戳註明隨船備帶耗米項下照現定章程漕糧剝出三成米若干石白糧剝出六成米若干石隨正交卸倘有短缺按正米賠補字樣每單一律蓋用条戳毋得遺漏玆於單內籤明札發爲此札仰該局立卽查收發交員紳隨時按船逐一塡給切切

計印發三聯印單一百五十張

同治四年十二月二十三日札滬局

浙江海運滬局爲據情轉詳事竊據船商沈生義李愼記等稟
稱竊奉憲局轉奉
省局憲　札開照得白糧粳糯米石係
供用要糈各屬務當揀選乾潔好米首先運滬不得稍有短缺致滋
貽悞所有應給白糧商耗自應全數運津以資抵備並將白糧
商耗一項以六成塡入聯單如到津有缺照短交正米例責令
該商船賠補等因並蒙曉諭在案伏查海運商耗一項向爲備
補交津之用卽爲回空食米之需照南地倉儲淨米春夏發熱
時每石耗至二三升不等商船艙口堅實未能透風受兌米色
不一易於蒸變一經北駛風沙燥烈白糧柔嫩虧耗極多交津
每石耗至四五升不等歷在商耗項下彌補倘有盈餘或奉津

局收買或聽回船充食此歷屆遵辦定章蒙於愼重運務之中
卽寓體恤商民之意者也今屆奉以六成塡入聯單短缺照正
米賠補伏思正米短缺責賠無辭耗米歷准給商且例不支領
水腳交足正米後有無盈餘應候津局覈數收買卽使缺乏似
可免賠一經提照正米是承運白糧一石交津須一石六升商
耗名爲加給一斗實則僅存四升昔以一斗備一石之缺間或
未足今以四升備一石六升之缺豈能無虧勢將扣船責補者
艀並係客地不無畏累公私商等展轉籌思實恐碍難承載爲
亟聯叩伏乞察覈轉詳
省局憲俯准責成商等將商耗米石全數運津不准顆粒折乾
私賣仍免塡六成比照正米賠補字樣庶以寬商累而符舊章

等情據此伏查此案前奉
憲臺札飭當經遵飭辦理在案今據該商等稟請前來確因責
成所在深恐六成提耗短缺賠累自係實在情形可否酌量寬
卹或援照漕米覈塡三成之處出自
憲恩裁奪卑府等未敢擅便理合據情轉詳伏候
憲臺俯賜察覈批示祇遵實爲公便爲此備由呈乞
照詳施行
同治五年正月十二日奉
省局　批查商耗米石原備到津交卸虧缺折耗之需如有盈
餘聽候津局示諭給價收買以資備抵第查歷屆承運商船每
有將商耗並不隨正運津迨至抵津交卸短缺無可收買抵補

辦理實多掣肘今屆是以將白糧覈出六成註入聯單隨正運
津通飭遵辦在案今據具詳前情姑准白糧商耗項下覈出四
成塡入聯單以示體恤仰卽轉飭遵照趕速辦理此繳

浙江海運省局爲據情詳請事竊據滬局總辦候補知府王守
等詳稱竊照浙省本屆海運糧米各州縣卽日起運到滬一俟
開斛交兌裝足卽飭開赴海口駛至十滧候風放洋自應循照
向章請頒祝帛恭祀
海神以昭誠敬除擇吉會同蘇省委員齋沐行禮另文詳報外詳祈
鑒覈轉詳
撫憲請頒祝帛轉發以便致祭等情據此伏查歷屆海運商船
放洋均由滬局委員會同蘇省各員擇吉恭祀
海神所有應備祝帛向請
憲臺蓋印發局轉飭謹敬致祭在案據詳前情理合謹備祝帛
三端備文詳送伏祈

憲臺俯賜蓋印發局以便轉發滬局應用爲此備由呈乞
照詳施行
今呈送
祝帛三端
同治四年十二月二十五日奉
撫憲馬　批仰將發來印帛三端卽行轉給致祭毋延繳

浙江海運省局爲呈報事據滬局總辦委員王守慶勳等稟稱
准蘇滬局撥付沙船九號計可裝兌米一萬三千餘石並據平
湖縣報到白糧粳糯正耗米石前來應卽派船飭裝卽於十二
月二十七日開兌一面移知各屬將漕白糧米陸續剝運裝兌
稟祈察覈等情到局據此除批飭趕緊裝兌分批開放外相應
備文呈報伏祈
憲臺俯賜察覈爲此備由呈乞
照驗施行
同治五年正月十四日呈
撫憲

浙江海運滬局爲詳請事竊據局書費懋雲等稟稱案奉
糧憲諭派稿書費懋雲清書趙扮川戴彭齡等三名赴滬辦公
應須添僱各書仍循舊章由滬另行招僱俾資分辦等因奉此
書等遵卽由省起程於開局日到滬將應辦一切事務小心經
理不敢遲悞開局伊始頭緒紛繁且本屆冊案蕩然一切事同
初創書等實因繕寫不及稟請添僱清書六七名以資勷辦蒙
准添派清書五名藉資經理在案伏查書等應用紙張油燭等
項歷係按月給銀二十兩俾敷辦公其應用油硃筆墨刊刻戳
記印刷稿樣工價均藉此欵開銷並不另支別欵現在銀價比
前較短百物無不增昂仍恐不敷自當格外撙節書等客地艱
窘應請循照向章按月給發油燭紙張銀二十兩以資辦公等
情據此查該書等前因派發各書不敷分辦稟請添僱清書當
經飭添清書五名共稿清書八名諭令認眞經理今據該書等
稟請援案給領油燭紙張銀二十兩以敷辦公支用可否俯准
照給之處出自
憲恩裁奪卑府等未敢擅便合將滬局稿清書等現在辦公名
數及添請油燭紙張據情詳候
憲臺察覈批示祇遵爲此備由呈乞
照詳施行
同治五年正月十九日具詳
省局　批查該局及書辦油燭紙張銀兩前經覈飭月共支銀
二十兩在案據詳前情除前定之二十兩局中及書吏仍各半

支給外應准酌加該書等油燭紙張銀每月十兩至所添清書
未免太多應准添僱四名仰卽遵照繳

浙江海運滬局爲詳報事竊照海運商船兌竣照章應給三聯印單護照等歴由卑局刊刷聯單送省葢印護照即由卑局葢印分刷填給今屆兵燹之後舊板無存當經傳匠刊刻其餘放洋册式各件均已照章刊就所需刊板刷印紙張工價等項在於滬局經費款內動支錢三十八千七百六文理合開具細數清摺備文詳報伏祈

憲臺俯賜察查爲此備由呈乞

照詳施行

今呈送　清摺一扣

今將刊刷聯單護照工價紙料錢數開摺呈

覽

計開

一給刊刷聯單等項共錢三十八千七百六文內

三聯單板價匠工錢八千六百七十六文

護照板價匠工錢三千四百二十文

放洋册式及雜件錢四千四百三十文

聯單紙料印工錢十八千六百文

護照紙料印工錢一千四百四十文

放洋册式及雜件等印工錢二千一百四十文

以上合支前數

同治五年正月十四日

省局　批摺開刊刻刷印紙張工料各用款准即由該局開支

彙報所有放洋册式亦即呈送備查此繳摺存

浙江海運省局爲轉報事竊據滬局總辦王守等詳稱竊照浙
省同治四年分漕白糧米擬分三批放洋首批糧米將次兑足
應飭陸續開至崇明十滧候風放洋茲准蘇滬局移會擇於二
月十一日會同浙局恭祀
海神謹於是日會同蘇局委員撰擬祝文同
憲發祝帛虔備牲牢恭詣各廟齋沐行禮虔祀（城隍天后海神風神火神）
以昭誠敬詳祈察轉等情到局據此除飭令將未兑米石趕緊
派裝一俟首批兑足卽將放洋日期詳報覈辦外相應備文轉
報仰祈
憲臺俯賜察覈爲此備由呈乞
照驗施行
同治五年二月初八日呈
撫憲

浙江海運省局爲飭知事據滬局總辦王守申稱浙省首批起
運漕白糧米六萬九千餘石計裝船三十六隻均經照章掣給
三聯印單飭令開放赴津交卸業經詳報在案所有聯單照驗
三十六紙已交津局委員隨帶至津以便查對等情據此合行
飭知爲此札仰該局卽便遵照一俟商船抵津卽將照驗查對
斛收具報切切
同治五年三月十三日札津局

浙江海運省局爲札知事據滬局總辦王守申稱浙省二批起運漕糧米六萬三千餘石計裝船三十隻均經照章掣給三聯印單飭令開放赴津交卸業經詳報在案所有聯單照驗三十紙現已移送津局以便查對等情據此合行札知爲此札仰該局立即遵照一俟商船到津即行照驗斛收仍將抵津船名米數開摺報查切切

同治五年三月二十五日札津局

浙江海運省局爲札飭事據滬局總辦王守申稱竊照三批全數起運漕糧正耗米六萬一千餘石計裝船二十八隻均經照章掣給三聯印單飭令開放赴津交卸業經詳報在案所有聯單照驗二十八紙現已移送津局以便查對申祈察查等情到局據此合行札知爲此札仰該局立即查照驗單如數斛收仍將到津船名米數開摺報查切切

同治五年四月初二日札津局

浙江海運省局爲轉報事據滬局總辦王守申稱竊照杭嘉湖三屬海運漕白糧米業於三月二十日全數兌竣並造具尾批放洋船名米數清冊呈請覈轉在案所有文案一切事宜趕緊清理現在均有頭緒謹於三月二十九日撤局其報銷經費及出力之委員紳董書吏船商人等應行請奬各事容再另行覈明詳辦合將撤局日期申報察覈又據該局另文轉報於三月二十四日撤退外局各等情前來相應據情轉報仰祈

憲臺俯賜察覈爲此備由呈乞

照驗施行

同治五年四月初六日呈

撫憲

浙江海運省局爲呈報事竊據海運滬局總辦補用道候補知府王守慶勲申稱竊照前奉頒發滬局關防遵經接收行用現在海運上海交兌事宜業已完竣所有奉發關防一顆申繳察收等情到局據此除將繳到關防封固儲局外相應具文呈報伏祈

憲臺俯賜察覈爲此備由呈乞

照驗施行

同治五年四月二十九日呈

撫憲

浙江巡撫部院馬　爲詳請咨明立案事據海運省局詳稱竊
自咸豐二年浙漕改由海運定地由上海出口放洋即于上海
設立浙江海運滬局辦理交兌事宜所有滬局房屋歷届賃借
民居租價既昂且非久計咸豐七年間飭據總辦海運滬局委
員候補知府王慶勳等在於上海東南門外籌資捐建局房一
所在案惟兵燹之後省局案卷蕩然無從稽考本届同治五年
辦理四年冬漕仍行海運即經飭令王守等確切查明稟候立
案茲據海運滬局總辦委員補用道候補知府王慶勳稟稱咸
豐七年冬漕詳准在於上海大東門外附近水次之區籌建局
屋一所當時購得坐落上海縣大東門外王家嘴角横街二十
五保十六啚長字圩三十五號丁芝九丁椒材隙地三畝九分

四釐一毫建造内局又貼近左旁同坐落字號之葛頁川隙地
八分五釐又長字圩三百十五號郁春華隙地二分議建外局
共計購地四畝九分九釐一毫興工建築造得内局大門大堂
及内堂廳房花廳廂屋走廊旁披書辦房等共大小四十餘間
應需經費稟准在咸豐七八兩年冬漕起運時商船承運浙漕
除商耗不捐外每石捐錢五文浙省有漕州縣解運米石每石
捐錢四文共計收捐錢七千八百九十餘千不敷購建又奉在
於上海船商籌補捐内酌提銀兩以及臯府暨内外局浙員官
紳集捐錢文始將内局屋宇竣事正擬另籌捐貲續建外局適
連年蘇浙多故未暇計及惟外局地址當時但編竹籬遮攔居
民堆倒垃圾隨設隨拆咸豐十一年冬月原辦外局紳董發浙
知縣王慶槙等以隙地屢被踐蹋由該紳起造門面樓房上下
十間背後平屋三間以資遮護當時欵無所出乃租住居民議
定自同治元年正月起至五年十二月止每年收租價錢一百
四十千文計扣收錢七百千文尙有不敷由該紳籌錢八百千
文墊用辦就本年春間曾將内外局房地契及原估造價裝修
帳目並收付各欵細數暨内房屋宇繪圖貼說檢呈在案再外
局後面平屋四間係江省借設軍需局時添蓋嗣准該局員議
請給還造價讓歸浙局奉糧憲王查驗米色臨滬親往履看與
上海道應商定酌償造價錢二百千文當具文批解交江省軍
需局并掣批備案其房當歸浙局收住請詳咨立案等情到局
據此除批示并將前送圖說契據帳目存局備查外伏查上海

建立浙江海運滬局官房地居隔省加以克復以後蘇浙卷帙
不全自應詳請咨明蘇省立案以垂永久再局地四畝九分九
釐一毫所有每年地基錢糧應完若干並請飭由上海縣開數
呈由浙江海運省局每年解交完納俾免懸宕而資稽考相應
詳請分咨
江省督撫憲轉行蘇藩司上海道查照備案並飭上海縣遵照辦
理等情到本部院據此除咨
江蘇撫　兩江督院外相應咨明爲此合咨
貴部堂院請煩查照希即轉飭蘇藩司上海道查照備案並飭上
海縣遵照辦理施行
同治五年七月十八日咨

兩江督院
江蘇撫院

浙江海運省局爲據情轉詳事竊據滬局總辦王守維圻虞令慶瀾等詳稱竊照同治六年起運五年新漕奉文仍由海運提前趕辦所有上海交兌一切事宜業奉詳委卑府等赴滬設局總辦並將開局日期呈報在案伏查漕糧爲

天庾正供例應慎益加慎因時制宜預爲籌議方期周妥上屆米色不能純潔以致津門交兌維艱今屆務當認眞查驗力圖整頓痛除積弊卑府等荷蒙委任敢不實力整頓現經酌擬章程十二條開摺詳送祈賜轉詳批示祇遵計呈清摺等情據此查覈摺開各屬愼選好米並不准包運包交又嚴禁丁役尅扣水腳船戶攙水等弊又剝船經由蘇省釐卡請逐船給發印旗驗放三條業已由局通飭遵辦並經覈入外辦章程詳明又商船耗

米請在滬覈出二成三成先行給價一條亦經由局專文詳請作爲籌備餘米各在案所稱概不僱用東衛等船一條原屬愼重米石起見特恐甯沙船隻不敷不能不兼僱他船以資協運查衛船到津以本地土著辦本地兌卸往往於進口之時先期使水並勾通剝船戶任意舞弊上年承運衛船米色類多蒸變李長合一船追賠米石迄未清了是衛船斷不可用至山東登油子船似尚堪以裝載倘先儘甯沙各船裝運之外尚有不敷惟有照章仍僱用東船以期無悞運務其餘七條由局覈正均屬妥協自應一律照辦除批示外謹將該局條議章程照錄清摺備文詳送伏祈

憲臺俯賜察覈批示爲此備由呈乞

照詳施行須至呈者

計呈送

清摺一扣

謹將酌擬滬局現辦章程開呈

憲覈

計開

一僱集牙行司事務求實數也查本屆滬局海運奉飭不設外局而牙行司事斛手人等向由外局奉諭紳董照章招僱現已會商各紳趕緊招集不准揑名頂充開具實在人數清冊報查以便臨期齊集趕兌

一商船先行編號挨裝也查歷屆海運沙船儘裝白糧寗船祗裝

漕糧寗船不敷裝運再用沙衞等船致有提前壓後及退諉爭先各弊現擬俟寗沙商船到後先行分編號數假如寗船編在第一號即裝運第一號先到之剝船漕米沙船編在第一號即裝運第一號先到之剝船白糧以次輪裝則該船無爭諉之端而前後亦歸畫一再如白糧約數已敷裝載將用賸沙船即便附入寗船號內一併間裝漕糧

一各屬文米務飭相符也查各州縣剝運漕米往往先文報解而起運遲遲及至運米到滬與報數又不相符函催續解輾轉稽延應請通飭有漕州縣今屆文米並投併飭米數報解相符俾局一俟剝運到滬即會同省委大員查驗米色並查實到米數若干按號標派商船趕緊斛兌不得以虛米而占實船反使後批實到之米在旁等候致有脫節

一不設外局統由委員督同辦理也查滬局辦理海運內外局本有原建之屋上屆因借辦浙鹽局以致外局仍借民房本屆奉飭不准另設外局自應具紳歸併一處辦理現雖鹽局尚未移設他處惟有酌量勻住俾便辦公又向章外局紳董給發鈐記今屆既不設外局統由內局委員督率紳董分司其事所有鈐記應毋庸給發一切公事及呈報米數報單統用委員關防仍隨時會督各紳董悉心籌辦不特租屋之價可省諸事較便稽察亦周

一商船受兌後不准逗遛也查米船兌竣之後往往遷延時日逗留浦江今擬一經兌竣具領水脚等銀給發聯單後限令十日

內裝齊二成貨物由局派員押令起椗駛出吳淞口開赴十滧守風放洋倘敢藉詞遷延即提耆舵究懲俾免逗留盜賣耗米等弊

一剝運米船改泊地方也查承運浙漕海船向與江蘇各船分埠停泊各縣起運剝船向泊董家渡之對港白蓮涇口該口入浦便而地甚僻凡有攙水等弊往往於此現擬以小南門外碼頭之東爲各縣剝船駐泊之所碼頭之西停泊寗沙各船該處浦面寬濶既無擁擠之虞交兌亦便並可時時稽察杜其攙水情弊

一移派礮船於白蓮涇口駐泊防範並稽察舞弊也查松太浙鹽局現有礮船駐泊浦江梭巡私鹽各縣起運米剝皆由南浦而

來今擬移請浙鹽局派撥緝船二三號沿浦稽察駐泊白蓮涇口防範兼查剗船潛渡攙水該口本爲場私出沒之地巡鹽察弊事屬兩便

其餘各條不全載

浙江海運省局爲詳請事竊據滬局總辦委員王守維圻虞令慶瀾等詳送條議摺開運津糧米向章漕糧每石給商耗八升白糧每石給商耗一斗全數運津以備抵補如有盈餘聽候津局給價收買留補正漕之不足不准私自變賣而歷屆承運商船每有將商耗並不隨正運津是以上屆於交兌時漕糧覈出餘耗三成白糧覈出餘耗四成塡入聯單如赴津交卸收不足數著令賠繳而該船等兵燹之後情形竭蹶仍蹈故轍將商耗私先變賣以致抵津交卸短絀辦理實多掣肘今屆擬請於漕糧商耗提出二成白糧商耗提出三成由滬局照時價先行給價收買於聯單註明照時價收買米若干字樣則該船既免拮据而糧米無虞短少如所買之米再繳不足數責令照時價倍

罰應給商耗米價並請於津局收買餘米經費項下扣存等情到局據此伏查商船耗米原令全數帶津以備抵補沿途折耗並備抵正供不足之用是以抵津交足正供之後尚有盈餘聽候津局給價收買一併運通惟近來該商船每將商耗先行變賣殆盡上屆商船到津竟致餘耗稀少無可收買固由於該商船之擅自變賣亦由兵燹之後情形拮据致使先糶圖利惟正供攸關津交短缺籌補爲難自應酌量每漕米一石籌備餘米二升白糧一石籌備餘米三升由滬局查照各船裝米數目於商耗項下按時價收買作爲籌備餘米即於聯單內註明籌備餘米若干石倘到津繳不足數准如該滬局所呈加倍罰賠其向來商耗仍覈出漕糧二成白糧三成註入聯單一併運津聽

候津局委員收買如到津收不足數卽由津局委員稟候糧道
就近察量情形分飭買補賠繳仍照章給予價值似此籌備有
資餘耗仍行收買該商船不能藉口苦乏
天庾正供自不致再虞短缺合將籌備餘米緣由備文詳請仰祈
憲臺俯賜察覈迅賜批示飭遵再此項經費卽由滬局開支俟
事竣後分別覈辦合併聲明爲此備由呈乞
照詳施行須至呈者
同治五年十二月十四日詳奉
撫憲馬　批所擬係爲上籌正供下恤商船起見尚屬可行仰
卽轉飭滬局委員妥爲辦理仍飭將買米價值各數稟報察覈
毋違餘并悉繳

浙江海運省局爲詳明事案奉
憲臺批本局詳漕白二糧籌備餘米並向來商耗仍行收買示
遵等緣由奉批所擬係爲上籌正供下恤商船起見尚屬可行
仰卽轉飭滬局委員妥爲辦理仍飭將買米價值各數稟報察
覈毋違餘并悉繳等因奉經札飭滬局遵辦去行玆據該局詳
稱商耗米石由滬提成先行給價收買作爲籌備餘米每裝漕
米一石籌備餘米二升白糧一石籌備餘米三升自應查照各
船裝米數目按照時價收買現在畀府等確訪時價酌定以白
糧每漕斛米一石給價錢三千文漕糧每米一石給價錢二千
四百文照價由滬收買倘到津繳不足數加倍罰賠其向來商
耗仍覈出漕糧二成白糧三成一併註入聯單飭令全數運津
以備抵津收買似此籌備有資餘耗仍行收買庶不致再虞短
絀等情前來查所議收買籌備餘米價值漕米定以二千四百
文一石白糧定以三千文一石尚屬平允應請照辦合將滬局
收買餘米價值具文詳明仰祈
憲臺俯賜察覈爲此備由呈乞
照詳施行須至呈者
同治六年二月初八日具詳奉
撫憲馬　批如詳卽飭收買仍將買過米數用過價銀造冊詳
報毋任浮冒繳

浙江巡撫部院馬　札海運省局知悉照得本屆漕糧仍由海運現在杭嘉湖三屬將次開倉收納卽須陸續剝滬交兌惟各州縣剝運漕糧到滬每有米色潮穃多交秈米及沿途船戶使水發漲等弊以致到津米多黑黯交兌周章應卽委員赴滬查驗以杜弊竇而昭愼重除札飭正任台州府知府吳艾生先赴滬局會同王守等將各屬運到米石逐一確切勘明驗兌如有前項情弊卽速指名稟候嚴叅究辦一俟驗收將竣再赴津局總辦外合并行知札到該局卽便一體飭遵毋違特札

同治五年十一月二十四日札海運省局

浙江海運省局爲移請飭追札飭追繳事准

糧道津次咨本年承裝浙省海運漕糧之徐德泰一船及承裝白糧之宋隆茂胡福盛二船抵津驗卸正供均交不足數現經由局將存倉米石籌補全完查該三船既非在洋遭風又未斫桅鬆艙所短米石自應照數賠補現據稟求俟回南補繳乞將聯單稅單照案給發庶可放空出口並具願甘賠補切結送局備案等情除將聯單稅單先行標明戳發並札行上海廳縣一俟三船回滬卽押令原保稅行嚴督該船商將所短漕白米石責令照數賠補由上海縣妥爲收存於下屆仍交各本船搭運赴津外咨局查照一體轉飭遵辦一俟追繳清楚希將完照轉給等因准此查徐德泰一船欠繳平斛漕米一百三石一斗二升五合宋隆茂一船欠繳平斛白米七十石八斗五升胡福盛一船欠繳平斛白米八十石九斗二升業由津局將存倉米內籌補全完所短米石既據在津稟限回南補繳查該三船均係上海沙船早經回南亟應趕緊追賠除移行並將該三船完照存局一俟米石繳清再行飭發外

咨上海道

相應備文移請爲此合移

貴道請煩查照希卽飭令上海海防同知暨上海縣督令稅行嚴押該三船速將短交漕白米石卽行如數斛交上海縣妥爲收存俟本屆冬漕起運一併搭運赴津仍飭將米石繳清卽便備文飛報以憑發給完照交由上海縣轉給望速施行

札海運滬局

合行札飭爲此札仰該局立卽遵照將該三船短交米石勒令尅日斛交上海縣妥爲收存俟下屆搭運赴津毋任稍有短少切切

札上海廳縣

合行札飭爲此札仰該廳縣立卽督令原保稅行嚴押該三船速將短交漕白米石卽行如數斛交該上海廳縣妥爲收存俟本屆冬漕起運一併搭運赴津仍將米石繳淸卽便備文飛報以憑發給完照交由該上海廳縣轉給切速切速

同治五年八月二十六日咨行

浙江海運省局爲咨明札飭事案查上屆承裝浙省海運漕糧之徐德泰一船及承裝白糧之宋隆茂胡福盛二船抵津交卸米不足數經津局將存倉米石籌補全完該三船旣非在洋遭風並不斫桅鬆艙所短米石自應照數賠補前經札行上海廳縣一俟三船回滬卽押令原保稅行嚴督該船商將所短漕白米石責令照數賠補由上海縣妥爲收存於下屆搭運赴津在案旋據滬局暨上海廳縣申復遵經飭據船主胡熙亭稟稱宋隆茂船短交白糧正耗米七十石八斗五升胡福盛船短交白糧正耗米八十石九斗二升批入聯單回南補繳今奉飭追遵經照數賠繳共計白米一百五十一石七斗七升出具恒祥米行棧票一紙并覈繳水脚五色曹紋銀四十九兩六錢七分出具裕興錢莊銀票一紙呈請補運又徐德泰繳到漕米一百三石一斗二升五合水脚等項曹平銀五十三兩九分先後呈復前來茲又據滬局總辦委員王守等申報伏查徐德泰繳到平斛漕米一百三石一斗二升五合業經派裝沙船孫永茂搭運其宋隆茂船補繳平斛白米七十石八斗五升胡福盛船補繳平斛白米八十石九斗二升均經派裝沙船和長春搭運赴津等情到局據此查上屆承運商船徐德泰等短少米石業由津局籌補交倉所有現在各該船補繳各米搭裝沙船孫永茂和長春二船運津應卽作爲本屆籌備餘米運通存倉相應備文咨明/合行札知爲此爲此合咨/札仰該局貴道請煩查照一俟孫永茂和長春二船抵津卽將搭運米石

一併照數驗收辦理施行須至咨者（切切此札）

同治六年五月　日咨（札天津局）

糧道

浙江海運省局為移請事案據浙運滬局申稱竊准上海縣移
稱奉飭浙漕海運在上海大東門外建設局屋當時購得坐落
王家嘴角二十五保十六圖長字圩三十五號丁芝九丁柩材
隙地三畝九分四釐一毫又貼近同號之葛貞川地八分五釐
又長字圩三百十五號郁春華地二分共計購地四畝九分九
釐一毫所有地基錢糧每年應完若干請查明開數由浙局每
年解交完納等因奉經飭據管圖冊書稟稱遵查二十五保十
六圖號頒底冊內丁芝九戶名計有三戶衹共田一畝九分九
毫並無丁柩材之名若將是號內丁姓鉏經堂兩戶併算共計
四畝一分二釐九毫田更盈多不符至貼近同號葛貞川亦無
其名衹有葛貽德兩戶共田八分五釐分數雖符而戶名不對

再三百十五號郁春華地二分是圖衹一百四十四號為止且
無郁春華戶名是以五年冬漕未及收除列冊仍照原戶承糧
理合遵諭簽冊稟請轉移滬局查覆飭遵以便於今屆錢糧內
收正開報等情到縣據此查貴局購置十六圖地畝建設滬局
所開局基原戶圩號畝分因何與縣冊不符移請查覆等因除
移請原辦之員前辦滬局王守慶勳查明辦理外申祈察覈等
情前來當經札飭原辦滬局委員王守慶勳逐一細查稟覆茲
據該守稟稱轉據原辦紳董王慶模稟稱遵查海運局所買丁
柩材丁芝九葛貞川郁春華等戶名田額其丁柩材即係長字
圩三十五號之丁鋤經戶名方單共二畝二分二釐葛貞川即
係同號之葛貽德戶名方單八分五釐郁春華即係長字圩三

百十五號之郁成觀戶名方單二分丁芝九二戶即係同號之
本戶名方單一戶一畝四分九釐六毫一戶二分二釐五毫統
共買丁葛郁等田額共四畝九分九釐一毫所稱丁芝九戶名
方單三紙查局中所買二紙內方單一紙計田一分八釐八毫
係另有人承糧不涉運局之事據稟前情合肅稟覆等情到局
據此查浙運滬局基地原戶圩號畝分既據原辦滬局委員王
守飭據原辦紳董王慶模覆查準確所有畝分名戶應即照依
查覆確數分別更正俾免日後影射其地基錢漕每年應完若
干應即閧數呈由本浙局解交除飭上海縣遵照外擬合移知
為此合移
貴道請煩查照即便轉飭上海縣照依原辦委員查明準確戶

名畝數逐一更正俾免影射並飭將應完地基錢糧每年若干
開送以便附解望速施行
同治六年七月初五日移
上海道

浙江海運省局司道為酌議海運滬局收兌章程詳請
憲示事竊查浙省同治七年海運六年冬漕業奉
諭旨催令提前趕辦並奉
大部節次行催轉行到局遵即飛飭杭嘉湖三府屬縣務照往
屆格外提前妥速徵運並督飭各局員將應辦一切事宜悉心
籌畫陸續趕辦除將應行詳請
奏咨各案及外辦章程另行分案詳請
奏咨外伏查滬局派船驗兌諸務雖有成案可循其有未盡周妥
之處自應隨時預籌以期慎益加慎查各屬運米遲延往往虛
報起運日期而船戶丁書加以沿途逗遛偷盜攙和使水其弊
不可勝言且剝船到滬後隨處停泊不但漫無稽考即驗兌殊

多掣肘又查白糧一項交行包舂代辦各縣既不能親臨查驗
各該行惟利是圖率以醜米混交逐船駁換兌務因而遲滯今
冬米數較多擬責成該行等承攬承交庶就近可以易換至商
船派裝米石甯船應以進口之先後編號沙船即以移浙之日
一律編號挨次派裝庶船商無所藉口而兌務可期迅速謹酌
議章程六條開摺備文詳送仰祈
憲臺俯賜察覈批示以便通飭祇遵為此備由呈乞
照詳施行
計呈　清摺一扣
謹將海運滬局收兌章程六條開呈
憲鑒

一各縣運米到滬須明定限期也杭嘉湖各屬距滬均祇數百里往往剝運漕糧遲至兼旬累月始行到滬各縣固不免有虛報起運之弊而船戶丁書沿途逗遛偷盜攙和均由於此擬請自本届爲始飭有漕各州縣概不准先期虛報起運統限剝船日行七十里各按程途遠近限定到滬日期一面起運一面將船戶花名及押運丁書姓名年貌開具細冊並註明經由路逕限定日期及每石實給水腳錢文數目專人賫送滬局查覈由滬局查明剝到之期扣除正限再給餘限三日如在餘限三日以內查無弊竇從寬免究如在三日以外卽將船戶按其逾限日數加倍枷號滿日責放押運丁書分別懲治如有攙和使水情弊另行從嚴究辦

一各縣剝運到滬船隻請預期飭知定地停泊也黃浦江一帶江面寬濶船隻如鱗向來各縣剝到之米隨處停泊局中驗米並無定所查察難周擬自本届爲始預期通飭有漕各州縣曉諭押運丁書務於小南門外浦江東岸張家浜地方停泊以爲候驗水次如不遵章停泊卽以未到水次論概不驗收緣該處河面較寬較靜飭令滬局派員帶同巡船在彼梭巡可免剝船水手到滬攙和之弊

一各縣運到漕米請隨驗隨兌也各縣漕米一經該丁書赴局報到滬局刻卽將輪應派裝船名派出曉示局門傳知該船耆民同該縣丁書於次早在局隨同派出驗米之員赴次查驗如無駁換風晾各情卽著該耆民會同該縣丁書押同剝船開放至商船泊處卽日眼同起斛如當日不能兌竣亦卽由該商船耆民用心看守勿使乘夜攙和以專責成而免諉卸

一無論沙船甯船宜一律編號挨次派裝也查甯船固有進口先後日期而沙船由松海防廳咨送到局亦有先後日期自應與甯船進口日期一律編號挨次派裝方足以昭公允擬請自本届爲始不准滬局將沙船與甯船分開各計各號遇各縣運到漕米不分沙甯一律挨次派裝惟白糧向係專用沙船裝儎如運到白糧而適值甯船應裝仍准將在後頂號之沙船派裝亦不准派及號數在後之沙船致令各商船均思請託先裝易滋口舌

一各縣應交白糧宜飭報明何行舂辦仍責令丁書帶同行戶運

滬交兌也嘉湖等縣不產糯米本須採辦卽白糧一項亦因兵燹之後舂具不齊率多由近處米行代辦惟以拘於定例仍多詭稱自辦各縣既不能親臨水次而代辦米行毫無責成置身事外往往惟利是圖日以醜米嘗試辦理轉多窒礙擬請自本届爲始通飭嘉湖各縣將代辦白糧米行報明滬局取具該行承攬註明粳糯價值並辦定米樣一并封送責令該行自赴滬局聽候驗收如米色不符原樣卽著該行戶另行挑選換交以免影射仍嚴飭滬局禁止員董丁役人等藉端刁難需索倘行戶有掗交醜米不肯挑換等情亦卽由局提案究辦

一沙甯各船請由赴津董事隨同挑選也向來津滬各商船董事封僱船隻事宜在甯有甯船董事僱定押送到滬在滬則由滬

局員董挑選派裝迨赴津交米間有短少米石則止由津董追繳誠恐在滬各董有明知船戶虧累情形恃無責成徇情濫派等弊擬請自本屆爲始所有甯沙各船均令赴津董事眼同封僱挑選凡有曾經無故短米等船概令剔除庶責成既專情弊較少

同治六年十一月初四日奉

撫憲馬　批所擬章程尚屬妥協仰即通飭各屬遵照辦理此後各州縣如敢虛報起運以及丁書沿途偷盜攙和使水情弊即行分別嚴參究辦其白糧一項既須行戶代辦倘以醜米混交仍惟該縣是問不能專諉之行戶轉令該縣置身事外也切切此繳摺存

浙江海運全案重編目錄

新編卷六

放洋巡護事宜

浙江巡撫臣馬新貽跪

奏爲恭報海運漕船頭批兌竣開行日期仰祈

聖鑒事竊照浙省同治五年起運四年冬漕計漕白正耗米共一十九萬五千七百餘石經臣酌議章程併仍用商置輪船出洋巡護緣由次第陳

奏在案一面嚴飭各州縣趕徵運滬尅期交兌並飭署糧道王凱泰由陸赴滬查驗米色隨即北上茲據海運滬局委員補用道候補知府王慶勳等稟報頭批漕白米六萬九千餘石已裝兌完竣定於二月十二日起陸續開至崇明十滧地方候風放洋稟請具

奏前來臣查頭批米船既已兌竣開行指日即可揚帆北上除飛

咨江蘇山東直隸各督撫臣轉飭沿海水師實力迎護各船米數清冊現飭趕造詳咨各海船先抵津門而米冊未到各船均有三聯印單可憑按數兌收無虞舛錯此外各批米石飛飭上緊運兌接續放洋外謹照案繕摺由五百里馳

奏伏乞

皇太后

皇上聖鑒謹

奏

同治五年二月二十三日具

奏奉

旨戶部知道欽此

浙江巡撫部院馬　爲詳送覈咨事據海運省局司道詳稱竊照本屆起運浙漕共十九萬五千七百餘石擬作三批放洋所有兌足首批放洋米船共三十六隻計裝漕白正耗米六萬九千八百六十七石八合七勺業將開放日期據情詳請察覈

奏咨在案茲據滬局總辦王守等詳送首批放洋船名米數清冊前來相應詳送分咨

欽派驗米大臣暨

直隸 駐津倉場督憲轉飭天津道及駐津坐糧廳并請咨送

漕憲查照等情到本部院據此除分咨外

咨 直隸督院 漕 呈 欽派驗米大臣

相應咨 呈 昐 爲此合咨 咨呈

貴部堂請煩查 欽派驗米大臣謹請察 照施行

計咨送冊一本

咨駐津倉場督院

相應咨送爲此合咨

貴部堂請煩查覈並祈轉飭天津道及駐津坐糧廳一體查照

施行

計咨送冊三本

同治五年三月初五日咨

浙江巡撫　部院馬　爲欽奉事同治五年三月初八日接准
兵部火票　遞到
戸部咨開　雲南司案呈內閣抄出浙江巡撫馬　片奏本屆海
運漕糧業已分批赴滬糧道定於正月二十四日帶印起程北
上緣由附片一件同治五年二月十八日軍機大臣奉
旨知道了欽此欽遵抄出到部于二十一日由浙江司付司前來相
應恭錄
諭旨由五百里飛咨浙江巡撫即將頭批放洋日期以及米數船數
查明專摺奏報其浙省需用寬大沙船應一併行知江蘇巡撫
飭屬趕緊預備至江蘇海運漕糧前經該省奏明於三月內抵
津而放洋日期迄今已屆二月下旬尚未奏到應一併由五百
里飛咨江蘇巡撫趕緊督催放洋一面專摺奏報並知照漕運
總督可也等因到本部院准此查浙省頭批放洋米數日期業
經本部院分別
奏咨在案茲准欽奉前因合就轉行爲此仰該局查照准咨奉
旨事理即便移行知照毋違
同治五年三月十一日行海運省局

浙江巡撫部院馬　爲詳請覈咨事據海運省局司道詳稱竊
查商船受載漕白糧米運至天津海洋遼濶難保無盜匪竊發
自應沿途防護以期周密歷屆均經詳請飛咨各省督撫提鎮
轉飭沿海水師各按汛地分派將弁兵丁一律巡防護送在案
今屆海運自應循案辦理除經彙入章程請
旨勅下各督撫提鎮水師迎護外理合詳請分咨
直隸　兩江　督憲
山東　江蘇　撫憲暨
江南　浙江　提督　直隸天津　山東登州　總鎮　蘇松　定海　總鎮轉飭沿海水師各按
汛地多撥哨船分派將弁兵丁巡防護送不得虛應故事所有
島嶼處所夜間多掛號燈日間多豎號旗俾商船停泊守風不
致迷於所向並請聲明浙省運糧商船各號旗仍照向章杭屬
黃旗黑字上加紅帶嘉屬紅旗黑字上加藍帶湖屬藍旗紅字
上加黃帶書明某府某州縣海運糧船第幾號以便易於識認
等情到本部院據此除分咨外相應咨明爲此合咨
貴部　鎮　院　請煩查照希即轉飭遵辦望切施行
同治　年　月　日咨
直隸　兩江　督院
山東　江蘇　撫院
江南　浙江　提督　直隸天津　山東登州　蘇松　定海　鎮

浙江巡撫部院馬　爲詳請飛咨事據海運省局司道詳稱竊照本屆應運漕白糧米奉文仍由海運共實應起運米十九萬五千七百一十四石三斗七升一合三勺業經詳奉
奏咨在案茲據浙漕海運滬局稟稱本屆海運米石擬分三批放洋現據各州縣陸續剩米來滬逐日交兌計頭批起運漕白交倉正耗及經剝商耗等米六萬九千餘石配裝孫常泰等三十六船現定於二月十二日起飭令陸續開至崇明十滧地方候風放洋等情前來除另文詳請察覈具
奏外惟查歷屆海運米船放洋均經詳請分咨
各省督撫提鎮轉飭水師營弁沿途接護本屆自應循案辦理
相應詳請飛咨

山東直隸江蘇督撫憲並各提鎮轉飭沿海水師營弁遵照出洋實力巡護並請分咨
浙江提督定海總鎮一體查照向章分飭水師加意巡護俾昭慎重實爲公便等情到本部院據此除分咨外相應咨明爲此
合咨
貴部院鎮軍請煩查照希即轉飭遵辦望切施行
同治　年　月　日咨
直隸督院　兩江督院　山東撫院　江蘇撫院　江南提督　浙江提督　直隸天津　山東登州　蘇松　定海　總兵

浙江巡撫部院馬　爲詳送覈咨事據海運省局司道詳稱竊照本屆起運浙漕共十九萬五千七百餘石擬作三批放洋業將首批放洋日期及米數船名先後詳請
奏咨在案所有兌足二批放洋米船共三十隻計裝漕糧正耗米六萬三千九百一十四石六斗九升二合一勺亦將開放日期據情詳報亦在案茲據滬局總辦王守詳送二批放洋船名米數清冊前來相應詳送分咨
欽派驗米大臣暨
直隸駐津倉場督憲轉飭天津道及駐津坐糧廳并請咨送
漕憲查照實爲公便等情到本部院據此除分咨外
咨呈直隸督院漕
欽派驗米大臣

相應咨明呈爲此合咨咨呈
貴部堂請煩查
欽派驗米大臣謹請察照施行
計咨送冊一本
咨駐津倉場督院
相應咨送爲此合咨
貴部堂請煩查覈並祈將所送天津道及駐津坐糧廳之冊迅
賜轉發天津道及駐津坐糧廳一體查照望速施行
計咨送冊三本
同治五年三月十三日咨

浙江巡撫臣馬新貽跪

奏爲恭報浙江本年海運糧船全數兌竣放洋恭摺奏祈

聖鑒事竊照同治五年起運四年漕白二糧及耗剩經剣等項共米一十九萬五千七百一十餘石分作三批放洋經臣督飭省局司道嚴催上緊徵兌旋據各州縣陸續運米抵滬經滬局委員王慶勳等稟報頭批起運米六萬九千八百六十七石零裝兌完竣於二月十二日起陸續開至崇明十滧放洋經臣馳

奏在案尚有未完各批米石當即嚴催各屬漏夜運兌截至三月二十日止將二三批糧米共一十二萬五千八百四十六石零先後兌竣陸續開至崇明十滧候風放洋赴津交卸統計前後配裝商船九十四隻全數起運據滬局委員王慶勳稟請具

奏前來除飛咨漕運督臣直隸山東江蘇各督撫臣轉飭水師將備帶領兵船沿途接護實力巡防以保無虞並飛咨

欽差驗米大臣倉場侍郎暨行知升任臬司現署糧儲道王凱泰及津局委員查照辦理外際此時交初夏南風司令仰賴

聖主福庇旬日之間定可安抵津門足以仰慰

宸廑合將本年浙省海運漕船全數兌竣放洋緣由謹繕摺循案由五百里馳

奏伏乞

皇太后

皇上聖鑒謹

奏

同治五年三月二十三日具

奏奉

旨戶部知道欽此

浙江巡撫部院馬　爲詳請覈咨事據海運省局司道具詳竊
查浙省同治五年起運四年分漕白糧米共實應起運米一十
九萬五千七百十四石三斗七升一合三勺分作三批放洋業
將首二批放洋日期並造具船名米數清冊轉請察覈分別
奏咨在案茲據滬局總辦委員王守慶勳稟報三批起運漕糧米
六萬一千九百三十二石零配裝船二十八隻於三月二十日
起飭將兌竣各船催令陸續開駛崇明十滧地方候風放洋赴
津交卸等情到局據此伏查本屆起運漕白米石連前共計配
裝商船九十四隻均已一律分批全數起運除另文詳請覈
奏外相應據情詳請祈賜察覈分咨
欽差驗米大臣暨

戶部
倉場督院查照并請飛咨
山東兩江江蘇直隸督撫憲並各提鎮轉飭沿海水師營弁遵照出洋實力巡
護並請分咨
浙江提督定海總鎮一體分飭水師加意巡護等情到本部院
據此除分咨外相應行咨呈飛咨明爲此合咨咨呈
貴大臣謹請察照施行
部堂院請煩查照施行
軍門鎮希即飛飭沿海水師營弁遵照出洋實力巡護望速施行
同治五年三月二十九四月初六日咨
欽派驗米大臣
戶部
倉場直隸兩江督院
山東
江蘇撫院
直隸
江南浙江提督
直隸天津
山東登州
福山
狼山鎮
定海
蘇松

浙江巡撫部院馬　爲咨行事同治五年三月二十七日接准
兵部火票遞到
欽差駐津驗米大臣單　咨開查歷届海運漕糧放洋北上均責成沿海水師迎護遞送以昭愼重本届海運業據江浙奏明照案由商捐置火輪各船在東南洋面巡緝並咨行沿海各督撫轉飭水師一體防護盗船應自斂戢惟查歷年失事各船均在石島地方其東北等處洋面各省水師員弁如何布置周安嚴密巡防以及專任何人分任何人未據咨報刻下海運米石俟風放洋一遇風色順利即可連檣北上海洋防衛在在均關緊要應飛咨浙江巡撫嚴飭水師鎭將督率員弁各按所轄洋面逐島搜捕勿任盗船潜匿並于米船經過處所梭織巡查逐程迎

護務期聲勢聯絡俾米船行走迅速安穩抵津是爲至要仍將專任分任各職名咨報查覈倘各該水師員弁藉端諉卸稍致疎虞即將該員弁從嚴參辦應飛咨貴撫部院可也等因到本部院准此查此案前據該局具詳即經分咨轉飭一體迎護在案今准前因除再分咨外合就轉行爲此仰該局即便查照毋違

同治五年四月初二日行海運省局

浙江巡撫部院馬　爲詳請覈咨事據海運省局司道詳稱竊照浙漕三批全數起運米六萬一千九百三十二石六斗七升五勺配船二十八隻業將開放日期據情詳請察覈分別
奏咨在案茲據滬局總辦王守慶勳詳送放洋船名米數清册前來合將送到清册轉請察照前詳分咨查照等情到本部院據此除分咨外

咨直隸督院
呈漕　欽派驗米大臣

相應咨明爲此合咨
呈　　　　　　　　呈

貴部堂請煩查
欽派驗米大臣謹請察　照施行

計咨送册一本

咨駐津倉場督院

相應咨送爲此合咨
貴部堂請煩查覈並祈將所送天津道及駐津坐糧廳之册迅
賜轉發天津道及駐津坐糧廳一體查照望速施行

計咨送册三本

同治五年四月初六日咨

浙江巡撫臣何桂清跪

奏爲海運漕米全數放洋請將籌辦巡護尤爲出力各員籲懇

天恩先予奬勵以昭激勸恭摺奏祈

聖鑒事竊照本年江浙兩省新漕并清查捐輸米石仍由海運前因

洋面不靖據浙江甯波商人李容等捐買粤東輪船一隻公舉

鄞縣廩生盧以瑛籌辦一切巡護事宜先於咸豐五年五月初

旬探得福建石牌洋面有廣艇盜船三十餘隻竄至山東直隸

奉天一帶海口肆行刼掠以致兩省承運商船不能回空南下

該商等公舉慈谿縣生員張斯桂督率輪船於六月初旬自甯

波出洋巡哨七月初五日在奉天復州洋面擊沉匪艇五隻擊

漏一隻擊壞八隻十四日在山東蓬萊洋面擊沉匪艇四隻燒

燬六隻擒獲一隻擊斃盜匪四十餘名生擒三十八名解送登

州府訊辦十八日在石島洋面擊沉匪艇一隻先後救出被圍

回空商船三百餘號二十二日回至上海續由職員曾學時張

斯臧督率輪船帶同勇船於二十九日巡哨至浙江石浦洋面

擊沉匪艇二十三隻斃盜三百餘名溺死無數九月十三日在

岑港洋面擊沉釣船三隻匪船一隻十八日復由分缺先用訓

導費廷豪督帶輪勇各船在瀝港洋面擊沉釣船四隻斃盜十

四名生擒五名統計南北兩洋擊燬匪艇五十八隻起獲四千

觔以上大礮四尊二千觔至六百觔大礮十三尊所有水勇口

糧以及置備器械各項經費俱係甯商捐資辦理嗣奉

諭旨該船不准駛赴北洋復飭據兩省紳商王慶勳俞斌等會議上

海商人亦捐置輪船一隻請於漕艘北上時以一船駐泊江南

佘山洋面守住北洋門戸以一船在南洋梭織巡護使盜船不

能北上卽漕船可保無虞經臣據情具奏奉

旨遵行旋據署江蘇松江海防同知童景會上海縣知縣王芳會稟

據上海商董郭長祚等轉據管帶蘇省輪船候選從九品姚曦

稟稱十二月初九日在江南白沙洋面轟沈盜艇兩隻生擒盜

匪十一名救出難民十名餘匪落水身死又在落伽山洋面擊

沉盜艇四隻盜匪盡行淹死十五日在團山洋面擊沉盜艇兩

隻生擒盜匪陳阿有等送交上海縣衙門訊係漏城漏網餘匪

當卽正法所有出洋一切經費亦係滬商捐資辦理惟輪船祇

准巡護南洋復經漕臣邵燦委浙江試用知府前江蘇同知何

紹祺馳往上海勸諭該商等捐辦綱梢船二十隻配勇五百名

由何紹祺督飭福建補用知縣蕭縉候選從九品姚曦管帶出

洋駛赴山東直隸天津各海口往來梭巡節次擊沉盜船數十

隻殲斃盜匪數百名而江南佘山以內洋面遼濶誠恐是項勇

船難以兼顧又由浙省海運滬局添備白壳釣船十二隻配勇

二百四十名經滬局委員楊裕深派令候選衞守備俞奎管帶

在佘山以內實力搜捕現在江浙洋面一律肅清兩省漕船連

檣北上毫無疎失所有在事出力各員自應擇尤先行奬敘以

昭激勸據海運省局司道詳請具

奏前來合無仰懇

皇上天恩俯准將鄞縣廩生盧以瑛以訓導不論雙單月儘先選用

浙江試用知府何紹祺歸入候補班補用并請俟補缺後再行
送部引
見候選衞守備俞奎
賞加都司銜福建補用知縣蕭縉改發浙江歸入候補班補用候選
從九品姚曦留於浙江歸入籌餉新班補用并請免繳分發銀
兩以示鼓勵其餘巡護出力稍次各員弁并甯滬捐資各商由
臣劄飭甯紹台道蘇松太道分別查明彙案另行續請獎敘外
理合恭摺具
奏伏乞
皇上聖鑒訓示謹
奏

咸豐六年五月初三日具
奏六月十九日奉到
硃批另有旨欽此

浙江巡撫臣晏端書跪
奏爲甯商捐置輪船巡護海運漕糧查明捐資出力各員籲懇
天恩奬勵恭摺奏祈
聖鑒事竊照咸豐五年浙省漕糧仍行海運前因洋面不靖經甯波
商董捐置輪船配勇出洋巡護漕船七百餘號連檣北上毫無
疎失爲歷屆所未有當經前撫臣何桂清查明籌辦巡護在事
出力之試用知府何紹祺等先行
奏奬聲明其餘巡護出力各員弁并甯滬捐資各商查明另請奬
敘欽奉
諭旨著照所議辦理等因欽此欽遵在案茲查甯波輪船董事鹽課
司提舉銜李容等先於咸豐五年四月間捐買粤東輪船一隻

置備礮械選募水勇並經紳商江蘇補用同知俞斌等籌議章
程設局經理嗣聞山東一帶洋面盜匪聯幫肆刼商賈不通承
運漕糧之沙甯各船未能回空南下當遣生員張斯桂督率輪
船出洋剿捕又遣董事盧以瑛馳赴吳淞會同滬商增募壯勇
該董事等另又添僱勇船派令候選訓導費廷豪同知銜曾學
時從九品銜張斯臧生員張斯安俊秀張文理吳浩費鳴鶴等
督同駕駛出洋會合輪船跟踪痛剿歷次擊沉燒燬盜船多隻
轟斃及生擒盜匪多名迨咸豐六年漕船北上該紳董等復添
僱大小勇船十二隻駛赴江南佘山一帶梭織巡護漕糧安抵
津門計自五年四月起至六年六月止所需輪船價值暨置備
礮械選募水勇添僱勇船各項經費共用銀二十二萬餘兩除

各商捐墊銀一十二萬五百餘兩不計外李容等捐銀九萬九千五百兩該紳董捐資出力應請從優獎敘至輪船收泊甬江爲洋商雜處之所經甬東巡檢姚紹唐彈壓稽查俾商民相安無事著有微勞應請一併獎勵等情由海運省局司道准據署甯紹台道段光清甯波府知府張玉藻查明詳請具
奏前來何桂清未及覈辦卸事臣接准移交查甯波紳董購買輪船出洋捕盜復巡護海運漕糧所需船價經費均係該紳董捐資辦理洵屬好義急公甬東巡檢姚紹唐彈壓輪船亦屬在事出力自應分別獎敘以昭激勸臣謹酌擬獎勵等差開列清單
恭呈
御覽合無仰懇

天恩俯准給予優敘之處出自
鴻施謹繕摺具奏伏乞
皇上聖鑒訓示再滬商捐置輪船護運出力各員應由江省督撫臣查明請獎合併陳明謹
奏

謹將甯商捐置輪船巡護海運漕糧查明捐資出力各員酌擬獎勵等差開列清單恭呈
御覽

鹽課司提舉銜李容五品職銜費綸鋕同知職銜盛植琯知府銜江蘇補用同知俞斌合捐經費銀六萬兩均請
賞戴花翎

分缺先用訓導費廷豪捐經費銀一萬兩請
賞帶藍翎並加五品銜

不論雙單月儘先選用訓導盧以瑛捐經費銀六千兩生員張斯桂同知銜曾學時各捐經費銀五千兩從九品銜張斯臧捐經費銀六千兩生員張斯安捐經費銀四千兩俊秀張文理捐經費銀一千兩俊秀吳浩捐經費銀一千五百兩俊秀費鳴鶴捐經費銀一千兩查盧以瑛巡護出力前經
奏獎今復捐銀六千兩更見急公報効自應另行獎敘盧以瑛請以同知不論雙單月即選張斯桂張斯安均請以復設訓導不論雙單月分缺先選用曾學時請加運同銜張斯臧請加同知銜張文理請給予縣丞銜吳浩費鳴鶴均請以把總即用

六品銜候選縣丞鄞縣甬東司巡檢姚紹唐請
賞戴藍翎

咸豐七年二月初四日具
奏二月二十五日奉
上諭晏端書奏查明商置護運輪船捐資出力各員開單請獎一摺上年浙江省辦理海運甯波紳董捐置輪船出洋巡護所有捐資出力各員均應量予獎敘鹽提舉銜李容五品銜費綸鋕同知銜盛植琯知府銜江蘇補用同知俞斌均著賞戴花翎候選訓導費廷豪著賞加五品銜並賞戴花翎候選訓導盧以瑛著以同知不論雙單月即選生員張斯桂張斯安均著以復設訓導不論雙單月分缺先選用同知銜曾學時著賞加運同銜從九品張斯臧著

賞加同知銜俊秀張文理著賞給縣丞銜史浩費鳴鶴均著以把
總郎用六品銜候選縣丞巡檢姚紹唐著賞戴藍翎以示鼓勵該
部知道單併發欽此又清單内同日奉
硃批覧欽此

浙江巡撫臣馬新貽跪
奏再查海運漕船放洋歷經甯滬商董各捐置輪船一隻配勇出
洋巡護本年甯波船商能否一律捐置輪船護運已飭查議俟
覆到另行酌辦經臣於籌議來歲新漕海運章程内聲明在案
兹據省局司道詳稱據甯商紳董職員張廣埏盧以瑛覆稱查
甯商前置寶順輪船爲護運巡洋之用前經
奏明並歷屆海運向於運船赴北時派定滬局輪船巡緝北洋其
佘山以南一帶洋面均由甯局寶順輪船巡緝現在管駕輪船
督率巡護係同知銜候選知縣張斯安經理其事該船於上年
修理後船身完固船上礮火器械及各勇等均各齊備足資巡
護此次辦理海運自應遵照舊章甯船赴滬由張斯安管駕寶

順輪船護送過滬一面仍在佘山洋面往來梭巡以截南來盜
艇俟各船受兑放洋陸續護送實力巡防以昭慎重等情轉詳
請
奏前來臣查歷屆海運漕糧均用商道輪船會同巡護現在甯商
輪船既據修備完整自應仍飭照章護送俾運務益臻周密除
飭俟商船放洋隨時實力巡護並咨江蘇督臣轉飭遵照外理
合附片陳明伏乞
聖鑒謹
奏
同治四年十二月十二日附片具
奏奉

旨知道了欽此

浙江巡撫部院馬　爲詳請察覈
奏咨事據海運省局司道詳稱竊前奉憲飭查海運漕糧從前甯
商置備輪船護運是否尚存等因當因飭令查議尚未復到先
行詳覆並於請
奏章程內聲明浙漕停運數年甯波船商能否一律捐置輪船護
運之處現飭查議俟復到另行酌辦名在案茲據甯商紳董職
員張廣埏盧以瑛復稱查甯商前置寶順輪船爲護運巡洋之
用業經
前撫憲　奏明並歷屆海運向於運船赴北時派定滬局輪船
巡緝北洋其佘山以南一帶洋面均由甯局寶順輪船巡緝現
在管駕輪船督率巡護係同知銜候選知縣張斯安經理其事

該船於上年修理後船身完固船上礮火器械及水勇等均各
齊備足資巡護此次辦理海運自應遵照舊章甯船赴滬由張
斯安管駕寶順輪船護送過滬一面仍在佘山洋面往來梭巡
以截南來盜艇俟各船受兌出洋陸續護送實力巡防以昭慎
重伏乞轉詳覈奏並據鄞縣轉稟各等情前來相應詳請附
奏並咨明
兩江督江蘇撫憲轉飭遵照實爲公便等情到本部院據此除分別
奏咨外相應咨明爲此合咨
貴部堂院請煩查照希即轉飭遵照施行
同治四年十二月十八日咨
兩江督江蘇撫院

山東巡撫臣閻敬銘跪
奏再本年江浙兩省漕糧由海運津前據報江蘇漕船收口放洋
日期當經附片
奏明在案茲又准登州鎮總兵周惠堂並據該管道府稟報自三
月十一日起至二十八日止江蘇吳縣孫同泰常熟縣彭利福
奉賢縣江永順黃德和金同福長洲縣俞增利謝源盛江源興
華亭縣金長興金源利婁縣金萬利震澤江陰兩縣陶德泰震
澤縣泰同順江陰縣江祥增金匱縣鈕聚發南滙縣陸福利川
沙廳尹利泰無錫縣金裕甯楊協發昭文縣年增利王濟川青
浦縣張義源太倉州張合泰並浙江秀水縣費大年桐鄉縣恩
順吉嘉善縣金裕興平湖縣高公順漕船二十七隻陸續收口

與前次進口之武和順周永福鈕聚泰漕船三隻先後放洋由
水師將弁護送北上風帆順利等情除飭將續到漕船隨時迎
護催趲外理合附片奏
聞伏乞
聖鑒謹
奏
同治五年四月二十六日在東平州行營附片具
奏五月初四日軍機大臣奉
旨知道了欽此

山東巡撫臣閻敬銘跪
奏再本年江浙兩省海運漕船前據報收口放洋日期當經兩次
附片
奏明在案茲又准登州鎮總兵周惠堂並據該管道府稟報自四
月初六日起至二十六日止江蘇南滙縣蔣德利婁縣張福興
元和縣利發順江陰縣蔣德順昭文縣金永吉朱福增上海縣
張源順沈長利奉賢縣金萬泰萬源順吳江縣源福順長洲縣
白泰源成德順崑山新陽二縣成源順浙江桐鄉德清二縣金
寶昌石門縣李長合漕船共十六隻隨時收口蔣德順等十一
隻當即放洋由水師將弁護送北上朱福增沈長利金萬泰成
德順李長合五隻尚未出口等情除飭催朱福增等五隻趕緊

出口放洋並將續到漕船隨時迎護催趲外理合附片奏
聞伏乞
聖鑒謹
奏同治五年　月　日具
奏奉
旨知道了欽此

浙江海運全案重編目錄

新編卷七

津局事宜

詳委津局總辦各員

呈報刊發津局關防

呈報諭飭楊紳董赴津照料甯船交兌事宜

呈報諭飭朱紳董赴津照料沙船交兌事宜

呈報諭派劉紳赴津照料洋船並交涉洋人事務

呈報朱丞續委赴津交卸滬局起程日期

呈報天津設局開用關防日期

戶部奏請

欽派驗米大臣

直督片奏江浙海運漕糧派委道員赴津會辦

直督片奏海運漕船駛進天津海口

直督咨送派撥弁兵於海口導引稽查銜名

浙撫咨覆驗米大臣天津查驗米色仍由王署糧道辦理

撫院行准驗米大臣咨一切日用伙食盤費毋庸由局動支

糧道呈覆米色未能圓潔委係田禾受傷加以海氣薰蒸所致

驗米大臣會奏抵津現辦大概情形及到口船數

驗米大臣等片奏粳米間有黑丁如續驗過多咨飭另厫分存

驗米大臣會奏續進口沙船及驗剩米數並飭限交剩船

驗米大臣奏續報驗收運通米數並趕辦情形

驗米大臣片奏進口沙船觸漏所有溼米難於全令賠補由江省酌辦

糧道給發承運回空商船一律全免北稅執照

糧道詳覆三口通商大臣派委員董在於米船停泊水次巡查

糧道諭飭各米船遵照章程停泊

浙撫咨明粵撫津局總辦委員郭守俟事竣赴粵

倉場咨明

東陵各衙門應撥米石數目

倉場咨明

倉場咨撥給

東陵各衙門應需米石粳米內應扣長支數目

東陵各衙門米石不敷白粳於江省米內找齊備案

驗米大臣奏江浙海運同治四年漕白糧米驗收全數完竣

駐通驗米大臣奏江浙兩省漕白糧米由津運通一律驗收完竣

津局呈報撤局日期

奉天府尹咨金吉祥船米寄囤牛莊早經運津

驗米大臣片奏留修原額滿料剩船三百零六隻增費趕修

戶部議奏直隸試造湘鄂二省應解剩船工價並木料免稅

浙江海運　省局為詳請委辦事竊照浙省本屆漕白糧米前奉
諭旨仍行由海　運津遵經設立海運省局詳委各員次第經辦並飭
委候補府　王守等赴滬設局總理裝兌海船事務各在案惟查
天津交米　事極繁冗凡伺值
欽憲驗兌以及排船編號勾查銀米收買餘耗起除氣頭艙底塡發
單照監兌起剝在在均關緊要歷屆遴派諳練之員隨同糧道
由陸赴津設局經理現已開漕自應遴委總辦及分司各員俾
資襄理查補用知府鄗式昌老成幹練候補知縣虞慶瀾熟諳
周妥堪以委令隨同糧道赴津會同總辦津局事務又處州府
同知常紱補用同知朱其昻試用縣丞周鋭傳濾從九品裘雲
章錢振衡堪以委令隨同赴津分司各事又津局文案繁多亦
須派員經理查有前衢州府江允康堪以隨同赴津委辦文案
相應具文詳請仰祈
憲臺俯賜察覈批示遵行至此外尚須添委各員容俟隨時詳
報為此備由呈乞
照詳施行
同治四年十二月初二日奉
撫憲馬　批如詳准予分別委辦繳

浙江海運省局爲呈報事竊照本屆海運天津交米事務業經
詳委補用知府部式昌補用同知候補知縣虞慶瀾赴津設局
總辦并分委各員幫同經理在案惟查歷屆海運均經刊刻關
防飭發行用今屆自應照辦現已傳匠刊刻浙江漕糧海運津
局木質關防一顆飭發帶津行用以昭信守除札發外理合備
文呈報伏祈
憲臺俯賜察覈爲此備由呈乞
照驗施行
同治五年正月二十三日呈
撫憲

浙江海運省局爲呈報事竊照浙省本屆起運漕白糧米業奉
諭旨仍行由海運津除移行甯波道府縣將在甯之蜑船三不像等
船趕緊立攬封僱務於年內一律駛滬候兌外查甯船抵津彈
壓水手稽查交兌收買餘米繳發單照事務極爲繁重非熟諳
老手不克勝任查有甯波紳董楊學賢自浙漕辦理海運以來
業已多次押運抵津照料甯船各務極爲熟悉經辦亦頗周妥
本屆自應仍飭該董先期航海押運赴津照章經理俾資熟手
除諭飭運同銜楊紳董遵照辦理外擬合呈報仰祈
憲臺察覈爲此備由呈乞
照驗施行
同治四年十月二十三日呈
撫憲

浙江海運省局為呈報事竊照本屆新漕仍由海運業經飛飭各屬提早開倉妥速徵運一面招雇甯波之蜑船三不像船駛滬候兑並請由蘇省移撥沙船濟用各在案惟商船到津彈壓水手稽查交兑收買餘米繳發單照事極繁重所有天津照料甯船各事業已諭飭紳董楊學賢先期航海赴津經理其沙衛各船抵津一切交兑彈壓各事宜自應另派紳董赴津照料方資周妥茲查有州同銜朱其恕堪以諭令前往除諭飭該紳董遵照赴津辦理外理合備文呈報伏祈

憲臺俯賜察查為此備由呈乞

照驗施行

同治四年十二月初一日呈

撫憲

浙江海運省局為呈報事竊照天津口岸洋船林立所有浙省海運商船抵津交卸糧米船隻衆多並水手人等嘈雜既恐擁擠又慮滋生事端難免有交涉洋人之件必須專派紳董照料方資周妥茲查有候選同知劉森熟悉洋務情形堪以諭令前往天津會同津局員董加意照料除諭飭該紳董遵照外理合備文呈報伏祈

憲臺俯賜察覈為此備由呈乞

照驗施行

同治五年正月二十三日呈

撫憲

浙江海運省局爲呈報事竊據滬局總辦王守申報竊卑府前
奉飭委會同朱丞總辦海運滬局交兑事宜遵卽抵滬設局會
同辦理在案嗣朱丞續奉委赴天津分理交米事務茲准該丞
於三月初一日搭坐輪船會同押運楊朱二紳由滬起程前往
天津所有滬局會辦事務交卸清楚並無未了事件合將在滬
起程日期申報察轉等情到局據此相應據情轉報仰祈
憲臺俯賜察覈爲此備由呈乞
照驗施行
同治五年三月初八日呈
撫憲

浙江海運省局爲呈報事竊據海運天津局總辦委員卽補知
府郭守式昌虞令慶瀾申稱竊奉飭委赴津總辦浙江海運交
米事務並奉頒發津局關防一顆祗領起程於三月初五日抵
津於十三日設立海運天津總局卽於是日開用津局關防除
將應辦一切事宜次第籌辦一俟
欽憲蒞津隨同糧道憲逐船驗卸外合將設局開用關防日期申祈
察覈等情到局據此相應據情轉報仰祈
憲臺俯賜察覈爲此備由呈乞
照驗施行
同治五年四月十六日呈
撫憲

戶部謹
奏爲驗收江浙海運漕白糧米先期奏請
欽派事竊查歷屆辦理海運均循案奏請
欽派大臣分駐津通會同倉場侍郎驗收良以海運米石向係僱用
商船尤宜兌收妥速免致羈候以示體卹而廣招徠也上年浙
漕停運蘇省祗起運米三十餘萬石經臣部奏請
欽派大臣驗收本年江浙兩省起運漕白正耗米不下六十萬石前
經署兩江督臣李鴻章等於海運章程摺內聲稱近年沙船停
歇較多僱募不易須令回帆迅速應仍由臣部屆時奏請
欽派等因仰奉
俞允在案茲於二月二十九日據署江蘇撫臣劉郇膏奏報江蘇海

運現兌竣米船一百隻共裝交倉漕白正耗米一十四萬二千
六百七十八石零並隨裝沙船經剝食耗等米搭運籌備二升
餘米於二月初十日開至崇明十滧乘風放洋北上又於本月
初三日據浙江撫臣馬新貽奏報浙江海運頭批漕白米六萬
九千餘石於二月十二日起陸續開至崇明十滧放洋各等情
應即遵照向章先期奏請
欽派大臣一員及倉場侍郎一員會同駐津驗收俟有天津鎮道呈
報沙船抵津信息即行率同隨帶司員前往天津查驗至通州
驗收米石事宜並請
欽派大臣一員會同兩通倉場侍郎照案辦理謹將內閣等衙門一
二品大員及倉場侍郎各銜名分繕三單恭呈

御覽所有照案奏請
欽派緣由謹繕摺具奏伏乞
皇上聖鑒謹
奏
同治五年三月初五日具
奏本日奉
上諭戶部奏查驗海運漕糧先期奏請派員一摺着派單懋謙鍾岱
屆期前往天津認眞查驗兌收其通州驗收米石事宜着派阜保
會同宋晉辦理欽此

直隸總督臣劉長佑跪

奏再查南漕由海運津向係

奏明派委道員會同天津道設局總辦本年江浙兩省漕糧同時由海運津事務紛繁自應派委幹練之員前往辦理茲查有試用道博多宏武才具穩練熟悉漕運事宜堪以前赴天津會辦除檄飭遵照外謹附片具

奏伏乞

聖鑒謹

奏

同治五年二月二十七日附片具

奏奉

旨知道了欽此

直隸總督臣劉長佑跪

奏再查江浙兩省漕糧由海運津應辦一切事宜前飭天津鎮道分別妥爲辦理並

奏明飭委候補道博多宏武前往會辦在案茲據天津鎮道呈稱准大沽協轉據海口各營稟報探得到口漕船一隻查係江蘇省船戶沈恒治裝運上海縣漕糧三千石於三月初八日駛進天津海口等情呈報前來除仍飭該鎮道將海運漕糧妥爲經理認眞稽查並督飭各員弁隨時哨探俟有續到船隻妥爲迎護導引進口外所有本年海運漕船進口日期理合附片具

奏伏乞

聖鑒謹

奏

同治五年三月二十八日在大名府附

奏四月初六日在長垣縣盧岡集行次奉

旨知道了欽此

直隸督部堂劉　爲咨明事據天津海運局呈稱竊照本年江浙兩省漕糧由海運津一切事宜悉照舊章派員辦理兹准天津鎮轉據各營將管駕哨船迎護導引各委弁兵丁銜名造具清册咨送到局覈與歷屆成案相符擬合具文詳送查覈分咨轉飭查照等情據此除咨
江蘇撫院外相應咨送爲此合咨
貴部院煩請查照施行
計開
海口中右後左營奉派在於攔江沙内外駕船導引漕船稽查器械僱覔民船二隻每船帶兵官一員兵丁二十名共官兵四十二員名内

署中右營額外外委王希舟
署後左營額外外委劉開泰
兵丁四十名内
中右營兵丁二十名
後左營兵丁二十名
以上官兵四十二員名自本年三月十三日漕糧頭船進口之日起派往供差合併聲明
同治五年六月十二日咨
浙江撫院

浙江巡撫部院馬　爲飛咨事同治五年三月二十三日接准
兵部火票遞到
欽派驗米大臣工部正堂單　咨開前據浙江巡撫馬　奏報海運漕船頭批開行摺内聲稱派委糧道王凱泰由陸赴滬查驗米色隨卽北上等語查王凱泰前已奉
旨升任浙江按察司所有查驗米色現在改派何員未據該撫咨報
本部堂奉
命赴津驗收海運漕糧查驗米色係糧道專責應由五百里飛咨浙江巡撫迅將改派員名咨報本部堂以專責成可也等因到本部院准此查現署糧儲道陞授浙江按察使王凱泰業經本部院附片

奏明督運赴津一時未能赴任所有按察使員缺查有鹽運使高卿培堪以署理在案其查驗米色應仍由王署道辦理兹准前因除咨覆
欽派驗米大臣單　查照外合就轉行爲此仰該局查照准咨事理卽便知照毋違
同治五年三月二十四日行海運省局

浙江巡撫部院馬　爲咨行事同治五年三月二十七日接准
兵部火票遞到
欽差駐津驗米大臣單　咨開本部堂奉
命駐津驗收海運米石所有本部堂及隨帶司員等一切日用伙食以及盤費等項均係自行備帶毋庸由南北各局動支薪水銀兩爲此移咨貴撫部院查照可也等因到本部院准此合就轉行爲此仰該局查照准咨事理卽便知照毋違
同治五年四月初二日行海運省局

浙江按察使署督糧道爲遵札呈覆事本年四月二十九日奉
憲臺札開查漕糧米石理宜一律乾潔以期愼重倉儲同治三年奉
上諭漕糧爲天庾正供例應乾潔沙船受僱裝運責有攸歸豈容有霉變攙和等弊等因欽此茲查本屆漕糧自驗收以來江省驗過漕米八萬七千九百餘石內有黑色者已逾十分之四浙省驗過漕米四萬五千九百九十餘石內有黑色者已逾十分之三是否原裝時米質本次兼受海氣所致抑或沙船戶有攙和等弊合亟劄行浙江糧道刻卽查明前情據實呈覆以憑覈辦事關漕政毋得稍有含混稽延切切等因奉此遵查浙省杭嘉湖三府屬自被兵之後土曠人稀各縣田畝雖經竭力設法勸墾奈新墾之田土氣旣薄兼値夏秋之間先被水淹繼受蟲傷以致米色未能一律圓潔半多青腰白臍業經
本省撫憲
奏明在案第米質旣嫩一經裝兌海船封悶艙中數月之久米身卽已發熱復加海氣薰蒸到津之米致有變色委係實在情形並非船戶攙和所致緣奉前因理合據實呈覆仰祈
憲臺察覈再此後時交霉汛氣候愈熱米質愈恐受傷至白糧一項例應首先放洋裝兌愈早儲艙更久且米質又較漕糧柔嫩雖有蔴袋仍慮蒸變現在全數抵津似尙須提前驗兌合并陳明爲此備由呈乞
照驗施行

同治五年四月二十九日呈
驗米大臣單
倉場侍郎綜鍾

驗米大臣工部尚書臣單懋謙 倉場侍郎臣鍾佑 跪

奏為驗收海運南糧謹將現辦大概情形及到門船米數目恭摺

奏祈

聖鑒事竊臣等奉

命赴津驗收江浙海運漕糧於三月二十八日跪聆

聖訓後率同隨帶司員坐糧廳監督於四月初三日起程初四日由通州登舟沿途察看北運河水勢雨澤短少來源欠旺率多淤淺其通中一汛更甚當將該汛汛弁撤任另派委弁實力疏濬仍劄通永道嚴飭漕運通判認眞刮挖俾利漕行沿途因風阻滯於初十日始抵津郡維時江蘇浙江各糧道及南北局委員均已陸續到齊隨即督飭司員及坐糧廳監督會同直隸江蘇

浙江各總局將水次查驗兌收事宜趕緊籌辦一面札飭天津鎮道督率員弁於沙船進口查收器械時認眞盤詰不容匪徒溷跡亦不准水手人等上岸閑游滋事其外雇水手未列護照者妥置海門俟該船卸空出口時再行帶回又紫竹林新關為洋商輪船停泊之所並咨三口通商大臣轉飭各洋商留心緩行免與沙船磕碰以重漕糧即於十二日傳集商船耆民當面較準斛隻並親赴河干查驗剝船十三日率同司員及坐糧廳監督南北局員將抵次各船次第查驗米色雖未一律而大致乾潔者尚多除氣頭艙底起除淨盡外遇有蒸熱飭令實力風晾俟覆驗後再行斛收該商船應領二成免稅印單及回空裝貨南下應給免稅印照臣等於驗米後當面發給該耆民等感

戴
皇仁倍形歡忭其經剝應領銀兩由南省備帶移交坐糧廳監督天津道封固送呈臣等當堂給發以免胥吏剋扣致啟經剝串通偷漏剝船受載後嚴密封釘加貼坐糧廳印封經臣等嚴定章程倘有拆動卽將船戶送交刑部治罪至每起派員押運爲第一要務臣等面諭天津道直隸總局揀派廉幹人員沿途實力稽查以杜弊竇所有頭起剝船已於十四日開行現據海防同知呈報截至四月十二日止到口沙船二百七十三隻裝漕白米四十一萬七千餘石仰賴
聖主洪福風帆順利必能早登
天庾上慰

宸廑所有臣等奏報抵津日期及現辦大概情形並到口船隻數目
恭摺具
奏伏乞
皇太后
皇上聖鑒再初十日津郡得雨寸餘未能深透麥田尚屬秀潤商民
亦極安謐合併陳明謹
奏

再查此次海運漕糧數日來經臣等逐艙詳驗江蘇粳米雖大致尚可而蒸熱未退之米閒有黑丁者較浙省爲多詢之兩省糧道及耆舵人等僉稱實因去歲秋收時適遭陰雨米質較嫩顆粒未能一律堅整一經海氣薰蒸致有前項情事等語臣等詳加體察自係實在情形現在督飭認眞挑晾不准以蒸熱之米卽行兌剝至將來續驗之米如有黑丁過多者卽咨商戶部倉場衙門飭令各倉監督另厫分存以重倉儲而免弊混除另行隨時查奏外謹將現在查驗緣由附片陳明謹
奏
同治五年四月十七日具
奏奉
旨戶部知道欽此

驗米大臣工部尚書臣單懋謙 倉場侍郎臣鍾岱跪
奏爲續報海運沙船進口暨驗收剝運船米數目恭摺奏祈
聖鑒事竊臣等驗收江浙漕糧業將抵津辦理大概情形於四月十
七日繕摺奏
聞在案茲據海防同知呈報截至五月初一日止江蘇連前抵口沙
船二百十四隻裝漕白米二十九萬二千七百九十四石浙江
連前抵口沙船九十一隻裝漕白米十六萬七千六百石臣等
催提到次逐日親赴河干率同隨帶司員坐糧廳監督及南北
局員按排查驗督飭監交監兌各委員將蒸變之米實力揭除
潮熱之米認眞風晾免致剝船藉口任意使水偷漏又諭令該
委員認眞經理嚴杜沙船剝船串通變賣等弊並飭坐糧廳加
添斛手天津道配齊剝船所有准起之米隨驗隨收趕緊裝運
計自四月十三日起至五月初六日止共驗過米二十二萬六
千三百餘石覈計正供已及十分之四運通官民剝船一千三
百隻裝漕白米二十二萬二千四百六十餘石經臣等面諭押
運員弁嚴密催查不准片刻停留俾得及早回空陸續接運惟
查運務欲期迅速總以剝船足敷輪轉爲要所有直隸沿河各
州縣失修缺額船二百九十七隻前經奏明統於五年正月間
一律照數賠補倘有遲延卽行嚴參當此運務吃緊之際各州
縣仍未齊交此外尚有應解抵補船七百六十八隻交者更覺
寥寥殊屬玩延已極相應請
旨飭下直隸總督嚴飭沿河各州縣將應交船隻勒限一律交齊解

津供剝倘有貽誤卽行奏請嚴參以肅漕政所有續到米船及
驗收剝運各情形謹恭摺具
奏伏乞
皇太后
皇上聖鑒再津郡地方連次得雨深透麥秋可卜豐稔合併陳明謹
奏
同治五年四月初八日具
奏奉
旨另有旨欽此奉
上諭單懋謙等奏驗收剝運船米請飭直隸迅解船隻一摺直隸沿
河各州縣從前失修缺額船二百九十餘隻限令本年正月間一
律照數賠補乃逾限已久各州縣仍未交齊此外尚有應解抵補
船七百六十餘隻交者更屬寥寥當此運務喫緊之時豈容各該
州縣任意延宕着劉長佑嚴飭沿河各州縣將應交船隻勒限一
律交齊解赴天津應用倘敢再有貽誤卽行從嚴參辦欽此

奏爲續報驗收運通米數並現在趕辦情形恭摺奏祈　驗米大臣工部尚書臣單懋謙　倉場侍郎臣鍾佩跪
聖鑒事竊臣等前於五月初八日業將續到海運沙船暨剝運米數繕摺奏
聞在案嗣據天津鎮道先後呈報浙江沙船九十四隻均已全數到齊江蘇沙船共到二百三十一隻亦俱安穩抵津淘堪仰慰
聖懷所有抵次各船臣等逐日提驗兑收並將籌備米石及南局收買沙船餘米隨起搭運赴通截至六月初三日止連前共驗過米四十四萬六千餘石計起運蘇省米二十五萬四千餘石浙省米十三萬八千餘石覈計正供已逾十分之七惟查運務紛繁弊端百出臣等督率坐糧廳及在事各員嚴密巡查拏獲沙剝串謀賣籌及衛船使水舞弊情事當交南北總局嚴加懲治至由津運通官剝船戶沿途偷漏弊竇更多臣等驗兑沙船之米俱經督飭風晾乾潔而抵通後仍有潮雜虧短節經駐通驗米大臣查出多起將押運員弁記過摘頂船戶押回津次比追臣等嚴札天津道將虧短尤甚之船戶先行枷示河干以昭炯戒並將欠米勒限嚴行追比毋任顆粒有虧仍照章治以應得之罪一面就近在津另募殷實船戶接充承運以重漕糧至本屆官剝短少裝運不敷全賴回空迅速以資輪轉業經駐通驗米大臣定限五日抵津臣等復纍次派員沿河迎提晝夜催儹俾及早回空趕緊接運以期迅速蕆事上慰
宸廑所有續報剝運米數及趕辦情形謹恭摺具奏伏乞

皇太后
皇上聖鑒謹
奏

再查海運商船其在外洋失事沉沒米石例准奏請豁免至進口後遇有擱漏沉失即將溼米搶撈風晾如情形較輕尚堪食用者作爲餘米運倉其餘短缺及不堪裝運之米著落商船賠補歷經辦理在案惟本屆之餘米即下屆之正供稍涉遷就即恐有礙倉儲茲據江蘇糧道稟稱沙船戶孫遐福裝運吳江漕糧一千四百餘石進口後行至西沽地方因讓避輪船風緊溜急誤觸舊沉烏船立時發漏當即搶起溼米約計九百餘石督押船者晒晾呈請查驗前來臣等詳細查看米質觸手即碎難以裝運已飭該糧道照案辦理其虧短米數即由籌備米內補足第該船戶因避船誤觸並非駕駛不慎且船已損壞若再令全數賠補似不足以恤商情應由該糧道於該船回滬時如何酌籌以示體恤之處詳請江蘇巡撫酌量辦理理合附片陳明謹
奏

同治五年六月初四日具
奏奉
旨知道了欽此

浙江按察使署督糧道爲給照驗放事照得本年江浙兩省海
運回空沙甯各船前奉
署兩江督憲李　會同
三口通商大臣崇　會奏請免天津牛庄關稅業奉
恩旨允准嗣據津局沙甯各船紳董具禀以商船運糧抵津交卸後
放空出口或往奉天牛庄或往錦州蓋州或往山東膠州石島
煙台利津大山等處販貨本無一定原奏內僅止聲明天津牛
庄並無他口字樣恐將來照驗有碍請將海運沙甯各船放空
出口無論駛往何處販貨回南應准一律全免北稅等情卽經
本道會詳
商憲崇　於同治五年四月十八日會同

兩江督憲李　具
奏四月二十三日奉到
軍機大臣奉
旨該衙門知道欽此除由
商憲分別咨行各口欽遵外茲查某船戶某人承裝同治四年
海運糧米若干石於五年某月某日照數交卸完竣現往某處
販貨回南合行給發免稅執照賫驗一俟該船回貨購齊卽將
此照呈請免稅驗放仍不准私裝違例貨物致干究罰關吏人
等亦不得留難需索切切須至執照者

浙江按察使署理督糧道爲遵札詳覆事竊奉
憲臺札知天津道會同海運總局委員等籌議辦理天津交米
水次中外商船行泊各章程并令南省多派委員紳董在下水
次米船停泊之所駐守稽查行道遵辦等因奉此除將籌議新
章飭局刊刻簡明手諭按船曉示並專派熟諳委員候選同知
劉森候補縣丞李樹安甯波紳董運同銜楊學賢沙船紳董候
選從九品朱其恕乘駕小舟於下水次一帶往來巡查分段駐
守外合將遵辦緣由及派委員董銜名備文詳覆仰祈
憲臺察查爲此備由呈乞
照詳施行
同治五年三月二十七日詳

商憲崇

浙江按察使署理督糧道諭海船各耆舵人等知悉案准
天津道咨奉
督憲轉准
總理各國事務衙門咨會以本年江浙並辦海運天津水次中
外商船檥處行泊恐致互相磕碰所有
商憲酌定各章程合行明晰諭飭爲此諭仰各船耆舵人等遵
照務須照依後開章程辦理毋稍違延切切特諭
計開
一風神廟起至炮臺爲上水次凡進口甯沙各船不論江蘇浙江
由提調委員按進口先後挨次排列上水次二十四排以兩隻
爲一排其續進口之船在於新關以下爲下水次應以一隻啣
尾挨次停泊西岸靠邊抛錨寬留中泓俟上水次驗收幾排完
竣卽放空出口下水次重船挨次提排上水次候驗不准越次
爭先
一回空沙船刨土處所現因輪船進口必須寬留河道只許在土
城以下一帶挖載俾離重船較遠方不致彼此擁擠
一外國輪船進口有信該米船務須預爲留意并每船多留水手
俾好照料
一自天津以至大沽河身灣處窄處概不准米船停泊其停泊處
俱靠西岸仍須前後抛錨河面露出錨標免致磕碰
同治五年三月二十日

浙江巡撫部院馬　爲詳請覈咨事據海運省局司道詳稱案
於本年三月二十八日奉
新授廣東巡撫部院蔣　文開竊照本部院現在
奏調浙江試用知府郭式昌赴粵差遣所有郭守現辦天津海運
事務應請另行委員接辦並飭將經手事務交卸清楚卽行來
粵聽候差遣等因奉經移知糧道轉飭將經手事務交卸清楚
卽行前往赴粵其津局交米事件並飭在津總辦委員候補知
縣虞令慶瀾總司其事毋庸另委接辦並經呈明在案茲准糧
道津次遞到咨開據該守稟稱竊卑府前奉
奏派赴津會同虞令總辦津局交米事務業經抵津設局將應辦
一切事宜次第籌辦並將已到沙甯各船漕白糧米逐日隨同
欽憲按船驗卸在案查浙省未到米船雖只十隻而已驗者僅有五
船一切公事有需時日旣奉札調赴粵自應遵札趕緊交卸束
裝前往等情前來查該守現奉
奏調赴粵原應飭令趕速起程惟刻下海運漕糧陸續抵津正當
交兌萬緊之時實難遽行交卸除批飭該守暫緩起程一俟津
局事竣卽行東裝赴粵外咨局呈覆等因准此查該守現准糧
道移知刻因海運漕糧正當交兌萬緊之時遽難交卸飭令暫
緩起程俟事竣再飭前往相應詳請咨明
廣東撫憲查照實爲公便等情到本部院據此相應咨明爲此
合咨
貴部院請煩查照施行

同治五年　月　日咨

廣東撫院

倉場總督部堂　為咨明事准戶部咨稱倉場咨詢

東陵等處應撥本年半分之半俸餉米

東陵各衙門應需官員俸米照案在於江浙海運米內撥給兵役餉米照案在於東糧內撥給先行知照倉場等因開列米數咨覆前來查薊易二州白粳米向在江浙海運糧內輸派其薊州米石向係薊遵豐三州縣僉派書役來通領兌由本部堂在於到壩之漕白糧內派撥在案本年

東陵各衙門應需米石除粟米業已行飭山東糧道照數撥運外其江米白米粳米自應仿照歷案在於到壩之浙江省海運漕白糧米內撥給相應抄錄部咨同治五年分

東陵各衙門應撥米數開單咨明查照可也

計開

戶部咨

東陵各衙門官員應支半分之半米數

江米四十四石九升

白米三百九十一石六斗一升二合七勺五抄

粳米四百三十四石二斗五升五合七勺五抄

同治五年六月二十一日咨

浙江撫院

倉場總督部堂　爲咨明事查前准戶部咨照
東陵各衙門官員應食同治五年春秋二季半分之半俸內江白稉各色數目照案在於海運米內撥給等因本部堂因海運米石驗收過半是以按照部咨數目照案在於到壩之浙江海運漕白糧內先行撥給俾免遲延等因咨行各處查照辦理並飛咨
東陵承辦事務衙門飭將兌漕木斛星夜解通以憑較驗領兌各在案茲准戶部將應撥前項俸米各數咨令派撥前來除江米白米數目覈與前咨數目相符毋庸咨照外其稉米四百三十四石二斗五升五合七勺五抄內應扣除
定陵防禦哈福強阿前在驍騎校分內長支過米二石三斗六升七合外計實應撥稉米四百三十一石八斗八升八合七勺五抄相

應移咨
貴撫部院查照可也
同治五年七月初二日咨
浙撫部院

倉場部堂　爲咨明事查
東陵各衙門官員應食同治五年春秋二季半分之半俸內江白米數前於海運浙省米內照案派撥當經咨行各處查照辦理並飛
咨
東陵承辦事務衙門飭將兌漕木斛星速解通以憑較驗領兌各在案現在海運將次報完所有兌漕木斛疊經本衙門飭催迄今仍未送轅較驗以致浙省米數不敷派撥除將運通白稉米一百五十石及白糯米四十四石九升全數在於浙省撥給外其不敷白稉米即在於江省米內找齊以符原數相應咨明爲此合
咨
貴撫院煩爲查照備案施行

同治五年七月十三日咨
浙江撫院

驗米大臣工部尚書臣單懋謙　倉場侍郎臣鍾岱跪

奏為驗收江浙海運南糧全數完竣恭摺奏

聞仰慰

聖懷事竊查本年江蘇蘇松常太等府州屬並浙江杭嘉湖三府屬起運同治四年分正供漕白糧米雇募沙船由海運津臣等奉

命駐津驗收業將驗收運通船米數目先後奏報在案計自四月十三日開斛以來督率在事各員逐日驗收兌運先後共運通漕白粳秈平斛米五十萬零八千四百五十七石二斗八升三勺二撮輪用官民剝船二千九百七十七隻分作四十三起陸續剝運並照案將籌備米石及收買沙船餘米先行抵正作收又以歷屆存倉米石歸併覈計蘇省正供業經足額浙省全漕均

已完竣臣等復將該兩省起運米數督飭司員詳加覈算計江蘇應交倉漕白正耗並經紀耗米三十五萬九千七百八十三石八斗九升一合六勺除由津截撥本年易州供應

西陵漕白並經耗米九百八十四石八斗四合九抄三撮又以歷屆存倉漕白暨經耗米二萬八千五百三十二石三斗三升九合一勺抵正作收實運通漕白正耗經耗米三十三萬二百六十六石七斗四升八合四勺七撮浙江應交倉漕白正耗經耗並搭運贈耗申糙經耗米十七萬九千二百五十七石二斗三升三合四勺九抄五撮內以存倉漕米一千六十六石七斗一合六勺抵正作收實收運通漕白正耗經耗米十七萬八千一百九十石五斗三升一合八勺九抄五撮均於六月十四日一律驗收全完並無短少統計兩省運通正耗經耗及由津截撥並存倉抵補共平斛米五十三萬九千零四十一石一斗二升五合九抄五撮此外由滬支給商船耗米四萬三千九百五十六石四斗八升八合七勺由津支給剝船食米六千一百九十八石九斗七升二合八勺一抄七撮覈與江省冊報起運米三十九萬三千四百八十二石二斗一升五合三勺浙省冊報起運米十九萬五千七百十四石三斗七升一合三勺九抄二撮之數相符臣等伏思京倉儲備關係緊要全賴南糧源源接濟本屆江浙正漕仰蒙

皇仁永減漕額裁汰浮收革除運費

恩施疊沛輸將維殷該督撫臣等均能仰體

聖懷籌辦海運竭力經營悉臻妥速分批放洋連檣北上此皆仰賴

聖主洪福風帆順利商船得以安穩抵津臣等督率驗收甫及兩月攢辦完竣欣幸之忱實無既極至該二省漕白米石臣等逐船逐艙認眞查驗其悶蒸日久米色稍遜或間有紫老黑丁米質尚可者俱令挑晾乾潔覆驗兌收未便概予挑剔以恤商情仍飭坐糧廳包封米樣帶通呈驗分別斛收其不堪裝運之米統以餘米易換不敢稍事遷就以重倉儲津通經費均由各該糧道攜帶來津飭令撙節支用並無不敷現在正漕既經足額各局員役衆多亟應分別裁撤以節糜費在後續到江省尾船均應撥歸籌備米石原款存倉循照舊案責成天津道妥為驗收運通仍由江蘇糧道派委妥員辦理一切事宜並由倉場分別

奏報其剝船虧短米石臣等已嚴飭天津道迅速追清照數趕
緊補運不准顆粒短欠以足原額至薊遵豐三州縣應撥本年
供應
東陵米石前准倉場侍郎臣宋晉來咨在於到通之浙江漕白糧內截
撥應俟撥給完竣由駐通驗米大臣分晰奏報所有驗收海運
漕糧全數完竣緣由理合恭摺奏
聞仰紓
宸廑再臣等於拜摺後即率同隨帶司員坐糧廳監督由水程回京
恭覆
恩命伏乞
皇太后

皇上聖鑒謹
奏同治五年六月十六日具
奏六月十八日奉
旨另有旨欽此同日奉
上諭單懋謙鍾岱奏驗收海運南糧完竣一摺單懋謙鍾岱着即回
京此後抵津之尾船米石即着責成天津道認眞驗收報部欽此

駐通驗米大臣戶部侍郎臣皁保　倉場侍郎臣宋晉　跪
奏為由津運通江浙兩省海運漕白糧米一律驗收完竣謹繕摺
奏陳恭覆
恩命仰祈
聖鑒事竊本屆通州驗收米石事宜前經欽奉
上諭派臣皁保會同臣宋晉辦理臣等自赴通驗收後業將橋壩之
章程米石之成色以及辦理一切詳細情形節次奏
聞在案茲查江蘇浙江兩省原運同治四年分漕白二糧共五十八
萬九千一百九十六石五斗八升六合六勺除江省支給沙耗
米二萬九千五百六十石八斗九合浙省支給沙耗米一萬四
千三百九十五石六斗七升九合七勺八抄江省支給剝食米

四千一百三十七石五斗一升四合七勺浙省支給剝食米二
千六十一石四斗五升八合一勺一抄七撮又本年易州應需
陵糈漕白米九百八十四石八斗四合九抄三撮遵於江蘇海運米內
照數撥給外其餘江浙兩省漕白糧米經駐津大臣等分作四
十三起陸續剝運赴通臣等率同隨帶司員坐糧廳監督及在
事委員逐起認眞查驗挑晾篩颺一律乾潔覈與天津封送米
樣相符然後斛收計自四月二十八赴通驗收起至本月二十
六日止所有四十三起官民剝船均已驗畢除未經補足剝船
欠米及剝船沈失米石另片奏明辦理又由倉場衙門遵照部
咨撥給
東陵俸糈米石應俟該處赴通承領後另行報部查覈外實計通壩驗

收運倉江浙兩省漕糧正耗經耗等米共洪斛三十四萬二千三百四十六石四斗三升九勺四抄合平斛四十二萬七千九百三十三石三升八合六勺七抄五撮江省白糧正耗經耗等米共平斛五萬九千八十二石九斗七升九合二勺六抄浙省白糧正耗經耗等米共平斛一萬三千五百五十九石五斗九升九合七勺八抄合之江省上屆存倉抵正漕米二萬六千二百四十四石二斗二升一合二勺白米二千二百八十八石一斗一升七合九勺浙省上屆存倉抵正漕米一千六十六石七斗一合六勺覈與駐津大臣奏報之數相符與江浙兩省原報之數有盈無絀臣等伏查本屆江浙兩省正漕同時海運米數較上年加倍而額設剝船較上年減少且近來通惠河來源不旺時虞淺阻驗收固不敢遲就轉運尤難免遲延臣等逐日黎明親赴河干督同在事人員嚴加整頓力戒因循兩月以來仰賴

聖主鴻福賜雨應時河流効順海運漕白糧米均已上實
天庾洵足仰慰
宸系其續到尾船米石已經駐津驗米臣畢懋謙等奏明抵交存倉籌備餘米應俟剝運抵通後由臣宋晉與倉場侍郎臣鍾岱認眞查驗至東省糧艘往屆章程如與海運同時抵壩由臣等奏明會同查驗其到壩或先或後卽由倉場侍郎查驗本屆東糧現止德濟等幫挽過津關尚未抵壩其餘各幫並未過關計抵

同隨帶司員回京供職至調委各員除由倉場衙門照案酌留數員藉資差委外其餘卽一概裁撤以節經費所有臣等驗收由津抵通海運米石一律完竣緣由理合恭摺具
奏伏乞
皇太后
皇上聖鑒謹
奏同治五年六月二十八日具
奏本日奉
旨知道了欽此

浙江海運天津總局爲申報事竊照浙省本年杭嘉湖三府屬
漕白二糧及搭運𦝼耗米石由海運津蒙
奏委卑職等來津辦理交米事宜曾將抵津開局日期呈報在案
兹海運米石業已掃數兌交完竣卸空商船亦各給予回照完
單飭令出口回南所需一切經費均經分別支放清楚此外並
無未了事件現於六月二十三日撤局合將撤局日期具文呈
報伏祈
憲臺察查爲此備由呈乞
照驗施行
同治五年六月二十三日申
浙江海運省局

盛京戶部侍郎兼管奉天府府尹額
奉天府府尹恩 爲咨明事竊據署海城縣詳
蒙浙江糧道劄據甯波敦大北號商船費蓮橋稟稱前有金吉
祥一船咸豐十年承裝新漕二千石由滬放洋駛抵天津適値
海口被擾不能進口駛赴牛莊暫泊呈求將漕米卽在牛莊寄
存縣倉俟下屆海運請由津局就近僱運等情除另僱衛船赴
營剝運飭將金吉祥寄倉浙漕米石照數斛收等因遵卽飭查
民倉並無寄存隨移查牛莊旗倉有無寄存去後旋准牛莊防
守尉移送原卷內有金吉祥等船裝運漕糧正耗等米二千一
百八十六石零呈請寄囤營口同興聲舖內已於咸豐十一年
二月十四日裝運赴津交兌訖除申覆浙江糧道查覈外請覈
咨等情相應咨明爲此合咨
貴部院請煩查照施行須至咨者
同治六年二月二十五日咨
浙江撫院

戶部謹
奏爲八旗兵丁甲米酌擬增給稉米本色以裕兵食而紓市廛恭
摺仰祈
聖鑒事竊查京旗甲米每石內搭放稉米五斗稜米三斗五升粟米
一斗五升係向來定章也自南糧減運倉存不敷節經隨時奏
明分別折放同治四年七月五年八月間復經兩次奏請增給
本色覈計現在章程每甲米一石開放稉米一斗粟五升其餘
皆放折色以口分最優之米兵丁計之每石所領稉米亦不過
數斗養贍實有未敷且兵丁赴倉關支以數斗之稉米僱車拉
運腳價亦不合算屢欲議增本色因倉儲支絀未便更張現在
海運南糧將次進倉而天時亢旱米糧翔貴民食維艱亟宜酌

量變通藉資補救查本屆江浙新漕除白糧及船耗不計外實
在交倉漕糧正耗共應七十餘萬石又各倉舊存稉米約十餘萬
石內除留備兩季官員俸米及內務府等處年例領欵外下餘
稉米當不下六十餘萬石若將兵丁甲米每石加放本色稉米
一斗尚可敷一年之用來歲各省漕糧果能力籌足額全數運
京則下屆新漕進倉接續開放自可無虞匱乏臣等公同酌覈
擬自本年七月開放廂黃旗甲米爲始將現時折放實銀之一
斗稉米改放本色餘均照舊關支計每甲米一石內開放本色
稉米二斗本色粟五升其餘稉米二斗五升稜米三斗五升粟
米一斗五升均各按例價以二成實銀放給似此次量爲變通
每季計添放六七萬石減放實銀九萬餘兩凡例領甲米五石

以上之兵丁所得稉米均敷一石口分較充領米較便而於京
師民食並可藉資沾溉部庫實銀亦可稍有節省矣至五營兵
米與甲米事同一律且爲數無多擬請一併加給開放其囚糧
孤貧米石仍照舊章毋庸議改如蒙
俞允臣部即行八旗都統及各該衙門遵照辦理並請
飭下有漕省分各督撫及漕運總督即將來歲河運海運各事宜認
眞籌畫提前趕辦以固根本以裕民食毋稍觀望遷延是爲至
要臣等爲兵糈緊要起見是否有當伏乞
皇上聖鑒謹
奏
同治六年五月十八日具

奏奉
旨依議欽此

驗米大臣工部尚書臣單懋謙倉場侍郎臣鍾佩跪

奏再查海運欲期迅速總以剝船足敷輪轉爲要近年來上海沙船承裝貨物皆爲洋商夾板船裝運生計日就疲乏蘇浙海運雇募維艱若剝船再不敷用致令商船久候羈留愈形褁足於運務大有關係茲據天津道恒慶詳稱各州縣咸豐二年分承領原額江西剝船四百隻內除欠額賠補船九十四隻外扣至同治五年漕竣後實應滿料船三百零六隻例應查驗變價惟咸豐三年後江西湖廣等省均無排造剝船解津遞年短欠現在僅存官剝八百八十七隻若再不將滿料船隻一律加修來年南漕增多更形掣肘查同治四年挑留加修滿料船三百五十隻每隻奉部議給修費銀五十兩在於江蘇浙江山東等省

籌欵撥解此次酌修船隻應請援案具奏等因臣等伏查咸豐九年駐津驗米大臣全慶等奏請加修續增滿料船隻同治四年駐津驗米大臣載齡等奏請加修原額滿料船隻俱經戶部覆准令於天津鹽關項下先行動墊由山東生息江浙漕務各項籌撥歸欵等因在案今據天津道詳請酌修五年漕竣原額滿料船三百零六隻自係爲剝運要務起見應請

飭下戶部照案加增各船修費並將此項經費趕緊籌撥以便及時興修或仍照前次奏案在於鹽關各庫先行動欵籌墊再由山東生息江浙漕務項下歸還之處應由戶部酌量辦理並行令直隸總督轉飭天津道督率楊村通判責令各州縣於本年漕竣後趕緊興工修理務期工堅料實不准草率偷減限於來年正月以前一律修整完固由該道驗收後取具保固年限印結呈送戶部備查其各州縣應行賠補欠額船隻亦令該督嚴飭各屬照數賠交以重運務理合附片陳明謹

奏同治五年六月十六日具

奏六月十八日奉

旨戶部知道欽此

戶部謹
奏爲遵
旨議奏事直隸總督劉長佑等奏試造剝船覈定工價一摺同治五年八月二十七日軍機大臣奉
旨該部議奏欽此欽遵抄出到部據原奏內稱戶部議奏湘鄂二省應造剝船令臣等就近籌辦查上年戶部議令江廣三省分造續增剝船一千隻解直經湖廣督臣官文奏稱海船木料多出關東自外洋通商海船大減料更有餘等語溯查嘉慶元年直隸曾經排造一次每船報銷銀二百五十兩因所用雜木甫屆五年船皆破壞以後仍歸江廣排造剝船在內河撥用非南省所產楻木不能經久今鄂湘兩省木缺價昂奏請量爲變通惟

有暫由直隸試造三百隻以應要需直隸原乏諳練工匠莫若招商認辦較爲簡便現造成樣船一隻船身大小板片厚薄釘眼數目油艙彩畫均照舊制工堅料實桅舵篷錨篙櫓纜索一概俱全覈計工料鐵葉灰觔油艌等項除餘剩零星木皮變價銀九錢貳分作抵外共實用庫平銀四百一十兩有零商人遠出購料河運無期海運須用船載盤費不輕各關口請免納稅並請照湖廣運船水腳酌給一半盤費銀二十兩二共庫平銀四百三十兩有零直隸並無津貼之欵應請作正開銷限以來年三四月一律完工呈交取具保結存案應領價值先發八成餘俟完工交船驗無草率偷減再行烙印找發二成銀兩至新造樣船已由臣崇厚驗明委係如式料實工堅惟估價太昂公同再四籌酌將木料價值按九五折覈減銀一十三兩七錢三分七釐五毫實需木料銀二百六十一兩一分二釐五毫除木皮變價外每隻連工價一切共實需庫平銀三百九十六兩五錢九分九釐五毫再加一半盤費銀二十兩以此招商或尚不致貽誤惟查江廣例價二百三十四兩運直水腳銀四十兩又公攤津貼不敷銀二十六兩共銀三百兩現覈定工價四百一十六兩五錢九分九釐五毫較江廣多用銀一百一十六兩五錢有零實已節之又節勢難再減擬先排造三百隻以供來年撥運其餘七百隻請
旨仍飭江廣等省分造運直再新船三百隻計需銀一十二萬四千九百七十九兩八錢五分一釐經戶部覈定即須籌備並請

飭下戶部作速照數指撥又木商赴江浙閩廣等省購買木料由海運津經過大小關口應由戶部行文知照一體免稅放行各等語臣等復查上年六月間臣部議覆載齡等奏請加修滿料剝船摺內奏令江西湖廣三省照案墊欵分造續增剝船一千隻解直應用又於議覆湖廣總督官文等奏鄂湘兩省無欵可墊摺內奏令將該二省漕折銀兩內指撥銀一十五萬兩留充造船經費嗣據官文李瀚章等奏請將酌提漕折銀兩解赴天津由直委員排造等語復經臣部附片奏令直隸總督三口通商大臣督飭天津道迅速籌議並令湖北將應解咸豐十年漕折銀三萬兩同治元年漕折銀四萬兩同治四年酌提漕折銀三萬兩共十萬兩湖南將應解同治元年漕折銀二萬兩同治四

年酌提漕折銀三萬兩共五萬兩委員解赴部庫抵充造船經
費等因奉
旨允准行知各在案茲據直隸總督三口通商大臣覈定價值奏請
先行排造三百隻等因前來查江廣排造剝船每隻合銀三百
兩內例價銀二百三十四兩六分五釐運直水腳銀四十兩作
正開銷又公攤津貼不敷銀二十六兩歸該省自行籌補今該
督等覈定工價銀四百一十六兩五錢九分九釐五毫均請作
正開銷查與例案不符惟所稱木植到處昂貴此次船身傷底
櫼桅純用樫木料既耐久價自增多尚屬實在情形現計南漕
逐年增多剝船需用孔亟自應變通辦理相應請
旨飭下直隸總督三口通商大臣即如所議每隻工價庫平銀三百

九十六兩五錢九分九釐五毫加一半盤費銀二十兩共銀四
百一十六兩五錢九分九釐五毫均准其作正開銷並令招募
殷實養船商人趕緊認辦統限以同治六年三四月內一律完
工呈交取具保結存案其應領價值先發八成餘俟完工交船
驗明委係一律如式工堅料實再行烙印找發二成銀兩仍令
該督等督飭天津道委員隨時查察倘有草率偷減即將該商
人從嚴懲辦工竣之日取具保固年限冊結送部並照例奏請
欽派大臣驗收仍將動用銀兩數目先行報部查覈所有應給工價
銀一十二萬四千九百七十九兩八錢五分現據湖北省咨報
已將同治四年酌提漕折銀三萬兩遴員趕解湖南省奏報已
將同治元年漕折銀二萬兩同治四年酌提漕折銀三萬兩委
員解部共計報解銀八萬兩應令該督等照案在於天津鹽關
兩庫應解部庫銀兩內劃撥動用其不敷銀兩並請
飭下湖廣總督湖北巡撫仍將臣部前撥應解咸豐十一年漕折銀
三萬兩同治元年漕折銀四萬兩趕緊籌款委員解部以濟要
需毋再藉詞延宕此項排造剝船雖經借動漕折銀兩仍應在
於東綱積欠生息銀兩內歸款查山東運庫積欠部庫及天津
道庫共銀九十餘萬兩前經臣部酌提三十萬兩奏定分作三
年解部嗣據山東巡撫瀝陳東綱疲敝並因災緩徵情形經臣
部議准自同治五年起於堰工加價內提銀二萬兩專解部庫
俟同治七年進關釐頭限滿啓徵每年再提銀二萬兩一併解
部交納所有本年應解之二萬兩現僅據該省解到銀七千兩

又報起程銀五千兩尚有未解銀八千兩應並令山東巡撫督
飭運司遵照奏咨各案趕於十月內解齊以後務須年清年欵
毋許蒂欠以清欵目其餘應造續增剝船七百餘隻除江西省
應行分造船三百三十四隻另行附片奏辦外此外尚有應造
剝船三百六十六隻應請
旨飭下湖廣總督湖北湖南巡撫遵照臣部上年六月間奏案先行
籌欵趕緊照案均勻分造委員解直聽用毋再推諉所墊造費
應由臣部於山東省報解酌提積欠生息銀內隨時劃抵歸欵
至所稱木商赴江浙閩廣等省購買木料由海運津經過關口
由臣部行文知照一體免稅放行一節亦應如該督等所請辦
理准其將該商人購買木料經過各關免其納稅即由該督等

覈定需用木料數目給發印照並先期知照兩江湖廣閩浙各總督江西浙江江蘇湖北各巡撫轉飭各管關道俟該商人運木過關時驗明印領即將前項直隸試造剝船商人購買木料過關應納稅銀按照稅則免其交納迅速放行其天津海關一併免其納稅仍令各該督撫將前項免過木稅銀兩數目入於該關該年稅銀考覈案內作正開銷仍造具細數清冊專案報部查覈並於稅銀案內聲明覈辦毋稍含混以重稅課所有臣等遵議緣由謹繕摺覆奏伏乞

皇上聖鑒謹

奏同治五年九月二十二日具奏奉

旨依議欽此

戶部片

奏再據江西巡撫劉坤一奏稱前准戶部咨議覆天津驗米大臣

宗室載齡等請修滿料船隻案內奏令江西湖廣三省墊款均勻分造續增剝船一千隻解直應用等因當查江西照案應分造船三百三十四隻共需內外銷工料運費銀一十二萬四千餘兩彼時防剿喫緊且木商甚少採辦不易奏請暫行展緩嗣准部覆江省爲產木之處應將分造剝船設法趕辦所需船費在於應解上年漕折內提銀二萬兩其餘不敷之數即在積欠漕折銀內提用派員購料興工妥速解津等因隨復督飭所屬博訪周諮江西產木之處被賊砍伐殆盡材料甚稀縱使不惜重價一時採辦爲難且剝船運津取道山東直隸該處切近捻氛道途通塞無定中途阻滯抵津無期仍屬緩不濟急正在籌議間適准部咨湖南湖北二省各應分造船三百三十三隻俱因木缺價昂運道阻滯奏准量爲變通將部提漕折銀兩委員解直造辦等因復查江西造船運送不易既與兩湖相同而木植之缺時價之昂則視兩湖爲尤甚該二省既奏准變通江西自可援照辦理除運費內外銷銀三萬一千八百六十餘兩應行節省外其工料內外銷銀九萬二千四百三十九兩五錢一分擬請遵照部撥在於應解同治四年漕折內提銀二萬兩其餘銀七萬三千四百三十九兩五錢一分在於歷年積欠漕折內湊足一併委員解京轉行天津兌收所有江省應造剝船三百三十四隻統由天津就近購料排造備用惟江西同治四年

欠解並歷年積欠漕折銀兩已徵在官者軍需動用無存實欠
在民者委因兵災未完惟有俟軍需項下續有收欵無論錢糧
釐稅按照提充船費之數設法抽撥歸還漕折迅速委解不誤
天津排造之需等語同治五年九月初八日軍機大臣奉
旨戶部知道欽此欽遵抄出到部臣等伏查江西湖廣三省應造續
增剝船一千隻均經臣部奏令酌提漕折銀兩作爲造費嗣據
湖廣總督官文等以兩湖木鈌價昂船成運送尤爲不易奏請
將酌提漕折銀兩解京由直隸委員購料排造等因復經臣部
覆准行知直隸總督三口通商大臣籌辦在案茲復據江西巡
撫劉坤一奏稱江西造船運送不易既與兩湖相同而木植之
鈌時價之昂視兩湖爲尤甚該二省既奏准變通江西自可援

照辦理擬請將酌數漕折銀兩湊足解京轉行天津兌收所有
江西應分造續增剝船三百三十四隻統於天津就近購料排
造備用等語查湖南湖北應造剝船由津排造一案現據直隸
總督奏請試造三百隻應用業由臣等另摺奏覆茲江西省木
鈌價昂運船爲難均與湖南湖北事同一律自應准其將酌提
漕折解京由直隸省成造備用相應請
旨飭下直隸總督三口通商大臣督飭天津道將江西省應造剝船
三百三十四隻迅速籌議排造所需造費數目及一切採辦事
宜均令查照代造兩湖船隻章程辦理至所稱江省承造此項
船隻內外銷工料運費需銀一十二萬四千餘兩此次由直隸
省排造除運費內外銷銀三萬一千八百六十餘兩應行節省
外其工料內外銷銀九萬二千四百三十九兩五錢一分遵於
同治四年漕折內提銀二萬兩其餘銀兩在於歷年積欠漕折
內湊足解京惟歷年積欠漕折均係軍需動用及兵災未完應
俟軍需項下續有收欵抽撥歸還迅速委解等語臣等查直隸
省排造剝船所需木植均須招商由外省購運至津是運費一
項仍係無可節省且江西省歷年積欠漕折銀兩數逾百萬所
需船費不過於欠項內酌提十分之一該省自當照數籌解應
請
飭下江西巡撫轉飭藩司將造船內外銷工料運費銀一十二萬四
千餘兩遵照前次奏案在於四年分漕折銀內提解銀二萬兩
其餘一十萬四千餘兩照數在於歷年積欠漕折銀內湊足迅

速趕解部庫轉撥天津應用統限同治六年二月以前掃數解
齊毋得以軍需動用及兵災未完藉詞延宕是爲至要所有臣
等議覆江西承造剝船請由直隸省代造緣由理合附片陳明
謹
奏同治五年九月二十二日具奏奉
旨依議欽此

浙江海運全案重編目錄

新編卷八

運竣事宜 採辦章程并天津水次圖記附

驗米大臣片奏籌備米石運通存倉以備下届抵補之用

倉場行知浙省歷年存倉籌備漕白米數

糧道詳請倉場更正歷年存倉籌備白糧米數

倉場飭知歷年存倉籌備漕白米數

糧道呈送同治五年籌備抵補存倉並各年存倉米石清冊

糧道呈覆改抵缺米並另送各年存倉米石清冊

驗米大臣奏海運漕糧事竣請將在事尤爲出力各員分別獎勵

驗米大臣咨請辦理在津運務出力各員紳開單奏獎

浙撫奏海運完竣尤爲出力官紳書吏請獎

撫院行准吏部咨海運保案分別註冊

撫院行准吏部咨海運保案駁正二員

浙撫奏四年海運冬漕急公出力船商牙駔書吏請獎

吏部奏覆卞府尹奏請海運保舉限制

直督奏辦理江浙海運支銷剝價等經雜各費銀數

直督咨送天津支發浙漕經雜各費細數清冊

浙撫奏結四年冬漕動支經費數目

撫院行准戸部咨覆動支運竣經費數目

浙撫咨送戸部抵歸運費正耗錢糧並支存各數清冊

江蘇鈔送採辦米石津通支給章程

坐糧廳蘇糧道會詳蘇省採辦米石與正漕同運變通酌給經剝銀米

驗米大臣奏蘇省採買米石責成經紀承管變通籌給經剝銀米

戸部奏覆蘇省採買米石責成經紀承管變通籌給經剝銀米

戸部奏覆夏御史奏請採買閩粤米石從緩辦理飭催多運新漕

浙撫行准吏部咨海運出力各員交部議敘

天津水次圖記

天津上水次圖

天津上下新關圖

天津下水次圖

驗米大臣工部尚書臣單懋謙　倉場侍郎臣鍾岱跪

奏再海運米石籌備一款係該省添辦預備彌補商船失風缺斛之用如有盈餘由該省自行變價或酌量存倉留抵下年缺斛又沙船應有餘米除抵正作收及易換氣頭艙底外所餘米石均歸籌備項下運通存倉歷經辦理在案本屆江蘇起運漕糧三批冊報搭運籌備米七千八十五石七斗三升八合三勺經臣等將已到各船餘米先行驗收抵正運通足額外尚有運過白糯餘米二十九石應同續到尾船米石併在後各船統行劃歸籌備原款存倉留抵該省缺斛又浙江收買沙船餘米一百四十石隨正運通應即作為籌備存倉均由戶部倉場另檔存記以為下屆抵補之用其有失事船隻並各船虧短米石俱經

各該糧道一律籌補足數並無短少理合附片陳明謹

奏同治五年六月十六日具

奏六月十八日奉

旨戶部知道欽此

總督倉場部堂為行知事據坐糧廳瑞斌將江浙兩省各年存倉籌備餘米漕白細數開送前來除咨覆駐津大臣外合就行知為此札仰浙江糧道查照可也

計開

咸豐十年浙省續到籌備平斛漕米三萬二千三十七石八斗二升五合八勺內有一升五合經耗米四百七十三石四斗六升五合四勺

又剝船戶賠補九年浙省籌備平斛漕米一千三百六十三石一斗二升五合經耗米已由上年隨正運倉合併聲明

咸豐十一年浙省續到籌備平斛漕米二千六百六十九石四斗五

升一勺內有一升五合經耗米三十九石四斗五升

咸豐十年浙省籌備白粳米二十六石三斗七升七合九勺內有一升八合經紀耗米四斗六升六合四勺

浙省籌備白糯米八十八石五斗四升二合七勺內有一升八合經紀耗米一石五斗六升五合六勺

咸豐十一年浙省籌備白粳米一百八十二石八升內有一升八合經紀耗米三石二斗一升九合五勺

同治五年五月初四日札浙江督糧道

浙江按察使署督糧道爲查明詳請更正事本年五月初四日
奉
憲臺札開據坐糧廳瑞斌將江浙二省各年存倉籌備餘米漕白細數開送前來除咨覆駐津大臣外合就行知爲此札仰浙江糧道查照可也計黏鈔內開咸豐十年籌備白粳米二十六石三斗七升七合九勺白糯米八十八石五斗四升二合七勺咸豐十一年籌備白粳米一百八十二石八升二共存倉白粳米二百八石四斗五升七合九勺伏查浙省存倉白糧米石於咸豐六七兩年積存白粳米一千五百五十二石九升七合一勺嗣因咸豐九年海運漕白尾船未曾到齊即請將六七兩年存倉白粳米內劃抵九年不敷白米三百一十石九斗一合二勺之外其餘白米一千二百四十一石一斗九升五合九勺儘數暫抵不敷漕米迨後未到漕糧均已陸續抵津驗收運通是以於咸豐十年經前津局總辦徐守等詳請前
欽倉憲陳成　分別移咨將續收存倉漕米內照數劃米一千二百四十一石一斗九升五合九勺補足九年應交漕米仍將此項白糧劃歸白糧存倉原款又於咸豐九年續積存倉白粳米三百九十石十年存倉白粳米二十六石三斗七升七合九勺又十一年運到存倉白粳米一百八十二石八升共計存倉白粳米除抵補不敷九年外尚有一千八百三十九石六斗五升三合八勺至咸豐十年又劃抵十年分不敷正白米一千二百一十九石二斗四升九合四勺是浙省存倉白粳米除抵交外實應

存六百二十石四斗四合四勺又白糯一款除奉單開十年分籌備存倉白糯米八十八石五斗四升二合七勺外尚有六七兩年存倉白糯米三百三十一石六斗七升九合七勺九年存倉白糯米一百三十四石統共應存白糯米五百五十四石二斗二升二合四勺亦經徐守等詳明聲敘理合備文詳請并將十年劃完白糧原詳稿底及歷年白糧存倉數目清帳照錄清摺各一分呈送仰祈
憲臺察查俯賜札飭駐通坐糧廳按照歷年文冊覈明更正再十年海運有籌備白糧船一隻計米一千三百四十四石九斗九升八合五勺雖是年案卷遺失不全尚有前派委員底帳一紙可稽仰乞一并飭查批示祇遵實爲公便爲此備由呈乞
照詳施行
同治五年五月二十二日具詳
通倉憲宋

總督倉塲部堂爲飭遵事據署浙江糧道王凱泰稟開咸豐六年起至十一年止浙江籌備倉存白粳糯米並咸豐九十兩年動撥白粳抵交外實應存倉白粳糯各數及十年劃還白糧原案照錄呈送請飭駐通坐糧廳按照歷年文冊覈明更正再十年海運籌備白糧船一隻計米一千三百四十四石九斗九升八合五勺仰乞一併飭查批示祗遵等情當經鈔錄該道詳冊清單行飭駐通坐糧廳勒限三日內速覆以憑轉行去後迄今仍未覆到復經本部堂督飭承辦書吏將咸豐六年起至咸豐十一年止各該年銷算題冊逐年逐款詳細勾稽覈算清楚並將浙江存倉漕米一併覈明開單飭知爲此札仰浙江督糧道總局查照鈔單遵照辦理至十年海運籌備白米一千三百四十四

石九斗九升八合五勺查是年銷算冊內並未題報運收此項米石合併行知可也

計開

浙省籌備存倉白米數目

咸豐六年分

存倉白粳米三百四十七石一斗二升

白糯米二百九十九石五斗四升九合二勺

咸豐七年分

存倉白粳米一千二百四石九斗七升七合一勺

白糯米三十二石一斗三升五勺

咸豐九年分

存倉白粳米三百九十石

白糯米一百三十四石

咸豐十年分

存倉白粳米二十六石三斗七升七合九勺

白糯米八十八石五斗四升二合七勺

咸豐十一年分

存倉白粳米一百八十二石八升

以上共存白粳米二千一百五十石五斗五升五合

白糯米五百五十四石二斗二升二合四勺

咸豐九年動撥六七兩年存倉抵正米三百一十石九斗一合二勺

咸豐十年動撥六七兩年存倉抵正米一千二百一十九石二斗四升九合四勺

除兩年動撥白粳米一千五百三十石一斗五升六勺

實存倉白粳米六百二十石四斗四合四勺

白糯米五百五十四石二斗二升二合四勺

浙江存倉籌備漕米數目

咸豐九年分

存倉漕米共二萬七千四百六十一石三斗三升七勺內除劃回抵補九年補正撥還白粳米一千二百四十一石一斗九升五合九勺外下餘二萬六千二百二十石一斗三升四合八勺於

十年全數抵補正供訖

咸豐十年分

存倉漕米三萬二千三十七石八斗二升五合八勺

咸豐十一年分

存倉漕米共二千六百六十九石四斗五升一勺

同治五年六月初四日行浙江糧道天津局

浙江按察使署督糧道爲報移明備案事竊照本年浙省海運漕

白糧米現已截數詳請駐津

欽倉憲奏報全完所有本屆收買各船餘米除前次報明已運通

倉漕粳米一百四十石嗣又陸續運通漕粳米三十五石五斗

九升七勺漕秈米一百二十八石三斗二升四合三勺白粳米

一百二十三石七斗五升六勺白糯米九石三斗九升二合均

係存倉作爲下屆籌補至歷年存倉漕白籌備米石前奉駐通

欽倉憲臺先後開單飭知除於單開咸豐九年賠補存倉漕米一千

三百六十三石一斗二升五合內動支米一千六十六石七斗

一合六勺劃補本年各船斛缺正供經耗外所有各年實存倉

漕白米數及本年收買餘米作爲籌備存倉數目理合分晰開

造清冊

呈浙撫憲通倉憲呈送伏祈

憲臺俯賜察覈備查爲此備由呈乞

照驗施行

今呈送　清冊一本

移省局坐糧廳移送爲此合移

貴局廳請煩查照備案施行

今移送　清冊一本

浙江按察使署督糧道
今將新舊各年存倉漕白米數除本屆動支抵補外實存細數
開造清冊呈移送
查覈備案施行
計開
咸豐十年浙省續到籌備平斛漕米三萬二千三十七石八斗
二升五合八勺內有一升五合經耗米四百
七十三石四斗六升五合四勺
又剝船戶賠補九年浙省籌備平斛漕米一千三百六十三
石一斗二升五合經耗米已由上年隨正運
倉合併聲明

咸豐十一年浙省續到籌備平斛漕米二千六百六十九石四
斗五升一勺內有一升五合經耗米三十九
石四斗五升
以上共存倉籌備平斛漕米三萬六千七十石四斗九勺
內除動撥九年賠補存倉籌備平斛米一千
六十六石七斗一合六勺抵補本年各船缺
斛漕米外
計實存倉各年漕米三萬五千三石六斗九升九合三勺
又同治五年海運收買各船餘米運通作爲籌備存倉漕粳米
一百七十五石五斗九升七勺內經耗米五
斗二升六合
漕秈米一百二十八石三斗二升四合三勺
內經耗米一石八斗九升六合四勺
二共新舊存倉漕米粳三萬五千一百七十九石二斗九升秈一百二十八石三斗二升四合三勺
白糧項下
咸豐六年存倉白粳米三百四十七石一斗二升
白糯米二百九十九石五斗四升九合二勺
咸豐七年存倉白粳米一千二百四石九斗七升七合一勺
白糯米三十二石一斗三升五勺
咸豐九年存倉白粳米三百九十石
白糯米一百三十四石
咸豐十年存倉白粳米二十六石三斗七升七合九勺

白糯米八十八石五斗四升二合七勺
咸豐十一年存倉白粳米一百八十二石八升
以上共存白粳米二千一百五十石五斗五升五合
白糯米五百五十四石二斗二升二合四勺
咸豐九年動撥六七兩年存倉抵正米三百一十石九斗一合
二勺
咸豐十年動撥六七兩年存倉抵正米一千二百一十九石二
斗四升九合四勺
除兩年動撥白粳米一千五百三十石一斗五升六勺
實存倉白粳米六百二十石四斗四合四勺
白糯米五百五十四石二斗二升二合四勺

本屆並未動撥仍照數存倉
又同治五年海運收買各船餘米運通作爲籌備存倉白粳米
一百二十三石七斗五升六勺
白糯米九石三斗九升二合
二共新舊存倉白粳米七百四十四石一斗五升五合
白糯米五百六十三石六斗一升四合四勺

浙江按察使署督糧道爲遵札另造呈送備案事本年八月十八日奉
憲臺札開據浙江糧道將該省新舊各年存倉漕白米數造冊呈請備案前來除冊開歷年存倉漕白各欵覈與本部堂衙門銷算冊籍相符者毋庸飭知外惟咸豐十年剝船戶賠補九年籌備平斛漕米一千三百六十三石一斗二升五合查此欵係江浙二省咸豐九年運交存倉米內剝船戶由津運通陸續掛欠之米次年賠補運通是此項米石係剝船戶虧短剝船戶賠交與南省事無干涉今該道開列冊內且動撥抵補本年斛缺殊屬不合札道遵將此項悞開之米查明開除另造清冊呈送至應抵本年斛缺米一千六十六石零應由何年籌備內劃抵之處卽於另造冊內註明詳報毋遲切切等因奉此伏查浙省各年存倉漕白米數緣經匪擾冊案蕩然何年實存若干無憑稽考嗣於本年五月間本署道在津接奉
憲臺札飭將各年存倉漕白米數開單行道內列有咸豐十年籌備平斛漕米一千三百六十三石一斗二升五合是以將本年斛缺漕米一千六十六石卽在是年籌備米內動支抵補奉
飭前因除將同治五年海運斛缺米石改於咸豐十年存倉浙省續到籌備米三萬二千三十七石八斗二升五合八勺內動支抵補外理合遵飭另造清冊備文呈送伏祈
憲臺察覈俯賜備案爲此備由呈乞
照驗施行

今呈送　清冊一本

同治五年九月二十二日詳

通倉憲

浙江按察使署理督糧道

今將新舊各年存倉漕白米數除本屆動支抵補外實存細數

開造清冊呈送

查覈備案施行

計開

咸豐十年浙省續到籌備平斛漕米三萬二千三十七石八斗
二升五合八勺內有一升五合經耗米四百
七十三石四斗六升五合四勺

咸豐十一年浙省續到籌備平斛漕米二千六百六十九石四
斗五升一勺內有一升五合經耗米三十九
石四斗五升

以上共存倉籌備平斛漕米三萬四千七百七石二斗七
升五合九勺內除動撥十年存倉籌備平斛
米一千六十六石七斗一合六勺抵補本年
各船斛缺漕米外

計實存倉各年漕米三萬三千六百四十石五斗七升四
合三勺

又同治五年海運收買各船餘米運通作爲籌備存倉漕粳米
一百七十五石五斗九升七勺內經耗米五
斗二升六合

漕秈米一百二十八石三斗二升四合三勺
內經耗米一石八斗九升六合四勺

二共新舊存倉漕粳米三萬三千八百十六石一斗六升五合 秈米一百二十八石三斗二升四合三勺

白糧項下

咸豐六年存倉白粳米三百四十七石一斗二升

白糯米二百九十九石五斗四升九合二勺

咸豐七年存倉白粳米一千二百四石九斗七升七合一勺

白糯米三十二石一斗三升五勺

咸豐九年存倉白粳米三百九十石

白糯米一百三十四石

咸豐十年存倉白粳米二十六石三斗七升七合九勺

白糯米八十八石五斗四升二合七勺

咸豐十一年存倉白粳米一百八十二石八升

以上共存白粳米二千一百五十石五斗五升五合

白糯米五百五十四石二斗二升二合四勺

咸豐九年動撥六七兩年存倉抵正米三百一十石九斗一合

二勺

咸豐十年動撥六七兩年存倉抵正米一千二百一十九石二

斗四升九合四勺

除兩年動撥白粳米一千五百三十石一斗五升六勺

實存倉白粳米六百二十石四斗四合四勺

白糯米五百五十四石二斗二升二合四勺

本屆並未動撥仍照數存倉

又同治五年海運收買各船餘米運通作爲籌備存倉白粳米

一百二十三石七斗五升六勺

白糯米九石三斗九升二合

二共新舊存倉白粳米七百四十四石一斗五升五合 糯米五百六十三石六斗一升四合四勺

驗米大臣工部尚書臣畢懋謙
倉場侍郎臣鍾岱　跪

奏為驗收海運漕糧事竣謹將在事尤為出力各員援照歷屆成
案恭懇
天恩分別獎勵仰祈
聖鑒事竊查道光六年二十八年咸豐二年至十年並同治四年海
運事竣均將尤為出力各員奏請獎勵在案近年南漕缺額京
倉需米孔殷海運漕糧顆粒皆應寶貴辦理尤宜迅速本屆江
蘇起運正供米數多於去歲浙江地方甫定初辦海運事同創
始均宜倍加詳慎其支銷經費尤應力求撙節至經紀剝船夫
役人等積習相沿務須嚴密防範以期弊絕風清臣等抵津以
來督飭隨帶司員及坐糧廳監督會同直隸江蘇浙江總局印

委各員參酌成規妥籌趕辦所有經理文案勾稽銷米並查驗
米色監視斛收配裝剝船彈壓水手以及海口稽查迎護導引
並押催米船稽查各段一切事宜該員等無不竭誠盡力晝夜
辛勤甫及兩月江浙全漕一律告竣臣等伏查南糧海運大局
攸關必須深知利弊方能破除積習本年江浙兩省同時辦理
海運頭緒紛繁籌畫不易臣等目擊在事各員晝夜辛勤始終
罔懈均屬著有微勞自應查照歷屆成案奏懇
恩施查天津府知府以下各員及調津委員營委將弁並江浙兩省
派委赴津各員歷屆均由驗米大臣各按勞績咨行直隸江蘇
浙江各督撫奏請獎勵臣等認真考覈分別功過除將不得力
各員記過摘頂隨時懲儆及出力較次之員未便按照舊章保

獎外其尤為出力各員應請照案辦理至臣等隨帶司員戶部
郎中祥禧候補主事李希蓮工部候補郎中潘駿猷候補主事
朱其煊隨同臣等日赴河干查驗米色並襄理一切文案實力
講求矢勤矢慎遇有委辦事件均能破除情面不避嫌怨洵屬
出力之員查戶部郎中祥禧本係道銜擬請以道員在任儘先
選用並
賞加按察使銜戶部候補主事李希蓮擬請俟補缺後以本部員外
郎遇缺即補先換頂戴工部候補郎中潘駿猷擬請以本部郎
中遇缺即補並
賞加道銜工部候補主事朱其煊擬請以本部主事遇缺即補並
賞加員外郎銜至坐糧廳監督戶部郎中師長灼在津辦理起運嚴

約經紀斛手人等釐奸剔弊遇事認真備臻周密查該員本係
四品銜擬請
賞加三品卿銜臣等仰體
聖主激勵人材微勞必錄之意援案聲請可否准予鼓勵之處出自
皇太后
皇上逾格
鴻慈謹繕摺具
奏請
旨
再查二品頂戴天津道恆慶穩練安詳明白曉暢總理局務均
臻妥協據稱受

恩深重不敢仰邀
恩敘按察使銜江蘇糧道奇克坦泰心地樸誠辦事勤謹浙江按察
使署糧道王凱泰精明練達爲守兼優自辦理運務以來駕馭
耆舵水手寬嚴得當交兌銀米亦極妥速以上二員職分較大
臣等未敢擅擬優敘
恩出
聖裁直隸候補道博多宏武經直隸總督奏派總辦運務老成諳練
謹愼周詳查該道係鹽運使銜且候補人員究與實缺有間可
否仰懇
天恩
賞加布政使銜以示鼓勵謹附片具

奏請
旨同治五年六月十六日具
奏六月十八日奉
旨另有旨欽此同日奉
上諭單懋謙鍾岱奏海運漕糧完竣請將在事各員援案分別獎勵
一摺本年江蘇浙江漕米由海運通單懋謙等督率司員坐糧廳
等在天津查驗起剝該兩省正漕業已一律告竣辦理尚爲妥協
單懋謙鍾岱均著交部從優議敘其在事尤爲出力之道銜戶部
郎中祥禧著以道員在任儘先選用並賞加按察使銜戶部候補
主事李希蓮着俟補缺後以本部員外郎遇缺卽補先換頂戴工
部候補郎中潘駿猷著以本部郎中遇缺卽補並賞加道銜工部
候補主事朱其煊著以本部主事遇缺卽補並賞加員外郎銜四品
銜坐糧廳監督戶部郎中師長灼所請賞加三品卿銜着改爲賞
加三品銜另片奏辦理起運並交兌銀米出力各員請旨獎勵等
語天津道恆慶江蘇糧道奇克坦泰浙江按察使署糧道王凱泰
均著交部從優議敘鹽運使銜直隸候補道博多宏武著賞加布
政使銜以示鼓勵該部知道片併發欽此

欽差工部正堂單倉場侍郎鍾　爲咨明事查浙江海運停辦數年本屆辦理運務事同創始今甫及兩月全漕完竣辦理甚爲妥速除浙江按察使署糧道王凱泰業由天津差次保奏外其知府以下各員經本部堂隨時察看均能晝夜辛勤不辭勞瘁目擊各該員出力情形洵屬始終匪懈業經奏明查照成案各按勞績咨明浙撫分別奏奬並抄錄原奏恭錄

諭旨移咨遵照在案其航海赴津之紳董尤屬踴躍趨公應援案一併給予奬敘茲據署浙江糧道王凱泰將派委在津出力員董各按勞績出具考語開具各員銜名詳請移咨奏奬前來相應開單移咨

貴撫部院查照

奏請奬勵可也

計開

補用知府郭式昌

該員總理局務心地樸誠識見超卓不矜才不使氣悉心擘畫深合機宜到津以來綜理銀錢督辦文案勾稽冊檔並隨同驗卸一切局務妥慎周詳勤勞懋著洵屬尤爲得力之員

補用同知候補知縣虞慶瀾

該員歷派津局辦理海運諸臻妥善本屆派委會辦總局事務綜理銀錢勾稽款目並隨同驗卸一切局務諳練老成實心將事勤勞奮勉勷助得宜洵屬得力可靠之員

前衢州府知府江允康

該員於咸豐八年曾在津局總理兌務本屆因停辦多年特詳委來津以資熟手該員年力正強倍加奮勉於一切交兌事宜悉心籌畫動中竅要總理文案勾稽冊檔勞績懋著最爲得力

補用知府候補同知朱其昂

該員歷派赴津辦理海運交米事務熟悉情形本屆派司總理外局排船編號催重儹空隨同驗卸彈壓水手收買各船餘米爛米事極煩瑣均能專事認眞不辭勞勩措置周詳辛勤倍著且商船凡有爭執及與外國船交涉事件該員無不悉心經理妥爲勸諭是以耆舵悅服洵爲不可多得之員

處州府同知肖紱

該員總理交兌事宜日在河干監視起卸督押風晾兼清理河道隨同驗米勤慎安詳諸臻妥協洵爲實心任事之員

候補縣丞周　銳

候補縣丞錢振衡

該二員專司收買餘米並收買氣頭艙底爛米給價公允耆舵悅服其爛米尤能起除淨盡不使稍有攙和辦事認眞最著勞勩

候補布理問傅　濾

候補從九品裘雲章

該二員經理交兌事宜分排監視起斛卸剝督押晒晾並隨同驗米晝夜勤勞人均幹練

紳董候選同知劉　森

五品銜應陞陞用江蘇候補縣丞李樹安

該二員熟悉洋務派赴下水次巡查米船進口後諭令小心駕駛免與外國船隻碰遇有交涉事件皆能料理妥協頗著辛勤

運同銜楊學賢

州同銜朱其詔

該董籍隸浙江慈谿縣江蘇寶山縣先在本籍周流海口代僱船隻航海來津所有商船卸米事宜均由該董妥爲經理並約束耆舵水手人等毫無滋事實屬經理得宜奮勉出力

以上單開共十三員

同治五年七月十一日咨

浙江撫院

浙江巡撫臣馬新貽跪

奏爲海運完竣查明尤爲出力官紳書吏援案懇

恩分別奬敘恭摺奏祈

聖鑒事竊照浙省杭嘉湖三府屬漕糧自咸豐三年爲始改由海運每屆事竣歷將辦理出力之官紳書吏暨徵解銀米全完各員及商船牙埠人等擇尤

奏奬在案茲查同治五年起運四年分漕白糧米仍由海運惟自咸豐十年以後浙漕停運多年兵燹之餘一切冊檔蕩然無存加以改提經費科減漕糧又因商船毀壞甚多僱備極形掣肘且瘡痍之民元氣大傷祗以

京倉支絀需米孔殷臣督飭司道因時度勢酌辦試徵統計交倉

漕白正耗及經剩食耗等款其米一十九萬五千餘石爲數固屬無多而催辦船米總覈章程成案既無可循辦理實同初創若非賢能之員實心擘畫難期措置咸宜今幸漕白各糧不數月而掃數交清此皆仰賴

皇上鴻福得以諸臻妥善所有在事出力各員自應量予奬勵查省局爲總滙之所事務極形繁重前署糧道按察使王凱泰總理局務心細才長督催運兌周詳妥速已由

欽差奏蒙

恩施交部從優議敘外其餘綜覈銀米參稽冊籍以及釐定文案籌議章程僱船催兌諸大端悉屬十分緊要前經飭委各員常川駐局或總司其事或分任其責該員等均能實力實心不辭勞

瘁赴津各員董亦屬殫精竭力倍著辛勤前准
欽派驗米大臣查明勞績開單咨浙彙辦又各該書吏或先辦清賦
一載有餘接辦運務或專辦海運在津在局均屬勤慎無悞又
當地方殘破之餘勸諭徵輸頗爲不易其銀米首先全完之知
縣洵屬催科得力未便没其微勞據省局司道會詳前來除將
出力稍次之員由外分別給獎並商船牙埠人等確查另辦外
謹將尤爲出力各官紳書吏酌擬獎敘等差分繕清單恭呈
御覽合無仰懇
天恩俯准給獎以昭激勸理合恭摺具
奏伏乞
皇太后

皇上聖鑒訓示再補用知府候補同知朱其昂補用同知候補知縣
許嘉德虞慶瀾紳董運同銜楊學賢四員請保官階覈與章程
稍有未符惟該員等或總理運務或航海辦運並料理交涉洋
人事件擘畫周詳勤勞卓著實屬異常出力應請將朱其昂准
其補知府後以道員用許嘉德虞慶瀾准其補同知後以知府
用先換頂戴楊學賢准其以運同選用臣爲鼓勵人材起見嗣
後不敢援以爲例合併聲明謹
奏
謹將同治五年浙省辦理海運派赴津局尤爲出力官紳書吏
酌擬獎勵繕具清單恭呈
御覽

計開
補用知府郭式昌擬請補知府後以道員用
補用同知候補知縣虞慶瀾擬請補同知後以知府用先換頂
戴
已革道銜衢州府知府江允康擬請
賞還原銜
補用知府候補同知朱其昂擬請補知府後以道員用
處州府同知常綏擬請以知府補用先換頂戴
候補縣丞周銳六品頂戴候補縣丞錢振衡均擬請補缺後以
知縣用並
賞加五品銜

候補布理問傅憓擬請補缺後以知州用先換頂戴
升用主簿候補從九品裘雲章擬請以主簿本班儘先補用並
賞加州同銜
紳董候選同知劉森擬請
賞加知府銜
五品銜江蘇候補縣丞李澍安擬請
賞加同知銜
運同銜楊學賢擬請以運同歸部選用
州同銜不論雙單月選用從九品朱其恕擬請以從九品留於
浙江補用並免繳分發指省銀兩
糧道衙門書吏不論雙單月選用從九品周輔成擬請以從九

品不論班次遇缺卽選並
賞加六品銜
糧道衙門書吏錢承詵錢承豫均擬請以從九品不論雙單月
選用
謹將同治五年浙省辦理海運省局尤爲出力各官吏並催辦
商船紳董及銀米首先全完各縣酌擬獎勵繕具清單恭呈
御覽
計開
補用道候補知府戴槃擬請免桐鄉縣任內降調處分
補用知府桑樹勳擬請補知府後以道員用
道銜候補知府李壽榛前署杭州府嚴州府知府劉汝璆前署

仁和縣事秀水縣知縣翁以巽同知銜錢塘縣知縣蕭書均擬
請
交部議敘
補用同知候補知縣許嘉德擬請補同知後以知府用先換頂
戴升用道甯波府知府邊葆誠前署鎭海縣事新昌縣知縣顧
德恒均擬請
交部議敘
同知銜鄞縣知縣姚光宇擬請
賞加運同銜
知府銜張廣埏擬請
賞加道銜

知府銜遇缺卽選同知盧以瑛擬請選缺後以知府用
舉人章鑒擬請
賞給內閣中書銜
監生毛孝烈擬請以從九品歸部選用
同知銜候選知縣張斯安擬請
賞加運同銜
省局書吏候選從九品陳元倪晉均擬請以從九品不論雙單
月遇缺選用並
賞加六品銜
省局書吏不論雙單月選用從九品費懋林擬請以從九品不
論班次遇缺卽選並

賞加六品銜
清賦局書吏孟厚栽王文波均擬請以從九品選用
清賦局書吏候選從九品楊銑擬請以從九品不論雙單月選
用
同知銜正任嘉善縣丁憂知縣傅斯懌同知銜署石門縣知縣
楊恩澍直隸州用桐鄉縣知縣富拉渾均擬請
交部議敘
同治五年十二月初五日具
奏同治五年十二月十五日奉
上諭馬新貽奏查明辦理海運出力官紳書吏人等援案開單懇請
獎敘一摺浙江省辦理同治五年分漕白各糧由海運津計十九

萬五千餘石歸數交清在事官紳各員均無貽悞尙屬著有微勞自應量予恩施以昭激勸所有單開之尤爲出力知府郭式昌著俟補知府後以道員用已革道銜知府江允康著賞還原銜同知常綬著以知府補用先換頂戴縣丞周銳錢振衡均著俟補缺後以知縣用並賞加五品銜布政司理問傅濂著俟補缺後以知州用先換頂戴升用主簿裘雲章著以主簿本班儘先補用並賞加州同銜候選同知劉森著賞加知府銜縣丞李樹安著賞加同知銜從九品朱其恕著留於浙江補用並免繳分發指省銀兩書吏周輔成著以從九品不論班次遇缺卽選並賞加六品銜錢承說錢承豫均著以從九品不論雙單月選用知府戴槃前在桐鄉縣任內降調處分著加恩寬免桑樹勳著俟補知府後以道員用知府李壽榛劉汝璆邊葆誠知縣翁以巽蕭書顧德恒均著交部議敘知縣姚光宇著賞加運同銜知府張廣埏著賞加道銜同知盧以瑛著俟選缺後以知府用舉人章鏊著賞給內閣中書銜監生毛孝烈著以從九品選用知縣張斯安著賞加運同銜書吏陳元倪晉均著以從九品不論雙單月遇缺選用並賞加六品銜費懋林著以從九品不論班次遇缺卽選並賞加六品銜孟厚栽王文波均著以從九品選用楊銑著以從九品不論雙單月選用知縣傳斯懌楊恩澍富拉渾均著交部議敘至朱其昂許嘉德虞慶瀾楊學賢請保官階之處覈與章程不符惟據該撫聲稱該員等經理運務異常出力著照所請同知朱其昂著俟補知府後以道員用知縣虞慶瀾許嘉德均著俟補同知後以知府用先換頂戴運

同銜楊學賢著以運同選用此係爲勉勵人材起見嗣後辦理海運省分均不得援以爲例餘著照所議辦理該部知道單二件倂發欽此

浙江巡撫部院馬　爲知照事同治六年二月十七日接准
兵部火票遞到
吏部咨開同治五年十二月十五日奉
上諭馬新貽奏查明辦理海運出力官紳書吏人等援案開單懇請奬敘一摺知府郭式昌著俟補知府後以道員用已革道銜知府江允康著賞還原銜同知常紱著以知府補用先換頂戴縣丞周銳錢振衢均著俟補缺後以知縣用並賞加五品銜布政司理問傅瀗著俟補缺後以知州用先換頂戴升用主簿裘雲章著以主簿本班儘先補用並賞加州同銜候選同知劉森著賞加知府銜縣丞李樹安著賞加同知銜從九品朱其恕著留於浙江補用並免交分發指省銀兩書吏周輔成著以從九品不論班次遇缺即

選並賞加六品銜錢承說錢承豫均著以從九品不論雙單月選用知府戴槃前在桐鄉縣任內降調處分著加恩寬免桑樹勳著俟補知府後以道員用知府李壽蓁劉汝璆邊葆誠知縣翁以巽蕭書顧德恒均著交部議敘知縣姚光宇著賞加運同銜知府張廣埏著賞加道銜同知盧以瑛著俟選缺後以知府用舉人章鏊著賞給內閣中書銜監生毛孝烈著以從九品選用知縣張斯安著賞加運同銜書吏陳元倪晉均著以從九品不論雙單月遇缺選用並賞加六品銜費懋林著以從九品不論班次遇缺即選並賞加六品銜孟厚栽王文波均著以從九品選用楊銑著以從九品不論雙單月選用知縣傅斯懌楊恩澍富拉渾均著交部議敘至朱其昂許嘉德虞慶瀾楊學賢請保官階之處覈與章程不符惟據該撫聲稱該員等經理運務異常出力著照所請同知朱其昂著俟補知府後以道員用知縣虞慶瀾許嘉德均著俟補同知後以知府用先換頂戴運同銜楊學賢著以運同選用此係爲勉勵人材起見嗣後辦理海運省分均不得援以爲例餘著照所議辦理等因欽此除開復處分並交部議敘各員另行辦理裘雲章朱其恕駁正外其餘各員欽奉
諭旨允准應即欽遵註冊相應知照可也等因到本部院准此合就轉行爲此仰該局查照准咨欽奉
上諭事理即便移行遵照毋違須至案者
同治六年二月二十二日行海運省局

浙江巡撫部院馬　爲知照事同治六年二月十七日接准
兵部火票遞到
吏部咨開所有各省保舉覈與例案不符應行駁正各員於同
治六年正月二十六日具奏奉
旨依議欽此相應鈔單知照可也等因到本部院准此合就轉行仰
局查照准咨奉
旨事理即便移行遵照毋違須至案者
計開
升用主簿候補從九品裘雲章馬　奏海運出力請以主簿本
班儘先補用並加州同銜
查照章程各項勞績保舉除攻克城池擒斬要逆其餘不准

越級保升及免補免選本班並加候補班次今該員若駁俟
補缺後以主簿補用該員已得有主簿升案應令另覈請獎
州同銜雙單月選用從九品朱其恕馬　奏海運出力請以從
九品留於浙江補用並免交指省分發銀兩
查定例候選投効各官承辦要務出力留於該省補用者應
令分別補交銀兩應將該員仍俟補交分發銀兩後留於浙
江歸試用班先補用
同治六年二月二十二日行海運省局

浙江巡撫臣馬新貽跪
奏爲上屆海運出力船商牙夥書吏人等援案懇
恩獎勵恭摺奏祈
聖鑒事竊浙省同治五年起運四年冬漕僱募商船由海運津經臣
奏明請照歷辦成案除運米一萬石以下由外給匾其一萬石至
五萬石以上請分別給予職銜若已捐至五品另行酌獎俟漕
糧兌竣覈辦奉
旨允准復於漕糧完竣將出力委員紳董開單
奏獎聲明商船牙埠人等確查另行請獎各在案玆據海運省局
司道轉據滬局委員暨甯波府詳上屆海運僱募甯沙各船皆
以兵燹之後停運多年商情艱困船多燬壞僱備極形掣肘經

該府縣委員督同紳商牙夥分頭勸諭立攬承僱均無貽誤及
承辦書吏辦理文案查探船隻吊照取攬均屬著有微勞查甯
商承運漕糧正米十四萬石有零滬商承運漕糧正米四萬餘
石援照歷屆成案分別擬請職銜官階詳請具
奏并以辦理津局出力委員升用主簿候補從九品裘雲章前請
以主簿本班儘先補用並加州同銜奉吏部行令另行覈獎擬
請改獎五品銜等情前來臣覆查無異合無仰懇
天恩俯准將船商牙夥書吏徐孝棫等十八名給予職銜官階並升
用主簿裘雲章一員
賞給五品銜以示獎勸謹會同閩浙總督臣吳棠漕運總督臣張之
萬恭摺具

奏並繕清單恭呈
御覽伏乞
皇太后
皇上聖鑒訓示謹
奏
謹將浙省同治五年起運四年漕糧海運急公領運船商牙夥
書吏人等援案請奬繕單恭呈
御覽
計開
鄞縣船商州同銜徐孝棫布經歷銜徐孝檀
該二商各承運漕糧三萬石以上無誤俱請

賞給五品職銜
慈谿縣船商九品職銜葛煥馮允駒
該二商各承運漕糧四萬石以上無誤俱請
賞給六品職銜
江蘇船商候補鹽經歷陸沅五品頂戴升用知縣候補府經歷
王仰曾
該二員向業沙衞各船首先承運漕白糧米各二萬石以上
俱請
賞加五品銜
甯商董事五品銜指發直隸補用州判沈槐布政司理問張肇
理

該二董或自備資斧督同稅牙押帶各船赴上海料理裝兌
或幫駕輪船在洋巡護沈槐請歸本班儘先補用張肇理請
賞給五品銜
鄞縣牙夥六品職銜胡鳳釗六品軍功監生陳鳳誥俊秀沈豐
鑰鎮海縣牙夥六品職銜諸煃九品職銜林中榮俊秀陶鏞
以上六名或在甯鎮封船或勸號商立攬催船開放約束水
手或自備資斧隨同紳董赴滬幫辦簽驗交兌均著微勞胡
鳳釗諸煃請
賞給五品頂戴沈豐鑰陶鏞請
賞給九品職銜林中榮陳鳳誥請
賞給八品職銜

滬局經書費懋雲
該書辦理滬局文案事同初創悉心經理始終出力請以從
九品歸部選用
甯波府船局書吏從九職銜王寶善鄞縣書吏九品頂戴蔡亮
工鎮海縣書吏倪明智
該書等隨同委員在甯鎮港內查探船隻吊照取攬並赴海
口催船開放悉心經理始終出力王寶善請以從九品歸部
選用蔡亮工倪明智俱請
賞給八品職銜
同治六年四月初二日具
奏四月二十二日准

兵部火票遞回原摺後開
軍機大臣奉
旨裘雲章著賞加五品銜徐孝棫等均著照所請獎勵該部知道單
併發欽此

吏部謹
奏爲遵
旨議奏事內閣抄出同治五年七月二十七日奉
上諭順天府府尹卞寶第奏海運委員升階太易請嚴定補缺章程並京外各官保舉升銜請示限制各等語着吏部議奏欽此欽遵抄出到部臣等查升任該府尹原奏內稱海運以來保獎極優極濫即如州縣一官今年保同知明年保知府後年保道員不過三年便登崇秩又有報捐襍職指省直隸希圖海運進身該員等一經海運差委保舉多屬正官捐貲既省補班亦優誠爲取巧便徑擬請海運保舉正印各官凡係監生吏員出身以道府州縣留省補用者無論曾任實缺與否俱仍歸試用班補用

藉貲考察等語查海運之初在事出力人員有保舉免補本班以升官補用及保歸候補班者補缺較速兼可酌補要缺嗣因保舉太濫所有海運出力人員均按照尋常勞績章程覈減祇准保加本班儘先及保補缺後以何項官階補用概不准保舉免補並免保歸候補班次且從前海運勞績所保候補知縣初任人員祇准挨次輪補選缺補缺後尚試署一年始准實授概不准題補地方緊要之缺定章本不准保候補班已係從嚴似無庸再行覈減至從前海運出力保歸候補班補用人員該督等不難隨時考察甄別酌補自不必再改班次致涉紛更又另片所稱尋常勞績每多濫等保獎屬員不獨加至本管上司銜且等而上之各部司官頭銜直與堂官相埒並有崇于堂官者

請示限制而別尊卑等語應請嗣後除襄辦典禮軍機處及軍
功勞績各舘議叙總理各國事務衙門仍准照章保請越級升
銜外其餘尋常勞績應如所奏外官五六品以下仍不得加本
管上司銜京官五六品仍不得過四品以示限制謹將臣等遵
旨議奏緣由繕摺具
奏是否有當伏乞
皇上聖鑒
訓示遵行謹
奏
同治五年八月二十五日覆
奏奉
旨依議欽此

奏爲五年分江浙海運漕糧經雜各費照案支銷請免造冊報部　直隸總督臣劉長佑跪
恭摺具
奏仰祈
聖鑒事竊照同治五年江蘇浙江漕白二糧由海運津計剝運江省
漕白米三十三萬二百九十四石零浙省漕白米一十七萬八
千三百三十石零自津運通需用官民剝船水脚押運員弁兵
役薪水飯食迎護哨船弁兵口糧及墊艙蓆片溜米蓆筒等項
一應經雜各費據天津道會同江蘇浙江委員撙節動支事竣
後該道督飭委員逐款勾稽覈實銷算並將收回墊艙蓆片估
計變價就欵開除計江蘇省共用九四平銀四萬四千九百七
十二兩一錢九釐浙江省共用九四平銀二萬三千七百七十
四兩六錢六分九釐一毫均經江蘇糧道奇克坦泰浙江糧道
王凱泰在津照數覈發援案詳請具
奏免其報部仍分項造具細冊咨送各該省彙覈辦理等情前來
臣查歷屆江浙海運解津銀兩係在應支幫費內動撥事竣造
冊咨送江浙兩省覈辦
奏明毋庸造報此次海運自應照案辦理免其報部除將清冊分
送各該省覈辦外理合恭摺具
奏伏乞
皇太后
皇上聖鑒謹

奏
同治五年十一月二十三日具
奏十一月二十八日奉
旨戶部知道欽此

直隸督院劉　爲咨送事據天津道恒慶呈稱竊照同治五年
辦理浙江海運支發一切經雜各費當經職道札委候補同知
直隸州錢牧等逐欵稽覈分欵造冊詳送去後兹據前任天津
縣楊令詳稱案蒙憲檄飭將同治五年浙江省海運支發經雜
各費會同局員候補同知直隸州錢牧等逐欵分項造冊呈送
等因遵查五年浙江省運通正耗漕糧十六萬四千五百七十
六石零正耗白糧一萬三千七百五十四石零所需官民剝船
水腳押運盤費文武員弁薪水迎護導引哨船弁兵口糧塘撥
津貼總局油燭紙張裱糊剝船艙口以及由縣支銷苫艙蓆片
等項蒙督飭卑職等會同浙省委員撙節動支現經卑職會同
務關同知陳寶候補同知直隸州錢塏候補通判潘漣候補知

州丁文浚候補知縣秦琪同煊逐細勾稽覈實銷算並將收回
苫蓋蓆片就欵開除計此次海運津局共用九四平銀二萬三
千七百七十四兩六錢六分九釐一毫前項銀兩已蒙浙江糧
道王　在津覈明酌發惟查浙省海運解津經費向章以各州
縣津貼旗丁幫費通融籌撥仍於事竣詳咨浙省查覈
奏明免其造冊報部此次浙省經費係在幫費內籌撥自應照案
請免造冊報部仍循舊造冊咨送浙省覈辦除分案造報外擬
合將海運津局支用經費分項造具清冊具文詳送查覈轉請
奏咨實爲公便再此案海運差務係卑職任內承辦之件是以
仍由卑職造報借用現任印信詳送合併聲明等情並送各項
淸冊到道據此所有送到淸冊擬合具文詳送查覈等情到本

部堂據此除恭摺具
奏外所有清冊相應咨送爲此合咨
貴部院煩請查照轉飭彙案辦理施行須至咨者
計咨送　清冊三十六本
同治五年十二月十七日咨
浙江巡撫部院

浙江巡撫臣馬新貽跪
奏爲浙漕海運完竣謹將動支經費數目恭摺
奏報仰祈
聖鑒事竊照浙省杭嘉湖三府屬漕白糧米仍由海運所需水腳運
費等項經臣等
奏請將漕截正耗并同行月南月食等米變價及杭嘉湖三屬行
月食米折徵銀兩甯處八屬本折月糧銀兩儘數動支抵撥海
運經費統計每石不逾八錢之數並請將動支數目按年
奏結免其造冊報銷嗣准戶部議復准如所奏辦理其一切運費
應力求撙節不得以每石八錢即爲開銷定額所有動支之欵
仍照案免其報銷以歸簡易等因欽奉

諭旨允准在案伏查同治五年起運四年分海運漕白糧米共一十
九萬五千七百十四石三斗七升一合三勺內除商船耗米一
萬四千三百九十五石六斗七升九合八勺不給水腳等費外
計實交商船起運米十八萬一千三百十八石六斗九升一合
五勺所需商船水腳北河剝價以及津通解給各欵並滬津省
各局正襍用欵爲數浩繁經臣督同司道撙節動用惟以米計
數之欵本有定則其不按米數一切支銷各項節益求節總期
每石不准逾八錢之數計本屆總共用庫平銀十四萬四千三
百二十九兩六錢七分八釐以起運米數統覈分算每石實支
銷庫紋銀七錢九分六釐並無浮濫據海運省局司道詳請
奏結前來臣覆加查覈無異理合恭摺具

奏伏乞
皇太后
皇上聖鑒謹
奏
同治五年十月二十九日具
奏同治五年十二月初七日
軍機大臣奉
旨戶部知道欽此

浙江巡撫部院馬　為欽奉事同治六年二月二十一日准
戶部咨開雲南司案呈內閣鈔出浙江巡撫馬　奏浙漕海運
完竣動支經費銀兩數目一摺同治五年十二月初七日軍機
大臣奉
旨戶部知道欽此欽遵於初八日鈔出到部十三日由福建司付送
前來相應恭錄
諭旨行文浙江巡撫遵照至所支經費每石未及八錢尚屬覈實惟
該年實徵一切漕項若干除支用外其餘若干應由該撫趕緊
專案補報可也等因到本部院准此合就轉行為此仰該局查
照准咨奉
旨事理即便移行查明詳咨毋違須至案者
同治六年三月初三日行海運省局

浙江巡撫部院馬　爲造冊詳請覈咨事據糧儲道英樸詳稱
案於同治六年二月二十一日奉准
戶部咨開雲南司案呈內閣鈔出浙江巡撫馬　奏浙漕海運
完竣動支經費銀兩數目一摺同治五年十二月初七日軍機
大臣奉
旨戶部知道欽此欽遵於初八日鈔出到部十三日由福建司付送
前來相應恭錄
諭旨行文浙江巡撫遵照至所支經費每石未及八錢尙屬覈實惟
該年實徵一切漕項若干除支用外其餘若干應由該撫趕緊
專案補報可也等因到院行道奉此遵經造具同治五年起運
四年分漕糧項下抵歸運用實徵錢糧支存各數清冊詳候咨

送
戶部查覈等情到本部院據此相應咨明爲此合咨
貴部請煩查照施行
計咨送　清冊一本
爲咨送事今將浙省同治五年起運四年分漕糧項下詳奏
奏明抵歸運用同治四年實徵各欵正耗錢糧并支存各數理合
造冊咨送
查覈施行須至冊者
今　開
同治五年起運四年分漕糧項下
奏明抵歸運用同治四年實徵各欵數目內

動支同治四年起運三年分　奏銷錢糧內
杭嘉湖三府屬月糧本色米四千四百一十石一斗一升一
合八勺奉文變價每石一兩五錢共銀六千六百一
十五兩一錢六分八釐
杭嘉湖三府屬月糧折徵米折正銀一百五十三兩八錢四
分三釐耗銀六兩九錢二分
甯處等八府屬折色月糧正銀五萬一千九百八十九兩四
釐耗銀三千一百一十二兩一錢八分一釐
甯處等八府屬月糧折徵米折正銀五萬四千四十三兩八
錢六分八釐耗銀三千三百六十五兩二錢七分七
釐

藩司移撥南月米七千一百石奉文變價每石二兩共銀一
萬四千二百兩
動支同治五年起運四年分　奏銷錢糧內
杭嘉湖三府屬行糧本色米三千一百一十六石三合三勺
奉文變價每石一兩五錢共銀四千六百七十四兩
五釐
嘉湖二府屬經費本色食米二千八十六石一斗五升八合
三勺奉文變價每石一兩五錢共銀三千一百二十
九兩二錢三分八釐
杭嘉湖三府屬正兌漕截正銀五萬四百三十五兩七錢七
分耗銀一千二十九兩二錢九分三釐

杭嘉湖三府屬改兌漕截正銀二百三十二兩二錢一分一釐耗銀四兩七錢三分九釐

杭嘉湖三府屬減漕漕截正銀二萬四千五十一兩七錢五分四釐耗銀四百九十兩八錢五分

杭嘉湖三府屬行糧折徵米折正銀三千五百四十二兩七釐耗銀一百六十七兩六分六釐

嘉湖二府屬經費折徵食米折正銀一千一百四十四兩三錢六分四釐耗銀五十三兩二錢二分四釐

以上共抵歸運用實徵正銀二十一萬四千二百一十一兩二錢三分二釐耗銀八千二百二十九兩五錢五分

前件據各屬照數解道通完

移解海運省局支銷運用動支各欵數目內

同治四年起運三年分

月糧本色米四千四百一十石一斗一升一合八勺奉文變價銀六千六百一十五兩一錢六分八釐

前件動支銀兩業已造入同治六年春撥冊內開除在案理合註明

杭嘉湖三府屬月糧折徵米折正銀一百五十三兩八錢四分三釐

前件動支銀兩業已造入同治六年春撥冊內開除在案理合註明

折色月糧正銀三萬兩

前件動支銀兩業已造入同治五年秋撥冊內開除在案理合註明

折色月糧正銀六千一百五十一兩三錢一分八釐

前件動支銀兩業已造入同治六年春撥冊內開除在案理合註明

南月米七千一百石變價銀一萬四千二百兩

前件動支銀兩業已造入同治六年春撥冊內開除在案理合註明

同治五年起運四年分

行糧本色米三千一百一十六石三合三勺奉文變價銀四千六百七十四兩五釐

前件動支銀兩應俟同治六年秋撥冊內造報理合註明

經費本色食米二千八十六石一斗五升八合三勺奉文變價銀三千一百二十九兩二錢三分八釐

前件動支銀兩應俟同治六年秋撥冊內造報理合註明

正兌漕截正銀五萬四百三十五兩七錢七分

前件動支銀兩應俟同治六年秋撥冊內造報理合註明

改兌漕截正銀二百三十二兩二錢一分一釐

前件動支銀兩應俟同治六年秋撥冊內造報理合註

明

減漕漕截正銀二萬四千五十一兩七錢五分四釐

前件動支銀兩應俟同治六年秋撥冊內造報理合註

明

行糧折徵米折正銀三千五百四十二兩七釐

前件動支銀兩應俟同治六年秋撥冊內造報理合註

明

經費折徵食米折正銀一千一百四十四兩三錢六分四釐

前件動支銀兩應俟同治六年秋撥冊內造報理合註

明

以上共移解正銀一十四萬四千三百二十九兩六錢七

分八釐照數移解

海運省局支銷訖

前件查同治五年起運四年分漕白米石除商耗不給

水脚等欵銀兩外實起運米一十八萬一千三百一

十八石六斗九升一合五勺共支銷商船水脚北河

剝價津通解給各欵并滬津省各局正雜等項共銀

一十四萬四千三百二十九兩六錢七分八釐按照

起運米數合計每石實支銷銀七錢九分六釐理合

註明

存賸道庫各欵數目內

同治四年起運三年分

杭嘉湖三府屬月糧折徵米折耗銀六兩九錢二分

甯處等八府屬月糧折徵米折正銀五萬四千四十三兩八

錢六分八釐耗銀三千三百六十五兩二錢七分七

釐

同治五年起運四年分

折色月糧正銀一萬五千八百三十七兩六錢八分六釐耗

銀三千一百一十二兩一錢八分一釐

正兌漕截耗銀一千二十九兩二錢九分三釐

改兌漕截耗銀四兩七錢三分九釐

減漕漕截耗銀四百九十兩八錢五分

行糧折徵米折耗銀一百六十七兩六分六釐

經費折徵食米折耗銀五十三兩二錢二分四釐

以上共存賸正銀六萬九千八百八十一兩五錢五分四

釐耗銀八千二百二十九兩五錢五分

前件支賸銀兩內經動墊湊濟閩甘等省軍餉在案歸

於各季撥冊內造報開除理合註明

同治六年五月二十三日咨

戶部

江蘇抄送採辦米石章程

一採買米石由天津道驗收運通交倉

一每正米一石隨正交倉耗米二升

一解通壩坐糧廳箇兒錢按平斛每百石庫平銀二兩此外無別欵

一解天津道剁價京平銀四兩八錢蓆片及一切雜費京平銀三兩三錢四釐兩共銀八兩一錢四釐此外亦無別欵

戶部坐糧廳江蘇糧儲道爲遵札會議詳請覈奪事同治四年五月初二日

奉

憲臺札開查歷辦捐輸採買米石均責成天津道僱八斛收並

奏明既不由經紀押運無庸撥給耗米等語在案本屆經江督

奏准章程內稱正漕採買同時海運天津交米之後應循舊責成經紀於津通經費籌備支用條內聲明不給經紀耗米各等因辦理有無窒礙本部堂難以懸揣且經紀承起承運將來逆壩查出虧短情弊自應按照章程分別議賠其應用何欵抵賠之處均當由該道先事籌及庶不至以

天庾正供致成懸欵爲此札仰該道暨坐糧廳迅即會同妥商呈明到轅以憑酌覈辦理等因奉此職廳遵即會同妥籌查本屆蘇省提捐採買米石與正漕同時並運抵津均由

憲臺一律驗收責成經紀承起承運到壩如有虧短自應照章議賠與向章逕由天津道驗運情形不同似須籌給經費俾免賠欵無著而該經紀亦不致枵腹從公矣惟採買米石向無給予經費欵目是以此次蘇省原奏奉准章程只有箇兒錢及天津道剁價雜費此外並無別欵職廳等再四籌商擬於向章內稍爲變通除經紀耗米無庸議給外謹仿照正漕籌給經紀飯米折色一半津貼廳倉茶果四項並箇兒錢一律按洪斛計算除扣領豐羨共該庫平銀四千三百餘兩解廳分別扣放庶賠補有著兩倉無懸欵至解天津道經費仍按平斛每百石剁價京平銀四兩八錢蓆片雜費京平銀三兩三錢四釐以符定章

其剝船亦宜籌給食米俾免向隅擬請於每石隨運二升耗內
以一升五合隨正運倉以五合給予剝食其不敷之六合五勺
由蘇局籌米補足庶於運務有裨合將會議緣由並開清摺附
呈是否有當伏乞
憲臺鑒覈施行再此係正漕採買並運由
憲臺駐津驗收責成經紀承起承運籌議賠欵起見暫時變通
辦理嗣後採買捐輸逕由天津道收運者仍照向章不得援以
為例合併聲明須至書冊者
計開送　清摺一扣　會詳
欽差大臣兵部正堂倉場部堂 鍾 宋
謹將籌擬經費仿照正漕銀數開呈

憲鑒
計開
採辦洪斛米八萬石仿照正漕漕糧交倉項下
該箇兒錢庫平銀一千六百兩
又經紀飯米折色庫平銀二千七十兩
又經紀一半津貼庫平銀九百兩
又廳茶果庫平銀一千六百兩
又倉茶果庫平銀四百十三兩八錢
五共該庫平銀六千五百八十三兩八錢內
應扣領簋羨等欵庫平銀三千二百六十五兩二錢二
分六釐五毫內除
憲書紙張庫平銀七十二兩一錢八分七釐一毫實
應領銀三千一百九十三兩三分九釐四毫遵照
七折扣實淨應劃領庫平銀二千二百三十五兩
一錢二分七釐六毫
實應解庫平銀四千三百四十八兩六錢七分二釐
四毫
除已解通倉箇兒錢庫平銀二千兩
尚應找解庫平銀二千三百四十八兩六錢七分
二釐四毫
查前解通倉箇兒錢係按採辦平斛計算今因
經紀承起承運仿照正漕籌增米折津貼茶

果四欵應按正漕一律洪斛計算以歸劃一
理合登明

驗米大臣兵部尚書臣載齡倉場侍郎臣宋晉跪

奏爲籌運蘇屬提捐買米遵照奏章責成經紀承管酌量暫時變通以重運務恭摺仰祈

聖鑒事竊查海運正漕由津運通例給經紀耗米及飯米折色一半津貼銀兩以資辦公又採買米石抵津後由天津道僱八斛收起運經紀既不承運毋庸撥給耗米歷經遵辦在案本屆江省運米經兩江總督江蘇巡撫等奏准蘇屬提捐採買並無經費可籌津通解支各欵斷難按照正漕辦理應請每平斛米一百石交天津道撥價雜費京平銀八兩一錢四釐箇兒錢每百石給銀二兩分別備帶支用仍按每平斛米百石隨交沙船耗米外並備隨運耗米二石不給經紀耗米又稱今屆正漕採買同時並運米到天津驗收之後卽與沙船無涉免其羈候各船已交之米由津運通由通運倉應仍責成經紀承管等因奉

旨著照所請欽此茲准戸部移咨前來臣等檢查文卷正漕採買各有定章今一併責成經紀承管並無辦過似此成案惟該省米石旣同時並運不能不量爲權宜力求周妥當經劄飭江蘇糧道暨坐糧廳監督會商妥辦去後茲據會詳呈稱本屆蘇省提捐採買米石與正漕同時並運抵津一經驗收責成經紀承起承運與向由天津道驗收情形不同似須籌給銀米俾免經剝賠欵無着職等再四籌商擬於向章內稍爲變通除經紀耗米毋庸議給外擬仿照正漕籌給經紀飯米折色一半津貼廳倉茶果四項並箇兒錢一律按洪斛計算除扣籩羡銀兩解廳分別扣放至交天津道經費仍按平斛每百石撥價京平銀四兩八錢蓆片雜費銀三兩三錢四釐其剝船食米擬請於每石隨運二升耗米內以一升五合隨正運倉以五合給予撥食其不敷之六合五勺由蘇局籌米補足庶於運務有裨等語臣等公同覈議該道廳等所詳係爲愼重運務起見查正漕內經紀應領飯米折色及一半津貼銀兩向係扣提溢支庫項並照案酌扣三成之一留抵通壩賠補欠米等項該道廳所詳仿照正漕酌給之處似於體邺該役之中仍寓覈實庫欵之意擬如所請與廳倉茶果並箇兒錢各項除扣領籩羡外一律按洪斛計算解交分別扣放至隨運耗米二升係例應交倉之欵該道廳等所請以一升五合運倉以五合給予剝食其不敷之六合五勺由蘇局籌米補足等語覈與本屆奏准隨運耗米二升之案不符惟該省起運除正耗及籌備米外其收買餘米均應交倉備抵來年缺額之用近聞有在洋面失事船隻自未便再令照數補足擬請將隨運二升耗米仍照章交倉其該省每石籌給六合五勺卽令按數發給撥船作爲食米雖於海運成案未能一律而該船戸比較裝運奉米得項較優自可杜其藉口仍應照案飭令另存一倉以備抵交賠米於倉儲亦尙有裨所有剝價雜費經紀耗米應仍按照奏准章程辦理再本年係漕糧買米同時抵津不能不爲此暫時權宜之計以期愼重運務此後各省轉運米石仍宜分別正漕採買各歸各辦以符定例而杜紛更臣等係爲愼重倉儲起見是否有當謹繕摺具

奏伏乞
皇太后
皇上聖鑒訓示遵行謹
奏請
旨同治四年五月十一日具奏五月十三日奉
旨戶部覈議具奏欽此

戶部謹
奏為遵
旨覈議具奏仰祈
聖鑒事駐津驗米大臣宗室載齡等奏籌運蘇屬捐米遵照奏章責成經紀承管酌量暫時變通一摺同治四年五月十三日軍機
大臣奉
旨戶部覈議具奏欽此欽遵抄出到部據原奏內稱海運正漕由津運通例給經紀耗米及飯米折色一半津貼銀兩以資辦公又採買米石抵津後由天津道僱人斛收起運經紀既不承運毋庸撥給耗米歷經遵辦在案本屆江省運米經兩江總督江蘇巡撫等奏准蘇屬提捐採買並無經費可籌津通解支各欵斷難按照正漕辦理應請每平斛米一百石交天津道剝價京平銀八兩一錢四釐箇兒錢每百石給銀二兩分別備帶支用仍按每平斛米百石隨交沙船耗米外並備隨運耗米二石不給經紀耗米又稱今屆正漕採買同時並運米到天津驗收之後即於沙船無涉免其羈候各船已交之米由津運通由通運倉應仍責成經紀承管等因奏
旨著照所請欽此茲准戶部移咨前來臣等檢查文卷正漕採買各有定章今一併責成經紀承管並無辦過似此成案惟該省米石既同時並運不能不量為權宜力求周妥當經札飭江蘇糧道暨坐糧廳監督會商妥辦去後茲據會詳呈稱本屆蘇省提捐採買米石與正漕同時並運抵津一經驗收責成經紀承起

承運與向由天津道驗收情形不同似須籌給銀米俾免經剝賠欵無著擬於向章內稍爲變通除經紀耗米毋庸議給外仿照正漕籌給飯米折色一半津貼廳倉茶果四項並箇兒錢一律按洪斛計算除扣筐羨銀兩解廳分別扣放至交天津道經費仍按平斛每百石撥價京平銀四兩八錢蓆片雜費三兩三錢四釐其剝船食米擬請於每石隨運二升耗米內以一升五合隨正運倉以五合給予剝食其不敷之六合五勺由蘇局籌米補足庶於運務有裨等語臣等公同覈議該道廳等所詳係爲慎重運務起見查正漕內經紀應領飯米折色及一半津貼銀兩向係扣提溢支庫項並照案酌扣三成之一留抵通壩賠補欠米等項該道廳所詳仿照正漕酌給之處似於體卹該役之中仍寓覈實庫欵之意擬如所請與廳倉茶果並箇兒錢各項除扣領筐羨外一律按洪斛計算解交分別扣放至隨運耗米二升係例應交倉之欵該道廳等所請以一升五合運倉以五合給予剝食其不敷之六合五勺由蘇局籌米補足覈與本屆奏准隨運耗米二升之案不符惟該省起運除正耗及籌備米外其收買餘米均應交倉備抵來年缺額之用近聞並有在洋面失事船隻自未便再令照數補足擬請將隨運二升耗米仍照章交倉其該省每石籌給六合五勺卽令按數發給剝船作爲食米雖於海運成案未能一律而該船戶比較裝運奉米得項較優自可杜其藉口仍應照案飭令另存一倉以備抵交賠米於倉儲亦尙有裨所有剝價雜費經紀耗米應仍按照奏

准章程辦理此後各省轉運米石仍宜分別正漕採買各歸各辦以符定制等語臣等伏查本年江蘇起運同治三年分正漕並捐採米石由海運津經兩江總督曾國藩等詳議章程內開蘇屬提捐採買並無經費可籌津通解支各欵斷難按照正漕辦理應交天津道剝價及箇兒錢分別備帶支用仍每平斛米一百石隨交沙船耗米外並備隨運耗米二石不給經紀耗米天津驗收之後卽與沙船無涉各船已交之米由津運通由通運倉應仍責成經紀承管等因奉

旨著照所請欽此並由臣部移咨駐津驗米大臣遵照在案茲據載齡等奏稱經紀應領飯米折色及一半津貼銀兩向係扣提溢支庫項並照案酌扣三成之一留抵通壩賠補欠米等項該道廳所詳仿照正漕酌給似於體卹該役之中仍寓覈實庫欵之意擬如所請與廳倉茶果並箇兒錢各項除扣領筐羨外一律按洪斛計算解交分別扣放至隨運耗米二升係例應交倉之欵該道廳所請以一升五合運倉以五合給予剝食其不敷之六合五勺由蘇局籌米補足覈與本屆奏准隨運耗米二升之案不符請將隨運二升耗米仍照章交倉其該省每石籌給六合五勺卽令按數發給剝船作爲食米等語臣等查各省捐採米石向由天津道驗收起運與經紀無涉本屆江蘇正漕採買同時海運各船已交之米均責成經紀承管若不量爲變通酌加體卹恐該經紀船戶等有所藉口該大臣等請仿照正漕酌給經紀飯米折色及一半津貼銀兩與廳倉茶果並箇兒錢各

項除扣領𥿄羨外一律按洪斛計算解交分別扣放係爲慎重
運務起見應請准如所奏辦理至剝船食米正漕每石向給米
一升一合五勺此次蘇屬採買米內隨運二升耗米係奏明交
倉之數未便由此內劃出五合給予剝食應如該大臣所請將
隨運二升耗米仍照章交倉其蘇局每石籌給之六合五勺卽
令發給剝船作爲食米該船戶得有此項食米剝運可無遲誤
仍照案飭令另存一倉以備抵交賠米本年因漕糧採買同時
抵津不能不酌量變通以卹夫役而重運務此後各省運津米
石仍宜分別正漕採買各歸各辦俾符定制所有臣等遵
旨覈議緣由謹繕摺具奏伏乞
皇上聖鑒謹
奏同治四年五月二十四日具奏本日奉
旨依議欽此

戶部謹
奏爲遵
旨議奏事同治五年十月十七日准軍機處交出本日軍機大臣面
奉
諭旨御史夏獻馨奏京倉匱乏亟宜籌款一摺着戶部議奏另片奏
原任西安將軍多隆阿攻克回巢得銀三十餘萬兩充餉等語着
戶部查明覈議具奏等因欽此相應知照戶部遵辦並將該御史
摺片抄錄交辦等因交出到部據該御史籌款買米正摺內稱
京師歲漕三百餘萬石從前源源而來尚未見粒米狼戾近因
河運不通權辦海運每歲運京僅四五十萬石以致官俸兵米
折減過半現在東南產米省分業已平定河運一時難復自應
於海運設法增添蘇浙明歲新漕照舊辦理所有安徽江西湖
北湖南向不辦理海運省分可否將漕折銀兩全數撥赴廣東
福建交各該督撫採辦洋米由海道運赴津通於民食似更有
裨益又各省設局抽釐欠餉計已彌補完竣並請於應提釐稅
外酌量添撥每省或八九萬或五六萬一併解赴廣東福建以
充採辦米石水腳之用則經費不致短絀但使每年得百數十
萬石南糧到倉亦可稍濟糧價之平而裕兵民之食等語臣等
伏查各省起運漕糧徵米一石卽可運米一石其水腳經費皆
取給於漕項銀米毋庸另籌至江浙所產粳米堅潔耐久最足
以裕民食而備積儲所有閩粵洋米江廣稜米皆不能及故籌
備京倉以起運正漕爲要尤以起運江浙正漕爲要若採買起

運以數石漕折之銀僅能得米一石而米色仍不免攙雜在南漕停運之年或不得已而爲之否則概宜從緩是以同治元年前署陝甘督臣沈兆霖有借用洋船轉運江廣漕米之議同治二年現任兩江督臣曾國藩有米鹽互市長江剝運之議經臣部通盤覈算皆未舉行茲據御史夏獻馨請將安徽江廣漕折銀兩全數撥交閩粵督撫採買洋米由海運津等因查臣部前於咸豐十年十一月間奏請由閩粵二省動用有着之欵採買台米洋米嗣據各該督撫奏陳各該省除民食外蓋藏無幾採買維艱廣東僅籌銀解京並未運米福建僅運米四萬石旋卽停止是買米之舉閩粵二省並無把握且江皖等省解部漕價每石自一兩三錢至二兩不等爲開放甲米折價專欵臣部開放

八旗米折每石自一兩二錢至一兩四錢不等而南省買米成案其價值悉在四兩以外卽使閩粵有米可買以數石之漕價僅辦米一石輾轉折耗漕額暗虧竊恐京師之糧價尚未見其平而八旗之甲米已不敷折放顧此失彼窒碍堪虞至酌提釐金爲運米水脚一節查各省奉撥京協各餉多恃釐金以供湊解亦未便另行提撥該御史請由閩粵採買之議擬請從緩辦理將來如必須採買擬由臣部隨時咨商直隸總督三口通商大臣奏明於天津設局招商採買該處距京最近採買起運價值較廉易於集事至目前籌備京倉惟有請

旨飭下兩江閩浙各總督江蘇浙江各巡撫趕將來歲新漕力籌起運能多運米一石抵京卽多獲一石之益並令各該督撫將先

漕事宜從速奏明辦理以慰

宸廑而重民食所有遵議緣由理合恭摺具奏伏乞

皇上聖鑒再該御史附片奏請優給多隆阿獎敘一節容另行查明議覆合併聲明謹

奏

同治五年十月二十五日具奏奉

旨依議欽此

浙江巡撫部院馬　爲知照事同治六年六月二十一日准
吏部咨開文選司案呈吏科鈔出本部題前事一案相應鈔單
知照可也等因到本部院准此合就轉行爲此仰該局查照准
咨奉
旨事理即便移行知照毋違須至案者
計黏單
議得内閣鈔出同治五年十二月十五日奉
上諭馬新貽奏查明辦理海運出力官紳書吏人等援案開單懇請
奬敘一摺知府李壽榛劉汝璆邊葆誠知縣翁以巽蕭書顧德恒
均著交部議敘知縣傅斯懌楊恩澍富拉渾均著交部議敘等因
欽此欽遵鈔出到部除賞加升銜以及升選補用官階班次各

員臣部遵
旨另行分別辦理外查欽奉
諭旨交部議敘之候補知府李壽榛前署杭州府嚴州府知府劉汝
璆前署仁和縣事秀水縣知縣翁以巽錢塘縣知縣蕭書升用
道甯波府知府邊葆誠前署鎮海縣事新昌縣知縣顧德恒嘉
善縣丁憂知縣傅斯懌署石門縣知縣楊恩澍直隸州用桐鄉
縣知縣富拉渾等應各給予加一級紀錄二次等因具
題於同治六年四月十七日奉
旨依議欽此
同治六年七月初二日行海運省局

天津水次圖記

海運糧船抵津向自風神廟礮臺皇船塢紫竹林直至新關小
劉莊一帶上下十餘里均係江浙漕船連排停泊視河面之寛
窄每一排或四五船或五六船不等全漕之年江浙兩省漕船
約以千計並無擁滯之慮
驗米大臣自上而下隨排驗收隨驗隨卸卸空出口重船提前
亦無留滯自與外國通商所有中段紫竹林新關一帶水程四
里許英美等國建築馬頭並爲火輪夾板洋船聚集之所運船
每多碰損頗費周章同治五年經
三口通商大臣會議章程自風神廟至新關以上定爲漕船停
泊上水次其間水程約三里許計可泊船二十四排又以水面

較窄定以每二隻爲一排其紫竹林上下新關一帶概不准漕
船攏岸又小劉庄以下定爲漕船停泊下水次彼處河身灣曲
而窄祇准西岸單隻銜尾停泊並留出河灣處所以免輪船經
過磕碰俟上水次米船驗卸放空再行提排查驗與從前停泊
情形大不相同特繪上下水次爲二圖新關一帶爲一圖並記
顛末附刊於後

天津上水次圖

上
土地寺
江蘇海運外局
浙江海運外局
浙江海運分局
直隸海運總局

次
大山行宮
風神廟至皇船塢上新鳥以下水程約三里許僅能容船二十四排不論沙寧船兩隻一排為上水次

天津上下新關圖

浙江海運全案重編　卷八

天津下水次圖

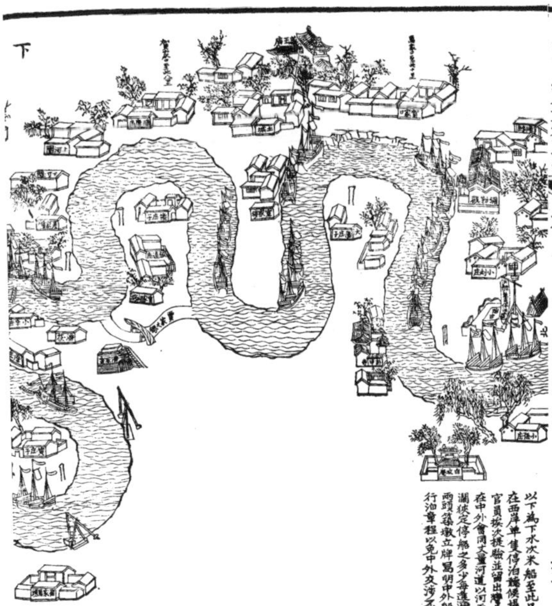

以下爲下水次米船至此只准在西岸單隻停泊聽候提調官員挨次提驗並留出灣處現在中外會同丈量河道以河面之濶狹定停船之多少每逢灣處兩頭築墩立牌寫明中外船隻行泊章程以免中外交涉不清

国家出版基金项目
NATIONAL PUBLICATION FOUNDATION

海上絲綢之路文獻集成

總主編 陳支平 陳春聲

歷代史籍編 82

主編 范金民

海峽出版發行集團
THE STRAITS PUBLISHING & DISTRIBUTING GROUP
福建人民出版社

本册目次

彙集水務便覽測海録外海紀要敏求誌各神暴風報颶颱風信日期備攷一卷

〔清〕佚名撰

《彙集水務便覽測海録外海紀要敏求誌各神暴風報颶颱風信日期備攷》一卷，撰者不詳。外封面題「風報日期攷」五字。第一部分引用《風颱日期攷》、《滄浪稗海紀游》、《水務便覽》、《測海録》等書，自正月至十二月，逐日記載南北洋面水務風信等項。第二部分有「推全年八節五行所屬生剋」、「四季風雨占驗」、「四季望風雲法」、「行船觀日月星辰占風濤」、「占雷鳴知風雨法」、「録惠安縣誌敏求民風論」、「外海紀要風雲天氣」、「海疆要略觀雲法」等項。第三部分記海洋潮汐，末書「桃城王良桂謹識」，後行書「此以上皆從羅大春《思痛録》第四卷鈔出」數字，筆跡與第一部分注釋相同。第四部分抄録《讀史方輿紀要》之《海運圖占驗》。所記海洋氣象知識多出自風帆時代，每以佛道神祇命名颱風，如「彌勒颱」、「財神颱」、「葛真君颱」、「龍王朝玉帝颱」、「都城隍颱」，名色甚多，而由書中提及輪船可知，成書應在晚清。據天一閣博物院藏清抄本影印。

風報日期攷

李伯敍風颱日期孜北洋據膠州單賓帮北錦單南洋據南錦定海廈門等單十今據李所攷以南北字加注

戴鴻鈞攷

述郁君所排較他攷詳

郁君所著書名曰滄浪稗海紀遊見戴鴻鈞攷

彙集水務便覽測海錄外海紀要敏求誌各神

暴風報颶颱風信日期備攷

鄭廷務云必在前後[illegible]發

許真君云初三初八十一二十五三十此五日風颱謂之龍神朝上帝

正月

初一　外海云報期　李昌鼎云彌勒颱
測海録云正月初三八行船出遠泊

初二　李昌鼎云車元帥颱

初三　測海云風暴接神颶　郁永真人暴
許真君云龍神朝上帝

正月

男言十

北

初四　水務云接神暴　測海云風暴　外海云報期　敏求
云風信　李伯敎云夆鋊一帶有諸神朝天之謗謂必有風颶　陳畜云接神颱

初五　大巡

初六　外海紀報期　李昌鼎云孫真人颱

初七　測海云風暴

初八　測海云風暴　李昌鼎云江東神颱

南

初九　水務云玉皇暴　測海云風暴　外海云報期　敏求
云風信　玉皇颶　象海書玉帝生於正月初九日

郁云占風者以此暴為候此暴有成則他暴相從此不至則一歲皆免

一百二十八字

陳翁云十三為關王颱

初十	測海云風暴
十一	水務云關帝颶測風海云風暴敏求云風信
十二	
十三（北）	水務云關帝颶測海云風暴敏求云風信郁云劉將軍暴 李伯毅云劉公田楼等十八島有犀仙赴宴之誇屆期必有大颱李昌鼎云劉猛將軍颱
十四	
十五（南）	水務云天官暴測海云風暴外海云報期三界 颶道書上元九炁天官主錄百司上詣天闕且有人世滅福之務

正月

[illegible]

十六

十七

十八

十九　測海云風暴主午時大風　李昌鼎云門官颱

二十　李昌鼎云招財童子颱

廿一　測海云風暴

此張一百十字

北

[illegible]方[illegible]

正月

日	記
廿二	測海云風暴主午時
廿三	
廿四	測海云風暴郁云小妄暴
廿五	測海云風暴
廿六	李昌鼎云財神颮
廿七	

南

廿八　測海云風暴　郁云洗炊篩暴

廿九　水務云烏九暴　郁云烏狗暴陳畲同　測海云風暴　江起鯤云龍神會期颱

三十

測海錄云正月初至八行船去還泊十三至十七觀

燈風必急二十一日平旦無風則雨

李伯敘云廣東麻布正月十三起至十七止二十一起至二十九止均定有風颱期

其名有天官龍神孃媽々別

此張　百八十八字

南

二月 許眞君云初三初九十二二十四日風颱謂之龍神朝星辰

日期	記載
初一	測海云風暴 李昌鼎云句陳颱
初二	水務云土地暴 測海云風暴 外海云報期 敏求云風信土地颶 測海録云二月二十九元武颱必有
初三	測海云風暴
初四	測海云風暴 李昌鼎云曹大將軍颱 陳篇云白鬚颱
初五	

方册 二月

暑言冊

北　初六　李昌鼎云東華帝君颱

南　初七　測海云風暴外海云報期春期颶定海報刈草云春期八專暴　江南通志云洋過颱瓊州府志云羊姥颱郎瑛云颶颱颱李仲毅云世人以此為古孟婆風

羣仙侍二月七日宜春謝真人昇仙

初八　測海云風暴　柳云張大帝暴秦鏡同

初九　測海云風暴主酉時

初十　測海云風暴

十一

此張百九十六字

二月

十二 測海云風暴主酉時

十三 測海云風暴主酉時 李昌鼎云葛真君颱

北 十四 測海云風暴主酉時

北 十五 水務云老君暴 測海云風暴慈濟颶

南北 十六 陳炳文云馬和尚過江颱 勵正孫同 秦善祥同

北 十七 李昌鼎云東方杜將軍颱 康鍾庠云老和尚過江颱

另言冊

北南 十八 陳炳文云達摩渡江颶 勵延錫曰李孝祥同

北南 十九 颶 水務云觀音暴測海云風暴外海云郭期大士

二十 王神賓云龍神朝上帝颶謨舊是日謂之小分龍日然龍神朝帝首壽右 二月三日与此不合

北 廿一 李昌鼎云普賢颶

北 廿二 測海云風暴

北 廿三 勵延年云颶期

此張　百九十二字

二月

北
南

日	
廿四	測海云風暴主酉時
廿五	水務云明真君報報郁云龍神朝天暴一日二十九日李昌鼎云元天聖聖文颱
廿六	勵延年云南洋颱期
廿七	外海云報期
廿八	
廿九	測海云風暴龍王颶李伯毅云俗謂之之開凍颱 秦鎮儒云龍王朝玉帝颱

分冊

考訂冊

三十　測海云風暴

測海錄云二月二與九元武風必有

李衍說云如上春下雪從子日算起至六十日止合晝夜作一百二十日推屈期必有大風颱如雪於子日每倍仍算後日不算前日也孫冶峰云名春雪颱

勵廷年引俗諺云二月風颱避出門君須記初八及廿三十九二十四

川張　百六十三字

長方形 三月

三月	方位	記載
初一		測海云風暴
初二		
初三	南北	水務云真君暴 測海云風暴 外海云報期 敏求云風信上帝颶 江起鋐云真武颱 一作初七誤 習晦錄開皇元年 三月三日真武產母左脅下 郁云元帝颱
初四	北	李昌鼎云張王爺颱
初五	北	

另言冊

北 初六 李昌鼎云張相公颱 厲廷年云三月初三初六俗所謂羊毛颱實即山徵
宗蔚云孟婆風也

北南 初七 測海云風暴 王神賓云真武颱 習聖錄閩呈之年是日真武奉母左督下
陳炳文云閻王颱 郁云閻王暴 秦鍾高〔?〕

北 初八 江起鯤云閻王颱 係訛也○

北 初九 厲廷年云南洋颱期

初十 測海云風暴

十一

此張　百六十六字

三月

秦鍾傳云十五日元天君颱

日	方位	記載
十二	北	測海云風暴 李昌鼎云中央五道颱
十三	北	
十四	南北	
十五	南	水務云真君暴 測海云風暴 外海云報期 敏求 云風信真君颶 道書是日元始天尊遊玉京先陽館會三界神仙真聖普說法
十六	南	測海云風暴 外海云報期 李昌鼎云準提颱 郁云雷霆暴 李昌鼎云醫靈大帝颱
十七	南	測海云風暴主午時

另言冊

北　北　南　南　北南

十八　測海云風暴郁云后土暴李昌鼎云后土娘娘颱
十九
二十　外海云報期李昌鼎云子孫娘娘颱
廿一
廿二　外海云報期
廿三　水務云媽祖暴測海云風暴外海云報期敏求云風信聖母颶江起鋸云天妃颱道書是日英盟天妃振聖誕
郁云馬祖暴李昌鼎云天后娘娘颱

此張一百二十二字

分冊

三月

廿四

廿五 外海云報期

廿六 外海云報期

廿七 測海云風暴

北南
廿八 水務云東嶽暴測海云風暴諸神颶
江起鋭云諸神朝東嶽颶故考東嶽生辰是日[illegible]云諸神朝上帝颶

北南
廿九 測海云風暴
李仙敏云廿八廿九二期俗謂之朝天暴

三十

測海錄云三月三日晴還要過清明清明忌北風春風易於傳報一日南風必還一日北風早風晴晚晴

峙張　百九十字

四月

許真君云初八十二十七十九此四日風颱謂之龍會太白

- 初一（北南）測海云風暴外海云報期白龍颶 李昌鼎云蕭公颱
- 初二
- 初三（北）
- 初四（南）李昌鼎云文殊颱
- 初五

吳語

南 初六

南 初七

初八 水務云太子暴 測海云風暴 外海云報期敏求云風信太子颶 法苑珠林太子於四月八日往雪山六年見道不食至四月八日乃成 李昌鼎云初八三天君真人颶

南 初九 測海云風暴 廟迎年云太子颶

初十

十一 測海云風暴

此張　百七十四字

四月

日期	記事
十二	
十三	測海云風暴唐鐙儒云太子飈
十四	水務云呂祖暴測海云風暴倍仙颶柳云純陽暴
十五（南）	測海云風暴李昌鼎云鍾祖師飈
十六	
十七（南）	測海云風暴

吳言冊

北

十八測海云風暴李昌鼎云紫薇大帝颶廟迎年云紫微颶

十九測海云風暴主午時

北

二十李昌鼎云眼光聖母颶

廿一測海云風暴主午時

廿二

南

廿三測海云風暴太保颶秦鍾修云大神颶

岭張　百八十四字

北 廿四 龍母颶

南 廿五 測海云風暴江起鼠云龍神朝會颱一作龍神太白
秦鏡塘云龍神太保颱

廿六 李昌鼎云鍾山蔣公颱

廿七

北 廿八 水務云藥王暴

廿九

[illegible]方舟

四月

另記冊

三十

測海錄云三月暴期多最多舟行宜戒自清明後南風司令四五月間風暴皆輕往來較穩但多遲緩耳

李伯毅云北洋四月有颶於十五前後發使宜舟航不少若逕至二十以後發則北洋一帶必有遭難者行船宜盈戒之雖輪船亦不可襄入風圈

又云崖州一帶四月有華雷司颶風大即成颶此風宜避緣觸鼻香而受颶易也

勵延年云北洋三月初九十二十九廿三等日此颶連發最好否則鬱至中旬則各船遭險矣福靖輪船在旅順沈沒即四月二十颶烟進口不早散也

又引俗諺云三月十八雨四月十八至颶母扶濤來掀船人難避

峄張

百七十字

五月	初一（南北）	初二（北）	初三	初四	初五（南）
許真君云初五十二二十九此三日風颱謂之天帝龍主朝玉皇上帝	測海云風暴 郁云南極暴	李伯毅云北洋有颱俗名大潮風			水務云雷公暴 測海云風暴 外海云報期 敏求云風信原原颶 李昌鼎云鄭天君颱

長方曆 五月

初六

初七　測海云風暴　郁云朱太尉暴

初八　李昌鼎云粤城龍母颶

初九

初十

十一　李昌鼎云都城隍颶

此張　百六十　字

十二 李昌鼎云炳靈公颱

北南

十三 水務云關帝暴 測海云風暴 外海云報期 敏求云風信關帝颶 續通攷漢壽亭侯関公廟是日遣太常寺官祭

十四

十五

十六 測海云風暴 郁云天地暴

十七

五月

另註冊

十八　水務云天師暴

十九　測海云風暴　主申時

二十　李昌鼎云馬真人颱

南

廿一　測海云風暴　江起鯤云海神颱一作龍母五祖短云天妃海神也

廿二

廿三　陳炳文云龍母颱

此張　百七十已字

五月

北　南

廿四	廿五	廿六	廿七	廿八	廿九
					測海云風暴郁云威顯王暴李昌鼎云許威顯王颱

三十

測海錄云五月端午節風高雨亦烈二九是分龍更

有夏至忌以正月下旬為始算至五月一日止十日

之內主北風

勵延年云北洋五月颱期以廿四五為最大

此張　百六十六字

六月 許真君云初九二十七此二日風颱謂之地神龍王朝玉皇

初一 李昌鼎云韋馱颱

初二 測海云 風暴

初三

初四

初五

務冊 六月

初六　測海云風暴外海云　報期郁云雀將軍暴李昌鼎云楊四將軍颶

初七

初八　農家襍占引陶朱公書六月初八風習動海中龍

初九　測海云風暴

初十　李昌鼎云劉仙颶

十一　李昌鼎云井泉龍王颶　秦鍾像云彭祖颶

此張　百四十六字

六月

北南 十二 水務云彭祖暴測海云風暴敏求云風信又風句彭祖忌颶 江起鯤云俗傳是日彭祖生日

十三 敏求云風句 陳香云彭祖颱勵廷年引俗諺云六月十三彭祖連天忌 勵廷年又云上年伏波在台灣失事即是彭祖颱忌

十四 敏求云風句

北 十五 敏求云風句

十六 測海云風暴敏求云風句

十七 敏求云風句

另記冊

南

十八水務云池王暴測海云風暴敏求云風信又風句陳侖云彭祖婆颱

十九水務云觀音暴測海云風暴外海云報期敏求云風句大士颶

二十測海云風暴卯辰時敏求云風句

廿一敏求云風句

廿二外海云報期敏求云風句

廿三測海云風暴外海云報期敏求云風句李昌鼎云火神颱柳云小姨暴

此張一百六十七字

方冊

六月

日期	記事
南 廿四	水務云雷祖暴測海云風暴敏求云風信又風 旬雷公颶俗傳是日雷祖生日郁云此暴最很
廿五	
北 廿六	測海云風暴郁云二郎神暴
北 廿七	測海云風暴天地颶李昌鼎云天樞左相颱
廿八	測海云風暴天地颶郁云大姨暴
廿九	測海云風暴天地颶郁云文丞相暴

三十

測海錄云十二日彭祖風或在前後三四日夏月初

三初四二十三防有颶風

風土記言南中六月必有東南長風俗號黃雀以海魚所變故也

李伯敎云黃雀即舶趠之轉音

厲延年云北洋六月颶期以廿一二爲最大

此張　百七十六字

北

七月

許真君云初七初九十五二十七此四日風颶謂之神煞大會

初一 測海云風暴李昌鼎云太上老君暴

初二

初三

初四

初五

方升

七月

另言冊

初六

南 初七 測海云風暴（望海風將起）郁云乞巧暴 李昌鼎云康公颱 測海僧云七月降黃姑

北南 初八 江起鯤云神煞交會颱 蘇祖望云一作十七

北南 初九 測海云風暴

北 初十

十一

此張　百四十一字

十二　李昌鼎云譚真人颱

十三

十四　外海云報期

南北　十五　水務云地官暴測海云風暴外海云報期敏求云風旬地官颶柳云中元暴

北　十六　勵廷年云颱期

北　十七　測海云風暴主午時

七月

吳言冊

十八測海云風暴煞神颶郁云王母暴

十九李昌鼎云太歲颮

二十李昌鼎云張王爺颮

廿一測海云風暴郁云普菴暴

廿二李昌鼎云財帛星君颮

廿三李昌鼎云天樞上相颮

北

此張　百七十五字

北

廿四 李昌鼎云龍樹大王颱

廿五

廿六

廿七 測海云風暴

廿八 勵廷年云颱期

廿九 水務云地藏王報

七月

異詞冊

三十　李昌鼎云地藏颶

測海錄云七夕降黃姑望後風始和然起颶風亦多

郁云凡六七月多主颱海上人諺六月防初七月防半颱未必盡然有時而颱

此張　百四十一字

八月

初一 測海云風暴 李昌鼎云許真君颱

初二 李昌鼎云社王颱

初三 測海云風暴竈君颶 李昌鼎云北斗颱

初四 水務云宋帝暴

初五 測海云風暴 敏求云風信 郁云九皇暴 李昌鼎云雷聲大帝颱 陳箇云大颶旬

方冊 八月

吳評冊

初六

初七歲日颶主大風

初八測海云風暴歲日颶主大風

初九

初十李昌鼎云北嶽大帝颮

十一

嵊張　百七十四字

八月

十二 測海云 風暴 李昌鼎云西后五道颱

十三

南 十四 測海云 風暴 伽藍颶 廣厤云水仙暴 江起鋃云係伊是日伽藍生日

北 十五 測海云 風暴 外海云 報期 廣厤云魁星颱 李昌鼎云太陰朝元颱 郁云中秋暴又云伽藍暴

南 十六 李昌鼎云朱元帥颱

北 十七 測海云 風暴

北 十八 李昌鼎酒仙飑

北 十九 敏求云風信

二十

南 廿一 江起鯤云龍神大會飑

廿二 李昌鼎云燃燈飑

北 廿三 水務云張飛暴測海云風暴李昌鼎云張顛王飑

叄百七十字

八月

廿四　邊駿捷云羊府颱

廿五　李昌鼎云太陽颱

北　廿六

廿七　測海云風暴

廿八

北　廿九

三十

測海錄云七八兩月若有三日南風必有北風報之兩月中三日一換風八月白露節後北風應候船行迅速

此張　百六十二字

九月　許真君云初八十五十六此三日颷謂之龍神朝玉皇

北
初一

初二

北南
初三　測海云風暴　李伯敏云廣麻名此為五瘟使者暴

初四

初五　勵更年云北洋颱颶自九月五日起至十四日止自二十起至廿九止其間必有大風自此為十月中旬係從風颶走至月底附壽[illegible]云

方冊

九月

記冊

初六

初七

初八　測海云風暴

南北

初九　水務云元壇暴　颶李昌鼎云斗母颱　測海云風暴外海云報期重陽

初十

十一　測海云風暴

此張　百六十　字

九月

十二	十三	十四	十五	十六	十七
			北	北	北
			測海云風暴	測海云風暴敏求云風信李昌鼎云機神颱	水務云金龍暴測海云風暴

北　十八

南北　十九　颶　水務云觀音暴測海云風暴敏求云風信大士

北　二十　測海云風暴

北　廿一

廿二　李昌鼎云蔭真人颱

北　廿三　李昌鼎云薩真人颱

凡　百七十六字

長方冊

九月

日	方向	記
廿四		
廿五		
廿六	北	
廿七	北南	測海云風暴江起亂云冷風作颱 李伯毅云此颱最大行船宜慎 廟兵年引佑修云九月廿七風錨碇那能懸
廿八		李昌鼎云五顯官颱
廿九	北	百神颶

吳言冊

三十　李昌鼎云藥師颱

測海錄云重陽前後三四日忌九廟風又曰九降風凡颶風多挾雨九降恆不雨而風望浪色如銀播空疊起名曰起白馬不可行

郁云九月自寒露至立冬止是九月節令也常乍晴乍陰風雨不時謂之九降又謂之九月烏

此張　百八十五字

十月

許真君云初八十五二十七廿三日風颱謂之東府王朝玉皇

北

初一 李昌鼎云東皇颱

初二

初三 李昌鼎云茅真君颱

初四

南

初五 測海云風暴風神颶 江起鯤云五風信颱 李仰敎云朔風信颱

李昌鼎云達摩颱

測海録云十月忌初五海豬要起舞

十月

北 初六 測海云風暴 郁云天曹暴 李昌鼎云五岳五帝颶

北 初七

北 初八 水務云白龍暴 測海云風暴

初九

北 初十 水務云水仙王暴 測海云風暴 敏求云風信水 仙颶

十一

此張 百七十六字

長方卅

十月

十二	北	
十三	北	
十四	北	測海云風暴
十五	北南	測海云風暴外海云報期水官颶李伯敷云長年説一年中有三元颶正月十五上元天官七月十五中元地官十月十五下元水官
十六		
十七		

南

十八　測海云風暴主卯時　陳畬云彌陀颱

十九　測海云風暴主卯時

二十　江起鯤云東嶽朝天颱○○○○○　郁云同　李昌鼎云天師颱　周世業同

廿一　東岳颶　秦鍾簡云東嶽朝天颱

廿二

廿三

此張　百六十巳字

十月

北 廿四

南北 廿五 李伯毅云係名東嶽朝天五風颱 陳炳文老以二十為東嶽朝天颱以廿五為五風颱 秦鍾簡云雲散颱

北 廿六 測海云風暴 敏求云風信

南北 廿七 測海云風暴 外海云風信 李伯毅云廣東謂之紫薇颱

北 廿八

北 廿九

三十

測海錄云十月忌初五海豬要起舞天氣晴和最為

利涉

此張　百五十八字

十一月

日期	記事
初一	測海云風暴
初二	
初三	測海云風暴外海云報期
初四	
初五	外海云報期

十一月

初六水務云西岳暴

初七

初八測海云風暴田家五行十二月初八日壬主海翻

初九

初十

十一李昌鼎云太乙飈

十二

十三

南

十四　測海云風暴江起銀云水仙颸

十五　測海云風暴

十六

十七　李昌鼎云彌陀颸

十一月

十八　測海云風暴主卯時

十九　測海云風暴主卯時李昌鼎云光天子颱

二十

廿一

廿二　測海云風暴

廿三　水務云南斗暴李昌鼎云張仙颱

此張　百六十四字

廿四　周世棠云西嶽朝天颱

廿五

廿六　李昌鼎云北方五道颱

南　廿七　水務云星君暴　測海云風暴　敏求云風信普庵
颶　李伯毅云西嶽朝天颱　李善祥同

南　廿八

廿九　測海云風暴西岳颶　江起鯤云西嶽朝天颱　郁云同　孫德興同
詹德修同

十一月

累言

三十

郁云山斫朔風司令冬日冬風盛南風盡絶凡背北處皆可泊船

此張　百四十七字

十二月

初一	
初二	測海云風暴
初三	天地合
初四	
初五	測海云風暴

十二月

初六　測海云風暴

初七　測海云風暴

南

初八　水務云腊王暴測海云風報外海云報期
江趕䟫云臘八颮陳炳文云諸神下降颮李昌鼎云張王颮

初九

初十

十一

此張　百六十又字

十二月

南

十二	十三	十四	十五	十六	十七
			李昌鼎云温元帥颱	水務云南岳暴帰塵暴颶 李伯敍云長年謡一年中有五嶽朝天颱 十月二十为東嶽十一月二十七为西嶽十二月十六为南嶽然則中嶽北嶽在何日耶	

十八

十九

二十李昌鼎云先師颱

廿一李昌鼎云天猷上帝颱

廿二測海云風暴

南

廿三測海云風暴送神颸

此張百五十字

南

廿四 水務云送神暴測海云風暴敏求云風信又風旬 紅毛鎮云掃塵颱 李昌鼎云司命颱

廿五 測海云風暴敏求云風信又風旬

廿六 敏求云風旬

廿七 敏求云風旬

廿八 測海云風暴敏求云風旬

廿九 水務云送年暴測海云風暴敏求云風信又風旬除歲颶 李昌鼎云華嚴颱

十二月

李伯毅云北洋俗諺云打到春頭百八風是十二月風颶多宜知也

三十

測海錄云十一十二月鐵漢也停船亦有乘風隙而行者冬春之交必不可行春夏風不勝帆船小者速秋冬帆不勝風船大者穩春暴畏始冬暴畏終南風多鬬北風少斷以四五八十等月為穩最忌六七十二月然仍當隨時省視雲日氣色亦有氣數存焉

此張一百九十八字

推全年八節五行所屬生剋

立春　春分　至清明十三日屬木剋土　三日屬土剋水　穀雨前

立夏　夏至　至小暑十三日屬火剋金　三日屬土剋水　大暑前

立秋　秋分　至寒露十三日屬金剋木　三日屬土剋水　霜降前

立冬　冬至　至小寒十三日屬水剋火　三日屬土剋水　大寒前

四季風雨占驗

春季自正月起至三月止　須看山頭有無起雲如
四山有雲霧罩密必然降雨或西北東北勢起雲霧
必是風暴但春氣多有不時南風多有炎熱風息定
然轉暴
夏季自四月起至六月止　無風有雷鳴其風即止
又五月起風時有雷風即又六月有雷能止九颱夏

此張二百〇十七字

天乃南風當今夏至前後十日為准定然出有北風相送除夏至過十日出有北風有赤黑雲飛走海水腥氣潮水無風先自作浪乃是颱信之兆也又有天地要作颱旬必先北勢起雲馬有一陣細雨必有一陣白日其雨名為風根亦是作颱之引又有閃雷在南方閃不出三日必有颱暴閃雷在北方閃明日必

二

出南風應驗

秋季自七月起至九月止　七月有雷九颱來凡天
地變動海水先行漲湧日出有珥土名為破蓬不出
三日定然作颱不作颱必起暴又西北勢轉出黑雲
飛滚雷電霹靂雖然風雨大作此乃一時易晴易過
凡遇颱句風信將息拂轉東北南颱暴更加利害須

此張二百二十五字

回西風方得歸正 九颱者旋作旋止也

冬季自十月起至十二月止 須看海口有黑雲作霧日頭生脚黑雲接日又日落紅燄有烏雲似劍鬬日須防起暴凡洋中有風無風須觀星宿有無動搖便知端的何以辨之有風星宿搖動無風星宿安然不動凡天地有不測風雲變動之時須小心預備早

三

行灣泊可也

四季望風雲法

五六七八九此五個月於每日下午申時候日將近
山看有黃沙則次日或夜必有惡風極遠不出三日
須謹避之按黃沙形似春天落霧東西南北皆黃
六七月若遇連日出北風第三日再有雨一陣風一

此張二百〇十五字

陣日有脚亦主有惡風須防之如夏天申時間有黄雲次日亦主大風如黄雲一條直上次日主有倏忽惡風一刻宜防之
春夏二季若天温熱或雷電起處必有大風宜急避之不可忽略
秋冬二季每日行船先看四方明淨不變五更至辰

時不變則無大風但看雲行不止必有風來若雲行過變面雲脚未盡是風未止或雲脚起盡天色清白風即漸和如雲片相逐或雲飛急日月暈缺俱主大風雲脚赤色黄色天上星粒揺動晝午後有雷聲或頭額發熱燈火明燄禽鳥翻沖飛天皆有大風之兆也

此張一百九十一字

孫德堂云犁星運行天空其將西沒時適位太陽東升与日光相觸三日內必有大風是謂犁星落地颱

行船觀日月星辰占風濤

一日暈則雨月暈則風何方有缺即此方風來也

日沒臙脂紅無雨也有風須知反照在日沒之前臙脂紅在日沒之後切記切記

一星閃爍不定主有風

一夏秋之交大風及有海沙雲起謂之風潮名曰颶

五

風此乃颶四方之風有此風必有霖霪大雨同作

一凡風單日起單日止雙日起雙日止

一有惡暴之風盡日而沒

一凡風早起晚和明日須防

一防夜起之風必毒

一凡東風急雲起愈急必雨急起雨最難得晴

此張一百七十字

一凡春風易於傳報一日南風必還一日北風雖早

有此風向晚必淨

一防南風尾北風頭南風愈吹愈急北風吹起最大

一春南夏北有風必雨

一雲若礮車形起主大風

一雲起下散四野滿目如煙如霧名曰風花主風起

六

一凡雨陣自西北起者必雲黑若潑墨又必起作眉

梁陣主先大風後雨雨急則易晴

一雲若魚鱗不雨也風顛

一水際生靛青主有風雨

一秋天雲陰若無風則無雨

一海豬亂起主大風

此張一百七十字

一海燕忽成羣而來主風雨烏肚雨白肚雨（烏肚雨之雨字恐是風字之誤）

一夜間聽九霄遙鳥叫卜風雨一聲風二聲雨三四

聲斷風雨

一鰕龍張得鱆魚主風水

一水蛇盤在蘆青高處主水高若干漲若干回頭望

下水即至望上稍漫

七

一月盡無雨則來月初必有大風雨俗云二十五六日若無雨下月初三四日莫行船春有二十四番花信風梅花風打頭楝花風打末

一凡遇箕壁翼軫四宿值日主有大風在歷日上查看可知也

定太陽出入以應潮信時刻及日之長短

此張一百九十六字

正九出乙入庚方　二八出兔入雞場　三九發甲
入辛地　四六出寅入犬藏　五月生艮歸乾上
仲冬出巽入坤方　惟有十月與十二　出辰入申
仔細詳
定寅時
正九五更二點徹　二八五更二點歇　三七平光

八

是寅時　四六日出寅無別　五月日高三丈地
十月臘月四更二　仲冬纔到四更初　此是寅時
須切記

占雷鳴知風雨法

春雷多雨響　風雨疾無疑　夏雷有三聲　風雨
疾不停　秋雷四方響　風雨有輕微　冬雷多主

此張一百三十八字

晴風雨有佳期

羅經二十四方位

東方甲卯乙　西方庚酉辛　南方丙午丁　北方

壬子癸　東南辰巽巳　東北丑艮寅　西南未坤

申　西北戌乾亥

錄惠安縣誌敏求民風論

風大而烈者為颶甚者為颱正二三四月為颶五六七八月為颱清明後南風為多霜降後北風為常反其常則風將作天邊有斷虹如帆曰破帆如鱟尾屈尾皆颱至之候海水驟變多穢如米糠或蛇浮游水面皆颶將至五六七月風挾雨至隨至隨急視天邊有黑子皆簸箕大者頃刻不避苦無及矣十二月二

此張一百八十已字

十一日至二十九日逐日風明年逐月應之如一日風二次所應月颱亦如之惠海國也海濱人業船或近而内外海捕魚或遠而蘇臺甚且通於外洋夷國能識颱颶預驗則洋面往來可以無虞往見獺窟人東見暮虹曰此破帆也風至矣已而果然是春未盡偃絕粒海中船失者十五六嗚呼可不畏哉

十

另識冊

外海紀要風雲天氣

夏至過有東北風有熱氣者風雨必大無熱氣者風雨必小如放雨白者或日出有雨或雲白者下小雨

天氣交蒸三雨日必有大風

霜降過有南風或有西南風無論大小必有報雨有無未准

此張二百　十　字

白露過有大南風必有雨或小風雨
立春過必有春雨風不甚大然須看天氣遇報期風必大
四月有南風水動　五月有龍船風雨　七月有秋淋風雨
四五六七之月不宜行船看其天氣行之

十一

另高冊

天氣全變紅雲者速備大風雨

天氣見一條紅雲者或三色或五色長而并下小雨

無大風如若短並無雨不出三日必有大風雨

有青蜓亂飛或大螻蟻等蟲多亂飛並大熱風颱速

來

日下山時雲變紅大紅色另日或有大風必雨

此張一百六十七字

日有圍圈或有雲足此二者三日内天必變非風即
雨
或星有動另日必有大風看何星何方可定風之大
小

海疆要略觀雲法

春夏二季若天氣溫熱或雷聲霹靂必有狂風急避

三寶大人開船甲子癸丑戊戌癸未乙卯此五日不行船

張　百九十三字

夫海潮之漲汐者天地之喘息也猶人之呼吸晝夜
無停蓋漲潮自東來流於西歷三時既滿為潮平復
退自西流於東亦歷三時始竭為汐盡其潮汐漲退
按日漸遲速經月輪轉一週分毫不謬亦猶人身體
血氣晝夜運行無閒也然而一月之中又有大水小

牙言冊

水之別卽大漲小漲之分是其漲大汐亦甚漲小汐亦少按自每月初四以後水漲日漸小而至十一早潮爲最是爲小水之期又自十一晚潮以後水漲日漸大而至十八爲最是爲大水之斯復自十九而起至二十六日早潮止亦爲小水之期再自二十六日晚潮起而至初三止亦爲大水之期如是一月潮

二百二十字

大小各有二次總之一年之內水至最大者莫如秋仲之月或數倍於尋常也是海潮爲行舟者察其風汛必取候爲遲早殊難稍易是海內爲行舟者觀其變異必取驗爲行至當先預防故天將降颶風大雨而海必先變異其常或無風而先鼓浪或忽然濁臭水浮或大魚騰躍噴水或鼉蛇水面遊戲種種異常

非止於此語云天神未動海神先知舟人遇之必當先事預防即如夏秋六七之月忽然北風天現短虹俗人名為出破虹乃或乍雨乍晴海中起浪是為風證驗舟人見其變異急先駛入港內躲避預防無虞蓋颱風之來起於倉卒狂風瀑雨浪湧如山當是時也豈人力所能施為哉是故舟人遇異無論果否

此張　二百四十字

必先避之總俟風沈轉南天時晴霽方敢駛出又白（如）
虹夜見乃為風水災害之先兆黑雲接日亦係駛雨（風）
雷霆之早徵星斗搖動夜月圍圜亦皆亦皆主風早（雨）
晚雲裏日射其影射上主雨射下主風至若四時海
中蒙霧均有之（先）見之明蓋春日本多霧是春霧多晴
夏霧多雨秋霧多風冬霧多雪是皆天地變象必先

卷十

早示於人任水師者於熟諳水務沙汕之外猶當預
察風雲變態之占庶先預防不測俾免疎失之虞耳

桃城王良桂謹識

此以上請從羅大春思痛録第四卷鈔出

此張一百六十七字

海運圖占驗　讀史方輿紀要

一、占天

朝看東南黑勢急午前雨暮看西北黑半夜看風雨

早起天頂無雲風雨霎時辰雲起南山暗風雨轉時

辰西北黑雲生秋風掉背來風息始靜然紅雲日沒起

占雲

日出漸明風靜鬱蒸熱風雨時辰見日没黑雲接雷
雨必有聲曉雲東不慮亂雲天頂絞晴天不可許
暮看西邊無穹雲雷必振烈日出卯遇雲風雨不可
説勢若魚鱗夜雨就過西風雨來不少明日晴明東
東風雲過西無雨必換天陰雲布滿山低來朝朝風
雨陣

此張一百七十字

遊絲天外飛雨下不移時雲隨風雨疾連宵雨亂飛雲

鉤午後排大颶連天惡雲過都暗了久晴便期東南

卯沒雲風雲從（雨雲時息）龍門起風色屬人猜惡雲半開閉紅

雲日出生清朝起海雲雨下巳時辰迎雨對風行颶

風連急雨夏雲鉤出內大颶隨風至勸君莫外行

占風

秋冬東南起不必問天公夏風連夜傾初四還可懼
二月風雨多傍船人難進七月上旬來有雨不相逢
秋冬西北風不盡書便明晴望日二十三出門還可記端
午汎頭風爭秋莫開船
春夏西北風天光晴可喜雨過東風至颶風君可畏
初八及十三二九君最記八月上旬時夏來雨不從

此張二百〇十字

長夏勢輕風晚來越天巨七八必有風十九二十一
西北風大狂隨潮不可移汛頭風不長舟船最可行
風雨潮相攻汛頭有風至三月十八雨回南必亂地
汛後風雨毒深秋風勢動颶將難避春雪不二旬四
月十八至六月十三
春夏東南風風勢浪未靜初三有颶君須記風雨帶

潮來彭祖連天忌

占日

烏雲卽日狂風卽起午前日暈風色不狂明日燥天

日光晴彩明日狂風雨卽傾滴申後日珥午後日暈

飛沙走石朝日燭地日光早出夜雨霽寬早白暮亦

晴風必揚久晴可待

此張一百八十二字

晴朗無妨一珥單日風勢須防日沒暗紅細雨必至
暗明必久
雲下日光明日有雨午後日暈飛沙走石朝日燭地
日光早出夜即大雨
早間日珥雨珥雙起暈開門起無風必風暮光天返
照光黃

卷一 方冊

另言冊

占雹

虹下雷雨（不）明天變晚霧卽散三日霧濛雹光西南來

無慮夏風雹下來

晴明可期斷（蘗）虹早掛晴天可求必起狂風明明發（发发）

遲則危風對雹起

斷虹晚見有風不怕霧收不起白虹下降雹光西北

此張一百五十一字

亂明

占虹

細雨不止惡霧不散雨下連宿無風雨晴

細雨不止惡霧不散雨下連宿電光西北

占霧

辰閃電飛大颶可期閃爍星光星下狂風

吳詩冊

占海

螻蛄放洋大颶難當，滿海荒浪雨急狂風大海旡慮

至近旡妨金銀徧海，風雨立待海泛沙塵，大颶難禁

若近山岸仔思（尋思）鳥鰭弄波，風雨必起二日[illegible]不[illegible]來

三日難抵，水上鵝毛，風大難抛，東風可守，回來暫儆

白蝦弄波風便和

此張一百八十字

占潮

月上（潮）長月没潮漲大汛潮光小汛月上水漲東旋（北東旋）擾

西南水回便是水落北海之潮終日滔滔高麗潮來

一旦遭萊州北洋水南北長落北來自長南退方見

洋手江內糧船之患最泊船密大風驟急守（旦中）船走難

攬紐定必凶直至沙岸走花釘（路）鬼神驚散要矴地大

[illegible]冊

洪泥硬灘山一般鐵釘可障海泥[illegible]深順拋木矴黑
水洋深接緣數尋成山開處名羅鼓地磨斷棕毛䋶
緣可拋成山鐵山萬安泉

此張一百三十二字

航海圖説一卷

〔清〕胡鳳丹輯

《航海圖説》一卷，清胡鳳丹輯。鳳丹字月樵，號齊飛，浙江永康人。曾任湖北候補道，領崇文書局事。輯刻有《金華叢書》等。是書記上海至天津之海路，凡沿途港口、航道，均備載其水深、沙灘、暗礁、里程等。原圖已佚，僅存説明。據《小方壺齋輿地叢鈔》本影印。

航海圖說

永康胡鳳丹校

海船自上海縣黃浦口岸東行五十里出吳淞口入洋繞行寶山縣之復寶沙迤至崇明縣之新開河計一百一十里又七十里至十滧是爲內洋十滧可泊船爲候風放洋之所崇明縣地

自十滧開行卽屬外洋東迤一百八十里至佘山一名軛山又名南槎山係荒礁上無居民不可泊但能寄椗爲東出大洋之標準蘇松鎭所轄

自佘山駛入大洋向正北微偏東行至通州呂泗場對出之洋面約二百餘里水深十丈可寄椗從此以北入黑水大洋至大洋稍對出之洋面約一百四十餘里係狼山鎭右營所轄又北如臯縣對出之洋面起至黃沙洋港對出之洋面約二百六十里又北泰州對出之洋面起至黃家港對出之洋面約二百二十里係狼山鎭掘港營所轄又北至鬬龍港對出之洋面約二百里又北至射陽湖對出之洋面約一百二十里係鹽城營所轄又北至黃河口對出之洋面約一百二十里係廟灣營所轄黃河口稍南有沙埂五條船行過東風則慮淺擱宜避之又北至安東縣灌河口對出之洋面約九十里係佃湖營所轄又北至海州贑榆縣鷹游門約一百八十里係東海營所轄計自佘山大洋以北起至鷹游門對出之洋面止約計一千五六百里統歸狼山鎭汛地凡舟行過佘山卽四顧汪洋無島嶼可依行船用羅盤格定方向轉鍼向北略東行如東南風則鍼頭偏東一箇字如西南風則鍼用子午查江南佘山與山東鐵槎山南北遙對謂之南槎北槎行船應用子午正鍼因江境雲梯關迤東有大沙一道自西向東接漲甚遠暗伏海中恐東風過旺船行落西是以鍼頭必須偏東一箇字避過暗沙再換正鍼此沙徑東北橫爲沙埂舟人呼爲沙頭山若船行過於偏東一直上北便見高麗諸山故將至大沙時仍須偏西始能對成山一帶也

行過鷹游門對出之洋面往北卽山東日照縣界山東水師南陽汎所轄又北至文登縣之鐵槎山一名北槎山自佘山至此始見島嶼又北至文登縣之馬頭觜入東洋汎界經由蘇山島靖海衛及榮成縣之石島養魚池石島居民稠密可泊惟島門東南向春時乘風易入難出自鷹游門至石島約六百餘里大洋中雖舵工以鍼盤定方向猶須常用水託水託者以鉛爲墜用繩繫之探取水則也每五尺爲一託查十潡開船試水自十託至二十託上下行過佘山試水均在三十託上下順風二日餘均係黑水再試至十託上下卽知船到大沙洋面行過大沙試水漸深至五十託上下視水綠色則係山東洋面順風再一日試水二十託上下水仍綠色遙望北槎及石島一帶山頭隱隱可見再行半日卽至石島洋面此商船赴北一定鍼路也

自石島至俚島洋面約一百六十里俚島至成山洋面約一百四十里俱榮成縣地爲南北扼要之所可泊水綠色鍼盤仍用子午略偏東從成山轉頭改鍼向西略北入北洋汎界至文登縣之劉公島約一百餘里又西至威海衛一百餘里又西至福山縣之之罘島一百餘里又北至蓬萊縣廟島二百餘里以上

自石島起至廟島止約共九百餘里之罘島西北一帶有暗礁船行偏東以避之又廟島之東有長山頭淺灘宜避試水在十五六託至二十託不等船至廟島以東南風爲大順計東省洋面共一百零五島中有二十五島最爲海道要地而廟島尤大可以停泊

自廟島過掖縣小石島卽入直隸天津海口約九百里鍼對大西偏北沿途試水在十四五託再試水至六託上下黃色水底輭泥卽可拋錨候潮進口約計天津海口逆流挽縴一百八十里卽抵天津東關外

以上海運水程自吳淞口出十潡東向大洋至佘山北向鐵槎山歷成山西轉之罘島稍北抵天津總計水程四千餘里查大洋浩瀚本無涯岸雖舟人定之以更香驗之以水色格之以鍼盤究難確指其道里

數目惟有就西岸對出之州縣汎地比照核計不相逕庭其小島微嶼亦難盡載謹摘敘大凡略分段落
繪圖於左

上海著易堂印行

庚子海外紀事四卷

〔清〕吕海寰編

《庚子海外紀事》四卷，清吕海寰編。海寰（一八四二—一九二六）字鏡宇，山東掖縣（今萊州）人。同治六年（一八六七）舉人。歷任駐德國兼荷蘭公使、工部尚書、外部尚書、督辦津浦鐵路大臣等職。八國聯軍侵華時，吕氏任駐德國、荷蘭公使，因輯光緒二十六年（一九〇〇）五月至次年八月有關外交文電、公牘、報章、論説等，彙爲此書。卷一去電，録吕氏致國内及在他國公使文電；卷二來電，録所收國内文電；卷三問答，録吕氏與德外交部會議記録；卷四文牘，録諭旨、和約、往來文牘及西報論説。所録皆當時原始文檔，據事直書。據清光緒間排印本影印。

自序
上年中外交閧變起倉卒非所逆料初
聞警報猶疑信參半以為謠傳比因京
津電斷專恃江鄂等省遣探消息分致
各使館互相轉告終以重洋阻絕必再三
印證始能確切因是益形遲滯而新報議論
尨雜以僞亂真揣測事機苦莫能得其要領
往往若鷄鳴之失旦及至戕使衅成聯軍北犯
乘輿西狩臣痛憤竟日旁皇自是德亦防範愈
嚴遂有密電之禁閣往他使處紆迴遞達而
於中事聲氣究多隔閡視古蠟書雁帛未審
其難孰似尠尠居此已置死生於度外然不
知身之淩何在矣當克使被戕之信到柏林舉
國譁然無識之民向中國使館時出不遜之言

回嚴諭隨員繙譯等閉戶不出以避克鋒免再
啟意外之交涉旋奉
旨命向德廷慰唁遂赴外部道歉途中人指而
目之者均有怒容外部初拒不納繼謂向與欽
差交好今日只可私見告以克使不幸之事皆
係亂民所為宣出
國家之意外今奉
旨特來道歉渠謂公使係代君行事傷公使不啻
傷君可謂野蠻之至告以克使亦有不是處
渠怫然不悅謂業已被戕尚歸咎耶告以彼
時北京大亂中國大官死者甚多克使不先知
照冒險前往不帶護衛亦太自輕矣然亦可見
中國素待克使之優厚也渠作色曰殺之尚謂
優厚耶當告以克使因平日相待優厚故深信

不疑以為中國決不與我為難遂不幸遭此難耳現在本大臣亦在危險之中貴國人民時有投信使館毀詈威嚇者日有數起若以本大臣為克使償命本大臣為國負咎毫無怨言特恐他國亦必嗤貴國為野蠻也外部大臣似憬然感悟許為轉奏旋聞派出許多巡捕暗為保護乃得無恙迨

醇邸抵德謝過又為拜跪禮節屢次辯論舌敝唇焦欲與外部決裂不得已以去就力爭遂避居瑞士以示意仍密授參贊廕昌暨洋員金楷理機宜暗與教士學界鼓吹輿論亦不直德皇所為又託前駐津德領事司根德相機勸導正值德皇召見司根德乘機因說謂跪拜乃祀天祀耶穌之禮此外無行此禮者若令人跪拜是

以木偶人相待不足為重反以為辱昇聞中國官員為彼國體面所在持之甚堅倘逼之太緊恐有性命之虞且恐他國之議其後因小失大殊不值得甚覺動聽德皇漸有醒悟之意幸醇邸亦托病不進乃得轉圜成禮然已煞費經營矣現在和議就緒迴溯程前所歷直如夢境痛定思痛曷勝憮然此次處變故危如累卵幸我

國家深仁厚澤洽於寰區雖顛沛流離而人心固結眾志成城四境安堵並無風鶴之警尤賴

廟謨勝算措置得宜而內外諸臣亦能相與協力挽回卒克獲全大局微臣奉使無狀幸免愆尤得代生還爰於慶慰之餘將自庚子之夏至辛丑之秋與德外部問答及一切文牘暨各處往來電音料檢散失編為四卷錄存行篋以庚子

題名者誌斯事發難之緣起也迄乎辛秋而
止者蓋必俟
親藩遠莅謝過友邦始為斯事之結局微臣
亦自此回華矣其始末如此當日百端憂患畧
見斯編其尓時情形尚有斯編所未盡載者遺
漏甚多其中皆係據事直書毫無掩飾之語
或勸付棗梨用布

朝廷宵旰之勞諸臣斡旋之艱常惕惕於心同終身
毋忘此恥而後之謀國者庶知所難焉於時事
不無裨耳遂勉從其請并綴數語於簡端
光緒二十七年辛丑仲冬上浣
欽差出使德國和國大臣外務部左侍郎都察院
左都御史臣呂海寰識于德京柏林使館

庚子海外紀事卷一

欽差出使德國和國大臣署理外務部左侍郎都察院左都御史臣呂海寰編次

去電光緒二十六年五月起

致總理衙門王大臣五月初二日

西報言豐台蘆溝車棧鐵路被匪焚毁勢甚猖獗聞克使請兵保護當赴外部阻止據云克電甚急現由青島撥兵五十進京兵輪一艘已赴大沽本不願派因各國皆派實不得已等語恐從此又生枝節謠諑紛起刻下情形請電示以釋羣疑海江

致出使俄國大臣楊電五月十六日

訛言駭聞焦憤萬分望處如得確信務祈密示爲叩海諫

致總理衙門總辦章京電五月十七日

總辦鑒西報言端邸及滿堂四進署漢堂一退未登姓名慶邸仍在署否柏林官場來問乞詳電示海篠

致北洋大臣裕電五月二十日

宙電辭帥鑒西報傳德公使在京被害德國官民勢洶洶確否請速電示京電如通乞轉總署海哿

致出使俄國大臣楊電五月二十日

函敬悉訛言更惡昨謂日使被害頃又傳德使遇害焦急萬分望處得確信乞密示端邸及滿堂四進署如知姓名

祈一併速示海號

致湖廣總督張電 五月二十一日

宙密嘯號電均悉商妥即復昨西報言日德兩公使均被害確否柏林官民勢洶洶大局可危聞京津滬電不通刻下如何情形祈密電示感叩海馬

致出使俄國大臣楊電 五月二十二日

兩電均悉感甚昨晚柏林接烟台輪船自津來電無所聞謠傳疑因電斷而起誠哉議賠已屬不了餘詳兩患難相共仍隨時關照為叩弟海叟

致出使俄國大臣楊電 五月二十二日

頃報大沽礮臺已失英船沈二俄船毀一各國兵均有殺傷未知華人傷若干大局可危都門如何情形俄外部如何議論如尊處有確信祈詳電示盼禱海深

致上海道余電 五月二十三日

晉翁鑒請設法轉總署併電覽否近日謠傳更惡德都官民慌急各國協以謀我勢甚危迫今聞續調赴華兵艦及陸軍不少德又派步隊約二千名礮船魯克蘇帖快船畢斯瑪鐵甲快船咬則勒陸續開華阻止不住內患未靖外侮迭乘焦憤萬分現在如何妥籌以維大局可否速密示仰戀

廷闕憂心如擣海深

致北洋大臣李電 五月二十五日

遵巡電詳告外部彼云中國不護使館克使存亡未卜已七日不通電音舉國慌急又沽台先開礮傷我多人此二事實違公法停兵難遽議當告以克使無恙電已修開礮非奉

旨不為開釁援前年德君遇事相助之言力與辯論彼又以非奉

廷諭為詞告以中堂電諭即是訓條彼又云聞粵省堅留恐不成行又告以

內召無停留之理中堂威望素著抵京後內亂自平諸事可商彼始允轉奏德王其注意所在終未肯露竊思北事危急務請中堂早日北上以維大局而孚衆望天下幸甚海眷戀

廷闕憂心如擣仍乞隨時密示以期接洽為叩海宥

致南洋大臣劉電 五月二十五日

峴憲任禧恭賀敬電遵告外部切囑勿再分兵南來致滋驚擾彼云聞滬已不靖告以有南洋及鄂督兩帥保護必無慮適李傅相來電囑其停兵辯論再三彼始允一併代奏似有慮傅相不克北上之意可否請憲台勸中堂速駕

以維大局德公使無恙否乞密電示爲叩海有
致上海道余電五月二十六日
有電悉已切實轉告矣德公使是否無恙探明密示漾電
承轉感謝海宥
致鐵路大臣盛轉總理衙門電五月二十六日
杏翁鑒北事急憤甚德公使無恙否彼國因電不通甚慌
祈探明密示如有新聞並祈隨時密告爲叩總署電祈轉
漾電覽否德又派海軍步隊兩營來華時勢日亟昨接李
傅相電沽台互擊幷非奉
旨轉告外部切囑停兵再議善後外部云中國違公法本不容

再接待議事意甚怏怏告以中國保衛各公使並無疏虞
沽台互擊不可看作開衅彼聞傅相北上氣色稍平似有
慮中堂不克遄行之意又將峴帥與香帥力任保護長江
一帶教商之電轉告幷援前年德主遇事相助之言辯論
再三彼始允一併奏知德主唯電音不通克使存亡未知
彼甚注意究竟如何祈密示爲盼海宥
致出使俄國大臣楊電五月二十六日
敬有電均悉關照感謝李劉徑敬電俄外部如何措詞密
示爲盼德甚咎違公法辯論再三始允轉奏德主似有慮
傅相不克遄行之意唯克使存亡未卜電信不通彼甚憤
恨尊處有聞乞密告洋兵若戰匪退係十三之事未知近
日如何痛憤萬分海宥
致出使俄國大臣楊電五月二十七日
峴帥電李送催北上德使平安云尊處如有所聞亦祈電
示海沁
致南洋大臣劉電五月二十七日
沁電敬悉已告德外部彼甚感北事因電阻生謠致釁
端近滬亦有蜚語誠恐煽惑起波滬爲商務總匯最關緊
要可否轉囑各國總領事電告本國政府長江一帶安謐
切勿派兵較使臣勸阻更昭信實祈鈞裁京津近情如何

海沁
致出使俄國大臣楊電五月二十七日
頃滬道電北京各使均平安海感
致出使英法國大臣羅裕電五月二十八日
勘電敬悉羅時事日亟奈何傅相峴帥兩電俄不作爲開
戰看德願傅相北上英法外部如何措詞祈密示上海電各
使均平安此信確否患難相共尊處如有所聞祈隨時電
示爲盼海勘
致出使俄國大臣楊電五月三十日
昨羅電廿三署行文各使出京云刻下是否尙懇保護各

使已否出京尊處有聞否倘各國仿行尊意如何辦理統乞電復頃各督撫公請尊處轉商俄外部之電已見否如未見希速示以便轉電海卅

致出使英國大臣羅電五月三十日

宙密鹽電悉署行文各使出京尚認保護否各使已否出京如各國仿行尊處兼意比如何辦法同舟誼切統乞電示海卅

致直督李江督劉鄂督張皖撫王湘撫俞東撫袁電五月三十日發武昌

邇鹽電譯洋配華已交外部據云德並無戰意長江一帶如果力任保護商教確有把握決不派兵現派兵艦係往北去李中堂各國素所信服均盼早日北上容日覆信等語長江有各帥威鎮諒必無虞傳相此行關係安危大局早發一日民難早紓一日請轉電各處爲叩候覆到再電海卅

致南洋大臣劉電五月三十日

邇卅電切告外部據云長江一帶果能力任保護商教平安決不派兵現派兵艦係往北去各領事尚未來電商云云長江有峴帥坐鎮自無他虞惟盼早與各領事妥商催其速商本國更爲妥實各國盼傅相北行甚切宜早發以維大局海卅

致出使法國大臣裕電五月三十日

卅電悉此間并無戰意甚盼傅相早發日內有覆信云法如何答亦請密示海卅

致南洋大臣劉湖廣總督張電六月初二日

峴香兩憲鑒東電已譯告外部據云滬領事來電不及此電詳細中有數條未能照允候妥商再覆又云各國并無意與中國爲難剿下總盼先靖內亂李相北上各國屬望甚切請電總署等語即乞酌量代轉爲叩傳相遄行始有轉機請勸早發海冬

覆南洋大臣劉電六月初六日

外部覆云文三件悉中國待德使有違公法德人被困甚危現派兵遣艦保護使館及德人并要回向來分內任便之益所有中國違法各事須照懲償故會同各國併力合辦必得欲一切實把握免再鬧事德所注意在此現中國政府辦事既自匿身公法外各國即不能以公法相待至各督撫既認保護西人爲已任辦法與北京自異本部已立案務望踐言并請奏明中朝速解危機惟華兵勾結匪黨合攻西人德國在華應辦事宜咸歸統將主裁本部不願分其權致掣其肘故江鄂兩督擬訂各章礙難徑允兩督美意倘能實踐我國亦不忘情當即轉達統將於軍事

覆酌辦云北事近如何不勝憂憤請轉總署幷李張袁王
俞海歆
致出使俄國大臣楊電六月初六日
柏林官電德使在京被戕確否乞立密示
致南洋大臣劉電六月初七日
德使斃德君甚怒又派鐵艦四快船一赴華約兵二千名
矣取北京爲城下盟柏林民情洶洶勢甚危請轉署幷李
張海陽
致出使俄國大臣楊電六月初七日
庥虞悉感謝昨往詰據云畢爵未回德君意尙不知恐決

裂云唯民情洶洶勢殊可危頃聞德派員赴俄商辦如何
情形乞探密示海陽
致出使英國大臣羅電六月初七日
魚電悉往詰外部云畢爵未回德君意尙不知恐決裂云
現民情洶洶勢殊可危未知英外部如何議論乞探密示
海陽
致北洋大臣李電六月初八日
西報傳中國已宣戰各國確否乞密示德使戕後柏林民
洶洶甚危急海庚
致鐵路大臣盛電六月初八日

來電均悉謝謝請轉署德使被戕柏林遍送報單民情洶
洶有與使館爲雠之勢甚危急海庚
致南洋大臣劉電六月初八日
陽電譯告外部切實聲明彼未遣詞詰電感謝旋云德使
已戕各國激怒在京洋人嗣後極須盡力保護勿再傷害
免動公憤務請轉達政府云速請轉署幷香帥海庚酉
致南洋大臣劉電六月初九日
庚電計覽回華一節彼不下逐客令我未奉
旨斷無擅走之理自應堅忍靜候以濟時艱聞
兩宮北狩又言被困不勝驚駭確否祈密示請速轉李張海佳

收出使法國大臣裕電六月初十日
佳電盡慮極是容函商通使再覆聞法使亦戕確否京信
通否如有聞祈示爲感海蒸
致南洋大臣劉六月十一日
德王昨諭膠撫水督抒電請江粤鄂各督凡在京被困洋
人救一命酬銀千兩能達此言到京諸費一併允還等語
足徵關切民命此電曾達尊處否海真
致出使俄國大臣楊電六月十二日
元悉賤恙因時事憤急寢食不安所致承問感謝恐有赴
外部事故派代辦學生被小孩所毆幷無傷海覃

致南洋大臣劉電六月十二日
和外部照覆和領與甘督撫商辦各事無論何項和廷未
便允准云乞轉李張袁王俞奐電已照轉否袁撫復德王
電已刊西報海元
致南洋大臣劉電六月十四日
兩帥力保長江被旗已信惟屢訾盡力保護使館係託空
言德皇注意在京似宜籌一切實辦法以維繫之即辦不
到或當原諒否則連保護長江語恐致生疑反掣東南肘
所關非細請卓裁愚見直陳乞宥元電未告袁復電亦未
由海轉海鹽

致盛大臣電六月十五日
西報言總署已焚譯堂有被害者蔭相夔帥均遇難確否
近日北事如何統乞密示海咸
致出使俄國大臣楊電六月十五日
咸悉昨直藩轉初三電
旨七百餘言如尊處未接到乞速示以便轉達海刪
致出使英法國大臣羅裕電六月十五日
昨滬道電直藩轉初三電
旨尊處如未接到乞速示以便轉達海咸
致南洋大臣劉電六月十七日

各使及眷口有無損害外部甚爲著急託電詢乞設法密
探確耗電示德派新使名刷次士潭月底赴華請轉署并
李張海篠
出使俄國大臣楊電六月十七日
銑悉函到電
旨亦照譯送以免參差外部允呈俄外部云何尚擬電奏否乞
示海篠
致北洋大臣李電六月十八日
諫電悉密探外部無實言各國總以各使及眷口有無傷
害再定辦法此事各國以代靖內亂爲詞在我只可推爲

亂匪滋事萬不可牽涉官兵爲將來收束計外部昨得粵
領電悉中堂廿一起程果否刻下彼雖無逐客令然已有
不應再爲接待之語後事亦難逆料篠電轉到否海巧
致出使英國大臣羅電六月十九日
巧電感謝畢言四條與尊處所聞大同小異已譯電傳相
初三電
旨尚擬覆奏否聞
兩宮甚危如有所聞乞密示爲禱海效
致閩浙總督許電六月十九日
元電照轉轄境尚安否海效

致出使俄國大臣楊電六月十九日
昨盛電孫徐兩相被刦東城焚殺最甚亂黨騎虎各使及
兩宮俱危頃羅得盛電十一日京耗董將編礮不避
旨使館政府俱危云觀此情形
兩宮恐有不測不勝痛哭尊處有聞亦祈密示筱電請覆海效

致北洋大臣李電六月二十日
德外部致列邦文稱德國立意一在保護本國寓華商民
身家財產工藝一救護在京被困歐人性命一使中國之
人實有治國理民之能者重整一切并籌一善法保不再
亂一所有兇惡焚殺之事須索賠懲治如願以償德國無
瓜分之意亦不求專利深願會同各國和衷共濟互相妥
商庶中國早平內亂速享昇平之樂此德國注意者也云
云先摘要電達祈轉劉張轉署海效

致出使英國大臣羅電六月二十日
頃傳相電廿一起程覘帥電得袁電聞各使暨眷無恙惟
使館圍嚴消息不通昨又會諸帥電京救使云今日德報
載袁電在京西人全沒未知孰是有聞祈示海號

致出使美國大臣伍電六月二十日
咸悉咸謝敝處有克使事擬稍緩覆奏彼雖無遜客令已
有不應再接待語刻惟飭參贊傳話北事如有所聞祈示

海號

致南洋大臣劉電六月二十日
號電照轉外部甚感謝各督撫美意惟願設法實力保救
有效尤感但英電各使及眷均被害云仍求探示海㪷

致南洋大臣劉電六月二十一日
號電敬悉譯送外部彼前屢言中國究竟誰秉國政論情
勢本不應再爲接待刻又禁止發密電恐不免有逐客令
此後消息不通奈何翹盼

致上海道余電六月二十五日
京閧不禁涕零乞轉署并李張此電係函託通使轉海箇
漾悉

國書欽遵照遞克使眷屬暨各使究無恙否請轉總署查明
速復海有

致南洋大臣劉電六月二十八日
請轉軍機處遵六月初三
旨向外部切實聲明據稱使臣遭害辱國太甚當力陳中國決
無開衅意克使爲亂黨戕害
朝廷惋惜殊深彼謂須確查再商因此官民甚怒頗有爲難
之勢幸有巡捕保護尚無他變彼雖云無瓜分意亦不求
專利殊未敢信刻派新使剛次士潭并派兵二萬來華深

恐憤兵不分玉石民遭塗炭正擬請
旨爲德使電唁并許辦犯免彼藉口因外部突禁中國發碼電
不果奉
國書及廿一
旨適德王避暑海口譯交外部轉呈彼詰問克使眷屬臣許以
查明再覆容得覆書另行電奏外竊思爲今之計宜乘各
國兵未集先自靖亂免致藉詞要挾或請駐京各使居間
排解各國易聽亦釜底抽薪之法臣觀此時勢憂憤交深
外部屢言論情形不應再接待雖無逐客令已不以使臣
相待臣不敢心存觀望但恐往晤被阻反難轉圜現覺派

參贊廣音泰代爲傳說以免齟齬謹披瀝上陳請代奏海
寰叩江此電由俄館轉
致南洋大臣劉電六月二十九日
請轉軍機處
國書欽遵譯送頃外部復稱中國
大皇帝電書已到惟未悉駐京各使館暨在京洋人被困情形
德使慘被殘殺如何懲償及如何設法足保將來按照公
法禮法辦事以上未經查明之先
電書未能遞代呈遞云請代奏海寰叩
致南洋大臣劉電七月初二夜

旨云各使平安彼仍懷疑若令各使電達本國則疑釋氣平各
館洋人無多殺之不武留質更激怒刻宜妥速送津以綏
其兵然後整軍備戰乃爲有名可否密電榮相勸諭軍民
或可感動時勢迫切痛哭上陳伏乞卓裁海寰
致北洋大臣李電七月十六日
初八
諭旨及寘電譯交外部詳切聲明據稱各使護送無實在把握
故不放心止兵非一國事主德深知
兩宮十分爲難并勿仇視意請勿多慮內匪未靖顯見兵力不
足故代平亂兵到後自見分曉再商辦云乞轉總署並劉

張海諫
致上海道余電七月十七日英文
總署代寄德館洋電碼已交外部請轉總署
致上海道余電七月十七日
和蘭外部託寄駐京大臣格洋文電希速轉總署妥交并
先電復海寰
和外部電北京和蘭欽差大臣密碼電我已收到甚慰
和戰船一隻開往大沽接爾到上海居住以待後命外
部大臣璞福
致全權大臣李電七月二十日

外部覆稱初八
旨派兵護送赴津一節德與各國雖允准然貴政府已認制兵
無權則所派之兵雖極鄭重設遇不遵令之兵及匪黨攻
打各使人等彼等未能抵禦必致疏虞貴國既肯認眞保
護德甚願中朝從速力籌良法以踐前言倘仍猶豫或置
不理設有變故應令中國
國家承當各國兵不日抵京原有顧全之心恐難遷就德與
各國明告中朝各使館例不能損傷如再生變即將北京
肇事人員性命財產抵償如貴大臣顧念中國利益速即
電達
國家務按公法辦事勿再任意遷延云大局攸關謹據實奏
聞乞卓裁轉樞譯劉張海號
致全權大臣李電七月二十日
咸電譯交但云存案不置准駁意似默許恐非兵到難遽
開議或先就近商德總領亦能轉達德新使刷次士潭將
到滬是一機會德現派瓦德齊爲帥并統各國軍各國已
認普法戰曾同毛奇畢司馬立功頗著名七月二十七携
眷及參謀五十人來華同駐滬若與議結似更便捷密聞
祈鈞裁號電外部語太橫事關大局不敢不電使臣無從
與辯祈轉達樞譯再德瑞林淡納根及眷現在何處乞電

示海禡
致全權大臣李電七月二十一日
號電內另籌良法探外部意即美法覆書會同辦理之法
云海馬
致上海道余電七月二十一日
和外部寄和使電乞轉總署妥交先電復海箇　和外部
電北京和蘭欽差大臣仿照爾之同僚行事璞福
致全權大臣李電七月二十三日
外部覆稱德廷總以速將被困各使人等放出係中朝第
一應辦之事萬難推卸未辦以前無論所派何人德廷均
不能與商現救援事宜已交在華各統領斟酌其援救之
兵應否進京可由中國向各統領商辦云海漾
致南洋大臣劉電七月二十四日
聞
兩宮西狩不勝痛哭何人留守洋兵何日進京都中近情如何
盼速電示海敬
致全權大臣李電七月二十九日
德外部面告京中情形尚未查明中堂所授全權各國均
難遽認云海豔
致全權大臣李電八月初三日

卅電敬悉德使到滬若倚總領先容或可會晤瓦特齊已
起行聞令駐華二年未知何意中堂全權揣各國意因
兩宮出幸誰秉國政且此
旨未經總署知照各使專報藉詞挑剔德以俄為從違若請俄
皇遜德皇居閒調停各國或可聽從回天之力全仗蓋籌
開京門靡爛
兩宮駐蹕何處曷勝痛哭心緒憒亂妄陳恐見用備芻蕘海寰
致全權大臣李電八月十三日
前上豪電西報節錄殊為詫異彼來詢未認倘撤查務請
秘之否則禁令愈嚴消息愈滯海元

致全權大臣李電八月十七日
遜庚電婉告外部頃復稱德須知
兩宮權力及
駐蹕處權力果不旁落方可與所派之人議事其全權實據應
由新使刷次士渾驗明如果合式再聽國家暨德公使與
各國商議德力勸中國不必開議先將仇視洋人之事一
律停止則和局易商於中國最有利益云海篠
致全權大臣李電八月十七日
寒電轉告據稱辦法已詳篠電不另復前請添派慶邸已
奉

旨否如奉
旨祈徑告刷使并電示海洽
致上海道余電八月二十六日
轉慶親王
王爺鈞鑒咸電遜告外部據稱刻尚不能議事德廷意在
先將肇亂之人查明交出已知照各國政府轉電各駐使
遜照辦理云海寰卯宥
致南洋大臣劉電閏八月初三日
德外部久不接待宥電遣康參贊婉告剖析利害彼不置
可否究難理喻曷勝焦憤乞轉香帥海歌

致南洋大臣劉電閏八月初三日
和外部覆稱迭次函悉和廷甚惜中國北京之事以致停
阻往來交情和與中不作為開衅和使館被殘信係亂匪
所為非中國意料所及中國已派全權大臣議和所有和
國及和人民在北京及他處被毀產業中國自然從速照
賠現擬飭開單由駐使轉交云祈轉慶邸并李張海歌
致南洋大臣劉電閏八月初九日
行在初二電傳
國書德外部訂十二遞據稱德使已將
國書電達政府德皇已有復書交德使云乞代奏海寰卯

佳并轉慶李
致南洋大臣劉電閏八月十一日由俄發
密電敬悉德自奉
國書雖未盡釋已有轉機德復書譯華已電達海貞
致南洋大臣劉電閏八月十二日
國書已遞外部云覆書交德使專呈并另須訓條飭使議辦
其書已登報請查奏等語茲謹撮要譯呈其文曰
大皇帝來電已閱欣悉
大皇帝擬將兇殺德使辱及文化之事按照華例賜祭貲醊作
為償恤然予身為德主世守耶穌教規似此兇惡之事礙

難遽以貲醊了結此次傳教及奉教之人慘遭荼毒不可
勝計其冤魂亦非貲祭所能解釋使臣公署各國所重向
無加害之理而中國反是且各國商民教士及
大皇帝屬下子民崇奉與同教者均無故被害聞之無不悽慘
然予不罪責於
大皇帝維倡首肇亂援害生靈主謀辦事之大臣既自肇禍即
屬罪有應得如
大皇帝能治以應得之罪則予固可釋然倘肯照辦并允被辱
各國派代君行權之人贊襄其事即可允行
大皇帝如能回京尤所深喜當飭瓦總帥不但遵照

大皇帝應得體制敬謹接待且可派兵護衛聽憑裁奪或有抗
法者亦可飭令幫剿和局亦所甚願但志在懲罰有罪及
所失盡為彌補不缺日後各國寓華之人皆得安居樂業
無財產性命之憂其傳教從教諸人得以任便尤為厚望
云云臣在德外部久不接待遇事遣參贊廕昌泰傳話前
德通文各國意在索交罪首方肯開議迭飭廕昌泰遞歷
次電
旨以民教相鬨事起倉猝實非
朝廷本意亦非
朝廷意料所及反覆理喻臣又以情動之遂將中德歷年交

好前既有過事相助之美意仍望追念舊好及早議和顧
全中國體制尤不可使中國有失自主之權函達外部尚
未接覆幸奉
國書從優賜祭其復電雖有不足之言已有轉意惟仍以嚴
懲禍首為詞所須德使訓條據外部面稱一須由各國駐
使查明中國擬罪諸王大臣是否眞正犯罪之人二須查
明中國自願治以何罪三須向中國索取切據擬定之罪
必見施行應令各使眼同辦理以為確證此三節辦妥再
議和約賠款諸事云外部久已隔閡迭經疏通至十二日
始允接見德君出外

國書由臣面交外部轉呈并喻以大義彼憤氣稍平仍未能
如常接洽臣奉使無狀不能挽迴狂瀾愧憤交并曷勝惶
悚除俟克使棺柩回德時遄
旨辦理外謹先奏聞伏乞
聖鑒臣海寰即請代奏并轉慶李榮張
致湖廣總督張電九月初五日
江電已切告揣外部意但願
乘輿早回似尚無西進之意容得覆再電海寰
致南洋大臣劉電九月初七日
德外部函復中堂青電悉德皇現降諭允准查驗中朝所
派中堂暨各大臣之全權字據惟德皇所注意者必須中
國
朝廷即速回京以便易於商議且收實效中國庶可因而復
舊云請轉傳相海歎
致南洋大臣劉電九月初七日
臣迭催外部速行開議昨始得復書據稱德王現已格外
允准查驗議和大臣全權字樣惟所注意者必須
朝廷回京方易商議且收實效中國庶可因而復舊等語臣
默察各國意見似均願從速議結即德國亦漸有轉圜之
機惟一日不回京人心即一日不定且奏報難免遲滯和

議勢必久延深恐各國藉詞另生枝節天下大局致爲牽
動竊思
乘輿西幸誠非得已殺亟雖固未可久持況各國使臣有駐京
之名若
駐蹕西安將來通問遞書亦難拒其不來所謂我能往寇亦能
往情勢昭然究非萬全之策似不如俯如各國所請以顧
邦交而安人心可否
飭下全權王大臣預與各使臣從速議定迎護切實章程指日
還
蹕俾和局早成天下幸甚迫切上陳曷勝惶悚臣呂海寰叩請
代奏歎并轉慶李張
致南洋大臣劉電九月十四日
初五日電奏計遄
聖鑒近因德外部更調往賀晤談問及德主復書是否呈覽并
云德主顧念邦交深盼
朝廷回京已准瓦帥剛使與王大臣議事中國果能照德所
議辦理將來兩國交誼更固北京爲根本重地早日
回鑾和議可早成東南各省亦即安靜等語臣答以所議只要
與中國懽側無損
朝廷仍不改敦睦之誼言詞間似有盼復之意可否再

答電書以酬其勸禍之請以示我和好之意伏乞
宸斷非微臣所敢擅請謹據實瀝陳呂海寰叩願請代奏并轉
慶李張
致南洋大臣劉電九月十六日
頃奉慶邸電恐惟前香帥電剛病故毓自盡外部均不信
官商各報議論紛紛是否確實乞速密示得覆後再將此
電轉達免彼懷疑致和議掣肘海諫速轉慶李前寄歌元
願電均轉奏否乞示
致湖廣總督張電九月二十日
邏感電已向外部更正佳電照轉據照棠得駐使電稟矣
海僣
致南洋大臣劉電九月二十五日
敬電謹悉俄轉歌電因通使赴黑海未回故遲元電已請
朗使代查海有
致南洋大臣劉電九月二十六日
密諫電覽否懲罪有關
國體屢經力爭頃得盛電剛故毓遣王大臣分別圈禁革調
當即譯交外部告以親王至革爵爲最重又復圈禁核與
西律弑逆只監禁者已屬加等各大臣分別懲辦在
中朝已斟酌至當實屬格外從重歐州每以華刑爲酷今反

過令加重殊不近情况各王公大臣志在保國不得謂之
不忠斷無不分輕重槪與駢誅之理董執兵柄操之太急
勢必變生肘腋仍應請
中朝相機自辦不可再爲催逼聞之似亦憬悟允與各國再
商又告以瓦帥在華武威已振勿再派兵前進致小民蹂
躪况誘踞保定西陵戕害大員辱國尤爲憤激亦應早退
以安衆心請飭撤隊議結彼云德廷亦願早結惟瓦帥係
八國統領本部不能遙制又告以德君屢言仍願與中國
交好若奏請速頒訓條飭其停戰速議當無不從反復辯
論彼允與各國會商并云今日瓦帥與王爺會晤和議不
日可成聯軍自然撤退容日再覆等語王爺是否與瓦帥
已見尙受商否各使議欵西報已登聞英廷大半不以爲
然已飭康使居間調停確否謹先密聞傳相諫電已敬悉
曷勝焦憤餘得覆再電以上均請秘密海宥祈轉慶李張
致鐵路大臣盛電十月初二日
廿六日奉
國電適德君下鄉廿七譯交外部李和芬頃據稱已代遞候
德君回柏林有信再告云乞先代奏海寰叩冬并轉慶李
劉張
致南洋大臣劉電十月初九日

密東陽電敬悉切詢外部德無西遁意懲首禍屢經磋磨語氣稍鬆董事剖說利害似可從緩毓遲電詳告唯諄囑議款速允深盼
兩宮回鑾以不損中國自主權
中朝亦願速結和議有成方能
回蹕云聞各款經各國會商已交劻使候八國合齊呈遞祈轉慶邸李張海佳
致南洋大臣劉電十月十四日
佳電計覽尊遇電當告外部據稱洋兵進止統歸瓦帥調遣然德廷却無西進議云海元
上慶親王電十月二十日
諫條電敬悉切商外部據稱已得劻電要全權憑據係照向例非一國意亦非藉詞挑剔告以華例向只錄
旨今王爺中堂電請錄
旨用寶更爲鄭重請飭催開議以免延誤外部允再發訓條飭劻使一面先行開議云海效
致湖廣總督張電十月二十日
儉電敬悉卓見甚佩據外部稱西廿一各使可交中國當必行知勿庸再開各使均得全權訓條其各款內如何詳細聲明之處即本部尙未知悉至各款總綱洋報已宣中外皆知云切商終不肯明言城下之盟恐多要挾曷勝焦憤海卅
致南洋大臣劉電十一月初二日
勘電敬悉遵即切告外部聞各款明日交議可行者請速允云海冬
致南洋大臣劉電十一月初二日
冬電計覽密各國定議各款不允聯軍不撤要挾殊甚昨與外部剖辯語意間如中國萬難允許者或容磋商其可行者我速允則難允之款我亦有詞請轉慶邸李張均祈秘密海江
致南洋大臣劉電光緒二十七年正月初三日
辦罪一節屢經辯論奉鹽電又見外部剖晰更將趙之罪浮於情及撫蘇政治民情愛戴辦理交涉並無薄待西人之處剴切詳言外部允電穆使云乞轉香峴海江
致南洋大臣劉電正月初二日
外部函約往晤據稱和議未結以前中國最好不與他國及公司定約將土地銀錢等利益相讓於中國甚有裨益請代奏云海鹽并轉慶李張
致南洋大臣劉電正月初二日
外部云德所注意者在懲罪賠費此事議結後再商如何

便於
朝廷還京之處祈卓裁代奏海鹽二并轉慶李張

致南洋大臣劉電正月初四日

宥密鹽電計覽禁與公司定約是束縛我非裨益我也當駁其干我內政彼婉詞分辯并言已飭穆使轉達英廷亦同此意云揣德意恐各國乘機爭利彼現為聯軍領袖不能不思沾利益又不肯遽言查新報載美將承辦粵漢各礦買與蘆漢公司又美公司擬許借中國三百兆元或因此二事發端亦未可定因交涉所關甚鉅謹再密陳請轉慶李張均求秘之海歌

致鐵路大臣盛電正月十一日

蒸電
國書初二譯交外部據稱恐辦不到為中國計仍以借總償歸還一了百了免致轇轕為是若分年償還不但煩瑣且受人挾制各國或藉侵利權當將為難實情縷晰剖辯彼允為照遞有復書再送等語屢經往催昨始明言聞各國均不復德亦不答云聞德廷命意所在彼亦未肯直言查新報載德水陸兵費已用百五十七兆馬現又續籌一年備用兵費二十兆馬有零商教各款不在內如明年西三月以前各兵或全撤或酌裁可從減等語觀此則就延愈久償款愈多公約似宜速結庶兵早撤而費稍省請代奏海寰叩元并轉慶李劉張

致鐵路大臣盛電正月十二日

宥密遵
旨密商德外部據稱須與英日公商俟有辦法再告云西報均訾俄在我事處兩難倘能公約先結大局早定可免效尤或有仗義助我之人否恐枝節叢生愈難收束俟得外部的實辦法再行復命乞先代奏海寰叩咸請轉發李劉張

致鐵路大臣盛電正月十九日

奉
旨後迭商外部頃據云自中外事起德廷於應議各事不願與各政府互商向飭駐使公同在京會議因而德之初意所在多有未能辦到者然照此辦法與中國所商之事業已稍有頭緒滿洲事亦應照辦故德廷不肯為各使另出主意不知
中朝能按照議和行文辦法通知各國駐使否德廷已發訓條飭穆使一俟中國知照即可會同各使在京公商等語聞英日現正籌議此事英已徑詢俄廷滿洲約是久是暫俄尚無回信可否請飭全權速行照會各使在京公同商辦較為得力伏乞

聖裁海寰叩祈代奏幷轉慶李劉張
致南洋大臣劉電正月二十日
效電計覽遵巧電切商外部據稱英已徑詢俄政府俄如
復英德亦知悉不必再問日使來詢本部曾以效電之意
答之中國財利地土德廷不願有所損傷再三婉商允爲
再發訓條飭穆使仍候中國知照後迅速在京與各使公
商云曾否知照各使殊切懸念海號祈轉慶李張
致南洋大臣劉電正月二十一日
宙密效號電計覽德於滿洲幷無利益英日最有關係倘
力懇其出而排解事或有濟則德亦不甘居後德與俄隣

其不肯爲我開罪於俄勢所必然日爲切膚我若甘抑未
必不先藉口英旣以久約甕約詢俄則英或有辦法海屢
商外部彼總以穆使在京與各使公商爲詞是否助我抑
另有寓意殊難揣測各使倘能公同調停則公約速結再
商俄約乃爲上策聞德索兵費三百兆如西四月以前兵
不能撤尚須加增曷勝焦憤海密陳箇乞轉樞垣幷李張
致南洋大臣劉電正月二十八日
昨德相畢魯在議院昌言曰和議最要者兩端一啟釁首
禍前擬治以死罪今稍從寬不分官之大小以有罪無罪
爲斷

醇王來德一節我皇甚喜然須和局定後方可接待二賠
款除軍費外商教亦應索償惟款須有著而仍不傷中國
財力已與諳華情者相商均謂不宜干預華內政亦不宜
稽查一切進項以海關作抵爲最要銀價日落華已吃虧
稍加關稅亦屬所宜至鹽釐等應否加增須詳察再定或
謂應廢釐金者是干華內政我政府不甚謂然倘中國辦
法未能盡如各國意應代籌理財善策德兵何時可撤以
華人辦事遲速爲斷賠款有著兵即可撤回去年德英條
約一保中國土地二保英德在華商務與滿洲事無涉德
在滿洲無多商務存亡無干然德不願中國國產任意棄

置國債甚鉅各債主亦不願其浪擲如有專約牽涉中國
財力我國斷不坐視幸各國立論均謂在華不求專利有
則公之唯公司數家乘機索利若不嚴阻恐華財力將盡
我無所取華使來商滿洲事答以歸駐京使公商爲妥有
謂俄德相持不下者此說無稽要知俄專注北省與德無
涉德廷辦事大意在保全太平勿損己利益各國或有爭
端德必守局外例我行我法不爲他人指使我德總以華
事速結爲宜遇事公平妥商如各存意見亦必竭力排解
等語謹撮要電聞海勘乞轉樞垣幷慶李張
致鐵路大臣盛電二月初六日

遼冬江
旨廑向外部懇其徑達俄廷展限德終不允并咎我不照效電
照會駐京各使爲辭再三切商據稱別無辦法又詢以俄
若決裂恐牽動公約答云公約事德諒能在京照常辦理
海寰叩魚請代奏并轉慶李劉張
致鐵路大臣盛電二月初十日
來電遵辦據稱爲中國計俄約仍照效電在京公商爲妥
不另覆矣京俄兩約本非一事可同時并議但俄約不宜
混入京約致京約延宕倘俄約辦至畫押或同時或先後
均可然俄約究能成否尚難逆料而與公約無涉云海佳

轉劉張慶李
致鐵路大臣盛電二月十一日
宙密俄約事遵
旨廑商外部彼總以效電爲辭詢以若允俄約各國如何彼云
視允俄何利爲斷滿洲鄰俄俄宜關心他國難詰責英德
約與滿洲無涉又詢以俄如決裂不還滿洲若何彼云俄
既允各國撤兵歸地想應踐言可勿過慮昨又往切商仍
堅執效電辦法又詢以京約是否停議彼云未停唯格使
因滿約屢未與議現京約最要在償款款有着兵可撤他
事較易商德甚願早結云謹再密陳海真乞轉樞并慶李

劉張佳電請轉樞
致鐵路大臣盛電二月十三日
宙密海奉使無狀中德未能浹洽何不以公事論過事僅
通融商量密碼迄未弛禁彼國緊要之事不得不由他館
代電以冀消息靈通藉知虛實倘有宣露一被詰問將來
更難措手凡電經外部畫諾由柏林遞發者儘可援引餘
則務求秘密束縛情形懇乞鑒原爲叩海元轉樞垣并慶
李劉張
致湖廣總督張電二月十二日
遵眞電切商外部候得覆再電海覃

致南洋大臣劉電二月二十五日
宙密遵效電切商外部據稱禁購本非德意俟賠償有著
再轉商各國德不從中爲難談及償款難籌彼云加稅德
以爲然聞英不允當極力調停或籌一折中法以金抽稅
計可暗加盞五若款無著兵難撤則償費日增云特密聞
海有并轉慶李張
致湖廣總督張電二月初四日
徑宥電遵照譯交頃接覆稱所有應議各事統交穆使料
理償款亦在內北京如何議法無從徹悉難遙確復已電
飭穆使倘張帥有詢商事件務盡心詳告請轉達張帥徑

與穆使接洽云海豪

致湖廣總督張電三月初九日

頃接外部密稱鄂督所願聯軍速退一節德甚謂然亦願竭力贊成惟各國看法有不盡與德同者但德覩撤兵關鍵專在償款若有頭緒亦願力勸各國退兵聞償款雖鉅如鄂督有實在辦法即請密電駐德華使轉達本部倘事在可行自當格外遷就并設法轉勸各國照允此為顧全中國大局起見鄂督志在保國故本部格外相助等語務請秘密海佳

致

行在軍機處電三月初九日

江督電未奉到遲冬電婉切商外部昨又催詢據稱償款約共六十五兆鎊借債須八十五兆鎊方得此數款鉅難籌自係實情至加稅事已派員赴英徑商英雖推諉德不幾勁想可望成德願華事速結云海佳

致南洋大臣劉電三月十一日

昨外部密稱聯軍撤否以償款為斷聞鄂督為償款甚着急如有實在辦法不妨密告事若可行德必格外遷就并助華力勸各國照允可否將此意轉電等語已密電香帥叅問其用意所在又密言聞為償款事有從中漁利者恐華官為其所慫故德願知中國本意所在云仍乞秘密以免外洩并轉楓譯慶李張海蒸

致湖廣總督張電三月十六日

宥密藥電遵告外部意似可商又告以十年攤還不加算息更妙據稱利息一層刻尚議不及此鄂督辦法已電穆使查看情形候電到再復云海諫

致鐵路大臣盛電三月十九日

洋貨加稅并將免稅者酌抽輕稅者酌增按照洋藥稅釐併徵之法辦理無論值百抽五抽十統以金交納按時估價果能辦到所增當甚鉅以金交納辦法約有五端一貨

物在原造地方購價之數二該貨由原造地方販至中國海口所需車船運費之數三該貨保險費駁船費及一切商家經手等費之數四以上三項共成若干總作為貨殖之數照此核算抽稅均以底帳為憑五稅金每日所收若干即交各銀行代存按日計息既可得有餘利且免將來付洋債時用銀買金鎊抬價折耗之虧唯各海關火耗平餘全免似應稍加津貼以免辦公竭蹶方能永無流弊查此次賠款過鉅借債虧折太多擬將償款四百五十兆兩勻分十年照各國應得之數經付各國國家如能不加利息更妙倘或稍加利息即在四五釐之間所付之利亦不

過百兆零較七折借債可省三百餘兆兩乃為合算時事所迫不勝憤急愚見備採乞轉樞垣譯署用否代奏請旨裁并轉慶李張海效

致湖廣總督張電三月二十二日

巧密電均悉外部意不願丁捐作抵探得實在辦法另電海養

致南洋大臣劉電三月二十二日

宥密遥電切商外部據稱丁捐恐別生事端而加稅英仍不允昨英商又紛紛禀阻德亦無法告以加稅事關邦交非商所能阻借債虧折太多現銀難措仍望代籌畏貸彼

云此時借債銀行自必居奇為中國計應賠某國若干即立欠票若干交某國持據暫不還本每年先按本出息俟數年大定後另籌還本之法或再借債亦不至受人挾制日後還本若干利即遞減如此變通實大有益告以中國實係無力仍請德國倡首將賠數減讓再能免去利息分年還本更見交情彼云賠款四百五十兆兩無可再減利斷難免反復商議彼云至少須四釐每年出利十八兆兩中國不致為難以欠票為據以從前借債未經押出之進欵作抵既有實在着落聯軍即可撤退告以中國現在極力變法需款甚緊若將進欵作抵非加稅無從籌備仍望

貴國贊助彼云加稅一節先將償款議結聯兵出京後國家照常辦事再與各國從容商議自可望成云云但據稱此係彼之私意與各國尚未商妥囑暫緩電華唯大局攸關恐誤事機特摘要密陳或作傳聞之說與各使商辦勿泄海電以免掣肘為幸海養乞轉樞并慶李張

致湖廣總督張電三月二十九日

感電悉丁捐作抵外部謂此中國創辦之事苛取於民必致生變德不願招民怨且虛懸無著成否難料既以償款為重何不以稅釐鹽漕作抵而以空款塞責語甚決斷深電覽否海豔

致鐵路大臣盛電四月初二日

頃晤外部據稱德國軍費民商償款共約二百五十兆馬克如不付現須年利四釐行息其頭批利定於西明年正月一號付以後如何歸本付利以何項作保須即會商訂章中國能均允辦請降

旨照准送與穆使查閱則德兵大隊當立撤歸唯剿保定一帶又有仇洋事起中國須先從速戡定以為撤兵張本德國倡撤各國諒必從風否則多遲一日賠款多費一日請達江鄂二督云海東乞轉劉張并樞譯慶李先電復

致南洋大臣劉電四月初九日

冬電覽否聞德皇電調甲艦回國并飭撤帥減兵云與穆使議已妥否念甚乞轉樞譯慶張海佳

致鐵路大臣盛電四月十一日

冬電轉否乞速復海宜

致鐵路大臣盛電四月十三日

頃晤外部據稱償款并息已奉

旨認付全權請早撤兵茲奉德君特諭撤帥并將德兵調回僅留四分之一如和約及早全行議妥亦撤倘別生枝節撤兵恐須另議至專使來往道歉現可舉行屆時當以優禮接待柏林駐使赴宮禮節及往來電報一律照舊嗣後可友睦如初云轉樞譯代奏海寰叩覃并轉李劉張

致南洋大臣劉電四月十五日

覃電覽否元電敬悉德瓦帥不日回國聞現包十三艘并搭用公司船陸續運兵約萬八九千人西七月底可全登程暫留三四千駐華其兵船除四甲艦已調歸外尚留華快船四大兩小礮船四魚雷三請轉樞譯慶李張海咸

致湖廣總督張電五月初二日

外部稱頃接津電華兵擬由保定乘火車赴京德法統領因未預商故不准行相持恐生枝節現力勸華兵暫停勿進并嚴飭華兵官勿作違理之事速向德法統領商允再

進否必滋事請速電鄂督云兵將全撤勿再予人口實事關大局請速轉飭并轉慶李劉袁海東

致湖廣總督張電五月初四日

冬電計覽外部稱德廷甚惜袁撫丁憂能不解任實於大局有益德為顧全東省起見并非干華內政請電鄂督云并轉發李劉海豪

上慶親王電四月十七日

王爺鈞安咸電敬悉覃電鑒否探聞德君避暑須秋末始可回

醇邸何時啟節早到久候似不相宜定期乞先電示

醇邸前即安海篠

上慶親王電四月二十二日由俄轉

篠電覽否靜候覆電照會外部頃晤該部據稱德君西八月下旬回柏林九月初二閱操屆時

醇邸來臨相宜云探聞德主有飭備皇宮駐節之意未知參隨共幾人然未便均駐於彼且禮節完後似以住外為便應另覓寬敞寓所以符體制至折努阿下船住店及赴德火車均須預為布置乞轉商

醇邸如已派人承辦一切甚妙倘有飭海備辦之事祈先電示以便遵行應送禮物想已備齊唯去年德儲分宮大

署四月江電所備禮物曾否須發如能一併携來尤爲周
到致賀
國書外部前言俟禮到後同遞併聞海養
上慶親王電 四月二十六日
篠養電均覽否西報傳
醇邸明日啟節礮否乞查前電速示遵行爲叩海宥
上慶親王電 四月二十七日
頃外部照稱穆使電請
醇王來德日期奉德皇諭西九月二號閱兵之便接見等
因特聞海感

致醇親王參贊廕都護電 五月初七日
五樓鑒西報喧傳
醇邸隨員二十跟役五十礮否上下礮數若干廕所應如
何備辦轉擊是否黃色立候電復轉稟廕音泰陽
上慶親王電 五月初九日
王爺鈞鑒李希德耐事德廷已照准海叩佳
致湖廣總督張電 五月十六日
遵陽元電詳細切商力勸相助據稱江鄂督辦事德甚感
佩唯此係各國公共事雖獨作主可囑兩帥照來電逕告
穆使或滬漢領事轉商各國俟穆使來電再議云請其先
電穆使接洽亦允照辦乞轉峴帥海諫
致南洋大臣劉電 五月二十四日
頃外部照復教務事已電穆使屆時與各使妥商餘與諫
電同祈轉香帥海敬
上醇親王電 六月十九日
王爺鈞安聞德皇定西八月廿七接見外部囑請
王爺將頌辭底稿先行知照擬撰答詞勿遲爲幸等因乞
速將頌辭電示轉交爲盼至隨從上下人等並求分別詳
細電示以便預備客寓車票免致臨時遲誤海當至折努
阿蔴迓

邸駕並派德林至那波利前導立候電復海寘叩效
致南洋大臣劉電 六月十九日
諫電敬悉遵晤外部剴切婉商彼允電穆使查看情形再
定云先聞海效
致鐵路大臣盛電 七月初六日
國電頃已收到
醇邸遞書禮節屢詢無確耗正在起身往接於禮官處得
悉廿七德皇在白廳坐見
王爺行三鞠躬禮遞書致頌其參贊隨同入見者均照中
國臣下覲君禮叩首據云此次係賠禮非尋常聘使可比

不知曾與穆使商及否唯大局攸關時甚迫促海現力爭能否挽回未敢預必除電

醇邸請示外乞速商穆使電示海魚祈速轉慶李劉張並樞譯

上醇親王電七月初六日

王爺鈞鑒遞書禮節屢詢無確耗正在起身來接於禮官處得悉廿七德皇在白廳坐見

王爺行三鞠躬禮遞書致頌其參隨同入見者均照中國臣下覲君禮叩首據云此次係賠禮非尋常聘使可比不知曾與穆使商及否唯大局攸關時甚迫促海現力爭能

否挽回未敢預必乞

王爺暨燕謀午樓諸兄速籌良策訓示爲盼海魚

致鐵路大臣盛電七月初七日

魚電覽否參贊等按中國見君禮叩首一節屢與外部及大禮官爭辯迄未就範焦憤萬分唯蔭昌因繙譯尚可通融未知穆使能轉圜否海陽請轉慶李劉張并樞譯

致鐵路大臣盛電七月初七日

國電祇領適德君在鄉邏即譯交外部轉呈海實叩慮乞轉樞垣先代奏

致南洋大臣劉電七月初七日

肎電轉達外部乞爲代奏請轉鄂粵督海虞

上醇親王電七月初七日

王爺鈞鑒魚電覽否參贊隨見叩頭一節屢與外部及大禮官爭辯迄未就範焦憤萬分據禮官云德皇備專車一輛在佛郎岱迎接併開餘容面稟海邁

上慶親王電七月初九日

王爺鈞鑒海連日爭辯禮節惡憤之至今早至折努阿迎接 醇邸又路上受暑觸動舊症眩暈不能起立折努阿天氣太熱亟須赴瑞士調理實由無法乞恕罪

醇邸十一始到口諸事已預備妥當已派李德順在此伺

候請放心海叩佳

上慶親王李傅相電七月十一日

王爺中堂鈞鑒海赴瑞養病佳電已稟頃讀掛電蒸籌極是海雖在瑞電達柏林頃刻可到當授蔭昌蒸機宜囑其設法挽回惟海與外部及禮官反復爭辯已盡所言恐彼堅執難以理喻但盼穆使肯助或可轉圜頃又接電外部傳德皇諭駐德呂使隨帶一員均隨行覲見禮居然故違公法闘之不勝氣憤病更增劇特鬮海叩軫

附錄參贊官蔭電七月十一日未刻

晤外部知穆使電已呈宰相尚無下文告以得慶李劉

電均不以爲然務請設法轉圜彼謂戕使實係欺慢我
國太甚恐難挽回捐免行禮萬不能辦貴國實有此禮
況專使賠禮而來耶蔭昌事已奏德皇批迴仍尚未定
告以忠赴瑞士養病廿七恐不能回棨甚可惜事急時
促棨經電稟慶李劉張樞譯
醇邸外廣音泰謹稟眞
上醇親王電七月十一日
譯署卦電遵告外部據稱此次中國遣親王等係爲賠
禮而來卽應照中國禮賠罪告以
慶邸李相劉督來電均不爲然應請設法相助免行此

禮答以德皇以戕使欺慢德國甚深恐難挽回五樓能
否免禮仍未定除逕電
慶邸李相外廣音泰特稟眞
上醇親王電七月十二日
王爺鈞安跪叩一節屢與外部爭辯迄無更改據稱中
國與德國係平行所以見德皇亦須行華禮蔭昌仍以
參贊看待如免蔭昌置張翼於何地云廣音泰稟文
上醇親王電七月十二日
王爺鈞鑒使電遵密告外部據大司員稱德皇十四日
禮拜二午時接見事棨已預備齊全定期諒難更改且

親王宰相及各大臣均飭令伺候如
王爺因病不到德皇以爲藐視益見中國無重敦睦好
之意深恐另生枝節且謂此事有關兩國交誼云應否
轉電
慶邸伏乞鈞裁禮節單已見
王爺行三鞠躬禮餘行跪拜禮辯論再三並與大司員
作爲私談求其從中相助以全兩國體面能否通融俟
見正外部卽速電稟廣音泰謹稟侵
上醇親王電七月十二日子刻
王爺鈞鑒晤正外部知定期接見不能更改跪禮辯論

再三求其通融棨云或改爲請安如何但此係私意尚
未知宰相能照准否明晨聽信云廣音泰稟侵子
上醇親王電七月十二日
王爺鈞安遵覃電逕告外部據稱德皇已有訓條十四
禮節一律停止
王爺祇可說因病不來請安一層能否通融尚未得宰
相回音恐亦難辦李希特爾已往見德皇
王爺力疾來德祈堅緩辦云應否電達政府祈鈞裁俟
事如何結局想李希得爾必逕電稟廣音泰謹稟元
致鐵路大臣盛

禮節事已成騎虎愈辯愈堅刻下外部不容再商若徒恃
在德爭論恐致決裂日後即難再往焦急萬分可否交各
國原議公約使臣將受書禮節另行持平訂定以昭公論
之處恐見伏乞鈞裁事關大局迫切之至海讓祈轉慶李
樞譯自瑞士發

上醇親王電

效號電敬悉頃知德皇六號出巡日內尚可接見現與外
部大員克勒梅再三切商據稱
王爺來必定接見唯免去下跪一節可請
王爺照致廕昌泰德文信辦法照會外部轉懇德皇邀免
如德皇不允即照全權嘯電辦法携金楷理廕昌泰遞書
德皇允否亦須請示至
王爺照會外部是否用電抑須
王爺備文面交外部之處俟請示外部大臣定奪再給回
信云此事稍有轉機除俟得外部確信再行電稟外時促
祈先預備行裝以免屆時躭延海昨晚亥刻到署海寰即
稟號

上醇親王電

頃晤外部司員克勒梅據云奉德皇諭格外加恩免去跪
拜禮惟遞

國書時只能帶廕昌一人藉作繙譯其餘參隨等亦可同來
均住坡次達姆皇宮時促務於今晚約十一鐘成行明午
後三鐘抵柏林稍息往晤外部面商一切并云如逾西本
月四五兩號則不接見矣云云照會外部之文時迫亦可
暫緩除電兩全權外啟節祈先電示海號酉

致鐵路大臣盛電

跪拜禮屢與磋磨迄未就範聞德皇西九月六號出巡過
期即不接見
醇邸十分焦急今早又見外部司員克勒梅劉切婉商刻
已奉德皇諭跪拜禮允免遞書時只帶廕昌一人俱行三
鞠躬禮餘均不見仍請駐皇宮已電
醇邸今夜啓節明日兩點鐘到柏林先電聞海習酉請轉
慶李劉張樞譯并李木使

致鐵路大臣盛電

醇邸今日申刻安抵德國波斯達姆住宮明午遞書容再
電請轉慶李劉張並樞譯海箇

致鐵路大臣盛電

今日十二點半
醇邸帶廕昌作繙譯呈遞
國書致頌詞德皇坐受其餘參贊等六人在旁殿伺候禮

隨同
醇邸出德皇宮即回拜明日見德后後出宮乞轉慶李劉
張並樞譯海寰
致鐵路大臣盛電
頃據外部照稱德皇已有復電飭穆使敬謹轉呈代謝慰
唁云乞轉
行在樞譯請代奏並轉慶李海寰
致鐵路大臣盛電
頃據復稱已飭穆使代謝慰唁云乞轉劉張陶三帥海寰

庚子海外紀事卷二

欽差出使德國和國大臣署理外務部左侍郎都察院左都御史臣呂海寰編次

來電光緒二十六年五月起

收出使俄國大臣楊電五月十七日
報言均確大局極危詳函在途儒銑

收出使俄國大臣楊電五月二十一日
水旱電線均斷消息不通各使館恐均難保以一國而攖
衆怒可謂千古奇變進署係啟秀那桐溥興莊端而剛端
最信拳匪素昧外交故有此舉都中閉城其亂可知北望
京華憂心如擣儒

收出使俄國大臣楊電五月二十二日
昨晚各報消息稍好但願前傳各事均不確實然即就此
議論已屬不了尊處如別有所聞亦望見示儒養

收出使俄國大臣楊電五月二十四日
沽台被據俄海部已得電音都門久斷消息北望唯有痛
哭外部言俄皇決意保中國已調兵四千赴京自衛且助
剿有聞再達儒敬

收南洋大臣劉電五月二十五日
北事危急長江一帶洋商教士坤與香帥極力保護鎮靜
設法斷不流虞祈告彼國政府電飭水師無須分兵代籌

以免憖擾地方滋生事端有礙商務如彼國有調艦使佔
意務請設法婉阻切盼即坤敬
收北洋大臣李電五月二十五日
鴻將入
覲唯大沽台船互擊並非奉
旨各國是否作爲開衅希密探彼政府注意所在如可商量停
兵即日北上面奏先靖內亂再議善後望探彼口氣速電
復俾定行止鴻徑
收出使俄國大臣楊電五月二十五日
函悉頃接杏蓀復電各國兵到京與匪巷戰匪退清徹臺

各國踞合肥內召云儒有
收上海道余電五月二十五日
潔電已託盛杏翁設法轉發到劳電聞近日英領欲派艦
入長江兼護淞台經峴帥以力任保護教商鎮靜密防可
保無虞却之乞轉告德政府萬勿派兵艦入江免江民造
謠生事百姓憖擾轉於中外大局無裨爲要傅相入京大
約爲善後事惟毀殺過多辦結不易奈何沅有
收北洋大臣李電五月二十六日
有電已節錄大意設法轉電樞譯惟近京各路電線均被
匪斷音問不通頃閱廿四

旨拳民剿撫兩難衅端已開鴻即繞道前去無濟於事粵民攀
留甚切亦難久留德主注意若何仍祈隨時探示宥
收南洋大臣劉電五月二十七日午前十一點鐘
有電悉李已迭電催德使平安坤沁
收上海道余電五月二十七日下午六點鐘
宥電悉北京各使均平安沅感
收出使俄國大臣楊電五月二十八日
宥感電悉北京仍無消息各館平安甚望其確沽役俄傷
人最多此間不作開戰看已電告傅相請其速行儒勘
收出使英國大臣羅電五月二十八日

傅相電北事大壞津租界全毀英提在路亦難保京無確
報然必決裂事由端剛主操鴻勘午豐勘
收出使法國大臣裕電五月二十九日
勘電悉感佩法外部所論與尊處均同昨稱接確電各使
無恙又津界打五天有領事被戕之說尚無續電同舟誼
切有聞當彼此隨時電達祈放心庚豔
收出使英國大臣羅電五月二十九日
勘電敬悉沙侯云英政府注意保全英民性命產業絕無
乘機強令中國變更政體家法之意現拳匪勢燄甚張中
堂靖亂有把握固望即日北上而坐鎮兩粵以繫民心亦

屬要圖祈慎酌等語盛杏翁電廿三日署行文各使出京
豐鹽、
收直督李江督劉鄂督張皖撫王湘撫俞東撫袁電五月二十日
請速將原電譯成洋文轉送外部務請配送華文免失語
氣其文曰北方會匪違
旨滋事各國人口物業致遭損害京內京外數百里華商華民
財產焚毁億萬至戕殺日本保護隨員乃各官辦理不善
之故實非朝廷意料所及致各國兵艦進佔大沽礮臺大
局恐成決裂現在我
皇太后

皇上已電召李鴻章來京必係與各國妥商辦理免致失和惟
鴻章抵津尚須半月而各國日內進兵不已設或再有戰
事將來更難轉圜徒令各匪乘機肆惡平民多遭慘害今
各省督撫並未奉有開戰
諭旨可見朝廷並無失和之意務祈婉商各國政府迅電天津
各兵官勸各國暫行收兵停戰俟鴻章到京請
旨開議必當妥爲了結不啟戰禍官兵方能專力剿匪目下長
江沿海一帶各督撫力任保護之責諸國洋人均可無虞
顧慮若天津再有戰事則南方必將牽動事機危迫務祈
迅賜施行以上各節請楊星使即刻轉商外部感禱鴻章

坤一之洞世凱之春廉三全啟等語即望電復豐鹽
收出使法國大臣裕電五月三十日
尊處接武昌公電後彼所答如何請密示庚卅
收南洋大臣劉電五月三十日
長江一帶各國商教坤與香帥力任保護不致疏虞現正
與各領事商酌定約勿勞各國派兵艦入江以免地方驚
疑匪徒乘機擾害祈轉商外部電飭各領事遵照領事當
已電商矣望電復切禱坤卅
收出使英國大臣羅電六月初一日
傅相電頃電探津租界由拳匪亂兵攻毁英法添兵奪回

將同各國兵進京勢必不支英提西門閘已回津鴻續奉
旨再行希轉呂楊裕伍卅豐卅
收出使俄國大臣楊電六月初一日
卅悉各督撫公電已見俄決不欲開衅乃頃由濟南轉到
總署漾電云現因拳匪滋擾京城已准各使館派兵自衛
又復添兵前來商阻未允詎駐津總領事照會北洋內稱
各國水師提督請將大沽口各礮臺尅期交伊等收管顯
係首先開衅已於本日四點鐘由署照會各使於二十四
點鐘內帶同護館兵弁等赴津尊處行止可相機酌辦並
已飭滬道撥經費備用漾即轉羅裕呂伍徐大臣儒卅

收南洋大臣劉湖廣總督張電六月初二日
北事危迫惟急保東南待轉機坤洞飭滬道與各領議立
九條　一會商保護辦法兩不相擾以保全中外商民人
命產業爲主　二滬租界歸各國公同保護　三長江及
蘇杭內地洋商教士產業兩江兩湖允認切實保護現禁
謠辦匪并咨各省飭屬照辦　四各口已有各國兵輪者
照常停泊水手不得登岸　五各國如不待督撫商允竟
派多輪入江等處致民懷疑啟釁毀壞商教人命財產事
後中國不認賠　六吳淞及長江礮臺各國兵輪不可近
臺及對臺停泊操練免誤犯　七滬製造局一帶各國兵
輪勿往游弋駐泊及派兵捕前往此局軍火專爲防剿土
匪保護中外商民之用督撫提用勿庸驚疑　八內地偏
僻未設防處教士洋人勿冒險往遊　九滬租界防護須
安靜辦理云內地人心浮動一經驚擾伏莽竊起禍患難
測非此不能保全中外民命財產各領須電候本國示務
請速商外部照辦東南幸甚現奉電
旨各使館仍盡力保護坤洞東
收出使英國大臣羅電六月初二日
傅相電頃探電各國駐京使已同英水提出京距津十二
邁云即轉電各使鴻冬豐冬

收出使俄國大臣楊電六月初四日
傅相來電卅電悉總署漾電有行止相機酌辦字樣似未
明言撤使各國外部當尙無逐客之意有公等在外或可
維繫邦交惟迭據探電天津租界廿一被兵匪攻毀斃洋
人百餘名各國兵在津外擊散兵匪廿八由津赴京現計
京城有董宋兩軍協同神機營虎神營駐守如能力保使
館大局或可挽回乃據東撫電有人廿六自京來稱廿四
董兵殺比使廿五圍攻交民巷被焚只餘英館及西什庫
兩處未克廿六仍在圍攻云是皆在漾電以後情形日變
想各使未能赴津各口洋人十日未接京信均甚惶急敝
處奉到廿九
諭旨現在兵民交憤各使館均甚危迫我仍盡力保護等語祈
密轉羅裕呂李伍徐各秘覽東儒江
收湖廣總督張電六月初四日
前總署電各國駐使大臣有行止相機酌辦之語如無促
歸之
旨萬望妥酌以保大局洞支
收北洋大臣李電六月初六日
北京宮殿未聞被焚英日添調兵三萬餘不日當大戰鴻
魚午

收出使俄國大臣楊六月初六日
傅相來電山東袁撫支電頃有人卅自京來稱兵匪攻交
民巷六七日仍有兩館未克聞係俄法館兵匪亦傷亡甚
多等語祈密轉各使秘之鴻歌備魚
收出使英國大臣羅電六月初六日
頃盛杏翁電德使斃等語外部詰問否祈電示豐魚
收出使俄國大臣楊電六月初七日
德使事似確外部云何祈示儒虞
收北電大臣李電六月初五日
榮相電德使在都被亂匪擊斃外無知者密籌有無消弭
之策鴻未奉電催不敢去與諸邸爭持諒之歌西
收南洋大臣劉湖廣總督張電六月初八日
德使在京被戕祈代弟等極致哀悼惋惜坤洞陽午
收南洋大臣劉湖廣總督張電六月初八日
請告外部恐北方軍務愈緊東南人心擾動應聲明無論
以後如何及長江蘇浙內地各國允不派兵弟等亦允按
約保護所管省內各國人民財產坤洞陽
收南洋大臣劉電六月初八日
各國政府允如能保護內地洋人可不擾及東南各省各
國水師在大沽會議亦謂專彈壓拳匪及自救本國人又

楊星使東電各國既不直認大沽之役爲開戰只可姑與
羈縻署電既有酌字諸公藎謀自必斟酌妥善如能暫留
各國以通聲氣而知外情且爲日後開議地步最好但請
宸裁自行酌定不敢越俎代謀坤洞庚
收北洋大臣李電六月初九日
宣戰之
旨並未行各省及各國政府聞是日各使赴總署議事不料亂
兵團民中途戕德使實非政府指使亦非意料所及務徧
布新報以釋疑怒鴻佳
收鐵路大臣盛電六月初九日
庚電濟南轉署京內兵匪十餘萬
內廷半拳匪
兩宮亦危宣
收南洋大臣劉電六月初十日
庚佳電悉堅定甚佩
兩宮在京尚安惟匪衆在肘腋可慮坤卦午
收出使法國大臣裕電六月十一日
蒸恐京信多日不通法英各使恐皆不保北望痛心疾首
庚眞
收南洋大臣劉電六月廿二日

寘電悉德王電未接到坤文

收閩浙總督許電六月廿三日、

聞德使被害出意外乞代致外部慰問達惋惜忱駿元

收出使俄國大臣楊電六月十三日

報述貴體遂和參贊代辦學生被擊有因否并復儒元

收南洋大臣劉電六月十三日

德皇電到具見保全民命一視同仁在京各使館人等前

奉

諭旨仍盡力保護至長江內各國商民教士弟與香帥一體力保斷不疎虞可請德皇放心祈達外部坤元

收上海道余電六月十四日

頃直隸藩台微電是月初四日由兵部六百里遞到軍機處交片初三日奉

旨此次中外開衅其間事機紛湊處處不順均非意計所及該大臣等遠隔重洋無由深悉情形即不能向各外部切實聲明達知中國本意特爲該大臣等縷晰言之先是直東兩省有一種亂民各就村落練習拳棒雜以神怪地方官失於覺察遂致相煽成風何月之間幾於徧地皆是甚至沿及京城亦皆視若神奇翕然附和遂有桀黠之徒倡爲仇教之說五月中旬猝然發難焚燒教堂戕殺教民閩城洶洶勢不可遏當風聲初起之時各使請調洋兵到京保護使館朝廷以時勢頗迫慨然破格許之各國通計到京洋兵不下五百人此中國鄭重交邦之明證也各國在京使館平日與地方尙屬無怨無德而自入城以後未能專事保護或有時上城習槍或有時四出巡街屢有放槍傷人之事或任意游行幾於闌入東華門被阻始止於是兵民交憤異口同聲匪徒乘隙橫行燒殺教民益無忌憚各國遂添調洋兵中途爲亂黨截殺迄不能前蓋此時直東兩省之亂黨已鎔成一片不可開交矣朝廷非不欲將此等亂民下令痛剿而肘腋之間操之太促深恐各使館保護不及激成大禍亦恐直東兩省同時舉

事將兩省教士教民致無遺類所以不能不躊躇審顧者以此爾時不得已乃有令各使臣暫避至津之事正在彼此商議間突有德使克林德晨赴總署途中被亂民傷害之案德使蓋先日函約赴署因途擾亂未允如期候晤者也自出此案亂民益挾騎虎之勢並護送使臣赴津之舉亦不便輕率從事矣惟有飭保護使館之兵并益加嚴以愼防倉猝不料五月二十日即有大沽海口洋員面見守台提督羅榮光索讓礮臺之事謂如不允便當於明日二點鐘用力佔據羅榮光職守所在豈肯允讓乃至日果先開礮轟臺相持經日遂至不守自此兵端已啓卻非衅自我開且中國即不自量亦

何能與各國同時開釁并何能恃亂民以與各國開釁此意
當爲各國所深諒以上委曲情形及中國萬不得已而作此
因應之處該大臣等各將此旨詳細向各外部切實聲明遂
知中國本意現仍嚴飭帶兵官照前保護惟力是視此種亂
民設法相機自行懲辦各該大臣在各國遇有交涉事件仍
照常辦理不得稍存觀望將此各電知之欽此錄行該藩司
接到後即刻電至蘇松太道余速即分電出使大臣楊儒呂
海寰裕庚羅豐祿伍廷芳李盛鐸該藩司迅速辦理等因
合亟恭錄電傳即希欽遵辦理云合轉電乞欽遵轉達電
示聯沅元

收南洋大臣劉電六月十四日
元電悉寘電已飭滬道轉直藩轉京和事當照轉坤鹽
收南洋大臣劉電六月十五日
鹽電感佩德皇電已電保定設法轉遞京都并電滬德總
領轉外部代奏京事外間甚難挽救現召催傅相或有轉
機坤咸
收出使俄國大臣楊電六月十六日
直藩轉電
旨未到祈速開示儒銑
收出使英國大臣羅電

咸電感悉直藩微電轉傳電
旨已於昨午奉到勿庸再電承關照并謝豐咸
收出使美國大臣伍電六月廿六日
電
旨遵達外部美尙和平聞德興師尋處交涉若何有電奏否
廷咸
收出使俄國大臣楊電六月十七日
諫電感悉滬道電纔到儒即照譯外部銑
收北洋大臣李電六月十七日
現奉寄
諭催速來京鴻已迭電請設法保護使館如各使無恙或可就
商望密致外部代籌密示諫
收鐵路大臣盛電六月十八日
孫徐兩相被刼東城焚殺最甚亂黨騎虎各使與
兩宮俱危宣嘯
收出使英國大臣羅電六月十八日
英報載德外部畢魯通行同盟各邦牘云德無瓜分中國
之意亦并不乘取專利德國之意現在華擬辦之事有四
一保德民在華身產工程二救在京被圍歐人性命三助
中國眞正國家定亂保法四責令中國賠償已毀之身產

等語此節得之傳聞恐多錯誤祈台端查閱原文譯電傳
相是禱豐巧
收南洋大臣劉電六月廿九日
篠電已分轉并託慰帥設法確探得覆再電坤巧酉
收出使英國大臣羅電六月十九日
效電感悉初三
旨飭處只電政府欽遵轉達未復奏頃盛電十一京耗董將架
礮不避
收北洋大臣李電六月二十日
諭旨使館政府均危云尊處如有續耗亦祈電示豐皓

廿一日起程至滬候信鴻號
收南洋大臣劉電六月二十日
慰帥電聞各使各眷無損害惟使館圍甚嚴消息隔絕迭
派探無十分確耗云昨又會諸帥電京救使坤號
收出使俄國大臣楊電六月二十日
效悉電
旨譯送外部未置可否似無可復
奏德外部云何祈示盛近無電傳相篠電京內使館漸穩云
未知孰是儒筍
收出使英國大臣羅電六月二十二日

劉峴帥等電開各使竭力設謀保護十三倘好天津若毀
百年難復請各國保全關係中外商務李相調北洋請轉
楊呂裕伍諸公坤洞宣號豐箇
收上海道余電六月二十四日
接袁慰帥漾電軍機處咨到致德國
國書飭轉貴大臣謹將
國書照錄於後
大皇帝問
大德國
大皇帝好中國與

貴國久相交好彼此無猜近因民教相仇致
貴國使臣克林德猝被亂民傷害曷勝惋惜正在認眞查拏
懲辦之際適各國共疑朝廷袒民嫉教先有攻佔大沽礮
臺之事兵連禍結時勢大難收拾因思中外敦崇睦誼總
宜泯遠不滋奈中國爲時勢所迫幾致干犯衆怒排難解
紛不能不惟
貴國是賴爲此開誠布臆肫切致書惟望
大皇帝始終顧全鄰誼設法維執牛耳以挽回時局并希惠
示德音不勝激切翹企之至　光緒二十六年六月二十
三日云合轉電乞欽遵轉達電示沅漾

收出使英國大臣羅電（六月二十四日）
頃接杏翁電慰電總署遞到康格廿二洋文密電已轉滬
發各館必尚存即轉各使宣敬豐敬
收南洋大臣劉電（六月二十五日）
廿一明發
「上」諭此次中外釁峠起於民教之相鬨嗣後因大沽礮臺被佔
以致激成兵端朝廷誼重邦交仍不肯輕於決絕迭經明降
諭旨保護使館并諭各省保護教士現在兵事未弭各國商
教在中國者甚多均應一律保護著該將軍督撫查明各國
洋商教士在通商各埠及各府州縣者按照條約一體認眞

保護不得稍有疏虞上月日本書記杉山彬被戕正深駭異
乃未幾復有德國公使被害之事該公使駐京辦理交涉遽
遭傷害惋惜尤甚應仍嚴飭勒拏兇手務獲究辦所有此次
天津開戰後除因戰事外其因亂無故被害之洋人教士等
及損失物產著順天府直隸總督飭屬分別查明聽候彙案
核辦至今日各處土匪亂民焚殺刦掠擾害良民尤屬不成
事體著該督撫及各統兵大員查明實在情形相機勦辦以
靖亂源將此通諭知之欽此坤一敬
收出使俄國大臣楊電（洋文六月二十五日）
接盛大人西七月廿號電云接山東巡撫一電據稱總理

衙門囑發美國使臣康格西七月十八號之暗電該電已
由上海電遞華盛頓此電足見北京外國公使尚存楊儒
收出使美國大臣伍電（六月二十五日）
頃接杏翁電康復電幸到廿二
收南洋大臣劉電（英文六月二十六日）
旨各使無恙匪自亂互殺傳相入內平亂無路可入云廷有
接本月二十四日來電已分寄二十二日
上諭各公使均無恙惟德公使被拳匪戕害國家自應嚴拏兇
犯從重治罪西七月二十日電已接到否即
上諭一道中國國家保護洋人勦辦拳匪并惋惜德公使事總

督劉
收上海道余電（六月二十七日英文）
接來電詢克林德夫人等事已電袁撫查詢候有回音再
電復余廿六
收出使英國大臣羅電（六月二十八日）
頃杏電廿二京信總署派文瑞往見各使未損一人榮擬
奏請先送食物再商派隊送赴津御河橋南洋兵守北董
軍守彼此均停槍礮云如送出使能否停戰請速轉楊呂
裕伍宣沁豐沁
收出使俄國大臣楊電（六月初二日）

盛電亂匪不難平惟董居肘腋剿則刦
兩宮傷各使洋兵進時恐遭毒手乞轉呂羅伍裕速籌良法宣
東儒冬
收出使英國大臣羅電七月初二日
頃杏電廿八
諭旨現幸各使除克林德外均平安無恙目前并給各館蔬果
食牲以示體恤請轉楊呂裕伍宣冬豐冬
收南洋大臣劉電七月初七日
電悉已電東撫轉樞代奏坤微
收出使俄國大臣楊電七月初七日
歷遵電
旨告外部各使平安無恙彼以無確實證據益滋疑慮應籲懇
迅遴派隊將各使館人員暨眷屬護送至津或令先與本
國通電以昭憑信而救時局乞代奏此已列尊銜同各使
會奏恐電商遲延乞恕儒虞
收上海道余電七月十一日
總署歎電囑轉尊處德館署使臣以下均平安無恙近日
致送蔬食果物數次往來甚好現正擬商議保護赴津暫
避雖天津現已開戰不准發密電已告德署領事轉報本
國希先達外部云沅齊

收出使俄國大臣楊電七月十二日
傅相電初六
諭旨杏孫已電達此是眞實憑證祈商外部速飭前敵將帥止
兵勿進以待商辦即轉德呂使法裕使英羅使美伍使鴻
眞惟原
旨至今未到急甚已電催查儒元
收出使俄國大臣楊電七月十四日
初八日電
旨甫到即轉鴻坤會奏送使赴津初八奉
諭旨前因民教滋事激成兵端各使臣在京理應保護送經總
理衙門致函慰問并以京城未靖防範難周與各使商議派
兵護送往天津暫避以免驚恐即著榮祿預派妥實文武大
員帶同得力兵隊候該使臣定期何日出京沿途護送倘有
匪徒窺伺搶掠等事即行剿擊不得稍有疏虞各使未出京
以前如有通信本國之處但係明電即由總署速辦毋稍延
閣用示朝廷坦懷相與至意欽此即告外部并轉呂裕羅伍
鴻坤兩卦儒元午
收上海道余電七月十四日晚
慰帥電總署十一奉
旨准令各使與其本國往來平安密電謹聞沅鹽

收南洋大臣劉電英文七月十四晚
接西七月廿七日致總署電及十七電兩次請詢公使及
伊等眷屬是否無恙等因頃接英國公使函稱伊等現在
北京均屬平安尚無受傷事劉坤一
收上海道余電七月十五日午
接慰帥鹽電內開轉楊大臣等公電悉各使安電已於初
十一律代發計十國迭津暫避一節早經商及資使主之
并會言不願出京茲又函稱須發電請示外部方敢離京
似此推延設有不測咎將誰任祈與各外部詳細言之速
催各使赴津暫避是爲至要致諸公并轉復文云除分轉

外謹聞沅願
收出使英國大臣羅電七月十五日
頃杏電十一奉
旨准各使與其本國往來密電請轉呂裕伍宣豐願
收上海道余電七月十六日
頃由濟南轉到洋文密電似係公使致外部照錄於下乞
轉交沅洽以下洋文一百五十一字即轉外部
收出使俄國大臣楊電七月十六日午刻
傳相電頃總署蒸電各使館往來電報已有
旨准其代寄代交本日即有八國發電知注轉聞又東撫電刻

接總署十一日函現奉
旨准令各使與其本國往來平安密電希分電各處查照前次
發還各電如各領事尚求代遞仍可轉發云希速轉呂裕
羅伍使鴻寒已備咸未
收出使俄國大臣楊電
傳相電袁撫電刻接樞寄奉電
旨於下十三日奉
旨此次中外啓釁各國無不誤會中國地方官亦有辦理不善
之處兵連禍結有乖夙好終非全球之福著授李鴻章爲全
權大臣即日電商各國外部先行停戰仍將應行議結事宜

分別妥商請旨遵行欽此祈商各外部請先飭停戰再行會
議辦法并轉呂裕羅伍各使仍盼復鴻咸儒篠
收上海道余電七月十七日晚
頃由濟南轉到和蘭公使密電照錄於下乞轉交沅以下
密電爲及地名日期廿六字即晚函寄和蘭
收上海道余電七月十八日
篠電已由濟南轉沅巧卯
收出使俄國大臣楊轉劉峴帥電七月十九日
請轉呂使東撫電代奏摺奉
硃批知道了欽此坤文

收上海道余電七月二十日轉駐京德館電
頃由濟南轉到密電照錄於下沅號以下洋文電百二字二十七日早送交外部
收上海道余電七月二十二日
簡電遵照轉沅養
收出使英國大臣羅電七月二十二日未刻
傅相電聞聯合軍將至通州已奏請
朝廷派使就近與前敵各軍商辦停戰鴻不日赴京各國皆
深知
兩宮爲難務請電知陸軍至通州爲止兵勿入宮以免

兩宮受驚萬民塗炭致虧
大清元氣而傷天下人民之心則中國億兆人民豈不感激望
將此電速送外部請入奏并電復即轉楊呂裕伍各使鴻
簡豐箇
收出使英國大臣羅電七月二十四日
傅相電洋兵於廿一日入都
乘輿已先期西幸速轉楊呂裕伍使鴻敬豐敬
收出使英國大臣羅電七月二十六日未刻
傅相電各國外部前俱有言派兵保專爲援使今聯軍進
京各使無恙定可即行停戰會論善後應請貴國速派全
權或酌派駐京使臣於中外事必熟悉是否務在北京商
議鴻俟得確信即便北上請告外部轉奏候覆祈轉電楊
呂裕伍使有豐有
收出使英國大臣羅電七月二十六日戌刻
峴香帥電昨因聯軍入京電滬領轉請各國勿驚
兩宮急望兩日內電復以慰天下臣民并無他意現因
兩宮先行東南保護之約各督撫仍當盡力自任請達外部并
轉楊呂裕伍使坤一之洞宥豐宥
收出使英國大臣羅電七月二十七日酉刻
傅相電

兩宮已出巡拳匪已四散以後必無戰事各國重費兵力殊抱
不安希切商外部及時退兵仍派全權會議善後以敦和
好即盼覆并速轉楊呂裕伍使鴻沁豐沁
收余權大臣李電七月二十日晚十二點鐘到
禡電悉新使到滬未必來拜德兵到尚遲殊焦急德璀琳
漢納根及其眷均在津無恙鴻卅
收上海道余電八月初四日
篠箇兩電附和使電均照轉頃接慰帥電路阻未能投到
沅支
收出使英國大臣羅電八月初七日

乘輿初六七可抵太原聞將赴陝晉電爲毓賢所斷陝電尚通
此傅相轉電後此如得華電可否互轉藉通消息何如豐
魚
收出使俄國大臣楊電 八月初七日
木使電傅相冬電已奏請派慶榮劉張同爲全權大臣便
與各國開議慶榮如隨
扈請飭星夜回京會議劉張各有疆守只可電商候奉
旨再電知乞轉羅裕呂鑠歆儒庚
收出使英國大臣羅電 八月初十日
傅相頃接保定廷護督支電軍機大臣字寄全權大臣大

學士李 光緒二十六年七月二十五日奉
上諭七月廿一日洋兵猛攻入城闔撲宮禁勢甚危險朕不得
已恭奉
慈禧端佑康頤昭豫莊誠壽恭欽獻崇熙皇太后慈輿暫行西幸
此次釁起民教互鬨朝廷辦理爲難情形已歷次備具國書
詳告各國彼方以代治亂民爲辭於國家並無他意而似此
舉動殊屬不顧邦交未符原議且中國於駐京各使臣始終
委曲保全未嘗失禮尤不應如此相待昨已派榮祿徐桐崇
綺留京辦事然當各國氣勢方張之際恐在京未能遽與開
議該大臣公忠素著平日威望亦爲外人所信服國事至此

不知該大臣正復如何憤激著即迅籌辦法或電各國外部
或商上海各總領事從中轉圜務期竭盡心力爲國家捍此
大患朕不勝翹盼之至欽此遵
旨寄信前來此
旨於本日由懷來寄到令加封排遞第恐中堂不日赴津驛遞
相左致誤事機故冒昧拆閱先密電達原件仍由驛排遞
等語查各國外部轉復電語及洋報所述駐京各使詞意
與
諭旨間有不符此事殊難議結昨已奏請添派慶邸榮相劉張
兩制軍會同籌辦應請我各國駐使委婉向外部解說從

中轉圜至上海各總領事除英德并未來晤似別有意見
外其已晤者曾囑其電商本國均稱無在此議事之權候
稍有轉機當航海馳往津京相機會同商議合併附聞速
轉楊伍裕呂各使鴻庚豐佳
收出使俄國大臣楊電 八月十六日
傅相電頃接保定轉到七月三十
上諭全權大臣李鴻章著准其便宜行事將應辦事宜迅速辦
理朕不爲遙制接奉此旨後先行復奏以慰廑系將此由六
百里加緊諭令知之欽此望告外部並速復鴻寒儒銑
收出使英國大臣羅電 八月十八日

傳相電頃接東撫刪電稱頃接初六自大同發樞轉電
諭旨曰軍機大臣字寄全權大臣大學士直隸總督李　光緒
二十六年八月初三日奉
上諭全權大臣便宜行事大學士李鴻章著即乘輪船來京會
同慶親王商辦一切事宜毋延欽此遵
旨寄信前來又樞文曰前奉
諭旨命赫德向各國商借輪船赴滬接李鴻章迅速來京會同
慶親王商辦事宜并有寄李鴻章
諭旨一道著該水師派員齎送業已分別字寄在案惟事經展
轉猶恐或有錯誤謹恭錄前次

諭旨到後即希貴撫迅速轉電李大臣可也等語奉
旨催令北上應即料理不日起程望知照外部轉電京津各提
督互相保護并速轉楊裕呂伍各使照辦鴻諫豐巧
收全權大臣李電八月二十日
篠電已轉奏剛次到滬匝月與其譚事并未來晤據稱須
候該外部吩咐方能會晤慶邸奏派會辦已到京無從商
告剛使鴻定廿一航海赴津英德疑忌不遑恤矣巧
收出使俄國大臣楊電八月二十日晚
傳相效電陜撫端巧電謹將八月十八日亥時奉到由忻
州六百里遞來八月十五日

行在軍機處寄諭電呈奉
旨李鴻章劉坤一張之洞等會奏摺片暨李鴻章初九日電奏
同日覽悉七月廿一日之變罪在朕躬悔何可及該大學士
等與國同休戚力圖挽救宗社有靈實深鑒之所陳各節悉
係目前最要機宜慶親王弈劻計初十日可以到京本日復
有旨加派榮祿會同辦理現在俄戶部允可撤兵是機有可
乘不可一誤再誤該大學士應即借乘俄艦駛赴天津先行
接印即日進京會商各使迅速開議至罪己之詔業於七月
二十六日明降諭旨播告天下該大學士未到任以前已責
成廷雍認眞辦理本日亦有明發諭旨矣其餘皆照請施行

惟事有次第不得不畧分先後耳朕恭奉
慈輿一路安善現趕太原兩站駐蹕久暫俟抵太原後體察情形
再定進止此次變起倉猝該大學士此行不特安危係之且
將存亡係之旋乾轉坤匪異人任勉爲其難所厚望焉此旨
仍著端方轉電李鴻章等知之欽此儒號
收出使俄國大臣楊電八月二十四日
慶邸電洋兵進京
兩宮西狩本爵奉便宜行事
諭旨會同李相議和希轉達外部顧念夙好電飭駐使早日和
商大局幸甚慶親王咸請速轉伍裕呂羅李各使儒漾

收出使俄國大臣楊電八月二十日
覥香帥電聯軍到京本以救使剿匪爲言現使已救又有
旨剿匪保定正定教士已由護直督妥送長辛店蘆溝橋交洋
兵接收慶李榮現正會商開議請公各就邦交立論力商
外部踐前言不再進兵勿擾各口
旨派全權會議保全大局并轉呂使坤洞宥儒卅
收出使俄國大臣楊電又八月初六日
盛電
行在初二電
旨
大清國
大皇帝問
大德國
大皇帝好此次中國變起倉猝害及
貴國使臣克林德殁畩下無方致傷睦誼一經追念軫惜益
深本日已明降諭旨賜祭一壇著大學士昆岡前往奠醊并
飭南北洋大臣於靈柩回國時妥爲照料抵
貴國時再賜祭一壇派戶部右侍郎呂海寰前往奠醊用示
朕惋惜不忘之意
貴國與中國交誼素敦務望

大皇帝以保全中外大局爲重盡捐嫌隙俾和局早日定議彼
此永遠相安不勝盼切之至太原發儒魚蒸賀升晉
收出使俄國大臣楊電又八月初八日
盛微電李劉張袁會劾端莊瀾剛趙英分別撤革并懲辦
初二
旨此次變閧變出非常致禍之由實非朝廷本意皆因諸王大
臣等縱庇拳匪啓釁友邦以致貽憂宗社乘輿播遷朕固引
咎自責王大臣等無端兆釁亟應分別重輕加以懲處莊親
王載勛怡親王溥靜貝勒載濂載瀅均著革去爵職端郡王
著從寬撤去一切差使交宗人府嚴加議處并著停俸輔國
公載瀾左都御史英年均著交該衙門嚴加議處協辦大學
士吏部尚書剛毅刑部尚書趙舒翹著交都察院交部議處
以示懲儆朕受
祖宗付托之重總期保全大局不能顧及其他諸王大臣等謀國
不臧咎由自取當亦天下臣民所共諒也欽此儒齊
收出使俄國大臣楊電又八月十一日
覥帥囑轉歆電悉現傻恤克使德能釋然否望復儒蒸
收出使英國大臣羅電又八月十一日
通使齊電碼誤甚多祈尋處轉示感甚豐真
收南洋大臣劉電又八月十二日

佳電已轉陝撫代奏并轉慶李坤文
收出使俄國大臣楊電又八月十三日
傅相電罪魁已懲戕使已卹德氏師穆使來津未得晤而
德分兵出靜海俄分兵略北直蘆台山海關是何陰謀并
不開議格使昨到晤後再定進止公盡力并轉裕呂分催
開議停戰美允開議奐鴻青儒元
收出使俄國大臣楊電又八月十四日
盛電廣電已轉
行在軍機代奏電
旨初八啟鑾幸長安毓開缺各帥勁董儒文

收出使俄國大臣楊電又八月十四日
峴香帥電
聖駕幸陝為太原甚苦晉省旱荒糧缺又經毓撫引來拳匪擾
亂數月商民逃避省城一空故不得不幸陝暫駐且陝省
電與滬通奏報請
旨甚速議款較晉為便此皆實在為難情形懇求
回鑾者因京城洋兵未撤不免疑慮并以兵災後有瘟病此是
人之常情當蒙各國體諒其實在陝與在晉同并非遷避
拒和議務望轉達外部免致猜疑至禱并轉呂裕羅伍使
坤洞貞儒寒

收出使俄國大臣楊電又八月二十一日
峴帥效電罪悉
聖駕昨過侯馬已電該處譯呈樞府代奏并轉鄂滬京奕榮赴
行在銚過保定云盛電饒使效授戶右備馬
收湖廣總督張電九月初四日
陝撫電剛毅二十五日死毓賢吞金死均確端不准隨扈
等語望速告外部晉匪我自痛剿聯軍勿攻山西示復請
楊使轉呂使洞江
收出使英國大臣羅電九月初四日
同上豐江

收出使俄國大臣楊電九月初四日
仝上儒支
收出使俄國大臣楊電九月初四日
盛電冬電電
旨令慶李將應懲辦諸王大臣分別輕重擬議密奏候奪剛病
故二王未隨扈云儒
收南洋大臣劉電九月初七日
歌電照轉坤陽
收湖廣總督張電九月初米日
八月廿三日奉

行在十四日
上諭李鴻章迭次電請添派王大臣會辦款議除已命慶親王
奕劻星馳回京并與劉坤一張之洞函電互商外即著添派
榮祿會同辦理并准其便宜行事等因欽此閏八月廿二日
又奉
行在八月二十日
旨慶親王奕劻著授爲全權大臣會同妥商應議事宜劉坤一
張之洞著仍遵前旨會商辦理并准其便宜行事該親王等
務當往還函電會商折衷一是勿得內外兩歧致多周折等
因欽此茲特恭錄電聞即祈轉達外部請其電告駐京公使

知照洞佳
收出使俄國大臣楊電九月十六日
前
旨將肇禍之王貝勒等革去爵職交議之王大臣昨經各部院
會奏均請革職仍酌量加重必奉
俞允查定例王公革爵停俸不准其子孫承襲是只減死罪一
等此外董福祥毓賢二員爲各使深恨已另奏請重懲辦
法似甚公允惟剛毅病故毓賢自盡已伏冥誅聞各使會
商必欲概行誅戮務祈請商外部出爲襯諒諄催各使早
日開議迅即停戰撤隊免致商民驚疑和衷辦結以全睦

誼希照辦電復慶李儒咸
收湖廣總督張電九月廿六日
前接陝撫岑電云毓吞金自盡確等語急以奉聞頃續得
陝撫岑電毓事近無所聞前信恐不確等語然聞毓確已
離晉晉撫錫力任剿匪茲特電達祈速告外部將前說更
正以免疑前電爲相欺至要洞咸
收出使英國大臣羅電九月廿八日
盛電全權文奏各使意先正法十一人諫
旨仍令礎廳莊候查辦看來端爲懿親董持兵柄豎宜從權劉
張囑詢尊處聞外部如何議減祈示并轉呂裕伍使宣微

豐篠
收出使俄國大臣楊電九月十八日
函悉電奏已發儒巧
收出使法國大臣裕電九月十八日
十六函悉香帥尚有咸電尊處未接到茲錄上尊致峴電
候示再發庚巧前接陝撫岑電云毓吞金自盡確等語急
以奉聞頃續得陝撫岑電毓事近無所聞前信恐不確等
語然聞毓確已離晉晉撫錫力任剿匪茲電達祈速告外
部將所說更正以免疑前電爲相欺至要洞咸
收出使法國大臣裕電九月二十二日

峴帥電銑電已代奏并照轉筌轉鏡翁坤箇庚箇
收出使俄國大臣楊電九月二十三日
傅相電聯軍久據京津遷延不肯開議近德帥遣兵誘踞
保定西陵藉口庇縱拳匪殺教士將藩司廷雍戕害愈出
愈奇各使自會議數次任意開列多款皆奪我自主權必
不能行之事即開議難盡允德帥氣燄極大不容晤商如
何結局乞轉呂裕羅伍李互商籌復鴻諫大局棘手有何
碩畫酌覆儒養
收出使英國大臣羅電九月二十五日
盛電養電悉養明
旨端莊革爵職永遠圈禁怡邸瀅貝圈禁濂貝革爵潤公英年
降調剛病故免議趙革留毓發極邊另密
旨董驟難撤兵柄從緩籌辦乞轉諸公宣敬豐敬
收出使法國大臣裕電九月二十五日
峴帥電請轉鏡翁俄京轉歌電今始到已代奏并照轉因
何遲祈查坤敬庚敬
收出使法國大臣裕電九月二十五日
峴帥電號電悉照轉慶李前歌電祇轉傅相願電已奏元
電未到剛故碓毓革職解晉看管轉鏡翁坤漾庚漾元電
已向電局查問

收出使俄國大臣楊電九月二十六日
盛電頃接軍機二十三日交電本日奉
旨致德國國電一道希貴京卿迅電出使德國大臣呂海寰呈
遞并一面電知慶親王李鴻章為此知會
大清國
大皇帝問
大德國
大皇帝好前寄復書不加切責具見
大皇帝篤念邦交曷勝紉佩朕馭下無方以致
貴國使臣無端遇害至今猶深惋惜理應將肇禍諸臣加重
分別嚴懲以申國法而洩公憤頃接呂海寰電奏知
大皇帝已准貴國瓦帥剛使與中國王大臣議事自當飭令在
事諸臣持平商辦以期早日定局和輯如初來書勸朕回
京尤徵雅意朕舉一俟和議有成即當定期返旆至各國
傳教載在條約此後朕當嚴飭封疆大吏格外加意保護
以期永泯爭端用特再布腹心惟希
大皇帝鑒察不勝盼禱之至請轉呂鏡翁宣敬儒有
收出使法國大臣裕電九月二十六日
峴帥電寒有電到已代奏請轉呂坤徑庚宥
收出使俄國大臣楊電九月二十七日

函悉李相諫電諸公計畫不一梟復頭緒太繁英法美均
請分電備復署稱目前要索勢所必至曠日愈久出計愈
奇如開議有截小節尚可磋磨若起首堅持大局仍恐決
裂勿以彼不爭主權不貪土地爲可恃云云備沁
收出使俄國大臣楊電十月初三日
峴帥電轉呂宥電悉已照轉現各使以懲辦輕和議難成
務請商外部速電各使和商方有濟坤仍密勸董毓第董
須緩辦東儒江
收出使法國大臣裕電十月初八日
接到張電毓賢任晉撫暴戾殘殺罪在毓不在晉已辦遣

戍關西兵已赴晉必至生靈塗炭西僑愈深恐滋枝節請
探外部如確務商阻弟等當會全權劾毓遣重與所電復
請轉呂坤洞陽庚陽
收鐵路大臣盛電十月初六日
冬電魚到已照轉宣
收出使俄國大臣楊電十月十一日
峴帥電錫撫到晉兩月痛辦拳匪正法首要八十餘人實
心保護教士不遺餘力迴非毓比務祈鼎力商阻勿令洋
兵入晉拜請轉呂坤遇儒蒸
收慶親王電十月十八日

各國會商條款大致已就刷使忽言要全權憑據方開議
中國向例派全權臨時恭錄
諭旨送閱即是憑據弟在署當知務速告外部勿疑電催刷使
毋藉此延誤事機即復慶李諫
收出使英國大臣羅電十月廿九日
慶電傳相電昨電呂使云德使要全權憑據照向來恭錄
諭旨送閱伊晉電
旨不足憑英俄日本皆同此議聞其會商條款大致已就未便
因此延閣已電奏恭錄
諭旨請用御寶臨時送閱以昭慎重望告外部電催開議并轉

楊呂裕伍李各使照辦慶李篠豐嘯
收湖廣總督張電十月二十九日
鄙人奉
旨會議條款極欲與各國籌一永遠相安之道而久候不得的
確消息無從籌計焦急萬狀務祈切商外部將各國所擬
條款速即詳示雖各國尚未互相議定然亦可密以告我
俾得預籌萬望勿聽洋報所言候各國議定以挨的美敦
書照會限期應允使我措手不及辦理失當也條約關係
至大必須極爲平允方能持久倘或稍偏必致此國喫虧
彼國終亦無益也盼速詳覆洞儉

收出使英國大臣羅電十月三十日
鹽感悉已照電
行在軍機處並慶邸傅相奕尊處如接有京電懇迅示豐鹽
收出使俄國大臣楊電十一月初一日
峴帥電開各國互議條款議定照會計在決行無可商改
合八國而謀我何求不得唯既存全中國須為我稍留地
步各國當見其大以期公保和平均霑利益趁照會未到
切商外部電公使勿逼我自主迫我所難關係至重舍此
無策幸力籌轉呂坤勘儒東
收上海道余電十一月十八日

鹽電遵辦沅巧
收出使法國大臣裕電十一月二十四日
函悉遵辦條詳函庚漾
收出使俄國大臣楊電十二月十五日
滬京文報通勘文儒寒
收出使俄國大臣楊電十二月二十二日
摘錄蒸
旨積習相仍致成大衅現正議和政事尤須整頓
懿訓取外國之長補中國之短懲前事之失作後事之師以後擇
善而從毋子一心著軍機大臣大學士六部九卿出使大臣

各督撫參酌中西政要凡朝章國政吏治民生學校科舉軍
政財政因革省併各抒所見各舉所知通限兩個月詳悉條
議由朕上稟
慈謨斟酌施行今之言者兩途一襲報館文章一拘書生淺見有
治法貴有治人改絃更張以後所當簡任賢能上下交儆事
窮則變安危強弱全係於是倘再因循敷衍空言塞責省事
偷安憲典具存朕不能宥全文另寄請轉呂裕羅伍諸公宣
號儒轉
收出使俄國大臣楊電十二月二十九日
宙盛電國書一道請即遞文曰

大清國
大皇帝敬問
大德國
大皇帝好各大國會議要款敝國現已次第議商照辦惟賠款
一事不得不通盤籌畫此次兵事各處財物毀失過多且
敝國地利商務尚少開通一時不易籌集鉅款索之太急
必致搜括無遺民窮生變當為
大皇帝所鑒諒敬念
大皇帝誼篤邦交亦欲敝國竭力圖治永保亞東太平之局開
通不竭之利源敝國現議力行實政期圖報各大國之惠

於後日尤望
貴國始終玉成商同各大國將賠款酌准數目寬定年限另籌公法攤償免使多借息款藉得稍蘇喘息整頓內政將來中外必能益加修睦與各大國永享無窮之利益感仰厚德并晉可宣謹布腹心惟希鑒察不勝盼禱之至
又樞電迅即分電英德俄法日本出使大臣轉遞并將各國主稱照舊式分別另寫毋漏毋誤云此
國書意在兵費一項由
國家分年攤還各國國家免借銀行息債乞公設法商籌宣
徑儒儉

收出使英國大臣羅電光緒二十七年正月初一日
峴帥電并轉呂裕伍懲辦首禍一案
朝廷極欲愜各國之意俱已從嚴惟趙舒翹一員似乎所擬罪浮於情此等重案關係
國家全局必須核實方能有所勸戒衆情自覺允服凡誤國殃民之罪魁中國臣民皆所痛恨聞
朝廷已擬定斬監候罪名似足蔽辜政府決非袒護望閣下飛速轉達外部電飭各使與全權大臣切商爲禱候示復
坤一之洞敬豔豐卅
收南洋大臣劉電正月初六日
兩豔電支到均代奏并分轉坤號
收湖廣總督張電正月初十日
俄續十二條侵我土地政權兵權利權并有干礙各國之處中國固不願允許然中國獨力斷不能拒俄各國所知何以各國僅勸中國勿許而不勸俄勿要挾甚欲俄得志而各國效尤耶若中國不允俄續俄竟不交還佔地或別生枝節則將若之何各國試代我設想有何辦法肯代我駁阻俄國否以格使勸全權慶李云此中俄兩國之事與他國無涉且各國無以此語告我政府者獨以不干已事與中國爲難必當置之不理等語覺各國實不敢向俄商

阻耶務祈切商外部力勸其徑電俄廷方能有益拜請詢明倘中國拒俄而干俄怒究竟各國肯代我力爭否格使與全權均甚急各國有助我之策須速籌遲則無及速電示至盼洞佳
收慶親王全權大臣李電正月十一日
各國駐使先後來言其政府囑爲聲明公約未定以前中國不得與他國立約若讓某國土地財政之權另立約章恐他國效尤所論似正鴻答以何不預告俄政府彼謂當由我駐使經商各外部請其轉致俄廷現俄已與楊使另議約款尚無奪我壤地財政之意催速核准否則暫據將

成久據俄用兵力所得今議交收豈能久待各國睦誼素
敦未便倚衆阻撓致中俄決裂亦非各國之利也望善為
說詞電復是要慶李蔡
收鐵路大臣盛電正月十一日
諭旨奉
旨俄允交還東三省所擬條約十二款朝廷已飭令全權磋磨
刪減期保自主之權各國亦均以為不可許惟就中國現在
情形而論各國代謀之意固屬可感而勢難獨力堅持激怒
於俄因念此中利害不惟中國當熟籌妥計期出萬全即各
國亦須互相維持以免環球偏重之勢著呂海寰李盛鐸羅

豐祿伍廷芳密商外部懇祈聯約向俄廷善為排解俾此事
得以和平了結誠於中外大局實有裨益欽此蔡宣轉
收出使俄國大臣楊電正月十三日
宙請轉呂歌電佳到已分轉豐電外部語因俄欲使我東
三省兵政各權利是以有此議論乞秘之宣卦儒元
收出使英國大臣羅電正月十九日
覘帥電東三省事日政府已電駐美英德各使與各政府
商議刻俄因英德各國勸勿許俄約俄使負氣不商俄政
府欲限期令畫押否則增款決裂頃樞電力勸難拒囑懇
各國速向俄勸阻免決裂事急勢迫決裂後各國益難為

謀務望婉切商催勸阻并速轉伍呂均共商電復盼切坤
巧豐嘯
收出使俄國大臣楊電正月二十二日
東約俄催速定各國代我勸阻遲恐不及邸相囑迅商各
處外部辦法祈速示儒馬
收南洋大臣劉電正月二十四日
箇電已分轉俄約事英已詰俄俄復語口氣尚鬆似尚可
商坤敬
收鐵路大臣盛電二月初三日
諭旨奉

旨俄約現雖酌改其中尚多窒礙不獨中國之害亦大非各國
之利惟限期甚迫俄告中國詞意決絕勢難獨力轉圜非得
各國力阻商緩不能從容籌議前英灁候有英日德美向俄
詰問尚未回音中國勿遽畫押之語全權電奏薩電亦允轉
電政府請俄展限著呂海寰速商外部請迅即電達俄廷代
請展限總期稍寬時日方可妥為籌計著即悉心妥籌向商
以顧全局仍將商辦情形迅速電聞欽此冬宣轉
收出使英國大臣羅電二月初五日
諭旨奉
旨昨電該大臣速向外部請商俄展限計已奉到頃接楊儒東

電照會展限改議俄拒不收意已決裂究竟各國肯合力助
中國向俄轉圜否又據盛宣懷電稱俄約若畫各國必怒而
羣起分裂如不畫押而俄強佔尚有公論各國必退還順直
他處亦無平空強取之理此言果確則不畫押僅攖俄怒畫
押必犯衆怒自應權利害之輕重著呂海寰羅豐祿伍廷芳
李盛鐸迅向外部商請趕於限內代商俄廷限商請刪改
并詢明如逾期不畫押俄怒決裂各國能實力助我向俄公
論決不與我為難而公約仍可早在京商妥否務得確信迅
速電復俄限甚迫復電勿逾限為要欽此江宣轉并請羅大
臣轉德京呂大臣為要豐支

收南洋大臣劉電 二月初五日

勘電江到已分轉坤寶

收出使英國大臣羅電 二月初六日

請即刻譯送配華文各國政府謂俄約雖略改仍多窒礙
十一條全文日本已抄得各大臣亦必盡悉無待贅述俄
雖勒限畫押中國實不願損自主之權利
朝廷已有電
旨飭各駐使請各大國外部電達俄廷代商展限尚未接復音
查拳匪之亂中國辦理不善各大國不咎既往留我將來
振作之基在國臣民同聲感頌方謀和約定後即日將諸
政事大加興革以副各國期望適因俄約不妥與各國現
將公約停議竊思東三省為我
國家發祥之地若主權旁落何以自立於環球之上且何以
仰副各大國去年殷殷保全中國自主之權之盛心尤慮
權勢偏重東方大局或因此牽掣不獲永保和平於中外
大局實多妨害既承各大國同陳利害諄勸不可遽行畫
押實深感激本大臣本部堂已迭次奏請
朝廷不宜允准畫押奉求各政府將中俄相持不下之約十
一條秉公評斷與京約同時畫押總以無傷主權為度則
各國之賜東方之福東南各省總聽各大國之公斷為懇

不以俄國逼勒之條款為據北京公約大綱早已畫押尤
望仍即接續會議早日定局萬勿為俄國所牽掣免致拖
延不了別生枝節至為盼禱并望即日電復劉坤一張之
洞初五日并請轉美德伍呂兩星使分送外部豐魚

收湖廣總督張電 二月十二日

前承德國勸我公約未定以前不得另立專約又德相宣
言不願中國國產任意棄置德國斷不坐視德國辦事在
保全太平如各存意見亦必極力排解等語中國實深感
荷現中國已聽德言逾期未畫俄約然中俄勢力不敵恐
俄立時決裂致礙太平中國有負德相厚望仍須仗德國

大力向俄婉商三省之事請俄始終與中國和平商辦無論如何萬勿决裂祈即轉商德相務請其極力排解力勸俄仍和平商辦迅速示復至禱洞眞軫

收鐵路大臣盛電二月十五日

呂佳眞電均轉格仍竪催畫押不肯删改我堅持不畫押擬令江鄂督將俄約交領事有益否祈酌示并轉呂宣寒

豐轉

收出使英國大臣羅電二月二十日

中國伏莽未靖保護責任更重軍火爲巡緝要需公約禁購聞各國多主五年日本倡約兩三國主兩年中需軍火多向德購料物多向英購禁限過久緝匪無具於英德商務亦多窒礙現效西法力行新政此後中外必能融洽祈力商減少年限並轉裕呂照商爲盼坤效豐轉

收湖廣總督張電二月二十六日

前承電示德首相議院言賠款不願竭盡中國財力感佩之至現議賠款究竟各國總數若干分幾年交清有無利息以何作保祈詢外部速示務懇外部電知穆使轉商各國量從輕減作保勿礙中國財政令中國不至十分爲難至造軍火之機器物料即使購機安設造成亦須一二年且亦不必專造軍火有關商務萬望勿禁兩事均深感禱

盼電復洞徑

收湖廣總督張電二月二十六日

昨夜發徑電計達覽語意未盡愜兹酌改譯送外部時請於轉商各國量從輕減句下添入由中國逕還各國國家免致中國向銀行借款多出利息廿二字下接軍火一條請改爲至造軍火之機器物料即使購機安設造成亦須一兩年且器料有關商務萬望勿禁並須言明不禁專造軍火之器料方有益也餘同前電祈照改譯送至感洞宥

收軍機大臣電三月初四日

加稅一事德以爲然英尚躊躇江督昨有電致貴大臣諒已接到此事上年盛京卿語護撫與總稅司已有成說希即晤商外部懇德廷極力勸商俾中國增出巨款方可湊集賠償則感荷靡既樞冬

收湖廣總督張電三月十二日

密佳電悉承示德外部云閗償款雖鉅如鄙意有實在辦法當格外遷就顧全中國等語具見德廷顧念兩國舊交曷勝感佩現閗賠款各國共索現銀四百五十兆中國借票只能售七折須向銀行借六百兆方得此數現銀分卅年還每年須還本利三十兆共需九百兆聞之不勝焦灼中國民困債重德所深知惟前德相在議院言不肯盡

中國財力并不願令公司藉此牟利高情正義四海共聞若照九百兆之數則銀行所得與各國國家相等殊非情理之平查大綱第六款云中國須籌定各國所能允從理財之法以爲擔保明係指賠款分年攤還若還現銀何用擔保中國財政何必各國允從擬懇德勸各國先將賠款酌減此次德執牛耳德若誠讓各國從風并懇分爲十年攤還勿索現銀至籌款之策鄙人私意零星羅掘斷難見效必遲集款雖鉅無補賠款中國農民最苦地丁漕糧不便加徵不如竟將關稅釐金鹽課舊有此數項入款均照倍徵收無論洋貨土貨洋稅常稅洋藥土藥一併加倍惟

洋貨加稅自應免釐最爲簡捷公平明白易行假如賠款能減至四萬萬兩以內分十年還清則以上三項倍徵之款必可敷還款之用此作確實擔保各國當可允從除已經電商穆使并電商英美日外埠轉商外部切懇減數分年勿索現銀至感以上辦法乃鄙人私意外部意如何請速探詢電復以便與政府及南洋商酌洞鑒

收南洋大臣劉電三月十七日

覬復卅電并豐復電已函達茲再轉如左又佳電并達中國財匱已久出入統計前已歲短六七百萬兩不增用已慮年虧一年應還洋債歲至二千數百萬後難爲繼今復遭此大難貧困益甚以後整理一切需費已繁又須加以各國賠款爲數甚鉅若磬原有之項以爲抵償之需則辦事無費何以立國即謂理財法有未善祇能次第改變操之過蹙轉慮激而生事有礙商務爲今計非籌增款之法不能濟目前之急非洋貨加稅免釐照洋藥并徵無從增籌鉅款北方拳匪未亂之先盛赫兩公在京與總稅司議加洋稅已有成說坤亦與聞去秋英德駐使會與盛京卿論及謂舍此不能爲國實係篤論向來洋貨完釐商嫌局卡留難國家難得實際歸關併收事更直捷兩有裨益此後還款愈多鎊貴當難復賤洋貨自應照時估價煙酒器

用等項前因洋商自用免稅今多售賣亦應區別徵免以期悉昭公允此次之亂承英曲諒重敦睦誼俄約又承英助得作罷論無非顧全中國以冀振作爲意頃鏡宇電德外部云加稅德以爲然聞英不允當極力調停或籌一折中法以金抽稅計可暗加釐五云金抽稅即按時估價所增無幾今欲籌款非加稅無以爲計加稅之後一切政治興革有資地方興旺與英商務亦屬有裨若慮稅重銷滯華民用洋貨已慣購洋貨又均係有力之家亦斷無慮銷滯此事非懇英始終幫助照允中國實難支持務祈詣商并擇要電呂商德贊助禱切坤卅卅電并樞電遵敦商瀾

云洋貨釐稅并徵深合事理鄙見亦同惟事大節繁議成必累月經年恐於湊集償款緩不濟急且釐稅并徵後外銷款是否由部指撥如外省另立名目重徵何以預防其弊中國變法需款必多如將加稅盡供償款將來何以爲整頓之費等語豐答以加稅本係修約應辦之事發議在先可見并非專爲償款惟事逢其會加稅愈不容緩查中外通商章程以洋藥釐稅并徵爲最善今將洋貨仿辦事涉煩瑣一經英廷倡允各國相從款即有著毋慮緩不濟急外銷一項江帥自已籌及洋藥釐稅并徵後并無另設名目重徵之舉洋貨可以無疑江帥本謂若籌原有以抵

債則辦事無費加稅後政治興革有資興賣爵所謂整頓之費正合瀾意頗動云候電商薩使後再議豐答盛孫二公與總稅司講求此事極熟惟望薩使奏有英廷照允辦理訓條俾可成議曷勝禱懇祈鑒轉樞垣豐陽昨薩使電鄂督此次賠款各國索現銀四百五十兆中國借票只能售六七折須向銀行借六百兆方得此數現銀分卅年還每年須還本利約三十兆等語如此核計共須九百兆現賠數加一倍在商務英國十居七八商務之盛衰全視地方之貧富此次賠款英國索數較各國獨少照各國總數核計尚不及十分之一又復弛禁軍火料物允商加稅凡

爲中國計無徵不至商民同深感荷今若因索取現銀而使中國加受數百兆之虧從此商民脊血全盡無論洋貨土貨皆力不能辦商務大壞非英國之利且索現各國均沾累商英獨受損以十不及一之賠款害十居七八之商務損已利人尤爲失計祈向瀾侯切陳利害通盤籌畫請其電薩敦勸各國勿索現銀并將賠數減少由中國分年攤還中國尙有振興之望英亦享商務之益關係兩國實非淺尠并電秩庸設法商美諄勸各國勿索現均盼電復

坤佳豐諫

收湖廣總督張電 二月十九日

頃南洋轉來燕電悉德外部既願還就助華且防從中漁利之人感甚惟敝省前藥電所擬辦法十年共還四百兆兩以洋貨土貨一律倍徵作抵聞意見多有不合茲再籌一辦法擬每年認還二千萬兩財力只能如此候各國減議定數後分年歸還以還淸爲度但鄙意決不願以現有之釐金漕折鹽課常稅等項作抵蓋現款作抵爲數又鉅府庫全空百事俱廢此時中國必須變法方能中外永遠相安故各國亦深望中國變法自強若變法則事事開通各國在華商務必然大加興旺然變法則應辦之事甚多必須鉅款現款全空國用無出勢必零星搜索諸事不能

興辦民生必更困窮內地尚不能安靖各國商務亦難受益矣必懇各國減數寬期方能辦到鄙人私意擬另設丁捐一款以供抵還此款新債之用中國人丁甚多除應免捐者不計外若每年一人捐錢二百文每年至少必可捐銀二千餘萬兩此可謂實在辦法還債有盈無絀至舊日各款本有額支應用之處不便牽動將來加稅等事以為變法開辦各事之用如此則中國不致蕭索嚴弛各國商務必有大益不知德國意如何以丁捐作抵可否其期可展為若干年均望探示以便商之政府每年至多只能還二千萬兩一節乃內外公共議論其擬抽丁捐一節乃鄙

省私意并聲明德外部既問我實在辦法望即詢德有何實在辦法密以電示切禱洞巧

收南洋大臣劉電三月二十日

轉呂鏡翁蔡電巧到已照轉德盛意可感之至貧久即加稅僅能彌虧再極力開節歲不過千餘萬可抵賠款多則不支慫現須借款暗折更大美使謂中國力量只能賠三萬一千萬擬向各國勸減祈切商德外部助力勸減并勿慫現大局幸甚坤巧惟德轉帶

收湖廣總督張電三月二十一日

諫電悉昨巧電想達丁捐作抵一節德國允否華民最衆各國深知取之甚廉斷無梗阻可謂實在辦法以此作抵方可保全鹽務免從中漁利者藉此干預其利息年限姑緩商望先問丁捐可作抵否速示復洞帶

收湖廣總督張電三月二十三日

符電想達若允丁捐作抵每年至多方能還二千萬若不允丁捐作抵每年斷不能籌二千萬望速詢復洞禡

收出使法國大臣裕電三月二十八日

香帥電養電悉外部不願丁捐作抵者恐收多寡難定也假如條約內寫明先以丁捐作抵如數有不足即在鹽金常稅漕折內補款湊足可行否望速商復洞感庚勘

收鐵路大臣盛電四月十一日

盛電各國印花詳細章程望速譯寄西安并轉呂裕羅使先電復

收鐵路大臣盛電四月十二日

行在總署宣轉齊代辦胡惟德宣蒸

冬電江轉共總四百五十兆四釐息已准宣文

收出使法國大臣裕電四月十三日

峴帥電轉呂佳電悉已照轉賠款四百五十兆息四釐已准分還細數未核宜深盼聯軍早撤免延日費增德法消息望隨時電示坤元庚元

收全權大臣慶親王李傅相電四月廿五日

冬電悉賠款認息四釐奉

旨頃德穆使照稱聯軍行將裁撤德軍擬僅留一枝約數千人等語債票辦法可商抵款年期再議保定以南土匪不日均可勘定慶李咸

收南洋大臣劉電四月二十一日

劉電請轉呂覃電到坤效德銜

收

行在總署電四月二十七日

嗣後寄本署文函除要電外均寄京署核辦并轉呂裕羅

伍使

行在總署有惟德謹轉宥

收慶親王電四月二十七日

沁豫養有電均悉德儲卅冠禮物上年五月已備寄戒中途因亂遺失茲再備禮由醕邸帶往致送啟節未定慶親王沁

收全權大臣慶親王李傅相電四月二十八日

四月十九日奉

旨醕親王載灃著授爲頭等專使大臣前赴大德國敬謹將命前內閣侍讀學士張翼副都統廕昌均著隨同前往參贊一切欽此當經知照穆使電德政府昨據稱已接復電醕王可於六月初五日由滬附德公司船起程等語醕邸已料理一切并聞慶李儉

收慶親王電五月初二日

呂大臣鑒大德國總兵李希德爾此次帶兵來華今將撤隊回國醕邸因其在華有年精通華語人品聲名久著中外意欲借重長才贊襄一切望轉懇大德國政府照准并速電駐華欽差穆默轉飭李希德爾隨同醕邸前往是所切盼再醕邸抵柏林時所有寓所及一切事宜妥爲預備慶冬

收湖廣總督張電五月初六日

冬豪兩電悉均轉達保定赴京之兵政府已電全權查明分飭停進并商德法兩使酌辦勿生事袁撫已於初一奉

旨賞假百日改爲署理不解任洞魚

收湖廣總督張電五月初八日

此次北方滋事中外均受其害各國豈不欲籌畫一永遠相安之道我中國尤爲深願查此次起事由於民教相仇若不趁此妥議章程約束教民誠恐禍無了日務祈將此中實在情形明告外部懇其速商各國一面電知北京各使妥議定章以安民教而固邦交幸甚茲將管見所及擬

議數條以備各國採納　一洋教士與地方官往來拜晤函牘酬答地方官應以客禮相待以示優異而通中外之情但洋教士既非職官不得用公文照會面談不得及公事詞訟不得私函請託如面談公事干預詞訟即可面斥如私函請託干預可將原函送交領事酌辦輕則申斥重則遣之出境　二教民必須照例呈訴地方官到案聽審不得逕訴教士請領事照會上司倘有教民未照例稟訴地方官有案而逕稟教士請領事照會者照越控例懲辦原告教民匿不到案者案作了結不能翻案　三凡教堂收人入教必須先行查明其人平日實係安分并未犯案

為非亦未與人涉訟然後可收若地方官查知此人實非安分之良民當即告教士將此人屏逐出堂　四洋教士必須通中國語言文字穿中國衣服方准入內地傳教　五凡教民如有因其從教而受平民欺凌者或為地方官冤抑者教士只可訴之領事由領事照會請派員澈查審辦但須教民實係因從教受屈教士方能稟訴領事干預　六教民與平民止可一體看待不得歧異如地方官并未歧視不得謂之冤抑　七教民仍係中國子民除酬神賽會不派錢外如地方官捐派一切有關

國家課稅有益地方公事善舉之錢教民不得獨免須與平民一律　八華教士既非紳士更非職官仍係民人不得拜會官長擅投函牘其見官禮節必須照平民一律　九教士藏匿犯人抗不交官者照會領事撤退遣令出境　十教堂不得藏匿犯事之人如逃匿堂內差役可隨時入堂拘拏　十一洋式教堂應報地方官核實估價存案教民會講之所并非洋式者亦應預先報官核實估價如平日未經報官者遇有傷損只按中國民房辦理　以上各條實為民教相安起見為平民計亦為教民計此次聯軍到保定後教民凌虐擾害平民德瓦帥出示招告申冤歡聲載道若此時議定永遠妥協章程民教自必永遠相安

或請各國會同先行派員來華確查實在然後妥議約束章程亦可祈速轉達電復洞陽

收副都統廕電五月初十日

賡鑾共去約五十人王用韞鑾應黃色廕蒸

收

行在政務處電五月十二日

盛轉本處更定政要擇善而從查西洋各國變通政治日異月新允宜採資攷鏡應請貴大臣將該國現在政治學校財政軍政商務工藝諸大政章程條例分別擇要譯錄迅速咨送本處以備採擇

行在政務處眞宣庚文

收南洋大臣劉電五月廿四日

峴帥電輯洽民教事香帥擬逕請商外部推民教相仇之由實因教士袒教抑民致成水火教士所以必欲違背條規妄事干預袒教抑民無非欲廣傳其教殊不知所從者非貧民即無賴貧民有所貪圖無賴得以恃勢橫行故西教行華數十年極少士大夫信從蓋傳教所以明道若照教士行爲直與人爲難循此不變不獨教道益難使人信服亦復後患靡所底止是以日本近宗教家言以西教之在中國一切舉動有昧總會眞意越宗教範圍力勸以仁

愛平等之義發爲議論更有法國近設之中國和議會臚陳保爾包爽君所論舉民鬧市半由傳教士恃大國兵威護符橫行無忌令人難以忍受是爲永遠爭論之由亦即取怨之方會衆議定將保君所開各節再加講論擬協勸當軸勿許教士及奉教華民歸使臣保護英員古爾遜亦著有論說極言傳教之弊病是傳教應妥設良法各國高明之士早已籌計及此且英國教會公同議定此次匪亂教會中毀失物產概不索賠惟望崇信教理者之樂輸將各省英國教案業先賠償但教會用意無非爲解究釋結蓋傳教而生事端非特有背勸善之意且地方擾亂亦復

大害商務兩有不利亟宜乘此妥定善後之法爲洽輯民教之計能照鄂電補救一分即受一分之益望商辦爲盼坤元幷請照轉德呂使庚鹽

收駐俄參贊胡惟德轉北京來電六月十六日

慶邸文電楓電六月初九奉

上諭總理衙門改爲外務部列六部前簡派慶親王總理外務部事務大學士王文韶授爲會辦外務大臣瞿鴻禨調補外務部尙書授爲會辦大臣徐壽朋聯芳授外務部左右侍郎等因欽此希告外部餘咨達云德稟諫

收南洋大臣劉電六月十七日

去歲北地匪擾滬駐洋兵商民驚疑迄難安心貿易現北京聯軍已陸續遣退滬上洋兵更應早撤經盛大臣屢商各領各國均願即撤唯英德尙難定議遣退事定滬兵未撤商民必更滋疑務望速商外部早撤兵以定人心而與商務盼復坤諫

收南洋大臣劉電六月二十六日

德皇太后薨逝請爲代轉外部唁慰坤宥

收出使英國大臣羅電六月二十七日

瀾侯復峴帥諫電允先撤千人餘相機續撤云豐有

收兩廣總督陶電六月二十九日

德皇太后薨逝請代向王室政府道達哀忱模暨
收鐵路大臣盛電七月初六日
行在致唁國電
行在電稱電冬到因綫阻稽遲請轉告電文錄後
大清國．
皇太后致唁
大德國
大皇帝哀次頃聞
貴國
皇太后徽音炳曜遠播五洲凡屬隣邦靡不敬仰況我兩國往來

聘問素睦邦交予自聽政以來即與
貴國辦理交涉力主和衷久聞
貴國
皇太后德性慈祥實深欽慕現值重修舊好休戚相關方冀慈壓
延長共享盛平之福遽然晏駕悼愕殊深用致詞慰唁望
大皇帝勉抑哀思爲國自重以副環球翹企之意又
大清國
大皇帝致唁
大德國
大皇帝哀次玆據出使大臣呂海寰電奏
貴國
皇太后薨逝驚聞噩耗悼愕莫名朕維
貴國文明興起炳曜歐洲
貴國
皇太后御下慈祥環球欽仰況我國與
貴國邦交日篤此次惠顧前好尤感
大皇帝錫類之懷重敦友誼方冀
貴國
皇太后慈雲廣被愛日俱長乃忽棄養寢門歸眞天上追維懿德
彌切感傷還冀

大皇帝以國家爲重順變節哀日有萬幾勉自珍衛不獨朕所
勸慰凡我友邦亦無不有同情也用特敬致國書藉深忱
悃維
大皇帝鑒察是幸樞江宣轉
收湖廣總督張電七月初七日
沁電感悉德皇太后崩逝聞耗艮深震愕請轉達外部代
申唁悃至禱洞豪
收湖廣總督張電七月初十日
祈轉大德國親王亨利昨驚悉貴國皇太后崩逝震悼殊
深惟望貴親王爲國節哀爲幸張之洞初九

收南洋大臣劉電七月初十日
魚陽電悉外洋無跪拜儀非禮待人即是非禮待已固爲
中國羞亦貽外國笑尋盟修好當釋前嫌乞極力勸止坤
卦
收全權大臣慶親王李傅相電七月初十夜
魚陽電均悉德皇坐受國書姑置不論其令參贊等叩首
爲歐洲向來所無未免有意欺辱
國體有關斷難遷就此次我
朝廷特簡近支親王派充專使往德廷正宜棄嫌修好優禮
接待何得如此違禮相欺殊出意料之外除已請穆使電

達該國政府轉圜外如彼仍堅執祇好由執事轉告醇邸
止帶廕昌一人往見張翼可令稱病其餘各參贊等均令
先赴別國等候亦不得已之辦法否則國書可以緩遞最
不能忍此大辱以後各員等將何顏再赴別國乎穆使電
能否挽回仍望大力辯爭勿稍鬆勁除電樞廷外慶李卦
收醇親王電
坐船月餘辛苦萬狀昨勉強就道益覺疲倦暫駐巴些耳
已請李希德耳前往德京將本爵一切情形面達外部現
未能按德皇定期到柏林甚歉請即婉告外部醇親王侵
收軍機處電七月十三日

接魚電德皇坐見醇王行三鞠躬禮遞國書致頌參贊入
見者均叩首等語中國於懲罪賠款久已誠心謝過特派
親王出洋本欲重修舊好今德國於各項禮節不以通使
相待中國臣民聞之均懷不平且德王亨利前次到京我
國
皇帝格外優禮出御座相見並於納陛上賜坐此中國非常異
數今醇親王與亨利實爲敵體乃德主坐見尤於交好之
禮未協務設法力爭并切託英美日三國公使代爲調停
至要樞文宣榑
收醇親王電七月十三日

禮節改爲請安與向例亦屬不符本爵不能擅專仍須請
旨而行恐誤接見之期事屬兩難本爵只得力疾速來候覆辦
理以表我
國家至誠修好之意務祈婉懇外部格外原諒以顧兩國交
誼若能俯允速望電復醇親王覃
收醇親王電七月廿三日
覃電悉已接到禮節更改究竟如何立候電覆以便前來
醇王覃未
收醇親王電
元電悉本擬力疾赴德惟病勢未減實難支持只可暫緩

前來望婉達外部所事已電奏醇親王

收醇親王電七月十九日

慶李嘯電內開樞廷電囑轉復尊處相機因應期於顧全
大局仍於
國體無傷等語當電復以坐受國書一節鴻章丙申使俄德
皇派員邀請赴德即係坐受國書其傲慢性生不足計較
惟叅贊跪拜有傷
國體茲以折中定斷遞時只帶金楷理蔭音泰等傳譯張翼
蔭昌等仍照前電或託病或暫避他處以免跪拜受辱已
電醇王酌辦呂使擬交各使持平訂定禮節各使皆助德
抑華斷乎無益云除電奏外請酌辦醇效

收醇親王電七月十九日

效轉嘯電諒鑒並昨談各節均請台駕設法婉商外部以
何情形即祈示復以便電復全權諳親王皓酉

收醇親王電

號電悉知事已有轉機頃據艾領事面稱現接外部來電
問王爺能否起身以速爲宜並稱德皇允其接見遞書只
帶五樓一人餘均別殿伺候現擬今晚十一點鐘搭車前
來明申可到餘容面談醇號

收全權大臣慶親王李傅相電七月二十一日

嘯電計達約載派使建碑在我均已辦到乃彼於禮節格
外要索
國體攸關礙難應允德之此舉公法所無駐京各使亦多不
以爲然但未便出頭勸阻嘯電辦法能照行否如或不便
仍希設法磋磨以待轉圜慶李馬

庚子海外紀事

欽差出使德國和國大臣署理外務部左侍郎都察院左都御史臣呂海寰編次

問答

光緒二十六年五月

初三日午後五點鐘海寰率參贊官賡音泰赴外部晤副外部大臣李和芬寒暄畢　問以近日接北京信否　李云今接克使來電豐台蘆溝車機鐵路均被匪徒焚燬來請派兵　告以本大臣昨閱新聞紙正爲此事而來派兵一事請貴部尚須斟酌　李云克電甚慌急情形必是吃重現由青島撥兵五十名進京又有兵輪一艘已赴大沽

口　告以貴國既派五十名各國想必皆同算來洋兵共有五六百名聚集一處久恐不免滋事甚爲可慮　李云派兵本非德廷所願因各國皆派兵前往德亦不容落後派兵之舉實出於不得已也　告以若尚未派請貴部畧候消息如實有萬不能不派之勢祈發訓條去各兵到京務須紀律嚴明不可任其隨意來往　李云德兵軍令向來是嚴的　告以去年護守使館之兵常有與民齟齬之事且不獨兵與民齟齬久之兵與兵亦齟齬兵非一國將非一人甚恐從此又生波瀾　李云若中國兵力足何用各國派兵前往現在屢出事端中國兵力之不足顯然可見其勢不容不派　告以中國兵力雖不能如西國講求然以之平定土匪尚屬易易可毋須多慮且中國亂黨理應中國自平似勿須他人代爲干預　李云聞各使屢向總署告知各處土匪宜及早平定無如總署徒以空言塞責故不得不自圖保護非願意干預中國事也　告以邦交所關中國自應保護各國使館並非以空言塞責唯總署無權派兵祗能行文各處派兵保護故各國疑爲不肯實力其實不然亦如貴國派兵須問兵部海部商議彼此同斯例也　李云聞此次滋事半係甘軍董福祥素無紀律何以中國必欲用此人　告以董福祥曾在甘肅平定

回匪素著勳勞故

朝廷秉公委任并非有所偏私於董福祥也　李云去年派兵守護使館亦即爲董軍而起中國如此袒護恐不免受其大害　告以董軍素稱猛勇

朝廷不肯令其閑散者實因防守匪徒滋事起見並無別意如能設法可以阻止派兵更妙否則亦希早日撤回免再別生事端　李唯唯遂握手辭歸

二十五日午後五點鐘海寰率參贊官賡音泰赴外部晤副外部大臣李和芬寒暄畢　李云中國違背公法本不應再接待議事詞色甚有不悅之意　告以兩國並未失

和貴部何忽出此言倘若失和必先彼此宣戰兩國撤使
下旂現在中國與貴國仍舊交好亦并未宣戰貴部切勿
誤會　李云中國不護使館克林德存亡未卜已有七日
不通電音舉國無不慌急又大沽礮台先行開礮傷我多
人此事實違公法是中國已自開釁了　告以中國決無
開釁之意大沽台船互擊并未奉
旨現在
國家知此情形故命李中堂即日北上先定內亂再議善後
務請電飭兵官停兵勿進以全兩國交誼　李云停兵雖
遵議　告以中國
國家現在仍極力保護使館克使無恙當此匪徒橫行之際
各館刻下尚能完全若非
國家保護之力不至此所謂違背公法係有意為之若出於
意料之外或為防護所不及者不得以違背公法目之
李云往來不通電音是明係禁我們知道中國虛實　告
以電音不通中外均不便斷無中國可發電各國不能發
電之理　李云江鄂二督屢次來電中國何以通行乎
告以上海電固自無恙京津線斷故本大臣亦久未接總
署之電即偶爾接一京電仍係馬遞寄至山東德州由德
州轉滬故一電有遲至十日者貴部亦可向領事問訊也

開電線刻已興修不日即可通行貴部勿庸多疑本大臣
近接江鄂來電劉張二督力任保護長江一帶商教平安
李勿遣兵艦前往特令本大臣向貴部確商　李云德廷
與中國
國家議事不能與各督撫議事各督撫只可與領事議商一
切李中堂及江鄂二督之電本部不願與聞　告以李中
堂奉有電
諭即是訓條江鄂二督係代
國家辦事之人有事即應與貴部相商況德皇屢有遇事相
助之言我
國家及本大臣早已銘諸心版現在可謂有事之時仍乞貴
國國家格外相助不可多方挑剔　李云貴大臣在柏林
辦事和平素所佩服今日顧全貴大臣體面將以上各節
代為轉奏即是　告以多謝費心此次變故連本大臣亦
不知其所以然也　李云聞李中堂粵省堅留恐未必成
行　告以中國禮法最重君命召不俟駕而行李中堂既
奉
內召斷無停留之理李中堂久任北洋大臣直隸情形最為
熟悉直津之民亦十分愛戴本大臣料李中堂一到京門
內亂自平諸事當可商量　李云恐李中堂未必能到京

都聞有人欲害之　告以李中堂威望素著斷無有人相
害之理　又告以北事既已如此無可再說而東南一帶
尚係完好幸念及大局所關各國商務最重切勿分兵往
南致滋驚擾不但民心騷動且恐匪徒乘隙起事長江一
帶如哥老會安清道友及大刀會等名目甚多一有震動
則匪徒四起撲滅即不容易　李云聞滬上已自不靖有
不能不派兵前往者　告以滬上本無事故因近日英領
事欲派兵艦入長江並護吳淞礮台故民間聞之謠言四
起其實安靖如常可見派兵前去非以止亂實以招亂也
江鄂二督既力任保護必定確有把握可保無虞幸勿輕

聽新聞謠言致誤大事　李云且看後事如何刻下尚難
豫定　告以總須鎮靜處之自然無事幸勿張皇為要臨
行又再三叮嚀勿遽分兵往南遂握手辭回
三十日午前十點鐘海寰率參贊官廢晉泰赴外部晤副
外部大臣李和芬寒暄畢　李云近得中國確信否聞津
直一帶電線全毀各國均未接各使之信甚是著急　告
以本大臣頃接東南各督撫聯銜之電言北方會匪滋事
遂
旨與各國人民為仇致遭損害京內京外數百里華商華民財
產亦被焚毀不計其數日本書記亦被戕害此乃地方官

彈壓不力之故實非我
朝廷意料所及詎意各國兵艦進占大沽砲台恐各國誤會
致成決裂之勢現在
皇太后
皇上已電召李中堂來京必係與各國妥商辦理免致失和可
見我
朝廷並無開衅之意請各國政府力請各國國家暫行收兵
停戰俟李中堂到京必有辦法事雖滋變甚大亦不難妥
為了結祇須各國不啟戰釁官兵自能專意剿匪目下長
江沿海一帶各督撫均力任保護之責諸國洋人均勿庸

顧慮倘洋兵再進則東南必致牽動商務須吃大虧特命
本大臣前來與貴部商量　李聞畢云究竟中國
朝廷誰為主政　告以仍係
皇太后
皇上主裁　李云依我所聞係端王剛毅等主持　告以本大
臣亦不得真信久未接總理衙門文函若係端王剛毅等
遂背
諭旨擅自主持更可原諒我
朝廷與各國並無失和之意　李云後日查明自知其詳現
在亦無可辯論唯德廷雖派兵艦赴華卻仍無戰意至於

在天津等處有無戰事本部亦難懸揣祗看地方官與各
兵官如何辦理若機會不湊巧亦不知將來如何結局
告以總請各國原諒決非我
國家之意即事會有不湊巧之處亦非
國家意料所及仍求不再派兵艦前往爲是　李云兵艦是
往北京若長江一帶如果力任保護之責實有功效各國
亦決不派兵前去　告以各省督撫來電極力任保護商
教之責必有把握請勿多慮　李云但願能踐其言刻尚
未接各領事來電不知江鄂二督如何商量辦法　告以
一二日內當有確信　李云李中堂能否北上　告以有
諭旨令其前往焉敢不去　李云據我看來未必前去　告以
李中堂爲
國家大臣休戚相關焉有不去之理　李云聞粵官民堅留
告以留不住總須前往遂握手辭歸
六月
初二日午後三點鐘〔海寰〕率參贊官慶晉泰赴外部晤副
外部大臣李和芬寒暄畢　問以近來接北京信息否
李云總未接信然而消息甚不佳　告以本大臣昨接江
鄂二督來電言北京事甚危迫現在鞭長莫及只好與各
督撫商量先保東南一帶緣東南各省爲商務輻輳之區

不可不極力保護現飭滬道與駐滬各領事議立章程九
條未知貴部已見過否　李云江鄂二督如何說法　告
以一會商保護辦法兩不相擾以保全中外商民人命產
業爲主　二滬租界歸各國公同保護　三長江及蘇杭
內地洋商教士產業兩江兩湖允認切實保護現禁謠辦
匪并咨各省飭屬照辦　四各口已有各國兵輪者照常
停泊水手不得登岸　五各國如不待督撫商允竟派多
輪入江等處致民懷疑啟衅燬壞商教人命產業事後中
國不認賠　六吳淞及長江砲台各國兵輪不可近台及
對台停泊操練免致誤犯　七滬製造局一帶各國兵輪
勿往游弋駐泊及派兵捕前往此局軍火專爲防剿土匪
保護中外商民之用督撫提用勿庸驚疑　八內地偏僻
未設防處教士洋人勿冒險往游　九滬租界防護須安
靜辦理　李云滬領事來報不及此電之詳然中有數條
未能照允者俟各國商妥再復　告以此係江鄂二督委
曲保全中外商民起見別無他意　李云其中不便處甚
多中國不能保護西人反要限制西人不能往來自如殊
屬不妥　告以北京如此緊急百姓風聲鶴唳草木皆兵
若各國船隻再往長江一帶游弋勢必驚惶異常各國本
以中國太平爲主若不暫時照此辦理是有意與中國爲

難了　李云各國並無與中國爲難之意刻下總盼先靖
內亂爲要　告以貴大臣所見甚是　李云究竟各使館
在京刻下如何情形歐洲全不知曉各國均爲著急　告
以江鄂二督來電北京各使館現在無恙我
國家仍極力保護可請放心　李云並非不放心恐中國兵
力不足耳　告以此等烏合之衆
朝廷剿除不難　李云我聞有幾箇大員在內暗助匪徒爲
害　告以我想萬無是理　李云聞李中堂北上已啟程
確否　告以此處未見報遂握手而歸
初八日午前十二點鐘海寰率參贊官廕昌赴外部晤

副外部大臣李和芬寒暄畢　李云我國公使被戕按照
西例即不應再接待華使因貴大臣與本部素來交好故
今日通融相見　告以本大臣正爲克使之事而來克使
被戕貴部曾見確信否　李云未見確電因京電不通之
故大概不錯此事實係中國違背公法了　告以克林德
爲人正直和平素爲華人所信服本大臣亦與有一面之
識本大臣當接總署王大臣來函具述克使辦事和平情
意十分融洽不意竟出此可惜之事聞之十分悼痛故今
日特來代
國家慰唁并致本大臣惋惜之意　李遂握手相謝云此事

實出意料之外有人言係總理衙門做就圈套將克使誑
至中途殺害　告以本大臣敢保斷無此事或者克使素
來與總署王大臣交好意謂中國平日相待甚厚決無他
意故輕車簡從途中被人暗害出於大意亦未可定其實
總署王大臣并不知有此事倘預先知之必派人沿途保
護矣　李云俟查明自見分曉　告以此事決非我中國
國家之意還望在德皇前將中國交好之心始終不渝代爲
婉言是感　李云德皇正在盛怒之際注意如何尚不得
知恐不免決裂　告以此時德皇尚不知此事始末故不
免動氣日後查出實在情形纔知道實非

國家之意了　李云克使之事不但德廷不願意即民間無
不激動公憤　告以新聞報之言大半不可靠意在煽惑
生事就中取利　李云亦非無因臨行時又再三致慰唁
克使之意遂握手辭歸
十五日午前十二點鐘海寰率參贊官廕昌赴外部晤
副外部大臣李和芬寒暄畢　告以本大臣昨奉
諭旨言此次肇事以來其間事機紛滲處處不順均非意料所
及始因直東一帶一二亂民各就村落練習拳棒雜以神
怪之術地方官失於覺察遂致相煽成風旬日之間徧地
皆是甚至沿及京城遂有桀黠之徒創爲仇教之說五月

中旬猝然發難焚燒教堂戕殺教民闔城洶洶勢不可遏
當風聲初起之時各使請調洋兵到京保護使館
朝廷慨然允之各國兵到京已不下五百人矣自洋兵入城
或有時上城習槍或有時四出巡街以致屢有放槍傷人
之事或任意游行幾欲闖入東華門被阻始止於是民兵
交憤匪徒乘機橫行燒殺教民益無忌憚各國遂添調洋
兵中途爲亂黨所截迄不能前此時直東兩省之亂黨已
鎔成一片
朝廷亟欲痛剿而肘腋之間操之太蹙深恐各使館保護不
及激成大禍乃有令各使臣暫避至津之事正在彼此商

議閒突有德公使克林德中途被戕自克使被戕後亂民
益挾騎虎之勢四出滋擾并護送使臣赴津之舉亦不能
辦矣唯飭保護使館之兵并益加嚴以防倉猝不料五月
二十日大沽砲台失守自此兵端已啟郤非中國開釁且
中國即不自量萬無與各國同時開釁之理且更無恃亂
民與各國開釁之理此意當爲各國所共諒特命本大臣
將此情形爲貴國一一陳之　李云使臣代君行權今忽
遭害實屬有違公法辱國太甚此乃最大之變將來如何
了結尚難懸揣德皇十分震怒　告以克使之戕實出
朝廷意料之外我

朝廷極爲惋惜　李云是否
朝廷之意亦難懸定俟查明後再商一切　告以
國家現在查拏兇犯盡法懲辦將來必有以雪克使之冤
李云克使眷屬是否被害尙在未知且使館參隨人等甚
多亦不知刻下如何情形　告以各使館
國家仍極力保護決不至於再出事故　李云德廷已派兵
二萬餘前往中國派瓦德西爲元帥一則保護使館一則
爲克使復仇　告以中國
國家決無開釁之意仍望貴國念及舊日兩國邦交不可聽
一面之詞致使小民流離失所同遭蹂躪　李云大兵一

到但看中國如何辦法恐難免玉石俱焚　告以若到京
後慘殺無辜亦殊干天地之和小民何罪乎我
國家實因匪徒四擾不能兼顧無力解散則有之若疑我
國家主意使之傷害洋人則斷無此理且亦思中國爲何事
與各國開釁亦斷無不論交情之厚薄不論事體之大小
一概與各國爲難之理且拳匪乃烏合之衆邪術之流在
國法亟應剿除斷無恃其爲亂而與各國一齊動兵之理
雖愚魯之人亦決不出此貴部當亦可以曉然矣　李云
將來如何懲償克使被戕之案如何切實設法救護洋人
如何足保將來按照公法理法辦事此次

諭旨內均未提及　告以將來必有辦法至懲辦兇犯此次
諭旨業經提明矣　李云此等事出即謂非中國
朝廷之意亦可見兵力之不足故德國發兵前往代平內亂
兵到後自見分曉　又再三勸其止兵勿進　李云目下
欲代平亂非派兵前進不可　李又云論刻下情事本不
應再爲接待華使唯念及貴大臣素來交好爲人正直故
通融私見非公見也　又告以并無開戰明文不應作開
戰看　李云兵已派往將來是否開戰難以預定論理即
不應接待耳　告以兩國出此等事殊爲可惜遂即握手
辭歸

閏八月
初十日奉到初二日由
行在傳來
皇上致德皇
國書一道派海寰致祭前駐京德國公使克林德並致惋惜
不忘之意當即遣參贊官賡音泰赴外部定期呈遞遂定
於十二日午刻屆期海寰率參贊前往副外部大臣李和
芬出晤先述久未得晤并道歉忱拱手奉誦
國書參贊官賡音泰誦譯洋文一通坐定告以此次民教相
鬨以致出此變故克使被戕尤出

國家意料之外而不知情形者反疑爲
朝廷所使殊屬非是我
大皇帝誠心與各國交好向無失禮之處諒各國所共信今事
出倉猝不及隄防致有此事我
國家甚爲惋惜已命崑大學士在京致祭俟克大臣靈柩回
國復命本大臣賚醊并飭沿途地方官照料此我
大皇帝優禮大臣之厚恩從前如曾中堂文正公及左中堂文
襄公纔能邀此優禮貴大臣當可原諒　李云貴國
朝廷寵待公使并無他意矣
大皇帝有此典禮不得謂之不優但公使代本國君主行權之
人輕視尚且不可何況被戕實出萬國公法之外有辱德
國體面非一祭所能了事　告以此乃匪徒所爲非

朝廷本意即非
朝廷之咎但戕害公使
朝廷亦看得甚重現在嚴拏兇犯滋事之人
朝廷定然盡法懲治不可因此小嫌致損睦誼　李云此事
不但德皇甚怒即德民聞之亦無不痛恨各國均爲憤激
故各國聯合發兵以雪此恥　告以此事一因教士在華
用力欺壓平民地方官又不爲民作主一味袒護教民以
致激動公憤一因大沽礮台無故佔踞兵民同奮舉國紛

起人多勢衆
朝廷禁止不住乃至內外交鬨竟成不可收拾之局實非
朝廷之所願還望貴國顧念舊交不加深責仍然和平商結
以全兩國睦誼況貴國與中國歷年交好向未以干戈從
事即如前年膠澳之役中國臣民俱爲憤怒羣思與貴國
一戰然
朝廷仍念貴國素來交好不肯決裂故情願租與貴國毫無
違言及本大臣到貴國後屢承大皇帝面諭中國遇有事
故許爲相助并准中國船隻仍在膠澳停泊經本大臣奏
聞

朝廷極爲欣慰深信德皇誠心交好臣民均爲感泐此次德
國兵艦由長江經過中國地方官並不阻攔者仍是信服
貴國無他意也仍望追念肯好乃早議和爲幸　李云現
在德廷已擬三端　一嚴懲首禍之人須由各駐使查明
中國擬罪諸王公是否眞正犯罪之人　二須查明中國
自願治以何罪　三須向中國索取切據擬定之罪必見
施行應令各使眼同辦理以爲確證此三層辦妥再議和
約賠款等事　告以肇禍之人中國定然嚴辦然中國體
制亦須顧全不可使中國失自主之權此三端內頗有失
中國體面處尙須通融商議　李云此事已有訓條交駐

京公使在中國斟酌辦理在柏林無可商議　李又問貴
大臣許久未出門人口俱平安　告以前月民情洶洶甚
爲可危幸賴貴部及內部多派巡捕晝夜巡邏得保無事
特爲謝謝　李云我們德國不致有意外之虞可請放心
又問克林德靈柩何時到柏林　李云西國不講究此
層我想未必回柏林大約即在使館掩埋矣　告以
國書請爲代遞如德皇有何交派即請告知　李云一二日
內當有復信　又問華碼電此時可以弛禁否　李云兩
國將來是否交兵尙在未定仍不能照常發電　告以嗣
後有事本大臣來談是否願意接待抑仍令參贊官廕音

泰傳話　李云論大勢刻下尙有隔閡本難照舊唯貴大
臣在德爲人正直素爲我國佩服有話儘可來說　告以
如此甚好遂握手辭歸
九月
十三日午後五點鐘海寰率參贊官廕音泰赴外部因副
外部大臣李和芬升正外部大臣晤李和芬握手致賀寒
暄畢　告以貴大臣升授正大臣閱西報所登同深頌禱
足徵貴大臣聲望遠孚本大臣聞信之下尤爲欣幸且爲
中國
國家幸以後中國之事可望和平了結不勝爲貴大臣盼望

為　李云多謝貴大臣盛意至於中國之事仍是一意維
持既而笑曰或者因本部升任中國事體更難辦亦未可
知　告以此次肇事以來貴大臣即有願和平了結之意
日後定必順手可為預卜　李問曰前德國皇帝復中國
大皇帝之書是否呈覽　告以由電徑呈大約早經
御覽免深感貴國皇帝美意　李曰德皇顧念邦交深盼
朝廷即刻回京已有訓條飭瓦帥及穆使與王大臣等議事
告以深感之至仍望從長計議　李云中國果能照德
所擬議辦理將來兩國交誼更固也　李又云未知
朝廷幾時回京有信息否　告以尚無信息　李云北京為

根本重地早日
回鑾王大臣遇事亦可立行奏請
諭旨毫無阻滯和議可望早成　告以此固中國臣民所共願
兩宮早回則人心早定　李云不但北京早定即東南各省亦
即安靜　告以貴部所見極是但不知瓦帥與穆使能否
和平商議祇要所議與中國體制無損我
國家仍不改敦睦之誼中國本未與各國開衅為叛黨及匪
徒所擾以致
朝廷不得自由其實
朝廷數十年來與各國交好並無嫌隙諒亦環球所共見者

也　李云但願從此更加親密　告以貴大臣此言極所
樂聞遂握手辭歸
二十四日午後五點鐘海寰率參贊官廕音泰赴外部晤
外部大臣李和芬寒暄畢　問以近來接北京駐使信息
否　李云接到瓦帥來電今日與慶王爺會晤　問以李
中堂是否同去　李云不知　告以中國
國家極願和議速成尚望轉飭瓦帥速為議結　李云肇亂
之人不先辦理即不能議約　告以昨接慶王爺李中堂
來電知照
朝廷已將肇禍之王貝勒等革去爵秩其交議之王大臣業

經各部院會奏均請革職仍酌量加重如此辦法已屬加
等間擬王公革去爵秩停俸即不准其子孫承襲已與庶
人無異只減死罪一等此乃極重辦法董福祥毓賢亦另
奏重懲在
朝廷已屬曲徇各使之請不肯瞻顧否則
國家原有議親議貴之例各王公又非謀為不軌不至如此
重辦　李云各王公縱容拳匪無端搆衅西洋各國死亡
之人不計其數教士乃教人為善亦無故遭此殘害非誅
戮無以懲儆　告以各王公大臣誤聽宵小之言以致內
外交鬨若謂辦理不善則無以辭咎若說有意與各國為

雖則斷無其事原心而論各王公志在保全
國家其心未嘗非忠況謀有首從即罪有大小爲能不論輕
重概予駢誅之理西律弒逆之人亦不過永遠監禁終身
而已西國每議中國刑罰太重何今日中國加等治罪而
各國猶以爲未足殊不近情　李云各國往往明爲重辦
而陰爲輕縱故非誅戮不足以弭後患　告以貴大臣未
免過慮今日本大臣起身時接到盛大臣傳來
諭旨端王莊王革爵永遠監禁怡王溥貝勒圈禁濂貝勒革爵
瀾公英年降調剛毅病故免議趙舒翹革留毓賢發極邊
此皆按當日情形分別輕重故如此辦理在

國家已斟酌至當極爲公允矣端莊永遠圈禁是與西國大
逆同科在中國看法實屬法浮於罪怡溥圈禁亦屬加重
其餘降革皆持理法之平各國當無異議矣　李云此
旨西報已傳各國看法尚有不足之處　告以西律本寬各國
每願中國改西律現在以西律治之豈不更見公恕　李
笑云辦不到　又告以董福祥兵柄在手其營內之兵大
半回子居多遽撤其權恐變生肘腋與
兩宮甚有危險要靜候
朝廷自己相機辦理切不可再爲逼催致令中國爲難　李
聞之憬然云本部亦有所聞誠知中國爲難然中國作事

往往不甚逼迫即不肯辦　告以中國
皇太后垂簾已三十餘年最爲聖明
大皇帝亦剛明決斷事之緩急自有權衡請勿多慮務希格外
體諒飭瓦帥穆使早日開議不可再往前進兵致商民驚
惶　李云瓦帥係八國統領已有訓條令其酌量辦理本
部不能遙制且非一國之事即德國國家亦未便禁阻
告以中國既與各國議和理宜撤隊現在誘踞保定戕害
藩司大員民心頗爲不服帶兵官動以拳匪爲辭其實
拳匪早已四散遠颺其所殺傷者乃無辜平民聞之令人
酸鼻未免有傷上天好生之德　李云干戈之下玉石不

分誠所難免但聞拳匪均有軍火故不能不剿　告以此
皆係團練鄉民何嘗有拳匪在內未免近於殘虐至
西陵乃
朝廷最重之地無故佔踞舉國爲之憤激尤爲不應　李云
瓦帥據樊主教訴說
西陵一帶有教民在彼被困故派兵往救并非無故　告以中國
最以墳地爲重小民之家若墳地樹木被人斫伐尚有告
官呈訴之事況
皇家
陵寢所在尤爲天下臣民所痛心疾首者也此最干舉國之怒似

不値因此結怨務請奏知德皇速頒訓條將兵撤退以安衆心　李云瓦帥既與慶王爺會晤和約必有可成那時聯軍自然撤退　告以何妨先飭撤退德王果有訓條諒瓦帥當無不遵　李云容與各國商之緣聯軍非一國所能專主也　問以昨新聞報所載各使所議約款是否確實　李云確　又問德皇之意如何　李沈吟云仍聽各國意見如何方能訂定　告以中國極願早將和約議成否則何日是箇了局德皇屢言與中國交好仍願德皇相助早日飭瓦帥速結以全兩國睦誼　李云各國均願早日了結　告以貴大臣處心和平素所感佩仍望始終成

全纔好　李云我們甚願中國復舊如初　告以李中堂前日來電因瓦帥進兵不已甚爲焦急囑本大臣來求貴部速速撤兵據本大臣看來瓦帥在中國威武已振作的功課已不少亦可乘機而退也　李笑云此亦非瓦帥一人主意各國商量意見相同纔往前進八國之事要處處合攏亦頗不容易　告以辦罪及進兵各事以上所言貴國如何主意給一回信電復慶王爺　李云二三日定有信送去又閒談數語遂握手而歸

二十七日午前十一點半鐘參贊官廕昌泰隨海寰拜二十三日由

行在發來

皇上致德皇復電譯洋配漢捧往外部外部大臣李和芬出晤　告以今日禮拜本不應煩瀆祇因昨接到我國

大皇帝致德國大皇帝復書一道不敢遲慢特譯成德文附配華文送來請貴大臣轉呈貴國大皇帝當即拱立恭誦華文

國電一遍廕昌泰恭誦德文一遍均如儀向李和芬握手寒暄畢　李云兩國

皇帝日後果能常常通信自然日見親密　告以從此永彌嫌隙重敦和好固兩國臣民之所願也　李云此電果係自

西安而來貴大臣敢擔保否　告以確係由西安

行在軍機處交電報局盛大臣轉來毫無歧異　李云

兩宮聖安否　謹答以

兩宮聖躬萬安　李云此次電書內知中國

大皇帝有意回鑾不勝欣慰唯願早日起程則和約更易商量　告以

兩宮早擬回京況承貴國大皇帝美意豈有不回之理但

大皇帝所以遲疑者其中緣故本大臣可以意揣而知大半因　聯軍誘踞保定

西陵之故當聯軍之赴保定也省中藩臬各大員知各國并無別

意故開城迎接各軍以示彼此毫無猜嫌眞心和好之意
不料入城後反將藩臬數大員傳拿并不交中國辦理竟
自戕害不特有損中國自主之權且失信於人殊為非計
西國素稱文明如此任意橫行言行不符全不留中國體
面我
大皇帝聞之自然不能無疑如何肯輕易冒險回京此乃情勢
之昭然者也　李云保定所戮之官乃出於不得已瓦帥
亦大費躊躇因有一美國婦人被拳匪裸體游街先將兩
乳割去以後開腸破肚十分慘酷該大員并不禁止一聽
亂民所為不得不治一死罪以洩公憤而昭警懼　告以

亂民勢衆各大員無力禁阻或者有之若謂各大員唆使
亂民作此殘忍之事斷無此理在中國看法殺人固應議
抵然當罪人斯得不得究濫以及無辜各大員不過得失
察處分加以罪名亦不過是辦理不善其罪亦不至死即
或各國不平定欲置之死地亦應交還中國聽中國自治
不料竟不聽理論决之以死民心大為不服且此事一經
播揚以後聯軍所到之處均以保定為鑒萬不肯再開城
迎接勢必交兵即使聯軍獲勝亦斷無不傷一人不死一
兵之理其所損亦必不少各處官員與其死於洋人之手
不如死於疆場尚得

國家發郵本大臣故勸貴大臣飭瓦帥不可再進兵者誠有
鑒於此也況
西陵重地一遭蹂躪天下臣民無不痛心疾首我
大皇帝哀痛自不待言倘或德國决意失和如此行為中國尙
有可說現在貴國大皇帝屢言與中國交好何以瓦帥竟
不遵貴國訓條敢如此任意乎　李云保定
西陵均有拳匪團聚故不得不剿辦狀戮大員亦是懲一儆百之
意耳　告以已過之事追究亦無益務請速頒訓條撤隊
停戰以保商務以全民命不獨中國之福也　李云瓦帥
昨見慶王爺已言明中國將兵全撤聯軍自不前進看此

光景大約不至再有交鋒之事　告以固所甚願但中國
一城有一城之兵若令各處守城之兵全數撤去無此辦
法瓦帥所言是否指統兵駐紮之處而言　李云不知其
詳　告以昨談董福祥之事其中委曲難辦之處諒貴大
臣必能鑒及務請從緩辦理幸勿再催逼中國為要至各
王公大臣分別懲處實為公允其中有未曾預謀爭之不
得之員亦要原諒其心豈可不分皂白一味加重　李云
各國所以必擬加誅者實恐其數年後再出來辦事必與
西國之人為難李秉衡前在山東何嘗不黜退不數年中
國依舊任用以致西國之人遭此傷害　告以山東并未

闢事所以李秉衡黜而復用者實因其平日為官清正為
民所信服故棄瑕錄用此次變亂非尋常可比
朝廷自然從嚴辦理　李云中國辦事往往靠不住　告以
此次降革治罪各王公大臣既載在條約中國自無不堅
守之理　李云如中國再容此等人出頭西國唯有何時
見着自行拿辦就是了　告以貴大臣太過慮了　李又
云德國總願
大皇帝早日回京則和議易成　告以和約果有成議
兩宮自然回京所盼者各國所列各款總要教中國辦得動纔
好若過於為難亦恐難以遷就　李云各國亦願早結并

無與中國為難之處　告以果然如此甚好遂握手辭歸
十月
初七日午後三點鐘參贊官龐晉泰隨蔣宸赴外部晤外
部大臣李和芬寒暄畢　告以頃接劉制台張制台來電
有緊要話故特來相告　李云願聞　告以聯軍至張家
口一帶不知是何意思張家口係直隸山西交界處外間
相傳以為往山西前去不知是否　李云聯軍係瓦帥統
領其調兵往何處本可勿庸再請訓條然德國却無意再
往山西前進恐係傳聞之誤　告以瓦帥若在直隸一帶
辦事猶可藉口於代平拳匪本大臣看來若無國家訓條

瓦帥亦未必前去　李云各國之意雖不可知然德國決
無此意我是知道的　告以山陝兩省年成荒歉百姓困
苦流離亦自可憫不可再遭蹂躪矣　李云貴大臣可覆
電兩制台說并無西進之意　答以甚好　又告以毓賢
在晉撫任內辦事操切中國已將其革職遣戍明正其罪
矣董福祥現握兵柄急切不易撤退仍望從緩再議其餘
首禍之人
國家已分別懲辦各國當無異說　李云各國正為此事為
難故屢經會商總要中國早早了結免致再生枝節　告
以中朝深願速結只要條款與中國主權無損自可望成

未知所議各款即係新聞報所載否　李云大同小異略
有更動德國已有訓條飭瓦帥交中國全權大臣核議矣
問以禮拜內可望有成否　李云未必如此之速各使
候各國訓條命齊方能定議　問以各有條款抑係公議
之款各國一律　李云各國一律　問以西報載各使館
在北京展拓地基有數里之長未知確否若有此條則中
國斷難俯允北京都城內無如此空地若將東交民巷一
帶展拓更無此理此處六部及大小衙門均在此左右若
一律拆毀成何局面況居民不下數千遍令遷居更恐激
動公憤於事無濟聯軍此次到中國官紳士商均知并無

他意若任意要挾反將各國美意掩沒了豈不可惜如各
國過於吹求還望貴國從中作主調處纔好　李云聞因
埋葬西兵使館內容納不下較前須爲展拓未聞有佔若
干地面之事　告以畧爲展拓只要與官民居處無礙倘
易商量切不可有意爲難令中國辦不動　又問以前日
中國
大皇帝復貴國大皇帝之電貴國大皇帝尙以爲然否有無交
派　李云此次原係復書本可勿庸再復若電內貴國
大皇帝說卽刻回京卽更歡喜了　告以和議一成必然卽速
回京以副貴國大皇帝之雅意聞陜西食用均不便斷無

在彼久駐之理　李云聞
皇太后在陜西患病確否　答以未見官報不知詳細依本大臣
揣度或所傳不假緣
兩宮在京飲食起居一切遂心陜西逈非北京可比本省不出
稻米又無海味牛羊亦俱羶臊菜蔬亦無多此飲食之不
便者一也七月間
西幸時係夏衣紗葛之類刻交冬令陜西非常寒冷襃褻一時
無處備辦此衣服之不便者一也
西幸以來一路飲食既不調和起居亦不便當左右亦無得力
之人時時提防抓以

宗社危殆
陵寢震驚不能不憂憤交加種種情形鬱結成疾亦在意中　李
云爲何不及早
回鑾　告以中國看法與西國兩樣聯軍進兵不已不知是何
用心雖有大皇帝勸駕之美意大約非議有成約難以
回蹕　李云可惜聯軍進京時不知
兩宮下落若早知
西幸當就請回來了事體已早完結　告以各國之意雖好然
當時若用兵力去接恐
兩宮更受驚恐矣　李云其實多慮　又閒談數語遂握手作

別
十九日午後五點鐘海寰率參贊官廕昔泰赴外部晤外
部大臣李和芬寒暄畢　告以昨接慶親王李中堂來電
各國會商條款大致已就穆使忽然要全權憑據方能開
議前次奏到
諭旨派爲全權大臣幷有便宜行事之權當卽恭錄
諭旨知照在案何以忽生波折本大臣在總署襄辦交涉事甚
多經手各國換約亦非一次從無另給別樣憑據之事幸
勿藉詞延宕　李云本部已得穆使電要全權憑據係照
向例辦理幷非一國之意亦幷非藉詞挑剔　告以現在

全權大臣業經將原委電奏已奉到
特旨准用
御寶臨時送閱以昭慎重務請貴部電飭穆使從速開議幸勿
再疑　李云當再發訓條去　告以如此甚好　又告以
日後之事務望和平商辦切勿用強壓制兩國均為有益
李云德廷與中國交好之意仍然不改　告以中國亦
是如此不但和好如初比從前更加親睦纔是　李云春
間各使電報各國說中國直津一帶匪徒橫行各國均以
為此等小寇不難剿滅不料竟到這箇地步　告以此次
交鬨實出
朝廷意料之外初意亦以為不難剿除日後鬧得越大匪徒
蔓延連
深宮肘腋之間竟至潛藏隱伏領兵官未嘗不能力為翦滅因
投鼠忌器不敢輕率舉動遂至不可收拾以致
兩宮西狩
廟社震驚良可悼歎　李云此次起事雖非
朝廷本意然縱容拳匪之人實屬罪不容誅　告以中國自
有國法斷不容肇亂之人輕逃法網然亦須分別輕重也
遂握手辭歸
三十日午後五點鐘海寰率參贊官賡音泰赴外部晤外

部大臣李和芬寒暄畢　告以昨接鄂督張制軍電言奉
旨會議條款極願與各國籌一永遠相安之道而久候不得確
信無從籌計外間所傳不一未知孰是有謂各國議定後
無論中國之能行與否以挨的美敦書照會限期過我應
允使我中國措手不及不免辦理失當條約關係重大必
須平允方能持久倘或稍偏此國吃虧彼國亦未必得利
貴部如知所擬各條可否密以告我　李云聞各使於西
二十一日可交中國想中國全權定必行知鄂督毋庸本
部相告且西報已刊大致不錯至於各條款內如何詳細
聲明之處即本部亦尚未得詳細文書現在各國駐使均
奉有全權訓條不日當可開議也　問以是否用挨的美
敦書照會中國　李云却無挨的美敦明文但各使會議
數次始能議定大概難以更改　告以須令中國可以照
允方不強人以所難鄂督之電所見甚是未知貴部看法
如何　李云各國均無與中國為難之心凡所開各條中
國必可以行決非相強請貴大臣放心　告以各國商務
均在中國必使中國寬然有餘方能貿易興旺若羅掘一
空商民衣食不足焉能有錢購買洋貨若不傷中國財政
中國復興有日不但中國之利各國商務亦必蒸蒸日上
矣　李云德國極力保全中國亦是此意　告以貴大臣

爲人素來和平此次條約仍請貴大臣一意維持從速議結此不獨本大臣一人之所盼望者也　李云我亦不能爲力全在各國駐使身上　告以各使雖奉有全權訓條然有關係重大之事仍須請國家訓條亦不能擅行無理　李云向來各使辦事外部不爲遙制　告以雖不遙制然各使未有不電報各國國家者也遂握手辭歸

十一月

初二日午後五點鐘海寰率參贊官廕音泰赴外部晤外部大臣李和芬寒暄畢　告以昨接南洋大臣劉制軍來電與前日鄂督之電大致相同甚以各國限期過迫爲慮

囑本大臣來再與貴部切商求電飭移使各款議交後仍容中國相商各國既顧保全中國乃是美意中國上自
朝廷下自庶民無不感念盛情但各國須見其大公保和局方能利益均霑須爲中國留有餘地以便復望振興之日勿奪中國自主之權迫中國以難堪方見各國眞正保全中國之確據日前貴部所言本大臣固已確信無疑但恐駐京各使看法兩樣則辦法兩歧還求貴部力爲主持和平公商　李云開各款明日交議大約均中國可以見行之事并無爲難之處　告以江鄂二督所以殷殷致詢者一則恐中國力量辦不到有負各國保全之意則生枝節反覺中國對不起故趁未交議之先預爲聲明以表中國并非有意作梗耳　李云我亦知之則生枝節可以無慮但各款不允一時聯軍不撤將來賠費愈多中國愈覺吃虧矣反復辯論良久　李始遲疑云中國全權可先將可行者速爲應允其有難以遽行者亦可與各駐使徐爲商量總之此事既歸各駐使會商辦理一切仍由各駐使定奪各國皆如此不獨德國爲然也　告以可否將貴部所談之話電知江鄂二督　李云可擬來一閱斟酌妥後再發免致誤會　告以此乃開章第一義即有難題目將來不知如何交卷　李云學問高自然早交卷遂一笑握手

辭歸

十二月

二十九日外部函約往晤遂率廕音泰於午後五點鐘赴外部晤外部大臣李和芬寒暄畢　李云今日請貴大臣來有事相商　告以願聞其詳　李云聞各國之意咸思乘機奪利甚爲中國可危德廷爲交好起見爲中國計和議未結以前所有他國及各公司商沾利益等事請貴國國家暫可不允最好是公約未定之先不與他國及各公司定約將地土銀錢等利益相讓此中國現在最切要之事於中國甚有裨益　告以未開中國與各國立約及與

各公司定立合同之事中國刻下尚議不及此　李云我
風聞頗有此等事故不可不預爲防範　告以多承關照
當即電達政府　李又云德所注意者在懲罪賠費二事
如將此事議結後再商如何便於
朝廷還京之處德甚願相助　告以懲罪業經奉有
諭旨嚴辦但罪有輕重亦應分別辦理以昭公允萬不能概擬
駢誅以致濫刑無辜人心亦不服　李云所開罪名單各
國已斟酌妥當均屬咎有應得并無濫及無辜之處　告
以償款亦須及早擬妥中國好設法籌還　李云各國一
時不能合攏各處商民亦難驟得確數并非有意耽延

告以中國實願早結以便
兩宮好回鑾民心方能安靖也　又問近接北京消息否　李
云未得確信　問聞醇親王擬來德道歉本大臣尚未接
奉明文此事貴部當必有電　李云不錯　問未知行期
定否　李云現在爲時尚早須事體大定後方好接待然
德皇聞醇親王來心甚悅　告以醇親王係我
國
大皇帝之親弟極爲尊貴視漢里西王與貴國皇帝一樣　李
云據穆使來電言人甚精明　告以不錯　李云聞隨從
之人有蔭昌同來　告以最好蔭都統曾在柏林多年外

洋情形極爲熟悉曾在奧國營內學習武備甚是有材之
人　李云我亦知之又閒談數語遂握手辭歸

光緒二十七年正月
初三日午後五點鐘海寰率參贊官廕昌泰赴外部晤外
部大臣李和芬寒暄畢　告以本大臣奉到
大皇帝致貴國大皇帝國書一道貴部肯代遞否　李云業已
送至宰相畢魯處代遞　問貴大臣看此事如何　李云
恐辦不到　告以中國實係財力告匱非將賠款酌准數
目寬定年限另籌切實辦法攤還難以籌償中國尤不願
多借息款致令虧折太多無以爲整頓庶政之資　李云
依本部看來爲中國計仍以借總債歸還一了百了免致
轇轕爲是若分年攤償不但煩瑣容易受人挾制且各國
或藉口稽察中國財政未免有侵利權　告以各國若誠
心交好當不至此且中國既認分年攤還必須籌定何款
用何項作抵當有把握仍請貴部轉奏貴國大皇帝查閱
中國
大皇帝書中之意通融辦理尤爲敦睦之證　李云此事非德
國一國之事必各國意見相同方能定切實辦法　告以
貴國大皇帝如有復書尚望早日交下以便本大臣復命
　李云看各國如何辦理各國有復書德廷亦必有復書
刻尙難定　告以德廷如何注意尙望預爲告知　李云
德國水陸兵費已用去一百五十七兆馬克現又續籌一

年借用兵費一百二十兆馬克有零此皆係實在數目以
後或全撤或酌裁費用再定總之兵駐愈久則兵費日增
此必然之理也　告以中國亟願早了但願各國將償費
酌減必使中國湊得出來不至十分爲難纔好　又告以
昨接江鄂二督來電言懲辦首禍
朝廷極欲愜各國之意俱照各使所擬從重嚴辦矣惟趙舒
翹一員似乎所擬太重未免罪浮於情凡誤國殃民之人
朝廷已擬斬候等罪名已足蔽辜若無論罪之輕重一概問
成死罪殊失情理之平百姓聞之亦不允服請貴部電穆
使轉商各國貸其一死以昭公道　李云聞趙舒翹實係
拳匪一黨縱容拳匪已有實證否則各使與伊無仇決不
肯故入人罪　告以趙舒翹曾任江蘇巡撫爲官聲名最
好人亦清廉公正今蘇人猶思慕不置實係一箇好官此
等人在西國人亦所敬服其實可以原情即在江蘇任內
凡遇交涉之事無不秉公理處決無與西人爲仇及鄙夷
西人之意本大臣任常鎭道時素所深知此人決非拳匪
一黨本大臣敢爲作保　李云問趙舒翹在涿州時待西
人甚不好全無保護之心　告以趙舒翹不能曉諭匪徒
解散邪黨其辦理不能認眞咎無可辭然亦罪不至死且
本大臣聞人傳言趙舒翹自涿州回京復命之時曾而奏

此等人是一羣乞丐彷彿從刑部中提出囚犯一樣其非
不知拳匪之不足恃可想而知無如有人作主彼不能力
爭則有之然不能力爭者豈止趙舒翹一人哉　李云趙
舒翹西人俱深恨之若非拳匪一黨何致犯衆怒　告以
此皆教民故造謠言以聳人聽且以報復其私恨耳否則
江鄂二督何不爲英年等求開脫乃獨惓惓於趙舒翹乎
貴部當亦恍然矣務求速爲電飭穆使從寬辦理　李云
既有劉張二督之電前來爲其訴冤貴大臣又說其非拳
匪一流人當即發電去但恐刻下已趕不及矣　告以救
人如救火務求愈速愈妙臨行又再三叮囑遂握手辭歸

十三日午後五點鐘海寰率參贊官慶音泰赴外部晤外
部大臣李和芬寒暄畢　告以本大臣昨奉
大皇帝諭旨一道命本大臣來與貴部商議總以俄允交還東三
省不能不立一約以爲憑據無如初約十二款有損中國
自主之權處甚多嘗經
朝廷飭令全權大臣磋磨删減又承各國美意均以爲不可
允許但中國現在情形難以獨力堅持甚恐激成俄怒將
成不了之局若徑自畫押不但於中國無利有損且與各
國亦覺有偏重之勢似亦非各國之利尙求貴部倡首聯
約與俄廷善爲排解俾得和平了結仍言歸於好不知貴

部之意如何　李云不知各國之意如何德在滿洲商務
無多似難倡首與議且看英日公商如何俟有辦法再行
奉告刻下實無可答復　告以西報均訾議俄以爲不應
乘機求利在中國則勢處兩難倘能公約先定則於大局
無傷再求兩全之策以免效尤　李云公約一時難以就
緒然總不離本大臣前次所言未經公約訂定以前不宜
與俄國另立專約實與中國大有干係　告以中國非不
知之不知將來俄約不畫倘有仗義相助之人否　李云
刻下難以預料　告以中國
朝廷甚以此事爲難非各國出而調停恐俄國亦未必遽爾

就範現在聯軍之事德執牛耳所以俄約之事仍須貴國
出而興議方能有益　李云俄約至今未見究竟不知其
中如何命意有無傷中國財政兵政之處難以空言懸擬
未知貴大臣曾見此約否　告以本大臣亦只見新聞報
上所載別無所聞　又問北京近來有何信息　李云并
無信息看來尙無進境　告以各國從速商量纔能有進
步中國亦是空着急各使任意就延不知有何成見　李
云別無成見惟七八國議事言人人殊若令同心合意大
是難事　告以若如此看來是空議定約一時并無可望
矣　李云逐漸商議自有合拍之時本部亦甚爲着急竟

自無法　告以但願早爲了結遂握手辭歸
正月
十九日午後五點鐘海寰率參贊官慶音泰赴外部晤外
部大臣李和芬寒暄畢　問日前本大臣奉
旨與貴部商勸阻俄約一事貴部言與英日商辦現在有無頭
緒　李云自中外事起德廷於應議各事不願與各政府
互商向飭駐京公使公同在京會議因而德之初意所在
多未有能辦到者然照此辦法至今未改現與中國所商
之事業已稍有頭緒滿洲約之事亦應照此辦法辦理故
德廷不肯爲各駐公使另出主意現在又有滿洲約之事
不知中國
國家能按照議和行文辦法用照會通知各國駐使將條約
宣明否　告以此事全權大臣必有辦法應否通知各國
駐使或不徑行文暇當面晤談之處本大臣無從懸揣貴
部既有此意本大臣即爲轉達全權大臣酌核但恐各國
駐使未奉各國訓條不肯與議耳　李云德廷即發訓條
飭穆使俟中國知照即可會同各使在京公商　告以若
能仗各國之力此事或可轉圜西報言英與日本現正籌
議此事英已徑詢俄廷滿洲約是久是暫尚無回信此事
未知確否　李云聞駐俄英使亦只詢俄外部滿洲約有

無此事未聞其詢及是久是暫日本亦未聞向俄廷詰問
　告以如有確實之信尚望告知或本大臣再來領教
李云爲中國計刻下總以堅持爲是數禮拜前本部告貴
大臣電知中國國家和議未結以前不與他國立約則別
國自無閒言　告以此語本大臣業已電奏
大皇帝并知照全權大臣矣　李云中國若能照辦最爲穩妥
又閒談數語遂握手辭歸
二十日午後五點鐘海寰率參議官金楷理赴外部晤外
部大臣李和芬寒喧畢　告以昨接南洋大臣來電言滿
洲約事日本政府已電駐英美德之日使與各國政府商
議刻下俄因中國聽各國勸勿許俄約俄駐京格使負氣
不與中國再商俄廷限期畫押否則增款決裂中國力弱
難拒懇求各國速向俄勸阻免致決裂倘若決裂則各國
益難爲謀令本大臣切商貴部代爲勸阻方好　李云日
本駐德公使來問會將中國通知各使公同在京會商告
之日本公使亦無別話聞英已徑詢俄政府俄如何復英
德國駐英公使知之亦必電告本部毋庸本部再爲催詢
．告以若德廷肯相助則更見力量　李云德在滿洲利
益無多不願過問誓說再三　李始云再發訓條飭穆使
俟中國知照後迅速在京與各駐使公商自能得力中國

財利地土德廷不願有所損傷故飭穆使竭力公商　告
以俄國期限甚迫特恐緩不濟急俄不得轉圜則決裂自
在意中　李云本部看來尚不至此　告以中國并非畏
懼於俄實因去年民教相鬨得罪各國我
國家甚覺不安現在極力與各國重敦睦誼決不願再與別
國齟齬今俄國既以交還東三省爲名其美意亦自不可
泯沒大凡可以了事不侵我國自主之權中國無不遷就
無如條約內令人可指摘處尚多既承各國盛情力勸中
國勿允中國自必聽從良言決不畫押然勢難兩全故請
各國出而調停此事方能了結耳　李云我甚知中國爲

難且看中國知照後穆使與各使如何公商再議遂握手
辭歸

二月

初四日午後五點鐘海寰率參議官金楷理赴外部晤外
部大臣李和芬寒暄畢　告以本大臣昨奉
大皇帝諭旨一道因俄約現雖酌改其中尚多窒礙之處不獨
中國之害亦非各國之利唯限期太促俄不肯更改展緩
中國勢難獨力轉圜前英瀾侯有英日德美各國向俄廷
詰問尚未回信中國勿遽畫押之語特命本大臣與貴部
商量祈電達俄廷代請展限茲將

諭旨譯送貴大臣一閱　李閱畢云內言瀾侯有英德美日詰
問俄廷之語恐傳聞之誤本部近因染病數日未到署此
語是否屬實須查明案卷再復回信　告以滿洲約爲期
已迫仍望貴國代謀良策　李云滿洲一事德廷不甚關
切日前宰相畢魯在議院詳論華事所言各節均經預
籌妥善即爲將來辦事準繩德廷曾勸中國宜將滿洲約
通行知照各國駐京公使以便公同商辦舍此而外德亦
別無良策乃聞中國迄未照辦未解何故　告以是否知
照駐京各使本大臣亦未奉京電未知其詳或者內有不
便明告之處亦未可定若依歐洲辦法大概自主之國與

何國立約未經畫押之先均不能明告各國以其失自主
之權也其實滿洲約各國皆知亦無待明告耳　李云滿
洲條約俄迫中國畫押而押究未能畫者豈非各國之力
乎況俄廷復允酌改以致條款減輕則是停緩畫押一節
中國已實受其益矣　告以全仗貴國及各國相助俄所
以尚未決裂但恐日久成騎虎之勢若無人出而調停終
算未了之局　李云本部之意總以不畫押爲是倘中國
國家不肯畫押誰能強之使畫哉總之公約未成以前不宜
遽定專約傳聞慶邸及南省各督撫均不以滿洲約爲然
均以滿約不畫爲是　告以今晨新聞報述駐美俄使伶

將滿洲約事告知美廷不知駐德俄使亦曾知照貴國否
李云滿洲約俄使并未知照德廷屢次見面亦未談及
又問貴國駐俄使曾向俄廷詢問否　李云亦未詢問
告以英日兩國公使曾向俄廷詢問有所聞否　李云
未知亦不過略爲探詢並非詰問之詞　又問北京公約
商至如何地步是否已有端倪　李云適因滿洲約事致
有延擱應議各節尚未就緒　又問以上所言可否由本
大臣電達中國　李云尚請暫緩俟斟酌妥當再送信去
遂握手辭歸
初六日午後五點鐘海寰率參議官金楷理赴外部晤外

部大臣李和芬寒暄畢　問以前日滿洲約事貴部言各
國商議妥協再給復信中國爲此事甚爲着急本大臣已
兩次奉
旨飭向貴部商辦不知今日可能得實在辦法否　李云中國
此次肇亂所有應議各事德廷迭經再四總以統歸駐京
各使公同商辦爲最妥故前次貴大臣承詢俄約辦法本
部曾勸中國宜將此事通行知照駐京各使以便公同會
商和衷料理詎意此節中國迄未照辦殊爲可惜貴大臣
茲復來晤又以俄約如何辦法殷殷爲問聆悉之餘殊抱
不安蓋德廷除前勸中國辦法之外別無良策不能代爲

另籌也　告以俄約我政府決意不畫押但中國當此力
弱勢孤之際再得罪於密邇強國殊非所願然又無力可
以轉圜據貴部看法中國若不畫押俄當有何舉動設至
決裂俄若棄公約不肯與議則各國是否仍肯照舊商辦
抑亦將公約暫爲停議此最有關系望貴部明以告我便
轉達
朝廷以抒
國家之廑念　李云滿洲約不成俄將來有何措施本部亦
難懸揣然公約一節我知我德諒可仍舊在京商辦不使
拖延時日以期和局早定　告以若德廷肯照舊在京商

議公約則各國當無違言唯上年俄廷曾布告各國謂一
俟中國地方平靖允將該處駐兵立爲撤回並將全地交
還中國等語此語已刊之新聞報天下所共聞共知假如
滿洲約中國不允畫押俄必逼迫如此相持不下勢必決
裂未知決裂以後俄國能否遵將前此佈告各國之言復
爲收回從此兵不撤退地不交還　李云據本部所見此
問似稍過慮諒可不必如此蓋俄既經應允各國撤兵歸
地堂堂大國豈肯失信於人我想屆時自必照辦以踐其
言　告以果能如此甚好本大臣與貴大臣交好凡心腹
中語無不可以吐露假使中國若允俄約俄得專利各國

是否亦擬仿照辦理倘若紛紛效尤羣向中國索取與俄
所得相稱之利豈不竟成瓜分之局乎當此時未知貴國
之意如何　李云我德在華不求專利不願瓜分此固盡
人皆知者也至於他國效尤一節據本部見聞所及而論
似與德之意見相同設使中國迫於不得已遂將滿洲約
畫押則各國將來舉動亦必仍視俄約文如何俄得何項
利益爲斷夫滿洲地方東北兩面毘連俄境俄之關心於
彼不使利益旁落是其勢所當然他人似無可責爲故各
國在華凡已畫定利益界址之處上年英德專約均未載
入也　問以外人傳言英德專約連滿洲亦在其中是否
　李云滿洲不在英德專約之中前日已告貴大臣滿洲
與德無甚利益故不肯與聞其事也　告以今日所言多
承貴部實言相告本大臣當將貴國之意報知
國家也又閒談數語遂握手辭歸
初九日午後五點鐘海寰率參議官金楷理赴外部晤外
部大臣李和芬寒暄畢　問以前日譯送江鄂二督之電
已閱過否　李云已閱過　問滿洲約貴部曾否見過
李云據駐德日本公使來述俄約現已通知駐京各使然
本部並未接有穆使來電實不知其詳　告以聞與中國
財政兵政尚無侵權之處唯內中有別有用意所在故不

能不更改而俄廷不允更改且逼迫畫押實非交好之道
　李云未定公約之先無論何國總不可與之另立別約
告以俄約公約均因拳教尋仇而致事同一律似可歸
併一氣商辦　李云俄約係另外一事與各國現議償款
無涉同時商量固無不可然不宜歸併爲一以致牽混
告以聞公約近因俄事現在停議未知確否　李云近因
中國不畫滿洲約格使不悅屢未隨同議事而公約迄未
停商　告以公約亦應早定免致多躭日期　李云現最
要爲償款一節俟款有着落即可撤兵此中德所同願者
也　告以中國須知各國索賠若干中國能否籌措將來
有無着落方有歸宿若日延一日中國亦難預先籌畫閒
我政府甚爲着急況尚有各款亦未議定若如此延緩何
日是了結之期　李云其餘各事均易商辦　告以本大
臣須告中國應如何寫法　李云貴大臣發電只說本部
爲中國計俄約仍照效電在京公商爲妥京俄兩約本非
一事可同時并議但俄約不宜混入京約內致京約延宕
至畫押或同時畫或先後畫均無不可　告以回館後即
照貴大臣所說電知江鄂兩督　李云可遂握手辭歸
十三日午後五點鐘海寰率繙譯李德順赴外部晤外部
大臣李和芬寒暄畢　告以鄂督張來電感謝貴國及貴

大臣美意現中國已聽德國畏言逾期未畫押然中俄勢力不敵恐俄立時决裂不知貴部有何妙策可以兩全否　李云此次中國之事各國既經屢稱均願和衷商辦想無論如何總可互相遷就陸續妥商俄約中國既未畫押俄廷畏策已盡只能聽其成敗徐觀後事而已　告以中國政府深慮俄國决裂中國實不願得罪鄰邦飭令江鄂二督電詢各外部設法代爲排解勸俄廷仍和平商辦　李云中國擬請各國出代調停一節據本部看來似可不必蓋大國辦事總以本國自定之謀爲主不重他國之干求且干求之事倘代照辦亦未必盡能有益甚或反致有損德之利益在滿洲者大遜他國故籌辦滿洲之事應問關切滿洲較重之國爲首德可隨同商量不能居先也　告以本大臣近接友人密函俄廷今日會議如滿洲約中國仍不肯畫押則俄擬將滿洲改爲俄國行省不知貴部曾有所聞否　李云并無所聞據本部看來似不至如此　告以貴部今日所言可否先由本大臣即日電知江鄂二督　李云可請暫緩稍候數日俟本部電商各國斟酌妥善如有實在辦法即速告知屆時貴大臣再電達中國不遲　告以中國爲此事甚爲着急盼早有好音也　又問北京公約近日議論如何辦有進益否　李云近日所

議雖有進境仍覺過少耳　告以公約事總以早了爲事多延一日多駐一日兵多添一日費彼此均不合算此次躭延數月實非中國之咎　李云事非一國議非一人各國有各國辦法各人有各人意見七八國要合攏來甚不容易德廷亦願早結并非有心躭延此次實非中國之咎然亦無法耳又閑談數語遂握手辭歸

二十四日午後五點鐘[illegible]率參議官金楷理赴外部晤外部大臣李和芬寒暄畢　告以滿洲事全仗各國之力得以暫緩　李云滿洲事正在妥籌辦法而大局候定故滿約未成非各國之力實南省制台毅然維持之功俄於滿洲現在布置一切雖能爲所欲爲究無條約之可據假使條約畫押俄亦未必遽將滿洲交還然究不如不畫押之爲妥各國出阻滿約蓋欲拯中國於瀕危也聞該約所載非只滿洲三省而已且有中國別處土地亦在其內　問公約事現在如何　李答償費一端大致已妥不日可竣惟各國細數尚未匯齊耳據聞各國共索之款約在英金六十四兆鎊之譜至於中國如何籌付之處是否任憑中國自行設法抑由各國使臣代畫一策現尚未定然各國償款之數均係截至西曆本年四月爲止倘中國猶事遲疑不肯立認允行以致聯軍仍須久駐則屆時各款即

照緩撤之日多寡核算增加查各國國家之意皆願其兵速離華土並望中國早自爲計以復舊業惟聯軍大隊一日不撤中國一日不能行此志也　問此次償款爲數過鉅斷非中國向來財力之所能及若不別開利源實恐難付洋關各稅可否酌加　李云加稅一節論理可行我德早有此意已商英廷而英乃不謂然故迄未成議想將來或能混合英德之意籌一折中之法亦未可知即如中國進口稅倘不收銀而改以收金則值百抽五之數約爲增加一盤有半似於中國稅項不無小補也　問公約載有禁購軍火一條前曾譯送南洋劉帥商請德廷酌減禁期

一電貴部諒已閱悉不知德廷主意如何竊思中國土匪乘間竊發凡人煙稠密之地此輩最易潛藏而華洋通市之處甚且藉爲逋逃之藪防範稍有不周則中外商民同受其害軍火一節中國懸禁向來極嚴而若輩出沒無定防不勝防故屢有偷運軍火暗地私售之事惟土匪等衆迄今未能猖獗肆擾者皆因各省軍火充足且能購自外洋源源接濟決無缺乏之虞今如外洋禁購軍火中國官員謹守條約不復採購則巡緝彈壓均無所恃而各處土匪反可以偷購軍火是爲虎傅翼也查中國全地只有軍火廠數處各廠雖能自製然每月所出不多設使一時起造不及而四處亂作其爲禍之烈尚可言哉各國所以禁軍火者原期弭亂也據本大臣看來不啻欲奪中國懾匪之具而使匪黨得以作亂也不知貴部云何　李云禁購軍火一節德廷目下尚無定見俟償款辦妥始能籌議及此歐洲各國乃於此事意見紛歧禁期久暫亦復互異甚且有決意願除此禁者其所發之論皆視各該國有無軍火廠運售軍火爲斷耳爲今之計須先由各國互相妥商定一公見方好然我德決不難爲中國也南洋劉帥電及貴大臣適言各節本部均必牢記臨時當細參酌妥代籌畫商減禁期究否能成亦在將來中國如何看待歐人也

倘再有拳匪肇釁仇視洋人之事則軍火禁期非但不能減或更加焉答以經此次變亂之後中國與各國睦誼更敦數十年內可保無事　李笑云果能如此甚好遂握手辭歸

三月

初八日午後三點半鐘海寰率參議官金楷理赴外部晤外部大臣李和芬寒暄畢　問以本大臣前接到西安行在軍機處來電已譯送貴部未知曾否閱過　李云已閱增稅一事德廷現在與英籌議已派前任駐滬德領事施妥博赴英從商然尚未就緒英雖仍前躊躇而德迄未稍懈

容得有確信再復　問以各國償費已有定數否如此就
延多日實非中國之咎　李云我知中國極願早了我德
國亦同此意現在各國意見不同有願早日完案者有似
毫不着忙者其最願早結者大約只是德與中國耳各國
償費約共英金六十五兆鎊商民索款想亦在內唯中國
無現銀似非借債不可據銀行人云如此鉅款倘付現銀
似須借債八十五兆之數方能實得六十五兆也其最要
者以何項進款作抵方肯出借西四月二十四日接到京
電內稱近日籌商償欵戶部曾派徐壽朋周馥二人隨同
會議不知此二人是何官階　答以徐壽朋係駐紮朝鮮

大臣現官太僕寺卿周馥從前曾任津海關道現官直隸
藩台此二人甚能辦事必有善策　李云聞此二公言中
國并無現銀償此賠款如能借債尚有三法源可作保
問以有何三法電內曾說明否　李云一洋稅現在不及
五釐今擬增定　二擬征中國海船稅　三加征鹽稅以
上三項稅款均可用作抵押未知能否敷用　告以此三
項果然辦到足可抵用　李云聞有人條陳添抽丁稅即
此款已敷償款之用此言確否　告以丁稅一節自日本
失和後早有人上此條陳未曾允行緣中國不比西國情
形大不相同我

大皇帝愛民如子從不多取百姓分文故此次北京如此糜爛
　而各省百姓安靜如常無不盼
兩宮回鑾如赤子之仰望慈父母一樣所以上下仍是一心
國家無論如何爲難田畝不肯加賦二百餘年來懸爲厲禁
　抽丁一事向未辦過故
國家甚爲鄭重甚恐地方官辦理不善激成民變也　李云
或照捐官之法勸諭紳富酌捐若干以充償費中國民人
富厚者多似可舉行　告以近年來各處水旱之災迭經
勸諭紳富酌量捐輸業已至再至三已成強弩之末即或
湊集數百萬無濟於事而民力竭矣以上各辦法似仍以

加稅爲正辦仍請貴部竭力勸助將洋稅加倍徵收則償
款不難湊集　李云我意亦以加稅爲正辦容看機會再
說遂握手辭歸
初九日午後五點鐘（海寰）率參議官金楷理赴外部晤外
部大臣李和芬寒暄畢　問以鄂督前電問償款之事究
竟總數若干德國應有若干分幾年交清務請電知穆使
轉商各國量從輕減作保勿礙中國財政須由中國
國家從還各國免致向銀行借款多出利息貴部之意云何
　李云鄂督之意本部亦以爲然各國在北京現在如何
議法本部無從查悉已經電飭穆使倘張帥有詢商事件

務盡心詳告如張督有實在辦法即請密告駐德華使倘
事在可行本部自當詳察情勢格外遷就并可設法轉勸
各國照允此爲顧全中國起見即請貴大臣電知張督閱
張督爲此事甚着急故本部亦願相助　告以當代爲轉
達先謝關照美意東南各督撫均願聯軍早退
兩宮回鑾一切方能復舊　李云聯軍速退一節本部甚以爲
然雖各國看法有不盡與德國同者撤兵關鍵專在償款
若有着落亦願代勸各國退兵　告以中國經此次變亂
後財力已竭籌款急切不易將來以何項作保務望勿傷
中國利權纔好　李又密云聞有人在北京條陳代中國

籌款多係受人指使并非中國自設之謀恐有從中漁利
者中國不可不防　告以深謝關切之意　李云貴大臣
可告知張督本部之意在欲確知中國實在辦法也日內
尚有信去　答以甚好遂握手辭歸
十五日午後四點鐘海寰率參議官金楷理赴外部晤外
部大臣李和芬寒暄畢　問日前鄂督張帥來電曾譯送
貴部諒已閱過鄂督承貴大臣美意詢問有何實在辦法
并許格外遷就甚爲感佩聞各國索賠四百五十兆若索
現銀非借債不可而中國借債只能售七折須銀行借六
百兆方得此數現銀若分三十年還每年還本利三十兆

共需九百兆兩中國焉能有此財力鄂督意在求德國倡
首將賠款酌減分十年攤還中國徑付各國國家能不加
算利息纔好　李云酌減一層萬辦不到利息之多寡有
無刻尚議不及此至於鄂督擬將關稅釐金鹽課加倍徵
收無論洋貨土貨洋稅常稅洋藥土藥一併加倍所言辦
法已電知穆使與各國駐使查看中國情形酌定可否尚
無復音刻下難給回信　問以貴大臣看法如何近來北
京曾否來信未知各使意見如何　李云聞各使之意擬
將各國償款由中國自製欠票照數分給各國另由各國
國家以此欠票自行借債彌補所用之款其借債一切化

銷則由各國國家認付與中國無涉然若此則各國國家
均爲中國
國家之債主矣設屆付款之期中國撥匯稍遲則各國國家
皆可出而追索此中恐生枝節諸多不便倘中國自向銀
行借債屆時不能付款則各國國家只能代向中國催付
而不能徑向中國追索也　告以此兩層均有流弊總不
如中國自己徑付各國國家不用現銀按年攤還之爲愈
耳　李云此事究否能成尚難逆料　告以尚望貴國從
中調停不使中國十分吃虧稍留贏餘款項中國好辦理
內政仍請趁各國尚未交單之先電告穆使再爲倡減顧

全中國大局最爲要着　李云各國償欵不日想可定妥約在英金六七十兆鎊之譜各國駐京使臣擬屆時先將兩端詢問中國　一所有償欵中國願否如數認付　二既願認付擬用何法籌還俟此兩端中國照復後再看情形也　告以鄂督辦法如何　李云張督所言若分十年攤還則每年約須英金七兆鎊不知中國果能逐年籌此鉅欵否　答以鄂督既如此說當必胸有成竹中國素以信義爲重既願認付斷無遲誤之事即如以前所借各國之債未到應還之期中國即預先籌借各省督撫各關監督均看得重故從無拖欠之事　李云果能如此則各國更容易商量又閒談數語遂握手辭歸

二十二日午後五點鐘海寰率參贊官廕音泰赴外部晤外部大臣李和芬寒暄畢　詢以日前送來劉張兩總督來電貴大臣已閱過否以爲何如　李云此電我甚看得重不意中國竟如此貧困　詢以償欵事各國辦法究竟如何須要酌奪中國力量不可令中國十分爲難　李云中國注意在各國速將北京聯兵撤退我德國亦甚願早撤唯此事必須償欵有著方可商議退兵本大臣現有一辦法中國既貧困如此若借債各銀行勢必居奇未免虧折太多不借債又無現銀可抵勢在兩難爲中國計只好

將各國所索之償欵四百五十兆兩由中國
國家自立欠據分給各國持守今年先按照應還本銀若干應生利息若干先付利銀一二年後中國事體大定再籌每年還本之法其利銀即照所付本銀以次遞減此法尚爲簡捷　告以四百五十兆爲數未免太多中國政府及各督撫之意尚望貴國倡首減讓纔好　李云數目已斟定妥當萬難再減況非一國之事各國數目亦多寡不同礙難倡減　告以如分年攤還本銀若干能得將利息全免亦見各國交情　李笑云各國均將現銀用去中國暫不能還現銀各國尚須借債彌此虧空何能全免利息　告以利息不能全免或將利息減輕如何　李云利息至少亦須四釐起算按四百五十兆兩核計每年須利銀十八兆兩左右中國尚不至爲難　答以中國驟添此鉅欵已覺甚爲難了亦不知各國尚要何項作抵否　李云作抵是不可少的只要中國入欵從前借債未經押出者均可作抵現在北京各使擬將議定償欵確數送交中國如中國允照所開之數認償并出具實據及以何項作抵則駐京西兵方可撤退否則西六月以後欵無着落尚須議增爲中國打算總以早了爲是　答以中國極盼早了但如此鉅款從何籌措抓稅一事果辦得到亦可稍爲補苴

前承貴國美意派員赴英國商量不知能否有成刻下已得端倪否　李云英國屢次來信謂曾商諸商部而商部不肯遽允今在滬英商又紛紛稟訴不願加稅昨委員回來迄無成議德國於加稅一節無不願意想早在貴大臣洞鑒之中英既如此推諉德亦無法本部看來只有照本部所言辦法先行辦起至於加稅之事俟大定後商立條約時從容商議必可辦到　告以加稅事前年盛宣懷京卿聶緝椝中丞與總稅司赫德曾經與英德商議過當經籌商江鄂二督已有成說嗣因拳匪滋事遂將此事擱起并非因此次賠款始議加稅　李云在歐洲各國往往以欲付償款而議加稅事所恒有即使中國從前未經議及亦不為過　又告以鄂督張香帥為賠款事甚是着急今不得已又籌一丁捐作抵每年還本二十萬不能再多茲將來電交貴部一閱　李閱畢笑云鄂督何不將他款作抵各國償款而以丁捐為變法之用乎據此電看來是鄂督以空款塞責而於償款竟無意償還矣　告以此是貴大臣誤會香帥以為丁捐是有憑有據辦法并非以空言塞責　李云貧富一律派捐未昭公允此端一開恐中國必致民變本大臣看來甚不妥當前次與貴大臣言及敝意亦以為非良策嗣聞曾到中華者探悉情形亦云不免

地方騷擾甚非完全之策敝意亦以為不可行現在鄂督急於變法此固中國首要之務非變法無以自強然只須行之以漸若操之太促法未變而事出又恐出前年康有為之事本大臣嘗查看得中國情形與日本異日本人情囂張易於變更中國人情平靜只要逐漸循誘不知不覺自然入於新法之中并要按照公道辦事自有振興之日貴大臣可勸貴國政府不可太急　答以貴大臣所說洞見中國情形實深佩服更見貴大臣與中國格外交好之意尤為感切也臨行時又囑其再與英廷商加稅事　李云此時英既推諉德不能強先將償款事議結西兵出京後中國

國家即可照常辦事然後與駐滬各領事及駐京各公使徐徐聯絡再議加稅必較順手又閒談數語遂握手辭歸

二十九日午前十一點半鐘海寰率參贊官庭晉泰赴外部晤外部大臣李和芬寒暄畢　問貴部近得北京信息否　李云信息接得甚多內有一大不好信息據說保定一帶拳匪又將滋事李相派兵彈壓為匪所敗　答以新報言劉提督曾將拳匪擊退不審即此事否據本大臣看來拳匪技術中國人皆知為無用本大臣敢保日後不致再出此等之事請貴大臣毋庸過慮　李答云能如貴大

臣所言我亦甚爲盼望否則各國駐兵恐無撤退之日矣
　問賠款北京已否商定　李云賠款事中國已允照四
百五十兆兩認賠并允每年還十五兆而利息如何并未
提及以我算來中國每年認還十五兆兩再加利銀十八
兆兩共合三十三兆兩恐中國無此財力據匯豐云中國
每年實可付二十六兆兩本部之意擬仍請中國將此次
賠款之數照四釐給息計十八兆兩如有餘款即以還賠
欵本銀還本若干其利即照數遞減英國亦同此意　問
賠欵過鉅再加利息中國內用浩繁尚望代爲籌及　李
云亦祇須以常關海船鹽釐等作抵與中國內用並無妨

礙　問中國財力既已不及是貴大臣所深知本大臣甚
爲感激但如此鉅款非加稅不可加稅事仍望貴國贊成
　李云加稅事德無不願而英不肯從祇好俟將來議約
時再商此事早晚可望有成刻下尚須綏議中國關稅條
約載明值百抽五今因鎊貴算來實只抽三釐五將來商
議加足五釐英或可默許似於中國不無小補聞俄國願
願爲中國借債而欲各國擔保英如允許他國諒無不從
蓋以中國利益英爲最大故請英作主現聞英不願擔保
則借債一層恐辦不到　問俄願爲中國借債此事聞有
法國在內　又告以適繞貴部所言保定一帶又有仇洋

一事依本大臣看來或是洋兵已撤華兵未到之際故未
免蠢動況自去年至目下顆粒未收民人爲饑餓所迫或
乘機搶奪亦未可定實非拳匪然可見禁購軍火於中國
大不相宜也不知禁止軍火一節究竟如何　李云慶王
李相均未提及此事　告以中國匪類甚多彈壓必藉軍
火貴大臣試爲中國設想如禁軍火將何以彈壓匪類
李云此事慶王李相既未提及此節想中國軍火尚可敷
用刻下最要之事在償款償款有着德即撤兵一萬七千
名留三千名兵在天津駐紮各國亦然稍緩數日尚有一
電致劉張二帥刻尚未擬妥俟擬妥再行知照應請貴大

臣轉達　答以甚好　李云中國
大皇帝何日迴鑾
迴鑾後可照常辦事　告以聞有四月十九日
迴鑾之說自然照常辦事遂握手辭歸
四月
十三日午後三點半鐘海寰率二等繙譯官李德順赴外
部晤外部大臣李和芬寒暄畢　李云今日特約貴大臣
來晤因有要事相告日前接穆使來電內稱李傅相轉到
中國
大皇帝於華歷四月初十日西本月二十七號明降

諭旨一道內載所有各國償費共四百五十兆兩連內利息認
付昨據穆使續稱中國議和大臣於華歷四月十一日西本月二十八號後
奉
諭旨一道備文通知駐京各使內言償款四百五十兆兩現在
擬定以四釐行息切盼聯軍早日撤退等因云云查償費
並息中國既經切實認付則德國前允撤兵之言當亦見
諸施行故德皇昨已降諭撤總帥回并飭減兵宜先調回
四分之三留四分之一駐守俟議和大定亦即撤歸惟望
中國極力設法務將和約細目及早議妥以完全案愈速
愈妙否恐枝節層生撤兵有阻致多不便也至於中國專

使來德道歉現可舉行毫無滯礙屆時當以優禮接待從
此兩國重聯舊好友誼復敦適奉德皇特諭命轉告貴大
臣以後凡遇宮中宴賀之事均可照舊前往勿存芥蒂貴
大臣倘有要事欲電知貴國
國家即請任便查用密碼自行徑發本部并不過問矣今晚
或明早當通飭電局一律遵辦　答以適聞所言欣幸之
至此次中國變亂實非
朝廷意料所及諸承貴國關注不忘舊好排難解紛德居首
功本大臣感謝之忱豈可言喻當拳民交鬨亂事初起中
國正在剿撫兩難之際而貴國使臣克林德突爾被害凡

中國臣民無不惋惜而我
大皇帝追悼尤深曾特降
旨賜祭克使以申軫念之意而慰貴國君民之心聞克使之柩
不日返德是以本大臣奉
旨致祭迄今未曾復
命也　李云近聞克使之柩仍擬運回德國然尚無定期耳克
使女眷明日可抵坡剌達木德皇夏日所居之處進見德皇面述一
切也　問以克使女眷既回德國本大臣擬往唁慰不知
寓居何處　李云詳細地址本部亦不深悉貴大臣如有
商唔信函本部可代設法轉達或代探明地址　告以如

此甚好本大臣回署當即備函送來費神之處預爲謝謝
臨行時又云此次變亂本大臣駐守柏林多承貴國格外
保護幸得無恙實爲感謝貴部暨見大皇帝時祈將謝忱
先爲代達　李云有無不便之事本部亦恐照料不到
告以倘無十分爲難之事去年雖間有不遜之語亦係愚
民無知本大臣并不介懷　李云如此甚好　又笑云貴
大臣駐守柏林本國例應保護惟望德國駐紮北京使臣
中國日後亦能如此保護使其平安無恙則更善矣　告
以中國始終并無不保護之事前因亂民太多或有不能
周到之處實所難免然非意料所及當亦各國所共諒也

李云貴大臣致謝一節本部今日陛見德皇嘗先代達
又云明日德皇請和蘭君主觀劇貴大臣即可前往
告以業經辭謝未便再去只好心領俟後有盛會再去不
遲　李云仍勸貴大臣前去爲是此乃和好如初之證據
適逢其會不可不如約　告以請帖已璧回矣　李云我
交派該處仍將請帖送去又閒談數語遂握手辭歸
附譯當面用德文記載節畧
外部云各國償款共四百五十兆年息四釐中國
大皇帝既明降
諭旨如數認付復經全權大臣面述

大皇帝甚願各國早日退兵現奉德皇降諭飭撤總帥并將德
兵先調四分之三回國暫留四分之一駐守俟諸事就緒
亦即撤歸德之如此措置深望中國極力設法務將和議
及早議妥愈速愈妙否恐撤兵或有中阻也專使來德致
歉現可舉行屆時自以優禮相待其中國駐使此後赴宮
禮節及往來電報均經德皇諭允一律照前友睦如初
二十一日午後五點鐘(海寰)率參贊官蔭昌泰赴外部適
外部大臣李和芬告假晤副外部大臣米爾伯西寒暄畢
告以日前德皇降諭中德刻仍友好如初本大臣已電
達政府惟德皇諭中有醇邸來德現可舉辦一節不審醇
邸何時來德爲宜德皇出游約在何時　米云德皇現即
擬赴溪耳俟畢故相石像開光時即回柏林然即須赴瑞
典哪嘁避暑醇邸來德似以西八月底到柏林最爲相宜
且九月初二爲秋操之期德皇必約看操想醇邸亦必願
觀看　告以此是極好機會惟醇邸此來前聞貴外部大
臣云德皇擬約住皇宮本大臣細思醇邸到後德皇雖約
住皇宮然皇宮未便久居一切禮節畢後似以移居他處
爲便本大臣現擬爲醇邸尋訪住處　米云大約來時是
住皇宮禮節畢後或移居他處此醇邸有自主之權均可
聽便　告以屆時醇邸俟禮節畢後大約尚擬稍爲勾留

藉以攷察德國之政治民生敢請派員照料　米云本部
必派司員妥爲照料又云即將來公司船以及火車等事
亦必須預爲招呼刻下公司船運兵回國人頗嘈雜俟醇
邸有啓節日期當設法囑公司船酌量少載他客似可稍
爲舒暢途中一切事宜德皇已派瓦帥之中軍官名駱赫
者辦理　告以此意甚善本大臣敬先代
國家道謝　米云醇邸此行何時到德爲宜以及隨帶人員
名姓官銜本部當電穆使照會華政府并探聽隨帶若干
員再行奉告　告以本大臣亦擬電告我政府其隨帶人
員名姓官銜本大臣得信後亦即知照貴部也　又詢以

聞克使靈櫬回德不審何時可到本大臣前奉我
大皇帝諭克使回國時着本大臣祭奠如有確音尙祈關照克
使夫人處本大臣已函詢何時可以往唁現經辭謝以在
波刺達姆躭擱不久云云　米云克使柩已出京何日可
以運回尙未得有確信將來克使柩必由公司船載至勃
雷門大衆即約在該處祭奠俟定妥時再行知照克使夫
人在波刺達姆躭擱本不久亦實無工夫見客　又詢以
瓦帥是否已離北京　米云瓦帥確已離京現擬前赴日
本大約回國總在西十月內矣　又詢以償款事已算了
結否　米云償款事中國與各國已算勾結淸楚惟各國
商議或中國僅出欠票屆時先行取利或中國借一總債
以淸此次償款各國尙未商妥　告以總須及早定議免
致躭延又閒談數語遂握手辭歸

五月

十六日午後六點鐘海寰率參贊官廕音泰赴外部晤外
部大臣李和芬寒暄畢　李云中華鄰邦公使昨已晤面
告以閱新報知高麗公使已到柏林　又云鄂督電爲
妥籌民教相安之法日前已譯送貴大臣曾閱否　李云
已閱過　告以昨又接江督電亦爲教務事今日專來送
閱　李接照會略一翻閱云容再細讀　告以江鄂兩督

意在輯洽民教兩有裨益以冀永遠相安不再生事不知
貴部之意云何　李云兩督辦事極有見解德廷甚器重
之歷來所辦之事德廷亦甚感念極願相助未知兩督曾
徑電穆使否　告以此事却不知已電否　李云此事由
本部電穆使話長字多似太周折不如由貴大臣電請兩
督徑將此事詳電穆使或由駐滬漢各領事轉商各國看
各國公使如何意見俟穆使有電來再商爲妥　告以當
即電告兩督照辦惟請貴大臣先將兩電大意電穆使俾
可接洽　李云可　告以兩督意亦願穆使在京與各國
公使商辦若德國肯照辦則各國當無異詞或請貴國派
員赴華先查看一切情形兩督所言是否相符亦可　李
云派員查辦恐僭公使利權此事總以駐使向各使商辦
爲妥　告以民教不和若徒用壓力日久仍恐生事總須
爲之解釋方能永遠相安中西通商已數十年從無因交
易而起爭端唯行教者終不免滋事其實西教原以勸人
行善爲本不料傳教者昧行教宗旨不擇良莠濫行收羅
以致魚龍混雜所以善良正直之人不肯入教於教務亦
甚損聲名教士袒教抑民積不相能故彼此相仇商務亦
因之吃虧務請貴大臣相助以冀永安　李云本大臣亦
甚願效勞惟此事甚難　告以本大臣亦知其難教務係

各國公共之事　李云不但各國之事尚有各黨之事在內　告以明知爲難然不預籌一良法恐後來更有爲難之事此事仍望貴大臣着意　李唯唯　告以聞克使之柩將次到德本大臣尚有應辦之事究應如何辦法　李云聞克之家屬不願再與華人往來俟其柩到時先行函告該家屬如不接見當有復函給貴大臣則貴大臣應辦之事亦算辦了然此時不能預定須臨時再商　告以醇王來德禮節禮官已定奪否　李云此事尚未商及須先商馬祿國公使事　告以醇王住處已定　李云定多少日期　告以本來兩月可完惟房東不肯租兩月只好先

定半年耳又閒談數語遂握手辭歸

六月

十六日午後五點鐘[illegible]率參議官賡音泰晤副外部大臣米爾伯西寒暄畢　告以本大臣接奉慶邸來電奉
旨總理衙門改爲外務部派慶王爲總理王中堂瞿尚書爲會辦大臣徐壽朋聯芳爲左右侍郎即將譯成洋文遞交副外部　米云此事中國辦法甚好刻下中國所辦事宜能照外國辦法始能水乳交融　答以照外國辦法甚好刪去繁文訂期接見甚爲簡便　又云近接穆使電報否　米云穆使電不過爲賠償事現擬加足五釐若加至七釐半至十釐德無不願從俄意亦同唯英不謂然無可如何現即照五釐加足抽稅業已定議但須知照中國有約各國即可了事矣　告以鎊價日漲中國吃虧不少非加稅不足以昭平允又云頃接南京電去年拳匪起事各國派兵前往北方以致商家吃虧不小德又派兵駐滬人心惶惶商務更形減色刻下北京之兵既已陸續撤退若上海之兵不撤則民心仍懷疑慮貿易即不能向前做去不獨中國商務不好即歐美各國商務亦因之蕭疏所關實非淺尠故劉總督已請盛大臣與各領事商量惟英德總領事不願現劉帥電囑請貴部趕速飭將駐滬德兵撤退以

便振興商務　米云未知刻下情形如何當電穆使查看再行定奪　告以南洋兵力足可彈壓地面當保無虞儘請放心洋兵早撤一日則商務早興一日此事還望貴部作速辦理如得復電望告本大臣爲盼　米云此處與中國相離太遠未能從速至速必須一禮拜　告以醇王已過新加坡西八月二十二可到折奴阿將來到德時貴國是否即以朝車迎接　米云現尚未知恐禮官均出遊好在爲時尚早醇邸到柏林後即可進皇宮　告以本大臣擬至折奴阿迎接臨行當再晤一切　米云醇王到德見德皇時必以優禮相待惟頌詞尚望從速電知以便預備

答詞　告以當先由公司發電去問如能早將頌詞來更
好　米云甚好又閒談數語遂握手辭歸
七月
初四日午前十點一刻率參贊官廕音泰赴外部晤副外
部大臣米爾伯西寒暄畢　告以今日來晤有數端相問
因明日即須赴折奴阿去　米云船須西本月二十四方
到貴大臣似可不必如此匆忙　答以雖有二十四到之
說或前一日到亦未可定客棧尚未定妥均須先往安頓
一切不知醇邸到柏林時有朝車相迓否　米云朝車一
層本部不甚清楚惟知德皇有諭二十七以後以優禮相

待二十七以前以過路客相待恐未必預備　告以醇邸
見德皇遞書已有禮節單否　米云禮節單均有德皇降
諭禮官辦備本部未得其詳貴大臣可逕向禮官探詢一
切據本部所知德皇定二十七日在皇宮接見醇邸拱坐
醇邸行禮後即致頌詞其步位以及行路步數均由禮官
定奪　告以德皇所定之禮是否古禮或係大禮抑係德
皇新定之禮　米云此係德皇特諭　告以此事倘能奏
請德皇稍爲更改能照常例之見最好聞各國勸令中國
改章照西國之禮於各國使臣覲見時我
大皇帝亦立見現在雖未見明文大約總以坐受爲不然可知

今貴國忽定此坐見之禮反不行西禮是所不解　米云
凡德皇所定之事他人不敢參議況醇邸此來係道歉忱
不得照常例看待　告以兩國業已和好如初請貴國皇
帝毋須再懷芥蒂坐見一節尚望貴部奏明更正方爲周
到　米云一切禮節本部不能預聞已奉有諭難再更改
告以從前李中堂見貴國皇帝亦是坐見李中堂甚爲
難過次日雖分外優待總不如照常行之禮爲妥　米云
大約難以更改　告以可惜與優待之語不符　米云過
二十七日以後則照親王最優之禮相待矣二十八日尚
須約同醇王及各位老爺閱看暨旂裁釘之禮此後如何

禮節本部均尚不知　問以在何處接見　米云或在白
廳相近之廳接見　問以醇邸見德皇時可隨帶若干人
進去　米云除王爺外尚有可隨去之人但其人必須可
與中國皇宮筵宴之人醇邸隨帶各員內據穆使來電內
有二人恐不能進宮　問以兩人係何姓名　米云一時
亦不記憶據穆使電共來上下四十三人尚須知照貴館
告以頌詞一節已電醇邸想因中途風浪太大一時未
能抄寄現已派繙譯官德林前往拿波利迎接醇邸想船
到折努阿必可電寄當交廕音泰轉送貴部　米云已有
訓條飭駐折努阿領事照料一切頌詞亦可徑給該領事

電達　告以或由使館轉寄臨時酌辦惟王爺到柏林後
因一路勞頓尚須換衣洗面可否先至使館稍歇　米云
是否可行本部未便臆揣可向禮官商議　告云本大臣
起身後一切事宜已派參贊廕昌暫代理如國家有電前
來即可由廕參贊代呈外部　米云甚願接待又閑談數
語遂握手辭歸
初六日午後四點鐘率參贊官廕昌泰晤副外部大臣米
爾伯西寒暄畢　告以此來係奉我
皇太后
皇上電賀國皇太后薨逝趕譯德文今日特來遞上惟已稽遲

多日實係電綫中斷之故應請代爲奏明德皇　米云敬
謝當即奏明可也　又告以兩江總督南洋大臣劉坤一
湖廣總督張之洞兩廣總督陶模均有電來慰唁貴國大
皇帝節哀順變爲國自重身體爲要　米云甚感謝當均
爲奏明　告以今早廕參贊晤禮官提及醇邸遞書禮節
醇邸係三鞠躬禮隨從人等行叩頭禮現請貴大臣代爲
奏請德皇叩頭之禮似可免去所有隨從人等係當差人
員即見我中國
大皇帝亦不叩頭　米云此事當克使被害信至後德皇盛怒
謂必須中國派一欽差至我面前磕頭方算了事現在須

做到此語本部與禮官均曾經奏請免行此禮未蒙德皇
允准今若再行代奏本部必得處分　告以中國臣下見
君有因特旨召見者有因陞官謝恩者覲見時均須叩首
此外在內廷當差并無每日叩首之禮我
大皇帝已特派醇親王來德謝過且有
國書似可言歸於好不必再存芥蒂況此次隨從之人并與
此事無涉強令其叩頭服禮於理亦似不順　米云王爺
與隨從人等係辦一件事彷彿一身要動手足焉有不動
之禮此層已與貴大臣言明矣本部實難代奏應請貴大
臣往見禮官某日見德皇或有轉圜之機然據我看來難

於更改非德皇自改此意他人難於進詞　告以醇邸此
來貴國既以客禮相待其隨從人等亦即貴國之客若令
行叩頭禮似與待客之禮不符況參隨人等不過跟隨醇
王當差將來繙譯頌詞豈有叩頭後跪誦之禮即如參贊
中之繙譯傳話非廕昌不能勝任既令廕昌作繙譯之事
豈有再令其叩頭之禮況洪理西王前往中國時廕昌曾
作繙譯官其見我
大皇帝亦不叩頭以中國之臣子見中國之
大皇帝因係當差人員亦無叩頭之禮若廕昌因繙譯而不叩
頭其餘不克仰邀優待之禮亦未免向隅似欠平允況廕

大人聞有派充駐紮德國欽差之説穆使曾有信來商量
否　米云曾經商量過　問以貴國是否接待　米云自
中國回德者均説廕昌爲人甚好故本國已允接待　告
以如此甚好廕大人即是欽差貴國尤不應慢待若勅令
廕大人跪拜將來見柏林各欽差何以爲情還望貴大臣
格外設法奏明貴國大皇帝將跪拜禮節全行開除爲妙
米云此事不能如此説法醇邸此來係賠罪則其隨從
人等亦係賠罪之人不得與常例相提并論至廕大人一
層應請貴大臣晤禮官商之并請告知本部并未允許一
切均請禮官定奪　告以應請貴部先行告知禮官一聲

明早本大臣前去方能接洽　米云可　告以我想貴國
大皇帝寬宏大量未必如此行事尚望貴部相機代爲奏
明方爲周到　米云實難進言　告以本大臣係中國出
使大臣貴部係管理各國之事中國有此等事應向貴部
理説貴部據本大臣之言入奏亦不爲越分　米再四躊
躇云仍請貴大臣向愛倫布商量爲是辯論再三迄未就
範遂握手辭歸
初七日午前十點鐘率參贊官廕音泰赴大禮官愛倫布
公所愛倫布出迎寒暄畢　告以中國醇親王不日即來
德本大臣前赴折奴阿迎接特來問詢遞書禮節已定否

愛云禮節已定繪圖進呈後方能發下現在尚不能奉
送　問是何禮節可得先聞大畧否　愛云與尋常禮節
微有不同德皇登寶座坐受
國書各參贊謁見時皆跪拜進退均有一定步數退下時不
准掉背須倒退以次而出　告以亨利親王到京陛見中
國
皇帝時我
皇帝出位迎接納陛前設座暢談現在醇親王係
皇帝之親弟其位與亨利親王相等不應輕視坐受
國書不但與中國體制不合且與醇王顏面不好看　愛云

此係大禮節原有坐受覲見之儀況醇王此次係來賠禮
尤與尋常遞書不同理應坐受　告以貴國皇帝前有王
爺到德必定優待之語似應踐言爲是　愛云遞書後
自然一切優待必能令醇王心悦坐受
國書從前李中堂曾經行過　告以醇王係屬
皇帝親弟不能與李中堂比應與亨利親王相同纔合體制
愛云此事難以更改　又告以各參隨係隨同王爺辦事
之人更無跪拜之禮　愛云中國臣子見君係跪拜德皇
與中國
皇帝係平等亦應照覲君禮跪拜　告以中西禮節不同公使

覲見中國

皇帝向無跪拜之禮如必令各參贊跪拜則日後西國公使覲見中國

皇帝亦應行中國禮節　愛云因中國向來見君跪拜故令各參贊跪拜若中國向無跪拜之禮德亦不相勉強　告以西國每以中國跪拜爲非禮聞現在各公使在京正議此禮欲令中國照西禮而行今西國反欲行中禮是所不解　愛云如中國改照西禮則日後統行西禮此時尚未更改即難援照西禮況醇王既來賠禮應實做賠禮之事因王爺位尊不令跪拜令參贊跪拜是代王爺行禮已屬格

外從權此禮已經德皇議定斷難更改　告以此次賠禮是在議和之後不應仍存芥蒂於心醇王係代中國

皇帝來道歉忱即與

皇帝無異皇帝與皇帝即中國亦向無行跪拜之禮是醇王原不應跪拜若云各參贊代王爺行禮更爲無理中國

皇帝簡派親支王爺來道歉并非派參贊道歉各參贊係執事之人理無跪拜之禮即中國在內廷當差者亦未嘗僕僕亟拜從前亨利親王見中國

大皇帝當日繙譯即係廕昌我

大皇帝曾諭令其毋庸拜跪以中國之臣子見中國之

皇帝尚不跪拜何況外國乎此事實屬非是且各參贊均奉公守法並無縱容拳匪滋事之情若經勒令跪拜是代拳匪受過各參贊心亦不甘此事還望貴大臣委曲成全免行此禮以昭兩國睦誼　愛云貴大臣不必多言此事已定斷難更改貴大臣既云廕昌從前跟隨亨利親王作繙譯未嘗跪拜或者廕昌一人可以邀免亦未可定然亦須請德皇定奪我們不敢擅專　告以若單免廕昌一人跪拜各員豈不向隅亦非持平之道　愛云此事仍請貴大臣與外部商之本大臣雖與爲力　告以若不將跪拜禮節捐除各員亦必不遵行彼此相持不値爲此小節致損睦

誼　愛搖首云斷難更改又再三辯論一味狡強遂握手辭歸

庚子海外紀事

欽差出使德國和國大臣署理外務部左侍郎都察院左都御史臣吕海寰編次

文牘附西報論說

全權大臣慶親王李和約保教咨文光緒二十七年正月十八日

咨行事案查和約大綱十二款業經奉

旨照允畫押蓋印該約第十款内載中國

國家務須在各府廳州縣將載明下開兩端之

諭旨張貼兩年俾衆周知永禁軍民人等入仇視諸國各會違

者問死至開列各犯所定罪名及殺害淩虐各國人之城

鎮停止各項考試亦在此列中國

皇帝務須

旨諭一道通行布告以各省督撫文武大吏及有司官於所屬

境内俱有保持平安之責如復肇傷害他國人民之亂再

有違約之行必須立時彈壓懲辦否則該管官員即行革

職永不敘用亦不得藉端開脱别給奬敘等語旋於光緒

二十六年十二月十三日欽奉

上諭兩道業經發鈔嗣因各國使臣堅請更改字句復經本王

大臣據情電奏奉

旨照准除分咨各直省將軍督撫按照本王大臣所録

諭旨刊刻謄黄通飭所屬府廳州縣無論大小城鎮村落徧行

張貼兩年勿稍遲誤外相應恭録

諭旨全文咨行貴大臣轉達德和國外部查照備案可也須至

咨者録送

諭旨兩道光緒二十六年十二月十三日奉

上諭各省匪徒藉滅洋爲名糾衆立會攻擊各國人民迭經降

旨嚴禁不啻三令五申乃近年山東各屬竟有大刀會義和

拳等名目到處傳習肆行殺掠蔓延直境闌入京師以致焚

燬教堂各國人民各項房産等業圍攻使館開罪鄰邦貽誤

大局朕以保護未至負疚滋深爾百姓平日食毛踐土具受

國恩乃敢逞其好勇鬭很之私習爲符咒邪妄之術拒捕戕

官殺害各國人民肆無忌憚遂爾肇此奇禍上貽君父之憂

追念之餘尤深痛恨業經嚴飭各路統兵大臣實力剿辦務

净根株并將縱庇義和拳之王大臣各照應得之罪分别輕

重盡法嚴懲殺害淩虐各國人民之城鎮概停文武各項考

試五年以示懲儆惟恐鄉僻愚民尚未周知特再嚴行申禁

以免不教而誅爾軍民人等須知結黨入會例禁綦嚴列朝

辦理會匪之案從未稍寬况各國皆屬友邦教民亦係赤子

朝廷一視同仁毫無歧視無論民教即或果有被欺情事亦

應呈報官司聽候持平判斷何得輕聽謠傳藐視刑章逞事

敗之後黠者遠颺懦者受戮法所難容情實可憫自此次嚴

諭之後各宜悔悟自新痛改舊習如再有怙惡不悛之徒私立擅入仇視各國人民各會持械格鬪公然刦掠將首從各犯嚴密查拏盡法懲治決不寬貸各省將軍督撫大吏均有牧民之責務各嚴飭所屬剴切曉諭並將此次諭旨刊刻謄黃徧行張貼務使家諭戶曉勉爲善民以無負朝廷諄諄誥誡辟以止辟之至意將此通諭知之欽此

上諭中外定約以來各國人民准入內地載在條約朝廷慎固邦交迭經諭飭各省實力保護乃地方官漫不經心以致匪徒肆行滋擾傷害各國人民之案層見迭出朕維薄德無以化導愚民良深引咎而地方各官平日於洋務不知講求於

交涉罔知大體以至燎原引火貽害君國撫心自問當亦難安自今以後其各振刷精神捐除成見須知修好睦鄰古今通義遠人來華或通商以懋遷有無或游歷以增長學識即傳教之士亦以勸人行善爲本梯山航海備極艱辛我中國既稱禮義之邦宜盡賓主之誼況近年華民出洋者不下數十萬人身家財產須賴各國保全即以報施而論豈宜稍存歧視著再責成各直省文武大吏通飭所屬遇有各國官民入境務須切實照料保護倘有不逞之徒淩虐殘害各國人民立即馳往彈壓獲犯懲辦不得稍涉玩延如或漫無覺察甚至有意縱容釀成鉅案或另有違約之行不即立時彈壓

犯事之人不立行懲辦者該管督撫文武大吏及地方有司各官一概革職永不敘用不准投效他省希圖開復亦不得別給獎敘將此次諭旨一併刊布出示曉諭以期官民交儆永革澆風欽此

德國外部大臣畢魯照會

爲照覆事照得前於本月二十一二十六二十八等日連接貴大臣來文三件均已閱悉查德國派兵至中國境及遣艦前赴大沽祇因德人被困命在危急暨北京政府款待德使有違公法等事所致派兵前往意在速挽波瀾保護使館及在華德人均各無恙并還其向日所享自主之

權所有中國違法之事須照例懲治償賠并設一確有把握辦法務使日後不致再有此等之事此爲德國國家所注意現時會同各國竭力嚴辦務期有成北京政府辦事之法各國均不爲然既自置身於萬國公法之外則各國自不能顧全也至於粵江鄂皖湘各督撫則異於北京辦法自知有保護他國人民之責且亦允許保護此節本部現已立案望其克踐此言一面奏明北京政府此亦專爲中國起見須從速易轍庶免沈淪事變多端甚至華軍攻擊德國及他國之兵且勾結亂匪并力爲之至應辦之事現在咸歸在華統兵各員相機裁奪本部不願分其權故

江鄂兩督等所擬保護外國人民章程本部礙難控允恐多掣肘也然兩督有此美意倘能見諸實事本國亦不辜負盛情當將所擬各條轉達統兵各員以便凡於武事無礙之處皆可查核照行以上各節應如何答復各督撫之處貴大臣自行酌奪辦理可也

德國外部大臣來函

貴使館西本月初九日函內開願將各使臣送津已派榮祿派兵由北京護送至天津一節德國國家與各國國家看來此事未能允辦因中國國家曾自認無制兵之權則中國擬派護送之兵該兵等雖鄭重其事或過不聽調度

之兵以及匪黨攻打使臣及各外國人屆時必無實在保護把握德國國家盼望中國國家曾有實心救護被困外人之言也此事中國國家如何遲延或竟不辦是顯然不欲救護被困外人如再有不測之事所有一切責任均惟中國國家承當而且各國所派之兵不日將進京原來尚有顧全之心至此則恐亦難遷就矣現在德國國家會同各國國家明告中國國家各使館例應保護如再有傷害之事即將中國國家暨所有在事之人身家性命財產懲辦中國欽差大臣若欲顧全中國實在利益最好將以上各節從速電致中國國家萬勿任意遲延務須按照萬國

公法辦事可也

德國外部大臣照會

爲照會事照得貴館發電向用暗碼惟查現在情形迥異尋常所有貴館暗電礙難再准任便寄發應即暫禁如有明電亦須先送本部查閱照准後方可發寄爲此照會須至照會者

德國宰相何洪羅來函

逕啓者西本月五號接奉

來函欣悉一切

貴大臣爲人公正余素所諗其有違公法之事

貴大臣想亦必不謂然際茲分袂復承

賜函約晤送別實深銘感惟余事忙時促無暇接見抱歉良深即此佈答敬頌

貴大臣身體康健

福祉日增并望華德邦交早能如舊是所私祝者也

德國外部大臣照覆

德國國家曾言總以速將在北京被困外國人放出此係中國國家第一應做之本分萬難推諉此事未辦以前德國國家不能與中國國家及中國國家所派無論何等人均不能與之商議現救援被困各西人事已交各國兵將

辦理此事其應如何設法救援之處已交在華各統領斟酌辦理至爲救援被困西人其兵將應否進北京或可不必進京可由中國向各國統將商辦

德國外部大臣來函

本月初四日本部接准

貴使館來函內稱

貴使館接駐英中國使館轉來李鴻章電內稱此電係保定廷護督轉電卽軍機處所交之

上諭一道此旨甚盼李鴻章速與各國商議和約等因本部查德國國家須與中國有權力之人商辦中國極有權力之

人卽中國

皇帝暨督權國政之

皇太后此係德國所深知刻中國之權係何人主持是人現在何處德國國家必須得一明白詳細信息此爲最要倘

皇太后

皇上仍有此權方可與其所派之人議事惟所派之人必須有

皇太后

皇上給予全權憑據

貴使館屢次來函并未將全權憑據確實指明中國辦事人全權之據須交德公使刷次土澤閱看聽其查驗應否相認再聽國家斟酌如果合式再由國家暨德公使與各國商議現德國國家爲有關中國利益之事力勸中國政府不必俟有開議之信先將所有與西人爲仇之事一律停止則和局較便商議矣

致德國外部說畧

中德交好多年從未以干戈從事中日之戰德國聯合俄法將遼東索回中國十分感激故膠澳之事我政府極力相讓將防軍退守烟臺議定租約毫無嫌隙他如天津漢口展拓租界無不允從以明和好之意去年漢里西王游歷中國凡經過之處以及北京無不加等優待方冀邦交

永固幸蒙

大皇帝鑒諒中國誠心交好本大臣亦親聆

大皇帝面諭如中國日後有爲難之事允爲相助并准中國兵船亦可在膠澳停泊本大臣當將

大皇帝美意奏明中國

大皇帝深爲感佩言猶在耳永矢不忘不料今年五月間亂黨滋事民教相閧以致京城鼎沸徧地是賊竟有克大臣慘被戕害之意實係因亂所致出於國家意料之外我國

大皇帝深爲抱歉電書慰唁并飭諭地方官嚴拿懲辦此等罪犯斷無輕縱之理此中外看法一樣也前因在京各使被

因各國調兵進京意在救使剿匪并聲明無瓜分中國意
亦不求耑利中國
國家暨本大臣均感各國美意故各兵船入華以來由沿江
沿海而過徑直北上一無阻攔誠以各國代中國平亂中
國共知各國別無他意也現在西兵入京各使館之危已
解我
大皇帝又迭次降諭飭令剿匪追西兵到京亂匪聞風奔逃西
國之兵業已大張威武是救使剿匪業已辦到正可從此
止兵勿進以踐前言而安民心倘再四下搜掠則匪黨早
已遠颺而良民反受荼毒似非各國調兵之本意且聞拳
匪均有紅色布或黃色布爲記若僅持一刀一矛或鐵叉
鐵鋤皆鄉民團練以防土匪滋擾互相保衛鄉里之人并
非與西人爲難此等人着實可憐若將此等人一概誅戮
豈不有傷上天好生之德在上天下觀洋人華人并無區
別均在　天所愛憐之人歐美刑律不肯輕判人死罪況
此無罪之民倉猝之際何暇分別孰爲拳匪孰爲良民槍
礮之下統罹横禍所死亡者不知凡幾矣當亦爲各國所
心傷者且北方一日不靜則南方民心勢必惶惶工作停
止貿易閉歇長江各口生業隔絶不但中國受損即歐美
亦吃虧不小現在各督撫力任保護之責諒不至有意外

之虞在各國以商務爲重尤願貴國以保全商務爲第一
要義也本大臣自到柏林以來諸承
大皇帝及
貴部各大臣優禮相待今雖一時往來稍爲隔閡然猶屢
荷保護周全五中感念豈能言喻極願將此未能浹洽之
情重新聯和以盡本大臣職分所當爲甚願
貴大臣頒發訓條早行議和尤願
貴國俯念兩國舊交凡一切條款務存中國體制不使有
失自主之權方見得真心和好之據因特不揣冒昧敢爲
芻蕘之獻幸垂鑒焉并請轉致海部兵部實爲至幸

德皇復書

大清國
大皇帝前次來電
大德國
大皇帝現已收閱欣悉
大清國
大皇帝擬將兇殺德使學及文化之事按照華俗教律賜祭奠
醊作爲償恤然余身爲德主世守耶蘇教規如此兇惡之
事礙難遵以奠祭了結除予之使臣被禍外尚有耶蘇教
友主教傳教婦孺等人爲數甚鉅因奉同我之教致受諸

般痛楚死於非命已在上帝面前訴告
中國
大皇帝如此寃魂諒非徒以奠祭所能解釋者也使臣公署各
國所重向無加害之理而此次中國居然反是且各國商
民教士以及
大清國
大皇帝屬下子民崇奉與余同守之教者寃無故被難慘受荼
毒此等之事余不罪責於
大皇帝也惟
大皇帝謀國之人及辦事諸大臣倡首肇亂擾害生靈所有奉

耶穌之國聞之無不悽慘痛心者伊等既自肇禍即屬罪
有應得倘
大皇帝能將伊等治一應得之罪則余固可釋然其餘崇奉耶
穌之國亦必以爲足蔽其辜也如
大皇帝肯執斯意願爲照辦并允被辱各國所派代君行權之
人贊襄此事則余即可允行
大皇帝若再因此緩還北京允余所願當飭我國總帥男爵瓦
特齊不但遵照
大皇帝應得禮制敬謹接待且可派兵護衛聽還
大皇帝裁奪或有抗拒王章者飭令剿辦亦無不可和局一節

亦余所深願然余所願者係在懲罰有罪挽回狂瀾凡有
所失盡爲彌補不得稍有缺欠務期外國寓華之人皆得
安居樂業無財產性命之憂而傳教從教諸人得以任便
信從尤爲最要者也
德國外部大臣覆文
爲照會事前於本月十五日接准
貴大臣譯送慶邸李相公電欣悉一切但本部之意各國
要索各條係中外重聯舊好萬不可少之事各國駐京使
臣現在會同斟酌商定尚未議妥其慶李所請之事亦須
由各國駐京使臣察看情形方能量定從違本國政府雖

遽允辦亦不願貿然獨行一俟各國駐京使臣將要索各
條議妥後當即會商各國政府從速定議然屆時德國茲
所關心各節亦不能置之不理仍以和局早定迅蘇商困
爲第一要義也爲此照會須至照會者
德國外部大臣照會
爲照會事照得
貴大臣前於西本月十六日譯送湖廣總督張來電一道
業經收閱查此次所有應議各事雖償款亦在其內德廷
統交駐京穆使相機料理見問各節乃因柏林窩遠北京
議事隨時細情本部無從澈悉難遽確答現已電飭穆使

倘張帥往詢務將各事盡心詳告即請
貴大臣轉達鄂督逕與穆使接洽可也爲此照會者
德國外部來函光緒二十六年九月初五日西歷一千九百年七月二十七號
外部函稱接貴使館本月初九日即中閏八月十六日來文內載李
中堂本月初六日即中閏八月十三日電德皇現格外允准查驗中
國
皇帝所派李中堂暨另派之各大臣全權憑據然德皇允許之
意必須中國
朝廷即速回京以便易於商議且收實效中國庶可因而復
舊云

德國外部大臣畢羅文西歷一千九百年七月二十四號
爲照復事本月二十一日接得
貴大臣來文并
貴國
皇帝致我
皇帝電信一紙均已閱悉至於轉呈電信一節本爵深爲礙難
因駐京使署及寓京洋人尚不知如何情形
貴國政府應設法賠償我國被害使臣尤須應許將來照
萬國公法辦事免再招怒天下爲此照會須至照會者
德國外部大臣李稷文西歷一千九百年十一月廿四號

爲照復事本月十五日接得
貴大臣來文并慶邸李相電信均已閱悉現今中外議和
一切與華商辦之事均歸駐京各使酌奪辦理至於慶邸
李相電詢本部各節本部亦難私自作主待各公使將各
情由會同商妥本部再與他國政府擬出一定章程以便
將來照辦本大臣深願和局定後中外講信修睦通商交
涉興隆天下禔福也須至照會者
德國外部大臣照會光緒二十六年五月二十一日西歷一千九百年七月六號
爲照會事照得西六月二十六號接奉
貴大臣來文內載鄂督張電文一道一西本月一號江督

劉電文一道均擬整頓各國在華傳教事宜查江鄂兩督
爲德國目下最爲景慕之人其所陳各節允宜珍重代爲
詳細核辦唯傳教關獎各國德廷不能獨辦似應由兩督
逕商駐京各使本國已電囑穆使屆時與各國駐使妥爲
商辦爲此備文照會請
貴大臣查照可也須至照會者
致德國外部照會光緒二十六年五月二十九日西歷一千九百年
爲照會事照得本大臣接奉中國電報言南省有人勾串
內地亂黨代辦軍械或至歐洲特爲採買等語查中國內
地安謐似與德不無干涉故望

貴國國家允於定例無礙之處務爲設法將一切軍火禁止出口以免接濟中國匪徒想

貴國必無不可如荷允辦尙祈示復爲此照會須至照會者

德國外部復文 光緒二十六年十二月十七日

爲照覆事前接

貴大臣西本月十四號來文內稱中國叛黨謀爲不軌有害中國

國家擬請德國官員協同防禦以遏亂萌等因查中國當今政府辦事雖有大誤而本國

國家尙欲保全其位冀其將來翻然改計故凡有倡謀傾覆當今政府之人本國自無袒護之理如其潛至德國管轄之地自當設法決不容留其德國在華各口領事應由本國駐京使臣轉飭遵照辦理可也爲此照覆須至照會者

德國外部分致駐紮各國德使通電

我國現擬須俟中國先將北京違背公法肇亂倡首之人交出後方能與之議事其被指使之人爲數甚多倘欲盡爲懲治仁者之心似亦有傷天和且頭緒紛雜雖在爲首之列亦難全行查獲其中數人倡首之罪彰明較著者自應交出懲處各國駐京使臣諒能澈底根究認眞盤查懲治之人不在多寡而重在首要想各國亦必以此爲然懲辦如果公允必不致再有此等兇惡之事者也爰是電知望即轉達各國政府各飭駐京使臣將中國肇亂大員倡首之罪決無疑義者詳細指明以憑核辦也

初次和議大綱十二款

第一款

原任德國克大臣被害一事

欽派親王專使前赴德國代表中國

皇帝國家慚悔之意遇害處所樹立銘誌之碑與克大臣品級相配用拉丁德華各文列敘中國

皇帝惋惜此等兇事之意

第二款

一西歷九月二十五號即中國閏八月初二日

上諭內及日後各國駐京大臣指出之人等皆須照應得之罪分別輕重盡法嚴懲以蔽其辜　二諸國人民被戕害凌虐城鎭五年內概不得舉行文武各等考試

第三款

因日本使館書記生杉山彬被害中國

國家必須用優榮之典以謝日本國政府

第四款

中國
國家須在各國墳塋曾遭汙辱發掘之處建立銘碑以昭滌
垢雪侮之意
第五款
運進中國之軍火暨專爲製造各種軍火之各種器料照
諸國前定新章仍不准運入中國
第六款
一凡有各國各會各人等以及爲他國執事之中國人民
因近　各事身家財產所受公私各虧中國均認公平賠
補二中國

國家須籌定各國所能允從之理財辦法以爲擔保如何賠
補以上所開虧損以及如何措還國家借款之地
第七款
各國分應自主常駐兵隊保護使館并將使館所在境界
自行防守中國人民概不准在界內居住
第八款
京師至海道須留出來往暢行通道應與有礙之大沽礮
台一律削平
第九款
爲京師至海道暢通不使有隔絕之處由諸國分應自主

酌定數處備兵駐守
第十款
一中國
國家務須在各府廳州縣將聲明以上所開兩端之
諭旨張貼兩年俾衆周知且永禁軍民人等入仇視諸國各會
逆者問死至開列各犯所定罪名及殺害凌虐各國人之
城鎮停止各項考試亦在此例　二中國
皇帝務須
諭旨一道通行布告以各省督撫文武大吏及有司官於所屬
境內皆有保持平安之責如復滋傷害他國人民之亂再

有違約之行必須立時彈壓懲辦否則該管官員即行革
職永不敘用亦不得藉端開脫別給獎敘
第十一款
凡通商行船各約以及關乎通商各事宜各國以修改爲
有益者中國認與商議更改
第十二款
總理各國事務衙門須改故更新及諸國使臣覲見中國
皇帝禮節亦應一律更改其如何變通之處由諸國酌定中國
照允施行
以上各款若非中國

國家允從足如各國之意各欽使雖許有撤退京畿一帶駐
紮兵隊之望
二次和議條約
第一款
德使克林德在華被戕中國須派王爵一人親赴柏林代
中國
大皇帝致申歉忱并允於克使遇害之處建立一碑用拉丁德
國中國三樣文字書明中國
大皇帝哀悼之意
第二款

凡於西本年九月二十一日中國
大皇帝明降
諭旨之內所指各員及以後各國續請治罪之諸人均應按其
所犯輕重嚴加治罪其各府州縣等處凡有此次西人無
論在彼被害被虐均須罰停考試五年
第三款
日本使館書記被害中國應為酌量設法以孚衆望而慰
冤魂
第四款
所有西人塋地凡此次被害蹂躪之處中國均允代立碑

記
第五款
禁止中國採辦軍火其專用製造軍火之料亦不得購買
詳細辦法應由各國另為妥議
第六款
凡各國國家此次因事所用之欵及各國在華商民人等
身家財產受損之處中國均應酌量償賠其代洋人辦事
之華人凡有吃虧之處亦為一律量賠中國理財之法須
量為變通以期此次償費有着而仍無礙償款
第七款

中國允准各國常川派兵駐京保護使館其使館之街准
其興工營建設法自衛而該處不准華人寓居
第八款
大沽礮台以及津京一帶各處礮台凡於由京達海之路
有礙者均須拆毀作廢
第九款
中國
國家允准各國於由京達海之路擇要派兵駐守以通往來
毫無阻滯
第十款

中國
國家明降
諭旨飭各府州縣遍為宣布以兩年為期特言凡有仇視洋人之會永遠懸為厲禁犯者必斬并將此次懲辦諸人之罪及因仇視洋人致停考試之各府州縣一一指明此外須再降
諭旨須行各省責成督撫司道州縣等官應於各該轄地方加意整頓不使生變倘再有仇洋亂起以及別項違背條約之處事後并未立將首犯治罪者則該管官員須即行革職永不敘用亦不准另得他項好處

第十一款
華洋通商行船條約凡各國有欲增修刪改之處中國須允商辦
第十二款
中國辦理交涉事件之衙門須量為更改各國使臣覲見禮節亦應變通其如何辦理之處另由各國會商妥定
以上各條須俟中國確見施行而各國意亦謂然然後方能定期將北京以及直省各處所駐之聯軍撤退也
末次和議公約全案
北京公約結案畫押之各國詳列於下
德 奧 比 西 美 法 英 義 日 和 俄 華
以上各國所派議事之人公同聚議查得上年西十二月二十二日各國所擬公約當經中國
大皇帝於上年西十二月二十七日奉
旨全行允准
第一款
西本年六月九號中國
大皇帝降旨前因德使克林德被害前派醇親王載灃前往德國致歉醇親王已於西本年七月十二號由京啟程赴德將事又中國允於德使克林德被害地方按其應得體制

建立一碑用拉丁德華三項文字書明
大皇帝追悔被害之忱西本年七月二十二號中國全權曾經備文照會德國使臣內言於克使遇害之處擬建牌坊一座寬與街同於西本年六月二十五號興工起造
第二款
西本年二月十三號及是月二十一號中國
大皇帝明降諭旨懲辦倡亂諸人其詳如下端王載漪公爵載瀾均擬斬監候秋後處決倘中國以為必須免其死則即發往新疆永遠圈禁不得另改別項罪名莊王載勛都察院左都御史英年刑部尚書趙舒翹奉

旨飭令自盡山西巡撫毓賢禮部尚書啓秀刑部侍郎徐承煜
均經處死大學士剛毅徐桐四川總督李秉衡雖經已死
亦均革職并撤銷卹典西本年二月十三號
上諭兵部尚書徐用儀戶部尚書立山吏部侍郎許景澄內閣
學士聯元太常寺卿袁昶均因上年肇亂諫阻被害現皆
開復原官查莊王已於西本年二月二十一號自盡英年
趙舒翹亦於是月二十四號同日畢命毓賢於是月二十
二號啓秀徐承煜於二十六號均經處死甘肅總兵董福
祥於西本年二月十三號奉
旨革職聽候查辦西本年四月二十九號及八月十九號奉

旨所有去夏倡首肇亂之人亦均治以應得之罪又西本年八
月十九號
上諭飭將所有殺害洋人及凌虐洋人之各府州縣停文武
考試五年

第三款

日本駐京使署書記杉山彬在京被害中國
大皇帝已於西本年六月十八號
降旨特派戶部侍郎那桐專使日本以達中國
大皇帝追悔杉君遇害之意藉慰冤魂

第四款

中國允於洋人墳墓凡有被毀者均飭立建旌表之碑至
應如何興造現經議妥聽憑各國使臣主裁所需款項則
由中國照付其北京及北京左近之洋人墳墓現在估計
修費定為一萬兩其在外省者定為五千兩以上估費兩
款均已交付清楚應修之墓另單詳載

第五款

中國允於通國境內禁運軍械軍火及專為製造軍器軍
需之料西本年八月二十五號曾經
降旨禁運以兩年為期倘將來各國查看情形以為必須接
禁則應另行

降旨照辦每次仍以兩年為期

第六款

西本年五月二十九號中國
大皇帝降旨允付各國償款共關平銀四百五十兆兩用作賠
償西歷上年十二月二十二號文內所開第二款詳列之
各國國家各國公會各國商民以及華人等項之需此項
償費作為金錢欠款每關平銀一兩應按各國金錢所值
計算現定準數列表如下
每關平銀壹兩計合德金三馬克另五分五釐
奧金三克洛能五九五

美金洋七角四分二釐
法金三佛郎七分五釐
英金三先令
日本金錢一元四另七
荷金一富洛倫七九六
俄金一魯布四一二

此項欠款現經議定年息四釐按照內附章程分三十九年歸還清楚所有本利應付現金或各按付款之期臨時市面通行金價折算所有歸還本銀擬定自西歷一千九百二年正月一號起至一千九百四十年十二月三十一號為止頭期歸還本銀係在一千九百零三年正月一號起所有利銀則自西本年七月一號起其頭批半年利息即自西歷本年七月一號起至十二月三十一號止限中國於三年期內係自西歷一千九百零二年正月一號算起務須交清倘於三年期內未能撥付則此欵利銀亦照每年四釐行息此外所有利銀定為每半年一付其初次付息現定自西歷一千九百零二年七月一號為始又經理此項欠欵派有專人局設上海章程如下各國選舉向以銀行為業者一人聯為公會商同料理所有歸本還利之欵均由該公董逕向中國指定衙門接收其應如何攤

分亦由伊等代為分辦代出收條又中國允將欠票總據一張分據另由中國派定辦理此項欠票之人逐張簽押至於總據應如何勻分張數及一切另立欠票名目諸事均由該公會按照各國國家日後發來訓條辦理又所有中國進項凡指定作為清付此次欠票者須按月撥交公會又此次欠票中國允將下列進欵作為抵押　一所有海關未抵押之欵　二加稅增收之欵所謂加稅者係指加足五釐而言其向例免稅之物此後亦均按照值百抽五納稅然金銀米麪糧食仍皆免稅　三洋關代收內地各稅之欵　四所有鹽課未押之欵　洋貨進口交納之稅現擬按照該貨實值徵抽足數五釐辦法列下　一所有進口洋貨均應從速逐類估定實值估法係將西歷一千八百九十七八九年此三年進口貨物市價除去原納之稅及一切別項開銷外得一折中之數作為估定實值其目下進口各貨暫按現值百抽五開濬北帶河及黃浦江中國允助欵項

第七欵

各國使館所佔地面中國認歸各國自用自理毫不過問亦允各國任便營建設法自衛凡係華人不得在彼居住

查西本年正月十六號之照會中國曾允各國在京駐兵保護使館

第八款

所有大沽礮台及自京達海沿途一切能阻任便往來之各處礮台中國均允拆廢如何辦理之處亦皆議妥

第九款

查西本年正月十六號照會中國允准各國於京津一帶佔據數處以保自京達海毫無阻滯佔據之處列下

黃村　郎房　楊村　天津　軍糧城　塘沽
蘆台　唐山　灤州　昌黎　秦王島　山海關

第十款

中國允於各府州縣將下列

上諭粘貼宣示俾衆周知

一西本年二月一號所降

上諭嚴禁仇洋各會犯者處死　二西本年二月十三號及二十五號兩次

上諭懲辦禍首　三西本年八月十九號

上諭停止文武考試　四西本年二月一號

上諭佈告各省督撫文武各官皆須保護洋人以上疊次所奉

上諭須於通國各處粘貼務使周知

第十一款

中國允與各國商改通商行船條約及一切別項便商之事其第六款所言關濬河道一節辦法如下　一北帶河業於西歷一千八百九十八年自行興工開濬此後擬歸各國派人公同辦理俟天津交還中國後則中國亦可派員協同經理惟每年須貼付工費關平銀六萬兩　二開濬黃浦亦須派人經管務使有益中國而亦便商所有工用現在估定每年需款關平銀四十六萬兩暫以二十年為期此項用款華洋各攤其半其詳細章程另單開列

第十二款

西歷本年七月二十四號所降

上諭已將總署衙門按照各國所議改為外務部並列六部之前所有該部堂官亦已簡派其覲見禮節曾與中國往來函商數四現已議妥增粘商辦節略一紙以上所有言詞文據均以德文為準查西歷一千九百年十二月二十二號各國開送大綱十二條中國現既均允照辦各國亦皆毫無挑剔故去夏因亂所致之異常情形諸事各國允即作為了結爰特聲明除保護使館之兵不計外所有各國駐京軍隊咸於西歷本年九月十七號一律退清其各國直省之兵除第九款所指各處仍應據守外其餘各隊准

於西歷本年九月二十二號撤數調歸
此次公約結案共書十二分比較無異由各國議事大臣
公同簽押各執一分收存為據中國亦同
西歷一千九百零一年九月七號
德使穆默　奧使吉干　比使堯斯敦
西使郭洛干　美使羅克希　法使伯赦
英使薩多　義使拉瑟　日使郭慕爾
和使克諾伯　俄使吉爾斯
中國全權大臣 慶親王 李中堂
管理抄錄約文保無歧異共四人隨同簽押 按端爾 畫爾

古奇斯吉 哈爾巴
德國外部大臣照會 光緒二十七年四月二十六日 西歷一千九百零一年六月十二號
為照會事照得本部接到穆使來電詢及
醇王啓程來德日期目下可否即行酌定等因當經本部
具奏旋奉旨於九月二號 中七月二十日 借閱兵之便接見業由
本部轉電穆使昨因貴署詢及茲特備文照會即請查照
可也須至照會者
德國外部大臣照會 光緒二十七年五月十九日 西歷一千九百零一年七月五號
為照會事照得穆使來電據稱
醇王偕其弟兄等及參隨各員已在巴燕輪船已定艙位
擇於西本月十二號前赴上海候船放洋由折奴阿登岸
換坐火車直抵弗耶夫地方擬即在彼聽候德皇分示再
作進行也特此備文照會請煩查照可也
德國外部大臣照會 光緒二十七年五月二十八日 西歷一千九百零一年七月十三號
為照會事照得穆使電稱醇王偕同參隨各員已於西本
月十二號由京起程為此備文照會須至照會者
德國外部大臣照會 光緒二十七年五月十一日 西歷一千九百零一年六月廿六號
為照復事照得
貴大臣於本月十八號來文當經奏明現奉諭旨副將李
希德爾准其隨同

醇王來德除已電知穆使外茲特備文照復須至照會者
德國外部大臣照會 光緒二十七年六月二十三日 西歷一千九百零一年八月六號
為照會事照得本國
皇太后大行遺諭凡本月十一號在克浪伯西禮拜堂奉經及本
月十三號迎送金棺回波士担姆安葬一切禮節惟願宗
室近支隨班行禮本國自當欽遵辦理茲奉德皇諭旨凡
他國君王有願隨同弔奠或特派專使來德致唁者概請
免為舉行特先聲謝為此照會即請
貴大臣查閱可也須至照會者
德國外部大臣照會 光緒二十七年七月二十七日 西歷一千九百零一年九月九號

爲照會事照得本國　福德利希皇太后晏駕承
貴署遞到貴國
皇太后
大皇帝電書慰唁本部均已恭代進呈本國
大皇帝現備答電致謝貴國
皇太后
大皇帝已飭駐京穆使敬謹代呈其張督之洞劉督坤一陶督
模來電致唁一節本國政府深爲感荷亦已電飭穆使代
爲申謝爲此照會須至照會者

和蘭國外部大臣覆文

爲照復事本大臣接准
貴大臣西六月二十七二十八號兩次照會查中國目下事故細情本大臣未曾知悉且牽制他事和廷與駐北京使臣信息不通所有和領事與中國官員商辦無論何項約章和蘭國家未便准行本大臣爲之惋惜相應照覆須至照會者

和蘭國外部大臣復文西歷一千九百年九月二十四號

照復事本大臣接准
貴大臣前於西八月十三號并九月十八號屢次照會內開伯爵李暨慶親王授爲全權大臣以便開議和局并請電飭和蘭駐紮中國使臣准其一同議事和蘭國家知悉非常驚異查北京之事甚大他國勢必干預以致停阻與
貴政府往來交情和蘭國家爲之歎息然從未作爲與中國開釁北京和蘭使館被殘且中國
國家不加痛剿和蘭政府信爲反叛之作爲并
貴政府顯然非所料及者也中國百姓侮慢和蘭國家本大臣心知
貴政府有意甘心賠禮所有反叛任意毀壞和蘭國之物及和蘭人民在北京及他處之產業
貴政府自然從速照賠現擬飭令造具北京及他處被毀

蹂躪之產業册籍一俟備齊由駐中國使臣轉交
貴政府可也爲此照復須至照會者

和蘭國外部大臣宜羅照會光緒二十七年七月廿七日

爲照會事頃接和蘭駐北京公使格納倍爾密碼電一件心思答復一電
貴大臣素敦友誼用敢請將下開復電由妥當便速之路轉達格公使爲荷

北京荷蘭欽差大臣密碼電我已收到甚慰和戰船一隻開往大沽接爾前往上海居住以待後命外部大臣璞福

所有代發之電並發電情形暨該電之費均希見復爲禱

照復和蘭國外部文光緒二十七年七月十七日

爲照復事頃接

貴大臣文稱有致

貴國駐京大臣格　電一件囑爲由妥當便速之路轉達格大臣等因前來本大臣當即照錄原碼洋文電寄上海道迅速轉至北京總理衙門妥交格大臣查收必不致誤除俟有復電再行轉達外先此奉復即請

日安

和蘭國外部大臣覆文

爲照復事本大臣接准

貴大臣本月十一號照會二件敬申謝忱茲有一電開錄於下用再懇祈

盛情轉電北京和蘭公使爲此照復須至照會者

北京和蘭欽差大臣仿照爾之同僚行事璞福

和蘭國外部大臣覆文光緒二十七年正月十四日

爲照覆事前准

貴大臣本月十一號照會當經藩部轉行南洋和蘭屬地地方官已奉到所開中國會匪名單本大臣想不必贅言如有照會中之事中國

國家可通知和蘭南洋總督以便遇事交出此等人民至私

運軍火一節查自一千八百七十六年爲始凡軍器火藥糧餉永遠禁止運進和蘭屬地合併奉聞爲此照復

貴大臣查照施行可也須至照覆者

德相畢魯議院演說中國近事

德廷續請在華德兵應用款項截至一千九百零一年四月初一日爲止計共一百二十三兆三十二萬二千馬德相畢魯爰在議院宣言曰

中國議和條款業於上年布告大衆詳細條節各國政府間有意不謂然者嗣因彼此遷就互相妥商始能定稿旋即遞與中國議和大臣當據復稱所開各條均可畫押照准現在押已簽訖上年予所言不過十一款現加多議償卹駐京日本使館被害之書記生一節共成十二款至中國應如何更改理財之法方可賠償各國軍費之處此次約章亦已詳細載明前云爲首啟釁之人概行治以死罪今稍從寬查其所犯輕重酌加懲治和局現已開議最要者兩端一治罪所以防效尤也故各國自應逼使中國務將鬧事各員無論故意或係疏忽均須盡法懲處以儆將來至於別省仇殺洋人以數百計蹂躪信教華民以萬計此等鬧事之人罪大惡極是時若不嚴辦誠恐將來更不可問而各國寓華官商性命財產亦時覺岌岌可危此次

辦法是專問有罪無罪不問是官是民較勝從前眞犯漏網而妄戮無辜以抵罪者多矣凡治罪之法自應按照該國風俗律例辦理華俗華律與西國不同故辦法亦稍異然實則一致也除治罪人外并爲故使克林德立碑以志哀思現已於被害處興工建造中國政府又允特派醇親王使德藉申哀悼之意唯政府前電寄駐京德使訓條畧言醇親王使德德皇甚喜然須俟諸事就緒方能接待我使并以將此意照會中國政府蓋和約未就中國遽然遣使我德率爾接待他國將謂華德兩國辦事鹵莽故只可稍候俟和約畫押當照章款接矣　二賠款中國應賠各款德廷向甚注意然籌畫已久迄無良策以使各國一律滿意其大概辦法凡外人此次因亂所失之款中國均須一概認賠我國除軍費外凡商民教士所失者亦應照例索償至各國所索償款共有若干尚未定實想不日亦可稍有頭緒而中國如何償還屆時亦可妥定總之款須有著而亦不傷中國財力以致一蹶不振方爲兩有裨益商辦賠款一事我政府已請熟悉中國情形之人如前使巴蘭德及美最時洋行又前任中國稅務司施叟特東亞商務會總辦等各舉所見以備採擇諸公論答意畧相同均謂不宜干預中國內政亦不可稽查中國所有進項而以

海關作抵爲最妥計即事定後稍增稅項亦所難免想於商務亦無大害從前所定稅則値百抽五近以銀價日落所謂五釐者現只得二釐五至多亦不過三釐除關稅應加外加鹽釐等應否增加尙須詳察情形方能再定此外有謂應廢釐金者我政府不甚謂然蓋此是中國內政我德不欲干預也辦理此事目下尙無萬全之策從前購買中國國債股票者我等亦應代籌良法使其不至吃虧方爲完善西本年二月十六日各國駐京使臣會議賠償辦法如下

一如何議賠各國政府是否同心

二酌定賠款是否公同辦理抑或各國自行估計

三各國應索之款是否各國自行分索抑或歸併一處公同向索

四各國使館被圍之時死者傷者應否另外議賠

以上四條是爲料理賠償軍費而設其應賠商民教士之款由各國派人公同商辦各國軍費實用若干均應彼此詳細知照俟實數定後當即照會中國政府并請其詳示辦法倘中國復文未能盡如各國之意則各國自應代爲妥籌理財善法德兵在華何時可撤須查看情形辦理并以華人此時辦事遲速爲斷中國允行之款早辦一日洋

兵亦可早撤一日若徒以好言敷衍空文籠絡各國當不爲其所愚其最要者賠款如有著落則德兵即可撤退俟軍務稍平瓦德帥亦可歸國矣各國政府均願和約早定然各國意見難免兩歧因各國在華所欲者各有不同有專講商務者有講商務而另寓別意者我德則專講商務故去年十月十六日曾與英國定約一保全中國土地二保全英德兩國在華商務查此約與滿洲事毫無關涉亦并無密款想盡人皆知者也滿洲地方我德無甚商務其存亡似與我無預然我國不願中國國產任意棄遺誠以中國負債甚鉅且并未料理清楚故諸債主均不欲其浪擲金錢也凡有專約牽涉中國財力我國斷不能坐視所幸者各國政府皆以在中國不求專利有則公之立論雖有公司數家乘中國困迫之際設法索取利益若不設行阻遏恐中國財盡我德將無所取矣故曾力勸中國先將各債主遣散後再及其他至所有應辦事宜總以在京各使公商爲妥美國已將此意告知駐美華使矣中國駐德欽差昨亦奉有訓條飭其轉告外部略謂俄勉強中國速訂滿洲條約之押若中國遽然允許誠恐他國效尤更失土地云云我政府即復以此事宜仍歸駐京公使商辦較爲妥善蓋各國在華同辦諸事久無間言者皆各政府不

遂爲牽掣所致然中國欽使所述與我國政府所得別處可靠之消息大有不同據我所聞俄國并未勉強中國畫押近來德人有謂德國在華勢孤宜引一國相援者然乃揣度之詞也德國所願者爲各國公辦華事德既不求專利似無庸借助他人更有謂俄德以辦理華事相持不下似甚可危然俄國除商務外確有他求唯專注意北省似與我德無涉故兩不相下之說尤爲無稽各國在華所欲利益甚有與我相符者如能合辦更爲得力故去秋有英德合約之舉然此約是專爲保全兩國利權起見并無傷害他人之意俄國當可無慮至賠償軍費俄國因毘連中國不以款項爲重似有別意各國在華辦事皆和衷共濟足見德俄英美法日諸國尚敦友誼美國最重者爲保中國有土地之權德法兩國意見亦無大相逕庭之處果能實心商辦當無不妥日人聰穎戰亦能勝其自命爲東方大國亦可無愧意與爲我盟國在華遇事皆肯相助足見盟之不渝德廷辦事大意在保全太平無損自己利益設各國或有爭端我德必守局外之例我行我法絕不爲他人指使我德以爲中國之事似宜從速了結凡我在華緊有之利益毋使或失各國如能公同辦事則均受其益故德廷每事皆與衆持平妥商如有各存意見之處必竭力

排解合羣力公辦諸事犯事者公平治罪失財者照例議賠中國既違背公法迫使我德興師并須留兵保護商務此我國辦理華事大略情形也凡有措施尚祈諸公相助爲理予有厚望焉

柏林民報

當今時勢泰西各國非與中國拳匪爭鬬實與中國國家爭戰矣中國政府是否縱容拳匪抑係幫助西人剿除拳匪尚未揭明昨日大沽戰事是否奉有訓條不得而知然西人既已開礮其情形實係與中國國家開仗德國駐烟台領事來電云大沽礮台與各國兵船開戰又云華人在

大沽口外安置魚雷並由山海關一帶調集兵勇各國水師統領公遞哀的美敦書限西六月十七日即中五月二十一日午後二點鐘將礮台退出然十六夜間一點鐘礮台開礮英法俄德暨日各兵船亦開礮迎擊戰至七點鐘之久聞有英船二隻被沉所有電綫鐵路均被拆毀水陸往來亦屬危險香港電稱中國兵丁現在攔阻各國兵丁前赴北京他處各電雖未言中西已開戰然各兵前進甚遲足見開戰事非無因德公使在京被害一節雖無實在消息然觀以下各電可以爲證烟台領事十八日早來電云據日本獵船傳說各國駐京使署均被人佔住等語日

船所云是否有人囑其知照抑係耳聞謠言不得而知十七日上海電中國電局總辦接北電云董福祥會同拳匪攻打各使館被毀者數處使臣被害者一人究係何國公使不得而知或即德公使克君上禮拜各使館知照總理衙門云倘一使館被攻各使臣及使館各員如有一人受傷者即各國會集與中國開仗總理衙門並無復文拳匪暨兵勇即聚攻使館政府之意於此可見又電北京人心惶惶刼殺之事層見迭出德公使被擒拳匪大隊把守街路俾各使館彼此不能通信中國兵丁大半有意迎擊西人所派之兵各國所派之兵共計有二千人不能前往北

京聞西兵後路中國已派人截斷北京城大約已被拳匪佔踞使館被毀使臣被擒或竟被害所有前派之西兵數百人無濟於事想亦被擒矣英報云美擬派兵一萬恐亦無濟也各國國家所辦之事將來必有大吃虧處恐有後悔上次中日戰事華兵誠哉失利而其與歐人戰事則不然即如馬江之戰華兵頗出力可爲前鑒查鬧事之由自德國佔踞膠州始德國首先吞併中國地方俄英隨之前佔膠州之時國家總云和平商租議院卑博爾云並非商租實係奪取與英國奪檀地事同一律猶憶德皇前在西耳地方云與中國辦事須用鐵甲拳頭其意須以兵力治

之當時大衆不以爲然今請觀以鐵甲拳頭辦事究竟如何國家甚願侵佔中國土地有傷中國體面以至刻下生出如許多事克虜伯礮中國人亦能開放英兵船沉沒可以爲證當初德國國家專意保護製造之事今楚材晉用我歐人亦被攻擊矣現在中國之事可見中國人決不甘心各國瓜分辦東方事之人可以明白此事並非容易外國人至中國無非吮華民之血食華民之肉此係中國神人共憤之事中國有中國之教何以必欲使從西教歐人所傳之教名爲耶蘇而所爲之事與國家勸善本意大相徑庭爲何分人之國爲何強使華人購買西人之物中國

人雖與檀人不同而其保護本國之心則一也凡有人心者無不助華人且與助檀人者一律大沽雖已開仗傷及德人甚至殞命我輩亦甚矜憐然不能因此而怨華民也

巴蘭德中國拳禍論 譯孖斯報

歐人不必因拳匪蠢動視爲極重之事以現時中國情形而論亦猶我德人之不喜英人又如歐人之仇視猶太人動輒詆毀六十年前歐洲以強力逼中國通商至四十年前教士陸續至東方分佈各處直欲將中國素所信奉若父母神佛一概欲湔除之六年前又強逼中國建造鐵路又紛紛傳說瓜分中國歐人之逼迫中國如此華人所以

亟思自強以與歐人抗也以紅拳會而論亦以歐人逼迫思以自保之故拳匪亦知不能與歐人抗徒自擾亂自取敗亡然各國人民無不自圖保護則拳匪作亂亦不可概以亂黨目之中廷將肇事之人懲創徒黨自然分散可無煩兵力即可平靜然平靜之後歐洲與中國有約之國善後事宜究竟若何辦理至中廷所允各國之事出於逼迫無可奈何而事之與民心合否一概不問逆民而辦事我決其必不可行耳何者鐵路礦務不但存本甚鉅第一要義在於民心信服否則費款甚鉅而於事無濟也平定匪黨非可徒以槍礮從事亦在順服民心若欲中國變法亦

須順百姓之心擇人心明白之處首先創辦則知變法之益自可漸推漸廣至欲改變新章華人實未知之若農商之有利益可見易於改圖華人若知變法之益早改新法矣其不變法之由一則國家毫不講求而一二識時務之人又不能宣講於民間百姓蠢然無知緣是新法之不能行也前者法外部大臣茹非利主議與中國啓戰辦理舛誤兵費至數百萬死傷至數千人至今所得安南如獲石田茹外部因此斥退與茹外部同議斥退甚多新報每聞在中國得一利益以爲得計而其中利病之處尙未知爲病者何中國數千年之古國素能堅忍凡在中國得利之

人彼必待徐徐設法使其爲難故以余意辦理東方之事不可專意霸道須向人徐徐開導使民曉然無疑如是則商務可興而教化亦推廣矣如此辦理方爲合法若專尙威力非計之得也歐洲各國若能如此則余有厚望焉

巴蘭德中國會黨論

中國之人私立會黨名目甚繁自古有之不足怪也周時諸侯各藉會黨之力互相吞併此載在史册者也迨及秦世遂改封建而爲郡縣迄今二千二百餘年矣其間更換朝代三十餘次有韃靼有蒙古有滿洲大半皆藉會黨之力而立爲國今日之會黨或爲在禮或爲白蓮或爲天地

三合哥老大刀金鐘罩等會名目雖異而同爲會黨則一也稍遇事故一呼百應揭竿而起與國家爲難猖獗昔時中國內亂旗上大書驅逐滿人重立大明或書殺死洋人以保窮察等字私立帝號僞造璽印此皆愚弄百姓而遂其搶刦之私也查以上各會倡立之初無非欲使在會之人凡有緩急互相援助或事關某行事業則所有某行事業之人可以集衆公商其立會之意原與國事無涉故官家未嚴禁也現在鬧事之人名爲大拳會旗書助清滅洋據此而論大拳會匪似非欲與中國國家爲難者細揣其故諒因近年來歐洲各報屢倡瓜分中國之議華人聞之

自必不悅因怒生恨積成今日之變釁日洪秀全之亂有英國教士若干人暗中勾串且英國教士亦均自認不諱九十八年中國更改新法致生內變亦有英國教士從中煽惑且近年來凡遇騷動之事雖與中國國政毫無干涉而英教士輒謂華民不喜

皇太后故百姓尋事日與爲難此等造言蠱惑何怪華民憤恨洋人也此次拳匪滋鬧華官初未盡力彈壓者頗似意在欲使歐人知華民利害決不至坐任瓜分不早自爲計也滋鬧既久聚集逾衆國家雖欲彈壓一時亦難措手矣上年中國商務甚爲興旺海關稅項較往年多收三百餘萬兩

此次鬧事只在北省一區似與商務尚無妨礙中國地大物博人烟稠密稍遇事故倘不即時撲滅最易釀成巨禍而向來華人視爲常事并不驚惶此次拳匪滋鬧中國必能不日削平如歐洲各國靜以待之不稍干預則尤妙矣

美國分致英法俄德義奥日本諸國滿洲約議

上年中國變亂殃及各國官商教士致各國派兵赴華前往保護現正議和尚未竣事當各國之派兵赴華也均曾明認願保中國土地不使有傷故中國倘與一國或一公司逕立專約讓以土地財政利益則於中國非但不智且恐更有害焉美廷切望中國有所警覺不罹斯害藉使中

外各國彌加友睦互受裨益前於上年西七月三號美廷通文曾言願與中國及在北京現議公約之各國永敦和好各無違言發遞此意特再聲明倘中國并不預商各國遽立專約讓人財土則既缺於理而復無所益爲中國計且大有可危夫中國地土美廷向主闢門共利之說滿洲亦在其例雖至今日美廷之意仍未改也上年俄允各國之言尚應遵守即使俄得稽查滿洲之權則俄亦須允美闢門共利之條查上年夏間各國詢謀僉同皆言在華之事公同辦理聚衆會商乃俄今與中國密立專約字面雖未顯食其言然字義豈無食言之迹乎茲者美廷擬盡其言并竭忠悃以阻此約之成或終無濟亦只任之而已不另多事俄在滿洲建有鐵路欲向中國索要保路專據自無不可然閱滿約所載遠過於此也

滿洲約辨 譯俄國官報

各國在津在京議和情形法廷倡定大綱十二條經各國斟酌妥善遞與中國中國業已畫押均允照辦其餘議和細目現正籌商尚未就緒等語繼稱俄華鄰邦交界毘連綿亘一萬六千餘里俄廷因欲各國與中國轇轕之事早日完結故有清釐界務永保相安之舉俄國武官前與東三省將軍商定暫約重修吏治整理地方者即此意也嗣經中俄兩國體察情形重將此約妥慎删改其中條款畧謂一俟滿洲各處逐漸肅清後即將俄兵撤歸另有保安地方防再舉事暫時辦法數端乃近日各國新報妄言惑衆肆意雌黄甚至捏造約文登諸日報僉疑俄廷於滿洲一事別有居心使人聞之頗爲驚詫查上年滿洲舉亂旋經俄兵佔據所以擬立滿約者原期與中國妥商擬兵歸地之善法詎料此事今竟中阻以致前擬交地辦法雖遽見諸施行應候中國內地情形一律復舊及北京立有政府料理庶務能自主裁且力足担保不再舉事則俄廷方肯將滿洲交還中國也所有該處現在一切布置俄國擬定均不更改以便俄界鄰近之處可得安謐無事其俄廷屢次布告各國之言將來仍永遵守决不稍背至於後事如何俄則安然以待也

歲辛丑冬十有二月
欽差出使德和國大臣呂公鏡宇返節道經滬上祖模摳衣晉
謁見　公精神丰采矍鑠如恆而須鬢蒼蒼然加白知
公殫心
國事固已不遺餘力矣既入座謹敬敂　公庚子五月以後
事　公遂出數卷册授祖模曰噫吁嘻余奉使海外不幸
而際庚子之役今得生還已屬萬幸當
闕廷禍起戕及遠臣外邦人民亦逐逐尋仇圖洩厥憤使館
危如累卵幸與國君若臣力持大體爰挾懟惡要憤之衷
往與彼部相辯論歸誌其語於一編以免遺忘其間公殫
竭往來電函均附及焉噫吁嘻前賢皇華遠涖從容暇豫
每詳攷彼邦山川風俗政治事物發於毫端鴻篇鉅製固
已珠玉在前余不敏既鮮斯才又遭其厄區區所錄詎足
以問世哉子今欲悉其詳請觀於斯篇可耳祖模敬謹受
書歸而誦讀數過乃請於　公曰古者急君父之難或可
出其才力撥亂反正轉危爲安斷無有處無所施其才力
之境如　公者敵人且欲與我尋仇我反託身家性命於
其手恃此謇謇諤諤不亢不卑非僅自弭其難且隱弭君
父之難於萬里之外非　公精誠素著足以折服外人奚
能若是　公誠不欲以著作名然是篇之存不必紀山川
也風俗也政治事物也祇此援事直書　公之殫心
國事感格異族靡不流露於簡端天下之欽企吾　公者且
爭敂庚子事　公能絮絮遍人而語乎請亟付諸剞劂以
餉天下庶幾讀是書者罔不如聞　公語如見公心乞毋
吝焉是幸　公乃韙祖模之請命爲釐訂體裁繕寫而校
勘之共得四卷既竣事謹綴數語以志嚮往
光緒二十八年仲春之月湖北候補道毛祖模謹跋

洋務時事彙編八卷（卷一）

〔清〕葛士濬輯

《洋務時事彙編》八卷，清葛士濬輯。士濬（一八四八—一八九五）字季源，號子源，上海人，葛學禮子。恩貢生，肄業上海龍門書院。此書彙抄戊戌變法前有關洋務時事之文章，所載皆體國經野之模，因時制宜之要，分通論、邦交、軍政、教務、商務、固圉、培才、學校八類。凡邸鈔、奏議、文集、報章等，靡不採摭，取材豐贍，旨約易明，尤以有裨於政治、學問者爲多。據上海圖書館藏清光緒二十四年（一八九八）石印本影印。

洋務時事彙編

笑儂署

光緒戊戌孟夏
上海書局石印

洋務時事彙編　序

傳稱左史倚相能讀三墳五典八索九邱孔安
國謂九邱即九州之志詩則列一十五國之風
孔子作春秋取百二十國寶書鄭公孫揮能知
四國之為子產能舉實沈臺駘之故伊古儒者
類能博古而兼通今綜上下縱橫以為學者也今
既廣開海禁琛賚所通殊方異域沿九萬里凡識
時務者莫不以肄習西學為要圖況同居地球之
中而顧可於彼都之風氣政事而茫然耶故為
士者不獨宜讀中國古聖賢書即五洲各國要書
亦宜童而習之將來曲證旁通斐然有能集環

海方人之心思為我　國之利益斯能淹博閎強識中來乎余友葛君子源有鑒於時事謁畢生之力輯成洋務時事彙編一書凡八種其所載皆體國經野之模因時制宜之要言明且清旨約而賅學者誠能於誦讀經史之暇兼營並騖將見展會日闢四海同文亦　國家培植人才之一助也將付石印聊誌數語以弁簡端

光緒戊戌孟夏之月　句章雲隱槎樸子譔并書

洋務時事彙編目錄

通論

教務

商務

固圍

中俄塔城議定記約第八條

中俄塔城議定記約第九條

中俄塔城議定記約第十條

俄續約第一條 通商約章類纂

俄續約第二條

俄續約第三條

塔爾巴哈台界約首段 通商約章類纂

塔爾巴哈台界約第一條

塔爾巴哈台約約第二條

塔爾巴哈台界約第三條

科布多界約首段 通商約章類纂

科布多界約第一條

科布多界約第二條

科布多界約第三條

烏里雅蘇台首段

烏里雅蘇台第一條

學校

各國大學院總數
各國藏書樓
英國學校
英倫敦藏書樓
法國學校
法國學會
法國學校人才之多
法國藏書
德國學校
俄國學校
俄頭等學堂畢業需費
美國學校
美國人助金設藏書樓
日本學校
意國學校
奥國學校

通論

致直隸訥制軍書

浙江巡撫　劉韻珂

浙省軍興以來商民助餉為數已多甯郡為全省精華逆夷搜括一空上年秋歉饑民滋事集貲賑濟已竭蹶復以賄夷之銀勸令捐輸勢必不應若如川省之議增糧賦萬不能行必致忠義之心變為怨怒之氣故剿夷之銀可勸捐而賄夷之銀不可勸捐也某惟據實陳奏不敢稍有欺飾愚戇之言惟大君子含容而幸教之近就天下大勢而論文官愛錢而得死武官既惜死而又愛錢以致帑藏空虛脂膏罄竭軍無鬬志民有亂心戰固敗守亦敗和更敗然戰守之敗敗於無人和之敗敗於失策逆夷之反覆與否姑不具論即目前善後之計已有儳焉不終日之勢蓋助夷為逆者漢奸也除尋常偵探放火各犯外其為逆夷主謀執戈相向者何止萬人夷雖戢兵若輩混跡不去藉夷之勢作奸犯科以謀衣食官不能詰吏不能捕一也夷既以兵脅和夜郎自大通商馬頭清道而前文武官吏皆將如尹邢避面二也取人財貨掠人子女出入蘇杭街市孰能禁止三也不軌之民干犯　國法一經逃閒則竄身夷館即屬于城四也民犯夷則惟恐縱民以怒夷夷犯民則又將捉民以媚夷地方有司知有夷而不知有民五也水師將弁本多怯懦洋盜出沒搶刦商旅或懸一大英國旗號我兵勢難查緝且亦願以此自解六也刀脅通商必求免稅西洋諸國大半為英夷所降服此後貨船我設關而彼取稅七也黃巖一縣貧富吸烟杲杲出

日間其無人宵靜燈紅乃開鬼市通商之後烟禁大開鬼市將成八也年來干戈擾攘專為禁烟禁烟專為漏銀鴉片仍行銀盡可待九也　國家所恃以通商裕課者銀也今銀漏於夷法亂于夷財匱民窮且生他變即戢兵亦復何及十也撫綏既定後患頗多伏念計出萬全定必預防流弊而鄙人鰓鰓過慮者不得不即管蠡之見更為執事陳之英夷船隻散處閩粵浙蘇者甚多退出之後或有他國出而效尤或即英夷託名後至別肆要求我未能深察夷情更安能盡服醜類此不可不慮者一也英夷在粵初已就撫迨給與銀兩復肆滋擾此次議定後或稱國王之命謂郭僕等酌辦理不善調回本國別生枝節此不可不慮者二也逆夷屢有北赴天津之說上年投書之陳在鎬及今訪獲之郭僕義子陳祿言雖給銀割地終不肯不往天津而前索通市馬頭却又置天津於不問反覆詭譎情殊可疑能杜其北上之謀方免事後之悔此不可不慮者三也通商之後各省關稅自必明定章程萬一英夷阻勒如故勢不能聽其病商擾課一經追究必啟爭端此不可不慮者四也澳門定制民人與英夷獄訟一聽有司訊斷萬一案涉夷人抗不交出凶犯如廣東林經喜之案何以戢夷暴而平民心此不可不慮者五也罷兵之後各省海口仍須設防如修造礮臺戰船增設兵伍營卡初非剿夷而猜嫌阻撓致海防不能整頓此不可不慮者六也通商定議須治奸民應令夷人悉數交出定地安插否則介乎夷漢之間恃夷犯法萬一夷人護庇官法難施必生衅隙此不可不慮者七也英夷既立馬頭則馬頭之外不容上岸倘或任意闖入掠取牲畜婦女民人不平糾合抗拒夷必歸罪於官即起興兵問罪之師此不可不慮者八也名曰通商而英夷拆毀定海城垣建造夷樓挈眷居住倘各省均如定海轉盼之間即非我有恐非通商體制此不可不慮

者九也中國凋弊之故由於漏銀出洋夷船既多漏銀更甚適令會子交子之弊將行國用民用生機交困此後雖準以貨易貨比前更須嚴禁漏銀分毫出洋殺必無赦而釁端之開即在於此此不可不慮者十也

古人經世之語當時忽之往往驗諸數十百載之後精識所注若合符節雖百世可知也書中所慮瀕海防杭官法關鬼市縱奸民行交子及夷人蓄志天津多行挾制由後觀之不爽銖黍以公之深心慮事若此倘得從容展布別無蒙面畏葸輩掣肘其閒夷雖狡豈至是哉 黄鈞宰識

天津新議續議 中西紀事

咸豐八年大沽之役桂相等至津英人擅定通商新議五十六條奉 上諭稅則之款必須至滬商定續因滬議定後該酋換約不遵照會其事遂寢然予九年在浙見西人將五十六條列入通書中因撮其大略記之迨十年京師換約英法要請將戊午原約及現定續約須示各省督撫大吏按照辦理遂並滬中所定稅則刊刻通行閱其條款悉由洋人任意增減 王大臣等畫押受成而已今次之如左

一約內有住居京師一款言英國官員及所帶眷屬可在京師或長行居住或隨時往來悉由該國自便等因查此款自乾隆五十八年該國王貢表文內請援俄羅斯之例遣人寄住京師照管該國貿易之事奉 純廟諭旨告以天朝無此體制俄羅斯從前在京城設館因未設立恰克圖以前暫行給屋居住嗣因恰克圖既設即在彼處交易賣買不准居住京城已數十年該國現有澳門洋行發賣貨物又思在京城另立一行 天朝疆界嚴明不得越境攙雜所請在京城立行之事必不可行等因洎貢使

回國特將敕諭二道頒付粵東疆臣備入檔案迨道光庚子辛丑間連犯浙粵據其月報謂中國待彼不肯照大西洋俄羅斯一樣自琦相奏給香港不復垂涎濠鏡而寄住京師白門議中未之及也今大沽之役首以事請約內雖無京師設行貿易之語而其屢請覲塵若非有意通商即是覘覦國事况天朝舊制通商在粵亦不許在城內設立棧房及擅入省城故粵人有二十九年重定之約首禁洋商入城致有七年十二月之事今查約內第一款內載前壬寅年七月二十四日江甯所定和約仍留照行廣東所定善後舊約並通商章程現在更張既經并入新約所有舊約作為廢紙等語蓋因入城一款終慮粵人持其前約而爭之也寄住禁城則各省之入城誰敢侮之可以知其用意之深遠矣査天准滬中之議以換約不遂而罷故准於京元明文今閱其續約第一款約云前戊午年大清欽差將英國駐華大臣嗣在何處居住一節在滬會商所定之議茲特申明作為罷論仍照原約第三款遵行等語即此款也然則寄住京師當日在原約未准行後來挾兵要請始照原約許之

一議沿海之區欲於舊約五口通商外增設牛莊登州臺灣潮州瓊州等處又欲於長江一帶自湖北漢口鎮沿流至鎮江入海之路俟粵匪盪平其選擇不踰三口為洋艘出運貨物將往之區按長江自吳沂蜀經歷江蘇安徽江西湖廣等省皆漕運來往之通衢外洋船隻自二三百噸以下者皆可在江行駛該洋人沿途停泊登岸偶有衅端便以火輪數艘橫截江面運道為之梗塞又或與糧船水手鬥毆滋事或船艘被其轟沈或重運遭其擄掠是國家正供之人適足為齎糧藉寇之資現雖試行海運而上游四省之漕豈能越江而飛渡哉越之強也伍子胥懼其與我爭三江五湖之利越之入荆州也吳張昭謂長江之險與我共之自此議成而東南之患中於腹心矣十年換約便請暫在漢口九江兩處先行開商是其垂涎已久也

一議江甯舊約所載各貨稅則之多寡以價值爲率每價百兩征稅銀五兩近則各種貨式多有價漸減而稅較重者請重修改定並議以此後十年一修改等語該洋商志在牟利析及錐刀亦無足怪惟進口之貨自海口納稅後准由中國商人徧運內地所過關口應聽中國按價估稅與該洋人無涉而自五口既開外洋商人有攜帶洋貨私入內地銷售者又有在內地買貨運至海口下載者經由各關口中國祇知照貨納稅不問中外商賈於是該洋人有議免抽征之請謂不論關口之多少凡子口之稅以一次總納爲準因定照海口稅例減半於首至之關口每百兩納稅銀二兩五錢給票爲憑嗣後經由各口驗票放行不令重納又議外國商船應納鈔課一百五十噸以上者頓與英同外洋以一千六百八十斤爲一頓每噸納鈔銀一錢亦給票爲憑不復再納凡此紛紛之議無非該洋人自佔便宜兼爲華商作傀儡蓋洋人貨物之交受例不得越海口一步一自通商暢行出入自便此後洋人入內地即藉華商爲導虎之倀華商至內地又藉洋人爲腐鼠之嚇試問中國自征其商而偷漏影射之弊端在在不免何況逆勢日橫奸商莠民推其波而助之瀾雖有智者不能善其後矣自長江通商天下一家更從何處分別中而當十年換約之際馬頭未立貨船不到即有行經理衙門執照前赴安徽之屯溪江西之河口義甯州等處采辦茶葉大半華商導之也

一約內言英國民人有犯事者由英領事查辦中國人有欺虐英人者由中國地方官辦理甚有兩國交涉事件彼此會同審辦等語查錢債鬬毆之事中國定例由州縣審辦若欺虐外國之人經地方官查知其曲在我自可先行查辦倘衅端自彼起即已入華洋交涉事件彼時照會該領事會同審辦均無不可乃約內載明正領事與中國道員平行並行副領事與中國知府並行因之一遇交涉反越州縣

而訴於道府遂藉道府以脅制州縣況各領事現任海口有事輒排闥入監司衙門咆哮凌虐並方面官亦視之蔑如也憶臺灣二十二年紅毛供詞言其小埠頭設立文官如中土知縣者曰末士洛云今見香港上海各處洋行招帖皆冠以末士二字意即外國除受之官銜在中國則與牙戶無別乃得與天朝之州縣平行其褻甚矣

一議中國民人有犯罪逃至英船及外洋寄居之房屋內一經中國官員照會到該領事即行交出不得徇庇隱匿等語此已載入江甯條約中而自五口通商後屢以照會移取起衅甚至有毆殺中國民人抗不交出凶犯者蓋英人收拾人心專以受降為得計予見西人月報言各國犯人有逃入英境者英皆容匿之而其本國緝捕罪人不得以兵船輕造英境是其至外洋各國來往之定例故中國雖有照會交取之約多成具文至其所定中西交易有欠債不償潛行逃避者彼此知會緝拏追繳一體辦理立法非不善而予聞上海交易成後應付華商銀兩洋商給以銀票票期率在對月多則五十日之限及屆期憑票取銀竟有不肖洋商私自逃回遂將貨行閉歇者華商訴於領事領事寘之不理此見於西人自誤之月報中且云洋行欠賬私逃不獨華人受其累即各洋商皆以為不便等語蓋猶人之詞也然華商悟其詭詐屢欲變易其對月取銀之例卒不能行故咸豐初年滬口生意漸不如前至有茶商仍欲改道赴粵東者然則通商善後之約該商陽奉陰違徒以此玩中國官民於股掌之上而已

一傳習天主教一條江甯約中已有之然尚無華人弛禁之明文不過言彼國教士之至中國者請免查辦而已自道光二十五年法人在粵陳請在各港口設立天主堂並華民之入其教者概免查禁部議

允行自後各省華民公行無忌今查英國條約內載明耶穌聖教天主教二項蓋英人自路德改立耶穌教於是禁行天主教（見泰西新聞）而不悟耶穌之即天主也法郎西所奉則仍是舊行之天主教一曰加允特立教時英人借助法兵故約內並及之若法國之約則但云天主教而已推西人於其教法驅除異己各小國有不從者脅之以兵五印度及回疆之役屬於英者今悉改行耶穌教甚至如東洋之日本暹羅向與西洋人天主教為仇者近年英人日強皆藉通商之約傳教於其國而日本暹羅亦畏其強不敢詰今又欲以此強中國豈非欲用夷而變夏哉

一約內議用漢字英字一條查英人兩次入貢表文皆由中國繙譯進呈據乾隆六十年粵督朱文正公奏稱有西字正副表二件伊國自書漢字副表一件臣等公同閱驗其漢字副表雖照中國而文理舛錯難以句讀隨令通曉西書之通事將西字副表與漢字表核對另行譯出等語是該國雖有自書之漢字語屈難通仍由中國人通習西語者另行譯出並不責以漢文正本配送迨嘉慶中廣州知府楊健詳定英人商稟許用漢字自後該洋人久居中土多以中國言語繙譯彼國古書故馬利遜有華英字典之輯悉依康熙字典註釋是時　純廟敕諭二道由該國副使斯當東繙譯迨嘉慶二十一年之敕諭則馬利遜繙譯蓋馬亦時為副使計孜英人貢使皆以武臣為正文臣副之皆見西人紀載中同文之治漸染外邦數英彌二國皆建書院俾洋人習漢字者居之今約內欲請中國選派學生學習英文以便他日大書往來不用配送漢字是欲以外邦之言語文字強中國傳習抑已汰矣（自十年撫事定後總理衙門奏定章程內稱臣等前定章程內有請飭廣東上海挑選專習英法美三國文字語言之人來京差委挑選八旗子弟學習除俄羅斯館章程由該館遵旨酌議外其英法美教習及學習之人薪水）

奬勵應仿照俄羅斯館議定之例辦理又查俄羅斯館仄狹難以兼容現查錢局改作衙署尚有爐房稍加修葺作館舍免致在外滋事等因是王大臣等已議及之矣

一議中國照會公文不用夷字予見西人月報言夷者鄙夷之稱外國人多忌用之不覺失笑夷為東方之國名又為四裔之總稱說文夷從大從弓大人持弓也此於六書為會意氏羌蠻貊皆以獸名獨夷從人從大以韙為大名之例推之不可謂非美號也說文言東夷有君子不死之國（說文廣采異聞其言不死之國疑即指畎夷國王事也）孔子言仁者壽乎欲居九夷有以也夫然則夷字之稱正以其國有君子多壽考而錫以嘉名近日西人頗不乏彬彬爾雅之士胡弗之考也

一滬中所定稅則名曰通商善後條約英十款法彌同大都本天津新議所定貿易各款推廣言之其餘則臚列出口進口之貨約定稅額銀數而已惟其第五款內稱向來洋藥銅錢米穀荳石硝磺白鉛等物例皆不准通商現定稍寬其禁聽商遵行納稅貿易洋藥一項現准進口議定每百觔納稅銀三十兩惟該商止准在口銷售一經離口即屬中國貨物祇准華商運入內地外洋商人不得護送即天津條約第九條所載英民持照前往內地通商並二十八條所議內地關稅之例皆與洋藥無涉其如何征稅憑中國辦理嗣後遇修改則仍不得按照別貨定稅等語查舊制洋商進口之貨祇准在海口銷售一經離口即係中國貨物其出口之貨亦由華商運至海口與之交易不准洋商擅入內地自行采辦此自來各貨進口之通例今天津新議第九條准聽英國人持照前往內地各處通商毋得攔阻又二十八條准聽英商貿易出入內地照海口稅減半祇完內地一口之稅以後驗票放行不令重約是二百餘年之舊例一旦掃而空之故桂相等在滬語以洋藥一款新定稅則本不與他稅等且貨輕價

重易啟偷漏影射之端應請另款辦理於是該洋人始有稅則第五款之議然自長江通商洋商占立馬頭深入內地豈能保其不夾帶鴉片又豈能保其不勾串華商相與影射必至陽奉陰違毫無顧忌他如銅錢米穀等項不准運往外國仍准其在內各口往來貿易凡此議不過掩耳盜鈴之計而已地（十年換約之後照此辦理而英人已在總理衙門呈明內地商稅過並具詳洋藥卷中是華商英商串通一氣之證）天津新議據其約內所記在咸豐八年之五月其稅則之定自滬中者則十月也此等條約直至十年換約之後始奉　頒行是時英法挾兵要請續增英款九條法款十條惟獨國之約仍係八年所定並無續款然已預為異日張本矣俄人之約則又意在申定邊界載入續約中令更飭而論之如左

一英人續約首在索賠據其八年所定專條議兩償款二百萬軍費二百萬由粵省設措清款後交出粵城等語今續約又索增費四百萬合前所許共八百萬議於十年十月在津先交五十萬又於粵中交銀三十三萬三千三百餘兩其餘在各關所收稅內扣繳二成以三個月為一結仍以二百萬賠補粵中商虧其六百萬悉抵兵費一也八年天津新議第三條所載在京居住一節未奉允行今請仍照原約或在京長住抑或隨時來往總以自奉該國君主之諭旨為定二也八年所議各口通商天津不在其列今續約內論天津郡城海口作為通商之埠均照各口章程一律辦理三也粵東有九龍司地方前經兩廣總督勞崇光給與該洋人作為在粵總局由該國在粵之領事巴夏里批租在案今續約第六款請將地界歸英管轄撤銷前次租批與琦相在粵奏結香港一島同為轄地誅其心一為牟利起見一因巴夏里被執不甘作為中國酬罰之款四也換約之後僅許退出京城及舟山屯兵其天津

並大沽礮臺暨登州北海廣東省城等處應俟八百萬清款後始行退還即使早退亦必俟彼國君主諭旨施行較之八年原約退出廣東省城者又增數處五也其餘重複及貿易瑣屑者不錄夫氐羌羊獸而人者也狼子野心人而獸者也周公兼夷狄驅猛獸司馬相如之諫獵曰卒然遇軼材之獸駭不存之地犯屬車之清塵是胡越起於轂下而羌夷接軫也豈不殆哉今以輦轂之下戎狄猛獸並域而居一旦有觸蕃之變銜橛之虞則是遇軼材之獸而京師豈復有可存之地哉非族之逼將有侵陵卧榻之旁防其睥睨何況兔窟潛營鳩居不返此誠不可一朝居者也天津之約主自李國太續增之約則巴夏利所定以彼在粵充當領事粵中之禍夫巴氏實始終之迨八年新安之役粵人懸重賞購其首逃回本國遂謀充額羅金參贊怡王入通議撫則彼單騎赴晏儷卧邸中坦然無備迨其受擒則惡貫已盈依然脫網而出此與李國太之在天津被擒復釋果何恃而不恐此則天下後世所不解者也商虧之款蓋六七年間粵人焚其城外洋行索賠房屋貨物者也無論商民平等夫兔之逐蠻觸之爭不足為異即以報復言之該洋人連燒我兩次礮臺亦足取盈矣若夫今我宮壞我室是殆天之欲逞其心以厚其毒而後降之罰不自愧悔又肆貪惏在彼瘈犬吠非其主曾不足怪而在京內外之王大臣等不聞興借之一師稍挫其方張之燄彼則如虎我則如鼠城下之盟宜一任其予取予求之不竭矣至於北塘之盟口血未乾而背之令六次償款遠及二年或因關口稽查致饒唇舌或因脫課虧短稍涉稽遲則隨地隨時皆可藉端起衅彼時以子之矛陷子之盾豈非藉寇兵而齎盜糧哉雖然賂銀割地彼之所求者利而已惟名與器不可以假人春秋重中外之防通鑑嚴正閏之辨故楚雖王也

而魯史貶之為子魏固帝也而武侯斥之為賊至於東晉以後五胡亂華冠履易位而北謂南為島民南謂北為索虜未嘗以敵體相況也後晉之尊契丹以石敬塘為其所立而其子猶不受惟南宋之後金元始大數傳而卒不振我　太祖龍興關外值明之季世天與人歸蒙古首上尊號然尚不欲抗衡中國屢次議和皆出自太宗之意並請來往文移低一格仍用前頒龍虎將軍之印是知天道虧盈而益謙我　朝之所以卒受天命者此也今以數萬里外一賓之荒服一旦憑陵中夏竟使爝火爭明十日並出此豈但陰之疑陽紫之奪朱而已哉予見壬寅江甯之約英國尚低一格閱二十年遂成敵體其約內稱君主者乃外洋女主之書法也非貶詞也

一

法國之約八年所定四十二條外又立專條言西林縣知縣張鳴鳳殺該國傳教人馬神甫請將該縣革職永不敘用載入約內其餘所定各口通商往來儀注及一切稅課事宜俱與英前所定五十六條大略相同惟軍費賠款議定二百萬較英人前減半今以稱兵得志亦請續增十條附入天津新議後第四條改前定二百萬亦增至八百萬除在海關已收數外議定本年十月先在津郡交銀五十萬餘在所收稅內分五次扣除其八百萬內撥出一百萬作為法商住粵被燒賠補之用其餘皆作為軍費等語又第七條內稱該國水陸二軍俟收銀五十萬即退出天津仍屯駐大沽礮臺待中國各地方全行退出境外又第八條內稱現駐天津之兵俟五十萬交清後退駐大沽礮臺惟統兵官仰請暫駐天津過冬餘與英人續約大畧相同予按法人之索商虧索兵費以八年較英人減半計之即使議增亦不過四百萬耳今致英之亢在彼固多多益善在我乃默默無言傳聞本年桂相赴津議撫曾許英人

一千二百萬後英兵入京城法使噶囉居間作説容來往調停遂較前議減去四百萬然在英人則減之在彼則增之是藉以收漁人田父之獲也各海口貿易英居其首花商次之若以法論則每年出口之船不過數隻皆鐘表呢羽輭細之物是英之稅多而法之稅少也英之暮四尚易自朝三法之一裘乃集於眾腋是英之所取者勞而法之所取者逸也雖然英借助於法而餌之以利法憑藉於英而坐享其成曾不思壞地同而求其濟欲者正句踐養吳之計也無腑之患必不免於象齒之焚亦終必亡而已矣

一彌人換約事在九年今其條約三十款仍是八年所定附於英法二國之後查該國向不立君長紳民公舉有名望者一人住華盛頓都城總理二十七部之事是亦斯丹甲必丹之舊制也西人以一部之長為斯丹一曰斯坦一曰算灘皆聲之轉也其管理帳目及船主曰甲必丹是彼言丹者即中國里長約長之類乃居然以大伯理璽天德與　大清皇帝平頭雖其八年所定條按照英法款式然九年大沽之役已傳止英人換約彌人卑詞請款正宜與之説明仍照粵東舊約款式即使該國主業已鈐印亦可令其回國更換遲至來年再行換約未為失信何以王大臣等不加究詰一律允准且就其約內所定各款效尤之漸實不可長如第五條言該國使臣遇有要事不論何時應准到北京暫住但每年不得踰一次到京後迅速定議不得躭延應由海口或陸路不得駛駕兵船進天津海口中國派地方官照料若係小事不得輕請到京至上京必須先行照會禮部所帶跟隨人等不得踰二十人之數云云詞意尚為恭順乃又於第六款內載明嗣後無論何時但中華　大皇帝願與別國立約允准之處以及在京師居住或久或暫應許該國來使一律照辦同沾此

典等語核與第五條不准眈延及每年不得踰一次之語自相矛盾又十五條內載合中國民人在各港口貿易者除中國例禁不准攜帶出口進口之貨外其餘各項均准販運往來至買賣應納稅餉惟照黏附在望厦所立條約例冊尚別國有按此條約更改者即應一體均同等語又第三十條內載現經兩國議定之後倘　大清國有何惠政恩典施及他國或關涉船隻海面通商往來等件為此條約所無者亦當准該國官民一體均沾等語凡此重言絮語皆為後來悔約張本且預知後來英法所請必有更進于此者即如約內並無長江通商之款又各海口但有廣州潮州厦門福州臺灣甯波上海等處則是五口之外僅增潮州臺灣兩處與英法條約之兼有牛莊登州瓊州各口者不同自十年英法換約又增入天津淡水兩口凡此即彌人約內所謂有惠政恩典施及他國為此條約所無者亦一體均沾固已預為道地包掃一切而此中坐收漁人之利已不少矣彌人亦黠矣哉

一俄羅斯之約其與英法異者彼為增索賂欵多占馬頭此則要求割地意在更張康熙雍正兩次會盟定界之前約也查八年天津原議第二十條除陸路所定邊界照舊通商外議增海口之上海甯波福州厦門廣州臺灣瓊州七處又載明此後若有別國在沿海增設口岸者亦惟該國一律照行一也舊制俄人不入朝會之列惟理藩院設庫倫辦事大臣掌蒙古與俄羅斯通商之事與東西兩將軍會商行文于其國薩那特衙門不直達其汗也今改議由該國總理事務大臣與中國軍機大臣或大學士往來照會俱按平等謨有緊要由該國專遣使臣到京師其行走或取道恰克圖或有就近海口悉聽其便二也兩國邊界有從前未經定明者應各派大臣秉公查勘清理疆界載入約內繪圖立冊以昭

信守三也其他貿易瑣屑之條大略與英法彌三國同至十年續定之約則意在申定邊界以防異日爭端其第一條議明此後兩國東界由什勒額喀爾古納兩河會處即順黑龍江下流至該江烏蘇里河會處其北邊地屬俄國其南邊至烏蘇里河口地方悉屬中國又自烏蘇里河口而南上至興凱湖兩國交界以烏蘇里及松阿察二河作為界限其二河以東之地屬俄國二河以西之地屬中國又自松阿察河之源中外交界處踰興凱湖直至白稜河又自白稜河口順嶺至瑚布圖河口再由瑚布河口順琿春河及海中間之嶺至圖們江口其東皆屬俄界其西皆屬中國界以上凡遇中外交界之處繪為地圖以朱絲識別上寫該國繙譯地名立定界牌永無更改至此等交界均係空曠地方遇有中國人住居漁獵者俄國不得占逐仍准華民自行照管此所定黑龍江一帶之東界也第二條載明西疆交界此後應順山嶺大河之流及見在中國常駐卡倫等處及雍正六年所立沙賓達巴哈之界牌末處起往西直至齋桑淖爾湖又自北往西南順天山之特穆爾圖淖爾南至浩罕邊界為界此所定西疆一帶之西界也第三總判云嗣後交界遇有含混相疑之處即以上二條所定之界作為解證東邊自興凱河至圖們江中間之地西邊自沙賓達巴哈至浩罕中間之地設立界牌由兩國派出大員東公查勘東界查勘在烏蘇里會齊於咸豐十一年三月內辦理西界查勘在塔爾巴哈臺會齊商辦不必限定日期所派大員即按所指各交界作記繪圖各書寫俄字二分中國或滿或漢字二分兩國交換畫押用印以憑信守以上俄羅斯新定之邊界大畧如此核以康熙二十八年及雍正五年所定之邊界更改侵占予取予求竊恐將來必有無厭及我之患查現在所定東邊交界皆在黑龍江之北

岸而俄人在江中修製戰船設立礮位俱見于西人月報中有言咸豐五六年俄人以土耳其之役為英法所攻悉遷其各埠貨物于黑龍江之南北兩岸南岸逼近內藩中國兵弁阻之不得是其得步進步之漸至西疆俱係回部叛服不常一遇蠢動中西相持俄人又將從中窺衅以收漁人田父之利此不可不慮者也

密陳夷務疏 節錄

竊惟今日國事之最切莫如洋務海防之一端議戰議守議撫議防至不一矣而二三十年以來卒無定論古人云知己知彼百戰百勝正不必論我之制彼如何當先察彼之勝我安在近人之羨慕而悚息於西洋者一曰富二曰強所謂富者各處洋商占據馬頭歲入之款倍於中華而已所謂強者船堅礮利新式火器層出窮而已至于其所以致富所以致強之道無有不能揣其本而探其源者縱有其船有其礮而駕駛開放之技藝不如也堅忍勇鷙之人心不如也如山不動之號令不如也則與無船無礮又何異哉試以最近之事較之我　大清國龍興東土以騎射為絕技當時與明人交戰明人有鳥槍大礮而我則無之與今日我之槍礮不敵西人情形相類然明人有槍有礮往往不及施放而我之勁弓怒馬已至其前明兵卒棄槍礮以逃其故無他人心一齊一不齊士氣一勇一不勇之別耳固不在有器無器也前年普魯士與法蘭西相鬭法國之旱隊鎗礮冠於泰西千百年來為雄無敵普魯士乃褊小之國徒以君明臣良蓄謀歲久殫精竭智上下一心遂使法蘭西火器諸技失其所恃而為普所挫敗是西人與西人交戰所用輪船鎗礮兩俱精良惟以人心之整齊渙散分勝負中土日習火器即時時盡其巧妙亦不過

與法蘭西之礮船相等極矣使不先求鼓勵兵心整飭刑政設有如普魯士之强銳無前者孰能不為所拄乎故以前明之有火器與　國初之無火器言之則有者敗而無者勝以普法二國言之以火器著名者敗而火器未著名者勝然則其所以必敗所以必勝者當以兵心之勇怯為優劣而器之有無利鈍實為第二義灼然可覩矣以中土十八省分南北兩途南人工於文詞精於書寫北人往往不及焉乃北人祇效南人之筆硯精良紙墨華美而不能於幼小之年耳濡目染如南人之勤學無益也北人習於弓馬善於馳騁南人亦不及焉乃南人之效北人但購其名馬高車勁弓健矢而不能如北人手足胼胝耐習勞苦無益也以同一中華之人南北異宜尚不能事事相師反客為主乃一旦欲强闢天闢地以來數萬年之人心風俗驅迫之以效法西洋雖以漢武秦始之威其不能有尺寸之效亦明矣臣愚竊謂目下中華之於東西洋情勢有無足慮者三不易學步者三大有可為者三敢為　聖明詳陳之按泰西大小各國以數十計而不能統於一尊最大者為俄為英為法為美而普魯士後出亦頡頏其間與中土從前之戰國絶相似互相聯絡互相猜忌更互相防維故歷次條約中必云如後有施恩之處各國一律均沾其牽制鈐束之隱情不可概見斷不能一國獨啟兵端使我駕馭得宜操縱有法則彼且為我用使為鷸蚌可也使為冰炭可也即或不然亦必有此疏而彼尚親一違而衆不合斷不致各國同時決裂與我為難此無足深慮者一也西人雖勇無戰事而興兵則甚慎甚難必一國中君臣紳商詢謀僉同且籌有巨餉方肯命將即如道光二十年洋兵初來正林則徐為兩廣總督威名最著遂不敢遽犯廣東特乘浙江之踈及占據定海大可接踵內犯乃仍向天津訴冤次年二月奕山在廣東議和給予六百萬已可罷兵苟

非裕謙剝皮為纙于甯波則江甯二千一百萬斷不致如此之甚也咸豐六年葉名琛興之爭執入城一事蹉轉年餘始將省城攻陷迨僧格林沁在天津擊沈洋船一隻法國急於報仇矣至下年春命上海道吳煦令商人與之講解只給兵費二百萬一切仍照戊午原議其各兵即可撤回乃端華肅順拒之於內何桂清辭煥拒之於外洋人無可如何始大隊北上其時洋兵麢聚上海截來戰馬二萬匹在洋涇濱游牧中國共見共聞正髮逆迭陷蘇常使洋人乘利遂便翻然改圖以攻天津之兵先據杭湖為賊前驅則國唾手可得耳而西人未奉君命不敢為也以洋人前後數年情節度之其善戰而不輕於決戰實已昭昭然矣蓋華軍雖不能與之海上交鋒若陸路鏖兵則洋人自揣亦無必勝之勢且我之兵勇調募可以不窮彼則來者只有此數全仗潮勇漢奸為之前隊而已此無足深慮者二也洋商自十三口通市以來其在中國購房屋長子孫已二三十年戀土情深惟利是急一有變故其數千萬資財產業皆付蕩然故前數年屢次為中土剿賊非其何化之獨真乃其自謀之更切苟非萬分怨恨豈肯自害其羽毛上年東洋無故饒舌在京威公使尚出而排解其不願通商各口岸攪擾為池魚之憂亦確鑿可證矣雖東洋人心險詐叵測與西洋人不同不可不為之備然通商各口岸有西洋人貿易在斷不令其獨力鴟張此無足深慮者三也西人兵法最嚴而養之最厚其兵餉多於中華數倍雖一隊千人十死八九其一二成尚且直前不退每船數百人終日寂然無聲所派在船分段巡查者持鎗往來足無停趾不但無故無一登岸者即在船亦無酣嬉高卧之人鎗礮器械繩索什物不惜厚費必新必堅終日淬勵如待敵至即礮子之光滑亦如毬如鏡大小合膛加以規算測量故其礮能命中致遠無堅不摧雖王子貴人一經入伍與

齊民等凡勞苦蠢笨事皆習為之桅高數丈緣索以登必行走如飛盡各兵之所能方為水師提督行伍之中從無一官一兵可以倖進此法律之精嚴中國不易學者一也西商奉命出疆為全權大臣者行止皆可自決其督兵時臨陣作何開仗每於未定計之先廣諮博訪必集衆人所見擇善而從雖走卒末僚皆可預議及既定策之後即王公貴人不能搖撼一切無知浮議更屏而不顧故下情無不上達而善策不能中撓敵之山川形勢兵將强弱多寡城郭之遠近平險必先期偵探確實宣示各兵皆能胸中了了更各授以地圖臨時再三申誡合衆心為一心操有勝算方肯舉動從無孟浪從事之時此用兵之詳慎中國不易學者二也西洋舊制除臨陣死亡無論外凡所獲之囚傷者醫之死者殮之生者養之絕無摧辱陵虐之事兩兵相交使命往來不加梗阻一豎白旗立即止仗不得無故傷害逐日戰事准局外士人隨時紀載無所為諱飾為將之勝敗苟不置賞非其罪為衆論所稱者各國皆可錄用如現在法國麥馬韓之類此待將之寬厚中國不易學者三也有此三長故其人心精力果敢少勝多兼之船堅礮利始克收其奇效否則孟子所謂兵革非不堅利也委而去之而已兵將法律之精且嚴者其本也輪船火礮之利且速者其末也有本而無末雖强弩不能穿魯縞矣談洋務者於西人之根本長技獨不一深長思之何哉夫中土之於西洋未必百事不如亦未必百事皆勝其間人情風俗各有所長而天理所存則無二致令人但知西人處處恃强處處恃勢而不知平時優䘏其民信使其軍仍不能逃出中土聖書之大道至理且舉措之間時有一二暗合者此其所以强也世人皆以西洋為智而臣獨以西洋之愚惟其愚也故用心能專制器能利而中土之聰明十倍過之其不專不精處則皆聰明悞之也世人皆以西洋為譎

而臣獨以西洋為駃惟其駃也故政令嚴肅軍律整齊而中土之圓融亦十倍過之其不整不肅則又圓融誤之也今欲興之角逐求其富強之效必先探其富強之源究竟各國得力之實際乃由軍民一心法令嚴整乎抑僅在於船礮猛烈所向無前乎苟能執其兩端而詳辨之則朝廷之上飭紀整綱發號施令孰先孰後孰緩孰急之次第自有主持而不眩於道謀築室矣又洋人之擅長在海戰爭在此謀利亦在此國初鄭成功竊據臺灣　聖祖仁皇帝移沿海之民三十里以避之鄭氏遂為我困此即不與爭海之效也此時識棄海之利害與洋人而但持陸路兵民之心以勝之彼必技無所施矣溯自道光庚子起至今三十年內地與洋人交鋒惟廣東三元里義民八十三村及臺灣各社兩次大創之皆不恃槍礮之猛而但恃人心之堅前者已死後者再進洋人之利器竟亦不能致力從前捻逆盛時各省各縣築圩其圩不過秀才監生乃一發號施令數十圩中百萬人皆能為之效死如果沿海地方官皆能如圩長之恩信及人則平日之民皆臨事之兵雖一呼而數千萬皆集矣船礮乃呆物待人用之而盡民心兵心乃活物激之可以必死其間僨努天壤相判矣先選沿海之督撫再選沿海之州縣如身之使臂臂之使指上下聯絡萬眾一心中土有船有礮固足以取勝外洋則無船無礮亦必卓然有恃而無恐與其費三二千萬買非人不行之船礮何如只用一千萬或減釐捐或墾荒產即可收沿海萬里之人心乎夫天下之大兵刑錢穀之煩邊府海防之重一一綜核其名實振作而有為使各直省中無一民不安其生無一官敢曠其職節無益之費以寬斂於民間求有用之才各專以要任船礮固不必廢而不講但不專恃船礮以自強兵將要在煉之使精更當求其兵將之敢死將見薄海內外同仇敵愾眾志成城國勢蒸蒸日上外洋

之人各有耳目自然既敬且畏不敢妄求其辦洋務之大臣恪守條約以恩信結之斷不致有無端要挾欺蔑之事再歷一二十年我　皇上春秋日富英明神武上荷天心眷佑機會方來亦如乾隆朝准夷故事定可復數世之仇洩數天之憤目前固不必急急速求奇效徒亂人心製器則畫虎不成臨陣則争鵰不舞以舉棋不定累　廟算以狼狽相倚啟外疑竭千百萬小民之脂膏購東西洋唾餘之船礮有百損而無一益此天下士庶紳耆所異口同聲而無敢上訴者臣不勝愚戇惶迫之至謹冒死上陳

擬陳洋務疏

郭嵩燾

竊臣因病兩次乞假回籍痊痾　天恩優賞假期于時滇案辦理已有端倪而臣病久未痊分當求退五月二十四日英使威妥瑪貿然出京滇案未能議結臣豈遽能置身事外自應勉強支持暫請銷假而現在辦理洋務機宜有可一言其略者伏思夷狄為患中國自古皆然所以控御之方戰守和三者而已彼其侵擾有常所其盛衰有定勢因時制變應之有餘洋人以通商為義環列各海口深入長江數千里藉釁生端以求便利名為外憂而負嵎實在內地名為敵國而措禍百出邦交故臣以為今日之洋務戰守和三者俱無可言何以言之凡戰有二曰攻剿之師曰應敵之師西洋各國遠隔數萬里中國不能往攻明矣而如洋人練兵製器之精其君臣相與講求日新月易未嘗消息而獨不肯輕易用兵其視通商各口皆其利藪愛護惜之彼不言戰何為迫使戰乎凡和有三曰定歲幣之等差曰議聘使之禮節曰辦稱號之崇卑洋人通商二十餘年從未敢論及此咸豐七年廣東用兵而上海寧波通商如故次年天津用兵即廣東通商亦復如故其苛索兵費但以為因此用兵兵費即取償於此始終通商而已每一滋事

增加口岸徧據要害所爭莫不大於是更不得以和論至於守之無義由皇古至於今日由天下至於家莫能廢也中國沿海九千餘里大小百數十口虎門大沽并稱天險道光二十五年三口通商以後洋務辦理已有成局增修虎門礮臺為善後之計費至數百萬咸豐七年洋人直入一毀無餘咸豐九年天津防堵良將勁兵高壘巨礮之用終亦不能持久至於廣東展轉貽誤而有甯波之失金陵展轉貽誤而有鎮江之失延及咸豐七年廣東省城為洋人襲入擾及天津洋務遂至窮於辦理此其成蹟亦略可覩矣今且徧及內地設立公使駐紮京師曾無藩籬之隔故臣以為守者經國之常略而非目前防海之勝算也竊謂辦理洋務一言以蔽之曰講求應付之方而已矣應付之方不越理勢二者勢者人與我共之者也有彼所必爭之勢有我所必爭之勢權其輕重時其緩急先使事理了然於心彼之所必爭不能不應者也彼所必爭而亦我之所必爭又所萬不能應者也宜應者許之更無遲疑不宜應者拒之亦更無屈撓斯之謂勢理者所以自處者也自古中外交兵先審曲直勢足而理固不能違勢不足而別無可恃尤恃理以折之伏見　列朝平定準噶爾布魯特方略以　至仁誅暴逆而坦然一示以誠招攜懷柔委曲深至乾隆二十九年西疆烏什之叛辦事大臣某某已戕於賊追咎肇釁之由譴及其子孫嘉慶二十五年回疆之變參贊大臣某某經回民控訴逮問治罪道光二十九年甘肅誘殺撒拉番民亦經控訴逮問督臣某某所屬回番各部衹循處理務使持平惟恐一夫稱屈允為　列聖控制中外之成規深求古今得失之故熟察彼此因應之宜斯之謂理臣惟洋人之強與其逼處中國為害之深遠過於前代而其借端陵藉乘釁要求中國與之相處其情事亦絕異於代前處之得其法其於各口稅務及學館教習及練

兵製器諸大端洋人相與經營贊畫未嘗稍有猜忌處之不得其法則論議繁多變故滋生往往小事釀成大事易事變成難事以致貽累無窮竊見辦理洋務三十年中外諸臣一襲南宋以後之議論以和為辱以戰為高積成數百年習氣其自北宋以前上推至漢唐綏邊應敵深謀遠略載在史冊未嘗省覽洋人情勢尤所茫然無能推測其底蘊而窺知其究竟朝廷一設立總理衙門專辦洋務亦不能不內恤人言周章顧盼無敢直截辦理臣以庸愚為眾論所詬譏何敢再有陳奏然竊計今時關係天下利病無過於洋務直隸督臣李鴻章兩江督臣沈葆楨福建巡撫丁日昌練習洋務至精至博用能力籌富強之術而於交涉洋務亦皆深得體要惟恃保全如臣才識短乏而自道光二十二年辦理洋務據所見聞證以前代事蹟深有悟於中外交接之義沛然不疑於其心疾病昏愚無能自效而其理固有可言者謹就今日辦理洋務機宜略具四條可以見之施行伏候　聖明採擇

一　國家設立軍機處為出政之所中外事機悉歸裁定咸豐十一年總理衙門之設一倣軍機處章程遂與軍機處並立其時恭親王實司總理可以專制兼因交涉洋務多持正議不顧與聞令以辦理十餘年矣察看西洋大勢總理衙門當遂為　國家定制頒發　上諭及一切處置事宜不能不歸軍機處軍機大臣未經奉派總理衙門行走茫然莫知其原委是非得失無從推求臣愚以為軍機大臣皆應兼總理衙門銜名庶幾討論情勢通籌熟計以期有所裨益

一西洋通商向止廣東一口嗣是沿海開口以及奉天內達江西湖北法蘭西分踞安南與廣西接壤俄羅斯出入西北各口徧及陝甘及山西英吉利又議雲南通商其四川貴州河南交涉教案層見叠出

目前無洋務交涉獨湖南一省耳必能諳悉洋情辦理始能裕如於此稍有惶惑一視若荊棘之在其身其始過持正論其後展轉翻異迷誤必多故今日人才以通知洋務為尤要自與洋人通商以來事變數出多因華洋交涉案件爭辦紛紜而辦理歸結處總在訛索賠款廣開口岸此其命意之所在無知預防者動輒積嫌生釁激成事端展轉以資其挾制而使遂其欲推原其故由地方官不知洋情既以搆釁為能而多加之粉飾又以了案為屈而更益以推延似此情形施之民間訟案含忍受冤即亦無辭施之洋人必至多生事故故臣以為考求洋務亦無他義通知事理而已矣漢詔出使絕國與將相並重當時所急者不過折衝樽俎一日之間實不逮西洋關繫緊要之萬一伏願　皇上考攬人才勤求方略期使中外諸臣勿存薄視遠人之心以洞知其得失利病之原忍辱負重刻自砥礪以激厲士大夫之心而獎成士民奮發有為之氣外籌應接之術內立富强之基在　朝廷一念之斡旋而已

一駐紮西洋公使萬非今日急務其閒惟美利堅之金山中國流寓數萬人左近必嚕及西班牙所屬之古巴兼有招工事宜足資辦理此外各國全無憑藉而恃數萬里外之使臣因事與之辯爭事理稍有虛飾困辱立見即有能者亦徒以有用之才虛棄之無用之地將來海道開通中國商人能赴各國設立行棧有可經理之事漸次選派大員充當公使駐紮自不可少此時出使通好要無關繫而既經奏派出使英國各國相援為例正慮此後出使歲必加多臣以為考求洋務中外諸臣必宜留意而出使則盡人可以差遣竊計各部寺院二三品以下堂官類能諳悉體制講求應對　朝廷以息事安人為心奉　命出使誰敢不盡力應請以後選派使臣依照常例由禮部開列二三品以下堂官年歲不滿

五十者聽候　欽派亦與尋常出使同等務使廷臣相習為故常不至意存輕重而於洋情事勢亦不
能不一加研考以求備　國家緩急之用其為裨益必多矣
一西洋公法通商各國悉依本國法度中國刑例有萬非西洋所能行者當時議定條約未能倣照刑例
妥酌添通商事例以致會審公所一依西洋法度以資聽斷中國一切無可據之勢惟當廓然示以大
公凡租界滋事依洋法辦理州縣地方滋事依中法辦理其視洋民猶中國之民視辦理洋案亦猶辦
理中國之案先期化除畛域之見以存中國一視同仁之體其間交涉洋務　上諭奏摺應發鈔者概
行發鈔使天下曉然知事理之平其有委曲周旋亦能窺見　朝廷之用心以知事理之得失非獨以
釋士民之疑亦足以折服洋人之氣矣　以上四條於辦理洋務要略未能詳及而先務通知古今之
宜以求應變之術熟覽中外之勢以息人言之嚚自可漸次講求控御之方推行富强之計要求其歸
理勢二者深籌遠攬無以逾焉者也有宋大儒程頤論事必折衷一是其言當時朝廷有五不可及一
曰至誠待敵國夫能以誠信待人人亦必以誠信應之以猜疑待人人亦即以猜疑應之此理無或爽
者方今時勢艱難財力支絀洋案多一反覆即　國家多傷一分元氣維持國體全在先事防維事端
一出補救無從此後更難與處臣久病衰頹委無材用足應　國家之急斷不敢飾詞以語言效用供
人指摘審量洋情事勢則實有確不可易者冒昧上陳言辭拙直不勝戰慄隕越之至

覆奏洋務事宜疏　沈葆楨

竊臣于本年十月十七日承軍機大臣密寄九月二十七日奉　上諭總理各國事務衙門奏海防急宜

切籌一謁所陳練兵簡器造船籌餉用人持久各條著詳細籌議切實辦法此外別有要計一併奏陳不得以空言塞責等因欽此仰見我 皇上宵旰焦勞照然若揭伏讀再四感激涕零臣咕嗶迂儒洋務非所諳習年來待罪船政不過因人成事絕未窺見要領然不敢不以採訪所及參以管見蠡測焉 我皇上敬陳之原奏稱禦外患較辦髮捻為更難兵亦較辦髮捻更宜精誠確論也夫兵何以精練斯精耳以西洋鎗礮之猛烈賁育無所用其力養潘所無施其巧及觀其練兵也鎗隊則步伐止齊之節縱橫徐疾之序礮隊則旋轉進退前卻修整之法測量彈炸遠近遲速之方斷斷講求若忘其利器之可恃也者蓋不以一人之力為力而以千萬人之力為力不以一人之巧為巧而以千萬人之巧為巧也然而練義勇之兵易練經制之兵難髮捻事起各省無不舍兵而募勇明知兵之無用也而大難甫平轉撤制勝之勇而復用無用之兵臣竊以為過矣數年來封疆大吏思矯兵之弱積優之餉精使與勇等束之營壘使與勇偕而海上軍興復紛紛募勇未聞以兵為可恃者文法繁而積弊深故也撫議一定餉疑不支將又議汰勇留兵用其所不養養其所不用明知之而故違之自強其何術乎若以西法練兵不得不先以西法練將將所不知而兵欺之將所不屑而兵玩之今之名將皆剿髮捻立功者也習故蹈常則無從精進而中年以外百戰之餘使舍其所長折節於西學非其所願亦非其所長然不能盡曉其文不可不深明其義應請每省選知兵大將能耐勞苦者一二人練勇二萬少則萬人分為兩軍一駐省會一駐衝要屯札大營勿零星散布專練洋鎗洋礮一時臨敵奏調即可遄征遴西洋知兵者為之教習我之大將待以賓友朝夕與之講明切究其中要法數年而後陸營庶幾可恃矣水師則以熟狎風濤者為本鎗礮按日操

演尚可月冀有成若夫水師與陸師異外海水師與內江水師異近日外海水師與向日之外海水師又異綠營原額不足精壯然城市熟而風濤疏即曾制勝之洋鎗隊陸路用之猶患不足豈能撥入水師且邊地不良若病眩暈雖至精之技無所用之沿海漁户實繁有徒招募非難練習亦易所獨難者管駕官耳且淺言之商船舵工各口之引水其天資穎異於西洋輪船中歷練多年者能充駕駛然僅百中之一二耳深言之則必通曉華洋文理明于算學兵法者乃勝其任非剽竊所能為功上海出洋局十五年限滿及閩廠學生再令出洋學習二三年必有堪膺斯選者至迎剿截擊尾追諸法合數船操演則其法備寓于中應請將現有之兵輪船延英國水師官一人教練以二人副之除奉差馳出外餘當按日合操數年之後水師亦庶幾可恃矣經費不足宜將水陸冗兵之無用者酌量裁汰罔不當立意紛更亦不當意存遷就總之化無用為有用是在督撫之因地制宜耳原奏稱各國鎗礮日出日精明知效彼之長已居于後然使並無此器更何所恃因而思購最精之品與自行鑄造之方夫鎗礮非購之難而知之難用之尤難新舊既判優劣懸殊貿然購之雖得以賤價要棄物耳非能測量礮力之遠近彈子開花之遲速其能演試何能較其優劣演後膛鎗一出費銀數分演螺絲大炮一出費銀數十兩磨擦有費修理有費得斯器者往往什襲藏之日久銹生一用不可再用其惜之也不啻棄之前膛鎗一出後膛鎗可以四出故臨陣必用後膛鎗法之薩司博餓之白爾單布之莫司爾皆後膛鎗也而以美之林明敦為最近則英之蘇抵尼享釐駕乎其上今聞布之新出者又勝之矣各國洋鎗外均有小礮隊而以美之格林為最其大以先尚銅繼為鐵今則非鋼不珍前後膛互相短長而皆以螺絲為貴前膛者下藥裝子之人須身出礮

外所以避敵人之礮然開放鮮炸裂之虞前膛者以英國爲最聞有新製口徑四十二寸重八十噸開花
彈子一百磅者其演放則用電線火然而人要避之否則聲震耳裂此恐非中國所宜後膛礮各國皆有
之而布國練鋼之法非他國所能其彈子以開花爲貴然攻鐵甲船則非實心之鋼彈不入也竊以爲洋
鎗宜隨時訪其最精者購之大礮以十餘噸者爲宜既購之後須逐日付操則兵練而器亦練磨擦洋油
砂布綿紗之費修理工匠之費必不容省其不至減費以肥私槖者是在將之得人製造得津滬兩局已
有端緒應稍加廣自當日起有功臣竊以爲操術宜專專而後精精而後可以益求其精應請　飭總理
衙門將沿海各局通盤打算孰宜子藥孰宜鎗礮孰宜銅鐵孰宜船隻各耑其任以此所有易彼所無誠
以洋人每造一器必開無數廠所若愛博不專則廠先不能容工焉得不苟須以此局之贏濟彼局之絀
如千人之食炊以一竈明似費鉅中省實多若一人一竈費必倍矣今年臣在臺灣李鴻章以津局所成
洋藥金陵所成洋礮火龍陸續見濟若由閩廠購器自製費當如何臣購洋鎗獨取林明敦者亦以滬局
亦在學製子藥可以挹注修理不患無人故也至鑄造鎗礮似宜仿出洋局之例選巧匠額童赴布國學
習取法於上冀得淵源取徑似迂收效爲速原奏稱創立外海水師應如何添選兵船及鐵甲船並自行
製造擴充之處均宜切實備籌查中國海江年來盜氛久靖倭番搆衅通遞文報裝運援兵未嘗棘手此
則有船之利之明徵也然淮軍分裝三次累月而後完合操僅派六船便無船以供差遣此又船少之病
之明徵也第購船原屬萬不得已之急需自通商以來從未見外國肯以全美之船售諸中國者欲求其
精非製造不可官廠所造未必其精然創始有基則進階有漸外國若煤炭之費因爲新式省煤輪機苦

船脇灣木之難因為新式鐵脇應請購新式卧機一副仿之以製兵船新式立機一副仿之以製商船鐵船脇全副仿之以濟灣木之匱勿惜目前之費冀收後日之功惟駕駛之才則船多亦不足恃臣曩者何赫德借凌凡官兵教各船合操據稱老輩管駕官多由商船出身熟駛駕而不精兵法其自學習出身者駕駛兵法皆有根柢加以閱歷便成全才則出洋學習一端不容緩也欲獲鐵甲船之利當先知鐵甲船之難其製始于法美各國踵而行之而英最精然新製試洋全船覆沒者再一則務求鐵甲之厚忘其上重下輕一側而不能挽也一則務求水面避礟忘其船不勝而沈也臣前擬拓廠試造費既繁重成復需時且上等匠師未必肯遠涉吾地因復有赴西洋定製兼資生童學習之議費雖多而效較捷而取大取小中無定見躊躇再四罔所折衷其為因地制宜之說者謂造船須為修船計喫水只宜丈七八尺使可進福州口雖建石塢廣廠增添機器所費亦屬不貲然海口關鎖重疊去洋面尚有數十餘里猝遇外警得礮臺數座精勇數千守之廠中仍可製造修理以應急需且駕駛有信任之華人不致掣肘但行駛快捷如常亦僅能避敵而從無勝敵者英國入華之鐵甲船損壞香港船塢亦不能容轉向東洋修理夫東洋目前尚無大船何以有此大塢其意可知況宜仿者更不止此既未雨而綢繆焉仍存因陋就簡之見如僱子何果爾則必定製最大之鐵甲船又必擇沿海最深之地為最大之船塢蓋最大之船廠所有一切機器洋師匠徒咸備重兵設險以護之誠煌煌巨觀也而僅此一端已非千餘萬金不辦且極深之水内江無之必在外海我之全力所萃敵人亦必以全力攻之外警一來本廠仍須停止而待濟于他廠況華人驟得大船無敢承領駕駛者雇募洋匠臨警必萬分周章臣雖生長海濱向未出洋自任船政始知

福州海口奉　命赴臺始見臺灣海口其何處宜此船塢無從懸揣而又深慮積貲之難鳩工之難所以日夜徬徨寢食俱廢者半月有餘而無能臆斷也謹將候選知州張思桂所議及洋將日意格所陳函達總理衙門以便採擇原奏稱非有大宗巨款不能開辦非有不竭餉源不能持久以四成洋稅存款無多更求開源節流之計查四成洋稅各國歲入若干何處借撥若干戶部現存若干非臣所預知惟念天下洋務綱領在總理衙門天下財賦綱領在戶部必總理衙門周知戶部實存之款而後洋務可通盤籌畫必戶部周知各關實存之款而後隨時可應總理衙門之急需計四成洋稅各關必無敢侵挪者或者指撥六成浮于所入之款因而暫挪四成以待後日彌補第必須將六成不敷指撥之處立即切實奏咨而後戶部得以權衡調濟若秘而不宣則六成既不敷撥安得彌補之期各關以為出款戶部尚以為存款日撥日深始和盤託出貽誤必多論開源者曰借洋款夫今日所借之數即後日所償之數非源也且厚息輸于外洋非甚然眉誰甘挖肉曰大開損民力竭矣減成徒濫名器未必踴躍輸將即以抑勒所得亦復無多且可一不可再曰增洋稅無論外人以利為命勢必不行即竭澤而漁亦非招徠之術現在洋稅尚無弊竇尤不當使藉口以啟偷漏之端曰清田賦夫髮捻之亂相尋十數年而元氣尚能漸復者則以
國家雖急從來不肯加賦農民稍得以自存故也按戶搜索民不聊生州縣抑勒之難堪略加糧額以應之所得幾何貽累匪淺曰收鹽利鹽歸官辦如得劉晏之才未嘗不可驟見起也然而接軸連檣完釐課而享其奇贏者吾之商也肩挑背負逃釐課而竊其微利者吾之民也得才如劉晏不過巧取商民之利而歸之官萬一不如劉晏則弊有不可勝言者勿擾獄市古人深意存焉似不如仍舊貫之為愈也欲

言開源或者其煤鐵乎福建古田等處產鐵甚旺洋人用之皆以為鐵質勝于西洋第地不產煤以松木鎔之近山松盡鐵礦亦廢且不通水路運致殊艱煤價每擔僅千餘文而運費加倍雖稍加價值亦不能源源而來臺灣產煤聞兼產鐵然不諳以煤鎔鐵之法故向來無試采者臣曾函商總理衙門令赫德延一看山洋人來臺果能苗旺質佳再行約議試辦近聞李鴻章已于磁州舉行將來或可仿照辦理蓋煤炭充物則財不耗于西洋而作苦小民兼得資以食力臺地樟腦石由雖其利不及煤炭亦地不愛寶之一端也硫黃例禁綦嚴第禁之而不免漏卮不若收之以廣儲軍用然此皆取效于數年之後目前經始尚苦于費未易籌至節流亦節其無用而已矣臣以為折衝資行陣則武科宜裁南糧歸海運則漕標宜裁事權貴一責成貴專專則與總督同城之巡撫宜裁減一分虛糜即可增一分實用我　皇上躬行節儉費惜露臺凡在臣工孰不當仰體斯意哉原奏稱以上各事一不得人均歸虛費請簡派諳兵重望實心辦事熟諳洋情之大員為之統兵各大臣公議會推奏請　欽定臣賦性疏昧何足以言知人第就見聞所及兼此數長者無踰李鴻章左宗棠者矣李坐鎮畿輔中外洋務本賴其主持左宗棠一時能否舍陝西而蒞海疆非臣所敢妄參末議臣竊窺兵部侍郎彭玉麟忠肝義膽迥出流輩必能為國家肩大事雖居官任職非其所願而禦災捍患當所不辭或疑海疆統帥時與洋人交接若性情激烈恐嫌隙易生抑知天下惟忠義之人最能堅忍即遠人亦未嘗不考其素行而生嚴敬之心至于後進人才既關儲養尤資歷練而後取多用宏其源不竭近日人才之弊有二一則誤于空談謂公憤可以卻敵言及外事則斥為漢奸及身居局中又茫然不知所措一則狃于習見謂我曾以此法破髮捻戰以氣勝宜勿懾于彼

族欺人之言迨臨事而悟其弊如則已晚矣近懲二者之弊又取柔和嫻熟一路但通洋語略識洋文能調停交涉事件者便為出類拔萃之才抑知片長末技以備顧問以供驅策未嘗不可實學非所知也行陣步伍中國以為角力之士也而西洋無不知書之武臣規矩準繩中國以為食力之民也而西洋無不知書之匠首我以為粗彼以為精則彼得其精我得其粗固其所也臣前者特請設算學一科誠為外國權輿萬事之方胥根乎算學而中國鼓勵人才之用莫捷于制藝科令同文館之設有年矣其中當有學業勤敏心術明粹者可否仿照滿之筆帖式漢之小京官撥入總理衙門使習外事稔察其所成就而進退之其有異者升之于司官與正途出身等夫教之于同文館所以培養之也試之于總理衙門所以歷練之也非培養則財無自始非歷練則財無自伸其出洋有成效而歸者更當優予拔擢名之所在衆所爭趨日推日廣而才不可勝用矣臣就所見洋師咸謂中國聰明實勝于西洋循序求之不患其不精進但風氣創始苦于督率之無人即如船政一事如得通曉製造淵源者領袖其間所成就者必不至此今則督藝徒者匠首者而匠首之智不如藝徒督匠首者紳員也而紳員之智不如匠首督紳員者臣也紳員能知其大意臣則一無所知而已矣一切造船駛船不能躬審其是非只能訪問其優劣心力交瘁冀贖何補此培養歷練後進之人才所以不得不亟亟也原奏議定開辦後應如何一心一力歷久堅持允宜同盡公忠永維大局臣以為欲收持久之效當究其所以不能持久之原而預杜之誠使度支無缺日就月將誰則欲居不韙之名以更墮成之緒所慮者作無益害有益其始也並非與自強之意所有齟齬迨踵事增華濬滋賠累耗費之門日闢日廣府庫之積日蹙日深水旱盜賊之憂相尋而起司農仰屋物

議橫生斯時欲為苟且之謀不可得矣人情憤則奮樂則頹但使朝野內外以庚申之恥常懸于目前何能以自強之思皆置于度外至于辦理不善當咎其人之失當不容廢于半途時勢互殊苟與其人以便宜不容苛之以文法有以不變為持久者自強之方聞善能徙所謂窮則變變則通通則久也然以練兵簡器造船為自強之目籌餉為自強之綱而關乎綱目之中者則持久之精神與持久之作用士大夫知格致為入聖之門經即報國之經綸讀有用之書試諸有用之地以成其為有用之才局中者受局外之攻錯集思廣益不視之為浮言局外者諒局中之苦心露膽披肝各質其所獨見人人咸有以自盡惟不茍同者然後能為和同因循之弊庶乎免矣

海防條議

丁日昌

一練兵原奏稱陸路之兵固宜益加訓練外海水師尤當益事精求各口岸故須設防然非有海洋重兵可迎剿可截擊可尾追彼即可隨處登岸使我有防不勝防之苦等語是所注意者在于要口設防不效從前零星散漫即兵法所謂致人而不致于人之意查十餘年來泰西凡三大戰一曰英法照士攻俄之戰開衅之初英法即以重兵守黑海口使俄不能出入其後俄卒求成于英法一曰花旂南北之戰開衅後北花旂即將所有兵船駛往南花旂各海口全行堵塞俾不能乞援隣國購辦戰械南花旂卒致殲滅一曰布法之戰布人自聞法國動兵即將通國勁旅先堵禮昊河口而法亦卒為布所困即如中外用武以來兵非不多餉非不足然彼族不過數十人今日擾粵而粵之全省疲于奔命矣明日擾閩而閩之全省疲于奔命矣我則備多力分彼則擇瑕而蹈是皆未練重兵屯紮徒蹈處處設防之弊故致此也外國

之有戰事也力與力相敵則器精者勝器與器相等則先下手者勝故今日擇要練兵以備攻剿尾擊之用尤不可須臾緩矣今以天下大勢言之法國占據安南之骨江及南天省既與我廣西雲南貴州之邊境毗連英國占據五印度既與我雲南四州之邊境毗連俄國染指新疆聯絡回部已與甘肅陝西之邊境毗連其占據黑龍江以北者又且與我盛京等處邊境毗連至東南七省之逼近海洋為洋船所可朝發夕至者又無論已從古中外交涉急於陸者恒緩于水固未有水陸交逼處處環伺如今日之甚者也然以理與勢揆之凡外國陸地之與我毗連者不過得步進步志在蠶食而不在鯨吞其水路之實逼處此者則動輒制我要害志在鯨吞而不在蠶食故東北為最要東南與西北為次要西南又次之此四要者若分緩急選練重兵水則首尾互應陸則各自為戰庶幾漸息乎敵人覬覦之心或有可稍固吾圉之一日也中國旂綠各營數非不多口糧大薄器械太窳斷難恃以制敵年來雖有減兵增餉之議而餉仍薄汛兵未裁終難化散為整澈底改觀臣在江蘇時曾將撫標數營舊兵一律裁汰易以新勇撤去汛地改操洋鎗洋礮當時輿論頗疑撤汛之難經臣密奏以和議不可長恃自强必須早計仰蒙　聖恩特允照辦迄今並未聞汛地撤後稍有流弊若使各省均以勇易兵減額優餉分別練為礮隊鎗隊雖不增帑增費而十萬勁兵固可星羅碁布而其要則在于裁汛併營蓋分汛則兵斷不能練不練則雖優餉減額而兵何自而精乎至於各省沿海水師但知安泊內港不能拒禦外洋積習之深非一日矣然使水師即精而所用乃艇船舊礮則仍以予敵也沿海漁人蜑戶熟習風濤之險者其根柢較內地之兵為能耐勞次則挑選水師之得力者易其船械勤其操演擬以測量規算漸練漸熟使其常以水為家而且當今

沿海全洋統籌兼顧不可稍分畛域何則風濤馳驟一息千里若分各省疆界則彼此推諉寇盜終無殄滅之日故化散為整之法不特陸師宜然而水師尤為切要日本彈丸小島不過夜郎靡英之倫而年來發憤自雄變更衣冠博帶之舊習師法輪船飛礮之新製其陰而有謀固屬可慮其窮而無賴則更可憂以北境之塞希輪地與俄而日俄之交固用李太國開火車鐵路而多借英國之債其國主常見英使巴夏禮興之潛謀密計而日英之交固用黎庶遠密查臺灣情形資為指臂腹心而日美之交固彼其低首下心伈伈俔俔以求悅於各國者豈有他哉蓋其覬覦臺灣已寢食寤寐之不忘中國倘棄之如遺固既從心所欲萬一勢出于戰則又交暱各國為之解鈴說合不致能發而不能收此其所以敢肆然無忌快志於一逞也臣任蘇藩司時曾於議覆修約條內陳明日本陰柔而有遠志中國所買鎗礮皆彼國選餘之物宜陽與之好而陰為之備其時李鴻章深以臣言為然當即代為密陳今日本雖小有所償然彼之所費既不啻十倍此數況死於是役者合五六百人萬一他日復藉端發難以數船橫亘于黃海黑水洋之間則滬津之氣不通事事為之棘手而臺灣之患猶其小而且緩者也故今日馭遠之法內則力圖整頓不可徒託空言外則虛與委蛇不必稍涉虛憍不惟與泰西各國開誠布公示之以信即日本亦宜暫事羈縻使目前不致決裂俟我水陸各軍均既精練自可潛消其窺伺之心萬一不能彼出于驕而我應之以正亦為薄海之所共諒此練兵之所當務實不可得過且過者也

一簡器原奏稱凡礮臺及水礮臺所需巨礮應如何購辦水陸各軍所用洋鎗應如何一律購用最精之器及以後應如何製造自行精一求精之處等因查外洋火器至今日如此之精非惟唐宋元明之所未

有抑亦堯舜禹湯之所未及料總理衙門所稱知敵彼之長已居于後然使並無此器更何所恃誠為洞見癥結之論惟火器一項不外鎗礟火箭等物有宜于攻者有宜于守者有攻與守並宜者英國之大礟有曰阿勿斯郎有曰巴留西有曰安司脫郎有曰回得活特法國大礟曰墨迭兒魯士布國大礟曰克虜伯美國大礟有曰巴勒得有曰四得卧得有曰布魯嘎斯有曰得里氏嘎蓋諸國之礟以阿勿斯郎得里氏嘎為最大以克虜伯布魯嘎斯為最精大者喫子至六百磅聞其鑄造時內用生鐵外套熟鐵釘以螺絲既成之後多用火藥轟放使內外二層漲力勻透生鐵與熟鐵相切已緊然後以之施用阿勿斯郎在其本國購買已須一萬九千圓買價既大即運費亦當不輕精者二十四磅之彈能與百磅彈同其銳力從前礟後開門僅用左右雙磅近則用整蛽塊圓磅又用藥演放十數百次腹內始加鋼圈鋼底彈則加鉛殼比膛略大礟腹有螺旋三十二轉必使彈由腹中相盪相摩宛轉而後出口此漲力之所以加大速率之所以加快也但無論如何大礟其命中須在一里內外過遠則彈子本體之墜重力與空氣之阻攔力皆足以累之恐攻堅不能有勁矣至美國之格林礟管多放速有同魚貫蟬聯布國之連珠鎗兩人肩負而行若中國之擡鎗一分秒可放數十次亦為陸戰行營之所必不可少者或欲擊近則用馬口鐵盒實以羣子以漆固之出口後亦能四散撲人如風雨之驟至但須圓滑合膛方能得力其欲越山越城而擊不能望見之物則用十五寸徑口以上之磨打礟昂其首而用高弧之度自上而下可以炸物焚營當花旂礟臺為北花旂所燬多受此種彈子之害至洋鎗一件外國不三十年而已屢變其製初用火石引火鎗繼用鋼帽引火鎗最後以來福鎗為第一等自南北花旂交戰北花旂始用林明敦鎗南花旂始用

果倫比槍自布法交戰法國始用飾師擲槍布國始用厄一根槍經一次之戰爭則必增一番之慘酷造物至此亦幾無以供其雕鐫其槍腹背有來福皆從後門進子循環迭放無堅不摧然而機簧太繁用久則漸失挺力而不能盡如人意而且銅捲子藥購覓艱難子藥則槍為廢物故只能用於臨陣操演只可仍用舊鎗其抵禦馬隊則用能炸之火箭倘兩軍相接我占順風則用噴筒毒烟以迷敵目使其洋槍不能施放器械既利則又在平時必定與手熟總之機器及前敵之軍械必須精於腹地各省庶得以重馭輕之法至於礮臺則宜建於地險水曲敵船必宛轉而後能駛行者之處方能使敵船多受數礮又可從前面後面為通行之圍若臺設於水路徑直之地則敵船瞬息即過豈能礮礮中其要害北海惟大沽之水道最曲大江自鎮江以下惟金山前水勢迴環均可建築礮臺焦山四面受敵似不如也造臺之法極內一層須用灰牆外牆則用磚石不如用三合土其厚總須在二十尺以外高低則視地勢之低昂及水路之中偏護牆必須成交角而不可成正角斜至五股之一句敵礮若來自可斜拂而過不致顯與為抵其礮臺及火藥倉上必設太平蓋以禦自上而下之礮子下必設高陽堆以禦橫掃之礮子其最下層之地隧必須加築堅固四面俱通溝外之小礮臺大沙堆亦必須迤邐照應即使敵用陸兵闖入尚可側轟橫截然而北花旗之鐵甲船為南花旗礮臺之礮所轟傷者僅三隻為水雷所轟沈者十餘隻蓋專用礮臺而無水樁水雷浮壩等物阻於前則礮臺斷不能得力而敵船之游駛可以自如而無忌若臺中大礮則自六百磅以至二十四磅之礮無不可用惟放礮地步愈寬則愈可轉移愈密則愈受敵彈此在位置者先事之綢繆與臨時之變通耳外國寓兵於工即寓工於士故製造與行兵概可歸於一貫中國兩離

之則兩缺此其所以不能以格致為自強之本也若夫機器局之設必須在煤木䉶集五金易採之處尤為便易江西之鄱陽湖邊有數大島山阻水環敵船所不能入而南贛汀建之水亦可乘漲而至上達楚蜀而下逮皖吳於此建一大機器廠氣易通而料易集臣上年曾以此事商之曾國藩李鴻章皆以為可只以無費而止今機器之役事方經始有進境而無止境若精華全在海濱勢同孤注萬一彼族變生不測先下殊手豈不深費經營是則欲製器者又必先覓製器之地為尤切而且要者矣

一造船原奏稱創立外海水師應如何添購各兵船及鐵甲船水礮臺應用若干船即該船喫水最深各海口何處宜於駐泊如何抵禦如何攻破逐一詳議等因查外國前十餘年新聞紙即有云中國自唐虞用木船盪槳至今數千年仍是用木船盪槳可謂亦遠守執古法等語蓋所以諷之者微矣易曰窮則變變則通戰國杜摯有言曰利不百不變法工不千不易器蓋及今而能變則尚有可通之日及今而不變則再無可變之時外國之鐵甲船有數等其最上者中用樣木與黃松木外加極韌而有大凹凸力全無炭質之熟鐵板五層每層約厚四寸層層用螺絲釘嵌凡遇船中喫力之處則鐵板加層加厚蓋鐵甲數層相合者礮子難穿獨層厚鐵者礮子易穿也鐵板之下必用堅木以為之墊有厚十二寸者有厚八寸者方可稍減敵彈震動之力而又嵌鐵彈於木墊之內使不穿透其最大者機器力重有一千五百匹馬力喫水太深中國口岸內恐無此深水之港難以購用今年英國駛來擲仁司之鐵甲船約八百匹馬力者用之於中國洋面最為合式若如日本所購之鐵甲船本係木質不過上面蒙以三四寸之鐵僅有二百八十匹馬力船下喫水之處亦全無鐵若以兩枚半桅之結實頭板船乘風撞之自必震動鬆裂非真

鐵甲船也購買之價視船之精粗大小厚薄新舊及馬力多寡機器鍋爐之靈便結實往往有賤于兵輪船者大約上與中之鐵甲船價總在十萬磅以外二十萬磅以內每百磅人須加船油雜費十二圓半若託洋人購轉賠求必致誤買木質之蒙鐵者不如遴派熟習船務結實可靠之委員分往外國船廠託其製造一面帶同中國製船駛船之人前往認真學習俟其造成中國工人亦可習焉而化大約英美法丹各國船廠每廠各宜定造一船成後再行考較優劣貴賤以為委員之賞罰方不致虛糜巨款現在英國有大小鐵甲船五十四號法國六十二號俄國二十四號美國四十六號其間以木船舊質外蒙鐵甲藉為虛聲者亦屬不少中國洋面雖最寬目前大小鐵甲船極少須十號將來自能創造極少須三十號方數防守海口以及游歷五大洲保護中國商船至停泊鐵甲船之處固須水深然海底亦須硬泥之質庶能受錨若鬆泥質則起錨艱難沙質則錨易走動石質及蛤殼質則不能受錨中國極好錨地以香港為最蓋上有重山迴護可以避風而下則水深二三十拓不致過淺過深今已歸之英人亦無庸議北海遼東之老鐵山前後以及搭連島長子島等處海面全是泥質水深二三十拓不等直隸遼東二海大風不越十二時雖無山勢擋阻亦屬無妨此間似可泊鐵甲船二三號距大沽南礮臺之南高墩約八里以外海底泥質此間似可泊鐵甲船三四號東北海面此數船首尾相應則津沽山海關鴨綠江之門戶可固惟十月水淺以後須將各船移泊煙臺以資活動煙臺港外有崆峒列島可以遮護風力海底亦是泥質似可泊中小鐵甲船一二號揚子江口崇明山之南面水深二三十拓不等惟海底軟泥居多中亦有泥沙合相者可以拋錨此間似可泊鐵甲船二三號上以通津滬之氣下以保太平洋萬里之安臺灣北

西距日本之九修島為直隸一葦可杭似宜泊鐵甲船二三號以固東南樞紐但臺灣東北海面水勢為呂宋諸山所來縛波濤最險不如泊於澎湖漁翁二島之間抑或雞籠港等處亦易運煤錨地亦尚穩妥廣東虎門水非不深而海底不平且一旦與諸國有事即不能駛出香港與東北洋諸鐵甲船相聯絡照應資首尾之互擊似可泊鐵甲船一二號以為自固之用其鐵甲船攻破礮臺之法在八百丈以內者可用八十徑以上之螺絲礮配以實心尖彈專指臺角一處層放迭擊不可忽東忽西俟有傾圮之形然後自上而下遞擊遞低其臺檣自必漸裂漸離卸矣其十五寸以上之磨打礮炸彈則用以御攻臺中之火藥倉太平盖使其延燒臺兵自無站足之地而船中人抽配陸兵為常行壘以逼之敵人接濟一絕有不潰然瓦解者乎其鐵甲船自衛之法倘遇兩岸有林木之處船桅必多挂樹枝使敵人不能辨識所有鍋爐氣筒機鏈兩邊必護以沙袋外面必蒙以鐵鏈使之往復迴環又以大繩結網為外層遮蔽使之以柔克剛倘遇敵之鐵甲船衝撞勢猛者扳舵偏左偏右以避之勢相等者急轉船首鐵衝先撞其腰又以船首衝四五丈之長木二條作叉形外蒙以網下以重物墜之則可以收取前阻之水雷等物俾免為所觸擊其攻破鐵甲船之法一曰大礮須用實心尖彈自二十四磅以至六百磅愈大愈為得力其彈體一為背弧二為圓椎形三為圓柱形四為平圓底開礮之時先應計其速率三千步內定其準點於船頭三千步外即定準點於來到之處及其尤近又必須礮礮擊其火藥倉及鍋爐螺輪氣機扳舵之處則一礮勝於十礮至礮中火藥宜用近日布國新製之藥餅則始能速率稍減可免炸裂未速率倍增鐵甲可以直透一曰水雷用生鐵製殼厚約半寸用藥自五十磅以至百餘磅以距水面之淺深為用藥之多寡水深

者用電綫引火之雷水淺者用磨而發火之雷下繫之錨具重必須比雷七倍備以木樁繫之尤為定而有準若藥箱船底轟發雖極厚極堅之鐵甲船無不裂而沈者倘在船之前後左右轟發則有沈有不沈矣惟用於外海則煙水渺茫萬難恰值敵船一定往來之道而且自銅山以至沈家門湖信過大自七尺以至二十一二尺不等水雷放低則湖漲時相距二丈有餘雖觸發不能有動若放高則潮落時適為敵人所窺見更為無濟雖用活機以俯仰之而高下懸殊過甚總難得其定力若能用于內港河道稍窄之處分檔排如雁行虛虛實實以標識之則敵船勢不勝擄必疑自退其順風力水力飄動之水雷或用機器自行之水雷敵人用長竿一撥即開難以有準亦有船裝水雷以機器在水底行走者然難以對準敵船本船亦多先受危險似不可用若用須以小船以墊墊槳使無聲觸船首以長竿擊水雷黑夜用猛力送至敵船之下自可轟破此外國在大洋相恃時亦偶有用之者一曰水礮臺有在水面浮洲用堅木排列成格而外以沙土為垣者此為定礮臺有下擊重錨七箇中用鐵鍊堆于本樁者此為活礮臺有用四千噸之鐵船配極重之大礮中用機器自行遇鐵甲船過可以自後通行打之者此為浮礮臺此三種礮臺有用大礮六門者有用四門二門者即使擊鐵甲船得力而勢同孤注故所用皆係光膛六礮螺絲貴重之礮無用之者恐一旦同歸于盡也近時法國比倫又以熟鐵皮為極大之浮標其形如扁橢圓體共重三萬噸比鐵甲船加倍其標留三孔錨鏈即從三孔而出其分隔之機共有一萬八千箇均無漏水之門故不漏氣與水雖使鐵甲船用力衝之亦不易沈似較水礮臺稍為得力然費重運難不如多造水雷而有實濟也一曰大筏中用鐵倉實以火藥外用觸火之物筏見於水面者極小乘風乘水送至鐵甲船

洋務時事彙編

丑

邊機器一發藥倉炸裂北花旗之鐵甲船亦有為此種大筏所衝燬者至於氣毬電線皆行軍必不可少之物自應分別購製方不致臨渴掘井以上各項船械購置之值賤於自裝者數倍然若先一面購買一面裝造則始終受人把持終無自强之日矣

一籌餉原奏稱以上各層此時創立之需日後久遠之費非有大宗巨款不能開辦非有不竭餉源無以持久等因查各條辦法只陸營改兵為勇就原有之餉選新練之兵但責訓練工夫不必另籌口糧其軍火一切或酌用前敵所餘舊鎗或酌給次等新槍似尚可無須大宗巨款其礮臺鐵甲船以及要口防兵新槍新礮水雷礮臺等物並製造一切經費將來持久固非數萬萬金不能即此時開辦亦恐非千餘萬不可從前總理衙門案提四成洋稅原為綢繆未雨而設未知現存尚有若干各省釐捐鹽榷落地稅若能結實釐頓歸為畫一一辦法歲入當可稍盈其兩淮之商捐廣東之沙田或亦可酌籌一二餘則惟有如原奏所稱盡人力因地利開財源節財流而已絲茶二者中國大利之所歸也今僅浙閩數省種植得法若能於地氣不甚寒冷之省一律勸植桑茶多出一分之貨即可多增一分之稅洋人呢布皆從中國買絲棉而成之者也往來越海洋十餘萬里而猶有餘息若中國自行仿造耕織機器則絲棉無自外求深耕可盡地利不惟百姓可免飢寒而利權所入當益饒矣五金煤鐵各礦西班牙布魯士英俄新舊金山等處歲入何止千萬中國地大物博為五大洲第一繁盛之區此等金寶之氣豈能終祕而不宣西人之精於化學者凡見石面上有青黑花形及平地隱隱有一條凸起如山或有一條凹下如澗或其地草木獨異則其下掘至三四丈深必有五金之礦又其下小石之與大石相附麗而自成一色者西人謂之果

唔若能分别其脈絡而以水銀灌之則果唔中皆有金可取聞傚造自來火之草木質金石質者雲南與印度接壤之處最多似可令諳化學之人分别前往採覓四川鹽井之有煤油者若用機器挖通亦可挹注不竭磁州平陸大同太原來脂等處皆煤多而佳傳聞濰縣萊蕪等處皆有煤而塊亦大鎮江之東南山煤鐵五金似皆可採浙江之金華福建之永定則有煤井至於鐵則各省産者尤多而且産煤之處皆多産鐵廣東之芝蔴鐵尤有筋力而炭質亦少臺灣北路一帶田地最饒自崇丈山後與葛鳥廳毗連之處高山曠野縱横千里生番野性醒則如人而醉則如獸本萬難就馴然趁此恩威並用隨時招撫以生化熟試亦是一機會臺地每年出烏龍茶千數百箱此皆閩附近所産而良材大木為尤多五金煤炭之礦定亦不少若設一大機器廠及大船廠於此當可取不盡而用不竭閩粵人之備於彼路者無一生還若招以屯田開礦利實日開生聚自可日盛數十年後竟可易設一省於此以固夷夏之防以收自然之利且木料五金煤鐵等項非特利源所繫亦軍事勝敗所關法國戰船十倍於布而平時未及多備煤炭戰事開而始購用各國遵照公法之例不准售賣法國以此竟為布人所敗故開礦一層尤為目前軍事餉事之第一要務矣至中國人之商於外國者以新舊金山新加坡為最多生意亦最大若設領事官及派鐵甲船以保護之則抽其貨釐亦可為供給該船之費若夫鴉片一項漏卮尤甚每年絲茶所入之款不足抵鴉片烟所出之數即不能禁彼之不來亦當設法惟恃使銷售之漸少查官與兵二項吸烟者本已有禁自當認真申明舊例有犯必懲至紳衿及士農工商之吸烟者擬限五箇月全戒不戒者不加以罪但别其籍入癮附於娼優隸卒之後為五等合家不得請封子孫不得應試為官夫不加罪名則無書

差需索之擾列入賤籍則有家人父子極力勸戒自行嚴禁之益但禁有用之人吸烟而不禁無用之人吸烟又但禁吸食之人而不禁販買之人則彼族亦不得責以違約向我糾纏除官與兵二者由大吏自行查禁外其紳民限期似可由督撫選舉公正紳士會同州縣設局辦理限滿之後臨時再酌予展限一次應入癮籍而不入者許旁人揭告分别妥辦仍多帖戒烟良方以資挽救若慮驟然行此一事或致藉口則各有百姓服鴉片自盡者無日無之疆吏藉此撮舉數端懇請通飭辦理以重民命似亦不爲無因且英國爲弛禁黑奴之事捐銀千餘兩以成善舉今以毒物貽害中國自問想亦不安似可一面遣公使與該國主及上下議院婉詞理論耐心堅持但求異日之有濟不望速效於一時並由商民常刻洋字新聞紙公布各國訴以中國受鴉片烟之毒爲至慘至酷其國内雖重利而外亦好名或不至漠然無所動于中也抑或由公使攜帶桑茶種各若干贈其國主勸令將印度種烟之地試種桑茶彼以毒物來我以美物往或可使之内愧手至禁未淨絶之前中國自出鶯粟似當稍減税釐使内地之烟賤於外來之烟則彼烟銷滯本虧更可望其日來日少不禁吸者販者而徒禁内地之種者則内地少種一分即引外國多銷一分中國貨財亦只多耗入外國一分是慮猛虎之噬人而有惜其不能飛而傳之以羽翼也沿海舊有水師裁後所有口糧船費即可津貼新創之水師其舊日水師大小官員衙署均設在内地人烟稠密可以收費之處若一律變賣充公似亦不無小補且可杜絶水師永遠不致居陸之弊陸地設電報其費減于海者十之七若擇陸地緊要繁盛近海之處先設公司漢字電報一可通軍情二可收信資三可減驛費似不爲無益況洋人沿海已設英字電報我仍置而不設則是我之一舉一動間外人瞬息得而

知之外人一舉一動我終久不得而知也陸路電報已通則海中電報銷路必滯然後由中國承充亦準外國附遞信息但須一律改為漢字令通事譯以授之似亦杜漸防微之道此外復設公司銀行凡官民公司皆得入股以通天下之有無以報隨時之貼息將來開礦一局亦即從此公司生根銀行一設則銀紙可以通用如古者鈔票之類開源之端孰大於是至目前之輪船招商局則捐外益内最為有益大局之舉尚宜擴而充之使可由近而遠鐵路亦將來之所不能不設者否則恢復新疆轉運艱苦抽調兵勇行走豈不遲延但此則須設在我海防已有可恃之後方不知為他人所攬以上各層皆有關于人力地利開源節流之大者惟宜行之以漸恃之以恒購造最糜巨款不可用同泥沙礦務最易擾民不可出以鹵莽用財者苟諸事一秉至公絲毫不存意見行見天下變通地不愛寶而國用無虞匱乏矣

一用人原奏稱以上各事一不得人均歸虛費然其誤在于用非其人而不在法之未善不得謂事之不可為得因查練兵簡器造船籌餉皆可籌切實辦法惟用人難得切實辦法而洋務用人尤難得切實辦法何則用人而求切則泛者疑矣用人而求實則虛者怨矣欲求所以用人先求所以知人至於洋務則尤為叢污羼垢之所歸當波瀾驟起之時如捕悉蛇如禦洪水不知費幾許經營而後不致決裂乃不責其平時之不能自強而詬其臨事之不能一擲以父母清白之遺終日與異類往返酬答舌敝唇焦轉使千秋萬世蒙一不韙之名有志之士如之何而不去之若浼乎總理衙門原奏所稱同心少異議多局中之委曲局外未必周知蓋痛哭流涕其言之也南宋初趙子砥自金歸奏云金人議和以用兵我國斂兵以待和譬如畏虎以肉飼之肉盡終于噬人不如預設陷井以待之此言可謂至明至切夫給香港給賠

價以肉飼虎也陳兵簡器造船設陷阱以待虎也彼深居室中目未見虎者輒謂虎形如羊狀如豕可持箠以驅之厲色以殺之及一旦獨行深山突遇龐然大物張牙舞爪據地一嘯獵獵風生不覺嚇然長號始自悔陷阱之未設致一身親處其害也而已無及矣則何如及今事尚可為而為之乎為之之術奈何惟用濟變之才以自強一曰水師將才二曰外國使才三曰製造通才何謂水師將才查水師脈絡雖與陸路不同而馭之之理不異十數年來水陸各營將領豈無智勇兼優而略能習耐風濤之苦者宜調往輪船學習優厚其餼廩而深觀其造就計其中必有偉然特出之人又于機器各局及現有輪船管帶辦事員中采訪考驗試之以事當亦可問得一二其舊時水師以及沿海諸色人中或設榜以招入格之才或博訪以求出羣之選上以誠求下必有以實應者何謂外國使才古來列國交際皆不廢聘問之禮豈今日而能獨異惟使臣必使能通彼此之情而又能消未然之衅則責任亦實不輕京官為人材淵藪向有抱負經濟者即不必曾任洋務但稍加閱歷辦理自有分寸其次則索之于沿海士商及曾親往外國之人但求能任時局之艱鉅不必復計資格之有無英使阿而各本係醫生巴夏禮本係商人何嘗有資格哉而彼國倚之若股肱腹心中國竟大受其累可知何地無人何途無才特在當局者之能懸鵠以招耳使才既得或數國兼遣一使或一國專遣一使惟英俄法美布五大國及羅馬教主處則當擇其有風力而善言語之使臣方不辱命葢英國交涉本繁而又有洋藥一害法及羅馬為天主教之樞紐必須尚使與之辯論教士之入中國也引誘莠民欺凌良善掣肘官吏潛通消息凡有百姓之處即有傳教之人目前受其荼毒固屬甚而又甚將來釀成大變更為防不勝防羅馬本屬弱國全賴法人為之袒護自法

被布國所敗後護衛教主該之鐵甲船業已撤回羅馬原境又為意大利所奪教主亦無如之何故近來教士之在他國者氣焰稍衰而在中國之教士則囂張如故是宜急遣使臣將教士種種不法之處與該教主及法國辯論切陳孰商一面制辦教士之法一面嚴飭州縣不分民教一律處斷公平勿再為叢毆雀此遣使中第一義也喀什噶爾酋目牙古幹者前年與英立約英議院中亦有論及該國不宜與中國之叛臣通好結盟因中國當時無公使在彼不能與之執約以爭也布則素恨傳教俄則關涉新疆而且為最大最强之國美則地曠物博皆使臣之所必須聯絡者日本在我卧榻之側近而且逼所使當精益求精矣至於離間一法只能行之于昔時不能行之于今日蓋泰西自其國遠涉數萬里以來和則樂利同沾戰則羣起為難當布法交閧時法領事被戕布領事尚為代抱不平兎死狐悲理固然也故使臣惟有一秉至誠不必稍涉疑間之計轉啟各國疑貳之心至安南暹羅等屬國亦當遣使順道撫慰堅其向化之忱不徒以厚往薄來為能盡懷柔之誼也何謂製造通才以中國之大人物之眾豈無精于化學算學留心機器之人化學算學者製造之所從出也將來軍火鐵船耕織機器以及開礦各事皆與製造相為表裏任繁事大尤當慎其選而專其責津滬閩諸局陶鎔已久成就必多京外官有精于算學者自可指派來局互相切磋此外如有心靈品端之人似亦無妨廣為延致但望多中選精斷難精中求多此時尋其薪水他日優其出身人才豈有不蒸蒸日上者哉且求才必當于無事之時然後能用于有事之際否則時方晏然雖伯樂牽騏驥過其門而不顧及變生倉猝駑馬之骨竟奉以千金何則預則識拔自真急則取舍或誤也一曰儲將來有用之才其目有九曰圖學曰算學曰化學曰電氣曰兵器曰機器曰

工務曰船務曰政務凡同文館廣方言館以及出洋學生皆就此數大端發憤精研以底於成學成之後只準為公辦事不得自圖生計各關道並有洋務各州縣及各省稅務司皆該學生進身之階即將才使才通才亦皆伊等生根之處惟中外各館須再加擴充斯取不盡而用不竭自强根本無有重於此者矣

抑臣更有進者外患不除人身癰疽之疾也民生不安人心腹中之疾也癰疽之疾固足傷生心腹之疾尤能致命海內黔黎自遭髮捻擾亂以來僅有生業饔飧不缺者十之三飢寒逼迫朝不保暮者十之七而其中尤受困累無可告訴者一為農一為商農民終日胼胝之餘所得幾何一經胥吏之蠹涎吁嗟必至雞犬無聲而後已一催科也串票有費投納有費一詞訟也審訊有費提押有費見教士則若天神視平民則如魚肉有若深恨百姓入教之不速者　朝廷有豁蠲之曠典而取盈者不為下行草野有委曲之寃情而倚勢者不為上達當官幕吸烟飲酒呼盧喝雉之時正百姓顛連疾苦哀籲無門之時其佐雜之擅受濫刑營汛之藉端訛索者更無論已商人涉江浮海冒犯霜露營求尺寸之利而官府僅取百中之一以充餉奉公彼亦何敢稍有異言乃榷吏卡員苛索萬狀翻囊倒篋無異盜賊隨身需用之物在洋人尚有優免之章獨至華民漏報一絲一縷雖全船貨物充公而尚須加以厚罰不知當時者何厚於待洋人而薄民待華商也日既高而未起日未暮而待查私費未投雖千百人守候呼號而有所不恤征收完納之間絕不寓體䘏矜憐之意迨至商人利薄本虧于稅釐豈無所損則何如明定一抽收章程懸牌示衆使各色均歸一律不得畸輕畸重罰款概以充公司事人等不得私分庶免藉端酷罰復出其不意特派素有清望大員微行查訪奏參一二或可挽回風氣釐課亦可日有氣色去年沿江訛傳彭玉麟微

服查察釐榷員役斂跡數月可見若輩並非毫不畏法但任非其人則流弊滋甚此又不可不防也然而農商之受害日甚則由於莅吏不能通上下之情官吏陋習之日深則由於員多缺少補署無期一旦冀得差使地方如餓狼之忽遇肥家不趁此飽噬一口則將來永無果腹之時迨此狼去而彼狼復來民困如之何得甦元氣如之何得復也萬一誅求無厭人心或搖不知須靡費幾千百萬之餉貽害幾千百萬之民而後始能奠定明收有數之款項暗耗無限之脂膏廣西前事是其殷鑒無乃所入者過薄所償者過厚乎　朝廷倘一旦毅然決然爲停止實職捐輸之計疆吏認真淘汰考課無所能者一概奏請於本職上酌加虛級咨送回籍聽候調取然後刪去浮泛膈膜之虛文講求生聚教訓之實濟必大僚不貪饞送而後州縣之法可行必州縣不任吏胥而後官民之情可貫若上之於下呼吸易通則下之於上親愛自至即一旦海疆有事蒼赤抱同袍同澤之忱可一呼而成勁旅雖有教士之浸淫不懷疑貳雖有漢奸之買囑不能間離是　國家所失於捐輸者甚小所得於兵心者甚大又何必飲鴆止渴爲一時苟且權宜蹈東漢末流之覆轍乎否則官民之氣日睽上下之情日散心腹痛疾既深雖日時籌餉籌兵亦終恐無補於萬分之一除船械一切自强之具必須效法於東西洋外其餘人心風俗察吏安民仍當循我規模加以實意庶可以我之正氣靖彼之戾氣不知如日本之更正朔易衣冠爲有識者所竊笑也

一持久原奏稱方今大局攸繫莫如外患禦患之道莫如自强非局中局外用心切籌堅持定見豈能有濟等因查西人於致格一事往往冥心孤索父不能通其理者子若孫必通之而後已故事能有成然能製一有用之物者國家必隆其爵子孫必世其業以故有志之士無不耑心并力堅忍耐苦而爲之我中

國則窮理之學有餘格物之學不足識以所懸以為富貴功名之的者在此不在彼故極身心性命以趨之者亦在此不在彼目前已難望其事之有濟況日後能期事之久持乎其所以不能持久之故撮而舉之約有二端一曰任事不專責重者羣務蝟集每日何止數百事故只能了事之當然而不能深求事之所以然虛文繁則精力疲於應酬例案繁則樞紐持於書吏不惟奉行者習而不察即倡議者亦且過而勿留極緊極要之事反為不緊不要之事所累姑且以一省言之地方報盜上司但批會營嚴拏而營之有兵無兵不問也州縣報災上司但批籌欵撫卹而欵之有著無著不計也一事如此諸事可知一省如此天下可知非常之舉黎民所懼固非慘淡經營苦心孤詣不能底於有成乃關繫安危之事與循例奉行之事紛至而雜嘗則何能窮其所往使事無適物物無適情乎故必先省事而擇其至重至要者盡瘁以圖之然後事能有濟此持久之一道也一曰求效太速泰西之謀國也締造經營擲金錢於無用之地者不知幾何一旦闢土開疆始收效於數十百年之後中土士人於事淺嘗輒棄予之甚吝而期之甚賒見卵而求時夜求彈而求鴞炙無怪其業止于半途功虧于一簣也況西人之船械本於創創則近於捉影捕風而耗費難計中國之製造出於因因則按圖索驥而實效易求即使初次略不中肯而所費之有於西人者已不可以道里計也譬如前製之械未精而後製者必可漸精苦因一械之未精而即謂此械之無用則雖日言自强而自强終不可得而至精衛填海未必一石而海即成田愚公移山未必半鋤而山即改道惟有不計其效之遲速但求其效之有無日積月累成效必有可觀此又持久之一道也西國事事必求遠勝古人故術日習而日精中國事事必求效法古人然辯論多而事業少虛文多而真詣少

古人之糟粕存而古人之實意已失矣夫鐵船飛礮古人所無之物亦古書所未載之條啫古者固無怪其不欲棄我之長效彼之長然使彼僅以船礮自囿於東西則我亦何妨以戈矛自足於中土無如我弱一分則敵强一分我退一步則敵進一步安危禍福之間固有稍縱即逝者天下大變之來方如烈火燎原燬室家斃人畜在須臾之際而一二老師宿儒反叱水龍各機器為奇技淫巧方且齋戒沐浴磬折俯伏欲以至誠感格上蒼使之反風而自滅抑或擊鼉鼓召胥徒禮井泉分長幼持杯勺以灌之心非不誠法非不古而財物之燼於火人命之斃於火者已不可救藥矣禦今日不外侮而仍欲以昔日之兵器者何以異此沿海之機器船廠當經開辦旋請停止者屢矣異議者豈真欲敵國之日强中國之日弱哉不過古人所載以矛刺盾之議横亘胸中而且目未覩鐵船炸礮之利身未嘗鐵船炸礮之害故鰓鰓慮夷之變頁欲挺然以一身當其衝擬此後凡有指陳練兵簡器造船之失者即令親往沿海各廠各船考究閱歷外國之兵與器果否勝於中土之兵與器即將來購船製器當必有疑為耗費過大者亦可令指陳之員親往查核果真有弊自可懲加釐剔若其無弊言者當可擇然其購物價錢以及一切雜用凡必每月刊布月報以昭覈實古今來無論大如邱山細如毫毛之事内愈秘則外愈疑則何必不洞開城府使局中局外皆可共見共聞天津一案臣屢言和不可恃防必須固萬一決裂或由上海或由胥江以擣其後又自請嚴議為津郡官民贖咎奏牘具在可覆按也而論者痛詆在津辦事諸臣陷害循吏貽誤大局若使當時局外得見臣與曾國藩等密陳各疏或亦可稍息讒謗此曾國藩之所以歎息痛恨長逝而不瞑目者也故臣謂欲局中局外一力一力為持久之計則莫如將應辦各事使之目擊心曉了然於中如

慮漏洩密情亦何妨令異議各員親到局中詳閱原委妥籌熟計然後辦事者有立足之地而定見可堅持矣且今日人才不患持議之異同而患委靡之日甚宋臣蘇軾所謂平居無犯顏敢諫之士臨事安得有徇義死節之臣若局外而能堅持異議雖未必言能中肯然其氣自可用也倘令閱歷邊事由粗而精由生而熟此時多一骨鯁之直士即他日多一幹濟之能臣豈不大有裨益乎然則今日而令人人之能自強則當先示以的而不可徒用虛言欲事事之能持久則當相見以誠而不可稍分門戶庶不致功敗垂成半途輒止矣

覆奏總理衙門六條疏

李宗羲

竊臣於十月初四日承准軍機大臣密寄同治十三年九月二十七日奉　上諭總理各國事務衙門奏海防亟宜切籌將緊要應辦事宜撮敘數條請飭詳議一摺該王大臣所陳練兵簡器造船籌餉用人持久各條均係緊要機宜著詳細籌議將逐條切實辦法限於一月內覆奏此外別有要計亦即一併奏陳總期廣益集思務臻有濟不得以空言塞責原摺單均著抄給閱看等因欽此仰見　聖天子軫念海疆智周慮遠之至意伏查總理衙門原奏六條以用人持久兩條為前四條之要領由末溯本用意至為深遠竊謂持久一條尤足挽救時弊歷觀史冊凡建一議創一法非事所習見者必有多方辯論阻撓之人蓋以局外而論局中之事往往各懷意見而不得其事實徒以變亂是非坐誤事機目前籌防之議惟在宸衷獨斷行之以漸守之以恒取天下大事當講求者書之　御座日省之月察之歲考之庶內外之臣各體　皇上之意實力奉行記曰下之事上也不從其令而從其好　皇上一意持久則臣下自不敢

鬆懈矣惟持久之道在於得人若練兵簡器造船籌餉諸大政萬一不得其人無論章程如何美備條目如何精詳一入急功營私之手勢必顛倒舞弊盡壞立法之初意又安望其持久哉故用人一條尤為萬事之根本第就海防言之則以求將才為最要宋臣楊萬里有言相杯獻舊將不厭新蓋言用兵最忌暮氣宜用年壯氣銳素有遠志未建大功之人伏願 皇上加意搜求破格獎擢臣下苟有所知亦當隨時據實上聞至於宿將勳臣老而益壯 帝心簡在任用自有權衡固無俟臣下之論列也原奏練兵一節臣伏查西人恃其船礮故得橫行海上然自古有海防無海戰今日練兵仍以水陸兼練為主先就水師言之尋常戰艦不及輪船尋常輪船又不及鐵甲船夫人而知之矣然船之得力與否仍視乎人西洋各國駕駛輪船之人類皆童而習之以次遞升由水手而洊至提督故其心專其藝精其統率之人無不諳令嚴明指揮如意蓋其功效由漸而來非倉猝所能集事也今之戰艦即不能一時更換似應就弁兵中挑赴輪船肄學增一輪船即酌裁若干戰船增一輪船弁兵即酌裁戰船若干弁兵而仍歸水師提督節制則事權一而經費省更招集沿海一帶熟悉沙線能耐勞苦之人參用西法使之由漸遞升依船為命庶可漸收實效然沿海之地幾及萬里處處可以登岸勢不能處處皆泊輪船一旦有事若敵人乘海濱無備之隙地舍船登陸則我之船礮皆無所用夫外人涉重洋而來志在登陸耳非志在海中也中國惡其來者惡其登陸耳非惡其海中也則陸軍宜亟講矣前明時倭人內犯談兵者皆謂擊之海中為上策拒之海上為中策戰之內地為下策於是唐順之請求水師出海擊賊是時倭船甚陋非若今之輪船鐵甲也然猶登岸肆擾水師竟不能制卒之戚繼光等精練陸兵血戰數年甫得盡殲其衆此往事之可驗

也日近法國水師之多且精十倍於普人然卒為普所敗者以普人從陸路進攻水師無從措手此近事之可證也是水師足恃尤宜亟練陸兵況水師未足恃乎練陸兵之法查同治十年曾國藩覆奏摺內稱沿海之奉天直隸山東江蘇浙江福建廣東七省共練陸兵九萬沿江之安徽江西湖北共練陸兵三萬合成十二萬之數以陸兵為禦敵之資以輪船為調兵之用海道雖極遼遠血脈皆可流通其意蓋以陸兵為主誠至計也今誠踵其議而力行之各省分定數目各專責成貴精不貴多宜聚不宜散從前缺額之兵不必再補現在已募之勇更加精練練兵尤須練藝選兵必先選將是在平時之實力講求矣原奏簡器一節查西洋火器日新月異迭出不窮今日之所謂巧即後日之所謂拙論中國自強之策決非專恃火器所能制勝觀西人所著防海新論備言南北花旂交戰之事雖有極善之礮量極猛極多之大礮祇能擊壞一二敵船並不能禁其來去自如是火器之不足深恃可為明證然而風會所趨雖造化之奇亦若聽命於智巧之數其不能不相適轉移者時也勢也近日各國之礮其後開門者爭推德國之克虜卜為最英國則首推烏理治洋鎗則以英國林明敦為最本年貝開臣已將各項鎗礮陸續購買迄未運到夫欲自強而必倚西人以為強亦必不可恃矣臣愚以為其始宜由外洋購運一面飭局仿製庶幾始因終創不至倚人為強現在上海機器局仿造烏理治礮林明敦鎗已能如式製造惟克虜卜礮尚未得其秘法然後膛不如前膛之穩似亦無須仿製水雷一項另有機器亦已設法購到製造惟是各項礮器不難於用而難於不用有事之時日日試演尚可經久無事之時一經閒置立形鏽壞以後購造鎗礮應發交該管員弁操演之後時時磨洗不許鏽壞違者罪之是亦珍惜巨帑之要義至於鑄造之法滬局機

器工匠華洋兼用華匠協同洋匠學習有年亦漸窺其奧窔但祇能就洋匠成法依樣仿造若欲神明變化推而廣之必須有上等工匠及習算之學生親赴外洋徧觀各廠參互考校方能自出心裁智創巧述現在出洋肄業之幼童業已三年其中聰穎之人既習言語即可兼通技藝擬飭管帶之員分別察看如有能通製造之法者由官擇優給廩餼量報官職令其竭慮殫心精求絕技他日藝成而歸廣為傳授庶足闢速徑而勵人材臣聞自古覘國勢者在人材之盛衰而不在財用之贏絀在政事之得失而不在兵力之强弱未聞以器械為重輕也且西人之所以强者其心志和而齊其法制簡而嚴其取人必課實用其事者無欺誑侵漁之習其選兵甚精故其臨陣皆勇敢而不畏死然後加之以精器所以强也若不察其所以强者而徒效其器械豈足恃哉曩者林則徐在粵英人畏之如虎僧格林沁敗英人於天津皆未嘗有精器也是火器不可不講求而實未可專恃以制勝也原奏造船一節自閩省創設機局上海繼之金陵天津又繼之皆由鎗礮而推及輪船當初成之時已有橫絕四海之勢及西洋各國鐵甲船出而輪船為之減色近日英國復創蚊子小鐵船一名水礮臺長可十丈能載數百磅巨礮狙擊鐵船於三里之外而鐵船又為之減色本年籌辦防堵人人皆稱鐵甲船爭進購買之策臣堅持未許非以鐵甲船為無用也蓋深知外國造成一船皆以自備戰守甚損壞不堪用者乃以售之中國而又昂其價值需以歲月轉輾經手徒資中飽無裨實用中國以百餘萬之巨欵購一外國不堪用之壞船駕駛不善則易損修理不得其法則易損後患方長而船之損壞甚速權衡利害誠不敢輕於一擲也且鐵甲船喫水極深英法之鐵船來上海者停泊吳淞口不能入黃浦江日本之船其至北洋者停泊烟臺不能入大沽口是中國

采有鐵甲船必先酌定停泊處所能否與各項輪船合為一起方可放手仿造現飭上海機器局先就小者試造一號約計明春可以告成如試驗適用由此擴充即可酌量添造臣愚以為造船仍以兵輪為主如大沽吳淞直東閩廣等口久駐鐵甲一二隻蚊子船三四隻佐以兵輪安配重大攀遠之礮與礮臺相輔便可屹成重鎮以戢戎心惟嗣後輪船日增必須先籌養船之費外國輪船以商為主以兵為輔所以財力厚而兵餉亦足上年直隸督臣李鴻章試辦輪船招商即是此意為今之計造兵輪而添鐵甲假商力以養船兵誠宜兼籌並務者矣臣聞泰西各國其輪船以百數十計其鐵甲船以數十計其大礮以千計小礮以數十計即使中國歲籌巨款多方製造亦必不能如彼之多而且精且即使百方搜括船礮皆可相敵仍不能禁其不登岸據臣愚見船礮不可不辦亦宜量力徐圖稍蓄財力以練陸防之兵以備有事之用而仍汲汲以修政事造人材為本使各國嚮風慕義或外侮可以稍紓原奏籌餉一節軍興以後勸捐抽釐津貼無法不備民力竭矣於此而欲開源竊恐無源可開　國家經費有常地丁漕米關稅三者雖較從前不能足額而各關之洋稅各省之釐金京外之捐輸皆向來所無為數甚鉅綜計一年出入之數仍屬不敷然則非財不足也乃用不足耳今之言理財者或謂煤山鐵山乃中國自然之大利若一一開採不獨造船造礮取之裕如且可以致富可以自強或謂一經開礦則必招集無賴深恐易聚難散釀成巨患臣愚以為釀患之說蓋由經理不善之咎不必鰓鰓過慮因噎廢食現在磁州業已奏明試辦而湖南福建江西山西等省已成之煤廠鐵廠擴而行之果能有效何必舍近求遠取給外國臣所慮者中國開採煤鐵地氣不厚精華易竭所費甚多所得有限未敢遽信以為大利耳為目前權宜之計惟有

暫將各口洋稅通提六成專供海防之用以五年為限當可集事若夫節流之法非甚高難行也其效亦非難致也自古以來能節用者國未有不富謀聚斂者國未有不貧蓋利端一開則上下交征人主之侈心必生貪吏之盜心愈熾而所入轉不敵所出昔漢文帝時輕賦薄斂屢免田租而國愈富者以其節用也武帝時橫征暴斂百利俱興而國愈貧者以其不節用也昭帝承武帝之後盡罷興利之役疑若不免於貧矣而又富者以其節用也然則富國之道從可知矣竊謂欲求節用必自　朝廷始誠能罷土木之工省傳辦之費減　宮中之用以節儉為天下先則一歲所省何啻百萬各省督撫悉心籌畫裁不急之費而於州縣之錢漕關局之釐稅皆竭力稽察勿使乾沒固不可刻海以傷政體亦不可徇隱以悅人情則一歲所增又奚啻百萬仍求　勅下戶部統籌全局分別入款出款之界限京師旗綠各營約用若干內務府約用若干各直省旂綠各營約用若干各路勇糧約用若干文武養廉俸銀約若干雜支約若干而於綜核各項之外指定籌防專款應用若干俾中外上下曉然於經費之有限財用之有制斷不准因緊急需用先行挪動自取支絀從此中外一心兢兢業業力求撙節不必興計臣言利之策自可裕度支而垂久遠矣以上四條皆就總理衙門原奏而證以外間一切情形推廣言之要必餉足而後可以造船可以簡器可以練兵尤必得人而後可以言籌餉可以言持久六者相為表裏施之有序操之有本
皇上綜攬大綱臣下各竭微長各抒忠悃不以為安常處順之時而以為嘗膽臥薪之日大局幸甚抑臣聞諸傳採覺事之可行者尚有三端查沿海各島大都土瘠產薄惟臺灣一島形勢雄勝與福州廈州相為犄角東南俯瞰噶羅巴呂宋西南遙制越南暹羅緬甸新加坡北通日本之路東阻泰西之往來實為

中國第一門户此倭人所以垂涎也且其地物產蕃富有山木可採以成舟航有煤鐵可開以資製造其客民多漳泉湖嘉剛猛耐苦之人足備水師之選乘此倭事初定番民感激 國恩之時如得幹略大員假以便宜俾之輯和民番兼用西人機器以取煤鐵山木之利遲之數年彼處便可自開製造之局自練防海之師爲沿海各省之聲援絶東西各國之窺伺此中國防海之要略也惟創辦之始得人頗難需費亦鉅其中節目繁多應請飭下閩浙督臣李鶴年船政大臣沈葆楨妥籌議奏以期必成此事之可行者一也海外新加坡檳榔嶼舊金山新金山各埠頭均有閩廣等處之人在彼貿易每處不下數萬人造有會館舉有頭人名爲首領類能知其姓名此皆世沐 聖恩縈懷故土每遇中國人至款接甚殷凡爲首領之人必有幹濟之才足以提倡全埠如從泰西原請派領事出洋之議物色人才不論官階文武大小有能任此事者給以虛銜使其前往各埠結納首領婉轉勸導發其同仇之念亦以加秩之榮由各督撫咨請總理衙門奏給職官派爲練首領其團練壯丁隨時操演每年約賞銀牌寶星以示鼓勵約計經費有限而獲益無窮此事之可行者二也西洋各國考諸地球參諸天度皆距中國數萬里即電報極捷而兵船之來究須六七十日現在通商各口洋人星羅碁布中國情事無一不偵察周知而彼都情形中國皆未深悉自斌椿志剛孫家穀出使後至今無續往之人竊謂通商各國宜選有才略而明洋務之人隨時遣使遇有交涉之件可辯論者與之辯論可豫防者密爲豫防其於彼國有用之人才新造之精器均可隨時採訪以爲招致購買之地目前各國通商耦居無猜實千古未有之創局較之張騫之行西域蘇武之使匈奴尤爲履險如夷海内至大人才輩出未必無英偉奇特之士願充是選此事之可行者三也

以上三端採自衆議證以所聞如果試行似於洋務必有所益而於　國體亦無所損臣智識譾陋閱歷尤淺不敢存好大之心亦不敢為鑿空之論區區愚誠諒蒙　聖慈垂察

上合肥伯相書　郭嵩燾

二月初八日寄上第三信想塵鈞鑒此間政教風俗氣象日新推求其立國本末其始君臣爭政交相屠戮大亂數十百年至若爾日而後定初非有至德善教累積之久也百餘年來其官民相與講求國政自其君行之蒸蒸日臻於上理至今君主以賢明稱人心風俗進而益善計其富强之業實始乾隆以後火輪船創始乾隆初未甚以為利也至嘉慶六年始用以行海又因法創為火輪車起自嘉慶十八年其後益講求電氣之學由吸鐵機器傳遞書信至道光十八年始設電報於其國都漸推而遠同治四年乃達印度自道光二十二年與中國構兵火輪船遂至粵東咸豐十年再構兵而電報徑由印度至上海矣其開創纔數十年來中國之衰敝七萬里一瞬而至然亦足見天地之氣機一發不可遏中國士大夫自怙其私以求遏抑天地之機未有能勝者也來此數月實見火輪車之便利三四百里往返僅及半日其地士紳力以中國宜修造火輪車相就勸勉且謂英國富强實基於此其始亦相與疑阻即以初抵倫敦蘇士阿摩登海口言之往來車運用馬三萬餘匹慮防其生計也迨車路開通用馬乃至六七萬匹蓋以道途便利貿易日繁火輪車止出一道相距數十里以下來就火輪車者用馬適多也去冬道上海見格致書院藏一火輪車道圖由印度直通雲南一出臨安以東趨廣州一出楚雄以北趨四川以達漢口又由廣州循嶺以出湖南而會於漢口乃由南京至鎮江東出上海又東出寧波北出天津以達京師見之悵

昨謂雲南甫通商即籌及火輪車路也及來倫敦得此圖知已出自十餘年前凡其蓄意之所至無不至也印度火輪車遶及阿薩密其通中國分山南北兩道北道由阿薩密直抵依拉瓦底河南道繞出緬甸折而東北以會於依拉瓦底河而達蠻允大率雲南通商一二年後兩處鐵路所必興修者日本公使見語云天地自然之利西人能發出之彼爲其難吾爲其易豈宜更自坐廢中國土地之廣人民之衆各國所心羨也聞至今一無振作極爲可惜嵩燾赧然無以爲荅前歲入都本意推求古今事宜辨其異同得失自隋唐之世與西洋通商已歷千數百年因鴉片煙之禁而構難以次增加各海口內達長江其勢日通其患日深宜究明其本末條具其所以致富之實而發明其用心而後中國所以自處與其所以處人者皆可以知其節要謀勒爲一書上之總署頒行天下學校以解士大夫之惑　朝廷所以周旋遠人之心固自有其遠者大者當使臣民喻知之以爲此義明即國家億世之長基可操券而定也道天津亦曾爲中堂陳之及至京師折於喧囂之議論喋不得發竊謂中國之人心有萬不可解者西洋爲害之烈莫甚於鴉片烟英國士紳亦自恥其以害人者爲構釁中國之具也方謀所以禁絕之中國士大夫甘心陷溺恬不爲悔數十年國家之恥耗竭財力毒害民生無一人引爲疚心鐘表玩具家皆有之呢絨洋布之屬徧及窮荒僻壤江浙風俗至於舍國家錢幣而專行使洋錢且昂其價漠然無知其非者一聞修造鐵路電報痛心疾首羣起阻難至有以見洋人機器爲公憤者曾劼剛以家諱乘坐南京小輪船至長沙官紳起而大譁數年不息是甘心承人之害以使朘吾之脂膏而挾全力自塞其利源蒙不知其何心也辦理洋務三十年疆吏全無知曉而以挾持　朝廷曰公論　朝廷亦因而獎飾之曰公論嗚呼天下之民

氣鬱塞壅遏無能上達久矣而用其鴟張無識之氣鼓動游民以求一逞官吏又從而導引之宋之翁明之亡皆此鴟張無識者為之也嵩燾楚人也生長愚頑之鄉又未一習商賈與洋人相近蓋嘗讀書觀理歷考古今事變而得之於舉世譁笑之中求所以為保邦制國之經以自立於不敝沛然言之畧無顧忌而始終一不相諒竄身七萬里之外未及兩月一參再參亦遂皤然自悔其初心不敢復為陳論而見聞所及有必應陳之中堂者日本在英國學習技藝二百餘人各海口皆有之而在倫敦者九十人嵩燾所見二十人皆能英語有名長岡良芝助者故諸侯也自治一國今降為世爵亦在此學習律法其戶部尚書與其屬葉歐奉奉使講求經制出入謀盡仿效行之所立電報信局亦在倫敦學習有成即設局辦理而學兵法者甚少蓋兵者末也各種創制皆立國之本也中堂方主兵故專意考求兵法愚見所及各省營制萬無可整頓之理募勇又非能常也西洋此數十年中無覆構兵直可以理勢決者考求倫敦募兵之法皆先使讀書通知兵法而後入選遣醫士相其血脈體氣筋骨堅強而後教之跳躍次第盡鎗砲技藝之能事乃編入伍其根柢厚矣此豈中國所能行者一身之技無能及遠正慮殫千金以學屠龍技成無所用之嵩燾欲令李丹崖攜帶出洋之官學生改習相度煤鐵鍊冶諸法及興修鐵路與電學以求實用仍飭各省督撫多選少年才俊資其費用先至天津上海福建各機器局考求儀式通知語言文字而後遣赴外洋各就才質所近分途研習各機器局亦當添設教師二三人以待來者但須一引其端庶冀人心之知所趨向也此間有斯諦文森者亦曾言各國鐵路多所創造尤勤勤焉勸中國之急為之謹將所擬節略上呈抑嵩燾之意以為事事須洋人為之必不可常也當先使中國之人通曉其法挨及國隸

阿非利加及修造鐵路先遣人赴英國鍊習而後敢仿行之此最可法伏乞飭示以憑與李丹崖會商辦理竊以為方今治國之要其應行者多端而莫切於急圖內治以立富強之基如此二者可以立國千年而不敝其為利之遠且大者不具論也其淺而易見者有二利中國幅員遍萬里郵傳遠者數十日乃達聲氣常若隔絕二者行萬里猶庭戶也驟有水旱盜賊朝發夕聞則無慮有奸民竊發稱亂者此一利也中國官民之勢懸隔太甚又益相與揜蔽 朝廷耳目以便其私是以民氣常鬱結不得上達二者行富民皆得自效以供國家之用即羣懷踴躍之心而道路所經如人身血脈自然流通政治美惡無能自掩則無慮有貪吏遏抑民氣為姦利者此又一利也三代盛時不過曰吏效其職民輸其情而已其道固無以加此也論者徒謂洋人機器所至有害地方風水其說大謬修造鐵路電報必於驛道皆平地而為之無所鑿毀至於機器開煤吸水以求深也煤質愈深愈佳中國開煤務防通洋人開煤務深入同一開採淺深一也有何妨礙即以湖南地產言之鐵礦多在寶慶煤礦多在衡州而科名人物以此二郡為獨盛湘潭石潭產煤世家巨族多出其地湘鄉煤產無處無之功名爵祿尤稱極盛世人一聞之議論無與發其蒙者何不近據事實徵之中國百姓自為之而自利之無故羣起而相阻難數十年後洋人所至逐漸興修其勢足以相制其利又足以啖奸豪滋事者役使之以為用則使權利一歸於洋人而中國無以自立傳曰天之生此民也使先知覺後知使先覺覺後覺也先知先覺之任必 朝廷大臣任之是以政教明則士大夫之議論自息亦在 朝廷斷行之而已至於國家根本大計度今之時量今之力有難以一二舉行者而切要者數端無關根本大計而要為諸政之所從出不先務此雖有良法美意日起以圖功

亦終歸於無方一曰禁止鴉片烟原鴉片烟之禁實自雍正時其始供藥品而已賴政教修明官吏奉法民間無敢吸食者至道光中其風始熾嵩燾少時尚未聞此於時物利豐阜家給人足百姓守法惟謹迨後鴉片煙之害興而世風日變水旱盜賊相承以起即今日洋禍之烈實始自禁鴉片烟而金田賊首亦因海防散勇嘯聚山谷馴至大亂是此鴉片烟不獨戕賊民生耗竭財力實亦為導亂之原洋人至今引為大咎中國反習而安之竊以為鴉片烟之害不除諸事一無可為而求其禁止之方有至簡而易行者其法在先官而後民先士子而後及於百姓一用勸導之術而以刑罰濟其窮其用罰亦惟動其羞恥之心而激使自立寬以二十年之期必可保其禁絕不至稍有貽患嵩燾前摺已詳言之無可易者此一事也一曰開墾浙江荒土初聞洋人惟務商賈之利於農田不甚經營也至是始知其不然其通商專務富民所稅茶酒及烟數者而已餘皆無稅歲計商賈之利而估其所獲之利約八十分之一住房器物計租取稅略如中國之戶稅歲入三百磅以下者不稅其所得寶星及他表記泐之用器有稅畜犬以上有稅並出常稅之外國家經制所入一取之地稅其勤地力至矣往見陳文恭公巡撫陝西河南專意農事興水利溉田在湖南教民耕種諸法悉備可為知本計者江浙經亂後距今十二三年荒蕪之田未墾者仍多百姓憚於疏闢之勤而自惜其力州縣苦於奏銷之累而并沒其名荒者聽其蕪萊墾者亦相為隱匿亦宜戶部所應經營督撫所應勸導者此又一事也一曰喀什噶爾之地宜割與雅谷刋氐羌數叛酒泉光武仍其君長賜以印綬吐谷渾徙浩亹河郭元振請即其所置之邊要密邇義取羈縻無所顧惜至於漢建校尉唐置都護遠或萬里近或數千降胡雜虜因叛襲封以為故事無足比論惟喀什噶爾之地逼

近安集延其勢不能築萬里長城以遮遏之浩罕諸部併於俄羅斯回部餘民乘喀什噶爾之亂襲據其地猶懾中國之威而思託為附庸去歲威妥瑪代為之請嵩燾謂當俯順其心與為約誓令繳還各城但得一鎮守烏魯木齊之大臣信義威望足以相服可保百年無事若徒恃兵力攻取曠日持久耗費無已幸而克捷而回部餘民必走投俄羅斯以相比附構兵縱掠終歲騷動徒使俄人乘間坐享其利而中國承其敝未知所以善其後也夫經國者務籌久遠主兵者惟取進攻是以棄地之議不能出之將帥也惟恃　朝廷權衡緩急輕重兼成算以宜示機宜而後將帥之威伸而　朝廷之恩乃深入遠人之心使之俯首而聽約束故以為威妥瑪之代請實機會之不可失者此又一事也一曰伊犂一城宜與俄人定約以垂久遠蓋英俄兩國勢足相敵而英人務拓地以興利俄人務襲土以開疆無端乘亂襲據伊犂此其志在掠地而已竊度新疆事定令俄人交付伊犂一城必尚多煩議論西洋公法無乘亂據人土地之例務且要求兵費責以收贖而非有巨款足厭其心知其必不能允也故莫如反其道而行之不責其減價而贖之我而責其準所贖價交易而斃之彼如日本庫頁一荒島猶欲全據之必不肯輕易退還伊犂明矣與其含糊懸宕以生戎心莫如明與定約畫疆分界可保數十年之安必不得已收回黑龍江以西地與之互易亦尚有名可據此又一事也一曰停止各省釐捐嵩燾於釐捐籌餉知之甚明行之甚力湖南開辦釐捐實一力贊成之在粵東陳覆釐捐情形援古證今自謂能得其要領然凡為釐捐以籌餉也原非國家經制軍務告竣十餘年迄今不議停止則非體矣且法久則弊生各省本無急需相與視為閒款不甚措意是以辦理日久收數日微驟有軍務籌畫餉糈踵事循章習為故常將吏無可施力尤兩敝之

道也前歲因滇案議停租界釐捐是專為洋人免釐何異敺魚而致之淵敺雀而納之叢不獨有失民商之心其傷國體實甚竟請宜及時停免各省釐捐租界免釐一節自應刪除並與立約因事籌餉不在此例而如福建之茶浙江之絲及凡物產之在其地者應收土稅以備地方之用不與釐捐同免此皆可據理以求勝者舊時茶稅每箱八兩五口通商驟減至二兩五錢曾與赫總稅司言之渠意亦謂如此各省自有之利尚可設法另議無並土稅不準完納之理中國自有之利操縱宜出之 朝廷蒙於此事極有不安於心者此又一事也嵩燾本奉使海外凡中外交涉事件稍有所見例得上聞懷欲陳之久矣伏念京師蒙被口語側身天地至無所容 朝廷亦不能不採納人言加之賤簡又甫出洋屢見參案更不敢敢有所陳論自取愆尤獨念中堂為國重臣中外得失利病所關宜廑盛慮區區所陳準時度勢略舉其切要者擷之而得行之又至簡而易非徒為高遠難行之言以自快其議論者往與實相論今時洋務中堂能致其大丁雨生能致其精沈幼丹能盡其實其餘在位諸公竟無知者竇相笑謂嵩燾既精且大嵩燾答言豈惟不敢望精且大生平學問皆在虛處無致實之功其距幼丹尚遠雖然考古證今知其大要由漢唐推之三代經國懷遠之略與今日所以異同損益之宜獨有以知其深竊以為南宋以來此義絕於天下者七百餘年此則區區所獨自信而無敢多讓者也惟中堂採擇上陳推而行之所以裨益國家必多矣

條陳洋務事宜疏　　王先謙

臣聞人臣在上位者以盡職為忠居下位者以盡言為忠值當言之事而淡漠於局外即為負 恩有負

效之路而緘默於當官亦為瘝職方今紀綱整肅寰宇粗安切要之圖莫如洋務　九重宵旰所經營中外大臣所籌度或害未至而先防之或機甫發而善應之　上下同心內外一體審慎詳密維持歷年綜論彼族情形約有三變咸豐十年英法各國內犯要挾百端和約既訂互換成議俄美亦相繼立約就中英為禍首撫局初定彼人狡詐難信內地糜爛　朝廷岌岌其時深可慮者首在英同治初元剿辦髮捻大有轉機西人知我兵力尚強心漸懾服雖文乃耳馬加利等前後數案屢煩辯論旋就安帖俄國疆域毗連蓄意侵占議界之事屢催不辦且以代收伊犂為詞堅執推延駸駸進步其時深可慮者又在俄同治末年倭人犯我臺灣近復動輒稱兵不遵定約海防未固禦侮尚無把握此時深可慮者又不在他國而先在倭敵情既有變更則區畫亦因之而異伏讀嘉慶十五年七月　仁宗睿皇帝聖訓有曰國家經理大事總當握其要領專心一意方克有濟即如醫家治病遇有棘手之證若不究其受病根源率行下藥雖多方療治其病不除欽此今洋務萬分棘手亦當認定病證以為下藥次序自古敵國外患無代無之辦理多方是非各別漢係單于之頸唐掣突厥之庭力足以舉敵此最上也齊桓興召陵之役無損於芊楚毫末而周以尊寇準贊澶淵之師無損於契丹毫末而宋以振氣足以懾敵不戰而屈人抑其次也張浚覆軍於大金沐晟敗績於交趾師行雖正任用非人無審己料敵之能而貿然一試者也割地和親卑稱厚幣前代多有困敵隨之蔑足論矣是故遜讓無救於邊患務在自強圖存適以速顛危要在審敵壯我之氣以懾敵然後可以立國充我之力以舉敵然後可以久安審機赴勢間不容髮苟或失時後將奚補臣故竭其愚悃謹就管見所及約為四條繕呈　御覽

一審敵情　本朝奠鼎中原臣句麗而役蒙古前代邊患一舉而空之獨準噶爾跳梁西北旋就芟夷俄羅斯僻處邊遠時蓄詭謀　列聖撫御得宜故能帖耳受命及咸豐末泰西諸國紛至沓來俄人起而交乘要約互市邇來倭國狙伺日甚一日合十數國之從以搆難中土實為千古未有之局敵則求請無厭我乃應接不暇此亦智勇俱困之秋矣然而強弱異形緩急異勢以目下情形而論敵之謀我既各有其用意所在我之應敵亦當審擇所處酌分次第就最亟者專精籌辦以為制勝自強之基破方發之狡謀而後可以杜無形之大患若渾同一視則此十數國方張之勢無在而非隱憂治絲棼之庸有濟乎秦之兼併也攻韓魏而交楚齊漢之壽邊也威匈奴而撫南粵卒廼六合混一胡越來庭誠熟審先後遠近次序專力切己之圖氣伸於一隅而威遂立於天下也乾隆二十三年正月俄人呈獻阿睦爾撒納逆屍蒙　高宗純皇帝諭曰馭外藩之道示之以謙則愈驕怵之以威則自畏此二言若子孫世世能守實大清國億萬年無疆之庥也欽此臣思今日情勢原不能遽希全盛之軌而勞心殫力以期有濟則　皇太后　皇上當與中外大臣同之稍一因循受病愈深恐無挽回之日然則揣敵情以求所從事非見在更不可緩者哉就各國言之泰西諸大邦通商者據我津要傳教者惑我黔黎彼皆蓄意甚深貪狠萬狀謂其志不在土地誠非洞徹之論但西人越國數萬里兵餉既難為繼虛實究未深知各國互市擅利之區又貪戀牽制而無能首禍故兵船祗藉以恫喝必不遽啟戰爭即彼國有釁可乘亦中華百年以內兵力所不及此但可羈縻而不可圖者也俄國地大兵強與我接壤實為肘腋巨患若彼意存開釁陸地相持勝負未定海道來犯防不勝防此我終當善策之而不能遽發者

也獨倭夷蕞爾小邦橫行海外勢殺於俄國而地偪於泰西顧亹興無名之師顯露與我為難之意縱
其得志為患不後於俄覆而取之不惟俄人有所震懾而不敢生心即泰西知我兵力竟能及遠亦將
潛戢其詭計此天予我以自強之資不可失也倭之崛起為雄也特聽巴夏禮陰謀從慂乘中國之敝
而起耳然其國據三島視中夏一二省之大地不為廣新購鐵甲船祗四號皆木質蒙鐵海戰並不堪
用小兵船間亦甚少兵不為強洋債日增窮困彌甚國不為富往歲窺我臺灣正進退維谷之際而我
允給兵費得意以去近遂破滅琉球夷為冲繩縣駸駸乎雄視海上矣然其實非有深固不搖之基業
長駕遠馭之規為也夫覘國者不必履其地而知之觀其所行而足以察其民之從違與其國之興廢
倭夷蔑棄舊人專任一來自外洋之巴夏禮而所謀又不協於眾志其臣離矣仿效西人制度改易衣
冠焚毀典籍耗民財而隳士氣其人畔矣薩司馬不服竭其全力僅乃平之內屬變亂更迭流離年來
侵臺灣入琉球佳兵犯順皆敗徵之先見舉國以為　天朝且旦夕加兵也而皆有怨毒其上之心其
能安然無恙者特以強力債興之時未遭外侮雖疲敝而尚足自支耳或謂倭國兵精所向得志不知
薩司馬本其屬地琉球弱小取之甚易非倭力果有餘也宋王偃破敵益地國滅於齊郅支單于乘勝
驕嫚梟首於漢倭夷雖橫不過桀宋郅支之比即與諸海國爭衡亦當覆敗況　天威震疊宜醜虜所
能當耶然彼果無挑釁之師我何妨示包荒之度今背公法者倭也棄和約者倭也開兵端者倭也彼
既藐我為無能猶審顧遷回而不思一逞彼之得尺進尺豈有已時不今歲兵及於臺灣則明年禍發
於朝鮮待其氣力壯盛而始圖之其難什伯該夷比年用兵行徑迹類小偷不予痛懲則放膽恣行將

成大盜而不能擒捕且琉球朝鮮均我東方屬國密邇倭夷琉球不復朝鮮能無寒心斯又東藩觀聽
所繫非僅　國家政體攸關也側聞辨論琉球一事該夷藉口何如璋照會措詞過激延宕枝梧今轉
不必急責其退還琉球而彼若詭計調停割地兩屬亦不可允許蓋許之則彼得利而我無以為問罪
之名不許則該夷貪地不還曲終在彼見在該夷堅指琉球本其屬國刊入洋報傳布各邦我亦當明
斥其捏冒使各邦知之否則各邦轉以彼為有理之事矣竊謂辦理之法首在慎擇使臣明歲更換之
期此任較各國公使尤重非文士所能勝必得歷練營務樸實沈毅堅忍有為之大員充之不用副使
以免掣肘令其廣設耳目使彼中虛實纖悉咸知長崎橫濱各島現有中國理事官當由使臣遴擇調
派以期呼應靈通各島多中國商民由使臣飭各理事官不動聲色按戶派丁陰以兵法部勒使之彼
此聯絡守望相助託為保衛閭閻務在結以恩信俾肯暗為我用該夷與中土同文購畫彼中山川形
勢尚易為力得其地圖可發交南北洋大臣派人講習備行軍嚮導琉球遺臣義士有來歸求救者量
為收恤勿絕其望既以究知該國地形兼令諜探倭夷動靜蓋興滅國即所以振　天威此實關繫我
朝字小存亡體統不得視為鄉鄰之鬪即天下臣民皆有以諒　聖主之心並非因喜功而糜費也
一俟海防少完兵船足用舉該夷背約構兵諸罪布告各國霆擊風捲出其不意收琉球孑遺之眾出
朝鮮犄角之兵戰艦直擣其夷巢華民嚮應於各島以堂堂正正之師取眾叛親離之地可一舉而集
事也然後乘戰勝之威清俄人占越舊疆定泰西互市限制勝勢在我則進止輕重隨所施而咸宜
高宗馭遠之鴻規何不可再見於今日哉　朝廷不出師以威四夷　朝廷苟出師以威四夷或者其

必由乎此矣
一振士氣古今人才之用不過在上培養之振興之而已非培養則才不生非振興則才不成用在才而
所以可用在氣若居上者弗為振作官與兵民皆有頹廢渙散之勢氣不舉而才亦隨以消亡矣人固
有不待驅策而竭盡悃忱者孟子所謂豪傑之士雖無文王猶興此上知之資不能多得故供奔走者
半中材不加磨鍊則苶然歸於無用　本朝大臣如阿桂舒赫德皆命世勛佐然亦幾經摧挫而後嚮
為梁棟之姿蓋非是不足動心忍性增益不能下此者更無論矣乾隆二十四年十月　高宗純皇帝
以戡定新疆諭曰此番遐方綏靖我將軍參贊以及一介執戈之士無不得嫻行陣於國氣人才深有
裨益然非朕力為振作信賞必罰以淬厲之其誰不畏難苟安而坐希無事之福乎欽此　聖謨深遠
有味乎其言之所謂國氣即士氣也臣每一恭讀輒為低回往復仰首企慕而不能自已也今論辦洋
務者動慮無人才可用臣以為亦在　上之振作何如耳嘉慶時李長庚王得祿邱良功等皆以殲擒
海盜著績重洋果辦洋務而謂無人才臣不信也夫物必待時而顯才必練事而成他端皆可書授師
傳獨用兵非身親不悉　本朝不辦新疆則無平定金川之阿桂等不辦金川則無平定臺灣廓爾喀
之福康安海蘭察等無廓爾喀苗疆之役額勒登保等何由見　知而平教匪無教匪之役長齡等何
由　授鉞而定回疆道光以來承平日久人不知兵一旦萑苻肇亂流毒極於四海然無此番兵事曾
國藩李鴻章或不過以文學侍從終其身而左宗棠彭玉麟輩將老死荒山烏能為　國家效命故今
天下甫定宿將尚多不及時驅策而淬厲之萬一將來遇不得不用兵之時恐真無可用之才矣人情

本多法而少勇雖禁止令行猶懼不率若任其委蛇遷就至僨事而已莫能追　高宗純皇帝臨御臣
工時有不測之賞罰　聖意所在大抵勇往者雖獲咎必宥畏葸者雖善全必懲至籌辦邊務尤不假
借故能羣材用命　武功十全漢通外域谷吉十數輩奉使戕軀命而不恤其時為都護者多能行便
宜振國威亦見前代之法令嚴明也今諸國通好使事頻繁似宜嚴定辱命之罰俾人皆有所顧忌而
不敢專為身謀於　國事無有裨益此任將擇使二事臣以為在官所宜急為振作者此也古來無不
敝之兵制　本朝軍政盡善勁旅無前自髮捻恣行湘淮義勇名天下營兵或反為世詬病於是有裁
兵併餉之議有改勇為兵之議臣謂此皆未觀其通而求其實也裁兵併餉以為餉足則兵自精而汎
地不數巡防奸宄更多竊發利未收害先見矣改勇為兵蓋以兵無用而勇有用均是人也耰鋤之民
可使殺賊行伍之士反謂不如舍本齊末殆非通論夫兵之病在與將不習而平日之勢分勇之利在
將士一體而平日之勢合但警急時有屯紮一處之勇承平時不能有屯紮一處之兵即如長江水師
其初攻剿為要不能不合及改兵則汎防為要不能不分然既改之後規制既異操練較難設有戰事
即難必盡如當日之精銳得力雖以彭玉麟自將而自改之亦無兩全善策推之陸營何莫不然若分
汎以詰奸而別屯軍以備調庶乎其可然無此軍制亦無此巨餉也況久屯之軍鋒銳消耗驟臨戰陣
又豈能必其可恃乎然則如何而可亦惟勤練節制之師用其方新之氣而已矣乾隆二十四年九月
飭將軍富德等追剿霍集占於巴達克山　諭曰我滿洲風尚素稱醇樸勇往而承平日久八旗子
弟多耽安逸偶遇軍旅之事轉致不能嫻習朕於此舉正欲訓誨督率之俾習勤勞而諳韜略而諸臣

中或猶有狃於小利近功不知事機之緩急者古者無事之時不廢訓戎講武今以法無可逭之逆酋當功有必成之事會且可藉以練我殺敵致果之將材又何所顧慮而竟為浮論所惑欽此恭繹　聖訓實以藉軍事練兵為妙用夫兵者聖人不得已而用之然非諱言而屏棄之也時會方乘有臨事之懼　天討既致無黷武之心耳若不得已而不用則　國威漸損其究必至孱弱不振虛言訓練無益也今練軍行之有效可漸推廣中興後閭閻子弟皆有强悍勇烈之概急公赴難之心果其用之十萬雄師咄嗟立致選將部署數月而定過此以往未之或知臣謂兵氣宜急思所以振之者此也我　朝恩澤之厚曠隆往牒編氓浹髓淪肌深固不拔自天主教入中國迄今十餘載姦民起而馳騖良懦視為慣常而忠憤亦稍衰矣民心之不定由於　國威之不立豈細故哉宋太祖以神武開基後嗣失之積弱然其仍世仁厚積累頗深及中原淪於金元無一人提戈仗義民豈無良迫於勢之無可如何耳俄人占據伊犂索倫錫伯人衆流離困苦不獲自拔來歸我兵力所不及在彼中者亦無能殺賊反正足見固結之人心可恃而未可專恃也臣前在湖南見士民聞教士將至咸欲得而甘心詢之各省莫不如是固由鄉愚罔識此時禁令然彼自以為尊孔孟則不容異教戴　朝廷則屏斥外夷此等忠義正直之氣實　列祖　列宗二百餘年涵濡漸漬而成非易致也夫以斯民之所同惡而為上者諭之以可從又因而法令驅迫之奸民入教者較良善為安樂有事則調停而袒護之官府不如此　朝廷目下更無別法但再閱多年蚩蚩之耳目心志汙染愈深欲求如此時忠義正直之風以備干城腹心又從而加罰焉始則愚民不知僅怨官府今知之而駸駸乎怨及　朝廷矣臣亦知　國家辦理深心

之選竊慮其倍難也臣謂民氣宜急思所以振之者此也夫欲振官與兵民之氣則又全在　聖主持
之以一心有通籌之至計有堅忍之定見應辦之事次第分責其成可取之材大小咸儲其用奇謀坐
定於　宫廷威聲已樹於海溢外夷聞之行將自戢譬諸膏肓有不仁之疾兒童得而易之一旦霍然
起立雖糾糾之夫亦變色流汗於百步之外矣何有於强敵之相侮小醜之難平哉
一籌經費洋人入中國為時已久　朝廷深思密計求所為制勝之方而尚未大收成效蓋以度支匱乏
挹注無資則經費之籌亟已其要約有數端敬為聖　主陳之一墾荒臣前奏經費宜裕摺中詳言之
已蒙　勅部議奏查嘉慶二十年十一月御史盧浙奏直隸省官荒地畝並各項入官地畝積案久延
仁宗睿皇帝諭曰屢經户部奏准降旨飭令該督等委員勘丈召墾升科乃因循已久有閲十餘年
或數十年尚未勘報者實屬怠玩疲懈若係官吏本家私田孰肯聽其荒廢耶先公後私之良臣竟少
深可浩歎欽此以承平無事之時查辦數十萬官荒地畝尚至屢煩　聖慮今江浙等省荒田事體重
大察辦尤難所恃疆吏公忠視　國事如家事尤在　上專其責成而已一開礦此中外臣工屢請舉
行者泰西皆用開礦致富强中國產煤鐵少則輪船所用必取給外洋是中土添一漏卮外洋增一利
藪故從前可以不辦今日勢難緩圖　國家無事之日動不如静有事則當與時勢為變通且地不愛
寶秘久必宣亦自然之理也前李鴻章試辦於磁州等處不聞成績如何劉長佑亦請在滇籌辦以費
絀而止臣常求各省難於教治之故特以機器費鉅事無把握竊意開辦不必先用機器外洋多精地
質學者即中土亦不乏其人滇黔川邊老民尤為諳習測量衰旺十不失一由各督撫雇募試採果得

臣礦再以機器濟之則費不虛糜而事有實効滇黔道遠運艱東方諸省可開之地頗多當以漸舉辦官啟其端招商繼之購買機器商力不及則官借貲本分年扣還大抵興利之事官辦不如民辦官辦則糜費甚而中飽多不啟其端商民難與慮始亦必疑懼裹足但期推行漸廣不必利盡歸官而 國家受益甚大所謂以美利利天下不言所利也或以前明流弊為疑臣又嘗深求明代之失萬歷二十四年開礦徧天下命中官為礦使編富民為礦頭礦無所得勒民納銀民不能支借庫銀代富家巨族誣以盜礦良田美宅指為礦脈征榷之使急如星火搜括之令密如牛毛其時諫臣言陛下謂取諸山澤礦使實奪之閭閻切論危言神宗不悟流毒廿載國脈大傷嘉靖三十五年開礦一歲中費三萬餘金而得銀二萬八千五百不足以償失成化十年採金於湖廣寶慶等郡歲役五十五萬人死者無算而得金三十餘兩官吏貽誤遂成笑柄此明事歷歷可指者大凡 國家舉事先問本意何在則能行與否可以立決為國聚斂雖小且易事無不敗為民興利雖大且難事無不成明所採者金銀礦也以聚斂為急見在臣工所請開者煤鐵礦也以為民興利為重今天下所用煤鐵銅鉛無一非礦舊者可用而謂新者不可增似非情理各省山礦因銅老而奏封開得鐵而請開採者載在 列朝實錄史不勝書從未聞別生異議今但渾言開礦不復別白而前代民間隱痛猶在人心亦無怪人之致疑耳乾隆五十二年十月給事中孟生蕙奏請停止直隸總督劉峩所奏昌平州開採礦𥖁 諭曰京城外西山北山一帶開採煤窯及鑿取石塊自元明以來迄今數百餘年取之無盡用之不竭從未聞以關繫風水設有例禁豈開採硫磺遂至於地脈有礙即云開設礦廠恐聚集多人滋擾地方則每歲採取煤

斤石料所用人夫不知凡幾豈皆良善安分之徒何以并未見有滋生事端之處　聖諭詳明實足破
世俗迂疏之見見在各省有留防兵即多人足資彈壓可無他慮惟商辦之後必令該督撫選廉正之
員專司其事不由州縣官經手以免朘削滋弊至採取金銀我　朝向無此事伊犁淘金和闐採玉皆
於乾隆嘉慶年間定制聽民自流通官為譏禁約定稅則盡以一歸官辦流弊無窮將來寶藏之興倘
有自然呈露者則貨不棄地亦在疆臣之辦理得法耳一嚴汰冗員各省道府州縣佐貳少或數百員
多則千數百員其中儘有奇特秀穎可成就之材既驅而內之仕途則專意圖謀差委為衣食計材力
銷於奔逐之計困於鑽營此御萩之上所以不興而捐輸減成之後不獨於　國帑無益即人才亦因
之日就敝壞也各省差委之事本可數計候補人員既多疆吏不能無勉強加派情面酬應之舉聖經
言生財大道首在生衆食寡今衆可自謀生之人羣袖手仰食於公家即　天子富有四海亦自力不
能給堯舜所以病博施也可否　飭令各督撫將差委人員認真嚴汰以節糜耗今外捐雖停此半年
中報捐分發人數倍多宜令督撫嚴密扃試文理不通者停其差委到省後補署差委無期者聽其呈
請回籍靜候咨取免致為候補所累也一當辦理洋務需人該員等有諳習外洋文字語言測算輿圖機
器化學電氣學者令其自行呈明由督撫試驗能否分列等差彙咨總理衙門存記以備將來咨取當
差或回籍數年後始學習精通者准呈明本省督撫試驗彙咨杜其僥倖之門而開其報效之路一轉
移間化無用為有用俾辦理洋務之人才亦可藉此振興一整頓釐權釐捐數目日少一日固由洋船
包攬辦理實亦未盡得法比較嚴密以杜侵隱而商民之受困愈甚分卡林立以防偷漏而胥役之訛

衆滋弊此則應寬者不寬當併者不併也至委員侵吞鉅欵上司徇隱彌縫前此所無近日有之以
國家焉不得已之舉適至肥冗員之橐累民與
國兩無所益深可痛惜欲救其弊仍宜參用士人官
場習氣較重衣食漸求華美應酬易致虧挪及得差委千瘡百孔膽大妄為者便敢公然侵蝕迨發覺
撤委　帑項所失已多士人愛惜身家顧畏名義顧欲不肖月得十千二十千即足養其廉而資其力
官又查察而鈐束之無虞作弊劉晏所以奏績於唐時前撫臣胡林翼所以收效於鄂省也邇來候補
人多釐捐全歸官辦然安插冗員無與慎重
國帑孰得孰失固皎然易明矣一加抽洋藥稅釐臣向在
鎮江詢悉洋藥局委員洋藥進口每年約七萬餘箱洋人每箱百萬中國售銀五百兩總計三千五六
每箱收稅三十兩總計不過二百一二十萬洋藥釐捐各省多寡不同總計祇二百數十萬中國所得
皆民輸官用並非獲自洋人而外洋以此毒物收中國之銀歲至三千數百萬之多中國如之何而不
窮也
朝廷屢申吸烟種種明禁誠為根本至計但徒禁內地之種而不能禁洋人之售則吸者如故
而益以壟斷予洋人除害不及半而利全失之矣查英國條約云洋藥如何征稅聽憑中國辦理燕臺
條約亦議定釐稅並征當時惟此一欵中國稍得便宜迺各欵均由中國照辦此事延宕至今見在威
妥瑪來華當與堅持定議加稅一倍價滯銷而來者漸少既可以救民生若仍前暢行亦藉以紓
國
用如威妥瑪堅執不允我當設數端以相抵駁使其俛就範圍多爭一分即多得一分之益一仿製織
造機器洋人收布買中國絲棉成之每歲售銀亦三千餘萬良由機器便捷獲利甚厚我若仿製亦可
塞一漏巵或由南北洋大臣招妥實商人借欵辦理乾隆五十一年商人王世榮請借帑銀嘉慶十七

年蘆商義和泰懇借運本均　勅部議行此皆成案可援無損於　國而大便於民者也從來王道不言功利若外患方張之會亦難置富强為緩圖言强必先富而富莫大於藏富於民今約計洋藥花布兩項出洋之銀已六七千萬若再不為籌畫將來匱之恐不專在　國計而在民生後患何堪設想嘉慶十九年正月　諭曰夷商交易原令彼此以貨物相準俾中外通易有無以便民用若將内地銀兩每年偷運出洋百數十萬歲積月累於國計民生均有關繫着蔣攸銛等查明每歲夷商等偷運足色銀兩出洋實有若干應如何酌定章程嚴密禁止會同妥議具奏欽此仰見　聖慮淵深於中國銀兩出洋之患早已　洞鑒今時事更非昔比若之何轉不為之所也以上數條臣特舉其大者夫籌經費於今日亦極難矣既不能益我所本無即當求我所固有臣所擬後四條專以防侵耗而塞漏卮若本源至計當以墾荒開礦為大宗而開礦獲利尤速　朝廷如謂事不可緩似應斷在必行開辦之始既不用機器測量之人亦不用外夷自無虞驚駭耳目果得巨礦應用機器再剴切曉諭地方以為民興利及防禦外夷之意則民情大順而事無留難外夷所需於我者茶絲為最近聞英國蠶桑漸興印度茶種甚佳再一二十年我將一無可恃西人講化學者每言中國繁富甲五大洲煤鐵之利外國不及不解何以窮困故今開礦暢旺不獨濟我之用兼可擅彼之利也至欲挈財用之綱領則權必當操之於　上伏讀　高宗純皇帝御批通鑑輯覽曰明代財用不足由於上不知府藏之數臣下遂得肆其私橐乾沒使能慎覈於平時復加之制節謹度何遽至於入不敷出迨國用告匱而欲取資山澤非特臨渴掘井緩不及待且以杯水沃輿薪亦何濟於事哉　聖謨洋洋臣尤願　聖主敬懍而深思之

費　國家無疆之福也夫中外臣工之於洋人咸欲滅此朝食所以束手下氣徒坐無經費耳自同治
以來　朝議疆防惟是為尤亟矣而經費未籌至今如故天下安有坐而收功之事乎
一備船械洋人所以悍然與我為難者非不知中國民心之固結也粵匪蕩平以後非不知我兵力尚強
也而敢於如此特謂彼能來而我不能往耳故備輪船為亟我不能空舟而破敵則槍礮機器不容不
具故備械亦亟焉閩滬船廠設立有年商船頗多兵船太少臣以為目今要務全在戰守兵船為亟商
船尚在其次夫招商輪船原稽以分洋人之利辦理具有苦心但從來營利之舉官辦必難持久船政
總理大員屢行更換經營多人頭緒紛雜照察不及久則弊生且帑項有限擴充為難今當成效漸著
之時人人知有利可圖宜廣為招徠使富商聞風踴躍湊股合辦增一駕駛出洋之船則中國多獲一
船之益外洋即減一分之利惟商民以成本重大兼畏風濤圖利之心不敵避害之心又當以爵秩獎
勵之今外捐已停名器貴重鼓舞之權端在於此可否明定章程將每船製造修理往來駕駛之費若
干運載貨物之利若干由船局綜覈開載刊布各省俾人共曉然並令督撫仿鹽務招商之例曉諭天
下以　朝廷修明船政之意凡鳩貲造一船出洋者照軍功例酌予級紀駕駛三年獲利富厚者酌賞
頂帶虛銜船多而年久賞亦遞加人知有利可謀有賞可勸又有船政大員為之維持兵船為之保衛
公家初不利其絲毫孰不欣然樂從將來風氣大開於損外益內之舉自有實效西人富強全在官商
一體　國朝海禁森嚴商民不准出洋貿易今事非昔比則因敵之利而求所以制敵之方當先通商
之情而後佐日資商之力至兵船如何製辦督撫中如李鴻章沈葆楨丁日昌等皆講求有素自必擇

洋務時事彙編　卷一　通論　三

精語詳非臣愚所敢擬議然竊聞英法俄諸國皆以鐵甲船擅勝各有數十號美國前有四十餘號近年以為可以不用大半分售各國專造一種碰船其前鋒利如錐遇鐵甲船直前撞之轟然洞孔破裂若日本未買鐵甲船所蒙之鐵厚僅三四寸許以此破之更易矣將來出洋征剿自應有鐵甲船十數號為攻戰之需目前經費不充似可倣照美國先備碰船數十號計鐵甲船一號費在百萬金以上碰船約二十餘萬金省一鐵甲船可辦碰船五六號以之防海制敵可期得力即防衛出洋商船保護海運漕米均足恃以無虞至各省製備小輪船太多增一船即多一船管帶之人支銷之費此等船隻既不能內河緝捕又不能出洋戰剿徒資應差當便無大利益宜停此後增備以節虛糜大抵外夷舉事萬張將甚然利在上下同心猛鷙堅忍勢有必至中國辦事鎮靜有餘然病在情意隔閡瞻顧推諉終於無成嘉慶十一年正月粵省奏報路唖國即俄羅斯有商船來廣　諭令嗣後申明定例杜其再至時俄人本有恰克圖貿易舊章而意重趨利不憚深謀遠越其能致富强亦即在此泰西諸邦美布最為後起美主華盛頓於乾隆四十三年據英國亞美利加之地以立國四十九年即遣商船至中國購茶五十九年造戰艦嘉慶十二年作輪船又十數年興利之事大備强盛埒英法矣布主佛得力於康熙四十年由日耳曼屬國自立為國其孫福達利弗修武備再世積弱至嘉慶十一年為法人所襲由是重困同治以後威令姆大修船械一戰而踣法王遂為强國由是言之國無大小惟視自立何如焉有堂堂　天朝而轉遜謝於海外幺麼之理哉各省設立機器局原以學製諳習免臨事購買為人把持雖糜耗於目前必程功於異日丁寶楨設局川省奏明　准行迨恩承等查辦又復奏撤一主利用

一主措費　朝廷兩議並從原奏　虛衷博採但各省設局製辦獨川省因人言頓止帑項既已虛擲政令亦不盡一是講明西法之舉　朝廷尚不能自信何以使人共信臣竊意現當安內攘外之時不少變通盡利之事動掣異論安有成謀況遇事出以游移攝吏之勇往者無所遵循苟安者遂其諉卸天下必多不興之利不除之弊斯則望　聖主持權於上樞臣力贊於下也康熙中議開陶莊引河不決乾隆時開之而河漸北徙嘉慶中議行海運不決道光時行之而利賴至今非常之事始共驚疑待其成而後信臣亦願　朝廷於製備船械持定見而開風氣也至於水雷炮臺電綫鐵路防海所不可少皆當次第籌辦而船廠量移腹地免致有警時徙置為難尤其當務之急者矣

以上四條士氣宜振審敵情而後有致力之端船械宜備籌經費而後得開辦之具四者之中經費為亟當於此專力圖維勇決於初基而後不匱於持久臣維自古邪氣所伏恆在極盛之時弭於未形人恆不覺一有差失即成巨釁不善其後禍釁可憂西人不忘情於中國非一日矣溯查乾隆五十八年八月英夷入貢凡該國派人駐京浙江寧波舟山天津廣東等處泊船貿易貨物刪減稅則任聽該國傳教各節今日現行者彼時皆已具奏陳請當降　勅嚴加駁斥六十年入貢稍為恭順嘉慶中德天賜以傳教破案矣哃嚾悚以圖畫中國山川上　聞矣疆臣泄沓從事縕蘖伏戎其尤甚者十三年英人兵船徑入澳門占住礮臺兩廣督臣吳熊光任其留停遲遲入告　仁宗睿皇帝即次嚴飭該督始伺理諭而辦理過軟英人稽延數月揚帆徑去始窺見中國虛實二十一年七月入貢膽敢届覲見之時正副使一同稱病則已立意生釁仰蒙　聖度包涵以六合之外存而不論將英使驅逐回國道光中葉釁次內犯論者歸

谷彼時和議不知履霜堅冰由來者漸也俄夷夙號大國若非康熙乾隆時辦理得法其可慮亦不待今日故制倭不下辣手今日之倭又異日之英俄也夫當日所以議和者特因戰備未修倉卒從事安一時之反側非以為永奠之良謀也習久相忘幾以口舌為可常恃一教案之出一換約之期必增立新條彼智愈長我謀愈絀今歲威妥瑪為中國抽收洋貨釐稅一事乃至糾合十餘國公使羣萃都門圖遂其要挾之計俄國定約伊犁各城既未全歸白彥虎又不獻出而領事設至大理通商直達陝甘東南之門戶洞開西北之籓籬何恃此忠臣義士聞之所為撫膺而歎憤也我明知和議不可憑信彼人貪心無已而一切未盡設施相顧束手見在河運漸廢漕粟全恃海運萬一彼人合而謀我以數船橫亘洋面則全局關繫匪輕彼之要約恐更有出於情理之外者我亦將曼然而已乎　國朝　家法昭垂政由　乾斷襄贊必資臣下主持全在　聖心況軍務夷情所繫重大　上有安民之怒諸臣敢不羣起赴功　上懷恤衆之仁諸臣亦且相安無事全局樞紐秉自　宸衷非羣策羣力所敢任也自來謀敵者固當審量彼此強弱尤在酌事理之當否民情之順逆今事理本無可疑民情實大可用　聖主固深知之矣至軍事利鈍非能逆覩　本朝武功遠邁前古而準夷壽並於　三朝金川收功於再舉即同治初戡定粵捻何敢信曾國藩等必能奏績而堅定適往終以有成可見委任得人不憂罔濟　國家立賢無方文武具備為守兼優之人千百中或祗一二至乘事會而起功名者何時蔑有人臣勛名成就亦思為晚節保全之地智略可倚以集事而馳驅半非所能堪故汲引人才以備任使方得以人事　君之義李鴻章左宗棠沈寶楨皆殫心戎務公忠體　國大臣彭玉麟筦轄長江血誠任事水軍戰士尤所深悉岑毓英志存殄虜

不畏艱難似可　飭令諸臣將其部下才堪將帥偏裨之選者密疏存記專備海防指臂之用至沿海師船規模必得專員統轄南北洋分設總統彼此隔閡呼應不靈總統之上宜　特派大臣兼轄之守則巡閱操防戰則發縱指示黜陟調度一切由其主持沿海省分督撫轉鑲設防助其不逮同德同力而氣象為之一振矣夫目下籌經費備船械原以先固海防非遽輕言海戰然通南北九千里之洋面必在在籌防毫無滲漏我不敢出洋一步坐待敵人來攻而竭力以禦之雖愚者亦知守之不盡可恃也故必能戰而後能防既能戰矣焉有值可乘之隙而不乘轉坐待他人之我侮乎宋臣蘇軾曰聖人不能為時亦不失時時非聖人所能為也能不失之而已臣謂目前洋務情勢尚在可為之時亦顧　聖主能不失之而已策定於一時而基肇於萬世疑稽於卿庶而機決於　宮廷故曰上無臥薪嘗膽之謀而欲下有聞雞枕戈之志必不得之數也臣備員講幄目擊時艱慄慄愚忱不能自抑冒昧上陳無任惶悚待命　之至

瀛海論上篇

張自牧

天生烝民各從其類無懷葛天以前民至老死不相往來無所謂中外也有聖人起作之君作之師教以人倫禮樂法制相維而人道以立就文物昭着者推為華夏三代以還庸蜀羌髳微盧彭濮淮夷徐戎赤狄白狄錯處九州之內禹貢荒服職方蕃國漢唐宋史籍所載列於朝貢者大抵去中國不甚遠今泰西人所稱亞細亞也其間如昆堅丁零黠戛斯骨利幹大秦等國在今歐羅巴之域然重譯偶通傳聞影響史臣約略言之以參王會之盛耳有明中葉西班牙葡萄牙荷蘭自歐羅巴航海西來攘據南海諸島而泰西之人遂接踵於中土此虞夏商周漢晉唐宋四千餘年來所未有也昔騶衍九州之說山海十州之

書闕大不經荒沓無據自利瑪竇陽瑪諾湯若望南懷仁穆尼閣奈端輩相率西來而後地球九萬里畫方計步運於掌上四大土之國喁喁嚮風矣就地球全體言之在東半者中國為最大泰西人舉俄羅斯東境及東方朝鮮日本琉球諸國南交越南暹羅南掌緬甸及南洋群島西北布哈爾（漢月氏）波斯（漢安息）愛烏罕（漢罽賓）俾路芝（漢烏弋山離）基發（即機窪）諸回部西南五印度（漢身毒）極西阿剌伯（漢條支）迤北土耳其之東中兩土附之其地北距冰海東距東洋南距印度海西距紅海地中海黑海統名之曰亞細亞夷語無義可譯姑就所稱者舉之爾亞細亞之西北為歐羅巴西南為阿非利加三土相連阿非利加視亞細亞之半歐羅巴視何非利加之半亞墨利加別居地球之西分南北兩土視亞細亞相亢阿非廣莫荒昧僅東北隅近印度海紅海地中海者有埃及（一曰麥西）努北阿阿北西尼亞等國稍通聲教常受役於歐羅巴亞墨大國有米利堅（一作美利哥即花旗）小國有墨西哥南亞墨有巴西孛露（一曰秘魯）智利玻非利亞金加西臘等國米利堅於乾隆中始立國地廣人眾通商最盛勢與歐羅巴諸大國抗衡華盛頓為創業之主乃不以位傳子孫分國二十餘部每部設統領而以伯里璽天德主之為合眾國四歲一易退位者與齊民萬民無常奉而百年無爭戰之事風土畧近中國流寓多華人克裏弗尼亞省尤眾世所稱西金山也孛露於前年始通中國而相去益遠地小而貧華人往傭者輒虐遇之英俄日本皆以為非近亦無續往傭者阿非亞墨二土之興衰皆非邊防之急也今之談邊防者東西南三洋而已亞細亞東境為東洋距中國最近南海群島為南洋為西洋入中國孔道歐羅巴為西洋東洋以日本為大國自西漢時通中國隋唐宋元入貢元人伐之無功明代復通貢然數犯邊 國初通國書定銅鉛采買之制同治中始立和約旋有臺灣生番之

後仍締和好其地距山東閩浙不遠華人浮海而往所至成聚近日效法泰西機器輪舟車及練兵開礦諸務勢浸強然能禁鴉片煙天主教不入其境當改用歐羅巴文字國人弗便仍用華文而以倭音讀之別有倭字就華字減筆成文行於國中地近高麗琉球已與高麗立約顧欲臣屬琉球亦地勢然也同治十二年使臣瑣意西馬十三年使臣柳原前光先後入

覲外國彙稿之歐羅巴幅員在四土為最小黃海注其中（即波羅的海）黑海界其東地中海橫其南大西洋海洋其西烏拉大山亘其北俄羅斯都於黃海東岸彼得羅堡附西岸者為瑞國（一曰瑞威頓一曰瑞典即蘇旅）其都曰斯得哥爾摩（一曰斯叨克洛母）瑞國之西為瑙威（一曰挪耳瓦一曰哪威一曰諾魯威亞）其都曰格里士特阿拏附南岸者為嗹國（一曰丹馬一曰大尼即黃旗）其都曰哥卑的給連東為普魯士東部（一曰布路斯即單鷹旗）其都曰伯靈嗹國之南普魯士之西為日耳曼（一曰德意志）列國歐羅巴之中原也普魯士之南日耳曼之東為奧地利亞（一曰奧斯駐加即雙鷹旗）其都曰維也納奧地利亞之東南枕黑海接亞細亞界為土耳其（一曰都魯機）其都曰君士但丁土耳其之南小國曰希臘（一曰額里士）都於雅典曰亞德納斯日耳曼之南曰瑞士瑞士之南斗入地中海曰意大里亞列國（一曰伊達里亞一曰義大利）日耳曼之西北臨大西洋海曰荷蘭其都曰亞摩斯得耳登（一作掩木士特爾坦一作安特提）荷蘭之南曰比利時其都曰不魯舍拉斯（一作比律悉一作木蘭洛士爾士）日耳曼之西比利時之東曰普魯士西部兩部夾日耳曼之左右蓋普魯士本日耳曼所分之國也（今普國合日耳曼通稱德國）比利士之南普魯士西部之東南瑞士之東曰法蘭西（一曰佛郎機）其都曰巴黎斯法蘭西之西南曰西班牙（一曰日斯巴尼亞一曰以西巴尼亞）其都曰馬特（一作馬德里地一作莫珠爾勒得）西班牙之西臨大西海曰葡萄牙（一曰博爾都噶亞）其都曰里斯玻亞（一作力士門又作德門）法蘭西之西北有倫敦（一作蘭頓）蘇格蘭（一作師古泰又作斯哥西亞）阿爾蘭（一作爾蘭又作一爾蘭大）三島鼎

峙海中曰英吉利倫敦者英吉利之都也凡歐羅巴之民貪而勇君臣上下雜喝而起孳孳為利利之所在父子兄弟不相顧勞苦艱難無所避一藝之末一器之微竭畢生心力赴之精益求精巧益求巧專心銳進而不知止其天性然也各國以俄羅斯為最大英吉利法蘭西普魯士皆强盛勢足相抗土耳其墺地利亞亦大國而衰弱特甚俄普英法四國相雄長其餘小國數十星羅棊布錯雜其間諸大國皆有鯨吞蠶食之心而互相猜忌合從連衡頗似春秋列國之局嘉慶中法蘭西王拏破侖第一肆其雄心滅荷蘭廢西班牙取葡萄牙虜倚奈大里亞瑞士日耳曼割普魯士之半奪墺地利亞藩屬圍連都燒俄羅斯舊都橫絕四海若楚霸王吳夫差之流亞自墨斯科敗後亦近於乾隆甬東之辱（嘉慶十六年法人攻俄兵潰於墨斯科諸國合兵攻之二十一年為英所俘流之荒島道光元年死）嘉慶二十年各國大會於維也納各反侵地修好息兵覲葵邱衣裳之會宋號弭兵之盟實然大矣（英議員列爵得之言曰一千八百十四年英美定約於干特以爭戰致衅至三十三年各遣使公議其事遂息三十五年法土失和就正於德國而解六十三年英與巴西不洽而比國解之六十八年士布爭屬地而德國解之皆不煩一兵得使臣會議片言而釋泰西情勢如此論語曰使於四方不辱君命詩曰控於大邦誰因誰極使臣能執義正辭賢於擁中衍戈遠矣漢昭求使絕國之才至與將相比重有以夫）俄羅斯東境西伯利八部界中國之北面西連高加索五部迤南鄰印度遠包中國之西面迤北則波羅的海東五域三十七部（東俄五部閩都在焉大俄十九部加臣俄五部小俄三部南俄五部）再西則波蘭十四部（波蘭八部益以白俄六部）又跨海通墨領峽據北亞墨利加之一隅曰盬加扎隸西伯利部（西伯利高加索二部在亞西亞俄波羅的海東波蘭二部在歐羅巴域）康熙中擾我索倫諸部再予　國書未報復由荷蘭附書諭之乃通好罷兵立碑定界通商於車臣汗部之恰克圖即西伯利部所屬希爾古德斯科之甲他城庫倫大臣所司彼以皮來我以茶往者也其後日蔭南伺道光中自烏加索斯藩脅降西域回部布哈爾諸族通波斯以嗌印度漸與後藏相近尚未接

壤慶與英吉利血戰於雪山南北亦未得得志咸豐中兩次請地自黑龍江以東雅克薩尼布楚諸城烏魯木齊以西伊犂庫車阿克蘇諸城皆割而有之而喀什噶爾葉爾羌諸城乘機竊據附庸於俄同治十三年以重兵降回部之基發通道於巴克達山至北印度之克什米爾巴克達山有三路達印度一越印度之庫施山而達喀布爾計千六百餘里一徑達印度之排紹嘛耳計千五百里一出庫施昆崙兩山之間達克什米爾計六百餘里而喀爾壂特即廓爾喀之樊籬廼矣近英吉利立約以愛烏罕即阿富根爲界俄兵不得踰此而南俄人未之許也又東得日本薩莫蝦夷之地以科爾立十八島易之更踦東海繞出高麗之東開采煤鐵頗享其利駐兵黑龍江界將營造火輪車路通中國特以通商日久歷二百年未嘗開釁康熙中郎中圖理琛曾至其地三十二年使臣義兹柏阿朗送義送恩一作雅蘭布來朝召見賜坐賜食嗣後俄人遊學於京師間有入貢者同治十二年使臣倭良嘎里十三年使臣布策來皆召見光緒元年使臣索恩諾福恩齊等來訪於市見陝甘總督稱其志在永敦和好信乎否乎英吉利倫敦五十二部蘇格蘭三十三部阿爾蘭三十二部三島屬不過中國一小省其屬地西得北亞墨至富强後以重稅暴斂民不堪命而叛乾隆四十年華盛頓一作瓦新敦一作瓦興騰崛起割南境爲彌利堅國血戰八年而國定英人僅保北境荒寒之土五印度在緬甸之西兩藏之西南地方數千里明時葡萄牙荷蘭經營其地立埔通市舶擅印度海之利　國初英人敺而奪之康熙七年在東印度之孟加臘買地建館築砲臺日臻富盛乾隆十七年遂舉兵滅孟加臘乘勝兼南中諸部有爲英所滅者有聽其置吏僅擁空名者有受役屬爲藩國者僅廓爾喀東印度國克什米爾北印度國新的亞中印度國信地西印度國等數國尚能自存餘皆隸英版矣英人建藩部四曰孟加臘一作榜葛剌曰麻打拉薩曰孟買曰亞加拉孟加臘之東北緬甸之西北

有阿薩密部本土夷崇佛教英人據為別部東距騰越猓夷緬夷隔之南距前藏務綸與布魯克巴隔之去中國咫尺南印度之南海中大島曰錫蘭古狼牙修地嘉慶時英人滅之循海而東阿喀剌朗谷兩埔取之緬甸在東據有新嘉坡即息力柔佛地麻剌甲即滿剌加檳榔嶼即新埠三埔其地偪近暹羅又於南洋之極東闢大荒島曰澳大利亞又名南亞細亞世所稱南金山也其地自為一土約二萬餘里荒曠無人英人墾而闢之未得十之一也近人以此土地亞細歐羅阿非亞墨稱第五大洲別島曰撊日倫敦又名新西蘭為自古人迹未到之地太平洋之飛錢島亦舉國稱屬焉由倫敦往澳大所必經也又有獅山諸地在阿非利加西界特墨拉拉諸地在南亞墨利加南界蓋遠領之屬地遠矣道光十七年國主威廉第四卒兄女維多利亞年十八嗣位即今之女主也贊日耳曼列侯之子阿里已一作博雅耶為婿早卒英國向通商於粵東乾隆二十七年

特允英商伯時購運湖絲四十年有商船遇颶飄入粵洋厚邮而歸之五十八年國主若耳治第三遣使臣馬戛彌尼一作麥加尼來朝

上御澹泊誠敬殿受之貢天文地球儀器二十八種值

萬壽聖節

上御含青齋受賀

賜賚豐渥命侍郎松筠送至粵洋嘉慶元年入貢二十一年使臣司當冬一作腊蝦士來朝道光中以鴉片釁起咸豐時復有違言旋即通好同治十二年使臣威妥馬來賀

覲政與美使鏤斐迪法使熱福理荷蘭使費果蓀及日本俄使同覲

見於紫光閣邦交益篤矣倫敦三島壤地褊小山澤之利開闢殆盡聯邦即美利堅既失倚印度為外府兵餉皆賴焉俄人闢地日偪又間遣希臘教俄國所奉之教入印度英人患之近年專務加惠於印地遣貴威大臣鎮撫之光緒元年其太子往遊拊循其人英主稱徽號以印度綴國號之下殆將有東遷之志歟法蘭西地方二千餘里建八十六郡近年為普魯士所敗割茂士城以西七城以講其人精於

算術機巧凡火輪車自來火鎗礮大半皆其所創風俗勁悍負氣好勝尤長於用兵號令如山萬足一步前者已死後者繼進火器之利冠於泰西嘉慶時其王拏破侖第一百戰無前威行西土後以弗戰自焚咸豐時與英吉利合兵來津門議約未成遂至開釁旋立和約同治中其王拏破侖第三與普魯士搆釁血戰數年為普所虜其時適天津居民有攻殺教人豐大業之獄　朝廷命諸大臣赴津議事法人方肆其要挾而國都已為普人所覆乃草草成約而去法主既禽（同治十二年殂於英之雷塞思德爾）其大臣爸亞等復與普和乃改用獮利堅之俗不立君以首領統治國事同治十年踢矮土（即爸亞）任首領十二年麥馬韓代之麥馬韓者拏破侖第三之大臣有惠政嘗與普戰兵敗不能死君亡不能救又從而代之而國人皆以為賢近日拏破侖第三之子魯夷拏破侖與法前主波旁之庶子尚伴爾皆謀復立國紛紛未能定也七八年前據安南海口屢戰屢勝已得六埠之地上年為安南將劉永福所敗禽其大帥安將軍旋復求成於法蓋越南文弱之國終非其敵也近日法人已駐兵順化（越南都城）扼富良江復營埔於暹羅矣普魯士東西二土共八部本日耳曼所分之國地小於法兵亦弱於法其君臣勵精自強遂能破法蘭西割其愛勒塞斯洛脫七城之地（一蔑士二地顛荷鋒三必畫四發勒剌坏克五士得喇士伯克六施來施踏特七新伯拉薩克普人毀施發二城存其五）德意志三十六列國奉為主雄視四方俄英士墨皆憚其強威修好無間近國如荷蘭比利時遠國如波斯日本越南皆慕而納交焉歐羅巴自夏時有異人曰摩西創立十誡教人其後須羅門約翰遞有演述漢元壽二年耶穌生於羅馬既長遂傳天主教歷數百年有保羅者別立希臘教有路易者別立耶穌教三教鼎峙互相攻擊而皆宗天主今俄羅斯額里士行希臘教英吉利瑞典哪威大尼荷蘭行耶穌教法蘭西墨斯瑪加意大里亞比利

時西班牙葡萄牙行天主教惟天主教有教王各國皆尊禮之法蘭西尤甚教主橫恣嘗刼制各國君后莫敢誰何獨德國大臣畢士麻克惡之盡奪教主之權繩以官法故教至德而窮萬國公報云教人猛如虎貪如狼德意智搏而縛之翦其爪牙彌尾帖耳不復能肆凶殘又云教人久持太阿德人奪其柄而擊之抉其顙而扼其喉矣德之強盛畢士之功為多語其相業亦泰西之管夷吾也畢士亦人傑也哉同時意大里亞相蘭渣塞勒亦以刀奪教主之權致其君為合衆國之主有大勳乃以籍教堂七十二所入官為教人所譏訕竟引疾而去則畢士之得行其志亦視德主甓里特威廉之能任賢弗貳耳意大里亞為歐羅巴古一統之國漢書謂之大秦其後衰微嘗為土墨法所併屢滅屢復嘉慶時維也納之會定其國為九大國四曰羅馬教主踞之曰多斯加納曰薩爾的尼亞曰拉布勒士小國五曰巴爾瑪曰摩德那曰盧加曰摩納哥曰勝馬里諾道光二十八年薩爾的尼亞王威克爰耳斯馬努嗣位能中興其國咸豐十一年遂為合衆國復故號取羅馬都之結好四鄰稱強國焉薩正初教化王伯該弟多遣使來賀登極自稱伊達里亞國其時教化王之勢甚強九國皆為所屬也舊都羅馬義主既合九國之衆與教王同都而居頗能收教王之權矣墺地利亞盛時日耳曼意大里皆其藩屬今則儕為與國嘗為盟長疆域三千餘里亦大國也瑪加本其附庸近合為一國矣土耳其本回部崇瑪哈穆特之教一作摩哈麥六朝時阿剌伯人回教之祖與泰西殊趣其土分東中西三土東土五部古巴庇倫西里亞即西女幽一稱如德亞國猶大諸名國故地與中土買諸六部皆在亞細亞域內西土八部都城所在羅美里亞部都城曰君士但丁在黑海峽口與買諸隔海後漢書大秦傳言飛橋數百里可度北海是也黑海地中海由此峽相通俗無彝倫政無綱紀屢為俄人所陵英法普諸國相與維持匡助之同治十三年國君以荒淫被廢其從子紐宋嗣位光緒二年紐來有心疾大臣立其弟哈米國人

不服又以教事構兵屠戮慘酷鄰國皆惡之勢蹙衰矣瑞國處窮髮之北瑞典二十四部挪耳瓦即那威十七部時分時合北負冰海貧瘠特甚丹馬國更小地形從日耳曼北出如人舒臂與瑞國南境遥相迎拒作凹凸之形國分五部有加的牙海峽為波羅的海要隘希臘本古名邦今為新造之國地分十部國小而治文物泰西為之冠諸大國亦尊禮之古希臘十二國今西土耳其全境新希臘則雅典一部古亞德約斯之南境也西班牙三十四十九部國勢弱於法蘭西而地相若明時航海得南洋呂宋地遂成大國屢與各國構兵康熙十七年曾入貢道光中女主依撒伯爾拉立屬地多叛同治中所屬古巴島復自立為國大臣廢女主而迎立意大里亞世子阿馬得牙在位二年其前王之從子登卡洛斯遂奉依撒伯爾拉之子阿耳分所既而自立戰爭屢歲阿馬不安於位遜歸意國人遂仿瑞士之俗為民主之邦編為十七國呂宋古巴皆與焉依撒伯爾拉改嫁法王子多勒多光緒元年國人迎立阿耳分所屬國復合而登卡則儼然敵國矣葡萄牙小國處西海之濱附於西班牙地分六部明隆慶時航海至廣東乞租香山濠境隙地疆臣林富代請許之因立埔頭於澳門遂為泰西通市之始其後營廣土於南亞墨利加建巴西藩部旋亦自立為國康熙五年國王若望遣使臣麥德樂入貢方物四十餘種九年國王阿豐肅即亞方蘇第六入貢十七年表貢獅子五十九年使臣斐拉理入朝　召見於暢春園之九經三事殿　賜坐賜茶雍正五年貢方物乾隆十七年國王若瑟表貢自來火器等物十八年使臣巴哲格來朝　上御乾清宮見之瑞士分二十二部不立王侯推鄉官理事近交攙於德方黜教黨立為合眾之國國勢方興未艾也荷蘭比利時本一國所分東為荷蘭十一部西為比利時九部亦時分時合順治十二年荷蘭入貢通市康熙二年定貿易二年一次三年助克廈門金門

有功六年使臣卑獨攀阿閏入貢二十五年使臣賓先芝巴入貢乾隆五十九年　特免貢使所帶出口貨稅同治十三年比利時使臣色而能仕入朝荷蘭澤國好勤遠略明時嘗據臺灣屢犯閩浙鄭芝龍嘗焚其舟後臺灣為鄭成功所得荷人受創甚鉅不敢報也南洋島嶼荷蘭佔據最多近與亞齊屢戰不勝卒與聯和諸島騷然漸有鞭長莫及之懼德國窺昌偏近肘腋荷勢且入為屬國比利時西面附庸尚無足重輕而南島夙為荷埔者若隸於德則東道關鍵皆在其握英法所必爭也南洋諸島國呂宋在臺灣之南再南為西里百島西里百之東北為摩鹿加再東為巴布亞大島西里百之北為蘇祿再西南為婆羅州（泥婆婆登婆羅門明浡唐吉里地悶文萊等國）由廈門趨七州洋過崑崙而南為噶留巴（梁耽爲唐闍婆元明爪哇等國）再西為蘇門答臘大小亞齊在焉巴蘇兩島相望海口之峽曰甡仫（即舊港地）為歐羅巴西來要道蘇門答臘之東北有長島為新嘉坡麻剌甲稍西別一小島為檳榔嶼明以前諸島國屢通朝貢與滇粵邊徼安南暹羅南掌緬甸諸國同列藩服迨歐羅巴人航海遠來其始以重幣購片土為埔頭泊舟立市傳布其教盤踞既久徒黨日衆漸而攘其賦稅漸而劫其君長漸而奪其土地馴而致之不勞而定或遇有機會可乘則以大兵威之飆馳電掣等於拉朽摧枯百餘年間島夷翦滅略盡惟蘇祿以彈丸僅存於是葡萄牙踞澳門（即濠鏡）西班牙踞呂宋荷蘭踞西里百摩鹿加婆羅洲噶留巴大亞齊諸島而巴布亞荒島亦墾而闢之同治中法蘭西侵佔安南之嘉定省英吉利侵佔緬甸之漾貢設分埠而中國南徼處處與泰西交涉矣昔漢人謀通大秦屢為安息所遏桓帝時始得一通竟不能再至明時歐羅巴人航大西洋海繞阿非利加之南過大狼山（即岌樸一名好望角）東泛南洋諸島而趨澳門水程約三萬里道光中由直布羅陀海口東駛入地中海至埃

洋務時事彙編

寅

及之蘇爾士登陸易火輪車至紅海復浮舟出亞丁入印度海泛南洋入巽他峽至新嘉坡經安南達香港計程可減其半同治季年法蘭西與埃及鑿蘇爾士開新河至亞勒散得由是三萬里海面一葦可航光緒初英人購買此河遂專歸英轄由倫敦四十日可達津門則火輪之神速也南洋地近閩廣華人流寓日衆適年呂宋亞齊之人逐西班牙荷蘭所置吏自立為國由是南洋島國駸有勝廣求六國後之勢而歐羅東道漸有戒心競請中國於新嘉坡金山等處設立領事保衛華人亦所以羈縻之防其揭竿而起也近聞英人謀開鐵路由印度以通雲南殆有攻越西道之志光緒元年騰越外徼遂有土番攻殺英探路使者馬嘉理之事矣同時土耳其沙納利革亂民戕德法兩國使臣土國以銀四萬磅卹其家其事遂解又威克尼斯之獄英人為古巴人擊斃者白人十黑人九西班牙卹之白人人給銀五百磅黑人人三百磅而已俄羅斯北鄙亞爾干日爾部人長三尺以犬為馬以鹿為牛古之僬僥氏也南亞墨利加南服有巴他峨拏部一曰智加人長丈餘古之鄋瞞氏也以其不通中國故不具論

瀛海論中篇

張自牧

今夫數千年未經見之事數萬里不相知之人一旦盤踞於腹心之地往來於堂闥之間此古今運會一大變局也今士大夫談洋務者大畧數端曰　國體也異教也西學也語言文字也火輪車舟也水陸兵法也火器也海防也聞嘗綜而論之三代以後中國莫強於漢莫弱於宋漢與單于為兄弟屢立盟約中郎將王駿使匈奴班四條因收宣帝時所為約束封函還此換約之見於漢書者持節之使軺車四出當時不以為辱而終能受單于之朝蓋文帝天地之量武帝雷霆之威先後濟美至宣帝乃收其成功此固非賈生痛哭流涕長太息者所能知也宋人日尊中國爭獻爭納斷斷不已而國勢日即於弱卒至求為小朝廷而不可得就往事衡之而一切

書生議論皆可息矣古者天子諸侯相見有拜首稽首之禮其辭曰伯父叔舅陪臣來聘王有燕享且以公卿往報之不聞有議其損威者境內之列侯且然況絕國之人與我本無君臣之分者乎耶穌天主之教傳入中國好事者指為巫蠱魘魅及采生折割諸妖術又苦無實據萬口詆諆而無如之何蒙以為此不足辨也西洋三教同出一源耶穌為洋教即天主教路得為西教即耶穌教保羅為希臘教蓋墨氏之本旨而緣飾以桑門天方之說煦煦為仁孑孑為義兼天下而愛之徼遂萬物以利之無君臣父子夫婦兄弟之倫而一以朋友之道處之博施尚同而昧於本末親疏之道耶穌以濂水賫血普救世人所謂摩頂放踵利天下者也火器殺人如草竆極允殘而獲囚未殊者從而療治之宋襄公之仁義也雖然晚近士大夫重利輕義骨肉親戚之間一粟一帛較算必精耰耡德色箕帚誶語而偶有羸餘則好為博施振窮之善舉往往釀數萬千百金之資以贍夙不相識之鰥寡孤獨而其親族故舊有不免於飢寒者厚所薄而薄所厚顯背聖經自蹈兇舜猶病之誚舉世方且翕然稱之以為好善樂施是墨氏之教本自行於中國耶穌其小焉者也彼不過扁鵲華陀張陵寇謙之之流能以其藝為人療疾如古之良醫巫耳教王在歐羅巴有大權如西藏之有達賴班禪近其氣燄已漸殺既入中國其勢更微教堂之建不過如天方之有清真寺及釋老之寺觀而已今天下各行省流寓之人各立會館祀其鄉之賢者歲時羣集酬酢有事則聚謀之泰西人去家數萬里而來與其本國之人立一廟以祀其本國之神為歲時聚會之所此人情所宜有者西俗好以利啗人海濱罷民籍入教以誘其財者有之從不聞衣冠士族靦然從其教者此亦何關輕重而煩吾黨之辯論哉近年翻譯中國書籍漸通華文詩易四子諸經並法德瑞士各國兒童多能誦習不及百年吾教當遠

彼於西土中庸言凡有血氣莫不尊親殆其時乎今天下競談西學矣蒙以為非西學也天文歷算本蓋天宣夜之術彼國談幾何者亦譯借根方為東來法疇人子弟類能知之大戴禮曾子曰如誠天員而地方則是四角之不揜也註方員同積員者必不能揜方之四角今地為天所揜明地在天中天體員地體亦員也周髀經云地方泛四隤形如覆槃易乾坤鑿度云元氣隤委孕靈坤捏積土形不騫攡大極有地極成人極靈天有大極地有大疆坤母運軸爐灰經云天元氣練十周為正土塡圜塞化蒼頡云地日行一度風輪扶之書考靈曜云地恒動不止而人不知春秋元命苞云地右轉以迎天河圖括地象云地右動起於畢利瑪竇南懷仁輩所論地球渾員及天靜地動之說實根於此墨子云化徵易若鼃為鶉動物之化五合水火土離然鑠金腐水離木金石草木之化同重體合類異二體不合不類此化學之祖也以百物體質之輕重相較分別品類之同異西人次氣輕氣養氣炭氣之說仿此　均髮均縣輕重而髮絕不均也均其絕也莫絕即西人金錢雞毛之喻　一少於二而多於五說在重非半弗斮倍二尺餘尺去其一此重學之祖也臨鑑立景二光夾一光足被下光故成景於上首被上光故成景於下鑒者近中則所鑒大景亦大遠中則所鑒小景亦小此光學之祖也亢倉子云蜕地之謂水蜕水之謂氣此汽學之祖也經言地載神氣神氣風霆風霆流形百物露生此電氣之祖也關尹子言石擊石生光雷電緣氣以生可以為之淮南子言黃埃青曾赤丹白礜元砥歷歲生澒其泉之埃上為雲陰陽相薄為雷激揚為電上者就下流水就通而合於海鍊土生木鍊木生火鍊火生雲鍊雲生水鍊水反土及夫頓牟掇芥磁石引鐵之說頓牟即琥珀泰西人初講電氣謂之琥珀氣又謂地球乃一大磁石有自然電氣　中國之言電氣者詳矣至於圜一中同長方柱隅四讙圜規寫殳體入觚即殳割圜之義　方柱見股句股也殳股二字沿本皆作义古文通用　重其前弦其軲法意規員三以上皆八綫三角之祖　神機陰開剞劂

無迹城守舟戰之具蛾傳羊坽之篇機器兵法皆有淵源墨言理氣與管關莊列諸子互相出入韓非子呂氏春秋諸書備言墨翟之技削鵲能飛巧輗拙鳶班班可考泰西智士從而推衍其緒其精理名言奇技淫巧本不能出中國載籍之外儒生於百家之書歷代之事未能博考深思乍見異物詫為新奇幾欲舍所學而從之亦可哂已西人言理莫精於氣土水火之說即釋氏地水火風之旨而其源實出於周易四象蓋乾坤坎離先天四正之位以巽從乾以艮從坤以震從離（在天為雷在地為火）以兌從坎氣入土而生萬物草木金石五蟲皆地所生而稟氣於天此萬物之體也既生之後則草木金石五蟲各含水火之質此萬物之用也西人言器莫精於十字架蓋奇偶相交之形周之成規折之成矩齵之成角剖之成弧制器之用備矣先儒相承河圖洛書中宮五數皆作十字綫特未闡其義耳惟其具天地之全體兼水火之大用故能劾治議駁奇衺之有害於世者周官壺涿氏掌攻水蟲若欲殺其神則以牡橭午貫象齒而沈之午貫者十字也漢書方術傳謂之禁架古之巫醫皆有是器耶穌殆得其遺法嘗操十字以行其術耳而湯若望龍華民輩乃訛為受刑之具或又疑為窺天之器則西人之陋已（凡醫巫有神術者往往不得其死扁鵲華佗趙炳費長房之類是也耶穌為人所殺殆亦由此但不必訛為釘架之極刑耳）周禮保氏教國子以禮樂射御書數為六藝六經諸子論禮樂之微通於性命九章之奧窮極造化而樂與數尤相為表裏漢人讖緯宋人性理皆由此生各就所見引而伸之遂成一代之學　仁廟欽定律歷三書推闡律數至精至詳王氏錫闡梅氏文鼎江氏永戴氏震諸儒皆能探賾鉤深發明理數舉所謂西法者悉融會而發明之且有更精於西人者今欲制機器測量萬物運用水火誠不能不取之於三角八線及化器電火諸藝術然名之為西學則儒者動以非類為羞知其本出於

中國之學則儒者當以不知為恥是在乎正其名而已泰西文字本於佉盧史記大宛傳漢書西域傳皆有書革旁行之文墨子經上篇云讀此行旁書此尤文體之大可據者今其字各國不同俄羅斯波蘭臘丁哀斯脫希白來德意智與斯瑪加義大利法蘭西各有文字而大略相近推英字為宗以二十六字母分攝諸音合數音而成字（惟法字只二十四母）亦猶國書蒙古書之體西語緐重有一言而累而餘字者其所稱名物與中國縣絕非通其語無由知其義也希臘為文學之邦而其人罕至中國英法之書大抵實義居前而以虛字綴其後言之不雅馴非通其文亦無由讀其書也古蠻貊之隸掌與鳥獸言蓋天籟之自然中國以字隸音諧聲居六書之一外國以音隸字音變則字從之而變遼金元史篆所載人名官名至國朝而更易過半蓋年久音變以今音譯古語勢不能吻合非必古疏而今密也泰西入中國不三百年而譯音已屢參差今宜但識其名物實義之淺近可據者以中國字母為主就西字二十六母參合樹證之以反切之法通合音之未備俾粗通其字義言語不至為寄象狄鞮所欺足矣原不必殫精竭慮以深造乎侏儒之文也火輪舟之制不過數十年（乾隆六十年塞明頓創造嘉慶十年富拉頓造成）火輪舟更出其後（嘉慶五年德微的創造道光七年斯提反筍父子造成）懋遷輪轉坐致富強日本波斯皆慕而效之今俄人輪路自彼得羅堡（俄都）東北越多木斯科痾本斯科至恰克圖復規畫黑龍江伊犂等處英人輪路漸至印度緬甸達雲南兩藏之外法人經營安南暹羅亦有開輪路達粵西之議近上海吳淞口亦造輪路環中國四面皆將有金輪鐵軌焉論者多以為憂蒙竊攷古有指南車飛車其制不傳火輪車本唐一行水激銅輪自轉之法加以火蒸氣運名曰汽車運載百物能縮跬步於千里絕迹飛行自是通商利器法人盛時嘗為輪路以偪普及其衰也普人即由

輪路伐之適自敝而已且鐵路平蕩稍偏頗立敗投卷石覆簣土即不良於行數年為之而不足一夫毀之而有餘非杞憂之所亟也輪船機軸與汽車同引重致遠尤利多載中國設局仿造兼購外國之船用財逾千萬度支苦之泰西以商為國本一切大政商賈皆得與左傳陳懷公朝國人謀從吳楚子產對韓起曰先君與商人世有盟誓蓋猶有春秋遺風其電線火輪舟車本為行賈而設兵船火器皆以保衛商人故民樂為之耕織煤鐵皆取資於機器富商大賈競出財營造貿易集而力易舉為其有利於己也人情各謀其私其謀乃精陰符經曰天之至私用之至公蓋合百姓之私以成王者之公也中國官與民勢分懸絕氣扞格而不相通仿造輪舟機器皆官任之而民無與其事勞而難成蓋未嘗與民同其利也希臘人希羅初造蒸汽機而未知其用明末法人高斯國初英人吳斯德侯始明用法康熙季年塞法利繼之其後牛國民始以蒸汽轉輪瓦德補其未備而火輪機軸器具乃全以汽機代紡始於阿克來以汽機代織始於德克來今蒸機火機通應百務徧行於泰西各國抑又聞之中國謀生之術如農夫紅女百工其為道也甚迂而收利也甚薄先王之治天下使民終歲勤勤而僅能溫飽其身故曰民生在勤勤則不匱又曰民勞則思思則善心生所謂家給人足者誠欲其勤而得之非欲其佚而致之也今舉耕織煤鐵之事皆以機器代人力是率天下之民習為驕惰而坐擁厚貲其有不日趨於淫侈者乎南畝之農夫北山之礦工及其挽車操舟者流數千百萬人之畢生胼胝於其中一旦為機器所攘奪失其謀生之業其有不相聚為亂者乎泰西機器之行未及百年而大亂屢見殆由此也大抵機器初興能頓致其富有之既久物以多而價賤其利仍歸於薄近年泰西商賈日形消耗輪船電線之利皆遠不如通商初年之盛老於航海者皆能言之凡世間機巧便利之事斷未有能經久不敝者今如海濱各省商民嗜機器之利或糾貲仿造或與洋人合辦凡

舟車耕織煤鐵諸務可一切聽民自便目前實能驟分洋人之利更歷百數十年仍當以利薄而廢民間農工商賈之趨向有莫之為而為者至於腹地各省與洋人夙不相習則亦何必開此向來未有之風氣扭一時弋獲之利而貽他日無窮之憂乎兵輪船水戰有方圓橫直諸陣奇正開合變化不窮其撞截抽擊諸法仍即握奇八陣而小變之雖船專以攻堅鐵甲船能拒火攻最稱時尚然大水雷亦能燬之且笨重遇撞易沈順治時鄭芝龍焚荷蘭夾板船其時尚無火輪道光時臺灣官兵焚英吉利輪船其時尚無鐵甲近日英國鐵輪船兩次遇撞而沈一次為海盜所燬德國船廠已於同治十三年停造鐵甲當更有新式踵出矣泰西練兵極精步伐整齊有山笣水流之勢儼然節制之師乍見幾詫異不可敵然嘉慶二十一年窩爾德祿之戰法兵大潰英人追殺二萬級道光二十一年興都哥士之戰英人大潰俄人逐北數十里同治九年師丹之戰法兵大奔德兵俘虜萬餘人是歐羅巴域中合戰何嘗無狼奔豕竄轍亂旗靡之事其入中國獨能整齊致死其故有二一則去國數萬里言語不通道里不識潰敗即無可逃匿人人有必死之心故其氣直前不撓韓信背水而陣蓋亦迫之然使一則中國本未與之鏖門道咸時一再失歡然或交綏而旋解或聞砲而引卻非真有伏尸百萬流血千里之事也惟其人堅韌耐勞苦心志專一王子貴人與士卒同甘苦英主之子丁保羅（一曰恩波爾）為俄主之壻其貴戚可知乃初充測蘭地船水手繼擢蘇爾坦船船主近始擢副提督蓋必能極水手之長乃得為船主能盡水軍之技乃得為兵頭三軍之中無倖進者故上下一心可同生死軍律之精嚴自非內地土寇及回苗諸番可比苟非有百練之兵斷不可輕為嘗試耳自古治兵重首嚴整書牧誓詩常武周禮大司馬及管子孫子所言綦詳泰西練兵

適與古今但當自責以今人之不如古人正不必自諉於中國之不如外國也管子為兵之數存乎聚財存乎論功存乎制器存乎選士存乎政教存乎服習存乎徧知天下存乎機數兵未出境而無敵者八泰西用兵實能備此八者若僅師其聚財制器服習機數四端猶未能窺夷吾之全也至於火器雄猛愈出愈奇後門新式靈捷異常似天下無可守之城矣然攻普魯士攻杷的加雷城登千洛斯攻比爾波亞城用克虜卜大砲虜伯一日克經年不下甚至西班牙攻登千士堡亦不能克同治中粵匪據金陵安慶九江諸城官軍用洋砲攻之亦迄無成功其後金陵之克仍用中國穴攻之法拔之惟時洋將戈登華爾輩皆在軍中未嘗不歎我軍之驍武也從前失和彼嘗陷我寧波廣州天津等城亦非關巨砲轟擊者按泰西人紀載云火砲創於中國元末日耳曼人蘇爾的斯始仿為之其後元駙馬帖木兒威行西域歐羅巴人有投麾下者攜火器歸講求練習盡得其妙又變法為鳥槍明時佛狼機即法蘭西至粵東鳥槍遂傳入中國是火礮本由中而西也史稱元以紅衣火礮攻金蔡州則蒙古亦先有火器彼師我法而能精之遂高出我之上亦我之恥也今各國著名之槍英用馬踢呢亨利德用茅塞俄用彼耳打奴美用林明敦法用勒格拉瑞士用法德利又有水雷魚雷以電氣磨之於水中發火防海利器中國皆能仿造大砲德用克虜伯英用烏里治亦皆購而得之沿海起廣東迄東三省袤延萬里廣州廈門寧波上海鎮江燕臺天津牛莊及內地九江漢口洋人皆有埔頭租地搆樓屋積貨財婦子聚居已二十餘年輜重既多當不敢輕於發難各國在西土本多猜嫉之情其入中國互有牽制之勢當不能聽一國獨有所逞上年日本攻臺灣生番英公使力為居間亦慮其擾亂埔市也又彼越海遠來志在牟利非有覬覦土地人民之心繇此三省言之則海防非所亟也然彼之國南洋羣島圖印度諸國其初皆租片土立埔市日積月累而卒遂其囊括席捲之謀英人專有印度而法嚏崙之埔自若也若人專有葛留巴而英埔自若也西班牙專有馬呢剌呂宋大埔而法埔自若也印度如商德爾

埔法荷機埔蘭西林不爾埔丹諸埔不下二十餘處當英人大舉攻孟加臘時不聞法丹諸國起而救之也英人經營澳大里亞荷人經營巴布亞皆越海數萬里不憚荒穢而墾治之曾謂數千年文明富庶之中華獨不足以動其艷羨殆未必然矣惟彼國善於用兵而愼於言戰我無瑕釁可乘亦斷無輕舉妄動之理古人言戰勝於朝廷折衝於樽俎非謂盡弛邊防也惟我政事修明紀綱整飭潢池無盜弄之變遠邦自無窺伺之心若處處設防兵日日修守備則晉士蔿之無戎而城明太祖之沿海置戍民情傚擾而不安財用浩繁而難給得毋為遠人所竊笑乎

南洋形勢遊歷芻言　　黃楙材

南洋羣島星羅棋布環遶中華其民皆巫來由種類最為誠樸近世以來泰西諸國輪船東駛爭踞其地但用一二兵船震以巨礮即鳥驚獸散割地請和蓋土民不習戰鬭部落散處不相統一是以不煩兵刃取之甚易也葡萄亞據有西呂伯西班芽據有小呂宋荷蘭據有萬刺巴婆羅洲蘇門答拉惟英吉利據地最多澳大利亞一島幅員萬里所產金礦甚旺稱為新金山華人僑至鶩集多至四十餘萬此外地間雪梨檳榔嶼麻六甲皆繁盛著名之區舊時泰西諸國之商船來中國者必遶阿非利加之南經好望角由巽他峽（峽在蘇門答拉葛留巴二島之間）以七八洲洋自後鑿開蘇彝士運河地中海與紅海相通輪船往來皆舍彼而就此捷近二萬里而星加坡一埠遂為海道咽喉四方電綫文報悉萃於此英國鎮以巨酋戍以重兵屹然為南洋巨鎮蓋自英人侵佔印度國富兵強挾其詐力漸拓而東蠶食緬暹鄰境討誘羣番小島攘奪諸國市埠經營牟利無孔不入數千年來雄長海上莫與為敵他如法蘭西之覬覦安南匪伊朝夕俄

羅斯新與暹羅立約通商其意尤為叵測夫中華自古帝王務修文德不勤遠畧宋捐珠崖明棄交阯臺
灣一島至我　朝乃隸版圖區區南洋未嘗措意然而古今異宜前後殊勢昔為島夷雜番今為歐洲雄
國環起而伺狡焉思逞昔時之南洋無足介意今日之南洋必當預謀也況夫海禁宏開華人出洋營生
者實繁有徒夫同類則相憐異類則相軋人情大抵皆然或受土民之欺侮或遭異邦之虐政無所控訴
其情可憫故論其地則近在肘腋為中華之門戶論其人則百萬羈旅盡中華之赤子亟宜添設領事以
資保護特遣大臣一員駐紮星加坡統轄南洋一帶事務併添置兵船散布各島輪流游弋以壯聲威如
此則勢聲聯絡人心固結不必與諸國據地爭城而南洋數十島之形勝利權已歸我掌握更足以上崇
國體綱紀萬邦節制東西兩洋而無難矣今論者於沿海港口修築礮臺為自守之策顧海疆萬里汎
港紛繁節節設防備多力分何若挽之於外洋尤易出奇而制勝不能戰而後能守必能制人而後不為
人所制夫陸軍步兵華人擅長非他國所敵惟水師戰艦尚須講究者能練成精軍數萬分駐南洋抑強
扶弱長駕遠馭不但鄰近藩屬島夷雜番俯首聽命彼歐洲雄國自不敢妄生窺伺之謀矣方今東西洋
各國既已分遣使臣設立領事梯杭重譯修好睦鄰而咫尺南洋豈可視為緩圖謹將南洋事宜具陳四
條如左一曰添設領事以收人心也查歐洲諸國華人寥寥無幾惟南洋羣島所在多有綜而計之不下
數百萬衆泰西之商皆糾合股分萃為公司貲本富厚多財善賈華人則隻身空拳不數年而致鉅富者
有之經營貿易之事獨為擅長至於開墾耕種能耐勤勞尤非番人所及華人愈多市埠愈盛故諸國始
而招致繼而妒忌既無官長保護難免虐政侵漁宜將戶口詳細稽核凡滿萬戶以上設立領事官一員

及此數者或數埠共一領事領事之下分設官長令商民公舉夫英人佔據各處馬頭多係公司衆商之謀今可仿其意為之客長之中有才能素著為衆所服者即給以頂戴畀以職事上下一體中分一氣將見生齒日繁商賈漸興南洋數十島之利權一旦盡歸之中華矣一曰考取洋學以羅人才也查各國互市辦理洋務急需人才中華特遣幼年子弟分投外國學習為數有限經費甚鉅不若於南洋各島興立書院訓課洋務繙譯漢文其經費由商民自籌每隔三年考試一次擇其尤者作為生員給以頂戴再至三年復試之擇其尤者咨送總理衙門學習儀節以備繙譯領事之用夫外國語言文字必須自幼學習始能精通內地學者不能兼擅而華人生長海外者又多解洋文而不諳華語求其中外兼通足任繙譯之事者頗難其選況夫領事之職辦理交涉事件尤宜暢曉洋文熟悉土語而後情形無所扞隔措施鮮有窒礙若專設一科予以登進之路彼旅居華人不致自外生成必皆踴躍從事而　朝廷聲教遠被遐陬尤足以維繫人心鼓舞人才因時制宜獲收洋學之實效矣一曰探測海道以資習練也夫海疆設防以輪船為要輪船駕駛以海道為先全船之命係於舵師西人於船師一職頗為慎重必須深明算術兼通天文熟習潮信風期諳練水性地理所繪海圖淺深曲折一礁一砂纖悉具備遇有危險之處必建塔燈浮標以識之按圖計程不差尺寸外洋各國常遣兵船探測海道雖藉口商舶往來實有陰謀叵測我華人聰明才智不讓於人但駕駛之事必須親身閱歷非可徒託空言宜設專門以資訓練又水師將士必能慣狎風濤熟習形勢須分派兵船常時出洋東至日本西至印度南至新金山其間島國岸國港口海道一一探試無訛繪成圖說無事則商船出入無所窒礙有事則兵船巡邏有所扼握斯為籌海之急

務也一曰聯絡鄰國以固藩籬也查緬甸暹羅越南三國皆瀕於海為我藩屬世修職貢華人旅居其地者多至數十萬衆諸國亦與華人相習不分畛域獨是緬甸見逼於英吉利越南見侵於法蘭西眈眈日睨其旁狡焉思逞暹羅介乎二國之間不便海道僅能自保惟檳榔嶼割賴於英英人陸路電綫必暹暹地故降志修好得以專力從事於緬肆其遠交近攻之術此外如真臘大年彭亨爪哇亞齊及巫來由之種類久已降在臣僕等於江黃不祀良可慨矣今宜於緬甸之阿瓦暹羅之賓角越南之順化各設領事一員常川駐紮講信修睦聯絡聲氣彼三國者自知强弱不敵皆思仰伏　天威得綿禋社為幸至若廓爾喀布魯克巴為三藏之屏蔽雖蕞爾彈丸然地形險固民性勇悍亦當撫以恩信堅其內附之忱非然者封豕長蛇曷其極有藩籬之謂何一任羝羊之觸而不為之思患預防哉

書魏默深籌海篇後　邊防偶述

海氏海國圖志百卷首以籌海四篇曰議守議戰議款其議戰篇云既款之後宜師夷長技以制夷又欲立譯館繙夷書以求熟悉夷情茲數者近二十年執政諸臣皆欲藉此為富彊之圖備邊馭敵之長計也而卒未足爭彊外洋何哉蓋古來善用兵者每以長擊短不聞學敵之長而以擊敵所長也方今敵之所長在器械之精堅行駛之靈捷而不徒恃其精堅靈捷也在節制之嚴整才力之猛鷙而不徒恃其堅整猛鷙也其致治之原在君民一體而呼吸可以相通其自彊之道在志慮專精而措施必求實濟乃我之學彼非特昧其致治自彊之本并所謂器械行駛節制才力而皆遜之宜任敵之縱橫海上而無一可以應之也兵不素練與無兵同利器不得人而用與無器同今之患非患在師夷之船械而不復知養兵練

兵哉近因關外防營偶為敵挫仍藉口於戰守不足議撤北圻軍以與法和彼議和者固將以簡練各省師徒徐俟後圖而不妄舉耳嗚呼曾謂備戰二十年糜帑千億萬迄無一兵一卒之足用繼此而撤防株守幷償法人通道雲南之奢願尚能力圖整頓以善其後乎或謂我之懼法不在陸而在水不在滇粵一隅而在沿海各口愚恐自是以後西南之藩籬既潰則粵滇在在可虞水陸亦處處可入不獨如或所慮水道海口已也今豐潤學士請設濱海七篇兵輪而以審形勢練將才治師船攷工用四端為水師政要誠合大易窮變通久之言而蒙意有進於此者則數十年來諸臣身任海防之得失若何辦理船政機器若何當明賞罰以資振勵也治海水勇之分防截攻孰優及輪船篇駕之可用與否當精考覈以杜虛糜也弊革而利乃可興黜不肖而賢才始出否則非徒萬餘里海岸之廣外患固不勝防即歷辦洋防與購洋輪軍火者之耗蠹百出積習相沿先禁之無從禁矣此　國家日求富彊而日愈貧弱之所由來也今治北洋失律之罪則或黜或誅威令未嘗不肅不知南北洋之捐糜財力奏此洋務人員能保臨事有用而不遺退乎舍此責彼何以服人　朝廷不明示刑賞舍用之公而欲得人以飭邊防難矣嘻亡羊補牢今日誠為未晚乃牢壞而莫之補而曰吾將張弓挾矢以待盜羊者而與之從事恐矢未及加並為盜攫之去而咄咄書空矣今日之防務何以異此而各海疆督撫大臣猶欲以此欺飾　聖明欲棄越南而聊固吾圉耶

沿海練水師議　邊防偶述

魏源有言禦河寇者但有守內河之法無守海面之法其說誠然然使海上無可用之兵可恃之戰船礮

械而欲專守內河則內河亦萬不能守蓋外海者內河之藩而水師者陸營之衛藩衛撤而腹地能安古未之有況沿海要區及孤懸海中之地之無內非外乎我欲棄不守之地以退扼內港而內地已惶惑不安敵更勾近地之奸以需我軍情即誘敵之伏兵安用故今籌瀕海防守則陸軍重而水師尤先水師之萬不足恃已見於近日馬尾一戰矣而平時之漫不訓練者耗軍需則歷辦洋防船政諸臣實咎無可辭而不得諉罪於舍和主戰之人也以主戰為不量力己則夙昔之備戰何為當戰敗而始悔疏防則水軍之積習宜挽挽積習奈何一曰擇瀕海疆吏以專責成也自來籌禦外患者或議用陸師或主簡器械或擬選沿海之督撫州縣以效臂指之聯然而海口疏虞則陸地必不能守也購造舞弊則船械必不可用也握要以圖惟海疆大吏慎選得人實為海防第一義矣沿海督撫苟各得練達忠誠諳熟洋務者以任之俾就本省所有兵輪考驗管駕所在採辦遴委暨員并精擇各海關道及統帶水師各官而責令隨時督察稽查懲貪剔蠹則一切善後事宜有不漸見振作者乎其要曰礮臺則略仿近人用礮要言與新法礮臺議諸篇以遞建設拖放其扞沿海城邑與平日之築城固壘則用今人救時芻言之策藉資守隘而遏敵鋒皆責成各疆吏切實奉行不得踵故習以苟且粉飾斯可耳二曰練水師將才以資統率也練將之要或謂陸軍宿將恐遷地弗良募用洋員則臨敵請退欲求水師將才惟出洋學徒幾中選斯言是庶也過來閩江中法之戰我兵輪九艘惟揚武船所用出洋學生拖礮最靈且準故能傷其統師而擊斃敵船引港之人其技勇義憤論者謂雖敗猶榮倘各省師船每船簡擇此一二人以任教督并時時游弋聚操而誅黜其驕貪無用未事先逃之將并數人以明示懲勸則奚患水師之濫竽充數敵未至而早見敵

懲哉惜前豐潤學士多抑力戰復生之船上學士而飾奏陸營拒敵之功以掩已先奔避之跡也三曰練礮兵以資轟擊也南北各口兵船既患器窳且小又不諳輪船布陳之法而不足應敵矣但舍此而別購堅艦無論利歸中飽構者未必果堅且當中外有事必格於泰西局外之例而斷不克購自外洋今欲抵禦法船與策我船之往來應接惟每船選募礮勇四人而日講求擊敵之法最為要務已其法維何曰先擊其船桅頂之人蓋敵當交戰時其主將必立桅頂以便指麾殪此則彼軍無主而全船易以擾亂也次擊其桅上之繩蓋是繩為衆繩之綱斷此則衆繩紊亂而彼不能駛礮以攻已再擊其氣管而未復擊其烟筩以氣管破而水鑊立炸烟筩壞而烟且不能上升也四人各司其事設遇敵船則如法攻擊而不輕施放庶可洞中一二俾敵不得駛船橫行我船徒呆守各口而無所用耳四曰練舫勇以助分防也水師必以閩粵為主而以江浙為輔魏氏海國圖志嘗極言之矣近出洋學徒臨戰可用之人非粵產係閩產其次求又匪伊朝夕已今擇其戰有成效及投效各生洞悉敵情而忠實無他者任以督帶管駕之職俾練習閩廣善鬭之兵而備轟擊應援之用當已不致疎虞矣而沿海漁戶梟徒狎習風濤操故業而不盡應募為兵者浙閩江廣間亦實繁有徒特不可偏用之以當大敵耳誠飭向辦漁團之著有成效并通曉西法者以督率漁舟操練技藝而為日後推廣南洋水師之輔平時則於沒水能擊乘夜火攻諸法必使講求純熟並習洋鎗洋砲及西洋陣法以備臨敵分防因應不窮之用豈不當於古人用間用奇之旨乎若備照海明燈以防敵夜犯多造蚊子船之便守寬大海口者近人已有議及而無庸贅已五曰　特派知兵大臣以巡察海軍也茲當創設北洋水師　朝廷以事體重大既　命醇邸總理海軍事務與授

李傳相曾侍郎等會辦幫辦之職矣　睿慮周詳下士復何敢議惟外海兵輪平時操演駕駛之宜與臨敵迎剿截擊之法莫要於管駕得人而所難亦正在此非　特命廉明公正之大員以時巡察而從嚴舉劾斷不能挽積習而杜欺朦愚謂宜仿巡閱長江之制即令幫辦海軍如曾襲侯者每年以春秋兩次周歷兵輪察視各管駕及弁兵之勤惰得失而黜陟分明其一切採辦製造局員亦當歸渠察核而奏定撙節舞弊之誅庶虛不致糜巨款但資蠹蝕而取笑外邦也夫防海要務其大者厥有五條使不於此實事求是則雖海軍漸次擴充籌款足敷建造恐外侮之來仍供一爐而靡足恃耳吁　國力絀矣又豈堪任各省巧猾人員重蹈覆轍而濟私誤公哉

備夷策

歐陽柄榮

自海禁宏開而夷舶輻湊實古今一大變局魏源籌海三策四論止是道光間情事左侯相序謂其所設方略非盡可行而大端不能加洵篤論也況今視同咸間又變視光緒初亦稍變矣爰就管見聊攄末議魏志已及不詳述焉昔之備夷專在海口內河今則兼在邊境藩屬英志也臺議約闌入准其探藏路一條非僅注意藏地蓋欲開道滇蜀為陸路通商捷徑法之取越猶英志也乃英則番民亦能阻止法則兵力亦難捍禦雖其驕過橫英亦由中樞大臣為積威之所刦耳今法聲言欲據福州蓋即英人道光末年聲言直搗阿瓦故智倘亦如緬被其恫喝非特難望普魯社亦且有愧馬達加斯加矣竊計法兵艦不過廿餘艘法兵士不滿五千人就今實欲一戰無論不勝普與英俄必乘其弊既使倖勝洋人既守局外漢奸亦絕勾通彼之軍火炭米淡水馬匹亦難接濟我果奮然一戰無論不客勞逸衆寡順逆大相懸絕可

卜必勝即或不勝法之彊不過佛貍今之政豈亞元嘉彼徒得一戰質尚不使虜馬飲江此有檀道濟數人何至牽動全局且法之不難敵亦明矣劉團義旅數千卒能覆軍殲將今之率土同憤十倍劉團法之出於聲與刑而不出於實正畏此也英俄各國胥視此為進退苟又不戰而和三年內外英必過獨吉稿俄必過興安嶺高還緬藏諸藩必難全矣中樞不允賠費計誠是也而終不肯戰者非以戰之難保必勝乎不知事無全利亦無全害李密惟遺柴孝和而駐東都故易勝為敗莊宗惟聽郭崇韜而襲汴京故轉亡為存自古英雄舉事以多顧慮而至敗亡不可勝數苟非倜儻無前若小太宗未有能行度外之事奏非常之功者也乘機會而息後患惟在斷與不斷耳備禦近策有八遠策有四一曰辦團以壯聲援踵保甲成局著實行之雖不能捍外寇實可以靖內奸至於漁團其益尤大二曰築塢以護礮臺勿蹈道光間虎門廈門定海上海寶山覆轍三曰掘地洞以避開花礮礮然則入洞以避礮止則出洞以禦夷礮雖多且利亦難驟進四曰結劉團以復東北圻越南故所以地劉團能復即以予之并許竭力援應劉團不亡非徒兩圻難為法有西貢海防商務必多妨礙捐虛名而收實效此類是也六曰自為守禦難易顯然五曰募善泅膽勇以便用奇鄧廷楨於南澳渠體聲於粵東其委員於乍浦其明效也六曰製平原戰車以備陸戰天津地勢平坦陸路尤難堵禦夷人行軍慣用小舟渡軍登岸倘用林則徐剿青海番時所製陸戰礮車教習車戰津防尤可無虞七曰習用礮測量法以期必中勿專用丁監生舊式宜兼仿歐洲人新製八曰講攻擊海船法以期必破鄧廷楨林則徐皆著成效今船雖堅於昔苟聘西人講求未必遂無其法以上八條皆可立辦者也若夫難以立辦而究不得不辦者又有四焉一曰添設領事以保商民而據

衝要也南洋羣島華人有數百萬請宜各島分設領事特遣重臣駐星加坡總理一切事宜蓋星加坡一埠自蘇彝士河既開遂為海道咽喉四方電線文報悉萃於此此處聲勢聯絡人心固結足以綱紀萬國節制兩洋二曰練習海軍以巡外洋而固內地也兵之為用砲擊株守多亦見少變動周流少亦見多我師惟難出洋巡邏故為外夷所輕若練海軍數萬分佈南洋各島時出大洋慣狎風濤熟習形勢俾成海外雄師尤易出奇制勝即寇繞道入犯可使腹背受敵或又分軍攻其要害奪其餉需夷能攻我我亦能攻夷較之海疆萬里汊港紛歧節節設防備多力分為但人制而不能制人者相去遠矣外可震疊諸夷內可屏障各省張星使幼樵　疏當今籌海第一要著也三曰考取洋學以廣人材而供驅使也宜於南洋各島興立書院訓課洋學繙譯漢文考試一准內地生員定制予以頂戴拔其尤者咨送總理衙門以備任用此後辦理中外交涉事件情形必能熟習措施必無乖違以及製造編駕諸事取之洋學有餘較之特遣幼年子弟分投外洋學習費多人少其效何如四曰整飭邊防以及藩屬而杜狡謀也越緬暹藏世修職貢越既屬法緬藏亦逼於英暹介緬越之交不便海道稍易自保緬之阿瓦暹之賓角或仿駐藏大臣舊制各設領事一員聯絡聲勢堅其內附之忱越南覆轍庶可不繼復八關九隘招野人生番再將南甸營都司移駐蠻允設塘汛於野人境疎灘淺於新街江聲勢既通餉需亦便此固緬之大略也修江孜定日帕克里等處邊備廓爾克布魯克巴二部雖彈丸地尤當撫以恩信無事可資保塞有事可效前驅此固藏之大畧也東三省　國家根本伊犁北路門戶蒙古諸部西北屏障欲固伊犁非仿西人之法興修鐵路添設電線則奏報稽遲輸勞劬何足以長駕遠馭欲東固東三省非行張洵之策邊建三大

鎮各統數萬之衆鼎峙而守則形勢單弱所謂具城自固不能出戰者也何足以互相策應若夫昔則惡其强而抑之今則憐其弱而扶之六國於土耳基莫不然也堂堂　中朝顧智反出歐洲下耶蒙古各盟國不可一任羝羊之觸也此固東北之大畧也

答倭問興亞　姚文棟

吾欲亞洲各國之君一年一會於天津吾欲亞洲各國之海陸軍大將一年往來數會則情意聯絡畛域不生矣吾欲亞洲各國之才人學士開一大會共相論難以研求富國强兵之術柔遠能邇之方則智識日開人才奮起矣大抵亞州局勢中國為主日本輔之如兄弟如手足一氣聯絡勠力同心則進可以經畧歐美退亦屹然自立於不敗此為統籌亞洲言之也如第為中國計則地廣財豐一面瀕海戰守皆便原不必有資於日本而為日本計則環海為國如虎在平原無負嵎之勢倘或强鄰開釁兵船四集如困長圍此時若得我之援兵則人心壯而國力不屈矣凡事不極其變則不見其眞故吾推極言之也然則亞洲之聯絡在日本最為切己之要而今之失皆日本任之何也琉球一案不了則我與日本隱嫌未釋而朝鮮亦不能無疑於日本安得眞和睦乎夫琉球得之猶石田也南疆形勢亦不係乎此為此區區而誤大計吾未嘗不慨謀國者之失其方也

日本地理兵要例言　姚文棟

日本四島幅員無幾而大海環之論其形勢不在陸而在海元代平壺之役專攻其西彼得以全力守禦一方故能勝我德川氏末造米舶入浦賀旋入下田俄船入大坂旋入唐太英舶入函館旋入長崎東西

往來倏忽無定彼首尾不能相顧不攻而潰舉國騷然賴襄嘗言元寇自一面來耳若自四面來扼吾要
喉斷吾糧道杜絕吾兵之策應其禍豈可勝言此誠破的之論兵家與地家所宜共知者也
今中國與日本商船往來之道有二一自上海歷長崎神戶而達橫濱一自廣州香港逕達橫濱自長崎
至神戶者必經瀨戶內海其間島嶼棋布節節可伏且一入下關口峽彼若以兵絕吾後路則能入而不
能出皆犯兵家所忌故用兵時此道不可復行自香港至橫濱即彼所謂南洋一水汪洋駛行無阻可以
直擣浦賀進逼品川東京橫濱皆震動矣此正道也西攻下關牽制其勢此間道也如其東西出沒變化
無方則不由長崎北溯下關而自朝鮮釜山浦南下先據對馬壹歧此一道也不由下關西赴神戶而自
南洋逕入加太等海峽或據淡路以逼之此又一道也自長崎南繞北奪伍賀關擣攻下關之腹此又一
道也或自琿春圖們江出師潛渡青森據箱館此又一道也由箱館南下會於橫濱此又一道也或兵船
抵新潟而陸行四五百里出東京之背此又一道也或擾山陰沿海西赴長門會於下關此又一道也或
自福建臺灣進師先據鹿兒島而分兵以助攻東京此又一道也自鹿兒島西上長崎此又一道也大抵
日本之要害其瀕於東者為橫濱以其近東京也橫濱之要害在浦賀以其當海灣之口也其在中權者
為大坂神戶以其近西京也而明石峽為其西戶如太由良鳴門三峽為其南戶皆大坂神戶之要害也
其瀕於西者為長崎以其當江浙之衝其瀕於南者為鹿兒島以其當閩粵之衝也然長崎屏立五島而
山川港為鹿兒島灣之口則此二者又要害也下關乃南北之津梁東西之喉嗌我若扼據其地則彼餉
援隔絕四不相通為全國最要害之地壹歧對馬二島藩蔽其外且當朝鮮衝途則亦要害也平戶北接

二島南接五島海道甚狹此長崎與下關中間之要害也箱館係北海道門戶吾扼之亦可令彼倘拔不相通故北之有箱館由西南之有下關亦一要害也若夫沿海港灣無處不可碇泊海中島嶼無處不可屯駐是則兵無定形者耳

日人論吾中國二百年來錯失三大機會一康熙戡定臺灣時宜遂經略南洋以握歐亞兩洲之樞紐此一可惜也一康熙時聲討羅刹之罪宜窮兵力略地北洋立界碑於烏拉嶺巔而後許俄請和此二可惜也一乾隆蕩平準回之後宜移旌南指全收五印度而還此三可惜也愚獻亦有甚可惜者日本之北海道與吾庫頁連接向雖附屬於日而實未設官置戍若吾保守庫頁以逼此島則是據日本全國之上游譬若以隴制蜀不能出吾掌握中矣考日人經營此道自明治二年始僅不過十餘年間也

日本建置凡經七變神武開創為國造之治越千三百有五年至孝德時改為國司之治國造世襲略如封建國司流官略如郡縣也又越五百三十年至後鳥羽時源賴朝為天下總追捕使置守護於國郡置地頭於莊園是為守護地頭之治又越二百三十年至後醍醐時足利尊氏大封諸將是為世襲守護之治則魁柄久已下移而尾大不掉之勢亦成矣越三百十四年至後土御門時境內鼎沸遂為戰國割據之世越一百二十三年豐臣秀吉削平其亂錄郡國之石數以封諸侯德川氏代興復定諸侯之秩序是為封建之治越二百八十年明治維新盡撤藩封於是為郡縣之治初置三府六十縣其後歸併六十縣為三十六縣然政治措施之便雖府縣為宜而山川形勢之分則舊制九道八十五國為善故近時地志皆以道國為綱不以府縣為綱

日本近頗留意地學立於官者內務省有地理局海軍省有水路局士民私立者有東京地學協會雖人才奮起而著述未多茲編係取陸軍省軍人所誦習之兵要地理小志照譯漢文旁搜近人航海記載以附益之又以沿海港灣島嶼礁砰等為海道要端博考詳稽分條臚載意欲借彼先導為吾指南然紙上空談究不如兵輪實測總望吾國輪派將弁東來測量庶幾考核得真講求漸熟可備異時緩急之用或請將此書印給外海水師各營令其猜明梗概則亦不無小裨日本海陸軍人咸誦習內務省所頒之清國兵要地理志一書吾地情形彼軍人固講之有素矣

日本總圖以文部省所刊日本全圖兩幅為最佳分圖佳者有三種一大日本府縣分轄圖一册內務省地理局所刊以三府三十六縣為綱一酒井彪三所撰之大日本一統輿地分國圖四十餘幀以八十五國為綱又有海軍省水路局所刊海圖一百五十餘頁係沿海測繪分圖尤號精細皆可與此書參觀日本里數與吾中國及泰西皆不同其法六尺為一間六十間為一町三十六町為一里計其一里當吾中國六里零西洋之二里零也尺度又微有別

巴黎答友人書

李鳳苞

竊嘗謂西國富强不盡由於製器治兵誠如來諭謹就見聞所及為知己陳之西國制治之要約有五大端一曰通民氣民居甚散分位懸殊通之匪易乃由鄉舉里選以設上下議院遇事昌言無忌凡纖悉不便於民者必本至誠以設法妥貼之又設卿大夫里正等官以安閭閻以審獄訟用民治民自無紛擾而復責查戶版生死婚嫁靡弗詳記俾一夫無不得所則君公之分愈尊而上下之情愈通矣二曰保民生

人情莫不欲安富壽考使以横逆待之誅求困之盜賊寃獄以折挫之患未必吉逆未必凶人人無自立之權遂人人無自堅之志矣西國則上以誠心保民下亦知咸自保凡身家性命器用財賄絕無意外之慮且予告官員半俸贍之老病弁兵終身養之老幼廢疾陣亡子息皆設局教育之使居官無落職之慮則不至貪墨臨陣無内顧之憂則無所畏縮有不共勉厥職上下一心固結不解者乎三曰牖民衷凡智慧材力日濬則日靈日梏則日窒西國孩提教以認識實字稍長教以貫串文義量其材質分習算繪氣化各學而月杪年終總其所習而試之必令心領神會手舞足蹈不令讀未解之書不妄試未習之事及其成人或專一事或名一藝而終身無一日廢學者何也有新報之流傳有社稷之宣講也新報自朝政至技藝何止千百皆通人載筆至理名言自君公以至婢嫗園牧與婦孺之在舟車無不人手一編某國得某地某人創某器咸能洞悉其源委也社會亦每國數百處係老師宿儒之講治制律創製造格致等學環聽者男婦數百人口講指畫必使聽者領悟而後快故通國男婦無不各勤所學而智慧材力如萌蘖之易生枝葉之易茂矣四曰養民恥西國無殘忍之刑惟故殺者罪止遠戍苦工其餘不過監禁及罪鍰而已監禁之服用精潔與官家埒又教以誦讀課以工藝濟以醫藥無拘攣亦無鞭撻而人猶畏刑自守視犯罪為不齒即尋常偶爽一約者負重疚偶拾一遺若撻市朝是以牛羊晝夜徧野貨物堆聚通衢衣物之遺忘於舟車者每出新報招認從未有聞宵小之覬覦者雖由民有生計亦民知恥廉故也父母不怒責其子家主不呵叱其僕雖犬馬亦不加箠楚而雍雍秩秩自無違忤乖張男女雜坐談笑而不及淫亂皆養恥之效也五曰阜民財古人言有國者宜藏富於民愚謂民之富有三要一盡地力謂講水利

種植氣化之學而使尺寸無棄地也二盡人力通工易事而可各擅專門由熟生巧也同力合作而可任
用致遠裒多益寡也又濟之以機器可令時省而工倍也三盡才力有公司及銀號而錙銖之積均得入
股生息匯成大工大賈庶蓄財者不致浪費矣有鈔票及金銀錢而便於輕賫利於運轉一錢可抵百錢
之用矣凡此五端之所以上下相學永久不渝者尤本於四道則孔孟之忠恕官禮之精詳黃老之堅定
佛氏之澈悟也其治國齊家持躬接物動與盡己推己之旨相符直合王霸為一而駸駸三代大同之治
矣此孔孟之道也其政治規制既合周官八法八柄九兩九職以至交邦之合行人製器之合考工無不
纖晰條分整齊畫一制法者既公而無私奉法者即久而無弊此官禮之道也本百折不回之志以立堅
强不拔之操無囂競無浮躁遇事則以靜制動行權則欲取故與實有大智若愚大巧若拙之驟迴非補
苴張皇之治所得布其萬一此黃老之道也至於窮事物之理則無論格致等學必抉其疑即政治律例
公法理財治獄之書莫不元箸超超辯才無礙絕無影響附會臆度懸揣等病有內典之精深而無內典
之隱晦皆其深造自得貫通了悟之證此佛氏之道也夫然而可製船械可與工商可固邊防可勤遠略
凡有所為莫不綱舉目張而舉重若輕也此皆見聞所得非敢好事鋪張暇時當再逐條指實以發明之
所識西國博雅之士論及創制每推中國如新報之仿事抄化學之本丹家信局則採孛羅之記印書則
為憑道之法煤燈之本於四川火井考試之本於歲科取士至於南鍼火藥算學天文之明於中國更無
論矣唯西國日求其精中國日失其傳耳窮則變變則通誠吾國今日急務矣漏殘燈燼率筆直書尚求
知己不吝垂教

英人以三島制五洲論

彭瑞熙

中國帝王自唐虞以至三代專務以德懷人又安華夏而已故九州五服之外非所措意也秦始皇既并六國方欲乘囊括席捲之勢遠吞四夷乃祖龍纖應繼嗣不終仁義不施詐力何益漢武帝雄才大略北伐匈奴南收兩粵東滅朝鮮西開西域西南控制諸夷功烈盛矣然後財殫民怨悔抱輪臺故元帝棄珠崖光武絕西域議者或短之而實則力不能有與其罷敝中國不如棄之為便吾乃今獨不解於英吉利也英吉利以三島立國大西洋海中其始與法荷與意諸國強弱勝負僅足相當溯自前明中葉以來二百餘年代有賢主内修政理外整軍戎既樹本洲之威遂興域外之舉故首據北亞美利加繼闢五印度我　朝隆乾中美利堅華盛頓崛起遂失沃腴之區僅餘荒塞之地而五印度日益繁盛其富不啻失於西而獲於東抑何幸也此外如新加坡麻六甲檳榔嶼錫蘭島亞丁島等處當東來孔道咸建埠設兵流通百貨其在阿非利加則舊有岌哥洛尼加弗勒里阿特蘭斯法蘇勞那塔耳等處近又役屬埃及扼東道之咽喉其在南亞美利加則有歪阿那特尼答牙買加等處其逼近中國者則有香港一島而澳大利亞一洲初不過拾法蘭西之棄餘而數十年間經闢經營招來生聚又開得金山諸礦而國益富兵亦益強於是五洲大之域迢遥十餘萬里莫不星羅棋布而臂指使之絕無尾大之虞是操何術哉或曰輪船迅速涉海如一葦之航火器精工臨陣有無敵之技加以軍儲充裕電報靈通此英人所以能制五洲與曰是數者乃西洋各國所同有而非英人所獨有也綜其大勢必由君臣一心賞罰明信而尤為制勝者在善審鄰邦之勢而處之得當耳其於歐洲列國強者衡之弱者撫之初不貪其土地故各國服從惟俄

羅斯國大而强英人忌之最甚故東則結好丹國以拒波羅的海之衝南則保護土耳其以塞黑海之口又挾持阿富汗以絶其爭印度之源近年又據高麗之巨文島意將遏俄人東出之路非僅垂涎高麗也其於中國則信爲無虞無詐而又商務之大利所存故自庚申換納以來和好特固亦頗助偏師借巨款以示誠心其於美利堅自華盛頓立約以後盟好亦堅至於荒地則營之不憚其勞要地則爭之以聯其勢視重洋逌遞如隔戶庭謂非善審其勢而處之得當乎我　聖朝懷柔遠人實邁前代然不可不知己而知彼夫俄羅斯與我毗連狡焉思逞法蘭西侵凌已見和約難堅固已在所當備至英人雖與我貌相親厚然亦逼處堪虞去年又滅緬甸密邇滇南思患預防　聖君賢相必不肯一日忘也

縷陳中西情形種種不同火車鐵路勢不可行疏光緒七年正月　劉錫鴻

竊聞近有建議倣造火車鐵路者此等創舉　朝廷自必深思博訪確見妥善然後施行決無徒聽數人私言遽興大工之理然臣顧亟亟言之者無事生事人心惶惑物議沸騰甚非　國家之福臣嘗奉使西洋講求其事既有所見不敢不即陳明以期早日罷論息此紛紜也夫小車之利於遄行速者一晝夜三千里緩亦一千數百里而且一機器居前能綴十數車於後每車上下兼坐可容百數十人行不至顛簸亦不暈眩雖崇山峻嶺巨壑深澤穴以通車則悉成平地而無攀躋跋涉之苦此實古今之奇觀絶世之巧術臣雖迂拙亦樂其便冀以施諸中華是以駐英駐德使事餘暇即徧覽其縱橫之道親履其製造之局與其巨商老匠悉心推求而又博攷諸各國豪酋及波斯日本土耳其等國非西洋而效爲西洋火車者朝夕以思如此者兩年乃難火車實西洋利器而斷非中國所能倣也也臣竊計勢之不可行者八無

利者八有害者九敢請為　皇太后　皇上詳細言之西洋人於各貨總匯行店皆名曰公司火車鐵路
特公司為之無關國帑益其人素富既衆機變又多閒暇無事則相聚為奇巧以炫奇能迫既成而勢可
行冀以國利者遂羣然醵資俾之益大其事并不知有同夥吞蝕之慮者每國鐵路公司約數家每公司
所集資本約金七十八兆至百餘兆每百兆金錢計值中國銀三萬五千萬兩用能養及盈萬工匠歲成鐵
轍數千萬丈火軍三百餘具以應用而常不窮所謂衆擎易舉如此若中國則商民決無約夥為此者倘
以官領之而招民湊股則近年百姓受欺於官屢矣聞輪船招商局嘗集股銀七千餘萬初時以三四分
息許之嗣因澆裹不敷僅給息五釐而止人皆怨悔深以為懲豈復肯蹈覆轍況此時民力大困即網羅
天下富矣亦未易集西洋一公司之巨資也其不可行者一也無已則動公帑為之夫帑藏不充久矣上
宿衛軍士且乏衣食而無以肅威嚴下而調饑黎民且傾倉廩而無以普賑恤百廢不舉類皆以財力而
未裕而苟安之乃籌款項以事此不急之務其於政體亦似畧乖矣然姑勿論此洋人之論謂鐵路必多
然後商貨周流而無滯計英國三島南北不及三千里東西僅及千里其為鐵路共十七萬若仿金錢六
百三十兆之多我中國地輿數十倍於京據西洋匠師言由廣州潮州長沙岳州漢口沿大江東折至南
京北而淮揚取道臨清天津以達京師為鐵路一道需銀七千萬兩夫一道即七千萬若仿國英十七道
之制則十二萬萬矣地輿遼遠過於英十七道必仍不足則且數十萬萬矣我　國家經費有常何處籌此
巨款抑此僅就初造言之耳以鐵輪輾鐵路兩鐵易於併傷機器板屋亦易震壞每歲必須修而葺之每
五年即復易而新之修葺之費或可取償於度載人貨之資更新之費將安所出其不可行者二也西洋

尊奉天主耶穌不知山川之神每造鐵路而阻於山則火藥焚石而裂之洞穿山腹如城闕或數里或十數里不以陸阜變遷鬼神呵護為虞阻於江海則鑿水底而鎔巨鐵其中如盤石形以為鐵橋基址亦不信有龍王之宮河伯之宅者我中國名山大川歷古沿為祀典明禮既久神 憑焉倘驟加焚鑿恐驚耳駭目羣視為不詳山川之靈不安即旱潦之災易召其不可行者三也西洋鐵路既由商民湊股為之則在事之人莫非自治其事之人條塗造車在在結實與中國之付諸委員吏役視為官事而徒存其狀貌者不同溯自軍興以來法令稍弛矣在下者知侵冒不足以干典刑遂相習以自肥其囊槖在上者知徇庇不足以獲重咎因相率而見好於屬僚凡百施為類皆虛偽工料之給發十每不得五矣價值之浮銷一或竟報三矣別火車機器購自外洋道遠而無從稽核其不以一報十者幾何苟一切薄料減工更雜以補舊刷新之機器則有形而亡其實勢不可以久支即監之以洋人亦豈能直發其覆如福建船廠所造輪船舉不堪用美國暨日本人談及有責洋監督日意格之無良有為日意格原諒其難者蓋方今所謂製造若此其不足恃也豈火車鐵路一事獨能有實際乎其不可得者四也火車飛行其勢最猛路稍不平則或激輪而全車皆碎或陷輪而人力難施故經由之處每十里置一亭舍為修道者所居以便隨時葺治凡火車之過咸捧鍬挺立伺候道傍否則責治其人使終身無復可圖差使西洋之法人苟失職有據官紳親見聞者皆可懲先其罪不以非所屬而遠嫌故耳目多而人不敢犯今若中國則官各有職界限劃然苟無管轄其人之責即不能斥治其人之非汛兵而離汛堡夫而離堡衆幾視為固然惟伺其本管官出巡一與之面即復他去況辦理火車委員初無刑賞之柄自鮮廵行之人修道者或貽誤覆車

必待送諸地方官傳質紛紜然後施之薄責而仍無補於其事人何所畏而謹守職役其不可行者五也西洋各國收養孤窮禁治匪類其事最實其法最周城市鄉閭罕見有鼠竊狗偷者我則軍興以來　國初教養之政尚未暇舉擾竊之風盛行物值一錢即不可道上須臾置矧此鐵路之鐵延長數千里勢難節節嚴守竊失實在意中曩年吳淞買回洋人鐵路甫及一月即被人截去鐵段火車不復能馳此其明證其不可行者六也西洋各國惟界口設有稅關火車至此僅停一刻查驗即便啟行故無礙其往來之期限我則各省各處關卡不一而人心之貪詐亦不可勝窮若照尋常關榷之法逐細嚴查則每關停留時刻無定者慮其行期延誤而稍示寬大則走私漏稅之弊百出　國課益以不供其不可行者七也西洋各國客店最多每年咸備衾裯事事整潔而其人終歲袒裼又復身無重衣故常萬里遠行而不攜一物我中國行李笥篋檐負纍纍以十洋人所坐之火車受五華人而或慮不足車價少索則我不敷出多索則人莫能堪若以載兵言之洋兵水瓢糧袋與其所持器械旦晚恒附於身雖家居寢食而不廢此外無所謂軍裝即遠出戰攻亦露處而無須帳幄是以一火車輙度百餘人華兵固不能如其簡便也其不可行者八也有此八不可行而利或寓焉猶曰殫心併力以務成之不可因咽廢食也然而利果安在哉或曰英國自造鐵路貨物流通各行貿易皆比前繁鬧十數倍國之益富職是之由得非利乎夫由西洋而迄地中海凡數十國壤地均可相接自鐵路盛行火車互為遞送英商之貨直達歐洲而外其所得皆他國之利也若中國則雖造鐵路不過周於兩京十七省而止以彼一省之貨易此一省之財是猶一家如男子以孟仲之財易叔季之貨耳孟仲得貨而失其財叔季失貨而得其財專以叔季言之誠加富矣

統一家言之則毫末殊未有增是安可以為利或曰火車行則各鄉貨物皆可集於口岸不亦得他國之利乎不知中國食用之物類皆不宜於西洋所銷大宗惟絲茶耳近年各路通商沿江沿海沿邊諸馬頭歲銷均各有定數多寡不甚相懸華商既恃為洋裝以待銷洋商亦預計華工以採買倘絲茶所集逾額太達則有擠擁跌價之虞蓋專用中國茶者惟俄人專用中國茶與絲者惟英人法人奥人其餘則輒圖賤價雜收諸印度東洋等處英法俄奥四國之人歲不加多故絲茶之市不加旺至歲於他貨除瓷器曰糖毛羽藥材草鞭而外西洋只視為珍玩異物以供陳設以新見聞均不能多售火車運赴口岸不過徒便洋人未足利中國也抑英國商賈之富由其商會頭目隨時訪取各國諸器取合用之式歸示百工使照洋製造以便行銷故其貨所及為最遠若德國則觀工之法實不能然故火車鐵路雖與英同而無所得乎厚利今我各省各屬民多曠業董勸無人製造更鮮知洋式車雖疾馳何所載以遠服賈哉或曰火車行則千里若近鄰凡夫探望戚友尋賞幽勝者無路涉之勞自必咸樂遠出往來人衆沿途之飲食住宿船馬剝載土物購常生理自然增多其為利於民不少也不知此惟洋人好游為然耳洋俗婦女不喜家居每出則夫必隨行并挾子女故游人多而火車之價客店之費皆易取盈我中國民習乎游人居樂業者多苟出仕宦兵役游幕經商幾終身不出里門至於婦女則尤以踰閾為戒安得得乎游人且西洋火車所經生理暢茂所利者亦在遠客耳若就國人而論雖商賈得利何異乎奪此民以予彼民嘗聞英人之有識者言及其國習俗奢華宴游為樂今日甫得工貲明日即空諸所有今年甫構廬舍明年即授諸他人貧富無常比比皆是倘國勢稍減商務稍衰不三五年即恐坍塌不可撑拄等語我中國方當禁

民情游何為利此或曰西洋鐵路公司皆獲贏餘苟中國官借洋債為之經理精密亦裕餉之一法也夫
聖朝之生財自有大道豈效商賈所為且亦思洋商利此果何故哉洋俗以銀行息皆只一二釐多者三釐而止惟鐵路股分可得四釐臣嘗查問數處公司皆是此數故其人謂此為裕財善術今中國借銀外洋動則數年委員增取其一經紀增取其一洋人匯票行又增取其一於是三釐之息變而八釐矣且變而一分矣臣駐德國時聞有借銀五百萬加息至一分一釐者夫洋人合衆夥以治鐵路之事所得息猶止四釐況我中國視為官事而苟且將之承充委辦之員難期殷實苟非姦商駔儈即是白手棍徒浮冒侵吞弊端百出豈能獲利在四釐之外者以一分重息籌借所辦之事獲利僅及四釐虧絀且無以補安望其稍以裕餉或曰中國幅員太廣恒有鞭長莫及之虞有火車則巡察易周官吏不敢踰法是則有裨政治矣不知察吏之昏明在精神不在形迹人之所治莫近於身心官之所治莫近於衙署此固不煩車馬而可到者然而身心且不自察故衙署以內欺之衙署且不自察故同城屬吏欺之罷矜瞎昧之身雖日駕火車以周巡其受蔽被惑益不可解若其治身心以治左右則無私足以普照臨虛衷足以廣視聽有日坐幽齋而萬里無殊一室者康雍乾隆之世凡夫遐方軍務邊徼民情各省官吏之賢否及其指置得失無大無小宵歸　聖人洞鑑之中豈其時已有火車哉有火車而大吏遂不懷宴安不耽戲豫隻身徧歷所部如洋商之闒茸而耐勞臣恐未必能然也第借以快遨遊則有耳或曰中國置兵防各省餉糈所費太多有火車則惟練數萬於京師察事變而馳以勦洗疾風掃葉禍亂立平省餉不甚鉅歟此其說近似有理然臣觀西洋諸國各部均設防兵未嘗以有火車而徑撤蓋身習於其地然後山林溪谷形

勢瞭然無迷途入坎之慮且君人者於其國百姓非欲俟其逆謀既成而盡誅之將鎮以兵威使之積畏
而不萌異志就令宵小間作而兵就近則邏察易及於其初起擒治一二即可露釋冰消無興動大兵致
百姓罹池魚之禍此其心固華夷如一也又況兵易增不易減自昔為然每聞裁兵則營員煽使鼓譟以
挾制疆吏疆吏藉口鼓譟以恐嚇廷臣陋習相沿視若祕訣即如同治間裁兵加餉選練新軍之議發自
疆臣矣迨餉已加軍已練而各省經濟舊兵亦只少減其數以塞責無有肯任勞怨認真為之裁汰者聞
舊兵之餉湖北尚發八成他省則二代以至五成不等兵不譁鬧大率空籍之由營員樂得此空籍以飽
其身家疆吏亦樂得此空籍以彌縫其市惠冗員花銷浪費之缺新君既已加之舊兵又減餉無多近年
各省報銷較諸道光以前其數不啻逾倍　國計之萬難充裕蓋以此今若信其可以裁兵而開鐵路他
濟鐵路既造必爭起而言兵之不可裁省餉之說夫誰欺或曰中國業已開礦無火車則盤運艱難罔以
濟用盍謀所以便之不知中國開礦非自今始也周官丱人掌金玉石錫之地而為厲禁以時取之漢有
鐵官者凡四十郡唐初銀冶五十八家宋初金冶十有一銀冶八十有四明代陝西浙江福建湖廣雲貴
皆有鑪冶礦場我　朝會典所載廣西雲南貴州產黃金白金赤金錫鉛鐵水銀丹砂雄黃山西四川廣
東產赤金錫鉛湖廣產赤金錫鉛鐵水銀丹砂雄黃皆召商試採礦旺則開竭則閉貨不棄地今古同然
未嘗藉火車以致之也便因開礦而造火車則是耗無窮之貨財博有限之礦課其利安在臣竊以五金
之產只宜謹遵會典載至行店如何運赴他方民既取之自知所以銷流之民既販之自知所以轉輸之
不必官為經營致滋他弊至於煤鐵為輪船鎗砲所需即剝運艱難亦斷不至如雲南銅差之苦行遲而

計期先發可與行速者之到境同時倘以脚夫價重為嫌豈惜脚價之費獨不惜鐵路之費乎又況産此之山隨在皆是就近挹注何待火車聞英國煤鐵之産業將不繼深冀中國采此以火車運送口岸便其取求其於煤尤為切要煤易出口則彼國兵商各船來集久暫可以無憂是亦彼之利而已我利則非所知矣或曰漕河淤塞惟恃海運以濟京師他時或有海氛運道阻絶百官萬民何所取給今先事於清江浦以北造鐵路以代漕固思患豫防之至計也臣亦聞嘗籌及之山東之漕業由運河抵通矣事至不得已則移漕運總督於濟寧令南漕秋初皆集清江浦起岸由宿遷取道滕嶧以達濟寧而下河道僅五六百里耳先期由地方大吏預飭沿途州縣會營督率汛兵僱夫分段平治道路各於站次造大郎舍多為屋房序廡以容糧車漕糧所過州縣官咸出站次派押照料轉相受給嚴定該州縣賞罰責以升斗毋缺既下河乃由運糧委員接運至通如此未嘗不可以達我　朝征準噶爾厄魯特勘定回疆沙漠遐遠兵糧且陸運而無匱況腹地數百里之近而謂必須火車乎火車辦不得人則偷盜短欠弊亦相等京倉惟足接濟而已不以一晝夜駛至為益也夫不可行而無利如此則事當勿議矣然使無利而亦無害猶姑備其物以娛耳目也臣請更言其害西洋各國之田統歸近地豪富僱佃以耕無以資民而給於于十畝者鐵路之造惟富者彼此商允讓地即不至紛擾閭閻我中國則官道而外莫非民田官道為尋常輿馬所經不得不買取民田以開鐵路無論官中發價獲領甚難即領價弗虧民之失地者究無從遽得可購之地銀一到手坐食尋空此後講生傷哉奚恃斯凍餒者衆矣就謂官荒可撥補民田而官荒所在之處未必即民廬所在之處紛紛徒就載道流離情形不深可憫哉其害一鐵路之造填沙杵土可以華民為

之若其築路之法則非洋匠而得莫平適至於大車事件與整路之鐵條脂輪之油水中國皆無由製造一概須購外洋無其鐵條則泥塗足以膠輪而車室矣無其油水則鋼輪易於生火而車且焚矣故不為則已為則不能不付諸洋匠者勢也為鐵路一道銀之出洋者數千萬為鐵路數道銀之出洋者即數萬萬烟土之來猶多以貨相易興此工作則輦出無非實銀難望有珠還之一日即謂借諸彼人貫于司庫無與然負此鉅債果能脫然無累乎土耳其回回大國也其地有七千餘里撫有黑海地中及阿非利加洲諸回部以為其藩屬自徼西洋造火車借英德等國金錢一千九百餘兆無由歸還諸強鄰遂相淩逼幾至亡國借貸困自窮之道也其害二鄉僻小民百畝之入以養十數口猶有餘財其居近城市者則所入倍而莫能如之通都大邑則所入數倍而亦莫能如之何者商賈所不到嗜慾無自生糲食粗衣此外更無他求也今行火車則貨物流通取攜皆便人心必增奢侈財產日以虛糜臣聞土耳其其國使臣之駐德者言土國風俗向係恭效中華以儉為寶自火車既行西洋各貨流入內地人雖知其無日當用而心好之遂以窮匱是通商之弊得鐵路而益助以為虐其害三英人每謂搭載火車貨物不能增貴臣嘗疑之迨駐德國因其國相之請至細根部游歷令該部商長調取各商總行册卷查其目前貨價較諸火車未行時騰貴若干旋據查明報稱米麵牛羊肉等俱約四成增一餘物則有十成而增三四者西洋金銀流溢人易營生故米麪之價雖四成增一而不以為貴若中國廿錢斛麵昂起至念五錢之多則貧民或有飢色矣火車鐵路本如此其重工食煤火歲修月給各費又此如此浩繁而均以加諸貨價之內未有不令軍民度日倍艱者其害四守國之道人和而外兼重地形兵力苟不如人則握險遏萬亦足自

國王公所為設險以守也若造鐵路則不惟不設險而且自平其險山川關塞悉成馳驟之坦途重門洞開屏障悉撤一夫奮臂可直入室矣西洋人嘗言中國之地崎嶇盤曲不足以騁砲車故攻戰恒較費力然我中國不能以砲車往人亦不能以砲車來則陸守得宜猶可補水戰之不足最著英法構釁屢獲逞志于海隅然而未敢深入者則以道途修阻運礮運糧兩皆窒礙之故今奈何自決其險以延敵哉其害五　列聖之德澤湛深人心歷久而益固然生齒既衆良莠自不能齊聞咸豐十年大沽之役英國惟募閩粵沿海無賴以當前驅故其人常謂寇犯中國可即率中國人為之今猶幸各屬各鄉地勢民情彼尚未能窺透耳民富則不生外心民窮則易萌他志西洋各國內地咸通遠客往來不立界限我則勢不能然若火車既行他族雖禁其附載則洋人蹤跡自必徧及里閭以利啗人村愚尤易為惑即不至交通勾結內潰為虞然使百姓之視洋人無異其視華人則他時和局或更民情已不可盡恃其害六鐵路之利於行兵實視乎兵力之強弱兵力強則我可速以挫人兵力弱則人亦因以戚我光緒二年西印度之俾魯芝國降於英英人即許助以金錢使開鐵路四年英人佔據地中海之西奔島即派大酋齎金錢二百二十萬以開鐵路蓋其借以馭人久矣今若貸洋人以為此彼必樂從既貸而無力償必索鐵路以為質償久既重既堅拒之而無詞則全局在其掌握矣或謂扣留火車掘斷鐵路即遏截其兵庸詎知鎗礮所指我雖掘斷彼固能填之乎洋人畚土機器最捷掘之者塹未及成填之者道已如砥也火車鐵轍皆其國公司素所多備千萬如同一式何慮乎我之扣留此舉若成徒代人布置耳其害七然慮及外洋或以為迂則且言土賊西洋各國地狹而分治者衆莽無伏戎故火車之行無他虞耳我則山林叢藪嘗有

盤踞行旅被刼視為等閒火車所經勢不能徧布兵勇倘其於空僻所在設法梗道犇車而脅司火者以馳之襲邑攻城隨其所指俄頃即至則不可守矣烽烟之告警羽書之馳報無有能捷於火車者豈及斷鐵路以遏之其害八由是有請先於鐵路之造以運貨兵為要議若造一道則火車所到者十之一不能到者十之九各處商貨依然不能周通直指兵威依然不能驟至爾時見為無益廢之則前功盡棄行之則浩費難供曩此七千萬借款又不知何所設措而可釋重累是無端作法以自困矣其害九夫無利而有此九害勢又不可行而猶有建為此議者蓋由火車洋匠之覓生理者立說相煽而洋匯之懷叵測心者布散之華人之好奇喜新不讀詩書而讀新聞紙者附和之洋樓之走卒沿海之黠商損官謀利者見此可圖長差以攘莫大之財也遂鼓其簧舌投上司所好而慫慂之轉輾相惑以致　上聞也不然西洋之政如教埶課工矜孤濟貧禁匪捕盜恤刑獄嚴軍令飭官守達民情等類與我中國致治之道多有暗合者何以悉屏置弗道而惟火車鐵路是務哉臣嘗譬之西洋如豪商大賈金寶充盈揮霍恣肆凡其舉止應酬役使傔僕動用器具皆為詩書世家所未經見當其勢熖熾發縱彼呵叱而莫之敢仇然一時采烈興高終不如詩書遺澤之遠使為世家者督課其子弟各自治其職業以肅其家政彼豪商亦不敢輕視若欣羨華侈舍己事而效其所為則一餐之費即足自蕩其產我　朝乾隆之世非有火車然而廩溢庫充民豐物阜鞭撻直及五印度西洋亦效貢而稱臣今之大勢弗及者以刑政不修民事不勤耳稽
列聖之所以明賞罰勸農工者　飭令諸臣屏除阿私逸欲實力舉行之即可復臻極盛亦何事效中國所不能效哉臣以事關全局安危不避煩贅之罪逐細條析陳明伏乞　皇太后　皇上聖鑒

中國創設鐵路利弊論格致書院課藝代作　　鍾天緯

我　皇上御極之六年因與俄羅斯爭伊犂之約海內戒嚴　詔起宿將於田間　垂詢方略其時劉省三爵帥首上請開鐵路一疏海內誦之而北洋李傅相覆奏亦深言其利乃劉雲生參議方自出使日耳曼還朝抗疏力爭而鐵路之議遂罷間嘗取其疏稿讀之作而歎曰古所謂辯言亂政者其謂此歟夫劉公久歷外洋其於鐵路利弊當必深知確見熟知其言皆似是而非耶向嘗設爲問答以破其謬辱承明問謹臚舉以對

或謂西洋鐵路皆創自公司無關國帑并無同夥侵吞之慮中國商民決無約夥爲之者倘以官領之而招民湊股則近年百姓受欺於官屢矣誰肯復蹈其覆轍即網羅天下富室亦不足集西洋之巨貲此言似矣但考外洋鐵路其初無不創自公司其後始有買歸國家公用者若開辦之始即歸官辦者或因軍務急迫或因商務本稀而事又爲不得不辦之舉國家始出帑金以營之然大半仍令公司包辦而許以格外之利權若中國於官辦一層非特力有未逮抑且百弊叢生無庸置喙惟商辦一層雖亦難得人人用命事事核實然使如外洋公司之例總辦由董事保舉董事由各股東保舉復派股東監之層層鉗制事事秉公何致如他局之不振至於集股之法第一關鍵須由國家保利若干贏則歸公虧則賠補此即官爲保險也而又無論鐵路貿易之贏縮必按期付利不爽各股分由各海關招募而每年即由海關官銀號付息則人皆倚信而集貲自易矣再有不足始將鐵路作抵而借洋債則洋人無不踴躍輸金矣此蓋本洋債之章程默寓股分之保險而實即隱合西洋之國債後有作者當不易吾言

或又謂帑藏不充而事此不急之務非特政體有乖而每道鐵路需銀七千萬兩何處籌此鉅款且每歲必須修葺每五年必再更新計將安出此言則非也天下至急之務莫大於鐵路近則俄人逼於西北英法逼於西南皆迫我以不得不應之勢若無鐵路控制則鞭長不及而邊圉日蹙矣自當先擇要路開辦其餘以次續開而每造一路則歲修之費即寓於開銷之中縱欲更新亦不過換其鐵軌而地基無庸重購也路面無庸重築也房屋與機器亦有舊可因較原造之成本不過十中一二且必逐段逐年輪流修之當開辦之初無不早計及歲修重造之事儘有行之數年全路須繳歸國家者亦無非逐年將成本拔還此皆商賈所能謀何必鰓鰓過慮乎

或又謂中國名山大川歷古沿為祀典明禮既久神實憑焉倘驟加焚鑿恐山川之靈不安即旱潦之災易召此真婦孺之言也西洋鑿山轟洞視若尋常鎔鐵鎮流無礙風水如果山川有神曷不降禍於西洋而獨召災於中國且　聖天子百靈效順如果　天心克斷大工斯興則鬼神亦為呵護何不祥之有

或又謂中國委員之侵蝕吏胥之竊盜司事兵丁之盡冒工料則虛減價值則浮開凡百施為類皆虛偽矧火車機器購自外洋道遠而無從稽核其不以一報十者幾何苟薄料減工或以舊充新則有形無實勢不可以久支慮之誠是也不知天下有治人斯有治法病有標本則當治其本原如西洋不得其人其弊亦當與中國相等若中國得人而理何遽不敵西洋奈何不思自強自甘暴棄視西國人人如夷清惠介而視中國均如生番苗黎乎吁過矣

或又謂外洋鐵路兩旁每十里置一亭舍為修道者所居以便隨時葺治苟失職有據官紳目擊者皆可

懲究其罪不以非所屬而遠嫌故耳目多而人不敢犯若中國則官各有職界限劃然苟無管轄其人之責即不能斥治其人之非況辦理火車之委員初無刑賞之柄自鮮巡行之時苟貽誤覆車始送地方官施之薄責仍無補於事此言也抑何不明事理之甚也凡衣食之權更嚴於刑賞修道之人既仰食於公司如果曠工廢職不難查罰其人革其職役不必送有司官而人自不敢失其衣食之途且凡駕車之人即管轄一切之人猶輪舟之有船主沿途步步留心稽查夜懸號燈晝用伸桿以報平安每過火車一次不啻委員巡查一次日凡數十往來人人皆身家性命所係豈肯遠嫌而不問乎如謂此種瑣屑中國必辦不到則并鐵路先不能辦到矣天下有此理哉

或又謂西洋各國收養孤窮禁治匪類其事最實其法最周罕見有鼠竊狗偷者中國則攘竊成風物值一錢即不可道上須臾置鐵路迤長數千里勢難節節看守竊失實在意中而引吳淞鐵條被竊為證我謂曷不即援近日電線證之電線設立之初誠有被竊者及嚴辦數次後責成地方保甲看守而又酌給工資至今數百里曠無人煙之地人皆習為若忘罕有睥睨其側者矧鐵條重笨非一人所能任釘置堅牢非片刻所可拆而道上邏守亦逐段有人軌鐵所成又無銷贓鎔化之地更非電線可捲可藏之比亦何慮乎

或又謂西洋各國惟界口設關榷稅火車至此僅留一刻驗畢即行故無礙其往來之期限我則各省各屬關卡林立而人心之貪詐亦不勝窮若照尋常查驗則每關停留無定即有誤行期若稍示寬大則漏私之弊百出而稅課益以不供不知此皆易處之事也誠能將鐵路沿途關卡應納之稅總於裝貨上車

地方併徵一次而後分貼於各卡各關途中只查驗一次惟路遠者則卸車時再税一次以後任其所之既無漏税走私亦不憂税數短絀若快車則每客祗攜一肩行李稽察易周若貨車則行程期限本寬盤查更可周詳此皆西洋現行之例無所謂難者在也

或又謂西洋客店甚多衾裯咸備而其人終歲裋褐又復身無重衣故常萬里遠行不攜一物若載兵則水鍫樂袋器械氈條而外無所謂軍裝我中國則行李笥篋擔負纍纍十洋人所坐之車容五華人而或慮不足此言亦未盡然也西人行裝雖簡而遠游亦攜箱篋甚多特分裝於別車人自不覺耳中國惟無鐵路故行百里者即須攜行李若鐵路既開千里一日往返自然輕身往來不攜一物矣至西兵則軍裝人各分攜有重至一二百磅者累墜已極故西人嘗歎華兵腰刀帕首之簡特鍋帳薪糧另有長夫搬運耳其實軍中須帶輜重糧食中西皆同無庸軒輊也

或又謂西洋壤地相接自有鐵路則貨物流通各行貿易皆比前繁盛英商運貨直達歐洲之外所得皆他國之利也若中國則雖造鐵路不過周於兩京十七省而止以彼一省之貨易此一省之財是猶一家中以孟仲之財易叔季之貨統一家觀之則毫未有增安所得利其言甚辨然亦知我中國商務礦務事事不及西人者半由於工藝之不精半由於運脚之太貴有鐵路則通功易事物價自平華貨暢銷一分即洋貨減銷一分保中國之利源即以杜洋人之侵蝕苟使十八省皆彼此以貨易貨而不使銀錢漏出外洋即為計已得原不必牟外洋之利也如彼所譬殆可以彼之矛攻彼之盾譬如一家之中兄弟互通有無則外人無從染指斯即獲利于無形者甚鉅若兄弟不睦借貸不通始有告急於鄰輸以重息者統

一家觀之所失不甚鉅乎

或又謂中國食用之物類皆不宜於西洋所銷大宗惟絲茶耳近年各路通商歲銷均各有定數多寡不甚懸殊華商既恃為洋莊以待銷洋商亦預計華工以採買倘絲茶所集適額大逾則有擁擠跌價之虞英法俄與四國之人歲不加多故絲茶之市歲不加旺至於他貨製造更鮮知洋式車雖疾馳何所載以服遠賈哉噫此皆巧辯飾說也夫通商之道首在通一國之有無不必定在牟他國之利息鐵路既開華貨載其九而洋貨載其一誰享其利不問可知苟中國起居服食事事便宜則歲買洋貨之錢漏巵自塞縱使中國無一物可售諸洋莊而亦使洋貨無一物可售諸中國則與洋人爭貿易之策已獨得驪珠矣若夫絲茶產於南省為多本無待鐵路以行銷原不足以藉口也惟轉運既易則內地亦必有栽種者所產既多而謂絲茶之互市不旺者吾未之信也

或又謂西人好游婦女不喜家居出則夫必隨行并挾子女故游人多而火車之價客店之費皆易取盈我中國民習勤儉安居樂業者多苟非仕宦兵役游幕經商終身幾不出里門若婦女則尤以踰閾為戒安得游人不知鐵路專重通商運貨原非為行旅而設然以行旅論則鐵路必建於往來孔道如由江甯通至北京則八九省來往之人自必絡繹不絕八九省驛站之費可省所費不貲以中國人數配之當百倍於英國何憂行旅不出於其途嘗見三家村有一蘭若則十里以內男婦畢集焉無他取其路近耳若有鐵路則千里縮如咫尺天涯名勝不啻戶庭隔省親朋不難覿面不費宿糧一夕可以往返則游人自衆矣華人未嘗不好游特游於近地耳王道不外人情必欲禁民之宴游則僥焉不可以終日非深明治

道之言也

或又謂洋俗以銀行息皆只一二釐惟鐵路之股分可收息四釐今中國欲借洋債以開鐵路則委員增其一經紀增其一洋人匯號又增其一於是本三釐之息可以變為八釐甚至溢至一分夫洋人合衆力以謀生猶只取息四釐我中國視為官事而苟且將之豈能獲利在四釐以外以一分重息借本而獲利僅只四釐其虧折伊於何底此言稍似近理然猶非推原之論也論其本原則惟國家愈富及所營之產業愈穩斯取利愈輕乃中國未嘗無財特未開國家銀行置公款于無用之地又聽銀號典商之盤剝故閭閻之私利最重而又不能取信於己民反仰他人鼻息層層朘削輾轉侵吞其受病均在鐵路以外若能國家自開銀行自借國債則天下之官利漸輕倘借作鐵路貲本而由國家為保而其鐵路又十分可靠則人皆有置產業貽子孫之心而不藉股分之漲落為買賣空盤之舉斯鐵路之利愈輕與買田畝造市廛相等其利亦祗數釐而已折息既輕斯鐵路之股票愈昂鐵路之開銷更省自能支持於不敝矣

或又謂中國幅幀太廣有鐵路則巡察易周官吏不敢踰法顧察吏之昏明在精神不在形迹置於暗昧之身雖日駕火車以周巡其受蔽被惑益不可解若其治身心以治左右則無私足以普照臨虛衷足以廣視聽有日坐幽齋而萬里無殊一室者康熙雍乾之世無大無小皆歸　聖人洞鑒之中豈其時已有火車耶此言也不過襲八股之唾餘立說甚高而皆無當於實理夫為治有本末脩齊治平者本也禮樂兵刑者具也不得謂其本已立而其為治之具舉可廢也有鐵路則察吏較精猶之有千里鏡而目力較遠使盲人窺之自然熟視無睹焉若因噎廢食而遂謂千里鏡之無用我有離婁之明自能駕千里鏡

之上不亦誣乎且使康熙雍乾之世早有鐵路則　列聖周諮博訪更可稍紓　勤勞豈無補於郅隆之世哉

或又謂中國各省置兵餉糈甚費有火車則惟練兵數萬屯於京師察事變而應之王師所加禍亂立平其說近似有理然觀西洋諸國各部均設防兵未嘗以有火車而徑撤蓋身習於其地然後山林溪谷形勢瞭然無迷途入坎之慮且君之於百姓非欲俟其逆謀既成而盡誅之將鎮以兵威使之積畏而不萌異志又況兵易增不易減每聞裁兵則營員煽使鼓譟以挾制疆吏其不譁者大率空籍之故今若信其可以裁兵而開鐵路異時鐵路既開必有言兵之不可裁者省餉之說夫誰欺歟此皆不根之說也西洋各部屯兵姑不具論若山川形勢則不必久於其地而始知昔普魯斯之將蹶法國也普兵人人藏有法國地圖是以履法境如入釣游之鄉況有鐵路則兵威所及千里肅然馳驟更速控馭更遙此正所以銷逆謀也若減兵之案咸同以來書不勝書譁譟者有幾如有空額更宜裁之　本朝養兵百年未收其效誠不如裁額兵之半而俟臨時招募勇營之為愈矣

又或謂中國久知開礦會典所載皆召商試採礦旺則開礦竭則閉未嘗藉火車以致之也使因而造火車則是耗無窮之資財博有限之礦課其利安在至於煤鐵為輪船鎗砲所必需即駁運維艱亦斷不致如雲南銅運之苦矧產此之山隨在皆有就近挹注何待火車聞英國煤鐵勢將不繼深冀中國開採以火車運出供其取求則彼兵輪商輪可以久泊而無憂是特彼之利而已為此說者似於鐵路之源流尚未曉然蓋鐵路雖因運礦而起而實不專恃運礦之用也即以礦論亦以煤鐵為大宗然一省之礦產祇

供一省之用運諸他方即不合算山陝之煤不能供江南之用川黔之鐵亦不能濟閩粵之需何也以就
近有煤可採自不必求諸遠方但鄰近地方仰煤為炊待鐵為鑄者自以轉運迅速為便有鐵路則成本
可輕運脚可賤所利於礦務者如斯而已而銷路既暢即礦務愈興一礦獲利則人皆爭思開礦矣若謂
英國煤鐵將窮此特礦學之士一家之言且尚在千百年之後不必為此遠慮也即使有之彼時豈無設
新法以代之者如美國創設火油機器已以火油代煤矣而中國欲自秘其千百年之礦產是無異恐鄰
人覬覦其田產而遂荒棄不耕也不亦愚哉

或又謂漕河淤塞惟恃海運以濟京師他時或有海氛運道必致阻絕非不知建鐵路以代漕亦思患預
防之計然嘗籌之如移漕督於濟甯而令南漕由清江浦起岸陸運以達濟甯沿途州縣平治道途各於
站次多造邸舍庌廡以容糧車所過州府轉相遞授嚴定賞罰使升斗無缺如此未嘗不可以達京倉我
朝西征新疆西藏沙漠迢遙運糧不匱而謂腹地必須火車乎火車辦不得人則偷盗短欠弊亦相等
京倉惟恃接濟而已不必以一晝夜馳至為益也嗚呼書生之見抑何闊疏乃爾夫河運不及海運之廉
海運不及鐵路轉運之速而乃反欲以陸運代之勞費與煩擾不知凡幾輾轉授受運十石之米率不能
致一石況糧車所至需索夫馬徵求芻草遠近騷然百姓且逃亡之不暇矣所僱糧車沿途載糧以逃疇
能禁之此萬難行之策也豈若鐵路運漕事速而費省無漂失之虞無霉蒸之患并無敵國外患之截阻
哉若夫沙漠運糧勞費百倍如有鐵路則新疆早定兵氣早銷何至動延數載哉

或又謂西洋各國之田統歸豪富所有鐵路之造惟富者彼此商允讓地即不致紛擾鬨鬧我中國若貫

民田以開鐵路無論官中發價獲領為難即領價弗虧民之失地者究無從還得可耕之地銀一到手坐食易空此後謀生傷哉奚待即謂官荒可撥補民田而官荒所在之處未必即民廬所在之處紛紛從就載道流離斯凍餒者衆矣不知鐵路所經田價頓漲公司購地給價必優貧民售出一畝之田即可於他處轉購數畝且室廬墳墓皆可繞道避之即欲遷移亦必給以遷費即藉以經營貿易亦何致坐食而坐況在大道之旁謀生更易秋蔬春韭濕草枯薪皆足易錢以用口若以官荒撥補此尤拾紙上陳言　國家必無此厲民之政況為公司辦理者乎

或又謂築路之法非洋匠莫得平適至於火車事件與築路之鐵條脂輪之油水中國皆無能製造一概須置自外洋為鐵路一道銀之出洋者數千萬為鐵路數道銀之出洋者且數萬萬興此工作輦出無非實銀安有珠還之一日即借諸彼人實於司庫無與然負此巨款果能脫然無累乎土耳其回回大國也自傚西洋造火車借英德等國金錢一千九百兆無由歸還強鄰遂相陵逼幾至亡國借貸固日窮之道也然亦思鐵路每里約需萬金而購地築基去其一人工物料去其一汽車鐵條去其一惟汽車須買自洋人其餘皆華人所得而鐵條則可自行軋造所謂漏出外洋者不過十中之一二耳若借洋債為之不如華人自為集股而國家保其利則即變為我華之國債矣何致蹈土耳其之覆轍哉且土人雖借英人之貲而至今不聞其鐵路歸英人掌握者蓋商務與國政判若兩途不能以公司之負欠而強國家代償也

或又謂鄉僻小民百畝之入以養十餘口猶有餘財通都大邑則所入倍而莫能如之何則商賈所不到

嗜慾無自生糲食粗衣此外更無他求也今行火車則貨物流通取攜皆便人心必增奢侈虛財產日以靡是通商之弊得鐵路而益助以虐此則黃老清淨之說也夫通商熱鬧之區百工技藝負販傭夫皆倚為謀生之路闤闠集一隅則食用自必增貴然亦思彼食力之人在窮鄉僻壤生計無聊不過日趁數十錢或百文錢而止及至大埠謀生每日有至二三百文者食用雖貴除去開銷外尚有盈餘以畜其妻子而所貴之物如米鹽魚肉蔬菓柴薪仍不過近處鄉愚所得昔在北省見婦女不習女紅皆勸之紡織則對以出力做活必食量倍增向食麪一觔者食二觔猶嫌不足售出布疋除成本外實餘無幾誠不如每日減食半觔而半眠半起之為合算也及游越南見越人商務工務農務事事為洋人華人所奪遂束手以嬉識者早決其國之必亡矣蓋國之為道首重在勤使民皆有生計若專以儉言是居今之世而欲卉衣穴處效太古之風則其國烏足自立於强大之間乎

或又謂西人每言拾載火車貨物不能增貴心竊疑之迨在德國取各商總行卷册查其目前貨價較諸火車未行時騰貴若干乃知米麪牛羊肉等約增四分之一惟餘物有增至十成之三四者西洋金銀流溢人易營生故不嫌為貴若在中國則貧民咸有飢色矣火車之成本工食煤火及歲修日用各費均加諸貨價之中未有不令軍民生計艱難者此言也殆亦知其一而不知其二者矣火車所經沿途頓成數十闤市百工所聚自然物價稍昂然亦思貨價既昂則人工土產與夫舟車負擔其價值亦必增貴平日升米二十錢而謀生者甚苦日僅博得數十文迨米價加倍反可日趁數百文雖伙食甚貴庸何傷乎

或又謂守國之道人和而外兼重地形兵力苟不如人則據險憑高亦以自固若造鐵路則不惟不設險

而且自平其險山川關塞悉成馳驟之坦途重門洞開屏障悉撤一夫奮臂可直入內室矣洋人嘗言中國之地崎嶇盤曲不足以騁砲車故攻戰較為費力然我中國不能以砲車往人亦不能以砲車來則陸守得宜猶可補水戰不足奈何自失其險以延敵哉不知此亦曲說也王公設險惟古為然自有鎗砲而兵法一變自有炸彈爆藥而兵法更大變向所謂天險臨以火砲而輒靡縱有金城湯池炸彈橫飛當之輒爛如果西人不計歲月步步為營天涯終有可到之日若恃有險要而負嵎自固倘敵人襲據海口名城攻我所必救聽之乎抑援之乎援則徵調不齊聽則巢穴愈固彼時必致兩窮有鐵路則我可朝發夕至彼未必能批亢擣虛何也鐵路距前敵不知幾千尋丈縱前敵失利汽車早已疾馳雖有空路何所用之倘彼乘以入犯或燃礮以待或埋雷以轟輦不難全軍虀粉況汽車機捩甚繁一件不全即難行駛天津至京並無火車庚申之役竟犯　宮闕又何說乎

或又謂民富則不生外心民窮則易萌他志中國生齒日衆良莠自不能齊今幸猶未被窺透耳若火車既行則洋人蹤跡自必徧及里閭以利啗之村愚尤易為惑惑即不至交通勾結內潰為虞然使百姓之視洋人無異其視華人則他時和局或更民情已不可盡恃嗚呼此惟粵民則然耳粵地通番最早沿海無賴甘作漢奸若內地則尊君親上恪守科條縱有游覽洋人豈能為其蠱惑且即無鐵路而洋人之游歷勢不能禁也洋人之傳教例不能阻也所有內地形勢風俗彼已窺之熟矣縱使處處游覽日日往來亦胡能為且夫一國猶之一家也治家者不能教訓其子女惟恐匪人之引誘必欲高其垣墉以杜絕人之往來不可笑乎

或又謂鐵路之利於行兵實視乎兵力之强弱兵力强則我可速以挫人兵力弱則人亦因而饜我光緒二年俾魯芝降英英人即助以金錢使開鐵路四年英人佔據西奔島即派大酋齎金錢以開鐵路蓋其借以馭人久矣今若貸洋債以為之彼必樂從既貸而無力還債彼必索鐵路以為質負欠既重則全局在其掌握矣縱扣留火車掘斷鐵路欲圖遏截其兵庸詎知洋人畚土機器最捷掘之者暫未及成填之者道已如砥火車鐵軌千萬如同一式何慮乎我之扣留此舉若成徒代人布置耳此言也粗觀似乎有理細思確未盡然西洋各國强弱懸殊壤地相接而弱小之邦從未有慮强敵憑陵而不開鐵路者蓋馭人之意猶淺自馭其國之意深也以鐵路抵借皆本西洋各國無不皆然縱負欠甚重從未有以鐵路歸諸債主者蓋民債與國債固有區別也若夫築鐵路之法全以人力為之先須礈土甚堅方置鐵軌若一經掘動即驟難填平西洋縱有畚土機器無非供挖河所用未聞有築鐵路之機器也

或又謂西洋各國地狹而分治者衆故莽無伏戎火車之行自無他虞我則山林叢箐時有竊路火車所經勢不能徧布兵勇倘於空僻所在設法梗道奪車以馳脅司車以供其指使襲邑攻城俄頃即不守矣烽烟告警羽書分馳無有能及火車者豈能斷鐵路以遏之此言更為矛盾矣夫鐵路所經即成大道盜賊無自而生縱有小醜跳梁而朝集萑苻夕膏斧鑕撲滅最速何致再留伏戎且火車數輛聯貫而行旅客執役動逾百數即有二三匪類何能襲奪即奪得矣而火車又非輪船有鎗礮之比安能徒手而攻城奪邑乎

或又謂鐵路以運貨運兵為要議若造一道則火車所到者十之一不能到者十之九各處商貨依然不

能周通直指兵威依然不能驟至爾時見為無益廢之則全功盡棄行之則浩費難供曩此借款何所設措而可釋重累是無端作法以自困矣不知西洋各國鐵路雖多皆以漸而成從未聞數道並舉者中國此刻財力不逮自然盈科而進有財力若干即開鐵路若干得寸則寸得尺則尺原非限地限時數道並舉也若必欲一朝之間四通八達如英國十七道之例是直強以所難矣誠能先於天津至京首開一道苟辦理得人公私有利則集貲更易矣

綜而論之中國商務日疲利源日竭不出百年必致民窮財盡若開鐵路則以中國之財辦中國之事開華人之生計奪洋人之利權操縱在我何致反利於外人況有鐵路則十八省呵成一氣通國筋搖脈動而國勢為之一振　本朝清議操權恝持國是故大局拘攣束縛而漸難挽回有鐵路則風氣大開士習民風立見丕變不復如前之深惑錮蔽譬如皎日所照而陰霾漸消是鐵路直轉移國是之大關鍵也迹劉公此疏一意以官辦為主故愈說愈歧但其筆力橫恣推闡淋漓綽有戰國策士之風在無識者觀之鮮不為之眩惑其實均非實在情勢在歐洲公議院凡政事之利弊輿論之從違必分曹辯駁以求折衷至當此種議論誠不可偏廢且當泰西鐵路初興阻之者何嘗不拘執成見迨利弊大明始悟前日之浮議皆非確論載在西史班班可考倘使　天佑中國轉弱為強俾百年後人再讀此疏當不知若何捧腹也已

將叅議一疏逐款辨駁雋快絕倫雖措詞容有過當處而英詞卓識固應辟易千人原評

海上絲綢之路文獻集成

總主編　陳支平　陳春聲

歷代史籍編

83

主編　范金民

海峽出版發行集團
THE STRAITS PUBLISHING & DISTRIBUTING GROUP
福建人民出版社

国家出版基金项目
NATIONAL PUBLICATION FOUNDATION

本册目次

洋務時事彙編八卷（卷二至卷八）

〔清〕葛士濬輯

洋務時事彙編

卯

邦交

重專對議

馮桂芬

春秋時以善辭令為學問之一端若臧文仲子產之類代有其人夫子論士品以使於四方不辱君命居於孝弟信果之上又曰誦詩三百不能專對雖多亦奚以為可見當時專對之重列國以後此學遂廢間有如富弼曹利用諸人止一人一事豔為美談蓋不為專才久矣今海外諸夷一春秋時之列國也不特形勢同即風氣亦相近焉勢力相髙而言必稱理譎詐相尚而口必道信兩軍交戰不廢通使一旦渝平居然與國亦復大侵小強陵弱而必有其藉口之端不聞有不論理不論信如戰國時事者然則居今日而言經濟應對之才又曷可少哉如吉爾杭阿公甲寅上海之事官軍攻劉麗川於上海軍洋涇西營卒戕洋涇殺夷女二卒亦傷二人其明日夷從賊攻我八營濱餘布政使吉爾杭公十有一營未動抵暮一赫踔來署言弁兵某等百許人犯吾界殺人盡今夕縛以來不者詰朝且端若十有一營百許人者皆我良將勁兵也公以示劉一軍存厚曰今日事可見是不可戰吾欲法汾陽單騎見虜事以理爭之彼平日相見動輒稱理宜得當萬一不然君能帥偏師燬夷場吾死不恨劉君曰能次晨公從四騎抵理事官阿里國門阿里國拒不見强之而後出便申前語公曰安有我　大皇帝兵勇而可無故殺之者予獨殺吉某則可吾戴吾頸來矣延頸作就殺狀阿里國大笑曰問至是公因曰兵勇犯若界曲在我若以一介之使索此罪人敢不從命今與逆賊比而攻我曲在若矣貴國不惟曲直之是講天實鑑之非吉某所畏也有戰而已勝負何常之有阿里國無以對卒定約通好而還咸豐四年三月十日事也僉曰是役也大軍獲全蘇省安堵皆吉公一言之力也通商二十年善馭夷者莫吉公若戊午津門之議一有吉公必不至是是專對得人之效也昔漢武帝詔察茂才異等可使絕國者於古有徵於今尤亟應請　特詔中外大臣各舉所

知有口辯膽氣機牙肆應之人時賜召對以驗之量予差遣以試之用備他日通商大臣之選庶幾折衝樽俎毋致隕越貽羞矣

擬與英國使臣威妥瑪書 嘯古堂集　蔣敦復

頃有人自都門來藏傳足下至總理衙門親遞新議論略總稅司赫君復遞局外旁觀論連篇累牘各數千言中外情形反復辨論語重心長動中窾要有心人讀之無不毛髮凜然憤媿無地使乎使乎愛我中國抑何厚乎然鄙人竊怪公等巧于代謀而自謀則拙也明于料人而料己則暗也又怪中外情好雖甚浹洽揆之于理終有所隔閡而難通也足下在吾中國多歷年所近駐京師日閱邸抄四方奏報上下弊病無不周知越俎而謀欲使借法自強又恐他日不能守信倉卒有變緩不濟急與赫君所言內情外情大畧相同第名為公論實挾私智虛聲恫喝無所不至噫亦太甚矣某也聞有國有家者凡有舉動必準人情合天理不徒恃強取勝也公等云云似六合之外別有一理請設譬以明之今有世家鉅族大廈連雲修治乏人稍稍損壞有比屋居者語之曰爾有多屋臨之通衢吾將賃焉不俟允否強納契券入而據之他日又曰爾之家垣墉剝落盜賊充斥扃不堅汝扃不禽治爾力不任吾將助爾助爾爾之家則為吾有爾無與己敵問足下此何理也如足下輩所言不肯與不能二事一則強之使肯一則必有能者出而攙借何以異於是且足下亦知中外人情有同有不同乎一論通商中國帝王崇本抑末貴農桑而賤商賈關市之征所以懲其黷貨無厭而使之重去其鄉也通海通番舊有例禁今之越數萬里重洋往來貿易外邦人樂至中國中國人不願至外邦此中外人情不同非可強而致也既為商營什一權子母謀餘

利以畜妻子厚身家此中外人情所同所可歧而視也乃自西國與吾通商凡可以攘我之利源奪我之利權者悉載條約惟恐不盡西計得矣中國之人何聊賴乎至十年換約之說公等又云將來西國有所必請必得請必遂其所得而後已平心察之其所必欲乃我中國所必不能行之事信如斯言中國自西自東自南自北皆將有西人車轍馬跡焉中國五嶽四瀆天之所設地之所限遂西人之欲則必有有力者一舉手而平五嶽填四瀆蕩蕩便便任其所之無不快意肆志而後可則必盡中國百千萬億人民供其役使百千萬億財貨金寶入其府藏百千萬億土田宮室苑囿納其賦稅百千萬億精靈血肉飛潛動植服其聲威娛其視聽之數者必萬取萬勝萬萬無不可而後可如有萬分之一所不可者則我中國人民必將羣起而剸刃于西人之腹財貨金寶西人知愛而不知惡必名曰腐腸之毒餌附骨之癰疽土田宮室苑囿西人能入而不能出必盡驅而納之于罟擭陷阱之中精靈血肉飛潛動植西人狎而玩之勤而侮之必將環而伺之跬步之間房闥之地造次顛沛無一不相與為難凡此若何也不準人情不合天理勢所必然無足深怪足下徒見西國目前有形之利不知他日無形之害如此其大也一論傳教中國之教堯舜禹湯文武周公孔子此數聖人者未嘗執途人而語之曰爾必從吾教然從古至今自天子以至於庶人未有不從堯舜禹湯文武周公孔子之教者出乎堯舜禹湯文武周公孔子之教之外即入乎禽與獸之中人而願為禽與獸也則已不願為禽獸則必從堯舜禹湯文武周公孔子之教堯舜禹湯文武周公孔子之教仁之至義之盡天理人情之正無一毫矯强于其間夫是以不言而信不待勸而自成也天主一教西國教士奔走四方學習國語開設講堂千言萬語舌壞唇傷不過勸人一信字故其教名

曰信天主此必其中有不可信之道也即返之於己亦有不自信者矣夫不可信而求信已不自信而欲使人信非人情必不信無論不信即千百人中或有一二人信者大抵傭工手民村子竈婆至愚下賤輩耳亦有黠桀莠民衣冠敗類襲其行檢鄉里不齒無所得食竄名彼教以圖生活然且教士耳目所不及則亦敬鬼神祀遺象拜先人邱隴猶犯其所謂十誡豈真不樂昇天堂不畏入地獄哉東夷佼好之德出于至性發於自然天堂地獄之說不足以勝之也中國異端之害古有楊墨今有釋老釋近墨老近楊二氏之教世主固嘗奉之漢唐以來能自立教者要亦有故佛氏一大智慧人所傳内典經中國文人才士為之潤色奧義微言往往而有中材以上受其牢籠老氏籍顯中土官周柱史其教慈儉清净不貪為寶世主用之天下亦治若夫天主教明季始入中國利瑪竇南懷仁諸人皆通天算輿地之學材藝絕倫其所著七克等書切理饜心頗近儒者故當時士夫樂與之遊今之教士來者間有如利南輩其人者無有也所論教事荒謬淺陋又不曉中國文義不欲通人為之潤色開堂講論剌剌不休如夢中囈語稍有知識者聞之無不捧腹而笑夫以二氏之教廣博精微尚無足引人出於古聖先王之道之外況遠不及二氏之天主教欲使行於中國烏可得耶然而西人之必欲行其教於中國其用意蓋有在矣中國之人未有信從也彼固知之是有術焉施小惠使饜其口腹行小善使震其耳目從而誘之以美福厚報使迷惑其心志變易其肺肝溺焉不返不顧利害生死惟吾說之是從天下無事戎伏於莽一旦有事入吾教者皆雲合響應起而叛其長上嗚呼是禍中國也中國之人知其為禍故愈不信從非上之人禁之使不從也仁義中正之道入人者深君臣父子昆弟夫婦朋友之序確乎不可易天堂地獄之說固不足以勝之

也請一言以蔽之中國堯舜禹湯文武周公孔子之教一日不絕西國之教一日不行彼行是教者豈不大愚乎哉通商傳教二者事之已然者也更有未然之事則僕之所尤可怪者矣赫君論中有云試問中國將來能常為自主之國否斯言也他人不解僕則解之泰西各國政有三等一民為主西語曰伯勒格斯今南北美利加等國是也一君民共為主西語曰京令之英國是也惟西語曰恩伯臘者即中國帝王之號政刑大事君自主之今俄羅斯法蘭西墺地利諸國是也西國有是三等故稱中國為自主之國而鰓鰓焉使自審其將來之能與不能將惡中國而利其不能耶抑愛我中國惟恐不能而望其能也如惟恐不能而望其能則我中國從未有不能自主者五帝官天下其傳賢也君主之三王家天下其傳子也亦君主之秦以前天下為侯國侯國各有主天子為侯國之主秦以後天下為郡縣郡縣皆有主皇帝為郡縣之主仁如堯舜民之主也暴如桀紂亦民之主君臣之際名分甚嚴恩禮至重名分嚴故莫敢為主恩禮重故共戴一主惟其能也故名曰自主之國如使以西國民為主君民共為主之政行于中國此大亂之道也或謂蒼鵝出典午東白雁來天水空割有夏宜興戎中國將來不能自主殆指此耶此大謬不然之說也中國所以能常為自主之國者在德不在力以無道行之雖强必亡以有道守之雖弱必昌晋政不綱骨肉相戕非五胡所能滅也江左偏安可謂弱矣以符氏之强一萌投鞭之志淝水奔潰國隨以亡趙宋南渡康王孱王虜馬臨江兵氣不揚元祖起自漠北定鼎燕京不及百年大命已傾不務修德以力經營天人之際蓋可覩矣迨夫明祚之將終也皇天眷顧命我 聖清入主中夏世世相承靡有失德今皇帝冲齡踐阼 兩宮母后慈訓有加親藩夾輔羣臣輯睦小醜跳梁漸次撲滅海內喁喁望治

國家深仁厚澤固結人心者二百餘年矣豈與往昔氈裘之君可同日語哉然則何為不能赫君之意直謂將來西國協力以攻中國中國地方瓜分而瓦裂如是則不能常為自主之國矣嗚呼噫嘻言不可若是其易也是利吾中國之不能自主也盍亦思中國不能自主之大不利于西國乎今日通商傳教二大事孰許之我　皇上許之海內人心固有所不欲也雖不欲而上有　天子又有　天子之命吏與西國使臣共立條約普天率土莫敢不遵此中國能自主之明效大驗也假令他日　天子下一詔曰今與西國條約所載有不便於爾民者余一人不能自主惟爾民任自為之百姓固有所痛心疾首積怒深怨于西人聞是　詔下雖三尺童子亦將肉袒被髮荷戈執梃而前與西人併命于一日燎原之火不可撲也鷙鳥之擊弗及避也其他非中國臣子所忍言及是時天下英雄承敝而起既無所主為患更速西國奈何而欲吾中國將來不能自主也昔在有唐吐蕃回紇聯翩入寇中自攜貳更受唐約鈔掠輜重狼狽而返蓋人各有心師難用衆勢如連雞莫敢先動見利忘義同室相攻首為禍始卒為凶終夫亂者治之機中國之亂有中國之法足以治之強者弱之兆西國之強舉事一不當而弱之者至矣僕所深怪自謀拙而料己暗者正謂此也竊意高明之見必不出此或者異邦之人紛紜聚論有此數說公等傳述所聞俾我中國君臣知所戒心有備無患愛吾中國可謂厚矣僕亦請為西國計自今以往與我中國相待以誠相守以信毋為妄舉毋生侈心天理人情斟酌盡善他時換約去所不便擇其便者務令彼我之間均獲利益誠如是則中外相安永保無疆之休若逞其私智乘機漸進欲要吾以必不能從之事從此外國生事中國多事一治一亂誰強誰弱天下事未可知也僕不佞往者自蘇返滬獲共話言相知之雅欽欽弗

謏願效忠告之義不避忌諱無所逃罪謹奉書以聞伏惟亮察並使赫君知之何如

條陳出使外洋事宜疏 總署王大臣

竊查前因儲才出使條議臣衙門先後奏請　簡派英美日秘等國使臣奉　上諭候補侍郎郭嵩燾候補道許鈐身著出使英國候補三四品京堂陳蘭彬同知容閎著出使美國日國秘國等因欽此現在滇案已經議結直隸督臣李鴻章與英國使臣議定條款内有　簡派使臣賫奉　璽書前往英國表明惋惜一條是前派出使英國使臣亟須剋期出洋其美日秘魯兩國既經派定亦應前往所有出使經費自應酌核定數以便開支查同治四年臣衙門奏派斌椿並同文館學生等遊歷外洋暨同治六年奏派志剛孫家穀及蒲安臣等出使各國均因事屬創始所需經費無由核定先由總稅務司赫德墊發俟出使事竣動用三成船鈔及輪船變價銀兩分別支銷同治九年臣崇厚出使法國雖經查照前次出使費用動支津關八分經費亦係酌量給發並未議有定章此次使臣常駐各國事期經久與歷届情形有異現經臣衙門奏准動用各海關六成洋稅尤宜撙節動支以昭核實查泰西各國派駐中國人員向係分別使臣及參贊繙譯領事等官支給薪水現在出使外洋自應分別等差核給臣等公同商酌定擬除往來火輪車船租賃公館寄信費用公會公宴一切公件難以豫計應準隨時酌核作正開銷外所有使臣並隨帶各員每月應需火食包車雇車價值跟役工價飯食等項分別月給俸薪自二百兩至一千四百兩不等謹擬清單恭呈　御覽俟奉　旨後即照奏　准日期開支仍於年終核實造報

謹擬給出使各員俸薪銀數清單

欽差大臣頭等一二品充月給俸薪一千四百兩二等二三品充月給俸薪一千二百兩三等三四品充三品月給俸薪一千兩四品八百兩署任月給俸薪六百兩總領事官月給俸薪六百兩正領事官月給俸薪五百兩副領事官月給俸薪四百兩署領事官月給俸薪四百兩頭等參贊官月給俸薪五百兩二等參贊官月給俸薪四百兩三等參贊官月給俸薪三百兩頭等繙譯官月給俸薪四百兩二等繙譯官月月給俸薪三百兩三等繙譯官月給俸薪二百兩領事處繙譯官月給俸薪三百兩欽差大臣處隨員醫官月給俸薪二百兩以上本員火食包車雇車價跟役工價飯食在內此外一切公用作正開銷其餘武弁供事學生每月每人約須百兩以內由出使大臣屆時酌定準數作正開銷如有未盡事宜統由隨時核實辦理

再臣衙門前因出使各國每年俸薪等項約需銀五六十萬兩擬請於各關六成洋稅項下提撥等因於本年八月初九日會同戶部具奏奉　旨依議欽此十三日臣衙門又將出使俸薪等項酌定銀數開單具奏並經聲明即照奏　准日期開支奉　旨依議欽此欽遵各在案臣等查此次　簡派使臣分駐各國統率參贊領事等官辦理一切交涉事件責任既甚重大經費尤覺繁多且事屬創始並無成案可循自應明定章程以資遵守而昭核實臣等公同商酌謹擬出使章程並於前奏稍為變通共十二條繕單恭呈　御覽

謹擬出使章程十二條

一擬由禮部鑄造銅關防頒發出使各國大臣各一顆以昭信守其文曰　大清欽差出使大臣關防其

未頒發以前先刊木質關防行用

一出使各國大臣擬自到某國之日起約以三年為期期滿之前由臣衙門預請　簡派大臣接辦各國副使亦一律辦理

一出使各國大臣分頭二三等名目此次辦理伊始所有現在業經　派出各國大臣擬請均暫作為二等

一出使各國大臣所帶參贊領事繙譯等員應由該大臣酌定人數開列姓名等項知照臣衙門查核各該員亦隨同出使大臣以三年為期年滿奏奬如有堪留用者應由接辦大臣酌留倘不能得力亦即撤回

一出使各國大臣到各國後除緊要事件隨時陳奏外其尋常事件函咨臣衙門轉為入奏

一出使各國大臣有兼攝數國事務者應如何分駐之處由該大臣酌定知照臣衙門查核

一出使各國大臣月給俸薪請照現在實職官階支給惟原擬二三品充二等　欽差者月給俸薪一千二百兩三四品充三等　欽差者三品一千兩四品八百兩其四品充二等者未經議及今酌中定擬月給一千兩至各國副使俸薪擬月給銀七百兩

一出使各國大臣有兼攝數國事務者月給俸薪毋庸另加各國副使亦一律辦理

一出使各國大臣及副使以下各員月給俸薪自到某國之日起各按應得銀數支給扣足三年為期期滿停支俸薪如接辦大臣尚未能到期滿大臣尚未交卸應按照在任日期算給俟接辦大臣到後住

支副使以下各員亦一律辦理其參贊領事繙譯等員如經接辦大臣留用者俸薪即從年滿日期接算支給

一出使各國大臣及副使以下各員由中國起程及由差次回華行裝歸裝均需頓整所有往返兩項整裝擬各按照三箇月俸薪銀數支給均由臣衙門前撥各關六成洋稅内動支

一出使各國大臣等每年俸薪及往返盤費駐紮各國一切經費等項由該大臣按年分晰造報臣衙門查核

一出使各國大臣等俸薪及往返盤費駐紮各國一切經費等項由江海關彙齊按年匯寄應如何分別匯寄之處由臣衙門札知總稅務司遵照辦理

遵旨議奏疏　總署王大臣

欽差大臣署禮部左侍郎郭嵩燾等奏出使英國酌帶隨員摺一件單一件光緒二年九月十五日軍機大臣面奉　諭旨著該衙門議奏欽此欽遵由軍機抄交臣衙門據原奏内稱此次遣派公使實爲創行之典請酌定參贊二員繙譯四員其餘文案武弁醫生均應分別調派謹開清單恭呈　御覽並請飭下江蘇湖南各撫臣分別知照各該員趕速料理隨同出洋英國三島並無華商貿易無從設立領事而所轄南洋沿海地方如新加坡孟加拉檳榔嶼錫蘭等處華民流寓至數十萬人應否設立領事須俟察看情形所帶參贊文案各員皆可斟酌委派奏明請　旨其應用工役並由公使攜帶不別開支經費等語臣等伏查本年八月十三日臣衙門開單具奏出使各國經費分別酌定數目摺内聲明頭等參贊官

月給俸薪五百兩二等月給俸薪四百兩三等月給三百兩頭等繙譯官月給俸薪四百兩二等月給三百兩三等月給二百兩隨員醫官月給俸薪二百兩其餘武弁供事學生每月每人約百兩以內由出使大臣屆時酌定準數作正開銷又於九月十二日臣衙門奏陳出使章程十二條內聲明出使各國大臣所帶參贊領事繙譯等員應酌定人數開列姓名等項知照臣衙門查核各該員亦隨同出使大臣以三年為期年滿奏獎倘不能得力亦即隨時撤回其月給俸薪自到某國之日起各按應得銀數支給扣足三年為期期滿停支俸薪由中國起程及由差次回華行裝歸裝均按三箇月俸薪銀數支給等因先後奏准行知各該大臣遵照在案今據出使英國大臣郭嵩燾等奏請酌定參贊繙譯等員名數並聲明給發薪水應否分別等第等因臣等公同商酌請將該大臣等派充參贊之布政使銜貴州候補道張自牧作為二等參贊官江蘇候補知縣黎世昌作爲二等參贊官派充繙譯之兵部候補員外郎德明戶部候補員外郎鳳儀均作為三等繙譯官此外如有應用外國繙譯應由該大臣等隨時酌定連中國繙譯在內不得過該大臣等所定四員之數以示限制至該大臣所謂將刑部主事汪樹堂候選通判張斯栒廣東候補知縣李荊門候選縣丞羅世琨等四員派充文案臣等查臣衙門前奏出使經費摺內祇有隨員醫官並無文案名目應請將該大臣等隨帶之文案四員作為隨員各按月給俸薪二百兩之數支給此外自無須另行咨調人員以節糜費至該大臣等奏稱英國三島無從設立領事而所轄南洋新加坡等處華民流寓數十萬人倘應設立領事所攜參贊等員內皆可斟酌委派奏明請　旨等因應如所擬辦理屆時人數或有不敷再由該大臣等酌度分別奏咨調往如蒙　俞允即由臣衙門行知該大臣等遵

照並咨令在京各衙門及該督撫等轉飭各該員即日束裝起程探明該大臣等行抵何處星速前赴隨同出洋毋得稍延其各該員出洋時應得行裝銀兩准其查照臣衙門奏定章程各按三箇月俸薪銀數支給俾利遄行如有不能得力及緣事未能隨同前往者該員所得行裝銀兩應由該大臣飭令繳回以重款項奉　旨依議

再查前奉　派出使日本國大臣升用翰林院侍講何如璋出使德國大臣光祿寺少卿劉錫鴻均應遵照上年九月間奏定出使章程作為二等又查奏定章程內開出使各國大臣月給薪水請照現在實職官階支給二三品充二等　欽差者月給俸薪一千二百兩四品充二等者月給一千兩各等因惟於五品充二等　欽差人員未經議及今何如璋劉錫鴻俱係五品官階其每月應支俸薪臣等公同商酌擬請均照四品充二等者月給銀一千兩以示體卹如蒙　俞允仍應遵照臣衙門上年奏定章程自到某國之日起各按應得銀兩支給嗣後遇有奉　派出使前項品級人員均按照此次奏案辦理所有臣等酌擬支給五品出使大臣俸薪銀兩緣由理合附片陳明奉　旨依議

再出使各國隨帶人員繙譯官關係緊要臣衙門上年奏定出使章程內載頭等繙譯官月給俸薪四百兩二等月給三百兩三等月給二百兩整裝歸裝均各按三箇月俸薪支給嗣於議復出使英國大臣郭嵩燾等奏帶隨員摺內奏明將該大臣派充繙譯之兵部候補員外郎德銘戶部候補員外郎鳳儀均作為三等繙譯官本年八月出使德國臣劉錫鴻奏請派同文館學生賡音泰蔭昌為繙譯官四等以該學生學得德文雖通門徑而於繙譯漢洋文字恐尚未能精通添派學生慶常一同前往以備任使先後奏

准行知該大臣等遵照並於學生慶常廣音泰蔭昌等由京起程之時援照德明鳳儀等成案均作為三等繙譯官照章給予整裝銀各六百兩各在案查德明等五員均由同文館學生先後派充出使英德兩國繙譯官惟廣音泰蔭昌二員查其在同文館充當學生年分較淺繙譯工夫視慶常德明鳳儀三員亦遜若一律照章支給俸薪似不足以示區別臣等公同商酌擬將廣音泰蔭昌二員作為四等繙譯官每月定為俸薪一百五十兩俟到國之日起支其以前照三等繙譯官給過整裝銀兩暫免追繳以示體恤嗣後所有派充各國之四等繙譯官一切整裝歸裝仍各按應得俸薪銀數核給如蒙　俞允臣衙門應即分別咨行出使各國大臣並劄知總稅務司等一體遵照辦理為此附片陳明

再臣衙門奏定出使章程內載出使各國大臣及副使以下各員均自到某國之日起以三年為期由中國起程及由差次回華行裝歸裝各按照三箇月俸薪銀數支給往返盤費駐紮各國一切經費等項由該大臣按年分晰造報臣衙門查核嗣於議復出使英國大臣郭嵩燾等奏帶隨員摺內聲明各該員出洋所得行裝銀兩如有不能得力及緣事未能隨同前往者由該大臣飭令繳回各等因奏准行知遵照在案臣等查出使各國大臣等自到某國以後照章應俟三年期滿始能回華給予歸裝銀兩惟其中倘因各項事故未能俟至三年者自應分別辦理臣等公同商酌除緣事撤回因病開缺人員未滿三年回華毋庸支給歸裝銀兩外如有丁憂身故之員歸裝一項照期滿者給領其回華盤費無論已未三年期滿均准一體開支以示體恤所有副使以下各員並准一律查照辦理至各國出使大臣等自到某國後除本員火食車價跟役工食係由各該員月給俸薪項下自行支給此外一切公用作正開銷其餘隨帶

出洋之武弁供事學生每月每人約須百兩以内由出使大臣屆時酌定准數作正開銷等因經臣衙門
奏准在案此次遣使兩洋事屬創始一切作正開銷款項自難預定然亦須事事核實撙節以免虛糜應
請　飭下東西洋各國出使大臣等將出洋盤費及到某國後一切經費凡係作正開銷之款務須遵照
奏章俟一年期滿後即行分晰逐款造報臣衙門查核毋得延遲臣衙門各按其每年應用款項若干再
行酌中定額奏明辦理

再前因籌議海防事宜據李鴻章李宗羲王凱泰等先後條陳以各國宜選明白洋務之人隨時遣使以
宣威信通情款各國如何情形隨時馳報庶幾耳目較靈不致中外隔閡等因各在案是出使一事凡有
關係照涉事件及各國風土人情該使臣當詳細記載隨時咨報數年以後各國事機中國人員可以洞
悉節辦理一切似不至漫無把握臣等查外洋各國虛實一切惟出使者親歷其地始能筆之於書況日
記並無一定體裁辦理此等事件自當盡心竭力以期有益於國倘一概聽而不宣竊恐中外情形永遠
隔閡而出使之職亦同虛設可否　飭下東西洋出使各國大臣務將大小事件逐日詳細登記仍按月
彙成一冊咨送臣衙門備案查核即繙譯外洋書籍新聞紙等件内有關係交涉事宜者亦即一併隨時
咨送以資考證臣等理合附片具　奏

再臣衙門奏定出使章程内開出使各國大臣自到某國之日起以三年為期所帶參贊領事繙譯等員
亦隨同以三年為期年滿奏獎如有堪留用者由接辦大臣酌留等因此章係指三年任滿者而言如有
出使各國大臣未歷三年即行更換者所帶參贊等員除由臣衙門派往之同文館學生充當繙譯官者

應令仍在各國隨同接辦大臣當差外其原帶之參贊領事洋繙譯各員是否堪以留用仍由接辦大臣自行酌定其留用各員准其自原帶到某國之日起算扣至三年期滿由接辦大臣察看如果當差無誤分別奏奬毋庸俟接辦大臣三年任滿後始行奬叙以示鼓勵倘或留用以後始勤終惰卽由接辦大臣隨時撤回臣衙門派往之同文館學生充當繙譯官者亦准其一律查照辦理至出使大臣奉　旨有特辦事件而回華未滿三年者所帶參贊等員不必拘定三年奏奬期限又未滿三年回華之出使各國大臣任內一切事件統令俟接辦大臣到後當面交代清楚始准束裝起程其支銷各項經費如屆一年期滿應行報銷之時接辦大臣未到仍令原經手大臣自行逐欵分晰造報以免轇轕出使各國大臣及所帶參贊各員未滿三年回華者所有應得俸薪均自該大臣卸任之日住支仍令遵照奏章如非丁憂身故只准開支回華盤費不得給予歸裝銀兩以嚴限制為此附片謹　奏

奏為查明請　旨疏　總署王大臣

竊臣衙門前於光緒二年八月酌定出使各國經費摺內聲明出使大臣頭等一二品充月給俸薪一千四百兩二等二三品充月給一千二百兩三等三四品充三品月給一千兩四品月給八百兩是年九月擬定出使章程十二條內開出使各國大臣分頭二三等名目此次辦理伊始所有現在業經　派出各國大臣均暫作為二等出使各國大臣月給俸薪照現在實職官階支給其四品充二等者擬月給一千兩嗣因出使日本國大臣何如璋出使德國大臣劉錫鴻俱係五品官階其應支俸薪擬照四品充二等者月給一千兩等因先後奏准行知遵照各在案本年五月臣衙門奏請　簡派出使俄國大臣二十二

日奉　上諭吏部左侍郎崇厚著充出使俄國欽差大臣欽此七月二十一日奉　上諭崇厚著作為全權大臣便宜行事等因欽此二十七日臣衙門奏請　派員接辦出使英法德國大臣奉　上諭一等毅勇侯候補四五品京堂曾紀澤著派充出使英國法國欽差大臣等因欽此臣等查崇厚曾紀澤奉　命出使俄英法各國按照奏定章程均應作為二等惟崇厚欽奉　特旨畀以全權大臣之任查西洋各國凡充頭等使臣者有代君行權之責從不輕以除授擬請嗣後出使各國大臣如非實任一二品及有應辦事件者毋庸　賞加全權字樣以示區別至曾紀澤以前大學士曾國藩之子承襲侯爵　加恩以四五品京堂候補爵秩較崇自應量予優異可否比照二三品充二等者辦理如蒙　俞允臣衙門應即行知遵照所有應得俸薪仍令均自到任之日起照章支給臣等理合恭摺具陳

約章籌洋芻議　薛福成

兩國議和不能無約章行之既久恐有畸重畸輕之事以致兩國之有偏損也不得不訂期修改以劑其平此中外通行之例也然修約之舉期於兩國有益無損損一國以益一國不行也一國允而一國不允不行也伊古以來未聞有修約不遂而遽至決裂之舉惟其如是則存自利之見者不得恣雎以從事有自護之權者不妨從容以俟商曩者滇邊案起英國威使以馬加里之死多方挾制中國務持大體不得不量予變通以弭外釁於是始立煙臺之約今前案早結而英國於約內之事尚未盡行其理絀則其氣衰所以威使支吾延宕但嗾德國巴使借修約之事多所要求要求不得旋肆恫喝恫喝不應而彼之技乃窮即令佯示決裂之形中國惟當靜以待之其萬不能允者始終堅執一辭而彼國無如我何也如

其可允而有大損於中國者宜取大益以抵之有小損於中國者宜取小益以抵之損益適足相當彼商民猶未愜望或將如英國新約之訂而不行否則相持不決而修約中止要之不失為中道固非中國所慮也雖然中國立約之初有視若尋常而貽患於無窮者大要有二一則曰一國獲利各國均霑也西人始來不過一二國中國不知其羣率而至者如是其衆也既因有此約一國所得諸國安坐而享之一國所求諸國羣起而助之是不啻驅西洋諸國使之協以謀我也失計莫甚於此從前諸國以英國為主謀英國允而各國無不照行是尚有統宗之處今則德國雄長歐洲每事與英競勝且煙臺條款德人藉英之力霑利多矣今復以修約而誅求無已而英人亦乘間而導之合力以謀之此皆利益均霑一語階之厲也往者不可救來者猶可追今欲頓棄前約彼必不肯從也是莫如存其名而去其實使彼相忘於不覺往見戊辰與英國所訂新約第一條及照會之文用意甚善惜乎其未行也又聞總稅務司赫德之議擬訂各國通行約本另設一漢文條約底式凡有外國訂約者即按通行之約以授之此誠省事之良法也利益均霑之文不必去而其弊自去矣今歲德國修約尚未定議英法亦屆修約之期如竟能罷論固善不然則三國同時議約宜告之曰約文有一體均霑之語若稍有參差則一事兩歧而開辦無期莫若乘立約之始而會歸於一英法德三國既允其餘諸國無可處矣他日屆期修約彼即不能迭出以相嘗萬一意見不合不過互相牽制不行新約而止耳各國無端之喧聒其少紓乎一則曰洋人居中國不歸中國官管理也夫商民居何國何地即受治於此地之有司亦地球各國通行之法獨中國初定約時洋人以中西律法迥殊始議華人治以華法歸華官管理洋人治以洋法歸洋官管理然居此地而不受治

於有司則諸事為之掣肘且中國之法重西洋之法輕有時華人洋人同犯一罪而華人受重法洋人受輕法已覺不均今即以人命論華人犯法必議抵償議撫卹無有能倖免者洋人犯法從無抵償之事洋官又必多方庇護縱之回國是不特輕法所未施而直無法以治之矣此無他有司無權之故也為今之計既不能强西人而就中法且莫如用洋法以治華人按煙臺條款有照會各國議定審案章程之約赫德亦謂華洋訟件宜定一通行之訊法通行之罪名乃能經久無弊近聞美國與日本議立新約許歸復其內治之權外人皆歸地方官管轄中國亦宜於此時商之各國議定條約凡通商口岸設立理案衙門由各省大吏遴選幹員及聘外國律師各一人主其事凡有華洋訟件均歸此衙門審辦其通行之法宜參用中西律例詳細酌覈如猶不能行即專用洋法亦可何也治華洋交涉事件本與中國自治之法不同以洋法治華人所以使華人避重就輕也以洋法治洋人所以使洋人難逃法外也補偏救弊舍是無他術矣夫條約之要義固不止此二端而以此二端為最鉅驟與之商未必肯聽則於無形之中潛寓轉移可也即不然用以抵其所索之欵可也若夫法國之約莫如約束教民俄國之約莫如清理邊界似皆宜於通行之約之外別立專條其間幾微之得失實為中國安危之機似又當以全力注之者矣

鄰交

薛福成

古之豪傑論交鄰之道不外兩端諸葛亮之以蜀抗魏也知吳之可結為援也故曰釋怨以聯和伍員之為吳謀越也以其同壤而世為仇讎也故曰去疾莫如盡今與中國同處一洲之內而國勢稍足自立者莫如日本論外侮之交侵不能不樹援以自固也宜有吳蜀相親之勢然日本人性桀黠蔑視中國彼將

以遠交近攻之術施之鄰邦也實有吳越相圖之心其機甚迫而其情甚可見也蓋日本在唐宋以前未嘗不朝貢中國其後平氏源氏北條氏足利氏織田氏豐臣氏德川氏迭執兵柄倔强東海之中國主虛擁神器者逾七百年元代誤用驕將突遇颶風棄師海外是天意欲存日本非其戰勝之功也明之中葉邊備日弛海濱奸民誘倭人為寇掠而彼常有輕中國之心十數年前彼國中多故諸侯羣起而力爭德川氏狼狽失據因以黜大將軍而列藩亦廢盡改郡縣駸駸乎有强幹弱枝之勢又不開互市宗尚西法甚至改正朔易服色建置鐵路電線機器之屬不遺餘力國債至二萬萬以外近又購鐵甲船於英國西人嘖嘖稱許而彼之氣燄益張夫彼之所以不惜重費經營如此其勤者必曰有所取償也彼之所以敬事西人交際如此其密者必曰可以求助也然彼有所益則必有損者在矣彼既日强則必有弱者在矣竊嘗為日本躊躇審度知其志必不僅在朝鮮琉球也何也朝鮮琉球壤地之博民物之豐不逮中國之百一也且日本之在海濱亦多事矣數年之中一入臺灣再議朝鮮三廢琉球今其兵船且遊歷至福建隱有耀武之意彼蓋自謂富强之術遠勝中國故復迫中國以所難堪使我怒而啟釁而彼乃得一試其技幸而獲勝彼固可任其取求萬一不勝彼恃西人為排解決無虧損於其國其為謀亦狡矣故此時琉球之廢非謂其地足貪民足用也彼特以此嘗中國也中國而力與之校固藉為開釁之端中國而不與之校亦愈知中國之弱漸且南犯臺灣北攻朝鮮侵尋達於內地殆必至之勢矣今試就日本近事與中國絜長校短而論之日本仿行西法頗能力排衆議凡火輪舟車電報及一切製造貿易之法稍有規模又得西人之助此其自謂勝於中國也然日本地土人民不及中國十分之一國債纍纍歲入之款半輸

息銀則其餉不足恃也國庫空虛百用仰給紙幣紙幣不能用之國外也一旦有事船礮軍火皆無可購則其械不足恃也日本近更兵制寓兵於農通國陸軍常額不過三萬二千人則其衆不足恃也惟彼海軍有戰艦十五號大礮數十尊不盡新製毀之者曰朽敗難用譽之者曰操練頗精兵之精不精必經戰陣而始顯日本以西法練兵僅逾十年未經戰陣覈其實當與中國相等彼西人之稱之者要不過阿好之言亦挾為恐喝中國之具耳況日本自變法以後悍將驕兵之失職廢藩舊族之懷怨常思乘間蠢起以齮執政諸大臣彼又北畏俄人西防中國苟勢有不支西人且易袒護而為窺伺彼之政府籌之審矣所以未敢徑與中國為難而必以琉球試其端者職此之由然則日本雖詭譎仍視中國之舉動以為進止也明矣夫今之時勢與元明迥異自強之權在中國即所以懾伏日本之權亦在中國彼可購而得者我亦可購而求彼可學而能者我亦可學而至而況中國之才力物力十倍於日本者哉琉球蕞爾國存亡絕續原不足為中國輕重然日本相侵之志危矣廹矣儳焉不可終日矣中國於自強之術不宜僅託空言不可阻於浮議誠能一日奮然有為而決之以果課之以實固旋至而立有效者也是故為今日計御俄人之道利用柔非柔也化其爭競之氣也御日本之道利用剛非剛也示以振作之機也軍志有之曰上兵伐謀其次伐交夫誠措置得宜則敵之狡謀可戢行且介西人以求成於我也而西人之交又何必不合於我也

敵情

薛福成

聯泰西各邦以謀中國其勢可虞分附近鄰邦以合西人其勢更可虞日本之依附西人妄有覬覦天下

共知之矣然東西皆有約之國援之公法一國不恊各國可以從中調停而今日之中國斷不能得之於西人者何也彼西人之始至中國也中國未諳外交之道因應不盡合宜彼疑中國之猜防之蔑視之也又知中國之可以勢廹也於是動輒要求予之以利而不知感商之以情而不卽應繩之以約而不盡遵今中國雖漸知情偽而彼尚狃於故智輒思伺中國有事以圖利也中國以琉球之故與日本稍有違言英德使臣雖未干預若使與聞此事彼必虛張日本之聲勢以脅持中國彼必代日本護其短而故訐中國為非彼必稍損中國以益日本因以市恩於日本彼必反謂損中國者為助中國因以責報於中國夫西人於條約公法研之甚熟豈真無是非者哉彼欲善自為謀勢固必出於此也往者日本將廢琉球之時昌言不顧各國公使與聞彼素恃西人為黨援尚且如此中國亦宜用此例或逆拒於無形或昌言而布告勿使西人參與其間則進止自由可免掣肘之虞矣或曰然則中國有事各國調停之說終不可恃乎曰此其機仍在中國而已中國能自强卽鄰邦啟釁各國出而調停未嘗無小益中國未能自强而狡寇爭雄各國因之玩侮必致有大損況今駐華各使惟利是視又值修約之際蹈瑕伺間詭謀百出不豫為之防是倒持太阿以授之也至若美前總統位望較崇宅心敦厚未染虛詐之習不妨倚為排解法美荷蘭三國舊與琉球有約其駐倭公使不妨聯為指臂但恐倭人性情堅執未必肯聽耳若幸而轉圜國有裨補卽終不見納亦無後患也或曰天下强邦皆有獨親獨厚之國然後緩急足倚中國孤立久矣今誠於修約時稍讓以利其可使之親厚我乎曰相親厚之道在布置於平日非一朝一夕之故今中國讓之以利彼且謂恫喝而得之也必有得步進步之心是讓之仍無益也若夫英法相親以拒俄俄德相親

以制法德與相親以主歐東之政彼其先未始非仇敵也一旦釋怨修好則一國順而全局為之轉移中國與美有相助之約則美可親與俄為最舊之交則俄可親其他若英若德若法苟可結納均宜因勢而導之迎機而赴之而此中得失則以識彼性情為樞紐蓋嘗攷西人之俗矣西人以交際與交涉判為兩途中國使臣之在外洋彼皆禮貌隆洽及談公事則截然不稍通融中國之於各使亦宜以此法治之是讓以虛而不讓以實也西人於練兵造船製器及一切技藝善自耀其所長未嘗秘為獨得中國誠能切實講求彼謂我有自强之道先已敬慕悅服又知我不相鄙薄不難罄中藏以相示或時以微利啗之是得其技而兼得其心也西人頗尚豪爽而又好為不情之請以給中國中國宜擇其可允者允之不可允者不妨直指利弊告以必不能行之故彼亦詞窮而氣沮是折其非乃能折其心也得此數者以與西人從事復由駐洋公使察其隱情隨宜措注但能於諸國中得其一國而諸國無不相助矣近聞日本與美議立新約美許歸復日本內治之權利日本許增兩口通商以酬答之夫此有所贈彼有所答是名為相讓而實無所失也而有事時可得合從連橫之助又何憚而不為哉且中國地博物阜西人通商所獲之利十倍於日本彼於日本何所愛必厚彼而薄此哉亦在得其道而已夫誠得西人以為外援彼日本區區之國將從風聽命之不暇尚何桀驁之有

通使總論　丁韙良譯

通使之例雖繁其理至簡要之不外準情度宜而主在辦理交涉事務推而言之為外交之道實而按之為議事之法然各國往來事宜時有變遷互易皆隨國之盛衰事之虛實勢之分合耳伊古以來大抵如

斯凡膺使臣之職者皆宜詳考往事無如史記紛繁案卷甚夥欲徧覽周知以求辦理交涉事務之法亦已難矣是以使臣每藉閱歷之資深以補考證之不足蓋事雖相同而時勢或異或時勢無異而人地有殊焉能泥於成格繩以一律况今昔情狀不同邦國風俗亦異常見事同而辦法迥異惟在當事者洞悉情形周詳智慮因時制宜耳然非謂因此而通使之學可廢

夫使學雖無定則而歷來各國與外使往來文件册簿即可視其如何敷詞立意以資考證遇事又須熟悉情形捜羅程式互相較量然後視人地之宜酌核措詞至昔日之成案雖不盡宜於今日之需但不可不恃為繩墨緣人之趨利避害古今同情往昔案件若悉心考查情由恆能預料其究結之處可知凡事遇有阻礙如何疏通遇有損害如何預避視昔人之錯誤即可藉為前車之鑒矣

通使之學關係甚鉅然精通者甚鮮雖偶有博學深求而於公法史記等書知崖略者居多竟領使命後而始習者有之夫使臣若謂胸有邱壑而師心自用實為謬妄蓋人無學問僥倖供職者雖偶有之而聰明才幹總不足以應事物之紛紜即專恃閱歷亦已誤矣况公使一經到任難免被事糾纏此時無暇考證不及詳查若無積學則手足無所措矣處事固貴乎閱歷而欲泛應曲當須精熟通使之學然欲精熟通使之學須先涉獵諸學而博採之更當以此事為專課而力求之其諸學之尤要者開列於左

一須知天然公法其理係通行萬國而彼此交際之道皆以此為準

一須知各國通例有出於條約明文者有出於從俗通行者緣各國或以玉帛相見或以干戈相見皆以此為準

一須知西洋諸大國律例

一須知各國歷代史記其尤要者係所載交戰議和以及近代所定條約讀此則國之興替政之隆汚皆可明晰

一須知各國大勢何國志在侵吞兼併何國志在均勢守成何國志在合盟自固

一須知富國策內載貨物何以生產何以銷售何以散聚

一須知各國風土人情以及戶口水陸兵額地丁租稅等項

一須知各項公文程式洋文格式尚未譯就但漢文程式則披閱總理衙門文件可也此外本書列有應讀之書百有餘種皆未譯出漢文若徒譯名目實為無益惟惠頓氏所著萬國公法業已譯刊而本書以之冠於百家

除以上諸學之外欲專辦交涉事件尤須通曉各國語言文字一則能讀原文可以沿流溯源一則因公會晤可以方言議事以視借人傳解實為便易並可暢談積愫彼此開誠布公而免猜疑之釁

西洋辦理交涉事件以法文為通行英德兩國語言文字次之自八十年來各國議立條約往往專用法文即如一千八百十五年諸國公使會于奧京會議及一千八百三十九年比利時與荷蘭分而自立荷比兩國議定條約亦皆用法文總之用法文繕寫條約者居多有時註明權用法文非必用法文者有之

論各國應有專署以理外事　丁韙良譯

論外交緣由

查自歐洲分為羣國其各大國有不得不互相往來之勢始而遇事偶而通使繼則遣使常川駐劄其所以駐劄之故一則通兩國之好一則察鄰國之政迨至本國自二百年來此舉業已通行而各國之往來

和好交涉事件皆賴以調攝斡則事務益繁關係益重而各國京師又皆另立衙署專理交涉事務始而名曰外務部繼則名曰會議部後則定為總理外國事務衙署

論總理大臣之職

查總理大臣之職有關國家安危利害責任匪輕務選才識卓越者方可膺斯重任不致有傷國體否則辦事一有背謬即可陷本國於不測之害是以該大臣之職守有不可不詳為申論者

夫國之內政多有定章可守律例可循號令可發雖有背謬貽害較淺易於補救緣內政在使本國民衆循例守法即有作奸犯科亦可挾之以威迫之以力無須會議商酌至於各國交涉事務則不然既不可威逼人不可諭令須以情理論之以婉詞達之蓋一言偶誤或一策不善以及草率將事則國計民生即可因之攖害顧交涉事務不但難於辦理且極其繁瑣時有變更可見總理大臣任重而責難也其應辦之事惟有揆情度理善為處置以期上不負國君委任之重下不失民衆感戴之忱

凡外國交涉事務皆賴總理大臣之才識而定則簡派擬調之際關係國政匪淺故各國每多加意遴選賢能薦衆之大吏方授以此職既經簡派朝廷當將褒獎之詞通知各國以免遇事懷疑總理大臣一切措施既為國計民生所繫在該大臣務須熟悉萬國公法近代政治天下權勢通商利弊以及富國强兵之策立約聯盟之法內治外交之道至各國親疏强弱之際更不可不體查情形況各國情誼隨時變更應令公使領事等員將一切關係本國利害之事星速呈報以便乘機興利除害故必須有幹練之才而後可以揀充使任

總理大臣選派公使須擇其閱歷較深才識兼優名望甚重者方可信任仍當令各使同其心志隨其策謀不但逐事指授機宜更當查其如何辦法以俾本國不失利益

總理大臣須將各處緊要事件以及中外現在情形隨時通知在外各人俾伊等於本國政務不至茫然在該使接准此等文件亦可向駐劄之國隨時叙述窺其意見而使之嚮附噫使臣如此而令天下各國言聽計從其功豈淺鮮哉本國既不遺在遠將一切政務通知各使則使臣自倍加黽勉矣

與各國使臣會晤商議本係總理大臣分內之事至國君欲將和約聯盟通商交戰等事宣示各國此等文件均由總理大臣繕辦遇慶弔等事雖偶有國君自行函致鄰邦亦例應由總理大臣辦理

按常例本國領事駐劄外國者均歸總理大臣管轄外國領事駐劄本國者國君准行執照亦由該大臣頒發間有將本國領事歸船政大臣管轄者然總理大臣時亦指示策略

查本國文卷多歸吏刑兩部稽查收掌而總理大臣亦有兼理者至該大臣所辦案件以及與本國外國使臣往來公文並本國與外國交際禮儀程式均歸總署自行收存

凡新任總理大臣一經任事即將接任日期知照本國外國各等公使若係某部院尚書兼此任者亦然達知本國執政各部自知照後凡駐京公使皆應前來拜謁該大臣於二三等公使應親往答拜於署任公使以及辦事大臣只投名刺而已惟答拜頭等公使應於當日以其有代君身而行之義

總理大臣尋常接見公使皆有定期除定期外公使若欲會晤必須專人面詢或函請時日方可以無礙該大臣政務為要遇有緊要事件以及重任公使亦可隨時前往不得限以常格

總理大臣卸任亦當仿照接任之時通知各使以盡同舟之誼法君路易十五在位有總理大臣名阿冉孫者以勤著名每日寅正即起將各項文件自行撰擬稿底於巳初發給主稿四員令其抄錄至本國使臣來文該大臣批示大義主稿書寫覆文每日除覲君與執政大臣會議外遇有緊要文件仍自行書寫其勤勞有如此云

論總署辦事人員

總署之責重事繁自不必言其一切事務總理大臣不過提綱挈領而已且時有兼任執政大臣國會大臣之職者於本署尋常事件以及繕寫公文等事無暇及此且躬理細故則重大者未免或有疏虞是以無關緊要事件皆委諸屬員該大臣惟時加督率稽查

查總署除正堂外次即總辦幫辦該大臣遇有事故總辦即應代為會晤公使寄發公文稽查案件督飭僚屬是總辦須幹練有為通達政體熟悉情形之員方能勝任且該員有統轄本署人員事務之責非分司各員可比英國遇更換總理大臣之時該衙門總辦亦必一同更換惟副總辦係久任其事永不更換以資熟手凡由國會掌權之國率皆如此

總署各項辦事人員關係匪輕須詳加遴選因在京辦事幹練之員可以補救在外使臣才力不及之處緣隨事可由京師授以方略之故

該大臣既有屬員襄辦公務其須幕友以理私事自不必論

論通使之例　　丁韙良譯

論公使之職

查各國執掌部院事務大臣洋語稱密尼司德其授以文憑或全權字樣差往外國辦理交涉事務者按洋文其職名與部院大臣相同至該使寵榮優遇之處載在萬國公法

昔有遣使他邑專通慶弔之禮者自通使常川駐京之例開則使臣專為保持兩國和好護庇本國商民通報關係本國事件是以使臣職守不必專屬一事矣

論通使之權

惟自主之國方可遣使接使半主之國（凡邦國能自理內政而無外交之權者謂之半主之國如瓦拉該墨拉達挨及等國是也按瓦墨二邦尚可遣派本國奉教之使駐劄土京而議涉得賴公法保護然土君雖接其使臣究與自主之國使臣有間）如有交涉其能否通使當從上國之命至於商會民衆亦可遣使他邦但所遣之人不拘何等職爵概不得作為公使遇應辦事宜有仍由本國之駐京公使料理至於衆邦合一之國或彼此互相通使或遣使外國皆視本邦情形並原定合一之盟為何如耳（按此國既歸併彼國則此國即不得復謂之國矣若于歸併約內言明凡與各國會議等事必由上國代理則遣使他國亦必由上國揀派雖遇事涉本邦之事本邦亦不能另遣使臣蓋既立歸併之盟即不能復有自主之權也）大抵衆邦合一之國其通使之權皆歸上國至數邦聯合之國其通使之權仍操之各邦自威司發里和約（卽一千六百四十八年大清順治四年）以來凡日耳曼各邦皆操此權然衆邦之公會雖有遣使接使之權並未遣使在外常川駐劄惟於一千八百六十四年遣柏思為欽差大臣前往倫敦大會於一千八百四十八年公會纍議重修衆邦合一之例盟主遂秉遣使外國之權

昔荷蘭立民政時其通使之權專歸衆省公會惟荷塞二省錄送遣使外國名單以備公會簡派

在瑞士數邦僅止聯盟而非合一各邦皆有通使之權上國並未遣使常川在外是以於一千六百二年瑞士差往法國公使共三十九員蓋因各邦皆遣一人或數人之故耳當時各國公使駐劄瑞士者在衆邦之公會呈遞國書於各邦亦各遞呈一本自一千八百十五年重修合一條約之後其通使之權歸之

上國遂有上國遣使駐劄法與二國之事但議立和約之權各邦仍操之於已自一千八百四十八年復重訂合一之約而通使之權專歸上國矣至亞美利加合衆國之例除經國會允准外嚴禁各邦彼此擅立盟約及與外國私立約據等事

凡立約賴某國保護者於自主之權無礙若約內未經載明推遜通使之權不能因賴保護遂不認其有此權也

通使之權遇有爭執疑惑或於彼此政體有窒礙等處則遣使接使不加以公使銜者往往有之出亡之君時有

通使惟國主能操其權但國主遣使之權有時為本國律例所限制遇屬地距本國窵遠者該處鎮守大臣往往有接使遣使之權因地處遠

特遣無名使臣前往某國如十數年前美國南省叛亂遣使英法是時英法雖未認其國亦未嘗不接該使之公文

方此乃代君而行耳

兩國非有立定專條則各有可遣之例並無必遣之勢

通使之權國內不可一時或缺遇有君位未定或國君尚在冲齡或有疾病不能躬理朝政則通使之權必操於攝政者如英國君主喬治第三布國君主弗德理第四皆患癡顛之症當時遣使接使皆歸攝政又如昔之波蘭國擇主未定時依然通使

再國君尚在冲齡或因疾病其簡派之攝政大臣於議立條約繕寫國書等事皆當代君秉權書押仍係國君出名至國君讓位之後與被敵人擒去寄食他國者皆不得操遣使之權

出亡之君雖失君位未必失通使之權新君雖得君位未必有通使之權蓋接待某君之使臣即為與某

君交好之據或與得國新君交好互相通使或仍與舊君往來認為正主或與二君均不交往皆由各國自行裁奪歐洲大國遣派駐劄土耳其南亞美利加以及瓦墨兩邦之總領事官均兼公使之職歷來出亡之君有仍行遣使之權者各國若不欲結交新君即仍接舊君之使舊君與得國新君皆遣使臣同膺公使職銜無論何國不能並接否則招尤受累更有此國不願認彼國所稱之號以及自主之權往往不接其來使者此乃失和之釁昔有法國宰相名馬塞林者曾接英國霸主格龍威之使於其舊君之使遂拒而不接又英國君主樣耳第一在位時國會攬權與君相爭皆遣使土國該國接待國會之使而不接其國君之使此皆二百餘年前之事于十五年前義國君主戰據納邦各地乃遣使英國英遂接之後函致納邦君之使謂現在不能以納邦為自主之邦即不能視該使為公使矣時有日耳曼數邦不接待義國之使義國將發給該邦領事之准行執照該行撤銷以示酬答焉欲仍保全兩國和好當另設法變通十五六年前布國新君登位各國遣使慶賀時有義國使臣布乃卻之不接以為尚未認義國後乃議定將該使大憑之上改書某君頭等欽差大臣布遂接之蓋意在其君而不在其國也日耳曼雖有數邦尚未認義大利之國而義國使臣仍行駐劄京都惟于一千八百六十五年將使臣撤回改派辦事大臣暫署以其免遞國書之故耳

論接使之權

凡自主之國除與某國立約議定不得接使外莫不有接使之權然非有條約言明其國並無必接之勢布俄兩國各遣使臣駐劄羅馬而教皇使臣兩國至今尚未願接待教皇使臣洋語稱為農司雖使臣過境其准否仍聽該國自便但拒而不准者實為罕有一千八百五十四年美國駐劄日國公使赴任路過巴黎該大臣函致法國欲在該處暫息數日法國未允並責以若該大臣毫不逗留方准其過境查該使名蘇類原係法國人氏與該國執政大臣素有嫌隙今膺公使路過此地恐藉其權利滋生事端是以未允其在此停留況現在各國皆互相通使且常川駐京成為常例如既認某君為國主而絕其來使者非有緊要之故斷乎不可發氏云凡邦國因事故不欲某國使臣入境應于邊界內限定某處遣員告知不准入境方可蓋使臣既奉命而來不可無故阻其前進有允准接其來使而從中立定章程如按現在常例某國之人充他邦之使其本國之君不以全權欽使

接之但視為辦事大臣按日耳曼國會定例舊都福蘭阜之人除在本都充當國會大臣之外不得在他邦選膺此任按某國人民既入外國籍貫若彼國授以公使之職駐劄故土亦無不可如近時俄巴兩國所遣駐劄法國公使均係法國人民而改入彼國籍者按今日耳曼小邦往往有選派與國人民在與都充當辦事大臣之事于一千八百五十五年始蒲各處有委派英人在倫敦作為辦事大臣者此等使臣除供職外仍屬本國管轄而仍歸本國管轄更有因來使之職銜為他國辭而弗接之者至教皇之使不必以教皇所授之權接之蓋斷無他國干預內政之理耳日耳曼奉新教各邦以及丹國概不願接待教皇之使因教皇夜郎自大時以吾子呼君主焉英國與教皇通使昔為例所嚴禁惟于一千八百四十三年方弛此禁雖然仍不願接方外之人充教皇之使法國雖接教皇之使仍有條約限其權利故凡有使臣前來必先查其全權字樣與約相符方准其供職

有素敦和好之國而不接來使者其故非因其國實因其所使之人耳蓋使臣之職必須人品端方方可令他國推誠相信如他國不接某使而必欲令其接者非智者之所為也或處於勢不得已勉强接待者必致使臣見憎他邦斷難稱其職守尚有迫於時勢隱忍不敢言者至隱忍接待憎惡之使於公務既無裨益則於遣使之國有傷國體

邦國應差遣何人斷無聽他國指擇之理但各國往往將擬派何人預為知照以免生不協之處該國即可示覆或願接來使或請改派本國亦可於他國未派之先聲明願遣何人前往充使但聲明請揀素無成式可循昔者教皇欲遣使與舊法蘭等國是時議定教皇務須先行究擬使臣三名開單寄送各國聽該國君主從中選擇一員前來充使至欲派使臣知照前往之國國君親理者甚少常由任滿公使或由暫行署理之官或由本國總理衙門大臣皆可凡遇此等事件應彼此面商而不動公文蓋雖有不協於國體並無妨碍邦國有拒絕來使而不接者各國概不究其情由隨即改派惟英國則不然凡遇此事不但究其情由並須彼國指出實跡非平空懷疑方可不接雖然仍不遽行改派亦惟令副使暫署是缺而已如一千八百三十二年英遣公使于寅者駐劄俄都俄主不接英乃委副使暫署遲至三年方改派正使

既經面議若彼國仍欲遣不協之人本國即可聲明不能接待但非有重大情節不可拒絕如是之甚恐當昇平無事之時忽絕使命而易於啟釁一千七百五十八年瑞典曾拒英國公使葛德利者一千七百九十二年薩君曾拒法國公使塞嘗賫者一千八百二十年又拒布國公使馬爾頓者以該使臣之妻係法國弒君者之女一千八百四十七年漢諾福國主曾拒布國公使威司發者以其崇奉舊教故耳

論使臣等級

凡使臣之等級皆由本國派定雖由本國派定仍有限制之處因西洋各國往來之禮稍分畛域而所派使臣等級亦當因之而定其所遣使臣何等仍聽接使之國自主

至遣頭等公使之權惟皇帝君主及民政大國有之凡君主之國較之民政稍尊至教皇亦係君主之國故能遣頭等公使　昔冉瓦威尼司均係民政之國所遣皆頭等使臣按現在民政之國美為最大從無遣派頭等公使之事若無庸及民政小邦與半主之國無此權者雖遣頭等公使大國概不接焉法國君主路易費里在位時凡諸侯各國惟准遣三四等使臣駐劄巴黎若遣全權大臣必不接待蓋彼之頭等公使我既却之不受我之頭等公使亦不遣之前往因禮尚往來務使職銜相埒耳

其在外公使或另有重大事件商辦或因慶弔大典暫加頭等職銜者有之署任及駐劄公使遇有此等事亦可加以特簡職銜

論遣使之多寡

此國同遣數使前往彼國原無不可其使或各有專責或同辦一事但同遣數使之故必須有另外情節如前往大會議立和約以及會商重大事件該使臣或同等或分尊卑皆可凡使臣同等則同禮異等則禮分尊卑　昔日耳曼大諸侯遣使國會公舉皇帝常有各遣使臣二三四員至該諸侯遣使與國亦復如是一千八百十五年維也納大會英法各遣全權大臣四員俄葡各遣三員奧布各遣二員一千八百五十六年巴黎大會以上各

（國皆遣全權大臣二員）遇有諸國會議事件各大國皆特簡本國總理各國事務大臣為頭等公使其駐劄該國公使作為二等全權大臣二人當推總理各國事務大臣為首以其熟悉外國事務無有逾於彼者矣據越克佛爾云昔荷蘭衆省合一之國並遣頭等公使八人前往孟思德之會內有二人曾經出使數次即欲挾制其餘六人由此觀之使臣雖多未必於事即為有益云

昔時遇他國有登極大婚諸大典禮亦有特遣數使（遇他國帝王登極威尼司民主之國以並遣二使致賀為常至遣使見教王往往有遣三四員者而荷蘭亦曾並遣使臣三員為英國新君致賀）前往慶賀者但現在特遣一人率以為常其特遣數人同膺頭等公使一節有拒之不接者有願其多遣者（一千七百四十一年日耳曼皇帝登位諸侯各邦皆遣使致賀其並遣數員者法國初不認其使終遂允之仍言此次如是以後不得援以為例昔者每遇教皇登位凡奉天主教之國皆遣使以致順服之意至遣使謝罪向來常有之事而其尤著者一千六百八十五年典瓦遣使法國謝罪又一千七百九年英國遣使俄國因俄國公使在倫敦被人凌辱）除此聘典外至常川駐劄公使一國遣數使者甚鮮（有遣將軍專辦軍戎事件而另有使臣照常辦理交涉事件者現在惟俄布兩國如是）蓋因人多則各執己見互相嫉妒於應辦公事無益而有損矣是以各國欲專為採訪事件於公使之外另遣隨員參贊該員等雖得與本國往來行文亦皆歸公使管轄（與國遣使駐劄布國於正使外復遣武弁一員為參贊布國亦遣參贊從使與法至俄國遣參贊從使布國係專理通商事務）

每有公使一人兼辦數國之事亦有數國合遣一使者（各國遣使日耳曼諸邦常有一員兼使數邦者美國于一千八百五十六年定例凡本國使臣遣往某國後又簡為兼任他國之使者則于正俸之外復增其半一千八百二十五年南亞美利加之拉布拉他遣使巴黎兼理英國交涉事務英國始而尚不允准蓋謂該國應專使前來駐劄後亦未曾堅執此議乃准其兼任至南亞美利加諸小國每特遣一使兼任英法現亦視為常例日耳曼諸小邦遣使布與常有數邦其遣一使者）

論遴選充使之人

查公使之職較各等職官尤須才能幹練足以勝任為首務然揀擇充使往往更察其人係紳耆子弟家道殷實與否以及所奉何教凡此雖無關緊要而於事之成敗時有所係

有時君奉天主教其臣須同教者方遣出使今教皇遣使仍不異是其威尼司民政國則不然向無遣教士出使之事越氏曰威國此舉因教士無子嗣自不慮國事於將來且既專心教務幾成異域之子民焉

史載昔有婦人身膺公使出使他邦之事但事涉罕異按現在各國之政治風俗難以復施於今日矣于一千五百二十九年德法兩國講和法君請太后德君遣公主議立和約相傳謂之夫人約又法君路易十四曾遣歐蓮夫人前往英國說樣耳第二使其棄絕荷蘭聯合法國以上所載婦人雖有公使之責辦事亦頗著功效但當時並未明授以公使之職至婦人而明授以公使之職者惟嬬婦蓋氏而已伊夫係法國將軍沒後法君乃于一千七百六十四年賜以符節授以公使之職出使波蘭此係婦人充當使臣尚有假冒婦人而暫膺公使者昔法君路易十五在位有名柏蒙者始而隨使英國充當參贊後復擢為正使因其洩漏機密被劾調回本國路易十六命終身著巾幗以辱之因其從前著巾幗為使

論使臣名目及解任之故

遣使之名有三曰常使曰特簡曰密使令一人兼辦者有之同遣數使者亦有之但自立駐劄公使以來率歸一人為常

使臣解任或暫停差務其故有七文憑限滿一也撤銷全權字據二也本國調回三也彼國辭回四也自行告退五也本國君薨六也駐劄之國君薨七也遇駐劄之國君薨使臣遂暫行停任俟接到國書呈遞新君方照常供職

論密使

邦國有時密遣親信一人辦理緊要事件而不加以公使之職者如遇應辦事件必須有公使之職方可

有成者亦准其臨時呈明彼國

此國遣使本無公使之職而彼國原諒接待者有之蓋現有事故而不欲彰明以接來使也法國自路易十四路易十五以來常遣無名之使以便辦理機密事件並有特遣婦人膺此任者亦復不少

以上兩項使臣若本國既知其情仍當妥為保護各項典禮該使不得與焉

論使臣等級

丁韙良譯

論使臣分等緣由

中古以上其代君代國辦事使臣並無差等其常川駐劄公使與特簡公使亦本無區別蓋昔之羅馬國有庸捲天下之心以為無庸遣使常川在外至日耳曼國皇帝亦有是心而不遣使臣駐劄各國焉自威司發里和約二百餘年來以後而遣使駐京之例乃通行其內設常兵以自固外遣公使以結好二事並行而各國自強之道自此始其使臣之分等亦自此興矣

查頭等公使乃代君辦事者也全權大臣及駐劄等吏乃代國辦事者也既定使臣等級則彼國接待之禮不得不得稱焉

按舊例頭等公使位居二等公使之先如威國遣頭等日耳曼皇帝遣二使其位之先後自易分曉但二使若係同等則按兩國君位之尊卑定伊等之先後其爭執難定無適於是矣史載一千七八百年間互爭禮節之事不可勝數多有因此失和者如昔時日國日斯巴尼亞之使無論何事絲毫不讓於法國之使又日耳曼諸侯之使不甘居民政大國使臣之後此往事可徵也

自奧京大會議定章程而八大國又在法京立約互相遵照之後此等爭執方盡銷除無論何國使臣皆不得作爭先之想蓋照新章不惟定以等級且於同等使臣之內按其呈遞文憑之期判其位之先後惟教皇使臣不歸此例而仍以首位尊之也

暨八國使臣於一千八百十五年三月十九日在法京會議定立使臣次序章程以杜妨礙公務之弊並免生彼此爭執之端均各畫押允准遵守復請他國照章辦理其條欵開列於左

第一欵

使臣分為三等安巴薩多爾與教皇使臣一也特簡公使與全權大臣以及凡能將文憑呈遞國君等使二也將文憑呈遞總理各國事務大臣之辦事大臣三也

第二欵

惟安巴薩多爾與教皇所遣使臣均係代君身行事因而特尊

第三欵

特簡公使不得因有特簡之職遂位居在先

第四欵

凡同等使臣按報明到任之日起算以定其位次先後至教皇使臣則不歸此例

第五欵

各國應自定接待各等使臣之禮以期畫一

第六款

凡國君或同宗或姻婭或同盟其使臣皆不得故作軒輊也

第七款

遇有數國議立和約以及各項文據若係平等之國皆須掣籤以定使臣畫押先後（此下有奧日法英葡布俄瑞八國使臣之印押）

至一千八百十八年十月二十一日五大國復在艾克司會議定立專款以補前約所未議及之處其續款開列於左

前在奧京議定使臣次序章程內有尚未詳盡之處茲復議立一款以免日後復有爭執先後之弊今吾五國議定嗣後彼此駐劄大臣位居二等公使之後署理公使及辦事大臣之先（此下有奧法英布俄五國使臣之印押）

此次所定章程各國一律遵照故現在使臣分為四等安巴薩多爾與教皇使臣一也特簡公使與全權大臣二也駐京大臣三也署理公使與辦事大臣四也則使臣分為四等各國或明許或默許皆作為通行之例（一千八百四十六年奧使在荷蘭京都曾與那搜諸侯之使爭位次前後論者謂奧使遵例益諸侯之使祇任在先例應位列在前也　土耳其則分公使為三等即安巴薩多爾密尼司德以及辦事大臣是也）

使臣到任無論何國之使祇以該使與他國之使呈遞文憑日期互相比較而定其前後次序遇有某使呈遞文憑在先而他國在後其在後各國雖有未認其國者亦當居伊之後（南亞美利加諸邦叛日國自立日國久不認其為自主雖然彼此使臣在他國相遇往往仍讓該邦之使位列在前近來薩君兼併義大利諸邦成為一統雖有數國不肯認之而彼此使臣在他國相遇亦無與之爭位次者）

或問遇駐劄之國君薨或國有大變其舊使另行呈遞新憑似此使臣次序何以處置係仍按前次呈遞之日起算抑按此次呈遞新憑之日定歟

曰此節向無成例當由衆公使自行討議查一千八百三十年法國民變逐舊君而立新君是時駐京公使會議時各使仍按前朝所居次序又布國君主費德理第四薨逝之後駐京公使會議時亦皆照此辦理至一千八百四十八年二月法國大變而立民政旋於一千八百五十二年又變而立皇帝駐京公使皆按其呈遞新憑之日以定次序

其特簡公使例無推尊之處其所異於常使者祇所辦之事不同耳其次序常有同僚公使讓之在先者是禮也非分也

論頭等公使

按例安巴薩多爾與教皇使臣皆係頭等公使凡頭等公使皆有攝行君事之權然各國未嘗以待國君之禮款之（在駐京之各國公使署內聚會頭等公使亦當讓總理大臣位列在前）該使於前往之國有徑行面君商辦事件之權因為彼君親信之臣故宜寵膺異數然亦有名無實因頭等公使遇有事件亦皆與總理各國事務大臣商辦與二等無異若有時與國君會晤總理大臣亦須公同商辦其君權有限制之國要皆如此若君權獨斷之國或異是

其頭等公使遇要事欲面國君卽可概不通知徑往宮門求見面為陳述（按常例教皇惟准與法日葡四國特簡頭等公使前往羅馬以其係奉本教之大國故耳而待法國頭等公使尤為從優如凡有公舉皇之事其公院按照舊例雖名為扃門必留一小隙以便該使與議焉）教皇二三等公使當先行文知照

總理大臣請示覲見日期頭等公使具餘之權利祇在禮節而禮節有時關係公務良非淺鮮按奥京所定章程教皇頭等公使雖到任最後仍居各國頭等公使之先教皇頭等公使銜名有二一曰農司一曰雷嘎雷嘎者用以差往崇奉教皇各國農司為常使之名雷嘎為因事特簡之使

論二等公使

在一千五六百年間各國漸事驕侈特簡代君頭等公使其位至尊且重於是奢華相尚禮節難周以致經費浩繁遂有遣派公使職位稍遜之舉因既不代君身禮節亦可從減乃定其名來西當即駐劄也後復於駐劄外立因事特簡之使此係奥法創之而各國效之雷雅云駐劄之名漸賤而凡膺此職者並以特簡公使為名於是接待二等公使之禮漸增始而雜亂無章自一千七八百年間方有條理至維也納京即奥章程之内以特簡公使全權大臣及寄文憑於國君者皆歸為二等二等公使恆有授以特簡全權便宜行事大臣之銜者由此觀之凡公使無攝行君事之權而寄文憑於國君者即為二等於一千八百十八年復定例改駐劄之職為三等英法兩國向無三等之使教皇二等使臣名安德農司于一千八百四十九年有此等使在荷京與英國使臣爭位次前後英使不讓按維也納所定之約惟教皇頭等公使之農司方不限到任先後之例位恆列在前

論三等公使

駐京大臣原歸二等公使之内後因特簡公使每數尊位於是將駐京大臣漸降一等列為三等雖教皇威尼司等國未經允行而諸國已遵行之

查維也納章程有特簡公使全權大臣以及凡能將文憑呈遞國君等使列為二等之語是明將駐京大

臣列為二等也或曰于一千八百十八年十一月二十一日復立專欵殆因前章未曾慮及駐京大臣日後有爭執之處耶曰議立章程各員亦諒無不知也其艾克司所補專欵將駐京大臣改為三等嘎爾席雅云駐京大臣一節不可因此即視為署理公使而不以公使視之也按此則駐劄位居特簡與署理之間且按補欵駐劄職係公使不因改等而並改其職也其原欵亦未廢棄惟增欵以發明之耳

論四等公使

四等公使其實任者名辦事大臣（法英兩國除總領事官可兼公使外並無辦事大臣名目）文憑係呈遞總理各國事務大臣至署理者因頭二等公使或暫行離任或撤回本國由該公使等妥派代理聲明於駐劄之國

其實任者位列署理之先因維也納章程有將文憑呈遞總理各國事務大臣之語是指此實任耳署理頭等公使者位在署理二等公使之先

論委員出差

凡派委員前往外國毫無公使之權但委員遇有查辦疆界或收發帑項事宜常有加以公使之銜者蓋聽遣之之國定其職銜

更有不歸公使之列者（瓦墨兩邦駐劄土京之辦事大臣不與公使之列亦無公使之權利）因其專理本國事務不干兩國交涉事件亦可加以駐劄參贊或本國委員之職但不得作為公使也亦不得邀各項禮節以及享受使臣各項權利所遣係某國人仍歸某國管轄不授以文憑惟賜以訓條或薦書而已

論使臣職守

丁韙良譯

論使臣文憑

凡出使者自頭等以及各等公使皆奉有文憑以昭職守其文憑係本國之君藉使臣以轉達彼國之君即謂之國書可作為該公使全權之據實則書内祇載使臣所膺之職不詳其所辦之事

按國書無一定成格當按兩國之君或位屬平行或有尊卑之别以定體式

國書於未經呈遞之前按例先令抄録一分送呈總理各國事務衙門以備查閱至呈遞之時按照駐劄之國常例與來使之職國主或應升殿收受或在宮内收受皆聽之各國公使駐劄京於呈遞國書外另遞公文於宰相與總理大臣所呈宰相之文應於未遞國書以前呈遞至呈總理大臣之文可委參贊或繙譯官代為呈遞此項文件非國君御筆亦無國君印押惟由本國總理大臣書寫而已

國書應遞某君者某君願當親為收受若遇國君尚在冲齡不能親接而政歸攝位者當視此攝位之人有代君收受國書之權否此端於一千八百四十一年起自日國威公攝位之事該爵援引母后馬理成寨欲代伊君收受國書不知母后攝位與臣工攝位者事甚懸殊不能比擬於是法國將本國歐公攝位之事函告之内載歐公攝位因伊君路易第十五尚幼該爵居於君側代受國書立即轉呈幼主云云威公當即照此辦理英國當今女主其夫薨逝之後即委大臣數員代接國書

公使之職責任綦重若本國遇有大變或君薨或國君退位以及駐劄之國君薨等事自當另行更換國書並全權字據遇有公使升降該使原領文憑即應註銷另換新憑以國君而言教皇與民政國君相若蓋民政國君遇有推擇本國在外之公使無庸改遞文憑即民政國君駕崩鄰國之君亦不編纂

如該國或本國或駐劄之國事故不久即可定局雖該使暫無國書仍可以公使視之俟該使一經接到國書即可

照舊供職並無他項典禮祇再行呈遞並照例附以陳詞一本而已

某國遣派數使若皆同等卽合遞國書一分不必分遞若遣派公使一人奉有數分國書卽由該公使前

往各國次第呈遞可也

國書一節彼國非另有情節鮮有答者卽答之亦不過以來使之才德出衆不勝歡欣等語覆之而已葢

國書原令其接待來使旣接來使又何必覆以書哉本國之君尚有授使臣以薦書者或與彼國宗親或

與秉權大臣以及地方各大憲皆可

論全權字據

凡公使會議和約立盟等事皆當鐫有全權字據其全權字據大抵為便宜行事之證然必另授以訓條

以限制之

至常川駐京公使其文憑卽作為全權字據如另有會議事件方待授之全權字據有限於某事者亦有便宜行事者惟便宜行事者為

真全權字據若當與某國會議亦應載明其特簡大臣前往諸國大會者不另授以文憑祇以全權字據為證而各使卽將字

據互相抄閱或呈遞掌議大臣亦可

昔之鐫有全權字據大臣有與無論何國會議之權今則不然其所與會議者皆載明字據之上昔者英國女主曾以此項文件授與本國公使派往荷蘭與諸國會議

論訓條

上文載明訓條原以限制全權其全權字據為呈驗前往之國其訓條為使臣遵循辦事之具若勒令呈

驗訓條即屬有違公法蓋彼既有文憑或全權字據爲證即可以推誠相信矣

訓條有公密之别或詳論一切或略述梗概有口授之者有筆書之者亦有至會議之國隨事酌核增減更易之者總之密訓非奉有本國特諭該公使不得擅自洩漏其公訓若必須呈明方有裨於應辦之事則酌核呈明者亦有之

論用暗號傳遞密信

本國與在外使臣往來信函遇有利益攸關必須慎密機關以防洩漏故本國與各使訓諭以及各使與本國信函每用暗號傳遞之法其法有密字表以便書寫復有釋字表以便講解至如何用法另有專書論之然必須累牘連篇方能稍知梗概無如所載之法多有費解似惟恐人知之者原書所載諸法雖不妨代爲摘錄以愚觀之實爲多事況各國以密字傳書亦非同一法凡出使者務須先悉其本國所用之法

此等密法尚有加減筆畫更改字式以及跳越字格而讀者但加減更改之法需時孔久諸多不便雖無釋字表亦能被干係之人窺破蓋被若悉心揣摩詳加猜度多方比較不難將書内機宜探索而得也倘密事一旦宣露則用此法者豈不枉費心機其用跳越字格而讀者亦不甚便捷如尺素短札用之尚可較前法似爲妥協

至用數以代字較以上二法似爲盡善因數目可以編配無窮盡寫解釋亦甚簡便遇有機密信函專弁寄送更爲妥實而費用較繁然各大國寄送密信率皆專弁

另有一法亦甚妥實並費用較省係將寄信鎖置鐵匣外包油布本國與在外使臣各執鑰匙以便往來開啟

論執照護照之別

發給執照原為途中任便往來各處文武職官保護之用當昇平無事之時凡人領有執照安分守法者既准其各處任便遊歷則使臣前來更當毫無阻礙

至爭戰多事之秋於執照外由用兵各國另授以護照以便使臣過境免有險阻之虞昔者法英交戰有法使某駐劄布國者由福郎佛爾起程前往布國路過漢諾福被擒解交英國而法國未嘗以英國背公法者因該使未向敵國請領護照而擅過其境也是時漢諾福為英君管轄斯時統兵將帥各員按其所轄地方遠近亦有發給護照之權因遇有重大事件緊急公文必須專員寄送者是以不得不授以此權耳

論出使人員

論隨使司員

丁韙良譯

按照使臣等級以定隨使人員之多寡其隨使分為兩等一則使臣之參贊協理等官皆由國君簡派而得與公使之權利二則使臣之幕友以及隨侍人等皆歸私役法國公使駐劄土京帶有學習繙譯人員閒有曾在本國學習者學習領事官係專以領事官用其品位在領事公署司庫以上則參贊等員皆膺公使故現在各國於選派此等人員品學每多加意必擇其年力富強才學優長者方遣出使要皆先行考試方得遴選其効力附員各國雖量為收用該員不歸考取亦不關支廉俸雖有辦事出力之處亦無領受花紅之理其附員固應粗通萬國公法各國近代史記以

及富國策並當熟悉外國語言文字或一種或數種其參贊協理等官須精通此等書籍方能録用既經考取往往令在總理衙門司員上行走方得從使外國至參贊協理之職銜與才學如何方能録用各國多有不同現在英國遣使只附以參贊一員其食俸協理亦名參贊至法國參贊分為三等在各國交涉事務較繁者亦遣參贊三員（即三等）至該員等陞階照例應各按等級如以効力隨員陞授食俸協理由食俸協理陞授參贊由參贊陞（大參贊）授正使雖例應如此亦有破格簡用者如曾任水陸提督議事大臣以及總理各國事務大臣等職視其才質幹練多有授以使臣之任者

正使遇有事故委參贊暫權使篆若與本國律法無所不合即可作為暫署公使昔英國正使遇事暫行離任例將正使之職即授與大參贊充當但此例英國亦廢棄久矣

正使遇有事故本署參贊與各國會議呈遞正使經手案件等事各國率皆允准如係專責正使辦理事宜雖該員已經派為暫署公使亦有辯駁不准代辦者（昔有日耳曼盟邦各遣公使在福郎佛爾會議事件彼時正使遇有阻礙不能同議者須將己意告於友國正使代為轉達不准參贊與議）

正使亦可特委本署參贊隨員與駐劄之國之總理各國事務大臣或他邦公使會商事件並責令稽查案卷機密公文代拆代行有時正使與同僚或與地方大吏往來信函亦令伊等書寫以及繕録節略接收稟呈發給本國人民存亡改籍字據與鈐印執照等事若專有司庫掌印其執照蓋印一節自當歸伊經理總之以上各員無論等級既經隨使即有幫辦正使一切事宜之責

論使臣眷屬

使臣之妻子與使臣同享利益雖伊等毫無職守非其分所應享然照各國默許常例此因使臣之利益推及妻孥耳其餘親族人等無論何人但該使不能管轄者皆不得沾此利益至使臣之妻所得寵榮如覲見國君與大臣眷屬往來身臨慶賀大典等事詳載禮節章內

論無職之隨使人等

使臣之幕友以及隨侍人等皆歸公使署內之人但非由國君遣派即不得同隨使之權利此等人既在公使署內自應稍為沾潤遇有涉訟盤詰等事地方官查拏務須從寬辦理以免妨礙使臣權利之處公使到任例由彼國總署請將隨員人等開列名單封送該署收存日後若有更換調遣公使亦宜行文知照

論專弁寄送公文

凡邦國與其使臣往來各項公文按照公法到處不得擅動如邦國遇有緊要情節傳遞公文須較驛寄更為妥速即差專弁寄送時亦有之公使欲差專弁齎送公文而彼國不允者有之如一千八百年英國駐俄公使欲差專弁齎送公文而俄國不肯發給護照該使無法遂交信局遞送即將此事奏報本國而俄國竟以本國國君之旨覆之當昇平無事之時凡遞送公文員弁皆不得阻遏至查拏文件更干例禁故凡與使臣往來公文無論在駐劄之國境內或在假道之國境內有阻撓寄送之人者即係顯違公法但其不得阻撓之例不免有時生變如遇使臣不遵公法或有謀害某君之心或有傾覆人國之意其所往來公文地方官若行查拏以得同謀人證是秉其自護之權以遏禍亂之萌在常人遇性命危險不得不亟為設法以資捍衛邦國亦

然至害人者終被人害亦自取之耳

欲使員弁寄送公文暢行無阻須於該員弁隨身什物另立記號或以腰牌為證或有他項識別以便各處辨認至所領寄送公文執照更為要務

寄送公文員弁至各國疆界其行李等件多不查驗原恐其稍有遲滯貽誤公事無如該員弁竟有藉此帶例禁貨物者實堪痛恨若被查出豈非自取其禍除蓋印包裹照例免其查驗外其餘行李等件無不查驗其不查驗者係姑行寬免非定例耳至用兵之時若與敵國以及助敵之國未經議定任便寄送公文彼此皆有查拏差弁扣留文件之權是以一經欲為講和即先為約定彼此皆不得遏阻寄信員弁也

似此公文各國係由驛傳遞外多用密寄名目酌支文武職官如公使係文職大員則遣參贊協理若武職則遣標下將弁或遣無職銜親信之人亦可於所給執照註明係遞送公文差務至總理各國事務大臣與本國公使寄送文件往往特遣本衙門應差員弁面遞

論使臣之權利　　丁韙良譯

論使臣不可錮禁傷害等事

凡授以使臣權利原為其得稱職守無有阻滯其權利中之最要者係不得錮禁耳古人云使臣之身尊而不可犯等語是以凡有犯其身即為辱其職夫使臣或藉以排難解紛或藉以維持和好毋有幸災樂禍之輩嫉其人而惡其調處本地職官以為使臣前來皆不利於本國因而深恨痛惡者恆有之故各國定例力加保護以補地方保護之不足至使臣遇難疇昔亦非罕睹今則無矣昔者俄國女主愛里薩白得登君位多賴法使色達

爾的與謀因此女主最信任之該使以為一切公務必然任其調度旋因告假回國一年之久屢接女主信函催其回任該使擬回俄國設法令女主黜其宰相於路經各處預言俄相不日被黜詎料機事不密俄相遂設法防之時該使行文係用暗號其暗號表被俄相竊去遂將法使公文截留拆看內有毀謗女主之句乃呈女主御覽女主大怒是時該使尚未呈遞文憑本擬俄相被黜再行呈遞而女主以該使既未呈遞文憑即係無職之人乃追回以前所賜寶星驅逐回國然女主此舉實無違背公法故女主行文各國謂此事只關其人不干其國兩國仍和好如初

現在西洋各國於使臣之身家以及行李車輛等件皆照公法保護以防其弊蓋駐劄之國既不得錮禁使臣亦不得管轄使臣此非循禮節之虛文乃勢所當如是耳故使臣皆保其自由以便稱其職守蓋使臣若歸駐劄之國管轄何以供職

夫使臣雖享格外利益遇有過犯亦不得幸免懲治如使臣不知自愛欺淩人民任意橫行膽敢犯禁擾擾官民謀為不軌以及干犯衆怒等事自當懲治但歸該使本國辦理是其分所當然為各國所默許之常例也其駐劄之國亦可照情節輕重設法自護或斷其往來信函或派人守其公署使內外不通或勒令回國倘該使尚敢違抗即將伊逐出境外以免意外之處事至此極使臣視駐劄之國直若仇敵故不免受此威脅之辱是使臣既昧其職分之當然即失其權利之本然矣一千八百五十九六十一等年薩國君主欲稱義大利君主時該國駐劄多司干及那白里公使設法暗謀以致二邦易於吞併為此事若敗該使其不免乎

昔有錮禁使臣之事如駐劄法京公使名塞勒馬者與日國大臣通同謀害法國攝君位者又一千八百八年俄國駐劄瑞京使臣名阿婁巴司者謀奪瑞國芬蘭地方雖公法免其緝拏竟皆被執矣

使臣之職權雖在呈遞文憑之後方能享受但現在西洋各國知某使一經入境直至出境莫不慎為保護其一切舉止皆不得稍有妨礙而其職內應行事宜更不可攔阻

當昇平無事之時若某國私拆公使往來信函即係顯違公法昔者私拆信函之事相習成風甚至邦國派人專司其事而今無矣凡往來信函日漸加增焉能逐件拆閱現在各國於遞發信函一事俱嚴爲防範以免拆閱之弊

本國新報訕謗公使亦爲公法所嚴禁因該使不得赴署申訴恐致宣洩機密事件彼國藉新報評論公使大爲不可若查某使果有不合應向該使剴切言之或事關重大行文該使本國亦可至公使判着書籍或新報免招人訾議在彼雖有過當而公使殊難辨白矣

使臣無時不當保護雖兩國業經失和而兵端已開亦不得錮禁阻撓雖有未認其國者然既允使臣入境即當保護但其利益不得與公使同昔土耳其設有七塔寺收押敵國公使該國託辭保護以免公使受侮實則一惡習耳嗣後此例廢棄如俄土兩國布加里之役俄使回國毫無阻礙又希臘叛土俄因與土失和時俄使亦安靜回國土國並未阻止又一千八百二十七年法英俄與土起釁各使欲絕交旋國時土國大臣聲稱七塔寺業經截撤矣

論使臣諸得自由

按公法使臣既不得錮禁則諸事均得自由亦為理所當然況彼國既屬自主其使臣即不可歸我國管轄矣然使臣亦當謹慎自守遠避嫌疑蓋存國體忠國事實使臣之要務故非經本國允准無論某國賜何職銜寶星以及各項寵榮之處使臣皆不得擅自領受使臣駐劄某國歷年甚久且與該國君主執政大臣往來親密異常者即難免不生物議故按期更換使臣此弊即除　彼國無論賞給何等職銜不但使臣不得收受凡在外邦僑居人民非經本國允准皆不得收受

遇某國遣來駐劄之使若係我國之人恆有兩國預為言明除辦理交涉事務外該使本身仍歸我國管轄但在任之時其分所應享各項權利以及諸得自由之處仍與各國公使無異

論使臣不歸地方管轄

不歸地方管轄亦在使臣所享利益之內故使臣身居他邦一如故土其一切身家財物事故仍按本國

律例辦理若有生子女亦為本國之人其駐劄之國無審訊使臣勒令追賠查抄財物補還欠債之權此節不獨公使為然凡使臣之妻與隨使人員亦均享此利益至使臣公署亦不歸地方管轄故巡捕等官均不得擅入昔俄國公使駐劄法京有該使隨員某在署內將協理一名傷害使臣遂將該犯發交法國法院後俄國函致法國聲稱該犯係在署內行兇請即送還本國審訊因按公法使臣署內一如本國境內耳法國覆以公使既將該犯發交我國應由我國審訊等語彼此互相爭執俄國終讓法國審辦然法國雖行審辦亦未傳該署人員作證祇派員赴署取供惟恐稍有妨礙公使之權利也以上各節似此國之權不能施之於彼國之使然必須如此使臣方能任便得以稱其職守故各國於使臣此等利益皆應格外稽查下吏恐有觸犯而誤失和好至觸犯後再行辯明以免彼國心懷猜疑亦非甚易現在通使之國無不互相默許各管轄本國使臣之例

使臣居址免於地方管轄一節在昔時凡鄰近使臣公署房屋懸掛該使旗牌即免地方管轄無如日久弊生故現在各國皆除此例惟日法駐劄羅馬公使與署比鄰皆免地方管轄因藉該署門首所懸旗牌以護之耳一千七百五十九年法國駐劄再丕公使曾禁止該處巡捕人等不准自公署門首經過此舉可謂狂矣若該國竟隱忍受之濟為可恥在一千七百年間日國即將此例廢棄矣

夫使臣既不歸地方管轄其公署亦因之寬免若任聽罪犯不論某國人民逃匿公署使地方官礙難查拿實於本國自主之權有損現在還有公使署內隱匿罪犯若經地方官知照仍不交出不但將公署圍守以防脫逃並可立即進署鎖拿一千七百二十九年日國有公爵名理伯拉者犯罪藏匿英國公使署內是時法院議此謂派員前往收捕可也因公使駐劄原為固持兩國往來友誼於彼此均有裨益今如此則反阻撓此國政令夫尋常罪犯如可視公使情面免其查拿而罪大惡極要犯亦可藉此逃出法網天下於理不合於公法相背之事莫甚於此不但邦國受其害恐致有傾覆之憂矣然此事議者不同或云罪犯藏匿使臣公署地方官派兵圍守以防脫逃不得進署鎖拿可由總理大臣代為令其交出否則向伊國君索取亦無不可此一說也或云巡捕官可徑向公署索取罪犯若

仍匿不交出即可進署查拿但於使臣與其隨從人員權體之上不得稍有傷礙此又一說也愚按若確有藏匿罪犯之據並有刻即脫逃之虞似此兩項情節該巡捕官不妨進署搜捕但不得擾及使臣蓋公使既負推誠相信之義即不得藉公使之權利以免搜查若有可疑之處而尚無確據祇可行文辯論並可將情節申訴彼國但不得闖入公署即有藏匿確據而不至刻即脫逃者祇可圍守公署或請使臣出署或送使臣出境惟總不得闖入公署也（即公使往來行臺亦歸此律）再使臣車輛等項不得載匿罪犯以致遠颺亦不得私帶一切違例物件（昔法國駐劄羅馬公使容留應遣罪犯以及那不勒斯地方逆匪並用該使所乘之車載伊等逃逸行抵城外彼官兵拿獲將罪犯俱行監禁該使深以違法責之教皇答以似此等匪徒汝欲殺之我欲懲之在汝隨意護庇逆黨而我為此國之主既經路過伊等詎應容我拘拿況使臣之權利亦不當似此之漫無限制也昔駐劄羅馬公使隱匿罪犯按照情節原有免其查拿之例但一千八百十五年此例即已廢棄）

論使臣有罪案不歸地方審斷

使臣既不歸地方管轄不論所犯何罪其駐劄之國均不得拘審昔時此理間有或違今則莫不遵守查一千七百六十三年荷蘭駐劄海斯公使犯有不法情事國主乃命拘執旋即釋放而承認違背公法之過至使臣有謀害人命重案而被地方官拘審者自古祇有葡萄牙公使之弟在英京殺人旋被英誅一案而已（昔葡萄牙公使之弟隨使駐劄英國因故殺本地人民即逃匿署內英國執政大臣示以應將該犯交出照例懲治葡以不歸此地管轄覆之英以該犯無公使之文憑即當歸我懲治於是將該犯正法賴氏論之曰由英國懲治有違公法因既係公使署內之人應於使臣同其利益）或曰私罪（如傷害人民之類）與公罪（如妄用權位之類）有間其公罪可歸地方拘審（昔蘇格蘭使臣羅斯者有謀害英國君主愛里薩白之舉在英國執政論之使臣既於駐劄之國謀害君主即不得藉公使利益以免懲治而

蘇格蘭使臣則謂不然以駐劄之國無懲治公使之權為辭是時英國將伊監禁後乃定議派兵將該使送出境外而已

又一千七百十七年瑞國駐劄英京公使與他國同謀圖復舊朝因機事不密將所約信函被英查得遂將該使立即拘禁其一切案卷全行入官以憑查辦並請荷蘭君主將瑞國駐彼公使亦代為拘執以為伊係同謀首犯瑞國遂拘執英國公使是時賴法國從中調處各將使臣釋放

馬洪氏評論此事以為英國拘執駐劄英京使臣則可請荷蘭代拘駐彼使臣則不可蓋使臣既謀害本國本國之安危攸關即不能泥於公法免其拘執至駐劄他國使臣亦倩代為拘執似未公允裴里莫與馬洪氏所論相同瑞典公使被禁一案據荷蘭國以伊未遞國書則無所迴護

愚按使臣既按公法特其權利謀害駐劄之國該國即不可亦違法拘執再彼之謀害情節無論如何重大斷無不顧其職守居然拘執懲治之理其懲治殊無他法惟逐出境外而已

昔英國查得日國公使有引敵入境謀逐君主癹里薩白之意是時有將此事問諸法師名阿白里古者彼答以凡使臣於駐劄之國無論顯有如何謀害情事皆不得治以死罪但可遣之回國交伊君主代為懲治等語英國乃從此議於是將該使遣回派人前往日國以訴其罪後雅各嗣位有某國使臣犯罪與此事相同是時問諸法師名葛頓者彼答以凡使臣有代君身而行之意按公法不得拘審等語蓋使臣一言一動應視為代君身而行起兵而攻其君則可違法而執其臣則不可其公法之重又如此也此理不獨英國遵守各國亦無不遵之使臣不但不得拘審即遇使臣涉訟雖欲自行投審亦勢所不能此節

非爲有益於其身實有益於國政因妨礙國體莫適於拘審使臣也至使臣離任卸此權利之後自不能如是寬免矣一千七百三十四年法國駐丹公使閣布城當機被圍乃擅離職守前往救援是將使臣一切權利盡行舍之福拉桑曰以袍易甲雖爲勇敢然公使行之究屬不合蓋人之悯謹在於守分耳　昔法國駐劄波蘭公使亦在當機帶兵守城登陴探望城破時遂被擒而囚焉　法日兩國借用撒窪之兵旋即遣撤撒公不悅虐待法使以洩其忿

再使臣遇有詞訟亦可傳之作證惟令其投遞供呈如伊不願並無勒令之法一千八百五十六年美國京師殺死人口一案荷蘭公使目睹其事地方官欲究此案乃祈總理大臣轉請該使到案該使不允據云必須行文本國如蒙允准方可繕寫供詞遞送地方官查閱該使遂請示本國旋奉准覆而該使又稱祇可查閱供詞不准盤詰等語地方官以詞涉恃符難以憑信遂不取供

或問使臣若有冤抑之事可在其駐劄之國控告否發氏曰該使臣當將冤抑之事稟知本國由本國代爲申理云云此答不爲無理因使臣非經本國允准不得涉訟既經允准即可知照總理大臣轉行該衙門查拏乘犯照例懲辦若係財產事故遇本國允准即可徑赴該衙門控告但此等案件亦甚罕有

論使臣有爭端地方不得拘審

凡因財產事故不得在駐劄之國將公使控告此例通行天下均無異議但必有限制且有勢不能從其例者然仍不得管轄其身即其任內因用之物亦不能管轄昔美國駐布公使租賃房屋限滿交房時房主輒以損毀物件爲辭欲留物作抵美使不允遂起爭端在布國以爲公使優免之處不至於此而美國以公法所許使臣優待之處不可被地方條例限制若於使臣之物件託辭擅動則其餘優免之處亦漸減其文矣

發氏云使臣署內日用一切物件皆不歸地方管轄無論係何負欠斷無變賣署內物件償還以及霸留公使不發護照之例一千七百七十二年海斯駐法使臣拖欠賬目未能償還即欲請領護照起程回國法國總理大臣不肯給照准債主扣留該使物件以備抵銷一面行文各國公使云敬重外國公使一節自爲理所當然而遇欠債不還欲行回國者其駐劄之國以此法處之則於敬使之例無所損矣　後於一千八百十三年法君降諭曰駐劄法國公使若拖欠帳目回國之時不准債主扣

留物件作抵一千七百九年英國因俄使妾被拘禁一案乃論令各衙門遇有控告外國公使以及服目涉訊等情不准查拿拘禁將向來拘禁公使各條例均著永遠革除

遇有使臣欠債不還者債主可呈請本國總理大臣或行文被國代為討取或在彼國衙門代行控告其駐劄之國斷無查問討取之權與該使未在此土無異公使優免之處在視公使與在伊本國無異其該使欠債等項可藉伊本國法院追討於例無所不合

使臣之物不歸地方管轄者惟應用以便供給之物方可寬免其餘私產無關職守者仍歸地方管轄使臣在駐劄之國若有產業恐其不能自如不妨改派別官　使臣於駐劄之國貿易者其一切貨物錢財賬目等項皆歸地方管轄此事現亦罕睹遇有因貿易爭執之處不能赴地方官直行控告該使有司亦不能徑行傳訊查抄公署用物以備賠補但變通將私產備抵而已公使購買物件以供使用倘物件太多而有可疑之處務須從寬以示厚待之意　我國人民有受屈情事不可不理明而仍不得有損於公使之權利如債主將欠單轉給他人向使臣討取而該使不照單發給伊祇能將情呈訴地方官即請單上蓋印以為業經討取之證一千八百五十四年北國駐英公使之參贊名都發者緣案被傳先遣訟師代往繼以使臣權利藉口抗傳不到英國法堂云公使隨員人等原不應到案何以不先聲名乃已遣人到案而又托故不到本法堂難以寬免

除以上各節外使臣有歸地方官審斷者其情節開列於左

一某國遣來之使係我國之人若非彼此言明免於管轄則使臣一切爭端應按本國律例懲辦者即歸地方官審斷

一某國之使遇有爭訟若願歸駐劄之國審斷而其本國允准則地方官即可審斷

一使臣控告他人者查得該使理曲所控不實則所有詞訟經費可向伊追交

一使臣係屬原告若被告旋行上控者該使亦當聽審

總之使臣在駐劄之國准其控告地方人民但彼既控告不能不聽地方官審斷

論隨使人等歸地方管轄之處

凡隨使參贊協理等員皆賴正使護庇其隨使人員之利益正使亦不能不代為爭執至隨侍人等則不然遇有犯法情事不能照按隨使人員不歸地方管轄之例若犯法在署內地方官仍不得經管因公署例不歸地方管轄蓋使臣之署內即如使臣在本國之境內既在本國犯法仍歸本國懲治若在署外則歸地方官懲治蓋罪犯無論何國人民在某國犯法若無另邀寬免之例即歸某國審訊按例懲辦一千七百九十一年布國公使駐劄巴費里亞其護兵於途次旅舍自盡布使請巴國將死尸送還巴國未允辭以公使之隨從人員與公使之隨侍人等當有區別凡隨侍人等均應歸地方官管轄又一千八百十二年巴國公使駐劄布京者其護兵在署外將僕役殺害遂被拿獲布國因該犯非本國人民不為審辦乃請巴國自行懲治巴國遂差弁解回而布祇為之照例驗尸錄送證供而已以上兩案雖同而辦法迥異使臣屬員遇有犯法情事地方官雖不能經行審訊亦可將案內情節行知使臣查辦因公使人員無論享何利益斷無令人隱忍受屈不向有司控訴之理一經控訴該地方官即可傳集人證錄其口供以便向外國申訴若情節於該國政務實妨有礙自不可強令其人民具供遇有財產爭執等事其辦法亦多相同如使臣隨侍人等遇有欠債不還地方官即可查拿其人將伊署外寄存財物查抄備抵與本地人民無異惟不得牽連公使也

凡事有干係公使或奉公使之命而行者是責歸公使地方官不得擅拘其人法師多有論公使屬員固不可拘執至於財物等項亦當有區別不可擅行查拿於公務不可稍有阻礙其公署當謹為保護一切無職守之人均不得沾此利益

論正使管轄隨使人員之權

正使無審訊隨使人員以及本國人民之權而駐劄回回等國者皆由國君特授以此權焉昔時使臣於隨從人員秉生殺之權者間或有之如法國公使羅尼駐劄英京其屬員因故殺本國人民一案該使即請本國紳耆會同審訊擬以大辟似此情節為現在各國所斷不能容者矣現在東西兩洋奉敕各國使臣遇伊隨從人員無論在署內署外有犯法情事該正使之分所當然者如左

一遇有隨從人員犯法在署內者即行拘執在署外者被地方查拿行知請還本署

一將案情事體全行立稿遇用本地人證向地方各官索取

一查取本署人員所陳之證供

一將犯法之人解交本國以便審辦

一案內遇有未盡情節代本國法院詢訪證據

使臣僅照以上各條辦法但不得將本署人員擅交地方官

凡一切財產事宜若正使情甘經管亦無不可如屬員內遇有立約契字據等事正使可加以印信遇有病故者正使可執其遺書將伊一切財物查驗封存以免遺失不但屬員即本國人民僑居此地遇有事故正使亦當代為照料惟不得違地方律法所定限制地方官因訟須取公署某員供詞者按現在辦法應由總理大臣知照正惟轉飭該員到案否則無論正使參將協理徑行錄供送交亦無不可

論使臣遵守安民禁令

遇使臣一切爭端罪案尚不歸駐劄之國審訊至地方官約束更不能令其按照外國人民寄居其國即歸某國約束之例然使臣於一切安民定章自不可稍有違犯即如稽查署內不得存儲火藥等物恐有疎虞害及鄰近不可任聽本地人民在公署違例賭博等事更宜禁止隨使員役販運違例貨物以及經營一切事業與本地人民有妨礙者使臣不但於年節賽會之日當恪遵安民定章即平時亦當遵守如某處禁止車輛往來等事駐劄之國遇有慶弔等事公使等原應同其哀樂以順人心而免彼此睽視之意至兩國搆兵而此勝彼敗當共慶凱旋之時若均係我友邦使臣祇可居於局外因恐附和於此必致見罪於彼矣

遇隨使人員有違禁犯法情事被地方拘執者各國率皆瞻徇公使不歸地方管轄之理送還正使

論使臣免稅

使臣公署不得據之屯兵亦不能令其捐銀以資屯費如本地人民房產為公使租賃者自不能無故免稅若係彼國置買者視伊君主情面或可免其徵收此係格外情誼非其分當如是英俄布三國使臣駐劄法京公署均係該國自行置備布國駐劄英京公署係該國君自置布京及土京各國多有自置公署　法布兩國議定彼此概免徵收公署房屋各項租稅

各國定例居民皆當出納丁稅並隨帶貨物等稅似公使人員礙難一律徵收然自外國送來以供其日用如茶酒等物即不得援免蓋其稅非取之於公使乃取之於本物耳

自公使常川駐京之例開各國雖任遣使之國供給費用而於此項稅課無不寬免無如奉行日久弊竇叢生故各國於免稅之中不得不設法以防之查現在諸國多有定例將使臣到任自六个月至九个月之內所有運用一切物件概免徵稅以後每年限有定額若有應運之物合計稅銀已逾定額者公使宜

將逾額應納之稅照數交納若查中無情弊亦鮮有徵收者至使臣駐劄英國者其用物免稅每年並無定額而概行寬免但所運無論何物每次皆當知照總署討取准單方許過關不如遵每年定額之例祇需知照憑單而其貨隨交實為較便至關稅惟正使豁免若參贊協理等員非署理公使之職不得援以為例

凡寄使臣各項物件有彼國印封者無論何人遞送稅關均不得拆驗至於查驗車輛於現在情形可無論因使臣咸由鐵路往來然公使若有車輛而查驗實有礙其權利各國亦皆寬免夫既知為某國公使若欲檢驗行囊更為不可惟城門稅與卡稅使臣當照數輸納不得援關稅豁免之例

經過橋梁河渠等處有籌款修補以利往來而取資行旅者使臣亦當一律輸納使臣駐劄他國於同等公使所享利益之外不得另有成約自當別論

論在使臣公署禮拜

使臣所奉之教異於駐劄之國若不能於同教使臣署內同行禮拜者即可在署自行建造教堂以便誦經禮拜等事此事自三百年來西洋各國屢有成約然可否建造一聽彼國之君此國斷無却之之理昔與皇若瑟福第二允准新教之人在京公行其教是時日耳曼盟邦各使駐劄與京於署內設有私堂與皇以既准建立公堂令將署中私堂即行裁撤除頭等使臣外另建教堂者實為罕睹惟西洋奉教各國與土耳其巴巴里等國立約議定使臣領事等官皆得另建教堂毫無阻礙昔土京所設之天主堂內有二處賴與國使臣保護其餘盡賴法國使臣保護

若所奉之教與所居之國不同而私行其禮本屬自有之權故外國人民寄居此地亦可稍為原諒不得

因教之不同異視其人致妨其業至公行教禮須用教師辦理者則不得任便（公使署內設立私堂不可照大堂式樣其風琴鐘磬等物概不應用更不應持經遊街）

或曰遣使他國禮拜誦經非職守之要務遇使臣所奉之教彼國尚未盛行地方亦無同教廟堂伊即心存誠敬不已足乎曰以常川駐劄之使不得誦經禮拜祇存誠敬之心似未公允所幸者人心公正度量寬宏足徵世風愈趨而愈上矣

公奉之教使臣有延請教師之權以及奉行教內一切禮儀然祇行於署內不得行於署外若本國欲禁止本地以及他國人民不得入署隨同禮拜亦無不可邇來人情益見寬容或因約准行或互相容諒有時任聽教師在署外行其教禮甚至宮府亦有延請之者

正使卸任其准奉之教禮按例應行停止如係乞假暫離任所者其駐劄之國當從寬准其屬員人等在署照常奉行今西洋各國遇正使任滿簡派屬員按署而駐劄之國仍准其在署行教禮者甚鮮

遇本國或駐劄之國君薨使臣例當卸任但未奉彼國撤任明文此國不可先行禁其教禮若民政之國則不歸此例民政國主薨逝使臣暫行留任即不准其在署行教禮按現在情形殊欠允協

或問使臣眷屬所奉之教與使臣之教不同者該使可代伊眷屬在署另建教堂否愚按此事當視兩國和約本地民情與此國君意為何如耳欲行建造諒無不准要之兩國若無另立章程則正使或為己或為隨從人等請在該處與他國同等所享一切權利皆可

論使臣在路過之國所享各項權利

前言使臣在駐劄之國方享各項權利然行旌葳止道出他邦若竟視為尋常客旅不顧使臣職守則亦誤矣蓋既知為某國使臣按照公法無論此國之君欲否例應照料其隨從人等以及車輛行李亦當力為保護因無論某國平民安然過境尚不可稍有阻撓況他國大臣奉君命而行辦君國大事者乎故侮慢某國過境使臣即為侮慢某國凌虐某國使臣即為妨礙天下通使之國

昔有法國使臣道出義大利（是時義大利屬日耳曼）被殺旋查係該國職官主使法國請該國治罪未允於是興兵討之可知使臣安然過境慎勿輕為陷害也發氏云使臣藉任使過境之利有謀為不軌情事或疑其前往某國謀害我國或與我敵暗遞密信或與我國更樹新敵祇可禁止過境不得有凌辱陷害之事倘無顯明當禁之故亦可加意防範以遏亂萌（一千八百五十四年美國特派公使名蘇類者前往日國該使係法國之人當其過法國時欲在法京休息數日而法國不允蓋曰蘇公如欲過本國之境前往日國本國並不阻撓但居住與路過不同况此人素行不軌誠恐滋生事端本國管轄既有地方之責不能聽其居住再伊雖係我國之人今入美籍既無駐劄我國之命則我國視若平民可也愚按使臣雖為過客亦不得視如平民）

使臣任便過境原在兩國和好之時若一經失和即不能仍聽其便故我國未授敵使護照不但不准其入境並可拘執其人（一千七百四十四年英使某前往咸國道出奧境被擒而因蓋請英國而非敵國而與敵國同盟故也愚按此事殊屬有違公法故奧國旋悔而向英國謝罪焉）

凡使臣之行李等件若不隨身不得因借道他國遂有免稅之想其間有免稅者或兩國互有此約或彼國為我屬國則可究不得援為定例

昔有彼國使臣或過境或僑居而此國即供其一切費用者今則西洋奉教各國盡除此例惟巴巴里回回等國使臣偶來歐州仍照此例接待（近年以來日本暹羅遣使前往歐州各國係由駐劄之國供其需用）

洋務時事彙編

辰

論通使禮節

論禮節分類

天下各國於衣冠禮節莫不立有定制以辨尊卑在蠻夷尚有尊上敬長之禮則文教盛行之邦其職愈尊卑豈可無衣冠禮節以辨異乎夫禮節如靈妙機器機器有軸以運行不紊有輪以旋轉不停故免迸裂之虞在禮節不但見之於語言並形之於筆墨即號令之能行亦莫不賴乎禮進退之間有禮以免受侮語言之際有禮以免招尤總之禮為合宜之要鍵也今按照使臣之等級職守以及所享之利益與現定通行往來之處略載於左

一使臣與彼國君主及宗親往來禮節

一使臣按照等級互相往來禮節詳載下節因禮節之間有關使臣權利之節

一使臣往來文件程式詳載原書第二編第一章內此書亦有略述之處

一國君親王公使及領事等官或海口登舟或洋面相遇禮節

論按級待使之禮

自使命日繁並有常川駐京者於是通使禮節陸續漸增後因強弱各國皆遣使於威司發里議立和約禮節始定

各國之君位不齊使臣之等級不一以及條約章程不能皆同是以通使禮節難以一律兩國向無尊卑之序即當交以平行之禮若向分尊卑即應作為定例不可僭越

其互異之處此書不能細述惟於各國現在通行之禮擇其要者有二載之以備查考

一國君接待使臣之禮不可有減於通行常禮因接待之禮有關君國體制其禮不足恐鄰於怠慢甚至因情節之輕重而疑有意侮辱者

一接待使臣厚薄之處或出君主本心或因按照條約或因遵守成規但不得於他國使臣權利有礙以致藉為口實天下無兩國同禮者故接見使臣一切禮節必須合宜既不辱其職又不碍有權至於格外之優待亦宜一視同仁不可偏枯以免畸重畸輕之弊

至外國使臣因相待禮節彼此爭辯我國必不過問昔各國駐劄英京公使來車郊迎瑞典來使是時巨國公使斯馬速馳欲行於法使之前因而彼此爭鬬毆斃法人八名法君乃與日國理論而於英國置身事外未嘗過問

論推尊調處之國

使臣等級上文業已論及然遇兩國或數國有會商事件不能定議同請某國調處某國所遣之使雖卑微國之使雖尊仍當讓調處使臣位列在前

論使臣會晤次序

各國使臣因公會晤其位之上下以中為尊右次之左又次之遇有朝會大祭等禮皆以位尊者居中若魚貫而行即按等級自中分左右以次而列仍以右為上者不在行禮之列惟在位旁觀如看劇聽經等事亦復如此二人或行或坐以右為上土國以左為上

使臣因公會晤其次序之先後不可過於拘泥否則一有不合即生爭競以予觀之莫如不拘次序之為妙也

各國使臣遇有會議筵宴等事如棹椅四面環坐無論廳堂如何方向以面向大門或窗牖位居中者為首座屋門則不論在座之左右總以不背門為正若限於地勢不能如是安放即以右臨户牖位居中者為首座右為兩座左為三座二之次為四座三之次為五座餘可類推總之不論坐立以右為尊前後排列其次序不一有以前行者為首位有以末行者為首位因人數以定次序如二人以前行者為首位三人以中為首位前者次之後者又次之四人以前行者為末位次為二位三為首位四為三位五人以首行者為四位次為三位中為首位四為四位五為末位

橫行排列有以右為首位者有以左為首位者並有次序互相間隔者如二人以右為首位三人以中以首位右次之左又次之四人以右為首位餘皆以次而推五人以右之首位為四位次為二位三為首位四為三位五為末位餘皆準此

兩國或均屬平行或尊卑未定遇使臣因公會晤其次序之先後恐致爭執則有調處排列之法或將該使臣等所居之位皆作為首位或彼此輪流居首或按各國君主年齒或按在位所歷年數或將該使臣等簡派與到任之先後而定或擊簽皆可一千七百九年丹波兩國君主在布京會晤是時係擊簽以定其次序先後

使臣遇他國與己同等之使前來本署拜謁不論兩國君位尊卑皆當按賓主之理延之上座至三等公使拜謁二等者亦當接賓主接待惟二三等公使拜謁頭等公使不得援以為例一千八百十四十五年閒奧京大會又一千八百十八年閒爻克司會議各國使臣坐位均未拘次序使臣畫押按法文字母查國名以字母之前後定其次序再一千七八百年閒四國在爻克司會議各國使臣不拘禮節不分尊卑係預為議定至會議之特設一圓棹各國使臣環坐以座位無上下而等級亦無分尊卑矣

論使臣與職爵宗親次序

因公會晤使臣與地方職爵位次或按彼此等級兩國情誼以及向來成案而定昔帝王之使前往諸侯之國國君讓居首位者有之因位次而爭執者亦有之今則絕無如此推讓者

按通行常例國君子弟列位公使之先其餘宗親尚無定制

本國各項職官前往公使署內與數國公使會晤除頭等公使外無論何等皆讓本地職官位列在先頭等公使祇遜位於總理大臣而已至公使前往本地職官住宅與本地大臣會晤除總理大臣外無論何等職官皆讓公使位列在先

論接待使臣並使臣朝覲之禮

因使臣之等級不一各國之條約不同風俗亦異於是接待公使之禮亦各懸殊今就現在通行之例論之

公使一經行抵任所即當報明該國總理大臣若頭等公使可委本署參贊前往報到投遞副本國書請示朝覲時日至二等公使亦可委之參贊但正使行文知照總理大臣請示朝覲時日者居多使臣報到等事即經照章辦理而總理大臣業已照覆後君國即准其朝覲昔頭等公使覲見國君左右排列儀仗甚盛現在除土國外禮節一概從簡辦事大臣抵任照例應將文憑呈遞總理大臣其報到以及請示呈遞文憑時日等事仍與二三等公使無異

至如何朝覲或在公廨或在私朝當按照兩國意見並向來定章而行使臣非必俟覲見國君之後方能接印任事有先行私見遲逾數月始補行覲見之禮者然遇曠典大禮特遣頭等公使往往有預先委員或函致彼國議定接見之禮該使方前往供職者

頭等公使到任朝見國君之禮西洋大臣雖不皆同今就其所同者略為述之

朝見屆期帶見大臣率領六馬宮車前往使臣公署請正使先升帶見大臣同坐該使自備之車空隨於後其隨使人員皆自備車輛相隨迨至宮門有武弁人等執刀擊鼓列隊迎接進正門升正階御前大臣出迎帶見大臣前引行至殿內國君或坐或立旁列王公大臣正使與隨使人員進行三鞠躬禮國君立命正使坐正使坐誦陳詞詞畢參贊捧過國書正使遞呈國君國君接而授之總理大臣國君復誦答詞使臣仍三鞠躬退出自一千八百五十年間法國始特立帶領公使覲見大臣之職以前均係內大臣兼膺此事有將正使送回者有隨往拜見小君儲貳以及懿親後方送該使回署者在日斯巴尼亞等三四國使臣覲見君后有以吻親君后之手為禮者

國君無躬親答拜之例皆令總理大臣前往其餘或親往或遣以代往向無定章

朝覲之後使臣方得任事而享一切權利

查土耳其定例凡二等使臣朝覲先將國書呈遞冢宰次遞國君至辦事大臣祇拜謁冢宰呈遞文憑而已

待使臣妻室之禮按使臣等級而論惟頭等公使夫人面君君方賜座遇有慶賀之事頭等公使可請國君王后前來本署但非大典不可輕有此舉

論私朝接見使臣之例

頭二等公使國君可在私朝接見至接見二等在私朝之時居多其一切禮儀較上文所載更為簡便國

君不陞正殿使臣無隨從執事君或獨立或祇總理大臣伴駕使臣行常禮將所奉之國書呈上其副本例應隨求見信函先為呈遞

接見三等公使之禮（即駐劄公使）不但各國不同並視彼此之情誼而定

使臣於到任卸任除例應朝見外遇有要緊事件如伊君發給手書賫呈以及慰問信函令其面呈彼國之主亦可特為謁見（國君有於公使覲見之外接期復行接見者如元旦等日）

論使臣互拜之禮

使臣到任之後雖於未經朝見之先業已私拜各國使臣然既經朝見必當再為官拜至如何拜謁須遵照常例彼此等級而行若未經有此拜謁則使臣不自以為公然接任

頭等公使朝見之後即將接見日期或公服或便服自行知照各國公使總理大臣亦將該使臣接見本地官紳日期載之邸抄屆期往拜者由掌禮大員帶見

頭等公使除彼此另有情誼不計外有不親拜二三等者祇投名刺而已至二三等公使則異是無論何等凡在本地各國使臣皆因親往拜謁

使臣之妻亦同此例頭等公使之妻惟先拜他國頭等公使以及總理大臣之妻而已伊亦當速為答拜至二三等公使之妻應先拜頭等

昔有大國二等公使抵任不欲先拜四等者因而互相爭執不一而足今則除頭等外無論何等公使一經到任皆應先拜各等公使再本地大憲與各國公使因拜謁之先後亦間有爭執者此等情事應以遵

照常例為要

各國禮節既多不同使臣抵任後可將如何朝覲拜謁之處詢諸前路以便奉行否則一有不周愆尤難免

論尊稱使臣之例

凡與頭等公使往來言語信函除國君外皆以愛克塞郎司譯言王之意稱之至二等使臣本不膺此尊稱惟兼本國文武大憲之銜方可查西洋各國御前大臣部院尚書水陸提督以及文武大憲等職亦皆同此尊稱今二等公使亦以此稱之者非視其本職乃視其兼銜而呼之耳

論尊敬使臣之禮

查使臣駐京之例未聞凡頭等公使到京以及沿途接待與友邦之君親臨無異今則除土耳其國頭等公使外其餘若是接待者甚鮮至郊迎使臣護送進京之禮久已廢棄惟航海而來守口衛所放礮以為示敬之儀詳見水師禮節之內

頭等公使與教皇使臣專享崇禮有三乘坐六馬輕車一也武弁列隊迎接二也公署可設華蓋三也頭等公使署中若設華蓋內懸國君之像大小與本體相若遇國君慶賀典禮及該使抵任時接見官員應立於華蓋之側以免遮掩君像

總之使臣駐劄他國不得於同等公使所享寵榮之外另求優異如兩國立有成約另當別論

小國接待大國使臣往往格外從優者有之甚至大國待二等公使不如小國待三等之禮盛也遇國家慶賀大典其公使位次僅遜於親王王妃公主等無論何等使臣皆當延請至各等參贊按常例亦莫不

折柬而約其辦事大臣及參贊之夫人原不帶見國君邇來亦覲見矣

論賞賜使臣職銜禮物

使臣或久駐該國或委辦緊要事件諸臻妥善或奉命來行慶弔其返旆旋國國君率有賞賜以示嘉奬或賞以職銜或賜以珍物如烟壺小匣等類上以寶石鑲嵌君像往往有之至使臣應否收受須請本國指示而民政之國間有不准其收受者寶星等件往往賞賜太濫則佩者必多其光榮反為减色

論使臣所任之事　丁韙良譯

使臣勤公總論

使臣應嫺各等學問以備出使上卷業經論及然使臣不得因科第進身遂謂能任其任其關係任內一切情形更當專心講求以為辦事地步

其首要在通曉兩國向來交際之道及友誼厚薄之處因此當查閱其在彼歷充使臣者寄來文件皆收存本國總署則前任有未完事件當如何接辦兩國交涉事件通商事務以及出使之國其君主於執政大臣是何性情均由此知之他如禮節間每起爭端若調閱成案則何如接待之處不難查照辦理使臣於歷年成案及現在情形即已熟悉仍於請訓時須受規條俾得有所遵循

再使臣能通彼國語言文字則其國會與新報一均公論均可洞悉否則人情未能周識必至落落寡交不能聯絡一氣躬膺公使之任應於本國執政大臣意見相同且立志宜堅蓋立志未堅之人無論居官內外不通一庸才耳況歷來著名公使大概多出執政黨與泰西各國論政恆分黨與各執一說君民從此說則此黨執政從彼說故彼黨執政是以

執政黨與隨時更換雖然如此政務仍不及亂如國政改歸別黨則公使因志向不合卸任而去者往往有之此其人可謂立志堅定矣柔媚之輩或笑斯人為固執然公忠體國之臣與假公濟私之輩自有公論以上各條論備出使

使臣到任之後當拜謁同寅以盡禮儀而彼此性情即於交接見之於人初交凡一舉一動於將來品望之輕重頗有關係須以寡言慎行為要果是幹才不慮其久闊不顯惟益自謙抑則人愈稱美之

任內一切事宜皆當盡心辦理不可稍涉怠忽亦不得顧全自己總以永敦和好為懷如兩國有懷疑之處須設法解之彼國以我國有違理之處當為辯明之彼國有非理之處亦宜宛轉言之以昭明臣內剛外柔之義蓋事關緊要斷不可稍涉柔懦以致本國失利交接之間當令人欽佩不可致人侮慢

使臣欲成其事必先取信於人雖交接各有心意必推誠相與不可參以欺詐若彼此猜疑實與公事大有妨礙即兩國遇有不甚浹洽亦當倍加謹慎毋失儀於彼國君王

彼國有慶弔大事宜情文兼至至彼地教規及各等禮節亦宜慎重以協輿情凡彼國良辰吉日有何禮節若於公事無礙不妨隨俗同樂以聯兩國之情而免隔膜之弊

彼國情形宜隨時體察辦公之際若可變通亦當因時制宜不可拘守成例其中若有利於本國之事即取其利歸於本國彼國國會於新報議論政務須因文考義以便洞悉一切彼國執政大臣偶有爭端亦須察其勝負凡有權勢之人宜設法交接

訪問事情須加意謹慎以免招人之疑尤不可使人厭棄倘彼國別有一黨其議政與朝廷不合切不可與之同謀如有人謗毀朝廷及抗阻上司等情亦不當面從昔者教皇公使啖法國主教抗違國家一案法國總理大臣致書於駐劄羅馬本國公使

內稱欽皇公使似此任意妄為殊屬有乖職守

探問事情不可令人覷破恐不吐實如彼國議政黨有機密要事是宜置若罔聞至遇事應否干預由使臣自行定奪然遇有謀害本國之事以及違約等情即當查辦但遇事不可倉皇辦事尤不可急迫

或問使臣可用詭計否曰遇難辦事必須持守堅定如他人以計相欺亦宜以計應之譬如敵人掘隧道以攻城我以隧道破之又如將帥出征必須埋伏則使臣以計破計何遇之有然幹練之臣鮮有用詭計者設有以計加害亦能防範但不肯用詭計以陷人耳況公使品誼既高辦事必正豈肯用詭計以自貶耶蓋秉性忠直之人措施必有成效專用詭計之輩經營終屬徒勞

各國政務互有聯屬使臣雖處一方亦當悉聞其政幸各國均有本國使臣駐劄應由本國總署將往來公文抄錄送閱若本國不及送錄則宜於本國各使互通音信以達各國政事

使臣雖不必博鴻儒之名亦當留心實學既廣見聞亦慰岑寂欲知彼國情形須讀其史記詩文訪查被地土產機巧造作以及軍旅之事見聞既多而又不自炫耀則人自不敢輕視當立日記簿每日見聞之事俱登入簿以備查閱每張須留空白以備增補改易

論使臣處世之道

公使與人相處貴乎無我一舉一動小心謹慎惟恐稍不合宜尤當純任自然穩固不至撼動遇事以和平沈靜處之不可任氣蓋任氣之人激之易動猶柔懦之人撼之易搖耳言語之間尤宜謹慎往往因一言之失一年之功盡棄可不慎歟與人會晤當不動聲色不可使喜怒達於面目如雨暘之現於陰晴表

若一切事宜果能觸類旁通察其僞而悉情形庶不至臨事受人蒙蔽

使臣欲人欽佩不應自滿蓋君子尊而彌謙則人益敬之若小人滿而招損則人必鄙之遇事須量力而行不得恃才而往各國之人每因外國使臣探聽國政必多未愜若使臣偶聞機密之事遂自謂洞悉情形而肆意夸張豈不益干忌諱辦理公務有得力之處亦當處己謙退不得喜人推尊蓋雖有實績亦不得務聲名也所以學問極其宏通不宜盡情暴露才識極其卓越不可令人咸知則人之稱道者自不約而同矣

諺云兵無餉必潰使無智必敗言智者宜通權達變相機而動也智為使臣之準的如指南針為行路之先導或問智因何而生曰天姿穎悟加以練達凡事用心研究終必志氣如神耳愚而自用者往往於禮節之間自作聰明肆意更張智者則恪守成禮而已教化隆盛之時人皆遵禮因賦性不同志趣亦各必齊之以禮始免相欺之弊況好禮原非詐僞內有謙讓之心即外有莊敬之禮狂放之人每發一言聲若迅雷猶恐人未之聞也智者不然一啟齒間彼此即能會意雖言者未畢其詞而聽者已達其旨矣

使臣恪守成禮固堪嘉尚然亦不必過於拘泥蓋中心既有遵循外面必形舒泰真才無俟粉飾如美姿無需點染也諺云為僧不在衣鉢若人無真才雖加意裝飾一望而知其底蘊矣

使臣衣冠必須整肅以免人之恥笑若衣式更換亦毋庸過趨時樣（泰西服制各國雖大同小異而時有少變該使不必盡從俗也）

使臣貴有辯才以及雜學無論所居何人均能與之接談若所接之人肄業不同宜舉其所知之事而談之遇辦公之人不必逞其口技至於筵席之間言貴巧而不貴多雖出語恰當應對如流而措詞必須慎

重不可譏人之過亦不得以利口傷人以免招人憤恨（義國有諸侯者一日同公使某憑欄眺望乃稍該使曰予聞有公使者被戎狙遥擊墜樓正在此耳公使撫劍笑曰彼時之公使殆不佩劍耳）

使臣當於同寅各官結納數人以為親近之交蓋互相觀摩各有取益是宜推誠相與情意相投交友貴乎親近而擇友尤貴乎詳慎也况一署內之官吏諳練者為數無幾一都中之使臣知機者亦屬寥寥擇其熟悉公事者而友之最為緊要與他友相交亦當善為接待不分畛域兩國利害相背（非指駐劄之國）則使臣之交情斷難甚厚昔威國與鄰邦相交嘗云近鄰不如遠鄰蓋言無所爭也使臣之交友大概類此交友若多則詢問事情自易過人探聽機密事件固當秘而不宣倘友以事來訪若無妨礙亦宜據實直陳我既告之在先新報傳之於後則友中懷感激而以我未知之事酬之

使臣須善為酬應不得一味儉嗇更不可欠債不還庶免人之輕視使臣雖貴廣交亦須量力而為况旨酒嘉殽不過令人稱讚其賓友之親近不以徵逐而加厚也

使臣宜以聲名廉恥為重勿賭勿淫至於戲園之優女慎勿親近庶可自遠禍端

論使臣有管轄本國人民之責

使臣駐劄外邦有保護本國人民之責其隨員人等亦歸使臣管轄至本國之人其能否歸使臣管轄須視駐劄之國律例而定然現在各國情形無論和約所定若何概准駐劄公使之權可及本國人民遇有死生嫁娶等事向由使臣註冊存案如該人民欲立合同字樣遣人代辦事情或分產業抑或身故遺產指歸何人各等情亦由該人民呈報本國公使蓋印為證（公使委派司庫發給此等文件往往有之）

發給某國人民亦歸使臣指掌查護照之設原為稽查帶照之人係何國之民如本國人請發護照使臣即當照例發給至地方人民欲到公使本國總由地方官給照由使臣查驗蓋印然使臣駐劄某國不應發給某國人民護照除使臣遣某國之人寄信及服役雇工向准給照外其餘地方人民一概不准發給護照但現在情形與往昔稍異即如護照一節從前甚嚴今則漸就廢弛矣　一

遇有本國人民受人欺壓凌虐地方官不肯查辦抑或偏袒地方人民應由使臣設法保護代伸屈抑若因錢財細故彼此爭訟使臣即不必干預倘事關大局並牽連萬國公法之理使臣雖未奉命亦當料理如有違約等情更宜趕緊查辦

本國之人因私事與人不和而求護庇其事與大局無干則顧否保護由使臣自行裁處蓋地方官既有管轄地面之責使臣豈可任意多事若越俎干預公事則違理已甚而不足取信於人

地方官須辦之事無論大小應請總署轉飭辦理不得自行知照更不得阻撓地方官審辦案件如查其審斷不公宜請總理大臣飭令覆審如該國添設新例與條約不符或擅改條約本意使臣即當照會總理大臣將此條例暫停以俟更訂使臣既有保護本國人民之責即宜不時稽查一如該人民有冒犯國法妄干國政等情或一切行為有傷國體以及滋生事端使臣即當預為申斥蓋此等不守分之輩若經地方官查出必然懲辦使臣雖欲保護亦難啟齒也

論使臣奏報本國事件

使臣駐劄外國不惟盡心公務且宜廣詢博訪據所見聞隨時奏報本國其所辦事件固當將緊要關鍵

詳細具奏即事之有益於公務者亦宜聲明且近來各國友誼敦篤貿易繁盛彼此休戚相關使臣僅就見聞所及奏報節目即無遺漏若聞有利國便民之事即當速為入奏以便本國舉行而整理內治推廣外交均獲裨益

使臣尤當留意者如彼國兵勢強弱軍械是否精工軍威是否振作通商情形船隻數目工藝若何有何製造新法庫帑充裕否地丁錢糧若干江海市鎮若何砲臺堅固否信局辦法若何運河若干道鐵路若干條武庫所存軍械若何尚有多事不及備載

使臣應奏事件不及關係該國之事即該國議論別國之事是何意見使臣亦當入告本國以便揆度其事若所奏事件頭緒紛繁當將總節開列疏內其詳細情形另繕節略隨疏呈遞如國君無暇細覽祇看奏疏亦可知其梗概近來使臣奏事往往抄錄新報附入疏內若幹練之臣不屑為之然新報亦多可採如有關係公事不甚明悉之處使臣當與入奏時細為分晰以免本國游疑與其將無稽之言入告莫若無所奏聞

使臣奏事當將風聞之事與確鑿之事分明註明遇有要事必須詳細奏報以便本國權其輕重倘所奏未能確實一經查出即當自行舉檢並行更正

遇有新刊書籍所載之事於本國公事有礙或聞該地方衆望紳耆議論公事亦可採擇入奏所奏事件往往有難於明言者或恐觸國君之怒或恐傷兩國之好然使臣當據實直陳其詞不涉於朦混方不負委任亦不可因事逆耳遂文飾之

總之使臣奏事貴乎真實不得遺漏恐於公事有礙使臣既受委任即當矢慎矢勤以盡其職緣使臣奏事恆有兩難一則恐其不實不盡一則恐其揚厲鋪張遇事均當詳細研求再行入奏若造次奏報則後來追悔無及使臣預料事情須留有餘地步不可言之太過庶免言之不驗耳

論使臣商議公事

使臣商議公事向無一定規模惟熟語公務才學特出並博聞廣見之員方可勝任

頭等公使覲見國君面談公事者有之各等使臣亦閒有之然遇有商辦事件仍須會同總理大臣辦理不能與國君面議了結法雖遲緩而使臣可以有思維之暇而免倉卒之謬所謂聖盟乃奧布俄三國之君於一千八百十五年在巴里會晤面議而立不在此例緣盟內所載無非治國興教移風易俗之道既多含混之詞亦非必守之約則照行與否均聽其便至後來君臣遵守與否亦難責備其與常約迥異可知國君雖與使臣暢談不便商議公事誠恐一言既出不克挽回是以遇有公事必由總理大臣辦理而國君觀其動靜若有造次應允之處即可密諭如國君另有辦法臨時再行傳知故國君與使臣面談雖於公務有益而不能作為公議仍由總理大臣詳為商酌

議立條約之事雖經國君批准如未由總理大臣畫押則不足以昭信守此事不獨君權有限之國為然即君權無限之國如是

或問面商與函商二者孰善曰大抵辦理公務須先行面商而繼以文件蓋面商以知其能成與否而後行文結案可也

兩國創議一節應由本國總理大臣行文本國使臣令其照錄一分呈送本國查閱其覆文應由彼國總

理大臣行文彼國公使令其抄録送交本國總理大臣查閲昔俄國論英國處置南亞美利加諸國未能合宜乃行文駐劄英京公使令其讀與英國總理大臣知悉公使將欲展讀總理大臣即止之命抄留一分俄使不允總理大臣曰此文篇幅甚長頭緒紛繁間有可駁之處若僅誦讀誠恐難以强記是以本大臣不欲聞耳使臣遇有請辦之事無論大小可徑行文彼國總理大臣毋庸由本國轉行其覆文即由彼國總理大臣行知使臣亦有須由兩國總理大臣往返函商方能完結者此項文件係由使臣遞送而使臣仍非馳驛者可比蓋遇有分辯之處應與彼國總理大臣辯論隨時奏報本國其事可否允諾當酌量輕重奏明本國候旨施行如有萬分棘手以及意外不測之事當從權辦理不必過拘訓條而訓條之大旨仍不可違本國每有公文令使臣代遞必先授密訓以使有所遵循如所授訓條其中有難行之處或於公事有礙當即奏明本國另换訓條如事情緊急不克守候即當因變通辦理不可拘泥然亦不可造次而行致累本國而悖其辦公之道故使臣當權其輕重以免任意妄爲遇事於本國大有裨益雖稍越訓條亦可從權辦理使臣此等情節本係因公起見本國亦必詳細考查是否妥善善則褒獎不善則申斥昔英法日三國會議和約日君欲向英國退還熱爾巴他要隘以他處抵之英國始已允准繼又駁之恐歸還之後致本國人民議論並擱顧將富洛里達兩省讓給日國以代熱爾巴他若不允諾則別無辦法斯時日國叛子軍務日使因思本國君主性情固執必不允准若稍延時日則於本國不利沈吟良久乃慨然曰我代國君允之雖與訓條不符而事已至此即指首爲孤注我亦爲之蓋該使實爲保全大局起見後雖革職亦無憾也使臣所奉訓條若有不甚明悉之處即當請示本國以免錯誤

議者移也如二人對面而來終有相逢之候但不知遇於何處蓋彼此皆欲就己不肯就人耳至於以勢强壓逼之允從是强也非議也夫商議事件於關鍵之大小輕重須先期詳爲籌畫了然於心則大節既得小者可毋庸探索或者意中有事姑佯議他事以探彼之意見如醫家診脉以探病勢即知其性情則

所請之事是否有成不難預料即所謀未成使臣亦不可懈志如彼國所議有忽出意外者使臣亦不必驚駭蓋靜心以待究有以却之也

事雖求利本國然亦不可固執不讓所請若未能遽得須通融辦理先以小節讓之而令彼視為大惠則友誼漸篤

總理大臣與外國公使商議事件往往以未議以前開列條目以便逐款商議國君面議亦應如此使臣欲以所議要事奏聞本國可將疏稿向總理大臣誦讀以正其是非有訛至數國會議須將所議之事繕寫節略一紙公同畫押存案遇此等事使臣當倍加慎重句斟字酌以免造次而顧考成如某公使懷疑則不可於節略畫押祇用信函說帖日記等式開列其事則關係較輕

事如果品亦待其熟而後取之但不可游疑不決坐失事機辦公之法貴乎謙退不可妄出大言亦不得以勢相逼致觸彼怒非惟於事無濟而亦易肇禍端良將能設計攻敵而不悖於義良使能議事圖成而不涉於妄經云毋謊此之謂也

論從中調處之例

兩國有不協之處往往請友國從中調處其調處之法有三

一凡兩國或向無交際而欲通往來或曾經罷議而復欲會商應請友國襄助代為致詞如兩國未請而友國之情前來願為效勞亦無不可祇為通其往來而已

一如兩國議事意見不合欲請友國調處則友國同兩國會議設法辦理兩國有何意見應由友國代達

若友國有妥善辦法祇可獻謀不可强派兩國願否依從均聽其便兩國議立條約友國毋庸保其必遵如兩國同求作保友國願保亦可兩國議立重大之約往往請友國襄助如兩國講和欲請友國調停則事有所賴以成

一如兩國互起爭端不能協合亦可請友國秉公判斷倘欲專請國君或擇其德純望重兩國交服士之亦無不可惟請人判斷與調處不同蓋請人調處並無必從之理而請人判斷必當遵其所斷若所斷顯有違理或偏袒不公則所斷難以順從如所斷有傷國體或減其自主之權則所斷亦毋庸議故友國判斷事情亦使兩國信服不生猜疑方可遵照然判斷雖公亦難保退無後言甚至兩國皆怨恨者有之一千七百八十三年英美兩國爭界一案未能分清嗣於一千八百十四年約定彼此簡派大員公同商議劃分界址以絕爭端倘兩國所派大臣意見不合即請友國持平判斷旋因該大臣意見果有不合復於一千八百二十七年在英京商定共請荷蘭國君以斷此案兩國遂派駐荷大臣呈請彼國荷君允准乃派本國總理大臣會同將相詳查此案該大臣等既經查明即於一千八百三十年覆奏荷君當即斷定遂於明年召見英美使臣告知所定界限詎意荷君所定之界不遂兩國之意當經美國公使行文駁復經美國國會議駁據云荷蘭於所爭之界未能判斷是非竟於居中之處立界礙難依議等語於是兩國復派大臣公同商議以期永絕爭端遂於一千八百四十二年分明界限查其所定之界亦在所爭者之間而與荷蘭所議稍異

論數國會議之例

凡關數國大局者應由各國簡派全權大臣公同會議遇當議立和約往往亦由各國遣使會商遇兩國交戰之時如欲會議和約應將和約大旨先行預定以免遲延其大旨既為和約綱領尤貴清切

按公法之理無論國之大小有相關之事均可派員同議

會議之所若無窒礙應設於各國衝要之區俾各國大臣致書本國較為便捷

各大臣初到會所不須互相拜晤然後定期會議並將一切開會禮節預為商定
開會首日須公舉掌會大臣如會所設於某國每舉該國正使為掌會大臣若有調處之國則舉此國正使掌會復由掌會大臣保薦一員作為掌書以司記載於是衆大臣各將所奉全權字據公同校閱查核均屬妥善即由掌會大臣將會議緣由略陳梗概
昔者各國會議往往因酬應虛文及行坐次序互起爭端是以必須預為言明以息爭競一千七百十三年各國會議於余德來又一千七百四十八年會議於艾克司二次會議恐因尊卑次序致起爭端貽誤公事乃議此次不分尊卑以杜禍萌
近來各國情形雖不以虛文為重而於某大臣可以開議某大臣可以收議及致詞等情最為慎重其開議之責或歸掌會大臣或授於調處大臣抑或由各大臣輪流致詞必須預為商定然現在常例各國公使皆准將關係本國事件輪流陳述立法甚善於理亦公其可言而退縮不言者實屬咎無可辭
會議禮節既定即當開議如會議之國較多事件紛繁應將各大臣所陳之事繕寫節略公同畫押以便存記各大臣並應逐件照錄呈遞本國
往往應議事件繁多而分類不一非一人所能專司必須某國酌派大臣數員分理其事則當和衷共濟俾得迅速蕆事至於奏報本國或衆謀僉同會銜具奏或意見不合各抒己見皆可
各國舉行會議原因往返函商需時不如面商妥速一俟各大臣商議妥協即行繕寫節略如意見不合未能議定亦應將彼此意見開載節略之內其節略須俟對讀後由各大臣查閱相符並無舛錯再照所擬次序公同畫押以昭憑信凡緊要語言須開列節略之內其無關緊要者毋庸開載務期簡而明易以

免數衍之弊

會議既經完竣該公使等宜將所定各節立定條約如事件不一難以歸併則立條約數本而另立專條以聯絡之諸國會議往往因事件繁多分為數約一併附入總約並立專條載明附入各條亦如錄於總約一體遵守無異

會議之時有公使一二人私議事件不請各國使臣共議則此議不為公議

公使若倚仗國勢辦事專權擅行議事不請各國使臣同議以及將私議之事混入公議之內各等情弊為使臣者一經聞知當即斥駁並聲明日後如因此私議貽誤大局我國不任其咎若聽其舞弊不即斥駁是默許之矣

會議之時當有大國專權擅行主持若不力為斥駁則該國之私議成為公舉此等陋習殊堪痛恨一千八百一十四年奧京大會時日耳曼各小邦因與布巴魏四大邦欲專操會議之權遂行文於該國以申其寃據稱各諸侯既有會議之權不能讓此權利於人耳

小國議立條約大國必欲作保挨其意見係為干預國政挾制弱小此等惡習不可不嚴為防範

論使臣升降解任等情

丁韙良譯

論使臣解任事宜

使臣解任之故共有七端

一差期已滿即應交卸回國毋庸候本國諭旨其署任公使遇正使到任亦當如是

一出使若專為慶弔等典或專辦某事一俟其事或成或敗應行回國奏明

一使臣奉命調回本國者即當交卸起程

一本國之君或駕崩或退位國君因淩視權勢求寂靜而退之者較少惟因侵逼而避位者歷來不勝枚舉使臣例應解任如彼國之君或駕崩或退位亦宜一體辦理按本國之君駕崩使臣顯應另遞文憑惟新君即位例應致書於彼國其國書如詳及仍留該使則不必另遞文憑再彼國之君駕崩使臣理宜另投文憑如該使務必留任則兩國交涉事件姑照常辦理遇有未完公議不必停止而仍候本國施行

一彼臣若干犯公法侮慢使臣或則有重大事故則當酌度情形解任回國

一使臣不知自檢擾亂國政干犯法禁或伊本國有違理之處則本國可以發給護照令該使回國並飭限出境不准逗留如情節甚重即派兵押解出境惟無論何故均不得拘執鎖拿更不得戕害其身一千六百四十五年日國駐劄威國公使爲官民所共憤威國竟言恐釀成事端當即護送該使臣出境　一千六百五十四年法國駐英公使結黨謀叛經國主飭令於二日內即行出境　一千七百十八年日國駐法國使因謀害法國攝位大臣經法國禁監三月而後押解出境同時法國駐日公使口出妄言致觸該國總理大臣之怒令該使即日起程回國　一千七百四十四年法國駐俄公使因致書毀謗俄君經該國令其即行出境　一千七百六十一年葡萄牙國君大婚吉期教皇公使故意失儀即令該使回國　一千七百八十八年俄國駐劄瑞典公使擅自行文瑞國各大臣係煽惑國君恐官民受其挑唆致起釁端乃令該使即行回國俄君聞之亦令瑞典使臣回國以示報復之意　一千八百十二年法國違背條約侵擾瑞典屬地該國即令法使起程回國　一千八百四十八年英國駐劄日國公使因鎖營等情日國即飭該使回國

一使臣遇有升降亦宜解任

以上諸條係使臣解任之故但使臣解任後尚未出境則於其便利寬假之處均不可缺少

論使臣奉調回國應行事宜

兩國遇有不協之處使臣因而解任者有之但應否覲君陛辭或俟本國諭旨到日再行起程應由使臣

酌度情形隨時辦理使臣應候諭旨之處有二
一使臣承辦某事或已經辦成或未能辦成應候諭旨再行起程
一本國欲調使臣回國若非因兩國不協必當致書彼國國君
使臣陛辭應行禮節即當照上任禮節辦理但請覲國君應由總理大臣代為奏請並將諭旨副本一併送
閱其原文則由該使面遞國君並誦陳詞其覲君告辭往往私宮接見不在公朝
如奉命回調時不在任所或因病及各等事故未能覲君按例可專摺辭行附以本國諭旨其摺須由總
理大臣代遞國君有時寄書於該使之國度與該使其書應由駐劄彼國之使臣呈遞
使臣尚未離任而新使已到如係二三等公使則舊使於覲君辭行時便可帶領新使朝見若新使係暫
行署理則帶見總理大臣而已
論使臣升降調遣及署缺事宜
遇有關係重大事件原宜特派頭等大員前往辦理若本國有使臣駐劄彼國亦可賞加官派銜充此差
給與國書以昭憑信一俟差竣即當歸復原書如本國賞給實授亦應另遞國書（使臣加級之故共有數端如遇彼國登極大典前往朝賀或本國國君委使臣遞送賀呈或兩國結親由使臣作伐等事）
有因頭二等公使需費浩繁降為三四等公使者並另給文憑呈遞彼國但近來此事罕見
使臣如賞給頭等公使充當要差即應照頭等公使之禮接待但該使一經差竣即當歸復原職不准仍
邀頭等優待

使臣若係專派暫署任滿時毋庸呈遞調回國書若以參贊暫署則任滿仍復參贊之職無須文憑以供職亦無須國書以解任

論使臣在任病故事宜

使臣死後必須妥為棺殮其殯葬事宜當照品位辦理如該故員曾有遺書不欲厚葬亦宜隨其志至教規誦經等事可否奉行應視彼國法律風俗辦理如該故員家屬願扶柩回籍可聽其便不得禁阻其署中所存公文書件應由參贊查點開單封鎖蓋印若無參贊請友國公使封鎖鈐蓋友國印信並開清單二三分及寫立字據以憑查核俟新使到任其公文由某員封鎖即由某縣隨同開拆亦當寫立字據以昭憑信遇使臣在籍身故按法國例應由總理大臣派員抵寓搜查有無公文等件由來員查點封鎖至開封之期亦由來員前往開封若有公文等件該故員家屬即當交來員查收以便存庫並立收條為憑該處地方官原不准干預署中之事若署中無參贊亦無友國公使駐劄彼國則地方官應將公文封鎖以免遺失

故該員有無遺命其所遺一切物件應歸何人領受當照伊本國律例辦理如承繼之人欲將家屬等物帶回本國可聽其便不得和留徵稅至該故員在彼國所遺地產房屋當照地方法律承領此各國通行之例也如該故員係彼國之人其遺產應如何辦理尚無定算在日耳曼諸國屢因此節互起爭端

按例使臣或因病出缺或因他故出缺其一切權利隨即停止然各國於使臣之眷屬及隨員人等暫給寬免之處與該使生前無異其他職官病故亦同此例

新任公使未到以前署中日行事件即責成參贊代辦

論各國往來禮節

丁韙良譯

論禮節緣由

按公法凡自主之國俱用平行之禮雖國勢强弱不一其權利並無參差則均有自主之權也故無論何國應以國體爲重而遇有屈抑藐視等情均應一體伸雪以昭平允但各國威勢不同國君稱號亦異而其所操之權與所行之禮亦各有差別

查古時教皇及日耳曼皇原有封王之權而令他國以下禮事之嗣因不洽輿情經各國改立新制則國君不論稱號尊卑俱用平行之禮

如某國君增其稱號別國是否認之均聽其使一千七百一年伯郎丁希侯改稱王號改國名曰布魯斯除日耳曼皇外無有認之者至羅馬教皇遲八十年始認之日國女主意撒伯爾於一千八百三十年登極年甫三歲戚布與三國初不認之迨十八年始認之又薩爾定王於一千八百六十年改爲義大利王奧國與日耳曼諸邦久未認之

兩國本屬平行而某國願將其平行之權推讓彼國亦無不可故此國與彼國願篤友誼於禮節之間偶自推尊其尊卑典禮或載明文或係默許久遂成例而不可違

論國君典禮

俄國稱帝非自古也因國勢日强遂稱皇帝此外自沙利滿唐憲宗時稱帝至納波倫嘉慶年間稱帝十餘年來歐洲惟有日耳曼稱帝蓋能統諸侯而承羅馬古皇之業也夫泰西視帝之尊於王者因羅馬歷代稱帝威震天下各國欽服耳中古之君有時不與稱帝而仍謂其國係帝國以免挾制欺藐等弊即如法國在那波倫以前雖無稱帝者然與回國立約時亦自稱皇帝英國向稱皇帝之國遇來君

主又兼稱印度皇帝

現在國君不論稱號俱用平行之禮其稱帝者亦無格外典禮凡國君典禮非止王者有之凡諸侯之國與民政之邦亦應一體享受如海斯國諸侯公及瑞士國民政國是也法皇那波倫第三登極之初俄皇不呼以兄而呼以友

其享君禮之國利益有四

一較他國特尊

一可派頭等公使

一國君登極大婚典禮及朝賀之時可帶冕旒惟帝王能冠冕旒諸侯及民政國主不與焉

一國君致書彼國之君可用兄弟稱號

論國君尊卑次序

國君位若較尊其所派公使遇各國使臣會議使臣應居首位議立條約則該使首先畫押若國君相會其坐位次序亦應如是昔與京大會議定彼此畫押俱以字母為準如國名之首字在前畫押亦例在前如此辦理不致復起爭端查古昔尚無各國會議之事即無論定坐位次序而教中大會因各使次序每起爭端蓋各使品級雖同其本國權勢互異耳其爭辯各執一詞或以開國先後及朝代之久暫或以奉教先後或分君主民主之國及屬國之多寡戰功大小有何功德於教會各等語以為爭先地步且各國次序往往請教皇列定但教皇偶有不公各國遂起兇言假如現在各國有爭論先後決不請斷於教皇祗以開國先後而定為理所必然一千五百四年教皇儒略第二排定歐洲各國尊卑次序曰耳曼皇帝居先因能襲羅馬古皇之位而法日蒲英那丹等國次之其民政之國如威尼司瑞士諸侯之國如巴拉丁撒克司澳地利伯郎丁布

等國又次之（以上所開國名並未論及俄國蓋當時俄國尚未列於歐洲各國之內即與布兩國亦不過諸侯之國耳）

自主之國無論大小權利均等方合公法然因國勢懸殊交際之間遂分尊卑則其應列次序欲秉公判定亦屬難矣至今歐洲諸邦尚無定章以處之（謂公事有定序而國無定序也）

各國於奧京會議時亦未將此節議妥嗣於一千八百十五年各國於法京復行會議特派大臣議定各國尊卑次序及一切往來禮節該大臣等將國度擬定三等並各奏聞本國後因各國未能允准於是罷議

又於是年三月十九日各國議定公使品級章程通行泰西各國一千八百十八年於艾克司地方舉行會議添增一款附於公使章程之內以便各使次序照章辦理

按此章程教皇之使位仍照舊例則是歐洲各國無論奉有何教其使臣皆讓教皇之使居首位此通行之禮也

國君之尊卑次序雖向有數國議立條約然不能為通行之例故國君往來猶係平行其間或有存倨傲之心者仍不能獨尊（昔者葡薩兩國讓英法兩國居於首位而丹國祇讓首位於法國　法國布爾奔宗親有作曰那兩國之王者二國公使時推法使為先　一千七百二十一年俄君稱帝經各國允准須俄君聲明雖稱帝號無政常禮蓋彼時俄國祇讓日耳曼皇居先嗣後與君承襲日耳曼帝位則俄國遂不復讓之而悉照平行之禮焉後於一千八百七年法俄兩國議定兩國皆用平行之禮其公使亦係平行）

但平行之禮惟享君禮之國有之而諸侯之國雖享君禮仍讓帝王之國居先

昔民政之邦如威尼司荷蘭瑞士冉瓦等國亦皆享君禮而讓於帝王但現在民政大國總不讓位於帝

王之國而無不認其為平行也

國君之次序原因國之尊卑而定故民政之國改為君主之國或君主之國改為民政之國其尊卑次序仍無變更

自主之國辦理交涉事件原以平行為本（此論起於瑞君古司大福阿多羅福）

間有數國立約畫押應互列於首位於所存之本以照平行然惟享君禮之國能仿此例（一千八百五年法與兩國議定遇立約畫押互相居先　昔土耳其自稱與日耳曼皇平行至一千七百十八年始蒙日耳曼皇允准一千七百年土國列法使於各使之先從俄國女主加大力納第二位戰勝土國土國將俄國公使列於各使之先惟在日耳曼公使之後　現在歐洲各國公使駐劄土國彼此應行之禮當按照各國在奧京所定之約辦理）

又有以法國字母次序為率者按字母如某國國名之首字在前其畫押即在先（英法字母皆同）

論國君並其親屬交往事宜

歐洲各國之君彼此結親數百年來幾成一家且交涉事務日增派有公使常川駐劄遇國家大典每有遣使往行慶弔等禮者遂成常例

如遇新君即位大婚典禮皇子與公主誕生之受洗請人作代父代母（國君之子女受洗不指請某人而以某邦國作代父代母者往往有之以及君請作代父者必遣大臣代行其禮）駕崩或服國君宗親遊歷鄰邦如何接待均有成案可循（國君互相拜謁禮節過多而費用浩大故微服而行以免浩繁實為兩便且國）

遇有前項事故或致書通問或由駐劄彼國使臣代達抑或特遣使臣前往呈遞國書均聽其便然遇有國君即位典禮遣大員前往朝賀以盡禮儀

國君彼此餽送禮物贈佩寶星以敦友誼或由駐劄彼國使臣達之或特遣使臣皆可歐洲各國每派公使駐劄土國必帶有禮物以饋送土君及總理大臣然瑞典俄三國不遵此例　昔航海諸邦按年送禮於巴巴里回國者非進貢也乃酬其保護商民之意一千八百三十年法國攻取阿日耳以後此禮遂廢

論水師禮節

丁韙良譯

論水師接待國君親王以及各等公使之禮

遇國君親王以及頭等公使乘船遊行其所過口岸衛所皆當放砲為禮屆時船主遣員會同鎮守砲臺將帥或地方大憲預為面議如何行禮

施放砲數皆以單數為率惟迎接國君原為曠典砲聲向無定額且國君無答禮之例

親王以及各等公使所乘船隻當立即放砲以為答敬進口後互相施放以示尊敬旗號之意其砲聲之多寡按照管船武弁等級而定至登岸復行放砲其多寡按照各國定章

各等公使航海赴任其所乘之船俟到彼國登岸時方為放砲送行若經過某口暫行停泊登岸者則無是禮

各國水師禮節此書難以細述謹就法國於一千八百三十七年十月三十日所定之例而論

公使登船無論赴任回國若係頭等公使其船即放十五砲船主在梯上迎接兵弁執械擊鼓

二三等公使放十一砲船主在梯上迎接兵弁接械擊鼓

辦事大臣署理公使放九砲副船主在梯上迎接兵弁執械擊鼓其餘隨使人員不得享受此禮一千八百三十三年法國排定公使領事等官坐次安巴薩多爾例應在前其全權大臣駐京大臣辦事大臣與署理大臣次之而頭二等參贊與總領事官並頭二等領事及隨使之頭等繙譯官與兼繙譯司員等又次之以

上各官應與船主同席其餘隨帶司員副領事與庫官及領事署中頭二等繙譯官等應與副船主同席至學習繙譯人員應與學習水師人員另為一席以示區別

至國君則於此禮之外艙上張設帷帳水手升立帆梁三呼萬歲

公使於駐劄之國海口前往舟中拜謁本國水師將帥其接待之禮與上所載無異別時放砲送行若無風浪使臣免冠立於舢板之上候放畢開行（非初次拜謁則無此禮）若使臣登本國口岸船主人等禮與上同但不放礮除國君親王以及各等公使乘船遊行之禮外尚有數端為使臣所宜知如遇本國兵船進口停泊應照章程行禮或有責其失禮之處該使藉以代為剖說故下文亟為推論之

論船隻洋面相與進外國口岸之禮

現在各國於航海禮節不如昔之鄭重因布船戰艦日見增多洋面口岸不時相遇故航海之禮不得不為從簡

戰艦相遇向有捲旗下旗以示尊敬之意今皆廢棄惟有放砲齊呼之禮而已

一千七百二十一年俄瑞二國議定條約凡兩國船隻洋面相遇皆用平行之禮若經過彼此口岸衛所其船隻先放行砲

按此事在各國原可為法而各國初未照辦因強者不欲先施禮於弱者君主之國不欲先施禮於民政之國嗣後兩不相下之意日久漸為轉移各國議定彼此各有自主之權皆用平行之禮

惟英國仍令荷蘭遵守百餘年前舊約故英荷船隻洋面相遇荷國船隻先行放砲

後復有數國議定凡船隻於洋面口岸皆無先行放砲之事以免彼此爭執

一千七百八十七年正月十一日法俄兩國議立條約第二十款內開向者兩國船隻相遇因旗號尊卑武弁等級不同往往有爭禮之事現在議定我兩國無論何等船隻何人駕駛無論洋面口岸相遇皆無禮節以免彼此爭執

一千七百九十一年正月十九日法國諭令各等水師將帥凡外國戰艘見法國船隻無論施放幾砲皆當彼放一砲本國隨答一砲一千七百九十九年那波倫攝政立定章程凡法國戰船路經友國砲臺衛所及駛進某口或與大船相遇均應放砲以示尊敬之意若某國遵照互行之禮則本國兵船必當照例敬之

一千八百一年與一千八百九年俄瑞二國議立條約第十九第二十二款內開現在議定兩國戰艘洋面相遇皆用平行之禮若彼此水師將帥等級不一則卑者應先放礮彼亦隨放礮答係同等彼此兩免如經過衛所以及出入岸口船隻先行放礮彼亦立即答之

近來船隻相遇施禮邦國無分尊卑亦無挾制之意在各國現皆通行雖非甚關緊要亦不可稍有疎失蓋各國籍此以敬其自主之權而敦和好以別武弁尊卑之分而示謙冲也

凡戰艘或駛進或經過某國口岸放礮該處衛所當隨即答之因兩國同係自主務須互示欽敬昔英國欲專轄附近洋面一帶令過往船隻下禮示敬以致別國心懷不平甚至因此爭執而交戰者有之丹國路海港要隘敬令戰艘下禮示敬施於一千八百二十九年與俄國立定戰艘施禮章程以免分爭

除上所載情節外客當先敬其主各國現皆如是倘偶有失禮皆當視為疎忽不可作為侮慢然亦視緣由何如耳

船隻在洋面相遇或在他國口岸相遇並無必當施禮之勢如欲施禮當按照水師將帥等級則卑者先

為施禮亦有按照統帶船隻多寡則少者先為施禮凡水師武弁卑者施禮於尊者而尊者答禮時有放放數礮之事然而提督回敬放三砲一千八百三十年法國水師某提督乘駕戰艘在都隆海口遇英國戰艘該艘當即放砲示一千八百二十九年俄丹兩國議定遇平等戰艘在某口停泊或洋面相遇不必放砲如遇提督駕船則必當敬之回敬放兩砲如係水師元帥之船則回敬放四砲但此等分別須加謹慎恐致冒昧而昔日之爭執復生焉一千七百八十七年法英兩國立約限定戰艘在口內拋錨額數內載允彼國戰艘駛入此國口岸皆不得逾五艘之數如逾此數必須此國特准方可俄那兩國立約則以四艘為額然約內尚載有數口祇准三艘駛入者俄瑞兩國立約亦以四艘為額各國復議定凡戰艘水手人等遇有逃亡等事一經地方拿獲即應解交船主至商船水手人等逃亡一經拿獲即應解交於須事

論船隻懸旗之禮

戰艘停泊某國口岸遇某國有慶弔事宜禮當懸旗以示同其哀樂其同泊鄰邦戰艘若因伊本國有此等事懸挂旗幟則各船亦宜同之

遇此等事務須酌遵風俗或按照常例而行以免彼國視為寡情亦係往來友誼之義

有因懸旗次序兩國武弁互相紛爭者是以法國曾經諭令戰艘遇他國有慶弔大典祇懸挂號旗或本國國旗而已此諭不為無見

但號旗式樣甚多有與別國之國旗相似者務須加意懸挂合宜若能變通改製以免錯悮則尤妙矣

懸挂外國旗幟甚多尊卑位次當照定例即如中桅右手為上左手次之後桅與前桅如之本桅而論惟中桅為尊後桅次之前桅又次之必懸於三大桅之上慎勿懸於鼻桅之上

法國戰艘在某國岸口停泊即將某國旗幟懸挂首位次即同在口內停泊之他國船隻旗幟其序按各

船將帥等級遇同等者即按進口之先後而定

或問凡戰船停駐某國若某國以及同在口內停泊船隻遇有慶弔該艘有不慶賀時否曰當視其情形而定若於本國定制教規或於友邦情誼有妨礙者該戰艘將帥即不宜慶弔或旁觀或遠避皆可如此國戰勝彼國作為慶典奈兩國均係我之友邦若慶賀於此必至傷情於彼至他國戰勝本國而本國復往慶賀者斷無是理

總之以各無妨礙為要再慶賀不過為往來友誼非勢所必行之事不可藉啟爭端雖無定制惟斟酌謹慎而已

論商船應行之禮

凡捲旗下旗以示相敬之禮在戰艘現已廢棄上文業經敘明至捲旗一節非有國服亦有行此禮者惟商船遇本國戰艘禮應下旗三次以示敬意該船亦當還禮

此禮惟於本國戰艘行之因國旗最為緊要本國自當極其尊重若遇他國船隻斷無下旗以示謙抑之理

至捲帆之禮更為合宜並有行近戰艘為之鬆帆者若商船載有礮位亦可放礮為禮否則以鎗代之齊放三次亦無不可

百餘年來因此等禮節議立條款者甚鮮自一千八百三十九年比國與居尼司回回國議立之後各國無復立此欵者其一切禮節現亦習以為常遇有不協皆援舊章為率

論領事官之責任（另有專書詳論領事職守而本書不過截其大略）

丁韙良譯

論設立領事官緣由

查領事官係在駐京公使之先而設也八九百年前回回地方有義法日等國城鎮各設領事日耳曼之沿海城鎮亦各派紳董以理通商嗣後貿易漸盛事務日繁其遣派領事之權操之國主不歸郡邑商會漸則沿海各國市舶雲集彼此互相簡派領事以便辦理其責任權衡因事隨時屢有更易

論領事官之職守

領事職守今昔不同茲則毋庸細述自應就現在設立之意而論然欲論其職守必先論其與地方官往來事宜因其職守論者每以領事與公使互相牽混若詳其設立之原意以及其應辦之事則二者之職守判然分明

領事職守係稽查航海通商事務保護本國人民安居樂業代辦約契守據代向地方官伸訴冤抑為本國人民調處爭訟等事（此專指領事駐劄西洋各國而言至駐劄回回地方以及海外較遠諸國領事其權較大並有兼任辦事大臣者是以不能概而論之）至商議政務辦理兩國交際事宜領事不得越俎況其所駐不過一隅之地所與辦事又非執政大臣遇有緊要事件例應稟報駐京公使查辦

領事官向無呈遞國書於彼國之例在國主若無條約明文亦可與各國遣來領事毫不關問是知領事與公使迥然不同若以公使之權利歸之即與事倒置蓋領事既歸公使管轄若權利復彼此相等則是設立若干領事即有若干公使矣難免彼此爭功攬權之弊

領事官照例歸地方管轄若謂領事即係公使如我國遣使齎國書於彼國原免地方管轄而各口岸又有若干公使仍服地方官管轄者似此成何體制況間有遴選彼國人民充當領事其辦理兩國交涉事宜欲忠於本國恐負他國委任欲護庇他國又係本國人民在該員亦難自處矣（言領事不可作為公使也）

以上所載情節論者多未預料是以有論領事應授以公使之權利者有論領事雖不能似公使不歸地方管轄不輸納各項租稅以及有朝見等禮然亦當格外授以權利特加保護者此論尤為確鑿

查設立領事之意實係駐劄外國口岸專辦通商事務之員其責任匪輕毫無異議其人自當通達幹練方能勝任然人地相宜而辦事周至者卒鮮一千八百四十八年法國定立章程內載領事官係專理通商事務不得仿照公使不歸地方管轄之例故外國人民僑居法國境內無論久暫皆應遵守地方法律不得有容隱逃犯等事

論領事官分等

凡領事官皆歸總理大臣管轄（百餘年來法國領事方歸總理大臣節制以前皆由船政大臣管轄現在各國以領事歸船政者間或有之）無論何等領事遇有事件皆稟知本國駐京公使

領事官分為三等即總領事正領事副領事是也其正副領事又稱頭等二等更有學習領事掌文案庫（即司庫洋文名曰商塞里業）及委辦領事

總領事為眾領事之長若本國未嘗另設此職其駐京公使即可兼任之

頭二等領事皆歸總領事管轄凡應行事件分應稟知總領事與駐京公使至本任內一切應辦事宜該員自具定斷之權總領事不過指授機宜隨時稽查令其遵例照章免生弊端而已

設立委辦領事因地廣事繁總領事等官力難兼顧因此委人代辦以便照料但此等委員不列於職官其經手事件准正副領事是問若所辦諸臻妥善或賜以副領事之銜以示獎勵該員若有舛錯今且暫停差務係屬正領事之權然須俟總理大臣允准方可革除另補

學習領事隨領事等官學習當差遇領事有事離任即委暫行護理印務

凡有裨於本國貿易船隻事宜總領事等官例應逐件呈報總理大臣其副領事遇此等事亦應行之轄伊之領事官以便彙案按期呈報總理大臣

副領事歸正領事管轄與正領事歸總領事管轄無異

凡遣派委辦領事須有本國總理大臣允准明文並此國該處職官允准接待方可遣派伊等不能代理民產代立冊記因此等事皆實任領事之責其餘事件雖可代辦亦責成正副領事至委辦領事將責任擅委之他人為例所嚴禁

掌文案庫者由公使遣派若領事遣派其所辦事件即惟該領事是問若國君簡派即為職官

領事官之職有由本國特遣有委該處商人充當者（領事官無論食俸與否各國皆喜用本國人民以充其職若本國無相當者始委派他國）由本國特遣必遴選品學兼優之員在本國既素所親信在他國必令人敬服較之商人充當者辦事尤為妥協（法國領事皆由本國特遣立有定章不准有自行通商情事違者革職）商人不但志在謀利公私每難兼顧況該員往往為彼國之民而歸地方官轄然此等領事仍復不少者因小國國課有限若特遣領事經費較鉅每難籌畫而各處通商又屬緊要故從權委派商人辦理

雖以本國商人充本國領事為常然彼國若無本國商人居住或委派彼國商人或委派別外國商人皆可英國有專書詳論領事職守亦以簡派商人充當領事諸多不便而以法國特遣之法為盡善也

論簡派領事官及到任之例

惟國君揀簡派接納領事之權是以或因領事人品不端或因某處不應駐劄領事却之不納各國皆有此權但既却此國領事駐劄即不得復准他國致有偏枯

領事不兼辦事大臣之職者赴任之時本國不授以國書惟賜以文憑領事文憑非遞彼國國君是以昭職守其簡派之事毋庸達知彼國國主惟知照總理大臣請發准行執照以便到任辦事而已

至領事所攜文憑呈遞彼國總理大臣並請發給執照皆應本國駐京公使代辦

凡駐劄之國發給領事准行執照國君應行畫押總理大臣應行咨會彼國地方大吏以便該員前往任事發給領事官准行執照各國辦法不一比國係由君主頒發諭旨而總理大臣將原文存案抄錄一分發寄至英國亦係君主頒發諭旨而總理大臣將原文發寄竟有照會該領事本國之駐京公使以為准行者

領事一經領有執照即將領照到任事宜自行知照地方各官以及該員各屬並通知僑居此地之本國商民凡僑人代商領事其准行執照往往載有不得免於商民本分等語

其案卷等項應由前任領事或本署屬員交代以便新任領事查收立案

有時領事到任後將僑居此地之本國人民齊集署內而司庫將領事接任日期載諸冊簿來者一律畫押以為通知之據

論領事官之權利一千七百六十五年法日兩國條約始定領事權利

領事所享之利益寵榮自不能與公使相等然駐劄之國或因成約在先或因彼此情誼亦有格外優待者但如何優待各國向無定制即成約亦鮮有載明者蓋優待多因彼此情誼非各國通行之常例也各國條約多半祇載接待領事須按照接待友誼最篤之國之領事其優待之處固在各國自定今將領事按例應享之權利詳載於左法國接待領事較泰西各國諸多從優一千八百十四年八月初八日法國定例領事官膺選前來或因條約明載或按常例或憑公法當視為伊國職員除遇有作奸犯科外不可拘禁非自行貿易置買私產等事亦應從優寬免各項租稅　英國則於外國特遣前來之領事與本國人民充當外國領事幾無區別一律接待美國接待領事亦無定例惟於特遣領事遇有自行貿易者免其充當兵勇亦不簡其聽審並非寬免該員以其未諳美國律例耳　荷比兩國於一千八百二十二年六月初五日定例於特簡領事與商人代膺領事之職者當有區別

一條約若無特禁領事官既領准行執照即可將其國旗等項懸於公署門首但不能藉此隱匿逃犯以免地方官查拏

一領事官非駐劄之國人民亦無另有經營即不輸納各項餉鈔如遇軍事公署不得屯兵該領事免充鄉團免捐餉項免輸丁稅至其採買物件應否輸稅又當別論

一領事雖非駐劄之國人民若躬行貿易者其一切貨物財產皆應輸納各項稅餉與本國人民在本國充外國領事者無異該員並應充當團勇惟呈請雇人頂替尚可允准此所謂團勇者係為防險而設故雖紳士亦不得辭其責也

一領事雖不能擬於公使不歸地方管轄若非駐劄之國人民亦無躬行貿易者不可因爭訟而遽行拘禁有罪雖歸地方官審訊然非窮凶極惡亦不可拘禁若係駐劄之國人民則應先撤其准行執照然後

歸案審訊

一領事遵奉本國之命辦事若未越俎亦未越俎亦未越彼國默許之權地方官不得追究

一本國商船水手人等無論在口岸洋面遇有罪名領事例應查辦

一本國船隻駛進口岸領事有接收船主報單之責

一本國船隻受傷領事例應立案交地方官蓋印為證遇船隻有沉溺等患該員即率人前往拯救

一委辦領事以及祗有副領事之銜者無以上所載各項權利該員等不得擅辦作證之文件非經正領事蓋印亦不得擅發字據無管轄本國人民之權遇有爭端祗可善勸其有興訟者祗可向地方官從中料理該員不得與本國駐京公使通商船政總理諸大臣等有文件往來亦不得擅發護照惟可查驗蓋印而已遇本國船隻有沉溺等患若力所能辦須率人前往拯救然後立案

一領事公署之各項文件地方官不得藉端搜查抄封（惟英國則不然雖以領事之庫房為辦事公所仍不免於查拏　一千八百五十六年有某國領事因未輸租税英國經理税務各員即將其案卷物件等項查抄變價入官　一千八百五十八年美國領事某因私債未清英國將伊物件查封行文美國公使請飭該員將帳目還清方交回物件）

凡西洋各國領事之權利率皆如此而駐劄回界以及海外諸國之泰西領事因有條約其權利較大其責任較重（此等情節詳載第十三章第一節之内）

論領事官拜謁之例

各國有將領事等級與水師武弁等級互相比擬以定其尊卑者均有衣冠以別之（在法國則總領事官與水師提督同品頭等領事與水師總兵同品二等領事與水師副將同品）

領事與地方各官往來之禮均應遵照成規是以領事初到任所即應先拜本處大憲其他國領事所行年節慶賀等禮亦應多方詢問按照常例而行

領事如何拜謁水師武弁向有定例即水師將帥如何接見現任領事亦有定章查向例本國船隻駛進口岸船主若非提鎮大員領事惟遣員先往致意即俟伊等前來拜謁係提鎮大員領事應先往拜謁若駕船係頭等船主則領事公署各員於水濱迎接本國兵船初進口岸領事例應前往拜謁該船武弁若無事故應於當日登拜至總領事駕馭舢板小船前往拜謁可於船頭船尾各懸旂一桿若頭二等領事衹懸旂一桿水師接待領事照該員等級尊卑以定礮聲多寡兵丁列隊數目若商船禮應懸旗總之凡往來拜謁各項禮節若非另有條約領事以遵照成規為要不得另邀相敬之禮在西洋奉教各國領事無朝見國君之禮國君亦無接見領事之例

論領事官之要務

領事職守原由條約而定然無明文必須遵照本國文憑及彼國准行執照況各國法律不同風俗互異是以領事之職守所限難以指定耳

領事首務應保護本國船商以免受屈本國人民有控訴地方官者如果屬實領事即當代為料理倘本國人民有冤抑情事地方官不肯查辦即由領事稟知本國公使轉請該國執政大臣查辦地方官所設之法若與本國政商致有損害以及阻礙通商等事領事當隨時向地方官商酌以去之地方官若有違犯條約及通商航海章程等情領事一經聞知即當力與辯詰

至關係本國人民財產與其應享利益之處以及地方官抽收遺產等事領事必須悉心稽查是否照章辦理況領事既有保護本國人民之責遇本國人民在外身故即當照料財產以免承領之人受屈若其人不在該處即由領事行知地方官查照

本國人民遺產如照兩國互行之例及彼國法律可由領事查封蓋印即由該員會同地方官查點開單蓋印封鎖倘地方法律不准領事蓋印該員自應請地方官鈐蓋印信

遇地方商民虧本歇業等情領事當設法保護本國人民以免受其損害並代本國人民收存文件銀物等項開單存記寫立收條交伊收執

本國人民身故所存之物由領事查照遺書分給承領若應領之人尚未成丁該員尤宜悉心照料

本國商人存寄貨物等件遲至二年不行取回者領事即可委人拍賣

本國人民遇有文件字據願送本國法堂及本國銀行作證據者由領事鈐蓋印信本國人民護照亦由領事發給其別國人民願往本國由領事驗照蓋印

本國人民立案事件有委司庫代辦者如遇生死嫁娶與抱養子女及承領產業等事應由領事立案存記

本國船隻由領事不時稽查其船上書冊等件歸領事查驗蓋印水手人等遇有不協之處亦歸該員審理其船隻出入牌照並無瘟疫執照由領事發給者往往有之然無瘟疫執照多由地方官發給由領事查驗蓋印

本國船主遇有稟報事件應向領事呈遞船主欲借款修船購買物料必須領事允准方可借用遇有船隻業經勘驗不堪駕駛由領事代為變價

本國兵商各船遇有遭風碰損等情領事即當設法撈救其撈護物件由領事代為變價如地方官願欲協助亦無不可

本國兵船停泊該口者須由領事襄助水師各官以資照料至地方於本國旗號應有示敬之處由領事稽查以免失禮

水手人等有逃往內地者由領事請地方官查拏交還

遇有遭風難船其船上水手人等應由領事遞送回國

由此觀之治理之權與審斷之權領事兼操之蓋此辦法不惟有裨於本國之人即彼國人民益有益也

若領事所司地界較廣事件繁多不克分身亦可自行添設委員以資臂助

論領事官所任之事分類

論領事官審斷之責　丁韙良譯

歷來歐洲各國領事俱有審斷之責邇來其權稍殺原審斷之權出於管轄之權而管轄之權本出於國之自主故各國恐領事審斷案件與地方官互相牴牾於國體有礙遂漸減領事之權以免爭端其審斷之權雖由彼國允准仍由條約以限制之如約內未詳及則照常例辦理兩國待領事務期彼此一律以免畸重畸輕

奉敎諸國所立條約內載本國人民遇有不協之處願請本國領事審斷者即由領事訊辦如不欲請領事審斷或領事審斷不公俱准呈訴地方官間有數國遇有前項情事祇准呈訴本國有司凡僑居各國人民遇有爭端而不欲涉訟者即可特請領事或另約數人從中調處評論曲直若兩造不行上控自應尊照該員判斷

領事之權若無條約可循則照領事則例並兩國法律及國君諭旨辦理然祇查則例訓條等件不足定其權利仍俟駐劄之國允准始可行其權也蓋查其則例不過用以證其本國之意見而已領事遇為本國人民呈請利益之處應先行妥為斟酌其本國能與彼國之人民一體款待方可舉行

本國水手人等如有不法情事其罪輕者各國間有准本國領事辦理其罪重者不准領事查辦如本國船主與水手人等有不協之處多有准領事辦理倘不遵約束即請地方官協力襄助

遇界內之本國商民船主水手人等彼此爭執領事當設法調處使不成訟若伊等情願聽候領事審斷領事即傳集兩造秉公研訊確情照章迅速辦理不准需索使費如事關重大必須詳細載錄以備查核並將如何斷定批示遵照如不願遵行者仍准其呈請本國有司覆訊此領事藉理訟以息訟之法也至已經官者無論詞訟罪案俱歸地方官辦理

若本國人民與地方人民涉訟領事應將按例辦法曉諭本國之人並薦舉詞師藉資襄助以節縻費而免稽延

本國人民若有在洋面滋事戕傷人口以及各種不法情事皆由本國有司審斷而領事亦應錄取船主水手人等供詞查取卷宗證據將該犯解交本國船隻載回本國照例懲辦船主既經接收該犯及卷宗

等件必須寫立收單字據交與領事聲明一俟行抵本國即將該犯暨卷宗送交有司

遇本國人民因案被地方官緝拿或案情重大恐其監禁與擬重辟等情領事亦可親到公堂指示該犯

但不得袒庇

遇事關本國人民不在領事界內而不克委人代辦者應由領事設法照料以免妨礙

如本國人民與領事因公不協應由本國總理大臣查辦惟地方官不得與聞

領事官審斷之權希臘國領事則例論之簡明是以摘錄一二

一本國船隻駛進外國口岸不得既作本國土地而論以逃地方管轄蓋事關彼國者仍歸彼國訊辦也

一船隻既入彼國口岸即當遵守地方法度則本船水手人等或與他人立有約據或有不法情事干犯他人者均歸地方官查辦

一若無條約明文照常例船主及本船水手人等或因工銀或因款待與章程是否符合互相爭執仍歸領事審斷

一船內水手人等於船內所犯罪案既無關外人而但屬內政則地方官不得干預除船主稟請相助或大有溢擾恐致地方不靖方可

一船主水手人等在本國船隻所有爭端若領事按例不能理明必聽其申訴本國

一遇罪犯等案應從重懲辦者領事不得斷定應將人犯與卷宗覓便船送交本國

一該犯若已逃竄應由領事行文請地方官代為緝拏

一本國商民等居住彼國者遇有爭訟領事即當為之調處

一案件無關罪名者領事審斷之權係按照法國通商律例而行

按法國通商律例於保護通商事務悉臻妥善非他國律例可比至法國領事公署辦理亦較他國有條有理

論領事官與地方官往來事宜

領事駐劄彼國無論明許默許須由彼國發給准行執照方可抵任視事其執照應由本國使臣代為請發若無本國公使即由領事向彼國總理大臣自行請領俟到任時由領事行知地方官查照亦有由彼

國傳知者本國人民與該國官民交易事件領事不得干預免致受累

設立領事原為保護船商起見遇有違約及不合理情事領事即請地方官查辦如本國人民有受凌虐苛派地方官不欲辦理或辦理不公以致被屈之人無處伸冤領事當設法理明此等案件關係甚鉅領事必須倍加詳慎並當熟悉兩國條約以及律例成案庶無妄動而彼往咸宜矣倘遇事稍有疑惑即行請示本國

本國通商事務遇有阻窒如彼國違例徵稅等事領事即當設法變通其於本國商民實有裨益而於彼國無妨者雖條約未經載明領事亦可代請如彼國不允領事當稟明本國領事祇與本處地方各官往來但遇有應辦事件而地方各官不為辦理其本國又無駐京公使領事即可徑行稟知彼國總理大臣以便代為設法其一切事宜除行文辦理外與地方大吏面商更為妥協且於事之情節皆應詳細陳述不得稍有鋪張並應斟酌措詞務使合宜

領事與地方官交際須當和衷辦事謹言慎行以免嫌疑不可挾制倨傲以免怨尤當按時接見大吏以盡禮儀至駐劄之國所奉教規以及地方風俗若於職守無妨即可隨俗以洽輿情

論領事官與本國往來文件之例

領事既歸本國總理大臣節制除尋常所辦事件俱應隨時稟報外遇有非常之事若未先行請示決不可擅自舉辦於一切關係本國船商事件必須留心察訪稟報總理大臣若例准領事通文本國船政通商各部以及水師將弁封疆大吏即應摘錄節目呈送總理大臣

領事身係職官責任非輕原不應干預彼國政事若彼國政事有關本國利害者無論已行未行領事一

經聞知即當稟報如有緊要公務不克守候本國回文領事即請示本國公使暫為權宜之計仍當報明本國若公使無有辦法領事亦可酌量辦理一面稟報總理大臣

凡由本國開船行抵彼國或由彼國駛往本國者領事隨時存記開單稟報彼國土產銀價若有增減當將增減緣由稟報並將貨物式樣寄送本國至本國何等貨物易於銷售及何法可使廣售亦應隨時陳明如彼國船鈔貨稅遇有變革之處或添設條約新章關係船商以及登樓有無增減亦宜一併稟報倘遇瘟疫盛行彼國因恐傳染設法防範領事當將防範瘟疫章程録送本國查閱彼國洋面之各國戰艘往來停泊大小多寡以及有無海盜曾否拏獲並彼國廣集戰艘似有出師之意領事當逐細稟報其旗號章程尤宜稽查不准違犯如有本國船主因違章偷漏被罰本國人民因違禁販賣人口經彼國懲辦以及地方官有厚於他國人民而薄於本國人民均當稟報總之領事於所聞所見凡有關本國之利害者皆當隨時稟報

論領事官稽查保護本國船隻

領事應隨時保護本國水手人等遇險當救有冤代伸有事而請示者即應指示至本國人民之身家財產亦宜一體保護若有被屈情事領事或函請或面商地方官代為昭雪

凡船主初到該口若不熟悉該處法律風俗以及稅則章程應由領事逐件示知

本國船隻出入該口領事應登簿存記其進口船隻令船主到署呈遞船牌與水手名册以符定制間有遞貨單者領事面詢船主由何處何日開行路行若干日船中有無瘟疫裝載貨物價值以及經過地方有無危

險倘船主隱匿不報當照例議罰

船主所報事件由領事查明是否屬實上冊其船記船契工銀帳簿雇船字據以及客人所領護照由領事照例查驗領事核准船隻日用帳目以為商人雇用船隻撙節之意亦間有之

如船主欲將船冊等件存於領事公署領事即開單存記查取船名及船主姓名水手數目進口日期所載噸數一併造冊存記

出口船隻船主當報明領事前往某口路經何處將海關所發執照等件呈交領事查驗蓋印方可起程

船隻在洋面遇有損傷進口修補等情船主先行報明領事方可索取賠款所報各節由領事造冊船主畫押存案有欲抄錄者聽之倘船主遇險裝載過重船主酌量拋擲以免沈失之虞領事亦當查問

如船貨在洋面在或口內有損傷情事或該處無代辦商人由領事前往勘驗或船主已經設法修補亦由領事前往勘驗以杜影射朦混之弊如查所用工料款目相符即行照單蓋印

再船隻在洋面或在口內有損傷情事其賠補章程載於領事則例或此欵何時由地方官分派何時歸領事辦理處間有未經載明惟案各國通例如之本國商人與彼國人民夥運之貨其賠款由地方官分派並由領事代本國人致詞如係本國商人自運之貨應由船主同代辦商人呈請領事著派幹練之人前往勘驗船貨損傷情形將撈獲貨物估計價值既經勘估妥協即請領事照單蓋印該勘驗之人當對天矢誓以明其心遇船貨一併損壞其修補經費應與船貨各價酌量扣派其尋常損傷當視其所損何物或歸之船戶或歸之貨主皆不在此例

船隻遭風進口借款以保船貨應有船戶允准方可其所借之款當指船貨為質雖照該國律例借約應

由地方官查辦若無代辦商人仍由船主將必須借貸緣由報明領事並帶領水手人等報明地方官當堂矢誓以明其心在領事面前矢誓亦可即由該員註冊存記

本國船隻因損傷過重在彼修補以致船式改易由領事將修改緣由註明船册方准駕駛回國

本國船隻在外國變價者按常例應照該國法律辦理但領事必須稽查以免朦混並令該船主將水手工費及回國川資一併交納開有數國責成領事遇有本國船隻在彼國變價者當令人勘驗其船委係不堪駕駛復令船主交出代賣字據查賣價與船值無甚懸殊方准變價

買船若係外國人民其船所領本國船照暨册記等件由領事查取塗銷封送本國總理大臣並寫收條交該船主收存

遇某船驗明不堪駕駛或為船主人等棄捨若該處無船戶代理之人其船貨應由領事設法保存以候該船戶及保險局回音再行措置船隻遇有不測之患致船主棄船逃避或被洋盜打劫應由船主呈報領事查辦如船因債被押由領事向船戶取保而轉請釋放

遇局外各國商船被戰國擒拏羈留不准出口或拏作贓送交有司斷其去取等情領事經聞既知即當一面稟報本國公使及總理大臣一面請地方官將船釋放並詳核案由請賠銀兩更當設法保全船貨遇用兵時局外之國領事仍可按照條約任便辦理本國通商船隻事務此節係遵照一千八百五十六年法京大會所議公法新例想將來雖敵國民船亦必聽其任便往來毫無禁阻矣

本國船隻欲開往某口該處遇有瘟疫或有軍務以及別項危險領事必須告戒船主並指示平靖口岸

如某國口岸設有防疫公局疫責令開行船隻領受無病執照應由領事令船主遵照辦理並於執照鈐

蓋印信

本國商船在外國地方更換船主者除因患病及勢不得已准其更換外其因他故更換者須有船戶字據呈遞領事方可准行

論領事官與水師官參辦事件

本國戰艘停泊某口由領事襄助水師官以成公務水師官與地方官往來事宜亦由領事致辭調停以敦睦誼領事與水師官有所見聞係關水師事務者務須相告彼此有約束商船之責凡事和衷共濟戰艘在內口損壞沈失者領事會同水師官設法拯救領事間有膺水師部院委辦之任者則戰艘一切需用之物由領事照料供給

論領事官保護本國水手

凡船隻遭風碰損其水手人等由領事妥為照料至水手患病亦應體恤如患病欲回本國者應覓歸帆便船送去

遭難水手尚堪傭工者搭船回國一路做工以抵船資仍由船主日給飯食各船按其大小添載若干原有定例若無本國便船由他船送回亦可其船價務期樽節以免本國船戶賠累

遇水師患病或被傷者經船主呈報由領事轉請地方官收入養病院一切費用由領事公平酌定飭令船主先行交納如欲取保展限亦無不可

本國船隻賣於外國或遇有沈失損壞糟朽不堪駕駛等情致船戶將船折毀變價其水手人等回國川

資以及拖欠工銀由領事飭令船戶照例於變賣船價項下發給

本國船隻被他國戰艘擎獲拘留其被傷脫逃之水手欲回國而無資斧者由本國發給川資作正開銷先由領事墊給以供急需將所墊款目寫立字據以免浮冒即於水手護照內開明墊款數目以備查核

如水手係別國之民由領事飭船戶完清工銀給與川資遞送伊國領事自行照料

本國水手人等在原籍招雇者除遇不得已事故由船主具給准其遣撤外不准船主無故遣撤亦不准水手棄船別往如水手情願回國由船主撥給工銀川資遣回或彼此情願水手亦可改往別船服役但須呈報本國領事存記

本國船隻停泊某口如有水手逃往內地者領事請地方官設法緝捕其一切費用應於該犯工銀照數扣除其所以緝捕解送者或因條約明文或因兩國互行之例以免窒礙通商如水手犯罪被地方官緝捕懲辦者領事即應稽查以免凌虐屈抑之弊

新雇之水手人等以及患病逃亡者由船主註於水手名册呈送領事如有不符之處即當查辦

遇船主虐待水手濫用刑杖扣除工銀以及飲食不足各情由領事斥責設法補救

至水手人等不遵約束或一二人或眾人滋生事端由領事查明照例辦理

論領事官照料本國難船

拯救難船以及撈救貨物事宜各國辦理章程多有不同是以領事應揆度兩國律法酌核辦理

領事責成雖有限制然遇本國船隻遭風擱淺損壞等情該船水手人等以及貨物應由領事設法保護

並當獲取船冊查明船貨損壞情形遭風擱淺緣由淹斃人口所載貨物船戶貨主姓名及由某口起程前往某口各等情繕文存記與船主水手供詞合併抄錄呈遞本國總理大臣並當曉諭該船戶知悉

遇有船隻擱淺如有船戶或代辦商人或保險局人等願往撈救應由領事查明委無假冒情弊方可允准如船戶等不願自行辦理仍可請領事或另倩別人代辦皆可至撈救船貨一切費用水手人等工銀及回國川資應由船戶發給領事亦應隨時稽查嚴防弊端如船戶等有所請示領事即當妥為調度

遇有別國船隻猝遭不測應如何拯救之處如無條約明文即由領事援引本國歷辦成案請彼國按照辦理若地方官向有照料難船之責領事當會同商辦如地方官不可前往即由領事傳喚本國商人二名或別國紳商隨同照料仍由領事查點撈穫物料開具清單封送本國總理大臣及事主等查閱如有將壞貨物不堪收存者應如何變價之處當照定例辦理然領事務須請幹練之人勘驗若果難以收存再行定日拍賣而領事應將勘驗情形出售貨物原估價值現賣銀數以及買主姓名逐具清冊帶同原驗人等畫押存案

此等損壞貨物未納稅者應由領事知照地方官減稅其已完稅者亦應請還納款至一切食物原係水手日用急需例應免稅如水手人等無回國川資由領事先行墊給於船貨變價項下歸還倘代辦商人欲將貨物領回應歸還墊款然領事所墊款項不可浮於船貨賣價如墊款清完尚有盈餘銀兩即交該船戶等領回其撈獲之貨物若未損壞應由貨主自行管理倘船貨撈獲以後船戶等始到該處應向伊等追取一切花費以及領事規銀等款俟交清後再將船貨交伊收領如地方官向有照料難船之責領

事原可不必干預若船戶不在該處即由領事照料船貨若伊等有所請示亦應指教並可隨同地方官開具船貨價銀清單以便存記倘地方官不遵條約與兩國互行之例以致本國人民受屈等情領事即當與之理論一面稟報本國總理大臣

論領事官保護本國人民

凡本國人民在領事境內者領事當隨時保護倘地方官不遵常例違犯條約或本國人民受屈而地方官不肯作主抑或枉理屈斷等情應由領事設法調處

領事應稽查本國人民其有品行不端言語錯失致照地方官猜疑而起釁端者此等情事應由領事嚴行斥責

至商人水手一切事件應由註冊或應代理或應公斷由領事專司其事若伊等有所請示領事亦應為之設謀端力襄助以免受屈而保國體

遇有本國人民干犯法紀妄請領事袒庇者即當嚴行斥駁蓋領事身任職官為本國人民領袖所當加意謹慎也遇有爭端由領事善為調停以免控訴成訟

按數國常例遇有本國人民居住彼國者前往別處應赴領事公署驗照並報明因何事故往前遇有關係通商事件以及別項公事領事可斟酌傳集本國商民人等會議辦理

按通商章程及各國常例本國商船停泊某口原歸領事約束是以水手人等除遇有滋事擾亂等情歸地方官查辦外均歸領事管轄然管轄之權仍被地方法律限制按彼國法律可行方行

若船式稍有改易或增減水手等情應由船主報明領事以便存記至外國人在本國船隻充當水手亦歸領事約束

論領事官承辦遺產之例

遇有本國人民在外身故其所遺財產無論有無遺書俱由領事設法保存蓋承繼之人或年幼或不在該處領事應按照條約及地方法律代為照料庶免屈抑若該處有承繼之人則領事不必干預承繼之人或委人料理或請領事代辦亦聽其便然領事即不代辦亦須當將辦法指示以免錯誤

按數國之例承辦遺產間有專由地方官封存者兼由領事加封蓋印者有之專由領事封存者亦有之蓋待債主取償故也有領事查點遺產開單存記者亦有專由地方官開單者領事經管遺產其故者所欠之債應由該員籌款補還若由地方官代清帳目一俟清完之後再將遺產所餘交付承繼之人或由領事轉交亦無不可如按例專由領事開單封存領事即當設法照料以免承繼之人身受屈抑財產既經照例查封即由領事出示曉諭俟限期已滿傳喚本國商人二名或別國紳商公同拆封並校對原單以便交代無誤一面呈報本國總理大理一面傳知已故之人親屬並將財產清單一併封送至筆資等費應於遺產內扣留領事經管遺產如承領之人以及代辦之人持憑前來領事即將遺產發給具結存案并將所具之結錄送本國總理大臣倘有數人前來俱稱承繼爭取遺產應由領事遞送地方官查驗憑據而斷其真偽

昔有將僑居外國人民遺產查抄入官者然近世以來此例已廢非為報復總無行之者至將遺產抽留

數分若者亦為常例嗣後有條約明文或全行廢棄或詳定限制

若某國之例凡所遺之產若無承繼之人按地方法律例應查收則領事不必照料

本國船隻遇有死亡之人或在口內或在洋面既經船主呈報領事即當查收財物清單一面傳訊水手人等身死有無別情一面錄取供詞登於船冊以備稽查

一

論領事官辦理冊記發給文證之例

民間常事如生死嫁娶抱養子女或旅人經營家產以及釋放奴僕等事向由領事註冊立案并發給執照交該民人收執此希法蘭等國之例也惟生死嫁娶必須有保證二名到領事公署呈報以更注冊立案至民人婚喪等禮已成應有教堂字據呈於領事以便照錄存案年終彙為冊記共二部一部寄送本國一部存於署內

領事官境內本國商民遇有請文證者應由領事發給以便取信本國

其文證不一或指商人藉貫或指船中有無患病者或指裝運貨物至本國人民有要事存記或委人代辦事件雇船裝載貨物或船隻損壞停泊修補均由領事注冊立案如有欲將財物文件等項存寄署中者由領事收藏若請抄錄家據亦由領事發給

船隻有無瘟疫向由防疫局發給執照由領事蓋印若無防疫局領事亦可發給執照然此事頗有關係不可造次若有瘟疫而隱瞞不報或無瘟疫而妄行呈報皆於本國通商有損該處實無瘟疫應由領事發給無瘟疫執照交與船主收執如領事疑有瘟疫當於照內聲明地方官經查明果有瘟疫由領事發

給賣有瘟疫執照如船主未領無瘟疫執照即以有瘟疫論者有之

本国人民若願立生存嫁娶讓產以及應允商定等字據或生前將財產分給或死後遺有財產以及遺人代辦各情若請註冊立案即由領事酌辦然遇有前項事件亦可委派司庫代為辦理地方官所發執照雖已畫押蓋印仍由領事查驗蓋印

本國商民或因貿易或因家務欲立字樣按數國之例必由領事蓋印方可在本國作為證據亦有未經領事蓋印而仍准作為證據者然照各國常例凡商民寫立字據如願在本國作據概應呈請領事畫押蓋印方可為憑

本國人民住領事境內應由領事照該地方章程發給護照如曾在本國領有護照應俟限滿時由領事另行發給至本國以及在外使臣所發護照不論曾否驗過概由領事查驗遇有彼國官員發給護照前赴本國者亦由領事查驗蓋印然外國人民領事例不給照驗發護照當隨時登簿以備考查令照領之人於護照內畫押並照錄一分令其一併畫押以便存案若有作保之人應由領事查明姓名註冊存記並將舊照塗抹仍存而不棄

論領事官雜項事

領事官蒞任既久必能練達然仍當勤於實學以為根本其尤要者如兩國航海通商律例與吏治章程並當國策百物表等事尤當實力講求並令學習方言交接紳民採訪輿論廣其聞見至彼國製造各法土產貨物年所產大縣數目以及每局工人若干千名工價若干領事必須考查與本國土產通商事務

互相比較則兩國情形不難洞悉如查兩國通商似應推廣方可隆盛即當稟明本國設法辦理蓋領事之職不但保護本國人民既商務隆盛之策亦宜講求

領事既膺本國委任給與廉俸不准私行貿易亦不准令別人出名暗中取利蓋貿易則必趨利既趨利則不免徇私必至為人輕視而難以取信殊屬有礙職守船貨破損經領事代賣者其賣價不應由該員定奪亦不可收買至領事辦事規費總有定例應

領事駐劄任所非奉有本國劄文及遇不得已事故即不准擅離職守雖兩國失和而領事訓條之內若未詳及應否回國而彼國亦應收回執照則不可擅行離任如彼國收回執照不准委人署理領事即行文辯駁並聲明若本國船商無人照料以致賠累應向彼國取償

遇有本國人民或別國人民干犯法紀者無論犯事大小及罪名輕重領事均不可容留隱匿至地方官查拏罪犯領事亦不可阻撓若本國人民身家財產被人擾害抑或地方官妄行緝捕領事既經聞知即當查辦

論領事官駐劄回部

論領事官駐劄土波各國

丁韙良譯

歷來泰西各國互派領事各官其權利俱有限制因各國法律皆以無論何國人民居住某國即歸某國管轄故遇有不法情事無論何國人民應由犯事地方官審辦別國不得與聞惟回國法律風俗與泰西各國大相懸殊而領事之權利亦有別也況各國人民前往土耳其等處貿易遊歷者不可勝計若任憑

土國管轄是交良民於污吏之手耳故與回國議立條約不可不設法杜弊

查西國領事駐劄土耳其等國按約享受權利異於尋常俾得保護本國人民在該人民既蒙領事保護亦必須恪遵約束

泰西各國與土耳其埃及波斯並巴巴里等回國所立條約大同小異皆將本國商民水手人等專歸領事管轄遇有彼此不協之處由領事自行審理駐劄東土耳其各等領事皆由本國公使向土國代請發給冊單詳載領事應享各項權利至領事駐劄巴巴里各國者皆兼任辦事大臣之職

本國人民與回民互起爭端及殺傷人口重案地方官不可自行查辦亦不可自行定案必須會同領事帶同繙譯官公同審訊以免屈抑等弊此例未能一體遵行即如土耳其國遇有謀害重案及鑄造私錢人犯該國自行查辦不准外國與聞

倘領事及本國商民與別外國領事人等有不協之處如兩造願呈訴本國駐京公使皆聽之

遇本國人民有殺害命案被害者若非彼國之民則領事秉權審辦地方官不得干預地方官查拏領事本國人民或別外國人民一經領事收留則回人不得闖入公署搜捕

領事公署例應懸挂本國旗幟然回國地方間有不准挂旗者領事奉教禮拜例准於署內舉行毫無禁阻本國人民在外身故者其財物由領事轉交經理遺產之人地方官不得干預若該處無承領之人即由領事存寄署內一面稟請本國總理大臣傳知親屬詢其意見如何仍由領事暫行代理

駐劄土耳其等處之領事既歸本國駐京公使節制遇有關係本國公務及通商事件既經聞知即當稟報公使遇有為難情事亦當請公使指示保護

論領事官駐劄巴巴里各國

茲將泰西各國與巴巴里各回國舊訂條約略疎數款於後

一萬國公法所載權利領事均得享之

一本國人民遇有爭端專由領事審辦

一本國人民與回民遇有不協之處應由領事會同地方官審辦

一領事奉教禮拜任憑署內舉行毫無禁阻

一兩國若有失和領事欲回本國不可禁阻

近年各國與巴巴里等國所立新約與土國條約大畧相同一併畧陳於後

一地方官槩不准擅入領事公署追捕罪犯

一領事既不歸駐劄之國節制則地方官不可妄行拏問倘領事有悖符妄為情弊應即行文請將該員調回本國

一地方法堂有對質案件領事毋庸親自到案可遣本署繙譯官代其前往

一領事公署應由駐劄之國派兵護衛

一地丁錢糧以及各項稅課領事與隨員人等概不輸納

一領事應用物件所過關口不可扣留充公

一本國船隻遭風碰損應由領事前往拯救查驗存寄

一遇有船隻人民懇請拯救領事當給與保護

一本國人民及別國人民被地方官拏獲若領事願具保釋禁亦聽其便

以上各條係領事駐劄回回各國權利之梗概茲將其節目略為載述所論各節雖指法國領事而言然別國之領事亦多事同一律

論法國領事官駐劄回國審斷之權

本國人民遇有事件呈請註冊立案者領事或親自辦理或委司庫代辦皆可至本國人民詞訟則不可委員代理蓋領事與司庫各有專責界限分明即如審理案件原係領事專責而繕寫口供收存文籍並傳集案內人證則司庫之職事也

駐劄土耳其及巴巴里等國之法國領事審理本國人民詞訟案件仍照一千七百八十八十一等年所定例條辦理

查例載本國商民船戶人等遇有詞訟案件應由領事審訊明確會同本國紳商二名公同擬議並飭令紳商當堂矢誓以符定制嗣後如有別案仍令該紳商共議毋庸令其矢誓如該處無本國紳商領事亦可自行定案

本國人民投遞申呈狀詞等件或越署面遞領事或到文案庫呈報司庫亦無不可將作證字據粘連呈尾一併送閱領事一經閱悉即宜定期過堂由司庫傳集兩造屆期到案倘有事故不克到案即當繕寫供詞呈遞領事查閱既經查明確情即會同紳商二名照例定擬如案關損傷貨物由領事委派練達之

人眼同局內商人勘驗損傷物件估計價值以憑核辦若被告遲延不到領事不克守候暫依原控各節科斷者有之然仍須展限三日被告若來投案則准其覆審至案關拖欠帳目匯票等件既經領事官會同紳商斷定立行照辦倘不願遵照而請覆審或願上控概聽其便

遇未經算清帳目及無文憑等案既經斷定亦應立行照辦然勝者仍須以銀兩為質交領事收納以備覆審（領事官定案倘負者欲行上控必須具保呈報領事由該員傳集兩造驗收保結如願交納銀兩為質亦聽其便）

遇有重犯例應收禁者當由領事照例定其監禁之罪

領事審辦罪案之責曾於一千八百三十六年經法國增定條約案分等違禁一也輕罪二也重罪三也違禁之案由領事獨自聽斷由司庫掌管卷宗傳集人證

本國人民犯輕罪者由領事會同本國紳商嚴訊確情照例定擬若無紳商則領事自行審理於卷內註明委無紳商等語如照原控各節例應罰以監禁該犯理應親自到案罪不至監禁領事亦可隨意傳提定案之時當將一切情節照例開載倘該犯遲延不到則領事照原控定擬若該犯於定限之內趕緊投案則准其覆審如領事原擬與現擬不符仍准原控之人呈訴上憲（法國艾城該有法院凡上控案件應在該院控告自領事定案之日起例限十日欲行上控當於期內呈請領事註冊又例載自定案之日起予限六箇月過限不准上控）自定案之日起例限十日准於限內上控俟限滿方加責罰如該犯願取保出監無論曾否上控由領事酌量辦理

本國人民犯重罪者遇有人呈控或有人到署禀報或眾人共指為兇犯領事既經聞報即宜查詢有無

不法確據如查該犯果有罪名卽應照例差緝

一俟拏解到案由領事傳集人證嚴刑審訊並將原控各節會同紳商逐細查詢如果情真罪當卽將該犯拘禁俟船隻回國之便將人犯及宗卷證據解送本國上憲審辦領事官拏獲罪犯限一日之內過堂如有證據字保卽由領事官及司庫畫押並令人犯認明附於卷末之內至案內要證亦應在字據上畫押遇有重案必須將供詞覆審一次以便犯證當堂對質

總之遇本國人民偶有爭訟領事當先行勸解使不成訟遇有犯輕罪者領事與司庫當設法調停以便迅速結案至犯重罪之案領事審辦之權爲力所限制

附論繙譯官

公使領事等官駐劄回回等國應有繙譯官隨從當差而繙譯員缺向由總理大臣奏保請旨簡放

公使大臣及總領事官公署皆派繙譯官數員以資分布內選一人兼理庫務其餘領事等官公署僅派繙譯官一員兼理庫務

繙譯官未奉上司差遣不准私見地方官至民間交涉事件亦必俟該民人呈請代理或奉上司之命方可干預

凡奉委事件須遵憲諭辦理詳細稟覆至會議公事該員須將彼此意見據實講解如繙譯公文應將底稿收存

論領事官公署司庫

司庫爲領事屬員之領袖向由本國簡派然領事亦可保舉而仍由總理大臣批准

洋務時事彙編

巳

領事准行執照内言及司庫之事領事遇有事故可委司庫暫行護理

遇有本國人民呈請立案或存記文約字樣或請錄給原稿以作證據即由司庫代辦領事司庫等[illegible]稿[illegible]查其人有無此權至抄錄稿案務須存案以便查閱

遇有難船司庫可撈救船貨寄存銀兩及一切字據開載貨單及發給收[illegible]件

本國人民在外身故其財物應由司庫查點開單謹慎封鎖然司庫收發文件則由領事畫押蓋印以昭信守

如領事任所向無司庫之缺即由領事兼司其事如有立案事件約請紳民數人到署以作證見至副領事等官兼司庫者亦照此例

本國特派之司庫遇有應辦事件當自行辦理至領事官所委者若未蒙總理大臣允准則遇有事件必須會同領事官辦理

其司庫既有收管册檔之責收發文件必須隨發隨記以免遺漏

領事審理案件應由司庫繕寫口供收存案卷傳集人證至本國人民遇有事件請註册立案或請領執照例應完納規銀是以文案庫内必須張貼規費條例以使查照辦理至文案庫一切費用即於規銀項下提撥支領若有盈餘銀兩則領事與司庫分收之以為酬勞之資按此例應行改革若有商人充當領事務照領事之例給與養廉須於公事大有裨益法國領事均有廉俸至該員辦事所收規銀除充公外若有盈餘盡行入官

司庫之事往往有實任副領事兼管者其駐劄回國之繙譯官亦有兼司庫者又數國定例司庫不准升

補領事官

文案庫設有冊檔原為本國人民註冊而立蓋注冊之人領事得以保護則不失本國人民原有之權利與和約所許之利益一一皆得享受耳本國人民到領事公署註冊之列以該人民尚有回國之心故在外歷年雖久仍有本國民權該民人住居外國若未曾入其民籍無論何時皆准回國毫無阻礙至法國人銷除民冊旋入外籍者按法國例其子女仍為法民其子成立願否隨其父籍概聽其便至妻從夫籍向無明文惟按通行之例如其夫入外籍其妻願從入否亦聽其便

論領事官缺任止差等事

領事請假離任委員署理即當行知該處大憲並傳知所屬查照辦理

領事不可擅離職守甚至兩國失和而起干戈亦宜俟本國調回或彼國撤銷執照方可離任

領事上任既無國書卸任亦無國書蓋本國公使請給新任執照則彼國便知更換領事

領事卸任應會同新任或署領事將公文書籍冊檔並署中器具逐一查點交該員接收並寫收單字樣以作證據又應將已卸任及他人接任之事行知該處大憲並傳知領事屬員

領事卸任後任內經手各項文件不可收留原稿亦不可抄錄刊印

領事在任病故所遺財物由屬員查點封鎖由義理人員稟明本國公使與本國總理大臣並行知該處大憲

公法十一篇

西洋有萬國公法一書乃其地儒者所撰各國君長奉為經典和戰交接之事據此以定曲直無敢違者

今摘録之凡十一篇

原始

萬國不相統誰能以一定之法使之必遵將諸國交接之事揆之於情度之於理為一定之法則萬國不能外矣公法之説創於荷蘭儒者虎哥（初名平戰條規）各國公師互相辨論其大旨有二一曰性法本人心之同然以定是非卽所謂率性之道也一曰義法本人心之所是非以定各國交接和戰之準卽所謂修道之教也而推其所出仍本於天人心所同是卽天之所嘉卽萬國所當共守人心所同非卽天之所棄萬國所當共戒卽所謂天命之性也其書考求各國史冊詩篇以及民情風俗參酌成之以平諸國之爭又有萊本尼子與根不蘭霍畢寺布番多斯果德等諸人引伸其義辨析是非更加詳密又於是非之中推究利害又有霍畢寺布番多二人著論義亦相同由是諸國之君莫不遵守當戰則戰當和則和無敢異同有不遵公法强執是非妄興兵革則萬國羣起攻之蓋西洋之有公法猶中國之有四書六經也事雖近理而公法所不載前此未行者諸國皆不敢妄行猶中國之數典也各國禁令皆以生殺予奪為賞罰獨公法以榮辱為賞罰以天性為權衡賢君良士自然從之所謂不賞而勸不怒而威也

明用

公法之行以彼此交接之道推之一國由一國推之萬國其利有三有公同約定而遵守者有未經約定而遵行者有未行而中心信服者蓋性法酌理準情不偏不倚人之好惡本於天性性無不善至善之法遵行者固皆信服卽不行者其心未嘗不服也立國有二有君主之國權歸於一立法以制民有民主之

國權寄於衆而假手一人以行法國各有法不行相同惟性法則本於天授發於人心無不相同可以合萬人為一人合萬國為一國雖因事制宜稍有損益而大端終不能越海外先儒海付達之言曰公法出於士人其權遵於國主國無大小賴此以自衛我持此以待彼彼即持此以待我各行恕道久而相安大國不至於弱小國不至於亡苟皆背此則上干天怒下拂人心為萬國所不容雖大必危矣公法既立凡有文字通聲教者莫不遵行惟昏亂之國背不肯行荒僻小島與禽獸相似者昧不能行若歐羅巴亞美利加亞細亞等洲所屬及土耳其波斯埃及巴巴里諸國則無不遵行故其國强俗美不受侵陵

立國

一立國必一國之人共會推戴有城郭土地歸其自主始得稱國為君若民商自會及盜賊屯聚蠻夷流徙無定皆不得稱國其有小部落附大國得存者亦不得稱國普魯士土耳其向皆附英國今皆為大國矣

一國君行事關係一國者皆用本國律令處置其關涉他國者必以公法處置民間之事亦然

一新立之國為他國所立者一切不得自專必諸國共願引為友邦方得自主美國向服英國後乃自立為國既稱國以後雖衰弱不得輕加廢滅必待內亂既甚主權全失或為强敵所覆乃得視為亡國

一各國遇有內亂其君或死或奔或立其後嗣或別立一君同盟之國通好如常

一各國有為外國所破更定和約或分讓其半或臣服彼國半讓則分主其國臣服則一切聽命不得列於友邦一千七百九十七年間荷蘭七省有變法國破之因易其國法為民主之國比利時諸省久與奧國平行既而被法征服其地遂歸法國十六年後荷蘭王家復位與法國定約將舊失七省與比利時諸省合為一國歸荷蘭統轄至一千八百三十年比利時復叛荷蘭自立奧法英普俄五大國皆引為與國共定和約比利時遂為自主之國

一各國因亂易主友邦和約係舊君身家私事即可停止不行若關係一國大局者仍當照前遵守其國債無論應收應償皆歸新君經理不得稍有含糊易主之後國土歸君民產仍聽自管不得因亂稍有侵占惟姦民叛亂始將其產入公或大亂之後舊君復辟則變亂時民間入官之產仍還本主新君讓於鄰國之土地仍歸舊君其國土因國事而或讓或賣民產用價買賣者皆守原議不得稍有更易其他國被害應行保護他國民人被屈應行伸理之事亦照舊接辦不得稍有推諉一千八百十四五年間諸盟邦與法國新主交戰既勝後索取賠償兵費其時法國舊君已復仍照原數輸送又美國以商人所受之害向法蘭西荷蘭那不勒斯討索其時三國皆有變亂易主後仍照原數代為追出皆遵公法也

一自主之國一切政令皆由己出盟會禮節與各國平行即偶因有事聽命他國或向其請教皆不為弱若於和約載明聽命某國及盟會立約求他國保其事主其議護其疆者即為半主之國一切不得自專即如波蘭之戈拉告一城並其轄下土地公議立為一國徧告諸邦許其永為自主之國係俄奧普三國故戈拉告常聽命於三國保護

一國必君臣合德政教清明方能自立若賴人保護則其權漸失久必危亡即如波蘭之戈拉告伏俄奧普三國保護凡事不能自主然簡得與諸國盟會列於友邦也若一千八百十五年間英奧普俄公議取法國之巴勒城別立為國名曰以阿尼合邦許其自主而和約有云此國全賴大英君主永遠保護又云以阿尼合邦國內之事皆當聽命英國英國亦當遣人鑒察主持又云此國既蒙英國保護當聽英國屯兵駐守本國將士皆歸英國節制英兵糧餉皆須本國支應又云阿尼商船旗幟亦當改從英國款式等語又有伏人保護為半主之國者摩爾達襪拉幾塞爾維三國憑俄國保護而就近聽命於土耳其又有摩納哥為自主小國前憑法國保護後依巴勒盟約改憑薩爾的尼保護波里薩為民主之小國憑奧國

保護又如埃及一國本為土耳其藩屬後寖强大遂不聽土國之命欲為自主之國并欲攻取土國省部經英奧普俄四國公議始令自治其國仍貢土耳其租稅諸如此類强弱無定鄰國相待之禮亦隨時勢變更

一貢賦必俟其自願土地必俟其或賣或讓鄰國不能强取國內政事非承受保護者皆聽其自治鄰國不得干預雖苗蠻小部苟其居處定所刑賞法度皆為與國列於盟會不得輕視又有數國而奉一君者法制禁令各從其國之舊惟與鄰國交際之事始由盟主酌定猶中國之有藩髮苗人及回部之自用正朔又有一國之民而分屬諸國者政教法令皆聽民間自擇而從但定議之後即不得擅自改易

一各國交涉之事必推强大有德者為盟主凡事聽其處斷其因有事會盟立約者則專以主持此事之國為盟主一切聽其處斷其各國境內之事仍由國君裁奪槩不外聞有最善之法同盟議定通行便為公法則各國法院皆當遵守

一各國士民設立會堂舉辦善事如征賦還債借債通好通商及外人入籍彌補公用虧空鑄錢定權量建信局開驛路著書製器制海盜及海上善人與夫各國交涉之案如此國殺彼國之人彼國欠此國之債等項評交戰之事賜强賞之牌并出境緝捕暨造兵船機器養水師修礮臺一切事件及各告軍民爭訟公同議定告之國君即便舉行國君不得牽制

一海船往來必有憑票其憑票必須自主之國方准發給其附庸小國及未列友邦者不得私自發給各國亦不以為憑

一各國於境外開墾及攻取省部既經各國公許或歷年久遠即為此國疆土鄰近之國不得擅爭

一各國濱海之地近岸數十里之洲港皆為此國疆土以礮彈所及即國威所及也往有英兵在美國長江口外捕拏敵船以致興訟經法師斷明遂定此例

一狹港通連兩海者則為兩國之公地他國不能管轄兵船亦不得擅自進港

一黑海四圍之狹海向歸土耳其管轄近日多歸俄國英法奧普俄諸國亦立公約作為五國公地惟兵船仍不得擅入土耳其内港其丹國所管之狹海曾於該地設有兵船捕拏海盜又建立塔標導引海船避險實於各國商船有益雖近日將北岸讓於瑞威敦而往來商稅仍歸丹國征收

一兩國相連之江河以中流為界其有向歸此國專管者則以彼岸為界不得越爭

一江河流過數國即為公地往來商船亦可停泊起卸貨物遇有危急之事亦可登岸行走但必於本國無礙方可准行

禁令

一國中公業歸國君經理民間私產聽民自管遇有爭訟仍聽國君處斷他國民商在本國置產寄存貨物者有事概依本國法度其人犯事仍依原籍國法凡制度皆可隨時更改惟已與各國議明立約者不得私改

一各國法度此國之法不能強行於彼國然亦有利國利民之事可以推行彼國自願舉行者亦公法所不禁

一民間田產貨物其人死後或付與子孫或付與朋友必所在地方官驗明遺囑方許承受或無遺囑者聽本國官長處分

一歐羅巴各國舊法各國人民止許在外國購買貨物不准自買田產蓋恐民隨產徙易起叛心也其外國人死在本國一切財產槩行入官蓋以地為畛域也今則大義漸明此例盡廢矣倡議更改則始於法國惟英美二國至今不許外人在其國內置產其外人遺留貨物則仍歸其本國本家

一凡外國民人犯罪皆依所在之國律例處斷其別有公約及事關公法者則以公約公法處斷

一本國人民案件雖徙居他國仍有用本國之法處斷者如子孫承襲（西人子孫分二種既婚而生者為嫡生未婚而生者為背生）老幼名分及虧欠嫁娶出妻離夫等事雖歸現住之國法院審斷亦可參用本國律例

一外國人民寄居國內已經入籍入會者即歸本國管轄一切賜予差徭與本國人民無異其暫來通商者仍歸原籍管轄

一凡民人先將財物與人久後家貧負欠不能償還者無論在本國外國從前受財之人即當酌量代還

一凡婚嫁年數足否父母許否支派過近與否槩從其本國律法其婚禮則從結婚地方之俗

一凡財產在本國而其人在他國興訟者仍用本國律法處斷

一凡貨物有彼國所禁而非公約禁止者商人興販過有賒欠該國不能代追其在本國交易者本國即當代追

一凡民間買賣有在此立契而在彼交易者皆依交易地方律法

一各國君主游行列國者其欽差公使雖在他國皆用其本國律法或隨帶貨物亦不得禁止其餘民商皆依所在地方律法

一各國陸兵或經過或屯駐他國必須先有公約或先期照會領取憑票方可准行

一兵船與陸兵不同凡經過地方出入海口各國皆不得阻攔所在官司并須妥為保護以全友誼或因有事須封海口或指名某國兵船不准入口必須先行布告或明立公約方能禁止

一船隻遇風進口修理各國皆依公法遵行雖有事故不得乘危禁止

一國君在他國置買私產遇有爭訟仍歸他國律例審斷若政事兵事關係一國者仍由本國處斷不依他國之法如西班牙負荷蘭國債地方官捕拏其兵船是也美國海船亦有公私二種私船之事聽所在官司處置公船始歸本國處置

一凡海船經過他國地方船內之人遇有事故皆歸本船之官審辦該地方官不得干預或與彼國人民爭訟則歸所在官司審斷曾有美國兵船停泊法國海口水手相爭英國領事欲越職管理當經法院議駁

一海船或中途遇盜即告所在地方官拏辦此係干犯公法之事無論何國不得諉推

一往來船隻非先行約定准其盤查者所在官司槩不得阻攔稽查往時英國不許英民逃入他國之船充當水手遇有經過船隻必行查捕美國不聽爭戰五十餘年屢次議論尚不能決然各國法院及有德之士皆以為非亦不復行矣

一各國通和或有領事官府在彼國駐劄者本國商販及流寓人民遇有爭訟皆歸領事官審斷其有與彼國人民交涉者會同所在官司審訊各依本國律例斷案

一本國人民寄居他國而犯法者仍歸本國法院審辦以尚未入籍則非他國之民他國之君不得擅治近英美二國多有許寄居之國就近審辦者乃二國之酌宜變法非鄰國之侵權也

一各國人民有在本國犯罪而逃往他國者經本國關提即當交付不得袒庇其合盟之國先經立有公約者尤不得違約隱藏至關提時所在官司必須查明所犯確據再行捕拏交還捕拏所費槩由該國補出又英美二國立法凡民人干犯兇殺謀殺强姦私造假票侵吞國帑等重罪者許本國行文關提其尋常案件不得瑣碎討索其外國人民在國內謀反及干犯國內大政者即由犯事之國懲辦不得討索蓋防彼國私愛其民有此寬縱也

一海盜搶劫及海船未領本國憑照與交戰時兼領二國憑照陰圖兩利乘機搶擄者此為大干公法萬國之所同惡無論何國皆可捕拏懲辦其兵船領牌注明專攻某國而乘機搶擄他國者仍歸本國權主審辦

一兵船無論自戰助戰槩不准兼領兩國牌照

一各國律令有他事而比照海盜辦理者止可自治其民與其境內之案不得行於海上

一船之航海行至空曠之處四處所轄遇有兇殺搶擄等事無論何國官民皆可捕拏懲辦與海盜同蓋海面空闊並無專管官司若不許衆人捕拏恐奸民因此更無忌憚也

一阿非利加洲旁埃及諸國販賣黑人運至他國為奴從前視為常事近經英普俄及歐羅巴各大國公約嚴禁犯者與海盜同科船隻所過各國皆得搜查

一民人身死所留產業並無遺囑交與何人者應歸所在官司管理如有欠債未償即將遺產還債不得入官有寄產之國有債而本國及他國復有債欠者即許酌量分償不得專歸寄產之國

一凡民間債帳止許在本國控告追索或因事出境在他國相遇不得追討他國官司亦不得捕拏惟通商公欵所在皆准追討捕拏

一民間債帳之案凡利息多寡物價貴賤雖在他國興訟必以立契買物之國法律為憑

一民間詞訟無論在何國法院審斷有既定後更在他國及歸本國控告者皆當查照原案不得翻易惟西葡俄法瑞威敦等國間有不盡遵者然必須確審前斷實係不公民人實有受屈確證方可解斷其有本國所禁他國所不禁之事本國民人有意避禁徙往他國妄為及取巧控告者所在之國查明仍依其本國法令處斷

一國主所有官產皆聽國主動用其民間私產及公會之產必有公事關係民生國計者方准動用

交接

一自主之國雖小弱皆得與諸國並列或大國無禮侵凌諸國當共救之如土耳其尚為大國所欺近歐羅巴諸國公議列為與國西洋諸國何不與中國通使近亦盟好同為與國

一各國所立盟約及通商章程或有不便必俟再會公同酌定平時不得擅改其有僅與一二國不便者

不得以私廢公輕議更改

一公法各國頒行併宣示司海法院（一名戰利法院）及巡洋水師皆令誦習凡有爭論皆以公法處斷雖與本國有異亦必屈從或其君與鄰國有爭必聽法院以公法處斷

一國內政令與革君主之國皆國君自主民主之國則公舉之執政議定他國不得干預或其事於我有益為彼所忮必欲令我更改我又勢不能抗則俟公議載於盟約方能遵行日後勢強如復舊制亦許改立盟約（如英法在烏達拉立約法國許毀頻及耳客敞臺法國與五盟國立約許毀虎凝敞臺是也）

一開拓疆土開設碼頭屯駐兵勇等事皆聽各國自為鄰國不得阻撓惟於彼國有礙者方可聚盟公議酌勸停止

一國君增修德政國勢日強開財源練師旅收屬國等事皆所應為鄰國忌其強盛妄加阻阨者此則不能自強忌人之強有乖天性公法所必不許或其國無德恃力侵暴實於小國有礙者則當公議阻阨扶弱抑強（即如一千六百年間西班牙與日耳曼相合查理第五兼有之更欲侵吞鄰國於是諸國恐懼合力禦之戰久始立和約於韋是非略近日英法諸國力拒俄國以保土耳其皆是也）其國內臣民作亂或君民相爭鄰國亦得往平其難與鄰國無礙者不得與聞亦有從權往平其難者臨時斟酌不在公法之內（往時墨俄普三國平那不勒斯之內亂英國曾存書駁之以公法所未載也）

一同盟之國為別國所侵即當往救不往為失信或自失政權為民所叛者止許局外旁觀不得干預（如希臘為土耳其所虐歐羅巴奉教之國合力助之始得自立是也英法俄三國於一千八百二十七年間會於英倫都城立約以平希臘約內援此為例其約略云希臘土耳其兩國相攻迴流標掠致希臘諸部并瀕近海島擾亂與歐羅巴貿易有損諸戕叢起我三國群受其害而自費抵禦兵費亦屬不貲希臘苦求英法兩國從中調處三國同心欲削其爭戰之由終免其貽害故協力共議立約以令戰者復和此為仁

政之豈非歐羅巴之大利也第一條云三國駐土耳其之公使聯名公備文書與土君許代為折衷定議并令彼此立即罷兵聽候公議第二條略述英俄前議希臘之內政外交也第三條云此事細目并土地疆界等情須三大國與之另議而定也三國人承認約云三國當即通商於希臘希臘國主能盡交際之禮即當遣使通聞先請希臘土耳其罷兵有不願者三大國協力逼之一切公事准駐劄英都公使便宜施行也與自主之國同等語約成以示兩國希臘受之土耳其卻之三國即共進兵敗土耳其於那瓦利諾土耳其乃聽希臘自立

一保護小國無論內亂外患必其國主來請方可前往不得無故干預亦有於已有害及於大局有關又有平時立約議定遇事保護者則不待其請即當前往

一鄰國交接保護之事必當恪遵公法不可狥一己之私蓋我徇私妄行則各國效尤近利甚小後患無窮也

一自主之國本屬平行而禮節名號多有高下不齊者或明立公約或彼此習貫遂成風俗皆由國勢強弱使然非定法亦無定局也

一歐羅巴為自主之國得行王禮行王禮者得遣全權大臣駐劄他國民主大國亦有各國推讓許行王禮者其禮節仍當稍次其他小國皆不得行王禮

一行王禮諸國服天主教者即推首座為羅馬教皇服耶穌教者仍屬平行俄羅斯意大里皆奉耶穌

一各國盟會首座往時多有紛爭至興兵革者近經各國賢士講明或彼此輪流或臨時掣籤或按照字母所載國號定坐永息爭端

一各國照會書信概用本國文字其有他國不能通曉者附以通行譯本往時歐羅巴洲內通行西班牙文字近日通行法蘭西文字是也

一自主之國皆可自立尊號頒行境内他國推尊與否仍聽其便惟皇號非教皇及明立公約惟戴者不得擅稱教皇如羅馬國是也立約如俄羅斯是也

一各國海船往來本國船隻見客船進口即當下旗下蓬放礮以示尊敬又有會議立約此國船隻至彼國境内如何接待者則照約而行不拘一格

使命

一各國公使往來本無君臣之分當待以賓禮不得輕慢即有罪過亦不得擅加戮辱非特於心不安亦恐結怨生釁轉相報復致啟兵戎也

一各國民商有爭公使會同聽斷皆憑公法不憑本國律例

一自主之國皆可遣使至友邦駐劄其屬國及半主之國則僅可遣使至所倚之大國駐劄不得擅遣公使至他友邦其合眾之國則所合之國本屬自主者皆可遣使亦有止准總會遣使者則以先立特約不為常例如美國之合邦是也

一國有内亂或新君已立而舊君尚在或大邦屬國因強自立鄰國皆可遣使聘問但不加欽差名號以免爭端

一隣國遣來之使或接或不接皆由本國酌定願接者必以公法之禮款待或其人舊係本國臣民或庸鄙奸邪無足輕重即明言不接并於友誼無傷蓋輕其人非輕其國也其國因此必反思其過另選賢能以免辱命矣

一各國遣使約有四等第一等名全權大臣乃代主行事者與其國君新來無異有事得與隣君面議隣國款待之禮亦與國君無異第二三等亦奉國君之命領有國書者但非欽命代主行權止可因事朝見隣君凡事多與鄰國大臣面議第四等係國內大臣因公事致書於隣國大臣者止與大臣議事不得朝見隣君接待之禮以次遞降其民主之國國中首領遣使隣國亦僅與隣國大臣來往蓋首領代民行權不能比於欽差也至領事及辦理通商之官不得稱公使

一各國遣使聚會議事者不用國書但繕寫欽賜全權文憑付與公使會時或彼此互換或統交盟主收掌

一使臣奉命本國給與牌票沿途照驗放行若經過敵國必須另請牌票方免疏虞其敵國亦不得因爭戰未息稍有留難

一第一等公使將入鄰國京城即令屬員行文照會隣國部臣隣國依禮接待擇日朝見進呈國書二三等者自行照會部臣請其稟命國君進呈國書其無國書者但照會部臣請其擇日面交文書

一國使朝見面呈國書善言稱頌隣國君主亦善言慰荅一二三等皆同惟一等係代主行權不行君臣之禮民主之國遣使謁見宰相部院如公使見君之禮

一各國駐京公使皆用其本國法律貨物子女皆屬本國惟田產及貿易債賬等事仍依所駐之國法律遇所駐之國有與隣國交戰等事即給與護身牌票敵國見票即不得妄加拘殺

一公使所駐館內一切人役皆自行管束其有詞訟與彼國人民交涉者亦用彼國法律辦理其或使臣

不良謀害所駐之國即照會其國主調回究辦或事關重大迫不能待者即收其券冊文憑併使臣送出疆外一面行文照會或重大之案既經照會而其國君主徇私不問則自行拘拏懲辦蓋兩國和好互相敬重不許輕辱鄰使敬使即所以敬君也彼國徇庇即可自行究辦不許隣使之有恃而為惡也若本國之人服官他國而充使者照公法本不接待若先時未經明言業已接待者一切禮法公使皆與無異不得先後兩歧

一公使本身不納丁稅隨帶應用物件進口亦不納稅惟不得藏匿罪犯自干公法所住公館雖自行置置仍納官租

一公使遣人齎送公文經過各國無論水陸驗有牌票即不得稍有阻難即遇有爭戰而所駐係局外之國亦當一律放行若兩國交戰而隣國欲遣使聘問者則當公約給與白旗牌票以便往來

一公使經過他國先期行文照會如該國不准不境行文阻之即使改道倘任意私行遇有事故即與該國平民同科若許其過境即當照公使之例保護款待倘有不知禮義之國妄加輕慢殺害者與害其國主無異被害之國即可興師問罪往時法國公使經過日耳曼地方被殺法國興師問罪各國多許帮助各國公師評議皆以日耳曼為非蓋既有國即不能無使公使往來自當互相保護即或疑有勾通他國不利我邦儘可明白阻止豈可妄加殺害人命至重隣國平民過境尚須加意保護況貴重之公使乎凡滅禮戕殺使臣者為萬國所共惡公法所不容其國必不久存戒哉戒哉

一公使駐劄他國遇禮拜日期仍依本國之禮照常禮拜所駐之國不得阻撓惟和約載明不許行教者

止可於教堂內行禮不得鳴鐘賽會及舉行堂外一切事件

一領事官不在使臣之列駐劄他國必須和約許行方能前往如不遵理法即可將文憑收回或照律懲辦或送交其國均由地主酌量其尋常詞訟與本地人民交涉者概依所駐之國律例審斷與民人無異

一公使駐劄他國或遇其國有喪另立新君本國即當另付文憑若本國易君即於通告友邦文內聲明其國使交卸尚未回國一切權禮與現任無異

一公使或任滿或因事召回即照會部臣請其代奏面辭併將本國詔旨呈驗善辭告謝所駐之國照禮賸餞或受或否各依本國律令所定各國多准使臣党禮惟咸內塞及美國不准使臣有禮其有因兩國不睦而歸者或面辭或不辭而去皆聽使臣酌定至各等使臣在任或有升降亦須知會彼國部院呈驗國書

一公使在任病故賓客丁役概不得擅預公事一切案冊文憑皆緘封送回本國如無賓客即由所在官司封送寡婦家人均得暫用使臣禮節所遺公館財物均歸寡婦承受或照遺囑辦理地方官民不得擅行挪動

盟會

一各國盟會自主之國皆可與友邦聚會立約屬國及半主之國則必以所依之國為主不得擅自立約合衆之國或歸盟主立約或聽各國自行立約各有不同惟以當日公約為定美國不許所合之國私與各國立約日耳曼則所合之國皆准與各國立約但其餘約不得與盟主合約相悖耳其盟約君主之國歸君收掌民主之國歸首領大臣或理事部院收掌

一各國盟會議定之事皆載盟約蓋用印信以後永共遵守不得渝違亦有不載於書而但憑口約者

既經允許即當彼此遵守不得失信以犯公法

一各國盟約必由國主酌定併鈐蓋國璽亦有權宜行事者如帶兵給發牌票准人通商及議換俘虜相約停兵降城退兵等事皆可由本官酌定不必稟告其君更加璽書

一各國大臣無立約之權而擅自與人立約者名為私約概不為憑但他國既誤聽其言與之立約如覺事有難行即當急早知會將盟會費用補出毀棄前約否則仍須遵行不得失信

一盟會係派全權大臣前往者即與其君親往無異一切事件既經商定立約畫押其君必當遵行即小有不便亦不得輕議更改蓋君既付權於臣即不可更奪其權也其有約內注明須俟國君酌定者則必俟其君允准方可施行其已經議定尚未立約畫押或事關重大於本國及隣國皆有不便或國君明有詔旨而使臣違旨擅許者均可臨時更改

一盟約關涉通商事件者必須公會主事之人允准方可施行否則雖經使臣議定仍須酌改

一各國盟約有為勢所迫勉强依允者如兵敗民饑强敵入境凡所要挾不得不從此等要盟本非中心所願但既經立約亦當遵守以息戰爭否則覆雲覆雨日尋干戈各國更無甯日生靈塗炭性法所不忍即公法所不與也

一盟約有二一曰恒約一曰特約恒約者各國利害相同歷經公議永遠遵行如讓地換地改立疆界臣服他國及交戰預定日期准敵國人民携帶財物出疆等事雖兩國失和至於用兵此約仍須遵守必須國勢大變另會立約方能更改特約者或因一事或因一君而立事有變遷君有死亡其約即廢惟分疆

定權一事本係恒約近似非利馬得喇法蘭西維也那諸邦併吞隣國頗有變更非公法之本意矣

一盟會有別立保護之約者或大國保護所依之國或隣國互相保護立約之後遇有患難虧空等事皆當幫助其法有二助財曰保如年饑輸粟貿易借本是也助力曰護如借兵借船代守疆土是也然戰爭之事有應助之國理曲而敵國理直者亦可不必保護非背約也守公法之理也

一立約合兵名曰會盟或助守禦或助攻伐無論從前是否同盟但覺此國理直皆可往助亦有約內載明但助兵馬糧草船械而不與敵國為仇者則交戰之時仍以局外端士合邦多有行之者

一立保護之約遇事互相救助者原指理直當助而言若其國恃勢貪利先啟釁端則不得助其横行其曲直務須平心較論不得藉口理直畏難推諉即事涉疑似未能決定者仍當盡力往助不可失信友邦蓋彼横行而助之是拂吾性也拂性違天也不敢違天正公法所許非失信也若是涉疑似並非顯然悖理者既有前盟自當往助若能居間調護不使用兵更為上法

一兩國立約多有交質以堅信者如一千七百四十八年英國許還法國屬地先遣諸侯數人為質是也

一盟約遇有詞義未許以致爭論者須延請名人考證古書細加解說

一兩國失和有他國居間調處者若非邀請及從前立有調處之約者或受或辭均聽兩國之便其有道之士熟習古典明晰是非者雖無調處之責亦無將相之權皆可主持公論所論允當各國皆當聽從蓋尊其道非尊其人也

兵事第一

一兩國交爭或此國與我國通好而彼國向無盟會者即可助此擊彼如兩國皆係同盟即當局外旁觀不得偏有所助蓋同盟之情不分厚薄則義不當偏助也

一兩國交戰隣國必先聲明為幫助為局外幫助者封港捉柱掠貨接濟軍糧器械皆得從事局外者一概不得與聞

一各國在海上交戰止准登敵國之船查捕奸細貨物不得妄登他國之船

一各國或有爭端必憑公法分剖弱而有理者仗以自護强而有力者亦不得不為理屈執法公議即可不至用兵其有因小事忿爭如逼討帳項捕捉人民强據田產等事或調處賠還或已經報復即不得擅自興兵

一本國人民有受隣國人民侵暴屢次行文照會而彼國不為伸理者本國君主即賜强償之牌准受屈之人隨時自行報復其强償所取人口貨物仍寬假歲月俟其必不賠還或至交戰方可沒入本國

一兩國將戰之時擄獲敵國貨物須暫行封存如不戰議和仍須交還必再交戰方可入官

一戰有三等遍通國之民隨時隨地皆許公戰謂之全戰指派某省某部之民公戰為之限戰民間互相戰鬬謂之雜戰皆公法惟以曲直為分

一交戰必先時宣示各國并有告知敵國今則不告敵國者但曉諭境內人民毋與敵國往來并宣示所以交戰之故以便事後評論曲直

一交戰時敵國貨物人民在境內者概不略取非受敵也存交誼也今雖為敵昔日之交誼固在也惟將

兵接仗之人其債帳貨物皆可入公其國君自欠敵人之債仍應償還以昭信義其與他國交涉者無論國債私債遇有戰爭暫停追討俟議和後再行討取

一交戰時敵人在境內所置房屋田產皆不入公惟將租稅封存聽候處置

一將戰時敵國人民貨物在境內者皆先期宣示限日搬回過限不搬始行入公蓋其入疆本恃公信而來既准其居住則當戰始亦必准其出疆方可守信

一兩國交戰彼國先將我國民人貨物在其境內者違法畧取或將所欠我民之債入公者則彼先失信我亦從而效之公法所許也近日英國與敵國貨船在其海口者即畧取歸公有道之士多以為非

一兩國交戰本國民人概不得與敵往來違者貨物入官其有國君特詔戰時仍許通商及商人運貨在途未得交戰之信者不在此例

一數國合兵攻敵鄰國民商有與敵往來者在事之人皆得查捕隣國即行不義本國斷不以致尤

一敵國民人在彼境內無論流寓土著皆可畧取其過境商人及往來使臣不得稍有所侵犯惟遣往敵國之使臣可以隨時截阻

一西土人寓居中國及中國人在西土者遇有戰爭亦當遵照公法辦理不得專用西法亦不得專用中國律例

一本國及他國商貨未戰以前先在敵國者不得畧取失和以後方行運寄者與敵國無異又有身為敵人持械接仗方為敵人而貨在他國者亦可畧取敵國所割屬國一切事件與敵國同例

一分别是否敵貨船各有不同船係國權以各國牌票爲憑貨則多有商貨當以商人籍貫爲憑

兵事第二

一兩國既已失和交戰凡火器刀矛斬殺擒擄無不可爲然亦須存仁義之心陰謀設毒害人不覺之事仍不可爲誘降殺服尤爲公法所忌

一兩國交戰本非美事必其人萬不可以理論或先來加害方可用兵兩陣相接勢無兩全方可斬殺或將戰而其人悔悟或臨戰棄置兵仗或帶兵仗而降或戰敗被擒即不可妄殺加害以傷天地之和蓋戰者誅無道保已身也非以多殺爲功也苟可全其生命則必全之仁義之道也

一兩國俘虜戰畢互相抵換或用金贖回或聞明以後永不帶兵臨陣加恩釋放凡抵換釋放者以後仍可臨陣恩釋者以後斷不臨陣國君斷不許其再來蓋恐失信於敵各國致尤也或被俘時自言受恩深重或心不甘服必當再來雪恥則將其人囚禁無論年歲久暫必俟戰罷議和方能釋放蓋彼害我之心未已則不得不禁錮以防後患也

一交戰時惟將兵官及持械兵勇方可盡力攻殺其他如國君及其家屬文官士人婦女嬰孩農工商賈諸人不關兵事者皆不可妄加殺害蓋殺人非天地之心非吾心所忍臨戰而殺者以彼將害我不得已而殺之也此輩皆非急切害我之人豈可輕加殺戮

一兵入敵境但係敵國財貨田產皆可入公惟神廟文職公廨會館學館併奇異珍寶均不得私得焚掠若水戰則岸上之物皆不可取

一攻滅之國其田產皆當入公降而為屬國者無論公私各歸原主

一兵入敵境民間房屋村莊田禾樹木端不可妄加燒燬其實有擱阻要路妨礙攻取者萬不得已為之亦當宣示其故免至後來報復致有各國受害往時美英兩國交戰英國曾有此事其水師提督行文宣示謂美國攻我屬部加拏大時曾行不義故我以此報之美國答書云我攻加拏大時偶有燒燬實出萬不得已非敢背仁義而得罪於萬國也然非英國先教紅苗攻我燒我海口市鎮破我京都我亦斷不出此夫燒燬城邑為歐羅巴諸國所不敢行美國向守仁義雖敵國以不義加我終不許我民以不義報復即如前次所燬英國小村本非國主之意據總兵官稟稱此村遮蔽礮臺非燒燬則礮臺斷不能破國君仍不賞其功將該總兵拏交刑官究審同時又有丁兵擅燒一村亦將其帶兵官斥革不義之事我所深恥也

一水路交戰敵船貨物在水面者皆可掠取非行不義也蓋欲絕其餉源使之窮蹙而和也能陸地之戰敵國貨物交戰時可以掠取若已經攻敗則土地人民皆為我有斷不可妄加騷掠或支用不足派民間量力助餉尚可權宜而行

一兩國交戰非充當兵勇者概不得妄殺及掠取貨物如亂民乘機殺掠即照海盜之例治罪惟敵兵不守公法加害我民方可盡力抵禦

一海船領有本國牌票攻討某國遇敵船貨物皆准掠取所得之物概行入公不得藏匿

一民船有賜牌票巡洋要截敵人貨物者以成常例然捕擄之權歸寄於民啟愚民借端盜刼之心各國

邦交

師儒皆以為非有道君相務當早為禁革一千八百十五年美國與布國立約曾有禁止民人捕擄之條深可欽佩乃甫及四年又復刪去良可惜也

一商船被敵國捕擄及被海盜搶劫而他國兵船代為奪回者以三分之一充賞二分歸原主盜案奪回之貨限一年另一月內報官審斷過期不問亦有將奪回全行充賞者又有奪回後經過一晝夜即全行充賞者終不及三分取一之法最為允當

一民船及領牌民船奪回同時友邦貨物者自當立時送還若所失係屬禁物及販往敵國者不必送還局外之國被虜經我兵奪回者亦即送還不得領賞

一本國船貨被敵虜去無論何人奪回皆還原主不得分賞惟魚船及游戲之船不在此例

一審理奪貨還貨等案皆由用兵之國主政惟止許帶回本國或停船於合兵之國辦理不得在局外各國境內審辦其在局外地方擄得及奪回者即歸所在法院審斷

一戰利法院審斷戰時奪貨還貨之案如有袒偏不公致本國兵民受屈者查問的確即給牌票准其自行報復或事關重大即兵興問罪蓋君民一體不得因民間稍存膜視也

一兩國交戰兵勇占踞民間房屋皆准原主討還不得入公惟國君自置之產必俟和議成後方能讓還又有交戰日久將占踞田產私行買賣者日後議和交還其產仍歸原主買者領回原價

一臨戰時要約如定期遣使換俘等事尤當堅守信義蓋戰本不得已之事故雖決命行間亦必彼此相約不為已甚正為他日議和之地也公法書總以息戰為主

一交戰時有兩國議明暫時停兵者已經許諾雖有大利不得失信行詐停兵之約止係一路者由統帥作主各路全停者請命於君停兵之後有擅擄敵貨者即將其人治罪原物各時送還

一交戰業經解說暫時停兵凡屬攻守地方概不得招兵調兵收糧製造軍器修理城池礮臺接受友國援兵以虧義其非攻守之所仍聽照常辦理

一兩國約定停兵若干日限期未滿斷不准違約用兵或所約日期太遠將戰時併須預行宣示蓋不欲虧已之信乘人之怠也往時羅馬國與貴國交戰約日停兵貴國不待期滿興兵偷襲羅馬國仍待以禮遣使討取被擄人物不許而後復戰於是各國皆遵羅馬而薄貴國各公師評論亦以貴國為非

一交戰力屈情願投降（不敢接戰即謂之降非竟以身歸敵也）或讓城地礮臺者將師及守土官可以自主若將土地人民全歸與敵則必請命國君不得擅許昔羅馬國將軍與敵定衆歸地於敵國會恥之即擒二人付敵追廢原約與復戰取回舊地

一交時兩戰國民人不許往來若兩國先經約定非攻戰地方仍計民商互相往來者必須特賜牌票酌量施行其牌票必由國君及全權大臣發給方為憑信

一敵貨被擄仍准用銀贖回其有已力贖契尚未交價船貨中途失事者贖價仍當交納

兵事第三

一兩國交戰附近之國兩無所助者為之局外有自主之國自立於局外者有半主臣服之國兩國約定准其局外者但既居局外則無論借兵借糧斷不可行即是非曲直亦可置之不論其通商航海無關兵

事者亦須先有成約方可酌行仍須格外謹慎以免連累

一局外之國有與用兵之國先立盟約遇有征戰協助兵糧若干者臨時仍得照數協濟蓋立約在前不可失信且不知今日之戰於局外無妨也惟不得於定數之外更加資助又有先時立約許戰時兵船停泊其海口者屆期亦可准行惟不得招兵買船致生疑議

一交戰之國不得於局外地方招兵買糧修船製器及辦理一切軍旅之事亦不許兵船停泊海口妄行妄許者皆為干犯公法

一交戰之國經過局外地方必須先期假道或許或否概聽局外斟酌戰者不得懷怨但不得偏許一國致生仇衅或有時地不同此國可以假道而彼國不可者果係實情戰者不得藉為口實

一戰時追捕敵兵敵貨不得擅入局外之境違者即為干犯公法所得之物概行交還總之軍旅之時無論巨細皆不得行於局外蓋恐倉卒之中誤有傷損既乖信約又啟兵端也

一戰者經過局境內當盡力保護或敵人違法捕擄人財即由局外之國討取交還不得推諉

一兵船遭風擱淺至局外海口停泊修船買糧及發賣所得敵貨皆可准行但不得偏准一國若此國先有盟約而彼國無約者亦可專許一國

一交戰之國有在局外招兵買船買糧製器者准所在官司查取入公本國民人但聽招募從嚴治罪蓋戰者皆有不平之事局外與兩敵約屬和好而無故准人招兵殺敵是妄殺平也故公法禁之特嚴

一局外之國有於海上裝運局中貨物者准敵國擄取其貨惟船隻仍歸原主若局外之貨先時附載敵

船者概不得妄取公法如此亦有以船為別者在敵船即為敵貨在局外之船即屬局外以平時立約為準

一交戰時局外之國與戰者仍可通商惟所運之貨有為軍中所必需者戰者即可查取仍將價值息銀路費照數償還如裝載兵丁及代寄信函則為干犯公法船貨一併入公又有先時立約不准運貨至敵國者則無論何物皆不得違法擅運

一局外之國原與戰者通和駐有使臣在其國都者遣使通信仍可照常蓋兩國失和局外之友誼自在故得憑公法以通好兩國不能異議也

一局外之國於戰者屬國仍可通商其平時立約不許者仍不得行

一交戰之國業已圍城封港（西洋交戰必先用兵把守敵國海口斷其出入謂之封港）局外之國斷不准運貨至彼貿易違者將貨入公其海船運貨在先或未聞封港之信或遭風入港停避者不在此例

一交戰時局外商船往來海面戰者皆可登船稽查照驗牌票有不服稽查恃强爭拒者將船貨一併入公

一局外之貨寄載戰者船內彼敵擄取船主不認賠償亦不得藉口局外向敵國討取

一局外商船有借戰者兵船保護者敵國皆可擄取入公此例始於丹國一千八百零四年丹英交戰丹國立法局外之船不得藉敵船保護美國商船適借英船保護丹臣擄取入公美國不服各國公師評議以此例先未通行不為公法斷丹國賠還前貨此後局外不得借敵船保護定為公法

和約

一自主之國凡議戰議和其權皆操於國君而籌備糧餉則權在國會及議政大臣必上下會議方可舉行

一國君與鄰國立約無論君主民主及合眾之國遇有割地讓城等事必國會士民公許方可施行倘國會不願雖已立約仍作廢紙往時法國君主被擒與日耳曼立約分讓國土國會不願其事竟寢

一兩國和好立約則以前仇怨一概捐除所有戰時受害受屈一切交角之事皆不得理論惟民間錢債詞訟交涉兩國者仍照常清理

一兩國議和既無讓地之約所有占據民間房產皆應退還各歸原主其被擄貨物過一晝夜即不得討還其在海上者非法院斷明入公之物無論久暫皆可討還守貨之人酌量酬謝

一和約以畫押之日為定以後即不得再有爭論境內民人亦須宣示一體遵守其未經宣示以前兵民或有戰爭不為犯法或擄有財物即查明交還

一和約議明交還原物自當遵行若物已毀壞一時不能復原如城池礮臺房屋等項許其隨後修理賠償不為失信若本未毀壞而本國私自拆毀索令敵國賠償及敵國於未經交還以前乘機拆毀礮臺焚掠地方皆為失信干犯公法

一和約所載如有違犯即為背約受害之國責其遵守或將本條廢棄亦不遵行或竟棄全約絕其利好均不為過

一和約所載之事小有參差及誤有逃犯當遣使自行解說或請友邦[illegible]不可輕棄前好

瀛海論下篇

客難曰八紘響懷胥受廛於明堂九譯睢盱詎抗稜於華夏姦人既導以倨驁志士發憤於倒懸堂堂中國顧無喋喋佔佔乎曰通商條約載外國使臣入覲拜　大皇帝同治中三次遣使出洋見其國主進退三鞠躬而已蓋入境問俗禮從其宜我有拜跪之禮故彼來則從我之俗彼無拜跪之禮故我往則從彼之俗本無所謂詘也蕭望之曰荒服來服無常宜待以客禮讓而不臣班固曰接之以禮羈縻不絕使曲在彼蓋古帝王之待外國但論事理之曲直不責儀文之隆殺也

國初通書日本通使俄羅斯皆不列其國於朝貢之班殆深得讓而不臣之義釋羅剎之俘受土扈之附始深得使曲在彼之義可為萬世法已

客又難曰攣鞮久耆金繒葉護實勞粟絹于闐出物啟駔儈無厭之求流離耀庭聲闤闠有恒之業關市之通殆尾閭之漏也曰前代邦交有所謂歲幣者今無是也自通商以來海關之稅日漸增至千數百萬兩有裨於度支者非淺鮮矣夫豈漢宋所可擬乎至於市舶之來中國絲茶藥餌所貨懋遷之盛亦前代所罕聞但見其益未見其損惟印度以鴉粟蠱我即外國亦羣斥其非矣說者謂阿芙蓉之毒能使勤者惰強者弱學者潏廉者貪馴而致之將使中國強毅果敢之氣日漸消磨而俯首帖耳聽命於人南洋印度之遭吞噬皆先以此餌之故不勞而得漏巵之說其小焉者也即以漏巵言之今鴉片歲漏千萬金出洋而商民未覺其困者以絲茶所貨足以相當耳近年日本印度南洋羣島皆務植茶及蠶桑之利西國本有

蠶桑而不能如華絲之精近則東南洋漸能講求矣光緒元年意大利於昔昔里島植茶數十年後外洋絲茶足以自給中國將有坐困之勢此漏巵之所以不得不塞也誠宜明著為令凡嗜煙者不得登仕版列士籍隸軍伍責成各部院督撫學政提鎮嚴察所屬誠使朝無嗜煙之官學無嗜煙之士軍無嗜煙之兵其餘農工商賈則姑置之不動聲色而其風可自息此其權操之在我而不必期之於人者也內地自植罌粟或謂姑藉以敵洋產究竟種砒酖以代菽粟如之何其可也

客又難曰言語不通則情志難孚也嗜欲不同則趨向莫測也華夷交錯草野致譏於雕題主客相猜蘭闍何悅乎彈指訶陵毒涎之可畏羅刹揜面而懷慚理有固然勢惡容已曰綏遠之道先求所以安之彼去國遠來誠欲世世昌樂永保其利斷無陵我之心乃或者無端而縱恣之使日長其驕奢又或者無端而鄙夷之使日即於疑忌則處之者未能得其平也漢文帝與單于書曰天不頗覆地不偏載使兩國之民若一家子元元萬民下及魚鼈上及飛鳥跂行喙息蠕動之類莫不就安利避危殆故來者不止天之道也古之帝王約分明而不食言於戲此文帝之所以為文也與嘗讀　高宗諭刑部讞英商嗡獄諭旨伏見　聖心公平毫髮必當而燭微見遠若豫知百年後之有洋務者可不敬讀而深思乎詩曰惟此聖人瞻言百里乾隆四十一年十一月二十四日奉　上諭刑部奏駁李質穎咨稱華監倪宏文賒欠英吉利國夷商嗡等貨銀萬餘兩無還問擬杖責未協議將倪宏文改擬杖流監追一案已依議行並明降諭旨將李侍堯申飭李質穎交部察議今將倪宏文查產變抵仍勒限一年監追再照部議發遣如該犯限滿不完即令該省督撫司道及承辦此案之府州縣官於養廉內照數攤出并傳朕旨賞給該夷商收領

歸國以示體恤矣此等夷商估舶冒越重洋本因覓利而至自應與之公平交易使其捆載而歸方得中華大體若遇內地奸民設局賒騙致令貨本兩虧尤當如法訊究乃李質穎僅將該犯擬以薄懲而欠項則聽其自行清結所謂有斷無追竟令外洋孤客負屈無伸豈封疆大臣懲惡綏遠之道幸而刑部奏駁朕始得知其詳爲之更正若部臣亦依樣葫蘆照覆其錯謬尚可問乎中國撫馭遠人全在秉公持正令其感而生畏方合政經若平時視之如草芥任聽地棍欺陵而有事嗚官又復袒護民人不爲清理彼既不能赴京控訴徒令蓄怨於心歸而傳語島夷豈不輕視督撫而笑之且或慮粵商奸惡至呼籲仍復成空將來皆裹足不前洋船稀至又復成何事體且朕此番處置非祇爲此事蓋有深慮漢唐宋明之末季多昧於柔遠之經當其弱而不振則忽而虐侮之及其強而有事則又畏懼而調停之姑息因循寖致釀成大釁而不可救宋之敗明之亡皆坐此病更不可不引爲殷鑒也方今國家全盛諸屬國震懾威稜自不敢稍生異志然思患預防不可不早杜其漸英吉利夷商一事該督撫以爲錢債細故輕心掉之而不知其關係甚大所謂涓涓不息將成江河者也朕統御中外一視同仁如內札薩克諸藩恭順誠服其輩行本小朕皆撫若兒孫每至必歡欣踴躍與舊滿洲蒙古之執役無異而新附之準夷回部年班來者朕亦必睠之以情待之以禮厚其餼賚而遣之衆亦莫不懷德戴恩幾與內札薩克相等皆內外臣工所共知者即如伊犁與哈薩克易馬一節辦理亦須妥善或哈薩克所驅至者本不皆善馬原不妨如法擇而取之若既是可用之馬即當按其所值與之市易始能經久無弊設或所給緞疋輕薄暗減其價致所得不償所售哈薩克貿易已非一日皆能悉其底裏口即不言而心豈能允服即違立法通市之本意其

流弊且無所底止朕每以此廑懷該伊犂將軍不可不實力妥辦以裕永遠之規若聽其日趨日下而不知返朕一有所聞惟該將軍是問恐不能任其咎也又如朝鮮安南琉球日本南掌及東洋西洋諸國凡沿邊沿海等省分夷商貿易之事皆所常有各該將軍督撫等並當體朕此意實心籌辦遇有交涉詞訟之事斷不可徇民人以抑外夷即苗疆番境諸省亦當推廣此意妥行若仍視為具文再有此等事件一經發覺或經朕訪聞及為言官糾劾必將該將軍督撫重治其罪不能似此案之僅予議處也將軍督撫皆朕委任之人惟當善體朕意毋怠毋違自可寓久安長治之計即我世世子孫敬體朕訓守而勿失億萬年無疆之庥詎不在是耶此旨著傳諭各將軍督撫一體遵錄並著入於交代令各後任永遠遵行勿稍玩忽並另錄一分交上書房俾皆恪循罔懈欽此

客又難曰孔攻異端孟距邪說二氏既興闢者尤力傳韓程朱兢兢遺則彼教橫流匪辯惡乎息曰摩西十誡本非犂靳善惑之倫演而為耶穌為保羅為路得亦自成其為外國之教而已史記太公作八神將一曰天主詞天齊元狩二年收休屠祭天金人如淳曰祭天為主是天主之名起於中國流入匈奴又輾轉而至西域殆耶穌所託始也明季士大夫喜言西學好與海客遊而恥稱其教迨　國初乃有李祖白蘇爾金之事楊光先憤激昌言遂抵祖白於法厥功偉矣今之傳教者既無利瑪竇湯若望之論才而從教者亦無庫爾陳亶安臣之富貴本無所庸其辯也夫楊墨亂道禍中於師儒佛老妨政權達乎君相數百年後猶有尼翟並稱者有戎服聽講者有捨身持齋者辭而闢之宜也今之教豈果能惑吾卿相師儒乎彼攘攘者皆亡籍之游民耳嘗敬讀　世宗佛日諭旨而知同異之辨矣雍正五年四月八日諭內閣

九卿等曰今日為佛誕之期恰遇西洋國使臣上表稱賀兩事適然相值故於在廷諸臣奏事之暇偶將朕意宣諭爾等知之向來僧道家極口詆毀西洋教而西洋人又極詆佛老之非彼此互相訕謗指為異端此等識見皆以同乎己者為正道而以異乎己者為異端非聖人之所謂異端也孔子曰攻乎異端斯害也已孔子豈以異乎己者概斥之為異端乎凡中國外國所設之教用之不以其正而為世道人心之害者皆異端也如西洋人崇尚天主夫天以陰陽五行化生萬物故曰萬物本乎天此即主宰也自古以來有不知敬天之人乎有不敬天之教乎如西洋教之敬天有何異乎若云天轉世化人身以救度世人似此荒誕之詞乃借天之名蠱惑狂愚率從其教耳此則西洋之異端也朕意西洋立教之初其人為本國所敬信或者尊之如天儻謂立教之人居然自稱為天主此理之所無者也釋氏原以清淨無為本以明心見性為功所以自修自全之道莫善於此若云必昧君臣之義忘父子之親棄置倫常同歸寂滅更有妄談禍福煽惑凡庸藉口空門潛藏奸宄此佛教中之異端也儒者守先王之道讀聖賢之書凡厥庶民奉為坊表儻或以詩書為弋取功名之具視科目為廣通聲氣之途又或逞其流言邪說以動人之聽聞工為豔詞淫曲以蕩人之心志此則儒中之異端也即如巫醫二者雖聖人之所不棄然亦近於異端而巫以祀神祇醫以療病疾皆不得不用者至村巫誘人為非庸醫傷人之命此即巫醫中之異端也安可因其端有害於人而不用藥乎不獨此也即一器一物皆以備用乃位置不得其宜或破損失其異本體便成異端矣子疾病子路請禱子曰某之禱久矣蓋子路之禱異端也夫子之禱正道也同一事而其中之是非邪說分焉是者正者即為正道非者邪者即為異端故所論只在是非邪正之間而不在人

己異同之迹也凡天下中外設教之意未有不以忠君孝親獎善懲惡戒淫戒殺明己性端人品為本務者其初創設之人自然非尋常凡夫俗子必有可取方能令人久久奉行也至末學後人敷衍支離而生種種無理悖謬之説遂成異端矣與其教有何涉乎中國有中國之教西洋有西洋之教彼西洋之教不必行於中國亦如中國之教豈能行於西洋如蘇努之子烏爾陳等愚昧不法之輩背祖宗違朝廷甘蹈刑戮而不恤豈不怪乎西洋天主化身之説尤為誕幻天主既司令於冥冥之中又何必託體於人世若云奉天主之教者即為天主後身則服堯之服誦堯之言者皆堯之後身乎此則悖理謬妄之甚者也西洋人精於厤法國家用之且其國王慕義抒誠虔修職貢數十年來海洋宵謐其善亦不可泯蒙古之人尊信佛教惟言是從故欲約束蒙古則喇嘛之教亦不輕棄而不知者輒妄生疑議乃淺近狹小之見也總之天下之人存心不公見理不明每以同乎己者為是以異乎己者為非遂致互相譏誹幾同讐敵不知人之品類不齊習尚亦不一不能强之使異亦不能强之使同且各有所長各有所短惟存其長而棄其短知其短而不昧其所長則彼此可以相安人人得遂其用方今聖帝賢王明通公溥之道而成太和之宇宙矣

客又難曰派分玫瑰開彼國之殺機香泛芙蓉盜吾民之氣憤昇鼻於亭午漲水勝紅慘歛霧於良辰生魔煙閃碧狂氛四煽百物亡精而悲匹士一呼萬姓裂眥而視怨毒之於人甚矣夫豈法制所能禁口舌所能解乎曰我　朝自順治中許荷蘭通商海國源源而來洋船輻輳粵東垂二百年其時初無兵船領事之保護從不聞有華民仇視洋人之事即今日高麗安南等國來者士大夫相與欵洽情好無閒惟其無相猜之跡故有相愛之情耳推原中西失驩本不越煙教二端康雍時講求天文算法仿鑄火器命南懷仁

製礮洋未嘗不師其所長洋使來京　召見　賜坐賜食藝術之士得與　燕居侍從之班且時從　皇子
諸王游遇有訟獄讞斷尤極矜慎其於柔遠至矣獨烟教二事禁之甚嚴許洋人建天主堂惟禁人入華
教雖寵任如湯若望南懷仁輩不少寬假蘇爾金之罪明降　諭旨陳瑪祿之誅載在會典雍正以後禁
鴉片尤重惟其處置得事理之平斯中外相安耳夫販煙傳教惟英法有之他國所無也英法徒恃其兵
船火器挾持地方官思以壓制華民而不知民氣知不可遏抑也愈激則愈烈矣使中國之人於洋人聞
聲相惡兒童婦女皆有切齒之心在英法實有自取之道焉而華人不能辨別外國之種類遂舉泰西各
國一例視之近年每遇英法兩國一有責言致沿海各口二十餘國之商民皆皇皇然憂禍變之不可測
是不惟中國之殷憂抑亦泰西友邦通商全局之大害也英國設立善仁會所以厚民之生也鴉片固美
酖耳仁者忍為之乎印度頻年大祲英人傾國以賑之料口計食常虞不給正惟沃壤皆植罌粟耳儻能
改樹五穀何至擁五千里之地一百五十三部之眾而嗷嗷仰食於人乎是鴉片者又英國之大蠹也同
治時普法戰事教人實肇其端擊破崙為教所誤國破身俘為天下笑塁相安得拉議法人甘為教奴西
班牙論法人視與國如仇讎力詆天主教居天下之惡名受其實禍美國論法國三次大亂死亡數百萬
人皆由於教是洋教者又法國之蟊賊也西洋自禁民嗜煙東洋南洋亦有禁者英人不相強也甚發大
臣烏墨拉以鴉片頒年各國皆舉以為戒英不能徧行其烟於萬國而獨加諸中國可乎泰西三教截然
不同法之神甫不能行天主教於英俄猶之英之牧師俄之教長不能傳耶穌希臘之教於法也印度拒
額力士教入境德國逐耶穌會男女三萬人葡萄牙籍教徒六千人財產入官西班牙以山外教人助登

卡為亂諧教黨五萬五千人之家義大利封天主教堂七十二所錄其產羅馬王遣教員駐瑞士國人歐而遠之法人無如何也法不能偏行其教於萬國而獨施之中國可乎各口洋商供億教堂之費歲至數百萬金因行烟傳教之故中外相猜各國皆駐兵船自衛費且千萬於外國庸有利乎且夫畢士麻克泰西之名相也功業震耀瀛寰實創禁教之令而荷文羅弌令非斯贊之（英相格蘭斯頓亦著書力詆天主教）理各雅泰西之名儒也嘗來中國謁孔林而歸主阿斯福書院講席廣譯五經四子之書教授其國人尤諄諄以販烟傳教為非義棄彝之懿好中外有同情矣原英法之本意販烟以牟利也乃自烟稅列於條約而懋遷之局日衰傳教以和衆也乃自教堂徧於寰區而仇殺之案日棘官師雖强顏為周旋士民益搏膺而憤嫉且波及於不行烟不傳教之各國是亦不可以已乎誠欲中西之長久相安惟有集萬國公議之勸英不販烟法不傳教至於愛護洋商保固互市之責則中國自任之恪遵我　祖宗成憲厚待遠人曲為體貼多方保衛使有賓至如歸之樂其機器軍械輪舟及開采煤鐵凡可以致富强者皆中外合力為之推至誠以相與示以廓然大公中國之士氣既平友邦之交情自洽各口洋商立罷教堂之費固已不貲若能漸減駐華兵船更可節無窮之糜費從此萬國和同天下一家矣洋人於榷稅練兵造船製器開礦譯書諸務皆傾心相與無所隱祕康熙初荷蘭助平廈門同治初英法助平粵逆即中外偶有違言輒有居間排解者斯巴爾克輪船被刼於珠江英商門地請索償於中國外部德爾祕力斥之中西友誼非不篤也乃以烟教扞格又時以兵力相恫喝遂至猜憤之隙日積而愈深亦可慨也我　世宗敕教化王曰使臣遠來朕已加禮優待至於西洋寓居中國之人朕以萬物一體為懷時教其謹飭安靜果能慎守法度行止

無從朕自推恩撫卹茲以使臣歸國特頒斯敕可以見　聖人幬載之量駕馭之權焉蓋其時待遠人者至優極渥其凜然不可踰者販烟與傳教而已

英約添設口岸及内地章程

現在通商各口岸由威大臣議請本國准以各口租界作為免收洋貨釐金之處俾免漫無限制隨由中國議准在於湖北宜昌安徽蕪湖浙江温州廣東北海四處添開通商口岸作為領事官駐劄之所又四川重慶府可由英國派員駐寓查看川省英商事宜輪船未抵重慶以前英國商民不得在彼居住開設行棧俟輪船能上駛後再行辦議至沿江安徽之大通安慶江西之湖口湖廣之武穴陸溪口沙市等處均係内地處所並非通商口岸按長江統共章程應不准洋商私自起下貨物今議通融辦法輪船准暫停泊上下客商貨物皆用民船起卸仍照内地定章辦理除洋貨半稅單照章查驗免釐其有報單之土貨只准上船不准卸貨外其餘應完稅釐由地方官自行一律妥辦外國商民不准在該處居住

按如是篇所言則泰西諸教之於各西國亦多以圉於政教國俗而不克通行況中土為　聖教涵濡之地乎今内地人民或深惡教堂而動遭毀壞於定制誠屬有違然必以少見多怪議之未免為泰西諸邦所竊笑已

論交涉　李東沅

中國自與外洋立約通商以來濱海之區悉開口岸上自官商教士下自兵役匠工紛至沓來履迹幾徧而傳教則許入内地游覽則給與護符無論徵員商賈與有司接見悉禮若嘉賓無或簡慢竊謂中國之

待洋人已如是其忠且敬矣雖有時變生意外釁起無端半由於教堂恃勢欺人小民積忿既深群思報復然一經稟訴查辦維嚴則中國之於洋人誠無所負也若洋人能返己自思謙以持躬恕以接物中外一體開誠布公不存欺藐之心悉泯彼此之見我華人有不休戚相關憂患與共哉乃近日目見耳聞凡洋人之到中華每以言語不通律法不同尊己抑人任情蔑理藉端滋事恫喝要求以致交涉之案層見疊出而中國顧全大局戒開邊釁遇事則官長遷就士民不敢抗衡洋人習以為常愈無顧忌如輪船於河道港口駛行無忌恒與華船相撞小則船具毀壞大則人貨俱沉被控到官仍復強詞申辯或咎華人不知趨避或誣華船桅燈不明改重從輕苟且結案而華人之身家性命盡付東流負屈含冤無可控訴又如往來孔道馬車馳驟行人偶不及防無論蹂踐死傷竟策馬揚鞭不顧而去倘旁人阻止與之理論反謂車來當讓大肆咆哮即使扭赴公堂亦僅以薄罰完結又如洋行所僱華人每月工金多寡固有定約給發亦有常期而往往借端生端多方扣減少不稱意即行毆逐甚至持鎗恐嚇倘一失檢釀成命案及事經官府又復委曲調停僅援悞傷之條予以薄罰而尤為慘酷者則莫如粵省奸匪與洋人串通散布四方拐誘鄉愚販賣外洋永為奴僕聞古巴秘魯亞灣拿等處歲中所陷華人以千萬計其殘忍刻薄既大傷天地之和其暗騙明欺復顯背中西之約惜路隔重洋無人查辦莫為發其覆而斥其奸耳至於貿易一途華人欠洋人之賬則必須控官追索家產封填甚且擾及鄉鄰押其同族而洋人若有折閱雖饒私蓄亦不過循例報窮將家具拍賣攤派而已且外國於中國進口之貨稅從其重而洋貨之進口稅欲其輕又華人到其國貿易須照例納款接名報繳歲有常規而洋人在中國經商並無此費試將

中外接待情形兩相比較直有雲泥之隔豈徒厚薄之分是洋人先自薄待乎華人又何怪華人之歧視乎洋人也夫河港中禁輪船飛駛街道中禁馬車馳驟無事則禁攜軍器用人則禁扣工資而販人出洋尤干例禁泰西各有法律按籍可稽倘華人理直氣壯援萬國公法反覆辨爭堅持不撓彼雖狡獪亦當無可措詞惟查中西立約之時以中國法重西國法輕判然各異故議交涉之案如華人犯罪歸華官以華法治之洋人犯罪歸洋官以洋法治之顧有時華洋同犯命案華人則必議抵償並施撫卹無能免者至洋人則從無論抵僅議罰鍰若過持公論爭執條約而洋官反暗中迴護縱遣回國究詰無從非特輕法未加抑且無法以治此尤事之不平者故中國好言勢者專事羈縻而於國計民生未暇兼顧雖不至於閧釁然習於疲苶不知振作如患瘵疾妄用補劑而此身漸弱矣好言理者激於忠議專主攘夷而於彼此情形未能統籌措置失宜每至決裂如患瘍毒常施攻伐而元氣日衰矣方今辦理洋務雖不越理勢二端然當權其輕重度其緩急如勢足固不能以違理即勢不及尤當折之以理彼有所請可許者則應之勿事因循不可許者則詎之更宜直捷倘依違莫決聚訟紛紜致洋人引為口實多方恫喝反覆要求而結案或議罰賠或開商埠使後之辦理者更靡所適從矣考西國搆訟兩造俱延狀師赴官審或不公狀師可辨其是非駁其枉直必須水落石出疑竇毫無問官始克定讞竊謂中國此時亦須參仿辦理倘有通西律嫻清例其人品學問素為中西所佩服者大吏得保奏於　朝給以崇銜優其俸祿派往總理衙門及南北洋大臣處差遣其律法參用中西與洋官互商務臻妥善如猶以為不合即專用洋法以治之以洋法治洋人使之無可規避以洋法治華人罪亦同就於輕庶幾一律持平無分畛域遇有交涉

事務秉公審斷按律施行每年終將各案如何起釁如何訊問定讞刪繁就簡勒為成書以備各國公覽兼資華人攷證則是非枉直開卷了然詭詐欺凌奸謀莫逞既不失講信修睦之誼亦可見準情酌理之施海隅蒼生并蒙其福然而不祇此也古今來良臣謀國必深悉天下之全勢各國之人材敵情之險詐知己知彼乃能安內攘外遠交近攻今中國時事日艱強鄰日逼隨則病國激則興戎而敵勢洋情尚多未諳大小臣工意見又往往不同以致辦理交涉事宜動多窒礙猶豫徬徨莫衷一是至於軍機大臣及南北洋大臣尤貴洞悉各國情形思深慮遠非先充出使大臣之任亦必須久辦總理衙門事務者乃能勝任裕如事無膠固否則高談氣節恥洋務為不經臨事張皇息兵端而無術鄙人實抱杞憂矣

小國換約中西紀事

咸豐八年夏六月天津撫議成　上命欽差大臣大學士桂良吏部尚書花沙納等至滬飭將各口通商稅則事宜與英法國等來使商定八月桂相等至滬凡兩月始定於是四國以換約請相國令其將所定條約齎回本國請給國書前赴天津呈遞約以明年之夏四國唯唯是時大西洋有向來在滬通商之各小國如西班牙葡萄亞之屬紛紛陳請謂　天朝通商二百餘年於我等大西洋各國皆一視同仁不分畛域令英法等國業經奏　大皇帝恩准換約我等各國事同一律若但准通商不准立約不但來往無憑且恐反受有約之國藉詞脅制相國拒之堅執不移復轉諭在滬洋商詢之三國僉稱大西洋各國向無統屬未便遽行阻止相國乃行文照會三國（滬中定稅則時俄國不與三國者英法美也）內稱無和約之國本不應與有約之國視同一律祇以本大臣等未悉外國情形不肯遽行立法防弊合先奉商再為定見旋准法國照覆

謂此言甚屬有理但刻下尚無定見只可將貴大臣照會詳至本國飭令本國官轉告無和約國之官一一遵辦等語又准美國照覆謂此事自應變通須先討問欲立約之國定立條約前大吕宋即西班牙來求立約而中國不允令大西洋即葡萄雅爾即亞字長言之亦已求取矣使中國肯同定約自當稍減無約之國令姑無論但此後設有美國人兼攝無約領事藉此作護身符以圖己益者地方官可以直卻不與延欵抑或代無約商民討求地方官幫助申理亦可將情理對彼說明等語詳美人文義詰屈難通然其措詞大意似謂中國欲定章程先須分別有約無約之國又謂中國不允大吕宋立約而葡萄亞今已求取又似欽使等已有所允意桂相當日或因葡人久居中國拒之稍緩美人因得以此窺其淺深事從秘密莫能得其詳也惟英國照覆之文窺玩實甚其略言未立條約之各國作何辦理本大臣似難置答何者因有不歸本國所屬之民人諸凡作為本國不任其責除將此欵轉報本國秉政大臣奏請外合為先奉一詞果在各口海關派員妥辦徵餉皆從一律商民毫無偏袒諒來文所指情節定必大半消除若因不明外國情節是以行文詢訪試問大邦大臣何以必措此詞敢請博訪審察等語推其詞意始則諉卸未寓議彈中則似謂天津所定條約皆可一律准行其居心殊不可問蓋李國太主之也時桂相奏聞滬中稅則事宜附片謂各小國效尤陳請業已嚴行拒絕其事遂寢迨京師換約復在滬中請申前議而後此內外諸臣辦理益形棘手矣十年冬江蘇巡撫薛煥奉　旨授為署理欽差大臣督辦江浙閩粵及內江各口通商事務時三國換約之人已回滬中於是大西洋各小國之在滬者請援英法等國例一體換約通商時蘇撫方奉　密寄將俄人所請借敵剿賊代運南米之事發令覆奏因附片陳明滬中通商各小國

見三國換約未免心存覬覦等因旋奉軍機密寄十二月二十四日奉　上諭此寄於次年正月奉到予在祁門督師幕中見之其前段所論即借敵剿賊代運南米等事　薛煥另片奏三國換約各小國未免覬覦前經桂良在上海嚴行拒絕薛煥曾隨桂良在彼深知其事並著該撫按照前年辦理情形預為杜絕毋令輕駛天津又費唇舌並曉諭英法咪三國以各小國小弱之邦不得與三國平列一體換約令其幫同阻止方為妥善如各小國不遵理諭徑赴天津惟薛煥是問並諭令知之欽此是役也厲階之梗實仍始於桂相當滬中定約時各小國先後陳請即應如　廷寄所云令三國幫同阻止並以後泰西各國無論大小邦都著落在英法咪三國身上載入約中以杜其效尤之漸可免後此無限波瀾既不能令復於照會中依違遷就謙言不悉外國情形轉向商請所謂當斷不斷後必有受其患者其後果有在滬在津並擅入京師紛紛瀆請之役是年夏有布路斯國暨德意志通商稅務公會各國在滬呈請通商換約薛大臣不可旋據布路斯使臣斐悌理阿里丕艾等由海道駛赴天津向三國通商大臣衙門呈遞照會請議立通商條約奏聞奉　旨交總理各國事務衙門核議具奏欽此布路斯者大西洋近北之普魯社國也其國向在粵港通商五口既開旋入滬中茲因英法等國換約呈請仿照辦理蓋法人主之也時法國有駐京公使由總理衙門照會令其援案阻止而法使稱布路斯為彼國之與國其德意志通商稅務各國者又布路斯之與國也据稱該國通商在粵在滬自來無異即令議立條約亦求按照法國條約有減無增應令其在天津聽候三口通商大臣酌議章程並由法國使臣代為照料等語奏聞奉　旨著在天津守候不准前赴京師即日　欽派總理各國事務之大臣一員前赴天津會同辦理三口通商大臣悉心妥議酌擬條欵旋据布路斯使臣在津呈

遞通商條約計四十二欵又稅則善後條約十欵並據呈到德意志通商稅務各國部名請按照該國條約一體辦理惟將來寄住京師祇准布國派秉權大臣一員其德意志公會各國俱歸布國駐京大臣代辦不得自派秉權大臣進京又因中國現值軍務繁興經欽使會同三國大臣與之面議另立專欵內載自互換和約章程之日起扣滿五年方准布國派人來京居住其餘與法國所定大略相同於七月二十八日彼此畫押蓋印由總理衙門奏聞奉 旨依議續又有比利時者亦大西洋之屬國赴滬呈請定約薛大臣以布人不遵理諭徑赴天津此時續至之國若再嚴行拒絕必至效尤前往又查比利時向在各口通商素稱安靜此時來滬亦無從中指使之人即當飭令在滬酌擬條欵由該大臣核議具奏報可同治元年夏有大西洋國即葡萄亞住居澳門之洋人（大西洋是泰西各國之總名以葡人寄居中國自明以來遂得大西洋之尊稱）由粵中海道徑赴天津又不向三口通商大臣呈遞照會遽赴京師經三口大臣飛咨總理衙門請飭城門攔阻旋有法國駐京之公使哥士耆者稱為彼國朋友請由該使保領暫住該洋館中恭邸諭以外洋無約之國例不准擅至京師況該使此來又不在天津呈遞照會將來此端一開從此外洋不論何國均可照行必至漫無稽攷哥不能辦乃請照各國領事代辦通商之例所有大西洋呈請立約一節槪不提明一切由哥士耆代辦作為法國賓客在京往來商議悉惟法使哥士耆是問議定之後仍回天津畫押即在天津互換等語恭邸不得已許之爰由哥士耆酌擬章程若干欵仍按照法國條約有減無增議定奏聞奉
旨欽派大臣前赴天津會同三口通商大臣妥辦即日哥士耆帶領大西洋使臣至津一切畫押蓋印均如布路斯換約之儀惟大西洋使臣不得列入會議銜名皆法使主之也

二年春有丹國使臣拉斯嘞弗泛海至天津即由天津起程徑赴京師時署理三口通商大臣董恂以該
使並未知照飛函通知總理衙門即由恭王等照會英法等國駐京公使告以丹使無故來京已飭城門
攔阻旋准英使照覆以丹國來人乃係伊館賓客請勿阻其入城總理衙門以丹使此來無非恃有奥援
一經阻止必自英人首起難端遂置不問相持數日始據英人威妥瑪前赴公所代請立約經恭王等告
以丹使初到中華並不循照中國定章擅自越過天津來京換約顯係藐視中國斷難允准威妥瑪因言
丹與英為姻婭之國並引曾允法使為布路斯大西洋代請通商之案再三商懇王等以其語近要挾礙
難力拒又恐許之太易勢將紛紛效尤因語以丹使如欲中國允行必須循照中國章程仍舊折回天津
自向三口通商大臣衙門呈遞照會叙明來歷懇請奏明　特派大臣赴津會同三口通商大臣辦理方
可與辦否則決不能行等語威不能辨去後准呈到照會以此後外口使臣到京應令天津領事官告知
中國常例等因蓋隱隱為丹國認錯也復經威妥瑪函致三口通商大臣代為緩頰始據該大臣奏聞奉
旨總理各國事務衙門核議具奏後再行諭知該大臣遵照辦理欽此尋據總理衙門議定丹國通商
條約五十五款並來往照會各件奏聞奏內稱丹國使臣來京由英使威妥瑪認為伊館賓客代懇商定
通商條約經臣等駁令回津照會三口通商大臣崇厚奏明辦理惟因威妥瑪既認為伊館賓客情形與
上年大西洋使臣來京議約法國哥士耆認為伊館朋友一切均由哥士耆出為商議大略相同因奏明
仿照大西洋成案辦理條約亦專照大西洋商辦嗣據威妥瑪攜帶該使照會並所擬條款章程稅則底
本送來臣等核其條約大略以英國條約為藍本並於英約之外增添款目推原其故因威妥瑪代為謀

主意欲藉此滋潤以便將來各國援照希冀一體均沾臣恒祺因臣衙門前已奏明仿照大西洋成案辦理當即駁令照改與大西洋一律據威妥瑪聲稱丹國既係英國姻婭拉使又託該使代辦自應仿照英國文義定約未便全照大西洋一律連日迭次會晤逐層辨論始將擬款中必不能允者參酌大西洋等國條約分別刪除更改較之英國原定款目尚屬有減無增其通商章程及稅則與各國原本亦無出入惟上年所定長江暫定章程未經載入續准照會前來應歸另案核辦臣恒祺俟議定後在京先行畫押交該使迅即赴津再與崇厚畫押亦係仿照上年大西洋成案辦理等因同治二年五月二十五日奉

旨依議欽此

初長江通商按照天津新議應俟東南一帶地方平靖始行開辦續因京師換約英人亟欲於九江漢口等處察看視行遂有長江暫定章程各款之議而大西洋各國之續請立約者獨於長江一款尤深希冀如布約之第六款丹約之第十一款已將鎮江九江漢口三處載入約中然此所指通商江面乃地方平靖後常行之章程非現在試行暫定之章程也且約內載明自畫押之日起一年之後始行換約互換之後始將所定章程頒行各省按照辦理是海口通商原有舊例長江通商實為新例不可以三國之業經換約可以暫行者比例也丹使定約即有威妥瑪至彼告以長江暫定章程未經列入令其續行照會請照英國按長江暫定章程一體遵辦旋准總理衙門照覆內稱貴國商船欲於未換和約之先即入長江貿易本大臣亦無所不願惟在和約未換之先倘准貴國商船一槩入江則別國之已定和約而未換者亦將援例來請實有妨礙本大臣現定章程凡貴國商船入江除華艇及原係華艇改為外國式樣之船

及甯波釣船中華式様各船及各様一枝桅小船以上各等船隻雖挂貴國旗號均暫時不准入江惟貴國旗號之二枝桅三枝桅夾板船及輪船始准照長江暫定章程一律辦理此係於條約之外逾格優待貴國之意等語然則長江暫定章程已允丹國破格先行則布路斯大西洋各國亦將效尤矣此前奏所稱長江暫定章程另案核辦之原委也

嗚呼予閲四國通商前後條約及各小國續定之約中國之王大臣等抑何畏洋人如虎也英法二國之使盤踞京師窺我虛實持我短長凡彼已定之約中國欲變通辦理者則倡為走私虧課之説以恐嚇之若彼之自悔其約而得步進步者則又巧為代辦暫定之説以愚弄之至於美人所定天津條約本無長江通商之款然其約内載明中國嗣有後與别國立約允准之處無論何時彼國亦一律照辦均沾等語故自十年换約之後不俟續請毅然竟入長江無復顧忌矣若丹人未經换約輒欲照長江暫定章程試行徒以英國之援威嚇從而左右之豈丹人之智力所能辦哉予謂自十年换約之後外洋所請至於長江通商小國换約而中外情形遂至不可思議如海口通商合計奉天直隷山東江蘇浙江福建廣東凡七省又增設長江三口經歷安徽江西湖北三省凡十省而中國無不通商之港口矣通商自有一定馬頭乃又於天津第九款内闌入英商持照前往内地游歷通商悉聽其便之條約是有自赴山鄉市鎮採辦貨物為地方官所不能禁者加以許雇内地船隻販運往來是則舟車所至皆足以資挹注之取通貿易之窮而中國無不通商之省分矣换約之請波及小國則將來效尤而踵至者應接不暇靡不自大其國自帝其主欲與中國抗衡至如布路斯條約韋及德意志公會各國其

中所載部分數十多有泗洲志之所不詳職方紀略之所不載者惝怳迷離不可究詰而外洋無不通商之島岸矣洋藥之入中國猶曰我自取之若夫米穀豆石銅錢向不准出口硝磺白鉛向不准進口令一概弛禁任其擇肥而噬甚至藉兵船護貨凡違禁之物通賊濟奸惟利是視而中國無不出口之貨物外洋無不入口之貨物矣華人之獲其利者曰天下一家也罹其害者曰戎狄豺狼也調停其說者曰此地氣之自西而東非人力所能為之推挽者也嗚呼豈非天哉長江通商一款外洋視為利藪以該商出口向以茶葉為大宗惟內江占立馬頭可以任意采購是以慕羶之趨絡繹相望予檢閱通商檔案當十一年春夏間有意大里國領事霍格照會薛撫內稱擬赴漢口察看通商情形並申明該國向在上海設有領事官准其通商請照飭遵辦等因由薛撫據情咨會總理衙門准覆稱上海係沿海地方准令無約之國一體通商漢口係新設口岸兼係內江地方未便准無約之國一律均沾相應咨請駁斥可也查意大利係大西洋聲明文物之邦亦思在海口長江請行貿易利之於人甚矣哉

又按布路斯即普魯社異音一名破路斯一名布路西皆對音轉音也其來粵者張單鷹旗故粵人以其旗名之曰單鷹其都城曰比耳令即約內所稱比耳令京師者猶英之倫敦法之巴利也丹國即大尼其來粵者稱黃旗國之舊名曰丹麻爾故自稱丹國宋以前英人嘗為大尼侵并其後自立為國遂與大尼為友邦二國南北比鄰相為姻婭亦必有之事非威妥瑪之託詞至單鷹黃旗等國在粵中通商已久亦不自今日始也

論俄羅斯條約疏

郭嵩燾

竊臣恭讀光緒五年十二月初四日　上諭此次會議事件中外臣工及在籍大臣如有所見均可據實直陳等因欽此仰見我　皇上慎重邊防周諮博訪之至意因查前左都御史臣崇厚在俄國立定條約十八款不察山川阨要之形勝不明中外交接之事宜種種貽誤無可追悔然西洋各國遣派使臣相與議定條約原應由各國覆准施行是此案准駁之權仍制自　朝廷所有派遣駐紮各國使臣但係兩國交涉事件應責成料理總理衙門但一諭飭駐俄公使轉達俄國外部伊犂條約暫緩覈準權聽俄兵駐紮伊犂以俟續議俄人雖甚猖獗亦不能違越萬國公法以求狂逞祇此權應之一法可以稍戢俄人之志即在我亦稍有以自處臣請通前後情事為我　皇上分別陳之一曰收還伊犂應由甘督核議乾隆年間戡定準回各部設立各城駐紮兵弁外設屯卡與各屬部畫分疆界百餘年來哈薩克布魯特諸部日以衰微其地多為俄人侵占又西滅浩罕諸部與西域壤地緊相毗連而自回疆畔亂二十餘年屯卡毀棄殆盡即令俄人繳還伊犂一城清理疆界極費推求陝甘督臣左宗棠平日講求地理之學經營西域已逾十年形勝險要為能詳知並非數萬里外遣一使臣憑空定議之事臣所謂收還伊犂應由甘督核議者此也二曰遣使議還伊犂當徑赴伊犂會辦俄人占踞伊犂時但以保護疆界民商為言原約中國平定西域仍行退還是收還伊犂并無他慮惟慮俄人索取兵費太多此須至伊犂相度情形乃可置議左宗棠以戰功平定西域不肯居贖回伊犂之名揀派大員會議著緊亦專在此無舍伊犂而徑赴俄會議之理即令議辦已有端緒應遣使赴俄定約亦必須由肅州取道伊犂兼與左宗棠商定一切臣在倫敦日本遣使思倭摩的赴俄議換庫頁一島即所謂蝦夷島也在該島爭持多年乃遣使赴俄計議其

使臣即由庫頁島徑達黑龍江取道伊犁繞烏拉嶺赴俄為其水陸交通險隘形勝及其兵力所注非身親考驗無由知也俄酋高福滿駐紮伊犁兼統浩罕諸部其與崇厚議還伊犁二萬里調高福滿回國會辦此在中國關係絕大而在俄人則進退皆利無關得失之數而其任勞費實如此臣所謂道便議還伊犁當徑赴伊犁會辦者此也三曰直截議駁伊犁條約當暫聽從駐紮其勢萬不能急遽收還臣查天山南北兩路所以號稱肥饒者正以河道縱橫灌輸之故俄人所踞西伯利部一萬餘里并屬荒寒之地近年侵奪塔什干浩罕諸部蓄意經營前歲見俄國新報言其提督斯哲威爾探尋巴米爾朗格拉湖一帶報稱喀拉庫拉湖至阿克蘇有通長不絕河源深入俄國荒漠之地為歷來人蹟所不到舉國相為慶幸其睨視西域蓄謀已深伊犁一城尤為饒沃自伊犁河以南曰哈爾海圖產銅曰沙拉搏和齊產鉛其北山曰空鄂爾峨博產煤曰闢里箐產金曰索果產鐵往時河南設有銅廠船廠并近距特克斯河而辦理不甚如法山北煤鐵各廠則尚未開採西洋人羣視為上腴之地伊犁所設九城專駐兵弁其膏腴并在河南山北西至霍果斯亦設有一城距伊犁不過百里所設額爾格齊齊罕諸卡皆在五百里以外今畫分霍爾果斯河屬之俄人則伊犁一河亦截去四之三而五百餘里之屯卡皆棄置之矣畫分特克斯河屬之俄人則舊設銅鉛各廠亦與俄人共之而特克斯河橫亘天山以北其南直接庫車拜城聲氣皆至阻隔所設屯卡直達特克斯河源皆棄置之矣塔爾巴哈台距伊犁東北尚在千里以外聞亦有畫歸俄人之地以一城孤懸浮寄盡割置其膏腴之地名為收還伊犁而實棄之此時置議較之從前其難萬倍當據萬國公法由　國家徑行議駁無可再行商辦之理以此時蠲棄伊犁與收還伊犁其勢并處於兩

窮惟有申明權聽駐紮以杜其狡逞之心而仍以從緩計議稍留為後圖庶自處於有餘之地而亦有餘地以處俄人臣所謂直截議駁伊犁條約暫聽俄人駐紮者此也四曰駐紮英法兩國公使不宜遣使俄國西洋各國互相聯絡各視其國勢緩急輕重與其恩怨以為之程數百年來攻伐兼并事變百出而日前大勢則英法兩國為私交俄德兩國為私交德與法仇恨方深英與俄亢為累世積怨其心意所向背即其喜怒好惡亦皆隨之轉移臣嘗謂英法共一公使俄德亦當共一公使凡為公使駐紮非但以虛名通兩國之好而已實有維持國體之責與商辦事件之權遣使會議當在伊犁而其難通之情與其兩不相下之勢由駐俄公使達之俄國朝廷以持其平而分其責此亦萬國公法所當準情據理通論之節要者似此加派使臣改議已定條約恐徒資俄人口實以肆行其挾制之術俄國新報已言伊犁條約由英人播弄翻悔亦可窺見其用心矣臣所謂駐紮英法兩國公使不宜遣使俄國者此也五曰定議崇厚罪名于例本無專條亦當稍準萬國公法行之臣查崇厚貽誤　國家原情定罪無可寬假然推其致誤之由一在不明地勢之險要如霍爾果斯河近距伊犁特克斯河截分南北兩路均詳在圖志平時略無考覽俄人口講指畫乃直資其玩弄一在不辦事理之輕重其心意所注專在伊犁一城則視其種種要求皆若無甚關係而惟懼繳還伊犁之稍有變更一在心懾俄人之強而喪其所守臣奉使出洋以崇厚曾使巴黎就詢西洋各國情形但言船礮之精兵力之厚以為可畏崇厚名知洋務徒知可畏而已是知其勢而不知其理于處辦洋務終無所得於其心也一在力持敷衍之計而忘其貽害臣在巴黎與崇厚相見詢以使俄機宜僅言伊犁重地豈能不收回頗心怪其視事之易而亦見其但以收回伊犁為名于國

事之利病洋情之變易皆在所不計故常以謂與西洋交接亦當稍求通悉古今事宜中外情勢而後可以應變是以崇厚之罪人能知而能言之而當定議條約之時崇厚不能知也攜帶參贊隨員亦皆不能知也置身數萬里之遙一切情勢略無知曉有聽俄人之恫喝欺誣拱手承諾而已　朝廷以議駁條約加罪使臣是於定約之國明示決絕而益資俄人口實使之反有辭以行其要挾崇厚殺實有餘宜責令報捐充餉贖罪而無急加刑以激俄人之怒即各國公論亦且援之以助成俄人之勢臣所謂定議崇厚罪名當稍準萬國公法行之者此也六曰廷臣主戰秖是一隅之見萬宜斟酌理勢之平求所以自處而無急言用兵臣查西洋構患以來凡三次用兵廣東因禁烟甯波天津因換約皆由疆臣處置失宜以致貽患日深積久而益窮於為計然其時中外之勢本甚懸絕一切底蘊兩不相知徒激於廷臣之議論憤然求一戰之效至今日而信使交通準情理處自有餘裕俄人之狡焉思逞又萬非比英法各國專以通商為事釁端一開構患將至無窮　國家用兵三十年財殫民窮情見勢絀較道光咸豐時氣象又當遠遜俄人蠶食諸回部拓土開疆環中國萬餘里水陸均須設防力實有所不及即使俄人侵擾邊界猶當據理折之不足與交兵角勝何況以伊犂一城遣使與之定議準駁應由　朝廷縱彼以兵力要挾亦可準度事勢之宜從容辦證何為貿然耀兵力以構釁端取快廷臣之議論臣所為廷臣主戰秖是一隅之見者此也竊以為　國家辦理洋務當以了事為義不當以生釁搆兵為名名之所趨積重難返雖稍知其情狀亦為一時氣燄所懾而不敢有異同臣之愚昧直知為今日之急務固不在此應懇　天恩飭令駐俄使臣轉達俄國外部以伊犂一城為天山南北兩路關鍵中國必待收回而此次崇厚所定條約萬

難覈準所有俄兵駐紮伊犁應暫無庸撤退從前喀什噶爾曾經與俄通商應否照舊舉行之處由陝甘督臣左宗棠與俄國督兵大臣會商覈辦以期妥善毋得輕易率請用兵致失兩國交誼開誠布公正辭明辦責成督臣妥為經理或冀挽回萬一以後與俄人交涉亦可於此稍得其端倪關係大局實非淺鮮臣以庸愚奉使無狀萬口交謫無他自容積年以來心氣消耗疾病日增里居踰歲足跡未嘗一出門戶自分衰病餘生無伏犬馬圖效之望而彤念時艱重以崇厚之昏庸貽誤多端幾至無可補救臣於洋務粗有所見誠知一時公論于此必多觸牾然求之事理徵之史策準之 國家之利病驗之各國之從違允宜及早斷行以免多生枝節為時愈久議論愈繁則益難于處理是以不敢避詬譏而終甘緘默謹略獻其眉恍上瀆 聖明採擇

中俄天津和約十二條 咸豐八年五月

第一條

大清國 大皇帝大俄羅斯國自專主今將從前和好之道復立和約嗣後兩國臣民不相殘害不相侵奪永遠保護以固和好

第二條

議將從前使臣進京之例酌要更正嗣後兩國不必由薩那特衙門及理藩院行文由 國總理各國事務大臣或逕行 大清之軍機大臣或 特派之大學士往來照會俱按平等設有緊要公文遣使臣親送到京交禮部轉達軍機處至俄國之全權大臣與 大清之大學士及沿海之督撫往來照會均按平

等兩國封疆大臣及駐紮官員往來照會亦按平等俄國酌定駐紮中國海口之全權大臣與中國地方大員及京師大臣往來照會均照從前各外國總例辦理遇有要事俄國使臣或由恰克圖進京故道或由就近海口預日行文以便進京商辦使臣及隨從人等迅速順路行走沿途及京師公館派人妥為預備以上費用均由俄國經理中國毋庸預備

第三條

此後除兩國旱路於從前所定邊疆通商外今議准由海路之上海寗波福州府厦門廣州府臺灣瓊州府等七處海口通商若別國再有在沿海增添口岸准俄國一律照辦

第四條

嗣後陸路前定通商處所商人數目及所帶貨物並本銀多寡不必示以限制海路通商章程將所帶貨物呈單備查拋錨寄椗一律給價照定例上納稅課等事俄國商船均照外國與中國通商總例辦理如帶有違禁貨物即將該商船所有貨物槩行查抄入官

第五條

俄國在中國通商海口設立領事官為查各海口駐紮商船居住規矩再派兵船在彼停泊以資護守領事官與地方官有事相會並行文之例蓋天主堂住房並收存貨物房間俄國與中國會議置買地畝及領事官責任應辦之事皆照中國與外國所立通商總例辦理

第六條

俄國兵商船隻如有在中國沿海地方損壞者地方官立將被難之人及載物船隻救護所救護之人及所有物件盡力設法送至附近俄國通商海口或與俄國素好國之領事官所駐紮海口或順便咨送到邊其救護之公費均由俄國賠還俄國兵貨船隻在中國沿海地方遇有修理壞損及取甜水買食物者准近中國附近未開之海口按市價公平買取該地方官不可攔阻

第七條

通商處所俄國與中國所屬之人若有事故中國官員須與俄國領事官員或與代辦俄國事務之人會同辦理

第八條

天主教原為行善嗣後中國於安分傳教之人當一體矜恤保護不可欺侮凌虐亦不可於安分之人禁其傳習若俄國人有由通商處所進內地傳教者領事官與內地沿邊地方官按照定額查驗執照果係良民即行畫押放行以便稽查

第九條

中國與俄國將從前未經定明邊界由兩國派出信任大臣秉公查勘務將邊界清理補入此次和約之內邊界既定之後登入地冊繪為地圖立定憑據俾兩國永無此疆彼界之爭

第十條

俄國人習學中國滿漢文義居住京城者酌改先時定限不拘年分如有事故立即呈明行文本國核准

後隨辦事官員返回本國再派人來京接替所有駐京俄國之人一切用費統由俄國付給中國毋庸出此項費用駐京之人及恰克圖或各海口往來京城送遞公文各項人等路費亦由俄國付給中國地方官於伊等往來之時程途一切事務要妥速辦理

第十一條

為整理俄國與中國往來行文及京城駐居俄國人之事宜京城恰克圖二處遇有來往公文均由臺站迅速行走以半月為限不得遲延耽悞信函一併附寄再運送應用物件每屆三箇月一次一年之間分為四次照指明地方投遞勿致舛錯所有驛站費用由俄國同中國各出一半以免偏枯

第十二條

日後　大清國若有重待外國通商等事凡有利益之處毋庸再議即與俄國一律辦理施行

以上十二條自此次議定後將所定和約繕寫二分　大清國　大皇帝裁定大俄羅斯國大皇帝裁定之後將　諭旨定立和書限一年之內兩國互交永遠遵守兩無違背今將兩國和書用俄羅斯並清漢字體抄寫專以清文為主由兩國　欽差大臣手書花押鈐用印信換交可也

中俄續增條約十五則 咸豐十年十月

第一條

議定詳明一千八百五十八年瑪乙月十六日即咸豐八年四月二十一日在愛琿城所立和約之第一條遵照是年伊云月初一日即五月初三日在天津地方所立和約之第九條此後兩國東界定為由什

勒喀額爾古納兩河會處即順黑龍江下流至該江烏蘇里河會處其北邊地屬俄羅斯國其南邊地至烏蘇里河口所有地方屬中國自烏蘇里河口而南上至興凱湖兩國以烏蘇里及松阿察二河作為交界其二河東之地屬俄羅斯國二河西屬中國自松阿察河之源兩國交界踰興凱湖直至白稜河自白稜河口順山嶺至瑚布圖河口再由瑚布圖河口順琿春河及海中間之嶺至圖們江口其東皆屬俄羅斯國其西皆屬中國兩國交界與圖們江之會處及該江口相距不過二十里且遵天津和約第九條議定繪畫地圖內以紅色分為交界之地上寫俄羅斯國阿巴瓦噶達耶熱皆伊亦喀拉瑪那倭怕啦薩土烏等字頭以便易詳閱其地圖上必須兩國　欽差大臣畫押鈐印為據

上所言者乃空曠之地遇有中國人住之處及中國人所占漁獵之地俄國不得占仍准中國人照常漁獵從立界牌之後永無更改並不侵占附近及他處之地

第二條

西疆尚在未定之交界此後應順山嶺大河之流及現在中國常駐卡倫等處及一千七百二十八年即雍正六年所立沙賓達巴哈之界牌末處起往西直至齋桑淖爾湖自此往西南順天山之特穆爾圖淖爾南至浩罕邊界為界

第三條

嗣後交界遇有含混相疑之處以上兩條所定之界作為解證至東邊自興凱湖至圖們江中間之地西邊自沙賓達巴哈至浩罕中間之地設立界牌之事應如何定立交界由兩國派出信任大員秉公查勘

東界查勘在烏蘇里河口會齊於咸豐十一年三月內辦理西界查勘在塔爾巴哈台會齊商辦不必限定日期所派大員等遵此約第一第二條將所指各交界作記繪圖各書寫俄羅斯字二分或滿洲字或漢字二分共四分所作圖記該大員等畫押用印後將俄羅斯字一分或滿或漢字一分共二分送俄羅斯收存將俄羅斯字一分或滿或漢字一分送中國收存互換此記文地圖仍會同具文畫押用印當為補續此約之條

第四條

此約第一條所定交界各處准許兩國所屬之人隨便交易並不納稅各處邊界官員護助商人按理貿易其愛琿和約第二條之事此次重復申明

第五條

俄國商人除在恰克圖貿易外其由恰克圖照舊到京經過之庫倫張家口地方如有零星貨物亦准行銷庫倫准設領事官一員酌帶數人自行蓋房一所在彼照料其地基及房間若干並餧養牲畜之地應由庫倫辦事大臣酌核辦理

中國商人願往俄羅斯國內地行商亦可俄羅斯國商人不拘年限往中國通商之區一處往來人數通共不得過二百人但須本國邊界官員給與路引內寫明商人頭目名字帶領人多少前往某處貿易並買賣所需及食物牲口等項所有路費由該商人自備

第六條

試行貿易喀什噶爾與伊犁塔爾巴哈台一律辦理在喀什噶爾中國給與可蓋房屋建造堆房聖堂等地以便俄羅斯商人居住並給與設立墳塋之地並照伊犁塔爾巴哈台給與空曠之地一塊以便牧放牲畜

以上應給各地數目應行文喀什噶爾大臣酌核辦理其俄國商人在喀什噶爾貿易物件如被卡外之人進卡搶奪中國一概不管

第七條

俄羅斯國商人及中國商人至通商之處准其隨便買賣該處官員不必攔阻兩國商人亦准其隨意往市肆鋪商零發買賣互換貨物或交現錢或因相信賒帳俱可

居住兩國通商日期亦隨該商人之便不必定限

第八條

俄羅斯國商人在中國中國商人在俄羅斯國俱仗兩國扶持

俄羅斯國可以在通商之處設立領事官等以便管理商人並預防含混爭端除伊犁塔爾巴哈台二處外即在喀什噶爾庫倫設立領事官中國若欲在俄羅斯京城或別處設立領事官亦聽中國之便兩國領事官各居本國所蓋房屋如願租典通商處居人之房亦任從其便不必攔阻

兩國領事官及該地方官相交行文俱照天津和約第二條平行凡兩國商人遇有一切事件兩國官員商辦倘有犯罪之人照天津和約第七條各按本國法律治罪

兩國商人遇有發貨及賒欠含混相爭大小事故聽其自行擇人調處俄國領事官與中國地方官止可幫同和解其賒欠帳目不能代賠

兩國商人在通商之處准其預定貨物代典鋪房等事寫立字據報知領事官處及該地方官署遇有不按字據辦理之人領事官及該地方官令其照依字據辦理其不關買賣若係爭訟之小事領事官及該地方官會同查辦各治所屬之人之罪

俄羅斯國人私往中國人家或逃往中國內地中國官員照依領事官行文查找送回中國人在俄羅斯國內地或私往或逃往該地方官亦當照此辦理若有殺人搶奪重傷謀殺故燒房屋等重案查明係俄羅斯國人犯者將該犯送交本國案律治罪係中國人犯者或在犯事地方或在別處俱聽中國按律治罪遇有大小案件領事官與地方官各辦各國之人不可彼此妄拿存留查治

第九條

現在買賣比前較大且又新立交界所以早年在尼布楚哈克圖等處所立和約及歷年補續諸條情形多有不同兩國交界官員往來行文查辦所起爭端時勢亦不相合所以從前和約一切有應更改之處應另立新條如左

向來僅止庫倫辦事大臣與恰克圖固畢爾那托爾及西悉畢爾總督與伊犁將軍往來行文辦理邊界之事自今此外擬增阿穆爾省及東海濱省固畢爾那托爾遇有邊界事件與黑龍江及吉林將軍往來行文恰克圖之事由恰克圖邊界廓米薩爾與恰克圖部員往來行文俱按此約第八條規模

該將軍總督等往來行文俱按天津第二條和約彼此平等且所行之文若非應辦者一概不管遇有邊界緊要之事由東悉畢爾總督行文軍機處或理藩院辦理

第十條

查辦邊界大小事件俱照此約第八條由邊界官員會同查辦其審訊兩國所屬之人俱照天津和約第七條各按本國法律治罪

遇有牲畜或自逸越邊界或被誘取該處官員一經接得照會即行派人尋找並將蹤跡示知卡倫官兵其係逸越尋獲者或係被搶查出牲畜俱依照會之數將所失之物尋獲立即送還如無原物即照例計贓定罪不管賠償如有越邊逃人一經接得照會即設法查找找獲時送交近處邊界官員並將逃人所有物件一併送回其緣何逃走之處由該國官員自行審辦解送時沿途給與飲食如無衣給衣不可任令兵丁將其淩虐如尚未接得照會查獲越邊之人亦照此辦理

第十一條

兩國邊界大臣彼此行文交官員轉送必有回投東悉畢爾總督恰克圖固畢爾那托爾行文送交恰克圖廓米薩爾轉送部員庫倫辦事大臣行文即交部員轉送恰克圖廓米薩爾阿穆爾省固畢爾那托爾行文送交愛琿城副都統轉送黑龍江將軍吉林將軍行文亦送交副都統轉送東海濱固省畢爾那托爾與吉林彼此行文俱托烏蘇里琿春地方卡倫官員轉送西悉畢爾總督與伊犁將軍行文送交伊犁俄羅斯領事官轉送遇有重大緊要事件必須有人傳述東西悉畢爾總督固畢爾那托爾等庫倫辦事

大臣黑龍江吉林伊犁等處將軍行文交俄羅斯國可靠之員亦可

第十二條

按照天津和約第十一條由恰克圖至北京因公事送書信因公事送物件往返限期開列於後書信每月一次物件箱子自恰克圖至北京每兩箇月一次自北京往恰克圖三箇月一次送書信限期二十日送箱子限四十日每次箱子數目至多不得過二十件又每件分兩至重不得過中國一百二十斤之數所送之信須當日傳送不得耽延如遇事故嚴行查辦

由恰克圖往北京或由北京往恰克圖送書信物件之人必須由庫倫行走到領事官公所如有送交該領事官等書信物件即便留下如該領事官等有書信物件亦即帶送送箱件時開寫清單自恰克圖及庫倫知照庫倫辦事大臣自北京送時報知理藩院單上註明何時起程箱件數目分兩多少及每箱分兩於封皮上按俄斯羅字繙出蒙古字或漢字寫明分兩數碼若商人為買賣之事送書信物箱願自行雇人另立行規准其預先報明該處長官允行後照辦以免官出花費

第十三條

大俄羅斯國總理各外國事務大臣與　大清國軍機處互相行文或東悉畢爾總督與軍機處及理藩院行文此項公文照例按站解送並不拘前定時日亦可設有重要事件恐有耽悞即交俄國可靠之員速送大俄羅斯國欽差大臣居住北京時遇有緊要書信亦由俄國自行派員解送該差派送文之人行至何處不可使其耽延等候所派送文之員必係俄羅斯國之人派員之事在恰克圖由廓米薩爾前一

日報明部員在北京由俄羅斯館前一日報明兵部

第十四條

日後如所定陸路通商之事內設有彼此不便之處由東悉畢爾總督會同中國邊界大臣酌商仍遵此次議定章程辦理不得節外生枝至天津所定和約第十一條亦應照舊勿再更張

第十五條

會同商定後　大清國　欽派大臣將此約條規原文譯出漢字畫押用印交付大俄羅斯國欽差大臣一分大俄羅斯國欽差內大臣亦將此條規原文繹出漢字畫押用印交付　大清國　欽派大臣一分

中法通商新約十九條光緒十二年三月

第一欵

一兩國議定按照新約第五欵現今指定兩處一在保勝以上某處一在諒山以北某處中國在此設關通商允許法國即在此兩處設立領事官該法國領事官應得權利即照中國待最優之國領事官無異現在條欵畫押時兩國勘界大臣尚未定議其諒山以北應開通商處所本年內應用中國與法國駐華大臣互商擇定至保勝以上應開通商處所亦俟兩國勘界定後再行商訂

第二欵

中國可在河內海防二處設立領事官隨後與法國商酌在北圻他處各大城鎮派領事官駐紮至法國待此等領事官並該領事官應得權利即照法國待最優之國領事官無異其所辦公事應與法國所派

保護之大員商辦

第三欵

一兩國議定於彼此派領事官前來駐紮時所住公館由兩國地方官相幇照拂至法國商民前來中國邊界通商處所均照咸豐八年五月十七日中法條約第七第十十一十二等欵辦理越南人到中國邊界通商處所中國亦一體優待

第四欵

一越南各地方聽中國人置地建屋開設行棧其身家財産俱得保護安穩决不刻待拘束與最優待西國人一律不得有異中國官商所寄往來公文書信電報經過法國郵政電報各局一律遞送並不阻止中國待法國人亦照此一例優待

第五欵

一待法國人及法國保護之人與別國居住北圻人等欲過界入中國者法國查係體面之人即請中國邊界官員發給護照准其執持前往回日將照繳銷每遇領照之人如必應路過土司苗蠻地方應先在照上寫明該處無中國官不能保護至有中國内地人民欲從陸路由中國入越南者應由中國官查係體面之人請法國官發給照護一如法國人入中國邊界辦法至彼此所給護照皆只為游歷而用不准作買賣貨物免稅憑據凡有人民未領護照而過邊界者其在中國則聽中國地方官扣留其在北圻則聽法國官員扣留彼此即交各本國官員酌量情形審辦至僑居越南之中國人民由北圻回中國者只

由中國官自發憑單准其過界若邊界通商處所法國人等有出外遊歷者地在五十里內毋庸請照

第六欵

凡進口之貨由法國商人及法國保護之人運至邊界通商處所已納進口稅者即可照善後章程第七欵及各海關通行運洋貨處入內地稅單定章准入中國內地銷賣凡各項洋貨進雲南廣西某兩處邊關者於到關時即將貨色件數及運貨人姓名報明由關派人查驗屬實按照中國通商海關稅則減五分之一收納正稅各稅則未載即按估價值百抽五徵收正稅須俟正稅完清後方准起棧過載出售如該商願將洋貨運入內地須再報關照通商各海關稅則收納內地子口稅不得援減五分之一之正稅折半徵收此項子口稅完清後由關發給稅單准其持往所指之地方售賣凡遇關卡概不重徵倘無稅單運入內地者應照土貨之例逢關納稅遇卡抽釐

第七欵

凡法國商民及法國保護之人赴中國內地各處購買土貨運至邊界通商處所出口入北圻者均可照善後章程第七欵運貨出口之例辦理凡各項土貨出運雲南廣西某兩處通商處所於到關時即將貨色件數及運貨人姓名報明由關派人查驗屬實如係該商先領三聯單自赴內地採買並未完過內地稅釐者應照中國通商各海關稅則先徵內地子口稅再照中國通商海關稅則減三分之一徵收出口正稅如稅則未載即按估價值百抽五徵收正稅方准起棧過載販運出關倘該商人內地購買土貨並未領有三聯單者所過內地關卡仍應照完稅釐由關卡發給單票為據其抵關時驗有內地稅釐

票單始准免子口稅凡法商進出雲南廣西兩邊關運貨之車輛牲口中國商民進出北圻運貨之車輛牲口彼此一體免收鈔銀其進關路通舟楫之處彼此可照各海關例收納船鈔以上第六第七二欵兩國議明日後倘有他國在中國西南各陸路邊界通商另有互訂稅則法國亦可一體辦理

第八欵

洋貨到此邊關已完進口正稅後復因不賣轉在邊關者如在三十六箇月限內驗明原貨並未拆動抽換則此邊關將已收到正稅發給免單准其持往彼邊關以抵應繳之稅或發給存銀票准於三年內留抵下次應繳本關之稅概不發還現銀若將此洋貨轉入中國通商各口應照各海關洋貨進口例另收正稅不准以此項邊關存票免單作抵亦不准以此項邊關已完之稅單作抵以免轇轕至已完內地子口稅仍照各口向章概不准發給存票免單

第九欵

土貨已在此邊關完過子口稅出口正稅復轉往彼邊關售賣者到彼邊關後只照原納正稅之數收取進口半稅但須照各口定章不准洋商販入內地倘將此土貨轉入通商各海口應概照各海關洋貨進口稅則一例辦理另征正稅倘入內地仍完子口稅如有土貨出中國海口進越南海口復往中國自邊界入關應照洋貨一律徵收正稅倘入內地仍完子口稅

第十欵

進出口之貨到中國邊關即請查驗不得逾十八箇時辰如逾期不報每日罰銀五十兩惟此罰銀至多

不得過二百兩凡遇關報貨時若心存欺詐以多報少冀減應納稅項查有確據即將貨物全罰入官若無該關監督准單私自過關起卸繞路折賣及一切有心偷漏等弊亦將貨物全罰入官凡有商人報關請辦內地稅單心存欺詐或捏報貨物各色件數並所出所往之區不符者亦將貨物全罰入官至如何審辦應照同治七年閏四月初八日章程辦理其罰令入官之貨如商人願將原貨作價交官准其與中國官按照原貨估價交官亦可至中國沿邊一帶凡有嚴防偷漏之法皆由中國相度機宜隨時便宜設法辦理其中法以及越南船艇上下水道每過彼此邊關之時倘有單貨不符等弊可無庸卸貨登岸只由關遣差上船查驗

第十一款

中國土貨由陸路入北圻者照法關稅則完納進口稅若係出口一概免稅日後法國在北圻另定稅則章程隨時知照中國倘北圻境內將來另定越南數種土貨製造及金銀口口等稅中國若有此等貨運入北圻亦應照徵

第十二款

凡運土貨由中國此邊關路過北圻中國彼邊關者或由兩邊關運出越南海口仍回中國者其過北圻時應照法關稅則完納過境稅不得過貨值百抽二至此項貨物於出中國後應由法國邊關查驗給均發貨單詳開貨物各色件數並所往之處等語該商人執此貨單每過法國索驗即應沿途或抵海口後呈閱但此項土貨運入北圻後應先納進口正稅以防偷漏即由法關給發單照以便抵海口或至邊界

時呈驗並由法關在原納進口正稅內扣去過境稅銀仍將餘銀給還則該商人即將前次已領收稅單呈繳注銷惟此項土貨運過北圻既係新章倘該商報法關時心存欺詐揑報貨物各色件數並所出所往之處不符查有確據者即將貨罰入官其罰令入官之貨如商人願將原貨作價交官准與法國官按照原貨估價交官亦可至中國土貨出各海關運入越南海口過北圻進邊關者其在越南境內亦應照以上過境稅則一律辦理

第十三款

凡有金銀及外國各等銀錢麪粟米粉砂穀米麪餅熟肉熟菜牛奶酥牛油蜜餞外國衣服金銀首飾攙銀器香水碱炭柴薪外國蠟燭烟絲葉外國酒家用雜物船用雜物行李紙張筆墨氈毯鐵刀利器外之國自用藥料玻璃器皿以上各物進出口由中國邊關驗明確係外國所產洋人自用數目無多准給免稅單放行倘不報驗不請免稅單私自起運者照走私例罰辦至若運往內地除金銀外國銀錢行李三項仍無庸議外其餘各貨即係洋人自用數目無多皆按稅則每貨值百兩完納內地子口稅銀二兩五錢凡中國人出入北圻邊關者隨身所帶銀錢行李衣服首飾紙張筆墨書籍及自用家伙食物法越關一概免稅至中國領事官所運自用各貨亦一律免稅

第十四款

兩國議明洋藥土藥均不准由北圻與雲南廣廣西之陸路邊界販運買賣

第十五款

米穀等糧不准販運出中國邊關如係進關准其免稅至火藥彈子大小鎗礮硝磺青白鉛一切軍器食鹽及各項有壞人心風俗之物均不准販運進關違者即查拏全罰入官其軍火各項如由中國官自行採辦或由商人持奉准買明文須由關查驗明確方准進關日後可由中國大員先商法國領事官准將兵器軍火過北圻運進邊界則法國關全行免稅至一切兵器軍火及各項有壞人心風俗之物亦不准販運進北圻

第十六款

中國商民僑居越南所有命案賦稅詞訟等件均與法國相待最優之國之商民無異其在邊關通商處所華人與法人越人詞訟案件歸中法官員會審至法國人及法國保護之人在通商處所如有犯大小等罪應查照咸豐八年條約第三十八九等款一律辦理

第十七款

中國邊界某某通商處所倘有中國人民照中國律例無論犯何罪名逃入法國界內或法國保護人民寓所或商船隱匿者地方官照會領事官查明罪由即設法拘送中國官審辦至中國人民因犯法逃往越南由中國照會法國領事官訪查嚴拏查明實係罪犯交出照法國與外國所訂互交逃犯之約最優章程辦理其法國人民及法國保護之人犯法被造逃往中國者法國官照會中國官查明實係罪犯設法拘送交出法國官審辦彼此不得稍有庇匿

第十八款

此次所訂陸路通商各款如有未詳備者應查照中國通商各海關章程與現在遵行條約相符者辦理倘再有未訂之事應由兩國官員請示各本國於以上各款將來如須續修即照新約第八款所載換約後十年之期再行商訂

第十九款

此次會議通商條款俟兩國批准後應在中國法國及越南頒行週知一體遵守仍於畫押之後多至十年為期在中國京都互換

琉球小志跋　壬午四月

琉球鄰近日本然自古不相往來唐時日本僧圓珍航海遇颶風飄至琉球舟人大號曰我等將為琉球所噬若何又日本嘗呼琉球為啖人之國此皆見於源氏大日本史其後至尚巴志王時始與日本通聘問尚寧王時始服屬於日本蓋在明中葉以後矣近時日人好事者穿鑿附會以為南島朝貢古初簡策已有之又謂舜天王是其皇族源為潮之子甚至疑開國祖天孫氏亦為其裔多方牽合思掩其滅琉之罪不知南島指薩南諸島而言非即琉球服天游重刊中山傳信錄序已自辨之源為潮流於鬼島因琉球有鬼界島而相溷源氏史雖載其事而等諸存疑以其無確證故也若天孫氏之稱本於中山世鑑固已言姓氏不可考矣何由知是本日皇裔尤為鑿恐無稽凡此諸說皆不見於日本古書即問之琉人亦茫無知者其不足取信於天下萬國也明矣夫寬文中作日本通鑑不嘗自稱自吳太伯後乎而善鄰國寶記及通鑑提要等書皆云垂仁天皇時遣使大夫聘漢漢帝賜以印綬然則我以一旅之師滅日本而

縣之告於萬國曰日本為我中華吳太伯之後且自漢以來聘貢於我今改建郡縣諸國不勞過問試問日本臣庶之心服乎否乎今之琉球何以異是至於文為制度琉日間有相同乃皆是沿襲中華古制此尤不足置辨者矣予譯琉球小志既成附錄彼中人士論著而析其誕妄如右

答馬相伯書 癸未正月

姚文棟

承示朝鮮情形謂有陰附日本攜貳 中國之意不可不防具見慮遠察微深中肯要去年朝使在此外務省派有接待員若干名同住行館權要貴人宴會招尋竟無虛日其流覽機器各局所如輒有供張賓至如歸樂義忘返朝人騃魯遽感其優待以為睦鄰之誼遠勝於吾不知日本之待他邦未嘗如此獨於朝鮮幣重言甘者殆有所為也弟以朝使會晤數面不過詩酒酬酢並未深譚其隨員等多來請謁論文亦不及公務惟中有一人弟見其誠實肯露底蘊曾叩以彼中情事則云日人陰啉其獨立而開化黨人亦暗有騎牆之見其屹然主事大之議者惟閔泳翊一人而已蓋因閔氏受禍最烈故其感激 中朝援救之意獨為深至不知其言可信否金玉均徐光範兩人在此延一中國人教習華語又勤看上海香港各報於吾事甚為留心然於使署往來甚疏必無機密事漏洩於彼此間同人因薪水減成宦況清淡大抵杜門屏絕酬應弟以為孤陋則有之不憂不慎密也

洋務時事彙編

午

軍政

論夷務疏咸豐十年 附片

沈兆霖

竊夷人自八年抵天津後迭次構釁歷年辦理未協夷情至本年七月間竟由天津內犯大言恐嚇要求無已　皇上明降諭旨歷數年來夷人罪伏大伸　天討中外人民同聲稱快惟夷衆雖不滿萬餘而火器勝於中國能及遠而有準然臨陣者果能奮勇直前毫無畏葸即有所傷而以我之衆乘彼之寡亦不難於殲滅惟現在火器難禦之成見先入為主則氣已稍挫倘毫無把握輕於一試設一撓敗必至不能復振故臣以為當今之計宜以緩攻堅持為主先　飭直隸總督恆福併督辦民團之焦祐瀛張之萬以督標之兵本地之勇時時擾其海口之船再　命天津府知府石贊清與焦祐瀛張之萬協辦團練石贊清膽識兼備久得民心團練必能奏效或殺其酋或焚其船使之兼顧海口不能驟進即進亦必留勁卒守船此所謂攻其所必救也僧格林沁八里橋之兵及瑞麟勝保統帶各隊須相隔前後一二十里分作三處紮營使緊相呼應以為犄角之勢皆宜堅溝高壘勿輕與戰嚴為之備俟敵至不能驟拔若奉調各路之兵陸續而來亦飭令分擇要地紮住俾由通至津處處能聯絡接應而深林隈隱之處又多設旌旗鼓角使之動生疑畏正兵厚集其勢持重養威而以奇兵乘其敝復以疑兵惑其心彼種種牽掣必將徘徊而不敢進於是密拏奸細以防其叵測嚴斷接濟以絕其餉源與之相持一月有餘而朔風大作海口

將冰度其所帶之餉亦將罄盡自必急圖遁歸矣昔周亞夫堅壁不戰人以為懦而卒破七國正此計也
臣又聞夷人所倚為謀主者惟巴雅里一人前此擄去葉名琛亦係此人之計餘如額爾金噶囉等皆不
能畫策今巴雅里就擒敵已失其所恃必將設法索回據國法言之自應即予誅磔何煩再計然敵之勢
本利在速戰若即行誅戮恐憤兵深入其勢益銳莫若暫且牢固監禁有照會與彼即告以夷兵前進先
斬此人使之繫望生還而不敢銳舉輕進倘彼詭言放還此人即便受撫務祈　乾斷獨伸勿為浮議所
惑總須令其兵船全數退出海口悉照八年所定各款立定和約一款不增然後　允予加恩釋放仍不
准原船帶回改由陸路押解上海交還方為穩妥否則該夷素以和議誘我一為所誘此人釋回仇我必
甚其設計必更毒於前矣
臣再思數年辦理夷務諸臣皆一味遷就希圖了事該夷不知　聖恩寬大以為我實懼彼於是百計要
求得步進步遂至不可收拾今既　聲罪致討便當專講守禦之法勿汲汲於言撫忽討忽撫持議兩端
而將士之心不堅即議撫者亦無從措手矣故持久以困之多方以誤之為目前之至計而撫之一說勿
再夾雜現在該匪暫留不進必又將以撫誘我實則懈我軍心而彼因得以肆其詭詐臣愚以為此次辦
法戰宜緩不可遽求倖勝撫更宜緩不必急圖息事而壁壘如何堅固聲援如何聯絡如何先占地勢使
彼不能銳進如何豫防火器使彼不能撲營全在統兵大臣熟籌而速計之總之　詔旨既下該夷必且
震懾　天威而又獲其謀事之人祇宜靜以制之緩以誤之當有轉機順其自然之勢而無懼無迫弗使
辦法有一毫紊亂則夷務不難大定矣

再論夷務疏咸豐十年　　沈兆霖

竊自古馭夷之道皆務懷柔不矜遠略誠以勝之不武不肯疲中國而結怨四夷也然偶爾犯順擾及邊陲則撻伐膺懲亦所不諱本年三月俄米英法四國夷船駛至天津要求多款　皇上聖度如天專以安民戢兵為務豈　命大臣前往議撫所請各條奉　恩允者已十之七八中惟夷酋駐京內江通商兩事關繫最鉅駐京則入據腹心　朝政動多牽制內江則奪我關隘長江無可設防議者欲撫局之速成謂不妨依違應允再圖日後熟商殊不知　國家所以威服遠人首重誠信與其責言於後日不如慎諾於此時且所許已多當不至因此二條遽至決裂併求明降璽書將此二條萬難應允之故反復曉諭　推至誠以宣示杜非分之干求彼等誦此　皇言自然信服必不再以蒙蔽見疑即使仍前狡詐竟起爭端則釁自彼開便當儘力殲除俾知畏懼雖勝負原難豫定而權主客之勢彼軍已入重地審眾寡之數彼兵不過數千且彼所長者祇有礮耳若絮屏籐牌及屢伏屢進皆避礮之良法可使眾軍勤加演習人人有恃無恐膽氣日壯然後進而攻其所短彼短於夜戰我即潛師以乘之於暗彼短於技擊我即疾趨而迫之於近齊之以軍律激之以忠義勵之以重賞直前而義不反顧亦徙而氣不少衰如此而勝算在我當亦無堅不摧矣且夫兵不厭詐取其克敵而已聞此時津人各懷義憤中有練勇二千人皆敢死之士屢請於官願效死力官以恐撓撫局頻加禁遏臣愚以為若竟用兵則僧格林沁所統各軍自當進剿一面　密飭譚廷襄陰諭練勇出其不意進薄夷船短兵截擊奪其船者全船充賞事後勇首給予議敘各勇仍加賞賚使該夷跋前疐後兩面受敵雖欲久留不可得矣從而議撫撫亦易矣若必過為顧慮懼啟

兵戎倂駐京內江二條暫時允許恐夷欲無厭日後　朝中之虛實盡知江路之往來益熟禍有不可勝言者彼時之用兵更難於今十倍矣

密陳夷務疏　　侍郎　袁保恆

東三省為我　朝根本重地騎兵精勁天下所無以臣所見軍興以來調至各省者衝鋒陷陣所向無前各軍倚以為重綠營馬兵中原馬勇百練所不能及二十年來蕩平粵捻立功甚鉅良將勁卒亦因此耗折殆盡聞近來紀律技藝均已大遜從前然其風氣剛勁人習勤苦敢於戰鬭果能選其驍健申以軍法厚其餉糈勤其訓練不數年閒悉成勁旅自古兵馬所萃為控制天下之資中外爭衡每於此斤斤致慎宋人自失燕雲軍事從此不振論者每為嘆惜觀古知今不得不深籌而遠計也日來道路傳聞謂吉林邊界時有俄夷增兵往來或謂其備戒他國其事未能深悉然臣歷觀各國情形惟俄夷為最强亦惟俄夷為最狡往往不動聲色布局於十數年以前肆毒於十數年以後其舉動尤為叵測在彼即為覬覦之爭在我不無虞虢之懼履霜有象桑土宜先伏願　特簡久經戰陣熟習韜鈐之知兵重臣專辦東三省練兵事務除三省地方事宜仍歸各將軍府尹辦理外其凡屬兵馬餉糈邊防之事悉以屬之數千里聯為一氣重以事權寬以歲月無事則可消覬覦之萌有事則可為撻伐之助用以拱衛　神京懾服他族根本至計未可委之一二不相統轄之武臣謂可威疆鄰而弭外患也至福建之臺灣地雖僻處海澨而物產豐富最為各國所垂涎倘為夷人盤踞則南北洋沿海各處輪船均數日可達出沒窺伺防不勝防我無安枕之日矣加以民番偪處區畫尤難非專駐大臣鎮以重兵舉其地民風吏治營制鄉團事事實

力整頓洽以德意孚以威信未易為功若以福建巡撫每歲駐臺半載恐閩中全省之政務道里懸隔而轉就拋荒臺灣甫定之規模去住無常而終為文具甚非計之得也查直隸四川甘肅各省皆以總督兼辦巡撫事可否改福建巡撫為臺灣巡撫常川駐守經理全臺其福建全省事宜歸總督辦理庶事任各有攸司責成即各有專屬似於臺灣目前情形不無裨益以上兩處地方均關係極重　宸謨廣運自有權衡臣一得之愚是否有當謹就管蠡所及用備　聖明採擇

遵　旨籌辦防務情形疏

兩江總督　李宗羲

竊臣於上年六月間遵奉　上諭辦理防務將籌撥款項緣由會同前任江蘇撫臣張樹聲附片具奏奉　旨敕部議准在案溯查道光年間原建鐵臺隄節布置極為周密惟今昔情形各不相同建置規模因時互異目前統觀地勢論蘇松之門戶以吳淞為最要論長江之關鍵以江陰為最先臣上年原奏擬於吳淞江陰等處擇要興造礮又詳加查勘鎮江府屬之焦山象山及象山對岸之都天廟江甯府屬之烏龍山均為長江險要之區又江甯省城外下關地方為內河門戶亦宜略壯形勢以上各處擇地既定爰於江甯省城設立籌防總局以江甯布政使梅啟照候補道趙繼元孫振銓桂嵩慶洪汝奎總理其事趕備料物督催工程先派統帶慶字營提督吳長慶帶同總兵朱先民赴烏龍山造成式樣令各營仿辦並飭吳長慶帶同提督黃仕林赴江陰又檄統帶合字營提督章合才分派營官與管帶星字營提督譚碧理赴象山焦山統帶利用營總兵萬化林赴都天廟又令章合才親赴下關分投添雇民夫實力興辦吳淞口距此較遠經臣檄委機器局候選知府鄭藻如會同管帶淮軍之提督吳宏洛專司其事並咨請江

南提臣李朝斌就近督辦大致礮臺之辦法頗江沙土質鬆先以大杉木用機器密釘入土以實其基仍厚砌方石以固其址石壁峭峻之處則開山鑿石以為基址臺之周圍用三和土極力搥搗銖積寸累務令極細極堅三和土者以石灰糯米汁蛤灰牛毛等物攙和入土每土四寸以搥至八分為度礮門則搭以鐵柱護以銅鐵板臺之下空其中以為兵勇容身之地現已造成烏龍山十六座可安巨礮二十一尊檄令慶字營分統朱先民等三營駐紮江陰十五座可安巨礮二十九尊檄令慶字營分統黃仕林等三營駐紮都天廟六座象山十一座焦山八座共可安巨礮二十五尊檄令利用營總兵萬化林分別駐紮下關四座可安巨礮十一尊檄令開花礮營劉玉龍駐紮吳淞礮臺因動工較遲天寒地凍尚未就緒將來造成後即歸提督吳宏洛駐紮以上各礮臺無事則現駐之營略敷分布有事則兵力尚單必須添營駐守至圌山關向稱險要現在焦山等處業經建築形勢相埒即可無須再造庶免備多力分之慮惟江陰北岸之劉聞沙烏龍江北岸之沙洲圩兩處尚須一律添築以成犄角之勢臣已飭提督吳長慶於二月初旬即行舉辦此建築礮臺續勘辦理之實在情形也至應用槍礮軍火臣到任後即提銀兩交長江提臣李成謀購備洋裝鐵礮二十九尊配彈一千四百餘顆兵槍六千一百餘桿洋火藥十萬磅均已解到又飭機器局馮焌光鄭藻如會同升任臬司沈秉成候補道劉瑞芬定購美太於士礮二十五尊配彈二十五萬顆烏理治鋼礮二十二尊勃休馬後膛礮二十八尊配炸彈六百顆林明敦槍五千桿燕非來福槍一萬六百餘桿士乃得馬槍二百桿礮藥二十四萬磅銅帽四百萬粒現自外洋陸續運解數月內當可交齊其購置新造兵輪船之克鹿卜礮及江蘇撫臣所購皆不在內洋槍礮既多修整時須機器其

炸彈亦可以機器自造兼之礮臺所用銅鐵板鐵柱皆非機器不能裝釘因於上海購配機器數具在烏龍山設局募匠工作又炸彈固洋礮所必需而及遠攻堅尤宜實心鐵子臣委員在省設局採買生鐵鑄有成數又飭金陵機器局製造水雷數十座洋式火箭一千枝又由廣東購製輭硬水甲六千副在各海口招募善泅水勇丁時常操演又長江水師各營調操臣於每季額發火藥之外另行籌給調操軍火此購置內地外洋槍礮器具以廣儲備之實在情形也綜計造臺購器兩項所費甚鉅臣原議建造礮臺五六處酌購洋礮數十尊茲續勘建臺處所計已成未成共有吳淞口江陰劉閘沙都天廟焦山象山烏龍山沙洲圩下關九處之多所購軍火礮位又不僅為礮臺所需是原奏非八九十萬金斷不敷用戶部議准截留江海關二成洋税須俟收有成數方能陸續提取指撥江西安徽湖南湖北四省協款除江西十五萬安徽十萬兩已全數解致外其請撥湖南十萬兩僅解到二萬兩湖北十五萬兩僅解到三萬兩計兩省尚欠解銀二十萬兩臣因病奏請開缺荷蒙　聖恩允准將來未盡事宜應由署督臣劉坤一隨時酌辦其業經興辦之事不敢因替繼而中止合無籲懇　天恩敕下兩湖總督湖南湖北巡撫迅將欠解之款儘數籌解以應要需至所辦各事動用經費臣分飭經管之員各專責成將來分手造報由署督臣劉坤一核明奏咨

輪船工竣並陳機器局情形疏 同治七年九月　曾國藩

竊中國試造輪船之議臣於咸豐十一年七月覆奏購買船礮摺內即有此説同治元二年間駐紮安慶設局試造洋器全用漢人未雇洋匠雖造成一小輪船而行駛遲鈍不甚得法二年冬間派令候補同知

容閎出洋購買機器漸有擴充之意湖廣督臣李鴻章自初任蘇撫即留心外洋軍械維時丁日昌在上
海道任內彼此講求禦侮之策製器之方四年五月在滬購買機器一座派委知府馮焌光沈保靖等開
設鐵廠適容閎所購之器亦於是時運到歸併一局始以攻勦方殷專造槍礮亦因經費支絀難興船工
至六年四月臣奏請撥留洋稅二成以一成為專造輪船之用仰蒙　聖慈允准於是撥款漸裕購料漸
多蘇松太道應寶時及馮焌光沈保靖等朝夕討論期於必成查製造輪船以滊鑪機器船殼三項為大
宗從前上海洋廠自製輪船其滊鑪機器均係購自外洋帶至內地裝配船殼從未有自構式樣造成重
大機器滊鑪全具者此次創辦之始考究圖說自出機杼本年閏四月間臣赴上海察看已有端緒七月
初旬第一號工竣臣命名曰恬吉輪船意取四海波恬廠務安吉也其滊鑪船殼兩項均係廠中自造機
器則購買舊者修整參用船身長十八丈五尺闊二丈七尺二寸先在吳淞口外試行由銅沙直出大洋
至浙江舟山而旋復於八月十三日駛至金陵臣親自登舟試行至采石磯每一時上水行七十里下水
行一百二十餘里尚屬堅緻靈便可以涉歷重洋原議擬造四號今第一號係屬明輪此後即續造暗輪
將來漸推漸廣即二十餘丈之大船可伸可縮之煙筒可高可低之輪軸亦可苦思而得之上年試辦以
來臣深恐日久無成未敢率爾具奏仰賴　朝廷不惜巨款不責速效得以從容集事中國自强之道或
基於此各委員苦心經營其勞勛亦不可沒也溯自上海初立鐵廠迄今已逾三年先後籌辦情形請略
為　皇上陳其梗概開局之初軍事孔亟李鴻章飭令先造槍礮兩項以應急需惟製造槍礮必先有製
造槍礮之器乃能舉辦查原購鐵廠修船之器居多造礮之器甚少各委員詳考圖說以點線面體之法

求方圓平直之用就廠中洋器以母生子觸類旁通造成大小機器三十餘座即用此器以鑄礮鑪高三丈圍逾一丈以風輪煽熾火力去渣存液一氣鑄成先鑄實心再用機器車刮鏇挖使礮之外光如鏡內滑如脂製造開花田雞等礮配備礮車炸彈藥引木心等物皆與外洋所造者足相匹敵至洋槍一項需用機器尤多如碾捲槍筒車剖外光鑽挖內膛鏇造斜稜等事各有精器巧式一面出槍成之後亦與購自外洋者無異此四五年間先造槍礮兼造製器之器之情形也該局向在上海虹口暫租洋廠中外錯處諸多不便且機器日增廠地狹窄不能安置六年夏間乃於上海城南興建新廠購地七十餘畝修造公所其已成者曰汽鑪廠曰機器廠曰熟鐵廠曰洋槍樓曰木工廠曰鑄銅鐵廠曰火箭廠曰庫房棧房煤房文案房工務廳中外工匠住居之室房屋頗多規矩亦肅其未成者尚須速開船塢以整破舟酌建瓦棚以儲木料另立學館以習繙譯蓋繙譯一事係製造之根本洋人製器出於算學其中奧妙皆有圖說可尋特以彼此文義扞格不通故雖日習其器究不明夫用器與製器之所以然本年局中委員於繙譯甚為究心先後訂請英國偉烈亞力美國傅蘭雅瑪高溫三名專擇有裨製造之書詳細繙出現已譯成汽機發軔汽機問答運規約指泰西採煤圖說四種擬俟學館建成即選聰穎子弟隨同學習妥立課程先從圖說入手切實研究庶幾物理融貫不必假手洋人亦可引伸另勒成書此又擇地遷廠及添建繙譯館之情形也茲因輪船初成之際理合一併附奏

第一號輪船下水並續辦各情形疏 同治八年五月　　福建船政大臣　沈葆楨

竊臣於七年十二月二十六日業將船政一切工程奏明在案本年正月起廣召艌鑽各匠黏灰穿孔塞

鏬漚釘鐵匠打鑲鐵梁鐵脅鐵條等件兩月之久始行蕆事三月初旬船匠始得刻雕梁座鬬擺機器車治舵桅鐵匠拆移輪機水缸等件上船配合偏嵌泡釘螺餅兼製銅管氣筒尾輪鐵輥等事如是者復一月有奇四月以後船內之匠則造艙堵戰枰桅架椗車舢板等件船外之匠則趕包龍骨銅皮分造車輞凹槽下水托輞等件內外完備乃如堊洋油聯鈴銅板如是者復二十日有奇四月之杪日意格稟稱船上大小工程一切告竣請期下水臣飭監工員紳覆驗無異因諏五月初一日乘午潮漲滿縱船入江先期一日用巨鑊煑牛膏豕脂胰皂油等物數十斛灌入船底凹槽凝厚寸許將船臺初疊之木節節掇下另墊木楔使船身依倚兩旁托架附搭相銜留船旁撐柱數十根以支之屆期臣躬率提調周開錫及各員紳致祭　天后江神土神船神向午潮平日意格督匠作人等盡拔撐柱將船頭所銜木楔衆斧齊敲使船勢全力趨下再將船頭托輞鋸斷鋸甫過半船砉然自行一瞬之間離岸數十丈船上人乘勢下椗拋泊江心萬斛艨艟陸自入水微波不濺江岸無聲中外歡呼詫爲神助辰下方升桅竿繫帆纜安牀爨添旗幟製號衣整礮械以備出港適提調道員胡光墉同管駕官副將銜遊擊貝錦泉續募通曉輪機之中國舵工水手八十餘人到江伏念新船如生馬非銜轡均調恐不相習且一律用中國人駕駛初試風濤尤當慎益加慎因飭該管駕等就船上加緊練習由近漸遠七月間當可遝出大洋駛赴津門請　旨簡派大臣勘驗此第一號下水之情形也第二號之船自開工以來匠作等駕輕就熟工程較速現邊板已封三分之一再有兩三月亦可下水第三號船臺底樁俱如法釘齊全架一成便可興造木料一節日意格所購者年內已到五起業經臣等奏明在案本年二月初十日第六起報到二月二十八日第七起

報到三月初十日第八起報到三月二十九日第九起報到四月十二日第十起報到凡五起計統裝曲直木及楢板六萬六千六百四十六幅地去年委員劉國泰往南洋所辦者於二月十七日報到船名曰法蘇甲里凡載楢木鐵杪打馬勒皷武結喇嘟荅蚋等木一千八百四十餘節石來板二千七百八十餘片其中可供鐵廠橫梁之用者不少目下良材層至船工自易圖成惟機器之出專由鐵廠閩省春夏陰雨連綿版築不易監工員紳披蓑荷笠號召泥濘之中數月以來輒垣石檻石甃一律完竣棠梲桷亦皆裁量如式而鑄匠方趕造各種船上器具未遑兼鑄鐵柱是以棟宇未得觀成現首船下水鑄工稍鬆當飭刻期趕辦鐵廠告竣便可講求輪機關竅輪機之巧能應手得心船事乃中邊俱徹也前派總監工道員葉文瀾赴暹羅採辦楢木據報於三月初一日安抵喰叻派遊擊吳世忠舉人蔣錫璠等先赴暹羅葉文瀾先將喰叻所辦木料雇船起運亦於四月初六日前赴暹羅矣第一號船擬名曰萬年清第二號船擬名曰湄雲暫資號召應俟抵津勘驗再懇　恩旨寵錫嘉名以光海宇其萬年清謹委遊擊貝錦泉管駕湄雲謹委遊擊吳世忠管駕貝錦泉原駕之華福寶委都司銜貝珊泉管駕以專責成

請創設外海兵輪水師疏 光緒十一年　翰林院侍講學士張佩綸

臣維泰西各國所以縱橫海上難與爭鋒者船堅礮利而已二十年來中外既通商定約矣而各國鋼船鋼礮制作日新月異其鷙悍狼貪注目垂涎於亞洲之心固路人所共知也　國家即令大治水師猶懼不敵若復徬徨審顧不為自強根本之計誠恐海上之警殆無已時查中國海岸東暨奉錦南訖瓊廉延袤萬有餘里各省海口多者數十處本屬防不勝防而俄據海參崴以睨混同倭襲琉球以伺臺澎英取

香港法取越南葡萄牙取澳門以逼粵三路此為大海之險與彼共之矣西洋各國復闢紅海以趨捷徑設海綫以達軍書一旦有事彼航海三萬里而徵調應期饋輸不絕排重溟之險可以直叩門扃我惟自扼海口集陸路以禦之進則有利退亦無害客之勢轉逸主之勢轉勞此固論兵者所深忌而籌海者所宜知者也自粵捻既平中國稍稍治船廠購機器以立兵輪水師權輿餉力之不充人才之不出水旱災沴之不時內外議論之不一至今外海師船未改舊章各省輪船未垂定制無警則南北洋之經費關久解有警則南北洋之經費省省截留仍此不變而欲沿海水師足備攻援足資戰守亦已難矣同治年閒丁日昌請設三洋水師提督左宗棠謂洋防一水可通輪船聞警可赴北東南三洋各駐師船常川會哨自有常山擊蛇之勢若兼分三洋轉生畛域李鴻章亦謂沿海口岸林立處處宿以重兵所費浩繁意在以全力扼要害而尤戒散漫分防其後沈葆楨乃有輪船聚操上海之奏臣考之西洋兵制水師均專設海部兵柄極重英人赫德曾在譯署獻議亦以請設總海防司為言深惟二三老成之籌謀參以五六海國之新制水師之宜合不宜分宜整不宜散利弊亦略可覩矣然則欲求制敵之法非創設外海兵輪水師不可欲收橫海之功非設立水師衙門不可水師政要略有四端曰審形勢曰練將才曰治師船曰攷工用海防之事督撫不能不問而各省既分疆域即不能盡化町畦若責成重臣舉沿海口岸分別要衝次衝何處可屯鐵船何處可建礮臺何處可修船塢何處可伏水雷將帥一家水陸一氣始能血脈貫注骨節靈通雖海口之奓狹潮汐之往來泥質之軟鞕礁沙之厚薄斷非一耳目所能周一手足所能舉而備多用分之弊除斯集思廣益之效著則相地之任宜專也陸軍宿將強令巡海固恐還地勿良即向

帶內江長龍舢板之楚將不習風濤海運向帶紅單船艇之粵將不習機器測量理法亦未敢輕於相委南北洋輪船近多募用洋員延以重資臨敵請退終難收客卿畨將之益欲求水師將材惟出洋學徒庶幾中選然非師船時時游弋時時聚操則技藝日就荒嬉心志亦終歸驕惰無能者或以奔競而濫遷多藝者或以樸拙而淹滯陶鎔鼓舞胥賴帥臣則馭將之任宜專也海上戰守莫要於師船粵省之船河海兩絀閩礮之船兵船兩絀即赫德訂購之蚊船機露礮重底平行遲長於守港艱於涉海亦非水師利用今定遠濟遠鎮遠等鐵艦既未來華惟北洋超勇兩艘南洋開濟五艘號稱新式耳然而中外條議或謂艇船仍不可裁或謂帆船亦不可去或謂中國安置鐵船之口岸甚多或謂南洋水性過熱海虫水艸足為鐵船之害非有深諳軍事熟悉洋情者詳為攷核購船既受其欺駐船未得其地皆足啟侮損威至於羅經海線攷查宜精魚尾雁行陣法宜講尤非專心一志不能日起有功則治船之任宜專也購外洋軍火有年惟南洋北洋有克虜伯礮及各種精槍而滇粵各軍求呍嗜士得士乃得之槍尚為奇貨可居則各省之風氣未開也置外洋機器有年而因陋就簡與規矩不能與巧至今造船之材料造槍礮之鋼鐵均須購自外洋則機器之大原未立也誠得專員經理南北采木之法別其性質以代洋木鍊鐵鍊鋼之法宜先探其本然後輪機配定何式槍礮擇定何種用不雜而兵精工不雜而藝精其他水雷魚雷行軍需用之器擇地擇人通籌兼顧軍火既免於缺乏餉需亦免於虛糜則簡器之任宜專也惟是七省水師特派重臣經畫創辦之始必須持款千餘萬辦成之後必須有經費數百萬統籌國用亦知財力難勝然以水師一軍應七省之防即以七省籌水師一軍之用各督撫通力合作挹彼注茲當不致束手坐視而

水軍以漸擴充遠或七年近或五年積蓄經營殫精竭慮或可有成夫以中國之大　聖詔之宏毖　天恤民講信修睦苟彼族漸濡德禮豈不宜詐虞悉泯懷我好音乃十年之中豊大業之案甫定而日本構兵馬嘉利之案甫弭而俄人要約東失中山而南又挫於交海何哉彼以水師火器為長技挾兵以衛商挾戰以要和而我猶狃於舊船舊礮不知改絃更張徒欲將士以血肉相薄文臣以口舌相窮亦常不及之勢矣反復思維自今遴選將帥經畫水師在法事為後事在海防為先著應請專派大臣將沿海七省水師改為兵輪垂為經制俾各省船廠機局均歸調度以專責成內政作而外禦紓庶幾收懲病蓄艾嘗膽卧薪之效乎應如何籌定餉項建立衙門請派大員之處伏懇　敕下軍機大臣總理各國事務衙門大臣會同戶部妥議具奏

統籌閩粵浙三省防務片　光緒十一年　兩江總督　曾國荃

海防區分南北洋而山東之煙臺歸北洋兼轄閩浙粵三口歸南洋兼轄烟臺祗有一口尚易兼顧閩粵則有臺澎金廈雷瓊之散布浙江則有定海鎮海之要隘道遠則經營匪易隔省則呼應欠靈今津沽吳淞等處既擬增雷快鐵甲等船福建廣東浙江三省亦須遠籌巨款及時製備庶無事則各為操練有事則立調應援以期聲勢聯絡鞏固海疆各省督撫臣皆具深謀遠識何省應增何項船隻若干或由廠自造或由外國訂購亦宜趁此決計自强通力合作相應請　旨勅下各該省赶速籌商奏明辦理至近日西人陸戰皆用礮隊當先而以後膛洋槍繼之臣處有由滇粵臺北前敵觀戰來者言之甚詳是陸兵從前專練洋槍以後更宜加練礮隊所需後膛槍礮尤為最要之軍械一經海口封禁購辦無從似須先事

購備並添購機器推廣仿造庶免缺乏之虞除飭上海金陵兩機器局遵照妥辦外一併請　旨勅下閩粵等省預行籌備洵於防務有裨

請拓增船礮大廠疏光緒十一年

大學士　左宗棠

竊惟防海以船礮為先船廠以自製為便此一定不易之理臣於同治五年奏設船政局於福建仿造外國兵船甫蒙　俞允即拜西征之　命一切製造經歷任船政大臣斟酌辦理所製各船多仿半兵半商舊式近年雖造鐵脅快船較舊式為精利然方之外洋鐵甲仍覺強弱懸殊船中槍礮概係購配較外洋兵船所用又有多寡利鈍之分所以夷釁一開皆謂水戰不足恃也夫中國之地東南濱海外有臺澎金廈瓊州定海崇明各島嶼之散布內有長江津滬閩粵各港口之洪通敵船一來處處皆為危地戰固為難守亦非易現今守口之礮率購自外洋子彈火藥形式雜出各礮各彈南北洋雖能配補而礮身槍管久必損缺各國既守公法一概停賣將來由雜而少由少而無誠有不堪設想者臣去冬布置閩海防務親歷長門金牌察看礮臺飭將馬江被敵擊沈之礮起出安配粗足自固然礮位少而海口多陸師仍不能省兵多餉巨司庫難支不得已而有商借洋款之舉夫借款必還且耗巨息幸而軍務順手尚不失為權宜倘夷隙日張海防日棘而徒剜肉醫瘡勉強支持何以抑強寇而靖海疆臣愚以為攘夷之策斷宜先戰後和修戰之備不可因陋就簡彼挾所長以凌我我必謀所以制之因於船政局舊班出洋學生內詢考製礮大略據稱泰西礮廠不一當以法華士廠克虜伯廠安蒙士唐廠好兩驚廠四處為最法克兩廠礮身礮筒礮箍皆煉成全鋼安蒙士唐廠筒用精鋼身用熟鐵好兩驚廠筒箍用精鋼身用鑄鐵皆擅

專長然半鋼半鐵製費雖减惟有用久裂縫之處不如純用全鋼價雖貴而無弊參觀比較仍以德國克虜伯英國法華士作法為妙故中外各國用該局廠之礮為最多中國欲興礮政必於此兩廠擇一取法僱其上等工匠定購製礮機器就船政造船舊廠開拓加增尅日興工鑄造雖經始之費需銀五六十萬兩而從此不向外洋買礮即以買礮經費津貼礮廠算外有贏無絀惟製礮之鐵與常用鐵器煉法不同必須另開大礦添機煉冶始免向外洋購鐵查福州穆源礦苗極佳閩中官民屢議開採以銷路不旺而止若用以製礮取之甚便如能籌得二三百萬金礦礮並舉不惟礮可自製推之鐵甲兵船與夫火車鐵路一切大政皆可次第開辦較向外洋購買終歲以銀易鐵得失顯然泰西各強國於此等工程斷不貪購買之便而自省煩勞良有以也各等語稟由船政局提調道員周懋琦轉稟前來臣查西洋各國二十年前尚無鐵艦所有兵船與中國船政局現製相符即礮位藥彈亦多前膛笨重之物論其昔年兵力物力本非能與我為難孰料該夷逐漸講求日新月異兵船鐵甲厚至一尺有餘更以一二尺厚之陰丁魯泊如象皮膠者貼襯其裏以故剛柔摩盪堅實異常其後膛巨礮全重能力突過從前上海製造局所譯克虜伯礮準心法及兵船海岸礮位架圖說言之甚詳申報所載英國新造巨礮可受藥彈一千餘磅之重能洞穿五尺餘厚之鐵甲聞者莫不咋舌而自泰西各國視之亦等常工作耳該夷修明武備不惜財力至於如此此次法夷犯順遊弋重洋不過恃其船堅礮利而我以船礮懸殊之故匪獨不能海上交綏即臺灣數百里水程亦苦難於渡涉及待開廠製辦補牢顧犬已覺其遲若更畏難惜費不思振作何以謀自強而息外患耶穆源鐵礦臣接見閩省官紳均謂便於開採似應委員試辦並拓馬江船廠興工鑄

廠臣又聞江南徐州鐵礦礦苗之旺甲五大洲若能籌款開辦即於楚吳交界之處擇要設立船政廠廠專造鐵甲兵船後膛巨廠實　國家武備第一要義臣老矣無深謀至計可分　聖主憂勞目睹時艱不勝愧憤惟念開鐵礦製船廠各節事雖重大實係刻不容緩理合請　旨敕下內外臣工迅速妥議具奏仍乞　宸衷獨斷期於必行天下幸甚

請撥款製船疏 光緒十一年

署福建船政大臣　裴蔭森

竊查同治十三年倭兵擾臺前總理船政臣沈葆楨疊次商辦鐵甲兵船在事官紳有婉辭阻止者有直言駁辯者而沈葆楨與洋將之言曰有鐵甲而兵輪乃得用其長無鐵甲而兵輪終恐失所恃議者謂其慮患之深不遽信其謀兵之善也迨上年法人犯順各處新報開列法國兵船綜計不足三十號而差遣轉運各船亦充其數至上等廠船不過與福勝建勝等船爭猛上等兵船不過與南琛南瑞等船爭快徒以二三鐵甲縱橫閩浙洋面馬江之役七船同沈石浦之役五船俱退雖管船者不得其人而虛聲所播士膽先靡要皆無鐵甲而兵輪失所恃之明證也然則懲前毖後之計整頓海軍必須造辦鐵甲時勢所趨無庸再決者矣查有船政出洋學生同知銜魏瀚參將銜遊擊陳兆翱都司鄭清濂等在洋肄業時適七年曾經委令監造德國鐵甲兵船閱歷頗深據稱法國於光緒十一年創造雙機鋼甲兵船名柯襯德士迪克士飛禮則唐等三船計船身長中尺十七丈三尺九寸船腰闊四丈船旁鋼甲厚八寸艙面鋼厚二寸每時可行中國海道八十里配用新式康邦臥機計算實馬力一千七百匹較北洋德國訂造之定遠鐵甲船身較小與濟遠鐵甲馬力稍輕而駕駛較易費用較減除廠位魚雷電燈另購外海船工料估

銀須四十萬兩兩船並造須二十八月可成三船同造三十六月即竣閩省若得有此等鋼甲兵船三數號礮船快船得所護衛膽壯則氣揚法船斷不敢輕率啟釁茲稟由提調道員周懋琦繪圖轉稟請示並據試造雙機鋼甲以魏瀚鄭清濂吳德章監造船身陳兆翱李壽田楊廉臣監造船機確有把握如果虛縻工費甘與該學生等一同科罪等語臣等復查疆臣議辦鐵甲十有餘年或因喫水動逾二丈三四尺中國海口較淺出入不能自如所可慮者一閩粵等省船塢過小修理不能勝載所可慮者二船身滯重轉棹未靈管駕不能如法所可慮者三該道員周懋琦等所呈總分船圖據開全船墩載一千八百墩喫水止深一丈二尺二寸沿海各口均可駛行則出入不難矣船政前為南洋承辦開濟等項快船實馬力二千四百匹本勘定附廠紅山山麓另造砌石大塢預備修理南北洋快兵船鐵甲船之用核估工料需銀一十萬兩三四月可以工竣現將次第造辦則修理不難矣三屆出洋學生另請案加展年限每年在外國兵船閱歷須和足六箇月為期船政又另購夾板復設練船為出洋訓練學生水手之用則管駕亦不難矣自來兵家有恃乃可無恐先聲足以奪人南北洋籌辦水師頗費財力棧闕之師久而不出出則遲回觀望畏葸不前法人得窺其微遂乃截商阻漕以撼中國鐵甲未成兵船無護不敢輕於嘗試得以大肆要求幸而諒山復為我克臺澎不能安踞孤拔又伏冥誅餉絀民譁暫時就範然而法人豈能一日忘臺澎耶該道員久官閩臺該學生等籍地福省均無希圖名利之心祇以馬江死事諸人非其親故即為鄉鄰以報仇雪憤之心寄於監作攷工之事其成效必有可觀至所需製船經費一百三十餘萬兩或在洋關酌撥抑或另籌協濟現雖經費異常支絀然必需之款臣等不敢稍有畏難應俟奉　旨後臣昌

濬等隨時妥籌辦理所有船政試造雙機鐵甲兵船緣由理合會同馳奏抑臣等更有請者歐洲大局已成連橫之勢中國若再拘於成見情形岌岌可見除製礮造船教將練兵別無自强之道然不開礦煉鐵購機造鑪事事購自外洋財源溢出軍火之費較之洋藥漏卮尤爲繁鉅臣宗棠日前拓增船礮大廠一疏仍求　宸衷獨斷天下幸甚此摺係臣蔭森主稿臣宗棠臣圖善臣昌濬臣兆棟會商意見相同謹恭摺附輪船到滬交上海縣由驛五百里馳陳

購置練船疏 光緒十一年　裴蔭森

竊查泰西水師章程凡習駕駛者先由學堂肄業數年於天文羅經測量算法粗具根柢大約年十八九歲以後派入練船周涉海洋閱歷風沙演試礮彈嚴定年限按時考試按等升調蓋海上交綏非袵席風濤者不能確有把握耳練船以夾板爲多輪船用火帆船用風汪洋大海之中偶遇機器損傷抑或煤炭缺乏非帆纜無以繼輪機之窮故學御帆船較輪船爲尤要亦較輪船爲尤難也同治九年原任大學士英桂於閩浙總督任內會以萬金購日耳曼國夾板一號從新修改名曰建威練船另延英國水師官遴順等爲教習頗著成效嗣建威損壞經費支絀改派揚武爲練船有名無實練務廢弛馬江石浦諸役死事獲咎各學生內有曾經英國水師兵船總統書院教習甚爲褒奬出具切考給憑回工者乃臨事倉惶不能出奇制勝固由船小力單形見勢絀亦各船士卒疏於訓練所致蓋練船不但練水手礮勇即管駕大二副無不因練成熟臨機決勝此泰西海軍尤必多設練船者也臣等以爲諸費可省練船之費必不能省創深痛鉅之餘懲前毖後萬難再事因循前任船政臣何如璋奏請由廠新造夾板估費須二萬餘

兩丈恐耽誤別船工程因未造辦適有英商美那二枚半桅夾板一號去冬守風泊住羅星塔江次該船主遂先回滬其船託英商天裕洋行拍賣洋平番銀四千元委員勘估該船身長英尺一百四十尺腰濶英尺三十一尺三寸艙深英尺十七尺七寸商墩可載重四百五十七墩船身係硬木枰面係金山松木均無腐爛艙底底栓銅鐵各半船底全鑲銅片桅身係鐵木船上鐵索錨鏈舢板抽水機器起錨車件一切器具俱全查閱驗船公司憑照係同治十年在法廠製成光緒八年至十年保險公司照一等夾船保險即飭知縣魏瀚買定並由英領事繕立契據惟去冬今春久泊江灘艙板應須修理帆纜亦須更換商船改練所有帆艙索艙火藥艙彈子艙及礟門戰枰官廳住房等處又須添備核估修費減於建威而船身較為堅結查船政前屆出洋章程習駕駛者每年在船僅兩個月現擬咨商北洋大臣大學士臣李鴻章請改為每年在船必扣足六箇月冀增功課惟核計每人每屆三年匀算需銀一萬元之多勢難多派學生而學生根柢未深出洋亦屬無益整頓海軍惟有多設帆船訓練庶有實效現在所購夾板擬名曰平遠已飭廠員提修於船政駕駛學堂各生取其年逾十八歲以上二十五六以下材貌魁梧膽氣壯定者另選精壯水手多人赴船肄業嚴定課程稽核日記由近及遠東則日本高麗各洋南則新加坡檳榔島各埠北則旅順大連環海參崴西則印度洋紅海地中海每年春出秋歸冬出夏歸學堂所習天文海圖證之於礁沙實境是否測算合符所習槍礮陣法驗之於風水疑難是否施放定準三年為期與學堂輪番更換學業愈熟人才愈練愈多同是出洋同習駕駛用費較減收效較易果有膽略非常人才出衆再赴各國兵船涉歷一年半載便能得其體用據提調道員周懋琦稟請前來臣查駕駛與製造不同外

洋廠多器備習製造者非新至廠中不能深窺窾竅習駕駛者則無論何國水師不外嚴密二字嚴則一律整齊密則不留疏懈而要在乎熟而已至臨陣對敵運用在乎一心但須出洋久練不必定至外國兵船始識兵機也惟管駕練船不同管駕兵船管駕輪船固須熟習船學管駕練船即為各輪船管駕教事水手之教習必須曾歷各國洋面通曉水師章程為洋員所素知者始能勝任未便輕率派委船政向延西員又頗煩費現擬會商李鴻章於北洋兵船管駕內或於水師學堂教習內揀派管駕以資得力

試造淺水兵輪工竣察看疏光緒十二年

兩廣總督張之洞

竊臣等前因粵省現無水師兵輪六門海口內外扼守無具當於闈姓捐款內提洋銀二十萬元交署水師提督臣方耀等督飭員弁就省河黃埔設廠選募華工采取香港華洋船廠圖式試造淺水兵輪四艘以之防護海口機應礮臺於光緒十一年五月具　奏奉　旨據奏試造淺水輪船現已先造四艘著俟造成後詳加察看如果合用再行奏明辦理該衙門知道欽此茲查該輪船四艘於上年冬間陸續造成淺水名之曰廣元廣亨廣利廣貞入春以來安配礮械選派弁勇工役練習駕駛漸次嫺熟經臣等於五月二十三日親往閱練操演船身計長英尺一百一十尺船面闊英尺一十八尺艙深英尺八尺半吃水英尺七尺半合中尺六尺一寸有奇工料多自港來故皆以英尺估計廣元廣貞兩輪馬力七十八匹速率每四刻行華里九十九合英里三十三里廣亨廣利兩輪馬力六十五匹速率每四刻行華里九十合英里三十里船面頗低以便攻戰輪聲甚小以免驚敵船後皆雙車暗螺內用康邦臥機內兩船兼用岑水氣櫃前後皆活桅兩持龍骨左右帶以鐵為水淺上下輔以鋼板船頭安四頓半後膛鋼礮一尊船尾

安九生口經克虜伯鋼礮一尊桅盤船腰各配一諾登飛連珠礮共三尊護礮皆有鋼板礮房與前　奏所擬式樣相符當即駛赴虎門內之蓮花山海面樹立礮靶該四輪連環操演審看礮力與船力相稱礮準約得什之五六船身轉捩頗靈行駛亦速機器一切磨擦光潔雖係華工所造視洋造者尚堪彷彿計四輪本船工料修建船廠工料委員司事人等薪工載運起落各項物料夫價廠局什物繪圖暨雜項統共用銀一十二萬五千一百餘兩礮槍各件係就臺屬現存者酌量配用價值不在此內另購存鐵木各料銀一萬七千五百餘兩除原撥闈姓捐款二十萬元合洋銀一十四萬兩外尚墊支銀二千六百餘兩准方耀咨據監造赤溪協副將吳迪文等造具冊報飭營務處司道點收具詳請　奏前來臣等伏查粵廠試造淺水兵輪事屬創辦工匠募之華人機器造之本廠款項由勉強羅掘而來法式由集思考索而定以視津滬閩廠局面恢閎工用精博遠不相侔今一年之內成船四艘總計船值礮械大約每艘不過五萬金遠而瓊山淺洋近而省河西海均堪行駛船頭之礮可擊水路八里中靶五里以之防護內河暨近海各口頗為合用現經遴派員弁管帶分駐六門內外會合所在師船一體巡緝內河外海盜賊比較各輪船丈尺馬力照支薪費章程每船月支薪工加餉公費等項銀六百八十二兩零以符成案應俟籌有款項再行添造多隻以固粵防

謹陳船政形勢及應行次第舉辦事宜疏光緒十二年　裴蔭森

竊臣自去年十二月蒞工經將察看福州海口情形及復設練船試造鋼甲並請　飭催積久關款各緣由先後　奏明在案數月以來臣復細加考察催趲工程時與在事員紳及監造工程學生往復講求每

至夜分必盡得其蘊而後已稍閒則獨乘小舟隨潮上下詳看工次一帶地勢港道竊維閩之設船政也原以為天下海防至計非一切機器局製造局可比造成兵輪派往各省而巡防皆賴學生藝成亦派赴各處而洋務漸開二十年來實有成效形勢非不足恃防守密則無虞工程非不日具經費足則皆舉應將形勢及應辦事宜實在情形敬為我　皇太后　皇上陳之船政廠地在馬尾山麓群峯繞其背形若匡牀前瀕大江踞林浦下流羅星塔之上前閩浙總督臣左宗棠議設船政號稱羅星塔一帶開槽濬渠水清土實為粵浙江蘇所無船政大臣沈葆楨察看海口及船塢摺內亦指林浦以下為重重天險臣自臬司任內奉檄填港及到工後巡勘較詳閩江自芭蕉五虎入口以來兩山環抱曲折轉灣至馬尾八十里實為自然天險論者徒以七月馬江之戰遂疑船廠之露處為孤危可慮不知法船肆擾深入口內已犯兵家之忌不過行險僥倖闖入長門地方官以中外尚未失和不早封口誤墮其術使能扼之於海門以外何至受其所欺譯法國官報孤拔上書其海部其言閩廠之所以不能燬者緣大兵船喫水過深衹能停泊羅星塔以外不能直逼船廠廠之左有馬限山為之屏蔽彈鉅者不能遠及廠屋其小礮輕者又不足以燬之等語臣則以為該敵冒險深入終不敢佔留一日以索償者實懼海口之險南北洋援軍之將合圍耳此閩廠地勢形勝最踞險要毋庸改設之明證也或謂吳楚適中之地如湖口地方可以建設船塢不知海潮有定江潮則無定每當伏秋盛漲江水挾四川之峽水而下必將漫過船塢至交冬水落石出又必不能過槽此湖口長江一帶衹能造軍火機器局不能造鋼甲船塢固不待智者而知也船政舊用鐵螺絲船槽容重三千餘墩比年製成之開濟鏡清快船即不能修津之大沽蘇之上海粵之黃埔

雖皆有塢亦以港道稍淺不能收納此事實難再緩經前大臣黎兆棠何如璋　奏明有案臣曾勘定船政左近紅山之麓可造船塢在羅星塔之下員山寨之上兩山中間生成小港實為天然船塢距船政僅水程八里工匠往來取攜甚便亟宜砌石造定大塢以備勘修南洋快船及臺灣所用快船即北洋之鐵艦如定遠鎮遠者亦可來閩修理此閩廠急宜增造船塢之實在情形也現在出洋回華藝成之學生如魏瀚鄭清濂陳兆翱吳德章李壽田楊廉臣等於製造船身輪機工程測算工夫具有本領今年所成橫海鐵脅船并開濟鏡清兩快船實已經臻美備南洋三號快船明秋亦可下水六號鐵脅船亦已安上龍骨此次奉准試造鋼甲一號只待省局經費解到便可購料開工惟該學生等造詣所到境界添機拓廠即大鐵艦之鐵甲及輪機大件亦可自製無容購於外洋前督辦黎兆棠何如璋均經　奏請以經費難籌而止臣擬擇其急者陸續添置度經費可寬籌而工程亦能起色此閩廠亟宜添拓之實在情形也戰守之利器近今以水雷魚雷為要去秋之戰人皆以採購魚雷水雷緩不濟急為憾及何如璋所購伏雷百具到時福州封口方有藉口尚慮港道寬大不敷布置因商督臣楊昌濬招募廣東學生陸汝成建甯增生楊仰曾各持所學分製各種沉雷三十具以供守口之助嗣購得德國魚雷十具在德習製魚雷伏雷學生陳才瑞亦已藝成回華臣飭逐件修配以便試演一面出圖仿造不使外人傲我所無惟建造廠屋購置各雷機器所費又已不貲至於開礦鑄礮以及各項製造火藥槍彈船政皆有藝成回華之學生可以承辦廠屋機器動輒鉅萬此皆海防必不可緩之事即船政所不容已之圖惟是經費難籌深為焦灼年來閩海關月僅解四成項下二萬兩其六成項下三萬兩截至今年六月止積欠二百四十萬有奇

經臣奉　旨飭速撥以濟急需迄今未解製船經費尚且不敷何況别項此又必需外省協濟之實在情形也現值　朝廷整頓海軍所需船礮必多臣愚以為應拓船政以為表裏請　旨敕下閩海關四成六成項下按月解清所有通年積欠速為設法陸續籌補并請　敕下海疆督撫酌籌協款接濟所有事宜臣再隨時函商以期開拓工程不囿故步上副　國家力圖自强之至意

船政善後芻議　薛福成

今將乘時勢規遠圖修利器上之固我藩籬成軍於海嶠次之興我貿易儲富於商民則整理船政其急務　自閩滬設廠仿造輪船以來迄於今日華匠能以機器造機器華人能通西法作船主功效不為不著然造船愈多則養船之費愈重閩廠以經費支絀告者屢矣局外不察從而議之至謂工廠可撤輪船可廢不知西人每造一器成一藝其勞費倍蓰於中國先難後獲凡事皆然夫為之而旋輟不如其勿為擲千百萬之巨款忽棄已成之功灰志士之心長敵人之氣失策莫甚於此矣雖然欲理船政必先籌費船政日漸擴充而專待公家之帑項其勢固有所不支往歲議定華商雇買輪船章程然自招商局外並無商人在廠租造輪船者何則中國商務既未甚興即有一二講船之商亦遠赴外洋各廠蓋以洋廠購船之價較廉於華廠造船之價也然則中國之船政欲廣招徠莫如研求廠務俾船價與外洋相等必無舍近圖遠之人欲謀持久莫如經營商務俾用船與外洋相等必有日新月盛之象況商船既多則入廠修船者遠至而不窮而租船造船之商皆事勢所必有他日由一廠分為數廠而公家之帑項可毋其費且商船既盛而兵船不患無養之之資是論今日之船政舍振興商務無他術矣若夫目前補救之策如

直隸奉天山東浙江等省已各調輪船一二號為巡洋捕盜之用而供其歲費所以稍紓船廠之力也然節於此仍費於彼亦非可久之道是宜察沿海水師之可減者若紅單艇船若澗頭舢板各裁去數十號或分防陸勇裁去數百人均可養兵輪船一號在各省大吏相其形勢而酌劑之而輪船之分隸各省者又當得精研洋學閱達沈毅知兵之大帥統歸節制以壹號令每歲會操一二次察各統將之勤惰能否而進退之庶中國多造一船可多得一船之用矣雖然猶未也聞華民之寓居外洋也往往以勢孤氣餒為他國之人所輕侮蓋西洋通例雖二三等之國莫不有兵船巡歷外埠名為保護商人曩者揚武練船遊東閱南洋各島而呂宋旅居華民喜色相慶至於感泣以為百年未有之光寵一埠如此他埠可知聞嘗取海外華人之數合傭工商賈併計之呂宋一島約四五萬人新加坡及檳榔嶼諸島約十萬美國舊金山及其近埠約十四萬流寓越南及西貢等處約三十萬古巴秘魯各十餘萬其他若日本若新金山若太平洋之檀香島歐數或逾萬或不及萬凡華人聚居之處莫不有會館有紳董彼皆自願集貲引領以望華官之至也久矣而兵船柳無論也蓋養一兵船歲費不過二萬兩以一埠六萬人計之每三人而蠲費一兩尚易為力況其中必有殷實商人為之倡者彼畧有所費而藉華船保護稍張聲勢使足與諸洋人齒偶有交涉隱受無窮之益此必華民所樂聞者也為今之計宜咨駐劄各國公使如各埠華民有願得中國兵船以壯聲威者宜自籌歲費報明領事領事請公使咨船政船政酌度撥遣或一年調還或半年調還再派他船更番前往藉資遊練如一埠不能養一船者或數埠共養一船使之往來於其間中國有事則悉數召歸以備調遣夫如是船廠無養船之費而獲捍禦之資兵船無坐食之名而有歷練之

賓商賈傭工躉費不多頗霑利益公使領事權力雖弱亦倚聲援蓋一舉而數善備焉而中國商船之遠適他邦未始不以此為之嚆矢是又振興商務之要端也夫

請開鐵路以圖自强疏 光緒六年

劉銘傳

臣以菲材渥承　恩遇自解兵柄養痾田園每念中外大局往往中夜起立眦裂泣下恨不能竭犬馬以圖報於萬一近者被　命力疾來京仰蒙　召見訓誨周詳莫名欽感竊念人臣事君之道知無不言况事變至迫利害甚鉅敢不竭其縷縷為我　皇太后　皇上敬陳之中國自與外國通商以來門戶洞開藩籬盡撤自古敵國外患未有如此之多且强也彼族遇事風生欺凌挾制一國有事各國環窺而俄地橫亘東西北與我壤界交錯扼吭拊背尤為心腹之憂我以積弱不振不能不忍辱含垢遇事遷就不惜玉帛以解兵戎然而和難久恃財有盡期守此不變何以自立今論者動曰用兵矣竊謂用兵之道貴審敵情俄自歐洲起造鐵路漸近浩罕又將由海參崴開鐵路以達琿春此時之持滿不發者非畏我兵力以鐵路未成故也不出十年禍將不測日本一彈丸國耳其君臣師西洋之長技恃有鐵路動逞螳螂之臂藐視中華亦遇事與我為難臣每私憂竊歎以為失今不圖自强後雖欲圖恐無及矣自强之道練兵造器固宜次第舉行然其機括則在於急造鐵路鐵路之利於漕務賑務商務礦務釐捐行旅者不可殫述而於用兵一道尤為急不可緩之圖中國幅幘遼濶北邊綿亘萬里毗連俄界通商各海口又與各國共之畫疆而守則防不勝防馳逐往來則鞭長莫及惟鐵路一開則東西南北呼吸相通視敵所驅相機策應雖萬里之遙數日可至雖百萬之衆一呼而集無徵調倉皇之慮轉輸艱阻之虞且兵合則强兵

分則弱以中國十八省計之兵非不多餉非不足然各省兵餉主於各省督撫此疆彼界各具一心遇有兵端自顧不暇徵調餉兵無力承應雖　詔書切責無濟緩急蓋一國分為十八疆界也若鐵路造成則聲勢聯絡血脈貫通裁兵節餉併成勁旅十八省合為一氣一兵可抵十數兵之用將來兵權餉權俱在朝廷內重外輕不為驕臣所牽制矣方今國計絀於防邊民生困於釐卡各國通商爭奪利權財賦日竭後患方殷如有鐵路收費足以養兵則釐卡可以酌裁並無洋票通行之病裕　國便民之道無踰於此且俄人所以挾我日本所以輕我者皆以中國守一隅之見畏難苟安不能奮興耳若一下造鐵路之詔顯露自強之機則氣勢立振彼族聞之必先震驚不獨俄約易成即日本窺伺之心亦可從此潛消本年李鴻章奏請沿海安設電線此亦軍務之急需但電線須與鐵路相輔而行省費既多看守亦易或者以鐵路經費難籌無力舉辦為疑竊謂議集商股猶恐散漫難成今欲乘時立辦莫如議借洋債洋債以濟國用斷斷不可若以之開利源則款歸有著洋商樂於稱貸　國家有所取償息可從輕期可從緩且彼國慣修鐵路之匠亦自願効能於　天朝此誠不可失之機會也查中國要道南路宜開二條一條由清江經山東一由漢口經河南俱達京師北路宜由京師東通盛京西通甘肅惟工費浩繁急切未能並舉擬請先修清江至京一路與本年議修之電線相表裏此路經山東直隸地界最多或謂於民間墳墓廬舍有礙必多阻撓不知官路寬廣鐵路所經只佔丈餘之地於墳墓廬舍當不相妨即偶有牙錯亦不難紆折以避臣昔年剿捻中原屢經各該省其地勢民情固所稔知非敢為臆斷也事關軍國安危大計如蒙　俞允請　旨勅下總理衙門迅速議復若輾轉遷延視為緩圖將來俄局定後築室道謀誠恐

臥薪嘗膽徒託空言則永無自强之日矣

津滬電線辦有成效請招商接辦推廣疏 光緒九年　李鴻章

竊臣於光緒六年八月奏請由天津陸路循運河至鎮江上海設立陸路電報籌款墊辦俟辦成後擇公正商董招股集貲接辦並設電報學堂教習生徒自行經理是年八月十四日奉　上諭現在籌辦防務南北洋必須消息靈通以期無誤事機該大臣請於陸路由天津至鎮江達上海安置電線係為因時制宜起見即著妥為籌辦並江蘇山東各督撫飭令地方官一體照料保護勿任損壞餘著照所議辦理可也欽此仰見　朝廷主持要政裨益軍謀之至意欽服莫名當經督飭前津海關道鄭藻如候補道盛宣懷劉含芳等妥議章程與丹國大北電報公司商立合同代為購料雇人查勘設線道路以資熟手指導自七年五月初興工至十月底工竣中外消息瞬息可通仍照奏案招集商股自八年三月初歸商接辦由官督查臣仍籌貼每年沿途弁兵巡費一萬一千兩以示體卹五年後如電資有餘再行截止夏間朝鮮內變急調南北水陸各軍實賴電報處捷其赴機之速為從來所未有即總理衙門往返函商出洋各使臣及南省要務莫不旋至立應成效已灼然共見臣與總理衙門往返函商惟有勸集華商先行接辦由滬至粵沿海各口陸線以報中國自主之權京外籌商軍國要事調兵催餉亦得一氣靈通於洋務防務實有裨益而商民之轉輸貿易者亦藉電報速達利益更廣因飭津滬電報局委員盛宣懷等集眾商妥晰會議據盛宣懷會同各員董等聯銜馳稟擬請自蘇州浙江福建通商各海口以達廣東與現任粵商所辦陸線相接計將六千里照津滬陸線成本工費核算約須銀四十餘萬兩而沿途分設局棧籌

辦實屬不易惟欲收我中國自主之權利必當竭力籌維勸集巨貲次第開辦以圖報效之忱公議章程十條呈請察核並請援案奏明請 旨敕下蘇浙閩粵各督撫轉行經過地方官一體照料保護等情前來臣査核所議章程尚屬周妥謹照抄恭呈 御覽當此中外交涉之際必須激勵眾商羣策羣力共圖其成雖浙閩粵各省道里較遠民情不一而同治十三年沈葆楨奏請在閩境興辦電線速達軍報業蒙 旨准因循未就署兩廣督臣曾國荃現飭粵商興造陸線業有成局可知風氣漸開南中官民皆知電報為有益軍國商旅之事況自津達滬二千數百里陸線成後沿途毫無擾累各省必有風聞擬請 飭江蘇浙江福建廣東各督撫臣轉飭經過各地方官妥為勸諭隨事照料保護勿使稍有阻撓損壞以期事在必成有裨大局

天津等處試辦鐵路以便調兵運械疏 總署 王大臣

竊查鐵路之議歷有年所毀譽紛紜莫衷一是臣奕譞向亦習聞陳言嘗持偏論自經前歲戰事復親歷北洋海口始悉局外空談與局中實濟判然兩途嘗與臣李鴻章臣善慶巡閱之際屢經講求臣奕譞管理各國事務衙門見聞較切思補時艱臣曾紀澤出使八年親見西洋各國輪車鐵路於調兵運餉利商便民諸大端為益甚多而於邊疆之防務小民之生計實無危險窒礙之處近在總理各國事務衙門行走於此事更加留意採詢所聞相同現在公同酌覈華洋規制自古不同鐵路利益雖多若如外洋之徧地皆設縱橫如織不惟經費難籌抑亦成何景象至調兵運械貴在便捷自當擇要而圖未可執一而論正商榷間據天津司道營員聯銜稟請直隸海岸五七百里雖多淺灘沙磧然小舟可處處登岸輪船可

以泊岸之處除大沽北塘兩口外其山海關至洋河口一帶沿岸百數十里無不水深浪闊大沽口距山海關約五百餘里夏秋海濱水阻泥淖轍車日行不過二三十里且有旱道不通之處猝然有警深廣綫不濟急且南北防營太遠勢難隨機援應不得不擇要害各宿重兵先據所必爭之地以張　國家關外之威然近畿海岸自大沽北塘迤北五百餘里之間防營太少究嫌空虛如有鐵路相通遇警則朝發夕至屯一路之兵能抵數路之用而養兵之費亦因之節省今開平礦務局於光緒七年創造鐵路二十里復因兵運船煤不便復接造鐵路六十里南抵薊河邊閻莊為止此即北塘至山海關中段之路運兵必經之地將若此鐵路南接至大沽北岸北接至山海關則提督周盛波所部盛軍萬人在此數十里間馳騁援應不啻數萬人之用若慮工程浩大集貲不易請將閻莊至大沽北岸八十餘里鐵路先行接造再將由大沽至天津百餘里之鐵路逐漸興辦若能集款百餘萬兩自可分起告成津沽鐵路辦妥再將開平迤北至山海關之路接續籌辦此事有關海防要工即或商股一時不能多集似應官為籌措並調兵勇幫同工作以期速成且北洋兵船用煤全恃開平礦產尤為水師命脈所繫開平鐵路若接至大沽北岸則出礦之煤半日可上兵船若將鐵路由大沽接至天津商人運貨最便可收取洋商運貨之貲藉充養鐵路之費如蒙　奏准擬歸開平鐵路公司一手經理以期價廉工省並請　奏派公正大員主持其事等情會稟前來臣等查該司道營員等所請由閻莊接修鐵路至大沽北岸八十餘里均在大沽北塘之後距海岸尚數十里實無危險之虞惟須籌出養鐵路經費庶可持久所請由大沽至天津百餘里之鐵路逐漸興造洵足為挹注良法於軍旅商賈兩有稗益平日藉資捍衛遇事便於援應即戰陣偶不得

力祇須收回輪車拆斷鐵路埋伏火器自不虞其衝突臣等會同商酌擬請照依該司道營局各員所請變辦仍交開平鐵路公司一手經理並擬派奏留北洋差委前福建布政使沈保靖署長蘆鹽運司直隸津海關道周馥督率官商妥爲辦理計今夏英德兩國訂造戰艦可以來華臣亦議明年當再赴海口與臣李鴻章編立海軍第一枝即就便查看鐵路如果合用無弊擬將京外開礦各處均次第仿照興辦

駕駛輪船說略

葛道殷

行船之事至粗行船之工則最精必合內外兩功而後能善駕駛何謂內功汽機鍋爐煤火等類是也何謂外功水道天文氣候等類是也內功汽機與鍋爐相關煤火化水爲氣尤與鍋爐汽機相關近日泰西汽機新式層出老安坊所造兼用大抵力自漲力重熱器外冷凝水四法重加熱之法能將汽內水點悉化汽之體積增大而熱不加多自可得益若汽已乾則無益矣自漲力之法汽筩之容積必加大所燒之煤則可減少然省汽而增汽之功力亦必漲力遠小於原抵力而少減汽機之能力也大抵力之法雖善而最易損壞鍋爐外冷凝水之法雖省煤然器具繁重功不掩費老安坊既兼此四法必須精益求精使鍋爐極堅能受大漲力而不險又使海水內之石質於火切面而不結且於自添煤重燒煙之創制再能精思博考以詣其極斯爲毫髮無遺憾耳但駛船者不能必遇上等之器宜以善用之法補救之其法苟壁鍋鐵鍋爐之式有曲管煙管之別吹出鹹水曲管者二小時一次煙管者一小時三次每停輪再鏟一次漲力之限多視漲表爲準而有時漲表不靈宜常留意危險放汽彈門則可以救險設見水隨汽出鍋內之水必淺而曲管或煙管甚熱司機者若不將火取出可速關火門澆潑冷水旋即閉之火必滅小人

宜避於門旁免致汽噴受傷若爐頂已紅切不可添水進鍋尤不可取出爐火宜速開各處水塞門或各處出沙孔以放盡其汽與水使漲力頓減救險之法不過如此至於汽機為行船功力之本各節活動磨檫之處可常常用油與水併合添入則油水自能磨成肥皂之性不但滑膩兼能散熱大軸之頸處尤宜注意汽機繁重各種不同治法亦異故無公法可言惟恆設想某件偶壞當以何法治之胸中確有成見不至臨時忙亂斯為善於司機矣燒煤之法宜緩宜勻添煤之法不先不後不但燒料節省而且漲力停勻自少危險之虞添水惟斟酌多少以測水表為定別無他法此行船內功之大略也再言外功外功首考海道必熟某處水洪之淺深某處沙綫之長短某處沈礁之多少以知趨避也其次在測汽候法倫海寒暑表所以測熱度多寡風雨針所以驗空氣壓力以防颶風之發大霧之起也其次在識天文紀限儀所以測七政恆星可藉天度認明地球之經緯知船現行何綫也其次在別方向羅盤所以別三十二方向也其次在驗潮汐計水程度時表所以計一小時之水程驗各處之潮汐也其次在驗速率三角板沙漏所以量海面船行之速率也而行船尚有諸法海面非平圖取便於推算姑作平面論大端有四一曰行向一曰距數一曰緯較一曰偏較行向為船路與開行處午綫所成之角或用向數或用度數以定名類如東北為四向亦曰四十五度距數為依某向并若干小時所行里數緯較為自開行處之緯度或向北或向南行若干度偏較為自開行處之午綫或向東或向西行若干度又有紆道行船之法凡遇逆風或因他故紆道前行應合所行方向推算直距綫又有依距等圈行船之法平面行船各綫相交俱成直角但地體如球各經綫自緯度大圈至南北兩極經度漸合為一點故距赤道愈遠偏較里數愈小於經

較分數又有用中緯度行船之法凡直向正南北行者經度不變則距數與緯較等布算自易若向正東西而行準緯度以推經度較亦與依距等圈行船同法設稍有偏向則經緯度時時變易不能以開行處緯度相對之偏較推得此數亦不能以所至緯度相對之偏較推得此數故用開行與所至之緯度中數仍依前法以推此經度較是合平面與距等二法為一法也凡遇大逆風巨浪不能前進欲免為風力推行退後應酌留一帆令舵柄推定向下風則船首自向上風但無前行之速率則向上風者必轉而仍向下風耳及風帆飽受風力令船前行而舵勢恆迎上風則船首仍回向上風若天朗氣清日則沿路有浮標可避沙礁之觸夜則沿路認鐙塔可為方向之準又照章程吹號掛鐙分別來船左右更可免相碰之患倘遇大霧四塞則停輪自不容緩此行船外功之大略也必精熟內外兩功而後可暢行大洋以備外海水師之選矣

德國陸軍鎗隊操法序

馮國士

歐洲德意志者其今日地球最雄之國哉東鄰俄羅斯西接荷蘭法蘭西比利時南通奧地利瑞士意大利土耳其北連丹馬瑞典瑙威諸國四鄰環視約縱連横而德則屹然稱雄於其間設非君臣勵精圖治孜孜焉以求自強之道幾何不為鄰國之所併吞耶備豫不虞古之善教惟德人心焉知之觀其舉國定章自王子以至庶人無論士農工商貧富貴賤一體當兵講求武備陽託踐更之期陰寓練兵之術要使人人能戰而俾國中無瑕釁之可乘用心亦良苦矣嗣為強敵憑陵不得已至於用武朝野上下舉秣馬厲兵為王敵愾一戰而勝丹馬再戰而圍奧京三戰而俘法王拿破崙三國皆割地請成推執牛耳遂霸

歐洲夫乃知其平日之武備修明而功成一旦之非幸致也今者中外一家德意志與我 國交誼益親彼此推誠布公無虞無詐雖以該國最精之軍械聽我購採其曉暢戎機之員弁復任我聘用僕僕於南北兩洋相助為理或築礮臺或教操法洵合中外一家之誼矣隨有世爵武員畢第蘭氏者當德法之戰曾帶兵親歷行間近以承平辭職來應上海製造局教習槍礮之聘爰將該國纂定之槍隊操法原書為諸生口講指授其如何演練如何布陣剖析詳明不啻若教其本國之子弟焉惟是書雖圖說詳明而與中土營制究不無稍異畢君乃為之斟酌變通期於適用爰成操法一書請繙譯華文留為學者之助國士雖嘗學習德國語言文字而才庸識淺一知半解恐未能窺及精微第念此書譯成於我陸軍之操演槍法裨益非淺不得不就所知悉心從事並即畢君之書選繪陣圖二十二幅附譯操槍口令一則彙成是編雖鄙陋無文亦竊冀學者神而明之能遵其法而不為法拘耳

操練洋槍淺言 附表

馮國士　葛道殷

泰西各國火器之精不留餘力備其器者不經講習亦難命中特將洋槍一種粗疏淺言之以俾學者有所把握

槍之能及遠者莫如德國之毛瑟昂其度至四十五拋物線之遠界乃盡若平線打去不過四百餘碼而已西國名槍皆有表尺尺上碼數井然一經道破立刻通曉本無難也然其理最深微茲先即其深而要者淺言之庶由此可悟其理至凡槍子出膛口不能如軸線之徑直而去必成弧線名拋物線度低弧線直落角度不能及遠度高弧線曲落角度乃能及遠若過於高（即過四十五度）弧線極曲落角度反近矣此拋物

線一定之理也不可不知用槍有三要　要眼力要手力尤要身力練法詳後槍有四差　表尺數太高子盖靶而差遠太低不及靶而差近名曰遠近差又曰直差準偏側子或向右斜走或向左斜走名曰左右差又曰横差　四差之外又有三差曰早晚差曰陰晴差曰風力差

觀日光之左右眼光與日光相射則有偏左偏右之不同如向東之靶午前光正向西之靶午後光正日初出光在南槍必走北日將入光在北槍必走南向南向北之靶早晚光多不正惟日中時可打中月若十律認定中月打去槍線亦多出入矣是謂早晚差

晴天打靶指中月者陰天必指上邊晴天起碼五六百步者陰天必再起一線方與平日線路相合輕陰重陰亦微有不同忽陰忽晴則高下在心是謂陰晴差此二差非心靜細者不知也

又有風力差哈喫開斯槍子力大而勁足風小尚不走線風大亦可吹動若五六百步遠靶即風小亦有出入如此天氣可不打靶至空氣之阻攔差甚小故不論及

若夫器之新舊美惡火藥之配合輕重器差亦所必計誠能明乎以上諸弊提氣一身氣力如操弓箭者之心細手和自然百發百中

練身　有三法提氣上升槍則對正身則偏向右足斜退半步兩膝平直著力穩立為立法或有屈一足而跪者上身仍須挺直左手托槍置於左腿之上為跪法又有卧而施放者卧放有兩法有作俯卧勢放者有作仰卧勢放者變動不拘是謂練身

練氣　好勝則氣憤鹵莽則氣粗慣脫靶則氣浮心怯則氣餒不患四弊是謂練氣

練眼　一一線心光細審軸線之去路子未出膛口時即歷歷如見其彈子速率至落角處是謂練眼

練手 左手托槍迎表尺處右手握槍殺扳機每天操演習成前手穩後手靈舉重若輕竟不走偏是謂練手

練心 心粗則手眼皆生心疎則手眼無定必心細心沈乃謂練心

練神 年少之人溺於色則神衰沈於酒則神昏過勞則神粗過逸則神散養神之道莫如靜能此六者乃可以稱好身手

各國槍表

國名	槍名	致遠碼數	一秒始速尺數
德	毛瑟	二〇〇〇 一八〇〇	一四三四 一四〇八
	衛介德	一八〇〇	一五一四
	錢脫那德兒		

	普地惠利士			
英	馬梯呢亨利	一六〇〇	一二七四	土耳其亦採用
	司乃達	一〇〇〇	九五〇	荷蘭土耳其均用
	燕飛兒			
法	葛喇士	二〇〇〇	一四二八	
	沙賽寳	一三〇〇	一三〇三	

	美				
哈吃開司	林明敦	黎意	溫這士	蒽汾司	司百靈飛兒
一〇〇〇	一一〇〇	一二〇〇	六〇〇		
一四〇八	一四〇八	一四〇八			
	丹馬西班牙埃及瑞典均用				

俄	秘尒丹	一二〇〇	一二四八	
瑞士	秘屈得利	一一〇〇	一四二五	意大利國亦用
	秘波地	一一〇〇	一四二五	
澳斯馬加	温德尒	一〇〇〇	一二四八	
荷蘭	保蒙	一二〇〇	一三二六	
比利時	克白來	一二〇〇	一三六六	

右表横推直看如首行毛瑟鎗致遠碼數二〇〇〇即二千碼也一秒姑速率尺數〡〤〣〤即一千四百三十四尺也後逐行均倣此英尺以三尺爲碼以工部營造尺度之只有二尺八寸八分一百碼爲二十八丈八尺以步計之則五十七步三尺也如以步弓丈量立靶之遠近一百步與一百碼僅少四十二步又二尺與二百碼則少八十四步四尺矣

用礮要言　葛道殷

泰西各國用礮必專用一礮所造者藉資熟手也今中國或倣用烏理治或阿姆斯脫郎或克虜伯或瓦乱司不拘前膛後膛各有用法若不熟諳必至有器與無器等殊爲可惜竊謂今時所用無論何種礮最忌銹蝕宜常常以綿紗浸油抹之令其光潔前膛上藥彈裝有新法如礮臺厚土之內築成地道長巷巷內設有洗把裝藥彈先將礮身移向巷口礮口下俯十五度巷口外立有木柱礮口架其上先擡藥袋入礮口以洗把送至膛底又設有轆轤繩鉤彈托等件管彈之勇將彈放托內將繩拉絞彈托而上至礮口亦以洗把送入其洗把繫於轆轤之上以分人力　送藥彈入膛僅拽轆轤之繩其把自進推退則藉人力

附裝入藥袋法

裝餅藥入袋之法宜先製一木柱一鉛筒（柱筒尺寸均照餅藥砌成袋後加長六寸）疊柱之兩旁每距一寸鑽孔一道并製銅釘數枚裝藥時先以木柱直立地上外以鉛筒套之即將鉛筒升高三寸以銅釘插入木柱兩旁孔內托住鉛筒然後將餅藥層層鋪疊至三層再將鉛筒升高三寸如是藥則愈疊愈高筒愈升愈上矣藥鋪疊成數取袋從頭套下然後拔去銅釘鉛筒自落即就柱上將袋口束緊所裝各藥各作標識以

免棄亂

又附裝藥入彈法炸彈裝藥之膛宜在彈體正中稍偏則邊厚邊薄重心不中斷難命中

銅鐵炸彈之腹中均須裝藥其法用木一塊鑿一圓槽以彈首插入槽內彈底向上以一人扶之又一人將底內螺絲旋出取一空藥袋套於木棍之上將袋棍一併插入彈腹惟留袋口於外將木棍取出用漏斗使藥漸漸灌入每灌二三磅再將漏斗取出用木棍杵一次使其堅實裝藥既足袋口即行束緊以細繩紮二周打一小結剪去餘繩隨將袋口納入彈內以原螺絲旋入

彈內如用麤顆細兩種火藥裝配時宜以麤顆者先入硬鐵彈既不裝藥故其紫銅底盤先經製造家鑲合完固毋煩礟手另重鑲而鋼鐵炸彈均從底口裝藥其紫銅底盤雖設而未經鑲配吻合裝藥時先須取下裝畢如法安上再用鎚鑿周圍重擊五六處使盤與彈之凹處吻合堅牢不致脫落

至於後膛啟閉門劈不可用猛力上藥裹裝子彈尤需慎重總以密合筍縫為要

礟架因礟而異一種礟必有一種架式而其礟身俯仰進退左右總不外乎機捩大約上仰自一度起至十五度止下俯自一度起至五度止施放時退力甚大消退後之力全在架上關鎖鬆緊得宜太緊則架必震裂太鬆則礟必退出架外惟有瓦瓦司新法最善用油壓力筒即俗呼油鬃布二具又有鋼軸二條軸之一頭鑲入筒內一頭連及礟架彈子出口礟身與礟座向後退坐之際其軸直抵入筒筒內貯油甚滿軸為油阻不能暢行礟身退坐之勢因而不猛退力盡筒內之油又能將礟架推擠向前送歸原位至陸戰行營小礟車新式甚多可檢閱繙譯館鄭熙台先生名昌棪者所譯之礟乘新法於駕式無法不備誠武備

之要書也

附灌油入筒法

礮將施放司礮者先將兩邊油壓力筒後之螺蓋取下灌以臕油約十二格倫（每格倫約四升許）兩筒灌油俱滿再將筒前螺蓋旋開使油流出半升許遂將前後螺蓋一併旋緊

無論何種礮總以四十五度為最遠公界擊法有見擊越擊之別見擊有三法平仰俯用表尺最便帷越擊不見之營壘必用高弧度取象限儀四十五度為越擊之方向軸線昔者南北花旗之戰多用田雞短礮即此法彈子飛空墜下四散撲人最為猛烈總之礮身長利於及遠攻堅短僅利於越擊而已

若擊稠密之營壘或大隊莫妙於十管小格林有子籠裝滿彈子礮上有置籠之處筍榫密合握其柄而速轉之彈如風送雨點敵雖眾無所用之

凡用礮無論水陸總要操演得純熟操演之法無他亦不外上藥裝彈敏捷俯仰左右得法俯仰得宜則無直差左右得宜則無橫差兩差皆消即中矣

六要

一察礮體無論鋼料生鐵熟鐵銅質總以光滑為主若有痕迹須防炸裂後膛來復線若有纖微損污之處即宜去之膛後門體礮膛門眼表尺望準均宜詳察細看礮架子藥箱自來火隔針象限儀均不可忽

一論口徑統核礮準表知管徑愈大則左右差愈減而高下差不減其左右差減者大約因彈徑大送力亦大空气阻力不能與之相抵故礮準之左差右大徑之礮少於小徑礮

一考藥彈彈有三種實心彈子母彈開花彈各適所用水戰攻鐵甲礮臺陸戰攻城垣莫如實心平頭彈擊稠密之營壘或大隊莫如子母與開花彈各種彈凡外形有缺損之迹最能改變礮準且防炸裂礮管查收時須發回原廠藥分新舊又分散餅舊藥固不及新藥之良散藥每不及餅藥之力惟布國六角餅最堅實而不受濕氣可稱準藥

一辨地段凡所擊處之遠近高低平面立面或濶或狹或定或行均須着意應於五十彈表內比例之若極寬而短或極高而狹不合表中比例即難命中若擊不定之物如一隻船一隊兵則擊一彈即知應漸改而遠漸改而近惟初擊之一彈尚難定其遠近若擊地面高低之物或山林房屋其差亦同惟叢林亂山不能見彈落之處更難定耳

一審氣候天氣之寒暑陰晴最與礮準相關定準高低當以空氣壓力表為憑壓力大較表尺數略高小略低惟中可用表尺真數若風時最易改變方向看順逆左右何如橫來則橫差大直來則直差大順則更遠風時可用順

一慎用法西國礮式變換百出機器亦異機器雖巧總有迹象可尋其究不外左右螺旋必須小心看出乃可動手切勿用猛力亂轉致壞螺機其餘雜件甚多亦須檢點考究乃能操縱自如得心應手新譯各種礮說礮表最宜研究

準說

礮準與槍準理同槍小惟用三準礮可兼用六準何謂三準高準平準低準何謂六準高準平準低準中

準左準右準也高平低三限以天气寒暑陰晴為節因空气壓力最與礮準有關中左右三限以應擊之物大小為分中準與礮膛中心一線合對著應擊之物中心左右準界應擊之物兩邊以勻為定所謂兼用六準者無非求其不走中準線也

引火說附

引火有二種一曰藥引火一曰電引火藥引火以黃銅為殼中納以細藥首嵌銅帽觸銅帽生火礮即轟發電气引外形與藥引火無甚別惟中安鉑鎰絲一小節外以棉花藥圍之更接樹膠電線二條以通電气電气到鉑絲自紅棉花藥著而發火礮藥燃矣

新法礮臺議　江左校士錄

周郇雨

礮位名號實繁礮臺形式不一設礮築臺之法以形勢向背而異無定制也大約礮彈有二類曰平頭曰尖頭平頭彈橫衝力大欲其抵覆船隻也尖頭彈緩行勢銳欲其鑽通船甲也故礮有二法曰平擊曰懸擊平擊法但望定對面一方而發直擊其船旁也懸擊法必測遠近左右四向而發墮擊其船面也今水口所設礮位礮臺皆用尖頭平擊法取其事易而法捷而已礮位不多礮臺無法以此守險似未可恃鄙以為平頭彈未必勝於尖頭彈平擊法則遠遜於懸擊法何則直擊船旁敵人未必盡用夾板船數十磅彈來必擊穿即能擊穿彼又有補塞救急之法欲以禦敵實難為功墮擊船面雖不能炸裂敵船亦必有損器傷人之事而況彈如雨下無器不損無船不傷近口不能進口安得一軍制勝千軍無能為今各礮臺不用懸擊法亦非無故施放則難有其人測算則難得其準礮一發則藥煙滿屋平擊猶難望準何論

懸擊當眼一轉則敵船已過平擊尚恐不及何暇懸擊然而事急者不整暇以備其急斯所謀者已失先機矣事難者無深意以制其難斯所爲者皆居人下矣今擬設新法亦用懸擊在能備其急制其難耳各要口已築有礮臺者無事議撤但擇最險要處於已築礮臺之後添設新法礮臺其礮擬用田雞礮取其價廉而質輕輕則捷而用便無礮門則不爲敵人所窺擊無礮房則不致藥煙之彌漫若不用田雞礮酌用各式前膛炸彈礮亦可但求其多不求其大耳一險要海口礮約用五百尊小則二三百尊腹地要口礮約用百尊以外其設礮築臺操演施放等法條列如左并爲圖說附焉

一測量水面號線所以定準點也號線以礮臺址界爲底線或以兩岸定物爲底線或即用南北經緯度線爲號線皆視其地之形勢而定然後依底線求經緯各線而識之每一線相距一丈或二三丈視礮臺去水遠近而別號線止界以礮彈所能及處爲限其線之號數以礮臺近處起數或敵船來方起數均可言其理故築臺之先著論此事則臺成之來功而當審曲面勢時亦不可不預存定見也

一測量山坡定點所以立臺址也臺可稍高不可太遠址宜廣平不宜遍側如有小山作堡依山脊之險築平基址安置礮位更善更妙惟號綫最遠界必以四十五度爲率礮彈最遠點所能及焉田雞礮臺無礮門有礮堡其礮臺前蔽礮免窺見也堡無礮房有礮匣其礮匣平時蓋礮避污壞也堡後爲壘壘須空闊極平極準臺上精畫識綫以示礮軸之定點礮軸心點之垂綫直距潮平水面幾何尺寸垂綫正角之平綫橫距最近號綫幾何尺寸須一一測算精確然後平基劃界分臺列礮或十礮爲一列或二十礮爲一列各列高下曲折隨地而布斯礮臺之大局成矣

一推算各礮軸心距水面號綫各交點之相距尺寸所以備施放也各礮軸心距水面經緯綫相交之各準點俱有不同須逐一推算精確既得各準點距數即依以定各準點所用礮高各度數礮偏各度數及彈藥之各磅數然後編其距數度數磅數分寫每準點下列表於牌每一礮有一牌便於礮兵平時操演臨時審視斯準點之用數定矣

一位置瞭敵房所以統礮隊也其房鑿山為窟立石為壁房上作斜坡遇有礮彈來擊隨坡斜溜房不被傷房頂前有大窗安照物鏡鏡可置亂荊叢棘中惟鏡前不可有物以礙遠照鏡所能照之地須稍過水面號綫止界照物鏡後有折影鏡房中壁上或地上有收影鏡折影鏡與照物鏡之距數角度視收影鏡之遠近平立而別有依前所測水面之經緯綫以定收影鏡上之經緯綫其綫亦依次編號須令鏡上號綫與水面號綫一一符合毫釐不差如有敵船入號綫內照物鏡照其影折影鏡折其影收影鏡收其影人在房內見收影鏡上第幾號綫有船影即知敵船已行至水面第幾號綫可以傳意各礮臺整備轟擊窺室而能瞭遠方獨視而無殊衆見不必人人測量礮礮推算此一房所以為衆礮之目也

一安設號表號鐘所以指揮礮兵也號表設瞭敵房外升號之機設瞭敵房內號字明顯須令衆礮兵側目可見若礮臺首尾遥遠或分立兩所或分置兩房亦可表分上下行上行為經綫號下行為緯綫號如上行現二字下行現三字則知第二經綫與第三緯綫交點有敵船矣號鐘設礮臺與每礮一列設號鐘一具擊鐘之機設瞭敵房內收影鏡左近擊鐘法用電氣或用拉綫隨地設放如敵船循第二經綫而來已入第二緯綫即先升第三緯綫號令礮兵即速照牌定度俟敵船行至第三緯綫即刻報鐘即刻拉

樂齋發斯發無不中矣此號表號鐘所以爲衆礮之令也

一預備照海明燈所以防夜犯也凡防守要口敵人亦必躊躇卻顧不敢直闖至暮夜昏黑敵船息聲滅火乘機暗犯將防不及防守無可守斯千百礮臺俱爲虛設矣有明燈以遠照口岸明顯如晝斯敵人夜犯之計窮矣燈約有二石灰燈費大而事易電光燈價重而器精酌而用之可也置燈遠近隨地而定須命燈所及照之物瞭敵房內收影鏡上亦能見之臺上號表礮牌各須置燈照明以備礮兵夜瞭斯照海明燈所以匡礮臺之不逮也

以上六者特設礮築臺之大要也臺既成後則須事事慎密時時操演試礮位以驗其差否練礮兵以察其能否礮之準點雖已推算無差而潮水之漲落天氣之陰晴臺址之毫末偏頗礮度之分秒盈縮皆能致準點微差之故但能使礮彈擊點去準點不出二丈以外斯亦可矣送藥拉藥各礮兵無人不能惟定度安彈各礮目須詳知礮牌用法及號鐘用意則非聰明敏捷者不能辦也大抵礮臺不徒恃有善法而恃有善用之人礮兵一見敵船心膽如裂手足如麻有時礮彈尚難出口尚何論於發之能中耶有此新法礮兵祇知守礮不見敵船如指如揮以整以暇縱不能百發百中十發當七八中如一大口有礮五百尊每礮發二彈共發一千彈有七百八彈命中雖有敵船數十艘同時進口亦將無船不損無船不傷欲入我之守口能乎否乎不待言而決矣以此操防守之勝算不信然歟

此辛巳按試松江策士題幕中臨海周叔萱孝廉擬作也說非圖不明未及作而孝廉以歲暮歸里明年之夏遂歸道山此非心通其際者不能補也孝廉博學多通於中西之利弊戰守之機宜嘗與余咨

嗟太息言之其亮特之才並時罕遘會　朝廷搜訪人才遂以應　命不料其遂成異物年僅三十三耳余既以金賻其喪且謀刊遺稿而其附此篇於卷中需才之世無才可慮有才而不盡其才尤可惜也黄體芳識

上黎星使書 壬午春時高亂未萌

姚文棟

敬密陳者琉球一案欲日本全還中南兩島必非玉帛所能了勢須出於一戰近來京師清議及天下輿論大抵注重此案多主用兵之議以為不如此則國體不尊當事自公內念時艱而又外顧物望所以躊躇不能決也文棟竊統籌中國全局則竊以規復琉球之兵力移為保護朝鮮之用琉球之亡傷一足指而已今歲不治則來歲治之亦不為遲朝鮮為國東藩安危所繫譬猶吳之彝陵陸抗所云如有警當傾國以爭之者今朝鮮危機已兆矣日人之心待之以琉球俄人之心待之以土耳其視者眈眈勢處岌岌及今尚有三策可以為保全之計倘釁生有形即噬臍無及上策如英之待阿富汗發其自主之權一切聽吾措置中策如英法之扶持土耳其為之遣兵扼守要地下策令入萬國公會開埠與太西通商朝鮮與歐洲隔遠俄如欲取英美之力未必能爭且既入公會即慮其有自立之意故此為下策然愈於亡也以上三策如中國兵力不足使當募勇財力不足使當借洋債務使固如磐石而後息肩不可惜費畏難致有疏失今議者但知爭琉球而不附及朝鮮不過因琉球已然而易知朝鮮未然而難見文棟欲請閣下致書總署暨北洋大臣極言朝鮮時事急於琉球日本在可用兵可不用兵之間但須商事定妥再以餘力運籌庶不顧輕遺重文棟下愚之見在當軸臣公豈有不先見及此特恐牽掣於鑠金之眾口而瞻顧遊移耳天下事急起直追猶慮緩不及事能堪幾游

移耶至於經久固柢之策非南北洋創設兩大支水師不可北洋合奉天直隸山東江蘇浙江福建廣東七省為一支特設總督一員以專其責略分三道燕齊為一道吳越為一道閩廣為一道每道各設一提督建造總督行轅於天津上海廣州三處常年周歷操防其兵弁即在經制外海水師內酌量去留雖體制變更而不必增餉仍仿長江水師之例兼聽本省督撫節制惟戰艦大彤短少福州船廠亦歸併一人經理可以呼吸靈通南洋特設欽差大臣一員駐紮新加坡其各島中有華人之處人數多者設立領事少者以董事兼領事皆為欽差大臣屬員又派兵艦停泊領事駐紮之地以資保護仍令各艦換班往來練習水道其餉項可令華商捐輸（略仿寓日華商繳牌費之例）不足則佐以國帑當亦不煩巨費聞或輪派一二船游歷西洋兼可伺應出使各大臣差遣文悚愚見以為必北洋兵力足而後可以控禦俄日兩國保全朝鮮琉球必南洋兵力足而後可以控禦英法諸國保全暹羅安南果使辦理有效不必與外洋爭城爭地而亞州形勢自全在掌握中可以綱紀東西洋而無難矣

籌辦海防稟二　徐賡陛

案查光緒六年六月初六日奉善後兼辦海防總局憲札開奉憲臺批據卑縣具稟海防險要酌量籌慶情形具稟密核訓示祇遵等由奉批云云批示繳各等因由局轉行下縣奉此遵經分別示諭紳民遵照去後茲據縣城總局紳士道員職銜陳為藩生員陳翼等具稟縣城為闔邑海防西路奉派籌備銀三千員現已督率殷戶捐繳足數飭發陳仁利陳義成和利當等三典生息其銀留備海防緩急提用其息遵諭仍給原捐之戶遞年領回現取具各該當領狀呈繳察核又飭捐穀一千石並已按鄉派定均皆遵照

一俟收穫即行交存公倉其公倉現於新墟舊義學內撥房二間增置板厫派人看守又據甲子局紳生員張兆炆廩生張兆燽廩生劉文炳等具稟縣屬東路甲子海防前蒙親臨查察派令捐銀三千員捐穀一千石現已遵照捐齊惟甲子素無典當現蒙垂念小民生計招開公當開張之日即將此銀充作當本有事則提支費用無事則歲取息銀一分有餘陸續拔還捐戶俟八年之後捐戶本銀完清即將此項三千員充公所有當息分作甲秀書院膏伙及甲子育嬰經費又查甲子向不產米特加捐六兑銀一千五百員計重九百兩請即揀派妥紳前往河田採買運回儲倉夏糶冬補以免霉變又據碣石局紳廩生王植三告休千總劉佐邦廩生程興鶚等具稟碣石為縣屬中路防務最關緊要惟所屬各鄉地瘠民貧久蒙鑒察茲查有方前署提督交存罰款花紅銀三千六百餘兩擬請以銀一千兩買穀儲倉尚餘銀二千六百餘兩無事則存當生息撥充育嬰經費有事則儘數提用各等情到縣卑職細核所稟均係因地籌畫尚屬可行當經批令照辦現在縣屬中東西三路捐銀積穀既已稍具成模則防守之宜布置之要亟應次第講求竊以為目今時局戰既難為必勝和亦難以久要計惟有分地以守之堅忍以持之則勞逸異形主客異勢此不戰而屈人之兵也故必自為不可勝之勢而後可以求勝彼之機其大要尤在固結民心清除內匪民心固則萬衆一心效死勿去內匪除則無人勾引接濟路窮彼水米必運於他方則何能持久是以卑職於銀米粗備之後親赴各海口召集漁丁蛋戶激以忠義優加拊循並查有兵差陋規為之裁革豪强轄制為之蠲除隨令遵章五船編牌十船編甲又於甲子港選得都司銜李關壽碣石港選得州同銜李應貴湖東港選得民人張添金厢港選得訓導陳元龍均以衆望所歸人材樸勇且家有

銅底桅船各三四隻砲械均全在洋貿易設遇警變立可召回把守內港因即諭令充當各該處澳長飭其統轄本港大小商漁船隻平時聯絡聲氣聞警各衛身家仍令嚴杜奸回毋任勾串接濟倘有臨時貪利潛萌異心者密飭查明拏送軍法此卑職周巡海口之大略情形也惟是內地之民有習天主耶穌等教者本年四五月間潮屬汕頭一帶小有浮言謂外國舟師不日壓境而該教民愚昧無知展轉煽惑幾欲謀為內應幸揭陽風吹寮一案旋即發露事亦漸平卑縣河田教民亦尚有二三十人當時雖無不法形跡而行蹤詭秘幸災樂禍之言亦頗流露當經卑職密諭該教民所居之附近村莊紳耆酌派團練四出巡察以杜窺伺而壯聲威現在事變未形固不可稍涉猜疑致釀別釁第當外患憑陵之日則此等內變實亦不可不防是以河田一隅雖非近海卑職亦密飭該處紳耆酌定團練章程並令各該紳揀出心腹子弟陽習其教即飭伺察隱情倘有不虞則起而制之不致茫無所措此卑職清查內匪之大略情形也特是軍械一無儲備緩急束手堪虞況碣石亦水師重鎮鎮轄三營火藥所存無幾而器械除大砲尚有一半可用外即營存鳥鎗亦不過數十桿卑職雖係文職第海防緊要自應合營縣而一體會籌以維大局伏思省城司局款項萬分支絀碣石鎮營應領鎗砲子藥一時必難兼顧若於碣石地方設一火藥總局由卑職會同營員自行款採硝磺剋期購造則費銀一千五百兩約可得火藥一萬餘觔既省守候之煩又免領解之費以之分存縣城碣石甲子三處報明立案非遇海防吃緊不任營縣擅動又火槍一項營存鳥槍似不可用而近時洋製大吉鎗快鎗後膛鎗等項雖屬利用但子藥必須隨鎗購置大小稍不合式施放即覺不靈且一經著潮其銅帽子藥即不出火設有貽誤徒費重貲況兵勇習練既不及洋

人之精則旗鼓相當必不及敵人之準曾與營員紳士往復細商僉謂東莞線鎗與常用擡鎗勢能及遠突過洋鎗土人習用多年教練尤易約購擡鎗一百桿線鎗一百五十桿並配子碼亦須銀一千五六百兩以之分給營兵練勇趕緊演習可期得力以上二款共需銀約三千兩本地固無可籌捐但卑職前因奉文辦理膏釐曾經傳集紳商勸令舉辦年約可抽銀三千兩嗣因各屬多未辦成是以各商觀望均未完繳現在通省膏釐雖聞有人承充包辦但開辦必在明年而今年卑縣已認未繳之銀自不在內茲合邑紳商到縣面稟據稱此項銀兩若能留為本邑購辦軍火保衛鄉閭自當照數呈交不致藉詞推諉等語卑職察其忱悃似非飾言合無仰懇憲恩俯順民情准將本年卑縣紳商認捐未繳之膏釐銀約三千兩留作卑縣製造火藥購辦軍械之資則既可護衛地方復可不動官款實於營務團練兩有裨益如蒙俯允當於奉批後由卑職督飭收齊分交營員紳士一面趕造火藥一面購造擡鎗線鎗以期有備無患不勝感切之至

水陸制敵章程 光緒十年

張學醕

一砲臺宜疎不宜密宜聚不宜分宜平地不宜山脚宜口內不宜口外何謂宜疏不宜密宜聚不宜分敵船之來我軍對準放一後膛砲至速為時四分砲能擊傷鐵甲至遠不過五百丈再遠則目力不及難以命中即中而砲力已弱不能透堅船行之速每時四分可行三百三十丈預裝藥彈距船五百丈開第一砲至三砲船已行過砲臺一百七十丈現在砲臺星羅棋布砲位無多焉能阻其長驅直進應將後路各砲悉運前敵守一總口每十丈設一砲位不論洋砲土砲安置百尊洋礮力足擊其船身土礮

力弱擊其船面舵樓氣筒桅桿小船等物敵船雖堅豈敢過此千丈之險何謂宜平地不宜山脚砲火之性炎上平擊一里者稍高可及三里俯擊則不及一里且準頭極難山脚立砲臺居高臨下我之擊人也十發九虛敵之攻我也自下向上百發百中即使打在臺後石壁山石崩落悉成砲子更難立足況山上不能紮營以護砲臺敵人一經登岸抄我之後砲臺即不能守似宜在去山較遠之平地築五丈厚八尺高之長堤以避敵人砲子每十丈留一空缺安放砲位缺處左右牆用三合土以防坍塌口門前寬八尺後寬二尺外掛棉絮門簾以護砲口其高低以潮水不到之處為度再於砲臺之後數十步列營保護以免抄後營式宜區以避開花砲子何謂砲臺宜口內不宜在口外海防之設立砲臺祇拒敵船之不能進口非能制敵之死命也似宜在口內扼要而守內港水窄不容多船我軍守其一面彼此開砲勝負各半今之砲臺多半挺出口外敵人三面環攻鮮有不敗者即使能於自守敵人從附近登岸以攻我後或開輪而去我亦無可如何同一不准其進口何必挺在口外使其轟擊乎

一敵船堅固宜擊其舵樓小船以去其耳目手足而制其死命近來外洋輪船皆有鐵甲不畏砲子有謂擊其機器者有謂擊其烟筒者機器在船內不可得而擊之烟筒則關其在大洋尚可拆卸筒既可去打破亦屬無益然智者千慮必有一失敵船雖堅似亦有隙可乘查該船通身堅固惟舵樓高出艙面四面玻璃無鐵皮以包之船以舵為主海船之舵樓為合船之耳目行船時舵師上樓瞭望以司進退打仗時兵頭在上以示指揮是舵樓為合船之性命所關而又為合船最脆之物無法以包裹之舵師兵頭為船中最要之人每船不過數人倘被擊死其船無主使難行動次則擊其小船以斷登岸之路

鐵甲船身太重不能近岸每於兩軍對敵之際用小船渡人登岸以攻砲臺之後其船掛在大船之旁容易擊壞擊舵樓是去其耳目擊小船是去其手足古云射人先射馬擒賊先擒王者是也欲擊其船身則船在水面係活動之物且有數寸厚之鐵甲砲子打在船上不過退後數丈豈能有損據外國等報為法人攻馬達加斯加砲臺未及半日即被報謂法船並無損傷可見以呆砲擊活動之鐵甲雖外國亦不能制勝今擊其耳目手足是攻其最要之處彼若聞之必不敢輕易舉兵也

一練兵須求實際中國額兵及各省所募練勇合計不下一百餘萬多於法國數倍法人之在安南及臺灣者統計不過萬餘我國沿海省分之兵各有數萬亦多於法兵數倍自去年開釁以來各處紛紛添募而恐不敵者兵之精也非兵少也兵之不精由於愛惜鉛丸火藥不肯逐日訓練耳兵在精不在多兵多而不練與無兵同槍不命中與無槍同若操大陣打排槍乃徒壯觀瞻無濟於事欲求實用必須逐日打靶藝方能精藝精而無膽臨陣仍要手忙脚亂故練兵先須練膽然膽在人之腹內如何能練昔在軍中嘗觀臨陣奮勇之人無不身輕戎馬其退縮不前者半屬身體胖重不能奔走之輩始知輕捷善走者其膽皆大因此悟練兵必須練走查乾隆年間傅鼐在湖南平定苗疆所部之勇僅三千人其練法每日囊沙輕走以習步立上中下三的以習俯擊仰攻之法槍則百發百中行則可及奔馬其進也可殺賊立功其退也可保命全師一軍皆精銳當時號為飛兵曾奉　諭旨令各省直督撫提鎮以傅鼐練勇之法練兵應請通飭各將領逐日依法數月之後便可悉成勁旅惟此項經費甚大若吝惜不練練之不精雖添數百萬亦難以拒敵也

一陸戰宜講求也用兵之道知己知彼百戰百勝觀外國兵書羅馬之兼吞各國全恃土壘近日後膛槍準頭可及一百二十丈每於未戰時急挖淺濠以避槍子新築之土遇來復彈於六十二丈處能透深九寸於三十一丈處能透深一尺三寸於七八丈處能透深一尺五寸其牆應高三尺四寸可避敵兵如敵來緊急能築二尺高之牆兵即可跪而放槍不但前鋒應築土濠其後面策應之兵亦須築之如前鋒前進則策應者進守前鋒之濠如前鋒敗北則前鋒退守策應之濠策應者便為前鋒不肯空壘而出以中敵人旁抄之計如兵寡敵多不能抵擋則四面築墻嚴兵固守以待援兵此外國臨陣之戰法也中國火器不如外國之精而欲以血肉之軀當之宜乎其不敵而議者每謂敵人船堅砲多利於水戰俟其登岸而擊之可以取勝試問中國火器能如彼之精乎槍能如彼之準乎布置能如彼之詳乎持此論者真所謂坐井觀天然敵既如此精强宜思所以破之為今之計惟有令兵勇各帶鍬鍤遇敵先紮老營如二千人出隊以一千人為前鋒一千人為後應分為廿隊前十隊每隊隔五丈遠築五丈土濠以避彈子後十隊在前鋒後五十步空隙處每隊亦築五丈之濠留出路置砲以便轟擊敵如未到則策應向前誘敵退歸築濠之地讓前鋒開砲轟擊前鋒得勝追擊則策應者進守前鋒之濠前鋒敗北則從空隙發砲以策應之如敵人衆多力不能支則退歸老營以待救援敵少我衆則用旁抄側擊之法自可取勝敵人數萬里航海而來能精而不能多用此法以困之自難得志如不求甚解以烏合之衆一擁直前而能取勝者未之有也水戰不如人猶可說若陸戰再不如人其將何以為國應請通飭各將領如法預備以期萬全倘有別法可以取勝不妨各陳其說以見人才之優劣也

操練章程 光緒十一年　　張之洞

海防各軍原為洋務而設新募各軍自應專擇目前切要事宜斟酌情形認真訓練方為餉不虛糜緩急可用查向來營操各陣式以及大刀花槍鋼叉等件在今日已無實用茲特酌定數條

一練卧槍專演卧放後膛槍滚地前進以備晉砲攻敵

一練過山砲隊測表取準

一練搬造地營

一練安放地雷

一練修築砲臺

一練臨敵散隊不准沿用方圓舊陣更不准仿製近日各省洋操陣式徒飾觀美應聚方行務期進戰之時可於頃刻間令一營變為無數小隊不嫌畸零人自為戰但須互相救應可分可合

一練演放洋式火箭

一練安設行軍電綫

一練健步疾行踰濠越牆

一練夜戰攖敵大率守地營則惟以堅靜深藏為主出戰則專以輕剽猛疾為貴至於濬濠築牆一應工程皆須督率勇丁聽令工作教習雖參用洋弁口令俱專用華語每半月本部堂親臨校閱一次如操演有效隨時獎賞如技藝不精工作不實惟該統領是問勉之懍之

論練兵　洋務扶要　李東沅

古人有言兵在精而不在多將在謀而不在勇是以甘甯百騎能劫曹營背嵬五百可摧金虜皆由養勇於平日故能敵愾於臨時又曰置之死地而後生處之危地而後安故項籍之破釜沈舟而強秦銳挫淮陰之背水列陣而趙國鋒摧蓋必士卒有忘生敢死之心斯為將者乃克操出奇制勝之策耳又讀蘇洵所著心術有曰夫惟義可以怒士士以義怒可與百戰凡戰之道未戰養其財將戰養其力既戰養其氣既勝養其心夫將欲智而嚴士欲愚智則不可測嚴則不可犯故士皆委己而聽命安得不愚惟其愚而後可與之皆死昔孫子之教吳宮樸且之斬莊賈田單之却燕軍勾踐之破夫差其術不外乎此今之戰事雖與古異戰之心法仍與古同所謂驟不義之人激不平之氣授之凶器使之殺敵也然欲令不義者轉而效忠非術以制之蔑以濟矣故為將者窺天時察地理揆形勢審機宜運以精心貞以定力然後可以將兵兵法曰殺士卒之半者威加海內殺十之三者力加諸侯殺十之一者令行境上夫豈真嗜殺為哉不過能制其死命之意也故欲制敵人之死命先制我軍之死命能與我俱死而後可與之俱生邇來用兵全恃火器彼此鬬擊往往稍挫前鋒難資後勁善將兵者雖戰陣之頃瞬息千變運用之妙存乎一心如陸營選北人充之則騎射是其所長水軍擇南人充之則行船是其所習然後汰其怯弱選其精強再參以兵法陣圖奇正縱橫窮研嫻習一經臨敵先列砲車環於三面前隊銜鋒奮施火器繼以步隊伏於兩翼使之前後策應迴合自如雖彈如雨驟砲若雷轟惟有進前萬無退後能制我軍之死命故克制敵人之死命也且古者師行敵國鄉導為先誠以地理茫然兵法最忌故統兵大帥必先洞悉山川形勢

由何處進剿何處安營何處設伏何處可斷其糧道何處可絕其援師地勢敵情瞭如指掌繪圖錄示使營中上下無不周知洞若觀火朗若列眉其心先已有恃而不恐以故戰無不勝剿無不克將兵之本以此為先而練器練陣練兵猶為末着查當日普兵破法自統帥偏裨以迄隊長人人夾袋中皆有法國地理圖一冊以為指南舉凡山川城市險要之所在兵糧之所聚戍守之所嚴若者難攻若者易取披圖具載先已了然於胸中上下一心卒成大捷此明驗也今之為將者不思練兵專言募勇其實兵之與勇人同而名異耳夫兵者正也勇者奇也有奇必有正可暫亦可常相輔而行始克有濟而部卒之強弱視乎將領之賢愚訓練嚴明餉軍足備均入干城之選有何兵勇之分總之有治法尤貴有治人務宜慎選將材任以軍事將領設水陸營兵嚴加挑選分為三等其慣於駕駛能辨風雲沙線者為一等精於韜略能識山川形勢者為一等膂力過人工於槍砲擊刺者為一等不能入此三等者悉行裁汰就地另募壯丁補充無論鹽販漁戶以及好勇鬥狠之徒棄之悉為莠民訓之可成勁旅復汰額兵之疲弱者以兩兵之餉併給一兵果得一兵之用較之委靡不振坐糜軍餉者其得失為何如耶查陸營舊制馬兵月餉二兩步兵一兩五錢守兵一兩非特無以贍家抑且不足自顧其入籍者悉老弱無聊之輩無赳桓壯健之夫承平日久戰陣不經或舊額虛懸或餘兵頂冒營伍之廢弛非一朝夕故能勿亟加教養使行伍重整壁壘一新乎至各營所需之糧餉軍裝槍砲火藥等項固不可缺更不可遲宜每省各立糧臺派員專管按月給足不令營中自行採辦庶免尅減挪移上下舞弊其一切操練似宜仿照前法妥立章程隨時演習考英國弁兵之號令視十將軍十將軍之號令視大將軍以次遞傳嚴明齊一將軍又以時按行各部而

策其勤惰馬英之將士平時多令學古兵法設立輜畧館四處其極大者在英倫都城之和立次等處地方又有武書院隨營之醫生工匠弁兵皆在其中凡武職官員皆從輜畧館出其兵弁技藝工夫皆從武書院出而軍裝一律鮮明軍器並皆堅利而在中國未嘗計及也嘗見身充行伍者號衣垢敝槍械朽銹平時循例擺隊尚不足以壯觀瞻一旦臨陣衝鋒更不足以昭神武軍容不整識者憂之今夫定天下以武而治天下以文處治平之世而黷武適為禍亂之階當戰守之世而尚文亦屬危亡之漸夫儒以治天下農以養天下工商以給天下而無兵以衛天下不能一朝居也矧外患內憂之際積薪厝火之時乎故我　朝兵額滿洲披甲前鋒護軍驍騎校巡捕步軍等營十二萬陸營健銳火器等營三萬　神機營則選鋒之軍兵數較兩漢唐宋元明不為甚少八旗之制寓兵於民其法本善乃承平久而銳氣銷有兵之名無兵之實今欲其强而有用宜設總理京營滿漢戎政以王貝子領之設參贊戎政一員以忠勇威望漢大臣當之軍事專以委任其統領統帶互用滿漢能員綠營則須足七萬人之額時加訓練滿營則復國初八萬之舊必經遴選然後入營此外則簡精銳以充軍實汰老弱以充屯田營制一視湘淮步伐各遵西法賞罰必信教養兼施我　皇上復舉行大閱典禮以作士氣以肅軍容毋賤視弁兵毋軒輊文武增兵餉以資其衣食選將才以專其責成立軍屯以持久開荒併塘汎以分防合守訓水師以籌備海防製輪船以練習海戰經理得人自收實效强兵之要當不外是矣

論民團

李東沅

古者寓兵於農天下皆因之迨春秋以後兵與農分寖失古意故制度不同而得失互見是在當軸者因

時制宜參古酌今誠無一定之善政也南宋之括財明季之加賦皆因不識機宜轉為兵多所累坐致積弱不振識者病之我　朝八旗兵制深合三代遺風綠營兵額五十餘萬誠使將領得人固足以戰無不克攻無不取以威民而懼戎迨承平日久營規廢弛兵氣不揚故髮逆之亂幾二十年陷竄十餘省而藉以次第蕩平者全賴勇丁之力將帥之謀至綠營額兵則幾如虛設故言者有裁兵併餉之議有以勇改兵之謀意非不良似尚未折衷於一是誠能不拘資格妥定新章如綠營官兵有出缺者即選哨官勇丁充補凡緝捕彈壓等事釐定規制以專責成仍不失綠營之舊規而得收勇丁之實效更新去故反弱為強特轉移間事耳況武科選舉不諳營制而所習之技勇刀石又不適於用遠不如勇丁之合宜今可於武試中別立新章曰能熟知韜略暢曉戎機也能明地理之險阻戰守也能製舟艦槍砲機器也能造礮堡營壘橋梁也能演放槍砲命中及遠也如此庶　朝廷得收取士之功武科不致乏才之難更仿五家為伍古法使守望相助眾志成城如湖州之趙忠節紹興之包義士俱自捐軍餉訓習民團或力守孤城或捍衛一鄉賊雖四面環攻數年不潰卒之糧盡援絕守義捐軀以上報乎國家而溧陽金壇之間所練團勇在江以南頗有猛悍名誠使處處團防村村聯絡則髮逆何至披猖若是考德國軍制民除殘疾即充伍籍先舉攻守之法數年然後入羣遇有出師責無旁貸年二十始籍於軍三年充戰兵四年充留後守兵又五年退入團練營每歲兩次演操萬一戰兵不敷仍備調遣年至五十止守本國不列戰兵其傳教及文學富貴人不入兵籍如事值危急出而教練或充守兵一年餘則團練以保地方法國章程凡部民應効力者悉籍為兵不准出資僱代自二十歲至四十歲均充行兵或守兵各兵分隸各羣後當行兵

五年當戰兵四年當留兵五年當戍兵六年戰兵者二十歲以上至二十四歲壯丁也留兵者已曾經歷行陣退老休息也行兵戍兵均隨時派駐各隘者也除疲癃殘疾不入兵籍外更有免充兵丁數條如無父母之長子例應留養幼弱者免之寡婦之子或其父出外而子須留養其母者免之父年七十以上子當留養或長子長孫長曾孫均免之兄弟兩人長者免充或其兄業已當兵其弟亦免之兄弟或有當兵受傷陣亡者俱免如已入水龍會及出外貿易者亦免之美國之民皆習武藝有警則人盡可將人盡為兵蓋泰西各大國不獨寓兵於農且寓兵於士工商賈緩急徵調頃刻可集數十萬兵費不糜而兵自足昔普國君臣卧薪嘗膽國人亦莫不知兵卒以勝法英俄各國近復效之精益求精爭雄海外今 朝廷誠能諭飭各直省督撫將軍都統慎擇知兵任事之員認真教習沿海州縣邊疆等處次第舉行先選什長百人設局訓練教以刀矛槍砲四種一俟學成各教其所轄之十人十人學成則各自教其家之人使人盡知兵同心用命悉歸地方官管轄時同委員校閱察其賢否予以黜陟如有才識過人防禦得力者因材器使或保官職或給頂帶以資鼓勵而民兵之未嘗學問者宜設塾師五日赴局聽講鄉約一次並談兵法陣圖及古來名將事迹禦敵立身等事使忠義之心油然而生感恩感奮倘有寇警隨時隨地有司可以檄調誠如是則士皆勁旅人盡知方轉弱為強在此一舉矣

救時芻言六則　　張煥綸

自西人精究船砲以來舊時城壘無一可恃古城以石為最固磚次之沙土又次之今則石不如磚磚不如沙土蓋砲彈之猛遇剛則裂遇軟則陷故近時西國城壘俱改用沙土若中國則未嘗與西人苦戰故

不甚知舊城之不可恃然欲改弦更張亦豈易事生謂各城額設守兵宜及今無事督令挑挖城濠及城內市河即以泥土附於城根漸增漸高漸厚久之濠益深城益厚不待改更而居然成土壘矣

古之為城者每扼水以為固今則又不然西人攻城每先以砲船攻城上守砲之兵使之不得放砲然後以炸彈擊破城上之雉堞使之不能還攻然後以陸兵築平行壘漸漸進逼而砲船則以樹枝繫帆桅雜於深林之中又不時移動其處城上還放之砲不能得準放百砲纔中二三是守者以死砲擊活船攻者以活船擊死砲故古之言戰者主勢常便於客今之言戰者客勢常便於主今欲如魏源之言棄沿海之地而守內港其勢固有所不能計惟多築隘堆以護之多埋水雷地雷阻船等物以拒之多設水砲臺小礮船練水師以驚擾襲擊之使之不得安泊逼近而已

近時火砲之猛幾於無可抵禦昔曾文正公百試而不得其法則曰惟有以血肉相薄而已由今思之殆無以易其說生素嘗言多選敢死之士率以前驅前者死後者繼裹創蹀血而進短兵相接西人失其所恃矣蓋即此意也然竊聞西人近來戰事火砲雖猛傷物多而傷人實鮮蓋固有保護之道焉西軍正兵之外有工兵交戰時輒令工兵作土壘矮或即令正兵為之頃刻可成高不過二三尺并所掘地深計之則五六尺矣故為工不多而足以蔽人生以為近日練兵宜添入演習築壘一層以遲速為賞罰則臨時不致倉皇而兵將之死者必少即所有舊時磚石之城均可藉所築之土壘以蔽護矣

自火砲興而弧矢失其利矣宜以槍砲為上籐牌次之長鎗刀叉又次之今綠營操演有仍沿舊制者宜悉改換新式槍砲以打靶為正操而佐以籐牌等技

昔宋臣治邊城以銀爲的射中者即賞之技漸精的漸小人有犯罪輕者令射之中即免罰故人人知奮不煩養兵而備自足今宜略師其意以演打靶

禮失求諸野中國軍禮失傳久矣聞西國軍禮頗有可觀宜參取而變通之嚴其尊卑之分所以作其敬而動其忠孝之思也

廣軍會合桂省主客各軍力戰破敵實情疏光緒十一年　欽差大臣彭玉麟

竊惟廣東奏派馮子材王孝祺兩軍入越協勤當於上年十二月奏明在案至本年正二月間諸軍保關復諒大挫凶鋒當經前廣西撫臣潘鼎新隨時電　奏臣等僅於桂電所不及者間有　奏陳惟來電與各路禀報頗多異同深恐或有參差掛漏即不足以服將士之心現在款議粗成邊防猶亟謹將詳實戰狀上爲　皇太后　皇上陳之查上年十二月法虜大股自船頭來犯十九日攻谷松二十九日陷諒山本年正月初九日入鎮南關桂軍將領楊玉科戰歿董履高重傷諸軍多潰惟蘇元春所部及陳嘉六營尚完於是法踞諒山於關外十里之文淵州築臺安砲爲堅守計龍州爲全軍後路商民驚徙游勇肆掠逃軍難民蔽江而下廣西全省大震自太平南甯以達潯梧皆電報所通水路所達紛紛告急請兵桂林空虛倥偬籌備先是幫辦軍務前廣西提臣馮子材暨廣西右江鎮總兵王孝祺於臘月先後抵龍而募軍未足裝械未齊王孝祺率數營馳援出關而諒已潰馮子材原有之八營尚在東路僅帶中軍兩營駐龍州元旦聞警乃留一營彈壓根本親率一營赴南關與王孝祺軍攔截潰勇一面調八營來關晤商撫臣潘鼎新告以守關無須該軍令仍顧東路遂以所部全紮關外派站親往督剿初九日南關告警復檄

西援十二日聞信折回時法已於十一日晨焚關自退馮子材素有威惠為桂越人心所嚮還入關衆心稍定乃建議於關內十里之關前隘跨東西兩嶺間督所部築長牆三里餘外掘深塹為扼守計謂桂軍宜稍養銳自任以所部萃軍守之營於嶺半令王孝祺勤軍屯於其後半里許為犄角當是時幫辦軍務署廣西提督臣蘇元春毅新軍陳嘉鎮南軍俱屯幕府在關前隘之後五里蔣宗漢廣武軍方友升親軍俱屯馮祥在幕府後二十里潘鼎新率鼎軍屯海村在幕府後六十里魏綱鄂軍屯文瓦坊艽封在關西百里王德榜定邊軍屯油隘專備抄截兼防入關旁路在關外東三十里獨廣軍兩枝當中路前敵時值北海封口西電皆謂法將由欽廉攻南甯斷桂軍後路而廉州並無統將臣等因桂軍漸集擬調馮軍回顧欽廉又恐難於移動當經電奏調廉仍令馮子材酌度進退緩急一面詢商該幫辦或全移或只調兩營或全不移動聲言即日東援以定衆心聽其斟酌因潘鼎新屢電不以馮軍為得力必不肯言留故令該幫辦自酌知其力任大局必有權度旋接潘鼎新屢電謂蘇元春自艽封調回即令馮軍回廉馮子材屢電則言該軍嬰重兩營亦難移調當即電復令其專顧桂防不必援廉此正月中旬以後廣軍布置扼守前敵之實在情形也於時馮部全軍已成桂軍休息漸定越人密報法將出扣波襲艽封攻牧馬繞出南關以北且斷唐景崧馬盛治兩軍歸路蘇元春率軍暨魏綱軍趨艽封以待馮子材遣五營扼扣波以邀之二十七日法數十騎率教匪至艽封官軍先在驚走扼扣波之馮軍突出奮擊敗遁獲其馱軍火大象一擒匪黨一二月初二日法人又爭扣波遇馮軍脫洋衣洋帽桂林木而竄艽封即長定府法以越官長定府知府紿已殺其子遂無西犯意馮子材請於潘鼎新調蘇軍還中路法揚言將以初八九日犯關

馮子材料法必於初七日禮拜一出兵決計先法制復羣議多不欲戰潘鼎新以士氣未　止之馮子材力爭率王孝祺軍於初五夜出關襲敵山有賊壘三安巨砲我軍已入街心自五鼓戰至初六日午刻賊益盛王孝祺馮中砲斃易騎戰率死士由山後攀崖而上破其二壘斃賊甚多賊敗走我軍傷亡亦多未刻我軍饑疲乃還此二月初五初六兩日廣軍倡議出關力戰破壘之實在情形也初七日法果悉起諒山之衆併力入關直撲關前隘長牆攻廣軍營壘馮子材告諸軍曰法再入關有何面目見粵民何以生爲王孝祺以淮軍爲龍州人所詬病諸軍多輕之憤甚皆誓與長牆俱死法以開花砲隊循東西兩嶺互進向下轟擊以鎗隊橫中路法謂越人皆馮內應自以真法兵居前黑兵次之西貢洋匪又次之教匪客匪在後砲聲震天遠聞七八十里外山谷皆鳴槍彈積陣前厚者至寸許我軍死戰傷亡殊多東嶺新築五壘未成爲敵攻踞其三王孝祺自率小隊抄敵後仰攻敵稍却戰至申刻蘇元春援軍至合力拒戰諸軍竟日不食至夜仍未收隊是日王德榜自油隘出軍夾擊踞文淵之對山與敵鏖鬥數時互有傷亡遏賊運軍火乾糧之馱馬無數逐之皆逐走法糧械遂不得入關初八日清晨復大戰賊來益衆砲益緊馮子材居中蘇元春助之王孝祺當右陳嘉蔣宗漢當左右路即東嶺敵砲最猛馮子材與諸統領約有退者無論何將遇何軍皆誅之復於各路設卡以截殺逃者馮子材王孝祺各刃退卒數十人賊勢狂悍致死已薄長牆或已越入馮子材年將七旬短衣草履持矛大呼躍出長牆率其兩子馮相榮馮相華搏戰將士齊開柵門湧出諸軍覩馮子材如此無不感奮關外游勇客民千餘聞馮子材親自出陣亦來助戰伺便隨處阻擊馮軍扣波五營自關外西路來夾擊其背於是諸軍合力死鬥短兵火器雜進王孝祺部

將潘瀛率隊攖鋒袒臂裸體衝入敵陣故所部勤勇傷亡最多陳嘉爭東嶺三壘蔣宗漢繼之七上七下陳嘉四傷不退至酉末王孝祺已將西路賊擊敗親率軍由西嶺抄敵後與陳嘉等合擊而王德榜之軍亦自關外夾擊東嶺之背遂將三壘全數奪回是日王德榜自清晨出軍甫谷待敵援賊至率隊衝之賊截為二援賊因回槍擊德榜軍我軍奮擊大勝部將張春發蕭德龍戰最勇斃法酋法匪甚多餘眾敗走獲其騾馬五十餘匹所馱皆槍砲彈麵餅洋銀之屬德榜遂自外夾擊東嶺奪回三壘法屢戰兩日彈礮已盡而後收隊軍火被截惶懼無措頃刻間砲聲頓息遂大潰我軍任意斬殺賊翻巖越澗而竄敎匪路熟先逸法兵多殲此戰所斃真法兵黑兵千餘法酋數十客匪敎匪數百逐出關十里而還是日馮子材王孝祺身畔壘有開花砲子墜落未炸我軍裹與法戰被挫之時率皆陰雨濛霧是日大開晴霽風日光明此初七初八二日廣軍會合桂省主客各軍血戰大捷之實在情形也初十日馮子材親率十營出關攻文淵州法匪望風潰遁追擊斃紅衣法酋一遂復文淵法以越官文淵州知州通濡剖其腹殺之而去十二日諸軍三路攻諒法踞諒城固守並扼對河北岸之驅驢墟有王德榜舊壘甚固黎明王德榜進攻之士卒多傷斃其六畫兵總一午後諸軍至王德榜與王孝祺兩軍戰尤力傷亦多孝祺部將潘瀛執旗先登諸軍並進克之法涉水而逃併守諒城十三日五鼓馮子材軍楊瑞山劉汝奇等潛渡河攻諒辰剋克之獲其軍械糧米無算皆紬之於官軍無私焉諸軍大至法眾悉遁分兵追剿桂軍楚軍追中路廣軍追西路十五日陳嘉攻谷松賊勢仍悍王德榜力援克之斬三畫法酋一馮子材軍追賊至觀音橋破其巢同日克復屯梅屯梅即長慶府生擒五畫法酋一斬三畫法酋一遂進軍克拉木逼攻郎甲郎甲即

諒江府王孝祺進軍貴門關連日諸軍追殺搜獲法兵極多盡復去年官軍所駐邊界此初十日至十五
日廣軍會合諸軍分兵追剿獲勝復界之實在情形也越人久苦法虐聞馮子材此次起家治兵欣若望
歲越官越民多來入關通款當即密布間諜寔慰招徠及克諒後遂慨然畫掃盪北圻之計越官北甯總
督黄廷經糾集各路義民立忠義五大團二萬餘人皆建馮軍旗號供糧米作鄉導或分攻或助戰北甯
城內逃潰大半李楊才之弟在北甯來報官軍破郎甲彼即率衆內應馮子材各許官賞分給旗榜河內
海陽太原等處皆密受約信紛紛叛法西貢亦以重金購線通款已令莫善喜一軍由欽州襲廣安時唐
景崧一軍亦由牧馬進窺太原馮子材已定於二十五日親率全軍進窺北甯並率勤軍同進適奉停戰
撤兵之　旨乃止前軍馮紹珠麥鳳標等於二十九日尚攻郎甲是夜前軍聞　旨乃還自三月十四五
日起廣桂楚鄂諸軍連環捲紮至二十日皆撤入邊馮子材之軍分屯樟山鎮南關彬橋等處王孝祺軍
屯彬橋此二月十六日以後三月二十日以前廣軍進規北甯遵　旨凱撤還界屯防關內之實在情形
也竊惟法虜自去秋敗盟以來擾閩圍臺增兵踞越攻犯桂軍諒陷關失以後大局岌岌此戰若再不利
則南太將危欽廉隔絕兩粵事體殆難措手幸賴　國家威福宏遠　詔令嚴明諸將同心士卒效命遂
獲大捷克復越南一省一府一州擒斬法酋六畫至一畫數十法提督尼巳忌理亞重傷法之精銳盡殲客
教離散全越驚擾法人自謂入中國以來未有如此次之受鉅創者時滇軍亦獲大捷於是法都震懾
天威舉國嗟怨將其外部茹利罷黜倉卒乞款　聖上寬仁不欲黷武俯允其請休兵息民是此戰勝負
之所關實非淺鮮在前敵親見戰事者僉言法二次犯關非有生力大軍難遽言戰非馮子材創禦甚牆

與王孝祺合軍死守則諸軍無所依倚更興戰守之法當初六七廣軍苦戰兩日之後非蘇元春軍往援陳嘉蔣宗漢力拒東嶺則馮軍亦將不支非王孝祺疊次肉薄臨陣橫衝敵壘則馮蘇諸軍亦不能取勝非王德榜截其後路斷其軍火關內外夾攻則亦不能如此大潰然非馮子材之素得人心忠勇奮發鎮邊安民戢掠收潰設險倡戰料敵情散賊黨賡援應則法亦不至如此摧破瓦解惶駭遠遁故諸將皆有功而尤以該幫辦為功首然非李秉衡之廉勁公誠堅鎮龍州力持危局上匡撫臣下調諸將弔死恤傷多方慰勞以撫殘軍苦心搏節悉力供賞以勵勇士糧餉軍火不分主客隨宜接濟則諸將亦不能成功該護撫臣之搘柱挽回其功不細凡此皆參考各路電報並採訪關內外軍民輿論並詢訪自龍來粵人員公論確情俱出之一轍其廣軍屢次出力傷亡員弁勇丁已由臣之洞咨照蘇元春李秉衡查開各軍奏請奬卹不致應有淹沒　聖主明見萬里優奬戎行其應如何　特頒懋賞　朝廷自有權衡惟是敵情軍勢將略民心臣等既考察詳實不敢不詳晰上陳不惟知以前之戰狀亦可籌後日之邊防

款議雖定仍宜備戰以毖後患疏光緒十一年　欽差大臣彭玉麟

竊臣前接總署轉電光緒十一年二月二十二日奉　旨法人現來請和業經允其所請約定越南宣光以東三月初一日停戰十一日華兵被隊撤回等因欽此臣比即電致總署萬萬不可先撤兵中其狡謀乞為代　奏二十七日復接總署轉電本月二十六日奉　旨彭玉麟電奏請飭統兵諸臣仍紮原處等語撤兵係照津約斷難失信昨已將辦理此事全局利害諭知張之洞着即給與該尚書閱看自可了然且撤兵回界仍係整軍嚴防彼即狡詐背盟我亦有備無患該尚書等惟當懍尊前旨迅速辦理毋誤事

機欽此伏讀之餘仰見　聖謨深遠籌策萬全於議和息兵之中仍寓思患預防之意莫名欽服但微臣區區愚慮尚有不能已於上瀆　宸聽者請更陳之我　聖朝政崇寬大待島族過於優容決無自我廢啟釁端之事彼族知其然也而以為畏之遂日肆其欺傷而悍然罔顧然如琉球之不復伊犁之讓界兵端未開猶可說也此次　朝廷赫然震怒命將出師迄今三載本年二月十三日諒山大捷　天討方張乃津約忽以款局終事墮其術中益見輕於彼矣彼族犬羊成性梟獍為心如市井無賴小人惟利是趨安知信義狡其趨利之心存一見輕之意見我之兵衛既撤全越悉為彼有險要已失藩籬洞闢安有不乘機侵軼之理若待至此而始悔失計不亦晚乎且上年津方定約彼即犯越之觀音橋我兵方撤入關彼即肆擾臺灣前事固昭昭可鑒今復狃其故智以款欺我我復信之堂堂中華任其玩弄於股掌而毫不省覺臣愚恐諸國聞之謂吾華之易與也亦必從而生心羣思因我以為利邊鄙之患其有已時哉抑臣更有慮者西國覬覦中土多歷年所彼其用兵於我忽而請款者夫豈有愛於我而講信修睦哉其必有所圖也明矣自海上告警以來召將徵兵購船製械天下騷然糜餉已數千萬及布置粗定兵機漸利彼乃以一和字誤之而我所用經費盡成虛擲如此行之數四海內罷敝勢必不支不得已一惟和之是從由是當事者以和為得計無復自強之謀領兵者以和為固然潛銷致果之氣邊疆要隘又以屢和之故武備懈弛而不修一旦黠虜狹其堅船利砲號召彼類環起而與我為難其時財用既匱兵氣不揚天下大局將有不堪設想者此其用心至深設謀至毒而其勢殆將必然故臣每一念及輒中夜以興繞帳彷徨不能一刻稍安也昔趙宋南渡韓劉諸將百戰抗金岳飛力圖恢復長驅北向幾復中原乃秦檜主

和金牌遽召遂終宋之世訖不復振何則戰則氣以厲而彌奮故可進於強和則氣以餒而益偷故日趨於弱宋之已事固其明效大驗矣方今款議已定自難中改然點虜無信事未可知伏乞　嚴飭沿海各疆臣及各將領嚴備陸師戰守外瀕海如天津吳淞福州廣東臺灣等處應趕緊添造大小鐵甲戰船每口至少必須十餘隻各另成一軍募各海島精壯漁戶熟習風濤沙水之性者編為各船之勇免使為敵人募用以成奸細精選久於水師身經百戰健將為之管帶勤加操練靜以待之庶幾立自強之基萬一敵復敗盟狡焉思逞即永絕其好一意從事於戰內外臣工復有敢以議款之說進而損威納侮者應請照十年七月十五日　上諭交刑部治罪　嚴旨肫切自宜懔遵斷不可一誤再誤仍蹈故轍圖一時之苟安貽無窮之隱患惟務聲罪致討大張撻伐必令俯首帖耳就我銜勒不敢復肆鴟張而後已如此則國家之威靈遐暢彼族之窺伺隱銷四海永清寰宇蒙庥矣微臣愚戇不知避忌謹披瀝血忱由驛馳陳

縷陳選將練兵情形疏　光緒十一年

會辦雲南軍務前湖南提督　鮑超

竊奴才由廣西歸順進紮牧馬途次准督臣岑毓英函商往河陽會劉當即折回行抵馬白關准兩廣督臣張之洞咨奉電　寄法人請和已允停戰撤兵着毋庸出關等因欽此仰見　聖主柔遠息兵之至意惟將領忠勇性成聞之皆捶胸跌足怒目豎眉恨未能戰統領徐連陞李金聲向世珍周鵬舉並諸將俯伏帳前力請兼程一戰營務處何應鐘則求迅速拜摺請戰奴才以　君命為重再三慰退及聞我兵退而法兵不退諸將憤怒又環列帳外擦掌磨拳同聲請戰如不勝先立結狀甘從軍法奴才諭之不應

揮之不退更叩頭不起言詞激烈至於涕泣奴才行止兩難心如錐刺不得已乃獨責督務處以違　命
悖理更委婉慰退諸將然心中焦灼廢寢忘餐欲上言請戰不但干違　旨之從而且恐勞　聖慮欲極
言停戰不但阻將士之氣而且恐懈軍心以奴才蒙三朝之恩當五旬之後久積憤懣之懷幸奉主戰之
旨於此而不圖報　國後恐圖報無由於此而不期誅法後恐欲誅不得故選將練兵益加嚴慎深期
一戰而捷以彰　國威雖邊釁久開恐兵連禍結然痛加懲創而許和則法人膽慴喪魄心驚寇患可除
今　聖主懷柔俯允其請靡帑金億萬數千里徒勞士卒此奴才中心之恨事亦即為奴才畢生之恨
事也且和議雖經初定後慮尚多隱憂奴才身列行間言之則迹近戀棧不言又心實難安積日思維人
臣當不避斧鉞何況嫌疑管見所及不得不為我　皇上縷陳之法人狡詐甫敗請和安知非避我銳氣
懈我軍心耶安知非老我將帥靡我帑金耶我初勝而彼請和安知我稍懈而彼不乘隙狡發耶海國逞
逞謀為莫測輪船飆疾來去難知敵情詐而防不勝防海岸闊而守不勝守和議成後該敵不必防我而
該敵易於乘我我不能往攻該敵我不能不防該敵籌防日久糜費日多將領日衰軍士日懈不數年間
元勛宿將壯者老而老者歿一旦有變欲求如今日之能戰能攻誠不易也即不然而選將練兵另起爐
竈勢必緩不濟急較奴才去年之成軍為尤難且訓練隊伍需用槍砲均非急切所能辦再兵端一開各
守公法尤為臨時所不能辦況審時度勢眈眈而視者又不僅一法人也然既經許之大信難失但條約
不可不慎後慮不可不周勿使其獨據利源勿使其得有地勢往歲議和敵屢索賠兵費今無故擾我藩
疆侵我內地壞我兵輪毀我船廠彼豈不應賠償耶再按萬國公法據理力爭彼將何辭以對設從寬免

賠則越藩之疆土尺寸不可讓臺灣之法人一卒不可留越連滇界滇產五金垂涎內犯後患何窮臺雖海島物產富饒乘閒相侵全閩何恃得隴望蜀人情類然而況詭譎之法人乎現在我正撤兵彼反添兵我已退滇粵彼尚紮臺澎不開臺灣海口反禁我接濟船隻何耶郎甲退師又開四砲以擊馮軍新議便違詐情已露如此奸欺殊堪痛恨倘和約稍涉要求仍請一意主戰奴才合滇粵諸軍及所部將領誓拚犬馬餘生力殲豕狼小醜必動出萬全功成一戰庶我　朝柔遠之恩威並用而報　國之愚忱略盡使天下臣民廿餘年之積憤亦得稍抒且法人所恃者槍砲奴才所恃者隊伍槍砲為呆物隊伍乃活人若專賴槍砲與決勝負雖勝而所傷亦多奴才雖不能不用槍砲決不專賴槍砲必率隊直入敵陣短兵相交四面兜勦盡殲之而絕其根株正月二十八日片請添募二十營者原期厚集兵力擬獨任滅敵復越之責添營雖必添餉滅敵後各省之防餉可輕一勞永逸是添餉尤為省餉計也若洪逆竊據江南使諸逆各陷各省賊數無算帶隊攻剿無一不戰而破其全軍數年肅清數省滅全逆而致中興如　朝廷信奴才於昔委以重兵授以重權勢必復全越而滅法人奴才成軍時已誓諸將不誅法復越必不生入關門況法兵無多即傾國來犯亦斷不及洪逆十中之一分法據越地萬不及東南數省之一隅今昔相較多寡相衡則奴才破之滅之更如拉枯摧朽成案可鑒非敢侈張欺罔於　君父之前也海內臣民無日不以誅法為心而奴才舊部將士亦無日不以滅法為念又不得不望我　皇上赫然一怒伸　天討而快人心耳奴才賦性愚直責任戎行戰事外不敢多言而一片血忱不得不披肝瀝膽詳細直陳伏乞諭令總署深思妥議勿失事機致貽後患並令沿海沿邊選將練兵議求數事以壯軍心萬不可因和而

陷敵縠也夫兵可百年不用而不可一日無備用兵以得將為先選將難而得將尤難募兵易而練兵不易選將貴先選其心性氣力次之心性樸誠者勉以忠義授以機宜平時秉性不移臨敵自奮身不顧練兵貴練其隊伍技藝次之隊伍嚴肅者步伐整齊進止如一操演呼應既靈對敵自指揮如意所謂恃一人之力而力有限合眾人之力而力無窮滅髮勦捻實由選將得將募兵練兵合羣策羣力之所致耳前督撫臣曾國藩胡林翼集藏霆軍進如潮湧立似山峙又載霆軍自成一家不二法門者此也如唐仁廉孫開華婁雲慶曹志忠陳由立王衍慶龔占鰲熊鐵牛唐得勝江自康李定明等皆霆軍舊部恪遵舊章精練隊伍臨敵皆能力戰去夏奴才奉　旨出師八月十三日始奉　諭旨招募萬人因居家無現成之勇籌餉之權數千里調將二千里籌餉憂心棘手焦急如焚諸將雖奮勇趕來而器械勇糧動難敷用全軍僅請五成洋槍又皆前膛到未及半乃捐餉挪辦快槍十月二十二日倉猝起程沿途借銀賒米費盡周張不省商號借銀九萬餘金全軍萬難速進且日行冰天雪地仍飭半日行程半日操隊跋涉已艱苦萬端將士仍勇氣百倍一路官民同稱精壯而亦竊喜勝算堪操然數月來艱難憂急實已費盡苦衷非徒奔走馳驅先後斃九員將官百餘兵勇即江直之撥槍子亦未到齊而捐辦之快槍子火更難趕到於此知成軍之難而採辦槍械軍火為尤難苟非平時選將練兵而臨事招募無不誤事機以目前之時勢而論戰事尚可忽乎哉茲謹將所部久經戰陣之將領銜名籍貫另繕清單上呈　御覽以備選將之用現因馬白糧少兩軍共食糧草仍屬難辦故移師廣南就糧勤加訓練恭候　聖命

疏陳邊疆文武大臣得人疏　光緒十一年　欽差大臣　彭玉麟

馮子材三次出關討平越亂恩威並著此次統軍赴龍桂越軍民聞其至若得慈母稱為馮青天其軍紀律最好凡關外越人懼法匪游勇之害者關內民人懼各軍騷擾之害者咸來赴訴馮子材亦視若子弟惻然矜憫為之撫卹示禁告戒諸軍越官越民爭為耳目敵人舉動常來報知近自北甯遠至西貢皆通消息其軍出關後扶老攜幼簞食壺漿來相探問願供辦軍米嚮導先驅助官軍剿除法人長為 天朝赤子馮子材毅然自任致書臣等若謂假以事權期以一年肅清全越由今視之全越則未可知若乘勝進兵滇軍東下劉團橫出數月之內必可掃盪北圻其撤兵之日越民攀轡乞留痛哭不捨隨之入邊者甚多師還以後尚有越官紳阮文庭等數十人到龍具稟請馮軍往剿免遭法人報復殘害願糾各省義民以為內應其凱旋龍州商民香燈砲竹迎送者三十里不絕當聞 旨罷兵之日馮子材以兵機方利敵患方長機會可惜力持不願電函並至忠憤填膺請上奏阻止謂必須責法人以越地還之越王方可班師嗣經傳示屢次續奉電 旨知成約難改始肯還師在身為邊將者志滅強虜自是職分當然如該幫辦之忠勇廉惠決機料敵戢軍愛民考之古來名將殆無過此乃 文宗顯皇帝拔擢任用之人留備今日邊關緩急之用到防之日即奉 特旨幫辦軍務士氣為之一振故得成功至李秉衡素有清望為臬司時吏民久已翕然歌頌及到龍州辦後路即值大局將潰之時屹然不動收集吏民嚴禁逃潰前撫臣潘鼎新平日撫馭將吏軍民諸多不洽屢次挫退民怨軍離威令久已不行該護撫臣惟以至誠至公激勵將士楊玉科戰歿輿尸通衢無人過問乃親迎其喪痛哭厚斂諸軍咸感創醫藥局治軍士之陣傷者每日必兩三次察視痊後亦日往一次多賴全活於主客各軍將領苦心調和視同一家糧餉軍火不

分東局西局但擇其最要者便宜應之在軍自奉刻苦激勵冒支力持不予人戰郎功賞則拔擢勝挪力從其厚一無吝惜護撫　命下之日歡聲雷動桂省官吏軍民若慶更生無論桂軍即廣東粵軍諸大將無不虛心相聽願為盡力支敵㨿子材秉東衙兩臣其忠誠廉直皆同而其得人心亦同一戰之功不足喜而邊疆文武大臣能得人心以為有恃此後邊防不論有事無事當可措置得法該兩臣均膺重任克振大局臣等既確有所知不敢不據實上　聞

洋務時事彙編

未

教務

猾夏之漸中西紀事

亞西亞洲之西曰如德亞國西方天主降生之地也天主何人耶穌也耶穌何以名華言救世主也其主以西漢哀帝元壽二年庚申凡在世三十三年嘗揚教化五印度之人悉宗之及其教西行入大秦則歐羅巴洲之人悉奉之於是大西洋各國皆以天主誕生之年起數不自立年號也初西人奉釋氏之教自佛滅度後六百年而耶穌生以為人生一大事首在敬天最追尋初祖上溯鴻蒙判十字以定四方合氣水火土四行之精肇生萬物天外無神故無偶像无祈禱凡立廟設位陳牲酒施鼓樂讚頌神名者皆外道也耶穌以天為父自稱神子厭世上仙代衆生受苦以救萬世故其死也西人以天主稱之然自唐以前不聞於中國迨太宗貞觀間有大秦上德阿羅本遠將經像來獻上京太宗詔立大秦寺度僧二十一人世閱七朝當代宗之建中二年有大秦寺僧景淨述其緣起撰景教流行中國碑後儒遂以是為天主教入中土之濫觴唯其所貢經二十七部無可致而所貢之像則三一妙身无元真主阿羅訶又有三一分身景尊彌施阿則三一妙身之母碑中所云室女誕聖於大秦者也一時中國又有三夷寺大秦一也祆神二也末尼三也解中曰大秦稱其國祆神著其所祀之神若末尼則西女之入中國者三教悉溯源於外洋而祆神之即天主遂為西人假託以為彼教之流行中土蓋千年於茲矣當大秦經像之既東也

將又有為天方教者出於西印度之阿丹國王其教者曰穆罕黙德生於耶穌後六百年而辭世於隋開
皇之十四年至唐而其徒日盛遂以回紇朝貢之期挾摩尼即末尼俱至京師私創邪夢佛祠朝廷弗能禁
其教尊顯大秦故自回回教行而大秦之教遂替宋元以來寂寂無聞直至明萬曆九年有大西洋之意
大里國人利瑪竇泛海九萬里至粵東又二十年始至京師中官馬堂以其方物進獻內有所貢天主及
天主母圖又攜有神仙骨諸物禮部奏言其自稱大西洋人而會典無大西洋之名其真偽不可知又寄
居二十年方行進貢則與遠方慕義特來獻琛者不同且其所貢天主及天主母圖既屬不經而所攜又
有神仙骨諸物則唐韓愈所謂凶穢之餘不宜令入宮禁者也況此等方物未經臣部譯驗逕行進獻則
內臣混進之非與臣等溺職之罪俱有不容辭者及奉旨送部乃不赴部審譯而私寓僧舍臣等不知其
何意乞給賜冠帶還國令勿潛居兩京與中人交往別生事端不報帝以利瑪竇慕義遠來假館授餐給
賜優厚卒不遣而公卿以下咸重其人利亦安之遂久留不去卒於京邸自利瑪竇東來其徒尤後至者
日益眾將值歷官推日食多舛乃有五官正周子愚言大西洋歸化人龐迪我熊三拔等深明曆法其所
攜曆書有中國載籍所未及者請令仿洪武初設回回麻科之例許迪我等入局測驗於是西人之入中
國者以推算為名而陰行其天主教法遂有王豐肅者居南京專以天主教惑眾士大夫暨里巷小民間
為所誘禮部郎中徐如珂惡之其徒又自誇風土人物遠勝中華如珂乃召兩人授以筆劄令各書所記
憶悉舛謬不相合乃倡議驅斥遂於萬曆四十四年與侍郎沈潅給事中晏文輝等合疏斥其邪說惑眾
且疑其為佛郎機假託乞亟行驅逐禮科給事中余楙孳亦言自利瑪竇東來而中國復有天主之教乃

留都王豐肅陽瑪諾等煽惑羣衆不下萬人朔望朝拜動以千計夫通番左道並有禁令公然夜聚曉散一如白蓮無為諸教且往來濠鏡與澳中諸番通謀而所司不為遣斥國家禁令安在帝納其言是年十二月始令王豐肅龐迪我等俱遣赴廣東聽還本國令下久之遷延不行所司亦不為督發四十六年四月迪我等奏臣與先臣利瑪竇等十餘人涉海九萬里觀光上國叨食大官十有七年近南北參劾議行屏斥竊念臣等焚修學道尊奉天主豈有邪謀敢蓄惡業惟聖明垂憐候風便還國若寄居海嶼益滋猜疑乞并南都諸處部臣一體寬假不報乃晱晱西去豐肅尋變姓名復入南京行教如故朝士莫能察也（自明萬歷九年至此皆明史意大里亞傳文）當明之季天主教入中國士大夫翕然從之者徐光啟為首李之藻李天經馮應京樊良樞等相與附和且為之潤色其文詞故其行日益廣時又有西士湯若望者進天主書像圖說朝士相與提唱援引於是自畿輔開堂冀延各省京師則宣武門之內東華門之東阜城門之西山東則濟南江南則淮安揚州鎮江蘇州江甯常熟上海浙江則杭州金華蘭溪閩則福州建甯延平汀州江右則南昌建昌贛州東粵則廣州西粵則桂林楚則武昌秦則西安蜀則重慶保甯晉則太原絳州豫則開封凡十三省三十處皆有天主堂（以上据楊光先不得已書）自明萬歷以後國初康熙以前其教不脛而走矣大秦之名始見於范蔚宗後漢書傳乃中國所稱謂者大西洋之人不知也自利瑪竇入中土得與徐光啟交自謂淵源於東漢纔以艾儒略得見景教碑遂援以證天主乃作西學凡一卷攷其時代源流湯若望又述耶穌之神靈異蹟及其受刑十字架上代民贖罪之顛末圖寫流布於是耶穌及天主之名遂大傳於世國初之主持天主教者為湯若望其廓然辭而闢之者則楊光先也湯若望者大西洋人從利瑪竇至中

國以推步之學與羅雅各並以崇禎三年奉詔供事厤局徐光啟奏請令其以西洋新法與中國太通厤較其疏密纂修新法算書一百卷由光啟進之於朝值干戈擾攘又牽制於廷臣之門戶不果行十七年詔李建泰平三晉以湯若望隨行任火攻水利遭甲申三月之變而止值我　朝定鼎若望遂以順治二年至京師上書言新法有驗並進西洋儀器得　旨試行特命西洋人湯若望南懷仁入為欽天監官乃聽西人新法造時憲書頒行直省時有歙之新安衛人楊光先者世習疇人之學爰具呈禮科謂憲書面上不應用依西洋新法五字不報旋於康熙三年狀告禮部摘其推算本年十二月戊午朔日食交會之誤奏聞　旨交吏部審遂黜湯若望等授楊光先為監副尋轉監正光先自以但明推步之理不明推步之數凡五請解職不許六年以推閏失實方請更正則憲書業已頒行遂下光先於獄擬大辟秋審緩決乃議遣戍遇赦歸自是復用湯若望南懷仁為欽天監正副官一時士大夫言天學者無不右湯而左楊光先自憤其先憂之隱不白於天下後世爰著不得已書攻其教法其略曰自利瑪竇入中國以來其徒黨皆藉厤法以陰行其天主教於中土今開堂京師宣武門外及各省凡三十窟穴而廣東之香山澳盈數萬人盤踞其間成一大都會以暗地送往迎來而棋布黨羽於　大清十三省要害之地其意欲何為乎其日食天象驗篇曰湯若望之厤法其推驗康熙三年十二月戊午朔之日食人人有目難盡掩也而世方以其不合天象之交食為準而附和之是以西洋邪教為中國不可無之人而欲招來之援引之自貽伊戚无論其交食不準之甚即準矣而　大清國卧榻之旁豈容若輩鼾睡從右至今有不奉彼國差來朝貢而可度越我疆界者不有入貢陪臣不回本國而呼朋引類煽惑我人民者不江統徙戎論益蚤

燭於幾先以為毛羽既豐不至破壞人之天下不已茲著書顯言東西萬國及伏羲與中國之初人盡是邪教子孫其辱我天下之人至不可言喻而人直受之而不辭異日者設有蠢動還是子弟拒父兄乎還是子弟衛父兄乎衛之義既不可拒之力又不能請問天下人何居焉光先之愚見寧可使中國無好歷法不可使中國有西洋人無好麻法不過如漢家不知合朔之法日食多在晦日而猶享四百年之國祚有西洋人吾懼其揮金以收拾我天下之人心如抱火於積薪而禍至之無日也其闢邪上篇曰天主教不許供君親位牌不許祀祖先父母真率天下而無君父者也而傅會其說者曰二氏終其身於君臣父子而莫識其所謂天即儒者或不能無弊噫是何言也二氏寺觀供奉龍牌是尚識君臣佛經言供養千辟支佛不如孝堂上二親是尚識父子況吾儒以天秩天叙主教乎惟耶穌以犯其國法釘死是莫識君臣耶穌之母瑪利亞有夫名瑟而曰耶穌不由父生及皈依彼教人人不得供奉祖父神主是莫識父子夫楊墨之害道也孟子拒之恐人至於無父無君今天主之為教也恐人至於有父有君嗚呼妄矣徐光啟以歷法薦利瑪竇等於朝以數萬里不朝貢之人來而弗稽其所從來去而弗究其所從去行不監押之止不關防之十三省之山川形勢兵馬錢糧靡不收歸圖籍而莫之禁古今有此玩待外國人之政否　大清因明之待西洋如此習以為常不察伏戎於莽萬一竊發百餘年後將有知予言之不得已者

又其下篇曰問耶穌為誰曰即天主問天主宰天地萬物者也何為下生人世曰天主憫亞當造罪其說言天始造人男女各一男名亞當女名厄襪以為人類之初祖禍延世世苗裔許躬自降生救贖於五千年中或遣天神下告或託前知之口降生期至天神報童女瑪利亞胎孕天主瑪利亞欣然允從遂生子名曰耶穌故瑪利亞為天主之母

童貞尚猶未壞閉生於何代時曰生於漢哀帝元壽二年庚申噫荒唐怪誕一至此哉夫天果有天主則覆載之內四海萬物无一非天主之所宰制必無獨主如德亞一國之理且既稱天主則天上地下四海萬物待以宰制今天主下生三十三年誰代宰制之天地既無主宰則天亦不運行地亦不長養而人物萬類亦幾息矣天主下生救世宜遍化存神型仁講讓登一世於雍熙乃僅以瘳人之疾起人之死又安能錫一世之雲礽以還造化之固有哉天堂地獄釋氏以善惡分乃彼教則但崇事耶穌母子者即升之天堂不奉者即下地獄使奉者皆善人不奉者皆惡人猶可言也苟奉者皆惡人不奉者皆善人不已顛倒賞罰乎謂佛墮地獄中永不得出誰則見之而耶穌生釘十字架則現身劍樹若海豈有主宰天地萬物之人而不能自主其一身之性命乎以造化世界之上帝而世人能戕之戮之者乎剽竊釋氏天堂地獄之唾餘而反脣謗佛又援儒而謗儒歷引六經之上帝而斷章以證其為天主問其救世之功則以瘳人之病起人之死无論不足為主宰萬物者之功即以此為功則何如不令人病不令人死之功之更大也且利瑪竇之書止載耶穌救世功畢復升歸天而諱其死於王難湯若望黠不若利瑪竇乃並其釘死十字架上圖寫而直布之其去黃巾五斗米之張道陵幾何而世或以其制器之精奇而喜之或以其不婚不宦而重之不知其儀器精者兵械亦精適足為我隱患也不婚不宦者其志不在小乃在誘吾民而去之如圖日本取呂宋之已事可鑑也詩曰相彼雨雪先集為霰又傳曰鷹化為鳩君子猶惡其眼今者海氛未靖譏察當嚴揖盜開門後患宜毖倘使今日譽予為焰口毋使異日神予為前知是則中國之厚幸也夫光先既遇赦歸行至山東為歐羅巴人毒死又以重價購其不得已書板毀之自欽天監復用西

洋人遂爲定例而湯若望南懷仁等皆以臺職終卒於京邸於是西洋人之相繼入中國者浸淫乎以推步入臺爲開堂之捷徑矣

直省開堂之禁始於康熙八年是時欽天監復用西洋人又因南懷仁推閏得實奉　仁廟特旨許西洋人在京師者自行其教惟不准傳教於中國及直省開堂者禁之然明季至國初各省私設之天主教堂未奉追毀而西人方以得自行其教恃爲護符互相容匿於是開堂傳教之風久而愈熾五十六年廣東碣石鎮總兵官陳昂奏言天主一教各省開堂聚衆在廣州城內外者尤多加以洋船所匯同類招引恐滋事端乞循康熙八年例再行嚴禁毋使滋蔓從之五十七年兩廣總督楊琳疏言西洋人開堂設教其風未息請循五十六年例再行禁止五十九年西洋人德里格以妄行陳奏獲罪從寬禁錮雍正元年恩詔赦歸時閩浙總督覺羅滿保疏言西洋於內地行教聞見漸淆請除送京效力人員外俱安置澳門其天主堂改爲公廨奏入得旨　遠人住居各省年久今令其遷移可給限半年委官照看毋使地方擾累沿途勞苦二年十二月兩廣總督孔毓珣疏言西洋人先後來粵者若盡送澳門安置濱海地窄難容亦無便舟回國請令暫居廣州城內天主堂有年壯願回者附洋船歸國年老有疾不能歸者聽惟不許妄自行走倡行教說其外府之天主堂悉改爲公廨內地人民入其教者出之三年二月毓珣又疏言廣東香山澳有西洋人來居此二百餘年戶口日繁至三千餘丁請著爲定額多者悉令隨船回國俱報可乾隆閒西洋人私赴各省傳教者日益衆經湖廣省查拏究出直隸山東山西陝西四川等省俱有私自傳教之犯奏聞奉　旨交刑部審擬永遠監禁嗣於五十年十月奉諭前因西洋巴亞里央等私入內地

傳教經湖廣省究出各省傳教之犯業據刑部審擬(監禁發往等處)此等人犯不過意在傳教尚無別項不法
情事且究係外洋不諳國法永禁囹圄情殊可憫俱著加恩釋放交京城天主堂安分居住如情願回洋
者著該部派司員押送回粵以示柔遠至意欽此(以上據　皇清通攷四裔門)初大西洋人之入中國者意大里亞之
人為多以利瑪竇係其國人方以類聚也自新法之行其徒日廣繼以　國初許其設堂京師自相傳教
於自蹕門受廛之輩皆以入京當差為名而推步之學亦維大西洋人獨擅之故歐羅巴洲之各國聞風
而來足跡遂徧於天下然其在居之人則　國朝自有定制凡西洋人願入監當差者准先赴澳門呈請
然後由督撫咨送到部部臣查驗得實留京效用自後即遵用　天朝服色安置京師天主堂內生於是
館死於是殯不往復還本國自傳教者私往各省交結民人往來自便封圻大臣漫无覺察其知者又恐
別生事端容隱不發因而此輩久居中土繪圖測鏡覘消息潛通蹤　列聖懷柔以示大公不疑其別有不
法情事而覬覦之漸萌於此矣維時英吉利之國王雅治者欲藉以通好　天朝乃遣其使臣航海修貢
乾隆五十八年英使入都奉其國王表文求請貿易各欵並乞援俄羅斯住例遣人寄住京師未及傳教
之事意在弛禁以示中外一體華洋相安(按表文無此語蓋使臣在部呈請之詞)奉　純廟敕諭爾國留人在京言語不通
衣服殊制無地可以安置若必似來京當差之西洋人令其一體改易服色則天朝從不肯強以所難至
於爾國所奉之天主教原係西洋各國向奉之教天朝自開闢以來聖帝明王垂教創法四方億兆率由
有素不敢惑於異說即在京當差之西洋人等居住在堂亦不准與中國民人交結妄行傳教所請尤不
可行英使禮畢告歸　純廟亦以禮遣之尋將賜咨該國王　敕諭前後二道　頒付粵東疆臣載入檔

案（以上據魏源海國圖志所采舊中檔案）蓋　聖人防微杜漸之深意也英國王所請不行復於六十年由商舶赴粵附具書幣交粵督陳奏又於嘉慶二十一年再遣使臣修貢中國而其使臣初入粵東即爭論見儀注入　覲之日又以彼國素奉天主法無跪禮　睿廟卻其幣而遣之自此始有觖望意而其求在中國貿易及寄居京師澳門等處之蓄念不少衰一時私赴各省傳教之徒藉其禁網稍疏益無顧忌其教按七日致齋入廟禮拜大都黑夜相傳雜以符咒之術愚民被惑奸民衆之於是家供十字之架人持七日之齋蔓延各省不可究詰而白蓮天理等教之變起矣

白蓮教即末尼之支派唐人所稱三西寺之一與大秦同入中國者也其後回回教至挾摩尼俱來故其教介於天主天方二教之間明之徐鴻儒亂山東已有白蓮教匪之目至我朝乾隆之末　純廟訓政授受禮成是為嘉慶元年時則苗寇未平湖南四川教匪繼起蔓及河南陝西甘肅等省其教以白蓮為名大兵且剿且撫凡八年而後定十八年河南滑縣李文成直隸大興林清復以邪教煽動四省約期內外相應遂有是年九月十五日之變其教曰天理曰八卦首尾五閱月首從以次受擒而是時愚民被惑持齋誦經咒者率以七七為名遂有不跨十字架食豕肉之禁（回教不食豕肉末尼宗之而不跨十字架則天主之尊教與回部無涉方嘉慶中葉廣緝白蓮教匪時百相國齡總督兩江緝得教頭方榮升等先期搗之堂下令從其教者但跨十字架復予豕肉一塊吞之即可免死而方榮升及一女尼朱二姑娘者但欲速決俾生西方樂土卒不肯跨食遂以越日正典刑方鞫獄時先名宦公在江甯寶親見之歸語其事則是時天主之教已早入中土矣）皆出自中土無賴之奸民藉拜會斂錢以聚衆謀逆又以同時回回為其教法之綱領與傳教之大西洋人無涉也然大秦回回末尼三教同源而其教法亦大略相等愚民受其左道之惑者轉相仿效自立名目故自嘉慶以後直省教匪謀逆之案至今不息又自英

人內犯擭其所刊耶穌書傳布中土則奸民奉為枕祕壬寅議撫越三年而有佛郎西人在粵呈請弛禁部臣不敢詰於是各省會匪無不藉拜會為名歸宿於天主之教馴至粵西起事金田結盟而其教益不可收拾蓋履霜堅冰所由來者漸也

道光二十二年白門撫議成議內所列傳教一款言耶穌天主教原係為善之道待人如己自後有傳教者來至中國各省須一體保護地方官不得刻待禁阻等語然但言傳教之人加意保護未嘗許華人之習其教者亦一律寬容蓋康熙八年以後之檔案具在也至五口通商亦無許其增設教堂聚徒講教之明文而白門議款定自英人佛郎西彌利堅皆不與焉其後二國商船赴粵相繼陳請佛郎西貨船之至中國者少而私赴各省之傳教者為多頗不便於中國之禁而思有以變通之二十五年佛郎西商船赴粵尋詣總督衙門呈稱天主教勸人為善並非邪教請弛漢人習天主教之禁特相國耆英方任兩廣總督據以奏聞奉　旨交部議准海口設立天主教堂華人入教者聽之惟不許奸誘婦女及誆騙病人眼睛違者仍治罪自此外洋人寄居五港口者皆設天主教堂按房虛昴星躔度之期以七日一宣教法洋商於是日停止貿易入廟禮拜謂之安息日遂以為常然海口人民不服其教者亦以此屢起釁端官吏調停中立而已咸豐八年天津之役英人糾集佛郎西彌利堅俄羅斯三國復請增定條約飭赴滬中由

欽派大學士桂良尚書花沙納等至滬會商而佛郎西意在傳教故其八款內開凡法國人照舊約在通商各口地方或長住或往來應聽其在附近處所散步動作毋庸領照其上文言領執照者專指通商之船隻言一如內地民人無異又十三款內開凡按第八款條約入內地傳教之人地方官員務宜厚待保護凡中國人願崇

信天主教而循規蹈矩者毫無查禁皆免懲治向來所有或寫或刻奉禁天主堂各明文無論何處概行寬免特因廣西西林知縣張鳴鳳將佛國傳教之馬神父神父者法人尊其教主之稱論法處死由該國控訴入京並請於續增條約將西林知縣革職緣由知照該國大臣載入邸報自此傳教習教之徒雖在華民亦張膽明目恃外洋領事為護符益弁髦官吏矣

滬中議定維時欽差大臣桂良等方奏請 聖裁令四國使臣先後入都換約未幾英人以背約闖入大沽口毀我防具遂有踰年五月之師西人敗歸滬議亦寢而外洋已將奏准天津新議刊入西人通書中十年英人由天津入寇 上狩灤陽恭親王奕訢留守京師遂於是年九月十一十二十七等日與英法等國交換和約又於天津新議外續增若干款頒示各省督撫將軍遵照辦理於是法人又請續增專款謂應如道光二十六年正月二十五日 上諭即行頒示凡各省軍民人等傳習天主教許其會合講道建堂禮拜且將濫行查拏者予以應得處分又將前禁天主教時毀為公廟之天主教堂塋墳田土等件應即查明交還法國駐京之使轉交該處奉教之人照舊收執並聽法國傳教之士在於各省租買田地房屋并由自便等因當八年滬議甫定法人即於其年之冬以傳教為名游於江浙閩或數月或半年皆與人吏分庭抗禮至是奉到新議條款許其傳教各省及交還舊毀之教堂地基等件於是法人前赴總理衙門請給護照游歷各省一時華人之從教者恃外洋為護符藉以凌虐軍民脅制官吏復奉 上諭總理各國事務衙門奏習教人眾請分別良莠飭令地方官妥為辦理等語據稱法國條約內載天主教勸人為善業經准行惟近來各省習教之人與不習教者往往彼此齟齬嗣後各省地方官務須查明根

由持平辦理加習教者果能安分自愛自當一體撫字倘或倚恃教民作奸犯科亦必照例治罪等因時則有湖廣江西折毀教堂之役（詳後卷中）此天主教興廢之本末也

按西人新法入中國湯若望羅雅谷等已於明季供事歷局而　國初因之然臺官之獄一時士大夫欲購求中西同異驟擢西士入臺遂為疇人子弟所集矢先師汪衡齋先生萊以嘉慶戊辰入　國史館纂修天文時憲志其稾本藏於家予謹閱首卷即及楊光先與湯若望交訟事至其不得已書之大略具見於王漁洋池北偶談及阮儀徵疇人傳中後在新安又得其殘本讀之竊謂爭新法者不過沿明季門户之見偶摘其日食交會之謬即羣起而攻之不足以關西人之口而奪其氣惟光先自謂明理不明數五請解職未嘗以推步自許也言中國甯可無好歷法不可有西洋人亦未嘗極詆新法也若其著書自稱不得已比於孟子之距楊墨是則光先所攻攻其西法非其新法也其言孟子之距楊墨恐人至於無父無君今天主之為教恐人至於有父有君可謂辭嚴而義正矣光先訟不勝卒為西人所害後來言推步者遂謂其於天學全無所解比之妄人乃至王尚書阮相國采錄其詞亦以此為中西爭新法之關鍵豈得為知言哉夫其苦口危言不幸億中伏莽有先幾之識開門無遠慮之人封疆大吏不務綢繆當國老謀視同癬疥遂梗禍階於今日反推先覺於疇人良可慨已今英吉利要撫白門欲弛傳教之禁不數年而佛蘭西在粵陳請遂并華人之習教者而亦弛之部臣不能援引檔案以間執其口而鰓鰓焉懼誤撫局從權照覆不知當　國初時西人之在京師者　仁廟許自行其教不過示以叙戎柔遠之至意所謂修其教不易其俗齊其政不易其宜乃我　朝不欲以中國之教強

外邦而西人乃得以外邦之教煽中國是賈生所謂倒懸之勢也然則光先所論固已燭其幾於二百年之前矣當雍正元二年間因閩粵督臣請毀天主教堂撤為公廨時有湖北黃岡吳德芝記其事云自西洋人設立天主堂細民有歸教者必先自斧其祖先神主及五祀神位而後主教者受之名曰喫教人按一名與白銀四兩榜其門以赤紙上畫一長圈中列十字架刀鋸鉤鑿皆具或曰其所奉神以磔死故門畫磔器也每月朔望男女齊集堂中閉門誦經及暮始散有疾病不得如常醫藥必其教中人來施鍼炙婦女亦倮體受治死時主者遣人來斂盡驅死者血屬無一人在前方扃門行斂斂畢以膏藥二紙掩屍目後裹以紅布囊曰衣胞紉其項以入棺或曰借斂事以剜死人睛作鍊銀藥生前與銀四兩正為此也故死時若不使聞知不聽其斂法者謂之叛教即令多人至其家凌辱百計權四兩之子母而索之窮民惑於此每墮其術中而士大夫之嗜利無恥者皆幾其練術可得相與尊信之稱之曰西儒而其主如所在地方必與其長吏相結厚餽遺有事則官長徇庇之以故其教益張所刻口鐸一書其說極狂悖工繪畫雖刻本亦奇絕一幀中烟雲人物備諸幻態而尋其理皆世俗橫陳圖也又能製物為倮婦人肌膚骸骨耳目齒舌陰竅無一不具初折疊如衣物以氣吹之則柔軟溫暖如美人可擁以交接如人道其巧而喪心如此康熙中黃岡令劉公澤溥深惡之議毀其廟逐其人胥吏有從其教者懲以重典不旬日而上官檄下反責以多事蓋錢可通神也雍正二年浙江制府滿公（名見上）上言其惡朝廷納之禮部議覆奉　旨西洋人除留京辦事人員外其散處直隸各省者著該督撫轉飭各地方官除起送至京效用人員外餘俱遣至澳門安插其所造天主堂令皆改為公廨凡誤入其

教者嚴為禁諭令其改行如有仍前聚衆誦經者從重治罪地方官若不實心禁飭或容隱不報如之三月奉通檄盡逐其人以其堂為義學公所百年汙穢一旦洗濯因喜書其事如此按此書見采於梁中丞章鉅所著浪跡叢談言此事在雍正初至今剛踰百年而其燄復張甚為可恨云又魏源海國圖志天主堂條下云查西洋之天主不可知若中國之天主教則其方入教也有吞受丸藥領銀三次之事有掃除祖先神主之事其同教有男女共宿一堂之事其病終有本師來取目睛之事凡入教者給銀一百三十兩為貿易資本虧折許復領領至三次則不復給仍贍之終身受教者先令吞丸一枚歸則毀祖先神主一心奉教至死不移有泄其術者服下藥見廁中有物蠕動洗視之則女形寸許眉目如生詰之本師曰此乃天主聖母也入教久則手抱人心終身信向不改教矣凡入教人病將死必報其師師至則妻子皆跽室外不許入良久氣絕則教師以白布囊死人之首不許解視蓋目睛已被取去矣有僞入教者欲試其術乃佯病數日不食報其師至果持小刀近前將取睛其人奮起奪擊之乃踉蹌遁聞泰西中國鉛百斤可煎紋銀八兩其餘九十二斤仍可賣還原價惟其銀必以華人睛點之乃可用而西洋人之睛不濟事也按默深所論與黃岡吳君大略相同而吞受凡藥則傳教者得手之初恃此以為左券之握蓋藥性初發狀類癲狂因有劈毀祖先神主之事迨藥性既下則心如魔醉不但禮拜吃齋樂於從命即使倮體受辱亦所甘心是則所謂手抱人心終身不改必有妖物憑之者矣又聞傳教之士周歷各省凡深山窮谷靡所不至有不信其教者則於其入堂講勸之際暗施此藥於茶餌中不踰時而本性潛移皈依不二矣至同教男女共宿一堂何以有黑夜傳情之事則以本師預

目其婦人之白晳者臨時投以藥餌受者不悟而吞之能令有女懷春雉鳴求牡蓋即世俗春方之品正所謂鴆以為媒者也然則部議所云好誘婦女誆騙病人眼睛者不能拔其傳教之根株而舉此曖昧無憑之端以示懲警是猶閉男女於一室而禁之交媾遇屠人於市中而勸之戒殺豈非掩耳而盜鈴者歟

漢之黃巾五斗米其教匪之濫觴乎明之白蓮無為其天主教之倀使乎我　朝乾嘉之際直省教匪公行一時傳其教者謂之七七教而考其教法則不出吳魏二君所記之數事是雖未嘗操入室之戈而卧榻之旁已被西人鼾睡矣自英人請立傳教之條佛人請弛習教之禁於是各省拜會無不藉天主為民即非天主教者亦假托之粵西軍興則有馮雲山洪秀泉楊秀清等共結金田拜上帝之會謂上帝為天父謂耶穌為救世主又杜譔讚美經為天父鴻恩廣大無邊不惜太子遣降凡間捐命代贖大都剽竊耶穌書中說以誘脅從之愚民令每飯誦之迨咸豐三年粵匪攻踞江甯則有上海不肖之外洋領事欲藉以徼利徑乘舟由海道至江甯與之聯教通款遂釀是年八月上海劉麗川之案嗣又有粵東紅棍賊者據曾中丞望顏奏摺內言近來粵中大吏不許人提及會匪二字因而該匪等毫無顧忌謂大憲並不禁人拜會我等樂得結拜遂至蔓延通省及於廣西今竟禍連吳楚當二十四年有外匪來至臣籍之香山在於港口隆都各鄉誘人入會始猶數十人於夜間結拜後則千百為群行之白晝其結拜之處凡有路口俱用槍礮把守以防官兵圍拏凡入會者每人斂錢三百其黨引得一人入會者則分錢二十文其已結拜後再看人結拜者謂之看戲亦得分錢十文結拜之時設一紙帳城

城上所供未知何牌位旁坐一白衣白帽者謂之亞媽入會之人俱穿刀門而入跽聽亞媽教授隱語各以縫針針其指頭出血血水一鐘各飲一口亞媽乃高聲念悖逆之語眾皆齊聲答應而起云云按西人崇事天主有亞尼瑪之學亞尼瑪者華言靈性也天主之母曰瑪利亞義亦如此此皆襲西人之唾餘而張皇其教法若至血水一鐘各飲一口其應如響此必雜以符咒方藥如傳天主教者吞丸一枚即終身信向之類予以為必有靈物憑之者以近年之所見知之當壬寅撫議定後踰年而發棺之獄起徽甯一帶惑形家言久厝不葬猝傳其事相與戒嚴然其所發皆新喪衣物無所取惟死者之腦輒遭斧鑿疑其取腦髓也一時鄉里無賴之徒遂乘其間以發富家貴人之壙竊其珠玉襚衣乃有歙縣程侍郎及涇縣潘河帥之先塋事發奏請勒限嚴緝而殘屍之真盜無所得時大吏通檄各州縣以為青蓮匪黨然絕無左證閱三年而有浙江蕭山小兒之案方其急病而死數日之間傳染數十家無識之者其某戶偶尋視其小兒瘞處被人掘發斧其腦骨傳之比戶無不皆然方悟其為妖術也貧家小兒嬉於門外有過者投以飫果寘鴆其中有頃小兒暈仆在地適有善醫者過視曰此謎藥也兒實不死奈何棄之遂傳解謎方其如法急救而蘇者全活無算然一二月間流毒南北各省及於畿輔輦轂之下御史奏請嚴緝而各州縣繫獄鞫治者率多流傭走丐賣方樑卜之徒即偶有刑逼認供者亦卒不能得其情實予意邪教中符呪方藥欲藉人身精氣之靈而腦中之髓又其精靈之最聚者此輩以左道惑人預為魔蠱之用初取新死者之髓不驗乃謀取其生者故以謎藥投之小兒使其醉不至死待其棄之漏澤則如探丸囊底得珠頷下不啻取諸其懷而生致之矣然操其術行數千里而不敗

露者豈真鬼蜮之技能遁其形而胥吏因緣文網疏縱欲以圖猛虎於決蹯之後制螫蛇於斷腕之時不已難乎此道光二十六年事是年當丙午陽亢之運又其事起於午未之月予以告里中父老謂東南數年之後必有大獄未幾而粤西告變矣西人自弛禁之後傳教入中國者佛蘭西之人尤多近年來始有傳其取嬰兒腦髓室女紅丸之事播入人口蓋又於天主堂後兼設育嬰會也道家修鍊其下者流入采補此固邪教中必有之事附記於此

附西人教法異同考

佛滅度六百年後而有耶穌是為天主耶穌治世又六百年後而有穆罕默德是為天方教此三教之先後消長升降於西土者也佛生於中天竺而天主天方皆生於西天竺此三教者皆在亞細亞洲之界與極西之大秦無涉也然佛教之行自西而東故由天竺而至中土天主教之行自東而西由波斯而入大秦若天方者值羅馬之衰遂並其東土之西印度諸國自立一教有不服者輒以兵脅之故始行於葱嶺之東西遂及於震旦之南北惟歐羅巴人與之為仇故二教雖並踞西土已分水火之局而考其所自來則皆婆羅門之支流餘裔也佛經有婆羅門天祠斥為外道而唐陳元奘使西域經歷各國之奉祀大神者皆以為婆羅門種是其教起於佛氏未出以前而再盛於佛教既衰以後若天主之變至為天方則又其最後者觀其削頂留鬚七日禮拜與夫分水土為地體之二行作十字為天方之交線此其拾天主教之糟粕且不必論而合二教之書論之天方古史稱阿丹為治世之初祖傳二千年後洪水汎濫有大聖努海受命使其徒四方治水云云此全襲泰西創世記中語曰阿丹治世即記

所云天遣亞當下世肇生人類者也曰努海治水即記中所云挪亞避洪水之難率其子孫散處四方者也摩西本以色列之族為耶穌之遠祖而以其受十誡於西奈山則言阿剌伯亦本之西奈山在阿剌伯境內回部之首也波斯本條支之地為回部之祖國而以為大秦經像之所自出則言景教者亦宗之至若其淵源之所自則二教實皆本耶穌而言天方者獨諱之蓋天方之教起自爾撒至穆罕默德集其成故回人以爾撒為大聖穆罕默德為至聖而爾撒之生正與耶穌並世吾友俞理初正燮謂爾撒者即耶穌之對音乎為之證以天方古史言阿丹傳施師師傳努海海傳易卜剌欣欣傳司馬儀儀傳母撒撒傳達五德德傳爾撒爾撒不得其傳六百年而後穆罕默德生西人紀年以耶穌之降生起數回部紀年以穆罕默德之辭世起數梅宣城據回回歷以推穆罕默德辭世之年在隋文帝開皇十四年甲寅上距漢哀帝元壽二年庚申天主降生正合六百年之限是則爾撒耶穌之非二人毫無疑義理初又引回人幹爾塞經塞與撒音之轉言爾撒聖人者亦阿丹之後立教敬天為主傳徒譽盛戰勝攻克或通其妻求異術爾撒告衆恐人縛髮妻於是夜暗繫其髮仇至遭擒便被殺害其徒憤天不垂佑乃奉天主不復事天云云此與湯若望所記耶穌被害釘死十字架上同一無稽之野語而受擒死於非命大略相同其時已攝爾撒為天主尤足一非二之確證蓋自二教既分馴至數典忘祖同室操戈於是西人主耶穌而奴爾撒回人主爾撒而奴耶穌實不悟其為一人即有知者亦諱不欲言乃自於其六百年一語供證確鑿然後知天主天方固自一家眷屬也杭世駿續景教考既混天方於大秦錢大昕跋景教碑尾謂耶穌生當隋開皇之世又誤以穆罕默德辭世之年當之總緣二教爭勝皆援唐碑景教之文故考據

家不能別其同異要知天主本非大秦之產大秦亦與回部無涉此不足與之辯但據其後來之教法論之則天主教固拾佛氏之唾餘而天方教又拾天主之唾餘也非獨二教自分門戶即天主本教歐羅巴人所奉亦不盡同其總名曰克力斯頓教後遂演其派為三一曰加特力教即舊天主教今意大里亞佛蘭西等國所行者是也一曰額利教今俄羅斯所行者是也一曰婆羅特士頓教士頓即斯丹一曰算灘皆轉音對音也令英吉利荷蘭彌利堅等國所行者是也婆羅特士頓者英人謂之耶穌教始於明時日爾曼人路得所立遂與天主之舊教分今英制國主將嗣位則大臣咸集巴釐滿衙門會議必新主肯加特力教而崇婆羅特士頓教乃共立之然則天主耶穌以一人而分二教遂亦如水火柄鑿之不相能此又何說故曰六合之外聖人存而不論可也

江楚默教 中西紀事

西人之入中國也藉傳教游歷各省則出自法蘭西者蓋十之九自壬寅議撫通商越三年而法人在粵請弛華民傳教之禁部議允行具詳第二卷中己未天津議撫載入法約第十三款內然與在粵所請大略相同迨十年約換續增第六款內開華人無論軍民有傳習天主教會集講道建堂禮拜者地方官不得妄行查拏違者予以應得處分又將前謀害天主教時所充之天主堂學堂墳塋地方等件應賠還法國駐京公使轉給該處奉教之人並任法國傳傳之士在各省租買地土建造自便等語查舊檔康熙雍正間因西洋傳教之風日熾大吏請申康熙八年直省開堂之禁奏請各省及粵東外府縣之天主教堂悉撤為公廨歷經查辦在案法人所索賠還之地基蓋即指此而中國傳教之奸民互相煽引滋擾無休

江西撫州門外有法人在義塚之旁租賃民屋一區嘗以黑夜傳教亦不敢自立教堂名目其他如撫建袁瑞臨吉等處亦多似此惟吳城東菜園地方設有教堂多歷年所道光間新建知縣某援禁撤毀嗣又於望湖樓下改設一區咸豐五年水師統領令兵部侍郎彭玉麟復率兵勇毀之以其地為龍王廟時天津新議未行法人及傳教之士不敢阻也京師換約之踰年法人請赴各省傳教由總理衙門給與執照有法士羅安當者來至江右舟泊九江遣其副方安之赴省向南昌府衙門呈遞照會約期晉省時江西巡撫毓科會商善後總局派委予及前署德化知縣張國經充接伴使前赴撫州門外晤方安之方固廣東南海縣人也据稱羅教士現已自滬起程帶有總理衙門咨文面見大府商請一切事件並据方安之稱省城內快子巷有法國新置一區以為育嬰公會內養女嬰十餘人請入視之約以暮歸稟之大府諾焉時十一年十一月也踰月十八日羅安當至省由方安之先期照會請代通報晏陞張令會同南昌新建知縣約相見於公所羅行免冠禮遂同入城自撫軍以下皆按平行禮接待坐間面呈恭邸咨文一角則賠還吳城教堂事也時已歲暮法士請在城內育嬰公會過年撫軍許之初羅安當將至江撫傅詢相見儀注予因檢天津新議法約第四款內稱兩國官員辦公人等因公往來各隨名位高下准用平行之禮法國大憲與中國京內京外大憲公文往來俱用照會法國二等官員與中國省中大憲公文往來用申陳中國大憲用劄行其兩國平等官員照相並之禮等語詳其文義所稱彼國大憲指全權公使而言中國京外大憲指京師之王大臣及外省督撫而言若所稱二等官員則彼國之總領事及正副領事以下也又檢英約內開該國正領事與中國道臺同品副領事繙譯官與知府同品凡衙署相見會晤文移

均用平行禮又英人在滬照復桂和投法國二等官員類推領事官既與道臺同品總領事應與藩臬同品今統核二國之約必彼國有全權官銜者始得與京內之王大臣京外之督撫平行明矣查羅安當不過彼國一傳教之士本無官職可比例而據其前以來東稱海國總理江西傳教事務則與現在九江領事自稱總理江西通商事務者同九江領事既與九江監督同品來往文移悉用平行儀注則其行文撫憲須用申陳與道員行文撫憲之稱詳稱稟者同而其來往謁見亦當如司道見督撫之儀轅門外下輿由角門進督撫迎送如司道儀今羅安當比照九江領事官例已屬優待謹摘錄條約繕具清摺呈送核行等因撫軍是之及羅至省二次東內忽增入代理全權大臣字樣予方請中丞駁回而中丞已傳諭升砲開中門如督撫相見之儀江省紳民聞而駭之羅既出有識之者曰此二十餘年前潛匿廟巷中衕[illegible]即其舊天主堂地名被前撫吳文節公驅逐出境者也又有識方安之者以為即江西之撫州人適羅安當攜其傳教告示請飭地方官張帖衆議洶洶踰年而難端作

當法人之請領執照也分遣傳教之士游行各省將至楚楚南長沙湘潭一帶傳教之奸民相與夸耀其事以為吐氣揚眉復見天日楚之紳士聞而惡之乃譔為公檄議默天主教有畀屋居住者火之有容留誦其書者執之有習其教者宗族不齒子弟永遠不准應試大略謂其藉宣講為名裸淫婦女設女嬰之會采取紅丸其他種種奸惡描寫盡致流傳入江正羅安當持照赴省逗留不去時值試期將及江省巨紳大集於豫章書院則有告歸之翰林院檢討夏廷榘在籍之甘肅臬司劉于潯等將楚南公檄鳩貲付梓一日夜刷印數萬張徧揭省城內外通衢法人聞之請詰主者會同治改元江撫內召受代者為沈幼丹

中丞葆楨未至督糧道李黻堂觀察桓文恭子也時方升任藩司護撫篆乃以五日京兆辭追中丞至赴愬不面往拜瞷亡於是教士益失望而時值南昌郡試之期學使之按臨者亦及焉二月十七日予在郡署校閱日晡王霞軒太守必達南昌孫雪筠大令家鐸急走語予曰頃見外間揭帖期以明日午刻折毀天主教堂倘激而生變非但地方官未便即委員亦未便也予曰為之奈何二人曰檢討主講豫章雖不預謀可以止之予曰檢討日飲無何杜門謝客惟兒子識其小阮數人請往覘之歸寓呼兒子策騎疾去甫出門而羅方之諜者至告曰嬰堂已被劫主人幸無恙今疾趨出撫州門矣然女嬰已失勢將及城外教堂不識能保全否也予乃偕張令亟趨郡署則兩首縣皆在焉遂同詣快子巷除育嬰會被毀外又折從教之店屋民房數十間漏初下城門已扃歸告中丞中丞歎曰西人逞志於我久矣不虞吾民之藉手以報也雖然辦理不善之咎我輩任之幸勿作緝捕論也爰据實入告自請嚴議而地方官及委員之接伴者皆不及於劾典十八日再毀法國城外之舊天主堂又毀教士坐船一隻皆夜毀之也羅安當之逸而出也與方安之分道而走方至瑞州羅至撫州中途憩息於從教陳姓之宅是日予探得城內及城外散失之女嬰共二十餘人皆在南昌之往港與進賢接界蓋教士之諜者告之也予以語雪筠曰女嬰之在往港有乳婦領之將送至撫州該洋人育嬰會中然省中事起沿途皆以逐天主教為名若女嬰被刦彼固何罪尤恐教士之有以藉口也雪筠乃選派妥役自往港截回逐名點驗連乳婦共二十七人以舟送入撫州果有南昌進賢兩界之居民以搜捕羅安當不得連劫陳姓數家羅逃入潯由潯至滬遂達總理衙門旋准恭邸函致中丞意欲仍照賠還完案中丞議以五千兩償其教堂嬰堂及酌貼從教被毀

之房屋派委予至潯面議而羅安當聞委員將至避入上海由上海總領事控訴該國駐京公使來文內稱連年各處被燬及現在省城進賢兩處房屋器用經典等項共計估值七萬兩又欲索撫州門外之丁家山及九江西門外之琵琶亭空地以備該國教士隨時建造房屋教堂墳塋之用交羅安當承管由總理衙門咨照在案踰年羅安當方安之復乘舟赴省理論方泊滕王閣下見河干豎一大旗禁止法人入城隨有拋擲磚石飛中其舟始解纜下駛中丞派員前往諭以迅速赴潯由九江關督會商辦理其人始稍稍斂戢卒以二萬金議結完案又索九江城外琵琶亭空地若干畝即美界外之餘址也法人在潯既無貿易亦無領事而以傳教興波占立馬頭餘地故英美二國商人亦陰惎之謂其為不商不賈之游民皆約中游歷二字啟之也

方教堂事之發也江省紳士以衅由揭帖公檄轉相號召遂為拆毀者口實相與洶懼嗣聞江撫辦理此案不株連紳士不牽涉地方官乃由檢討夏廷榘呈送骨殖一包銅管一具血膏一合向江撫面稱骨殖起自該洋人教堂院中銅管係取睛所用血膏係嬰兒精髓合成中丞以其言多不經亦無根據發交南昌府縣查辦經南新二縣按蒸檢法檢驗該骨數具並無傷痕其銅管血膏似係外洋之物亦不識其所用因詳稱奉發各件在該紳等雖非確有所見而地方官實已先有所聞除骨殖業已驗明應毋庸議外其銅管血膏究係外洋所用無從辨認一經傳播便駭聽聞亦似非無因而起應將原件繳呈請即咨照總理衙門轉向駐京法使查詰咨會來江以釋紳民疑團以敦中外和好等情由江撫咨行在案繼以此案仍照賠款議結其事遂寢

楚中黜教之公檄既行法人之傳教者與江西先後並至遂有湖南之長沙湘潭等縣起而攻之江西拆毀教堂在元年二月間而楚中湘潭之役亦以是時踰月有江西南豐編修吳嘉善者自楚中踉蹌歸過省中館於夏檢討之宅時檢討竹林方以江事為憂聞編修自楚歸詢以楚事自言其僑寓在楚適教堂獄起波及從教數十家該編修因習西洋繪事傳其照鏡點水之術嬉戲以為常一日突遇數百人佗然而入謂其為天主教徒將執之某欲辨不及毀垣而逃則寓中已劫擄一空矣檢討之姪某大令走告予予曰今士大夫之從天主教者豈少哉蓋某編修之託詞也大令曰請試之乃倩編修傳其繪法一日間傳寫數像鬚眉畢肖始信其言之不誣傳聞楚中事發地方官被劾革職勒限嚴緝然邸抄不具惟是年三月初十日奉　上諭總理各國事務衙門奏請飭地方官於交涉教民事件迅速持平辦理一摺前據該衙門奏稱天主教原以勸人行善為本是以降旨令地方官妥為辦理茲據該衙門奏稱各省地方官於奉文後未盡認真妥辦等語著該督撫轉飭地方官照依此次所奏於交涉教民事件務須迅速持平辦理不得心存偏重以示一視同仁之意摺內所請各節均著依議行欽此按此奏正在江楚毀教之後疑即該教士控愬入都由該國公使照會云云也踰年總理衙門照抄法國照會咨行江省見中間所叙皆江楚兩省之案又並索楚中賠款三萬兩其湘潭等縣革職勒緝亦同載照會中蓋同一公文而分咨江楚者其後楚中如何議結未見明文若江省查辦此案中丞不激不隨方伯亦以楚事之嫌陽謝之而陰持之庶幾持平辦理者也

按法教之害人具見於魏默深海國圖志所載及黃岡吳德芝所記具詳第二卷中予閱楚南公檄謂

其收養嬰兒爲采生折割之用室女自幼入堂必過天癸之期始行遣嫁而紅丸被其攝取鍊入丹中可以延年欲資長生又言黑夜傳教所授婦女丸藥皆春方能令女反求男故其術久而不洩習有世其術者令婦人帶歸試之立驗然皆無左證若江西紳士送到之銅管血膏尤涉曖昧而其揭帖中言毀堂之後救出女嬰皆目瞪口呆不省人事實欲加之罪而文致之實無稽之妄語耳吾友孫雲錦截回會中二十七人逐名點驗其十歲內外者尚能述其里居姓氏且亦無一人訴稱教民害己不願入會者此可見矣惟予初在快子巷查得女嬰十三人皆自五六歲至十歲上下者詢以所養小兒及女嬰之在襁抱者則稱悉付乳婆帶回家中又詢此等女嬰從何而來則稱斷乳之後始送入堂詢以男嬰豈無斷乳而稍長者何以堂中不見一人該教士詞窮捏稱贖回或稱送入村塾中讀書皆支吾語也城外之舊天主堂予始查並無收養之嬰孩後閱自饒州帶來女嬰十餘人查驗與城內所收年紀大略相等則該教士所云斷乳之後送入堂中者語亦近似惟會中不收男嬰而收女嬰又男嬰之長成者不聞豈有義學而女嬰之長成者必欲收入會中且快子巷收養女嬰僅十三人而查其照管之婦人已有四名且老少各半此中形跡種種可疑時該教士又向予稱瑞州高安有女嬰業已贖回後因擇配不遵教條遂致兩造涉訟請代求大府迅飭瑞州府審結予不解其何意令其具呈代達內稱高安有女嬰會係伊本地教之胡姓掌管已歷多年十年前有高安吳姓茂才將女送入會中迨其長成前來服贖當議付會中乳哺資二十千文付過一半便將此女領回惟該會規矩凡女嬰被人贖回須在會立約載明此女長大仍憑教士作主指配從教之家不得於教外自行擇配今吳姓領回

之女胡姓係會中首事欲為指配該族教內之人而吳姓堅執已贖回應聽自行擇配兩姓口角遂互控入縣由縣入府現尚未結等語予固知此中曲直不辨自明請轉飭瑞州府持平斷結旋據府中傳集兩造供詞與該教士所呈略同惟吳姓堅執女已贖回應聽自行擇配且素不崇信天主教不願與教內人為婚胡姓不能難遂由府中斷結飭令吳姓補出十千文交胡姓收領胡姓代擇之配應毋庸議取具兩造遵依由該府詳請銷案詎教堂獄起方安之避入瑞州復唆胡姓翻控至今未結當該教士呈請之時予曾詰以收養之女應指配教內人則江省安得有從教相當之男女又安得以從教之故逼令遠適異域該教士笑曰江省何縣何鄉無我國教中人君固不知耶旋據瑞郡函稱胡姓呈送遠年卷宗該族向依教法實始於明季然則該教之行由來已久一旦張膽明目恃有奥援宜其禍之相尋而無已也

教堂一案設法辦理疏 同治元年十二月

沈葆楨

竊臣承准議政王軍機大臣字寄同治元年閏八月二十四日奉　上諭總理各國事務衙門奏江西教堂一案久懸未結請飭妥速辦理並將照會等件照錄呈覽一摺著沈葆楨悉心酌覈飛速覆奏等因欽此臣當即督同司道遴集公正紳士將抄發照會等件公同閱看屬其各自曉諭士民仰體　國家柔遠之心彌小忿成大信務釋猜嫌永締和好所議條款定須一一照行各官紳深明事理並無異議乃傳語甫經數日通衢處所遍貼撲滅異端邪教公啟據南新二縣揭呈前來忿憤情詞幾有不共戴天之勢臣一面飭縣嚴密查拏一面傳諭紳士據稱奉諭後即遍告各親友或曉以義理或怵以利害聽者無不帖

然皆云閩省自有公論我輩只知從衆而已日來唆傳揭帖各紳具有見聞然莫能查出何人所撰臣又詰以夏子春徐士章何人據稱紳士中實無此兩箇名字但江省此姓甚少既據照會中指為捏控唆使之人則各衙門自有案可稽不難著落研究乃遍查臣及司道府縣各衙門並無此二人控詞而教堂一案亦未曾有人具控臣只得令紳士再行逐加曉諭如士人民等別有實在寃抑許其聯名具呈意謂既得主名便有操縱把握乃數月並無一人呈訴惟匿名揭帖愈帖愈多此處揭去他處復帖理諭勢禁均無從下手臣訪聞街談巷議咸謂官藉外國威逼小民人情洶洶深恐復激成變故因密派素信親友假扮外路客商於茶坊酒肆中託為邂逅閒談乘其不意與之反覆辨論冀其漸開覺悟兼可訪出倡首之人乃察其所記問答之詞則滿腹疑團始終不釋人言藉藉衆口雷同臣思此案必使民間毫無猜疑而後教士重到省城可以安心傳教若只由臣等含糊答應將來必大起釁端即法國公使亦豫料事勢所必然故照會第一條即有仍蹈前轍惟各該省督撫是問之語兩國既敦和好臣等與該教士亦休戚相關若不早策萬全致後來有不忍言之事臣等從重懲處固分所應得要何補於該教士之業已喫虧即如本年二月間何嘗無委員防護兵役彈壓然衆怒難犯勢如潮湧誰能禦之所以再四熟商數月莫能定議竊思傳教與用兵不同用兵則以力屈人傳教則以心服人人何以服信之斯服之矣人何以信示之以可信斯信之矣即如佛教來自西藏當其初入中國夫誰信之令則士大夫以至愚夫愚婦群然信之矣即天主教行於上海等處民趨之若不及而江西湖南遽有此變非江西湖南好與法國為難也上海等處為時較久民實見其可信故不強之信而自信江西湖南為時甚暫民未知其可信故迫求其信

而愈不信也使傳教士徐示以可信不強以遽信久焉斷無不信之理古人有言曰將欲取之必姑與之該教士既以傳教為己任必其學識深遠洞曉人情定以斯言為不謬查江西前案與湖南貴州頗不相侔當滋事之時教士教民業經他往並無受傷受辱之人該教士素以愛人如己釋讐不報為懷當必不以此為芥蒂教堂本編小民居所值無幾該教士且肯捨其家屬貲產而來教民又皆樂善好施亦斷不以此為吝惜揣該教士之心第以勸人為善反遭不白之冤若罪無所歸恐為他國所輕視臣擬由官籌措五千金俟羅教士抵潯時解與九江道妥交以為賠修之費但凡百姓頑賓之地任憑羅教士自擇建造以壯觀瞻至臣防範既疏又復調停乏術致中外大局幾起釁端仍請 旨將臣交部嚴加議處似可以全該教士之體面而服其心該教士從此可曲順輿情因勢利道由近及遠自易及難其一時未能遽信者勿與較量教民倚勢結怨者曉諭禁止勿聽一偏之詞致開嫌隙俾百姓欣然相告曰彼教之愛人如己誠如是也彼教之釋讐不報誠如是也有不從之恐後哉故曰徐示以可信不強以遽信久焉斷無不信者也若謂懾之以兵威期收效於旦夕則匹夫不可奪志萬衆同心背城借一惟天所授勝負何常勸人為善者當不出此可否 飭下總理衙門照會法國公使曉諭該教士遵照辦理

皖南人心稍定洋教士迭請雪冤並擬現辦情形疏光緒二年　沈葆楨

皖南人心稍定後洋教士迭次函致地方官辯論經皖南道上海道先後錄寄前來無非求雪黃之紳之冤懲何渚之橫咎文武庇護之不力所摭拾者多半教民一面之詞獄訟自有定章非教士所應干預而所陳情節較重者四條虛實均不能不為縷晰查究其一曰大孫村教堂乃閏五月二十五日焚掠除河

南吳老先生外又有白會清先生被難受殺查白會清與陳幺哥避匿蕪湖教堂業已到案則前此傳聞之誤教士自知之矣其二曰何渚斬去童子四肢藏石灰內以為虛捏之資又曰所殺童子乃教外劉某之子年甫二歲黃司鐸託人撫養者據建平縣稟稱黃之紳收養之孩名曰福林向交劉吳氏撫養何渚將教堂婦女送縣時劉吳氏帶福林來城嗣劉吳氏赴金陵候審將福林交與土民周啟源卑職回建平時復令周啟源將福林抱來驗視戴貞姑劉三妞鄭幺妞親見之然則何渚斬去童子四肢亦傳聞之誤矣其三曰何渚往宣邑大孫村殺守堂吳老先生又曰將宣城大孫村教堂司事吳全章殺死查吳全章既曰司事又係守堂則孫村鄰保必人人知之人人見之乃據宣城縣稟稱馳詣孫村飭仵作於灰燼中查檢並無骨殖可驗提訊重保並在教民人僉稱堂內之人已先逃避並無殺人燬屍情事臣因人命至重洋教士既言之鑿鑿飭再嚴密查訪吳全章是否實有其人籍隸何省存亡下落據實稟覆不准一字含混旋據稟稱訪有喫教之陳添和與其妻宋氏知悉孫村打堂情形隨親詣孫村查傳陳添和陳宋氏訊據供稱閏五月二十二日晚吳全章至村聲稱伊因歐村教堂被打逃來躲避住於堂內次早人來打堂吳全章住於樓上因年老走避不及見殺屋既被焚屍亦遭燬隨飭指定屍所搜掘零星屍骨驗封存儲等情臣因其前後所稟大相逕庭飭提陳添和夫婦並該縣案卷屍骨前來旋經司道訊據陳添和供稱閏五月二十三日大旱小的即去車水吳老頭子殺死是女人對小的說的據陳宋氏供本年閏五月二十二日傍晚有一老頭子身穿月白夏布大衫在門口閒坐問他姓甚麽他說姓吳從歐村教堂來是河南口音因外邊有打堂風聲留他在小婦人家住他說不要緊仍到堂內去了二十三早打堂人來堂

内共有七八箇人見婦人喊都從後門跑了婦人又到樓下喊吳老頭子逃走纔下樓梯即被人殺了過了一刻那些人放火燒堂屍身遂亦被燬打堂後小婦人在山内草房躲了一天往孫家鋪過六七天纔回來隔兩天宣城縣到孫村小婦人引到樓梯左邊瓦礫内檢著零碎骨頭仵作取小瓦罐裝好宣城縣親標曰子交丈夫收藏十月十三日宣城縣到村小的夫婦將骨罐呈驗等因詰以素不相識之人何以一見留住既從歐村教堂避難而來何以於孫村教堂如此大意客民雖悍於素無仇隙之老翁何至不置一詞便加鋒刃燒堂之火延及屍身何以便成枯骨客民於一老翁如此兇狠該婦何以來去自由無人過問即客民偶動憐憫之念該婦何從得此定識定力臨事既自在遊行如入無人之境何以打堂後反在山内草房躲了一天宣城縣原稟固謂飭仵作檢無骨殖該婦何以又稱仵作裝好宣城縣親標日子當時果有骨殖宣城縣應收回儲庫何以交與陳添和該婦無可支吾只云身懷重孕提沓縣卷提身作證者本係陳添和因鄰保僉供本堂無此吳姓之人是以供由歐村而至原供明說其妻跑到屋後躲了伊走堂屋廚房外左邊進去看見吳先生死在樓梯底下歷歷指其傷痕並謂板壁火燒是伊拏棍推倒等語嗣聞提省恐露出真情乃將伊所眼見之供移使其妻捏認且上堂即供明懷孕謂孕婦斷不刑訊也臣思該教民不過欲實其從前傳聞之誤作此種種空中樓閣一經互核矛盾灼然鞫獄不厭詳既謂來自歐村教堂則歐村教民必知之既謂籍隸河南則河南客民必知之乃皆具切結謂絕無其人此可以銷案矣其四曰泰西伏司鐸之棺肆行劈開屍骸拋棄查此事係屬實情經宣城縣驗明棺蓋撬開[illegible]司地保教友用二丈四尺洋布把屍骨包好裝入原棺其下手開棺之犯無從確指應罪坐

為首之人此胡秀山所以不容不正法也臣伏念教民客民無非　天朝赤子其為善宜一體勸之其為惡宜一體懲之教之不同亦不自泰西始民間與僧道鮮聞其不相安者無勝負角立之心則習而相忘故也教民良莠不一倘教士必惟教民之言是聽地方官又惟教士之言是聽則所以厚待教士教民者即所以貽害教士教民何者衆怒難犯變生不測地方官自保不暇如教士教民何人亦各有天良即如水東教堂之陳先生教民也閔香山客民也翟厚培土民也宜其各不相顧也乃胡秀山等欲殺陳先生而閔香山為之求情翟厚培為之墊款不過知陳先生之向不為人害耳然則民教之相安不相安也視其人而已矣臣訊辦此案如稍存偏袒之見明有　國法幽有天譴伏懇　飭下總理衙門將臣一摺兩片並各供結錄送法國駐京公使請其勸諭各教士方充與人為善之心凡從教者待其自來勿强人以所未曉並諭各教民不損人正是利己庶幾中外敦睦上下蒙福矣臣從前與法國公使來往函稿一併錄呈總理衙門聽候酌奪就近與法國公使商辦以杜後患合再附片陳明

致各西國大臣書附商辦傳教章程八條　總署王大臣　同治十年

自中外互市以來所訂條約原期有利無弊彼此相安垂諸悠久而不變也乃查看近年雖有條約非但不能行之於將來即目前已有難安之勢矣其通商一事尚稱平順可免爭端惟傳教之流弊有不可勝言者按傳教之本意原謂勸人為善而天主教之與中國民心大為枘鑿何哉殆辦法未能合宜有以致之耳所當亟求妥法挽回而補救之庶於各國和好之大局與各國通商之大局無礙也傳天主教士所至地方往往與民不合故歷年來各種案件頗有不能相容之處貴大臣當亦知之有數矣夫天主教之

初來中國也名曰西儒其始入教者不無安分之人而自換約後大為不然遂將勸人為善之教華人皆輕視之而存不服之心加以入教者依勢欺人於是不服之心固結而不可解迨民教相爭釀成案件地方官理當查辦而教士又出而庇護之教民因此藐視官長民心更為不服且當中國有事之秋凡一切匪人必根俱以教中為逋逃藪從中生亂百姓始而抱怨繼將成恨終且為仇各處民人不問天主耶穌有無區別而皆指為天主教也不知西洋各國疆界有分而槩視為外國人也禍端一啟凡駐居中國之西人所在皆為危境即安居無思之處百姓亦聞而生疑疑心甚而忌心生焉據此情形安有不激而生變者願究其實教非一教國各一國縱使告者諄諄聽者不藐藐也本王大臣任事十年夕旦其勞不料今年天津之案果變生倉猝不及防矣該處地方官查獲正兇斬首受戮以及賠償撫卹各件雖云辦理尚妥而中心總未釋然皆因民教不安必致滋事成案以後僅照此案為成例恐辦法愈辦而愈難亦禍端愈多而愈烈也豈得相安無事乎總之各省教案雖因百姓結怨而成實由教民相逼處此且各省一切案件地方官辦理固未盡善未常不由中西各國辦事大員明知民教意見未能融洽不早為立法挽回一旦事出不測外國只求滿其所欲而人心服與不服不暇顧問全屬以力為強而中國地方官無法可施只圖敷衍了事暫顧目前不思久遠之計即或與外國熟計深思籌商善後之策非不肯平心論事而皆以萬不可行者強為勸勉反為阻滯此豈代兩國誠心辦事之人哉今本王大臣統觀全局甚欲中外永遠和好先必妥籌善法因思泰西各國彼此均有教士互居其地其所以能久遠相安者非處置得宜曷克臻此故傳教與習教者行所無事也以本王大臣所聞不論何國教士住居某國即以某國

之法律風俗自遵從無自立門戶者若抗違國法官令僭越權柄以及損人名節有害人民使人疑而生怨種種不法之事皆有嚴禁以治之即如在中國立堂傳教先必令本地士民悅而不怨信而無疑方可辦理自然彼此久安何得折毀教堂乎而傳教人再將分內所行之事一一宣示於衆人之前實無有與教相反者更不為習教人所指使擅預地方公事以勢壓人招紳民之怨到處教士皆能如此則百可姓與之久安官員亦易於保護矣近觀在中國傳教者所行所為實與本王大臣所聞各節大不相同猶之一國之中有無數敵國而自尊自主者似此而欲久安官民不同心怨恨豈易銷乎本王大臣思患預防唯恐津案已結各處教民聞之必以津案為口實而反氣燄淩人平民不怨毒更甚乎一旦發作而成巨案地方官辦理不下督撫亦無可如何即總理衙門有力難施倘將中國百姓同心變亂哉　大皇帝遣將命師萬不能保中國之民而悉誅之況衆怒已成誰肯束手待斃及至事難挽救再欲中外和好保全大局彼此均無能為役得不歸咎於中外各國辦事之大員乎且無論中外何國必以得民心為要民心未得以勢迫之定必生變國家禁令雖嚴亦難望其遵行不息也中外辦事大員自當其任補救無方恐置中國與各國商民同溺患難之中不思以善法維持後來一切公事萬難措辦矣本王大臣欲顧全各國和好大局力求補救之法特擬章程八條一併繕送貴大臣查閱除致各國大臣外專此縷布唯　貴大臣諒之察之

一教中所立育嬰堂向未報官立案而收養幼孩其中事難共白因此釀疑起衅者有之何不將外國育嬰堂照行裁撤以免物議如必設欲堂只收奉教者無人撫養之孩然亦必報官立案註明何日收養

何人准於何日領回并准無嗣者具結取保抱養為子似此方昭核實至於教外幼孩當由中國督撫飭令各屬地方官選派紳董自行收養中外各行其善自免疑端查中國育嬰堂之例幼孩出入必將來歷報明地方官到堂後其家准來看視待長成後或無子者准其具保抱養為嗣或仍准其家來堂領回無論何教仍歸本教堂中亦善於撫育足為善事之一端也聞各國在本國設立育嬰堂其辦理與中國畧同唯於中國所立外國育嬰堂收養幼孩不問來歷不肯報官到堂後他人不得抱養其家不准領回且不許親人來看如此何能不使百姓生疑即如津案妄傳挖眼剖心曾經奏明并無其事而民心至今疑懷莫釋故能箝其口萬不能服其心而欲將來不再因疑生事也果能將外國育嬰堂槩行撤回仍歸本國設立凡中國幼孩無論在教與否皆歸收養中國各省辦善此舉不勝枚舉何必西人攙越致以善舉而起疑團故此事不如各行其善實為兩便

一各教堂內凡中國婦女槩不准入堂即外國女修士亦不准在中國傳教所以嚴規矩而免人疑議也查中國素以名節廉恥為重男女異居不相授受禮至肅也天主教開禁以來婦女入堂男女不分各處堂相習成風無怪百姓輕視傳教且疑有穢亂之事

一傳教士居住中國當從中國法律風俗不得自立門戶尤不可有違國法官令潛越權能以及壞人名節凌辱民人令人多疑而犯衆怒若毀及中國聖教公憤難容各教士悉歸地方官約束至中國教民一切所事與平民無異凡演戲賽會自當照常免派錢文而應有差役與地方公事不得藉端推諉至於應交在官錢糧應納業主租項更不准恃強拖欠外國教士不可包攬抗違遇有教民交涉訟事聽

憑地方官從公訊斷傳教士不得袒身幫訟如原被告有教民在內不准隱匿不到致案中之人拖累無休倘教士干預訟事地方官將請託原函稟呈督撫咨報本衙門將教士撤回本國而教民若有户婚田畝詞訟擅敢央求教士出面說情者地方官從嚴究辦查中國崇重儒教以釋道兩教推之喇嘛原非中國人而無不敬守中國法令凡是非曲直聽官辦理聞外國傳教士居住各國者國律風俗在在遵行從不自立門户違國法背官令僭越擅權或活人名節虐待平民致人懷疑而犯衆怒教士既來中國傳教自應歸地方官約束乃竟有驕矜自大藐視官長殊非自愛而習教者本係中國黎民更宜守分與平民一律況教民鄉城皆有鄰里鄉黨更宜彼此親睦乃遇有地方公事與公舉各款輒敢恃教免攤自待已薄何怪人皆輕之更有抗糧拒捕辱官虐民等事教士不知底細反為刁惡教民所惑包庇不肯送官究辦於是有犯重罪投入教中而求保護者且各省教民結訟竟有外國教士出頭干訟如四川教民婦女騙賴平民租項反戳傷平民身死法國主教者居然行文說情教民婦女竟不抵罪川民無不切齒貴州入教者遇有訟事自稱教民以為護符惡跡可知況各省民間互相結婚入教者必令不入教者退婚或父兄入教必指不入教之子弟出忤呈控到官教士袒護各種情事何能免人怨恨

一中國人外國人相居密邇用法兩無所偏若遇命案當抵償者中國人照中例外國人照西例以服民心無論中外辦案當就本案定罪不得於辦罪之外另議賠償且不得於本犯之外任意牽連無辜紳商受累而地方官遇有民教交涉之案或民人欺入教者照所犯之罪擬罪或入教者欺民人亦照所

犯之事擬罪均當平允如入教者行為不法為地方官訪聞或被人告發自當按例照辦教士皆不得包庇隱匿如有庇匿不到案者先將犯法者照例究辦仍將庇匿抗傳之教士與犯人一例辦理或將教士撤回本國查同治六年四川酉陽教士馮弼樂一案業已拿獲謝老五正法有梅教士硬指紳士主使逼勒賠銀八萬兩本係無知貧民滋事及至激成巨案反逼安分紳富賠銀此等情形怨望最深又查同治八年四川酉陽教士李國一案實由教民逼人退婚肇禍經李中堂崇將軍會辦已將兇正何彩正法劉福凝絞而教民殺死平民及歷年姦擄焚殺首惡教民王學鼎張添興等雖已議罪終不到案其司鐸覃輔臣糾眾殺斃團民趙永林等二百餘名梅教士聲稱已赴外洋不能查辦川人愈加忿怒

一法國傳教士所往何省傳教於所領執照內必將某省某府詳註照內指定在某省傳教不得暗赴他省并註明某人收執不准轉給他人該教士所過關卡一切應納稅貨不得私自携帶希圖偷漏至抵某省某府應將所領執照即呈地方官衙門驗看如驗得人地不符或私梭中國教民頂冒除將原照註銷外如查出有私買私受與不法等事定將頂替教民嚴究仍將教士驅之回國凡照內教士姓名以華文為憑各處易於認別若教士或回國或病故或改業理將執照繳銷至各省有叛逆之處領照之人不准前往將來有教士請照前往之省查係軍務之省即將執照一槩定給所以明保護之意也查貴州教案內趙教士一名所領執照並未註明於花名冊內嗣德繙譯來函據稱查得洋文冊內有被傷身死之趙司鐸實係同治四年六月二十五日領照之瑞勒司即其人也誤為趙姓云云又查同

治四年六月二十五日三百二十五號之瑞勤思乃往四川者兩貴州護照內實無趙姓亦無瑞勤
思如此傳教者分與教姓士名先後互異何堪取信而能保護又教士林輔臣殺死傷人案內林輔臣
先　教士又服役於布館中而原教竟不繳還或私相轉給或遺落他人非但冒充之弊難免且恐落
於逆賊之手則國受害甚大亦大失教中體面
傳教士本係勸人為善當於收人入教之先細訪其人有無作惡犯罪之事可收者收之不可收者去
之應照中國所有朝字知會地方保甲登記冊內便於查核之例如收一人必分別立限呈報地方官
於何年月日進教者係何處人向來作何事業曾無犯罪更名以便考查或其人出外或病故皆當報
明其人進教時本無罪惡進教後所為不法旋即逐出教外一體呈報按月按季彙齊總冊呈送地方
官備查地方官如查菴廟寺院之例按月按季前往稽查則教民無玷而民教俱各相安查同治五年
貴州巡撫案報貴定縣有冉石保等先曾從賊嗣入教民袁玉相及王興圍中藉教中聲勢糾眾殺害
王江保左寅壽二人重傷三人將其家財什物牛馬擄掠一空又查同治八年貴州巡撫案報遵義縣
公稟內有宋玉山唐神仙譚元帥秦文淵等先曾從賊受偽職嗣入教中擾害鄉城人民不可勝計又
有楊希伯劉開文鄭小明霍閣九趙文蓍等皆係遊匪素不安分之人同入教中在堂執事鄉民被其
訛索孫弱受其欺凌出入衙門干預詞訟事若教民涉訟審虛楊希伯等糾領教民多人闖入縣衙強逼
縣官另斷教民被官管押即用外國教士名帖硬請釋放他如強佔人之妻女財產及人命重案不可
枚舉

一洋教士在中國當照中國規矩不可干名犯義擅用關防信印於大小衙門送遞照會如有本身應訴之件而於他項詞訟無關者准照中國儒教士子之例繕稟呈明地方官核辦如欲晉見中國大憲亦與中國士人見大憲之例同其見地方各官亦同此例但必相見以禮毋許擾亂公堂有失體統查同治六年成都將軍咨報法國有洪主教者移行四川省局官員擅用關防同治七年本衙門收到貴州主教胡縛理照會一件擅由提塘官驛遞送且保擧前任道員多文等請予優獎山東傳教士有擅稱巡撫之事四川貴州教士因教案而有請撤地方官之說是侵官吏之權事已難恕甚至侵　國家之權情實難容似此無理已極安得不犯衆人之怒

一嗣後教士不得任憑私意指請索還教堂以免啟衅所有教中買地建堂或租賃公所當與公正原業主在該管地方官呈報查明於風水有無妨礙即使地方官核准尤必本地人民無怨無惡衆口同聲始可照同治四年定章註明契上係中國教民公共之產不可偽託他人買產成交更不得聽信奸民蒙蔽私自買賣成交查傳教士久居中國本欲彼此相合中國人無所怨恨自然依往咸宜邇來教中一切行為多致中國民心不服即如查還教堂一節近年各省地方祗還教堂不問民情有無窒碍強令給還甚至紳民有高華巨室硬指為當年教堂勒逼民間讓還且於體制有關之地以及會館公所菴堂為闔境紳民所最尊最重者皆任情需索祗作教堂況各省房屋即實屬當年教堂而多歷年所或被教民賣出民間輾轉互賣已歷多人其從新修理之項所費不貲而教士分文不出逼令讓還此等情事如何不令百姓怒目眈眈視同仇讐而激生事變以上所關各節不過擧其大畧而言[illegible]

敎士行爲非是民敎不安之證譬之有病醫延審病發藥急求有益無害不致因傳敎一事而傷中外和好大局也推之各省案件尚多不及縷述總之人有善惡懲惡即以勸善猶之奸商舞弊不嚴辦奸商而公正商人必受其累敎士傳敎不問善惡招之使來一入敎中則不善者必藉敎勢欺害良民甚而抗拒官長衆怒已成將合中國百姓如津民之恨洋人當其時　國家政令雖嚴亦難挽救豈非危險之至乎玆擬各條中國自必竭力保護不失寬和之道而敎士如能實力奉行自可相安無事倘以此爲不便於敎士不合於敎規唯有請回本國傳敎可耳中國敎民中國定與不入敎者一視同仁無所厚薄此非不准敎士傳敎於中國也實因敎士未能自安本分爲不肖敎民所惑勢必激成衆怒而至決裂之地矣然與其臨時無可挽回不如及早籌防之爲愈也

稟覆敎民案件　徐賡陛

竊於五月二十七日奉憲台札開光緒六年五月初十日據法國李領事官函稱云云等因奉此遵查卑縣民情獷悍械鬥成風從前大姓并吞小姓強房蠶食弱房事所常有雖時外迫海氛之不靖內逼紅匪之攻圍地方官議剿議防日不暇給而又習尚久疲紀綱不振是以政敎凌替相率因循洋人以和議既成來縣傳敎始至之日弱民無所控訴因即相從入敎冀其保護身家敎士偶見不平一爲伸雪地方官察其寃在情理亦有聽其屬託即爲查辦者於是民情趨騖實繁有徒迨同治七年奉派方鎮到縣查匪械風漸止民氣稍安其時漏網之正兇著名之積匪遂復相將入敎恃爲護符始而假敎士之勢萃聚逋逃繼而尋平昔之仇橫起爭訟終且容不逞之徒奪犯毆差橫行鄉里甚爲一經入敎官司不得拘責

朝廷免征錢糧佔民田房賴人錢債民控教則徇傳不到教控民則挾制恣爭偶發其心教士則飾詞上訴州縣長糾纏也於是遇事含容多方遷就以致民情積憤疾之如仇知控訴之徒勞則激為鬥擄矣知官司之終庇則釀為擅殺矣是欲庇之而適以害之欲全之而適以殺之也是以廣陸屢任以來一面剴切曉諭謂天主耶穌等教不過與釋老相同釋老亦來自方外習久則毫不為怪僧道雖所服異教　盛世亦何所不容吾民但自修其本源不必摩擠其非類一面延到各教士告以民間詞訟無論教與不教皆吾子民但問良莠不分民教蓋民教詞訟與中外交涉事件不同中外交涉事件是指兩國商民互有爭論我　國家懷柔遠人屈法原情特開會訊之曠典至民教詞訟是中國民人由中國官員辦理固不可因入教而稍加漠視亦不能因習教而稍廢刑章故條約之文載明教士不得干預訟事誠以我國自有政體事權不容或撓兩國亦重邦交攙越終嫌非分也且爾傳教者猶民之師而我作令者乃民之父令子與子訟事在家庭自有嚴父之勸懲不煩明師之陳說況父子之誼較師弟為尤親一父而生子二人必不因習教與否而稍存歧視人雖異域理本相同開譬再三各教士亦無可辯難是以兩年來民教訟案因而無多乃縣屬大溪奉法國教士蘇恒禮者先以正兇莊連喜被獲三函求情經廣陛駁斥繼以葉亞蘭抗糧不完出頭包庇經廣陛飭令局紳按田查糧不得遷就復以莊兆蘭欠完住房租穀先為私函請託經廣陛明白批斥遂乃撫拾虛詞上煩憲聽謹備錄原案為憲臺一詳陳之一咸豐七年據民人李潤蔡李初祁等具控莊連喜莊添喜莊月明等與葉姓械鬥強勒該族將承耕葉姓之田歸伊收租該族不允莊月明等赴村擄人搶牛經該姓尾追詎莊姓於范厝凹地方埋伏多人出而截殺當被莊添

喜銃斃李丙生莊連喜銃斃李進興莊月明銃斃李亞富等三命等情報經前縣飭差查起屍身並弔放被擄之人均被莊連喜等恃械聚衆逐回不遵查辦歷經各前令設法拿緝而莊連喜等身居石鼓塘鄉該鄉在萬山之中山路崎嶇層巒疊嶂多派兵役則竄入深山難以搜捉少派兵役則聚衆拒捕不服拘拿又投入天主教中黨類繁多距縣約二百餘里之遙即拿獲亦被截奪賡陞抵任察知形勢知非兵役所可捕拿隨探得石鼓塘之左為五雲洞彭姓其右為書村葉姓均係強宗大族若募其壯丁前後掎角其力自足制之且又熟習山險不難飭令窮搜逼處其旁彼更畏其報復能窮搜則絕其免脫之路畏報復則杜其抗拒之心固非同兵勇之後難為繼也於是一面函告教士一面召募彭葉兩姓之人團集千丁聽候調派又訪得教民之首有莊從祿者在內主謀一面懸賞嚴拿使其自顧不遑無暇代為施設於是莊連喜莊添喜等計無所出乃挽教士董若翰作書陳請投審當提屍親李初榻質訊供指莊連喜等下手發銃傷人情節鑿鑿而莊連喜等供稱李丙生等三命係在逃之莊月明致斃情愿緝送莊月明到案質明經將莊連喜莊添喜分別發押姑令交兇仍一面飭差嚴緝暨關移鄰縣一體查拿莊月明務獲究辦乃傳教士蘇恒禮屢函求釋經賡陞逐層指斥嗣又以紳士在外招搖謂費金可釋等語來相恫嚇經賡陞指詰紳士姓名以憑查究隨據函呈工砂保正兼清根局書莊受海請帖一紙內開被控一案敦請羅秀堂范六和二翁調解等語當提莊受海查訊據供莊連喜等係其族叔因被拿在官意欲邀請羅范兩紳向李姓說合私和仍原許給李姓銀六百元詎發帖後兩紳不允調處即作罷論等語則是莊受海聽從族叔莊連喜託向李姓私和口許虛贓並非局紳在外撞騙當將莊受海懲責並革去保正局書

取保管束函內又稱莊連喜一入覊所即費金一百二十兩張仲固認據一條當經拘到張仲固並提同
莊連喜質訊據張仲固供向在縣城開設雜貨及飯店生涯素與莊連喜熟識莊連喜被押後即交有銀
一百二十餘兩囑為隨時催送水飯打點房差小的僅催送水飯百餘天用去銀十餘兩書役羈差人等
並無向其需索情事並將用張呈閱賡陞當堂將餘銀飭令如數繳出發還莊連喜等承領飭令嗣後莊
連喜莊添喜兩犯口糧由署給發不准在外雇送並詳覆該教士各在案則是莊連喜莊添喜等係被虧
親李初紹等指控正兇即據所供詳為伊侄莊月明致斃而現在莊月明尚未獲案訊認自不能遽准開
釋此係中國命案一定辦法與其傳教毫不相關也謹將賡陞與教士往復書函錄呈鈞鑒此辦理李初
紹具控莊連喜命案之原委也一卑縣錢糧民屯米石每年征收較定額不過五成固由民俗強梁視抗
久為恒事然自近年以來地方漸安咸知　國課所關均已踴躍首認唯民屯米額以河田一帶為尤多
習教之民於河田一帶為尤　從前一經入教圖差里甲不敢入其家而教民揚言入教後免完錢糧愚
妄者即信以為真賡陞到任後即於河田設立清糧總局派廩生羅象森監生范鳴高總司其事一面明
白曉諭告以錢糧乃　國家正供無論民教均當一體完納其有教民買田而未經過割者即行過割立
戶照例輸完倘再護延即與平民一體拿究不得顧瞻隨據該局稟請教民葉茂蘭承買葉貽盛等本姓
三十一戶楊振坤李榮特等外姓三十一戶共六十二戶田糧除奉　恩豁外尚積欠折米六十七石零
屯米六十二石零並田丁屯丁在內計應銀六百餘兩既不過割又不輸糧請示核辦前來當經賡陞派
撥勇役馳往拘拿旋據備繳銀六百兩赴局收存懇請一面查戶過割一面埽數完清續據葉茂蘭認割

過五十三户共應完銀三百七十餘兩尚有承買葉高與葉相與李子荆李史岳李開先李識林李傳傚李榮特李承發等九户田糧未據葉茂蘭承認該局紳以就地查糧不容狡賴勒令一律認完如敢諉延應即按畝摘田以昭核實若田多糧少欺隱即應罰懲若因數與糧額相附原銀即發還承領所議原屬持平乃教士蘇恒禮赴縣代求意在免其查插歷陛謂就田問賦事屬至公求免插田顯有情弊況紳士人役夫馬工食均由縣捐發更無勞擾之處自不能徇情免究致 國課為之虛懸乃該教士拂意之餘遂隱其包抗之實情飾為撥借之虛語且指為貢紳等誘令反教其荒誕不經之說固早在洞鑒中矣此一事也一本年四月初十日據民人莊紹徽呈請伊父莊廣就於道光二十六年典受教民莊兆蘭之父莊應茂住屋一所議明債回居住歲納小斗租穀十石零六斗契約兩據現莊兆蘭既不完租又不完錢呈乞拘究等情正差傳集審問即據教士蘇恒禮函稱莊紹徽嫉教誣控請憲詳察等語越五日始據莊兆蘭赴案具訴歷陛以房屋錢債細故飭令莊兆蘭被控枉抑儘可赴縣呈訴靜候訊斷且與同族互爭債務何得託言嫉教由該教士出頭干預私函囑託既係顯違條約自應明示防閑隨將該教士不合之處當堂明白批示並將鑽營請託之莊兆蘭杖責二十聊示薄懲一面飭傳訊斷詎該教士惱羞成怒積愧生嫌因架嫉教之詞搖惑領事之聽上瀆憲聰此又一案也總之民教一案辦理端在持平倘教士有爭勝之心縱令有偏徇之意民之怨恫易啟厲階在官司上體 朝廷無不以懷柔為務在愚民不知大體難禁積忿生端迨事變既成始而悔包荒之適以釀禍亦已晚矣故愚以為絕非禮之干所以曲為愛護也執不阿之節所以善為保全也深願領事教士等各具深心善體此意庶民教無不和之迹中外堅

永好之心矣貴陞身膺司牧職重撫循合民教而悉屬子民即合民教而同此仁愛傳教無關輕重猶之何居政令貴自修明嫉之何益惟有平情應物貞固不搖以仰副大人綏安遠人懷保小民之至意除查奉各案遵札妥為辦理外所有各案始末緣由理合先行稟覆大人察核俯賜札行法國李領事知照並嚴飭教士毋得違約干預詞訟

附稟

竊查卑邑地方從前習天主教者約有三十餘人習耶穌教者約有五六百人勢已披猖黨尤固結閭閻實有重足側目之情貴陞抵任以為邪說害正由我禮義之不充民之附從由我治具之不立歐陽文忠之本論可深思也然非化於無形泯然無迹亦難以口舌爭是以貴陞於教民最多之處分延士類宣講聖諭廣訓十六條佐以先儒格言之淺顯者所以開其秉彝之好也教以祭葬報本之義事親從兄之文所以動其天性之良也催科聽訟不以教民稍加曲貸所以奪其利誘之媒鮮其脅從之勢也兩年以來耶穌一教現已無人禮拜教士他徙其租住之教堂已由貴陞賃作宣講　聖諭之館而天主教盤踞多年雖不能一時感化而民情知其無益每月到堂禮拜者亦不過數百人矣然而貴陞接教士則待以優禮初無疾厲之相加論教事則出以和平亦無片詞之菲薄近來人心漸化出教者多該傳教士蘇值禮情知無可如何乃於教民詞訟急求爭勝一二事以便誇誘他人因貴陞乃以條約大義折之是以飾為膚愬之辭指貴陞為嫉教也貴陞自揣頑愚本無學識既不能政平訟理報稱清時更何敢率意徑情上勞盖慮用特畧陳固陋密稟附陳

漕督院張　　　　徐贊陛

竊於十一月十一日伏奉十月二十七日所發密札粘以清除內匪一條仰荷訓示察其狂直而曲賜涵
容處其粗疏而誠以妥慎諄諄告語直如師弟詔勉於一堂在大人謀　國之忠處事之審益合武鄉之
謹慎潞國之精純以維持庶務而教不遺者畀職幸承下風且喇且感所當益持兢業祇服訓詞竭盡愚
忠上體憲意第士伸於知己曝獻於野人再上芻言伏求鑒察竊查廣東拆毀教堂之案其起釁或不一
端然致民怨之深皆必由有司抑民而袒教蓋緣令不諳大體動謂遠性難馴必遷就乃可了事民隱易
制即屈抑尚或不妨不知遠人不服愈遷就而愈放驕矜民氣不舒愈抑屈而愈生忿戾情莫伸於官府
怨遂結於教堂故自來教堂之變端皆釀成於牧令之庸鄙倘使平日依如慈母畏若嚴師亦何致猝起
禍機敢於犯上作亂也至民教互訟之案雖不敢謂州縣之盡出持平但既為教民即強直之官亦未有
畏洋人之挾持以上煩憲府者唯教士飾非護短州縣隱忍偷安馴至民怨沸騰一發不可止遏此其故
在畏事而適以生事也現在中外大局聲教既不足以臨之兵威又不足以制之唯此民心忿怨為洋人
素所隱懾而無可如何故駕馭之權正可因民情向背之機為節制要求之地竊以為愚頑固宜約束用
以戢邊隱釁隙之萌義憤未可摧殘用以繫　國家根本之重伏維大人智周萬變學通三才淺陋之愚
頗關明晦緣係稟復密札事理輒陳固陋改用夾單密訂上呈未敢遍稟各憲衙門求免批行合併聲明

兩廣督臣張之洞

覆法國領事文光緒十二年

案接貴領事官文稱日前廣東省各屬教堂被搶被燒之案當經飭令教士將各處情形逐一詳細列單

共計三十三張相應送交貴部堂查照唯此次教士教民被害共失去銀三十八萬三千三百八十八元三毫四仙皆光緒十年十一年即法國一千八百八十四年八百八十五年之事亦因各地方官未能寔力保護是以遭此慘毒雖經屢奉　大清皇上保護之旨無如各官不能實力奉行是以各處百姓將教士教民任意欺淩無可安生此次既被擾害又失巨款深為可憫素仰貴部堂高原廣大為懷定為本署領事用心速為將案辦結仍希飭知各屬一體保護以敦睦誼或由貴部堂派委明幹公正之員會同本署領事所派之員商量秉公妥辦亦可至應如何辦理之處希即照覆為此照會等情附送法文一張並中法失單三十三張本部堂均已閱悉查中法自去年定約敦睦如初所有前年七月貴前領事官離粵以後至去年六月回粵以前一切事件本部堂實以為無可議辦去年七月初四日接師前領事來文業於七月十一日照覆文內暨七月三十日答覆函內明白指陳在案竟謂師前領事必當恍然大悟深悔立言之失貴領事官亦必不至再為沿襲師前領事之差乃此次來文核與師前領事去年文件大意相同殊堪詫異貴領事向來深明公道平理備悉各國交涉章程不應又生波瀾為此不合情理之請本部堂不得不更與貴署領事切實論之來文所稱教堂各案約分三端一曰教堂一曰教士一曰教民粵中各屬法國教堂有事時則官代為之封固看守事平後則點明交還保護之道不過如此此教堂之無可議辦者也教士出境則送之留粵則衛之保護之道不過如此此教士之無可議辦者也以上二節前此照覆文內均已詳切聲敘現在毋庸復說至於教民一項其人雖習法教仍係中國子民領事離粵期內粵省教民之事豈能復行過問是不當干預中國保護子民之權矣此尤教民之無可議辦者也總之前

奉 諭旨保護法國官商教士乃係我 國家格外浩蕩之深仁棄捐舊忿眷念舊盟之厚誼故雖當兵事紛紛而高天厚地偏覆涵濡曾無小異粵中文武百司宣奉 恩命為之泯仇衅為之衛行旅為之保室廬其時人情洶洶數百里內外傳書聚衆必欲得敵人而甘心見有敵國之人無論官商敵國之物無論錢貨毫不少留於境內貴前領事暨教士人等何一不親見何一不深知經本部堂再四通飭曉諭聲明法國教士官商不因爭戰而來本與法兵有別嚴飭諸將約束各營明示密防費盡心力始有今日之安夫以衆怒所萃之物業而居然幸獲瓦全即小有遺落僅如纖芥所存於法國者實大且多法國官商教士將去之時無傷生之恐及去之日無失路之悲復回之後得棲止之所其所仰賴於 天恩者至優極渥而粵省地方官睦誼之重禁令之嚴與中之民遵 旨守法格外厚道亦甚有可感激之處本部堂之意以為師前領事回粵之後必當轉述貴國國家與夫將相大總臣及教士之意善詞盡禮道歉道謝以答我兩廣百姓以後格外謙和格外謹斂不爭不競以期民教永遠相安則貴領事官斯為善於奉行西教維持商務者也今來文不知感謝地方官不知慰答衆軍民乃謂保護之 旨各官不實力奉行誣為欺凌詆為擾害試思若果當日不實力奉行則當義民百姓虓怒沸騰之際恐於貴國師前領事官業已不利矣尚何論區區之教堂什物乎現在玉帛重敦言歸於好以前之事自應置之不提來文所謂失銀三十八萬餘元請為將案辦結等語查此等皆關戰以後議和以前之事無可歸結如果各屬教堂於去年七月教士回堂之後別有被槍被燒之案一經照知自必按約飭地方官持平妥辦亦不必另派商辦之員也再省去年撤兵立約以前之事本部堂本不欲言及致形見小今來文既屢經糾纏前事則本

部堂亦未便默然不言查中國自光緒九年辦理海防以來以到十年六月鷄籠開戰而後耗費銀款各路用兵之費及稅厘短收之項為數甚鉅然此係國家款項斷不肯與鄰國計較即以商民虧損而論兵端既啟生理多礙福建臺灣鎮海等處兵燹擾攘士農工商船戶漁戶損傷人口物產財貨船隻不知凡幾然尚此係別省姑置勿論即專言廣東一省而論據廣海之渡船封北海之商口省潮廉瓊道路梗阻貨物停消工商漁船俱受虧折統算廣東省各口損耗銀數約計三百八十餘萬兩按照萬國公法自應以舉兵至人之國生釁者該其咎貴領事官須先言明將此款銀三百八十餘萬兩若何查辦若何歸結有妥善切實辦理與本部堂議明辦妥再為查辦教堂損失零星物件可也至廣東省籌辦海防正需經費現擬籌備銀四百萬兩購買船砲尚未措齊貴領事官友睦為懷如能代為用心籌助尤所欣悅者耳

洋教所言多不合西人格致新理論　楊象濟

往時為豐順中丞譯西人七大洲地球說圖於每國政事之外各繫教會民種一條亦猶中國志乘之有風俗也其教之目雖多而要以天主耶穌二者為大宗唯佛教無聞蓋五印度之地全產雅片務貿易西來之旨久已失傳然教會名目如此之多而中國只有道教釋教與聖人之教幾乎並行道氏易曰孔孟之教佔地甚少猶之於物其精粹至美之處本不甚廣其腓殼則所佔之地甚多非聖人之教不敵彼教之善而民皆信服之也然今前後藏皆崇佛而辦事大臣必與班禪會銜奏事民心之不可移易如此近西人復力攻天主而尚崇耶穌姑即以耶穌論之論耶穌必先論耶穌之所自出今其書云自取肉身於貞女馬利亞氏夫童女受孕千古第一怪事然則耶穌者有母而無父其本身之來歷已屬曖昧不明其

餘吏可知矣至其種種荒誕不經之說五尺童子聞之而疑即以質諸洋人格致新理亦多不合格致之學多徵實曰體曰質曰點曰光曰熱曰氣皆從自驗身試而得教會之言多憑虛曰理曰道曰神曰天曰上帝曰造物主適乎無聲無形之表此大端之不合也創世記曰創造天地造二耿光大以理晝小以理夜亦造星辰置之穹蒼照臨於地則是天空所有日月星辰造物者無非為地球而設也若據格致家言太陽為諸恒星之一地球為諸行星之一行星不能自有光皆借日之光以為光諸恒星外必有如地球者環繞之日屬諸行星上亦必有山川人物一如地球此不合者一也失樂園詩曰撒但見太陽行空乃化一小天使問司日之天使言欲往新造地球司日者指示之則是天空之表宛若有赤道黃道之經絡乎其間任人之流行自在也若據格致家言行星恒星俱有攝力互相牽引凡空氣質中流質定質行近其軌道内必為其所引當撒但問司日者之時其行近太陽可知不知當時用何力離開太陽而不為太陽所引此不合理者二也至其所謂乘雲升天之說尤屬無稽據格致家言地球有吸力故古今從未有此地球而墜入別行星者况人非養氣不生離地二萬尺以上空氣中之養氣過於淡薄不足以資呼吸故輕氣球升至二萬六千尺而人已奄斃則乘雲升天尤格致家所必無之理也其他若空中有聲榮光自天而下諸神異質之天文聲學光學之理皆屬平淡而無奇凡若此說彼教士聞之必曰是固非言思擬議之所能及也夫既非言思擬議之所能及尚得謂之道尚得謂之教哉創世記見慕維廉地理全志失樂園詩見艾約瑟乙卯中西通書

洋教以舊約新約西書為根本彼中奉謂聖經謂言皆有徵幾若一字之成固於金湯顧中書所言天

地萬物之理半屬故老傳聞質之實測恒多不合特西人亦狃於習俗莫敢竊議其非自格致日精重學光學電學化學之新理日密歐洲淵雅之士於此信之既專則於彼疑之必力當有不期然而然者此亦洋教盛衰之大機也諸卷多誤會題意唯此作獨得要領且精於西學足以闢教士之口而奪其氣惜僅舉攝一端未及其他耳

各國教門說

王弢

天下皆有一教以為綱維蓋牖世教民之所不廢也考自佛教行於印度回教盛於天方天主耶穌教被於西洋而語其支派各有不同印度佛教分而為三一曰墨那敏教即印度國舊教也一曰喇嘛教即西藏之黃教也一曰墨魯赫教即西藏之紅教也天方回教亦分為三一曰由斯教即婆羅門舊教也一曰穆罕默教即穆罕默得所剏行於阿丹者也一曰北阿厘教則其凡子所傳行於巴社者也天主耶穌教亦分為三一曰加特力教即天主舊教也一曰波羅特士敦教即耶穌新教也一曰額利教即希臘古教也言乎各教所行之地則自中南東三印度而緬甸而暹羅而西藏而青海而南北蒙古皆佛教也自西印度之巴社阿丹而西之阿非利加洲而東之葱嶺左右哈薩克布魯特諸游牧而天山南路諸城郭以及歐羅巴洲之土耳基國皆回教也其大西洋之歐羅巴各國外大西洋之美利堅各國則皆天主耶穌教也其與我中國安南朝鮮日本之儒教屹然共立為四此外又有火教神教散處於各方亦有土蠻之流俗尚祀鬼無所謂教者當我中國未通於外所行者唯堯舜禹湯文武周孔之道中庸言修道之謂教亦非別有所謂教也印度自佛未出世以前皆婆羅門教以事天治人為本即彼方之儒也自佛教興而

婆羅門教衰佛教衰而婆羅門教復盛一盛為耶穌之天主教再盛為穆罕默德之天方教皆婆羅門之支派蓋歐洲之學其始皆根於印度由漸而西故天主天方有時皆不出乎儒教之宗旨即我中國自古至今道術分裂儒分八墨分三老莊之道亦分數支蓋與佛教回教天主教之異流同源無以殊也嗚呼自教術多端同中立異鬪爭堅固於一教中自相胡越欲泯畛域而會大同蓋亦未易言矣故聖王在上因其教不易其俗齊其政不易其宜今中國各教皆備雖其教旨各殊而奉天治人則一也安知昔之以遠而離者今不以近而合乎前見申報言西國無佛教夫西國固無佛教然未常無道教其人蓋散處各國才身修練名曰巴柳士良教歐羅巴阿非利加兩洲皆有之特不若各教之紀年建朔耳因論教而并及之以見中西之教之未常不可合也

論傳教　洋務抉要

李東沅

竊謂外國傳教之士實中國召釁之由也洋人之到中華不遠數萬里統計十餘國不外通商傳教兩端通商則漸奪中國之利傳教則并欲奪華人之心陽託修和陰懷叵測而教民交涉之案遂迭起矣夫泰西本基督一教分而為三一曰耶穌教一曰天主教一曰希臘教其教或分或合有盛有衰而教士則必周游各地勸導人民使之尊奉其教亦以行道為言中國既許洋人傳教自必按照條約為之保護而各教士所到之處理亦應歸地方官約束不得干預訟事無如中國游民每依進教為護符作奸犯科無所不至或鄉愚被其訛詐或孤弱受其欺凌或強佔人妻或横侵人産或租項應交業主延不清償或錢粮應繳公庭抗不完納或因公事而藉端推諉或因小忿而毆斃平民種種妄為幾難盡述傳教者又往往

不知底細受其蒙蔽竟行袒護因而扛幫常有被控在官匿不到案甚至犯法既經議罪竟公然縱之出洋致令無處緝兇案懸不結而地方官恐啟釁端先存戒慎又不知外國律例辦理茫然遷就定讞以至平民受屈伸理無從積怨日深群思報復於是焚毀教堂殺教士及民教互鬥之案層見疊出雖迭經大臣查辦或以相距太遠未悉隱情或以律例不同各執一是訊斷殊形周折定案每致稽延彼乃恃強多方要挾首犯既已抵罪毀物復索賠償有司既已議官將口添關口岸處理悖情殊乖和約倘欲顧全大局必須善恭良法彼此遵守永遠相安夫華民各具天良稍明義理之人從不為彼教所惑凡進教者或為財利所誘不克自持或以狂病未瘳失其本性或奸民倚為聲勢或犯罪求為繫援必先有豫官玩法之心乃敢作逆理拂情之事夫教士雖屬西人而入教者固中國之黎民也以中國之黎民准彼傳教已覺曲全和誼大度涵容而又抑此伸彼豈真欲驅通國之人盡為教民而後快也其意尚忍言哉自後宜令入教之人開列姓名報明地方官與該國領事註明冊內並另編門牌書教民二字衣帽亦稍示區別遇有事故仍依華例辦理其與領事會訊不許教士迴護倘係現在案犯及先未報明註冊者概不作教民論徑由地方官自辦教士更不得過問焉至各教士有干預公事挾詐多端者應議重罰立即咨請該國公使飭遣回國以儆效尤

洋務時事彙編

申

商務

互市檔案 中西紀事

國朝康熙二十二年滅鄭氏臺灣平越二年疆臣開海禁報可於是設榷關四在於粵東之澳門福建之漳州府浙江之寧波府江南之雲臺山時荷蘭以助攻鄭氏有功首稱通市大西洋素稱饒沃又其人勤於貿易多操海船為生涯自荷蘭得請則明以前之未通中國者皆爭趨之英吉利者大西洋之強國也自明以來拓地漸廣開通市埠及於東南洋當康熙之初即謀通商於澳門以海禁未開而止九年鄭成功之子經方踞臺灣英商來往於廈門臺灣等處凡數歲鄭減其稅而羈縻之藉以控制荷蘭未幾耿鄭交兵藩臣內亂　朝廷議先定沿海邊界防外洋之助鄭為患者於是英人以華商交易不便復去之及臺灣隸入　大清版圖英人又疑新拓之區稅則必重乃舍閩赴粵東又時來往於浙之舟山寧波等處而其時英吉利之名不著但知其為紅毛之番族而已五十六年總兵陳昂始奏稱粵東紅毛有英圭黎諸國最為奸宄蓋其時通市於廣州澳門等處屢以粵關索費太重糾洋商合詞爭之雍正之初又議增收禮物銀兩乃於七年合詞控於大府得稍稍裁減未幾官吏又增出口之稅於是英人始有移市入浙之志矣初浙之海關設於寧波舟山尚未置縣商船出入寧波往還百數十里水急礁多往往回帆徑去迨定海既設監督張聖詔始請移海關於定海部議從之乃於定海城外道頭街之西特建紅毛館一區

以為番船來往之逆旅自是浙之定海商船日多英商以粵中不便數來往舟山見今昔情形之異乃定計節之乾隆二十年英舟泊定海港有總商喀喇生通事洪任輝請於浙之甯紹台道願在定海納餉許運貨至甯波府閩粵兩督聞之以其利浙稅之輕而致關課之絀也二十二年閩粵總督上言浙關正稅請視粵關則例酌加增一倍部議從之奉　旨洋船向收廣東口由粵海關稽察徵稅浙省甯波不過偶一至今奸牙勾結漁利至甯波者甚多番船雲集日久留住又成一粵之澳門矣今定章視粵稍重俾洋商無所利而不來以示限制意初不在增稅也未幾部臣復議外洋不准赴浙貿易定制歸併粵東一港每年夏秋之交由虎門入口是時方嚴絲觔綢緞出洋之禁英吉利雖時時違制潛赴甯波無所得仍遵新制在粵通市粵中初設洋商通事洋行據為壟斷之利誅求不已串通官吏規費並增於是英商洪任輝等仍赴浙請在甯波開港而浙撫已奉新令悉毀英商旅廨閉其舟船舟山遂發令驅逐斷其岸上接濟之食物洪任輝憤甚乃由舟山泛海直抵天津仍乞通市甯波並訐粵關積年規弊奉　旨詰責飭將洪任輝由旱道押赴廣東遂於二十四年七月奉　命著福州將軍以欽差赴粵按驗苛勒有狀將監督家人問罪又因洪任輝不應違制擅赴天津押往澳門圈禁三年始釋之自此諸番通市粵中奉法惟謹乃事閱三十年弊端復起向之裁改歸公者又增其費而加重焉各洋商皆以為不便而懲洪任輝之往事未敢訟言英國王雅治乃與其臣下謀議以　純廟八旬萬壽入貢天津乘間言之五十八年英國王遣其使臣馬甘尼（一作馬戛爾尼）由海道赴天津入貢始通中國也時　上以遠人嚮慕誠欵可嘉特命理藩院導其入覲嗣使臣以其國王表文進仍請在浙開港並通市天津又欲援俄羅斯往例遣人寄住京師

上以甯波天津無通事洋行交易未便且俄羅斯自立恰克圖後久不在京寄寓所請給舟山海島並廣東附近省城地華洋參錯斷不可行因　特頒勅諭前後二道逐欵指駁示以中外之防使臣乃不敢言比其返也　上遣重臣伴送由內地經歷直隸山東江蘇安徽浙江福建至粵東放洋回國貢舟過甯波請便道市茶絲出洋許之馬甘尼回國國王開讀　勅諭自知所請與中國體制不符事遂寢然雖絕意於舟山猶思逞志於澳門又其時英人方與佛蘭西搆兵懼其搖聞於中國因　勅諭中有許其再來款貢之語乃於六十年復具書幣由粵之大班轉呈粵撫代為陳　奏並述其昔年曾帶兵船至的密地方助　天朝大將軍並福康安征廓爾喀時事也粵撫譯其文以其詞極恭順　上亦優答之然其來往澳中既忌葡人又防佛蘭西居轉圖之藏遂有嘉慶七年十三年之事

澳門者各洋貿易來往之所聚而葡萄牙實主之乾隆間定制並歸粵東暫泊黃埔交易事竣仍回澳門住冬轉向葡人賃屋棲止限滿則驅之歸國又葡人但輸船鈔不似諸番船貨並稅英人自通市於粵設四班公司經理貿易欲得中國一島之地如新嘉坡麻六甲者以為逆旅其形便無過澳門而為葡萄牙所先已積不能平又見澳中官吏與之為援尤陰忌之迨乾隆之末入貢奏求請令澳門寄住之洋商得出入自便意欲效葡人事例得以輕賦自立馬頭而未敢訟言　上亦陰相制馭故　勅諭中但令其循向來澳門貿易之常例而英人覬之不已嘉慶七年英有兵船六泊雞頸洋託言佛蘭西欲侵澳門故遣兵來戍實藉詞覬澳也葡萄牙人覺之乃告於大府飭洋商宣諭令其釋兵回國遂以是年六月去去之日遣人陳謝仍以佛蘭西為言時粵中大吏以其在澳未久又不煩兵力遂秘之而其事已實聞於　上

迨十年英國主復具方物遣使臣附商船來粵譯其表文則以方與佛蘭西搆釁恐其播謠以中國以間
我蓋自說其七年之役也是時英商每有貨船輒以兵船防護之又恐中國疑其復有澳門之事值閩粵
之間海氛不靖乃託以協勦海盜游弈內洋　上見其表文中有欲為中國效力之語諭新任總督那彥
成至粵整飭戎備其護貨之兵船亦令申畫疆界毋使侵踰越三年而澳中釁復起十三年英將有度路
利者（一作圖禮）自安南敗歸以其餘艘抵澳亦聲稱佛蘭西取小呂宋將順道襲澳門葡人知其詐而粵之大
班有喇佛者以七年之役為澳夷所閻挫衄而歸欲以此時兵力唆令度路利占澳門為補牢計大府聞
之即飭諭洋商傳諭大班令遣兵船回且告曰澳門非葡萄牙所有乃我　大清土地也佛焉敢侵軼哉
且邊寇有警中國自能禦之毋勞戍師致吾民驚擾度路利聞之怒乃率兵登岸占踞前樓澳門之民驚
恐罷市時兩廣總督吳熊光粵撫孫玉庭聞變乃援照違抗封艙之案調兵守禦度路利遂率兵船三徑
駛入虎門進泊黃埔又自黃埔乘杉船數十艘直抵會城入館寄寓揚言將劫十三洋行以修怨度既下
令兵船爭趨之乃有碣石鎮總兵黃飛鵬以師船橫截省河飛砲擊斃西兵一傷者三始懼而退然其踞
洋館如故也時大班索還累年商欠又以封艙停市請退所買之茶而償其值虛聲恫喝勢燄益張適英
吉利本國有船主來聞封艙之事懟大班曰犯中國而罷市雖得澳門猶石田也先時洋船率以七月抵
粵停泊黃埔換貨不過兩月交冬即回帆去至是泊港外數月貨無起日各商亦怨謗沸騰大班喇佛乃
言於度路利責葡人納賂以番洋六十萬犒師英之兵船始具狀歸誠請照舊通市維時方奉勅辦之
諭旨各路官兵雲集者二千六百名而督撫意在弭釁遂許以兵退開艙於是度路利以冬月起椗出洋

蓋已有成約也　上以吳熊光辦理遲緩又不親莅澳門耀示兵威雖開艙在西兵既退之後而許之在先　嚴旨切責旋飭新任督臣馳赴澳門查訪盡得其情因劾熊光示弱畏葸狀遂與巡撫孫玉庭俱論罷遣有差是役也英人覬覦濠鏡自謂與　天朝無纖芥之嫌而度路利稱兵入省實由封艙激成且其自安南來亦非該國王本意大班喇佛教唆其事聞於英國王遂革大班之職喇佛不敢歸復回粵粵中人以前事銜之驅逐回澳數年以憂死

自公司局之設也大班來粵者率寄寓洋行行人事之惟謹然所以朘削之者無所不至又與關吏因緣為奸課稅既增則規費抽用亦增有取之十倍二十倍於前者十五年英之大班稟控粵撫謂各洋貨易貨本皆自國帑借領不堪虧折請酌量裁減以利遠人粵撫韓封檄飭布政司核議久之竟寢不行當初行用特每兩奏抽三分以作洋行辛費繼而軍需出其中貢價出其中各商攤還西債亦出其中遂分為內用外用名目於是各洋利薄怨生屢思藉貢輸忱以希恩澤二十一年英國王復遣使臣分入粵東京師其至粵者曰加拉威禮方至粵輒爭論見儀注以舊制貢使見制府將軍皆免冠俯伏大吏坐堂皇受之加拉威禮不可特與督蔣攸銛方入　覲攝事者為董教增許免拜伏禮僅免冠致敬大府亦離席立受之是時英之正貢使羅爾美副貢使馬禮遜已乘貢舟達天津且六月　上遣大臣戶部尚書和世泰等賜宴使臣於天津有司諭以謝宴時應行跪叩禮不可將入都又告以乾隆二十八年該國使臣入覲儀注不答特　上在圓明園尚書和世泰等先期導使臣自通州起行一晝夜馳至御園車馬困頓而使臣衣裝輜重皆落後蓋其意不肯循跪叩儀注欲以計尼之時使臣表奏未齎禮服不備倉皇失措遂以

病辭而　睿廟已詰朝御殿傳呼和世泰始以正使病聞復　召見副使又不至　上怒其無禮命卻其貢不納即日遣理藩院押回通州瀕行仍令援乾隆五十八年例由内地行走是役也使臣失禮實以衣車未至之故　上詢之廷臣始知當日理藩院迓接不如儀乃譴和世泰酌收貢物數事仍頒　敕諭賜其國王珍玩以答遠忱驛交粵督蔣攸銛令慰遣之然英使本欲以粵東增規費事入告竟不得達怏怏而去大班之在粵也初寓洋行繼則立公局久留粵中已不復循回澳住冬之例道光之初粵城外不戒於火民居多斥為平陸英商欲廣其公局乃藉修葺為名以次侵占拓地數里而其地當對河民居渡口居民欲返其故地不得乃控於大府時大學士李鴻賓任兩廣總督寘不理粵人謂其受洋商賄乃乘其入　覲之閒控於粵撫朱桂楨朱在粵素有威望洋商憚之聞控震怒立鎖拏通事下獄洋行懼誤開艙事跪求免究乃親督拆毀平之英商之桀黠者果以八事入稟要挾停止開艙相持者半年仍以孟加剌新到之船主居閒調停事遂解此道光七八年閒事也初洋商在粵通市定制不得攜帶家屬自大班公司之設出入自便遂於八年秋有大班某挈一洋婦寄寓粵城而其時十三洋行中有東裕行司事謝某為置肩輿出入乘坐久之夜郎自大翻不許行中人乘轎入館大府廉得之立拏謝某究治瘐死獄中大班聞其事輒架大砲於洋館外設兵自衛大府慮激變乃進通事蔡剛以理曉諭令撤去兵砲並速遣洋婦回國於是洋行具稟託以大班患病需人乳為引俟稍愈當即遣之大府據稟完案不復根追洋婦卒逗留不遣數年之後義律來粵竟以挈眷為援例之常而邊釁亦因之起矣

義律者英公司散後續到之大班也英人自開港於粵惟公司船許赴粵中貿易此外散商不得擅自出

入著之令甲以二百年為限其公司大班亦定以三十年一瓜代所有貿易貲本悉領自國庫中歲取其息嗣因公司乾沒庫帑不能償又於十三年後復請展限限滿則虧折如故英國主見其黨與日多騷驛乎不可制亟思設法解散之值道光十年後屆指例限將屆　大清通商二百年之期故西人紀載以解散公司為十四年事然律勞卑以是年來粵為盧制使所逐則解散必在十年以後十四年以前二百年者亦舉其大數而已遂乘機裁革前例解散公司之局聽散商各自牟利英之富商皆以為便而中國素惡公司橫甚不如散商之易於制馭惟十三洋行與公司交通既久狼狽為奸反以為不便乃託言公司散後統領無人因有冊著大班來粵之請十四年盧坤調任兩廣總督奏請　勅令洋商寄信回國仍援前例派公司大班來粵管理貿易英國主得信即遣領事一人名律勞卑者以是年秋至澳由澳來粵大吏以其未經通報闖入省河慮非其國主所遣是時有御史奏稱律勞卑帶領兵船進至黃埔督臣盧坤調派水師布置嚴密旋即惶恐悔罪請領紅牌出口云云蓋但知其驅逐律勞卑之事而其時大班來粵實出自督臣所請核之十六年義律至粵督奏　聞奏中仍理前次督臣請寄信遣大班來粵之案是此時之驅逐有因也乃派員押回澳門其十六年繼至者則義律也義律之來英人初議欲在粵中設立審判衙門專理各洋行交涉訟事不管貿易蓋欲仍聽散商自行經理然其時各洋行貲本首推英商而義律初至洋行尤謹事之遂以是年冬攜一妻一子來粵名為約束商人水手不管貿易實則總攝其事諸番之在粵者咸仰其鼻息不敢自樹異同十九年躉船之役義律主之時　欽差大臣來粵查辦飭令各洋行將躉船鴉片悉數繳銷首傳義律不至嗣因各洋行禀覆稽延拘其奸商顛地等義律適自澳門回則封艙撤去沙文沙文即洋商買辦見後之令已下不得已始遵飭繳銷而悻悻欲圖報復之意不已也義律寄信回國仍往澳門是年之秋各洋貨船來粵者皆遵諭停泊澳洋聽候中國委員查驗義律首發難端凡英之

貨船悉配以兵船聚泊尖沙嘴不聽查驗制府發令驅逐三挫其鋒始駛出老萬山復行文照會索償烟
價以為入粵配茶之需制府見其跋扈一面照覆責其不守臣節一面奏請停止英人貿易是時邊釁方
起內外諸臣有請閉關封艙並外洋各國一律停止通商　上發交粵督議奏林則徐上言罰不及衆必
須示以大公今以英人不遵法律輒將恭順之各國一律峻拒未免良莠不分設各國稟問何辜臣等既
礙難批示且自英人貿易斷後他國頗欣欣向榮蓋逐利者喜彼絀而此贏懷忿者謂此榮而彼辱此中
控馭之法正可使其相間相睽輸忱內向若概與之絕轉易聯成一氣昔人所謂彼則聚而協以謀我者
不可不預為之防等因奏　旨如議然是時如彌利堅港腳等國之貨船雖奏准開艙而英人以兵船攔
阻口外不得入二十年冬琦善以欽差赴粵方欲議撫許英人照舊通商而義律遂謀先戰後商遂有大
角沙角之師粵撫奏稱自用兵以來關課短絀所到洋艘已不及向來十分之二又被英人攔阻泊在港
外守候開艙遙遙無期時　上已授貝子奕山為靖逆將軍隆文楊芳為參贊大臣飭令到粵先查明各
國情形果否怨恨英人阻撓生計抑稍有觖望於　天朝未能招徠撫綏以致向隅失業據實陳奏等因
蓋　上意在懷柔遠人更欲使疆臣體察外情如其怨恨有因即可加意招徠供我指臂此近交遠攻之
計也然其時各洋人以阻梗牽留輒思各帶兵船與之講論而義律餂以甘言謂撫事已有成議因之各
洋人急欲開艙及為英人作說客而大府不悟也二十一年二月英人闖入虎門攻破烏涌卡座時則港
外之彌利堅佛蘭西及港腳等國貨船共四十餘艘銜尾而進於是彌利堅佛人首請開艙復陳明義律
悔罪不敢別其要求但求與各國一體通商無不同聲欣感參贊楊芳據以入奏奉　嚴旨切責而義律

果不受撫遂有四月闖入省河之役當義律之請撫也一索烟價一欲得香港馬頭琦相以事關割地佯許之而未敢入奏然英人自謀奪濠鏡不得屢思於附近粵東省城乞一島一地以為定居蓋早有窺香港志矣迨聞相國許其入奏始則稱兵以要之繼則請繳還浙之定海及獻出二角砲臺以易之相國方欲請　旨定奪而英人已在香港出示起造房屋馬頭視為已有未幾將軍參贊至粵遂以六百萬及香港一島為城下之盟而義律之狡焉以逞遂於澳東始終之詩曰誰生厲階至今為梗則公司之再設也粵東罷兵義律遂回英國不復來其稱兵於閩浙江蘇以要通商之各海口者曰濮鼎查曰郭士利連兵二載擾及三省由海入江而白門之撫議再起二十二年秋英人泊下關將攻江寧欽使制府聯銜請撫首定五口通商之約五口者粵之廣州閩之福州廈門浙之寧波江蘇之上海也初英人以粵東關稅之重屢請在浙開艙然其本意亦祇欲在舟山建立馬頭運貨至寧波不敢遽希腹內地也二十年英將伯麥占踞定海即欲在定海通商時浙撫劉韻珂方涖任臚陳八弊請　飭諭粵東欽差大臣計出萬全慎重妥辦必不可准英人在定海通商然自粵東再犯已踞定海為老巢遂將城垣拆毀建造洋樓綿亘數里挈眷居住（見浙撫致白門三帥函中）自謂足償其夙願不復他求一旦逞志犯江挾兵要撫遂萌得步進步之念況得寧波而踞之則定海一香港也上海則吳淞為之屏障築海塘高岸以蔽之一旦入寶山郛垣之黃浦之口浸浸乎堂奧矣閉港之請　上以福州關係省會飭換令給泉州而濮馬等（馬即馬利遜見後）堅持前約三帥不敢與之爭遂定議當粵東初開艙時定制洋商換貨之後請令牌回至澳門住冬不可逗留在省挈眷寄居亦不得於城內設立貨棧及洋商擅自入城迨白門之役濮馬等意在弛禁遂於約內載明五口

通商准設正副領事官管理貿易皆得挈眷居住又海口賃屋買地以及起造禮拜堂醫院墳塋之類悉聽其便領事官遇有相商事件隨時往來悉聽入城與地方官衙署相見大府但以通商二字完案不復援挈眷入城之舊檔例禁與之詰難自此五口通行悉與澳門香港無異矣是役也彌利堅人不與佛蘭西亦後至馬繼聞通商事定相國耆英任兩廣總督赴粵陳請遂悉援英人例許之惟俄羅斯者舊制在黑龍江設立恰克圖但許其在陸路通市不准由海道入粵迨五口禁開遂以二十七八年間闌入粵東及江蘇之吳淞口雖耆經督院查明駁回而陽奉陰違率附英彌海船出沒於五口間關吏不敢詰此白門議撫通商之大略也

方英人之要撫於粵也粵之紳民獨忌之適賂款事定英兵登岸出北門過蕭關三元里鄉民聚衆創之義律幾不免詳後卷逾年白門議款時粵民方興團練之局與英人為不共之仇聞其條約內有領事官相商事件得於地方衙署相見以為將破昔年入城之禁益洶洶不可止逾年夏濮鼎查至粵先期通刺制府期以入城相見粵人聯名阻之濮遂去其後屢請入城不許二十九年己酉英舟闖入省河挾兵請入城粵人集團練為制府聲援英之公使文翰知衆怒不可犯乃請罷入城之約復開艙通市如初咸豐六年英人以白門前約所定稅則一款原議百中取五近年貨值漸減稅額不符擬請重定並欲援白門前約得與制府相商署中時葉相國名琛任兩廣總督旋奉 旨授為欽差大臣粵人乃持其二十九年之約而爭之維時英人在粵方以中國執其舟子起釁於是公使水師提督及領事巴夏禮等挾兵以要我是年九月英師攻城不克遂毀洛河砲臺粵民憤甚乃悉毀城外十三洋行英人不勝乃歸告國主請調

派兵船別遣重使至粵並約法蘭西為助七年英公使額羅金來聘（西人月報作埃爾金，蓋譯音之轉也）首請更定貿易條款兩致書制相不省是時各洋皆以夏秋間至粵於是英人以所請不行轉相號召遂起合從之師十二月英法進兵攻粵城陷之執制相繫舟中歸之於國八年四國遣兵由上海徑赴天津遂有是年四月大沽之役（以上俱詳後卷）既罷兵俄彌二國復以撫事請奉　旨飭大學士桂良吏部尚書花沙納馳赴天津查辦久之不決而英人挾兵要盟擅擬天津新議凡五十六款趣請換約奏聞　上謂稅則之款必須親歷海口相度地宜爰降旨飭四國使臣前詣上海仍命桂良等馳驛同往是年八月欽使及四使臣先後到滬於是英人持其所定天津新議中凡交涉通商事務者定為稅則善後條約將近年出口入口之貨仍照百中取五按時價估計裁明納稅定數議十年一修改時值洋藥上稅定每百觔納海口稅三十兩欽使等復與三國議專條載入滬約第五款與天津新議之第九款二十八款無涉（見後卷中）議定桂相奏請令該三國赴都約換遂有九年不遵原議闖入大沽之役英師既敗惟彌人以恭順准其換約而歸然並天津新議亦中寢矣時西人以天津新議業已奏准遂刊入西人通書中此天津再議通商之略也

十年英人以換約不果又懲大沽水師之創歸募潮勇將由天津登岸內犯京師夏六月英法連兵入寇天津僧王格林沁師兵禦於大沽口七月初五日西兵自北塘後路襲我大沽北岸之砲臺初七日遂陷天津僧王退守通州西兵由河西務張家灣一帶進襲通州王欽英酋巴夏禮縶之京師八月初七日西兵自通州入寇都統勝保率禁兵禦於齊化門外我師敗績越日　上啟蹕狩於灤陽恭親王奕訢奉旨留守京師二十二日西兵襲海淀恭王退駐彰義門外四十里西兵直薄安定門聲言攻城駐京王大

臣等請釋巴夏禮議撫西人許諾二十九日大開安定門館西酋會於國子監天主堂等處尋奉 行在硃諭飭恭王入城速定和議遂於九月十一十二十七等日與英法俄三國先後交換和約英則巴夏禮主之於天津新議五十六款外增八九條法俄亦有續增之款又於前索通商各海口增入天津淡水等處其稅則專款定自滬中者曰通商善後條約凡十款內載各國進口出口之貨皆有一定稅則議以十年一修改以上各議均奉 上諭頒行各省督撫大吏一體按照辦理英法乃罷兵退駐天津此續議通商及天津前議得旨允行之張本也

撫事既成英人欲逞志各省以專通商之利尋據英酋卜魯士照會換約之王大臣內稱八年所定條約內載奉天海口（即牛莊）等處皆准通商欲派領事官前往駐紮並稱第十款所載長江一帶擬於九江漢口兩處先行開商請咨湖北江西各大吏一體查照遵辦各等因於是恭王奕訢等奏請籌辦通商善後章程並請設立總理各國事務衙門及欽派右口通商大臣十二月初一日奉 上諭京師設立總理各國通商事務衙門著即派恭親王奕訢大學士桂良戶部左侍郎文祥管理並命禮部頒給欽命總理各國通商事務關防應設司員即於內閣部院軍機處各司員章京內滿漢各挑取八員即作為定額輪班辦事侍郎銜候補京堂崇厚著作為辦理三口通商大臣駐紮天津管理牛莊天津登州三口通商事務會同各該將軍督撫府尹辦理並頒給辦理三口通商大臣關防其廣州福州廈門寗波上海及內江三口並潮州瓊州臺灣淡水各口通商事務著署理欽差大臣江蘇巡撫薛煥辦理新立口岸牛莊一口仍歸山海關監督經管外其餘登州各口著各該督撫會同崇厚薛煥派員經理所有各國照會及一切通商事

務宜隨時奏繳並將原照會一並呈覽一面咨行禮部轉咨總理衙門查照其吉林黑龍江中外邊界事件並著該將軍等據實奏報一面知照禮部轉咨總理衙門不准稍有隱飾欽此按此皆據王大臣等奏定章程六條内開各事宜照議允准尋據恭王等又酌定[illegible]設衙門章程十條具奏奉　旨均著照所擬行欽此此京師新設總理各國事務衙門及各口設立通商大臣之檔案也

以上所輯前半據海國圖志所采粵中舊檔參以西人所撰華英通商事略自十九年粵邊釁以後則皆得之聞見者蓋自康熙開海禁以來二百年互市之消長變遷令人不可思議於是論者皆謂中西之釁自燒烟啟之今載考前後乃知釁端之原於互市而非起於鴉片也夫互市者實中國交爭之利而關胥牙儈必欲專之外洋因利而得害乃思以害貽中國而陰收其利善夫范蔚宗之言曰匈奴貪尚關市嗜漢財物漢亦通關市不絕以中之此盛世柔遠之術知者知務之言中之云者中其求利之欲耳梯航萬里遠涉風濤得利則欣失利則戚人情之常何足為怪一自貪吏侵漁奸商掊克彼以求利而來終於失利而返能無怨讟之沸騰邪明之倭禍始於中官繼以商儈終於豪貴於是外番之怨日深而中國亦官民交困矣

國初海禁既開設關有四江浙閩粵無不可通乃未幾而粵東海關專其利數未幾而十三洋行操其利權稅有定則未幾而益以規費支銷名目未幾而益以歸公充餉名目始則取之在吏繼則取之在官如據澳門月報言洋行抽用定例不得過三分今據嘉慶年間大班稟控之詞言棉花一石價值八兩向例行用二錢四分連稅銀不過四錢據此則初定稅則每兩不過二分為百中取二其後每石行用加至二錢幾十倍之

矣又言茶葉稅餉二兩五錢之外洋行會館每石抽費六元至九元不等計茶葉出口之價不過二四倍於八兩一石之棉花而稅用兩行已虧折其十之三則增設名目之漸也洋商不堪悉索其則控於地方官地方官不能平其訟則越控於大府大府不欲窮其獄乃回訴於本國於是帶兵船講論而干戈之衅以起書曰若顛木之有由蘖語曰物必自腐也而後蟲生焉由是言之即使鴉片不入中國亦未能保外洋之終於安靖而隱忍也且鴉片之來亦為貨物之虧折起見耳貨物不得其利乃思取違禁之物以補償之若使稅用不增通欠可得彼又何樂乎以違禁之烟土而予關吏以把持啖水師之賄賂哉竊謂當日欲與之申明烟禁必先取中西互市之全局通盤打算平其百貨之稅則行用吏擇其昏慵之尤者而懲之必使番人憬然於生計之贏絀不在鴉片之有無但使關稅行用之積蠹漸除則湖絲茶黃之轉輸自便此為中外一體威福並行制敵撫敵之策似無踰於此者不清其源而圖塞其流一旦決隄潰防而莫之遏雖籍十七省商民廢著之貲不足以填其無厭之壑有識者觀於鴉片之流毒中土未嘗不扼腕長歎以為其戎首興於關市其厲階梗於封疆則其矣漏卮之失輕而養癰之患大也問者曰中西之釁起於互市然則閉關之議可行乎曰此懲羹吹虀因噎廢食之見也夫中國無所資於外洋而外洋實有資於中國茶黃之屬是也以其為祛瘴不可少之物故中國以此全其民命即以此制其死生但使關市持平蠻夷嚮化則其趨之也如慕羶其甘之也如食飴又何取乎閉關折符而絕之哉林文忠奏覆曾望顏一摺不欲停止外洋貿易而不知其請停英人貿易亦自失之何者當日英人負固我之聲罪致討固已師出有名不值詰及其瑣屑之貿易而明禁之況違抗封艙

懸有成案當其聚泊尖沙嘴不聽查驗計惟有羈其船隻不准入口而嚴兵以守虎門內外砲臺絕其
兵船窺伺之念似毋庸以請停貿易預形之章奏示諭中俾得有所藉口至於定海之陷及大角之役
滋情願著彼其貨船在外處肯深試於不測之淵此又禁之毋庸禁者唯事機之失實失於粵東之自
撤藩衛耳若增兵戍守無懈可乘則彼之攻擊不遂固已自絕於
天朝即招之使來其貨船亦必不敢入然後大張曉諭許恭順之各洋先後進口開艙斯時若俄英人攔阻在其素所役屬之港腳㑹鷹
等國或不能不仰其鼻息而勁敵如法蘭西彌利堅者豈肯甘心失利有喙三尺而不帶兵船與之講
論哉據花旗呈請通商詞內謂貨船入口正可藉以制服西兵此正以毒攻毒之機會惜其時虎門已
失無可把握若使防衛依然祇須嚴守內洋大張通商之諭則制西兵者即在西人彼英人豈能梗阻
以自速其寇讐邪英人求戰不得開艙無期仍必由法彌二國為之講解又豈敢索煙價索香港以肆
吠聲邪乎謂文忠燒煙之舉未免操之過蹙而海口之防範亦以此煞費苦心況其時守虎門則關天
培守沙角則陳連升父子皆一時之梟將若海口之藩衛不撤即極其鬼蜮之伎不過棄疾於閩浙間
而如粵東者固已搤其吭而拊其背矣又豈能翻然翱翔以縱横於海上邪然則琦相不來文忠得以
一人一手次第經理始終其事則大局未始不可挽也
粵中撫事之局賂欵六百萬名為追交通欠實則按十九年燒煙之價如數以償仍令出具永不售賣
甘結此外尚無包藏禍心之事至於壬寅以後中西交爭一波未平一波又起皆自白門之條約啟之
如約內五口通商不將天津山東等處申之厲禁載入約中識者已知其必有異日得隴望蜀之求至

於番人不准入城及城內不得設立棧房約內既不提及中間突叙入領事官有相商事件得與地方官衙署相見一條遂為後來入粵入闈口實卒釀成咸豐七年攻踞粵城之變又如粵東已給商虧六百萬江甯議和不閒劃抵突又增入軍費一千二百萬遂啟後來天津新議索軍費二百萬續又於京師換約增索六百萬其援案五口通商定約者惟英人一國至二十五年耆相在粵始增給法彌二國通商條約一如英人之式遂啟四國連兵及十年以後大西洋各小國紛紛陳請之效尤予頻年奉差赴滬見西門外洋樓綿亘一如滬中而自粵氛擾東南淮鹽滯銷該洋人則自長江駕一火輪船捎帶鹽艘往來任意甚至潛赴吳城饒州一帶前年有至省之鹽船予奉委會同首縣駁回所過關卡不聽查驗而鹽法壞矣銀之漏危耗於鴉片近則各通商口岸罕有以貨易貨者故洋商置買貨物亦復銀洋並用中外流通惟中國自行鈔行大錢之後私鑄既多官板日少而洋船自海道往來購辦銅運並中國制錢亦捆載出洋而圜法壞矣至於茶絲兩項之出口足與鴉片之入口相抵是則中國之地利盡於外洋而得其一坏之土馴至商民人等竭其終歲之操作不足以償闇室之一燈今日銀荒恐數十百年後百貨俱荒悉入外洋壟斷之藪蓋利之所在不奪不饜故太史公讀孟子而以利為亂之始孫子謂知者之慮必雜於利害誠有見於古今大勢以利始者未有不以害終嗚呼可不鑒諸

漏危本末 中西紀事

方五口之通商也外洋出入之貨多定以稅則載入條議中惟鴉片以新例初頒釁端遂啟因之三帥掩耳盜鈴既不敢申明前禁又未便擅定稅章遂置此欵於不議於是各洋歷年進口之貨反以此不入稅

者為大宗而吸販之徒不禁張膽明目以趨嗜煙之市舊例洋商以貨易貨不准交易紋銀自茶絲弛禁通行乃有番洋入中國者又自五口通商外洋獨專鴉片之利乃有易貨不敷補給外洋紋銀者近則洋商定議專收元寶帶回本國更易番洋漏巵之弊莫此為甚英人自五口通市以來印度鴉片之稅歲增至八千餘萬見西人新聞紙中則中國進口之銷數可想也窰販居奇關胥中飽國課支絀軍餉浩繁乃於咸豐五六年間東南各省奏請抽釐以充軍餉始自江蘇之上海定以每箱二十四兩以二十兩歸入軍需支撥四兩作為辦公經費其後江右粵匪由杉關竄入閩界閩督奏請援照江蘇從權辦理復以軍餉緊迫向洋商借銀五十萬兩以扣稅歸款此見外洋月報言領事官出示云旋又經興泉永道出示定以每箱四十員外加費八員浙之寧波有本地窰戶與洋商往來議定箱價願赴官包繳每月釐金其他若江西之河口安徽之屯溪皆以此為釐金大宗藉以接濟軍餉然其侵漁偷漏為不少矣八年冬有人奏請定鴉片稅則歸入各關口一體征收經王大臣會同戶部議奏淨名曰洋藥以昔年本照藥材上稅也議內言洋藥一項除係官員兵丁太監人等照例治罪又私售藏奸聚售者照聚賭例治罪外其餘民人概准買用凡外洋及內地客商在各省關口貿易者均應酌定稅則上海一口議定每百觔稅銀三十兩一據西人以箱計每箱百二十斤粵東燒烟業內稱日久晒乾亦約在百斤以外皆總其大率耳所有各海口及天津關均係一水可通再內江河面凡船隻能到各稅關口者均請照上海一律輸稅至崇文門及各省由旱路轉運者均請每百斤減稅十兩作為腳費一切緝私章程照各稅關口定例辦理各府州縣不准再為影射私征其各關稅口毋庸另立條款以歸簡易其各省關口於所征此項稅課不必歸入各關歲額報部自接到部文之日為始三個月將所征稅銀兩籌一

面報部一面起解交庫不准奏留撥充用項其民間買用於九年三月初一日出示曉諭一月以後悉照新定條例一體遵行等因奉　硃批依議欽此

白門原約二則中西紀事

壬寅白門之撫是時所議各條抄傳在外予答友人書論其事茲核以後來之事多億中者因撮其大略於左

一撫議內稱通商馬頭一廣東一福州一廈門一甯波一上海凡五口查粵東之香港已於上年奏給在先此時未宜與之說明作爲粵東馬頭不許牽及廣州省會乃該洋人竟以香港爲已得之馬頭輒欲得隴望蜀且五口通商彼寄居之而我取其稅固猶然中國之版圖主客之勢異焉若香港一島已與割地無異將來一切地租雜稅皆輸之於英人求如澳門之歲租五百無其實而猶存其名者且不可得矣竊慮汶陽之田之不復返也既給香港又准在粵東通商是二口也閩省畀以廈門又索福州省會奉　諭飭以泉州換給卒不行是閩中亦二口也浙之定海孤懸海外並無險要之可守乾隆年間洋人屢請在舟山建立馬頭奉　旨駁回迨伯麥攻陷定海遂欲在此通商浙撫劉韻珂臚陳八弊今因索甯波不復言定海而浙撫向爭定海今卻不爭甯波乎謂既得甯波則定海是其出入之匯何待於索江蘇既得上海則吳淞亦然是浙江名爲一口實亦二口也通商馬頭東南四省一氣聯絡向則開門揖盜今且入室操戈矣此壬寅私議之原稿而後來應驗遂不出意料中如香港馬頭近見西人月報已隸英國埠下與麻六甲新嘉坡無異又核其所收地租雜稅各款每歲可得十餘萬居然中國大關一歲之額矣福州通商意在武彝山茶見第三條中後見梁中丞歸田瑣記有致劉中丞鴻翱一書中云執事亦知該洋人所以必住福州之故乎該洋人所必需者中國之茶葉而崇安所產尤該洋人所醉心既得福州則

可以漸達崇安此間早傳該洋人欲買武彝山之說誠非無因若果福州已得馬頭則延建一帶必至往來無忌某記得道光乙未年春夏之交歐羅巴某國曾有兩大船停泊臺江別駕一小船由洪山橋直上水口特鄭夢白方伯以乞假回籍在竹崎江中與之相遇令所過塘汛各兵開砲擊回則彼時已有到崇安相度茶山之意其垂涎武彝可知又言以福建而論必不能富強於江南浙江廣東也乃江南浙江廣東每省止准設一馬頭而福建一省獨必添一馬頭以媚之此所不解況中原海濱各省不一而足備援福州之例於山東索登州馬頭於直隸索天津馬頭於遼東索錦州馬頭則概將惟命是聽乎況外番如英人者亦不一而足倘各援英人之例亦於濱海各省請分設馬頭亦將惟命是聽乎且福州省城外距海尚有百十里之遙蘇省城外距常熟海口不過百里浙江城外距龕赭海門亦不過百里廣州省城則外距澳門不過數十里若皆以海道可通之故各援福州之例於各省會城並請分設馬頭將何詞以拒之按以上云云核以後來之事無不億中者附識於此以證予說之台

一約內但載通商之馬頭而不及其不准通商者是蹈粵東之故轍也靖逆以六百萬圖了粵東之局而不及江浙今又了江浙閩粵之局而不及山東天津在當日誠慮其畫蛇添足有意外波瀾然當二十年義律天津遞書回過山東求見撫軍安知非藉以察看登州一帶地形以為異日要求張本至其滋擾浙江又播散流言將由福建廈門再赴天津要求一切是見靖逆將軍及浙撫章奏中在該洋逆聲東擊西原不足信惟天津萬無通商之理正宜與該洋人申明屬禁載入約中以杜其覬覦之漸乃恐別生枝節一味含糊萬一二千一百萬清款後該洋人以一火輪船徑赴天津要求通商則當事者豈不又費一番唇舌耶況遼東環海為衛居庸關外實　陪京神靈宮寢之區而上海沙船之至關東者以自南北行為回空自北南行為正載是則九州之上腴天地之奧區烏可不慎與議撫之次年彌利堅人果赴天津呈請通商經部中駁回三十年英人入天津亦即此意近日天津議撫遂求奉天登州各海口十年換約遂增入天津通商一條此皆二十年前億度之不幸而中者

一約內二千一百萬之款內有烟價六百萬商欠三百萬皆為重給何者粵東之六百萬名為追交商欠實烟價也二萬餘箱之值義律曾索一千二百萬經彌人核其成本減半給之推算箱數銀數正與六百

萬相符若使靖逆當日據實陳奏何至白門撫議又生六百萬葛藤即使濮馬等任意浮開亦可援揚商三十萬之例照數畫抵況靖逆以追商欠為名商欠之數於官何預且亦何從得其確數是則六百萬之增款仍是義律在粵所索之價以不足又增商欠三百萬豈非多多而益善哉若夫軍費之一千二百萬當日何以不向該洋人詰問中國興兵三載所費餉需數千萬亦應責令該洋人繳出以間執其口傳聞當日議及此款張喜拂衣而起是在僕隸庸流尚知心抱不平怒形於色乃以一品四品大員（當日議款鹿澤長舒恭受居間緩頰蓋一道一府）隱忍而甘一詞莫贊所謂折衝於口舌之間者何在尤可異者受賂之款迥非逋欠可比按年分給偶有短絀何足計較乃至並加息一層無敢與辯亦經載入約中粵東爭平（粵東六百萬洋人淨用外洋法馬）白門爭息該洋人狂吠之聲足令強者洪瞽懦者掩耳已（商欠名目始自粵東其後因粵民燒其行棧遂於八年擾天津時索商虧二百萬至軍費名目起於白門遂於八年擾天津索償二百萬迨十年擾京師又增四百萬並法人亦效尤索之如數作俑之禍蓋不知伊於胡底矣）

長江設關（中西紀事）

咸豐十年秋九月英法二國先後換約越月據在京英官卜魯士照會恭親王及同時換約之大臣等內稱現行天津新議第十款所開長江一帶各口英商船隻俱可通商等因本國現擬僅於漢口九江兩處先行開商惟視江西尚未安靖所有兩口通商之處先照後開章程暫行辦理凡有英船上下大江內載貨物無論進口出口應納稅餉均或在上海或在鎮江各關按照新章納稅各關監督皆宜妥為設法務使各船遵行再英船欲上大江當向海關先行報明所存保護船隻之兵器火藥鉛彈等物若干請給照單該關口查明所報軍器數目如在情理之中即應註明給發倘出單之後查有額外軍器或並無照單

私行售賣軍器藥彈等物即將該船所載貨物全行入官並驅逐該船出口不准在江面貿易以上各節應請查照並咨湖北江西各大吏一體遵辦等語旋准恭親王等奏請給與照覆允准奉　旨依議尋由軍機大臣密寄湖廣督臣湖北江蘇江西撫臣暨江甯京口將軍福建陸路提督等內開十年十月二十日奉　上諭恭親王奕訢等奏英國欲於長江通商業經給與照覆允准一摺長江通商一節八年原定和約內載明除鎮江一年後立口通商外其餘自漢口泝流至海各地選擇不逾三口准為英船出進貨物通商之區今該國以撫局已成欲先赴漢口九江兩處開商應納稅餉或在上海鎮江各關按照新章交納並據該國照會內稱先向海關報明護船兵船火藥鉛彈等物請給照單該關口查明所報軍器數目如在情理之中即註明給發倘有額外軍器或並無照單私行售賣者即將該船所載貨物全行入官並驅逐該船出口不准在江面貿易各等語該官此次嚴定章程無非慮中國防其勾結賊匪售賣軍火等物有意存見好之心業經恭親王等允其咨照湖北江西各督撫矣惟漢口九江兩處係屬通商創始所有一切章程必須按照條約與之妥為商定毋令別生枝節以期永遠相安其進口出口應納稅餉恭親王已令其與上海關公司商酌亦須明定章程免諸稅課虧短至該洋船所帶兵器火藥等已據該官聲明在海關呈報均須嚴密稽查照章辦理其經行江面地方所有防守兵弁俱應飭令一體知悉毋得滋生疑慮以致別起衅端着官文等悉心妥辦總期杜漸防微而又不致有傷和好方為妥善將此由六百里各密諭知之欽此是時江蘇巡撫薛煥方奉　旨署理欽差大臣督辦五口及長江三口通商事務會同湖廣江西督撫籌辦漢口九江開商事宜尋准咨稱轉據江南海關道吳煦詳稱江海關征收西洋

各國稅鈔業於本年十月二十五日起查照新章征辦忽據新關李稅務司函據英商寶順即顛地行稟稱現將前往婺源屯溪河口一帶置貨運出海口請發憑照前來誠恐內地關口地方未經周知理合摘錄條約（即滬中所定稅則之第七款）呈送飛咨浙江江西安徽巡撫查照辦理等情蓋自卜魯士既得照覆英商恃為護符不俟各省督撫知照擅駕火輪護以兵船由鎮江駛赴九江漢口等處踰年而長江開商之局成矣當英官卜魯士之請通商於長江也恭邸照覆謂南省軍務尚未肅清長江道路是否疏通本爵無從懸揣應由貴大臣斟酌辦理等因旋據江西撫臣毓科奏稱九江通商事屬創始關繫甚鉅恐非九江關監督一人所能辦理擬請遴委藩司大員赴潯會同籌辦時江西藩司張集馨詳稱徽池巨寇分股竄陷東流建德上犯湖口彭澤勢甚披猖現查潯郡一帶商賈屏跡此時遽往商辦不但交易無人尤恐逆氛肆擾有礙外國舟行應請展緩赴潯等因經江撫據以奏聞而是時寶順前來內地采辦茶葉已由蘇撫咨照在案續又准江海關道飛報探得英國水師兵頭霍姓現帶小火輪兵船五隻戰兵八百餘名洋商數人於十一年（原文稱本年以紀事故表之）正月初二日徑泊吳淞口起椗駛赴長江聲言前往漢口等處察看通商情形並稱尚有夾板貨船續開等語尋據薛大臣奏稱查得恭親王照復該官卜魯士公文言明九江漢口等處進出應納稅餉章程令其就近與上海關公同商定前經轉飭蘇松太道照會英領事密迪樂知悉迄今未據照復卜魯士現在津沽尚未來滬商辦此次兵船駛赴長江又不先期知照突爾起椗開行殊屬任性自由莫從理諭等因旋據署江甯將軍巴棟阿奏稱英國商船於正月初十日業已行抵鎮江探看地勢設立署棧以備通商由水師及鎮江府知府先後稟報當委佐領文祿前往接見詢問來鎮通商

情形據稱該國參贊巴夏里一員水軍提督和普一員（和與霍譯音之異實一人也又稱和亦同）正副領事官二員實係來鎮通商已無貨載亦無別情其餘未到貨船十餘隻陸續即可到鎮等語旋於十一日該國水師提督和普駕駛輪船一隻前往金陵上游於十二日折回十三日駛回上海續於十二十三等日該國參贊巴夏里副領事等前來奴才接見之下詢問情形據稱實係來鎮察看地勢設立署棧以備通商昨開輪船前往金陵上游查看江面並欲使粵匪聞知不敢開砲攔阻該船於十三日駛回上海現有商船二隻在鎮駐泊等語奴才因即飭令鎮江府丹徒縣遵照條約與之商辦去後並據該參贊等看定在於鎮江西門外雲臺山上下建造公署商棧又擇於甘露寺地方暫為副領事費笠子公署以便會商一切十五日巴夏里業已開船駛往上游察看江西九江漢口一帶情形等因於是江撫連接各處咨照飛飭藩司張集馨酌帶委員經費赴潯辦理遂有九江建立馬頭之議

十一年二月江西藩司張集馨抵潯途中接據饒九道文𡶶署九江知府程元瑞先後報稱正月二十二二十七八等日陸續到有火輪船七號經兩廣總督派委都司帶同英國參贊巴夏里領事官許士二員進赴道署據巴夏里面稱船內尚有水師提督賀布（和普賀布皆譯之異）一員意欲先在九江漢口兩處設立口岸派領事官許士住在九江辦理通商事宜並欲先赴南康饒州一帶查看地方情形探明水勢伊與賀布親往漢口商定一切後仍回九江商辦等語張藩司於是月初六日至潯則巴夏里已由潯起椗前往漢口矣越數日巴自漢口回與藩司接見行免冠禮（洋人免冠之禮本屬平行予前奉委接伴法使渠亦免冠相見原奏稱其恭順實非也）會商租地立市事宜而已欲先赴上下游察看地勢再行定議十三日巴夏里帶同藩司委員前往湖口諸官僉以

湖境扼要鄱湖為江省咽喉上通吳城下達江皖形勢較勝欲在該處立市經委員馬長康告以湖口城內地多亂石城外俱係沙土難以修造樓棧且該處山迴水深風濤險惡商船停泊互市必不願來又地接建德東流時虞賊擾水陸防軍雜處易啟衅端不如仍在九江十五日在九江府城巴意始轉與諸官以千里鏡遠觀四面復用盤盛水銀測驗地底礦係砂石遂允折回九江十五日在九江府城西門外龍開河之東量地一百五十丈深五十丈議寫租約巴因弓步不準再按指南法用繩較準得深六十丈內有民房三百餘家已議給每畝五十千如不願者由地方官酌提公費津貼遂定議當立永租地基券約以一百五十畝科算載明丁米正耗銀數按年由領事官清交德化縣歸入編糧額下又議租約上該參贊與中國藩司聯銜畫押各執一紙此英人在潯開商之大略也

漢口通商事在九江之先緣巴夏里先往漢口已將一切處分明白方回至潯故潯中之約江撫奏稱仿照湖北式樣今據湖廣總督大學士官文原奏內稱本年正月二十六日先有英國火輪船一隻駛抵漢鎮詢係上海寶順行即顛地行之行主韋伯同英官威司利通事官曾學時楊光讓並隨從人四五十名當飭漢陽知府漢陽知縣等妥為照料二十七日威司利等入城至署相見據稱由上海來漢查看地勢立行通商隨在漢口託人代覓棧房一所每年議給房主租價銀四百兩留通事楊光讓住居照料行主韋伯等即於二十九日駛回上海矣二月初一日又有火輪船兵船四隻到漢約載英兵共三四百名即有英國參贊巴夏里帶同屬官渡江至署相見據稱由上海前來查辦九江漢口開港事宜至九江上岸諸事尚在未定先來漢口查看地勢建造棧房其領事係由福建調來風色不順尚未至楚次日又有英

國水師提督賀布率所屬武官二十人至署來拜惟賀布聲言駛往上游一帶探看水勢並無他意當飭沿途經過地方妥爲迎護時尚未回連日巴夏里於漢鎮下街尾楊林口上下看定民地基址會同府縣踹勘量寬二百五十丈深一百一十丈四至立石爲界現已由巴夏里至藩司衙門請給發丈量地基對約鈐用藩司印信議定俟英國領事到漢傳集地戶房主會同地方官當面議價立券照給交地之後聽憑英商起造棧房應納丁漕由英商赴縣交納並議再有他國來漢須在英行以下擇地蓋棧不得上占正街事定水師提督亦自上游折回於初十十二等日同巴夏里船先後開行仍留英官夏姓及火輪船一隻停泊漢口等因此英人在漢開商之大略也

潯中立市事定巴夏里旋回京師據稱法美（美即彌也兹照檔案作美）二國商船亦將踵至江撫仍飭藩司留潯旋據該司詳稱本年三月三十日美國水師總領施碟烈倫駕火輪船一隻到潯於四月初一日卯刻駛往漢鎮是日午刻美國商人駕飛箭火輪船一隻由漢回潯停泊登岸美國金甯謙及瓊記洋商在於九江府城西門外勘定地基並要琵琶亭空地十五畝又旗昌行商人勘定琵琶亭空地三十畝因地勢低窪議即興工用土填高探詢該商人等僉稱美國領事官尚未定人法國領事亦無來潯確耗並云該國通商事件均係該商等自行專主不必待領事官定局等語惟租地換約各事宜須俟領事抵潯方可會辦該二國領事官既無來江信息未便羈延守候等因江撫據情片奏請檄藩司回省俟二國領事抵潯再行前往商辦所有各國通商尋常事件即由九江鎮道督同該府縣妥爲辦理以專責成於是藩司張集馨遵飭回省時值粵匪上竄黃梅潯中洋商遂疑其聞警潛回謠傳入都由總理衙門奏聞奉　旨革職留

任旋被兩江制使奏劾罷歸續據兼護饒九道九江府知府蔡錦青詳稱九月二十二日接湖北漢黃德道劉齊銜函稱美國瓊記洋商已在九江勘定地基尚未承買過手現委暫署領事官別列子馳赴九江辦理通商事務並將前勘地基一段傳集業户公平定價出買以便瓊記承買管業等因當查美國勘買地基應行換約訂界與英國事同一律應遵前次　諭旨飭委藩司來潯會辦等因奉批美國領事官既已到潯而張藩司業已卸篆自應仍由該護道妥籌辦理等因尋據以奏聞自此潯中通商事務悉由九江關監督一手經理而效尤脅制之漸紛紛陳請應接不暇先是美商因無領事來潯來國不肯與之立租換約因由該國駐京公使照會總理衙門謂該國商人在九江貿易生意不大意欲將來不設領事官即交與九江府代為照應等語由茶郎咨明江蘇巡撫旋准駁回因有暫署領事官別列子來潯之事當查勘定地基一節前已與該國總領事議定該國商人在潯貿易事與英國不同所有租買地基造屋諸事無須換約地價租錢應由商人自向業主公平買賣地方官不必與聞至民買民賣固不容業主掯價居奇亦不准洋商恃强勒占是以該國旗昌洋行於三月間租賃民房設立行棧係向居居自行議價給租並未經官相安無事今該國瓊記洋行於三月間所勘之西門外地基經該國領事官別列子來潯並不前赴道署會商輙於十月初八日瓊記洋商率領工匠在於西門外前勘地內砌墻築垣經本地民人阻之始罷別列子知事不成始於初十日前赴道署由通事傳言該行前勘之地只能照英國之價給發且急等起造房屋等語經監督反覆駁詰不歡而去聲言此界前已租定必欲照英國章程短價承買復經監督詢之紳民則稱此係大街熱鬧之區與龍開河之偏僻有水者不同續准監督照會駐劄漢口之

總領事始仍照民買民賣議結而前此所勘西門外琵琶亭空地增索至五十畝以其地在龍開河之西與英界事同一律監督查明地係濂溪書院空基仍經地方官會同釘界其價亦較英商稍增此美人在潯開商之大略也

是年三四月間准湖廣總督大學士官文咨會總理衙門內稱英國領事官及俄國美國船隻抵漢貿物亦已陸續前來而俄美二國並無領事官任意裝載往來漫無稽攷咨請妥議遵辦尋經總理衙門酌定章程所有各國商船前往各通商口岸必須設有領事官管理方准商船前往貿易如該國並無領事官准其託別國領事官代為管理亦必須別國領事官允為代管方許該商開艙貿易否則任意前往不惟不准貿易即該國人有被人淩害事情地方官一槩不管除咨行江蘇巡撫就近札飭俄國美國領事官遵照辦理並出示曉諭商通口岸百姓一體遵行等因當經薛大臣札飭上海道傳諭美國在滬之領事旋准覆稱漢口通商一節前已另派西地惠林士為漢口領事業已接印任事等情復據辦理三口通商大臣傳諭俄國在津領事官孟第飭令查照辦理而據孟第言該國並未設立領事官亦無船隻前往漢口貿易之事恐係別國假冒俄國名號抑或該省關口官吏查報未實請由總理衙門行文該省確查等語尋准江蘇海關道詳稱漢口應設領事官業經照會俄美二國領事查照去後茲准俄國領事官夏德爾照會內稱七月二十七日接奉本國駐京欽差札委本領事兼理長江一帶鎮江九江漢口等處即經本領事轉請美國駐紮漢口領事魏連士代理本國通商事務嗣後凡有本國商人到彼生理即由美國魏領事代辦在案請即詳辦等情查俄國若無船隻在漢何必倩人代理領事明係孟第所言率憑臆度

而該國之覬望模稜形跡詭秘亦可槪見此俄美二國在漢開商及設立領事之大略也
初英官卜魯士照會長江通商將擬有長江暫訂章程十款大都與巴夏里往返商定由恭邸咨行江南
各省大吏查照辦理旋准　欽差大臣江蘇巡撫薛煥謂其第七款第九款多有窒礙蓋原訂章程載明
貨物出口入口之稅課俱或在鎮江或在上海完納九江漢口槪不征收故其第七款內有沿途任便起
貨下貨不用請給准單不用隨納稅餉等語薛大臣謂如此辦法豈無稽攷應飭令該洋商將運進長江
貨物除在海關已完正稅不計外所有應完內地稅半即子口減半之二兩五錢先在上海完納由上海給發憑單上
駛出口貨物如在漢口出口者先在漢口完納九江出口者先在九江完納由各該關驗發憑單下駛似
此上下稽核自無偷漏之弊又第九款內稱遇人因事故將該船主禀告各口領事官由領事官將該船
留在口內俟查辦完結方准開行薛大臣請此係英國商民與各國商民口舌之事與關務無涉至于涉
關務之事仍應由管關監督自行主政辦理領事官不得預聞於是分別准駁咨會總理衙門及各督撫
在案續經巴夏里至扈以第七款實便兩國通商又由文譯出章程十條與前譯之十條字義又有參差
因先將已定之八款試行餘請恭邸照會卜魯士會商定奪不決者久之嗣經英國總稅務司赫德來京
呈遞清單條陳稅務事宜擬與前定章程十款互有出入總理衙門以所議章程頭緒紛繁實難洞悉流
弊請飭戶部會商辦理旋准　行在軍機處字寄咸豐十一年五月二十日奉　上諭此次各口設立新
關與外洋交涉設一切章程未能妥協徒滋爭論且各口情形不同恐戶部不能懸定所有各口關稅章
程仍著奕訢等悉心酌擬具奏並咨令辦理各口通商大臣各就地方情形妥爲籌議務各破除情面力

洗積習以免外國商人有所藉口將此諭令知之欽此蓋赫德單內言欲征收子口稅須擇緊要處所設立關卡意在九江漢口等處也嗣經恭邸於赫德來公所謁見時與之逐層辯論其最關緊要者所洋藥外則內地出進之子口稅也查原訂章程出口入口之貨均在鎮江或上海征納稅餉此次議定專歸上海征稅其鎮江以上漢口以下准商人任便起貨下貨將鎮江以上即作為上海口內無庸設虛立之關其立意在總處納交以杜偷漏然總納之後即可沿途任便起卸貨物漫無限制是仍與原議依違也又據單內稱洋船載土貨出口完納出口稅銀便往外國則中國無從征第二次之稅若出口復經進口如湖絲茶葉既出上海口復進廣東口之類議照新章加一復進口之子口稅不知華商出進貨物有一關便有一關之稅安能獨令洋商取巧且易啟華商影射之端因議內地貨復進口時完一正稅一子口減半之稅此後所遇仍須逢關納稅復與該國公使往返駁詰始請給與該國照會以憑向洋商商辦至赫德所請緊要處所設立關卡彼係專指洋貨進口土貨出口而言則子口之稅僅有一次令土貨出口而復進口者尤宜在緊要處所設卡征收土貨出口以過卡准照為憑洋貨進口以入卡准照為準總期該商進口出口貨物完一正稅即有一子稅辦法以期稅課充裕因更酌定長江通商章程及南北各口通共章程奏請頒發長江各口遵照辦理據原奏內稱各口關稅章程前經咨令各口通商大臣妥籌去後迄今數月之久未見該大臣等商定辦法分別奏咨迭據湖廣總督江西巡撫咨稱洋人入江以來進出口正稅均在上海交納其自入內地賣洋貨買土貨既未議征子稅而洋人復不任地方官抽釐漢口九江領事又均不服稽查請臣等與英法駐京公使面議等語即法公使亦聲稱中外交涉事件不能與外省大吏紛紛商辦因

與臣等公平面議查本年春間薛煥與巴夏里曾議有長江通商章程十款於船隻往來頗有稽查惟尚有未盡嚴密之處而於收稅一節亦未議及因就原議章程重加增改定為長江通商章程十二款凡洋商來往長江有關軍需之物令其呈具保單向各關領照起卸均有查驗庶不致再有濟匪情事再長江及南北各口現在尚未一律議征子稅及土貨復進口稅因另擬通商各口通共章程五款臣等與英法公使面商數次於八月間照會英法去後茲據英國威妥瑪到公所面稱章程二件均欲照辦該國已發英商告示二張令其遵照辦理送閱前來等因又附片奏稱土貨出口而復進口者若不議增復進口之稅將來洋商以運販土貨為得計必至內地商人無可營生是以臣等前與英法公使極力相爭凡土貨出口如欲運往他口雖已完過出口稅不能照洋貨發給免重征稅單其復進口時應交子口減半之稅不扣二錢二成即扣歸軍費之款但扣正稅半稅不扣　其交過半稅後只准在口售賣若運入內地銷售仍照內地例逢關納稅過卡抽釐如此庶足保全華商生計而內地各關不亦至有虧缺額茲已列入通商各口通共章程之內應飭南北各口遵照辦理於是漢口九江先後奏請設關遂為長江別開生面矣

是年八月湖廣總督大學士官文奏請於漢口設關收納洋商進出口各貨稅課以嚴稽查而絕弊端其略言英國巴夏里續增長江通商十條內即卜魯原訂十款經巴官譯出者非另增也　其第七條所載凡進口出口貨物均歸上海稽查納稅實有心取巧預萌欺蔽偷漏之端查半載以來洋商往返貿易凡有洋貨進口售賣內地土貨出口販運外洋者因自今春二月以來髮逆上犯向在漢口巨商大賈遷移一空所到洋貨皆於漢口各行暗中以貨易貨運載上船並不交進口貨單亦不報出口貨目以致毫無稽查其應完子口稅雖

有上海來文而據該領事云先完正稅然後方完子口稅即係約內所載應辦應查之事一概置之不理且有內地奸商船插英旗借以影射偷漏甚至將禁運貨物如米糧木植銅鉛等物裝載下船不免私售賊匪等弊必須設關收稅設立官行按單發貨到上海照單查驗出洋口貨亦憑上海發單到漢開艙則長江自鎮江至九江漢口進出口之貨物始免偷漏之弊若如英使所謂出口貨物仍至上海納稅則迢迢長江千餘里隨處皆可上貨下貨任其自便實存駁弊之明驗也頃據司道傳詢英美等國領事僉稱漢口無關亦無監督稅務司員憑何稽納若竟聽之來往自便漫無稽查則長江上下中原之利盡歸外國兼以內地奸商倚托外洋私售私買不特稅課偷漏亦必虧耗釐金於籌餉大局實有妨礙其洋商執一稅不二稅之說未允收釐殊不思納稅出自洋商收釐取之華商兩不相涉現有內地商人赴湖南湖北產茶所在購買茶葉等貨動稱英商雇夥多抗不完納釐金似此情形則內地奸商人人皆可稱為洋行雇夥內地貨物種種皆可指為洋商采辦漢口之外山鄉市鎮處處皆可作為通商口岸則約內所稱不逾三口之文已成虛設惟有於漢口設關收稅明定章程設立行棧收票發票稽查盤驗並禁止華洋雇夥往各埠頭采辦悉由商販自行販運到漢鎮入行售賣庶可杜絕弊源亦與前議條約始相符合應請於漢口設關照海關章程將內地各貨出口正稅及子口稅一併於漢口完納其進口洋貨運至漢口僅照單點驗方許售銷以符一稅不再稅之約並禁止華洋行夥往山鄉鎮市自行采辦以符不逾三口之條現飭漢陽府勘擇地基設立關卡並請添設監督一員督辦關稅事務以專責成等因於八月二十六日具奏　奉旨交總理各國事務王大臣等妥議具奏欽此旋准總理衙門議稱上海為入江放洋之

總匯稽查較便應將長江出進之稅餉仍在上海征收撥歸湖北江西二省至洋人自入內地買土貨一節英約第九款載明許持照入內地游歷通商勢不能禁之不入山鄉市鎮采辦現與英國議定凡洋商入內地買貨先請該關給買貨報單單內註明本商姓名及本行字號為憑以杜奸商影射續又與英國議定此項單照專係由關發給與領事官所發各處游歷通商執照有別其並不買賣貨物專入內地游歷者仍由領事官發給地方官蓋印執照內祇須註明游歷字樣不必再寫通商等字以免牽混有借如游歷執照在內地影射買賣貨物者經地方官查出按照偷漏例懲辦議定之後湖北漢口由督撫奏派道員專辦通商事宜監督稅課並奏請九江關一切應辦事宜咨明江西撫臣循照漢關辦理於是湖北之漢口江西之九江均以是年踰年先後開關爰稽攷檔案序其本末而加詳焉蓋自通商議撫以來中外之一大變局也

查官相國奏內言有裝載違禁貨物接濟賊匪皆內江通商以後之事其見於奏報者如江甯將軍奏稱二月間有洋船游奕於福狼二山間始與賊開砲相持繼則改豎白旗囑勿動手彼時正值各國商船由鎮至潯自潯至漢之際又據兩江總督奏稱本年四月十六日辰刻有洋船一號懸掛紅旗船內載貨約二千餘石停泊安慶城下次早始開赴下游重載而來輕載而去旋據投誠之賊供稱城內米糧將盡過有洋船來此遂得接濟又據總理衙門給法人照會言近日乍浦失守亦有中外商人前往接濟又據都將軍奏稱官兵舉擊君山賊隊有外國人坐沙甜快船一隻下駛見師船追擊喜船逃走搜艙得偽天義陳坤書印憑一紙（時四眼狗正上犯楚北一帶）內開上海洋官瑪土吻等采辦洋貨由福山進口字樣路票一般（大約如巾劇）凡

此皆在洋艘停泊潯漢閒前後事查洋人通賊已非一年然其志在貪利故其濟賊也非以助賊利餌之也即其請助中國剿賊也非以致順利中之也然兩利相形則取其重今洋商不遠數萬里將以求大欲於中國區區米糧軍火欲擅居奇之利而先自試於不測之淵吾知其必不為也此等接濟賊匪之船隻必係奸徒假冒一則恃洋艘為護符一則以洋人為傀儡意此中必有無賴洋商附伴游歷而海上奸徒暗中勾結許以分潤遂有此事然長江一帶未聞商以前洋船素不經見偶一遇之則水師巡船易為覺察如三年上游饋事為逸賊寄書其證也今則通商暢行連檣上下輪烟蔽天無從查結所破案者尚未必能得十中之一大都在停泊之際見其形迹可疑倖而獲之然則長江之禍豈有艾哉

西人游歷各省始於法國傳教之士乾隆間已有之經地方官訪拿拘禁　純廟念其無罪降旨釋放解回本國然其人皆習華言效漢裝與中國齊民雜處即五口通商以後除海口外無張膽明目而至者自長江通商議起于以十年冬在祁門督師幕中據軍營探報有洋人數名自河口來至景德鎮云將赴屯溪婺源一帶後據蘇撫咨會即英商顛地等也踰年五月間據九江關監督詳稱本年四月十八日據英商怡和呈驗上海關監督發給憑照一張准該商前往內地江西義甯州置貨按照條約在於第一子口報驗即請該口驗明執照務將何字號何貨以及件數或箱或包若干計觔兩或丈尺若干詳細載明蓋印填給以便沿途各子口及海關分卡查照驗放有不符者即照通商章程究辦等因當查該商置貨必以茶葉為大宗即經札飭義甯州就近查明置貨若干先行申報並移南昌府轉飭遵辦在案茲聞英商怡和聞知義甯近有賊蹤即在吳城鎮租棧收買茶葉又有英國之寶順以及美國之瓊記旗昌等號既

無海關憑照亦未知會到關均有陸續前赴該鎮辦茶之事並有洋商自在九江向內地商人買茶者又有商人采辦徽茶由饒州來至九江者伏查各國商人既在九江設立馬頭通商其前往內地采買貨物自不能禁之不去而稽查之法亦應查照通商條約隨時察看情形聽憑中國設法籌辦因未奉有明文理合稟請批示遵行抑或咨會五口通商大臣另議章程飭遵等因嗣准蘇撫來文謂英美二國商人有並無憑照買茶之事既經查明應詢該商因何無照即按照條約將無照自入內地之人送交領事官懲辦并由關督照會各國領事諭以嗣後必須領取中外蓋印執照方准前往至該商在內地買賣須照條約遵完內地子口稅應由該道於大關之旁慎擇總隘地方設卡專收內地稅銀隨時遵辦等因在案查通商自有一定馬頭如當日五口通商除港口貿易外不得越赴各省郡縣今長江通商除兩處關口貿易外即不得自赴山鄉市鎮采辦貨物官相國所奏自是一定辦法而該洋人堅持其天津第九條之約反覆爭論恭邸以前約既行窮於鑄錯不得已第就此中分出通商游歷二層聊示限制然彼既在內江占設馬頭水陸任其所之舟車聽其自僱勢必通盤籌算以自華售爲商不如購自當地民人獲利饒益且又於吳城等處增設棧房轉輸無所不便何必運往外國舍近圖遠是其土貨之復進口者右左遇之既不能禁則除逢關納稅遇卡抽釐外亦別無辦法是亦法窮而不得不變者也總之限防一決便有不可收拾之勢補苴罅漏顧此失彼故通商之條約愈多而紛更愈甚不但有傷政體抑亦無裨軍儲當日桂花諸臣抑何重於違敵而輕於謀　國哉

予頻年奉委赴潯見九江設關之後貿易蕃盛月異而歲不同嗣因查勘輿圖自赴該郡西門外以步代

弓周歷大街前後另繪西門外洋界圖粘籤貼說由江撫咨備總理衙門查核自西門出城由大街西行至大馬頭約二里許其地為大江之汊港即龍開河者是也又自龍開河沿大江東行至西門外大街之功叙坊口即大街之後身亦即英商所定一百五十丈之界今稱洋街者是也其地樓臺綿亘英商行棧之所萃東西有界東界直達功叙坊之北大街以南為前以北為後有洋行貴禮查新建洋樓一所賃之於關以為辦公收稅之地即今所稱洋關者是也自功叙坊入口即為大街大街坐北之地自功叙坊口起東行至張公巷止為美商琼記起止界即前勘地基自向民間承買者也又自張公巷起沿大街東行其南為美商旗昌行棧其北為旗昌下貨入江之馬頭亦稱旗昌洋行即旗昌自向民間議租者也凡此皆在大街中與英界之在大街後者無涉而其賃自居民不經地方官換約亦與英商馬頭分别辦理固自無嫌而自功叙坊口沿大街西行直至湓浦河之南甘棠湖之北湓浦河在街後中隔小河被英商架以板橋直至大街中間皆係英商設有行棧不經地方官之手意亦步美商之後塵而踵行之然已出英界之外矣湓浦對河之大街其南有巷為英商沙遜洋行之進路內即沙遜洋行之南為法國天主教堂正對甘棠湖此又法人所賃與英美同一辦法凡此皆與民居市屋參錯不分者復查琼記承買之界因起造未成又於西門最近之大街另　租琼記洋行貿易於此而其西則又有英商仁記棧房查仁記行棧已在一百五十丈界內此又其增設者在洋商占立民房多多益善而濤民貪利私售將來西門外大街房屋勢不至盡歸之於洋人不止而城內居民亦將效尤矣傳聞城內小南門地方有英人房屋一所去道署不遠關署昔在大關口後為粵匪所燬今新建道署當大街南首予往視之則結構如中國式鎮日扃鎖有傳為英人教堂者或云馬廐蓋

南為校場洋人放馬在此語雖近似而兩廓木板甬道裝修整齊又絕不類馬廐者久之有居民每於夜間窺探聞內有婦女喧笑聲乎詢之德化令則並不知城內有洋人房屋一事吁可慨也美國官定之界在龍開河之西過渡南行即琵琶亭舊址當巴夏里至潯初欲在此立市以九江太守某一言遂止蓋謂其地之低溼也其後英人勘定東岸之界東岸居民疑為太守指使定界之期相與鼓譟某太守遂以此撤任美商繼至無地可圖遂謀築土增高議租換約後以闢市在大街中貿易頗便故雖在彼釘界實至今未立房棧然乎因繪洋界圖向縣中索取此案卷宗則已定於十一年之後矣琵琶亭舊址湮沒不足惜而東岸之湓浦河被英商築土加高僅有涓涓細流自英人行棧流入大江而城內水口亦因之淤墊矣

洋藥土稅（中西紀事）

洋藥按新定稅則征收始於咸豐之九年先是滬中定約經欽差桂相等與三國面議謂稅則約內所定出口進口之貨均按照百中取五以為則式惟查洋藥係例禁進口之物現因定稅弛禁通融辦理應與各貨分別徵收另立專條以示限制三國皆以為然乃於滬中稅則條約第五款內開向來洋藥不准通商今定稍寬其禁聽商遵行納稅貿易今議洋藥准其進口每百觔納稅銀三十兩惟該商止准在口銷售一經離口即屬中國貨物祇准華商運入內地外國商人不得護送即天津條約第九條所載英民持照前往內地通商並二十八條所載內地關稅之例皆與洋藥無涉其如何征稅聽憑中國辦理嗣後遇修改稅則仍不得按照別貨定稅等語查洋藥按百觔征稅三十兩原係征之海口征之洋商者今約內

載明一經離口即係中國貨物則此後運入內地之洋藥皆係征之華商與外國人無涉其征之華商者聽憑中國辦理則須照內地例逢關納稅過卡抽釐故自新章定後各省惟海口三十兩之稅一律辦理餘則收稅收釐應酌量情形隨時隨地或增或減悉憑中國辦理外國人不得干預乃上海方按新章照行而據英國在京之威妥瑪咨稱上海設局抽釐征進口稅銀三十兩外又另征銀五十兩與條內明文相謬大為商民不便等情經總理衙門行查江蘇去後旋准咨覆洋藥進口每百觔征洋稅三十兩售與內地商人征華稅三十兩釐捐二十兩是征之洋商者僅有三十兩其餘五十兩皆征之華商與洋商無涉等因准總理衙門照會英使威妥瑪始不能辯續據英國總稅務司赫德來京呈遞清單內有洋藥各口情形一款內稱洋藥抵中國者每年約有七萬箱稅則太重即啟保私偷漏之端現議有兩項征法一則進口時征一次重稅每箱六十兩完稅後准往各處而不復另征別稅一則進口時按則征收洋稅三十兩再征華稅十五兩准在通商之本府所屬境內不再加征一出本府之境應聽憑地方官隨時設法辦理等語當經恭王等與之辯論謂洋藥一入內地總以由中國任意征稅為是而赫德謂現在上海辦法並無起色如照單內辦法征洋稅三十兩華稅十五兩猶恐不無走漏是以到香港者雖有七萬箱而單內祇以六萬箱估計若照內地辦法另征稅銀三十兩釐捐二十兩竊慮有名無實走漏愈多恐所征尚不如每百觔僅征四十五兩之多復經恭王等反復駁詰赫德仍堅執收稅愈重走漏愈多之語遂奏將呈單發給南北通商大臣妥議在案又據赫德另呈洋藥一款內稱廣東省城設有洋藥抽釐總局如有人先在局納釐銀五十兩即無庸在關上完納正稅等語亦經總理衙門行查入粵在案續經恭王等

商務

仍照原議洋商交稅祇准在海口銷賣不得運入內地其賣與華商後如何征收稅銀之法洋商不得過問又議定土貨復進口之貨應聽憑中國逢關納稅過卡抽釐則洋藥之入內地者即使洋商影射銷售而征稅征釐悉與華商無別於是外洋無從取巧群喙始息蓋威赫二人之請欲以便其洋藥運入內地之私心而所稱保私走漏等弊皆自洋商作俑而華商效尤即使納稅抽釐節節防範而滬約所謂洋藥一經進口即為中國貨物之說亦成具文矣長江通商自屬內地則由上海進口時洋藥已征過正稅三十兩此後所過皆子口稅也又洋商在內地不得銷售洋藥則自上海入江之後皆華商也當潯中議定開關照長江暫定章程辦理核其條款並無洋商售賣洋藥征稅之條忽據九江道詳稱英商販運洋藥來潯銷售內地商人於承買洋藥後遵照岸路藥稅章程每百觔征銀二十兩乃英商藉口收稅以致貨物阻滯為詞所有九江關征收洋藥稅銀可否查明停止抑或離口另行設局征收請咨總理衙門核示飭遵等因由江撫咨照旋准覆稱洋藥一項由上海入長江其進口正稅已在上海納完到九江時原不能再令洋商交稅惟洋商止准在口銷賣不能將洋藥運入內地其賣與華商後如何征收華商稅銀洋人不應過問所有應征華商洋藥稅銀自應照常辦理至應否離口設局征收之處該撫既已分咨戶部應由戶部核覆可也予謂洋商不准將洋藥運入內地焉有准其在潯銷售洋藥之理祇因長江一開內地漫無限制行棧既設囤積居奇決不肯身居內地而聽洋藥售於海口以讓華商之利者海關既不能禁則除逢關納稅過卡抽釐外別無辦法現在九江設關亦復稅釐兼收不分華洋是滬中第五款之約實自長江一局破之也洋藥進口以香港為總匯之地屬英國畀下彼處設有公會稽查上稅之後方准

運往中國各口故赫德單内稱有每年七萬箱之數然但就六萬箱估計税則則其餘皆各口之漏税也單内詳其漏税之口以粤東爲最大而福州厦門次之據稱香港係中國無税之口四面有海離岸不遠而粤東水路多歧因此各船不論大小均可到港洋藥物小價貴偷漏難防其自香港運入粤境亦非外洋船隻都係各鄉村渡船漁船或販私鹽船更有官設保私之巡船不難指明其名者此等船隻若有海關船前往查拏則開鎗炮抗拒不遵查驗漏税之多即以粤海一關論一年便有五十萬兩則二萬餘箱矣又據單内照其所定每箱税銀四十五兩估計各口每歲之税額天津牛莊登州洋藥以每年二千箱算應納税約八萬兩上海長江一帶以三萬餘箱算應納税約一百五十萬兩福州以四千五百箱算應納税約二十萬兩厦門以二千二百箱算應納税約十萬兩廣州以一萬二千箱算應納税約五十萬兩潮州以一千八百箱算應納税約八萬兩此外臺灣瓊州甯波等處無從核算亦約有數千箱此六萬餘箱洋藥抵中國各口税則之可攷者也

内地人之做洋藥生理者窰口一也行户二也烟館三也自咸豐九年三月許民間買用之令下則與各貨之開張者無異而稽查税則勢不能不設法辦理於是赫德單内言欲做此等生理者須先赴關呈明擬在何處開張洋藥店鋪請領字號招牌並須准充執照方許開張給准照者應以一年爲限請領准照之人應分别窰口經紀烟館三項照内註明某項應納銀若干若在通商港口請領執照者無庸拘定限額以符定約等語又後開另欵内稱在上海做洋藥生理者應由户部行文地方官出示禁止包攬霸市但驗明有准照者或經紀或窰口或烟館均可隨意或在棧房或在躉船不論與外國何人置買洋藥等

語手謂做洋藥生理須給准充執照即中國牙行領帖承充之例惟生意有大小而稅則之多寡因之既屬稽查不易而其單內所稱通商港口不必拘定限額及另欵指明上海做洋藥生理者不論棧房躉船與外洋交易洋藥者悉聽其便凡此皆為洋商自運自賣之人預占地步上海入口即係長江躉船既無所不通棧房亦隨處可設豈復有華商洋商之別耶總之天津第九條之新議既行長江暫定之章程繼出從此中外疆界不可復理不特經紀窰口華洋混充將來游歷內地之洋人資本漸虧亦可開設烟館所謂錐刀之末將盡征之若使華商不黨比洋人沾其餘瀝豈復有營生寓足之地哉

查赫德所呈單內攷核通商各口出進之貨無非為中國夸張稅額之增以見通商之有裨於　國計者如此其鉅嗚呼是玩嬰兒於股掌之計也今且就洋藥一欵論之海關之稅每箱不過三十兩耳以六萬箱計之應歲增稅額一百八十萬去其扣餉之二成則餘一百四十四萬又據單內酌定各口征稅費用為外洋稅務司以下各項開銷每年通共銀五十七萬兩有奇通核中國歲收各貨之稅額約在一千萬上下是洋藥一百八十萬當各貨五分之一也又以五十七萬有奇之費用攤扣一千萬中則百去其五有奇今洋藥之稅一百四十四萬應攤扣費用七萬兩有奇加以中國之設關一切薪水雜費是又一成也如此則中國歲增洋藥之稅額不過一百三十餘萬僅得中國關稅五分之一（直省各關稅額每年約五百餘萬）而此六萬箱及偷漏之一萬餘箱歲易中國價銀三千數百萬皆商民之膏血朘削之以附益外洋者也若其他出口進口之貨有向來通商所不禁者自各口既開外洋搬運往來課額有贏無絀故其單內估計除洋藥外得歲額八百餘萬然中國出口之貨以茶葉為大宗而湖絲次之今自

通商之口岸日增外洋遏澤而漁華民募夥而附於是茶絲兩項日見翔踊而湖絲之昂加以錢價之長較之十年之前如貫三倍而中國之民力竭矣出口之例禁者如銅錢米穀豆石之等約內所載悉寬其禁以致昔日銀荒今日錢荒兩受其敝又如約內所載豆石豆餅在登州牛莊兩口不准裝載出洋而十一年查有洋船在登州空載而出中途與遼東豆石議定買價駁運到船裝載南往經三口通商大臣咨照總理衙門給與照會往返駁辯卒議此等豆貨准雇內地商人運往天津上海等處但仍循原議不准裝載出口完案自此洋商出入無不自便而華商之生計蹙矣照會內稱兩口所出豆石豆餅內地商人藉以養命者不下數萬人等語夫兩利相形則取其重兩害相形則取其輕今取其至輕之利而受其至重之害豈但失算哉謂之無算可也

牛莊設關通商約章類纂

盛京將軍等　奏再查沒溝營准令通商上年開辦之初經前監督福瑞會督旗民地方官及委員等與英領事密迪樂公同商酌因沒溝營下街尾之東弓灣地方河面寬闊離街稍遠當議令於該處設立碼頭作為洋船停泊之所其各國衙署行棧亦即議於東弓灣河口南岸相地建造期於內外商民兩無妨礙當經會同奏報並聲明添設卡房剔釐稅弊一切章程相機辦理茲查上年所建海關係於戶關之西搭蓋洋船進口稽查偷漏固以周匝但今屆開河後各國洋船多在東弓灣停泊相距海關往返計程不下十餘里每於委員上船查驗以及洋商報稅赴關請領稅單來往奔馳均形不便且海關與洋行相隔既遠委員丁役耳目難周吏難保無內地奸商勾串洋人藉端影射偷漏走私亟應嚴為防範臣等悉心

妥籌擬再於東弓灣洋行附近添設分卡一處即令海關委員常川駐卡於洋商報船完稅近在咫尺較前亦覺省便至其出口時仍令海關查驗放行如此互相稽查庶於稅務有裨

咨行通商各口募用外國人幫辦稅務章程（通商約章類纂）

總理衙門咨同治三年七月十二日據總稅務司赫德呈報查通商各口除瓊州外現有口岸十四處均設有稅務司會同各關監督辦理稅務惟稅司之下有幫辦人等在公事房辦理事件又有扦子手在船驗貨及稽查偷漏等事目下統計各關幫辦者有八十餘人扦子手亦有三百名之多若不定立章程俾知遵守無以昭畫一而示勸懲茲擬章程二十六條呈請酌核等因前來本衙門查各關事務紛繁幫辦及扦手人等為數亦復不少必須定立章程庶各關稅務司辦理不致參差而該幫辦扦手人等亦得所遵循該稅務司所請不為無見其所定章程二十六條經本衙門詳加酌核刪改增添共成二十七條劄知該總稅務司遵辦內第十九條內載若無總稅務司及本關監督文書不准僱用洋商船隻作為巡船一節查此條係為預防各關所用外國人任便為中國僱覓洋船起見總稅務司及該關監督行文稅務司僱備巡船其僱價由稅務司於該關議定經費項下支發如未經總稅務司及監督行文稅務司擅行僱備應不准其開銷至該關監督如有自用巡船之處船由該監督自行僱備即由監督調遣所需經費亦由該關自行籌辦不得動用各關稅務司經費之款除劄知赫總稅務司照辦外相應將本衙門改定章程二十七條鈔錄一紙咨行查照並將此項章程照錄通行各該關監督一體遵照辦理同治三年七月咨各省

一總稅務司凡有應申陳本衙門事件及更換各口稅務司務即隨時申報本衙門查核仍一面分別申陳南北洋通商大臣並知會各本關監督

一總稅務司係總理衙門所派至各口稅務司及各項辦公外國人等中國不能知其好歹如有不妥惟該總稅務司是問

一各關所有外國人幫辦稅務事宜均由總稅務司募請調派其薪水如何增減其調往各口以及應行撤退均由總稅務司作主若某關稅務司及各項幫辦人內如有辦理不妥之人即應由該關監督一面詳報通商大臣及總理衙門一面行文總稅務司查辦

一各關雖係征收洋商之稅然其事實中國之公事所用之人雖非中國人其所辦係中國之事其薪水亦中國所發應較中國人格外盡心辦公其與中國官民有交涉事件尤須格外以禮相待彼此不可猜疑傲慢

一各關所用之人以各人分內應辦之事為第一緊要務當盡心盡力至泰西所有各項新法大有便益於日用常行為中國所未有者若與地方官民相處浹洽議論試行雖屬同仁之義然究為餘事總以分內應辦之事為主不可因此而誤公彼此均不可勉強以必行

一各口稅務司係總稅務司所派之員倘手下之人有懈怠誤公者惟該稅務司是問各該稅務司於各口收稅章程各國通商條約並外國商情本應熟悉且於中國情形較各項洋人尤為透徹辦理稅務一切事宜務求妥協若有任情偏執或與監督會商並不悉心陳說以致諄會辦事乖謬進退兩難是該稅

務司才不勝任之據定即撤退

一各口稅務司如有才不勝任及辦事錯誤者係惟總稅務司是問至通商各口辦理收稅事宜如有不妥均係各關監督之責成是以凡有公事自應歸監督作主如此則稅務司所辦之事即監督手下之事惟稅務司係總稅務司所派之人非監督屬員可比然不得因非其所屬遇事招搖攬權有礙公事以致監督難專其責

一各口稅務司於各國所派領事官常有交涉事件若領事官非作買賣稅務司與之交好自於公事有益惟當論事辦事之間愈當以凡事均係監督責成不可稍存侵權見好之心致罹咎譴

一各口稅務司人等逐日在關與商民交涉均應設法重稅課順商情查各口章程分兩項一條禁止作弊以重稅課一條將稅務各事曉諭各商以順商情是以各口稅司除嚴行防堵走私偷漏外應每日在關察看所用之人是否盡心辦公隨時體恤各商有無刁難之處且買賣為稅課之本若令人為難不順其情不免與稅有礙應由各該稅務司細心斟酌地方情形多便貿易以期多收稅餉但不可與章程條約相背

一各口稅務司手下之人內有日後可勝司稅之任應由現任稅務司為之表率令其妥悉稅務並應留心學習漢文漢語以期日後可用

一各口派稅務司係專為幫辦稅務起見其稅務外地方各事與之無涉本不應干預惟稅務司與地方官民相處熟悉遇有外國人與地方交涉之事從中調處兩受其益原不在禁止之例然須將所處之事

及來往信件均須報知總稅務司若處置乖方以致別生事端總稅務司不能代任其咎亦必將其懲儆

一各口稅務司本口界外概不准管理別口稅務及干預別口地方公事茲將各口稅務司應管界址註明於後以便遵守　自香港至海南其中沿海歸粵海關稅務司稽查　自香港至潮州北之海島名拉碼磕斯歸潮州關稅務司稽查　自拉碼磕斯至泉州府之海灣歸廈門關稅務司稽查　自泉州府海灣至北關海灣歸閩海關稅務司稽查　自北關海灣至乍浦歸浙海關稅務司稽查　自乍浦沿海至自黃河老口至大清河歸東海關稅務司稽查　黃河老口以及沿江至狼山歸江海關稅務司稽查自大清河至山海關歸天津關稅務司稽查　自山海關至大連灣歸牛莊關稅務司稽查　長江自狼山至江甯歸鎮江關稅務司稽查　自江甯至武穴歸九江關稅務司稽查　自武穴至岳州歸江漢關稅務司稽查　臺灣西北沿海各處歸淡水關稅務司稽查　臺灣西南各處歸臺灣關稅務司稽查

一各口稅務司內有代理人員與署理無異代理署理人員均與實任無異其來往文書均用平移不得自為高下

一各口稅務司若無總稅務司明文准行不得出駐紮之府界擅離職守如有緊要事件必須親往應一面具文申報總稅務司並先行知會該關監督其關上公事應交妥人接手照料不得有誤其所管沿海各處有隨時稽查之事准其派本關人往查

一各關所有總辦幫辦通事扦子手頭目四項人等應領薪水不得由該關稅務司增減亦不得任意撤退若內有不妥之人即准暫停薪水不令赴關辦事一面申報總稅務司示遵如此四項人內有自行辭

退者亦隨時具報總稅務司以便另行選派

一通事之外各關所用之中國人以及外國扦子手人等如有不妥即由該口稅務司立刻撤退如係書辦應知照監督如係扦子手應報明總稅務司

一各關所用如中國人月領銀在十兩以上外國人月領銀在六十兩以上者不得由該關稅務司自行增添薪水

一各關之外國人除扦子手外若非總稅務司派來之人概不准在關上干預公事

一若無總稅務司及本關監督文書不准僱用洋商船隻作為巡船

一若有在關上阻撓公事生端擾害之人如係中國人即請由監督懲辦如係外國人應請監督行文該國領事官查辦若領事不肯秉公辦理即將情由申報總稅務司並請監督及總稅務司申詳總理衙門各口稅司均不得擅自究斷

一各口稅務司每逢結底將結內收支罰三項各欵照前式摺報及遇事隨時具報外每於月底須將該口買賣收稅各情形簡明報知均須端楷書寫漢文報摺不得挖補

一遇有別口發來單照內有錯誤或探聞別口界內有偷漏情弊應行文該口稅務司查照該口稅務司即行查辦並一面知照該關監督

一各口收稅除載在條約者無可更改外其日行詳細章程亦應永遠遵辦如其中實有因時制宜必須隨時更改者務當先期申請酌核不得擅自更改按所謂日行詳細章程即後列之進出口上下貨稅司簡明章程

一稅務司總辦幫辦扞子手頭目俟過五年後准告一年之假領一半薪俸回國休息須先三個月請假以便擇人更換通事每三年准告假三個月領全薪俸均由議定各關稅務司經費項下支給

一各口稅務司總辦幫辦扞子手頭目四項若有不妥由總稅務司一人作主撤退或前期三個月諭知起身回國時即不另發銀兩若立時撤退者發給三個月俸銀飭令起身若歷過五年自行因病回國並非因事撤退者給予半年薪俸歷過十年者賞給一年二十年者賞給三年亦均由議定各關稅務司經費項下支給其各關稅務司如有更動總稅務司隨時知照該關監督

一凡稅務司與該口監督來往日行事件除尋常事件毋庸鈔錄外如有緊要之事鈔報總稅務司查核若與地方官有不得已行文者無論是否有關稅務均須鈔錄具報倘有應行申呈總理衙門事件必須開具節略蓋印畫押呈送總稅務司轉呈

一總稅務司所請在各關公事房內辦事之外國人分為六等一稅務司一總辦一頭等幫辦一二等幫辦一三等幫辦一四等幫辦內如有告假回國派以次之人接辦准支本身薪俸一半署缺薪俸一半亦均由議定各關稅務司經費項下支給

以上共章程二十七款各口稅務司務須一一遵守如有違背者立即撤退

擬購挖土機船鐵脅新式輪機片 治十三年十二月　沈葆楨

船工現已續辦臣等查應亟購備者尚有三端一曰大挖土機船一曰船上鐵脅一曰新式輪機船廠江濱年來泥沙日淤雖用挖土機船設法開濬無如地寬器小旋挖旋積倘江流日淺新船下水無由廠地

便因而廢聞外國有極大挖土機船計一點鐘可挖土五十方尺當人工一千餘擔之多果得此船剷除積淤廠地乃可無虞此挖土機船之購所以不容緩也船脅必需天然彎木內地無之向運諸暹羅仰光等處聞該處近來此木亦少所以西洋剏是鐵脅以濟其窮閩廠前者皆用木脅迺來十六號開工木脅大形竭蹶勉強湊集尚不敷一船之用後繼尤難非亦改鐵脅不為功惟此項工程木廠匠徒未曾素習不得不取式於外洋此鐵脅之購所以又不容緩也舊式輪機用煤過費外國近又剏新式臥機以為兵船取其機器與水面平可以避礮也剏新式立機以為商船取其機器所佔艙位無多可多裝客貨也煤較省而機較靈非各購一副而來俾匠徒仿造則巧拙懸殊造船之功亦難於精進此新式輪機之購所以又不容緩也惟此三項之費自定購以及保險包紮護送合攏計非二三十萬金不可使惜一時之勞費誤後日之遠圖因小失大又非良策臣等再四思維似難中輟合無仰懇　天恩俯准乘此防務已鬆飭日意格先赴廈門打電線出洋探悉三項實價然後令其歸國先辦大挖土機船一隻迅駛來工以保廠地一面在法國定造鐵船脅全副帶匠一二人前來鬬合並教匠徒打造約限一年成功而歸一面往英國定造新式臥機立機各一副帶匠二三人前來合攏並教匠徒鑄造亦約限一年成功而歸鐵脅必取法國者以閩船皆法匠所造其尺寸乃符新機必取英國者以英船向稱堅緻其制度無弊也至議定制鐵甲船未知底細下手殊難亦擬令日意格順途細訪詳悉開單寄歸以便他日斟酌舉辦

核減臺煤出口稅片 光緒元年

沈葆楨

臣等伏思臺灣病於土曠土曠之病由於人稀重洋遠隔必利市三倍而後內地食力之衆不召而來墾

田之利微不若煤礦之利鉅墾田之利緩不若煤礦之利速全臺之利以煤礦為始基而煤礦之利又以暢銷為出路南北各省按日以煤炊爨入冬以煤禦寒若出口暢旺煤價必昂於民間不無窒礙臺地則炊爨禦寒均無藉於煤除出口外別無銷路其煤質鬆脆不敵西洋所產而與東洋之煤尚相去不遠然臺煤雖富年來開採仍不甚旺其所以不旺之故則由於滯銷西洋產煤金山最夥從前夾板船隻皆繞金山而來貨物而外以煤壓載煤佳而價平此固非臺煤所能敵自埃及紅海開通以後洋船無須繞道金山金山之煤遂稀其價亦日昂而臺煤仍不暢銷必將臺煤減稅以廣招徠以後稅則雖減而總計稅入仍不懸殊於民間生計當有起色至船局所用臺煤向係免稅不在定則之內今擬請將出口煤每噸減為稅銀一錢如蒙　天恩允准伏懇　飭下總理衙門劄行總稅務司明言臺煤無關民間日用為洋船所必需是以減稅惠商南北洋各口均不得援以為例謹附片覆陳

籌議出關餉需礙難借用洋款疏　　兩江總督　沈葆楨

竊臣等承准軍機大臣字寄光緒二年正月初七日奉　上諭左宗棠因出關餉需緊迫擬借洋款一千萬兩事非得已若不准如所請誠恐該大臣無所措手於西陲大局殊有關係著沈葆楨即照左宗棠所奏妥速籌議奏明辦理等因欽此仰見　朝廷軫念西陲救民水火之至意查左宗棠原奏瀝陳餉源枯竭萬不得已而議借洋款在該督臣勞心焦思獨搘危局撫士卒於饑疲創病之餘籌餽運於雪海冰天之界仔肩艱鉅冠絕一時臣等忝任封圻誼均休戚如果於事有濟曷敢稍存推諉況上海為洋商精華薈萃之地關道所屬多洞悉洋情之員以利招之一呼百諾江南自兵燹後宜修舉廢墜刻不容緩者殊

多特以度支匱於轉輸馴致遷延歲月關隴暫有巨款支柱協濟稍鬆江南及是特為自顧之謀計亦誠便而臣等夙夜不寐反覆再四竊慮此舉有病於　國關係綦大即西陲軍事稍紓目前之急更貽日後之憂不敢不將實在情形為　皇太后　皇上縷晰陳之伏惟國債之說徧行於西洋而西洋各國受利受病相去懸絶則以舉債之故不同而所舉之債亦不同也夫開礦造路挖河巨費也而西洋各國不惜稱貸以應之者蓋刻期集事課稅出焉本息之外尚有奇贏所謂以輕利博重利故英美等國有國債而不失為富強若以國用難支姑為騰挪之計後此息無所出且將借本銀以還息銀歲額所入盡付漏卮目下如西班牙土耳其皆將以債傾國日本亦駸駸乎蹈其覆轍矣此舉債之故之不同也英美舉債於本國之商國雖病而富藏於民有急尚可同患若西班牙等國輸息於鄰封一去不能復返此所舉之債之不同也昔歲臺灣之役本省羅掘一空外省無絲毫可以協濟急何能擇出此下策然以新疆較之局面之廣狹事體之難易相懸奚啻霄壤臺地東西二三百里南北千有餘里日本貿貿然深入絶地雖有必死之志而無可久之資堅與相持情見勢屈尚照原議借款六百萬則善後之事以次備舉煤礦茶山所出漸足餽軍一借斷無須再借餉因借過二百萬俟事業已定局部議飭令停止臣葆楨即不敢再申前議新疆廣袤數萬里戈壁參半回部本其土著根深蔕固既無盡剿之理又無乙撫之情似非一二年間所能就緒即使事機至順逆回弭首諸城盡復與俄為鄰互市設防正重煩　朝廷擘畫而非放牛歸馬之時也洋人肯以巨款借我者恃有海關坐扣如取如攜也洋人取之海關海關仍待濟於各省向日各省僅籌協餉已催解不前今令兼籌協餉之息能如期以應乎協餉愆期而海關病海關無可彌補不

得不解戶部之款而部庫病雖日取各省督撫藩司而劾之餉項祇有此數此盈則彼絀朝取則暮涸坐待嚴譴而無可如何前居左宗棠借洋款三百萬計息蓋七十萬若以此七十萬供西征之餉未必不少有裨補今以一千萬照臺灣成案八釐起息十年清還計之耗息約近六百萬不幾虛擲一年之餉乎若照數乘除則西征僅得四百餘萬實餉耳前居之三百萬至光緒四年始清而續借之一千萬今年即須起息明年即須還本海關應接不暇而西陲之士飽馬騰不及兩年涸可立待進兵愈遠轉運愈難需餉亦愈鉅將半途而廢乎勢必不可將責各省於還債之外另籌解濟乎勢又不能將再借洋款乎海關更無坐扣之資呼亦不應徒令中興元老困於絕域事豈忍言者此臣等所以反覆再四而不敢為孤注之一擲者也夫以出關之事之急左宗棠籌借洋款本有成案不遽委員徑向洋人定議而謀之於臣葆楨諭旨又飭臣葆楨妥速籌議奏明辦理則萬難盡善之處已在　聖明洞鑒二三老成燭照數計之中如臣等博不分畛域之名罔顧事後之無可收束於心竊有所未安然謂西征可停則臣等又斷斷以為不可何者我退則敵進關隴且因而不靖徒棄　祖宗辛苦艱難締造之地而列戍防秋勞費亦復相等顧臣等竊以為左宗棠此行不當效霍去病之掃穴犁庭而當師趙充國之養威留重將帥無赫赫之功而　國家受萬全之福誠能扼其衝要堅壁清野開水利廣屯田考畜牧關外多一分之產關內即省一分之運反客為主脅從者稽首歸命渠魁亦束手就縛較之糜血肉於堅城之下求萬有一然之勝其得失可同日語耶夫甘餉之鉅困於餽運耳餽運省則一年之餉可支兩年目前不能不防各省勉力籌濟臣請　朝廷發曠代之　德音以內庫為之倡　皇太后　皇上躬行節儉度越尋常豈復有不急之需

可以議裁議減者然其數不在多但得　明詔數言足以激將士敵愾之心而生疆吏同仇之感左宗棠原奏深言甘餉為海防所佔惟江西浙江兩省尚能力顧大局查海防專款奉撥臚將經年臣葆楨恐分之則為數愈微咨請各省儘解北洋冀可籍資集事而去歲所報解者亦僅江西十萬浙江十萬他省涓滴俱無可見各省非有所偏倚於其間限於力耳此時各省未必尚有留存巨款以待添撥各省原撥陝甘之款有解不及半者雖添撥亦徒擁虛名應懇　敕下部臣熟權緩急將有着之款移稍緩者於最急之區庶幾各省關可以勉强從事如江蘇協甘之款內有每月一萬歸陝西撫臣收放竊計陝西肅清多年本省防軍不難自籌一萬此款似應歸之西征江西派協雲貴之兵餉勇餉為數頗鉅夫雲貴未嘗不急然較之西征則緩矣凡類此者似宜由部臣通盤比較酌量勻撥至遣使之舉已有成議然數道並出則所費不貲應請除已奉　諭旨者准行外其餘且作緩圖俾部庫得以周轉軍興以來各路軍營亦殊難得滿餉如果部撥之款能解至八成以上以左宗棠之恩義拊循之大局必不至決裂臣等鰓鰓過慮、何當機宜竊欲以責難之忱上瀆　君父而以共濟之念求諒　大臣除將兩江協甘餉項彙核數目另行附片陳奏外所有遵　旨籌議出關餉需礙難借用洋款緣由摺由恭驛五百里馳陳

北洋大臣　李鴻章

開平煤出口稅擬請援案減定片光緒七年

據候選道唐廷樞稟稱開辦礦局以來購備機器延訂洋匠工司及買地築路挑河經費成本既重煤價亦因之而昂若再加現定之稅額其勢必不能暢銷而關稅亦鮮有實獲與其稅重而少所收不若減輕而多所納以煤斤而論洋煤每噸稅銀五分土煤每担稅銀四分合之一噸實有六錢七分二釐若加復

進口半稅已合每噸銀一兩有奇盈絀懸殊前兩江總督臣沈葆楨於臺灣基隆開煤時奏准土煤每噸徵稅一錢較洋煤業已加重嗣湖北用機器開採亦奏　諭旨准照臺灣稅則在案從前嚴定土煤稅章之意或恐煤稅減輕則土煤出口日多內地煤價必長故特重其稅以示限制惟是土法採煤只能售於近地若從陸路車運出口腳價太重斷不合算況其所採浮面之煤實不足供輪船製造等用如直隸山西等處煤產專濟京城內外之需並無轉運來津者是其明證似多運出口一節本可無慮今開平煤礦全用西法每日出至五六百噸之多據洋師測量足供六十年採取除運往要口分供各局及中外輪船之用並可兼顧內地民間日用刻下運道疏通腳價既省若再將稅則減輕煤之售價必廉可以暢銷無滯而運售於各局者不致再用洋商昂貴之煤其有裨於公款不少等情前來望復飭津海關查明歷年洋煤土煤進口數目開具清摺自同治十年起至光緒六年止洋煤進口計八萬一千五百餘噸土煤進口僅五千五百餘噸而出口土煤則天津向所未有蓋由稅則厚薄不一土煤壅滯難銷若不變通設法更定章程殊非通籌理材之大計合無仰懇　天恩俯准開平出口煤斤援照臺灣湖北之例每噸徵收稅銀一錢以恤華商而敵洋煤庶風氣日開利源日旺而關稅亦必日有起色矣

請開兩廣鐵禁疏 光緒十三年　　兩廣總督　張之洞

竊據兩廣鹽運使王毓藻會同廣東布政使高崇基詳稱各省鐵斤鐵器定例不准下海所以預防移濟洋盜也海禁既開今昔情形迥異每歲外洋鋼鐵入口不下數千萬斤所售鎗砲器具不下數百萬件銷銀不止數百萬兩有來無往理殊不平近年來各省講求礦務率以煤鐵為大宗粵鐵尤屬精良而銷路

不廣即欲行銷沿海各口陸運腳費既煩海運又冒法網徒使洋鐵到處通流大利盡為所奪廣東現在礦政局鼓舞商民應請將兩廣鐵斤鐵器免禁出洋至出口之處一體照例完納稅釐詳請具奏前來臣查粵鐵出產素饒行銷不廣聽其頓滯一區不惟洋鐵徧行漏卮難塞即粵鐵盈積私販亦難盡絕徒令礦法多一窒礙工商少一營生伏查光緒九年十二月臣在山西巡撫任內會同北洋大臣李鴻章奏請將山西鐵斤准由天津出口轉運各處奉　旨着照所請欽此現在晉鐵由津出海轉運奉天省久已欽遵辦理廣東廣西事同一律且廣東現在開辦礦政該司道等所請援案免禁出洋係為利民通商起見相應據情奏懇　天恩俯准兩廣鐵斤鐵器海運出洋銷售以興礦務而惠商民

中英煙臺會議條款第三端之一及三端之三三端之七 通商約章類纂

一所有現在通商各口岸按前定各條約有不應抽收洋貨釐金之界茲由威大臣議請本國准以各口租界作為免收洋貨釐金之處俾免漫無限制隨由中國議准在於湖北宜昌安徽蕪湖浙江溫州廣東北海四處添開通商口岸作為領事官駐紮處所又四川重慶府可由英國派員駐寓查看川省英商事宜輪船未抵重慶以前英國商民不得在彼居住開設行棧俟輪船能上駛後再行議辦至沿江安徽之大通安慶江西之湖口湖廣之武穴陸溪口沙市等處均係內地處所並非通商口岸按長江統共章程應不准洋商私自起下貨物今議通融辦法輪船准暫停泊上下客商貨物皆用民船起卸仍照內地定章辦理除洋貨半稅單照章查驗免釐其有報單之土貨只准上船不准卸賣外其餘應完稅釐由地方官自行一律妥辦外國商民不准在該處居住開設行棧

洋務時事彙編

酉

一洋藥一宗威大臣議請本國准為另定辦法與他項洋貨有別令英商於販運洋藥入口時由新關派人稽查封存棧房或躉船俟售賣時洋商照則完稅並令買客一並在新關輸納釐稅以免偷漏其應抽收釐稅若干由各省察勘情形酌辦

一以上議准添開通商各口岸及沿江六處准起卸貨物一節應由李大臣奏奉　旨准於半年期限開辦各口租界免洋貨釐金及洋藥在新關併納釐稅兩節俟英國會商各國再行定期開辦

照會法公使恭思當商務專款十條（光緒十三年總署王大臣）

第一條

除今約所改之款外光緒十二年三月二十二日在天津所定之和約換約後仍即逐款切實施行

第二條

按照光緒十二年三月二十二日所定和約第一款兩國指定通商處所廣西則開龍州雲南則開蒙自緣因蠻耗係保勝至蒙自水道必由之處所以中國允開該處通商與龍州蒙自無異又允法國任派在蒙自法國領事官屬下一員在蠻耗駐紮

第三條

現因中國北圻來往商務必須設法作速振興所有光緒十二年三月二十二日和約第六七款內所訂稅則今暫行改定凡由北圻入中國滇粵通商處所之洋貨即按照中國通商海關稅則減十分之三收納正稅其出口至北圻之中國土貨即按照中國通商海關稅則減十分之四收納正稅

第四條

中國土貨按照光緒十二年三月二十二日和約第十一款第一節完納進口稅後過北圻到越南海口者除中國之外如係前往他國者則出口之時應照法越稅則納出口之稅

第五條

中國允准中國土藥由陸路北界出口入北圻此土藥應完納出口正稅銀二十兩一擔（即一百斤）法國人及法國保護之人只能在龍州蒙自蠻耗三處可以購買此項土藥中國商人所應納內地釐金等費亦不過二十兩一擔之數中國商人由內地運土藥者將此土藥交與所買之人即與收釐憑單而所買土藥之人完納出口稅時將憑單到關呈驗繳銷再此項土藥不許由陸路邊界通商海口再入中國作為復進口之貨物

第六條

除兵船及運載兵丁軍械之船外所有法國船隻從諒山至高平復由高平至諒山經過龍州至高平並高平至龍州之河（此二河一名松吉江一名高平河）此次船隻每次路過即每噸納鈔銀五分惟船內所載貨物一概免稅運入中國貨物可運此二河其貨物并可由旱路諒山至龍州之官道俟中國在邊界設關之時此項經過陸路之貨物在龍州必須完稅後方准銷售

第七條

日後若中國因中國南境西南境之事與最優待之友國立定通商交涉之和約條款章程等項無論何

等益處及所有通商利益施於該友國此等約一施行則法國無庸再議無不一體遵辦

第八條

右各條經會同商定後　大清國　欽派王大臣及大法民主國欽派大臣將此約條款原文譯出漢字畫押用印二分

第九條

此次續約並光緒十二年三月二十二日通商和約經兩國　欽差王大臣互換後此續約與該通商和約一體施行

第十條

此約現由　大清國　大皇帝批准及大法國大伯理璽天德批准後即在中國京城互換

覆陳維持招商局事宜疏 光緒十二年 戶部

北洋通商大臣大學士李鴻章等奏遵議招商局事宜以保中國權利一摺光緒十二年正月二十四日軍機大臣奉　旨戶部知道欽此由軍機處抄交到部據原奏內稱欽奉光緒十一年九月十二日　寄諭順天府代遞道員葉廷眷條陳扶持商局一條等因欽此竊謂輪船招商局之設原因各口通商以來中國江海之利盡為外國商輪侵佔故設法招集華股特創此局以與洋商爭衡惟船棧碼頭成本甚重分攤客貨所得水脚無多洋商屢次跌價傾擠上年又遭法兵之擾海船難行遂致局本虧折不得不暫借洋債以應急需當此局勢岌岌之際必須官為維持乃可日就起色葉廷眷所陳各節裝運鄂鹽展緩

運漕期限兩條不無窒礙應毋庸議其運漕局船回空照沙船免稅一條查運漕沙寧船回空凡在北洋三口裝載豆貨雜糧等項向准全免出口稅嗣後商局輪船運漕回空請免北洋三口出口稅二成如原來裝米一千石回空時免出口貨稅二百石較沙寧船少免八成以示區別又湖北買合茶一條向由鄂豫內地運赴張家口蒙古地方粗枝大葉價值甚輕嗣後華商由鄂附搭商局輪船出口請照磚茶之例每百斤減為出口稅銀六錢並免復出口半稅其由津北運張家口外仍照完沿途內地稅釐以上兩條應請自本年開辦起另將執照報單及稽核章程核定分飭遵照惟總計所沾利益每年不過核銀二萬兩左右局累既深實不足以資補救查該局奏定章程原藉運漕水腳以補攬載客貨之不足每石實銀五錢六分零上年美商英商承運漕糧減為三錢五分實則支用不敷現在沙寧船運漕每石應支銀四錢三分一釐另所有本屆商局輪船運漕應請照沙寧船現領之款支給不再議分扣減亦不扣海運局公費以資津貼又該局原存官本及光緒二年實併旗昌船棧案內奏撥官本未還銀一百七十八萬餘兩由運漕水腳項下分年扣還並湖北軍需扣款尚應還銀七十七萬餘兩應請暫緩撥還免扣水腳各項以示體恤俟商局洋債歸結後即責令籌繳官本不准短少該局商困稍可少紓至該局自去秋向旗昌收回後遴派道員盛宣懷等認真整頓經理嚴定章程力除積習等語臣等伏查輪船招商局之設創始於同治十一年當時如何招商集股有無借撥官款部中無案可稽光緒二年前兩江總督沈葆楨奏美國旗昌公司歸併招商局請撥浙江等省官款通力合作是為招商局報部之初案此後行之十年官本之盈虧商情之衰旺該局從未報部部中均無從查悉惟據沈葆楨原議奏稱不可失者時也有可憑

首理也論時則人謀務盡適赴借資定主之機論理則天道好還是眞轉弱為强之始等語是招商局一舉實逼商以求之要務今據李鴻章等奏稱當此局勢岌岌之際必須官為維持乃可日有起色且係實在情形查原奏回空免稅一條臣部查歷屆海運章程內開沙船領運官糧至津交清後回南販運北地貨物並准循照奏案全行免稅如往天津牛莊奉天山東各口販運仍由津局查明承運米石全清後方准填給免稅印照持赴各關呈驗放行倘有交米不清之船一概不准給照如往各口帶有洋藥應令查照新章完稅等因今該督請嗣後商局輪船運漕回空請免北洋三口出口稅二成原來裝米一千石回空時免收出口貨稅二百石係援照沙甯船成案辦理仍較沙甯船少免八成應議准行該船如帶有洋藥仍應照章納稅字樣以防包私偷漏又原奏湖北帽合茶一條臣部查俄國條約內載磚茶每百斤收正稅銀六錢半稅銀三錢等因今該督請嗣後如華商附搭商局輪船運帽合茶出口請照磚茶之例每百斤減為出口正稅六錢並免復進口半稅係為商船多得水脚起見且稱減稅甚微亦應准行惟帽合茶一項原運張家口各處每百斤收正稅若干半稅若干部中無案可稽應由該大臣轉飭查明報部又原奏漕運水脚一條臣部查本年二月間兩江總督曾國荃等奏蘇省海運章程內開上屆加給沙輪各船修艌每石銀一錢五分上年經戶部奏准沙船減去一錢每石准給五分輪船永遠停給今屆自應遵辦又沙船每石應支正項水脚四錢之內扣發三分輪船招商局業已收回仍歸華商經理似與洋商有間是否備照同來華輪之數支給抑照上年暫雇洋輪數目核給請

敕部核復遵辦等因經臣部議復本屆招商局承運江浙漕糧除每石修艌一錢五分照案永遠停給其應領水脚神福等項准其循照向

來招商局華輪之數支給以示體恤其應扣回一分及三分等銀照章提扣行知直隸兩江總督查照在案查向來華輪之數較之上屆雇運外國輪船水脚每石多支銀三分零已足以示體恤應令仍照臣部前議辦理湖北湖南採辦漕米如由該局承運亦即援照江浙現支之數支給以昭畫一俟該局官本清還運脚應否議減再由臣部酌核辦理又原奏官本暫緩拔還一條臣部查光緒二年兩江總督沈葆楨奏歸併旗昌輪船請撥官本銀一百萬兩內江藩司十萬兩江安糧道二十萬兩江海關道二十萬兩浙江省二十萬兩江西省二十萬兩湖北省十萬兩光緒三年直隸總督李鴻章咨撥濟招商局生息銀十萬兩內天津道五萬兩津海關五萬兩此招商局官款之報部有案者也光緒六年三月李鴻章奏各省撥存該局官款自光緒六年起匀作五年拔還由承運漕糧水脚按年抵扣六年六月又據李鴻章奏定購美國鐵甲船二隻提用招商局三屆漕脚還款一百萬兩此招商局拔還官款之報部有案者也復查二年沈葆楨摺內有本年北洋又酌撥官帑以濟之語六年三月李鴻章摺內有存官本原平銀一百九十萬八千兩除撥還東海關十二萬六千五百兩尚存一百七十八萬一千五百兩之語是招商局官本不止部中有案之一百一十萬兩拔還官本亦不止部中有案之一百萬兩又查光緒三年南北洋大臣李鴻章等會奏整頓招商局摺內稱歷年撥存該局官帑一百九十萬八千兩均與緩息三年俟光緒六年起緩息拔本均分五期每年繳還一期無論如何為難不得再求展緩統計八年官本全清其緩收息款以後或作官股或陸續常繳屆期察看情形再議等因今據該督奏稱該局官本計歷年扣還並湖北軍需扣款業已過半外尚應還銀七十七萬餘兩等語前後奏案頗有參差且歷年所緩息銀作何結算

亦未聲叙臣部職司度支既為官帑攸關即無論正款閒款均應詳細稽慎以洋出入相應請 旨飭下北洋大臣李鴻章南洋大臣曾國荃將招商局撥借官款某年由某省某項動撥銀若干某年於某案內撥還抵還某省銀若干現在未還係欠某省銀若干併查明前後八年所緩息銀共計若干曾否陸續繳還抑係作為官股生息應於某年起息每年息銀若干詳細開單奏報以備考核至所請應還官本七十七萬餘兩俟洋債歸結後分年籌繳未免漫無限制所有招商局未還官本除本年免與拔還應自光緒十三年起分作五年清繳每年只責令繳還十餘萬兩商力亦不至竭蹶所繳銀兩即令提解部庫以備餉需抑臣等更有請者三代之治法貴本而抑末重農而賤商從古商務未嘗議於朝廷海上互市以來論者乃競言商政竊謂商者逐什一之利以厚居積權子母為事者也厚居積必月計之有餘權子母必求倍入之息若計成本則日虧問子母則無着甚且稱貸乞假以補不足猶號於衆曰此吾致富之術也有是理乎嘗見富商大賈必擇忠信之人以主會計其入有經其出有節守餘三餘一之法核實厚積乃能久遠若主計不得人生之者寡食之者衆取之無度用之無節不旋踵而終窶用人理財之道與政通矣前者李鴻章沈葆楨創立此局謀深慮遠實為經國宏謨固為收江海之利以與洋商爭衡轉貧為富轉弱為強之機盡在此舉惟洋人之通商中國斷不為折閱而來乃招商局十餘年來不特本息不增而官款洋債欠負纍纍豈謀之不臧哉臣等稽之案牘證之人言知所謂利權上不在 國下不在商盡歸於中飽之員紳如唐廷樞朱其昂之被參於前徐潤張鴻祿之敗露於後皆其明證主計之不得其人出入之經不能講求撙節又安得以局本虧折諉之於海上用兵耶臣等公同商酌該局既撥有官款又津

貼以漕運水脚減免其貨稅其歲入歲出之款即應官為稽察擬請　旨飭下南北洋大臣欽遵光緒十一年八月十七日　諭旨澈底清查認真經理並將該局現存行海輪船幾隻行江輪船幾隻碼頭幾處船隻名號碼頭處所及總局分局委員商董銜名詳造細冊送部備考其每年承運官漕民貨所得運脚若干開支員董薪水輪船經費若干自本年起每屆年終核造四柱清冊報部存案該局總辦由該大臣會商遴派嗣後派辦之員再有如徐潤張鴻祿之虧欠局款其原保及失察之大臣即應請　旨交部議處以昭慎重

派員查明南洋商務情形擬設領事並籌計一切經費疏光緒十三年附片　張之洞

竊臣於光緒十二年二月二十五日遵　旨會同出使大臣張蔭桓具奏籌議外洋各埠捐船護商情形當經奏派總兵銜兩江儘先副將王榮和鹽運使銜候選知府余瓗先赴南洋有名諸島詳慎周歷飭將設官造船兩事一併密加商度以憑籌定均費辦法等因奉　旨該衙門知道欽此當經總理衙門電致駐英荷日使臣轉告該國外部去後該委員王榮和等於十二年七月二十七日由粵起程先後往查各島埠情形均經隨時稟報頗為諳悉本年七月各回粵東臣復面加考詢大抵設立領事一節事甚切要勢亦可行謹撮其大要為我　皇太后　皇上陳之查該委員等所歷南洋計二十餘埠先至小呂宋為日斯巴尼亞國屬次新嘉坡次麻六甲次檳榔嶼次仰江皆英國屬次日裏次日裏各附埠次加拉巴各附埠次加拉巴次三寶壠次三寶壠各附埠次泗里末皆荷蘭國屬次新金山之鉢打穩次雪梨次美利濱次亞都律省各附埠次衮司倫次衮司倫各附埠皆英國屬其抵小呂宋也華民分訴日人虐害情形

懇請派官保護自籌經費緣該處華民五萬餘人貿易最盛受害亦最深該委員等詳查被害各案或挾嫌故殺或圖搶故燒甚至官兵徇私巡差訛詐暴斂橫征顯違條約當經擇要照會日官查辦時值土人聯名擬逐內地華工該委員等到呂其議遂寢綜核情形非設總領事不可其分設正副各領事暨駐劄處所由總領事因地制宜擇員稟委以期妥洽其抵新嘉坡也與原設領事左秉隆往見坡督各官禮意尚洽該處華民十五萬人富甲各處除衙舍公產外所有實業華人居其八洋人僅得其二每年往來華工又最多英設華民政務司專理其事立法尚稱公允惟不向中國領事衙門報名情意既不聯絡而目擊招工客館作奸欺瞞無從禁止亦失保護之旨似應並由中國領事官稽查以重事權而免流弊至麻六甲檳榔嶼兩處與新嘉坡相連華商居多生意繁盛又附屬石郎阿國之吉隆埠卑力國之𨻶埠均尚知保護華工華人開採錫礦者十餘萬衆富至百萬者數人服飾禮儀一如故鄉無所改換檳榔嶼一埠人才聰敏為諸埠之冠宜添設副領事一員與駐坡領事相助為理益可以收後效其抵緬甸之仰江也該處華人三萬餘衆設有甯陽會館及各公司該員徧加訪察出產以米石為大宗寶石牛皮等物次之自英據其地收餉設戍密邇騰越為中國隱患此處宜設副領事聯絡商情必於邊事有益其抵日裏也該處為原奏所未及華士亦萬餘衆來自汕頭等處先由客頭帶至新嘉坡檳榔嶼經英官查過自願傭工者訂立華文合同往日裏為傭所業種烟紮烟勤奮者年中可餘番銀百餘元否則不足餬口工頭以賭傾其資繼以稱貸第二年復須留工則返鄉無日查荷官洋文章程內載工人有過准園主送官訊辦不得私自鞭撻做工不得過三年之限限滿後無論有無虧欠園主皆應給予川資不得再留等語而園

主陽奉陰違於華文合同内並不敘明任意虐待經該委員等告知荷官始允為設法整頓此處宜設副領事以資保護其抵加拉巴也該處華民七萬餘衆荷人捐税繁多賭風尤熾甚至迫令入彼國籍其附近之波哥内埠文丁内埠皆有華人聚處又有三寶瓏與蔬羅及麥里芬及泗里末及惹加等處皆荷蘭國屬地華人二十餘萬衆荷官横肆暴虐該委員等接見華商備言其苦中國如籌保護小吕宋而外當以加拉巴為先該處宜設總領事兼辦三寶瓏等處事務於荷屬各埠華人加以恩義數十萬之衆皆可内附其分設副領事一切與小吕宋同其抵新金山之鉢打穩埠也華工三千餘衆雪梨附近華人萬餘衆美利濱埠旺加拉打埠必治活埠叭拉辣埠紐加士埠市丹塔埠均屬新金山外埠惟庇釐市檳埠係衮司倫之省城又有湯市喊路埠波得忌利士埠及谷當埠每處華人自數百至千餘不等該委員皆勸加撫慰查新金山即英屬澳士地利為五大洲之一地方遼闊物産繁富多五金礦産華人至者頗多英欲阻之特立收人税之法每人納英金十磅方准登岸間有收至三十磅者似可援照美國總領事章程在雪梨大埠派設總領事一員總理雪梨及美利濱亞都律衮司倫各埠並紐討蘭島華人商務則華工得所庇倚謀生益覺有資其各埠副領事可即令商人兼辦無須發給薪費此該委員等先後稟報籌辦乃回粤後面加詢考之大略情形也臣查委員王榮和等于役南洋海程五萬餘里各埠商民覩漢官之威儀仰　堯天之覆幬莫不歡呼迎謁感頌　皇仁其懇求保護之情極為迫切查出洋華民數逾百萬中國生齒日繁藉此消納不少近年各國漸知妒忌苛虐驅迫接踵效尤若海上不安其居即歸内地沿海驟增此無數游民何以處之故保護之舉實所以弭近憂而非以勤遠略也儻蒙　朝廷設立領事加

以撫循則人心自然固結為南洋無形之保障所益匪淺該委員等所到之處各該國洋官款接照料禮意甚優英屬尤為周至商及保護等事亦俱和平承允其議設領事一節英屬最為欣為力勸速辦俾資約束荷日限於公法亦皆無辭相拒查小呂宋距中國最近華民望切倒懸必須先設總領事駐劄其地以收遠近之心以伸華商之氣經臣電商張蔭桓擬派總兵銜兩江儘先補用副將王榮和為駐劄小呂宋總領事緣該處閩人最多王榮和籍隸福建穩練精詳究心洋務素為閩人所信服此次出差南洋親歷小呂宋各埠熟習情形深得窾要以之充當總領事人地實屬相宜應由該大臣先向日國商定發給憑照事宜再行奏明辦理隨准該大臣咨稱業經照會外部概允照辦而藩部以土人齮齕為詞懼設官之後喧賓奪主礙其溢征是以至今延宕臣查各國通例凡立約通使之後即可派領事駐劄其地保護商人古巴等處中國早經設官小呂宋同為日屬何獨不可應請 旨飭下總理衙門與日使會商催令該國速發憑照不容推宕一面由臣咨會張蔭桓催促外部速辦此外商務較繁之埠應如何添設正副領事應俟小呂宋辦有規模再行推廣至英荷各屬或苛待華士或暴征身稅亦應次第設官申理容俟船島各島一律訪查之後由臣分別咨商駐英荷法使臣酌度奏明辦理所有總領事譯隨員等官薪俸前經奏明請由 中朝籌給本年六月十二日承准總理衙門咨開此次小呂宋新設領事薪俸經費應由何項撥給應給若干由臣妥籌辦法等因臣體察所稟情形各該島甚願自籌力亦能辦將來小呂宋總領事派定後應在出使經費項下將第一年經費先行核給較為得體並照總理衙門奏復新嘉坡成案飭令該領事將歲收冊照各費報明抵還第二年後便可不費公帑餘者作為造船公款稟候撥用

其總領事等署中一切辦公雜用應准於所收册照等費內動支開報毋庸另請公款一年後彙報核定數目其設領事之處就其餘款酌撥若干量設書院一所亦先從小呂宋辦起由臣捐資倡助並購置經書發給存儲令各該領事紳董選擇流寓儒士以為之師隨時為華人子弟講授使其習聞聖人之教中國禮義彝倫之正則聰明志氣之用得以擴充而愈開水源木本之思益將深固而不解從此輾轉傳播凡有血氣未必無觀感之思查各埠八款以每年注册及進出口船牌之費最為名正言順誠使事機順利不致別有阻礙屈計該處此兩項所入不少除抵支領事公費外尚可逐漸積存一款以備購致護商兵船之用一切收撥章程應俟設官之後再行飭令核擬如所收册照船牌等費不敷開銷擬懇 恩准由粵省勸諭各該埠商量力捐資獎以虛銜 封典翎枝專充領事經費永不提用各埠旺淡不等挹彼注茲必可敷用所有查過南洋各埠華民商務情形並請催設小呂宋總領事暨籌計經費各緣由除將該委員原稟分咨總理衙門暨北洋大臣外理合恭摺具奏

再上年奏派總兵銜副將王榮和鹽運使銜知府余瓗周歷南洋有名諸島往返程期約須八閱月所有月薪公費每月統共需銀一千三百八十兩請由粵海關歲撥出使經費項下就近劃給均經奏明在案現據該委員等稟稱自上年七月起程至本年七月初四日由新金山折回粵省止已逾期四月有餘所至各埠如日裏紮佛庇釐市濱亞鄰律大金山叭拉辣旺加拉打必治活谷當等九處皆原案未及備載而華民衆多商務緊要不得不順道一往以致往返稽時未能如期蒇事先經稟准展期六個月綜核支用不敷已多重洋未克隨時請領當由新金山折回現擬續請經費再往般鳥西貢海防暹羅各處查看

等情臣查王榮和等祗以遠隔重洋跋涉不辭勞瘁所查各埠情形甚爲詳細檳榔嶼一島地方廣濶距中華洋面不遠至暹羅西貢海防等處南洋近地華民極多尤應體防明確自應將前奏未歷各埠仍由該委員等一律訪查以竟全局當經咨會粵海關監督臣長有在於出使經費項下續撥六個月經費銀八千二百八十兩發給該委員等收領以便遄行理合附片陳明

洋關征收稅鈔分項總數表光緒通商列表補錄

國家財賦出入之數歲有常經自設關通商以後華洋稅額驟增一千數百餘萬迨至今日凡京餉協餉出使外國南北洋海防經費及稅關洋人辛俸一切支銷之款靡不取給於是自同治壬申平回之役及前歲中法之戰先後貸洋人銀二千餘萬皆從各關按年加息分還於是關稅不支日以告疲邇者朝廷整練海軍首籌鉅餉當事始議加捐洋藥適英以法取越南恐法獨擅西南通商之利也急謀從事緬甸以通滇道又以俄進兵阿富汗並有窺伺印度之意也欲結中國之援俾國無東顧之憂而得以全力抗俄於是特允中國加抽洋藥釐金彼蓋知所抽之數仍加於中國吸食之人而其利不因而稍減且可以示德於中國計洋藥每箱稅釐並征銀一百十兩核與英常稅值百抽二十之數相等然洋藥有害民生法所當禁專恃此爲餉源名既不順況從違之權操之洋人則情更難恃此蓋一時權宜之計而未可爲根本之圖者也按西洋各國稅額大率值百取二十取四十爲多有多至值百取百者更有兩國有釁故重敵稅至值百取二百者皆視其事之損益以特定稅之重輕所以自護其權利於條約本無關也中國以值百抽五定稅則載在條約然並無不准加稅之文是在人爲之何如耳中國稅額若照英值百抽

二十之數歲可溢銀三十餘萬如洋藥等項雖值百抽百亦可即永遠禁止亦無不可此事當今未可遽行當俟歐洲有釁而為之變通於條約之中而與公法絕不相背固非拘守約章者所能知也若夫滇桂陸路通商事係創始稅則一切為條約所未載與海關事體迥別滇省礦產之富甲於天下若英法於緬甸越南各開鐵路以達於滇滇中百貨將盡趨於彼而內地由川入江之路益閡不通彼且居我之貨由海道運入各關貿易重利此中國之大患也為吾計者必令彼由海運入之貨與吾內地由江運出之貨成本多寡相等庶可保全權利而使滇省永受通商之益前歲中法立約第六條有減輕稅則之文此事既誤於前矣當籌補救之法查中西稅額輕重攸殊今若於議約時申明兩國立一公平出入稅則務使輕重相同以昭平允如彼不肯減輕其稅則必無辭以拒我之加稅而前約不廢而自廢矣稅則大致仍照西例值百抽二十為斷而時輕重之西人視我之辦事合彼西法雖始必迎距而實未有不心服者在立約之始堅忍持之而已萬一事勢尚有難行或議停內地半稅單而於邊關第一子口重抽釐金抵彼稅額必相當乃止是亦救時之中策卒英取緬甸法取越南暹羅介兩大之間國勢日岌若英更取暹羅則自印度以東由緬甸暹羅屬於新加坡利盡南海根柢磐互日益強大亦法之所深忌也中國宜與英法立約公同保護暹羅仍不准妨其自主之權割緬甸怒江以東之地開中國邊界與暹相接英既滅緬甸喜於通商之利驟無大志或可就我範圍更仿朝鮮之例與暹羅立約通商厚結其意暹羅懼英法之偪必親睦於我如吾海軍既治舟師入七洲洋借暹羅為東道主足以張示中國形勢亦籌邊利國之一道也

	光緒元年	二年
進口正稅	三百九十萬四千四百三十九兩	四百六萬三千五百八十二兩
出口正稅	六百九十三萬一千九百八十四兩	六百九十九萬五千五百六十九兩
復進口半稅	六十四萬五千九百六十一兩	六十一萬一千四百三十兩
船鈔	三十三萬六千六百九十四兩	二十三萬四千三百十四兩
內地半稅	二十四萬九千三十一兩	二十四萬八千二十六兩
共計	一千一百九十六萬八千一百九兩	一千二百十五萬二千九百二十一兩

三年	四百十七萬五千七十五兩	六百八十四萬三千七百六十三兩	五十七萬二百二十一兩	二十二萬四千三十四兩	二十五萬三千九百八十五兩	一千二百六萬七千七十八兩
四年	四百十八萬八千九十二兩	七百十萬九千六百三兩	六十五萬三千五十九兩	二十六萬一百三十一兩	二十七萬三千一百三兩	一千二百四十八萬三千九百八十八兩
五年	四百八十四萬二千五百二十四兩	七百三十八萬五千七十兩	七十一萬三千四百四十七兩	二十四萬七千八百三十三兩	三十四萬二千七百九十六兩	一千三百五十三萬一千六百七十兩

六年	七年	八年
四百六十一萬七千七百七十三兩	五百萬二千十一兩	四百六十八萬四千七兩
八百二十六萬八千六百八十二兩	八百三十二萬九千六百六十八兩	八百六萬八千四百三十五兩
七十八萬六千一百九十六兩	七十三萬九十一兩	七十四萬七十八兩
二十四萬九千五百九十一兩	二十七萬三千五百七十四兩	二十七萬九千七百九十九兩
三十三萬六千三百四十一兩	三十四萬九千八百十八兩	三十一萬三千三百五十三兩
一千四百二十五萬八千五百八十三兩	一千四百六十八萬五千一百六十二兩	一千四百八萬五千六百七十二兩

九年	十年
四百四十萬一千四百十兩	四百三十七萬五千三百七十二兩
七百五十五萬四千三百七兩	七百七十八萬八百十六兩
六十九萬七千四百八十五兩	七十四萬五千五百四十八兩
二十八萬四千四十四兩	二十七萬九百十四兩
三十四萬九千五百十一兩	三十三萬八千六十二兩
一千三百二十八萬六千七百五十七兩	一千三百五十一萬七百十二兩

洋貨進口土貨出口每值百兩皆抽銀五兩為進口正稅出口正稅土貨轉運別口每百兩抽銀二兩五錢為復進口半稅洋貨轉運別口在三十六箇月內給發免單逾期照完正稅為復進口正稅洋商運洋貨入內地及入內地購土貨皆每值百兩抽銀二兩五錢為內地半稅凡火輪夾板等船一百五十噸以上每噸納銀四錢一百五十噸以下每噸納銀一錢為船鈔四月納鈔一次

自來有天下者取諸民以制國用即量所入以治民事此古今不易之通義也孟子論取民之法準乎什一以為輕乎此與重乎此舉非堯舜之道蓋必如是而後用可足用足則事治事治則民治也後世幅員日廣道路之轉輸有費官吏之徵調有費往往取之甚輕而民之所供已至數倍況地之肥磽民之勤惰萬有不齊於是取民之制不得不務從其儉以恤民艱我 朝承明代加賦之後悉除一切無民賦額幾澤深仁曠古未有通計一歲取諸民者惟江浙腴壤於什一為近此外由內地推之邊省又推之甌脫荒遠之區有數十而取一者有數百而取一者并有羈縻勿絕一無所取者益地曠民貧不得不薄賦以示綏懷相承久矣然其當治之事當設之防或更倍於內地又不能以取之者微而置之不理故合計天下地丁正賦約二千餘萬僅足供綠營兵餉之用而其餘出款尚繁入款有限即令無偏災無大役猶且汲汲不遑迨稍值事變不得已而議開捐例議減俸廉議令州縣攤捐各款所得甚隘而其弊不可勝窮也所節甚微而其耗不可勝言也曩者粵孽搆難一時名臣謀士創為榷貨抽釐之法誠以有寇不能不務兵有兵不能不籌餉自然之勢也明之晚季軍餉皆出於加賦一絲一粟必取之力田之農農之謀食也艱稍奪其事畜之資即已流亡失業所以流寇愈熾馴至事不可為若夫釐金悉取諸商商有餘貲以營貿易莫不自顧身家且所抽之釐仍加諸所售之貨之價則於商並無所損而其利實取之眾人所以積少成多而民無大怨各省釐金最旺之時通計歲收不下二千萬今亦有一千四五百萬所以能剗除群寇懋成 中興之業者職是故也夫明之貽誤與今之成功其得失較然明矣迺者軍事漸平而經理釐務之人或失其初意不無病民之事於是論時務者莫不扼腕抵掌欲去釐金而洋人亦遂執洋貨免釐

之說以繼其後夫釐金果不便於民俟中國財用充足徐圖裁減可也外人而撓我自主之權不可也中國整飭釐金之弊嚴杜中飽俾商民樂業可也予洋人以壟斷之柄不可也何也洋貨既免釐必旋及於土貨洋商之運貨免釐必更攬庇華商之貨釐金之利豈不盡失耶且今軍事雖平而各路防營尚不可撤各省田賦尚未復額一切城廨倉獄善後之工尚未盡修莫不恃釐金為挹注苟或去之則拘攣窘弱百務俱廢異日彼乘我無備求減洋稅將何以應之且華商因避釐金之故競買稅單而洋稅因之稍旺釐金既去則洋稅必多偷漏是洋稅隨釐金而減者又自然之勢也萬國公法有之曰凡欲廣其貿易增其年稅或致他國難以自主他國同此利權者可扼之以自護也又曰若於他國之主權征稅人民內治有所防害則不行今各國徇商人無厭之請欲有妨於中國其理之曲直不待辨而明矣

利權二

薛福成

凡兩國交涉之事條約所及者依約而行條約所不及者據理而斷中外各國所以敦睦誼於不敝也按舊約各貨納稅後即准由中國商人徧運天下路過稅關不得加重稅則只可按估價則例每兩加稅不得過若干分此約立於道光二十二年維時海內無事田賦足額尚無釐金名目當事又不知中國稅額較之地球各國有輕至四五倍七八倍者故與洋人立約如此耳厥後天下多故餉無所出始創為抽釐之法蓋西國通例量出為入一歲中有額外用度輒加派於各項之中或有兵事亦由眾商捐集鉅餉殆與中國抽釐名異實同而於例定之商稅則迥不相涉也夫中國有自主之權軍餉籌之中國非各國所能干預創辦釐捐之初洋商之貨亦在各子口抽課均無異辭迨咸豐八年十一年訂立條約與各口通

共章程始議定洋貨土貨倘願一次納稅免各子口徵收紛繁每百兩征銀二兩五錢給予半稅單為他子口毫不另征之據其不領稅單者仍應逢關納稅遇卡抽釐斯乃格外通融之法體恤洋商已無微不至彼洋商運洋貨以子口半稅抵內地釐捐其獲利過於華商遠矣然而商人無饜之求靡所底止往歲滇案未結英國威使復徇奸商之請藉端要挾所欲甚奢日久相持始立烟臺條約定於租界內不抽洋貨釐金又洋貨運入內地不分華商洋商均可請領半稅單又是格外通融之法所以優待洋商流通洋貨者至矣盡矣蔑以加矣聞各國議院於中國釐金一事本不以為非戊寅八月新聞紙英之大臣以煙臺條約未蒙核准並有慮中國之責其食言者威使徘徊觀望其理既絀其氣自衰彼之本計不過俟德法諸國修約之後坐享其成其或從中播弄或隱為主謀均未可知然各國所據以爭者舊約之說也蓋嘗細繹舊約之意當時既并無釐卡則內地祇有常關耳常關稅額較輕於洋關其曰路過稅關不得加重稅則者譬如江海關納稅復過蘇關浙海關納稅復過杭關均不再按值百抽五之例納稅耳然該關之稅仍自當完故後此議定不領稅單者有逢關納稅之欵而各商無不遵行至釐卡收捐專為籌餉而設名之曰捐則非稅可知名之曰卡則非關可知二者既不能相混則條約固無不得抽釐之文彼西人將何說之辭且查同治元二年間上海洋商屢請領事阻止租界抽釐英國卜公使批劄駁斥法美兩使亦意見相同乙亥七月新聞紙錄字林新報有同治二年英使批上海英領事稟并英國外務大臣復英公使之語均言租界應由華官抽收華商之捐夫租界且如此況在租界之外歟是以折之而彼當無詞也洋人之貨一入華人之手聽其或留或售或用或不用洋人不得過而問焉則華人以名義所在自捐

公家之餉亦固其所西洋諸國無物不征無人無事不征即如商賈既稅之於合夥又稅之於出入貨物又稅之於發收銀錢又稅之於每歲所贏之利其徵斂之繁十倍中國設使中國欲減其稅項以便華貨之暢行彼能允之乎舉是以折之而彼當無詞也洋人之說動謂以釐金之故致洋貨阻滯不行攷近年進口洋貨每歲值銀至八千萬兩以外較之十數年前幾逾一倍可謂年盛一年矣而猶云貿易不暢其將誰欺舉是以折之而彼又當無詞也總之洋商於已得之利則習而忘之未得之利則變幻百出以圖之充其無窮之慾壑雖盡去商稅猶未以為足也衆商日聒之領事領事日唆之公使公使非不知事之難行姑肆其恫喝以嘗試中國幸而得請可以要譽市恩萬一中國必不能允彼亦有詞以謝衆商矣然則應之者在洞燭其情始終勿為所搖而已

利權三

薛福成

閒嘗聞西人為持平之論者曰洋商之求免釐金非敢干中國之政特以中國釐卡林立收數互有異同運貨者不能約定成本恐多折閱耳審如是則加洋稅免釐金之說也昔者日耳曼未一統之時小邦基布關稅繁苛百貨不能流通自普人稱雄始集各邦議立統關入口貨但征稅一次稅亦視前加重以各邦幅員之大小按月均分近者德相畢士麻克又在其國議加進口稅令裁撤釐金之議德使巴蘭德破主之若知中國必不能允彼或以統關之說進然中國之形勢與德國異中國之地以開方道里積算贏於德國者幾及二十倍各省各口所設釐卡皆有必不可緩之用待以支銷今洋關加稅少中國萬不敷用加稅多洋人又未必願也則惟有堅持舊章與之駁辯而已且中國所需之物秖有此數即去釐金貨

民不必因之多用洋貨其販運在數百里內者抽課本微即或道路綿遠納釐較多獲利亦較厚其數輒加之售貨之內而華民亦不因此少用洋貨是釐金并無損於洋商也中國之護商旅也陸路有則防勇水路則有水師皆恃釐金以給巨餉去釐金必去水陸各營盜賊之起何以彈壓洋貨土貨皆將阻滯不行是釐金大有益於洋商也夫無損如彼有益如此然而巴使拾威使之緒餘起而相爭彼自謂天下强國德猶出英之上故凡英所不能行於中國者欲競而得之以示豪舉然竊以為誤矣巴使於約章之原委釐務之竅要實未究心徒受威使之愚弄而不自知今以洋船貿易論英商居十之七美德法及東西洋各口共居十之三就令爭而獲利亦不過英取其十而德取其一威使自知無可置喙乃唉巴使於修約之時强中國以所難行事成則英商坐享其利不成則德人且以不諳公法為笑於天下威使為英計則得矣何英之智而德之愚耶德之君相素以豪傑成名一聞此中曲折亦必不以巴使為然也或曰中國加洋藥之稅罷洋貨之釐以相抵可乎曰抽釐則利權在我加稅則利權在彼即令倍加洋藥之稅與釐金若足相抵然洋藥在中國例本當禁專恃此為利源名已不順萬一異日有可禁之機必以礙於帑項而中止是使中國留終古之毒也且洋藥之為物輕微易藏在於把握若加稅過重偷漏必多仍無補於國計而釐金之利則一去不可返矣威巴諸使每舉關卡一二小節以為要挾罷釐之詞不知此等乃通商常有之事就案清理則可藉為要挾之資則不可而況彼之所嘵瀆者又各有一是非也然則洋貨加稅之說可行乎曰必不得已如所加之數逮於釐金之數又於立約之時善防其弊則固未嘗不可行西洋各國稅額大較以值百取二十取四十為衡又名則有值百取六十者有值百取百者又有通行免

關稅者蓋於軒輊之中各寓自私之計不若中國之大公無我出入一體今酌中定論自洋藥而外均以值百取二十為斷或於釐金所失之數稍足相償乎

利權四

薛福成

自巨寇竊發以來軍餉告匱始立榷釐之法古之人有行之者漢之算緡唐之除官錢宋之頭子錢其意皆相同也救時之彥創為此策而軍餉賴以支持者逾二十年邇者羣寇削平洋人頗為軍事起則抽釐以助餉軍事定宜免釐以恤商不知此說似是而實非者也蓋自各國通商而洋貨之販運洋人之遊歷日益繁多不能無水陸各營以資保護不能無船政機器諸廠以精製造不能無江海各隘礮臺以固藩籬凡若此類雖質之洋人必皆謂當為之事而歲出之經費亦十倍於前日是故通商之事既不可廢即各項經費一日難減即各省釐課一日難停也夫中國於釐務苟持之甚堅洋人或出於加稅之一說萬一所加之數竟如中國所需之數則其中又有利有弊何也當子口稅章初定之時洋商以半稅而免內地釐金其利本優於華商華商之巧者不免與洋商狼狽相倚譸張為幻於是有代華商領半稅單而取其規費有用運照庇送無運照之土貨有用洋船代華商攜帶洋藥各貨有憑運照免納釐金未到子口之先已將土貨售銷是洋稅與釐金均受其病也是使守分之華商不能獲利也是驅守分之華商不得不為奸商也今定稅例華商洋商一律凡進口之洋貨納稅於海濱之通商正口凡出口之土貨納稅於內地之第一子口各釐卡量加裁併論其大勢宜密於近海而疎於內地用新定稅額一征之後任其所之不復重征是舉前此弊端一舉而清之也不必立防弊章程而弊自絕矣內地各省祇須於最要之口

設立總卡既可撙節浮費而華貨販運較近者並無所征則小民咸受其益此皆中國之利也然而猶有慮者釐金取之華民中國有自主之權今既盡歸之洋稅設洋人於下次修約復以稅重為言勢必致固有之利權動為洋人所牽制是宜於立約時聲明加稅與定釐相抵如異日酌減稅額亦重酌復釐金以昭平允永杜洋人之藉口此一端也中國既權釐金所入盡歸之洋稅其或華人自在內地販運土貨若免其征稅既恐洋商隱附於華商以滋弊混若偶經一卡而亦用值百抽二十之例勢必有所難行是宜明訂章程核定道里之遠近如某處至海口須經幾卡則貨稅亦可作幾次分繳如是則華人不以苛斂為苦而所經各卡節節稽征洋稅不能偷漏此又一端也二端既立乃可祛其弊而收其利矣然則中國既得其利洋商獨無利乎曰有洋商運貨入中國可豫定成本若干贏餘若干操券而來必如願而返利一也關稅交納之後運入內地無守候驗貨之煩無逐卡停留之苦行運既速成本較輕利二也洋商一次納稅雖若稍重然隱加之售價之內仍取償於華民華民但知洋貨之不復納稅也無不樂於販運或益從此暢銷利三也利之所在顯然易明洋人何憚而不為然竊料洋人昧於遠圖而溺於近利加稅一說勢固必不我從也則惟有堅持舊章與之駁辯而已

上曾侯條陳第四則　張煥綸

機器利純價值貴賤宜隨時採訪以免欺偽中國開采煤鐵鼓鑄船砲等事在在需用機器往年購買或窳敗不合用或價值浮濫及與理論往往情强詞賴耗費不資縱立合同視為具文為今之計宜於隨員中奏派一人專司訪察再訪稅務司中選一西人輔之機器之製歲易月新隨事紀錄設欲購買即責令

擔保工匠教習亦令選擇器有不合用匠有不稱職惟彼是問西人重利恤民既居其任必不欺負此事雖小益國甚大

擴充商務十條上南皮張制軍

鍾天緯

一曰設商會竊見中國經商之道心思未嘗不敏營運未嘗不勤而獲利終不逮西商者良以彼則官為護持此則官多抑勒耳查西洋政治事事必順人情惟商務則一切操以壟斷彼國家非特不禁反從而庇之俾其獲利此無他西國以商稅為歲入之大宗故視工商為國家之命派各埠均設商會京都且設總會而延爵紳為之領袖其權足與議院相抗每有屈抑許經愬諸巴力門衙門故商人得恃無恐貿易盛而國勢日強中國則不然目商賈為市儈薄工藝為細民平日抑勒百端有事視為魚肉故其勢渙散而不能自立更何能與洋商頡頏即如關稅洋人僅完釐半而華人則勒索數成盤查則洋船不敢誰何華船則百恫般喝以致華商人人短氣而有不能自保之勢矣誠能仿外洋領事之法許各業推舉紳董優以體制假以事權遇有商務許其直達有司凡有益於中國商業聽其設法保護而不以成法撓之如粵中百工麕聚商販肩摩地窄人稠生計困苦茍為振興內以裕小民衣食之源外以杜洋人侵牟之害大足開天下風氣之先斯亦轉移之妙術也竊慨粵東縉紳巨族每與長吏抗衡若禮貌之加捨彼就此其亦古人式怒蛙之見乎

二曰合公司嘗觀西洋軍餉全出於商稅商人經商萬里涉歷重洋牟境外之利以養其本國之民故國日富而兵亦日強華商則僅鬻販於本國楚弓楚得利害維均此豈材力聰明有不逮哉由於華商勢

分分則力薄本微不能經營遠略西人勢合合則本大力厚而無往不前所謂獨力難成衆擎易舉則公司是已乃中國近年開礦爭設公司去歲滬市傾倒銀號多家十室九空均受其累至今視為厲階再欲糾股集資慮無不掩耳而走此其故由於華人不善效顰徒慕公司之名不考公司之實不知西國每立公司必稟請國家由商部派員查勘事實可憑利亦操券始准開辦每一公司由各股東公保董事十二人由衆董事再推總辦正副各一而每人亦必有多股於中總辦受成於各董各董受成於各股東上下箝制耳目昭著自然弊無由生乃中國適與之相反糾股者只須稟請大憲給示招徠刊一章程繪一圖說海市蜃樓全憑臆造各股東亦不究其礦在何處礦質若何本無置產業貽子孫之心不過以股票低昂為居奇之計賣買空盤宛同賭博宜其一敗塗地也今若概廢其良法美意則未免因噎廢食而後來重大工程斷難開辦矣為今計宜查照西洋成法凡立公司必經商會派人查考酌定其章程務使總辦不能獨操其權而悉以各股東公論為斷則凡鐵路電報開礦製船諸務皆可藉衆力以成矣外國設公司律法本有成書苟斟酌折衷垂為令甲庶中國公司足與洋人相埒而能馳域外之觀矣

三曰借國債查國債之法創自歐洲實開千古未有之局不敢謂永無弊端而終覺其有大利而無大弊何則古來國用不足無非加派於民或算緡錢或榷酒酤或税間架頭會箕斂無非取濟一時甚或搜括富民鬻賣官爵極矣然尚歲比不登內訌外患則此苟且不終日之計亦終有時而窮觀勝國末造加派練餉民不聊生至斥宮中器用以抵餉而譁潰時聞明社卒屋此無他強括民之脂膏而不予民

以應得之利則小民安肯毁家抒難以濟國用哉乃觀西洋每有大工大役必告貸民財而復予以操券之息按期應付晷刻不爽倘有兵事不必强民捐輸而百萬之餉咄嗟立辦而從未有延誘抵賴者若一經爽約則將來雖有急需民皆袖手而自蹈驪山舉烽之覆轍故不敢也今中國自與洋人交接海防軍費百倍從前斷非內地賦税所能供全恃徵收洋税爲一綫來源一有兵爭海口全封洋税告絶斷非枵腹所能久持勢必出重利以借洋債渴飲酖酒所弗計矣倘適與其國構釁則并告貸無門此坐斃之道也即此一端其後患奚堪設想不若早開國債之例俾閭閻慣用深信不疑留後日告急之途亦未雨綢繆之説也今之洋債其息爲百分之九與其本國錢爲加倍而我中國未嘗無財何必受其盤剥而歲輸重息於外洋若自借本國之國債每年償利若干由各海關經理刊給餉票以抵現銀而即由海關付息庶商民取信盡出其藏鏹以年什一之利則市面流通經商易於獲利萬一有閉關絶市之時而民皆肯傾囊以獻不啻取之宮中當安危呼吸之際而始收其效故曰有大利而無大弊也

四曰鑄銀幣人情莫不喜簡而惡繁趨輕而避重順人情而行之則下令如流水之源而公私交受其益今之錢法亦窳濫極矣京都行當十大錢一出國門乃不能易一醉外省私鑄充斥康雍朝大錢已千不獲一而人情乃相率而喜用外國銀錢初用西班牙老板繼用墨西哥新板近且英法美德均鑄銀錢流入中國而日本起而效尤歲鑄小銀錢羼入市肆每年不下數十萬計價亦日昂論其銀質不值所準之錢而取信於其國家之官鑄所謂銀幣也乃中國不自鼓鑄坐使外人得操圜法之輕重而利

遂為其所獨擅欲設法禁之而人情所趨卒亦無如何也論其行駛之便一曰成色定二曰分兩准三曰交易便四曰取攜輕五曰價值不易低昂六曰花紋不易假造較之元寶紋銀傾銷之耗虧兑换之侵欺扣短平而攙僞銀者不可同年而語矣欲收其利權莫如中國奏明設局購明機器自行鼓鑄三品之錢每副機器小者不過五萬元吉林機局曾購一具凡鑄金銀之錢均須稍攙雜質方能堅結而擊之有聲核其贏餘足敷爐火人工鼓鑄之費即使無餘而商務已大受其益矣但須國家頒定律法定各等之價并相準之數每數至若干即須用何種之錢如英制銅錢滿十二即須用小銀錢一元銀錢滿二十即須用金錢一元而金銀銅既有搭用之例價值相準則凡錢糧關税釐金之科則悉依此而定使徵者解者收者發者莫不皆准此數無平色之高低無兑换之扣勒自無浮收侵蝕之弊矣市肆之價不能因時為軒輊捉搦刁難則賣買空盤之弊不禁而自絕矣

五曰廣輪船日本之與西洋立約也許其在海口通商而不准其駛入内地侵其本國自有之利故日人自造輪船駛行内海江河以與洋人爭利中國與各國立約乃許其輪船駛入長江又聽其沿海置船往來如天津上海寧波福州香港汕頭等埠向有怡和禪臣旗昌三家按期輪船往來奪我華人分内之利是以李爵相創開招商局思與之並駕爭衡而其勢常苦不逮乃主持局務者復誤以重價買併旗昌一家仍不能獨收壟斷之利而財力反為之疲欲謀挽救中國之商務莫如廣造小輪船通内行地彼洋船祇能抵通商口岸而小輪船駛入内河據其上游爭攬載貨如近日茶市盛於漢口倘小輪船駛入湘漢二江直至襄陽長沙一帶貿易攬載則茶商爭思捷足先售自無不樂載小輪倘欲徑赴

上海亦可省換船過駁之繁即可由該輪船一手交卸則洋輪船之生意大減矣推而至於天津由運河以抵通州烟臺由黃河以抵濟南九江由鄱陽以抵南昌安慶由巢湖以抵廬州鎮江由運河則南可抵蘇常北可抵濟甯上海則可由黃浦以抵蘇松杭嘉湖數府至於粵東(西江)水深溜緩上可駛至廣西之梧州如此力據上游爭其攬載則洋人瞠視而爲之奪氣而我商務必大有起色矣且輪船愈多則司機駕駛之人材愈出推而行駛大洋直一轉移間而不必借才異域英國兵船管駕例必由商船遴拔而中國水師生徒乃欲一蹴而幾其誤不可以道里計矣聞嘗私論以爲中國必先設商船學堂練習駕船管機之舵工水手方可爲練習水師之基蓋未有不嫻駕駛商船而能駕駛兵船者也

六曰設民廠國家設科取士若不勸民家弦户誦而徒恃庠序學校以培養人才斷無文教如斯之盛觀此而知國家崇尚機器而但設官廠者其取徑迂而收效遠矣西洋製造船砲鎗械子藥皆取辦於民廠爲多即有一二官廠亦悉用包工之法與民廠無異所以無冗工無濫食計工授食而工作以精今中國各省設立船政機器子藥等局矣每年動用正款以數百萬計而所成之物若經由外洋購買或由洋匠承包費可減半然欲爲華人開風氣不計也但官廠之弊工匠浮濫且皆執業以嬉而賞罰不行勤惰無別亦誰肯舍逸就勞以千衆嫉每製成一器價比外洋尤昂而復草率不精形模徒具往往取笑洋人旋生狎侮如此雖百年終無生色惟有仿照洋廠之法一切包工承辦責令匠目逐件分包或准其攜歸私製則工匠有一分之本領即食一分之薪貲奏一分之工程即給一分之價值循名責實務使費國帑一錢即須造成一鐵之物而器皆精實價不虛浮則工匠無不爭奮矣今福州天津江

甯杭州山東各廠局皆由官辦未免積習相沿誠不敢矯舉其弊惟粵東軍火機器等局用包工之法能以泰西之工藝開民廠之規模且修理輪船機括無不估工包價如仿其法令民間多開私廠或即以官廠租給商人每年收取租息以抵製造之費如國家需用器具責成該廠儘先趕辦以其餘力聽其為民製造機器輪船及救火水龍并一切開礦挖河抽水磨麥紡紗織布各機器以收其利如此則風氣大開人才日出工藝日益精進不煩國家之提倡矣

七曰頒牙帖泰西工藝之精甲於天下而考其致此全由國家鼓舞而成猶中國設之科舉利祿之途也其道何由則在於頒給牙帖即西語所謂丕登也丕登者如士人考得新理新法工商創成一技一藝即獻諸國家由商部考驗上者錫以爵祿中者酬以寶星下次亦准其擅為專門之藝或傳為世業或專利數年國家給以文憑以杜通國工商剿襲仿造即國家欲仿其新法者亦與本人商購價以重貲如創造汽機輪車紡織機器諸人各國無不頒賜爵秩廪以終身至今榮名永世是以西人無論仕宦縉紳農工商賈無不夢寐思得新法為取富貴貽子孫名利兩全之計寢食俱忘不惜傾家試驗西人因此享大名獲巨富者不勝僂指每年美國發給牙帖數萬張其通商工藝之精根柢全由於此彼其言曰所貴乎士者非徒高尚其志而已也必須創立新法有益於國有利於民斯不愧為四民之首故西國之儒者不徒抱詩書談仁義而已也有商中之士有工中之士有農中之士皆著書立說自成一家自出其新法中國誠能採用其意不必驅天下儒者而盡出於一途各聽其天資所近不論農工商賈考求新理新法以利國利民每省由督撫考驗給以牙帖以能自出心裁者受上賞變通西制者受

中賞若遂成法者受下賞准其一家專擅其利以酬勞不准他人仿造以奪其利甚或破格奏獎榮以功名但得一省督撫倡之即他省推行自易矣重賞之下而無勇夫斯未之信也

八曰保海險外國經營商務不外兩端有公司而力量始厚有保險而意外無虞而商務乃有恃而無恐保險之法非真能保危險也特遇險而失事則照數賠償耳其法維何則假如有海舶出洋報明其船貨貲本值銀百萬則保險行不必查其果值此價與否但即抽其百分之一以為費而給以保單萬一遭風遇礁意外失事即照百萬之本如數償之不居功無吝色也一歲之中所保千艘而船之沈溺貨之漂失者恆不過千中遇一除賠償百萬外尚有九百萬悉飽已囊是保險家不費一錢徒手而得九百萬之贏餘也斯亦可謂天壤間第一貿易矣在船商重洋涉險僅費萬金即可高枕無憂永無折閱之慮何樂不為若華商之為海船生理者每遇風濤終夜彷徨雖擁貲千萬一夕可以赤貧由於獨力為之而無保險之法也自有此法而洋人放膽經營無遠勿屆而華商則畏風畏礁侷促一隅不能牟他國之利而中外商務遂天淵之判矣且外洋保險不但保海險已也凡房屋則保其火險輪車則保其碰險甚至人身則保其病險如限內人死則家屬得領賠款而寡婦孤兒藉有以養不致流離失所矣惟鬬殺服毒之人例不賠償則人皆惜命而無自戕之妄作矣此蓋以白鴿票射標之法用之以濟困扶危真衛商便民之善術也誠能令華商糾設公司仿行保險一切變通其法則每年各海口保險之費不致流入外洋矣

九曰設信局西人頗能留心中國政務每謂中國度支有出入兩大欵可省而不知省當取而不知取殊

為司國計者一慽可省若即各省每年開支驛站經費幾耗天下錢糧十分之一可取若即設立公信局而徵收其稅以西法言之公私信函合為一局國家特設信部官為經理之量路之遠近秤函之重輕徵收信資每封黏以印花隨處可投無遠弗屆通國徧設支局若網在綱有條不紊遞送境內之函一日而達若遞出境外就歐羅巴一洲從無淹滯至三日者每年除去車輪牲馬人夫房屋薪工雜費尚有贏餘為入疑一大宗即如英國於光緒九年信部經費用銀三百四十萬磅而徵取信資至七百萬磅幾抵中國銀一千萬兩而日本仿行信局亦大獲其利現已刊出華字清單人盡知之既無中國驛站提塘馬號鋪遞各項經費而凡出使述職計偕按部之員需索夫馬供應譏罵行館之供張酒饌之餽遺攀地方州縣賠累不堪者一洗而空每年節省度支不知凡幾而并可為國家開一絕大利源今北省議開鐵路將來附輪而行自可操券惟官為經理頭緒太繁不如開設信局招商承辦大商包一省小商包一縣推之各口各埠皆設支局如身使臂一氣呵成水通輪舟陸通快馬偏僻處則用專差一切走卒脚夫皆受餼於官以自食其力凡摺奏公牘仍派委員司之以專責成無論公私信函一律秤封給值不必驟裁驛站錢糧以恤其私僅就私信一項言之已足出入相抵而遞送迅速商人莫不便之信資且大可減此亦有益於國家商務一大政也今上海天津已設文報局矣若粤東援案仿設俾摺差航海赴京其亦公信局之嚆矢乎

十曰賽工藝天下事有粗觀類游戲而實隱寓富强之意者，其西人之賽珍會乎，賽珍會者聚五州之物產羅各國之珍奇而品評其優劣高下以行其賞賚或得金牌或得寶星於焉增識見廣見聞作商賈之南車為工藝之龜鑑亦猶文士角藝於名場也一經品題聲價十倍而論者病其勞費不貲笑為過舉而自西人觀之則固用意深而取效遠為歐洲振興商務之一大關鍵也乃華商未明其益而每遇西國設會亦樂以珍物輦致其中西人笑為如盲人觀劇聽旁觀撫掌而亦歎賞不置其妙處初未嘗領略也每賽一次中國亦必費數十萬金誠不如自行賽會以導華人之先路而開富國之基誠能就南方之賽會迎神北方之廟集趕墟變通其法令百工商賈各行各業自賽其物產下至家用什物亦羅列於會場兼行交易舉紳董為之經理而不必託諸神道設教效僧尼之簧鼓墮巫覡之荒唐一轉移間舉閭閻所欲燒香供佛演劇放燈之費悉用諸通商惠工之實際仍不失歲晚務閒萬民行樂之意則游戲也而至理存焉矣縣邑則准其按年一賽府州准其三年一賽省會海口准其五年一賽每越十年則集通國之菁英物產古玩奇珍千蹄萬輪八方輦致而品騭其高下以分殿最焉如某處物產最高某處製造極細某物為洋人所喜而貿易可興某匠為本國之冠而工藝最妙一一登記於簿冊獎以金牌為之延譽彼工商得一獎帖榮於泥金斯益留心於製造矣

論天津宜設官牙茶行　洋務管見六條之一

俄商來天津貿易攜帶皮貨等物皆中國所自有牟利甚微窺其意不在求售土貨以購買茶葉為主彼國之嗜茶葉每日必需不可間缺從前中國大黃茶葉出口稽查極為認真乾隆時因俄國收納我叛人兩次閉關并嚴禁私販出界俄即畏服乞恩是此兩物實有馭俄之微權其時中俄交易只有恰克圖一處華商裝茶出口易於檢查今俄人自來天津購買捆載北還既入其手而欲於出口時分別放留必多

支節天津茶商大小不一皆與俄人自相交易散漫無可稽察上年中俄幾致釁端而俄商照常在天津買茶彼意無所顧懾故愈益縱恣蒙謂宜於天津嘉峪關等通商地方分設牙行數家選立行首經理賣茶令於年終各將一年售出數目報官存查無牙帖者不得私賣將來遇有俄人要挾尋釁之時一面戒嚴防邊一面傳諭各牙行停止買易如此則操縱在官而仍不病商似亦中俄交涉一大關紐或疑中國即無茶葉出口俄可向泰西轉買不知泰西路遠不如中國之近且價則中國廉而泰西昂貨則中國多而泰西少俄必大有不便也

論稅務 洋務抉要

昔夏禹有會計之紀周官著理財之條誠以有天下者準乎什一之法取諸民以供國用而藉治百事也中國自開海禁與各國通商由道光二十二年中西立約以洋人各貨進口納稅之後即准由華商販運各地過關祇按估價值每兩加稅不得過若干分維時當事不知中國稅額較之各國有輕至四五倍七八倍者故立約如此也迨後天下多事徵兵募勇始創榷貨抽釐之制藉給軍資夫商賈以販運為生若賊匪未靖道路不通銷貨必遲故莫不情殷報效且所抽之釐仍增價於所售之貨實則取之衆人積少成多是以民泯怨咨商無虧損最旺之時通計海內歲收不下二千萬今雖稍減亦有一千五百萬故得以削平群寇共慶　昇平者賴此耳無如釐卡委員或辦理不善或因兵燹時設卡過多洋人遂執洋貨免釐之說以為要挾顯違條約欲撓我中國自主之權即使釐捐果累商民亦須俟國用稍裕時自行酌裁漸次停免斷非局外人所得而干預也今軍務雖平而防營尚不可撤田賦猶未復原一切善後事宜

尚須布置即製造輪船槍砲悉藉釐金彌補去之則半籌莫展百事俱弛且華商因避釐捐競買稅單故洋稅因之而旺倘釐捐停止則洋稅必多偷漏有減無增此自然之勢也查初辦釐捐時洋人之貨亦在各子口征課尚無異說迨咸豐八年十一月中西重訂條約始定洋貨土貨願一次納稅可免各口征收者每百兩徵銀二兩五錢給半稅單為憑無論運往何地他子口不得再徵其無半稅單者逢關過卡仍照例納稅抽釐斯乃體恤洋商恩施格外較之華商其獲利厚矣故華人之黠者每每串通洋人互相蒙蔽有代華商領半稅單而取費者有代洋商用洋船裝運洋藥各貨者有代用護照包送無運照之土貨者譸張為幻流弊滋多洋稅釐金交受其困而華商之守分者不能獲利多依附洋人而變為奸商反不如裁撤釐金倍增關稅其販運別口者仍納半稅則洋人無所藉口而華商不至向隅況查洋人所轄之香港澳門無徵收釐稅之例商賈多抵其地以期貨平易售免出稅釐故香港澳門之貨物日多中國各埠之生涯日澹貽鄰邦之覬覦擴洋島之財源又如粵東闈姓捐輸其款甚鉅本屬病民傷化惟不能杜其弊遏其流而奸民遂遷往澳門仍行開廠廣收綜計三年捐銀五十萬兩利歸洋人此所謂為淵敺魚為叢敺爵也曾考泰西各國稅額大致以值百取二十或取四十為制最多更有值百取百者又有全不取稅者蓋以輕重之中各寓自便之計即如煙酒外洋徵稅極重一在中國開洋酒店者尚需納規領牌而每年進口之呂宋煙洋酒其數甚鉅竟充伏食概不納稅泰西俱無此例尤屬不公今宜重訂新章仿照各國稅則加徵進口之貨並重稅煙酒鴉片虛費等物以昭平允又如珠玉錦繡珍玩非民生日用飲食所必需雖倍稅加釐無損於貧民無傷於富室且統計我　國之所無者則輕稅以廣來源有者則重稅

以遏去路權其輕重衡我商民倘慮率爾更易齟齬必多惟於期滿換約之時重定稅則據理力爭務使之就我範圍而後已耳

論商務　洋務抉要

李東沅

原夫歐洲各邦以通商為大經以製造為本務蓋納稅於貨而寓兵於商也其未通商之始劃疆自守不相往來今則百貨流通各商雲集設此國之財竟任滔滔而去彼國之利不能源源而來莫塞漏卮久將坐困故泰西各國舉凡利之所在趨之如狂而傳教者則非惟欲服中國之人心兼為洋商之偵探也查英國進口之貨稅較出口倍重而本國之船鈔比他國稍廉便商家而暢銷路惟歲核各商所盈之利約八十分取一略如中國戶稅所賜商賈寶星及他表記沥之用器以為光榮其歲入有常三百磅以下不稅如有關於商務者必使議政院官商議覆務期妥協而後施行並設商務大臣專理其事是以利權獨擅日臻富強所有商埠要區俱設公使領事屯泊水師兵船以資護衛而壯聲威遇有事端恃為挾制或請開口岸或勒免釐捐誅求無厭必遂其大欲而後已初英國在印度等處租地開埠志在通商其後觀釁併吞倚為外府而富強遂冠於歐洲無如中國商民株守故鄉乏於遠志求如洋人之設公司集鉅欵涉洋貿易者迄今尚鮮其人去欵日多來源日絀竊慮他日民窮財竭補救殊難然既不能禁止通商維有自理商務核其出入與之抗衡以期互相抵兑而已中國出洋之貨以絲茶為最大宗今印度等處皆植桑茶所出與中國相彷洋人悉往購辦故年來中土之貨未能暢銷後或并此而失之中國之利源不幾竭乎宜令地方官廣勸農民於山谷閒地徧種桑茶勤加經理其繅絲製茶之法尤須刻意推求如有

勝於尋常者優加奬賞務使野無曠土農不失時則出數愈多其價可減酌爲銷售用廣招徠將不特國課可增而民財亦可阜矣況中國東南各省多種棉花西北廣牧牲畜若用機器製以造洋布羽毛呢絨等物則一夫可抵百夫之力又省往返運費其價較外洋倍賤而獲利倍豐或疑用機以代人工恐擾小民之利不知洋布呢羽本出外洋無礙民業仿而行之本以分彼之利權耳今閩粵人之賈於星加坡舊金山各處者不下八十萬人其中或住經二百餘年或隸入英美等籍然皆奉　大清之正朔服　本朝之冠裳足徵聲教覃敷靡乎莫外矣倘　中朝亦簡派領事人員顧示撫循隱資控制則華人有恃無恐籌畫愈工舉凡外洋之貨我華人自營運之中土之貨我華人自經理之擴其遠圖擅其利藪則洋人進口日見其衰而華人出洋日進其盛將富國裕民之效可操券而得焉所慮者志無洋人之堅貞財遜洋人之豐厚偶有虧絀便思改圖惟賴在上者振其利權神其鼓舞凡中西可共之利思何以籌之中國自有之利思何以擴之西人獨攬之利思何以分之操此三端則利權可復矣惟西人多財善賈利之所在必爭趨之若華人亦設公司造商船乃與爭雄媢嫉傾軋折資本勢必彼此虧絀無裨大局欲救其弊須開其源按公法例載凡長江内河如歐羅巴之來因河多拿江盡人皆得開設船行以其分屬於各國也美國之米西昔比江帆輪之利土著擅之以專屬於一國也他如巴西之阿麻沈江雖發源於秘魯入巴西支分派別東注依瓜多耳國委内瑞拉國以貫注巴西數千里之遙昔有客請立船行而執政拒之嗣因商旅蕭條爰除前禁以廣招徠操縱之權仍自掌之不以假人也若夫中國之長江西導岷峨東注滄海源遠流長如美國之米西昔比江絕非巴西可比今長江二千數百里有奇洋船往來實獲厚利喧

實奪主殊杞杞憂宜俟中西約滿之時更換舊約另議新章凡西人之長江輪船一概給價收回所有載貨水脚因爭儎而遞減者酌復其舊則西人罔敢異詞更於長江上下游間日開行輪船以報市價如是則長江商船之利悉歸中國獨擅利權當道其有意乎為國為民胥於是乎在矣

論借款 洋務抉要

李東沅

中土向無國債之名有之自泰西各國凡興建大役軍務重情國用不敷可向民間告貸動輒千萬或每年僅取子金或分數年連本交還隱寓藏富於民之義如本國無款可借則轉貸於鄰封習以為常殊不之異中國自同治六年間左伯相以西征需餉始借洋款係滬上銀行經理由八釐至一分五釐行息將各海關洋稅撥抵分年本利清還該銀行分售中外商人每股計銀百磅歲納息銀八釐況其借也以彼國之磅數折我之兩數其還也又以我之兩數折彼之磅數暗中折鉠喫虧甚多經手者大獲厚利實以軍餉緊急於無可如何之時為萬不得已之舉耳致英法德美諸大國借貸行息多不過五六釐而土耳其波斯等國則因公債過重行息過多致利權為他國所挾持國勢寖形貧弱我中國輿圖之富礦產之饒關稅之盛遠勝泰西帑藏多而借貸少不必出八釐重利即可借得鉅款聞中國之股分借券中外人爭購之十不得一每股九十五磅至九十八磅漲至一百零四磅珍重收藏由是觀之中國雖少出子金仍能應手從前籌借洋款固由辦理不善利息過多嗣後即有要需應向英國勞士齊乃德博令等大銀行籌商自臻妥協此兩行專管各國挪借銀錢事業素有名望人皆信服常能以微息而借鉅資他處銀行萬不能及且聞洋人詳言此事如中國願借銀一百萬兩不過到匯豐麗如等銀行說明所借之數所

給之息指明某數口關稅償還本利分作若干結於若干年內付清云云銀行應允借銀收存文契即將銀如數允交此向來籌借洋款之局內也該銀行如果鉅富有款可貸則此種辦法尚屬可行無如僅能攬承實非東主中國既與銀行議定銀行即湊集允借之數出具百兩券票一萬張從一號編至萬號而買股者遂察看借銀事務虛實或買一張或買百張迨頭結還款到期何人之銀先收何人之銀後付不可預知其故何也蓋券票之軟強無定券票軟則本錢恐缺人思速還券票強則利息依期人思久借爰創拈鬮之法定還債之期免銀行袒護之謗此等辦法雖極公平然而多股之人必受破碎本錢之累誠以是否收回全數或收回半數非到拈鬮之日無從預知斷不能料理於先收回本錢復入股分大為不便倘將來再籌借款須設法補救此失始易通融大凡借債於人必先將不便諸事通盤籌算稍有妨礙勢必增長利息備受其虧欲策萬全厥有二法一曰立法借銀限定不移之年月一次全還一曰按結歸款先於券內載明第一結歸還或第二第三結歸還俾東主得早為料理且放債者每樂聞某國借錢建造鐵路電線開礦治河一切富國之政以其出息大而券票強甚不願出資以作耗財之事尤惡借銀以用兵將銀錢變作火藥彈丸散於槍礮之口不復能返則債主不但失利成本將虧其言可深長思也我

國家量入為出本有常經前時借債外洋不過剜內醫瘡聊紓眉急永行停止固屬有裨即偶爾急需而別款可竭力彌縫乃以不借為上萬一羅掘俱窮司農仰屋而嗟疆臣束手無措不得不出此下策稍濟目前尤須全局統籌周詳審慎不必託中國銀行經手輾轉圖利須先將從前流弊一洗而空用昭大信　朝廷惟諭飭駐英公使逕向勞士齊乃德博令等大銀行熟商則行息不過五六釐可籌巨款況中

國素來守信洋人自必樂從倘重給子金非特耗財反令洋人疑中國難以清償諸事轉多棘手矣

商政補錄 籌洋芻議

薛福成

昔商君之論富強也以耕戰為務而西人之謀富強也以工商為先耕戰植其基工商擴其用也然論西人致富之術非工不足以開商之源則工又為其基而商為其用邇者英人經營國事上下一心殫精竭慮工商之務蒸蒸日上其富強甲於地球諸國諸國從而效之迭起爭雄泰西強盛之勢遂為亘古所未有夫商務未興之時各國閉關而治享其地利而有餘及天下既以此為務設或此衰彼旺則此國之利源源而往彼國之利不能源源而來無久而不貧之理所以地球各國居今日而競事通商亦勢有不得已也今以各國商船論其於中國每歲進出口貨價銀在二萬萬兩上下約計洋商所贏之利當不下三千萬以十年計之則三萬萬此皆中國之利有往而無來者也無怪近日民窮則盡有岌岌不終日之勢矣然則為中國計者既不能禁各國之通商惟有自理其商務而已商務之興厥要有三一曰販運之利自各口通商而洋人以輪船運華貨不特擅中西交易之利抑且奪內地懋遷之利自中國設輪船招商局而洋商與我爭衡始則減價以求勝繼因折閱而改圖彼之占我利權者雖尚有十之四我之收回利權者已不啻五之三通計七八年間所得運費將二千萬雖局中商息未見贏餘而利之少入於外洋者已二千萬矣所慮者一局之政主持不過數人控制二十七埠之遙精力已難徧及又自歸併旗昌之後官本較多萬一稍有蹉跌其勢難圖再舉夫事之艱於謀始者理也而人之篤於私計者情也今夫市廛之內商旅非無折閱而挾貲而往者踵相接何也以人人之欲濟其私也惟人人欲濟其私則無損公家

之帑項而終為公家之大利為今之計雖難用衆建少力之法驟分數局他日如必有變通之勢或即用局中任事之商兼招殷實明練者量其才力貲本俾各分任若干埠無論贏虧得失公家不過而問焉此外商人有能租置輪船一二號或十餘號或數十號者均聽其報名於官自成一局又恐商情之相軋也則督以大員而齊其政令恐商利之未饒也則酌撥漕糧而彌其闕乏但使商船漸多然後由中國口岸推之東南洋各島又推之西洋諸國經商之術日益精始步西人後塵終必與西人抗衡矣其利豈不溥哉一曰藝植之利今華貨出洋者以絲茶兩款為大宗而日本印度意大里等國起而爭利徧植桑茶印度茶品幾勝於中國意大里售絲之數亦幾埓於中國數年以來華貨滯而不流統計外洋所用絲茶出於各國者幾及三分之二若并此利源而盡為所奪中國將奚以自立是不可不亟為整理者也整理之道宜令郡縣有司勸民栽植桑茶蓋種桑必在高亢之地而種茶恆在山谷之中非若罌粟之有妨稼穡是在相其土宜善為倡導而已其繅絲之法製茶之法有能刻意講求者宜激勸而獎進之至於絲茶出口十數年前以加稅為中國之利今則各國起而相軋一加稅則價必昂價昂則運貨者必去中國而適他國而稅額必為之大減夫西洋諸國往往重稅外來之貨而減免本國貨稅以暢其銷路今中國絲茶兩宗雖不必減稅亦不宜加稅但使地無閒曠則產之者日益豐而其價日益廉即出口之貨日益多不特於稅務有裨亦為民興利之一大端也一曰製造之利英人用機器織造洋布一夫可抵百夫之力故工省價廉雖棉花必購之他國而獲利固已不貲每歲貨價之出中國者數千萬兩中國海隅多種棉花若購備機器紡花織布既省往返運費其獲利宜勝於洋人然中國雖有此議而尚無成效者何也創造

一事人情毋多疑沮其才足以辦此者若於資本難集而一二殷商又以非所素習而不爲此大利所以盡歸洋人也竊謂經始之際有能招商股自成公司者宜察其才而假以事權課其效而加之優奬創辦三年之内酌減税額以示招徠商民知有利可獲則相率而競趨之迨其事漸熟利漸興再爲釐定税章則於國課必有所裨推之織氈織絨織呢羽莫不皆然夫用機器以代工作嫌於奪小民之利若洋布以及氈絨呢羽本非出自中國中國多出一分之貨則外洋少獲一分之利而吾民得自食一分之力奪外利以潤吾民無踰於此者矣是故中國之於商政也彼此可共獲之利則從而分之中國所自有之利則從而擴之外洋所獨擅之利則從而奪之三要既得而中國之富可期中國富而後諸務可次第修舉如是而猶受制於鄰敵者未之有也

洋務時事彙編

戊

國劃

英舊約第三條通商約章類纂

一因大英商船遠路涉洋往往有損壞須修補者自應給予沿海一處以便修船及存守所用物料今
大皇帝准將香港一島給予大英君主暨嗣後世襲主位者常遠據守主掌任便立法治理

璦琿城俄約第一條通商約章類纂

一黑龍江松花江左岸由額爾古訥河至松花江海口作為俄羅斯國所屬之地右岸順江流至烏蘇里河作為　大清國所屬之地由烏蘇里河往彼至海所有之地此地如同接連兩國交界明定之間地方作為兩國共管之地由黑龍江松花江烏蘇里河此後只准中國俄國行船各別外國船隻不准由此江河行走黑龍江左岸由精奇里河以南至豁爾莫勒津屯原住之滿洲人等照舊准其各在所住屯中永遠居住仍着滿洲國大臣官員管理俄羅斯人等和好不得侵犯

俄約第九條

中國與俄國將從前未經定明邊界由兩國派出信任大臣秉公查勘務將邊界清理補入此次和約之內邊界既定之後登入地冊繪為地圖立定憑據俾兩國永無此疆彼界之爭

中俄黑龍江定界記文

咸豐十一年五月二十一日俄國全權大臣中國大臣會齊在俄交土爾必拉即白稜河口地方兩國之大臣會同畫押用印在交界之圖上書寫俄羅斯字及滿洲字二分其二圖補入上年在京續定和約條内並四分圖與記文交界道路記文自烏蘇里河至圖們江口此四分圖内書寫俄羅斯字二分書寫漢字二分其圖四分亦補入上年在京續定和約條内此六分圖彼此相對兩國大臣全行知悉相符俄國大臣持書寫俄羅斯字及滿洲字地圖一分中國大臣持書寫俄羅斯字及滿洲字地圖一分彼此互換用印畫押又互換漢字俄羅斯字交界地圖四分彼此互換之後兩國大臣將圖四分記文二分交界道路記文二分俱行鈐印畫押將此記文道路補入上年續定和約條内永遠遵行勿替

附交界道路記文

中國與俄國詳細按著去年諾雅布爾月初二日所定和約第一條第三條内之記文和約之第一條内自烏蘇里河口而南上至興凱湖兩國以烏蘇里及松阿察二河原係舊有之河作爲交界其二河東之地屬俄羅斯國二河西之地屬中國自松阿察河源兩國交界踰興凱湖直至白稜河照圖上所畫紅色所寫俄字字頭定爲交界即在烏蘇里河口西立界牌一個牌上寫俄國耶字字頭並寫上界牌漢文及松阿察河源西岸旱路上設立界牌一個牌上寫俄國亦字字頭並寫上界牌漢文照依和約自白稜河口順山嶺至瑚布圖河口自白稜河源順小漫崗水向東流入興凱湖者係俄國界水向西流入穆稜河者係中國界至橫山會處水向北分流入興凱湖及毛河源水向南分流入綏芬河自橫山會處直至綏芬河與瑚布圖河口應立界牌白稜河口北立界牌一個牌上寫俄國喀字頭並寫上界牌漢文小漫岡上向

西北立界牌一箇牌上寫俄國拉字頭並寫上界牌漢文橫山會處立界牌一個牌上寫俄國那字頭並寫上界牌漢文再由瑚布圖河口順琿春河及海中間之嶺至圖們江口其東皆屬俄羅斯國其西皆屬中國兩國交界圖內紅色處與圖們江會處及該江口相距不過二十里自瑚布圖河口往上至瑚布圖河之源即順山嶺照依和約在瑚布圖河口西邊立界牌一個牌上寫俄國倭字頭並寫上界牌漢文對瑚布圖河源山頂上立界牌一個牌上寫俄國怕字頭並寫上界牌漢文圖們江左邊距海不過二十里立界牌一個牌上寫俄國土字頭並寫上界牌漢文俱按照圖上紅色為界因此兩國交界既經分清為此特記

附牌文

此次會同查勘分界原為兩國和好今地界既經議定自應按照上年續定條約設立界牌以清界綫東界定為由什額勒古納兩河會處即順黑龍江下流至烏蘇里河會處其北邊地屬俄羅斯國其南邊地至烏蘇里河口所有地方屬中國自烏蘇里河口南至圖們江口其東皆屬俄羅斯國其西皆屬中國上所言乃空曠之地遇有中國人住之處及中國人所占漁獵之地俄國均不得占仍准中國人照常漁獵從立界牌之後永無更改並無侵占附近及他處之地所有東邊界內原住之中國人民其向來謀生出入行走之路應聽其便俄國人不得攔阻為此特立界牌永遠遵守兩國人民咸各知之勿違

中俄塔城議定記約首段　通商約章類纂

兩國大臣遵照京城議定和約在塔爾巴哈臺會同將自沙濱達巴哈起至浩罕邊界之葱嶺止兩國中

間應分界址順山嶺大河及現在中國常住卡倫議定交界繪畫地圖圖內以紅色線道分為兩國交界今將議定界址地名並擬議章程開列於後

中俄塔城議定記約第一條

自沙賓達巴哈界牌起先往西後往南順薩彥山嶺至唐努鄂拉達巴哈西邊末處轉往西南順賽留格木山嶺至奎屯鄂拉即往西行順大阿勒臺山嶺至齋桑淖爾北面之海留圖兩河中間之山轉往西南順此山直至齋桑淖爾北邊之察奇勒莫斯鄂拉即轉往東南沿淖爾順喀喇額爾齊斯河岸至瑪呢圖噶圖勒幹卡倫為界此間分別兩國交界即以水流為憑向東向南水流之處為中國地向西向北水流之處為俄國地

中俄塔城議定記約第二條

自瑪呢圖噶圖勒幹卡倫起往東南行至賽哩鄂拉先往西南後往西行順塔爾巴哈臺山嶺至哈木爾達巴哈即轉往西南順庫木爾齊哈喇布拉克巴克圖葦塘子瑪呢圖沙喇布拉克察汗托霍依額爾格圖巴爾魯克莫多巴爾魯克等處卡倫之路至巴爾魯克阿拉套兩山嶺中間由平地行即在哈布塔蓋阿魯沁達蘭兩卡倫中間擇山坡定界自此至阿勒坦特布什山嶺東邊末處為界此間分別兩國交界即以水流為憑向東向南水流之處為中國地向西向北水流之處為俄國地

中俄塔城議定和約第三條

自阿勒坦特布什山嶺東邊末處起依阿拉套大嶺往西順阿勒坦特布什索達巴哈庫克托木罕喀爾

察蓋等山頂行向北水流之處為俄國地向南水流之處為中國地至向東流水之薩爾巴克圖河向西流水之庫克鄂羅木河向南流水之奎屯河源之匡果羅鄂博山即轉往南向西流水之庫克鄂羅木等河之處為俄國地向東流水之薩爾巴克圖等河之處為中國地自此由奎屯河西邊之奎塔斯山頂行至圖爾根河水從山內向南流出之處即順圖爾根河依博羅胡吉爾奎屯齊齊斡霍爾果斯等處卡倫至伊犂河之齊欽卡倫過伊犂河往西南行至春濟卡倫轉往東南至特穆爾里克河源轉東由特穆爾里克（即南山也）山頂行圍繞哈薩克布魯特游牧之地至格根河源即轉往西南格根等向西流水之處為俄國地溫都布拉克等向東流水之處為中國地自此往西南由喀喇奎山頂行至畢爾巴什山即順向南流水之達喇圖河至特克斯河過特克斯河順那林哈勒哈河靠天山嶺為界自此往西南分晰回子部落布魯特部落住牧之處由特穆爾圖淖爾南邊之罕騰格爾薩瓦巴齊貢古魯克喀克善等山繞回天山之頂行至葱嶺靠浩罕界為界

中俄塔城議定和約第四條

現將邊界順山嶺大河及常住卡倫議定後其邊界以外分入俄國之地原有中國烏里雅蘇臺科布多所屬大河勒臺等山嶺迤北舊住之烏克克等卡倫塔爾巴哈臺所屬塔爾巴哈臺山嶺迤北舊住之鄂倫布拉克等卡倫及阿拉奎山迤北舊住之胡蘇圖阿魯沁達蘭卡倫伊犂所屬舊住之匡果羅鄂倫等卡倫建立界牌鄂博以前仍聽中國在彼住守俟明年兩國立界大臣會同建立界牌鄂博時何處將界牌鄂博立畢即將何處應向內挪移卡倫限一月內挪移

中俄塔城議定和約第五條

今將邊界議定永固兩國和好以免日後兩國為現定邊界附近地方住牧人丁相爭之處即以此次換約文到之日為准該人丁向在何處住牧者仍應留於何處住牧俾伊等安居故土各守舊業所有地面分在何國其人丁即隨地歸為何國管轄嗣後倘有由原住地方越往處他者即行撥回免致混亂

中俄塔城議定和約第六條

自現在議定邊界換約之日起過二百四十日即為兩國立界大臣訂准日期俄國兩起立界大臣均赴阿魯沁達蘭喀布塔蓋兩卡中間會齊一起會同伊犁立界大臣往西南按照議定界址建立界牌鄂博一起會同塔爾巴哈臺立界大臣往東北按照議定界址建立界牌鄂博行至瑪呢圖噶圖勒幹卡倫會同科布多立界大臣按照議定界址建立界牌鄂博行至索果克卡倫會同烏里雅蘇臺立界大臣按照議定界址建立界牌鄂博至沙賓達巴哈止如遇大山以山梁劃界遇大河以河岸劃界如遇橫山橫河俱以新立界牌鄂博劃界至建立界牌鄂博時總以各界址處所水流之方向作為立界之憑擇其地方形勢建立如有大嶺行人不能越往實難堆立之處即以水流及山嶺為界其平曠之區兩國堆立界牌鄂博時中間空出二十丈作為公中之地所立界牌鄂博以左其山河所產一切物件均屬中國所立界牌鄂博以右其山河所產一切物件均屬俄羅斯國

中俄塔城議定和約第七條

明年兩國立界大臣建立界牌鄂博畢再將堆立界牌鄂博共若干處及均在何處堆立地名作記互換

爲憑

中俄塔城議定記約第八條

今將兩國應分界址議定建立界牌鄂博後倘有河源係在中國而流注於俄國者中國不得改截其流注之故道倘有河源係在俄國而流注於中國者俄國亦不得改截其流注之故道

中俄塔城議定記約第九條

從前僅止庫倫辦事大臣與恰克圖固畢爾那托爾及伊犁將軍塔爾巴哈臺參贊大臣與西悉畢爾總督往來行文自今勘定邊界之後烏里雅蘇臺科布多二處遇有會同俄國查辦事件應擬增添由烏里雅蘇臺將軍科布多參贊大臣與托木色米珀拉特二省固畢爾那托爾往來行文辦理其所行文件或用清字或用蒙古字俱可

中俄塔城議定記約第十條

塔爾巴哈臺所屬巴克圖卡倫迤西小水地方舊有種地納糧民莊五處該處地面按今定議界址雖已分在俄國惟該民人所種田地斷難遽令遷移應於立界後限十年內令伊等陸續内遷今經兩國大臣會同議定將一切分定界址繪圖四分圖內分定界址地名用俄羅斯字滿洲字合璧註寫兩國勘界大臣鈐印畫押並作此記約用俄羅斯字滿洲字各書寫四分兩國勘界大臣鈐印畫押一併互換兩國分界大臣各存圖誌一分記約各一分以便查辦外其餘圖誌二分由兩國分界大臣合璧記約二分自行呈送各本國總理各國事務衙門各一分以備補續京城議定條約爲此互換記約可也

俄續約第一條 通商約章類纂

議定詳明一千八百五十八年瑪乙月十六日即咸豐八年四月二十一日在愛琿城所立和約之第一條遵照是年伊云月初一日即五月初三日在天津地方所立和約之第九條此後兩國東界定為由什勒喀額爾古納兩河會處即順黑龍江下流至該江烏蘇里河會處其北邊地屬俄羅斯國其南邊地至烏蘇里河口所有地方屬中國自烏蘇里河口而南上至興凱湖兩國以烏蘇里及松阿察二河作為交界其二河東之地屬俄羅斯國二河西屬中國自松阿察河之源兩國交界踰興凱湖直至白稜河自白稜河口順山嶺至瑚布圖河口再由瑚布圖河口順琿春河及海中間之嶺至圖們江口其東皆屬俄羅斯國其西皆屬中國兩國交界與圖們江之會處及該江口相距不過二十里且遵天津和約第九條議定繪畫地圖內以紅色分為交界之地上寫俄羅斯國阿巴瓦噶達耶熱皆伊亦喀拉瑪那倭怕啦薩土烏等字頭以便易詳閱其地圖上必須兩國欽差大臣畫押鈐印為據

上所言者乃空曠之地遇有中國人住之處及中國人所占漁獵之地俄國均不得占仍准中國人照常漁獵

從立界牌之後永無更改並不侵占附近及他處之地

俄續約第二條

西疆尚在未定之交界此後應順山嶺大河之流及現在中國常駐卡倫等處及一千七百二十八年即雍正六年所立沙濱達巴哈之界牌末處起往西直至齋桑淖爾湖自此往西南順天山之特穆爾圖淖

爾南至浩罕邊界爲界

俄續約第三條

嗣後交界遇有含混相疑之處以上兩條所定之界作爲解證至東邊自興凱湖至圖們江中間之地西邊自沙賓達巴哈至浩罕中間之地設立界牌之事應如何定立交界由兩國派出信任大員秉公查勘東界查勘在烏蘇里河口會齊於咸豐十一年三月内辦理西界查勘在塔爾巴哈臺會齊商辦不必限定日期所派大員等遵此約第一第二條將所指各交界作記繪圖各書寫俄羅斯字二分或滿洲字或漢字二分共四分所作圖記該大員等畫押用印後將俄羅斯字一分或滿或漢字一分共二分送俄羅斯收存將俄羅斯字一分或滿或漢字一分送中國收存互換此記文地圖仍會同具文畫押用印當爲補續此約之條

塔爾巴哈臺界約首段通商約章類纂

塔爾巴哈臺立界大臣奎昌會同俄國建立牌博大臣穆嚕木策傳各遵照同治三年九月十六日兩國大臣在塔爾巴哈臺商定圖約分別紅線交界作記繪圖在塔爾巴哈臺所屬地方交界建立牌博今兩國大臣會同自瑪呢圖噶圖勒幹起至哈巴爾蘇地方建立牌博完竣爲此兩國彼此將已立交界牌博地名起止地方及已立牌博數目並議定條例開列於後

塔爾巴哈臺界約第一條

自塔爾巴哈臺瑪呢圖噶圖勒幹卡倫起往東南行至賽里鄂拉先往西南後西行順塔爾巴哈臺山嶺

至哈巴爾蘇地方止此一段共建立牌博十處第一處起即在瑪呢圖噶圖勒斡卡倫地方建立牌博一處次在哈爾塔爾地方建立牌博一處沙爾布拉克地方建立牌博一處沙爾托羅蓋地方建立牌博一處察汗鄂博地方建立牌博一處克爾根達什地方建立牌博一處巴彥木爾占地方建立牌博一處庫哲袞大壩地方建立牌博一處布凱阿蘇地方建立牌博一處哈巴爾蘇地方建立牌博一處共建立牌博十處

塔爾巴哈臺界約第二條

同治九年七月十六日兩國大臣自瑪呢圖噶圖勒斡卡倫起至哈巴爾蘇地方止新立交界牌博十處其中間隔陡崖不一凡人不能行走之地即為交界處所其立定交界東南為中國地方西北為俄國地方兩國各以此次新定界址為憑永遠遵守不可混淆其餘各項事宜均照同治三年九月間兩國大臣在塔爾巴哈臺議定圖約辦理今兩國大臣會同建立塔爾巴哈臺交界牌博各宜將交界起止地方牌博名數各書兩分兩國交界大臣各將圖約鈐印畫押彼此更換為憑並畫地圖二紙兩國大臣會同畫押各鈐用印信俄國建立牌博大臣存收一紙中國建立塔爾巴哈臺牌博大臣存收一紙永昭信守

塔爾巴哈臺界約第三條

此次兩國建立牌博大臣各立塔爾巴哈臺交界牌博十處理應遵照舊章每年兩國派員會同往查一次惟塔爾巴哈臺尚未克復不能照章往查一俟塔爾巴哈臺克復後仍照舊章每年兩國派員會同往查一次

科布多界約首段通商約章類纂

同治八年科布多立界大臣奎昌會同俄國立界大臣巴布闊福各遵照同治三年九月十六日兩國大臣議定圖約分劃限道界址地名建立科布多所屬西北邊疆界牌鄂博今兩國立界大臣會同自賽留格木山適中之布果素克達巴哈起至瑪呢圖噶圖勒幹卡倫止建立界牌鄂博完竣爲此將兩國互相建立界牌地名起止處及所牌博數目並擬議章程開列於後

科布多界約第一條

自科布多東北邊界賽留格木適中之布果素克達巴哈起向西南順賽留格木山嶺至奎屯鄂拉即往西行沿大阿勒臺山至海留圖兩河中間之山轉往西南順此山直至察奇勒莫斯鄂拉轉望東南沿齋桑淖爾邊順喀喇額爾齊斯河岸至瑪呢圖噶圖勒幹卡倫止分爲兩國交界計此一段共已建立牌博二十處首起即於布果素克達巴哈建立牌博一處次接於杜爾伯特達巴哈建立牌博一處於塔布圖達巴哈建立一處博勒奇爾建立一處察幹布爾噶蘇建立一處烏蘭達巴哈建立一處巴喀那斯達巴哈建立一處薩爾那開建立一處巴爾哈斯達巴哈建立一處拜巴爾塔達巴哈建立一處庫爾楚木建立一處特勒克禘建立一處固洛木拜建立一處薩拉陶建立一處薩勒欽車庫建立一處特勒斯愛哩克建立一處鄂里雅布拉克建立一處奇普羌里什建立一處察奇勒莫斯建立一處末至瑪呢圖噶圖勒幹卡倫建立一處共計建立牌博二十處

科布多界約第二條

自同治八年五月二十三日起扣足三百六十六日兩國各派能幹員弁查勘新建牌博一次烏里雅蘇臺委員自賽留格木山東行至沙濱達巴哈科布多委員自瑪呢圖噶圖勒幹往東至賽留格木山適中之布果素克達巴哈每年應照此查辦俄國派官二員一員至賽留格木山會同烏里雅蘇臺委員查勘新立界牌一員起瑪呢圖噶圖勒幹會同科布多委員查勘新建牌博永遠遵行其新立牌博倘有損壞之處仍應照舊各自修補

科布多界約第三條

同治八年七月初六日中國大臣奎昌與俄國立界大臣巴布闊福等自布果素克達巴哈至瑪呢圖噶圖勒幹卡倫新建界牌鄂博二十處其間疎密不一有行人不能越往之處即以山為界限所建定界址東面南面為中國科布多地西面北面為俄國地兩國各以此次新定邊界為憑永遠遵守不得混淆其餘一切悉照同治三年九月兩國分界大臣在塔爾巴哈臺議定原約辦理今經兩國大臣會同建立科布多邊界牌博各將界址起止處所牌博名目寫約各四分兩國建界大臣各於圖約上鈐印畫押互換為憑共畫地圖二張兩國立界大臣會同畫押鈐印俄國立界大臣分取一張中國科布多立界大臣分取一張永昭信守可也

烏里雅蘇臺界約首段　通商約章類纂

同治九年烏里雅蘇臺大臣榮全遵照同治三年九月塔城和約擬定烏里雅蘇臺西北俄國所屬各處總圖內紅色之界今自薩留格穆斯克山嶺之柏郭蘇克山至沙濱達巴哈俱設有界牌立牌後兩國分

界大臣即抄錄地冊界牌數目及建立界牌處所名目一併開列於後

烏里雅蘇臺界約第一條

議定俄國交界以烏里雅蘇臺西北為界自薩留格穆斯克山嶺之柏郭蘇克山東北順薩留格穆斯克山嶺至塔奴額拉山嶺西末處再順薩楊斯克山嶺往北往東直至沙濱達巴哈界牌俱經兩國分界大臣定立為界柏郭蘇克中國界牌於烏里雅蘇臺科布多中間之柏郭蘇克山蘇克山嶺西設立為界即名柏郭蘇克界牌經俄國分界大臣會同科布多分界大臣於柏郭設立為界烏里雅蘇臺界牌由科布多界牌往北經俄國分界大臣會同烏里雅蘇臺分界大臣往東至塔斯克哩山嶺上設為第二界牌即名塔斯客哩自塔斯客哩往東北至珠盧淖爾由珠盧淖爾東南至哈爾喀山嶺設為第三界牌即名哈爾喀自哈爾喀山嶺順珠盧淖爾北岸至塔奴額拉南察布雅設為第四界牌即名察布雅從此順塔奴額拉山嶺西南逾莫多圖扎拉都綸烏爾圖查罕扎克喀圖四河再順他蘇爾亥山從沙克魯河往東北至庫色爾山設為第五界牌即名庫色爾自庫色爾山往西北至塔奴額拉山末處逾哈拉畢拉河肅該山角逾西初哩查河口設為第六界牌即名初哩查自初哩查河往東北順薩楊山逾瑪奴胡穆奴克霍額拉什三河由哈拉淖爾至索爾山設為第七界牌即名索爾自索爾山往東北至沙濱達巴哈附近烏里雅蘇臺設為第八界牌即名沙濱達巴哈此處原因雍正六年恰克圖所定和約內業經建立界牌此次俄國毋庸再行建立其附近烏里雅蘇臺界上俄國所屬各處界牌俄國設立有六中國設立有八今即以此定立為界其餘難逾之峻嶺早經兩國分清遂援此嶺為界即總圖紅旱是也自沙濱達巴哈起

至柏郭蘇克山嶺按現定交界順山嶺一西一北即嶺之右歸俄國屬轄山嶺一東一南至烏里雅蘇臺即嶺之左歸中國屬轄照現定地冊俄國與烏里雅蘇臺接壤之地界牌數目建立處所名目並山名河名一併備圖註明永遠勿替至其餘各界仍遵同治三年塔城和約辦理

烏里雅蘇臺界約第二條

為重整查閱界牌事應由兩國分界大臣另派員弁自同治八年五月十五日起扣至三百六十六日該員弁等應按照擬定處所會齊前往查閱俄國所派員弁會同烏里雅蘇臺所派員弁查閱俄國與烏里雅蘇臺接壤之地應按照定期於薩留格穆斯克山嶺之柏郭蘇克界牌會齊自此前往東北查至現定沙濱達巴哈界牌為止烏里雅蘇臺分界大臣派員查閱界牌時亦應照此辦理此章既定應行永守勿更俾免界牌遷移損壞是以兩國分界大臣將地冊錄清書寫俄國字四分滿洲字四分共八分並將現定交界繪為地圖二頁其內將界牌數目用俄滿文字註明該大臣等畫押用印後各持四分地圖一頁於同治八年七月二十八日在昌吉斯臺互換永持為憑

附烏里雅蘇臺界約記畧

烏里雅蘇臺立界大臣伊犁將軍榮全籌議建立烏屬界牌鄂博遵照定約於同治八年四月十一日在烏克克卡倫會議各議所屬牌博以定兩國交界五月初四日中國科布多立界大臣奎昌俄國立界大臣巴布闊福穆嚕木策傅等公同酌議往原圖所繪之賽留格木地方為烏科交接之處會同建立牌博以便兩處分立議定後於五月二十七日順賽留格木山嶺同至柏郭蘇克塡上適中之地烏

城立第一牌博於北科城立牌博於南俄國立鄂博於西立畢科城大臣會同俄官向西南立界至瑪呢圖噶圖勒斡為止烏城大臣同俄官穆噜木策傳向東北立界至沙濱達巴哈為止此壩並無樹木亦無大河地勢窪濕係科屬之阿勒坦淖爾烏梁海東北邊末處即係烏屬唐努烏梁海西南邊境由此壩向東北行約八十里至塔斯啟勒山於山頂同立第二座牌博此處並無樹木偏山泥淖山下有塔斯啟勒小河一道水向東南流山東南為中原地山西北為俄國地又向東北行約九十里至原圖所繪之珠盧淖爾東南岸約十數里哈爾噶小山上同立第三座牌博其東南為中原地其西北接連珠盧淖爾為俄國地又順珠盧淖爾北岸約二十餘里至唐努山南察布齊雅壩上同立第四座牌博山北為中原地山南接連珠盧淖爾為俄國地此兩界間橫直並無樹木大河均係泥淖亂石沿唐努山南向西過莫多吐河扎勒都倫河烏蘭吐河察罕扎克蘇吐河順哈喇塔蘇爾海山至沙克魯河轉向東北約二百五十餘里至庫色爾壩係唐努烏梁海西方邊界同立第五座牌博壩上無樹巨石前岩其東為中原地其西為俄國地由此向西北約九十餘里至原圖所繪之唐努鄂拉達巴哈末處過哈喇河偏西山下楚拉察水流之處同立第六座牌博此地泥淖太大樹木無多迤東迤南為中原地迤北為俄國地由此向北向東順原圖所繪之薩彥山過瑪納胡河蒙納克河浩拉什河由喀喇淖爾至蘇爾大壩約共二百五十里同立第七座牌博此壩並無樹木泥淖其東南為中原地其西北為俄國地由此向北向東約三百六十餘里崇山綿亘木石叢雜山脈連貫直至沙濱達巴哈堆立第八座牌博其東南為中原地其西北為俄國地以上烏里雅蘇臺共立牌博八座有牌博處以牌博為界其

不能越往山嶺即以山嶺為界均以圖内紅線定兩國交界自東北沙濱達巴哈起至西南賽留格木山柏郭蘇克壩止紅線以左均為中原地紅線以右均為俄國地今將立定牌博數目地名山河形勢繪圖作記為憑並將現增議定條款開列於後其餘應辦事宜均照從前議定條款酌量遵辦自同治八年五月十五日起算足三百六十六日兩國各派妥靠官兵將新立牌博查看一次烏里雅蘇臺委員等由賽留格木向東至沙濱達巴哈查看科布多委員等由瑪呢圖噶圖勒幹向東至賽留格木查看按年均應照此查辦俄國派官二員一由托木斯蓋省派出往賽留格木由新立牌博起會同烏里雅蘇臺委員等查看一由斜米省派出往瑪呢圖噶圖勒幹由新立牌博起會同科布多委員等往查永遠遵行其新立牌博如有損壞仍照舊式即各修補將此圖記鈐印畫押互換為憑

中俄改訂條約第一條通商約章類纂

大俄國大皇帝允將一千八百七十一年即同治十年俄兵代收伊犁地方交還　大清國管屬其伊犁西邊按照此約第七條所定界址應歸俄國管屬

中俄改訂條約第五條

兩國特派大臣一面交還伊犁一面接收伊犁並遵照約內關繫交收各事宜在伊犁城會齊辦理施行該大臣遵照督辦交收伊犁事宜之陝甘總督與土爾吉斯坦總督商定次序開辦陝甘總督奉到　大清國大皇帝批准條約將通行之事派委妥員前往塔什干城知照土爾吉斯坦總督自該員到塔什干城之日起於三個月內應將交收伊犁之事辦竣能於先期辦竣亦可

中俄改訂條約第七條

伊犁西邊地方應歸俄國管屬以便因入俄籍而棄田地之民在彼安置中國伊犁地方與俄國地方交界自別珍島山順霍爾果斯河至該河入伊犁河匯流處再過伊犁河往南至烏宗島山廓里扎特村東邊自此處往南順同治三年塔城界約所定舊界

中俄改訂條約第八條

同治三年塔城界約所定齋桑湖迤東之界查有不妥之處應由兩國特派大臣會同勘改以歸妥協並將兩國所屬之哈薩克分別清楚至分界辦法應自奎峒山過黑伊爾特什河至薩烏爾嶺畫一直線由分界大臣就此直綫與舊界之間酌定新界

中俄改訂條約第九條

以上第七第八兩條所定兩國交界地方及從前未立界牌之交界各處應由兩國特派大員安設界牌設大員等會齊地方時日由兩國商議酌定俄國所屬之費爾干省與中國喀什噶爾西邊交界地方亦由兩國特派大員前往查勘照兩國現管之界勘定安設界牌

附光緒七年中俄卡倫單

中國卡倫	俄國卡倫
一胡柏里志呼	一斯他羅粗魯海圖斯基
二則林圖	二查干額羅紫爾斯基

三毛葛子格　三克留車甫斯基
四烏梁圖　四庫魯蘇他業甫斯基
五多羅洛克　五查蘇車業甫斯基
六霍林納拉蘇　六杜魯勒古業甫斯基
七呼拉查　七托克托爾斯基
八巴楊達爾噶　八
九阿深嘎　九阿深金斯基
十嗚孽　十們森斯基
十一烏阿勒嘎　十一沙拉郭勒斯基
十二庫達拉　十二庫達林斯基
十三恰克圖　十三恰克圖
十四哈拉呼志爾　十四博齊斯基
十五治爾格臺　十五熱勒都林斯基
十六鄂爾托霍　十六哈拉米斯基
十七伊勒克池拉穆　十七哈木轟斯基
十八烏尤勒特　十八克留車甫斯基

十九貝勒特斯
二十賽郭鄂拉
二十一金吉里克
二十二攸斯提特
二十三蘇鄂克
二十四查罕鄂博自此卡倫以下兩國同名
二十五布爾噶蘇臺
二十六哈巴爾烏蘇
二十七巴克圖
二十八喀普他蓋
二十九闊克蘇山口
三十霍爾果斯
三十一別疊里山口
三十二帖列克第山口
三十三圖魯噶爾特山口
三十四蘇約克山口

十九撒金斯基
二十額庚斯基
二十一
二十二
二十三
二十四

三十五伊爾克什唐

單內所開過界各卡可俟中國邊界官及俄國領事官體察情形報明後由中國總理衙門會同俄國駐京大臣商議酌改將查明可裁之處分別刪減或以便商之處酌量更易亦可

美續約第一條 通商約章類纂

大清國大皇帝按約准各國商民在指定通商口岸及水路洋面貿易行走之處推原約內該款之意並無將管轄地方水面之權一併讓給嗣後如別國與美國或有失和或至爭戰該國官兵不得在中國轄境洋面及准外國人居住行走之處與美國人爭戰奪貨劫人美國或與別國失和亦不得在中國境內洋面及准外國人居住行走之處有爭奪之事或別國在中國轄境先與美國擅起爭端不得因此條禁款美國自行保護再凡中國已經指准美國官民居住貿易之地及續有指准之地或別國人民在此地內有居住貿易等事除有約各國款內指明歸某國官管轄外皆仍歸中國地方官管轄

中法會訂越南新約第一款 通商約章類纂

一越南諸省與中國邊界毗連者其境內法國約明自行弭亂安撫其擾害百姓之匪黨及無業流氓悉由法國妥為設法或應解散或當驅逐出境並禁其復聚為亂惟無論遇有何事法兵永不得過北圻與中國邊界法國並約明必不自侵此界且保他人必不犯之其中國與北圻交界各省境內凡遇匪黨逃匿即由中國設法或應解散或當驅逐出境倘有匪黨在中國境內會合意圖往擾法國所保護之民者亦由中國設法解散法國既擔保邊界無事中國約明亦不派兵前赴北圻至於中國與越南如何互交

逃犯之事中法兩國應另行議定專條凡中國僑居人民及散勇等在越南安分守業者無論農夫工匠商賈若無可責備之處其身家產業均得安穩與法國所保護之人無異

中法會訂越南新約第三款

一自此次訂約畫押之後起限六個月期内應由中法兩國各派官員親赴中國與北圻交界處所會同勘定界限倘或於界限難於辨認之處即於其地設立標記以明限界之所在若因立標處所或因北圻現在之界稍有改正以期兩國公同有益如彼此意見不合應各請示於本國

復總署論挖吳淞漲沙書　　兩江總督　李宗羲

曡綍鈞函以吳淞漲沙之案洋人嘵瀆不已幾有萬難罷休之勢而蓋處所及仍以該處究竟應否挑挖經費如何籌畫並是否地居險要有無安設礮位等事分別下詢此數言中國已明示以輕重權衡之要而行止之機宜已不待躊躇而可決矣宗羲於該處水道地勢商船進出情形未曾親身閱歷而考證圖志徧詢眾論參酌本案事理乃知此段漲沙實難開挖而其所以不可行者約有數端請為縷晰陳之卷查同治四五年間洋人請挖吳淞海口當經上海道查復畧云該處尚無須挑濬若為不甚經意以姑置之此亦辦理之一法迨上年繪送沙圖並由沈道指稱沙隨潮漲人力難施亦不過塘塞一時今覬覦未絕外則十四國領事合詞挾制內則英俄各使相繼要求而來函復詢及是否地居險要一層尤為慮遠思深獨見其大現查此段淤沙坐落黃浦江與大海相接口門之內西岸為寶山東岸為川沙實為由海入蘇松等處要道自北而南入此口門不數里許其西即有內河來通此江名吳淞口亦名胡巷口今人

倶以黃浦口爲吳淞口其實吳淞口即在黃浦口内該淤沙自口門東偏隱伏水底南至江心沙始露出水面凡華洋大船初入口必沿西岸而行見此沙露出水面西岸水底又有淤沙各船必改依東岸行駛至此沙盡處方能暢行口門向有礮臺對設東西兩岸濱臨海口江心沙雖在礮臺之南數里其實礮臺相對之處水底已伏此沙各船行駛之處與西岸礮臺尤相近也黃浦口内淺處每逢冬令潮漲之時深二丈四五尺不等潮涸之時尚深一丈五六尺不等重載洋輪喫水二丈餘者到此偶有停泊候潮之時並非各船皆然亦非通年皆然洋人現欲挖長一千七百碼寬一百碼外國四碼合中國一丈而弱則是長四百二十餘丈寬將二十五丈其意只欲爲重載洋船開一船道並不全挖殆謂此事尚無所損耳孰知其所損已多乎此沙在口内綿亘數里多伏水底自成險阻外國大輪船有時畏淺不敢闖然而入彼之所忌正我之所利也黃浦口外水底積沙咸以爲攔門之限口内復有此沙明明寬平江面而大船到此只有屈曲一線可行之路亦可謂天險矣豈可曲徇一時之請有短垣而自毁之哉夫居今日而言設險誠不足爲外人道然自通商以來外國初未嘗阻我之修武備設防汛也各局廠製造軍火輪船皆問津於西國蓋與和約本兩不相妨若仿天津辦法則上海内外礮臺正不妨隨時修葺復我舊規此要儘可以該處淤沙形勢所關未便輕動正色與言推誠相告使彼心折而語塞似屬正辦若隱忍不露彼轉煩聒不休即略事興挑彼必再求深濬而我已自失其險矣是不可行者一也查英約第二十款載明英國船隻有在中國沿海地方擱淺地方官查知即設法妥爲料理等語並無將擱淺處之淤沙設法挑濬之說足見中外只能各就港口之淺深酌行船載之輕重在洋商不應儘貪重運以嘗試天生之挺沙在

中國豈能特闢新途以招徠無限制之制載非但條約章程無此辦法即萬國公法亦無似此破格之故事若貫約不問惟外國重載商船是利遽強中國以騤興大役此端一啟則效尤者皆將於約外求開方便旁門即如長江之九江以上亦多淺阻冬間重載輪船頗難行駛必須用小輪船剝至漢口他如大沽海口之攔港沙臺灣鹿耳門之七鯤身輪船到彼皆難暢行若准挖此沙萬一彼復援例請挖長江大沽及鹿耳門又將何以應之是不可行者二也沈道議令此項經費華船大者一體捐助其意蓋謂該處挑濬總於行船有益華洋均無二致此說亦未盡然黃浦為東南第一繁盛之口內地帆檣林立究之大船少而小船多畏奔洪不畏擱淺往往停泊淺處榜人高臥船頭徐待潮至鳴榔自在而行今若於海口驟添中洪之險則避之惟恐不及當進出口岸之時轉增一番戒心且中洪既寬洋船破浪進出較前更速而無算華民小船首承其敝夫吳淞者中國之海口也以中國無算民船之不利為外國數輪船之利不已喧賓奪主乎昔宋王覿奏開海口諸浦而劉懿按行謂開海口反有風波驚入之慮康熙年間邑人張宸書云松江之牐主遏潮以拒泥沙與西北之牐蓄水以利舟楫者大異今乃以遏沙之具而為舟楫之資是使海中之潮日來江中之沙日淤即此說以參互觀之則開海口以致大潮不足為我舟楫之利亦甚明矣是不可行者三也沈道前稟吳淞口深通則宣洩無滯於水利亦為有裨等語此說亦未盡然查核松江水利成案前與人論著黃浦今昔情形均與沈道所議不相符合溯自明初松江淤塞後江入黃浦以歸海今之黃浦口所以亦稱吳淞口也黃浦所受之水即松江所受之太湖分派赴海之水也浦之通塞誠有關於蘇松水利而其要則在於助江以敵潮出清以逐渾未聞其濟沙以助潮也明嘉靖初蘇

撫李充嗣啻用濬川爬鐵帚船以濬吳淞水道並不聞濬海口之淤沙誠以江水清而海潮渾治於上流則衆水注江以出海斯所以宣洩也為治於海口則渾潮挾勢灌入以病江是求通反以致淤而何宣洩之有然則口內各岸之捍海塘禦潮堰杜之於潮後者人之所設也口內水底之漲沙截之於潮先者天之所生地之所成人力之所弗逮也查寶山地圖乃乾隆十五年所刊浦內已有此沙迄今又一百二十餘年矣並未聞黃浦口壅塞不通是此沙無大增長可知且過此江心沙以南水皆深通具見海沙之來實賴此積沙過之無礙內水之出足防外沙之入於農田水利實有稗益況華船可行外國船亦可行所稍有阻滯者僅裝貨太重之輪船耳未聞通商以前黃浦早已有此淤沙奈何僅為近日洋船之偶不便而遂欲挖去以亡己之水利乎是不可行者四也再查上海十四國領事申陳振軒內稱此事有礙洋商貿易之據實難詳細聲明故有面晤振軒再述緊要關鍵之說若有十分掣肘之處究之洪次曉瀆祇為輪船過此漲沙或延時刻或添剝費二事而已除此之外無所為難也殊不思各船俱無阻礙獨此數船或為此沙所滯則亦當自反而知其故矣惟其裝貨太多喫水太深遂有遇淺候潮之事海潮一日兩至耽延不過數時即或適值大汛已過而船載太重仍須再候大潮否則起剝貨物令船稍輕方得過淺此皆重載船隻常有之事然實緣於自取不能諉過於淤沙蓋該口久有此沙行船者誰不知之乃明知該口之水本有淺處而來船喫水之分數偏欲過之又不依達淺候汛之常規而更欲速之假令續後更有來船焉力愈大喫水愈深亦欲勉強進口則耽延必益久起剝必益多又將指為該口之淺阻益甚耶倘能幡然變計準照該口之淺深酌定來船裝貨之重輕自然通暢流行毫無停滯矣乃不思減裝以避淺

偏欲挖沙以就船是專為數隻輪船惜費而轉令中國動鉅帑興大工尤於情理有未協也是不可行者五也大抵洋人之為是謀亦明知此沙無定消長即挖去亦必復生故有既挖以後仍用機器常川拖挖之議是開挖之時費用既屬浩大既挖之後支銷仍無了期彼蓋以為之而效其獲益在洋商為之而不效其耗費在中國樂得進此愚公移山之計該關道前稟人力難施經費難籌已足見此事之必不能成然洋人方恃其機器之足用又注意七成船鈔之可以開銷若概置不理則辨論滋煩未必即能帖服今擬委大員會同上海道督令熟悉挖沙之洋人詳細勘度如工程艱鉅不易蕆功或經費浩繁無從籌措即據情知照當可知難而退立作罷論如其仍從顢頇從事則當根據條約逐層駁斥有此數不可行諒彼亦將頫首無辭此事頗關海防形勢水利大局今承函諭轉飭確切查明以憑核辦尤不敢稍存簡率用是不避煩瑣具陳顛末惟冀卓識俯賜察度裁其偏駁訂其疏失俾成完論庶足備臨時採擇於萬一耳

籌邊論三 論東北邊防

姚文棟

俄自咸豐十年踰大興安嶺而南與我劃黑龍江為界由是東路天險全失夫烏拉嶺者天所限以東西俄踰烏拉嶺而長駕萬里直指東海搖足唾手而盡有其地大興安嶺者天所以限南北今俄踰興安必將長駕南指其欲又烏可限量古人論守江必守在江外守淮必守在淮外劃江者必不能守江劃淮者必不能守淮今與俄中劃黑龍江南北分守則黑龍江之險其不足恃也明矣夫吉林控壓東海有混同江紛芬河圖們江三海口經絡其間輪舟出海五日至燕齊十日至吳越二十日至閩粵萬里往還直呼

吸聞事泱泱乎表海之雄風也庫頁島直混同江口此如崇明之鎖鑰長江臺灣之屏蔽浙閩亦爲要地

國初時此島原隸版圖不知何年爲日本竊去三易主而歸俄屏藩一壞東三省境地日蹙遂肇於此今吉林瀕海之地及三海口亦且盡爲俄屬矣夫以形勝之地與敵而瑟縮退處於敵人藩籬之内此所謂聚六州之鐵鑄成大錯者俄既有混同江海口便要在松花江行船往來腹地吉林全省危機已萌芽於此俄既有圖們江海口便駐重兵於琿春以圖朝鮮朝鮮危機又伏於此假如中俄有釁俄在沿海及黑龍江中輪舟往來千里若咫而我奔走於崇嶺崎嶇之間文報遲延兵士困憊其勞逸不同無論矣尤可慮者俄以兵船梭巡平日准行之混同江中則黑龍江省與吉林聲援隔絶而黑龍江必危又梭巡平日行船之松花江中（胡鐵花吉林來信云此時松花江中尚無俄船）則吉林省城與寧古塔聲援隔絶而寧古塔必危夫同治初年新疆淪陷亦因回匪起事哈密迪化城兩處關内外聲息中斷任其蠶食而西東手不能救援今吉黑情形頗與此相類前車之鑒未雨之謀宜在今日蒙以爲混同江至松花江中宜練水師一支於沿江三姓呼蘭齊齊哈爾阿勒楚喀拉林伯都訥各城中酌設重鎮數處又輔以陸地旗屯夫泰西諸國在長江中行船假無操防水師將有反客爲主之勢今俄人在混同江松花江中行船事同一例即當彷照辦理查會典則例載順治十八年設吉林水師營又康熙十三年自吉林移駐水師營於黑龍江夫吉林黑龍江在　祖宗朝爲腹地尚有水師防營今爲邊地又值多事之秋則水師營之不可緩亦明矣况參酌舊制不必甚費更張而於邊務大有裨益至吉省拉林阿勒楚喀地方江省齊齊哈爾呼蘭地方皆有膏腴可耕之地核計不下二千餘里雍正十三年乾隆六年十年皆有屯墾成案其地在混同江兩岸若辦理

陸圍不特與水師有輔車犄角之勢又可扼守嫩江松花江兩口兵食胥足節節有防東徼可以安枕無虞若黑龍江與俄劃中流為界此與三國時吳蜀距江為守情事相類所謂沿江上下所在皆險而尤以額爾古納河通入黑龍江口一處為最要俄若攔入額爾納河進路呼倫貝爾則江省與蒙古聲息中斷俄得以縱橫自如江省既無自全之策蒙古亦大有危機矣

贈朝鮮人李東輝歸國序

朝鮮聘貢我　朝以來　列祖　列宗覆之如一家國中大饑則海運漕粟以賑之國中討賊則須有功將士萬金以犒之我　朝之待他國未有隆於朝鮮者也今年六月之變　皇上赫然震怒命將遣師討平其亂亦猶繼　先聖之志爾顧其國東西南三面瀕海近年海禁大弛開仁川金山元山三口與日本及泰西諸邦通商往來五洲之賈舶兵艦梭織於海上而東北一隅與鄂羅斯隔江為鄰聲息相聞今亂事雖靖其於內治外交之道均不可以不講也夫日本之窺伺朝鮮數百年於茲矣國中人當無不知之而鄂欲逞志亞洲必首發難於朝鮮則或未知也鄂之強於五洲歐亞諸國皆有戒心彼所憾者無形便之海口耳是以欲得土耳其於西不得則欲得波斯於南又不得則欲得朝鮮於東其叵測之心豈復可量朝鮮自開禁海而後識時之俊傑揣摩風尚無不競談海務以策自強然愚謂海與邊並重海事近而為禍淺邊事遠而為禍深若邊海並籌可也若顧海而略於邊是大不可夫朝鮮安平咸鏡二道其民鷙悍耐寒若可用以防邊然地廣而荒未得古人實塞下之意今宜移民於鏡城鍾城以北一帶之地開墾荒土以裕餉而治民為邊庭久遠之計鄂之經營東悉畢爾日本之經畫蝦夷皆是道也抑朝鮮於我

朝非獨情誼如一家也其土宇毘連亦如一家之相依倚不破除畛域不足以保朝鮮以海道言之燕臺國仁川之應援矣而我陸路琿春一軍與慶源慶興二鎮夾豆滿江以相犄角亦如常山蛇勢第二鎮得地而力弱而我軍所駐距海太遠非用武之地將來如有鄂警宜於豆滿江口添練水師我軍渡江而南協力相守乃足以當雄敵此愚所云不分畛域者也李君沈靜有智識與予譚論素契洽於其歸國故書予之所見者告之

保護朝鮮議 邊防偶述 乙酉三月

朝鮮世列東藩久資屏蔽兩遭內亂卷與戢平字小之仁傑海之力赴機應變之神若較處置法越一事差强人意者然而賊臣雖戮黨惡尤多日使旨臨要挾甚衆內憂外患豈一日可忘而中國所代為保護者雖善而猶恐未盡得焉夫馬山浦距高京纔百八十里是處防營阨要駐守原以咽喉通而杜窺覦乃不審形勢緩急而輕於撤防僅使數十人虛張旗鼓當客歲十月之變此要口之不為洪英植與日人襲取幸矣且洪逆等敢擅殺大臣逼脅君主者實藉日兵為之外應而日亦得假護衛之名據高地以歸掌握耳我防軍既就近援助以誅亂臣而保藩王矣當亟 諭飭出使日本大臣詰日助逆脅君及拒我援師之罪俾彼知理虧而詘而厚郵我軍士傷亡不為過也乃我不能往詰日廷而日反使伊藤來詰慢辭要索肆意欺凌不可謂非中邦有以啟之矣顧蹉失於前則必思補救於後救失如何一曰救高之失一曰救我之失所謂救高之失者宜 特派明達忠實大臣一員往駐高都務與其王懲前毖後任賢去邪化俗宜民講武修睦俾守舊開化二黨胥翕然畏服而不敢再啟殺謀庶可內安宮禁外靖派言而永絕

敵人窺伺之萌乎若我之失總在掩飾於平時而竭蹶於臨時中法事殷則移駐高之師以防法而不顧近憂日高事起又調禦法之艦以援高而實避不出積弱積玩之餘非特貽笑法人即倭奴之侮我抑又甚矣今議保護朝鮮惟堅拒伊藤要挾諸端而命張曜雷正綰兩軍門移師東渡分屯高國各要隘以示必戰如仁川為日商所萃水源亦當敵之衝馬山尤我軍入高登陸之要地於此數處苟各駐重兵以制敵出入奚患彼不知難而退耶夫日之船艦破械本不迨法國之精而欲以法之圖越者圖高亦太不知自量今法已力絀請和諒日斷不敢求逞惟駐高諸軍恐不免日久玩生且無威信素孚如吳忠壯者以鎮撫其地慮日高暫和之際不無各懷意見妄起猜疑致日復藉口以激禍變耳誠使我與高不務止戈息民之虛名而講內修外攘之實政勿事張皇勿妄更變但交泯瑕釁以制侵陵庶前失之南藩者今猶得收之東隅乎然上策之莫如自治人類能言之而能實力行之者鮮矣況近聞津口議和又有允撤駐高防兵俾高自護治安之說耶

上吳清卿帥

胡傳

竊某以書生從戎蒙恩培植首尾未滿三載遽得之官臨民夙夜思維莫圖報稱而莫知所自竊念法夷構禍南越東南沿海各省處處備兵以防騷擾夫以中國之全力防一法夷大小強弱勢既懸殊主客勞逸情亦易見勝負所在固可易知然我設防萬餘里備多則力分師老則財竭似已犯兵家之忌處處欲保全必不能處處保全自屬意中之事東南財賦所出各省日事添兵則協濟東北之餉後必不能如額以貢於戶部東陲各防之餉勢必岌岌俄羅斯虎視朝鮮逼處肘腋乘機蠢動以蹈我瑕亦屬意中之事

我師先天下之憂而憂力肩艱鉅屢請師師赴粵而　廷旨仍令駐防灤樂揣其用意非特欲固畿東各口殆欲兼顧東陲各防東三省　國家根本重地一旦有事　朝廷念中外大臣孰悉邊情莫若我師必仍以東事相屬從令而防倉卒之間兵單餉絀均可深慮某在邊久偵探俄事頗悉感念恩遇時切杞憂伏查俄之謀我禍莫大於乘隙我之禦俄策莫要於搗虛其事有當預籌者謹為我師預陳之吉林以黑龍江為肩背奉天以朝鮮為藩籬而其要害之區尤在艾輝與琿春二處由艾輝而西至墨爾根折而南至齊齊哈爾不過千里路甚平曠由齊齊哈爾而南至吉林省城平廣原野之地亦不過千里俄夷若以輪船載兵從艾輝登岸直搗齊齊哈爾其拊我三姓寗古塔琿春東防各軍之背則吉林震動東防各軍處後路絕不得不回顧則全局皆震動此北路之可慮者也俄兵若由黑頂子偷渡圖門江北可抄琿春之後南可拊朝鮮之背琿春失則彼攻朝鮮無復顧忌朝鮮失則不特東三省皆為所包而直隸山東江浙沿海各省亦不能高枕而臥此南路之可慮者也惟查俄夷經營東部現在尚未周密其用意專注朝鮮其設防偏重琿春而與我三岔口黑河口接界等處均不甚留意以我吉林之防兵駐於寗古塔之乜河三姓之巴彥通距彼尚遠故也俄若入寇必南北並舉以牽制我吉林之防兵不得力援琿春以救朝鮮我之禦彼在黑龍江宜於艾輝添設江防築礮臺江岸堵截彼輪船之來路吉林於寗古塔添練礮隊礮車無事則隱其形使不知備有事則出三岔口直搗彼雙城海參崴以攻其所必救俄謀朝鮮海道以海參崴為根本陸路以巖杵河為根本而其接濟之兵必由黑龍江經艾輝出黑河口入混同江分路一入烏蘇里河踰興凱湖登岸以達雙城一出混同江入海繞經海參崴以達摩闊崴我黑龍江兵禦之於

艾輝三姓之兵移駐黑河口不惟彼之後路絶兼可牽制彼伯力之兵使不敢動彼雙城空虛路甚平夷我攻此則彼巖杵河之陸兵必回顧海參崴之砲船亦不敢遠出而琿春之圍自解如我軍得利能奪取雙城海參崴則俄兵之在東者形勢中斷巖杵河沿海一帶之地皆在我掌握之中南路肅清轉而向北與三姓之兵夾攻伯力則吉林以東二千餘里之地均可收復從此南蔽朝鮮東制日本北禦俄羅斯均易為力不特東三省固如金湯東海可永無俄患此地利之必爭者也黑龍江地寒每歲四月望後江冰始開九月望後又復凍結彼輪船可駛每歲不過五閱月我之江防一設於艾輝再設於黑河口層層堵截每歲喫緊亦不過五閱月此天時之可恃者也彼東部兵不過數千民皆新從未有固志遠距故都數萬里聲援既斷人心惶駭大兵一臨如鳥獸散自在意中我兵陸路則由吉林黑龍江出海道則由南北兩洋來源源接濟可以持久而彼則不能此又人事之可恃者也我因失吉林以東數千里形勢之地使彼實逼處此為肘腋患必驅之乃可無憂然必及早籌添黑龍江江防甯古塔礮隊乃克有濟未雨綢繆備邊之要務爭先扼要制勝之良謀我不預籌彼爭先著一得一失關係大局豈淺鮮哉我師智燭幾先統籌四衣消患於未然天下之幸非獨東三省一隅蒙福也

恭報會同俄員勘界立牌繪圖補記遵旨畫押各日期疏光緒十二年　吳大澂

竊臣等奉命會勘吉林邊界事宜於四月十九日由琿春起程前赴俄境巖杵河會商界務前經具摺奏明在案四月二十二二十六日兩次會議曾將大畧情形電達李鴻章轉電總理各國事務衙門五月十三日欽奉五月初五日諭旨李鴻章轉電吳大澂所議展界豎牌補記繪圖各節均尚妥協即著照

議畫押欽此臣等竊思琿春與俄國交界地方有界限不清之處因咸豐十一年前户部侍郎成琦會同俄員建立木界牌八處其末處土字界牌最關緊要不知何年毀失遍詢土人無從查究查琿春轄境處處與俄接壤臣依克唐阿到任後查閱邊界自琿春河源至圖門江口五里餘里竟無界牌一箇黑頂子山瀕江一帶久被俄人侵佔屢與臣吳大澂照會俄員索還佔地並迭次面商據約辨論該俄員等一味由吾延宕竟於黑頂子地方添設卡兵接通電綫有久假不歸之意旋經吉林將軍臣希元專派協領穆隆阿雙壽等約同俄員會勘僅至沙草峯為俄人所阻未經勘畢而回臣等此次會同俄國所派勘界大臣巴啦諾伏等商議界務首重立土字牌交界之處次則歸還黑頂子要隘之地據俄員舒利經指出成琦所換地圖上界綫盡處即咸豐十一年原立土字界牌之所江東有大泡子積水為記江西與朝鮮偏險城相對該員舒利經即係當時親自繪圖監立界牌之人言確之鑿並出大小圖稿一牌有一牌之圖沙草峯所立土字界牌似非無據臣等詳查咸豐十一年所換地圖內英尺一寸係俄國里二十五里中國里五十里圖上界綫末處與海口相距幾及一寸係俄里二十餘里以中國里數計之實係四十五里惟咸豐十年條約內云兩國交界與圖門江之會處及該江口相距不過二十里咸豐十年交界道路記文內亦云圖門江左邊距海不過二十里立界牌一箇上寫俄國土字頭現查十一年所立土字界牌之地並未照準條約記文二十里之說臣等與俄員巴啦諾伏反覆辨論該員以為海灘二十里俄人謂之海河除去海河二十里方是江口臣等以為江口即海口中國二十里即俄國十里沙草峯原立土字界牌既與條約記文不符此時即應照約更正巴啦諾伏仍以舊圖紅綫為詞堅執不允此四月二十二

日與俄員議立界牌力爭未決之情形也此外尚有應辦事宜數端舊圖內拉字那字兩牌之間有瑪字界牌記文則缺而未立條約內怕字土字兩牌之間有啦薩二字界牌地圖記文略而不詳現應補立者一也舊立木牌年久易於朽壞鄉民有燒荒之例野火所焚延及牌木難免燬損改用石牌較為堅固亟應換立者二也兩國交界地段太長牌博中間相去甚遠路徑紛歧山林叢雜本未立牌之地難免越界之人自宜酌擇要地多立封堆挖濠為記愈密愈詳此應辦者三也俄人所佔黑頂子地方設有俄卡現應補立土字界牌該處在紅綫界內臣依克唐阿當即派員前往接收添設卡倫以清界址此應辦者四也俄員舒利經現畫分圖以英尺一寸為俄國一里計中國里二里較舊圖尤為細密臣等與該員詳加攷核分注漢文俄文應將此圖畫押鈐印中俄各存一分以補舊圖之不備此應辦者五也以上各條均於四月二十六復議界務時臣等與俄員巴啦諾伏詳細妥商各無異議惟補立土字界牌一節再三辯駁始允於沙草峯南越嶺而下至平岡盡處豎立土字牌以江道計之兩舊圖展拓十八里逕直里數不過十四里臣等派員前往測量該處距圖們江出海之口順水而下為中國里三十里計俄國里十五里陸路直量為中國里二十七里俄國里十三里半臣等自奉　諭旨允准後即於五月十九日約同俄員巴啦諾伏及舒利經克拉多馬秋甯等前赴圖們江議立界牌之地親自勘明於二十日將土字石牌公同監立並用灰土石片深埋堅築以期經久所擬記文應寫滿文漢文俄文各二分另繪分圖於六月初七日繕寫完竣臣等即於是日在巖杵河俄館會同勘界大員巴啦諾伏等畫押鈐印訖除將記文地圖各一分由吳大澂回京復　命時面交總理各國事務衙門王大臣存案備查外所有臣等會同俄員勘

界立牌繪圖補記遵　旨畫押各日期謹繕摺由驛馳陳

再圖們江土字界牌以南至海口三十里雖屬俄國轄境惟江東為俄界江西為朝鮮界江水正流全在中國境内中國如有船隻出入海口非俄國一國所能攔阻臣等與巴啦諾伏商議數次該使總以奏請俄廷示諭為辭應俟商妥後再行定議又甯古塔境内倭字那字二界牌均與記文條約不甚相符臣等畫押事竣擬再赴三岔口一帶將倭字那字二界牌查勘明確如應更正之處再與巴啦諾伏等妥商辦理合併陳明

會勘倭那二牌應照圖約更正疏

吳大澂

竊臣等前因甯古塔境内倭字那字二界牌均與記文條約不甚相符擬赴三岔口一帶查勘明確再與巴啦諾伏等妥商辦理曾經附片　奏明在案臣等約同俄使巴啦諾伏等於六月初十日同赴三岔口查勘倭字界牌現在小孤山頂距瑚布圖河口尚有二里並有中俄交界地方查咸豐十一年前倉場侍郎成琦會同俄國大臣議定交界道路記文内稱在瑚布圖河口西邊立界牌一個牌上寫俄國倭字頭並未載明在小孤山細詢緣由因當時河口水漲木牌易於衝失權設山頂離河較遠若以立牌之地即為交界之所則小孤山以東至瑚布圖河口一段又將割為俄地現與俄使巴啦諾伏議定將倭字石界牌改立瑚布圖河口山坡高處正在兩國交界之地按之地圖條約均屬相符以後永無爭執再查成琦所定交界地方記文内橫山會處立界牌一個上寫俄國那字頭該處與瑚布圖河口相距約有百數十里當日立牌之處本在荒山榛莽中人迹不到之處亦無路徑可尋年久無從蹤跡中俄邊界各官均以

為此牌失毀漫無稽攷光緒三年甯古塔副都統雙福與俄官廓米薩爾馬邱甯補立那字界牌在瑚布圖河口正北山上距綏芬河與瑚布圖河交會之處不及二里倭那二字牌相去太近又非橫山會處自應查明更正臣等商派熟悉邊界之員會同俄官前往查勘適甯古塔副都統容山添派佐領托倫托將隨同臣等履勘邊界因委該佐領會同俄員舒利經裹糧入山十餘日依水尋源披荆闢路始於六月二十日訪得木牌一座上多朽爛僅存二尺餘下有砕石平砌臺基雖字迹剝落無存按其地勢正在橫山會處迤西即係小綏芬河源水向南流其為那字舊界牌似無疑義惟山路崎嶇林木蒙翳新造石牌一時難以運往現與俄使巴啦諾伏議明先於該處原立那字界牌之地掘深數尺堅築石臺俟冬令冰雪凝厚再將那字石牌由小綏芬河拉運到山屆時由臣依克唐阿派員前往會同俄官妥為建立至那字界牌中間百數十里自應添設封堆記號以清界址現由俄官舒利經督率繪圖各員詳細測量臣等協委佐領托倫托將瑚布圖河卡官驍騎校永祥隨同察看妥慎辦理臣等於七月初八日回至琿春俟各處應換石牌應繪界圖一律告竣按圖畫押鈐印畢臣吳大澂再行回京覆　命所有臣等查明倭字那字兩界牌案照圖約妥為更正緣由謹繕摺由驛馳陳

俄羅斯屬地西卑利亞新造鐵路圖說

姚文棟

俄國新聞云西卑利亞大鐵路俄政府規畫已久因工程重大遷延數年至本年始定議開築分為三段自打穆斯克至額爾庫特斯克為第一段自拜喀爾湖至納爾嗔斯克為第二段自烏蘇里至浦潮斯克為第三段本年六月下旬米堪羅親王赴西卑利亞一為即喀特鄰堡新開博覽會一為打穆斯克新設

大學校特往二處臨視其時自郎喀特鄰堡至打穆斯克之間正在鋪設鐵路自打穆斯克以東即現所規畫之三段也俄皇於六月二十日准內閣之奏特派黑龍江太守鈞羅夫伯東部西卑利亞太守依苛納奇夫將軍督辦事宜而陸軍大臣總其成限定五年竣功計自俄京聖彼得堡至提烏們五日自提烏們至打穆斯克三日自打穆斯克至額爾庫特斯克渡拜喀爾湖至納爾嗔斯克二日自納爾嗔斯克下黑龍江至烏蘇里四日自烏蘇里至浦潮斯德一日凡十五日間可由俄京直抵浦潮斯德俄廷以此事委之鈞羅夫伯及依苛納奇夫二人者其意注重行軍不待言矣現須候百哥拉鐵路告竣即由諳納夫將軍率領夫役往西卑利亞開辦此人熟悉鐵路事宜價廉而工速歐洲諸國所共知者也又英國新聞載波磨利之說云西卑利亞地方富於鐵炭是以俄造鐵路用費極省只僱用夫役一項每名每日六片斯一片斯即銀洋一角二分也照此計算每英里一里需用二千五百魯林合銀洋六百二十五圓此外木料更不值幾何從前美國建築鐵路依線路順序鋪設每日可成六里今俄國不用順序之法乃係數處同時興工其蕆事當倍速即以順序六里計之五百日亦可成三千里長之鐵道況數處同時興工則歐亞二洲東西貫通往來必在指顧間矣聞西卑利亞之南方一片平原最宜畜牧雖有夫役數百萬名食用可無虞不給此項大鐵道告成俄國貿易必極盛可占亞細亞全洲之半此事非今日始知十七年前和穆百利早已言之矣近年俄國農民爭赴西卑利亞西部開墾居住絡繹不絕蓋由其地便於耕作且有畜牧之利本年八月初俄國政府下令禁民移從前往殆因人數已滿恐有爭奪田畝之患或是俄民在歐洲者聞西卑利亞開築鐵道爭往赴工故有是令歟

柒俄屬烏拉嶺以東之地總名西卑利亞亦曰悉比利亞此鐵路係亘新疆蒙古黑龍江之北吉林之東其車道章程與歐洲各國大致相彷俄之興國在是與我中　國大有關係亟譯之以告世之留心邊務者

論今南洋各島國

吳曾英

中國關鍵全在南洋今欲嚴中國門户之防絶外夷覬覦之漸必自經理南洋始南洋之東西諸島環繞儼然海國長城殆天造地設之險以保我中夏者也漢以後職貢稱臣共球從屬南洋從無西夷患梁書天竺傳稍與安息大秦在海中交易不聞設埠也唐書訶陵傳稱大食畏悉莫之威不敢加兵不聞據土也是時嶺南海閒珍寶山積中國榷其賦税以充斥天府號為南庫島國之利抑亦中國之利也迨有明中葉葡萄牙西班牙荷蘭接踵西來葡萄牙據滿剌加地閒漸及於内地之澳門西班牙襲取呂宋荷蘭則據爪哇三佛齊蘇門答臘浡呢文萊馬神吉理問諸國地又從而鼓棹香港盤踞臺灣肆擾舟山普陀雖逾時揚帆西逝然彼西夷巢穴已布滿南洋矣邇來英吉利法蘭西内侮之始又以南洋為逆旅其故何哉地不與中國毗連密邇而口岸斜對西國船用夾板火輪遞相接應近者一二日遠者五六日徧歷諸島諸島之達中國亦復如之方今南洋濱海之國印度全境為所有即越南暹羅緬甸素隸典屬者亦皆割地輸金大梗狹制加以南洋中荒島如澳大利亞巴布亞西里百摩鹿加大小無慮數十波皆墾闢招徠日漸富庶處心積慮可為寒心履霜堅冰其來由自常慨有明之假以澳門及置呂宋爪哇諸國於度外者實與棄大甯東勝河套哈密同一失策元代好尚武功史弼之征爪哇亦不為無見惜功未立

耳至今日而盤踞有年欲如鄭氏之驅逐紅毛固萬不可得惟西夷迭相强弱頗有六國縱横氣象近則稱雄西土咸推德英與俄美並駕齊驅英法聞已稍遜至荷蘭葡萄牙於西夷中最為弱小西班牙亦非甚大其横噬南洋將來大有變遷實可預料即如亞墨利加本英吉利屬部自華盛頓起而立國至今與諸大國抗衡我未見南洋諸島中國人民立業者億萬必無華盛頓其人也且美之開國以英人殘虐故今中國商於南洋亦多畏苦今若設官其地與之立約不准掊克聚斂虐我商民彼不奉約偕各國公使執萬國公法與彼理論如商民中有雄傑出眾者授以領事等職俾審其山川之向背圖其幅員之廣狹測量其海道之淺深併偵探西夷動靜以聞西夷如有勾引東洋潛謀為害於中國中國得而預備此卽漢家隔絶羌胡之微意也況今器械精良仿模西法海疆有事命將出師參用夷頁漢鼂錯有言以蠻夷攻蠻夷中國之長技也於南洋乎何有

五印度形勢 游歷芻言

黄楙材

五印度為古天竺國一名身毒幅員遼闊地勢三角形每邊六千里其閒大小數十國從古不相統一明初賽馬爾罕王諦毋爾本元駙馬鐵木兒之後兼併西域諸回部遂南侵印度歸入版圖號曰大蒙古建都於中印度之德希城其國廣袤二萬里歲收賦稅二萬二千四百萬各國皆景仰焉正德時有葡萄亞人初至西邊海隅貿易既而荷蘭英吉利法郎機西班牙等國之商接踵而來然大蒙古之王威權甚大人皆畏之其後眾子爭權內亂並起各部酋長乘閒跋扈四分五裂國勢漸衰乾隆二十年孟加拉土酋與法人密約將境內之英人縣行禁錮斃其大半英人欲雪此仇調傾國之師遣大將律記利夫統之駛

河越興都哥士大雪山入克什米耳是為西道即唐僧元奘及元邱道人長春所行之程也一由葉爾羌西南行循徙多河而上陟葱嶺至塞勒庫爾泊再南逾印度河是為中道即唐元奘歸途所經之程也考中國用兵印度惟唐太宗與元太祖俱獲全勝貞觀二十三年遣右衛率府長史王元策使天竺以蔣師仁為副天竺王發兵拒之剽奪財物元策挺身走吐番西鄙檄召鄰國兵吐番以兵千人來泥婆羅即廓爾喀以七千騎來元策部分進戰茶鎛和羅城三日破之禽其王阿羅那順俘男女萬二千人降城邑五百八十所元太祖親征印度駐軍於雪山行宮遣將追可弗又算端至中印度窮及申河元史載有鐵門遇見角端之事憲宗之世屢命師進取印度然終以大雪山之隔難長莫及旋得而旋失之夫三藏之地與印度密邇為鄰中隔大山數重緜亘數千里峻嶺危峯道途隔險一至八月以後則大雪封山往來絕迹此殆天之所以界限中外也惟大吉嶺一路最為扼要由江孜南行三站至帕克里踰嶺即布魯克巴境又三程至塔西蘇登轉西南三程至大吉嶺約計五百餘里為往來孔道大吉嶺土酋降附於英吉利其民言語風俗與唐古特相同地勢高寒印度富商多築別墅以避暑英國設領事官一員其統兵副師亦駐於此修建礮壘數座由大吉嶺乘馬車一日至夕力格里即登火車一夜可達孟加拉計鐵路三百邁約當華路一千里之程現在且加修治不久即可直抵大吉嶺竊觀此間並無通都大邑商賈薈萃之所乃英人不惜鉅資開通道路此其注意於通商藏地非一朝一夕之故矣蓋印度公司一意經營利之所在無孔不入非必盡出於英國本意也然彼知藏地為　中朝所屬不敢輕開邊釁但詭計百端用重賂以要結布魯克巴哲孟雄諸番入其牢籠彼皆孱弱不能相抗惟廓爾喀一部較強地形險要民志勁勇仰

仗　天威僅能自保當撫以恩信藉固藩籬一旦有變足為先驅從前濟隴聶拉木絨轄喀達四隘口皆所以防廓夷其他鄰部未常滋事故疎於設備今時異世殊彼為輕而此為重似宜於江孜定日帕克里等處整頓邊防以防履霜之漸至若孟加拉之東英人新闢一地曰亞山一名阿薩密長一千餘里廣三四百里北界布魯克巴東界貉貐野人東南界緬甸四境多山惟蒲蘭布達江兩岸平壤膏腴近年墾地種茶漸至興盛特延閩粤茶師訓導土人每歲出茶十萬箱然終不若華產之良也按西人地圖亞山東北境距江卡巴塘不過直徑二度約五六百里而近英人常言欲從亞山開路直抵滇蜀兩省較為便捷此緣舊圖之誤將藏地亞魯藏布江連於亞山之蒲蘭布達江其實藏江乃大金沙江之上源從緬甸以入海也大小二金沙江之間尚有檳榔龍川潞音瀾滄諸巨流自亞山以東巴塘以西江卡之南騰越之北中間一段隔絕野番曠古以來人跡罕到其道里遠近無從查考然審其山川之脈絡推其經緯之度數廣袤不下二千餘里山則重巒峭壁無可梯絕水則溜急奔灘不任舟筏雖有五丁力士無所施其勇矣亞山之東南有數小部落曰格路時曰各士亞曰正得爾曰的北亞俱降附於英再南海灣有新埠曰徹地缸曰唉克雅在阿拉干部內阿拉干之東曰跋散曰漾貢曰模兒面曰墨尼曰梯泥色領皆通商馬頭昔本緬甸屬地道光以後割隸於英自徹地缸至梯泥色領沿海七八千里英國置吏戍兵安設電線傳遞文報悉統於印度大師故華人但知英之據有印度財賦所出倚為外府而不知其所佔緬暹諸國海濱精華之區由印度直達星加坡聲息相通絕無阻礙尤為緊要也若夫他國市埠之在印度者則有葡萄亞之科襪在科曼海灣孟買古在塞拉的部內的玉亦海旁小地大尼之西稜普爾在孟加拉部內

達郎給巴爾在加爾瑯得部內法蘭西之本得支黎哥黎架爾二郡俱在加爾那的部內牙耶安郡在巴西爾加爾部內商得爾那哥在孟加拉部內馬哈郡在馬拉巴爾部內不過一城一邑寄頓貨物而已孟買本葡萄牙所屬後讓於英麻力布爾本大尼所屬距卡里格達四十里亦美邑也今為英人屯軍之所巴勒里界連後藏嘉慶十九年為廓爾喀所據英人以數萬金贖還之其大師行館所在曰新拉有鐵路相通各部遇有大事仍由電報請命焉雖相距數千里而往返瞬息無異面談此五印度之大概情形也夫印度為佛教所興漢唐以來布滿天下可謂盛矣無何回教起自天方漸染蔥嶺左右迄今印度之民皆舍牟尼而拜派漢鷲嶺雞峰河山依舊舍衛鹿苑遺迹蕩然所謂慧光照於震旦而淨土反滋他族良可慨矣其紅教黃教行於三藏及內外蒙古滿洲者為釋氏之別派此外惟緬暹越南三國尚遵佛教余觀釋氏以慈悲為主持齋戒殺漸致柔弱回教最堅忍冥心孤往百折不回今復益之以天主耶穌教力攻二氏三教之勢遂若水炭君子觀於教門之盛衰而世運之升降係焉國俗之強弱關係或稱印度為婆羅門教實則此乃種類之名非教之名也蓋印度人分為四等上品為婆羅門凡酋長職官皆此族為之其下為兵為商為工役各世其業無相奪倫一出其類則父母國人皆非之有塗畫眉稜額角及印堂等處者大抵雕題之舊俗歟且夫五印度因方隅以命名孰東孰西非有一定之界限古今沿革分合靡常或易以蒙古語或參以回部語近世一變為英吉利語求其一一吻合不可得也余繪印度全圖一從今名期於核實不敢有所穿鑿附會於其間於迤北部落與三藏交涉者特加詳審俾他日考古者有足徵亦籌邊者有可據云耳

騰越邊徼

黃楙材

騰越當西南極邊為滇省門戶路通緬甸界連野番向設八關九隘駐防土練以資控馭承平日久邊備廢弛昔時緬甸貢道由虎踞關而入經孟卯隴川以達於緬甸近十數年因輪船直抵新街於是商賈往來皆趨於北道由騰城西南行經南甸干崖盞達三宣撫司四程至蠻允過此即化外野人境非大眾結伴不敢行其間有三路下為河邊路中為石梯路上為火炎山路下路較為近捷然不若上路坐草方便也約行三四日至蠻暮入緬國界又舟行一日至新街該處土民數百家漢人亦有三四百緬國設蘊九一員英國設領事一員洋兵三十名進口之貨以棉花為大宗騾馬馱載露宿野栖最為辛苦野番出沒無常往往攔路要索肆行劫掠竊觀野番散處山谷每寨十餘家或數十家不等較之藏地人烟猶為稠密且多勤力耕作但未有酋長不相統屬英人每以重賂要結野番併遣教士深入山寨前數年曾在新街招募野番擺夷多人安置海濱山島開墾荒地又印度東境之亞山本係貉貐野人之族英人新闢其地種茶栽桑日漸富庶其間有一線之路可通孟養而達騰越徼外前明時置寶井於孟養故設銅壁巨石萬仞諸關皆通寶井之道也其迤北之茶山麻里從前本有土司後為野人所逐按之輿圖大金沙江以東潞江以西江卞以南騰以越北中間廣袤二千里重岡疊巘悉為野番人迹罕到西人常欲開通其境不但琥珀象牙霞璺翡翠玉石百寶產於其中且多五金礦藏焉方今緬國孱弱迥非昔比沿海菁華繁盛之區被英人蠶食殆盡輪船上駛於新街操其利權公使駐紮於瓦城遇事掣肘新王嗣位以來彼此尤多齟齬不久必啟兵端我中華疆圉攸關似宜先事籌備規復關隘招撫野番不致為他人所用亦

色擾我行旅可否將南甸營都司移駐蠻允其野人山二百餘里添設塘汛數處以資保護又海珀江源遠流長自千崖以下地勢平陽水寬至數十百丈不能至新街會合於大金沙江唯有淺灘數處若稍加疏濬即可行舟楫不惟平時商賈甚便一旦邊徼有變轉餉甚易代元征緬甸亦以舟師制勝蓋順流而下有建瓴之勢往歲英人滋事甚恐中華約會緬甸進攻印度之地也

西域形勝

黃楙材

出嘉谷關外至哈密分為南北二路中隔騰格里山即天山也綿亘五千餘里直抵葱嶺南路為回部八城北路為烏魯木齊伊犁及庫爾喀喇烏斯塔爾巴哈台統稱新疆其建置道里具詳官書姑不具論惟就葱嶺外者言之自伊犁西南行經特穆爾圖泊千七百里入霍罕境古之大宛國也納林河中境西流折西北注於鹹海都城曰尋思干西契丹建牙於此元初置阿母河行省以控西域諸國所爭之城東曰馬爾噶朗曰霍什東北曰納木干曰安集延商賈所萃故獨擅名其西北之霍占科拉普塔什罕等城久已割隸於俄羅斯近年復為俄人所誘舉國降附之查新疆南城通霍罕之路有二一由喀什哈爾西行陟葱嶺經奈曼布魯特游牧過喀喇庫兒泊以達於霍罕計程一千四百里一由葉爾羌西南行循徒多河而上葱嶺經塞勒庫爾泊折西北至克什南又北過覩貨羅境以達於霍罕約計二十日程雖背山路崎嶇然沿途回莊烟戶稠密水草方便較之伊犁北路沙磧曠渺無垠者有間矣由霍占渡河西南行七百餘里至賽馬爾罕為康居故城其地居四達之衝從古著名康居盛時煙戶十萬或作颯末建一作悉萬斤又名耶迷思干皆一音之轉也西契丹置河中府元封附馬塞因帖木耳於此至明中葉遂覇西戎

北併俄羅斯南兼五印度幅員萬里號曰大蒙古王即四洲志所稱莫卧爾者是也莫卧爾即蒙古兒之轉音華人於尋思干賽馬爾二罕城因譯音相近往往混合為一不知相距千有餘里一為大宛故都一為康居故都明史謂賽馬爾罕為漢罽賓國魏默深力辨其謬蓋是時賽馬爾罕跨有北印度克什米耳罽賓實隸其封内特明史洎王圻續通考之誤未能區别耳由賽馬爾罕東南踰鐵門渡縛芻河歷博羅爾巴達克山而入阿富汗國廣袤三四千里兼有月氏高附厭達諸國之地東倚印度河北負大雪山即興都哥士山元太祖征印度駐軍於此避暑四境險塞風俗勇悍樂為戰爭所與鄰者又多強國南界俾路芝西界波斯北界布哈爾東北界塞哥東南與英吉利所屬之信地本若犬牙交錯盡皆勁敵日尋干戈當月氏之盛也西踰哥蘭森以侵安息東跨印度河而割賽哥及其衰也或稱藩於波斯或降附於罽賓此三國者境壤毗連迭為強弱互相兼併所謂疆埸之邑一彼一此初無一定之界限也波斯國名最古南枕海灣即波斯灣一名墨生丁海又名東紅海北面大澤即裏海一名加斯比安海分十二部藩臣擅權各世其職舊時建都伊士伯與今遷於得希蘭城勝兵二十萬長於擊刺多養刺客以伺敵人並於裏海設立水師戰艦以資防護西北一隅與俄國藩部高加索相接其耳利它那格什它等城為俄所佔東境哥蘭森部内有眉什奚城即元史所稱木乃奚國眉什奚之東為哈烈國一名黑臘又名亞加業坦元駙馬塞因帖木耳遣其子黑魯沙據此城境宇日拓漸成強國明時西域諸國貢使每序哈烈於首其後波斯轉強降為附庸今又入於阿富汗而波斯屢起師征之哈烈求助於英俄乃免然北境與機哇布哈爾密邇為鄰恐終為俄人捷足先得也波斯之西為土耳基其國分二部東部在亞細亞洲西部在歐羅巴洲都城曰君士但丁建於□□海峽扼兩海之咽喉據二洲之

衝要自古必爭之區俄羅斯久懷併吞之志而英法布與諸國惡其相逼合從聯約相與併力拒俄而保土以維歐洲均勢之局丙辰年六國公使會盟於巴黎城俄國兵船不得出地中海他國兵船不得入黑海乃近歲普既與俄交歡法敗於普一蹶不振奧則自顧不暇於是從約散解而土耳其女主執政國多內亂俄人得以乘間抵隙肆其蠶食英人獨力難支亦坐視而不能救矣希臘埃及二國本土之藩屬後皆背叛而自立英與俄屢助之益袒護同教之民不欲受制於回回也然而土國之存亡於歐洲大局攸關昔則惡其強而抑之今則憐其弱而扶之倘一旦無土俄人出黑海而與諸國爭南洋之利權欲求旦夕之安其可得哉考土耳其波斯皆古安息地境其南之亞剌伯則條枝也一稱天方為回教祖國自派罕默德創立教門漸染西域蔓延於五印度暨葱嶺東西天山南北一入其教冥心堅守百折不回每七日禮拜其王為臣民講論殺敵者授福死敵者生天逞刃尋仇奮不顧身雖英與俄據有其地終不能變其教而移其俗也至若西北一帶游牧部落逐水草無定居皆哈薩克種類分左右中三部散處於裏海鹹海騰格里海及額爾齊河兩岸氈帳毳幕轉徙無常其都會曰達奇司丹曰布哈爾曰機窪頗稱繁盛今皆為俄人所脅降且夫俄羅斯地跨三洲控弦百萬挾其詐力日以開疆闢壤為事自烏拉嶺以東曰西比利亞延袤萬里直抵黑龍江俄人不煩一兵一餉誘而降之邇來尤極力經營於中亞細亞西人稱西域為中亞細亞建造火車鐵路由布哈爾東北經賽馬爾罕霍罕塔什罕等城至扎本千分而為二一東經伊犁西境折北至波那丁司科順額爾齊河而下以達於呵木司科一西經達奇司丹沿納林河北岸至鹹海折北而西至阿林柏克復分為二一西南沿烏拉江而至裏海之格昭城一西北經索麻拉以達於馬司孫

都城此外如窩雅江高加索部內新造鐵路不一而足統計俄國境內共有鐵路四萬餘里六通四達皆近二十年內所成者去歲復議增修一路由俾格什空沿裏海而南經波斯哈烈以達於阿富汗特遣大將高福滿統領重兵駐紮霍罕南以窺伺印度東以覬覦新疆其陰謀詭計狡焉思逞夫豈一朝一夕之故哉同治初年乘回部之亂竊據伊犁得寸則寸得尺則尺今欲索還此豈口舌所能爭者夫伊犁為新疆精華北路門戶俄人實逼處此終為邊患及早圖之興脩鐵路添設電報乃足以長駕遠馭保固疆圉非然者迢迢萬里奏報稽遲轉餉勞劬雖有知者亦難為謀或曰工程浩大難籌巨款吾謂中華才力之富十倍他國人民之衆百倍他國綜五歲而計之以驛遞之費添設電報而有餘以轉輸之費建造鐵路而無不足南北二路地勢平坦易於施工尼見之士必且聞而怪之然而古今異宜世變日新豈循途守轍者所可與議天下大計乎因繪西域地圖不禁慨然言之以俟籌邊者之採擇焉

恭報撤師日期並調度劉軍安置越民情形疏光緒十一年　雲貴總督　岑毓英

竊臣於光緒十一年三月十三日曾將照約停戰撤兵仍嚴密整備並將未經停戰以前剿撫情形奏報在案十四日接奉二月二十二日電寄　諭旨本日已將停戰日期諭知岑毓英矣現距撤兵期近劉永福一軍必須妥為安插將士或在邊界屯軍耕或別籌調度該督務須熟思審處先行奏聞候旨定奪又於二十日接奉初六日電寄　諭旨張之洞電奏擬令劉永福屯墾思欽一帶等語所籌尚未定奪著該督與岑毓英商辦等因欽此欽奉之下遵即派員前赴陸安州傳劉永福到營面詢該員始以重遷為詞經臣再三開導示以　國恩曉以利害該員當即遵從惟乞隨帶四五營由雲南前赴粵西南寧府暫紮

戍防恩州或防欽州候　旨調遣並乞賞給盤費糧餉臣已准其先帶兩營到防後再行添募兩三營計前後粵東解到劉營銀六萬兩節次發過銀三萬兩尚存銀三萬兩以之發交該營盤費尚可敷用該員旋即折回保勝料理而越民之仍紮山西興化河內之各府州縣地方者聞法和議已成或散或留漫無歸宿前經臣營發給之槍械旗幟呈繳十無二三應請　飭下總理各國事務衙門傳諭法人此項旗幟槍械係未經停戰以前發給目下無從追取將來越法有事不得藉以為詞臣前奏請宣興以西之地悉歸滇疆非特爭居險要亦以安置流離現在撤師早已屆期尚未奉到批　諭其未散之越勇尚紮原處日久不撤誠恐別生衅端臣念其散無所歸暫令且居館司安平一帶而興化巡撫阮光碧山西布政阮文甲率其部民到營求見自願入居三猛地方自安耕鑿瑣尾情形殊堪憫惻當經臣宣布　天恩給發撫䘏銀四千兩飭令各安生業臣一面陸續撤師飭總兵丁槐督率定遠十三營靖邊五營入紮開化提督王永安督率平遠七營入紮馬白關提督何秀林總兵朱洪章督率良字十營及綏遠十一營煥字十營啟字四營武字四營定字四營入紮道員岑毓寶會同總兵覃修綱督率懷遠新到八營德字六營申字五營保字六營分紮南溪河口及新街各地方仍擬協都司何元鳳督率元字十三營暫紮文盤州遊擊梁松生督率安邊六營暫紮安平陸安遊擊張世榮督率安邊八營暫紮河隆安隆以資鎮壓越中之難民一俟越民得所即行裁撤臣擇於二十七日帶同營務處道員湯品珍率懷遠正後四營誠字一營自館司關起程前赴文盤部置隨到保勝當看劉永福行止並加敦俟當即入關伏念臣督師關外兩載有餘兩省之吏治營務皆須商同撫臣整頓案牘之填委積壓亦待清楚擬將撤回各營整頓嚴守

各隘後應否即回臣衙門辦理一切恭候　聖訓飭遵至中外通商事件臣賦性迂直素所未諳應請
旨飭下北洋大臣李鴻章派與法國頭目熟習人員來滇專辦再由臣商同撫臣張凱嵩檡派司道一員
隨同經理以重和好而專責誠

英緬兵爭現擬籌布邊防疏　光緒十一年　雲貴總督　岑毓英

竊臣於光緒十一年十月十三日曾將札委副將袁善李文秀前往緬地坐探緣由謹會同撫臣張凱嵩
附片陳明并飛札騰越龍陵兩廳就近密探情形相機防範隨時馳報去後遂於十一月十六七等日先
後查據騰越鎮兵總朱洪章騰越廳同知陳宗海稟報據駐緬商號報稱英人索要緬甸寶石木場等廠
並欲於阿瓦新街兩處各駐紮英兵千人緬人不從該國王擬於十月十六日前赴緬滾地方親督緬兵
與英人開仗又據報十月十三日有英輪一隻由新街折回漾貢行至模鬧地面被緬員截住當將掌船
之憂必旦麻林古里等四人拿送阿瓦城收管該國王並派緬官赴逆姑木廠印度商人孟孟德家搜獲
所存鎗砲緬兵原定十月初八初十等日進發忽於初七日晚連夜即發水陸各兵及列省蠻盪亦於是
夜前進初八日瑞藍緣溫厄裕巴緣溫緣洗蠻盪均各帶兵萬餘由陸路分赴門蠟洞烏洞蠻是各地扼守
並聞有在青林外開仗小勝之說總兵等查門蠟洞烏洞蠻是三處皆洋面交界之要地而緬人倘能固守
英人必不能上佔新街唯英人前在新街設堂教授生徒從者不少難保不應聲而起該地毗連滇界自
應遵諭嚴防刻已密飭邊關臨卡撫夷頭目人等嚴加防範現值農隙挑選精壯團丁齊集操練用備不
虞并聲明八募即新街別名各等情前來臣查英緬既啟兵釁滇緬交界誠恐奸宄乘虛竊發雖經諭飭

沿邊地方文武齊集兵團相為守望但無重兵鎮懾不足以固衆志而靖戎心查有新授貴州古州鎮總兵丁槐現在駐紮馬白關一帶防營該總兵籍隸迤西且在騰越辦理軍務多年於該地險隘人情向背以及土司野境甚為熟習當即函商撫臣檄令總兵丁槐率帶關外撤回勝兵二千餘員名前赴騰越與總兵朱洪章相機籌布擇要既防並聯絡鄉團暨各土司防守足資警備復查滇緬交界沿邊二千餘里以騰越一面為衝途騰越入緬之路六條以蠻允一路為捷徑沿邊由西路而南而東皆野人山寨布列於九隘之外參錯於八縣七土司之間由蠻允又分三路入緬或二百里或一百七八十里皆係野人之地該野人言語不通衣服飲食異別殊嗜向不歸中國約束亦不受緬人管轄英人常以利餌亦未深得其心若不乘時撫綏籠絡一旦為外人煽惑隱患不可勝言臣查湖南鳳凰廳貴州松桃廳各猺苗向喜滋事自設立土目以後頗獲相安現在邊界野人自設頭目雄長城外若使人前往撫諭授以土都司守備千把總之職令各部飭其衆就我範圍庶不致為外人驅使每歲新俸糜費有限而裨益無窮臣愚昧之見是否有當相應請

旨飭遵目下面北多事野山毗近臣查有永昌人遊擊銜都司杜惠陽騰越人監生劉開信素為野人深信因即會商撫臣密飭該二人前往撫諭正在籌布間適接兩廣督臣張之洞電稱十月二十八日英京來電英兵已攻踞緬都擄緬王流至印度欲廢其君令歸英屬等語臣營尚未接到邊報未知是否確實緣臣營距省十三站省距騰越二十四站騰越距緬都又十餘站道路遼遠且緬北惶亂信商罕通前派副將袁善李文秀往探行期尚未能達既據電稱英人已入踞緬都該副將等未便令其前往恐生疑竇當即飛報該副將袁善李文秀速即折回另派與緬地熟習之騰越舉人張成

廉前往密探一面飭催丁槐前赴騰越會同朱鎮商酌布防沿途以遣散勇丁為名陸續分起就道不准稍涉張皇足以仰紓　宸廑除將籌辦各情經由兩廣督臣張之洞電奏外所有英緬兵勇現擬籌布邊防以資儆備緣由謹會同雲南撫張凱嵩恭摺由驛馳奏

籌議廣西邊防請移駐提督添設鎮道各缘由疏光緒十二年

張之洞
李秉衡

竊臣等於光緒十一年七月二十八八月初二等日先後承准軍機大臣寄字光緒十一年七月初五日奉　上諭滇南馬白二關為滇桂入越邊要處所等因欽此仰見　皇上鞏固邊防精核武備之至意臣等無任欽服當即公同詳加籌議伏查廣西南邊綿亘二千餘里原設隘所一百零九處分卡六十六處與越南之諒山高平宣廣等省接壤山箐紛歧路路可通而鎮南關至龍州一路較為寬平故曩為中越使命商賈往來之通衢東出太平南甯西出歸順鎮安之總匯且自龍州以東河灘漸廣舟行下水直達潯梧其視全桂腹地東省上游據有建瓴之勢實為兩粵利害所關係當此議款既成外防游匪内靖伏戎鎮南一關尤為中外鈐轄　聖諭所謂扼紮要隘重兵者無以易此唯南關固居極衝而關之中後關之左右各路均須擇要設防而後氣力不行單薄不致有腹背受敵肘腋乘虛之慮大要分為三路鎮南關口及關以内之關前隘再近内之憑祥土州為中路白關以東明江廳轄之由隘甯明州轄之羅隘思陵土州轄之愛店隘上思州轄之百崙隘剝機隘為東路白關以西龍州廳之轄平而水口兩關下凍土州轄之布局隘峺花隘歸順州轄之瀨峒隘龍邦隘小鎮安廳轄之平猛峒隘剝浛隘百懷大隘等為西路以上各隘皆須屯兵中路最急東路隘口較少西路地段較長原有防軍三十二營聲勢僅能聯絡現

在餉需極絀須籌經久之計而越境游勇蔓延全邊未靖又值勘界未定之時未便示人以弱勢難多議裁減茲於本年三月起認真汰留裁去八營併為二十四營以十二營專防鎮南關中路以四營分防東路六營分防西路路寬者築臺安砲路狹者設卡安濠甚僻者掘斷禁阻戍所豫造地營營外多栽刺竹無事則各分守地督飭操練有事則酌量緩急抽調赴援俟冬間界務大定再當裁去四營中路酌減兩營西路酌減兩營以節餉需以後全桂大勢注重邊防必宜有大將親臨控制調度擬請將廣西提督由柳州移駐龍州原有提標制兵五營擬撥中軍參將一營隨來龍州以資策遣而肅體制將原屬新太協之龍憑營都司改為龍州城守營遊擊隸於提標照例設該遊擊中軍守備新太協駐紮太平府距龍最近應請將新太協副將率其所轄左營都司馗纛營都司共兩營改為專屬提督毋庸轄於左江鎮其新太協右營守備一營應即裁汰東屏柳州桂省北控黔湘苗疆緊要擬請添設柳慶鎮總兵一員鎮守柳州慶遠義寧融懷等處地方駐紮柳州府以提標存留左右兩營遊擊改為鎮標左右兩營左營即為該鎮中軍提標左右兩營應俟邊軍規模詳定後即行裁汰所汰之兵發給一年餉銀兵米俾資改業官弁遇缺另補並撤柳州城守營都司一營附近之慶遠副協將義寧協副將融懷營參將率其所屬各營俱統轄於柳慶鎮其沿邊常駐二十營提督為總統其下酌設分統現在提臣蘇元春係奉　旨督辦邊防之員熟悉邊情深孚眾望一切自應統歸調度以後若提臣不兼督辦者亦宜於防勇內指定十營屬於提督本標以厚兵力龍州開關通商重兵所萃宜有文職大員同任邊事擬請設太平歸順道一員總轄全邊駐紮龍州廳以左江道所屬太平府全境暨東邊南寧府屬之上思州西邊鎮安府屬之小鎮安通

判歸順州隸之沿邊統屬一道以期聯絡一氣上思州即撥歸太平府屬小鎮安順歸距太平較遠應升
歸順州為直隸州小鎮安改為鎮邊縣加通判銜屬於歸順州該道兼轄太平一府歸順一直隸州所有
漢土廳州縣土司管理整飭邊防監督關稅以及經理中外一切交涉事宜設道庫大使一員總管關稅
瑣務應用繙譯委員由該道選擇調委惟查左江道駐南甯轄泗鎮南太四府鹽法道駐省轄桂平梧鬱
四府州今左江道既撥出太平一府而鬱林州遠在全省東南一隅距南甯上五百餘里距省將及千里
督察難及諸多不便該州屬之博白陸川等處毗連廣東高廉素為匪徒出沒之區擬撥鬱林直隸州改
屬左江道以協形勢而資治理其需餉之數沿邊水土惡劣瘴癘薰蒸百物昂貴與腹地情形迥異與向
年防剿土匪尤相懸殊若照內地桂勇餉章萬難得力應照從前　奏案正勇月餉三兩二錢以及營哨
各費俱照現章合計邊軍二十營加以軍火軍裝轉運製造修臺築壘電局雜支各費以及遣處游勇撫
恤遣撥所費不資而軍火尤為鉅款每月至少亦需銀六萬兩現就本省盡力搜羅再能此後釐金不致
短收地方安謐每年可得三十萬兩計每月仍短銀三萬五千兩無可再少日前二十四營所需尚不止
此數若非外省接濟無從支持查現准戶部咨以後滇餉除四川原解練餉抵捐兩項共銀二十八萬五
千兩照常抵解外再由湖南月協銀二萬兩□□月協銀三萬兩四川月協銀三萬兩是滇省一年外協
的餉已有八十八萬五千兩之多廣西所請協餉僅四十二萬尚不及雲南之半實已刻苦節省免致部
撥為難唯有仰懇　天恩飭部指撥近省有著之款可否仍照從前西征協餉近日東北協防經費考成
按月源源撥解以濟急需而免遲誤所慮者新約原有法稅較輕之議關稅開收以後三聯票暢行沿江

撻金必然大減彼時稅厘能否相敵尚不可知擬請　飭部於此項關稅留充協餉除該關費用外免撥他用若稅多於厘則請減協餉稅厘並絀則續請加撥應俟屆時核實　奏明請　旨辦理至通省綠營馬步戰守兵丁原額六萬二千七百一十五名同治四年五年兩次裁減一萬零九百八十二名迨十二年與光緒元年三年三次復補新增六百五十二名較之原額裁將及半所存實不為多茲擬將提標裁汰前後兩營新太協裁汰左營一營其內地勇丁疊次裁減尚有水陸二十餘營散布防邊常患不敷近日懷集賀縣博白等縣疊出聚匪滋擾等事未敢過涉空虛現復將腹地防勇騰挪裁撤兩營各營長夫一律裁減以冀稍資節省此外兵勇一時實難再裁其沿邊之新太協鎮安協上思營都司各營將除加體察或就龍州現存營勇內改勇補兵或裁兵留勇藉弍日分防之舉即為將來併省之堦此外無論兵勇如有可裁之處自當行之以漸力圖撙節以期減一冗食之軍即省一艱難之餉至改勝軍以補新額誠為經久至計但綠營規制細密其間分汛地段挑拔章程俸薪等差推補缺項一成不易必須周詳貫通方無窒礙目前難猝定議且綠營積習驟難更改久在　聖鑒之中而兵餉自有通行例章邊關吃緊處所若照綠營辦法則恐難資飽騰若改稱練軍比照直隸練軍程規餉數並不能減其與勇名異實同而轉成常設之標營永久之經費竊擬自兩三年後體察敵軍距邊遠近各隘緩急餉源盈絀內地伏莽能否漸清邊腹通籌或尚能再加併省倘作為額兵規制既難猝定即不便屢改似只可就目前事務力量斟酌維持如有因事變通隨時議奏較為活便據廣西藩臬兩司會同善後局司道核議會詳前來臣等疊次往復函電熟商並將圖說郵寄參考意見相同謹遵　旨先行縷晰覆陳並將沿邊要隘分布重

兵駐防處所繪圖貼説恭呈　御覽其添設鎮道等官建置經費事及改撥標兵營汛詳細章程暨其餘
未盡事宜仍俟陸續陳　奏

會奏移設裁改邊要各缺疏光緒十三年　張之洞　李秉衡

竊臣等上年具　奏籌議廣西邊隘分營扼紮請撥的餉酌核督駐所添鎮道以資分任各節奏　旨該
衙門議奏等因欽此旋經兵部會同吏部户部議　奏欽奉　諭旨刷印原奏咨行到粵當經轉飭議覆
去後嗣據署廣西布政使湯聘珍署按察使周鶴會同善後局司道籌議詳覆並准廣西提督臣蘇元春
咨轉據該營將守備即次第查覆該提督逐加考核先後造具清册呈送前來由臣秉衡與臣元春商定
具稿咨送臣之洞核辦查原咨內稱柳州府提標額設制兵六營一千二百六十名除分防外存城八
百餘名現在中營移駐龍州擬裁去前後兩營所留左右城守三營僅留五百十六名若照原撥汛防之
永福雒容象州柳州馬平等州縣屬境二十一處則存城兵額較少不敷操防擬將中爐所管之永福縣
城守深定黃冕寨沙塘寨九汛改歸桂林營就分防前後兩營所管之雒容縣城守中渡洛垢高嶺象州
城中大東馬平縣穿山等七汛左右兩營所管之馬平縣振柳白沙三都雞公五都流山柳城縣城守太
平等八汛改歸柳慶鎮左右兩營及柳州城守營分別派防其各汛在郡城之左者撥歸左營在郡城之
右者撥歸右營其土博魚窩下古三汛前因匪徒滋事於光緒三年添設現在地方安靜應即裁汰歸入
五都汛以省繁冗又中路之振柳白沙山三汛附近城垣應歸城守營就近管理計各汛派出兵一百七
十五名存城尚有四百一十一名擬於裁汰前後兩營內挑留十四名合成六百名仍分六戰四守每百

三

名內設馬兵六名以符舊制其鎮標左營兼管中軍差務較繁擬撥二百五十名右營擬撥二百名其餘一百五十名歸入城守營所有存留各兵應在五營內一併挑選務期精壯足額毋任疲冗充數餘者即作為前後兩營悉予裁汰惟左營游擊所轄原有守備千把各員今既兼管中軍較之左營尚少千總一員自應一併添設又桺州城守營都司所轄原有千把外額六員向無防汛今既派有分防不敷差委應添設外委一員額外二員即在前後兩營員弁內酌撥其永甯州守備一營原歸提標中營應改隸鎮標左營管轄至龍州城守營游擊所有原防苛村汛水口關兩處悉仍其舊應設守備一員千總一員把總二員外委二員額外二員即在原營員弁內挑補並添設下凍土州防汛以臻周密又新太協右營應行裁撤所有該營守備原駐之明江廳及各弁分防之甯明海淵思陵等汛應由道標營弁兵接替撥提標中營弁兵填防平西關鎮南關由隘三處以補龍憑道標兩營所遺之額其餘該兩營及左營原防各汛悉仍其舊又上思營都司向隸左江鎮管轄亦係責任邊防原奏未經議及茲應將該營都司改為專屬提標以歸畫一此外尚有平樂協副將全州營參將賓州營參將桂林營游擊四協營向歸提標舊轄應照原制無庸更改除新設龍州城守營中軍守備原係內地部選之缺今移駐龍州烟瘴地方亦應改為烟瘴　題調缺其餘改撥各缺均應仍照舊制辦理其建造移設提督道員以下文武各衙署應由西省籌撥經費另行　奏咨辦理此遵照部議查明移改營制並續擬分擬之詳晰情形也至所議新設太平歸順兵備道一員控資邊關經理中外交涉諸務責重事繁非精明幹練熟習兵事邊情之員弗克勝任擬請作為衝繁難邊要兼烟瘴　題調缺酌照廣東雷瓊道直隸津海關道湖北漢黃德道之例由外酌

量　奏請升調揀補歸順州知州缺原繁難兼烟瘴　題調要缺今升為直隸州管轄鎮邊一縣擬請仍作繁難烟瘴要缺由外揀員調補五年俸滿在升候升小鎮安通判一缺原係烟瘴要缺今改為鎮邊縣屬於歸順直隸州擬請作為繁難烟瘴要缺由外揀員調補三年俸滿在任候升並添設道庫大司一員鎮邊縣典史一缺擬均作為烟瘴調缺三年俸滿在任候升其餘上思鬱林等州僅係撥隸別無更張其缺分自應照舊並援案擬給該道員及道庫大使鎮邊縣知縣典史各員廉俸役食銀兩暨添移裁改各營之俸餉等項銀兩分別核明造册備查其餘未經添改各營毋庸備造以省繁牘此遵照部議體察地方情形酌定遂項缺分之詳晰情形也至小鎮安通判改為鎮邊縣該處應試童生向入鎮安府學者今為歸順直隸州屬縣自應另設學額擬請歲科每試取進四名廩生二名增生二名四年一貢武童歲試取進四名該州縣均係科歲併行即令就近附在鎮安府城考棚校閱並擬援照崇善凌雲天保等縣併歸太平泗城鎮安等府學兼管成例將鎮邊縣生童由歸順直隸州學政兼管毋庸另設該縣訓導以節糜費又上思州改歸太平府轄向之赴試南甯者自當改歸太平惟太平考棚狹窄未能容納多人應令上思生童仍赴南甯考試俟該處籌款另建寬展考棚後再行飭赴太平考試此又改設縣治另定學額就近赴考兼管之詳晰情形也所有另設之柳慶鎮總兵一缺應請　旨迅賜　簡放其新設之太平歸順道一缺俟部議核定缺額後即當由廣西撫臣會同督臣酌量揀員分別升調請補以便舉辦一切事宜所有鎮道暨此外添設各缺均請　勅部頒發關防印記以資信守其餘未盡事宜應俟該鎮道等到任察看情形陸續詳請　奏辦至廣西協餉解未足額臣之洞已飭廣東藩司陸續竭力籌解其各省欠

解數目業於上年十一月會同　奏明應請　敕部查照前奏指撥的餉以濟要需所有籌議移設邊要文武各缺一切詳晰事宜暨續擬營伍添設學額請　旨簡放總兵議擬提調道員各緣由除將圖冊分別咨部外理合會同督辦邊防廣西提督臣蘇元春廣西學政臣李殿林合詞恭摺具　奏

照會法使恭思當文　光緒十三年總署王大臣

現本王大臣與貴大臣將光緒十二年三月二十二日會議中越邊界通商章程十九款並光緒十一年四月二十七日議立中法新約十款公同商酌所有約章內有未盡事宜及稍須修改之處業經彼此詳商意見相合續訂商務專條十款界務專條四款即將擇期畫押尚有彼此應聲明者三端特為陳例

一按照前約中國可在北圻各大城鎮設立領事官現經彼此商酌中國允許此等領事官目前暫從緩設俟後兩國查看該處地方情形再行設法

一俟中國在河內海防兩處設立領事之時法國始可於滇桂兩省城設立領事

一中國所允法國於龍州蒙自兩處設立之領事官及蠻耗設立之領事官屬下一員係屬陸路通商處所不可仿照上海等處通商口岸設立租界以上三端彼此言明雖未列入續約專條與約文所載遵行無異特備文照會應請貴大臣照覆存案可也

附續議界務專條四款

一將各國勘界大臣之節略並所繪界圖均親自畫押者現在互相校閱各無異議

一其間有兩國勘界大臣意見不合之處及光緒十一年四月二十一日和約第三款末節所載改正之

處照以下所開三條辦理

一廣東界務現經兩國勘界大臣勘定邊界之外芒街以東及東北一帶所有商論未定之處均歸中國管轄至於海中各島照兩國勘界大臣所畫紅線向南接畫此線止過茶古社東邊山頭即以該線為界茶古社漢文名萬德在芒街以南竹山西南該線以東海中各島歸中國該線以西海中九頭山越名格多及各小島歸越南若有中國人民犯法逃往九頭等山按照光緒十二年三月二十二日和約第十七款由法國地方官訪查嚴拿交出

一滇越邊界第二段從小賭咒河南岸狗頭寨照圖上甲字起由狗頭寨自西直抵東計五十餘里北邊聚義社即聚美社善肥社即義肥社歸中國南邊有朋社歸越南至圖上乙字處從乙字至丙字亦由西抵東中越邊界路經二河其 河并歸一河入大都咒河又名黑河從丙字往東南約十五里至丁字線北之南丹地方全歸中國從丁字往東北至猛峒下村即圖上戊字處按圖上所畫從丁字至戊字界以其南之南燈河漫美猛峒山猛峒中村猛峒下村全歸越南其北全歸中國從猛峒下村戊字起經清水河入大河之處即圖上己字以河中為界從己字至庚字以大河中為界河西之船頭歸中國河東之偏馬寨歸越南從庚字往北至辛字經老隘坎至白石崖中間各有一半白石崖老隘坎以東歸越南以西歸中國由辛字往北順偏保卡北保中間入大河之北小河東岸直往北至高馬白即圖上壬字即接第三段勘界大臣所畫定之處

一滇越邊界第五段自龍膊寨雲南越南邊界經龍膊河到清水河入龍膊河之處為止此處圖上甲字

由此界自東北往西南至綿水灣入寨江河之處為止即圖上乙字按現畫界即清水河綿水灣河歸中國自乙字由東直抵西遇籐條江在大樹脚以南為止北段界線以南歸越以北歸中國圖上丙字自丙字處起到金子河入籐條江之處為止以河中為界圖上丁字從丁字起經金子河計程三十餘里又由東至西抵圖上戊字處北界遇在猛蚌渡以東入黑江之小河圖上己字從戊字至己字以河中為界從己字往西以黑江之河中為界照兩國勘界大臣畫定界圖並照以上所畫線由　大清國地方官長及大法民主國欽派駐越大臣遴派官員前往會同辦理安設界牌事宜現畫定界圖二分每分三張乃兩國欽差大臣畫押用印者圖上新界以紅線為界雲南界圖並註有法國阿等字中國甲等字以便易於認識

澳門租界改歸葡國永遠居住立約尚宜妥緩定疏 光緒十三年　兩廣總督　張之洞

竊臣於光緒十三年三月廿四日承准總理衙門咨稱洋藥稅釐并徵新章香港與澳門會辦各節於光緒十三年二月十三日奏奉　硃批依議欽此恭錄咨行到粵查原奏內稱竊查洋藥自印度販運來華駐於香港澳門分赴各口銷售必須印葡兩國相助稽查方可杜偷漏繞越之弊上年正月間奏請　飭派道員邵友濂會同總稅務司赫德前往香港與英官會商辦理查知港地雖為握要尚須澳門會辦始能得力澳門自前明嘉務時即經葡國佔居歲輸租課迨至　國初知該處被佔已久難以收回遂改稅課為地租總令輸銀五百兩按年完繳自道光廿九年以後并此項銀兩亦未交納近年該國屢求通商業已訂約通商因澳門之事爭論未定輒作罷論刻下因洋藥稅釐併徵一案非與葡國商辦則澳門之

偷漏無從巡緝是以十二月間開辦併徵之後即密飭赫德派稅務司金登幹就近前往葡國條圖辦法茲據赫德申稱現已准葡國外部電信一派使來華相議通商條約二葡國永駐澳門管理一切三葡國不得讓其地於他國四所見香港如何辦法澳門亦類推辦理以上四款澳門可即由稅務司金登幹在彼畫約為據一面照會英國使臣特改葡國派使來華議約并飭駐澳門洋官即照所議開辦各等語查澳門久為彼國盤踞今縱不准其永遠居住亦屬虛文又徒於稅務多添窒礙并無收回澳門之實際倘能議約有成則權有專歸稅務可期無闕向之偷漏稅課者今可設關向之收納叛亡者今可緝匪向之榜論丁口者皆可安插稽查而且與新加坡等埠鄰近稽可通達消息尤為得力再查葡國貧困日甚如法美俄德各國皆有財力無不垂涎澳門冀以巨款購得其地為駐兵之所是不讓其地於他國一層尤應於議約之先切實聲明杜絕覬覦相議各節似宜照行請

旨飭下兩廣督臣遵辦并札飭總稅務司飭金登幹先行畫押至同治年間原定未換條約各款今昔情形不同所有應增應刪各節應候該國使臣至華詳細核議隨時另行請

旨辦理等語臣惟葡人僦居澳門歷有年所總署因其久假不歸且慮他國垂涎陽貸其稅權緝奸之力陰禁其併吞竊據之謀原所以曲示羈縻裨益國計所以臣初見港報尚覺將信將疑未幾接到總署來文方知成謀已定迫灼傍徨不知所喻數日以來統籌利害竊恐羈縻之意雖善滋長之患方多茲事重大有不得不瀝陳於

聖主之前者查澳門為香山縣管轄距省城三百餘里陸路可通實為廣東海面門戶非如瓊州之孤懸海外亦非如香港之自立海中葡人乃盤踞多年不交租銀不守界址然亦幸中國之不肯與較至絜權量力我之可以逼葡葡之不足病我事理至明

今因事要求曲徇其請遂就立約在葡人始願不及即他國亦相顧驚疑夫因練軍而始籌餉必先損權可慮一也葡人之住澳本以圍墻為界墻外民田户籍悉由香山管轄葡人逐漸越佔又屢向界外村民勒收田房租鈔迭據旺厦村紳民聯稟赴愬經臣先後委員勘明照會葡官查禁在案各為租界猶得加以詰問明立提防若竟畀以管理一切之權將此後近地人民盡歸葡屬以後水界附島葡皆視為固有是其政令既行於澳中管轄得及於澳外界限混淆潛滋暗長可慮二也中國臨海各省租界林立一切管轄辦案權判章程率有公法可循條約可守雖暫無退還之舉亦莫生覬覦之心今有澳門為例則日後諸強國乘機伺便接踵效尤拒之則有厚薄之嫌應之則成滋蔓之勢且此次英葡同一幫緝英人倡議之事德色尤深葡則成效未見已有施先爽約收利能無厚報可慮三也粵門僑寓澳門者何止數萬往往兩地置產兩地行商無從限數至於商民盜匪往來如織尤無紀極西例凡生長於某國之地即可隸籍為某國之民領取票據恃為護身符遇有犯事地方官不能以華法治之即如光緒十一年南海縣民何回生現隸民籍家有職官人所共知乃英領事來文久居香港冒入英籍公然據為英國屬民前車可鑒查英國稽議較嚴猶不能無冒濫給票之弊葡國貪鄙陋劣若以澳門歸其管轄奸民得以巧於冒籍四出作奸葡國必漁利相幫紛紛轇轕違軋官法不行可慮四也澳門藪盜庇奸由來已久自臣到任後所有照會葡官提究要犯雖不無往返駁詰亦均陸續交出以視港官之杜留員弁勒詔訟師靡費曠日或交或否聽憑洋官辦理往往始終不交出者難易較殊租界與屬地辦法不同確有明驗今若改歸管轄以後不獨拐騙人口難以相查彼之事權愈專我之隔越愈甚可慮五也葡據澳地未立條約利益

不能與各國同沾葡人犯事可歸地方官訊辦通商以來未聞有葡人遊歷傳教之條彼族將藉長為營利之計將來凡涉教案有必歐洲之人所不屑為者葡人則緩為之可慮六也葡人貧困日甚各國垂涎澳門誠如總署所云冀以巨款購得為駐兵之所然名為租界環瀛共知猶未敢公然取求顯干名義今設歸葡轄戒總能禁葡人之不得轉讓豈能保各國之不以力爭設竟效併吞之故智不取之於我而取之於人葡為自主之國而無可求援中國為局外之國而無從庇護設澳門最近省垣此後水陸籌防均難措手實為肘腋之患非獨唇齒之憂可慮七也有此數弊雖併徵得放利害兼權似亦不能無過慮特是草約已立勢難中止微臣愚陋竊思今日補救之策約有五條一曰細訂詳約查册雖經金登幹畫押而詳細條約應删應增仍須與葡使到華會同總署核議請　旨辦理其永駐澳門一案原因商辦徵稅格外見讓租銀非盡地歸葡者且約有不得轉讓他國之文可見澳門係中國讓與葡國居住仍係中國疆土應聲明讓與葡國永遠居住免其租銀不得視為葡國屬地其不讓地於他國一案應聲明澳門仍中國疆土葡國不得讓於他國如此則我有讓地之名而無損權之實仍與立議毫不相背既可關葡人之口亦不致生他國之心一曰畫清界限有水界陸界何謂陸界東枕山西南濱海是為澳其原立之三巴門水坑門新開門舊址具在誌書可考彼所營礮路兵房均屬格外侵佔應於立約時堅持圍墻為界不使尺寸有踰彼有在所租界外之地本屬可有可無我讓則彼取我爭則彼棄斷不至因此遂棄其議何謂水界公法載地主有管轄水界之權以礮碼能及之處為止若兩國土地毗連中隔小河以中流為界此條指各國自有之地及征伐所得者而澳門本係中國之地不應准其永遠居住葡人只能管轄所住

之地宜明立規條約款所有水道准其船隻往來不得援引公法並管轄水界一曰界由外定准葡往澳免其租銀水界仍是中國所有自無水界之可分陸界至舊有圍牆為止葡人於同治初年將圍牆拆卸希圖滅跡然牆可拆而舊址終不可毀將來約有成議似應由粤省督撫臣就近派員會同葡使親往履勘詳查舊址公同立界俾免影射踰越一曰核對洋文查赫德申稱所訂草約四條與澳門新報所載者文義輕重懸殊第一條派使來華相議通商條約洋文內悉與葡國別處屬地無異字樣草約內澳門字樣凡三見洋文皆作澳門及澳門附地二字意極含糊不難將圍牆外至旺厦村陰吞在內即附近小島毗連村落皆可作附地亂至謂與葡國別處屬地無異一語措辭亦謬雖洋報所載未足為信要其有意蒙混藉圖侵佔傳說必非無因既與總署奏案不符亦非奉　旨准其駐澳本意應請　飭下總署先將草約文詳細校對防其狡混免其侵越一曰暫緩批准凡對議　批准權在　朝廷各國之通例英國烟臺條約光緒二年所立有批准之案直至上年始行議定成案可據自應明與之約定約後須俟稅釐款項大增楊騙逃亡補捉諸事均有明效可徵兩國始行批准在彼得售吞噬以上五條皆就原約之中力籌萬全其間自必有總署所已經籌及者亦容有澳門情形總署所未能深悉者謹竭管蠡所及以備挽救之資竊葡人至貧至弱素為各國所輕食用則仰資粵産貿易則專仗粵商其於粵尚不能無所顧忌今既允其立約并准其永駐澳門港報所載有又利益均沾之條是葡人所獲已多即此次洋藥有所删增亦足饜其願望況所陳各端皆在草約立論未定當有變更應請　飭下總理衙門於葡使來華之時就臣所陳細為辨論極力堅持彼能就我範圍自可照此立約若其不從是棄約出自葡國草約自可任

作罷論香港徵税章程仍照舉行而於拱北關多設巡船前山廠多派巡丁各陸路截緝漏私當亦無多

而葡人必大有所不便利害相形不數年間彼終不能不就所議來立約章如此則所損於釐税者少所

洋務時事彙編

亥

培才

采西學議　馮桂芬

傳稱左史倚相能讀三墳五典八索九邱孔安國曰九州之志謂之九邱詩列十五國之風康成譜序云欲知源流清濁之所處則循其上下而省之欲知風化芳臭氣澤之所及則旁行以觀之孔子作春秋有取於百二十國寶書伊古儒者未有不博古而兼通今綜上下縱横以為學者也顧今之天下非三代之天下比矣周髀算經有四極四和與半年為晝半年為夜等說後人不得其解周禮職方疏神農以上有大九州後世德薄止治神州神州者東南一州也騶衍談天中國名曰赤縣神州中國外如赤縣神州者九當時疑為荒唐之言顧氏炎武不知西海夫西洋即西海彼時已習於人口職方外紀等書已入中國顧氏或未見或見而不信皆未可知今則地球九萬里莫非舟車所通人力所到周髀禮疏騶衍所稱一一實其地據西人輿圖所列不下百國此百國中經譯之書惟明末意大里亞及今英吉利兩國書凡數十種其述耶穌教者率猥鄙無足道此外如算學重學視學光學化學等皆得格物至理輿地書備列百國山川阨塞風土物産多中人所不及昔鄭公孫揮能知四國之為子産能舉晋國實沈臺駘之故列國猶有其人可以中華大一統之邦而無之乎亦學士之羞也今之習於夷者曰通事其人率皆市井佻達游閑不齒鄉里無所得衣食者始為之其質魯其識淺其心術又鄙聲色貨利之外不知其他且其能不

過略通夷語閲識夷字僅如貨目數名與俚淺文理而已安望其留心學問乎惟彼亦不足於若輩特設義學招貧苦童穉兼習中外文字不知村童沽監頗悟者絶少余常於吾鄉村塾義塾中物色異敏之士數十年無所得而又漸染於夷場習氣故所得仍與若輩等今欲采西學宜於廣東上海設一繙譯公所選近郡十五歲以下穎悟文童倍其廩餼住院肄業聘西人課以諸國語言文字又聘内地名師課以經史等學兼習算學一切西學皆從算學出西人十歲外無人不學算今欲采西學自不可不學算或師西人或師内地人之知算者俱可　聞英華書院墨海書院藏書甚多又俄夷道光二十七年所進書數百種存於方略館宜發院擇其有理者譯之由是而歷算之術而格致之理而制器尚象之法兼綜條貫輪船火器之外正非一端如歷法從古無數十年不變之理今時憲以乾隆甲子為元承用已逾百年漸多差忒甲辰修改墨西哥人舊法進退其數不足依據必求所以正之聞西人見用地動新術與天行密合是可資以授時又如河工前造百龍搜沙之器以無效而輟聞西人海港刷沙其沙甚捷法用千匹馬大火輪置船旁可上可下於潮退時下其輪使附于沙而帶之沙四飛隨潮而去凡通潮之地皆宜之黄河水性湍急更無處不宜自下流遡邅而上積日累月既而不舍雖欲復由地中行之舊不難此不特黄河可用北河亦可用即南運河徒陽等處亦可用且東南水利久不治數日之森積月不退宜於通潮各海口如法審之使下流迅駛則上流雖不濬而自有一落千丈之勢可收事半功倍之效是可資以行水又如農具織具百工所需多用機輪用力少而成功多是可資以治生其他凡有益於國計民生者皆是奇技淫巧不與焉三年之後諸文童於諸國書應口成誦者許補本學諸生如有神明變化能實見之行事者由通商大臣請　賞給舉人如前議中國多秀民必有出於夷而轉勝於夷者誠今日論學一要務矣夫學問者經濟所從出也太史公論治曰法後王子木前　為其近已而俗變相類議卑而易行也愚以為在今日又宜曰鑒諸國諸國同時並域獨能自致富強豈非相類而易行之尤大彰明

較著者如以中國之倫常名教為原本輔以諸國富強之術不更善之善者哉且也通市二十年來彼酋之習我語言文字者甚多其尤者能讀我經史於我　朝章吏治輿地民情類能言之而我都護以下之於彼國則瞢然無所知相形之下能無愧乎於是乎不得不寄耳目於蠢愚謬妄之通事詞氣輕重緩急輾轉傳述失其本指幾何不以小嫌釀大衅夫馭夷為今天下第一要緊乃以樞紐付之若輩無怪彼已之不知情偽之不識議和議戰汔不得其要領此　國家之隱憂也此議行則習其語言文字者必多多則必有正人君子通達治體者出其中然後得其要領而馭之（地理全志作于癸丑年書中於日本國記其欺侮亞墨利加觸石漁船時思報復於安南國極惡其譏防之嚴榷稅之重於緬甸國亦有胥吏橫征之怨未幾日本安南皆有兵端可見彼國書不可不觀若能知其未譯之書所得必治多綏靖邊陲道又在是）如謂六合之內論而不議封故見而限之閑恐古博物君子必不爾也

酌議同文館章程疏（總署王大臣）

竊臣等前因製造機器火器必須講求天文算學議於同文館內添設一館招取滿漢舉人恩拔副歲優貢生前項正途出身之五品以下京外各官考試錄取延聘西人在館教習並聲名一切章程條奏　旨允准後再行詳細酌定奏請施行等因於十一月初五日具奏奉　旨依議欽此欽遵在案臣等伏查此次招考天文算學之議並非矜奇好異震於西人術數之學也蓋以西人製器之法無不由度數而生今中國議欲講求製造輪船機器諸法苟不藉西士為先導俾講明機巧之原製作之本竊恐師心自用徒費錢糧無裨於實際是以臣等衡量再三而有此奏論者不察必有以臣等為不急之務者必有以舍中國去而從西人為非者甚且有以中國之師法西人為深可恥者此皆不識時務之論也夫中國之宜謀

自強至今而已亟矣識時務者莫不以採西學製洋器為自強之道疆臣如左宗棠李鴻章等皆能深明其理堅持其說時於奏牘中詳陳之上年李鴻章在上海設立機器局由京營揀派兵弁前往學習近日左宗棠亦請在閩設立藝局選少年穎悟子弟延請洋人教以語言文字算法畫法以為將來製造輪船機器之本由此以觀是西學之不可不急為肄習也固非臣等數人私見矣或謂雇賃輪船購買洋槍各口均曾辦過既便且省何必為此勞績不知中國所當學者固不止輪船鎗礮一事即以輪船鎗礮而論雇買以應其用計雖便而法終在人講求以得其源法既明而用將在我蓋一則權宜之策一則久遠之謀孰得孰失不待辨而明矣至以舍西法而從西人為非亦臆說也查西說之根源實本於中術之天元彼西士目為東來法特其人性情縝密善於運思遂能推陳出新擅名海外耳其實法固中國之法也天文算學如此其餘亦無不如此中國創其法西人襲之中國倘能駕而上之則在我既已洞悉根源遇事不必外求其利益正非淺鮮且西人之術我　聖祖仁皇帝深韙之矣當時列在臺官垂為時憲兼容並包　智周無外　本朝掌故亦不宜數典而忘況六藝之中數居其一古者農夫戍卒皆識天文後世設為厲禁知者始鮮我　朝康熙年間特除私習天文之禁由是人文蔚起天學盛行治經之儒皆兼治數各家著述考證俱精語曰一物不知儒者之恥士子足不出戶舉目見天顧不知列宿為何物亦足恥也即今日不設此館猶肄業及之況乎懸的以招哉若夫以師法西人為恥者其說尤謬夫天下恥莫恥於不若人查西洋各國數十年來講求輪船之製互相師法製作日新東洋日本近亦遣人赴英國學其文字習其象數為仿造輪船張本不數年後亦必有成西洋各國雄長海邦各不相下無論矣若夫日本蕞

鄰國耳尚知發憤為雄　中國狃於因循積習不思振作恥孰甚焉特因期至其人將來或可突過其人今不以不如人為恥而獨以學其人為恥將安於不如而終不學遂可雪其恥乎或謂製造乃工匠之事儒者不屑為之臣等尤有說焉查周禮考工一記所載皆梓匠輪輿之事數千百年黌序奉為經術其故何也蓋匠人習其事儒者明其理理明而用宏焉今日之學學其理也乃儒者格物致知之事並非強學士夫大以親執藝事也又何疑乎總之學期適用事貴因時外人之物議雖多當局之權衡宜定臣等於此籌之熟矣惟是事屬創始立法宜詳大抵欲嚴課程必須優給廩餼欲期鼓舞必當量予升途謹公同酌擬章程六條繕呈　御覽恭候　欽定再查翰林院編修檢討庶吉士等官學問素優差使較簡若令學習此項天文算學功程必易又進士出身之五品以下京外各官與舉人五項貢生事同一律應請一併推廣招考以資博採

一請專取正途人員以資肄習也查天文算術義蘊精深非夙知勤學用心之人難以漸窺底蘊與專習外洋語言文字之學生不同前議專取舉人恩拔副歲優貢生及由此項出身人員今擬推廣凡翰林院編修檢討庶吉士並五品以下由進士出身之京外各官俾充其選緣該員等研經有素善用心思致力畢專功程自易服官者由京外各衙門保送未仕者取具同鄉京官印結及本旗圖片徑赴臣衙門具呈由臣衙門定期試以策論等項考取送館學習其各省保送人員程途遠近不齊難以久候應俟咨送到時陸續考試以免耽延京至外各衙門咨送此項人員務須擇其年在三十以內者方可咨送如有平日講求天文算學自願來館學習藉資印証以精其業者其年歲亦可不拘

一請飭各員常川駐館以資講習也查成事必由居肆力學務在親師本館留學各員必須朝夕在館講習問難方可積漸見功若朝出暮歸往來蹀躞則晨夕之荒功不少而心思亦因以不專今議在館學習人員無論京外均一槩留館住宿飯食由臣衙門備給其出入由該館提調設立號簿隨時登記以便稽查至各本衙門如有應送差使以及考試等事仍准照舊辦理以期兩不相妨

一請按月考試以稽勤惰也查在館學習人員果能專心致力自可日起有功惟其中勤惰之分亦必隨時考察用資策勵今擬俟該員等學習半年之後按月出題考試一次由臣等親如校閱分別甲乙優者記功劣者記過功過分而勤惰見相形之下奮勉益生

一請限年考試以觀成效也查三載考績　朝廷課吏之方誠以功力積至三年優絀無不立見今議每屆三年舉行大考一次分別等第高等者立予奏獎並酌量差遣試用下等者照常學習俟下屆考試再行察看

一請厚給薪水以期專致也查此次留學各員雖係無寒畯之士必須優加體卹乃可冀其用志不紛今議在館各員除飯食由臣衙門備給外每月仍各給薪水銀十兩俾資津貼庶內顧無憂而心益專一矣

一請優加獎敘以資鼓勵也查該員等學習三年試居高等足見其平日用心勤苦始終不懈自應格外優獎以為之留學者勸今議此項人員均准各按升階格外優保班次以示鼓舞而廣招徠

擬選聰穎子弟出洋習藝疏　曾國藩

竊臣國藩上年在天津辦理洋務經前江蘇巡撫丁日昌奏　旨來津會辦屢與臣商榷擬選聰穎幼童

送赴泰西各國書院學習軍政船政步算製造諸書約計十餘年業成而歸使西人擅長之技中國皆能
諳悉然後可以徐圖自强且謂携帶幼童前赴外國者加四品銜刑部主事陳蘭彬江蘇候補同知容閎
皆可勝任等語臣國藩深韙其言曾於上年九月本年正月兩次附奏在案臣鴻章復往返函商竊謂自
斌椿及志剛孫家穀兩次奉　命遊歷各國於海外情形亦已窺其要領如輿圖算法步天測海造船製
器等事無一不與用兵相表裏凡遊學他國得有長技者歸即延入書院分科傳授精益求精其於軍政
船政直視為身心性命之學今中國欲倣其意而精通其法則當此風氣既開似擬亟選聰頴子弟携往
外國肄業實力講求以仰副我　皇上徐圖自強之至意查美國新立和約第七條内載嗣後中國人欲
入美國大小官學學習各等文藝須照相待最優國人民一體優待又美國可以在中國指准外國人居
住地方設立學堂中國人亦可在美國一體照辦等語本年春間美國公使過天津時臣鴻章面與商及
允俟知照到日即轉致本國妥為照料三月間英國公使來津接見亦以此事有無相詢臣鴻章當以實
告意頗欣許亦謂先赴美國學習英國大書院極多將來亦可隨便派往此固外國人所深願似於和好
大局有益無損臣等復思外國所長既肯聽人共習志剛孫家穀又以導之先路計由太平洋乘輪船逕
達美國月餘可至當非甚難之事或謂天津上海福州等處已設局仿造輪船鎗礮軍火京師設同文館
選滿漢子弟延西人教授又上海開廣方言館選文童肄業似中國已有基緒無須遠涉重洋不知設局
製造開館教習所以圖振奮之基也遠適肄業集思廣益所以收遠大之效也西人學求實濟無論為士
為工為兵無不入塾讀書共明其理習見其器躬親其事各致其心思巧力遞相師授期於月異而歲不

同中國欲取其長一旦遽圖盡購其器不惟力有不逮且此中奧窔苟非徧覽久習則本源無由洞澈而曲折無以自明古人為學齊語者須引而置之莊嶽之間又曰百聞不如一見比物此志也況誠得其法歸而觸引類伸視今日所為孜孜以求者不更擴充於無窮耶惟是試辦之難有二一曰選材一曰籌費蓋聰穎子弟不可多得必其志趣遠大名質樸實不牵於家累不入於紛華者方能遠遊異國安心學習則選材難　國家帑項歲有常額增此派人出洋肄習之款更須措辦則籌費尤難凡此二者臣等亦深知其難第以成山始於一簣蓄艾期以三年及今以圖庶他日繼長增高稍易為力爰飭陳蘭彬容閎等悉心酌議加以覆核擬派員在滬設局訪選沿海各省聰穎幼童每年以三十名為率四年計一百二十名分年搭船赴洋在外國肄習十五年後按年分起挨次回華計回華之日各幼童不過三十歲上下年力方強正可及時報效聞前閩粤寧波子弟亦時有赴洋學習者但止圖粗識淺洋文洋話以便與洋人交易為衣食計此則入選之初慎之又慎至帶赴外國悉歸委員管束分門別類務求學術精到又有繙譯教習隨時課以中國文義俾識立身大節可冀成有用之材雖未必皆為偉器而人材既衆當有瑰異者出乎其中此拔十得五之說也至於通計費用首尾二十年需銀百二十萬兩誠屬巨款然此款不必一時湊撥分析計之每年撥濟六萬尚不覺其過難除初年盤川發給委員攜帶外其餘指有定款按年預撥交與銀號陸續匯寄事亦易辦總之圖事之始固不能予之甚吝而遽望之甚賒況遠適異國儲材備用更不可以經費偶乏淺嘗中輟近年來設局製造開館教習凡西人擅長之技中國頗知究心所須經費均蒙　諭旨准撥亦以志在必成雖難不殫雖費不惜日積月累成效漸有可觀茲擬選帶聰穎子

弟赴外國肄業事雖稍異意實相同謹將章程十二條恭呈　御覽合無仰懇天恩飭下江海關于洋稅項下按年指撥勿使缺乏恭候　命下臣等即飭設局挑選聰穎子弟妥慎辦理如有章程中未盡事宜並請　勅下總理衙門更改酌核臣等亦可隨時奏請更正

派員攜帶幼童出洋並應辦事宜疏　　北洋大臣李鴻章

竊臣等擬選聰穎子弟前赴泰西各國以習技藝以培人材業於十年七月初三日專摺會奏在案旋准總理衙門覆奏不分滿漢子弟擇其質地端謹文理優長一律送往每年所需薪水膏火准於江海關洋稅項下借撥等因知照前來伏查挑選幼童出洋肄業固屬中華創始之舉抑亦古來未有之事所有攜帶幼童委員聯絡中外事體重大擬之古人出使絕域雖時地不同而以數萬里之遥需之二十年之久非堅忍耐勞志趣卓越者不足以膺是選查有奏調來江之四品銜刑部候補主事陳蘭彬夙抱偉志以用世自命挹其容貌則粥粥若無能絕不矜才使氣與之討論事時皆洞燭幾微蓋有遠略而具內心者又運同銜江蘇候補同知容閎前在花旗等處最久而志趣深遠不為習俗所囿同治二年曾派令出洋購買機器該員練習外洋風土人情美國尤熟遊之地足以聯外交而窺秘鑰以上二員上次摺內業經奏明均堪勝任相應請　旨飭派陳蘭彬為正委員容閎為副委員常川駐紮美國經理一切事宜此時不敢遽請獎敘將來辦有成效再由臣等從優酌保至挑選幼童應在上海先行設局頭批出洋後即挑選次年之第二批又挑選第三年第四年各批與出洋之員呼吸相通查有鹽運使銜候補知府劉翰清淵雅純篤熟悉洋務業經檄令總理滬局事宜所有駐洋及在滬兩局中外大小事宜由陳蘭彬等互相

商辦各專責成茲將臣等前奏所及未者酌擬應辦事宜開列清單恭呈　御覽仰懇　天恩　飭下總理衙門核覆施行

附出洋應辦事宜六條

一挑選幼童不分滿漢子弟年十二歲至二十歲為率收錄入局由滬局委員查考中學西學分別教導將來出洋後肄習西學仍兼講中學課以孝經小學五經及　國朝律例等書隨資高下循序漸進每遇房虛昴星等日正副二委員傳集各童宣講　聖諭廣訓示以尊君親上之義庶不至囿於異學

一幼童選定後取具年貌籍貫暨親屬甘結收局註册在滬局肄習以六個月為率察看可以造就方准咨送出洋仍由滬局造册報明通商大臣轉咨總理衙門查考至洋局課程以四個月考驗一次年終分別等第報查其成功則以十五年為率中間藝成後遊歷兩年以驗所學然後回至內地聽候總理衙門酌量器使奏明委用此係選定官生不准半途而廢亦不准入籍外洋學成後不准在華洋自謀別業

一出洋委員及駐滬辦事所有內外往來文件應刊給關防洋局之文曰奏派選帶幼童出洋肄業事宜關防滬局之文曰總理幼童出洋肄業滬局事宜關防均經臣等刊刻飭發以資信守

一每年八月頒發時憲書由江海關轉交稅務司遞至洋局恭進三大節以及朔望等日由駐洋之員率同在事各員以及諸幼童望　闕行禮俾嫻儀節而昭誠敬

一出洋辦事除正副二委員外擬用繙譯一員教習一員查有五品銜監生曾恒忠究心算學兼曉洛

海士肖士音堪充繙譯事宜光祿寺典簿附監生葉元濬文筆暢達留心事務堪充出洋教習事宜業由臣檄飭遵照屆時同正副委員一併前往

一每年需用經費查照奏定章程於江海關洋稅項下指撥洋局用款下年應用之項於上年六月前由上海道籌撥銀兩眼同稅務司匯寄外洋交駐洋之員驗收其滬局用款即交滬局總辦支銷惟原奏係二十年內共用一百二十萬金約計每年需六萬兩而細加推算分年應用之款參差不齊不能適符六萬之數如首數年滬上設局幼童齊往用款較鉅第四年竟至八萬九千六百餘兩末數年幼童已歸用款較減第十九年僅需二萬三千四百餘兩此外各年遞推亦皆多寡懸殊茲有陳蘭彬等核開清單某年應用銀若干交江海關道署存照按年寄洋仍由該道分析造報以昭核實

北洋大臣李鴻章
南洋大臣沈葆楨

選派閩廠生徒出洋習藝並酌議章程疏

竊臣葆楨前於同治十二年十一月奏陳船工善後事宜摺內請於閩廠前後學堂選派學生分赴英法兩國學習製造駕駛之方及推陳出新練兵制勝之理速則三年遲則五年擬令船廠監督日意格詳議章程經總理衙門議請　敕下南北洋大臣會商熟籌等因奉　旨依議欽此欽遵在案旋因臺灣有事倥偬未及定議上年臣等籌議海防摺內於出洋學習一事斷斷焉不謀同辭及臣日昌臣贊誠先後接辦船政察看前後堂學生內秀傑之士於西人造駛諸法多能悉心研究亟應遣令出洋學習以期精益求精臣等往返函商竊謂西洋製造之精實源本於測算格致之學奇才迭出月異日新即如造船一事近時輪機鐵脅一變前模船身愈堅用煤愈省而行駛愈速若不前赴西廠觀摩考索終難探製作之源

至如駕駛諸法近日華員亦能自行管駕涉歷風濤惟測量天文沙線遇風保險等事仍未得其深際其駕駛鐵甲兵船於大洋狂風巨浪中布陳應敵離合變化之奇華員皆未經見自非目擊身親斷難窺其秘鑰查製造各廠法為最盛而水師操練英為最精閩廠前堂學生本習法國語言文字應即令赴法國官廠學習製造務令通船新式輪機器具無一不能自製方為成效後堂學生本習英國語言文字應即令赴英國水師大學堂及鐵甲兵船學習駕駛務令精通該國水師兵法能自駕鐵船於大洋操戰方為成效如此分途學習期以數年之久必可操練成才儲備海防之用至學生中有天資傑出能習礦學化學及交涉公法等事均可隨宜肄業惟人數既多道里遼遠非遴選賢員派充監督不足以資統馭而重責成查有三品銜候選道李鳳苞學識宏通志慮遠大於西洋輿圖算術及各國興衰源流均能默討潛搜中外交涉要務尤為練達實屬不可多得之才以之充派華監督必能勝任至訪詢各國官廠官學安插學生延請洋師仍應由熟悉情形之員聯絡維持主客方無隔閡臣葆楨原奏所稱正一品銜閩廠監督日意格前已回國經臣等催調來華商辦一切該員久襄船政條理熟諳於船廠學生情誼亦能融洽以之派充洋監督必可勝任六月間李鳳苞日意格二員來津稟商臣鴻章適有煙臺之役即携該員等同往飭令籌議章程續稟結後曾將該員等所議各節抄送總理衙門核奪茲經臣等再四討論復與李鳳苞日意格切實核減學生員數以三十名為度肄習年限以三年為度責以成效嚴定賞罰出洋經費分年匯解約共需銀二十萬兩此項經費必應籌定有著之款臣鴻章前議由閩省額撥南北洋海防項下酌提動用先儘釐金撥解釐金不敷即在閩海關四成洋稅下項就近湊撥旋准福州將軍臣文煜咨

稱閩關四成洋稅現無存款俟第六十五結屆滿再行核數撥解等因新授閩浙督臣何璟過保定時臣
與面商一切於深以為然茲由臣日昌函致臣鴻章議定由閩省於釐金項下籌銀十萬兩閩海關四成洋
稅項下籌銀五萬兩船政經費項下勻撥銀五萬兩是此項二十萬之數均已議有著落查照分年匯解
章程第一年七萬三千兩有奇第二年六萬有奇第三年五萬八千兩有奇並游歷及應支教習修金等
費隨時核計撥匯閩力雖甚拮据必能酌量緩急以符定議應請於海防額餉內作正開銷查西洋各國
均以中國遣人赴彼學習為和好證驗前派幼童赴美國英使即有該國大書院極多將來亦可隨時派
往之語秋間滇案議結時臣鴻章面告威妥瑪以擬選學生赴英學習該使允俟總理衙門知照到日轉
致本國外部九月間威妥瑪回國過晤臣復與商明照辦惟該國兵船定例稍嚴聞日本近時已有七八
在英兵船學習臣在烟臺閱視洋操即見有日本武弁在英國鐵甲船隨同操演今議學生分班送往又
有郭嵩燾等駐英商辦當無礙難之處至法使白來尼屢以日意格辦船有效為言此舉亦該使所深願
現擬令該監督等率同學生於明年正月起行應請　勅下總理衙門迅速分別知照英法駐京公使令
其轉達本國妥為照料臣鴻章於本年三月間因洋員李勱協回國之便派令武弁卞長勝等七人同赴
德國軍營學習兵技當時未派監督心甚懸念此次李鳳苞出洋飭令該員按三月一次由輪車馳赴德
國兼查卞長勝等功課並請總理衙門酌量照會德國駐京公使一體知照辦理迨自同治十二年臣等遣
幼童赴美學習之後上年日意格回國臣葆楨遣學生數名隨往遊學本年臣鴻章又遣卞長勝等赴德
國學習此次又派李鳳苞等率領學生分赴英法兩國從此中國端緒漸引風氣漸開雖未必人人能成

亦可拔十得五實於海防自強之基不無裨益謹將臣等籌議船政學生出洋章程及經費數目分繕清單恭呈　御覽仰懇　飭下總理衙門核准施行

附選派船政學生出洋肄業章程十條

一奏派華洋監督各一員不分正副會辦出洋肄業事務俟督帶生徒到英法兩國時兩監督公同察看大學堂大官廠應行學習之處會同妥為訂請精明教習指授如應調赴別廠或更換教習仍須會商辦理其督課約束等事亦責成兩監督不分畛域如遇兩監督分駐英法之時則應分頭照顧其華員及生徒經費歸華監督支發洋員洋教習及華文案經費歸洋監督支發每年底由兩監督將支發各數會銜造報凡調度督率每事必會同認真探討和衷商榷期於有成萬一意見不合許即據實呈明通商大臣船政大臣察奪

一選派製造學生十四名製造藝徒四名交兩監督帶赴法國學習製造此項學生既宜另延學堂教習課讀以培根柢又宜赴廠習藝以明理法俾可兼程並進得收速效以備總監工之選其藝徒學成後可備分廠監工之選凡所習之藝均須極新極巧倘仍習老樣則惟兩監督自問如有他廠新式機器及礮臺兵船營壘礦廠應行考訂之處由兩監督隨時酌帶生徒量給其第一年除酌帶量給外其餘生徒可以無須游歷第二第三兩年約以每年游歷六十日為率均不必盡數同行亦不必拘定時日

一選派駕駛學生十二名交兩監督帶赴英國學習駕駛兵船此項學生應赴水師學堂先習英書並

另延教習指授鎗礟水雷等法俟由兩監督陸續送格林回次抱士穆德大學院肄習其間並可帶赴各廠及礮臺兵船礦廠遊歷約共一年再上大兵船大鐵甲船學習水師各法約二年定可有成但上兵船額可援日本派送肄業之例陸續挨尤分班派送五六人其未到班者仍留大學堂學習既上兵船須照英國水師規制除留髮辮外可暫改英兵官裝束其費由華監督歸經費項下支給內有劉步蟾林泰增二名前經出洋學習此次赴英即可送入大兵船肄業

一製造生徒赴法國官學官廠學習駕駛學生赴英國格林回次抱士穆德學堂並鐵甲大兵船學習應請總理衙門先行分別照會駐京之英法公使咨會本國外務院准照辦理其英國學習各事或再由中國駐英　欽差大臣就近咨商辦理兩項學生每三个月由華洋監督會同甄別一次或公訂專門洋師甄別並由華監督酌量調考華文論說其學生於閑暇時宜兼習史鑑等有用之書以期明體達用所由考册由兩監督彙送船政大臣轉咨通商大臣備核其駐洋之期以抵英法都城日起計滿三年為限未及三年之前四个月兩監督考驗學成者送回供差其中若有數人將成未成須續學一年或半年者屆時會同稟候裁奪總以製造者能放手造作新式船機及全船應需之物駕駛者能管駕鐵甲兵船回華調度布陣并有專門洋師考取給予確據者方為成效如一切辦無成效將監督議處

一製造駕駛兩項學生之內或此外另有學生願學礦務化學及交涉公法等事者由兩監督會商挑選就其才質所近分別安插學習支給教習脩金仍由兩監督隨時抽查功課令將逐日所習詳記送

核亦以三年為期學成後公訂專門洋師考驗確實給有的據送回供差

一兩監督及各項生徒自出洋以及回華凡一切肄習功課游歷見聞以及日用晋接之事均須詳註日記或用藥水印出副本或設循環簿遞次互換總以每半年彙送船政大臣查核將簿中所記由船政抄咨南北洋大臣覆核或別國有便益新樣之船身輪機及一切軍火水陸機器由監督隨時探明覓取圖說分別繪譯務令在洋生徒考究精確實能仿傚一面將圖說彙送船政衙門察核所需各費作正開銷

一各項生徒如遇所訂教習不能認真指教或別有不便之處應隨時訴明華監督會同洋監督察看確實妥為安置若該生徒無故荒廢不求進益有名無實及有他項嗜好者均由兩監督會商分別留遣嚴究其員生每月家信二次信資以及醫藥等費作正開銷或延洋醫或延駐洋欽使之官醫或應另請派撥醫生均於到洋後酌定萬一因攻苦積勞致病不測之事則運回等費作正開銷並給薪費一年半仍酌量情節奏請附　奏以示優卹如有聞訃丁憂者學生在洋守制二十七月另加卹賞飭該家屬具領

一此次選派生徒應由監督溯查考績詳加驗看如有不應出洋濫收帶往不能在官學官廠造就以致剔回者其回費由監督自給倘生徒赴洋後有藉詞挾制情事因而剔回者即將挾制實在情形稟請抵華後查明懲究如咎不在監督者仍開報回費實係因病遣回者不在此例

一兩監督和衷會辦當互相覺察萬一華監督有敷衍塞責等情弊而洋監督不行舉發或洋監督有

敷衍塞責等情弊而華監督不行舉發者咎各相等查有扶同確據即分別照會咨行隨時撤換不必俟三年期滿如果事事實際生徒多優異者將兩監督專摺　奏請獎敘

一此次所議章程總以三年學有成效為限若三年後或從此停止或另開局面均由船政大臣通商大臣會商主裁外人不得干預

續選閩廠生徒出洋疏

北洋大臣　李鴻章

竊臣鴻章於光緒二年十一月會同前南洋大臣沈葆楨等　奏明選派閩廠前後學堂製造學生十四名藝徒四名駕駛學生十二名分赴法國官廠及英國水師學堂鐵甲兵船學習製造駕駛之方及推陳出新練兵制勝之法所需經費由閩省額撥南北洋海防經費內酌提動用旋議定閩省釐金項下籌銀四分之二閩海關四成洋稅及船政經費項下各籌撥銀四分之一按照章程分年彙解該學生等出洋後均能悉心考究窺見門徑雖所造深淺不同尚不為故步所域多已學成期滿陸續回華其駕駛學生出色者則有劉步蟾林泰曾等製造學生出色者則有魏瀚陳兆翱等經臣等量材器使或派管帶蚊船快船或在船政差遣及派往外洋為鐵甲船監工其餘亦分任要務各效所長惟現值整頓水師研精船械規模日廣事事需才尤覺不敷分布臣鴻章於光緒五年九月會同沈葆楨奏明閩局出洋生徒應予蟬聯就學以儲後起之秀而備不竭之需奉　旨允行在案查船政前後學堂生徒初次選擇三十人出洋以拔其尤其續入學堂者年資稍淺遴選較難然育才之要宜使迭出而不窮日新之功不可一得而自畫臣鴻章與臣兆棠往返咨商議定續　選前學堂學生八名後學堂學生六名出洋肄業並擬分撥經

費銀十萬兩陸續匯解出使大臣兼辦肄業監督李鳳苞收支並請由出使英法大臣曾紀澤會同督率照料推查後學堂學生內有許兆箕等四名先經臣鴻章調赴天津派充水師學堂教習及威遠練船教練水手皆有要差礙難遽令出洋現計後學堂學生僅有二名合之前學堂學生八名共有十名先行儘數派員送至香港登舟出洋餘俟選擇得人續派前往所需經費仍應由福州將軍及福建督撫臣與臣兆棠查照成案分年勻撥接濟

條議一則　薛福臣

自中外交涉以來中國士大夫拘於成見往往高談氣節鄙棄洋務而不屑道一臨事變無所適從其號為熟習洋務者則又唯通事之流與市井之雄聲色貨利之外不知有他此異才所以難得也今欲人才之奮起必使聰明才傑之士研求事務而後可昔漢武帝詔舉茂才異等可為將相及使絕域者似宜略仿此意另設一科　飭令內外大臣各舉所知亦不必設有定額其新科進士大挑舉人優拔貢如有洞達洋務者亦許大臣保薦仿學習河工之例別為錄用其用之之道如膽識兼優辨論風生者宜出使熟諳條約操守廉潔者宜稅務才猷練達風骨峻整者宜海疆州縣求之既早斯用之不窮彼士大夫見聞既熟亦可轉移風氣不務空談矣

文法舉隅序　曾紀澤

國家懷柔所暨琛贄所通殊方異類至於十餘萬里於是講求經濟之學者以通知各國語言文字為當務之急數十年來中外多聞強識之士為合璧字典數十百種或以典要少為經或以音韻為目或以

西洋字母為序亦既詳且博矣然而說字義者多談文法者少則譬諸轂軏咸具輪輹不缺而無寸轄以制輻蓋終不可行矣余常欲取英國文法譯以華言闚䫻尟暇因循遂已汪君芝房所學邃於余縱談既洽因以屬之閱月而成冊雖覼縷證據未逮原書然名目綱領大旨已備亦急就之奇觚啟蒙之要帙也丁君冠西手是編示余乞弁以言士大夫方持不屑不潔之論守其所已知拒其所未聞若曰事非先聖昔賢之所論述物非六經典籍之所紀載學者不得過而聞焉夫先聖昔賢之論述六經典籍之紀載足以窮盡宇宙萬物之理若道而不必賅備古今萬物之器與名學者於口耳之所未經遂槩然操汎汎悠悠茫無實際之莊論以唐塞之不亦泥乎上古之世不可知蓋泰西之輪楫旁午於中華五千年來未有之創局也天變人事會逢其適其是非輕重損益本末之別聖人之所曾言學者得以比例而評騭之其飲食衣飾之異政事言語文學風俗之不同堯舜禹湯文武周孔之所不及見聞當時存而不論後世無所述焉則不得不就吾之所已通者擴而充之以通吾之所未通則考求各國言語文字誠亦吾儒之所宜從事不得以其異而諉之不得以其難而畏之也今之學者不恥不智顧且為虛憍夸大之辭以自文飾一旦有事　朝廷不得賢士大夫折衝樽俎之才而用之則將降而求之庸俗駔儈之閒詩書禮儀無聞焉唯貨利是視其於交際之宜措施之方庸有當乎抑或專攻西學不通華文鑒其貌則華產也察其學術性情無以異於西域之人則其無益於國事亦相侔耳自同文館設而英才輩出之二患者庶幾其有瘳焉芝房與左君子興皆館中通英文生之佼佼者年富而劬學兼營而並騖亦既能曲證旁通啟牖後進焉紀澤使於歐羅巴洲求才於館以匡助余子興忻然就道芝房方欲以詞章博科第則姑辭不行

二君者出處不同其為志趣之士則一也異日者館中生徒斐然有成或以幹濟聞或以文藻顯中國聲名文物彝倫道義先聖昔賢六經典籍之教未始有損也而復益以海國人士深思格物實事求是之學則謂是編為岷源之濫觴焉可也

與蔦子源書　姚文棟

日昨奉尊翰并大著擬續海國圖志說一首均已拜讀我國在道光時洋商埔頭以廣州為第一其一切交涉事務亦萃於兩廣總督衙門默深幕遊此邦得縱觀積年卷牘旁采見聞是以有海國圖志之作三四十年來局面又一變矣上海固昔日之廣州也而洋務中交涉事務又移於北洋衙門吾輩生長滬江聞見不逮其隘更得縱觀北洋卷牘乃可續成此書然此猶是一家言也方今五洲廣通繙譯輩出鄙意欲仿外洋通例設立地學會聯合四方同志為一局互相考求又與各國地學會中通往來信廣徵書籍此即西人所云交換智識之法移通商局面運之於學問一途集五洲才人之心思為吾一國之利益行之數十年歐美情形必洞若觀火矣豈不勝於鑽研漢文故紙一手一足為烈者耶若思默深生於今日吾知其亦必出於此策也日本地理兵要一書鄙意蓋為規復琉球而作今將例言及目錄抄出寄閱倘椽筆製一序冠之大妙或代徵之同學諸子以張我軍想必有以報我也

上曾侯條陳　摘錄二則　張煥綸

三曰暇時延見西儒以備諮訪彼中官吏固宜優接矣然交涉事多彼此畛域豈能盡泯若閒暇時延見西士接以溫詞款以虛衷彼必樂於自獻傾瀉饜飫漸可得彼國之竅要西人在中國廣設學堂自誇義

舉而彼中亦有樂讀中國書籍者宜為別設一院擇中士教之則彼將不得擅美事既悉而不費國主聞之且必感悅數年之後有能通華文者勸其繙譯彼國書籍慫以傳播中國當獲盛名諒亦樂從且泰西清議之權力與敵國異時設有難事或可稍得其助如此費省而益多事逸而效久又人己兩利者也

五曰宜選譯西國政教書籍以備採擇今之論西國者曰財貨之雄礮械之利而已豈知西國制勝之本不在富強其君民相視上下一體實有暗於合儒者之言則其為政教必有斐然可觀者今所譯僅有機器格致各種書籍謂國家盛衰繫乎風俗人才而風俗人才尤急於蒙養西國孩童皆有書院猶得古者小學之意今雖設有出洋局然費鉅難繼所養僅百人豈能家喻戶曉不如取各國學校書院章程繙譯成書寄歸中國請先於通商各埠設蒙養書院取古人教子弟之法而略以西法參之冀漸推廣其費視出洋為省而其功必宏遠矣教者政之本教成則政立矣外如醫學及農家種植各書亦宜廣為採購此古人輶軒采風之義也

救時芻言四則 上南皮張制軍

張煥綸

廣求邊才

今日所求邊才非第在識西字習西學而已要以洞悉各國政教大端強弱大致性情好尚所在今日所以撫馭懷柔之道何者為要何者為緩何者宜親何者宜防何者在所必爭何者在所不必爭總之識大體規遠圖而不務急功上也其諳悉西國律例軍陣戰法器械利鈍城壘堅否隨機應變才堪肆應者次之其熟諳西語算學化學機器學及航海開礦各技者又次之今日所得類又次者耳宜進求之

洋務揭請發鈔

昔人言學者不可不觀京報以知時務今之學者多不知外情由於洋務揭子之不發鈔不發鈔之故蓋慮機密情事為外人刺知也然數年來所謂　密諭密揭往往中人未及知外人早知之且故刊之報章以揶揄我然則洋務之不發鈔不足蔽外人之耳目適足錮我中土志士之學識而已即或事在當機未便遽洩何不於事平之後將首尾文牘刊刻頒布或謂事有匿瑕含垢權宜一事者宣之不示辱乎不知今日泄沓成風正坐上下夢夢怡然以為太平耳正須宣示之俾知外人如此其強暴　國家如此其受侮我　皇上以愛惜民命之故如此其匿瑕含垢而不忍輕於一試則天下之事無論智愚賢不肖皆當抵掌而談攘臂而奮矣眾志成城西人不足拒也

請續瀛寰志略或海國圖志

有志之士欲知時務京報既無可觀各種日報又多推測約畧之談或兩報而彼此互爭或一報而前後歧異未可據為典要竊謂自魏君作海國圖志徐中丞作瀛寰志略以後迄今又數十年矣其中如普法之戰俄土之戰俄人爭黑海之舉跨黑龍江之舉爭伊犂之舉法國之易君主為民主普皇之統一日耳曼西班牙之蕩平湯高鹿英美兩國亞拉巴麻之款英俄人探北冰海之役紅海地中海之開通大西洋太平洋之開通南北亞美利駕之交戰印度之尊奉英主為皇帝羅馬教皇之衰舊金山之禁阻華人意法兩國之鑿山通道英法兩国之跨海為橋英人之禁黑奴秘魯之禁豬仔俄皇美總統之被刺荷蘭之征亞齊英人之開新金山日本臺灣之役琉球之役日本薩長土三藩勤王之役將軍慶喜歸政之事

廢列藩封建改設縣郡之事西鄉隆盛之亂日本開拓北海道之役高麗守舊黨之亂法越之戰馬達格斯之戰英法埃及之爭秘魯智利之戰咸豐末年天津之役同治初年天津教堂之役雲南馬嘉利之案廣東烏石山之案各國新簡出駐使臣領事之案凡此等類皆宜譯補以貺承學之士

請譯西律以教華官

近日華洋會訊每多齟齬其故由華官不諳西律故西官得上下其手以遂袒護之私中國律例既顛倒於部吏之手今又操縱於西員之口民有不困者乎生以為會訊之員宜先究西律試舉一項事證之有一華員乘馬車撞西人所坐馬車大損之華員失色謂必索賠同坐一人急操西語辯論久之西人反出金修華人車而去觀者駭愕蓋其人諳西律華車駛行本合法曲在西人故也可知據律以爭西人莫能欺也宜咨請總署商諸各國公使參酌中西訂為定律律所不載不得援以為爭其於華民所全不少

論考試　李東沅

三代以來風俗敦龐取士之途鄉舉里選惟重實學至行寬其途以求士故野無遺賢嚴其制以用人故朝無倖進降於唐宋嚴於取而寬於用迨當考試斤斤然拘於一格至今因之無論文武總以科甲爲重謂之正途否則胸藏韜略學貫天人皆目爲異路其取士也隘則豪傑每有沉淪其用士也寬則庸佞不無忝竊故舉世奮志功名者悉從事於此老而不悔竟有髫齡就學皓首無成尚何暇他顧哉聞西國設有數科量才取士雖王子國戚欲當水師將帥者無不兼習天文地球格致測量諸學初編行伍以資練習文案則自理鎗礮則自燃即至賤至粗之事皆不憚辛勤而畢試之及功成名遂致仕閒居亦不廢立

說著書以期傳於當事並諸後世至礦師醫士無不精於格物通於化學訟師亦須深明律例考有文憑方准行世無論何學總期實事求是坐而言者可起而行焉中國之士專尚制藝上以此求下以此應將一生有用之精神盡消磨於八股五言之中舍是不進涉獵泊登第入官而後上自國計民生下至人情風俗及兵刑錢穀等事非所素習務膺民社措治無從皆因士學兩歧以致言行不逮也然則文科可廢乎曰非也千古綱常名教經濟學問皆從經史而出悉由文義所生惟須分列四科拔尤表薦一曰考證經史以覘實學二曰策論時事以觀卓識三曰兼試詩賦以驗其才華四曰博詢政事以考其吏治拔真材以資實用不愈於空言無補之帖括乎至武科設於武后之時專以騎射技勇見長與文科並重而世之習武者祇求入彀博取科名即默寫武經亦僅如小考文童之荼鈔　聖諭而已試以兵法開卷尚屬茫然迨夫仕進既入舉凡訓練弁卒與夫水陸攻守之策陰符壬遁之書冥然罔覺即使射穿七札力舉百鈞要亦匹夫之勇耳一旦臨敵將何恃而不恐哉是不教而驅之戰也邇來蕩平小醜建立大勳皆非武科中人則其所習非所用也明矣然則武科可廢乎曰否今戰守所資藉以出奇制勝者不外乎水師火器今中國既已舉行惟機器尚製造未精輪船尚駕駛未熟鎗礮尚施放未巧行陣尚步伐未齊即有諳練之人亦苦不足於用誠能分門別類取精用宏當於武科中亦列三等以取將才一詢山川形勢軍法進退以觀其韜略二問算學格致機器製造以窮其造詣三考測量鎗礮高低命中及遠以盡其能事其能集衆長者不次超遷以示獎勵專攻一藝者量材授事以廣旁求不愈於僅嫻技勇騎射者乎然而欲作人才先覘教養今之學校書院專事舉業而外邦之風俗政事一槪不知且深以西學為可鄙欲求

一洞識時事兼習中西者實難其人況當今海禁大開藩籬盡撤歐洲各國無不肩摩轂擊互市通商各恃富強相為要挾更宜練兵修政選將籌邊斷非醉草可以嚇蠻圍棋自堪破敵時也鄙見宜仿司馬光十科之法添一設科頒行天下省會除小學堂外各設敎書院請精通泰西之天文地輿格致農政船政化學理學醫學及各國語言政事文字律例者數人或以出洋之官學生業已精通返國者為之教習所選學生自十餘歲至二十歲為限須先通中西文字就其性之所近肄業四年外至京都大書院力學四五年如果期滿造詣有成考取上等者即奬以銜職派赴總理衙門海疆督撫或船政製造等局當差或充出使各國隨員如舉博學鴻詞之例凡入院諸生每年納束脩百元如書院膏火不敷由該地方官籌款補足以冀漸開風氣實力研求倘有別出新裁造成一器於　國計民生有益者視其利之輕重准其獨造數年並給頂戴以資鼓勵如此則閭風興起人材衆多又何須　朝廷遴選幼童肄業泰西致糜巨款爭夫幼童萬里從師學業甫卜其精進惟少染外洋習氣性情或因而變遷亦似非養正之道也誠能變通舊制敎育英才為國家宣勞為海疆保障大用大效小用小效又豈特文章華　國咸誇鳳翽之才武藝超羣即列鷹揚之選也哉

附論洋學

泰西各國學校規制大略相同而布國尤為明備其學堂自鄉而城而郡而都各有層次初學鄉塾分設各處由地方官捐建經理國中男女無論貴賤自七八歲起皆須入學至十五歲為小成鄉學之費每人限七日出一本納城學之費每月出一先令（本納先令皆西國銀名先令約中國銀一錢六七分）如或不敷由地方官捐補

至大學院學業繁重果能詣力克副而願學者聽其肄業院費每季不過出十五喜林美國人不論貧富皆入皇家書館讀書其經費捐自房租每百抽十兩學以序分不容躐等女館則兼教組綦女紅設有專條使之用心習學藝中分十餘班考其勤惰以為升降其沈淪末班不能遷升首班者不能出院學藝鄉塾之上有郡學院因材授學專教格致重學史鑑歷學算法他國語言文字及藝術所必用之書再上有實學院有上下分十三班考工計程以定進止院中師長上等者皆進士班考選者當之上實學院考得首班入選大學院肄業下院考得首班入枝藝等院再進有仕學院蓋欲其學優而仕也此院大祇十八歲以上方能就學每考僅十餘人若入選則賜文憑入大學院次等入師道格物武學等院大學院之掌院必名望出衆才識兼優者方膺此任院中各種書籍規儀器物無一不備一經學二法學三智學四醫學經學者談論其教中之事姑不復贅法學者考論古今政事利弊異同如何損益又奉使外國如何修辭或通商事宜有關國例者詳加討論然後入衙門考取聽候簡用智學者格物兼性理文字言語諸事醫學者分六課首以格物統覈全身及內外諸部位次論經絡表裏功用次論病源製配藥品次論胎產接生必須考選又枝藝院學習汽機電報採礦陶冶製練織造等事格物院與技藝院同條共貫大祇多發源於算學算學則以幾何為宗器料齊備使學者討論而窮究之其最要者為力學化學考覈甚微又格金石植物胎卵濕化各物如何而化如何而生觀天則有測步鏡儀而算學為最要船政院為行船航海之學先通外國語言文字並天文地理算學若涉大海茫無津涯學此則隨處可知船在經緯幾度分各處潮汐之遲速大小各處海口水道之深淺礁石之有

無風雨如何趨避器機（器者驗風雨表還梘之類機者汽機也）如何得宜考選後為副船工閱歷有年再考為正船工果能操縱自如方充船主如有失誤有司同船政司勘驗若船主措置不善則褫其職傾產賠償如其人事已盡天實為之則船主與船工免議武學院課式與實學院同但多武藝兵法御馬諸務初經拔取准充弁員及其精嫺纔升千總果屬才識出衆勇力超羣則調詣都城大院再習上等兵法如算量圖畫地利與各國水陸戰法至水師則測風防颶量星探石辨認各國兵船識別各處沙礁先授末職拾級而升通商院則以數學銀學文字三者為宗更有農政院丹青院律樂院師道院宣道院女學院訓瞽院訓聾瘖院訓孤子院養廢疾院訓罪童院餘有文會夜學印書會新聞館別有大書院九處書籍甚富盡人可以進觀但不能攜書出院每歲發國帑經理生徒入院肄業三四年聽其去留歲出費銀十五磅至管理各大書院每省派有主院兩員諸院悉隸文教部使國中人民無一棄材各有裨於公私以廣其用誠法度之至善者也夫欲制勝於人者必盡知其成法而後能變通變通而後能克敵且彼萃數國之人材窮百年之智力擲億萬之資財而後得之勒為成書公諸人而不私諸己廣其學而不祕其傳今中國所設之同文院廣方言館已歷有年而於格致之學尚未深通其所製造全仗西人指授不過邯鄲學步而已何能別出新裁創一奇功之兵船造一新捷之火礮哉且又從不講求西國律例凡交涉案件莫能辦理如延西國訟師代我辨論則又恐從中袒護不能力斥其非此數端皆中國所必需尤當遏其漏卮啟其祕鑰將西國有用之書條分縷晰譯出華文頒行天下各設書院人人皆得而學之院師擇請西儒或出洋首選之官生以充其任以中國幅員之廣人才之衆竭其聰明智

力何難駕出西人之上哉而禁之何甘於自域也

議覆謝祖源奏請練習洋務人才疏 光緒十二年 總署王大臣

十二月初六日欽奉　諭旨謝祖源奏時局多艱請廣收奇傑之士遊歷外洋一摺著該衙門議奏欽此由軍機處恭錄行知到臣衙門欽遵覆議伏查該御史原奏內稱自同治年間遣使外洋除使臣由　朝廷特簡外其隨員或取在館供事及肄業官生學術既未淹通器局尤多猥瑣即所延幕友亦僅專司文牘並無瑰奇磊落之才其中出色人員不過學習機器通譯語言久之習與性成甚至有樂效其飲食起居便其車馬衣服者其人殊未足膺異日干城之選臣愚謂　國家帖括取士經濟即寓乎文章今翰詹部屬中不無抱負非常者可否令出使大臣每國酌帶二員給以護照俾資遊歷一年後許其更替願留者聽其才識出衆者由出使大臣密保既備他日使臣之選亦可多數員熟悉洋務之人等語臣等維使絕域者必資異才習邊情者存乎實歷今外務日冗誠宜廣為儲材以收群策群力之效總理各國事務衙門查自奏請　簡派出使以來其始原藉聘問隣國為名冀得遊歷殊方周知其國俗地形强弱夷險以及練兵製器權商開礦諸要務既而規模漸定分遣使臣駐劄由該使臣遴派參贊領事等官分駐通商洋埠勘驗記載各情隨時稟報又有出洋學生以資練習北洋大臣復屢派武弁工匠陸續前赴各國船廠礮廠學習技藝用意不謂不周歷年奉使及參佐人員亦多取材於曾任翰詹部屬之人查出使隨員向由使臣自行奏帶跋涉萬里更換不易必須為地擇人以責考成而效指臂其不能拘定京外現任候補候選人員惟材是任勢不得不然也若夫供事學生由各該使臣奏帶出洋者原備繕寫文移繙譯

書問而已其機宜重大事務何常取辦於末秩使盡去此曹則筆札之煩舌人之選豈宜概責之使臣一身且其中未常無可造之材即或有沾染外洋習氣者亦可由該使臣隨時督察分別撤參以示懲儆至該御史請於翰詹部屬中由出使大臣酌帶每國二員一節竊唯周髀九數疇人命官考工五材庶士分職班固志前代藝文於經典外列敘紀書術數方技諸略此皆專門利用之學聖人不廢原夫古時造士範數之學與本義理之學並重故足以通經致用官效其能近世士大夫非無才識閎通學問淹博之人而限於方域囿於見聞語及環球各國交際之通例富強之本計或鄙夷而不屑道所謂少見多怪其勢然也夫外洋測算竊自中法製器相材源於考工營陣束伍乃古者司馬法步伐進退之遺開采五金倣於周禮卝人之官測繪地輿亦晉人裴秀成法禮失求野豈彼智而我獨愚特中士習為遊談其平日留心講習者良少耳是以欲周知中外之情勢必自遊歷始然各國事理與中國不同彼之精遊歷以傳教者無論已其他或默計中裔相通道里或私繪山川形勢或考求物產盈虛或陰測煤鐵礦苗非空勞跋涉者且彼土之人強力堅忍置之雪山冰嶺而不辭中土之人筋力柔脆偶涉瘴癘風濤而生畏況不習西國語言文字即身歷其地亦與喑聾何異今入於海疆牙錯之形直省鹽鐵之數一切利病尚或未能瞭然心目而遽欲舍己芸人忽近圖遠安必其有實濟乎就目前而論我之所亟惟在察敵情通洋律諳製造測繪之要習水師陸戰之法講求稅務界務茶商牧礦諸事宜雖未能遽底於精深亦當先得其大要查出使各國大臣不乏差遣之員外國每年中例有避暑不辦事之月又多賓祭燕閒之日相應申請飭下出使各國大臣隨時分飭屬員遊歷境內考覈記載分門講求並督出洋武備學生等學習各項技

藝董勸並行以收實效該員等本月支薪水毋庸另給經費至翰詹部屬中如實有制器通算測地知兵
之選堅樸耐勞志節超邁可備出洋遊歷者可否請　旨飭下翰林院六部覈核保薦並咨送總理各國
事務衙門考覈再行奏請前往各國遊歷由出使大臣就近照料應需出洋薪裝屆時由總理各國事務
衙門酌定數目在出使經費項下發給所有臣等議覆緣由謹合詞恭摺具奏

會議算學取士疏 光緒十三年總署王大臣

竊光緒十三年三月二十五日軍機大臣欽奉　慈禧端佑康頤昭豫莊誠皇太后懿旨御史陳琇瑩奏
請將明習算學人員量予科甲出身並遊歷人員准按原資參贊等官缺出准令遊歷人員兼充暨派由
購用機器各摺片著該衙門會同吏部禮部妥議呈奏醇親王奕譞著一併與議欽此欽遵會議仰見
聖慮周詳慎重名器造就人才之至意欽佩莫名查該御史原奏稱中外交涉以來言西學者有機器船政
等局同文方言等館其淵藪也出洋學童於測繪製造一切具有師法特進其議論不免怵於先入為主
之說以事事為必效法外洋通者　詔各部院奏保出洋遊歷竊意正途人員宜可藉此練習洋務而還
延三月保送未聞則留心西學者之難其選也臣愚以為西法雖名目繁多皆權輿於算學洋務從算學
入於泰西諸學雖不必有身兼數器之能而測算既明不難按圖以索國子監原設算學比年各省學臣
亦加試算學可否仰懇　飭下各該學政於歲科試報習算學之卷覓予錄取原卷咨送總理衙門復勘
作為算學生員屆鄉試時除頭場二場仍試四書五經文外其三場照繙譯鄉試例策問五題專試算學
再照官卷例另編字號於定數外酌中數名會試亦如之中式後請予京職遇有遊歷員缺即令出洋赴

泰西各書院學習學成差旋專充洋務及出使等項差使如此則進他非進不為時論所輕既非若空言
洋務者之或未周知復不知如左袒泰西者之易滋流弊等語臣等維造才取士之法貴與時為變通溯
查同治五六兩年總理衙門奏為監生准其鄉試皆充補繙譯官均經奏奉　諭旨允准原奏誘掖獎勸
開以進身之途使之目起有功至鄉會試場取士向有成法難於率議更張故道光中兩廣督臣祁𡊮奏
開奇才異能五科內有製造通算一門咸豐初年御史王茂蔭亦曾言之治同九年閩浙督臣英桂等奏
開算學科先後部議皆以格於成例中止特是九數居六藝之一周禮以之興賢能明算例六科之中唐
制以之程選舉我朝　欽定數理精蘊儀象考成之書尤為萬世學算之準繩故定制於國子監額設算
學肄業生滿蒙漢各若干人分年教授是天文算法本學人所當童而習之者竊以　列聖開物成務
睿謨深遠旁采西洋之巧算融入中法之精微以制器而論則　御製天體赤道諸儀既已邁古爍今即
下至行軍火器之利亦常俯采西法康熙中每遇征討之役　命欽天監官南懷仁湯若望造礮隨軍此
其明證而世人或目算學為西學殆未之深察也且即以西學而論其人才半出於格致書院以理法擴
其聰明亦半出於水師練船以閱歷堅其膽識而不特考校文字一日之短長以進退之三角八線幾何
代數誠為西學根本然西學以測算始實未常以測算止故近年南北洋船政各處設立製造管駕武備
水師學堂擇練藝成者入練船學習又拔其尤者充補水師員弁以期造就人才有裨實用良以西藝亦
非算術一端可成而從事於天算者未可遂謂之練習洋務也惟查製造各學未嘗不探源於算術誠有
如該御史所稱名目雖繁權輿於此者欲盡取西學之所長殆必以算學為先導但使選舉有法亦可資

激勸而廣招徠臣等就原奏所陳公同商酌試士之例未容輕議變更而求才之格似可量為推廣擬請
旨飭下各省學臣於歲科試時生監中有報考算學者除正場仍試以四書經文詩策外其考試經古場內另出算學題目果能通曉算法即將原卷咨送總理各國事務衙門復勘注冊俟鄉試之年按冊咨取赴總理衙門試以格物測算及機器製造水陸軍法船礮水雷或公法條約各國史事諸題擇其明通者錄送順天鄉試不分滿合貝皿等字號如人數在二十名以上統於卷面加印算學樣字與統場試子一同試以詩文策問無庸另出算學題目其試卷由外簾另為一束封送內簾比照大省官卷之例每二十名於額外取中一名但文理清通即為合式如並無清通之卷任缺無濫卷數雖多亦不過得三名以示限制其錄科之卷總理各國事務衙門於揭曉以前咨送禮部備查至會試向年另編字號之例凡由算學中式之舉人應仍歸大號與各該省士子合試憑文取中如此則搜求絕藝之中仍不改科舉得人之法似亦獎勵人才之一道至學堂練船中學已有成已得官職或不願投考者仍歸該管大臣核計年勞保獎與考試一途兩不相妨此項人員若於會試中式後得用京職者俟　點派數員作為同文館纂修俾專講習嗣後或遊歷外洋或充出使等差均可隨時奏派因材器使庶洋務非託空言而得力與藝成而下者自有間矣

粵省創設水陸師學堂以儲人材疏光緒十三年　張之洞　吳大澂

竊惟古今人材皆出於學學之為事講習與歷練兼之近日海防要策首重水師兵輪次則陸軍火器外洋諸國於水陸兩軍皆立專學天文海道算學輪機砲械營壘工作製造分類講求童而習之畢生不徙

其業是以稱雄海上我　朝聖武恢闢中國人材所萃將才何一不備兵法何一不精特是時勢不同船礮機算諸端至今日而巧者益巧烈者益烈若欲因時制變固非設學不可近年天津福州皆設水師學堂而天津兼設武備學堂以練陸師誠以二者不可偏廢也廣東南洋首衝邊海兼籌應儲水陸師罷使之材較他省為尤急光緒三年前督臣劉坤一捐銀十五萬兩奏明生息為儲養洋務人才之用光緒六年前督臣張樹聲撫臣裕寬於省城東南四十里長洲地方就前款內撥銀建造學館分派教習考選學生肄習西洋語文算法用項取之前次息銀特以限於費絀定額較少此外有關兵事諸端未能肄及臣之洞到任後察看該館生徒學業尚可造就改名博學館於奏請籌辦閩粵兩省開設學堂各務摺內聲明在案臣等審度時勢公同籌商擬即就其地改為水陸師學堂並須添購地段增建堂舍教習所以區功課而臻完備其水師陸師均各額設七十名先挑選博學館舊生通曉外國語文算法者三十名為內學生再遴選曾在軍營歷練胆氣素優之武弁二十名為營學生再擬選業已讀書史能文章年十六以上三十以下之文生二十名為外學生無論生監俱准就學其水師則學英國語文分管輪駕駛兩項管輪堂學機輪理法製造運用之源駕駛堂學天文海道駕駛攻戰之法其陸師則學德國語文分馬步鎗礮營造三項內學生取其繙譯已曉算法已諳營學生取其兵事已歷膽氣已壯外學生取其志向已定文理已通惟營學生外學生兩途年齒較長學習西國文語稍有不便應於洋教習之外添用華繙譯一名轉相解授以便領悟其房舍則分為水師講堂水師操堂陸師講堂陸師操場陸師馬步砲操場其規制課程畧仿津閩成法復斟酌粵省情形稍有變通大抵兼采各國之所長而不染習氣謹求武備之實

用而不尚虛文堂中課程限定每日清晨先讀四書五經數刻以端其本每逢洋教習歇課之期即令講習書史試以策論俾其通知中國史事兵事以適於用在堂者一律仍准應文武試以開其上進之程其營學生外學生兩途年歲不必甚幼庶可辨其志趣氣質不致虛養庸下之才語文但取粗通不必以此一端耗其心力目力總期由粗入精必不使逐末遺本水師學成之後撥入練船另設練船正教習槍礮帆纜教習測算教習四員皆用洋弁在船課讀即在中國沿海口岸游行認真練習一年之後再選其才藝尤長者分赴外國學堂兵船學習其陸師則三年學成後擇尤出洋分赴各國學堂陸軍練習水陸均令每年九月在堂三月在船在營遇有外洋有事擬照西國通例前往觀覽以資考鏡實事現在購買地基添造學舍興築場廠約估需銀六萬餘兩每月員弁薪水華洋教習薪費學生膳費丁役工食約需銀五千兩按之津閩章程已屬節省堂中應用書籍機器隨時添置除博學館原有每年息銀六千餘兩外應於海防經費項下開支粵省度支極絀豈敢更增用款然為此儲才要務不得不竭力成之惟學堂事屬創始總辦者非有熟習大員未易勝任查有二品銜分省補用道吳仲翔才識沈毅思慮精詳前充福建船政提調十餘年政船始規皆其創辦嗣經北洋大臣李鴻章調赴天津委辦水師學堂亦著成效現在請假回籍經臣等函邀來粵詢商一切想應請

旨將吳仲翔發交臣等差委擬即委令總辦水師學堂事以務資熟手至洋教習擬用三員水師駕駛洋教習一員查有福州船廠英員李家在閩期滿堪以調充陸師語文測算兼操練正洋教習一員粵省現有德弁歐披次堪以充補其副教習一員應由臣等咨商德國出使大臣向外部選訂此外應設漢教習十一員水師則駕駛操演洋文各一員華文三員陸

師則英文幫教二員德文幫教一員華文二員其稽查各堂及經管錢糧文案各委員酌用此舉現經臣等詳加籌度飭據廣東布政使高崇基會同海防善後局司道擬議章程詳請具奏前來除咨明海軍衙門總理衙門及戶兵二部外謹合詞恭摺具陳

請設廣方言館疏　李鴻章

竊臣前准總理衙門來咨遵議設立學習外國語言文字學館為同文館等因伏維中國與洋人交接必先通其志達其欲周知其虛實誠偽而後有稱物平施之效互市二十年來彼酋之習我語言文字者不少其尤者能讀我經史於朝章憲典吏治民情言之歷歷而我官員紳士中絕少通習外國語言文字之人各國在滬均設立繙譯官一二員遇中外大臣會商之事皆憑外國繙譯官傳述亦難保無偏袒揑架情弊中國能通洋語者僅恃通事凡關局軍營交涉事務無非雇覓通事往來傳話而其人遂為洋務之大害查上海通事一途獲利最厚於士農工商之外別成一業其人不外兩種一廣東寧波商影子弟佻達游閑別無轉移執事之路者輒以學習通事為逋逃藪一英法等國設立義學招本地貧苦童稚與以衣食而教肄之市兒村豎來歷難知無不染洋涇習氣亦無不傳述彼教此兩種人者類皆資性蠢愚心術卑鄙貨利聲色之外不知其他且其僅通洋語者十之八九兼識洋字者十之一二所識洋字亦不過貨名價目與俚淺文理不特於彼中兵刑食貨張弛治忽之大懵焉無知即遇有交涉事宜詞氣輕重緩急往往失其本旨推知藉洋人勢力播弄挑唆以遂其利欲蔑視官長欺壓平民無所忌憚即如會辦防堵一節間與通習漢語之大酋晤談尚不遠乎情理而瑣屑事件須不能一一面商因而通事假手其

間勾結洋人為分肥之計誅求之無厭挑斥之無理支銷之無義欺我聾喑逞其鼓惑遂以小嫌釀大衅洋務為　國家懷遠招携之要政乃以樞紐付若輩之手遂至彼己之不知情偽之莫辨操縱進退迄不得其要領此非細故也京師同文館之設實為良法行之既久必有正人君子奇尤異敏之士出乎其中然後盡得西人之要領而思所以駕馭之綏靖邊陲之原本實在於此惟是洋人總匯之地以上海廣東兩口為最種類較多書籍較富見聞較廣語言文字之粗者一教習已足其精者務在博采周諮集思廣益非求之上海廣東不可故行之他處猶一齊人傅之之說也行之上海廣東更置之莊嶽之間之說也臣愚擬請仿照同文館之例於上海添設外國語言文字學館選近郡年十四歲以下資稟聰悟根器端静之文童聘西人教習兼聘內地品學兼優之舉貢生員課以經史文藝學成之後送本省督撫考驗請作為該縣附學生准其應試其候補佐貳佐雜等官有年少穎悟願入館學習者呈明有司鄉官出具品行端方切結送館一體教習精覈照料學成後亦酌給升途以示鼓勵均由海關監督督筹試辦隨時察覈具詳三五年後有此一種讀書明理之人精通番語凡通商督撫衙門及海關監督應添設繙譯官承辦洋務者即於學館中遴選承充庶關稅軍需可期核實而無賴通事亦稍斂跡矣夫通商綱領固在總理衙門而中外交涉事件則兩口尤多勢不能以八旗學生兼顧推多途以取之隨地以求之則習其語言文字者必多人數既多人才斯出彼西人所擅長者推算之學格物之理制器尚象之法無不專精務實泐有成書經譯者十纔一二必能盡閱其未譯之書方可探賾索隱由粗顯而入精微我中華智巧聰明豈出西人下哉果有精熟西文轉相傳習一切輪船火器等巧技當可由漸通曉於中國自強之道似

有裨助

洋務時事彙編卷八

學校附語言文字

泰西學校有三等

泰西各國教育人材之事總計有三曰學校曰新聞報館曰書籍館而學校又有三一初學一中學一上學其初學入學之期以七歲十五歲上下為度求粗通文算並凡地球史書志書為要內有聰穎者亦可兼學他國語言文字此初學之事也初學期滿則升中學入學之期以十五歲二十一歲為度所窮究者道書史書志書圖國學文涉學算學格物學化學電學重學製造學全體功用書動植學地學金石學畫學音樂學農學商學體操學外國語言文字學此中學之事也中學期滿則升上學入學之期則以二十一歲二十六歲上下為度課與中學同不過淺深有異耳然至此則精益求精又每有由故得新自創一事為他人所無者此上學之事也

各國學校總數

各國學校數目初學美國總計二萬八千所師五萬七千人生二百二十五萬餘人法國總計七萬四千所師十一萬九千人生四百九十五萬人德國總計七萬三千所師十萬一千人生六百九十八萬餘人俄國總計三萬二千所師四萬人生一百二十四萬人美國總計十七萬七千所師二十七萬三千人生九百七十萬餘人日本國總計二萬八千所師九萬九千人生三百零八萬餘人總計六國初學每一百

萬人有學一千二百九十五所師二千二百人生十萬人此初學數目之大畧也中學數目頗難盡詳所可知者英國一千四百三十所生二十一萬人法國一千零五十四所生十六萬二千人德國一千四百四十一所師一萬三千餘人生二十六萬一千餘人俄國一千二百四十所生二十三萬九千餘人美國一千五百八十九所師七千九百餘人生十五萬二千餘人日本國一百七十八所師二千一百三十六人生二萬二千餘人印度國八十二所生八千八百九十四人總計六國印度不在內中學所可知者每一百萬人有學十九所師一百六十四人生二千九百六十一人此中學數目之大畧也上學英國十一所師三百四十四人生一萬三千四百人法國一所師一百八十人生九十三百人德國二十一所師一千九百二十人生二萬五千零八十四人俄國八所師六百八十六人生一萬三千九百零三人美國三百六十所師四千二百四十人生六萬九千四百人日本國一所師一百四十五人生六百九十七人總計六國上學每一百萬人有學一所師二十四人生四百一十四人美國法國記數目之法不同有多歸上學少歸中學者亦有多歸中學少歸上學者此上學數目之大畧也

各國學校費用

考外國學校費用下學費英國每年共費洋銀三十三兆元法國每年共費洋銀十四兆元德國每年共費洋銀三十四兆元俄國每年共費洋銀五兆元美國每年共費洋銀八十四兆元日本國美年共費洋銀八兆元總計六國每年每百萬人費洋銀六十七萬八千元每生計費洋銀五元六角六按英國之法朝廷出學費一半地方官稅出四分之一學生出四分之一此英國之法也法國學校有一半不用學生

出費者德國京都學生則概不取學費此下學費用之大畧也中學費頗不易查蓋中學之法有二其生有期滿升上學者有終在中學專學者其期滿升上學者每年所費之銀少其終在中學者每年所費之銀多而各國又有總此二項每年合計者有分計者又見各國近來新改學章多有不相同者故中學之費查之實難英國中學大半共立者多官立者少國家專助格致之學每年計費洋銀二百萬元有專門總機藝學一所每年計費洋銀十一萬七千元造房計費洋銀五十萬元法國自同治九年敗於德國之後每年在中學費洋銀甚多計二千五百萬元德國學每年每生計費洋銀四五十元而三分之國出一分地方官稅出一分學生出一分國中專機藝學有每年費洋銀自七萬五千元至十萬元不等者俄國學費五分之一上下德俄二國見上學中學多有益於國家故上中學之費比下學尤多美國之學有與上學合計者其費之多少參差不齊亦不易查日本國中學又分為二舊日僅有下等中學今年新法又欲立上等中學五所每年擬助銀三十萬元國出一半地方官稅出一半其學生之出銀多少尚未及定印度國每年每生計費洋銀一百零五元總計六國印度不在內每年每生費洋銀四十元至一百六十元不等學生自出或三分之一或五分之一亦不等國助之洋銀每百萬人費洋銀自八千元至六十七萬五千元不等造大學堂一所以每年年費計之必需四五年之年費方足此中學費用之大畧也上學費英國以七學合計每年共費洋銀六百萬元法國每年共費洋銀五百萬元德國共上學不過十座每年共計費洋銀一百九十五萬五千元俄國每年共費洋銀三百餘萬元美國哈吧書院每年計費洋銀三百六十一萬五千元日本國每年共費洋銀三十六萬二千元印度國下中上各學共費洋銀八百萬　凡按

以上六國印度不在內稱平合計每年每生費洋銀四百三十一元每一百萬人該有生四百一十四人每百禺人各國稱平合計該費洋銀十七萬八千四百三十八元此上學費用之大畧也

各國太學院總數

初各國太學皆國家所設後每有富室捐建書院數所在一處者國賜以太學之名惟考試取士仍歸國建之太學院計英國九間意大利二十二間日耳曼十九間俄羅斯七間西班牙八間法京巴黎二間德意志二十四間美國書院率稟稱太學

各國藏書樓

各國藏書最古莫如埃及當周初年藏有古書不可勝數後亞述國侵之毀於火後所存者金石文字而已希利尼雅典城藏書亦富波斯王侵之擄其書以歸置波斯書庫中後希利尼人復集之最著名者是亞力山大城二千年前有一埃及王聚書七十萬種後又增二十萬種土耳其侵之焚其書存者無幾後在羅馬國太學院有一王聚書十二萬種亞拉伯有一城聚書亦二十五萬種今泰西各國均有藏書院而英國之書籍尤多自漢唐以來無書不備本國書肆新刊一書例以二分送院收存咸豐四年間於院中築大廈名曰讀書堂可容三百人中設几案筆墨有志讀書者先向本地紳士領有憑單開列姓名住址持送院中董事換給執照准其入院觀書限六個月更換一次如欲看某書某册則以片紙註明書目交值堂者檢出付閱閱畢繳還不許携帶出門及損壞塗抹倘有損失責令倍償特設總管一員司理其事執事數百人每年經費三十萬金通國書樓共二百所藏書凡二百八十七萬二千册此外如法蘭西

書樓共五百所藏書凡四百五十九萬八千冊俄羅斯書樓共一百四十五所藏書凡九十五萬三千冊德意志書樓共三百九十八所藏書凡二百二十四萬冊意大里書樓共四百九十三所藏書凡四百三十五萬冊奥大利書樓共五百七十七所藏書凡五百四十七萬六千冊法京巴黎另有一書樓異常宏敞獨藏書二百七萬九千冊德京伯靈之書樓亦藏七十萬冊羅馬大書院除刻本外更有鈔本三萬五千冊細若繩頭珍如鴻寶洵數典之鉅觀博學之津梁也

英國學校

英國學制共分三等曰大學院曰學堂曰書塾凡男女幼童初學入書塾繼入學堂肄業有成則入大書院歲加甄別第其甲乙凡自大書院出身者國人無不敬而重之通國以教斯佛堪比立二大學院為首二院肄業者歲各二三千人經費歲各三百五六十萬元左右教斯佛大學院在英都西北二百有八里中分二十一院大學士為之總理自督學提調而下大小學官五十二員考試官二十六員監試官十三員巡學官六員教習四十八員堪比立大學院中分十七院官員教習與教斯佛畧同二大學院所教者首為英文華文英隆森文阿剌伯文賽拉的文希伯來文希臘文臘頂文印度文日本文天竺梵文西班牙文法文德文俄文意大利文象緯輿圖教學重學格物經學化學醫學算學光學性理學聲學畫學詩歌學氣力學師範學書法學藥性學金石學草木學機器學治述學文字減筆學生物學律例學古例今例印度律萬國律羅馬律令史古史萬國公法出使章程人非一學學非一事必貫通天地人者方可謂之通材其有專門名家者亦即稱為首選二院教法雖同然教斯佛以各國語言文字為主堪比立以光化

電學為主通國學院學堂林立以最著名者計之大學院二十九所中書院五百十七所小書院一萬八千七百四十五所皆為國家所設此外更有一等公會之學公會學者設會以資考究辨論也如天文會地理會丹青會花木會醫學會算學會救生會格物會化學會等通倫敦城凡一百三十九所毎會皆有公社入會者會各數十人按年分捐公款各會主皆以世爵富紳充之每天文有新星地球有新地格物化學有新理花木有新種或思新法或擬新章或創新工則約期入會互相辨難蓋欲精益求精以期登峯造極其餘教會之學及民間自立之學其數不可勝計更有專設之農政水陸武備各種學堂亦可見其設學之廣且備矣凡親王太子皆肄業教斯佛大學院故教斯佛最為著名而文武各官亦悉由教斯佛堪比立二大學院考取茲英國人才皆出大學院濟濟多士莫喻其盛此所以號文獻之藪也

英國敦藏書樓

各國書院列若繁星當推英國倫敦博物院之書樓為巨擘但觀其制頂作圓形縱廣各十有四丈除去圍墻其圓頂猶高十丈零六尺其樓內圓頂之下作圓墻墻之內作成槅式槅之內即藏書之櫝也藏書極高之處俱有階可登周圍式同一律取之甚便樓內書籍任人涉獵惟不准借出計槅下隨便可閱之書兩萬卷槅上所藏乃各國語言文字並一切實學要務等書及各月報共五萬卷其圓頂之製雕鏤惟精施以金銀各彩繪皆著淡色故樓內光輝陸離耀人眼目內置長桌十九張小桌十六張足敷三百餘人之坐自一千八百五十四年始許婦女入觀故又特設兩桌以備婦女之坐此二桌之外亦許隨便坐落長桌之上中設立板對坐之人兩不相睹俾專心閱讀者不致為人撓其與會樓內之式本屬圓形壁

之車輪長桌之設如輪之輻桌之製則首低而尾高雖閱者滿堂而初入門驟視之則不見人之多也屋之中置圓櫃以書目三百卷陳其上使人易於檢視乃此櫃如輪之軸各桌俱得相接故如置諸左右焉圓櫃內極中之處為總管書樓人之坐位雖閱書者三百餘人實不難舉目而悉數也溯查此樓建於一千七百五十九年初創之人名曰噶瑞立法善美至今俱循舊章毫無弊病惟制度之華美月異日新而觀書之人數加增頗巨樓內閱書者四面俱能寫字且有執役之人如欲觀何書即寫一紙條付執役人立刻照取書樓規例數則晰錄於下一書樓之設原為供人閱看增長學問惟禮拜日及各節期不得入觀餘日無論風雨俱開各門二開樓時刻自西九月初起至四月底止早九點鐘開門晚八點鐘關門自五月至八月則九點開而七點閉三欲入觀書者先將其來意住址寫明交總管閱看四未入先二日須有薦函致總管如薦舉人果係可靠本人即寫住址鈴姓名即可入內五薦函如不可靠總管即不許入或與董事同議之六入樓之人各領一牌嗣後隨便持牌往觀至換牌之期憑總管更給如不換牌者則不得再入七所領之牌隨身備帶甲領之牌乙不得冒往八年未滿二十二歲者不許入樓如必欲入觀亦可與董士議之九不准污壞書籍十寫字不許以紙置書上而寫之十一樓內地圖及各圖畫若不向總管言明不准以紙加圖照影描畫十二樓內須雅靜不許高聲喧嚷十三閱畢之書仍置原處十四不遵規例者不准入樓十五若擅取書籍出樓者照偷竊例科罪十六使執役人所取之書亦必交該役送回掣取原條如不掣回似乎書仍未交恐致爭論十七本樓人有得罪看書人處執役人有不善處許看書人寫信告明總管祝一千八百八十四年一歲之中計閱書一百十萬四百五十次閱書者十

五萬四千七百二十九人加添書籍三萬一千七百四十七卷按美麗之式裝訂成書者二萬一千六百二十一本此內為人增送者三千三百七十六本造書人照例送入者一萬一百二十七本別國造書人送入者一千四百八十六本本樓購買者五千八百三十五本此數年之內又不知加增幾許於戲盛哉

法國學校

國中所立學校有大有小小者設於市鎮如中國古時四郊所置之小學大者設於府郡如中國古時諸侯所置之國學而皆總其權於京師教習部臣（即文部大臣）京師設有書院猶中國古時天子所置之太學其遴選人才之法則由小學中簡其秀良者貢於國學由國學中拔其俊異者貢於太學小學則每歲考覈屢次得列前茅者即為士如中國之生員然後肄業於國學國學則四年一甄別能列優等者以為榮譽如中國之舉人凡士子學既有成然後令專擇一業或願為教士或願為律師或願出仕或願習醫悉聽其便其得入太學者多係名望素著之人員殊尤之姿而絕倫超羣者也通國市鎮計有三萬七千五百一十處所設小學之數如之凡市鎮居民約有六千人以上者其小學規模稍為開拓堂宇略加增廣設學經費半出於官半出於民入學肄習者毋須自備束修其地貧民無力延師者子弟許在學中惟是鄉閭無塾百人中有三十人不讀書者故文教猶未能徧及也每府郡設總學一所凡教授小學之師長先入其中誦習俾毋以弇陋貽譏每年於小學中考取聰明材智有可造就者達之於國學昔年承平之際國中共有桑尼得石特大書院二十三所及拿破崙即直踐位添設三院於是大書院二十有六於京師特立教習部臣專司厥事因是文學蔚興甲於歐洲其書院分建各府一在巴黎斯京城一在柳士一在

亞棉一在安格士一在波爾特荷一在波慈士一在加恩一在格荷士一在格拉曼法蘭一在特尊一在
多維一在格黎那布爾一在黎摩遮士一在來安一在密士一在猫比里亞一在難西一在尼士摩士一
在阿玲士一在杯特亞一在鮑一在零匿士一在囉恩一在士打拉士卜一在斗維士近時又已新設數
處每一大書院設立掌理院事者一員所屬市鎮小學推選默涉由其所主歲中各以其所擬章程上之
京師教習部臣聽其考核部中辦事大臣十員參酌既定然後施行此以國學統小學太學統國學其條
例蓋如此小學國學中所習課程其目有五一審求天主耶穌兩教中規儀道法一考察律例一明醫理
辨藥性一誦讀詩書一專攻藝術此外府州　縣鎮中所有私設書塾不可勝數皆以治雜學習各技各就
所願群居講肄巴黎斯京城中尤衆所學如習兵法開河道造器物博通古今各國語言文字林算地理
史學性道圖書器機無不涉獵其精粗考究其本末所以國中高材博識之士時不乏人也特是學業不
但盛於儒生而教化又下及乎女子國中女塾公私並設不櫛之流咸工筆墨而嫻吟咏琴歌畫理數學
方言無不兼通並權統計國中男　女學生約二百九十萬塾中七日一禮拜停止講習別延師傅朝夕宣
道男塾則以教士主之女塾則　以童貞主之幼童入學肄業雖歸國家經理而實由天主教長把持其間
其讀書之例天主教民自八歲至十二歲止耶穌教民自八歲至十六歲止令稽之户口版籍中未盈十
一歲之幼童有二十萬人每年文部大臣考覈一次一千八百六十三年十月所刊清單讀書寫字算學
勤敏者百中約有六十分　初學啟蒙之塾八萬二千一百三十五處幼　童三百七十七萬一千五百九十
七人義塾四萬一千四百三十五處學徒二百六十二萬七千四百二十八人内有無力讀書由國家發

帑延師者九十二萬二千八百二十人文塾十二萬六千二百九十二處女師一萬三千一百有奇女學生一百六十萬九千二百十三人內有六十二萬三百四人不出修脯由國給帑

法國學會

歐西文學實推法蘭西為巨擘故列國商家多用英文以英人通商最早且最廣也公牘來往皆用法文以法之儒者最稱博雅也此外更有藝文會或曰緐術院然其所習實不止術藝而已其名曰會者以有人總司其事也法人謂文學之事大之足治國理財小之足資生製器特於巴黎設立總會會中為首者約計二百人演給祿糈稍足酬勞而已外尚有四十餘人自願不受俸薪餘則襄辦三十六人躬稱細務者二百二十人以故責專慮密訓迪有資會中分彙有五曰亞格得尼專習詞令曰亞格得尼別列列達專習文辭兼攻考據曰亞格得尼得賽恩士專習技藝其中區分條目凡十有二門如醫學數學格致學槃學機器學各務專精求通理要曰亞格得尼特布過士專習匠事丹漆雕鏤製作音樂必窮精良微妙之境而後已曰亞格德尼德賽恩士摩拉黎士抑波黎特講求經濟攷緊律令以通制度典章之要此五端乃其大者至於外會亦歸總會經理如考求遺聞往事則有安特瓜里恩之會崇尚博學廣聞則有飛囉麻狄之會講明格物致知則有拿查辣耳希式多黎之會詳究地理輿圖則有依阿格拉飛格爾之會審察各國風土民情山川人物則有式達特士特爾之會攻治百工材藝則有飛囉德取麈之會專講亞細亞洲事會緐變之數則有亞細亞特之會專講剖割人物（凡人物有患病中毒死者例得剖割驗視以審知其受病之所在西醫中有此一端然亦必其人自願捐軀乃可）則有亞拿多迷格爾之會辨別耕種播植則有亞格黎格耳查拉爾之會其他若審畫會賽

花會賽馬會無不各有會場先期布告各新聞紙屆時遠近咸集藉以講求其孰良孰楛孰妍孰媸孰宜寒孰宜燠孰可轉移孰為定質其優者例得獎賞並載之新聞紙俾通國咸知以資鼓勵下至豢養牛羊以及各色犬類亦莫不有會

法國學校人才之多

法國人才多聚於大學三百年來通儒碩彥輩出於格致厤數之理多所闡明今就史冊所載約畧舉之以觀成效紀元七百九十三年法王始建博物院於巴黎斯特藉招賢館聚四方英俊乃唐德宗貞元九年也一千四十二年法國儒士始創微分積分而算術益精乃宋仁宗慶歷三年也一千一百一年法都博物院中多聚四方格致之士而後學術大明乃宋徽宗建中靖國元年也一千一百七十七年法王設立遊察各屬地之官遣之四方訪求學問乃宋孝宗醇熙四年也一千二百年歐洲人始詳說指南針之用著之於書而後能辨定方向不迷所往由是航海之術漸開乃宋甯宗慶元六年也一千二百五十年阿剌伯人始來法國譯三角算法而後歷數之學始造淵微乃宋理宗醇和十年也是年始製凹式顯微鏡一千三百六年法始以阿剌伯字母施於筆算蓋林算之學自印度始由漸而西借根方之名為東來法可證也時乃元成宗大德十年也一千三百七十年始作犬自鳴鐘懸於公廨以定時刻乃明太祖洪武三年也一千五百二十五年法人佛巴留始測定赤道一度地面約六十八洋里又七六三四以講求航海之學乃明世宗嘉靖四年也一千五百三十一年法王始設印書房書籍漸廣文學日開乃明嘉靖十年也一千五百九十年肥乙大究明代數學以西洋二十五字頭代數目字不論已知未知俱可推之

又造開三乘法著有數學紀要時明神宗萬厤十八年也是年始用遠鏡一千六百二十三年法人克魯
體可著兵書告成頒行國中武士始悉韜鈐之法時明熹宗天啟五年也一千六百三十一年始設京報
俾闔閭盡知朝廷政治之由時明思宗崇禎四年也是年始作玻璃鏡一千六百三十七年代加德合代
數幾何以發明直曲諸線之理時明崇禎十年也一千六百四十年曾嘉始傳造大漆之法時明崇禎十
二年也明年多利色里始造風雨表一千六百五十三年始用藥水顯出淡墨之法時國朝順治十年也
越二年國人協金始能以化學造珍珠一千六百六十二年葛西泥測得土星四小星即今第一第二第
三第五月也且見土星之光帶中有黑界分為二道時國朝康熙元年也一千六百六十六年法都建格
致大學築觀星臺延四方疇人家精於測天者聾至其國法王雷第十四聘海更士於荷蘭聘葛西泥於
意大利俾居於中葛西泥之子及孫皆有聲於大學時康熙五年也葛西泥測得行星諸月之周時又定
木星為扁圓球測定光行及光行速率時康熙十四年也一千六百八十七年國人白屏始作氣機之權
衡而測知在內熱氣之輕重時康熙二十七年也越三年體擎始以新法作大玻璃鏡高可五丈光鑑毫
髮一千六百九十九年始造水龍以機激水高可數丈可以救火災國民稱便 時康熙三十八年也法王
命天文大臣推算 地球經緯里差始知地球係橢圓時康熙五十七年也一千七百三十一年法倫海造
寒暑表以定氣候冷熱不爽分毫時雍正九年也時英人白拉得利始悟恒星自轉之理一千七百三十
四年法王遣人周測地球形勢環行地球一周時雍正十二年也越三年又遣人至迺孛里測量地球度
數每度計六十九西里又四百零三始測算聲音傳遞之遲速每杪時行若干里一千七百三十八年格

求羅考明三動物相牽引之理時乾隆三年也一千七百四十四年法王遣人至秘魯測量其地每度得六十八里七百二十四時乾隆九年也一千七百五十五年法得里著萬國公法垂為定律時乾隆二十年也拉白拉瑟測明海潮漲縮盈虧之理時乾隆四十年也前二年法人布舒始作測日儀器是時電學日精一千七百七十七年法國化學家拉佛始以藥融金剛石而辨其質時乾隆四十二年也逾年始作輕氣球船主比路西始考察北平洋海濱之線在亞西亞亞美利加界時乾隆五十一年也是年化學家白安烈始知以綠氣漂濯各物使現白質一千七百八十七年拉白拉瑟講明太陰軌道之理時乾隆五十二年也名士步芬精究禽獸形性時乾隆五十三年也拉白拉瑟著天文重學大成始脫稾四方爭購時嘉慶四年也是年化學家佛耳陀始作電池而知電氣之功用令民間以蘿蔔製糖法王以佛耳陀有功於化學且電氣之流行可施之於實用乃奬以金牌并賜銀銀六萬一千八百三十九年法人戴凱創照相法以照人像鬚髮畢現法王賜以金錢每年一千二百磅以終其身時道光十九年也力佛理亞用算術推天王星之外必更有行星牽動地王星并推得其度分其友用遠鏡細測果見有海王與所推度分僅差四分益知力佛所說為不謬時道光二十八年也一千八百四十七年新製印書架一小時能印一萬二千葉是時機器日巧工作益精純賴水火二氣之力以施之於日用其神速微妙至於不可思議一千八百五十五年法國大啟博物院徵天下之奇器萃之於院中以增識見於是法人象緯與圖格致林算之學蒸蒸日上非他國之所能及也近有才士曰古斐耳其名久播於人口始創立剖尸剔骨比較之學又有博學之士曰拉米勒耳能以精思測物理製器察象無不巧奪天工詩人勒郎射能以歌頌樂

章協諧音律妙合宮商他如格致士多瑪新造算器歷三十年而成此器不須人算而自得數巧捷無比又若巴性儒蓮皆足跡未至中土而在其國中考求東方之文字語言勘譯經史著述等身亦可謂難得者矣其自明季以來入居中國者如方德望汪聖同聶仲遷傅遐及劉迪我穆宜谷穆求真穆惠吉樂類思林瑪諾方允中諸人皆其國中洽聞深識之士也此人才出於學校之一證也

法國藏書

法國最重讀書不特文章彬雅甲於歐西即藏書亦罕與比倫巴黎書庫大小計數十所其最大者擺字黎荷體基陰比黎抑爾里峨整雄麗內儲印版書百餘萬冊鈔寫者八萬冊輿地圖三十萬幅別有鑄版書八萬冊西人書籍均以活字版排印此則以鉛鑄成書板歷久不敝印數十萬部亦不至漫漶銅版畫譜百四十萬方其內設有几案凡遠方游學者均許入內借觀隨時鈔讀惟不得攜出及點污耳此外若亞森乃爾內儲印版書二十萬冊鈔寫者六千餘冊曰盛曰尼域維內儲印版書二十五萬冊鈔寫者三千冊曰麻沙林內儲書與上二處畧同曰拉域立書五萬冊曰干些二爾特黎伊達書八萬冊曰伊哥立特密得生則專藏醫書計三萬冊曰模西特式多黎耶查勒里則專藏古書亦二萬冊此皆其國家所特設者也其餘私家所藏猶不止此若軍械局有印本二十二萬冊酬勛堂有印本十五萬生物園有印本三萬五千醫學院有印本四萬冊至於國庫中藏書百四十萬冊鈔本書十二萬冊此則人未易見者也計古今各色大小書一百九十萬種可謂富矣然以上皆泰西文字惟素波拿書庫專儲中國書籍三萬冊經史子集畧備目錄三卷昔由博士儒蓮主掌今歸沙曼理主掌

德國學校

泰西學校規制大畧相同而德國尤為明備各處城鄉皆有學堂由地方官捐建經理通國幼童無論貧富男女自七八歲起皆須入學至十五歲為小成鄉閭學費每七日出一本納一名奔內每一約銀錢二分之數 城內學堂費每月出一喜林如不敷由地方官捐補至大學院學業繁重諸生詣力之克副而願學者即聽其來院肄業各院月例視其家之子弟來學多者費可減繳大學院費每季不過出十五喜林亦不定如數繳足學堂自鄉而城而郡而都各有層次初學鄉塾散設各處欲貧家子弟盡能知書識字其學亦分層次不容凌躐女館兼教組纂女紅之事塾中序有十餘班每以時考其勤惰以為升轉諸生有沉淪末班未能遷升首班者不得出院就藝師入館後生徒有未至者薄予懲罰坐立惟謹一館肅然鄉塾之上有郡學院因材授學有專教格致重學史鑑他國語言文字算麻各學及藝術所必用之書再上有實學院院有上下上院與仕學院略似分列十三班考工夫以定進止師長二十人上院生徒各業精能如正音寫字數學本國暨拉丁文字地理格物國史繪畫英法文字化學等類每班亦分上下等作文溫習皆在家為之院中師長上等者大抵皆進士班考選考當之先試一年勝任然後授職首班生徒每年試本國文章十七道法國文章十四道以法國文律語言書之英國文章十四道亦然上實學院院考得首班入選送入大學院肄業免三年軍籍下院考得首班入技藝等院仍充軍籍三年再進有仕學院以拉丁希利尼語為主詳譯頒定書籍即用本文為題以作文字又須 學法國英國語言文字此院大抵十八歲以上方能就學每考僅十餘人以防倚挾諸 事若入選則賜 文憑入大學院次等入師 道格物武學等院大

學院掌院之員必國中名望出衆才識兼優方能膺斯重職院內各等書籍規儀器物無不備具必有志之生徒欲以博通今古者躬詣就教一經學二法學三智學四醫學經學者教中之學分耶穌天主二教法學者分教與政二字考論古今異同本末利弊如何更變損益又奉使外國如何善於説辭或客商事欵有關國是並律創諸法智學者分八課一課 學話二課性理三課靈魂真幻説四課 格物學五課正教妙諦六課行為七課論美形各物事八課書 理名家言醫學者統覈全身內外諸部位經絡表裏功用病源製配藥品胎產接生諸法又技藝院學習汽機電報採礦陶冶製煉織造屠解食品等類格物院與技藝連貫其中多發源算學算學則以幾 何學為宗器料齊備使學者討論詳究之其最要者為力學化學化學者覈甚廣如論死物之源質若何而化與生物之原質若何而化又格金石格植物格胎卵濕化各生物觀天則有測步鏡儀而算學其要焉船政院為行船之學先通數國語言文字並嫻幾何天文算法地理之學若涉大海渺無涯岸隨處可知船在經緯線若干度若干分各處潮路各國海口水之淺深若干有無礁石各處風信潮汐若何遇大風雨應作何駕駛趨避器機應何操置得宜至於礮兵戰船操駛戰攻進退之法又講求極 為周密武學院課式與實學院相同但多武藝兵法御馬諸務追經拔取初充弁員職任旗長俟精嫻 後纔升千總果屬異資聰穎才識超群則調詣京師大院再著上乘兵法如算量度化地利與各國水 陸戰法至水師諸營以測風防颶量星採石辨認各國兵船識別各處沙礁水面陣圖截敵入不克奔岸之法為務先授末職拾級而陞可至總統將軍水師提督之任又通商院以數學銀學文字三者為尚更有農政院丹青院律樂院師道院宣道院女學院訓瞽院訓聾瘖院訓孤子院養

廢疾院訓罪童院餘有文會夜學禮拜堂印書會新聞館使國中人民一無棄材均有裨於公私以廣其用於八百七十年單開初學館二萬五千四百八十所館師三萬一千三人學生二百九十八萬五千八百七十人別有大書院九處書籍甚富盡人可以進觀但不能攜書出院每歲由國發帑經理生徒入院肄業三四年隨其便歲出費銀十五磅管理各大學院每省派有主院兩員諸院悉隸文教部

俄國學校

一千八百七十年文教部單開格致大書院八處學生七千二百七十五人賴細恆書院二處學生二百六十二人獸醫院二處學生一百五十四人文理格物書館男一百五十三所女一百七十三所男女學生五萬八千四百七十八人師範書館（學為人師以備教授）三十九處學生一千二百七十四人　縣堂四百十九處學生二萬七千五百八人初學塾二萬二千八百二十七處學生八十三萬一千四百二人總計書院館塾二萬三千一百二十三處學生共九十二萬四千三百五十三人其學之次序　幼童先入初學塾次縣堂次文理格物書館次大書院七十二年單開文學經費由國庫撥給銀款一　百五十四萬一千八百六十三磅其給大書院賴細恆二項三十二萬一千七百三十九磅給文理書館五十八萬六千六百五十磅給縣堂初學二項三十四萬九千三百十七磅師脩及修葺諸費十七萬七千二百六十一磅餘有雜費八萬七百八十一磅初俄讀書絕少一千八百六十年新選兵籍內讀書者百分得其二七十年百分得其十一近來文教極為整頓創立規模增修制度經六七作賢聖之君起而規畫其間至尼哥拉士而學乃大明通國分十三道道設學官一員以司文教各處小書院　隸於大書院各大書院隸於京師學校

部計其國小書院三萬餘所大書院十餘所農政工藝礦務等學堂共四百四十六所國家歲給經費約一千五六百萬盧布（按每盧布當中國庫平銀五錢零）此外有大武備學堂三所小武備學堂五十五所統歸兵部管轄水師學堂三千九百六十三所歸水師大員管轄稅務學堂八十所由稅務大員歲加甄別拔取其尤以襄權政所屬芬蘭一部尤擅文學無不知書識字

俄頭等學堂畢業需費

一千八百九十六年森彼得堡大學堂學生畢業每人需費九百三十盧布哈爾濶伏大學堂每人需費一千九百二十八盧布莫斯科大學堂每人需費一千四百四十二盧布溝渠河道工師學堂每人需費一千六百三十四盧布礦師學堂每人需費三千七百六十七盧布軍醫學堂每人需費四千三百十五盧布森彼得堡經史學堂每人需費一萬六百六十四盧布

美國學校

美利堅學制有六等一曰初學學堂即所謂公學由國家供給者也凡府州縣城以至都圖鄉鎮無不設馬凡七歲以上至十四五歲之幼孩無不入馬凡一切啟蒙之學無不教馬如學習讀書寫字以通本國之語言文字學習數碼算法以備將來講求格致通商之用學習史鑑地理以知本國外國之情形人無論男女境無論貧富位無論貴賤皆於公學中教訓之二曰中等學堂即選初學中之俊秀者使入之以求精進此等學堂美國常另立啟蒙之一班附於其中庶使童稺之姿稟優異學力勝人者亦得於幼弱之年練習其較深之學問也且此等學堂亦為升堂入室之階梯凡從初學而升入大學者必先歷中等

之文學也所以文學之功夫亦當深造如格致算學之啟蒙以及臘丁文字史鑑地理古今文理等書皆於此學中教訓之至學有進境或考取出院以經營其世業或考升大書院學習以次遞升至普學院俾成國家大用之材三曰大書院凡由初學升入中等學堂之人學習期滿苟有志於經世之學或願成為良師之才必有大書院以深造之大書院之設所以教訓格致算學之法而畢其業也院中備辦格致化學之器具圖說延聘名師教以各種格致之方法他如性理之學律法之書治國之道富國之策以及徵糧收稅之規皆於此院中講貫及之四曰普學院所以使各學分門別類特聘良師以專教之也凡國有航海之利者當教國人以算學測量使習於通商行船之法國有製造之利者當教國人以汽學機器使明於築路造橋及一切精造機器之法五曰師範學堂專講教學之法以造就他日之名師六曰博學院或即設於大書院普學院之中或分設於各院鄰近之地各學中所讀格致藝術一切之功夫皆得入院查考之凡金類石類植物類以及物產製造之類莫不羅陳於院內使觀者肄習其本末比較其優劣此外又有天文臺所以測驗氣候風雨儲備海道各圖航海各書使人精於天文經緯之度數行程時刻之差分

美國人助金設藏書樓

紐約藏書樓一為阿史得氏有名若望加寡白者助四十萬圓（美國金錢每圓現值規元一兩四五錢）又惟良者助五十五萬圓又一若望加寡白者助七十萬圓積至一千八百九十四年本息共得二百十萬五千八百七十一圓八角七分二為倫諾格司氏名鈴姆司者助七十三萬五千圓又助今古圖書名人畫刻又地基十所

以供建設書樓之用其款式固豐而地基為最三為跌而踏氏所助已逾二百萬圓又允續助若干湊足二百十二萬五千圓　雪茄閣藏書樓一為若望克來拉遺囑所建即以其名名之若望預囑書樓應用若干隨時支給現已支去一百八十五萬一千一百三十一圓據此遺囑項下尚餘八十六萬三千六十元二為紐備來氏名渥得者所建其遺產值五百萬圓囑以其半助之　必此盤罷客內奇書樓即客內奇所建正屋值八十萬圓餘屋值三千萬圓又助一百萬圓　存款生息又建藝院藏名書名像等博物院共值二百十萬圓前數年又建義塾數區書樓若干又捐助音樂藝術實學諸肄業所共四百萬圓其款之鉅者計在阿來近南捐三十萬圓化姍斯爹特捐四十萬圓　餘則分捐於勃拉鐸克等六七邑　鮑爾的貌藏書樓一為意諾克潑辣忒所建一千八百八十二年捐金二十五萬圓又捐八十三萬三千三百三十三圓三角三分作為存項二為喬注比抱代所建附於比所立之書院中共捐一百二十四萬圓又設有藝院樂院等皆仰給於此項息金所助實數疑不止此　費拉代而費阿進士勤盧以遺產建設書樓會共助一百六萬圓　勞端斯得累腦辭建累腦辭書樓所捐房屋基地約值六十萬圓　克來物蘭特傑那特開四設開四書樓初在政府立案願捐二萬圓又續捐二萬五千圓一千八百七十六年又捐房屋基地時值止三十萬圓今值五十餘萬圓　明南波利司藏書樓其經費大半出於公捐初建樓屋費三十六萬圓內有十二邑人私助六萬一千圓且與本邑愛登元書院訂明通用經費九十九年查書院公產現值二十萬圓係進士葛皮史本捜於一千八百六十年遺囑捐助當年產值遂遞於今綜計歲入息金八千圓左右加以邑中公捐今年共有五萬四千圓　腦坦潑東馬司藏書樓初士司福勃司遺囑捐金二

十五萬二千二百六十圓纔起者亦不乏人其市房基地今值十二萬八千九百九十四圓無利之產值一千三百五十圓又有存項今計三十五萬五千五百六十五圓　澄今思東近有人以遺產建藏書於大書院之中計值六十餘萬圓樓屋格式擬仿英國通行之大書院告成後可稱彼都極美備之書樓

日本學校

全國學校三萬餘處有官立者有私立者其學舍學生之大小多少各不同其章程則大畧相同以東京高等學校證之一為理化學課程三年卒業一教育二倫理三英語四數學五物理六化學七手工八圖畫九音樂體操二為博物學課程三年卒業一教育二倫理三英語四機化五鑛物地質六植物七動物八生理九農業十圖畫十一音樂體操三為文學課程三年卒業一教育二倫理三國語漢文四英語五地理歷史六理財七哲學八音樂體操其女學校課程則以四年為期一倫理二教育三國語漢文四英語五數學簿記六地理歷史七博物八物理化學九家事十習學圖畫十一音樂十二體操此男女學規之大畧也日本學校無學不有英文無學不練兵練兵一科歸入體操體操者每日運動手足以振作其筋力也原為養身而設今本是以練兵則兵力亦較易奮發練法均手執洋槍一教師導之步伐井然可觀女學校有體操無練兵又試以高等商業學校證之是學專習商業不練兵分二科一為別科其課程一和漢文二習字三作文司往復文記事四數學五地理本國及外國地理六歷史本國及外國歷史七英語一為主計專修科其課程一和漢文二書法三作文司往復文記事及論說四算術五簿記六經濟七英語學成後為商則本國與外國情形皆熟諳焉又有高等師範學校高等中學校職工學校女學校美術學校音

樂學校訓盲啞學校學士會院凡國中男女長幼及廢疾之人皆得從事於學所學英文多於漢文蓋是明治維新以來日人力求西法故益專心於西學也今合通國學校人數細核之計小學校公立二萬九千五百八十九所師九萬五百人生三百一十九萬二千五百九十九人私立五百六十七所師一千一百三十六人生四萬四千九百八人中學校官立一所師十九人生二百十九人公立一百六十六所師一千五十五人生一萬三千九百二十九人私立六所師三人生六百一十五人高等女學校官立一所師六十一人生一百三人公立六所師六十一人生三百四十九人師範學校官立二所師四十六人生二百六十四人公立七十所師六百四十二人生六千五百三十五人大學校官立三所師二百二人生一千八百十六人專門學校官立十七所師四百八十九人生二千九百十六人公立四十三所師三百三十人生三千六百七十五人私立三十五所師二百一人生三千八百三十四人各種學校公立四十所師一百二十九人生二千七百八十人私立一千二百三十所師二千二十二人生五萬五千六百六十七人

意國學校

意大利國設有大義塾三十三處顧國中讀書者甚少一千八百六十四年人丁册開民二十一兆七十萬三千七百十人其中能知書識字者衹三百八十八萬四千二百四十五人此合男女而統言之其大書院二十二處有古昔留傳者一在婆羅那一千一百十九年立一在內伯里一千二百四十四年立一在法杜阿一千二百二十八年立一在羅馬都城一千二百四十四年立一在比路茄一千三百二十二

年立一在衩燥一千二百二十九年立一在希阿那一千三百四十四年立一在吼微亞一千三百九十年立一在杜林一千三百十二年立一在派帖一千四百二十二年立一在福鹿林一千四百四十三年立總計大學徒一萬五百二十四人此七十一年單也

奧國學校

奧初文教怠弛入學寥寥民間讀書衹得三分中之一嗣王欲興文教各部設立學院明定章程延師授業其修膳各費由地方官籌畫一千八百四十八九年間規模草創日漸振興凡在奧國小民六歲至十二歲悉令入塾有父母姑息不願送學者即議罰不少貸由是學院人衆蹌濟可觀而經費不敷國王許動國帑以佽助之數年學成即於大學院考取給憑方能出學奧之維亞納婆留格葛辣士英斯伯拉四大學院率皆日耳曼舊種一千八百七十二年四大學院單開維亞納大小師長二百人內大教師三十八人上等師六十八人助教師八十六人雜學師（如教各國文字語言等類）八人婆留格大小師長九十七人內大教師二十二人上等師四十八人助教師二十一人雜學師六人葛辣士大小師長七十人內大教師十人上等師四十人助教師十七人雜學師三人英斯伯拉大小師長五十八人內大教師七人上等師四十一人助教師九人雜學師一人維亞納學生三千五百六十四人內經學一百九十八人律學一千三百有四人智學（如天文地理化學算學汽學重學製造等類）六百七十九人醫學一千三百八十三人婆留格學生一千六百十二人內經學二百七人律學六百四十人智學二百六十五人醫學五百人葛辣士學生八百五十人內經學一百三人律學三百十二人智學一百四十三人醫學二百九十二人英斯伯拉學生五百二十八

人內經學一百九十七人律學一百四人智學一百四十八人醫學七十九人其餘從他處來院報名填册投考者維有三百十七人婆有九十七人葛有七十六人英有八十四人

土國學校

土之戈蘭經墨鐵迦條例以培植讀書為根本以是各處皆設義塾教民誦讀書寫及註解大教堂內置大書院讀阿剌伯波斯古書講求格致辨論文法及傳教道理土國條例地理等書一千八百四十五年添設大書院次設各府書院一千八百七十年單剛斯坦丁孥潑[illegible]城有四百十五公塾學生二萬四千人一千八百六十九年議增新法令讀書之事擴而充之公塾分五等各城鄉幼童悉令入學

西班牙學校

民間多半不讀書前週（一百年為一週）農工知書者甚稀而女人更不多覯一千八百八年前民間讀書由天主教主總管是年以後即歸國家辦理各處設建書院塾館其費由地方百姓與各學生捐助朝廷第派人查考而已一千七百九十七年初學塾幼童三十九萬三千一百二十六人其教法未甚周備一千八百十二年議院欲修改章程而國有戰征民無休息修文尚未遑也然議院常常議及此一千八百三十八年議院議定章程命地方捐貲振興文教一千八百五十七年文教益加意整頓增添學塾派員教授並設師範館大書院由是讀書者日衆一千八百四十八年學生六十六萬三千七百十一人六十一年男女學生計共[illegible]百四萬六千五百五十八人館塾二萬二千六十所六十 年分人丁册開大學生能通文墨者有二百四十一萬四千十五男七十一萬五千九百女能讀不能書寫者有三十一萬六千五百五

十七男三十八萬九千二百十一女此外五百萬男人六百八十萬婦女不能書寫並不識字六十八年計知書識字者一百二十五萬一千六百五十三人約得十三分之一其歲需費用共二十五萬磅

葡國學校

葡國學校屬內部一千八百四十四年定章民間幼童悉令入學如其父母不送塾讀書者即以犯法論顧其令有不盡遵行故中下戶間有不知書者六十一年單初學公塾一千七百八十八所幼童七萬九千二百七十二人六十二年人丁冊每三十一人中勻計得讀書一人昆博拉地方有大書院一座一十二百九十二年所建學徒約八九百人其中等書院一百八十二所伯侖地方建有義塾一所凡民間無力入學孤兒收養在塾教令讀書並習技藝等業每歲國庫撥二千磅以資助其費

荷國學校

荷國學校之事近頗講求而民間習業者讀書尚少一千八百六十八年至七十二年戶部單開荷蘭北路民間婚娶計二萬五千四百三十七人內有男民六百九人女民二千二十一人均目不識丁更有五百有三對耦均未知書各鄉務農有三分之一全不識字者後國家刻意振興一千八百五十七年廣設初學公塾期令悉眾入學七十一年單初學公塾二千六百八所塾師六千五百三十八人女師四百七十七人幼童入學計共三十九萬一百二十人內男童二十一萬七千八百二十七人別有創設私塾計一千一百十九所塾師二千三百三十二人女師一千五百六十一人幼童入學計共十一萬一千七百六十二人內男童五萬三百八十八人國家派有十一人於各省監察各塾其隨同稽查者九十四人分別

勤惰以定考成歲三次疏達國王中明賞罰初學之上有中等學堂如郡學實學之類計八十一處學徒七千四十七人學習古文精舍五十五所學徒一千一百二十八人由是而上又有大書院三處學徒一千一百三十九人算法化學技藝諸學無不畢備更有格致書院學徒一百七十一人統國中之男女言之入學讀書者已得八分之一

瑞典學校

民間讀書甚盛其公塾無處無之令幼童均入塾不收其資如有不入公塾而自立私塾者必令其父兄出延師之筆據七十一年查得民間自八歲至十五歲無分男女悉皆入塾讀書約十分居九分七矣男師五千三十九人女師二千七百七十六人

瑞士學校

瑞士國內各鄉里皆設初學塾習文字地理及各國史記其上有習各國言語算法格致地理樂器等學塾所費者可不出資又有師範館學教授之法城中俱設大書院其三大學有總書院其格致書院設於巨律地方有格致師四十六人更有武學院此二院皆由國庫給贍歲需銀四萬磅

希臘學校

希臘國學校分四等其一初學公塾其二郡學院其三實學院其四大學書院初學之塾五百處計幼童六萬四千六十一人內有六千二百五十女徒其三等分八院師五十八人徒一千一百二十四人別有四塾一教學一兵學一農學一格致學又有醫學一千八百六十八年定學塾各費歲需銀五萬九千五十

二磅七十年計需銀五萬四千一百八磅

丹國學校

丹國各屬義塾極多民間自七歲至十四歲悉令入學不得推諉貧民無力讀書由地方官醵資延師除都城有大書院外又所屬十省各有公書院係上等子弟肄業下有中書院係工商各業子弟肄業再下即義塾經費由紳富捐辦六十九年單開義塾動公費者二千九百四十人內科本哈根都城二千八人各城一百三十二人各處鄉民二千七百八十人

比國學校

比之學堂事務大都也蘇會脫斯（天主教種類）之教師會辦一千八百三十年民間幼童入學有二十九萬三千人四十五年有四十三萬九千人六十五年有五十六萬四千人其經費國庫提六分之一省庫提六分之一地方捐有六分之四此比荷初分之時興創文教章程也七十年後需費六百八十萬福蘭格比屬九省之民悉聽自行入塾無強勉拘迫之令約計通國民人二十歲以上讀書者得五分之四可謂盛矣

巴國學校

巴西有教堂十一所內傳教讀書者不少國必發帑佽助民間讀書先初學塾其在都城者歸國會辦理在屬省者歸省辦理本為便民誦讀而設間有不欲讀書者亦必強之使讀在巴國文事亦可謂盡心焉爾矣而計其初學幼童不過十萬七千四百八十三人格致書院有講物理者有講醫學者皆國帑給養別有武學院繪事院總書院水師兵學院大礦學院均屬內部而國家時稽查之

挪威學校

民間年七歲至十四歲務令入公塾其師長由各處捐資初學塾認字習書並習讀法文及地理算學教會傳道之說各城大學堂各大城設書院教拉丁文字希臘古文法德英等國語言及各國數學地理書史選送郡學院計學生四百人

語言文字附

言語考原

稽古家窮究言語之所原起畧有三說一謂言語本人性中所固有如饑而求食渴則覓飲嘯侶呼朋緣創立言語以達其意此乃內得之自然非有所戕賊而強作於外者也一謂言以名物皆古人互商所酌定如今用以量正時刻或表與鐘之面上數目號識以及船隻升用之信旗皆預先酌定方可通行無礙一謂人言皆本師於物之音如牛字音近於牛鳴貓字音近於貓鳴輪字之音要亦不外於車聲隆隆而生者也至又有言車聲者或曰轂轂或曰轆轆是皆入聽之別再昔人製物物多自有其音而即以其音為物之名者如弓矢鼓鐘皆是

言分九類

凡泰西言語率有虛實之不同約而計之可分九類一區指字類如彼此等字是也二實字類如犬馬等字言時須有授受動靜等義中國則別加一字於實字之前後泰西則即其言而增減其字母也三助實字類如高下美惡等字四代實字類如你我他等字五活字類如方向則恆言有打人人打自打打自之殊情形

則恆言之如是至止復加儻字或既字以及可字與情願等字泰西皆多即本言而惟少增減其字母時候則恆言有過去未來現在之不同處六虛字類如徒然等字七實字前後之虛字類如山上山下之上下等字八分合之虛字類如兼但等字九嘆辭字如吁嗟諸字是矣

言學四範

一凡言之音聲貴乎清亮若學者未克臻是則師宜訓之使改至於作書之時即各依其國之通行字母而書一言分九類而實活二字類尤為緊要實字尾末之字母恆多變易而各國率不相襲如拉丁實字計有五式列作五行每行變體有六德國實字則計有三式列行三行每行變體有四至若中國之於與內外等字亦如泰西助實字變體之用活字界分愈富一言文則字句皆有斷連分合前後之定式義利繁多而各國率有不同如中國之言吃飯而蒙古則云飯吃凡言之互相顛倒者皆宜歸列於此範下一言詩則皆有酌押韻腳部分長短音別清濁之等第也

各國言語一原

方言家有言人生之初分有多族族各自創言語以通情意方言之殊端由於此嗣乃分九而合漸歸於一又有言上古言語互通本無同異後人民之蕩析離居者多風氣阻隔是以各方語言亦皆丕變今試即此二說而折衷論之如印度歐洲之衆近已經方言家考有確據謂是出於一族更無疑義至謂西米底族亦與印度歐洲諸人同出一族則方言家以為未能考有確據實難臆斷此論似是恐非蓋今固未有確據可證而後又焉知不別出有可證之確據也

方言三類

經方言家詳稽各國方言意可創分三類惟當其搜證之時其十言中五言尚存有原義五言已失其原義也故茲即準諸言之原義存否而類分之一類為未失其原義之言一類為合二言為一新言一存原義一失原義而幻為助語之辭如今中國方言呼旗作旗子旗仍原義子失原義而幻 為助語辭矣一類為合二言為一新言而二言之原義均失 非止二言可合為一新言也即三言四言亦無不可合為一新言然皆不及二合為一之多 一言皆尚仍原義皆作單節如中國之言是也一首之一言仍其原義復續多言去其原義而為上一言之助語辭其間分有三節四節不等如滿蒙之言是也一二言合一原義或已均失即古之梵文并今英德等國方言皆是

辨土語以攷方言

諸國言語率難為之條分清晰蓋因諸國各有其鄉音土語變幻不可勝窮且即一國而論自古迨今其語音變還已不知凡幾故昔德國有人名雷伯尼常寓書於俄國之君彼得內言亞細亞洲沿北諸地之屬於俄者其間邊幅遼濶人民散處語音駁雜多異尚若爾能遣人周行其地訪其土語鄉音及諸文字纂誌成書必於方言一學大有裨益雷伯尼之言如此設各國皆果能如是考稽則其加惠於方言學家者誠非淺鮮不然則諸有志於方言一學之士結伴周游自行採訪著書尤為確實

字母本於圖畫

近世泰西諸國之字皆祖於斐尼基文是謂字母原夫斐尼基文之所自出則圖畫為之先嗣乃從省變

近今之字母可知凡字母皆始本於圖象物形久久即變爲記音之號識至於埃及地傳行最久是與古埃及國相終始若巴比倫創始未久即省如今字母形矣圖畫之作原以備誌言語故各即物之名以爲名嗣乃避繁從省由漸而變埃及與巴比倫文字皆創始於圖畫即中國文字創始時亦爲數無多至其初或即中國人自造或由近西處傳來要皆無從論定

今之言語富於往古

世有聖賢則人之所知者日博所知日博則言語因之日多後人復踵前人之言而擴充之是以愈日形繁富如自有人創習天文一學世即增無數特屬論天文之名目言語自有人創究醫藥品味草木世即增無數特屬論藥味之名目言語自有人創精貿易一事世即增無數特屬論貿易之名目言語至若萬方之國皆可獲非其土產之物識非其土產之名若無貿易往來胡克臻此

字有代謝

人即所日見之諸物而辨其色別其狀形容於口以爲此色此狀之名者言語已奚止萬千有之活字已難枚舉久乃字之活者漸多用同於虛惟時此字舊義別有新活字出以補其缺似此字之代謝無窮泰西人著有多書以資徵考今計其足供潛玩者約數十卷

泰西通用字母

泰西典籍累千萬軸其間文字皆由字母合成非如中國文字千萬而音義亦殆有千萬之繁計今除朝鮮日本安南等國之文字尚多同於中國以及滿蒙文字惟依字頭外其他諸國皆莫不遵用字母離合

而成為語言之記誌夫酌用字母之人聞物名而別其音根於耳而形詐目覼則連畫數音之號以為所屬物名之記誌而字母之數則各國率有多寡或為二十四五或為三十四十不等簡而易識便於誦記以授童蒙不曠日即皆可習熟然分識字母之要既務熟正其音尤貴通會其合而成言之術

審字母之正音

凡字母皆不僅宜識其狀習其名又須究明其正音為何緣上下千餘年間其言之字母同而音已迥異者甚多如此言之首一字母而移置於他言之首音或不同再若言之中間同一字母而音亦多不相襲至若列居言尾之字母則其有音無音尤宜辨晰是皆非暫習即能之事皆學者所宜存心而時加玩索者也

宜析讀字母

字母在泰西諸國率有殊異緣諸國之人民言語其音要多不同而學者於他國字母其音大殊於本國者尤宜留意蓋恐遇有彼國之人與爾談時爾依其國之字母而仍以爾本國音出者恐難使之喻也似此取各字母析習分讀學者莫敢忽視恐書函往來間有謬誤且無論朗誦何文使置地名或人名稍屬罕見者如未純熟於析讀字母之法誠恐有訛於音而不免致聞者之棨然也至若字母分節長短懸殊短僅二三字母自成一節而已長則至有可截分六七節之多者以之訓蒙亦必由二節即成一言者始

代數號字源流

今泰西所用以代數諸號字近有人考得是皆由梵文數目名之首一字母脫化而出者若上古之希臘

并希伯來人皆各依其字母等次作為數目號字惟羅馬人數目號字即今象書於時辰鐘與時辰表面之上者是也至泰西近用之數目號字本於印度由亞拉伯人傳至歐洲其書書簡易故能盛行至今或言中國所用之數目號字皆與形似且并作右行豈漢張騫奉使西域時之所流傳耶

訓蒙讀本

凡泰西新出之析習字母諸書作者原取便於訓蒙故皆以一言僅合以二字母即可成一物名為始繼乃讀以三字母合一物名之言而其物之若禽若獸皆即倣圖刻印於是一言之上僅堪供五六歲之幼童玩察也至旁列圖說其中諸言亦以三字母相合為率庶使幼童易讀易曉嗣而一言成為物名之字母漸由四而五而六以次遞加其間倣繪物形即物成章之文皆同上式又間有謌詩或為可信口而吟或以之稱頌上帝或暢言草木或詳論禽魚至於此書分有五六等第其所選詩文類皆名家著述以是教授幼童可使於嬉戲之年已多識成人之語也

讀書三要

初習讀書計有三要一則須熟識字母連書成言之音義一則當對人朗誦之時務使音韻清貫庶旁聽者入耳即可了然一則如目前有書能即適依成規誦以俗語此三者即初習讀書之三要也

泰西書法

泰西作字其筆墨書法均異於中國如其筆無論為鋼或為鵝管下端末處要皆強銳而雙叉以便作字時使所蘸取之墨水即沿叉流下無少滯凝其作字佳與不佳惟視執筆之合法與否凡初學大草書者

以右手執筆輕若拈花右肘尖宜與案平忌側引身倚壓手上置紙當胸務正而以左　肱曲臥案傍防紙動移右肘則恆與案邊直交儼若十字纔乃徐徐自左而右至筆上端盡處宜與右肩頭遙對拇指頂宜對食指之上節紋腕平附案小指作針立勢使小指頂輕依紙上似此純熟於進習小草時則先習横畫平線如泰西樂譜次習曲線諸畫俟皆能信手迴環無不與著名善書人逼肖　方可究辨字形結構互異之故筆畫纖肥相生之奇也

西米底族文字

西米底者乃由挪亞第二子之名變音而出者也西米底族原居今巴西國之西當歐伯拉底及底革利斯二河之間近由考方言家將是一族分而為三大族一亞拉伯族後之回教即出於其中又有一族亦出於亞拉伯族者名曰阿比西尼今散處於紅海西南地者是也一猶太并裴尼基族其人所遺最古之書即今之舊約書又亞非利加洲北濱海數處之各洞中石上并間由土內掘獲之古碑碣多有昔裴尼基人留刻之文字一亞蘭族今巴比倫及尼尼微等處其荒隴斷埂間多有掘得昔用以建覆宮廟之舊瓦殘磚而上之刻有文字者尚可依稀辨識為亞蘭人之所遺即中國唐世之景教碑中列有今叙利亞之文字亦其類也

泰西古文

泰西文字創於埃及其文初多象形纔乃益以諧聲由漢以來失傳能辨識者乏人邇來德法英意西國人才輩出廣搜其石柱石椿石室並古墓洞所鐫之古文探討的確譯而為西國語言者已不乏也嘉慶

年間釋得一三種語言合璧碑詳慎對校奉希臘國古文為依據細察得彼二種文字之意矣先於其國王名諱中得來呌其何等文為何等音韻之端倪由漸而於他碑室等石面尋究得其古文意故可漸明埃及國古昔歷代帝王事蹟也

印度歐洲方言

考印歐生民之初皆聚處於葱嶺以西高原之上其地今名為巴米耳嗣有出遷於印度地者即今四韋多書并佛經梵文即彼等首所創變之語言繼有出遷往波斯地者爰行創立敬火之教迨三之出遷散居於英法各地間者為革勒底族其往居於意大利地者創變言語是謂拉丁今法蘭西意大利西班牙葡萄牙西國方言皆本拉丁而出者也繼復有多人出居於意呂利亞而希臘地亦有多人遷往居焉惟時又分有斯拉分尼族遷居於俄及德國以南之地今俄人皆其後裔德族則遷居於英於德以及瑞典三國之地考今英德瑞典三國方言皆同出於德族

土滿蒙方言

昔周之玁狁漢之匈奴唐之突厥皆土族也其一言率皆以二言併合而成上者明意指下者為語助如國語之筆帖式筆帖譯書式有則音無義為語助辭是也今亞細亞洲之滿蒙朝鮮日本以及俄屬地方之人民言語率皆如是者蓋緣其先皆出於土族也是族之人性多喜動不立學校建城邑捷足善走日逐遊牧以為生近泰西方言家畧為分定類族一東胡乃昔統滿洲女直之總名一蒙古即前之元朝一突厥其間曰鶻拜今之土耳其皆與同族類一朝鮮日本一南印度之得拉非曲族光種

藏緬暹越方言

藏緬暹越是本一族而散居於今西藏緬甸暹羅越南等地嗣乃中分為二一為暹越其語皆單節如中國而顛倒出之若勝地則作地勝好人則作人好其他之類似此者不可殫述然暹羅重佛故其言復多雜有梵語越南則自秦漢以來中國人流寓其地者衆故今其言半多華語音分四聲近於中國一為藏緬凡中國雲南四川等處山民之羅羅種類皆與同族其語皆單節雖四聲尚未全備而皆畧有其端且不復有所顛倒茲考四聲之所由起蓋緣其初所用字母之音過於狹隘久乃漸次推廣而別出有四聲也

法國種類方言

天下人類其始皆出於亞細亞洲厥後散處四方分為數種法國人民族類大抵由瑟爾的種所傳與英吉利初時同出一原（英民種類初亦瑟爾的後有丟度泥種入而居之瑟種日衰丟種日強遂與法異派）始由土蠻各分部落當羅馬大帥儒畧該撒提軍攻入法國時見其中土乃西南兩境居民悉係瑟爾的族種西南隅居民多係亞歸達種核其疆域即加羅尼至比里牛斯是也附近地中海濱海居民係力咕種人與瑟爾的種雜處其間至沿海環居者全係希臘種類（希臘即基里時）今時麻塞里人民聚族錯居者皆是種也在法境東北隅自時英及摩恩呢河以至來尼江此一方之人係別爾耶種類由瑟爾的與日耳曼人婚配所生遂別為一種在來尼江沿岸居民則日耳曼族類也其來法國已久迨後羅馬攻陷法國始有羅馬種人流傳其中未幾羅馬衰亂土人起而攻之盡驅之出境其時居民分為三種大抵以萊亞一河為其所居之界河西河南係域士葛

種河東南係巴干特種河北河東係佛郎種而英人亦有渡海而來移居法國極西之境今其地之人尚沿英之流風遺俗也其俗類亦為瑟爾的種至於聲音言語亦復各處不同其西偏古民之地曰比利達尼其方言同出於英之威勒士派孛羅溫薩地其方言曰羅曼與意大利撒丁之辟門同出於一而亦同於瑞士北境法國南境之巴斯加其音亦稍殊然所有昔時寄居其地之別種人至今往來交接俱從法國方言惟尚未能盡變厥初耳如汶里達尼居民今仍操英國土音比里牛斯山麓居民仍操亞歸達種土音亞爾些士居民全操日耳曼土音與其地相鄰近者亦間沿日之方言蓋其離鄉雖久而土音相傳歷久不忘亦狃於所安習於所便故也

埃及文字三體西文八變

泰西文字推法國法文本於羅馬羅馬本於希拉希拉本於埃及埃及即麥西分為猶太實西方文教祖國埃及古文石刻其文以形相合體甚繁重西文主音埃及文主形西文旁行埃及文直行埃及字凡三類有模繪法如畫虎示虎有定實法如畫妃別於王有從音法賢異於權之類此三體者古人混用焉今惟用音令人易曉西土文字一畫蛇形三變而成字又三變而成希臘文又一變而成羅馬文又一變而成今字埃及石刻為開闢四千年前古文以時按之則夏末商初時也其文三體於古先所傳六書為象形象意象聲而無指事轉注假借指事原與象形一類而義更隱微疑埃及古文亦有此體而西人說字不能通其意遂混入模繪一類轉注假借以體兼用即在四體之中亦所應有特西士未及知耳巴黎演劇演猶太故事歌者登場謳為三字句者二七字句者一如此相兼凡十二句西國製曲者皆博士或言

學士其雅意一科專主繪畫製曲協律凡為士者初入 經館皆習臘丁文字卒業考成始各就其性之所近分科肄業故凡為博士者皆識臘丁文製曲演古 時事則以古時音協律今演猶木為一字一音三言七言一句則知猶太古音同於中土英文所祖來自索遜索遜者英主之先為日耳曼之族千年前入主英國故其文字行於英倫三島索遜文又來自 印度故從梵典旁行以音為主乃悟古文八變而至今文者蓋緣埃及文有從音一類參以梵典拚音之法以字母就方音有一種語言即別成一種文字文凡八變据二十六字母而言聲音則遷地而變 故各國自為字典而字母皆同習其語即通其文西士博學者皆通十數國文字而能識埃及字者甚稀其習中文者僅能譯公牘而已据埃及文猶太音與中文同例則知埃及猶太時文字與語言為二 知書者少變而從音語言與文字為一令人易曉故舉國知書其端甚微而變動甚大其教之遍傳國 土深中人心實由於此不可不察

西國文字簡易

語言即文字簡易易知顧其為書便於直陳器數難於曲達義理舉國聰明才智注於器數故日進富強無深至之文言則性情不感而日趨詐力其國有善著論工為詩之士國人甚重然不數有其教惟以永生永罰制人不講自然之情義其害在蔑倫背理而不知不解中國父子夫婦之倫為何物反詆中國父權過重女性見屈以為承草昧之餘習勢強者擅權急欲起而革之以彼之文譯中國經傳決不能通其意譬如孝字即西文所無譯者以順從字當之不知孝兼報效教斆之義為民 教根原此義支離說無從入又如天之經地之義西教言天地有造化之主西學言地不屬於天此義難譯況譯者並不通經則

支離愈遠道光末英人黎雅各來中國傳教同治中曾譯孝經論語周易 詩禮記攜歸國無所用習中文甚稀東方學會十餘人無識中文者惟黎以西語譯屈原傳與衆演說義多舛即聞者問難不解其宗旨以為行徑太奇恐無其人乃告以中國名教重君權以治民即以護教忠君所以保民即是敷教譬如耶穌門徒殉教而死者十餘人屈原之死即殉教也知彼即知此矣聞者稱善相屬如用明經術精訓詁者以治譯官博采各國古今文湊合字譬引申以曲達經傳之意貽彼教會學會學院議院乃可以漸引彼教之人心而固吾名教之壁壘實正人心息邪說之大關也中國宜因西文製通行字典以廣同文之治

西文起於印度傳及波斯波斯字右行分為阿剌伯希臘羅馬再分為今西洋各國以音傳意音相近者言即同借義多而正義少如天字借喻於氣則中文言天之義不能通道字取譬於言則經傳詮道之義不能達弟兄長幼一名諸母與諸姑同稱不能別嫌明微中文主形形中見義所謂聖人見分理可相別異故制文字西文無分理之別先不能立綱常之名故不知有名教文明未啟但畏禍福耶穌稱天之教足以涵蓋鬼神泰西從之而化由其文同故教同法律同政俗同好惡同故黨同伐異而合以謀我中國與彼文異教異而無所不異所賴以通中外 言意者惟古人顧為譯者多不通義理訓詁由洋譯華則比擬多不倫由華譯洋則訓義多失旨必學 明訓詁嘗考求中外政教掌故者始能訓比悉當英法皆有東方學館習印度日本中國語言文字為教習者皆非通人故彼館生徒僅能通粗淺公牘備其使署繙譯兩國政教本源無由通參得失名教之義彼所未聞以其教嘗我而信從頗衆及觀我政不能安人兵不能自衛遂抵隙蹈瑕以我今日之積衰并毀中教為妄作教會乃直謂中國無教而亟思以其教易

之國勢衰微不能不興功利以自救急治其標然而士學已卑經術不明官方已邪市流競進商勢已重本業日微益以崇西學尚工藝保商權工商日益貴士農日益賤環球大勢以某國商業盛即通行某國文為便用而易謀利中文難而無功洋文易而有利試士之文既膚廓而無實不足取重於時儒官僅存已成具文二十年之後無人習漢文而周孔之書廢彝倫之教裂傳教者乘機煽誘以稱天平等如發蒙振落士不能自存必且附其教以助揚其波故廣興功利誠可轉貧弱為富強然不力護本源勢必淪中夏為夷狄然人情不甚相遠其國之世爵太學之秀良頗知慕中國禮教教會亦間仿華風修改教規而諱其所自宜因以廣同文之治命儒臣取六經所有之字參合大小篆分部纂成字典用洋文譯古訓引申別義詳為詮釋即用其文寫六經定本以貽其議院學院教會學會彼國太學有博古一科重埃及古文其文主形篆而直行字形如鐘鼎蟲鳥篆今製通行字典須用篆文令有形意可見始能有所悟入識中文自必讀中書讀中書自然知名教知名教自然貴仁義服名教貴仁義則夷進於夏可以仁義之道治之矣周禮外史掌達書名於四方名教之興自近而遠其時距王畿三千里外為要荒之服故王者不治夷狄而以同文治之書同文則行同倫其事相因必然之勢洋書則羅馬律例萬國公法通使指明根於其教發於其政行於交涉亟宜譯訂舊譌糾繆得失公法始於荷蘭人虎哥本閉戶私書其後講者接踵遂成公律近荷蘭學會復取各國律例與羅馬古律參會訂為泰西通律致書各國政院議院許以通行今本經術仁義之精為之折衷駁正轉譯其文貽之各國政府議院學會則公法之權歸我交涉之棘手漸除漸因折衷法律而講以名教人倫彼即不肯遽遵行而已先搖其教本彼教新舊約書推本生民

稱天立約言非而似是法簡而易從傳教者雖無煽亂之心而實有變夏之志非明辯正距彼推本於天尊破名教害將中於人心宜詳辨其非轉譯以貽諸教堂教會學會學院縱不能遽變而歸化而其說不勝傳教之心自阻從教之民日稀其效雖緩而機甚捷誕敷文德而戰勝朝廷不可易而忽之也

文字以形為主

五方之音不同由於地氣所限又童而習之至難更改故古人但言同文不言同音文者以形相別之字也字之形所以繪出人心中之意凡人出言唇齒之音有異而心中之意相同故音則百里不同意則環地球無異音則數百年一變意則千萬年無改因人之意造字之形認準此一字之形何若便知此一字意云何雖讀出口其音不同而入於目則其意同達今欲造通行文字必須以形為主一意造一形一形為一字一字讀一音所讀之音各隨其方俗唇齒之便不必強同但須同用此文覽其文便能通其意譬今日本與中國言語不同日人之習漢文者其讀漢文口音亦異但將漢文寫於紙上便可彼此通曉言中之意至於別國文字則非先通其言語習其口音不能凡人欲深通學問事理全要明悟不在記含主形之字專用明悟主音之字專恃記含人到中年學問有成明悟必長記含必退今造通行之字以形為主實為各國深於學識之士便於講習領悟用此種字譯各國書開卷了然由此可以遍讀各國之書信函來往廣文四海之士不但為一國之通人且可為環地球之通人實同文之一大轉關宇宙之一大快事

造通行之字宜用古文

西文盛於羅馬而諸國各以其方音合字母為語言文字中文始於倉頡帝後來雖屢有變改然俱以六書

之法為綱領字有小變而造字之法未變六書者一曰指事（又名象事）二曰象形（形象形即繪字）三曰會意（又名象意）四曰形聲（一名諧聲一名象聲）五曰轉注六曰假借自倉頡創此例後來字形雖屢有更改然皆不外於六書故小篆以前皆稱之為古文但最古之文其筆畫減後來所改其筆畫繁筆畫減者易於記筆畫繁者難於記令造通行之字須要使人易曉宜用古文但古文存者不全惟小篆存者尚備以小篆為底本而參合太古文古文奇字鐘鼎古文大篆擇善而從其小篆筆畫繁形意晦而古文（太古文古文奇字鐘鼎古文七[illegible]四種總名）筆畫減形意顯者則取於古文以易小篆仍依六書之例如有小篆繁而古文無之字則取羅馬古文合於篆文偏旁以成其字其形聲一例例外之字則偏旁從古文配音用羅馬字母或一音或兩音不得多至數音以便記識

拼字之法原於六書

說文小篆以形為主其分五百四十部亦依形相聯屬次第讀之自然通曉六書之法既解六書又識五百四十字母（部首之字即字母）此外之字無非由字母拼合而成熟於拼法（六書即古文拼法）則隨舉一字便知此字之取意即知此字之用法一見了然自然易記

印書緣始

文字一道中國實開泰西之先聲昔時歐洲諸國所有書籍悉係鈔本當其未有筆墨時或泐金石或刻竹木未造紙時或書羊革或書布帛其知造紙錢版大抵不過五六百年間耳明初歐洲人始有以木板印紙牌為法王迦羅思第六玩物皆永樂二十二年又以本板鐫刻圖畫此為印板之濫觴則法國實為

創印書籍之最先者矣成化五年始設印書房於巴黎斯京城排印書籍兼又編錄 近事特其時歐洲諸國於著書立說皆有厲禁法京雖亦設有科條但寬而不嚴其所印書以聖經為最夥聖經者天主耶穌教中新舊約全書也歐洲人甚重之奉為珍謨寶訓有明中葉法國博士思得摩西五經古本親往東方訪求購以重值萬曆四十五年始得之送至巴黎斯京城書院此為講求藏書之權輿

繙譯成書

凡人著作要皆即其本國之言語文字而用之故能脉絡周通辭句警鍊然天下之義理無窮而一國之載籍難備勢不得不借助於他國有益之書又苦其方言既異字畫亦殊故復須兼深通彼我文義之士一一譯出以公衆覽但彼我文義其中齟齬難合之處實多是以繙譯所成之書皆不免有左支右吾之句也佛教流行東土其經皆本梵文而各即所至之地譯以方言以便使人傳誦近 如耶穌教之新舊二約已譯有方言二百餘種凡繙譯一道首重明順平易而不失原文之義有言繙 譯皆宜謹依原文字句而不可使少有增減顛倒者若然則非止文理不通亦且讀難成句至若繙譯詩詞其難尤倍

圖書在版編目（CIP）數據

海上絲綢之路文獻集成. 歷代史籍編. 第三輯. 第二卷 / 范金民主編. --福州：福建人民出版社，2023.8
ISBN 978-7-211-09073-0

Ⅰ. ①海… Ⅱ. ①范… Ⅲ. ①海上運輸-絲綢之路-史料-彙編 Ⅳ. ①K203

中國國家版本館CIP數據核字（2023）第072992號

審圖號 GS（2022）4636號
本書有關內容和地圖僅代表作者個人觀點，不代表官方立場。

海上絲綢之路文獻集成·歷代史籍編（第三輯 第二卷）

主　　編　范金民
責任編輯　劉挺立
美術編輯　白　玫
出版發行　福建人民出版社
電　　話　0591-87533169（發行部）
電子郵箱　fjpph7221@126.com
地　　址　福建省福州市東水路 76 號
經　　銷　福建新華發行（集團）有限責任公司
印刷裝訂　上海盛通時代印刷有限公司
地　　址　上海市金山區廣業路 568 號
電　　話　021-37910000
開　　本　787 毫米×1092 毫米　1/16
印　　張　194.25
版　　次　2023 年 8 月第 1 版第 1 次印刷
書　　號　ISBN 978-7-211-09073-0
定　　價　2400.00 元（共 6 冊）